AN ENGLISH-JAPANESE DICTIONARY OF THE SPOKEN LANGUAGE

AN ENGLISH-JAPANESE DICTIONARY OF THE SPOKEN LANGUAGE

ERNEST MASON SATOW
&
ISHIBASHI MASAKATA

GYAN

Published by

GYAN

Gyan Publishing House
5, Ansari Road
Daryaganj, New Delhi-110002
Phone: 011-47034999, 9811692060
E-mail: books@gyanbooks.com

Distribution Network
gyanbooks.com
India, USA, Canada, UK, Australia

ISBN: 978-93-7316-136-5 (HB)

First Published, 1876

2nd Impression 2025

Printed at: Gyan Press, Delhi.

AN ENGLISH-JAPANESE DICTIONARY OF THE SPOKEN LANGUAGE
Author: ERNEST MASON SATOW & ISHIBASHI MASAKATA

AN ENGLISH AND RUSSIAN DICTIONARY

A NEW ENGLISH-RUSSIAN AND RUSSIAN-ENGLISH DICTIONARY

CONTAINING

THE WHOLE VOCABULARY IN GENERAL USE
WITH COPIOUS SELECTIONS OF SCIENTIFIC, TECHNICAL
AND COMMERCIAL TERMS
AND OTHERS LATELY BROUGHT INTO USE
WITH THEIR PRONUNCIATION FIGURED

BY

M. GOLOVINSKY

English and Russian part

PHILADELPHIA
DAVID McKAY, PUBLISHER
604–8 SOUTH WASHINGTON SQUARE

ПРЕДИСЛОВІЕ.

Главной нашей задачей при составленіи настоящаго лексикона было возможно близкое къ англійскому изображеніе звуковъ этого языка русскимъ условнымъ изображеніемъ и, наоборотъ, изображеніе звуковъ русскаго языка — англійскимъ условнымъ изображеніямъ.

Съ этой задачей не легко справиться и спеціалисты оцѣнятъ наши усилія возможно ближе подойти къ цѣли.

Затѣмъ мы старались, при сравнительно небольшомъ объемѣ лексикона, дать ему возможную полноту, удаляя старыя вышедшія изъ употребленія слова и дополняя новыми, созданными современнымъ обиходомъ.

При передачѣ словъ на другой языкъ мы старались обращаться къ главному значенію слова, дополняя переводъ разъясненіями оттѣнковъ.

Возможно большее количество цѣлыхъ выраженій на обоихъ языкахъ едва-ли не составляетъ также выгодную сторону лексикона.

Въ нашей трудной работѣ дѣятельно сотрудничалъ намъ и помогалъ П. М. СТАДЫРНОВЪ, литераторъ проживающій въ Парижѣ, и мы приносимъ ему за это сердечную благодарность.

М. ГОЛОВИНСКІЙ.

АНГЛІЙСКІЯ МѢРЫ, ВѢСЫ И МОНЕТЫ.

COMMON MEASURES AND WEIGHTS WITH THEIR EQUIVALENTS.

MEASURES OF LENGTH.

A mile = 1,509 версты = 1,609 километра.
A rod = 2,357 сажени = 5,029 метра.
A yard = 1,286 аршина = 0,914 метра
A foot = 1 русскому футу = 0,429 аршина = 0.305 метра.
An inch = 1 русскому дюйму = 0,036 аршина = 0,025 метра.
A geogrophical mile = 6,9569 версты = 7,427 километра.
A nautical mile = 1,7362 версты = 1,8522 километра.
A knot = 6080 футовъ = 1,7371 версты = 1,8532 километра.

MEASURES OF SURFACE.

A square mile = 2,276 квадр. версты = 2,590 квадр. килом.
An acre = 0,370 десятины = 0,405 гектара 1).
A square yard = 0,184 квадр. саж. = 0.836 квадр. метра.

MEASURES OF CAPACITY.

A cubic yard = 2,125 кубич. арш = 0,765 кубич. метра.
A cubic foot = 1 русскому кубич. футу = 28,316 кубич. дециметра.
A cubic inch = 1 русскому кубич. дюйму = 16,387 кубич. сантиметра.
A quarter = 1,386 четверти = 2,909 гектометра.
A bushel = 11,088 гарнца = 36,368 литра.
A gallon = 0,369 ведра = 4,546 литра.
A quart = 0,924 штофа = 1,137 литра.
A pint = 0.739 винн. бутылки = 0,568 литра.

WEIGHTS.

A ton = 62,027 пуда = 1,016 метрическ. тонны.
A hundredweight = 3,101 пуда = 50,802 килограмма
A pound avoirdupois = 1,108 фунта = 0,454 килогр.
An ounce avoirdupois = 6,646 золотника = 28.349 грамма.
An ounce troy = 7,291 золотника = 31.103 грамма
A pennyweight = 0,364 золотника = 1,555 грамма.,
A grain troy = 1,458 доли 64,799 милиграмма.

COINS.

A pound = 9,458 рубля = 25 франк. 22 сант
A dollar = 1943 рубля = 5 франк. 18 сант.

DEGREES OF THE THERMOMETER.

One degree Celsius or Centgrade = 4/5 of a degree Réaumur = 4/9 of a degree Fahrenheit.

---

1) Гектаръ = 10.000 квадр. метр.

LIST OF THE IRREGULAR ENGLISH VERBS.

Present	*Preterite*	*Participle*
Abide	abode	abode
Awake	awoke	awoke
Be, am	was	been
Bear	bore, bare	borne
Beat	beat	beaten, beat
Become	became	become
Begin	began	begun
Behold	beheld	beheld
Bend	bent	bent
Beseech	besought	besought
Bespeak	bespoke	bespoken
Bestride	bestrode, bestrid	bestridden
Bid	bid, bade	bidden, bid
Bind	bound	bound
Bite	bit	bitten, bit
Bleed	bled	bled
Blow	blew	blown
Break	broke	broken
Breed	bred	bred
Bring	brought	broght
Build	built	built
Burst	burst	burst
Buy	bought	bought
Cast	cast	cast
Catch	caught	caught
Chide	chid	chiden, chid
Choose	chose	chosen
Cleave	cleft, clove	cleft, cloven
Cling	clung	clung
Clothe	clad	clad
Come	came	come
Cost	cost	cost
Creep	crept	crept
Crow	crew	crowed
Cut	cut	cut
Dare	durst	dared
Deal	dealt	dealt
Dig	dug	dug
Do	did	done
Draw	drew	drawn
Dream	dreamt	dreamt
Drive	drove	driven
Drink	drank	drunk
Dwell	dwelt	dwelt
Eat	ate, eat	eaten

Present	*Preterite*	*Participle*
Fall	fell	fallen
Feed	fed	fed
Feel	felt	felt
Fight	fought	fought
Find	found	found
Flee	fled	fled
Fling	flung	flung
Fly	flew	flown
Forget	forgot	forgotten
Forsake	forsook	forsaken
Freeze	froze	frozen
Get	got	got, gotten
Gild	gilt	gilt
Gird	girt	girt
Give	gave	given
Go	went	gone
Grave	graved	graven
Grind	ground	ground
Grow	grew	grown
Hang	hung	hung
Have	had	had
Hear	heard	heard
Heave	hove	hoven
Hew	hewed	hew
Hide	hid	hid, hidden
Hit	hit	hit
Hold	held	held, holden
Hurt	hurt	hurt
Keep	kept	kept
Kneel	knelt	knelt
Knit	knit	knit
Know	knew	known
Lade	laded	laden
Lay	laid	laid
Lean	leant	leant
Lead	led	led
Leave	left	left
Lend	leant	lent
Let	let	let
Lie	lay	lain
Light	lit	lit
Lose	lost	lost
Make	made	made
Mean	meant	meant
Meet	met	met
Mow	mowed	mown

Presente	Preterit	Participle
Pay	paid	paid
Put	put	put
Quit	quit	quit
Read	read	read
Reave	reft	reft
Rend	rent	rent
Rid	rid	rid
Ride	rode	ridden, rode
Ring	rung, rang	rung
Rise	rose	risen
Rive	rived	riven
Run	ran	run
Saw	sawed	sawn
Say	said	said
See	saw	seen
Seek	sought	sought
Seethe	sod	sodden
Sell	sold	sold
Send	sent	sent
Set	set	set
Shake	shook	shaken
Shave	shaved	shaven
Shear	sheared	shorn
Shed	shed	shed
Shine	shone	shone
Shoe	shod	shod
Shoot	shot	shot
Show	showed	shown
Shut	shut	shut
Shred	shred	shred
Shrink	shrunk shrank	shrunk
Shrive	shrove	shriven
Sing	sung, sang	sang
Sink	sunk, sank	sunk
Sit	sat	sat
Slay	slew	slain
Sleep	slept	slept
Slide	slid	slidden; slid
Sling	slung	slung
Slink	slunk	slunk
Slit	slit	slit
Smite	smote	smitten, smit
Sow	sowed	sown

Present	Preterite	Participle
Speak	spoke	spoken
Speed	sped	sped
Spend	spent	spent
Spill	spilt	spilt
Spin	spun	spun
Spit	spit, spat	spit
Split	split	split
Spread	spread	spread
Spring	sprung, sprang	sprung
Stand	stood	stood
Steal	stole	stolen
Stick	stuck	stuck
Sting	stung	stung
Strew	strewed	strewn
Stride	strode, strid	stridden
Strike	struck	struck
String	strung	strung
Strive	strove	striven
Strow	strowed	strown
Swear	swore	sworn
Sweat	swet	swet
Sweep	swept	swept
Swell	swelled	swollen
Swim	swum, swam	swum
Swing	swung	swung
Take	took	taken
Teach	taught	taught
Tear	tore	tort
Tell	told	told
Think	thought	thought
Thrive	throve	thriven
Throw	threw	thrown
Thrust	thrust	thrust
Tread	trod	trodden trod
Wake	woke	waked
Wear	wore	worn
Weave	wove	woven
Weep	wept	wept
Win	won	won
Wind	wound	wound
Work	wrought	wrought
Wring	wrung	wrung
Write	wrote	written

AN ENGLISH-RUSSIAN DICTIONARY

A.

A (э) первая буква англійской азбуки и первая гласная буква.

A или **An** (*э, эн*) (грам.) неопредѣленный членъ. **Twice a day,** дважды въ день. **So much a man,** столько-то на каждаго человѣка; || вмѣсто **on: To go a foot,** итти пѣшкомъ; || вмѣсто **at** *или* **to: To go a fishing,** отправиться на рыбную ловлю. **To go a riding,** ѣхать верхомъ; || вмѣсто **in the: To be abed,** быть въ постели. [**flat,** ла-бемоль.

A, s. (музык.) нота **A** или **ла. A**

Aaron (*эр'-ŏн*) prp. Ааронъ, братъ Моисея.

A. B. или **B. A. Artium Baccalaureus,** баккалавръ словесныхъ наукъ.

Abaca (*ăб'ă-кă*) s. (ботан.) манильская конопля.

Abacist (*ăб'-ă-сист*) s. счетчикъ.

Aback (*ă-бăк'*) adv. назадъ, сзади. **To take —,** (морск.) затемнять; || (fig.) застать врасплохъ, смутить.

Abacus (*ăб'-ă-кŏс*) s. (архит.) верхняя часть капители; счеты; столикъ съ шахматной доской.

Abaft (*ă-бăфт'*) s. корма, задняя часть корабля; || adv. (морск.) сзади, съ кормы.

Abaisance (*ă-бэ'-сăнс*) s. послушаніе; реверансъ.

Abalienate (*ăб-ă'-ли-ен-эт*) va. (юрид.) отчуждать.

Abalienation (*ăб-ă-ли-ен-э'-шŏн*) s. отчужденіе.

Abandon (*ă-бăн'-дŏн*) va. оставлять, покидать, отказываться. **To — one's self,** предаваться.

Abandoned (*ă-бăн' -дŏнд*) adj. оставленный, покинутый. **An — woman,** потерянная женщина. **An — wretch,** отъявленный негодяй.

Abandonee (*ă-бăн-дŏни'*) s. (юрид.) безхозяйный (о имуществѣ).

Abandoner (*ă-бăн'-дŏн-ер*) s. оставляющій, покидающій.

Abandoning (*ă-бăн'-дŏн-инг*) s. оставленіе, запущеніе.

Abandonment (*ă-бăн'-дŏн-мент*) s. оставленіе, уступка; || одиночество. [жать; смирять, утишать.

Abase (*ă-бэс'*) va. опускать, пони-

Abasement (*ă-бэс'-мент*)- s. паденіе; униженіе.

Abash (*ă-бăш'*) va. приводить въ замѣшательство, въ смущеніе; пристыжать.

Abashed (*ă-бăшт'*) adj. смущенный, пристыженный.

Abashment (*ă-бăш'-мент*) s. смущеніе, замѣшательство.

Abasing (*ă-бэс'-инг*) adj. унизительный; || s. униженіе.

Abatable (*ă-бэт'-ă-бл*) adj. что можно разрушить, уничтожить, отмѣнить.

Abate (*ă-бэт'*) va. сломать; разрушать, уничтожать; уменьшать, умѣрять, ослаблять; приводить въ уныніе; || vn. уменьшаться, успокаиваться, стихать; (юрид.) сдѣлаться недѣйствительнымъ. **To — ones spirits,** оробѣть, упасть духомъ. **To — in one's flesh,** спадать съ тѣла, худѣть.

Abatement (*ă-бэт'-мент*) s. уничтоженіе, ослабленіе, уменьшеніе, успокоеніе; смягченіе; || скидка съ цѣны, уступка, сбавка; (юрид.) отмѣна судебнаго постановленія, уничтоженіе акта; вычетъ изъ налога. **No —,** окончательная цѣна.

Abater (*ă-бэ'-тер*) s. уступающій, сбавляющій (съ цѣны); уничтожающій, смягчающій.

Abating (*ă-бэ'-тинг*) s. уменьшеніе; уступка, отмѣна.

Abatis, Abattis (*ăб'-ă-тис*) s. (воен.) груда срубленныхъ деревьевъ; засѣка; брустверъ.

Abatised (*ăб-ă'-тизд*) adj. (воен. искус.) снабженный брустверомъ.

Abator (*ă-бэ'-тŏр*) s. (юрид.) незаконный владѣлецъ, захватчикъ.

Abb (*аб*) s. основа (въ ткани).
Abba (*аб'-а*) s. отецъ; || (фигур.) настоятель (монастыря).
Abbacy (*аб'-ба-си*) s. званіе аббата, игумена; права, соединенныя съ этимъ званіемъ.
Abbatical (*аб-ба'-ти-кал*) **Abbatial** (*аб-бэ'-шал*) adj. аббатскій, игуменскій.
Abbe (*аб'-би*) s. аббатъ, игуменъ, настоятель. [менья.
Abbess (*аб'-бес*) s. аббатиса, игу-
Abbey (*аб'-би*) s. аббатство, монастырь.
Abbot (*аб'-бот*) s. аббатъ, настоятель, игуменъ.
Abbotship (*аб'-бот-шип*) s. званіе *или* санъ аббата.
Abbreviate (*аб-бри'-ви-эт*) va. сокращать, укорачивать.
Abbreviated (*аб-бри-ви-эт-ед*) adj. сокращенный, укороченный.
Abbreviation (*аб-бри-ви-э'-шон*) s. сокращеніе; знакъ сокращенія.
Abbreviator (*аб-бри-ви-э'-тор*) s. сокращающій, сократитель.
Abbreviatory (*аб-бри-ви-э'-тори*) adj. сократительный.
Abbreviature (*аб-бри-ви-э'-чор*) s. сокращеніе.
Abc или **Abece** (*э-би-си'*) s. азбука, букварь.
Abdicant (*аб'-ди-кант*) s. отказывающійся, отрекающійся.
Abdicate (*аб'-ди-кэт*) vn va. отрекаться, отказываться; слагать съ себя званіе; (юрид.) отказываться отъ наслѣдства.
Abdication (*аб-ди-кэ'-шон*), s. отреченіе; сложеніе съ себя званія; (юрид.) отказъ отъ наслѣдства.
Abdicative (*аб'-ди-кэ-тив*) adj. ведущій къ отказу (отъ наслѣдства, званія).
Abditory (*аб'-ди-тор-и*) s. хранилище, мѣсто для храненія; кладовая, чуланъ; тайникъ.
Abdomen (*аб'-до-мен* или *аб-до'о-мен*) s. животъ, брюхо; брюшная полость. [брюшной.
Abdominal (*аб-дом'-и-нал*) adj.
Abdominous (*аб-дом'-и-нос*) adj. брюхастый, пузатый.
Abduce (*аб-дьюс'*) va. отводить, отвлекать.
Abducent (*аб-дью'-сент*) adj. (анат.) отводящій (о мускулахъ).
Abduct (*аб-докт'*) va. уводить, похищать, увозить, отводить.
Abduction (*аб-док'-шон*), s. (анат.) дѣйствіе отводящихъ мышцъ; (юрид.) похищеніе, увозъ.
Abductor (*аб-док'-тор*) s. (анат.) отводящая мышца, абдукторъ.
Abecedarian (*э-би-си-дэ'-ри-ан*) s. учащій, -щая азбукѣ, начальный (-ная) учитель, -ница; || adj. азбучный. [азбучный.
Abecedary (*э-би-сэд'-а-ри*) adj.
Abed (*а-бед'*) adv. (**in** или **in bed**) въ постели, лежа въ постели.
Abel (*э'-бел*) npr. Авель.
Abele (*а-бил'*) **Abel-tree** (*а'-бел-три*) s. болотный тополь, бѣлый тополь. [Эбердинъ.
Aberdeen (*аб-ер-дин'*) npr. (геогр.)
Aberance (*аб-ер'-ранс*) s. **Aberrancy** (*а-бер'-ран-си*) s. см. **Aberration.**
Aberr (*аб-ор'*) va. блуждать.
Aberrant (*аб-ер'-рант*) adj. блуждающій.
Aberration (*аб-ер-рэ'-шон*) s. заблужденіе, уклоненіе съ пути; (астр.) аберрація.
Abet (*а-бет'*) va. побуждать; поощрять, подстрекать; вовлекать, втягивать; содѣйствовать.
Abettal (*а-бет'-тал*), **Abetment** (*а-бет'-мент*) s. подстрекательство, побужденіе, поощреніе; вовлеченіе.
Abettor (*а-бет'-тор*) s. подстрекатель; || соучастникъ.
Abeyance (*а-бей'-анс*), s. (юрид.) нахожденіе (имѣнія) безъ владѣльца; безхозяйное имѣніе.
Abeyant (*а-бей'-ант*) adj. незанятой (объ имѣніи).
Abhor (*аб-хор'*) va. гнушаться, имѣть отвращеніе; отвергать.
Abhorrence (*аб-хор'-ренс*), **Abhorrency** (*аб хор'рен-си*) s. отвращеніе; удаленіе.
Abhorrent (*аб-хор'-рент*) adj. гнусный, отвратительный; антипатичный; непріятный.
Abhorrently (*аб-хор'-рент-ли*) adv. гнусно, мерзко, отвратительно, съ отвращеніемъ.
Abhorrer (*аб-хор'-рер*) s. ненавистникъ, врагъ; питающій отвращеніе.
Abide (*а-байд'*) va. выносить, выдерживать; || vn. пребывать, жительствовать; быть неподвижнымъ. **To—by**, придерживаться (чего).
Abider (*а-байд'-ер*) s. обитающій, пребывающій, жилецъ; выносящій, терпящій (всё).
Abiding (*а-байд'-инг*) s. пребываніе, жительство; прочность, постоянство; || adj. постоянный.
Abidingly (*а-байд'-инг-ли*) adv. постоянно; продолжительно; безпрерывно.
Abietic (*аб-и-ет'-ик*) adj. хвойный.
Abigail (*аб'-и-гэл*) s. служанка; субретка; || npr. Авигея.
Ability (*а-бил'-и-ти*) s. дарованіе-способность, талантъ; || матері-

альныя средства; (юрид.) право способность. **To the best of one's abilities**, по мѣрѣ силъ.
Abintestate (*ăб-ин-тес'-тэт*) adj. (юрид.) наслѣдникъ безъ духовнаго завѣщанія.
Abject (*ăб-джект'*) va. отбросить, выбросить. **To — one's self,** унизиться.
Abject (*ăб'-джект*) s. гнусный человѣкъ; || adj. низкій, подлый, гнусный, презрѣнный; падшій.
Abjectedness (*ăб-джект'-ед-нес*) s. подлость, низость, гнусность.
Abjection (*ăб-джек'-шôн*) s. униженіе; низость, гнусность, подлость.
Abjectly (*ăб'-джект-ли*) adv. низко, подло, отвратительно.
Abjectness (*ăб'-джект-нес*) s. униженіе; низость, гнусность.
Abjuration (*ăб-джю-рэ'-шôн*) s. отречение.
Abjuratory (*ăб-джю'-рэ-тôр-и*) adj. заключающій въ себѣ отреченіе.
Abjure (*ăб-джюр'*) va. отрекаться, отказываться, отступаться.
Abjurer (*ăб-джюр'-ер*) s. отрекающійся, отказывающійся.
Abjuring (*ăб-джюр'-инг*) s. отреченіе, отказъ.
Ablactate (*ăб-лăк'-тэт*) va. отнимать отъ груди (ребенка).
Ablactation (*ăб-лăк-тэ'-шôн*) s. отнятіе (ребенка) отъ груди; || (ботан.) прививка сближеніемъ.
Ablaqucate (*ăб-лэ'-куй-эт*) va. окапывать, окучивать (деревья, виноградники).
Ablaqueation (*ăб-лэ-куй-э'-шôн*) s. окапываніе, окучиваніе (деревьевъ).
Ablation (*ăб-лэ'-шôн*) s. (хирур.) отнятіе, отсѣченіе (больного члена).
Ablative (*ăб'-лă-тив*) s. (грам.) творительный падежъ.
Ablaze (*ă-блэз'*) adv. въ огнѣ, пылающій.
Able (*э'-бл*) adj. способный, годный, умѣющій; состоятельный, богатый; (юрид.) правоспособный. **To be —**, быть въ силахъ, въ состояніи. **As one is —**, по мѣрѣ силъ, способностей.
Able-bodied (*э-бл-бод'-ид*) adj. дюжій, сильный, ловкій. **An — seaman,** опытный морякъ.
Ablegate (*ăб-'ли-гэт*), va. снабжать полномочіями, посылать представителемъ.
Ablegation (*ăб-ли-гэ'-шôн*) s. отправленіе; депутація.
Ableness (*э'-бл-нес*), s. дарованіе, способность; ловкость.
Ablepsy (*ăб'-леп-си*) s. слѣпота.
Ablet (*ăб'-лет*) s. (зоол.) уклейка (мелкая рыба).
A-bloom (*э-блум'*) adv. въ цвѣту, распустившись.
Abluent (*ăб-'лью-ент*) adj. чистительный, очищающій.
Ablution (*ăб-лью'-шôн*) s. омываніе, омовеніе.
Ably (*э'-бли*) adv. искусно, ловко.
Abnegate (*ăб'-ни-гэт*) va. отрицать, опровергать.
Abnegation (*ăб-ни-гэ'-шôн*) s. отреченіе; самоотрицаніе.
Abnegator (*ăб'-ни-гэ-тôр*) s. отвергающій, отрицающій.
Abnodation (*ăб-но-дэ'-шôн*) s. обрѣзываніе сучьевъ.
Abnormal (*ăб-нор'-мăл*) adj. неправильный, ненормальный; уродливый.
Abnormity (*ăб-нор'-ми-ти*) s. неправильность, уродливость.
Aboard (*ă-бо'орд*) adv. на кораблѣ, на суднѣ, на бортѣ.
Abode (*ăбо'од*) s. жилище, мѣстопребываніе. **To take up one's —at,** избрать мѣсто жительства.
Abode (*ă-бо'од*), va. предвѣщать; || vn. служить предзнаменованіемъ.
Abodement (*ă-бо'од-мент*) s. предзнаменованіе, предчувствіе.
Abolish (*ă-бол'-иш*) va. уничтожать, упразднять; отмѣнять (законъ).
Abolishable (*ă-бол'-иш-ă-бл*) adj. что можно уничтожить, отмѣнить.
Abolisher (*ă-бол'-иш-ер*) s. разрушитель; уничтожающій.
Abolishment (*ă-бол'-иш-мент*) s. уничтоженіе, отмѣна.
Abolition (*ăб-о-ли'-шôн*) s. уничтоженіе, разрушеніе, отмѣна; (юрид.) прекращеніе уголовнаго дѣла.
Abolitionist (*ăб-о-ли'-шôн-ист*) s. аболиціонистъ, противникъ торговли неграми.
Abominable (*ă-бом'-и-нă-бл*) adj. отвратительный, ужасный, гнусный, мерзкій.
Abominableness (*ă-бом'-и-нă-бл-нес*), s. гнусность; отвратительное дѣяніе; мерзость.
Abominably (*ă-бом'-и-нă-бли*), adv. отвратительно, мерзко.
Abominate (*ă-бом'-и-нэт*), va. гнушаться, презирать.
Abomination (*ă-бом-и-нэ'-шôн*), s. омерзѣніе; гнусность; предметъ отвращенія.
Aboriginal (*ăб-о-ридж'-и-нăл*), adj. первобытный; || s. аборигенъ, первобытный обитатель.
Aborigenes (*ăб-о-ридж'-и-низ*), s. pl. аборигены, первобытные жители, уроженцы, туземцы.

Abortion (*ă-бор'-шöн*), s. преждевременные роды; . выкидышъ; абортъ.
Abortive (*ă-бор'-тив*), adj. незрѣлый; || преждевременный (о родахъ); неудачный; || s. недоносокъ.
Abortively (*ă-бор'-тив-ли*), adv. преждевременно; неудачно; незрѣло.
Abortiveness (*ă-бор'-тив-нес*), s. выкидываніе; || неудача.
Abound (*ă-ба'унд*), vn. изобиловать.
Abounding (*ă-ба'унд-инг*), adj. изобильный, богатый, плодовитый; || s. изобиліе, достатокъ.
About (*ă-ба'ут*), adv. въ окружности, кругомъ. **All —**, всюду. **Somewhere —**, гдѣ то; || prep. вокругъ, около; приблизительно; на, при; въ. **Tie a handkerchief — your head**, завязать платокъ вокругъ головы. **Your brother has spoken to me — his marriage**, вашъ братъ говорилъ мнѣ о своемъ бракѣ. **The children are playing — the garden**, дѣти играютъ въ саду. **He lives somewhere — the cathedral**, онъ живетъ гдѣ-то около собора. **He is — twenty years of age**, ему около двадцати лѣтъ. **How much money had he — him**, сколько у него было денегъ съ собою. **— dinner - time**, около обѣденнаго часа. **Look — you**, берегитесь, остерегайтесь. **Send him — his business**, скажите ему отвязаться отъ васъ, (сплавьте его отъ себя).
Above (*ă-бöв'*), adv. наверху, на небесахъ; **— all**, болѣе всего, особенно; || prep. выше, свыше, болѣе, надъ. **The sun is — the horizon**, солнце на горизонтѣ. **Fifteen degrees — zero**, пятнадцать градусовъ выше нуля. **— the market price**, выше рыночныхъ цѣнъ. **— two months**, болѣе двухъ мѣсяцевъ. **— -mentioned**, вышеупомянутый. **— -said**, вышесказанный.
Abrade (*ăб-рэд'*), va. протереть, износить.
Abrading (*ăб-рэд'-инг*), s. обвалъ, паденіе, осыпаніе.
Abraham (*ă'-брä-хäм*), s. Авраамъ. **To sham —** прикидываться несчастнымъ, дурачкомъ, больнымъ. **Abraham-man**, s. бродяга.
Abranchians (*ă-брäн'-ки-äнз*), s. pl. (зоол.) безжаберные, кольчатые черви (анелиды).
Abrasion (*ăб-рэ'-жöн*) s. перетираніе, треніе; ссадина.
Abreast (*ă-брест'*) adv. рядомъ, бокъ-о-бокъ; (мор.) противъ, на траверсѣ.
Abridge (*ă-бридж'*) va. сокращать, укарачивать, убавлять.
Abridger (*ă-бридж'-ер*), s. сократитель.
Abridgment (*ă-бридж'-мент*), s. сокращеніе, перечень; ограниченіе.
Abroach (*ă-бро'оч*) ,va. просверливать; пропускать жидкость. **To set —**, распространять, давать ходъ.
Abroad (*ă-брод'*), adv. внѣ дома, снаружи; далеко. **To go —**, ѣхать за-границу. **There is a report —**, носится слухъ.
Abrogate (*ăб'-ро-гэт*), va. отмѣнять, уничтожать, выводить изъ употребленія.
Abrogation (*ăб-ро-гэ'-шöн*), s. уничтоженіе, отмѣна.
Abrupt (*ăб-рöпт'*), adj. крутой, обрывистый; грубый, рѣзкій; внезапный; || s. бездна, пропасть, обрывъ.
Abruptly (*ăб-рöпт'ли*) adv. внезапно, отрывисто, рѣзко.
Abruptness (*ăб-рöпт'-нес*) s. неровность, рѣзкость; грубость; поспѣшность, внезапность.
Absalom (*ăб'-сä-лöм*; npr. Авесаломъ.
Abscess (*ăб'-сес*) s. вередъ, нарывъ, абцесъ, чирей.
Abscind (*ăб-синд'*) va. отрѣзывать, отнимать.
Abscissa (*ăб-сиз'-са*), **Abscisse** (*ăбсиз'и*) s. (геом.) абцисса.
Abscission (*ăб-си'-жöн*) s. отрѣзываніе; отнятіе; прерваніе; уничтоженіе.
Abscond (*ăб-сконд'*) vn. прятаться, укрываться (отъ преслѣдованія).
Absconder (*ăб-сконд'-ер*) s. скрывающійся, укрывающійся.
Absconding (*ăб-сконд'-инг*) s. бѣгство, уклоненіе (отъ правосудія).
Absence (*ăб'-сенс*) s. отсутствіе; неявка.
Absent (*ăб'-сент*) adj. отсутствующій; разсѣянный.
Absent (*ăб-сент'*) va. **To — one's self**, удалиться, отлучаться.
Absentee (*ăб-сен-ти'*) s. отсутствующій; неисправляющій своей должности.
Absenteeism (*ăб-сен-ти'-изм*) s. абсентеизмъ, удаленіе отъ своихъ владѣній.
Absenter (*ăб-сент'-ер*) s. отсутствующій.
Absinthian (*ăб-син'-сзи-äн*) adj. полынный.
Absinthiated (*ăб-син'-сзи-э-тед*) adj. приправленный полынью.
Absinthium (*ăб-син'-сзи-öм*) s. полынь; абсентъ.
Absolute (*ăб'-со-лют*) adj. само-

властный, неограниченный; независимый; увѣренный.
Absolutely (*ăб'-со-льют-ли*) adv. положительно, совершенно, вполнѣ, безусловно, рѣшительно.
Absoluteness (*ăб'-со-льют-нес*) s. неограниченность; самовластіе, деспотизмъ.
Absolution (*ăб-со-лью'-шŏн*) s. разрѣшеніе, отпущеніе грѣховъ; (юрид.) освобожденіе (отъ наказанія).
Absolutism (*ăб'-со-лью-тизм*) s. система неограниченнаго правленія; абсолютизмъ.
Absolutist (*ăб'-со-лью-тист*) s. приверженецъ неограниченнаго правленія, самодержавія.
Absolutory (*ăб-сол'-ю-тŏ-ри*) adj. разрѣшающій, отпускающій грѣхи.
Absolve (*ăб-золв'*) va. разрѣшить, отпустить грѣхи; освободить (отъ отвѣтственности); оправдать.
Absolver (*ăб-золв'-ер*) s. разрѣшающій, отпускающій грѣхи.
Absonant (*ăб'-со-нăнт*) adj. противорѣчащій, несогласный; безразсудный.
Absonous (*ăб'-со-нŏс*) adj. противорѣчащій, несогласный; негармонирующій. [всасывать.
Absorb (*ăб-сорб'*) va. поглощать,
Absorbability (*ăб-сорб-ă-бил'-и-ти*) s. поглощаемость, всасываемость.
Absorbable (*ăб-сорб'-ă-бл*) adj. всасываемый, поглащаемый.
Absorbent (*ăб-сорб'-ент*) adj. всасывающій; || s. (медиц.) всасывающее средство.
Absorption (*ăб-сорп'-шŏн*) s. всасываніе, поглощеніе; исчезновеніе; (фиг.) поглощающая забота.
Absorptive (*ăб-сорп'-тив*) adj. всасывающій. [ваться.
Abstain (*ăб-стэн'*) vn. воздержи-
Abstainer (*ăб-стэн'-ер*) s. воздерживающійся. [держаніе.
Abstaining (*ăб-стэн'-инг*) s. воз-
Abstemious (*ăб-сти'-ми-ŏс*) adj. воздержный; скромный; трезвый.
Abstemiously (*ăб-сти'-ми-ŏс-ли*) adv. умѣренно; воздержно.
Abstemiousness (*ăб-сти'-ми-ŏс-нес*) s. воздержаніе, трезвость.
Abstention (*ăб-стен'-шŏн*) s. воздержаніе; (юрид.) задержаніе опекаемаго во власти опекуна.
Absterge (*ăб-стердж'*) va. (медиц.) очищать рану.
Abstergent (*ăб-стер'-джент*) adj. очищающій; || s (медиц.) чистительное средство.
Abstersion (*ăб-стер'-шŏн*) s. (хир.) очищеніе раны.
Abstersive (*ăб-стер'-сив*) adj. (медиц.) очищающій.
Abstinence (*ăб'-сти-ненс*) s. воздержаніе; умѣренность. **Day of —**, постный день.
Abstinent (*ăб'-сти-нент*) adj. воздержный.
Abstinently (*ăб'-сти-нент-ли*) adv. воздержно.
Abstract (*ăб-стрăкт'*) va. отвлекать; отдѣлять, разсматривать отвлеченно; дѣлать извлеченія изъ сочиненія; похищать; || adj. отвлеченный, абстрактный, умственный; **— idea**, отвлеченная мысль; || s. краткій обзоръ, извлеченіе, резюмэ.
Abstractedly (*ăб-стрăкт'-ед-ли*) adv. отвлеченно.
Abstractedness (*ăб-стрăкт'-ед-нес*) s. отвлеченность.
Abstracter (*ăб-стрăкт'-ер*) s. извлекающій.
Abstraction (*ăб-страк'-шŏн*) s. отвлеченіе, отвлеченность; разсѣянность, удаленіе отъ всего матеріальнаго.
Abstractive (*ăб-стракт'-ив*) adj. отдѣляющій, отвлекающій, извлекающій.
Abstractively (*ăб-стрăкт'-ив-ли*) adv. отвлеченно.
Abstractly (*ăб'-стракт-ли*) adv. отвлеченно, абстрактно.
Abstractness (*ăб-стрăкт'-нес*) s. см. **Abstractedness**.
Abstruse (*ăб-стрьюс'*) adj. скрытный, сокровенный; неясный, непонятный.
Abstrusely (*ăб-стрьюс'-ли*) adv. темно, непонятно, абстрактно.
Abstruseness (*ăб-стрьюс'-нес*) s. неясность, непонятность.
Absurd (*ăб-сŏрд'*) adv. нелѣпый, глупый, абсурдный.
Absurdity (*ăб-сŏрд'-и-ти*) s. вздоръ, нелѣпость.
Absurdness (*ăб-сŏрд'-нес*) s. вздоръ нелѣпость.
Abundance (*ă-бŏн'-дăнс*) s. изобиліе, полнота, достатокъ.
Abundant (*ă-бŏн'-дăнт*) adj. обильный, изобилующій. **— with** *или* **in**, изобилующій чѣмъ-либо.
Abundantly (*ă-бŏн'-дăнт-ли*) adv. обильно, богато, достаточно, съ излишкомъ.
Abusable (*ă-бьюз'-ă-бл*) adj. чѣмъ можно злоупотреблять.
Abuse (*ă-бьюс'*) s. злоупотребленіе; обманъ; обольщеніе; оскорбленіе. **— of words**, злоупотребленіе словами.
Abuse (*ă-бьюз'*) va. злоупотреблять, худо обходиться съ кѣмъ; отдѣлать кого; вводить въ обманъ; обольщать, бранить. **To —**

privileges, злоупотреблять преимуществами.
Abuser (*ä-бьюз'-ер*) s. злоупотребляющій; обманщикъ; ругатель, обольститель.
Abusive (*ä-бью'-сив*) adj. злоупотребляющій, оскорбительный; обманчивый; несвойственный.
Abusively (*ä-бьюс'-ив.ли*) adj. грубо; обманомъ; употребляя во зло; оскорбительно.
Abusiveness (*ä-бью'-сив-нес*) s. злоупотребленіе; грубость; оскорбленіе.
Abut (*ä-бöт'*) vn. прилегать, доходить до чего, оканчиваться, граничить, заканчиваться.
Abutment (*ä-бöт'-мент*) s. край; межа; (архит.) каменный устой; ледоколъ (у моста); небольшой косякъ, пилястръ.
Abuttal (*ä-бöт'-ä.л*) s. межа, граница, смежность.
Abutting (*ä-бöт'-инг*) adj. прилегающій, оканчивающійся, вдвигающійся, выступающій; || s. вѣтвь (дороги).
Abyss (*ä-бис'*) s. бездна, пучина. **The — of hell,** адъ.
Abyssinia (*эбиссин'нä*) npr. (геогр.) Абиссинія.
Abyssinian (*эбиссин'иäн*) adj. абиссинскій; || s. абиссинецъ.
Acacia (*ä-кэ'-ши-ä*) s. (бот.) акація.
Academic (*äк-ä-дем'-ик*) adj. академическій; || s. академикъ, членъ академіи.
Academically (*äк-ä-дем'-ик-ä.ли*) adv. по-академически.
Academician (*äк-ä-ди-ми'-шäн*) s. академикъ.
Academism (*äк-äд'-и-мизм*) s. академизмъ.
Academist (*ä-кäд'-и-мист*) s. академикъ.
Academy (*ä-кäд'-и-ми*) s. академія, высшее учебное заведеніе, общество ученыхъ; совокупность учебныхъ заведеніе. — **for young gentlemen, for young ladies,** учебное заведеній для юношей и дѣвицъ. [дія.
Acadia (*экэ'диä*) npr. (геогр.) Акадія.
Acajou (*äк'а-джö*) s. (ботан.) акажу, красное дерево.
Acantha (*ä-кäн'-сэä*) s. (ботан.) колючка, шипъ; (зоол.) остроконечное перо въ плавникахъ у рыбъ.
Acanthine (*ä-кäн'-сэин*) adj. колючій, зубчатый.
Acanthus (*ä-кäн'-сэöс*) s. (ботан.) медвѣжья лапа; роженецъ; (арх.) акантъ (родъ украшеній).
Acarnania (*экäр-нэ'-ниä*) npr. Акарнанія (древн. геогр. названіе).
Accede (*äк-сид'*) vn. допускать, соглашаться, присоединяться; вступать на престолъ.
Acceding (*äк-сид'-инг*) s. вступленіе (на престолъ)
Accelerate (*äк-сэ.л'-ер-эт*) va. ускорять (о движеніи); торопить.
Accelerating (*äк-се.л'-ер-эт-инг*) adj. ускоряющій. [ускореніе.
Acceleration (*äк-се.л-ер-э'-шöн*) s.
Accelerative (*äк-се.л'-ер-э-тив*) adj. ускоряющій, торопящій.
Accelerator (*äк-се.л'-ер-э-тöр*) s. (анат.) сократитель (о мускулахъ).
Acceleratory (*äк-се.л'-ер-э-тö-ри*) adj. ускоряющій, торопящій.
Accendibility (*äк-сен-ди-би.л'-и-ти*) s. горючесть, воспламеняемость.
Accendible (*äк-сен'-ди-б.л*) adj. горючій, воспламеняемый.
Accension (*äк-сен'-шöн*) s. (хим.) воспламеняемость, возгораемость.
Accent (*äк-сент'*) va. дѣлать удареніе на словѣ; отмѣчать удареніія; произносить съ удареніемъ.
Accent (*äк'-сент*) s. произношеніе; акцентъ, удареніе; знакъ ударенія.
Accentuate (*äк-сен'-чью-эт*) va. произносить съ удареніемъ.
Accentuation (*äк-сен-чью-э'-шöн*) s. словоудареніе.
Accept (*äк-септ'*) va. принимать; соглашаться; (юрид.) акцептировать (вексель).
Acceptability (*äк-септ-ä-би.л'-и-ти*) s. пріемлемость, допускаемость.
Acceptable (*äк-сеп'-тä-б.л*) adj. пріемлемый, допустимый; на что можно согласиться; угодный.
Acceptableness (*äк-септ'-ä-б.л-нес*) s. пріемлемость, допускаемость. [пріятно, угодно.
Acceptably (*äк-сеп'-тä-б.ли*) adv.
Acceptance (*äк-септ'-äнс*) s. пріемъ, принятіе; принятое словоупотребленіе; || (торг.) акцептація. **To refuse — to,** отказаться отъ акцептаціи. **To present for —,** представить для акцептаціи.
Acceptation (*äк-сеп-тэ'-шöн*), s. (торг.) акцептація; || пріемъ, принятіе; одобреніе.
Accepter (*äк-септ'-ер*) s. (торг.) приниматель, акцептантъ.
Acception (*äк-сеп'-шöн*) s. принятое словоупотребленіе; пріемъ.
Acceptor (*äк-септ'-ер*) s. (торг.) акцептантъ.
Access (*äк-сес'*) s. доступъ; || (патол.) приступъ болѣзни.
Accessibility (*äк-сес-си-би.л'-и-ти*) s. доступность.
Accessible (*äк-сес'-си-б.л*) adj. доступный, любезный.
Accession (*äк-сес'-шöн*), s. при-

ращеніе, увеличеніе; восшествіе (на престолъ); **Right of —,** право на престолонаслѣдіе.

Accessional (*ăк-сес'-шŏн-ăл*), adj. добавочный, второстепенный, вспомогательный.

Accessless (*ăк-сес'-лес*) adj. неприступный, недоступный.

Accessorial (*ăк-сес-со'о-ри-ăл*) adj. причастный, зависящій (отъ).

Accessorily (*ăк'-сес-сŏ-ри-ли*) adv. побочнымъ образомъ, второстепенно.

Accessoriness (*ăк'-сес-сŏ-ри-нес*) s. соучастность, причастность.

Accessory (*ăк'-сес-сŏ-ри*) s. соучастникъ; || побочное обстоятельство; || adj. причастный; добавочный, побочный, посторонній.

Accidence (*ăк'-си-денс*) s. книга съ первоначальными правилами грамматики.

Accident (*ăк'-си-дент*), s. случай; приключеніе; случайность; несчастье, бѣдствіе. **To meet with an—,** быть жертвою случайности.

Accidental (*ăк-си-ден'-тăл*) adj. случайный.

Accidentality (*ăк'-си-ден-тăл'-и-ти*) s. (филос.) теорія случайностей, теорія вѣроятностей.

Accidentally (*ăк'-си-ден'-тă-ли*) adv. случайно, неожиданно.

Accidentalness (*ăк-си-ден'-тăл-нес*), s. случайность.

Accipiter (*ăк-сип'-и-тŏр*) s. (зоол.) родъ рыбы; || ястребъ.

Accipitrine (*ăк-сип'-и-трин*) adj. ястребиный.

Accite (*ăк-сăйт*) va. сзывать, собирать; звать.

Acclaim (*ăк-клэм'*) s. рукоплесканіе, радостное восклицаніе, одобреніе; || va. одобрять восклицаніями, рукоплескать, аплодировать.

Acclamation (*ăк-клă-мэ'-шŏн*) s. торжественное одобреніе, одобреніе, одобреніе восклицаніями; избраніе посредствомъ рукоплесканія.

Acclamatory (*ăк-клăм'-ă-тŏ-ри*) adj. одобрительный. **Loud — shouts,** взрывы рукоплесканій.

Acclimate (*ăк-клай'-мэт*) va. пріучать къ новому климату, акклиматизировать.

Acclimation (*ăк-кли-мэ'-шŏн*) s. акклиматизація, пріученіе къ новому климату.

Acclimatization (*ăк-клай-мэ-ти-зэ'-шŏн*) s. пріученіе къ новому климату.

Acclimatize (*ăк-клай'-мэ-тайз*) va. пріучать къ новому климату.

Acclimature (*ăк-клай'-мэ-чŏр*) s. акклиматизація.

Acclive (*ăк-клаи'в*) **Acclivous:** (*ăк-клай'-вŏс*), adj. покатый, идущій по склону.

Acclivity (*ăк-клив'-и-ти*) s. подъемъ (холма); косогоръ; (фигур.) затрудненіе, осложненіе.

Accolade (*ăк'-кŏл-эд*) s. облобызаніе; обрядъ принятія (у рыцарей); || (муз.) акколада, соединительная черта партитуры.

Accommodable (*ăк-ком'-мо-дă-бл*) adj. согласуемый, приспособляемый, приноравливаемый.

Accommodableness (*ăк-ком'-мо-дă-бл-нес*) s. приспособляемость, способность, свойство примѣняться, приноравливаться.

Accommodate (*ăк-ком'-мод-эт*) va. примѣнять, приспособлять, согласовать, приноравливать. **To — one's self to circumstances,** приспособляться къ обстоятельствамъ.

Accommodately (*ăк-ком'-мод-эт-ли*) adv. прилично, удобно.

Accommodateness (*ăк-ком'-мод-эт-нэс*) s. удобство, приспособляемость, полезность.

Accommodating (*ăк-ком'-мо-дэ-тинг*) adj. сговорчивый, удобный, податливый.

Accommodation (*ăк-ком-мо-дэ'-шŏн*) s. (въ соединеніи съ **to** *или* **with**) приспособленіе, примѣненіе; согласованіе; дѣловая сдѣлка; приспособленія въ квартирѣ. **— for the night,** ночлежное помѣщеніе. **An — bill,** бронзовый вексель, росписка для вида. || **—s.** s. pl., отхожее мѣсто.

Accommodator, (*ăк-ком-мо-дэ'-тŏр*) s. согласователь; приспособитель; примиритель.

Accompagnee (*ăк-кŏм'-пă-ни*) s. см. **Accompanist.**

Accompaniment (*ăк-кŏм'-пă-ни-мент*), s. сопровожденіе, сопутствованіе; принадлежность; (муз.) аккомпаниментъ.

Accompanist (*ăк-кŏм'-пă-нист*) s. аккомпаніаторъ.

Accompany (*ăк-кŏм'-пă-ни*) va. сопутствовать; сопровождать; (муз.) аккомпанировать.

Accomplice (*ăк-кŏм'-плис*) s. соучастникъ, -ница. **— with,** соучастникъ въ (чемъ).

Accomplish (*ăк-кŏм'-плиш*) va. совершать, осуществлять; совершенствовать (умъ *или* тѣло).

Accomplishable (*ăк-кŏм'-плиш-ă-бл*) adj. выполнимый, осуществимый.

Accomplished (*ăк-кŏм'-плишд*) adj. совершенный, оконченный; || образованный.

Accomplisher (*äк-кöм'-плиш-ер*) s. исполнитель, совершитель.
Accomplishment (*äк-кöм'-плиш-мент*) s. исполненіе, осуществленіе; талантъ, познанія, внѣшнее свѣтское образованіе; совершенство.
Accord (*äк-корд'*) s. согласіе, уговоръ, союзъ, соглашеніе, условіе; (муз.) аккордъ, строй. **With one —**, единогласно, съ общаго согласія, единодушно; || va. согласовать, принаравливать; примирять; (муз.) настраивать; || vn. согласоваться.
Accordable (*äк-корд'-ä-бл*) adj. согласуемый, согласный, допустимый.
Accordance (*äк-корд'-äнс*) s. соглашеніе;согласіе; пропорціональность. **In — with,** въ согласіи (съ кѣмъ).
Accordant (*äк-корд'-äнт*) adj. согласный, соотвѣтственный; созвучный.
Accordantly(*äк-корд'-äнт-ли*) adv. согласно, соотвѣтственно; созвучно; сообразно.
According (*äк-корд'-инг*) prep. согласно, съ, по; **— as,** смотря по; **— to**, согласно съ.
Accordingly (*äк-корд'-инг-ли*) adv. соотвѣтственно.
Accordion (*äк-кöр'-ди-öн*) s. аккордеонъ (музыкальный инструментъ).
Accost (*äк-кост'*) va. подходить, приступать, первому заговорить.
Accostable (*äк-кост'-ä-бл*) adj. доступный, привѣтливый.
Accouchement (*äк-куш'-мäн*) s. роды, разрѣшеніе отъ бремени.
Accoucheur (*äк-ку-шöр'*) s. акушоръ, врачъ-акушоръ. [шерка.
Accoucheuse (*äк-ку-шöз'*) s. аку-
Account (*äк-ка'-унт*) s. счетъ; счетоводство; отчетъ; разсказъ, извѣстіе; изслѣдованіе; причина, поводъ; намѣреніе. **— book,** счетная книга. **— sales**, счетъ по продажѣ. **To keep —s by double entry,** вести книги по двойной бухгалтеріи. **To settle an —**, свести счетъ. **To open, to close an —**, открыть счетъ. **To carry to —**, занести на счетъ. **To audit an —**, свѣрить счетъ. **Short —s make long friends**, короче счетъ — лучше дружба. **Overdrawn —**, непокрытый счетъ. **To cast up —s**, сводить счетъ. **Give me your — and I will pay it,** дайте мнѣ вашъ счетъ и я заплачу по нему. **To call one to — for his misdeeds**, спрашивать отчетъ у кого въ проступкахъ. **To turn to good —**, извлечь хорошую выгоду. **By your —**, по вашимъ словамъ. **By all —s**, по тому, что говорятъ. **Upon no —**, никакимъ образомъ ни въ какомъ случаѣ, никакъ. **On — of,** ради чего-либо. **On his —**, ради него. **To make no — of,** не принимать во вниманіе, не считаться съ чѣмъ-либо; || va. и vn. считать, давать отчетъ; думать, признавать, почитать; изъяснять; представлять (причину, основаніе).
Accountability (*äк-каунт-ä-бил'-и-ти*) s. отчетность, отвѣтственность.
Accountable (*äк-ка'унт-ä-бл*) adj. подлежащій отчету, отвѣтственный.
Accountableness (*äк-ка'унт-ä-бл-нес*) s. отвѣтственность.
Accountant (*äк-ка'-унт-äнт*) s. счетоводъ, бухгалтеръ, счетчикъ; (юрид.) отвѣтчикъ.
Accouple (*äк-кöп'-л*) va. совокуплять, соединять, связывать попарно.
Accoutre, Accouter (*äк-ку'-тöр*) va. наряжать; рядить; (воен.) обмундировывать.
Accoutred, Accoutered (*äк-ку'-тöрд*) s. ряженый. **Fully —**, вооруженный. **Oddly —**, ряженый шутовски.
Accoutrement (*äк-ку'-тöр-мент*) s. смѣшной нарядъ, старомодное платье; (воен.) полная обмундировка.
Accredit (*äк-кред'-ит*) va. давать довѣренность, оказывать кредитъ; уполномочить.
Accredited (*äк-кред'-итед*) adj. аккредитованный, уполномоченный
Accrescence (*äк-крес'-сенс*) s. приращеніе, пріумноженіе, распространеніе.
Accrescent (*äк-крес'-сент*) adj. растущій, возрастающій.
Accrete (*äк-крит'*) adj. сросшійся; спаенный, совмѣстно кристаллизованный,
Accretion (*äк-кри'-шöн*) s. естественное приращеніе; наростъ; наносъ (земли теченіемъ рѣки).
Accretive (*äк-кри'-тив*) adj. прирастающій, приросшій.
Accrue (*äк-кру'*) vn. прирастать, прибавляться; увеличиваться; доставаться на долю.
Accubation (*äк-кью-бэ'-шöн*) s. возлежаніе (за столомъ у древнихъ)
Accumbency (*äк-кöм'-бен-си*) s. полулежачее состояніе.
Accumbent (*äк-кöм'-бент*) adj возлежащій.
Accumulate (*äк-кью'-мью-лэт*) va. собирать въ кучу; копить, нако-

плять: занимать (нѣсколько должностей); || vn. накопляться; || adj. накопленный, собранный.

Accumulation (*ăк-кью-мью-лэ'-шŏн*) s. накопленіе, умноженіе, увеличеніе; скопленіе.

Accumulative (*ăк-кью'-мью-лэ-тив*) adj. собираемый, скопляемый; прибавочный.

Accumulatively (*ăк-кью'-мью-лэ-тив-ли*) adv. посредствомъ скопленія, увеличенія.

Accumulator(*ăк-кью'-мью-лэ-тŏр*) s. собиратель; аккумуляторъ (въ электичествѣ).

Accuracy (*ăк'-кью-рă-си*) s. точность, аккуратность; правильность.

Accurate (*ăк'-кью-рэт*) adj. точный, вѣрный, правильный, безошибочный; аккуратный.

Accurately (*ăк'-кью-рэт-ли*) adv. точно, аккуратно.

Accurse (*ăк-кŏрс'*) va. проклинать, предавать анаѳемѣ.

Accursed (*ăк-кŏрст'*) adj. проклятый, ненавистный.

Accusable (*ăк-кьюз'-ă-бл*)' adj. обвиняемый, подлежащій обвиненію, виновный, достойный порицанія.

Accusation (*ăк-кью-зэ-'шŏн*), s. обвиненіе, обвинительный актъ.

Accusative (*ăк-кью'-зă-тив*) s. (грам.)винительный падежъ; || adj. обвиняющій.

Accusatively (*ăк-кью'-зă-тив-ли*) adv. путемъ обвиненія.

Accusatory(*ăк-кью'-зă-тŏ-ри*)adj. обвинительный.

Accuse (*ăк-кьюз'*) va. обвинять, доносить; обличать.

Accused (*ăк-кьюзд'*)s. обвиняемый.

Accuser (*ăк-кьюз'-ŏр*) s. обвинитель, —ница; доносчикъ, —чица.

Accustom (*ăк-кŏс'-тŏм*) va. пріучать; привыкать. **To — one's self to**, пріучать себя; || vn. пріучаться, привыкать.

Accustomable (*ăк-кŏс'-тŏм-ă-бл*) adj. обычный, обыкновенный.

Accustomably (*ăк-кŏс'-тŏм-ă-бли*) adv. обыкновенно.

Accustomarily (*ăк-кŏс'-тŏм-ă-ри-ли*) adv. по привычкѣ, по обыкновенію.

Accustomary (*ăк-кŏс'-тŏм-ă-ри*) adj. обыкновенный.

Accustomed (*ăк-кŏс'-тŏмд*) adj. привыкшій, привычный, постоянный (о посѣтителѣ).

Accustomedness (*ăк-кŏс'-тŏмд-нес*) s. привычка.

Ace (*эс*) s. тузъ (въ картахъ), очко'; || fig. самое малое растояніе, количество. **To be within an — of**, быть на волосокъ отъ.

Acephalous (*ă-сеф'-ă-лŏс*) adj. безглавый; || не признающій главы.

Acer (*э'-сŏр*) s. (ботан.) кленъ.

Acerb (*ă-сŏрб'*) adj. терпкій, острый, неспѣлый, кислый; || fig. горькій; жесткій, грубый.

Acerbate (*ă-сŏр'-бэт*) va. дѣлать терпкимъ.

Acerbity (*ă-сŏр'-би-ти*) s. терпкость, кислота; || (фиг.) суровость, грубость, горечь.

Aceric (*ă-сер'-ик*) adj. кленовый.

Acerous (*ăс'-ер-ŏс*), **Acerose** (*ăс'-ер-ŏз*) adj. (ботан.) иглистый.

Acervate (*ăс-ŏр'-вэт*) va. накоплять, скучивать.

Acervation (*ăс-ŏр-вэ'-шŏн*) s. скучиваніе, накопленіе.

Acescency (*ă-сес'-сен-си*) s. окисленіе.

Acescent (*ă-сес'-сент*) adj. кисловатый, окисленный.

Acestes (*ă-сес'-тиз*) npr. (миѳол.) Ацестъ.

Acetabulum (*ă-си-тăбъ'-ю-лŏм*) s. (анат.) вертлюжная впадина.

Acetate (*ăс'-и-тэт*) s. (химич.) уксуснокислая соль.

Acetated (*ăс'-и-тэ-тед*) adj. окисленный.

Acetic (*ă-сет'-ик*) adj. уксусный.

Acetification(*ă-сит-и-фи-кэ'-шŏн*) s. окисленіе.

Acetify (*ă-сит'-и-фай*) va. окислять; || vn. окисляться.

Acetimeter (*ăс-ит-им'-и-тŏр*) s. (хим.) измѣритель степени окисленія.

Acetimetry (*ăс'-ит-им'-ит-ри*) s. способъ измѣренія окисленія.

Acetite (*ăс'-и-тайт*) s. уксусная соль.

Acetone(*ăс'-и-тон*) s.(хим.) ацетонъ.

Acetous (*ă-си'-тŏс*) adj. уксусный, кислый.

Acetylene (*ă-сет'-и-лин*) s. (хим.) ацетиленъ.

Achaia (*ăкэ'-иă*) npr. (геогр.) Ахайя.

Ache (*эк*)s. боль, страданіе; || **Tooth —**, зубная боль. || vn. болѣть, скорбѣть; причинять боль. **My head —s**, у меня голова болитъ. **The heart —s to see it**, сердце болитъ на это смотрѣть.

Acheron (*ăк'-ŏрон*) npr. (миѳол.) Ахеронъ.

Achievable (*ă-чив'-ă-бл*) adj. выполнимый.

Achievance (*ă-чив'-ăнс*)s.подвигъ.

Achieve (*ă-чив'*) va. совершать, выполнять, доводить до конца; одерживать (побѣду); пріобрѣтать.

Achievement (*ă-чив'-мент*) s. совершеніе,выполненіе; выдающееся произведеніе, сочиненіе; подвигъ; награда.

Achiever (*ă-чив'-ер*) s. выполнитель, авторъ, творецъ, герой.

Achilles (*ă-кил'-лиз*) npr. Ахиллесъ.

Achim (*э'ким*) npr. Іоакимъ.

Aching (*эк'-инг*) s. боль, страданіе;

(фиг.) огорченіе. || adj. страдающій, болѣющій; || (фиг.) огорченный.
Achor (*э'-кор*) s. (медиц.) золотуха, шелуди.
Achromatic (*ăк-ро-мăт'-ик*) adj. ахроматическій, безцвѣтный.
Achromatize (*ăк-ро'-мă-тайз*) va. ахроматизировать, обезцвѣчивать
Achromatism (*ăк-ро'-мă-тизм*) s. ахроматизмъ.
Acid (*ăс'-ид*) adj. кислый, уксусный; || s. (химич.) кислота.
Acidifiable (*ă-сид'-и-фай-ă-бл*) adj. способный къ окисленію.
Acidification (*ă-сид-и-фи-кэ'-шŏн*) s. окисленіе. [литель.
Acidifier (*ă-сид'-и-фаи-ер*) s. окис-
Acidify (*ă-сид'-и-фай*) va. дѣлать кисловатымъ, окислять; квасить.
Acidifying (*ă-сид'-и-фай-инг*) adj. окисляющій.
Acidimeter (*ăс-ид-им'-и-тер*) s. измѣритель кислоты.
Acidimetry (*ăс-ид-им'-и-три*) s. способъ измѣренія окисленія.
Acidity (*ă-сид'-и-ти*) s. кислота, ѣдкость. [ность
Acidness (*ăс'-ид-нес*) s. кислот-
Acidulate (*ă-сидь'-ю-лэт*) va. окислять, дѣлать кислымъ.
Acidulous (*ă-сидь'-ю-лŏс*) adj. кисловатый.
Acinose (*ăс'-и-нос*), **Acinous** (*ăс'-и-нŏс*) adj. (анат.) гроздовидный, гранулезный.
Acknowledge (*ăк-нол'-едж*) va. признавать, допускать; сознавать (ошибки); удостовѣрять (въ полученіи); свидѣтельствовать (документъ).
Acknowledgment (*ăк-нол'-едж-мент*) s. признаніе, сознаніе; удостовѣреніе; признательность.
Acme (*ăк'-ме*) s. вершина, высшая точка, высшая степень; (медиц.) кризисъ (болѣзни). **The — of human greatness**, верхъ человѣческаго величія.
Acolothist (*ăкол'-и-сэист*), **Acolyte** (*ăк'-о-лайт*) s. аколитъ; церковный прислужникъ; (астр.) спутникъ.
Aconite (*ăк'-о-найт*) s. волчій корень, аконитъ (растеніе).
Aconitine (*ăк-о'-ни-тин*) s. (химич.) аконитинъ (алколоидъ).
Acorn (*э'-корн*) s. блюдечко (раковина); желудь; (мор) клотикъ; || vn. кормиться желудями.
Acorned (*э'-корнд*) adj. съ желудями; откормленный желудями.
Acotyledon (*ă-кот-и'-ле-дон*) s. (ботан.) растеніе безсѣмянодолей.
Acotyledonous (*ă-кот-и-лед'-о-нŏс*), adj. (ботан.) безсѣменодольный.
Acoustic (*ă-ка'у-стик*) adj. акустическій; (анат.) слуховой.
Acoustics (*ă-ка'у-стик*), s. pl. акустика, наука о звукѣ.
Acquaint (*ăк-куэ'нт*) va. знакомить; увѣдомлять, сообщать, предупреждать. **To — one's self with**, ознакомляться съ чѣмъ-либо, знакомиться съ кѣмъ либо. **To be — ed with**, быть свѣдующимъ въ какомъ-либо дѣлѣ.
Acquaintance (*ăк-куэ'нт-ăнс*) s. знакомство; || знакомый. **She is an — of mine**, она — моя знакомая.
Acquaintanceship (*ăк-куэ'-нт-анс-шип*) s. знакомство; тѣсная связь.
Acquainted (*ăк-куэ'нт-ед*) adj. знакомый. **I have become —, with him**, я съ нимъ познакомился.
Acquest (*ăк-куэ'ст*) s. пріобрѣтеніе; прибыль; благопріобрѣтенное имущество.
Acquiesce (*ăк-куи-ес'*) vn. соглашаться; покоряться, уступать.
Acquiescence (*ăк-кви-ес'-сенс*), **Acquiescency** (*ăк-кви-ес'-сен-си*) s. уступка, согласіе, подчиненіе, покорность.
Acquiescent (*ăк-куи-ес'-сент*), adj. согласный, покорный.
Acquirability (*ăк-куайр-ă-бил'-и-ти*) s. пріобрѣтаемость.
Acquirable (*ăк-куайр'-ă-бл*) adj. пріобрѣтаемый.
Acquire (*ăк-куайр'*) va. пріобрѣтать, получать.
Acquirement (*ăк-куайр'-мент*) s. пріобрѣтеніе; || познаніе.
Acquirer (*ăк-куайр'-ер*) s. пріобрѣтатель.
Acquisition (*ăк-куи-зиш'-ŏн*) s. пріобрѣтеніе, стяжаніе.
Acquisitive (*ăк-куиз'-и-тив*) adj. пріобрѣтенный, способный къ пріобрѣтенію.
Acquisitively (*ăк-куиз'-и-тив-ли*) adv. черезъ пріобрѣтеніе.
Acquisitiveness (*ăк-куиз'-и-тив-нес*) s. наклонность къ пріобрѣтенію; (френол.) органъ стяжанія.
Acquit (*ăк-куит*), va. освобождать отъ чего; заплатить. **To — one's self of a debt**, расплатиться, разсчитаться съ долгомъ, исполнить свою обязанность.
Acquittal (*ăк-куит'-ăл*) s. освобожденіе; оправданіе.
Acquittance (*ăк-куит'-ăнс*) s. уплата (долга); освобожденіе, оправданіе; росписка, квитанція.
Acre (*э'-кŏр*) s. акръ (мѣра земли). **God's —**, кладбище. || гор. Акра, Сен-Жан-д'Акръ.

Acreage (*э'-кӧр-эдж*) s. количество акровъ, пространство земли.
Acrid (*ӑк'-рид*) adj. острый, ѣдкій; || колкій, язвительный, рѣзкій.
Acridity (*ӑ-крид'-и-ти*), **Acridness** (*ӑк'-рид-нес*) s. ѣдкость; горечь; || колкость, язвительность.
Acrimonious (*ӑк-ри-мо'о-ни-ӧс*) adj. ѣдкій, горькій; язвительный.
Acrimoniously (*ӑк-ри-мо'о-ни-ӧс-ли*) adv. ѣдко, язвительно.
Acrimoniousness (*ӑк-ри-мо'о-ни-ӧс-нес*) s. ѣдкость; язвительность.
Acrimony (*ӑк'-ри-мо-ни*) s. ѣдкость; язвительность.
Acritude (*ӑк'-ри-тьюд*) s. горечь, ѣдкость.
Acrobat (*ӑк'-ро-бэт*) s. акробатъ.
Acrogen (*ӑк'-роджен*) s. (ботан.) безкорневыя растенія.
Acrogenous (*ӑ-кродж'-ин-ӧс*) adj. (ботан.) безкорневой (о растеніяхъ).
Acronycal (*ӑ-крон'-ик-ӑл*) adj. (астр.) ахроническій (о звѣздахъ).
Acropolis (*ӑ-крол'-о-лис*) s. акрополь, крѣпость города (у грековъ.
Acrospire (*ӑк'-ро-спайр*) s. (бот.) зародышъ стебля.
Across (*ӑ-крос'*) adv. и prép. поперекъ, накрестъ; чрезъ, сквозь; на. **To go — the fields,** идти прямикомъ черезъ поля.
Acrostic (*ӑ-крос'-тик*) s. акростихъ; || adj. акростическій.
Acrostically (*ӑ-крос'-ти-ка-ли*) adv. въ формѣ акростиха.
Act (*ӑкт*) vn. поступать, дѣйствовать, вести себя, вліять на; || va. играть (роль); представлять; приводить въ движеніе. **It is time to —,** время дѣйствовать. **The body —s upon the mind,** тѣло воздѣйствуетъ на духъ. **To — as a friend,** дѣйствовать какъ другъ. **To — the part of a judge,** исполнять обязанности судьи. || s. дѣйствіе, поступокъ; дѣло; актъ, документъ; указъ, законъ; (театр.) актъ, дѣйствіе. **The — of walking,** хожденіе. **An — of charity,** благотворительный поступокъ. **That comedy is in five — s,** комедія въ пяти дѣйствіяхъ. **To pass an —,** совершить актъ, вотировать, принять законъ.
Acting (*ӑкт'-инг*) adj. дѣйствующій. **The — magistrate,** судья при исполненіи обязанностей. **— manager,** завѣдующій. || s. дѣйствіе; поступокъ; игра (актера); комедія, представленіе.
Actiniform (*ӑк-тин'-и-форм*) adj. актинообразный.
Actinism (*ӑк'-тин-изм*) s. (оптич.) актинизмъ - сила солнечныхъ лучей, производящая химическія измѣненія.
Actinograph (*ӑк-тин'-о-граф*) s. аппаратъ для обозначенія актинизма.
Actinometer (*ӑк-ти-ном'-и-тер*) s. аппаратъ для измѣренія актинизма.
Action (*ӑк-шӧн*) s. дѣйствіе, дѣло; поступокъ; жестъ, тѣлодвиженіе; || искъ, процессъ; || акція; || схватка. **Mechanical —** механическое движеніе. **To bring into —,** приводить въ движеніе. **To bring an —,** затѣвать процессъ.
Actionable (*ӑк'-шӧн-ӑ-бл*) adj. подлежащій взысканію, суду, обжалованію.
Actionably (*ӑк'-шӧн-ӑ-бли*) adv. подлежащій взысканію путемъ иска.
Active (*ӑк'-тив*) adj. активный, дѣятельный; проворный, ловкій; (грам.) дѣйствительный; (воен.) дѣйствующій. **An — man,** бездѣятельный человѣкъ. **Not in — service,** состоящій въ запасѣ. **Verb —,** дѣйствительный глаголъ.
Actively (*ӑк'-тив-ли*) adv. дѣятельно, ловко, проворно; (грам.) какъ дѣйствительный глаголъ.
Activeness (*ӑк'-тив-нес*) s. дѣятельность; ловкость, проворство, расторопность.
Activity (*ӑк-тив'-и-ти*) s. дѣятельность; ловкость.
Actless (*ӑкт'-лес*) adj. бездѣятельный; вялый.
Actor (*ӑкт'-ӧр*) s. актеръ; дѣйствующее лицо; || притворщикъ.
Actress (*ӑкт'-рес*) s. актриса; || притворщица.
Actual (*ӑк'-чу-ӑл*) adj. дѣйствительный, настоящій; || существенный.
Actuality (*ӑк'-чу-ӑл'-и-ти*) s. дѣйствительность.
Actualize (*ӑк'-чу-ӑл-айз*) va. приводить (въ дѣйствіе, въ исполненіе), осуществлять.
Actually (*ӑк'-чу-ӑли*) adv. дѣйствительно, въ самомъ дѣлѣ.
Actuary (*ӑк'-чу-ӑ-ри*) s. актуаріусъ, регистраторъ, секретарь.
Actuate (*ӑк'-чу-эт*) va. побуждать, оживлять, направлять; **to be —d,** быть подъ вліяніемъ чего.
Aculeate (*ӑ-кью'-ли-эт*) adj. шиповатый, колючій, острый, остроконечный.
Aculeiform (*ӑ-кью'-ли'-и-форм*) adj. (ботан.) колючій, остроконечный.
Aculeous (*ӑ-кью'-ли-ӧс*) adj. (ботан.) снабженный иглами.
Acumen (*ӑ-кью'-мен*) s. острая игла; || сообразительность, прони-

цательность, тонкость пониманія,
Acuminate (*äк-кью'-ми-нэт*) va. точить, оттачивать, заострять; || vn. оканчиваться конусомъ; возвышаться въ видѣ конуса.
Acumination (*äк-кью'-ми-нэ'-шöн*) s. остріе; проникновеніе, тонкость
Acuminous (*äк-кью'-ми-нöс*) adj. остроконечный, острый, иглистый.
Acupuncture (*ä-кью'-пöнк'-чöр*) s. (хирур.) акупунктура, вкалываніе иглъ.
Acute (*ä-кьют'*) adj. острый, проницательный; (ботан.) остроконечный: || остроумный. **An — angle**, острый уголъ.
Acutely (*ä-кьют'-ли*) adv. проницательно, тонко, остроумно.
Acuteness (*ä-кьют'-нес*) s. проницательность, тонкость, острота.
Adage (*äд'-эдж*) s. изреченіе, поговорка.
Adagio (*ä-дэ'-джи-о*) s. (музык.) адажіо (медленно).
Adam (*äд'-äм*) npr. Адамъ: || **—s -apple** (*äд'-äмз-äп.л*) s. (анат.) адамово яблоко, кадыкъ.
Adamant (*äд'-ä-мäнт*) s. адамантъ, алмазъ; магнитъ.
Adamantean (*äд-ä-мäн-ти'-äн*) adj. алмазовидный; твердый какъ алмазъ; || вѣчный, твердый, неразрывный; нечувствительный.
Adamantine (*äд-ä-мäн'-тин*) adj. алмазовидный. **— chains,** неразрывныя цѣпи.
Adapt (*ä-дäпт'*) va. приспособлять, примѣнять, прилаживать; согласовать.
Adaptability (*ä-дäпт-ä-бил'-и-ти*) s. примѣняемость. [мѣнимый.
Adaptable (*ä-дäпт'-ä-б.л*) adj. при-
Adaptation (*ä-дäп-тэ'-шöн*) s. приспособленіе, прилаживаніе, согласованіе.
Adapter (*ä-дäпт'-ер*) s. приспособитель; (хим.) приставная труба.
Adays (*ä-дэз'*) adv. **now —**, теперь, нынѣ, въ настоящее время.
Add (*äд*) va. складывать, присоединять; увеличивать.
Addendum (*äд-ден'-дöм*) pl. **Addenda,** прибавленіе, приложеніе, добавленіе. [ехидна.
Adder (*äд'-ер*) s. ядовитая змѣя,
Addibility (*äд-ди-бил'-и-ти*) s. слагаемость, придаточность.
Addible (*äд'-ди-бл*) adj. слагаемый.
Addict (*äд-дикт'*) va. **To — one's self to** (**study, vice, pleasure**) предаваться наукѣ, порокамъ, наслажденію. **To be — ed to,** предаваться.
Addictedness (*äд-дикт'-ед-нес*) s. прилежаніе, преданность, приверженность, сильная страсть.
Addiction (*äд-дикш'-шöн*) s. (**to**) склонность къ чему.
Addition (*äд-ди'-шöн*) s. прибавленіе, увеличеніе, дополненіе; (ариө.) сложеніе; (юрид.) званіе.
Additional (*äд-ди'-шöн-ä.л*) adj. добавочный, придаточный.
Additionally (*äд-ди'-шöн-äли*) adv вдобавокъ, сверхъ того.
Additory (*äд'-ди-то-ри*) adj. прибавочный; увеличивающій.
Addle (*äд'-д.л*) adj. испорченный, гнилой, безплодный; взбалмошный; безъ зародыша (объ яйцѣ); пустоголовый. **An — head**, взбалмошный. || va. сдѣлать больнымъ, развратить.
Addled (*äдд'-лд*) adj. высиженный, выхоленный.
Addorse (*äд-дорс'*) va. прислонить, поставить спиною.
Address (*äд-рес'*) приготовлять, принимать мѣры, обращаться со словомъ; адресовать. **To — a letter,** адресовать (письмо). || s. слово, рѣчь, обращеніе; адресъ (выраженіе чувствъ); адресъ; ловкость, манеры, умѣніе ухаживать. **Of an agreeable —**, пріятный въ обращеніи. **Of good —**, приличный. **To pay one's — es to,** ухаживать.
Addresser (*äд-рес'-сер*) s. проситель; преподноситель адреса; отправитель (письма).
Adduce (*äд-дьюс'*) va. представлять, приводить, до, доставлять; приводить (цитату).
Adducent (*äд-дью'-сент*) adj. **— muscle,** приводящая мышца (аддукторъ).
Adducible (*äд-дью'-си-б.л*) adj. приводимый, представляемый.
Adduction (*äд-дöк'-шöн*) s. приведеніе, представленіе (доказательствъ); указаніе, ссылка (на сочиненіе); (анат.) приводъ (мускула).
Adductive (*äд-дöк'-тив*) adj. приводящій, представляющій.
Adductor (*äд-дöк'-тöр*) s. (анат.) аддукторъ, приводящая мышца.
Adelaide (*äд'-и-лэйд*) npr. Аделаида.
Adelina (*äд-и-ли'-нä*), **Adeline** (*äд'-и-лайн*) npr. Аделина.
Adeling (*äд'е-линг*) s. **Atheling** сынъ принца; благородный (у англо-сакс.).
Ademption (*äдемп'-шöн*) s. (юрид.) уничтоженіе дарственнаго акта.
Adeniform (*äден'-и-форм*) adj. железообразный. [леніе железъ.
Adenitis (*äд-ен-ай'-тис*) s. воспа-
Adenography (*äд-ен-ог'-рä-фи*) s. (анат.) описаніе железъ.
Adenoid (*äд'-е-нойд*) adj. имѣющій форму железы.

Adenologye (*ăд-ен-ол'о-джи*) s. (анат.) ученіе о железахъ
Adept (*ă-депт'*) s адептъ, сторонникъ; || adj посвященный (во что); искусный, свѣдущій, знающій
Adequacy (*ăд'-и-куэт*) s. соразмѣрность, пропорціональность, соотвѣтственность, способность.
Adequate (*ăд'-и-куэт*) adj. соразмѣрный, соотвѣтствующій, компетентный, достаточный
Adequately (*ăд'-и-куэт-ли*) adv. соразмѣрно; равносильно
Adequateness (*ăд'-и-куэт-нес*) s. соотвѣтственность, соразмѣрность.
Adhere (*ăд-хир'*) vn прилегать, привязываться, придерживаться, приставать (къ партіи); соглашаться.
Adherence (*ăд-хир'-енс*), **Adherency** (*ăд-хир'-ен-си*) s. прирастаніе, плотное соединеніе, сцѣпленіе; присоединеніе; привязанность
Adherent (*ăд-хир'-ент*) adj. прилегающій, привязанный, присоединенный. || s. сторонникъ, единомышленникъ, приверженецъ, послѣдователь.
Adherently (*ăд-хир'-ент-ли*) adv. посредствомъ сцѣпленія, привязчиво.
Adherer (*ăд-хир'-ŏр*) s единомышленникъ, приверженецъ, послѣдователь, сторонникъ.
Adhesion (*ăд-хи'-жŏн*) s связь, прилипаніе; плотное прилеганіе, || соглашеніе (съ мнѣніемъ).
Adhesive (*ăд-хи'-сив*) adj. вязкій, крѣпко пристающій, клейкій; || (фиг.) упорный, рьяный
Adhesively (*ăд-хи'-сив-ли*) adv. посредствомъ прилипанія, приставанія.
Adhesiveness (*ăд-хи'-зив-нес*) s липкость, клейкость; (френол.) привязчивость
Adhortatory (*ăд-хор'-тă-тŏ-ри*) adj. увѣщевательный, поучительный. [капиллярные сосуды.
Adiantum (*ă-диăн'-тŏм*) s. (мед.)
Adiaphorus (*ă-ди-ăф'-ор-ŏс*) adj (филос.) безразличный (съ смыслѣ нравственномъ)
Adieu (*ă-дью'*) interj. прощай; || s. прощаніе.
Adipocere (*ăд'-и-по-сир*) s. (химич.) восковидное вещество, въ которое превращается мясо умершихъ животныхъ внѣ воздѣйствія атмосфернаго воздуха; жировоскъ.
Adipose (*ăд'-и-пос*), **Adipous** (*ăд'-и-пŏс*) adj. (анат.) сальный, жировой; (медиц.) болѣзненное ожиреніе. [отдушина.
Adit (*ăд'-ит*) s. подземный проходъ;
Adjacence (*ăд-дже'-сенс*), **Adjacency** (*ăд-дже-сен'-си*) s. сосѣдство, смежность, близость.
Adjacent (*ăд-дже'-сент*) adj. смежный, сосѣдній, прилегающій; || s. сосѣдъ. [присоединять.
Adject (*ăд-джект'*) va. прибавлять,
Adjection (*ăд-джек'-шŏн*) s. прибавленіе, присоединеніе.
Adjectival (*ăд'-джек-ти-вăл*) adj. добавочный, прилагательный.
Adjective (*ăд'-джек-тив*) adj. прилагательный; s. (грам.) имя прилагательное; || va. прилагать.
Adjectively (*ăд'-джек-тив-ли*) adv. какъ прилагательное.
Adjoin (*ăд-джойн'*) va. присоединять, добавлять, прилагать, придавать; || vn. присоединяться, прилегать, примыкать; быть прикосновеннымъ
Adjoining (*ăд-джойн'-инг*) adj. прилежащій, смежный, примыкающій
Adjourn (*ăд-джŏрн'*) va. отсрочивать, откладывать; || vn. прекращать на время (занятія).
Adjournment (*ăд-джŏрн'-мент*) s. отсрочка.
Adjudge (*ăд-джŏдж'*) va. присуждать, приговорить (къ наказанію); рѣшать, полагать.
Adjudgment (*ăд-джŏдж'-мент*) s. присужденіе, приговоръ, рѣшеніе.
Adjudicate (*ăд-джю'-ди-кэт*) va. присуждать, рѣшать; обвинять; обсудить (дѣло).
Adjudication (*ăд-джю-ди-кэ'-шŏн*) s. присужденіе, рѣшеніе; обвиненіе; отдача съ торговъ.
Adjunct (*ăд'-джŏнкт*) s. помощникъ, адъюнктъ, товарищъ; || принадлежность, случайность; (грам.) дополненіе; || adj. дополнительный.
Adjunction (*ăд-джŏнк'-шŏн*) s. присоединеніе, прибавленіе; принадлежность.
Adjunctive (*ăд-джŏнкт'-ив*) adj. присоединительный.
Adjunctively (*ăд-джŏнкт'-ив-ли*) adj посредствомъ присоединенія.
Adjunctly (*ăд'-джŏнкт-ли*) adv. вслѣдствіе; въ связи съ; съ.
Adjuration (*ăд-джью-рэ'-шŏн*) s. заклинаніе, заклятіе, присяга, клятва. [молить, умолять.
Adjure (*ăд-джьюр'*) va. заклинать,
Adjust (*ăд-джŏст'*) va. прилаживать, выравнивать, вывѣрять, согласовать, собирать (части чего); приводить въ порядокъ.
Adjustable (*ăд-джŏст'-ă-бл*) adj. что можетъ быть прилажено, приспособлено.
Adjuster (*ăд-джŏст'-ер*) s. согласователь, прилаживатель; свѣритель.

Adjustment (*äд-джöст'-мент*) s. приспособленіе, провѣрка, приведеніе въ порядокъ, сличеніе, установка (машины); примиреніе.
Adjutancy (*äд'-джью-тäн-си*) s. должность адъютанта.
Adjutant (*äд'-джью-тäнт*) s. адъютантъ. — **-general**, генералъ-адъютантъ.
Adjutor (*äд-джью'-тöр*) s. помощникъ. [мощница.
Adjutrix (*äд-джью'-трикс*) s. по-
Adjuvancy (*äд-джью'-вäн-си*) s. помощь, пособіе.
Adjuvant (*äд-джью'-вäнт*) adj. способствующій, полезный; || s. помощникъ, сотрудникъ.
Admeasure (*äд-мэж'-ур*) vn. размѣрять; || мѣрить; (юрид.) распредѣлять, примѣнять (наказаніе).
Admeasurement (*äд-мэж'-öр-мент*) s. отмѣриваніе, измѣреніе, мѣра; раздѣлъ; (юрид.) уравненіе частей при раздѣлѣ.
Admeasurer (*äд-мэж'-öр-ер*) s. измѣритель.
Adminicular (*äд-ми-никъ'-ю-лäр*) adj. вспомогательный.
Administer (*äд-мин'-ис-тер*) va. и vn. управлять, править; представлять; помогать, способствовать; совершать обряды, отправлять (правосудіе); совершать таинства. **To — an oath,** приводить къ присягѣ. **To — medicine,** прописывать, давать лекарство.
Administrable (*äд-мин'-ис-трä-бл*) adj. чѣмъ можно управлять, управляемый.
Administration (*äд-мин-ис-трэ'-шöн*) s. администрація, управленіе, правительство; (торг.) администрація.
Administrative (*äд-мин'-ис-трэ-тив*) adj. административный.
Administratively (*äд-мин'-ис-трэ-тив-ли*) adv. правительственнымъ путемъ, въ распорядительномъ порядкѣ.
Administrator (*äд-мин-ис-трэ'-тöр*) s. администраторъ, правитель, завѣдающій.
Administratorship (*äд-мин-ис-трэ'-тöр-шип*) s. должность, званіе администратора, правителя.
Administratrix (*äд-мин-ис-трэ'-трикс*) s. должность завѣдующей.
Admirable (*äд'-ми-рä-бл*) adj. удивительный, замѣчательный.
Admirableness (*äд'-ми-рä-бл-нес*) s. диво; достопримѣчательность.
Admirably (*äд'-ми-рä-бли*) adv удивительно, восхитительно.
Admiral (*äд'-ми-рäл*) s. адмиралъ. **Lord high —**, генералъ-адмиралъ. **Vice —**, вице-адмиралъ. **Rear —**, контръ-адмиралъ.
Admiralship (*äд'-ми-рäл-шип*) s. званіе, должность адмирала.
Admiralty (*äд'-ми-рäл-ти*) s. адмиралтейство.
Admiration (*äд-ми-рэ'-шöн*) s. удивленіе, восхищеніе.
Admire (*äд-майр'*) va. удивляться, любоваться; восхищаться; поклоняться; || vn. (**—at**), дивиться.
Admirer (*äд-майр'-ер*) s. поклонникъ, обожатель.
Admiringly (*äд-майр'-инг-ли*) adv. съ удивленіемъ.
Admissibility (*äд-мис-си-бил'-и-ти*) s. допустимость, пріемлемость.
Admissible (*äд-мис'-си-бл*) adj. допустимый, доступный, пріемлемый.
Admissibly (*äд-мис'-си-бли*) adv. доступно; пріемлемо.
Admission (*äд-миш'-öн*) s. принятіе, допущеніе, доступъ; вступленіе; входъ; впусканіе.
Admit (*äд-мит'*) va. принимать, допускать, позволять; признать за достовѣрное; дозволить, согласиться; дать право на входъ.
Admittance (*äд-мит'-тäнс*) s. доступъ, входъ.
Admitter (*äд-мит'-тер*) s. допускающій на должность, пріемлющій.
Admix (*äд-микс'*) va. смѣшивать.
Admixtion (*äд-микс'-чöн*) s. смѣшиваніе. [примѣсь.
Admixture (*äд-микс'-чöр*) s. смѣсь,
Admonish (*äд-мон'-иш*) va. увѣщевать, уговаривать; предостерегать, увѣдомлять; || порицать.
Admonisher (*äд-мон'-иш-ер*) s. увѣщатель, наставитель; извѣститель.
Admonishment (*äд-мон'-иш-мент*) s. увѣщаніе; предостереженіе; || выговоръ; замѣчаніе.
Admonition (*äд-мон-иш'-öн*) s. предупрежденіе, увѣщаніе.
Admonitive (*äд-мон'-и-тив*) adj. увѣщательный, предупреждающій.
Admonitively (*äд-мон'-и-тив-ли*) adv. путемъ предупрежденія, увѣщанія.
Admonitor (*äд-мон'-и-тöр*) s. указатель, увѣщатель.
Admonitory (*äд-мон'-и-тöри*) adj. увѣщательный.
Ado (*ä-ду'*) s. хлопоты, затрудненіе, трудъ; шумъ, переполохъ, суетня. **Much — about nothing,** много шума изъ нечего. **Without more —**, безъ церемоній, безъ стѣсненія. [кирпичъ.
Adobe (*ä-до'бе*) s. необожженный
Adolescence (*äд-о-лес'-сенс*), **Adolescency** (*äд-о-лес'-сен-си*) s. юность, отрочество.
Adolescent (*äд-о-лес'-сент*) s. юноша, отрокъ, юная дѣвица.

Adolphus (*ăдол'-фŏс*) пр. Адольфъ
Adonis (*ăд-о'-нис*) s. летучая рыба (подъ тропиками); || (мифол.) Адонисъ. [шивать.
Adonise (*ăд-о'о-найз*) va. прихора-
Adopt (*ăд-опт'*) va. усыновлять; присваивать; принимать; предпринимать.
Adopted (*ăд-опт'-ед*) adj. усыновленный, принятый.
Adoptedly (*ăд-опт'-ед-ли*) adv. путемъ усыновленія. [тель.
Adopter (*ăд-опт'-ер*) s. усынови-
Adoption (*ăд-оп'-шŏн*) s. усыновленіе; принятіе, допущеніе
Adoptive (*ăд-опт'-ив*) adj. усыновленный, принятый.
Adorability (*ă-дор-ă-бил'-и-ти*) s. см. **Adorableness**.
Adorable (*ă-дор'-ă-бл*) adj. обожаемый, восхитительный.
Adorableness (*ă-дор'-ă-бл-нес*) s. обожаемость, [хитительно,
Adorably (*ă-дор'-ă-бли*) adv. вос-
Adoration (*ăд-о-рэ-'шŏн*) s. обожаніе, поклоненіе.
Adore (*ă-дŏр'*) va. обожать, поклоняться.
Adorer (*ă-дор'-ер*) s. поклонникъ, обожатель.
Adoringly (*ă-дор'-инг-ли*) adv. съ обожаніемъ, съ любовью.
Adorn (*ă-дорн'*) va. украшать, наряжать, отдѣлывать.
Adorner (*ă-дорн'-ер*) s. украшающій, наряжающій, декораторъ.
Adorning (*ă-дорн'-инг*) s. украшеніе, декорація [шеніе.
Adornment (*ă-дорн'-мент*) s. укра-
Adosculation (*ăд-ос-кью-лэ'-шŏн*) s. (ботан.) оплодотвореніе
Adown (*ă-да'ун*) adv. внизу; см. **Down**.
Adrian (*э'-дри-ăн*) npr. Адріанъ.
Adrianople (*ăд-ри-ăн-о'о-пл*) (геогр.) гор. Адріанополь.
Adriatic (*ăд-ри-ăт'-ик*) adj. адріатическій **The — sea, the —** адріатическое море
Adrift (*ă-дрифт'*) adv. по теченію воды; по волѣ вѣтра, случая
Adroit (*ă-дройт'*) adj. ловкій, проворный. [проворно, живо.
Adroitly (*ă-дройт'-ли*) adv. ловко,
Adroitness (*ă-дройт'-нес*) s. ловкость, проворство.
Adry (*ă-драй'*) adj. жаждущій.
Adscititious (*ăд-си-ти'-шŏс*) adj. прибавленный, вымышленный.
Adularia (*ăдь-ю-лă'-ри-ă*) s. (мин.) чистый полевой шпатъ.
Adulate (*ăдь'-ю-лэт*) va. льстить, ласкать. [ласкательство.
Adulation (*ăдь-ю-лэ'-шŏн*) s. лесть,
Adulator (*ăдь-ю-лэ'-тŏр*) s. льстецъ
Adulatory (*ăдь'-ю-лă-тŏр-и*) adj. ласкательный, льстивый.
Adulatress (*ăдь-ю-лэ'-трес*) s. льстивая женщина.
Adult (*ă-дŏлт'*) adj. и s. взрослый, возмужалый; (ботан.) созрѣлый.
Adulterant (*ă-дŏл'-тŏр-ăнт*) s. поддѣлывающій, портящій.
Adulterate (*ă-дŏл'-тŏр-эт*) va. поддѣлывать, подмѣшивать, портить; || vn. прелюбодѣйствовать; || adj. поддѣльный, подмѣшанный, || прелюбодѣйный.
Adulterately (*ă-дŏл'-тŏр-эт-ли*) adv. поддѣльно, съ подмѣсью.
Adulterateness (*ă-дŏл'-тŏр-эт-нес*) s. подмѣсь, поддѣлка.
Adulteration (*ă-дŏл-тŏр-э'-шŏн*) s. поддѣлка, примѣшиваніе, подмѣсь; фальсификація.
Adulterator (*ă-дŏл'-тŏр-э-тŏр*) s. поддѣлыватель, подмѣшиватель, фальсификаторъ. [любодѣй.
Adulterer (*ă-дŏл'-тŏр-ер*) s. пре-
Adulteress (*ă-дŏл'-тŏр-ес*) s. прелюбодѣйка.
Adulterine (*ă-дŏл'-тŏр-айн*) adj. прелюбодѣйный; поддѣльный, ложный.
Adulterous (*ă-дŏл'-тŏр-ŏс*) adj. виновный въ прелюбодѣяніи; || ложный, поддѣльный; || идолопоклоническій.
Adulterously (*ă-дŏл'-тŏр-ŏс-ли*) adv. прелюбодѣйно.
Adultery (*ă-дŏл'-тŏр-и*) s. прелюбодѣяніе; идолопоклонство; служеніе страстямъ; прививка (растенія.
Adultness (*ă-дŏлт'-нес*) s. возмужалость.
Adumbrant (*а-дŏм'-брăнт*) adj. слегка начертанный, представляющій намекъ, подобіе.
Adumbrate (*ă-дŏм'-брэт*) va. слегка начертать, очертить, намѣтить, оттѣнить.
Adumbration (*ă-дŏм-брэ'-шŏн*) s. набросокъ, эскизъ
Aduncity (*ă-дŏн'-си-ти*) s. кривизна, излучена
Aduncous (*ă-дŏн'-кŏс*) adj. искривленный, излучистый.
Adust (*ă-дŏст'*) adj. горячій; сожженый солнцемъ
Adustion (*ă-дŏс'-чŏн*) s. (медиц.) прижиганіе; жаръ.
Advance (*ăд-вăнс'*) va. подвигать; протягивать (руку); ускорять (развитіе); совершенствовать; повышать въ должности, возвышать (цѣну), давать впередъ (деньги). **I advanced him a month's salary,** я далъ ему впередъ мѣсячное жалованіе. || vn. выдвигаться, идти впередъ, улучшаться, повышаться, (комер.) играть на повышеніе. **To — in wisdom,** умнѣть. **Cottons are advan-**

cing, хлопокъ въ повышеніи. || s. движеніе впередъ; успѣхъ; повышеніе; выгода; задатокъ, авансъ; (фортиф.) ровъ, наполненный водою вокругъ гласиса. **To get in —,** забѣгать впередъ. **To be on the —,** итти на повышеніе. **In —,** впереди; || въ повышеніи.

Advancement (*ăд-вäнс'-мент*) s. движеніе впередъ; успѣхъ; повышеніе (по службѣ).

Advancer (*ăд-вäн'-сер*) s. содѣйствующій, покровитель.

Advancive (*ăд-вäн'-сив*) adj. подвигающійся впередъ, склонный къ повышенію.

Advantage (*ăд-вäн'-тэдж*) s. преимущество; выгода, прибыль, польза, удобство. **To take — of,** воспользоваться, извлечь выгоду; **— ground,** s. выгодная позиція. **To —,** къ выгодѣ; || va. давать преимущество, приносить пользу, благопріятствовать.

Advantageable (*ăд-вäн'-тэдж-ă-бл*) adj. выгодный, прибыльный.

Advantageous (*ăд-вäн-тэ'-джŏс*) adj. выгодный, полезный.

Advantageously (*ăд-вäн-тэ'-джŏс-ли*) adv. выгодно, полезно.

Advantageousness (*ăд-вäн-тэ'-джŏс-нес*) s. выгода, удобство, польза.

Advent (*ăд'-вент*) s. восшествіе, вступленіе (на престолъ); пришествіе (Мессіи); Рождественскій постъ.

Adventitious (*ăд-вен-тиш'-ŏс*) adj. прибавочный, побочный, случайный.

Adventitiously (*ăд-вен-тиш'-ŏс-ли*) adv. случайно.

Adventitiousness (*ăд-вен-тиш'-ŏс-нес*) s. случайное состояніе.

Adventive (*ăд-вен'-тив*) adj. случайный, прибавочный.

Adventual (*ăд-вен'-чью-ăл*) adj. относящійся къ рождественскому посту.

Adventure (*ăд-вен'-чŏр*) s. приключеніе, случай; похожденіе, отважное предпріятіе. **At all —s,** на всякій случай, на удачу. || (торг.) отправка товаровъ моремъ на свой рискъ; || vn. и va. отваживаться, рисковать, предпринимать на удачу.

Adventurer (*ăд-вен'-чьюр-ер*) s. искатель приключеній, выходецъ, удалецъ, авантюристъ.

Adventuresome (*ăд-вен'-чьюр-сŏм*) adj. соединенный съ рискомъ, рискованный, авантюристическій.

Adventuresomeness (*ăд-вен'-чьюр-сŏм-нес*) s. отважность, рискъ.

Adventurous (*ăд-вен'-чьюр-ŏс*) adj. отважный.

Adventurously (*ăд-вен'-чьюр-ŏс-ли*) adv. смѣло, отважно.

Adventurousness (*ăд-вен'-чьюр-ŏс-нес*) s. отважность, смѣлость.

Adverb (*ăд'-верб*) s. (грам.) нарѣчіе.

Adverbial (*ăд-вер'-би-ăл*) adj. употребляющійся какъ нарѣчіе, относящійся къ нарѣчію.

Adverbially (*ăд-вер'-би-ăл-ли*) adv. какъ нарѣчіе, въ видѣ нарѣчія.

Adversary (*ăд'-вер-сă-ри*) s. противникъ, соперникъ, врагъ.

Adversative (*ăд-вер'-сă-тив*) adj. (грам.) противоположный.

Adverse (*ăд'-верс*) adj. противный; непріязненный; несчастный.

Adversely (*ăд'-верс-ли*) adv. враждебно, противно; несчастливо.

Adverseness (*ăд-верс-нес*) s. враждебность, непріязненность.

Adversity (*ăд-вер'-си-ти*) s. печаль; невзгода, несчастіе, напасть.

Advert (*ăд-верт'*) vn. обращать вниманіе; намекать, дѣлать соображенія на счетъ чего; обсуждать.

Advertence (*ăд-вер'-тенс*), **Advertency** (*ăд-вер'-тен-си*) s. вниманіе, соображеніе на счетъ чего.

Advertent (*ăд-вер'-тент*) adj. внимательный.

Advertise (*ăд'-вер-тайз*) va. предостерегать; увѣдомлять; публиковать, выставлять (на позоръ).

Advertisement (*ăд-вер'-тиз-мент*) s. увѣдомленіе, предостереженіе, предупрежденіе; объявленіе (въ газетѣ).

Advertiser (*ăд-вер-тайз'-ŏр*) s. объявитель; листокъ объявленій.

Advertising (*ăд-вер-тайз'-инг*) s. объявленіе. **An — agent,** сборщикъ объявленій.

Advice (*ăд-вайс'*) s. совѣтъ, мнѣніе, объявленіе. **To give — of,** совѣтовать что либо.

Advisable (*ăд-вайз'-ă-бл*) apj. благоразумный, осторожный, приличный; внимающій совѣту; умѣстный.

Advisableness (*ăд-вайз'-ă-бл-нес*) s. благоразуміе, приличіе.

Advise (*ăд-вайз'*) va. совѣтовать, обсуждать; увѣдомлять, предупреждать. **I cannot — you in that matter,** я не могу вамъ совѣтовать въ этомъ дѣлѣ. || vn. совѣтоваться, обсуждать. **To — with a friend,** совѣтоваться съ другомъ. **— with your pillow,** утро вечера мудренѣе, ночь хорошій совѣтникъ.

Advised (*ăд-вайзд'*) adj. обдуманный; снабженный свѣдѣніями;

увѣдомленный. **Well — person,** освѣдомленный человѣкъ, догадливый.

Advisedly (*äд-вайзд'-ли*) adv. внимательно, обдуманно, догадливо.

Advisedness (*äд-вайз'-ед-нес*) s. обдуманность, благоразуміе, осмотрительность, осторожность.

Adviser (*äд-вайз'-ер*) s. совѣтникъ; дающій совѣтъ, извѣщеніе; подстрекатель.

Advisory (*äд-вай'-зо-ри*) adj. совѣщательный.

Advocacy (*äд'-во-кä-си*) s. адвокатура; защита

Advocate (*äд'-во-кэт*) s. адвокатъ; присяжный повѣренный; защитникъ; заступникъ.

Advocation (*äд-во-кэ'-шōн*) s. защита, заступничество.

Advoutry (*äд-во'у-три*) s. прелюбодѣяніе.

Advowee (*äд-во'у-и*) s. (юрид.) адвокатъ по гражданскимъ дѣламъ, патронъ (духовный); покровитель, защитникъ религіозной общины, секты.

Advowson (*äд-во'у-зōн*) s. право представлять на духовное мѣсто.

Adynamic (*äд-и-нäм'-ик*) adj. адинамическій, разслабляющій.

Adynamy (*ä-дин'-äми*) s. (медиц.) безсиліе.

Adytum (*äд'-итōм*) s. священное мѣсто въ церкви (алтарь).

Adze (*äдз*) s. скобель, стругъ, рубанокъ; || va. строгать, скоблить.

Aegina (*и-джи'-на*) npr. (геогр.) Эгина (островъ).

Aegis (*и'-джис*) s. Эгида (щитъ Минервы); || * щитъ, защита.

Aeolian (*и-о'о-ли-äн*) adj. Эолійскій.

Aeolus (*и'-о-лōс*) npr. Эолъ, богъ вѣтровъ.

Aerate (*э-'ōр-эт*) va. провѣтривать, освѣжать воздухомъ (помѣщеніе).

Aerated (*э'-ōр-этед*) adj. воздушный. **— bread,** хлѣбъ заквашенный карболовой кислотой вмѣсто дрожжей.

Aeration (*э-ōр-э'-шōн*) s. освѣженіе воздухомъ, впусканіе свѣжаго воздуха.

Aerial (*э-и'-ри-äл*) adj воздушный

Aerie (*и'ри*) **Aery** (*и'-ри*) s. гнѣздо хищной птицы.

Aeriform (*э'-ōр-и-форм*) adj. воздухообразный.

Aerify (*э'-ōр-и-фай*) va. соединять съ воздухомъ.

Aerography (*э-ōр-ог'-ра-фи*) s. описаніе воздуха.

Aerolite (*э'-ōр-о-лайт*) s. аэролитъ.

Aerological (*э'-ōр-о-лодж'-икäл*) adj. аэрологическій.

Aerologist (*э-ōр-о'-лодж-ист*) s. аэроологъ, изучающій воздушныя явленія.

Aerology (*э-ōр-ол'-оджи*) s. ученіе о воздушныхъ явленіяхъ.

Aeromancy (*э'-ōр-о-мäн-си*) s. гаданіе по воздушнымъ явленіямъ.

Aerometer (*э-ōр-ом'-и-тер*) s. аэрометръ, воздухомѣръ.

Aerometric (*э-ōр-о-мет'-рик*) adj. аэрометрическій.

Aerometry (*э'-ōр-ом'-и-три*) s. аэраметрія, воздухомѣріе.

Aeronaut (*э'-ōр-о-нот*) s. воздухоплаватель.

Aeronautic (*э-ōр-о-нот'-ик*) adj. аэронавтическій, воздухоплавательный.

Aeronautics (*э-ōр-о-нот'-икс*) s. аэронавтика, искусство воздухоплаванія.

Aerophoby (*э-ōр'-офоби*) s. (медиц.) воздухобоязнь.

Aerostat (*э'-ōр-о-стäт*) s. воздушный шаръ, аэростатъ.

Aerostatic (*э'-ōр-о-стäт'-ик*) adj аэростическій, воздухоплавательный.

Aerostatics (*э-ōр-о-стäт'-икс*) s. аэростатика, наука о равновѣсіи воздуха.

Aerostation (*э-ōр-ос-тэ'-шōн*) s. воздухоплаваніе; наука о воздухоплаваніи.

Aeruginous (*и-рью'-джи-нōс*) adj покрывшійся зеленью (мѣди).

Aerugo (*и-рью'-го*) s. —ярь, зелень (мѣди).

Aeschines (*эс'-киниз*) npr. Эсхинъ.

Aesculapius (*эскью.лэ'-пиōс*) npr. Эскулапъ.

Aesop (*и'-сōп*) npr. Эзопъ.

Aesthetic (*ис-сзет'-ик*) adj. эстетическій, изящный.

Aesthetics (*ис-сзет'-икс*) s. эстетика, наука объ изящномъ.

Aether см. **Ether**.

Aethusa (*и-сзью'-зä*) s. (ботан.) кокорышъ (растеніе).

Afar (*ä-фар'*) adv. далеко. **To be — off,** быть далекимъ отъ.

Affability (*äф-фä-бил'-и-ти*) s. привѣтливость, ласка, учтивость.

Affable (*äф'-фä-бл*) adj. привѣтливый, ласковый

Affableness (*äф'-фä-бл-нес*) s. см. **Affability.**

Affably (*äф'-фä-бл-и*) adv. привѣтливо, любезно.

Affair (*äф-эр'*) s. дѣло; сраженіе, схватка. **— of honour,** дуэль, поединокъ.

Affamish (*äфäм'-иш*) va. морить голодомъ.

Affect (*äф-фект'*) va. производить впечатлѣніе; трогать, огорчать; вредить; притворяться.

Affectation (*äф-фек-тэ'-шōн*) s. аффектація, принужденность, притворство.

Affected (*äф-фект'-ед*) adj. при-

творный, жеманный; растроганный.
Affectedly (*äф-фект'-ед-ли*) притворно, жеманно; принужденно.
Affectedness (*äф-фект'-ед-нес*) s. принужденность, жеманство.
Affectible (*äф-фект'-и-бл*) adj. могущій быть разстроганнымъ.
Affecting (*äф-фект'-инг*) adj. трогательный, чувствительный, умилительный.
Affectingly (*äф-фект'-инг-ли*) adv. трогательно, чувствительно.
Affectingness (*äф-фект'-тинг-нес*) s. чувствительность.
Affection (*аф-фек'-шöн*) s. склонность, расположеніе, любовь; свойство; * болѣзнь.
Affectionate (*äф-фек'-шöн-эт*) adj нѣжный, любящій, расположенный, доброжелательный, приверженный.
Affectionately (*äф-фек'-шöн-эт-ли*) adv съ любовью, нѣжно, доброжелательно.
Affectionateness (*äф-фек'-шöн-эт-нес*) s. расположеніе, нѣжность.
Affectioned (*äф-фект'-шöн-ед*) adj. расположеный, любящій.
Affective (*äф-фект'-ив*) adj. трогательный, чувствительный.
Affectively (*äф-фект'-ив-ли*) adv трогательно, чувствительно.
Affiance (*äф-фай'-äнс*) s. помолвка подписаніе брачнаго контракта; вѣра (въ Бога), довѣріе; || va. помолвить, сговорить; довѣрять.
Affiancer (*äф-фай'-äн-сер*) s. сватъ.
Affidavit (*äф-фи-дэ'-вит*) s. (юрид.) показаніе подъ присягою.
Affiliable (*äф-фил'-и-äбл*), adj. могущій быть причисленнымъ, пріобщеннымъ.
Affiliate (*äф-фил'-и-эт*) va. усыновлять, принимать въ члены общества, посвящать въ замыслы.
Affiliation (*äф-фил-и-э'-шöн*) s. усыновленіе, принятіе въ члены общества.
Affinage (*äф'-фи-нэдж*) s. очищеніе (металловъ).
Affinity (*äф-фин'-и-ти*) s. родство; связь, сходство; соотношеніе; сродство; (хим.) стремленіе тѣлъ къ соединенію.
Affirm (*äф-фöрм'*) va. утверждать, увѣрять; || vn. (юрид.) объявлять въ судѣ подъ присягою.
Affirmable (*äф-фöрм'-ä-бл*) adj. что можетъ быть утверждено.
Affirmance (*äф-фöрм'-äнс*) s. утвержденіе.
Affirmant (*äф-фöрм'-äнт*) s. утверждающій; дающій показанія въ судѣ.
Affirmation (*äф-фöр-мэ'-шöн*) s утвержденіе, увѣреніе; (юрид.) показаніе предъ судомъ.
Affirmative (*äф-фöрм'-ä-тив*) s. утвержденіе; || adj. утвердительный; положительный.
Affirmatively (*äф-фöрм'-ä-тив-ли*) adv. утвердительно, положительно.
Affirmer (*äф-фöрм'-öр*) s. подтверждающій, настаивающій (на).
Affix (*äф'-фикс*) s. приставной слогъ къ слову, приставка; || va. приставлять, прикрѣплять, прибивать; соединять; придать (смыслъ, значеніе); приложить (печать).
Affixture (*äф-фикс'-чур*) s. приставка; прикрѣпленіе, приложеніе.
Afflation (*äф-флэ'-шöн*) s. дыханіе, дуновеніе.
Afflatus (*äф-флэ'-тöс*) s. дуновеніе; вдохновеніе.
Afflict (*äф-фликт'*) va. огорчать, опечаливать, приводить въ отчаяніе; болѣть, страдать чѣмъ.
Afflicter (*äф-фликт'-ер*) s. огорчающій.
Afflicting (*äф-фликт'-инг*) adj. прискорбный.
Afflictingly (*äф-фликт'-инг-ли*) adv. прискорбно.
Affliction (*äф-флик'-шöн*) s. печаль, скорбь, огорченіе; несчастіе, превратность (въ судьбѣ).
Afflictive (*äф-фликт'-ив*) adj. печальный, прискорбный.
Afflictively (*äф-фликт'-ив-ли*) adv. печально, прискорбно.
Affluence (*äф'-флю-енс*) s. стеченіе, толпа; обиліе, множество.
Affluent (*äф'-флю-ент*) adj. обильный, богатый; || s. притокъ (рѣки).
Affluently (*äф'-флю-ент-ли*) adv. обильно.
Afflux (*äф'-флöкс*) s. приливъ, скопленіе.
Afford (*äф-форд'*) va. доставлять, давать; быть въ состояніи; уступать **I cannot — to lose my time,** мои средства не позволяютъ мнѣ терять времени. **I cannot — it,** мои средства не позволяютъ мнѣ этого.
Afforest (*äф-фор'-ест*) va. запустить подъ лѣсъ.
Afforestation (*äф-фор-ес-тэ'-шöн*) s. запущеніе, зарощеніе лѣсомъ, облѣсненіе.
Affranchise (*äф-фран'-чиз*) va. освобождать; оплачивать (письмо).
Affranchisement (*äф-фрäн'-чиз-мент*) s. отпущеніе; оплата (пошлины).
Affray (*äф-фрэй'*) va. пугать; || s. сумятица; ссора.
Affreight (*äф-фрэйт'*) va. зафрахтовать, нанимать судно.
Affreighter (*äф-фрэйт-ер*) s. наемщикъ корабля
Affright (*äф-фрайт'*) s. страхъ.

ужасъ; испугъ; || va. ужасать, запугивать. [со страхомъ.
Affrightedly (*ăф-фрайт'-ед-ли*) adv.
Affrighter (*ăф-фрайт'-ер*) s. пугающій, ужасающій.
Affrightment (*ăф-фрайт'-мент*) s. ужасъ, перепугъ.
Affront (*ăф-фрöнт'*) s. обида, оскорбленіе; безчестіе, столкновеніе. **To put up with, to pocket an —**, проглотить обиду; || va. оскорблять; вызывать, подвергаться опасности, встрѣчаться лицомъ къ лицу. [битель, обидчикъ.
Affronter (*ăф-фрöнт'-ер*) s. оскор-
Affronting (*ăф-фрöнт'-инг*) adj. обидный, оскорбительный.
Affrontingly (*ăф-фрöн'-инг-ли*) adv. оскорбительно, обидно.
Affuse (*ăф-фьюз'*) va. разливать, смѣшивать одинъ напитокъ съ другимъ; окроплять.
Affusion (*ăф-фью'-жöн*) s. вливаніе: окропленіе.
Afield (*ă-филд'*) adv. въ полѣ, на полѣ.
Afire (*э-файр*) adv. въ огнѣ, горящій. [наравнѣ, плоско.
Aflat (*ă-флăт'*) adv. въ уровень,
Afloat (*ă-флот'*) adv. по теченію воды, на поверхности воды.
Afoot (*ă-фут'*) adv. пѣшкомъ.
Afore (*ă-фор'*) adv. впереди, спереди.
Aforegoing (*ă-фор'-гоо-инг*) adv. предыдущій. [де.
Aforehand (*ă-фор'-ăнд*) adv. преж-
Aforementioned (*ă-фор'-мен-шöнд*) adj. вышеупомянутый, вышесказанный. [вышеназванный.
Aforenamed (*ă-фор'-немд*) adj.
Aforesaid (*ă-фор'-сед*) adj. вышесказанный. [предумышленный.
Aforethought (*ă-фор'-сзот*) adj.
Aforetime (*ă-фор'-тайм*) adv. нѣкогда, встарь, въ былые годы.
Afraid (*ă-фрэд'*) adj. боязливый, испуганый.
Afresh (*ă-фрэш'*) adv. снова, съизнова, опять, вновь.
Africa (*ăф'-ри-кă*) npr. (геогр.) Африка (часть свѣта).
African (*ăф'-ри-кăн*) s. африканецъ; adj. африканскій. [впереди.
Afront (*ă-фрöнт'*) adv. спереди,
Aft (*ă-фт*) adv. сзади, назади. **Fore and —**, спереди и сзади.
After (*афт'-öр*) adv. послѣ, за. **Soon —**, вскорѣ, затѣмъ; || prep. послѣ, за, смотря по. **The day — to-morrow**, послѣ завтра. **—all**, наконецъ, въ концѣ концовъ. **I wrote letter — letter**, я писалъ письмо за письмомъ. — **nature**, съ натуры. — **the French fashion**, по французской модѣ. — **you had spoken, he withdrew**, послѣ того какъ вы высказались, онъ ушелъ; || adj. послѣдующій; (морск.) задній; — **-inquiry**, добавочное изслѣдованіе. — **-ages**, s. pl. будущіе вѣка; потомство; будущность. — **-birth**, — **-burden**, s. (анат.) послѣдъ. — **-clap**, нечаянность, послѣдовавшая за чѣмъ-нибудь случившимся. — **-crop**, второй покосъ. — **-dinner**, послѣобѣденное время. — **-game**, отыгрышъ, отплата. — **-grass**, отава, второй укосъ. — **-hours**, сверхурочное время, добавочные часы. — **-life**, будущая жизнь. — **-math**, второй сѣнокосъ; отава. — **-supper**, время послѣ ужина. — **-taste**, вкусъ во рту послѣ выпитаго или съѣденнаго. — **-thought**, послѣдующее размышленіе. — **-times**, послѣдующія (будущія) времена.
Aftermost (*ăфт'-öр-мост*) adj. (мор.) крайній, послѣдній въ кормѣ, кормовой.
Afternoon (*ăфт-öр-нун*) s. послѣполуденное время.
Afterwards (*афт'-öр-уордз*) adv. послѣ, впослѣдствіи. **That happened long —**, это случилось значительно позже.
Aga (*э'га*) ага, господинъ, начальникъ (въ Турціи).
Again (*ă-ген'*) adv. опять, снова, эще разъ, вновь, кромѣ того; въ свою очередь, также. **Once —**, еще разъ. — **and —**, опять и опять, по нѣскольку разъ. **As much —**, вдвое болѣе. **Give it me —**, дайте мнѣ вновь. **Come — to-morrow**, приходите снова завтра.
Against (*ă-гэнст'*) prep. противъ; || у; || къ, до, пока. — **the wall**, у стѣны. —**my return**, противъ моего возвращенія.
Agama (*ăг'-а-ма*) s. (зоол.) ящерица (американская). [безбрачный.
Agamous (*ăг'-ă-мöс*) adj. (ботан.)
Agape (*ă-гэп'*) adv. съ разинутымъ ртомъ отъ удивленія.
Agaric (*ăг'-ă-рик*) s. лиственничная губка; трутъ. [ный камень).
Agate (*ăг'-ăт*) s. агатъ (драгоцѣн-
Agatha (*ăг'-а-зса*) npr. Агафья.
Agatize (*ăг'-а-тайз*) va. превращать въ камень; укрѣплять.
Agaty (*ăг'-ат-и*), **Agatine** (*ăг'-ат-ин*) adj. агатовый. [лѣтникъ.
Agave (*ă-гэв'*) s. (бот.) агава, сто-
Age (*эдж*) s. возрастъ, лѣта, годы; вѣкъ; старость. **What is your —**, сколько вамъ лѣтъ. **Of middle —**, среднихъ лѣтъ. **He is of —**, совершеннолѣтній. **Tho golden —**, золотой вѣкъ. **It is an age since we saw you**, мы цѣлый вѣкъ васъ не видѣли.
Aged (*э'-джед*) adj. пожилой, ста-

рый. — **people**, старики, старые люди. \[ковски, по-старчески.
Agedly (э'-джед-ли) adv. по-стари-
Agency (э'-джен-си) s. дѣйствіе, вліяніе; агенство. — **office**, посредническая контора.
Agenda (э-джен'-да) s. памятная, записная книжка; (церк.) служебникъ.
Agent (э'-джент) s. агентъ; повѣренный; коммиссіонеръ, приказчикъ; || adj. дѣйствующій.
Agesilaus (ä-джес-и-лэ'-ŏс) prr. Агезилай.
Agglomerate (äг-глом'-ŏр-эт) va. собирать, накоплять, скоплять; || vn. собираться, накопляться.
Agglomeration (äг-глом-ŏр-э'-шŏн) s. накопленіе, скопленіе.
Agglutinant (äг-глью'-ти-нäнт) adj. (медиц.) заживляющій; (бакт.) агглютинирующій; клейкій, липкій.
Agglutinate (äг-глью'-ти-нэт) va. склеивать, агглютинировать.
Agglutination (äг-глью-ти-нэ'-шŏн) s. склеиваніе, заживленіе, сцѣпленіе, агглютинація.
Agglutinative (äг-глью'-ти-нэ-тив) adj. см. **Agglutinant**.
Aggrandize (äг'-грäн-дайз) va. увеличивать, расширять, || vn. увеличиваться, расширяться.
Aggrandizement (äг-грäн'-дайз-мент) s. увеличеніе.
Aggrandizer (äг'-грäн-дайз-ŏр) s. увеличитель.
Aggravate (äг'-грä-вэт) va. отягчать; преувеличивать; раздражать, дразнить, сердить.
Aggravation (äг-грä-вэ'-шŏн) s. отягощеніе, увеличеніе; (ритор.) преувеличеніе; отягчающее обстоятельство (вину).
Aggregate (äг'-гри-гэт) va. соединять, собирать; || adj. совокупный, соединенный; — **fruits**, смѣсь изъ плодовъ; || s. совокупность, собраніе; итогъ; (хим.) аггрегатъ.
Aggregately (äг'-гри-гэт-ли) adv. совокупно.
Aggregation (äг-гри-гэ'-шŏн) s. собраніе, соединеніе; (физич.) сила сцѣпленія.
Aggregative (äг'-гри-гэ-тив) adj. совокупный, составной, собирательный.
Aggress (äг-грес') vn. нападать, наступать.
Aggression (äг-греш'-ŏн) s. нападеніе, посягательство.
Aggressive (äг-грес'-сив) adj. наступательный, задорный, враждебный.
Aggressiveness (äг-грес'-сив-нес) s. задорность, придирчивость.
Aggressor (äг-грес'-ŏр) s. зачинщикъ, задирщикъ, нападающій.
Aggreve (äг-грив') va. огорчать; обижать, притѣснять; ранить.
Aggroup (äг-груп') va. группировать.
Aghast (ä-гäст') adj. приведенный въ ужасъ, пораженный
Agile (äдж'-ил) adj. гибкій, ловкій, проворный.
Agilely (äдж'-и-ли) adv. гибко, ловко, проворно.
Agileness (äдж'-ил-нес) s. ловкость, проворство.
Agility (ä-джил'-и-ти) s. ловкость, проворство, подвижность.
Agincourt (ä-джин'-корт) npr (геогр.) Азинкуръ.
Agio (э'-джи-о) s (торг.) ажіо, мѣна (денежныхъ бумагъ); ажіотажъ (на биржѣ).
Agist (ä-джист) va. брать на выпасъ (животныхъ).
Agitable (äдж'-и-тä-бл) adj. волнуемый, колеблемый; спорный
Agitate (äдж'-и-тэт) va. колебать, волновать; смущать, подвергать обсужденію, оспаривать
Agitation (äдж'-и-тэ-шŏн) s. волненіе, колебаніе, тревога; обсужденіе; агитація.
Agitative (äдж'-и-тэ-тив) adj. ведущій къ обсужденію.
Agitator (äдж'-и-тэ-тŏр) s. агитаторъ, возмутитель, зачинщикъ.
Aglet (äг'-лэт) s. тоненькая пластинка металла; (ботан.) тычинка.
Agnail (äг'-нэл) s. ноготоѣда.
Agnate (äг'-нэт) s. сродникъ по отцу. \[по отцу.
Agnatic (äг-нэт'-ик) adj родной
Agnation (äг-нэ'-шŏн) s. родство по отцу.
Agnes (äг'-низ) prr Агнія.
Agnize (äг-найз') va признавать, признаваться.
Agnomination (äг-ном-и-нэ'-шŏн) s. прозвище, созвучіе словъ.
Agnostic (äг-нос'-тик) s агностикъ, непризнающій познаванія.
Agnosticism (äг-нос'-ти-сисм) s. агностицизмъ, отрицаніе познаванія.
Ago (ä-го') adv назадъ тому **Long** —, **a long while** —, уже давно.
Agog (ä-гог') adv въ возбужденномъ состояніи **To be** —, воодушевиться, быть въ ударѣ **To set** —, взволновать, привести въ движеніе.
Agoing (ä-го'о-инг) adv. на ходу. въ движеніи. **To set** —, пустить въ ходъ, придать движеніе, развязать (языкъ)
Agonism (äг'-о-низм) s. борьба, сраженіе, состязаніе.
Agonist (äг'-о-нист), **Agonistes**

(*ăг'-о-нис-тиз*) s. противникъ, соперникъ; атлетъ; состязатель.

Agonistic (*ăг-ŏ-нист'-ик*), **Agonistical** (*ăг-ŏ-нист'-ик-кăл*) adj. состязательный.

Agonistics (*ăг-о-нист'-икс*) s. агонистика; атлетическія упражненія.

Agonistically (*ăг-ŏ-нист'-икăл-ли*), adv. путемъ состязанія, путемъ соперничества.

Agonize (*ăг'-о-найз*) va. и vn. мучить, мучиться, страдать.

Agonizing (*ăг'-о-найз-инг*) adj. мучительный, терзающій.

Agonizingly (*ăг'-о-найз-инг-ли*) adv. мучительно, раздирающе (душу).

Agony (*ăг'-о-ни*) s. агонія, предсмертныя мученія, душевныя и телѣсныя страданія, отчаянная борьба.

Agouti, Agouty (*ă-гу'-ти*) s. (зоол.) агути (американскій грызунъ).

Agrarian (*ă-грэ'-ри-ăн*) adj. поземельный, аграрный; || s. приверженецъ аграрныхъ законовъ.

Agree (*ă-гри*) vn. va. соглашаться, дать соглашеніе; сходиться (по характеру, во мнѣніяхъ); уславливаться; соотвѣтствовать; примирять. **We shall never —**, мы никогда не придемъ къ соглашенію. **To — on a thing**, согласиться относительно чего-нибудь. **Wine does not — with you**, вино вамъ вредно.

Agreeable (*ă-гри'-ă-бл*) adj. пріятный, милый; согласный.

Agreeableness (*ă-гри'-ă-бл-нес*) s. согласіе, соотношеніе; пріятность.

Agreeably (*ă-гри'-ă-бл-и*) adv. согласно съ, пріятно, мило.

Agreed (*ă-грид'*) adj. согласный; рѣшенный; утвержденный (въ должности). **We are —**, мы къ согласіи. || adv. ладно.

Agreement (*ă-гри'-мент*) s. сходство; отношеніе; сообразность; согласіе, миръ; соглашеніе; уговоръ, условіе. **By mutual —**, по взаимному согласію.

Agrestic (*ăг-рес'-тик*), **Agrestical** (*ăг-рес'-тик-ăл*) adj. сельскій: (фигур.) грубый, топорный.

Agricultor (*ăг'-ри-кŏл'-тŏр*) s. земледѣлехоцъ, зяинъ.

Agricultural (*ăг-ри-кŏл'-чŏр-ал*) adj. земледѣльческій.

Agriculturalist (*ăг-ри-кŏл'-чŏр-ист*) s. земледѣлецъ; агрономъ.

Agriculture (*ăг-ри-кŏл'-чŏр*) s. агрикультура; земледѣліе, хлѣбопашество.

Agriculturist (*ăг-ри-кŏл'-чŏр-ист*) s. земледѣлецъ; агрономъ.

Agrimony (*ăг'-ри-мŏ-ни*) s. (ботан.) репейки, репейникъ.

Agrippa (*ăг-рип'-ă*) прг. Агриппа.

Agrippina (*ăг-ри-пай'-на*) прч. Агриппина, Аграфена.

Agronomy (*ă-грон'-о-ми*) s. агрономія, наука о земледѣліи.

Aground (*ă-граунд'*) adv. на мели. **To run —** сѣсть на мель; || (фигур.) не имѣть успѣха.

Ague (*э'-гью*) s. перемежающаяся лихорадка. **Tertian —** перемежающая лихорадка съ приступомъ на третій день. **Quartan —** перемежающая лихорадка съ приступомъ на четвертый день. **—fit**, s. лихорадочный припадокъ, приступъ лихорадки.

Aguish (*э'-гью-иш*) adj. лихорадочный.

Aguishness (*э'-гью-иш-нес*) s. лихорадочное состояніе.

Ah (a) interj. ахъ! охъ!

Aha (a-ха') inter. ага!

Ahead (*ă-хед'*) adv. впереди; передъ носомъ корабля. **To be —**, быть впереди. **To get — of**, опередить, опережать. **Go —!** впередъ. [алло!

Ahoy (*ă-хой'*) interj. (морск.) гей!

Ahull (*ă-хŏл'*) adv. (морск.) безъ парусовъ.

Ahungry (*ă-хонг'-гри*) adj. голодный.

Aid (*эд*) va. помогать, пособлять; || s. помощь, пособіе; || помощникъ; || **—s**, s. pl. сборы, налоги; вспомогательныя средства.

Aid-de-camp (*эд'-де-кон*) s. адъютантъ.

Aidance (*э'-дăнс*) s. помощь, пособіе.

Aidant (*э'-дант*) adj. вспомогательный, подсобный.

Aider (*эд'-ŏр*) s. помощникъ, пособникъ.

Aidful (*эд'-фю.л*) adj. помогающій, пособляющій, полезный.

Aidless (*эд'-лес*) adj. безпомощный, оставленный, брошенный.

Aigret, Aigrette (*э'-грет*) s. украшеніе (на шляпѣ).

Aiguelet (*э'-гью-лет*) s. шнурокъ, аксельбантъ.

Ail (*эль*) s. немощь, нездоровье; || vn. va. болѣть, тревожить, испытывать непріятное ощущеніе. **What —s you?** что у васъ болитъ, что съ вами?

Ailing (*эль'-инг*) adj. нездоровый, хворый, хилый, больной.

Ailment (*эль'-мент*) s. немощь, нездоровье.

Aim (*эм*) va. vn. прицѣливаться, мѣтить на что, направлять противъ кого; домогаться, искать чего, стремиться. **—well**, возьмите прицѣлъ. **The blow was aimed at me** ударъ былъ на меня направленъ. || s. мушка, прицѣлъ; || (фигур.)

цѣль, намѣреніе, стремленіе. **To take — at**, прицѣливаться. **To miss one's —**, промахнуться.
Aimer (*эм'-ер*) s. прицѣливающійся, домогающійся.
Aimless (*эм'-лес*) adj. безцѣльный.
Air (*эр*) s. воздухъ; || видъ, физіономія; || (жив. и скул.) положеніе головы; || пѣсня, арія. **Pure —**, чистый воздухъ. **To take the —**, выйти на воздухъ, освѣжиться, прогуляться; || обнаружиться (о тайнѣ). **To build castles in the —**, строить воздушные замки. **To give one's self —s**, важничать. || va. впускать воздухъ; провѣтривать, вентилировать. **— -ball**, воздушный шаръ (игрушка). **— -ballon**, s. воздушный шаръ, баллонъ, аэростатъ. **— -bladder**, s. плавательный пузырь у рыбы. **— -built**, adj. химерическій, ни на чемъ неоснованный. **— -cell**, s. клѣтка съ воздухомъ (у нѣкот. растеній). **— -cushion**, s. подушка наполненная воздухомъ. **— -gun**, s. духовое ружье. **— -hole**, отдушина, душникъ, форточка. **— -mattress**, s. тюфякъ наполненный воздухомъ. **— -pump**, s. (физич.) воздушный насосъ. **— -stove**, s. пневматическая печь, калориферъ. **— -tight**, adj. непроницаемый для воздуха. **— -threatening**, бросающій угрозы на вѣтеръ. **— -tube**, s. цилиндръ для передачи воздуха. **— -valve**, s. воздушный клапанъ. **— -vessel**, s. воздушный насосъ, резервуаръ; (ботан.) дыхальце.
Airily (*эр'-и-ли*) adv. легко, весело.
Airiness (*эр'-и-нес*) s. вѣтренность, легкость, живость.
Airing (*эр'-инг*) s. провѣтриваніе; прогулка верхомъ *или* въ экипажѣ.
Airless (*эр'-лес*) adj. безвоздушный.
Airship (*эр'-шип*) s. управляемый аэростатъ.
Airy (*эр'-и*) adj. воздушный; возвышенный, доступный воздуху; || неосновательный; || вѣтренный, веселый, живой.
Aisle (*айл*) s. боковой придѣлъ храма, крыло (храма).
Aisled (*айлд*) adj. крылатый, снабженный крыльями.
Ait (*эт*) s. островокъ на рѣкѣ.
Ajar (*ă-джар'*) adj. полуотворенный.
Ajutage (*ă-джью-тэдж*) s. насадка, воронка (на фонтанную трубку).
Akimbo (*ă-ким'-бо*) adv. **with arms —**, подбоченясь.
Akin (*ă-кин'*) adj. родной, единокровный; близкій къ чему, сходный.
Alabaster (*ăл'-ă-бăс-тŏр*) s. алебастръ; || adj. алебастровый.

Alack (*ă-лăк'*) interj. увы!
Alack-a-day (*ăлăк'адэ*) interj. несчастный день.
Alacrity (*ă-лăк'-ри-ти*) s. живость, веселость.
Alamode (*ăл-ă-мод'*) adv. по модѣ.
Alarm (*ă-ларм'*) s. тревога, призывъ; смятеніе, переполохъ, страхъ, безпокойство, испугъ. **— -bell**, набатный, вѣстовой колоколъ. **— -clock**, s. часы съ будильникомъ. **— -gun**, s. вѣстовой выстрѣлъ, сигнальная, вѣстовая пушка. || va. дѣлать тревогу; тревожить, безпокоить, пугать.
Alarming (*ă-ларм'-инг*) adj. тревожный.
Alarmingly (*ă-ларм'-инг-ли*) adv [тревожно.
Alarmist (*ă-ларм'-ист*) s. распространитель тревожно волнующихъ общество слуховъ.
Alary (*ăл'-э-ри*) adj. крылообразный.
Alac (*ă-лăс'*) interj. увы!
Alate (*ă-лэт'*) adv. недавно.
Alated (*ă-лэ'-тед*), **Alate** (*ă'-лэт*) adj. (ботан.) перистый листъ.
Alb, Albe (*ăлб*) s. стихарь.
Albanese (*ăл'-бă-низ'*) adj. албанскій; || s. альбанецъ.
Albania (*ăл'бэ-ни-ă*) (геог.) Албанія (область въ Турціи).
Albanian (*ал-бэ'-ни-ăн*) s. и adj. альбанецъ; альбанскій.
Albatross (*ăл'-бă-трос*) s. пингвинъ, альбатросъ (мор. птица).
Albeit (*ол-би'-ит*) conj, (устар. сл.) хотя. [ватый.
Albescent (*ăл-бес'-сŏнт*) adj. бѣло-
Albigenses (*ăл-биджŏн'-сиз*) s. pl. альбигойцы. [низмъ.
Albinism (*ăл'-би-низм*) s. альби-
Albino (*ăл'-бай-но*) s. альбиносъ.
Albinoism (*ăл-бай'-но-изм*) s. альбинизмъ.
Albion (*ăл'-би-ŏн*) прг. (геогр.) Альбіонъ, названіе Англіи.
Albuginea (*ăл'-бью-джин'-и-а*) s. (анат.) бѣлковинная оболочка; бѣлокъ (глаза).
Albugineous (*ăл'-бью-джин'-и-ŏс*) **Albuginous** (*ăл-бью'-джин-ŏс*) adj. бѣлковинный; бѣлочный; бѣлковый.
Albugo (*ăл-бью'-го*) (медиц.) бельмо въ глазу.
Album (*ăл'-бŏм*) s. альбомъ; памятная, записная книжка.
Albumen (*ăл-бью'мен*) s. альбуминъ, бѣлковина, бѣлковое вещество.
Albuminous (*ăл-бью'-ми-нŏс*) **Albuminose** adj. бѣлковинный.
Alburnum (*ăл-бŏр'-нŏм*) s. (бот.) заболонь, мязга; || (зоол.) уклейка. калинка (мелкая рыба).
Alcaeus (*ăл-си'-ŏс*) прг. Алкей.

Alcaic (*äл-кэ'-ик*) adj. и s. алкаическій, алкеевъ размѣръ (въ стихосложеніи).
Alcaid (*äл-кэд'*) s. алькадъ, городской судья въ Испаніи; тюремщикъ. [лицейскій).
Alcalde (*äл-кäл'-ди*) s. алькадъ (по-
Alcedo (*äл-си'-до*) s. (зоол.) птица-рыболовъ (альціона).
Alcestes (*äл-сес'-тиз*) npr. Альцесть.
Alchemic (*äл-кем'-ик*). **Alchemical** (*äл-кем'-ик-äл*) adj. алхимическій.
Alchemically (*äл-кем'-ика-ли*) adv. алхимическимъ путемъ. [микъ.
Alchemist (*äл'-ки-мист*) s. алхи-
Alchemistic (*äл-ки-мист'-ик*) **Alchemistical** (*äл-ки-мист'-ик-äл*) adj. алхимическій.
Alchemy (*äл'-ки-ми*) s. алхимія.
Alcibiades (*äл-си-бай'-а-диз*) npr. Алкивіадъ.
Alcides (*äл-сай'-диз*) npr. Алкидъ.
Alcohol (*äл'-ко-хол*) s. (химич.) алкоголь (спиртъ).
Alcoholate (*äл'-ко-хол-эт*) s. (хим.) алкоголатъ. [голическій.
Alcoholic (*äл-ко-хол'-ик*) adj. алко-
Alcoholization (*äл-ко-хо-ли-зэ'-шöн*) s. (химич.) алкоголизація, смѣшеніе жидкости со спиртомъ.
Alcoholize (*äл-ко-хо-лайз*) va. превращать въ алкоголь.
Alcoholmeter (*äл-ко-ол'-ме-тер*) **Alcoholometer** s. спиртомѣръ.
Alcoran (*äл'-ко-рäн*) s. алькоранъ, коранъ.
Alcove (*äл-ков'*) s. альковъ, ниша, углубленіе въ стѣнѣ.
Aldebaran (*äл-деб'-ä-ран*) s. (астрон.) Глазъ Тельца (звѣзда).
Aldehyde (*äл'-ди-хайд*), **Aldehyd** (*äл'-ди-хайд*) s. (хим.) альдегидъ.
Aldehydic (*äл-ди-хай'-дик*) adj. (хим.) альдегидическій.
Alder (*ол'-дер*) s. (бот.) ольха (дерево). — **plot**, ольховникъ.
Alderman (*ол'-дер-мäн*) s. альдерманъ, членъ городского управленія въ Англіи.
Aldermanity (*ол-дер-мäн'-и-ти*) s. званіе альдермана.
Aldermanly (*ол'-дер-мäн-ли*) adj. альдерманскій.
Aldermanship (*ол'-дер-мäн-шип*) s. состояніе *или* достоинство альдермана.
Aldern (*ол'-дöрн*) adj. ольховый.
Alderney (*ол'-дöр-ни*) npr. (геогр.) островъ Альдерней.
Ale (*эл*) s. эль (родъ пива). — **-bench**, s. скамья въ кабачкѣ. — **-brewer**, s. пивоваръ. — **-conner**, s. осмотрщикъ питейныхъ мѣръ для напитковъ. — **-house**, s. питейный домъ, кабакъ. — **-pot**, пивная кружка. — **-vat**, пивной чанъ.
Aleatory (*э'-ли-ä-то-ри*) adj. случайный, сомнительный, ненадежный. [ромъ.
Alee (*ä-ли'*) adv. (морск.) подъ вѣт-
Alembic (*ä-лем'-бик*) s. аламбикъ, перегонный кубъ.
Alength (*ä-ленгсз'*) adv. (устар. сл.) во весь ростъ, въ длину.
Aleppo (*ä-леп'-о*) npr. (геогр.) Алеппо
Alert (*ä-лерт'*) adj. бдительный, осторожный, смѣтливый, проворный; веселый, живой. **To be on** (*или* **upon**) **the** —, быть на сторожѣ.
Alertly (*ä-лерт'-ли*) adv. живо, легко, проворно, скоро, смѣтливо.
Alertness (*ä-лерт'-нес*) s. живость, расторопность, бойкость.
Alexander (*äл-егз-äн'-дер*) npr. Александръ.
Alexandria (*äл-егз-äн'-дри-ä*) npr. (геогр.) гор. Александрія.
Alexandrian (*äл-егз-äн'-дри-äн*) adj. александрійскій.
Alexandrine (*äл-егз-äн'-дрин*) adj. и s. александрійскій (стихъ).
Alexipharmic (*ä-лек-си-фар'-мик*), **Alexipharmical** (*ä-лек-си-фар'-ми-кал*) adj. (медиц.) противоядный; || s. противоядіе.
Alexis (*а-лекс'-ис*) npr. Алексѣй.
Alexiteric (*ä-лек-си-те'-рик*) s. предохранительное средство противъ яда. [росль; альга.
Alga (*äл'-га*) s. (pl. **Algae**), водо-
Algebra (*äл'-джи-брä*) s. алгебра (наука).
Algebraic (*äл-джи-брэ'-ик*), **Algebraical** (*äл-джи-брэ'-ик-äл*) adj. алгебраическій.
Algebraically (*äл-джи-брэ'-ик-äл-ли*) adv. алгебраически.
Algebraist (*äл'-джи-брэ-ист*) s. алгебраистъ.
Algeria (*äл-джи'-ри-ä*) npr. (геогр.) Алжирія.
Algerine (*äл-джи-рин*) adj. алжирскій; || s. алжирецъ.
Algid (*äл'-джи-д*) adj. (медиц.) холодный, окоченѣлый.
Algidity (*äл-джид'-и-ти*) s. (мед.) окоченѣніе, холодъ.
Algiers (*äл-джи-рз'*) npr. Алжиръ.
Algol (*äл'-гол*) npr. (астр.) Альголь.
Algor (*äл'-гор*) s. (медиц.) мѣстный холодъ. [ніе, окоченѣніе.
Algorism (*äл'-го-ризм*) s. охлажде-
Algorithm (*äл'-го-рисзм*) s. логарифмъ.
Algous (*äл'-гöс*) adj. изъ водорослей, альговый.
Alguazil (*äл'-гу-ä-зил*) s. алгвазилъ, полицейскій въ Испаніи.
Alias (*э'-ли-äс*) adv. иначе; (юрид.) иначе называемый; || s. вымы-

шленное имя; вторичный вызовъ въ судъ. [стѣ, алиби.
Alibi (*ä-ли-бай*) s. въ другомъ мѣ-
Alible (*ä.г'-и-бл*) adj. (медиц.) питательный. [Аликанте.
Alicant (*ä.г'-икäнт*) npr. (геогр.)
Alice (*ä.г'-ис*), **Alicia** (*äлиш'-иä*) npr Алиса.
Alien (*эль'-ен*) adj. чужой, чуждый. иноземный; || s. чужестранецъ.
Alienability (*эль-ен-ä-бил'-и-ти*) s отчуждаемость. [чуждаемый.
Alienable (*эль'-ен-ä-бл*) adj. от-
Alienage (*эль'-ен-эдж*) s. званіе иностранца.
Alienate (*эль'-ен-эт*) va. отчуждать, уступать, переводить, передавать; отвращать, отдѣлять; || adj. чуждый, враждебный.
Alienation (*эль-ен'-э'-шöн*) s. отчужденіе, отвращеніе, отдаленіе. — **of mind, mental —**, умопомѣшательство.
Alienator (*эль'-ен-э'-тöр*) s. отчуждатель, передатчикъ.
Alienee (*эль'-ен-и'*) s. тотъ, въ чью пользу совершено отчужденіе имущества. [тель.
Alienor (*эль'-ен-нöр'*) s. отчужда-
Aliferous (*äл-иф'-ер-öс*) adj. крылатый, носящій крылья.
Aliform (*äл-и-форм*) adj. крылообразный. [латый.
Aligerous (*äл-идж'-ер-öс*) adj. кры-
Alight (*ä-лайт'*) vn. спѣшиваться, сходить, выходить; спускаться, садиться (о птицахъ); валиться, падать; || adj. зажженный.
Align (*ä-лайн'*) va. выравнивать, приводить въ прямую линію, чертить.
Alignment (*ä-лайн'-мент*) s. выравниваніе, проведеніе прямой линіи, начертаніе (дороги).
Alike (*ä-лайк'*) adj. сходный, одинакій; || adv. сходно, одинаково.
Aliment (*äл'-и-мент*), s. пища.
Alimental (*äл-и-мент'-äл*) adj. питательный.
Alimentally (*äл-и-мент'-äл-и*) adv. питательно.
Alimentariness (*äл-и-мент'-ä-ри-нес*) s. питательность.
Alimentary (*äл-и-мент'-ä-ри*) adj. питательный, назначенный для питанія.
Alimentation (*äл-и-мен-та'-шöн*) s. питаніе, кормленіе.
Alimony (*äл'-и-мöн-и*) s. законная честь, выданная на содержаніе мужемъ женѣ при разводѣ (алименты). [лопогій (хейроптеръ).
Aliped (*äл'-и-пед*) adj. (зоол.) кры-
Aliquant (*ä.г'-и-куäнт*) adj. (матем.) не дѣлящій число безъ остатка.
Aliquot (*ä.г'-и-куот*) adj. (матем.) дѣлящій число безъ остатка.
Alish (*э.г'-иш*) adj. эльный. похожій на эль.
Alive (*ä-лайв'*) adj. живой, въ живыхъ; бодрый; чувствительный; въ движеніи. **Dead or —**, живой или мертвый. **No man —**, никто, ни одинъ живой человѣкъ. **The company were all —**, все общество было въ ударѣ.
Alizarine (*ä-лиз'-ä-рин*) s. (хим.) ализаринъ, красильное начало марены.
Alkalescency (*äл-кä-лес'-сен-си*) s. (химич.) щелочное броженіе.
Alkalescent (*äл'-кä-лес'-сент*) adj. щелочный.
Alkali (*äл'-кä-ли*) s. (pl. **Alkalies**) алкали, щелочная соль.
Alkalify (*äл'-кä-ли-фай*) va. превращать въ щелочь; || vn. превращаться въ щелочь.
Alkaligenous (*äл'-кä-лидж'-и-нöс*) adj. порождающій щелочь.
Alkalimeter (*äл'-кä-лим'-е-тер*) s. щелочемѣръ.
Alkalimetry (*äл-кä-лим'-и-трä*) s. щелочеизмѣреніе.
Alkaline (*äл'-кä-лин*) adj. щелочной.
Alkalinity ((*äл-кä-лин'-и-ти*) s. щелочность. [выщелачиваніе.
Alkalization (*äл-кä-ли-зэ'-шöн*) s.
Alkalize (*äл'-кä-лайз*) va. щелочить, выщелачивать.
Alkaloid (*äл'-ка-лойд*) s. (химич.) алкалоидъ. [красный корень.
Alkanet (*äл'-кä-нет*) s. (ботан.)
Alkoran (*äл'-ко-рäн*) s. см. **Alcoran.**
Alkoranic (*äл-ко-рäн'-ик*), **Alkoranish** (*äл-кор'-аниш*) adj. относящій къ корану.
All (*а.г*) adj. весь, всѣ, всякій. —**the day** *или* — **day**, цѣлый день. — **men**, всѣ люди. **That is — I know**, вотъ все что я знаю. **On — fours**, на четверенькахъ. **With — speed**, во всю прыть. **At — risks**, на всякій случай; || adv. совершенно, только. **It is — one**, все едино. — **the same**, тоже самое. — **over dust**, тотчасъ. **To be — for one's self**, думать только о себѣ. — **along**, постоянно, все время. **Nothing at —**, ничего. **No where at —**, нигдѣ. **Over —**, вездѣ. || s. все, цѣлое. — **or nothing**, все или ничего. **I tell you so once for—**, я сказалъ вамъ это разъ на всегда. **He has lost his —**, онъ все потерялъ. **All**, часто прибавляется къ различнымъ именамъ прилагательнымъ для усиленія ихъ значенія. Вотъ нѣкоторые примѣры. — - **abandoned**, adj. всѣми покинутый. — - **absorbing**, adj. всепоглощающій. —

- atoning, всеискупляющій. — - **beauteous**, вполнѣ прекрасный. — - **binding**, всесвязующій. — - **consuming**, всепожирающій. — - **destroying**, всеуничтожающій. — - **efficient**, весьма дѣйствительный. — - **eloquent**, весьма краснорѣчивый. — - **forgiving**, всепрощающій. — - **important**, первостепенной важности. — - **knowing**, всезнающій. — - **powerful**, всемогущій. — - **sustaining**, всеподдерживающій. — - **wise** премудрый. — - **worthy**, весьма достойный.

Allantoic (*ӑл-лӓн-то'-ик*) adj. аллантоическій, относящійся къ зародышевой плевѣ.

Allantois (*ӑл-лӓн'-то-ис*) s. (анат.) зародышевая плева.

Allay (*ӑл-лэ'*) va. укрощать, утишать: успокаивать; облегчать, смягчать; уничтожать; || vn. смягчаться, успокаиваться; воздерживаться.

Allayer (*ӑл-лэй'-ӧр*) s. успокаиватель, успокаювающій, облегчающій.

Allayment (*ӑл-лэй'-мент*) s. облегченіе, успокоеніе, смягченіе.

Allegation (*ӑл-ли-гэ'-шӧн*) s. утвержденіе; указаніе, ссылка (на автора); доводъ, доказательство.

Allege (*ӑл-ледж'*) va. доказывать, утверждать; приводить ссылку, ссылаться на что; настаивать на чемъ.

Allegeable (*ӑл-ледж'-ӑ-бл*) adj. подлежащій утвержденію.

Alleged (*ӑл-леджд'*) adj. утвержденный.

Allegement (*ӑл-ледж'-мент*) s. утвержденіе.

Alleger (*ӑл-ледж'-ӧр*) s. удостовѣритель; утверждающій.

Alleghanies (*ӑл-ли-гӓн'-из*) npr. (геогр.) Аллеганія

Alleghany (*ӑл-ли-гӓн'-и*) npr. (геогр.) Аллеганія.

Allegiance (*ӑл-ли'-джӓнс*) s. вѣрноподданство, вѣрность.

Alleging (*ӑл-ледж'-инг*) s. утверждающій, заявляющій, ссылающійся (на).

Allegoric (*ӑл-ли-гор'-ик*) **Allegorical** (*ӑл-ли-гор'-ик-ӑл*) adj. аллегорическій, иносказательный.

Allegorically (*ӑл-ли-гор'-ик-ӑл-и*) adv. аллегорически, иносказательно.

Allegoricalness (*ӑл-ли-гор'-ик-ӑл-нес*) s. аллегорическій характеръ.

Allegorist (*ӑл'-ли-гор-ист*) s. аллегористъ.

Alleggorize (*ӑл'-ли-го-райз*) va. изъяснить иносказательно, говорить аллегорически.

Allegorizer (*ӑл'-ли-го-райз-ер*) s. иносказатель, аллегористъ.

Allegory (*ӑл'-ли-го-ри*) s. иносказаніе, аллегорія.

Allegretto (*ӑл-ли-грет'-то*) s. (муз.) аллегретто.

Allegro (*ӑл-ли'-гро*) adv. (муз.) живо, весело; || s. аллегро.

Allelujah (*ӑл-ли-лью'-йа*) s. аллилуія

Alleviate (*ӑл-ли'-ви-эт*) va. облегчать, смягчать.

Alleviation (*ӑл-ли-ви-э'-шӧн*) s. облегченіе, смягченіе.

Alleviative (*ӑл-ли'-ви-э-тив*) s. облегчающее средство.

Alley (*ӑл'-лэ*) s. аллея, проходъ, переулокъ. **A turn-again —, a blind**, глухой переулокъ.

All-fools'-day (*ол-фулз'-дэ*) s. первое апрѣля.

All-fours (*ол-форз'*) s. импеpіалъ (родъ карточной игры).

Allamort (*ӑл-ла-морт'*) adj. подавленный.

All-hail (*ол-хэл'*) interj. да здравствуетъ!

All-hallows (*ол-хӓл'-оз*) s. день всѣхъ святыхъ.

All-heal (*ол'-хил*), s. (ботан.) всеисцѣляющая трава (валеріана).

Alliaceous (*ӑ-лиэ'-шӧс*) adj. чесночный.

Alliance (*ӑл-лай'-ӓнс*) s. брачный союзъ; союзъ между государствами

Allies (*алайз'*) s. pl. союзники.

Alligate (*ӑл'-ли-гэт*) va. связывать, соединять.

Alligation (*ӑл-ли-гэ'-шӧн*) s. связываніе; (ариѳм.) правило смѣшенія; (минер.) смѣсь металловъ, алліажъ.

Alligator (*ӑл-ли-гэ'-тӧр*) s. кайманъ (американскій крокодилъ).

Allignment (*ӑл-лайн'-мент*) **Allinement** (*ӑл-лайн'-мент*) s. выпрямленіе по линіи.

Allision (*ӑл-лиж'-ӧн*) s. ударъ, столкновеніе.

Alliteration (*ӑл-лит-ре-э'-шӧн*) s. аллитерація, повтореніе одной и той же буквы въ началѣ нѣсколькихъ словъ сряду.

Allocate (*ӑл'-ло-кэт*) va. распредѣлять, помѣщать, назначать, отводить.

Allocation (*ӑл-ло-кэ'-шӧн*) s. отводъ, назначеніе, опредѣленіе суммъ.

Allocution (*ӑл-ло-кью'-шӧн*) s. рѣчь, обращеніе.

Allodial (*ӑл-ло'о-ди-ӑл*) adj. свободный отъ ленныхъ повинностей.

Allodium (*ӑл-ло'о-ди-ӧм*) s. помѣстіе, свободное отъ ленныхъ повинностей.

Allonge (*ӑл-лӧндж'*) s. ударъ рапирою; || поводъ, арканъ.

Allopathic (*ӑл-ло-пӓзс'-ик*) adj. (мед.) аллопатическій.

Allopathically (*ӑл-ло-пӓзс'-ик-ӑл-ли*) adv. аллопатически.

Allopathist (*ăл-лоп'-а-зсист*) s. аллопатъ.

Allopathy (*ăл-лоп'-а-зси*) s. аллопатія.

Allot (*ăл-лот'*) va. дѣлить на части, жаловать, назначать, опредѣлять, удѣлять.

Allotment (*ăл-лот'-мент*) s. удѣлъ, часть.

Allotropic (*ăл-лот-роп'-ик*) adj. (химич.) — **state**, аллотропическое состояніе, свойство вещества существовать въ нѣсколькихъ формахъ, напр., карбонъ въ формѣ угля и брилліанта.

Allotropy (*ăл-лот'-ро-пи*) s. аллотропія.

Allottee (*ăл-ло-ти*) s. лицо, которому отведенъ участокъ (земли).

Allotting (*ăл-лот'-инг*) s. распредѣляющій на участки.

Allow (*ăл-ло'у*) va. жаловать, давать, назначать; допускать, дозволять; соглашаться, признавать; сбавлять, вычитать. — **me to tell you**, разрѣшите мнѣ сказать.

Allowable (*ăл-ло'у-ă-бл*) adj. допускаемый, пріемлемый; законный; приличный.

Allowableness (*ăл-ло'у-ă-бл-нес*) s. допускаемость, законность, приличность.

Allowably (*ăл-ло'у-ă-бл-и*) adv. дозволительно; допустимо, прилично.

Allowance (*ăл-ло'у-ăнс*) s. дозволеніе, опредѣленіе; порція, паекъ, жалованіе, пенсія; сбавка цѣны. **To make — for**, зачесть кому что-либо, имѣть къ кому-либо снисхожденіе. **Trade —**, торговая скидка; || va. выдавать порцію, ставить на паекъ.

Allower (*ăл-ло'у-ер*) s. тотъ, кто дозволяетъ, допускаетъ.

Allowing (*ă-ло'у-инг*) s. попуститель, разрѣшитель.

Alloy (*ăл-ло'й*) va. сплавлять металлы, примѣшивать къ металламъ; поддѣлывать, уменьшать; || s. лигатура, примѣсь. **Happiness without —**, безоблачное счастіе.

Alloyage (*ăл-ло'й-эдж*) s. смѣшеніе, сплавъ (металловъ).

Alloyed (*ăл-ло'йд*) adj. сплавленный, смѣшанный; поддѣльный.

All-saints (*ол-сэнтс'*) s. праздникъ всѣхъ святыхъ. — **day**, день всѣхъ святыхъ.

All-souls (*ол-солз'*) s. *или* — **day**, день поминовенія умершихъ.

Allspice (*о.л'-спайс*) s. (ботан.) ямайскій перецъ.

Allude (*ăл-льюд'*) vn. дѣлать намекъ, намекать, ссылаться на что.

Alluminor (*ăл-лью'-ми-нŏр*) s. миніатюристъ.

Allure (*ăл-льюр'*) va. манить, заманивать, увлекать, прельщать; направлять къ чему.

Allurement (*ăл-льюр'-мент*) s. приманка; прельщеніе, обольщеніе; прелесть.

Allurer (*ăл-льюр'-ер*) s. обольститель.

Alluring (*ăл-льюр'-инг*) adj. привлекательный, заманчивый.

Alluringly (*ăл-лью'-инг-ли*) adv. привлекательно, интересно.

Alluringness (*ăл-льюр'-инг-нес*) s. привлекательность, заманчивость.

Allusion (*ăл-лью'-жŏн*) s. намекъ.

Allusive (*ăл-лью'-сив*) adj. намекающій, иносказательный, фигуральный.

Allusively (*ăл-лью'-сив-ли*) adv. съ намекомъ.

Allusiveness (*ăл-лью'-сив-нес*) s. намеканіе.

Alluvial (*ăл-лью'-ви-ăл*) adj. аллювіальный, наносный.

Alluvion (*ăл-лью'-ви-ŏн*) s. наносъ, примоина.

Alluvium (*ăл-лью'-ви-ŏм*) s. наносъ.

Ally (*ăл-лай'*) va. соединять. **To — one's self**, перетянуть на свою сторону. || s. союзникъ, свойственникъ.

Almacantar (*ăл-ма-кăн'-тар*) s. (астрон.) параллельныя высоты.

Almagest (*ăл-мăджест*) s. сборникъ астрономическихъ наблюденій, напр. Альмагесты Птоломея.

Almagra (*ăл-мэ'-гра*) s. (минер.) темно-красная охра.

Almanac (*ăл'-мă-нăк*) s. мѣсяцесловъ, календарь, альманахъ.

Almandine (*ăл'-мăн-дайн*) s. (мин.) альмандинъ, малоазіатскій рубинъ съ фіолетовымъ оттѣнкомъ.

Almightily (*ăл-май'-ти-ли*) adv. всесильно.

Almightiness (*ăл-май'-ти-нес*) s. всемогущество.

Almighty (*ăл-май'-ти*) adj. всемогущій, всесильный; || s. Всемогущій (Богъ); всемогущій.

Almond (*а'-мŏнд*) s. миндалина. **Bitter —s**, горкій миндаль. **Sweet —s**, сладкій миндаль. **Burnt —s**, поджаренный миндаль. **Unshelled —s**, миндалины съ кожурой. — **-tree**, (ботан.) миндальное дерево.

Almoner (*ăл'-мŏн-ŏр*) s. духовное званіе королевскаго исповѣдника; раздаватель милостыни.

Almonry (*ăл'-мŏн-ри*) s. помѣщеніе для раздачи милостыни; кошель для раздачи милостыни.

Almost (*ол'-мост*) adv. почти.

Alms (*амз*) s. милостыня, подаяніе. **To give —**, подавать милостыню. — **-box**, s. кружка для милостыни. — **-deed**, богоугодное дѣло, милостыня. — **-giving**, раздачи ми-

лостыни. — -**house,** богадѣльня.
Alnage (*ӓл'-нэдж*) s. стмѣриваніе, измѣреніе.
Alnight (*ол'-найт*) s. ночникъ.
Aloe (*ӓл'-о*) s. (ботан.) алоэ, алой, сабуръ (растеніе).
Aloes (*ӓл'-оз*) s. сокъ алоэ.
Aloetic (*ӓл-о-эт'-ик*), **Aloetical** (*ӓл-о-эт'-ик-ӓл*) adj. алойный, сабуровый.
Aloft (*ӓ-лофт'*) adv. наверху, вверху, вверхъ; въ воздухѣ.
Alone (*ӓ-лон'*) adj. одинъ, единственный; одинокій. **Let me —,** оставьте меня въ покоѣ. **Let those books —,** не трогайте эти книги.
Along (*ӓ-лонг'*) adv. и prep. вдоль; || впередъ. **To get —,** двигаться впередъ. **To sail — the coast,** плавать близъ берега. **All — the way,** во всю длину пути, во все протяженіе пути.
Alongside (*ӓ-лонг'-сайд*) adv. и prep. бортъ съ бортомъ. **To lie —,** (или **— of**), прилежать къ набережной. [(морск.) на вѣтрѣ.
Aloof (*ö-луф'*) adv. въ отдаленіи;
Alosa (*ӓло'-зӓ*) s. (ихтіол.) алоза, бѣшанка (сельдь).
Aloud (*ӓ-ла'уд*) adv. вслухъ, громко
Alow (*ӓ-ло'у*) adv. внизу.
Alp (*ӓлп*) s. высокая гора.
Alpaca (*ӓл-пӓк'-а*) s. алпака (родъ ламы); || альпага (матерія).
Alpha (*ӓл'-фа*) s. альфа (гр. буква *а*); || * начало. [алфавитъ.
Alphabet (*ӓл'-фа-бет*) s. азбука.
Alphabetic (*ӓл-фа-бет'-ик*), **Alphabetical** (*ӓл-фа-бет'-ик-ӓл*) adj. азбучный, альфавитный.
Alphabetically (*ӓл-фа-бет'-ик-ӓл-ли*) adv. по алфавиту, въ алфавитномъ порядкѣ.
Alpheus (*ӓл-фи'-ес*) npr. Алфей.
Alphonso (*ӓл-фон'-со*) npr. Альфонсъ.
Alpin (*ӓл'-пайн*) adj. альпійскій; растущій или живущій на высокихъ горахъ (о растеніяхъ и животныхъ). [рецъ.
Alpist (*ӓл'-пист*) s. альпистъ, го-
Alquifou (*ӓл'-ки-фу*) s. (минер.) трудно плавкій свинцовый блескъ
Already (*ол-ред'-и*) adv уже.
Alsatia (*ал-сэ'-шиа*) npr. (геогр.) Эльзасъ. [тоже; притомъ.
Also (*ол'-со*) adv. и conj. также,
Alt (*ӓлт*) s. и adj. (музык.) альтъ, алтовый. [тай.
Altai (*ӓл-тӓ'-й*) npr (геогр.) Ал-
Altair (*ӓл-тэр'*) s. (астрон.) Алтаиръ.
Altar (*ал'-тӧр*) s. престолъ, алтарь; жертвенникъ. **Grand —,** главный алтарь — **-cloth,** напрестольная пелена.
Altarage (*ӓл'-тӧр-эдж*) s. приношеніе, даръ; || доходы отъ алтаря.
Alter (*ол'-тӧр*) va. перемѣнять; передѣлывать; || vn. перемѣняться. **To — one's mind,** измѣнять образъ мыслей.
Alterability (*ол-тӧр-ӓ-бил'-и-ти*) s. перемѣнчивость, измѣняемость.
Alterable (*ол-тӧр'-ӓ-бл*) adj. измѣняемый, видоизмѣняемый.
Alterableness (*ол-тӧр'-ӓ-бл-нес*) s. измѣняемость.
Alterably (*ол-тӧр'-ӓ-бл-и*) adv. измѣняемо, измѣнчиво.
Alterant (*ол'-тӧр-ӓнт*) adj. измѣняющій; || s. производящій измѣненіе.
Alteration (*ол-тӧр-э'-шон*) s. измѣненіе, перемѣна, исправленіе.
Alterative (*ол'-тӧ-ра-тив*) adj. видоизмѣняемый.
Altercate (*ӓл'-тӧр-кэт*) vn. спорить, ссориться.
Altercation (*ӓл-тӧр-кэ'-шöн*) s. распря, споръ, дебаты, пренія.
Alternacy (*ӓл-тер'-нӓ-си*) s. чередъ, перемѣна
Alternant (*ӓл-тер'-нӓнт*) adj. попеременный.
Alternate (*ӓл-тер'-нэт*) adj. поочередный; || va. и vn. дѣлать попеременно, чередоваться, смѣняться одинъ другимъ. **The flood and ebb tides — with each other,** приливы и отливы смѣняютъ другъ друга.
Alternately (*ӓл-тер'-нэт-ли*) adv. попеременно, поочередно.
Alternateness (*ӓл-тер'-нэт-нес*) s. смѣняемость, чередованіе.
Alternation (*ӓл-тер-нэ'-шöн*) s. чередованіе, перемѣна; превратность.
Alternative (*ӓл-тер'-нӓ-тив*) adj. попеременный; || s. альтернатива, одно изъ двухъ.
Alternatively (*ӓл-тер'-нӓ-тив-ли*) adv. попеременно.
Alternativeness (*ӓл-тер'-нӓ-тив-нес*) s. чередованіе.
Althea Althaea (*ӓл-сзи'-ӓ*) s. (бот.) проскурнякъ (растеніе).
Although (*ол-сзо'о*) conj. хотя; еслибы даже, несмотря на.
Altiloquence (*ӓл-тил'-о-куенс*) s. высокопарность; чепуха.
Altiloquent (*ӓл-тил'-о-куент*) adj. высокопарный.
Altimeter (*ӓл-тим'-и-тӧр*) s. альтиметръ, высотомѣръ.
Altimetry (*ӓл-тим'-и-три*) s. измѣреніе высоты.
Altisonant (*ӓл-тис'-о-нӓнт*) adj высокопарный, напыщенный шумный, помпозный.
Altitude (*ӓл'-ти-тьюд*) s. высота,

вышина; (фигур.) высшая степень, вершина.
Altivolant (*ăл-тив'-о-лăнт*) adj. высоколетающій; высокопарящій высокопарный.
Alto (*ăл'-то*) s. (музык.) альтъ, контральто.
Alto-relievo (*ăлто-рилиэ'во*) s. горельефъ.
Altogether (*ол-то-гесз'-ŏр*) adv. совсѣмъ, совершенно, окончательно, все вмѣстѣ.
Altruism (*ăл-тру-йзм*) s. альтруизмъ.
Aludel (*ăль'-ю-дел*) s. (химич.) сосудъ для перегонки.
Alula (*ăль'-ю-ла*) s. маленькое крыло.
Alum (*ăл-ŏм*) s. квасцы. **Burnt** —, пережженые квасцы. — **-stone**, квасцовый камень. — **-works**, заводъ дѣлающій квасцы; производство квасцовъ. || va. мочить въ квасцовомъ растворѣ
Alumina (*ŏ-лью'-ми-на*) s. (минер.) глинозёмъ.
Aluming (*ăль'-ŏ-минг*) s. (технич.) протрава, вымачиваніе въ квасцахъ.
Aluminiferous (*ăль-ю-ми-нйф'-ер-ŏс*) adj. содержащій въ себѣ алюминій.
Aluminite (*ăль-ю'-ми-найт*) s. (минер.) алюминитъ.
Aluminous (*ă-лью'-ми-нŏс*) adj. квасцовый, производящій аллюминій.
Aluminium (*ăль-ю-мин'-и-ŏм*) s. алюминій (металлъ).
Alumish (*ăл'-ŏм-иш*) adj. квасцоватый.
Alumnus (*ă-лŏм'-нŏс*) s. питомецъ; воспитанникъ.
Alunite (*ăль'-ю-найт*) s. квасцы.
Alveolar (*ăл'-ви-о-лăр*) adj. альвеолярный, ячейный.
Alveolate (*ăл'-ви-о-лэт*) adj. ячеистый.
Alveolus (*ăл-ви'-о-лŏс*) s. (анат.) альвеола; ячейка (пчелиная); луночка (зубная).
Alvine (*ăл'-вин*) adj. (анат.) брюшной.
Always (*ол'-уэз*) adv. всегда.
Amability (*ăм-ă-бил'-и-ти*) s. любезность, привѣтливость.
Amadæus (*ă-ма-ди'-ŏс*) npr. Амедей.
Amadou (*ăм'-ă-ду*) s. трутъ.
Amain (*ă-мэн'*) adv. смѣло, вдругъ, сильно, стремительно.
Amalgam (*ă-мăл' гăм*) s. (химич.) амальгама; (фиг.) смѣсь.
Amalgamate (*ă-мăл'-гă-мэт*) va. и vn. амальгамировать; соединять, -ся (съ ртутью); || соединять, -ся, сливаться.
Amalgamation (*ă-мăл-гă-мэ'-шŏн*) s. амальгамированіе, соединеніе со ртутью; || смѣшеніе.
Amanuensis (*ă-мăнь-ю-ен'-сис*) s. секретарь; переписчикъ.
Amaranth (*ăм'-ă-рăнс*) adj. (бот.) бархатникъ, амарантъ.
Amaranthine (*ăм-ă-рăн'-сзин*) adj. амарантовый; амарантоваго цвѣта.
Amaryllis (*ă-мă-рил'-лис*) s. (бот.) амариль, свѣтлана (видъ лиліи).
Amass (*ă-мăс'*) va. собирать, скучивать.
Amassing (*ă-мăс'-инг*) ppr. накопляющій.
Amateur (*ăм'-ă-тŏр*) s. любитель, охотникъ (до чего).
Amateurship (*ăм-ă-тŏр-шип*) s. любительство.
Amative (*ăм'-ă-тив*) adj. влюбленный, любящій.
Amativeness (*ăм'-ă-тив-нес*) s. (френол.) склонность любить.
Amatory (*ăм'-ă-то-ри*) adj. любовный, эротическій.
Amatorially (*ăм-ă-то'о-риă-ли*) adv. влюбленно, эротически.
Amaurosis (*ăм'-о-ро'о-сис*) s. (мед.) темная вода (въ глазахъ).
Amaze (*ă-мэз'*) va. изумлять, удивлять; || s. изумленіе, удивленіе.
Amazedly (*ă-мэзд'-ли*) adv. съ удивленіемъ.
Amazedness (*ă-мэз'-ед-нес*) s. удивленіе, изумленіе.
Amazement (*ă-мэз'-мент*) s. удивленіе, изумленіе.
Amazing (*ă-мэз'-инг*) adj. изумительный.
Amazingly (*ă-мэз'-инг-ли*) adv. изумительно.
Amazon (*ăм'-ă-зŏн*) s. амазонка; (геогр.) Амазонка (рѣка).
Amazonian (*ăм-ă-зо'о-ни-ăн*) adj. амазонскій.
Ambages (*ăм-бэ'-джиз*) s. pl. обиняки; извороты; разглагольствованіе.
Ambassade (*ăм-бăс'-сэд*) s. посольство.
Ambassador (*ăм-бăс'-сă-дŏр*) s. посолъ, посланникъ.
Ambassadorial (*ăм-бăс-сă-до'о-ри-ăл*) adj. посольскій.
Ambassadress (*ăм-бăс'-сă-дрес*) s. посланница.
Amber (*ăм'-бŏр*) s. амбра; || adj. амбровый; || va. окурцвать амброю.
Ambergris (*ăм'-бŏргрис*) s. амбра.
Ambidexter (*ăм-би-декс'-тŏр*) s. владѣющій одинаково обѣими руками; || плутъ на всѣ руки.
Ambidexterity (*ăм-би-декс-тер'-и-ти*) **Ambidextrousness** (*ăм-би-декс'-трŏс-нес*) s. двоеручность; умѣніе владѣть одинаково обѣими руками; || двуличность.
Ambidextrous (*ăм-би-декс'-трŏс*) adj. владѣющій одинаково обѣими руками.
Ambient (*ăм'-би-ент*) adj. (физич.) окружающій, охватывающій.
Ambigu (*ăм'-би-гью*) s. столъ изъ однихъ холодныхъ блюдъ, холодный завтракъ.
Ambiguity (*ăм-би-гью'-и-ти*) s. двусмысленность, двойственность.

Ambiguous (*ăм-бигъ'-ю-ŏс*) adj. двусмысленный, двоякій, двойственный.

Ambiguously (*ăм-бигъ'-ю-ŏс-ли*) adv. двусмысленно, двоякимъ образомъ.

Ambiguousness (*ăм-бигъ'-ю-ŏс-нес*) s. двусмысленность.

Ambit (*ăм'-бит*) s. окружность (фигуры); контуръ.

Ambition (*ăм-биш'-ŏн*) s. честолюбіе, самолюбіе; || va. домогаться.

Ambitionless (*ăм-биш'-ŏн-лес*) adj. лишенный самолюбія.

Ambitious (*ăм-биш'-ŏс*) adj. самолюбивый, властолюбивый; выставляющій на показъ.

Ambitiously (*ăм-биш'-ŏс-ли*) adv. честолюбиво, властолюбиво.

Ambitiousness (*ăм-биш'-ŏс-нес*) s. честолюбіе, самолюбіе.

Amble (*ăм'-бл*) s. иноходь (о лошади); || vn. итти иноходью; (фигур.) семенить ногами, ходить мелкими шагами. **To — along,** итти иноходью; || va. заставлять лошадь итти иноходью. [лошади).

Ambler (*ăм'-блŏр*) s. иноходецъ (о

Ambling (*ăм'-блинг*) s. иноходь; || adj. иноходный. [иноходью.

Amblingly (*ăм'-блинг-ли*) adv.

Ambreine (*ăм'-бре-ин*) s. (химич.) амбреинъ, основное вещество амбры.

Ambrose (*ăм'-броз*) npr. Амвросій.

Ambrosia (*ăм-бро'о-жиă*) s. (анат.) амброзія (пища боговъ).

Ambrosial (*ăм-бро'о-жиăл*) adj. похожій вкусомъ, запахомъ на амброзію; сладкій, пріятный, сладостный. [амброзійный.

Ambrosian (*ăм-бро'о-жи-ăн*) adj.

Ambulance (*ăм'-бью-лăнс*) s. походный госпиталь.

Ambulant (*ăм'-бью-лăнт*) adj. странствующій, походный.

Ambulation (*ăм-бью-лэ'-шŏн*) s. перемѣна мѣста, переходъ; прогулка.

Ambulatory (*ăм'-бью-лэ-тŏ-ри*) adj. переходный, удобный для гулянія; || s. гуляніе; || амбуляторія.

Ambury (*ăм'-бью-ри*) s. чирей, вередъ (у лошади).

Ambuscade (*ăт-бŏс-кэд'*) s. засада.

Ambush (*ăм'-буш*) s. засада; козни, ковы, сѣти. **To lay troops in —,** посадить войска въ засаду. **To lie in —,** сѣсть въ засаду. || va. vn. помѣщать въ засаду; строить (козни, ковы), разставлять (сѣти); || засѣсть въ засаду.

Ambushment (*ăм'-буш-мент*) s. препятствіе, подвохъ.

Ameliorate (*ă-милъ'-о-рэт*) va. улучшать, поправлять; || vn. улучшаться.

Amelioration (*ă-миль-о-рэ'-шŏн*) s. улучшеніе, поправленіе, меліорація.

Ameliorator (*ă-милъ'-о-рэт-ŏр*) s. улучшатель, производящій улучшенія. [такъ.

Amen (*э'-мэн*) adv. аминь, да будетъ

Amenability (*ă-ми-нă-бил'-и-ти*)
Amenablenes (*ă-ми'-нă-бл-нес*)
s. отвѣтственность.

Amenable (*ă-ми'-нă-бл*) adj. отвѣтственный. **— to the law,** отвѣтственный передъ закономъ.

Amend (*ă-менд'*) va. исправлять; улучшать, передѣлывать; || vn. исправляться; улучшаться.

Amendable (*ă-менд'-ă-бл*) adj. исправимый, поправимый.

Amendatory (*ă-менд'-ă-то-ри*) adj. исправляющій, исправительный.

Amende (*ă-монд'*) s. штрафъ, пеня.

Amender (*ă-менд'-ер*) s. налагающій штрафъ; исправитель.

Amendment (*ă-менд'-мент*) s. исправленіе, поправка, передѣлка, улучшеніе, реформа.

Amends (*ă-мендз'*) s. pl. вознагражденіе. **To make — for,** каяться въ чемъ, вознаграждать.

Amenity (*ă-мен'-и-ти*) s. пріятность, любезность, вѣжливость.

Amenorrhœa (*ă-мен'-ори'-ă*) s. (медиц.) отсутствіе мѣсячнаго очищенія.

Ament (*ă-мент'*) s. (ботан.) нѣсколько скорлупъ вмѣстѣ соединенныхъ; та часть кольца, въ которую вставленъ драгоцѣнный камень-гнѣздо.

Amentaceæ (*ăменте'-шии*) s. pl. (ботан.) сережчатыя растенія.

Amentia (*ăмен'-шиа*) s. глупость.

Amerce (*ă-мерс'*) va. налагать штрафъ. [лежащій штрафу.

Amerceable (*ă-мерс'-ăбл*) adj. под-

Amercement (*ă-мерс'-мент*) s. денежный штрафъ, пеня.

Amercer (*ă-мерс'-ер*) s. налагающій денежный штрафъ, штрафователь (судья).

America (*а-мер'-и-ка*) npr. Америка. **North —,** Сѣверная Америка. **South —,** Южная Америка. **Central —,** Центральная Америка.

American (*а-мер'и-кăн*) s. американецъ; || adj. американскій.

Americanism (*ă-мер'и-кăн-изм*) s. американскій патріотизмъ, увлеченіе всѣмъ американскимъ; американское выраженіе.

Americanize (*ă-мер'-и-ка-найз*) va. американизировать; перечислиться въ американскіе граждане.

Amethyst (*ăм'-и-сзист*) s. (минер.) аметистъ.

Amethystine (*ăм-и-сзис'-тин*) adj. аметистовый; аметистоваго цвѣта.

Amiability (*э-ми-ă-бил'-и-ти*) s. любезность.
Amiable (*э-ми'-ă-бл*) adj. любезный, милый, пріятный.
Amiableness (*э'-ми-ă-бл-нес*) s. пріятность, любезность.
Amiably (*э'-ми-ă-бл-и*) adv. любезно, мило.
Amianth (*ă'-ми-ăнсз*), **Amianthus** (*ă-ми-ăн'-сзŏс*) s. аміантъ, горный каменный лёнъ.
Amicability (*ăм-и-кă-бил'-и-ти*) s. дружелюбіе.
Amicable (*ăм'-и-кă-бл*) adj. дружескій; полюбовный.
Amicableness (*ăм'-и-кă-бл-нес*) s. дружественность, сердечность.
Amicably (*ăм'-и-кă-бл-и*) adv. полюбовно; дружески.
Amice (*ăм'-ис*) s. (церк.) омофоръ.
Amid (*ă-мид'*), **Amidst** (*ă-мидст'*) prep. среди, между.
Amidine (*ăм'-и-дин*) s. (химич.) амидинъ (вещество, извлеченное изъ крахмала).
Amidship (*ă-мид'-шип*) adv. (морс.) въ серединѣ корабля. **Helm —**, держать руль направо.
Amiss (*ă-мис'*) adv. худо, не такъ, некстати. **Nothing comes —to him,** ему все сходитъ съ рукъ; || adj. потерянный, дурной, неприличный.
Amity (*ăм'-и-ти*) s. дружба, согласіе.
Ammonia (*ăм-мо'о-ни-ă*) s. (химич.) амміакъ, летучая щелочь.
Ammoniac (*ăм-мо'о-ни-ăк*) adj. (химич.) амміаковый, амміачный. **Gum —**, аммоніакъ (камедь); **Sal —**, аммоніакальная соль.
Ammoniacal (*ăм-мо-най'-ăк-ăл*) adj. (химич.) аммоніачный.
Ammonium (*ăм-мо'о-ни-ŏм*) s. (химич.) аммоній.
Ammunition (*ăм-мью-ни'-шŏн*) s. (воен.) военные припасы; аммуниція.
Amnesty (*ăм'-нис-ти*) s. амнистія, всепрощеніе.
Amnios (*ăм'-ни-ос*) s. (анат.) сорочка, оболочка зародыша.
Amomum (*ă-мо'-мŏм*) s. (ботан.) амомъ (родъ имбиря).
Among (*ă-мŏнг'*), **Amongst** (*ă-мŏнгст'*) prep. между, посреди. **—honest folks,** среди честныхъ людей. **—the Greeks,** среди грековъ. **From —them,** изъ ихъ среды.
Amorous (*ăм'-ŏр-ŏс*) adj. влюбленный; любовный; влюбчивый; страстный.
Amorously (*ăм'-ŏр-ŏс-ли*) adv. страстно.
Amorousness (*ăм'-ŏр-ŏс-нес*) s. любовь, нѣжная привязанность.
Amorphism (*ă-мор'-физм*) s. аморфизмъ.
Amorphous (*ă-мор'-фŏс*) adj. аморфный, безформенный, неимѣющій опредѣленной формы.
Amort (*ă-морт'*) adj. мертвый, унылый.
Amortisation (*ă-мор-ти-зэ'-шŏн*) s. амортизація, погашеніе долговъ.
Amortize (*ă-мор'-тайз*) va. погашать долгъ посредствомъ частичныхъ уплатъ.
Amortizement (*ă-мор'-тиз-мент*) s. погашеніе долга по частямъ.
Amount (*ă-маунт'*) s. итогъ, сумма, счетъ; || vn. сводить къ, доходить до. **What does his bill — to?** до какой цифры доходитъ его счетъ.
Amour (*ă-мур'*) s. любовь; любовныя похожденія, любовная интрига; амуры.
Ampersand (*ăмпŏрс'ăнд*) знакъ равняется союзу *и*.
Amphibia (*ăм-фиб'-и-ă*) s. pl. (зоол.) амфибіи, земноводные гады.
Amphibious (*ăм-фиб'-и-ŏс*) adj. (зоол.) земноводный.
Amphibiousness (*ăр-фиб'-и-ŏс-нес*) s. свойство земноводныхъ.
Amphibole (*ăм'-фи-бол*) s. (минер.) роговая обманка; базальтинъ.
Amphibolite (*ăм-фиб'-олайт*) s. (геол.) базальтиновый.
Amphibological (*ăм-фиб-о-лодж'-ик-ăл*) adj. двусмысленный, темный.
Amphibologically (*ăм-фиб-о-лодж'-ик-ăл-ли*) adv. двусмысленно.
Amphibology (*ăм-фи-бол'-о-джи*) s. двусмысленность, двусмысленное выраженіе.
Amphiboly (*ăм-фиб'-о-ли*) s. двусмысленность, экивокъ.
Amphibrach (*ăм'-фи-брăк*) s. амфибрахій (стопа въ стихѣ).
Amphictyonic (*ăм-фик'-тион'-ик*) adj. принадлежащій совѣту амфиктіоновъ.
Amphictyons (*ăм-фик'-тиŏнз*) s. pl. (истор.) совѣтъ амфиктіоновъ.
Amphiscians (*ăм-фиш'-и-ăнз*) **Amphiscii** (*ăм-фиш'-и-ай*) s. (геогр.) амфискіи, жители тропиковъ.
Amphitheatral (*ăм-фи-сзи'-ă-трăл*) adj. имѣющій видъ амфитеатра.
Amphitheatre (*ăм-фи-сзи'-ă-тер*) s. амфитеатръ.
Amphitheatric (*ăм-фи-сзи-ăт'-рик*), **Amphitheatrical** (*ăм-фи-сзи-ăт'-рик-ăл*) adj. амфитеатровый.
Amphor (*ăм'-фор*), **Amphora** (*ăм'-фо-ра*) s. амфора (глиняный сосудъ у древнихъ).
Ample (*ăм'-пл*) adj. обширный, просторный, широкій, обильный, полный.

Ampleness (*ăм'-пл-нес*) s. полнота, просторъ, обширность, изобиліе.
Ampliative (*ăм'-пли-э-тив*) adj. увеличивающійся; скопированный съ подлиннаго акта.
Ampliation (*ăм-пли-э'-шŏн*) s. увеличеніе, расширеніе; (юрид.) копія акта.
Amplificate (*ăм-пли'-фи-кэт*) va. увеличивать, распространять преувеличивать.
Amplification (*ăм-пли-фи-кэ'-шŏн*) s. распространеніе, преувеличеніе; многословіе.
Amplifier (*ăм'-пли-фай-ер*) s. разсказщикъ, умѣющій пространно объяснить.
Amplify (*ăм'-пли-фай*) va. распространять, расширять; развивать (мысль); || vn. распространяться о чемъ; болтать.
Amplifying (*ăм'-пли-фай-инг*) s. распространяющій, преувеличивающій.
Amplitude (*ăм'-пли-тьюд*) s. обширность; размѣръ; (геом. и астр.) амплитуда (величина угла); (фигур.) обиліе.
Amply (*ăм'-пли*) adv. обильно.
Ampulla (*ăм-пул'-лă*) s. (медиц.) ампула, расширеніе (канала).
Ampullaceous (*ăм-пулэ'-шŏс*) adj. ампулярный.
Amputate (*ăм'-пью-тэт*) va. обрѣзывать (деревья); (хирур.) ампутировать, отрѣзать членъ тѣла.
Amputation (*ăм-пью-тэ'-шŏн*) s. отсѣченіе; (хирур.) ампутація, отнятіе.
Amuck (*ă-мок'*) s. убійство: adv. яростно. **To run —**, бѣжать по улицамъ въ припадкѣ ярости; || набрасываться на людей.
Amulet (*ăмъ'-ю-лет*) s. амулетъ, ладанка, талисманъ.
Amusable (*ă-мьюз'-ă-бл*) adj. расположенный къ забавѣ.
Amuse (*ă-мьюз'*) va. забавлять, увеселять; обнадеживать, убаюкивать обѣщаніями.
Amusement (*ă-мьюз'-мент*) s. увеселеніе, забава.
Amuser (*ă-мьюз'-ер*) s. забавникъ, шутникъ; обманщикъ.
Amusing (*ă-мьюз'-инг*) adj. забавный.
Amusingly (*ă-мьюз'-инг-ли*) adv. забавно.
Amusive (*ă-мью'-сив*) adj. забавный.
Amusively (*ă-мью'-сив-ли*) adv. забавно.
Amy (*э'-ми*) npr. Любовь, Люба.
Amygdalæ (*ă-миг'-дă-ли*) s. (анат.) миндалевидная железа, мигдалики.
Amygdalate (*ă-миг'-дă-лэт*), adj. миндалевидный.
Amygdalic (*ă-мигдал'-ик*) adj. миндальный; **— acid**, миндалевая кислота.
Amygdaline (*ă-миг'-дă-лин*) s. (химич.) амигдалинъ (вещество изъ горькаго миндаля).
Amygdaloid (*ă-миг'-дă-лойд*) s. (минер.) миндалевидный.
Amyl (*ăм'-ил*) s. (химич.) амилъ (крахмалъ).
Amylaceous (*ă-ми-лэ'-шŏс*) adj. крахмальный.
Amylene (*ăм'-ил-ин*) s. (химич.) амиленъ.
Amylic (*ăмил-ик*) adj. крахмальный.
An (*ăн*) (грам.) членъ неопредѣленный; см. **A**; || conj. если. **— it please your honour,** если вамъ нравится.
Anabaptism (*ăн-а-бăп'-тизм*) s. анабаптизмъ, ученіе перекрещенцевъ.
Anabaptist (*ăн-а-бăп'-тист*) s. анабаптистъ, перекрещенецъ.
Anabaptistic (*ăн-а-бăп'-тист-ик*) **Anabaptistical** (*ăн-а-бăп'-тист-ик-ал*) adj. анабаптическій.
Anacathartic (*ăн-акăсзар'-тик*) s. (медиц.) кашель съ выдѣленіемъ мокроты.
Anachronical (*ăн'-ак-рон'-и-кал*), **Anachronic,** adj. анакроническій.
Anachronism (*ă-нăк'-ро-низм*) s. анахронизмъ (ошибка въ лѣтосчисленіи).
Anachronistic (*ăн'-ăкро-нис'-тик*) adj. содержащій анахронизмъ.
Anaclastics (*ă-нă-кл*ă*ст'-ик*) adj. производимый рефракціей свѣта; возвратный, діоптрическій.
Anaconda (*ăн'-ăкон'-да*) s. (нар.) большая змѣя (въ Цейлонѣ и Южной Америкѣ).
Anacreontic (*ă-нăк-ри-он'-тик*) adj. анакреонтическій, любовный (стихъ).
Anadromous (*ăнăд-ромŏс*) adj. переходящій изъ моря въ прѣсную воду.
Anæmia (*ă-нэ'-ми-ă*) s. (медиц.) анемія, малокровіе.
Anæsthesia (*ăн-ис-сзи-жии*) s. (медиц.) анастезія, уменьшеніе чувствительности.
Anæsthetic (*ăн'-ис-сзет'-ик*) adj. анестетическій, уменьшающій боль.
Anæsthetize (*ăн-ĕс'-сзи-тайз*) va. анастезировать.
Anaglyph (*ăн'-аглиф*) s. (арх.) рельэфный орнаментъ.
Anaglyphic (*ăн'-аглиф'-ик*) **Anagliphical** (*ăн'-аглиф'-икал*) adj. относящійся къ рельэфному орнаменту.
Anaglyptic (*ăн'-аглип'-тик*) adj. скопированный съ рел. орнамента.

Anagogical (*ӑн-ӑ-годж-ик-ӑл*) adj. мистическій, таинственный.

Anagogically (*ӑн-ӑ-годж-ик-ӑл-ли*) adv. мистически.

Anagogics (*ӑн-ӑ-годж'-икс*) s. pl. мистическое истолкованіе.

Anagram (*ӑн'-ӑ-грӑм*) s. анаграмма.

Anagrammatical (*ӑн'-ӑ-грӑм-мӑт'-ик-ӑл*) adj. анаграмматическій.

Anagrammatically (*ӑн-ӑ-грӑм-мӑт'-ик-ӑл-ли*) adv. анаграмматически.

Anagrammatism (*ӑн-ӑ-грӑм'-ма-тизм*) s. составленіе анаграммъ.

Anagrammatist (*ӑн-ӑ-грӑм'-ма-тист*) s. составитель анаграммъ.

Anagrammatize (*ӑн-ӑ-грӑм'-ма-тайз*) vn. составлять анаграммы.

Anal (*э'-нӑл*) adj. (анат.) заднепроходный, анальный.

Analecta (*ӑн'алек'та*), **Analects** (*ӑн'-ӑ-лектс*) s. аналекты, отрывки (изъ сочиненій).

Analemma (*ӑн-ӑ-лем'-ма*) s. (астр.) аналемма (проекція).

Analepsis (*ӑн-ӑ-леп'-сис*) **Analepsy** (*ӑн-ӑ-леп'си*) s. (медиц.) возстановленіе силъ послѣ болѣзни.

Analeptic (*ӑн-ӑ-леп'-тик*) s. и adj. (медиц.) укрѣпляющее средство.

Analogical (*ӑн-ӑ-лодж'-ик-ӑл*) adj. аналогическій, сходный.

Analogically (*ӑн-ӑ-лодж'-ик-ӑл-ли*) adv. аналогично.

Analogicalness (*ӑн-а-лодж-ик-ӑл-нес*) s. аналогичность.

Analogism (*ӑ-нӑл'-од-жизм*) s. аналогизмъ, заключеніе по сходству.

Analogist (*ӑ-нӑл'-о-джист*), s. сравнивающій, проводящій аналогію.

Analogize (*ӑ-нӑл'-о-джайз*) va. заключать по сходству.

Analogous (*ӑн-ӑл'-о-гӧс*) adj. аналогичный, сходный.

Analogously (*ӑн-ӑл'-о-гӧс-ли*) adv. аналогично.

Analogy (*ӑ-нӑл'-о-джи*) s. аналогія, сходство. **From —**, по аналогіи, по сходству.

Analyse (*ӑн'-а-лайз*) s. анализъ; разборъ.

Analysis (*ӑ-нӑл'-и-сис*) s. анализъ, разборъ, разложеніе.

Analyst (*ӑн'-ӑ-лист*) s. искусный въ анализѣ.

Analytic (*ӑн-ӑ-лит'-ик*) **Analytical** (*ӑн-ӑ-лит'-ик-ӑл*) adj. аналитическій.

Analytically (*ӑн-ӑ-лит'-ик-ӑл-ли*) adv. аналитически.

Analytics (*ӑн-ӑ-лит'-икс*), s. (матем.) аналитика.

Analyzable (*ӑн'-ӑ-лайз-аб-л*) adj. подлежащій анализу.

Analyzableness (*ӑн'-ӑ-лайз-аб'-лнес*) s. аналитичность.

Analyzation (*ӑн-ӑ-ли-зэ'-шӧн*) s. разложеніе, разборъ, анализъ.

Analyze (*ӑн'-ӑ-лайз*) va. разлагать, анализировать.

Analyzer. (*ӑн'-ӑ-лайз-ер*) s. разлагающее начало; || разлагающій, аналитикъ.

Anamorphosis (*ӑн-ӑ-мор'-фо-зис*) s. превратное изображеніе.

Ananas (*ӑ-нэ'-нӑс*) s. ананасъ (плодъ).

Anandrous (*ӑн-ӑн'-дрӧс*) adj. (ботан.) не имѣющій тычинокъ.

Anapest (*ӑ-нӑ-пест'*) s. анапестъ (стопа въ стихѣ).

Anapestic (*ӑ-напес'-тик*) **Anapestical** (*ӑ-напес'-тикӑл*), adj. анапестическій.

Anaphora (*ӑ-нӑф'-о-рӑ*) s. анафора.

Anaphrodisia (*ӑ-нафроди'-жиа*) s. (медиц.) половая возбудимость черезъ лекарст. средства.

Anarch (*ӑн'-арк*) s. возбуждающій анархію.

Anarchic (*ӑн-ар-кик*) **Anarchical** (*ӑн-ар-ки-кӑл*) adj. безначальный, анархическій. [хистъ.

Anarchist (*ӑн'-ӑр-кист*) s. анар-

Anarchy (*ӑн'-ар-ки*) s. анархія, безначаліе. [диц.) отекъ.

Anasarca (*ӑн'-ӑ-сар'-кӑ*) s. (ме-

Anasarcous (*ӑн-ӑ-сар'-кӧс*) adj. (медиц.) отечный.

Anastomatic (*ӑ-нӑс-то-мӑт'ик*) adj. (медиц.) анастоматическій.

Anastomose (*ӑ-нӑс'-томоз*) vn. (медиц.) соединяться (о венахъ, артеріяхъ или нервахъ).

Anastomosis (*ӑ-нӑс-то-мо'о-сис*) s. (анат.) соединеніе сосудовъ.

Anastomotic (*ӑ-нӑс'-то-мот'-ик*) adj. (медиц.) анастомотическій.

Anastrophe (*ӑ-нӑс'-тро-фи*) s. s. (грам.) перестановка словъ.

Anathema (*ӑ-нӑсз'-и-мӑ*) s. анаѳема, проклятіе; || adj. отлученный. **Let him be —**, будь онъ проклятъ. [s. проклятіе.

Anathematism (*ӑ-нӑсз'-и-матизм*)

Anathematisation (*ӑ-нӑсз-и-мӑт-и-зэ'-шӧн*) s. преданіе анаѳемѣ.

Anathematise (*ӑ-нӑсз-и-мӑ-тайз*) va. провозгласить анаѳему.

Anathematiser (*ӑ-нӑсз'-и-мӑ-тайз-ер*) s. предающій анаѳемѣ.

Anatolia (*ӑн'ато'лia*) npr. (геогр.) Анатолія. [анатомическій.

Anatomical (*ӑн-ӑ-том'-ик-ӑл*) adj.

Anatomically (*ӑн-ӑ-том'-ик-ӑ-ли*) adv. анатомически. [томъ.

Anatomist (*ӑ-нӑт'-о-мист*) s. ана-

Anatomization (*ă-нăт-о-ми-зэ'-шŏн*) s. анатомированіе, трупоразсѣченіе.
Anatomize (*ă-нăт'-о-маиз*), va. вскрывать, анатомировать.
Anatomy (*ă-нăт'-о-ми*) s. анатомія, наука о строеніи тѣла.
Anaxagoras (*ăн'аксăг'-орас*) npr. Анаксагоръ.
Ancestor (*ăн'-сес-тŏр*) s. предокъ.
Ancestral (*ăн-сес'-трăл*) adj. праотеческій; наслѣдственный (о правѣ).
Ancestress (*ăн'-сес-трес*) s. прабабка.
Ancestry(*ăн'-сес-три*) s. праотцы, предки.
Anchises (*ăн'-кай-сиз*) npr. Анхизъ.
Anchor (*ăнк'-ŏр*) s. якорь. **To ride at —**, стать на якорь. **To cast —**, бросать якорь. **To drag the —** дрейфовать. **Sheet —**, большой запасный якорь; (фигур.) последняя надежда; якорь спасенія. **Spare —**, запасный якорь. || va. бросить якорь: останавливать; || vn. стать на якорь; остановиться. **— -ground**, якорное мѣсто. **— -hold**, якорная стоянка.
Anchorage (*ăнк'-ŏр-эдж*) s. якорное мѣсто; корабельные якоря.
Anchoret (*ăнк'-о-рет*) s. **Anachorite** (*ăнк'-о-райт*) анахоретъ, отшельникъ, пустынникъ.
Anchovy (*ăнчо'о-ви*) s. (ихтіол.) анчоусъ (рыба); || adj. анчоусный.
Ancient (*эн'шент*), adj. древній, давнишній, ветхій, старинный; прежній, бывшій; || s. старецъ, старѣйшина; (морск.) кормовой флагъ военнаго корабля. **An — city**, въ старомъ городѣ, въ старой части города.
Anciently (*эн'-шент-ли*) adv. издревле, встарину.
Ancientness (*эн'-шент-нес*) s. старина, древность.
Ancientry (*эн'-шент-ри*) s. старшинство, древность происхожденія.
Ancillary (*ăнсил'-ари*) adj. служебный (о женщинахъ); рабскій.
Ancipital (*ăн-сип'-и-тăл*) **Ancipitous** (*ăн-сип'-и-тŏс*) adj. (ботан.) обоюдоострый (о стебляхъ).
Ancona (*ăн-ко'о-на*), npr. (геогр.) Анкона.
Ancony (*ăн'-ко-ни*) adj. локтевой.
And (*ăнд*) conj. и, а, съ; || если. **His father—mother**, его отецъ и мать. **Two — two**, два и два, попарно.
Andalusia (*ăн'-далу'-джиа*) npr. (геог.) Андалузія.
Andalusian (*ăн'-далу'-джиăн*) adj. андалузскій; || s. житель Андалузіи.
Andante (*ăн-дăн'-ти*) s. и adv. (музык.) анданте, медленно.
Andantino (*ăн-дăн-ти'-но*) adv. (музык.) андантино.
Andes (*ăн'-диз*) npr. (геогр.) Анды (горы).
Andiron (*ăнд'-ай-рŏн*) s. таганъ.
Andrew (*ăн'-дру*) npr. Андрей.
Androgynous (*ăн-дродж'-и-нŏс*) **Androgynal** (*ăн-дродж'-и-нăл*) adj. гермафродитный, двуполый.
Android (*ăн'-дроăд*) s. человѣкоподобный, мужеподобный.
Andromache (*ăн-дром'-ă-ки*) npr. Андромаха.
Andromeda (*ăн-дром'-ида*) npr. Андромеда; || (бот.) растеніе.
Anecdote (*ăн'-ек-дот*) s. анекдотъ.
Anecdotic (*ăн'-ек-дŏт-ик*), **Anecdotical** (*ăнек-дот'-ик-ăл*) adj. анекдотическій.
Anemography (*ăн-и-мог'-рă-фи*) s. описаніе вѣтровъ.
Anemology (*ăн-и-мол'-о-джи*) s. наука о вѣтрахъ.
Anemometer (*ăн-и-мом-и-тер*) s. анемометръ, вѣтромѣръ.
Anemometry (*ăн-и-мом'-и-три*) s. анемометрія.
Anemone (*ă-нем'-о-ни*), **Anemony** (*ă-нем'-о-ни*) s. (ботан.) анемонъ, вѣтренница.
Anemoscope (*ă-нем'-о-скоп*) s. приборъ, показывающій направленіе вѣтра.
An-End (*ăн-енд'*) adv. (искаженіе **on-end**) (морск.) стойкомъ, поднятый.
Anent (*ă-нент'*) prep. касательно, относительно (чего), въ отношеніи (къ чему).
Aneroid (*ăн'-е-ройд*) s. анероидъ; || adj. анероидный,безвоздушный.
Aneurism (*ăнь'-ю-ризм*) s. аневризма, расширеніе кровеносныхъ сосудовъ.
Aneurismal (*ăнь-ю-риз'-мăл*) adj. аневризматическій.
Anew (*ă-нью'*) adv. снова, опять; вновь, заново.
Anfractuosity (*ăн-фрăк-чью-ос'-и-ти*) **Anfractuousness** (*ăн-фрăк'-чью-ŏс-нес*) s. извилина, кривизна.
Anfractuous (*ăн-фрăк-чью-ŏс*) adj. извилистый.
Angel (*эн'-джел*) s. ангелъ, вѣстникъ. **Guardian —**, ангелъ-хранитель. **Fallen —**, падшій ангелъ. **— fish**, (ихтіол.) рашпиль (рыба). **— -like**, подобный ангелу, ангелоподобный. **— -shot**, (арт.) цѣпное ядро. **— -winged**, adj. имѣющій ангельскія крылья. **— -worship**, s. почитаніе ангеловъ.
Angelic (*ăн-джел'ик*) **Angelical** (*ăн-джел'-ик-ăл*) adj. ангельскій.

Angelica (*ăн-джел'-ика*) s. (ботан.) дягиль, коровникъ (растеніе).
Angelically (*ăн-джел'-ик-ăл-ли*) adv. по-ангельски.
Angelicalness (*ăн-джел'-ик-ăл-нес*) s. ангельское свойство, совершенство.
Angelot (*ăн'-джи-лот*) s. музыкальный инструментъ вродѣ лютни; родъ нормандскаго сыра; старинная монета.
Angelus (*ăн'-джел-ŏс*) s. молитва Богородицѣ (у католиковъ).
Anger (*ăнг'-гер*) s. гнѣвъ, негодованіе. **A fit of —**, припадокъ гнѣва. || va. сердить, раздрожить, рассердить, разгнѣвать.
Angerly (*ăнг'-гер-ли*) adv. сердито, съ сердцемъ.
Angina (*ăн-джай'-нă*) s. (медиц.) ангина, жаба (горл. болѣзнь.
Angiography (*ăн-джи-ог'-рă-фи*) s. описаніе сосудовъ человѣческаго тѣла.
Angiology (*ăн-джи-ол'-о-джи*), s. (анат.) ангіологія.
Angiospermous (*ăн-джи-о-сперм'-ŏс*) adj. (ботан.) сосудосѣменный.
Angiotomy (*ăн-джи-от'-о-ми*) s. (анат.) разсѣченіе сосудовъ.
Angle (*ăнг'-гл*) s. уголъ; || удочка. **A right, obtuse, acute —**, прямой, тупой, острый уголъ. || vn. удить рыбу; завлекать. **To —for**, соблазнять, выуживать.
Angled (*ăнг-глд*) adj. угловатый. **Three —**, трехугольный. **Many —**, многоугольный. **Right —**, прямоугольный. [(удочкой).
Angler (*ăнг'-глер*) s. рыболовъ
Anglican (*ăнг'-гли-кăн*) adj. англиканскій; || s. членъ англиканской церкви.
Anglicanism (*ăнг'-гли-кăн-изм*) s. англиканское исповѣданіе.
Anglicism (*ăнг'-гли-сизм*) s. англицизмъ, англійскій оборотъ рѣчи.
Anglicize (*ăнг'-гли-сайз*) va. придавать англійскій характеръ.
Angling (*ăнг'-глинг*) s. уженіе.
Anglo (*ăнг-гло*) adj. англійскій, англо. **— -American**, adj. англо-американскій, s. -нецъ, -нка, **— -Norman**, adj. англо-нормандскій s. -нецъ, -нка. **— -Saxon**, adj. англо-саксонскій; s. -нецъ, -нка.
Anglomania (*ăнг-ло-мэ'-ни-ă*) s. англоманія.
Anglophobia (*ăнг-ло-фо'-биа*) s. англофобія.
Angora (*ăнг-ŏр'-а*) npr. (геогр.) Ангора; || (зоол.) видъ кошки.
Angostura (*ăнг'-гŏстью'-ра*) **Angustura** (*ăнг-гестьюра*) npr. Ангустура.
Angrily (*ăнг'-гри-ли*) adv. сердито; раздражительно, гнѣвно.
Angry (*ăнг-ри*) adj. гнѣвный, сердитый, яростный, раздраженный. **What are you—at(about** или **for)**, на что вы сердитесь? **They came to—words**, они дошли до рѣзкихъ словъ, до угрозъ. **The—waves**, бурныя волны.
Anguilliform (*ăн-гуил'-ли-форм*) adj. подобный угрю.
Anguish (*ăнг'-гуиш*) s. боль, мученіе, страданіе, тоска, грусть. **To be in —**, мучиться, страдать.
Anguished (*ăнг'-гуишд*) s. страдающій, сокрушенный.
Angular (*ăнг'-гью-лăр*) adj. угольный, угловой, углообразный.
Angularity (*ăнг-гью-лăр'-и-ти*) s. угловатость.
Angularly (*ăнг'-гью-лар-ли*) adv. углообразно, угловато.
Angulate (*ăнг-гью-лет*) **Angulated** (*ăнг'-гью.лэтед*) adj. угловатый
Anhelation (*ăн-хи-лэ'-шŏн*)s. (мед.) одышка, короткое дыханіе.
Anhydrite (*ăн-хай'-дрит*) s. (мин.) безводный гипсъ, ангидритъ.
Anhydrous (*ăн-хай'-дрŏс*) adj. (химич.) безводный.
Anight (*ă-найт'*) **Anights** (*ă-найтс'*) adv. ночью, по ночамъ.
Anil (*ăн'-ил*) s. (ботан.) индиго (растеніе); синяя или кубовая краска.
Anile (*ăн'-ил*) adj. старушечій, пожилой (о женщинѣ).
Anileness (*ă-найл'-нес*) **Anility** (*ă-нил'-и-ти*) s. женскаястарость || • пустословіе.
Animadversion (*ăн-и-мăд-вер'-шŏн*) s. порицаніе, хула, выговоръ, негодованіе, наказаніе.
Animadversive(*ăн'-и-мăд-вер'-сив*) adj. воспринимающій.
Animadvert (*ăн-и-мăд-верт'*) vn. выговаривать, хулить, замѣчать, наказывать.
Animadverter (*ăн-и-мăд-верт'-ер*) s. порицающій.
Animal (*ăн'-и-мăл*) s. животное, скотина. || adj. животный, скотскій. **— kingdom**, животное царство. **— life**, животная жизнь. **— spirits**, жизнь, пылъ, энергія.
Animalcular (*ăн-и-мăл'-кью-лăр*) adj. относящійся къ маленькимъ животнымъ.
Animalcule (*ăн-и-мăл'-кьюл*) s. маленькое животное.
Animalculist(*ăн-и-мăл'-кью-лист*) s. изучающій маленькихъ животныхъ.
Animalism (*ăн'-и-мăл-изм*) s. животность, чувственность.
Animality (*ăн-и-мăл'-и-ти*) s. животная жизнь.
Animalization (*ăн-и-мăл-и-зэ'-шŏн*) s.превращеніе въ животнаго.

Animalize (*ăн'-и-мăл-айз*) va. превращеніе въ животное.
Animate (*ăн'-и-мэт*) va. оживлять, одушевлять; воодушевлять, одобрять; || adj. одушевленный, живой.
Animated (*ăн'-и-мэ-тед*) adj. одушевленный, живой.
Animating (*ăн'-имэ-тинг*) adj. оживляющій, увеселяющій, радующій.
Animatingly (*ăн'-имэ-тинг-ли*) adv. живо, весело.
Animation (*ăн-и-мэ'-шŏн*) s. воодушевленіе, оживленіе; живость, увлеченіе. **Suspended —**, асфиксія, прекращеніе дыханія.
Animative (*ăн'-и-мэ-тив*) adj. оживляющій, одушевляющій.
Animator (*ăн'-и-мэ-тŏр*) s. одушевитель.
Animetta (*ăн-и-мет'-а*) s. (церк. катол.) покрывало.
Animosity (*ăн-и-мос'-ити*) s. злоба, враждебность.
Anise (*ăн'-ис*) s. (бот.) анисъ (растеніе); || adj. анисовый.
Aniseed (*ăн'-исид*) s. (ботан.) анисовый.
Anker (*ăнк'-ер*) s. анкеръ (мѣра въ 10 галлоновъ).
Ankle (*ăн-кл*) s. лодыжка ноги; || adj. лодыжечный.
Anklet (*ăнк'-лет*) s. кольцо, которое носили выше лодыжки ноги.
Anna (*ăн'а*) npr. Анна.
Annalist (*ăн'-нăл-ист*) s. лѣтописецъ.
Annals (*ăн'-нăлз*) s. pl. лѣтопись, анналы.
Annats (*ăн'-нăтс*) s. pl. доходъ въ пользу папской казны.
Anneal (*ăн-нил'*) va. прокаливать, нагрѣвать; мазать миромъ.
Annellida (*ăннел'-ида*), **Annellides** (*ăн-нел'-и-дис*) s. pl. аннелиды (кольчатые черви).
Annex (*ăн-некс'*) va. присоединять, присовокуплять; || vn. присоединяться, быть въ связи; || s. прибавленіе.
Annexation (*ăн-нексэ'-шŏн*), **Annexion** (*ăн-нек'-шŏн*), **Annexment** (*ăн-некс'-мент*) s. присоединеніе.
Annihilable (*ăн-наи'-хи-лă-бл*) adj. уничтожимый.
Annihilate (*ăн-най'-хи-лэт*) va. уничтожать, истреблять.
Annihilation (*ăн-най-хи-лэ'-шŏн*) s. уничтоженіе, истребленіе.
Anniversarily (*ăн-ни-вер'-сă-ри-ли*) adv. ежегодно.
Anniversary (*ăн-ни-вер'-сă-ри*) adj. годовой, годичный; || s. годовщина, годовой праздникъ; годовая панихида.
Anno Domini (*ăн'о-дом-и-ни*) (лат.) **Anno Domini** (или **A. D.**) въ такомъ то году со дня Рожденія Христа.
Annotate (*ăн-'но-тэт*) va. vn. отмѣчать, дѣлать примѣчанія. **To — on**, толковать.
Annotation (*ăн-но-тэ'-шŏн*) s. отмѣтка, примѣчаніе, толкованіе.
Annotator (*ăн-но-тэ'-тŏр*) s. дѣлающій примѣчанія, толкователь.
Annotto (*ăн-нот'-то*) **Annoto**, s. орлеанъ (краска и дерево).
Announce (*ăн-на'унс*) va. объявлять, возвѣщать, давать знать.
Announcement (*ăн-на'унс-мент*) s. объявленіе, докладъ, возвѣщеніе; повѣстка.
Announcer (*ăн-на'ун-сер*) s. объявитель, -ница; возвѣститель.
Annoy (*ăн-ной*) s. скука, досада, безпокойство. || va. надоѣдать, досаждать, наводить скуку; приставать съ чѣмъ; раздражать. **You — me**, вы мнѣ надоѣдаете.
Annoyance (*ăн-ной'-ăнс*) s. непріятность; вредъ, убытокъ. **To be an — to one**, быть причиной непріятностей, надоѣдать кому.
Annoyer (*ăн-ной'-ер*) s. надоѣдающій, надоѣдливый человѣкъ.
Annoying (*ăн-ной'-инг*) adj. докучливый, безпокоющій; скучный.
Annual (*ăн-нью'-ăл*) adj. годовой, годичный, ежегодный; || s. (бот.) однолѣтнее растеніе.
Annually (*ăн'-нью-ăл-ли*) adv. ежегодно, въ годъ.
Annuity (*ăн-нью'-и-ти*) s. ежегодный доходъ, рента. **Life —**, пожизненная рента. **Terminable —**, срочная рента. **To buy up, to redeem an —**, выкупать ренту.
Annul (*ăн-нŏл'*) va. уничтожать, отмѣнять.
Annular (*ăн'-нью-лăр*) adj. кольцеобразный.
Annulary (*ăн'-нью-лă-ри*) adj. кольцеобразный.
Annulate (*ăн'-нью-лэт*), **Annulated** (*ан'-нью-лэ-тед*) adj. кольчатый, съ кольцами.
Annulet (*ăн'-нью-лет*) s. колечко.
Annulment (*ăн-нŏл'-мент*) s. уничтоженіе, отмѣна.
Annulose (*ăн'-нью-лос*) adj. кольчатый.
Annunciate (*ăн-нŏн'-ши-эт*) va. возвѣщать, объявлять.
Annunciation (*ăн-нŏн-ши-э'-шŏн*) s. возвѣщеніе, объявленіе. **—day**, Благовѣщеніе.
Anode (*ăнод'*) s. (элект.) анодъ.
Anodyne (*ăн'-о-дайн*) s. adj. (мед.) утоляющій боль, безвредный.
Anoint (*ă-нойнт'*) va. мазать; помазывать; умащать.
Anointed (*ă-нойн'-тед*) adj. умащенный, помазанный.
Anointer (*ă-нойн'-тер*) s. помазующій; смазчикъ.

Anointing (*ă-нойнт'-инг*), **Anointment** (*ă-нойнт'-мент*) s. помазаніе; смазка.
Anomalistic (*ă-ном-ă-лист'-ик*) **Anomalistical** (*ă-ном-ă-лист'-ик-ал*) adj. (астрон.) аномалистическій.
Anomalous (*ă-ном'-ă-лŏс*) adj. неправильный.
Anomalously(*ă-ном'-ă-лŏс-ли*)adv. неправильно.
Anomaly (*ă-ном'-ă-ли*) s. аномалія, неправильность, уклоненіе.
Anon (*ă-нон'*) adv. тотчасъ, вдругъ. **Ever and —,** поминутно, то и дѣло, во всякое время.
Anonymous (*ă-нон'-и-мŏс*) adj. безъимянный, анонимный.
Anonymously (*ă-нон'-и-мŏс-ли*) adv. анонимно.
Anorexy (*ăн'-о-рек-си*) s. (медиц.) анорексія, потеря аппетита.
Anormal (*ă-нор'-мăл*) adj. анормальный, неправильный.
Another (*ăн-осз'-ер*) adj. другой. **I must have — pencil,** мнѣ нуженъ другой карандашъ. **One year with —,** среднимъ числомъ въ годъ, изъ году въ годъ. **One with —,** всѣ вмѣстѣ, сплошь, среднимъ числомъ. **He is — guess sort of man,** это другого сорта человѣкъ. || pron. другой. **Love one —,** любите другъ друга.
Ansated (*ăн'-сэ-тед'*) adj. съ рукояткой, съ ручкой.
Anselm (*ăн'-селм*) npr. Ансельмъ.
Anserine (*ăн'-серин*) adj. гусиный.
Answer (*ăн'-сер*) vn. va. отвѣчать, возражать, удовлетворять, принимать на себя отвѣтственность. **To — for a debt,** отвѣчать за долгъ. **That scheme will never —,** эта схема никогда не подойдетъ. **To — a person, a question,** отвѣчать кому-либо или на вопросъ. **The new machine answers my purpose admirably,** новая машина прекрасно отвѣчаетъ своему назначенію. || s. отвѣтъ; (юрид.) возраженіе, отзывъ; (арие.) рѣшеніе. **In — to your letter,** въ отвѣтъ на ваше письмо.
Answerable (*ăн'-сер-ă-бл*) adj. отвѣтственный; соотвѣтственный. **To be — for a deposit,** быть отвѣтственнымъ за принятіе на храненіе.
Answerableness (*ăн'-сер-ă-бл-нес*) s. отвѣтственность; соотвѣтственность, отношеніе; сходство.
Answerably (*ăн'-сер-ă-бл-и*) adv. соотвѣтственно.
Answerer (*ăн'-сер-ер*) s. отвѣтчикъ.
Answering (*ăн'-сер-инг*) s. отвѣчающій; соотвѣтствующій.
Answerless(*ăн'-сер-лес*) adj. безотвѣтный.
An't (*ăнт*) сокращеніе **and it** или **and if it.**
A'n't, An't (*энт*) сокращеніе **am not, are not, is not,** (не есть).
Ant (*ант*) s. муравей. **— -bear, — -eater,** s. муравьятникъ, муравьѣдъ. **— -hill,** s. муравейникъ, муравейная куча. **— -lion,** s. (энтом.) муравьѣдъ.
Antaeus (*ăн-ти'-ес*) npr. Антей.
Antagonism (*ăн-таг'-о-низм*) s. антагонизмъ; соперничество.
Antagonist (*ăн-тăг'-о-нист*) s. противоборствующій, соперникъ, противникъ.
Antagonistic (*ăн-тăг'-о-нис-тик*) **Antagonistical** (*ăн-тăг'-о-нис-тик-ал*) противоположный, антагонистическій.
Antagonize (*ăн-тăг'-о-найз*) vn. противоборствовать.
Antalgic (*ăн-тăл'-джик*) adj. болеутоляющій.
Antanaclasis (*ăн-тăн-ă-клэ'-сис*) s. повтореніе слова въ разныхъ смыслахъ.
Antaphrodisiac (*ăнтăф-родиз'-иак*) adj. противоэротическій, || s. противоэротическое средство.
Antarctic (*ăнтарк'-тик*) adj. (геогр.) антарктическій, относящійся къ южному полюсу.
Antarthritic (*ăнт-ар-сзрит'-ик*) adj. противоподагренный.
Antecedence (*ăн-ти-сид'-енс*) **Antecedency** (*ăн-ти-сид'-ен-си*) s. первенство, старшинство.
Antecedent (*ăн-ти-сид'-ент*) adj. предшествующій.
Antecedently (*ăн-ти-сид'-ент-ли*) adv. предварительно.
Antecessor (*ăн-ти-сес'-сŏр*) s. предшественникъ.
Antechamber (*ăн'-чи-чэм-бер*) s. передняя, прихожая.
Antedate (*ăн'-ти-дэт*) s. заднее число.
Antediluvian (*ăн-ти-ди-лью'-ви-ăн*) допотопное время; || adj. допотопный.
Antelope (*ăн'-ти-лоп*) s. (зоол.) антилопа, сайга, дикая коза.
Antelucan (*ăн-тилью'-кан*) adj. предразсвѣтный.
Antemeridian (*ăн-ти-ми-рид'-и-ăн*) adj. дополуденный.
Antemundane (*ăн-ти-мŏн'-дэн*) adj. существовавшій до созданія міра.
Antenna (*ăн-тен'-нă*), pl. **Antennae** (*ăн-тен'-ни*), s. (зоол.) усики, щупальцы.
Antennal (*ăн-тен'-нăл*) adj. имѣющій усики, щупальцы (о насѣкомыхъ).
Antenuptial (*ăн-ти-нŏп'-шăл*) adj. предбрачный.

Antepaschal (*ăн-ти-пăс'-кăл*) adj. преднасхальный.

Antepast (*ăн'-ти-пăст*) s. привкусъ, предвкушеніе.

Antepenult (*ăн'-ти-пи-нŏлт*) s. (грам.) третій отъ конца слогъ.

Antepenultimate (*ăн-ти-пи-нŏлт'-и-мэт*) adj. и s. (грам.) третій отъ конца (о слогѣ).

Anterior (*ăн-ти'-ри-ŏр*) adj. прежній, предшествовавшій; передній.

Anteriority (*ăн-ти-ри-ор'-и-ти*) s. первенство, старшинство.

Anteriorly (*ăн-ти'-ри-ŏр-ли*) adv ранѣе, прежде.

Ante-room (*ăн'-ти-рум*) s. передняя, сѣни, прихожая.

Anthelion (*ăн-ти'-лiŏн*) s. блестящее кольцо,происходящее вслѣдствіи диффракціи свѣта, видимое въ сѣверныхъ и полярныхъ странахъ; сѣверное полярное сіяніе.

Anthelmintic (*ăн-сзел-мин'-тик*) adj. противоглистный.

Anthem (*ăн'-сзем*) s. антифонъ (церковное пѣніе).

Anther (*ăн'-сзер*) s. (ботан.) пыльникъ

Antheral (*ăн'-сзер-ал*) adj. (ботан) пыльниковый.

Antheriferous (*ăн-сзериф'-ирŏс*) adj. (ботан.) производящій опыленіе.

Anthological (*ăн-сзо-лоджʼ-ик-ăл*) adj. антологическій.

Anthology (*ăн-сзол'-о-джи*) s. антологія, собраніе лучшихъ мѣстъ изъ различныхъ авторовъ.

Anthony (*ăн'-то-ни*) npr. Антонъ. **—'s fire** (*ăн'-то-низ-файр*) s. (медиц.) антоновъ огонь, гангрена.

Anthracite (*ăн'-сзра-сайт*) s. антрацитъ (сортъ каменнаго угля).

Anthrax (*ăн'-сзрăкс*) s. (медиц.) карбункулъ, злокачественный чирей.

Anthropography (*ăн-сзро-погʼ-рă-фи*) s. описаніе человѣка.

Anthropolite (*ăн-сзроп'-о-лайт*) s. окаменѣлые или ископаемые остатки человѣческаго тѣла.

Anthropological (*ăн-сзро-по-лоджʼ-ик-ăл*) apj. антропологическій.

Anthropologist (*ăн-сзро-по'-лодж-ист*) s. антропологъ.

Anthropology (*ăн-сзро-пол'-о-джи*) s. антропологія, наука о человѣкѣ.

Anthropomorphism (*ăн-сзро-по-мор'-физм*) s. антропоморфизмъ.

Anthropomorphist (*ăн-сзро-по-мор'-фист*) s. послѣдователь антропоморфизма

Anthropomorphous (*ăн-сзро-по-мор'-фŏс*) adj. антропоморфическій; человѣкообразный.

Anthropophagi (*ăн-сзро-поф'-э-джай*) s. pl. антропофаги, людоѣды.

Anthropophagous (*ăн-сзро-поф'-э-гŏс*) adj. людоѣдный.

Anthropophagy (*ăн-сзро-поф'-ă-джи*) s. людоѣдство.

Anthropotomy (*ăн-сзро-пот'-о-ми*) s. человѣческая анатомія.

Antic (*ăн'-тик*) adj. смѣшной, забавный, шуточный; причудливый; || s. шутникъ, забавникъ; рожа; || шутовство; || va. высмѣивать, вышучивать.

Antichrist (*ăн'-ти-крайст*) s. антихристъ.

Antichristian (*ăн-ти-крис'-тьăн*) adj. противохристіанскій.

Antichristianity (*ăн-ти-крис-тьăн'-и-ти*) s. противохристіанское ученіе.

Anticipate (*ăн-тис'-и-пэт*) va. предупреждать; опережать; предвкушать; предчувствовать, предвидѣть, идти чему-либо на встрѣчу.

Anticipated (*ăнтис'-и-пэтед*) adj. предвзятый.

Anticipation (*ăн-ти-си-пэ'-шŏн*) s. предупрежденіе; предвкушеніе; наступленіе ранѣе времени.

Anticipative (*ăн-тис'-и-пэ-тив*) adj. дѣйствующій ранѣе срока.

Anticipator (*ăн-тис-и-пэ-тор*) s. начинатель, инициаторъ.

Anticipatory (*ăн-тис'-и-пэ-тŏ-ри*) adj. предупреждающій, наступающій ранѣе срока.

Anticlinal (*ăн-тиклай'-нал*) s. склонъ въ различныхъ направленіяхъ; (геол.) антиклинальная ось, линія отъ которой расходятся склоны.

Anticly (*ăн'-тик-ли*) adv. причудливо, забавно.

Anti-constitutional (*ăн-ти-кон-сти-тью'-шŏн-ăл*) adj. противоконституціонный; || реакціонный.

Anti-convulsive (*ăн-ти-кон-вŏл'-сив*) adj. противосудорожный.

Antidotal (*ăн'-ти-до-тăл*) adj. противоядный.

Antidotally (*ăн-ти-до'-тăл-и*) adv. какъ противоядіе.

Antidotary (*ăн'-ти-до-тă-ри*) adj. противоядный.

Antidote (*ăн'-ти-дот*) s. противоядіе; предохранительное средство.

Antidotical (*ăн-ти-дот'-ик-ăл*) adj. противоядный.

Anti-febrile (*ăн-ти-феб'-рил*) adj. противолихорадочный.

Anti-galactic (*ăн-ти-гă-лăк'-тик*) adj. (медиц.) противомлечный, уничтожающій молоко.

Antigua (*ăн-ти'-га*) npr. (геогр.) Антигуа.

Antilithic (*ăн'-ти-лисз'-ик*) adj. (медиц.) мѣшающій образованію мочевыхъ камней.

Antilogy (*ăн-тил'-о-джи*) s. противорѣчіе, нелогичность.

Anti-ministerial (*ăн-ти-мин'-исти'риал*) adj. противоминистерскій.

Anti-ministerialist (*ăн-тимин'-ис-тир'-и-алист*) s. антибюрократическій, противослужебный.

Anti-monarchic (*ан-ти-мó-нарк'-ик*) **Anti-monarchical** (*ăн-ти-мо-нарк'-ик-ăл*) adf. антимонархическій.

Antimonial (*ăн-ти-мо'о-ни-ăл*) adj. сурмянной.

Antimony (*ăн'-ти-мо-ни*) s. сурьма, антимоній.

Antinomian (*ăн-тино'-миăн*) adj. противорѣчивый.

Antinomianism (*ăн-тино'миа-низм*) s. противорѣчіе, противозаконіе. [Антіохія.

Antioch (*ăн'-тиок*) (геогр.) npr.

Anti-papal (*ăн-ти-пэ'-пăл*) adj. противный папѣ.

Anti-papistical (*ăн-ти-пэ-пис'-тик-ăл*) adj. враждебный папству.

Anti-pathetic (*ăн-ти-пă-сзет'-ик*) **Antipathetical** (*ăн-ти-пă-сзет'-ик-ăл*) adj. антипатичный, противный.

Anti-patheticalness (*ăн-ти-пă-сзет'-икалнес*) s. антипатія, антипатичность.

Antipathic (*ăн'-типасз'-ик*) adj. антипатичный.

Antipathy (*ăн-тип'-ă-сзи*) s. отвращеніе, антипатія.

Anti-patriotic (*ăн-ти-пăт'-ріот'-ик*) adj. антипатріотическій.

Anti-peristaltic (*ăн-типер-и-стал'-тик*) adj. (медиц.) антиперистальтическій.

Anti-pestilential (*ăн-ти-пес-ти-лен'-шăл*) adj. противочумный.

Anti-phlogistic (*ăн-ти-фло-джис'-тик*) противодѣйствующій воспаленію, жару.

Antiphon (*ăн'-ти-фон*) s. (церк.) антифонъ (отвѣтное пѣніе).

Antiphonal (*ăн-ти'-фонăл*) adj. антифонный.

Antiphonary (*ăн-тиф-'о-нă-ри*), **Antiphoner** (*ăн-тиф'-о-нер*) s. книга антифоновъ, осьмигласникъ.

Antiphony (*ăн-тиф'-о-ни*) s. поперемѣнное пѣніе двухъ хоровъ.

Antiphrasis (*ăн-тиф'-рă-сис*) s. (ритор.) антифразисъ.

Antipodal (*ăн-тип'-о-дăл*) adj. антиподный.

Antipode (*ăн-ти-под'*) pl. **Antipodes** (*ăн-тип'-о-диз*) s. (геогр.) антиподы, жители противоположныхъ полушарій.

Antipyrin (*ăн-ти-пай'-рин*) s. (хим.) антипиринъ.

Antiquarian (*ăн-ти-куэ'-ри-ăн*) adj. древній, археологическій, антикварный.

Antiquarianism (*ăн-ти-куэ'-ри-ăн-изм*) s. антикварство.

Antiquary (*ăн'-ти-куă-ри*) s. антикварій, любитель древностей.

Antiquate (*ăн'-ти-куэт*) va. выводить изъ употребленія, уничтожать.

Antiquated (*ăн'-ти-куэ-тед*) adj. устарѣлый, вышедшій изъ употребленія, обветшалый.

Antiquatedness (*ăн'-ти-куэ-тед-нес*), **Antiquateness** (*ăн'-ти-куэт-нес*) s. обветшалость.

Antique (*ăн-тик'*) adj. старинный, древній, античный; ветхій; смѣшной; || s. антикъ, остатокъ древности. **After the —**, по древнему образцу.

Antiquely (*ăн-тик'-ли*) adv. по-старинному.

Antiqueness (*ăн-тик'-нес*) s. древность, старина.

Antiquity (*ăн-тик'-уи-ти*) s. древность, старина; памятники старины.

Anti-revolutionnary (*ăн-ти-рев-о-лью'-шон-ă-ри*) adj. противореволюціонный.

Anti-revolutionnist (*ăн-ти-рев-о-лью'-шон-ист*) s. противникъ революціи.

Antiscians (*ăн-тис'-шонз*), **Antiscii** (*ăн-тиш'-и-ай*) s. pl. (геогр.) антискіи, жители по обѣ стороны экватора.

Antiscorbutic (*ăн-ти-скор-бью'-тик*) adj. противоцинготный.

Antiseptic (*ăн-ти-сеп'-тик*) adj. антисептическій, противогнилостный; || s. антисептика.

Antislavery (*ăн-ти-слэ'-вŏ-ри*) adj. противорабскій.

Antisocial (*ăн-ти-со'о-шăл*) adj. противообщественный; антисоціальный.

Antipasmodic (*ăн-ти-спаз-мод'-ик*) adj. противосудорожный.

Antisplenetic (*ăн-ти-сплин-нет'-ик*) adj. противодѣйствующій сплину. [антистрофа.

Antistrophe (*ăн-тис'-троф*) s.

Anti-syphilitic (*ăн-ти-сиф-и-лит'-ик*) adj. антисифилитическій.

Antithesis (*ăн-тисз'-и-сис*) s. антитеза, противоположеніе.

Antithetic (*ăн-ти-сзет'-ик*) **Antithetical** (*ăн-ти-сзет'-ик-ăл*) adj. антитезный.

Antithetically (*ăн-ти-сзет'-ик-ăл-и*) adj. путемъ антитезы.

Antitrinitarian (*ăн-ти-три-ни-тэ'-ри-ăн*) s. отрицающій святую троицу.

Antitrinitarianism (*ан-ти-три-ни-тэ'-ри-анизм*) s. отрицаніе святой троицы.

Antitype (*ан'-ти-тайп*) s. первообразъ типа.

Antitypical (*ан'-ти-тип'-ик-ăл*) adj. объясняющій типъ.

Anti-venereal (*ан-ти-ви-ни'-ри-ăл*) adj. противовенерическій.

Antler (*ăнт'-лер*) s. отростокъ оленьяго рога.

Antlered (*ăнт'-лерд*) adj снабженный оленьими рогами

Antonomasia (*ăн-то-но-мэ'-зи-ă*) s. (ритор.) антиномасія.

Antwerp (*ăнт'-вӧрп*) npr (геогр) Антверпенъ.

Anus (*э'-нӧс*) s. (анат.) задній проходъ.

Anvil (*ăн'-вил*) s. наковальня.

Antre (*ăн'-тӧр*) s. вертепъ, пещера.

Anxiety (*ăнг-зай'-и-ти*) s. душевное безпокойство, забота; безпокойное состояніе.

Anxious (*ăнк'-шӧс*) adj. озабоченный; испытывающій страхъ, безпокойство; сильно желающій; стремящійся.

Anxiously (*ăнк'-шӧс-ли*) adv. со страхомъ.

Any (*эн'-и*) adj. и pron. какой-нибудь, кто-нибудь, всякій, какой бы то ни было. **At — time, in — place,** во всякое время, во всякомъ мѣстѣ. **— how,** (*эн'-и-хой*) adv. какъ нибудь, какъ бы то ни было. **— where,** (*эн'-и-уер*) adv. гдѣ-нибудь, вездѣ. **— one, — body,** всякій, какой бы то ни былъ. **— thing,** (*эн'-и-сзинг*) s. что нибудь, все. **—wise** (*эн'-и-уайз*) adv. какимъ нибудь образомъ. **Have you — money?** есть у васъ сколько нибудь денегъ.

Aonian (*ă-о'-ни-ăн*) adj. (геогр.) аонійскій.

Aorist (*э'-о-рист*) s. (грам. греч.) аористъ.

Aorta (*э-ор'-тă*) s. (анат.) аорта (главная артерія).

Aortal (*э-ор'-тăл*) adj. аортный.

Aortitis (*э-ор-тай'-тис*) s. (медиц.) аортитъ (болѣзнь аорты).

Apace (*ă-пэс'*) adv. скоро, быстро.

Apagoge (*ăп'-ă-го-джи*) s. (логич.) доказательство отъ противнаго.

Apart (*ă-парт'*) adv. особо, отдѣльно; въ сторону, исключая.

Apartment (*ă-пăрт'-мент*) s. комната; **—s,** s. pl. квартира.

Apathetic (*ăп-ă-сзет'-ик*), **Apathetical** (*ăп-ă-сзет'-ик-ăл*) adj. апатичный, равнодушный.

Apathy (*ăп'-ă-сзи*) s. апатія; равнодушіе.

Ape (*эп*) s. обезьяна; || va. обезьянничать; подражать

Apeak (*ă-пик'*), **Apeek** (*ă-пик'*) adv. (морск.) направленный остріемъ, о якорѣ въ перпендикулярномъ положеніи.

Apennine (*ăп'-енай*) adj. относящійся къ Апеннинамъ.

Apennines (*ăп'-енайн-з*) s.pl.(геогр.) Апеннины.

Aper (*эп'-ер*) s. паяцъ подражающій обезьянѣ, подражатель.

Aperient (*ă-пи'-ри-ент*) adj. слабительный.

Aperture (*ăп'-ер-чур*) s. отверстіе, трещина; || открытая бухта.

Apery (*эп'-ӧри*) s. обезьянничаніе, подражаніе.

Apetalous (*ă-пет'-ă-лӧс*) adj. (ботан.) безлепестковый.

Apex (*э'пекс*) s. вершина, верхушка; оконечность; || (ботан.) пыльникъ.

Aphæresis (*ă-фир'-и-сис*) s. отнятіе (буквы, слога, члена).

Aphelion (*ă-фи'-ли-ӧн*) s. (астрон.) афелій (разстояніе).

Aphis (*э'-фис*) s. тля, травяная вошь (насѣкомое).

Aphonia (*ăфо'-ниа*), **Aphony** (*ăф'-о-ни*) s. (медиц.) потеря голоса.

Aphorism (*ăф'-о-ризм*) s. афоризмъ, краткое изрѣченіе.

Aphoristic (*ăф-о-рист'-ик*), **Aphoristical** (*ăф-о-рист'-ик-ăл*) adj. афористическій.

Aphoristically (*ăф-о-рист'-ик-ăл-и*) adv. афористически.

Aphrodisiac (*ăф-ро-диз'-и-ăк*) **Aphrodisiacal** (*ăф-ро-ди-зай-ăк-ăл*) adj. относящійся къ венерическимъ болѣзнямъ, возбуждающій похоть.

Aphrodite (*ăф-ро-дай'-ти*) npr. Афродита, Венера; || s. (зоол.) морская гусеница.

Aphthæ (*ăф-'сзи*) s. (мед.) афты (болѣзнь).

Aphyllous (*ăф-ил'-ӧс*) adj. (ботан.) безлиственный.

Apiary (*э'-пи-ă-ри*) s. пчельникъ.

Apiece (*ă-пис'*) adv. каждый; за каждаго; сдѣльно, поштучно, за штуку, за вещь.

Apis (*э'-пис*) npr. Аписъ; || s. пчела.

Apish (*эп'-иш*) adj обезьяническій; смѣшной, проказливый.

Apishly (*эп'-иш-ли*) adv. по-обезьяньи.

Apishness (*эп'-иш-нес*) s. обезьянство, передразниваніе.

Aplanatic (*ăп-лă-нăт'-ик*) adj. (оптич.) апланетическій.

Apocalypse (*ă-пок'-ă-липс*) s. апокалипсисъ, откровеніе.

Apocalyptic (*ă-пок-ă-лип'-тик*), **Apocalyptical** (*ă-пок-ă-лип'-тик-ăл*) adj. апокалиптическій.

Apocalyptically (*ă-пок-ă-лип'-ти-кал-и*) adv. апокалиптически.

Apocope (*ă-пок'-о-пи*) s. (грам.)

усѣченіе буквы или слога на концѣ слова.

Apocrypha (*ă-пок'-ри-фа*) s. pl. апокрифы.

Apocryphal (*ă-пок'-ри-фă.л*) adj. апокрифическій; сомнительный.

Apodal (*ăп'-о-дă.л*) adj. безногій (о насѣкомыхъ); безперый (о рыбахъ).

Apodictic (*ăп-о-дик'-тик*), **Apodictical** (*ăп-о-дик'-тик-ă.л*) adj. (логич.) доказательный, убѣдительный.

Apodosis (*ă-под'-о-сис*) s. (ритор.) вторая часть періода.

Apogee (*ăп'-о-джи*) s. (астрон.) апогей; (фигур.) высшая точка.

Apollinaris (*ăпол-инэр'-ис*) npr. Аполлинарій.

Apollo (*апол'-о*) s. (миѳол.) Аполлонъ.

Apollodorus (*апол-одор'-ес*) npr. Аполлодоръ.

Apollyon (*ă-пол'-ли-он*) s. сатана, діаволъ; npr. Аполліонъ.

Apologetic (*ă-пол-о-джет'-ик*), **Apologetical** (*ă-пол-о-джет'-ик-ă.л*) adj. апологическій, оправдательный.

Apologetically (*ă-пол-о-джет'-ик-ă.л-и*) adv. ввидѣ оправданія.

Apologist (*ăпол'-о-джист*) s. апологистъ, защитникъ.

Apologize (*ăпол'-о-джайз*) va. vn. оправдывать, извинять, -ся.

Apologue (*ăп'-о-лог*) s. нравоучительная басня.

Apology (*ă-пол'-о-джи*) s. апологія; защитительное слово; оправданіе.

Aponeurosis (*ăп-о-нью-ро'о-сис*) s. (анат.) оболочка, покрывающая мускулы.

Aponeurotomy (*ăп-о-нью-рот'-о-ми*) s. (анат.) разсѣченіе сухожильныхъ растяженій.

Apophasis (*ă-поф'-ă-сис*) s. (ритор.) умолчаніе.

Apophlegmatic (*ăп-о-флег-мăт'-ик*) adj. (мед.) противомокротный.

Apophthegm (*ăп'-о-сзем*) s. апофегма, остроумное изрѣченіе.

Apoplectic (*ăп-о-плек'-тик*), **Apoplectical** (*ăп-о-плек'-тик-ăл*) adj. апоплектическій. — **attack** *или* **stroke**, апоплектическій припадокъ, ударъ. [лексія, параличъ.

Apoplexy (*ăп'-о-плек-си*) s. апоп-

Apostasy (*ă-пос'-тă-си*) s. вѣроотступничество; отступничество.

Apostate (*ă-пос'-тэт*) s. вѣроотступникъ; || adj. вѣроотступный.

Apostatical (*ă-пос-тăт'-ик-ăл*) adj. вѣроотступническій.

Apostatize (*ăп'-пос-тă-тайз*) vn. отступать отъ вѣры.

Apostema (*ăп'-ос-ти-ма*) s. (мед.) нарывъ, абсцессъ.

Apostemate (*ă-пос'-ти-мэт*) vn. назрѣвать, нарывать.

Apostemation (*ă-пос-ти-мэ'-шőн*) s. (медиц.) нарываніе; нагноеніе.

Apostematous (*ăп-ос-тем'-ă-тőс*) adj. нарывной.

Apostle (*ă-пос'-т.л*) s. апостолъ.

Apostolate (*ă-пос'то-лэт*), **Apostleship** (*ă-пос'-с.л-шип*) s. апостольство.

Apostolic (*ăп-ос-тол'-ик*), **Apostolical** (*ăп-ос-тол'-ик-ă.л*) adj. апостольскій.

Apostolically (*ăп-ос-тол'-ик-ă.л-ли*) adv. по апостольски.

Apostolicalness (*ăп-ос-тол'-ик-ă.л нес*) s. апостольство.

Apostrophe (*ă-пос'-тро-фи*) s. (ритор.) апострофа; || (грам.) апострофъ. [апострофическій.

Apostrophic (*ăп-ос-троф'-ик*) adj.

Apostrophize (*ă-пос'-тро-файз*) va. обратить къ кому рѣчь; ругать.

Apothecary (*ă-посз'-и-кă-ри*) s. аптекарь; || adj. аптекарскій, аптечный. [см. **Apophthegm.**

Apothegm (*ăп'-о-сзем*) s. апофегма,

Apothegmatical (*ăп-о-сзег-мăт'-ик-ă.л*) adj. относящійся къ апофегмѣ.

Apotheosis (*ăп-о-сзи'-о-сис*) s. апофеозъ, обожествленіе.

Apotheosize (*ăп-о-сзи'-о-сайз*) va. обоготворить, обожествлять.

Apozem (*ăп'-о-зем*) s. (медиц.) отваръ, декоктъ.

Apozemical (*ăп'-о-зем'-ика.л*) adj. отварной, декоктный.

Appal (*ă-по.л'*), **Appall** (*ă-по.л'*) va. устрашать, потрясать; смущать; || vn. устрашаться, впадать въ уныніе.

Appalling (*ă-пол'-инг*) adj. ужасный

Appalment (*ă-пол'-мент*) s. испугъ, потрясеніе. [достояніе.

Appanage (*ăп'-пăн-эдж*) s. удѣлъ;

Appanagist (*ăп-пăн'-ă-джист*) s. удѣльный владѣтель.

Apparatus (*ăп-пă-рэ'-тőс*) s. приборъ, снарядъ; аппаратъ. **Kitchen** —, кухонная посуда. **Photographic** —, фотографическій аппаратъ

Apparel (*ăп-пăр'-ел*) s. платье, одежда, нарядъ; украшеніе; полная заготовка. **Wearing** —, носильное платье; || va. одѣвать, наряжать; украшать; вооружать, снаряжать (суда).

Apparent (*ăп-пэ'-рент*) adj. кажущійся, явный, ясный; (юрид.) безспорный, **Heir** —, непримѣнный наслѣдникъ.

Apparently (*ăп-пэ'-рент-ли*) adv. повидимому; вѣроятно.

Apparition (*ăп-пă-ри'-шőн*) s. видѣніе; представленіе, мечта; привидѣніе.

Apparitor (*ăп-пăр'-и-тőр*) s. судебный приставъ; педель.

Appeal (*ăп-пил'*) s. возванiе, призывъ; || обращенiе къ помощи; (юрид.) апелляцiя; || обвиненiе. **Without —**, безапелляцiонный. **To make an — to**, апеллировать vn. апелировать; преслѣдовать судомъ; призывать въ свидѣтели; прибѣгать къ кому.

Appealable (*ăп-пил'-ă-бл*) adj. подлежащiй апелляцiи.

Appealer (*ăп-пил'-ер*) s. подающiй апелляцiю; призывающiй въ свидѣтели.

Appear (*ăп-пир'*) vn. являться, показываться; предстать предъ судомъ; появиться въ печати; присутствовать. **It —s that**, кажется что. **To make —**, показать; доказать.

Appearance (*ăп-пир'-ăнс*) s внѣшнiй видъ; внѣшность; наружность, вѣроятность; явка въ судъ, появленiе. **First —**, дебютъ (артиста). **An — of candour**, видъ невинности. **To keep up —s**, сохранять внѣшнiй видъ (приличiя). **To make one's —**, появляться.

Appearer (*ăп-пир'-ер*) s. показывающiйся; являющiйся въ судъ.

Appearing (*ăп-пир'-инг*) s. появленiе; наружный видъ; (юрид.) явка въ судъ.

Appeasable (*ăп-пиз'-ă-бл*) adj. сговорчивый.

Appeasableness (*ăп-пиз'-ă-бл-нес*) s. тихiй нравъ, сговорчивость.

Appease (*ăп-пиз'*) va. укрощать, успокоивать, утолять.

Appeasement (*ăп-пиз'-мент*) s. укрощенiе, успокоенiе.

Appeasive (*ăп-пиз'-ив*) adj укротительный, успокоительный.

Appellant (*ăп-пел'-лăнт*) s. (юрид.) апелляторъ; подающiй апелляцiю; доносящiй, обвинитель.

Appellate (*ăп-пел'-лэт*) s. отвѣтчикъ; обвиняемый; || adj. апелляцiонный

Appellation (*ăп-пел-лэ'-шон*) s. имя, названiе; (юрид.) апелляцiя.

Appellative (*ăп-пел'-лă-тив*) adj (грам.) нарицательный; || s. нарицательное имя.

Appellatively (*ăп-пел'-лă-тив-ли*) adv. какъ нарицательное имя.

Appellatory (*ăп-пел'-лă-тŏ-ри*) adj (юрид.) апелляцiонный.

Appellee (*ăп'-ели'*) s. (юрид) отвѣтчикъ; обвиняемый.

Append (*ăп-пенд'*) va. привѣшивать; прибавлять; прилагать печать.

Appendage (*ă-пенд'-эдж*) s. принадлежность; прибавокъ.

Appendant (*ăп-пенд'-ăнт*) adj привѣшанный, добавочный, зависимый.

Appendicitis (*ăп-пен-ди-сай'-тис*) s. (медиц.) апендицитъ.

Appendicle (*ăп-пенд'-и-кл*) s. мелкая принадлежность.

Appendiculate (*ăп-пен-дикь-юлэт*) adj. (ботан.) имѣющiй отростокъ, продолженiе.

Appendix (*ăп-пен'-дикс*) pl. **Appendices** или **Appendixes** s. прибавленiе, приложенiе, принадлежность, достоянiе, удѣлъ; отростокъ.

Appertain (*ăп-пер-тэн'*) vn. принадлежать, касаться.

Appertenance (*ăп-пер'-ти-нăнс*) s. принадлежность.

Appetence (*ăп'-пи-тенс*) **Appetency** (*ăп'-пи-тен-си*) s. чувственное влеченiе, склонность; желанiе.

Appetent (*ăп'-пи-тент*) adj. жадный, алчный.

Appetibility (*ăп-пи-ти-бил'-ити*) s. наклонность къ желанiямъ.

Appetible (*ăп'-пи-ти-бл*) adj. желательный, желаемый.

Appetite (*ăп'-пи-тайт*) s. аппетитъ; позывъ, охота, наклонность; вожделенiе. **This — for power**, любовь къ власти. **His — for revenge**, жажда мести. **A good — is the best sauce**, хорошiй аппетитъ лучшая приправа.

Appetize (*ăп'-пи-тайз*) va. возбуждать аппетитъ.

Appetizer (*ăп'-пи-тай-зер*) s. возбуждающiй аппетитъ.

Appian (*ăп'-иăн*) npr. Аппiанъ.

Applaud (*ăп-пло'од*), апплодировать, рукоплескать; одобрять, хвалить.

Applauder (*ăп-плю'о-дер*) s. апплодирующiй, одобритель.

Applause (*ăп-плю'оз*) s. апплодисменты, рукоплесканiе; одобренiе.

Applausive (*ăп-плю'оз-ив*) adj. одобряющiй, одобрительный, похвальный.

Apple (*ăп'-пл*) яблоко, (анат.) глазной зрачекъ. **Crab —**, дикое яблоко. **Dessert, eating, table —**, столовое яблоко. **Love —**, помедоръ, томатъ. **Adam's —**, Адамово яблоко. **— -core**, сердцевина въ яблокѣ. **— -fritter**, яблочное пирожное. **— -peel**, яблочная кожица. **— -puff**, яблочный пирожокъ. **— -tree**, яблоня. **— -sauce**, яблочное варенье, яблочный компотъ. **— -tart**, яблочный пирогъ. **— -woman**, продавщица яблокъ.

Appliable (*ăп-плай'-ă-бл*) примѣнимый.

Appliance (*ăп-плай'-ăнс*) s. приложенiе, прикладыванiе; примѣненiе.

Applicability (*ăп-пли-кă-би-л'-ити*) s. примѣнимость; соотвѣтственность.

Applicable (*ăп'-пли-кă-бл*) adj. примѣнимый.
Applicableness (*ăп'-пли-кă-бл-нес*) s. примѣнимость, соотвѣтственность.
Applicably (*ăп'-пли-кă-бли*) adv. примѣнимо.
Applicant (*ăп-пли-кăнт*) s. проситель, истецъ; кандидатъ, претендентъ.
Application (*ăп-пли-кэ'-шŏн*) s. приложеніе, прикладываніе; домогательство, просьба; употребленіе (средства); пластырь, припарка; прилежаніе. **The — of a process,** примѣненіе какого-либо способа, процесса. **By his — to study,** своимъ прилежаніемъ въ наукахъ. **A written —,** письменная просьба. **—s to be made to,** слѣдуетъ адресоваться къ..., въ...
Applicatory (*ăп'-пли-кă-тŏ-ри*) adj. приложимый, примѣнимый; просительный; || s. приложимое; просимое.
Apply (*ăп-плай'*) va. прилагать, примѣнять, приставлять; употреблять. **To — a remedy,** примѣнять лекарство. **To — an argument,** употреблять доказательство. **He applied the cup to his lips,** подносить чашу къ губамъ; || vn. обращаться къ кому; заниматься, работать надъ чѣмъ. **— to Mr. S...,** обратитесь къ г. С.
Appoint (*ăп-пойнт'*) va. назначать, опредѣлять; предписывать, назначать (на мѣсто). **B. has been appointed first secretary,** Б. былъ назначенъ первымъ секретаремъ; || vn. рѣшать; || s. (коммер.) добавочныя деньги, прибавокъ; придача.
Appointed (*ăп-пойнт'-ед*) adj. назначенный, опредѣленный; снаряженный.
Appointee (*ăп-пойнт-и'*) s. опредѣленный (на должность), чиновникъ.
Appointer (*ăп-пойнт'-ер*) s. назначающій, опредѣляющій.
Appointment (*ăп-пойнт'-мент*) s. назначеніе, опредѣленіе (на должность); условное соглашеніе о чемъ; повеленіе; жалованіе, пенсія; пожертвованіе; снаряженіе (флота, арміи). **Before his — to that office,** до его назначенія на эту должность. **He made an — with me,** онъ мнѣ назначилъ свиданіе.
Apportion (*ăп-пор'-шŏн*) va. (юрид.) надѣлять, одѣлять, раздѣлять.
Apportionment (*ăп-пор'-шŏн-мент*) s. надѣленіе, надѣлъ.
Appose (*ăп-поз'*) va. разспрашивать; прилагать.
Apposer (*ăпо'-зер*) s. вопрошатель.
Apposite (*ăп'-по-зит*) adj. подходящій, соотвѣтственный, удачный
Appositely (*ăп'-по-зит-ли*) adv. кстати; соотвѣтственно.
Appositeness (*ăп'-по-зит-нес*) s. соотвѣтственность.
Apposition (*ăп-по-зи'-шŏн*) s. приложеніе, прикладываніе.
Appraise (*ăп-прэз'*) va. оцѣнивать; опредѣлять.
Appraisement (*ăп-прэз'-мент*) s. оцѣнка.
Appraiser (*ăп-прэ'-зер*) s. оцѣнщикъ.
Appreciable (*ăп-при'-ши-ă-бл*) adj. цѣнимый.
Appreciate (*ăп-при'-ши-эт*) va. цѣнить, оцѣнивать, возвышать цѣну.
Appreciation (*ăп-при-ши-э'-шŏн*) s. оцѣнка, повышеніе цѣны.
Apprehend (*ăп-при-хенд'*) va. захватить, арестовать; || постигать, понимать. **To — a criminal,** схватывать преступника; || vn. думать, предпологать; бояться, опасаться.
Apprehender (*ăп-при-хенд'-ер*) s. захватывающій; постигающій, боящійся.
Apprehensible (*ăп-при-хен'-си-бл*) adj. постижимый; задержимый.
Apprehension (*ăп-при-хен'-шŏн*) s. опасеніе, страхъ, сметка, пониманіе; понятіе; мнѣніе; (юрид.) арестъ.
Apprehensive (*ăп-при-хен'-сив*) adj. догадливый, понятливый; боящійся; сомнѣвающійся.
Apprehensively (*ăп-при-хен'-сив-ли*) adv. съ пониманіемъ, со страхомъ.
Apprehensiveness (*ăп-при-хен'-сив-нес*) s. понятливость, интелигентность, опасливость.
Apprentice (*ăп-прен'-тис*) s. ученикъ (при аптекѣ, портномъ и т. д.); подручный; новичекъ; (морск.) юнга. **To bind, to put —,** отдавать въ ученики; || va. отдать въ ученіе.
Apprenticeship (*ăп-прен'-тис-шип*) s. ученіе, срокъ ученія.
Apprise (*ăп-прайз'*) va. увѣдомлять, сообщать.
Approach (*ăп-про'оч*) vn. приближаться; наступать, подходить; (морск.) дѣлаться сильнымъ (о вѣтрѣ). **The noise approaches,** шумъ близится. || va. приближать; подвигать; сходствовать; прививать (дерево). **To — a town,** приближаться къ городу; || s. приближеніе; наступленіе; доступъ; близость. **At the — of winter,** съ приближеніемъ зимы.
Approachable (*ăп-про'оч-ă-бл*) adj. доступный, къ которому можно приблизиться.

Approachableness (*ăп-про'оч-ă-б.л-нес*) s. доступность.
Approacher (*ăп-про'оч-ер*) s. приближающійся.
Approaching (*ăп-про'оч-инг*) adj приближающійся; || s. приближеніе.
Approachless (*ăп-про'оч-лес*) adj. [недоступный.
Approbation (*ăп-про-бэ'-шон*) s. одобреніе, разрѣшеніе; согласіе.
Approbatory (*ăп'-про-бă-то-ри*) adj. одобрительный.
Appropriable (*ăп-про'о-при-ă-бл*) adj. присваиваемый, примѣнимый.
Appropriate (*ăп-про'о-при-эт*) va. приспособлять, назначать; (юрид.) присваивать въ собственность; || adj. соотвѣтственный. — **language,** соотвѣтствующая рѣчь,
Appropriately (*ăп-про'о-при-эт-ли*) adv. соотвѣтственно, прилично
Appropriateness (*ăп-про'о-при-эт-нес*) s. соотвѣтственность, приличность; справедливость (замѣчанія); точность (выраженія).
Appropriation (*ăп-про'о-при-э'-шон*) s. назначеніе, примѣненіе; присвоеніе. [s. присвоитель.
Appropriator (*ăп-про'о-при-э-тŏр*)
Approvable (*ăп-прув'-ă-бл*) adj. заслуживающій одобренія.
Approval (*ăп-прув'-ăл*) s. одобреніе
Approve (*ăп-прув'*) va. одобрять, хвалить, давать согласіе, разрѣшать; доказывать, показывать, выказывать (себя). **An approved friend,** испытанный другъ.
Approver (*ăп-прув'-ер*) s. одобряющій; дѣлающій улучшенія.
Approving (*ăп-прув'-инг*) adj. одобрительный. [съ одобренія.
Approvingly (*ăп-прув'-инг-ли*) adv.
Approximate (*ăп-прокс'-и-мэт*) va. приближать, сближать; || vn. приближаться; || adj. ближайшій.
Approximately (*ăп-прокс'-и-мэт-ли*) adv. приблизительно.
Approximation (*ăп-прокс-и-мэ'-шон*) s. сближеніе, приближеніе; приблизительность.
Approximative (*ăп-прокс'-и-мă-тив*) adj. приблизительный.
Approximatively (*ăп-прокс'-и-мă-тив-ли*) adv. приблизительно.
Appulse (*ăп-пŏлс'*) s. столкновеніе, толчекъ; (астрон.) приближеніе планеты къ солнцу; || прибытіе. [кновеніе, толчекъ.
Appulsion (*ăп-пŏл'-шон*) s. стол-
Appurtenance (*ăп-пŏр'-ти-нăнс*) s. принадлежность.
Appurtenant (*ăп-пŏр'-ти-нăнт*) adj. принадлежащій, зависящій.
Apricot (*э'-при-кот*) s. абрикосъ.
April (*э'-прил*) s. апрѣль; || adj. апрѣльскій. — **-fool,** обманъ въ первый день апрѣля. **To make an —fool of,** обманывать кого перваго апрѣля.
Apron (*э'-прон*) s. передникъ, фартукъ; (морск.) фальстемъ.
Apsis (*ăп'-сис*) s. (астрон.) апсида; (архит.) переходы въ церкви позади хоровъ; сгибъ свода.
Apt (*ăпт*) adj. сродный, годный, способный; склонный; проворный
Aptera (*ăп'-тер-а*) pl. **Apterans** s. безкрылыя насѣкомыя. [лый.
Apteral (*ăп'-тер-ăл*) adj. безкры-
Apterous (*ăп'-тер-ŏс*) adj. безкрылый.
Apteryx (*ăп'-тирикс*) s. (орнит.) безкрылыя птицы, ки-ви, киви.
Aptitude (*ăп'-ти-тьюд*) s. способность; наклонность.
Aptly (*ăпт'-ли*) adv. кстати; прилично, ловко.
Aptness (*ăпт'-нес*) s. способность, наклонность, склонность.
Aptote (*ăп'-тот*) s. (грам.) несклоняемое имя. [няемый.
Aptotic (*ăп-тот'-ик*) adj. несклo-
Apuleius (*апьюли'-ес*) npr. Апулей.
Apulia (*апью'-лиа*) npr. (геогр.) Апулія.
Apyrous (*ă-пай'-рŏс*) adj. (физич.) несгораемый; огнеупорный.
Aquafortis (*э'-куа-фор'-тис*) s. крѣпкая водка.
Aqua-marina (*э'-куа-мари'-на*) s. (мин.) аквамаринъ, бериллъ.
Aqua-regia (*э'-куа-ри'-джиа*) s. царская водка. [ріумъ.
Aquarium (*ă-куэ'-ри-ŏм*) s. аква-
Aquarius (*ă-куэ'-ри-ŏс*) s. (астрон.) Водолей (созвѣздіе).
Aquatic (*ă-куăт'-ик*) adj. водяной; || s. водоросль (водяное растеніе).
Aquatinta (*э'-куа-тин-та*) s. гравировка крѣпкой водкой и соотвѣтствующая гравюра.
Aqueduct (*ăк'-уи-дŏкт*) s. водопроводъ; (анат.) протокъ.
Aqueous (*э'-куи-ŏс*) adj. водяной, водянистый. [дянистость.
Aqueousness (*э'-куи-ŏс-нес*) s. во-
Aquiline (*ăк'-уи-лайн*) adj. орлиный, согнутый на подобіе клюва.
Aquinas (*ăк'-уай-нас*) npr. (геогр.) Арквинъ. [(геогр.) Аквитанія.
Aquitania (*ăк'-уи-тэ'-ниа*) npr.
Arab (*ăр'-аб*) s. арабъ, -бка. **A street —,** уличный мальчишка.
Arabella (*ăрăбел'а*) npr. Арабелла.
Arabesque (*ăр'-ă-бекс*) s. (арх.) арабески (украшенія); арабскій стиль. [Аравія.
Arabia (*ăр-ă'-биа*) npr. (геогр.)
Arabian (*ă-рэ'-би-ăн*) adj. арабскій; || s. арабъ, -бка.
Arabic (*ăр'-ă-бик*) adj. арабскій; || s. арабскій языкъ.
Arabine (*ăр'-ă-бин*) s. (химич.) камедь, гумми-арабикъ.

Arable (*ăр'-ă-б.і*) adj. пахотный, годный для воздѣлыванія.
Arachnidans (*ăр-ăк'-ни-дăнз*) (pl. **Arachnida**) s. (зоол.) паутинообразныя.
Arachnoid (*ăр-ăк'-нойд*) adj. (зоол.) паутинообразный; || s. (анат.) аракноида (плева).
Araneous (*ă-рэ'-ни-ŏс*) adj. похожій на паутину.
Arbalist (*ар'-бă.і-ист*) s. арбалетъ, лукъ.
Arbalister (*ар'-бă.і-ист-ер*) s. стрѣлокъ изъ лука. [беллы.
Arbella (*ар'-бе-.іа*) npr. (геогр.) Ар-
Arbiter (*ар'-би-тер*) s. посредникъ, третейскій судья; рѣшитель спора.
Arbitrament (*ар-бит'-рă-мент*) s. рѣшеніе, приговоръ, постановленіе; третейскій судъ; свободная воля.
Arbitrarily (*ар'-би-трă-ри-.іи*) adv. произвольно, деспотически.
Arbitrariness (*ар'-би-трă-ри-нес*) s. произволъ, деспотизмъ.
Arbitrary (*ар'-би-трă-ри*) adj. произвольный, неограниченный.
Arbitrate (*ар'-би-трэт*) va. vn. рѣшать третейскимъ судомъ, возстанавливать; рѣшать.
Arbitration (*ар-би-трэ'-шŏн*) s. рѣшеніе третейскимъ судомъ; третейскій судъ.
Arbitrator (*ар'-би-трэ-тŏр*) s. посредникъ, третейскій судья.
Arbitrement (*ар-бит'-ри-мент*) s. рѣшеніе, воля; сдѣлка.
Arbitress (*ăр'-бит-рес*) s. посредница; властительница. [ось.
Arbor (*ар'-бŏр*) s. дерево; (механ.)
Arboreous (*ар-бо'о-ри-ŏс*) adj. древесный.
Arborescence (*ар-бо-рес'-сенс*) s. носящій форму дерева; || древовидный отпечатокъ на камнѣ.
Arborescent (*ар-бо-рес'-сент*) adj. древовидный. [рощица, лѣсокъ.
Arboret (*ар'-бо-рет*) s. деревцо;
Arboretum (*ар-бо-ри'-тŏм*) s. древесный питомникъ.
Arboricultural (*ар-бор-и-кŏ.і'-чур-а.і*) adj. лѣсоводный.
Arboriculture (*ар-бор-и-кŏ.і'-чур*) s. лѣсоводство, разведеніе деревьевъ.
Arboriculturist (*ар-бор-и-кŏ.і'-чур-ист*) s. занимающійся культивированіемъ деревьевъ; лѣсоводъ. [щій древовѣденіе.
Arborist (*ар'-бор-ист*) s. изучаю-
Arborization (*ар-бŏр-и-зэ'-шŏн*) s. отпечатокъ дерева на камнѣ или ископаемомъ.
Arborized (*ар'-бор-айзд*) adj. (минер.) древовидный.

Arbour (*ар'-бŏр*) s. бесѣдка изъ зелени, древесный сводъ.
Arboured (*ар'-бŏрд*) adj. украшенный бесѣдкой. [кустъ.
Arbuscle (*ар'-бŏс-к.і*) s. деревцо,
Arbuscular (*ар-бŏс'-кью-.іар*) adj. кустарниковый.
Arbute (*ар'-бьют*) s. земляничное дерево; толокнянка.
Arbutean (*ар-бью'-ти-ăн*) adj. землянично древесный.
Arbutus (*ар-бью'-тŏс*) s. земляничное дерево; дерево съ красными ягодами вродѣ земляники непріятнаго вкуса.
Arc (*арк*) s. сводъ, арка, сгибъ, дуга.
Arcade (*ар-кэд'*) s. сводъ, аркада.
Arcadia (*ăр-кэ'-ди-ă*) npr. (геогр.) Аркадія.
Arcadian (*ăр-кэ'-ди-ăн*) adj. аркадскій; || аркадіецъ, -ійка. [кадій.
Arcadius (*ăр-кэ'-ди-ŏс*) npr. Ар-
Arcanum (*ар'-кэ-нŏм*) s. pl. **Arcana** (*ар-кэ'-на*), тайна, секретъ.
Arch (*арч*) s. арка, дуга, кривизна свода, сводъ. **Ogive —**, готическая арка. **A triumphal —**, тріумфальныя ворота. **The starry —**, небесный звѣздный сводъ. || va. vn. строить въ видѣ арки, выводить своды, гнуть дугою. **To — over**, строить со сводомъ. **The ceiling is arched**, сводчатый потолокъ; || adj. главный, отборный, перваго качества, разряда; тонкій, лукавый; шаловливый, пронырливый. **An — look**, взглядъ изъ подлобія. **An — rogue**, жуликъ.
Archaic (*ар-кэ'-ик*) adj. архаическій, обветшалый.
Archaism (*ар'-кэ-изм*). s. архаизмъ, архаическое выраженіе.
Archangel (*арк-эн'-джел*) s. архангелъ; || (геогр.) Архангельскъ.
Archapostate (*арч'-а-пос'-тет*) s. архиеретикъ. [ный маякъ.
Archbeacon (*арч-би'-кон*) s. глав-
Archbishop (*арч-биш'-ŏп*) s. архіепископъ. [s. архіепископство.
Archbishopric (*арч-биш'-ŏп-рик*)
Archdeacon (*арч-ди'-к'н*) s. архидіаконъ.
Archdeaconry (*арч-ди'-кн-ри*) s. архидіаконство; архидіаконская епархія. [s. архидіаконство.
Archdeaconship (*арч-ди'-кн-шип*)
Archducal (*арч-дью'-кă.і*) adj. эрцгерцогскій.
Archduchess (*арч-дŏч'-ес*) s. эрцгерцогиня. [цогство.
Archduchy (*арч-дŏч'-и*) s. эрцгер-
Archduke (*арч-дьюк'*) s. эрцгерцогъ. [эрцгерцогство.
Archdukedom (*арч-дьюк'-дŏм*) s.

Arched (*арчт*) adj. сводчатый, сдѣланный въ видѣ свода.
Archeologic (*ар-ки-о-лодж'-ик*), **Archeological** (*ар-ки-о-лодж'-ик-ăл*) adj. археологическій.
Archeologist (*ар-ки-ол'о-джист*) s. археологъ.
Archeology (*ар-ки-ол'о-джи*) s. археологія.
Archer (*арч'-ер*) s. стрѣлокъ изъ лука.
Archery (*арч'-ер-и*) s. стрѣльба изъ лука.
Arches Court (*арч'-ез-корт*) s. верховная консисторія въ Англіи; аппеляціонная инстанція по духовнымъ дѣламъ.
Archetypal (*ар'-ки-тайп-ăл*) adj. оригинальный, подлинный.
Archetype (*ар'-ки-тайп*) s. оригиналъ, подлинникъ, образецъ.
Archfoe (*арч-фо'о*) s. природный врагъ; врагъ рода человѣческаго, сатана.
Arch-heresy (*арч-хер'-и-си*) s. архиеретичество, ересь.
Arch-heretic (*арч-хер'-и-тик*) s. архиеретикъ.
Arch-hypocrite (*арч-хип'-о-крит*) s. притворщикъ, ханжа.
Archibald (*ар'-чи-бăлд*) прг. Архибальдъ.
Archidiaconal (*ар-ки-дай-ăк'-о-нăл*) adj. архидіаконскій.
Archiepiscopal (*ар-ки-е-пис'-ко-пăл*) adj. архіепископскій.
Archiepiscopate (*ар-ки-е-пис'-ко-пэт*) s. архіепископство.
Archil (*ар'-чил*) s. (ботан.) лакмусовый ягель (растеніе).
Archilocus (*ар-кил'-о-кес*) прг. Архилокъ.
Archimedean (*ăр-ки-ми'-ди-ăн*) adj. Архимедскій, Архимедовъ. — **screw,** Архимедовъ винтъ.
Archimedes (*ăр-ки-ми'диз*) прг. Архимедъ.
Arching (*арч'-инг*) adj. выпуклый, согнутый, дугообразный.
Archipelago (*ар-ки-пел'-ă-го*) s. архипелагъ.
Architect (*ар'-ки-текm*) s. архитекторъ, зодчій, строитель; творецъ, виновникъ.
Architective (*ар'-ки-текm-ив*) adj. архитекторскій, строительный.
Architectonic (*ар-ки-тек-тон'-ик*) adj. зодческій, архитектоническій.
Architectonics (*ар-ки-тек-тон'-икс*) s. зодчество, строительное искуство въ соотвѣтствіи съ правилами архитектурной гармоніи.
Architectural (*ар-ки-тек'-чьюр-ăл*) adj. архитектурный.
Architecture (*ар'-ки-тек-чьюр*) s. зодчество, архитектура.
Architrave (*ар'-ки-трэв*) s. (архит.) архитравъ.

Archival (*ар'-ки-вăл*) adj. архивный.
Archives (*ар'кайвз, ар'-кивз*) sf. pl. архивъ.
Archivist (*ар'-ки-вист*) s. архиваріусъ.
Archivolt (*ар'-ки-волт*) s. (арх.) наличникъ, внутреннее очертаніе арки.
Archlike (*арч'-лайк*) adj. дугообразный, сводообразный.
Archly (*арч'-ли*) adv. лукаво, насмѣшливо.
Archness (*арч'-нес*) s. насмѣшливость, шаловливость, лукавство.
Archon (*ар'-кон*) s. (pl. **Archontes** (*ар-кон'-тиз*) (древн. истор.) архонты.
Archpriest (*арч-прист*) s. протопопъ, протоіерей.
Archprimate (*арч-прай'-мэт*) s. архіепископъ.
Archprophet (*арч-проф'-ет*) s. архіпророкъ.
Archstone (*арч-сто'он*) s. центральный камень свода.
Archtraitor (*арч-трэ'-тŏр*) s. архипровокаторъ.
Archvillain (*арч-вил'-лэн*) s. негодяй; предатель
Archvillainy (*арч-вил'-лă-ни*) s. подлость.
Archwise (*арч'-уайз*) adv. на подобіе свода.
Archwork (*арч'-уŏрк*) s. устройство сводовъ.
Arctic (*арк'-тик*) adj. (геогр.) арктическій, сѣверный, полярный.
Arcturus (*арк-тью'-рŏс*) s. (астр.) Арктурусъ, сѣверная полярная звѣзда, звѣзда первой величины въ хвостѣ Большой Медвѣдицы.
Arcuate (*арк'-ю-эт*) adj. согнутый дугой.
Arcubalist (*ар'-кью-бă-лист*) s. лукъ, арбалетъ.
Ardency (*ар'-ден-си*) s. зной, жаръ; пылкость, рвеніе.
Ardent (*ар'-дент*) adj. горячій, пылкій; ревностный.
Ardently (*ар'-дент-ли*) adv. усердно, съ горячностью, горячо, съ усердіемъ.
Ardentness (*ар'-дент-нес*) s. жаръ, рвеніе.
Ardour (*ар'-дŏр*) s. зной, жаръ; усердіе, пылъ, увлеченіе.
Arduous (*ар'-дью-ŏс*) adj. крутой; трудный; тяжелый.
Arduously (*ар'-дью-ŏс-ли*) adv. съ трудомъ, трудно, круто.
Arduousness (*ар'-дью-ŏс-нес*) s. крутизна; трудность.
Area (*э'-ри-ă*) дворъ, арена, открытое мѣсто; поверхность; площадь.
Areal (*э-ри-ăл*) adj. поверхностный, открытый.
Arefaction (*ăр-и-фăк'-шŏн*) s. сушка; высушиваніе.
Arefy (*ăр'-и-фай*) va. сушить.
Arena (*ă-ри'-нă*) s. арена, ристалище; поприще; (медиц.) мочевой песокъ.

Arenaceous (*ăр-и-нэ'-шōс*) adj. песчаный. [песочная ванна.

Arenation (*ăр-и-нэ'-шōн*) s. (медиц.)

Arenose (*ă-ри-нос'*) adj. песчаный.

Areola (*ă-ри'-о-лă*) s. (pl. **Areolæ** радужный кругъ, ореолъ; (анат.) румянецъ.

Areolar (*ă-ри'-о-лар*) adj. радужный.

Areolate (*ă-ри'-о-лэт*) adj. окруженный ореоломъ.

Areolation (*э-ри-о-лэ'-шōн*) s. созданіе ореола; преувеличеніе значенія. [метръ.

Areometer (*ă-ри-ом'-и-тер*) s. арео-

Areometry (*ă-ри-ом'-и-три*) s. ареометрія, опредѣленіе удѣльнаго вѣса.

Areopagist (*эр-и-оп'-ă-джист*), **Areopagite** (*эр-и-оп'-а-джайт*) s. членъ ареопага (у Аѳинянъ).

Areopagus (*эр-и-оп'-ă-гōс*) s. ареопагъ (высшее судилище у Аѳинянъ).

Aretæus (*эр-и-ти'-ōс*) npr. Аретей

Arethusa (*эр-исзью'-сă*) npr. Аретуза; || s. (бот.) растеніе.

Argal (*ар'-гăл*) s. винный камень.

Argali (*ар'-гă-ли*) s. (зоол.) особый видъ монгольской овцы.

Argemone (*ар'-джи-мо-ни*) s. (бот.) аргемонъ (макъ).

Argent (*ар'-джент*) s. серебро; || adj. серебряный, серебристый.

Argentation (*ар-джен-тэ'-шōн*) s. посеребреніе, серебреніе.

Argentiferous (*ар-джен-тиф'-ер-ōс*) adj. среброносный.

Argentina (*ар'-джен-ти'-нă*) s. Аргентина. [ребристый.

Argentine (*ар'-джен-тайн*) adj. се-

Argil (*ар'-джил*) s. глина.

Argillaceous (*ар-джил-лэ'-шōс*) adj. глинистый.

Argilliferous (*ар-джил-лиф'-ер-ōс*) adj. глиноносный. [нистый.

Argillous (*ар-джил'-лōс*) adj. гли-

Argive (*ар'-гайв*) adj. обитатель Аргоса.

Argonaut (*ар'-го-нот*) s. (антич.) аргонавтъ. [говое судно.

Argosy (*ар'-го-си*) s. небольшое тор-

Argovia (*ăр-го'о-ви-ă*) npr. (геогр.) Арговія.

Argue (*ăр'-гью*) vn. аргументировать, приводить доводы, спорить, обсуждать, разсматривать, разбирать; умствовать. **To — with**, оспаривать что-либо. **It —s well for him**, это служитъ доказаствомъ въ его пользу. || va. оспаривать; защищать; доказывать, убѣждать; дѣлать выводъ. **To — a point of law**, обсуждать какой-либо вопросъ права.

Arguer (*ар'-гью-ер*) s. умствующій; умствователь, спорщикъ.

Arguing (*ар'-гью-инг*) s. приведеніе доводовъ, доказательствъ, умствованіе.

Argument (*ар'-гью-мент*) s. доводъ, доказательство; аргументъ.

Argumental (*ăр'-гью-мент'-ăл*) adj. доказательный

Argumentation (*ăр-гью-мен-тэ'-шōн*) s. приведеніе доводовъ, аргументація.

Argumentative (*ăр-гью-мент'-ă-тив*) adj. доказательный, доказывающій.

Argumentatively (*ăр-гью-мент'-ă-тив-ли*) adv. доказательно.

Argus (*ăр'-гōс*) npr. Аргусъ; || бдительный стражъ; || (зоол.) птица, бабочка, раковина, рыба этого названія.

Argute (*ар-гьют'*) adj. утонченный; острый, хитрый.

Aria (*э'-ри-ă*) s. (музык.) арія.

Ariadne (*ă-ри-ăд'-ни*) s. Аріанда (звѣзда и имя)

Arian (*э'-ри-ăн*) adj. аріевъ; || s. аріанецъ. [ніе Арія.

Arianism (*э'-ри-ăн-изм*) s. уче-

Arid (*ăр'-ид*) adj. безводный, сухой; безплодный.

Aridity (*ă-рид'-и-ти*), **Aridness** (*ăр'-ид-нес*) s. засуха; безплодность; сухость.

Aries (*э'-ри-ез*) s. (астрон.) Овень (созвѣздіе).

Arietta (*ă-ри-ет'-а*) s. пѣсенка.

Aright (*ă-райт'*) adv. прямо, здраво. [сто.

Ariosto (*ēр'-и-ōс'-то*) npr. Аріо-

Arise (*ă-райз'*) vn. вставать, возстать; восходить (о солнцѣ); подниматься; происходить, воскресать. **When the sun arose**, съ восходомъ солнца.

Aristarchus (*ăр-ис-тăрк'-ōс*) npr. Аристархъ; || s. fig. строгій критикъ.

Aristides (*ăр-ис-ти'-диз*) npr. Аристидъ. [Аристиппъ.

Aristippus (*ăр-ис-тип'-ōс*) npr.

Aristobulus (*ăр-ис-тōб'-ью-лōс*) npr. Аристовулъ.

Aristocracy (*ăр-ис-ток'-рă-си*) s. аристократія; знатные родомъ.

Aristocrat (*ăр'-ис-то-крăт*) s. аристократъ.

Aristocratic (*ăр-ис-то-крăт'-ик*) **Aristocratical** (*ăр-ис-то-крăт'-и-кал*) adj. аристократическій.

Aristocratically (*ăр-ис-то-крăт'-ик-ăл-и*) adv. аристократически.

Aristocraticalness (*ăр-ис-то-крăт'-ик-ăл-нес*) s. аристократичность.

Aristodemus (*ăрис-то-ди'-мōс*) npr. Аристодемъ.

Aristophanes (*ăр-ис-то'-фă-низ*) npr. Аристофанъ.

Aristotelian (*ăр-ис-то-ти'-ли-ăн*)

s. послѣдователь ученія Аристотеля.
Aristotelianism (*ăр-ис-то-ти'-ли-ăн-изм*) s. ученіе Аристотеля.
Aristotelic (*ăр-ис-то-ти'-лик*) adj. аристотельскій.
Aristotle (*ăр-ис-тот'-т-л*) npr. Аристотель.
Arithmetic (*ă-рисз'-ме-тик*) s. ариѳметика.
Arithmetical (*ăр-исз-мет'-ик-ăл*) adj. ариѳметическій.
Arithmetically (*ăр-исз-мет'-ик-ăл-и*) adv. ариѳметически.
Arithmetician (*ă-рисз-ми-тиш'-ăн*) s. ариѳметикъ.
Arius (*э'-ри-ŏс, а-раи'-ŏс*) npr. Арій.
Ark (*арк*) s. ковчегъ; кивотъ. **Noah's —**, Ноевъ ковчегъ.
Arm (*ăрм*) s. рука (отъ плеча до кисти); || (фигур.) сила, власть; рукавъ (моря); вѣтвь, сукъ (дерева); || оружіе; ручка кресла; рычагъ. **In —**, подъ руку. **At arm's length**, на разстояніи руки. **With folded —s**, съ скрещенными руками. **The secular —**, свѣтская власть. **— -chair**, кресло. **To receive one with open arms**, принять съ распростертыми объятіями, радушно. **The new rifle is a very superior —**, новое ружье весьма совершенное оружіе. || va. вооружать. **To — one's self with**, снабжать оружіемъ. || vn. вооружаться, браться за оружіе, дѣлать приготовленія къ войнѣ.
Armada (*ар-мэ'-да*) s. армада, вооруженный флотъ.
Armadillo (*ар-мă-дил'-лс*) s. армадиллъ (млекопитающійся).
Armament (*ар'-мă-мент*) s. вооруженіе (о кораблѣ).
Armature (*ар'-мă-чур*) s. военные снаряды, воинскіе доспѣхи; шпоры (у пѣтуха); арматура (оправа).
Armed (*армд*) adj. вооруженный; имѣющій руки. **Long - —, short - —**, длиннорукій, короткорукій. **A one — man**, однорукій.
Armenia (*ăр-ми'-ни-ă*) s. (геогр.) Арменія.
Armenian (*ар-ми'-ни-ăн*) adj. армянскій; || s. армянинъ, -нка; армянскій языкъ.
Armful (*арм'-фул*) s. охапка; || adv. въ обхватъ.
Armhole (*ăрм'-хол*) s. подмышка, подмышникъ (у платья).
Armillary (*ар'-мил-лă-ри*) adj. **— sphere**, круги небеснаго свода.
Arming -press (*арм'-инг-прес*) s. прессъ для гофрировки.
Arminian (*ар-мин'-ьăн*) adj. арминіанскій.
Arminianism (*ар-мин'-ьŏ-низм*) s. протестанская секта, слѣдующая ученію Арминія (XVI стол).
Armistice (*ар'-мис-тис*) s. перемиріе.
Armless (*арм'-лес*) adj. безрукій; безоружный.
Armlet (*арм'-лет*) s. нарукавникъ, запястье, браслетъ.
Armorial (*ар-мо'о-ри-ăл*) adj. гербовый; геральдическій. **Bearings —**, украшенный геральдическими знаками.
Armoric (*ар-мŏр'-ик*), **Armorican** (*ăр-мŏр'-икăн*) adj. арморическій.
Armorica (*ар-мŏр'-и-ка*) npr. Арморика (современная Бретань).
Armorist (*ар'-мŏр-ист*) s. знатокъ геральдики.
Armour (*ар'-мŏр*) s. латы, броня, доспѣхи, оружіе.
Armour - bearer (*ар'-мŏр -бэ-рер*) s. оруженосецъ.
Armourer (*ар'-мŏр-ер*) s. оружейный мастеръ.
Armoury (*ар'-мŏр-и*) s. арсеналъ, цейхгаузъ, оружейный магазинъ; латы, доспѣхи; гербъ.
Arms (*армз*) s. pl. военныя дѣйдѣйствія; (герал.) гербъ. **Fire - —**, огнестрѣльное оружіе. **Side —**, холодное оружіе. **Man at —**, наемный солдатъ (въ средніе вѣка). **To beat to —**, призывать къ оружью, бить въ походъ. **Advance —!** на караулъ! **Ground —!** вольно! **To lay down —**, сложить оружіе.
Army (*ăр'-ми*) s. войско, армія; рать; военныя силы.
Arnica (*ар'-ни-ка*) s. (ботан.) арника, баранья трава (растеніе).
Arnold (*ар'-нолд*) npr. Арнольдъ.
Arnotto (*ар-нот'-то*) s. орлеанъ, американское дерево, плоды котораго красно-оранжеваго цвѣта; краска - орлеанъ.
Aroma (*ă-ро'о-мă*) s. ароматъ, пріятный запахъ; пахучее начало, благовоніе.
Aromatic (*ăр'-о-мăт'-ик*), **Aromatical** (*ăр-о-мăт'-ик-ăл*) adj. пахучій, душистый, ароматичный.
Aromatization (*ăр-о-мăт-и-зэ'-шŏн*) s. пахучая приправа.
Aromatize (*ă-ро'о-мă-тайз*) va. приправлять чѣмъ-либо ароматическимъ.
Aromatizer (*ă-ро'о-мă-тайз-ер*) s. дающій благовоніе, благоухающій.
Armatous (*ă-ро'о-мă-тŏс*) adj. благовонный, ароматическій.
Around (*ă-ра'унд*) adv. и prep. вокругъ, кругомъ.
Arouse (*ă-ра'уз*) va. возбуждать; поднимать, будить.
Arow (*ă-ро'о*) adv. на ряду, рядомъ; по очереди.

Aroynt (*ă-ро'йнт*) interj. прочь! назадъ!
Arpeggio (*ар-педж'-и-о*) s (музык.) арпеджіо.
Arquebusade (*ар-куи-бŏс-эд'*) s. рана отъ пищали. — **water,** примочка отъ пищалевой раны.
Arquebuse (*ар'-куи-бос*) s. пищаль, ружье.
Arquebusier (*ар-куи-бŏс-ир'*) s. вооруженный пищалью, стрѣлокъ изъ пищали.
Arrack (*ăр'-ăк*) s. аракъ, рисовая водка. [Арагонія
Arragon (*ар'-а-гŏн*) npr. (геогр.)
Arragoness (*ар'-а-го-низ*) adj. арагонскій; || s. арагонецъ, -нка.
Arraign (*ăр-рэн'*) va. обвинять, доносить; составить обвиненіе, разобрать дѣло; || s. обвиненіе.
Arraignment (*ăр-рэн'-мент*) s. обвиненіе, донесеніе.
Arrange (*ăр-рэндж'*) va. устраивать, приводить въ порядокъ; приготовлять; || vn. уговариваться, ладить.
Arrangement (*ăр-рэндж'-мент*) s. распоряженіе; распорядокъ; система, классификація; сдѣлка, соглашеніе.
Arranger (*ăр-рэн'-джер*) s. распорядитель, устроитель.
Arrant (*ăр'-рăнт*) adj. настоящій, извѣстный, записной, отъявленный.
Arrantly (*ăр'-рăнт-ли*) adv. отъявленно, безстыдно.
Arras (*ăр'-рăс*) s. обои, тканыя шпалеры.
Array (*ăр-рэ'*) s. арре, строй, боевой порядокъ; облеченіе, нарядъ; составленіе списка присяжныхъ. **In battle —,** въ боевомъ порядкѣ. **He entered in splendid —,** онъ появился въ полномъ парадѣ. || va. устраивать, строить, располагать въ боевомъ порядкѣ; одѣвать, наряжать, облачать; составлять списокъ присяжныхъ. [**in —s,** отставать.
Arrear (*ăр-рир'*) adv. сзади; **to be**
Arrearage (*ăр-рир'-эдж*) s недоимка, недоимочныя деньги.
Arrest (*ăр-рест'*) va. остановить, задержать; арестовать, взять подъ арестъ, взять подъ караулъ; остановить (вниманіе). || s. арестъ, заточеніе; наложеніе, запрещеніе, конфискація; приговоръ. **Under —,** подъ арестомъ; на гауптвахтѣ.
Arrestation (*ăр-рес-тэ'-шŏн*) s. задержаніе, арестованіе.
Arrester (*ăр-рест'-ŏр*) s. налагающій арестъ, запрещеніе.
Arris (*ăр'-рис*) s. (архит.) ребро, край.
Arrival (*ăр-рай'-вăл*) s пріѣздъ, прибытіе, приплытіе. достиженіе.
Arrive (*ăр-райв'*) vn. (**at,** къ; **in,** въ), приходить, прибывать, приплывать, доходить, достигать; случаться. **To — at a place,** прибыть куда-либо. **To — at perfection,** достичь совершенства.
Arrogance (*ăр'-ро-гăнс*) s. высокомѣріе, надменность.
Arrogancy (*ăр'-ро-гăн-си*) s. высокомѣріе, надменность.
Arrogant (*ăр'-ро-гăнт*) adj. надменный, дерзкій. [надменно.
Arrogantly (*ăр'-ро-гăнт-ли*) adv.
Arrogantness (*ăр'-ро-гăнт-нес*) s. дерзость, надменность.
Arrogate (*ăр'-ро-гэт*) va. присваивать, приписывать себѣ, захватывать.
Arrogation (*ăр-ро-гэ'-шŏн*) s. присвоеніе, захватъ.
Arrow (*ăр'-о*), стрѣла. **To let fly, to shoot an —,** пускать стрѣлы **Shower of —,** туча стрѣлъ. **— -head,** s. наконечникъ стрѣлы; **— -headed,** adj. (ботан. и анат.) клинообразный **— -root,** аррорутъ (мука).
Arrowy (*ăр'-о-и*) adj. стрѣлообразный, дѣйствующій какъ стрѣла.
Arse (*арс*) s. задница, задъ.
Arsenal (*ар'-се-нăл*) s. арсеналъ, оружейный дворъ.
Arsenic (*ар'-син-ик*) s. мышьякъ.
Arsenical (*ар-сен'-ик-ăл*) adj. мышьяковый.
Arsenious (*ар-си'-ни-ŏс*) adj. мышьяковый, заключающій въ себѣ мышьякъ
Arsenite (*арс'-син-айт*) s. (химич.) мышьяково-кислая соль.
Arseniuret (*ар-сенай'-ьюрет*) s. (химич.) мышьяковистая соль.
Arsenius (*ăр-си'-ни-ŏс*) npr. Арсеній.
Arson (*ар'-сн*) s. поджогъ.
Art (*арт*) s. искусство; художество; || * хитрость, коварство **The fine —s,** изящныя искусства **The black —,** чернокнижіе, черная магія.
Artabanus (*ар-та-бэ'-нŏс*) npr. Артабанъ. [Артаксерксъ.
Artaxerxes (*ăр-тăгз-еркс'-из*) npr.
Artemidorus (*ар-те-ми-дор'-ŏс*) npr. Артемій.
Artemisia (*ар-те-миз'-и-ă*) s. (ботан.) чернобыльникъ. || npr. Артемизія
Arterial (*ăр-ти'-ри-ăл*) adj. артеріальный; жильный.
Arterialisation (*ар-ти-ри-ăл-и-зэ'-шŏн*) s. (физіол.) превращеніе венозной крови въ артеріальную.
Arterialise (*а-ти'-ри-ăл-айз*) va.

превращать венозную кровь въ артеріальную.
Arteriotomy (*ар-ти-ри-от'-о-ми*) s. разсѣченіе артеріи.
Artery (*ар'-тӧр-и*) s. артерія.
Artesian (*ар-ти'-зи-ӑн*) adj. артезіанскій. **— wells,** артезіанскіе колодцы.
Artful (*арт'-фул*) adj. искусный, находчивый, коварный, хитрый; артистическій.
Artfully (*арт'-фул-и*) adv. артистистически, искусно; коварно, хитро.
Artfulness (*арт'-фул-нес*) s. искусство, ловкость; хитрость.
Arthritic (*ар-сзрит'-ик*), **Arthritical** (*ар-сзрит'-ик-ӑл*) adj. (медиц.) артритическій, ломотный.
Arthrosis (*ар-сзро'-о-сис*) s. (анат) артрозъ, членосращеніе.
Artichoke (*ар'-чи-чок*) s. артишокъ.
Article (*ар'-ти-кл*) s. статья; пунктъ; суставъ; колѣно; предметъ, часть; товаръ, матеріалъ. **Definite—,** опредѣленный членъ. **That tradesmann always keeps good —s,** у этого купца всегда хорошій товаръ. || va. vn. изъяснять по статьямъ, приводить пункты; договариваться, связывать договоромъ, уславливаться. **To — an apprentice to,** помѣщать куда-либо въ обученіе.
Articled (*ар'-тик'-лд*) adj. сочлененный; приглашенный по договору.
Articular (*ар-тикъ'-ю-лар*) adj. [суставный.
Articulate (*ар-тикъ'-ю-лэт*) va. явственно произносить; сочленяться суставами; || adj. явственный, внятный; || колѣнчатый, суставный.
Articulatety (*ар-тикъ'-ю-лэт-ли*) adv. по слогамъ, явственно, внятно.
Articulateness (*ар-тик'-ю-лэт-нес*) s. внятность, ясность.
Articulation (*ар-тикъ'-ю-лэ-шӧн*) s. произношеніе; согласованіе; суставъ, колѣно; сочлененіе.
Artifice (*ар'-ти-фис*) s. искусство; || * продѣлка, хитрость.
Artificer (*ар-тиф'-и-сер*) s. искусникъ, мастеровой; || * виновникъ.
Artificial (*ар-ти-фиш'-ӑл*) adj искусственный, поддѣльный.
Artificiality (*ар-ти-фиш'-ӑл-и-ти*) s. искусственность.
Artificially (*ар-ти-фиш'-ӑл-ли*) adv. искусственно.
Artificialness (*ар-ти-фиш'-ӑл-нес*) s. искусственность.
Artillerist (*ар-тил'-лӧр-ист*) s. артиллеристъ.
Artillery (*ар-тил'-ери*) s. артиллерія; пушки.
Artisan (*ар'-ти-зӑн*) s. ремесленникъ, мастеровой; артистъ, знатокъ.
Artist (*арт'-ист*) s. артистъ, художникъ; знатокъ.
Artistic (*ар-тис'-тик*), **Artistical** (*ар-тис'-ти-кал*) adj. артистическій.
Artistically (*ар-тис'-ти-кал-и*) adv. артистически.
Artless (*арт'-лес*) adj. безъискуственный, простой.
Artlessly (*арт'-лес-ли*) adv. искренно, просто.
Artlessness (*арт'-лес-нес*) s. безъискуственность, простодушіе наивность, простота.
Arum (*ӑ'-рӧм*) s. (ботан.) аронникъ, клещенецъ (растеніе).
Arundelian (*а'-рӧн-дэ'-ли-ӑн*) adj. тростниковый.
Arundinaceous (*ӑ-рӧн-ди-нэ'-шос*) adj. тростниковый, подобный тростнику.
Arundineous (*ӑ-рӧн-дин'-и-ӧс*), adj. поросшій тростникомъ.
Aruspex (*ӑ-рӧс'-пекс*), **Aruspice** (*ӑ-рӧс'-пис*) s. (древн.) гадавшій по внутренностямъ животныхъ.
Aruspicy (*ӑ-рӧс'-пи-си*), s. гаданіе по внутренностямъ жертвенныхъ животныхъ (въ Римѣ).
As (*ӑз*) conj. какъ; что; если; какъ будто бы; когда; такъ какъ, потому что; столько, сколько. **Cold — ice,** холодный, какъ ледъ. **We went to ball dressed — peasants,** мы отправились на балъ, одѣтые какъ крестьяне. **— it were,** такъ сказать. **— if he did not see me,** какъ будто бы онъ меня не видѣлъ. **I find it easier — I advance,** я нахожу, что это становится легче по мѣрѣ того какъ я подвигаюсь впередъ. **— good —,** такой же добрый какъ, **— to, — for,** что касается до... **— for me,** что касается меня.
Asa-fœtida *или* **Asa-fetida** (*ӑс-сӑ-фет'-и-дӑ*) s. вонючая камедь.
Asbestus (*ас-бес'-тӧс*). **Asbestos** (*ас-бес'-тӧс*), s. асбестъ, горный ленъ.
Ascaris (*ӑс'-кӑ-рис*), (pl. **Ascarides**), s. (зоол.) аскариды (круглая глиста).
Ascend (*ӑс-сенд'*) vn. va. возноситься, подыматься; восходить; взлѣзать; || *повышаться, успѣвать, достигать.
Ascendable (*ӑс-сенд'-ӑ-бл*) adj. доступный для восхожденія.
Ascendant (*ӑб-сенд'-ӑнт*) adj. высшій; пользующійся вліяніемъ; || s. восхожденіе; власть, вліяніе.

Ascendency (*ăс-сенд'-ен-ди*)s. вліяніе, власть.
Ascending (*ăс-сенд'-инг*) adj. восходящій. [хожденіе; вознесеніе.
Ascension (*ăс-сен'-шŏн*), s. вос-
Ascensional (*ăс-сен'-шŏн-ăл*) adj. (астр.) восходный.
Ascent (*ăс-сент'*) s. вознесеніе, восхожденіе, поднятіе (шара); подъемъ, восходъ; холмъ, возвышенность. **A steep —,** крутой подъемъ.
Ascertain (*ăс-сер-тэн'*) va. vn. удостовѣрять, удостовѣряться, устанавливать; подтверждать, доказывать; сохранять за собою. **I have ascertained,** *я* удостовѣрился. **To — the origin of a report,** удостовѣряться въ источникѣ слуха.
Ascertainable (*ăс-сер-тэн'-ă-бл*) adj. установимый, удостовѣряемый.
Ascertainer (*ăс-сер-тэн'-ер*), s. удостовѣряющій, устанавливающій.
Ascertainment (*ăс-сер-тэн'-мент'*) s. удостовѣреніе; установленіе, правило.
Ascetic (*ăс-сет'-ик*) adj. аскетическій; созерцательный; || s. аскетъ, отшельникъ.
Ascians (*ăш'-иăнз*), или **Ascii,** s pl. аскіи, обитатели экватора.
Ascites (*ăс-сай'-тиз*) s. (медиц.) брюшная водянка.
Ascitic (*ăс-сит'-ик*) s. (медиц.) брюшиноводяночный.
Ascititious(*ăс-си-тиш'-ŏс*) adj. добавочный, лишній.
Ascribable (*ăс-крайб'-ă-бл*) adj. относимый; вмѣняемый; что можно приписать чему.
Ascribe (*ăс-крайб'*) va. приписывать (чему), относить (къ чему).
Ascription (*ăс-крип'-шŏн*) s. приписываніе; принадлежность.
Asexual (*ă-секс'-у-ăл*) adj. (ботан.) тайнобрачный, безполый.
Ash (*ăш*) s. ясень (дерево); || adj ясеневый; || s. зола, пепелъ; || adj. пепельный. **— pail,** ведро для золы. **— colour,** пепельный цвѣтъ. **— -pan** или **— pit,** зольникъ, нижняя часть печи. **— -Wednesday,** среда на первой недѣлѣ великаго поста у католиковъ.
Ashamed (*ă-шэмд'*) adj. пристыженный. **To be —,** стыдиться.
Ashen (*ăшн*) adj. ясеневый.
Asher (*эшŏр*) prr. Ашеръ, Азеръ.
Ashery (*ăш'-ŏр-и*) s. складъ поташу
Ashes (*ăш'-из*) s. pl. зола, пепелъ; || * прахъ. **To burn, to reduce to —,** испепелить, превращать въ пепелъ.
Ashlar или **Ashler** (*ăш'-лăр*) s необтесанный камень.
Ashore (*ă-шо'ор*) adv. на берегу, на мели; на сухомъ пути. **To go —,** приставать къ берегу.
Ashy (*ăш'-и*) adj. зольный, пепельный.
Asia (*э'-ши-ă*) prr (геогр) Азія. **— -Minor,** Малая Азія.
Asian (*э'-иш-ăн*) adj. азіатскій.
Asiatic (*э'-ши-ă-тик*) adj азіатскій; || s. азіатъ -ка.
Aside (*ă-сайд'*) adv. на сторонѣ, на бокъ; въ сторону, про себя; отдѣльно; исключая. **To go —,** удаляться въ сторону
Asinine (*ĕс'-и-найн*) adj. ослиный, глупый.
Ask (*аск*) va. vn. спрашивать, разспрашивать; просить; приглашать. **To — for a person, a thing,** освѣдомляться о комъ-либо. **To — about, after,** освѣдомляться о чемъ-либо. **To — a question,** задавать вопросъ. || va. **To — in, up, down,** просить войти, подняться, спуститься. **I asked him to dine with me,** я просилъ его отобѣдать у меня.
Askance (*ă-сканс'*), **Askant** (*ă-кант'*) adv. искосо, косо.
Asker (*аск'-ер*) s. вопрошатель, проситель.
Askew (*ă-скью'*) *adv.* косо, съ пренебреженіемъ. [просьба.
Asking (*аск'-инг*) s. просимое,
Aslant (*ă-слант'*) adv. покато, наклонно; наискось; косвенно.
Asleep (*ă-слип'*) adv. въ спячемъ состояніи, во снѣ.
Aslope (*ă-сло'оп*) adv. см. **Aslant.**
Asmodeus (*ăс-мо'о-ди-ŏс*) prr. Асмодей.
Asp (*ăсп*), **Aspic** (*ăс'-пик*), s. (зоол.) ядовитая змѣя, аспидъ.
Asparagine (*ăс-пăр'-ăджин*), s. (химич.) аспаригинъ, начало спаржи.
Asparagus (*ăс-пăр'-ă-гŏс*) s. (бот.) спаржа.
Aspasia (*ăс-пэ'-жиă*) prr. Аспазія.
Aspect (*ăс'-пект*) s. видъ, взглядъ; положеніе; аспектъ
Aspen (*ăс'-пен*) s. осина; || adj. осиновый. [твердымъ, грубымъ.
Asperate (*ăс'-пер-эт*) va. дѣлать
Aspergillus (*ăс-пер-джил'-ŏс*) s. (ботан.) особый придатокъ ввидѣ кисти, кропильникъ (святой водой.
Asperity (*ăс-пер'-и-ти*) s. шероховатость, жесткость, грубость.
Aspermous (*ăс-пŏр'-мŏс*) adj. лишенный сѣмени, асперматическій.
Asperse (*ăс-перс'*) va. кропить; || * поносить, клеветать, чернить; позорить, пятнать.

Asperser (*äс-перс'-ер*) s. клеветникъ. [леніе; || * клевета.
Aspersion (*äс-пер'-шӧн*) s. окроп-
Aspersive (*ä-перс'-ив*) adj. ложный, клеветническій.
Asphalt (*äс-фальт'*), **Asphaltum** (*äс-фалт'-ӧм*) s. асфальтъ.
Asphaltic (*äс-фалт'-ик*) adj. асфальтовый; смолистый.
Asphodel (*äс'-фо-дел*), s. (ботан.). царскія кудри, златоцвѣтникъ.
Asphyxia (*äс-фикс'-и-а*), **Asphyxy** (*äс-фик'-си*) s. асфиксія, обморокъ.
Asphyxiate (*äс-фик'-си-эт*) va. задушать, удушать; лишать дыханія.
Asphyxiation (*äс-фик-си-э'-шӧн*) s. удушеніе, задушеніе.
Aspic (*äс'-пик*) s. (зоол.) гадюга, аспидъ (ядовитая змѣя); (ботан.) садовая лаванда.
Aspirant (*äс-пайр'-äнт*) s. стремящійся; искатель, претендентъ.
Aspirate (*äс'-пи-рэт*) va. vn. (грам.) произносить съ придыханіемъ; || s. знакъ придыханія.
Aspiration (*ёс-пи-рэ'-шӧн*) s. вдыханіе, желаніе.
Aspire (*äс-пайр'*) vn. (съ **after**, **to**) стремиться, желать, добиваться.
Aspirer (*äс-пайр'-ер*) s. искатель, честолюбецъ.
Aspiring (*äс-пайр'-инг*) adj. честолюбивый.
Asquint (*ä-скуинт'*), adv. косо, вкось, бокомъ, कося глазами.
Ass (*äс*) s. оселъ; || * тупица, глупецъ, невѣжда. **Jack —,** дубина. **—'s foal,** осленокъ. **— -driver,** s. погонщикъ ословъ.
Assail (*äс-сэл'*) va. наступать, нападать. [кого можно нападать.
Assailable (*äс-сэл'-ä-бл*) adj. на
Assailant (*äс-сэл'-äнт*) s. нападающій, осаждающій; зачинщикъ.
Assailer (*äс-сэл'-ер*) s. нападающій.
Assailment (*äс-сэл'-мент*) s. нападеніе; припадокъ (болѣзни).
Assart (*äс-сарт'*) va. расчищать подъ пашню лѣсъ; || s. расчищеніе подъ пашню лѣса, поднятіе цѣлины, распашка цѣлины.
Assassin (*äс-сäс'-ин*) s. убійца.
Assassinate (*äс-сäс'-и-нэт*) va. убивать, умерщвлять.
Assassination (*äс-сäс-и-нэ'-шӧн*) s. смертоубійство.
Assault (*äс-солт'*) s. приступъ, нападеніе; самоуправство; посягательство, обида. **— and battery,** нападеніе, сопровождаемое дракой. || va. нападать, наступать, брать приступомъ; посягать; поражать (о чувствѣ).
Assaultable (*äс-солт'-ä-бл*) adj. могущій подвергнуться нападенію, подверженный нападенію.
Assaulter (*äс-солт'-ер*) s. нападающій; зачинщикъ.
Assay (*äс-сэ'*) s. испытаніе; опытъ; проба металловъ; провѣрка. **— furnace,** пробирная печь. || va. vn. пробовать, испытывать; пытаться.
Assayer (*äс-сэ'-ер*), s. пробирщикъ, производящій пробу металла.
Assemblage (*äс-сем'-блэдж*) s. собираніе; сборище; соединеніе.
Assemblance (*ас-сем'-бläнс*) s. собраніе.
Assemble (*äс-сем'-бл*) va. собирать, созывать; || vn. собираться.
Assembler (*äс-сем'-блер*) s. собиратель; коноводъ, вожакъ.
Assembling (*äс-сем'-блинг*) s. собираніе, созываніе; сборище.
Assembly (*äс-сем'-бли*) s. собраніе, съѣздъ; сборъ. **— -room,** s. зала собранія.
Assent (*ас-сент'*) s. согласіе, соизволеніе; санкція; || vn. соглашаться; давать согласіе **на,** признавать, одобрять.
Assenter (*äс-сент'-ер*) s. дающій согласіе, одобряющій, одобритель.
Assentient (*äс-сен'-шӧнт*) adj. соглашающійся, согласный.
Assentingly (*äс-сент'-инг-ли*) adv. одобрительно.
Assert (*äс-серт'*) va. утверждать, увѣрять, удостовѣрять; поддерживать; защищать.
Assertion (*äс-сер'-шӧн*) s. защита (дѣла); утвержденіе.
Assertive (*äс-серт'-ив*) adj. утвердительный, непреложный.
Assertor (*äс-серт'-ӧр*) s. защитникъ, покровитель.
Assertory (*äс-серт'-ӧ-ри*; adj. утверждающій, подтверждающій.
Assess (*äс-сес'*) va. облагать податью; опредѣлять, оцѣнивать. **— ed taxes,** прямые налоги.
Assessable (*äс-сес'-ä-бл*) adj. подлежащій подати, податной, оброчный.
Assessment (*äс-сес'-мент*) s. обложеніе, окладъ; подать; оцѣнка.
Assessor (*äс-сес'-сӧр*) s. распредѣлитель податей; засѣдатель; ассесоръ.
Assets (*äс'-сетс*) s. активъ.
Asseverate (*äс-сев'-ир-эт*) **Assever** (*äс-сев'-ер*) va. объявлять, утверждать, обѣщать.
Asseveration (*äс-сев-ер-э'-шӧн*) s. клятвенное утвержденіе.
Assiduity (*äс-си-дью'-и-ти*) s. прилежаніе, усердіе; ухаживаніе.
Assiduous (*äс-сид'-ю-ӧс*) adj. прилежный, старательный.

Assiduously (*ăс-сидь'-ю-ŏс-ли*) adj. старательно.
Assiduousness (*ăс-сидь'-ю-ŏс-нес*) s. усердіе, прилежаніе.
Assign (*ăс-сайн'*) va. опредѣлять, назначать, ассигновать; передавать, уполномачивать; || s. агентъ, уполномоченный.
Assignable (*ăс-сайн'-ă-бл*) adj. подлежащій назначенію; опредѣленный, неопровержимый; явный.
Assignat (*ăс-иг-нăт'*) s. ассигнація, бумажныя деньги.
Assignation (*ăс-сиг-нэ'-шŏн*) s свиданіе; назначеніе явки въ судъ.
Assignee (*ăс-си-ни'*) s. уполномоченный, агентъ.
Assigner (*ăс-сайн'-ŏр*) s. уполномачивающій, довѣритель.
Assignment (*ăс-сайн'-мент*) s назначеніе, ассигнованіе.
Assimilable (*ăс-сим'-и-лă-бл*) adj. усвоимый.
Assimilate (*ăс-сим'-и-лэт*) va. усвоять, ассимилировать; || vn. уподобляться; дѣлаться одинаковымъ.
Assimilation (*ăс-сим-и-лэ'-шŏн*) s. уподобленіе, усвоенія, ассимиляція.
Assimilative (*ăс-сим'-и-лэ-тив*) adj. усвояющій, объединяющій.
Assist (*ăс-сист'*), va. vn. помогать, пособлять, содѣйствовать.
Assistance (*ăс-сист'-ăнс*) s. помощь, пособіе, поддержка.
Assistant (*ăс-сист'-ăнт*) s. помощникъ, ассистентъ, присутствующій; || adj. помогающій. — **judge,** замѣститель судьи. — **-surgeon,** фельдшеръ. — **-master,** староста.
Assister (*ăс-сист'-ер*) s. пособникъ, помощникъ.
Assize (*ăс-сайз'*) s. засѣданіе; судебная сессія; || мѣра; || постановленіе; || va. устанавливать таксу.
Assizer (*ăс-сайз'-ер*) s. надзиратель надъ мѣрами, надсмотрщикъ, акцизный.
Associability (*ăс-со-ши-ă-бил'-ити*) s. общительность; впечатлительность.
Associable (*ăс-со'о-ши-ă-бл*) adj. ассоціируемый, соединимый, согласуемый; || общительный.
Associate (*ăс-со'о-ши-эт*) va. соединять, принимать въ общество; || vn. соединяться, объединяться, вступать въ общество, въ группу; || adj. союзный, соединенный; || s. товарищъ; союзникъ; соучастникъ.
Association (*ăс-со-ши-э'-шŏн*) s. общество; ассоціація; товарищество, кооперація, артель; || соединеніе, соучастіе; || (мин.) наслоеніе
Assonance (*ăс'-со-нăнс*) s. созвучіе.
Assonant (*ăс'-со-нăнт*) adj. созвучный.
Assort (*ăс-сорт'*) va. подбирать, сортировать; || vn. согласоваться.
Assortment (*ăс-сорт'-мент*) s. подборъ; распредѣленіе.
Assuage (*ăс-суэдж'*) va. утолять (боль), смягчать, облегчать; || vn утихать, убывать.
Assuagement (*ăс-суэдж'-мент*) s. смягченіе, облегченіе, утоленіе (боли).
Assuager (*ăс-суэ'-джер*) s. утишитель, успокоитель.
Assuasive (*ăс-суэ'-сив*) adj облегчительный, смягчающій.
Assuetude (*ăс-сью'-и-тьюд*) s. обычай, обыкновеніе, привычка.
Assume (*ăс-сьюм'*) va. vn. принимать на себя, присваивать себѣ; предполагать. **He assumed a lofty air,** онъ принялъ величественный видъ. **It is assumed that,** предполагается что || vn. быть наглымъ, слишкомъ много мнить о себѣ.
Assumer (*ăс-сьюм'-ер*) s. надменный; наглецъ, наглый.
Assuming (*ăс-сьюм'-инг*) s. надменность; заносчивость; || adj. заносчивый.
Assumpsit (*ăс-сŏм'-сит*) s. (юрид) словесное добровольное обѣщаніе.
Assumption (*ăс-сŏм'-шŏн*) s. присвоеніе себѣ, принятіе на себя; примѣненіе; предположеніе; предложеніе, требующее доказательства; выводъ; Успеніе (праздникъ); воплощеніе (о Христѣ)
Assumptive (*ăс-сŏм'-тив*) adj. принятый; предполагаемый.
Assurance (*ă-шьюр'-ăнс*) s. увѣренность; довѣріе; гарантія; смѣлость.
Assure (*ă-шьюр'*) va. увѣрять, удостовѣрять; обезпечивать, засвидѣтельствовать.
Assured (*ă-шьюрд'*) adj надежный, вѣрный, застрахованный. **Be — that you are mistaken,** будьте увѣрены, что вы ошибаетесь.
Assuredly (*ă-шьюрд'-ли*) adv. вѣрно, подлинно, конечно.
Assuredness (*ă-шьюр'-ед-нес*) s. увѣренность, обезпеченность.
Assurer (*ă-шьюр'-ер*) s. увѣряющій; страхователь.
Assuring (*ă-шьюр'-инг*) adj. страхующій, внушающій довѣріе.
Assyria (*ăс-сир'-риă*) npr. Ассирія.
Assyrian (*ăс-сир'-ри-ăн*) adj. ассирійскій.
Astarte (*ăс-тар'-ти*) npr. Астарта.
Astatic (*ă-стăт'-ик*) adj. непосто-

янный, нетвердый, неустойчивый (о магнитной стрѣлкѣ).

Asteism (*äс'-ти-изм*) s. тонкая иронія.

Aster (*äс'-тер*) s. (ботан.) астра, звѣздочникъ.

Asterias (*äс-ти'-ри-äс*) s. (зоол.) морская звѣзда.

Asteriated (*äс-ти'-ри-э-тед*) adj. звѣздчатый, лучистый.

Asterisk (*äс'-тер-иск*) s. знакъ, обозначающій сноску, звѣздочка.

Asterism (*äс'-тер-изм*) s. созвѣздіе; || знакъ, обозначающій сноску.

Astern (*ä-стерн'*) adv. (морск.) за кормою. **To go —,** идти заднимъ ходомъ.

Asteroid (*äс'-тер-ойдс*) s. малая планета между Марсомъ и Юпитеромъ.

Asthma (*äст'-мä*) s. (медиц.) астма, одышка, удушье.

Asthmatic (*äст-мäт'-ик*) „ adj. страдающій удушьемъ.

Astir (*ä-стöр'*) adv. стоя, стоймя, на ногахъ.

Astonish (*äс-тон'-иш*) va. изумлять, удивлять. **To be — ed,** удивляться чему.

Astonishing (*äс-тон'-иш-инг*) adj. удивительный, изумительный.

Astonishingly (*äс-тон'-иш-инг-ли*) adv. удивительно.

Astonishingness (*äс-тон'-иш-инг-нес*) s. изумительность.

Astonishment (*äс-тон'-иш-мент*) s. удивленіе, изумленіе.

Astound (*äс-та'унд*) va. поражать, удивлять.

Astounding (*äс-та'унд-инг*) adj. удивительный, поразительный.

Astraddle (*äс-стрäд'-дл*) adv. верхомъ, раскорякой, сундалой.

Astræa или **Astrea** (*ä-стри'-ä*) npr. Астрея.

Astragal (*äс'-трä-гäл*) s. (архит.) астрагалъ; (анат.) таранная кость; (артил.) фризъ пушки; (ботан.) бобовое растеніе.

Astragalus (*äс-трä'-гä-лöс*) s. таранная кость.

Astral (*äс'-трäл*) adj. звѣздный.

Astray (*ä-стрэ'*) adv. непрямо, косо. **To go —,** сбиться съ дороги, заблудиться.

Astriction (*äс-трик'-шöн*) s. сжатіе, стѣсненіе; связываніе, стягиваніе.

Astride (*ä-страйд'*) adv. верхомъ; съ раздвинутыми ногами.

Astringe (*äс-триндж'*) va. стягивать, сжимать.

Astringency (*äс-трин'-джен-си*) s. сжимаемость, вяжущее свойство.

Astringent (*äс-трин'-джент*) adj. вяжущій (о лекарствѣ).

Astrography (*äс-трог'-рä-фи*) s. описаніе звѣздъ, звѣзднаго міра.

Astrolabe (*äс'-тро-лэб*) s. (астр.) астролябія (инструментъ для измѣренія угловъ).

Astrologer (*äс-трол'-о-джер*) **Astrologian** (*äс-тро-ло'о-джи-äн*) s. астрологъ.

Astrological (*äс-тро-лодж'-ик-äл*) adj. астрологическій.

Astrologically (*äс-тро-лодж'-ик-äл-и*) adv. астрологически.

Astrologize (*äс-трол'-о-джайз*) vn. заниматься астрологіей.

Astrology (*äс-трол'-о-джи*) s. астрологія, предсказаніе по звѣздамъ.

Astronomer (*äс-трон'-о-мер*) s. астрономъ.

Astronomic (*äс-тро-ном'-ик*), **Astronomical** (*äс-тро-ном'-ик-äл*) adj. астрономическій.

Astronomically (*äс-тро-ном'-ик-äл-и*) adv. астрономически.

Astronomy (*äс-трон'-о-ми*) s. астрономія (наука).

Astrut (*ä-стрö'n'*) adv. надувшись, напыщенно.

Astute (*äс-тьют'*) adj. коварный, хитрый; проницательный.

Astutely (*äс-тьют'-ли*) adv. коварно, хитро.

Astuteness (*äс-тьют'-нес*) s. коварство, хитрость, проницательность.

Asunder (*ä-сöн'-дер*) adv. порознь, отдѣльно.

Asylum (*ä-сай'-лöм*) s. убѣжище, пріютъ.

Asymmetral (*ä-сим'-ме-трäл*) **Asymmetrical** (*ä-сим-мет'-рик-äл*) adj. несимметрическій, асимметрическій.

Asymmetry (*ä-сим'-е-три*) s. асимметрія, несимметричность.

Asymptote (*äс'-им-том*) s. (геом.) асимптота.

Asymptotic (*äс-им-том'-ик*), **Asymptotical** (*äс-им-том'-ик-äл*) adj. асимптотическій, никогда не сходящійся (о линіи).

At (*äт*) prep. *обозначаетъ:* близость мѣста, совпаденіе времени, положеніе; въ, у, по, за, при, на. **He lives — Lyons,** онъ живетъ въ Ліонѣ. **— church,** въ церкви, **— home,** дома, **— your father's,** у вашего отца. **— the same time,** въ тоже самое время. **— peace,** во время мира, въ мирное время. **— rest,** во время отдыха. **— large,** на волѣ, на свободѣ; || въ обширномъ смыслѣ слова. **— your command,** по вашему приказу, распоряженію. **— your service,** на вашей службѣ. **— liberty,** на волѣ, на свободѣ. **— all,** нисколько. **— first,** вначалѣ, сперва. **— last,** наконецъ. **— once,** вокругъ, тотчасъ, вмѣсто.

Ataghan (*ăт'-а-ган*) s. ятаганъ, турецкая сабля.
Atavism (*ăт'-ă-визм*) s. (ботан. и зоол.) атавизмъ, возвратъ къ предкамъ.
Ataxia (*ă-тăк'-си-ă*), **Ataxy** (*ăт'-ăкс-и*) s. (медиц.) атаксія, неупорядоченность движеній.
Ataxic (*ă-тăкс'-ик*) adj. безпорядочный; лишенный контроля движеній.
Ate (*эт*) см. **to Eat.**
Athaliah (*асз'-ă-ли-ă*) npr Аталія.
Athanasian (*ăсз-а-нэ'-жи-ăн*) adj. афанасьевъ; относящійся къ Афанасію, епископу Александрійскому въ IV столѣтіи. — **creed,** религіозное ученіе ошибочно приписываемое Афанасію относительно троицы.
Athanasius (*ăсз-а-нэ'-жи-ес*) npr. Афанасій.
Atheism (*ă'-сзи-изм*) s. атеизмъ, безбожіе.
Atheist (*ă'-сзи-ист*) s. атеистъ, безбожникъ.
Atheistic (*ă-сзи-ист'-ик*), **Atheistical** (*ă-сзи-ист'-ик-ăл*) adj. атеистическій, безбожный.
Atheisticalness (*ă-сзи-ист-ик-ăл-нес*) s. безбожіе.
Athena (*ăсз-и'-нă*) npr (мифол.) богиня Афина.
Atheneum *или* **Athenæum** (*ăсз-и-ни'-ŏм*) s. атеней (мѣсто публичнаго обученія у грековъ); ученое общество.
Athenian (*ăсз-и'-ни-ăн*) adj. афинскій; || s. афинянинъ, -нка.
Athens (*ăсз'-енс*) npr. (геогр.) Афины
Athirst (*ă-сзŏрст'*) adj жаждущій.
Athlete (*ăсз'-лит*) s. атлетъ; борецъ, силачъ, богатырь.
Athletic (*ăсз-лет'-ик*) adj. атлетическій, богатырскій, сильный.
Athos (*э'-зсос*) npr. (геогр.) Афонъ.
Athwart (*ă-сзуорт'*) prep. поперекъ; перпендикулярно; (мор.) на траверсѣ; || adv. на зло, вопреки.
Atilt (*ă-тилт'*) adv. съ направленнымъ копьемъ, принявъ боевую позу, наготовѣ.
Atlantean (*ăт-лăн'-ти-ăн*) adj атлантическій.
Atlantes (*ăт-лăн'-тис*) s. (архит.) каріатиды (статуи вмѣсто колоннъ).
Atlantic (*ăт-лăн'-тик*) adj. атлантическій.
Atlantis (*ăт-лăн'-тис*) npr (ист геогр.) Атлантида.
Atlas (*ăт'-лăс*) s. (геогр.) атласъ, (арх.) каріатида; (анат.) атлантъ; (комер.) атласъ (матерія).
Atmosphere (*ăт'-мос-фир*) s. атмосфера.
Atmospheric (*ăт-мос-фер'-ик*) adj. атмосферическій, атмосферный.
Atole (*ă-тол'*) s. (геогр.) коралловый островъ.
Atom (*ăт'-ŏм*) s. (физ. - химич.) атомъ, * наименьшая величина матеріи.
Atomic (*ă-том'-ик*), **Atomical** (*ă-том'-ик-ăл*) adj. атомическій.
Atomist (*ăт'-ом-ист*) s. сторонникъ атомистической теоріи.
Atomize (*ăт'-ом-айз*) va. превращать въ атомы, въ малыя величины.
Atone (*ă-тo'он*) va. vn. заглаживать, искупать; примирять.
Atonement (*ă-тo'он-мент*) s. искупленіе, заглаживаніе; удовлетвореніе; примиреніе.
Atonic (*ă-тон'-ик*) adj. атоническій, беззвучный, безсильный.
Atony (*ăт'-о-ни*) s. атонія, мускульное ослабленіе.
Atop (*ă-топ'*) adv. наверху.
Atrabilarian (*ăт-рă-би-лэ'-ри-ăн*), **Atrabilarius** (*ăт-рă-би-лэ'-ри-ŏс*) adj меланхолическій.
Atrabilariousness (*ăт-рŏ-би-лэ'-ри-ŏс-нес*) s. меланхолія.
Atrabiliary (*ăт-рă-бил'-иă-ри*), **Atramentous** (*ăт-рă-мен'-тŏс*) adj желчный, страдающій желчью
Atrip (*ă-трип'*) adv. (морск.) поднятый до мѣста (о марселѣ).
Atrocious (*ă-тро'о-шŏс*) adj. жестокій, лютый, звѣрскій, ужасный.
Atrociously (*ă-тро'о-шŏс-ли*) adv. жестоко, позвѣрски.
Atrociousness (*ă-тро'о-шŏс-нес*) s. жестокость.
Atrocity (*ă-трос'-и-ти*) s. жестокость.
Atrophy (*ăт'-ро-фи*) s. (медиц.) атрофія; сухотка.
Atropine (*ăт'-ро-пин*) s. (химич.) атропинъ.
Attach (*ăт-тăч'*) va. привязывать, соединять; задерживать. **To be — ed to,** быть привязаннымъ, быть въ связи съ чѣмъ, вытекать изъ чего. **To — importance to,** придавать извѣстное значеніе чему-либо. **To — the goods of a debtor,** налагать запрещеніе на имущество должника.
Attachable (*ăт-тăч'-ă-бл*) adj подлежащій запрещенію, захвату.
Attachment (*ăт-тăч'-мент*) s. привязанность; арестъ.
Attack (*ăт-тăк'*) va атаковать, нападать; || s. атака, нападеніе; (медиц.) припадокъ.
Attackable (*ат-тăк'-ă-бл*) adj. могущій подвергнуться нападенію, подверженный нападенію.
Attacker (*ăт-тăк'-ер*) s. нападающій, атакующій.
Attain (*ăт-тэн'*) va. vn. достигать, догонять, доставать. **To — one's end,** достичь цѣли.

Attainability (*ăт-тэн-ă-бил'-и-ти*) s. достижимость.
Attainable (*ăт-тэн'-ă-бл*) adj. достижимый. [s. достижимость.
Attainableness (*ăт-тэн'-ă-бл-нес*)
Attainder (*ăт-тэн'-дер*) s. безчестіе, позоръ, позорное пятно; смертный приговоръ за государственную измѣну съ конфискаціей имущества.
Attainment (*ăт-тэн'-мент*) s. достиженіе, пріобрѣтеніе; достоинства; талантъ, преимущество; ‖ личныя преимущества, качества.
Attaint (*ат-тэнт'*) s. пятно, позоръ; ‖ va. признать виновнымъ въ государственной измѣнѣ; клеймить позоромъ; изобличать въ тяжеломъ преступленіи.
Attainture (*ăт-тэнт'-ьюр*) s. позоръ, оскорбленіе.
Attar (*ат'-тар*) эссенція(изъ розъ).
Attemper (*ăт-тем'-пер*) va. умѣрять, смягчать, растворять, смѣшивать, приспособлять; примѣнять.
Attempt (*ăт-темт'*) va. vn. пытаться, пробовать; покушаться, посягать. **To — impossibilities,** стремиться къ невозможному. **To — the life of the king,** покушаться на жизнь короля; ‖ s. попытка, опытъ; посягательство, покушеніе. **A first —,** первый опытъ. **A wicked —,** преступное посягательство.
Attemptable (*ăт-темт'-ă-бл*) adj. на что можно посягнуть.
Attempter (*ăт-темт'-ер*) s. дѣлающій попытку, посягающій; посягатель.
Attend (*ăт-тенд'*) va. сопровождать; служить; присутствовать (при чемъ); ходить за больнымъ, ухаживать; ожидать. **He attended the king in all his travels,** онъ сопровождалъ короля во всѣхъ его путешествіяхъ. **To — the sick,** ухаживать за больными. **He attended the meeting,** онъ присутствовалъ на собраніи. **To — public lectures,** ходить на публичныя лекціи. **Customers attended at their own houses,** къ кліентамъ отправляются на домъ; ‖ vn. слушать, внимать; ‖ прислушиваться; ‖ прилагать стараніе, заниматься; присутствовать; служить. **Attend to what I say,** слѣдите за тѣмъ, что я вамъ скажу. **To — to one's business,** заниматься какимъ-либо дѣломъ. **I — on this gentleman,** я служу сему господину.
Attendance (*ăт-тенд'-ăнс*) s. служеніе; попеченіе; присмотръ, уходъ за больнымъ; помощь (священника); посѣщенія (доктора); ‖ присутствованіе, посѣщеніе; ‖ свита, прислуга. **He died for want of —,** онъ умеръ отъ недостатка ухода. **To be in —,** быть при исполненіи обязанностей. **Lady in —,** придворная дама, фрейлина. **No charge for —,** безплатная помощь. **Your — is necessary,** ваше присутствіе необходимо. **To dance —,** (фам.) заискивать, подслуживаться, лакействовать.
Attendant (*ăт-тенд'-ăнт*) adj. сопровождающій, послѣдующій; ‖ s. товарищъ, спутникъ; служитель; присутствующій. **Medical —,** врачъ; ‖ **—s,** pl. прислуга.
Attention (*ăт-тен'-шōн*) s. вниманіе; попеченіе. **To pay — to,** оказывать вниманіе.
Attentive (*ăт-тент'-ив*) adj. внимательный. [внимательно.
Attentively (*ăт-тент'-ив-ли*) adv.
Attentiveness (*ăт-тент'-ив-нес*) s. вниманіе.
Attenuant (*ăт-тень'-ю-ăнт*) adj. (медиц.) разжижающій; (юрид.) смягчающій вину.
Attenuate (*ăт-тень'-ю-эт*) va. разжижать; смягчать вину; изнурять, ослаблять.
Attenuated (*ăт-тень'-ю-эт-ед*) adj. изнуренный, исхудавшій, ослабленный; разжиженный.
Attenuation (*ăт-тень'-ю-э'-шōн*) s. разжиженіе; уменьшеніе вины; истощеніе, изнуреніе.
Attest (*ăт-тест'*) va. засвидѣтельствовать; призывать въ свидѣтели.
Attestation (*ăт-тес-тэ'-шōн*) s. засвидѣтельствованіе; аттестатъ.
Attester или **Attestor** (*ăт-тест'-ōр*) s. свидѣтель, свидѣтельствующій.
Attestive (*ăт тес'-тив*) adj. свидѣтельствующій, удостовѣряющій
Attic (*ăт'-тик*) adj. аттическій; изящный, классическій.
Atticisme (*ăт'-ти-сизм*) s. утонченное умствованіе.
Atticize (*ăт'-ти-сайз*) va. говорить на аттическомъ языкѣ; ‖ vn. пользоваться аттическими выраженіями.
Attire (*ăт-тайр'*) va. украшать, наряжать, одѣвать; ‖ s. уборъ, нарядъ; одѣяніе.
Attirer (*ăт-тайр'-ер*) s. наряжающій, одѣвающій.
Attitude (*ăт'-ти-тьюд*) s. поза, осанка, положеніе тѣла; постановка.
Attollent (*ăт-тол'-лент*) s. (анат.) подымающая мышца.
Attorney (*ăт-тōр'-ни*) s. (юрид.) стряпчій, частный повѣренный,

уполномоченный. **Letter, power of —,** довѣренность, полномочіе.

Attorney-general (*ăт-тŏр'-ни-джен'-ер-ăл*) s. стряпчій по дѣламъ казны.

Attorney-generalship (*ăт-тŏр'-ни-джен'-ер-ăл-шип*) s. званіе стряпчаго по дѣламъ казны.

Attorneyship (*ăт-тŏр'-ни-шип*) s. званіе, должность повѣреннаго, прокурора.

Attract (*ăт-трăкт'*) va. притягивать, привлекать; прельщать.

Attractability (*ăт-трăкт-ă-бил'-и-ти*) s. свойство притяженія.

Attractable (*ăт-трăкт'-ă-бл*) adj. притяжимый.

Attractile (*ăт-трăкт'-ил*) adj. притягательный.

Attracting (*ăт-трăкт'-инг*) adj. прелестный, привлекательный.

Attractingly (*ăт-трăкт'-инг-ли*) adv. прелестно, привлекательно.

Attraction (*ăт-трăк'-шŏн*) s. притяженіе; прелесть, очаровательность, привлекательность.

Attractive (*ăт-трăкт'-ив*) adj. притягательный, привлекательный

Attractively (*ăт-трăкт'-ив-ли*) adv. притягательно, привлекательно.

Attractiveness (*ăт-трăкт'-ив-нес* s. притягательная сила; привлекательность; прелесть

Attractor (*ăт-трăкт'-ŏр*) s. завлекатель.

Attrahent (*ăт-трэ'-хент*) adj. притягательный; || s. притягательная сила; (медиц.) отвлекающее средство.

Attributable (*ăт-трибь'-ю-тă-бл*) adj. приписываемый, относимый.

Attribute (*ăт-трибь'-ют*) va. приписывать, относить къ чему.

Attribution (*ăт-три-бью'-шŏн*) s. приписываніе, принадлежность, аттрибутъ

Attributive (*ăт-трибь'-ю-тив*)adj. приписываемый; (грам.) относящійся къ сказуемому; || s. (грам.) дополненіе.

Attrite (*ăт-трайт'*) adj. поношенный; истертый.

Attrition (*ăт-триш'-ŏн*) s. треніе; сокрушеніе (въ смыслѣ религіозномъ).

Attune (*ăт-тьюн'*) va. настраивать, согласовать, подлаживать.

Aubin (*о'о-бин*) s. особый аллюръ лошади (между иноходью и галопомъ).

Auburn (*о'о-бŏрн*) adj. и s. каштановаго цвѣта.

Auction (*о'ок-шŏн*) s. аукціонъ; продажа съ молотка; распродажа съ публичнаго торга. **Sale by —,** продажа съ аукціона. **To put up to —,** пустить на аукціонъ

Auctioneer (*ăк-шŏн-ир'*) s. производящій аукціонъ; || va. продавать съ публичнаго торга.

Audacious (*о-дэ'-шŏс*) adj. смѣлый, дерзкій, наглый.

Audaciously (*о-дэ'-шŏс-ли*) adv. смѣло, дерзко.

Audaciousness (*о-дэ'-шŏс-нес*). **Audacity** (*о-дăс'-и-ти*) s. смѣлость, дерзость; наглость.

Audibility (*о-ди-бил'-и-ти*) s доступность слуху; понятливость.

Audible (*о'о-диб.л*) adj слышимый, слышный; внятный.

Audibleness (*о'о-дибл-нес*) s слышимость; внятность.

Audibly (*о'о-диб-ли*) adv слышно; вслухъ.

Audience (*о'о-ди-енс*) s. аудіенція, || выслушиваніе; || слушатели.

Audit (*о'о-дит*) s. выслушиваніе; показаніе; провѣрка счетовъ.

Auditor (*о'о-ди-тŏр*) s. слушатель; || контролеръ.

Auditorium (*о'о-ди-то'ор-и-ŏм*) s. [аудиторія.

Auditorship (*о'о-ди-тŏр-шип*) s. званіе аудитора.

Auditory (*о'о-ди-тŏ-ри*) s. аудиторія; слушатели, собраніе слушателей.

Auditory (*о'о-ди-тŏ-ри*) adj. слуховой

Auditress (*о'о-ди-трес*) s слушательница

Audomar (*о'о-до-мăр*) prг. Омаръ.

Augean (*о'о-джи-и-ăн*) adj. авгіевъ. **— stable,** Авгіевы конюшни.

Auger (*о'о-гер*) s. буравъ, напарье.

Aught (*о'от*) pron. что-нибудь, нѣчто, чтобы то ни было; ничто **For — I know,** на сколько я знаю.

Augite (*о'о-джайт*) s. (минер.) авгитъ.

Augment (*ог-мент'*) va. умножать. увеличивать: усиливать; || vn. умножаться, увеличиваться; прибавляться; || s. увеличеніе. приумноженіе.

Augmentable (*ог-мент'-ă-бл*) adj. [увеличимый

Augmentation (*ог-мен-тэ'-шŏн*) s. умноженіе. увеличеніе.

Augmentative (*ог-мент'-ă-тив*) adj. увеличительный.

Augsburg (*о'огз'-бŏрг*) npr. (геогр) Аусбургъ.

Augur (*о'о-гŏр*) s. авгуръ; || va. vn. предсказывать; предвѣщать; гадать.

Augural (*о'о-гью-рăл*) adj. авгурскій.

Auguration (*о-гью-рэ'-шŏн*) s. предзнаменованіе, предвѣщаніе; гаданіе по полету птицъ.

Augurer (*о'о-гьюр-ер*) s. предсказатель; авгуръ.

Augurship (*о'о-гьюр-шип*) s. обязанности авгура.

Augury (*о'о-гью-ри*) s. мудрость авгуровъ, предзнаменованіе.

August (*о-гöст'*) adj. августѣйшій, священный; || s. августъ (мѣсяцъ).

Augustan (*о-гöст'-äн*) adj. августовскій.

Augustine (*о-гöс'-тин*) adj. августинскій.

Augustines (*о-гöс'-тинз*), **Augustinians** (*о-гäс-тин'-и-äнс*) s. августиновъ, относящійся къ ученію св. Августина.

Augustness (*о-гöст-нес*) s. величественность, величіе.

Augusta (*о-гöс-та*) npr. Августа (f.)

Augustus (*о-гöс'-тöс*) npr. Августъ (m.).

Auk (*о'ок*) s. (зоол.) пингвинъ, чистикъ (птица).

Aulic (*о'о-лик*) adj. относящійся къ королевскому двору.

Aunt (*ант*) s. тетка.

Aura (*о'о-ра*) s. (физіол.) вѣтры, пары, пахучее начало, испареніе; (медиц.) выдѣленіе.

Aurate (*о'о-рэт*) s. родъ груши; || окись золота, соль золота.

Aurated (*о'о-рэт-ед*) adj. златовидный.

Aurelia (*о-ри'-ли-ä*) s. куколка насѣкомыхъ; || npr. Аврелія.

Aureola (*о-ри-о'о-ла*) s. ореолъ.

Auricle (*о'о-ри-кл*) s. (анат.) наружное ухо; сердечное ушко.

Auricula (*о-рикъ'-ю-ла*) s. (ботан.) аврикула, мышье ушко; || (зоол.) ушковатикъ (раковина).

Auricular (*о-рикъ'-ю-лäр*) adj. секретный, сказанный на ухо; основанный на слухѣ.

Auricularly (*о-рикъ'-ю-лäр-ли*) adv. на ухо, тайно, тайкомъ.

Auriculated (*о-рикъ'-ю-лэ-тэд*) adj. имѣющій длинныя уши.

Auriculate (*о-рикъ'-ю-лэт*) adj. (ботан.) имѣющій форму уха, ушастый.

Auriferous (*о-риф'-ер-öс*) adj. златоносный.

Aurist (*о'о-рист*) s. ушной врачъ.

Aurochs (*о'о-рокс*) s. (зоол.) зубръ.

Aurora (*о-ро'о-ра*) s. аврора, утренняя заря; разсвѣтъ. — **borealis**, сѣверное сіяніе.

Auroral (*о-ро'о-рäл*) adj. относящійся къ утренней зарѣ или сѣверному сіянію.

Auscultate (*ос-кöл'-тэт*) va. (медиц.) выслушивать.

Auscultation (*ос-кöл-тэ'-шöн*) s. (медиц.) выслушиваніе; аускультація.

Auscultator (*ос'-кöл-тэ-тöр*) s. выслушивающій врачъ.

Auscultatory (*ос-кöл'-тä-то-ри*) s. аускультативный.

Auspicate (*о'о-спи-кэт*) va. предвѣщать, предсказывать; предпринимать.

Auspice (*о'о-спис*) s. предзнаменованіе; || пріютъ.

Auspicial (*о'о-спиш'-äл*) adj. пріютный.

Auspicious (*о-спиш'-öс*) adj. добрознаменательный, благопріятный, благосклонный; попутный (о вѣтрѣ).

Auspiciously (*о-спиш'-öс-ли*) adv. благопріятно.

Auspiciousness (*о-спиш'-öс-нес*) s. счастіе, благопріятность.

Auster (*о'ос-тер*) s. южный вѣтеръ.

Austere (*о-стир'*) adj. суровый, строгій.

Austerely (*о-стир'-ли*) adv. сурово, строго.

Austereness (*о-стир'-нес*) s. суровость, строгость; терпкость.

Austerity (*о-стер'-и-ти*) s. суровость, воздержность, строгость.

Austin (*о'ос-тин*) npr. Августинъ.

Austral (*о'ос-трäл*) adj. южный, австральный.

Australasia (*ос-трä-лэ'-ши-ä*) s. (геогр.) Австралазія.

Australia (*ос-трэ'-ли-ä*) npr. (геогр.) Австралія.

Australian (*ос-трэ'-ли-äн*) adj. австралійскій; || s. австраліецъ, -лійка.

Austria (*о'ос-три-ä*) npr. (геогр.) Австрія.

Austrian (*о'ос-три-äн*) adj. австрійскій; || s. австріакъ, -ріячка.

Authentic (*о-сзен'-тик*) adj. подлинный, дѣйствительный, достовѣрный.

Authentically (*о-сзен'-тик-äл-и*) adv. подлинно, достовѣрно.

Authenticalness (*о-сзен'-тик-äл-нес*) s. достовѣрность.

Authenticate (*о-сзен'-ти-кэт*) va. засвидѣтельствовать.

Authentication (*о-сзен-ти-кэ'-шöн*) s. засвидѣтельствованіе.

Authenticity (*о-сзен-тис'-и-ти*) s. достовѣрность.

Author (*о'о-сзöр*) s. сочинитель, авторъ; писатель; виновникъ, творецъ. **Standard —s**, образцовые, классическіе авторы.

Authoress (*о'о-сзöр-ес*) s. сочинительница, писательница.

Authoritative (*о-сзор'-и-тä-тив*) adj. повелительный, важный, авторитетный.

Authoritatively (*о-сзор'-и-тä-тив-ли*) adv. повелительно, важно, авторитетно.

Authoritativeness (*о-сзор'-и-тэ-тив-нес*) s. повелительность, важность, спесь.

Authority (*о-сзор'-и-ти*) s. начальство, власть, сила; вліяніе; авторитетъ. **I have it from good —**, я знаю это изъ хорошаго источника.

Authorizable (*о'о-сзор-айз-ä-бл*) adj. одобримый, разрѣшимый.

Authorization (*о-сзор-и-зэ'-шон*) s. уполномочиваніе; позволеніе.
Authorize (*о'о-сзöр-айз*) va. уполномочивать, узаконивать; устанавливать, дозволять; вѣрить; оправдывать.
Authorless (*о'о-сзор-лес*, adj. безъимянный, анонимный, не авторитетный. [торство
Authorship (*о'о-сзöр-шип*) s. ав-
Autobiographer (*о-то-бай-ог'-рä-фер*) s. автобіографъ.
Autobiographic(*о-то-бай-о-грäф'-ик*), **Autobiographical** (*о-то-бай-о-грäф-ик-äл*) adj автобіографическій.
Autobiography (*о-то-бай-ог'-рä-фи*) s. автобіографія
Autocracy (*о-ток'-рä-си*) s. самодержавіе. {держецъ.
Autocrat (*о'о-то-крäт*) s. само-
Autocratic (*о-то-крäт'-ик*), **Autocratical** (*о-то-крäт'-ик-äл*) adj. самодержавный.
Autocratrix (*о-то'-крäт-рикс*) s. самодержецъ (женщина).
Autocratship (*о'о-токрäт-шип*) s. автократія, самодержавіе.
Autograph (*о'о-то-грäф*) s. автографъ, собственноручная подпись.
Autographic (*о-то-грäф'-ик*), **Autographical** (*о-то-грäф'-ик-äл*) adj. собственноручный.
Autography (*о-тог'-рä-фи*) s. автографія, литографированіе автографовъ.
Automatic (*о-то-мäт'-ик*), **Automatical** (*о-то-мäт'-ик-äл*) adj. автоматическій, самодвижущійся.
Automaton (*о-том'-ä-тон*) s. автоматъ. [автоматическій.
Automatous (*о-том'-ä-тöс*) adj
Automobile (*о-то-мо'о-бил*) adj. самодвижущійся; || s. **автомобиль**.
Autonomy (*ö-тон'-о-ми*) s. автономія; самостоятельность
Autopsy (*о'о-топ-си*) s. вскрытіе трупа.
Autumn (*о'о-тöм*) s. осень.
Autumnal (*о-тöм'-нäл*) adj. осенній
Auxiliary (*ог-зиль'-ä-ри*) adj. вспомогательный; || s. помощникъ.
Avail (*ä-вэл'*) va. воспользоваться; служить (на пользу), итти въ прокъ. **To — one's self of**, пользоваться чѣмъ-либо. **I shall — myself of the earliest opportunity**, я воспользуюсь первымъ случаемъ; || vn. быть полезнымъ, годнымъ; соотвѣтствовать чему. **Courage could not — against such fearful odds**, храбрость не можетъ служить при такомъ неравенствѣ силъ; || s. польза, выгода, помощь. **To be of no —**, ни къ чему не служить
Available (*ä-вэл'-ä-бл*) adj полезный, годный, дѣйствительный; имѣющій силу, значеніе.
Availableness (*ä-вэл'-ä-бл-нес*) s. польза, полезность; дѣйствительность, сила.
Availably (*ä-вэл'-ä-бли*) adv полезно, дѣйствительно.
Avalanche (*äв-ä-лäнш'*) s. лавина, снѣжный обвалъ.
Avarice (*äв'-ä-рис*) s. скупость, корыстолюбіе.
Avaricious (*äв-ä-риш'-öс*) adj скупой, корыстолюбивый.
Avariciously (*äв-ä-риш'-öс-ли*) adv. скупо, скряжнечески.
Avariciousness (*äв-ä-риш'-öс-нес*) s. скупость, корыстолюбіе.
Avast (*ä-васт'*) adv. (мор.) держи, стопъ!
Avatar (*ä-ва-тар'*) s. аваторъ, воплощеніе индійскаго божества; || *неудача.
Avaunt (*ä-ва'унт*) interj прочь! вонъ! пошелъ! назадъ!
Ave *или* **Ave-Mary** (*э'-ви-мэ-ри*) s. Богородица (первыя слова молитвы).
Avenge (*ä-вендж'*) va. мстить кому, расправиться съ кѣмъ.
Avengement (*ä-вендж'-мент*) s. отмщеніе.
Avenger (*ä-вендж'-ер*) s. мститель, отмститель.
Avengeress (*ä-вендж'-ер-ес*) s. мстительница. [ніе; || adj. мстящій.
Avenging (*ä-вендж'-инг*) s. отмще-
Aventure (*ä-вен'-чур*) s. несчастный случай.
Avenue (*äв'-и-нью*) s. подъѣзжая дорога, аллея; широкая улица.
Aver (*ä-вер'*) va. утверждать, заявлять; || s. рабочая скотина; тягло
Average (*äв'-ер-эдж*) s. среднее число; || барщина; (торг) аварія (въ кораблѣ) **On an —**, въ среднемъ числѣ. **Weekly —s**, еженедѣльныя потери. **General —**, общая потеря. **To state the —s**, удостовѣрять убытокъ. || adj. средній **— price, rate**, средняя цѣна, средняя стоимость. **The — loss is**... средняя потеря, средній убытокъ. || va. дѣлать средній выводъ, обходиться среднимъ числомъ || vn. возвращаться къ среднему. **They — ten francs apiece**, они въ среднемъ стоятъ десять франковъ штука.
Averment (*ä-вер'-мент*) s утвержденіе, увѣреніе; (юрид.) предложеніе представить доказательства.
Avernus (*ä-вер'-нöс*) npr. (геогр.) Авернъ (озеро въ Кампаніи).
Averruncate (*äв-ер-рöн'-кэт*) va. вырывать съ корнемъ, очищать и подрѣзывать (деревья).

Averruncator (*ăв-ер-рŏн-кэ'-тŏр*) s. садовыя ножницы.

Averse (*ă-верс'*) adj. имѣющій отвращеніе, противный, противоположный, враждебный. **— to peace**, противникъ міра.

Aversely (*ă-верс'-ли*) adv. съ отвращеніемъ, неохотно.

Averseness (*ă-верс'-нес*) s. отвращеніе. [щеніе.

Aversion (*ă-вер'-шŏн*) s. отвра-

Avert (*ă-верт'*) va. отдалять, отвращать; || vn. отдаляться, отвращаться; отклоняться.

Averter (*ă-верт'-ер*) s. отвращающій; отговаривающій.

Aviary (*э'-ви-ă-ри*) s. птичникъ.

Avid (*ăв'-ид*) adj. алчный, жадный.

Avidity (*ă-вид'-и-ти*) s. жадность, алчность.

Avocation (*ăв-о-кэ'-шŏн*) s. удаленіе, отдаленіе.

Avoid (*ă-войд'*) va. vn. миновать, избѣгать; оставлять, опорожнять; выбрасывать; уничтожать; || vn. удаляться, уничтожаться, опустѣть, держаться на разстояніи.

Avoidable (*ă-войд'-ă-бл*) adj. устранимый, минуемый.

Avoidance (*ă-войд'-ăнс*) s. избѣжаціе, минованіе; || стокъ, спускъ; || упраздненіе, уничтоженіе; отмѣна.

Avoider (*ă-войд'-ер*) s. избѣгающій; уносящій.

Avoidless (*ă-войд'-лес*) adj. неизбѣжный, неминуемый.

Avoirdupois (*ăв-ер-дью-пойз'*) s. вѣсъ въ Англіи.

Avouch (*ă-ва'уч*) s. доказательство, свидѣтельство въ пользу чего; || va. утверждать, доказывать, ручаться.

Avouchable (*ă-ва'уч-ă-бл*) adj. вѣроятный, правдоподобный.

Avoucher (*ă-ва'уч-ер*) s. утверждающій, свидѣтельствующій.

Avouchment (*ă-вă'уч-мент*) s. заявленіе, утвержденіе.

Avow (*ă-ва'у*), va. открыто признавать, заявлять, показывать; || s. признаніе, заявленіе.

Avowable (*ă-ва'у-ă-бл*) adj. признаваемый.

Avowably (*ă-ва'у-ă-бли*) adv. открыто, завѣдомо, съ признаніемъ.

Avowal (*ă-ва'у-ăл*) s. открытое признаніе, объявленіе, показаніе.

Avowed (*ă-ва'уд*) adj, открыто признанный, гласный, открытый. **An — enemy**, завѣдомый врагъ.

Avowedly (*ă-ва'уд-ли*) adv. гласно, открыто.

Avowee (*ă-вау-и*) s. покровитель.

Avower (*ă-ва'у-ер*) s. открыто признающій, показывающій, защищающій.

Avowry (*ă-ва'у-ри*) s. (юрид.) защита, оправданіе.

Avulsion (*ă-вŏл'-шŏн*) s. вырываніе, отдѣленіе

Await (*ă-уэ'-т*) va. ждать, ожидать; предстоять; || s. засада.

Awake (*ă-уэ'-к*) va. будить, пробуждать; || vn. просыпаться, пробуждаться; || adj. бодрствующій, бдительный.

Awakener (*ă-уэк'-н-ер*) s. возбуждающій, будящій; возбуждающее средство.

Awaking (*ă-уэк'-инг*) s. пробужденіе; возбужденіе.

Award (*ă-уо'ор*) va. присуждать, приговорить; || vn. рѣшать, произнести приговоръ; || s. приговоръ, рѣщеніе.

Awarder (*ă-уо'рд-ер*) s. присуждающій; судья, посредникъ.

Aware (*ă-уэ'-р*) adj. освѣдомленный, знающій; осторожный, осмотрительный. **He is — of his ignorance**, онъ сознаетъ свое невѣжество.

Away (*ă-уэй', э-уэй'*) adv. въ отсутствіи, на разстояніи, издалека. **The master is — from home**, хозяинъ отсутствуетъ. **To go —**, уходить. **To send —**, отсылать. **To run —**, убѣгать. **To drive —**, выгонять, прогонять. **Work —**, быть всегда за работой. **Write —**, продолжать писать; || interj. прочь, вонъ! **— with fear!** прочь, страхъ! **— with melancholy**, отбросьте меланхслію. **— with him**, возьмите его прочь, уберите его.

Awe (*о'о*) s. боязнь, опасеніе, ужасъ; благоговѣніе, уваженіе. **To strike with —**, внушать ужасъ. **To be — -struck**, быть пораженнымъ ужасомъ. || va. внушать уваженіе, страхъ, благоговѣніе, почтеніе; имѣть вліяніе; воздѣйствовать благотворно. **His presence awed the malcontents**, его присутствіе внушало уваженіе недовольнымъ.

Aweather (*ă-уэсз'-ер*) adv. (морск.) къ вѣтру! на вѣтеръ. [вѣсно.

Aweigh (*ă-уэй*) adv. (морск.) от-

Awful (*о'о-фул*) adj. проникнутый благоговѣніемъ, страхомъ; страшный, ужасный.

Awfully (*о'о-фу-ли*) adv. благоговѣйно, со страхомъ.

Awfulness (*о'о-фул-нес*) s. благоговѣніе, страхъ, уваженіе.

Awhile (*ă-уайл*) adv. нѣсколько времени, въ то время какъ. **Not yet —**, не въ настоящую минуту, не теперь.

Awkward (*о'ок-уŏрд*) adj. неловкій, неуклюжій. **An — fellow**, увалень. **An — question,** щекотливый вопросъ. **An — situation,** щекотливое положеніе.

Awkwardly (*о'ок-уӧрд-ли*) adv. неловко, неуклюже.

Awkwardnes (*о'ок-уӧрд-нес*) s. неловкость, неуклюжесть.

Awl (*о-ол*) s. шило. **— shaped,** adj. (ботан.) шиловидный.

Awless (*о'о-лес*) adj. безбоязненный; наглый; невнушающій къ себѣ довѣрія [лоса).

Awn (*о'он*) s. (бот.) ость (у колоса).

Awned (*о'онд*) adj. (бот.) остистый

Awning (*о'он-инг*) s. (морск.) тентъ; наметъ

Awnless (*о'он-лес*) adj. безбородый.

Awry (*ă-рай'*) adj. кривой, косой; || adv. на бокъ, вкось, поперекъ.

Axe (*ăкс*) s. топоръ, сѣкира.

Axial (*ăк-си-ăл*) adj. осевой.

Axiferous (*ăкс-иф'-ер-ŏс*) adj. имѣющій ось.

Axil (*ăкс'-ил*), **Axilla** (*ăкс-ил'-лă*) s. (анат.) подмышка; (ботан.) загибъ у стебля съ листомъ растенія.

Axillar (*ăкс'-ил-лăр*), **Axillary** (*ăкс'-ил-лă-ри*) adj. подмышечный; (ботан.) промежуточный.

Axiom (*ăкс'-и-ŏм*) s. аксіома.

Axiomatic (*ăкс-и-о-мăт'-ик*), **Axiomatical,** (*ăкс-и-о-мат'-ик-ăл*) adj аксіомный.

Axis (*ăкс'-ис*) (pl. **Axes**), s. ось; || adj. осевой.

Axle (*ăкс'-л*) s. ось.

Aye *или* **Ay** (*ăй*) interj. ай! да!

Aye (*эй*) adv. навсегда.

Azalea (*ă-зэ'-ли-а*) s. (бот.) азалія.

Azariah (*ăз-ă-рăй'-а*) npr Азарія, Азарій. [ягода.

Azarole (*ăз'-ă-рол*) s. азероловая ягода.

Azimuth (*ăз'-и-мŏсз*) s (астр) азимутъ.

Azimuthal (*ăз'-и-мŏзс-ăл*) adj. (астр.) относящійся къ азимуту.

Azores (*ăзорз'*) npr (геогр.) Азорскіе острова. [генъ.

Azote (*ă-зот'*) s. азотъ, нитрогенъ.

Azotic (*ă-зот'-ик*) adj. азотный.

Azotize (*ăз'-о-тайз*) va. насыщать азотомъ.

Azure (*э'-жŏр*), *ă'-жŏр*) s. лазурь; || adj. лазурный, свѣтлоголубой. **— stone,** ляписъ-лазули (камень) || va. красить въ лазуревый цвѣтъ.

Azured (*э'-жŏрд*) adj лазоревый

Azurite (*э'-жŏр-айт*) s. ляписъ.

Azurn (*э'-жŏрн*) adj. голубой.

Azyme (*ăз'-им*) s. опрѣснокъ.

Azymous (*ăз'-и-мŏс*) adj прѣсный, опрѣсночный.

B.

B (*би*) вторая буква англійской азбуки и первая согласная. **Not to know A from B,** не знать ни аза въ глаза.

B. A *или* **A. B. bachelor of arts,** баккалавръ словесныхъ наукъ; (муз.) **B. base,** басъ.

B.C. basso-continuo, органный пунктъ [ства Христова.

B. C before Christ, до Рождества Христова.

B. s. (музыз.) нота Си. **B. sharp,** Си-діэзъ; **B flat,** Си-бемоль.

Baa (*баа*) s. блеяніе овцы; || vn. блеять. [npr. Ваалъ.

Baal (*бэ'-ăл*) s. ваалъ; повелитель;

Babble (*бăб'-бл*) s болтовня, каляканіе, лепетъ; || * журчаніе. || va. болтать, лепетать, бормотать. **He babbles nonsense,** онъ болтаетъ глупости. [товня.

Babblement (*бăб'-бл-мент*) s болтовня.

Babbler (*бăб'-блер*) s. болтунъ болтунья), f. пустомеля.

Babbling (*баб'-блинг*) adj. болтающій; журчащій; вторящій (объ эхо); || fig. пустомеля **A — fellow,** пустомеля. || s. болтовня, пустословіе; || * журчаніе. [ребенокъ

Babe (*бэб*) s. малютка, младенецъ, ребенокъ

Babel (*бэ'-бел*) s. вавилонъ, вавилонское столпотвореніе.

Babish (*бэ'-биш*) adj ребяческій, дѣтскій. [ски

Babishly (*бэ'-биш-ли*) adv по-дѣтски

Baboon (*бă-бун'*) s (зоол) павіанъ (обезьяна).

Baby (*бэ'-би*) s. младенецъ, ребенокъ, малютка. **— -linen, — -things,** дѣтскія пеленки; дѣтскія принадлежности одежды || va. обращаться какъ съ ребенкомъ. [ческій возрастъ.

Babyhood (*бэ'-би-худ*) s. младенческій возрастъ.

Babyish (*бэ'-би-иш*) adj ребяческій; дѣтскій.

Babylon (*бăб'-и-лŏн*) npr (ист. геогр.) Вавилонъ

Babylonia (*бăб'-и-ло'о-ни-ă*) npr. Вавилонское царство.

Babylonian (*бăб'-и-ло'о-ни-ăн*). **Babylonish** (*баб'-и-ло'о-ниш*) adj. вавилонскій.

Babylonic (*бăб'-и-лон'-ик*) adj вавилонскій, хаотическій, безтолковый.

Bac *или* **Back** (*бăк*) s. плоскодонная лодка; паромъ; || перегонный кубъ.

Baccalaureate (*бăк-кă-ло'о-ри-эт*) s. баккалаврство, степень баккалавра. [ный.

Baccate (*бăк'-кэт*) adj. ягодовидный.

Bacchanal (*бӑк'-кӑ-нӑл*). **Bacchanalian** (*бӑк-кӑ-нэ'-ли-ӑн*) s. кутила, гуляка, пьяница, дебоширъ.
Bacchanalian (*бӑк-кӑ-нэ'-ли-ӑн*) adj. разгульный, распутный.
Bacchanals (*бӑк'-кӑ-нӑлз*) s. pl. вакханалія, дикій разгулъ, оргія; празднчества у Римлянъ въ честь Бахуса.
Bacchante (*бӑк'-кӑнт*) s. вакханка, жрица Бахуса.
Bacchic (*бӑк'-кик*) adj. вакхическій, веселый, кутящій.
Bacchus (*бӑк'-кӧс*) npr. (миѳол.) Бахусъ, Вакхъ.
Bacciferous (*бак-сиф'-ер-ӧс*) adj. (ботан.) ягодоносный.
Bachelor (*бӑч'-и-лӧр*) s. холостякъ, неженатый; || баккалавръ (первая ученая степень). **An old —**, старый холостякъ. **— of arts**, баккалавръ словесныхъ наукъ.
Bachelor's-button (*бӑч'-и-лӧрз-бӧт'-тн*) s. (бот.) лютикъ.
Bachelorship (*бӑч'-и-лӧр-шип*) s. холостая жизнь; || баккалаврство.
Bacillus (*бӑ-сил'-лӧс*) s. (медиц.) бацилла.
Back (*бӑк*) s. спина; поясница; хребетъ, крестецъ; || задняя или оборотняя сторона чего-либо; спинка (стула); корешокъ (книги) спинка (ножа), обухъ (топора). **— to —**, спина о спину. **To have a strong —**, имѣть крѣпкую спину; || * быть выносливымъ. **To turn one's —**, показывать спину, повернуться къ кому спиною, отвернуться отъ кого, покинуть кого; убѣжать. **The — of a book**, корешокъ книги. **The — of a chair**, спинка стула. **To have a pain in one's —**, имѣть боль въ бокахъ. **The — of a house, of a looking-glass**, зады (дома), оборотная сторона (зеркала). **The — of a stage**, глубина сцены. || adj. задній, удаленный. **— shop**, задняя часть лавки. **— -street**, отдаленная, глухая улица; || adv. назадъ, сзади; || опять, снова. **Some days —**, нѣсколько дней тому назадъ. **To bring —**, возвращать. **To call —**, звать назадъ. **To come —**, возвращаться. **To stand —**, отступать; || interj. назадъ! **— to your seats**, назадъ на ваши мѣста. || va. сидѣть верхомъ; сажать на спину; || объѣзжать лошадь; || отодвигать назадъ. **To — the field**, держать пари (на скачкахъ). **He was backed by all his friends**, онъ былъ поддержанъ всѣми своими друзьями. **To — the oars**, спиливать, распиливать. || vn. пятиться. **To — out of**, идти заднимъ ходомъ. **To — out of a promise**, брать назадъ свое обѣщаніе.
Backbite (*бӑк'-байт*) va. злословить за глаза.
Backbiter (*бӑк'-байт-ер*) s. клеветникъ, злословящій.
Backbiting (*бӑк'-байт-инг*) s. клевета, злословіе.
Backbone (*бӑк'-боун*) s. спинной хребетъ. **To the —**, до мозга костей.
Backdoor (*бӑк'-доор*) s. задняя дверь; потайная дверь; || *увертка.
Backed (*бӑкт*) adj. сидящій верхомъ; со спинкой.
Backer (*бӑк'-кӧр*) s. поддерживатель; || игрокъ на скачкахъ.
Backfriend (*бӑк'-френд*) s. фальшивый другъ, тайный врагъ.
Backgammon (*бӑк-гӑм'-мӧн*) s. игра (родъ триктрака).
Background (*бӑк'-граунд*) s. углубленіе, задній фонъ, зады.
Backhanded (*бӑк'-хӑнд-ед*) adj. занесшій назадъ руку. **A — blow**, ударъ наотмашь. || adv. занеся назадъ руку; наотмашь.
Backing (*бӑк'-инг*) s. выѣзживаніе лошади; || осадка назадъ; пяченіе назадъ.
Backroom (*бӑк'-рум*) s. задняя комната; зады помѣщенія.
Backside (*бӑк'-сайд*) s. задняя *или* оборотная сторона; задъ.
Backslide (*бӑк-слайд*) va. отступать, отпадать отъ вѣры.
Backslider (*бӑк-слайд'-ер*) s. отступникъ, ренегатъ.
Backliding (*бӑк-слайд'-инг*) s. вѣроотступничество, отступничество; || * увертка, уловка.
Backstaff (*бӑк'-стаф*) s. (астр.) приборъ для опредѣленія солнечной высоты на морѣ.
Backstairs (*бӑк'-стерз*) s. черный ходъ, черная лѣстница; || * лазейка; задній ходъ. **— influence**, закулисное вліяніе.
Backstays (*бӑк'-стэз*) s. (морск.) бакштаги и фардуны.
Backsword (*бӑк'-соорд*) s. тесакъ, палашъ.
Backward (*бӑк'-уӧрд*), **Backwards** (*бӑк'-уӧрдз*) adv. назадъ; на спину; навзничь; обратно, наоборотъ; превратно; къ худшему. **To walk — and forwards**, ходить взадъ и впередъ. **To read —**, читать съ конца къ началу. **To fall —**, упасть навзничь. **Affairs go —**, дѣла ухудшаются, дѣла идутъ къ худшему. || adj. отсталый; поздній; вялый, нерѣшительный, недѣятельный. **The — learner**, отсталый ученикъ. **He was not — in helping me**,

онъ поспѣшилъ мнѣ помочь. — **movement**, задній ходъ, обратное движеніе.

Backwardation (*бăк-уŏрд-э'-шŏн*) s. (биржев.) репортъ.

Backwardly (*бăк'-уŏрд-ли*) adv. неохотно; превратно.

Backwardness (*бăк'-уŏрд-нес*) s. замедленіе, отсталость, медлительность, вялость; нерѣшимость. нежеланіе.

Backwoodsman (*бăк'-уудс-мăн*) s. житель дѣвственныхъ лѣсовъ Сѣверной Америки.

Backwound (*бăк'-уунд*) va. наносить рану сзади.

Bacon (*бэ'-кн*) s. свиное сало. **A flitch of —**, вырѣзка свиного сала. **Rasher of —**, кусокъ свиного сала. * **To save one's —**, (fig.) убраться по добру по здорову.

Bactria (*бăк'-три-ă*) npr. (истор геогр.) Бактрія.

Bactrian (*бăк'-три-ăн*) adj. бактріанскій

Bactriana (*бăк'-три-э'-на*) npr (ист. геогр.) Бактріана.

Bad (*бăд*) adj. дурной, худой, плохой; нездоровый, вредный; болѣзненный, больной. — **weather**. дурная погода. — **to worse**, изъ огня да въ полымя. **To keep — hours**, возвращаться поздно; * вести неправильный образъ жизни. **This is too —**, это ужъ слишкомъ. **He has — eyes**, у него плохіе глаза.

Baden (*бад'-н*) npr (геогр.) Баденъ.

Badge (*бăдж*) s. знакъ, значокъ; примѣта; медаль, орденъ; * печать, характеръ, эмблема; || va. мѣтить; отмѣчать знакомъ, примѣтой; оставлять слѣды; надѣвать значокъ.

Badger (*бăд'-жер*) s. (зоол.) барсукъ; || разнощикъ; || va. надоѣдать, раздражать, мучить.

Badger-legged (*бăр'-жер-легд*) adj. съ барсучьими ногами; имѣющій одну ногу короче другой.

Badiane (*бăд'-и-ăн*) s (ботан.) бадіана (растеніе).

Badly (*бăд'-ли*) adv. дурно, плохо; || опасно, тяжело. — **made**, скверно сдѣланный.

Badness (*бăд'-нес*) s. дурное качество, свойство, состояніе

Bætica (*бе'-ти-ка*) npr (ист геог) Бетика.

Baffle (*бăф'-фл*) va. провести, обмануть, сбить съ толку; произвести разстройство, разладъ. **To — all description**, превосходить всякое описаніе. **To — pursuit**. ускользнуть, укрыться отъ преслѣдованія.

Baffler (*бăф'-флер*) s. разрушающій замыслы; смущающій; || обманщикъ.

Bag (*бăг*) s. мѣшокъ, сакъ, сумка; мошна; кипа (товару); || вымя, сумка (у животныхъ). **Work —**, мѣшочекъ для работы, ручной сакъ. **Travelling —**, дорожный сакъ. **Game —**, охотничья сумка. **Scent —**, благовонная подушечка. **Money- —**, кошель. **To pack up — and baggage**, сложить свои пожитки; || * собираться удрать. || va. класть въ мѣшокъ; навьючивать; загнать шаръ въ лузу (на билліардѣ); надувать, наполнять воздухомъ; || vn. надуваться.

Bagatelle (*бăг-ă-тел'*) s. бездѣлица, пустяки.

Baggage (*бăг'-эдж*) s. поклажа, багажъ; пожитки; || * распутная женщина.

Bagging (*бăг'-гинг*) s. мѣшечный холстъ; укладка въ мѣшки.

Bagnio (*бăнъ'-о*) s. баня; публичный домъ; || каторга.

Bagpipe (*бăг'-пайп*) s. волынка.

Bagpiper (*бăг'-пайп-ер*) s. волынщикъ.

Baguette (*бă-гет'*) s. (архит.) багетъ, украшеніе карниза.

Bail (*бэл*) s. поручительство, порука, обезпеченіе. **To give —**, представить обезпеченіе. **To be out upon —**, быть освобожденнымъ подъ залогъ. || va. ручаться, брать на поруки; представить залогъ, обезпеченіе; освобождать подъ залогъ. **To — out**, освобождать подъ залогъ.

Bailable (*бэл'-ă-бл*) adj. за что можно ручаться, что можно взять на поруки; надежный, вѣрный.

Bail-bond (*бэл'-бонд*) s. порука въ обезпеченіе явки подсудимаго въ судъ.

Bailee (*бэл-и'*) s. хранитель товаровъ, депозиторъ. [складчикъ.

Bailer (*бэл'-ŏр*) s. довѣритель,

Baillie или **Baillie** (*бэл'-и*) s. членъ городского управленія въ Шотландіи.

Bailiff (*бэ'-лиф*) s. приставъ; || управитель. **Bound —**, судебный приставъ. **The — of Dover Castle**, начальникъ Дуврскаго замка (тюрьма).

Bailiwick (*бэл'-и-уик*) s судебный округъ

Bailment (*бэл'-мент*) s. довѣріе, довѣренность, залогъ; залоговое обезпеченіе

Bairn (*бэрн*) s (шотлан.) дитя, ребенокъ.

Bait (*бэт*) s. приманка, прикормъ; завлеченіе, искушеніе; закуска въ пути, въ дорогѣ || * **To take the —**, попасться на приманку. ||

va. надѣвать на крючокъ приманку, ловить на удочку; привлекать, приманивать; || va. травить собаками; дразнить. **To — a horse,** покормить лошадь въ дорогѣ: || vn. va. освѣжаться, подкрѣплять силы въ пути.

Baiting (*бэ'-тинг*) s. ловля черезъ приманку; прикармливаніе; освѣженіе, подкрѣпленіе въ пути; || травля собаками.

Baize (*бэз*) s. байка; зеленый коверъ на стѣнѣ.

Bake (*бэк*) va. печь, запекать; обжигать (кирпичи); сушить на печкѣ, на солнцѣ; нагрѣвать, накаливать. **To — bread,** дѣлать хлѣбъ; || vn. печься, запекаться; **The ground —s in a hot sun,** почва накаливается лучами солнца.

Bakehouse (*бэк'-хаус*) s. пекарня, булочная.

Bakemeats (*бэк'-митс*) s. мясо приготовленное въ печкѣ.

Baker (*бэк'-ер*) s. хлѣбопекъ, булочникъ. **—'s man,** работникъ въ булочной.

Bakery (*бэк'-эр-и*) s. ремесло хлѣбника, хлѣбопеченіе; || пекарня, булочная.

Baking (*бэк'-инг*) s. печеніе, обжиганіе.

Balance (*бăл'-ăнс*) s. вѣсы; || равновѣсіе; || маятникъ (у часовъ); || (астр.) Вѣсы (созвѣздіе); || приходо-расходный балансъ. **To turn the —,** склонить вѣсы (въ чью сторону), содѣйствовать опредѣленному рѣшенію. **To strike a —,** свести счета, сравнить приходъ съ расходомъ, установить балансъ. **The — of power,** политическое равновѣсіе. || va. вѣшать на вѣсахъ; держать въ равновѣсіи: взвѣшивать, обсуждать, сравнивать, уравновѣшивать; свѣрять, сводить (счета); || vn. колебаться, нерѣшаться.

Balancer (*бăл'-ăн-сер*) s. вѣсовщикъ; балансирующій; эквилибристъ.

Balancing (*бăл'-ăн-синг*) adj. уравновѣшивающій, балансирующій. **— -pole.** балансирный шестъ.

Balcony (*бăл'-кони, бăл-ко'-ни*) s. балконъ.

Bald (*болд*) adj. плѣшивый, безволосый; обнаженный, безлистный (о деревѣ); безперый (о птицахъ); || * простой, неизящный.

Baldchin (*бăл'-дă-кин*) s. балдахинъ.

Balderdash (*бол'-дер-дăш*) s. смѣсь, подмѣсь; вздоръ, галиматья, чепуха: || va. подмѣшивать (напитокъ); поддѣлывать.

Baldly (*болд'-ли*) adv. голо, просто сухо; грубо.

Baldness (*болд'-нес*) s. плѣшивость; || * безжизненность; * неизящность.

Baldpate (*болд'-пэт*) s. плѣшивый человѣкъ.

Baldpated (*болд-пэ-тед*) adj. плѣшивый.

Baldrick (*бол'-дрик*) s. поясъ, перевязь.

Baldwin (*болд'-уин*) npr. Балдуинъ.

Bale (*бэл*) s. кипа, тюкъ, связка, узелъ; || va. укладывать въ тюки, вязать въ узлы, складывать кипами: отливать, вычерпывать.

Balearic (*бăл-и-ă'-рик*) adj. **— isles,** Балеарскіе острова.

Balefire (*бэл'-файр*) s. сигнальный огонь, знакъ тревоги.

Baleful (*бэл'-фул*) adj. печальный, мрачный, пагубный.

Balefully (*бэл'-фул-ли*) adv. печально, мрачно, пагубно.

Balefulness (*бэл'-фул-нэс*) s. пагубное свойство.

Balister (*бăл-ис'-тер, бăл'-ис-тер*), s. самострѣлъ, арбалетъ.

Balistes (*бă-лис'-тиз*) s. балиста.

Balize (*бă-лайз*) s. (морск.) баканъ, вѣха.

Balkan (*бăл-кăн'*) npr. (геогр.) Балканскія горы, Балканы.

Balk (*боок*) s. бревно, балка, (мор.) бимсъ; || помѣха, разстройство, неудача; || va. пропустить, обойти; обмануть; вдругъ остановиться.

Ball (*бол*) s. шаръ, мячъ, клубокъ, булава; катышокъ; бильярдный шаръ; чашка (у маятника, у вѣсовъ); ядро, пуля; яблоко (глазное); чашечка (колѣнная); || балъ, танцевальный вечеръ. **Snow —,** снѣжный комокъ. **To fire redhot —s,** стрѣлять раскаленными ядрами. **— of cotton,** клубокъ шерсти. **Dress —,** большой балъ, парадный балъ. **Masked —,** балъ-маскарадъ, костюмированный вечеръ. || vn. принимать форму шара.

Ballad (*бăл'-лăд*) s. баллада. **— -maker,** пѣсельникъ. **— -writer,** пѣсельникъ, авторъ балладъ. **— -monger,** продавецъ пѣсенъ. **— -singer,** пѣвецъ балладъ. || vn. пѣть, сочинять баллады.

Ballast (*бăл'-лăст*) s. (морск.) балластъ, грузъ для уравновѣшиванія. **To be in —,** служить балластомъ. || va. нагружать балластомъ; уравновѣшивать; || * дѣйствовать съ апломбомъ.

Ballasting (*бăл'-лăст-инг*) s. нагруженіе балластомъ.

Ballet (*бăл'-лет*) s. балетъ; || adj. балетный.

Ballista (*бăл-ис'-та*) s. машина для метанія камней (у древнихъ).

Ballister (*бäл-ис'-тер*) s. самострѣлъ, арбалетъ; || метальщикъ камней.
Ballistic (*бäл-лис'-тик*) adj баллистическій.
Ballistics (*бäл-лис'-тикс*) s. pl. (артил.) баллистика (наука о законахъ полета снарядовъ).
Balloon (*бäл-лун'*) s баллонъ (сосудъ), || шаръ, аеростатъ; (морск.) двухмачтовое судно.
Ballooning (*бäл-лун'-инг*) s. воздухоплаваніе, аэронавтика
Balloonist (*бäл-лун'-ист*) s воздухоплаватель
Ballot (*бäл'-лöт*) s. шаръ (при баллотировкѣ); || баллотировка — **-box,** баллотировочный ящикъ для шаровъ. || vn. баллотировать
Balloting (*бäл'-о-тинг*) s баллотированіе, баллотировка.
Balm (*баам*) s. бальзамное дерево; бальзамъ (напитокъ, средство, сокъ); мелисса; || va. бальзамировать; успокаивать, утолять боль
Balmy (*баам'-и*) adj бальзамный, благовонный; успокоительный.
Balneal (*бäл'-ни-ä.л*) adj банный.
Balneary (*бäл'-ни-ä-ри*) s баня, ванна.
Balneation (*бäл-ни-э'-шöн*) s. мытье въ банѣ.
Balneatory (*бäл'-ни-ä-тö-ри*) adj банный
Balsam (*бол'-сöм*) s. бальзамъ, смолянистая растительная жидкость; || va смягчать, успокаивать.
Balsamic (*бäл-сäм'-ик*) **Balsamical** (*бäл-сäм'-ик-ä.л*) adj бальзамическій.
Balsamiferous (*бäл-сäм-иф'-ер-öс*) adj. содержащій въ себѣ бальзамъ.
Balsamine (*бол'-сä-мин*) s. (ботан.) бальзаминъ.
Balthasar (*бäл-зсäз'-äр*) npr Балтазаръ, Валтассаръ.
Baltic (*бол'-тик*) npr. Балтика, Балтійское море. || adj. балтійскій.
Baluster (*бäл'-öс-тер*) s балясина, балясы
Balustrade (*бäл'-öс-трэд*) s. перила, баллюстрада.
Balustered (*бäл'-öс-терд*) adj съ перилами.
Bamboo (*бäм-бу'*) s. бамбукъ, бамбуковая трость; || va. бить палкою
Bamboozle (*бäм-бу'-зл*) va обманывать, плутовать.
Bamboozler (*бäм-бу'-злер*) s плутъ, мошенникъ.
Ban (*бäн*) s. публичное объявленіе, оглашеніе; || проклятіе, запрещеніе; опала; штрафъ, || va. vn проклинать, запрещать.
Banana (*бä-нэ'-на*) s. бананъ — **-tree,** s. банановое дерево.
Band (*бäнд*) s. лента, тесьма, перевязка, завязка; полоса (желѣза) связь, союзъ, узы; отворотъ; толпа; рота; хоръ (музыкантовъ); оркестръ (театральный). **Military —,** военная музыка. || va. vn связывать, соединять; вступать въ союзъ, въ лигу, въ организацію; соединяться.
Bandage (*бäнд'-эдж*) s. бандажъ, перевязка; бинтъ.
Bandana (*бäндэ'-на*) s. бандана, шелковый индійскій платокъ.
Bandbox (*бäнд'-бокс*) s. картонъ для лентъ и другихъ туалетныхъ, принадлежностей.
Bandelet (*бäн'-де-лет*) s. (архит.) перевязь, листель.
Bandit (*бäн'-дит*) (pl. **Banditti**) бандитъ, разбойникъ.
Bandog (*бäн'-дог*) s. дворовая собака, дворняжка.
Bandoleer (*бäн-до-лир'*) s. перевязь, ремень черезъ плечо.
Bandrol (*бäн'-дрол*) s. бандероль.
Bandy (*бäн'-ди*) va. костыль, кривая палка; || va. перебрасывать (мячъ); обмѣниваться (мнѣніями, словами); обсуждать. **Don't — words with me,** не требующій возраженій || vn. соперничать, спорить. || adj кривой, изогнутый; **— leg,** кривоногій.
Bandy-legged (*бäн'-ди-легд*) adj. кривоногій, косолапый.
Bane (*бэн*) s. ядъ, отрава, зараза, || va отравлять
Baneberry (*бен'-бе-ри*) s (ботан.) актея (растеніе)
Baneful (*бэн'-фул*) adj ядовитый; пагубный
Banefully (*бэн'-фул-и*) adv. ядовито; пагубно.
Banefulness (*бэн'-фул-нес*) s. ядовитость; пагубность.
Banewort (*бэн'-уöрт*) s (ботан.) сонная трава
Bang (*бäнг*) s. ударъ палкой, тумакъ || va. бить, ударять, тузить **To — the door to,** хлопать дверью, || interj. бацъ!
Banging (*бäнг'-инг*) adj. (простонародное выраженіе) большой
Bangle (*бäн'-гл*) s. запястья, кольца, которыя носятъ на рукахъ и ногахъ въ Африкѣ. || va **To — away,** расточать, проматывать.
Bangle-eared (*бäн'-гл'-лирд*) adj съ отвислыми ушами
Banian (*бäнь'-äн*) s. индѣйская смоковница (дерево); агентъ (въ Индіи); домашнее платье, халатъ **— days,** (морск.) постные дни
Banish (*бäн'-иш*) va изгонять, ссылать, высылать.
Banishment (*бäн'-иш-мент*) s изгнаніе, ссылка, высылка.

Banjo (*банн'-джсо*) s. баньо (родъ гитары).

Bank (*бйнк*) s. валъ, насыпь; || берегъ, отмель, рифъ, терраса; || скамейка, лавка; || банкъ; || брусъ, бревно. || va. окружать валомъ, насыпью; || vn. класть въ банкъ деньги; играть въ банкъ, банковать. **The — of France,** французскій государственный банкъ. **Branch —,** отдѣленіе банка. **Deposit —,** банковый депозитъ. **Joint stock —,** банкъ на акціяхъ. **Savings —,** сберегательная касса. **To keep the —,** держать банкъ. || va. vn. **We — with S. and Co.,** такіе то и такіе наши банкиры. **— -agent,** банковый агентъ. **— -book,** чековая книжка. **— -note,** банковый билетъ. **— -holiday,** праздничный день.

Bankable (*бйнк'-й-бл*) adj. дисконтируемый, учитываемый.

Banker (*бйнк'-ер*) s. банкиръ; || житель новой земли.

Banking (*бйнк'-инг*) adj. банковый; || s. банкъ; || s. pl. банкирство, банковыя дѣла. **— -house,** банковый домъ (фирма).

Bankrupt (*бйнк'-рӧпт*) s. несостоятельный должникъ, банкротъ; || va. обанкротить, разорить; || adj. несостоятельный, разоренный.

Bankruptcy (*бйнк'-рӧпт-си*) s. банкротство.

Banner (*бйн'-нер*) s. знамя; хоругвь; флагъ.

Bannered (*бйн'-нерд*) adj. знаменосный, снабженный флагомъ.

Banneret (*бйн'-нӧрет*) s. маленькій флагъ.

Bannock (*бйн'-нок*) s. овсяная лепешка.

Banns (*бйнс*) s. церковное оглашеніе о бракѣ.

Banquet (*бйн'-кует*) s. банкетъ, пиръ, парадный обѣдъ, угощеніе; || va. vn. угощать, пировать, праздновать, давать обѣдъ

Banqueter (*бйн'-кует-ер*) s. устроитель банкета, пира.

Banqueting (*бйн'-кует-инг*) s. угощеніе, пиръ.

Banquette (*бан-кет'*) s. маленькая скамейка.

Banshee (*бйн'-ши*) **Bensi,** (*бен'-ши*) s. фея (въ Ирландіи).

Bantam (*бйн'-тӧм*) s. видъ птицы изъ Остъ-Индіи, бентамъ.

Banter (*бйн'-тер*) va. насмѣхаться, шутить; || s. насмѣшка, шутка, издѣвательство.

Banterer (*бйн'-тер-ер*) s. насмѣшникъ, шутникъ.

Bantering (*бйн'-тер-инг*) s. насмѣшка; || adj. насмѣшливый.

Bantling (*бйнт'-линг*) s. дѣтенышъ, крошка, малютка.

Baobab (*бэ'о-бйб*) s. (ботан.) баобабъ (дерево).

Baptism (*бйп'-тизм*) s. крещеніе, крестины.

Baptismal (*бйп-тиз'-мйл*) adj. крестильный.

Baptist (*бйп'-тист*) s. крестящій; || prг. Баптистъ.

Baptistery (*бйп'-тис-тер-и*) s. мѣсто въ церкви, гдѣ крестятъ.

Baptistic (*бйп-тист'-ик*), **Baptistical** (*бйп-тист'-ик-йл*) adj. крестинный.

Baptize (*бйп-тайз'*) va. крестить.

Baptizer (*бйп-тай'-зер*) s. крестящій.

Baptizing (*бйп-тай'-зинг*) s. крещеніе.

Bar (*бар*) s. полоса желѣза, кусокъ дерева; брусокъ; прутъ; засовъ; ось (желѣзная); || перегородка, стойка, прилавокъ; кабачекъ; || мѣста въ судѣ для судебнаго состава; судъ, сословіе адвокатовъ; (юрид.) возраженіе, отводъ; || (муз.) черта между тактами; || (морск.) рычагъ руля. **An iron —,** полоса желѣза. **To appear at the —,** появляться у адвокатской каѳедры. **The eloquence of the —,** судебное краснорѣчіе. || va. загораживать, преграждать; мѣшать; || защищать, уничтожать, исключать. **To — a way, a passage,** преграждать путь, проходъ.

Barb (*барб*) s борода; усы (рыбъ); (ботан.) ость, шипъ, колючка; || уборъ на лошадяхъ рыцарей; || берберійская лошадь; || зубецъ (у стрѣлы); (ветер.) ящуръ; || va. брить бороду, надѣть на лошадь воинскій уборъ, приставить зубецъ (къ чему).

Barbacan (*бар'-бй-кйн*) s. бойница, отверстіе въ городской стѣнѣ для обстрѣла непріятеля.

Barbadoes(*бар-бэ'-доз*)npr. (геогр.) Барбадосъ.

Barbara (*бар'-ба-ра*) npr. Варвара

Barbarian (*бар-бэ'-ри-йн*) s. варваръ; || adj. варварскій, жестокій, негуманный.

Barbaric (*бар-бйр'-ик*) adj. варварскій.

Barbarism (*бар-бйр'-изм*) s. барбаризмъ; || * невѣжество, варварство, жестокость.

Barbarity (*бар-бйр'-и-ти*) s. варварство, жестокость.

Barbarize (*бар'-бй-райз*) va. дѣлать варварскимъ, возвращаться къ варварству.

Barbarossa (*бар-бй-рӧ'-са*) npr. Барбаросса.

Barbarous (*бар'-бй-рӧс*) adj. варварскій.

Barbarously (*бар'-бй-рӧс-ли*) adv. варварски.

Barbarousness (*бар'-бй-рӧс-нес*) s. варварство.

Barbary (*бар'-ба-ри*) s. (геогр.) Варварія; ‖ берберійская лошадь.
Barbate (*бар'-бэт*), **Barbated** (*бар'-бэт-тед*) adj. остистый.
Barbe (*барб*) s. (воен.) земляная насыпь для орудія; барбетъ, открытая батарея.
Barbecue (*бар'-би-кью*) s. жаркое изъ свиной туши; ‖ va. жарить цѣликомъ (свинью, барана).
Barbed (*барбд*) adj. бородатый; съ бородкой, зубчатый.
Barbel (*бар'-б.л*) s. миронъ (рыба); (ветер.) ящуръ.
Barber (*бар'-бер*) s. цирюльникъ. **—'s shop**, цирюльня. **— surgeon**, фельдшеръ; ‖ брадобрѣй. ‖ va. брить, стричь; причесывать.
Barberry (*бар-'бе-ри*) s. (ботан.) барбарисъ.
Barbes (*барбз*), **Barbles** (*бар'-б-лз*) s. pl (ветер.) ящуръ.
Barbet (*бар'-бет*) s. пудель (собака)
Barbican (*бар'-би-кāн*) s. бойница.
Barbula (*бар'-бью-ла*) s. маленькая бородка.
Barcarolle (*бāр'-ка-рол*) s. баркаролла.
Barcelona (*бар-си-ло'о-на*) прг. Барцелона
Bard (*бард*) s. бардъ (пѣвецъ); поэтъ.
Bardic (*бард'-ик*), **Bardish** (*бард'-иш*) adj относящійся къ бардамъ, къ ихъ поэзіи.
Bardism (*бард'-изм*) s. поэзія бардовъ.
Bare (*бэр*) adj. нагой, непокрытый; простой, неукрашенный; изношенный; обнаженный. **To lay —**, обнажать. **— treasury**, пустая касса. **Under — poles**, (морск.) съ мачтой и канатами. **— back**, съ голой спиной: ‖ va. обнажать, открывать, раскрывать.
Barebone (*бэр'-боун*) s. скелетъ (о худомъ человѣкѣ).
Bareboned (*бэр'-боунд*) adj. костистый, худой.
Barefaced (*бэр'-фэст*) adj. съ открытымъ лицомъ; наглый, безстыдный.
Barefacedly (*бэр'-фэст-ли*) adv. прямо въ глаза, безстыдно, нагло.
Barefacedness (*бэр'-фэст-нес*) s. наглость, дерзость, безстыдство.
Barefoot (*бэр'-фут*), **Bare-footed** (*бэр'-фут'-ед*) adj. босой, босоногій; ‖ adv. босикомъ.
Barege (*ба-рэж'*) s. барежъ (шерстяная ткань).
Bare-gnawn (*бэр'-ноон*) adj. обгрызанный, обглоданный.
Barehanded (*бэр'-хāнд-ед*) adj. съ голыми руками.
Bareheaded (*бэр'-хед-ед*) adj. съ непокрытой головой.
Bareheadedness (*бэр'-хед-ед-нес*) s. непокрытая голова.
Barelegged (*бэр'-легд*) adj. съ голыми колѣнями.
Barely (*бэр'-ли*) adv. голо, открыто; бѣдно, просто; прямо, непосредственно.
Barenecked (*бэр'-нект*) adj. съ голой шеей.
Bareness (*бэр'-нес*) s. нагота, худоба; бѣдность.
Barepicked (*бэр'-пикт*) adj. обнаженный до костей, обглоданный.
Areribbed (*бер'-рибд*) adj. худощавый, худой, сухой.
Bareworn (*бэр'-уорн*) adj. изношенный, протертый.
Bargain (*бар'—ген*) s. договоръ, торговая сдѣлка, покупка, продажа; торгъ. **A good, a capital —**, выгодная сдѣлка. **Into the —**, сверхъ торга. **To strike a —**, заключить сдѣлку. ‖ vn. торговаться, рядиться.
Bargainee (*бар-ген-и'*) s. покупщикъ, покупатель.
Bargainer (*бар'-ген-ер*) s. продавецъ, предлагающій условіе.
Bargaining (*бар'-ген-инг*) s. актъ продажи.
Barge (*бардж*) s. баржа, катеръ, шлюпка. **A lighterman's —**, маленькое судно служащее для разгрузки. ‖ лодочникъ.
Bargeman (*бардж'-мāн*) s. гребецъ,
Bargemaster (*бар'-мас-тер*) s владѣлецъ, хозяинъ баркаса.
Barilla (*бā-рил'-лā*) s. (ботан.) морской укропъ (растеніе); боченочекъ. ‖ полоса.
Bar-iron (*бар'-ирн*) s. желѣзная
Barium (*бэ'-ри-öм*) s. (минер.) барій
Bark (*барк*) s. лай; ‖ барка; ‖ vn лаять, тявкать; ругать.
Bark (*барк*) s древесная кора. **Peruvian** *или* **Jesuit's —**, хина; ‖ va. сдирать кору
Barked (*баркт*) ppa. со снятой корой, облупленный.
Bar-keeper (*бар'-кип-ер*) s. содержатель распивочной.
Barker (*барк'-ер*) s. сдирающій кору; ‖ лающій; ‖ крикунъ, зазывало. ‖ коры; ‖ лай; крикъ.
Barking (*барк'-инг*) s. сдираніе
Barkless (*барк'-лес*) adj. не имѣющій коры, безкорковый.
Barky (*барк'-и*) adj. сдѣланный изъ коры, имѣющій кору, покрытый корой.
Barley (*бар'-ли*) s. ячмень. **Pot —** *или* **Scotch —**, шотландскій ячмень. **Pearl —**, перловая крупа **— -meal**, ячменная мука. **— -mow**, копна ячменя. **— -sugar**, ячменный сахаръ.
Barm (*барм*) s. пивныя дрожжи.
Barmaid (*бар'-мэд*) s. служанка въ распивочной.

Barmy (*барм'-и*) adj. дрожжевой; вспѣнивающій, пѣнистый.
Barn (*барн*) s. житница, гумно. — **-floor**, молотильный токъ.
Barnabas (*бар'-на-бăс*) npr. Варнава. [Варнабитъ.
Barnabite (*бар'-на-байт*) s. npr.
Barnaby (*бар'-на-би*) npr. Варнава.
Barnacle (*бар'-нă-кл*) s. казарка (птица); утколродка (раковина).
Barnacles (*бар'-нăк-клз*) s. pl. (ветер.) щипцы (для лошадей).
Barometer (*бă-ром'-и-тер*) s. барометръ.
Barometric (*бăр-о-мет'-рик*), **Barometrical** (*бар-о-мет'-рик-ă.л*) adj. барометрическій.
Barometrically (*бăр-о-мет'-рик-ăл-и*) adv. по барометру, барометрически.
Baron (*бăр'-ŏн*) s. баронъ.
Baronage (*бăр'-ŏн-эдж*) s. сословіе бароновъ; баронскій титулъ; баронское помѣстіе.
Baroness (*бăр'-ŏн-ес*) s. баронеса.
Baronet (*бăр'-ŏн-ет*) s. баронетъ.
Baronetage (*бăр'-ŏн-ет-эдж*) s. сословіе бароновъ.
Baronetcy (*бăр'-ŏн-ет-си*) s. званіе баронета.
Baronial (*бă-ро'о-ни-ăл*) adj. баронскій.
Barony (*бăр'-ŏн-и*) s. баронство.
Baroscope (*бăр'-ŏс-коп*) s. бароскопъ, приборъ для измѣренія тяжести атмосферы.
Barouche (*бă-руш'*) s. коляска, кабріолетъ.
Barracan (*бăр'-рă-кăн*) s. бараканъ (шерст. матерія).
Barrack (*бăр'-рăк*) s. баракъ, временное помѣщеніе; рыбачья хижина; лачуга. — **-master**, s. квартирмейстеръ.
Barrator (*бăр'-рă-тŏр*) s. кляузникъ, приказный крючекъ; (мор. торг.) капитанъ судна, умышленно повредившій судно.
Barratrous (*бăр'-рă-трŏс*) adj виновный или подозрѣваемый въ причиненія судну умышленнаго вреда; устроившій аварію.
Barratry (*бăр'-рă-три*) s. кляузничество, кручкотворство: ‖ умышленный вредъ причиненный судну.
Barrel (*бăр'-ел*) s. боченокъ, цилиндръ, валъ, корпусъ; дуло, стволъ (ружья); барабанъ (у часовъ); каналъ (у пушки). — **-organ**, шарманка. ‖ va. класть въ боченки, наливать въ боченки; дѣлать выпуклымъ; убивать дорогу на два ската.
Barrelled (*бăр'-елд*) adj. уложенный въ боченокъ; сдѣланный на два ската (о дорогѣ).
Barren (*бăр'-ен*) adj. безплодный; стерильный; непроизводительный; ‖ * тупой, безтолковый, ограниченный; ‖ s. пустошь.
Barrenly (*бăр'-ен-ли*) adv. безплодно, сухо.
Barrenness (*бăр'-ен-нес*) s. безплодіе; непроизводительность; ‖ * бездушіе, безчувственность.
Barricade (*бăр-и-кэд'*) s. баррикада, преграда.
Barricading (*бăр-и-кэд'-инг*) s. баррикадированіе, загораживаніе.
Barrier (*бăр'-и-ер*) s. барьеръ, застава; пограничная крѣпостица; ‖ * препятствіе, преграда, помѣха.
Barris (*бăр'-рис*) s. (зоол.) бабуинъ (обезьяна изъ Гвинеи).
Barrister (*бăр'-ис-тер*) s. адвокатъ, защитникъ, присяжный повѣренный. **Leading —**, главный адвокатъ.
Barrow (*бăр'-оу*) s. боровъ, свинья; ‖ ручная тележка, тачка.
Barry (*бăр'-ри*) adj. пересѣченный (о гербѣ). [**Perch.**
Barse (*барс*) s. (ихтіол.) окунь. см.
Barshot (*бăр'-шот*) s. ядро.
Barter (*бар'-тер*) s. обмѣнъ, мѣна; мѣновой торгъ. ‖ va. vn. мѣнять, обмѣнивать, промѣнивать, давать взамѣнъ; вымѣнивать.
Barterer (*бар'-тер-ер*) s. мѣновщикъ.
Barth (*барзс*) s. телятникъ.
Bartholomew (*бар'-зсол'-о-мью*) npr. Варфоломѣй. — **-tide**, относящійся къ варфоломѣевской ночи.
Bartizan (*бар'-ти-зăн*) s. сторожевая вышка, башня.
Barton (*бăр'-тон*) s. ленныя владѣнія; ‖ замокъ, ферма.
Barwood (*бар'-уд*) s. (ботан.) камнешевое дерево.
Baryta (*бă-рай'-та*) s. (химич.) баритъ (тяжелый шпатъ).
Barytic (*бă-рит'-ик*) adj. (химич.) баритовый.
Barytone (*бăр'-и-тон*) s. баритонъ.
Basal (*бэ'-зăл*) adj. основной.
Basalt (*бă-солт'*) s. базальтъ.
Basaltic (*бă-солт'-ик*) adj. базальтовый.
Base (*бес*) adj. низкій; неблагородный (о металлѣ); низкій (о звукѣ); ‖ подлый. **A — fellow**, негодяй. **A — action**, подлый поступокъ. — **-born**, adj. низкаго происхожденія, незаконорожденный. — **-minded**, подлый, человѣкъ съ низкой душой. ‖ s. основаніе, базисъ; барьеръ (на бѣгахъ, отъ котораго начинается бѣгъ); (зоол.) рыба; (архит.) цоколь, база; (хим.) основаніе; (музык.) басъ. **The — of a pedestal, of a cone**, основаніе фундамента; ‖ основаніе

конуса; || va. основывать, класть основаніе; || * устанавливать, определить.
Baseless (*бэс'-лес*) adj. пустой, ни на чемъ неоснованный; химерный
Basely (*бэс'-ли*) adv. низко; подло; незаконно. [основаніе.
Basement (*бэс'-мент*) s. (архит.)
Baseness (*бэс'-нес*) s. низость, подлость; ничкое происхожденіе, низкое достоинство (металла); низость (звука).
Bash (*бăш*) va. стыдиться.
Bashaw (*бăш-о'о*) s. паша турецкій
Bashful (*бăш'-фул*) adj. застѣнчивый, стыдливый.
Bashfully (*бăл-'фул-ли*) adv. застѣнчиво, стыдливо.
Bashfulness (*бăш'-фул-нес*) s. застѣнчивость, стыдливость.
Bashless (*бăш'-лес*) adj. безстыдный. [ной.
Basic (*бэ'-сик*) adj. (химич.) основ-
Basil (*бăз'-ил*) s. базиликъ (растеніе); || выдѣленная овчинка, || скошенный край; грань; || va. гранить, точить; || npr. Василій.
Basilar (*бăз'-и-лар*), **Basilary** (*бăз'-и-лă-ри*), adj (анат.) основной.
Basilic (*бă-зил'-ик*), **Basilica** (*бă-зил'-ика*) s. базилика; (анат.) вена (ручная).
Basilic (*бă-зил-ик*), **Basilical** (*ба-зи-ли-кал*) adj. базилическій, относящійся къ базиликѣ.
Basilicon (*ба-зил'-и-кон*) s. вытяжная мазь, спускъ
Basilisk (*бăз'-и-лиск*) s. василискъ (змѣя); || старинная пушка.
Basin (*бэ'-сн*) s. тазъ, чаша, миска; || резервуаръ, водоемъ, прудъ, бассейнъ; (морск.) докъ, бухта. **The — of the Seine**, бассейнъ Сены. **Sugar— —**, сахарница.
Basis (*бэ'-сис*) (pl. **Bases**) s. основаніе, базисъ; (химич.) основаніе
Bask (*баск*) va. грѣть, отогрѣвать; || vn. грѣться, отогрѣваться.
Basket (*бас'-кет*) s. корзина; кузовъ. **— of game, of oysters**, корзина съ дичью, съ устрицами. **Hand —**, ручная корзина. **— -maker**, корзинщикъ; **— -making**, **— -work**, корзинныя издѣлія.
Basle (*бал*) npr. (геогр.) Базель.
Basquish (*бас-киш*) adj басковый; || s. языкъ басковъ.
Bass (*бăс*) s. окунь (рыба); (ботан) американская липа; тросникъ; циновка изъ липовой коры; коврикъ для молитвы **— viol**, віолончель **Double —**, контрабасъ. || adj. (муз.) басовый
Basset (*бăс'-сет*) s бассетъ. фаро (карточная игра).
Bassinet (*бăс'-си-нет*) s. колыбель.
Bassock (*бăс'-сок*) s. цыновка, рогожа.
Bassoon (*бăс-сун'*) s. фаготъ (музыкальный инструментъ).
Bassoonist (*бăс-сун'-ист*) s. фаготистъ. [рельефъ.
Bass-relief (*бăс-ри-лиф*) s. ба-
Bast (*бăст*) s. лыко; канатъ изъ липовой коры.
Bastard (*бăс'-тăрд*) s. побочное дитя; || патока; родъ ликера; || *ублюдокъ; || adj. незаконнорожденный, побочный; не настоящій, ломанный (объ языкѣ); грубый; ложный. || va. заявлять о незаконнорожденности.
Bastardism (*бăс'-тăрд-изм*) s. незаконное рожденіе.
Bastardize (*бăс-тăрд-айз*) va. объявлять незаконнорожденымъ.
Bastardly (*бăс'-тăрд-ли*) adv. побочнымъ, обходнымъ путемъ; ложно; || adj. незаконорожденный; ложный. [конное рожденіе.
Bastardy (*бăс-тăрд-ди*) s. неза-
Baste (*бэст*) va. бить палкой; сбивать; подрумянивать (жаркое); (портн.) шить на живую нитку, сметывать.
Bastile (*бăс-тил'*) s. (ист.) Бастилія (въ Парижѣ); || *крѣпость.
Bastinade (*бăс-ти-нэд'*), **Bastinado** (*бăс-ти-нэ'-до*) s. наказаніе палками; || va. бить палками.
Basting (*бăст'-инг*) s. битье палками; поджариваніе (жаркого); сметываніе, **— -ladle**, ложка для поливанія жаркого при его поджариваніи. [стіонъ.
Bastion (*бăс'-тьон*) s. (форт.) ба-
Basto (*бăс'-то*) s. трефовый тузъ (въ картахъ).
Baston (*бăс'-тŏн*) **Batoon** (*ба-то-он*) (архит.) полукруглый фризъ.
Basyle (*бăс'-ил*) s. (химич.) радикалъ.
Bat (*бăт*) s. посохъ, дубина, жезлъ, палица; кожанная перчатка; || летучая мышь; || vn. вертѣть палкой; npr. умен. отъ Варфоломѣй.
Batable (*бэт'-ă-бл*) adj. спорный.
Batatas (*бă-тэ'-тас*) s. сладкій картофель. [Батавія.
Batavia (*ба-тэ'-ви-ă*) npr. (геогр.)
Batavian (*ба-тэ'-ви-ăн*) adj. батавскій, голландскій || s. голландецъ, -нка.
Batch (*бăч*) s. полная печь хлѣба, цѣлый рядъ чего, куча.
Bate (*бэт*) s. споръ, ссора, распря; || va. сбавлять, уменьшать; уступать; || vn. уменьшаться. **He won't— an inch**, онъ не хочетъ сдѣлать ни малѣйшей уступки.
Bateful (*бэт'-фул*) adj. спорный, сутяжническій.

Bateless (*бэт'-лес*) adj. неукротимый; ненасытный.
Batement (*бэт'-мент*) s. уменьшеніе; редукція.
Bath (*басз*) s. ванна, баня, купальня. **Cold —**, холодная ванна. **Swimming —**, бассейнъ для плаванія. **Shower — —**, душъ. **Hip- —**, полуванна. **Foot —**, ножная ванна. **— room**, ванная комната. **Water —**, горячая ванна. **Order of the Bath**, орденъ Бана.
Bathe (*бэсз*) va. купать; || vn. купаться, брать ванну. **To — a child**, купать ребенка. **To — one's face in tears**, лицо орошенное слезами; заплаканное лицо.
Bather (*бэсз'-ер*) s. купальщикъ.
Bathing (*бэсз'-инг*) s. купаніе. **Sea- —**, морское купаніе; **— — gown**, купальная накидка. **— -machine**, кабина для купанія; **— -season**, купальный сезонъ. [слога.
Bathos (*бэ'-сзос*) s. напыщенность
Bathsheba (*бăсз'-шиба*) npr. Iезавель.
Batilda (*бăтил'-да*) **Bathildes** (*бăсзил'-диз*) npr. Батилида.
Bating (*бэт'-инг*) s. сбавка, уменьшеніе. **— mistakes**, за исключеніемъ возможной ошибки.
Batlet (*бăт'-лет*) s. валикъ, колотушка.
Batoon (*бăт'-он*) s. жезлъ; палка.
Batrachia (*бă-трэ'-киă*), **Batrachians** (*бăтрэ'-ки-ăнз*) s. лягушечеобразные, лягвы.
Batrachian (*бă-трэ'-ки-ăн*) adj. лягушечій.
Batallion (*бăт-тăли'-он*) s. батальонъ; отрядъ, войско.
Batten (*бăт'-тн*) s. драпь, дранница, планка; || va. откармливать; удобрять землю; дѣлать что изъ дранокъ, заколотить досками; || vn. откармливаться, отъѣдаться; жирѣть; жить въ роскоши; предаваться распутству.
Batter (*бăт'-тер*) va. бить; || vn. выдаваться, выгибаться; || s. (пов.) тѣсто, состоящее изъ муки, яицъ и молока, взбитыхъ вмѣстѣ.
Battered (*бăт'-брд*) adj. пробойный, битый; || (типогр.) сбитый (о шрифтѣ).
Batterer (*бăт'-тер-ер*) s. бьющій, громила, разрушитель.
Battering (*бăт'-тер-инг*) s. дѣланіе пробоины. **— -ram**, таранъ (орудіе). **— pieces**, s. pl., тяжелая артиллерія. **— -train**, осадная артилерія.
Battery (*бăт'-тер-и*) s. (воен.) батарея; || (физ.) электрическая батарея; || *нападеніе, побоище. **Floating —**, плавучая батарея. **Assault and —**, нападеніе и побоище. **To change one's —**, (fig.) мѣнять тактику; || перемѣщать батарею.
Batting (*бăт'-тинг*) s. искусство направлять удары палкой во время игры.
Battish (*бăт'-тиш*) adj. относящійся къ летучей мыши.
Battle (*бăт'-тл*) s. битва, сраженіе, бой. **Pitched —**, правильное сраженіе. **To fight a —**, дать сраженіе. **The — of life**, борьба за существованіе. **— -array**, боевой порядокъ. **— — field**, поле сраженія. || vn. сражаться, биться; драться; бороться; оспаривать. **To — with adversity**, бороться съ превратностями судьбы.
Battledoor (*бăт'-тл-дор*) s. ракета
Battlement (*бăт'-тл-мент*) s. стѣнной зубецъ.
Battlemented (*бăт'-тл-мент-ед*) adj. зубчатый, съ зубцами.
Battling (*бăт'-тлинг*) s. стычка, схватка, сраженіе. [ходъ.
Battue (*бăт'-тью*) s. облава, об-
Batty (*бăт'-ти*) adj. см. **Battish**.
Baubée или **Bawbee** (*бо'о-би*) s. полъ-пенни (въ Шотландіи).
Bavaria (*ба-вэ-ри-ă*) npr. (геогр.) Баварія.
Bavarian (*ба-вэ-ри-ăн*) adj. баварскій; || s. баварецъ, -ка.
Bavin (*бăв'-ин*) s. связка хвороста, (воен.) фашина. [рушка.
Bawble (*бо'о-бл*) s. бездѣлушка, иг-
Bawbling (*бо'о-блинг*) adj. ничтожный, пустяшный.
Bawcock (*бо'о-кок*) s. молодецъ, молодчина.
Bawd (*бо'од*) s. сводня, сводникъ.
Bawdily (*бо'о-ди-ли*) adv. безстыдно, неприлично.
Bawdiness (*бо'о-ди-нес*) s. безстыдство, непристойность, срамота.
Bawdrick (*бо'о-дрик*) s. перевязь.
Bawdry (*бо'о-дри*) s. сводничество, безнравственность.
Bawdy (*бо'о-ди*) adj. безстыдный; безнравственный.
Bawl (*бо'ол*) va. кричать, горланить, драть горло, орать.
Bawler (*бо'ол-ер*) s. крикунъ, горлопанъ, горланъ.
Bawling (*бо'ол-инг*) adj. кричащій.
Bay (*бэй*) s. (геогр.) губа, бухта, заливъ, рейдъ: (архит.) просвѣтъ; пролетъ (у моста); шлюзъ для спуска воды въ прудѣ; || лавровое дерево; || **—s**, s. pl. лавры (поэта). **The — of Biscay**, бискайскій заливъ. **The stag is at —**, загнанный олень. **To be at —**, * быть припертымъ къ стѣнѣ. **To bring to —**, доводить до крайности. || adj. гнѣдой (о лошади). **Brown —**, ка-

рій. **A — horse, a — mare,** гнѣдая лошадь, гнѣдая кобыла. — **window,** оконная рама выдвигающаяся изъ стѣны. **Light —,** свѣтло-гнѣдой. || vn. va. окружать; загонять; лаять. **A dog that —s the moon,** собака лающая на луну. [|| *ротозѣй.

Bayard (*бэ'-ярд*) s. гнѣдая лошадь;

Bayed (*бэйд*) adj. съ просѣками.

Baying (*бэй'-инг*) s. лай.

Bayonet (*бэй-ōн-ет*) s. штыкъ. — **thrust,** ударъ штыкомъ. **To carry at the point of the —,** взять въ штыки; || va. колоть штыкомъ, ударить въ штыки. [заръ

Bazar или **Bazaar** (*бā-зар'*) s. ба-

Bdellium (*дел'-ли-ом*) s. родъ смолы.

Be (*би*) vn. быть, существовать; долженствовать; || идти; имѣть. || va. сѣсть на мель. **To be or not to —,** быть или не быть. **Here he is,** вотъ онъ. **There she is,** вотъ она. **It is cold, fine, warm,** холодно, красиво, тепло. **It is dark,** темно. **It was foggy,** туманно. **How is he?** какъ онъ себя чувствуетъ. **He is ill,** онъ не здоровъ. **She is rather poorly,** ей не здоровится. **I am very cold,** мнѣ холодно. **To — warm,** чувствовать теплоту. **To — hungry,** чувствовать голодъ. **To — thirsty,** чувствовать жажду. **She is not yet eighteen,** ей еще нѣтъ восемнадцати лѣтъ. **There was a quarrel,** здѣсь была ссора. **There were many people,** здѣсь было много народу. **We are to go to a concert,** мы должны идти въ концертъ, **What is that to me?** что это для меня значитъ?

Beach (*бич*) s. набережная, взморье, отлогій берегъ.

Beached (*бичт*) adj. береговой, омываемый волнами, имѣющій берегъ; выброшенный на берегъ.

Beaching (*бич'-инг*) s. выкидываніе на мель.

Beachy (*бич'-и*) adj. имѣющій берегъ, съ берегами, береговой.

Beacon (*би'-кн*) s. (морск.) маякъ, сигнальные огни, баканъ, буй; || *предостереженіе; || va. освѣтить маякъ, зажечь огни; поставить баканъ.

Beaconage (*би'-кн-эдж*) s. сборъ на содержаніе маяка.

Beaconed (*би'-кнд*) adj. снабженный маячными огнями; покрытый баканами, имѣющій баканы.

Bead (*бид*) s. шарикъ, бусы, четки; пузырки (на стеклѣ); зерно; капля. **To thread —s,** нанизывать бусы. — **-maker,** фабрикантъ дѣлающій бусы, бисеръ, четки. **To tell one's —s,** молиться по четкамъ.

Beadle (*би'-дл*) s. судебный приставъ; педель (университета); сторожъ.

Beadroll (*бид'-ро'ол*) s. поминаніе; списокъ. [лецъ; монахъ.

Beadsman (*бид'-з-мāн*) s. богомо-

Beadswoman (*бид-з'-уум'-āн*) s богомолка; монахиня.

Beadtree (*бид'-три*) s. (ботан.) клокочина, ацедатрахъ (дерево).

Beagle (*би'-гл*) s. гончая (собака).

Beak (*бик*) s. клювъ птичій; носъ (корабля); рожокъ (лампы); шипъ (подковы); носокъ (кувшина, чайника); (геогр.) мысъ, носъ.

Beaked (*бикт*) adj. остроконечный; съ клювомъ.

Beaker (*бик'-ср*) s. чаша, кубокъ

Beal (*бил*) s. чирей; || vn гноиться, нарывать.

Beam (*бим*) s. бревно, брусъ, перекладина, балка; ось, дышло (у экипажа); (морск.) бимсъ; || рогъ оленя; || лучъ (свѣта). **A ship on her — ends,** корабль на боку. **To be on one's —, ends,** быть въ состояніи крайности. || va.vn. бросать лучи свѣта, сіять; || устанавливать ткацкій станокъ

Beaming (*бим'-инг*) s испусканіе лучей, сіяніе.

Beamless (*бим'-лес*) adj. не испускающій лучей; тусклый; блѣдный.

Beam-tree (*бим-три*) s (ботан.) стрѣлообразное дерево.

Beamy (*бим'-и*) adj. лучезарный; массивный, огромный; || съ рогами.

Bean (*бин*) s. бобъ. **Kidney —,** турецкій бобъ, фасоль. **French —,** французскій бобъ.

Bear (*бэр*) s. медвѣдь: || играющій на биржѣ на пониженіе фондовъ. **Grisly —,** сѣрый медвѣдь. — **baiting,** травля медвѣдей. **—'s -grease,** медвѣжье сало. (астр.) **The Great, the Little —,** Большая, Малая Медвѣдица (созвѣздіе)

Bear (*бэр*) va. носить; выносить; терпѣть; производить; родить; нести обязанности, служить; допускать, позволять. **To — love to,** высказывать, доводить любовь до. **To — witness,** свидѣтельствовать, выступать въ качествѣ свидѣтеля. **She cannot — the sea,** она не выноситъ моря. **To — away,** выносить. **To — interest,** приносить проценты. **To — arms,** нести оружіе. **To — the palm,** получить академическія лавры. || vn. терпѣть, страдать; быть плодоноснымъ; глубоко сидѣть (о суднѣ). **Truth is borne down,** правда попирается. **To — in hand,** обманывать. **To — off,** увлекать, завлекать. **The ship soon bore off,** корабль скоро вышелъ въ море. **To — up,** поддерживать; (морск.) придти къ цѣли. **— up as well as you can,** поддержать себя какъ можно лучше. **To — up against,** сопротивляться. **To — with,** выносить, переносить.

Bearable (*бэр'-ä-бл*) adj. сносный, переносимый; терпимый.

Bearably (*бэр'-ä-бли*) adv. сносно, терпимо.

Beard (*бирд*) s. борода; ость (колоса); хвостъ (кометы); зазубрина (стрѣлы). **A gray —,** сѣдая борода; || * старикъ. **The — of a goat, of a cat, of an oyster,** борода козла, кошки, бородка устрицы. || va. хватать за бороду; || * дерзко обращаться; оказывать неуваженіе, || подстригать, стричь (овецъ).

Bearded (*бирд'-ед*) adj. съ бородой, бородатый, имѣющій бороду; остистый; зубчатый.

Beardless (*бирд'-лес*) adj. безбородый. [безбородость.

Beardlessness (*бирд'-лес-нес*) s.

Bearer (*бэр'-ер*) s. податель, предъявитель; разнощикъ, носильщикъ, разноситель; (садов.) почка у дерева. **A draft payable to —,** цѣнная бумага на предъявителя.

Bearherd (*бэр'-хöрд*) s. вожакъ медвѣдя.

Bearing (*бэр'-инг*) p. pr. отъ **Bear,** производительный, несущій. || s. производство; внѣшній видъ, походка; направленіе; отношеніе; видъ; мѣстоположеніе; (архит.) подпорки. **Beyond all —,** совершенно невыносимый. **Her modest —,** ея скромный видъ, поведеніе.

Bearish (*бэр'-иш*) adj. медвѣжій, грубый, похожій на медвѣдя.

Bearlike (*бэр'-лайк*) adj. медвѣжій, неуклюжій.

Beast (*бист*) s. звѣрь, животное, скотъ; || * fig. скотина, свинья. **— of burden,** вьючное животное.

Beastish (*бист'-иш*) adj. скотскій, животный. [скій, животный.

Beastlike (*бист'-лайк*) adj. скот-

Beastliness (*бист'-ли-нес*) s. скотство, звѣрство, животность.

Beastly (*бист'-ли*) adj. скотскій, звѣриный, скверный.

Beat (*бит*) va. vn. бить, ударять, колотить; побивать, разбивать; выколачивать; толочь, молотить; мять, трепать (ленъ); убивать (дорогу, трактъ); || биться, колотиться, волноваться, трепетать; трудиться; (морск.) крейсировать, лавировать. **To — to death,** бить до смерти; заколачивать. **To — black and blue,** бить смертнымъ боемъ. **To — a carpet, a drum,** выколачивать коверъ, бить въ барабанъ. **To — the air,** бить по воздуху. **To — all to nothing,** побивать. **To — time,** отбивать тактъ. **To — against,** va. vn. ставить за или противъ; ударять, ударяться, разбивать, разбиваться (о что нибудь). **To — down,** va. vn. сбить, сбавить, срубить. **To — in,** va. вбить, вколотить; высаживать бочку. **To — learning into one,** науку вколачивать въ голову. **To — off,** va. отбросить, отбить, оттолкнуть; удалить. **To — out,** va. выбить (изъ чего), выгнать; вымолачивать, молотить; разбить, расколотить. **To — up,** va. vn. напасть вдругъ, побить; взбивать (о яйцахъ); || vn. биться, волноваться. **His heart —s high,** его сердце сильно бьется. **The water —s against the rocks,** вода разбивается о скалы. **The drum —s,** барабанъ бьетъ. **To — about,** искать направо и налѣво. **To — about the bush,** * ходить вокругъ да около. **To — about with the wind,** идти по волѣ вѣтра. || s. ударъ, біеніе, разбитіе; (муз.) отсчитываніе такта; бой (барабанный); перебой; загонщичья охота; дозоръ; тревога.

Beater (*бит'-ер*) s. тотъ, кто колотитъ, бьетъ, производитъ тревогу; драгунъ; || ступа, валикъ, колотушка, пестъ, баба.

Beatific (*би-ä-тиф'-ик*), **Beatifical** (*би-ä-тиф'-ик-äл*) adj. блаженный, спасительный.

Beatifically (*би-ä-тиф'-ик-äл-и*) adv. благотворно, свято.

Beatification (*би-äт-и-фи-кэ'-шöн*) s. причтеніе, отношеніе къ лику святыхъ.

Beatify (*би-äт'-и-фай*) va. причитать къ лику святыхъ.

Beating (*бит'-инг*) s. побои; біеніе; наказаніе ударами. [женство.

Beatitude (*би-äт'-и-тьюд*) s. бла-

Beatrice (*би'-ä-трис*), **Beatrix** (*би'-ä-трикс*) npr. Беатриса, Беатрисе.

Beau (*бо'о*) pl. **Beaux** или **Beaus** (*бо'оз*) s. щеголь; вертопрахъ; ухаживатель, дамскій поклонникъ.

Beauish (*бо'о-иш*) adj. щегольской, франтоватый, щеголеватый.

Beauteous (*бью'-ти-öс*) adj. красивый, прекрасный.

Beauteously (*бью'-ти-öс-ли*) adv. красиво, прекрасно.

Beauteousness (*бью'-ти-öс-нес*) s. красота, изящество.

Beautified (*бью'-ти-фай-ед*) p. pr. украшенный.
Beautifier (*бью'-ти-фай-ер*) s. украшающій, -щая.
Beautiful (*бью'-ти-фул*) adj. прекрасный; || s. прекрасное.
Beautifully (*бью'-ти-фул-и*) adv. прекрасно.
Beautifulness (*бью'-ти-фул-нес*) s. красота, прелесть.
Beautify (*бью'-ти-фай*) va. украшать; || vn. украшаться.
Beautifying (*бью'-ти-фай-инг*) s. украшеніе; || adj. украшающій.
Beauty (*бью'-ти*) s. красота; красавецъ, красавица. **A young —,** молодая красавица. **The sleeping — in the woods,** спящая красавица. **The — of the thing,** самое смѣшное въ этомъ...
Beauty-spot (*бью'-ти-спот*) s. мушка, которую дамы ради красоты носили на лицѣ.
Beaver (*би'-вер*) s. бобръ; касторовая шляпа; забрало, каска.
Beavered (*би'-верд*) adj. съ каской.
Becafico (*бек-ä-фи'-ко*) s. винноягодникъ (птица).
Becalm (*би-ка'-ам*) va. успокаивать, утишать; (морск.) заштилѣть.
Because (*би-коз'*) conj. потому что, чтобы, ради того. **— of you,** ради васъ. [|| adv. случайно.
Bechance (*би-чанс'*) vn. случаться.
Becharm (*би-чарм'*) va. очаровывать. [кашля.
Bechic (*би'-кик*) s. лекарство отъ
Beck (*бек*) s. знакъ, мановеніе (руки), кивокъ (головы). **To be at the — of,** находиться отъ кого-либо въ зависимости.
Beckets (*бек'-етс*) s. pl. (морск.) прихватки, стропки.
Beckon (*бек'-н*) va. vn. кивать, подавать знакъ, манить (рукой), кивать (головой).
Becloud (*би-кла'уд*) va. заволакивать облаками, затемнять.
Become (*би-кöм'*) vn сдѣлаться, стать. **What will — of me?** что будетъ со мною. || va. годиться, приличествовать, соотвѣтствовать; быть достойну. **Your coat does not — you,** ваше платье къ вамъ нейдетъ.
Becoming (*би-кöм'-инг*) adj. приличный, соотвѣтствующій.
Becomingly (*би-кöм'-инг-ли*) adv. прилично, соотвѣтственно.
Becomingness (*би-кöм'-инг-нес*) s. приличіе; благопристойность; скромность. [лать волнистымъ.
Becurl (*би-кöрл*) va. завивать, дѣ-
Bed (*бед*) s. постель, ложе, одръ; || бракъ; || тронъ (короля во французскомъ парламентѣ); русло рѣки, ложбина; гряда; слой, пластъ; лафетъ, ложа (у ружья); подставка. **Folding —,** складная кровать. **Sick —,** одръ болѣзни. **To be brought to —,** разрѣшиться отъ бремени. **To take to one's —,** ложиться въ кровать. **— -chamber,** спальня. **— -clothes,** s. pl одѣяло. **— -linen,** постельное бѣлье. **— -post,** s. столбъ у кровати. || va. класть въ постель, закладывать (камень), сажать, сѣять; || vn. ложиться въ постель; спать. [омочить.
Bedabble (*би-дäб'-бл*) va оросить,
Bedaggle (*би-дäг-гл*) va забрызгать грязью, запачкать.
Bedarken (*би-дарк'-н*) va. помрачать, затемнять, затмить, затмевать. [смачивать.
Bedash (*би-дäш'*) va. брызгать,
Bedaub (*би-доб'*) va. опачкать, пачкать, вымазать, загрязнить.
Bedazzle (*би-дäз'-зл*) va. ослѣпить блескомъ. [бѣлье.
Bedding (*бед'-динг*) постельное
Bedeck (*би-дек'*) va. украшать, убирать.
Bedel (*би'дл*) s. заготовщикъ.
Bedevil (*би-дев'-л*) va. приводить въ бѣшенство; портить.
Bedew (*би-дью'*) va. покрывать росой, оросить, омочить.
Bedight (*би-дайт*) va. украшать, наряжать. || adj. украшенный, прилаженный.
Bedim (*би-дим'*) va. затмевать, затемнять, помрачать.
Bedismal (*би-диз'-мäл*) va. придавать мрачный и печальный видъ.
Bedizen (*би-дай'-зн*) va. нарядить, разукрасить.
Bedlam (*бед'-лäм*) s. домъ сумасшедшихъ (въ Лондонѣ); сумасшедшій. [масшедшій
Bedlamite (*бед'-лäм-айт*) s. су-
Bedlamlike (*бед'-лöм-лайк*) adj. похожій на сумасшедшаго, безумный.
Bedouin (*бед'-у-ин*) s. бедуинъ.
Bedpan (*бед'-пäн*) s. ночной горшокъ.
Bedplate (*бед'-плэт*) s. устои паровой машины. [загрязнять.
Bedraggle (*би-дрäг'-л*) va. марать,
Bedrench (*би-дренч'*) va. смачивать, намачивать.
Bedrid (*бед'-рид*), **Bedridden** (*бед'-ри-дн*) adj. лежащій въ постели.
Bedrite (*бед'-райт*) s. супружеское право.
Bed-room (*бед'-рум*) s. спальня.
Bedrop (*би-дроп'*) va. окроплять.
Bedside (*бед'-сайд*) s. проходъ около постели. [(островъ).
Bedstead (*бед'-стед*) s. кровать
Bedstep (*бед'-степ*) s. коврикъ у постели, подставка къ постели.

Bedstraw (*бед'-стро*) s. тюфякъ (изъ соломы).
Bedtime (*бед'-тайм*) s. время сна. **come, it is —**, пора спать.
Beduck (*би-дөк'*) va. окунать, погружать съ головой.
Bedung (*би-дөнг'*) va. покрывать навозомъ, унаваживать.
Bedust (*би-дөст'*) va. запылить, пачкать. [стели, у постели.
Bedward (*бед'-уорд*) adv. къ по-
Bedwarf (*би-дуо'-рф*) va. препятствовать развитію, росту; укорачивать.
Bedye (*би-дай'*) va. окрасить чѣмъ запятнать.
Bee (*би*) s. пчела. **Female** *или* **queen —**, матка (у пчелъ). **Honey-bee**, медоносная муха. **— -flower** (ботан.) двулистникъ, подколанъ(растеніе). **Working —**, пчела работница. **— -garden**, пчельникъ. **Humble —**, трутень, шмель. **— keeper**, пчеловодъ. **Bee's-wax**, воскъ. **A gad —**, слѣпень, оводъ.
Beech (*бич*) s. букъ (дерево); ‖ adj. буковый. **— -mast**, желудь буковый; **— -tree**, буковое дерево.
Beechen (*бич'-н*) adj. буковый.
Beechy (*би'чи*) adj. состоящій изъ буковъ.
Beef (*биф*) (pl. **Beeves**), говядина. **Boiled —**, вареная говядина. **— -steak**, бифштексъ. **Corned —**, мясныя консервы. **— -eater** (сокращ. (**buffetier**) питающійся говядиной; (ирон.) лейбъ-гвардеецъ (въ Англіи).
Beer (*бир*), s. пиво. **Table —**, столовое пиво. **— -house**, портерная, пивная.
Beet (*бит*) s. свекла. **— -root**, s. свекловица, красная свекла.
Beetle (*би'тл*) s. жукъ; тараканъ; ‖ колотушка, баба, трамбовка. **The stinking black —**, навозный жукъ. **The dor —**, шмель, трутень. **Horn —**, летучій змѣй. **Stag- —** летучій змѣй. ‖ vn. выдаваться, выступать, нависать. **— -browed**, adj. нахмуренный, съ нависшими бровями.
Beetling (*би'тл-инг*) adj. нависшій, выдвигающійся, выдающійся.
Beetroot (*бит'-рут*) s. свекловица.
Beeves (*бивз*) s.pl. рогатый скотъ, быки.
Befall (*би-фол'*) va. vn. случаться, приключаться. **Whatever —s**, чтобы ни случилось. **What befell you next?** что же случилось съ вами потомъ?
Befit (*би-фит'*) va. годиться, подходить, приличествовать; нравиться.
Befetting (*би-фит'-инг*) adj. подходящій, приличный.
Befool (*би-фул'*) va. одурачивать.
Before (*би-фор'*) prep. предъ, до, прежде, нежели. **He arrived — me**, онъ прибылъ раньше меня. **He stood just — me**, онъ стоялъ непосредственно передо мной. ‖ adv. передъ, въ присутствіи впереди. **The night —**, за ночь до...
Beforehand (*би-фор'-хӓнд*) adv. впередъ; въ задатокъ. **To give money —**, давать деньги въ задатокъ.
Beforetime (*би-фор'-тайм*) adv. искони, нѣкогда, прежде.
Befortune (*би-фор'-чун*) va. случаться, выпадать на долю.
Befoul (*би-фа'ул*) va. загрязнять, осквернять.
Befriend (*би-френд'*) va. быть въ дружескихъ отношеніяхъ, дружить. [бахрамой.
Befringe (*би-фринж'*) va. обшить
Beg (*бег*) va.vn. просить, молить; просить (милостыню); принимать на вѣру. **I — your pardon**, извините; прошу прощенія. **To — the question**, рѣшать вопросъ по принципу, допускать впередъ что-либо. **I — to state that...**, я прошу позволенія установить, что...
Beget (*би-гет'*) va. производить, рождать.
Begetter (*би-гет'-ер*) s. родитель.
Beggar (*бег'-гӓр*) s. нищій; прощалыга, жиганъ; проситель. **— -man**, нищій. **— -woman**, нищая. ‖ va. пустить по-міру, довести до нищеты; истощить, переутомить (кого). **To — all description**, дѣлать невозможнымъ всякое описаніе.
Beggarliness (*бег'-гӓр-ли-нес*) s. нищенство.
Beggarly (*бег'-гар-ли*) adj. нищенскій, бѣдный; ‖ adv. по-нищенски, бѣдно.
Begging (*бег'-гинг*) s. выпрашиваніе, сбираніе по-міру; нищенство.
Begilt (*би-гилт'*) adj. позолоченный.
Begin (*би-гин'*) va. vn. начинать, приступать къ чему, начинаться. **To — business, the world**, начинать дѣло; ‖ вступать въ свѣтъ. **I shall — with informing you**, я долженъ начать съ того, чтобы сообщить вамъ.
Beginner (*би-гин'-ер*) s. создатель, авторъ, изобрѣтатель; дебютантъ, начинающій, новичекъ.
Beginning (*би-гин'-инг*) s. начало, основаніе.
Begird (*би-гөрд'*) va. опаясывать, окружать, осаждать.

Begnaw (*би-но'о*) va. обгрызть, обглодать.
Begone (*би-гон'*) interj. вонъ! убирайся! **Let us —**, идемъ! уйдемъ!
Begrease (*би-гриз'*) va. засаливать, смазывать, намазывать жиромъ.
Begrime (*би-грайм'*) va. запачкать сажей, замарать, чернить.
Begrudge (*би-грöдж'*) va. завидовать; жалѣть, отказываться дѣлать что-либо.
Beguile (*би-гайл'*) va. обманывать, провести, обольщать; || облегчать, услаждать.
Beguiler (*би-гайл'-ер*) s. обманщикъ, обольститель.
Begum (*би-гöм'*) va. намазывать камедью, клеемъ.
Behalf (*би-хаф'*) s. польза, выгода, интересъ, милость.
Behave (*би-хэв'*) va. vn. **To —**, **to — one's self**, вести себя, поступать; управлять, владѣть собой.
Behaviour (*би-хэв'-иöр*) s. поведеніе, поступки, манеры. **He changed his —**, онъ измѣнилъ свое поведеніе. [лову, обезглавить.
Behead (*би-хэд'*) va. отрубить го-
Beheading (*би-хэд'-инг*) s. отсѣченіе головы, обезглавливаніе.
Behemoth (*би'-хи-мосз*) s. (зоол.) бегемотъ, гиппопотамъ.
Behind (*би-хайнд'*) prep. и adv. сзади, назади; за; послѣ. **Look — you**, посмотрите назадъ. **Those — us**, тѣ, которые пойдутъ за нами. || adv. сзади. **To stay —**, отставать.
Behindhand (*би-хайнд'-хäнд*) adj. отсталый, задній, запоздалый. adv. сзади, въ недоимкѣ, въ остаткѣ. **To be — with**, быть въ сношеніяхъ, въ счетахъ съ кѣмъ-либо.
Behold (*би-холд'*) va. vn. смотрѣть, разглядывать, разсматривать; увидѣть, примѣтить; || interj. смотри! вонъ!
Beholden (*би-хол'дн*) adj. обязанный, признательный.
Beholder (*би-холд'-ер*) s. зритель.
Behoney (*би-хöн'-и*) va. намазывать, подслащивать медомъ.
Behoof (*би-хуф'*) s. преимущество, полезность, выгода, интересъ.
Behoove (*би-хув'*) **Behove** (*би-хов*) vn. долженствовать, надлежать. **It behoves**, нужно, должно, надлежитъ.
Being (*би'-инг*) p. pr. отъ **be**, будучи, бывъ. **Such — the case**, въ виду того, что это такъ. || s. существо, существованіе, бытіе, состояніе. **The Supreme —**, Всевышній. [жуликомъ.
Beknave (*би-нэв'*) va. обзывать

Belabour (*би-лэ'-бöр*) va. отдѣлать, отколотить (кого).
Belace (*би-лэс'*) va. обшивать (кружевами, тесьмой, бахрамой); || привязывать; || отколотить, сѣчь.
Belated (*би-лэт'-ед*) adj. застигнутый ночью, запоздавшій.
Belatedness (*би-лэт'-ед-нес*) s. замедленіе, запаздываніе.
Belay (*би-лэй*) va. заваливать, загораживать, занять мѣсто, проходъ; || украшать; (морск.) закрѣпить снасть.
Belaying-pin (*би-лэ'-инг-пин*) s. (морск.) закрѣпа, снасть.
Belch (*белч*) s. изрыганіе, отрыжка; рвота. || va. vn. рыгать, изрыгать. [старая вѣдьма.
Beldam (*бел'-дäм*) s. бабушка;
Beleaguer (*би-ли'-гер*) va. осаждать, окружать, оцѣплять.
Belfry (*бел'-фри*) s. колокольня, каланча.
Belgian (*бел'-джи-äн*) adj. бельгійскій; || s. бельгіецъ, -ійка.
Belgic (*бел'-джик*) adj. бельгійскій.
Belgium (*бел'-джи-öм*) npr. (геогр.) Бельгія.
Belial (*би'-ли-äл*) s. сатана, діаволъ.
Belibel (*би-лай'-бел*) va. поносить, диффамировать.
Belie *би-лай'*) va. изобличать, опровергать, противорѣчить; || подражать, притворяться; клеветать.
Belief (*би-лиф'*) s. вѣра, вѣрованіе; повѣріе; символъ вѣры. **In the firm — that**, съ твердой вѣрой, что... **Past —**, невѣроятный. [роятный.
Believable (*би-лив'-ä-бл*) adj. вѣ-
Believe (*би-лив'*) va. vn вѣрить во что, чему; вѣровать, думать. **I cannot—him**, я не могу ему вѣрить. || vn. вѣрить. **To — in God**, вѣрить въ Бога. **He believes in astrology**, онъ вѣритъ въ астрологію.
Believer (*би-лив'-ер*) s. вѣрующій, вѣрящій во что.
Believingly (*би-лив'-инг-ли*) adv. съ вѣрой, довѣрчиво.
Belike (*би-лайк'*) adv. вѣроятно, повидимому.
Belime (*би-лайм'*) va. обмазать клеемъ, оклеить. [Велизарій.
Belisarius (*бел-и-сэ'-ри-öс*), npr.
Bell (*бел*) s. колоколъ, колокольчикъ, звонокъ; || бубенчикъ; колокольчикъ (цвѣтокъ); || **To ring the — s**, звонить въ колокола. **Hand —**, ручной колокольчикъ, звонокъ. **— -flower**, (ботан.) колокольчикъ. **— founder**, литейщикъ колоколовъ. **— -hanger**, устраивающій звонки. **— -pull**, шнурокъ колокольчика, сонетка.

— -ringer, звонарь. **— -tower,** колокольня. || vn. расти ввидѣ колокольчика; (охотн.) токовать.

Bell, уменьш. отъ **Arabella** и **Isabella,** Арабелла и Изабелла.

Belladonna (*бел-ла-дон'-на*) s. (ботан.) белладона, красавица, сонная одурь (растеніе).

Belle (*бел*) s. красавица, изящная дама.

Belled (*белд*) adj. съ колокольчикомъ, съ бубенчикомъ.

Belles - lettres (*бел-лет'-терз*) s. pl. беллетристика.

Bellied (*бел'-лид*) adj. **— big —, round —,** толстобрюхій.

Belligerent (*бел-лидж'-ер-ент*) adj. воюющій.

Bellman (*бел-мӓн'*) s. глашатай.

Bellon (*бе'-лӧн*) s. колики вслѣдствіе свинцоваго отравленія.

Bellona (*бело'о-на*) npr. (миѳол.) Беллона.

Bellow (*бел'-оу*) vn. мычать, ревѣть, выть, кричать. бушевать; || s. вой, ревъ.

Bellows (*бел'-оуз*) s. pl. раздувальные мѣхи.

Bellows - fish (*бел'-оуз-фиш*) s. мѣха для раздуванія.

Belly (*бел'-ли*) s. животъ, брюхо, чрево, утроба; первый желудокъ (жвачныхъ); полость (брюшная, грудная); (муз.) дека (у инструментовъ). **The lower —,** нижняя часть живота. **— -ache,** желудочныя схватки, боль въ животѣ, колики. **— -band,** подбрюшникъ у сѣдла; (хирург.) бандажъ отъ грыжи. || va. надувать; || vn. надуваться, раздуваться; пучиться; выдаваться; хорохориться; || токовать (объ оленѣ).

Bellyful (*бел'-и-фюл*) s. полное брюхо; || довольство. **His —,** до полнаго удовлетворенія.

Belong (*би-лонг'*) vn. **(to)** принадлежать, быть присущу.

Belonging (*би-лонг'-инг*) s. свойство; даръ, принадлежность.

Beloochistan (*бе-лю'-чистӓн*) npr. (геогр.) Белуджистанъ.

Belove (*билове*) va. любимый, драгоцѣнный.

Beloved (*би-лӧвд'*) adj. возлюбленный, -ная.

Below (*бе-ло'у*) prep. подъ, ниже; менѣе. **— the horizon,** ниже горизонта. **— -thirty,** менѣе тридцати. **The boat is moored — the bridge,** судно, привязанное по нижнему теченію за мостомъ. || adv. внизу; на землѣ. **The realms —,** царство тѣней, адъ.

Belt (*белт*) s. поясъ, перевязь, ремень; портупея; полоса (желѣзная); (астрон.) полосы (на планетѣ). **Gross —,** перевязь. || vn. va. опоясывать, препоясывать; надѣвать (черезъ плечо).

Belvedere или **Belvidere** (*бел-видир'*) s. бельведеръ, терраса надъ домомъ.

Bemad (*би-мӓд'*) va. сводить съ ума.

Bemask (*би-маск'*) va. замаскировать, прикрыть.

Bemire (*би-майр'*) va. толкнуть въ грязь, загрязнить.

Bemoan (*би-мо'ун*) va. оплакивать, тужить.

Bemoaner (*би-мо'ун-ер*) s. оплакивающій.

Bemock (*би-мок'*) va. насмѣхаться, издѣваться, глумиться; трунить; осмѣивать.

Bemourn (*би-мо'орн*) va. жалѣть, сожалѣть, скорбѣть; оплакивать (кого, что).

Bemuddle (*би-мӧд'-дл*) va. перемѣшивать, перепутывать; смѣшивать, запутывать; изумлять, поражать.

Bench (*бенч*) s. скамья, лавка; || судебная скамья, судъ, присутствіе; (техн.) верстакъ, станокъ. **A stone—,** каменная скамья. || va. ставить скамейки; сажать на скамью; || засѣдать.

Bencher (*бенч'-ер*) s. юрисконсультъ; адвокатъ.

Bend (*бенд*) va. сгибать, изгибать, гнуть; направлять; покорять, подчинять; (морск.) прикрѣплять. **To — the head,** склоняться. **To — the knee,** склонять колѣна. **He is bent on studying political economy,** онъ склоненъ изучать политическую экономію. || vn. гнуться, сгибаться; поворачиваться, поворачивать, дѣлать поворотъ; преклоняться; (морск.) крениться. гнуться на бокъ. **To — forward,** наклоняться впередъ. **The road there —s to the right,** дорога, которая поворачиваетъ направо. || s. сгибъ, изгибъ; извилина, поворотъ; наклонность; лука; (морск.) узелъ, вензель, поясъ; || складка. **The — of the arm, of the leg,** изгибъ руки.

Bendable (*бенд'-ӓ-бл*) adj. сгибаемый; натягиваемый; гибкій.

Bender (*бенд'-ер*) s. натягивающій; (анат.) сгибающій мускулъ.

Bending (*бенд'-инг*) s. изгибъ, складка, локоть, уклонъ; || adj. наклонный.

Bendy (*бен'-ди*) s. (герал.) полоса.

Beneath (*би-нист'*) prep. подъ, изъ-подъ. **— his head,** подъ его головой. **The matter is — notice,** это дѣло не стоитъ упоминанія. || adv. подъ, внизу; ниже.

Benedict (*бен'-и-дикт*) s. новобрачный; || npr. Венедиктъ.

Benedictine (*бен-и-дикт'-ин*) s. бенедиктинецъ (монахъ); бенедиктинъ (ликеръ); || adj. бенедиктинскій.
Benediction (*бен-и-дик'-шőн*) s. благословеніе; освященіе.
Benedictory (*бен-и-дик'-тő-ри*) adj. дарующій благословленіе, благословляющій.
Benefaction (*бен-и-фăк'-шőн*) s. благодѣяніе; милость; благодареніе.
Benefactor (*бэн-и-фăк'-тőр*) s. благодѣтель, благотворитель.
Benefactress (*бен-и-фăк'-трес*) s. благодѣтельница, благотворительница. [|| выгода, польза.
Benefice (*бен'-и-фис*) s. бенефиція;
Beneficed (*бен'-и-фист*) adj. пользующійся бенефиціей. — **clergyman**, священникъ, обезпеченный духовными доходами.
Beneficence (*би-неф'-и-сент*) s. благотворительность.
Beneficent (*би-неф'-и-сент*) adj. благотворительный, благодѣтельный; благотворный.
Beneficently (*би-неф'-и-сент-ли*) adv. благотворно.
Beneficial (*бен-и-фиш'-ăл*) adj. полезный, выгодный; благотворный. — **to mankind**, полезно человѣческому роду.
Beneficially (*бен-и-фиш'-ăл-и*) adv. выгодно, полезно.
Beneficialness(*бен-и-фиш'-ăл-нес*) s. благотворность; прибыль, выгода.
Beneficiary (*бен-и-фиш'-ă-ри*) adj. относящійся къ бенефиціи; || s. лицо, владѣющее бенефиціей; || живущій на счетъ пожертвованій; || (театр.) бенефиціантъ.
Beneficient (*бен'-и-фиш'-ент*) adj. благодѣтельный.
Benefit (*бен'-и-фит*) s. благодѣяніе; милость; доброе дѣло, благотвореніе; благостыня; выгода, польза. **For the — of**, на пользу; || va. дѣлать добро, помогать, приносить пользу. **To — trade**, поощрять промышленность; || vn. пользоваться, извлекать выгоду. **To — by good advice**, получать пользу отъ добрыхъ совѣтовъ.
Benevolence (*би-нев'-о-ленс*) s. благоволеніе, доброта; милосердіе, благость; благотворительность, даяніе.
Benevolent (*би-нев'-и-лент*) adj. благосклонный, благорасположенный; добрый, милостивый; благотворительный.
Benevolenly (*би-нев'-о-лент-ли*) adv. благосклонно, любезно.
Bengal (*бен-го'ол*) prг. (геогр.) Бенгалія.
Bengalee (*бен'-гали*) adj. бенгальскій; || s. житель Бенгаліи.
Bengalese (*бен-гализ'*) s. бенгалезецъ, житель Бенгаліи; || s. жители Бенгаліи.
Benight (*би-найт'*) va. покрывать мракомъ ночи; помрачать.
Benighted (*би-найт'-ед*) adj застигнутый ночью, || находящійся во мракѣ.
Benign (*би-найн'*) adj. кроткій, милостивый, великодушный, благотворный.
Benignant (*би-ниг'-нăнт*) adj. добродушный; любезный.
Benignantly (*би-ниг'-нăнт-ли*) adv. кротко, милостиво, благодушно.
Benignity (*би-ниг'-ни-ти*) s. кротость, благость, человѣколюбіе.
Benignly (*би-найн-и*) adv. съ добротой, благодушно. [ніе.
Benison (*бен'-и-зн*) s. благословле-
Benjamin (*бен'-джă-мин*) npr. Веніаминъ; || s. росный ладанъ, бензой. [никъ (растеніе).
Bennet (*бен'-ет*) s. (ботан.) греб-
Bent (*бент*) s. сгибъ, изгибъ; покатость, наклонность; направленіе; || склонность, расположеніе, охота, влеченіе; || adj. согнутый, натянутый; направленный; имѣющій расположеніе къ чему. **To follow one's own —**, слѣдовать своимъ склонностямъ.
Bent-grass (*бент'-грас*) s. (бот.) ситникъ, злаковка.
Benumb (*би-нőм'*) va. коснѣть, коченѣть (отъ холода); нѣмѣть, цѣпенѣть; притуплять (чувство).
Benumbed (*би'-нőмд*) adj. окоченѣлый, неподвижный.
Benzamide (*бен'-за-мид*) s.(химич.) бензамидъ. [зилъ.
Benzile (*бен'-зил*) s. (химич.) бен-
Benzine (*бен'-зин*) s. (химич.) бензинъ.
Benzoic (*бен-зо'о-ик*) adj. бензойный. [данъ, бензой.
Benzoin (*бен-зойн'*) s. росный ла-
Beotia (*біо'о-ши-ă*) prг. (геогр.) Беотія.
Bepaint (*би-пэнт'*) va. покрывать красками, раскрашивать.
Bepinch (*би-пинч'*) va. щипать, исщипать.
Bepowder (*би-па'у-дер*) va. напудривать. [похвалами.
Bepraise (*би-прэз'*) va. осыпать
Bepurple (*би-пőрпл*) va. красить въ пурпуровый цвѣтъ.
Bequeath (*би-куи'-сз*) va. завѣщать, отказывать по завѣщанію.
Bequeather (*би-куи'-сз-ер*) s. завѣщатель.
Bequeathment (*би-куи'-сз-мент*) s. передача по завѣщанію.
Bequest (*би-куе'ст*). s. частичная

передача **имущества по завѣщанію**; || va. завѣщать.
Berate (*би-рэт'*) va. бранить, распекать.
Berattle (*би-рāт'-л*) va. поднимать на смѣхъ; поднимать шумъ; || осрамить.
Beray (*би-рэ'*) va. пачкать.
Berberin(*бер'-бŏ-рин*)s. берберинъ.
Berberry (*бер'-бер-ри*) s. барбарисъ.
Bere (*бир*) s. ячмень. [нимать.
Bereave (*би-рив'*) va. лишать, от-
Bereavement (*би-рив'-мент*) s. лишеніе, отнятіе. [титель.
Bereaver (*би-ри'-вер*) s. похи-
Berenice (*бер'-и-найс*) npr. Вероника. (геогр.) Бергамаско.
Bergamasco (*бер'-гā-мā-ско*) npr.
Bergamo (*бер'-гā-мо*) npr. (геогр.) Бергамо.
Bergamot (*бер'-гā-мот*) s. бергамотъ (груша). [въ стихахъ.
Berhyme (*би-рāйм'*) va. воспѣть
Berlin (*бŏр'-лин*) npr. (геогр.) Берлинъ.
Berme (*берм*) s. (форт.) бермъ.
Bermudas (*бер-мью'-дāз*) npr. (геогр.) Бермудскіе острова.
Bern (*бŏрн*) npr. (геогр.) Бернъ.
Bernardines (*бер'-нāр-динз*) s. pl. бернардинцы(монашескій орденъ)
Berry (*бер'-ри*) s. ягода, зерно, сѣмя.
Berth (*берсз*) s. кушетка, гамакъ; комната **на кораблѣ**; || занятіе мѣста.
Bertha (*бер'-сза*) npr. Берта.
Bertram (*бер'-трāм*) s. npr. Бертрамъ; || s. (ботан.) жигунецъ (растеніе). [аквамаринъ.
Beryl (*бер'-ил*) s. (минер.) бериллъ,
Berylline (*бер'-и-лин*) adj. цвѣта берилла; зеленовато-голубоватый.
Bescrawl (*би-скрол'*) va. нацарапать, плохо написать. [лить.
Beseech (*би-сич'*) va. умолять. мо-
Beseecher(*би-сич'-ер*) s. проситель, -ница, умоляющій, -щая
Beseechingly (*би-сич'-инг-ли*) adv. просительно, умоляя.
Beseem (*би-сим'*) va. быть годнымъ для..., соотвѣтствовать, подходить.
Beseeming (*би-сим'-инг*) s. красота, смазливость; приличіе; || adj. подходящій, годный.
Beseemingly (*би-сим'-инг-ли*) adv. прилично. [подходящій.
Beseemly (*би-сим'-ли*) adj. годный,
Beset (*би-сет'*) va. осаждать, окружать, нападать; || тревожить, смущать. — **with cares**, удрученный заботами. [ный
Besetting (*би-сет'-инг*) adj. обыч-
Beshrew (*би-шру'*) v. проклинать.
Beside (*би-сайд'*) prep. рядомъ, подлѣ, возлѣ; помимо. **To be — one's self**, выйти изъ себя.
Besides (*би-сайдз'*) adv. при томъ же, къ тому же, кромѣ того.
Besiege (*би-сидж'*) va. осаждать; || * торопить, насѣдать на кого.
Besieged (*би-сиджд*) ppa. осажденный. [дающій.
Besieger (*би-сидж'-ер*) va. осаж-
Beslaver (*би-слäв'-ер*) va. заслюнявить, замусливать.
Besmear (*би-смир'*) va. замарать, запачкать.
Besmearer (*би-смир'-ер*) s. пачкунъ; маратель, марающій.
Besmirch (*би-смŏрч*) va. замарать, запачкать.
Besmoke (*би-смо'ок*) va. задымить, закоптить.
Besmut (*бис-мŏт*) va. зачернить, закоптить. [копченный.
Besmutted (*бис-мŏт-ед*) ppa. за-
Besnuff (*би-снŏф'*) va. запачкать нюхательнымъ табакомъ.
Besom (*би'-зŏм*) s. вѣникъ, метла; || va. мести.
Besomer (*би'-зŏмŏр*) s. мательщикъ, подметающій.
Besort (*би-сорт'*) s. свита, прислуга; || vn. приличествовать, подбирать, соотвѣтствовать.
Besot (*би-сот'*) va. дѣлать глупымъ, грубымъ.
Besottednes (*би-сот'-ед-нес*) s. глупость, скотство.
Besottingly (*би-сот'-инг-ли*) adv. глупо, по-скотски.
Bespangle (*би-спāн'-гл*) va. усѣявать блёстками.
Bespatter (*би-спāт'-ер*) va. забрызгать грязью, очернить кого.
Bespawl (*би-спо'ол*) va. заплевывать, захаркивать, плевать на...
Bespeak (*би-спик'*) va. нанять, заручиться чѣмъ, уговориться на счетъ чего; заказать; сдѣлать предложеніе, обратиться съ рѣчью; предупредить; предсказать, возвѣстить. **A thousand copies are bespoken**, заказана тысяча экземпляровъ. **His language bespeaks him a scholar**, по языку онъ человѣкъ ученый.
Bespeaker (*би-спик'-ер*) s. наниматель, заказывающій.
Bespeckle (*би-спек'-л*) va. запятнать; испестрить.
Bespice (*би-спайс'*) va. приправлять пряными кореньями.
Bespot (*би-спот'*) va. запятнать.
Bespread (*би-спред'*) va. устлать, усыпать; покрыть.
Besprent (*би-спрент*) va. поливать.
Besprinkle (*би-спринк'-л*) va. окропить, обрызгать; усыпать, усѣять. [поливальщикъ.
Besprinkler (*би-спринкл'-ер*) s.

Besputter (*би-спöт'-тер*) va. заплевать, оплевать.

Bess (*бес*) npr. Лиза, Лизочка.

Best (*бест'*) adj. (sup. отъ **Good**), лучшій, наилучшій; || s. лучшее. **All is for the —**, всё къ лучшему. **To do one's — to**, стараться одѣлать къ лучшему. **At the —**, къ лучшему. **The — of the joke**, самое забавное въ этомъ дѣлѣ. **To make the — of a bad bargain**, брать изъ двухъ золъ меньшее. **To have the — of it**, брать верхъ. || adv. (sup. отъ **Well**), лучше; кстати. **To like —**, предпочитать. **He thought it — not to speak**, онъ счелъ за лучшее не говорить.

Bestain (*би-стэн'*) va. запятнать, замарать.

Bestead (*би-стед'*) va. приносить пользу, помогать; обращаться; угощать.

Bestial (*бес'-ти-ăл*) adj. скотскій, животный.

Bestiality (*бес'-ти-ăл-и-ти*) s. скотство.

Bestialize (*бес'-ти-ăл-айз*) va. оскотиниться.

Bestially (*бес'-ти-ăл-ли*) adv. скотски.

Bestick (*бис-тик'*) va. пронзать.

Bestir (*би-стöр'*) va. vn. дѣйствовать, двигаться; пошевелиться; придти въ движеніе; тормошиться.

Bestow (*би-сто'у*) va. давать, жаловать, одарять; отдавать на храненіе; выдавать замужъ; употреблять, тратить на что, удѣлять.

Bestowal (*бис-то'у-ăл*) s. даръ.

Bestower (*би-сто'у-ер*) s. дарующій, тратящій.

Bestraught (*би-стро'от*) adj. безумный, сумасбродный, потерянный.

Bestreak (*би-стрик'*) va. чертить, вычеркивать, исключать.

Bestrew (*би-стру'*) va. орошать, окроплять, усыпать.

Bestride (*би-страйд'*) va. взлѣзть, сѣсть верхомъ на что; перешагнуть; загородить собою.

Bestud (*би-стöд'*) va. обивать мѣдными гвоздями; усѣивать, украшать.

Bet (*бет*) s. закладъ, пари; || va. биться объ закладъ, держать пари. **He —s on me**, онъ держитъ за меня.

Bet *или* **Betty** (*бет'и*) (уменьш. имя отъ Елизавета), npr. Лизочка.

Betake (*би-тэк'*) va. предаваться чему; прибѣгать къ кому, къ чему. **They betook themselves different ways**, они удалились въ разныя стороны.

Betel (*би'-тл*) s. (бот.) бетель (растеніе).

Bethink (*би-сзинк'*) vn. подумать, обдумать, вспомнить.

Bethlehem (*бесз'-ли-хем*) s. (геогр.) Виѳлеемъ. см. **Bedlam**.

Bethlemite (*бесз'-ли-майт*) adj. виѳлеемскій; || сумасшедшій.

Bethrall (*би-сзрол'*) va. порабощать, покарять.

Bethump (*би-зсöмп'*) va. отколотать, побить.

Betide (*би-тайд'*) vn. случаться, происходить. **Woe — thee!** горе тебѣ.

Betimes (*би-таймз'*) adv. заблаговременно; спозаранку, рано, во время.

Beton (*бе-тон'*) s. бетонъ (цементъ).

Betony (*бет'-о-ни*) s. (бот.) поповъ цвѣтъ (растеніе).

Betoss (*би-тос'*) va. волновать, возмущать.

Betray (*би-трэй'*) va. предавать, измѣнять, выдавать, доносить; обнаруживать, открывать; вовлечь кого во что.

Betrayal (*би-трэй'-ăл*) s. измѣна.

Betrim (*би-трим'*) va. отдѣлывать, украсить.

Betroth (*би-тросз'*) va. помолвить; сговорить.

Betrothal (*би-тросз'-ăл*) s. сговоръ, помолвка.

Betrothed (*би-тросз'-ед*) adj. женихъ (m.), невѣста (f.)

Betrothment (*би-тросз'-мент*) s. сговоръ, помолвка, сватовство.

Betrust (*би-трöст'*) va. довѣрять, поручать на храненіе.

Betsey *или* **Betsy** (сокращ. отъ **Elisabeth**), Лиза, Лизочка.

Better (*бет'-тер*) adj. (comp. отъ **Good**), лучшій. **The — sort of people**, лучшіе люди, порядочные. **To be —**, стоить лучшаго, лучше себя чувствовать. **To be — off**, чувствовать себя удобнѣе. **To make —**, улучшать. **He was none the — for that speculation**, онъ ничего не выигралъ отъ этой спекуляціи. || va. улучшать, ставить въ лучшее положеніе, превратить въ лучшее состояніе. **To — one's self**, улучшать свое положеніе || s. лучшіе, старшіе, высшіе (мн. числ.); || преимущество. **To get the — of**, одержать перевѣсъ. **Be respectful to your —s**, быть почтительнымъ съ начальствомъ. || adv. (comp. отъ **Well** и **Good**) лучше; || больше. **You cannot do —**, вы не можете лучше сдѣлать. **You had — follow my advice**, вы бы лучше послѣдовали моему совѣту. **He works — and —**, онъ работаетъ все лучше и лучше. **Rather — than ten pounds**, немного болѣе десяти фунтовъ.

Better (*бет'-тöр*) s. держащій пари.

Bettering (*бет'-тер-инг*), **Better-**

ment (*бет'-тер-мент*) s. улучшеніе, исправленіе.
Betting (*бет'-тинг*) s. пари, закладъ.
Betty (*бет'-ти*) s. отмычка, воровской ключъ; || прг. Бетти.
Between (*би-туи'н*) prep. между, въ промежутокъ. **— you and me**, между мною и вами. **— wind and water**, (морск.) въ уровень съ поверхностью воды.
Between-decks (*би-туи'н-декс*) s. (морск.) пространство между деками.
Betwixt (*би-туи'-кст*) prep. между.
Bevel (*беб'-ил*) s. наугольникъ, косой уголъ, скосъ; косякъ; || adj. косой, погнутый; || va. скосить, разрѣзать наискось; || vn кривиться, коситься.
Bevelled (*бев'-илд*) adj. **— gear**, коническій.
Bevelling (*бев'-елинг*) s. скосъ.
Beverage (*бев'-ер-эдж*) s. питье, напитокъ; || * выпивка, спрыски.
Bevy (*бев'-и*) s. общество, собраніе, кругъ; группа, стая, стадо. **A — of roebucks**, стадо сернъ. **A — of fair ladies**, собраніе красивыхъ женщинъ.
Bewail (*би-уэ'-л*) va. оплакивать, жалѣть.
Bewailable (*би-уэ'-л-ă-бл*) adj. достойный сожалѣнія, слезъ.
Bewailer (*би-уэ'-л-ер*) s. оплакивающій, плакальщикъ.
Bewailing (*би-уэ'-л-инг*) s. нытье, сѣтованіе, оплакиваніе.
Beware (*би-уэ'-р*) vn. остерегаться, беречься.
Beweep (*би-уи'-п*) va. оплакивать, плакать. [чивать.
Bewet (*би-уэ'-т*) va. омочить, смачивать.
Bewhiskered (*би-уиск'-ерд*) adj. съ бакенбардами.
Bewilder (*би-уи'л-дер*) va. сбить съ дороги, запутать; || привести въ заблужденіе, поставить въ тупикъ. **To — get bewildered** заблудиться, растеряться.
Bewitch (*би-уи'ч*) va. околдовать, обворожить.
Bewitcher (*бе-уи'ч-ер*) s. волшебникъ, чародѣй, очарователь.
Bewitchery (*би-уи'ч-ер-и*) s. очарованіе, чары, волшебство.
Bewitching (*би-уи'ч-инг*) adj. очаровательный, прелестный.
Bewitchingly (*би-уи'ч-ингли*) adv. очаровательно.
Bewitchment (*би-уи'ч-мент*) s. см. **Bewitchery**.
Bewray (*би-рэй*) va. предавать, разоблачать.
Bey (*бэй*) s. бей (турец. губернаторъ, кавказкій начальникъ).
Beyond (*бій-онд*) prep. выше, надъ, внѣ, по ту сторону; далѣе. **— the seas**, за морями. **— the Alps**, по ту сторону Альпъ, за Альпами. **He lives — his means**, онъ живетъ выше средствъ. **— all praise**, выше всякихъ похвалъ. **— measure**, черезчуръ. || adv. вдали, тамъ, на разстояніи.
Bezant (*бе-зă'нт*) s. бесантъ (византійская монета).
Bezantler (*би-зă'нт'-лер*) s. второй отростокъ (у оленьяго рога).
Bezel (*без'-ил*) s. гнѣздо (камня въ перстнѣ).
Bezzle (*без'-зл*) va. продать свое имущество, растрачивать.
Bias (*бай'-ăз*) s. склонность, направленіе, извороть; || цѣль. **The — of his speech was**, цѣлью его рѣчи было. || va. наклонять, склонять, имѣть вліяніе. || adv. косо, вкось, поперекъ, бокомъ.
Biassed (*бай'-ăст*) ppa. предупрежденный.
Biaxal (*баик'-зă.л*) adj. двухосевой.
Bib (*биб*) s. дѣтскій нагрудникъ; || треска (рыба). [ница.
Bibacious (*байбэ'-шöс*) adj. пьяница.
Bibasic (*бай-бэ'-сик*) adj. (химич.) двухосновной.
Bibber (*биб'-ер*) s. пьянчуга.
Bible (*бай'-бл*) s. библія, священное писаніе, ветхій завѣтъ.
Biblical (*биб'-лик-ăл*) adj. библейскій, ветхозавѣтный.
Biblically (*биб'-лик-ăл-и*) adv. по библіи, согласно съ библией.
Bibliographer (*биб-ли-ог'-рă-фер*) s. библіографъ.
Bibliographic (*биб-ли-ог-рăф'-ик*) adj. библіографическій.
Bibliographical (*биб-ли-ог-рăф'-ик-ăл*) adj. библіографическій.
Bibliographically (*биб-ли-ог-рăф'-ик-ăл-ги*) adv. библіографически.
Bibliography (*биб-ли-ог'-рă-фи*) s. библіографія.
Bibliomania (*биб-ли-о-мэ'-ни-а*) s. страсть къ книгамъ.
Bibliomaniac (*биб-ли-о-мэ'-ни-ăк*) s. библіоманъ.
Bibliophilist (*биб-ли-оф'-и-лист*) s. библіофилъ.
Bibliothecal (*биб-ли-о-сзи'-кă.л*) adj. библіотечный.
Biblist (*биб'-лист*) s. знатокъ библіи. [тый, ноздреватый.
Bibulous (*бибъ'-ю-лöс*) adj. губчатый, ноздреватый.
Bi-capsular (*бăй-кăп'-сю-лăр*) adj. (ботан.) двухкапсульный.
Bi-carbonate (*бай-кăр'-бо-нэт*) adj. двууглекислый.
Bice (*байс*) s. (живоп.) **Green —**, малахитовая краска. **Blue —**, блѣдносиняя краска. [двуглавый.
Bicephalous (*бай-сеф'-ă-лöс*) adj. двуглавый.
Biceps (*бай'-сепс*) s. (анат.) бисепсъ (мышца).

Bicker (*бик'-ер*) vn. спорить, расжаться; ‖ колыхаться, волноваться
Bickerer (*бик'-ер-ер*) s. спорщикъ.
Bickering (*бик-ер-инг*) s. ссора, распря, раздоръ; стычка.
Bickern (*бик'-ерн*) s. наковальня.
Bicycle (*бай'-си-кл*) s. велосипедъ.
Bicyclist (*бай'-сик-лист*) s. велосипедистъ.
Bid (*бид*) va. приказывать, велѣть; ‖ предлагать, набивать (цѣну). — **him to stay,** прикажите ему остаться. **To — a fair price,** предложить хорошую цѣну. **To — fair,** сулить. **To — defiance to fate,** идти наперекоръ судьбѣ. ‖ s. наддача, набавленіе (цѣны). **Higher —,** высшая цѣна (на торгахъ)
Bidder (*бид'-дер*) s. набивающій цѣну (на аукціонѣ).
Bidding (*бид'-динг*) s. наддача (цѣны); ‖ приказаніе; ‖ пригласительный билетъ; ‖ оглашеніе.
Biddy (*бид'-ди*) s. цыпленокъ; ‖ прг. (отъ **Bridget**) Бригитта.
Bide (*байд*) va. vn. оставаться, пребывать; ‖ va. страдать.
Bidental (*бай-ден'-тăл*) adj. двузубый, двузубчатый.
Bidentate (*бай-ден'-тэт*) adj. двузубчатый.
Bidented (*бай-ден'-тед*) **Bidentated** (*бай-тен'-де-тэд*) adj. двузубый, двузубчатый.
Bidet (*би-дет'*) s. лошадка.
Biding (*байд'-инг*) s. пребываніе.
Biennial (*бай-ен'-ни-ăл*) adj. двугодовалый, двухлѣтній.
Biennially (*бай-ен-ни-ăл-ли*) adv. двухгодично.
Bier (*бир*) s. катафалкъ, одръ, гробъ.
Biestings (*бист'-ингз*) s. pl. первое молоко (женщины и новотельной коровы).
Bifarious (*бай-фэ'-ри-ŏс*) adj. двусмысленный; ‖ (ботан.) противоположный.
Biferous (*биф'-ер-ŏс*) adj. цвѣтущій два раза въ годъ.
Biffin (*биф'-фин*) s. печеное яблоко
Bifid (*бай'-фид*), **Bifidated** (*биф'-и-дэт*) adj. (ботан.) двудольный.
Biflorate (*бай-фло'о-рэт*), **Biflorous** (*бай-фло'о-рŏс*) adj. (бот.) двуцвѣтный.
Bifold (*бай'-фолд*) adj. свойственный.
Biform (*бай'-форм*), **Biformed** (*бай-формд*) adj. двуличный, двуликій.
Biformity (*бай-форм'-и-ти*) s. двуличность, двовидность.
Bifronted (*бай-фронт'-ед*) adj. двуликій, на два фронта.
Bifurcate (*бай-фŏр'-кэт*), **Bifurcated** (*бай-фŏр'-кэт-тед*) adj. раздвоенный.
Bifurcation (*бай-фŏр-кэ'-шŏн*) s. раздвоеніе, развилина.
Big (*биг*) adj. толстый, большой, обширный, высокомѣрный; ‖ пузатый. **A — woman,** толстая баба женщина. **A woman — with child,** беременная женщина. — **with events,** чреватый событіями. **To look —,** имѣть горделивый видъ; ‖ * смотрѣть свысока.
Bigamist (*биг'-а-мист*) s. двоеженецъ (m.), двумужница (f.).
Bigamy (*биг'-ă-ми*) s. бигамія, двоеженство, двумужество.
Bigaroon (*биг'-ă-рун*) s. родъ вишни.
Bigeminate (*бай-дже'ми-нэт*) adj. (ботан.) двухсѣмянный.
Biggin (*биг'-ин*) s. дѣтскій чепчикъ; ‖ кофейница.
Bight (*байт*) s. (морск.) бухта; пузо (у паруса); сгибъ колѣна (у лошади)
Bigness (*биг'-нес*) s. толщина, величина.
Bigot (*биг'-ŏт*) s. ханжа; изувѣръ; фанатикъ; слѣпой приверженецъ.
Bigoted (*биг'-ŏт-ед*) adj. слѣпо приверженный; ‖ упрямый.
Bigotedly (*биг'-ŏт-ед-ли*) adv. какъ ханжа, какъ фанатикъ, фанатично, слѣпо.
Bigotry (*биг'-ŏт-ри*) s. слѣпая привязанность къ чему; ханжество.
Bilabiate (*бай-лэ-би-эт*) adj. (бот.) двугубый, двулистный.
Bilamellate (*бай-лăм'-елэт*) adj. (ботан.) двуполовинчатый.
Bilamellated (*би-лăм'-елэтед*) adj. (ботан.) см. **Bilamellate.**
Bilander (*бил'-ăн-дер*) s. (морск.) беландръ (родъ судна).
Bilateral (*бай-лăт'-ер-ăл*) adj. двусторонній.
Bilberry (*бил'-бе-ри*) s черника. **Red —,** брусника.
Bilbo (*бил'-бо*) s. рапира, шпага.
Bilboa (*бил'-бо'оа*) прг. (геог.) Бильбао.
Bilboes (*бил'-боз*) s. pl. (мор.) кандалы, колодки
Bile (*байл*) s. желчь; ‖ adj. желчный
Bileduct (*байл'-дект*) s. (анат.) желчный протокъ.
Bilge (*билдж*) s. (морск.) подводная часть судна. — **pump,** выкачивающій насосъ въ трюмѣ. — **water,** трюмная вода. ‖ vn. повредиться въ подводной части (о кораблѣ); набѣжать на скалу (о кораблѣ).
Biliary (*биль'-ă-ри*) adj. желчный.
Bilingual (*бай-лин'-гуал*), **Bilinguar** (*бий-лин'-гуăр*) adj. двуязычный.
Bilinguous (*бай-лин'-гуŏс*) adj. двуязычный.
Bilious (*биль'-ŏс*) adj. желчный.

Bilk (*билк*) s. плутовство; пустые слова, пустословіе; || va. обманывать, надувать; врать.

Bill (*бил*) s. клювъ (птичій); || оконечность, носокъ (чего); || записка, билетъ, счетъ, квитанція, выписка; билль, проэктъ (закона); указъ; свидѣтельство; || афиша; || искъ; || косарь, топоръ. **Hand —,** объявленіе. **Tradesman's —,** счетъ. **— of parcels,** фактура, накладная на товары. **— of fare,** меню. **— of exchange,** вексель, переводъ денегъ. **Inland —,** внутренній вексель. **Foreign —,** международный вексель. **— -broker,** биржевой маклеръ. **— of lading,** счетъ, опись груза, коносаментъ. **To pass a —,** вотировать законъ. || vn. цѣловаться носиками (какъ дѣлаютъ голуби); ласкать другъ друга; миловать; || публиковать.

Bill (*бил*), **Billy** (*бил'-ли*) уменьш. отъ **William** Вильгельмъ.

Billed (*билд*) adj. съ клювомъ. **Long- —, short —,** съ длиннымъ клювомъ.

Billet (*бил'-ет*) s. записка, билетъ, письмецо. || va. ставить на постой (солдатъ); || vn. стоять на постоѣ, помѣщаться, быть расквартированнымъ.

Billiard (*биль'-ярд*) adj. бильярдный. **— stick,** кій бильярдный.

Billiards (*биль'-ярдз*) s. pl. бильярдъ. **To play at —,** играть на билліардѣ. **— ball,** s. шаръ бильярдный.

Billing (*бил'-инг*) ppa. || s. ласкающійся (клювомъ).

Billion (*бил'-ьён*) s. билліонъ, милліонъ милліоновъ.

Billot (*бил'-лот*) s. золото *или* серебро (въ слиткахъ).

Billow (*бил'-лоу*) s. волна, валъ; || vn. волноваться, вздыматься.

Billow-Beaten(*бил'-лоу-бит'н*)adj. разбиваемый волнами.

Billowy (*бил'-лоу-и*) adj. волнуемый; волнующійся.

Bilobate (*бай-ло'о-бэт*), **Bilobed** (*бай-лобд*) adj. (ботан.) двулопастный.

Bimana (*бай-мэ-нă*) s. двурукость.

Bimane (*кай-ман'*), **Bimanous** (*бай-ме'-нŏс*) adj. двурукій.

Bimensal (*бай-мен'сал*) adj. двумѣсячный.

Bimetallism (*баи-мет'-ăл-изм*) s. биметаллизмъ.

Bin (*бин*) s. ларь, закромъ, ящикъ.

Binary (*бай-нă-ри*) adj. двойной, двойничный; двойственный.

Binate (*бай-нэт*) adj. (ботан.) парный.

Bind (*байнд*) va. обвязывать, связывать; перевязывать (рану); переплетать (книгу); обшивать чѣмъ; обязать, заключить (условіе). **To — in sheaves,** вязать въ снопы. **To — one's head,** завязывать голову. **To — in calf,** переплетать въ телячью кожу. **To — apprentice to,** отдавать въ обученіе. || vn. сжиматься; твердѣть; производить запоръ; обязывать къ чему.

Binder (*байнд'-ер*) s. переплетчикъ; || вязальщикъ; связывающій; || перевязка, оковка.

Bindery (*байнд'-ер-и*) s. переплетное заведеніе.

Binding (*байнд'-инг*) s. переплетъ; обшивка, бордюръ; связь, оковка; || adj. связывающій, скрѣпляющій; обязательный.

Bindingly (*байнд'-ингли*) adv. обязательно.

Bindweed (*байнд'-уид*) s. (ботан.) вьюнокъ.

Bindwood (*байнд'-уyд*) s. плющъ (въ Шотландіи).

Binnacle (*бин'-нă-кл*) s. (морск.) нактоузъ (для компаса).

Binocle (*бин'-о-кл*) s. бинокль, зрительная труба.

Binocular (*бай-нокъ'-ю-лăр*) adj. двуглазый.

Binoculate (*бай-нокъ'-ю-лэт*) adj. (ест. истор.) двуглазый.

Binomial (*бай-но'о-ми-ăл*) adj. (матем.) двучленный. || s. биномъ.

Binoxolate (*бай-нок'-салэт*) s. двущавелевая кислота.

Binoxide (*бай-нок'-сид*) s. (химич.) двуокись.

Biographer (*бай-ог'-рă-фер*) s. біографъ, жизнеописатель.

Biographic (*бай-о-грăф'-ик*), **Biographical** (*бай-о-грăф-ик-ăл*) adj. біографическій.

Biographically (*бай-о-грăф-ик-ăл-ли*) adv. біографически.

Biography (*бай-ог'-рă-фи*) s. біографія, жизнеописаніе.

Biological (*бай-олю'-джи-кăл*) adj. біологическій.

Biology (*бай-ол'-о-джи*) s. біологія.

Biparous (*баи-пэ'-рŏс*) adj. родящій одновременно двухъ дѣтенышей.

Bipartite (*бай-пар'-тайт*) adj. раздвоенный; || (ботан.) двураздѣльный.

Biped (*бай-пэд*) s. двуногое животное.

Bipedal (*бай-пи-дăл*) adj. двуногій.

Bipennate (*бай-пен'-ăт*) adj. двукрылый.

Bipetalous (*бай-пет'-ă-лŏс*) adj. (ботан.) двулепестковый.

Biquadrate (*би-куод'-рэт*) s. биквадратъ.

Biquadratic (*бай-куод-рăт'-ик*) adj. (матем.) биквадратный, двукратный; || s. биквадратъ.

Birch (*бёрч*) s. береза; || * розга. —

-broom, вѣникъ. — **-wine,** вино изъ березоваго сока.
Birchen (*бöрч'-н*) adj. березовый; || **to** —, va. сѣчь розгой.
Bird (*бöрд*) s. птица; пташка. — **of passage,** перелетная птица. **Migratory** —**s,** перелетныя птицы. —**of prey,** хищная птица. **Singing** —, пѣвчая птица. —**s of a feather,** люди одного пошиба; одного поля ягода. **To kill two** —**s with one stone,** однимъ выстрѣломъ убить двухъ зайцевъ. **One — in the hand is worth two in the bush,** лучше синицу въ руки, чѣмъ журавля въ небѣ. **Jail** —, висѣльникъ. || va. ловить птицъ. [для птицъ.
Birdbolt (*бöрд'-болт*) s. стрѣла
Birdcage (*бöрд'-кэджс*) s. клѣтка (птичья); птичій садокъ.
Birdcall (*бöрд'-кол*) s. дудка для приманиванія птицъ. [целовъ.
Birdcatcher (*бöрд'-кäч'ер*) s. пти-
Birdeyed (*бöрд'-ай-ер*) adj. быстроглазый.
Birdfancier (*бöрд'-фäн-си-ер*) s. любитель птицъ; продавецъ птицъ, птичникъ.
Birdlike (*бöрд'-лайк*) adj. похожій на птицу, птичій. [(птица).
Birdlime (*бöрд'-лайм*) s. омела
Birdman (*бöрд'-мäн*) s. птицеловъ.
Birdorgan (*бöрд'-оргäн*) s. серинетъ, птичій органъ.
Bird's eye (*бöрдз'-ай*) || s. (ботан.) адонисъ; птичій глазъ; взглядъ съ птичьяго полета. — **view,** видъ (на что) сверху, съ птичьяго полета.
Bird's foot (*бöрдз'-фют*) s. (ботан.) орнитонъ; съ ногами какъ у птицы
Bird's nest (*бöрдз'-нест*) s. птичье гнѣздо.
Birmingham (*бöр'-минг-äм*) npr. (геогр.) Бирмингамъ.
Birth (*бöрсз*) s. рожденіе, роды, родины; || происхожденіе, родъ, начало; плодъ, произведеніе; || исчадіе. **To give** —**to,** порождать.
Birthday (*бöрсз'-дэ*) s. день рожденія. [рожденія, родина.
Birthplace (*бöрсз'-плэс*) s. мѣсто
Birthright (*борсз'-райт*) s. права по рожденію; право первенства, права старшинства. [скай.
Biscay (*бис'-кэй*) npr. (геогр.) Би-
Biscayan (*бискэ'-äн*) adj. бискайскій; || s. бискаецъ, -кайка.
Biscuit (*бис'-кит*) s. бисквитъ; сухарь. [на двое.
Bisect (*бай-сект'*) va. разрѣзать
Bisection (*бай-сек'-шöн*) s. дѣленіе на двѣ равныя части.
Bishop (*биш'-öп*) s. епископъ; || слонъ (въ шахматахъ).
Bisheplike (*биш'-öп-лайк*) adj. епископскій.
Bishopric (*биш'-оп-рик*) s. епископство, епархія.
Bisk (*биск*) s. бискъ, раковый супъ.
Bismuth (*биз'-мöсз*) s. (минер.) висмутъ. [быкъ въ Америкѣ).
Bison (*байз'-öн*) s. бизонъ (дикій
Bissextile (*бис-секс'-тил*) adj. высокосный; || s. высокосный годъ.
Bister или **Bistre** (*бис'-тер*) s. темнобурая краска, тушь.
Bistort (*бис'-торт*) s. змѣевикъ, горлецъ. [ножа.
Bistoury (*бис'-ту-ри*) s. (хир.) родъ
Bisulphuret (*бай-сöл-фью-рет*) s. двусѣрнистая соль.
Bit (*бит*) s. кусочекъ; крошечка; бородка (ключа); кончикъ (нитки); (морск.) —**s,** s. pl. битенги, битсы. **A — of bread,** кусокъ хлѣба. **Not a** —, нисколько, ни капельки, ни крошечки. **A little** —**of a fellow,** маленькій человѣчекъ. || va. взнуздать; (морск.) положить на битенгъ.
Bite (*байт*) va. кусать, клевать; щипать, разъѣдать; колоть, язвить (словами). **To — one's tongue,** прикусить языкъ. **To — off,** выкусить. **The rogue was bit,** жуликъ былъ пойманъ; || vn. кусаться; || обмануть, провести; попасться. **The fish do not** —, рыба не клюетъ; || s. укушеніе, укусъ; || ловушка; плутни; приманка; || укусъ (насѣкомаго); || выѣданіе кислотой.
Biter (*байт'-ер*) s. тотъ, кто кусаетъ, язвитъ (словами); кусака; || плутъ. [Виѳанія.
Bithynia (*би-зсин'-и-ä*) npr. (геогр.)
Biting (*байт'-инг*) s кусаніе, обманъ; || adj. ѣдкій, язвительный, колкій; острый.
Bitingly (*байт'-инг-ли*) adv. рѣзко, колко, язвительно.
Bitt (*бит*) s. (морск.) битингъ; || va. привязывать якорный канатъ битенгами.
Bitter (*бит'-тер*) adj. горькій на вкусъ; терпкій; рѣзкій, грубый, жесткій; печальный; жестокій. **As** —**as gall,** горькій какъ желчь. — **tears,** горькія слезы. — **words,** жестокія слова. — **enmity,** неумолимая вражда. **A — cold,** жестокій холодъ. — **-almond,** горькій миндаль. || s. (медиц. и фармац.) горечь, горькое начало, вещество.
Bitterish (*бит'-тер-иш*) adj. горьковатый. [горьковатость.
Bitterishness (*бит'-тер-иш-нес*) s.
Bitterly (*бит'-тер-ли*) adv. горько, съ горечью.
Bittern (*бит'-терн*) s. (орнит.) выпь (птица.)

Bittern (*бит'-ерн*) s. маточный разсолъ; щелокъ.
Bitterness (*бит'-тер-нес*) s. горечь; злоба, озлобленіе; || печаль.
Bitters (*бит'-терз*) s. горькая настойка.
Bittor, Bittour (*бит'-тӧр*) s. см **Bittern**, выпь.
Bitumen (*би-тью'-мен*) s. горная смола, минеральная смола.
Bituminate (*би-тью'-ми-нэт*) va. осмаливать, засмаливать.
Bituminiferous (*би-тью-ми-ниф'-ер-ӧс*) adj. смолистый.
Bituminization (*би-тью-ми-ни-зэ'-шӧн*) s. осмаливаніе горной смолой.
Bituminize (*би-тью'-ми-найз*) va. осмаливать минеральной смолой, превращать въ горную смолу.
Bituminous (*би-тью-'ми-нӧс*) adj. минеральносмолистый.
Bivalve (*бай'-вӓлв*) adj. двустворчатый.
Bivalve (*би'-вӓлв*), **Bivalvous** (*бай-вӓлъ'-ӧс*) adj. двустворчатый.
Bivalved (*би-вӓлвд*) adj. двустворчатый. [двустворчатый.
Bivalvular (*бай-вӓлвъ'-ю-лӓр*) adj.
Biventral (*бай-вен'-трӓл*) adj. двубрюшный.
Bivious (*бив'-и-ӧс*) adj. двуисходный, двоякій (о значеніи).
Bivouac (*бив'-у-ӓк*) s. бивуакъ; || vn. стоять на бивакѣ.
Bizarre (*би-зар'*) adj. странный, капризный.
Blab (*блӓб*) s. болтунъ; || va. vn. разболтать; разгласить, открыть (тайну).
Blabber (*блӓб'-бер*) s. болтунъ; || vn. разбалтывать, болтать; преувеличивать, хвастать.
Black (*блӓк*) adj. черный, багровый; мрачный; пасмурный, угрюмый; || гнусный. — **eyes**, черныя глаза; синяки подъ глазами. **To look —at**, глядѣть изъ подлобія; || * недоброжелательно глядѣть. **He looks very —**, онъ очень печаленъ; || s. черный цвѣтъ, черное пятно, черная краска; трауръ; || негръ, арапъ. **To be of a good —**, хорошаго чернаго цвѣта. **Deep —**, совершенно черный. **Bone —**, животная краска (отъ пережиганія костей). **Ivory —**, черная слоновая кость. — **sea** (*блӓк'-си*) Черное море. **A suit of —**, черная пара (платья); траурное одѣяніе. — **-act**, s. англійскій законъ противъ браконьеровъ. **—art** s. чернокнижіе. — **-beetle**, черный тараканъ. — **-board**, черная доска (въ школѣ). — **-cattle**, s. рогатый скотъ. — **-cock**, тетеревъ. — **-currant**, черная смородина. — **-lead**, черный карандашъ, графитъ. — **-letter**, готическая буква. [негръ.
Blackamoor (*блӓк'-а-мур*) s. арапъ,
Beackberry (*блӓк'-бе-ри*) s. ежевика, черника. [дроздъ.
Blackbird (*блӓк'-бӧрд*) s. черный
Blacken (*блак'-кн*) va. чернить, затемнять; || vn. чернѣть, потемнѣть.
Blackguard (*блӓк'-гард*) s. сорванецъ, головорѣзъ; || негодяй; || va. осыпать бранью, бранить; || adj. грубый, шаловливый.
Blackguardism (*блӓк'-гардизм*) s. шалость, грубость.
Blacking (*блӓк'-инг*) s. вакса.
Blackish (*блӓк'-иш*) adj. черноватый. [но; || * грустно.
Blackly (*блӓк'-ли*) adv. черно; мрач-
Blackmail (*блӓк'-мэл*) s. подать натурою; шантажъ. || va. шантажировать. [тажистъ.
Blackmailer (*блӓк'-мэ-лӧр*) s. шан-
Blackness (*блӓк'-нес*) s. чернота; черный цвѣтъ; мракъ; || * жестокость, гнусность. [нецъ.
Blacksmith (*блӓк'-смизс*) s. куз-
Blackthorn (*блӓк'-зорн*) s. (бот.) терновникъ, тернъ.
Bladder (*блӓд'-дер*) s. пузырь (мочевой); || пузырикъ (водяной); ампула.
Bladdery (*блӓд'-дер-и*) adj. пузыристый, пузырчатый.
Blade (*блэд*) s. былинка, листикъ, стебель, травка, отпрыскъ; клинокъ, лезвіе (ружья); лопасть (у весла). **A young —**, кутила. **A cunning —**, хитрецъ.
Bladebone (*блэд'-бон*) s. (анат.) плечевая кость.
Bladed (*блэд'-ед*) adj. съ отростками; съ лезвеемъ; (минер.) пластинчатый. [жейникъ.
Bladesmith (*блэд'-смизс*) s. ору-
Blain (*блэн*) s. угорь; чирей, нарывъ.
Blamable (*блэм'-ӓ-бл*) adj. достойный порицанія, некрасивый, предосудительный.
Blamableness (*блэм'-ӓ-бл-нес*) s. предосудительность.
Blamably (*блэм'-ӓ-бл*) adv. предосудительно.
Blame (*блэм*) s. порицаніе, хула; || вина; || va. хулить, порицать; винить. **You are to —**, вы достойны порицанія.
Blameful (*блэм'-фул*) adj. достойный порицанія, порицаемый.
Blamefully (*блэ'-фу-л-ли*) adv. достойно порицанія, съ порицаніемъ.
Blamefulness (*блэм'-фул-нес*) s. вина, погрѣшность, ошибка.
Blameless (*блэм'-лес*) adj. безупречный, невинный.
Blamelessly (*блэм'-лес-ли*) adv. безупречно, невинно.

Blamer (*блэм'-ер*) s. пересудчикъ, хулитель, порицатель, критикъ.
Blameworthiness (*блэм'-уӧр-зси-нес*) s. предосудительность.
Blameworthy (*блэм'-уӧр-зси*) adj. предосудительный, достойный порицанія.
Blanch (*бланш*) va. бѣлить; наводить матъ; очищать; (повор.) отваривать, вышелушивать (миндаль); || прикрашивать; увертываться; || vn. лукавить, вилять.
Blanching (*бланш'-инг*) s. бѣленіе; луженіе.
Blanc-mange (*бло-монж'*), **Blanc-manger** (*бло-мон-же'*) s. бланманже, пирожное.
Bland (*блӑнд*) adj. кроткій, ласковый, нѣжный.
Blandiloquence (*блӑн-дил'-о-кувнс*) s. сладкія слова.
Blandish (*блӑнд'-иш*) va. смягчать, ласкать; ублажать.
Blandisher (*бланд'-иш-ер*) s. ласкатель, льстецъ.
Blandischment (*блӑнд'-иш-мент*) s. ласка, лесть. [нѣжность.
Blandness (*блӑнд'-нес*) s. ласки,
Blank (*блӑнк*) s. бланкъ; пробѣлъ, пустое мѣсто (въ рукописи); цѣль; пустой билетъ въ лотореѣ. **A — page**, бѣлая страница. **To — fire — cartridge**, стрѣлять холостыми зарядами. || adj. бѣлый; блѣдный; || неписанный (о бумагѣ); безъ подписи; чистый, пустой; || смущенный; печальный, неблагопріятный. **Point —**, безцѣльно. || va. смущать; покрывать блѣдностью; стирать, уничтожать.
Blanket (*блӑнк'-ет*) s. шерстяное одѣяло; покрывало; || va. покрывать одѣяломъ; завертывать въ покрывало.
Blankly (*блӑнк'-ли*) adv. блѣдно; съ смущеніемъ, печально.
Blankness (*блӑнк'-нес*) s. блѣдность; смущеніе.
Blanquette (*блӑн-кет'*) s. (кулин.) бланкетъ.
Blare (*блэр*) va. vn. громко трубить; ревѣть, мычать.
Blarney (*блар'-ни*) s. низкая лесть; || va. обманывать льстивыми словами.
Blase (*блэз*) npr. Блазъ.
Blaspheme (*блӑс-фим'*) vn. богохульствовать. [хульникъ.
Blasphemer (*блӑс-фим'-ер*) s. бого-
Blasphemous (*блӑс'-фи-мӧс*) adj. богохульный.
Blasphemously (*блӑс'-фи-мӧс-ли*) adv. богохульно.
Blasphemy (*блӑс'-фи-ми*) s. богохульство; хула.
Blast (*бласт*) s. дуновеніе; вѣтеръ; порывъ вѣтра; || повѣтріе, зараза; спорынья въ хлѣбѣ, порча въ растеніяхъ; взрывъ, воспламененіе. **The cold northern —**, холодный сѣверный вѣтеръ. **The — of a trumpet**, звукъ трубы. **— -furnace**, доменная печь, домна. || va. иссушить; уничтожить; сжечь солнцемъ, повредить вѣтромъ, морозомъ, спорыньей; взорвать. **To — one's hopes**, уничтожить чьи либо надежды.
Blaster (*блӑст'-ер*) s. истребитель. разрушитель. [ніе, истребленіе.
Blasting (*блӑст'-инг*) s. разруше-
Blastment (*блӑст'-мент*) s. пагубное вѣяніе.
Blatant (*блэ'-тӑнт*) adj. мычащій.
Blatter (*блӑт'-тер*) vn. шумѣть, кричать.
Blatterer (*блант'-ер-ер*) хвастунъ.
Blay (*блэй*) s. уклейка (рыба).
Blaze (*блэз*) s. пламя, блескъ; свѣтъ; || разглашеніе. || vn. пылать, пламенѣть; сіять, блестѣть, сверкать. **Pine wood —s well**, сосновое дерево ярко горитъ. || va. разглашать, распускать (слухи); отмѣчать деревья (для порубки). **To — abroad**, далеко разносить, распубликовать.
Blazer (*блэз'-ер*) s. разглашатель, распространитель слуховъ.
Blazing (*блэз'-инг*) s. пламенѣніе; || adj. пламенѣющій; блестящій; огненный.
Blazon (*блэ'-зн*) va. расписывать; описывать, украшать; объяснять гербы; разглашать, разславлять; || геральдика; разглашеніе, распространеніе слуховъ; напыщенная похвала.
Blazonry (*блэ'-зн-ри*) s. гербы.
Blea (*бли*) s. (бот.) заболонь, ближайшій къ корѣ слой въ деревѣ.
Bleaberry (*бли'-бе-ри*) s. (ботан.) голубика (ягода). [духѣ.
Bleach (*блич*) va. бѣлить на воз-
Bleacher (*блич'-ер*) s. бѣлильщикъ
Bleachery (*блич'-ер-и*) s. бѣлильня.
Bleaching (*блич'-инг*) s. бѣленіе. **— liquid**, щавелевая вода.
Bleak (*блик*) s. (рыбн.) уклейка; || adj. холодный, открытый (для вѣтра); блѣдный. **A — sky**, мрачное холодное небо.
Bleakish (*блик'-иш*) adj. холодный; ледяной; мрачный.
Bleakly (*блик'-ли*) adv. холодно; мрачно.
Bleakness (*блик'-нес*) s. холодъ; мрачность, блѣдность, печальный видъ.
Bleaky (*блик'-и*) adj. см. **Bleak**.
Blear (*блир*) adj. тусклый, неясный; || va. затемнять, помрачать. **Bleared eyes**, тусклые глаза.

Blearedness (*блир'-ед-нес*) s. потемнѣніе зрѣнія; тусклость.
Bleat (*блит*) vn. блеять; || s. блеяніе.
Bleating (*блит'-инг*) adj. блеющій (объ овцѣ); || s. блеяніе.
Bleb (*блеб*) s. волдырь, пузырь.
Blebby (*блеб-и*) adj. покрытый пузырями, волдырями, пузырчатый.
Bleed (*блид*) va. пускать кровь; истекать кровью, проливать кровь; течь (о сокѣ растеній).
Bleeding (*блид'-инг*) s. кровотеченіе; кровопусканіе, извлеченіе сока.
Blemish (*блем'иш*) va. пятнать, очернять, клеймить, покрывать позоромъ; || s. пятно (на репутаціи); порокъ; стыдъ, позоръ.
Blench (*бленч*) s. испугъ, содраганіе; || va. мѣшать, препятствовать; || vn. блѣднѣть; отступать; колебаться; смущаться.
Blenching (*бленч'-инг*) s. отступленіе.
Blend (*бленд*) va. смѣшивать, перемѣшивать; соединять, подбирать (цвѣта); оттѣнять; || vn. согласоваться, сочетаться, гармонировать; соединяться.
Blende (*бленд*) s. (минер.) цинковая обманка.
Blennorrhœa (*блен-но-ри'-а*) s. (медиц.) бленнорея.
Blenny (*блен'-ни*) s. живородка, слизь (морская рыба).
Bless (*блесс*) va. благословлять; желать счастія. **God — you!** да благословитъ васъ Богъ.
Blessed (*блес'-ед*) adj. благословенный, блаженный; || счастливый. **The — Virgin,** Пресвятая Дѣва. **To be — with,** наслаждаться чѣмъ.
Blessedly (*блес'-ед-ли*) adv. счастливо, праведно.
Blessedness (*блес'-ед-нес*) s. блаженство, счастіе; святость.
Blessing (*блес'-инг*) s. благословеніе, блаженство; счастіе. **The —s of civilization,** блага цивилизаціи.
Blet (*блет*) s. пятно на плодѣ отъ перезрѣлости; пятно отъ разложенія (на плодахъ).
Blight (*блайт*) s. всякій вредъ для растеній (отъ инея, мороза, вѣтра, холода); ржа на хлѣбѣ. || va. приносить вредъ растеніямъ, губить, портить, вредить; || * отравлять удовольствіе.
Blighting (*блайт'-инг*) s. уничтоженіе зародышей, стерилизація.
Blind (*блайнд*) adj. слѣпой; темный, потаенный; неясный, непонятный; тусклый; непроходимый, глухой; нелѣпый, жалкій. **— of one eye,** кривой. **A — pretence,** пустой предлогъ. **— alley, way,** глухой переулокъ. || va. ослѣплять; затемнять, запутывать; заволакивать; затмевать; || (воен.) блиндировать. || s. вуаль; преграда для свѣта, зрѣнія; заслонка; штора; наглазникъ; маска; завѣса; || отговорка, притворство; (форт.) блинды. **Venetian —s,** ревность.
Blindage (*блайнд'-эдж*) s. блинды. блиндажъ.
Blindfold (*блайнд'-фолд*) va. завязывать глаза; набросить завѣсу, покрыть чѣмъ; || adj. съ завязанными (глазами).
Blindly (*блайнд'-ли*) adv. слѣпо, безразсудно, на удачу.
Blindman's-buff (*блайнд'-мянз-бюф*) s. игра въ прятки.
Blindness (*блайнд'-нес*) s. слѣпота, потеря зрѣнія; || * ослѣпленіе.
Blindworm (*блайнд'-уöрм*) s. переходная форма отъ ящерицы къ змѣѣ, родъ змѣи съ костякомъ.
Blink (*блинк*) va. vn. мигать; щурить глаза; худо видѣть; мерцать (о свѣтѣ); миновать; || s. просвѣтъ на облачномъ небѣ; взглядъ; отблескъ, миганіе.
Blinkard (*блинк'-āрд*) s. мигающій; мерцающая звѣзда.
Blinkers (*блинк'-öрз*) s. глазокъ.
Bliss (*блис*) s. блаженство, благополучіе, благословеніе.
Blissful (*блис'-фул*) adj. блаженный, счастливый, благословенный.
Blissfully (*блис'-фул-и*) adv. блаженно.
Blissfulness (*блис'-фул-нес*) s. блаженство.
Blissless (*блис'-лес*) adj. злосчастный.
Blister (*блистер*) s. пузырекъ, волдырь; плена на металлахъ, окалина; || vn. покрываться волдырями, пузырями; || va. прикладывать пластырь; пережигать желѣзо; ставить банки.
Blister-fly (*блис'-тер-флай*) s. шпанская мушка.
Blistery (*блис'-те-ри*) adj. покрытый пузырями, волдырями, волдыристый.
Blite (*блайт*) s. (ботан.) жминда, амарандъ красный.
Blithe (*блайсз*) adj. веселый, радостный.
Blitheful (*блайсз'-фул*) adj. веселый, радостный.
Blithely (*блайсз-ли*) adv. весело, радостно.
Blitheness (*блайсз'-нес*) s. веселость, радость.
Blithesome (*блайсз'-сöм*) adj. веселый, радостный, живой.
Blithesomeness (*блайсз'-сöм-нес*) s. веселость, радость.
Bloat (*блō'от*) va. вздувать, раздувать; || vn. вздуваться, раздуваться, пухнуть; || возгордиться.

Bloated (*бло'от-ед*) ppa. и adj. раздутый.
Bloatedness (*бло'от-ед-нес*) s. опухлость; раздутость, вздутость; нарывъ. [ледка.
Bloater (*бло'от-ер*) s. соленая се-
Blob (*блоб*) s. маленькій кусочекъ, капля (чего); пузырекъ (на стеклѣ)
Blobber-lip (*блоб'-бир-лип*) s. толстая губа. [adj. толстогубый.
Blobber-lipped (*блоб'-бер-липт*)
Block (*блок*) s. обрубокъ, чурбанъ, глыба, болванъ, колодка, форма (для шляпы); || * глупецъ, болванъ; || преграда, помѣха; || (мор.) блоки. **Stumbling —,** пробный камень. || va. загораживать, задѣлывать; блокировать (что).
Blockade (*блок-эд'*) s. блокированіе, блокада (города); || va. осаждать, блокировать.
Blockading (*блок-эд'-инг*) adj. блокирующій, осаждающій.
Blockhead (*блок'-хед*) s. болванъ, дубина, бревно.
Blockhouse (*блок'-хаус*) s. блокгаузъ, крѣпостца.
Blockish (*бло'-иш*) adj. глупый.
Blockishly (*блок'-иш-ли*) adv. глупо
Blockishness (*блок'-иш-нес*) s. глупость, грубость.
Blocklike (*блок'-лайк*) adj. какъ чурбанъ, какъ болванъ.
Blockmaker (*блок'-мэкŏр*) s. мастеръ устанавливающій блоки.
Blonde (*блонд*) s. блондинъ (m.), блондинка (f.); || adj. бѣлокурый, русый. [рый. —рая.
Blond-lace (*блонд'-лэс*) s. бѣлоку-
Blood (*блŏд*) va. пускать кровь; || s. кровь; || жизнь, родъ, происхожденіе; родство по крови. **In cold —,** хладнокровный. **His — was up,** кровь ему ударила въ голову. **To make one's — run cold,** замораживать кровь. **— -horse,** чистокровная лошадь. **— -vessel,** кровеносный сосудъ.
Bloodguiltiness (*блŏд'-гилт'-и-нес*) s. душегубство, убійство.
Bloodhound (*блŏд'-ха-унд*) s. ищейка; || * преслѣдователь по пятамъ.
Bloodily (*блŏд'-и-ли*) adv. жестоко, люто.
Bloodiness (*блŏд'-и-нес*) s. окровавленіе; || кровожадность.
Bloodless (*блŏд'-лес*) adj. безкровный, безжизненный.
Bloodlessly (*блŏд'-лес-ли*) adv. безъ пролитія крови. [кровь.
Bloodlet (*блŏд'-лет*) va. пускать
Bloodletter (*блŏд'-летŏр*) s. прибѣгающій часто къ кровопусканію
Bloodletting (*блŏд'-летинг*) s. кровопусканіе.
Bloodshed (*блŏд'-шед*) s. кровопролитіе, убійство.
Bloodshedder (*блŏд'-шед-дер*) s. проливающій кровь, убійца.
Bloodshedding (*блŏд'-шед-динг*) s. кровопролитіе, убійство.
Bloodshot (*блŏд'-шот*) adj. кровавый, упитанный кровью.
Bloodstained (*блŏд'-стэнн*) adj. окровавленный.
Bloodstone (*блŏд'-стоон*) s. (мин.) красный желѣзнякъ, кровавикъ.
Bloodthirstiness (*блŏд'-зсŏрст'-и-нес*) s. кровожадность.
Bloodthirsty (*блŏд'-зсŏрст'и*) adj. кровожадный.
Bloodwort (*блŏд'-уŏрт*) s. чистотѣлъ, конскій щавель.
Bloody (*блŏд'-и*) adj. кровавый, окровавленный; жестокій.—**minded,** кровожадный. || va. запятнать кровью.
Bloom (*блум*) s. цвѣтъ; || * расцвѣтъ (жизни); || vn. цвѣсти.
Bloomer (*блум'-ŏр*) s. феминистка.
Bloomingly (*блум'-инг-ли*) adv. въ цвѣтѣ, блестящій.
Bloomingness (*блум'-инг-нес*) s. цвѣтеніе. [въ цвѣтахъ.
Bloomy (*блум'-и*) adj. цвѣтущій,
Blossom (*блос'-сŏм*) цвѣтъ (плодовыхъ деревьевъ); || vn. цвѣсти.
Blossoming (*блос'-сŏм-инг*) s. цвѣтъ, цвѣтеніе.
Blot (*блот*) s. помарка, пятно (чернильное, нравственное); безчестіе, позоръ. **To make a —,** дѣлать чернильное пятно. || va. пятнать, марать; безчестить, позорить; вычеркнуть; изгладить (что изъ памяти); || vn. впитывать (о пропускной бумагѣ).
Blotch (*блоч*) s. прыщикъ, пупырь.
Blotchy (*блочи*) adj. угреватый.
Blote (*бло'ут*) va. коптить рыбу.
Blotter (*блот'-тер*) s. пачкунъ; || клеветникъ; || пропускная бумага; || туманъ.
Blotting (*блот'-тинг*) s. пачканіе, мараніе; || adj. пачкающій; всасывающій. **— -paper,** пропускная бумага. [блуза.
Blouse *или* **Blowse** (*бло'уз*) s.
Blow (*бло'у*) s. ударъ, толчекъ, тумакъ; движеніе; || цвѣтъ, цвѣтеніе. **—with the fist,** ударъ кулакомъ. **Unlucky —,** тяжелый ударъ. **Without striking a —,** безъ боя. **To come to —s,** вступить въ рукопашную, дойти до рукопашной. || vn. дуть, вѣять; распускаться, цвѣсти; задыхаться. **The wind — s north,** вѣтеръ дуетъ съ сѣвера. **To — off,** снести; раздувать; выпускать (пары). **To — out,** задуть, погасить; выгнать вѣтромъ откуда. **To — over,** разогнать вѣтромъ, сдуть; разсѣяться. || va. дуть,

раздувать, надувать; распространять; переводить духъ; класть яички на мясо (о мухѣ). **To — hot and cold,** дуть тепломъ и холодомъ. **The wind blew away his hat,** вѣтеръ снесъ его шляпу. **To — down,** снести вѣтромъ, разрушить; опрокинуть, повалить. **— out that candle,** задуть свѣчу. **To — up,** взорвать на воздухъ; вздуть, возмутить, вызвать волненіе; || * вскружить голову, взбудоражить, разжечь страсти. **The enemy attempted to — up a mine,** врагъ пытался взорвать рудникъ. **He is blown up with pride,** онъ исполненъ гордости.

Blower (*бло'у-ер*) s. раздувающій; [дующій.

Blowing (*бло'-у-инг*) s. дуновеніе, раздуваніе; цвѣтеніе; || adj. бурный; цвѣтущій. **Engine —,** раздувательная машина.

Blowpipe (*бло'у-пайп*) s. паяльная трубка.

Blowze (*бла'уз*) s. загорѣлая, краснощекая дѣвушка.

Blowzed (*бла'узд*) **Blowzy** (*бла'у-зи*) adj. загорѣлый, раскраснѣвшійся.

Blubber (*блōб'-бер*) s. китовый жиръ, ворвань; медуза; морская крапива; || vn. плакать долго навзрыдъ, горько плакать, ревѣть. || va. надувать щеки; распухать (отъ слёзъ).

Blubbered (*блōб'-брд*) adj. разбухшій.

Bludgeon (*блōд'-жōн*) s. палка съ тяжелымъ набалдашникомъ, дубинка.

Blue (*блю*) s. голубой или синій цвѣтъ. **Prussian —,** берлинская лазурь. || adj. синій, голубой, лазуревый; || * дурной, мрачный, темный. **True —,** чисто голубой. **To look —,** выглядѣть сконфуженнымъ. **— -bell,** s. (бот.) колокольчикъ. **— -bottle,** (бот.) василекъ (цвѣтокъ); (энтом.) муха. **— -devils,** меланхолія, черныя мысли. **— -jacket,** матросъ (названіе данное по курткѣ). **— book,** синяя книга, сводъ парламентскихъ документовъ. **— -stocking,** синій чулокъ, ученая дама. || va. синить; воронить сталь.

Bluebird (*блю'-бōрд*) s. (орнит.) трясогузка.

Blueing (*блю'-инг*) s. синеніе, окраска въ голубой цвѣтъ.

Bluely (*блю'-ли*) adv. сине.

Blueness (*блю'-нес*) s. синій цвѣтъ, синева; лазурь (небесная).

Bluey (*блю'-и*) adj. синеватый.

Bluff (*блōф*) s. (морск.) высота, отвѣсный берегъ, мысъ. || adj. толстый; грубый; крутой; распухлый.

Bluffness (*блōф'-нес*) s. опухоль, опухлость, раздутость, грубость.

Bluffy (*блōф'-и*) adj съ крутымъ берегомъ.

Bluish (*блю'-иш*) adj. синеватый.

Bluishly (*блю'-иш-ли*) adv синевато.

Bluishness (*блю'-иш-нес*) s. синеватость, голубоватость.

Blunder (*блōн'-дер*) s. промахъ, недосмотръ, ошибка. || va. vn. ошибаться, сплоховать; запнуться, заговориться, сбиться въ рѣчи; поступить неосмысленно. **To — out,** путать.

Blunderbuss (*блōн'-дер-бōс*) s. мушкетонъ (старинное ружье).

Blunderer (*блōн'-дер-ер*) s. дѣлающій промахи, ошибки, взаломощный, дикій человѣкъ.

Blunderhead (*блōн'-дер-хед*) s. см. **Blunderer.**

Blunderingly (*блōн'-дер-инг-ли*) adv. съ ошибками; взбалмошно.

Blunt (*блōнт*) adj. тупой, непонятливый; грубый. **To get —,** притупляться, тупѣть. **— truths,** жестокія истины. || va. притупить ослабить, смягчить.

Bluntly (*блōнт-ли*) adv. тупо, грубо, топорно.

Bluntness (*блōнт'-нес*) s. тупость грубость, рѣзкость.

Blur (*блōр*) s. пятно, помарка. || пятнить, обезчестить.

Blurt (*блōрт*) va. сболтнуть, болтать безъ толку. **To — out,** выболтать, сболтнуть.

Blush (*блōш*) s. краска въ лицѣ, румянецъ; || взглядъ, видъ; || va. покрываться румянцемъ; || vn. краснѣть, стыдиться. || vn. **She blushes at it,** она при этомъ покраснѣла.

Blushful (*блōш'-фул*) adj. краснѣющій, стыдливый.

Blushfully (*блōш'-фул-и*) adv. стыдливо.

Blushing (*блōш'-инг*) s. румянецъ; adj. краснѣющій, румяный.

Blushless (*блōш'-лес*) adj. безстыдный.

Blushy (*блōш'-и*) adj. покраснѣвшій, слегка румяный.

Bluster (*блōс'-тер*) s. страшный шумъ, гамъ, сумятица, переполохъ; бушеваніе (бури); || хвастовство, самохвальство. || vn. шумѣть; || бушевать, ревѣть; || хвастать.

Blusterer (*блōс'-тор-ер*) s. крикунъ, хвастунъ, самохвалъ.

Blustering (*блōс'-тер-инг*) s. шумъ, крикъ; бушеваніе; хваствовство; || adj. шумный, бурный, свирѣпый.

Blusteringly (*блёс'-тер-ингли*) adv. шумно, неистово, шумно

Blusterous (*блёс'-тер-ёс*) adj. шумный, хвастливый.

Bo (*бо'о*) interj. у! у!

Boa (*бо'а*) s. удавъ (змѣя); боа (дамское).

Boar (*бо'ор*) s. боровъ. **Wild —,** кабанъ, вепрь. **Young wild —,** молодой кабанъ.

Board (*бо'ард*) s. доска; столъ (классный); совѣтъ, собраніе; департаментъ, коммисія; || (морск.) бортъ (корабля); || картонъ, папка. **Chess —,** шахматная доска. **Draft —,** доска для шашекъ. **—and lodging,** столъ и квартира.— **-wages,** столовыя деньги. **The —of directors,** совѣтъ директоровъ. **To go on —,** садиться на корабль. **A book in —s,** книга въ папкѣ || va. vn. устилать досками; содержать на хлѣбахъ; быть самому на хлѣбахъ; ободировать, сцѣпиться бортами (о корабляхъ).

Boardable *бо'орд-ă-бл*) adj. абардажный; доступный.

Boarder (*бо'орд-ер*), s. нахлѣбникъ, пансіонеръ.

Boarding (*бо'орд-ин*), s. устиланіе досками; || абордажъ; || пенсіонъ, содержаніе; переплетъ. **— -house,** пансіонъ, (домъ, гдѣ берутъ нахлѣбниковъ). **Family — -house,** столъ и квартира въ семьѣ. **— -school,** школа — пансіонъ.

Boarish (*бо'ор-иш*), adj. кабаній, звѣрпный; жестокій.

Boast (*бо'ост*) s. хвастовство; спесивость; || va. vn. хвастаться; возгордиться, возомнить много о себѣ. **To make a — of,** хвастать.

Boaster (*бо'ост-ер*), s. хвастливый человѣкъ.

Boastful (*бо'ост-фул*), adj. хвастливый, тщеславный.

Boastfully (*бо'ост-фул-ли*) adv. хвастовски.

Boasting (*бо'ост-инг*), s. хвастовство. [тщеславно.

Boastingly (*бо'ост-инг-ли*), adv.

Boastless (*бо'ост-лес*), adj. скромный.

Boat (*бо'от*) s. лодка, ботъ, шлюпка. **Fishing —,** рыбная лодка. **Life —,** спасательная лодка. **— -hook,** — багоръ. **— -house,** помѣщеніе для шлюпокъ. || va. vn. перевозить на лодкѣ.

Boating (*бо'от-инг*), s. перевозка на лодкахъ.

Boatman (*бо'от-мăн*), **Boatsman** (*бо'отс-мăн*), s. лодочникъ, перевозчикъ, гребецъ.

Boatrope (*бо'от-роп*), s. кабель.

Boatswain (*бо'от-суэн*), s. боцманъ, лоцманъ, шкиперъ

Bob (*боб*) s. легкій щелчокъ, ударъ; серьга (ушная); подвѣсокъ; кисточка; || прибаутка, припѣвъ; || насмѣшка, легкая шутка; || балансиръ у паровой машины; маятникъ; || раскачиваніе; || npr. (уменьш.) Робертъ. || va. обманывать, провести; укорачивать, приводить въ движеніе. **To — one's head,** качать головой. || vn. висѣть, качаться, болтаться; приманивать на удочку.

Bobbin (*боб'-бин*) s. коклюшка; веретено, шпулька; вьюшка.

Bobbinet (*боб-би-нет*) s. машинный тюль, катушка.

Bobby (*боб-би*), **Bob** (*боб*) уменьш. отъ **Robert.**

Bobstays (*боб'-стэйс*) s. (морск.) [ватеръ-штагъ.

Bobtail (*боб'-тэл*) s. короткій хвостъ; вертушка (о женщинахъ); сволочь. || остріе (стрѣлы).

Bobtailed (*боб'-тэлд*) adj. короткохвостый.

Bobwig (*боб'-уиг*) **Bobtailwig** s. круглый парикъ. [клеенка.

Bocasine (*бок'-а-син*) s. тонкая

Boce (*бо'ос*) s. (ихтіол.) спаръ.

Bode (*бо'од*) va. предзнаменовать, предвѣщать; || vn. служить хорошимъ или дурнымъ предзнаменованіемъ; предвѣщать, предсказывать; || s.предвѣщаніе, предзнаменованіе.

Bodement (*бо'од-мент*) s. предзнаменованіе, предвѣстіе.

Bodice (*бод'-ис*) s. корсетъ, шнуровка. [ный.

Bodiless (*бод'-и-лес*) adj. безтѣлес-

Bodily (*бод'-и-ли*) adj. тѣлесный, плотскій; физическій. || adv. тѣлесно, плотски.

Boding (*бо'од-инг*) s. предзнаменованіе, предчувствіе.

Bodkin (*бод'-кин*) s. шило, шильце; шпилька; кинжалъ.

Body (*бод'-и*) s. тѣло, корпусъ, остовъ; плоть; вещество; || человѣкъ, особа; корпорація, общество; (воен.) корпусъ, отрядъ, остовъ (чего), основаніе; кузовъ (кареты); лифъ (платья); || сила, крѣпость, плотность; || стволъ (дерева); сводъ (законовъ). **A dead —,** трупъ, мертвое тѣло. **A — of infantry,** отрядъ инфантеріи. **Wine of a good —,** доброкачественное вино. || va. облечь въ тѣло, въ форму; осуществлять; воплощать.

Bœotian (*био'о-ши-ăн*) s. беотіецъ.

-ienka; || adj беотійскій; | грубый.
Bog (*бог*) s. болото, топь; || va. ввалить въ тину, въ грязь, вязнуть въ грязи. — **-oak**, болотный дубъ въ Ирландіи. — **trotter**, житель болотныхъ мѣстъ.
Boggle (*бог'г.л*) va. vn. останавливаться, колебаться, не рѣшаться; затрудняться; притворяться, лицемѣрить; путать.
Boggled (*бог'г.лд*) ppa. испуганный, сбитый съ толку.
Boggler (*бог'-лер*) s. робкій, нерѣшительный человѣкъ, трусъ.
Boggy (*бог'-ги*) adj. болотистый, топкій.
Bogie (*бо'о-ги*) s. пугало.
Bogle (*бо'о-г.л*) s. привидѣніе; пугало, бука.
Bohea (*бо-хи'*) s. дешовый черный чай.
Bohemia (*бо-хи'-ми-ä*) prr. (геогр.) Богемія, Чехія.
Bohemian (*бо-хи'-ми-äн*) s. богемецъ, -мка; || adj. богемскій, цыганскій.
Boil (*бойл*) vn. кипѣть; вариться; пѣниться (о волнахъ). **To — fast**, кипѣть сильно, бить бѣлымъ ключемъ. **To — over**, итти черезъ край (при кипѣніи). || va. кипятить, варить, отваривать. || s. чирій; болячка.
Boiler (*бойл'-ер*) s. кипящій, варящій; || котелъ, паровикъ.
Boilery (*бойл'-ери*) s. кипятильня.
Boiling (*бойл'-инг*) s. кипѣніе, кипяченіе, вареніе.
Boisterous (*бойс'-тер-öс*) adj. бурный, пылкій, буйный; гнетущій, тяжолый.
Boisterously (*бойс'-тер-öс-ли*) adv. бурно, пылко, съ увлеченіемъ.
Boisterousness (*бойс'-тер-öс-нес*) s пылъ, бурное состояніе.
Bolary (*бо'о-лä-ри*) adj. глинистый.
Bold (*бо'олд*) adj. смѣлый, дерзкій, бойкій; отважный. **To be so — as to**, быть достаточно смѣлымъ для... **To make — to**, набраться смѣлости для...
Boldface (*бо'олд'-фэс*) s. наглость.
Boldfaced (*бо'олд-фэст*) adj. наглый, дерзкій.
Boldly (*бо'олд-ли*) adj. смѣло, свободно.
Boldness (*бо'олд-нес*) s. смѣлость, отважность, дерзость.
Bole (*бо'ол*) s. стволъ (дерева); пень.
Bolis (*бо'олис*) s. болидъ, огненный метеоръ.
Boll (*бо'-ол*) s. (ботан.) оболочка сѣмени (у растенія), шелуха, || vn. (бот.) пуститься въ сѣмя, наполниться, налиться зерномъ.
Bollings (*бо'олингз*) s. pl деревья съ обрубленными верхами и вѣтвями.
Bologna (*бо-ло'он-иä*) prr. (геогр). Болонья.
Bolognese (*бо'о-ло-низ*) adj. болонскій; || s. болонецъ, житель —ница Болоньи.
Bolster (*бо'ол-стер*) s. изголовье, подушка; подстилка, подкладка; || va. подкладывать подъ голову подушку; поддерживать, подпирать; || vn. укладывать.
Bolsterer (*бо'ол-стер-ер*) s. подпора, поддержка, подкладка.
Bolstering (*бо'ол-стер-инг*) s. подпираніе, подпора, подставка.
Bolt (*бо'олт*) s. копье, дротикъ, стрѣла; бортъ, засовъ, задвижка, замычка; стержень; || сито, рѣшето; || пукъ, связка; || s. pl. оковы; узы; || va. запирать засовомъ, скрѣплять болтами, приколачивать гвоздями; || сѣять; разсматривать, обсуждать; очищать. **To — any one out**, запираться на засовъ. || vn. пуститься стрѣлой; высказать, выболтать, спугнуть. **To — off**, удрать.
Bolter (*бо'ол-тер*) s. сито, рѣшето; грохотъ.
Bolting (*бо'олт-инг*) s. запиранье на засовъ, скрѣпленіе болтами; просѣваніе; разсмотрѣніе, обсужденіе. — **-house**, мукосѣйня. — **-mill**, мукосѣйная мельница.
Bolus (*бо'о-лöс*) s. (медиц. фар.) болюсъ, катышекъ.
Bomb (*бöм*) s. бомба; ударъ. — **-vessel**, бомбардирское судно. — **-proof**, не пробиваемый бомбами. — **-shell**, бомба. || vn. раздаваться, трещать, звучать.
Bombard (*бöм-бард*) s. родъ пушки; || бомбардированіе; || боченокъ; || va. бомбардировать.
Bombardier (*бöм-бар-дир'*) s. бомбардиръ; (зоол.) жукъ.
Bombardment (*бöм-бард'-мент*) s. бомбардированіе.
Bombasin, Bombazine (*бöм-ба-зин'*) s. бумазея (матерія).
Bombast (*бöм'-бäст*) s. родъ толстой матеріи; || надутость, напыщенность (въ словахъ); вздоръ; || adj. напыщенный.
Bombastic (*бöм-бäст'-ик*) adj. надутый, напыщенный.
Bombic (*бöм'-бик*) adj. бомбообразный; || шелковичный.
Bombyx (*бöм'-бикс*) s. шелковичный червь.
Bona - fide (*бо'на-фидэ*) adj. добросовѣстный.
Bond (*бонд*) s. связь, союзъ; узелъ; узы; || обязательство, условіе, контрактъ; закладная; пакгаузъ, складъ; ; цѣпь. **Matrimonial —s**, брачныя узы. **Out of —**, вышедшій изъ склада. — **-holder**,

владѣлецъ облигацій. || va. обязываться уплатить, выдать вексель.

Bondage (*бонд'-эж*) заточеніе, неволя; обязательство, необходимость.

Bonded (*бонд'-эд*) adj. обязанный письменно; получательскій.

Bonder (*бонд'-ӧр*) s. получатель.

Bonding (*бонд'-инг*) s. получательство. — **-warehouse,** складъ товаровъ.

Bondmaid (*бонд'-мэд*) s. невольница, молодая рабыня.

Bondman (*бонд'мӓн*) s. рабъ, невольникъ, крѣпостной.

Bondslave (*бонд'-слэв*) s. рабъ.

Bondsman (*бондз'-мӓн*) s. заложникъ; (юрид.) порука, залогъ.

Bondswoman (*бондз'-уум'-ӓн*) s.

Bondwoman (*бонд'-уум-ӓн*) s. невольница, рабыня.

Bone (*бо'ун*) s. кость, китовый усъ, рыбья кость. || **—s,** s. pl. игральныя кости; костякъ (у мертвыхъ). **The jaw —,** челюсть. **Whale —,** китовый усъ. **He is nothing but skin and —s,** онъ кожа да кости. **He made no —s of it,** * это не смутило его. **What is bred in the — will never come out of the flesh,** что всосано съ молокомъ матери (съ мозгомъ костей), никогда не утрачивается.— **-black,** животная сажа. — **-lace,** плетеное кружево. — **-setter,** костоправъ, дѣлающій скелетъ. — **less,** безкостный. || va. (кулин.) снимать мясо съ костей; вкладывать китовый усъ въ корсетъ.

Boned (*бо'-унд*) adj. или **Boneless,** съ костями.

Bonfire (*бон'-файр*) s. огни (потѣшные), костры.

Bonito (*бо-ни'-то*) бонитъ, макрель (рыба).

Bonnet (*бон'-ет*) s. чепчикъ (женскій); (форт.) боннетъ; || vn. снимать чепчикъ.

Bonnibel (*бон'-и-бел*), **Bonnilass** (*бон'-и-лӓс*) s. красивая дѣвушка.

Bonnily (*бон'-и-ли*) adv. весело, пріятно.

Bonniness (*бон'-и-нес*) s. веселость; любезность; дородность.

Bonny (*бон'-ни*) adj. красивый, веселый; пухленькій.

Bonny-Clabber (*бон'ни-клӓб'-бӧр*) s. кислое молоко.

Bonus (*бо'о-нӧс*) s. взятка; фиктивный дивидентъ.

Bony (*бо'у-ни*) adj. костлявый, костистый. [жрецъ).

Bonze (*бонз*) s. бонза (буддійскій

Booby (*бу'-би*) s глупенькій, олухъ; || бакланъ (птица).

Book (*бук*) s. книга, тетрадь; записная книжечка. **Second-hand —s,** книги изъ вторыхъ рукъ. **School — s,** учебныя книги. **Cash —,** кассовыя книги. **„Paradise Lost" is divided into twelve —s,** „Потерянный рай" Мильтона раздѣленъ на двѣнадцать пѣсенъ. — **-keeper,** бухгалтеръ. — **-keeping,** бухгалтерія. — **-learning,** эрудиція, книжность; буквоѣдство; — **-maker,** (спор.) записывающій пари (о лошадяхъ); || va. вносить, вписывать въ книгу, записывать. **To — one's place,** удержать за собой мѣсто.

Bookbinder (*бук'-байн-дӧр*) s. переплетчикъ.

Bookbindery (*бук'-байн-дӧри*) s. переплетная мастерская.

Bookbinding (*бук'-байн-динг*) s. переплетъ.

Bookcase (*бук'-кэс*) s. книжный шкафъ. [ный.

Bookful (*бук'-фул*) adj. начитан-

Booking (*бук'-инг*) s. регистрація, — **-office,** контора, бюро (театра и т. д.)

Bookish (*бук'-иш*) adj. любящій книги, увлекающійся чтеніемъ.

Bookishness (*бук'-иш-нес*) s. страсть къ чтенію.

Bookman (*бук'-ман*) s. книжникъ, ученый.

Bookmate (*бук'-мэт*) s. соученикъ, товарищъ по ученію.

Bookseller (*бук'-се-лӧр*) s. книгопродавецъ.

Bookselling (*бук'-се-линг*) s. книжная торговля. [ная лавка,

Bookshop (*бук'-шоп*) s. книж-

Bookstall (*бук'-стол*) s. ларь (у букиниста).

Bookstand (*бук'-стӓнд*) s. книжная полка; маленькая книготорговля.

Bookstore (*бук'-стоор*) s. книжный складъ. [жный червь.

Bookworm (*бук'-уӧрм*) s. кни-

Boom (*бум*) s. багоръ. || vn. идти на всѣхъ парусахъ; || подыматься (о волнахъ). [барабана.

Booming (*буминг*) s. шумъ, звукъ

Boon (*бун*) s. милость; благодѣяніе, даръ; подарокъ, удовольствіе; || adj. веселый, любезный. **A — companion,** веселый малый, собутыльникъ.

Boor (*бур*) s. мужикъ, деревенщина. [коватый, грубый.

Boorish (*бур'-иш*) adj. мужи-

Boorishly (*бур'-иш-ли*) adv. мужиковато, грубо.

Boorishness (*бур'-иш-нес*) s. мужиковатость, грубость.

Boose (*буз*) s. хлѣвъ (коровій).

Boot (*бот*) s. сапогъ, ботинка. **Wellington —**, обыкновенные сапоги. **Hessian** или **riding —**, высокіе сапоги. **Top —s**, отворотъ у сапоговъ. **— -jack**, машинка для снимапія ботинокъ, **— -maker**, сапожникъ. || s. выгода, польза, прибыль; добыча. **To—**, сверхъ договора, добавочная выгода. || va. надѣвать сапоги. **What boots it to complain?** къ чему ведутъ жалобы?

Booted (*бу'-тед*) adj. обутый въ сапоги.

Booth (*бусз*) s. хижина, шалашъ.

Bootless (*бут'-лесс*) adj. безполезный, безъуспѣшный.

Bootlessly (*бут'-лес-ли*) adv. безполезно, безуспѣшно.

Bootlessness (*бут'-лес-нес*) s. безцѣльность, безполезность.

Boots (*бутс*) s. чистильщикъ сапогъ на улицѣ.

Booty (*бут'-и*) s. добыча.

Booze (*буз*) va. fam. напиться, натрескаться.

Boozy (*бу'-зи*) adj. опьяненный, упившійся.

Bo-peep (*бо-пип'*) s. прятки (игра).

Boracic (*бо-рăс'-ик*) adj. (хим.) борный.

Boracite (*бо'о-рă-сайт*) s. (минер.) буровый шпатъ.

Borage (*бŏр'-эдж*) s. огуречная (трава.

Borate (*бо'о-рэт*) s. борнокислая соль.

Borax (*бо'о-рăкс*) s. (хим.) борная (кислота.

Border (*бор'-дер*) s. край, окраина, кайма, бордюръ; граница. || va. окаймлять, обшивать вокругъ чѣмъ, опушать; облагать; || vn. (съ **on** или **upon**) граничить,быть смежнымъ, быть близкимъ къ чему. **France borders on Spain**, Франція граничитъ съ Испаніей.

Borderer (*бор'-дер-ер*) s. пограничный житель, ближайшій къ... **— on the sea**, поморецъ.

Bore (*бо'ор*) va. буравить, сверлить; проколоть, проткнуть. **To — a tunnel**, провести туннель. || vn. пробиваться, проникать; || надоѣдать. **To — for coal**, развѣдывать каменный уголь: дѣлать пробное буравленіе каменнаго угля. || s. дыра, отверстіе; || буравъ, сверло; || дуло (ружья), калибръ (пушки); ~ приливъ въ рѣкахъ. **What a — that fellow is!** какой скучный этотъ человѣкъ.

Boreal (*бо'о-ри-ăл*) adj. сѣверный.

Boreas (*бо'-ри-ăс*) s. борей, сѣверный вѣтеръ.

Boree (*бо-ри'*) s. буре (танецъ).

Borer (*бо'ор-ер*) s. сверлильщикъ; || буравъ, сверло.

Boring (*бо'ор-инг*) s. сверленіе, пробуравливаніе; || adj. (fam.) утомительный, тягучій.

Born (*бо'орн*) adj. рожденный. **To be —**, родиться. **— again**, возрожденный. **New —**, новорожденный. **Still- —**, мертворожденный.

Borough (*бŏр'-о*) s. городъ, мѣстечко, пользующееся городовымъ положеніемъ; корпорація. **Rotten —**, гнилое мѣстечко, фальсифицирующее выборы мѣстечко.

Borrow (*бор'-роу*) s. заемъ; залогъ; гарантія; обезпеченіе; || va. брать въ займы, заимствовать.

Borrower (*бор'-роуд*) adj. заимствованный; взятый взаймы, напрокатъ.

Borrowing (*бор'-роу-инг*)s. заемъ, заимствованіе.

Bort (*борт*) s. алмазный порошокъ.

Boscado (*боск'-эдж*) s. рощица, боскетъ.

Bosh (*бош*) s. очеркъ, абрисъ; || вздоръ.

Bosky (*бŏс'-ки*) adj. лѣсистый, лѣсной.

Bosnia (*бос'-ни-ă*) npr. (геогр.) Боснія.

Bosnian (*бос'-ни-ăн*) adj. боснійскій; || s. босніецъ, -ійка.

Bosom (*бу'-зюм*) s. грудь, пазуха; лоно (церкви); нѣдра (земли) чаща (лѣса); || объятіе; сердце; любовь; довѣріе; расположеніе; интимность. **The — of the sea**, морскія глубины, лоно морское. **— friend**, сердечный, задушевный другъ. **— secret**, сердечная тайна. || va. спрятать за пазуху; хранить въ сердцѣ, беречь.

Bosphorus (*бŏс'-фо-рăс*),npr.(геог.) Босфоръ.

Boss (*бос*) s. горбъ, выпуклость, шишка; возвышеніе; выпуклое украшеніе.

Bossage (*бос'-сэдж*) s. (архит.) выступъ.

Bossed (*босд*) adj. выпуклый, украшенный выпуклыми украшеніями.

Bossy (*бос'-си*) adj. выдающійся, выступающій, украшенными выпуклыми фигурами.

Botanical (*бо-тăн'-ик-ăл*) adj. ботаническій.

Botanically (*бо-тăн'-ик-ăл-и*) adv. путемъ ботаники, ботанически.

Botanist (*бот'-ăн-ист*)s. ботаникъ.

Botanize (*бот'-ă-найз*) vn. заниматься ботаникой, собирать травы.

Botanizing (*бот'-ă-найз-инг*) собиранiе травъ.
Botany (*бот'-ă-ни*) s. ботаника (наука о растенiяхъ).
Botany Bay (*бот'-ă-ни-бэ*) npr. (геогр.) Ботани-Бей (Австралiя). **—oak**, дубъ изъ Ботани-Бей, австралiйскiй дубъ.
Botch (*боч*) s. злокачественный нарывъ; грубо сдѣланная работа; ошибочная вставка; ‖ заплата. ‖ va. класть заплаты; уродовать, искажать смыслъ; вахлять (работу); набирать слова безъ всякой связи. **To — up**, кромсать.
Botcher (*боч'-ер*) s. кропальщикъ, починщикъ стараго платья.
Botchery (*боч'-ер-и*) s. дурная работа; кропанiе.
Botchy (*боч'-и*) adj. покрытый гнойными язвами; съ заплатами; сшитый изъ лоскутковъ.
Both (*босз*) pron. оба, тотъ и другой; и... и; какъ... такъ. **— his sons**, оба его сына. **— of them**, они оба. **— of us**, мы вдвоемъ. **Multitudes — of French and English**, многiе, какъ французы, такъ и англичане. **He can — read and write**, онъ умѣетъ и читать и писать. **— by sea and land**, и моремъ и сухимъ путемъ.
Bother (*босз'-ер*) va. затруднять, надоѣдать, сбивать съ толку; ‖ s. затрудненiе, хлопоты, суета; шумъ.
Bothnia (*босз'-ни-а*) npr. (геогр.) Ботнiя.
Bothnian (*босз'ни-ăн*) adj. ботническiй.
Bots (*бŏтс*) s. pl. (ветер.) кишечная глиста (у лошадей).
Bottle (*бот'-тл*) s. бутылка; снопъ, копна (сѣна, соломы), скирда. **Stone —**, глиняный кувшинъ. **Sucking —**, соска. **— -brush**, кропило. **— -green**, зелено-бутылочнаго цвѣта. **— -rack**, проволочное приспособленiе для ношенiя бутылокъ. ‖ va. или **To — off**, va. разливать въ бутылки. **To —**, метать въ скирды; вязать въ снопы, въ пучки.
Bottling (*бот'-тлинг*) s. разливка, разливанiе по бутылкамъ.
Bottom (*бот'-том*) s. дно, днище; низъ, исподъ; грунтъ; подводная часть корабля; низъ, нижняя часть; глубина, конецъ; основанiе; сущность; лощина, долина; задняя сторона, задница; клубокъ нитокъ; сила; крѣпость, мощность. **From top to—**, сверху донизу. **To sink to the —**, итти ко дну. **The — of a chair**, сидѣнiе стула. **Foreign —**, иностранный корабль. ‖ va. продѣлывать дно, низъ; основывать на чѣмъ; наматывать на что. **To — a chair**, дѣлать новое соломенное сидѣнiе у стула. ‖ vn. основываться на чѣмъ.
Bottomed (*бот' - тŏмд*) adj. плоскодонный. **Flat — ship**, плоскодонное судно.
Bottomless (*бот'-тŏм-лес*) adj. adj. бездонный; безпредѣльный; ‖ непостижимый, трудный для познаванiя.
Bottomry (*бот'-тŏм-ри*) s. (торг.) заемъ подъ залогъ судна.
Boudoir (*бу'-дуар*) s. будуаръ, дамская уборная.
Bough (*ба'у*) s. сукъ. **— -pot**, цвѣточный горшокъ.
Bought (*бо'ут*) s. сгибъ, изгибъ, складка; извилина; шнурокъ; узелъ; вязанный кошелекъ.
Bougie (*бу-жи'*) s. свѣча.
Boulder (*бо'ул-дор*) s. камешекъ; (геол.) обломокъ скалы.
Boultin (*ба'ул-тин*) s. (арх.) четверть вала.
Bounce (*бо'унс*) vn. прыгнуть, броситься, удариться о что; шумѣть, стучать; ‖ * хвастать. **To — against** накидываться, ударяться. ‖ va.подбрасывать. **To — a ball**, подбрасывать мячъ; ‖ s. ударъ, хлопанiе, шумъ, трескъ; ‖ хвастовство. [враль.
Bouncer (*ба'ун-сер*) s. хвастунъ,
Bouncing (*ба'ун-синг*) adj. сильный; смѣлый, шумный.
Bouncingly (*ба'ун-синг-ли*) adv. хвастливо, заносчиво.
Bound (*ба'унд*) s. предѣлъ, граница; ‖ скачекъ, прыжокъ. **To keep within — s**, не выходить изъ границъ; ‖ va. ограничивать, граничить; ‖ vn. прыгать, скакать; отскакивать.
Bound (*ба'унд*) adj. связанный; (морск.) назначенный. **Whither — ?** куда отправляется, куда идетъ корабль? **— for Leghorn**, въ Ливорно.
Boundary (*ба'унд-ă-ри*) s. рубецъ, граница, предѣлъ, межа.
Bounden (*ба'унд-н*) adj. обязанный, обязательный.
Boundless (*ба'унд-лес*) adj. безпредѣльный, безграничный, неизмѣримый.
Boundlessly (*ба'унд-лес-ли*) adv. безпредѣльно, безгранично.
Boundlessness (*ба'унд-лес-нес*) s. безпредѣльность.
Bounteous (*ба'ун-ти-ŏс*) adj. благотворительный, щедрый.
Bounteously (*ба'ун-ти-ŏс-ли*) adv. благотворительно, щедро.

Bounteousness (*ба'ун-ти-эс-нес*) s. благотворительность, щедроты.
Bountiful (*ба'ун-ти-фул*) adj. щедрый, великодушный, плодотворный.
Bountifully (*ба'ун-ти-фул-и*) adv. щедро, великодушно, плодотворно.
Bountifulness (*ба'ун-ти-фул-нес*) s. доброта, великодушіе.
Bounty (*ба'ун-ти*) s. щедрость, благотворительность, великодушіе, благость; || денежная премія въ цѣляхъ поощренія.
Bourgeois (*бöр-джойс'*) s. (тип.) боргесъ (шрифтъ).
Bourgeon (*бöр'-джöн*) vn. распускаться, пускать почки.
Bourn (*бо'орн*) s. предѣлъ, граница; || потокъ, ручей.
Bouse (*буз*) vn. пить, бражничать.
Bousy (*бу'-зи*) adj. подвыпившій.
Bout (*ба'ут*) s. разъ, ударъ; схватка. **At one —**, разомъ, однимъ ударомъ. **A drinking —**, кутежъ, оргія.
Bovine (*бо'о-вайн*) adj. рогатый (о скотѣ).
Bow (*ба'у*) va. гнуть, сгибать, наклонять, преклонять (колѣна). **He bowed his head**, онъ склонилъ голову; || vn. гнуться, преклоняться; кланяться. **To — down**, изнемогать; || s. поклонъ; || (мор.) корабельный носъ. **A low —**, глубокій поклонъ **To make a —**, поклониться.
Bow, (*ба'у*) s. дуга лукъ; бантъ, затяжная петля; яремъ, ярмо; арчакъ (у сѣдла); смычекъ. **To have two strings to one's—**, имѣть про запасъ нѣсколько средствъ. **— string**, тетива (у лука); удавка. **— -leg**, съ выгнутыми колѣнами. **— -saw**, пила для выпилокъ. **— -window**, s. окно съ выступомъ.
Bowel (*ба'у-ел*) va. потрошить; || s. pl. кишечникъ, внутренности, кишки, потроха; || [illegible] средина; нѣдра; лоно земли; || состраданіе, сердце. **The —s of the earth**, нѣдра земли. **You have no — of compassion**, у васъ нѣтъ состраданія.
Bower (*ба'у-ер*) s. хижина; бесѣдка; убѣжище, мѣстопребываніе; (морск.) носовой якорь; || va. помѣщать, покрывать вѣтвями деревьевъ, устраивать колыбель; || vn. пребывать, имѣть мѣстожительство.
Bowery (*ба'у-ер-и*) adj. въ видѣ бесѣдки, аллеи; съ аллеями.
Bowie - knife (*ба'у-и-найф*) s. ножъ мясника.
Bowl (*бо'ул*) s. чаша, кубокъ; стаканъ (напитка), трубка (табачная); углубленіе (въ ложкѣ); (мор.) артельный бакъ; || шаръ; || va. vn. катить какъ шаръ, играть шарами.
Bowler (*бо'у-лер*) s. играющій шарами.
Bowline (*бо'у-лин*) s. (мор.) булинь.
Bowling (*бо'ул-инг*) s. игра въ шары.
Bowman (*бо'у-мäн*) s. стрѣлокъ; (морск.) носовой гребецъ.
Bowse (*ба'уз*) vn. (морск.) тянуть таліями.
Bowshot (*бо'у-шöт*) s. выстрѣлъ изъ лука, разстояніе полета стрѣлы.
Bowsprit (*бо'у-сприт*) s. (морск.) бушпритъ.
Bowstring (*бо'у-стринг*) s. тетива у лука; удавка. **To —**, удавить шнуркомъ.
Bow-wow. (*ба'у-ау*) s. амъ-амъ (подражаніе лаю собаки); собачка; лай собаки.
Box (*бокс*) s. (бот.) буксъ, самшитъ (дерево); || сундукъ, ящикъ, ларчикъ, коробка; ложа (въ театрѣ); маленькій сельскій домикъ; хижина; отдѣльная комната въ кофейнѣ; стойло; рам (у садовника); гайка; козлы (у кареты); ступица въ колесѣ; (тип.) касса, ящикъ; кулачный ударъ; затрещина; пощечина; || ударъ рукою. **Dice- —**, ящикъ для шашекъ. **Hat —**, картонка для шляпы. **Letter —**, ящикъ для писемъ. **Snuff —**, табакерка. **Strong —**, несгораемый сундукъ, ящикъ. **Poor —**, кружка для бѣдныхъ. **Hunting —, shooting —**, охотничій домикъ; || va. помѣстить въ коробку; ударить, дать пощечину; || vn. драться на кулачкахъ, боксировать.
Boxen (*бок'-сн*) adj. буксовый, самшетный.
Boxer (*бокс'-ер*) s. кулачный боецъ, боксеръ.
Boxing - day (*бокс'-инг-дэ*) s. рождественскій день подарковъ.
Boxwood (*бокс'-уд*) s. буковое дерево.
Boy (*бой*) s. мальчикъ, мальчишка; (мор.) юнга. **Yellow —**, желторотый.
Boyar (*бой-ар*) s. бояринъ, вельможа.
Boycot (*бой'-кот*) va. бойкотировать.
Boyhood (*бой'-худ*) s. отрочество (объ мальчикахъ); юношество; юношескій возрастъ.
Boyish (*бой'-иш*) adj. свойственный мальчикамъ.
Boyishly (*бой-иш-ли*) adv. ребячески.
Boyishness (*бой-иш-нес*) s. дѣтство, ребячество.
Boyism (*бой-изм*) s. дѣтство, ребячество.

Brabant (*бра-бант'*) npr. (геогр.) Брабантъ. [брабанскій.
Brabantine (*бра-бан'-тин*) adj.
Brabbler (*брäб'-блер*) s. спорщикъ, -щица, крикунъ, -нья.
Braccate (*брäк'-кэт*) adj. (орнит.) мохноногій о птицахъ.
Brace (*брэс*) s. чета, пара; связь и связуемое; ремни; лента; веревка; помочи; скобки, крюки; (мор.) брасъ; (муз. и тип.) соединительная скобка; || va. привязывать, связывать; натягивать; (мор.) брасопить (реи). **Ten — of partridges**, десять паръ куропатокъ. [запястье.
Bracelet (*брэс'-лет*) s. браслетъ,
Bracer (*брэ'-сер*) s. бандажъ, поясъ, перевязь; (мед.) тоническое средство.
Brach (*брäк*) s. бракъ (собака лягавой породы). [ручной.
Brachial (*брäк'-и-äл*) adj. (анат.)
Bracing (*брэс-инг*) adj. рѣзкій, укрѣпляющій.
Bracken (*брäк'-н*) s. папоротникъ.
Bracket (*брäк'-ет*) s. подставка, планка, брусокъ; подушка гребнаго колеса; (тип.) скобки; || va. ставить между скобками.
Brackish (*брäк'-иш*) adj. солоноватый. [солоноватость.
Brackishness (*брäк'-иш-нес*) s.
Bractea (*брäк'-ти-а*), **Bract** (*брäкт*) s. (бот.) прицвѣтникъ.
Bracteal (*брäк-ти-äл*) adj. (бот.) прицвѣтный.
Bracteate (*брäк'-ти-эт*) adj. съ прицвѣтникомъ. [штифтикъ.
Brad (*брäд'*) s. гвоздь безъ шляпки,
Brag (*брäг*) s. хвастовство; vn. хвалиться, хвастаться.
Braggadocio (*брä-гä-до'о-ши-о*) s. хвастунъ. [хвастливость.
Braggardism (*брäг'-äрд-изм*) s.
Braggart (*брäг'-äрт*) s. хвастунъ.
Bragger (*брäг-ер*) s. хвастунъ.
Bragging (*брäг'-инг*) adj. хвастливый. || s. хвастовство.
Brahma (*бра'-ма*) s. Брама.
Brahmin (*бра'-мин*) s. браминъ (индійскій жрецъ).
Brahminical (*бра'-мин'ик-ал*) adj. браминскій. [браминство.
Brahminism (*бра'-ми-низм*) s.
Braid (*брэд*) s. шнурокъ; косичка (волосъ); || вздрагиваніе; || adj. обманчивый; || va. сплетать, шнуровать, обшивать шнуркомъ.
Braided (*брэд'-эд*) adj. сплетеный, плетеный.
Brail (*брэл*) s. (мор.) гиты и гордени; || va. взять на гитовы.
Brain (*брэн*) s. мозгъ (головной); s. pl. * умъ, пониманіе. **His — is always at work**, его мозгъ всегда работаетъ. **A calf's —s**, телячьи мозги. **— -pan**, черепъ: || va. разбить, раздробить голову; размозжить черепъ.
Brained (*брэнд*) adj. имѣющій умъ, мозгъ, мозговатый. **Crack —**, полоумный. **Hare —**, легкомысленный, вѣтреный.
Brainless (*брэн'-лес*) adj. безмозглый.
Brake (*брэк*) s. (бот.) папоротникъ; трепало (для льна); ручка (у насоса); квашня; родъ узды; большая борона; || нажимъ, тормазъ; va. мять, трепать (ленъ, пеньку).
Braky (*брэк'-и*) тернистый, поросшій папоротникомъ.
Bramble (*брäм'бл*) s. терновникъ.
Brambly (*брäм'-бли*) adj. покрытый терновникомъ.
Bran (*брäн*) s. отруби. **— new**, совершенно новый.
Branch (*брäнч*) s. сукъ, сучокъ; вѣтвь; || отрасль (промышленности); колѣно, линія, (родства); отростокъ (оленьихъ роговъ); (архит.) стрѣлки свода; отдѣленіе (банка, конторы); вѣтка (желѣзной дороги). **The — es of a chandelier**, рожки конделябра. **The younger — of a family**, младшая линія рода. || va. vn. пускать, раскидывать вѣтви; * || развѣтвляться, раздѣляться. **To — off**, развѣтвляться. **To — out**, распространяться, разглагольствовать; дѣлать разводы (на ткани).
Branched (*брäнчт*), adj. съ вѣтвями, развѣтвленный.
Brancher (*брäнч'-ер*) s. молодая хищная птица.
Branchial (*брäн'-ки-äл*) adj. (зоол.) жаберный. [вистость.
Branchiness (*брäнч'-и-нес*) s. вѣт-
Branching (*брäнч'-инг*) s. пусканіе вѣтвей, развѣтвленіе; || adj. вѣтвистый. [вѣтвей.
Branchless (*брäнч'-лес*) adj. безъ
Branchlet (*брäнч'-лет*) s. вѣточка.
Branchy (*брäнч'-и*) adj. вѣтвистый.
Brand (*брäнд*) s. головня; мечъ; || молнія; клеймо раскаленнымъ желѣзомъ; || * пятно на репутаціи; пламя (страсти, любви); va. клеймить; || * позорить, клеймить.
Brandied (*брäн'-дид*) adj. настоенный на водкѣ, смѣшанный съ водкой.
Brandish (*брäн'-диш*) va. махать, размахивать; дѣйствовать. || s. размахъ, размахиваніе; взмахъ.
Brandisher (*брäн'-дишöр*) s. размахивающій.
Brandy (*брäн'-ди*) s. водка.
Brand-new (*брäнд-нью*) adj. совершенно новый.
Brangle (*брäн'-гл*) s. споръ, ссора;

|| va. спорить, препираться, ссориться.
Brangling (*брäн'-глинг*) s. ссора, споръ, препиранiе, препирательство.
Branks (*брäнгкс*) s. гречиха.
Brank-ursine (*брäнк'-öрсин*) s. (ботан.) акантъ.
Branny (*брäн'-ни*) adj. похожiй на отруби, изъ отрубей.
Brant-fox (*брäнт'-фокс*) s. черная лисица.
Brash (*брäш*) adj. грубый, вспыльчивый; || хрупкiй.
Brasier (*брэ'-жöр*) s. жаровня.
Brass (*брас*) s. желтая мѣдь, латунь, бронза; мѣдная монета. — **-founder**, мѣдникъ. **The age of —**, мѣдный вѣкъ. **Fire — es**, каменное украшенiе. **A face of —**, мѣдный лобъ; наглый взглядъ. **Sepulchral — es**, бронзовое украшенiе памятниковъ. || va. покрывать латунью, лудить.
Brassiness (*брас'-и-нес*) s. сходство съ мѣдью.
Brassy (*брас'-и*) adj. мѣдный.
Brat (*брäт*) s. мальчуганъ, мальчишка.
Bravado (*брä-вэ'-до*) s. хвастовство. [чванство.
Brave (*брэв*) adj. честный, храбрый, бравый, прекрасный. **He is a — man**, это славный человѣкъ. || s. хвастунъ, самохвалъ.
Bravely (*брэв'-ли*) adv. храбро, мужественно, смѣло, честно.
Bravery (*брэв'-эр-и*) s. храбрость; мужество; || великолѣпiе, блескъ.
Bravo (*брэ'-во*) s. подкупленный убiйца. || interj. браво!
Brawl (*бро'ол*) s. крикъ, ссора, споръ. || vn. горланить; журчать, ревѣть.
Brawler (*бро'ол-ер*) s. горланъ, крикунъ.
Brawling (*бро'ол-инг*) adj. крикливый, вздорливый, бранчивый, бранливый; || шумящiй, шумный, шумливый; || s. ссора, споръ, пререканiе; шумъ, гамъ, крикъ.
Brawlingly (*бро'ол-ин-гли*) adv. шумно.
Brawn (*бро'он*) s. мышцы; мускулы; || мускульная сила; || мясо; плоть; свинина; туша.
Brawner (*бро'он-ер*) s. свинья откормленная на убой, туша; свинина.
Brawniness (*бро'он-и-нес*) s. сила, крѣпость.
Brawny (*бро'он-и*) adj. мясистый, мускульный; крѣпкiй, сильный.
Bray (*брэй*) s. крикъ осла, оленя; шумъ; рѣзкiй крикъ (трубы); || vn. ревѣть, кричать, токовать (по оленьи); рѣзко звучать; || толочь, тереть.
Brayer (*брэй'-ер*) s. крикунъ, горланъ; || пестъ для растиранiя красокъ.
Braze (*брэз*) va. спаивать мѣдью; обивать мѣдью; дѣлать твердымъ, наглымъ.
Brazen (*брэ'-зн*) adj. мѣдный, бронзовый; || * безстыдный. **His — face**, мѣдный лобъ. || vn. быть безстыднымъ, наглымъ, дерзкимъ. **To — it out**, брать нахальствомъ.
Brazenly (*брэ'-зн-ли*) adj. нагло, безтыдно.
Brazenness (*брэ'-зн-нес*) s. наглость, безстыдство.
Brazier (*брэ'-жöр*) s. мѣдникъ; котельный мастеръ.
Brazil (*брä-зил'*) || npr. Бразилiя. s. бразильское (или красное) дерево. — **-nut**, бразильскiй орѣхъ. — **-wood**, бразильское дерево.
Brazilian (*брä-зил'-и-äн*) adj. бразилькiй; || s. бразилецъ, —лiйка.
Brazing (*брэ'зинг*) s. паянiе, припайка.
Breach (*брич*) s. проломъ, брешь, || разрывъ, трещина; || нарушенiе; || va. сдѣлать проломъ. **— of promise**, нарушенiе слова. **— of duty**, нарушенiе долга. || va. идти на брешь, на проломъ.
Bread (*бред*) s. хлѣбъ, пропитанiе. **Leavened —**, хлѣбъ на дрожжахъ. **Unleavened —**, хлѣбъ не на дрожжахъ, опреснокъ. **White, brown, household —**, бѣлый, пшеничный хлѣбъ. **New —**, свѣжiй хлѣбъ. **Stale —**, осѣвшiй хлѣбъ. **Barley —**, ячменный хлѣбъ. **His —is well buttered**, ему живется какъ по маслу, у него обезпечено будущее.
Breadless (*бред'-лес*) adj. безхлѣбный, лишенный хлѣба.
Breadth (*бредсз*) s. ширина; полотнище.
Break (*брэк*) va. бить, ломать; разнимать, рѣзать на части, доли, куски; мять (ленъ, пеньку); нарушать, преступать, прерывать; прекратить ослабить (впечатлѣнiе, ударъ); расторгнуть (бракъ, узы); сломить, обуздать (кого); разстроить, разрушить, погубить; разжаловать (офицера); * **To — a glass, a stick, a string**, разбить стаканъ, сломать палку, разорвать веревку. **To — silence**, прерывать молчанiе. **To — the law**, нарушить законъ. **To — a bank**, взорвать банкъ. **To — bounds**, выйти изъ указанныхъ границъ. **To — down**, уничтожать, опрокидывать. **To — the heart**, разбить сердце. **To — in**, прерывать сношенiя; дрессировать (о живот-

ыхъ). **To — off,** прерывать; отступать; прекратить; сломать. **I will — him of that habit,** я его отучу отъ этой привычки. **To — open,** открывать со взломомъ. **To — through,** пробиться, прорваться сквозь что-либо. **To — a way,** проложить себѣ дорогу. || vn. лопаться, вскрываться; разразиться (о грозѣ); разбиваться, надрываться; приходить въ упадокъ, ослабѣвать; обанкротиться; повалиться, сойти (съ рельсъ). **The rope has broken,** веревка разорвалась. **The branch broke,** вѣтка сломалась. **He begins to —,** онъ начинаетъ подаваться. **To — in,** ворваться куда, вторгнуться; выѣзжать (лошадь). **To — in upon,** ворваться. **To — loose,** оторваться. **To — out,** вырваться изъ чего, разразиться, лопнуть. **To — out in** (или **into**) **pimples,** покрыться нарывами. **The meeting broke up,** митингъ прекратился. || s. отверстіе; пустое мѣсто; перерывъ; трещина, борозда (на пашнѣ); пробѣлъ (въ письмѣ); переломъ; тормазъ. **There was a — in the conversation,** былъ перерывъ въ разговорѣ. **— of day,** разсвѣтъ.

Breakable (*брэк'-ă-бл*) adj. ломкій, хрупкій.

Breakage (*брэк'-эдж*) s. ломка, переломъ; перерывъ.

Breakdown (*брэд'-даун*) s. разбитіе, паденіе.

Breaker (*брэк'-ер*) s. ломающій. || fig. нарушитель законовъ; быкъ (у моста); ледорѣзъ.

Breakfast (*брэк'-фăст*) s. утренній чай, завтракъ. || vn. завтракать.

Breaking (*брэк'-инг*) s. переломъ; разбиваніе; ударъ (волнъ). сокрушеніе (сердца); нарушеніе (закона); перерывъ.

Breakneck (*брэк'-нек*) s. пропасть, (опасное мѣсто); || гибель.

Breakshare (*брэк'-шэр*) s. (ветер.) вздутіе живота.

Breakwater (*брэк'-уоотер*) s. (морск.) напоръ волнъ.

Bream (*брим*) s. лещъ (рыба); || va. (морск.) обжигать дно корабля.

Breast (*брест*) s. грудь, грудина; || сердце, душа; совѣсть; (мор.) скула, бокъ, траверсъ. **— -bone,** (анат.) грудная кость; грудинка. **— -high,** adj. вышиною по грудь, доходящій до груди. **— -plate,** нагрудникъ; ремень подъ грудью (у лошади); кираса. **— -work,** (форт.) бруствeръ; (морск.) перила (у юта). || va. идти на что грудью, смѣло; стоять грудью за что; бороться, отстаивать.

Breath (*бресз*) s. дыханіе; дуновеніе; жизнь; существованіе; мигъ; духъ; слово. **To gasp for —,** задыхаться. **To be out of —,** запыхаться.

Breathable (*брисз'-ă-бл*) adj. годный для дыханія; дыхательный.

Breathe (*брисз*) vn. дышать, вдыхать; переводить духъ; жить; || va. дышать чѣмъ, вдыхать; перевести духъ; обнаруживать; проявлять, высказывать; внушать, шептать.

Breather (*брисз'-ер*) s. дышащій, вдыхающій, внушающій.

Breathing (*брисз'-инг*) adj. дышущій, живой. **— -time,** время отдыха, время передышки. || s. дыханіе, духъ; внушеніе, вдохновеніе, вздохъ; придыханіе.

Breathless (*бресз'-лес*) adj. бездыханный, безжизненный; тревожный; мертвый, задыхающійся.

Breathlessness (*бресз'-лес-нес*) s. одышка.

Brede (*брид*) s. см. **Braid.**

Breech (*брич*) s. задница, жопа; шлея (хомута); казенная часть (у ружья); затарельная часть (у пушки). **— -loader,** ружье заряжающее съ казенной части. || va. надѣть мужскіе штаны; высѣчь; отшлепать; заряжать съ казенной части.

Breeches (*брич'-из*) s. pl. мужскіе штаны, шаровары.

Breeching (*брич'-инг*) s. пушечный брюкъ; нашпильникъ; || отшлепываніе.

Breed (*брид*) va. родить, порождать, производить; воспитывать, вскармливать; выращивать, разводить (животныхъ). **Well bred,** хорошо воспитанный. **To — birds,** разводить птицъ. || va. родить (дѣтей); рождаться; размножаться; быть беременной. || s. порода, родъ; выводокъ (дѣтенышей).

Breeder (*брид'-ер*) s. плодовитая самка: родитель; производитель; || воспитатель. **Cattle —,** разводчикъ (скота).

Breeding (*брид'-инг*) s. рожденіе, произведеніе; воспитаніе; прорѣзываніе (зубовъ). **Good —,** хорошее воспитаніе, свѣтскія манеры.

Breeze (*бриз*) s. зефиръ, легкій вѣтерокъ. **Gentle —s,** нѣжный зефиръ. **Fresh —s,** свѣжій вѣтерокъ. **Stiff —,** рѣзкій вѣтеръ || vn. вѣять, повѣять; продувать

Breezy (*бриз'-и*) adj. освѣженный вѣтеркомъ.

Brent (*брент*) s. дикій гусь.
Bret (*брет*) s. (ихтіол.) палтусъ, тюрбо.
Brethren (*бресз'-рен*) s. pl. братья.
Breve (*брив*) s. (музык.) цѣлая *или* бѣлая нота; (грам.) короткій слогъ; || записочка.
Brevet (*брев-ет'*) s. грамота, патентъ; || дать грамоту.
Breviary (*бри'-ви-ä-ри*) s. сокращеніе; требникъ (католиковъ).
Brevier (*бри-вир'*) s. (тип.) малый текстъ (шрифтъ).
Breviped (*брев'-и-пед*) adj. коротконогій.
Brevipennate (*брев'-и-пен-нэт*) adj. (зоол.) короткокрылый.
Brevity (*брев'-и-ти*) s. краткость, сокращенность.
Brew (*бру*) va. варить (пиво); дѣлать ликеры; || * подмѣшивать, поддѣлывать; затѣвать, замышлять. **A storm is brewing**, готовится буря. || s. смѣшиваніе жидкостей.
Brewage (*бру'-эдж*) s. напитокъ; смѣсь разныхъ напитковъ.
Brewer (*бру'-ер*) s. пивоваръ.
Brewery (*бру'-ер-и*) s. пивоварня.
Brewhouse (*бру'-хус*) s. пивная.
Brewing (*бру'-инг*) s. пивовареніе.
Brewis (*бру'-ис*) s. бульонъ съ хлѣбомъ. [горукій.
Briarean (*брайэр-и-ӓн*) adj. мно-
Briareus (*брайэр-иӧс*) npr. (миө.) Бріарея.
Bribe (*брайб*) s. взятка, подкупъ, подарокъ, смазка; || va. подкупать.
Briber (*брайб'-ер*) s. подкупающій, подкупатель.
Bribery (*брайб'-ер-и*) s. подкупъ.
Brick (*брик*) s. кирпичъ; брусъ (мыла); небольшой хлѣбецъ; || славный малый. **Fire —**, огнеупорный кирпичъ. **— -bat**, кирпичный обломокъ, черепокъ. **— -dust**, кирпичная пыль. **— -kiln**, кирпичная печь. **— -yard**, кирпичный заводъ; || va. класть кирпичи, устилать, убивать кирпичемъ. [щикъ.
Bricklayer (*брик'-лэер*) s. камен-
Bricklaying (*брик'-лэ-инг*) s. искусство класть камни, кладка камней.
Brickmaker (*брик'-мэ-кер*) s. кирпичникъ.
Bricky (*брик'-и*) adj. сдѣланный изъ кирпича, кирпичный.
Bridal (*брайд'-ӓл*) s. свадьба; || adj. свадебный, брачный.
Bride (*брайд*) s. невѣста; новобрачная, молодая. **— -cake**, свадебный пирогъ. **— -chamber**, спальня для молодыхъ.
Bridegroom (*брайд'-грум*) s. женихъ; новобрачный, молодой.
Bridemaid (*брайд'-мэд*), **Bridesmaid** (*брайдз'-мэд*) s. подружка невѣсты.
Brideman (*браид-мӓн*), **Bridesman** (*брайдз'-мӓн*) s. дружка жениха, шаферъ.
Bridewell (*брайд-уел*) s. исправительный домъ въ Лондонѣ.
Bridge (*бридж*) s. мостъ; || переносье; || подставка (у скрипки); порогъ (у печи). **Draw —**, подъемный мостъ. **Foat —**, пѣшеходный мостъ. **Suspension —**, висячій мостъ; || va. строить, наводить мостъ.
Bridge-board (*бридж-борд*) s. (арх.) соединеніе.
Bridge-head (*бридж-хед*) s. (форт.) оборонное укрѣпленіе моста.
Bridget (*бридж'-ет*) npr. Бригитта.
Bridle (*брай'-дл*) s. узда, поводъ; || завязка (у чепчика); || va. взнуздывать; || * удерживать, укрощать; || vn. **to —**, **to — up**, поднимать, задирать носъ, важничать.
Bridoon (*бри-дун'*) s. трензель.
Brief (*бриф*) s. судебное предписаніе; дупликатъ, дипломъ, грамота; разрѣшеніе; перечень; опись, инвентарь; || adj. короткій, краткій.
Briefless (*бриф'-лес*) adj. безъ дѣла, безъ практики.
Briefness (*бриф'-нес*) s. краткость, сжатость.
Brier (*брай'-ер*) s. терновникъ; || **—s**, pl. хворостникъ, мелкій кустарникъ; || * затруднительное положеніе.
Briered (*брай-ерд*) adj. тернистый.
Briery (*брай'-ер-и*) adj. тернистый, кустарниковый.
Brig (*бриг*) s. (морск.) бригъ (судно)
Brigade (*бри-гэд'*) s. бригада; || va. формировать бригаду.
Brigadier (*бриг-ä-дир'*) s. бригадный начальникъ.
Brigand (*бриг'-ӓнд*) s. разбойникъ.
Brigandage (*бриг'-ӓнд-эдж*) s. разбой. [чуга, панцырь.
Brigandine (*бриг'-ӓн-дайн*) s. коль-
Brigantine (*бриг'-ӓн-тайн*) s. бригантина (родъ легкаго судна).
Bright (*брайт*) adj. яркій, свѣтлый, ясный; блестящій, славный; знаменитый. **To make —**, вылащивать, дѣлать блестящимъ **— colour**, яркій цвѣтъ. **— eyes**, ясные глаза. **— with joy**, сіяющій отъ радости.
Brighten (*брай'тн*) va. сдѣлать свѣтлымъ, очистить; освѣтить, озарить; прославить; прояснить. **To — up**, прояснить, освѣтить. || vn. проясняться, прочиститься; оживиться; блестѣть.
Brightly (*брайт'-ли*) adv. чисто; съ блескомъ.

Brightness (*брайт'-нес*) s. блескъ, сіяніе; || счастіе, радость.

Brill (*брил*) s. (ихтіол.) камбала.

Brilliance (*бриль'-ăнс*) **Brilliancy** (*бриль'-ăн-си*) s. блескъ, блистательность.

Brilliant (*бриль-ăнт*) s. брилліантъ, алмазъ; || adj. блестящій.

Brilliantly (*бриль'-ăнт-ли*) adv. блистательно, блестяще.

Brilliantness (*бриль'-ăнт-нес*) s. блескъ.

Brills (*брилз*) s. рѣсницы (у лошади).

Brim (*брим*) s. край, окраина; поля (у шляпы). || va. vn. налить, наложить до краевъ; наполниться до краевъ.

Brimful (*брим'-фул*) adj. наполненный до краевъ, полный.

Brimfulness (*брим'-фул-нес*) s. переполненіе, наполненность.

Brimmer (*брим'-мер*) s. стаканъ, налитой до краевъ; полный кубокъ.

Brimming (*брим'-минг*) adj. наполненный до краевъ.

Brimstone (*брим'-стон*) s. сѣра.

Brimstony (*брим'-стон-и*) adj. сѣрный, сѣрнистый.

Brinded (*брин'-дед*) adj. пестрый, съ крапинками.

Brindisi (*брин'-ди-зи*) npr. (геогр.) Бриндизи.

Brindle (*брин'-дл*) s. рябь, пестрота.

Brindled (*брин'-длд*) adj. съ крапинками, съ пятнами, крапинчатый, пятнистый.

Brine (*брайн*) s. разсолъ, соленая вода. **The foaming —**, кипучее море. || va. солить, сохранять въ разсолѣ.

Bring (*бринг*) va. приносить; приводить; доводить до чего; воспроизводить; доставлять, причинять. **— him with you**, приведите его съ собой. **— your books**, принесите вашу книгу. **I could not — myself to it**, я съ этимъ не могу помириться. **Wealth —s care**, богатство влечетъ за собою заботы. **To — one to poverty**, довести кого-либо до бѣдности. **To — to light**, вывести на свѣтъ, обнаружить. **To — to bed**, уложить кого-либо въ кровать. **To — about**, совершить, окончить, довершить. **To — away**, унести, увести, снести. **To — back**, возвратить, принести обратно. **To — down**, снести сверху, спустить внизъ, созвать внизъ; || " убавить; унизить, ослабить. **To — forth**, производить на свѣтъ, родить, давать (плоды); порождать (болѣзнь); представить на лицо, обнаружить. **To — forward**, выдвинуть, поставить, толкнуть впередъ; представить; сдѣлать переносъ счета на слѣдующую страницу, сдѣлать сноску. **To — in**, доводить, вводить; представить, доставлять. **To — off**, освобождать, избавлять, спасать, оправдывать, отвращать. **To — out**, выносить, выводить, вывозить; показать, обнаружить. **To — together**, сводить, устанавливать сношенія, собирать. **To — under**, покорить, укротить, подчинить. **To — up**, привести наверхъ, вытащить на поверхность; ввести въ употребленіе, подвинуть впередъ; выучить, воспитать. **— him away**, уводить. **That fall will — down his pride**, это обстоятельство отучитъ его отъ гордости. **To — forth fruit**, производить плоды. **— forward your witnesses**, представьте вашихъ свидѣтелей. **How much did the estate — him in yearly?** сколько приноситъ доходу это имѣніе? **To — one in guilty**, объявлять кого-либо виновнымъ. **— the young man up stairs**, пригласите подняться этого молодого человѣка. **The general brought up the cavalry in time to charge**, генералъ двинулъ кавалерію вовремя въ аттаку.

Bringer (*бринг'-ер*) s податель, вручитель, доставитель.

Brinish (*брайн'-иш*) adj. солоноватый; || горькій (о слезахъ).

Brink (*бринк*) s. край, окраина, конецъ.

Briny (*брайн'-и*) adj. солоноватый.

Brisk (*бриск*) adj. живой, проворный, веселый; сильный, крѣпкій; свѣжій (вѣтеръ); || va. ободрять, оживлять. **To — up**, оживляться.

Brisket (*бриск'-ет*) s. грудинка, грудь (лошади).

Briskly (*бриск'-ли*) adv. живо, весело, скоро.

Briskness (*бриск'-нес*) s. живость, проворство.

Bristle (*брис'-л*) s. щетина. || va. поднять дыбомъ щетину *или* гриву; || vn. подыматься дыбомъ; ощетениться; разсердиться на кого. **To — up to one**, обращаться съ кѣмъ надменно.

Bristly (*брис'-ли*) adj. щетинистый; колючій.

Bristol (*брис'-тол*) npr. (геогр.) Бристоль. **— board**, бристольскій картонъ.

Britain (great) (*грэт-брит'н*) npr. (геогр.) Великобританія.

Britannia-metal (*бри-тăн'-и-ă-мет'-т-л*) s. британскій металлъ.

Britannic (*бри-тӓн'-ик*) adj. британскій.

British (*брит'-иш*) adj. британ[скій].

British-gum (*брит'-иш-гем*) s. (хим.) декстринъ.

Briton (*брит'-өн*) s. британецъ, англичанинъ; ‖ adj. англійскій, британскій

Brittany (*брит'-ӓ-ни*) npr. (геогр.) Бретань.

Brittle (*брит'-тл*) adj. хрупкій, ломкій; ‖ * бренный

Brittlely (*брит'-лли*) adv. хрупко, ломко.

Brittleness (*брит'-тл-нес*) s. хрупкость, бренность

Broach (*бро'оч*) s. вертелъ; ‖ буравъ, сверло; ‖ брошка; ‖ va. воткнуть на вертелъ; пробуравить, проколоть; распространять; распускать, разглашать; ‖ обтесать. (мор.) **To — to**, выйти изъ вѣтра.

Broacher (*бро'оч-ер*) s. вертелъ; ‖ распространитель, изобрѣтатель.

Broad (*бро'од*) adj. широкій, пространный, обширный; ‖ смѣлый; свободный; вольный; явный; открытый; полный; грубый. **The — earth**, весь свѣтъ. **In — day light**, при дневномъ свѣтѣ. **To speak — Scotch**, говорить съ шотландскимъ акцентомъ.

Broadcast (*бро'од-кӓст*) adv. сѣяніе зеренъ черезъ разбрасываніе сѣмянъ.

Broadcloth (*бро'од-клөсз*) s. тонкое сукно.

Broaden (*бро'од-н*) vn. расширяться, распространяться.

Broadish (*бро'од-иш*) adj. широковатый.

Broadly (*бро'од-ли*) adv. широко, вольно, смѣло, открыто.

Broadness (*бро'од-нес*) s. ширина; грубость; вольность; неблагопристойность.

Broadside (*бро'од-сайд*) s. (морск.) сторона (корабля); (типогр.) плакардъ.

Broadsword (*бр'од-соурд*) s. палашъ (шпага).

Broadwise (*бро'од-уайз*) adv. въ ширину.

Brocade (*бро-кэд'*) s. парча, глазетъ; ‖ adj. парчевый, глазетовый.

Brocaded (*бро-кэд'-ед*) adj. парчевый, одѣтый въ парчу.

Brocage (*бро'о-кэдж*) s. куртажъ; маклерство; плата коммиссіонеру.

Brocatel (*бро'о-ка-тел*) **Brocatello** (*бро-ка-тел'-ло*) s. полупарча.

Broccoli (*брок'-ко-ли*) s. родъ цвѣтной капусты.

Brock (*брок*) s. барсукъ.

Brocket (*брок'-ет*) s двугодовалый олень.

Brodekin (*брод'-кин*) s. ботинка.

Brogue (*брог*) s. (ирл.) родъ башмаковъ (черевики); ‖ испорченное нарѣчіе; ‖ штаны.

Broil (*бройл*) s. ссора, раздоръ; гамъ, шумъ; мятежъ. ‖ va. vn. жарить, -ся на рашпирѣ; печься (на солнцѣ).

Broiler (*бройл'-ер*) s. рашперъ; ‖ *поджигатель, подстрекатель.

Broken (*бро'окн*) adj. изломанный, разбитый; неровный шероховатый; неправильный, ломанный (объ языкѣ); несвязный (о рѣчи); прерывающійся (о голосѣ). **-sleep**, прерывистый сонъ. **To speak — English**, говорить на ломанномъ англійскомъ языкѣ. **— -hearted**, отчаянный; съ разбитымъ сердцемъ. **— -wind**, запалъ (у лошадей). **— -winded**, съ запаломъ, съ одышкой.

Brokenly (*бро'окн-ли*) s. adv. отрывисто.

Brokenness (*бро'окн-нес*) s. неровность, шероховатость; несвязность; отрывочность; сокрушенность (сердца).

Broker (*бро'о-кер*) s. маклеръ, куртье, коммиссіонеръ.

Brokerage (*бро'о-кер-эдж*) s. куртажъ, маклерство.

Bromote (*бро'о-мэт*) s. (хим.) бромистая соль.

Bromine (*бро'о-мин*) s. (хим.) бромъ.

Bronchiae (*брон'-ки*), **Bronchia** (*брон'-ки-а*) **Bronchi** (*брон'-ки*) s. pl. (анат.) бронхи.

Bronchial (*брон'-ки-ӓл*) adj. (анат.) бронхіальный.

Bronchic (*брон'-кик*) adj. бронхіальный, бронхитный.

Bronchitis (*брон-кай'-тиз*) s. (мед.) бронхитъ, катарръ бронховъ.

Bronchocele (*брон'-ко-сил*) s. (мед.) опухоль гортани.

Bronchotomy (*брон-кот'-о-ми*) s. (анат.) вскрытіе бронховъ.

Bronze (*бронз*) s. бронза; бронзовая (статуя, медаль); ‖ *наглость. ‖ va. бронзировать; ‖ *закалкъ, сдѣлать наглымъ.

Brooch (*бро'оч*) s. брошка, булавка; ‖ *украшеніе; одноцвѣтная картина.

Brood (*бруд*) vn. сидѣть на яйцахъ. **There is something brooding**, что такое здѣсь заготовляется? ‖ va. высиживать яйца; оплодотворять, питать. **To — sorrow**, скорбѣть, поддерживать печаль. ‖ s. родъ; племя; выводокъ (цыплятъ); стая; рой (пчелъ); произведеніе (страны).

Brooding (*бруд'-инг*) ppr. высиживающій, согрѣвающій.

Broodmare (*бруд'мэр*) s. заводская матка, кобыла.

Broody (*бруд'-и*) adj. высиживающій, сидящій на яйцахъ.
Brook (*брук*) s. ручей, ключъ, источникъ; || va. терпѣть, сносить; жевать, переваривать.
Brooklet (*брук'-лет*) s. ручеекъ, ключъ.
Broom (*брум*) s. (бот.) дрокъ, шильная трава; || метла, вѣникъ, помело.
Broomstick (*брум'-стик*) s. метловище, палка у метлы.
Broomy (*брум'и*) adj. покрытый шильной травой.
Broth (*брӧсз*) s. бульонъ, наваръ.
Brother (*брӧсз'-ер*) s. братъ, собратъ. — **german**, двоюродный братъ. **Twin — s**, братья близнецы.
Brotherhood (*брӧсз'-ер-худ*) s. братство.
Brother-in-law (*брӧсз'-ер-ин-ло*) s. деверь, зять.
Brotherless (*брӧсз'-ер-лес*) adj. не имѣющій брата.
Brotherlike (*брӧсз'-ер-лайк*) adj. какъ братъ, братскій.
Brotherly (*брӧсз'-ер-ли*) adj. братскій.
Brougham (*бру'-ам*) s. брумъ (родъ кареты.
Brow (*бра'у*) s. бровь, лобъ; || *видъ, смѣлость; || вершина, окраина.
Browbeat (*бра'у-бит*) va. смотрѣть на кого съ нахмуренными бровями; смотрѣть надменно.
Browbeaten (*бра'у-бит'-н*) ppa. смущенный, сконфуженный.
Browbeating (*бра'у-би-тинг*) s. высокомѣріе, надменность.
Browbound (*бра'у-бāунд*) adj. увѣнчанный.
Browed (*бра'уд*) adj. нахмуренный; ограниченный.
Browless (*бра'у-лес*) adj. безбровный; безстыдный.
Brown (*бра'ун*) adj. темный, смуглый, черный, коричневый; || помраченный. — **bread**, пеклеванный хлѣбъ. — **sugar**, жженный сахаръ. || s. чернѣніе. || va. нагрѣвать до потемнѣнія.
Browning (*бра'ун-инг*) s. бронзированіе.
Brownish (*бра'ун-иш*) adj. смугловатый, темноватый.
Brownness (*бра'ун-нес*) adj. бурый, темный цвѣтъ.
Browse (*бра'уз*) s. отпрыскъ, почка (на деревѣ) || va. vn. щипать траву, обгладывать листья, почки.
Browser (*бра'уз-ер*) s. кормящійся листьями
Bruin (*бру'-ин*) s мишка (названіе медвѣдя).
Bruise (*бруз*) s. синее пятно, шишка отъ ушиба.
Bruiser (*бруз'-ер*) s кулачный боецъ.
Bruising (*бруз'-инг*) s. побои, палочные удары.
Brumal (*бру'-мāл*) adj. зимній.
Brummagem (*брӧм'-аджем*) adj. малоцѣнный.
Brunette (*бру-нет'*) s. брюнетка.
Brunt (*брӧнт*) s. ударъ, нападеніе; несчастіе.
Brush (*брӧш*) s. щетка, кисточка, кисть; лисій хвостъ; || связка (хворосту, прутьевъ): || схватка, ударъ; нападеніе. — **-maker**, s. щеточникъ. — **-making**, дѣланіе щетокъ. — **-wood**, хворостъ, валежникъ; || va. чистить щеткой; красить кистью; || * дотрагиваться; || vn. мчаться, проходить быстро (сквозь кустарникъ, объ оленяхъ). **To — away**, убѣжать, убраться. **To — over**, парить, носиться. **To — up**, набираться храбрости.
Brusher (*брӧш'-ер*) s. чистящій щеткой; || несущійся (звѣрь).
Brushiness (*брӧш'-и-нес*) s. жестокость, шероховатость.
Brushing(*брӧш'-инг*)s.чистка щеткой; см. **Brush**.
Brushlike (*брӧш'-лик*) adj. похожій на щетку.
Brushy (*брӧш'-и*) adj. щеточный, жесткій.
Brusk (*брӧск*), **Brusque** (*брӧск*) adj. грубый, рѣзкій.
Brussels (*брӧс'-селз*) npr. (геогр.) Брюссель. — **-sprouts**, брюссельская капуста.
Brustle (*брӧс'-л*) vn. трещать потихоньку, шелестѣть.
Brutal (*бру'-тāл*) adj. скотскій, звѣрскій; жестокій, безчеловѣчный.
Brutalism (*бру'-тāл-изм*) s. скотство, звѣрство; грубость, безчеловѣчность.
Brutality (*бру-тāл-и-ти*) s. скотство, безчеловѣчность.
Brutalize (*бру'-тāл-айз*) va. сдѣлать грубымъ, оскотинить; || vn. сдѣлать грубымъ, оскотинить; || vn. сдѣлаться грубымъ, оскотиниться.
Brutally (*бру'-тāл-ли*) adv. поскотски; безчеловѣчно; грубо.
Brute (*брут*) adj. безчувственный, безсмысленный, грубый, дикій: || s. (торг.) брутто; || скотина, животное.
Brutify (*бру'-ти-фай*) va. оскотинить.
Brutish (*бру'-тиш*) adj. скотскій, звѣрскій; грубый.
Brutishly (*бру'-тиш-ли*) adv. поскотски, позвѣрски; грубо.
Brutishness (*бру'-тиш-нес*) s. скотство, грубость.
Brutism (*бру'-тизм*) s. звѣрскія свойства, скотское состояніе.
Brutus (*бру'-тӧс*) npr. Брутъ.

Bryony (*брай'-о-ни*) s. (бот.) бріонія, бѣлая матица.
Bubble (*бöб'-л*) s. пузырь; || * пустяки, обманъ, химера; || va. vn. пузыриться, кипѣть, бить ключомъ; журчать; || * обмануть.
Bubbler (*бöб'-блер*) s. обманщикъ, плутъ.
Bubbly (*бöб'-бли*) adj. изобильный пузырями; пѣнящійся.
Bubby (*бöб'-би*) s. грудной сосокъ.
Bubo (*бью'-бо*) s. (мед.) опуханіе паховыхъ желѣзъ, бобонъ; (анат.) пахъ.
Bubonocele(*бью'-бон-о-сил*) s. (медиц.) паховая кила, грыжа.
Buccal (*бöк'-кäл*) adj. (анат.) касающійся рта.
Buccaneer (*бöк-ä-нир'*) (или **Bucanier**) s. морской разбойникъ; охотникъ на дикихъ быковъ.
Buccinal (*бöк'-си-нал*) adj. ланитный.
Buccinator (*бöк-си-нэ'-тöр*) s. (анат.) ланитная мышца.
Bucentaur (*бью-сен'-тор*) s. (миѳ.) Буцентавръ.
Bucephalus (*бью-сеф'-а-лöс*) s. буцефалъ (лошадь Александра Македонскаго).
Buck (*бöк*) s. щелокъ (для стирки); стирка; бѣлье въ щелокѣ; || лось; || въ соединеніи съ названіемъ животнаго означаетъ самца; || * хватъ, молодецъ; || va. стирать въ щелокѣ; растирать въ порошокъ; || vn. быть въ расходкѣ (о звѣряхъ).
Bucket (*бöк'-ет*) s. ведро, бадья.
Bucketful (*бöк'-ет-фул*) s. полное ведро.
Bucking (*бöк'-инг*) s. щелоченіе (бѣлья).
Buckle (*бöк'-л*) s. пряжка; локонъ, букля. || va. застегивать пряжкой; надѣвать. **To — up**, завивать (волосы). || vn. гнуться, уступать, приноравливаться, приготовляться. **To — to**, заниматься чѣмъ либо усердно. **To — under**, примиряться.
Buckler (*бöк'-лер*) s. щитъ; || va. поддерживать, защищать.
Buckmast (*бöк'-маст*) s. буковый желудь.
Buckram (*бöк'-рäм*) s. клеенка; || (бот.) дикій чеснокъ; || adj. наклеенный.
Buckskin (*бöк'-скин*) s. оленья кожа, лосина. [на оленей.
Buckstall (*бöк'-стол*) s. тенета
Buckwheat (*бöк'-уит*) s. греча, гречиха.
Bucolic (*бью-кол'-ик*), **Bucolical** (*бью-кол'-ик-äл*) adj. буколическій, пастушескій; || **—s**, pl. буколическіе стихи.

Bud (*бöд*) s. (бот.) почка, глазокъ, зародышъ; || vn. пускать почки, распускаться; || * расцвѣтать; || va. прививать (деревья).
Buddha (*буд'-а*) прг. Будда.
Buddhism (*буд'-дизм*) s. буддизмъ, ученіе Будды.
Budding (*бöд'-инг*) s. (бот.) развертываніе почекъ; || прививка щиткомъ. **— knife**, прививочный ножъ.
Buddle (*бöд'-дл*) s. (мет.) приборъ для промывки; || va. промывать (руду).
Bude-light (*бьюд'-лайт*) s. свѣтъ отъ горѣнія газа въ кислородѣ.
Budge (*бöдж*) vn. шевелиться, ворочаться; || adj. надутый, принужденный; || веселый; || s. овечья кожа, овчина.
Budget (*бöдж'-ет*) s. кожанный мѣшокъ; сумка; || бюджетъ, смѣта; || запасъ.
Budlet (*бöд'-лет*) s. (бот.) маленькая почка.
Buff (*бöф*) s. буйволовая кожа; **— -leather**, буйволовая кожа. || adj. непроницаемый; || свѣтло-желтый
Buffalo (*бäф'-фä-ло*) s. буйволъ.
Buffer (*бöф'-фер*) s. буферъ (у вагоновъ).
Buffet (*бöф'-фет*) s. пощечина, ударъ кулакомъ; || буфетъ (для посуды); || va. ударить рукой; || vn. боксировать.
Buffeter (*бöф'-фет-ер*) s. драчунъ; кулачный боецъ.
Buffing-apparatus (*бöф'-инг-äпа-рэт'-тес*) s. буферный аппаратъ.
Buffing-block (*бöф'-инг-блок*) s. буферъ.
Buffing-springs(*бöф'-инг-спрингс*) s. буферная рессора.
Buffle (*бöф'-фл*) s. буйволъ; || безмозглый человѣкъ; || vn. быть въ затруднительныхъ обстоятельствахъ. [гуръ.
Buffoon (*бöф-фун'*) s. шутъ, бала-
Buffoonery (*бöф-фун'-ер-и*) s. шутовство, балаганщина.
Buffoning (*бöф-фун'-инг*) s. шутовство. [товской.
Buffoonish (*бöф-фун'-иш*) adj. шу-
Buffoonism (*бöф-фун'-изм*) s. шутовство. [воловую кожу.
Buffy (*бöф'-и*) adj. похожій на буй-
Bug (*бöг*) s. клопъ. **A May —**, майскій жукъ.
Bugbear (*бöг'-бэр*) s. бука, пугало, привидѣніе; || va. пугать, стращать.
Bugginess (*бöг'-ги-нес*) s. клоповникъ, множество клоповъ.
Buggy (*бöг'-ги*) adj. полный клоповъ; || s. родъ кабріолета.
Bugle (*бью'-гл*) s. родъ дикаго быка; (бот.) живучая трава; || бусы

бисеръ; || труба. — **horn,** охотничій рогъ. [вій языкъ.
Bugloss (*бью'-глос*) s. (бот.) воло-
Bugwort (*бӧг'-уӧрт*) s. (бот.) вонючая трава.
Build (*бильд*) va. строить, созидать, устраивать, возводить. **He —s castles in the air,** онъ строитъ воздушные замки. || s. конструкція, форма.
Builder (*бильд'-ер*) s. строитель, основатель, творецъ.
Building (*бильд'-инг*) s. постройка, строеніе, зданіе; сооруженіе.
Bulb (*бӧлб*) s. луковица (растеній) чашечка (цвѣточная); || va. закругляться, завертываться.
Bulbaceous (*бӧл-бэ'-шӧс*) adj. луковичный; круглый, выпуклый. **A — root,** луковичный корень, луковица.
Bulbed (*бӧлбд*) adj. луковичный.
Bulbiferous (*бӧл-биф'-ер-ӧс*) adj. дающій луковицы.
Bulbiform (*бӧлб'-иформ*) adj. луковицеобразный. [ковичный.
Bulbous (*бӧлб'-ӧс*) adj. (бот.) лу-
Bulgaria (*бӧл-гэр'-иа*) npr. (геогр.) Болгарія.
Bulgarian (*бӧл-гэр-и-ăн*) adj. болгарскій; || s. болгаринъ, -рка.
Bulge (*бӧлдж*) s. выпуклость; (мор.) спусковыя полозья; || vn. выдаваться впередъ, выгибаться; пошатнуться (о стѣнѣ); разбухнуть.
Bulged (*бӧлджд*) adj. выпуклый; || лопнувшій въ днищѣ.
Bulging (*бӧл'-джинг*) s. выпуклость, выгнутость.
Bulimy (*бью'-ли-ми*), **Bulimia** (*бьюлим'-и-а*) s. чрезмѣрный аппетитъ, волчій голодъ; булимія.
Bulk (*бӧлк*) s. величина, толщина, обширность; (мор.) вмѣстимость, грузъ (корабля). [родка.
Bulkhead (*бӧлк-хед*) s. перего-
Bulkiness (*бӧлк'-и-нес*) s. объемъ, величина, толщина, вмѣстимость.
Bulky (*бӧлк'-и*) adj. большой, огромный, массивный, толстый.
Bull (*бул*) s. быкъ, волъ; (астр.) Телецъ (созвѣздіе); || спекулянтъ на повышеніе фондовъ; || булла, папская грамота; || противорѣчіе. — **-baiting,** s. травля быковъ. — **-dog,** бульдогъ (собака). — **-fight,** травля быковъ. — **-frog,** лягушка-ревунъ. **—'s -eye,** бычачій глазъ; круглое окошко; маленькое грозовое облако. — **of the pope,** булла (папская).
Bulla (*бул'-ла*) s. (мед.) водянистый пузырекъ, волдырь. [слива.
Bullace (*бул'-лэс*) s. (бот.) дикая
Bullary (*бул'-лă-ри*) s. собраніе папскихъ буллъ.
Bullate (*бӧл'-лэт*) adj. (бот.) пузырчатый. [стеря.
Bullen (*бул'-лн*) s. конопляная ко-
Bullen-nail (*бул'-лен-нэл*) s. гвоздь съ широкой шляпкой.
Bullet (*бул'-лет*) s. пуля, ядро.
Bulletin (*бул'-лет-ин*) s. бюллетень, оффиціальное сообщеніе.
Bullfinch (*бул'-финш*) s. (орнит.) снигирь.
Bullion (*буль'-ӧн*) s. слитокъ (золота, серебра). — **-office,** мѣняльная контора.
Bullish (*бул'-иш*) adj. бычачій; глупый. [лецъ.
Bullock (*бул'-ӧк*) s. бычокъ, те-
Bully (*бул'-ли*) s. буянъ, драчунъ, забіяка.
Bulrush (*бул'-рӧш*) s. тростникъ.
Bulrushly (*бул'-рӧши*) adj. тростниковый.
Bulwark (*бул'-уӧрк*) s. (форт.) крѣпость, бастіонъ; || оплотъ, защита; || va. укрѣплять.
Bum (*бӧм*) s. задница; || va. бурчать, бунчать.
Bumbailiff (*бӧм-бэ-лиф*) s. сержантъ, околодочный.
Bumble (*бӧм'бл*) s. выпь (птица); **—bee,** s. шмель.
Bumkin (*бӧм'-кин*) s. см. **Bumpkin.**
Bump (*бӧмп*) s. ударъ, опухоль; шишка; || подчивать пинками, лягать, пинать, ударять о что.
Bumper (*бӧм'-пер*) s. стаканъ, наполненный до краевъ.
Bumpkin (*бӧм'-кин*) s. неловкій, грубый, неотесанный человѣкъ, мужикъ, деревенщина.
Bumptious (*бӧм'-шӧс*) adj. напыщенный.
Bun (*бон*) s. сдобная булка; кострика конопли.
Bunch (*бӧнч*) s. горбъ; опухоль; пучекъ, букетъ; гроздь, кисть (винограда); прядь (волосъ); бантъ (изъ лентъ); группа, куча (чего); || vn. горбиться, пухнуть; || va. связывать въ пучки.
Bunch-Backed (*бӧнч-бакт*) adj. горбатый, согнутый сводомъ.
Bunchiness (*бӧнч'-и-нес*) s. пучковидное, гроздовидное состояніе (чего); густота, опухлость.
Bunchy (*бонч'-и*) adj. гроздовый; въ кистяхъ; густой.
Bundle (*бӧн'-дл*) s. связка, узелъ, пучекъ, букетъ; двѣ стопы бумаги. || — **up,** va. связывать въ пучекъ, въ узелъ, завернуть: подобрать (шлейфъ у платья). — **off** отослать, спровадить.
Bung (*бӧнг*) s. втулка; затычка, шпонка; шлюзъ въ прудѣ. — **hole,** бочечная дыра; || va. заткнуть, закупорить.

Bungalow (*бöнг'-галоу*) s. деревенскій домъ въ англійской Индіи.
Bungle (*бöнг'-гл*) s. ошибка, промахъ, неловкость; порча; кропаніе; || va. vn. дѣлать кое-какъ; портить; вахлять.
Bungler (*бöнг'-лер*) s. плохой работникъ; вахлякъ, пачкунъ.
Bungling (*бäнг'-линг*) adj. неискусный, аляповатый.
Bunglingly (*бöнг'-линг-ли*) adv. неискусно, аляповато.
Bunion (*бонъ'-öн*) s. мозоль (на большомъ пальцѣ).
Bunker (*бöнк'-ер*) s. ларь, закромъ.
Bunt (*бöнт*) s. выпуклость; пузырекъ на стеклѣ; выпуклое стекло; (морск.) пузо (паруса); || vn. надуваться.
Bunting (*бонт'-инг*) s. (орнит.) стрепатка, подорожникъ (птица).
Buoy (*буой*) s. (морск.) баканъ, буй. **Life —**, спасательный буй. || va. ставить баканы. **To — up**, поддерживать на поверхности воды; всплыть на поверхность.
Buoyancy (*буой'-äн-си*) s. способность держаться на поверхности воды, плавучесть; || * легкомысліе
Buoyant (*буой'-äнт*) adj. держащійся на поверхности воды, легкій; поддерживаемый.
Buoyantly (*буой'-äнт-ли*) adv. легко.
Bur (*бöр*) s. лопухъ, репейникъ.
Burbot (*бöр'-бот*) s. (ихтіол.) налимъ (рыба).
Burden (*бöр'-дн*) s. бремя; вьюкъ; (морск.) вмѣстимость судна, число тоннъ; || * тягость; || припѣвъ. — **A beast of —**, вьючное животное. **Life is a — to me**, жизнь мнѣ въ тягость. **A ship of a hundred tons —**, корабль вмѣстимостью въ сто тоннъ. || va. налагать бремя, обременять.
Burdensome (*бöр'-дн-сöм*) adj. отяготительный, обременительный.
Burdensomely (*бöр'-дн-сö-ми*) adv. тяжко, обременительно, тягостно.
Burdensomeness (*бöр'-дн-сöм-нес*) s. тягость, обременительность.
Burdock (*бöр'-док*) s. (бот.) репейникъ, лопушникъ.
Bureau (*бью'-ро*) s. бюро, контора; письменный столъ.
Bureaucracy (*бью-ро'-крä-си*) s. бюрократія, чиновничество.
Bureaucratic (*бью-ро-крäт'-ик*) adj. бюрократическій.
Bureaucratist (*бью-ро'-крä-тист*) s. бюрократъ.
Burg (*бöрг*) s. городъ, городокъ.
Burgamot (*бöр'-гä-мот*) s. бергамотъ.
Burgess (*бöр'-джес*) s. депутатъ отъ города; гражданинъ, мѣщанинъ.
Burgess-ship (*бöр'-джес-шип*) s. гражданство.
Burgh (*бöрг*) s. маленькій городъ. — **-mote**, судъ въ маленькомъ городѣ.
Burgher (*бöрг'-ер*) s. гражданинъ, обыватель, буржуа.
Burghership (*бöрг'-ер-шип*) s. гражданство, буржуазія.
Burglar (*бöрг'-лäр*) s. ночной воръ.
Burglarious (*бöрг'-лэ'-ри-öс*) adj. воровской.
Burglary (*бöрг'-лä-ри*) s. ночное воровство со взломомъ.
Burgomaster (*бöр'-го-мäс-тер*) s. бургомистръ, староста.
Burgrave (*бöр'-грэв*) s. бургграфъ (герм. стар. титулъ).
Burgundy (*бöр'-гöн-ди*) npr. (геог.) Бургундія).
Burial (*бöр'-и-äл*) s. погребеніе, похороны; выносъ тѣла. — **-ground**, — **-place**, кладбище. мѣсто погребенія.
Burin (*бью'-рин*) s. рѣзецъ.
Burl (*бöрл*) s. узелъ (въ шерсти); || va. очищать сукно отъ узелковъ.
Burler (*бöрл'-ер*) s. выщипывальщикъ,-щица узелковъ.
Burlesque (*бöр-леск'*) adj. шуточный, комическій. || s. шуточное сочиненіе. || va. представить въ смѣшномъ видѣ, обращать въ шутку.
Burletta (*бöр-лет'-та*) s. комическая опера, музыкальный фарсъ.
Burliness (*бöр'-ли-нес*) s. дородность, дюжесть; напыщенность.
Burly (*бöр'-ли*) adj. дородный, дюжій; напыщенный.
Burn (*бöрн*) s. обжогъ, обжиганіе; || va. жечь, обжигать. **To — down**, сжечь, сгорать до основанія. **To — up**, сжечь, изсушить; сгорѣть. || vn. жечь; горѣть. **To — with impatience**, сгорать отъ нетерпѣнія. **To — out**, сжечь, выжечь; сгорѣть, выгорѣть. **To — with love**, пылать любовью.
Burner (*бöрн'-ер*) s. зажигатель; || горѣлка (лампы); рожокъ (газовый); || печь.
Burnet (*бöр'-нет*) s. (ботан.) бедренецъ (растеніе).
Burning (*бöрн'-инг*) s. горѣніе, жженіе, гарь; || пожаръ; || жаръ (лихорадочный); обжогъ. **There is a smell of — here**, здѣсь пахнетъ гарью || adj. горящій, горячій, жаркій, жгучій. — **shame**, величайшій стыдъ. — **-glass**, зажигательное стекло.
Burnish (*бöр'-ниш*) va. полировать; воронить (сталь); наводить лоскъ.

блескъ: || vn. становиться свѣтлѣе, чище; блестѣть; распускаться; || s. полировка, блескъ.

Burnisher (*бӧр'-ниш-ер*) s. полировщикъ; || гладило; лощильный зубъ. [плащъ.

Burnoose (*бӧр'-нус*) s. бурнусъ,

Burnt (*бӧрнт*) adj. сожженный. **A — child fears the fire,** пуганая ворона и куста боится. **— offering, — -sacrifice,** всесожженіе, жертва, жертвоприношеніе.

Burr (*бӧр*) s. мочка (ушная); (техн.) обручъ, хомутикъ; горловое произношеніе буквы *р*, картавленіе.

Burrel (*бӧр'-рел*) s. дуля. **— -fly,** оводъ, слѣпень. **— -shot,** картечь.

Burrock (*бӧр'-рок*) s. запруда для ловли рыбы.

Burrow (*бӧр'-роу*) s. нора; || va. рыть нору.

Burrow-duck (*бӧр'-роу-дек*) s. птица, кладущая свои яйца въ кротовую нору; || родъ утки.

Burr-pump (*бӧр'-пӧмп*) s. трюмная помпа.

Bursar (*бӧр'-сăр*) s. экономъ (монастыря, училища); бурсакъ, ученикъ, воспитывающійся на казенный счетъ. [ность эконома.

Bursarship (*бӧр-сăр-шип*) s. долж-

Bursary (*бăр'-сă-ри*) s. контора эконома.

Burst (*бӧрст*) vn. лопаться, лопнуть, взорваться. **To — with laughing,** лопнуть со смѣху. **To — asunder,** расколоться. **To — into tears,** залиться слезами. || va. прорывать, выходить, сломать. **To — away,** вырваться. **To — forth,** прорываться, выходить. **To — through,** прорываться сквозь. **To — open,** высадить дверь, вломиться. || s. взрывъ, ударъ (грома); потокъ, разлитіе; трескъ; вспышка (гнѣва).

Burt (*бӧрт*) s. (ихтіол.) камбала (рыба).

Burton (*бӧр'-тн*) s. (морск.) мантель-тали для натягиванія вантъ.

Bury-pear (*бӧр'-ри-пэр*) s. груша.

Bury (*бер'-и*) s. мѣстечко, пригородъ; || va. зарывать, хоронить.

Burying (*бир'-и-инг*) s. погребеніе, похороны. **— -place,** кладбище.

Bush (*буш*) s. кустъ; || прядь волосъ; лисій хвостъ; (техн.) втулка (колеса). **To beat about the —,** говорить обиняками, вилять; вертеться вокругъ да около. **Good wine needs no —,** * хорошій товаръ самъ себя хвалитъ. **— -ranger,** бѣглый, лѣсной бродяга (въ Австраліи). || vn. заростн кустарникомъ, сдѣлаться густымъ.

Bushel (*буш'-ел*) s. бушель (хлѣбная мѣра), четверикъ.

Bushiness (*буш'-и-нес*) s. кустистость; густота.

Bushman (*буш'-мăн*) s. бушменъ, житель лѣсовъ Африки.

Bushy (*буш'-и*) adj. покрытый кустарникомъ, густой.

Busiless (*биз'-и-лес*) adj. праздный, незанятой.

Busily (*биз'-и-ли*) adv. дѣятельно, прилежно, усердно.

Business (*биз'-нес*) s. занятіе, дѣло; дѣла, промыселъ; торговля; предметъ, цѣль; профессія. **A man of —,** дѣловой человѣкъ. **It is no — of yours,** это васъ не касается. **His line of —,** родъ его дѣлъ. **Run of —,** теченіе дѣлъ. **In —,** въ дѣлахъ. **On —,** по дѣлу, за дѣломъ. **To go into —,** начать заниматься коммерческими дѣлами. **— es to be sold,** продается, уступается коммерческое дѣло. **A butter and cheese —,** торговля масломъ и сыромъ. **To retire from —,** удаляться отъ дѣлъ. **Go about your —,** заботьтесь о своихъ дѣлахъ, занимайтесь своимъ дѣломъ. [дѣловой, серьезный.

Businesslike (*биз'-нес-лайк*) adj.

Busk (*бӧск*) s. китовый усъ, употребляемый въ корсеты.

Busked (*бӧскт*) adj. съ планшеткой.

Buskin (*бӧск'-ин*) s. полусапожокъ.

Buskined (*бӧск'-инд*) adj. обутый въ полусапожки.

Buss (*бӧс*) s. поцѣлуй; || родъ маленькаго рыбачьяго судна; (нар.) омнибусъ.

Bust (*бӧст*) s. бюстъ.

Bustard (*бӧс'-тăрд*) s. драхва.

Bustle (*бӧс'-сл*) vn. хлопотать, суетиться. **To — through the crowd,** пробиваться сквозь толпу. || s. шумъ, суматоха, суета: турнюръ (у платья).

Bustler (*бӧс'-лер*) s. суетливый, проныpливый человѣкъ.

Bustling (*бӧс'-линг*) adj. дѣятельный, занятой, шумный, хлопотливый. **What — people they are!** что за хлопотливые люди!

Busy (*биз'-и*) adj. занятой чѣмъ, дѣятельный. **To be —,** заниматься. **He is a — man,** это человѣкъ заваленный работой. || va. занимать кого чѣмъ.

Busy-body (*биз'-и-бӧ-ди*) s. хлопотунъ (m.), —нья (f.)

But (*бӧт*) conj. но; однако; а; || кромѣ, какъ только; не иначе какъ, || чтобы, что: || какъ; || только, не болѣе какъ; который бы не. **I went to see him — he was not at home,** я взошелъ къ нему, но его не было дома. **He does nothing — play,** онъ только играетъ. **All this is nothing — idle gos-**

sip, это ничто иное, какъ болтовня. **Who can it be — him?** кто бы это могъ быть, если не онъ. **— for his health,** если бы не его здоровье. **The last — one,** предъидущій. **— yesterday,** не позже вчерашняго дня.

Butcher (*бутч'-ер*) va. убивать, рѣзать, колоть. || s. мясникъ. **Butcher's meat,** мясо въ мясной лавкѣ. **Butcher's shop,** мясная лавка.

Butcherliness (*бутч'-ер-ли-нес*) s. варварство, жестокость.

Butchery (*бутч'-ер-и*) s. ремесло мясника; || бойня.

Butcherly (*бутч'-ер-ли*) adj. варварскій, жестокій, мясническій.

Butler (*бŏт'-лер*) s. ключникъ, дворецкій,

Butment (*бŏт'-мент*) s. (арх.) пята, заплечіе (у свода); устой (у моста); (плотн.) пазъ.

Butt (*бŏт*) s. мишень, цѣль, предметъ (вниманія, шутокъ); прикладъ (ружья); ударъ рапирою, рогами, головою; (морск.) бочка корабельная. **— -end,** толстый край чего нибудь. **To run full —,** встрѣтиться носъ къ носу, наскочить другъ на друга. || vn. va. ударять, -ться головою; бодаться; || мѣтить въ цѣль.

Butter (*бŏт'-тер*) s. масло. **— pot, — boat,** масленка, судокъ. **— -tub,** коробка, судокъ съ масломъ. **— -cuper,** s. (ботан.) желтоголовникъ, лютикъ. **— -woman,** продавщица масла, торговка масломъ. || va. мазать масломъ; || * подмасливать, льстить; увеличивать ставку.

Butterfly (*бŏт'-тер-флай*) s. бабочка, мотылекъ.

Butteris (*бŏт'-тер-ис*) s. рѣзецъ (у коноваловъ).

Buttermilk (*бŏт'-тер-милк*) s. пахтаніе.

Butterwort (*бŏт'-тер-уŏрт*) s. (ботан.) сальная трава.

Buttery (*бŏт'-тер-и*) adj. масляный; || s. кладовая, подвалъ.

Buttock (*бŏт'-ок*) s. задница; крестецъ, задъ; сѣкъ (бычачій).

Button (*бŏт'-тн*) s. пуговица, кнопка, шишечка; почка (у растенія); (зоол.) морской ежъ. **Not to care a — for,** ни на чуточку не заботиться о... **— -hole,** петля для пуговицы. **— maker,** фабрикантъ пуговицъ. || va. vn. застегивать, застегиваться на пуговицы.

Buttress (*бŏт'-трес*) s. подпора, подставка, устой; || * опора.

Buxom (*бŏк'-сŏм*) adj. покорный; || веселый, игривый; || отважный.

Buxomly (*бŏк'-сŏм-ли*) adv. покорно; сладостно; весело.

Buxomness (*бŏк'-сŏм-нес*) s. покорность, гибкость, веселость, отважность.

Buy (*бай*) va. купить, покупать. **To — with ready money,** покупать на наличныя. **To — and sell,** торговать. **To — a pig in a poke,** * купить шило въ мѣшкѣ. **To — off,** выкупить. **To — up,** закупить, накупить; погасить (долгъ).

Buyer (*бай'-ер*) s. покупщикъ, покупатель.

Buzz (*бŏзз*) va. vn. жужжать; нашептывать, наушничать; || s. жужжаніе.

Buzzard (*бŏз'-зāрд*) s. (орнит.) сарычъ (птица); || глупецъ; || adj. глупый. инертный

Buzzer (*бŏзз'-ер*) s. нашептыватель, наушникъ.

By (*бай*) prep. посредствомъ, съ помощью чего, черезъ что: отъ чего; || при, на, по, въ, съ, судя по, согласно чему; || часто передается на русскій языкъ творит. падежомъ. **— day, — night,** днемъ и ночью. **— force,** силою. **— far,** многимъ, далеко больше. **— good luck,** на счастье. **— -degrees,** постепенно. **— water,** воднымъ путемъ, водою. **He is loved — every one,** онъ всѣми любимъ. **— trade a grocer,** по торговлѣ мелочникъ. **— all means,** во что бы то ни стало. **To sell — the pound,** продавать на фунты. **They pay — the month,** плата по мѣсяцамъ. **It is one — my watch,** на моихъ часахъ часъ. **One — one,** по одному. **— no means,** ни за что, ни въ какомъ случаѣ. **— wholesale,** оптомъ. **— retail,** подробно, по мелочамъ, въ розницу. **Close — here,** около. **Take example — him,** берите примѣръ съ него. **He goes — that name,** онъ извѣстенъ подъ этимъ именемъ. **— all accounts,** по всѣмъ слухамъ. **I was riding — myself,** я былъ одинъ и верхомъ на лошади. || adv. возлѣ около при; мимо. **To be —,** присутствовать. **To put —,** отложить въ сторону. **— and —,** скоро, сейчасъ, со временемъ.

By или **Bye** (*бай*) s. второстепенное дѣло. **— the —,** кстати, мимоходомъ, стороною.

By-blow (*бай'-блоу'*) s. несчастный случай.

By-corner (*бай'-корнер*) s. отдѣльный уголокъ.

Bye (*бай*) s. жилище.

By-gone (*бай'-гŏн*) adj. прошедшій. **Let —s be — s,** пусть прошлое предастся забвенію.

By-lane (*бай'-лэн*) s. боковая аллея.

By-law (*бай'-лоу*) s. особое прави-

ло; особое постановленіе закона, мѣстный законъ (города).
By-name (*бай'-нэм*) s. прозвище.
By-path (*бай'-пасз*) s. боковая тропинка.
By-place (*бай'-плэс*) s. глухое мѣсто
Byre (*байр*) s. коровникъ.
By-road (*бай'-роуд*) s. поперечная дорога.
Byssus (*бис'-сăс*) s. (зоол.) биссусъ; (ботан.) плѣсень.
Bystander (*бай'-стăн-дер*) s. помощникъ; зритель.
By-street (*бай'-стрит*) s. темная улица. [прогулка
By-walk (*бай'-уок*) s. уединенная
By-way (*бай'-уэ*) s. проселочная дорога.
By-word (*бай'-уэрд*) s. поговорка. **To become a — among the nations,** сдѣлаться притчей во языцахъ. [золотая монета
Byzant (*биз'-ăнт*) s. византійская
Byzantian (*би-зăн-шăн*) adj. византійскій. [тійскій.
Byzantine (*би-зăн'-тин*) adj. визан-
Byzantium (*би-зăн'-шиăм*) s. Византія.

C.

C (*си*), третья буква англійской азбуки; (музык.) нота. **Symphony in C.** симфонія въ нотѣ до.
Cab (*кăб*) s. кэбъ, кабріолетъ — **-man,** извощикъ, — **-stand,** извощичья биржа. **Hansom —,** кабріолетъ въ одну лошадь.
Cabal (*кă-бăл'*) s. кабалистика; тайный заговоръ; || vn. составлять заговоръ, интриговать.
Cabala (*кăб'-ă-лă*) s. кабала.
Cabalism (*кăб'-ă-лизм*) s. кабалистика (ученіе).
Cabalist (*кăб'-ă-лист*) s. занимающійся кабалистикой.
Cabalistic (*кăб'-ă-лист'-ик*), **Cabalistical** (*кăб-ă-лист'-ик-ăл*) adj. кабалистическій.
Cabalistically (*кăб'-ă-лист'-ик-ăл-и*) adv. кабалистически.
Caballer (*кă-бăл'-ер*) s. заговорщикъ, интриганъ.
Caballine (*кăб'-ăл-лайн*) adj. лошадиный.
Cabbage (*кăб'-бэдж*) s. (ботан.) капуста. **Cole —,** зеленая капуста. **Savoy —,** миланская капуста. — **head,** кочанная капуста. — **-stump, — stalk,** кочерыжка. || vn. кочаниться, завиваться; рости вилкомъ; || va. утаивать остатки матеріи (о портныхъ); воровать.
Cabin (*кăб'-ин*) s. каюта, хижина, шалашъ; каморка. **Chief —,** каютъ компанія. **Fore —,** передняя носовая каюта. — **boy,** каютъ-юнга. || vn. жить въ хижинѣ, въ шалашѣ, въ тѣснотѣ. || va. заключать въ тѣсное помѣщеніе.
Cabinet (*кăб'-ин-ет*) s. кабинетъ, рабочая комната; || правительство. — **-council,** совѣтъ министровъ. — **-maker,** рѣзчикъ, токарь. — — **-work,** тонкая столярная работа. || va. запирать въ кабинетѣ, въ рабочей комнатѣ.
Cable (*кэ'-бл*) s. (морск.) канатъ. **—'s length,** кабельтовъ (разстояніе въ 100 саженъ). || va. (морск.) привязать канатомъ; (архит.) украшать полуштабами.
Cabled (*кэ'-блд*) adj. (морск.) связанный канатомъ; (архит.) украшенный полуштабами.
Cablet (*кэ'-блет*) s. (морск.) кабельтовъ, перлинь.
Cabling (*кэ'-блинг*) s. (архит.) полуштабъ, прутикъ.
Caboose (*кă-бус'*) s. камбуза (кухня на суднѣ).
Caboshed (*кă-бош'*) adj. (герал.) съ головой звѣря. [летъ.
Cabriolet (*кăб-ри-о-ле'*) s. кабріо-
Cabul (*кă-бул'*) npr. (геогр.) Кабулъ
Cacao (*кă-кэ'-о*). **Cacoa** (*ко'о-ко*), s. какао, какаовое дерево.
Cachalot (*кăш'-ă-лот*) s. (ихтіол.) кашалотъ.
Cache (*кăш*) s. яма для храненія съѣстныхъ припасовъ.
Cachectic (*кă-кек'-тик*) **Cachectical** (*кă-кек'-тик-ăл*) adj. (медиц.) кахэктическій, худосочный.
Cachexia (*кă-кек'-сиă*), **Cachexy** (*кă-кекс-и*) s. (медиц.) кахэксія, худосочіе.
Cachinnation (*кăк-ин-нэ'-шăн*) s. громкій истерическій хохотъ.
Cack (*кăк*) vn. испражняться.
Cackle (*кăк'-л*) s. кудахтаніе, гоготаніе; || насмѣхаться.
Cackler (*кăк'-лер*) s. птица, гогочущая или кудахтающая; || болтунъ, пустомеля.
Cackling (*кăк'-линг*) s. гоготаніе, кудахтаніе.
Cacochymical (*кăк-о-ким'-ик-ăл*) adj. (мед.) худосочный;
Cacochymy (*кăк'-о-ким-и*) s. (мед.) худосочіе.
Cacoethes (*кăк-о-и'-сзис*) s. (мед.) незаживающая язва; злокачественный нарывъ; || дурная привычка.
Cacography (*кă-ког'-рă-фи*) s. писаніе съ ошибками, бумагомараніе.

Cacology (*кă-кол'-о-джи*) s. словосплетеніе.
Cacophonic (*кăк-о-фон'-ик*) adj. нестройный, неблагозвучный.
Cacophonical (*кăк-о-фон'-ик-ăл*) adj. нестройный, неблагозвучный.
Cacophony (*кă-коф'-о-ни*) s. какофонія, нестройность, неблагозвучность.
Cactus (*кăк'-тос*) s. (бот.) кактусъ.
Cacuminate (*кă-кум'-и-нăт*) va. заострять, заканчивать въ видѣ пирамиды.
Cad (*кăд*) s. кондукторъ (дилижанса); разсыльный; прощалыга.
Cadaverous (*кă-дăв'-ер-ŏс*) adj. трупный.
Cadaverously (*кă-дăв'-ерŏс-ли*) adv. въ видѣ трупа.
Cadaverousness (*кă-дăв'-ер-ŏс-нес*) s. трупное состояніе.
Caddis (*кăд'-дис*) s. шерстяная саржа.
Caddow (*кăд'-доу*) s. (орн.) галка.
Caddy (*кăд'-ди*) s. чайница.
Cade (*кэд*) s. боченокъ; || adj. ручной, прирученный, домашній; || va. заботливо выкармливать, воспитывать.
Cadence (*кэ'-денс*) s. паденіе, упадокъ; закатъ (солнца); пониженіе (голоса); (муз.) каденца; бѣгъ (лошади); (воен.) мѣрность (шага). || va. соблюдать тактъ, размѣръ; размѣрять.
Cadency (*кэ'-ден-си*) s. упадокъ, декадансъ. *см.* **Cadence.**
Cadet (*кă-дет'*) s. младшій братъ; волонтеръ; ополченецъ; кадетъ.
Cadge (*кăдж*) va. нести тяжесть, ношу.
Cadger (*кăдж'-ер*) s. торговецъ курами; || * вымогатель, попрошайка.
Cadi (*кэ'-ди*) s. судья (у турокъ), [кади.
Cadmean, Cadmian (*кăд'-ми-ăн*) adj. (хим.) кадміевъ.
Cadmia (*кăд'-ми-а*) s. (хим.) галмей.
Cadmium (*кăд'-ми-ŏм*) s. (хим.) кадмій (металлъ).
Caduceus (*кă-дью'-си-ŏс*) s. (миѳ.) жезлъ Меркурія.
Caducity (*кă-дью'-си-ти*) s. слабость; дряхлость.
Caducous (*кă-дью'-кос*) adj. (бот.) опадающій (о листьяхъ).
Cæcilia (*си-сил'-и-а*) npr. Цецилія.
Cæsura (*си-зью'-ра*) s. цезура (въ стихахъ).
Cæsural (*си-зью'-рал*) adj. цезурный. [ный.
Caffeic (*кăф'-фи-ик*) adj. кофейный.
Caffein (*кăф'-фи-ин*) s. (химич.) кофеинъ.
Caffraria (*кăф-фрэ'-ри-ă*) npr. (геогр.) страна Кафровъ, Кафрарія.
Caffre (*кăф-ф-р*) s. кафръ; || adj. кафрскій.
Caftan (*кăф'-тан*) s. кафтанъ.
Cag (*кăг*) s. боченокъ; *см.* **Keg.**
Cage (*кэдж*) s. клѣтка; || тюрьма; || (плотн.) срубъ. || va. сажать въ клѣтку; засадить въ тюрьму.
Cagmag (*кăг'-мăг*) s. жесткое мясо, мясные отбросы.
Cairn (*кэрн*) s. надгробные камни на могилахъ древнихъ вождей сѣверныхъ народовъ.
Caisson (*кэс'-сŏн*) s. (воен.) повозка съ боевыми матеріалами; || кэссонъ.
Caitiff (*кэ'-тиф*) s. рабъ; негодяй; || adj. рабскій, низкій, подлый, презрѣнный.
Cajole (*кă-джол'*) va. подольщаться, умасливать, завлекать кого лаской.
Cajoler (*кă-джол'-ер*) s. льстецъ, соблазнитель.
Cajolery (*кă-джол'-е-ри*) s. лесть, ласкательство, подлизываніе.
Cake (*кэк*) s. сладкій пирогъ, тортъ, пирожное; || кусокъ, плитка, брусокъ чего); розетка, металлическій кружокъ; || осадокъ. **Bride —, wedding —**, свадебный пирогъ. || va. запекать, сгущать; || vn. запекаться, сгущаться: давать корку; твердѣть; свертываться, осѣдать.
Calabash (*кăл'-ă-бăш*) s. (ботан.) горлянка, тыква.
Calabria (*кă-лэ'-бри-ă*) npr. (геогр.) [Калабрія.
Calabrian (*кă-лэ'-бри-ăн*) adj. калабрійскій; || s. калабріецъ, -ійка.
Calamiferous (*кăл-ă-миф'-ер-ŏс*) adj. заросшій, покрытый тросникомъ, камышомъ.
Calamine (*кăл'-ă-майн*) s. (минер.) гальмейный камень.
Calamitous (*кă-лăм'-и-тŏс*) adj. злосчастный, пагубный, бѣдственный.
Calamitously (*кă-лăм'-и-тŏс-ли*) adv. злосчастно; пагубно, губительно.
Calamitousness (*кă-лăм'-и-тŏс-несс*) s. отчаянность положенія; бѣдственное состояніе.
Calamity (*кă-лăм'-и-ти*) s. бѣдствіе, несчастіе, невзгода, пагуба.
Calamus (*кăл'-а-мŏс*) s. (бот.) камышъ; ирь благовонная.
Calander (*кă'-лан-дер*) s. (энтом.) долгоносикъ (жукъ).
Calapash (*кăл-ă-пăш'*) s. щитъ у черепахи. [lapach.
Calapee (*кăл'-а-пи'*) s. *см.* **Ca-**
Calash (*кă-лăш'*) s. колясочка; верхъ (экипажа); колесница (у древнихъ).
Calcadis (*кăл'-ка-дис*) s. бѣлый купоросъ.

Calcareous (*кäл-кэ'-ри-ôс*) adj. известковый.
Calceated (*кäл'-си-э-тед*) adj. обутый. [(бот.) калкорарія.
Calceolaria (*кäл'-си-о-лэ'-ри-ä*) s.
Calciferous (*кäл-сиф'-ер-ôс*) adj. содержащій известь.
Calcinable (*кäл-сайн'-ä-бл*) adj. легко превращаемый въ известь.
Calcinate (*кäл'-си-нэт*) va. кальцинировать, превращать въ известь, обжигать.
Calcination (*кäл-си-нэ'-шôн*) s. калцинація, превращеніе въ известь; обжиганіе, пережиганіе.
Calcine (*кäл'-син*) va. кальцинировать, превращать въ известь, пережигать, обжигать; || vn. превращаться въ известь.
Calciner (*кäл-сайн'-ер*) s. обжигательная печь.
Calcite (*кäл'-сит*) s. разновидность известковаго камня съ сѣрой.
Calcium (*кäл'-си-ôм*) s. (химич.) кальцій (металлъ).
Calc-spar (*кäлк'-спар*) s. известковый шпатъ.
Calculable (*кäл'-кью-лä-бл*) adj. вычислимый, исчислимый.
Calculary (*кäл'-кью-лä-ри*) adj. исчисляющій.
Calculate (*кäл'-кью-лэт*) va. вычислять, взвѣшивать (послѣдствія); разсуждать; || vn. вычисляться, дѣлать вычисленія, расчитывать на что.
Calculated (*кäл'-кью-лэ-тед*) adj. вычисленный, годный.
Calculation (*кäл'-кью-лэ-шôн*) s счетъ, вычисленіе, исчисленіе; || разсчетъ. [счетный.
Calculative (*кäл'-кью-лэ-тив*) adj.
Calculator (*кäл'-кью-лэ-тôр*) s. счетчикъ, занимающійся вычисленіями.
Calculose (*кäл'-кью-лос*) adj. каменистый, хрящеватый, твердый какъ камень. [каменистый.
Calculous (*кäл'-кью-лôс*) adj.
Calculus (*кäл'-кью-лôс*) s. (мед.) камень (въ мочевомъ пузырѣ); || вычисленіе, счисленіе
Caldron (*кол'-дрôн*) s. котелъ.
Caledonia (*кäл-и-до'о-ни-а*) npr. (геогр.) Каледонія
Caledonian (*кäл-и-до'о-ни-äн*) adj. каледонскій; || s. каледонецъ,-нка.
Calefacient (*кäл-и-фэ'-шент*) adj. нагрѣвающій, согрѣвательный. || s. нагрѣватель, нагрѣвающее, согрѣвающее; созрѣвающее.
Calefaction (*кäл-и-фäк'-шôн*) s. нагрѣваніе, согрѣваніе.
Calefactor (*кäл-и-фäк'-тôр*) s. нагрѣватель.
Calefactory (*кäл-и-фäк'-тô-ри*) adj. нагрѣвающій, согрѣвающій.
Calefy (*кäл'-и-фай*) va. нагрѣвать, согрѣвать; || vn. нагрѣваться, согрѣваться
Calendar (*кäл'-ен-дар*) s. календарь, мѣсяцесловъ; || списокъ, указатель; || va. вносить, записывать въ календарь, въ списокъ; перечислять.
Calender (*кäл'-ен-дер*) s. катокъ (для бѣлья и матерій); прессъ; лощильщикъ, катальщикъ; одна изъ сектъ дервишей на Востокѣ.
Calendering (*кäл'-ен-дер-инг*) s. катаніе, лощеніе.
Calendrer (*кäл'-ен-дрер*) s. катальщикъ, лощильщикъ.
Calendrical (*кä-лен'-дрик-äл*) adj. календарный.
Calends (*кал'-ендз*) s. pl. календы, первый день мѣсяца у римлянъ.
Calendula (*кä-лен'-дью-ла*) s. (бот.) ноготки (растеніе).
Calenture (*кäл'-ен-чур*) s. морская горячка; изступленіе.
Calescence (*кä-лес'-сенс*) s. возрастающій жаръ.
Calf (*ка'аф*), (pl. **Calves**) s. теленокъ; || телячья кожа; опоекъ; молодой олень; икра (ноги); || трусъ, глупецъ.
Calflike (*ка'-аф-лайк*) adj. телячій.
Calfskin (*ка'-аф-скин*) s. телячья кожа, опоекъ.
Caliber (*кäл'-и-бер*) **Calibre** (*кäл'-и-бер*) s. калибръ, размѣръ — **compasses**, компасъ измѣряющій толщину.
Calibered (*кäл'-и-берд*) adj. (артил.) калибровый. [калибръ.
Calibre (*кäл'-и-бер*) s. (артил.)
Calice (*кäл'-ис*) s. чаша, бокалъ, потиръ (церковный).
Calico (*кäл'-и-ко*) s. каленкоръ, миткаль. **Printed** —, ситецъ, набивная бумажная ткань.
Calicular (*кäл'-ик'-ью-лер*) adj. въ формѣ вѣнчика; вѣнчиковый.
Calid (*кäл'-ид*) adj. жаркій, горячій, жгучій, раскаленный.
Calidity (*кä-лид'-и-ти*) s. жаръ, пекло. [лопроводъ.
Caliduct (*кäл'-и-дôкт*) s. теп-
Calif, Caliph или **Kalif** (*кэ'-лиф*) калифъ, халифъ.
Califate, Caliphate (*кäл'-и-фэт*) s. калифатъ.
Califship или **Caliphship** (*кэ'-лиф-шип*) s. калифатъ, званіе калифа.
Caligation (*кäл-и-гэ'-шôн*) s. темнота, помраченіе зрѣнія; мракъ.
Caliginous (*кä-лидж'-и-нôс*) adj. темный, помраченный; мрачный.
Caliginously (*кä-лидж'-и-нôс-ли*) adj. мрачно, темно.
Caliginousness (*кä-лидж'-и-нôс-

нес) s. темнота, помраченіе, потемки; || * тупость, глупость.

Calipash (*кӑл'-и-пӓш*) s. верхняя часть щита у черепахи зеленоватаго цвѣта.

Calipee (*кӑл'-и-пи*) s. нижняя часть того же щита свѣтло-желтаго цвѣта.

Calipers (*кӑл'-и-перс*) s. компасъ для измѣренія толщины.

Calisthenic (*кал'-иссзен'-ик*) adj. улучшающій красоту тѣла.

Calisthenics (*кал'-иссзен'-икс*) s. гимнастическія упражненія, улучшающія красоту тѣла и увеличивающія силу.

Calix (*кэ'-ликс*) s. (ботан.) чашечка (цвѣтка).

Calk (*ко'ок*) va. конопатить; подковывать (на зиму;) переводить рисунокъ на бумагу; || s. шипъ (въ подковѣ).

Calker (*ко'ок-ер*) s. конопатчикъ; || шипъ (въ подковѣ).

Calkin (*ко'о-кин*) s. шипъ (въ подковѣ.)

Calking (*ко'ок-инг*) s. конопаченіе; переводъ рисунка на бумагу.

Call (*кал*) va. называть: именовать; призывать, вызывать; приманивать птицъ, подражая ихъ крику; оглашать (вступленіе въ бракъ; **I called in the physician**, я пригласилъ доктора. **To — one names**, обругать кого либо. **To — again**, звать назадъ, вернуть. **To — back**, отзывать. **To — down**, заставить спуститься книзу. **To — for**, спрашивать, требовать; звать, призывать. **— for the carriage**, заставить подъѣхать экипажъ. **To — forth**, вывести, породить, вызвать. **To — in**, приглашать войти. **To — in money**, изъять монету изъ обращенія. **To — off**, отговаривать; отстранять; отвлекать, развлекать. **To — on**, просить, требовать неотступно, настаивать; заклинать, взывать, поощрять. **To — out**, вызывать; призывать; кричать. **To — together**, созывать, собирать. **To — to mind**, напоминать. || vn. называться; объявлять; приходить, заходить; умолять, взывать; выкликать; кукурекать, вавакать (о перепелахъ). **I shall — on you**, я къ вамъ зайду. **To — after**, звать кого. **To — again**, вернуться, возвращаться, вновь заходить. **To — at**, проходить черезъ, заходить къ... **To — for**, спрашивать; заходить за чѣмъ. **To — on, in, upon**, заходить къ кому-либо. || s. зовъ, призывъ; приглашеніе, созывъ (собранія); ходатайство, просьба; || посѣщеніе; || перекличка; || призваніе; || занятіе, профессія, ремесло; || команда, приказъ; || полномочіе, право; распоряженіе; || сборъ (барабанный), тревога, свистокъ; дудка (птицелова). **—for money**, поиски денегъ. **Within —**, на разстояніи человѣческаго голоса. **At every beck and—**, ко всеобщимъ услугамъ. **— -bird**, s. приманная пица.

Caller (*кол'-ер*) s. зовущій созывающій.

Calligraphic (*кӑл-и-грӑф'-ик*) adj. [калиграфическій.

Calligraphist (*кӑ-лиг'-рӑ-фист*) s. калиграфистъ.

Calligraphy (*кӑ-лиг'-рӑ-фи*) s. калиграфія, чистописаніе.

Calling (*кол'-инг*) s. призваніе; зовъ, кликаніе; назначеніе; || званіе, должность, ремесло.

Calliope (*ка-лай-о-пи*) npr. Калліопа.

Callose (*калоос'*) adj. затвердѣлый, мозолистый.

Callosity (*кӑл-лос'-и-ти*) s. затвердѣніе, затвердѣлость; мозоль.

Callous (*кӓл'-лӧс*) adj. затвердѣлый; мозолистый; || безчувственный, притупленный.

Callously (*кӓл'-лӧс-ли*) adv. съ затвердѣлостью, съ мозолью; || безчувственно.

Callousness (*кӓл'-лӧс-нес*) s. затвердѣлость, огрубѣніе; безчувственность, грубость.

Callow (*кӓл'-лоу*) adj. безперый, неоперившійся, голый.

Callus (*кӓл'-лӧс*) s. затвердѣніе, затвердѣлость.

Calm (*ка'ам*) adj. спокойный, тихій. **To grow —**, успокаиваться. || s. покой, спокойствіе, тишина; (морск.) штиль, безвѣтріе. || va. успокаивать, утишать, смирять.

Calmer (*ка'а-мер*) s. успокоитель, успокаивающій.

Calming (*ка'ам-инг*) adj. успокаивающій; || s. успокоеніе.

Calmly (*ка'ам-ли*) adv. спокойно [тихо.

Calmness (*ка'ам-нес*) s. спокойствіе, покой; тишина.

Calmy (*ка'а-ми*) adj. тихій, спокойный.

Calomel (*кӓл'-о-мел*) s. (фарм.) каломель [ломель

Caloric (*кӓ-лор'-ик*) adj. (физ.) теплородный, калорическій.

Calorifere (*кӓ-лор'-и-фир*) s. калориферъ.

Calorific (*кӓл-о-риф'-ик*) adj. (физ.) теплородный, теплотворный.

Calorification (*кӓ-лор-и-фи-кэ'-шӧн*) s. (физ.) согрѣваніе.

Calorificient (*кӓ-лор-и-фиш'-ент*) adj. производящій теплоту.

Calorimeter (*кăл-о-рим'-е-тер*) s. (физ.) калориметръ, тепломѣръ.
Calorimotor (*кă-лор-и-мо'о-тор*) s. (физ.) приборъ для развитія теплоты.
Calotte *или* **Calote** (*кă-лот'*) s. скуфья, камилавка.
Caltrop (*кă.л'-троп*) s. (воен.) орудіе для поврежденія ногъ лошадей непріятельской конницы.
Calumba (*кă-лŏм'-ба*) s. (бот.) колумба.
Calumet (*кă.л'-ю-мет*) s. курительная трубка (длинная).
Calumniate (*кă-лŏм'-ни-эт*) va. vn. клеветать, оклеветать, злословить. [оклеветанный.
Calumniated (*кă-лŏм'-ни-этед*) adj.
Calumniation (*кă-лŏм-ни-э'-шŏн*) s. клевета, оклеветаніе, злословіе.
Calumniator (*кă-лŏм-ни-э'-тŏр*) s. клеветникъ, -тница.
Calumnious (*кă-лŏм'-ни-ŏс*) adj. клеветническій, злословный.
Calumniously (*кă-лŏм'-ни-ŏс-ли*) adv. клеветнически, злословно.
Calumniousness (*кă-лŏм'-ни-ос-нес*) s. клеветничество, клевета.
Calumny (*кă.л'-ŏм-ни*) s. клевета, злословіе.
Calvary (*кă.л'-ва-ри*) s. гора Голгоѳа; подобіе Голгоѳы въ католическихъ странахъ.
Calve (*кав*) vn. телиться.
Calvin (*кă.л'-вин*) prг. Кальвинъ.
Calvinism (*кă.л'-вин-изм*) s. кальвинизмъ. [нистъ.
Calvinist (*кă.л'-вин-ист*) s. кальви-
Calvinistic (*кă.л-вин-ист'-ик*) adj. кальвиническій.
Calvinistical (*кă.л-вин-ист'-ик-ă.л*) adj. кальвинистическій.
Calvinize (*кă.л-вин-айз*) va. обращать въ кальвинизмъ.
Calvish (*кав'-иш*) adj. телячій; || глупый.
Calx (*кă.лкс*) s. известь.
Calycle (*кă.л'-и-к.л*) s. (бот.) чашечка. [шечка.
Calycule (*кă.л'-и-кью.л*) s. (бот.) ча-
Calyx (*кэ'-ликс*) s. (бот.) чашечка (цвѣтка).
Cam (*кăм*) s. (мех.) кулакъ, палецъ (у вала); лопатка (водян. колеса).
Camaieu (*кă-мэй'-ю*) s камея; одноцвѣтная картина. **Grey** —, родъ живописи темной краской на сѣромъ фонѣ.
Camber (*кăм'-бер*) va нагибать, выгибатя; || s. выгнутое бревно; || выгибъ.
Cambered (*кăм'-берд*) adj. согнутый, выгнутый, дугообразный.
Cambering (*кăм'-бе-ринг*) s. выгибаніе, сгибъ.
Cambial (*кăм'-би-ă.л*) adj. размѣнный, учетный, банкирскій.
Cambist (*кăм'-бист*) s. мѣняло, банкиръ.
Cambistry (*кăм'-бист-ри*) s. банкирское дѣло. [кадмій.
Cambium (*кăм'-би-ŏм*) s. (ботан.)
Cambyses (*кăм-бай-сиз*) prг Камбизъ.
Cambric (*кэм'-брик*) s. кембрикъ (родъ батиста); || adj. батистовый.
Cambridge (*кэм'-бридж*) prг. (геогр.) Кембриджъ.
Camel (*кăм'-е.л*) s. верблюдъ. **She** —, верблюдъ-самка — **-backed,** adj. горбатый. — **-driver,** водчикъ верблюдовъ, верблюжатникъ. — **hair,** верблюжья шерсть.
Cameleon-mineral (*кă-ми'-ли-ŏн-мин'-е-ра.л*) s. хамелеонъ (минераллъ).
Camellia (*кă-мел'-ли-ă*) s. (бот.) камелія. [(зоол.) жирафъ.
Camelopard (*кăм-ел'-о-пард*) s.
Cameo (*кăм'-и-о*) s. камея.
Camera (*кăм'-е-ра*) s. (арх.) сводъ; камера. — **lucida,** (физ.) камера-люцида. — **obscura,** s. (физ.) камера-обскура.
Camilla (*ка-ми.л'-ла*) prг. Камилла.
Camillus (*ка-мил'-лŏс*) prг. Камиллъ.
Camisade (*кăм-и-сэд'*) s. (воен.) родъ рубашки; ночное нападеніе.
Camisado (*кăм-и-сэ'-до*) s. см. **Camisade.**
Camlet (*кăм'-лет*) s камло, уличный торговецъ; || камлотъ (матерія). [ромашка.
Camomile (*кăм'-о-майл*) s. (бот.)
Camp (*камп*) s. лагерь, станъ; || армія; || лагерная стоянка, мѣсто для лагеря. **Manœuvring** —, поле для маневровъ. **To pitch a** —, расположиться, стать лагеремъ. **To break up a,** — снять лагерь. — **-bedstead** s. походная кровать. — **-stool,** s. походный складной стулъ. || vn. va. расположить, расположиться станомъ, лагеремъ.
Campaign (*кăм-пэн'*) s. равнина, || кампанія, походъ. || vn. участвовать въ походѣ, совершать кампанію. [ранъ, служака.
Campaigner (*кăм-пэн'-ер*) s. вете-
Campaniform (*кăм-пăн'-и-форм*) adj. (бот.) колокольчатый.
Campanile (*кăм-пă-ни'-ла*) s. колоколенка.
Campanology (*кăм-пă-нол'-о-джи*) s. умѣніе звонить въ колокола.
Campanula (*кам-пăнь'-ю-ла*) s. (бот.) колокольчикъ.
Campanulate (*кăм-пăнь'-ю-лэт*) adj. (бот.) колокольчатый.
Campeachy (*кăм-пич'-и*) s. (бот.

—wood, камшецевое *или* сандальное дерево.

Campestral (*кäм-пес'-трäл*) adj. [полевой.

Campestrian (*кäм-пес'-три-äн*) adj. полевой.

Camphine (*кäм'-фин*) s. (хим.) терпентиновое масло, камфинъ.

Campholic (*кäм-фол'-ик*) adj. **— acid**, камфоловая кислота.

Camphor (*кäм'-фор*) s. камфора; ‖ va. насыщать камфорою.

Camphorate (*кäм'-фор-эт*) va. насыщать, напитывать камфорою. ‖ s. камфора; ‖ adj. камфорный.

Camphoric (*кäм-фор' ик*) adj. (хим.) камфорный.

Camping (*кäмп'-инг*) s. расположеніе войска лагеремъ; ‖ игра въ мячъ.

Campion (*кäм'-пи-öн*) s. (бот.) пузырникъ. **rose —**, вѣтреница.

Can (*кäн*) vn. мочь; умѣть, знать. **I can**, я могу. **He can read and write**, онъ можетъ читать и писать. **As soon as you can**, какъ только можно скорѣй. **I cannot help laughing**, я не могу удержаться отъ смѣха. ‖ va. и reg. сохранять, -ся, въ коробкахъ. **Canned meat**, консервы. ‖ s. кружка, жбанъ; лейка. **Milk —**, кружка для молока. **Oil- —**, чашка для масла. **Fishing —**, ведро для рыбы.

Canada (*кäн'-а-дä*) npr. (геогр.) Канада.

Canadian (*кä-нэ'-ди-äн*) adj. канадскій; ‖ житель, -ница Канады.

Canal (*кä-нäл'*) s. каналъ; проливъ, протокъ; проходъ; желобъ, трубка.

Canalization (*кä-нäл-и-зэ'-шöн*) s. канализація.

Canary (*кä-нэ'-ри*) npr. (геогр.) **The - Islands**, Канарскіе острова. ‖ s. вино съ канарскихъ острововъ; (зоол.) канарейка. **— bird**, канарейка. **Hen —**, самка канарейки.

Cancel (*кäн'-сел*) va. вымарывать, вычеркивать; подчищать; изглаживать (изъ памяти); уничтожать; ‖ s. картонъ; (тип.) перепечатанный листокъ.

Cancellate (*кäн'-сел-эт*) adj. (бот.) клѣточный.

Cancellated (*кäн'-сел-лэ-тед*) adj. вымаранный, вычеркнутый, похѣренный.

Cancellation (*кäн-сел-лэ'-шöн*) s. вымарываніе, вычеркиваніе; уничтоженіе, прекращеніе.

Cancer (*кäн'-сер*) s. (мед.) ракъ; (зоол.) морской ракъ; (астр.) Ракъ (созвѣздіе).

Cancerate (*кäн'-сер-эт*) vn. (мед.) развиваться въ ракъ.

Canceration (*кäн'-сер-э'-шöн*) s. (мед.) язва рака.

Cancerous (*кäн'-сер-öс*) adj. (мед.) раковидный, ракообразный.

Cancerously (*кäн'-сер-öс-ли*) adv. ракообразно.

Cancerousness (*кäн-'сер-öс-нес*) s (мед.) свойство, характеръ рака; ракообразное состояніе.

Cancriform (*кäн'-кри-форм*) adj. (мед.) ракообразный.

Cancrine (*кäн'-крин*) adj. схожій съ ракомъ.

Cancrite (*кäн'-крит*) s. окаменѣлый морской ракъ.

Cancroid (*кäн'-кройд*) s. adj. (мед.) раковидный; ‖ s. канкроидъ.

Candelabrum (*кäн-де-лэ'-брöм*) s. канделябръ.

Candent (*кäн'-дент*) adj. разгоряченный, раскаленный до-бѣла.

Candia (*кäн'-ди-ä*) npr. (геогр.) Кандія, Критъ.

Candid (*кäн'дид*) adj. чистосердечный; искренній; прямой; блистающій бѣлизною.

Candidate (*кäн'-ди-дэт*) s. кандидатъ; претендентъ, конкурентъ.

Candidateship (*кäн'-ди-дэт-шип*) s. кандидатура.

Candidly (*кäн'-дид-ли*) adv. искренне, откровенно; безпристрастно.

Candidness (*кäн'-дид-нес*) s. чистосердечіе, откровенность, безпристрастіе. [ный.

Candied (*кäн'-дид*) adj. обсахаренный.

Candify (*кäн'-ди-фай*) va. vn. бѣлить, придавать (бѣлизну); засахариться.

Candle (*кäн'-дл*) s. свѣча. **— -light**, свѣтъ отъ свѣчи. **To read by — light**, читать при свѣтѣ свѣчи.

Candlemass (*кäн'-дл-мäс*) s. Срѣтеніе Господне (праздникъ).

Candlestick (*кäн'-дл-стик*) s. шандалъ.

Candour (*кäн'-дор*) s. чистосердечіе, откровенность; прямота; справедливость.

Candy (*кäн'-ди*) va. обсахарить, варить въ сахарѣ; ‖ vn. обсахариться, вариться въ сахарѣ, превращаться въ леденецъ ‖ s. леденецъ, конфетка.

Cane (*кэн*) s. трость, палка; (бот.) камышъ, тростникъ. **— -brake**, тростниковая заросль. ‖ va. бить, колотить палкой, дубасить. **To — a chair**, дѣлать новое соломенное сидѣніе у стула.

Canescent (*кä-нес'-сент*) adj. бѣлѣющій, сѣдѣющій.

Canicula (*кä-никъ'ю-лä*), **Canicule** (*кäн'-и-кьюл*) s. (астр.) Сиріусъ, звѣзда въ созвѣздіи Большаго Пса; ‖ небольшой каналъ, небольшая трубочка.

Canicular (*кä-никъ'-ю-лäр*) adj.

каникулярный; || относящійся къ Сиріусу.
Canine (*кä-найн'*) adj. собачій.
Caning (*кэн'-инг*) s. избіеніе палкою, палочные удары; || плетеніе новыхъ сидѣній у стульевъ.
Canister (*кäн'-ис-тер*) s. корзиночка, ящикъ; чайница. — **shot**, зарядъ съ картечью.
Canker (*кäн'-кер*) s. язва; (мед.) шанкеръ; || червоточина (на деревьяхъ); || * язва, бичъ, зло, бѣдствіе. — **-fly**, плодовая муха. — **-worm**, (зоол.) гусеница, плодовый червь. || va. vn. разъѣдать; повреждать, заражать. || vn. разъѣдаться, повреждаться, заражаться.
Cankerous (*кäн'-кер-öс*) s. adj. (мед.) шанкерный.
Cankery (*кäн'-кер-и*) adj. язвенный; || ржавый, изъеденный; || злобный.
Cannabis (*кäн'-нä-бис*) s. (бот.) конопля.
Cannel-coal (*кäн'-ел-кол*) s. высшій сортъ каменнаго угля.
Cannibal (*кäн'-ни-бäл*) s. каннибалъ, людоѣдъ, ляндуръ (сибир.); злодѣй.
Cannibalism (*кäн' -ни-бäл-изм*) s. каннибализмъ, людоѣдство; варварство, звѣрство.
Cannibally (*кäн'-ни-бä-ли*) adv. подобно людоѣду, по-людоѣдски; звѣрски, злодѣйски; кровожадно.
Cannon (*кäн'-нöн*) s. пушка, орудіе. — **foundry**, пушечный, литейный заводъ. — **-ball**, ядро. — **-shot**, пушечный выстрѣлъ. — **-proof**, непробиваемый ядрами.
Cannonade (*кäн-нöн-эд'*) s. канонада, пушечная пальба. || vn. палить изъ пушекъ.
Cannoneer (*кäн-нöн-ир'*), **Cannonier** (*кäн'-нöн-ир'*) s. канониръ, пушкарь.
Cannoning (*кäн'-нöн-инг*) s. канонада.
Cannular (*кäн' - нью - лäр*) adj трубчатый.
Canny (*кäн'-ни*) **Cannie** (*кäн'-ни*) adj. осторожный, осмотрительный.
Canoe (*кä-ну'*) s. лодка, челнокъ; пирога.
Canon (*кäн'-öн*) s. канонъ (церковный); уставъ, правило, установленіе; каноникъ; перечень святыхъ. — **law**, церковное, каноническое право.
Canoness (*кäн'-öн-ес*) s. канонисса.
Canonical (*кä-нон'-ик-äл*) adj. каноническій.
Canonic (*кä-нон'-ик*) adj. каноническій.
Canonically (*кä - нон' - ик - äл - и*) adv. канонически.
Canonicalness (*кä-нон'-ик-äл-нес*) s. каноническая правильность.
Canonicals (*кä-нöн'-ик-äлз*) s. pl. церковное облаченіе.
Canonicat (*кä-нон'-ик-ст*) s. каноничество, званіе каноника.
Canonicity (*кä - нон-ис' - и - ти*) s. званіе каноника.
Canoniste (*кäн'-он-ист*) s. знатокъ каноническаго права.
Canonistic (*кäн-öн-ист'-ик*) adj. каноническій.
Canonization (*кäн-öн-и-зэ'-шöн*) s. канонизація, причтеніе къ лику святыхъ.
Canonize (*кäн'-öн-айз*) va канонизировать.
Canonizer (*кäн'-öн-и-зер*) s. причисляющій къ лику святыхъ, канонизирующій.
Canonry (*кäн'-öн-ри*), **Canonship** (*кäн'-он-шип*) s. доходъ каноника.
Canopied (*кäн'-опид*) adj. украшенный балдахиномъ.
Canopy (*кäн'-о-пи*) s. балдахинъ, навѣсъ; занавѣсъ отъ мухъ. **The — of heaven,** сводъ небесный; va. покрывать балдахиномъ, навѣсомъ; укрывать.
Canorous (*кä-но'о-рöс*) adj. звучный, гармоничный.
Cant (*кäнт*) s. толчокъ, ударъ; простонародный языкъ, жаргонъ; || жеманство; причитанія нищихъ; аукціонъ; || уклоненіе отъ прямой линіи, косвенное направленіе; || adj. испорченный, кривой; || va. vn. говорить съ жаргономъ; причитать, ныть; издавать звуки; вопить; толкнуть, сбросить.
Cantabria (*кäн-тэ'-бри-а*) npr (геогр.) Кантабрія.
Cantabrian (*кäн-тэ'-бри-äн*) adj кантабрійскій.
Cantabrigian (*кäн-тä-бридж'-и-äн*) s. студентъ кембриджскаго университета; || adj. кембриджскій.
Cantaliver (*кäн'-тä-ли-вер*), **Cantilever** (*кäн'-ти-ли-вер*) s. (арх.) подставка, консоль, модильонъ.
Cantaloupe (*кäн'-тä-лъюп*) s. (бот.) родъ дыни.
Cantankerous (*кäн-тäн'-кер-öс*) adj. недовольный, сварливый.
Cantata (*кäн-тэ'-та*) s. (музык.) кантата.
Canteen (*кäн-тин'*) s. (воен.) манерка, кружка; лагерный кабакъ.
Cantel (*кäн'-тел*), **Cantle** (*кäн'-тл*) s. задняя часть сѣдла.
Canter (*кäн-'тер*) s. легкій галопъ. || va. vn. ѣхать легкимъ галопомъ.
Canter (*кäнт'-ер*) s. лицемѣръ, ханжа.
Canterbury (*кäн'-тер-бер-ри*) (геогр.) Кантербери (городъ) — **-bell**, кампанулла (цвѣтокъ).
Cantharis (*кäн'-сä-рис*), pl. **Cantharides** (*кäн'-сäр'-и-диз*) s. pl.

кантариды (родъ жуковъ); || шпанскія мушки.

Canticle (*кäн'-тикл*) s. гимнъ, духовная пѣснь, пѣснь пѣсней (въ Библіи).

Cantilever (*кäн'-ти-ли-вер*) s. см. [Cantaliver.

Cantillate (*кäн'-тил-лэт*) va. пѣть речитативомъ.

Cantillation (*кäн'-тил-лэ-шöн*) s. напѣваніе.

Canting (*кäнт'-инг*) adj. жеманный, пѣвучій, говорящій на распѣвъ, причитающій; || s. жаргонъ, испорченный языкъ; ханжество.

Cantingly (*кäнт'-ин-гли*) adv. на распѣвъ; жалобнымъ тономъ; съ ханжествомъ

Cantle (*кäн'-тл*) s. кусокъ, обрубокъ; || va. рѣзать на куски.

Cantlet (*кäнт'-лет*) s. обрѣзокъ, отрѣзокъ, обрубокъ.

Canto (*кäн'-то*) s. пѣснь въ поэмѣ; (муз.) верхній голосъ, кантъ.

Canton (*кäн'тöн*) s. кантонъ (въ Швейцаріи), округъ. || va. дѣлить на части. [тональный.

Cantonal (*кäн'-тöн-äл*) adj. кан-

Cantoned (*кäн-тонд*) adj. (гералъ.) дополненный, украшенный.

Cantonize (*кäн'-тöн-айз*) va. дѣлить на кантоны, на маленькіе округа; распредѣлять.

Cantonment (*кäн'-тöн-мент*) s. (воен.) расквартированіе войскъ.

Canula (*кäн'ьюла*) s. (хир.) трубка, трубочка.

Canvas (*кäн'-вäс*) s. канва; холстъ; (мор.) парусина; || начертаніе; изслѣдованіе, разсмотрѣніе, канва (разсказа); || обсуждать, баллотировать; || vn. заискивать, добиваться чего.

Canvasser (*кäн'-вäс-ер*) s. собитель голосовъ, || изслѣдователь; критикъ.

Cany (*кэ'-ни*) adj. поросшій тростникомъ, тростниковый [пѣсенка.

Canzone (*кäн-зо'-ни*) s. канцона,

Canzonet (*кäн-зо-нет'*) s. канцонетка, пѣсенка, шансонетка.

Cautchouc (*ку'-чук*) s. каучукъ.

Cap (*кäп*) s. шляпа, шапка, колпакъ; чепецъ; кепи; || поклонъ, снимание шапки. **Fool's —**, дурацкая шапка, ослиный колпакъ. || va. надѣть шапку, шляпу; дополнить, довести до высшей степенени; || vn. снять шляпу въ знакъ уваженія. [способность.

Capability (*кэ-па-бил'-и-ти*) s.

Capable (*кэ'-пä-бл*) adj. способный, понятливый; даровитый; || правоспособный.

Capableness (*кэ'-па-бл-нес*) s. способность, дарованіе.

Capacious (*кä-пэ'-шöс*) adj. просторный, обширный; емкій; вмѣстительный.

Capaciously (*кä-пэ'-шöс-ли*) adv. просторно, обширно, вмѣстительно.

Capaciousness (*кä-пэ'-шöс-нес*) s. вмѣстительность, емкость, обширность.

Capacitate (*кä-пäс'-и-тэт*) va. дѣлать приспособленія; дать возможность (понять); дать право (на что).

Capacity (*кä-пäс'-и-ти*) s. ѐмкость, вмѣстительность, объемъ; || способность, дарованіе; || правоспобность.

Cap-a-pie (*кäп'-а-пи'*) adv. съ головы до ногъ (вооруженный).

Caparison (*ка-пäр'-и-сöн*) s. попона, чепракъ. || va. покрывать попоной.

Cape (*кэп*) s. воротникъ; родъ плаща съ капюшономъ;|| (геогр.) мысъ

Capelan (*кäп'-е-лäн*) s. (ихтіол.) доржъ, видъ трески. [звѣздіе,

Capella (*ка-пел'-ла*) s. капелла (со-

Capellet (*кäп'-ел-лет*) s. (ветер.) наминка у лошади.

Caper (*кэ'-пер*) s. прыжокъ, скачокъ; || дурачество; || va. дѣлать прыжки, скачки.

Caperer (*кэ'-пер-ер*) s. прыгунъ.

Capering (*кэ'-пер-инг*) adj. прыгающій, подскакивающій.

Capias (*кэ'-пи-äс*) s. (юрид.) предписаніе о личномъ арестѣ; личное задержаніе. [см. **Capillary.**

Capillaceous (*кäп-ил-лэ'-шöс*) adj.

Capillaire (*кäп-ил-лэр'*) s. сиропъ растенія этого имени.

Capillament (*кä-пил'-лä-мент*) s. тончайшее волоконце нерва; (бот.) тычинка.

Capillarity (*кäп'-ил-лäр'-и-ти*) s. (физ.) капиллярность; волосность.

Capillary (*кап'-ил-лä-ри*) adj. волосный, капиллярный.

Capital (*кäп'-и-тäл*) adj. головной; || главный, капитальный; столичный (городъ); уголовный (о преступленіи); первостатейный, отмѣнный; || s. (арх.) капитель; || столица; || прописная буква; || капиталъ; || вліяніе. [капиталистъ.

Capitalist (*кäп'-и-тäл-ист*) s.

Capitalize (*кäп'-и-тäл-айз*) va. капитализировать; накоплять деньги, капиталъ; печатать заглавными буквами.

Capitally (*кäп'-и-тäл-и*) adv **To punish —**, приговорить къ смертной казни. **— convicted**, обвиненный въ уголовномъ преступніи; || славно, совершенно.

Capitate (*кäп'-и-тэт*) adj. (бот.) головчатый.

Capitation (*кäп-и-тэ'-шöн*) s. п'

головное исчисленіе; подушная подать.
Capitol (*кäп'-и-тол*) s. капитолій (въ др. Римѣ).
Capitolian (*кäп-и-то'о-ли-äн*), **Capitoline** (*кäп'-и-тол-айн*) adj. капитолійскій.
Capitular (*кä-питъ'-ю-лар*), **Capitulary** (*кä-питъ'-ю-лä-ри*), s. капитулярій, членъ капитула; || adj. капитульскій.
Capitularly (*кä-питъ'-ю-лäр-ли*) adv. въ Капитульскомъ собраніи.
Capitulary (*кä-питъ'-ю-лä-ри*) s. см. **Capitular**.
Capitulate (*кä-питъ'-ю-лэт*) vn. договариваться; капитулировать.
Capitulation (*кä-питъ-ю-лэ'-шöн*) s. капитуляція, сдача города.
Capitulator (*кä-питъ'-ю-лэ-тöр*) s. капитулирующій, сдающійся.
Capoch (*кä-пуч'*) s. капюшонъ (у монаховъ). [окаплунить.
Capon (*кэ'-пн*) s. каплунъ; || va.
Caponet (*кä'-пн-ет*) s. каплунокъ.
Caponiere (*кäп-о-нир'*) s. (форт.) капониръ.
Capot (*кä-пот'*) s. не взявшій ни одной взятки въ пикетѣ. || va. забрать всѣ взятки; поставить въ тупикъ.
Capote (*кä-по'от*) s. солдатская, матроская шинель.
Capped (*кäпт*) adj. съ покрытой головой.
Capper (*кäп'-пер*) s. шапочникъ.
Capric (*кэ'-прик*) adj. (хим.) каприковый. [причуды; блажь.
Caprice (*кä-прис'*) s. капризъ,
Capricious (*кä-приш'-öс*) adj. капризный, своенравный.
Capriciously (*кä-приш'-öс-ли*) adv. капризно, своенравно.
Capriciousness (*кä-приш'-öс-нес*) s. капризный характеръ.
Capricorn (*кäп'-ри-корн*) s. (астр.) Козерогъ (созвѣздіе).
Capriole (*кäп'-ри-ол*) s. прыжокъ на мѣстѣ (лошади); скачекъ.
Capsicum (*кäп'-си-кöм*) s. стручковый перецъ.
Capsize (*кäп-сайз'*) va. (морск.) опрокинуть; || vn. опрокинуться.
Capstan (*кäп'-стäн*), **Capstern** (*кäп'-стерн*) s. (морск.) шпиль; кабестанъ.
Capsular (*кäп'-сью-лäр*) **Capsulary** (*кäп'-сью-лä-ри*), adj. сумочный, капсульный.
Capsulate (*кäп'-сью-лэт*), **Capsulated** (*кäп'-сью-лэ-тед*) adj. находящійся въ сумкѣ, въ капсулѣ.
Capsule (*кäп'-сюл*) s капсуля, сумка. капсюля.
Captain (*кäп'-тин*) s. капитанъ, начальникъ; атаманъ; (морск.) **Post** —, капитанъ 1-го ранга.
Captaincy (*кап'-тин-си*) s. капитанство (чинъ, должность, званіе (капитана).
Captainship (*кäп'-тин-шип*) s. см. **Captaincy** ; || военное искусство, знаніе.
Caption (*кäп'-шöн*) s. (юрид.) наложеніе ареста; || происки.
Captious (*кäп'-шöс*) s. хитрый, обманчивый; двусмысленный, придирчивый.
Captiously (*кäп'-шöс-ли*) adv. хитро; двусмысленно; съ обманомъ.
Captiousness (*кäп'-шöс-нес*) s. придирчивость, вздорность.
Captivate (*кап'-ти-вэт*) va. плѣнять, очаровать; взять въ плѣнъ.
Captivating (*кäп'-ти-вэ-тинг*) adj. плѣнительный, обворожительный. [плѣненіе.
Captivation (*кäп'-ти-вэ'-шöн*) s.
Captive (*кäп'-тив*) s. плѣнникъ; || adj. очаровательный, плѣнительный.
Captivity (*кäп-тив'-и-ти*) s. плѣнъ.
Captor (*кäп'-тöр*) s. берущій въ плѣнъ.
Capture (*кäп'-чур*) s. взятіе силой, захватъ, добыча; арестъ; || va. взять силой, захватить.
Capua (*кäпъ'-ю-ä*), npr. (геогр.) Капуя.
Capuchin (*кäпъ-ю-шин'*) s. плащъ съ мѣшкомъ; родъ голубей съ хохолкомъ; || капуцинъ (монахъ).
Capulet (*кäпъ'-ю-лэт*) s. (вет.) см. **Capullet**.
Caput mortuum (*кэ'-пöт мор'тъюем*) s. (хим.) остатки отъ перегонки.
Car (*кар*) s. повозка; лодочка (у воздушнаго шара); (астр.) колесница (созвѣздіе); (поэт.) колесница (тріумфальная). **Dining** —, вагонъ-ресторанъ. **Sleeping** —, спальный вагонъ.
Carabine (*кäр'-ä-байн*), **Carbine** (*кар'-байн*), s. винтовка, карабинъ. [рабинеръ.
Carabineer (*кäр-ä-би-нер'*) s. ка-
Carac или **Carack** (*кäр'-äк*) s. карака (португ. судно).
Caracole (*кар'-ä-кол*) s. (манеж.) гарцованіе; полукругъ; || vn. гарцовать.
Caramel (*кäр'-ä-мел*) s. карамель, леденецъ.
Carapace (*кäр'-ä-пэс*) s. толстая чешуя, покрывающая черепаху.
Carat (*кäр'-äт*) s. каратъ.
Caravan (*кäр'-а-вäн*) s. караванъ.
Caravansary (*кäр-ä-вäн'-сä-ри*), **Caravansera** (*кäр-ä-вäн'-сä-рä*) s. караван-сарай

Caravel (*кăр'-ă-вел*), **Carvel** (*кăр'-вел*) s. небольшое грузовое судно.
Caraway (*кăр'-ă-уэй*) s. (бот.) полевой тминъ. — **seeds**, зерна тмина.
Carbon (*кар'-бон*) s. (хим.) углеродъ. карбонъ.
Carbonado (*кар-бо-нэ'-до*) s. мясо, жаренное на угольяхъ.
Carborism (*кар-бо-нэ'-ризм*) s. карбонаризмъ.
Carbonaro (*кар-бо-нэ'-ро*) s. карбонарій.
Carbonate (*кар'-бо-нэт*) s. (хим.) углекислая соль.
Carbonic (*кар-бон'-ик*) adj. углеродный; угольный.
Carboniferous (*кар-бо-ни'-ферӧс*) adj. содержащій углеродъ.
Carbonization (*кар-бон-и-зэ'-шӧн*) s. превращеніе въ уголь, карбонизація.
Carbonize (*кар'-бо-найз*) va. превращать въ уголь.
Carboy (*кар'-бой*) s. сосудъ для ѣдкихъ жидкостей.
Carbuncle (*кар'-бӧн-кл*) s. (мин.) карбункулъ, красная вениса (драг. камень); || (мед.) карбункулъ, злокачественный вередъ.
Carbuncled (*кар'-бӧн-клд*) adj. украшенный красной венисой; || угреватый; (мед.) карбунколовый.
Carbuncular (*кар-бӧн'-кью-лăр*) adj. карбунколовидный.
Carburet (*кар'-бью-рет*) s. (хим.) углеродистое соединеніе.
Carburetted (*кар'-бью-рет-ед*) adj. углеродистый.
Carcanet (*кар'-кă-нет*) s. арканъ.
Carcass (*кар'-кăс*) s. остовъ; трупъ; корпусъ, кузовъ (корабля); срубъ (постройки).
Carcel-lamp (*кар-сел'-лăмп*) s. родъ лампы.
Carcinomatous (*кар-си-ном'-и-тӧс*) adj. (мед.) раковидный.
Card (*кард*) s. карта; билетъ; тонкая папка. **Playing —s**, игральныя карты. **Visiting —**, визитная карточка. **Address —**, адресная карта. — **-table**, ломберный, карточный столъ; || va. чесать шерсть.
Cardamine (*кар'-дă-майн*) s. (бот.) луговая жеруха.
Cardamon (*кар'-дă-мӧн*) s. (бот.) кардамонъ.
Carder (*кар'-дер*) s. чесальщикъ, -щица (шерсти).
Cardiac (*кар'-ди-ик*) adj. (анат.) сердечный, кардіальный.
Cardialgia (*кар'-ди-ăл'-джи-а*), **Cardialgy** (*кар'-ди-ăл-джи*) s. (мед.) кардіальгія, сердечная боль.
Cardinal (*кар'-ди-нăл*) s. кардиналъ; || adj. главный, основной.
Cardinalate (*кар'-ди-нăл-эт*), **Cardinalship** (*кар'-ди-нăл-шип*) s. званіе кардинала.
Carding (*кард'-инг*) s. чесаніе шерсти; || карточная игра.
Carditis (*кар-дай'-тиз*) s. (мед.) сердечное заболѣваніе.
Cardoon (*кар-дун'*) s. (бот.) карданъ, артишокъ испанскій (растеніе).
Care (*кэр*) s. забота, попеченіе. **Take —**, заботиться. **To take — of a thing**, заботиться о чемъ-либо. **Take — what you are about**, будьте внимательны. — **taker**, надсмотрщикъ. || vn. заботиться, печься; тревожиться. **He —s for nothing**, онъ ни о чемъ не заботится, не думаетъ.
Careen (*кă-рин'*) s. (морск.) кренъ; || va. vn. кренговать, наклонять судно (для починки); крениться (о суднѣ).
Careenage (*кă-рин'-эдж*) s. кренъ судна.
Careening (*кă-рин'-инг*) s. кренгованіе. — **beach**, — **wharf**, бухта для кренгованія.
Career (*кă-рир'*) s. ристалище, бѣгъ; || карьеръ, во весь опоръ; || поприще; || vn. быстро бѣжать, нестись.
Careful (*кэр'-фул*) adj. заботливый, внимательный. **Be — of your tongue**, слѣдите за своимъ языкомъ.
Carefully (*кэр'-фул-и*) adv. заботливо, внимательно.
Carefulness (*кэр'фул-нес*) s. заботливость; предосторожность.
Careless (*кэр'-лес*) adj. безпечный, беззаботный; небрежный.
Carelessly (*кэр'-лес-ли*) adv. безпечно, беззаботно.
Caralessness (*кэр'-лес-нес*), s. небрежность, безпечность, беззаботность.
Caress (*кă-рес'*) s. ласка || va. ласкать.
Caressingly (*кă-рес'-инг-ли*) adv. нѣжно, ласково.
Caret (*кэ'-рет*) s. (тип.) знакъ выноски.
Carex (*кэ'-рекс*) s. (бот.) растеніе изъ семьи присовъ.
Cargo (*кар'-го*) s. грузъ, кладь корабля.
Caria (*кэр'-и-а*) npr. (геогр.) Карія.
Carib (*кăр'-иб*), **Caribbee** (*кăр'-и-би*) npr. (геогр.) Караибія; || adj. караибскій; || s. караибъ, -бка.
Caribou (*кăр'-и-бу*) s. канадскій сѣверный олень.
Caricature (*кăр'-и-кă-тьюр*) s. карикатура; || va. рисовать карикатуры.
Caricaturist (*кăр'и-кă-тьюр-ист*) s. карикатуристъ.
Caries (*кэ'-ри-из*) s. (мед.) каріозъ, костоѣда.
[трезвонъ колоколовъ.

Carillon (*кäр'-ил-лён*) s. куранты,

Carina (*ка-рай'-на*) s. карена, передняя часть корабля; (бот.) карена.

Carinate (*кäр'-и-нэт*) **Carinated** (*кäр-и-нэ-тед*) adj. (бот.) ладьевидный.

Carinthia (*кä-рин'-зси-ä*) npr. (геогр.) Каринтія. [каринтскій.

Carinthian (*кä-рин'-зси-äн*) adj.

Cariosity (*кэр'-ио-си-ти*) s. (мед.) каріозъ, гніеніе костей.

Carious (*кэ'-ри-ōс*) adj. гнилой, гніющій.

Carl (*карл*) s. злой, грубый человѣкъ; || родъ пеньки.

Carline (*кар'-лайн*), **Caroline** (*кар'-о-лайн*) s. (бот.) колючникъ. (раст.). [линсы, подпорка.

Carling (*кар'-линг*) s. (морск.) кар-

Carlism (*кар'-лизм*) s. карликовое состояніе; карлизмъ (партійность)

Carman (*кар'-мäн*) s. извощикъ, возничій. [гора Кармель.

Carmel (*кар'-мэл*) npr. (геогр.)

Carmelite (*кар'-мел-лайт*) s. кармелитъ, кармелитка (монахъ, -хиня ордена кармелитовъ).

Carminative (*кар-мин'-ä-тив*) adj (мед.) вѣтрогонный.

Carmine (*кар'-майн*) s. карминъ (красильное вещество).

Carnage (*кар'-нэдж*) s. сѣча, рѣзня.

Carnal (*кар'-нäл*) adj. плотскій, чувственный.

Carnalist (*кар'-нäл-ист*), **Carnalite** s. чувственный человѣкъ, похотливый человѣкъ.

Carnality (*кар'-нäл'-и-ти*) s. чувственность, похоть.

Carnalize (*кар'-на-лайз*) va. дѣлать похотливымъ.

Carnally (*кар'-нäл-и*) adv. плотски, грубо.

Carnation (*кäр-нэ'-шōн*) s. тѣлесный цвѣтъ; изображеніе нагихъ тѣлъ; || (бот.) гвоздика.

Carneous (*кар'-ни-ес*) adj. мясистый

Carnification (*кар-ни-фи-кэ'-шōн*) s. превращеніе въ мясо.

Carnify (*кар'-ни-фай*) vn превращаться въ мясо.

Carniola (*кäр-ни-о'о-ла*) npr. (геогр.) Карніолія, Крайна.

Carnival (*кар'-ни-вäл*) s карнавалъ, масляница.

Carnivora (*кар-ни'-во-ра*) s поѣдающій мясо. [плотоядный

Carnivorous (*кäр-нив'-о-рōс*) adj.

Carnosity (*кар-нос'-и-ти*) s мясистый наростъ. [рожокъ (бобъ).

Carob (*кäр'-об*) s. (бот.) сладкій

Carol (*кäр'-ōл*) s. пѣснь, пѣніе; чириканіе. **Christmas —,** Рождество Христово (праздникъ). || vn. пѣть. || va. воспѣвать, славить.

Carolina (*кäр-о-лай'-на*) npr (геогр.) Каролинскіе острова. **North, South —,** Сѣверная, Южная Каролина. — **pink,** (бот.) гвоздика съ Каролины. [лина.

Caroline (*кäр'-о-лайн*) npr. Каро-

Carolinian (*кäр-о-ли'-ни-äн*) adj. Каролинскій; || s. житель, -тельница Каролинскихъ острововъ.

Carolling (*кäр'-ол-линг*) s. пѣніе, щебетаніе (птицъ).

Carotid (*кä-рот'-ид*) s. (анат.) сонная артерія, каротисъ.

Carousal (*кä-ра'уз-äл*) s. пиръ, попойка; || карусель.

Carouse (*кä-ра'уз*) s. пиръ, попойка, оргія; || va. vn. пировать, бражничать.

Carouser (*кä-ра'уз-ер*) s. пьяница.

Carp (*карп*) s. (ихтіол.) карпъ, сазанъ; || va. vn. пересуживать, критиковать, придираться. **To — at,** критиковать.

Carpal (*кар'-пäл*) adj. (анат.) кистевой, запястный.

Carpathian (*кар-пэ'-зси-äн*) adj. — **mountains,** карпатскія горы.

Carpenter (*кар'-пен-тер*) s. плотникъ. [ничье ремесло.

Carpentry (*кар'-пен-три*) s. плот-

Carper (*карп'-ер*) s. порицатель, хулитель.

Carpet (*кар'-пет*) s. коверъ. **Stair —,** коверъ на лѣстницѣ. — **-bag,** дорожный сакъ. — **-broom,** — **-brush,** щетка для ковровъ. || va. устилать коврами; обивать.

Carpeting (*кар'-пет-инг*) s. ковры, ткань ковровая.

Carping (*карп'-инг*) s. порицаніе, хуленіе; || adj. сатирическій, колкій

Carpingly (*карп'-инг-ли*) adv. колко, сатирически.

Carpus (*кар'-пōс*) s. (анат.) запястье

Carriage (*кäр'-ридж*) s. провозъ, перевозъ || плата за провозъ; телѣга, фургонъ, дроги; пушечный лафетъ. **The — of these goods,** перевозка товаровъ. — **paid,** съ уплатой за перевозку. — **and pair,** парная повозка. **A private —,** собственный экипажъ. **To keep one's —,** имѣть свой экипажъ, свой выѣздъ. — **-builder,** каретный мастеръ.

Carrier (*кäр'-ри-ер*) s. носильщикъ, возница; посланный; перевозщикъ — **-pigeon,** почтовый голубь.

Carrion (*кäр'-ри-ōн*) s. падаль; || adj. падальный; питающійся падалью.

Carronade (*кäр-ро-нэд'*) s. каронада (родъ пушки).

Carrot (*кäр'-рōт*) s. (бот.) морковь.

Carrotiness (*кäр'-рōт-и-нес*) s. рыжеватость.

Carroty (*кäр'-рŏт-и*) adj. морковнаго цвѣта; || рыжій.
Carry (*кäр'-ри*) va. носить, возить, водить; таскать; доводить (до чего); вносить; поддерживать; выиграть, одержать верхъ; взять (призъ). **To — a letter to the post-office,** отнести письмо на почту. **To — one's head high,** высоко нести голову. **To — forward,** дѣлать докладъ. **Carried forward, — over,** доложенный, переданный. **To — into execution,** приводить въ исполненіе. **To — the day,** одержать побѣду. **To — one's point,** исполнить свое намѣреніе. **To — it,** превозмочь, взять верхъ. **To — it high,** высоко мѣтить, важничать. **To — away,** увести. **To — on,** продолжать, не отставать; выполнять; заниматься (ремесломъ). **To — out,** выносить, выводить. **To — through,** поддерживать, проводить сквозь что; одерживать верхъ. || vn. нести, доносить зарядъ (объ огнестрѣльномъ оружіи).
Carrying (*кäр'-ри-инг*) s. носка, перевозка. **— trade,** транспортировка кладей.
Cart (*карт*) s. телѣга, повозка. **Hand —,** ручная повозка. **To put the — before the horse,** ставить телѣгу впереди лошадей; дѣлать что противно здравому смыслу. || va. возить на телѣгѣ. **— -load,** полная тѣлега, возъ (чего). **— -rut,** колея, слѣдъ колеса. **— -wheel,** телѣжное колесо.
Cartage (*карт'-эдж*) s. провозъ въ телѣгѣ; || плата за провозъ.
Carte-blanche (*карт-бланш'*) s. открытый листъ, полномочіе.
Cartel (*кар'-тел*) s. картель; вызовъ на дуэль.
Carter (*кар'-тер*) s. возчикъ.
Cartesian (*карти'-жäн*) adj. картезіанскій, декартовъ. || s. послѣдователь декартовской философіи.
Cartesianism (*кар-ти'-жäн-изм*) s. картезіанизмъ.
Cartful (*кар'-фул*) s. полный возъ.
Carthage (*кар'-зсэдж*) npr. Карфагенъ (городъ).
Carthaginian (*кар-зсä-джин'-и-äн*) s. карфагенянинъ; || adj. карфагенскій.
Carthamus (*кар'-сзä-мŏс*); (бот.) шафранъ, желтяница.
Carthusian (*кар-сзью'-жäн*) s. картезіанецъ (монахъ).
Cartilage (*кар'-ти-лэдж*) s. хрящъ
Cartilaginous (*кар-ти-лäдж'-и-нŏс*) adj. хрящевой. [возъ.
Carting (*карт'-инг*) s. возка, из-
Cartographer (*кар-тог'-рä-фер*) s. картографъ.
Cartographical (*кар-то-грäф'-ик-äл*) adj. картографическій.
Cartographically (*кар-то-грäф-ик-äл-и*) adv. картографически.
Cartography (*кар-тог'-рä-фи*) s. картографія, черченіе ландкартъ.
Cartoon (*кар-тун'*) s. картонъ.
Cartouch (*кар-туч'*) s. (арт.) картуша, зарядъ; патронъ.
Cartridge (*кар'-триджс*) s. картуша, зарядъ, патронъ. **— -box,** патронташъ.
Cartwright (*кäрт'-райт*) s. тележный мастеръ.
Caruncle (*кäр'-ŏн-кл*) s. мясистый наростъ.
Carve (*карв*) va. vn. вырѣзывать что-нибудь изъ дерева, изъ кости; высѣкать изъ камня; гравировать; разрѣзывать мясо; распредѣлять; выбирать по своему вкусу.
Carvel (*кäр'-вел*) s. небольшое грузовое судно.
Carver (*карв'-ер*) s. рѣзчикъ, гравировщикъ; разрѣзывающій мясо
Carving (*карв'-инг*) s. рѣзьба; рѣзная работа; гравировка; разрѣзаніе мясо. **Fine oak —s,** красивая рѣзьба изъ дуба. **— knife,** ножъ для разрѣзыванія мяса.
Caryatides (*кä-ри-äт'-и-диз*) s. pl. (арх.) каріатиды. [донадъ.
Cascade (*кäс-кэд'*) s. каскадъ, во-
Case (*кэс*) s. наружная покрышка, футляръ; чехолъ; ножны; корпусъ (часовъ); (анат.) полость; (ботан.) коробочка; (тип.) касса, ящикъ; боченокъ, ящикъ (чего); || случай, дѣло, вещь, предметъ; условіе, положеніе. **Dressing —,** туалетный несессеръ. **Glass —,** витрина. **Book —,** библіотека. **Pillow —,** наволока. **Jewel —,** коробка для драгоцѣнностей. **In that —,** въ такомъ случаѣ. **The — in point,** то, о чемъ идетъ дѣло. **In — he should come,** на случай, если бы онъ пришелъ. || va. класть въ футляръ, въ ящикъ, оправлять во что, вставлять; покрывать, обивать; || vn. предполагать, допускать.
Caseharden (*кэс'-хäрд'-н*) va. закаливать (сталь;) || затвердѣвать, дѣлать жестче.
Casein (*кэ'-се-ин*) s. (хим.) казеинъ.
Casemate (*кэс'-мэт*) s. (форт.) каземать. [оконница.
Casement (*кэс'-мент*) s. окно,
Caseous (*кэ'-си-ŏс*) adj. творожный, сырный.
Cash (*кäш*) s. наличныя деньги, касса. **— -account,** кассовый счетъ. **— -book,** кассовая книга. **— -credit,** кассовый кредитъ.

|| va. размѣнять на наличныя деньги, уплатить по банковому чеку.
Cashew (*кă-шу*) s. — **-tree,** s. (бот.) анакардъ (дерево).
Cashier (*кăш-ир'*) s. кассиръ; || va. разжаловать, уволить; || отвергнуть.
Cashmere (*кăш'-мир*) s. кашемиръ (матерія)
Cashoo ((*кă-шу'*) смолистый сокъ акаціи.
Casing (*кэс'-инг*) s. покрышка, корпусъ, рама, обшивка, обивка, выкладка стѣны.
Casino (*ка-си'-но*) s. казино, собраніе, клубъ
Cask (*каск*) s. бочка, боченокъ; || va. вливать въ бочку, въ боченокъ
Casket (*каск'ет*) s. шкатулка, ларчикъ, | va. класть въ шкатулку
Caspian (*кас'-пи-ăн*) adj. каспійскій. **The- Sea, the** —, Каспійское море.
Casque (*каск*) s. каска, шлемъ.
Cass (*кăс*) va. кассировать; вычеркивать, уничтожать.
Cassada (*кăс'-а-да*) **Cassado** (*кăс'-а-до*) s. (бот.) маніокъ (растеніе).
Cassander (*ка-сăн'-дер*) npr Кассандръ.
Cassandra (*ка-сăн'-дра*) adj Кассандра.
Cassation (*кăс-сэ'-шŏн*) s отмѣна рѣшенія, кассація.
Cassava (*кăс'-сă-ва*) s. маніоковая мука.
Cassia (*кăш'-а*) s. кассія (дерево и плодъ
Cassidony (*кăс'-си-до-ни*) s. халцедонъ (камень).
Cassimere (*кăс'-си-мир*) s казимиръ (матерія).
Cassine (*ка-сайн'*) s. (бот.) кассинъ.
Cassiterite (*ка-сит'-е-райт*) s (мин.) мѣдный колчеданъ.
Cassius (*кăш'-иес*) npr. Кассій.
Cassock (*кăс'-сок*) s. военная шинель; ряса.
Cassocked (*кăс'-сокт*) adj. одѣтый въ военную шинел или въ рясу.
Cassowary (*кăс-со-...*) s. казуаръ (птица).
Cast (*каст*) **va.** бросать, кидать, метать; пускать; испускать; свергнуть (съ трона), сбросить; свалить вину, осудить, обвинить; набросать, начертать (планъ) **To — a stone,** бросить камень. **To — ancre,** бросить якорь. **To — lots,** бросать жребій. **To — into prison,** заключить въ тюрьму. **To — a glance at,** бросить взоръ на.. **To — a bell,** расплавить колоколъ. **To — accounts,** сосчитывать. **To — aside,** откладывать въ сторону. **To — away cares,** отбросить заботы. **To — down,** унизить, смирять, низвергнуть. **To — up,** извергать, выбрасывать, выгонять. || **vn.** исчислять; предполагать, намѣчать, выкладывать, разсуждать, разсматривать, изслѣдовать; || коробиться (о деревѣ). || s. бросаніе, метаніе. швыряніе; разстояніе пройденное брошеннымъ тѣломъ; то, что брошено; движеніе, направленіе, рискъ; видъ, оттѣнокъ; оборотъ (фразы); || составъ (театральной труппы); распредѣленіе ролей; || литье, отливаніе въ форму; слѣпокъ; оттискъ, образчикъ. **At one —,** сразу. **A — of a net,** однимъ уловомъ. **To have a — in one's eye,** косить (глазами). — **-iron,** чугунъ. — **-off clothes,** старое платье — **-steel,** литая сталь; **A greenish —,** зеленоватый оттѣнокъ.
Castalia (*кастэ'-ли-а*) npr. (геогр) Касталія.
Castalian (*ка-стэ'-ли-ан*) **adj.** кастальскій.
Castanea (*ка-стэ'-ни-я*) s (бот) каштановое дерево (въ Индіи)
Castanet (*кăс'-тă-нет*) s. кастаньета.
Castaway (*каст'-ă-уэй*) s. отбросъ, || отверженный, покинутый человѣкъ, босякъ, бродяга. || **adj** безполезный; потерянный (о времени).
Caste (*каст*) s. каста.
Castellan (*кăс'-тел-лăн*) s кастелянъ.
Castellany (*кăс'-тел-лă-ни*) s. помѣстья и права кастеляна.
Castelladed (*кăс'-тел-лэ-тед*) adj зубчатый (о стѣнѣ замка).
Caster (*кăст'-ер*) s. бросальщикъ. распредѣлитель ролей; счетчикъ
Castigate (*кăс'-ти-гэт*) va. наказывать, исправлять.
Castigation (*кăс-ти-гэ'-шŏн*) s наказаніе, исправленіе.
Castigator (*кăс-ти-гэ'-тŏр*) s каратель, исправитель.
Castigatory (*кас'-ти-гэ-тŏ-ри*) adj. карательный, исправительный.
Castile (*кас-тил'*) npr (геогр.) Кастилія
Castilesoap (*кас'-тил'-соап*) s (фарм.) родъ мыла.
Castilian (*кас'-тил'-ли-ăн*) adj кастильскій
Casting (*каст'-инг*) s бросаніе, отливка; вычисленіе; — **-vote,** рѣшающій голосъ, голосъ дающій перевѣсъ.
Castle (*кăс'л*) s. замокъ; || башня, слонъ (въ шахматахъ); || vn. рокировать (въ шахматахъ). — **building,** несбыточныя мечты, воздушные замки
Castlet (*кăс'-лет*) s. маленькій замокъ
Castling (*каст'-линг*) s. выкидышъ недоносокъ.

Castor (*кäс'-тöр*) s. (зоол.) бобръ; (аптек.) бобровая струя. **—oil,** касторовое масло.

Castoreum (*кäс-то'о-ри-öм*) s. бобровая струя.

Castorine (*кäс'-то-рин*) s. алкалоидъ, извлекаемый изъ бобровой струи.

Castrametation (*кäс-трä-ми-тэ'шöн*) s.(воен.) искусство располагать лагерь.

Castrate (*кäс'-трэт*) va. оскоплять, холостить, кастрировать.

Castration (*кäс-трэ'-шöн*) s. оскопленіе, кастрація.

Castrato (*кäс-трэ'-то*) s. кастратъ, скопецъ.

Castrel (*кäс'-трел*) s. пустельга (хищная птица).

Casual (*кäж'-у-äл*) adj. случайный, нечаянный.

Casually (*кäж'-у-äл-и*) adv. случайно, между прочимъ.

Casualness (*кäж'-у-äл-нес*) s. причинность. [случайность.

Casualty (*кäж'-у-äл-ти*) s. случай,

Casuist (*кäж'-у-ист*) s. казуистъ; || vn. заниматься казуистикой.

Casuistic (*кäж'-у-ис-тик*) **Casuistical** (*кäж'-у-ис-тик-äл*) adj. казуистическій.

Casuistically (*кäж'-у-ис-тик-äли*) adv. казуистически.

Casuistry (*кäж'-у-ис-три*) s. казуистика.

Casule (*кäж'-ул*) s. сутанна (одежда католическаго священника).

Cat (*кäт*) s. кошка; || плеть; || (морс.) названіе норвежскаго грузоваго судна; катъ. **Tom —,** котъ. **To rain —s and dogs,** осыпать ударами кнута. **To bell the —,** разванивать, болтать о чемъ-либо. **—'s eye,** кошачій глазъ (камень).

Catacaustics (*кат'-а-кос'-тикс*)s. особыя свѣтовыя линіи, даваемые свѣтовыми рефлексами.

Catacaustic (*кäт'-акос'-тик*) adj. (физич.) катакустическій.

Catachresis (*кäт-ä-кри'-сис*) s. невѣрное словоупотребленіе.

Catachrestically (*кäт-ä-крес'-тик-äл-ли*) adv. натянуто, ненатурально, принужденно.

Cataclysm (*кäт'-а-клизм*) s. катаклизмъ; наводненіе, потопъ; геологическій переворотъ.

Catacombs (*кäт'-ä-комз*) s. pl. катакомбы.

Catacoustic (*кäт-ä-каус'-тик*) adj. катакустическій.

Catacoustics (*кäт-ä-каус'-тикс*) s. катакустика (ученіе объ отраженіи звуковъ).

Catadioptric (*кäт-ä-дай-он'-трик*) adj. катадіоптрическій, отражающій, преломляющій лучи.

Catadioptrical (*кäт-ä-дай-оп'-трик-äл*) adj. см. **Catadioptric.**

Catafalco (*кäт-ä-фäл'-ко*) s. катафалкъ.

Catagmatic (*кäт-äг-мäт'-ик*) adj. (мед.) сращивающій кости.

Catalectic (*кäт-ä-лек'-тик*) adj. неполный (стихъ).

Catalepsis (*кäт-ä-леп'-сис*) s. (мед.) каталепсія, столбнякъ.

Catalepsy (*кäт'-ä-леп-си*) s. (мед.) см. **Catalepsis.**

Cataleptic (*кäт-ä-леп'-тик*) adj. каталептическій.

Catalogue (*кäт'-ä-лöг*) s. каталогъ; || va. вносить въ каталогъ, въ роспись. [(дерево).

Catalpa (*кä-тäл'-па*) s. катальпа

Catalytic (*кäт'-а-лит'-ик*) adj. каталитическій, производящій осадокъ веществъ.

Catamaran (*кäт'-ä-мä-рäн*) s. родъ индійскаго плота.

Catamenia (*кäт'-ä-ми-ни-а*) s. регулы; менструаціи.

Catamenial (*кäт'-а-ми'-ни-äл*) adj. менструальный.

Catamount (*кäт'-амä-унт*), **Catamountain** (*кäт'-амäун-тен*) s. (зоол.) горная кошка, пума.

Cataphonic (*кäт'-ä-фон'-ик*) adj **Catacoustic.**

Cataphonics (*кäт-ä-фон'-икс*) s. ученіе объ отраженіи звуковъ.

Cataplasm (*кäт'-ä-плäсм*) s. катаплазма; || припарка, примочка.

Catapult (*кäт'-ä-пöлт*) s. катапультъ (метательная машина у древнихъ.

Cataract (*кäт'-ä-рäкт*) s. порогъ (рѣчной); хляби (небесныя); (мед.) катарактъ.

Cataractous (*кäт'-ä-рäкт'-ес*) adj. катарактовый.

Catarrh (*кä-тар'*) s. катарръ.

Catarrhal (*кä-тäр'-äл*) **Catarrhous** (*кä-тäр'-рöс*) adj. катаральный.

Catasterism (*кä-тäс-те-ризм*) s. сопричисленіе къ звѣздамъ.

Catastomus (*ка-тäс'-то-мес*) s. (зоол.) родъ карпа.

Catastrophe (*кä-тäс'-тро-фи*) s. катастрофа.

Catcall (*кäт'-кол*) s. свистокъ.

Catch (*кäч*) va. vn. ловить, поймать, схватить, застать, подхватить, поддѣть. **He was caught in the act,** его поймали на мѣстѣ преступленія. **To — cold,** простудиться. **To — at,** хвататься за что, уловить случай; зацѣпиться за что. **To — hold of,** зацѣпиться за что. **To — up,** подхватить, поддѣть, приподнять. || vn. сообщаться, захватывать. **Spleen is catching,** скука овладѣваетъ. || s. ловля, за-

хватъ, добыча; выгода; || приманка, пѣсенка съ припѣвомъ; || скобка, защелка, пробой, желѣзный крюкъ. **It is no great —**, это не важная штука. **— -penny**, грубая уловка выманить деньги; приманка для дураковъ. **— -word**, (типогр.) предрѣчіе; (театр.) реклама, зазываніе.
Catchable (*кäч'-ä-бл*) adj. уловимый.
Catcher (*кäч'-ер*) s ловецъ.
Catching (*кäч'-инг*) s. ловля, добыча; || adj. заразительный, прилипчивый.
Catshup (*кäч'-öп*) s. грибной соусъ, [экстрактъ.
Catechetic (*кäт-и-кет'-ик*) **Catechetical** (*кäт-и-кет'-ик-äл*) adj катехизическій.
Catechetically (*кäт-и-кет-ик-äл-ли*) adv. въ катехизической формѣ
Catechetics (*кäт-и-кек'-икс*) s. метода преподаванія, состоящая изъ вопросовъ и отвѣтовъ.
Catechisation (*кäт-и-ки-зэ'-тöн*) s. катехизація
Catechise (*кäт'-и-кайз*) va поучать въ формѣ вопросовъ и отвѣтовъ
Catechiser (*кäт-и-кайз'-ер*) s катехизаторъ, законоучитель
Catechism (*кäт'-и-кизм*) s. катехизисъ [techiser.
Catechist (*кäт'-и-кист*) s. см **Ca-**
Catechistic (*кäт-и-кист'-ик*) **Catechistical** (*кäт-и-кист'-ик-ал*) adj катехизическій
Catechistically (*кат-и-кист'-ик-äл-и*) adv въ формѣ катехизиса.
Catechu (*кäт'-и-шу*) s. катеху (японскій экстрактъ изъ акаціи)
Catechumen (*кäт-и-кью'-мен*) s катехуменъ
Categorical (*кäт-и-гор'-ик-äл*) adj категорическій
Categorically (*кäт-и-гор-ик-äл-и*) adv. категорически
Categorise (*кäт'-и-го-райз*) va располагать по категоріямъ. по разрядамъ
Category (*кäт-и-го-и*) s категорія, разрядъ, классъ, степень
Catenarian (*кäт-и-нэ'-ри-äн*), **Catenary** (*кäт'-и-нä-ри*) adj цѣпной, цѣпообразный
Catenary (*кäт'-и-на-ри*) s. цѣпь
Catenate (*кäт'-и-нэт*) va сцѣплять.
Catenation (*кäт и нэ шöн*) s сцѣпленіе, связь, рядъ
Cater (*кэ'-тер*) vn. снабжать хлѣбомъ, съѣстными припасами, || s. четверка, четыре очка (въ картахъ)
Caterer (*кэ-тер-ер*) s поставщикъ съѣстныхъ продуктовъ
Cateress (*кэ'-тер-ес*) s поставщица съѣстныхъ продуктовъ
Caterpillar (*кäт'-ер-пил-лäр*) s. гусеница.
Caterwaul (*кäт'-ер-уол*) s. кошачій крикъ, страшный шумъ.
Caterwauling (*кäт'-ер-уол-инг*) s. кошачій крикъ; || * волокитство.
Cates (*кэтс*) s pl лакомый кусокъ, сласти
Catgut (*кäт'-гöт*) s стерилизованная кишечная нить (для опер швовъ. [терина.
Catharine (*кäсз'-ä-рин*) npr. Ека-
Catharine-wheel (*кäсз'-ä-рин-уил*) s. круглое окошко; огненное колесо (въ фейерверкѣ)
Catharsis (*кäсз'-ар-сис*) s (мед) слабительное.
Cathartic (*кä-сзар'-тик*) s (мед) слабительное средство; || adj слабительный
Cathartical (*кä-сзар'-тик-äл*) adj слабительный, очистительный
Cathartically (*кä-сзар'-тик-äл-ли*) adv. слабительно.
Catharticalness (*кä-сзар'-тик-äл-нес*) s слабительное свойство
Cathedral (*кä-сзи'-драл*) s. соборъ, соборная церковь, || adj соборный
Catheter (*кäсз'-и-тер*) s. (хирур.) катетеръ, катетръ.
Cathetus (*кäсз'-и-тöс*) s. (геом.) катетъ.
Catholic (*кäсз'-о-лик*) adj. католическій; || s католикъ.
Catholical (*кäсз'-о-ли-кäл*) adj католическій
Catholicism (*кä-сзол'-и-сизм*) s. католицизмъ [католичество.
Catholicity (*кäсз-о-лис'-и-ти*) s
Catholicness (*кäсз'-о-лик-нес*) s. универсальность
Catholicon (*кä-сзол'-и-кон*) s (мед) универсальное лекарство.
Catholicos (*кä-сзол'-и-кос*) s католикосъ. [барашекъ.
Catkin (*кäт' кин*) s (бот) сережка,
Catling (*кäт'-линг*) s (хирур) скальпель, || родъ мха на орѣшникѣ; кишечная струна
Catmint (*кäт'-минт*), **Catnip** (*кäт'-нип*) s кошачья трава.
Cato (*кэ'-то*) npr Катонъ
Catopsis (*кä-топ'-сис*) s болѣзненная чувствительность зрѣнія
Catoptric (*кä-топ'-трик*). **Catoptrical** (*кä-топ'-трик-äл*) adj катоптрическій
Catoptrics (*кä-топ'-трикс*) s катоптрика
Cattle (*кäт'-тл*) s скотъ, рогатый скотъ, скотина, животное **To breed —**, разводить скотъ **— -show**, выставка рогатаго скота **— -trade**, торгъ скотомъ **— -truck**, вагонъ для перевозки рогатаго скота [Кавказъ
Caucasus (*ко'о-кä'-сöс*) npr (геог.)

Caudal (*ко'о-дăл*) adj. хвостовый.
Caudate (*ко'о-дэт*), **Caudated** (*ко'о-дэт-тед*) adj. (ест. истор.) съ хвостомъ, имѣющій хвостъ.
Caudicle (*ко'о-ди-кл*) s. (ботан.) хвостикъ.
Caudle (*ко'о-дл*) s. бульонъ (для больныхъ; || va. приготовлять бульонъ для больныхъ.
Cauf (*ко'оф*) s. рыбный садокъ; корзина, бадья (въ каменоломняхъ).
Caul (*ко'ол*) s. задокъ у чепчика; сѣрка; (анат.) сорочка (новорожденнаго); сальникъ въ животѣ.
Caulescent (*ко-лес'-сент*) adj. (ботан.) стебельный.
Caulet (*ко'о-лет*) s. молодая капуста.
Caulicoli (*ко-лик'-о-лай*) s. (арх.) стебельки на капителяхъ.
Caulicule (*ко'о-ли-кьюл*) s. (бот.) стебелекъ.
Cauliferous (*ко-лиф'-ер-ŏр*) adj. (ботан.) стеблеобразный.
Cauliflower (*ко'о-ли-флау-ер*) s. цвѣтная капуста.
Cauline (*ко'о-лин*) adj. растущій непосредственно изъ стебля.
Caulis (*ко'о-лис*) s. (ботан.) травянистый стебель.
Causal *ко'оз-ăл*) adj. причинный.
Causality (*кооз-ăл'-и-ти*) s. дѣйствіе причины, причинность.
Causally (*ко'оз-ăл-ли*) adv. по-причинѣ. [причинности.
Causation (*ко'оз-шŏн*) s. законъ
Causative (*ко'оз-ă-тив*) adj. служащій къ выясненію причины.
Causatively (*ко'оз-ă-тив-ли*) adv. (грам.) винословно.
Cause (*ко'оз*) s. причина, источникъ, поводъ, вина, мотивъ; || дѣло; сторона; партія, процесъ; || va. причинять, производить, побуждать.
Causeless (*ко'оз-лес*) adj. безпричинный.
Causelessly (*ко'оз-лес-ли*) adv. безъ причины, безъ основанія.
Causelessness (*ко'оз-лес-нес*) s. отсутствіе причины, повода, основанія.
Causer (*ко'оз-ер*) s. виновникъ,
Causeway (*ко'оз-уэй*) s. шоссе; плотина.
Causidical (*ко-зид'-ик-ăл*) adj. адвокатскій, тяжебный.
Caustic (*ко'ос-тик*), **Caustical** adj. колкій, ѣдкій, жгучій, язвительный, сатирическій; || s. ѣдкое средство. || **Lunar** —, ляписъ, адскій камень.
Caustically (*ко'ос-тик-ăл-и*) adv. колко, ѣдко, язвительно.
Causticity (*кос-тис'-и-ти*) s. (мед.) ѣдкость; || колкость, язвительность.
Cautelous (*ко'о-ти-лŏс*) adj. осторожный, хитрый.
Cautelously (*ко'о-ти-лŏс-ли*) adv. осторожно, хитро.
Cauter (*ко'о-тер*) s. (медиц.) термокотеръ, аппаратъ для прижиганія.
Cauterism (*ко'о-тер-изм*) s. прижигательное средство; прижиганіе.
Cauterization (*ко-тер-и-зэ'-шŏн*) s. прижиганіе. [жигать.
Cauterize (*ко'о-тер-айз*) va. при-
Cautery (*ко'о-тер-и*) s. прижигательное средство.
Caution (*ко'о-шŏн*) s. осторожность, осмотрительность; предосторожность; предостереженіе; || обезпеченіе, залогъ; || va. предостерегать.
Cautionary (*ко'о-шŏн-ă-ри*) adj. поручительскій, залоговый.
Cautioner (*ко'о-шŏн-ри*) s. поручительство.
Cautious (*ко'о-шŏс*) adj. осторожный, благоразумный.
Cautiously (*ко'о-шŏс-ли*) adv. осторожно.
Cautiousness (*ко'о-шŏс-нес*) s. осторожность, благоразуміе.
Cavalcade (*кăв'-ăл-кэд*) s. кавалькада.
Cavalier (*кăв-ă-лир'*) s. всадникъ; || adj. развязный; надменный; храбрый, смѣлый.
Cavalierly (*кăв-ă-лир'-ли*) adv. нахально, развязно.
Cavalry (*кăв'-ăл-ри*) s. кавалерія, конница.
Cavation (*кă-вэ'-шон*) s. (архит.) вынимание земли при устройствѣ фундамента.
Cave (*кэв*) s. пещера, подземелье; склепъ; || (анат.) полость, впадина. || va. рыть, копать; || vn. жить въ пещерѣ.
Caveat (*кэ'-ви-ăт*) s. предостереженіе, увѣщаніе; || (юрид.) заявленіе о пріостановкѣ дѣла.
Cavern (*кăв'-ерн*) s. пещера, вертепъ; каверна.
Cavernous (*кăв'-ерн-ŏс*) adj. съ пещерами, пещерный.
Cavezon или **Cavesson** (*кăв'-ес-сŏн*) s. (манеж.) недоуздокъ.
Caviare или **Caviar** (*кăв'-и-ар*) s. икра (рыбья).
Cavil (*кăв'-ил*) s. каверзы, крючкотворство; ухищренія; || vn. строить каверзы, привязываться.
Caviller (*кăв'-ил-ер*) s. каверзникъ, крючокъ. [крючкотворство.
Cavilling (*кăв'-ил-линг*) s. каверзы,
Cavillingly (*кăв'-ил-инг-ли*) adv. каверзно, придирчиво.

Cavillous (*кäв'-и.л-öс*) adj придирчивый, привязчивый.
Cavillously (*кäв'-и.л-öс-ли*) adv. придирчиво, привязчиво.
Cavillousness (*кäв'-ил-öс-нес*) s. придирчивость, привязчивость.
Cavity (*кäв'-и-ти*) s пустота, впадина, полость, углубленiе.
Caw (*ко'о*) va. каркать (о воронѣ); || s. карканiе.
Cawing (*ко'о-инг*) s. карканiе.
Cawk *или* **Cauk** (*ко'ок*) s. сульфатъ барита.
Cayman (*кэ'-тäн*) s. кайманъ (американскiй крокодилъ).
Cease (*сис*) vn. перестать, прекратить, || va. положить конецъ чему.
Ceaseless (*сис'-лес*) adj непрестанный, непрерывный.
Ceaselessly (*сис'-лес-ли*) adv. непрестанно [прiостановка.
Ceasing (*сис'-инг*) s. прекращенiе,
Cecily (*сес'-и-ли*) prг. Цицилiя.
Cecity (*си'-си-ти*) s. слѣпота.
Cedar (*си'-дäр*) s. (ботан.) кедръ (дерево); || adj. кедровый.
Cede (*сид*) va. уступать, отказываться.
Cedilla (*си-дил'-ла*) s. (грам.) седиль.
Cedrate (*си'-дрäт*) s. цедръ (родъ литона); лимонное дерево.
Cedrine (*сид'-рин*) adj. кедровый.
Cedry (*си'-дри*) adj кедровый.
Ceil (*сил*) va. штукатурить потолокъ.
Ceiling (*сил'-инг*) s. потолокъ, || перегородка. [чистотѣлъ.
Celandine (*сел'-äн-дайн*) s (бот.)
Celebrant (*сел'-и-брäнт*) s. священнодѣйствующiй.
Celebrate (*сел'-и-брет*) va. прославлять, воспѣвать, торжествовать.
Celebrated (*сел'-и-брэ-тед*) adj. прославленный, славный, знаменитый.
Celebration (*сел-и-брэ'-шöн*) s. прославленiе, празднованiе.
Celebrator (*сел'-и-брэ-тöр*) s. прославляющiй.
Celebrity (*си-леб'-ри-ти*) s. знаменитость, извѣстность.
Celerity (*се-лер'-и-ти*) s. скорость, поспѣшность. [стенiе).
Celery (*сел'-е-ри*) s. сельдерей (ра-
Celestial (*се-лес'-тьäл*) adj. небесный.
Celestially (*си-лес'-тьäл-ли*) adv небесно, божественно.
Celestin (*сел'-ес-тин*). **Celestine** (*сел'-ес-тайн*) s. сѣрнокистый стронцiй; || npr Целестинъ.
Celestina (*сел'-ес-тина*) npr Целестина. [ной
Celiac (*си'-ли-äк*) adj (мед.) брюш-
Celibacy (*сел'-и-бä-си*) s. безбрачiе, холостая жизнь.

Celibate (*сел-и'-бэт*) s. холостой, холостякъ.
Celibite (*сел'-и-байт*) s. монахъ; || приверженецъ безбрачiя.
Cell (*сел*) s. келья, монастырь; || камера (тюремная); камера гальванической батареи; || ячейка, клѣточка; || (типогр.) отдѣленiе въ кассѣ; касса.
Cellar (*сел'-äр*) s. подвалъ, погребъ.
Cellarage (*сел'-äр-эдж*) s. погреба, подвалы.
Cellaret (*сел-äр-ет'*) s. погребецъ.
Cellarist (*сел'-äр-ист*), **Cellarer** (*сел'-äр-ер*) s. келарь (въ монастырѣ). [подвальный
Cellarer (*сэл'-ерер*) s. погребщикъ,
Celliferous (*сэ-ли'-фе-рöс*) adj. производящiй клѣтки.
Cellular (*сель'-ю-лäр*) adj. клѣтчатый, ячейный.
Cellule (*селр'-юл*) s. келейка; ячея; клѣтка, клѣточка.
Celluliferous (*сель'-ю.л-и'-ферöс*) adj. целлюлярный, состоящiй изъ клѣточекъ.
Cellulose (*сел'-ю-лос*) adj. (ботан. и химич.) клѣтчатый, ячейный; целлюлозный.
Celts (*селтс*) s. pl. кельты.
Celtiberia (*сел'-ти-бир'-и-а*) s. страна кельтовъ.
Celtiberian (*сел'-ти-бир-и-äн*) adj. кельтскiй, келтическiй.
Celtic (*селт'-ик*) adj. кельтскiй; || s. кельтскiй языкъ.
Celticism (*селт'-и-сизм*) s. нравы, обычаи кельтовъ.
Celtish (*селт'-иш*) adj. кельтскiй.
Cement (*сем'-ент, си-мент'*) s. цементъ, замазка; || va. цементировать; || скрѣплять; || vn. соединяться. [цементированiе.
Cementation (*сем-ен-тэ'-шöн*) s.
Cementer (*си-мент'-ер*) s. скрѣпляющiй. [бище.
Cemetery (*сем'-и-тер-и*) s. клад-
Cenatical (*си-нäт'-и-кäл*) adj. относящiйся къ ужину
Cenatory (*сен'-ä-тö-ри*) adj относящiйся къ ужину.
Cenobite (*сен'-о-байт*) s. сенобитъ (монахъ живущiй въ общинѣ).
Cenobitic (*сен-о-бит'-ик*) adj. живущiй въ монастырской обители.
Cenobitical (*сен-о-бит'-ик-äл*) adj. см. **Cenobitic**
Cenotaph (*сен'-о-тäф*), **Cenotaphy** s. пустая гробница.
Cense (*сенс*) s. подать, пошлина; званiе, цензъ. || va. кадить, курить ладономъ.
Censer (*сенс'-ер*) s. кадило, кадильница; бутылочка для вспрыскиванiя духами, курильница.
Censor (*сен'-сöр*) s. цензоръ; || критикъ.

Censorial (*сен-со'о-ри-ăл*) **Censorian** (*сен-со'о-ри-ăн*), adj. цензорскій.
Censorious (*сен-со'о-ри-ŏс*) adj. критическій. [критически.
Censoriously (*сен-со'-ри-ŏс-ли*) adv.
Censoriousness (*сен-со'о-ри-ŏс-нес*) s. критицизмъ, склонность критиковать.
Censorlike (*сен'-сŏр-лайк*) adj. строгій; подобный цензору.
Censorship (*сен'-сŏр-шип*) s. цензорство. [пошлинный.
Censual (*сен'-шу-ăл*) adj. податной,
Censurable (*сен'-шŏр-ă-бл*) adj. предосудительный.
Censurableness (*сен'-шŏр-ă-бл-нес*) s. предосудительность.
Censurably (*сен'-шŏр-ă-бли*) adv. предосудительно.
Censure (*сен'-шŏр*) s. цензура; критика: порицаніе; || приговоръ; || мнѣніе; || va. критиковать, цензировать; || приговаривать (къ чему).
Censurer (*сен'-шŏр-ер*) s. цензоръ; рецензентъ, пересудчикъ.
Censuring (*сен'-шŏр-инг*) s. хула, порицаніе, осужденіе.
Census (*сен'-сŏс*) s. ревизія; перепись народная; перечисленіе, цензъ.
Cent (*сент*) s. сотня; центъ (амер. монета, 0,01 доллара). **Ten per —**, десять процентовъ.
Centage (*сент'-эдж*) s. процентное отношеніе.
Centaur (*сен'-тор*) s. (миѳол.) центавръ; (астрон.) Центавръ (созвѣздіе).
Centaurea (*сэн-то'о-ри-а*) s. (бот.) названіе многихъ травъ.
Centaurize (*сен'-тоо-риїз*) vn. вести себя какъ центавръ.
Centaury (*сен'-то-ри*) s. (ботан.) бѣлолистъ; авранъ.
Centenarian (*сен-те-нэ'-ри-ăн*) adj. столѣтній.
Centenary (*сен'-те-нă-ри*) s. сто, сотня; || adj. столѣтній.
Centennial (*сен-тен'-ни-ăл*) adj. вѣковой, столѣтній.
Centesimal (*сен-тес'-и-мăл*) adj. сотый; || (ариѳм.) стократный.
Centesimation (*сен-тес-и-мэ'-шŏн*) s. (воен.) наказаніе по жребію одного изъ ста.
Centifolious (*сен-ти-фо'о-ли-ŏс*) adj. (ботан.) столиственный.
Centigrade (*сен'-ти-грэд*) adj. стоградусный. **— thermometer,** стоградусный термометръ.
Centigramme (*сен'-ти-грăм*) s. центиграммъ.
Centiliter *или* **Centilitre** (*сен'-ти-ли-тер*) s. центилитръ.
Centime (*сен-тим'*) s. сантимъ.
Centimeter *или* **Centimetre** (*сен'-ти-ми-тер*) s. центиметръ.
Centiped (*сен'-ти-пед*) s. (зоол.) стоножка. [стихотвореній).
Cento (*сен'-то*) s. кентонъ (наборъ
Centoculated (*сен-ток'-ью-лэ-тед*) adj. стоглазый. [ный.
Central (*сен'-трăл*) adj. централь-
Centralism (*сен'-трăл-изм*) s. централизмъ, централизація, сосредоточиваніе.
Centrality (*сен-трăл'-и-ти*) s. центральность, средоточіе.
Centralization (*сен-трăл-и-зэ'-шŏн*) s. сосредоточиваніе, централизація.
Centralize (*сен'-трăл-айз*) va. сосредоточивать, централизовать.
Centrally (*сен'-трăл-ли*) adv. центрально, въ центрѣ.
Centre (*сен'-тер*) s. центръ, средоточіе, средина. **— of gravity,** центръ тяжести. **— -bit,** s. перка коловрота. || va. помѣщать въ центръ; сосредоточивать. || vn. помѣщаться въ центрѣ, сосредоточиваться; основаться.
Centric (*сен'-трик*) adj. срединный, центральный.
Centrical (*сен'-трик-ăл*) adj. срединный, центральный.
Centrically (*сен'-трик-ăл-и*) adv. центрально, къ центру.
Centricalness (*сен'-трик-ăл-нес*) s. центральность. [тральность.
Centricity (*сен'-трис'-и-ти*) s. цен-
Centrifugal (*сен'-трифь-ю-гăл*) adj. центробѣжный.
Centripetal (*сен-трип'-и-тăл*) adj. центростремительный.
Centumvir (*сен-тŏм'-вир*), (**Centumviri**) s. центумвиръ (въ древнемъ Римѣ).
Centumviral (*сен-тŏм'-ви-рăл*) adj. центумвирскій.
Centumvirate (*сен-тŏм'-ви-рэт*) s. центумвиратъ.
Centuple (*сен'-тью-пл*) adj. и s. сторичный; || va. увеличивать въ сто разъ.
Centuplicate (*сен-тью'-пли-кэт*) va. повторять сто разъ.
Centurial (*сен-тью'-ри-ăл*) adj. сотенный; столѣтній.
Centuriate (*сен-тью'-ри-эт*) va. дѣлить на сотни, центуріи.
Centurion (*сен-тью'-ри-ŏн*) s. центуріонъ, сотникъ (у римлянъ).
Century (*сен'-тью-ри*) s. сотня, столѣтіе, вѣкъ; центурія (у римлянъ). [(медиц.) головная боль.
Cephalalgy (*сеф'-ăл-ăл-джи*) s.
Cephalic (*си-фăл'-ик*) adj. головной; || s. средство отъ головной боли.
Cephalonia (*се-фа-ло'-ни-а*) npr. (геогр.) Кефалонія. [Кефей.
Cepheus (*си-фи'-ŏс*) npr. (миѳол.)

Ceraceous (*си-рэ'-шöс*) adj. похожій на воскъ, восковидный.
Ceramic(*си-рäм'-ик*) adj.гончарный
Cerate (*си'-рэт*) s. спускъ.
Cerated (*си-рэ-тэд*) adj. навощенный.
Ceratrin (*сер'-äт-рин*) s. восковое вещество.
Cerbera (*сöр'-би-ра*) s. церберъ.
Cerberus (*сöр'-би-рöс*) s. (мифол.) Церберъ.
Cere (*сир*) s. восковина, перепонка; || воскъ, || va. вощить.
Cereal (*си'-ри-äл*) s.зерновой хлѣбъ; || adj. зерновой, кормовой.
Cerealia (*си-ри-э'-ли-а*) s хлѣба, зерновые хлѣба.
Cerebel (*сер'-ибел*), **Cerebellum** (*сер'-и-бел'-лöм*) s. (анатом.) мозжечокъ.
Cerebral (*сер'-и-брäл*), **Cerebrine** (*сер'-и-брин*) adj. мозговой.
Cerebric(*сер'-и-брик*)adj мозговой
Cerebrose (*сер'-и-брöс*) adj помѣшанный.
Cerebrum (*сер'-и-брöм*) s (анат.) мозгъ.
Cerecloth (*сир'-клосз*) s. клеенка, навощенная холстина.
Cerement (*сир'-мент*) s. вощеное полотно для бальзамированія.
Ceremonial (*сер-и-мо'о-ни-äл*) s церемоніалъ, обрядъ. || adj. церемоніальный.
Ceremonially(*сер-и-мо'о-ни-äл-ли*) adv. церемоніально
Ceremonious (*сер-и-мо'о-ни-öс*)adj церемоніальный; церемонный.
Ceremoniously (*сер-и-мо'о-ни-öс-ли*) adv. церемонно.
Ceremoniousness (*сер-и-мо'о-ни-öс-нес*) s. церемонность.
Ceremony (*сер'-и-мо-ни*) s. церемонія. **Without —**, пожалуйста безъ церемоній, запросто.
Cereolite(*сер'ио-лайт*)s цереолитъ
Ceres (*си'-рис*) prr Церера.
Cereoon (*си-рун'*) s. тюкъ товаровъ
Certain (*сöр'-тен*) adj. вѣрный, достовѣрный, увѣренный, надежный; извѣстный.
Certainly (*сер'-тен-ли*) adv. конечно, несомнѣнно.
Certainness (*сöр'-тен-нес*) s. увѣренность; вѣрное.
Certainty (*сен'-тен-ти*) s. увѣренность. **Of a —**, навѣрно.
Certificate (*сöр-тиф'-и-кэт*) s. свидѣтельство. **— of birth**, метрическое свидѣтельство. || va. vn. свидѣтельствовать, удостовѣрить.
Certifier (*сöр'-ти-фай-ер*) s. удостовѣритель.
Certify (*сöр'-ти-фай*) va. удостовѣрять, свидѣтельствовать; объявлять.
Certitude (*сöр'-ти-тьюд*) s увѣренность, несомнѣнность
Cerulean (*си-ру'-ли-äн*), **Ceruleous** (*си-ру'-ли-ос*) adj. голубой.
Cerumen (*си-ру'-мен*) s. ушная сѣра.
Ceruminous (*си-ру'-ми-нöс*) adj. сѣрноушный.
Ceruse (*си'-рус*) s. бѣлила (свинцовыя).
Cervical (*сöр'-ви-кäл*) adj. (анат.) шейный.
Cesarean (*си-зэ'-ри-äн*) adj. (хир.) **— section**, кесарское сѣченіе.
Cespitose (*сес'-пи-тос*) adj. (бот.) растущій пучками.
Cespitous (*сес'-пи-тöс*) adj. дерновый.
Cess (*сес*) s подать, такса, мѣра. || va. облагать податью; || vn. не платить.
Cessation (*сес-сэ'-шöн*) s. остановка, перерывъ.
Cessibility (*сес-си-бил'-и-ти*) s. уступчивость.
Cessible (*сес'-си-бл*) adj. уступчивый, уступаемый.
Cession (*сеш'-öн*) s. уступка, передача, сдача.
Cessionary (*сеш'-öн-ä-ри*) adj. уступающій.
Cessment (*сес'-мент*) s. раскладка налога.
Cesspool (*сес'-пул*) s. выгребная яма.
Cetacea (*си-тэ'-шиа*) **Cetaceans** (*си-тэ'-ши-äнз*) s. pl. (ест. истор.) китовыя животныя.
Cetaceous (*си-тэ'-шöс*) adj. китообразный, китовый.
Ceylon(*си'-лон*)prr. (геог.) Цейлонъ.
Chablis (*шäб-ли'*) s. шабли (вино).
Chad (*шäд*) s. желѣзница (рыба).
Chafe (*чэф*) s. жаръ; ярость, гнѣвъ; || va. грѣть, нагрѣвать, горячить; раздражать, сердить; || горячиться; сердиться
Chafer (*чэф'-ер*) s. раздражающій человѣкъ.
Chafery (*чэф'-ри*) s. нагрѣвательный горнъ.
Chaff (*чäф*) s. мякина; солома; рубка (смѣсь соломы и сѣна). || пустая болтовня. **Like — before the wind**, какъ дымъ по вѣтру.
Chaffer (*чäф'-ер*) va. vn. торговаться; говорить попусту; мѣнять; обмѣниваться.
Chafferer (*чäф'-ер-ер*) s. покупщикъ, барышникъ, торгашъ.
Chaffery (*чäф'-фе-ри*) s. торговля.
Chaffinch (*чäф'-финч*) s. (орнит.) зябликъ.
Chaffless (*чäф'-лес*) adj. безъ мякины.
Chaffy (*чäф'-и*) adj. мякинный; || пустой, безъ содержанія.
Chafing (*чäф'-инг*) s. пустыя рѣчи; || s. нагрѣваніе. **— dish**, жаровня.
Chagrin (*ша-грин'*) s. досада, огорченіе; || va. досаждать, огорчать.
Chain (*чэн*) s. цѣпь, цѣпочка; || цѣпь, хребетъ (горъ); связь, сцѣпленіе (обстоятельствъ); основа (ткани). **To shake off, to break one's —**, разбивать цѣпи, стряхнуть оковы. **Gunter's —**.

цѣпь землемѣра. — **-rule,** (арил.) цѣпное правило. — **-shot,** цѣпныя ядра. — **-stitch,** шитье въ тамбуръ. — **-wheel,** наливное колесо. || va. надѣть цѣпи, наложить оковы, заковать. **To — up,** связывать цѣпью.

Chainless (*чэн'-лес*) adj. безъ цѣпей.

Chair (*чэр*) s. стулъ, сѣдалище; || каѳедра; представительство; || подушка (у рельсовъ). **Arm —,** кресло. **Bath —,** передвижное кресло. **Easy —,** кушетка. **Folding - —,** складное кресло. **Sedan —,** кресло переносимое носильщиками. **To fill the —,** предсѣдательствовать. **To be in the —,** занимать кресло. **To put in the —,** выбирать въ предсѣдатели.

Chairman (*чэр'-мăн*) s. носильщикъ; || предсѣдательствующій.

Chairmanship (*чэр'-мăн-шип*) s. предсѣдательство.

Chaise (*чэз*) s. колясочка, фаэтонъ, телѣжка. **Post —,** почтовая коляска.

Chalcedony (*кăл'-си-дон-и*) s. (минер.) халцедонъ.

Chalcographer (*кăл-ког'-рă-фер*) s. рѣзчикъ, граверъ на мѣди.

Chalcography (*кăл-ког-рă-фи*) s. гравировальное искусство.

Chaldaic (*кăл-дэ'-ик*) adj. халдейскій; || s. халдейскій языкъ.

Chaldaism (*кăл-дэ'-изм*) s. халдейство.

Chaldéan (*кăл-ди'-ăн*) adj. халдейскій; || s. халдеецъ, —ейка.

Chaldee (*кăл'-ди-ă*) npr. Халдея.

Chaldron (*чă л'-орон*) s. мѣра угля (50 пудовъ). [чаша.

Chalice (*чăл'-ис*) s. потиръ, сосудъ,

Chalk (*чо'ок*) s. мѣлъ; карандашъ. **Red —,** красный карандашъ. **French —,** жировикъ, стеалитъ, (камень). || va. мѣлить; чертить мѣломъ; || обрисовывать, начертывать. **To — out,** начертить, обозначить; проложить. **To — up,** ставить крестъ на печи, на каминѣ.

Chalkiness (*чо'ок-и-несс*) s. мѣловатость, мѣловое состояніе.

Chalking (*чо'ок-инг*) s. мѣленіе; (агр.) удобреніе мѣломъ.

Chalky (*чо'ок-и*) adj. мѣловой.

Challenge (*чăл'-ленДж*) s. вызовъ на поединокъ; (юрид.) отводъ (присяжныхъ, свидѣтелей, избирателей); требованіе, притязаніе; || (воен.) окликъ часового; соискательство; || va. вызывать на поединокъ; вызывать въ судъ; (юрид.) отводить; || (воен.) окликать.

Challengeable (*чăл'-ленДж-ă-бл*) adj. къ кому можно примѣнить отводъ, кого можно вызвать на дуэль.

Challenger (*чăл'-ленДж-ер*) s. вызывающій на дуэль, въ судъ, на состязаніе; обвиняющій; дѣлающій отводъ. [ной ткани.

Challis (*чăл'-лис*) s. родъ шерстя-

Chalybeate (*кă-люб'-и-эт*) adj. желѣзистый. [желѣзнякъ.

Chalybite (*кăл'-и-байт*) s. (минер.)

Chamade (*шă-мэд'*) s. шамада (барабанный бой при сдачѣ города).

Chamber (*чэм'-бер*) s. комната, горница; глазная полость; пустота; камера (судьи); дѣловой кабинетъ; палата, парламентъ, присутственное мѣсто. **— of commerce,** торговая палата. || va. заключать въ комнату; запирать. **— -maid,** горничная. **— -pot,** ночной горшокъ.

Chamberer (*чэм'-бер-ер*) s. волокита, распутникъ.

Chambering (*чэм'-бер-инг*) s. распутное, безпорядочное поведеніе.

Chamberlain (*чэм'-бер-лин*) s. камергеръ; || дворецкій, камердинеръ.

Chamberlainship (*чэм'-бер-лин-шип*) s. камергерство.

Chamblet (*кăм-блет*) va. испестрить, расписывать.

Chambrel (*кăм'-брел*) s. подколѣнокъ; поджилки.

Chameleon (*кă-ми'-ли-он*) s. хамелеонъ (ящерица).

Chameoleonize (*кă-ми'-ли-он-айз*) va. мѣнять краски, хамелеонствовать.

Chamfer (*чам'-фер*) s. выемка (въ колоннѣ); маленькая ложбинка.

Chamfrain (*чăм'-фрэн*) s. смот. **Chamfer.** [замша.

Chamois (*шăм'-ми*) s. серна; ||

Chamomile (*кăм'-о-майл*) s. (бот.) ромашка.

Champ (*чăмп*) va. vn. жевать, чавкать; глотать; пожирать.

Champagne (*шам-пэн'*) npr. (геогр.) Шампань; || s. шампанское вино. **Brisk, full — frothing —,** пѣнистое шампанское.

Champaign (*чăм-пэн'*) s. поле, открытое пространство земли.

Champer (*чăм'-пер*) va. скашивать; || s. жующій.

Champignon (*шам-пинь'-он*) s. шампиньонъ (грибъ).

Champion (*чăм'-пи-он*) s. сторонникъ, поборникъ; борецъ, чампіонъ; || va. вызывать на бой.

Championess (*чăм'-пи-он-нес*) s. чемпіонка; сторонница, поборница.

Chance (*чăнс*) s. случай; приключеніе; счастіе, удача. **To try one's —,** искать случая. **By me-**

re —, по простому случаю. **There are ten —s to one**, десять вѣроятностей противъ одной, въ десять разъ болѣе вѣроятно. || vn. случиться, приключиться. **If my letter should — to be lost**, если бы мое письмо затерялось бы. || adj. случайный, нечаянный; неумышленный (объ убійствѣ). **A — acquaintance**, случайное знакомство.

Chanceable (*чӑнс'-ӑ-бл*) adj. случайный.

Chanceably (*чӑнс'-ӑ-бли*) adv. случайно.

Chancel (*чӑн'-сел*) s. алтарь; святилище.

Chancellor (*чӑн'-сел-лӧр*) s. канцлеръ **Lord high — of England**, государственный канцлеръ въ Англіи. **— of the Exchequer**, канцлеръ казначейства.

Chancellorship (*чӑн'-сел-лӧр-шип*) s. званіе канцлера, канцлерство.

Chancery (*чӑн'-сер-и*) s. канцелярія.

Chancre (*шӑнк'-ер*) s. (мед.) шанкръ.

Chancrous (*шӑнк'-рӧс*) adj. шанкерный.

Chandelier (*шӑн-де-лир'*) s. канделябры, люстра.

Chandler (*чӑнд'-лер*) s. торговецъ, фабрикантъ свѣчъ; мелочной торговецъ. **Ship - —**, поставщикъ кораблей. **Corn - —**, продавецъ зерна, хлѣбный торговецъ.

Chandlery (*чӑнд'-лер-и*) s. мелочная торговля; || мелочной товаръ.

Change (*чэндж*) s. перемѣна; измѣненіе, переворотъ; превратность; || мѣна, промѣнъ; || денежный курсъ; сдача; || биржа, биржевая зала; || новолуніе; (матем.) перестановка; || va. мѣнять; перемѣнять, промѣнять, размѣнять. || vn. мѣняться, перемѣняться. * **The moon will — to-morrow**, новолуніе наступитъ завтра. **The milk is —d**, молоко свернулось, скисло. || s. **The —s of life**, превратности судьбы. **The — of the moon**, новолуніе. **Six —s of linen**, шесть перемѣнъ рубашекъ. **— wheels**, перемѣнныя колеса. **Were you on change to-day?** были вы сегодня на биржѣ. **— for a sovereign**, размѣнная монета за суверенъ.

Changeable (*чэндж'-ӑ-бл*) adj. перемѣнчивый, непостоянный; съ отливомъ (о матеріи).

Changeableness (*чэндж'-ӑ-бл-нес*) s. перемѣнчивость, измѣнчивость; непостоянство.

Changeably (*чэндж'-ӑ-бли*) adv. непостоянно, измѣнчиво.

Changeful (*чэндж'-фул*) adj. непостоянный, вѣтренный.

Changefully (*чэндж'-фул-и*) adv. непостоянно, измѣнчиво.

Changefulness (*чэндж'-фул-нес*) s. непостоянство, измѣнчивость; вѣтреность.

Changeless (*чэндж'-лес*) adj. неизмѣнный, постоянный.

Changeling (*чэндж'-линг*) s. вѣтреникъ; || подмѣненный ребенокъ; || идіотъ.

Changer (*чэндж'ер*) s. человѣкъ не твердыхъ убѣжденій. измѣнчивый; || мѣновщикъ; || измѣняющій видъ, форму (чего).

Changing (*чэндж'-инг*) s. перемѣна.

Channel (*чӑн'-нел*) s. каналъ, проливъ; проходъ, протокъ; || желобъ; (морск.) русло: || * средство, путь. **The British —**, проливъ Ламаншъ. **St. George's —**, каналъ Св. Георгія. || va. прорѣзывать каналами, дѣлать выемки, бороздить.

Chant (*чӑнт*) s. пѣніе; мелодія. || va. vn. пѣть; воспѣвать; прославлять.

Chanter (*чӑнт'-ер*) s. пѣвецъ, пѣвчій.

Chanticleer (*чӑнт'-и-клир*) s. пѣтухъ; || будильникъ.

Chantress (*чӑнт'-рес*) s. пѣвица.

Chantry (*чӑнт'-ри*) s. часовня съ ежедневнымъ богослуженіемъ (въ ней); пѣвческая должность.

Chaos (*кэ'-ос*) s. хаосъ; смѣшеніе, безпорядокъ.

Chaotic (*кэ-от'-ик*) adj. хаотическій

Chap (*чӑп*) va. раскалывать, дѣлать трещины. **My lips are chapped**, у меня потрескались губы. || vn. разсѣдаться, трескаться; || s. щель, трещина, расщелина; скула, зѣвъ, челюсть; || (народ.) малый, парень. **An old —**, старикъ, старина. **A queer —**, чудакъ. **A fine —**, красивый малый.

Chape (*чэп*) s. зацѣпка; застежка; скоба, наконечникъ.

Chapel (*чӑп'-ел*) s. часовня; придѣлъ (храма); || капелла; (типог.) типографское заведеніе. **Chapel of ease**, часовня приходской церкви.

Chapeless (*чэп'-лес*) adj. безъ застежки; безъ наконечника.

Chapelet (*чӑп'-ел-лет*) s. четки.

Chapellany (*чӑп'-ел-лӑ-ни*) s. званіе капеллана.

Chapelling (*чӑп'-ел-линг*) s. принадлежность къ какому либо церковному толку.

Chapel-master (*чӑп'-ел-мӑстер*) s. капельмейстеръ.

Chapel-royal (*чӑп'-ел-рои'-ал*) s. королевская капелла.

Chaperon (*шӑп'-ер-он*) s. шапочка; головная повязка; || руководительница при молодой особѣ; || va. сопровождать молодую особу при выѣздѣ ея въ свѣтъ.

Chapfallen (*чоп'-фол-н*) adj. съ отвислой челюстью; унылый.

Chapiter (*чӑр'-и-тер*) s. (арх.) капитель у колонны; || **—s,** s. pl. статьи (закона).

Chaplain (*чӑп'-лен*) s. капелланъ; домовый священникъ.

Chaplaincy (*чӑп'-лен-си*) s. должность капеллана.

Chaplainship (*чӑп'-лен-шип*) s. званіе, должность капеллана.

Chapless (*чоп'-лес*) adj. со впалыми щеками.

Chaplet (*чӑп'-лет*) s. гирлянда, вѣнокъ.

Chapman (*чӑп'-мӑн*) s. покупщикъ, покупатель; торгашъ.

Chaps (*чӑпс*) s. pl. челюсть.

Chapter (*чӑп'-тер*) s. глава (въ книгѣ); статья; || капитулъ, собраніе канониковъ. — **-book,** брошюра, книга. — **-house,** s. домъ капитула, мѣсто собранія; || va. бранить, поучать.

Chaptrel (*чӑп'-трел*) s. (арх.) лопатка подъ пятою свода.

Char (*чэр*) s. поденная работа; урокъ; поденщина; — **-woman,** поденщица. || s. ленокъ, харіусъ (рыба). || va. отбывать работу, урокъ, поденщину. || vn. работать поденно, съ урка. || va. vn. обжигать, обугливать, обугливаться.

Character (*кӑр'-ӑк-тер*) s. шрифтъ, литера, буква; отличительный признакъ; почеркъ, характеръ, нравъ, свойство; качество; званіе; человѣкъ, личность; естественность; репутація, имя; честность. **In his — as husband and father,** въ его достоинствѣ мужа и отца. **To see a thing in its true —,** видѣть вещь въ ея настоящемъ свѣтѣ. **He is a —, quite a —,** это человѣкъ характерный, это оригиналъ. **To vindicate one's —,** мстить за чью либо честь. **That servant has a good —,** у этого слуги хорошая рекомендація. **A written —,** письменное свидѣтельство. **In the — of Othello,** въ роли Отелло. || va. печатать, гравировать, начертать, врѣзать, запечатлѣть; || описать, обрисовывать.

Characteristic (*кӑр-ӑк-тер-ис'-тик*) adj. характеристическій. || s. характеристика, отличительная черта.

Characteristical (*кӑр-ӑк-тер-ис'-тик-ӑл*) adj. характеристическій.

Characteristisally (*кӑр-ӑк-тер-ис'-тик-ӑл-и*) adv. характеристически.

Characteristicalness (*кӑр-ӑк-тер-ис-тик-ал-нес*) s. характерное свойство.

Characterization (*кӑр-ӑк-тер-и-зэ'-шон*) s. охарактеризованіе.

Characterize (*кӑр'-ӑк-тер-айз*) va. характеризовать.

Characterless (*кӑр'-ӑк-тер-лес*) adj. безхарактерный.

Charade (*ша-рэд'*) s. шарада.

Charcoal (*чар'-кол*) s. древесный уголь.

Chard (*чард*) s. стебель листьевъ огородныхъ растеній.

Charge (*чардж*) va. поручать; довѣрять; ставить на счетъ, просить цѣну; предписывать, повелѣвать. **— the gun with small shot,** заряжать ружье мелкой дробью. **What functions is he charged with?** какія обязанности на него возложены. **To — a person with a crime,** обвинять человѣка въ преступленіи. **I — you to speak the truth,** я умоляю васъ говорить правду. **What do you — for mending those boots?** сколько вы просите за починку этихъ сапогъ. || vn. (воен.) атаковать, нападать. || s. порученіе; попеченіе; довѣріе; || должность; паства; || обращеніе, возваніе; пастырское посланіе; || (комер.) отнесеніе на дебетъ, причисленіе къ долгу; || обвиненіе; || нападеніе, атака; || издержка, расходъ; тяжесть. **The diamonds were left in my —,** эти брилліанты были довѣрены мнѣ на храненіе. **Petty —s,** мелкіе расходы. **A reasonable —,** разумная цѣна. **We gave him in —,** мы заставили арестовать его.

Chargeable (*чардж'-ӑ-бл*) adj. обременительный, убыточный; тягостный; обвиняемый; подлежащій налогу.

Chargeableness (*чардж'-ӑ-бл-нес*) s. издержки; убыточность.

Chargeably (*чардж'-ӑ-бли*) adv. убыточно, дорого.

Charger (*чардж'-ер*) s. блюдо; || ратный конь, строевая лошадь.

Charily (*чэр'-и-ли*) adv. бережно, бережливо.

Chariot (*чӑр'-и-ӧт*) s. колясочка, коляска.

Charioteer (*чӑр-и-ӧт-ир'*) s. возница, кучеръ.

Charitable (*чӑр'-и-тӑ-бл*) adj. милостивый, благотворительный.

Charitably (*чӑр'-и-тӑ-бли*) adv. милостиво, благотворительно.

Charity (*чӑр'-и-ти*) s. милосердіе; любовь къ Богу и ближнему; || милостыня; благотворительность. — **begins at home,** своя рубашка ближе къ тѣлу.

Charlatan (*шар'-ла-тӑн*) s. шарлатанъ, обманщикъ.

Charlatanism (*шар'-ла-тан-изм*) s. шарлатанство.
Charlatanry (*шар'-ла-тӓн-ри*) s. шарлатанство.
Charles's wain (*чарлз'-ез-уэн*) s. (астр.) Большая Медвѣдица.
Charm (*чарм*) s. чары, очарованіе; прелесть; || талисманъ. || va. vn. очаровывать, околдовать; прельщать.
Charmer (*чарм'-ер*) s. чародѣй очарователь.
Charmful (*чарм'-фул*) adj. очаровательный, прелестный.
Charming (*чарм'-инг*) s. очарованіе; || adj. очаровательный.
Charmingness (*чарм'-инг-нес*) s. чары.
Charnel (*чар'-нел*) adj. содержащій кости. — **-house**, помѣщеніе для храненія костей мертвыхъ.
Charon (*кэ'-рон*) npr. (миѳол.) Харонъ.
Chart (*чарт*) s. карта, карта береговъ; || va. рисовать карту.
Charta (*кар'-та*) s. хартія.
Charter (*чар'-тер*) s. патентъ на что; привилегія, хартія; право, договоръ; || va. утвердить грамотою, дать привелегію; || (морск.) зафрахтовать судно.
Charterer (*чар'-тер-ер*) s. наемщикъ корабля.
Charter-party (*чар'-тер-пар-ти*) s. договоръ о наймѣ корабля.
Chartographic (*кар-то-грӓф'-ик*) adj. картографическій.
Chartography (*кар-тог'-рӓ-фи*) s. картографія.
Chary (*чэр'и*) adj. бережливый; осторожный.
Chase (*чэс*) s. охота, погоня, ловля; || мѣсто охоты; настрѣлянная дичь; дуло (въ оружіи); (муз.) фуга; (тип.) рама; || va. ходить на охоту; гнаться за кѣмъ.
Chasing (*чэс'-инг*) s. (техн.) чеканеніе, чеканка.
Chasm (*кӓзм*) s. пучина, бездна; разщелина въ землѣ.
Chaste (*чэст*) adj. цѣломудренный, скромный; чистый.
Chastely (*чэст-ли*) adv. цѣломудренно, скромно, чисто.
Chasten (*чэс'-сн*) va. наказывать, карать; исправлять; обуздывать; очищать.
Chastener (*чэс'-нер*) s. каратель, исправитель.
Chasteness (*чэст'-нес*) s. цѣломудренность, чистота.
Chastening (*чэс'-сн-инг*) s. наказаніе, кара, исправленіе.
Chastise (*час-тайз*) va. наказывать, карать, исправлять.
Chastisement (*чӓс'-тиз-мент*) s. наказаніе, исправленіе.
Chastiser (*чӓс-тайз'-ер*) s. каратель, исправитель.
Chastity (*чӓс'-ти-ти*) s. цѣломудріе, скромность, чистота.
Chasuble (*чэзь'-юбл*) s. риза, церковное облаченіе.
Chat (*чӓт*) s. болтовня, калякaніе; || каменка (птица), || vn. болтать, калякать.
Chateau (*шӓ-то'о*) s. замокъ.
Chatellany (*шӓт'-ел-лӓ-ни*) s. кастелянство.
Chattel (*чӓт'-тл*) s. имѣніе, собственность, имущество.
Chatter (*чӓт'-тер*) s. болтовня; щебетаніе (птицъ). || vn. болтать, тараторить, щебетать.
Chatterbox (*чӓт'-тер-бокс*) s. болтунъ, болтушка.
Chatterer (*чӓт'-тер-ер*) s. болтунъ.
Chattering (*чӓт'-тер-инг*) s. болтовня.
Chatty (*чат'-ти*) adj. болтливый, говорливый.
Chatwood (*чӓт'-уд*) s. хворость, валежникъ.
Chaw (*чо'о*) s. скула, челюсть (у животныхъ); полный родъ чего. || жвачка.
Cheap (*чип*) adj. дешевый, низкій. **To make one's self —**, цѣнить себя дешево, унижаться.
Cheapen (*чи'-пн*) va. приторговывать; торговаться: сбивать цѣну; подрывать кредитъ.
Cheaply (*чип-ли*) adv. дешево.
Cheat (*чит*) s. обманъ, плутовство; || плутъ; || va. обманывать, плутовать.
Cheater (*чит'-ер*) s. обманщикъ, плутъ.
Cheating (*чит'-инг*) s. обманываніе.
Check (*чек*) s. всякая издержка, препятствіе, о с т а н о в к а, перерывъ; неудача; ущербъ, досада; счетъ; контромарка; (банк.) чекъ; подпись; шахъ (въ шахматной игрѣ); || клѣтчатая ткань; || va. vn. задерживать, удерживать, обуздывать; контролировать, провѣрять. **To keep — upon one**, сдерживать кого-либо. — **-book**, чековая книжка. — **-taker**, отбирающій билеты въ театрѣ, контролеръ.
Checker (*чек'-ер*) s. контролеръ; || шахматная доска. || va. избороздить; перемѣшать, расположить въ клѣтку.
Checkered (*чек'-ерд*) adj. клѣтчатый; разнообразный. **A — life**, шумная жизнь.
Checkmate (*чек'-мэт*) s. шахъ и матъ; || * пораженіе; || va. дать шахъ и матъ; || * разбить.
Checky (*чек'-и*) adj. (геом.) шахматный.
Cheek (*чик*) s. щека, ланита; || * бокъ (машины); || * нахальство, самоувѣренность. — **by jowl**, ря-

домъ. **To have plenty of —**, имѣть много самоувѣренности.

Cheekbone (*чик'-бон*) s. кость скулы.

Cheeky (*чи-ки*) adj. нахальный.

Cheep (*чип*) vn. чирикать, щебетать

Cheer (*чип*) va. одобрять крикомъ, рукоплесканіями. **To — up**, возбуждать, увеселять; || vn. веселяться, развеселяться, ободряться **Come — up**, ну, бодрись! || s. угощеніе, пирушка; || веселость, бодрость; хорошее расположеніе духа; радостное восклицаніе.

Cheerful (*чир'-фул*) adj. веселый, живой.

Cheerfully (*чир'-фул-и*) adv. весело, живо.

Cheerfulness (*бир'-фул-нэс*) s. веселость, живость, хорошее расположеніе духа.

Cheerily (*бир'-и-ли*) adv. весело, живо, смѣло, охотно.

Cheering (*чир'-инг*) s. одобреніе; || adj. веселый; бодрящій, утѣшительный.

Cheerly (*чир'-ли*) adv. живо, весело.

Cheery (*чир'-и*) adj. веселый.

Cheese (*чиз*) s. сыръ. **Cream —**, сливочный сыръ. **— -taster**, ложка для пробы сыра.

Cheesemonger (*чиз'-мӧн-гер*) s. торговецъ сыромъ.

Cheesy (*чиз'-и*) adj. имѣющій свойства сыра, сырный.

Chegoe (*чиз'-го*) s. понюшка табаку.

Cheirology (*кай-рол'-оджи*) s. ученіе о будущемъ порукѣ.

Cheliform (*кел'-и-форм*) adj. клешневидный.

Chelonian (*ке-ло'о-ни-ăн*) adj. изъ разряда черепахъ.

Chemical (*кем'-ик-ăл*) adj. химическій.

Chemically (*кем'-ик-ăл-и*) adv. химически.

Chemicals (*кем'-ик-ăлз*) s. pl. химическіе продукты, аптекарскіе товары.

Chemise (*ше-миз'*) s. женская рубашка.

Chemisette (*шем-и-зет'*) s. шемизетка.

Chemist (*кем'-ист*) s. химикъ. — **and druggist**, химикъ и формацевтъ.

Chemistry (*кем'-ис-три*) s. химія.

Chenille (*шен-ил'*) s. синель, матерія (для нарядовъ).

Cheque, Chequer... см. **Check, Checker.**

Cherish (*чер'-иш*) va. нѣжно, страстно любить, лелѣять; питать (надежду, любовь).

Cherisher (*чер'-иш-ер*) s. любящій; покровитель.

Cherishing (*чер'-иш-инг*) s. любовь, обожаніе.

Chercot (*че-рут'*) s. манильская сигара.

Cherry (*чер'-и*) s. вишня; || вишневый. — **tree**, вишневое дерево.

Chersonese (*кӧр'-со-низ*) s. полуостровъ Херсонесъ.

Cherub (*чер'-ӧб*) s. херувимъ.

Cherubic (*че-ру'-бик*) adj. херувимскій.

Cherubical (*че-ру'-бик-ăл*) adj. см. **Cherubic.**

Chervil (*чӧр'-вил*) s. (ботан.) кервель.

Chess (*чес*) s. шахматы. **Game of —**, игра въ шахматы. **— -board**, шахматная доска. **— -man**, шахматная фигура, пѣшка.

Chessom (*чес'-сем*) s. плодородный земельный слой.

Chest (*чест*) s. ящикъ, сундукъ; || грудная полость, грудь. || va. класть въ ящикъ. **A — of drawers**, комодъ. **— founded**, adj. (вет.) надсаженная лошадь.

Chestnut (*чес'-нӧт*) s. каштанъ; || каштановый; рыжій. **— -tree**, каштановое дерево. **Horse —**, бурая лошадь. **— plot**, каштановая роща.

Chetah (*чи'-та*) s. леопардъ.

Cheval (*ше-вăл*) s. поддержка. **— glass**, большое зеркало, трюмо, зеркало-психея.

Cheval de frise (*шев'-ăл-де-фриз*) s. pl. (воен.) рогатки, загородки.

Chevalier (*шев-ă-лир'*) s. рыцарь, кавалеръ.

Cheven (*шев'-н*) s. мельникъ.

Cheveril (*шев'-ер-ил*) s. козленокъ.

Chevisance (*шев'-и-зăнс*) s. (юрид.) договоръ; заключенное условіе.

Chevrette (*шев-рет'*) s. козочка.

Chevron (*шев'-рӧн*) s. (воен.) шевронъ, нашивка.

Chew (*чу*) va. жевать, разжевывать, отрыгать. **To — tobacco**, жевать табакъ. || s. жвачка.

Chewing (*чу'-инг*) s. жеваніе; || обдумываніе; || adj. жующій, отрыгающій, жвачный.

Chian (*кай'-ăн*) adj. хіоскій.

Chiaro-oscuro (*киар'о-оску'-ро*) s. свѣтотѣнь.

Chica (*чи'-ка*) s. красящее вещество (у индійцевъ); напитокъ изъ кукурузы.

Chicane (*ши'-кэн*) s. придирка, интрига; || vn. придираться, интриговать.

Chicaner (*ши-кэн'-ер*) s. придира, интриганъ.

Chicanery (*ши-кэн'-ер-и*) s. придирка, интриганство.

Chicory (*чик'-о-ри*) s. (ботан.) цикорій.

Chiches (*чич'-ез*) s. pl. карликовые бобы.

Chick (*чик*). **Chicken** (*чик'-н*) s. цыпленокъ. **— -hearted**, малодушный, трусливый.

Chicken-pox (*чик'-ен-покс*) s. (мед.) вѣтряная оспа.
Chickling (*чик'-линг*) s. цыпленокъ
Chick-pea (*чик'-пи*) s. (бот.) мелкій горошекъ.
Chickweed (*чик-уид*) s. (бот.) курослѣпникъ (растеніе).
Chide (*чайд*) vn. журить, осуждать, бранить, кричать, ссориться. || s. ропотъ, журчаніе.
Chider (*чайд'-ер*) s. ворчунъ, крикунъ.
Chiding (*чайд'-инг*) s. брань, ворчаніе.
Chief (*чиф*) s. начальникъ, глава; || adj. главный, старшій, начальствующій. **The — rulers,** главные начальники. **The — town,** главный городъ. **— -justice,** предсѣдатель суда.
Chiefless (*чиф'-лес*) adj. безначальный.
Chiefly (*чиф-ли*) adv. главнымъ образомъ, преимущественно.
Chieftain (*чиф'-тен*) s. вождь, начальникъ.
Chiffonnier (*шиф'-фон-ир*) s. щифоньерка.
Chilblain (*чил'-блэн*) s. отмораживаніе; || va. отморозить.
Child (*чайлд*) s. pl. **Children**, дитя, ребенокъ. **To be with —,** быть беременной. **A god—,** крестникъ, -ница. **— -bearing,** дѣторожденіе; беременность. **— -bed,** роды, разрѣшеніе отъ бремени.
Childe (*чайлд*) s. дитя; пажъ.
Childhood (*чайлд'-худ*) s. дѣтство, младенчество.
Childish (*чайлд'-иш*) adj. дѣтскій, ребяческій. **— talk — conduct,** дѣтское поведеніе. **Do not be so —,** не ведите себя по дѣтски.
Childishness (*чайлд'-иш-нес*) s. дѣтство; наивность.
Childless (*чайлд'-лес*) adj. бездѣтный.
Childlike (*чайлд'-лайк*) adj. свойственный ребенку,-дѣтскій.
Chili (*чил'-ли*) npr. (геогр.) Чили.
Chill (*чил*) s. дрожь, ознобъ, холодъ. **To take the — off,** отогрѣть, оттаять. || adj. холодный, студеный; нечувствительный. **A — reception,** холодный пріемъ. || va. студить, знобить, замораживать, морозить; леденить; охлаждать; || приводить въ уныніе.
Chillies (*чил'-из*) s. pl. стручки гвинейскаго перца въ уксусѣ.
Chilliness (*чил'-ли-нес*) s. холодъ, ознобъ, дрожь.
Chilling (*чил'-линг*) adj. холодный, ледяной.
Chillness (*чил'-нес*) s. см. **Chilliness.**
Chilly (*чил'-ли*) adj. зябкій; || свѣжій, холодный. || adv. холодно. **To take the —,** подавать въ отставку (о членѣ парламента).
Chiltern - hundreds, приходъ Чилтерна въ Англіи.
Chimæra (*ки-ми'-ра*) см. **Chimera.**
Chimb или **Chime** (*чайм*) s. уторъ; **—hoop,** крайній обручъ бочки.
Chime (*чайм*) s. концертъ, гармонія; согласованіе, соотвѣтственность; || перезвонъ колоколовъ. || vu. согласоваться, соотвѣтствовать; перезванивать. **To — in with one,** быть одного мнѣнія съ кѣмъ. || va. давать гармоническіе звуки.
Chimer (*чайм'-ер*) s. звонарь.
Chimera (*ки-ми'-ра*) s. химера; || мечта, вздоръ.
Chimere (*ши-мир'*) s. подрясникъ.
Chimerical (*ки-мер'-ик-ăл*) adj. химерическій, фантастическій, сумасбродный.
Chimney (*чим'-ни*) s. печная труба, каминъ. **Mantel-piece of a —,** украшенія камина. **— - corner,** мѣстечко передъ каминомъ, уголъ у камина. **— -piece,** наличникъ у камина. **— -pot,** колпакъ надъ печною трубою. **— -sweeper,** трубочистъ, **— -top,** верхняя часть камина.
Chimpanzee (*чим-пăн'-зи*) s. чимпанзе (обезьяна).
Chin (*чин*) s. подбородокъ. **— -piece,** завязка, ремень подъ подбородкомъ.
China (*чай'-на*) s. Китай; || фарфоръ. **— -aster,** китайская астра. **— -man,** торговецъ фарфоровой посудой, **— - ware,** фарфоровыя издѣлія.
Chinchilla (*чин-чил'-ла*) s. (зоол.) шиншила (звѣрокъ); мѣхъ шиншила.
Chincough (*чин'-коф*) s. коклюшъ.
Chine (*чайн*) s. поясница, хребетъ, крестецъ; уторъ (у бочки). **A — of beef,** крестецъ быка. || va. надорвать, надсадить поясницу.
Chinese (*чай-низ'*) adj. китайскій; || s. китаецъ, -таянка; || s. китайскій языкъ, китайскій народъ.
Chink (*чинк*) s. трещина, разсѣлина, щель. || звонъ монетъ; || va. звонить, бряцать; расщеплять; || vn. звенѣть; трескаться, расщепляться.
Chinky (*чинк'-и*) adj. щелистый.
Chinse (*чинс*) va. (мор.) конопатить на скорую руку.
Chintz (*чинтс*) s. ситецъ; || adj. ситцевый.
Chip (*чип*) s. кусочекъ, кроха, осколокъ, обрѣзокъ, щепа; стружка; опилки; || (техн.) убыль, угаръ; зазубрины. **He is a — of the old block,** онъ весь въ своего отца. || va. рѣзать на мелкіе куски, щепать; отесывать, стругать. **To — off,** острогать, обдѣлать. || vn.

разламываться, расщепляться на куски.
Chipping (*чип'-инг*) s. разламываніе на мелкіе куски; || осколки.
Chippy (*чип'-и*) adj. изобильный кусочками, обломками, осколками.
Chirm (*черм*) vn. пѣть по птичьи.
Chirograph (*кай-ро-грäф*) s. и
Chirographer (*кай-рог'-рä-фер*) s. писецъ, хирографъ.
Chirographic (*кай-ро-грäф'-ик*) adj. относящійся къ чистописанію.
Chirographical (*кай-ро-грäф-ик-ä.л*) adj. см. **Chirografic.**
Chirologist (*кай-ро'-лодж-ист*) s. хирологъ.
Chirology (*кай-рол'-о-джи*) s. хирологія; языкъ глухонѣмыхъ.
Chiromancer (*кай'-ро-мäн-сер*) s. хиромантикъ. [романтія.
Chiromancy (*кай-ро-мäн-си*) s. хи-
Chiromanist (*кай-рö-мäн'-ист*), **Chiromantist** (*кай-ро-мäн-тист*) s. хиромантикъ.
Chiropodist (*кай-роп'-о-дист*) s. мозольный операторъ.
Chirosophist (*кай-рос'-о-фист*) s. гадальщикъ.
Chirp (*чöрп*) s. чириканіе, щебетаніе; || vn. чирикать, щебетать; || va. веселить, развеселять.
Chirper (*чöрп'-ер*) s. щебетунья (о птицѣ).
Chirping (*чöрп'-инг*) s. чириканіе, щебетаніе; || adj. чирикающій, щебечущій, веселящій.
Chirrup (*чир'-рöп*) vn. щебетать.
Chisel (*чиз'-ел*) s. долото; рѣзецъ. **Gold —**, сѣкачъ; || va. долбить, чеканить.
Chiselling (*чиз'-ел-линг*) s. чеканка.
Chit (*чит*) s. зародышъ, ростокъ; || веснушка; || vn. пускать ростки.
Chit-chat (*чит'-чäт*) s. болтовня.
Chitterlings (*чит'-тер-лингз*) s. pl. кишки, требуха, потроха.
Chitty (*чит'-ти*) adj. дѣтскій; || веснусчатый. [ственный.
Chivalric (*шив'-ä.л-рик*) adj. воин-
Chivalrous (*шив'-äл-рöс*) adj. воинственный, рыцарскій.
Chivalrously (*шив'-äл-рöс-ли*) adv. рыцарски.
Chivalry (*шив-äл-ри*) s. рыцарство.
Chives (*чайвз*) s. pl. жилки, волоконца (въ растеніяхъ); порей, мелкій лукъ.
Chlorate (*кло'-о-рэт*) s. хлорновато кислая соль.
Chloric (*кло'о-рик*) adj. хлористый.
Chloride (*кло'о-райд*) s. (химич.) хлорная соль. [ный.
Chloridic (*кло-рид'-ик*) adj. хлор-
Chlorine (*кло'о-рин*) s. (хим.) хлоръ.
Chlorite (*клоо-райт*) s. хлоритъ (минералъ).
Chloroform (*кло'о-ри-форм*) s. хлороформъ; || va. хлороформировать.
Chlorosis (*кло-ро'о-сис*) s. (мед.) хлорозъ; блѣдная или дѣвичья немочь. [розный.
Chlorotic (*кло-рот'-ик*) adj. хло-
Chock (*чок*) s. (мор.) чакъ, клинъ, подставка. || столкновеніе; || (мех.) тяжесть, вѣсъ. || va. подпирать; дѣлать подкладки; || vn. столкнуться. [ладъ.
Chocolate (*чок'-о-лэт*) s. шоко-
Choice (*чойс*) s. выборъ, избраніе; отборъ, самое лучшее. **There 's no —**, нѣтъ выбора. **Hobson 's —**, вынужденный выборъ. || adj. выбранный, отборный, лучшій; || бережливый; || разборчивый. **— wares**, отборный товаръ.
Choiceless (*чойс'-лес*) adj. не свободный въ выборѣ. [ромъ.
Choicely (*чойс'-ли*) adv. съ разбо-
Choiceness (*чойс'-нес*) s. отборное, рѣдкость, изящность, высокія качества. [клиросъ; хоры.
Choir (*куайр*) s. хоръ (пѣвчихъ);
Choke (*чо'ок*) va. удушить, задавить; заглушить. **To — up a pipe**, заткнуть трубку. || vn. задыхаться; обижаться, негодовать. **— -damp**, удушливый, углекислый газъ (въ рудникахъ). **— -full**, биткомъ набитый. **— -pear**, s. горькая груша. || s. артишоковые волоски; || * огорченіе, обида.
Choker (*чо'ок-ер*) s. удушитель; доводъ, не допускающій возраженія; || затяжная петля. **That is a — for him**, вотъ ему разъ. **He wore a white —**, онъ былъ въ бѣломъ галстукѣ.
Choky (*чо'о-ки*) adj. удушливый.
Choler (*кол'-ер*) s. желчь; || *гнѣвъ.
Cholera (*кол'-е-ра*) s. холера. **— -morbus**, холера.
Choleric (*кол'-ер-ик*) adj. холерическій, желчный; сердечный, вспыльчивый.
Cholericly (*кол'-ер-ик-ли*) adv. желчно, сердито.
Choose (*чуз*) va. выбирать; || vn. имѣть способность или власть выбирать; хотѣть; намѣреваться; *съ отрицаніемъ:* не мочь сдѣлать иначе какъ. **I don't — to do it**, я не хочу этого дѣлать. **Many are called, but few are chosen**, много званныхъ, но мало избранныхъ.
Chooser (*чуз'-ер*) s. выбирающій.
Choosing (*чуз'-инг*) s. выборъ.
Chop (*чоп*) va. рубить, рѣзать; отесывать (дерево); покупать, мѣнять. **To — off**, отрубить. **To — fine**, мелко рубить. **To — logic**, состязаться доводами. || vn. измѣняться; обрушиваться. **To — at**,

хвататься за что. **To — upon**, случайно напасть, наткнуться на что; схватиться за что. || s. отрѣзъ, ударъ; || кусокъ, ломоть; || качество, доброта (о матеріи) **Mutton —**, баранья котлета. — **house —**, харчевня.
Chopper (*чоп'-пер*) s. рѣзальщикъ; сѣчка, косарь.
Chopping (*чоп'-пинг*) s. разрубаніе, разрѣзываніе; обмѣнъ; споръ; башмакъ съ высокимъ каблукомъ; || adj. дюжій, здоровый. — **-block**, чурбанъ для рубки мяса. — **-knife**, ножъ у мясниковъ.
Choppy (*чоп'-пи*) adj. растрескавшійся.
Chopsticks (*чоп'-стикс*) s. pl. палочки, служащія вилками у китайцевъ.
Choral (*ко'о-рāл*) adj. хоровой; || s. (муз.) хоралъ. [ристъ.
Choralist (*ко'о-рā-лист*) s. хо-
Chorally (*ко'о-рāл-ли*) adv. хоромъ.
Chord (*корд*) s. струна; (геом.) хорда; (муз.) аккордъ.
Chorea (*ко'о-ре-а*) s. (мед.) пляска св. Витта.
Choregraphic (*ко-ре-грāф'-ик*) adj. хореографическій.
Choregraphy (*ко-рег'-рā-фи*) s. хореографія.
Choreus (*ко-ри'-ōс*),**Choree** (*ко-ри'*) s. хорей (стихъ).
Choriambic (*ко-ри-āм'-бик*) s. хоріамбъ (стопа въ стихѣ); || adj. хоріамбическій.
Chorion (*ко'о-ри-он*) s. (анат.) внѣшняя оболочка плоднаго яйца.
Chorist (*ко'о-рист*) s. хористъ, пѣвчій. [пѣвчій.
Chorister (*кор'-ис-тер*) s. хористъ,
Chorographer (*ко-рог'-рā-фер*) s. хореографъ.
Chorographical (*ко-ро-грāф'-ик-āл*) adj. хореографическій.
Chorography (*ко-рог'-ра-фи*) s. хореографія.
Chorus (*ко'о-рōс*) s. хоръ. **To sing in—**, пѣть хоромъ; вторить.
Chough (*чōф*) s. родъ галки; || глупый; || мошенничество.
Chrism (*кризм*) s. муро, елей.
Chrismal (*криз'-мал*) adj. елейный.
Chrismatory (*криз'-мā-тō-ри*) s. муроносица. [рожденіи.
Chrisom (*криз'-ōм*) s. умершій при
Christ (*крайст*) s. Христосъ.
Christen (*крис'-н*) va. крестить,давать имя.
Christendom (*крис'-н-дōм*) s. христіанство, христіанскія страны.
Christening (*крис'-н-инг*) s. крещеніе.
Christian (*крис'-тьан*) s. христіанинъ; || adj. христіанскій. — **name**, имя, даваемое при крещеніи. [христіанство.
Christianism (*крис'-тьāн-изм*) s.
Christianity (*кри-сти-āн'-и-ти*) s. христіанство.
Christianization (*крис-тьāн-и-э'-шōн*) s. обращеніе въ христіанство.
Christianize (*крис'-тьāн-айз*) va. обращать въ христіанство.
Christina (*крис-ти'-на*) npr. Христина.
Christmas (*крис'-мāс*) s. Рождество Христово. — **-box**, копилка, даримая въ Рождество. — **-carol**, христославленіе. — **-eve**, сочельникъ. — **-rose**, растеніе похожее на розу, цвѣтущее зимой. — **-tree**, ёлка. [Христофоръ.
Christopher (*крис'-то-фер*) npr.
Chromate (*кро'о-мэт*) s. (хим.) хромокислая соль.
Chromatic (*кро-мāт'-ик*) adj. цвѣтной; (муз.) хроматическій.
Chromatically (*кро'-мāт-ик-ал-ли*) adv. хроматически.
Chromatics (*кро-мāт'-икс*) s. ученіе о цвѣтахъ, краскахъ.
Chrome (*кром*), **(Chromium)** s. хромъ (металлъ).
Chromic (*кро'-мик*) adj. хромовый.
Chromo-lithography (*кро-мо-лисэ-ог'-рā-фи*) s. хромолитографія
Chronic (*крон'-ик*) adj. хроническій, постоянный.
Chronicle (*крон'-и-кл*) s. хроника, лѣтопись. || va. вносить въ лѣтопись. [писецъ.
Chronicler (*крон'-и-клер*) s. лѣто-
Chronique (*крон'-ик*) s. лѣтопись, хроника. см. **Chronicle.**
Chronogram (*крон'-о-грāм*) **Chronograph** (*кро-ног'-рāф*) s. хронограмма.
Chronologer (*кронол'-о-джер*), **Chronologist** (*кронол'-о-джист*) s. хронологъ.
Chronologic (*крон'-о-лодж-ик*), **Chronological** (*крон-о-лодж-ик-āл*) adj. хронологически.
Chronologically (*крон-о-лодж-ик-āл-ли*) adv. хронологическій.
Chronology (*кро-нол'-о-джи*) s. хронологія, лѣтосчисленіе.
Chronometer (*кро-ном'-е-тер*) s. хронометръ.
Chronometric (*крон-о-мет-рик*), **Chronometrical** (*крон-о-мет-рик-āл*) adj. хронометрическій.
Chronometry (*крон-ом'-е-три*) s. хронометрія.
Chrysalid (*крис'-а-лид*) s. куколка бабочки.
Chrysalis (*крис'-а-лис*), (pl. **Chrysalides**) (ест. истор.) s. куколка бабочки.
Chrysanthemum (*крис-āн-сэи-*

мом) s. (бот.) златоцвѣтъ, хризантема.
Chrysoberyl (*крис'-о-бер-ил*) s. (мин.) зелено-желтый бериллъ.
Chrysolite (*крис'-о-лайт*) s. (мин.) хризолитъ.
Chrysoprase (*крис'-о-прэз*) s. (мин.) хризопрасъ.
Chub (*чöб*) s. бычокъ (мор. рыба); || * большеголовый человѣкъ.
Chubbedness (*чöб'-ед-нес*) s. неуклюжесть.
Chuck (*чöк*) vn. кудахтать, клохтать; смѣяться прерывисто; || va. ласкать; слегка ударять. **To — under the chin,** трепать по подбородку. || s. кудахтаніе, клохтаніе. — **-farthing,** дѣтская игра въ ямочки.
Chuckle (*чöк'-л*) va. клохтать, скликать циплятъ, ласкать; || vn. смѣяться заглушеннымъ смѣхомъ.
Chuckling (*чöк'-линг*) s. смѣхъ исподтишка.
Chuff (*чöф*) s. человѣкъ грубый, невоспитанный.
Chuffily (*чöф-и-ли*) adv. грубо.
Chuffiness(*чöф'-и-нес*) s. грубость, мужиковатость. [стомордый.
Chuffy (*чöф'-и*) adj. грубый, тол-
Chum (*чöм*) s. товарищъ по комнатѣ; сослуживецъ. [колода.
Chump (*чöмп*) s. чурбанъ, плаха,
Church (*чäрч*) s. церковь; богослуженіе. **The — of England,** англиканская церковь. **You will be too late for —,** вы опоздаете къ богослуженію. — **-goer,** человѣкъ набожный, частый посѣтитель церкви. — **-music,** церковная музыка. — **-rate,** сборъ на содержаніе церкви. || va. давать молитву (родильницѣ). **To be — ed,** взять молитву послѣ родовъ.
Churchdom (*чöрг'-дöм*) s. церковное управленіе, начальство.
Churching (*чöрч'-инг*) s. взятіе молитвы (послѣ родовъ).
Churchman (*чöрч'-мäн*) s. человѣкъ духовнаго званія.
Churchwarden (*чöрч-уор'-ден*) s. церковный староста. [бище.
Churchyard (*чöрч'-ьард*) s. клад-
Churl (*чöрл*) s. мужикъ, человѣкъ невоспитанный; грубіянъ.
Churlish (*чöрл'-иш*) adj. деревенскій, грубый.
Churlishly(*чöрл'-иш-ли*) adv. грубо
Churlishness (*чöр'-лиш-нес*) s. грубость, необтесанность.
Churly (*чöрл'-и*) adj. ворчливый,
Churn (*чöрн*) s. маслобойка. — **-staff,** маслобойка. || va. сбивать, пахтать масло, [масла.
Churning (*чöрн'-инг*) s. сбиваніе
Chylaceous (*кай-лэ'-шöс*) adj. (мед.) млечный.
Chyle (*кайл*) s. млечный сокъ, бѣловатый сокъ отъ пищи въ кишечникѣ.
Chylifaction (*кал-и-фäк'-шöн*) s. образованіе млечнаго сока.
Chylous (*кай'-лöс*) adj. см. **Chylaceous**.
Chyme (*кайм*) s. пищевая кашица.
Chymify (*ким'-и-фай*) va. дѣлать кашицу, превращать въ кашицу.
Chymous (*кайм'-ес*) s. превращенный въ кашицу. [цибуля.
Cibol (*сиб'-ол*) s. луковица, лукъ,
Ciborium (*си-бо'о-ри-öм*) s. дароносица. [былка).
Cicada (*си-кэ'-да*) s. цикада (ко-
Cicatrice (*сик'-ä-трис*) s. шрамъ, рубецъ. [рубцеватый.
Cicatrisive (*сик'-ä-трай-сив*) adj.
Cicatrize (*сик'-ä-трайз*) vn. зарубцовываться; заживать (о ранѣ); || va. заживлять.
Cicely (*сис'-и-ли*) s. см. **Chervil**.
Cicero (*сис'-и-ро*) npr. Цицеронъ.
Cicerone (*чи-че-ре'-не*) s. чичероне, проводникъ.
Ciceronian (*сис-е-ро'о-ни-äн*) adj. цицероновскій.
Cicisbeo (*си-сис-би'-о*) s. чичисбей, дамскій угодникъ.
Cicuta (*си-кью'-та*) s. водяной омегъ (растеніе).
Cider (*сай'-дер*) s. сидръ.
Ciergl (*сирдж*) s. восковая свѣча.
Cigar (*си-гар'*) s. сигара.
Ciliary (*силь'-ä-ри*) adj. рѣсничный.
Ciliate (*силь'-эт*), **Ciliated** (*силь'-э-тед*) adj. (бот.) усаженный волосками. [ной.
Cilicious (*си-ли'-шöс*) adj. волося-
Cimbal (*сим'-бäл*) s. печеніе, родъ кренделя.
Cimbri (*сим'-бри*) s. pl. кимвры.
Cimeter (*сим'-и-тер*) s. турецкая кривая сабля. [мерійскій.
Cimmerian (*си-ми-ри-äн*) adj. ки-
Cinchona (*син-ко'о-на*) s. хина, хинная корка. [поясокъ.
Cincture (*синктъ'-юр*) s. поясъ;
Cinder (*син'-дер*) s. угольный мусоръ; зола, пепелъ.
Cindery (*син'-дер-и*) adj. пепельный, зольный.
Cinematograph (*си-не-мäт'-о-грäф*) s. кинематографъ.
Cinerary (*син'-и-рä-ри*) adj. пепельный.
Cineration (*син-и-рэ'-шöн*) s. превращеніе въ пепелъ.
Cinereous, Cineritious (*си-ни'-ри-öс*), *си-нер-и'-шöс*) adj. пепельнаго цвѣта; легкій, какъ пепелъ.
Cingalese (*синг'-га-лиз*) s. сингалезецъ; || adj. сингалезскій.
Cinnabar (*си'-нä-бäр*) s. киноварь.
Cinnamon (*син'-ä-мöн*) s. корица.
Cinque (*синк*) s. пятерка (въ кар-

тахъ). **—foil,** (бот.) пятилистникъ. **— pace,** старинный медленный танецъ. **— ports,** пять англійскихъ портовъ на Ламаншѣ.
Cion (*сай'-ён*) s. прутикъ.
Cipher (*сай'-фер*) s. цыфра, численный знакъ, нуль; || * ничтожный человѣкъ; || vn. писать цыфры; шифровать; || vn. учиться ариѳметикѣ.
Ciphering (*сай'-фер-инг*) s. ученіе ариѳметикѣ. **— book,** ариѳметическая тетрадь.
Circassia (*сöр-кäш'-ä*) npr. (геогр.) земля черкесовъ.
Circassian (*сöр'-кäш'-äн*) s. черкесъ, черкешенка; || adj. черкескій.
Circe (*сöр'-си*) npr. Цирцея.
Circean (*сöр'-си-äн*) adj. относящійся къ Цирцеѣ.
Circinate (*сöр'-си-нэт*) va. обводить циркулемъ; || * вертѣться.
Circination (*сöр'-си-нэ'-шöн*) s. обведеніе циркулемъ.
Circle (*сöр'-кл*) s. кругъ, окружность; округъ; круговое движеніе; || общество, собраніе; смѣна одного другимъ. || va. кружить; || vn. кружиться, слѣдовать одно за другимъ.
Circled (*сöр'-клд*) adj. круглый, круглообразный, круговой.
Circlet (*сöр' - клет*) s. кружокъ, кругъ; || подносъ.
Circuit (*сöр'-кит*) s. круговое обращеніе; окружность; вѣнецъ, діадема; круговой объѣздъ (судьи); || околичности. **To go on —,** объѣзжать, ходить вокругъ. || va. vn. обходить вокругъ, вращаться.
Circuitous (*сöр-кью'-и-тöс*) adj. окружный, круговой, окольный (путь); || косвенный.
Circuitously (*сöр-кью'-и-тöс-ли*) adv. обходомъ, окольными путями.
Circular (*сöр'-кью-лäр*) adj. круговой; || циркулярный. **— letter,** циркуляръ; || s. циркуляръ.
Circularly (*сöр'-кью-лäр-ли*) adv. кругообразно, кругомъ, циркулярно.
Circulate (*сöр'-кью-лэт*) vn. вращаться; циркулировать; || va. пускать въ обращеніе. || s. (матем.) періодическая дробь.
Circulating (*сöр-кью-лэ'-тинг*) adj. обращающійся. **— library,** библіотека для чтенія.
Circulation (*сöр-кью-лэ'-шöн*) s. круговое движеніе; || обращеніе. **To bring into —,** пустить въ обращеніе.
Circulative (*сöр'-кью-лä-тив*) adj. циркулирующій.
Circulatory (*сöр'-кью-лэ-тö-ри*) adj. круговращательный; циркулярный; переходный.
Circulus (*сöр'-кью-лес*) s. циркуль.
Circumambient (*сöр-кöм-äм-би'-ент*) adj. окружающій; окружный.
Circumambulate (*сöр - кöм - äм'-бью-лэт*) vn. ходить вокругъ.
Circumcise (*сöр'-кöм-сайз*) va. совершать обрѣзаніе (у евреевъ).
Circumsicion (*сöр-кöм-сиж'-öн*) s. обрѣзаніе (обрядъ).
Circumference (*сöр-кöм'-фер-енс*) s. кругъ, окружность.
Circumferential (*сер-кöм-фер-ен'-шäл*) adj. окружный.
Circumflex (*сöр ' - кöм - флекс*) s. (франц. грам.) циркумфлексъ; || va. ставить циркумфлексъ.
Circumfluent (*сöр-кöм'-флю-ент*) adj. обтекающій вокругъ, окружающій водою.
Circumfuse (*сöр - кöм-фьюз'*) va. разливать вокругъ; разглашать.
Circumfusion (*сöр-кöм-фью'-жöн*) s. обливаніе, разливаніе.
Circumjacent (*сöр-кöм-джэ'-сент*) adj. вокругъ лежащій, окрестный.
Circumlocution (*сöр-кöм-ло-кью'-шöн*) s. разглагольствованіе.
Circumlocutory (*сöр-кöм-локъ'-ю-тö-ри*) adj. околичный.
Circummured (*сöр-кöм- мьюрд'*) adj. окруженный стѣнами.
Circumnavigable (*сöр-кöм-нäв'-и-гä-бл*) adj. вокругъ чего можно плавать.
Circumnavigate (*сöр-кöм-нäв'-и-гэт*) va. плавать вокругъ.
Circumnavigation (*сöр-кöм-нäв'-и-гэ-шöн*) s. плаваніе вокругъ; || кругосвѣтное плаваніе.
Circumnavigator (*сöр-кöм-нäв'-и-гэ-тöр*) s. кругосвѣтный мореплаватель.
Circumscribe (*сöр - кöм - скрайб'*) va. обозначить предѣлы; описать.
Circumscription (*сöр-кöм-скрип'-шöн*) s. очертаніе, ограниченіе, предѣлы.
Circumscriptive (*сöр-кöм-скрип'-тив*) adj. ограниченный.
Circumscriptively (*сöр-кöм-скрип'-тив-ли*) adv. ограниченно.
Circumspect (*сöр'-кöм-спект*) adj. осторожный, осмотрительный.
Circumspection (*сöр - кöм- спек'-шöн*) s. осторожность, осмотрительность.
Circumspectively (*сöр-кöм-спек'-тив-ли*) adv. внимательно, заботливо, осмотрительно, бдительно.
Circumspectness (*сöр-кöм-спек'-нес*) s. осторожность, осмотрительность.
Circumstance (*сöр'-кöм-стäнс*) s. обстоятельство; || **—s,** s. pl. обстоятельства, положеніе, состояніе, ситуація. **That depends on**

—s, это зависить отъ обстоятельствъ. **To be in easy —s**, жить въ достаткѣ, находиться въ выгодномъ положеніи. || va. ставить въ извѣстное положеніе, отношеніе.

Circumstantial (*сöр-кöм-стäн'-шäл*) adj. зависящій отъ обстоятельствъ; случайный; || обстоятельный, подробный. **— evidence**, доказательство выводимое изъ стеченія обстоятельствъ. || s. побочное обстоятельство.

Circumstantially (*сöр-кöм-стäн'-шäл-ли*) adv. смотря по обстоятельствамъ; случайно; подробно.

Circumstantiate (*сöр-кöм-стäн'-ши-эт*) va. излагать обстоятельно.

Circumvallate (*сöр-кöм-вäл'-лэт*) va. обносить вокругъ укрѣпленіями, окапывать.

Circumvallation (*сöр-кöм-вäл'-лэ-шöн*) s. укрѣпленія, окопы вокругъ осаждаемаго мѣста.

Circumvent (*сöр-кöм-вент'*) va. обманывать, проводить.

Circumvention (*сöр-кöм-вен'-шöн*) s. обманъ.

Circumvolution (*сöр-кöм-во-лью'-шöн*) s. обращеніе вокругъ общаго центра.

Circumvolve (*сöр-кöм-волв'*) va. vn. оборачивать, обращаться вокругъ общаго центра.

Circus (*сöр'-кöс*) pl. **Circuses** s. циркъ, арена.

Cirrus (*сир'-рöс*) s. усики у особаго вида животно-растеній; || особая форма облаковъ.

Cisalpin (*сис-äл'-пин*) adj. цизальпійскій, лежащій по сю сторону альпійскихъ горъ.

Cisatlantic (*сис-ат-лäн'-тик*) adj. цизатлантическій.

Cispandane (*сис'-па-дэн*) adj. находящійся по сю сторону р. По.

Cist (*сист*) s. родъ корзинки, которую носили на праздникахъ Вакха; маленькое дерево растущее въ Португаліи.

Cistercian (*сис'-тöр'-шöн*) adj. колодезный.

Cistern (*сис'-тöрн*) s. цистерна, водоемъ, резервуаръ, колодецъ.

Cistus (*сис'-тöс*) s. (бот.) ладонникъ, см. **Cist**.

Cit (*сит*) s. горожанинъ, -жанка, мѣщанинъ, -нка.

Citable (*сайт'-ä-бл*) adj. цитируемый.

Citadel (*сит'-ä-дел*) s. цитадель, крѣпость.

Citation (*си-тэ'-шöн*) s. вызовъ (въ судъ), повѣстка; || цитата, ссылка; перечисленіе, упоминаніе.

Citatory (*сай'-тэ-тö-ри*) adj. вызываемый, приглашаемый (повѣсткой).

Cite (*сайт*) va. вызывать въ судъ; || ссылаться на что; цитировать.

Citer (*сайт'-ер*) s. вызывающій въ судъ; цитирующій, дѣлающій ссылки.

Citizen (*сит'-и-зн*) s. гражданинъ, -нка; мѣщанинъ, -щанка. **A fellow —**, согражданинъ. || adj. гражданскій, мѣщанскій.

Citizenship (*сит'-и-зн-шип*) s. гражданство, мѣщанство.

Citrate (*сит'-рэт*) s. (хим.) лимоннокислая соль.

Citric (*сит'-рик*) adj. (хим.) лимонный, лимонно-кислый.

Citron (*сит'-рöн*) s. лимонъ. **— -tree**, лимонное дерево. **— -water**, лимонная вода, лимонадъ.

City (*сит'-и*) s. городъ; старая часть города. **The City (in London)**, Сити (въ Лондонѣ). || adj. городской. **— court**, s. магистратъ.

Civet (*сив'-ет*) s. цибетъ (животное. **— -cat**, цибетъ.

Civil (*сив'-ил*) adj. городской; гражданскій; статскій; || вѣжливый, образованный. **— law**, гражданскій законъ. **— list**, цивильный листъ. **— war**, междоусобная война. **— -engineer**, гражданскій инженеръ.

Civilian (*си-вил'-и-äн*) s. цивилистъ, студентъ, изучающій гражданское право.

Civility (*си-вил'-и-ти*) s. учтивость, вѣжливость.

Civilizable (*сив'-ил-айз-ä-бл*) adj. подчиняющійся культурѣ.

Civilization (*сив-ил-и-зэ'-шöн*) s. цивилизація, просвѣщеніе.

Civilize (*сив'-ил-айз*) va. цивилизовать, просвѣщать.

Civilizer (*сив'-ил-айз-ер*) s. цивилизаторъ, просвѣтитель.

Civilly (*сив'-ил-ли*) adv. учтиво; || гражданскимъ порядкомъ.

Civism (*сив'-изм*) s. гражданственность.

Clack (*клäк*) s. трещотка, колотушка; кулакъ (мельничный); захлопка, клапанъ; || * языкъ, болтовня; || va. vn. хлопать, щелкать; || * болтать.

Clacker (*клäк'-ер*) s. см. **Clack**; || клакеръ; || болтунъ, тараторка.

Clacking (*клäк'-инг*) s. хлопаніе, щелканіе; || болтовня, болтаніе.

Claim (*клэм*) va. взыскивать, претендовать, требовать; || объявлять, называть. **To — again**, требовать обратно. **To — a privilege**, претендовать на привилегію. || s. требованіе, искъ, претензія, жалоба; право; || оглашеніе. **To lay, to make — to**, претендовать на какія-либо права. **You have no — upon me**, вы не имѣете на меня никакихъ правъ. **To admit a —,** признавать правильность какого-либо требованія.

Claimable (*клем'-ā-бл*) adj. подлежащій требованію, претензіи.

Claimant (*клэм'-ӑнт*) s. требователь, истецъ, жалобщикъ.

Claimless (*клэм'-лес*) adj. неподлежащій требованію.

Clam (*клӑм*) s. (народ.) ракушка; || va. вымазать чѣмъ нибудь клейкимъ, поймать съ помощью клейкаго вещества (насѣкомыхъ); || vn. липнуть, прилипать.

Clamant (*клэ'-мӑнт*) s. кричащій, вопіющій.

Clamber (*клӑм'-бер*) vn. карабкаться, взбираться, цѣпляться.

Clamminess (*клӑм'-ми-нес*) s. клейкость; липкость.

Clammy (*клӑм'-ми*) adj. клейкій. липкій. [ливый, шумный.

Clamorous (*клӑм'-рō-ōс*) adj. крик-

Clamorously (*клӑм'-ор-ōс-ли*) adv. съ крикомъ, съ шумомъ.

Clamorousness (*клӑм'-ōр-ōс-нес*) s. крики, шумъ.

Clamour (*клӑм'-ōр*) s. крикъ, шумъ. || va. vn. кричать, вопіять, шумѣть.

Clamp (*кламп*) s. скобка, тиски; нажимъ скрѣпа; поясъ. || **—s,** s. pl. (морск.) шкалы у бимса, скобки для держанія мачтъ. **Iron —,** (морск.) желѣзное кольцо. **— nails,** кольца съ особыми закрѣпами. || va. смыкать; вставлять одно въ другое; нажимать; натягивать.

Clamping (*клӑм'-пинг*) s. накладка.

Clan (*клӑн*) s. семейство, кланъ; секта: клика.

Clandestine (*клӑн-дес'-тин*) adj. тайный, скрытный.

Clandestinely (*клӑн-дес'-тин-ли*) adv. тайно, скрытно.

Clandestineness (*клӑн-дес'-тин-нес*) s. потаенность, скрытность.

Cland (*клӑнг*) s. звукъ, звучаніе, шумъ, крикъ; || va. vn. бряцать (чѣмъ); гремѣть, шумѣть, звенѣть; || раздаваться (о звукѣ).

Clangorous (*клӑнг'-гōр-ōс*) adj. рѣзкозвучащій. [звукъ.

Clangour (*клӑнг'-гор*) s. рѣзкій

Clangous (*клӑнг'-гос*) adj. пронзительный.

Clank (*клӑнк*) s. рѣзкій, металлическій звукъ; трескъ; || va. vn. звенѣть, гремѣть.

Clannish (*клӑн'-иш*) adj. кастовый; || односторонній.

Clanship (*клӑн'-шип*) s. кланъ, союзъ племенной, семейный.

Clansman (*клӑнс'-мӑн*) s. членъ клана, племени.

Clap (*клӑп*), va. хлопать, бить; аплодировать; приложить, прижать; бросить, заключить. **He clapped spurs to his horse,** онъ пришпорилъ коня. **To — up,** запереть; заключить (сдѣлку); сдѣлать на скорую руку. || vn. хлопать, шумѣть, аплодировать. **The door clapped to,** дверь съ шумомъ захлопнулась. || s. хлопаніе, ударъ, шумъ; рукоплесканіе; || ударъ, разъ; (медиц.) бленнорея. **A — of thunder,** ударъ грома. **— -trap,** эффектное дѣйствіе, эффектъ. || adj. обманчивый.

Clapper (*клӑп'-пер*) s. рукоплескатель, клакеръ; языкъ (у колокола); кулакъ (у мельницы); клапанъ (воздушнаго насоса). || * болтунъ.

Clapper-claw (*клӑп'-пер-кло'о*) va. браниться, ссориться.

Clapping (*клӑп'-пинг*) s. битье, хлопанье; рукоплесканіе.

Clara (*клӑр-а*) npr. Клара.

Claret (*клӑр'-ет*) s. кларетъ (красное бордосское вино).

Clarification (*клӑр-и-фи-кэ'-шōн*) s. очищеніе (жидкости).

Clarifier (*клӑр'-и-фай-ер*) s. очиститель, очищеніе (въ отношеніи къ жидкости); сосудъ для очистки жидкости.

Clarify (*клӑр'-и-фай*) va. очищать, оттягивать, дѣлать чистымъ, прозрачнымъ, фильтровать.

Clarinet (*клӑр'-и-нет*) s. (музык.) кларнетъ.

Clarion (*клӑр'-и-ōн*) s. (музык.) рожокъ, горнъ. [рисса.

Clarissa (*кла-рис'-са*) npr. Кла-

Clary (*клэ'-ри*) s. (ботан.) луговой шалфей.

Clash (*клӑш*) vn. сталкиваться, стукаться; || * расходиться во мнѣніяхъ, спорить. **Their interests —,** ихъ интересы противоположны. || va. ударять; стукать, хлопать. || s. ударъ, стукъ; несогласіе, конфликтъ, споръ.

Clashing (*клӑш'-инг*) s. ударъ, стукъ; несогласіе, конфликтъ.

Clashingly (*клӑш'-инг-ли*) adv. оппозиціонно.

Clasp (*класп*) s. застежка; пряжка, зацѣпка; || * объятія. **— -knife,** складной ножикъ. || va. застегивать; обхватывать, обнимать заключать въ... **To — one round the neck,** бросаться къ кому либо на шею.

Clasper (*класп'-ер*) s. (ботан.) усики, прицѣпка, отпрыскъ; (зоол.) обезьянья лапа.

Class (*клас*) s. классъ, разрядъ: || adj. классный. **Working —,** рабочій классъ. **Evening —,** ве-

вечернiе классы. — **-room,** классъ. — **-books,** учебныя книги. || va. распредѣлять по классамъ, по разрядамъ, классифицировать.

Classic (*клäс'-сик*) **Classical** (*клäс'-сик-äл*) adj. классическiй. **A —scholar,** латинистъ, классикъ; || s. классикъ.

Classically (*клäс'-сик-äл-ли*) adv. классически.

Classific (*клäс-иф'-ик*) adj. образующiй классы, разряды.

Classification (*клäк-си-фи-кэ'-шöн*) s. классификацiя, распредѣленiе по разрядамъ.

Classify (*клäс'-си-фай*) va. распредѣлять по классамъ, классифицировать.

Clatter (*клäт'-тер*) vn. стучать, ударять о что, топтать: || болтать, спорить; || va. колотить по твердому предмету; || s. стукъ, топанье, крикъ.

Clatterer (*клäт'-тер-ер*) s. буянъ; болтунъ.

Clattering (*клöт'-тер-инг*) s. стукъ, постукиванiе; топанье; крикъ. [adv. шумно.

Clatteringly (*клäт'-тер-инг-ли*)

Claudia (*кло'о-диа*) прг. Клавдiя.

Claudius (*кло'о-ди-öс*) прг. Клавдiй.

Clause (*кло'оз*) s. оговорка (въ условiи), вставка; статья; || заключенiе, правило; (грам.) членъ фразы или перiода.

Claustral (*кло'ос-трäл*) adj. монастырскiй.

Clavate (*клä'-вäт*), **Clavated** (*клä'-вä-тед*) adj. (бот.) булавовидный.

Clavichord (*клäв'-и-корд*) s. клавикорды (старинное фортепьяно).

Clavicle (*клäв'-и-кл*) s. (анат) ключица (кость).

Clavicular (*клäв-викъ'-ю-лäр*) adj. относящiйся къ ключицѣ.

Claviger (*клäв'-ид-жер*) s. кольцо для ношенiя ключей.

Clavy (*клэ'-ви*) **Clavel** (*клэв'-ел*) adj. колпакъ надъ очагомъ.

Claw (*кло'о*) s. коготь, лапа съ когтями; клешня (рака); клыкъ (кабана); (техн.) клещи, молотъ съ расщепомъ. **The —s of a cat,** когти кошки. — **-hammer,** молотокъ съ расщепомъ. || va. царапать; || * ласкать, льстить. **—me, —thee,** рука руку моетъ. **To — off, away,** бранить, ругать; отдѣляться, спровадить; || vn. льстить.

Clay (*клей*) s. глина; глиноземъ; тина; илъ; || * прахъ, земная оболочка. **Baked—,** обозженная глина. **Fire —,** огнеупорная глина. — **-built,** сдѣланный изъ необозженной земли. — **-pit,** глиняная яма. — **-ground,** глинистая почва. || va. обмазывать глиной; || очищать глиной.

Clayes (*клэйз*) s. pl. (форт.) рѣшетка, плетень изъ прутьевъ.

Clayey (*клэй'-и*) adj. глинистый.

Claying (*клэй'-инг*) s. обмазыванье глиной; очищенiе глиной.

Clayish (*клэ'-иш*) adj. глинистый.

Claymore (*клэй'-мор*) s. палашъ (шотландскiй).

Clean (*клин*) adj. чистый; невинный; || ловкiй; стройный; свободный отъ чего; бѣлый; вычищенный. **A — glass,** чистое стекло. **—water,** чистая вода. **A — shirt,** бѣлая рубашка. **A — heart,** чистое сердце. **He comes out with — hands,** онъ уходитъ съ чистыми руками. || adv. чисто, начисто, совершенно; коротко и ясно. || va. чистить: очищать; мыть; промывать (руду); сглаживать (неровности, шероховатости); полировать.

Cleaning (*клин'-инг*) s. чистка, мытье, промывка (руды); обезжириванье; очистка (металовъ).

Cleanliness (*клэн'-ли-нес*) s. опрятность. [чисто.

Cleanly (*клин'-ли*) adv. опрятно,

Cleanness (*клин'-нес*) s. чистота, опрятность; изящество (слога).

Cleansable (*кленз'-ä-бл*) adj. очистимый.

Cleanse (*клэнз*) va. очищать; дать слабительное. **To — away iniquities,** уничтожить слѣды несправедливости.

Cleanser (*кленз'-ер*) s. чиститльщикъ; очистимое; (медиц.) очищающее средство, слабительное.

Cleansing (*кленз'-инг*) s. очистка, омывка; || (медиц.) очищающее средство.

Clear (*клир*) adj. ясный, свѣтлый, прозрачный, чистый; непорочный; || очевидный; понятный; свободный; легкiй. — **weather,** ясная погода. **A — sky,** чистое небо. **She has a —complexion,** у нея свѣтлый оттѣнокъ кожи. **To give a — account,** давать ясный отчетъ. **The coast is —,** берегъ свободенъ; * нѣтъ опасности. **He is — of debt,** у него нѣтъ долговъ. **A — judgment,** безпристрастный судъ. **A — gain,** вѣрный барышъ. — **of suspicion,** внѣ всякаго подозрѣнiя. || va. vn. очищаться (о небѣ); распутывать (о дѣлѣ); очищать (жидкость, вино); освобождать (столъ); расчищать (землю), прощать (о преступникѣ); очиститься (отъ долговъ); уплатить (по ипотекѣ); перескочить (черезъ ровъ). **To —**

for action, (морск.) дѣлать боевой призывъ. **To — a good deal of money,** зарабатывать много денегъ. **To — the customs,** очищать отъ таможни. || vn. очищаться; || * разъясняться; *(комм.) сдѣлать переводъ. **— -sighted,** ясновидящій, прозорловый, проницательный. **— -sightedness,** ясновидѣніе, прозорливость. **To — -starch,** крахмалить. **— -starcher,** прачка, крахмальщица (тонкаго бѣлья), бѣломойка. **— -toned,** ясно звучащій. || s. (арх.) пространство внутри стѣнъ.

Clearage (*клир'-эдж*) s. чистка, очистка.

Clearance (*клир'-ăнс*) s. осмотръ товаровъ на таможнѣ; таможное свидѣтельство, отпускъ.

Clearer (*клир'-ер*) s. очиститель, чистильщикъ.

Clearing (*клир'-инг*) s. очищеніе, разъясненіе; уплата, погашеніе (долговъ); (банк.) приведеніе въ извѣстность баланса. **— house,** ликвидаціонная контора, разсчетная палата.

Clearly (*клир'-ли*) adv. чисто, ясно, очевидно; напрямикъ.

Clearness (*клир'-нес*) s. ясность, чистота; блескъ; || * непорочность; честность, прямота.

Cleats (*клитс*) s. pl. планки (для придачи крѣпости).

Cleavable (*клив'-ă-бл*) adj. расщепляемый.

Cleavage (*клив'-эдж*) s. раскалываніе, расщепленіе.

Cleave (*клив*) vn. липнуть, прилипать, приставать; присоединяться; || va. раскалывать; || vn. раскалываться, трескаться, расщеляться. **To — wood,** расщеплять, раскалывать дерево.

Cleaver (*клив'-ер*) s. большой ножъ, косарь; клинъ для расщепыванія.)

Cledgy (*кледж*) adj. (арт.) верхній слой глины.

Clef (*клеф*) s. (муз.) ключъ.

Cleft (*клефт*) s. разщелина; трещина, щель; (вет.) наростъ копытнаго рога у лошади.

Cleft-footed (*клефт'-фут-ед*) adj. копытчатый.

Clematis (*клем'-ă-тис*) s. (бот.) ломоносъ, нищая трава.

Clemency (*клем'-ен-си*) s. милосердіе; кротость; мягкость (климата).

Clement (*клем'-ен*) adj. милосердный; мягкій; кроткій; || npr. Клементій.

Clementina (*клем-ен-ти'-на*) npr. Клементина.

Clemently (*клем'-ент-ли*) adv. милосердно; кротко.

Cleopatra (*кли-о-пэ'-тра*) npr. Клеопатра.

Clepsydra (*клеп'-си-дра*) s. песочные часы.

Clergy (*клер'-джи*) s. духовенство, клиръ.

Clergyman (*клер'-джи-мăн*) s. лицо духовнаго званія, священникъ.

Cleric (*клер'-ик*) s. церковно-служитель, духовная особа; || церковникъ, причетникъ.

Clerical (*клер'-ик-ăл*) adj. духовный, клерикальный.

Clerk (*кларк*) s. причетникъ, церковно-служитель; || ученый; || чиновникъ, клеркъ, писецъ, секретарь; прикащикъ. **Managing —,** старшій писецъ. **Junior —,** младшій писарь.

Clerkship (*кларк'-шип*) s. званіе причетника, клерка, письмоводителя.

Cleromancy (*клер'-о-мăн-си*) s. гаданіе метаніемъ игральныхъ костей.

Clever (*клев'-ер*) adj. искусный; ловкій, проворный.

Cleverly (*клев'-ер-ли*) adv. искусно, ловко, проворно, умно.

Cleverness (*клев'-ер-нес*) s. умѣніе, ловкость, проворство.

Clew или **Clue** (*клю*) s. клубокъ, клубъ; || нить, направленіе, указаніе; (морск.) нижній уголъ (паруса). **To give a — to,** направить на надлежащій путь. **Weather —,** направленіе вѣтра. || va. (морск.) брать паруса на гитовы.

Click (*клик*) s. защелка; трещотка, лебедка; крюкъ.

Clicker (*клик'-ер*) s. мальчикъ, зазывающій въ лавку; (тип.) метранпажъ.

Clicket (*клик'-ет*) s. молотъ, кулакъ (въ мельницѣ).

Clicking (*клик'-инг*) s. звукъ (оружія), стукъ; удары, ходъ (маятника); тикъ-такъ, чикъ-чикъ.

Client (*клай'-ент*) s. кліентъ (адвоката), кліентъ; протеже.

Cliented (*клай'-ент-ед*) adj. имѣющій кліентовъ.

Clientship (*клай'-ент-шип*) s. кліентура, кліенты; покровительство.

Cliff (*клиф*) s. скала, утесъ; || покатость, отлогость.

Cliffy (*клиф'-фи*) adj. утесистый, скалистый; крутой.

Climacteric (*клим-ак-тер'-ик*) adj. (мед.) климактерическій.

Climacterical (*клим-ак-тер'-ик-ăл*) adj. (мед.) климактерическій.

Climate (*клай'-мăт*) s. климатъ; ||

поясъ земли, страна; || vn. жить въ опредѣленномъ районѣ.
Climatic (*клай-мăт'-ик*) adj. климатическій.
Climatical (*клай-мăт'-ик-ăл*) adj. климатическій.
Climatize (*клай'-мă-тайз*) va. акклиматизировать, пріучить къ новому климату; || vn. акклиматизироваться.
Climax (*клай'-макс*) s. высшая точка чего-либо; (рит.) фигура постепеннаго накопленія.
Climb (*клайм*) va. vn. взлѣзать, карабкаться, взбираться на что.
Climber (*клайм'-ер*) s. взлѣзающій вверхъ, карабкающійся; || (бот.) вьющееся растеніе; (орн.) **—s**, s. pl. лазуны (птицы).
Climbing (*клайм'-инг*) s. лазаніе, взлѣзаніе.
Clime (*клайм*(s. (поэт.) климатъ.
Clinch (*клинч*) s. двусмысленность, игра словъ; || заклепка, желѣзный крюкъ; || va. сжать (руку), сжать въ кулакѣ; || заклепать (гвоздь, болтъ); || * установить, утвердить, дать загвоздку. **To — a cable,** привязать канатъ къ якорю.
Clincher (*клинч'-ер*) s. скоба, заклепка; || * загвоздка.
Cling (*клинг*) vn. цѣпляться, приставать, прилипать, придерживаться (одной стороны); || va. высушить, изнурить.
Clinging (*клинг'-инг*) adj. плотно прилегающій, клейкій. охватывающій.
Clingy (*клинджˊ-и*) adj. липкій, цѣпляющійся; привязчивый.
Clinic (*клин'-ик*) adj. и s. больной; клиническій; || s. клиника.
Clinical (*клин'-ик-ăл*) adj. клиническій.
Clink (*клинк*) s. звукъ металла; || || шпулька, катушка; || va. vn. звенѣть, бряцать; издавать звукъ.
Clinker (*клинк'-ер*) s. пережженный кирпичъ. [ріи).
Clio *клай'-о*) npr. Кліо (муза исто-
Clip (*клип*) va. стричь, обрѣзывать, подрѣзывать, сокращать; глотать (слова); || s. стрижка, обрѣзываніе; || ударъ, пощечина; || объятіе.
Clipper (*клип'-пер*) s. обрѣзывальщикъ; стригущій (овецъ); (мор.) клипоръ (судно).
Clipping (*клип'-пинг*) s. обрѣзываніе, подрѣзываніе, стрижка.
Clique (*клик*) s. клика, шайка, партія.
Cloak (*кло'ок*) s. плащъ, шинель, мантія, мантилья, епанча; || маска, личина; || предлогъ, видъ; || маскировать; дѣлать видъ.
Cloak-room (*кло'ŏк-рум*) s. раздѣвальня, прихожая.
Clock (*клок*) s. часы. **Town —,** городскіе часы. **Eight-day —,** часы съ заводомъ разъ въ недѣлю. **What o'clock is it?** который часъ теперь? [футляръ.
Clockcase (*клок'-кэс*) s. часовой
Clock -maker (*кло'-мэк'-ер*) s. часовщикъ, часовыхъ дѣлъ мастеръ.
Clock-work (*клок'-уŏрк*) s. часовой механизмъ.
Clod (*клод*) s. комъ, глыба (земли), сгустокъ; || олухъ, пентюхъ; || va. бросать въ кого комками земли; vn. обращаться въ сгустокъ, въ комокъ, сгущаться; свертываться; запекаться (о крови). [глупый.
Cloddish (*клод'-иш*) adj. грубый,
Cloddy (*клод'-ди*) adj. полный глыбъ, комковъ, землистый; запекшійся, сгустившійся; || грубый.
Clod-hopper (*клод'-хоп-ер*) s. грубіянъ, мужичина. [біянъ, олухъ.
Clod-poll (*клод'-поол*) s. гру-
Cloff (*клоф*) s. (торг.) s. скидка (съ чистаго вѣса).
Clog (*клог*) s. грузъ, бремя; путы; помѣха, препятствіе; деревянный башмакъ; || va. спутывать (лошадь); обременять, стѣснять; || vn. приставать; запутываться; стѣсняться.
Clogginess (*клог'-ги-нес*) s. препятствіе; преграда; загроможденіе, заваливаніе.
Cloggy (*клог'-ги*) adj. обременяющій, запутывающій; затрудняющій, преграждающій.
Cloister (*клойс'-тер*) s. монастырь, обитель; || va. заключать въ монастырь.
Cloistral (*клойс'-трăл*) adj. монастырскій, монашескій; затворническій.
Close (*кло'оз*) va. запирать, затворять, обносить оградой, ограждать; заключать. **To — up a letter,** сложить и запечатать письмо. **To — a book,** закрыть книгу. **To — an account,** закрыть счетъ. **With —d doors,** при закрытыхъ дверяхъ. || vn. закрываться, замыкаться; сходиться, соглашаться; присоединиться. **The day —d gloomily,** день закончился грустно. **To — with the enemy,** пойти въ рукопашную съ непріятелемъ. **To — in with the people,** стать на сторону народа. **To — round,** принять, согласиться на что-либо. **To — on** *или* **upon,** окружать. || s. все огороженное, замкнутое; огороженное поле, огородъ; || ограда; || запираніе, замыканіе, огораживаніе; || заключеніе, конецъ (дебатовъ); || схватка, **At**

the — of the day, при концѣ, при исходѣ дня. **In the —s of all the cathedral towns,** на соборной площади всѣхъ кафедральныхъ городовъ. || adj. запертый, замкнутый; тѣсный, узкій, сжатый; спертый, душный (о воздухѣ); плотный; скрытый, тайный; сжатый (о слогѣ); сомкнутый; прилежный; скупой. **In — confinement,** въ секретѣ; въ тѣсномъ заключеніи. **A — fight,** рукопашный бой. **— connection,** близкія отношенія. **The — attention,** ближайшее вниманіе. **A — alley,** узкая аллея. || adv. близко, сплошь, вплоть, вплотную; сжато; плотно, тѣсно; скрытно, тайно; бережливо, скупо. **To live —,** жить бережливо, жить въ обрѣзъ. **— to the river,** близъ рѣки. **To stick — by a person,** привязаться къ кому-либо. **To follow one —,** слѣдовать за кѣмъ по пятамъ.

Closely (*кло'ос-ли*) adv. близко, тѣсно, плотно; внимательно; крѣпко; тайно. **— packed,** тѣсно уложенный. **We are — related,** мы близкіе родственники. **A page — printed,** страница компактной печати. **To examine —,** разсматривать ближайшимъ образомъ. **To question —,** подробно разспрашивать.

Closeness (*кло'ос-нес*) s. замкнутость, одиночество; близость, плотность; тѣснота, духота, спертость; скрытность, точность; бережливость; || соотношеніе.

Closet (*клоз'-ет*) s. чуланъ, кабинетъ; шкафъ. || va. запирать въ кабинетъ, въ чуланъ, въ шкафъ.

Closh (*клош*) s. (ветер.) поврежденіе раковины (у лошадей и рогатаго скота).

Closing (*кло'оз-инг*) adj. окончательный, заключительный, послѣдній; || s. конецъ, окончаніе; заключеніе.

Closure (*кло'о-жур*) s. закрытіе, окончаніе, конецъ.

Clot (*клот*) s. см. **Clod.** || **— bird,** s. овсянка. **— bur,** лопушникъ (растеніе). **— head,** болванъ, олухъ; || vn. свертываться, образовывать сгустки.

Cloth (*кло'осз*) s. полотно, холстъ, ткань; сукно; матерія. **Cotton —,** бумажная ткань. **Linen —,** льняная ткань. **Packing —,** оберточный холстъ. **Black —,** черное сукно. **Table —,** скатерть. **To lay the —,** накрывать на столъ.

Clothe (*кло'осз*) va. одѣвать; облекать, надѣвать, покрывать; || vn. одѣваться, покрываться, облекаться. **Clothed in glory,** окруженный славой. **To — with power,** облекать властью. **To — with verdure,** покрывать зеленью.

Clothes (*клосз*) s. pl. одежда, платье. **A suit of —,** пара платья, полный костюмъ. **Old —,** старое платье. **Men's —,** мужское платье. **Bed —,** постельныя принадлежности. **— -brush,** щетка для платья

Clothier (*кло'осз-иер*) s. суконщикъ, торговецъ сукномъ.

Clothing (*кло'осз-инг*) s. одѣваніе, облаченіе; платье; суконный товаръ; драпировка.

Clotter (*клот'-тер*) vn. свертываться, давать сгустки, коагулироваться.

Clotty (*клот'-ти*) adj. сгустковый, ссѣвшійся, запекшійся.

Cloud (*кла'-уд*) s. облако, туча; || * множество, сгущенность, облачность, темнота. **To be in a —,** жить въ неизвѣстности, въ темнотѣ. **— -capt,** покрытый тучами. **— -compelling,** скопляющій облака, накопляющій тучи. **— -dispelling,** разгоняющій облака, разсѣивающій тучи. **A — of arrows,** туча стрѣлъ. || va. застилать облаками; помрачать, печалить; || пятнать, марать; || vn. покрываться, заволакиваться облаками, тучами; помрачаться. [темно, мрачно.

Cloudily (*кла'уд-и-ли*) adv. облачно,

Cloudiness (*кла'уд-и-нес*) s. темнота, мракъ, мрачность; пасмурность; тоска; грусть, печаль.

Cloudless (*кла'уд-лес*) adj. безоблачный, ясный, чистый.

Cloudy (*кла'уд-и*) adj. облачной, мрачный, пасмурный.

Clough (*клоф*) s. ущелье, лощина, проходъ (въ горахъ); шлюзъ.

Clout (*кла'ут*) s. тряпка, ветошка; заплата; пеленки (дѣтскія); || ударъ, пощечина; || гвоздь (съ плоской шляпкой); || va. штопать, чинить; обивать гвоздями.

Clove (*кло'ов*) s. гвоздика; чеснокъ; вѣсъ (шерсти, сыру). **— -bark,** корица. **— -tree,** гвоздичное дерево. **— -gilly flower,** гвоздика (цвѣтокъ).

Cloven (*кло'о-вн*) adj. расколотый, расщепленный. **— footed,** двукопытный.

Clover (*кло'о-вер*) s. (ботан.) родъ трилистника; клеверъ. **To live in —,** * какъ сыръ въ маслѣ кататься.

Clown (*кла'ун*) s. мужикъ, деревенщина, олухъ; шутъ, паяцъ.

Clownish (*кла'ун-иш*) adj. грубый, невѣжливый.

Clownishly (*кла'ун-иш-ли*) adv. грубо, невѣжливо.

Clownishness (*кла'ун-иш-нес*) s. мужиковатость, грубость, неотесанность.

Cloy (*клой*) va. накормить до отвала, досыта; напоить до пьяна; насытить. **To — the appetite,** избаловать аппетитъ.
Cloyless(*клой'-лес*)adj.ненасытный
Cloyment (*клой'-мент*) s. пресыщенный.
Club (*клőб*) s. дубина; булава; палица; узелъ изъ волосъ (въ прическѣ женщинъ); трефы (въ картахъ); клубъ, кружокъ, собраніе; доля, часть. — **-fist,** полновѣсный, тяжелый кулакъ. — **-house** клубъ, кружокъ. — **-footed,** кривоногій. — **-headed,** крѣпколобый; || va. vn. дѣлать въ складчину, общими усиліями; способствовать, содѣйствовать.
Clubber (*клőб'-бер*), **Clubbist** (*клőб'-бист*) s. членъ клуба, кружка.
Cluck (*клőк*) va. vn. клохтать, кудахтать; || * подзывать.
Clucking (*клőк'-инг*) s. кудахтаніе, клохтаніе.
Clump (*клőмп*) s. чурбанъ, клумба (цвѣточная), группа деревьевъ; комокъ, глыба (земли).
Clumps (*клőмпс*) s. дуракъ, олухъ, болванъ, оселъ.
Clumpy (*клőмп'-и*) adj. массивный, состоящій изъ глыбъ; необдѣланный.
Clumsily (*клőм'-зи-ли*) adv. неуклюже, грубо, топорно.
Clumsiness (*клőм'-зи-нес*) s. неуклюжесть, неловкость, грубость, топорность.
Clumsy (*клőм'-зи*) adj. неуклюжій, неловкій, грубый, топорный.
Cluster (*клőс'-тер*) s. куча, груда, кипа, група, пучокъ; кисть, гроздъ; рой (пчелъ); локонъ, прядь(волосъ). **A — of cherries,** букетъ изъ вишенъ. **A — of islands**, группа острововъ. || vn. рости кистями, гроздями; собираться въ кучу, группироваться, толпиться. || va. собирать въ кучу, въ пучокъ.
Clustery (*клőс'-тер-и*) adj. ростущій кистями, гроздями.
Clutch (*клőч*) s. объятіе, обхватъ; || **—es,** s. pl. лапы, когти, зубцы, кулаки (у колесъ); || va. vn. схватить въ руки, въ лапы, въ когти; держать въ рукѣ; сжать въ кулакъ. **To fall into the —es of a cat,** попасть въ когти кошки.
Clutter (*клőт'-тер*) s. шумъ, гамъ, гулъ, трескъ, суматоха, переполохъ; толпа, орава, масса; || va. смѣшивать, смущать, волновать; || vn. шумѣть, волноваться, галдѣть.
Clyster (*клис'-тер*) s. клистиръ. — **pipe,** клистирная трубка.
Clysterize (*клис'-те-райз*) va. ставить клистиръ.
Clytemnestra (*клит-ем-нес'-тра*) прг. Клитемнестра. [ство).
Co (*ко*) *сокращ*. **Company** (обще-
Coach (*ко'оч*) s. карета; || (морск.) рубка, капитанская каюта. **A — and six,** карета, запряженная шестерней. **Hackney —,** фіакръ, извощичья карета. **Stage —,** дилижансъ. || va. возить въ каретѣ. **To — up,** приготовить (къ экзамену).— **-box**,козлы.— **-house,**каретный сарай. — **-maker,** каретный мастеръ. — **-stand,** извощичья биржа. — **-man,** кучеръ.
Coact (*ко-ăкт'*) vn. дѣйствовать сообща, согласно.
Coaction (*ко-ăк'-шőн*) s. принужденіе, приневоливаніе, стѣсненіе.
Coactively (*ко-ăкт'-ив-ли*) adv. силой, по принужденію.
Coactivity (*ко-ăк-тив'-и-ти*) s. общее дѣйствіе, взаимное дѣйствіе. [помощникъ, союзникъ.
Coadjutant (*ко-ăд'-жю-тăнт*) s.
Coadjutor (*ко-ăд-жю'-тőр*) s. помощникъ, сотрудникъ
Coadjutorship (*ко-ăд-жю'-тőр-шип*) s. сотрудничество, должность помощника.
Coadjutrix (*ко-ăд-жю-трикс*) s. помощница, сотрудница
Coagent (*ко-э'-джент*) s. сотоварищъ, кооператоръ.
Coagulable (*ко-ăгъ'-ю-лă-бл*) adj. свертывающійся, коагулирующійся, ссѣдающій.
Coagulate (*ко-ăгъ'-ю-лэт*) vn. сгущаться, свертываться, ссѣдаться; || va. сгущать, производить свертываніе.
Coagulation (*ко-ăгъ-ю-лэ'-шőн*) s. сгущеніе, свертываніе, ссѣданіе.
Coagulator (*ко-ăгъ'-ю-лэ-тőр*) s. сгуститель, коагулирующее (начало).
Coagulatory (*ко-ăгъ'-ю-лă-тő-ри*) adj. сгущающій, коагулирующій.
Coagulum (*ко-ăгъ'-ю-лом*) s. сгустокъ, свертокъ.
Coal (*ко'-ол*) s. каменный уголь. **To call over the — s,** дѣлать головомойку, бранить. **To carry — s to Newcastle,** толочь въ ступѣ воду, переливать изъ пустого въ порожнее. — **-basket,** корзина для угля. — **-black**, adj. черный какъ уголь. — **-box,** — **-scuttle,** ящикъ для угля. — **-field,** залежь каменнаго угля, каменноугольный бассейнъ. — **-gas,** свѣтильный газъ. — **-heaver,** выгрузчикъ угля. — **-hole,** (мор.) трюмъ для угля. — **-merchant,** торговецъ углемъ. — **-mine,** каменноугольная копь.

— -**miner**, углекопъ. — -**pit**, каменноугольная печь. — -**tar**, угольная смола. — -**whipper**, выгрузчикъ угля.

Coalesce (*ко-ā-лес'*) vn. спаиваться въ кучу, въ группу, въ массу; смѣшиваться, соединяться; срастаться.

Coalescence (*ко-ā-лес'-сенс*) s. спаиваніе, соединеніе, смѣшеніе.

Coalescent (*ко-ā-лес'-сент*) adj. сросшійся.

Coalition (*ко-ā-лиш'-ън*) s. соединеніе, смѣшеніе; срощеніе; || коалиція, союзъ. [союзникъ.

Coalitionist (*ко-ā-лиш'-ън-ист*) s.

Co-ally (*ко-āл-лай'*) s. союзникъ.

Coaly (*ко'ол-и*) adj. угольный, богатый углемъ, содержащій въ себѣ уголь.

Coaptation (*ко-āп-тэ'-шън*) s. прилаживаніе частей, кооптація.

Coarct (*ко-аркт'*), **Coarctate** (*ко-арк'-тэт*) va. съуживать, сжимать; сокращать, убавлять.

Coarctate (*ко-арк'-тэт*) va. сжимать, сдавливать, стискивать.

Coarctation (*ко-арк-тэ'-шън*) s. съуживаніе, сокращеніе, ограничиваніе, стѣсненіе.

Coarse (*ко'арс*) adj. грубый, невѣжливый; плохой; необдѣланный; сырой (матеріалъ). — **language**, грубый языкъ. **This thread is too —**, эта нить слишкомъ груба.

Coarsely (*ко'орс-ли*) adv. грубо, невѣжливо; топорно, плохо.

Coarseness (*ко'орс-нес*) s. грубость, неучтивость, невѣжество.

Coast (*ко'ост*) s. берегъ, прибрежье, поморье; бокъ, сторона. **The — is clear**, * нѣтъ ни единой души. || vn. плавать вдоль берега; огибать берегъ; приближаться, приставать.

Coaster (*ко'ост-ер*) s. каботажное судно.

Coastguard (*ко'ост'-гард*) s. таможенная стража.

Coasting (*ко'ост-инг*) s. каботажъ, плаваніе въ виду береговъ; катаніе съ горъ (въ Соед. Штатахъ). — **trade**, береговая торговля, каботажъ. — **vessel**, каботажное судно.

Coat (*ко'от*) s. верхнее платье, кафтанъ; платье (женское); попона (лошади). || шкура, кожа, шерсть; || слой (краски), облицовка, обшивка; || (анат.) оболочка, плева; (бот.) оболочка. **Great —**, **over —**, пальто, верхнее платье. **Frock —**, сюртукъ. **Dress —**, фракъ. — **of arms**, кольчуга. || va. одѣвать, покрывать; обшивать, облицевать; накладывать слой чего-нибудь.

Coating (*ко'от-инг*) s. покрываніе, накладываніе; обмазка, облицовка. **Rough —**, штукатурка.

Coax (*ко'окс*) va. ласкать, приласкать; задабривать.

Coaxer (*ко'окс-ер*) s. ласкатель, подлипало, умасливающій.

Coaxingly (*ко'окс-инг-ли*) adv. ласково, льстиво.

Cob (*коб*) s. плетеная корзина; мѣсиво (для корма домашней птицы); колоссъ (хлѣбный); паукъ; бычокъ (рыба); лошадка; скряга, скупецъ. — **coal**, кругляшъ изъ каменнаго угля. — **nuts**, крупные орѣхи. — **stone**, крупный камешекъ. || va. (мор.) наказывать матросовъ, пороть; (мин.) раздроблять.

Cobalt (*ко'о-болт*) s. (мин.) кобальтъ.

Cobaltic (*ко-болт'-ик*) adj. кобальтовый.

Cobbing (*коб'-инг*) s. (мор.) кнутъ.

Cobble (*коб'-бл*) va. чинить обувь; класть подметки; || s. рыбацкая лодка.

Cobbler (*коб'-блер*) s. чаботарь; || * плохой мастеровой.

Coble (*коб'-л*) s. см. **Cobble**.

Cobweb (*коб'-уеб*) s. паутина.

Cobwebly (*коб'-уеб-би*) adj. похожій на паутину.

Coccinella (*кок-син-ел'-ла*) s. козявка, букашка, божья коровка.

Cochineal (*коч'-и-нил*) s. червецъ (насѣкомое); кошениль (краска).

Cochlearia (*кок-ли-ā'-ри-а*) s. (бот.) ложечникъ.

Cock (*кок*) s. пѣтухъ; *въ соединеніи съ названіемъ птицъ обозначаетъ самца*; || флюгеръ; (мех.) кранъ (въ трубахъ); небольшой стогъ (сѣна); курокъ (у ружья); шляпа съ загнутыми полями; сторожокъ (у вѣсовъ); гномонъ (указатель) у солнечныхъ часовъ. — **sparrow**, воробей (самецъ). **Game —**, боевой пѣтухъ. **Turkey —**, индѣйскій пѣтухъ. **Black —**, **heath —**, тетеревъ, глухарь. **Wood- —**, бекасъ. **A pea —**, павлинъ. **A — and bull story**, небылица, сказка про бѣлаго бычка. **The — of the walk**, деревенскій волокита. — -**a-doodle-doo**, s. кукуреку. — -**fight, fighting**, пѣтушій бой. — -**horse**, палочка (на которой дѣти ѣздятъ верхомъ). —'**s-comb**, (бот.) пѣтушій гребешекъ; || * фатъ, хлыщъ. || va. приподнимать, заворачивать. **To — a gun**, взводить курокъ (у ружья).

Cockade (*кок-ед'*) s. кокарда.

Cockatoo (*кок-ā-ту'*) s. какаду (бѣлый попугай).

Cockatrice (*кок'-ā-трайс*) s. василискъ (змѣя); || клеветникъ; || ехидна (о человѣкѣ).
Cockchafer (*кок'-чāф-ер*) s. майскій жукъ.
Cocker (*кок'-ер*) s. охотникъ до пѣтушьяго боя.
Cockerel (*кок'-ер-ел*) s. пѣтушокъ, молодой пѣтухъ.
Cockering (*кок'-ер-инг*) s. снисходительность, нѣжность, ласки.
Cocket (*кок'-ет*) adj. живой, рѣзвый, дерзкій.
Cockle (*кок'-л*) s. гребенка (раковина); || оболочка зерна, ржи; шелуха; || va. вертѣть, свертывать: || vn. покрываться складками; мяться (о матеріи); морщиться; рябить (о морѣ).
Cockling (*кок'-линг*) adj. (мор.) покрытое барашками(о морѣ). || свертываніе, свиваніе.
Cockney (*кок'-ни*) s. зѣвака, ротозѣй; баловень.
Cockpit (*кок'-пит*) s. мѣсто птичьяго боя.
Cockroach (*кок'-ро'оч*) s тараканъ.
Cockspur (*кок'-спер*) s. (бот.) чашковое дерево; игра.
Cocoa (*ко'о-ко*) s. какао, см. **Cacao**. — **-nut**, кокосовый орѣхъ. — **-tree**, кокосовое дерево.
Cocoon (*ко-кун'*) s. коконъ (шелка).
Cocoonery (*ко-кун'-ер-и*) s. шелководство.
Coction (*кок'-шöн*) s. вареніе; перевариваніе (пищи).
Cod (*код*), **Codfish** (*код'-фиш*) s. треска (рыба); (бот.) шелуха, стручокъ. кожица; (анат.) мошонка. — **liver oil**, рыбій, тресковый жиръ. — **-fisher**, рыболовъ трески || va. заключать въ мѣшокъ, въ оболочку.
Coddle (*код'-дл*) va. варить, обваривать, подваривать.
Code (*ко'од*) s. сводъ законовъ, уложеніе; кодексъ.
Codger (*код'-жер*) s. деревенщина; мужикъ.
Codicil (*код'-и-сил*) s. (юрид.) приписка (къ духовному завѣщанію).
Codification (*ко-ди-фи-кэ'-шöн*) s кодификація, составленіе свода законовъ.
Codify (*ко'о-ди-фай*) va. составлять сводъ законовъ
Codilla (*ко-дил'-ā*) s. волокнистая оболочка льна *или* конопли.
Codille (*ко-дил'*) s. ставка (въ ломберной игрѣ).
Codling (*код'-линг*), **Codlin** (*код'-лин*) s. молодая треска; || неспѣлое яблоко.
Coefficacy (*ко-еф'-фи-кā-си*)s. способность помогать,содѣйствовать.
Coefficiency (*ко-еф-фи'-шен-си*) s. содѣйствіе, кооперація.
Coefficient (*ко-еф-фи'-шент*) s. коефиціентъ; || предстоящее; || adj. содѣйствующій.
Coefficiently (*ко-еф-фи'-шент-ли*) adv. совмѣстно, заодно.
Cœliac *или* **Celiac** (*си'-ли-āк*) adj. (анат.) относящійся къ брюшной полости.
Coemption (*ко-ем'-шон*) s. закупъ (всего количества товара).
Coequal (*ко-и'-куāл*) s. и adj. во всемъ сходный.
Coequality (*ко-и-куол'-и-ти*) s. сходство, одинаковость.
Coequally (*ко-и'-куāл-и*) adv. сходно.
Coercé (*со-öрс'*) va. удерживать, сдерживать, приневолить, заставить.
Coercible (*ко-öр'-си-бл*) adj. подлежащій принужденію, сдерживаемый.
Coercion (*ко-öр'-шöн*) s сдерживаніе; принужденіе, понужденіе.
Coercive (*ко-āр'-сив*) adj. понудительный.
Coercivelly (*ко-āр'-сив-ли*) adv. понудительно, силою.
Coessentially (*ко-ес-сен'-шал-ли*) adv сходно, одинаково, по сущности.
Coeternal (*ко-и-тöр'-нāл*) adj. вѣчный.
Coeternally (*ко-и-тöр'-нāл-ли*) adv. вѣчно.
Coeternity (*ко-и-тöр'-ни-ти*) s. вѣчность.
Coeval (*ко-и'-вāл*) s. современникъ.
Coexist (*ко-егз-ист'*) vn. сосуществовать, сожительствовать.
Coexistence (*ко-егз-ист'-енс*) s сосуществованіе, совмѣстное бытіе, сожитіе.
Coexistent (*ко-егз-ист'-ент*) adj. сосуществующій, сожительствующій.
Coffee (*коф'-и*) s кофе. — **-bean**, — **-berry**, кофейный бобъ. — **-cup**, кофейная чашка. — **-house**, кофейня. — **-mill**, кофейная мельница. — **-plantation**, кофейная плантація. — **-pot**, кофейникъ. — **-roaster**, кофейная жаровня. — **-tree**, кофейное дерево.
Coffer (*коф'-фер*) s. ящикъ, денежный сундукъ. — **-dam**, кессонъ (при постройкѣ мостовъ) || va. копить, откладывать (деньги) въ ящикъ.
Coffin (*коф'-фин*) s. гробъ, полка (книжная); копыто (лошадиное); поднявшаяся корка (пирога); || va. класть въ гробъ.
Cog (*ког*) va, vn. льстить, обманывать; сажать на колесо зубья; поддѣлывась кости (игральныя). || s. зубецъ, кулакъ (у колеса). — **-wheel**, зубчатое колесо.
Cogency (*ко'о-днен-си*) s. сила (довода), убѣдительность.
Cogent (*ко'о-джент*) adj. убѣдительный, неоспоримый, непреодо-

лимый, побудительный (о причинѣ), сильный (о доводѣ).
Cogently (*ко'о-джент-ли*) adv. убѣдительно, сильно.
Cogger (*ког'-гер*) s. льстецъ, обманщикъ, соблазнитель.
Cogitate (*кодж'-и-тэт*) vn. думать, мыслить, размышлять.
Cogitation (*кодж'-и-тэ-шӧн*) s. размышленіе, дума, мысль.
Cogitative (*кодж'-и-тэ-тив*) s. мыслящій, думающій; || задумчивый.
Cognate (*ког'-нэт*) adj. сродственный, родственный, одноплеменный, единокровный, одного происхожденія; || похожій; сходный. аналогичный; || s. (шотл.) родственникъ со стороны матери.
Cognation (*ког-нэ'-шӧн*) s. сродство, родство; единокровность; || родня; || сходство; аналогія.
Cognac (*кон'-йак*) s. коньякъ.
Cognition (*ког-нишг'-ӧн*) s. знакомство, знаніе; || познаніе, убѣжденіе.
Cognitive (*ког'-ни-тив*) adj. знающій, способный познавать.
Cognizable (*кон'-ни-зӓ-бл*) adj. (юрид.) подсудный, подлежащій разсмотрѣнію; || познаваемый.
Cognizance (*кон'-ни-зӓнс*) s. (юрид.) подсудность, компетентность; || пониманіе, вѣдѣніе, познаніе; || признакъ, знакъ.
Cognizant (*кон'-ни-зӓнт*) adj. (юрид.) увѣдомленный, освѣдомленный, знающій.
Cognizee (*кон-и-зи'*) s. (юрид.) тотъ, за которымъ признано право на извѣстное обязательство.
Cognizor (*кон-и-зӧр'*) s. (юрид.) лицо обязанное въ отношеніи къ кому-либо.
Cognomen (*ког'-но-мэн*) s. прозвище.
Cognominal (*ког-ном'-и-нӓл*) adj. омонимный; одноименный.
Cognoscible (*ког-нос'-ил-б*) adj. познаваемый.
Cognovit (*ког-но'-вит*) (юрид.) признаніе какого либо права.
Coguardian (*ко-гард'-и-ӓн*) s. соопекунъ.
Cohabit (*ко-хӓб'-ит*) vn. сожительствовать.
Cohabitant (*ко-хэб'-и-тӓнт*) s. сожитель.
Cohabitation (*ко-хӓб-и-тэ'-тӧн*) s. сожительство, совмѣстная жизнь.
Coheir (*ко-эр'*) s. сонаслѣдникъ.
Coheiress (*ко-эр'-ес*) s. сонаслѣдница.
Cohere (*ко-хир'*) vn. быть связаннымъ, соединеннымъ; || подходить другъ къ другу.
Coherence (*ко-хир'-енс*), **Coherency** (*ко-хир'-ен-си*) s. сцѣпленіе связь, связность.
Coherent (*ко-хир'-ент*) adj. сцѣпленный; связный, послѣдовательный.
Coherently (*ко-хир'-ент-ли*) adv. связно, послѣдовательно.
Cohesibility (*ко-хи-зи-бил'-и-ти*) s. (физич.) стремленіе частицъ тѣла сцѣпляться, сила сцѣпленія.
Cohesible (*ко-хиз'-иб-л*) adj. сцѣпляемый.
Cohesion (*ко-хи'-жӧн*) s. сцѣпленіе, союзъ, связь.
Cohesive (*ко-хи'-сив*) adj. склонный къ сцѣпленію.
Cohesively (*ко-хи'-сив-ли*) adv. сцѣпляясь, путемъ сцѣпленія, черезъ сцѣпленіе.
Cohesiveness (*ко-хи'-сив-нес*) s. сцѣпленіе, связь, связность, способность къ сцѣпленію.
Cohobation (*ко-хо-бэ'-шӧн*) s. перегонка, передваиваніе
Cohort (*ко'о-хорт*) s. (римск.) когорта; || толпа, шайка.
Coif (*койф*) s. чепчикъ; шапочка (адвоката); || va. надѣвать чепчикъ.
Coigne (*койн*) s. уголъ, уголокъ.
Coil (*койл*) s. (морск.) канатъ сложенный кольцомъ; || шумъ, гвалтъ, гамъ; || va. (морск.) укладывать канатъ.
Coin (*койн*) s. уголъ (стѣны); клинъ; || монета; медаль, штемпель, чеканъ. **Base —**, фальшивая монета || va. выбивать медали, чеканить монеты; фабриковать; || выдумывать. **To — new words**, составлять новыя слова.
Coinage (*койн'-эдж*) s. монетное дѣло, чеканка монетъ; || выдумка, вымыселъ.
Coincide (*ко-ин-сайд'*) vn. совпадать; сходиться; соглашаться.
Coincidence (*ко-ин'-си-денс*) s. совпаденіе, одновременность, стеченіе; сходство, сообразность; согласіе.
Coincidency (*ко-ин'-си-ден-си*) s. совпаденіе, сходство.
Coincident (*ко-ин'-си-дент*) adj. совпадающій; одновременный; || сходный, сообразный.
Coincidently (*ко-ин'-си-дент-ли*) adv. сообразно, кстати, путемъ совпаденія.
Coiner (*койн'-ер*) s. монетный мастеръ; чеканщикъ монеты; фальшивый монетчикъ; || выдумщикъ.
Coining (*койн'-инг*) чеканка монеты — **-engine**, балансиръ, шибало (машина для битья монеты). — **-press**, прессъ для чеканки; || adj. чеканящій.
Coir (*койр*) s. кокосовыя охлопья.
Coition (*ко-иш'-он*) s. совокупле-

ніе, копуляція; || (астр.) совпаденіе звѣздъ.

Coke (*ко'ок*) s. коксъ. — **-oven,** печь служащая для пережиганія угля въ коксъ.

Colander (*кŏл'-ăн-дер*) s. сито, рѣшето, цѣдилка.

Colchicum (*кол'-ки-кŏм*) s. (бот.) безвременный цвѣтъ, дикій шафранъ.

Colchis (*кол'-кис*) npr. (геог.) Кольхида.

Colcothar (*кол'-ко-сзар*) s. (хим.) бурое сѣрнокислое желѣзо.

Cold (*ко'олд*) adj. холодный, студеный || равнодушный. **To be —,** зябнуть. **To get —,** простудиться. **A — reception,** холодный пріемъ. **To give one the — shoulder,** быть съ кѣмъ либо холоднымъ.— **-blooded,** хладнокровный безчувственный, равнодушный. **—-cream,** кольдкремъ. || s. холодъ, стужа; || (мед.) простуда; насморкъ. **To take —,** простужаться **A — in the head,** насморкъ.

Coldish (*ко'олд-иш*) adj. холодноватый, свѣжій.

Coldly (*ко'олд-ли*) adv. холодно; || равнодушно.

Coldness (*ко'олд-нес*) s. холодъ, стужа; || равнодушіе, холодность.

Cole (*ко'ол*) s. капуста. — **-seed,** капустное сѣмя.

Coleoptera (*ко-ли-оп'-те-ра*), **Coleopterans** (*ко-ли-оп'-те-рăнз*) s. жесткокрылыя насѣкомыя; жуки.

Coleopterous (*ко-ли-оп'-те-рес*) apj жесткокрылый (о насѣкомыхъ).

Co-lessee (*ко-лес-си'*) s сооткупщикъ; сонаемщикъ.

Colewort (*ко'ол-уŏрт*) s. молодая капуста

Colic (*кол'-ик*) s. (мед.) колики, рѣзь, спазмы.

Coliseum (*кол-и-си'-ŏм*) *или* **Colosseum** s. (римск.) колизей (амфитеатръ).

Collaborator (*кол-лăб'-о-рэ-тŏр*) s. сотрудникъ.

Collapse (*кол-лăпс'*) vn. спадаться, осѣдать; ослабѣвать, изнемогать; || s. спаденіе; || (мед.) коллапсъ, упадокъ силъ, изнеможеніе.

Collar (*кол'-лăр*) s. ошейникъ; хомутъ; воротничекъ, воротникъ, воротъ; || (мех.) петля, кольцо, обручекъ. **A dog's —,** собачій ошейникъ. — **-bone,** (анат.) ключица. **To take by the —,** взять кого-либо за шиворотъ. || va. хватить за воротъ; надѣвать ошейникъ.

Collate (*кол-лэт'*) va. сравнивать, сопоставлять, сличать; пересвидѣтельствовать; пожаловать бенефицію.

Collateral (*кол-лăт'-ер-ăл*) adj. боковой, побочный; косвенный (о доказательствѣ); окольный (о пути). || s. побочный родственникъ.

Collaterally (*кол-лăт'-ер-ăл-и*) adv не прямо, косвенно; параллельно, въ боковой линіи.

Collateralness (*кол-лăт'-ер-ăл-нес*) s. побочность, косвенность.

Collation (*кол-лэ'-шŏн*) s. сравненіе, сопоставленіе, сличеніе, проведеніе (параллели); пожалованіе духовному лицу бенефиціи.

Collative (*кол-лэ'-тив*) apj. жалуемый, даваемый.

Collator (*кол-лэ'-тŏр*) s. сопоставитель.

Colleague (*кол'-лиг*) s. сослуживецъ, коллега.

Collect (*кол-лект'*) va. собирать, набирать; копить (деньги); сводить (счеты); дѣлать (выписки); дѣлать выводы, заключать **To — one's self,** приходить въ себя, опомниться; сосредоточиться. || vn собираться, набираться; || s. сборъ денегъ.

Collectaneous (*кол-лек-тэ'-ни-ŏс*) adj. собранный, набранный, скомпилированный.

Collected (*кол-лект'-ед*) adj. собранный, набранный; владѣющій собой, спокойный, хладнокровный

Collectedly (*кол-лект'-ед-ли*) adv. вмѣстѣ, вкупѣ, съ одного взгляда; спокойно, хладнокровно, сосредоточенно.

Collectedness (*кол-лект'-ед-нес*) s. спокойствіе, хладнокровіе, сосредоточенность.

Collection (*кол-лек'-шŏн*) s собираніе; наборъ; взысканіе (податей); || сборникъ; собраніе; коллекція; || заключеніе, выводъ.

Collective (*кол-лект'-ив*) adj. собранный, совокупный, коллективный.

Collectively (*кол-лект'-ив-ли*) adv. въ кучѣ, массой; коллективно.

Collectiveness (*кол-лект'-ив-нес*) s. соединеніе, собраніе, коллективность, ассоціація, союзъ, масса.

Collector (*кол-лект'-ŏр*) s. собиратель, составитель коллекцій, компиляторъ; сборщикъ (податей).

College (*кол'-леджъ*) s. коллегія, общество, факультетъ, корпорація; || гимназія; среднее учебное заведеніе

Collegial (*кол-ли'-джи-ăл*) adj. коллегіальный, общественный; || гимназическій.

Collegian (*кол-ли'-джи-ăн*) s. членъ коллегіи, ученаго общества; || гимназистъ.

Collegiate (*кол-ли'-джи-эт*) adj. коллегіальный, факультетскій; училищный; || s. членъ коллегіи; академіи; студентъ университета; гимназистъ, учащійся.

Collet (*кол'-лет*) s. гнѣздо (у перстня); ‖ воротникъ; (бот.) шейка.
Collide (*кол-лайд'*) vn. ударяться, стучать (обо что); сталкиваться
Collie *или* **Colly** (*кол'-ли*) s. сажа, нагаръ; ‖ шотландская овчарка
Collier (*коль'-ер*) s. углекопъ; ‖ судно для перевозки угля
Colliery (*коль'-ер-и*) s. каменноугольная копь; торговля углемъ.
Colligate (*кол'-ли-гэт*) va. связывать, привязывать.
Colligation (*кол-ли-гэ'-шөн*) s. связываніе, связь, сцѣпленіе
Colligation (*кол-ли-гэ'-шөн*) s. прицѣпленіе.
Collimator (*кол - ли - мэ' - тер*) s. сцѣпитель, сцѣпляющій
Colliquable (*кол-лик'-уа-бл*) adj. легко растворимый
Colliquament (*кол-лик'-уă-мент*) s. растворъ, раствореніе; ‖ зародышъ, эмбріонъ
Colliquant (*кол - лик' - уăнт*) adj. тающій.
Colliquate (*кол'-ли-куэт*) va. растворять, распускать, растаивать; ‖ vn. растворяться, распускаться, таять.
Colliquation (*кол-ли-куэ'-шөн*) s. разжиженіе, раствореніе соковъ.
Colliquative (*кол-лик'-уă-тив*) adj. растворяющій, распускающій, разжижающій
Colliquefaction (*кол'-лик-уи-фăкшөн*) s. раствореніе, распущеніе.
Collision (*кол-лиж'-өн*) s. толчекъ; столкновеніе, коллизія.
Collitigant (*кол-лит'-и-гăнт*) adj. тяжущійся съ другимъ, соистецъ.
Collocate (*кол'-ло-кэт*) va. ставить, помѣщать.
Collocation (*кол-ло-кэ'-шөн*) s. помѣщеніе, постановка на мѣсто.
Collocution (*кол-ло-кью'-шөн*) s. совѣщаніе, бесѣда.
Collodion (*кол-ло'о-ди-өн*) s. (хим.) коллодій.
Collop (*кол'-лөп*) s. тонкій ломтикъ мяса.
Colloquial (*кол - ло'о-куи - ăл*) adj. разговорный.
Colloquialism (*кол-ло'о-куи-ăл-изм*) s. выраженіе допущенное въ разговорѣ.
Colloquially (*кол-ло'о-куи-ăл-и*) adv. въ видѣ разговора, діалога.
Colloquist (*кал'-ло-куист*) s. собесѣдникъ, -ница.
Colloquy (*кол'-ло-куи*) s. разговоръ, бесѣда; собесѣдованіе, совѣщаніе.
Collude (*кол-льюд'*) vn. соумышлять, сговариваться (съ цѣлью обмана кого).
Collusion (*кол-лью'-жөн*) s. соумышленіе, сговоръ (съ цѣлью обмануть кого).
Collusive (*кол-лью'-сив*) adj. соумышленный; мошеннический.
Collusivelly (*кол-лью'-сив-ли*) adv. соумышленно; мошеннически.
Collusory (*кол-лью'-сŏ-ри*) adj. соумышленный.
Colly (*кол'-ли*) s. сажа, нагаръ, ‖ va. замарать сажей, зачернить углемъ.
Collyrium (*кол-лир'-и-өм*) s. (мед.) коллирій (примочка для глазъ).
Colocynth (*кол'-о-синсз*) s. (бот.) горькая тыква.
Cologne (*ко-ло' он*) npr. (геогр.) Кельнъ. — **water,** одеколонъ.
Colombia (*ко-лом'-би-ă*) npr. (геогр.) Колумбія.
Colon (*ко'о-лөн*) s. (грам.) двоеточіе; (анат.) ободочная кишка.
Colonel (*кŏр'-нел*) s полковникъ
Colonelship (*кŏр'-нел-шип*) **Colonelcy** (*кŏр'-нел-си*) s. должность, чинъ полковника.
Colonial (*ко-ло'о-ни-ăл*) adj. колоніальный.
Colonist (*кол'-о-нист*) s. колонистъ, поселенецъ.
Colonization (*кол-о-ни-зэ'-шөн*) s. колонизація.
Colonize (*кол'-о-найз*) va. колонизировать; заселять.
Colonizer (*кол'-о-найз-ер*) s. колонизаторъ; переселенецъ на новыя мѣста, новоселъ.
Colonizing (*кол'-о-найз-инг*) s. колонизація.
Colonnade (*кол-он-нэд'*) s. колоннада.
Colony (*кол'-о-ни*) s. колонія, поселеніе.
Colophon (*кол'-о-фон*) s. послѣдняя страница книги.
Colophony (*кол'-о-фо-ни*) s. канифоль.
Coloquintida (*кол-о-куин'-ти-да*) s. (бот.) чертово яблоко.
Coloration (*кол-ŏр-э'-шон*) s. окрашиваніе; раскраска, колоритъ.
Colorific (*кŏл-ŏр-иф'-ик*) adj. красящій.
Colossal (*ко-лос'-сăл*). **Colossean** (*кол-ос-си'-ăн*) adj. колоссальный, исполинскій.
Colosseum (*кол-о-си'-өм*) s. см. **Coliseum.**
Colossus (*ко-лос'-сөс*) s. колоссъ, исполинъ, гигантъ.
Colour (*кŏл'-ŏр*) s. цвѣтъ, окраска, оттѣнокъ, колоритъ; ‖ цвѣтъ лица; румянецъ; отсвѣтъ; масть (въ картахъ); видъ, предлогъ; ‖ (воен.) знамя, (морск.) флагъ, вымпелъ; —**s**, s. pl. цвѣтъ платья. **Primary —s,** первоначальныя краски. **Gaudy —,** яркія краски. **Fast —,** прочныя краски. **Oil —,** масляныя краски. **Water —,** водяныя краски, акварель. **To lose one's —,** поблѣднѣть. **Under —of,** подъ предлогомъ. **She has a fresh —,**

у нея свѣжій цвѣтъ лица. **To strike one's —s,** вывѣсить флагъ || va. красить, окрашивать; подцвѣтить; раскрашивать; румянить (о плодахъ); || прикрашивать, давать видъ. || vn. краснѣть; стыдиться; румяниться. **He coloured up to the eyes,** онъ покраснѣлъ до ушей **— -blindness,** дальтонизмъ. **— -man,** продавецъ красокъ. **— -sergeant,** знаменоносецъ.

Coloured (*кŏл'-ŏрд*) adj. окрашенный, раскрашенный. **High —,** багровый **— people,** люди не бѣлой расы

Colouring (*кŏл'-ŏр-инг*) s. раскраска; раскрашиваніе; краски, колоритъ.

Colourist (*кŏл'-ŏр-ист*) s. колористъ. [цвѣтный, прозрачный.

Colourless (*кŏл'-ŏр-лес*) adj. без-

Colt (*ко'олт*) s жеребенокъ, жеребчикъ; || * повѣса, вѣтренникъ **—'s-foot.** (бот) бѣлокопытникъ. **He has a —'s -tooth,** у него еще молоко на губахъ не обсохло.

Colter (*ко'олт-ер*) s. отрѣзъ (у плуга)

Coltish (*ко'олт-иш*) adj. легкомысленный. [бятня

Columbary (*кол'-ŏм-бă-ри*) s. голу-

Columbian (*ко-ло'-би-ăн*) adj. колумбійскій, американскій

Columbine (*кол'-ŏм-байн*) adj голубиный, сизый(цвѣтъ). || s (бот) водосборъ, голубки; || npr. Коломбина.

Columbus (*ко-лом'-без*) npr Колумбъ. [на; столбецъ (газеты).

Column (*кол'-ŏм*) s столбъ, колон-

Columnar (*ко-лŏм'-нăр*) adj въ видѣ колонны.

Colza (*кол'-за*) s. (бот)полевая рѣпа

Coma (*ко'о-ма*) s. спячка, сонная болѣзнь; (астр.) лучи, хвостъ (у кометы)

Comate (*ко'о-мэт*) s. сотоварищъ.

Comatose (*ко'о-мă-тоз*), **Comatous** (*коо'-мă-тŏс*) adj. сонный, производящій спячку, коматозный.

Comb (*ко'ом*) s. гребенка, гребень; грѣбешокъ (пѣтуха). **Large toothed —,** рѣдкій гребень; мѣра (около 145 литровъ). **Small toothed —** частый гребень. **Curry —,** скребница (для чистки лошади). **— case,** ящикъ для гребня. || va. чесать, расчесывать (волосы); мять, мыкать (ленъ); чесать (шерсть).

Combat (*ком'-бăт*) s. борьба, бой, битва, сраженіе; || va. vn. биться, бороться, сражаться; оспаривать (мнѣніе). **Single —,** единоборство, поединокъ.

Combatant (*ком'-бăт-ăнт*) s. боецъ, воинъ, ратникъ; || adj. сражающійся, борющійся.

Combativeness (*ком'-бăт-ив-нес*) s. страсть къ борьбѣ, дракѣ.

Combed (*ко'омд*) part. или adj. причесанный.

Comber (*ко'ом-ер*) s. чесальщикъ (шерсти, сукна).

Combinable (*ком-байн -ă-бл*) adj. совмѣстимый, соединяемый, комбинируемый.

Combination (*ком-би-нэ'-шŏн*) s. комбинація; соединеніе; || соображеніе, разсчетъ; коалиція, заговоръ, комплотъ.

Combine (*ком-байн*) va. комбинировать, соединять, сочетать, втянуть въ союзъ; || vn. сочетаться, соединяться; сговариваться, смѣшиваться.

Combing (*ко'ом-инг*) s. чесаніе гребнемъ; причесываніе; чистка шерсти. **— -machine,** чесальная машина. **— -cloth,** пеньюаръ.

Combustible (*ком-бŏс'-ти-бл*)adj. сгораемый, воспламеняемый, горючій; || топливо, горючій матеріалъ.

Combustibleness (*ком-бŏс'-ти-бл-нес*) s. воспламеняемость, сгораемость, горючесть.

Combustibility (*ком-бŏс-ти-бил'-и-ти*) s см. **Combustibleness.**

Combustion (*ком-бŏс'-чŏн*) s. сжиганіе, сгораніе, сожиганіе, горѣніе.

Come (*кŏм*) vn. приходить, пріѣзжать, прибывать. **He will — to-day,** онъ придетъ сегодня. **Here she comes,** вотъ она идетъ. **— what will,** пусть будетъ, что будетъ. **How came you to know it?** какъ вы узнали это? **How —s that?** какъ случилось это? **—, let us go!** ну! пойдемъ. **— do make haste!** ну! поторапливайтесь. **To — about,** достигать, получать. **To — after,** слѣдовать, идти (за кѣмъ, за чѣмъ нибудь). **To — again,** возвращаться. **To — at,** дойти до, достичь, пріобрѣсти, достигнуть. **To — by,** переживать что-либо, проходить черезъ что-либо. **To — by one's death,** дойти до смерти. **To — for,** приходить за чѣмъ нибудь. **To — forward,** идти впередъ, выдвигаться, преуспѣвать. **To — home,** приходить домой. **To — in for,** домогаться, искать, намѣреваться; получать. **To — off,** удаляться, уходить; отдѣлываться; выпадать (о волосахъ). **He came off a loser,** онъ потерялъ въ этомъ. **He came off well,** онъ хорошо вышелъ изъ этого положенія. **To — out with**, выйти изъ этого; упустить случай; хвастать чѣмъ либо. **To — short of**, ошибиться, промахнуться. **To — to**, доходить, достигать; обратиться во что; уступать. **To — to pass**, случаться, приключаться, проходить мимо. **To — up to**, приближаться; отвѣчать на. **To — upon**, нападать, схватить; заставать врасплохъ; встрѣчать. **He will — upon you for it**, онъ у васъ въ этомъ спроситъ отвѣта, отчета, объясненія.

Comedian (*ко-ми-ди'-ăн*) s. комедіантъ, -тка; актеръ (m.), актриса (f.).

Comedy (*ком'-и-ди*) s. комедія.

Comeliness (*кŏм'-ли-нес*) s. красивость, красота, смазливость; приличіе.

Comely (*кŏм'-ли*) adj. красивый, смазливый, пригожій, приличный; || adv. красиво, мило; прилично.

Come-off (*кŏм'-оф*) s. увертка, уловка, отговорка

Comer (*кŏм'-ер*) s. идущій, прибывающій. **To all —s**, всѣмъ приходящимъ, первому встрѣчному. **A new —**, новоприбывшій.

Comet (*ком'-ет*) s. комета.

Cometary (*ком'-ет-ă-ри*) adj. кометный.

Cometic (*ко-мет'-ик*) adj. кометный.

Comfit (*кŏм'-фит*) s. конфекта. **—-maker**, кондитеръ

Confiture (*кŏм'-фи-чур*) s. варенье.

Comfort (*кŏм'-фŏрт*) va. укрѣплять, подкрѣплять; || утѣшать, услаждать, помогать; || s. помощь, утѣшеніе, отрада; || комфортъ, удобство, уютность.

Comfortable (*кŏм'-фŏрт-ă-бл*) adj. утѣшительный, отрадный; веселый; комфортабельный, удобный, уютный. **A — life**, пріятная жизнь. **To feel —**, чувствовать себя удобно

Comfortableness (*кŏм'-фŏрт-ă-бл-нес*) s. удобство, благосостояніе.

Comfortably (*кŏм'-фŏрт-ă-бли*) adv. отрадно, пріятно, удобно, уютно.

Comforter (*кŏм'-фŏрт-ер*) s. утѣшитель; || кашне.

Comfortless (*кŏм'-фŏрт-лес*) adj. безутѣшный, безотрадный; тягостный, грустный.

Comic (*ком'-ик*) adj. комическій, смѣшной, забавный.

Comical (*ком'-ик-ăл*) adj. комическій, смѣшной, забавный. **A — fellow**, шутъ, смѣшной малый.

Comically (*ком'-ик-ăл-и*) adv. комически, забавно.

Comicalness (*ком'-ик-ăл-нес*) s. комичность, комизмъ, забавность.

Coming (*кŏм'-инг*) adj. склонный, готовый идти; || будущій, грядущій. **The — winter**, будущая зима. || s. приходъ, приближеніе, пришествіе.

Comitia (*ко-миш'-и-а*) s. pl. народныя собранія въ Римѣ.

Comitial (*ко-миш'-ă.і*) adj. относящійся къ народному собранію (въ Римѣ).

Comity (*ком'-и-ти*) s. вѣжливость, обходительность.

Comma (*ком'-ма*) s. (грам.) запятая.

Command (*ком-ăнд'*) va. vn. командовать, приказывать, повелѣвать, управлять; || господствовать, возвышаться; вселять. || s. команда, приказаніе; || командованіе; власть, авторитетъ. **He has a fair — both of French and English**, онъ владѣетъ одинаково хорошо французскимъ и англійскимъ языками. **To have at one's —**, имѣть кого либо въ своемъ распоряженіи.

Commandable (*ком-ăнд'-ăб-л*) adj. подлежащій распоряженію.

Commander (*ком-ăнд'-ер*), s. командиръ, комендантъ, начальникъ.

Commandership (*ком-ăнд'-ер-шип*) s. начальство, командованіе; || должность, обязанности начальника.

Commanding (*ком-ăнд'-инг*) s. приказаніе, командованіе; || adj. господствующій, доминирующій, внушительный.

Commandingly (*ком-ăнд'-инг-ли*) adv. внушительно.

Commandment (*ком-ăнд'-мент*) s. приказаніе, повелѣніе; заповѣдь.

Commaterial (*ком-мă-ти'-ри-ăл*) adj. одинаковаго матеріала, свойства.

Commeasurable (*ком-меж'-ŏр-ă-бл*) adj. соизмѣримый, пропорціональный.

Commemorable (*ком-мем'-о-рă-бл*) adj. памятный, достопамятный

Commemorate (*ком-мем'-о-рэт*) va. вспоминать, понимать.

Commemoration (*ком-мем-о-рэ'-шŏн*) s. воспоминаніе, память, поминованіе, поминки.

Commemorative (*ком-мем'-о-рă-тив*) adj. памятный.

Commemoratory (*ком-мем'-о-рă-тŏ-ри*) adj. памятный.

Commence (*ком-енс'*) va. начинать; || vn. начинаться, становиться, дѣлаться.

Commencement (*ком-енс'-мент*) s. начало, начинаніе.

Commend (*ком-енд'*) va. хвалить, одобрять, восхвалять, прославлять; || рекомендовать, поручать.
Commendable (*ком-енд'-ă-бл*) adj. похвальный, достойный одобренія.
Commendableness (*ком-енд'-ă-бл-нес*) s. приличіе, благопристойность.
Commendably (*ком-енд'-ăбли*) adv. похвально, достойно, благопристойно.
Commendam (*ком-ен'-дăм*) s. коммендa (временная духовная должность).
Commendatary (*ком-енд'-ă-тă-ри*) s. находящійся въ командировкѣ; временно занимающій должность (комменду).
Commendation (*ком-ен-дэ'-шŏн*) s. хвала, похвала; рекомендація.
Commendator (*ком-енд'-ă-тŏр*) s. пользующійся коммендою.
Commendatory (*ком-енд'-ă-тŏ-ри*) adj. хвалебный, рекомендательный. [литель.
Commender (*ком-енд'-ср*) s. хва-
Commensal (*ком-ен'-сăл*) s. сотоварищъ по обѣденному столу.
Commensurability (*ком-ен-шу-рă-бил'-и-ти*) s. соизмѣряемость, пропорціональность.
Commensurableness (*ком'-ен-шу-рă-бл-нес*) s. см. **Commensurability**.
Commensurable (*ком-ен'-шу-рă-бл*) adj. соизмѣримый, пропорціональный.
Commensurably (*ком-ен'-шу-рă-бли*) adv. соизмѣримо, пропорціонально.
Commensurate (*ком-ен'-шу-рэт*) va. приводить къ общей мѣрѣ; || adj. соразмѣрный, пропорціональный, имѣющій общую мѣру.
Commensurately (*ком-ен'-шу-рэт-ли*) adv. соразмѣрно, въ одинаковой пропорціи.
Commensuration (*ком-ен-шу-рэ-шŏн*) s. соизмѣряемость, пропорціональность.
Comment (*ком'-ент*) va. истолковывать; || выдумывать, || vn. критиковать, комментировать; || s. замѣчаніе, примѣчаніе, комментарій; толкованіе, объясненіе.
Commentary (*ком'-ен-тă-ри*) s. комментарій, записки, толкованія.
Commentate (*ком'-ен-тэт*) vn. комментировать, дѣлать толкованія.
Commentator (*ком'-ен-тэ-тŏр*) s. комментаторъ, толкователь.
Commenter (*ком'-ент-ер*) s. комментаторъ, толкователь.
Commentitious (*ком-ен-тиш'-ŏс*) adj. выдуманный, вымышленный.
Commerce (*ком'-мерс*) s. торговля, коммерція; || сношеніе, сообщеніе, обмѣнъ. **Foreign —**, внѣшняя торговля. **Inland —**, внутренняя торговля. || vn. торговать, имѣть сношенія, знаться съ кѣмъ.
Commercial (*ком-мŏр-шал*) adj. коммерческій, торговый; торгующій, купеческій.
Commercially (*ком-мŏр-шăл-ли*) adv. коммерчески, торговымъ путемъ, по-купечески.
Commigrate (*ком'-ми-грэт*) vn. высылаться, переселяться, эмигрировать (массами). [угроза.
Commination (*ком-ми-нэ'-шŏн*) s.
Comminatory (*ком-мин'-ă-тŏ-ри*) adj. угрожающій.
Commingle (*ком-мин'-гл*) va. смѣшивать; соединять; || vn. смѣшиваться, соединяться.
Comminute (*ком-и-ньют'*) va. растирать, толочь, раздроблять.
Comminution (*ком-и-нью'-шŏн*) s. размельченіе, раздробленіе, растираніе въ порошокъ.
Commiserable (*ком-миз'-ер-ă-бл*) adj. достойный сожалѣнія.
Commiserate (*ком-миз'-ер-эт*) va. жалѣть, сострадать, соболѣзновать, сожалѣть.
Commiseration (*ком-миз-ер-э'-шŏн*) s. состраданіе, соболѣзнованіе; жалость, сожалѣніе.
Commiserative (*ком-миз'-ер-ă-тив*) adj. сострадательный.
Commiserator (*ком-миз'-эр-э-тŏр*) s. сострадающій, соболѣзнователь, жалѣющій.
Commissarial (*ком-мис-сэ'-ри-ăл*) adj. коммисаріатскій.
Commissariat (*ком-мис-сэ'-ри-ăт*) s. коммисаріатъ; интендантство
Commisary (*ком'-мис-сă-ри*) s коммиссаръ, интендантъ.
Commission (*ком-миш'-ŏн*) s. должность, чинъ; || приказаніе, порученіе, коммиссія; || администрація. || содѣйствіе. **To throw up one's —**, подать въ отставку. **A — of ten per cent**, коммиссіонное вознагражденіе въ десять процентовъ. **— agency**, коммиссіонерская контора, коммиссіонерство. || va. назначать на должность; || поручать, уполномачивать.
Commissioner (*ком'-миш'-ŏн-ер*) s коммиссіонеръ
Commissure (*ком-'ми-шур*) s стыкъ, смычка; (анат) швовъ, спайка.
Commit (*ком-мит'*) va. препоручать, ввѣрять; || компрометтировать, назначать (докладчика въ парламентѣ); заключать (въ тюрьму), дѣлать (ошибку), совершать (преступленіе). **To — to the flames**, предавать огню **To — to**

memory, выучивать на память. **To — one's self,** обязываться; скомпрометироваться.

Commitment (*ком-мит'-мент*) s. заточеніе, заключеніе (въ тюрьму); задержаніе. арестованіе; препорученіе, ввѣреніе, порученіе.

Committal (*ком-ит'-ăл*) s. задержаніе, заключеніе въ тюрьму, приказъ объ арестѣ; || обязательство.

Committee (*ком-мит'-и*) s. комитетъ, коммисія.

Committer (*ком-мит'-ер*) s. совершатель; виновникъ, творецъ.

Commix (*ком-микс*) va. смѣшивать; || vn. смѣшиваться.

Commixtion (*ком-мик'-шŏн*) s. смѣсь; смѣшеніе.

Commixture (*ком-микс'-чур*) s. смѣшиваніе; смѣсь, смѣшеніе.

Commode (*ком-мо'од*) s. комодъ.

Commodious (*ком-мо'о-ди-ŏс*) adj. удобный, подходящій, годный.

Commodiously (*ком-мо'о-ди-ŏс-ли*) adv. удобно, подходяще.

Commodiousness (*ком-мо'о-ди-ŏс-нес*) s. удобство, преимущество, выгода.

Commodity (*ком-мод'-и-ти*) s. удобство, преимущество, выгода; || товаръ, продуктъ.

Commodore (*ком-мо-до'ор*) s. командоръ, начальникъ эскадры.

Common (*ком'-мŏн*) adj. общій, всеобщій; общественный, публичный; обыкновенный, ординарный, простой, заурядный; простонародный; площадный; плоскій, пошлый. **— friends,** общіе друзья. **— sense,** здравый смыслъ. **A — man,** вульгарный человѣкъ, человѣкъ толпы. **The — people,** простонародье, чернь. **A — -whore** проститутка. **— law,** обычное право. || s. общій выгонъ, общій лугъ, пастбище, общее владѣніе. **In —,** сообща. || vn. участвовать въ общемъ выгонѣ. || обѣдать вмѣстѣ, сотрапезничать; жить вмѣстѣ.

Commonage (*ком'-мŏн-эдж*) s. право пользованія общественнымъ выгономъ.

Commonalty (*ком'-мŏн-ăл-ти*) s. простонародье, чернь, толпа, челядь; || общество, человѣчество, народъ.

Commoner (*ком'-мŏн-ер*) s. простолюдинъ, разночинецъ (m.), простолюдинка (f.); || имѣющій право пользованія общественнымъ выгономъ; общинникъ; || членъ палаты общинъ; || студентъ второго разряда въ англійскомъ университетѣ; || проститутка

Commonly (*ком'-мŏн-ли*) adv. обыкновенно, заурядно, обычно.

Commonness (*ком'-мŏн-нес*) s. обычность, заурядность, обыденность; община; общность.

Commonplace (*ком'-мŏн-плэс*) adj. пошлый, площадной, вульгарный, тривіальный, банальный. || s. замѣтки, записки; общее мѣсто; взглядъ и нѣчто. **— book,** сборникъ; записная книга, журналъ.

Commons (*ком'-мŏнз*) s. pl. простолюдины, простой народъ, низы, чернь; || члены палаты общинъ; палата общинъ; общинное владѣніе, община; выгонъ; || обыкновенный ежедневный обѣдъ.

Commonweal (*ком-мŏн-уил'*) s. государство, общество, республика, коммуна, общее владѣніе.

Commonwealth (*ком-мŏн-уелсз'*) s. общее благо, республика.

Commotion (*ком-мо'о-шŏн*) s. волненіе (моря); шумъ, смятеніе; буря; возмущеніе; сотрясеніе, волненіе, переполохъ.

Commune (*ком-мьюн'*) vn. разговаривать, бесѣдовать, совѣщаться.

Commune (*ком'-мьюн*) s. коммуна, община.

Communicability (*ком-мью-ни-кă-бил'-и-ти*) s. сообщаемость, общительность.

Communicable (*ком-мью'-ни-кă-б.л*) adj. имѣющій сообщеніе, удобосообщаемый; || сообщительный

Communicably (*ком-мью'-ни-кă-б.ли*) adv. удобосообщаемо.

Communicant (*ком-мью'-ни-кăнт*) s. причастникъ (m.), -ница (f.).

Communicate (*ком-мью'-ни-кэт*) va. vn. сообщать, передавать; || сообщаться, имѣть сношеніе, сноситься; || причащаться.

Communication (*ком-мью-ни-кэ'-шŏн*) s. сообщеніе, передача; зараженіе (болѣзнью); совѣщаніе; знакомство, связь; сношеніе, сообщеніе (дорожное). **Evil —s corrupt good manners**, плохія знакомства портятъ добрые нравы.

Communicative (*ком-мью'-ни-кă-тив*) adj. сообщительный; заразительный.

Communicatively (*ком-мью'-ни-кэ-тив-ли*) adv. сообщительно; откровенно.

Communicativeness (*ком-мью'-ни-кэ-тив-нес*) s. сообщительность, откровенность.

Communicator (*ком-мью'-ни-кэ-тŏр*) s. (мех.) коммуникаторъ; сообщатель.

Communion (*ком-мьюнь-ŏн*) s. сообщеніе, сношеніе, связь, общеніе, знакомство; || вѣроисповѣданіе; || пріобщеніе святыхъ тайнъ, причастіе.

Communism (*ком'-мью-низм*) s. коммунизмъ.

Communionist (*ком'-мью-нист*) s. (коммунистъ.

Community (*ком-мью'-ни-ти*) s. общность; || община, сословіе; общество; государство.

Commutability (*ком-мью-тä-бил'-и-ти*) s. замѣняемость, замѣщаемость.

Commutable (*ком-мьют'-ä-бл*) adj. замѣнимый, замѣстимый; замѣняемый (о буквахъ).

Commutation (*ком-мью-тэ'-шбн*) s. перемѣна, замѣна, обмѣнъ; смягченіе (о наказаніи).

Commutative (*ком-мьют'-ä-тив*) adj. перемѣщаемый.

Commute (*ком-мьют'*) va. мѣнять, замѣнять, обмѣнивать; (юрид.) смягчать наказаніе; || vn. замѣщать, заступать мѣсто.

Compact (*ком-пäкт'*) s. договоръ, контрактъ, условіе, соглашеніе; || adj. компактный, плотный, сжатый; краткій; || va. соединять, сжимать, прижимать, связывать, сплачивать.

Compactly (*ком'-пäкт-ли*) adv. плотно, сжато, прочно; || кратко. опредѣленно.

Compactness (*ком-пäкт'-нес*) s. компактность, плотность, сжатость.

Companion (*ком-пäнь'-бн*) s. компаніонъ, товарищъ. **A boon —**, весельчакъ. **Female —**, подруга, товарка. **Lady's —**, компаньонка. **A — in arms**, собратъ по оружію. **School —**, школьный товарищъ.

Companionable (*ком-пäнь'-бн-ä-бл*) adj. общительный, обходительный; товарищескій.

Companionably (*ком-пäнь'-бн-ä-бли*) adv общительно, обходительно.

Companionship (*ком-пäнь'-бн-шип*) s. товарищество, общество.

Company (*кöм'-пä-ни*) s. общество, кружокъ, собраніе; || (торг.) компанія, товарищество; || толпа, сборище; (теат.) труппа; || стая (птицъ); || (воен.) рота; (мор.) экипажъ (корабля), команда. **To have —**, имѣть гостей. **To part, to quit —**, удаляться изъ общества. **To keep one —**, проводить съ кѣмъ время; сопровождать; поддерживать съ кѣмъ отношенія **To keep — with**, бывать въ чьемъ-либо обществѣ. **A trading —**, коммерческое общество **A jointstock —**, компанія на акціяхъ.

Comparable (*ком'-пä-рä-бл*) adj сравнимый, подобный.

Comparably (*ком'-пä-рä-бли*) adv сравнительно, въ сравненіи.

Comparative (*ком-пäр'-ä-тив*) adj. сравнительный; относительный; || s. (грам.) сравнительная степень; || ровня, одинаковый.

Comparatively (*ком-пäр'-ä-тив-ли*) adv. сравнительно, относительно, въ сравненіи; въ отношеніи.

Compare (*ком-пэр'*) va. сравнивать, сличать, сопоставлять; || va. сравниваться; проводить параллель; || s. сравненіе, сопоставленіе. **Beyond —**, безъ сравненій.

Comparing (*ком-пэр'-инг*) s. сравненіе; приравниваніе; сравненіе, сличеніе,

Comparison (*ком-пäр'-и-зн*) s. сравненіе, сличеніе, сопоставленіе; || сходство, аналогія, подобіе, соотвѣтственность.

Compartiment (*ком-пар'-ти-мент*) s. перегородка, отдѣленіе.

Compartment (*ком-парт'-мент*) s. перегородка, отдѣленіе.

Compass (*кöм'-пäс*) s. кругъ, окружность; протяженіе; объемъ, предѣлъ, теченіе (времени); || компасъ, бусоль. **— es**, pl. циркуль. **To keep within —**, сдерживать себя въ границахъ приличія. || va. окружать, обнимать, осаждать, охватывать; || понимать, схватывать; || достигать чего, успѣвать въ чемъ; осуществлять что; || замышлять, затѣвать. **To — one's designs**, достигнуть исполненія своихъ намѣреній.

Compassion (*ком-пäш'-бн*) s. сожалѣніе, сострaданіе, соболѣзнованіе. **Out of — for**, изъ состраданія къ... || va. сжалиться.

Compassionate (*ком-пäш'-бн-эт*) adj. сострадательный; || va. жалѣть, сожалѣть, сострадать, соболѣзновать.

Compassionately (*ком-пäш'-бн-эт-ли*) adv. съ сожалѣніемъ, съ состраданіемъ.

Compaternity (*ком-па-тöр'-ни-ти*) s. духовное родство

Compatibility (*ком-пäт-и-бил'-и-ти*) s. совмѣстимость, сходство.

Compatible (*ком-пäт'-и-бл*) adj. совмѣстимый, сообразный, сходный.

Compatibleness (*ком-пäт'-и-бл-нес*) s. совмѣстимость соотвѣтствіе.

Compatibly (*ком'-пäт'-и-бли*) adv. сообразно, прилично

Compatriot (*ком-пэ'-три-бт*) s. соотечественникъ (m.), —ница (f.), землякъ (m.), —лячка (f.).

Compeer (*ком-пир'*) s. ровня, сотоварищъ, компаньонъ; || va. равпяться, считать себя равнымъ кому.

Compel (*ком-пел'*) va. принуждать, заставлять; обязывать, исторгать.

Compellable (*ком'-пел'-лă-бл*) adj. тотъ, кого можно принудить.

Compellation (*ком-пел-лэ'-шдн*) s. принужденіе, сила.

Compeller (*ком-пел'-лер*) s. принудитель, принуждающій.

Compendious (*ком-пен'-ди-ŏс*) adj. сокращенный, краткій.

Compendiously (*ком-пен'-ди-ŏс-ли*) adv. сокращенно, сжато, кратко.

Compendiousness (*ком-пен'-ди-ŏс-нес*) s. краткость, сжатость.

Compendium (*ком-пен'-ди-ŏм*) s. сокращеніе, перечень, краткое изложеніе; извлеченіе.

Compensable (*ком-пен'-сă-бл*) adj. вознаградимый, возмѣстимый.

Compensate (*com'-пен-сэт*) va. vn. вознаграждать, возмѣщать (убытки), платить, зачитывать, возвращать (расходы).

Compensation (*ком-пен-сэ'-шдн*) s. вознагражденіе; компенсація; возмѣщеніе (убытковъ); зачетъ; возвратъ (расходовъ).

Compensative (*ком-пен'-сă-тив*) adj. возмѣщающій, вознаграждающій, равноцѣнный, компенсирующій.

Compensatory (*ком-пен'-сă-тŏ-ри*) adj. компенсирующій, уравновѣшивающій, равноцѣнный.

Compete (*ком-пит'*) vn. конкурировать, быть соискателемъ, соперничать.

Competence (*ком'-пи-тенс*) **Competency** (*ком'-пи-тен-си*) s. достатокъ, избытокъ (во всемъ), изобиліе; (юрид.) полноправность, полномочіе, компетенція, подвѣдомственность (суду).

Competent (*ком'-пи-тент*) s. достаточный; надлежащій; (юрид.) компетентный, подвѣдомственный.

Competently (*ком'-пе-тент-ли*) adv достаточно, прилично, надлежащимъ образомъ.

Competition (*ком-пи-тиш'-ŏн*) s. соперничество, соискательство, конкуренція; конкурсъ.

Competitive (*ком-пет'-и-тив*) adj. adj. вызывающій соперничество, конкуренцію, соревнованіе. **A — examination**, конкурсный экзаменъ.

Competitor (*ком-пет'-и-тŏр*) s. соперникъ, соискатель, конкурентъ.

Compilation (*ком-пи-лэ'-шдн*) s. компиляція, компилированіе.

Compile (*ком-пайл'*) va. компилировать, составлять, дѣлать выборки изъ разныхъ сочиненій.

Compiler (*ком-пайл'-ер*) s. компиляторъ.

Complacence (*ком-плэ'-сенс*), **Complacency** (*ком-плэ'-сен-си*) s. отрада, утѣха; радость; учтивость.

Complacent (*ком-плэ'-сент*) adj. вѣжливый, учтивый, ласковый, привѣтливый.

Complain (*ком-плэн'*) va. оплакивать что, горевать о чемъ; || vn. сѣтовать, жаловаться на что; (юрид.) подавать жалобу.

Complainant (*ком-плэн'-ăнт*) s. (юрид.) истецъ (m.), истица (f.); челобитчикъ, —тчица.

Complainer (*ком-плэн'-ер*) s. жалующійся; сѣтующій.

Complaining (*ком-плэн'-инг*) s. скорбь, сѣтованіе, роптаніе, ропотъ, жалоба.

Complaint (*ком-плэнт'*) s. жалоба; плачъ, стенаніе; недугъ, болѣзнь, боль; (юрид.) искъ, жалоба.

Complaisance (*ком'-плă-зăнс*) s. любезность, одолженіе, снисхожденіе.

Complaisant (*ком' - плă - зăнт*) adj. любезный, привѣтливый.

Complaisantly (*ком'-плă-зăнт-ли*) adv. любезно, привѣтливо, мило.

Complement (*ком-пли-мент*) s. совершеніе, исполненіе; верхъ (чего); полный составъ, комплектъ, || дополненіе, прикраса.

Complemental (*ком-пли-мент'-ăл*) adj. дополнительный.

Complementary (*ком-пли-мент'-ă-ри*) adj. дополнительный; добавочный.

Complete (*ком-плит'*) adj. исполненный, оконченный, довершенный; полный, цѣлый, || va. оканчивать, завершать, дополнять, пополнять.

Comletely (*ком-плит'-ли*) adj. совершенно, вполнѣ.

Completement (*ком-плит'-мент*), **Completeness** (*ком-плит'-нес*) s. совершество, безукоризненность, изящество; довершеніе, полнота, комплектъ.

Completion (*ком-пли'-шдн*) s. исполненіе, совершеніе, окончаніе.

Completory (*ком'-пли-тŏ-ри*) adj. исполняющій, довершающій; || s. вечернее богослуженіе (у католиковъ).

Complex (*ком'-плекс*) adj. сложный, составной; || s. коллекція, собраніе.

Complexion (*ком-плек'-шдн*) s. сложность, тѣлосложеніе, сложеніе, темпераментъ; цвѣтъ лица.

Complexional (*ком-плек'-шдн-ăл*)

adj. зависящій отъ темперамента, отъ расположенія.

Complexity (*ком-плекс'-и-ти*) s. сложность, многосложность.

Complexly (*ком'-плекс'-ли*) adv. сложно; вмѣстѣ, совокупно.

Complexness (*ком'-плекс-нес*) s. сложность, запутанность.

Compliance (*ком-плай'-äнс*) s. уступчивость, снисходительность; повиновеніе, покорность.

Compliant (*ком-плай'-äнт*) adj. уступчивый, угодливый; услужливый, учтивый; снисходительный.

Compliantly (*ком-плай'-äнт-ли*) adv угодливо; любезно; снисходительно.

Complicacy (*ком'-пли-кä-си*) s. сложность, осложненіе; запутанность.

Complicate (*ком'-пли-кэт*) va. соединять (въ одно), складывать, составлять; усложнять, запутывать; || adj. составной, сложный.

Complicately (*ком'-пли-кэт-ли*) adv. сложно, запутано.

Complicateness (*ком'-пли-кэт-нес*), **Complication** (*ком-пли-кэ'-шöн*) s. осложненіе, сложность, запутанность.

Complicity (*ком-плис'-и-ти*) s. сообщничество соучастіе.

Complier(*ком-плай'-ер*)s. угодникъ, прислужникъ, податливый человѣкъ.

Compliment (*ком'-пли-мент*) s. комплиментъ, привѣтствіе, поздравленіе; подарокъ; || va. привѣтствовать, поздравлять.

Complimental (*ком-пли-мент'-äл*) adj. привѣтственный; лестный.

Complimentally (*ком-пли-мент'-äл-ли*) adv. въ видѣ привѣтствія, съ комплиментомъ.

Complimentary (*ком-пли-мент'-ä-ри*) adj. привѣтственный, поздравительный.

Complimenter (*ком-пли-мент'-ер*) s. поздравитель; говорящій комплименты.

Complines (*ком'-плинз*) s. pl. повечеріе (въ католическомъ богослуженіи).

Complot (*ком'-плот*) s. заговоръ, комплотъ; шайка; || va. vn. составлять заговоръ, замышлять скопомъ.

Complotter (*ком-плот'-ер*) s. заговорщикъ.

Comply (*ком-плай'*) vn. сообразоваться, согласоваться; подчиняться: склоняться на что-либо, удовлетворять, сдерживать (обѣщаніе)

Component (*ком-по'о-нент*) adj. составной; || s. составная часть.

Comport (*ком-по'орт*) vn. соотвѣтствовать, согласоваться; || va. выносить, терпѣть; || s. поведеніе, образъ дѣйствій.

Comportable (*ком-по'орт-ä-бл*) adj. соотвѣтственный, согласный.

Comportment (*ком-по-орт-мент*) s. поведеніе.

Compose (*ком-по'оз*) va. составлять; сочинять, писать(сочиненіе); приводить въ порядокъ, налаживать; (типог.) набирать. **To — one's self to sleep,** приготовляться ко сну, собираться спать.

Composed (*ком-по'озд*) adj. спокойный, тихій.

Composedly (*ком-по'озд-ли*) adv. спокойнымъ образомъ.

Composedness (*ком-по'оз-ед-нес*) спокойствіе; степенность.

Composer (*ком-по'оз-ер*) s. сочинитель, писатель, авторъ; (музык.) композиторъ; успокоитель, примиритель.

Composing (*ком-по'оз-инг*) s. (тип.) наборъ.

Composite (*ком-по'оз-ит*) s. составъ, соединеніе, смѣсь; || adj. составной, сложный. **A — number,** сложное число.

Composition (*ком-по'о-зиш-öн*) s. составленіе, соединеніе, смѣшеніе; составъ, смѣсь; твореніе, сочиненіе; приспособленіе; соглашеніе съ кредиторомъ.

Compositive (*кнм-поз'-и-тив*) adj. составной, сложный.

Compositor (*ком-поз'-и-тöр*) s. (типог.) наборщикъ.

Compost (*ком'-пост*) va. (агр.) унаваживать, удобрять; || s. компостъ (составное удобреніе).

Composure (*ком-по'о-жур*) s. составленіе, смѣшиваніе, соединеніе; спокойствіе, хладнокровіе; соглашеніе, примиреніе.

Compotation (*ком-по-тэ'-шöн*) s. попойка.

Compound (*ком-па'унд*) va. vn. составлять, смѣшивать, соединять; согласовать; улаживать; входить въ сдѣлку; договариваться. разделываться. **To — with one's creditors,** входить въ сдѣлку съ кредиторами. || adj.составной.сложный. || s. (*ком'-паунд*) составъ, смѣсь.

Compoundable (*ком-па'унд-ä-бл*) adj. возмѣстимый, могущій быть устроенымъ, налаженнымъ.

Compounder (*ком-па'унд-ер*) s. примиритель, посредникъ; дѣлающій составъ, смѣсь

Comprehend (*ком-при-хенд'*) va. понимать, постигать, разумѣть; заключать въ себѣ.

Comprehensible (*ком-при-хен'-си-бл*) adj. понятный. вразумительный; ясный, очевидный.

Comprehensibleness (*ком-при-*

хен'-си-бл-нес) s. удопонятность, вразумительность.

Comprehensibly (*ком-при-хен'-си-бли*) adv. выразительно; энергично.

Comprehension (*ком-при-хен'-шон*) s. понимание, разумѣніе, знаніе; интеллигентность; резюмэ, содержаніе (рѣчи)

Comrehensive (*ком-при-хен'-сив*) adj. понятный, выразительный, многозначительный, широкій.

Comprehensively (*ком-при-хенсив-ли*) adv. выразительно; обширно

Comprehesiveness (*ком-при-хен'-сив-нес*) s. понятливость, ясность, выразительность, обширность; глубина (мысли).

Compress (*ком'-прес*) s. компрессъ, (*ком-прес'*) va. сжимать, сдавливать; конденсировать.

Compressibility (*ком-прес-си-бил'-и-ти*) s. сжимаемость.

Compressible (*ком-прес'-си-бл*) adj. сгущаемый, сжимаемый.

Compression (*ком-преш'-öн*) s. сжиманіе, сдавливаніе, сгущеніе; сжатость.

Comprisal (*ком-прайз'-ă-л*) s. краткое пониманіе; изложеніе; конспектъ.

Comprise (*ком-прайз'*) va. вмѣщать, заключать въ себѣ; понимать

Compromise (*ком-про-майз'*) s. соглащеніе, компромисъ; сдѣлка; третейскій судъ; || va. улаживать; покончить, помирить; || компромитировать; || vn. соглашаться на третейскій судъ, на посредничество.

Compromiser (*ком'-про-майз-ер*) s. посредникъ, примиритель; || компромитирующій, ставящій въ неловкое положеніе.

Compulsatory (*ком-пöл'-сă-тö-ри*) adj. принудительный

Compulsatively (*ком-пöл'-сă-тив-ли*) adj. по принужденію.

Compulsion (*ком-пöл'-шöн*) s. принужденіе, насиліе.

Compulsive (*ком-пöл'-сив*) adj. принудительный; побудительный

Compulsively (*ком-пöл'-сив-ли*) adv. силою, насильно; принудительно.

Compulsiveness (*ком-пöл'-сив-нес*) s. принужденіе, насиліе.

Compulsorily (*ком-пöл'-сö-ри-ли*) adj. по принужденію, насильственно.

Compulsory (*ком-пöл'-сö-ри*) adj. принуждающій, насилующій.

Compunction (*ком-пöнк'-шöн*) s. раскаяніе, сокрушеніе (сердца), угрызеніе (совѣсти).

Compunctious (*ком-пöнк'-шöс*) adj. раскаивающійся, сокрушенный.

Compunctive (*ком-пöнк'-тив*) adj. вызывающій угрызенія совѣсти.

Computable (*ком-пьют'-ă-бл*) adj. исчислимый, оцѣнимый.

Computation (*ком-пью-тэ'-шöн*) s. счисленіе, вычисленіе; выкладка; смѣта.

Compute (*ком-пьют'*) s. вычисленіе, разсчетъ; || va. вычислять, исчислять; разсчитывать, оцѣнивать. [чикъ, исчисляющій.

Computer (*ком-пьют'-ер*) s. счет-

Comrade (*ком'-рэд*) s. товарищъ.

Con (*кон*) s. сокращеніе латинскаго слова **Contra,** противъ. **The pros and the —s,** за и противъ. || va. учить наизусть, выучивать на память; знать.

Çonatus (*ко-нэ'-тöс*) s. (физ.) стремленіе тѣлъ къ одной точкѣ; || усиліе, попытка

Concamerate (*кон-кăм'-ер-эт*) va. (арх.) выводить сводъ, сгибать.

Concameration (*кон-кăм-ер-э'-шöн*) s. (арх.) дуга, сводъ.

Concatenate (*кон-кăт'-и-нэт*) va. сцѣплять, связывать, соединять.

Concatenation (*кон-кăт'-и-нэ-шöн*) s. сцѣпленіе, связь; цѣпь.

Concave (*кон'-кэв*) adj. вогнутый, впалый; || s. впадина, вогнутость; || va. углублять, копать.

Concaveness (*кон'-кэв-нес*) s. вогнутость; впадина, углубленіе.

Concavity (*кон-кăв'-и-ти*) s. вогнутость.

Concavo-Cencave (*кон-кэ'-ко-кон'-кэв*) adj. двояковогнутый.

Concavo-Convex (*кон-кэ'-во-кон'-векс*) adj. вогнутовыпуклый.

Conceal (*кон-сил'*) va. скрывать, утаивать, прятать; (юрид.) укрывать (вора, украденныя вещи).

Concealable (*кон-сил'-ă-бл*) adj. скрываемый, скрытый.

Concealedness (*кон-сил'-ед-нес*) s. тайна, скрытность; секретъ.

Concealer (*кон-сил'-ер*) s. утайщикъ, укрыватель.

Concealment (*кон-сил'-мент*) s. скрываніе; тайна, секретъ; укрывательство; || скрытное мѣсто, убѣжище. [соглашаться на что.

Concede (*кон-сид'*) va. уступать,

Conceit (*кон-сит'*) s. понятіе, мысль, дума; пониманіе, соображеніе, смѣтливость; мнѣніе, воображеніе; идея, мечта, фантазія, причуды; высокомѣріе; остроуміе, острота; || va. воображать, думать, полагать

Conceited (*кон-сит'-ед*) adj. одаренный сильнымъ воображеніемъ; самодовольный, тщеславный; напыщенный; упрямый. **A — fellow,** фатъ

Conceitedly (*кон-сит'-ед-ли*) adv. самодовольно, напыщенно

Conceitedness (*кон-сит'-ед-нес*) s. высокомѣріе, тщеславіе; упрямство; самодовольство.
Conceivable (*кон-сив'-ă-бл*) adj. постижимый, понятный, вразумительный.
Conceivableness (*кон-сив'-ă-бл-нес*) s. понятность, вразумительность; постигаемость.
Conceivably (*кон-сив'-ă-бл-и*) adv. понятно, ясно, вразумительно.
Conceive (*кон-сив'*) va. vn. зачать (во чревѣ); возымѣть, задумать; понимать, постигать; представлять себѣ.
Conceiver (*кон-сив'-ер*) s. пониматель, постигающій.
Concent (*кон-сент'*) s. согласіе, единомысліе, созвучіе, гармонія; соотвѣтствіе, соотношеніе.
Concentrate (*кон-сен'-трэт*) va. сосредоточивать, концентрировать, сгущать (жидкости); vn. сосредоточиваться, концентрироваться; сгущаться.
Concentration (*кон-сен-трэ'-шдн*) s. сосредоточиваніе, концентрація; сгущеніе.
Concentre (*кон-сен'-тер*) va. vn. см. **Concentrate.**
Concentric (*кон-сен'-трик*) adj. концентрическій.
Concentricity (*кон-сен-трис'-и-ти*) s. концентричность.
Conceptibility (*кон-сеп-ти-бил'-и-ти*) s. постижимость.
Conceptible (*кон-сеп'-ти-бл*) adj. постижимый.
Conception (*кон-сеп'-шдн*) s. зачатіе, зарожденіе; понятливость, соображеніе; мысль, идея, дума, понятіе; концепція.
Conceptious (*кон-сеп'-шдс*) adj. плодовитый.
Conceptive (*кон-сеп'-тив*) adj. (филос.) концептивный, понимаемый въ извѣстномъ смыслѣ.
Concern (*кон-сдрн'*) va. касаться, относиться, принадлежать; принимать участіе, вмѣшиваться; заботиться, тревожиться **To — one's self about,** чѣмъ либо интересоваться. **Why do you—yourself about it?** почему вы этимъ интересуетесь? || s. дѣло, участіе, сочувствіе; забота, вмѣшальство; тревога, печаль, сожалѣніе, огорченіе, жалость; значеніе; || торговое дѣло. **That is no — of mine,** это меня не касается. **It is a very large —,** это весьма большое предпріятіе.
Concernedly (*кон-сдрнд'-ли*) adv съ выгодой, съ интересомъ, обдуманно
Concerning (*кон-сдрн'-инг*) prep касательно, относительно, въ отношеніи къ. **As — me,** что касается до меня.
Concernment (*кон-сдрн'-мент*) s. дѣло; забота; интересъ.
Concert (*кон-сдрт'*) va. vn. условливаться, сговариваться; обдумывать.
Concert (*кон'-серт*) s. согласіе, единомысліе; (муз.) концертъ. **To act in — with,** дѣйствовать въ согласіи. **To go to a—,** идти въ концертъ. **— pitch,** діапазонъ.
Concertation (*кон-сер-тэ'-шдн*) s. споръ, распря; дрязги.
Concerto (*кон'-сдр'-то*) s. (муз.) концертъ.
Concession (*кон-сеш'-дн*) s. концессія, привиллегія; уступка, дозволеніе; (юрид.) отчужденіе.
Concessionary (*кон-сеш'-дн-ă-ри*) adj. получившій концессію; уступленный.
Concessively (*кон-сес'-сив-ли*) adv. по концессіи, черезъ концессію, съ дозволенія.
Concessory (*кон-сес'-о-ри*) s. уступающій, дозволяющій, допускающій.
Conch (*конк*) s. большая раковина.
Concha (*кон'-ка*) (анат.) раковина (ушная). [раковидный.
Conchiferous (*конк-иф'-и-рес*) adj.
Conchite (*конк'-айт*) s. окаменѣлая *или* ископаемая раковина.
Conchoid (*конк'-ойд*) s. (геом.) конхоида (кривая линія).
Conchological (*кон-ко-лодж'-ик-ăл*) adj. конхиліологическій, раковинообразный.
Conchologist (*кон-кол'-о-джист*) s. изучающій строеніе раковинъ.
Conchology (*кон-кол'-о-джи*) s. (зоол.) конхилогія (ученіе о раковинахъ).
Conciliable (*кон-сил'-и-ă-бл*) adj. согласимый, примиримый.
Conciliate (*кон-сил'-и-эт*) va. примирять, соглашать; пріобрѣтать, снискивать.
Conciliation (*кон-сил-и-э'-шдн*) s. примиреніе, соглашеніе; пріобрѣтеніе.
Conciliator (*кон-сил'-и-э-тдр*) s. примиритель, -ница; миротворецъ (m.).
Conciliatory (*кон-сил'-и-э-тд-ри*) adj. примирительный.
Concise (*кон-сайз'*) adj. краткій; сжатый (о слогѣ).
Concisely (*кон-сайз'-ли*) adv. сжато, сокращенно.
Conciseness (*кон-сайс'-нес*) s. краткость, сжатость (слога).
Concision (*кон-сиж'-дн*) s. вырѣзка, купюра, сокращеніе (въ книгѣ); (библ.) обрѣзаніе (обрядъ).

Conclave (*кон-клэв*) s. конклавъ (собраніе кардиналовъ); собраніе.
Conclude (*кон-клюд'*) va. кончать, завершать; устраивать, улаживать, совершать (сдѣлку). **What do you — from that?** какой вы изъ этого сдѣлаете выводъ? **To — a bargain,** заключить сдѣлку. || vn. кончаться, заключаться, сторговаться, уладить; умозаключать, рѣшать; доказывать.
Concluding (*кон-клюд'-инг*) adj. заключительный, окончательный, послѣдній.
Concludingly (*кон-клюд'-инг-ли*) adv. убѣдительно, неоспоримо, рѣшительно. [заключительный.
Conclusible (*кон-клю'-си-бл*) adj.
Conclusion (*кон-клю'-жӧн*) s. заключеніе, конецъ; исходъ; развязка (драмы); выводъ, умозаключеніе.
Conclusive (*кон-клю'-сив*) adj. окончательный, послѣдній; заключительный; доказательный; неоспоримый.
Conclusively (*кон-клю'-сив-ли*) adv. окончательно; неоспоримо; рѣшительно.
Conclusiveness (*кон-клю'-сив-нес*) s. доказательность, убѣдительность; доводъ.
Concoagulate (*кон-ко-ӓгь'ю-лэт*) va. створаживать, коагулировать.
Concoagulation (*кон-ко-ӓгь-ю-лэ'-тӧн*) s. сгущеніе, коагуляція.
Concoct (*кон-кокт'*) va. варить, переваривать (пищу); сгущать; способствовать созрѣванію; созрѣвать, спѣть (о плодахъ); замышлять.
Concoction (*кон-кок'-шӧн*) s. варка (пищи); перевариваніе, пищевареніе; созрѣваніе.
Concoctive (*кон-кокт'-ив*) adj. помогающій созрѣванію, пищеваренію.
Concomitance (*кон-ком'-и-тӓнс*); **Concomitancy** (*кон-ком'-и-тӓн-си*) s. совпаденіе.
Concomitant (*кон-ком'-и-тӓнт*) adj. сопутствующій; || s. спутникъ; послѣдователь.
Concomitantly (*кон-ком'-и-тӓнт-ли*) adv. совокупно, вмѣстѣ.
Concord (*кон'корд*) s. согласіе, соглашеніе; гармонія, созвучіе; конвенція, договоръ; (грам.) согласованіе.
Concordance (*кон-корд'-ӓнс*) **Concordancy** (*кон-корд'-ӓн-си*) s. согласіе, соглашеніе.
Concordant (*кон-корд'-ӓнт*) adj. согласный, находящійся въ соглашеніи.
Concordantly (*кон-корд'-ӓнт-ли*) adv. согласно, вмѣстѣ, заодно, совокупно. [кордатъ, договоръ.
Concordat (*кон-кор'-дӓт*) s. кон-
Concourse (*кон'-корс*) s. стеченіе (народа), толпа; наплывъ.
Concreate (*кон-кри-эт'*) va. сотворять, создавать одновременно съ.
Concrement (*кон'-кри-мент*) s. сгущеніе, сцѣпленіе, масса, сгустокъ, срощеніе, затвердѣніе.
Concrescence (*кон-крес'-сенс*) s. сростаніе.
Concrescible (*кон-крес'-си-бл*) adj. могущій срастаться, сгущаться.
Concrete (*кон'-крит*) s. сгустокъ, сростокъ; (логич.) конкретное понятіе; бетонъ, цементъ; || adj. сгущенный, сросшійся; конкретный; || va. сгущать, соединять въ одну массу; || сгущаться, срастаться.
Concretely (*кон'-крит-ли*) adv. конкретно.
Concreteness (*кон-крит'-нес*) s. сгущеніе (съ осѣданіемъ).
Concretion (*кон-кри'-шӧн*) s. сгущеніе, осѣданіе; сцѣпленіе, срастаніе, соединеніе.
Concretional (*кон-кри'-шӧн-ӓл*) adj. сросшійся; затвердѣлый.
Concretionary (*кон-кри'-шӧн-ӓ-ри*) adj. сгустившійся, затвердѣлый.
Concretive (*кон-кри'-тив*) adj. сгущающій, соединяющій.
Concretively (*кон-кри'-тив-ли*) adv. сгущая.
Concubinage (*кон-кью'-би-нэдж*) s. наложничество; конкубинатъ.
Concubinary (*кон-кью'-би-нӓ-ри*) adj. наложническій.
Concubine (*кон'-кью-байн*) s. наложница, любовница, сожительница. [s. похоть.
Concupiscence (*кон-кью'-пи-сенс*)
Concupiscent (*кон-кью'-пи-сент*) adj. похотливый, сладострастный.
Concupiscible (*кон-кью'-пи-си-бл*) adj. могущій возбуждать сладострастіе.
Concur (*кон-кӧр'*) vn. содѣйствовать; соглашаться, конкурировать. **I concurred in those sentiments,** я раздѣлялъ эти чувства.
Concurrence (*кон-кӧр-ренс*) s. содѣйствіе; стеченіе; соискательство, конкуренція; соглашеніе, помощь.
Concurrent (*кон-кӧр'-рент*) adj. стекающійся, совпадающій, совмѣстный, содѣйствующій. **— consent,** общее согласіе. || s. конкурентъ.
Concurrently (*кон-кӧр'-рент-ли*) adv. совмѣстно, совокупно.

Concussion (*кон-кöш'-öн*) s. сотрясеніе; потрясеніе, толчокъ.
Concussive (*кон-кöс'-сив*) adj потрясающій, сотрясающій.
Condemn (*кон-дем'*) va. осуждать, порицать; приговаривать, обвинять, признавать негоднымъ.
Condemnable (*кон-дем'-нä-б.л*) adj. подлежащій осужденію, виновный.
Condemnation (*кон-дем-нэ'-шöн*) s. осужденіе.
Condemnatory (*кон-дем'-на-тö-ри*) adj. обвинительный.
Condensable (*кон-ден'-сä-б.л*) adj. сгущаемый, сжимаемый
Condensate (*кон-ден'-сэт*) va. сгущать, сжимать; || vn. сгущаться, сжиматься.
Condensating (*кон-ден'-сэ-тинг*) adj. конденсирующій.
Condensation (*кон-ден-сэ'-шöн*) s. сгущеніе, сжиманіе, конденсація.
Condensative (*кон-ден'-сä-тив*) adj. конденсируемый, могущій быть сгущеннымъ.
Condense (*кон-денс'*) va. сгущать, сжимать, сокращать; || vn. сгущаться, сжиматься.
Condenser (*кон-денс'-ер*) s. (физ.) конденсаторъ; сгуститель.
Condensing (*кон-денс'инг*) adj. сгущающій, сжимающій.
Condensity (*кон-ден'-си-ти*) s. (физ.) плотность.
Condescend (*кон-ди-сенд'*). vn. снисходить; соглашаться; соизволить; склоняться.
Condescendence (*кон-ди-сенд'-енс*) s. снисходительность, любезность.
Condescending (*кон-ди-сенд'-инг*) adj. снисходительный.
Condescendingly (*кон-ди-сенд'-инг-ли*) adv. снисходительно.
Condescension (*кон-ди-сен'-шöн*) s. снисходительность, любезность.
Condign (*кон-дайн'*) adj. достойный, заслуженный; надлежащій.
Condignity (*кон-диг'-ни-ти*) s. достоинство; заслуга; соразмѣрность.
Condignly (*кон-даин'-ли*) adv. по заслугамъ, достойно по.
Condiment (*кон'-ди-мент*) s. приправа (къ кушаньямъ).
Condisciple (*кон-дис-сай'-п*) s. соученикъ.
Condition (*кон-диш'-öн*) положеніе; состояніе; свойство, качество; условіе. **In good —**, въ хорошомъ состояніи. **To —**, выговаривать, обусловливать. || va. vn. условливаться, постановлять, заключать договоръ.
Conditional (*кон-диш'-öн-äл*) adj. условный.
Conditionally (*кон-диш'-öн-ä.л-и*) adv. условно.
Condole (*кон-до'о.л*) vn. соболѣзновать; сочувствовать || va оплакивать.
Condolement (*кон-до'о.л-мент*) s. печаль; соболѣзнованіе.
Condolence (*кон-до'о.л-енс*) s. соболѣзнованіе.
Condone (*кон-до'он*) va. прощать, отпускать (грѣхъ) (птица).
Condor (*кон-дор*) s. кондоръ
Conduce (*кон'-дьюс'*) vn. va способствовать, служить, вести къ...
Conducent (*кон-дью'-сент*) adj. способствующій, ведущій къ чему.
Conducibleness (*кон-дью'-си-б.л-нес*) s. польза, полезность.
Conducibly (*кон-дью'-си-бли*) adv. полезно, съ пользою, выгодно.
Conducive (*кон-дью'-сив*) adj. способствующій. [s. полезность.
Conduciveness (*кон-дью'-сив-нес*)
Conduct (*кон'-дöкт*) s поведеніе; управленіе, надзоръ; поступокъ; походъ; проводъ. **To — one's self,** вести себя.
Conduct (*кон-дöкт'*) va. вести, провожать, сопровождать; направлять, управлять.
Conductibility (*кон-дöкт-и-бил'-и-ти*) s. (физ) проводимость.
Conductible (*кон-дöкт'-и-б.л*) adj. проводимый.
Conduction (*кон-дöк'-шöн*) s. воспитаніе, обученіе; (физ.) проводимость; (юрид.) наемъ.
Conductive (*кон-дöкт'-ив*) adj. (физ.) проводящій.
Conductor (*кин-дöкт'-öр*) s. вожатый, проводникъ, кондукторъ; начальникъ, управляющій, директоръ; (физ.) проводникъ, громоотводъ. **Lightning —**, громоотводъ.
Conductress (*кон-дöкт'-рес*) s. проводница; директриса, начальница.
Conduit (*кон'-дит*) s. проходъ, проводъ, каналъ, труба (водопровода).
Condyle (*кон'-дил*) s. (анат.) мыщелокъ. [кондилома.
Condyloma (*кон-ди-ло'о-ма*) s. (мед.)
Cone (*ко'он*) s. конусъ.
Confabulate (*кон-фäб'-ю-лэт*) vn. болтать съ кѣмъ, бесѣдовать, разговаривать.
Confabulation (*кон-фäб-ю-лэ'-шöн*) s. болтовня, тары-бары.
Confect (*кон'-фект*) va. дѣлать конфекты, варить вареніе.
Confection (*кон-фек'-шон*) s. консервы; (фарм.) препаратъ.
Confectionery (*кон-фек'-шöн-ä-ри*) s. кондитерская.

Confectioner (*кон-фек'-шбн-ер*) s. кондитеръ.
Confederacy (*кон-фед'-ер-ă-ци*) s. конфедерація, союзъ, лига; заговоръ, умыселъ.
Confederate (*кон-фед'-ер-эт*) va. vn. составлять союзъ, вступать въ заговоръ.
Confederation (*кон-фед-ер-э'-шон*) s. конфедерація, союзъ.
Confer (*кон-фбр'*) va. сличать, сравнивать, сопоставлять, давать; || vn. переговариваться, споспѣшествовать, помогать.
Conference (*кон'-фер-енс*) s. сравненіе; совѣщаніе, конференція.
Conferrer (*кон-фбр'-ер*) s. желающій, предоставляющій.
Confess (*кон-фес'*) va. признавать, сознавать; || vn. свидѣтельствовать, исповѣдываться, доказывать.
Confessedly (*кон-фес'-сед-ли*) adv. по всеобщему признанію; безспорно; явно.
Confession (*кон-феш'-бн*) s. признаніе; || исповѣдь. **To go to —**, идти на исповѣдь.
Confessional (*кон-феш'-бн-ăл*) s исповѣдальня.
Confessionary (*кон-феш'-бн-ă-ри*) s. исповѣдальня; || adj. исповѣдный. [никъ, исповѣдникъ
Confessor (*кон-фес-бр*) s. духов-
Confide (*кон-файд'*) vn. полагаться; ввѣряться кому; основываться. **You may — in me,** вы можете положиться на меня. || va. довѣрять, ввѣрять, поручать. [вѣріе, упованіе.
Confidence (*кон'-фи-денс*) s. до-
Confident (*кон'-фи-дент*) adj. увѣренный; самоувѣренный; несомненный; || s. довѣренное лицо; наперсникъ
Confidential (*кон-фи-ден'-шăл*) adj. секретный, конфиденціальный.
Confidentially (*кон-фи-ден'-шăл-и*) adv. секретно, довѣрительно.
Confidently (*кон'-фи-дент-ли*) adv увѣренно, смѣло, несомнѣнно
Confiding (*кон-файд'-инг*) adj. довѣрчивый.
Confidingness (*кон-файд'-инг-нес*) s. довѣрчивость, довѣріе; упованіе.
Configuration (*кон-фиг-ю-рэ'-шбн*) s. очертаніе, обликъ, наружный видъ.
Configure (*кон-фигъ'-юр*) va. придавать видъ, форму.
Confinable (*кон-файн'-ă-бл*) adj. ограничимый, съуживаемый.
Confine (*кон'-файн*) s. границы, грань, межа, рубежъ, предѣлъ; || (*кон-файн'*) vn. граничить, прилегать; || va. ограничивать, установливать границу; запирать, заключать; удерживать, сдерживать
Confineless (*кон-файн'-лес*) adj. безграничный, безпредѣльный, безконечный.
Confinement (*кон-файн'-мент*) s. заключеніе, принужденіе, ограниченіе; арестъ, задержаніе, лишеніе свободы; ссылка, изгнаніе; роды, разрѣшеніе отъ бремени. **During her —**, во все время родовъ.
Confiner (*кон-файн'-ер*) s. сдерживатель, ограничитель, стѣсняющій; пограничный житель, сосѣдъ; || переходное состояніе.
Confinity (*кон-фин'-и-ти*) s. сосѣдство; близость, смежность.
Confirm (*кон-фбрм'*) va. подтверждать, подкрѣплять; конфирмировать.
Confirmable (*кон-фбрм'-ă-бл*) adj. могущій быть подтвержденнымъ.
Confirmation (*кон-фбр-мэ'-шон*) s. подтвержденіе, утвержденіе; укрѣпленіе (здоровья); мгропомазаніе, конфирмація.
Confirmative (*кон-фбрм'-ă-тив*) adj. подтвердительный, утвердительный
Confirmatively (*кон-фбрм'-ă-тив-ли*) adv утвердительно.
Confirmatory (*кон-фбрм'-ă-тб-ри*) adj. подтверждающій; утвердительный.
Confirmedly (*кон-фбрмд'-ли*) adv утвердительно.
Confirmer (*кон-фбрм'-ер*) s. подтвердитель, докащикъ.
Confiscate (*кон-фис'-кэт*) va. конфисковать. [конфискующій.
Confiscator (*кон'-фис-кэ-тбр*) s.
Confiscatory (*кон-фис'-кă-тб-ри*) adj. конфискуемый.
Confiture (*кон'-фи-чур*) s вареньe, конфекты.
Confix (*кон-фикс'*) va. прикрѣплять, утверждать, прибивать.
Conflagrant (*кон-флэ'-грăнт*) adj. пылающій, горящій.
Conflagration (*кон-флă-грэ'-шбн*) s. пожаръ; сожженіе, пламя.
Conflict (*кон'-фликт*) s. столкновеніе, стычка; схватка; борьба; битва, сраженіе; споръ, конфликтъ, недоразумѣніе; || vn. (**with**, противъ) сталкиваться, бороться, противорѣчить, сражаться
Conflicting (*кон-фликт'-инг*) adj. противоположный; противорѣчивый.
Conflictive (*кон-фликт'-ив*) adj. склонный къ столкновенію, стремящійся къ конфликту, къ борьбѣ, къ стычкѣ
Confluence (*кон'-флью-енс*) s. сліяніе (рѣкъ), стеченіе (народа).

Confluent (*кон'-флью-ент*) adj. сливающійся (о рѣкѣ); соединяющійся.
Conflux (*кон'-флёкс*) s. притокъ
Conform (*кон-форм'*) va. сообразовать, соображать, приноравливать; || vn сообразоваться приноравливаться, примѣняться; || adj. одинаковой (по формѣ).
Conformable (*кон-форм'-ă-бл*) adj. сообразный, соотвѣтственый.
Conformableness(*кон-форм'-ă-бл-нес*) s. соотвѣтственность, сходство.
Conformably (*кон-форм'-ă-бл-и*) adv сообразно; соотвѣтственно.
Conformation (*кон-фор-мэ'-шён*) s. устройство, строеніе; видъ, форма, тѣлосложеніе.
Conformed (*кон-формд'*) adj сообразованый, согласованный, сходный.
Conformist (*кон-форм'-ист*) s. сообразующійся, считающійся съ тѣмъ; конформистъ.
Conformity (*кон-форм'-и-ти*) s. сообразность, сходство.
Confound (*кон-фа'унд*) va. смѣшивать, перепутывать; смущать, приводить въ замѣшательство; разрушать, разстраиваться.
Confounded (*кон-фа'ун-ед*) adj. смѣшанцый, перемѣшанный; смущенный, пристыженный; || отвратительный. **A — liar**, отъявленный лгунъ.
Confoundedly(*кон-фа'ун-ед-ли*)adv. постыдно, отвратительно.
Confoundedness (*кон-фа'унд-ед-нес*)s. смѣшеніе: смущеніе.
Confounder(*кон-фа'унд-ер*) s. разрушитель (m.), -ница, истребитель, -ница. [*ти*) s. братство.
Confraternity (*кон-фра-т'ёр'-ни-*
Confrication (*кон-фри-кэ'-шён*) s. треніе обо что.
Confront (*кон-фронт'*) va. смѣло наступать, стоять лицомъ къ лицу съ...; ставить на очную ставку (свидѣтелей); сличать.
Confrontation (*кон-фрон-тэ'-шён*) s. очная ставка; сопоставленіе; сличеніе.
Confronter (*кон-фронт'-ер*) s. ставящій на очную ставку.
Confuse (*кон-фьюз'*)va. смѣшивать, перепутывать; конфузить; приводить въ замѣшательство **His ideas were confused**, его мысли были запутаны
Confusedly (*кон-фьюз'-ед-ли*) adv смутно; сбивчиво; безпорядочно
Confusedness (*кон-фьюз'-ед-нес*) s. смутность, неясность, запутанность.
Confusion (*кон-фью'-жён*) s. разстройтво, безпорядокъ; замѣшательство, стыдъ; разрушеніе, гибель. [опровержимый
Confutable (*кон-фьют'-ă-бл*) adj.
Confutant (*кон-фьют'-ăнт*) s. опровергающій, опровергатель.
Confutation (*кон-фью-тэ'-шён*) s. опровержение.
Confute (*кон-фьют'*) va. опровергать. [вергатель.
Confuter (*кон-фьют'-ер*) s. опро-
Conge (*кон'-джи*) s. поклонъ; || прощаніе.
Congeal (*кон-джил'*) va. vn замораживать, застывать, замерзать.
Congealable (*кон-джил'-ă-бл*) adj. замерзаемый.
Congealment (*кон-джил'-мент*), **Congelation** (*кон-джи-лэ'-шён*)s. замерзаніе, застываніе.
Congener (*кон'-джи-нер*) adj относящійся къ одному роду, однородный.
Congenerousness (*кон-дже'-пер-ес-нес*) s. однородность
Congenial (*кон-джи'-ни-ăл*) adj. сходный, сродный; симпатичный; прирожденный, врожденный. **— to his disposition**, отвѣчающій его намѣреніямъ.
Congeniality (*кон-джи-ни-ăл'-и-ти*), **Congenialness** (*кон-джи'-ни-ăл-нес*) s. сходство, сродство; симпатія.
Congenital (*кон-джен'-и-тăл*) adj. рожденный одновременно; (мед.) врожденный.
Conger (*кон'-гер*), **Conger-eel** (*кон'-гер-ил*) s. морской угорь.
Congeries(*кон-джи'-ри-из*)s. аггрегатъ, скопленіе.
Congest (*кон-джест'*) va. собирать, скоплять, накоплять
Congestion (*кон-джес'-тьён*) s. куча, груда, скопленіе; (медиц.) приливъ крови.
Congestive (*кон-джес'-тив*) adj скопленный; налитый кровью
Conglobate (*кон-гло'о-бэт*) va. собирать, скатывать (въ комъ), скоплять; || adj. скатанный (въ комъ); шаровидный; клубковый.
Conglobe (*кон-гло'об*) va. vn собирать, скатывать (въ комъ); принимать шарообразную форму.
Conglobulate (*кон-глобь'-ю-лэт*) vn. собираться въ кучу, скучиваться
Conglomerate (*кон-гром'-ер-эт*) adj. собранный, скопленный; || s. конгломератъ, скопленіе; || va. скатывать въ шарообразную форму.
Conglomeration (*кон-глом-ер-э'-шён*) s. скопленіе, накопленіе: слипаніе.
Conglutinant(*кон-глью'-ти-нăнт*) adj. липкій, склеивающій, агглютинирующій, связующій.

Conglutinate (*кон-глью'-ти-нэт*) va. дѣлать клейкимъ; склеивать. || vn. слипаться.

Conglutination (*кон-глью'-ти-нэ'-шон*) s. слѣпленіе, склеиваніе

Conglutinative (*кон-глью-ти-нэ-тив*) ad.. клейкій, склеивающій, слѣпляющій.

Congratulate (*кон-грäть'-ю-лет*) va. vn. поздравлять, привѣтствовать.

Congratulation (*кон-грäть-ю-лэ'-шон*) s. поздравленіе.

Congratulator (*кон-грäть'-ю-лэ-тöр*) s. поздравитель (m.), -ница (f.)

Congratulatory (*кон-грäть'-ю-лэ-тö-ри*) adj. поздравительный.

Congregate (*кон'-гри-гэд*) av собирать; скоплять, соединять; || vn. собираться, скопляться, соединяться.

Congregation (*кон-гри-гэ'-шон*) s. конгрегація, сборище, скопленіе; сонмъ.

Congregational (*кон-гри-гэ'-шон-äл*) adj. конгрегаціонный.

Congregationalism (*кон-гри-гэ'-шон-äл-изм*) s. конгрегаціонализмъ.

Congregationalist (*кон-гри-гэ'-шон-äл-ист*) s. конгрегаціоналистъ.

Congress (*кон'-грес*), съѣздъ; совѣщаніе; встрѣча; стычка.

Congressive (*кон-грес'-сив*) adj встрѣчающійся, собирающійся.

Congrue (*кон-гру'*) vn. соглашаться; согласоваться.

Congruence (*кон'-гру-енс*) s. согласіе съ чѣмъ, сообразность, сходство; совпаденіе.

Congruent (*кон'-гру-ент*) adj. сообразный, соотвѣтственный, сходный.

Congruity (*кон-гру'-и-ти*) s. соотношеніе, соотвѣтственность, сообразность; правильность.

Congruous (*кон'-гру-öс*) adj. сообразный, соотвѣтственный, правильный.

Congruously (*кон'-гру-öс-ли*) adv. сообразно, соотвѣтственно, правильно.

Congruousness (*кон'-гру-öс-нес*) s. сходство; сообразность.

Conic (*кон'-ик*), **Conical** (*кон'-ик-äл*) adj. коническій, конусный.

Conically (*кон'-ик-ал-ли*) adv. конически, конусообразно, въ видѣ конуса.

Conicalness (*кон'-ик-äл-нес*) s. коническая форма.

Conics (*кос'-икс*) s. pl. дѣленіе конуса.

Conifer (*ко'-нифер*) s. (бот.) шишковое дерево.

Coniferous (*кониф'-ер-öс*) adj. (бот.) шишконосный.

Conjecturable (*кон-джэк'-чур-ä-бл*) adj. могущій быть угаданнымъ, предположительный, предположимый.

Conjectural (*кон-джек'-чур-äл*) adj. гадательный.

Conjecturally (*кон-джек'-чур-äл-ли*) adv, гадательно.

Conjecture (*кон-джек'-чур*) s. догадка, предположеніе; || va. vn. предполагать, догадываться; гадать, предсказывать.

Conjecturer (*кöн-джек'-чур-ер*) s. предполагающій, догадчикъ, строющій предположенія; гадатель.

Conjoin (*кон-джойн'*) va. vn. соединять, совокуплять; сочетать, || vn. соединяться, совокупляться, сочетаться (бракомъ); вступать въ союзъ.

Conjoint (*кон-джойнт'*) adj. соединенный, пріобщенный; сожительствующій; || замужняя (f.), женатый (m.).

Conjointly (*кон-джойнт'-ли*) adv. вмѣстѣ. совмѣстно, сообща.

Conjointness (*кон-джойнт'-нес*) s. соединеніе, совокупность, совмѣстность.

Conjugal (*кон'-джью-гäл*) adj супружескій, брачный.

Conjugally (*кон'-джью-гäл-и*) adv. по-супружески.

Conjugate (*кон'-джью-гэт*) va. спрягать (глаголъ); соединять, сочетать (бракомъ); || s. (грам.) слово одного корня съ другимъ; || adj. (бот.) **— leaf,** парный листъ.

Conjugation (*кон-джью-гэ'-шон*) s. (грам.) спряженіе (глаголовъ).

Conjunct (*кон-джöнкт*) adj. соединенный, пріобщенный.

Conjunction (*кон-джöнк'-шон*) s. соединеніе, связь; (грам.) союзъ.

Conjunctiva (*кон-джöнк-ти-ва*) s. (анат.) коньюктива (соединительная оболочка).

Conjunctive (*кон-джöнк'-тив*) adj тѣсно связанный, соединенный, || (грам.) сослагательный.

Conjunctively (*кон-джöнк'-тив-ли*) adv. совмѣстно.

Conjunctiveness (*кон-джöнк'-тив-нес*) s. связанность.

Conjunctly (*кон-джöнк'-тли*) adv совмѣстно, вмѣстѣ.

Conjuncture (*кон-джöнк'-чур*) s. стеченіе обстоятельствъ, случай: сочетаніе, связь, соединеніе. коньюнктура. **— of circumstances**, стеченіе обстоятельствъ.

Conjuration (*кон-джью-рэ'-шон*) s. заговоръ. злоумышленіе, колдовство, волшебство; заклинаніе (духовъ).

Conjure (*кон-джъюр'*) va. vn. умо

лять, заклинать, || сговариваться, злоумышлять

Conjure (*кон'-джōр*) va. заклинать, заколдовывать, заговаривать. **To — away,** изгонять духовъ. **To — up**, вызывать. **To — up the devil,** вызывать діавола. || vn. колдовать, заниматься волшебствомъ, пользоваться чернокнижіемъ.

Conjurer (*кон-джюр'-ер*) s. умоляющій; заклинатель.

Cońjurer (*кōн'-джōр-ер*) s. колдунъ, волшебникъ, магъ, кудесникъ.

Conjuring (*кон-джьюр'-инг*) s колдовство **— -book,** черная, волшебная книга.

Conjuror (*кон-джю'-рōр*) s. заговорщикъ.

Connascence (*кон-нäс'-сенс*) s одновременное рожденіе, сорожденіе; происхожденіе отъ одного начала.

Connate (*кон-нэт'*) adj рожденный совмѣстно; сорожденный; происходящій отъ одного начала.

Connation (*конэ'-шōн*) s. связь по рожденію.

Connatural (*кон-нäч'-у-рäл*) adj. природный, естественный.

Connaturally (*кон-нäч'-у-рäл-ли*) adv. природно, естественно.

Connaturalness (*кон-нäч'-у-рäл-нес*) s. врожденность.

Connect (*кōн-нект'*) va. соединять, связывать. сочетать, совокуплять; || vn. соединяться, сочетаться, совокупляться.

Connectedly (*кон-некm'-ед-ли*) adv. въ связи.

Connecting (*кон-некm'-инг*) s связываніе; соединеніе; связь; родство. || adj. соединяющій, связующій. **— point,** точка соединенія. **— pipes**, соединительныя трубы.

Connection (*кон-нэк'-шōн*) s. связь, соотношеніе; родство **To bring into — with**, завязывать съ кѣмъ либо отношенія. **To enter into a — with**, входить съ кѣмъ либо въ отношенія.

Connectively (*кон-некm'-ив-ли*) adv. въ связи, совокупно, сообща,

Connex (*кон-некс'*) va. соединять связывать

Connivance (*кон-найв'-äнс*) s. потворство, поблажка.

Connive (*кон-найв'*) vn. потворствовать; мигать, щуриться.

Conniver (*кон-найв'-ер*) s. потворствующій.

Connoisseur (*кон-нис-сōр'*) s. мастеръ своего дѣла, знатокъ.

Connubial (*кон-нью'-би-äл*) adj. супружескій, брачный.

Conoid (*ко'о-нойд*) s. (геом.)коноидъ.

Conoidal (*ко'о-найд'-äл*) adj коноидальный.

Conoidic (*ко-нойд'-ик*) adj коноидальный, конусообразный.

Conoidical (*ко-нойд'-ик-äл*) adj см. **Conoidic**.

Conquassate (*кон'-куäс'-сэт*) va. потрясать, колебать.

Conquer (*кон'-кер*) va. vn. завоевывать, покорять, одолѣвать, подавлять, укрощать, превозмогать.

Conquerable (*кон'-кер-ä-бл*) adj. преодолимый, покоримый, укротимый.

Conquerableness (*кон'-кер-ä-бл-нес*) s. покоряемость, преодолимость.

Conqueror (*кон'-кер-ōр*) s. завоеватель, побѣдитель; укротитель.

Conquest (*кон'-куест*) s. завоеваніе, побѣда; добыча.

Consanguineous (*кōн-сäн-гуин'-и-ōс*) adj. единокровный

Consanguinity (*кон-сäн-гуин'-и-mu*) s. единокровность, родство по отцу.

Conscience (*кон'-шенс*) s. совѣсть **Touch of —**, угрызеніе совѣсти. **For — sake, to satisfy one's —,** для очистки совѣсти.

Conscienceless (*кон'-шенс-лес*) adj безсовѣстный.

Conscient (*кон'-шенm*) adj. сознательный.

Conscientious (*кон-ши-ен'-шōс*) adj. совѣстливый, добросовѣстный.

Conscientiously (*кон-ши-ен'-шōс-ли*) adv. совѣстливо, добросовѣстно.

Conscientiousness (*кон-ши-ен'-шōс-нес*) s. добросовѣстность.

Conscionable (*кон'-шōн-ä-бл*) adj. справедливый, правильный.

Conscionably (*кон'-шōн-ä-бл-и*) adv. справедливо, правильно

Conscious (*кон'-шōс*) adj сознательный; образованный **To be — of**, сознавать. **To be —,** знать.

Consciously (*кон'-шōс-ли*) adv. сознательно.

Consciousness (*кон'-шōс-нес*) s. сознательность, сознаніе.

Conscript (*кон'-скрипт*) adj. внесенный въ списокъ, || s. новобранецъ, рекрутъ.

Conscription (*кон-скрип'-шōн*) s внесеніе въ списокъ; рекрутскій наборъ.

Consecrate (*кон'-си-крэт*) va. посвящать; освящать, обрекать. на что; помазывать (царя). **To — a church**, освящать церковь.

Consecration (*код-си-крэ'-шōн*) s. посвященіе; освященіе; причисленіе (къ лику святыхъ).

Consecrator (*кон'-си-крэ-тŏр*) s. посвятитель.
Consecratory (*кон'-си-крэ-тŏ-ри*) adj. посвящающій.
Consecution (*кон-си-кью'-шŏн*) s. слѣдствіе; послѣдствіе, послѣдовательность.
Consecutive (*кон-секъ'-ю-тив*) adj. послѣдовательный, вытекающій (какъ слѣдствіе чего).
Consecutively (*кон-секъ'-ю-тив-ли*) adv. послѣдовательно.
Consecutiveness (*кон-секъ'-ю-тив-нес*) s. послѣдовательность.
Consent (*кон-сент'*) s. согласіе, соизволеніе; соглашеніе, сходство **Silence gives —**, молчаніе—знакъ согласія. **With one —**, единодушно. || vn. соглашаться, соизволять
Consentaneous (*кон-сен-тэ'-ни-ŏс*) adj. сообразный, соотвѣтственный, свойственный.
Consentaneously (*кон-сен-тэ'-ни-ŏс-ли*) adv. сообразно, соотвѣтственно.
Consentaneousness (*кон-сен-тэ'-ни-ŏс-нес*) s. сообразность, соотвѣтственность; согласность.
Consentient (*кон-сен'-шент*) adj. единодушный.
Consequence (*кон'-си-куенс*) s. слѣдствіе, послѣдствіе; выводъ; заключеніе; важность; значеніе. **In — of**, вслѣдствіе чего. **In —**, слѣдовательно. **A thing of no —**, вещь, не имѣющая значенія.
Consequent (*кон'-си-куент*) s слѣдствіе, послѣдствіе; (логич.) вторая посылка; || adj. послѣдовательный, вытекающій изъ.
Consequential (*кон-си-куен'-шăл*) adj. вытекающій (изъ чего), логическій; значительный, важный самонадѣянный. **How — he looks**, какой у него самодовольный видъ.
Consequentially (*кон-си-куен'-шăл-и*) adv. послѣдовательно, логически; самодовольно, напыщенно.
Consequentialness (*кон-си-куен'-шăл-нес*) s. послѣдовательность (мышленія), логичность.
Consequently (*кон'-си-куент-ли*) adv. послѣдовательно, вслѣдствіе чего; слѣдовательно.
Conservable (*кон-сŏрв'-ă-бл*) adj сохранимый. | [сохраненіе.
Conservancy (*кон-сŏрв'-ăн-си*) s.
Conservant (*кон-сŏрв'-ăнт*) adj сохраняющій
Conservation (*кон-сŏр-вэ'-шŏн*) s. сохраненіе, соблюденіе, предохраненіе.
Conservatism (*кон-сŏрв'-ă-тизм*) s. консерватизмъ.
Conservative (*кон-сŏрв'-ă-тив*) adj. охранительный, предохранительный; || s. консерваторъ.
Conservator (*кон-сŏр-вэ'-тŏр*) s. хранитель, охранитель.
Conservatory (*кон-сŏрв'-ă-тŏ-ри*) s. помѣщеніе для храненія, складъ амбаръ, депо: (сад.) теплица, оранжерея; (муз.) консерваторія; || adj охранительный, предохранительный.
Conserve (*кон'-сŏрв*) s. консервъ. || va. сохранять, сберегать; дѣлать консервы
Conserver (*кон-сŏрв'-ер*) s. охранитель, -ница; || заготовляющій консервы, варенья.
Consider (*кон-сид'-ер*) va. vn. обсуждать, взвѣшивать, соображать; почитать, уважать; оцѣнивать.
Considerable (*кон-сид'-ер-ă-бл*) adj. замѣчательный, достойный вниманія.
Considerableness (*кон-сид'-ер-ă-бл-нес*) s. значеніе, значительность, важность.
Considerably (*кон-сид'-ер-ă-бли*) adv. значительно, много.
Considerate (*кон-сид'-ер-эт*) adj. осмотрительный, осторожный, разсудительный, почтительный.
Considerately (*кон-сид'-ер-эт-ли*) adv. осмотрительно, осторожно, разсудительно.
Considerateness (*кон-сид'-ер-эт-нес*) s. осмотрительность, осторожность, разсудительность.
Consideration (*кон-сид-ер-э'-шŏн*) s. размышленіе, обсужденіе; почтеніе, уваженіе; значеніе, важность; награда. **The affair is under —**, дѣло обсуждается. **A thing of no —**, вещь недостойная вниманія.
Considering (*кон-сид'-ер-инг*) s. обдумываніе, расмышленіе; || adj. обдумывающій.
Consign (*кон-сайн'*) va. передавать, отдавать кому на коммиссію, на сохраненіе; препоручать. **To — the body to the tomb**, опустить тѣло въ могилу. **To — a cargo to a merchant**, взять на храненіе грузъ у торговца. || vn. подчиниться.
Consignatary (*кон-сиг'-нă-тă-ри*) s. уполномоченный, хранитель.
Consignation (*кон-сиг-нэ'-шŏн*) s. отдача на храненіе; передача; препорученіе; товароотправленіе.
Consignee (*кон-си-ни'*) s. хранитель (товаровъ), получившій (товары на коммиссію).
Consigner (*кон-сайн'-ер*) s. отдающій товары на храненіе, товароотправитель.
Consignment (*кон-сайн'-мент*) s.

отдача товаровъ на храненіе: накладная.

Consignor (*кон-сайн'-ер*) s см. **Consigner**

Consist (*кон-сист'*) vn. быть, существовать, заключаться въ: согласоваться, соотвѣтствовать **To — of,** состоять изъ. **His army consists of infantry and cavalry,** его войско состоитъ изъ инфантеріи и кавалеріи **To — in,** состоять въ **Repentance consists in hating and renouncing sin,** раскаяніе состоитъ въ ненависти ко грѣху и отказѣ отъ него. **To — with,** быть совмѣстнымъ, совмѣщаться **Health —s with temperance alone,** здоровье совмѣстимо лишь съ умѣренностью.

Consistence (*кон-сист'-енс*) **Consistency** (*кон-сист'-ен-си*) s. плотность (тѣлъ), постоянство.

Consistent (*кон-сист'-ент*) adj. плотный, сходный; послѣдовательный; твердый, устойчивый **This is — with reason,** это согласно съ разумомъ. **Be — with yourself,** будьте послѣдовательны, не противорѣчьте себѣ.

Consistently (*кон-сист'-ент-ли*) adv. сообразно, сходно, послѣдовательно: твердо, плотно.

Consistorial (*кон-сис-то'о-ри-ăл*) adj. консисторскій.

Consistory (*кон-сис'-тŏ-ри*) s. консисторія.

Consociate (*кон-со'о-ши-эт*) va. vn. принимать, входить въ товарищество: присоединяться; || s. сотоварищъ, компаніонъ.

Consociation (*кон-со-ши-э'-шŏн*) s. ассоціація, товарищество, компанія, союзъ.

Consolable (*кон-со'ол-ă-бл*) adj. утѣшимый.

Consolation (*кон-со-лэ'-шŏн*) s. утѣшеніе.

Consolator (*кон'-со-лэ-тŏр*), **Consoler** (*кон-со'ол-ер*) s. утѣшитель

Consolatory (*кон-сол'-ă-тŏ-ри*) adj. утѣшительный.

Console (*кон'-сол*) s. (арх.) консоль; || va. утѣшать.

Consolidate (*кон-сол'-и-дэт*) va. закрѣплять, соединять; укрѣплять; сращивать; || vn закрѣпляться; (торг) гарантировать; || s. закрѣпленіе.

Consolidated (*кон-сол'-и-дэт-ед*) apj. скрѣпленный.

Consolidation (*кон-сол-и-дэ'-шŏн*) s утвержденіе, скрѣпленіе; соединеніе; присоединеніе; (торг.) гарантированіе долга.

Consols (*кон-солз'*) s. pl. утвержденный государственный долгъ и проценты съ него.

Consonance (*кон'-со-нăнс*) s. созвучіе, аккордъ. || * согласіе, сходство, соотношеніе.

Consonant (*кон'-со-нăнт*) s. (грам.) согласная буква; || adj созвучный согласный, сходный.

Consonantly (*кон'-со-нăнт-ли*) adv сообразно; созвучно, согласно

Consonantness (*кон'-со-нăнт-нес*) s. согласность, созвучность.

Consonous (*кон'-со-нŏс*) adj. созвучный, гармоническій.

Consort (*кон'-сорт*) s. соучастникъ, сотоварищъ, компаніонъ; супругъ (m.), -руга (f.); || (*кон-сорт'*) va. vn принимать, входить въ товарищество, сожительствовать сочетать, -ться (бракомъ); || **To — with**, водиться, знаться.

Consound (*кон'-саунд*) s. (бот.) общее названіе нѣсколькихъ различныхъ растеній

Conspicuous (*кон-спикъ'-ю-ŏс*) adj. видимый, явный, очевидный: || * замѣчательный, выдающійся, блестящій **To play a — part,** играть выдающуюся роль.

Conspicuously (*кон-стикъ'-ю-ŏс-ли*) adv видимо, очевидно, явно; || * замѣчательно, съ блескомъ.

Conspicuousness (*кон-спикъ'-ю-ŏс-нес*) s яркость, блескъ; очевидность; извѣстность, слава.

Conspiracy (*кон-спир'-ă-си*) s. заговоръ; злоумышленіе; конспирація.

Conspirant (*кон-спайр'-ăнт*) adj. злоумышляющій, заговорщическій, конспиративный.

Conspiration (*кон-спи-рэ'-шŏн*) s. заговоръ

Conspirator (*кон-спир'-ă-тŏр*) s. заговорщикъ, конспираторъ.

Conspire (*кон-спайр'*) vn. сговариться, конспирировать, составлять заговоръ; || содѣйствовать; || va. злоумышлять, задумывать.

Conspirer (*кон-спайр'-ер*) s. конспираторъ, заговорщикъ.

Conspiringly (*кон-спайр'-инг-ли*) adv. путемъ заговора; черезъумыселъ; конспиративно.

Constable (*кŏн'-стă-бл*) s. полицейскій надзиратель; констабль (въ Англіи)

Constablery (*кŏн-стă'-блри*) s. корпусъ констаблей

Constabulary (*кŏн-стă'-бъю-лă-ри*) adj относящійся къ званію констаблей.

Constancy (*кон'-стăн-си*) s. постоянство; твердость; увѣренность.

Constant (*кон'-стăнт*) adj. постоянный, настойчивый; преданный, твердый.

Constantia (*кон'-стǽнс*) npr. Констанція. [Константинъ.
Constantine (*кон'-стǽн-тайн*) npr.
Constantinople (*кон-стǽн-ти-но'о-пл*) npr (геогр.) Константинополь, Царьградъ, Стамбулъ, Византія.
Constantly (*кон'-стǽнт-ли*) adv постоянно; неизмѣнно.
Constellate (*кон-стел'-лэт*) va. vn. сіять, блестѣть какъ созвѣздіе, соединять свѣтовые лучи въ одинъ фокусъ.
Constellation (*кон-стел-лэ'-шöн*) s. созвѣздіе; соединеніе блеска; великолѣпіе.
Consternation (*кон-стер-нэ'-шöн*) s. смущеніе, изумленіе.
Constipate (*кон'-сти-пэт*) va. сгущать, сжимать; засорять, (мед.) страдать запоромъ.
Constipation (*кон-сти-пэ'-шöн*) s. сгущеніе, сжиманіе, засореніе; запоръ (желудка).
Constituency (*кон-ститъ'-ю-ен-си*) s. избиратели, избирательное собраніе; довѣрители.
Constituent (*кон-стит'-ю-ент*) adj. составной, входящій въ составъ чего; || s. составитель, создатель; избиратель, довѣритель; || составная часть чего.
Constitute (*кон'-сти-тьют*) va. составлять, образовывать; довѣрять, уполномачивать; избирать.
Constituter (*кон'-сти-тью-тер*) s. составитель, учредитель; довѣритель, поручитель; избиретель.
Constitution (*кон-сти-тью'-шöн*) s. состояніе, положеніе; составъ, сложеніе; тѣлосложеніе; нравъ; конституція.
Constitutional (*кон-сти-тью'-шöн-ǎл*) adj. конституціонный; зависящій отъ тѣлосложенія.
Constitutionalism (*кон-сти-тью'-шöн-ǎл-изм*) s. конституціонализмъ.
Constitutionalist (*кон-сти-тью'-шöн-ǎл-ист*) s. конституціоналистъ.
Constitutionality (*кон-сти-тью-шöн-ǎл'-и-ти*) s. конституціонность.
Constitutionally (*кон-сти-тью'-шöн-ǎл-и*) adv. согласно конституціи, конституціонно.
Constitutionary (*кон-сти-тью'-шöн'-ǎ-ри*) adj. конституціонный.
Constitutionist (*кон-сти-тью'-шöн-ист*) s. конституціоналистъ
Constitutive (*кон'-сти-тью-тив*) adj. составной; учредительный.
Constitutivelly (*кон'-сти-тью-тив-ли*) adv. учредительнымъпутемъ.
Constrain (*кон-стрэн'*) va. принуждать, приневоливать; удерживать, стѣснять; связывать, сжимать. [adj. принудимый.
Constrainable (*кон-стрэн'-ǎ-бл*)
Constrainedly (*кон-стрэн'-эд-ли*) adv. силою, по принужденію.
Constraint (*кон-стрэнт'*) s. принужденіе, принужденность; нужда, стѣсненныя обстоятельства.
Constrict (*кон-стрикт'*) va. стягивать, сокращать, сжимать.
Constriction (*кон-стрик'-шöн*) s. стягиваніе, сжиманіе, сжатіе, сокращеніе.
Constrictive (*кон-стрик'-тив*) adj. сжимающій, сокращающій.
Constrictor (*кон-стрикт'-öр*) s. (анат.) констрикторъ, сжимающій мускулъ.
Constringe (*кон-стриндж'*) va. сжимать, сокращать.
Constringent (*кон-стрин'-джент*) adj. стягивающій, сжимающій.
Construct (*кон-стрöкт'*) va. строитъ, созидать; сочинять; (грам.) составлять (фразу.).
Constructer (*кон-стрöкт'-ер*) s. строитель.
Construction (*кон-стрöк'-шöн*) s. постройка, строеніе, зданіе; конструкція (фразы); толкованіе.
Constructive (*кон-стрöкт'-ив*) adj. конструктивный; объяснимый; сооружимый, построяемый.
Constructively (*кон-стрöкт'ив-ли*) adv. по индукціи, по смыслу.
Constructiveness (*кон-стрöкт'-ив-нес*) s. способность строить, творить.
Constructure (*кон-стрöк'-чур*) s. строеніе, построеніе, зданіе, сооруженіе.
Construe (*кон'-стру*) va. (грам.) конструировать, составлять (фразу); толковать, объяснять.
Constuprate (*кон'-стью-прэт*) va. изнасиловать.
Constupration (*кон-стью-прэ'-шöн*) s. изнасилованіе.
Consubsist (*кон-сöб-сист'*) va. сосуществовать.
Consubstantial (*кон-сöб-стǽн'-шǎл*) adj. тождественный, одинаковый по существу.
Consubstantiality (*кон-сöб-стǽн-ши-ǎл'-и-ти*) s. одинаковая сущность.
Consubstantially (*кон-сöб-стǽн-шǎл'-и*) adv. тождественно, по сущности.
Consubstantiate (*кон-сöб-стǽн'-ши-эт*) va. vn. соединять въ общую сущность.
Consuetude (*кон'-суи-тьюд*) s. обычай, обыкновеніе, привычка.

Consul (*кон'-сол*) s. консулъ.
Consular (*кон'-сью-лäр*) adj. консульскій.
Consulate (*кон'-сью-лэт*) s. консульство.
Consult (*кон-сölт'*) vn. совѣтоваться, совѣщаться; принимать въ соображеніе; умышлять. **To — one's ease**, сообразоваться со своими выгодами.
Consult (*кон'-сölт*) s. совѣтъ, мнѣніе; совѣщаніе; консультація.
Consultary (*кон'-сölт'-ä-ри*) adj. совѣщательный.
Consultation (*кон-сол-тэ'-шöн*) s. см. **Consult.**
Consulter (*кон-сölт'-ер*) s. консультантъ, совѣтчикъ
Consumable (*кон-сьюм'-ä-бл*) adj уничтожаемый; потребляемый.
Consume (*кон-сьюм'*) va. истреблять; уничтожать; потреблять; расходовать.
Consumer (*кон-сьюм'-ер*) s. истребитель; расточитель; || потребитель.
Consummate (*кон-сöм'-мэт*) va. истреблять; исполнять; || adj. исполненный, довершенный, законченный.
Consummately (*кон-сöм'-мэт-ли*) adv. законченно, совершенно, вполнѣ.
Consummation (*кон-сöм-мэ'-шöн*) s. окончаніе; завершеніе; конецъ (міра); кончина, смерть.
Consumption (*кон-сöм'-шöн*) s. истребленіе; мотовство; потребленіе, расходъ; (мед.) истощеніе, упадокъ силъ; худосочіе. **Home —**, внутреннее потребленіе. **To be in a —**, быть въ состояніи истощенія.
Consumptive (*кон-сöм'-тив*) adj. истребляющій, уничтожающій; губительный; чахоточный.
Consumptively (*кон-сöм'-тив-ли*) adv. путемъ истощенія.
Consumptiveness (*кон-сöм'-тив-нес*) s. расположеніе къ истощенію, къ чахоткѣ.
Contact (*кон'-тäкт*) s. прикосновеніе, соприкосновеніе; сношеніе.
Contagion (*кон-тэ'-джöн*) s. контагій, заразительное начало, зараза.
Contagionist (*кон-тэ'-джöн-ист*) s. изучающій заразительныя начала; заразитель.
Contagious (*кон-тэ'-джöс*) adj заразительный, прилипчивый.
Contagiously (*кон-тэ'-джöс-ли*) adv. заразительно, прилипчиво.
Contagiousness (*кон-тэ'-джöс-нес*) s. заразительность, прилипчивость.
Contain (*кон-тэн'*) va. заключать, вмѣщать въ себѣ, обнимать; сдерживать; || vn воздерживаться **To — one's anger,** сдерживать гнѣвъ. **He could not — himself,** онъ не могъ себя сдержать
Container (*кон-тэн'-ер*) s. содержащій, содержащее.
Contaminate (*кон-тäм'-и-нэт*) va. осквернять, пачкать; помрачать, заражать. || adj. оскверненный, помраченный.
Contamination (*кон-тäм-и-нэ'-шöн*) s. оскверненіе, зараженіе
Contemn (*кон-тем'*) va. пренебрегать, презирать.
Contemner (*кон-тем'-нер*) s. пренебрегающій, презирающій.
Contemperament (*кон-тем'-пер-ä-мент*) s. смягченіе, уступчивость, промедленіе.
Contemplate (*кон-тем'-плэт*) va. vn разсматривать, созерцать, обдумывать; предполагать.
Contemplation (*кон-тем-плэ'-шöн*) s. размышленіе, созерцаніе; намѣреніе
Contemplative (*кон-тем'-плä-тив*) adj. созерцательный, умозрительный, задумчивый.
Contemplatively (*кон-тем'-плä-тив-ли*) adv. созерцательно, умозрительно, задумчиво.
Contemplativeness (*кон-тем'-плä-тив-нес*) s. созерцательность.
Contemplator (*кон'-тем-плэ-тöр*) s. созерцатель.
Contemporaneous (*кон-тем-по-рэ'-ни-öс*) adj. современный.
Contemporaneously (*кон-тем-по-рэ'-ни-öс-ли*) adv. современно, одновременно.
Contemporaneousness (*кон-тем-по-рэ'-ни-öс-нес*) s. современность.
Contemporariness (*кон-тем'-по-рä-ри-нес*) s. современность.
Contemporary (*кон-тем'-по-рä-ри*) adj. современный; || s. современникъ.
Contempt (*кон-темп'*) s. презрѣніе, пренебреженіе, униженіе
Contemptibility (*кон-темп'-и-бил'-и-ти*), **Contemptibleness** (*кон-темп'-и-бл-нес*) s. презрительность, презрѣнность, ничтожество.
Contemptible (*кон-темп'-и-бл*) adj. презрѣнный, презрительный.
Contemptibly (*кон-темп'-и-бли*) adv. презрѣнно, подло, презрительно.
Contemptuous (*кон-темпъ'-ю-öс*) s. презрительный, дерзкій, надменный
Contemptuously (*кон-темъ'-ю-öс-ли*) adv. презрительно, надменно, дерзко

Contemptuousness (*кон-темпь-ю-ôс-нес*) s. презрѣніе, пренебреженіе; наглость, нахальство; надменность.
Contend (*кон-тенд'*) va. vn. оспаривать, спорить, препираться; утверждать. **To — for a trifle, about trifles,** спорить изъ за пустяковъ. [никъ, соискатель.
Contender (*кон-тенд'-ер*) s. сопер-
Contending (*кон-тенд'-инг*) s. оспариваніе, споръ; || adj. враждебный. — **interests,** противоположные интересы
Content (*кон-тент'*) adj. довольный чѣмъ, готовый, согласный на что, безропотный; || va. удовлетворять, дѣлать довольнымъ; || s. довольство, удовольствіе
Contentation (*кон-тен-тэ'-шôн*) s. удовлетворенность.
Contented (*кон-тент'-ед*) adj. довольный, удовлетворенный.
Contentedness (*кон-тент'-ед-нес*) s. довольно, удовлетворительно.
Contentful (*кон-тент'-фул*) adj. счастливый, довольный.
Contention (*кон-тен'-шôн*) s. споръ, распря; пренія, состязаніе, диспутъ.
Contentious (*кон-тен'-шôс*) adj. спорный, сварливый.
Contentiously (*кон-тен'-шôс-ли*) adv. спорно, сварливо.
Contentiousness (*кон-тен'-шôс-нес*) s. сварливость.
Contents (*кон-тентс*) s. pl. содержимое; вмѣстимость, объемъ; **The — of a book,** содержаніе книги. **Table of —,** оглавленіе. **The — of a barrel,** вмѣстимость бочки.
Conterminable (*кон-тôр' ми-нâб-л*), adj. подлежащій ограниченію
Conterminal (*кон-тôр'-ми-нал*), **Conterminous** (*кон-тôр-ми-нôс*) adj. смежный, сопредѣльный, пограничный
Conterminate (*кон-тôр'-ми-нэт*) adj. сопредѣльный, пограничный, смежный.
Contest (*кон-тест'*) va. vn спорить, оспаривать, опровергать; пререкаться; состязаться, соперничать; || s споръ, пререканіе; состязаніе, борьба
Contestable (*кон-тест'-â-бл*) adj оспоримый, спорный.
Contestableness (*кон-тест'-â-бл-нес*) s. поводъ къ спору, оспариваемость.
Contestation (*кон-тес-тэ'-шôн*) s. споръ, распря, ссора, пререканіе; || свидѣтельское показаніе.
Contestingly (*кон-тест'-инг-ли*) adv. со споромъ, въ ссорѣ.
Context (*кон'-текст*) s. контекстъ, логическій выводъ изъ текста (документа); || va. (*кон-текст'*), связывать, сплетать; || adj. связанный, сплетенный.
Contextural (*кон-текс'-чур-âл*) adj. взаимно относящійся.
Contexture (*кон-текс'-чур*) s. соотношеніе; сплетеніе, ткань, соединеніе, составъ.
Contiguity (*кон-ти-гью'-и-ти*) s. смежность, соприкосновеніе.
Contiguous (*кон-тигь'-ю-ôс*) adj. смежный, соприкасающійся.
Contiguously (*кон-тигь'-ю-ôс-ли*) adv. смежно.
Contiguousness (*кон-тигь'-ю-ôс-нес*) s. смежность, соприкосновеніе
Continence (*кон'-ти-ненс*), **Continency** (*кон'-ти-нен-си*) s. воздержаніе, чистота (нравовъ), цѣломудріе
Continent (*кон'-ти-нент*) adj. воздержный, цѣломудренный, непрерывный (о лихорадкѣ); || s (геогр.) материкъ, континентъ.
Continental (*кон-ти-нент'-âл*) adj континентальный.
Continently (*кон'-ти-нент-ли*) adv. воздержно, умѣренно
Contingence (*кон-тин'-дженс*), **Contingency** (*кон-тин'-дженси*) s. случайность, случай.
Contingent (*кон-тин'-джент*) adj случайный, непредвидѣнный; || s. случайность; доля; контингентъ
Contingently (*кон-тин'-джент-ли*) adv. случайно, по случаю.
Contingentness (*кон-тин'-джент-нес*) s. случайность
Continual (*кон-тинь'-ю-âл*) adj. постоянный, безпрерывный, безконечный.
Continually (*кон-тинь'-ю-âл-и*) adv. постоянно, безпрерывно, безконечно.
Continualness (*кон-тинь'-ю-âл-нес*) s. постоянство, безпрерывность.
Continuance (*кон-тинь'-ю-âнс*) s постоянство, безпрерывность, продолженіе; настойчивость, отсрочка (дѣла)
Continuate (*кон-тинь'-ю-эт*) adj постоянный, безпрерывный, продолжительный
Continuation (*кон-тинь-ю-э'-шôн*) s. продолженіе.
Continuator (*кон-тинь'-ю-э-тôр*) s. продолжатель.
Continue (*кон-тинь'-ю*) vn перес-ставать, длиться (о дѣйствіи); продолжаться, оставаться, пребывать, упорствовать.
Continuedly (*кон-тинь'-юд-ли*) adv постоянно, безпрерывно

Continuer (*кон-тинь'-ю-ер*) s. продолжатель.
Continuity (*кон-ти-нью'-и-ти*) s. безпрерывность; связь.
Continuous (*кон-тинь'-ю-ŏс*) adj. сплошной, непрерывный.
Continuously (*кон-тинь'-ю-ŏс-ли*) adv. безпрерывно.
Contort (*кон-торт'*) va. искривлять; скручивать, обходить.
Contortion (*кон-тор'-шŏн*) s. искривленіе; судорога; вывихъ.
Contour (*кон-тур'*) s. контуръ, очеркъ, очертаніе.
Contra (*кон'-тра*) adv. (торг.) съ другой стороны (въ счетныхъ книгахъ). **Per —**, какъ уплата, за то; || латинскій предлогъ, въ сложеніи съ другимъ словомъ, означающій: противъ.
Contraband (*кон'-тра-бăнд*) s. контрабанда; || adj. контрабандный; || va. заниматься контрабандой.
Contract (*кон-тракт'*) va. сжимать, стягивать, съуживать; сморщивать, сокращать; перенимать, пріобрѣтать (привычку). **To — the brow**, хмурить брови. **To — debts**, входить въ долги. || vn съуживаться; морщиться; принимать на себя обязательства; || рядиться, договариваться, условливаться; || s. контрактъ, подрядъ, договоръ, условіе. **To draw up a —**, дѣлать контрактъ. **To sell by private —**, продавать по добровольному соглашенію. **To do by —**, дѣйствовать по договору.
Contractedly (*кон-трăкт'-ед-ли*) adv. сокращенно, ограниченно; узко, тѣсно.
Contractedness (*кон-трăкт'-ед-нес*) s. съуженность, сжатость, сокращенность; узкость (взгляда).
Contractibility (*кон-трăкт-и-бил'-и-ти*) s. сжимаемость.
Contractible (*кон-трăкт'-и-б.л*) adj. сжимающійся.
Contractibleness (*кон-трăкт'-и-бл-нес*) s. сжимаемость, сокращаемость.
Contractile (*кон-трăкт'-ил*) adj. сжимающійся, сокращающійся.
Contractility (*кон-трăк-ти.л'-и-ти*) s. сжимаемость, сокращаемость.
Contracting (*кон-трăк'-тинг*) adj. договаривающійся. **The — parties**, договаривающіяся стороны.
Contraction (*кон-трăк'-шŏн*) s. сжиманіе, съеживаніе, сокращеніе, сведеніе, схватка; урѣзываніе (сочиненія); (мат.) сокращеніе; усышка (глины); осѣданіе (глины).
Contractive (*кон-трăкт'-ив*) adj. сжимающій, стягивающій

Contractor (*кон-трăкт'-ŏр*) s. договаривающійся, поставщикъ, контрагентъ, предприниматель.
Contradict (*кон-тра-дикт'*) va. противорѣчить, прекословить; опровергать, противиться.
Contradicter (*кон-тра-дикт'-ер*) s. спорщикъ.
Contradiction (*кон-тра-дикт'-шŏн*) s. противорѣчіе, прекословіе.
Contradictional (*кон-тра-дик'-шŏн-ăл*) adj противорѣчивый, непослѣдовательный.
Contradictious (*кон-тра-дик'-шŏс*) adj. противорѣчивый, противорѣчащій.
Contradictiousness (*кон-тра-дик'-шŏс-нес*) s. противорѣчіе, склонность противорѣчить.
Contradictive (*кон-тра-дикт'-ив*) adj. противорѣчивый.
Contradictively (*кон-тра-дикт'-ив-ли*) adv. противорѣчиво.
Contradictorily (*кон-тра-дикт'-ŏ-ри-ли*) adv. противорѣчиво.
Contradictoriness (*кон-тра-дикт'-ŏр-и-нес*) s. противорѣчіе, прекословіе.
Contradictory (*кон-тра-дикт'-ŏ-ри*) adj. противорѣчивый; противоположный, несовмѣстимый, противный.
Contradistinct (*кон-тра-дис-тинкт'*) adj. противоположный (въ смыслѣ качества).
Contradistinction (*кон-тра-дис-тинк'-шŏн*) s. противоположность, контрастъ.
Contradistinctive (*кон-тра-дис-тинкт'-ив*) adj. различный.
Contradistinguish (*кон-тра-дис-тинг'-гуиш*) va. vn. различать, противополагать.
Contra-indecate (*кон-тра-ин'-ди-кэт*) va. (мед.) противоуказывать.
Contra-indication (*кон-тра-ин-ди-кэ'-шŏн*) s. (мед.) противоуказаніе.
Contralto (*кон-трăл'-то*) s. (муз.) контральто.
Contra-position (*кон-тра-по-зиш'-ŏн*) s. противодѣйствіе, противостояніе.
Contraries (*кон'-тра-риз*) s. pl. противоположности.
Contrariety (*кон-тра-рай'-и-ти*) s. противоположность, разница.
Contrarily (*кон'-тра-ри-ли*) adv. противоположно, различно.
Contrariness (*кон'-тра-ри-нес*) s. противоположность.
Contrarious (*кон-трэ'-ри-ŏс*) adj. противный, противоположный
Contrariwise (*кон'-тра-ри-уайз*) adv. напротивъ, наоборотъ.
Contrary (*кон'-тра-ри*) adj. противный, противоположный; || s. противное, противоположное. **On**

the —, напротивъ, наоборотъ. **Quite the —**, совершенно напротивъ.

Contrast (*кон'-трастъ*) s. контрастъ, противоположность, разница.

Contravallation (*кон-тра-вăл-лэ'-шŏн*) s. (форт.) контраваллядія

Contravene (*кон-тра-вин'*) va нарушать, преступать.

Contravener (*кон-тра-вин'-ер*) s. нарушитель, -ница.

Contravention (*кон-тра-вен'-шŏн*) s. нарушеніе, проступокъ.

Contributary (*кон-трибь'-ю-тă-ри*) adj. платящій дань.

Contribute (*кон-трибь'-ют*) va вносить, платить; доставлять; содѣйствовать.

Contribution (*кон-три-бью'-шŏн*) s. контрибуція, подать, уплата, взносъ (подати), подписка, сборъ пожертвованій. **To lay, to put under —**, подвергать сбору.

Contributive (*кон-трибь'-ю-тив*) adj. содѣйствующій.

Contributor (*кон-трибь'-ю-тŏр*) s. участникъ, сотрудникъ.

Contributory (*кон-трибь'-ю-тŏ-ри*) adj. содѣйствующій.

Contristate (*кон-трис'-тэт*) va. опечаливать, огорчать.

Contrite (*кон'-трайт*) adj. разбитый, сокрушенный, кающійся

Contritely (*кон'-трайт-ли*) adv съ сокрушеніемъ, съ раскаяніемъ

Contriteness (*кон'-трайт-нес*) s. сокрушеніе, раскаяніе.

Contrition (*кон-триш'-ŏн*) s. сокрушеніе, раскаяніе; || раздробленіе.

Conriturate (*кон-трит'-ю-рэт*) va. растирать, толочь.

Contrivable (*кон-трайв'-ă-бл*) adj вымышленный.

Contrivance (*кон-трайв'-ăнс*) s. выдумываніе, выдумка, затѣя; намѣреніе; предначертаніе; планъ; снарядъ, механизмъ.

Contrive (*кон-трайв'*) va. выдумывать; замышлять, устраивать; || vn. придумывать, умѣть, намѣреваться; достигать.

Contriver (*кон-трайв'-ер*) s изобрѣтатель, затѣйщикъ, выдумщикъ.

Control (*кон-тро'ол*) s контроль; надзоръ; власть, вліяніе, вѣдѣніе; || va. контролировать, провѣрять; обуздывать, сдерживать; управлять. **To — one's passions**, сдерживать страсти.

Controllable (*кон-тро'ол-ă-бл*) adj находящійся подъ контролемъ, обуздываемый.

Controller (*кон-тро'ол-лер*) s. контролеръ, надзиратель, надсмотрщикъ.

Controlment (*кон-тро'ол-мент*) s. контролированіе; обузданіе; власть, вліяніе; противодѣйствіе, возраженіе

Controversary (*кон-тро-вŏр'-са-ри*) adj. спорный.

Controversial (*кон-тро-вŏр'-шăл*) adj. спорный, полемическій.

Controversialist (*кон-тро-вŏр'-шăл-ист*) s. спорщикъ.

Controversy (*кон'-тро-вŏр-си*) s. споръ, полемика, состязаніе; (юрид.) тяжба, дѣло, процессъ.

Controvert (*кон'-тро-вŏрт*) va. спорить, оспаривать, обсуждать.

Controvertible (*кон-тро-вŏрт'-и-бл*) adj. оспариваемый, спорный, полемическій.

Controvertibly (*кон-тро-вŏрт'-и-бли*) adv. спорно, противорѣчиво

Controvertist (*кон'-тро-вŏрт-ист*) s. спорщикъ.

Contumacious (*кон-тью-мэ'-шŏс*) adj. упорный, упрямый, несговорчивый; невыполнившій предписанія; (юрид.) заглазно осужденный.

Contumaciously (*кон-тью-мэ'-шŏс-ли*) adv. упорно, упрямо, неумолимо, наперекоръ.

Contumaciousness (*кон-тью-мэ'-шŏс-нес*) s упорство, упрямство; ослушаніе; (юрид.) неявка въ судъ.

Contumacy (*кон-тью'-мă-си*) s. см. **Contumaciousness.**

Contumelious (*кон-тью-ми'-ли-ŏс*) adj. оскорбительный, обидный, позорный, безчестный.

Contumeliously (*кон-тью-ми'-ли-ŏс-ли*) adv. оскорбительно, обидно, презрительно.

Contumeliousness (*кон-тью-ми'-ли-ŏс-нес*) s. грубость, дерзость, невѣжливость.

Contumely (*кон'-тью-ме-ли*) adv. оскорбленіе, обида, позоръ, безчестіе.

Contuse (*кон-тьюз'*) va. ушибать, контузить; растирать, толочь.

Contusion (*кон-тью'-жŏн*) s. ушибъ, контузія; || растираніе въ порошокъ.

Conundrum (*ко-нŏн'-дром*) s. игра словъ, каламбуръ.

Convalesce (*кон-ва-лес'*) vn. выздоравливать.

Convalescence (*кон-ва-лес'-сенс*) s. выздоровленіе.

Convalescent (*кон-ва-лес'-сент*) adj. выздоравливающій.

Convenable (*кон-вин'-ă-бл*) adj. подлежащій созыву; приличный.

Convene (*кон-вин'*) va. созывать, собирать; || vn собираться, сходиться.

Convener (*кон-вин'-ер*) s. созывающій.

Convenience (*кон-вин'-и-енс*) s. удобство, приличіе; выгода, преимущество; сообразность. **Will that suit your —?** понравится ли это Вамъ? **At your earliest —**, какъ скоро это будетъ вамъ удобно.

Convenient (*кон-вин'-и-ент*) adj. удобный, годный, пригодный. **When will it be — for you to pay me?** когда вамъ будетъ угодно мнѣ уплатить?

Conveniently (*кон-вин'-и-ент-ли*) adv. удобно подходяще.

Convent (*кон'-вент*) s. монастырь, обитель; || **va** vn. созывать; сходиться.

Conventicle (*кон-вент'-и-кл*) s. сходка, тайное собраніе.

Convention (*кон-вен'-шон*) s. собраніе: съѣздъ; договоръ, условіе, конвенція.

Conventional (*кон-вен'-шон-ă.л*) adj. условный, условленный.

Conventionalism (*кон-вен'-шон-ăл-изм*) s условность.

Conventionalist (*кон-вен'-шон-ăл-ист*) s. вступающій въ договоръ.

Conventionality (*кон-вен'-шон-ă.л-и-ти*) s. условность, неискренность.

Conventionally (*кон-вен'-шон-ă.л-и*) adv. условно, съ условіемъ.

Conventioner (*кон-вен'-шон-ер*) s. членъ собранія, конвента.

Conventionist (*кон-вен'-шон-ист*) s. договаривающійся; покупщикъ *или* продавецъ.

Conventual (*кон-вен'-чу-ă.л*) adj. монастырскій, монашескій; || s. монахъ (m.), —хиня (f.)

Conventually (*кон-вен'-чу-ă.л-и*) adv. согласно договору, согласно уставу (монашескому).

Converge (*кон-вöрдж'*) vn. сходиться въ одну точку, сосредоточиваться; стремиться къ одному.

Convergence (*кон-вöр'-дженс*) s. стеченіе въ одной точкѣ.

Convergent (*кон-вöр-джент*) adj сходящійся въ одну точку.

Converging (*кон-вöр'-джинг*) adj. см. **Convergent**.

Conversable (*кон-вöрс'-ă-бл*) adj. общительный, обходительный

Conversableness (*кон-вöрс'-ă-бл-нес*) s. общительность.

Conversably (*кон-вöрс'ă-бли*) adv въ разговорной формѣ.

Conversancy (*кон-вöр-сăн-си*) s фамильярность.

Conversant (*кон'-вöр-сăнт*) adj знакомый; дружескій, фамильярный; свѣдущій

Conversantly (*кон'-вöр-сăнт-ли*) adv. фамильярно.

Conversation (*кон-вöр-сэ'-шон*) s. разговоръ, бесѣда; общеніе; знакомство; сношеніе. **A private —**, частная бесѣда.

Conversational (*кон-вöр-сэ'-шон-ă.л*) adj. разговорный.

Conversationist (*кон-вöр-сэ'-шон-ист*) s. собесѣдникъ.

Conversative (*кон-вöрс'-ă-тив*) adj. общительный, свѣтскій.

Converse (*кон-вöрс'*) vn. (**with**) разговаривать, бесѣдовать, знаться, имѣть сношенія, связь.

Converse (*кон'-вöрс*) s. разговоръ, бесѣда; знакомство; сношеніе, связь.

Conversion (*кон-вöр'-шон*) s. обращеніе, превращеніе; переходъ.

Conversive (*кон-вöр'-сив*) adj. расположенный къ уступкѣ.

Convert (*кон-вöрт'*) va. обращать, превращать; || обращаться, превращаться, измѣняться; || (*кон'-вöрт*) s. новообращенный, прозелитъ. [щающій (въ вѣру).

Converter (*кон-вöрт'-ер*) s. обра-

Convertibility (*кон-вöрт-и-бил'-и-ти*) s. прерываемость, обращаемость.

Convertible (*кон-вöрт'-и-бл*) adj. превратимый, обратимый.

Convertibleness (*кон-вöрт'-и-бл-нес*) s. превращаемость, обращаемость.

Convertibly (*кон-вöрт'-и-бли*) adv. взаимно, черезъ превращеніе, обратно.

Convex (*кон'-векс*) adj. выпуклый.

Convexity (*кон-векс'-и-ти*) s. выпуклость. [пукло.

Convexly (*кон-векс'-ли*) adv. вы-

Convexness (*кон'-векс-нес*) s. выпуклость.

Convexo-Concave (*кон-векс'-о-кон-кэв*) adj. выпукло-вогнутый.

Convey (*кон-вей*) va. переносить, носить; перевозить, возить; сообщить, доставлять; проходить; || vn. изъять (изъ собственности). **To — away**, уносить. **That word does not — my meaning**, это слово не передаетъ моей мысли.

Conveyable (*кон-вей'-ă-бл*) adj. перевозимый, передаваемый, сообщаемый.

Conveyance (*кон-вей'-ăнс*) s перевозка, перенесеніе; перевозочныя средства, дорога; передача (звука).

Conveyancer (*кон-вей'-ăн-сер*) s. совершающій крѣпостные акты.

Conveyancing (*кон-вей'-ăн-синг*) s. формулировка крѣпостныхъ актовъ.

Conveyer (*кон-вей'-ер*) s. перевозчикъ; конвойный.
Convict (*кон-викт'*) va. изобличать, убѣждать; осуждать. || s. (*кон'-викт*) осужденный, виновный.
Conviction (*кон-вик'-шон*) s. убѣжденіе; осужденіе.
Convictive (*кон-викт'-ив*) adj убѣдительный.
Convince (*кон-винс'*) vn. убѣждать, изобличать; || осиливать, побѣждать..
Convincible (*кон-вин'-сибл*) adj опровержимый.
Convincing (*кон-вин'-синг*) adj убѣдительный **A — proof**, улика.
Convincingly (*кон-вин'-синг-ли*) adv. убѣдительно, доказательно
Convincingness (*кон-вин'-синг-нес*) s. убѣдительность, сила доводовъ.
Convivial (*кон-вив'-и-ăл*) adj общительный, веселый.
Conviviality (*кон-вив-и-ăл'-и-ти*) s. веселость, общительность.
Convocate (*кон'-во-кэт*) va. созывать, собирать.
Convocation (*кон-во-кэ'-шон*) s. созывъ; собраніе; соборъ.
Convoke (*кон-во'ок*) va. сзывать, собирать.
Convolution (*кон-во-лью'-шон*) s свертываніе, завиваніе.
Convolve (*кон-волв'*) va. свертывать, завивать.
Convolvulus (*кон-вол'-вью-лŏс*) s. (бот.) вьюнокъ.
Convoy (*кон-вой'*) va. конвоировать. || s. (*кон'-вой*) конвой.
Convulse (*кон-вŏлс'*) va. колебать, волновать; ломать. **He was convulsed with laughter,** онъ корчился отъ смѣха.
Convulsion (*кон-вŏл'-шон*) s. конвульсіи, судорога, корчи; || волненіе, потрясеніе.
Convulsive (*кон-вŏл'-сив*) adj конвульсивный, судорожный
Convulsively (*кон-вŏл'-сив-ли*) adv. конвульсивно.
Cony (*кŏн'-и*) s. кроликъ. **— burrow,** кроличья нора.
Coo (*ку*) vn. ворковать.
Cooing (*ку'-инг*) s. воркованіе.
Cook (*кук*) s. поваръ; || va. vn стряпать готовить.
Cookery (*кук'-ер-и*) s стряпня, кухня, поваренное искуство.
Cooking (*кук'-инг*) s. печеніе, || adj. поваренный, кухонный.
Cookmaid (*кук'-мэд*) s. кухарка, стряпуха.
Cook-shop (*кук'-шоп*) s. харчевня.
Cool (*кул*) adj. свѣжій, прохладный; равнодушный, хладнокровный. **A — evening,** свѣжій вечеръ. **A — answer,** холодный отвѣтъ. || s прохлада, свѣжесть. **To enjoy the —,** пользоваться прохладой. || va. охлаждать, студить; || vn. стынуть, остывать, охлаждаться. **This will — your courage,** это охладитъ вашу храбрость.
Cooler (*кул'-ер*) s. охлаждатель, охлаждающее. **Water —,** холодильникъ.
Coolish (*кул'-иш*) adj. холодноватый.
Coolly (*кул'-ли*) adv. свѣжо, прохладно; || равнодушно, спокойно, холодно.
Coolness (*кул'-нес*) s. прохлада, свѣжесть; || хладнокровіе, спокойствіе.
Cooly или **Coolie** (*ку'-ли*) s. кули носильщикъ).
Coom (*кум*) s. сажа; коломазь.
Coop (*куп*) s. курятникъ; || крытая телѣга; || боченокъ.
Coopee (*ку-пи'*) s. купе (па въ танцахъ).
Cooper (*куп'-ер*) s. бочаръ.
Cooperage (*куп'-ер-едж*) s. бочарня; бочарное ремесло.
Co-operate (*ко-оп'-ер-эт*) vn. сотрудничать, содѣйствовать.
Co-operation (*ко-оп-ер-э'-шон*) s. кооперація.
Co-operative (*ко-оп'-ер-ă-тив*) adj кооперативный
Co-operator (*ко-оп'-ер-ă-тŏр*) s. сотрудникъ, -ница; кооператоръ.
Co-ordinate (*ко-ор'-ди-нэт*) adj. выстроенный въ рядъ, выравненный
Co-ordinately (*ко-ор'-ди-нэт-ли*) adv. въ одинаковой степени, однородно.
Co-ordinateness (*ко-ор'-ди-нэт-нес*) s. координація
Co-ordinates (*ко-ор'-ди-нэтс*) s. (матем.) координаты.
Co-ordination (*ко-ор-ди-нэ'-шон*) s. координація.
Coot (*кут*) s. (орнит) лысуха (птица); || * ротозѣй.
Cop (*коп*) s. верхушка; хохолокъ, хохолъ, гребень; || веретено.
Copaiba (*ко-пэ'-ба*), **Copahiva** (*ко-па-хай'-ва*) s бальзамовое дерево, капайва.
Copal (*ко'о-пăл*) s. копаловая камедь
Coparcenary (*ко-пар'-се-нă-ри*) s участіе въ наслѣдствѣ.
Coparcener (*ко-пар'-се-нер*) s сонаслѣдникъ.
Coparceny (*ко-пар'-се-ни*) s доля (равная) въ наслѣдствѣ.
Co-partner (*ко-парт'-нер*) s. сотоварищъ, участникъ.
Co-partnership (*ко-парт'-нер-шип*) s. торговое товарищество, общество; артель; кооперативъ.
Copatriot (*ко-пэ'-три-ŏт*) s. соотечественникъ, землякъ.
Cope (*ко'оп*) s. крышка, покрышка; сводъ (небесный); скуфья, камилавка; колпакъ (печи); || va. крыть, покрывать; || vn. сопротивляться, бороться; схватиться; вознаграждать, оплачивать

Copenhagen (*ко-пн-хэ'-гн*) npr. (геогр.) Копенгагенъ.

Copier (*коп'-и-ер*), **Copyist** (*коп'-и-ст*) s. переписчикъ; писецъ; подражатель, имитаторъ; литературный воръ.

Coping (*ко'оп-инг*) s. покрываніе; || обмѣнъ; || борьба, крышка (у стѣны). [богатый, плодовитый.

Copious (*ко'о-пи-ŏс*) adj. обильный,

Copiously (*ко'о-пи-ŏс-ли*) adv. богато, обильно.

Copiousness(*ко'о-пи-ŏс-нес*)s. изобиліе, обильность; плодовитость.

Copped (*копт*) adj. хохлатый (о птицѣ); || коническій.

Coopper (*коп'-ер*) s. мѣдь; || мѣдный котелъ; || мѣдная монета; || adj. мѣдный. || va. покрывать мѣдью. **— bottomed, — -sheated**, съ дномъ обшитымъ мѣдью. **— -coin**, мѣдная монета. **— -coloured**, окрашенный въ цвѣтъ мѣди.

Copperas (*коп'-ер-ăс*) s. мѣдный купоросъ.

Copperish(*коп'-ер-иш*)adj мѣдный

Copperplate (*коп'-ер-плэт*) s эстампъ; мѣдная гравировальная доска [мѣдникъ

Coppersmith (*коп'-ерс-мизс*) s

Coppery (*коп'-ер-и*) adj. мѣдный

Coppice (*коп'-ис*) s **Copse** (*копс*) s. заросль. [чищать заросль

Copse(*копс*) va поддерживать, под-

Copt (*копт*). **Copht** (*кофт*) npr. Коптъ.

Coptic (*коп'-тик*) adj. коптическій.

Copula(*копъ'-ю-ла*)s.(логич.)связка

Copulate (*копъ'-ю-лэт*) adj. соединенный, слитый. || vn совокупляться; || va. соединять, совокуплять, случать

Copulation (*копъ'-ю-лэ-шŏн*) s. совокупленіе; случка(о животныхъ)

Copulative (*копъ'-ю-лă-тив*) adj (грам.)соединительный; || s союзъ

Copy (*коп'-и*) s. списокъ, копія; снимокъ (съ картины); рукопись, экземпляръ (книги); образецъ; пропись. **A fair —** (копія) на-бѣло **True —**, съ подлиннымъ вѣрно **A — of Johnson's works**, экземпляръ сочиненія Джонсона. **— -book**, s. записная книга || va списывать, переписывать, копировать, снимать копію.

Copyhold (*коп'-и-холд*) s. что либо находящееся въ зависимости отъ владѣльца.

Copyholder (*коп'-и-хол-дер*) s владѣлецъ земли подъ условіемъ извѣстныхъ уплатъ

Copying (*коп'-и-инг*) переписываніе, копированіе **— -press**, копировальный прессъ. [чикъ

Copyist (*коп'-и-ист*) s. перепис-

Copyright (*коп'-и-райт*) s. авторское право; литературная собственность. [волочиться.

Coquet (*ко-кет'*) s. кокетничать,

Coquetry (*ко-кэт'-ри*) s. кокетство, волокитство. [кокетка.

Coquette *или* **Coquet** (*ко-кет'*) s

Coquettish (*ко-кет'-иш*) adj. кокетливый. [кокетливо.

Coquettishly (*ко-кет'-иш-ли*) adv.

Coracle(*кор'-ă-кл*)s.рыбачья лодка.

Coral (*кор'-ăл*) s. кораллъ; || adj. коралловый. **— -branch**, коралловая вѣтвь. **— -fishery, — -fishing**, коралловая ловля. **— -reefs, — -islands**, коралловые острова.

Coralline (*кор'-ăл-лин*) adj. коралловый.

Coralloid (*кор'-ăл-лоид*), **Coralloidal** (*кор-ă.л-лоид-ăл*) adj. коралловидный [нецъ).

Corant (*ко-рăнт'*) s. курантъ (та-

Corb (*корб*) s угольная корзина, коробъ. [нищихъ.

Corban (*кор'-бăн*) s. кружка для

Corbeil (*кор'-бел*) s. (форт.) туръ.

Corbel (*кор'-бел*) s. (архит.) ниша; кронштейнъ.

Corby (*кор'-би*) s. воронъ.

Cord (*корд*) s веревка, шнуръ; || * сѣти, узы; || va. связывать веревкой; сучить веревки.

Cordage (*корд'-эдж*) s. (морск.) снасти, такелажъ.

Cordate (*кор'-дэт*), **Cordated** (*кор'-дэ-тед*) adj. (бот.) сердцевидный. [францисканецъ.

Cordelier (*кор-ди-лир'*) s монахъ-

Cordial (*кор'-ди-ăл*) adj сердечный, задушевный. **A — welcome**, сердечный привѣтъ.

Cordiality (*кор'-ди-ăл'-и-ти*) s. сердечность, задушевность.

Cordially (*кор'-ди-ăл-и*) adv. сердечно, задушевно.

Cordilleras (*кар-дил'-лер-ăс*) npr. (геогр.) Кордильеры.

Cordon (*кор'-дон*) s (форт и арх.) кордонъ, валикъ; (воен.) кордонъ.

Cordova (*кор-до'о-ва*) npr. (геогр.) Кордова.

Corduroy (*корд'-ŏ-рай*) s. полосатый бумажный бархатъ.

Cordwainer (*корд'-уэн-ер*) s. сапожникъ, башмачникъ.

Core (*ко'ор*) s. сердцевина, внутренность; || * суть (предмета). **The — of an apple**, сердцевина яблока. **To the heart's —**, до глубины сердца.

Corea (*ко'о-ри-ă*)npr.(геогр.) Корея.

Co-regency (*ко-ри'-джен-си*) s. сорегенство, соправленіе.

Co-regent (*ко'-ри'-джент*) s. сорегентъ, соправитель.

Coriaceous (*ко-ри-э'-шŏс*) adj. кожаный, жесткій.

Coriander (*ко-ри-ӓн'-дер*) s. коріандтъ, кишнецъ (растеніе).
Corinth (*кор'-инсз*) npr. (геогр.) Коринѳъ.
Corinthian (*ко-рин'-сзи-ӓн*) adj. [коринѳскій.
Co-rival (*ко-рай'-вӓл*) s. соперникъ, соискатель; || va. соперничать, соревновать, состязаться.
Co-rivalry (*ко-рай'-вӓл-ри*) s. соперничество, соревнованіе.
Cork (*корк*) s. пробковое вещество, корка; || va. закупоривать бутылки. — **-cutter**, пробочникъ. — **-jacket**, поясъ изъ пробки. — **-screw**, штопоръ.
Corky (*кӧрк'-и*) adj. пробковый.
Cormorant (*кор'-мо-рӓнт*) s. (орн.) бакланъ; || * обжора.
Corn (*корн*) s. зерно; хлѣба, зерновые хлѣба; || крупинка; мозоль. **To measure another man's — by one's own bushel**, мѣрить другихъ на свой аршинъ. — **-market**, хлѣбный рынокъ, цѣны на хлѣба. **Indian —**, маисъ, кукуруза. — **-chandler**, хлѣбный торговецъ. — **-crops**, s. pl. хлѣба, зерновые хлѣба; жатва. — **-cutter**, мозольный операторъ; жатвенная машина. — **-exchange**, хлѣбная биржа. — **-factor**, хлѣбный торговецъ. — **-flour**, токъ, гумно; — **-field**, жатва, нива. — **-grower**, производитель зерна. — **-laws**, законоположенія относительно зерна. — **-merchant**, хлѣботорговецъ. — **-mill**, мельница. — **-plaster**, мозольный пластырь. — **-poppy**, дикій макъ. — **-salad**, (бот.) маунмца. — **-stalk**, маисовый стебель. || va. солить (мясо). [говидный.
Cornaceous (*кор-нэ'-шӧс*) adj. ро-
Cornea (*кӧр'-ни-а*) s. (анат.) роговая оболочка глаза, корнеа.
Cornel (*кор'-нел*) s. (бот.) деренъ (плодъ). — **-tree**, кизиль, деренъ (дерево). [нелія.
Cornelia (*кор-ни'-ли-а*) npr. Кор-
Cornelian (*кор-нил'-и-ӓн*) adj. кизилевый. [нилій.
Cornelius (*кор-ни'-ли-ӧс*) npr. Кор-
Corneous (*кор'-ни-ӧс*) adj. роговой; сдѣланный изъ рога, рогообразный.
Corner (*кор'-нер*) s уголъ, уголокъ; || захолустье; клинъ, край свѣта. — **house**, угловой домъ. — **-stone**, краеугольный камень. — **-wise**, на уголъ, на искосокъ. || va. (съ **up**) припереть, поставить въ безвыходное положеніе; загнать въ уголъ.
Cornet (*кор'-нет*) s. рогъ, рожокъ; (воен.) знамя; корнетъ.
Cornet-à-piston (*кор'-нет-а-пис'-тон*) s. корнетъ-а-пистонъ.
Cornetcy (*кор'-нет-си*) s. чинъ корнета.
Corneter (*кор'-нет-ер*) s. волторнистъ, корнетистъ.
Cornice (*кор'-нис*) s. (арх.) карнизъ.
Cornicle (*кор'-никл*) s. рожокъ.
Cornish (*корн'-иш*) adj. корнвалійскій; || s. житель корнвалійскаго кантона.
Cornist (*корн'-ист*) s. корнистъ, играющій на рожкѣ.
Cornopean (*кор-н'о-пи-ӓн*) s. (муз.) корнетъ-а-пистонъ.
Cornucopia (*кор-нью-ко'о-пи-а*) s. pl. **Cornicopiæ**, рогъ изобилія.
Cornwall (*корн'-уол*) npr. (геогр.) Корнваллисъ.
Corny (*корн'-и*) adj. роговидный, роговой; || плодородный (о зерновыхъ хлѣбахъ).
Corol (*кор'-ол*). **Corolla** (*ко-рол'-ла*) s. (бот.) вѣнчикъ (цвѣтка).
Corollary (*кор'-ол-лӓ-ри*) s. заключеніе, выводъ.
Corollate (*кор'-о-лэт*) **Corollated** (*кор'-о-лэ-тед*) adj. (бот.) съ вѣнчикомъ.
Corona (*кр-ро'о-на*) s. корона; (арх.) вѣнецъ; (астр.) кольцо вокругъ солнца или луны; (анат. и бот.) вѣнчикъ.
Coronal (*кор'-о-нӓл*) s. вѣнокъ, вѣнецъ; || adj. вѣнечный.
Coronary (*кор'-о-нӓ-ри*) adj. коронный; (анат.) вѣнечный.
Coronation (*кор-о-нэ'-шӧн*) s. коронація, вѣнчаніе.
Coroner (*кор'-о-нер*) s. слѣдователь.
Coronet (*ор'-о-нет*) s. корона; вѣнецъ, діадема; (ветер.) волосень.
Corporal (*кар'-по-рӓл*) (s. (воен.) капралъ, ефрейторъ. — **of cavalry**, бригадиръ.
Corporality (*кор-по-рӓл'-и-ти*) s. тѣлесность, вещественность.
Corporally (*кор'-по-рӓл-и*) adv. тѣлесно, матеріально, вещественно. [ративный; || общій.
Corporate (*кор'-по-рэт*) adj. корпо-
Corporately (*кор'-по-рэт-ли*) adv. корпоративно. обществомъ, міромъ.
Corporation (*кор-по-рэ'-шӧн*) s. корпорація, общество, община. міръ; цехъ, гильдія, сословіе.
Corporator (*кор'-по-рэ-тӧр*) s. членъ корпораціи.
Corporeal (*кор-по о-ри-ӓл*), **Corporeous** (*кор-по'о-ри-ӧс*) adj. тѣлесный, плотскій; вещественный, матеріальный.
Corporeality (*кор-по-ри-ӓл'-и-ти*) s вещественность, матеріальность. [adv. тѣлесно, во плоти.
Corporeally (*кор-по'о-р-иӓл-и*)
Corporeity (*кор-по-ри'-и-ти*) s. вещественность, матеріальность.

Corporification (*кор-пориф-и-кэ'-шён*) s. матеріальность.
Corporify (*кор-пор'-и-фай*) va. воплощать
Corposant (*кор'-по-зант*) s. огни св. Эльма.
Corps (*ко'ор*) s (воен.) корпусъ.
Corpse (*корпс*) s. тѣло, трупъ.
Corpulence (*коо'пью-ленс*) **Corpulency** (*кор'-пью-лен-си*) s. дородность, полнота, тучность.
Corpulent (*кор'-пью-лент*) adj дородный, тучный, полный
Corpulently (*кор'-пью-лент-ли*) adv. дородно, тучно.
Corpus-Christi (*кор'-пёс-крис'-тай*) s. праздникъ тѣла Господня (у католиковъ)
Corpuscle (*кор'-пос-л*) s. тѣльце, частица
Corpuscular (*кор-пёс'-кью-лар*) adj. частичный.
Corrade (*ко-рэд'*) va. истирать.
Corradiate (*кор-рэ'-ди-эт*) va сосредоточивать
Corradiation (*кор-рэ-ди-э'-шён*) s. сосредоточиваніе (лучей въ одну точку).
Correct (*кор-рект'*) va исправлять, корректировать; || adj. правильный; точный, вѣрный
Correction (*кор-рек'-шён*) s исправленіе; корректура.
Correctional (*кор-рек'-шён-ăл*) adj. исправительный
Corrective (*кор-рект'-ив*) adj исправительный; || поправка, коррективъ.
Correctly (*кор-рект'-ли*) adv. правильно, вѣрно; разумно
Correctness (*кор-рект'-нес*) s правильность, точность; исправность, приличіе.
Corrector (*кор-рект'-ёр*) s. корректоръ; || поправка
Correlate (*кор-ри-лэт'*) vn соотвѣтствовать, быть въ соотношеніи.
Correlation (*кор-ри-лэ'-шён*) s. соотношеніе,
Correlative (*кор-рэл'-ă-тив*) adj соотносительный.
Correlatively (*кор-рел'-ă-тив-ли*) adv. по соотношенію.
Correlativeness (*кор-рел'-ă-тив-нес*) s. соотношеніе.
Correspond (*кор-ри-спонд'*) vn. соотвѣтствовать, находиться въ соотношеніи: переписываться.
Correspondency (*кор-ри-спонд'-ен-си*), **Correspondence** (*кор-ри-спонд'-енс*) s. сношеніе, соотвѣтственность; отношеніе; переписка, корреспонденція.
Correspondent (*кор-ри-спонд'-ент*) adj. соотвѣтствующій; || s. корреспондентъ
Correspondently (*кор-ри-спонд'-ент-ли*) adv. соотвѣтственно.
Correspondingly (*кор-ри-спонд'-инг-ли*) adv. соотвѣтственно, сообразно, подходяще.
Corresponsive (*кор-ри-спонд'-сив*) adj. соотвѣтствующій, подходящій, приспособленный.
Corridor (*кор'-ри-дор*) s. коридоръ.
Corrigible (*кор'-ри-джи-бл*) adj. исправимый; || подлежащій исправленію, наказанію.
Corroborant (*кор-роб'-о-рăнт*) adj крѣпительный, подкрѣпляющій; || s. (медиц.) укрѣпляющее средство.
Corroborate (*кор-роб'-о-рэт*) va. укрѣплять, подкрѣплять; утверждать (приговоръ); подтверждать.
Corroboration (*кор-роб-о-рэ'-шён*) s. подкрѣпленіе, укрѣпленіе; утвержденіе; подтвержденіе.
Corroborative (*кор-роб'-о-рă-тив*) adj. укрѣпляющій; || (медиц.) подкрѣпляющее средство.
Corroboratory (*кор-роб'-о-рэ-тё-ри*) adj. крѣпительный.
Corrode (*кор-ро'од*) va. съѣдать, разъѣдать; грызть.
Corrodent (*кор-ро'од-ент*) adj. ѣдкій, разъѣдающій; грызущій; || s. ѣдкое средство.
Corrodiate (*кор-ро'од-и-эт*) va. грызть, изъѣдать.
Corrodibility (*кор-ро-ди-бил'-и-ти*) s. разъѣдаемость.
Corrosibleness (*кор-ро'о-си-бл-нес*) s. разъѣдаемость.
Corrosion (*кор-ро'о-жён*) s. разъѣданіе; вытравливаніе.
Corrosive (*кор-ро'о-сив*) adj ѣдкій, разъѣдающій: || s. ѣдкое вещество
Corrosively (*кор-ро'о-сив-ли*) adv. ѣдко, разъѣдающе.
Corrosiveness (*кор-ро'о-сив-нес*) s. ѣдкость.
Corrugant (*кор'-ру-гăнт*) adj. сморщивающій.
Corrugate (*кор'-ру-гэт*) va. сморщивать, морщить; дѣлать складки; || adj. морщинистый
Corrugation (*кор-ру-гэ'-шён*) s. сморщиваніе.
Corrupt (*кор-рёпт'*) va. портить, искажать; подкупать, обольщать; развращать; заражать (воздухъ). **To — the morals**, развращать. **To — witnesses**, подкупать свидѣтелей. || vn. портиться, развращаться; гнить. || adj. испорченный; развращенный; подкупленный; обольщенный, гнилой
Corrupter (*кор-рёпт'-ер*) s. портящій; развратитель, соблазнитель
Corruptibility (*кор-рёрт-и-бил'-и-ти*) s. тлѣнность, бренность; подкупность.
Corruptible (*кор-рёпт'-и-бл*) adj. тлѣнный; способный портиться.

гнить; подкупный. || s. бренное тѣло.

Corruptibleness (*кор-рӧпт'-и-б.г-нес*) s. см. **Corruptibility**.

Corruptibly (*кор-рӧпт'-и-бли*) adv. черезъ подкупъ.

Corruption (*кор-рӧп'-шӧн*) s. порча; тлѣніе, гніеніе, разложеніе, гнилость; развратъ, испорченность, растлѣніе (нравовъ); подкупъ.

Corruptive (*кор-рӧпт'-ив*) adj. портящій, растлѣвающій.

Corruptless (*кор-рӧпт'-лес*) adj. нетлѣнный, непортящійся; неподкупный.

Corruptly (*кор-рӧпт'-ли*) adv. развратно, подкупно.

Corruptness (*кор-рӧпт'-нес*) s. гнилость, гниль; развратъ, испорченность.

Corruptress (*кор-рӧпт'-рес*) s. развратительница.

Corsair (*кор'-сэр*) s. корсаръ, морской разбойникъ.

Corse (*корс*) s. мертвое тѣло, трупъ, мертвецъ.

Corselet (*корс'-лет*) s. нагрудникъ; широкій поясъ.

Corset (*кор'-сет*) s. корсетъ. **—-maker**, корсетникъ, -ица.

Corsica (*кор'-си-ка*) npr. (геогр.) Корсика.

Corsican (*кор'-си-кӓн*) adj. корсиканскій; || s. корсиканецъ, -нка.

Cortege (*кер'-тедж*) s. кортежъ, поѣздъ, свита.

Cortes (*кор'-тес*) s. pl. кортесы (народные депутаты въ Испаніи).

Cortical (*кор'-ти-кӓл*) adj. корковый.

Corticate (*кор'-ти-кэт*), **Corticated** (*кор'-ти-кэ-тед*) adj. покрытый коркой.

Corundum (*ко-рӧн'-дӧм*) s. (минер.) корундъ.

Coruscant (*ко-рӧс'-кӓнт*) adj. сверкающій, блистающій, сіяющій.

Coruscate (*кор-ӧс'-кэт*) vn. сверкать, блистать.

Coruscation (*кор-ӧс-кэ'-шӧн*) s. сверканіе, блистаніе, блескъ, сіяніе.

Corvee (*кор-ви'*) s. барщина.

Corvette (*кор-вет'*) (морск.) корветъ.

Corymb (*кор'-имб*), **Corymbus** s. (ботан.) цвѣточный щитокъ.

Corymbiated (*кор-им'-би-э-тед*) adj. носящій цвѣточный щитокъ.

Corypheus (*ко-ри-фи'-ӧс*) s. корифей.

Coryza (*ко-рай'-за*) s. (медиц.) насморкъ.

Cosey (*ко'о-зи*) adj. пріятный, удобный, комфортабельный.

Cosily (*ко'о-зи-ли*) adv. пріятно, удобно, уютно.

Co-sine (*ко'о-сайн*) s. (тригон.) косинусъ.

Cosmetic (*коз-мет'-ик*) adj. косметическій; || s. косметика.

Cosmic (*коз'-мик*), **Cosmical** (*коз'-ми-кӓл*) adj. космическій, міровой.

Cosmically (*коз'-мик-ӓл-и*) adv. космически.

Cosmogonal (*коз-мог'-о-нӓл*) adj. космогоническій.

Cosmogony (*коз-мог'-о-ни*) s. космогонія.

Cosmographer (*коз-мог'-рӓ-фер*) s. космографъ.

Cosmographic (*коз-мо-грӓф'-ик*), **Cosmographical** (*коз-мо-грӓф-ик-ӓл*) adj. космографическій, мірописательный.

Cosmographically (*коз-мо-грӓф-ик-ӓ-ли*) adv. космографически.

Cosmography (*коз-мог'-рӓ-фи*) s. космографія, мірописаніе.

Cosmological (*коз-мол'-о-джист*) s. космологъ.

Cosmologist (*коз-мол'-о-джист*) s. космологъ.

Cosmology (*коз-мол'-о-джи*) s. космологія.

Cosmopolitan (*коз-мо-пол'-и-тӓн*) **Cosmopolite** (*коз-моп'-о-лайт*) s. космополитъ.

Cosmopolitanism (*коз-мо-пол'-и-тӓн-изм*) s. космополитизмъ.

Cosmopolitical (*коз-мо-пол'-и-ти-кӓл*) adj. космополитическій.

Cosmopolitism (*коз-мо-пол'-о-ли-тизм*) s. космополитизмъ.

Cosmorama (*каз-мо-рэ'-ма*) s. космограма; панорама.

Cosmos (*коз'-мӧс*) s. космосъ, міръ.

Cossack (*кос-сӓк*) s. козакъ.

Cosset (*кос'-сет*) s. ягненокъ, вскормленный безъ матки; || * любимецъ, баловень. || va. ласкать.

Cost (*кост*) s. цѣна, цѣнность, стоимость; издержки, расходъ. **To my —**, на мой счетъ. **With costs**, на счетъ, на расходы. || va. стоить, обходиться.

Costal (*кос'-тӓл*) s. (анат.) реберный.

Costard (*кос'-тӓрд*) s. голова, башка.

Costermonger (*кос-термӧн'-гер*) s. фруктовый торговецъ, зеленщикъ.

Costive (*кос'-тив*) adj. (мед.) страдающій запоромъ.

Costively (*кос'-ти-вли*) adv. съ запоромъ.

Costiveness (*кос'-тив-нес*) s. запоръ.

Costless (*кост'-лес*) adj. безцѣнный, даровой, ничего не стоющій.

Costliness (*кост'-ли-нес*) s. высокая цѣнность, большія траты; пышность, роскошь.

Costly (*кост'-ли*) adj. цѣнный; дорогой, драгоцѣнный; пышный, роскошный.

Costrel (*кост'-рел*) s. бутылка, флаконъ.

Costume (*кос'-тьюм*) s. костюмъ, платье.

Cot (*кот*) s. хижина, шалашъ; || хлѣвъ; || маленькая лодочка; дѣтская кровать; (мор.) койка.
Cote (*ко'от*) va обгонять, опережать.
Cotenant (*ко-тен'-ӑнт*) s сожитель, сонаниматель.
Coterie (*ко-те-ри'*) s. партія, дружескій кружокъ
Cotillon (*ко-тиль'-ӧн*) s котильонъ (танецъ).
Cotquean (*кот'-куин*) s пустомеля, курощупъ.
Cotswold (*котс'-уолд*) s. овечій загонъ въ открытомъ полѣ.
Cottage (*кот'-тэдж*) s. хижина, изба; дача, мыза, заимка.
Cottager (*кот'-тэ-джер*) s. крестьянинъ, мужикъ; сельскій житель.
Cottar (*кот'-тер*), **Cotter** (*кот'-тер*) s. см. **Cottager**; || закрѣпка, чека.
Cotton (*кот'-тн*) s. хлопокъ, хлопчатая бумага; вата; бумажная ткань. **Gun - —**, хлопчатобумажный порохъ **Printed —**, ситецъ, набивная бумажная ткань. || adj. хлопчатобумажный. || vn. пушиться. — **-mill**, бумагопрядильня. — **- tree**, древовидный хлопчатникъ. — **-plant**, хлопчатникъ. — **-spinning**, бумагопрядильня.
Cottony (*кот'-тн-и*) **Cottonous** (*кот'-о-нес*) adj. пушистый, мшистый, мягкій.
Cottrel (*кот'-трел*) s крюкъ для вѣшанія котла надъ огнемъ.
Cotyle (*кот'-и-ли*) **Cotyla** (*кот'-и-ла*) s. (анат.) суставная впадина.
Cotyledon (*кот-и-ли'-дӧн*) s. (бот.) сѣменодоля.
Cotyledonous (*кот-и-лед'-о-нӧс*) adj. (бот.) сѣменодольный.
Couch (*ка'уч*) s. постель, ложе, одръ, кушетка, диванъ; подстилка; || vn. ложиться, лежать, разстилаться, простираться; || va. положить, уложить; разстилать: брать пику на перевѣсъ; (хир.) снимать съ глаза бѣльмо (катарактъ). **To — in writing**, излагать письменно.
Couchant (*ка'уч-ӑнт*) adj. лежащій
Coucher (*ка'уч-ер*) s. окулистъ, снимающій катарактъ; || регистраторъ, факторъ.
Couching (*ка'уч-инг*) s. раболѣпствованіе; || (мед.) сниманіе бѣльма.
Cougar (*ку'-гар*) s. (зоол.) ягуаръ кагуаръ.
Cough (*коф*) s. кашель. **Hooping —**, коклюшъ; || vn. кашлять
Cougher (*коф'-ер*) s. кашляющій.
Could (*куд*) pret. *отъ глагола* **Can**.
Coulter (*ко'ул-тер*) s. рѣзакъ (у плуга).
Council (*ка'ун-сил*) s. совѣтъ, совѣщаніе; консультація (докторовъ). — **-board**, засѣданіе совѣта, совѣщанія.
Councillor (*ка'ун-сил-ӧр*) s. членъ совѣта.
Counsel (*ка'ун-сел*) s. совѣтъ, совѣщаніе; мнѣніе, рѣшеніе; секретъ, тайна; совѣтникъ. **Keep your own —**, не говорите никому объ этомъ. || vn совѣтовать.
Counsellable (*ка'ун-сел-ӑ-бл*) adj охотно принимающій совѣты.
Counsellor (*ка'ун-сел-ӧр*) s. совѣтникъ; юрисконсультъ, адвокатъ
Counsellorship (*ка'ун-сел-ӧр-шип*) s. званіе совѣтника.
Count (*ка'унт*) va. считать, исчислять; полагать, принимать кого за. **To — up**, складывать, дѣлать сложеніе; || vn полагаться **I — on you**, я полагаюсь, разсчитываю на васъ. || s. счетъ, счисленіе, исчисленіе; (юрид.) обвинительный пунктъ, || графъ. **A German —**, нѣмецкій графъ.
Countenance (*ка'ун-ти-нӑнс*) s. лицо, физіономія, видъ, выраженіе (лица); || поддержка, ободреніе; благоволеніе. **A cheerful —**, веселый видъ. **He keeps his —**, онъ дѣлаетъ довольный видъ. **To give — to**, помогать, поддерживать кого. || va. поддерживать, одобрять, покровительствовать **Why do you — such a man?** почему вы покровительствуете такому человѣку.
Countenancer (*ка'ун-ти-нӑн-сер*) s. покровитель, заступникъ.
Counter (*ка'ун-тер*) s. жетонъ, марка; счетчикъ; счеты; конторка, прилавокъ; (муз.) альтъ (голосъ); || adv. противъ, напротивъ, обратно, вопреки, въ противоположность. — **-battery**, s (воен.) контръ-батарея. — **-current**, s. струя противнаго теченія; конкурентъ; || adj конкуррирующій. — **evidence**, s. противное показаніе. — **-guard**, s. (форт.) контръгардъ. — **-jumper**, s. прикащикъ. — **-motion**, s. обратное движеніе — **movement**, s. (воен.) контръ-маршъ; обратное движеніе. — **-natural**, adj. противоестественный. — **-negociation**, s. встрѣчная сдѣлка. — **-petition**, s. (юрид.) встрѣчное прошеніе. — **-plea**, s. (юрид.) возраженіе, отвѣтъ. — **-plot**, va. встрѣчно минировать; || s. контръ-мина. — **point**, s. строчка, стежка (въ шитьѣ), (муз.) контрапунктъ. — **-poison**, s. противоядіе, антидотъ. — **-proof**, s. слѣпокъ, снимокъ — **-prove**, va. срисовывать снимать слѣпокъ. — **-revolution**

s. контръ-революція. — -revolutionary, adj. контръ-революціонный, противо-революціонный. — scuffle. s. споръ, распря, ссора; драка. — -secure, va. гарантировать поруку. — -security, s. обязательство, ручательство за исполненіе обязательства. — -signature, s. скрѣпа. — -statute, s. указъ, отмѣняющій прежній. — tenor, s. (муз.) альтъ (голосъ)

Counteract (*каун-тер-ӑкт*) va. противодѣйствовать; разрушать (заговоръ); нейтрализавать.

Counteraction (*каун'-тер-ӑк-шӧн*) s. противодѣйствіе.

Counteractive (*каун-тер-ӑкт'-ив*) adj. противодѣйствующій.

Counterbalance (*кайн-тер-бӑл'-ӑнс*) va. уравновѣшивать; || s. противовѣсъ; перевѣсъ.

Counterbuff (*каун-тер-бӧф'*) va. отталкивать; || s. противный ударъ отраженіе.

Counterchange (*каун'-тер-эндж*) s. обмѣнъ, промѣнъ; || va. обмѣнивать, промѣнивать.

Countercharge (*каун'-тер-чэрдж*) s. встрѣчная жалоба.

Countercharm (*каун'-тер-чарм*) s. уничтоженіе чаръ; || va. разрушить, уничтожить чары, колдовство.

Countercheck (*каун'-тер-чек*) s. противодѣйствіе, возраженіе; || va. противодѣйствовать опровергать.

Counterdraw (*каун'-тер-дроо*) va. калькировать, снимать рисунокъ черезъ кальку.

Counterdrawing (*каун'-тер-дроо-инг*) s. снимающій рисунокъ черезъ кальку.

Counterfeit (*ка'ун-тер-фит*) va. vn. подражать, перенимать; притворяться; выдумывать; || adj. подложный, вымышленный; притворный; || поддѣлка, подлогъ; обманъ; ложь; || обманщикъ, плутъ.

Counterfeiter (*ка'ун-тер-фит-ер*) s. поддѣлыватель; обманщикъ.

Counterfeiting (*ка'ун-тер-фит-инг*) s. поддѣлываніе, подражаніе, притворство; обманываніе.

Counterfoil (*ка'ун-тер-фойл*) s s. бирка.

Counterfort (*ка'ун-тер-форт*) s. (арх.) быкъ, подпора.

Countermand (*каун-тер-манд'*) va. отмѣнять приказаніе; противиться: || s. отказъ, отмѣна приказанія.

Countermarch (*каун-тер-марч'*) va. возвращаться вспять. || s. (воен.) контръ-маршъ.

Countermark (*каун'-тер-марк*) s. контрольное клеймо; проба. штемпель; контромарка; || va. накладывать второе клеймо,

Countermine (*каун-тер-майн*) s. (форт.) контръ-мина; || va. вести контръ-мины.

Countermure (*каун'-тер-мьюр*) s. подстѣнокъ; || va. подпирать подстѣнокъ.

Counterpace (*каун'-тер-пэс*) s. противоположная мѣра.

Counterpane (*ка'ун-тер-пэн*) s. стеганое одѣяло.

Counterpart (*ка'ун-тер-парт*) s. копія, дубликатъ; ключъ къ шифру

Counterpoise (*ка'ун-тер-пойз*) s. противовѣсъ, равновѣсіе.

Counterproject (*ка'ун-тер-проджект*) s. контръ-проектъ.

Counterscarp (*ка'ун-тер-скарп*) s. (форт.) контръ-эскарпъ.

Counterseal (*каун-тер-сил'*) va. одновременно класть печать.

Countersense (*ка'ун-тер-сенс*) s. противный смыслъ.

Countersign (*ка'ун-тер-сайн*) va. скрѣплять; || s. пароль, лозунгъ; скрѣпа.

Countersink (*ка'ун-тер-синк*) s. буравъ, напарье; || va. буравить, сверлить.

Countervallation (*каун-тер-вӑл-лэ'-шӧн*) s. (форт.) контравалляція

Counterview (*ка'ун-тер-вью*) s. противоположеніе; контрастъ.

Counterwheel (*каун-тер-уил'*) va. (воен.) обратить вспять.

Counterwork (*каун-тер-уӧрк*) va. противодѣйствовать; разрушать замыслы.

Countess (*ка'унт-ес*) s. графиня

Counting-house (*ка'унт-инг-ха'ус*) s. контора.

Countless (*ка'унт-лес*) adj. безчисленный, несмѣтный.

Countrified (*кӧн'-три-файд*) adj. сельскій, деревенскій.

Country (*кӧн'-три*) s. деревня; родина, отчизна; страна, земля; провинція, губернія. **Let us go into the —,** поѣдемъ въ деревню. **A — box,** маленькій деревенскій домъ. **Mother —,** родина-мать. **To love one's —,** любить свое отечество. || adj. деревенскій, сельскій; провинціальный. **A — fellow,** крестьянинъ, деревенщина. **A — gentleman,** помѣщикъ. **A — squire,** помѣщикъ. — **life,** деревенская жизнь. — **town,** провинціальный городъ. — **people,** провинціалы. — **dance,** кадриль — **seat,** деревенскій домъ, хуторъ, помѣстье.

Countryman (*кӧн'-три-мӑн*) s. соотечественникъ; землякъ; провинціалъ. **He is a — of mine,** онъ мой соотечественникъ.

County (*ка'ун-ти*) s. графство; провинція въ Англіи; || относящійся къ графству. — **-court**, областной судъ. — **-town**, областной городъ.
Coupee (*ку-пи'*) s. карета.
Couple (*кöп'-л*) s. пара, чета; свора. **A — of eggs**, пара яицъ. **An aged —**, пожилые супруги. **A — of pigeons will soon people a dove-cot**, пара голубей скоро населятъ весь голубятникъ. || va. сочетать, женить; связывать по-парно; смыкать; сосворивать собакъ; спаривать, случать; || va. сочетаться, соединяться; совокупляться; жениться.
Couplement (*кöп'-л-мент*) s. узы. связь, соединеніе. [сводникъ.
Coupler (*кöп'-лер*) s. соединитель;
Couplet (*кöп'-лет*) s. куплетъ, двустишіе.
Coupling (*кöп'-линг*) s. совокупленіе; соединеніе по парамъ. — **-iron**, желѣзная захватка.
Coupon (*ку'-пон*) s. купонъ.
Courage (*кöр-эдж*) s. смѣлость, отвага, мужество.
Courageous (*кö-рэ'-джöс*) adj. смѣлый, отважный.
Courageously (*кö-рэ'-джöс-ли*) adv. смѣло, отважно.
Courageousness (*кö-рэ'-джöс-нес*) s. см. **Courage**.
Courant (*ку-рант'*) s. курантъ (танецъ); газета; || adj. текущій.
Courier (*ку'-ри-ер*) s. курьеръ, нарочный, гонецъ.
Course (*ко'орс*) s. теченіе, ходъ; порядокъ; очередь; постепенность; слѣдъ. послѣдствіе; образъ жизни, обыкновеніе, обычай, система, путь; (морск.) ходъ, курсъ корабля; (манеж.) бѣгъ, гиподромъ; курсъ (науки, денежный, учебный, рыночный). **Water —**, теченіе воды. **The — of events**, ходъ событій. **In the — of the day**, въ теченіе дня. **— of studies**, во время занятій. **The — of exchange**, обмѣнный курсъ. **The — lies along the Irish coast**, курсъ лежитъ по берегамъ Ирландіи. **Of —**, конечно. **That is a matter of —**, это само собой разумѣется. || vn. гнаться за кѣмъ; || бѣгать, скакать. || va. травить (звѣря).
Courser (*ко'орс-ер*) s. рысакъ (лошадь); охотникъ (псовый); лошадиный барышникъ.
Coursing (*ко'орс-инг*) s. травля (звѣря борзыми).
Court (*ко'орт*) s. дворъ, дворецъ; палата, судъ, зданіе суда; — дворъ (при домѣ). **Front —**, передній дворъ. **The — has acquitted him**, его судъ оправдалъ. — **-chaplain**, придворный капеллапъ. — **-dress**, придворный мундиръ — **-party**, группа придворныхъ. — **-plaster**, англійскій пластырь. || va vn. ухаживать за кѣмъ, волочиться; угодничать, льстить; домогаться; упрашивать.
Courteous (*корт'-и-ос*) adj. вѣжливый, учтивый; пріятный.
Courteously (*корт'-и-öс-ли*) adv. вѣжливо, учтиво; пріятно.
Courteousness (*корт'-и-öс-нес*) s. вѣжливость, учтивость.
Courtesy (*кöрт'-и-си*) s. учтивость, вѣжливость, воспитанность; одолженіе.
Courtesy (*кöрт'-си*) s. реверансъ; || vn. дѣлать реверансъ, присѣдать. **To drop a low —**, сдѣлать глубокій реверансъ.
Courtesan (*ко'ор-ти-зäн*) s. куртизанъ, придворный.
Court-house (*коорт'-хаус*) s. зданіе судебныхъ мѣстъ.
Courtier (*ко'ортъ-ер*) s. царедворецъ, придворный; льстецъ.
Courtierlike (*ко'ортъ-ер-лайк*) adj. придворный; изящный
Courtlike (*ко'орт-лайк*) adj вѣжливый, изящный, элегантный.
Courtliness (*ко'орт-ли-нес*) s. изящность; вѣжливость. [ный.
Courtling (*ко'орт-линг*) s. придвор-
Courtly (*ко'орт-ли*) adj. вѣжливый, изящный; придворный. || adv. какъ при дворѣ; изящно, учтиво. [военный судъ.
Court-martial (*коорт-мэр'-шäл*) s.
Courtship (*ко'орт-шип*) s. ухаживаніе, волокитство; сватовство. [ной), кузенъ.
Cousin (*кöз'-н*) s. братъ (не род-
Cove (*ко'ов*) s. небольшая бухта; || убѣжище, пристанище; || (нар.) малый; || va. выводить сводъ, дугу.
Covenant (*кöв'-и-нäнт*) s. контрактъ, условіе, договоръ; (ист.) конвентъ; союзъ; (библ.) завѣтъ; || va. vn. уславливаться; заключать контрактъ.
Covenantee (*кöв-и-нäнт-и'*) s. договаривающаяся сторона.
Covenanter (*кöв'-и-нäнт-ер*) s. должникъ, обязанный.
Covenantor (*кöв'-и-нäнт-öр*) s. обязывающій (по договору).
Cover (*кöв'-ер*) va. крыть, покрывать, закрывать; сидѣть (на яйцахъ); совокупляться. **The receipts have covered the expenses**, приходъ покрылъ расходъ. **That horse can — thirty miles in two hours**, эта лошадь можетъ сдѣлать тридцать миль

въ два часа. || s. крышка, покрышка, обертка, чехолъ; столовый приборъ. прикрытіе, защита; видъ, предлогъ; (охотн.) нора, логовище. **Under — of the night,** подъ покровомъ ночи. **Under — of friendship,** подъ видомъ дружбы. **To return to —,** возвращаться въ жилище.

Covering (*кöв'-ер-инг*) s. покрышка; обертка; платье.

Coverlet (*кöв'-ер-лет*) s. одѣяльце.

Covert (*кöв'-ерт*) s. убѣжище; пріютъ, кровъ, защита; логовище, нора (звѣря); || adj. находящійся подъ защитой; скрытый, затаенный. **— way,** (форт.) прикрытый путь.

Covertly (*кöв'-ерт-ли*) adv. скрытно, тайкомъ, украткою.

Covertness (*ков'-ерт-нес*) s. затаенность, скрытность; мрачность.

Coverture (*кöв'-ер-чур*) s. покровъ, убѣжище, защита.

Covet (*кöв'-ет*) va. vn. желать, алкать, жаждать, домогаться чего

Covetable (*кöв'-ет-ă-б.г*) adj. желанный, желательный. [чего.

Coveter (*кöв'-ет-ер*) s. жаждущій

Covetous (*кöв'-ет-ŏс*) adj. жадный, алчный, честолюбивый; скупой, скаредный.

Covetously (*кöв'-ет-ŏс-ли*) adv. жадно, алчно; скаредно.

Covetousness (*кöв'-ет-ŏс-нес*) s. скупость, скаредность, корыстолюбіе. [(птицъ).

Covey (*ков'-и*) s. выводокъ, стая

Covin (*кöв'-ин*) s. соумышленіе, тайный сговоръ.

Coving (*ко'ов-инг*) s. (архит.) сводчатый потолокъ.

Cow (*ка'у*) s. корова. **A milch —,** дойная корова. **— -boy, — herd,** пастухъ. **— with calf,** стельная корова. **— -dung,** навозъ. **— -keeper,** скотникъ. || va. запугивать, застращивать; обезкураживать, подавлять, утишать.

Coward (*ка'у-ŏрд*) s. трусъ; подлецъ. [малодушіе; подлость.

Cowardice (*ка'у-ŏрд-ис*) s. трусость,

Cowardliness (*ка'у-ŏрд-ли-нес*) s. коварство, подлость.

Cowardly (*ка'у-ŏрд-ли*) adv. трусливо; подло.

Cower (*ка'у-ер*) vn. сидѣть на корточкахъ; присѣдать; прижиматься; || va. ходить.

Cowhide (*ка'у-хайд*) s. выдѣланная коровья шкура.

Cowl (*ка'ул*) s. клобукъ (монашескій); капюшонъ; || ушатъ.

Cowman (*ка'у-мăн*) s. коровій пастухъ; скотникъ.

Cowpox (*каупöкс*) s. телячья оспа.

Cowry (*ка'у-ри*) s. раковина (монета въ Индіи). [буквица.

Cowslip (*ка'у-слип*) s. (бот.) бѣлая

Coxcomb (*кокс'-ком*) s. маковка (головы); дурацкій колпакъ; * фатъ, хлыщъ; || (бот.) цѣтушій гребешокъ, амарантъ.

Coxcombry (*кокс'-ком-ри*) s. самодовольство.

Coxcomical (*кокс-сом'-ик-ăл*) adj. хлыщеватый, самодовольный; нахальный.

Coy (*кой*) adj. скромный: застѣнчивый; || vn. вести себя скромно; ломаться, противиться; || va. ласкать. [стѣнчивый.

Coyish (*кой'-иш*) adj. робкій, за-

Coyly (*кой'-ли*) adv. застѣнчиво, скромно, робко.

Coyness (*кой'-нес*) s. застѣнчивость; притворная неприступность, жеманство.

Coz (*кöз*) s. сокращеніе отъ **Cousin.**

Cozen (*кöз'-н*) va. обманывать, морочить, надувать.

Cozenage (*кöз'-н-эдж*) s. мороченье, надувательство, обманъ.

Cozener (*коз'-н-ер*) s. плутъ, обманщикъ.

Crab (*крăб*) s. крабъ (ракъ); дикое яблоко: || брюзга; ворчунья (о женщинахъ); (астр.) Ракъ (созвѣздіе); (механ.) козлы; (мор.) воротъ. **— -apple,** s. дикое яблоко.

Crabbed (*крăб'-бед*) adj. брюзгливый, сварливый; угрюмый; рѣзкій; грубый, твердый; терпкій; шероховатый.

Crabbedly (*крăб-бед-ли*) adv. брюзгливо, сварливо.

Crabbedness (*крăб'-бед-нес*) s. брюзгливость, ворчливость; угрюмость; шероховатость; терпкость.

Crabby (*крăб'-би*) adj. трудный (для пониманія).

Crack (*крăк*) va. раскалывать, расщеплять, колоть; || ломать, разбивать. **To — a glass,** разбить стекло. **To — a nut,** расколоть орѣхъ. **To — a bottle of wine with a friend,** распить бутылку вина съ другомъ. **To — a joke,** сострить. || vn. трескаться; лопаться; трещать (о дровахъ); хвастаться. **The wood is cracking,** дерево трещитъ. || s. трещина, щель, разсѣлина трескъ; звукъ выстрѣла; || мигъ; || помѣшательство; помѣшанный; || хвастовство; хвастунъ; || головорѣзъ; || проститутка. **— -brained,** сумасшедшій, тронутый; || adj. * извѣстный, шикарный, модный. **A — regiment,** избранная войсковая часть.

Cracker (*крăк'-ер*) s. хвастунъ, враль; || петарда; || пистолетъ,

Cracking (*крäк'-инг*) s. раскалываніе, растрескиваніе, трещина, выстрѣлъ; || хвастовство, вранье
Crackle (*крäк'-л*) vn. тихо трещать, хрустѣть, шелестѣть.
Crackling (*крäк'-линг*) s. трескъ, хрустъ [сушка
Cracknel (*крäк'-нел*) s баранка,
Cradle (*крэ'-дл*) s. люлька, колыбель; || * младенчество; (морск.) сани, на которыхъ спускаютъ судно на воду; коса съ граблями для косьбы хлѣба; || vn класть въ люльку; няньчить, убаюкивать; || vn. лежать въ колыбели
Craft (*крафт*) s ловкость, снаровка, способность; ремесло; хитрость, лукавство; маленькое парусное судно. **Small —**, различныя маленькія судна.
Craftily (*крафт'-и-ли*) adv хитро, лукаво; искусно.
Craftiness (*крафт'-и-нес*) s. хитрость коварство.
Craftsman (*крафтс'-мäн*) s. мастеръ, мастеровой.
Crafty (*крафт'-и*) adj. хитрый, коварный; изворотливый.
Crag (*краг*) s. скала, утесъ.
Craggedness (*крäг'-гед-нес*) s. крутизна, утесистость. [систый.
Craggy (*крäг-ги*) adj. крутой, уте-
Cram (*крäм*) va. наполнять, переполнять, набивать биткомъ, откармливать; накормить досыта; пичкать, просовывать насильно; || vn. наѣдаться, напиваться по горло.
Crambo (*крäм'-бо*) s. игра въ рифмы.
Cramp (*крäмп*) s. судорога, корча; схватка, спазма; затрудненіе; || va, производить судорогу; стѣснять, сжимать; зартуднять; || adj. нестройный, нескладный; судорожный; странный. [клепка.
Crampit (*крäмп'-ит*) s. скоба, за-
Crampoons (*крäм-пунз*) s. pl. желѣзные крюки, употребляемые при осадѣ. [брусника.
Cranberry (*крäн'-бер-ри*) s. (бот.)
Crane (*крэн*) s. журавль (птица); || кранъ, глаголь; сифонъ, ливеръ. **Herd of —s**, лента передаточныхъ воротовъ. **To work a —**, поворотъ ворота.
Cranial (*крэ'-ни-äл*) adj. черепной.
Craniognomy (*крэ'-ни-ог'-не-ми*) s. краніологія.
Craniological (*крэ-ни-о-лодж'-ик-äл*) adj. краніологическій.
Craniologist (*крэ-ни-о-лодж-ист*) s. краніологъ.
Craniology (*крэ-ни-ол'-о-джи*) s. краніологія (ученіе о черепѣ).
Craniometrical (*крэ-ни-омт'-рикал*) adj. краніометрическій.
Craniometry (*крэ-ни-ом'-и-три*) s. краніометрія.
Cranioscopy (*крэ-ни-ос'-ко-пи*) s. опредѣленіе способенностей по формѣ черепа.
Cranium (*крэ'-ни-äн*) s черепъ.
Crank (*крäнк*) s. (мех.) мотыль, валъ (колѣнчатый); рукоятка; колесный механизмъ; изворотъ, излучина; игра словъ. **The —s of the law**, извороты закона; || adj. здоровый, крѣпкій; живой, игривый, веселый; (морск.) валкій (о суднѣ).
Crankle (*крäнк'-л*) vn. извиваться, изгибаться; дѣлать извилины, зигзаги, извороты, изломы.
Crankness (*крäнк'-нес*) s. бодрость, живость.
Crannied (*крäн'-нид*) adj. истрескавшійся.
Cranny (*крäн'-ни*) s. трещина, щель; фиссура; || adj. похвальный, пріятный. [завивать волосы.
Crape (*крэп*) s. крепъ, флеръ; || va.
Crapple (*крäп'-пл*) s. коготь.
Crapulent (*крäпъ'-ю-лент*), **Crapulous** (*крäпъ'-ю-лöс*) adj. напившійся, пьяный.
Crash (*крäш*) s. трескъ, грохотъ || va. ломать, раздраблять; || vn. трещать, грохотать.
Crasis (*крэ'-сис*) s. свойство крови; темпераментъ; || (грам.) сліяніе двухъ гласныхъ.
Crass (*крäс*) adj. грубый, толстый, густой. [стокъ (крови).
Crassament (*крäс'-ä-мент*) s. сгу-
Crassitude (*крäс'-и-тьюд*) s. грубость, толщина, густота.
Cratch (*крäч*) s. ясли, рѣшотка (для сѣна).
Cratches (*крäч'-из*) s. pl. (ветер.) нарывъ на бабкѣ (у лошади).
Crate (*крэт*) s. плетеная корзина.
Crater (*крэ'-тер*) s. чаша, кубокъ; (астр.) Чаша (созвѣздіе); кратеръ, жерло (вулкана). [грызть.
Craunch (*кранч*) va. разгрызать;
Cravat (*крä-вäт'*) s. галстукъ.
Crave (*крэв*) va. vn. умолять; молить о чемъ.
Craven (*крэ'-вн*) s. побѣжденный въ бою; || * трусъ; || adj. трусливый, малодушный.
Craver (*крэв'-ер*) s. проситель; умоляющій; искатель.
Craving (*крэв'-инг*) s. выпрашиваніе, моленіе, мольба; страстное желаніе; || adj. выпрашивающій; ненасытный; молящій.
Craw (*кро'о*) s. зобъ (птичій).
Crawfish (*кро'о-фиш*), **Crayfish** (*крэй'-фиш*) s. рѣчной ракъ.
Crawl (*кро'ол*) vn. ползать, пресмыкаться; тащиться; проникать,

втираться. **To make one's flesh —**, вызывать куриную сыпь.
Crawler (*кро'ол-ер*) s. пресмыкающійся; гадъ; ползунъ.
Crayon (*крэй'-ӧн*) s. карандашъ; пастель, сухая краска. || va. рисовать карандашомъ; набрасывать, начертывать.
Craze (*крэз*) va. ломать; разбивать; т лочь; расшатывать; || * сводить съ ума; ослаблять разсудокъ; || va. конекъ, больное мѣсто; придурь, манія, предметъ помѣшательства.
Crazedness (*крэз'-ед-нес*) s. ветхость, дряхлость, бренность; || умопомѣшательство; слабость разсудка.
Craziness (*крэ'-зи-нес*) s. слабость (физическая), дряхлость (здоровья); слабоуміе.
Crazy (*крэ'-зи*) adj. слабый, дряхлый; хворый; слабоумный; помѣшанный.
Creak (*крик*) vn. скрипѣть.
Creaking (*крик-инг*) s. скрипъ, скрипѣніе.
Cream (*крим*) s. сливки. **Whipt —**, битыя сливки. **The — of society**, цвѣтъ общества. **The — of a jest**, суть, соль остроты. **— -cheese**, сливочный сыръ. **— -colourd**, цвѣта кремъ. || vn. устаиваться, давать сливки (о молокѣ); пѣниться; || va. снимать сливки; выбирать лучшее.
Creamy (*крим'-и*) adj. сливочный; сладковатый.
Crease (*крис*) s. складка, морщина; || va. дѣлать складки, сморщивать, мять.
Create (*кри-эт'*) va. творить, создавать; причинять; опредѣлять. **To — a sensation**, производить ощущеніе.
Creation (*кри-э'-шӧн*) s. сотвореніе; твореніе, тварь; вселенная, міръ; назначеніе, избраніе.
Creative (*кри-э'-тив*) adj. творческій.
Creator (*кри-э'-тӧр*) s. творецъ; создатель. [творчество.
Creatorship (*кри-э'-тер-шип*) s.
Creatress (*кри-э'-трес*) s. создательница.
Creature (*кри'-чур*) s. созданіе, твореніе, тварь; человѣкъ, животное; || креатура, любимецъ. **Our fellow —s**, намъ подобные. **A — of Cromwell**, креатура Кромвеля. [рованіе; довѣріе.
Credence (*кри'-денс*) s. вѣра, вѣ-
Credenda (*кри-ден'-да*) s. pl. правила, догматы вѣры.
Credent (*кри'-дент*) adj. вѣрящій; довѣрчивый; достовѣрный.
Credentials (*кри-ден'-шӓлз*) s. pl. вѣрительныя грамоты (посла).
Credibility (*кред-и-бил'-и-ти*) s. правдивость, достовѣрность.
Credible (*кред'-и-бл*) adj. достойный вѣры, довѣрія; вѣроятный.
Credibleness (*кред'-и-бл-нес*) s. вѣроятность. [ятно.
Credibly (*кред'-и-бли*) adv. вѣро-
Credit (*кред'-ит*) s. кредитъ, довѣріе, засвидѣтельствованіе, удостовѣреніе; вѣсъ, значеніе, вліяніе; извѣстность; вѣра. **I give him — for his self—denial**, я отдаю должное его самоотверженію. **He lost — with his party**, онъ утратилъ всякій кредитъ въ своей партіи. **He has all the — of it**, ему принадлежитъ вся часть этого. (торг.) **Public —**, общественный кредитъ. **To sell on —**, продавать въ кредитъ. **To give — to**, вѣрить, довѣрять чему. || va. вѣрить, довѣрять; кредитовать, давать въ долгъ; оказывать уваженіе. **— my account with this sum**, отнесите на мой счетъ такую то сумму.
Creditable (*кред'-ит-ӓ-бл*) adj. почтенный, уважаемый.
Creditableness (*кред'-ит-ӓ-бл-нес*) s. честь, репутація; достовѣрность.
Creditably (*кред'-ит-ӓ-бли*) adv. съ честью. [заимодавецъ.
Creditor (*кред'-ит-ӧр*) s. кредиторъ,
Credulity (*кри-дью'-ли-ти*) s. легковѣріе, довѣрчивость.
Credulous (*кредь'-ю-лӧс*) adv. легковѣрный. [легковѣрно.
Credulously (*кредь'-ю-лӧс-ли*) adv.
Creed (*крид*) s исповѣданіе вѣры; вѣра, вѣрованіе, убѣжденіе; правила вѣры; символъ вѣры.
Creek (*крик*) s. небольшая бухта; набережная рѣки; || излучина, извилина; || va. скрипѣть, трещать.
Creeky (*крик'-и*) adj. изрѣзанный удобными мѣстами для стоянки судовъ.
Creel (*крил*) s. корзина для рыбы.
Creep (*крип*) vn. тащиться, волочиться, ползать; растилаться (о растеніяхъ). **To — along**, подвигаться впередъ медленно. **To — in**, вползать. **To — out**, ускользнуть, ускользнуть; выползать.
Creeper (*крип'-ер*) s. ползучее (растеніе); пресмыкающее (животное), гадъ; || таганъ; (орнит.) пищуха.
Creep-hole (*крип'-хоол*) s. лазейка, нора; * увертка, уловка, отговорка.
Creeping (*крип'-инг*) s. ползаніе

незамѣтное приближеніе; подличаніе; || adj. ползучій, подползующій.

Creese (*крис*) s. кинжалъ (малайскій).

Cremation (*кри-мэ'-шён*) s. сожиганіе труповъ.

Cremona (*кри-мо'о-на*) npr. Кремона.

Crenate (*кри'-нэт*), **Crenated** (*кри'-нэ-тед*) adj. (бот.) зубчатый, зазубренный.

Crenellate (*крен'-ел-эт*) va. снабжать зубцами.

Crenelled (*крен'-ел-эт-ед*) adj. зубчатый, съ зубцами.

Creole (*кри'-ол*) s. креолъ, -лка.

Creosot (*кри'-о-сот*) s. креозотъ.

Crepitate (*креп'-и-тэт*) vn. трещать.

Crepitation (*креп-и-тэ'-шён*) s. трескъ (огня); легкое трещаніе.

Crepuscular (*кри-пёс'кью лäр*) **Crepusculous** (*кри-пёс'-кью-лёс*) adj. сумеречный; мерцающій (свѣтъ).

Crepuscule (*кри-пёс'-кью.л*) s. сумерки.

Crescendo (*крес-сен'-до*) s. (муз.) кресчендо.

Crescent (*крес'-сент*) adj. растущій, возрастающій; || s. полумѣсяцъ.

Cress (*крес*) s. кресъ (растеніе). **Garden- —**, режуха (салатъ). **Water- —**, брункресъ.

Cresset (*крес'-сет*) s. маячный огонь; факелъ, лампа; свѣточъ.

Crest (*крест*) s. нашлемникъ, шлемъ; пѣтушій гребешокъ, гребень; хохолокъ (у птицъ) || * спесь. **—-fallen**, adj. оробѣлый, упавшій духомъ. || va. украшать, снабжать гребнемъ

Crested (*крест'-ед*) adj. украшенный, хохлатый.

Crestless (*крест'-лес*) adj. не имѣющій нашлемника.

Cretaceous (*кри-тэ'-шёс*) adj мѣловой.

Cretan (*кри'-тäн*) adj. критскій; || s. критянинъ, -нка.

Crete (*крит*) npr. (геогр.) Критъ.

Cretin (*кри'-тин*) s. кретинъ, слабоумный.

Cretinism (*кри'-ти-низм*) s. кретинизмъ, слабоуміе.

Crevice (*крев'-ис*) s. щель, трещина, расщелина. || va. дѣлать щели, трещины.

Crew (*кру*) s. толпа, шайка; || (мор.) экипажъ, судовая команда.

Crewel (*кру'-и.л*) s. мотокъ, клубокъ шерстяной пряжи

Crib (*криб*) s. ясли, стойло, лачужка; колыбель; || va запирать, замыкать, помѣщать въ тѣсное помѣщеніе

Cribbage (*криб'-бäдж*) s. родъ карточной игры

Cribble (*криб'-б.л*) s. грохотъ, рѣшето, сито. || va. сѣять, просѣвать

Crick (*крик*) s. скрипъ (двери); судорога.

Cricket (*крик'-ет*) s. сверчокъ; скамейка; крикетъ (игра въ мячъ).

Crier (*край'-ер*) s. крикунъ; глашатай.

Crime (*крайм*) s. преступленіе, злодѣяніе.

Crimeful (*крайм'-фу.л*) adj. преступный; злодѣйскій.

Crimeless (*крайм'-лес*) adj. невинный.

Criminal (*крим'-и-нä.л*) adj. преступный, креминальный, уголовный; || s. преступникъ.

Criminality (*крим-и-нäл'-и-ти*), **Criminalness** (*крим'-и-нäл-нес*) s. уголовность, преступность.

Criminally (*крим'-и-нäл-и*) adv. преступно, злодѣйски.

Criminate (*крим'-и-нэт*) va. вмѣнять въ вину, обвинять въ преступленіи.

Crimination (*крим-и-нэ'-шён*) s. обвиненіе въ преступленіи.

Criminatory (*крим'-и-нэ-тö-ри*) adj. обвинительный, обвиняющій.

Criminous (*крим'-и-нёс*) adj. преступный.

Crimp (*кримп*) adj. слабый, хрупкій, ломкій, рыхлый; || непослѣдовательный; || s. агентъ по найму рабочихъ для каменоугольныхъ копей, вербовщикъ матросовъ и солдатъ; || va. поймать, изловить; вербовать (солдатъ); гофрировать.

Crimpage (*кримп'-эдж*) s. завивка (волосъ); гофрировка (тканей).

Crimple (*кримп'-л*) va. дѣлать складки; сморщивать; рябить.

Crimson (*крим'-зн*) s. малиновый цвѣтъ, || румянецъ; || adj. малиновый; || va. vn. красить въ малиновый цвѣтъ; || краснѣть, зарумяниться.

Cringe (*криндж*) s. поклонъ; раболѣпство; || va. vn. раболѣпствовать, низкопоклонничать.

Cringer (*крин'-джер*) s. низкопоклонникъ, льстецъ.

Cringing (*крин'-джинг*) adj. раболѣпный, лакейскій; || s. раболѣпство, низкопоклонство.

Cringle (*кринг'-гл*) s. (морск.) люферсъ у ликъ-троса.

Crinigerous (*край-нидж'-ер-ёс*) adj. волосатый, покрытый шерстью.

Crinkle (*кринк'-л*) vn. va. извиваться, изгибаться; морщить; || s. извилина, зигзагъ, складка, морщина.

Crinoline (*крин'-о-лин*) s. кринолинъ.

Crinosity (*кри-нёс'-и-ти*) s. волосатость.

Crinum (*край'-нем*) s. (бот.) кринъ.

Cripple (*крип'-пл*) s. калѣка, увѣчный, паралитикъ; || искалѣченный, разбитый параличомъ; || va. калѣчить, увѣчить, уродовать.

Crippleness (*крип'-пл-нес*) s. увѣчность, искалѣченность.

Crisis (*край'-сис*) s. (pl. **Crises**) кризисъ, переломъ (болѣзни).

Crisp (*крисп*) adj. кудрявый, завитой; шароховатый; извилистый; хрупкій, ломкій; рыхлый, разсыпчатый; || va. завивать; ворсить (матерію), переплетать; || vn. завиваться.

Crispation (*крис-пэ'-шон*) s. завиваніе, закручиваніе.

Crisping (*крисп'-инг*) s. завивка. — **-iron**, завивальные щипцы.

Crisply (*крисп'-ли*) adv. въ кудряшки.

Crispness (*крисп'-нес*) s. кудрявость, курчавость; рыхлость, разсыпчатость; хрупкость.

Crispy (*крисп'-и*) adj. кудрявый, завитой; хрупкій, рыхлый, хрустящій на зубахъ.

Criterion (*край-ти'-ри-он*) (pl. **Criteria**) s. критеріумъ, мѣрило чего.

Critic (*крит'-ик*) s. критикъ, рецензентъ; || adj. критическій; || vn. критиковать.

Critical (*крит'-и-кäл*) adj. критическій, опасный, рѣшительный.

Critically (*крит'-ик-äл*) adv. критически, рѣшительно.

Criticalness (*крит'-ик-äл-нес*) s. точность, исправность, аккуратность; критическое свойство.

Criticism (*крит'-и-сизм*) s. критикованіе, обсужденіе; критицизмъ.

Criticize (*крит'-и-сайз*) va. vn. критиковать, разбирать; хулить.

Criticizer (*крит'-и-сайз-ер*) s. критикъ, рецензентъ.

Critique (*кри-тик'*) s. критика, рецензія, разборъ.

Croak (*кро'ок*) s. кваканіе (лягушки); карканіе (вороны); бурчаніе (въ животѣ); || vn. квакать; каркать; бурчать; ворчать.

Croaker (*кро'ок-ер*) s. ворчунъ.

Croaking (*кро'ок-инг*) s. кваканіе, карканіе, бурчаніе; ворчаніе.

Croat (*кро'о-ат*) s. кроатъ.

Croatia (*кроэ'-ши-ä*) npr. (геогр.) Кроація.

Crochet (*кро-ше'*) s. крючокъ.

Crock (*крок*) s. глиняный кувшинъ; || сажа; || va. чернить; марать сажей; || замараться сажей.

Crockery (*крок'-ер-и*) s. глиняная, или фаянсовая посуда. — **ware**, фаянсовая посуда.

Crocky (*крок'-и*) adj. закоптѣлый, черный, грязный

Crocodile (*крок'-о-дайл*) s (зоол.) крокодилъ. [крокодиловый.

Crocodilian (*крок-о-дил'-и-äн*) adj.

Crocus (*кро'о-кöс*) s. (бот) шафранъ.

Croft (*крофт*) s. огородъ, загороженное поле, прилегающее къ дому.

Croisade (*крой-сэд'*) s. см. **Crusade**.

Cromlech (*кром'-лэк*) s. друидическій памятникъ, кромлехъ.

Crone (*кро'он*) s. старая овца; || * вѣдьма, старуха.

Crony (*кро'о-ни*) s. своякъ.

Crook (*кро'ок*) s. загибъ, изгибъ, извилина, поворотъ. || крюкъ, крючокъ; зацѣпа, рычагъ; || * уловка, придирка, хитрость. **By hook or by** —, такъ или иначе, правдами и неправдами. — **-back**, горбъ; || горбунъ. — **-backed**, горбатый, сгорбившійся. — **-kneed**, хромоногій. — **-legged**, кривоногій. — **-neck**, съ кривой шеей. — **-shouldered**, кривобокій. || va. сгибать, искривлять; коробить. || vn. сгибаться; искривляться, крючить, коробиться.

Crooked (*крук'-ед*) adj. согнутый, кривой, искривленный; извилистый; || безобразный; уродливый; извращенный.

Crookedly (*крук'-ед-ли*) adv. криво, косо, извилисто.

Crookedness (*крук'-ед-нес*) s. кривизна, согнутость; уродливость; безобразіе; развращенность.

Crop (*кроп*) s. жатва, сборъ; урожай; хлѣбъ на корню; || зобъ (у птицъ); || верхушка, вершина, маковка; || волосы остриженные подъ гребенку; собака, лошадь съ обрѣзаннымъ хвостомъ. || va. срѣзывать, остригать, окарнать; || собирать жатву, косить, жать; объѣдать (листья), щипать (траву), срывать (цвѣты). **To — out**, обнаруживаться. — **-eared**, карнаухій.

Cropping (*кроп'-инг*) s. срѣзываніе верхушекъ чего; стрижка овецъ; жатва, уборка (полей, посѣвовъ).

Crosier (*кро'о-жöр*) s. посохъ (епископскій); || (астр.) Южный Крестъ (созвѣздіе).

Croslet (*крос'-лет*) s. крестикъ.

Cross (*крос*) s. крестъ; || * страданія, скорбь; крестъ (орденскій); скрещиваніе, помѣсь (породъ животныхъ); || церковныя помѣстья въ Ирландіи. **The holy** —, святой крестъ. **The Latin** —, латинскій крестъ. **The Greek** —, греческій крестъ. || adj. поперечный, крестообразный, косвенный, перекрестный (допросъ); неблагопріятный, неудачный; угрюмый, злой; строптивый, упрямый. **A — woman,** злая женщина. **To look —,** смотрѣть недоброжелательно. **— purposes,** ссоры **— breed,** скрещенной породы. || adv. крестомъ, накрестъ, наперекоръ, навыворотъ, неудачно. || prep. черезъ, поперекъ. || va. скрещивать; класть что крестъ накрестъ; переходить, переѣзжать черезъ; пересѣкать что; противодѣйствовать; творить знаменіе креста; смѣшивать, скрещивать породы. **To — one's self,** дѣлать крестное знаменіе. **To — over,** пересѣкать. || vn. скрещиваться; пересѣкаться; противорѣчить; передвигаться. **To — with,** быть въ противорѣчіи. **— -armed,** съ сложенными на крестъ руками. **— -arrow,** стрѣла самострѣла. **— -bar,** поперечина, распорка. **— -bow,** самострѣлъ. **— -breed,** помѣсь, ублюдокъ. **— -breeding,** смѣшиваніе, скрещиваніе породъ. **— -cut,** va. перерѣзать, прорѣзать. **— -examination,** (юрид.) перекрестный допросъ. **— -grained,** (бот.) имѣющій поперечныя волокна; || * сварливый. **— -legged,** съ поджатыми ногами, съ крещенными ногами. **— -road, — -way,** поперечная дорога, проселокъ. **— -row,** азбука, склады; поперечный рядъ. **— -wind,** поперечный вѣтеръ, бакштагъ. **— -wise** крестъ на крестъ, поперекъ.

Crossing (*крос'-инг*) s. скрещиваніе; || знаменіе креста; || переѣздъ, переходъ черезъ что; || помѣха, препона, несчастіе; || разъѣздъ, пересѣченіе путей.

Crossness (*крос'-нес*) s. пересѣченіе; || сварливость; строптивость; упрямство.

Crosslike (*крос'-лайк*) adj. крестообразный.

Crotalus (*крот'-ă-лŏс*) s. (зоол.) гремучая змѣя.

Crotch (*кроч*) s. крюкъ, крючокъ; вилы; развилина.

Crotched (*крочт*) adj. вилообразный, раздвоенный; крючкообразный.

Crochet (*кроч'-ет*) s. (тип.) скобка; (муз.) четвертная нота; || * причуды, прихоть.

Crotchety (*кроч'-ет-и*) adj. причудливый, прихотливый, капризный.

Crouch (*кра'уч*) va. vn. присѣдать; припадываться; ползать, пресмыкаться.

Crouching (*кра'уч-инг*) s. хожденіе передъ кѣмъ на заднихъ лапкахъ; ползаніе; подличаніе.

Croup (*круп*) s. задъ, крупъ; (мед.) крупъ.

Croupier (*кру'-пи-ер*) s. крупье.

Crout (*кра'ут*) s. кислая капуста.

Crow (*кро'у*) s. ворона, кукуреку, пѣніе пѣтуха; || брызжейка; ломъ; **— -foot,** (бот.) ранункулъ. **— -quill,** воронье перо. **— -berry,** водяница (ягода). **—'s feet,** морщинки около глазъ, гусиныя лапки. || vn. кукурекать, пѣть пѣтухомъ; || * гордиться, задирать носъ. **To — over,** торжествовать надъ кѣмъ.

Crowd (*кра'уд*) s. множество; толпа; народъ, чернь; || va. тѣснить; сжимать, давить; докучать. **To — in, into,** наполнять, набивать, пичкать; vn. толпиться, собираться толпой.

Crown (*кра'ун*) s. корона, вѣнецъ; || * тронъ; || вѣнокъ, гирлянда; || темя, маковка (головы); вершина (горы); тулья (у шляпы;) крона (монета); || va. короновать; вѣнчать; увѣнчать; провести шашку въ дамки. **— -jewels,** королевскія драгоцѣнности. **— -lands,** s. pl. казенныя земли; удѣльныя земли. **— scab,** (вет.) подсѣдъ у лошади.

Crowning (*кра'ун-инг*) s. коронованіе, вѣнчаніе.

Crownless (*кра'ун-лес*) adj. не имѣющій короны, некоронованный, не увѣнчанный.

Crucial (*кру'-шăл*) adj. крестовидный. **A — test,** рѣшительный опытъ.

Cruciate (*кру'-ши-эт*) va. мучить.

Crucible (*кру'-си-бл*) s. тигль, плавильникъ.

Cruciferous (*кру-сиф'-ер-ŏс*) adj. крестоносный; (бот.) крестовидный.

Crucifix (*кру'-си-фикс*) s. распятіе (крестъ).

Crucifixion (*кру-си-фик'-шŏн*) s. распинаніе на крестѣ; распятіе (Христа).

Cruciform (*кру'-си-форм*) adj. крестообразный.

Crucify (*кру'-си-фай*) va. распинать на крестѣ.

Crucigerous (*кру-сидж'-ер-ŏс*) adj. крестоносный.

Crude (*круд*) adj. сырой, неспѣлый, незрѣлый; жестокій; необработанный, необдѣланный; нестройный.

Crudely (*круд'-ли*) adv. жестоко; незрѣло; недоконченно.

Crudeness (*круд'-нес*) s. сырость, неспѣлость, незрѣлость; жестокость, грубость, суровость, невыработанность.

Crudity (*кру'-ди-ти*) см. **Crudeness.**

Cruel (*кру'-эл*) adj. жестокій, лютый, свирѣпый.

Cruelly (*кру'-ел-и*) adv. жестоко, свирѣпо.

Cruelness (*кру'-ел-нес*) s. жестокость, безчеловѣчность; лютость, свирѣпость.
Cruelty (*кру'-ел-ти*) s. см. **Cruelness.**
Cruet (*кру'-ет*) s. стклянка, сосудъ.
Cruise (*круз*) s. (мор.)крейсерство; || vn. крейсировать.
Cruiser (*круз'-ер*) s. (мор.) крейсеръ.
Crum, Crumb (*крŏм*) s. мякишъ (хлѣба); хлѣбная крошка; || va .vn. крошить, раздроблять.
Crumble (*крŏм'-бл*) va. крошить, раздроблять; толочь; || крошиться; дробиться, растираться; разъединяться.
Crummy (*крŏм'-ми*) adj. мягкій (о хлѣбѣ); крошащійся.
Crump (*крŏмп*) adj. согнутый.
Crumpet (*крŏмп'-ет*) s. лепешка.
Crumple (*крŏм'-пл*) va. мять, сминать; || vn. сморщиваться, свертываться, съеживаться, сокращаться.
Crumpling (*крŏм'-плинг*) s. морщинистое яблочко.
Crunch (*крŏнч*) vn. грызть; хрустѣть (на зубахъ).
Cruor (*кру'-ŏр*) s. запекшаяся кровь.
Crupper (*крŏп'-пер*) s. задъ (лошади); пахва (часть сбруи).
Crural (*кру'-рāл,* adj. бедряной, лядвейный.
Crusade (*кру-сэд'*) s. крестовый походъ.
Crusader (*кру-сэд'-ер*) s. крестоносецъ.
Cruse (*крус*) s.маленькая стклянка.
Crush (*крŏш*) s. столкновеніе; трескъ отъ всякаго столкновенія; трескъ, грохотъ, паденіе. || va. раздавливать; || *разрушать; толочь, дробить; || vn. быть раздавлену; сгущаться.
Crust (*крŏст*) s. корка; (мед.) плешка; струпъ; || скорлупа, щитъ (черепахи). **The — of bread,** хлѣбная корка. || va. покрывать корой, коркой. || vn. покрываться корой.
Crustacea (*крŏс-тэ'-ши-а*) s. pl (зоол.) раки; скорлупняки.
Crustaceous (*крŏс-тэ'-шŏс*) adj. (зоол.) скорлупниковый, раковидный.
Crustily (*крŏст'-и-ли*) adv. брюзгливо, сварливо; угрюмо.
Crustiness (*крŏст'-и-нес*) s. корковатость; жесткость; || брюзгливость, угрюмость.
Crusty (*крŏст'-и*) adj. покрытый корой, корковый, жесткій; || * несговорчивый, брюзгливый, угрюмый.
Crutch (*крŏч*) s. костыль, клюка; || * старость; || va. подпирать, поддерживать костылями; ходить на костыляхъ.
Cry (*край*) vn. кричать, восклицать; || плакать, оплакивать; всхлипывать; жаловаться на что. **To — for joy,** плакать отъ радости. **To — for help,** звать на помощь **To — for vengeance,** призывать къ мщенію. **To — off** отказываться отъ мщенія. **To — out,** издавать клики, восклицать || va. провозглашать, объявлять, оглашать. **To — mercy,** просить пощады. **To — down,** порицать. **To — up,** хвалить. **To — up to the skies,** превозносить до небесъ. || s. крикъ, плачъ, восклицаніе; провозглашеніе, оглашеніе; || свора (собакъ). **Great — and little wool,** много шуму, но мало толку. **The cries of London,** крики Лондона.
Crying (*край'-инг*) s. кричаніе, крикъ, вопль.
Cryolite (*край'-о-лайт*) s. (мин.) кріолитъ.
Crypt (*крипт*) s. пещера, склепъ.
Cryptic (*крип'тик*). **Cryptical** (*крип'-тик-ăл*) adj. скрытый, тайный.
Cryptogamia (*крип'-то-гэ'-миа*) s. pl. (бот) тайнобрачныя растенія.
Cryptogamian (*крип'-то-гэ-миăн*), **Cryptogamic** (*крип'-то-гэм'-ик*) **Cryptogamus** (*крип-тог'-ă-мŏс*) adj. тайнобрачный.
Cryptogamy (*крип'-тог'-ă-ми*) s. (бот.) тайнобрачіе.
Cryptographical (*крип-тог-рăф'-и-кăл*) adj. шифромъ написанный
Cryptography (*крип-тог'-рă-фи*) s. писаніе условнымъ шифромъ.
Cryptology (*крип-тол'-о-джи*) s. шифрованіе.
Crystal (*крис'-тăл*) s. кристаллъ; хрусталь; чистое стекло **Rock —,** горный хрусталь; || adj. хрустальный; чистый.
Crystalline (*крис'-тăл-лайн*) s. (анат.) хрусталикъ (глаза).
Crystallizable (*крис'-тăл-лайз-ă-бл*) adj. кристализующійся
Crystallization (*крис-тăл-ли-зэ'-шŏн*) s. кристаллизація.
Crystallize (*крис'-тал-лайз*) va. vn. кристаллизовать, -ся.
Cub (*кŏб*) s. дѣтенышъ, щенокъ (животнаго); медвѣженокъ; || стойло, хлѣвъ; || va. метать дѣтенышей; щениться.
Cuba (*кью'-ба*) npr. (геогр.) Куба.
Cubature (*кью'-бă-чур*) s. измѣреніе кубическаго содержанія тѣла.
Cube (*кьюб*) s. кубъ. **— -root,** кубическій корень.
Cubeb (*кью'-беб*) s. (бот.) кубеба.
Cubic (*кью'-бик*), **Cubical** (*кью'-бик-ăл*) adj. кубическій.

Cubically (*кью'-бик-ă-ли*) adv. кубически. [бообразный.
Cubiform (*кью'-би-форм*) adj. ку-
Cubit (*кью'-бит*) s. (анат.) локтевая кость; || локоть (мѣра длины въ 18 дюймовъ).
Cubital (*кью'-бит-ă.л*) adj. локтевой
Cubo-cube (*кью'-бо-кьюб*) s. (мат.) кубо-кубъ (шестая степень числа).
Cuboid (*кью'-бойд*) adj. кубовидный.
Cucking-stool (*кŏк'-инг-стул*) s. позорное сѣдалище (въ средніе вѣка).
Cuckold (*кŏк'-олд*) s. рогоносецъ.
Cuckoldom (*кŏк'-ол-дŏм*) s. измѣна женой мужу, адюльтеръ, прелюбодѣяніе.
Cuckoo (*кук'-у*) s. кукушка (птица).
Cuckoo-bud (*кук'-у-бед*) s. (бот.) полевой кресъ.
Cucullate (*кью'-кŏл-лэт*) adj. съ колпачкомъ, съ капюшономъ.
Cuculus (*кью'-кю-лес*) s. кукушечка. [огурецъ.
Cucumber (*кью'-кŏм-бер*) s. (бот.)
Cucurbit (*кью-кŏр'-бит*) s. перегонный кубъ.
Cucurbitaceous (*кью-кŏр-би-тэ'-шŏс*) adj. (бот.) тыквенный.
Cucurbitive (*кью-кŏр-би-тив*) adj. тыквенный
Cud (*кŏд*) s. жвачка; жеваніе (табаку). **To chew the —,** отрыгать жвачку.
Cuddle (*кŏд'-дл*) vn. прижаться, спрятаться; || va. обнимать, ласкать.
Cuddy (*код'-ди*) s. (мор.) камбузъ, судовая кухня; каморка; рыба вродѣ трески; || * олухъ.
Cudgel (*кŏд'-джел*) s. палка, дубина, дубинка; || va. бить, колотить палкой. **— thy brains no more about it,** не мучайся болѣе насчетъ этого. [горлянка.
Cudweed (*кŏд'-уид*) s. сушеница,
Cue (*кью*) s. конецъ, хвостъ; (теат.) реплика; коса (волосъ); бильярдный кій; || намекъ, знакъ; || расположеніе духа. **To give a person his —,** дать поводъ къ чему. || va. плести, заплетать косу.
Cuff (*кŏф*) s. манжетка, рукавчикъ, обшлагъ; || оплеуха, тумакъ, ударъ кулакомъ; || va. бить кулакомъ, тузить; || vn. драться, биться. [ты.
Cuirass (*куи'-рăс*) s. кираса, ла-
Cuirassier (*куи-рăс-сир'*) s. кирасиръ, латникъ.
Culdee (*кŏл-ди'*) s. монахъ.
Culex (*кьул'-екс*) s. комаръ.
Culiciform (*кью-лис'-и-форм*) adj. комарообразный; комариный
Culinary (*кью'-ли-нă-ри*) adj. кулинарный, кухонный
Cull (*кŏл*) s. простакъ, олухъ, простофиля; || va. собирать, выбирать; извлекать.
Cullender (*кŏл'-лен-дер*) s. сито, рѣшето. [ла.
Cullet (*кŏл'-лет*) s. обломки стек-
Cullion (*кŏл'-льŏн*) s. негодяй. || (бот.) луковица.
Cullis (*кŏл'-лис*) s. чистый отваръ, бульонъ.
Cully (*кŏл'-ли*) s. простофиля, олухъ.
Culm (*кŏлм*) s. соломинка, стебель; мелкій антрацитъ.
Culmiferous (*кŏл-миф'-ер-ŏс*) adj. (бот.) злачный, соломистый.
Culminant (*кŏл'-ми-нăнт*) adj. кульминаціонный. высшій, главный.
Culminate (*кŏл'-ми-нэт*) vn. (астр.) проходить черезъ меридіанъ; достигать высшей точки.
Culmination (*кŏл-ми-нэ'-шŏн*) s. (астр.) прохожденіе черезъ меридіанъ; достиженіе высшей точки чего.
Culpability (*кŏл-пă-бил'-и-ти*) s виновность; преступность
Culpable (*кŏл'-пă-бл*) adj виновный, преступный.
Culpableness (*кŏл'-пă-бл-нес*) s. см. **Culpability**. [ступно.
Culpably (*кŏл'-пă-бли*) adv. пре-
Culprit (*кŏл'-прит*) s подсудимый, виновный.
Culter (*кŏл'-тер*) s. лемехъ.
Cultivable (*кŏл'-ти-вă-бл*) adj. пахотный.
Cultivate (*кŏл'-ти-вэт*) va. пахать, обрабатывать (землю); разводить (растенія); культивировать.
Cultivation (*кŏл-ти-вэ'-шŏн*) s. вспашка, обрабатываніе, воздѣлываніе земли; разведеніе (растенія); культивированіе.
Cultivator (*кŏл'-ти-вэ-тŏр*) s. хлѣбопашецъ; культивирующій (растенія); земледѣлецъ.
Culture (*кŏл'-чур*) s. хлѣбопашество, земледѣліе; || культура; va см. **Cultivate**. [на (пушка).
Culverin (*кŏл'-вер-ин*) s. кулеври-
Culvert (*кŏл'-верт*) s. подземный ходъ, подземный стокъ для воды.
Cumber (*кŏм'-бер*) va. загромождать, обременять, затруднять; опустошать (страну).
Cumbersome (*кŏм-бер-сŏм*) adj. громоздкій, обременительный
Cumbersomely (*кŏм'-бер-сŏм-ли*) adv. громоздко.
Cumbersomeness (*кŏм-бер-сŏм-нес*) s. громоздкость
Cumbrance (*кŏм'-брăнс*) s тягость, бремя; затрудненіе.
Cumbrous (*кŏм'-брŏс*) adj. стѣснительный, мѣшающій.

Cumbrously (*кӧм'-брӧс-ли*) adv. стѣснительно, неудобно.
Cumbrousness (*кӧм'-брӧс-нес*) s. затрудненіе, стѣсненіе, неудобство.
Cumin (*кӧм'-ин*) s. (бот.) тминъ.
Cumulate (*кӧм'-мью-лет*) va. собирать, скоплять, накоплять.
Cumulation (*кью-мью-лэ'-шӧн*) s. собираніе, скопленіе, накопленіе.
Cumulative (*кью'-мью-лэ-тив*) adj. накопленный.
Cumulus (*кью'-мью-лес*) s. холмикъ.
Cuneal (*кью'-ни-ăл*) adj. клинообразный.
Cuneate (*кью'-ни-эт*), **Cuneated** (*кью'-ни-э-тэд*) adj. клинообразный.
Cuneiform (*кью-ни'-и-форм*) s. [клинообразный.
Cunning (*кӧн'-инг*) adj. искусный, ловкій; хитрый. **A — fellow,** ловкій парень. || s. способность, знаніе, ловкость; || хитрость, лукавство, жульничество.
Cunningly (*кӧн'-инг-ли*) adv. искусно, хитро.
Cunningness (*кӧн'-инг-нес*) s. хитрость, коварство; ловкость.
Cup (*кӧп*) s. чаша, чашка, кубокъ; (бот.) чашечка. **The parting —,** прощальный кубокъ. **There is many a slip between the — and the lip,** отъ рта до ложки еще далеко. || va. ставить банки.
Cupboard (*кӧб'-ӧрд*) s. буфетъ; || va. ставить въ буфетъ; || * накоплять. [шечка.
Cupel (*кью'-пел*) s. пробирная ча-
Cupellation (*кью-пел-лэ'-шӧн*) s. проба путемъ пробирной чашечки.
Cupid (*кью'-пид*) s. купидонъ, амуръ.
Cupidity (*кью-пид'-и-ти*) s. алчность, жадность.
Cupola (*кью'-по-ла*) s. куполъ; вагранка (печь).
Cupping (*кӧп'-пинг*) s. (хир.) приставленіе банокъ. **— -glass,** банка.
Cupreous (*кью-'при-ӧс*) adj. мѣдяный, мѣдный.
Cupriferous (*кью-приф'-ер-ӧс*) adj. содержащій въ себѣ мѣдь.
Cuprose (*кӧп'-роз*) s. макъ.
Cuprite (*кью'-прайт*) s. красная мѣдь. [шечка.
Cupula (*кью'-пью-ла*) s. (бот.) ча-
Cur (*кӧр*) s. дворняшка.
Curability (*кьюр-ă-бил'-и-ти*) s. излечимость.
Curable (*кьюр-ă-б.л*) adj. излечимый
Curableness (*кью'р-ă-бл-нес*) s. см. **Curability** [керъ)
Curacao (*ку-рă-со*) s. кюрасо (ли-
Curacy (*кью'-рă-си*) s. приходъ, викарство.
Curate (*кью'-рэт*) s. викарій, приходскій священникъ.
Curative (*кьюр'-ă-тив*) adj. цѣлительный.
Curator (*кью-рэ'-тӧр*) s. кураторъ (при больномъ); попечитель, опекунъ.
Curb (*кӧрб*) s. (ман.) цѣпочка (у мундштука); || * узда, обузданіе. **— -stone,** крайній камень мостовой; || va. налагать цѣпочку; || * обуздывать, сдерживать.
Curcuma (*кӧр'-кью-ма*) s. (бот.) желтый корень, шафранъ.
Curd (*кӧрд*) s. кислое, свернувшееся молоко. || va. свертывать, сгущать, -ся, коагулировать.
Curdiness (*кӧрд'-и-нес*) s. свертываніе (молока, крови).
Curdle (*кӧр-дл*) vn. свертываться, сгущаться, створаживаться; || va. створаживать, сгущать.
Curdy (*кӧрд'-и*) adj. свернувшійся, ссѣвшійся.
Cure (*кьюр*) s. лекарство, леченіе, пользованіе; || приходъ, паства; || va. исцѣлять, излечивать; сохранять, солить (мясо, рыбу).
Cureless (*кьюр'-лес*) adj. неизлѣчимый.
Curer (*кьюр'-ер*) s. исцѣлитель, врачеватель, врачъ; || солильщикъ
Curfew (*кӧр'-фью*) s. сигнальный звонъ для тушенія огней; колпачокъ для тушенія свѣчъ.
Curia (*кью'-ри-а*) s. курія.
Curing (*кьюр'-инг*) s. леченіе, врачеваніе, пользованіе, выздоравливаніе; || соленіе.
Curiosity (*кью-ри-ос'-и-ти*) s. любопытство; изысканность, утонченность; || диковинка, рѣдкость. **From —,** изъ любопытства.
Curious (*кью'-ри-ӧс*) adj. любопытный; интересный; странный, курьезный; изысканный, тонкій
Curiously (*кью'-ри-ӧс-ли*) adv. любопытно; старательно, искусно; изысканно.
Curiousness (*кью'-ри-ӧс-нес*) s. рѣдкость, достопримѣчательность, изящество, тонкость.
Curl (*кӧрл*) s. локонъ, букля, кудри; извилина; складки; волненіе. волнистость; || va. завивать; вить. закручивать, обвивать; волновать; || vn. завиваться; виться; извиваться; струиться, клубиться.
Curledness (*кӧрл'-ед-нес*) s. кудрявость, курчавость. [вайка.
Curlew (*кӧр'-лью*) s. (орн.) кара-
Curliness (*кӧрл'-и-нес*) s. см. **Curledness.**
Curling (*кӧрл'-инг*) s. завиваніе, завивка; || обвиваніе. **— irons, — tongs,** s. pl. щипцы для завивки волосъ.
Curly (*кӧрл'-и*) adj. кудрявый, курчавый, завитой.

Curmudgeon (*кŏр-мŏд'-джŏн*) s. скупецъ, скряга.
Currant (*кŏр'-рӓнт*) s. коринка; смородина. **Red —,** красная смородина. **Black —,** черная смородина. **Dried —,** изюмъ.
Currency (*кŏр'-рен-си*) s. курсъ (денежный); обращеніе; распространеніе; || довѣріе. **To give — to a report,** пустить въ обращеніе слухъ. **Legal —,** монета, какъ законное средство расплаты. **Paper - —,** бумажныя деньги.
Current (*кŏр'-рент*) adj. находящійся въ обращеніи; ходячій; распространенный. **— money,** ходячая монета. **— coin,** ходячая монета, ходячія деньги (металлическія). **Send me your price —,** пошлите мнѣ вашъ прейсъ-курантъ. || s. теченіе; токъ; теченіе (времени); ходъ (событій); настроеніе (общественнаго мнѣнія); курсъ.
Currently (*кŏр' - рент - ли*) adv. безпрестанно, безостановочно; всюду; вообще; общепринятымъ образомъ.
Currentness (*кŏр'-рент-нес*) s. см. **Currency.**
Curricle (*кŏр'-ри-кл*) s. колесница; || бѣгъ.
Currier (*кŏр'-ри-ер*) s. кожевникъ.
Currish (*кŏр'-риш*) adj. сварливый, брюзгливый.
Currishly (*кŏр'-риш-ли*) adv. сварливо; угрюмо.
Currishness (*кŏр' - риш - нес*) s. сварливость, ворчливость.
Curry (*кŏр'-ри*) va. выдѣлывать кожи; чистить лошадь скребницею; || * отстягать. **To — with one,** низкопоклонничать. **To — favour,** искать успѣха лестью; || s. соя; блюдо изъ сои.
Curry-comb (*кŏр' - ри - ком*) s. скребница.
Currying (*кŏр'-ри-инг*) s. чистка скребницею (лошади).
Curse (*кŏрс*) s. проклятіе; || va. проклинать; || vn. клясться, божиться.
Cursed (*кŏрс'-ед*) adj. проклятый; окаянный; гнусный.
Cursedly (*кŏрс'-ед-ли*) adv. чертовски; гнусно.
Cursive (*кŏр'-сив*) adj. скорописный (о почеркѣ).
Cursor (*кŏр'-сŏр*) s. (мат.) бѣгунецъ (на линейкѣ).
Cursorily (*кŏр'-со-ри-ли*) adv. на скорую руку, быстро.
Cursoriness (*кŏр'-сŏ-ри-нес*) s. быстрота, скорость.
Cursory (*кŏр -сŏ-ри*) adj. скорый, быстрый, спѣшный.
Curt (*кŏрт*) adj. короткій.
Curtail (*кŏр'-тэл*) неряха, шлюха, распутная женщина; || va. окорачивать, урѣзывать, окарнать; уменьшать.
Curtailing (*кŏр-тэл'-инг*) s. корнаніе, обрубаніе (хвоста); || урѣзываніе, сокращеніе, окорачиваніе.
Curtailment (*кŏр-тэл'-мент*) s. окорачиваніе, сокращеніе.
Curtain (*кŏр'-тин*) s. занавѣсъ, гардина, занавѣска, штора; пологъ (у кровати); (форт.) куртина. **To drop the —,** опустить занавѣсъ. **To stand behind the —,** подслушивать. **— -lecture,** выговоръ (наединѣ). **— -rod,** желѣзный прутъ въ шторахъ. || va. снабжать занавѣсками, гардинами; || закутывать, скрывать.
Curtly (*кŏрт' - ли*) adv. кратко, вкратцѣ. [сокращенность.
Curtness (*кŏрт'-нес*) s. краткость,
Curvated (*кŏр'-вэ-тед*) s. согнутый, изогнутый, кривой.
Curvation (*кŏр-вэ'-шŏн*) s. кривизна, изгибъ.
Curvature (*кŏр'-ва-чур*) s. изгибъ, изгибина, кривизна.
Curve (*кŏрв*) s. согнутость, изгибъ, кривизна; (мат.) кривая линія; || adj. согнутый, изогнутый, кривой; || va. гнуть, сгибать; выводить дугой. [визна, изгибъ.
Curvedness (*кŏрв'-ед-нес*) s. кри-
Curvet (*кŏр'-вет*) s. курбетъ (о лошадяхъ); шалость, проказы.
Curvilinear (*кŏр - ви - лин'-и - ӓр*), **Curvilineal** (*кŏр-ви-лин' - и-ӓл*) adj. криволинейный.
Curving (*кŏрв'-инг*) s. кривая линія.
Cushat (*куш'-ӓт*) s. вяхирь, вятютень (птица).
Cushion (*куш'-ин*) s. подушка, подкладка; бортъ (бильярдный); || va. класть на подушку, на подкладку.
Cusp (*кŏсп*) s. рогъ луны, острый конецъ.
Cuspated (*кŏсп'-э-тед*) adj. заостренный. [рять.
Cuspidate (*кŏс'-пи-дэт*) va. заост-
Cuspidate (*кŏс'-пи-дэт*), **Cuspidated** (*кŏс' - пи-дэ - тед*) adj. заостренный. [изъ сливокъ.
Custard (*кŏс'-тoрд*) s. кушанье
Custodian (*кŏс - то'о - ди - ӓн*) s. стражъ, сторожъ, охранитель.
Custody (*кŏс'-то-ди*) s. охраненіе, охрана, заточеніе. **To put in —,** сажать въ тюрьму.
Custom (*кŏстŏм*) s. обычай, обыкновеніе; привычка; || покупатели; практика; || пошлина, дань; || **—s,** s. pl. таможенныя пошлины. **To have a good deal of —,** имѣть много покупателей. **That is not our —,** это не входитъ въ наши привычки. **— inwards,** входная

плата. — **outwards**, выходная плата. — **-duties**, таможенныя пошлины. — **-house**, таможня. ‖ va. уплачивать таможенныя пошлины; ‖ пріучать.

Customable (*кӧс'-тӧм-ă-бл*) adj. обыкновенный, обычный; подлежащій пошлинѣ.

Customably (*кӧс'-тӧм-ă-бл-и*) adv. обычно, обыкновено, по обычаю.

Customarily (*кӧс'-тӧм-ă-ри-ли*) adv. обыкновенно, по привычкѣ, чаще всего.

Customary (*кӧс'-тӧм-ă-ри*) adj. обычный, употребительный. — **compliments**, обычныя вѣжливости.

Customer (*кӧс'-тӧм-ер*) s. покупщикъ, покупатель. [нитель.

Custos (*кӧс'-тӧс*) s. сторожъ; хра-

Cut (*кӧт*) va. рѣзать, отрѣзывать; разсѣкать; разрубать; кроить (платье); стричь (ногти); тесать (камни); класть, холостить (животныхъ); перекрещивать (дороги), срѣзать кого (словами). **To — in pieces**, разсѣкать на части. **To — a pack of cards**, срѣзать карты. **To — timber**, колоть дрова. **To — capers**, скакать, кувыркаться; выкидывать глупости. **To — a dash, to — a figure**, напускать на себя важность, пускать пыль въ глаза. **To — across**, пересѣкать. **To — asunder**, перерѣзать, разсѣкать. **To — away**, отрѣзать, срѣзать. **To — down**, срубать; сжать хлѣбъ. **To — off**, отрѣзать, отнять (руку); уничтожить, искоренить. **To — out**, вырѣзывать; высѣкать; приспособлять; перещеголять. **A grotto — out in the rock**, высѣкать въ скалѣ пещеру. **To — short**, обрѣзывать, сокращать; заставить замолчать. **Come — the matter short**, ну! говорите короче. **To — to**, разрѣзать, колоть, ранить. **The surgeon — to the quick**, хирургъ задѣлъ за живое. **To — up**, разрѣзать, разсѣкать; вскрывать; искоренять. ‖ vn. рѣзать, порѣзаться; прорѣзываться (о зубахъ); засѣкаться (о лошаде). ‖ s. рѣзаніе, сѣченіе, разрубаніе; шрамъ; разрѣзъ, отрѣзъ; отрѣзокъ, ломоть, кусокъ; короткая дорога; гравюра (на деревѣ); траншея; обида, просѣка. **A — on the finger**, порѣзъ на пальцѣ. **A — with a whip**, ударъ кнута. **A fashionable —**, изящный покрой. **It is the shortest —**, это кратчайшая дорога. — **-throat**, разбойникъ, головорѣзъ. — **throat place**, разбойничій притонъ.

Cutaneous (*кью-тэ'-ни-ӧс*) adj. (мед.) кожный, накожный.

Cute (*кьют*) s. мустъ (виноградный сокъ); ‖ adj. остроумный, тонкій.

Cuticle (*кью'-ти-кл*) s. (анат. и бот.) кутикула, внѣшняя кожица; эпидермисъ. ‖ плева, пленка (на жидкости). [кутикулярный.

Cuticular (*кью-тик'-ю-лăр*) adj.

Cutlass (*кӧт'-лăс*) s. тесакъ, кортикъ

Cutler (*кӧт'-лер*) s. ножевщикъ.

Cutlery (*кӧт'-ле-ри*) s. ножевая мастерская.

Cutlet (*кӧт'-лет*) s. котлета.

Cutter (*кӧт'-тер*) s. рѣзакъ, сѣкачъ; ‖ закройщикъ, -щица; ‖ срѣзъ; прививка деревьевъ; срѣзаніе картъ; ‖ рѣзецъ (зубъ); (мор.) катеръ; ‖ adj. рѣжущій; колкій; трогательный. — **knife**, рѣзакъ для соломы.

Cuttingly (*кӧт'-тинг-ли*) adv. рѣзко, грубо; колко.

Cuttle (*кӧт'-тл*) s. каракатица. — **fish**, каракатица.

Cyanate (*сай'-ă-нэт*) s. (хим.) ціанистая соль.

Cyanic (*сай'-ăн-ик*) adj. (хим.) синеродный, ціанистый.

Cyanogen (*сай-ăн'-о-джен*) s. (хим.) синеродъ, ціаногенъ.

Cyanometer (*сай-ă-ном'-е-тер*) s. (физ.) ціанометръ.

Cyanuric (*сай-ă-нью'-рик*) adj. ціанурическій.

Cyclades (*сик'-ла-диз*) npr. (геогр.) цикладскіе острова.

Cyclamen (*сик'-ла-мен*) s. (бот.) цикламенъ (цвѣт. растеніе).

Cycle (*сай'-кл*) s. циклъ: (астр.) кругъ, періодъ обращенія небесныхъ тѣлъ. **Solar —**, солнечный круговоротъ.

Cyclic (*сик'-лик*), **Cyclical** (*сик'-ли-кăл*) adj. циклическій, круговой.

Cycloid (*сай'-клойд*) s. (мат.) кругообразная линія; циклоида.

Cycloidal (*сай-клойд'-ăл*) adj. циклоидный.

Cyclometry (*сай-клом'-е-три*) s. циклометрія, кругоизмѣреніе.

Cyclopean (*сай-кло-пи'-ăн*) adj. гигантскій, циклопическій.

Cyclopedia или **Cyclopædia** (*сай-кло-пи'-ди-а*) s. энциклопедія.

Cyclopedic (*сай-кло-пед'-ик*) adj. энциклопедическій.

Cyclopic (*сай-клоп'-ик*) adj. циклопическій, гигантскій.

Cyclops (*сай'-клопс*) s. npr. (мив.) Циклопъ.

Cygnet (*сиг'-нет*) s. молодой лебедь. [валъ.

Cylinder (*сил'-ин-дер*) s. цилиндръ,

Cylindric (*си-лин'-дрик*), **Cylindrical** (*си-лин'-дрик-ăл*) adj. цилиндрическій
Cylindrically (*си-лин'-дрик-ă-ли*) adv. цилиндрически.
Cyma (*сай'-ма*), **Cymatium** (*си-мэ'-ши-ŏм*) s. (арх.) верхняя часть карниза, гусекъ.
Cymar (*си-мар*) s. симара (одежда древняя)
Cymbal (*сим'-бăл*) s. кимвалъ, цимбалы
Cyme (*сайм*), **Cyma** (*сай'-ма*) s. (бот.) щитокъ, полузонтикъ.
Cymose (*сай'-мос*), **Cymous** (*сай'-мŏс*) adj. (бот.) щитковый
Cynic (*син'-ик*), **Cynical** (*син'-ик-ăл*) adj. циническій, безстыдный
Cynically (*син'-ик-ăл-и*) adv цинически, безстыдно
Cynicalness (*син'-ик-ăл-нэс*) s безстыдство.
Cynicism (*син'-и-сизм*) s. цинизмъ.
Cynosure (*син'-о-шур*) s. (астр.) Малая Медвѣдица (созвѣздіе); || притягательная сила
Cynthia (*син'-дзиа*) npr. (миө.) Кинтія
Cyperus (*сай'-пе-рŏс*) s. Кипарисъ
Cypress (*сай'-прес*) s. — **tree**, кипарисъ (дерево).
Cyprian (*сип'-ри-ăн*) adj. кипрскій; || npr Киприанъ.
Cyprus (*сай'-прŏс*) npr (геогр.) Кипръ; || кипрское вино; || крепъ (родъ ткани).
Cyril (*сир'-ил*) npr Кириллъ
Cyrus (*сай'-рес*) npr Киръ.
Cyst (*сист*), **Cystis** (*сист'-ис*) s (мед.) киста
Cystic (*сист'-ик*) adj кистическій
Cythera (*сидз'-ера*) npr Цитера
Cytisus (*сит'-и-сŏс*) s (бот.) ракитникъ.

D.

D (*ди*) четвертая буква англійской азбуки; какъ сокращеніе въ словѣ. **D.**, докторъ. **M. D., doctor of medicine**, докторъ медицины; || (муз.) нота Де или Ре
Dab (*дăб*) s. кусокъ, комокъ, клокъ, пятно (чернильное); камбала (рыба). || va ударить слегка (мягкимъ или мокрымъ); вытирать губкой
Dabble (*дăб'-бл*) va запачкать, примачивать; || vn плескаться (въ водѣ); валяться (въ грязи); вмѣшиваться; искажать. ' **He —s in politics**, вмѣшиваться въ политику
Dabbler (*дăб'-блер*) s плескальщикъ, пачкунъ
Dab-chick (*дăб'-чик*) s. цыпленокъ, лысуха (водяная курица)
Dabster (*дăб'-стер*) s. хватъ, артистъ, мастеръ своего дѣла.
Dace (*дэс*) s плотва, плотица (рыба).
Dactyl (*дак'-тил*) s. дактиль (стопа стиха).
Dactylic (*дак-тил'-ик*) adj. дактилическій.
Dactyliography (*дăк-тил-и-ог'-рă-фи*) s искусство гравировать на драгоцѣнныхъ камняхъ.
Dactyliology (*дăк-тил-и-ол'-о-джи*) s. описаніе перстней.
Dactylis (*дăк'-тил-ис*) s. дактиль.
Dad (*дăд*), **Daddy** (*дăд'-ди*) s. папа, тятя. — **-long-legs**, s. сѣнокосецъ (жукъ).
Dado (*да'-до*) s. (арх.) стулъ (колонны, пьедестала).
Daff или **Daffe** (*дăф*) va пугать, запугивать
Daffodil (*дăф'-фо-дил*) s. (бот.) злотоцвѣтникъ, нарцисъ.
Daft (*дăфт*) adj. безразсудный, безумный.
Dag (*дăг*) s. кинжалъ; || va. пронзать кинжаломъ.
Dagger (*даг'-гер*) s. кинжалъ; ударъ кинжаломъ; знакъ выноски **To look —s at**, бросать свирѣпые взоры
Daggle (*дăг'-гл*) va валять, волочить въ грязи, забрызгать грязью, загрязнить; || vn волочиться по грязи, забрызгаться грязью.
Daggle-tail (*дăг'-гл-тэл*) adj. съ грязнымъ подоломъ
Daguerreotype (*да-гер'-о-тайп*) s. дагерротипъ
Dahlia (*даль'я*) s (бот.) далія, георгина
Daily (*дэ'-ли*) adj ежедневный, суточный — **bread**, насущный хлѣбъ
Daintily (*дэн'-ти-ли*) adv. нѣжно, пріятно, прелестно.
Daintiness (*дэн'-ти-нес*) s. нѣжность, утонченность, изящество; церемонность.
Dainty (*дэн'-ти*) adj. вкусный, пріятный, лакомый (о кушаньѣ); утонченный, нѣжный, разборчивый; изысканный, изящный || s. лакомство, сласти
Dairy (*дэ'-ри*) s молочная — **-farm**, молочная ферма, сырня. — **-maid**, молочница — **-man**, продавецъ молока.
Dais (*дэ'-ис*) s. эстрада, балдахинъ.
Daisy (*дэ'-зи*) s (бот.) маргаритка.
Dale (*дэл*) s. долина, долинка.
Dalliance (*дăл'-ли-ăнс*) s ласки, нѣжности (pl.); шалость; замедленіе проволочка
Dallier (*дăл'-ли-ер*) s забавникъ, шутникъ.
Dally (*дăл'-ли*) va забавлять; || забавляться, шалить; шутить; рѣзвиться; мѣшкать, медлить

Dalmatia (*дал-мэ'-ши-а*) npr (геогр) Далмація.
Dalmatian (*дал-мэ'-ши-ăн*) adj. далматскій; || s. житель Далмаціи.
Dam (*дăм*) s. матка (у животныхъ); плохая мать; дамка въ шашкахъ; дамба, молъ; плотина, запруда. || va. запруживать, загораживать, препятствовать. **To — in, to — up**, запруживать, загораживать, задерживать воду плотиною.
Damage (*дăм'-адж*) s. вредъ, убытокъ, ущербъ; аварія (судна). || **—s**, s. pl. вознагражденіе за убытки; (юрид.) протори и убытки; || va. вредить, повреждать, причинять убытки; || vn повреждаться, понести убытки
Damageable (*дăм'-ăдж'-ă-б л*) adj подверженный порчѣ.
Damascene (*дăм'-ăс-син*) s. (бот) дамаская слива [Дамаскъ.
Damascus (*дă-мăс'-кŏс*) npr. (геогр)
Damask (*дăм'-ăск*) s. камка (шелковая матерія). **— linen**, клѣтчатый холстъ. **— steel**, дамаская сталь. || va. ткать камчатную ткань: || насѣкать, воронить сталь.
Damaskeen (*дăм'-ăск-ин*) va. насѣкать сталь золотомъ или серебромъ, воронить.
Dame (*дэм*) s. госпожа, хозяйка: барыня, дама; женщина.
Damn (*дăм*) va проклинать, хулить, порицать
Domnable (*дăм'-нă-б.л*) adj достойный проклятія, осужденія; окаянный
Damnably (*дăм'-нă-бл-и*) adv діавольски; ужасно, скверно
Damnation (*дăм-нэ'-шŏн*) s проклятіе
Damned (*дăм-нед*) adj проклятый, окаянный, осужденный
Damoclean (*дă-мо'о-кли-ăн*) adj дамокловъ
Damocles (*дăм'о-клиз*) npr Дамоклъ
Damp (*дăмп*) adj сырой, влажный, угнетенный, || s сырость, влажность, туманъ; паръ, роса; газъ, || тоска, грусть. **To throw a — over**, навести тоску. || va. смачивать; дѣлать влажнымъ, наводить уныніе. **To — one's ardour**, охладить чье-либо рвеніе
Dampen (*дăм'-п-н*) va. смачивать
Damper (*дăмп'-ер*) s гасильникъ.
Dampish (*дăмп'-иш*) adj сыроватый. [влажность.
Dampness (*дăмп'-нес*) s. сырость,
Dampy (*дăмп'-и*) adj унылый, грустный [вушка.
Damsel (*дăм'-зел*) s. дѣвочка, дѣ-
Damson (*дăм'-зн*) s дамаская слива. [Данаиды.
Danaides (*дă-нэ'-ай-диз*) npr. (мив.)
Dance (*дăнс*) va.vn танцовать, плясать. **To — attendance**, ждать съ любезностью. || s. танецъ, пляска. **To lead the —**, открыть балъ **No longer pipe, no longer —**, нѣтъ денегъ, нѣтъ и пляски.
Dancer (*дăн'-сер*) s. плясунъ, -нья, танцоръ, -рка.
Dancing (*дăн'-синг*) s танцованіе, пляска; || adj. танцующій, пляшущій. **— -master**, балетмейстеръ, учитель танцевъ.
Dandelion (*дăн'-ди-лай-он*) s (бот.) львиная пасть.
Dander (*дăн'-дер*) vn нести чепуху
Dandle (*дăн'-д.л*) va качать на рукахъ, на колѣняхъ, нянчить.
Dandruff (*дăн'-дрŏф*) s головная плоть, перхоть
Dandy (*дăн'-ди*) s. дэнди, щеголь, франтъ. [ской
Dandyish (*дăн'-ди-иш*) adj щеголь-
Dandyism (*дăн'-ди-изм*) s щегольство, франтовство.
Dane (*дэн*) s. датчанинъ, -нка
Danewort (*дэн'-уŏрт*) s (бот) дикая бузина.
Danger (*дэн'-джер*) s опасность
Dangerless (*дэн'-джер-лес*) adj безопасный
Dangerous (*дэн'-джер-ŏс*) adj опасный, рискованный
Dangerously (*дэн'-джер-ŏс-ли*) adv опасно [таться, качаться
Dangle (*дăнг'-гл*) vn. висѣть, бол-
Dangler (*дăнг'-глер*) s. вздыхатель
Dangling (*дăнг-глинг*) adj. цѣпкій
Daniel (*дăн'-и-ел*) npr Даніилъ, Данило
Danish (*дэн'-иш*) adj датскій
Dank (*дăнк*) s. adj. влажный
Dankish (*дăнк'-иш*) adj влажноватый, сыроватый.
Dankishness (*дăнк'-иш-нес*) s влажность, сырость
Dante (*дăн'-те*) npr Данте
Dantzig (*дăнт'-зиг*) npr (геогр) Данцигъ [най
Danube (*дăн'-ьюб*) npr (геогр) Ду-
Danubian (*дăн-ью'-би-ăн*) adj дунайскій
Daphne (*дăф'-ни*) s (бот) волчникъ
Daphnis (*дăф'-нис*) npr (миө) Дафнисъ [ной
Dapper (*дăп'-пер*) adj веселый, жи-
Dapple (*дăп-пл*) adj пестрый, въ облакахъ (о небѣ), въ яблокахъ (о лошади). **— -gray**, сѣрый съ яблоками || va испещрять, пестрить. [плотва.
Dar (*дар*), **Dart** (*дарт*) s (ихтіол)
Dard (*дард*) s жало, остріе
Dardanelles (*дар'-да-нелз*) npr (геогр) Дарданеллы
Dare (*дэр*) va смѣть, осмѣливаться, дерзать; || va не страшиться, вызывать; || s. вызовъ. [кій
Darer (*дэр'-ер*) s. смѣльчакъ, дерз-

Daring (*дэр'-инг*) adj. смѣлый, дерзкій; || s. смѣлость, дерзость, отвага. [отважно.

Daringly (*дэр'-инг-ли*) adv. смѣло,

Daringness (*дэр' инг-нес*) s. смѣлость, отвага.

Dark (*дарк*) adj. мрачный, темный, смуглый; секретный; непонятный грустный. — **weather,** мрачная погода. — **blue,** темноголубой. — **night,** темная ночь. **A — woman,** брюнетка. **A — lantern,** потаенный фонарь. **A — saying,** загадка. **It grows —,** становится темно. — **ages,** годы мрака. || s. тьма, потемки, мракъ, мрачность, темнота; || * невѣжество. — **-eyed,** черноглазый. — **-minded,** съ омраченнымъ разумомъ; мстительный.

Darken (*дарк'-н*) va. vn. затемнять, помрачать. помрачаться; темнѣть, меркнуть, загорать (о лицѣ); грустить.

Darkening (*дарк'-н-инг*) s. помраченіе, затменіе.

Darkish (*дарк'-иш*) adj. темноватый, смугловатый.

Darkling (*дарк'-линг*) adj. блуждающій во мракѣ.

Darkly (*дарк'-ли*) adv. темно, мрачно; въ потемкахъ.

Darkness (*дарк'-нес*) s. темнота, мракъ, тьма. [мрачный.

Darksome (*дарк'-сōм*) adj. темный

Darky (*дарк'-и*) s. (фамил.) арапъ, негръ.

Darling (*дор'-линг*) s. и adj. милый, дорогой, любимецъ.

Darn (*дарн*) va. штопать, чинить; || s. штопаніе, починка.

Darnel (*дар'-нел*) s. (бот.) плевелъ.

Darner (*дарн'-ер*) s. штопальщикъ, -щица.

Darning (*еарн'-инг*) s. штопаніе; || adj. штопающій, починяющій. — **needles,** штопальныя иглы.

Dart (*дарт*) s. жало, острота, сарказмъ, стрѣла; || плотва (рыба). || va. жалить, метать, пускать (стрѣлу). **To — a look,** бросать взгляды. || vn бросаться, устремляться, летѣть стрѣлой. [ный.

Dartrous (*дар'-трōс*) adj. лишай-

Dash (*дăш*) va. стукнуть; оттолкнуть, разбить, бросить; вычеркнуть; уничтожить; раззорить. **To — to pieces,** разбить вдребезги. **To — our rising hopes,** разбить наши возникающія надежды. **To — away,** отбросить. **To — down,** низвергнуть, опрокинуть. **To — into,** ринуться. **To — off,** набросить, начертать. **To — out,** выбросить, вычеркнуть, преградить. || vn. удариться обо что, стукнуться; разбиться; смутиться. || s. ударъ, толчокъ; взмахъ пера; стремленіе, натискъ, атака. **A — of purple,** легкій пурпурный оттѣнокъ. **To cut a —,** дѣлать выставку (товаровъ). — **-board,** щитъ отъ грязи (у экипажа).

Dashing (*дăш'-инг*) adj. великолѣпный, блестящій. [трусъ.

Dastard (*дăс'-тард*) s. подлецъ,

Dastardize (*дăс'-тард-айз*) va. запугивать, застращивать.

Data (*дэ'та*) s. pl. данныя.

Date (*дэт*) s. дата, число, день, годъ, время, срокъ; (бот.) финикъ (плодъ). **A bill at thirty days' —,** вексель срокомъ на тридцать дней. **Out of —,** просроченный. || va. vn. выставлять дату (число); назначать срокъ.

Dateless (*дэт'-лес*) adj. не помѣченный числомъ; безсрочный.

Dative (*дэ'-тив*) s. и adj. дательный (падежъ). [чина.

Datum (*дэ'-тōм*) s. данная вели-

Datura (*дэ-тью'-ра*) s. (бот.) дурманъ

Daub (*до'об*) va. пачкать, дурно рисовать; || s. дурная картина; пачкотня.

Dauber (*до'об-ер*) s. плохой живописецъ; пачкунъ. [вязкій.

Dauby (*до'об-и*) adj. клейкій, липкій,

Daughter (*до'о-тер*) s. дочь, дщерь —**in law,** сноха, невѣстка.

Daughterly (*до'о-тер-ли*) adj. дочерній, дочернинъ.

Daunt (*до'онт*) va. застращивать, пугать.

Dauntless (*дант'-лес*) adj. неустрашимый; смѣлый.

Dauntlessly (*дант'-лес-ли*) adv. безстрашно.

Dauntlessness (*дант'-лес-нес*) s. неустрашимость, отвага.

Dauphin (*до'о-фин*) s. дофинъ

Davit (*дăв'-ит*) s. (мор.) боканецъ.

Daw (*до'о*) s. галка.

Dawdle (*до'о-дл*) vn. заниматься пустяками. [ся пустяками.

Dawdler (*до'о-длер*) s. занимающій-

Dawn (*до'он*) s. разсвѣтъ, заря; || * начало, предвѣстникъ чего, рожденіе; || vn. брезжиться, разсвѣтать, свѣтать; || * проявляться, показываться, сіять. **To — upon,** пробиваться на свѣтъ (о мысли). **A — of hope,** лучъ надежды.

Dawning (*до'он-инг*) adj. разсвѣтающій; || зарождающійся; || s. разсвѣтъ, заря; || зарожденіе, начало.

Day (*дэй*) s. день, сутки; свѣтъ (дневной); || —**s,** s. pl. дни, годы, вѣка, времена. **In open —,** среди бѣлаго дня. **The — was beautiful,** день былъ чудный. **The Lord's —,** воскресенье. **The next —, the following —,** слѣдующій день. **The — before yesterday,**

третьяго дня. **This — week**, черезъ недѣлю. **This — fortnight**, черезъ двѣ недѣли. **Every other —**, во всякій другой день. **From this — forth**, съ сегодняшняго дня. **The — of the month**, число мѣсяца. **The — is ours**, побѣда за нами (день нашъ) **— -boarder**, полупансіонеръ. **— -book** дневникъ, журналъ **— -school**, экстернатъ. **— -work**, дневной трудъ, поденщина.

Daybreak (*дэй'-брэк*) s. разсвѣтъ, утренняя заря; денница

Daylight (*дэй'-лит*) s. дневной свѣтъ.

Daze (*дэз*) va ослѣплять яркимъ [свѣтомъ

Dazzle (*däз'-зл*) va. ослѣплять блескомъ; прельщать; || vn. ослѣпляться блескомъ. прельщаться.

Dazzling (*däз'-злинг*) adj. ослѣпительный, яркій; || s. блескъ яркость, ослѣпительность.

Dazzlingly (*däз'-злинг-ли*) adv ослѣпительно.

Deacon (*ди'-кн*) s. діаконъ.

Deaconess (*ди'-кн-ес*) s. діаконисса

Deaconry (*ди'-кн-ри*), **Diaconship** (*ди-кн-шип*) s. діаконство.

Dead (*дэд*) adj мертвый, умершій; безжизненный, недвижимый; безотвѣтный. **A — tree**, мертвое дерево. **— language**, мертвый языкъ. **— water**, стоячая вода. **— sound**, глухой звукъ. **— eyes**, тусклые глаза. **A — sleep**, глубокій сонъ. **Money lying —**, деньги не пускаемыя въ оборотъ, мертвый капиталъ. **— coal**, потухшій уголь **— -drunk**, мертвецки-пьяный **— -letter**, письмо не подлежащее доставкѣ. **— -lock**, врѣзной замокъ **— -march**, похоронный маршъ **— -wall**, голая стѣна. **— -mull**, глухонѣмой **— -weight**, баластъ, мертвый вѣсъ **— -works**, надводные части (корабля) **— certainty** безусловная достовѣрность || s pl. мертвецы, мертвые, умершіе; || s мертвая тишина, глубокій мракъ **— of the night**, молчаніе ночи

Deaden (*дед'-н*) va ослаблять, заглушать, притуплять (чувства). выдохнуться (жидкости).

Deadish (*дед'-иш*) adj. тусклый, матовый; скучный; томительный.

Deadliness (*дед'-ли-нес*) s. мертвенность

Deadly (*дед'-ли*) adj смертельный, смертоносный.

Deadness (*дед'-нес*) s. безжизненность; омертвѣніе; онѣмѣлость, оцѣпенѣніе; тусклость, блѣдность; апатія; застой (въ дѣлахъ).

Deaf (*диф*) adj глухой; неумолимый **To turn a — ear**, притворяться глухимъ.

Deafly (*деф'-ли*) adv. глухо.

Deafness (*деф'-нес*) s. глухота.

Deal (*дил*) vn. торговать, промышлять; дѣйствовать, поступать. **To — fairly**, вести честно свою торговлю. **To — in**, имѣть дѣло съ кѣмъ, заниматься. **To — in wine**, торговать виномъ. **A hard man to — with**, тяжелый въ дѣлахъ человѣкъ. || va. распредѣлять; раздавать; раздѣлять; сдавать (карты) || s. часть; количество; || сдача (картъ); еловое дерево. **A great — of trouble**, много горя.

Dealbate (*ди-äл'-бэт*) va. бѣлить, выбѣлить.

Dealer (*дил'-ер*) s. торговецъ; купецъ; сдающій карты; занимающійся чѣмъ либо. **Wholesale —**, оптовый торговецъ.

Dealing (*дил'-инг*) s. торговля; занятіе, дѣла (торговыя); образъ дѣйствія; || adj. торгующій.

Deambulate (*ди-äм'-бью-лэт*) vn. гулять.

Deambulatory (*ди-äм'-бью-лä-тö-ри*) adj. походный; прогулочный; || s. мѣсто для прогулки.

Dean (*дин*) s. настоятель, староста (церковный); деканъ (университета).

Deanery (*дин'-ер-и*) s. настоятель[ство.

Deanship (*дин'-шип*) s. деканство.

Dear (*дир*) adj. дорогой, милый, любезный. **My — friend**, мой дорогой другъ. **To hold —**, дорожить. || s. дорогой, -ая.

Dearly (*дир'-ли*) adv мило, нѣжно, дорого

Dearness (*дир'-нес*) s. нѣжность, [любезность.

Dearth (*дöрсз*) s. недостатокъ, неурожай, недородъ, скудость.

Deary (*дир'-и*) s. дорогой, милочка.

Death (*десз*) s. смерть, кончина, конецъ. **— -bed**, смертное ложе. **— -rattle**, предсмертный хрипъ. **— blow**, смертный ударъ. **— -warrant**, смертный приказъ **— -watch**, пильщикъ (насѣкомое).

Deathless (*десз'-лес*) adj. безсмертный, нетлѣнный, вѣчный

Deathlike (*десз'-лайк*) adj подобный смерти.

Deathly (*десз'-ли*) adj. фатальный, роковой, неизбѣжный, смертельный.

Death's-head (*десз-с-хед*) s. мертвая голова; голова въ голову (о лошадяхъ на скачкахъ).

Deathward (*десз'-уöрд*) adv ближе къ смерти; къ смерти

Deaurate (*диор'-эт*) va. золотить.

Debar (*ди-бар'*) va. воспрещать; исключать, лишать.

Debark (*ди бар к'*) va. выгружать; || vn. разгружаться.
Debarkation (*ди-бар-кэ'-шён*) s выгрузка; разгрузка.
Debase (*ди-бэс'*) va. унижать, низводить; безчестить; портить, подмѣшивать.
Debasement (*ди-бэс'-мент*) s. униженіе, низведеніе на низшую степень; обезцѣниваніе
Debaser (*ди-бэс'-ер*) s. унижающій, обезцѣнивающій.
Debatable (*ди-бэт'-ă-б.л*) adj. спорный.
Debate (*ди-бэт'*) s дебаты, пренія; споръ, состязаніе; ссора; || va. обсуждать, разсуждать; разбирать. **To — a question**, обсуждать вопросъ. || vn. ссориться, дебатировать; совѣщаться.
Debatement (*ди-бэт'-мент*) s. споръ, обсужденіе.
Debater (*ди-бэт'-ер*) s. спорщикъ, спорящій, разсуждающій; ораторъ.
Debauch (*ди-бо'ор*) s. распутство, развратъ; дебошъ; невоздержанность.
Debauchedly (*ди-бо'оч-ед-.ли*) adv. развратно: распутно
Debauchee (*деб-о-ши'*) s. распутникъ, развратникъ, дебоширъ.
Debaucher (*ди-бо'оч-ер*) s. развратитель, -ница.
Debauchery (*ди-бо'оч-ер-и*) s. распущенность (нравовъ); развратность.
Debauchement (*де-бо'оч-мент*) s. развратничаніе
Debenture (*ди-бен'-чур*) s. долговая росписка.
Debile (*деб'-ил*) adj. слабый, немощный.
Debilitate (*ди-бил'-и-тэд*) va. ослаблять.
Debilitation (*ди-бил-и-тэ'-шён*) s. ослабленіе, разслабленіе.
Debility (*ди-бил'-и-ти*) s. слабость, разслабленность.
Debit (*деб'-ит*) s. (комер.) дебетъ, приходъ. **The — side of an account**, дебиторскій счетъ, || va. заносить въ приходъ.
Debonair (*деб-о-нэр'*) adj. вѣжливый, любезный
Debonairly (*деб-о-нэр'-ли*) adv. любезно.
Debouch (*ди-буш'*) vn. выходить (изъ узкаго мѣста); раскупоривать.
Debouche (*деб-у-шур'*) s. устье (рѣки).
Debris (*деб'-ри*) s. (геол.) обломокъ.
Debt (*дет*) s. долгъ; || обязательство. **Bad —**, ненадежное обязательство. **Deeply in —**, сильно задолженный. **To discharge a —**, уплачивать долгъ.
Debtee (*дет-и'*) s. кредиторъ, заимодавецъ.
Debtor (*дет'-ŏр*) s. должникъ, -ница.
Decade (*дек'-ăд*) s. декада, десятилѣтіе.
Decadence (*ди кэ'-денс*), **Decadency** (*ди-кэ'-ден-си*) s. упадокъ, декадансъ.
Decagon (*дек'-ă-гон*) s. (геом.) десятиугольникъ.
Decagram (*дек'-ă-грăм*) s. десять граммовъ.
Decahedral (*дек-ă-хи'-дрăл*) adj. десятигранный.
Decalogue (*дек'-ă-лог*) s. десять заповѣдей
Decameron (*ди-кăм'-ерŏн*) s. декамеронъ.
Decametre (*дек'-ă-ми-тŏр*) s. декаметръ, десять метровъ.
Decamp (*ди-кăмп'*) vn. снимать лагерь.
Decampment (*ди-кăмп'-мент*) s. снятіе лагеря.
Decanal (*дек'-ă-нă.л*) adj. деканскій.
Decander (*ди-кăн'-дер*) s (ботан.) растеніе съ десятью тычинками.
Decangular (*дек-ăн'-гью-лăр*) adj. десятиугольный.
Decant (*ди-кăнт'*) va сцѣживать, сливать.
Decantation (*ди-кăн-тэ'-шён*) s сцѣживаніе, сливаніе
Decanter (*ди-кăнт'ер*) s. графинъ.
Decapitate (*ди-кăп'-и-тэт*) va обезглавливать; обрѣзывать верхушки деревьевъ.
Decapitation (*ди-кăп-и-тэ'-шён*) s обезглавливаніе
Decarbonize (*ди-кăр'-бо-найз*) va. выдѣлять углеродъ
Decastich (*дек'-ă-стик*) s. десятистишіе.
Decastyle (*дек'-ă-стайл*) s. (архит.) зданіе имѣющее десять колоннъ.
Decasyllabic (*дек-ă-сил-лăб'-ик*) adj. десятистопный (стихъ).
Decay (*ди-кэй'*) vn. приходить въ упадокъ; разрушаться; ветшать; чахнуть, увядать, угасать; || va. разрушать. || s упадокъ, разрушеніе, увяданіе; ветхость.
Decayed (*ди-кэй'-ед*) adj. обветшалый, увядшій **A — gentleman**, захудалый дворянинъ. **A — branch**, гнилая вѣтвь. **— teeth**, испортившіеся зубы.
Decease (*ди-сис'*) s. кончина, смерть; || vn. скончаться, умереть.
Deceased (*ди-сист'*) adj. скончавшійся, усопшій; || s. покойникъ.
Deceit (*ди-сит'*) s. обманъ, надувательство.
Deceitful (*ди-сит'-фул*) adj. обманчивый, плутовской, мошеническій.
Deceitfully (*ди-сит'-фул-и*) adv обманно, плутовски.
Deceitfulness (*ди-сит'-фул-нес*) s. обманчивость.
Deceitless (*ди-сит'-лес*) adj, правдивый, искренній; безобманный
Deceivable (*ди-сив'-ă-б.л*) adj. поддающійся обману; обманчивый
Deceivably (*ди-сив'-ă-бли*) adv. обманчиво.
Deceive (*ди-сив'*) va. обманывать; вводить въ заблужденіе; обольщать.

Deceiver (*ди-сив'-ер*) s. обманщикъ, -щица, плутъ и плутовка.
December (*ди-сем'-бер*) s. декабрь.
Decemvir (*ди-сем'-вир*) pl. **Decemvirs** *или* **Decemviri**, s. (ист рим.) децемвиръ.
Decemviral (*ди-сем'-ви-рāл*) adj дицемвирскій. [децемвиратъ.
Decemvirate (*ди-сем'-ви-рāт*) s.
Decency (*ди'-сен-си*) s. приличіе, благопристойность; скромность.
Decennial (*ди-сен'-ни-āл*) adj. десятилѣтній. [скромный.
Decent (*ди'-сент*) adj. приличный:
Decently (*ди'-сент-ли*) adv. прилично; скромно. [**Decency**.
Decentness (*ди'-сент-нес*) s. смк
Deceptible (*ди-сеп'-ти-бл*) adj. могущій быть обманутымъ.
Deception (*ди-сеп'-шōн*) s. обманъ, надувательство, ложь, обольщеніе
Deceptious (*ди-сеп'-шōс*) adj. обманчивый; надувательскій.
Deceptive (*ди-сеп'-тив*) adj. обманчивый. [обманчиво.
Deceptively (*ди-сеп'-тив-ли*) adv.
Decern (*ди-серн'*) va. уважать, цѣнить. [зываніе, отрѣзываніе.
Decerption (*ди-сōрп'-шōн*) s. срѣ-
Decidable (*ди-сайд'-ā-бл*) adj. рѣшимый.
Decide (*ди-сайд'*) vn. va. рѣшать; судить; разсудить, разрѣшать.
Decided (*ди-сайд'-ед*) adj. рѣшительный; законченный.
Decidedly (*ди-сайд'-ед-ли*) adv. рѣшительно. [судья; орбитръ.
Decider (*ди-сайд'-ер*) s. третейскій
Deciduous (*ди-сидь'-ю-ōс*) adj. опадающій (о листьяхъ).
Decigram (*дес'-и-грāм*) s. дециграммъ. [литръ.
Decilitre (*дес'-и-ли-тōр*) s. деци-
Decimal (*дес'-и-мāл*) adj. десятичный; ‖ s. десятичная дробь.
Decimate (*дес-и-мэт'*) va. собирать десятину; ‖ (воен.) наказывать десятаго.
Decimation (*дес-и-мэ'-шōн*) s. десятина; наказаніе десятаго.
Decime (*дес'-им*) s. децима, десятая часть франка. [циметръ.
Decimetre (*дес'-и-ми-тōр*) s. де-
Decipher (*ди-сай'-фер*) va. разбирать (письмо); расшифровать.
Decipherer (*ди-сай'-фер-ер*) s. расшифровщикъ.
Deciphering (*ди-сай'-фер-инг*) s. расшифровка (письма).
Decision (*ди-сиж'-ōн*) s. рѣшеніе, рѣшимость. [тельный.
Decisive (*ди-сай'-сив*) adj. рѣши-
Decisively (*ди-сай'-сив-ли*) adv. рѣшительно. [рѣшительность.
Decisiveness (*ди-сай'-сив-нес*) s.
Deck (*дек*) va. покрывать, окутывать; украшать, убирать; настилать палубу; ‖ s палуба, декъ (судна). **Quarter —**, шканцы, задняя часть палубы **Between —s**, междупалубное помѣщеніе. **Lower —**, подпалубное помѣщеніе.
Decker (*дек'-ер*) s. уборщикъ, украшатель; ‖ палубное судно. **A two —**, двупалубное судно.
Declaim (*ди-клэм'*) vn декламировать; произносить рѣчь; ‖ va. защищать.
Declaimant (*ди-клэм'-āнт*), **Declaimer** (*ди-клэм'-ер*) s. декламаторъ; ораторъ, витія.
Declaiming (*ди-клэм'-инг*) s. рѣчь; привѣтствіе, декламація.
Declamation (*дек-лā-мэ'-шōн*) s. декламація; публичная рѣчь.
Declamatory (*ди-клāм'-ā-тō-ри*) adj. декламаторскій.
Declaration (*дек-лā-рэ'-шōн*) s. объявленіе; показаніе; декларація.
Declarative (*ди-клāр'-ā-тив*) adj. объяснительный, объявительный.
Declarator (*ди-клāр'-ā-тōр*) s. объявитель.
Declaratorily (*ди-клāр'-ā-тō-ри-ли*) adv. точно, пояснительно.
Declare (*ди-клэр'*) va. объявлять, обнародовать, провозглашать. **To — one's opinions**, провозглашать свои взгляды. ‖ vn. заявлять, высказываться; (юрид.) предъявлять искъ.
Declared (*ди-клэрд'*) adj. обнародованный, провозглашенный.
Declension (*ди-клэн'-шōн*) s. паденіе, упадокъ; испорченность, наклонъ, уклонъ, покатость; отклоненіе; (грам.) склоненіе; ‖ уныніе. [склоняемый.
Declinable (*ди-клайн'-ā-бл*) adj.
Declinate (*дек'-ли-нэт*) adj. (бот.) загнутый, пригнутый.
Declination (*дек-ли-нэ'-шōн*) s. паденіе, упадокъ; уклоненіе, отклоненіе; наклоненіе (головы); (астр. физ.) склоненіе (звѣзды, магнитной стрѣлки); (грам.) склоненіе.
Declinatory (*ди-клайн'-ā-тō-ри*) s. (астр.) компасъ склоненія; ‖ adj (юрид.) уклонительный.
Decline (*ди-клайн'*) vn. наклоняться; отклоняться; чахнуть; падать. **He — s to act**, онъ отказывается дѣйствовать. ‖ va. наклонять, отклонять; (грам.) склонять. ‖ s. паденіе, упадокъ; склонъ; наклонъ; закатъ; ущербъ (луны); ‖ чахотка.
Decliner (*ди-клайн'-ер*) s. квадрантъ.
Declining (*ди-клайн'-инг*) adj. склоняющійся, опускающійся, отказывающійся.
Declivity (*ди-клив'-и-ти*) s. склонъ, скатъ, отлогость.

Declivous (*ди-к.гай'-вōс*), **Declivitous** (*ди-клив'-и-тōс*) adj. покатый, отлогій. [настаивать.
Decoct (*ди-кокт'*) va. отваривать;
Decoctible (*ди-кокт'-и-бл*) adj. отварной [декоктъ
Decoction (*ди-кок'-шōн*) s. отваръ.
Decollate (*ди-кол-лэт*) va. обезглавливать. [обезглавливаніе
Decollation (*ди-кол-лэ'-шōн*) s
Decolorant (*ди-кōл'-ōр-ăнт*) s. обезцвѣчивающее начало.
Decolorate (*ди-кōл'-ōр-эт*) va обезцвѣчивать.
Decoloration (*ди-кōл-ōр-э-шōн*) s обезцвѣчиваніе; очищеніе (сахара)
Decolour (*ди-кōл'-ōр*) va обезцвѣчиваніе; клеровать, очищеніе (сахара) [разложимый
Decomposable (*ди-ком-по'оз-ă-бл*)
Decompose (*ди-ком-по'оз'* va. разлагать; || vn. разлагаться, растворяться. [ōн) s. разложеніе
Decomposition (*ди-ком-по-зиш'-*
Decompound (*ди-ком-па'унд*) va разлагать [декорировать.
Decorate (*дек'-о-рэт*) va. украшать,
Decoration (*дек'-о-рэ'-шōн*) s украшеніе; декорація.
Decorative (*дек'-о-рэ-тив*) adj. украшающій, декоративный
Decorator (*дек'-о-рэ-тōр*) s украшатель; декораторъ. [ный.
Decorous (*ди-ко'о-рōс*) adj. прилич-
Decorously (*ди-ко'о-рōс-ли*) adv. прилично.
Decorousness (*ди-ко'о-рōс-нес*) s. благопристойность.
Decorticate (*ди-кор'-ти-кэт*) va. снимать кору, кожицу.
Decorum (*ди-ко'о-рōм*) s. декорумъ, приличіе, благопристойность.
Decoy (*ди-кой'*) va. заманивать въ ловушку; завлекать; || s. приманка; ловушка, западня; соблазнъ. — **-duck**, приманная утка.
Decrease (*ди-крис'*) va. уменьшать; || vn. уменьшаться; убавляться; убывать; || s. уменьшеніе, убываніе, *ослабленіе*; ущербъ (луны).
Decreasingly (*ди-крис'-инг-ли*) adv. на убыль.
Decree (*ди-кри'*) s. декретъ, указъ, приказъ; приговоръ, постановленіе, рѣшеніе; воля; || va. издавать указъ; приказывать, опредѣлять.
Decrement (*дек'-ри-мент*) s. уменьшеніе, убываніе, убыль.
Decrepit (*ди-креп'-ит*) adj. престарѣлый.
Decrepitate (*ди-креп'-и-тэт*) va. обжигать (соль); || vn. трещать на огнѣ (о соли).
Decrepitation (*ди-креп-и-тэ'-шōн*) s. трескъ, трещаніе соли (на огнѣ):
Decrepitude (*ди-креп'-и-тьюд*) s дряхлость.
Decretal (*ди-кри'-тăл*) adj. указный. || s. папское постановленіе декретъ
Decretorily (*дек'-ри-тō-ри-ли*) adv. категорически; опредѣленно.
Decretory (*дек'-ри-тō-ри*) adj. опредѣлительный, окончательный, рѣшительный.
Decrown (*ди-кра'ун*) va. развѣнчивать, лишать короны
Decry (*ди-край'*) va хулить, осуждать, раскритиковать.
Decuple (*декь'-ю-пл*) adj. удесятерянный [рим) декуріонъ
Decurion (*де-кью'-ри-ōн*) s. (ист
Decurrent (*ди-кōр'-рент*) adj. (бот.) сбѣгающій, нисходящій
Decursion (*ди-кōр'-шōн*) s. ниспаденіе, паденіе, стеканіе.
Decursive (*ди-кōр'-сив*) adj. нисходящій, ниспадающій.
Decussate (*ди-кōс'-сэт*) va. срѣзать на крестъ.
Decussated (*ди-кōс'-сэ-тед*) adj расположенный накрестъ.
Dedicate (*дед'-и-кэт*) va. посвящать, освящать; || adj. посвященный; освященный
Dedication (*дед-и-кэ-шōн*) s. посвященіе (книги); освященіе (храма). [святитель.
Dedicator (*дед'-и-кэ-тōр*) s. по-
Dedicatory (*дед'-и-кэ-тō-ри*) adj посвящающій
Deduce (*ди-дьюс'*) va. выводить (слѣдствіе); заключать; дѣлать выводъ.
Deducement (*ди-дьюс'-мент*) s. выводъ, заключеніе.
Deducible (*ди-дью'-си-бл*) adj. выводимый (какъ слѣдствіе).
Deducive (*ди-дью'-сив*) adj. выводящій.
Deduct (*ди-дōкт'*) va. вычитать, скидывать, сбавлять
Deduction (*ди-дōк'-шōн*) s. дедукція, выводъ, заключеніе, слѣдствіе; || вычитаніе, вычетъ, скидка, уступка; (ком.) переводъ денегъ.
Deductively (*ди-дōкт'-ив-ли*) adv. по выводу.
Deed (*дид*) s. дѣйствіе, дѣяніе; дѣло, документъ; дѣйствительность, фактъ; || подвигъ. **To draw up a —**, составлять договоръ. **Private —**, документъ составленный домашнимъ порядкомъ.
Deem (*дим*) va. vn. думать, полагать; считать; считаться; || цѣнить.
Deep (*дип*) adj. глубокій; сильный; тайный, скрытый; ловкій, хитрый, тонкій. **A river twenty feet —**, рѣка глубиною въ двадцать футовъ. **A — thought**, глубокая мысль. **A — blue**, темно-

сный **A — fellow**, хитрый парень. || s глубина, глубь; море, океанъ; пучина (морская), бездна. || adv глубоко, въ глубинѣ; много, сильно, очень. — **-mourning**, глубокій трауръ — **-read**, начитанный, ученый — **-toned**, низкій, густой (голосъ).

Deepen (*дип'-н*) va. углублять; усиливать; дѣлать темнымъ (цвѣтъ) понижать (звукъ). **To — a harbour**, углублять портъ. **To — the gloom**, сгущать муракъ || vn углубляться.

Deeply (*дип'-ли*) adv глубоко; въ темныхъ тонахъ (о краскахъ); сильно; низко (о звукѣ); хитро.

Deepness (*дип'-нес*) s. глубина, густота (цвѣта); низкость (звука); ловкость.

Deer (*дир*) s. красный звѣрь; лань, олень. **Fallow —**, лось. **Red —**, олень. — **stalker**, охотникъ за краснымъ звѣремъ. — **-stalking**, охота за краснымъ звѣремъ въ чужихъ земляхъ; браконьерство. — **-stealer**, браконьеръ.

Deface (*ди-фэс'*) va обезображивать, уродовать, искажать; вымарывать.

Defacement (*ди-фэс'-мент*) s. обезображиваніе; искаженіе, вымариваніе.

Defacer (*ди-фэ'-сер*) s. уродующій, -щая; искажатель, -ница.

Defalcate (*ди-фал'-кэт*) va. вычитать, сбавлять; переводить на.

Defalcation (*ди-фă-л-кэ'-шŏн*) s. скидка, сбавка, вычетъ; дефицитъ.

Defalcator (*ди-фă-л'-кэ-тŏр*) s. присваивающій чужія деньги

Defamation (*деф-ă-мэ'-шŏн*) s клевета, диффамація.

Defamatory (*ди-фăм'-ă-тŏ-ри*) adj. позорящій, безчестящій.

Defame (*ди-фэм'*) va. позорить, безчестить, клеветать.

Defamer (*ди-фэм'-ер*) s. поноситель, диффаматоръ, клеветникъ.

Defamingly (*ди-фэм'-инг-ли*) adv диффаматорски, позоряще.

Default (*ди-фо'олт*) s. вина, проступокъ, ошибка; упущеніе; несоблюденіе закона. **In — of payment**, за неплатежъ. || va. vn. нарушать (обѣщаніе); преступать (законъ); измѣнять (слову); отсутствовать (на судебномъ избирательствѣ).

Defaulter (*ди-фо'олтер*) s. нарушитель (обѣщанія, слова, долга); неисправный плательщикъ.

Defeasance (*ди-фи'-зăнс*) s. уничтоженіе, отмѣна.

Defeasible (*ди-фи'-зи-бл*) adj. уничтожимый, отмѣнимый.

Defeat (*ди-фит'*) s. пораженіе, разстройство (плана) || va поражать, разбивать (непріятеля); разрушать, разстраивать (планы). **To — the law**, уклоняться отъ закона.

Defecate (*деф'-и-кэт*) va. отстаивать, очищать (жидкости); отдѣлять фекальныя массы

Defecation (*деф-и-кэ'-шŏн*) s. испражненіе; || отстаиваніе, очищеніе (жидкости).

Defect (*ди-фект'*) s недостатокъ; дефектъ; ошибка; промахъ.

Defectible (*ди-фект'-и-бл*) adj несовершенный.

Defection (*ди-фек'-шŏн*) s отпаденіе, отступленіе.

Defective (*ди-фект'-ив*) adj. несовершенный, неправильный; порочный.

Defectively (*ди-фект'-ив-ли*) adv несовершенно, неправильно.

Defectiveness (*ди-фект'-ив-нес*) s несовершенство, недостаточность; неполнота

Defence (*ди-фенс'*) s. защита, оборона, охраненіе; оправданіе

Defenceless (*ди-фенс'-лес*) adj. беззащитный. [adv. беззащитно.

Defencelessly (*ди-фенс'-лес-ли*)

Defencelessness (*ди-фенс'-лес-нес*) s. беззащитность.

Defend (*ди-фенд'*) va. защищать, охранять, оправдывать; || vn защищаться, обороняться.

Defendable (*ди-фенд'-ă-бл*) adj защитительный.

Defendant (*ди-фенд'-ăнт*) s. защитникъ, заступникъ; (юрид.) отвѣтчикъ; || adj. защищающій; защитительный.

Defender (*ди-фенд'-ер*) s. заступникъ, защитникъ, покровитель.

Defensible (*ди-фен'-си-бл*) adj защитимый.

Defensive (*ди-фен'-сив*) adj. защитительный; || s. оборонительное положеніе. **To stand upon the —**, принять оборонительное положеніе.

Defensively (*ди-фен'-сив-ли*) adv обороняясь, оборонительно.

Defer (*ди-фŏр'*) va. vn. отлагать, откладывать; относиться къ; предоставлять; отсрочивать.

Deference (*диф'-ер-енс*) s. уваженіе, вниманіе.

Deferent (*диф'-ер-ент*) adj. выводящій, отводящій; || s. выводящій каналъ. [почтительный.

Deferential (*деф-ер-ен'-шă-л*) adj,

Deferentially (*деф-ер-ен'-шă-л-и*) adv. почтительно.

Defiance (*ди-фай'-ăнс*) s. недовѣріе; вызовъ.

Deficiency (*ди-фи'-шен-си*), **Defi-**

cience (*ди-фи'-шенс*) s. недостатокъ, несовершенство.
Deficient (*ди-фиш'-сент*) adj. недостаточный, несовершенный.
Deficiently (*ди-фиш'-ент-ли*) adv. недостаточно. [недочетъ.
Deficit (*деф'-и-сит*) s. дефицитъ,
Defier (*ди-фай'-ер*) s. вызыватель на ссору, провокаторъ; наглецъ.
Defiguration (*ди-фиг'-ью-рэ'-шон*) s. обезображенiе.
Defile (*ди-файл'*) va. марать, пятнать, забрызгивать грязью; безчестить; || vn. дефилировать, проходить (о войскахъ); || s. ущелье.
Defilement (*ди-файл'-мент*) s. осквернение, загрязненiе; развращенiе.
Defiler (*ди-файл'-ер*) s. осквернитель, развратитель.
Definable (*ди-файн'-ă-бл*) adj. опредѣлимый, опредѣленный.
Definably (*ди-файн'-ă-бл-и*) adv. опредѣленно.
Define (*ди-файн'*) va. опредѣлять, обозначать; установлять; || vn. полагать, рѣшать.
Definer (*ди-файн'-ер*) s. опредѣлитель. [ленный, ясный.
Definite (*деф'-и-нит*) adj. опредѣ-
Definitely (*деф'-и-нит-ли*) adv. опредѣленно, законченно.
Definiteness (*деф'-и-нит-нес*) s. рѣшительный характеръ; опредѣленность, ясность, точность.
Definition (*деф-и-ниш'-он*) s. опредѣленiе, законченность.
Definitive (*ди-фин'-и-тив*) adj. опредѣленный, рѣшительный, окончательный.
Definitively (*ди-фин'-и-тив-ли*) adv. опредѣленно, окончательно.
Definitiveness (*ди-фин'-и-тив-нэс*) s. опредѣленность, положительность, окончательность.
Deflagrable (*ди-флэ'-гră-бл*) adj. горючій, сгораемый.
Deflagrate (*деф'-лă-грэт*) va. vn. сгорать; сжигать. [сгоранiе.
Deflagration (*деф-лă-грэ'-шон*) s.
Deflect (*ди-флект'*) va. отклонять, сгибать (колѣно); || vn. отклоняться; совращаться съ пути.
Deflection (*ди-флек'-шон*) s. уклоненiе, отклоненiе, склоненiе (магнитной стрѣлки); преломленiе лучей); дрейфъ, относъ (судна).
Deflorate (*ди-фло'о-рэт*) adj. отцвѣтшій.
Defloration (*деф-ло-рэ'-шон*) s. отцвѣтанiе; || растлѣнiе.
Deflour (*ди-фла'ур*) или **Deflower** (*ди-фла'у-ер*) va. обрывать (цвѣты) лишать; (красоты); || растлевать.
Deflux (*ди-флокс'*) s. истеченiе.
Defluxion (*ди-флок'-шон*) s. (мед.) катарръ, воспаленiе.
Defoliation (*ди-фо-ли-э'-шон*) s. листопадъ, опаденiе листьевъ.
Deform (*ди-форм'*) va. обезображивать, уродовать, искажать; || безчестить; || adj. безобразный.
Deformation (*ди-фор-мэ'-шон*) s. обезображенiе, искаженiе; уродство, искаженность.
Deformed (*ди-формд'*) adj. обезформенный, обезображенный; некрасивый.
Deformity (*ди-ферм'-и-ти*) s. уродство, безобразiе; неприличность.
Defraud (*ди-фро'од*) va. обманывать; лишать, отнимать.
Defrauder (*ди-фро'од-ер*) s. обманщикъ.
Defraudement (*ди-фро'од-мент*) s. обманыванiе, надувательство.
Defray (*ди-фрэй'*) va. платить за кого, удовлетворять.
Difrayment (*ди-фрэй'-мент*) s. уплата, платежъ. **With his life's —**, цѣною своей жизни.
Deft (*дефт*) adj. красивый, славный; проворный.
Deftly (*дефт-ли*) adv. красиво, ловко, славно, проворно.
Deftness (*дефт'-нес*) s. ловкость.
Defunct (*ди-фонкт'*) adj. скончавшійся, умершій; || покойный, покойникъ.
Defy (*ди-фай'*) va. вырывать; презирать (опасности), бравировать; || s. вызовъ (на состязанiе).
Degarnish (*ди-гар'-ниш*) va. выносить (мебель); (воен.) выводить солдатъ (изъ крѣпости).
Degarnishment (*ди-гар'-ниш-мент*) s. удаленiе меблировки; || || (воен.) выводъ гарнизона (изъ крѣпости).
Degeneracy (*ди-джен'-ер-ă-си*) s. вырожденiе, дегенреація; упадокъ; (мед.) перерожденiе.
Degenerate (*ди-джен'-ер-эт*) vn. вырождаться, дегенерировать. || adj. выродившійся.
Degenerately (*ди-джен'-ер-эт-ли*) adv. съ вырожденiемъ, путемъ вырожденія.
Degenerateness (*ди-джен'-ер-эт-нес*) s. вырожденность.
Degeneration (*ди-джен-ер-э'-шон*) s. вырожденiе.
Degenerative (*ди-джен'-ер-э-тив*) adj. вырожденный, дегенеративный.
Deglutition (*дег-лью-тиш'-он*) s. проглатыванiе. [отклеивать.
Deglutinate (*ди-глью'-ти-нэт*) va.
Deglutination (*ди-глью'-ти-нэ'-шон*) s. отклеиванiе.
Degradation (*дег-рă-дэ'-шон*) s. разжалованiе; пониженiе; упа-

докъ, испорченность: ослабленіе (тѣней красокъ). [|| унижать.
Degrade (*ди-грэд'*) va. разжаловать;
Degradement (*ди-грэд'-мент*) s. униженіе; разжалованіе.
Degrading (*ди-грэд'-инг*) adj унизительный, низкій, подлый
Degradingly (*ди-грэд'-инг-ли*) adv. унизительно.
Degree (*ди-гри'*) s. ступень, степень; состояніе, званіе, чинъ, классъ; степень, колѣно (родства); степень (ученая); (физ. и геогр.) градусъ. **By —s,** постепенно. **Of high —,** высшаго разряда.
Degust (*ди-гбст'*) va. пробовать, отвѣдывать, смаковать.
Degustation (*дег-бс-тэ'-шбн*) s. пробованіе [ваться (о плодахъ).
Dehisce (*ди-хис'*) vn растрески-
Dehiscence (*ди-хис'-сенс*) s. (бот.) растрескиваніе (плодовъ).
Dehiscent (*ди-хис'-сент*) adj (бот.) растрескивающійся
Dehortation (*ди-хор-тэ'-шбн*) s отговариваніе
Deification (*ди-и-фи-кэ'-шбн*) s обожествленіе, обоготвореніе
Deify (*ди'-и-фай*) va. обожествлять, боготворить.
Deign (*дэн*) vn. соизволить, соблаговолить, согласиться; || va. удостаивать, дозволять.
Deism (*ди'-изм*) s. деизмъ
Deist (*ди'-ист*) s. деистъ.
Deistic (*ди-ист'-ик*), **Deistical** (*ди-ист'-ик-ăл*) adj. деистическій, вѣрующій въ божество.
Deity (*ди'-и-ти*) s. божество.
Deject (*ди-джект'*) va. поражать, удручать, опечалить; || adj. удрученный, огорченный.
Dejected (*ди-джект'-ед*) adj. удрученный, огорченный.
Dejectedly (*ди-джект'-ед-ли*) adv. уныло, печально, грустно.
Dejectedness (*ди-джект'-ед-нес*) s. уныніе, упадокъ духа, печаль, скорбь.
Dejection (*ди-джек'-шбн*) s. уныніе, упадокъ духа; || (мед.) испражненіе. [выпадать.
Delapse (*ди-лăпс'*) vn. опускаться,
Delate (*ди-лэт'*) va. переносить, передавать; || доносить на кого.
Delation (*ди-лэ'-шбн*) s. доносъ, извѣтъ; передача (звука).
Delator (*ди-лэ'-тбр*) s. доносчикъ.
Delay (*ди-лэй'*) va. vn. откладывать, замедлять, задерживать.
Delayer (*ди-лэй'-ер*) s. медлитель. замедляющій.
Delcredere (*дел-кред'-и-ри*) s. (торг.) поручительство, порука.
Dele (*ди'-ли*) va. (тип.) вычеркнуть.
Deleble (*дил'-и-бл*) adj. изгладимый.
Delectable (*ди-лек'-тă-бл*) adj пріятный
Delectableness (*ди-лек'-тă-бл-нес*) s. пріятность. удовольствіе, услада.
Delegate (*дел'-и-гэт*) va уполномачивать (кого), посылать (депутата).
Delegation (*дел-и-гэ-шбн*) s делегація, депутація.
Deleterious (*дел-и-ти'-ри-бс*) adj. смертоносный, губительный, ядовитый.
Delf (*делф*) s рудникъ, копь.
Deliberate (*ди-либ'-ер-эт*) va. vn. обдумывать, обсуждать, разсматривать; || adj осмотрительный; осторожный; обдуманный.
Deliberately (*ди-либ'-ер-эт-ли*) adv. осторожно.
Deliberation (*ди-либ-ер-э'-шбн*) s обдумываніе, обсужденіе
Deliberative (*ди-либ'-ер-ă-тив*) adj. подлежащій обсужденію: совѣщательный
Deliberatively (*ди-либ'-ер-ă-тив-ли*) adv по обсужденіи, обдуманно. [обсуждающій
Deliberator (*ди-либ'-ер-ă-тер*) s.
Delicacy (*дел'-и-ка-си*) s. деликатность. нѣжность; || сласти, лакомство
Delicate (*дел'-и-кэт*) adj. деликатный; нѣжный; пріятный. изящный; тонкій; || вкусный
Delicately (*дел'-и-кэт-ли*) adv деликатно, нѣжно.
Delicateness (*дел'-и-кэт'-нес*) s деликатность
Delicious (*ди-лиш'-бс*) adj. усладительный, сладостный, прелестный
Deliciously (*ди-лиш'-бс-ли*) adv. сладостно, прелестно.
Deliciousness (*ди-лиш'-бс-нес*) s. сладость; прелесть. [перевязка.
Deligation (*дел-и-гэ'-шбн*) s. (хир.)
Delight (*ди-лайт'*) s. радость, удовольствіе, восторгъ. || va радовать, услаждать; || vn. радоваться, наслаждаться; восхищаться **To — in,** нравиться.
Delightful (*ди-лайт'-фул*) adj. пріятный. [пріятно
Delightfully (*ди-лайт'-фул-и*) adv.
Delightfulness (*ди-лайт'-фул-нес*) s. усладительность; наслажденіе, удовольствіе; очаровательность.
Delineament (*ди-лин'-и-ă-мент*) s изображеніе; очертаніе.
Delineate (*ди-лин'-и-эт*) va. начертывать; изображать.
Delineation (*ди-лин-и-э'-шбн*) s очеркъ, эскизъ.
Delineator (*ди-лин'-и-э-тбр*) s. рисовальщикъ, начертатель линій.
Delinquency (*ди-лин'-куен-си*) s. оплошность, проступокъ; || пре-

ступленіе.

Delinquent (*ди-лин'-куент*) adj. виновный; || s преступникъ, виновный въ проступкѣ.

Delinquently (*ди-лин'-куент-ли*) adv виновно, преступно.

Deliquate (*дел'-и-куэт*) vn. распускаться, разжижаться

Deliquation (*дел-и-куэ'-шён*) s. разжиженіе, расплавленіе, растопленіе.

Deliquescence (*дел-и-куес'-сенс*)s расплываніе; расплывчатость.

Deliquiate (*ди-лик'-уи-эт*) va. расплавляться, разжижаться.

Deliquium (*ди-лик'-уи-ём*)s. (хим.) расплываніе, разжиженіе. || (мед.) обморокъ. [дящій.

Delirious (*ди-лир'-и-ёс*) adj. бре-

Deliriously (*ди-лир'-и-ёс-ли*) adv. въ бреду. [бредъ.

Deliriousness (*ди-лир'-и-ёс-нес*) s.

Delirium (*ди-лир-и-ём*) s. бредъ; изступленіе

Deliver (*ди-лив'-ер*) va. отдавать, передавать, выдавать; освобождать; вручать, выражать (мнѣніе). **To — goods**, вручать товары. **— a message**, вручать посланіе. **To — up**, предавать; вручать

Deliverable (*ди-лив'-ер-ă-бл*) adj. подлежащій выдачѣ, поставкѣ.

Deliverance (*ди-лив'-ер-ăнс*) s. освобожденіе, избавленіе; доставка, поставка; передача, выдача; роды; рѣчь.

Deliverer (*ди-лив'-ер-ер*) s. избавитель, освободитель; || разсказчикъ.

Delivery (*ди-лив'-ер-и*) s. отдача, передача; выдача; доставка; освобожденіе; роды; рѣчь, произношеніе.

Deel (*дел*) s. долъ, долина. [фы.

Delphi (*дел'-фай*) npr. (геогр.) Дель-

Delphian (*дел'-фи-ăн*), **Delphic** (*дел'-фик*) adj. дельфійскій.

Delta (*дел'-та*) s. делта (рѣка).

Deltoid (*дел'-тойд*) s. (анат.) дельтовидная плечевая мышца. || adj. дельтовидный. [ковѣрный.

Deludable (*ди-льюд'-ă-бл*) adj. лег-

Delude (*ди-льюд'*) va. обманывать; обольщать; приводить въ заблужденіе. **To — one's self,** обманывать самаго себя.

Deluge (*дел'-юдж*) s. потопъ, наводненіе; || va. затоплять.

Delusion (*ди-лью'-жён*) s. обманъ; обольщеніе; || заблужденіе; иллюзія, мечта, призракъ.

Delusive (*ди-лью'-сив*) adj. обманчивый, призрачный.

Delusively (*ди-лью'-сив-ли*) adv. обманчиво, призрачно.

Delusiveness (*ди-лью'-сив-нес*) s обманчивость, призрачность

Delusory (*ди-лью'-сŏ-ри*) adj призрачный.

Delve (*делв*) va. vn. копать, рыть; || * вывѣдывать; || s. углубленіе, яма; || конь

Demagogic (*дем-а-годж'-ик*), **Demagogical** (*дем-а-годж'-ик-ăл*) adj. демагогическій; мятежный.

Demagogism (*дем'-а-гог-изм*) s демагогія.

Demagogue (*дем'-а-гог*) s. демагогъ.

Demain (*ди-мэн'*), **Demesne** (*ди-мин'*) s. владѣніе, имѣніе; вотчина.

Demand (*ди-мăнд'*) va. vn. просить, требовать. || s. прошеніе, просьба; требованіе, искъ. **The book is in great —**, книга въ спросѣ.

Demandable (*ди-мăнд'-ă-бл*) adj. требуемый

Demandant (*ди-мăнд'-ăнт*) s. истецъ, -тица; проситель, -льница

Demander (*ди-мăнд'-ер*) s. проситель.

Demarkation (*ди-мар-кэ'-шён*) s. проведеніе демаркаціонной линіи

Demean (*ди-мин'*) va. унижать, уничижать; вести себя. **To — one's self,** унижаться.

Demeanour (*ди-мин'-ŏр*) s. поведеніе. [съ ума.

Dement (*ди-мент'*) va. сводить

Demented (*ди-мен'-тед*)adj. помѣшанный, безумный.

Demerit (*ди-мер'-ит*) s. проступокъ, вина.

Demesne (*ди-мин'*) s. см. **Demain.**

Demetrius (*ди-ми'-три-ёс*) npr. Дмитрій.

Demi (*дем'-и*) adj. половинный; полу—. **— -devil,** полудіавольскій. **— -god,** полубожескій. **— -john,** большая бутыль. **— -lune,** (форт.) равелинъ. **— -monde,** полусвѣтъ **— -official,** полуофиціальный. **— -quaver,** (муз.) двувязная нота. **— -semiquaver,** (муз.) трехвязная нота. **— -tone,** полутонъ.

Demise (*ди-майз'*) s. отреченіе (отъ престола); смерть (носящихъ корону государей); (юрид.) сдача имѣнія въ аренду; отказъ имѣнія по духовному завѣщанію. || va. отказывать по духовной, сдавать въ аренду.

Demission (*ди-миш'-ён*) s. увольненіе въ отставку.

Demissionary (*ди-миш'-ён-ă-ри*) adj. унизительный, отставной.

Demissive (*ди-мис'-сив*), **Demiss** (*ди-мис'*) adj. покорный, смиренный, униженный.

Demit (*ди-мит'*) va. смѣстить, уронить.

Democracy (*ди-мŏк'-рă-си*) s демократія, народовластіе [кратъ
Democrat (*дем'-о-крăт*) s демо-
Democratic (*дем-о-крăт-ик*) **Democratical** (*дем-о-крăт-ик-ăл*) adj. демократическій, народовластный.
Democratically (*дем-о-крăт'-ик-ăл-и*) adv демократически
Demolish (*ди-мол'-иш*) va. сламывать, разрушать. [рушитель.
Demolisher (*ди-мол'-иш-ер*) s раз-
Demolishment (*ди-мол'-иш-мент*) s. ломка, разрушеніе
Demolition (*дем-о-лиш'-ŏн*) s см **Demolishment.** [діаволъ
Demon (*ди'-мон*) s. демонъ, бѣсъ,
Demoniac (*ди-мо'о-ни-ăк*), **Demoniacal** (*ди-мо-най'-ăк-ăл*) adj демоническій, бѣсовскій, діавольскій
Demonism (*ди'-мон-изм*) s. демонизмъ, діавольщина
Demonology (*ди'-мон-ол-о-джи*) s. демонологія.
Demonstrability (*ди-мон-стрă-бил'-ти*) s. доказуемость.
Demonstrable (*ди-мон'-стрă-бл*) adj. доказуемый
Demostrableness (*ди-мон'-стрă-бл-нес*) s. доказуемость.
Demonstrate (*ди-мон'-стрэт*) va доказывать, демонстрировать.
Demonstration (*дем-он-стрэ'-шŏн*) s. демонстрація: доказательство.
Demonstrative (*ди-мон'-стрă-тив*) adj. доказательный; демонстративный.
Demonstratively (*ди-мон'-стрă-тив-ли*) adv. доказательно.
Demonstrator (*дем'-он-стрэ-тŏр*) s. демонстраторъ, показатель.
Demonstratory (*ди-мон'-стрă-тŏ-ри*) adj. показательный.
Demoralization (*ди-мор-ăл-и-зэ'-шŏн*) s. деморализація.
Demoralize (*ди-мор'-ăл-айз*) va. деморализировать.
Demosthenes (*ди-мŏс'-сзи-низ*) npr Демосѳенъ.
Demotic (*ди-мот'-ик*) adj. народный
Demulcent (*ди-мŏл'-сент*) adj. смягчительный, успокаивающій || s. (мед.) мягчительное средство.
Demur (*ди-мŏр'*) va. колебаться; медлить; отлагать рѣшеніе дѣла. **To — at**, не придавать значенія || s. сомнѣніе, недоумѣніе; колебаніе; пріостановка.
Demure (*ди-мьюр'*) adj. благопристойный; скромный [но.
Demurely (*ди-мьюр'-ли*) adv. скром-
Demureness (*ди-мьюр'-нес*) s. сдержанность; скромность.
Demurrage (*ди-мŏр'-рег*) s. (торг.) простойныя деньги. [люющійся.
Demurrer (*ди-мŏр'-рер*) s. колеб-
Demy (*ди-май'*) s. бумага средняго формата
Den (*ден*) s. пещера; вертепъ, притонъ; логовище (звѣря). || vn. жить въ пещерахъ.
Denaturalize (*ди-нăчъ'-ю-рăл-аиз*) va. денатурализировать, лишать природныхъ свойствъ.
Denationalize (*ди-нăш'-ŏн-ăл-аиз*) va. лишать національнаго характера. [денатурализовать
Denaturate (*ди-нăт'-ью-рэт*) va.
Dendroid (*ден'-дройт*) adj. древовидный
Deniable (*ди-най'-ă-бл*) adj. отрицаемый, отвергаемый.
Denial (*ди-най'-ăл*) s. отрицаніе; отреченіе; отказъ; || лишеніе; жертва. **Self —, — of one's self**, самоотверженіе. **Hot —**, рѣшительный отказъ.
Denier (*ди-най'-ер*) s. отрицатель.
Denigrate (*ден'-и-грэт*) va. чернить
Denigration (*ден-и-грэ'-шŏн*) s. черненіе, очерненіе.
Denizen (*ден'-и-зн*) s. натурализировавшійся иностранецъ; || гражданинъ; || va. принимать въ число гражданъ. [Данія.
Denmark (*ден'-марк*) npr. (геогр.)
Denominate (*ди-ном'-и-нэт*) va. наименовать, называть.
Denomination (*ди-ном-и-нэ-шŏн*) s. названіе; наименованіе; имя; || классъ.
Denominational (*ди-ном-и-нэ'-шŏн-ăл*) adj. названный.
Denominative (*ди-ном'-и-нă-тив*) adj. нарицательный.
Denominator (*ди-ном'-и-нэ-тŏр*) s. наименователь. || (арие.) знаменатель. [казываемый.
Denotable (*ди-но'от-ă-бл*) adj. по-
Denote (*ди-но'от*) va. означать, указывать на.
Denotement (*ди-но'от-мент*) s. знакъ, признакъ, примѣта.
Denounce (*ди-на'унс*) va. провозглашать, возвѣщать, объявлять; || доносить на; обвинять.
Denouncement (*ди-на'унс-мент*) s. провозглашеніе; доносъ.
Denouncer (*ди-на'ун-сер*) s. указатель, предвозвѣстникъ, объявитель; || доносчикъ. [плотный.
Dense (*денс*) adj. частый, густой,
Densely (*денс-ли*) adv. сгущенно, сжато. [плотность.
Density (*ден'-си-ти*) s. густота,
Dent (*дент*) s. зубъ; зубецъ; зарубка; || va. насѣкать зубцы, зазубривать. [(грам.) зубная буква.
Dental (*ден'-тăл*) adj. зубной; || s.
Dentate (*ден'-тэт*), **Dentated** (*ден'-тэ-тед*) adj. (бот.) зубчатый (о листьяхъ). [зазубренный.
Dented (*дент'-ед*) adj. зубчатый;

Denticle (*ден-ти-кл*) s. зубчикъ.
Denticulate (*ден-тикъ'-ю-лэт*), **Denticulated** (*ден-тикъ'-ю-лэ-тед*) adj. зазубренный.
Denticulation (*ден-тик-ю-лэ'-шон*) s. зазубренность.
Dentifrice (*ден'-ти-фрис*) s. зубной порошокъ.
Dentil (*ден'-тил*) s. (архит.) зубчатое украшеніе; зубчикъ.
Dentist (*ден'-тист*) s. дантистъ.
Dentistry (*ден'-тис-три*) s. занятіе дантиста. [зываніе зубовъ.
Dentition (*ден-тиш'-он*) s. прорѣ-
Denudate (*ди-ньюд'-эд*), **Denude** (*ди-ньюд'*) va. оголять, обнажать; лишать.
Denudation (*день-ю-дэ'-шон*) s. оголеніе, обнаженіе; нищета.
Denunciate (*ди-нон'-ши-эт*) va. доносить.
Denunciation (*ди-нон-ши-э'-шон*) s. объявленіе; || доносъ, оговоръ
Denunciator (*ди-нон'-ши-э-тор*) s. объявитель, вѣстникъ, доносчикъ
Denunciatory (*ди-нон'-ши-ă-то-ри*) adj. доносительскій, доносный
Deny (*ди-най'*) va. vn. отрицать, отпираться; отрекаться; запираться; противорѣчить. **To — a request,** отказываться отъ просьбы. **To — one's self,** отказывать. **He denied himself every pleasure,** онъ отказываетъ себѣ въ каждомъ удовольствіи.
Deobstruct (*ди-об-строкт'*) va. расчищать, очищать.
Deobstruent (*ди-об'-стру-ент*) adj. (мед.) очищающій; слабительный. [шать запаха.
Deodorize (*ди-о'о-дор-айз*) va. ли-
Deoppilate (*ди-оп'-пи-лэт*) va. (мед.) лишать волосъ.
Deoppilation (*ди-оп'-пи-лэ'-шон*) s. лишеніе волосъ.
Deoxidate (*ди-ок'-си-дэт*) va. отнимать кислородъ.
Deoxidation (*ди-ок-си-дэ'-шон*) **Deoxidization** (*ди-ок-си-ди-зэ'-шон*) s. отнятіе кислорода, раскисленіе.
Deoxidize (*ди-ок'-си-дайз*) va. см. **Deoxidate.**
Deoxygenate (*ди-ок'-си-джен-эт*) va. лишать кислорода.
Deoxygenation (*ди-ок'-си-джснэ'-шон*) s. лишеніе кислорода.
Depart (*ди-парт'*) vn. отправляться, уѣзжать; покидать. **To — from one's principles,** отказываться отъ своихъ принциповъ. || va. отдѣлять; дѣлить. || s. отходъ, отбытіе, отъѣздъ; || * смерть, кончина; (хим.) отдѣленіе металловъ другъ отъ друга.
Department (*ди-парт'-мент*) s. департаментъ, губернія, округъ || отдѣлъ; || вѣдомство; министерство.
Departmental (*ди-парт-мент'-ăл*) adj. департаменскій, губернскій.
Departure (*ди-пар'-чур*) s. отбытіе, отъѣздъ; || * кончина, смерть; (хим.) отдѣленіе
Depasture (*ди-пас'-чур*) vn. пастись
Depend (*ди-пенд*) vn. висѣть; || * находиться въ разбирательствѣ (о процессѣ). **To — on, upon,** зависѣть, проистекать отъ чего; надѣяться на кого. **That — s upon circumstances,** это зависитъ отъ обстоятельствъ. **— upon it,** будьте покойны.
Dependance (*ди-пенд'-енс*) s. висѣніе; || зависимость, связь; отношеніе; || упованіе, надежда; службы (при домѣ); колоніи (при государствѣ). **Place no — in that man,** не довѣряйте этому человѣку.
Dependent (*ди-пенд'-ент*) s. подчиненный; протеже, креатура, приверженецъ; || adj. зависящій; подчиненный, подвластный. **To be — on,** зависѣть отъ кого-либо.
Dependently (*ди-пенд'-ент-ли*) adv въ зависимости отъ
Deperdition (*деп-ер-диш'-он*) s потеря, утрата.
Depict (*ди-пикт'*) va рисовать; изображать, описывать.
Depicture (*ди-пик'-чур*) va. рисовать, писать картину
Depilate (*деп'-и-лэт*) va. выщипывать, выдергивать (волосы).
Depilation (*деп-и-лэ'-шон*) s. выпаденіе (волосъ).
Depilatory (*ди-пил'-ă-то-ри*) adj. способствующій выпаденію волосъ. || s. средства для выпаденія волосъ.
Depletion (*ди-пли'-шон*) s. опоражниваніе. [ражнивающій
Depletory (*ди-пли'-то-ри*) adj. опо-
Deplorable (*ди-пло'ор-ă-бл*) adj. плачевный, прискорбный.
Deplorableness (*ди-пло'ор-ô-блнес*) s. плачевность, прискорбность. [плачевно, прискорбно
Deplorably (*ди-пло'ор-ă-бли*) adv
Deplore (*ди-пло'ор*) va. оплакивать. сожалѣть о чемъ.
Deploy (*ди-плой'*) va. (воен.) развертывать (фронтъ); || s. развертываніе (фронта).
Deplumation (*ди-плю-мэ-шон*) s. ощипываніе (перьевъ); линяніе (птицъ). [вать (перья)
Deplume (*ди-плюм'*) va. ощипы-
Deponent (*ди-по'о-нент*) adj. свидѣтельскій. [vn. обезлюдить
Depopulate (*ди-попъ'-ю-лэт*) va.
Depopulation (*ди-попъ'-ю-лэ'-шон*)

s. уменьшенiе населенiя, обезлюдиванiе. [s. обезлюдивающiй.
Depopulator (*ди-попь'-ю-лэ-тŏр*)
Deport (*ди-по'орт*) va. отправлять въ ссылку. **To — one's self**, вести себя, держаться. || s. поведенiе.
Deportation (*дп-пор-тэ'-шŏн*) s. ссылка, изгнанiе.
Deportment (*ди-по'орт-мент*) s. поведенiе.
Deposable (*ди-по'оз-ă-б.л*) adj. отрѣшимый, отмѣнимый, отложимый. [отставка, сверженiе.
Deposal (*ди-по'оз-ă.л*) s. отрѣшенiе,
Depose (*ди-по'оз*) va. vn. осаждать, давать осадокъ; || отрѣшать; низлагать, свергать, смѣщать.
Deposer (*дп-по'оз-ер*) s. лишающiй должности.
Deposit (*ди-поз'-ит*) va. класть; давать на храненiе; ввѣрять; || s. депо, складочное мѣсто, депозитъ.
Depositary (*ди-поз'-и-тă-ри*) s. хранитель.
Deposition (*деп-о-зиш'-ŏн*) s. осадокъ; || отставка; удаленiе, низложенiе; || показанiе, свидѣтельство.
Depositor (*ди-поз'-и-тŏр*) s. вкладчикъ.
Depository (*ди-поз'-и-тŏ-ри*) s. депо, складъ; хранилище; депозитъ.
Depot (*ди'-по'о*) s. депо, складъ; станцiя (жел. дор.).
Depravation (*деп-ра-вэ'-шŏн*) s. порча, поврежденiе; испорченность.
Deprave (*ди-прэв'*) va. портить; развращать. [щенный.
Depraved (*ди-прэвд'*) adj. развра-
Depravedly (*ди-прэв'-ед-ли*) adv. развратно. [развращенiе.
Depravement (*ди-прэв'-мент*) s.
Depravity (*ди-прăв'-и-ти*) s. порча, испорченность; развращенность. [сить, умолять.
Deprecate (*деп'-ри-кэт*) va. просить, умолять. [мольба, жалоба.
Deprecation (*деп-ри-кэ'-шŏн*) s.
Deprecatory (*деп'-ри-кэ-тŏ-ри*), **Deprecative** (*деп'-ри-кэ-тив*) adj. просительный, жалобный.
Depreciate (*ди-при'-ши-эт*) va. обезцѣнивать; сбавлять цѣну; || vn. терять свою стоимость.
Depreciation (*ди-при-ши-э'-шŏн*) s. пониженiе (цѣны), обезцѣниванiе. [adj обезцѣнивающiй.
Depreciative (*ди-при'-ши-э-тив*)
Depreciatory (*ди-при'-ши-э-тŏр-и*) adj. обезцѣнивающiй.
Depredate (*деп'-ри-дэт*) va. vn грабить, разграблять; раззорять.
Depredation (*деп-ри-дэ'-шŏн*) s грабительство; грабежъ; опустошенiе; раззоренiе (страны).
Depredator (*деп'-ри-дэ-тŏр*) s грабитель, хищникъ.
Depredatory (*деп'-ри-дэ-тŏ-ри*) adj. грабительскiй, хищническiй.
Depress (*ди-прес'*) va. спускать, наклонять, понижать; унижать; понижать (цѣну); подавлять, стѣснять. **To — trade**, прекращать торговыя дѣла.
Depression (*ди-преш'-ŏн*) s. опусканiе, наклоненiе; || униженiе; пониженiе (цѣны); сдавливанiе; подавленiе; угнетенiе; || (мед.) упадокъ силъ. **The — of trade**, застой въ торговлѣ.
Depressive (*ди-прес'-сив*) adj. унижающiй, подавляющiй; || s. опускающiй мускулъ.
Depressor (*ди-прес'-ŏр*) s. угнетатель, притѣснитель.
Depriment (*деп'-ри-мент*) s. угнетенiе. [отмѣнимый.
Deprivable (*ди-прайв'-ă-б.л*) adj.
Deprivation (*деп-ри-вэ'-шŏн*) s. отрѣшенiе, смѣщенiе; отставка; || лишенiе.
Deprive (*ди-прайв'*) va. лишать чего; || отрѣшать (отъ должности). **To — one of his rights**, лишать кого либо правъ.
Deprivement (*ди-прайв'-мент*) s. лишенiе, потеря.
Depth (*депсз*) s глубина, глубь; средина (зимы); сильная степень чего; обширность (познанiй); пучина. **He is out of his —**, онъ потерялъ устойчивость. **— of misery**, крайняя нищета
Depurate (*депь'-ю-рэт*) va очищать. [очищенiе.
Depuration (*депь-ю-рэ'-шŏн*) s.
Depuratory (*депь'-ю-рэ-тŏ-ри*) adj. очищающiй. [депутацiя.
Deputation (*депь-ю-тэ'-шŏн*) s.
Depute (*ди-пьют'*) va. отправлять депутацiю, выбирать депутата, представителя.
Deputy (*депь'-ю-ти*) s. выборный, представитель, уполномоченный, депутатъ, членъ Государственной Думы. **— governor**, полномочный администраторъ. **— chairman**, вице-предсѣдатель.
Deracinate (*ди-рăс'-и-нэт*) va искоренять.
Derail (*ди-рэл'*) va. сходить съ рельсъ (о поѣздѣ). [ивать.
Derange (*ди-рэндж'*) va разстра-
Deranged (*ди-рэнджд'*) adj. разстроенный, сумасшедшiй
Derangement (*ди-рэндж'-мент*) s. безпорядокъ, разстройство.
Derelict (*дер'-и-ликт*) adj заброшенный, покинутый; || s. оставленный владѣльцемъ предметъ.
Dereliction (*дер-и-лик'-шŏн*) s. запущенiе, оставленiе
Deride (*ди-райд'*) va. осмѣивать.

Derider (*ди-райд'-ер*) s насмѣшникъ; зубоскалъ.
Deridingly (*ди-райд'-инг-ли*) adv въ насмѣшку
Derision (*ди-риж'-ён*) s. осмѣяние
Derisive (*ди-рай'-сив*) adj насмѣшливый
Derisively (*ди-рай'-сив-ли*) adv въ насмѣшку |смѣшливый
Derisory (*ди-рай'-сö-ри*) adj. на-
Derivable (*ди-райв'-ä-бл*) adj. простекающій, производный
Derivate (*дер'-и-вэт*) s. (грам.) производное слово
Derivation (*дер-вэ'-шöн*) s. (грам.) указаніе корня слова
Derivative (*ди-рив'-ä-тив*) adj. производный; (мед.) отвлекающій.
Derive (*ди-райв'*) va. отводить(воду); производить (слово); извлекать, получать; || vn. происходить, проистекать.
Derm (*дöрм*), **Derma** (*дöр'-ма*), **Dermis** (*дöр'-мис*) s. (анат.) кожа.
Dermal (*дöр'-мäл*) adj. (анат.) кожный
Dermatography (*дöр-ма-тог'-рафи*) s дерматографія, описаніе кожи |кожный
Dermatoid (*дöр'-ма-тойд*) adj.
Dermatology (*дöр-ма-тол'-о-джи*) s. (мед.) дерматологія, ученіе о болѣзняхъ кожи.
Dermic (*дöр'-мик*) adj. кожный.
Derogate (*дер'-о-гэт*) va. vn. нарушать (приличіе, законъ, обычай); терять довѣріе къ кому, обезславлить, порочить.
Derogation (*дер-о-гэ'-шöн*) s. нарушеніе (приличія, закона, обычая); недостойный поступокъ. обезславливаніе кого
Derogative (*ди-рог'-ä-тив*) adj. недостаточный
Derogatorily (*ди-рог'-ä-тö-ри-ли*) adv недостойно, дерзновенно
Derogatory (*ди-рог'-а-тö-ри*) adj. унизительный, оскорбительный
Dervis *или* **Dervise** (*дер'-вис*) s. дервишъ.
Descant (*дес'-кäнт*) s. (муз.) модуляція; || дискантъ(голосъ); || пѣсня, арія; || толкованіе; || vn. комментировать.
Descanting (*дес-кäнт'-инг*) s. разсужденіе, толкованіе.
Descend (*ди-сенд'*) va vn. происходить; нисходить
Descendant (*ди-сенд'-äнт*) s потомокъ.
Descendent (*ди-сенд'-ент*) adj. нисходящій, спускающійся; падающій
Descension (*ди-сен'-шöн*) s нисхожденіе; спускъ, паденіе, опущеніе |нисходящій
Descensional (*ди-сен'-шöн-äл*) adj
Descent (*ди-сент'*) s. сошествіе, нисхожденіе; спускъ, сходъ, склонъ, скатъ, || происхожденіе; || потомство; || переходъ (по наслѣдству); || высадка (непріятеля).
Describable (*ди-скрайб'-ä-бл*) adj. описуемый
Describe (*ди-скрайб'*) va описывать, изображать |сатель
Describer (*ди-скрайб'-ер*) s. опи-
Description (*ди-скрип'-шöн*) s. описаніе; || примѣты; видъ, ростъ, сортъ |описательный
Descriptive (*ди-скрип'-тив*) adj
Descriptively (*ди-скрип'-тив-ли*) adv. описательно
Descry (*ди-скрай'*) va изслѣдовать, открывать; усматривать; || s открытіе
Desecrate (*дес'-и-крэт*) va. профанировать, осквернять, разстригать
Desecration (*дес-и-крэ'-шöн*) s. оскверненіе (святыни); профанація; разстриженіе, секуляризація.
Desert (*дез'-ерт*) s. пустыня, необитаемое мѣсто; || adj пустынный, необитаемый
Desert (*ди-зöрт'*) va vn покидать, оставлять; (воен.) дезертировать; || s. заслуга, достоинство
Deserter (*ди-зöрт'-ер*) s. дезертиръ
Desertion (*ди-зöр'-шöн*) s оставленіе, покиданіе; || дезертирство.
Deserve (*ди-зöрв'*) va vn заслуживать; оказывать услуги **He —s punishment**, онъ заслуживаетъ наказанія
Deservedly (*ди-зöрв'-ед-ли*) adv по заслугамъ, заслуженно, достойно.
Deserver (*ди-зöрв'-ер*) s достойный чего
Deserving (*ди-зöрв'-инг*) adj. достойный; заслуженный
Deservingly (*ди-зöрв'-инг-ли*) adv заслуженно
Desiccant (*ди-сик'-кäнт*) adj. сушащій, высушивающій
Desiccate (*де-си'-кэт*) va сушить, || vn сохнуть
Desiccation (*дес-ик-кэ'-шöн*) s высушиваніе, сушка; высыханіе
Desiccative (*ди-сик'-ка-тив*) adj. высушивающій.
Desiderative (*ди-сид'-ер-а-тив*) adj. желательный
Desideratum (*ди-сид'-е-рэ-тöм*) s. (pl. **Desiderata**) желаемое
Design (*ди-зайн'*) s предположеніе, намѣреніе; планъ, умыселъ, цѣль, рисунокъ, узоръ, || va vn рисовать, очерчивать, намѣриваться, имѣть въ виду.
Designable (*ди-зайн'-ä-бл*) adj распознаваемый, обозначаемый.

Designate (*дес'-иг-нэт*) va. указывать; обозначать.
Designation (*дес-иг-нэ'-шон*) s. указаніе, означеніе; назначеніе
Designator (*дес'-иг-не-тор*) s. указатель.
Designatory (*дес-иг'-на-то-ри*) adj. указательный
Designedly (*ди-зайн'-ед-ли*) adv. нарочно, умышленно.
Designer (*ди-заин'-ер*) s. авторъ, изобрѣтатель; измыслитель; рисовальщикъ
Designing (*ди-зайн'-инг*) adj коварный, лукавый.
Desirable (*ди-зайр'-ă-бл*) adj желанный, желательный.
Desirableness (*ди-зайр'-ă-бл-нес*) s. желательность.
Desirably (*ди-зайр'-ă-бл-и*) adv желательно.
Desire (*ди-зайр'*) s. желаніе; вожделѣніе; хотѣніе || va. желать, хотѣть; просить. **I — you to come,** я прошу вась придти
Desirous (*ди-зайр'-ос*) adj. желающій, жаждущій, алчущій. **To be — of,** желать чего-либо.
Desirousness (*ди-зайр'-ос-нес*) s желаніе, вожделѣніе.
Desistance (*ди-сист'-ăнс*) s. оставленіе, отреченіе, отступленіе.
Desk (*деск*) s. конторка; подставка; пюпитръ.
Desolate (*дес'-о-лэт*) adj. печальный; опустошенный; заброшенный, покинутый; || va обезлюдить; опустошить, разорить.
Desolately (*дес'-о-лэт-ли*) adv. печально; опустошенно
Desolateness (*дес'-о-лэт-нес*) s. отчаяніе; безлюдность; опустошенность.
Desolater (*дес'-о-лэ-тер*) s. опустошитель.
Desolation (*дес-о-лэ-шон*) s. опустошеніе; || скорбь, отчаяніе
Despair (*ди-спэр'*) s. отчаяніе, безнадежность; || vn. отчаяваться.
Despairing (*ди-спэр'-инг*) adj. безнадежный.
Despairingly (*ди-спэр-инг-л*) adv съ отчаяніемъ; безнадежно.
Despatch (*ди-спăч'*) va отправлять, отсылать; || vn спѣшить, торопиться; || поспѣшность, быстрота, скорость; отправленіе; депеша.
Despatchful (*ди-спăч'-фул*) adj проворный, скорый.
Desperado (*дес-пер-э'-до*) s отчаянный, неистовый.
Desperate (*дес'-пер-эт*) adj. отчаявающійся; бѣшеный, неистовый, свирѣпый; сильный, жестокій; (ирон.) большой
Desperately (*дес'-пер-эт-ли*) adv съ отчаяніемъ; отчаянно, безнадежно.
Desperation (*дес-пер-э'-шон*) s. отчаяніе; || ярость.
Despicable (*дес'-пи-кă-бл*) adj презрѣнный, низкій.
Despicableness (*дес'-пи-кă-бл-нес*) s. презрѣнность, низость.
Despicably (*дес'-пи-кă-бл-и*) adv съ презрѣніемъ; низко, подло
Despisable (*ди-спайз'-ă-бл*) adj. презрѣнный.
Despise (*ди-спайз'*) va презирать; || ненавидѣть.
Despisedness (*ди-спайз'-ед-нес*) s. презрѣнность, низость
Despiser (*ди-спайз'-ер*) s. презирающій.
Despisingly (*ди-спайз'-инг-ли*) adv. презрительно.
Despite (*ди-спайт'*) s. злоба, злость досада, ненависть. || prep вопреки на зло.
Despitefully (*ди-спайт'-фул-ли*) adv. злобно, злостно, злонамѣренно.
Despitefulness (*ди-спайт'-фул-нес*) s. злоба, злорадство
Despoil (*ди-спойл'*) va лишать, обирать, грабить.
Despoiler (*ди-спойл-ер*) s грабитель, хищникъ
Despoliation (*ди-спо-ли-э'-шон*) s обираніе, ограбленіе
Despond (*ди-спонд'*) vn отчаяваться, унывать.
Despondence (*ди-спонд'-енс*), **Dispondency** (*ди-спонд'-ен-си*) s отчаяніе, уныніе; зависимость.
Despondent (*ди-спонд'-ент*) adj отчаянный, безнадежный; унылый
Despondently (*ди-спонд'-ент-ли*) adv отчаянно, безнадежно.
Despondingly (*ди-спонд'-инг-ли*) adv съ отчаяніемъ.
Despot (*дес'-пот*) s. деспотъ, тиранъ.
Despotic (*дес-пот'-ик*), **Despotical** (*дес-пот'-ик-ăл*) adj. деспотическій, самовластный, неограниченный.
Despotically (*дес-пот'-ик-ăл-и*) adv деспотически.
Despoticalness (*дес-пот'-ик-ăл-нес*), **Despotism** (*дес'-пот-изм*) s. деспотизмъ, самовластіе, неограниченный образъ правленія; тиранство.
Despumation (*дис-пью-мэ'-шон*) s сниманіе пѣны
Desquamation (*дес-куă-мэ'-шон*) s. (медиц.) шелушеніе (кожи); || оскобливаніе (рыбы).
Dessert (*дез-зорт'*) s. дессертъ
Destinate (*дес'-ти-нэт*) va. назначать, предопредѣлять, обрекать
Destination (*дес-ти-нэ'-шон*) s. назначеніе, предназначеніе.

Destine (*дес'-тин*) va. назначать, предопредѣлять, обрекать.
Destiny (*дес'-ти-ни*) s. рокъ, судьба, участь, удѣлъ, предопредѣленіе.
Destitute (*дес'-ти-тьют*) s. и adj. оставленный, покинутый, лишенный; || неимущій, нуждающійся
Destitution (*дес-ти-тью'-шбн*) s. лишеніе, недостатокъ; нужда въ чемъ; нищета; || оставленіе, покиданіе.
Destroy (*ди-строй'*) va. уничтожать, истреблять, разрушать; опустошать (страну); разстраивать.
Destroyable (*ди-строй'-ă-бл*) adj. разрушимый, истребимый.
Destroyer (*ди-строй'-ер*) s. разрушитель.
Destructibility (*ди-стрбк-ти-бил'-и-ти*) s. разрушимость.
Destructible (*ди-стрбк'-ти-бл*) adj. разрушимый; бренный.
Destruction (*ди-стрбк'-шбн*) s. разрушеніе, истребленіе; разореніе, гибель, пагуба; разстройство (здоровья)
Destructive (*ди-стрбк'-тив*) adj. разрушительный, губительный.
Destructively (*ди-стрбк'-тив-ли*) adv. разрушительно.
Destructivenes (*ди-стрбк'-тив-нес*) s. разрушительность, пагубность.
Desuetude (*дис'-уч-тьюд*) s. неупотребленіе, потеря привычки.
Desultoriness (*дес'-бл-тб-ри-нес*) s. несвязность, нескладность, отрывочность.
Desultory (*дес'-бл-тб-ри*) adj. несвязный, отрывочный. — **conversation**, несвязный разговоръ.
Detach (*ди-тăч'*) va. отдѣлять; отряжать (отрядъ).
Detachment (*ди-тăч'-мент*) s. отдѣленіе; (воен.) отрядъ.
Detail (*ди-тэл'*) s. подробность, деталь. || va. входить въ подробности, подробно описывать.
Detain (*ди-тэн'*) va. удерживать, задерживать; арестовать.
Detainder (*ди-тэн'-дер*) s. (юрид.) приказъ объ арестѣ.
Detainer (*ди-тэн'-ер*) s. задерживающій; || (юрид.) арестъ, задержаніе.
Detainment (*ди-тэн'-мент*) s. (юрид.) завладѣніе, удержаніе.
Detect (*ди-тект'*) va. открывать, обнаруживать.
Detectable (*ди-тект'-ă-бл*) adj. обнаруживаемый. [тель.
Detecter (*ди-тект'-ер*) s. открыва-
Detection (*ди-тек'-шбн*) s. открытіе, обнаруженіе.
Detective (*ди-тект'-ив*) s. сыщикъ.

Detention (*ди-тен'-шбн*) s. задержаніе, заключеніе въ тюрьму.
Deter (*ди-тбр'*) v. отвращать отъ чего, удерживать; мѣшать; отговаривать. [очищать (рану).
Deterge (*ди-тбрдж'*) va. (хирур.)
Detergent (*ди-тбр'-джент*) adj. очищающій; || s. (мед.) очищающее средство.
Deteriorate (*ди-ти-ри-о-рэт*) va. портить, повреждать; || vn. портиться, повреждаться
Deterioration (*ди-ти-ри-о-рэ'-шбн*) s. порча, поврежденіе, ухудшеніе.
Determent (*ди-тбр'-мент*) s. препятствіе, помѣха.
Determinable (*ди-тбр'-ми-нă-бл*) adj. опредѣлимый.
Determinant (*ди-тбр'-ми-нăнт*) adj. опредѣляющій
Determinate (*ди-тбр'-ми-нэт*) va. опредѣлять, ограничивать. || adj. рѣшительный, установленный, окончательный.
Determinately (*ди-тбр'-ми-нэт-ли*) adv. рѣшительно, опредѣленно
Determinateness (*ди-тбр'-ми-нэт-нес*) s. рѣшительность, окончательность.
Determination (*ди-тбр-ми-нэ'-шбн*) s. намѣреніе; рѣшимость, рѣшеніе; постановленіе (суда).
Determinative (*ди-тбр'-ми-нă-тив*) adj. опредѣлительный, рѣшительный, окончательный; опредѣляющій.
Determine (*ди-тбр'-мин*) va. опредѣлять; рѣшать; покончить (дѣло); побуждать; принуждать, заставлять. || vn. рѣшать, судить; рѣшаться, оканчиваться.
Determined (*ди-тбр'-минд*) adj. опредѣленный, рѣшительный, смѣлый.
Determinedly (*ди-тбр'-минд-ли*) adv. опредѣленно; рѣшительно.
Deterrent (*ди-тер'-ент*) adj. устрашающій, обезкураживающій.
Deterring (*ди-тер'-ринг*) s. отвращеніе, отклоненіе отъ чего; отсовѣтываніе; || adj. см. **Deterrent.**
Detersively (*ди-тбр'-сив-ли*) adv. устрашающе. [презирать.
Detest (*ди-тест'*) vn. ненавидѣть,
Detestable (*ди-тест'-ă-бл*) adj. отвратительный, ненавистный.
Detestableness (*ди-тест'-ă-бл-нес*) s. гнусность, отвратительность; ненавистническій характеръ.
Detestably (*ди-тест'-ă-бли*) adv. отвратительно.
Detestation (*ди-тес-тэ'-шбн*) s. ненависть, отвращеніе. [стникъ.
Detester (*ди-тест'-ер*) s. ненави-
Dethrone (*ди-сзро'он*) va. низлагать, свергать съ престола.

Dethronement (*ди-сзро'он-мент*) s. низложеніе

Dethroner (*ди-сзро'он-ер*) s. низлагающій, свергающій съ престола.

Detinue (*дет'-и-нью*) s. задержаніе подъ арестомъ; удержаніе.

Detonate (*дет'-о-нэт*) va. (химич.) производить взрывъ; || vn. взрываться.

Detonation (*дет-о-нэ'-шдн*) s. взрывъ, детонація.

Detonization (*дет-о-ни-зэ'-шдн*) s. детонація.

Detonize (*дет'-о-найз*) vn. производить взрывъ путемъ детонаціи.

Detort (*ди-торт'*) va. коверкать, искажать.

Detortion (*ди-тор'-шдн*) s. искаженіе.

Detour (*дэ-тур'*) s. поворотъ, извилина, излучина.

Detract (*ди-тракт'*) va. vn. уменьшать, умалять; злословить.

Detractingly (*ди-тракт'-инг-ли*) adv. унизительно.

Detraction (*ди-трак'-шдн*) s. поношеніе, хула; злословіе.

Detractive (*ди-тракт'-ив*) adj. позорящій.

Detractor (*ди-тракт'-др*) s. хулитель, клеветникъ.

Detractress (*ди-тракт'-рес*) s. хулительница, клеветница.

Detrimental (*дет-ри-мент'-дл*) adj. убыточный, вредный.

Detrition (*ди-три'-шдн*) s. стираніе.

Detritus (*ди-трай'-тдс*) s. (геол.) обломки, отбросы.

Detrude (*ди-труд'*) va. свергать, сталкивать.

Detruncate (*ди-трдн'-кэт*) va. отрѣзывать, урѣзывать; || * искажать.

Detruncation (*ди-трдн'-кэ-шдн*) s. отрѣзаніе; отсѣченіе отъ ствола; || искаженіе.

Detrusion (*ди-тру'-жон*) s. сверженіе, сбрасываніе.

Deuce (*дьюс*) s. двойка; два очка (въ домино).

Deuce *или* **Deuse** (*дьюс*) s. чортъ, лѣшій. **How the —,** чортъ возьми! кой чертъ!

Deuced (*дью'-сед*) adj. чертовскій, ужасный.

Deucedly (*дью'-сед-ли*) adv. чертовски. ужасно.

Deuterogamist (*дью-тер-ог'-ä-мист*) s. второбрачникъ, -ница.

Deutorogamy (*дью-тер-ог'-ä-ми*) второбрачіе.

Deuteronomy (*дью-тер-он'-о-ми*) s. (библ.) второзаконіе.

Devastate (*дев'-äс-тэт*) va. опустошать, раззорять.

Devastation (*дев-äс-тэ'-шдн*) s. опустошеніе. погромъ, раззореніе.

Develop (*ди-вел'-дп*) va. развивать, развертывать; раскрывать; || vn. развертываться; обнаруживаться.

Development (*ди-вел'-дп-мент*) s. развитіе; раскрытіе, обнаруженіе.

Devest (*ди-вест'*) s. лишать, отнимать; отчуждать.

Deviate (*ди'-ви-эт*) va. отклонять; совращать; || vn. отклоняться, совращаться; заблуждаться.

Deviation (*ди-ви-э'-шдн*) s. отклоненіе; уклоненіе; заблужденіе.

Device (*ди-вайс'*) s. намѣреніе, умыселъ, выдумка; изобрѣтеніе; проектъ; планъ; смѣта; способъ, средство.

Devil (*дев'-л*) s. діаволъ, сатана, чортъ; || (кухон.) жаркое, сильно приправленное перцемъ. **A she —,** чертовка. * **The — upon two sticks,** хромоногій чортъ. || va. бѣсить кого; разбивать (шерсть); класть въ кушаніе много перцу, перчить.

Devilish (*дев'-л-иш*) adj. діавольскій.

Devilishly (*дев'-л-иш-ли*) adv. діавольски.

Devilishness (*дев'-л-иш-нес*) s. діавольская злоба.

Devilkin (*дев'-л-кин*) s. діаволенокъ, чертенокъ.

Devilment (*дев'-л-мент*) s. лукавство.

Devilry (*дев'-л-ри*) s. чертовщина, испорченность.

Devious (*ди'-ви-дс*) ложный; уклоняющійся; заблуждающійся; странствующій.

Deviously (*ди'-ви-дс-ли*) adv. ложно, заблуждаясь.

Deviousness (*ди'-ви-дс-нес*) s. заблужденіе; отступленіе.

Devisable (*ди-вайз'-ä-бл*) adj. передаваемый, воображаемый.

Devise (*ди-вайз'*) va. vn. изобрѣтать, выдумывать; измышлять, затѣвать; || завѣщать; присуждать (награду); || s. раздѣлъ, дѣлежъ; || завѣщаніе; || затѣя.

Devisee (*дев'-и-зи*) s. участникъ въ завѣщаніи, наслѣдникъ.

Deviser (*ди-вайз'-ер*) s. изобрѣтатель, авторъ.

Devisor (*ди-вайз'-др*) s. завѣщатель.

Devoid (*ди-войд'*) adj. порожній; пустой; свободный отъ чего.

Devoir (*ди-вуор'*) s. почтеніе, уваженіе.

Devolution (*дев-о-лью'шдн*) s. паденіе, обвалъ; (юрид.) переходженіе, передача.

Devolve (*ди-волв'*) va. катать, скатывать; || vn. катиться, обваливаться, осыпаться; || достаться, переходить.

Devote (*ди-во'от*) va. посвящать, обрекать, передавать; проклинать. **To — one's time to study,** посвящать свое время наукѣ. || adj. посвященный, обреченный; || проклятой.

Devotedness (*ди-во'от-ед-нес*) s. преданность.

Devotee (*див-о-ти'*) s. ханжа, святоша.
Devotion (*ди-во'о-шон*) s. набожность; преданность. **Personal —**, личная преданность.
Devotional (*ди-во'о-шон-ăл*) adj. набожный, благочестивый.
Devotionally (*ди-во'о-шон-ăл-и*) adv набожно, благочестиво
Devour (*ди-ва'ур*) va. пожирать. съѣдать; истреблять, уничтожать.
Devourer (*ди-ва'ур-ер*) s. пожиратель; обжора; || истребитель.
Devouring (*ди-ва'ур-инг*) s. пожираніе, съѣданіе.
Devouringly (*ди-ва'ур-инг-ли*) adv. съ жадностью, прожорливо.
Devout (*ди-ва'ут*) adj. набожный, богомольный; || преданный.
Devoutness (*ди-ва'ут-нес*) s. преданность.
Dew (*дью*) s. роса; || va. покрывать росой; орошать, смачивать. — **-bespangled**, блестящій каплями росы. — **-besprent**, орошенный росой. — **-drop**, росинка, капля росы. — **-dropping**, смоченный росой. — **-lap**, имѣющій подгрудокъ. — **-sprinkled** окропленный росой. — **-worm**, дождевой червь.
Dewiness (*дью'-и-нес*) s. влажность, росистость.
Dewy (*дью'-и*) adj. росистый, влажный, сырой.
Dextor (*декс'-тер*) adj. правый.
Dexterity (*декс-тер'-и-ти*) s. проворство, ловкость.
Dexterous (*декс'-тер-ŏс*) adj. проворный, ловкій.
Dexterously (*декс'-тер-ŏс-ли*) adv. проворно, ловко.
Dexterousness (*декс'-тер-ŏс-нес*) s. проворство, ловкость.
Dextral (*декс'-трăл*) adj. правый.
Dextrality (*декс-трăл'-и-ти*) s нахожденіе по правую сторону чего. [стринъ
Dextrine (*декс'-трин*) s. (хим.) дек-
Dey (*дэ*) s. дей (титулъ).
Diabetes (*дай-а-би'-тис*) s. (мед.) діабетъ.
Diabetic (*даи-а-бет'-ик*) adj. діабетическій.
Diabolic (*дай-а-бол'-ик*), **Diabolical** (*дай-а-бол'-ик-ăл*) adj. діавольскій. [adv. діавольски.
Diabolically (*дай-а-бол'-ик-ăл-и*)
Diabolicalness (*дай-а-бол'-ик-ăл-нес*) s. діавольщина.
Diabolism (*дай-ăб'-о-лизм*) s. діавольщина.
Diachylon (*дай-ăк'-и-лŏн*) s. (мед.) свинцовый пластырь.
Diaconal (*дай-ăк'-о-нăл*) adj. діаконскій. [констово.
Diaconat (*даи-ăк'-о-нэт*) s. діа-
Diacoustics (*дай-а-ка'ус-тикс*) s. діакустика.
Diadelph (*дай'-а-делф*) s. двудомное растеніе. [нецъ.
Diadem (*дай'-а-дем*) s. діадема, вѣ-
Diademed (*дай'-а-демд*) adj. вѣнчанный.
Diæresis или **Dieresis** (*дай-ер'-и-сис*) s. раздѣленіе слога на два слога или двугласной буквы.
Diagnosis (*даи-аг-но'о-сис*) s. (мед.) діагнозъ. [діагностическій.
Diagnostic (*дай-аг-нос'-тик*) adj.
Diagonal (*дай-аг-'о-нăл*) adj. діагональный; || s. діагональ.
Diagonally (*дай-ог'-о-нăл-и*) adv. діагонально, наискось.
Diagram (*дай'-а-грăм*) s. діаграмма.
Diagraph (*дай'-а-грăф*) s. діаграфъ.
Diagraphic (*дай-а-граф'-ик*), **Diagraphical** (*дай-а-грăф-ик-ăл*) adj. діаграфическій, графическій
Dial (*дай'-ăл*) s. циферблатъ. — **-plate**, циферблатъ.
Dialect (*дай'-а-лект*) s. діалектъ, нарѣчіе, языкъ. [лектовый.
Dialectal (*дай-а-лек'-тăл*) adj. діа-
Dialectique (*дай-а-лек'-тик*), **Dialectical** (*дай-а-лек'-тик-ăл*) adj. діалектическій.
Dialectician (*дай-а-лек-тиш'-ăн*) s. діалектикъ. [лектика, логика.
Dialectics (*дай-а-лек'-тикс*) s. діа-
Dialling (*дай'-ăл-инг*) s. гномоника.
Dialogism (*дай-ăл'-о-джизм*) s. разговорная форма.
Dialogist (*дай-ăл-о-джист*) s. авторъ діалога; собесѣдникъ.
Dialogistic (*даи-ăл-о-джист'-ик*), **Dialogistical** (*дай-ăл-о-джист'-ик-ăл*) adj. діалогическій.
Dialogistically (*дай-ăл-о-джист'-ик-ăл-и*) adv. діалогическій
Dialogize (*дай-ăл'-о-джайз*) vn. разговаривать.
Dialogue (*дай'-а-лог*) s. діалогъ, разговоръ. [метръ, поперечникъ.
Diameter (*дай-ăм'-и-тŏр*) s. діа-
Diametral (*дай-ăм'-и-трăл*) adj. діаметральный.
Diametrally (*дай-ăм'-и-трăл-и*) adv. діаметрально.
Diametrical (*дай-ă-мет-рик-ăл*) adj. діаметральный, поперечный.
Diametrically (*дай-ă-мет'-рик-ăл-и*) adv. діаметрально.
Diamond (*дай'-а-мăнд*) s. алмазъ, брилліантъ; || бубны (въ картахъ). **Cut —**, граненный брилліантъ — **cuts —**, нашла коса на камень — **-cutter**, гранильщикъ алмазовъ. — **-cutting**, граненіе алмазовъ. — **-dust**, алмазный порошокъ. — **-mine**, алмазная копь.
Diana (*ди-ăн-а*) prг. Діана.
Diandria (*дай-ăн'-дри-ă*) s. (бот.) двухтычинковое растеніе.

Diandrian (*дай-ăн'-дри-ăн*) adj. (бот.) двутычинковый.
Diapason (*дай-а-пэ'-зн*) s. (муз.) діапазонъ; объемъ голоса
Diaper (*дай'-а-пер*) s. вышитое полотно; салфетка; || va. ткать полотно съ узорами.
Diaphaneity (*дай-а-фа-ни'-и-ти*) s. прозрачность, скважность.
Diaphanic (*дай-а-фăн'-ик*) adj. прозрачный.
Diaphanous (*дай-ăф'-а-нŏс*) adj. прозрачный, просвѣчивающій.
Diaphonics (*дай-ă-фон'-икс*) s. (физ.) діакустика.
Diaphoresis (*дай-а-фо-ри'-сис*) s. (мед.) испарина, потъ.
Diaphoretic (*дай-а-фо-рет'-ик*) adj. (мед.) потагонный; || s. потагонное средство.
Diaphoretically (*дай-а-фо-рет'-ик-ăл-и*) adv. потагоннымъ путемъ.
Diaphragm (*дай'-а-фрăм*) s. діафрагма, грудобрюшная преграда.
Diaphragmatic (*дай-а-фрăг-мăт'-ик*) adj. діафрагматическій.
Diarist (*дай'-ă-рист*) s. ведущій дневникъ.
Diarrhœa (*дай-ар-ри'-а*) s. (мед.) поносъ; (ветер.) мытъ.
Diarrhœtic (*дай-ар-рет'-ик*) adj. слабительный.
Diarthrosis (*дай-ар-сзро'о-сис*) s. (анат.) сочлененіе (костей).
Diary (*дай'-ă-ри*) s. дневникъ.
Diastase (*дай-ă-стес*) s. діастазъ.
Diastasis (*дай-ăс'-тă-сис*) s. (хир.) вывихъ кости. [діастола.
Diastole (*дай-ăс'-то-ли*) s. (мед.)
Diastyle (*дай-ă-стайл*) s. (архит.) діастиль.
Diathesis (*дай'-ăзс'-и-сис*) s. (мед.) предрасположеніе къ извѣстной болѣзни. [діатоническій.
Diatonic (*дай-а-тон'-ик*) adj. (муз.)
Diatribe (*дай'-а-трайб*) s. колкая критика, рѣзкій отзывъ.
Dibble (*диб'-бл*) s. колъ (сажальный); || va. сажать съ коломъ (растеніе); || vn. погружаться (о поплавкѣ). [ный кружокъ.
Dibstone (*диб'-стон*) s. метатель-
Dice (*дайс*) s. pl. игральныя кости, || vn. играть въ кости. — **-box**, стаканъ для костей.
Dicer (*дейс'-ер*) s. игрокъ въ кости.
Dichotomize (*дай-кот'-о-майз*) va. раздѣлять; разрѣзать пополамъ.
Dichotomy (*дай-кот'-о-ми*) s. раздѣленіе на двое; (бот.) двураздѣльность. [двуцвѣтный.
Dichromatic (*дай-кро-мăт'-ик*) adj.
Dick (*дик*), **Dicky** (*дик'-и*) npr. уменьш. отъ Ричардъ. [волъ.
Dickens (*дик'-енз*) s. чортъ, діа-
Dicky (*дик'-и*) s. заднее сидѣніе въ экипажѣ для лакея.

Dicotyledonous (*дай-кот-и-лед'-ŏ-нос*) adj. (бот.) двусѣмянодольный, двудольный.
Dicotyledons (*дай-кот-и-ли'-дŏнз*) s. pl. (бот.) двудольныя растенія.
Dictate (*дик'-тэт*) va. диктовать; предписывать; внушать; || s. предписаніе, правило; внушеніе, наставленіе, совѣтъ. **The — s of conscience**, внушенія совѣсти.
Dictation (*дик-тэ'-шŏн*) s. диктовка, диктованіе; правило, наставленіе.
Dictator (*дик-тэ'-тŏр*) s. диктаторъ. [adj. диктаторскій.
Dictatorial (*дик-тэ-то'о-ри-ăл*)
Dictatorially (*дик-тэ-то'о-ри-ăл-и*) adv. диктаторски.
Dictatorship (*дик-тэ'-тŏр-шип*) s. диктаторство.
Dictatory (*дик-'тэ-тŏ-ри*) adj. диктаторскій; высокомѣрный.
Dictature (*дик-тэ'-чур*) s. диктатура.
Diction (*дик'-шŏн*) s. дикція.
Dictionary (*дис'-шŏн-ă-ри*) s. словарь, лексиконъ. [говорка
Dictum (*дик-том*) (pl. **Dicta**) s. по-
Did (*дид*) отъ гл. **Do.**
Didactic (*ди-дăк'-тик*), **Didactical** (*ди-дăк'тик-ăл*) adj. дидактическій, поучительный.
Didactically (*ди-дăк'тик-ăли*) adv дидактически.
Didactylous (*даи-дăк'-тил-ŏс*) adj. (зоол.) двупалый.
Diddle (*дид'-дл*) vn. ходить пошатываясь; || va. обманывать.
Didelphys (*дай-дел'-фис*) s. (зоол.) двуутробка.
Dido (*дай'-до*) npr. Дидона.
Didymous (*дид'-и-мŏс*) adj. (бот.) двойчатый.
Die (*дай*) vn. умирать; скончаться; погибать, околѣвать; исчезать, чахнуть; сохнуть, вянуть (о растеніяхъ), гаснуть (объ огнѣ), утихать (о вѣтрѣ), замирать (о звукѣ), || va. красить, окрашивать. **To — in the Lord**, умереть по принятіи святыхъ тайнъ. **To — by inches**, понемногу умирать. **The sound dies away**, звукъ умираетъ вдали. || s. (въ pl. **Dice**) игральная кость; || * случайность, удача, счастье, случай. **The — is cast**, жребій брошенъ. || s. (въ pl. **Dies**) штемпель, чеканъ. — **-sinking**, искусство дѣлать медали.
Diesis (*дай'-и-сис*) s. (муз.) діэзъ, (тип.) знакъ выноски.
Diet (*дай'-ет*) s. режимъ; діэта, порція, паекъ. || va. vn. ѣсть по режиму; питать. —ся.
Dietary (*дай'-ет-ă-ри*) adj. діэтическій. [ходящійся на діэтѣ
Dieter (*дай'-ет-ср*) s. (мед.) на-

Dietetic (*дай-и-тет'-ик*) **Dietetical** (*дай-и-тет'-ик-ăл*) adj. діэтетическій. [adv. діэтически.
Dietetically (*дай-и-тет'-ик-ăли*)
Dietetics (*дай-и-тет'-икс*) s. діэтетика.
Differ (*диф'-фер*) vn. отличаться, различаться; ‖ va. дѣлать различіе.
Difference (*диф'-фер-енс*) s. различіе, разница; раздоръ, споръ; ‖ (мат.) разность. **That makes a great —**, это большая разница. **We have settled our —**, мы закончили нашъ споръ.
Different (*диф'-фер-ент*) adj. различный, отличающійся, разный. **Quite — from**, совершенно иной.
Differential (*диф-фер-ен'-шăл*) adj. (мат.) дифференціальный. **— calculus**, дифференціальное счисленіе.
Differentiate (*диф-фер-ен'-ши-эт*) va. (мат.) дифференцировать.
Differently (*диф'-фер-ент-ли*) adv. различно, разно; иначе.
Difficult (*диф'-фи-кōлт*) adj. трудный, мудреный.
Difficultly (*диф'-фи-кōлт-и*) adv. трудно, мудрено.
Difficulty (*диф'-фи-кōл-ти*) s. трудность, затрудненіе, помѣха. **To labour under a —**, бороться съ затрудненіями. **To be in —s**, быть въ затруднительномъ положеніи.
Diffidence (*диф'-фи-денс*) s. недовѣріе; сомнѣніе; застѣнчивость.
Diffident (*ди'-фи-дент*) adj. недовѣрчивый, застѣнчивый, робкій.
Diffidently (*диф'-фи-дент-ли*) adv. недовѣрчиво, застѣнчиво, робко.
Diffinitive (*диф'-фин'-и-тив*) adj. окончательный.
Difform (*диф-форм'*) adj. неправильный, уродливый.
Difformity (*диф-форм'-ми-ти*) s. неправильность, уродливость.
Diffraction (*ди-фрăк'-шōн*) (физ.) преломленіе лучей, диффракція.
Diffuse (*диф-фьюз'*) va. распространять, разбрасывать; разсѣвать; распускать.
Diffuse (*дифьюс'*) adj. распространенный, пространный.
Diffusedly (*диф-фьюз'-ед-ли*) adv. пространно, разсѣянно.
Diffusedness (*диф-фьюз'-ед-нес*) s. разсѣянность, диффузія.
Diffusely (*дифь-юс'-ли*) adv. распространенно.
Diffusible (*диф-фью'-зи-бл*) adj. распространимый.
Diffusion (*диф-фью'-жōн*) s. распространеніе: разсѣяніе (свѣта), диффузія (газовъ); разлитіе, разливаніе (жидкости). **The — of science**, распространеніе знанія
Diffusive (*диф-фью'-сив*) adj. распространяющійся; разсѣянный, разбросанный. [разсѣянно.
Diffusively (*ди-фью'-сив-ли*) adv.
Diffusiveness (*диф-фью'-сив-нес*) s. распространенность; разсѣянность, разбросанность; растянутость.
Dig (*диг*) va. копать, рыть; ‖ s. ударъ кулакомъ, толчекъ локтемъ. **To — a ditch**, копать. **To — up**, выкапывать, откапывать; взрывать.
Digastric (*дай-гăс'-трик*) adj. дигастрическій (мускулъ); съ двумя желудками.
Digest (*дай'-джест*) s. дигесты (сборники римск. гражд. законовъ); ‖ (*ди-джест'*) va. варить, переваривать (пищу); ‖ * переваривать, переносить; ‖ vn. гноиться; (хим.) вывариваться.
Digester (*ди-джест'-ер*) s. переваривающій; (хим.) папиновъ котелъ.
Digestibility (*ди-джест-и-бил'-и-ти*) s. удобоваримость (о пищѣ).
Digestible (*ди-джест'-и-бл*) adj. удобоваримый, переваримый.
Digestion (*ди-джес'-чōн*) s. пищевареніе; (хим.) вывариваніе; (хир.) назрѣваніе (нарыва), нагноеніе (раны).
Digestive (*ди-джест'-ив*) adj. пищеварительный, способствующій пищеваренію, нагноенію.
Digger (*диг'-гер*) s. землекопъ, рудокопъ, копальщикъ (могилы). **Grave —**, могильщикъ.
Dight (*дайт*) va. одѣвать, наряжать, украшать.
Digit (*дидж'-ит*) s. палецъ (мѣра); (ариѳм.) число въ одну цыфру; единница, цыфра.
Digital (*дидж'-и-тăл*) adj. перстный, перстовидный.
Digitalis (*дид-и-тэ'-лис*) s. (бот.) наперстянка.
Digitate (*дидж'-и-тэт*), **Digitated** (*дидж'-и-тэ-тед*) adj. (бот.) дланевидный, пальцеобразный.
Dignified (*диг'-ни-файд*) adj. достойный, благородный.
Dignify (*диг'-ни-фай'*) va. удостаивать, чтить; прославлять.
Dignitary (*диг'-ни-тā-ри*) s. прелатъ, архіерей, духовная особа.
Dignity (*диг'-ни-ти*) s. достоинство, величіе, благородство.
Digress (*диг-рес'*) vn. отступать, уклоняться; отклоняться.
Digression (*ди-грещ'-ōн*) s. отступленіе, уклоненіе (отъ предмета).

Digressional (*ди-греш'-ŏн-ăл*) adj. отклоняющійся.
Digressive (*ди-грес'-ив*) adj. отступающій, уклоняющійся (отъ предмета).
Digressively (*ди-грес'-ив-ли*) adv. черезъ отступленіе.
Dijudication (*дай-джю-ди-кэ'-шŏн*) s. судебное постановленіе.
Dike (*дайк*) s. ровъ, канава, каналъ, плотина; || va. окапывать канавой; || vn. запружать.
Dilacerate (*ди-лăс-ер-эт*) va. раздирать, разрывать.
Dilaceration (*ди-лăс-ер-э'-шŏн*) s. раздираніе, разрываніе.
Dilapidate (*ди-лăп'-и-дэт*) va. разрушать, ломать (зданіе); расточать; || vn. разваливаться.
Dilapidation (*ди-лăп-и-дэ'-шŏн*) s. разрушеніе; разстройство.
Dilatability (*ди-лэ-тă-бил'-и-ти*) s. (физ.) расширяемость.
Dilatable (*ди-лэт'-ă-бл*) adj. расширяемый.
Dilatation (*дил-ă-тэ'-шŏн*) s. (физ.) расширеніе.
Dilate (*ди-лэт'*) va. расширять, распространять; || vn. расшириться.
Dilatorily (*дил'-ă-тŏ-ри-ли*) adv. медленно, поздно.
Dilatoriness (*дил'-ă-тŏ-ри-нес*) s. медлительность.
Dilatory (*дил'-ă-тŏ-ри*) adj. медленный; запоздалый.
Dilemma (*ди-лем'-ма*) s. дилемма.
Dilettante (*дил-ет-тăн'-те*) s. pl. **Dilettanti**) диллетантъ, любитель.
Dilettanteism (*дил-ет-тăн'-ти-изм*) s. диллетантство.
Diligence (*дел'-и-дженс*) s. стараніе, усердіе, прилежаніе.
Diligent (*дел'-и-джент*) adj. старательный, усердный, прилежный.
Diligently (*дел'-и-джент-ли*) adv. старательно, усердно, прилежно.
Dill (*дил*) s. (бот.) укропъ, анисъ.
Dilly-dally (*дил'-ли-дăл-ли*) vn. болтаться, шататься, ротозѣйничать.
Dilucid (*ди-лью'-сид*) adj. прозрачный, ясный; очевидный.
Diluent (*диль'-ю-ент*) adj. разжижающій, растворяющій; || s. растворитель, разжижающее вещество.
Dilute (*ди-льют'*) разжижать, разводить; || vn. разжижаться; || adj. разжиженный, разведенный.
Diluter (*ди-льют'-ер*) s. растворитель, растворяющее вещество.
Dilution (*ди-лью'-шŏн*) s. разжиженіе, разведеніе.
Diluvial (*ди-лью'-ви-ăл*), **Diluvian** (*ди-лью'-ви-ăн*) adj. диллювіальный, потопный.
Diluvium (*ди-лью'-ви-ŏм*) s. (геол.) диллювій.
Dim (*дим*) adj. плохо видящій, тусклый, матовый; темный; тупой. — **eyes,** слабые глаза. — **-sighted,** имѣющій слабое зрѣніе. || помрачать, затемнять.
Dimension (*ди-мен'-шŏн*) s. размѣръ, измѣреніе, объемъ; протяженіе, пространство.
Dimensionless (*ди-мен'-шŏн-лес*) adj. безпредѣльный.
Dimidiate (*ди-мид'-и-эт*) va. раздѣлять на половины.
Diminish (*ди-мин'-иш*) va. уменьшать; ослаблять; || vn. уменьшаться, слабѣть.
Diminishingly (*ди-мин'-иш-инг-ли*) adv. невыгодно.
Diminution (*дим-и-нью'-шŏн*) s. уменьшеніе, убыль, сбавка; умаленіе.
Diminutive (*ди-минь'-ю-тив*) adj. уменьшительный, малый.
Diminutively (*ди-минь'-ю-тив-ли*) adv. уменьшительно; съ униженіемъ.
Diminutiveness (*ди-минь'-ю-тив-нес*) s. малость; мелочность.
Dimissory (*дим'-ис-сŏ-ри*) adj. отпускной.
Dimity (*дим'-и-ти*) s. канифасъ (ткань).
Dimly (*дим'-ли*) adv. темновато; неясно, тускло.
Dimness (*дим'-нес*) s. темнота, тусклость, слабость зрѣнія; || * тупость.
Dimple (*дим'пл*) s. ямочка (на щекѣ, на подбородкѣ); || vn. дѣлать ямочки; || рябиться (о водѣ).
Dimply (*дим'-пли*) adv. съ ямочками; съ легкою рябью (о водѣ).
Din (*дин*) s. шумъ, грохотъ, громъ; || va. оглушать.
Dine (*дайн*) vn. обѣдать; || va. давать обѣдъ. **To — out,** обѣдать не дома.
Diner-out (*дай'-нер-аут*) s. обѣдающій не дома; || * лизоблюдъ.
Ding-dong (*динг'-донг*) s. динь-динь.
Dinginess (*дин'-джи-нес*) s. тусклость; темный цвѣтъ.
Dingle (*динг'-гл*) s. небольшая ложбина, долина.
Dingy (*дин'-джи*) adj. темный, мрачный; тусклый; грязноватый (цвѣтъ).
Dining (*дайн'-инг*) s. обѣданіе. — **-hall,** трапезная. — **room,** столовая. — **-table,** обѣденный столъ.
Dinner (*дин'-нер*) s. обѣдъ. — **party,** гости, приглашенные къ обѣду. — **service,** обѣденный приборъ. — **time,** обѣденное время.
Dint (*динт*) s. ударъ; отпечатокъ,

слѣдъ; помощь, сила. **By — of,** съ помощью чего. || va. оставлять слѣдъ отъ удара.

Dinumeration (*даи-нью-мер-э'-шон*) s. исчисленіе, перепись.

Diocesan (*дай'-о-си-сан*) adj. епархіальный; || s. епископъ.

Diocese (*дай'-о-сис*) s. епархія.

Diocletian (*дай-ок-ли'-шен*) npr. Діоклитіанъ. [огенъ.

Diogenes (*дай-одж'и-низ*) npr. Ді-

Dionysius (*дай-о-ниш'-и-ос*) npr. Діонисій, Денисъ.

Dioptric (*дай-оп'-трик*), **Dioptrical** (*дай-оп'-трик-ал*) adj. діоптрическій.

Dioptrics (*дай-оп'-трикс*) s. (физ.) діоптрика. [діорамма.

Diorama (*дай-о-рэ'-ма*) s. (физ.)

Dioramic (*дай-о-рэм'-ик*) adj. относящійся къ діораммѣ.

Dip (*дип*) va. погружать, окунать, макать; мочить, омочить; || черпать; || погружаться (въ воду); принимать въ чемъ участіе; || vn. окунуться, погружаться; углублятъся; наклонять (о магнитной стрѣлкѣ). **To — into the funds,** спекулировать на счетъ общественныхъ денегъ. || s. макание, погруженіе, ныряніе. **A — in the sea,** купаться въ морѣ.

Diphtheria (*диф-сзи'-ри-а*) s. (мед.) дифтеритъ.

Diphthong (*диф'-зсонг*) s. (грам.) двухгласная буква.

Diploe (*дип'-ло-и*) s. (анат.) ноздреватое костное вещество; диплое; (бот.) паренхима.

Diploma (*ди-пло'о-ма*) s. дипломъ, аттестатъ, грамота.

Diplomacy (*ди-пло'о-ма-си*) s. дипломатія.

Diplomate (*дип'-ло-мэт*) va. аттестовать; || s. дипломатъ.

Diplomatic (*дип-ло-мат'-ик*) adj. относящійся до диплома; дипломатическій.

Diplomatically (*дип-ло-мат'-ик-ал-и*) adv. дипломатически.

Diplomatist (*ди-пло'о-ма-тист*) s. дипломатъ. [ся въ воду

Dipper (*дип'-пер*) s. погружающій-

Dipping (*дип'-пинг*) s. окунаніе; погруженіе; наклоненіе магнитной стрѣлки.

Dipping-needle (*дип-пинг-ни'-дл*) s. магнитная стрѣлка.

Diptera (*дип'-тер-а*) s. pl. двукрылыя, мухи. [крылый.

Dipteral (*дип'-тер-ал*) adj. дву-

Diptych (*дип'-тик*), **Diptychum** (*дип'-ти-ком*) s. диптикъ.

Dire (*дайр*) adj. ужасный, страшный; жестокій.

Direct (*ди-ректь'*) adj. прямой; ясный, точный, положительный; || va. править, управлять (чѣмъ); направлять; предлагать; указывать (путь), адресовать (письмо). **To — one's course towards,** направить курсъ.

Direction (*ди-рек'-шон*) s. направленіе, обращеніе; || наставленіе, предписаніе; || адресъ; || дирекція, правленіе (общества). **The — of affairs,** правленіе дѣлами.

Directly (*ди-ректь'-ли*) adv. прямо, напрямикъ; сейчасъ; формально, ясно.

Directness (*ди-ректь'-нес*) s. прямизна, прямое направленіе; непосредственность.

Director (*ди-ректь'-ор*) s. директоръ, управляющій.

Directorial (*ди-рек-то'о-ри-ал*) adj. директорскій.

Directory (*ди-ректь'-о-ри*) s. руководство, адресъ-календарь; || дирекція, совѣтъ директоровъ; || (ист.) директорія (во Франціи).

Directress (*ди-ректь'-рес*) s. директриса.

Direful (*дайр'-фул*) adj. ужасный, страшный, зловѣщій.

Direfully (*дайр'-фул-и*) adv. ужасно, страшно, зловѣще.

Direness (*дайр'-нес*) s. ужасъ, страхъ. [|| панихида.

Dirge (*дордж*) s. плачевная пѣснь;

Dirk (*дорк*) s. кинжалъ, кортикъ; || va. заколоть (кинжаломъ).

Dirt (*дорт*) v. грязь, соръ, нечистота, илъ, тина. || * мерзость, низость; || va. грязнить, пачкать, марать. [мерзко.

Dirtily (*дорт'-ил-и*) adv. грязно;

Dirtiness (*дорт'-и-нес*) s. грязь, нечистота, неопрятность; мерзость, гадость.

Dirty (*дорт'-и*) adj. грязный, тинистый; запачканный; || гадкій, мерзкій, подлый. **A — expression,** грязное выраженіе. **A — action,** грязный поступокъ. || va. грязнить, марать; || безчестить.

Disability (*дис-а-бил'-и-ти*) s. неспособность, безсиліе; (юрид.) неправособность.

Disable (*дис-э'-бл*) va. дѣлать неспособнымъ, обезсиливать; портить; (юрид.) дѣлать неправоспособнымъ.

Disabled (*дис-э'-блд*) adj. лишенный средствъ; инвалидъ.

Disabuse (*дис-а-бьюз'*) va. разувѣрить, разочаровать, образумить.

Disaccommodate (*дис-ак-ком'-мо-дэт*) va. безпокоить, мѣшать.

Disaccustom (*дис-ак-кос'-том*) va. отучать, отваживать.

Disacknowledge (*дис-ак-нол'-едж*) va. отрекаться, отрицать, непризнавать.

Disadvantage (*дис-ăд-вăн'-тэдж*) s. невыгода; ущербъ, убытокъ; || va. вредить, причинять убытокъ.
Disadvantageous (*дис-ăд-вăн-тэ'-джŏс*) adj. невыгодный, убыточный.
Disadvantageously (*дис-ăд-вăн-тэ'-джŏс - ли*) adv. невыгодно. убыточно.
Disaffect (*дис-ăф-фект'*) va. выводить изъ употребленія, осуждать; разстраивать (здоровье); вредить.
Disaffected (*дис-ăф-фект'-ед*) adj. нерасполагающій къ себѣ.
Disaffectedly (*дис-ăф-фект'-ед-ли*) adv. съ неудовольствіемъ, съ нерасположеніемъ.
Disaffection (*дис-ăф-фек'-шŏн*) s. неудовольствіе, недоброжелательство; нездоровье.
Disaffirm (*дис-ăф-фŏрм'*) va. отрицать, не потверждать; || (юрид.) отмѣнять.
Disaffirmance (*дис-ăф-фŏрм'-ăнс*) s. опровержение; || (юрид.) отмѣна.
Disaggregate (*дис-ăг'-ри-гэт*) va. размельчать, разъединять.
Disaggregation (*дис-ăг - гри-гэ'-шŏн*) s. размелченіе, разъединеніе.
Disagree (*дис-ă-гри'*) vn. не соглашаться, расходиться; быть вреднымъ.
Disagreeable (*дис-ă-гри'-ă-бл*) adj. непріятный, противный.
Disagreeableness (*дис-ă-гри'-ă-бл-нес*) s. непріятность.
Disagreeably (*дис-ă-гри'-ă-бл-и*) adv. непріятно, противно.
Disagreement (*дис-ă-гри'-мент*) s. несходство, различіе; разномысліе; несогласіе.
Disallow (*дис-ăл-ла'у*) va. не одобрять, осуждать; отвергать; отрицать; || vn. не соглашаться, запрещать.
Disallowable (*дис-ăл-ла'у - ă-бл*) adj. непозволительный.
Disallowance (*дис-ăл-ла'у-ăнс*) s. недозволеніе, запрещеніе.
Disally (*дис-ăл-лай'*) va. разлучать, разобщать.
Disanimation (*дис-ăн-и-мэ'-шŏн*) s. уныніе, упадокъ духа; смущеніе; || смерть. [обезкураживать.
Disanimate (*дис-ăн-и-мэт'*) va.
Disannul (*дис-ăн-нŏл'*) va. уничтожить, отмѣнять.
Disannulment (*дис-ăн-нŏл'-мент*) s. уничтоженіе, отмѣна.
Disappear (*дис-ăп-пир'*) vn. исчезать, скрываться.
Disappearance (*дис-ăп-пир'-ăнс*) s. исчезновеніе. [s. исчезаніе.
Disappearing (*дис-ăп - пир'-инг*)
Disappoint (*дис-ăп-пойнт'*) va. разочаровывать; разрушать надежды; || выключать изъ списковъ.
Disappointment (*дис-ăп-пойнт'-мент*) s. разочарованіе, смущеніе; неудача.
Disapprobation (*дис-ăп-про-бэ'-шŏн*) s. порицаніе, осужденіе.
Disapprobatory (*дис-ăп'-про-бă-тŏ-ри*) adj. неодобрительный, порицательный.
Disappropriate (*дис-ăп-про'о-при-эт*) va. лишить собственности.
Disapproval (*дис-ăп-прув'-ăл*) s. неодобреніе, порицаніе; хула.
Disapprove (*дис-ăп-прув'*) va. не одобрять, порицать, хулить.
Disarm (*диз-арм'*) va. лишать оружія, обезоруживать, разоружать.
Disarmament (*диз-ăрм'-ă - мент*) s. обезоруженіе, разоруженіе.
Disarmer (*диз-арм'-ер*) s. обезоруживающій. [**Disarmament**.
Disarming (*диз-арм'-инг*) s. см.
Disarrange (*дис-ар-рэндж'*) va. разстраивать.
Disarrangement (*дис-ар-рэндж'-мент*) s. разстройство, безпорядокъ.
Disarray (*дис-ар-рэй'*) s. разстройство, неурядица; замѣшательство, бѣгство (войска); неглижэ, непорядокъ въ костюмѣ; || va. приводить въ замѣшательство; снимать одежду.
Disaster (*диз-ăс'-тер*) s. несчастіе; || приносить несчастіе.
Disastrous (*диз-ăс'-трŏс*) adj. несчастный, зловѣщій.
Disastrously (*диз-ăс'-трŏс-ли*) adv. несчастно, зловѣще.
Disavow (*дис-ă-ва'у*) va. отрекаться, не признавать.
Disavowal (*дис-ă-ва'у-ăл*) s. отрицаніе, отреченіе.
Disband (*дис-бăнд'*) va. vn. распускать (войско); расходиться (о толпѣ).
Disbanding (*дис-бăнд'-инг*) s. распущеніе (войска).
Disbark (*дис-барк'*) va. выгружать, высаживать.
Disbelief (*дис-би-лиф'*) s. невѣріе во что, сомнѣніе. [вѣрить.
Disbelieve (*дис-би-лив'*) va. не
Disbeliever (*дис-би-лив'-ер*) s. невѣрующій.
Disbench (*дис-бенч'*) va. сгонять съ мѣста, со скамьи.
Disbud (*дис-бŏд'*) va. отрѣзывать молодые побѣги.
Disburden (*дис-бŏр'-дн*) va. сгружать; облегчать; || vn. облегчать свое сердце.
Disburse (*дис-бŏрс'*) va. раскошеливаться, расходовать.
Disbursement (*дис-бŏрс'-мент*) s. расходованіе, траты.
Disburser (*дис-бŏрс'-ер*) s. плательщикъ денегъ.

Disc (*диск*) s. кругъ, дискъ
Discard (*дис-кард'*) va. сносить (карту); уволнять, удалять, исключать, отбрасывать.
Discern (*диз-зöрн*) va. распознавать, различать, отличать.
Discerner (*диз-зöрн'-ер*) s. судья, знатокъ; распознающій.
Discernible (*диз-зöрн-и-бл*) adj. видимый, различимый, примѣтный
Discernibly (*диз-зöрн'-и-бл-и*) adv. видимо, очевидно.
Discerning (*диз-зöрн'-инг*) s распознаваніе; || adj. проницательный; разборчивый.
Discerningly (*диз-зöрн'-инг-ли*) adv. проницательно, разборчиво
Discernment (*диз-зöрн'-мент*) s. разборчивость; вкусъ.
Discerptibility (*дис-сöрп-ти-бил'-и-ти*) s. раздѣлимость, дѣлимость.
Discerptible (*дис-сöрп'-ти-бл*) adj. раздѣлимый.
Discharge (*дис-чардж'*) va. разгружать (товары); спускать (жидкости); выстрѣливать; освобождать, разрѣшать; увольнять, разсчитывать; оправдывать (подсудимаго); выплачивать (долгъ). **To — fire arms**, разрѣжать огнестрѣльное оружіе. **He discharged his duties —**, онъ исполнилъ свой долгъ. **To — a soldier**, давать солдату окончательный отпускъ. || s. разгрузка; выстрѣлъ, пальба; стокъ, спускъ (жидкостей); освобожденіе, отпущеніе; увольненіе, разсчетъ; оправданіе (подсудимаго); платежъ, уплата, исполненіе.
Discharger (*дис-чардж'-ер*) s. разгружающій (товаръ), выгрузчикъ.
Disciple (*дис-сай'-пл*) s. ученикъ, послѣдователь; || va. воспитывать, учить.
Discipleship (*дис-сай'-пл-шип*) s. [ученичество.
Disciplinable (*дис'-си-плин-ä-бл*) adj. способный къ обученію, послушный.
Disciplinarian (*дис'-си-плин-э'-ри-äн*) adj. дисциплинарный; || s. военный инструкторъ; сторонникъ дисциплины, формализма.
Disciplinary (*дис'-си-плин-ä-ри*) adj. исправительный, дисциплинарный.
Discipline (*дис'-си-плин*) s. дисциплина, правило; обученіе, воспитаніе; наука, искусство; || va. обучать, воспитывать.
Disclaim (*дис-клэм'*) va. отвергать, не признавать; vn. отрекаться, отказываться.
Disclaimer (*дис-клэм'-ер*) s. отказывающійся.
Disclose (*дис-клo'оз*) va. открывать, обнаруживать, разоблачать
Disclosure (*дис-клo'о-жур*) s. открытіе, разоблаченіе.
Discoloration (*дис-кöл-öр-э'-шöн*) s. обезцвѣчиваніе. [цвѣчивать.
Discolour (*дис-кöл'-öр*) va. обез-
Discomfit (*дис-кöм-фит*) va. разстраивать, разбивать (войско).
Discomfiture (*дис-кöм'-фу-чур*) s. разстройство, разбитіе (войска).
Discomfort (*дис-кöм'-фöрт*) s. неудобство, неловкость; стѣсненіе; || огорченіе; || va. обезпокаивать, тревожить; опечаливать.
Discommend (*дис-ком-менд'*) va. не одобрять; порицать
Discommendable (*дис-ком-менд'-ä-бл*) adj. неправильный
Discommendation (*дис-ком-мен-дэ'-шöн*) s. неодобреніе, порицаніе.
Discommode (*дис-ком-мо'од*) va. безпокоить, тревожить; надоѣдать
Discommodious (*дис-ком-мо'о-ди-öс*) adj. неудобный, безпокойный, надоѣдливый, тягостный.
Discommon (*дис-кöм'-мöн*) va. изъимать изъ общественнаго имущества.
Discompose (*дис-ком-по'оз*) va. разстраивать; смущать, волновать; обезпокоить.
Discomposure (*дис-ком-по'о-жур*) s. разстройство; смущеніе, волненіе; тревога.
Disconcert (*дис-кон-сöрт'*) va. смущать, приводить въ замѣшательство, разстраивать.
Disconnect (*дис-кон-нект'*) va. разъединять, разобщать, разлучать.
Disconnection (*дис-кон-нек'-шöн*) s. разъединеніе, разобщеніе.
Disconsent (*дис-кон-сент'*) vn. не соглашаться.
Disconsolate (*дис-кон'-со-лэт*) adj. неутѣшный, печальный
Disconsolately (*дис-кон'-со-лэт'-ли*) adv. неутѣшно.
Disconsolateness (*дис-кон'-со-лэт-нес*) s. безутѣшность; скорбь.
Discontent (*дис-кон-тент'*) s. неудовольствіе; || adj. недовольный. || va. досаждать, причинять неудовольствіе.
Discontented (*дис-кон-тент'-ед*) adj. недовольный.
Discontentedness (*дис-кон-тент'-ед-нес*) s. неудовольствіе, досада.
Discontinuance (*дис-кон-тинъ'-ю-äнс*), **Discontinuation** (*дис-кон-тинъ-ю-э'-шöн*) s. перерывъ, разъединеніе, разобщеніе.
Discontinue (*дис-кон-тинъ'-ю*) va. прерывать, разъединять, разобщать; || vn. переставать, прерываться; разъединяться.

Discontinuity (*дис-кон-ти-нью'-и-ти*) s. прерывность.
Discontinuous (*дис-кон-тинь'-ю-ŏс*) adj. прерванный.
Discord (*дис'-корд*) s. несогласіе, разладъ, разногласіе.
Discordance (*дис-корд'-ăнс*) **Discordancy** (*дис-корд-ăн-си*) s. несогласіе, разногласіе.
Discordant (*дис-корд'-ăнт*) adj. нестройный, несогласный, несходный.
Discordantly (*дис-корд'-ăнт-ли*) adv. нестройно, несогласно.
Discount (*дис'-каунт*) s. учетъ, дисконтъ, сбавка, вычетъ. **With a —,** съ учетомъ. || va. учитывать, дисконтировать; скидывать, сбавлять. || vn. заниматься учетомъ.
Discountenance (*дис-ка'ун-ти-нăнс*) va. смущать; отваживать; противодѣйствовать; || s. нерасположеніе, холодность.
Discounter (*дис'-каунт-ер*) s. дисконтеръ, учетчикъ.
Discourage (*дис-кŏр'-эдж*) va. обезкураживать, отваживать; отвергать; приводить въ уныніе.
Discouragement (*дис-кŏр'-эдж-мент*) s. уныніе; обезкураживаніе, помѣха, затрудненіе.
Discourager (*дис-кŏр'-эдж-ер*) s. обезкураживатель.
Discouraging (*дис-кŏр-эдж-инг*) adj. обезкураживающій.
Discourse (*дис-ко'орс*) s. рѣчь, разсужденіе; бесѣда, разговоръ; || va. vn. разсуждать, толковать, бесѣдовать.
Discourser (*дис-ко'орс-ер*) s. бесѣдующій, ораторъ.
Discoursive (*дис-ко'орс-ив*) adj. разговорный, діалогическій.
Discourteous (*дис-кŏрт'-и-ŏс*) adj. невѣжливый, неучтивый.
Discourteously (*дис-кŏрт'-и-ŏс-ли*) adv. невѣжливо.
Discourtesy (*дис-кŏрт'-и-си*) s. невѣжливость, неучтивость.
Discover (*дис-кŏв'-ер*) va. раскрывать, обнажать; обнаруживать, открывать; замѣчать. **Harvey discovered the circulation of the blood,** Гарвей открылъ кровообращеніе
Discoverable (*дис-кŏв'-ер-ă-бл*) adj. обнаружимый; видимый.
Discoverer (*дис-кŏв'-ер-ер*) s. открыватель.
Discovery (*дис-кŏв'-ер-и*) s. открытіе; обнаруженіе
Discredit (*дис-кред'-ит*) s. безчестіе, посрамленіе, стыдъ; потеря довѣрія. **To bring — into,** обезславить. || va. безчестить, ославить, позорить; || не вѣрить; || дискредитировать.
Discreditable (*дис-кред'-ит-ă-бл*) adj. безчестный, позорный; подрывающій довѣріе, дискредитирующій.
Discreditably (*дис-кред'-ит-ă-б-ли*) adv. дискредитирующимъ образомъ, подрывая довѣріе.
Discreet (*дис-крит'*) adj. скромный, осторожный.
Discreetly (*дис-крит'-ли*) adv скромно, осторожно.
Discreetness (*дис-крит'-нес*) s. скромность, сдержанность, осмотрительность.
Discrepancy (*дис-креп'-ăн-си*) s. различіе, разница; несогласіе
Discrete (*дис-крит'*) adj. разъединенный, раздѣльный.
Discretion (*дис-креш'-ŏн*) s. осторожность, благоразуміе; осмотрительность; усмотрѣніе; сужденіе; произволъ, воля. **The years of —,** разсудительный возрастъ. **To surrender at —,** сдаваться на милость побѣдителя.
Discretionary (*дис-креш'-ŏн-ă-ри*), **Discretional** (*дис-креш-ŏн-ă-л*) adj. неограниченный, произвольный, дискреціонный.
Discretive (*дис-кри'-тив*) adj. различный.
Discriminable (*дис-крим'-и-нă-бл*) adj. различимый.
Discriminate (*дис-крим'и-нэт*) va. распознавать; || adj. различный, отличный отъ чего.
Discriminately (*дис-крим'-и-нэт-ли*) adv. явственно, ясно.
Discriminating (*дис-крим'-и-нэ-тинг*) adj. отличительный, особенный. **A — judge,** просвѣщенный судья.
Discrimination (*дис-крим-и-нэ'-шŏн*) s. различіе, разница, отличіе; распознаваніе.
Discriminative (*дис-крим'-и-нă-тив*) adj. отличительный.
Discriminatively (*дис-крим'-и-нă-тив-ли*) adv. съ разборомъ, осмотрительно.
Discriminator (*дис-крим'-и-нэ-тŏр*) s. просвѣщенный человѣкъ
Discrown (*дис-кра'ун*) va развѣнчивать.
Disculpate (*дис-кŏл'-пэт*) va. оправдывать.
Disculpation (*дис-кŏл-пэ-шŏн*) s оправданіе
Discursive (*дис-кŏр'-сив*) adj. быстро переходящій съ одного предмета на другой, непослѣдовательный.
Discursively (*дис-кŏр'-сив-ли*) adv. логически
Discursiveness (*дис-кŏр'-сив-нес*) s. умствованіе, умозаключеніе, выводъ.
Discursory (*дис-кŏр'-сŏ-ри*) adj. умозрительный; логическій

Discus (*дис'-кӧс*) s кружокъ; дискъ
Discuss (*дис'-кӧс*) va обсуждать, разсматривать; (мед) уничтожать (опухоль).
Discussion (*дис-кӧш'-ӧн*) s. обсужденіе; (мед.) разрѣшеніе (опухоли)
Discussive (*дис-кӧс'-ив*) adj. (мед.) разрѣшающій, уничтожающій (опухоль). [см. **Discussive**.
Discutient (*дис-кью'-шент*) adj.
Disdain (*диз-дэн'*) s. презрѣніе, пренебреженіе. || va. презирать, пренебрегать, гнушаться.
Disdainful (*диз-дэн'-фул*) adj. презрительный [презрительно.
Disdainfully (*диз-дэн'-фул-и*) adv.
Disdainfulness (*диз-дэн'-фул-нес*) s пренебреженіе.
Disease (*диз-и'з*) s. боль, болѣзнь; страданіе; безпокойство. || va. причинять боль, дѣлать больнымъ; обезпокоить. [нездоровый.
Diseased (*диз-изд'*) adj. больной,
Diseasedness (*диз-из'-ед-нес*) s. болѣзненность, нездоровье
Disedged (*дис-еджд'*) adj тупой, притупленный
Disembark (*дис-ем-барк'*) va vn. выгружать (товаръ); разгружаться; высаживать (пассажировъ).
Disembarkation (*дис-ем-бар-кэ'-шӧн*) s. разгрузка, выгрузка; высадка (людей).
Disembarkment (*дис-ем-барк'-мент*) s. высадка (войскъ).
Disembarrass (*дис-ем-бар'-рӓс*) va. распутывать; избавлять.
Disembarrassment (*дис-ем-бар'-рӓс-мент*) s. освобожденіе, избавленіе (отъ затрудненій).
Disembellish (*дис-ем-бел'-иш*) va. обезобразить.
Disembitter (*дис-ем-бит'-тер*) va. отнимать горечь, услаждать.
Disembodied (*дис-ем-бод'-ид*) adj. безтѣлесный, безплотный
Disembody (*дис-ем-бод'-и*) va. лишать тѣлесной оболочки.
Disembogue (*дис-ем-бо'ог*) va. vn. изливаться, впадать (о рѣкѣ); вливаться.
Disemboguement (*дис-ем-бо'ог-мент*) s. втеканіе, впаденіе (рѣки); устье (рѣки).
Disembosom (*дис-ем-без'-ем*) vn. извлечь изъ глубины сердца.
Disembowel (*дис-ем-ба'у-ел*) va. вынимать внутренности, потрошить. [пускать.
Disembroil (*дис-ем-бройл'*) va. рас-
Disemployed (*дис-ем-плойд'*) adj. лишенный занятій.
Disenable (*дис-ен-э'-бл*) va. дѣлать неспособнымъ къ чему, лишать возможности.
Disenchant (*дис-ен-чант'*) va разачаровать, отворажuвать
Disenchantment (*дис-ен-чант'-мент*) s. разочарованіе.
Disencumber (*дис-ен-кӧм'-бер*) va. освобождать, избавлять (отъ хлопотъ), облегчать (отъ ноши).
Disencumbrance (*дис-ен-кӧм'-бранс*) s. отсутствіе хлопотъ, затрудненій.
Disengage (*дис-ен-гэдж'*) va. отдѣлять; выпутывать, освобождать отъ чего, отвязывать; || vn. высвобождаться, выпутываться; отдѣляться.
Disengaged (*дис-ен-гэджд'*) adj. свободный, незанятой. избавленный, **Is the apartment —?** свободна ли квартира **Shall you be — to-night ?** будете ли вы свободны вечеромъ
Disengagement (*дис-ен-гэдж'-мент*) s. освобожденіе, отвязываніе; || досугъ.
Disennoble (*дис-ен-но'о-бл*) va. унижать; лишать дворянства.
Disentangle (*дис-ен-тӓнг'-гл*) va. распутывать, высвобождать **To — the hair,** разчесывать волосы [мент) s распутываніе
Disentanglement (*дис-ен-тӓнг-гл-*
Disenthrone (*дис-ен-зрѳ'он*) va. лишать престола.
Disentitle (*дис-ен-тай'-тл*) va. лишать права на.
Disentomb (*дис-ен-тум'*) va. вырывать (мертвое тѣло), выкапывать.
Disestablish (*дис-естӓб'-лиш*) va лишать зданіе характера общественности.
Disesteem (*дис-ес-тим'*) s. неуваженіе, непочтеніе, пренебреженіе; || va. не уважать.
Disfavour (*дис-фэ'-вӧр*) s. нерасположеніе; немилость; || va лишать милости, расположенія.
Disfiguration (*дис-фигъ-ю-рэ'-шӧн*) s. уродованіе, обезображиваніе.
Disfigure (*дис-фиг'-юр*) va. уродовать, обезобразить.
Disfigurement (*дис-фигъ'-юр-мент*) s. искаженіе, обезображиваніе; подурнѣніе; уродство.
Disfranchise (*дис-фрӓн'-чиз*) va. лишать правъ, привилегій
Disfranchisement (*дис-фрӓн'-чу-мент*) s. лишеніе правъ
Disfurnish (*дис-фӧр'-ниш*) va. лишать чего, убрать (мебель)
Disgarnish (*дис-гар'-ниш*) va лишать чего, обнажать (отъ украшеній).
Disgorge (*дис-гордж'*) va. блевать, извергать; выбрасывать.
Disgorgement (*дис-гордж'-мент*) s. блеваніе, выблевываніе, рвота.
Disgrace (*дис-грэс'*) s немилость,

позоръ, стыдъ, срамъ; неудача, несчастіе, напасть. **To be in —**, быть въ немилости. **He is a — to his country**, онъ позоръ для своей страны. || va. безчестить, посрамлять, позорить; лишать милости, расположенія. **He disgraces his name**, онъ позоритъ свое имя.

Disgraceful (*дис-грэс'-фул*) adj. безчестный, позорный, гнусный.

Disgracefully (*дис-грэс'-фу-ли*) adv. безчестно, позорно.

Disgracefulness (*дис-грэс'-фул-нес*) s. безчестіе, позоръ, стыдъ

Disgracious (*дис-грэ'-шёс*) adj. неприятный.

Disguise (*дис-гайз'*) va. наряжать, переодѣвать; скрывать, маскировать; измѣнять, перемѣнять. **To — one's feelings**, скрывать свои чувства. || s. костюмъ, нарядъ, переряженіе, переодѣваніе; маска, личина, лицемѣріе.

Disguisement (*дис-гайз'-мент*) s. переряживаніе; костюмъ.

Disguising (*дис-гайз'-инг*) s. переряживаніе; маскарадъ.

Disgust (*дис-гёст'*) s. отвращеніе, омерзѣніе; || va. отвращать; внушать или испытывать отвращеніе. [вратительный.

Disgustful (*дис-гёст'-фул*) adj. от-

Disgusting (*дис-гёст'-инг*) adj. отвратительный.

Disgustingly (*дис-гёст'-инг-ли*) adv. отвратительно.

Dish (*диш*) s. блюдо, посуда; чаша, миска; кушаніе. **A silver —**, серебряное блюдо. **A dainty —**, лакомое блюдо. **— -cloth, — -clout**, кухонная тряпка. **— -cover**, крышка или покрытіе блюда. || va. подавать кушаніе, ставить блюдо на столъ; || (нар.) водить за носъ.

Dishabille (*дис-ā-бил'*) s. утреннее платье; || adj. полуодѣтый

Dishearten (*дис-хар'-тн*) va лишать бодрости духа, смущать, обезкураживать.

Disherison (*дис-хер'-и-зн*) s лишеніе наслѣдства

Disherit (*дис-хер'-ит*) va лишать наслѣдства

Dishevel (*ди-шев'-л*) va. растрепать взъерошить (волосы)

Dishevelled (*ди-шев'-лд*) adj. растрепанный [до чего.

Dishful (*диш'-фул*) s. полное блю-

Dishonest (*диз-он'-ест*) adj. безчестный, позорящій, безстыдный

Dishonestly (*диз-он'-ест-ли*) adv безчестно, позорно

Dishonesty (*диз-он'-ести*) s. нечестность, безчестность; безстыдство

Dishonour (*диз-он'-ёр*) s. безчестіе, позоръ; неуплата въ срокъ по векселю; || va. безчестить; || не платить по векселю.

Dishonourable (*диз-он'-ёр-ā-бл*) adj. безчестный, позорный.

Dishonourably (*диз-он'-ёр-ā-бл-и*) adv. безчестно, позорно. [говъ

Dishorn (*дис-хорн'*) va. лишать ро-

Disinclination (*дис-ин-кли-нэ'-шён*) s. нерасположеніе.

Disincline (*дис-ин-клайн'*) va. отклонять, отвращать, внушать нерасположеніе.

Disincorporate (*дис-ин-кор'-по-рэт*) va. распускать (общество)

Disincorporation (*дис-ин-кор-по-рэ'-шён*) s. распущеніе (общества).

Disinfect (*дис-ин-фект'*) va. дезинфицировать. [дезинфекція

Disinfection (*дис-ин-фек'-шён*) s.

Disingenuity (*дис-ин-джи-нью'-ити*) s. недобросовѣстность

Disingenuous (*дис-ин-джень'-ю-ёс*) adj. недобросовѣстный

Disingenuously (*дис-ин-джень'-ю-ёс-ли*) adv недобросовѣстно, неискренно.

Disingenuousness (*дис-ин-джень'-ю-ёс-нес*) s. недобросовѣстность, вѣроломство.

Disinherit (*дис-ин-хер'-ит*) va. лишать наслѣдства

Disinheritance (*дис-ин-хер'-ит-āнс*) s. лишеніе наслѣдства.

Disintegrable (*дис-ин'-ти-грā-бл*) adj. раздѣлимый.

Disintegrate (*дис-ин'-ти-грэт*) va раздроблять, раздѣлять (на составныя части).

Disintegration (*дис-ин-ти-грэ'-шён*) s. раздѣленіе, разбиваніе.

Disinter (*дис-ин-тёр*) va. выкапывать; обнаруживать.

Disinterest (*дис-ин'-тер-ест*) s. вредъ, ущербъ; || безкорыстіе, безпристрастіе

Disinterested (*дис-ин'-тер-ест'*) adj. безкорыстный, безпристрастный

Disinterestedly (*дис-ин'-тер-ест-ли*) adv. безкорыстно; безпристрастно.

Disinterestedness (*дис-ин'-тер-ест-ед-нес*) s безкорыстіе. безпристрастіе

Disinterment (*дис-ин-тёр'-мент*) s. выкапываніе

Disinthrall (*дис-ин-зро'ол*) va. вырывать, освобождать отъ чего

Disinthralment (*дис-ин-зро'ол-мент*) s. вырываніе, освобожденіе.

Disinvolve (*дис-ин-волв'*) va развертывать; распутывать, разбирать. [разнимать

Disjoin (*дис-джоин'*) va. раздѣлять.

Disjoint (*дис-джойнт'*) va. раздѣлять, разнимать, разъединять: вывихнуть (кость); || vn. распадаться на части.
Disjointed (*дис-джойн'-тед*) adj. разъединенный; разчлененный; вывихнутый.
Disjointly (*дис-джойнт'-ли*) adv. врозь, раздѣльно.
Disjunction (*дис-джонк'шőн*) s. раздѣленіе, разъединеніе.
Disjunctive (*дис-джőнкт'-ив*) adj несоединимый; || adj. и s. (грам) раздѣлительный.
Disjunctively (*дис-джőнкт'-ив-ли*) adv. отдѣльно, расчлененно
Disk (*диск*) s. дискъ.
Dislike (*дис-лайк*) s. нерасположеніе, отвращеніе, омерзеніе; || разладъ. **To take — to,** получить отвращеніе || va не любить, не чувствовать расположенія; || внушать отвращеніе. **What do you — in her?** что вамъ въ ней не нравится.
Disliker (*дис-лаик'-ер*) s. не чувствующій расположенія къ чему; хулитель.
Disliking (*дис-лайк'-инг*) s. антипатія, отвращеніе.
Dislimb (*дис-лим'*) va. расчленять.
Dislocate (*дис'-ло-кэт*) va. вывихнуть; перемѣщать; || adj. вывихнутый.
Dislocation (*дис-ло-кэ'-шőн*) s. вывихъ (кости); передвиженіе.
Dislodge (*дис-лодж'*) va. выгонять, выживать; вытѣснять (изъ позиціи); || vn. перебираться, переѣзжать.
Dislodgement (*дис-лодж'-мент*) s. переѣздка; перемѣна (квартиры).
Disloyal (*дис-лой'-ăл*) adj. вѣроломный, предательскій.
Disloyally (*дис-лой'-ăл-и*) adv. вѣроломно, предательски.
Disloyalty (*дис-лой'-ăл-ти*) s. вѣроломство, предательство.
Dismal (*диз'-мăл*) adj. мрачный, пасмурный, угрюмый; блѣдный; жалобный; зловѣщій.
Dismally (*диз'-мăл-и*) adv. печально. грустно.
Dismalness (*диз'-мăл-нес*) s. угрюмость, печаль; ужасъ.
Dismantle (*дис-мăн'-тл*) va. обнажать, раздѣвать; (воен.) срывать стѣны (города); (морск.) разоружать (судно).
Dismask (*дис-маск'*) va. снимать маску.
Dismast (*дис-маст'*) va. (морск.) размачтовывать.
Dismastment (*дис-маст'-мент*) va. (мор.) размачтованіе.
Dismay (*дис-мэй'*) s. ужасъ, испугъ; смущеніе. || va. ужасать, стращать; смущать.
Dismember (*дис-мем'-бер*) va. расчленять.
Dismembering (*дис-мем'-бер-инг*) s. расчлененіе.
Dismemberment (*дис-мем'-бер-мент*) s. расчлененіе, раздробленіе, раздѣлъ.
Dismiss (*дис-мис'*) va. распускать (собраніе); увольнять. отказывать (отъ мѣста); отпускать; удалять.
Dismission (*дис-миш'-őн*) s. увольненіе, отставка.
Dismortgage (*дис-мор'-гэдж*) va. выкупать, освобождать отъ залога.
Dismount (*дис-ма'унт*) vn. спѣшиваться, слѣзать (съ лошади); || va. выбивать съ сѣдла, сводить, спускать, заставлять сойти.
Disnaturalize (*дис-нăчь'-ю-рăл-айз*) va. исключать изъ подданства.
Disobedience (*дис-о-би'-ди-енс*) s. непослушаніе, ослушаніе.
Disobedient (*дис-о-би'-ди-ент*) adj. непослушный, непокорный.
Disobediently (*дис-о-би'-ди-ент-ли*) adv. непослушно, непокорно.
Disobey (*дис-о-бэй'*) va. vn. ослушиваться, не повиноваться.
Disobligation (*дис-о-бли-ге'-шőн*) s. нелюбезность
Disoblige (*дис-о-блайдж'*) va. поступать неучтиво, дѣлать непріятности; досаждать.
Disobliging (*дис-о-блайдж'-инг*) adj. нелюбезный, неуслужливый.
Disobligingly (*дис-о-блайдж'-инг-ли*) adv. не любезно.
Disorder (*дис-ор'-дер*) s. безпорядокъ; растройство; смятеніе; нездоровье, болѣзнь; умопомѣшательство. **To throw into —,** производить безпорядокъ. || va. приводить въ безпорядокъ, разстраивать; волновать, смущать; разстраивать (здоровье); помрачать (разумъ). **The least thing —s him,** самая малость его безпокоитъ.
Disordered (*дис-ор'-дерд*) adj. безпорядочный; разстроенный (здоровьемъ, умственно); буйный, шумный (о толпѣ); распутный.
Disorderly (*дис-ор'-дер-ли*) adj. безпорядочный, разстроенный; недозволенный (о сходкахъ); буйный, шумный (о толпѣ); распутный; необузданный. **A — life,** безпорядочная жизнь. **— people,** безпорядочные люди. || adv. безпорядочно.
Disorganization (*дис-ор-гăн-и-зэ'-шőн*) s. разстройство, дезорганизація.
Disorganize (*дис-ор'-гăн-аиз*) va. разстраивать, дезорганизовать.
Disorganizer (*дис-ор'-гăн-айз-ер*)

s. разстраиватель, дезорганизаторъ. [вать, отвергать.
Disown (*диз-о'ун*) va. не призна-
Dispair (*дис-пэр'*) va разрознивать (пару, чету)
Disparage (*дис-пäр'-эдж*) va заключать неравный бракъ; уникать, умалять; хулить; безславить, обезцѣнивать.
Disparagement (*дис-пäр-эдж-мент*) s. неравный бракъ; униженіе; безчестіе, позоръ, стыдъ, хула. **Without — to you,** не въ обиду будь вамъ сказано.
Disparager (*дис-пäр'-эдж-ер*) s. поноситель, обезцѣниватель.
Disparaging (*дис-пäр'-эдж-инг*) s. неравный бракъ; безчестіе, позоръ; поношеніе, опозориваніе; || adj. обезцѣнивающій.
Disparagingly (*дис-пäр'-эдж-инг-ли*) adv. презрительно, съ презрѣніемъ, въ невыгодномъ свѣтѣ.
Disparate (*дис'-пä-рэт*) adj. неравный, несходный, различный.
Disparity (*ди-пäр'-и-ти*) s. неравенство, несходство, разница, несоотвѣтствіе
Dispark (*дис-парк'*) va открыть доступъ въ паркъ.
Dispart (*дис-парт'*) va. раздѣлять, разбивать; разсѣкать (воздухъ); || vn. раздѣляться, разбиваться; || s. прицѣлъ (у пушки).
Dispassion (*дис-пäш'-ŏн*) s. безстрастіе, хладнокровіе.
Dispassionate (*дис-пäш'-он-эт*) adj.безстрастный,хладнокровный; безпристрастный.
Dispassionately (*дис-пäш'-ŏн-эт-ли*)adv.безстрастно,хладнокровно.
Dispel (*дис-пел'*) va. разгонять, разсѣвать, разсѣивать.
Dispensable (*дис-пен'-сă-бл*) adj. не необходимый.
Dispensary (*дис-пен'-сă-ри*) s. безплатная лѣчебница для приходящихъ [раздача; разрѣшеніе.
Dispensation (*дис-пен-сэ'-шŏн*) s.
Dispensator (*дис'-пен-сă-тŏр*) s. раздаватель, -льница.
Dispensatory (*дис-пен'-са-тŏ-ри*) adj. освобождающій отъ обязательствъ
Dispense (*дис-пенс'*) s. разрѣшеніе, освобожденіе отъ чего; трата; расходъ; || va. раздавать, распредѣлять; разрѣшать, освобождать отъ. **To — with**, избавлять, увольнять; разрѣшать что. **I would gladly have dispensed with his services,** я бы охотно обошелся безъ его услугъ.
Dispenser (*дис-пен'-сер*) s. раздаватель, -льница.
Dispensing (*дис-пенс'-инг*) adj. избавляющій, изъемлющій; разрѣшающій, обходящійся безъ чего. **A — chemist,** аптекарь отпускающій лекарства.
Dispeople (*дис-пи'-пл*) va. обезлюдить. [ять.
Disperge (*дис-пŏрдж'*) va. разсѣ-
Disperse (*дис-пŏрс'*) va. разсыпать, распространять, распускать, разсѣвать, разгонять, распредѣлять. **To — a crowd,** разсѣять толпу || vn. разсыпаться, разбрасываться; распростроняться; разсѣиваться.
Dispersedly (*дис-пŏрс'-ед-ли*) adj. разбросано, разсѣянно, въ розсыпь, врозь.
Dispersion (*дис-пŏр'-шŏн*) s разбрасываніе, разсѣяніе.
Dispersive (*дис-пŏрс'-ив*) adj. разбрасывающій, разсѣивающій
Dispirit (*дис-пир'-ит*) va. лишать бодрости духа,удручать;истощать.
Dispiritedly (*дис-пир'-и-тед-ли*) adv. безвольно, не энергично, безъ вдохновенія.
Dispiritedness (*дис-пир'-ит-ед-нес*) s. уныніе, упадокъ духа; отсутствіе энергіи.
Displace (*дис-плэс'*) va. переставливать, перемѣщать, омрачать (радость); увольнять.
Displacement (*дис-плэс'-мент*) s. перестановка, перемѣщеніе; || смѣщеніе, отставка.
Displant (*дис-плäнт*) va. высаживать, вырывать растеніе
Display (*дис-плэй'*) va. распускать, развертывать; выказывать; обнаруживать, показывать. **To — wisdom,** доказать свою мудрость. **To — one's knowledge,** доказать свое знаніе. || s. выказываніе; показаніе, обнаженіе, проявленіе. **To make a —**, тщеславиться, хвастаться. **A fine — of fireworks,**красивый фейерверкъ. **He was fond of —**, онъ любилъ блеснуть.
Displease (*дис-плиз'*) va., vn. не нравиться, быть противнымъ; быть недовольнымъ чѣмъ; досаждать [вольный, огорченный
Displeased (*дис-плизд'*) adj. недо-
Displeasing (*дис-плиз'-инг*) adj. непріятный, противный.
Displeasure (*дис-плеж'-ŏр*) s. непріятность, досада, огорченіе; неудовольствіе; немилость, гнѣвъ.
Displode (*дис-пло'од*) va. взрывъ; || vn. взрываться, лопаться.
Displosion (*дис-пло'о-жŏн*) s. взрывъ, вспышка.
Displume (*дис-плюм'*) va. общипывать перья,
Disport (*дис-порт'*) s. времяпровожденіе; развлеченіе, забава,

игры; || va. **To — one's self,** развлекаться, забавляться.

Disposable (*дис-по'оз-ă-бл*) adj. тотъ, которымъ можно располагать.

Disposal (*дис-по'оз-ăл*) s. распоряженіе, вѣдѣніе, управленіе; расположеніе. **The — of affairs,** распредѣленіе дѣлъ. **At one's —,** въ распоряженіи кого-либо.

Dispose (*дис-по'оз*) s. распоряженіе, власть; видъ, внѣшность; || vn. располагать, устанавливать; сторговаться. **They disposed of their goods,** они распредѣлились своими имѣніями; || va. склонять кого; настраивать; устраивать.

Disposition (*дис-по-зиш'-ōн*) s. расположеніе, размѣщеніе; склонность къ чему, расположеніе, наклонность.

Dispossess (*дис-пос-ес'*) va. лишать владѣнія.

Dispossession (*дис-пос-еш'-ōн*) s лишеніе владѣнія.

Dispraise (*дис-прэз'*) s. осужденіе, порицаніе, хула; || va. осуждать, хулить.

Dispraisingly (*дис-прэз'-инг-ли*) adv. съ осужденіемъ.

Dispread (*дис-пред'*) va. распространять; || vn. распростираться.

Disproof (*дис-пруф'*) s. опроверженіе.

Disproportion (*дис-про-пор'-шōн*) s. несоразмѣрность, неравенство: || va. несоразмѣрять.

Disproportionable (*дис-про-пор'-шōн-ă-бл*), **Disproportionate** (*дис-про-пор'-ше-нэт*) adj. несоразмѣрный, непропорціональный.

Disproportionably (*дис-про-пор'-шōн-ă-бли*) adv. несоразмѣрно, непропорціонально.

Disproportional (*дис-про-пор'-шōн-ăл*) adj. **Disproportionable.**

Dispropotionally (*дис-про-пор'-шōн-ă-ли*) adv. несоразмѣрно.

Disproportionately (*дис-про-пор'-шōн-эт-ли*) adv. непропорціонально.

Disproportionateness (*дис-про-пор'-шōн-ет-нес*) s. непропорціональность.

Disprovable (*дис-прув'-ă-бл*) adj. опровержимый.

Disprove (*дис-прув'*) va. опровергать.

Disputable (*дис'-пью-тă-бл*) adj. спорный.

Disputant (*дис'-пью-тăнт*) s. спорщикъ, диспутантъ.

Disputation (*дис-пью-тэ'-шōн*) s споръ, диспутъ.

Disputatious (*дис-пью-тэ'-шōс*) adj. придирчивый, любящій спорить.

Disputative (*дис-пьют'-ă-тив*) adj. спорящій.

Dispute (*дис-пьют'*) s. словопреніе, дебаты, споръ. || vn. спорить, оспаривать; ссориться. **Beyond all —,** внѣ спора.

Disputer (*дис-пьют'-ер*) s, спорщикъ, диспутантъ; защитникъ (диссертаціи).

Disqualification (*дис-куол-и-фи-кэ'-шōн*) s. неспособность.

Disqualify (*дис-куол'-и-фай*) va. дѣлать не годнымъ къ чему. **To — for an office,** дѣлать негоднымъ къ исполненію какихъ либо обязанностей.

Disquiet (*дис-куай'-ет*) s. безпокойство, тревога, волненіе; || va. безпокоить, волновать.

Disquietude (*дис-куай'-и-тьюд*) s. тревога, волненія.

Disquisition (*дис-куи-зиш'-ōн*) s. изслѣдованіе, исканіе; слѣдствіе, розыскъ.

Disregard (*дис-ри-гард'*) s невниманіе, пренебреженіе; небрежность; || va. ставить ни во что; пренебрегать.

Disregardful (*дис-ри-гард'-фул*) adj. небрежный, невнимательный, относящійся съ пренебреженіемъ.

Disregardfully (*дис-ри-гард'-фул-и*) adv. небрежно, неосмотрительно.

Disrelish (*дис-рел'-иш*) s. отвращеніе; || va. не любить, питать отвращеніе, придавать чему дурной вкусъ.

Disreputable (*дис-реп'-ю-тă-бл*) adj. постыдный, позорный, обезславливающій.

Disreputably (*дис-реп'-ю-тă-бли*) adv. позорно.

Disreputation (*дис-реп-ю-тэ'-шōн*), **Disrepute** (*дис-ри-пьют'*) s. дурная слава; безчестіе, позоръ.

Disrespect (*дис-ри-спект'*) s. неуваженіе, непочтительность; || va. относиться къ кому съ неуваженіемъ.

Disrespectful (*дис-ре-спект'-фул*) adj. непочтительный.

Disrespectfully (*дис-ри-пект'-фул-и*) adv. непочтительно.

Disrespectfulness (*дис-ри-спект'-фул-нес*) s. неуваженіе, непочтительность; грубость.

Disrobe (*дис-ро'об*) va. разоблачать, обнажать, раздѣвать.

Disroot (*дис-рут'*) va. искоренять.

Disruption (*дис-рōп'-шōн*) s. разрывъ; переломъ; трещина.

Dissatisfaction (*дис-сат-ис-фăк'-шōн*) s. неудовольствіе, досада, огорченіе.

Dissatisfactory (*дис-сăт-ис-фăк'-тō-ри*) adj. неудовлетворительный; непріятный.

Dissatisfy (*дис-сăт'-ис-фай*) va. неудовлетворять; досаждать, огорчать.

Dissect (*дис-сект'*) va. расчленять, разсѣкать; вскрывать.

Dissection (*дис-сек'-шӧн*) s. разсѣченіе, диссекція (трупа).
Dissector (*дис-сект'-ӧр*) s. диссекторъ труповъ. [владѣнія.
Disseizin (*дис-си'-зин*) s. лишеніе
Disseizor (*дис-си'-зӧр*) s. узурпаторъ, захватчикъ.
Dissemble (*дис-сем'-бл*) va. скрывать; || vn. притворяться.
Dissembler (*дис-сем'-блер*) s. притворщикъ, лицемѣръ.
Dissembling (*дис-сем'-блинг*) adj. притворный. [adv. притворно.
Dissemblingly (*дис-сем'-блинг-ли*)
Disseminate (*дис-сем'-и-нэт*) va. разсѣвать, распространять.
Dissemination (*дис-сем-и-нэ'-шӧн*) s. разсѣваніе, распространеніе.
Disseminator (*дис-сем'-и-нэ-тӧр*) s. сѣятель, распространитель.
Dissension (*дис-сен'-шӧн*) s. распря, раздоръ.
Dissensious (*дис-сен'-шӧс*) s. мятежный, неспокойный.
Dissent (*дис-сент'*) s. разногласіе, разномысліе; разнородность; || vn. не сходиться во мнѣніяхъ, быть разнороднымъ. **— is very strong in England,** партія диссидентовъ весьма сильна въ Англіи.
Dissentaneous (*дис-сен-тэ'-ни-ӧс*) adj. несовмѣстный, несогласный.
Dissenter (*дис-сент'-ер*) s. раскольникъ, диссидентъ.
Dissentient (*дис-сен'-шент*) adj. разномыслящій.
Dissenting (*дис-сент'-инг*) adj. раскольничій.
Dissepiment (*дис-сеп'-и-мент*) s. отдѣленіе, перегородка.
Dissertation (*дис-сӧр-тэ'-шӧн*) s. разсужденіе, диссертація.
Dissertational (*дис-сӧр-тэ'-шӧн-ӓл*) adj. относящійся къ разсужденію, диссертаціи.
Dissertator (*дис'-сӧр-тэ-тӧр*) s. диссертантъ. [кому.
Disserve (*дис-сӧрв'*) va. вредить
Dissever (*дис-сӧв'-ер*) va. отдѣлять, разъединять.
Disseverance (*дис-сев'-ер-ӓнс*) s. отдѣленіе, раздѣленіе.
Dissident (*дис'-си-дент*) adj. разномыслящій; || раскольникъ, диссидентъ. [калывающійся.
Dissilient (*дис-сил'-и-ент*) adj. рас-
Dissimilar (*дис-сим'-и-лӓр*) adj. несходный, непохожій.
Dissimilarity (*дис-си-ми-лӓр'-и-ти*) s. несходство, различіе.
Dissimilarly (*дис-сим'-и-лӓр-и*) adj. несходно.
Dissimulation (*дис-симь'-ю-лэ'-шӧн*) s. притворство, лицемѣріе.
Dissipate (*дис'-си-пэт*) va. разсѣвать, разгонять; || проживать; развлекать; || vn. развлекаться; разсѣиваться; исчезать.
Dissipation (*дис-си-пэ'-шӧн*) s. расточеніе, убыль; разсѣянность; расточительность.
Dissociate (*дис-со'о-ши-эт*) va. раздѣлять, разобщать.
Dissociation (*дис-со-ши-э'-шӧн*) s. разобщеніе.
Dissolubility (*дис-со-лью-бил'-и-ти*) s. растворимость.
Dissoluble (*дис'-солью-бл*) adj. растворимый.
Dissolute (*дис'-со-льют*) adj. распущенный, развратный.
Dissolutely (*дис'-со-льют-ли*) adv. распутно.
Dissoluteness (*дис'-со-льют-нес*) s. развратъ, распущенность.
Dissolution (*дис-со-лью'-шӧн*) s. раствореніе, разложеніе, разрывъ; смерть. [растворимый.
Dissolvable (*диз-золв'-ӓ-бл*) adj.
Dissolve (*диз-золв'*) va. растворять, разлагать; разрѣшать, расторгать; уничтожать. **To — a trading,** ликвидировать коммерческое общество; || vn. растворяться, распускаться; расходиться; умирать.
Dissolvent (*диз'-золв'-ент*) adj. растворяющій; || s. (хим.) растворитель; || (мед.) разрѣшающее средство [ритель.
Disolver (*диз-золв'-ер*) s. раство-
Dissonance (*дис'-со-нӓнс*) adj. (муз.) диссонансъ, разногласіе; противность.
Dissonant (*дис'-со-нӓнт*) s. (муз.) нестройный; противный, противоположный.
Dissuade (*дис-суэд'*) va. отсовѣтовать, разубѣждать.
Dissuasion (*дис-суэ'-жӧн*) s. отсовѣтываніе.
Dissuasive (*дис-суэ'-сив*) adj. разубѣждающій, отсовѣтывающій; || s. разубѣждающій доводъ.
Dissuasively (*дис-суэ'-сив-ли*) adv. разубѣждающимъ образомъ.
Dissyllabic (*дис-сил-лӓб'-ик*) adj. двусложный.
Dissyllable (*дис-сил'-лӓ-бл*) s. двусложное слово.
Distaff (*дис'-тӓф*) s. прялка.
Distain (*дис-тэн'*) va. марать, пятнать.
Distance (*дис'-тӓнс*) s. разстояніе, дистанція; промежутокъ, періодъ (времени); || почтеніе. **In the —,** въ дали, въ отдаленіи. **To keep at a —,** держать на разстояніи. || va. удалять, отодвигать; обгонять; опережать.
Distant (*дис'-тӓнт*) adj. отдаленный, дальній; сдержанный, холодный, сухой, надменный. **A — relative,** отдаленный родствен-

никъ. **A — idea**, отдаленная мысль. **— manners**, сдержанный способъ обращенія.

Distantly (*дис'-тäнт-ли*) adv. на разстояніи, вдали, отдаленно; слабо, слегка, осторожно, холодно

Distaste (*дис-тэст'*) s. отвращеніе, омерзѣніе, досада. || va. имѣть отвращеніе, ненавидѣть, досаждать.

Distasteful (*дис-тэст'-фул*) adj. отвратительный.

Distastefully (*дис-тэст'-фул-и*) adv. отвратительно.

Distastefulness (*дис-тэст'-фул-нес*) s. отвратительность; досада.

Distemper (*дис-тем'-пер*) s. болѣзнь, нездоровье; нерасположеніе, дурная привычка; сердитый нравъ; (жив.) водяная краска. || va. дѣлать больнымъ; смущать, разстраивать; дѣлать недовольнымъ; (жив.) красить водяными красками.

Distemperature (*дис-тем'-пер-ä-чур*) s. непогода; нездоровье; нерасположеніе.

Distempering (*дис-тем'-пер-инг*) s. крашеніе водяными красками.

Distend (*дис-тенд'*) va. vn. растягивать, вытягиваться, надувать, раздуваться; растопыривать.

Distensible (*дис-тен'-си-бл*) adj. растяжимый, расширяемый.

Distensive (*дис-тен'-сив*) adj. растяжимый.

Distent (*дис-тент'*) adj. распухшій; надутый, растянутый.

Distention (*дис-тен'-шöн*) s. растяженіе.

Distich (*дис'-тик*) s. двустишіе.

Distil (*дис-тил'*) vn. сочиться, капать; дистиллировать; перегонять

Distillation (*дис-тил-лэ'-шöн*) s. дистилляція.

Distillatory (*дис-тил'-ä-тö-ри*) adj. перегонный.

Distiller (*дис-тил'-ер*) s. дистилляторъ.

Distillery (*дис-тил'-ер-и*) s. перегонный, винокуренный заводъ.

Distinction (*дис-тинк'-шöн*) s. различіе; отличіе; распознаваніе.

Distinctive (*дис-тинкт'-ив*) adj. отличительный

Distinctly (*дис-тинкт'-ли*) adj. опредѣленно, ясно, точно.

Distinctness (*дис-тинкт'-нес*) s. опредѣленность, ясность

Distinguish (*сис-тин'-гуит*) va. отличать, распознавать; || vn. различаться; отличаться.

Distinguishable (*дис-тин'-гуиш-ä-бл*) adj. отличимый

Distinguishably (*дис-стин'-гуиш-ä-бли*) adv. различимо.

Distinguished (*дис-тин'-гуишт*) adv. отличный, извѣстный.

Distinguishing (*дис-тин'-гуиш-инг*) adj. отличающій

Distinguishingly (*дис-тин'-гуиш-инг-ли*) adv съ отличіемъ

Distinguishment (*дис-тин'-гуиш-мент*) s. различеніе, распознаваніе.

Distitle (*дис-тай'-тл*) va. лишать права на.

Distort (*дис-торт'*) va. кривить, искривлять, обезображивать, искажать, || vn. коробиться, кривиться.

Distorted (*дис-тор'-тед*) adj. искаженный, искривленный

Distortion (*дис-тор'-шöн*) s. искривленіе, корча, обезображеніе, искаженіе (лица, смысла).

Distract (*дис-трäкт'*) va. развлекать, отвлекать, отвращать, безпокоить; вскружить голову, свести съ ума.

Distracted (*дис-трäк'-тед*) adj. разсѣянный, смущенный

Distractedly (*дис-трäкт'-ед-ли*) adv. безумно, растерянно.

Distracting (*дис-трäк'-тинг*) adj. разсѣянный, невыносимый.

Distraction (*дис-трäкт'-шон*) s. разсѣянность, смятеніе, тревога.

Distractive (*дис-трäкт'-ив*) adj. смущающій, сводящій съ ума

Distrain (*дис-трэн'*) va. vn. описывать имущество; схватывать.

Distrainable (*дис-трэн'-ä-бл*) adj подлежащій описи.

Distrainer (*дис-трэн'-öр*) s. налагающій арестъ на имущество

Distraint (*дис-трэнт'*) s опись, наложеніе ареста.

Distress (*дис-трес'*) s. опись, арестъ, задержаніе; бѣдствіе, бѣда, горе, скорбь, кручина, нищета, бѣдность. **A ship in —**, корабль въ опасности. || va. описывать, огорчать, мучить, приводить къ нищетѣ.

Distressed (*дис-трест'*) adj доведенный до отчаянія, несчастный.

Distressful (*дис-трес'-фул*) adj. бѣдственный, горестный.

Distressfully (*дис-трес'-фул-ли*) adv. бѣдственно, горестно.

Distressing (*дис-трес'-инг*) adj. горестный, грустный

Distributable (*дис-трибь'-ю-тä-бл*) adj. распредѣлимый.

Distributary (*дис-трибь'-ю-тä-ри*) adj. распредѣлительный.

Distribute (*дис-трибь'-ют*) va. раздѣлять, размѣщать; отправлять (правосудіе).

Distributer (*дис-трибь'-ю-тер*) s. распредѣлитель.

Distribution (*дис-три-бью'-шöн*

s. раздѣлъ, распредѣленіе; размѣщеніе; отправленіе (правосудія).
Distributive (*дис-трибь'-ю-тив*) adj. раздающій, распредѣляющій; || (грам.) раздѣлительный.
Distributively (*дис-трибь'-ю-тив-ли*) adv. каждому порознь отдѣльно.
District (*дис'-трикт*) s округъ, губернія, уѣздъ, область
Distringas (*дис-трин'-гас*) s юрид.) приказъ объ арестѣ.
Distrust (*дис-тро̆ст'*) s. недовѣріе, сомнѣніе; || va не довѣрять, сомнѣваться
Distrustful (*дис-тро̆ст'-фул*) adj. недовѣрчивый, подозрительный; неувѣренный въ себѣ.
Distrustfully (*дис-тро̆ст'-фу-ли*) adv. съ недовѣріемъ.
Distrustfulness (*дис-тро̆ст'-фул-нес*) s. недовѣрчивость.
Distrusting (*дис-тро̆ст'-инг*) adj. недовѣряющій.
Distrustingly (*дис-тро̆ст'-инг-ли*) adv. недовѣрчиво.
Distrustless (*дис-тро̆ст'-лес*) adj. довѣрчивый.
Disturb (*дис-тӧрб'*) va. безпокоить, тревожить; разстраивать. **Don't — yourself,** не безпокойтесь.
Disturbance (*дис-торб'-ӓнс*) s. тревога, безпокойство, смущеніе; суматоха, смута, возмущеніе.
Disturber (*дис-тӧрб'-ер*) s. смутитель, возмутитель.
Disunion (*дись-ю'-ни-о̆н*) s. разъединеніе, раздѣленіе; || несогласіе, разладъ.
Disunite (*дись-ю-нӓит'*) va. разъединять, раздѣлять; ссорить. || vn. раздѣляться; разставаться.
Disunity (*дись-ю'-ни-ти*) s. разъединеніе, раздѣленіе; разладъ.
Disusage (*дис-ю'-зэдж*) s. отвычка, неупотребленіе.
Disuse (*ди-сьюс'*) s отвычка, неупотребленіе.
Disuse (*дись-юз'*) va отучать, отвыкать отъ чего.
Disvalue (*дис-вӓль'-ю*) va. унижать, позорить; понижать цѣну; || s. немилость, опала.
Disvouch (*дис-вӓ'ӓч*) va прекословить, оспаривать.
Ditch (*дич*) s. канава; ровъ; || va. копать канаву; осушать болото,
Dithiramb (*дизс'-и-рӓмб*). **Dithyrambus** (*дизс-и-рӓм'-бо̆с*) s. диѳирамбъ.
Dithirambic (*дизс-и-рӓм'-бик*) adj. диѳирамбическій.
Ditone (*дай'-тон*) s. (муз.) созвучіе.
Dittany (*дит'-тӓ-ни*) s. (бот.) дикій бадьянъ.
Ditto (*дит'-то*) adv. то-же; какъ сказано выше.
Ditty (*дит'-ти*) s. пѣсня, пѣсенка
Diuresis (*дай-ю-ри'-сис*) s. (мед.) діурезъ.
Diuretic (*дай-ю-рет'-ик*) adj. и s. (мед.) мочегонный, мочегонное средство.
Diurnal (*даи-о̆р'-нӓл*) adj. суточный, дневной, ежедневный.
Diurnal (*дай-о̆р'-нӓл*) s. дневникъ.
Diurnally (*дай-о̆р'-нӓли*) adv. ежедневно.
Diuturnal (*дай-ю-тӧр'-нӓл*) adj. долговѣчный, долговременный
Divan (*ди-вӓн'*) s. диванъ.
Divaricate (*дай'-вӓр'-и-кэт*) vn. раздваиваться, раскалываться на двое; || va. раздваивать, развигать.
Divarication (*дай-вӓр-и-кэ'-шо̆н*) s. раздваиваніе на двое; развилина.
Dive (*даив*) vn. нырять; проникать, изслѣдовать; || va. углубляться въ.
Divellent (*ди-вел'-ент*) adj (хим.) двухвалентный
Diver (*дайв'-ер*) s. водолазъ, нырокъ (птица); вникающій во что (человѣкъ).
Diverge (*ди-во̆рж'*) vn расходиться
Divergence (*ди-во̆р'-дженс*) s. расхожденіе.
Divergent (*ди-во̆р'-джент*) adj расходящційся.
Divergingly (*ди-во̆р'-джинг-ли*) adv. расходясь.
Divers (*дай'-верз*) adj. pl. многіе, разные. **—-coloured,** пестрый, разноцвѣтный.
Diverse (*дай'-верс*) adj. различный, разнообразный.
Diversely (*дай'-верс-ли*) adv различно, разно.
Diversify (*ди-во̆р'-си-фай*) va. разнообразить, варьировать
Diversion (*ди-во̆р'-шо̆н*) s. отвлеченіе, отклоненіе; увеселеніе, забава; развлеченіе.
Diversity (*ди-во̆р'-си-ти*) s. различіе, несходство; разнообразіе.
Divert (*ди-во̆рт'*) va. отклонять, отвлекать; развлекать.
Divertingly (*ди-во̆рт'-инг-ли*) adv. забавно, увеселительно.
Divertisement (*ди-во̆рт'-из-мент*) s. развлеченіе, забава; (теат.) дивертисментъ.
Divest (*ди-вест'*) va. совлекать снимать; отнимать. **To — one's self of**, снимать съ себя (одежду).
Dividable (*ди-вайд'-ӓ-бл*) adj. дѣлимый. (дѣлящій.
Dividant (*ди-вайд'-ӓнт*) adj. раз-
Divide (*ди-вайд'*) va. раздѣлять, дѣлить; разъединять; (торг.) выдавать дивидендъ; || vn. дѣлиться, раздѣляться, разгруппироваться.

Dividend (*див'-и-дент*) s. доля, часть, дивидендъ. (ариө) дѣлимое,
Divider (*ди-вайд'-ср*) s. дѣлитель. раздѣлитель.
Divination (*див-и-нэ'-тӧн*) s. гаданіе, прорицаніе; ворожба.
Divinatory (*ди-вин'-ӑ-тӧ-ри*) adj гадательный.
Divine (*ди-вайн'*) adj божественный, божескій; прелестный; || s. богословъ, церковнослужитель; || va. vn. предсказать, предвѣщать; предчувствовать; обоготворять, боготворить.
Divinely (*ди-вайн'-ли*) adv. божественно; восхитительно
Divineness (*ди-ван'-нес*) s божество, божественность.
Diviner (*ди-вайн'-ер*) s. гадатель, предсказатель, вѣщунъ.
Divineress (*ди-вайн'-ер-ес*) s. гадательница, предсказательница; вѣщунья.
Diving (*дайв'-инг*) s. нырянiе — **-bell,** s. водолазный колоколъ — **-suit,** одежда водолаза.
Divining-rod (*ди-вайн'-инг-род*) s волшебный жезлъ.
Divinity (*ни-вин'-и-ти*) s. божественность; божество, богъ; теологія.
Divisibility (*ди-виз'-и-бил'-и-ти*) s. раздѣляемость, дѣлимость.
Divisible (*ди-виз'-и-бл*) adj. раздѣлимый, дѣлимый.
Division (*ди-виж'-ӧн*) s. раздѣленіе, раздѣлъ, дѣлежъ; отдѣленіе; несогласіе, раздоръ; (воен) дивизія; (муз.) рулада, трель.
Divisional (*ди-виж'-ӧн-ӑл*), **Divisionary** (*ди-виж'-ӧн-ӑ-ри*) adj. раздѣляющій, отдѣлающій; дивизіонный.
Divisor (*ди-вай'-зӧр*) s. (ариөм.) дѣлитель.
Divorce (*ди-во'орс*) s. разводъ; разлученіе. || va. разводить, расторгать бракъ; разлучать.
Divorcement (*ди-во'орс-мент*) s. расторженіе брака, разводъ.
Divorcive (*ди-вор'-сив*) adj. отдѣляющій, раздѣляющій
Divulge (*ди-вӧлдж'*) va. обнародывать, разглашать, объявлять, прокламиравать.
Divulger (*ди-вӧл'-джер*) s. разгласитель, обнародователь.
Divulsion (*ди-вӧл'-шӧн*) s. вырыніе, отдираніе.
Divulsive (*ди-вӧл'-сив*) adj вырывающій, разрывающій.
Dizen (*диз'н*) va. украшать, наряжать, прихорашивать.
Dizziness (*диз'-зи-нес*) s. дурнота, головокруженіе.
Dizzy (*диз'-зи*) adj. чувствующій дурноту; ошеломляющій; || вѣтреный, легкомысленный; || va. ошеломлять, производить головокруженіе.
Do (*ду*) va. дѣлать, сдѣлать, исполнить, творить, производить; варить, стряпать; || vn. дѣлаться, дѣйствовать; поступать, вести себя; кончать, оканчивать, покончить; соглашаться. **To — again,** вновь дѣлать. **To — away,** снимать, уничтожать. **To — over,** наводить **To — up,** устраивать, чинить. || vn. **To — by,** дѣйствовать чрезъ. **To — for,** дѣлать что либо за. **To have to — with,** имѣть дѣло съ кѣмъ. **To — without,** дѣйствовать безъ. **This beef is not done enough,** это мясо недостаточно прожарено **I have done with him,** я съ нимъ покончилъ. **That will —,** этого будетъ достаточно.
Do (*до'о*) s. (муз.) нота До.
Docible (*дос'-и-бл*) adj. послушный.
Docile (*дос'-ил*) adj. послушный.
Docility (*до-сил'-и-ти*) s. послушаніе.
Docimacy (*дос'-и-мӑс-и*) s. доцимація (пробирное искусство).
Dock (*док*). s. обрубленный хвостъ; (бот.) щавель; || докъ, бассейнъ; || скамья (для подсудимыхъ въ залѣ суда); || va. отрубать (хвостъ); дѣлать куцымъ; урѣзывать (счетъ); вводить судно въ докъ. **Floating, wet —,** плавучій докъ. **Dry —,** сухой докъ. **— -yard,** адмиралтейство.
Dockage (*док'-едж*) s. право на пользованіе докомъ.
Docket (*док'-ет*) s. извлеченіе; выписка (изъ дѣла); ярлыкъ (на товарахъ); перечень; || объявленіе о несостоятельности; || va. наклеивать ярлыки, дѣлать извлеченіе.
Doctor (*док'-тӧр*) s. докторъ, врачъ. **— in divinity, in law,** докторъ богословія, правъ. || va. присуждать степень доктора; врачевать.
Doctoral (*док'-тӧр-ӑл*) apj. докторскій.
Doctorate (*док'-тӧр-эт*) s. докторство, степень доктора.
Doctorship (*док-тӧр'-шип*) s. докторство.
Doctrinal (*док'-три-нӑл*) s. правило, наставленіе; догматъ; ученіе; || adj. поучительный, догматическій.
Doctrinally (*док'-три-нӑл-и*) adv. поучительно.
Doctrine (*док'-трин*) s. знаніе: ученость; правило; ученіе, догматъ.
Document (*докъ'-ю-мент*) s. правило, наставленіе; документъ, свидѣтельство; преподаваніе; обученіе; || va. обучать; снабжать документами.

Documental (*докъю-мент'-ăл*) adj поучительный, документальный

Documentary (*докъ-ю-мент'-ă-ри*) adj. доказательный, документарный. [ка.

Dodder (*дод'-дер*) s. (бот.) павелика.

Dodecagon (*до-дек'-а-гон*) s. (геом.) двѣнадцатиугольникъ.

Dodecahedron (*до-дек-а-хи'-дрон*) s. (геом.) додекаэдръ.

Dodge (*додж*) vn. увертываться, избѣгать; хитрить, лукавить; || va. избѣгать; || s. увертка; изворотъ; хитрость, продѣлка.

Dodger (*додж'-ер*) s. хитрецъ, лукавецъ; плутъ.

Doe (*ду*) s. дѣлніе, подвигъ.

Doer(*ду'-ер*) s. дѣлатель;хранитель, исполнитель (закона).

Doeskin (*до'о-скин*)s.лосиная кожа.

Doff (*доф*) va. снимать, скидывать (платье); отдѣлываться отъ.

Dog (*дог*) s. собака, пёсъ; самецъ, (нѣкоторыхъ звѣрей); || шалунъ, весельчакъ, щеголь; негодяй; (астр.) Песъ (созвѣздіе); (морск.) желѣзная скоба для тасканія лѣсовъ. **A house —**, домашняя собака. **To go to the —s**, раззориться. **A sly —**, хитрый песъ. **— berry**, деренъ (дерево). **— briar**, шиповникъ. **— cheap**, очень дешевый. **— fish**, акула. **— grass**, (бот.) пырей. **— hearted**, безчеловѣчный. **— kennel**, собачья конура. **— Latin**, кухонная латынь. **— rose**, шиповникъ, дикая роза. **—'s -ear**, загнутый уголъ (книги). **To —'s -ear**, загибать углы (книги). **— -star**, Сиріусъ (звѣзда). **— -tooth**, клыкъ (зубъ). **— -trot**, мелкая рысь. **— -vane**, (мор.) флюгарка изъ перьевъ. **— -watch**, (мор.) вахты (утреннiе). **— -weary**, усталый какъ собака. || va. преслѣдовать; приставать, надоѣдать; слѣдовать за кѣмъ по пятамъ.

Dogate (*до'о-гэт*) s. званіе дожа.

Doge (*до'одж*) s. дожъ (въ Венеціи и Генуѣ).

Dogged (*дог'-гед*) adj. угрюмый, пасмурный; || упрямый, упорный.

Doggedly (*дог'-гед-ли*) adv. угрюмо, пасмурно; упрямо.

Doggedness (*дог'-гед-нес*) s. угрюмо, пасмурно; упрямо.

Dogger (*дог'-гер*) s. голландское рыболовное судно.

Doggeral (*дог'-гер-ел*) s. плохіе стихи, вирши; || adj. неправильный, нескладный.

Doggish (*дог'-гиш*) adj. собачій; грубый, сварливый. [вило.

Dogma (*дог'-ма*) s. догматъ, пра-

Dogmatic (*дог-măт'-ик*). **Dogmatical** (*дог-măт'-ик-ăл*) adj. догматическій; поучительный, авторитетный.

Dogmatically (*дог-măт'-ик-ăл-и*) adv. догматически. [матика.

Dogmatics (*дог-măт'-икс*) s. дог-

Dogmatism (*дог'-мă-тизм*) s. догматизмъ, авторитетность.

Dogmatist (*дог'-мă-тист*) s. догматикъ. [говорить авторитетно.

Dogmatize (*дог'-ма-тайз*) va. vn.

Dogmatizer (*дог'-ма-тайз-ер*) s. говорящій авторитетно. [ка.

Doily, Doyley (*дой'-ли*) s. салфеточ-

Doings (*ду'-ингз*) s. pl. дѣла, дѣянія, сдѣлки, суматоха, сиятеніе.

Doit (*дойт*) s. маленькая сумма (денегъ); пустяки, бездѣлица.

Dole (*до'ол*) s. раздача, дѣлежъ; доля, часть, надѣлъ; милостыня. **To — out**, надѣлять, одѣлять; раздавать.

Doleful (*до'ол-фул*) adj. горестный, унылый, грустный. **A — cry**, болѣзненный крикъ

Dolefully (*до'ол-фул-и*) adv горестно, уныло, грустно.болѣзненно.

Dolefulness (*до'ол - фул - нес*) s. грусть, печаль, унылость, болѣзненность

Dolesome (*до'ол-сŏм*) adj. сумрачный, грустный, печальный.

Doll (*дол*) s. кукла [**Dorothy**

Doll (*дол*), **Dolly** (*дол'-и*) npr отъ

Dollar (*дол'-лăр*)s.долларъ (монета).

Dolorous (*дол'-ŏр-ŏс*) adj. болѣзненный,плачевный, прискорбный

Dolorously(*дол'-ŏр-ŏс-ли*) adv болѣзненно, плачевно.

Dolorousness (*дол'-ŏр-ŏс-нес*) s отчаяніе, болѣзненность

Dolphin (*дол'-фин*) s. (зоол.) дельфинъ. [лопъ, дуракъ

Dolt (*до'олт*) s олухъ, осто-

Doltish (*до'олт-иш*) adj. глуповатый, дураковатый, тупой.

Doltishly (*до'ол-тиш-ли*) adv глуповато.

Domain (*до-мэн'*) s. владѣніе, государство; имущество; имѣніе, вотчина

Domanial (*до-мэ'-ни-ăл*) adj. государственный (объ имуществѣ)

Dome (*до'ом*) s домъ, сооруженіе; соборъ (церковь); домъ. [day.

Domesday(*дум'-здэй*) s см.**Dooms-**

Domestic (*до-мес'-тик*) s. слуга, прислуга; домашній бытъ; || adj. домашній; семейный; внутренній; мѣстный.

Domestically (*до-мес'-тик-ă-ли*) adv. въ семейномъ быту, по домашнему.

Domesticate (*до-мес'-ти-кэт*) va. пріучать къ семейной жизни, къ домосѣдству; приручать; || vn. быть домосѣдомъ.

Domestication (*дом-ес-ти-кэ'-*

шбн) s. домашняя жизнь, домосѣдство.

Domicile (*дом'-и-сил*) s. домъ, жилище; жительство; || vn. жительствовать.

Domiciliary (*дом-и-сил'-и-äр-и*) adj. домашній.

Domiciliate (*дом-и-сил'-и-эт*) va. водворять на жительство.

Dominant (*дом'-и-нäнт*) adj. господствующій, доминирующій; || s. (муз.) доминанта.

Dominate (*дом'-и-нэт*) va vn. господствовать; преоблалать.

Domination (*дом-и-нэ'-шбн*) s. преобладаніе; владычество, власть; господство.

Dominator (*дом'-и-нэ-тбр*) s. владыка, властитель.

Domineer (*дом-и-нир'*) vn. господствовать. **To — over**, господствовать надъ.

Domineering (*дом-и-нир'-инг*) adj. повелительный, гордый.

Dominic (*дом'-и-ник*) npr Доминикъ. [сподній.

Dominical (*до-мич'-ик-äл*) adj. Го-

Dominican (*до-мин'-и-кäн*) s. доминиканецъ, -ика.

Dominion (*до-минь'-бн*) s. владычество, власть; имперія, владѣніе. **The king's — s**, королевскія владѣнія. **The Spanish — s**, испанскія владѣнія.

Domino (*дом'-и-но*) s. домино (игра и костюмъ). [ціанъ.

Domitian (*до-миш'-äн*) npr. Доми-

Don (*дон*) s. донъ (господинъ въ Испаніи); || * мастеръ, искусникъ. || va. надѣвать, одѣвать.

Donation (*до-нэ'-шбн*) s. даяніе.

Donative (*дон'-ä-тив*) s. даръ, подарокъ; || adj. дарственный.

Donee (*до-ни'*) s. пожалованный.

Donkey (*дон'-ки*) s. оселъ.

Donor (*до'о-нбр*) s. даритель, дающій. [никъ; олухъ.

Doodle (*ду'-дл*) s. лѣнтяй, бездѣль-

Doom (*дум*) s. приговоръ, осужденіе, судъ; судьба, рокъ, участь; || гибель; || va. судить, присуждать; предопредѣлять; обрекать.

Doomsday (*думз'-дэй*) s. день страшнаго суда; день осужденія; роковой день.

Doomsday-book (*думз'-дэй-бук*) s. кадастровая, поземельная книга (въ Англіи).

Door (*до'ор*) s. дверь; || домъ. **Back-—**, задняя дверь. **Folding — s**, створчатыя двери. **Half —**, полудвери. **Sliding — s**, вдвигающаяся дверь. **Street —**, входная дверь. **Out of — s**, за дверями, снаружи. — **-keeper**, швейцаръ, привратникъ — **-knob**, ручка у двери. — **-mat**, соломенный коврикъ. — **-nail**, гвоздь на двери (для удара молоткомъ.) — **-post**, дверной косякъ. — **-way**, дверь.

Dor *или* **Dorr** (*дор*) s. майскій жукъ.

Dorado (*до-рэ'-до*) s. (зоол.) дорада.

Doree *или* **Dory** (*до'о-ри*) s. златикъ (рыба).

Dorian (*до'о-ри-äн*) adj. дорическій.

Doric (*дор'-ик*) adj. дорическій.

Dormancy (*дор'-мäн-си*) s. покой, спокойствіе.

Dormant (*дор'-мäнт*) adj. спящій; погасшій; тайный; мертвый (капиталъ).

Dormer (*дор'-мер*) (*или* **Dormer-window**) s. слуховое окно.

Dormitive (*дор'-ми-тив*) adj снотворный, усыпительный; || s снотворное средство.

Dormitory (*дор'-ми-тб-ри*) s. дортуаръ (общая спальня).

Dormouse (*дор'-маус*) s. (зоол.) соня (мелкій грызунъ).

Dorsal (*дор'-сäл*) adj. спинной.

Dose (*до'ос*) s. доза, пріемъ, количество; || va. дозировать, опредѣлять дозу лѣкарства.

Dossil (*дос'-сил*) s. (хир.) свертокъ корпіи.

Dot (*дот*) s. точка; || va. ставить точки, пунктировать; || vn. ставить точки.

Dotage (*до'о-тэдж*) s. безуміе, сумасбродство; || * второе дѣтство, слабоуміе.

Dotal (*до'о-тäл*) adj. приданный, относящійся къ приданому.

Dotard (*до'о-тард*) s. слабоумный старикъ; враль.

Dotation (*до-тэ'-шбн*) s награжденіе приданымъ.

Dote (*до'от*) vn завираться, сумасбродствовать; любить до безумія.

Doter (*до'о-тер*) s болтунъ, -нья

Doting (*до'от-инг*) s. увлеченіе. || adj. увлекшійся.

Dotingly (*до'от-инг-ли*) adv. безумно, страстно. [дерево.

Dottard (*дот'-ард*) s. обрѣзанное

Double (*дбб'-л*) adj. двойной, двойственный; двоякій; фальшивый, притворный, лукавый; || va. двоить, удваивать, усугублять. || vn. удваиваться; хитрить, || s. двойное число; складка, сгибъ; || изворотъ, хитрость; || adv. вдвое, двояко, вдвойнѣ. — **-barrelled**, двуствольный. — **biting**, обоюдоострый. — **-bottomed**, съ двойнымъ дномъ. — **-dealer** двуличный. — **-dealing**, обманъ, лукавство. — **-dye** va. красить два раза. — **-entry**, s. (тор.) двойная бухгалтерія. — **-faced**, двуличный, лживый. **To —** **-lock** — запирать на два оборота (замокъ). — **-mean-**

ing, двусмысленный. **— -minded**, обманчивый, лживый. **— -tongued**, лживый; двуязычный.
Doubleness (*дӧб'-л-нес*) s. двойственность, двоякость; лживость.
Doubler (*дӧб'-лер*) s. двуличный человѣкъ; удваивающій.
Doublet (*дӧб'-лет*) s. дуплетъ (мужская накидка).
Doubling (*дӧб'-линг*) s. удваиваніе, усугубленіе; изворотъ; уловка; ‖ ссучиваніе, ссученіе (пряжи).
Doubloon (*дӧб-лун'*) s. дублонъ (монета)
Doubly (*дӧб'-ли*) adv вдвое, вдвойнѣ, двояко.
Doubt (*да'ут*) s. сомнѣніе; нерѣшительность, подозрѣніе; ‖ va. сомнѣваться; остерегаться, не довѣрять; подозрѣвать. **Without —**, безъ сомнѣнія.
Doubter (*да'ут-ер*) s. сомнѣвающійся
Doubtful (*да'ут-фул*) adj. сомнительный; нерѣшительный; недовѣрчивый.
Doubtfully (*да'ут-фул-и*) adv. сомнительно.
Doubtfulness (*да'ут-фул-нес*) s. сомнительность, нерѣшительность.
Doubtingly (*да'ут-инг-ли*) adv. сомнительно
Doubtless (*да'ут-лес*) adj не допускающій сомнѣнія
Doubtlessly (*да'ут-лес-ли*) adv безъ сомнѣнія, конечно.
Douceur (*ду-сӧр'*) s. подарокъ, взятка; пріятное обращеніе
Douche (*душ*) s душъ
Doucine (*ду'-син*) s (арх.) гусекъ, выкружки
Dough (*до'у*) s. тѣсто. **My cake is —**, дѣло мое лопнуло
Doughtiness (*да'у-ти-нес*) s. доблесть, удаль.
Doughty (*да'у-ти*) adj доблестный, удалой.
Doughy (*до'у-и*) adj. мягкій
Douse (*до'ус*) va. бросать (въ воду); (мор.) отпустить, ослабить (парусъ); ‖ vn окунуться (въ воду).
Dove (*дӧв*) s. голубь. **Ring —**, вяхирь, дикій голубь **Turtle —**, горлица. **— -coloured**, сизый; **— -cote**, голубятня.
Dover (*до'о-вер*) npr. (геогр.) Дувръ
Dovetail (*дӧв-тэл*) s (плот.) лапа; ‖ va. взять въ лапу
Dowager (*да'у-ӓ-джер*) s вдовствующая (f.).
Dowdy (*да'у-ди*) s. шлюха; женщина дурно одѣтая
Dowdyish (*да'у-ди-иш*) adj. плохо одѣтый.
Dower (*да'у-ер*) s. приданое; вдовья часть; даръ, подарокъ.
Dowered (*да'у-ерд*) adj. имѣющая приданое
Dowerless (*да'у-ер-лес*) s. бесприданница.
Down (*да'ун*) s пухъ, мягкія перья; пушокъ (на лицѣ). ‖ дюна (на морскомъ берегу); утѣшеніе, услада. **Eider —**, пуховикъ. **— -bed**, перина. **The —s**, дюны (въ Англіи). ‖ adv. внизъ, внизу, на землѣ, на полу. **Come —**, сойти внизъ. **To take —**, снимать, спускать. **My watch is —**, мои часы не заведены. **The moon is —**, луна на закатѣ. **Up and —**, вверхъ и внизъ, туда и сюда. **Upside —**, вверхъ ногами; ‖ prep. внизъ, внизу. **— the stream**, внизъ по теченію. **To come — stairs**, сойти съ лѣстницы.
Downcast (*да'ун-кост*) adj. потупленный, пониклый; унылый. **— eyes**, потупленные глаза
Downfall (*да'ун-фол*) s. паденіе; упадокъ; ниспроверженіе.
Downfallen (*да'ун-фолн*) adj. упавшій, ниспровергнутый.
Downhill (*да'ун-хил*) s. склонъ, покатость.
Down-line (*да'ун-лайн*) s (жел. дор.) спускающійся путь.
Downright (*да'ун-райт*) adv. сверху внизъ, отвѣсно; ‖ напрямикъ; совсѣмъ; вдругъ; ‖ adj. откровенный, прямой; явный.
Downtrodden (*да'ун-тродн*) adj. попранный.
Downward (*да'ун-уӧрд*) **Downwards** (*да'ун-уӧрдз*) adv. книзу, сверху внизъ; внизъ по; на землѣ.
Downy (*да'ун-и*) adj. пушистый, пушащійся; мягкій; сладкій (сонъ).
Doxological (*докс-ол-одж'-и-кӓл*) adj. славословящій.
Doxology (*докс-ол'-о-джи*) s. славословіе.
Doze (*до'оз*) vn. дремать; ‖ va. усыплять; ‖ s. дремота, легкій сонъ.
Dozen (*дӧз'-н*) s. дюжина.
Doziness (*до'оз-и-нес*) s. дремота, сонливость.
Dozing (*до'оз-инг*) s. дремота. легкій сонъ.
Dozy (*до'о-зи*) adj. дремлющій, сонливый; оцѣпенѣлый.
Drab (*дрӓб*) s. непотребная женщина, блядь; неряха; драпъ (темнаго цвѣта). **— -colour**, темнаго цвѣта.
Drabble (*дрӓб'-бл*) va. марать, пачкать (въ грязи).
Drachma (*дрӓк'-ма*) s. драхма (апт. вѣсъ).
Draco (*дрэ'-ко*) (астр.) Драконъ (созвѣздіе); блуждающій огонекъ; (зоол.) драконъ; летучая ящерица
Draff (*драф*) s. соръ, нечистота, помои.
Draffish (*драф'-иш*) adj. дрянной.
Draffy (*драф'-и*) adj. испорченный.
Draft (*драфт*) s. вексель, бонъ, чекъ на кассу; см. **Draught**; ‖ va. рисовать, чертить; состав-

лять, редактировать, (воен.) отряжать

Drag (*дрӓг*) va. таскать, волочить: влачить (жизнь), тянуть; (агр.)боронить. **To — the anchor**, тянуть якорь. **To — along**, тащить. **To — away**, оттягивать. **To — down**, стаскивать. **To — out**, вытаскивать. || vn. тащиться, волочиться по землѣ. **The affair —s**, дѣло тянется. **The anchors —**, якоря напрягаются. || s. драга, кошка; тачка; плотъ; судно на буксирѣ; тормазъ. **To put on the —**, сажать на крючокъ. **— -boat**, землечерпательная машина. **— -chain**, тормазъ. **— net**, бредень, мрежа **— -hook**, крючокъ.

Draggle (*дрӓг'-гл*) va. грязнить (волоча по землѣ). || vn. грязниться, пачкаться. **— -tailed**, запачканный.

Dragoman (*дрӓг'-мӓн*) или **Drogoman**, въ pl. **Dragomans**, драгоманъ, дипломатическій переводчикъ.

Dragon (*дрӓг'-ӧн*) s. драконъ,(астр.) Драконъ (созвѣздіе). **— -fly**, стрекоза. **—'s -blood**, драконовая кровь (смола). **— -like**, злой, ехидный. **— -tree**, драцена.

Dragonet (*дрӓг'-ӧн-ет*) s. маленькій драконъ. [коновидный

Dragonish (*дрӓк'-ӧн-иш*) adj. дра-

Dragonnade (*дрӓ-гун-эд'*) s (ист.) гоненія на протестантовъ приЛюдовикѣ XIV; карательныя экспедиціи, казаконада.

Dragoon (*дрӓ-гун'*) s (воен.) драгунъ; || va. отдавать на разграбленіе драгунамъ.

Drain (*дрэн*) va осушать почву, дренировать; опоражнивать, исчерпывать; || vn. стекать каплями || s. осушеніе (почвы), водосточная труба; исчерпаніе. [мый

Drainable (*дрэн'-ӓ-бл*) adj. осуши-

Drainage (*дрэн'-эдж*) s. дренажъ; осушеніе, осушка, вытеканіе.

Drainer (*дрэн'-ер*) s. сточная рѣшетка.

Draining (*дрэн'-инг*) s. дренированіе, осушка (почвы); осушеніе; вытеканіе

Drake (*дрэк*) s селезень.

Dram (*дрӓм*) s. драхма, капля;рюмка. **— -shop**, кабакъ.

Drama (*дра'-ма*) s. (теат.) драма.

Dramatic (*дра-мӓт'-ик*) adj драматическій.

Dramatically (*дрӓ-мӓт'-ик-ӓли*) adv. драматически

Dramatist (*дрӓм'-а-тист*) s. драматургъ. [сать драму

Dramatize (*дрӓм'-а-тайз*) va. пи-

Dramaturgy (*дрӓм'-ӓ-тӧр-джи*) s. драматургія.

Drape (*дрэп*) va. валять (сукно); драпировать.

Draper (*дрэ'-пер*) s торговецъ сукнами

Drapery (*дрэ'-пер'-и*) s суконное производство, суконный товаръ.

Drastic (*дрӓс'-тик*) adj (мед.)сильно слабительный

Draught (*драфт*) s. тащеніе, тяга, возка, сквозной вѣтеръ; чертежъ, очеркъ, вексель, ордеръ;глотокъ; || напитокъ; (фарм.) микстура; стрѣльба изъ лука, (воен.) диверсія; (рыб.) тоня; стокъ (воды). **The miraculous —**, чудесная ловля. **— -board**, шашечница, **— -horse**, упряжная лошадь. **— -net**, неводъ. **— -player**, игрокъ въ шашки.

Draughts (*драфтс*) s. pl. игра въ шашки; шашки

Draughtsman(*драфтс'-мӓн*)s чертежникъ, рисовальщикъ.

Draw (*дро'о*) va. тащить, тянуть, волочить, везти; вытаскивать; всасывать; втагивать; вдыхать; увлекать, заманивать; извлекать, черпать; рисовать, чертить, писать. **The loadstone draws iron**, магнитъ притягиваетъ желѣзо. **To — breath**, передохнуть. **To — the sword**, обнажить мечъ, сражаться. **To — wine from a cask**, извлечь вино изъ бочки. **To — a tooth**,извлечь зубъ. **To — water from a well**, достать воды изъ колодца. **To — lots**, тянуть жребій. **To — a prize**, выиграть призъ. **To — a line on paper**, начертить линію на бумагѣ. **To — from nature**, рисовать съ натуры. **To — a bill of exchange**, подписать вексель. **To — again**, снова вытянуть. **To — aside**, отвести, оттащить въ сторону; отдернуть(занавѣсъ). **To — back**, оттащить назадъ, взять обратно. **To — forth**, вызвать впередъ, выдвинуть. **To — in**, втащить; вовлекать, заманивать; проводить; сосредоточивать (силы); сжать (губы). **To — out**, вытаскивать, извлекать; растягивать. || vn. тащить, везти, тянуть; рисовать, набрасывать. **To — aside**, становиться въ сторонкѣ. **To — near**, приближаться, подходить. **To — off**, удаляться, отступать. **To — on**, (торг. выдавать векселя на кого; наступать. **The night draws on**, наступаетъ ночь. **To — together**, собираться, сходиться вмѣстѣ; быть заодно. **To — up**, выстраиваться въ линію; останавливаться (объ экипажахъ).

Drawback (*дро'о-бӓк*) s. возвратная пошлина; уступка при покупкѣ наличными.

Drawbridge (*дро'о-бридж*) s. подъемный мостъ.

Drawee (*дро-и'*) s. лицо, обязанное уплатить (по векселю).

Drawer (*дро'о-ер*) s. векселедатель, лицо, обязывающее уплатить (трасантъ); черпающій; рисовальщикъ. **Chest of —s,** комодъ.

Drawers (*дро'о-ерс*) s. pl. подштанники.

Drawing (*дро'о-инг*) s. рисованіе, черченіе; рисунокъ, чертежъ; || тащеніе, волоченіе; тиражъ розыгрышъ (лотареи). — **-book,** тетрадь для рисованія, альбомъ. — **-knife,** (плотн.) скобель, стругъ. — **-master,** учитель рисованія. — **-pen,** рейсфедеръ. — **-pencil,** карандашъ рисовальный.

Drawing-room, (*дро'г-инг-рум*) s. гостиная, салонъ. **To hold a —,** принимать (гостей).

Drawl (*дро'о-л*) va. vn. тянуть, влачить; говорить протяжно; || s. протяжное произношеніе.

Drawling (*дро'ол-инг*) adj. медленно говорящій.

Drawn (*дро'он*) adj. одинаковый, равный; нерѣшительный. **A — game,** игра ни въ чью. **A — battle,** нерѣшенная битва. — **andl quartered,** четвертованный, разорванный на части.

Dray (*дрэй*) s. сани, дровни. — **-horse,** ломовая лошадь. — **-man,** ломовой извощикъ, барабузъ.

Dread (*дред*) s. боязнь, испугъ, страхъ, ужасъ; || adj. страшный, ужасный; || va. vn. бояться, страшиться, ужасаться.

Dreadful (*дред'-фул*) adj. страшный, ужасный.

Dreadfully (*дред'-фул-и*) adv. страшно, ужасно. [страхъ, ужасъ.

Dreadfulness (*дред'-фул-нес*) s.

Dreadless (*дред'-лес*) adj. безстрашный.

Dream (*дрим*) s. сонъ, сновидѣніе: грёза, мечта. || va. vn. видѣть во снѣ, сниться; || vn. мечтать, помышлять, воображать; предаваться грезамъ, мечтамъ.

Dreamer (*дрим'-ер*) s. видящій сны; мечтатель; || лѣнтяй, тяжолый на подъемъ.

Dreamingly (*дрим'-инг-ли*) adv неповоротливо; какъ во снѣ.

Dreamy (*дрим'-и*) adj. мечтательный, полный грёзъ.

Drear (*дрир*) adj. см. **Dreary.**

Drearily (*дрир'-и-ли*) adv. мрачно, угрюмо, печально.

Dreariness (*дрир'-и-нес*) s. ужасъ; мрачный видъ.

Dreary (*дрир'-и*) adj. ужасный, страшный; угрюмый, печальный, жалобный, заунывный.

Dredge (*дредж*) s. драга; смѣсь ячменя съ овсомъ для посѣва; || va. драгировать; обваливать въ мукѣ.

Dredger (*дредж'-ер*) s. ловящій устрицъ драгою; сосудъ для обсыпанья мукой.

Dredging-machine (*дредж'-инг-ма-шин'*) s. землечерпательная машина. [докъ, отстой.

Dregginess (*дрег'-ги-нес*) s. оса-

Dreggy (*дрег'-ги*) adj. мутный.

Dregs (*дрегз*) s. pl. подонки, осадокъ, отстой.

Drench (*дренч*) va. мочить, смачивать, промачивать; орошать; поить, напаивать; (ветер.) давать сильное слабительное (лошади); || s. (вет.) сильное слабительное.

Dresden (*дрез'-д-н*) npr. (геогр.) Дрезденъ.

Dress (*дрес*) va. чистить (лошадь); стряпать (кушанье); чистить (платье); причесывать (волосы); подстригать (деревья); мять (ленъ); обрабатывать (землю); выдѣлывать (кожу); приготовлять; одѣвать, наряжать. **To — a lady's hair,** дѣлать прическу дамѣ. **To — out,** наряжаться по праздничному. || vn. (воен.) выстраиваться; || одѣваться, наряжаться. **To — in plain clothes,** наряжаться. || одежда, нарядъ, уборъ, прическа; (воен.) форменное платье. **Military —,** военный мундиръ. **High neck —,** высокое, закрытое платье. **Head —,** прическа. **Low neck —,** открытое платье, декольте. **Full —,** туалетъ, парадная одежда. [костюмеръ.

Dresser (*дрес'-ер*) s. парикмахеръ,

Dressing (*дрес'-инг*) s. одѣваніе, причесываніе; нарядъ, уборъ, прическа; || стряпня; чистка (лошади); выдѣлка (кожъ); (агр.) обработка (земли); навозъ, удобреніе; (хир.) перевязка. — **-case,** дорожный дамскій несессеръ. — **-gown,** пеньюаръ; халатъ. — **-room,** уборная. — **-table,** туалетъ, туалетный столикъ. [портниха.

Dress-maker (*дрес'-мэ-кер*) s.

Dressy (*дрес'-и*) adj. изящно одѣтый; разодѣтый въ пухъ и прахъ.

Drib (*дриб*) vn. урѣзывать, сбавлять; манить; || s. капля, малость.

Dribble (*дриб'-бл*) vn. капать, литься по каплямъ; || va. лить по каплямъ.

Dribblet (*дриб'-лет*) s. мелочь, небольшая сумма (денегъ).

Dried (*драйд*) adj. высушенный, сухой.

Drift (*дридфт*) s. сила (толчка), стремленіе (теченія. страсти);

цѣль, намѣреніе; ливень; наносъ (песку); сугробъ (снѣга); градъ (пуль); (мар.) дрейфъ (судна); (гор.) штольня. **— s of dust,** клубы пыли. || vn. собираться, наноситься (въ кучу); (мор.) дрейфовать; || va. сносить (судно теченіемъ); гнать (вѣтромъ).

Drifting (*дрифт'-инг*) s. накопленіе, натаскиванье; нагроможденіе.

Drill (*дрил*) va. сверлить; волочить, медлить; заманивать кого надеждами; учить солдатъ; (агр.) сѣять рядами; || vn. медленно течь; (воен.) дѣлать упражненія, учиться; || s сверло, коловоротъ; ручей, ручеекъ; (воен.) ученіе; (агр.) сѣялка; борозда. **— -bow,** стальной лучокъ. **— -husbandry,** посѣвъ сѣялкой.

Drilling (*дрил'-инг*) s. сверленіе; (воен.) ученіе, выправка, || (агр.) посѣвъ рядами.

Drink (*дринк*) vn. пить, выпивать **To — hard,** сильно пить. **To — like a fish,** пить запоемъ. || va. пить. **To — in,** всасывать, впитывать. **To — a bumper, a brimmer,** выпить залпомъ. || s. питье, напитокъ.

Drinkable, (*дринк'-ā-бл*) adj. годный для питья; || s. питье, напитокъ.

Drinker (*дринк'-ер*) s. пьяница.

Drinking (*дринк'-инг*) s. питье, выпиваніе; попойка, пьянство. || adj. застольный, относящійся до питья, выпивки.

Drip (*дрип*) vn. капать, падать каплями; || va. лить каплями; || s. капля.

Dripping (*дрип'-пинг*) s. жиръ, капающій съ жареннаго мяса. **— -pan,** сковорода противень.

Drip-stone (*дрип'-стон*) s. фильтръ, отливина.

Drive (*драйв*) va. понуждать, заставлять; тащить, толкать; править (лошадьми); вынуждать, обязывать. **To — to desperation,** доводить до отчаянія. **To — mad,** доводить до безумія. **To — cattle to market,** вести домашній скотъ на базаръ. **— that nail up to the head,** вколачивать гвоздь до головки. **To — along,** толкать передъ собой. **To — away,** прогонять, отгонять прочь. **To — away sorrow,** отгонять печаль **To — back,** оттѣснять, прогонять назадъ. **To — on,** погонять, понуждать, подгонять (лошадей). || vn. быть гонимому; нестись на, кидаться на; (мор.) дрейфовать, ѣхать въ экипажѣ; стремиться къ чему, добиваться (чего). **You — too fast,** вы слишкомъ быстро ѣдете **To — at,** мѣтить на что, претендовать. **You see what he is driving at,** вы видите на что онъ метитъ. **To — back,** возвращаться въ экипажѣ. **To — off,** уѣхать въ экипажѣ. **To — on,** продолжать путь **To — out,** выѣзжать въ экипажѣ. || s. катаніе прогулка въ экипажѣ; аллея для катанія въ экипажахъ.

Drivel (*дрив'-л*) vn. слюнявить; || * нести чехуху; || s. слюна.

Driveller (*дрив'-л-ер*) s слюнявый; дурень.

Drivelling (*дрив'-л-инг*) s. слюни; чепуха; || adj слюнявый, глупый, слабоумный.

Driver (*драйв'-ер*) s кучеръ; извощикъ; погонщикъ; кондукторъ; двигатель, моторъ; (мор.) драйверъ, большая бизань.

Driving (*драйв'-инг*) adj. движущій. **— -wheel,** движущій колесо. **— -shaft,** ось мотора.

Drizzle (*дриз'-зл*) va. капать; накрапывать, моросить **It —s,** моросить; || s. мелкій дождикъ.

Drizzling (*дриз'-злинг*) s. изморозь, мелкій дождь; крупа, мелкій снѣгъ.

Drizzly (*дриз'-зли*) adj. относящійся къ изморози.

Droll (*дро'-ол*) s. шутникъ, забавникъ; шутка; || adj. смѣшной, забавный, веселый; шутовской. **A — fellow,** забавный малый. || va. осмѣивать, трунить надъ кѣмъ. || vn. смѣяться, потѣшаться, шутить.

Drollery (*дро'ол-ер-и*) s. шутка, проказа; кукольная комедія.

Drollish (*дро'ол-иш*) adj. забавный.

Dromedary (*дрŏм'-и-дери*) s. одногорбый верблюдъ.

Drone (*дро'-он*) s. лѣнтяй, бездѣльникъ; трутень; глухой шумъ, гулъ; || vn. жизнь въ праздности, бездѣльничать; гудѣть.

Droning (*дро'он-инг*) s лѣность, праздность; гуденіе.

Dronish (*дро'он-иш*) adj лѣнивый, праздный.

Droop (*друп*) vn. изнемогать, томиться, чахнуть, вянуть, ослабѣвать, поникнуть. **The flowers begin to —,** цвѣты начинаютъ вянуть. || va. повѣсить, опустить. наклонять голову

Drooping (*друп'-инг*) s. томленіе, изнеможеніе, упадокъ духа. || adj томный, изнемогающій, слабый, поникшій.

Droopingly (*друп'-инг-ли*) adv. изнеможенно

Drop (*дроп*) s. капля; серьга (въ ушахъ); (мор.) длина или высота паруса; выдвижная доска у висѣлицы. **A — of wine,** капля вина. **Rupert's —s,** слезы изъ стекла. || va. капать, лить капаями; ронять, уронить, бросать; вставить (слово); проговориться; проливать (слезы); опустить (дуло ружья); отвѣсить поклонъ; (мор.) бросить (якорь); оставлять, покидать; отказываться отъ чего; прекращать. **Let us — the subject,** перемѣнимъ тему разговора. **To — a hint,** сдѣлать намекъ. **To — a letter in the post,** бросить письмо на почту. || vn. капать, литься по каплѣ; падать, валиться; опускаться, спускаться. **To — off,** отпадать, расходиться; умирать. **The affair dropped,** дѣло ускользнуло. **Just drop in,** будьте любезны зайти.

Droplet (*дрŏп'-лет*) s. капелька.

Dropping (*дроп'-пинг*) s. капаніе. || adj. капающій. **— -bottle,** капельникъ. **— -tube,** цилиндрическая трубочка для капанія; (хим.) пипетка.

Dropsical (*дроп'-сик-ăл*) adj. (мед.) страдающій водянкой.

Dropsied (*дроп'-сид*) adj. см. **Dropsical.**

Dropsy (*дроп'-си*) s. (мед.) водянка.

Drapwort (*дроп'-уŏрт*) s. (бот.) таволга нитковислая.

Dross (*дрос*) s. пѣна, окалина, шлакъ, накипь; || остатки, соръ, отбросы.

Drossiness (*дрос'-и-нес*) s. нечистота, сорность, изобиліе шлака.

Drossy (*дрŏс'-и*) adj. шлаковатый; нечистый, сорный.

Drought (*дра'ут*) s. сухая погода, бездожье; || жажда.

Droughtiness (*дра'ут-и-нес*) s. сухость, засуха.

Droughty (*дра'ут-и*) adj. сухой, безводный; томимый жаждой.

Drove (*дро'ов*) s. стадо (животныхъ) гуртъ (скота); толпа, ватага (людей); || скотопрогонная дорога.

Drover (*дро'ов-ер*) s. пастухъ, гуртовщикъ, скотопромышленникъ; || судно, несомое теченіемъ.

Drown (*дра'ун*) va. топить потоплять; затоплять; пересиливать. **To be drowned,** быть утопленнымъ. || vn. тонуть; утопиться.

Drowse (*дра'уз*) vn. засыпать, дремать; || va. усыплять; || s. дремота.

Drowsily (*дра'у-зи-ли*) adv сонно, сонливо, лѣниво.

Drowsiness (*дра'у-зи-нес*) s. дремота, сонливость; сонъ; || лѣнь; вялость.

Drowsy (*дра'у-зи*) adj. сонный, сонливый; усыпляющій; тупой.

Drub (*дрŏб*) va. колотить, бить, тузить; || s. ударъ (палкой).

Drubbing (*дрŏб'-бинг*) s битье палками.

Drudge (*дродж*) vn. работать, трудиться усиленно; || s. работникъ, труженникъ, чернорабочій; слуга; горемыка, бѣдняга.

Drudger (*дрŏдж'-ер*) s. работникъ труженникъ, чернорабочій.

Drudgery (*дрŏдж'-е-рп*) s. грязная, тяжелая работа.

Drudging (*ндрŏдж'-инг*) s. см. **Drudgery.**

Drudgingly (*дрŏдж'-инг-ли*) adv. утомительно, съ большимъ трудомъ.

Drug (*дрŏг*) s. аптекарскій товаръ; вещь безъ цѣнности, бракъ; дрянь; || va. подмѣшивать лекарственныя снадобья; подмѣшивать ядъ; || прописывать лекарство.

Drugget (*дрŏг'-гет*) s. драгетъ (матерія).

Druggist (*дрŏг'-гист*) s. дрогистъ.

Druid (*дру'-ид*) s. друидъ, жрецъ.

Druidic (*дру-ид'-ик*) adj. друидическій.

Druidism (*дру'-ид-изм*) s. друидизмъ, религія друидовъ.

Drum (*дрŏм*) s. барабанъ; || (анат.) барабанная перепонка (въ ухѣ). **Big —,** большой барабанъ. **Kettle —,** кимвалъ. **A — of figs,** коробка съ финиками. || vn. барабанить; || шумѣть (въ ушахъ); || va. (воен.) выгонять солдата при барабанномъ боѣ. **To — up,** собирать барабаннымъ боемъ. **He was drummed out of the regiment,** онъ былъ изгнанъ изъ полка. **— -fish,** губанъ, барабанщикъ (рыба). **— major,** тамбуръ-мажоръ. **— stick,** барабанная палочка.

Drummer (*дрŏм'-ер*) s. барабанщикъ.

Drunk (*дрŏнк*) adj. пьяный. **To make —,** опьянять. **To get —,** опьяняться.

Drunkard (*дрŏн'-керд*) s. пьяница, пьянчуга.

Drunken (*дрŏнк'-н*) adj. пьяный, опьянненый.

Drunkenness (*дрŏнк'-н-нес*) s. опьяненіе, хмель; пьянство.

Druse (*друс*) s. (мин.) друза; пустота въ скалѣ усѣянная кристаллами

Dry (*драй*) adj. сухой, высохшій, пересохшій; сухой, черствый, грубый; колкій. **— weather,** сухая погода. **—goods,** (въ Америкѣ) новисти новинки (въ торговлѣ). **A manner,** сухое обращеніе. **— -nurse,** няня. **— -salter,** торговецъ солеными товарами. **— -rubbing,** вытираніе досуха. **— -shod,** не замочивъ ногъ, съ сухими ногами. **To be —,** жаждать. **A — joke,** колкость. || va. сушить, высушивать. **To — up,** высушивать, вытирать **— up your tears,** высушивать ваши слезы.

|| vn. сохнуть, засыхать, высыхать. — **beat,** слегка ударять
Dryad (*драй'-ăд*) s. дріада, лѣсная нимфа.
Dryer (*драй'-ер*) s. сушащій, высушивающее средство
Drying (*драй'-инг*) s сушеніе, сушка; || adj. высушивающій
Dryness (*драй'-нес*) s сухость
Dual (*дью'-ăл*) adj. и s. (грам.) двойственный, двойственное число.
Dualism (*дью'-ăл-изм*) s. дуализмъ
Dualist (*дью'-ăл-ист*) s. дуалистъ
Dualistic (*дью'-ăл-ист'-ик*) adj дуалистическій.
Duality (*дью-ăл'-и-ти*) s. двойственность; разобщеніе.
Dub (*дŏб*) va. посвящать кого въ рыцари; прозывать, именовать; признавать кого кѣмъ [линъ
Dublin (*дŏб'-лин*) npr (геогр.) Дуб-
Dubious (*дью'-би-ŏс*) adj. нерѣшительный, сомнительный
Dubiously (*дью'-би-ŏс-ли*) adv нерѣшительно, сомнительно.
Dubiousness (*дью'-би-ŏс-нес*) s. нерѣшительность, сомнѣніе.
Ducal (*дью'-кăл*) adj герцогскій
Ducat (*дŏк'-ăт*) s. дукатъ, червонецъ, золотой.
Ducatoon (*дŏк-ă-тун'*) s дукатъ (монета золотая).
Duchess (*дŏч'-ес*) герцогиня.
Duchy (*дŏч'-и*) s герцогство.
Duck (*дŏк*) s. утка, селезень; || кивокъ, поклонъ; || ныряніе, купаніе; парусина; || (ласкательные слова) голубчикъ, голубка, уточка, цыпочка; || va vn. нырять, окунаться; наклонить голову, кивать, кланяться; (мор) обливать водой; зарываться носомъ (о суднѣ на волненіи)
Ducking (*дŏк'-инг*) s. купаніе, погруженіе въ воду. — **-stool,** купальный стулъ. [воногій.
Duck-legged (*дŏк-легд*) adj. кри-
Duckling (*дŏк'-линг*) s. утенокъ.
Ducky (*дŏк'-и*) s. мой голубчикъ.
Duct (*дŏкт*) s. направленіе, управленіе, веденіе; || каналъ.
Ductile (*дŏк'-тил*) adj гибкій; ковкій; податливый.
Ductily (*дŏк'-тил-ли*) adv. гибко.
Ductileness (*дŏк'-тил-нес*) s. гибкость; ковкость
Ductility (*дŏк-тил'-и-ти*) s. гибкость; податливость; любезность.
Dudgeon (*дŏд'-джŏн*) s. маленькій кинжалъ; распря; недовольствіе. **To take in —,** истолковать, понять въ другомъ смыслѣ.
Duds (*дŏдз*) s. pl. трянье, ветошь; пожитки (старыя)
Due (*дью*) adj должный, слѣдующій, причитающій, подобающій, надлежащій; точный, правильный. **Two months are now —,** намъ должны жалованіе за два мѣсяца. **In — form,** по всѣмъ правиламъ по формѣ **In — time,** въ надлежащее время. || adv. надлежащимъ образомъ, точно || s. должное, справедливое требованіе; право; вознагражденіе. **Give the devil his —,** и чорту нужно отдать должное
Duel (*дью'-ел*) s дуэль, поединокъ **To fight a—,** драться на дуэли. || vn. va. драться на дуэли
Duelling (*дью'-ел-инг*) s. поединокъ; дуель.
Duellist (*дью'-ел-ист*) s. дуэлистъ, бретёръ. [гувернантка, дуэнья.
Duenna (*дью-ен'-на*) s приставница,
Duet (*дью'-ет*), **Duetto** (*дью-ет'-то*) s. (муз.) дуэтъ.
Duffel (*дŏф'-фл*) s. шерстяной молетонъ. [вымя (коровье).
Dug (*дŏг*) s. сосокъ, сосецъ, титька;
Duke (*дьюк*) s. герцогъ.
Dukedom (*дьюк'-дŏм*) s. герцогство.
Dulcet (*дŏл'-сет*) adj сладкій, пріятный, мелодичный, гармоничный.
Dulcification (*дŏл-си-фи-кэ'-шŏн*) s (хим.) подслащиваніе; услажденіе.
Dulcify (*дŏл'-си-фаи*) va. подслащивать; || услаждать.
Dulcimer (*дŏл'-си-мер*) s. (муз.) гусли; цитра; тимпанъ.
Dulcorate (*дŏл'-ко-рэт*) va. подслащивать; || услаждать.
Dulcoration (*дŏл-ко-рэ'-шŏн*) s. см. **Dulcification.** [тымъ
Dulia (*дью'-ли-а*) s. поклоненіе свя-
Dull (*дŏл*) adj. сухой, безтолковый; лѣнивый; мѣшковатый; нерасторопный; скучный, печальный, хмурый; блѣдный; тупой. **Trade is —,** торговля въ застоѣ. **He is — of apprehension,** онъ не быстро схватываетъ. **You are very — to-day,** вы сегодня скучны. **We had a — time of it,** мы сильно скучали **A — sound,** глухой звукъ. — **weather,** хмурая погода. || va. тупить, притуплять, ослаблять, заглушать; дѣлать тусклымъ, опечаливать. || vn. притупляться; глупѣть. — **-brained,** тупоумный — **-disposed,** задумчивый, недовольный — **-eyed,** съ потухшимъ взоромъ. — **-witted** тупой
Dullard (*дŏл'-ерд*) s. олухъ, тупица; || adj тупоумный, безтолковый.
Dully (*дŏл'-ли*) adv. тупо, тупоумно, безтолково; тяжело, сон-

ливо; печально· мрачно; тускло; глухо (о звукѣ).
Dulness (*дŏл'-несв*) s. тупость, безтолковость; сонливость; оцѣпенѣлость; мрачность; скука, печаль. [альга.
Dulse (*делс*) s. (бот.) съѣдобная
Duly (*дью-ли*) adv. надлежащимъ образомъ, точно, правильно.
Dumb (*дŏм*) adj. нѣмой, безгласный; || va. заставлять молчать. **To strike —**, огорошить, удивить. **— -bells**, гири для гимнастики. **— show**, пантомима. **— -waiter**, родъ буфета.
Dumbness (*дŏм'-нес*) s. нѣмота, безгласіе.
Dumfound (*дŏм'-фаунд*) или **Dumfounder**, va. заставить кого замолчать; удивлять, поражать; смущать.
Dummy (*дŏм'-ми*) s. нѣмой (m.), нѣмая (f.); выходящій (въ вистѣ).
Dump (*дŏмп*) s. печаль, грусть; задумчивость, меланхолія. **To be in the —s**, быть въ мрачномъ настроеніи. [ный, задумчивый.
Dumpish (*дŏмп'-иш*) adj. печаль-
Dumpishly (*дăмп'-иш-ли*) adv. печально, задумчиво.
Dumpishness (*дăмп'-иш-нес*) s. печаль, грусть, задумчивость.
Dumpling (*дŏмп'-линг*) s. родъ пуддинга.
Dumpy (*дŏмп'-и*) adj. приземистый.
Dun (*дŏн*) adj. коричневый, каштановый, темный; караковый (о масти лошади); || s. настойчивый заимодавецъ; || va. настойчиво требовать уплаты.
Dunce (*дŏнс*) s. олухъ, остолопъ; неучъ, невѣжа.
Dung (*дŏнг*) s. калъ, пометъ, испражненія, говно; навозъ, удобреніе. **Cow —**, коровій навозъ. **Horse —**, лошадиный навозъ. || va. унаваживать (землю); || vn. испражняться (о животныхъ). **— -fork**, вила для навоза. **— -yard**, задній дворъ.
Dunghill (*дŏнг'-хил*) s. навозная куча; грязь; нищенская обстановка; || adj. навозный; низкій; презрѣнный.
Dungy (*дŏнг'-и*) adj. навозный; грязный, низкій; презрѣнный.
Dunkirk (*дŏн'-керк*) npr. (геогр.) Дюнкеркъ.
Dunnage (*дŏн'-нэджс*) s. (мор.) подстилка (подъ товарами).
Dunner (*дŏн'-ер*) s. ходатай по мелкимъ дѣламъ. [вый.
Dunnish (*дŏн'-ниш*) adj. коричне-
Duo (*дью'-о*) s. (муз.) дуэтъ.
Duodecimal (*дью-о-дес'-и-мăл*) adj. двѣнадцатиричный.
Duodecimo (*дью-о-дес'-и-мо*) adj. и s. въ двѣнадцатую долю листа.
Duodenum (*дью-о-ди'-нŏм*) s. (анатом.) двѣнадцатиперстная кишка.
Dupe (*дьюп*) s. обманутый, простофиля, олухъ; || va. обманывать, водить за носъ.
Dupion (*дью'-пи-ŏн*) s. двойной коконъ шелковичнаго червя.
Duple (*дью'пл*) adj. двойной, || va. двоить, удваивать.
Duplicate (*дью'-пли-кэт*) adj. двойной, удвоенный; || s. двойное количество чего; копія, дубликатъ; залоговая квитанція. **Done in —**, сдѣланный въ двойномъ видѣ. || va. удваивать, сдваивать.
Duplication (*дью-пли-кэ'-шŏн*) s. удваиваніе. |(анат.) складка.
Duplicature (*дью-пли-ка-чур*) s.
Duplicity (*дью-плис'-и-ти*) s. двоякость, двойственность; || двоедушіе, лукавство, коварство.
Durability (*дью-рă-бил'-и-ти*) s. прочность, долговременность.
Durable (*дью'-рă-бл*) adj. прочный, долговременный.
Durableness (*дью-рă-бл-нес*) s. см. **Durability**.
Durably (*дью'-рă-бли*) adv. прочно.
Dura-mater (*дью'-рă-мэ'-тер*) s. (анат.) твердая мозговая оболочка.
Durance (*дьюр'-анс*) s. заточеніе, заключеніе (въ тюрьму); || продолженіе времени.
Duration (*дью-рэ'-шŏн*) s. время, продолжительность, долговременность.
Duress (*дью'-рес*) s. арестованіе, заточеніе, заключеніе (въ тюрьму); неволя. [втеченіи
During (*дьюр'-инг*) prep. во время,
Dusk (*дŏск*) s. сумерки; темный цвѣтъ; || adj. сумеречный; темный.
Duskiness (*дŏск'-и-нес*) s. помраченіе, темноватость.
Duskish (*дŏск'-иш*) adj. мрачный, сумрачный, темноватый.
Dusky (*дŏск'-и*) adj. темный, смуглый; грустный.
Dust (*дŏст*) s. пыль, прахъ; || шумъ, возня. **To bite the —**, пасть на землю. **Saw —**, опилки || va. вытряхивать пыль, мести, запылить; толочь что въ порошокъ. **— -cart**, повозка для нечистотъ. **— -hole**, мусорная яма. **— -pan**, лопата для сгребанія сора.
Duster (*дŏст'-ер*) s тряпка для пыли [ленность.
Dustiness (*дŏст'-и-нес*) s. запы-
Dustman (*дŏст'-мен*) s. мусорщикъ, метельщикъ.
Dusty (*дŏст'-и*) adj. пыльный, запыленный

Dutch (*дðч*) adj. голландскій: ‖ s. голландскій народъ, голландцы; голландскій языкъ.
Duteous (*дью'-ти-ðс*) adj. послушный, покорный, обязательный.
Duteously (*дью'-ти-ðс-ли*) adv. покорно.
Dutiable (*дью'-ти-ă-бл*) adj. подлежащій пошлинѣ, налогу.
Dutiful (*дью'-ти-фул*) adj послушный, почтительный.
Dutifully (*дью'-ти-фул-и*) adv. послушно, почтительно.
Dutifulness (*дью'-ти-фул-нес*) s. послушаніе, покорность, почтительность.
Duty (*дью'-ти*) s. обязанность, долгъ; почтеніе; ‖ должность, служба; ‖ пошлина, налогъ. **Customs —**, таможныя пошлины. **The stamp duties,** гербовыя пошлины.
Duumvir (*дью-ðм'-вир*) (въ pl. **Duumviri**) (ист. рим.) s. дуумвиръ.
Duumviral (*дью-ðм'-ви-рăл*) adj. дуумвирскій.
Duumvirate (*дью-ðм'-ви-рэт*) s. дуумвиратъ.
Dwale (*дуэл'*) s. (герал.) черный цвѣтъ; (бот.) сонная одурь, красавица;
Dwarf (*дуорф'*) va. дѣлать карликомъ; мѣшать росту; ‖ s. карликъ (m.), -лица (f.); ‖ adj. малорослый, карликовый.
Dwarfish (*дуорф'-иш*) adj. маленькій, малорослый, невзрачный.
Dwarfishly (*дуорф'-иш-ли*) adv по-карликовски.
Dwarfishness (*дуорф'-иш-нес*) s малорослость.
Dwell (*дуел'*) vn. жить, жительствовать, обитать; пребывать находиться. **To — on, upon,** простираться на, распространяться на. **We have dwelt too long on this subject,** мы слишкомъ долго останавливались на этомъ предметѣ.
Dweller (*дуел'-ер*) s. житель; обитатель; жилецъ.
Dwelling (*дуел'-инг*) s. жилье, жилище. **— -house,** жилой домъ, жилище. **— -place,** мѣстожительство.
Dwindle (*дуин'-дли*) vn. уменьшаться, умаляться; убывать; распадаться; гибнуть; истощаться, чахнуть. **To — away,** исчезать ‖ va. уменьшать, сокращать, убавлять.
Dye (*дай*) va. красить, окрашивать, ‖ s краска; ‖ окраска, цвѣтъ, колоритъ **— -stuffs,** краски, красящія вещества. **— -wood,** красильное дерево.
Dyeing (*дай'-инг*) s. крашеніе, окрашиваніе,
Dyer (*дай'-ер*) s. красильщикъ.
Dying (*дай'-инг*) s. умираніе, кончина, смерть; ‖ adj. умирающій; смертный, тлѣнный, бренный. **These were his — words,** это были его предсмертныя слова.
Dynameter (*дай-нăм'-и-тðр*) s. динаметръ.
Dynametrical (*дай-нăмэт'-ри-кăл*) adj. динаметрическій.
Dynamic (*дай-нăм'-ик*), **Dynamical** (*дай-нăм'-ик-ăл*) adj. (физ.) динамическій.
Dynamics (*дай-нăм'-икс*) s. (физ.) динамика.
Dynamite (*дай'-нă-майт*) s. динамитъ.
Dynamometr (*дин-ă-мом'-и-тðр*) s. динамометръ.
Dynastic (*ди-нăс'-тик*) adj династическій.
Dynasty (*дин'-нăс-ти*) s. династія
Dyscrasy (*дис'-крă-си*) s. (мед.) дискрасія.
Dysenteric (*дис-ен-тер'-ик*) adj. страдающій дисентеріей; дисентерійный.
Dysentery (*дис'-ен-тер-и*) s. (мед.) дисентерія; кровавый поносъ.
Dispepsia (*дис-пеп'-си-а*), **Dispepsy** (*дис-пеп'-си*) s. (мед.) диспепсія
Dispeptic (*дис-пеп'-тик*) adj. страдающій диспепсіей.
Dyspnœa (*д и с п - н и ' - а*) s. (мед.) одышка.
Dysury (*дис'-ю-ри*) s. (мед.) дисурія

E.

E (*и*) пятая буква англійской азбуки; (муз.) нота ми.
Each (*ич*) pron каждый. **— of us had his apartment,** каждый изъ насъ имѣетъ свое помѣщеніе.
Eager (*и'-гер*) adj. пылкій, зàпальчивый, нетерпѣливый, увлекающійся; рѣзкій (о звукѣ); падкій на что; кислый, острый. **They are — to engage the enemy,** они жаждутъ сразиться съ непріятелемъ **To be — for,** стремиться къ чему.
Eagerly (*и'-гер-ли*) adv. пылко, страстно, съ жаромъ, горячо.
Eagerness (*и-гер'-нес*) s. пылъ, рвеніе, порывъ, горячность; готовность; терпкость, острота.
Eagle (*и-гл*) s. орелъ; орденъ орла; (астр.) созвѣздіе орла. **Golden —,** золотой орелъ. **Bald —,** бѣлоголовой орелъ **The Roman —,** римской орелъ. **— -eyed,** зоркій. —

-sighted, съ орлинымъ взглядомъ — **-stone,** орлиный камень. — **-winged,** съ орлиными крыльями.
Eaglet (*и'-глет*) s. орленокъ.
Eagre (*и'-гер*) s. (мор.) прибой.
Ear (*ир*) s. ухо; слухъ; || ушко, рукоятка; — **of corn,** колосъ. **To prick up one's —s,** навострить уши. **To be over head and —s in debt,** быть по уши въ долгу; || vn. колоситься. — **-ache,** ушная боль. — **-drops,** s. pl. серьги, подвѣски. — **-lap,** ушная мочка. — **-rings,** s. pl. серьги. — **-trumpet,** слуховая труба. — **-wig,** клещакъ, уховертка (насѣкомое).
Earl (*ӧрл*) s. графъ (англійскій)
Earldom (*ӧрл'-дӧм*) s. графство.
Earless (*ир'-лес*) adj. безухій.
Earliness (*ӧр'-ли-нес*) s. поспѣшность; преждевременность; быстрота.
Early (*ӧр'-ли*) adj. ранній, преждевременный; скороспѣлый; рано встающій. **An — fruit,** скороспѣлка. || adv. рано. — **in the morning,** раннимъ утромъ.
Earn (*ӧрн*) va. зарабатывать, добывать, доставать.
Earnest (*ӧр'-нест*) adj. пылкій, увлекающій, старательный; серьезный. — **-entreaties,** настоятельныя уговариванія, требованія. — **in one's duties,** старательный въ исполненіи обязанностей. || s. откровенность, добросовѣстность усердіе. **In —,** въ сурьезъ. **An — of success,** залогъ успѣха.
Earnestly (*ӧр'-нест-ли*) adv. настойчиво, пылко, горячо; серьезно.
Earnestness (*ӧр'-нест-нес*) s. настойчивость; горячность; серьезность.
Earnings (*ӧрн'-цнгз*) s. pl. заработокъ, жалованіе.
Earth (*ӧрсз*) s. земля, почва, міръ; || va. зарывать въ землю, закапывать; || vn. зарываться въ землю, прятаться въ нору. — **-board,** отвалъ (у плуга). — **-born,** земной, вышедшій изъ земли. — **-bound,** привязанный къ землѣ. — **-nut,** земляной орѣхъ. — **-work,** земляныя работы. — **-worm,** земляной червь.
Earthen (*ӧрсз'-н*) adj. земляной; — **-ware,** глиняная посуда.
Earthiness (*ӧрсз'-и-нес*) s. земное начало; любовь къ земному.
Earthling (*ӧрсз'-линг*) s. смертный, человѣкъ, земная тварь
Earthly (*ӧрсз'-ли*) adj. земной, мірской, грубый, матеріальный. — **minded,** мірской — **mindedness,** любовь къ всему земному
Earthquake (*ӧрсз'-куэк*) s. землетрясеніе.
Earthy (*ӧрсз'-и*) adj. земляной, землистый; мірской; грубый.
Ease (*и'-из*) s. покой, просторъ, удобство, легкость, свобода, естественность, непринужденность. **At —,** удобно. **To take one's —,** удобно располагаться. **They have a certain —,** у нихъ есть нѣкоторый достатокъ. || va. облегчать; успокаивать, смягчать. **To — off,** (мор.) уменьшать (ходъ). — **him of this load,** избавьте его отъ этого бремени.
Easeful (*и'-из-фул*) adj. спокойный, тихій, мирный.
Easel (*и'-зл*) s. станокъ, мольбертъ.
Easement (*и'-из-мент*) s. облегченіе, отрада.
Easily (*и'из-и-ли*) adv. удобно, легко, свободно, ловко.
Easiness (*и'из-и-нес*) s. легкость, ловкость, непринужденность; снисходительность.
East (*ист*) s. востокъ; || adj. восточный. — **wind,** восточный вѣтеръ. — **Indies,** Остъ-Индія.
Easter (*ист'-ер*) s. Пасха, Свѣтлое Воскресенье. — **day,** Свѣтлое воскресеніе. — **-eve,** страстная суббота. — **-tide,** страстная и свѣтлая недѣли. — **-week,** святая недѣля.
Easterling (*ист'-ер-линг*) s. житель восточныхъ странъ.
Easterly (*ист'-ер-ли*) adj. лежащій на востокъ. восточный; || adj. на востокъ.
Eastern (*ист'-ерн*) adj. восточный, обращенный на востокъ.
Eastward (*ист'-уӧрд*) adv. на востокъ къ востоку.
Easy (*и'из-и*) adj. удобный, покойный, легкій; зажиточный; сговорчивый, покладистый; свободный, естественный. **To take it —,** легко принять что. **To be in — circumstances,** быть въ выгодныхъ обстоятельствахъ. **This carriage is very —,** это весьма удобный экипажъ. **By stages,** мало по малу, постепенно. **An — man,** покладистый человѣкъ. — **of manners,** любезный.
Eat (*и'ит*) va. vn. ѣсть, питаться. **To — one's words,** отказываться отъ собственныхъ словъ. **To — away,** ѣсть, глодать. **To — up,** потреблять, уничтожать; разрушать, раззорять. || va. ѣсть. **To — with appetite,** ѣсть съ аппетитомъ. **To — into,** откусывать, выѣдать.
Eatable (*и'ит-ӗ-бл*) adj. съѣдобный, || **—s,** s. pl. съѣстные припасы, провизія, пища, кушанія.

Eater (*и'ит-ер*) ѣдокъ, обжора; || ѣдкое средство.
Eating (*и'-ит-инг*) s. ѣда. — **house**, трактиръ, харчевня, гостинница, ресторанъ.
Eaves (*ивз*) s. pl. карнизъ, края крыши.
Eavesdrop (*ивз'-дроп*) va. подслушивать
Eavesdropper (*ивз'-дроп-пер*) s подслушивающій, —щая, || шпіонъ, —ика.
Eavesdropping (*ивз'-дроп-пинг*) s подслушиваніе, шпіонство
Ebb (*эб*) s. морской отливъ, || * убыль, упадокъ. **At a low —**, въ печальномъ состояніи. **— of our life**, закатъ дней, старость, || vn отливать, убывать (о водѣ); || * уменьшаться, ослабѣвать.
Ebbing (*эб'-инг*) s. отливъ, убыль
Ebon (*эб'-он*) s. черное дерево; || adj. эбеновый, изъ чернаго дерева.
Ebonist (*эб'-он-ист*) s. эбенистъ. столяръ, работающій изъ чернаго дерева.
Ebonize (*эб'-он-айз*) va красить подъ черное дерево.
Ebony (*эб'-он-и*) s. черное дерево
Ebriety (*и-брай'-и-ти*) s опьяненіе
Ebullience (*и-бол'-льенс*), **Ebulliency** (*и-бол'-льен-си*) s. кипѣніе
Ebullient (*и-бол'-льент*) adj. кипящій.
Ebullition (*эб-ол-лиш'-он*) s. кипѣніе; броженіе
Eccentric (*эк-сен'-трик*), **Eccentrical** (*эк-сен'-трик-ăл*) adj. (мат) эксцентрическій; || * эксцентричный, странный, оригинальный
Eccentrically (*эк-сен'-три-кăли*) adv. эксцентрически; || оригинально.
Eccentricity (*эк-сен-трис'-и-ти*) s. эксцентричность.
Ecchymosis (*эк-ки-мо'о-сис*) s (мед.) кровоподтекъ.
Ecclesiastes (*эк-кли-зи-ăс'-тиз*) s. Екклезіастъ.
Ecclesiastic (*эк-кли-зи-ăс'-тик*), **Ecclesiastical** (*эк-кли-зи-ăс'-ти-кăл*) adj. церковный, духовный.
Ecclesiastic (*эк-кли-зи-ăс'-тик*) s духовное лицо
Ecclesiastically (*эк-кли-зи-ăс'-ти-ка-ли*) adv. церковно.
Ecclesiasticus (*эк-кли-зи-ăс'-ти-кöс*) s. книга Іисуса, сына Сирахова.
Echelon (*эш'-и-лон*) s. (воен) эшелонъ
Echidna (*э-кид'-на*) s. (зоол) ехидна, ежикъ (птицезвѣры).
Echinate (*эк'-и-нэт*), **Echinated** (*эк'-и-нэт-ед*) adj. (бот.) колючій, иглистый.
Echinus (*и-кай-нöс*) (въ pl. **Echini**) s. ежъ; морской ежъ
Echo (*эк'-о*) (pl. **Echoes**) s эхо, отголосокъ; || vn. отдаваться какъ эхо, отзвучать, отзываться, повторяться; || va. дѣлать эхо.
Eclat (*и-кла'*) s. блескъ, слава.
Eclectic (*эк-лек'-тик*) adj. эклектическій; || s. эклектикъ
Eclecticism (*эк-лек'-ти-сизм*) s. эклектизмъ.
Eclipse (*и-клипс'*) s затменіе (солнечное, лунное); помраченіе (славы); || va. vn затмевать, помрачать, -ся.
Ecliptic (*и-клип'-тик*) s. (астр) эклиптика; || adj еклиптическій.
Eclogue (*эк'-лог*) s. эклога (родъ стихотворенія).
Economic (*и-ко-ном'-ик*) adj экономическій, хозяйственный, бережливый.
Economical (*и-ко-ном'-ик-ăл*) adj. см. **Economic**
Economically (*и-ко-ном'-ик-ăл-и*) adv экономно.
Economics (*и-ко-ном'-икс*) s. экономія, хозяйство, домоводство
Economist (*и-кон'-о-мист*) s. экономистъ.
Economize (*и-кон'-о-майз*) va. vn хозяйничать, экономничать
Economy (*и-кон'-о-ми*) s. экономія, бережливость, домоводство, государственное хозяйство.
Ecstasy (*эк'-стă-си*) s. экстазъ; восторгъ; || va. приводить въ восторгъ.
Ecstatic (*эк-стăт'-ик*) adj. изступленный: восторженный.
Ecstatical (*эк-стăт'-ик-ăл*) adj. см. **Ecstatic**.
Ecstatically (*эк-стăт'-ик-ăл-и*) adv. изступленно; восторженно
Ectropium (*эк-тро'о-пи-öм*) s. (мед.) выворотъ вѣкъ наружу
Ectype (*эк'-тайп*) s снимокъ, слѣпокъ (съ медали)
Ecumenic (*экь-ю-мен'-ик*), **Ecumenical** (*экь-ю-мен'-ик-ăл*) adj. всемірный, общій, вселенскій
Eczema (*эк'-зе-ма*) s. (мед.) экзема.
Edacious (*и-дэ'-шöс*) adj прожорливый, алчный.
Edaciously (*и-дэ'-шöс-ли*) adv прожорливо, алчно
Edaciousness (*и-дэ'-шöс-нес*) s прожорливость, обжорство
Edacity (*и-дăс-и-ти*) s. см **Edaciousness**.
Eddy (*эд'-ди*) s. (pl. **Eddies**) s. встрѣчное теченіе, водоворотъ, омутъ, слѣдъ корабля, || adj вертящійся, крутящійся. — **-water**, струя за кормой. — **-wind**, вихрь, крутящійся вѣтеръ || vn крутиться
Edematous (*и-дем'-ă-тöс*) **Edematose** (*и-дем'-а-тос*) adj страдающій отекомъ, отечный.
Eden (*и-дн*) s эдемъ, рай земной.

Edentalous (*и-ден'-тä-лöс*) adj. беззубый.
Edentated (*и-ден'-тэ-тед*) adj. [беззубый.
Edgar (*эд'-гар*) прг. Эдгардъ.
Edge (*эдж*) s. остріе, лезвіе; кромка, край, окраина; бордюръ; опушка (лѣса); обрѣзъ (книги); ребро; острота (ума); рѣзкость; кислота. **The — of a table,** край стола. **The — of a coin,** ребро монеты. **The — of a sword,** остріе меча. **To take off the —,** притупить. **To set the teeth on —,** набить оскомину. || va. vn. острить, точить, обшивать по краямъ, обрѣзывать края; сравнивать, сглаживать; возбуждать, поощрять; подвигать. **To — one's way through a crowd,** пробиваться сквозь толпу по краю. **To — along,** подвигать мало по малу; || vn. обходить бокомъ. || adj. острый, отточенный. **— -tool,** острый инструментъ. **— -wise,** adv. остріемъ; ребромъ.
Edged (*эджд*) adj. наточенный, острый; окаймленный; возбужденный. **Two —,** обоюдоострый.
Edging (*эдж'-инг*) s, опушка, бордюръ, кантъ, кромка; оттачиваніе.
Edible (*эд'-и-бл*) adj. съѣдобный.
Edict (*и'-дикт*) s. указъ.
Edictal (*и-дикт'-äл*) adj. указный.
Edification (*эд-и-фи-кэ'-шöн*) s. назиданіе, поученіе; || созданіе.
Edifice (*эд'-и-фис*) s. зданіе, сооруженіе.
Edificial (*эд-и-фиш'-äл*) adj. строительный, сооружительный.
Edify (*эд'-и-фай*) va. сооружать; || наставлять.
Edifying (*эд'-и-фай-инг*) adj. назидательный. [поучительно.
Edifyingly (*эд'-и-фай-инг-ли*) adv.
Edile (*и'-дайл*) s. эдилъ (въ др. Римѣ). [жность эдила.
Edileship (*и'-дайл-шип*) s. дол-
Edit (*эд'-ит*) va. издавать.
Edition (*и-дищ'-öн*) s. изданіе.
Editor (*эд'-и-тöр*) s. издатель.
Editorial (*эд-и-то'о-ри-äл*) adj. издательскій; главный редакторъ; || s. передовая статья.
Editorially (*эд-и-то'о-ри-äл-и*) adv. издательски.
Editorship (*эд'-ит-öр-шип*) s. издательство; главное редакторство.
Educate (*эдь'-ю-кэт*) va. воспитывать, образовывать.
Education (*эдь-ю-кэ'-шöн*) s. воспитаніе, образованіе.
Educational (*эдь-ю-кэ'-шöн-äл*) adj. воспитательный.
Educator (*эдь'-ю-кэ-тöр*) s. воспитатель, наставникъ.

Educe (*и-дьюс'*) va. выводить, извлекать; отдѣлять. [ченіе.
Educt (*и-дöкт'*) s. выводъ, извле-
Eduction (*и-дöк'-шöн*) s. извлеченіе, выпускъ, выходъ; стокъ.
Edulcorate (*и-дöл'-кор-эт*) va. подслащивать; промывать.
Edulcoration (*и-дöл-ко-рэ'-шöн*) s. подслащеніе; промываніе.
Edward (*ед'-уäрд*) прг. Эдуардъ.
Eel (*и'ил*) s. угорь (рыба). **— -fishing,** ловля угрей. **— -spear, — -fork,** трезубецъ для ловли угрей. **— -pot,** верша для ловли угрей. [черкнуть, изгладить.
Efface (*эф-фэс'*) va. стереть, вы-
Effaceable (*эф-фэс'-ä-бл*) adj. что можно стереть, вычеркнуть.
Effacement (*эф-фэс'-мент*) s. вычеркиваніе, стираніе.
Effect (*эф-фэкт'*) s. дѣйствіе, слѣдствіе, результатъ; эффектъ; цѣль, намѣреніе; || **—s,** s. pl. движимое имущество. **To carry into —,** приводить въ исполненіе. **To produce an —,** производить впечатлѣніе. || va. совершать, осуществлять, устраивать, дѣлать.
Effective (*эф-фект'-ив*) adj. дѣйствительный, дѣятельный. **An — speech,** воздѣйствующая рѣчь.
Effectively (*эф-фект'-ив-ли*) adv. дѣйствительно.
Effectiveness (*эф-фект'-ив-нес*) s. дѣйствительность (с р е д с т в а); успѣшность (дѣйствія).
Effectless (*эф-фект'-лес*) adj. недѣйствительный, безполезный.
Effector (*эф-фект'-öр*) s. совершитель, виновникъ; причина.
Effectual (*эф-фекть'-ю-äл*) adj. дѣйствительный, успѣшный. **To prove —,** производить дѣйствіе.
Effectually (*эф-фекть'-ю-ä-ли*) adv. дѣйствительно, съ воздѣйствіемъ.
Effectualness (*эф-фекть'-ю-äл-нес*) s. воздѣйствіе.
Effectuate (*эф-фекть'-ю-эт*) va. исполнять, воздѣйствовать.
Effeminacy (*эф-фем'-и-нä-си*) s. изнѣженность.
Effeminate (*эф-фем'-и-нэт*) adj. изнѣженный; сладострастный; женоподобный; || va. vn. изнѣживать, -ся, обабиться.
Effeminately (*эф-фем'-и-нэт-ли*) adv. изнѣженно.
Effeminateness (*эф-фем'-и-нэт-нес*) s. изнѣженность.
Effemination (*эф-фем-и-нэ'-шöн*) s. изнѣженность; женственность.
Effendi (*эф-фен'-ди*) s. эффенди (въ Турціи).
Effervesce (*эф-фер-вес'*) vn. вскипать; шипѣть; бродить.
Effervescence (*эф-фер-вес'-сенс*) s. вскипаніе; броженіе

Effervescent (*эф-фер-вес'-сент*) adj. кипучій, шипучій.
Effervescible (*эф-фер-вес'-си-бл*) adj. могущій дать броженіе.
Effervescing (*эф-фер-вес'-инг*) adj. выдѣляющій газы, находящійся въ броженіи
Effete (*эф-фит'*) adj. истощенный, безплодный; стерильный.
Efficacious (*эф-фи-кэ'-шос*) adj. дѣйствительный.
Efficaciously (*эф-фи-кэ'-шос-ли*) adv. дѣйствительно.
Efficaciousness (*эф-фи-кэ'-шос-нес*) s. дѣйствительность.
Efficience (*эф-фиш'-енс*), **Efficiency** (*эф-фиш'-ен-си*) s. дѣйствіе, дѣйствующая сила; принципъ.
Efficient (*эф-фиш'-ент*) adj. производящій дѣйствіе; || s. дѣйствующая сила, причина.
Efficiently (*эф-фиш'-ент-ли*) adv. какъ дѣйствующая сила.
Effigy (*эф'-фи-джи*) s. образъ, изображеніе, ликъ.
Efflation (*эф-флэ'-шон*) s. дуновеніе.
Effloresce (*эф-фло-рес'*) vn. (хим.) цвѣсти, плѣсневѣть.
Efflorescence (*эф-фло-рес'-сенс*) s. (бот.) цвѣтеніе; || (хим.) плѣсень.
Efflorescent (*эф-фло-рес'-сент*) adj. покрытый плѣсенью.
Effluence (*эф'-флью-енс*) s. испареніе, истеченіе.
Effluent (*эф'-флью-ент*) adj. истекающій; || s. рѣка у истока.
Effluvium (*эф-флью'-ви-ом*) (въ pl. **Effluvia**) s. испареніе, выдѣленіе, эманація.
Efflux (*эф-флокс'*) s. истеченіе, изліяніе; исхожденіе; выдѣленіе, испареніе. [ченіе; токъ.
Effluxion (*эф-флок'-шон*) s. исте-
Efforce (*ефо-рс'*) va. усиливать; углублять; заставлять, принуждать; похищать, насиловать.
Effort (*эф'-форт*) s. усиліе, напряженіе. [усилій.
Effortless (*эф'-форт-лес*) adj. безъ
Effrontery (*эф-фронт'-ер-и*) s. наглость, безстыдство.
Effulge (*эф-фолдж'*) va. vn. блистать, сіять, испускать лучи.
Effulgence (*эф-фол'-дженс*) s. блескъ, лучезарность.
Effulgent (*эф-фол'-джент*) adj. блестящій, лучезарный.
Effulgently (*эф-фол'-джент-ли*) adv. блестяще, съ блескомъ.
Effuse (*эф-фьюз'*) va. изливать; расточать; || vn. истекать, происходить.
Effusion (*эф-фью'-жон*) s. пролитіе; изліяніе (чувствъ); потокъ (словъ); вдохновеніе, наитіе.
Effusive (*эф-фью'-сив*) adj. изливающійся.
Effusiveness (*эф-фью'-сив-нес*) s. изліяніе.
Eft (*эфт*) s. ящерица.
Egad (*и-гäд'*) interj. ей! ей Богу!
Egg (*эг*) s. яйцо; (арх.) украшеніе въ формѣ яйца. **To lay —s,** нестись (о курицѣ). **A new-laid —,** свѣжее яйцо. **A boiled —,** яйцо въ смятку. || va. возбуждать, подстрекать, поощрять, побуждать — **-cup,** рюмка для яицъ. — **-merchant,** торговецъ яйцами. — **-plant,** (бот.) баклажанъ. — **-shaped,** яйцеобразный.
Eglantine (*эг'-лäн-тин*) s. душистый шиповникъ. [бялюбіе.
Egoism (*и'-го-изм*) s. эгоизмъ, се-
Egoist (*и'-го-ист*) s. эгоистъ.
Egoistically (*и-го-ист'-ик-äл-и*) adv. эгоистически.
Egotism (*и'-го-тизм*) s. указываніе на себя самаго.
Egotist (*и'-го-тист*) s. постоянно говорящій о себѣ; эгоистъ
Egotistic (*и-го-тист'-ик*), **Egotistical** (*и-го-тист'-ик-äл-и*) adj. эгоистическій.
Egotistically (*и-го-тист'-ик-äл*) adv. эгоистически.
Egotize (*и'-го-тайз*) vn. говорить постоянно о себѣ, якать.
Egregious (*и-гри'-джос*) adj. превосходный, чрезвычайный. **An — blunder,** явный промахъ.
Egregiously (*и-гри'-джос-ли*) adv. чрезвычайно, превосходно.
Egregiousness (*и-гри'-джос-нес*) s. высшая степень (чего), превосходство.
Egress (*и-грес'*) vn. уходить
Egression (*и-греш'-он*) s. выходъ, уходъ. [хохолокъ, летучка.
Egret (*и'-грет*) s. бѣлая цапля; (бот.)
Egriot (*и'-гри-от*) s. родъ кислыхъ вишенъ. [петъ.
Egypt (*и'-джипт*) prp. (геогр.) Еги-
Egyptian (*и-джип'-шен*) adj. египетскій; || s. египтянинъ, -нка.
Eh (*э*) interj. какъ! ахъ!
Eider (*ай'-дер*), **Eider-Duck** (*ай-дер-дек*) s. гага, гавка (птица).
Eider-Down (*ай'-дер-дäун*) s. гагачій пухъ.
Eight (*эйт*) adj. и s. восемь, осьмерка. — **-fold,** взятый восемь разъ. [цать.
Eighteen (*эйт'-ин*) adj. восемнад-
Eighteenth (*эйт'-инсз*) adj. осьмнадцатый. [октава; осьмушка.
Eighth (*эйтсз*) adj. осьмой; || s. (муз.)
Eighthly (*эйтсз-ли*) adv. въ осьмыхъ. [десятый.
Eightieth (*эйз'-и-есз*) adj. осьми-
Eighty (*эйт'-и*) adj. восемьдесятъ.
Either (*ай'-сзер*) adj. и pron. тотъ или другой; который нибудь; одинъ изъ двухъ; каждый, вся-

кій. **On — side,** съ обѣихъ сторонъ. || conj. или. — **or,** или—или || adv. также **Nor I —**,я также не

Ejaculate (*и-джăкь'-ю-лэт*) va извергать, выбрасывать; произносить; || vn. восклицать.

Ejaculation (*и-джăкь-ю-лэ'-шöн*) s извержение; || восклицаніе; выкрикиваніе.

Ejaculatory (*и-джăкь'-ю-лă-тö-ри*) adj. внезапный. — **repentance,** внезапное раскаяніе; || (анат.) извергаемый.

Eject (*и-джект'*) va. извергать, отставлять; изгонять; испражняться

Ejection (*и-джек'-шöн*) s. изверженіе; выбрасываніе; изгнаніе, испражненіе.

Ejectment (*и-джект'-мент*) s. см **Ejection;** || (юрид.) предписаніе очистить квартиру или выѣхать изъ имѣнія. (ватель.

Ejector (*и-джек'-тöр*) s выбрасы-

Eke (*ик*) va. увеличивать, расширять; дополнять. **To — out the time,** удлиннять время || adv также какъ и; къ тому же, даже.

Elaborate (*и-лăб'-о-рэт*) va. вырабатывать, обрабатывать, || adj выработанный, обработанный.

Elaborately (*и-лăб'-о-рэт-ли*) adv тщательно, отработанно.

Elaborateness (*и-лăб'-о-рэт-нес*) s. выработанность, обработка

Elaboration (*и-лăб-о-рэ'-шöн*) s выработка, обработка.

Elaboratory (*и-лăб'-о-рэ-тив*) adj вырабатывающійся

Elance (*и-ланс'*) va пускать (стрѣлу); давать просторъ (мысли).

Eland (*и'-лăнд*) s. лось, сохатый.

Elapse (*и-лăпс'*) vn. истекать, проходить. [скій, упругій

Elastic (*и-лăс' тик*) adj. эластиче-

Elasticity (*и-лăс-тис'-и-ти*) s. эластичность, упругость.

Elate (*и-лэт'*) adj надутый, напыщенный, опьяненный успѣхомъ, экзальтированный. || va. возносить

Elated (*и-лэт'-ед*) adj. возгордившійся, надменный.

Elatedly (*и-лэт'-ед-ли*) adv горделиво. [напыщенность.

Elation (*и-лэ'-шöн*) s. надменность,

Elba (*эл'-ба*) npr (геог) Эльба.

Elbow (*эл'-боу*) s. локоть; изгибъ (стѣны). — **-room,** * просторъ, свобода дѣйствій.—**chair,** кресло; || va. расталкивать; || * удалять. **To — out,** отталкивать. || vn. выдаваться, выходить угломъ, сгибаться; толкаться.

Elder (*элд'-ер*) adj. и s. старѣйшій, старшій; старецъ, старшина, || **—s,** s. pl. отцы, предки. — **tree.** бузина.

Elderly (*элд'-ер-ли*) adj. пожилой

Eldership (*элд'-ер-шип*) s. старшинство; званіе старшины

Eldest (*элд'-ест*) adj. старшій — **parents,** дѣдъ и бабка.

Eleanor (*эл'-и-ă-нöр*) npr Ѳеонара. [(бот.) девясилъ

Elecampane (*эл-и-кăм-пэн'*) s.

Elect (*и-лект'*) adj. избранный; || s. избранникъ; || va. избирать.

Election (*и-лек'-шöн*) s. избраніе, выборъ.

Electioneer (*и-лек-шöн-ир'*) vn. заискивать, интриговать на выборахъ.

Elective (*и-лект'-ив*) adj. избирательный, выборный **The — franchise,** избирательное право

Electively (*и-лект'-ив-ли*) adv путемъ избранія, по выбору.

Elector (*и-лект'-öр*) s. избиратель.

Electoral (*и-лект'-öр-ăл*) adj. избирательный.

Electorial (*и-лект-о'о-ри-ăл*) s. см. **Electoral.**

Electorship (*и-лект'-öр-шип*) s. избирательное право.

Electress (*и-лект'-öрес*) s. избирательница.

Electric (*и-лек'-трик*), **Electrical** (*и-лек'-трик-ăл*) adj. электрическій. — **light,** электрическій свѣтъ

Electric (*и-лек'-трик*) s. не проводникъ электричества

Electrically (*и-лек'-трик-ăл-и*) adv посредствомъ электричества

Electrician (*и-лек'-триш-öн*) s. электротехникъ.

Electricity (*и-лек-трис'-и-ти*) s. электричество.

Electrify (*и-лек'-три-фай*) va. vn. электризовать, -ся.

Electrode (*и-лек'-трод*) s (физ.) электродъ, проводникъ.

Electrology (*и-лек-трол'-оджи*) s. ученіе объ электричествѣ.

Electrolyzation (*и-лек-тро-ли-зе'-шöн*) s. электролизація.

Electrolyze (*и-лек'-тро-лиз*) va. электролизовать.

Electro-magnet (*и-лек'-тро-мăг-нет*) s. электромагнитъ.

Electro-magnetism (*и-лек'-тро-мăг-нет-изм*) s. электро-магнетизмъ.

Electro-metallurgy (*и-лек-тро-мет'-ăл-öр-джи*) s. гальванопластика. [s. электрометръ.

Electrometer (*и-лек-тром'-и-тöр*)

Electro-motion (*и-лек-тро-мо'о-шöн*) s. движеніе электричествомъ

Electromoter (*и-лек-тро-мо'о-тöр*) s. электродвигатель.

Electron (*и-лек'-трöн*) s. янтарь.

Electro-negative (*и-лек-тро-нег'-ă-тив*) adj. электро-отрицательный

Electro-plate (*и-лек'-тро-плэз*) va. работать путемъ гальванопластики.
Electro-positive (*и-лек-тро-поз'-и-тив*) adj. электро-положительный.
Electroscope (*и-лек'-тро-скôп*) s. [электроскопъ.
Electrotechnics (*и-лек-тро-тек'-никс*) s. электротехника.
Electuary (*и-лек'-чу-ă-ри*) s. (анат.) лекарственная кашка.
Eleemosynary (*эл-и-мос'-и-нă-ри*) s. благотворительный, милостный; живущій подаяніемъ.
Elegance (*эл'-и-ганс*) s. изящество
Elegant (*эл'-и-гăнт*) adj. изящный, элегантный. [щно.
Elegantly (*эл'-и-гăнт-ли*) adv. изя-
Elegiac (*э-ли'-джи-ăк*) adj. элегическій. [элегическій.
Elegiacal (*эл-и-джай'-ăк-ăл*) adj.
Elegist (*и-ли'-джит*) s. поэтъ-элегикъ.
Elegy (*эл'-и-джи*) s. элегія.
Element (*эл'-и-мент*) s. стихія, начало, элементъ || **—s**, pl. элементы.
Elemental (*эл-и-мент'-ăл*) adj. начальный, основной.
Elementary (*эл-и-мент'-ă-ри*) adj. основной, первоначальный.
Elephant (*эл'-и-фăнт*) s. слонъ. **— -driver**, погонщикъ слона.
Elephantiasis (*эл-и-фăн-тай'-ă-сис*) s. слоновая болѣзнь.
Elephantine (*эл-и-фăн'-тин*) adj. слоновый.
Elevate (*эл'-и-вэт*) va. возвышать, повышать; оживлять (духъ); || adj. возвышенный, высокій.
Elevated (*ел'-и-вэ-тед*) adj. высокій, возвышенный.
Elevation (*эл-и-вэ-шôн*) s. возвышеніе, повышеніе; высота.
Elevator (*эл'-и-вэ-тôр*) s. (анат.) поднимающая мышца; (техн.) элеваторъ.
Elevatory (*эл'-и-вэ-то-ри*) adj. возвышающій. [цать.
Eleven (*и-лев'-н*) adj. одиннад-
Eleventh (*и-лев'-нсз*) adj. одиннадцатый.
Elf (*элф*) (pl. **Elves**) s. эльфъ, духъ, сильфъ; домовой; || va. спутать, сбить волосы.
Elfin (*элф'-ин*) adj. относящій къ эльфамъ, сильфамъ; волшебный, таинственный; рѣзвый, лукавый; || s. мальчуганъ, малютка.
Elfish (*элф'-иш*) adj. см. **Elfin.**
Eliah (*илай'-ас*) npr. Илья.
Elias (*или'-а*) npr. Илья.
Elicit (*и-лис'-ит*) va. извлекать, вызывать; выводить, обнаруживать. **To —the truth**, выяснять правду.
Elide (*и-лайд'*) va. раскалывать, раздроблять; (грам.) выпускать слогъ. [s. избираемость.
Elidibility (*эл-и-джи-бил'-и-ти*)
Elidible (*эл'-и-джи-бл*) adj. избираемый; предпочтительный.
Elidibleness (*эл'-и-джи-бл-нес*) s. избираемость.
Elidibly (*эл'-и-джи-бли*) adv. предпочтительно, выгодно.
Elijah (*илай'-джа*) npr. Илья.
Eliminate (*и-лим'-и-нэт*) va. исключать, вычеркивать.
Elimination (*и-лим-и-нэ'-шон*) s. исключеніе, вычеркиваніе.
Eliquation (*э-ли-куэ'-шôн*) s. вытопка (металловъ).
Elisha (*и-лай'-ша*) npr. Елисей.
Elesion (*и-лиж'-он*) s. (грам.) Элизія
Elixate (*и-ликс'-эт*) va. вываривать.
Elixation (*эл-икс-э'-шôн*) s. вывариваніе; || пищевареніе.
Elixir (*и-ликс'-ир*) s. эликсиръ.
Eliza (*и-лай'-за*) npr. Елизавета.
Elizabeth (*и-лиз'-абезс*) npr. Елизавета.
Elk (*элк*) s. лось.
Elke (*элк*) s. дикій лебедь.
Ell (*эл*) мѣра (около аршина).
Ellipse (*эл-липс'*) s. (геом.) эллипсисъ.
Ellipsis (*эл-лип'-сис*) (въ pl. **Ellipses**) s. (грам.) эллипсъ.
Ellipsoid (*эл-лип'-сойд*) s. (геом.) эллипсоидъ.
Ellipsoidal (*эл-лип-сой'-ăл*) adj. эллипсоидальный.
Elliptic (*эл-лип'-тик*) adj. эллиптическій. [липтическій.
Eliptical (*эл-лип'-тик-ăл*) adj. эл-
Ellipticity (*эл-лип-тис'-и-ти*) s. эллиптическій видъ.
Elm (*элм*) s. (бот.) вязъ, ильмъ. **—grove**, ильмовникъ, вязникъ.
Elmy (*элм'-и*) adj. заросшій вязами.
Elocution (*эл-о-кью'-шôн*) s. способъ выраженія, оборотъ рѣчи; слово, даръ слова, декламація.
Elocutionary (*эл-о-кью'-шôн-ă-ри*) adj. относящійся къ способу выраженія. [s. декламаторъ.
Elocutionist (*эл-о-кью'-шôн-ист*)
Elongate (*и-лонг'-гэт*) va. vn. продолжать, растягивать; удалять, -ся
Elongation (*и-лон-гэ'-шôн*) s. продолженіе, удлиненіе, удаленіе, протяженіе, вытягиваніе.
Elope (*и-лоп'*) vn. убѣгать.
Elopement (*и-лоп'-мент*) s. бѣгство, побѣгъ.
Elops (*и'-лопс*) s. морская змѣя.
Eloquence (*эл'-о-куенс*) s. краснорѣчіе. [рѣчивый.
Eloquent (*эл'-о-куент*) adj. красно-

Eloquently (*эл'-о-куэнт-ли*) adv краснорѣчиво.
Else (*элс*) pron. и adj иной, другой, другое **Who — is coming?** кто еще придетъ? **Nobody —**, никто другой **Nothing —**, ничего болѣе. **No where —**, нигдѣ въ другомъ мѣстѣ. || adv и conj. еще, кромѣ, иначе, или, сверхъ того
Elsewhere (*элс'-хуер*) adv въ другомъ мѣстѣ.
Elucidate (*и-лью'-си-дэт*) va. разъяснять, истолковывать.
Elucidation (*и-лью-си-дэ'-шӧн*) s. разъясненіе, истолкованіе
Elucidator (*и-лью'-си-дэ-тӧр*) s толкователь.
Elude (*и-льюд'*) va избѣгать, обходить, устранять.
Eludible (*и-льюд'-и-бл*) adj избѣжимый. [хитрость
Elusion (*и-лью'-жӧн*) s увертка,
Elusive (*и-лью'-сив*) adj избѣгающій, уклоняющійся.
Elusory (*и-лью'-сӧ-ри*) adj. прозрачный, обманчивый.
Elute (*и-льют'*) va. омывать, очищать [щать, сливать.
Elutriate (*и-лью'-три-эт*) va. очи-
Elysian (*и-лиж'-и-ӑн*) adj. елисейскій.
Elysium (*и-лиж'-и-ӧм*) s. (миѳ.) элизіумъ, рай.
Elytra (*и-лай'-тра*) s. надкрыліе (у насѣкомыхъ).
Emaciate (*и-мэ'-ши-эт*) va vn изнурять, истощать, обезцвѣчивать (о растеніяхъ); худѣть, чахнуть; || adj. чахлый.
Emaciation (*и-мэ-ши-э'-шӧн*) s. изнуреніе, худоба. [кать.
Emanate (*эм'-ӑ-нэт*) vn. проистe-
Emanation (*эм-ӑ-нэ'-шӧн*) s. проистеканіе, эманація.
Emanative (*эм-ӑ-нэ'-тив*) adj истекающій, проистекающій отъ.
Emancipate (*и-мӑн'-си-пэт*) va. эманципировать, освобождать.
Emancipated (*и-мӑн'-си-пэт-ед*) adj. освобожденный, эманципированный.
Emancipation (*и-мӑн-си-пэ'-шӧн*) s. эманципація, освобожденіе (изъ подъ власти). [нуилъ.
Emanuel (*и-мӑнь'-ю-ел*) прг. Эма-
Emasculate (*и-мэс'-кью-лэт*) va. оскоплять; || * обезсиливать, разслаблять, изнѣживать; || adj разслабленный, изнѣженный.
Emusculation (*и-мӑс-кью-лэ'-шӧн*) s. оскопленіе, изнѣженность.
Embale (*эм-бэл'*) va. увязывать въ кипы; укладывать.
Embalm (*эм-ба'ам*) va. бальзамировать (трупъ); наполнять благоуханіями. [замировщикъ.
Embalmer (*эм-ба'ам-ер*) s. баль-
Embalming (*эм-ба'ам-инг*) s. бальзамированіе.
Embank (*эм-банк'*) va. преграждать плотинами
Embankment (*эм-банк'-мент*) s плотина, насыпь.
Embargo (*эм-бӑр'-го*) s. (тор. мор.) амбарго (запрещеніе судамъ выходить изъ гавани). **To lay an — on**, наложить запрещеніе на судно; || va. налагать амбарго.
Embark (*эм-барк'*) va. посадить на корабль; || vn. сѣсть на корабль.
Embarkation (*эм-бар-кэ'-шӧн*) s. отправленіе на судахъ.
Embarkment (*эм-барк'-мент*) s. нагрузка
Embarrass (*эм-бӑр'-ӑс*) va. затруднять, стѣснять.
Embarrassingly (*эм-бӑр'-ӑс-инг-ли*) adv. затруднительно
Embarrassement * (*эм-бӑр'-ӑс-мент*) s. затрудненіе.
Embassade (*эм-бӑ-сэд'*) s. посольство
Embassy (*эм'-ба-си*) s. посольство; званіе посла.
Embattle (*эм-бӑт'-тл*) va. выстраивать въ боевой порядокъ.
Embattled (*эм-бӑт'-тл*) adv въ боевомъ порядкѣ
Embattlement (*эм-бӑт'-тл-мент*) s. амбразура. [чать въ гавани.
Embay (*эм-бэй'*) va. (мор.) заклю-
Embed (*эм-бед'*) va. укладывать, запаковывать; вставлять, врѣзывать. [мент) s. украшеніе.
Embellishment (*эм-бел'-лиш-*
Ember (*эм'-бер*) s. зола. **— -days**, трехдневный постъ (у католиковъ) по четвертямъ года.
Embers (*эм'-берз*) s. pl. пепелъ, горячая зола; || * искры.
Embezzle (*эм-без'зл*) va. утаивать, присваивать; расточать.
Embezzlement (*эм-без'зл-мент*) s. утайка, присвоеніе; растрата.
Embezzler (*эм-без'-злер*) s. присвоитель, расточитель.
Embitter (*эм-бит'-тер*) s. огорчающій; || va. огорчать, отравлять.
Emblaze (*эм-блэз'*), *или* **Emblazon** (*эм-блэ'-зн*) va. снабжать гербомъ; украшать яркими цвѣтами.
Emblazonment (*эм-блэ'-зн-мент*) s. снабженіе гербомъ. [гербъ.
Emblazonry (*эм-блэ'-зн-ри*) s.
Emblem (*эм'-блем*) s. эмблема; || va. служить эмблемой.
Emblematic (*эм-блем-ӑт'-ик*) adj. эмблематическій.
Emblematical (*эм-блем-ӑт'-ик-ӑл*) adj. эмблематическій.
Emblematically (*эм-блем-ӑт'-ик-ӑл-и*) adv. эмблематически.
Emblematize (*эм-блем'-ӑ-тайз*) va. быть эмблемой.

Embloom (*эм-блум'*) va. покрывать цвѣтами. [s. воплощеніе.
Embodiment (*эм-бод'-и-мент*)
Embody (*эм-бод'-и*) va. воплощать; резюмировать; || vn. воплощаться.
Embolden (*эм-бо'олд-н*) va. ободрять
Embolism (*эм'-бо-лизм*) s. прибавленіе одного дня къ высокосному году; || (хир.) эмболія.
Embosom (*эм-буз'-ъм*) va. прижимать къ груди; лелѣять.
Emborder (*эм-бор'-дер*) va. окаймлять.
Emboss (*эм-бос'*) va. выдѣлывать, образовывать выпуклости.
Embossing (*эм-бос'-инг*) s. (арх.) рельэфъ, выпуклая рѣзьба; || узорчатая работа.
Embossment (*эм-бос'-мент*) s. выдавливаніе выпуклости; рельефъ. [вать въ бутылки.
Embottle (*эм-бот'-тл*) va. разливать
Embow (*эм-бо'у*) va. сгибать въ дугу.
Embowel (*эм-ба'у-ел*) va. потрошить, выпускать внутренности.
Embower (*эм-ба'у-ер*) va. vn. жить въ шалашѣ, въ бесѣдкѣ; укрываться подъ деревьями, закрывать деревьями, оттѣнять.
Embrace (*эм-брэс'*) va. обнимать, схватывать; || vn. обниматься; || s. объятія. [объятія.
Embracement (*эм-брэс'-мент*) s.
Embrasure (*эм-брэ'-жур*) s. амбразура, бойница.
Embrocate (*эм'-бро-кэт*) va. класть припарки, смачивать губкой. [смачиваніе припарками.
Embrocation (*эм-бро-кэ'-шън*) s.
Embroider (*эм-бройд'-ер*) va. вышивать.
Embroidery (*эм-бройд'-ер-и*) s. вышиваніе, вышивка. — **frame**, шитье въ тамбуръ.
Embroil (*эм-бройл'*) va. спутывать, смѣшивать.
Embroilment (*эм-броил'-мент*) s. путаница, замѣшательство.
Embryo (*эм'-бри-о*), **Embryon** (*эм'-бри-ън*) s. эмбріонъ, зародышъ; || adj. зародышевой.
Emend (*и-менд'*) va. исправлять, улучшать.
Emendation (*эм-ен-дэ'-шън*) s. исправленіе. [исправитель.
Emendator (*эм'-ен-дэ-тър*) s.
Emendatory (*и-менд'-тъ-ри*) adj. исправительный.
Emerald (*эм'-и-ралд*) s. изумрудъ.
Emerge (*и-мърдж'*) va. возникать, появляться, освобождаться.
Emergence (*и-мър'-дженс*), **Emergency** (*и-мър'-джен-си*) s. возникновеніе, появленіе; случайность. **In case of** —, въ крайнемъ случаѣ.

Emergent (*и-мър'-джент*) adj. возникающій, зарождающійся, случайный, неожиданный.
Emergently (*и-мър'-джент-ли*) adv. возникая; исходя; рождаясь.
Emerited (*и-мер'-ит-ед*) adj. заслуженный. [всплываніе.
Emersion (*и-мор'-шън*) s. (физ.)
Emery (*эм'-ер-и*) s. наждакъ.
Emetic (*и-мэт'-ик*) adj. рвотный; || s. рвотное.
Emication (*эм-и-кэ'-шън*) s. отдѣленіе искръ, пузырьковъ газа.
Emiction (*и-мик'-шън*) s. выдѣленіе мочи.
Emigrant (*эм'-и-грǎнт*) s. переселенецъ, эмигрантъ.
Emigrate (*эм'-и-грэт*) vn. эмигрировать. [эмиграція.
Emigration (*эм-и-грэ'-шън*) s.
Eminence (*эм'-и-ненс*) s. возвышенность, отличіе.
Eminent (*эм'-и-нент*) adj. выдающійся, замѣтный.
Eminently (*эм'-и-нент-ли*) adv. замѣтно; немедленно.
Emir или **Emeer** (*и'-мир*) s. эмиръ.
Emissary (*эм'-ис-сǎ-ри*) s. лазутчикъ; (мед.) выводящій протокъ; || adj. (мед.) отводящій.
Emission (*и-миш'-ън*) s. изверженіе, выпусканіе, распространеніе; выдѣленіе. [ляемый.
Emissive (*и-мис'-ив*) adj. выдѣ-
Emit (*и-мит'*) va. выдѣлять, бросать. **To — paper money**, выпускать бумажныя деньги.
Emmet (*эм'-ет*) s. черный муравей. [(въ клѣтку).
Emmew (*эм-мью'*) va. засадить
Emollescence (*эм-ол-лес'-сенс*) s. (мет.) размягченіе.
Emoliate (*и-мох'-ли-эт*) va. смягчать. [чающій.
Emollient (*и-мол'-ент*) adj. смяг-
Emollition (*им-ол-лиш'-ън*) s. размягченіе.
Emolument (*и-моль'-ю-мент*) s. выгода, барышъ, доходъ, жалованіе.
Emotion (*и-мо'о-шън*) s. волненіе
Empale (*эм-пэл'*) va. обносить палисадомъ; загораживать.
Empalement (*эм-пэл'-менш*) s. загородь.
Empannel (*эм-пǎн'-ел*) s. избраніе присяжныхъ. [буждать страсть.
Empassion (*эм-пǎш'-ън*) va. воз-
Emperil (*эм-пер'-ил*) va. ставить въ опасность.
Emperor (*эм'-пер-ър*) s. императоръ.
Emphasis (*эм'-фǎ-сис*) s. напыщенность (слога), выразительность.
Emphasize (*эм'-фǎ-сайс*) va. напыщенно говорить.
Emphatic (*эм'-фǎт'-ик*), **Empha-**

tical (*эм-фăт'-ик-ăл*) adj выразительный, высокопарный, говорящій высокимъ слогомъ.
Emphatically (*эм-фăт'-ик-ăл-и*) adv высокопарно.
Emphyteutic (*эм-фай-тью'-тик*) adj. (юрид.) отданный въ аренду съ правомъ залога, эмфитеутическій.
Empire (*эм'-пайр*) s имперія, держава, власть; могущество, вліяніе. **The — of the sea,** владычество надъ моремъ
Empiric (*эм-пир'-ик*) s. эмпирикъ.
Empirical (*эм-пир'-ик-ăл*) adj. эмпирическій, основанный на опытѣ.
Empirically (*эм-пир'-ик-ăл-и*) adv эмпирически, опытнымъ путемъ.
Empiricism (*эм-пир'-изм*) s. эмпиризмъ.
Emplastic (*эм-плăс'-тик*) adj. липкій
Employ (*эм-плой'*) va. употреблять, назначать; давать занятіе; || s. занятіе, дѣло, служба, должность, мѣсто.
Employable (*эм-плой'-ă-бл*) adj. служебный
Employer (*эм-плой'-ер*) s. хозяинъ, дающій работу.
Employment (*эм-плой'-мент*) s. занятіе, дѣло
Empoison (*эм-пой'-зн*) va. отравлять.
Empoisonment (*эм-пой'-зн-мент*) s. отравленіе.
Emporium (*эм-по'о-ри-ŏм*) s. складочное мѣсто, дэпо; рынокъ.
Empower (*эм-па'у-ер*) va. уполномочивать.
Empress (*эм'-прес*) s. императрица.
Emprise (*эм-прай'з*) s. предпріятіе
Emptiness (*эм'-ти-нес*) s. пустота; || *суета; ничтожество.
Emption (*эм'-шŏн*) s. покупка, пріобрѣтеніе.
Empty (*эм'-ти*) adj. пустой; порожній; || * суетный, тщетный; || || va. опоражнивать; истощать; || vn. освобождаться
Empurple (*эм-пŏр'-пл*) va. обагрять.
Empyema (*эм-пай'-и-ма*) s. (мед.) эмпіема.
Empyreal (*эм-пир'-и-ăл*) adj. небесный.
Empyrean (*эм-пи-ри'-ăн*) adj. небесный; || s. горнее небо, эмпирей, седьмое небо.
Emulate (*эмь'-лэт*) va. соревновать, соперничать, оспаривать.
Emulation (*эмь-ю-лэ'-шŏн*) s. соревнованіе, соперничество, оспариваніе.
Emulative (*эмь'-ю-лэ-тив*) adj. соревновательный.
Emulator (*эмь'-ю-лэ-тŏр*) s. соревнователь; соперникъ.
Emulatress (*эмь'-ю-лэ-трес*) s соревновательница: соперница
Emulous (*эмь'-ю-лŏс*) adj. соревнующій, соперничающій.
Emulously (*эмь'-ю-лŏс-ли*) adv. путемъ соревнованія.
Emulsion (*и-мŏл'-шŏн*) s. (апт.) эмульсія.
Emulsive (*и-мŏл'-сив*) adj. эмульсивный.
Emunctory (*и-мŏнк'-тŏ-ри*) s. (анат.) всякій органъ, служащій для выдѣленія.
Enable (*эн-э'-бл*) va. приспособлять, дѣлать годнымъ. **Wealth enables a man to be liberal,** богатство позволяетъ быть щедрымъ.
Enact (*эн-ăкт'*) va. издавать (законъ), устанавливать. **It was enacted that,** было установлено что.
Enactive (*эн-ăкт'-ив*) adj. узаконенный.
Enactment (*эн-ăкт'-мент*) s. проведеніе, утвержденіе (закона); указъ.
Enactor (*эн-ăкт'-ŏр*) s. инициаторъ закона.
Enallage (*эн-ăл'-лă-джи*) s. (грам) замѣна
Enamel (*эн-ăм'-ел*) s. эмаль, глазурь; || va. эмалировать.
Enameller (*эн-ăм'-ел-лер*) s. эмалировщикъ.
Enamelling (*эн-ăм'-ел-линг*) s. эмалированіе.
Enamour (*эн-ăм'-ŏр*) va. влюблять, очаровывать
Enamoured (*эн-ăм-ерд'*) adj. влюбчивый, влюбленный.
Enarthrosis (*эн-ар-сзро'о-сис*) s (анат.) видъ сочлененія, энартрозъ.
Encage (*эн-кэдж'*) va. сажать въ клѣтку; заключать
Encamp (*эн-кăмп'*) vn. стать лагеремъ, расположиться станомъ
Encampment (*эн-кăмп'-мент*) s. лагерная стоянка.
Encase (*эн-кэс'*) va. прятать въ кассу
Encaustic (*эн-ко'ос-тик*) s. (жив) энкаустика, живопись путемъ выжиганія.
Encave (*эн-кэв'*) va. прятать въ подвалъ.
Enceinte (*эн-сэнт'*) s (форт.) ограда.
Encephalic (*эн-си-фăл'-ик*) adj. мозговой.
Enchafe (*эн-чэф'*) va. раздражать.
Enchain (*эн-чэн'*) va. приковывать, сковывать.
Enchainment (*эн-чэн'-мент*) s. сковываніе
Enchant (*эн-чăнт'*) va. очаровывать, обворожить, восхитить, околдовать.
Enchanter (*эн-чăнт'-ер*) s. обворожитель; волшебникъ, колдунъ.
Enchanting (*эн-чăнт'-инг*) s. очарованіе, волшебство; || adj. очаровательный, восхитительный.
Enchantingly (*эн-чăнт'-инг-ли*) adv. очаровательно, восхитительно; черезъ волшебство.

Enchantment (*эн-чāнт'-мент*) s. s. очарованіе, волшебство.
Enchantress (*эн-чāнт'-рес*) s. обворожительница, волшебница.
Enchase (*эн-чэс'*) va. вставлять во что, оправлять; гравировать. **Enchased with gems,** украшенный драгоцѣнными камнями.
Enchasing (*эн-чэс'-инг*) s. родъ рельефной рѣзьбы.
Encircle (*эн-сöр'-кл*) va. окружать, опаясывать.
Enclitic (*эн-клит'-ик*), **Enclitical** (*эн-клит'-ик-āл*) adj. (грам.) перемѣщающій удареніе.
Enclose (*эн-кло'оз*) va. включать, заключать, окружать.
Enclosed (*эн-кло'озд*) adj. включенный, окруженный. **The — letter,** приложенное при этомъ письмо.
Enclosure (*эн-кло'о-жур*) s. ограда; содержимое (конверта).
Encloud (*эн-кла'уд*) va. покрывать облаками, сволакивать тучами. {хвалитель.
Encomiast (*эн-ко'о-ми-āст*) s.
Encomiastic (*эн-ко-ми-āст'-ик*), **Encomiastical** (*эн-ко-ми-āст'-ик-āл*) adj. хвалебный; ‖ хвала, панегирикъ.
Encomiastically (*эн-ко-ми-āст'-ик-āл-и*) adv. хвалебно.
Encomium (*эн-ко'о-ми-öм*) s. похвала, похвальное слово.
Encompass (*эн-кöм'-пāс*) va. (**with**) окружать, обносить (стѣной); обводить.
Encompassment (*эн-кöм'-пас-мент*) s. обнесеніе, обведеніе кругомъ.
Encore (*эн-ко'ор*) adj. бисъ, еще; ‖ va. требовать повторенія.
Encounter (*эн-ка'унт-ер*) s. стычка, схватка; споръ; столкновеніе; встрѣча, случай; ‖ va. встрѣчать; вызывать на бой; ‖ vn. встрѣчаться; сражаться.
Encourage (*эн-кöр'-эдж*) va. ободрять, поощрять. **To — trade,** поощрять торговлю.
Encouragement (*эн-кöр'-эдж-мент*) s. ободреніе, поощреніе.
Encourager (*эн-кор'-эдж-ер*) s. поощритель.
Encouraging (*эс-кор'-эдж-инг*) adj. ободрительный, поощрительный.
Encouragingly (*эн-кöр'-эдж-инг-ли*) adv. ободрительно, поощрительно.
Encroach (*эн-кро'оч*) vn. (съ **on, upon**) захватывать; злоупотреблять. {своитель, захватчикъ.
Encroacher (*эн-кро'оч-ер*) s. при-
Encroaching (*эн-кро'оч-инг*) adj. захватывающій.
Encroachingly (*эн-кро'оч-инг-ли*) adv. мало по малу, понемногу, путемъ захвата.
Encroachment (*эн-кро'оч-мент*) s. захватъ, присвоеніе.
Encrust (*эн-крöст'*) va. внѣдрять.
Encumber (*эн-кöм'-бер*) va. загромождать, заваливать, обременять, мѣшать. **To — trade,** препятствовать торговлѣ. **An estate encumbered with mortgages,** имущество, обремененное ипотекой.
Encumberment (*эн-кöм'-бер-мент*), **Encumbrance** (*эн-кöм'-брāнс*) s. затрудненіе, препятствіе; долгъ, повинность.
Encyclopedia или **Encyclopædia** (*эн-сай-кло-пи'-ди-а*) s. энциклопедія.
Encyclopedical (*эн-сай-кло-пед'-ик-āл*), **Encyclopedian** (*эн-сай-кло-пи'-ди-āн*) adj. энциклопедическій. {s. энциклопедистъ.
Encyclopedist (*эн-сай-кло-пи'дист*)
Encysted (*эн-сист'-ед*) adj. заключенный въ кистѣ.
End (*энд*) s. конецъ, окончаніе; кончина, исходъ; край; ‖ послѣдствіе; событіе; причина; цѣль; срокъ. **— of the present month,** конецъ текущаго мѣсяца. **To come to a bad —,** придти къ скверному концу. **To put an — to,** положить конецъ чему. **The upper —,** верхній конецъ. **To be at one's wits' —,** придти къ концу своей находчивости. **To compass one's —s,** достигнуть своихъ цѣлей. **To the — that,** съ тою цѣлью чтобы. ‖ va. кончать, прекращать; ‖ vn. кончаться, приходить къ концу. **The lease —s in May,** срокъ найма кончается въ маѣ. **To — in smoke,** исчезнуть какъ дымъ. {вреждать.
Endamage (*эн-дāм'-эдж*) va. по-
Endamagement (*эн-дāм'-эдж-мент*) s. вредъ, ущербъ.
Endanger (*эн-дэн'-джер*) va. подвергать опасности.
Endear (*эн-дир'*) va. удорожать; заставить полюбить, сдѣлать дорогимъ сердцу.
Endearment (*эн-дир'-мент*) s. нѣжность, любовь, ласка.
Endeavour (*эн-дев'-öр*) s. стараніе, усиліе; ‖ vn. стараться; прилагать усилія. {одиннадцатиугольникъ.
Endecagon (*эн-дек'-ā-гöн*) s. (геом.)
Endemic (*эн-дем'-ик*), **Endamical** (*эн-дем'-ик-āл*) **Endemial** (*эн-ди'-ми-āл*) adj. эндемическій, мѣстный; ‖ s. (мед.) мѣстная болѣзнь.
Endemically (*эн-дем'-ик-āл-ли*) adv. эндемически.

Ending (*энд'-инг*) s. окончаніе; || adj. окончательный

Endive (*эн'-див*) s. (бот.) садовый цикорій.

Endless (*энд'-лес*) adj. безконечный.

Endlessly (*энд'-лес-ли*) adv безконечно.

Endmost (*энд'-мост*) adj. самый дальній.

Endorse (*эн-дорс'*) va. одѣвать; принимать на себя отвѣтственность.

Endow (*эн-да'у*) va. снабжать приданымъ; награждать; обогащать.

Endower (*эн-да'у-ер*) va. см. **Endow**; || s. даритель.

Endowment (*эн-да'у-мент*) s. доходъ; вкладъ; подарокъ; приданое.

Endurable (*эн-дьюр'-ă-бл*) adj. сносный, выносимый.

Endurably (*эн-дьюр'-ă-бли*) adv. сносно, выносимо.

Endurance (*эн-дьюр'-ăнс*) s выносливость; терпѣніе. **Beyond —**, невыносимый.

Endure (*эн-дьюр'*) va. vn выносить, переносить, терпѣть. продолжаться.

Endurer (*эн-дьюр'-ер*) s. терпящій, выносящій.

Endways (*энд'-уэйз*) **Endwise** (*энд'-уайз*) adv прямо, отвѣсно.

Enemy (*эн'-и-ми*) s. врагъ, непріятель.

Energetic (*эн-ер-джет'-ик*), **Energetical** (*эн-ер-джет'-ик-ăл*) adj. дѣятельный, энергичный.

Energetically (*эн-ер-джет'-ик-ăли*) adv энергично.

Energize (*эн'-ер-джайз*) va. vn. передавать энергію; возбуждать.

Energy (*эн'-ер-джи*) s. энергія; сила.

Enervate (*и-нöр'-вэт*) va. разслаблять, обезсиливать; раздражать нервы; || adj. обезсиленный.

Enervation (*эн-ер-вэ'-шöн*) s. разслабленіе, ослабленіе.

Enfeeble (*эн-фи'-бл*) va. разслаблять.

Enfeeblement (*эн-фи'-бл-мент*) s. ослабленіе; безсиліе; раздраженіе.

Enfeebling (*эн-фи'-бл-инг*) adj. ослабляющій

Enfeoff (*эн-феф'*) va. награждать помѣстьемъ. **To — one's self**, отдаваться кому

Enfeoffment (*эн-феф'-мент*) s. пожалованіе помѣстья.

Enfilade (*эн-фи-лэд'*) s. (воен.) анфилада, рядъ (комнатъ).

Enforce (*эн-фо'орс*) va. усиливать; поддерживать; принуждать. **To — obedience**, принуждать подчиняться силѣ.

Enforceable (*эн-фо'орс-ă-бл*) adj. навязанный къ исполненію.

Enforcedly (*эн-фо'ор-сед-ли*) adv. силою, насильно.

Enforcement (*эн-фо'орс-мент*) s. принужденіе; насиліе **The —s of the law**, сила законовъ

Enforcer (*эн-фо'ор-сер*) s принудитель; насильникъ.

Enfranchise (*эн-фрăн'-чиз*) va отпускать на волю; освобождать. || давать права гражданства.

Enfranchisement (*эн-фрăн'-чиз-мент*) s. освобожденіе; дарованіе гражданства.

Enfranchiser (*эн-фрăн'-чиз-ер*) s. освободитель; дарующій права гражданства.

Engage (*эн-гэдж'*) va. вновь нанимать, приглашать; закладывать, прельщать, обольщать. **He is engaged just now**, въ настоящую минуту онъ занятъ. || vn. обязываться; сражаться.

Engaged (*эн-гэдж'-ед*) adj нанятый, приглашенный; заложенный.

Engagement (*эн-гэдж'-мент*) s. залогъ; обязательство; (воен.) сраженіе; обѣщаніе. **To meet one's —s**, осуществлять свои обѣщанія, обязательства.

Engaging (*эн-гэдж'-инг*) adj. обязательный, предупредительный, любезный, привлекательный.

Engagingly (*эн-гэдж'-инг-ли*) adv. любезно, привлекательно

Engender (*эн-джен'-дер*) va. производить, рождать; || vn. рождаться, зарождаться.

Engine (*эн'-джин*) s. машина, орудіе; помпа, пожарная труба; локомотивъ. **Steam —**, паровая машина. **— -driver**, машинистъ. **— -house**, машинный сарай.

Engineer (*эн-джи-нир'*) s. инженеръ; инженеръ-механикъ. **Civil —**, гражданскій инженеръ.

Engineering (*эн-джин-нир'-инг*) s. инженерная наука.

Enginery (*эн'-джин-ри*) s. инженерная наука; артиллерійскія орудія.

Engird (*эн-гöрд'*) va опоясывать, окружать.

England (*инг'-лăнд*) prr. (геогр.) Англія. **New —**, Новая Англія.

English (*инг'-лиш*) adj. англійскій; || s. англичанинъ, -нка; || s. англійскій языкъ; || (тип.) митель (шрифтъ). **Old —**, готическій шрифтъ; || va. переводить на англійскій языкъ.

Engorge (*эн-гордж'*) vn. обжираться; || va. пожирать, проглатывать.

Engorgement (*эн-гордж'-мент*) s. обжорство, прожорливость.

Engrain (*эн-грэн'*) va. красить прочной краской (шерсть).

Engrave (*эн-грэв'*) va. вырѣзывать, гравировать.

Engravement (*эн-грэв'-мент*) s. гравюра.

Engraver (*эн-грэв'-ер*) s. граверъ, рѣзчикъ.

Engraving (*эн-грэв'-инг*) s. гравюра, эстампъ; гравированіе. **Copper -plate —**, гравированіе по мѣди. **Steel —**, гравированіе по стали. **Wood- —**, рѣзьба на деревѣ.

Engross (*эн-гро'ос*) va. уступать, откармливать; скупать, забирать гуртомъ. **To — the thoughts**, поглощать мысли. **To — the conversation**, вести разговоръ; || говорить за всѣхъ.

Engrosser (*эн-гро'ос-ер*) s. барышникъ, скупщикъ (товаровъ), монополистъ.

Engrossment (*эн-гро'ос-мент*) s. захватываніе; скупаніе; копированіе документовъ.

Engulf (*эн-гӧлф'*) va. поглашать; низвергнуть въ пропасть.

Enhance (*эн-хӓнс'*) va. возвышать; наддавать (цѣну); увеличивать. усиливать.

Enhancement (*эн-хӓнс'-мент*) s. возвышеніе, наддача (цѣны); увеличеніе, усиленіе.

Enhancer (*эн-хӓнс'-ер*) s. наддатчикъ (цѣны).

Enigma (*и-ниг'-ма*) s. загадка.

Enigmatic (*и-ниг-мӓт'-ик*), **Enigmatical** (*и-ниг-мӓт'-ик-ӓл*) adj, загадочный.

Enigmatically (*и-ниг-мӓт'-ик-ӓ-ли*) adv. загадочно.

Enigmatist (*и-ниг'-мӓ-тист*) s. говорящій загадочно.

Enjoin (*эн-джойн'*) va. повелѣвать, приказывать.

Enjoinment (*эн-джойн'-мент*) s. повелѣніе.

Enjoy (*эн-джой'*) va. наслаждаться, пользоваться; забавляться. **To — the comforts of this life**, пользоваться радостями жизни. **To — one's self**, наслаждаться, веселиться.

Enjoyable (*эн-джой'-ӓ-бл*) adj. могущій дать наслажденіе.

Enjoyment (*эн-джой'-мент*) s. наслажденіе, удовольствіе, утѣха.

Enkindle (*эн-кин'-дл*) va. vn. воспламенять, —ся; разжигать; возбуждать.

Enlarge (*эн-лардж'*) va. vn. расширять, -ся, распространять, -ся, увеличивать, -ся, дополнять, выпускать; облегчать (сердце); || преувеличивать.

Enlargement (*эн-лардж'-мент*) s. расширеніе, увеличеніе.

Enlighten (*эн-лайт'-н*) va. освѣщать, озарять, просвѣщать; открывать глаза.

Enlightener (*эн-лайт-н-ер*) s. просвѣтитель, освѣщающій.

Enlightening (*эн-лайт'-н-инг*), **Enlightenment** (*эн-лайт'-н-мент*) s. освѣщеніе, озареніе; просвѣщеніе.

Enlink (*эн-линк'*) va. сковывать, связывать.

Enlist (*эн-лист'*) va. записывать, зачислять. || vn. поступать (на службу), обязываться.

Enlisting (*эн-лист'-инг*) s. вербовка.

Enlistment (*эн-лист'-мент*) s. вербовка, зачисленіе.

Enliven (*эн-лайв'-н*) va. оживлять, развеселять.

Enlivener (*эн-лайв'-н-ер*) s. увеселитель.

Enmesh (*эн-меш'*) va. ловить въ сѣти, опутывать.

Enmity (*эн'-ми-ти*) s. непріязнь, вражда, ненависть.

Enneagon (*эн'-ни-ӓ-гон*) s. (геом.) девятиугольникъ.

Ennoble (*эн-но'о-бл*) va. жаловать дворянствомъ; облагораживать; прославлять.

Ennoblement (*эн-но'о-бл-мент*) s. жалованіе дворянствомъ; величіе; прославленіе.

Enormity (*и-нор'-ми-ти*) s. безмѣрность, громадность; || безобразіе, чудовищность.

Enormous (*и-нор-мӧс*) adj. безмѣрный, громадный; || безобразный, гнусный, чудовищный.

Enormously (*и-нор'-мӧс-ли*) adv. безмѣрно; || безобразно.

Enormousness (*и-нор'-мӧс-нес*) s. см. **Enormity**.

Enough (*и-нӧф'*) adv. достаточно, довольно. **— money**, достаточно денегъ. **It was — for her to**, для нея этого было достаточно.

Enounce (*и-на'унс*) va. изъяснять, выражать.

Enrage (*эн-рэдж'*) va. бѣсить, разъярять.

Enrank (*эн-рӓнк'*) va. ставить въ ряды.

Enrapt (*эн-рӓпт*) adj. похищенный.

Enrapture (*ен-рӓп'-чур*) va. (**with**) восхищать, приводить въ восторгъ.

Enravish (*эн-рӓв'-иш*) va. см. **Enrapture**.

Enrich (*эн-рич'*) va. обогащать; украшать.

Enrichment (*эн-рич'-мент*) s. обогащеніе; украшеніе.

Enring (*эн-ринг'*) va. окружать; обвинять.

Enrobe (*эн-ро'об*) va. облачать.

Enroll (*эн-ро'ол*) s. зачислять, вписывать.

Enroller (*эн-ро'ол-ер*) s. зачисляющій въ списки, вербовщикъ.

Enrollment (*эн-ро'ол-мент*) s. зачисленіе; вербовка.

Enroot (*эн-рут'*) va. вкоренять, внѣдрять.

Ensample (*эн-сӓм'-пл*) образецъ, примѣръ; || va. подавать примѣръ.

Ensanguine (*эн-сӓн'-гуин*) va. обагрять кровью.

Enschedule (*эн-скедь'-юл*) va. вносить въ опись.
Ensconce (*эн-сконс'*) va. прикрывать.
Enseam (*эн-сим'*) va. пришивать.
Ensear (*эн-сир'*) va. (хир.) прижигать.
Enshield (*эн-шилд'*) va. прикрывать щитомъ, защищать.
Enshrine (*эн-шрайн'*) va. класть въ ковчегъ; заключать во что.
Enshroud (*эн-шра'ут*) va. прикрывать.
Ensign (*эн'-сайн*) s. знамя; флагъ; признакъ, знакъ; сигналъ. **— bearer**, знаменосецъ.
Ensigncy (*эн'-сайн-си*) s. чинъ прапорщика.
Enslave (*эн-слэв'*) va. поработщать.
Enslavement (*эн-слэв'-мент*) s. порабощеніе, рабство.
Enslaver (*эн-слэв'-ер*) s. поработитель.
Ensue (*эн-сью'*) vn. (**from**.) происходить, вытекать, слѣдовать.
Ensuing (*эн-сью'-инг*) adj. послѣдующій, вытекающій.
Entablature (*эн-тăб'-ла-чур*), **Entablement** (*эн-тэ'бл-мент*) s. (арх.) архитравъ, карнизъ и фреска у колонны.
Entail (*эн-тэл'*) s. (юрид.) назначеніе наслѣдника; порядокъ перехода наслѣдства; || va. укрѣплять имѣніе за кѣмъ; передавать.
Entailment (*эн-тэл'-мент*) s. (юрид.) замѣна, субституція.
Entame (*эн-тэм'*) va. приручать; укрощать.
Entangle (*эн-тăн'-гл*) va. запутывать, впутывать, вмѣшивать. **To — a skein of thread**, запутывать клубокъ. || vn. запутываться, спутываться.
Entanglement (*эн-тăн'-гл-мент*) s. запутываніе; замѣшательство.
Entasis (*эн'-та-сис*) s. (арх.) утолщеніе (колонны).
Enter (*эн'-тер*) va. входить, проникать. вписывать; посвѣщать; затѣвать (судебный процессъ). **To — a house**, входить въ домъ. **To — a name in a book**, вносить имя въ списокъ. **To — an action against one**, затѣвать дѣло противъ кого либо || vn (съ **into**) входить въ что. **To — into the details**, входить въ подробности. **— into conversation**, завязать разговоръ. **To — upon a story**, начать разсказъ.
Entering (*эн'-тер-инг*) s вступленіе, входъ.
Enteritis (*эн-те-рай'-тис*) s. (мед.) воспаленіе кишекъ, энтеритъ.
Enterprise (*эн'-тер-прайз*) s предпріятіе; антреприза; || va. предприниматель.
Enterpriser (*эн'-тер-прайз-ер*) s. предприниматель.
Enterprising (*эн-тер-прайз-инг*) adj. предпріимчивый.
Entertain (*эн-тер-тэн'*) va. содержать; получать; угощать; допускать. **To — friendly sentiments**, поддерживать дружескія отношенія. **To — a proposal**, поддерживать предложенія. **To be well — ed**, хорошо провести время.
Entertainer (*эн-тер-тэн'-ер*) s. хозяинъ, -яйка.
Entertaining (*эн-тер-тэн'-инг*) adj развлекающій забавный.
Entertainingly (*энтертэн'-инг-ли*) adv. забавно.
Entertainment (*эн-тер-тэн'-мент*) s. разговоръ, бесѣда; пріемъ; увеселеніе, забава. **Dramatic —**, драматическій дивертисментъ. **We had fine — at his house**, мы были хорошо приняты въ его домѣ.
Entheastic (*эн-зси-ăс'-тик*) adj. снабженный божественной энергіей
Enthral (*эн-зрол'*). см. **Inthral**
Enthrone (*эн-зро'он*) va. возвести на престолъ, на эпархію
Enthronization (*эн-зрон-и-зэ'-шон*) s. возведеніе на престолъ.
Enthusiasm (*эн-зсью'-зи-ăзм*) s. энтузіазмъ, восторгъ.
Enthusiast (*эн-зсью'-зи-ăст*) s. энтузіастъ.
Enthusiastic (*эн-зсью-зи-ăст'-ик*), **Enthusiastical** (*эн-зсью-зи-ăст'-ик-ăл*) adj. восторженный.
Enthusiastically (*эн-зсью-зи-ăст'-ик-ăл-и*) adv. восторжено.
Enthymeme (*эн'-сзи-мим*) s. (лог.) энтимема.
Entice (*эн-тайс'*) va. манить, вовлекать, обольщать. **To — away**, увлекать, развращать, похищать.
Enticement (*эн-тайс'-мент*) s. обольщеніе, искушеніе.
Enticer (*эн-тай'-сер*) s. обольститель, искуситель.
Enticing (*эн-тай'-синг*) adj. соблазнительный, увлекательный.
Enticingly (*эн-тай'-син-ли*) adv. увлекательно.
Entire (*эн-тайр'*) adj цѣлый, совершенный, полный.
Entirely (*эн-тайр'-ли*) adv. совершенно, вполнѣ, совсѣмъ.
Entireness (*эн-тайр'-нес*) s. цѣльность, цѣлость, цѣлое.
Entirety (*эн-тайр'-ти*) s. все, цѣлое.
Entitle (*эн-тай'-тл*) va. титуловать, называть.
Entity (*эн'-ти-ти*) s. индивидуальность, сущность, существо (предмета)
Entoil (*эн-тойл'*) va ловить въ сѣти
Entomb (*эн-тум'*) va. погребать, хоронить.

Entombment (*эн-тум'-мент*) s. погребеніе.
Entomological (*эн-то-мо-лодж'-ик-ăл*) adj. энтомологическій.
Entomologist (*эн-то-мол'-о-джист*) s. энтомологъ.
Entomology (*эн-то-мол'-о-джи*) s. энтомологія (ученіе о насѣкомыхъ).
Entrail (*эн-трэл'*) s. (въ pl. **Entrails**), внутренности, кишки.
Entrance (*эн'-трăнс*) s. входъ; вступленіе; начало. — **-money**, плата за входъ. — **-hall**, сѣни, входъ. — **-of life**, начало жизни.
Entrance (*эн-трăнс'*) va. приводить въ оцѣпенѣніе, въ восторгъ. **To be entranced**, быть въ восторгѣ.
Entrap (*эн-трăп'*) va. поймать (въ сѣти). [умолять
Entreat (*эн-трит'*) va. vn. просить,
Entreaty (*эн-трит'-и*) s. просьба, мольба.
Entrepot (*эн-тре-по'о*) s. складъ
Entresol (*эн'-тр-сол*) s. (арх.) антресоль.
Entry (*эн'-три*) s. входъ, вступленіе, введеніе. **By single —, by double —**, по простой, по двойной бухгалтеріи.
Entwine (*эн-туайн'*) va. вить, обвивать; ‖ vn. обвиваться, переплетаться. [окружать
Entwist (*эн-туист'*) va. обвивать,
Enucleate (*и-нью'-кли-эт*) va. освобождать ядро; ‖ * разъяснять, распутывать; сглаживать.
Enucleation (*и-нью'-кли-э'-шŏн*) выдѣленіе ядра; ‖ объясненіе.
Enumerate (*и-нью'-мер-эт*) va. перечислять
Enumeration (*и-нью'-мер-э'-шŏн*) s. перечисленіе.
Enumerative (*и-нью'-мер-ă-тив*) adj. исчисляющій; числительный.
Enumerator (*и-нью'-мер-э-тŏр*) s. исчислитель.
Enunciate (*и-нŏн'-ши-эт*) va. выражать, излагать; изъяснять.
Enunciation (*и-нŏн-ши-э'-шŏн*) s. заявленіе, выраженіе, изъясненіе.
Enunciative (*и-нŏн'-ши-ă-тив*), **Enunciatory** (*и-нŏн'-ши-э-тŏ-ри*) adj. изъяснительный.
Enunciatively (*и-нŏн'-ши-ă-тив-ли*) adv. объявляя.
Envelop (*эн-вел'-оп*) va. покрывать, обертывать во что.
Envelope, Envelop (*эн'-вел-ŏп*) s. обертка; оболочка; конвертъ.
Envelopment (*эн-вел'-ŏп-мент*) s. обертываніе.
Envenom (*эн-вен'-ŏм*) va. отравлять; уязвлять. [ный.
Enviable (*эн'-ви-ă-бл*) adj. завид-
Envier (*эн'-ви-ер*) s. завистникъ, -ница.
Envious (*эн'-ви-ŏс*) adj. завистливый; ревнивый. [вистливо.
Enviously (*эн-ви-ŏс-ли*) adv. за-
Enviousness (*эн'-ви-ŏс-нес*) s. завистливость; ревность.
Environ (*эн-вай'-рŏн*) va. окружать.
Environs (*эн'-ви-ронз*) s. pl окрестности
Envoy (*эн'-вой*) s. агентъ, посланникъ, консулъ; посланецъ.
Envy (*эн'-ви*) va. vn. завидовать; ‖ s. зависть [вать
Enwrap (*эн-рăп'*) va. обволаки-
Eolian (*и-о'о-ли-ăн*), **Eolic** (*и-ол'-ик*) adj. эолійскій.
Epact (*и'-пăкт*) s. (хрон.) эпакта.
Epaule (*и-по'ол*) s. (форт.) бокъ бастіона. [ляной валъ
Epaulement (*и-по ол-мент*) s. зем-
Epaulet (*эп'-о-лет*) s. эполетъ.
Epenthesis (*и-пен'-зси-сис*) s. (грам.) вставка буквы.
Epergne (*э-перн'*) s. сюрту, столовый приборъ [нушка.
Ephelis (*эф'-и-лис*) s. (мед.) вес-
Ephemera (*э-фем'-и-рă*) s. (мед.) однодневная лихорадка
Ephemeral (*э-фем'-и-рăл*), **Ephemeran** (*э-фем'-и-рăн*), **Ephemeric** (*э-фем'-и-рик*), **Ephemerous** (*э-фем'-и-рŏс*) adj. эфемерный; кратковременный.
Ephemeris (*э-фем'-и-рис*) s. (астр.) записи.
Ephemerist (*э-фем'-и-рист*) s. астрологъ, ведущій записи
Ephesus (*эф'-и-сŏс*) npr. Ѳесъ
Ephod (*эф'-од*) s. (библ.) эфодъ, родъ пояса.
Epic (*эп'-ик*) adj эпическій.
Epicene (*эп'-и-син*) adj. (грам.) общаго пола.
Epicure (*эп'-и-кьюр*) s. эпикуреецъ
Epicurean (*эп-и-кью'-ри-ăн*) adj. эпикурійскій; ‖ s. эпикуреецъ
Epicureanism (*эп-и-кью'-ри-ăн-изм*), **Epicurism** (*эп-и-кью'-ризм*) s. эпикуреизмъ
Epicycle (*эп'-и-сай-кл*) s. (астр.) эпициклъ.
Epidemic (*эп-и-дем'-ик*), **Epidemical** (*эп-и-дем'-ик-ăл*) adj. эпидемическій.
Epidemy (*эп'-и-дем-и*) s эпидемія.
Epidermic (*эп-и-дŏр'-мик*), **Epidermical** (*эп-и-дŏр'-мик-ăл*) adj. эпидермическій.
Epidermis (*эп-и-дŏр'-мис*) s. (анат.) эпидерма, верхняя кожица.
Epigastric (*эп-и-гăс'-трик*) adj (анат.) поджелудочный
Epiglotis (*эп-и-глот'-ис*) s. (анат.) надгортанникъ
Epigram (*эп'-и-грăм*) s. эпиграмма.
Epigrammatic (*эп-и-грăм-мăт'-*

ик), **Epigrammatical** (*эп-и-грäм-мäт'-ик-äл*) adj. эпиграмматическій.
Epigrammatize (*эп-и-грäм'-мä-тайз*) va. сочинять эпиграммы.
Epigraph (*эп'-и-грäф*) s. эпиграфъ, надпись.
Epilepsy (*эп'-и-леп-си*) s. эпилепсія, падучая болѣзнь.
Epileptic (*эп-и-леп'-тик*) adj. эпилептическій; ‖ s. эпилептикъ.
Epilogue (*эп'-и-лог*) s. эпилогъ.
Epiphany (*и-пиф'-ä-ни*) s. Богоявленіе, Крещеніе (праздникъ).
Epiploon (*э-пип'-ло-он*) s. (анат.) сальникъ [епископство.
Episcopacy (*э-пис'-ко-пä-си*) s.
Episcopal (*э-пис'-ко-пäл*) adj. епископскій.
Episcopalian (*э-пис-ко-пэ'-ли-äн*) adj. епископскій; ‖ s. приверженецъ епископства.
Episcopalianism (*э-пис-ко-пэ'-ли-äн-изм*) s. епископальное вѣроисповѣданіе.
Episcopate (*э-пис'-ко-пэт*) s. санъ епископа; ‖ vn. дѣйствовать какъ епископъ. [происшествіе.
Episode (*эп'-и-сод*) s. эпизодъ,
Episodic (*эп-и-сод'ик*), **Episodical** (*эп-и-сод'-ик-äл*) adj. эпизодическій.
Epispastic (*эп-и-спäс'-тик*) s. (мед.) нарывной пластырь.
Epistle (*и-пис'-л*) s. посланіе, письмо. [письменный.
Epistolary (*и-пис'-то-лä-ри*) adj.
Epistolic (*эп-ис-тол'-ик*), **Epistolical** (*эп-ис-тол'-ик-äл*) adj. въ формѣ посланія.
Epitaph (*эп'-и-тäф*) s. эпитафія.
Epitasis (*э-пита'-сис*) s. завязка (драмы).
Epithalamium (*эп-и-зса-лэ'-ми-öм*), **Epithalamy** (*эп-и-зсäл'-ä-ми*) s. эпиталама, свадебная пѣснь.
Epithet (*эп'-и-зсет*) s. эпитетъ, прозвище
Epitome (*и-пит'-о-ми*) s. сокращеніе, извлеченіе
Epitomist (*и-пит'-о-мист*) s. сократитель. [лать сокращенія
Epitomize (*и-пит'-о-майз*) va. дѣ-
Epitomizer (*и-пит'-о-майз-ер*) s. сократитель. [s. эпоха
Epoch (*эп'-ок*). **Epocha** (*эп'-о-ка*)
Epode (*эп'-од*) s. (поэт.) эпода.
Eponyme (*эп'-о-ним*) s. прозвище
Epopee (*эп'-о-пи*) s. эпопея.
Epos (*и'-пос*) s. эпосъ.
Equability (*и-куа-бил'-и-ти*) s. равность, однообразіе.
Equable (*и'-куä-бл*) adj. равный
Equably (*и'-куä-бл-и*) adv. равно.
Equal (*и'-куäл*) adj. равный, однообразный; соотвѣтственный; безпристрастный. **We are not — to such a task.** мы не на высотѣ подобной задачи. ‖ s. ровня, равный. **To be one's — in merit,** равняться съ кѣмъ нибудь по достоинству. ‖ va. быть ровнымъ; приравнивать.
Equality (*и-куол'-и-ти*) s. одинаковость, равность.
Equalisation (*и-куäл-ай-зэ'-шöн*) s. уравненіе.
Equalize (*и-куäл'-айз*) va. уравнивать. [наково.
Equally (*и'-куäл-и*) adv. равно, оди-
Equalness (*и'-куäл-несс*) s. равенство, однообразіе.
Equanimity (*и-куа-ним'-и-ти*) s. хладнокровіе, душевное спокойствіе. [уравновѣшенный.
Equanimous (*и-куäн'-и-мöс*) adj.
Equation (*и-куэ'-шöн*) s. (алг.) уравненіе. [торъ
Equator (*и-куэ'-тöр*) s. эква-
Equatorial (*и-куä-то'о-ри-äл*) adj. экваторіальный, равноденственный.
Equerry (*и-куер'-и*) s. конюхъ; наѣздникъ, -ница; ‖ конюшня.
Equestrian (*и-куэс'-три-äн*) adj. конный.
Equiangular (*и-куи-äнг'-гью-лäр*) adj. (геом.) равноугольный
Equidistance (*и-куи-дис'-тäнс*) adj равное разстояніе, равнобедренность.
Equidistant (*и-куи-дис'-тäнт*) adj. равноотстоящій. равнобедренный.
Equidistantly (*и-куи-дис'тäнт-ли*) adv. на равномъ разстояніи.
Equilateral (*и-куи-лäт'-ер-äл*) adj. (геом.) равносторонній.
Equilibrate (*и-куи-лай'-брэт*) va. уравновѣшивать.
Equilibration (*икуи-ли-брэ'-шöн*) s. равновѣсіе.
Equilibrious (*и-куи-либ'-ри-öс*) adj. находящійся въ равновѣсіи.
Equilibrist (*и-куил'-и-брист*) s. эквилибристъ, канатный плясунъ.
Equilibrity (*и-куи-либ'-ри-ти*) s. равновѣсіе. [s. равновѣсіе.
Equilibrium (*и-куи-либ'-ри-öм*)
Equimultiple (*и-куи-мöл'-ти-пл*) adj. (ариѳ.) равномножимый.
Equine (*и'-куайн*) **Equinal** (*и-куи'-нäл*) adj. лошадиный.
Equinoctial (*и-куи-нок'-шал*) adj равноденственный **The — gales**, вѣтры во время равноденствія. ‖ s. равноденственная линія.
Equinox (*и'-куи-нокс*) s. равноденствіе.
Equip (*и-куип'*) va. снаряжать **To — one with money**, снабжать кого либо деньгами
Equipage (*эк'-уи-пэдж*) s. снаряженіе. вооруженіе; (мор.) таке-

лажъ; приборъ; уборъ: экипировка; экипажъ, карета.
Equipment (*и-куип'-мент*) s. экипировка, снаряженіе. [вѣсіе.
Equipoise (*и'-куи-пойз*) s. равно-
Equipollence (*и-куи-пол'-ленс*), **Equipollency** (*и-куи-пол'-ленси*) s. равносильность.
Equipollent (*и-куи-пол'-лент*) adj. равносильный, эквивалентный.
Equiponderance (*и-куи-пон-дер'-ăнс*) s. равновѣсіе, равное тяготѣніе.
Equiponderante (*и-куи-пон'-дер-ăнт*) adj. равный по тяжести.
Equitable (*эк'-уи-тă-бл*) adj. безпристрастный, справедливый.
Equitableness (*эк'-уи-тă-бл-нес*) s. безпристрастіе.
Equitably (*эк'-уи-тă-бл-и*) adv. безпристрастно. [ховая ѣзда.
Equitation (*эк-уи-тэ'-шőн*) s. вер-
Equity (*эк'-уи-ти*) s. справедливость, безпристрастіе.
Equivalence (*и-куив'-ă-ленс*) s. равноцѣнность [равноцѣнный.
Equivalent (*и-куив'-ă-лент*) adj.
Equivalently (*и-куив'-ă-лент-ли*) adv. равноцѣнно.
Equivalve (*э-куи-вăлв'*) adj. (ест. ист.) равностворчатый (о раковинахъ).
Equivocal (*и-куив'-о-кăл*) adj. двусмысленный; ‖ s двусмысленность
Equivocally (*и-куив'-о-кăл-и*) adv. двусмысленно.
Equivocalness (*и-куив'-о-кăл-нес*), **Equivocation** (*и-куив-о-кэ'-шőн*) s. двусмысленность, уловки.
Equivocate (*и-куив'-о-кэт*) vn. говорить двусмысленно; ‖ хитрить.
Equivocator (*и-куив'-о-кэ-тőр*) s. прибѣгающій къ уловкамъ.
Equivocatory (*и-куив'-о-кэ-то-ри*) adj. двусмысленный.
Era (*и'-ра*) s. эра. [кать лучи.
Eradiate (*и-рэ'-ди-эт*) vn. испус-
Eradiation (*и-рэ-ди-э'-шőн*) s. испусканіе лучей. [коренять.
Eradicate (*и-рăд'-и-кэт*) vn. ис-
Eradication (*и-рăд-и-кэ'-шőн*) s. искореніе, вырываніе съ корнемъ.
Eradicative (*и-рăд'-и-кэ-тив*) adj. искореняющій: (мед.) окончательно исцѣляющій.
Erasable (*и-рэс'-ă-бл*) adj. изглаживый, уничтожимый.
Erase (*и-рэс'*) va. выскабливать; изглаживать; срывать.
Erasement, Erasure (*и-рэс'-мент, и-рэ'-жур*) s. сглаживаніе; выскабливаніе; срытіе, разрушеніе.
Eraser (*и-рэс'-ер*) s. выскабливатель. [ваніе: уничтоженіе.
Erasion (*и-рэ'-жőн*) s. выскабли-
Ere (*эр*) adv и prep. прежде, прежде чѣмъ. — **they speak**, раньше чѣмъ они стали говорить. — **long**, незадолго до этого.
Erect (*и-рект'*) va. воздвигать, сооружать; учреждать, воодушевлять; ‖ adj. прямой; напряженный, внимательный.
Erectable (*и-рект'-ă-бл*) adj. воздвижимый, возстановимый.
Erecter (*и-рект'-тőр*) s. соорудитель, строитель, основатель.
Erection (*и-рек'-шőн*) s. сооруженіе; учрежденіе; возбужденіе; эрекція, напряженіе.
Erectly (*и-рект'-ли*) adv. прямо, стоя. [положеніе.
Erectness (*и-рект'-нес*) s. прямое
Erector (*и-рект'-őр*) s. соорудитель; ‖ (анат.) напрягающая мышца. [ніе, унесеніе.
Ereption (*и-реп'-шőн*) s. вырыва-
Ergot (*őр'-гот*) s. бодецъ, шпора (у пѣтуха); ‖ спорынья.
Ergotine (*őр'-го-тин*) s. (хим.) эрготинъ.
Erin (*и-рин*) npr. (геогр.) Ирландія.
Erinnyes (*и-рин'-низ*) npr. (миѳ.) Ѳриніи, богини судьбы, парки.
Ermine (*őр'-мин*) s. горностай, горностаевый мѣхъ.
Ermined (*őр'-минд*) adj. горностаевый. [орелъ.
Ern или **Erne** (*őрн*) s. рыбный
Erode (*и-ро'од*) va. разъѣдать, вытравлять. [средство.
Erodent (*и-ро'о-дэнт*) s. ѣдкое
Erosion (*и-ро'о-жőн*) s. разъѣданіе, вытравленіе.
Erotic (*и-рот'-ик*), **Erotical** (*и-рот'-ик-ăл*) adj. любовный, эротическій. [эротоманія.
Erotomania (*и-ро-то-мэ'-ни-ă*) s.
Erpetology (*ир-пи-тол'-о-джи*) s. ученіе о пресмыкающихся.
Err (*őр*) vn. скитаться, блуждать; ‖ ошибаться, заблуждаться.
Errable (*эр'-рă-бл*) adj. могущій заблуждаться.
Errand (*эр'-рăнд*) s. посылка, порученіе. **To run one's —s**, исполнить чье либо порученіе. — **boy**, разсыльный (мальчикъ).
Errant (*эр'-рăнт*) adj. блуждающій,
Errantry (*эр'-рăнт-ри*) s. странствованіе
Errata (*эр-рэ'-та*) s, pl. опечатки.
Erratic (*эр-рăт'-ик*), **Erratical** (*эр-рăт'-ик-ăл*) adj. блуждающій, странствующій; ‖ s. бродяга.
Erratically (*эр-рăт'-ик-ăл-и*) adj. неправильно.
Erratum (*эр-рэ'-тőм*) s. опечатка.
Erroneous (*э-ро'о-ни-őс*) adj. ошибочный; ошибающійся, ложный.
Erroneously (*эр-ро'о-ни-őс-ли*) adv. ошибочно.
Erroneousness (*эр-ро'о-ни-őс-нес*) s. ошибочность, ложность.

Error (*эр'-рӧр*) s. заблужденіе, погрѣшность, ошибка. **—s excepted,** за исключеніемъ ошибки. **In —,** въ заблужденіи.
Erse (*ӧрс*) adj. древнескандинавскій.
Erst (*эрст*) adv. сперва; || нѣкогда; || до сихъ поръ **— while,** до тѣхъ поръ
Erubescence (*ӧр-у-бес'-сенс*) s. покраснѣніе; румянецъ.
Erubescent (*ӧр-у-бес'-сент*) adj краснѣющій. |(бот.) свербичка.
Eruca (*и-ру'-ка*) s. гусеница; ||
Eructate (*и-рӧкт'-тэт*) va. vn. рыгать; изрыгать
Eructation (*эр-ӧк-тэ'-тӧн*) s. отрыжка; рыганіе.
Erudite (*эр'-у-дайт*) adj. ученый, книжный |знаніемъ
Eruditely (*эр'-у-дайт-ли*) adv. съ
Eruditeness (*эр'-у-дайт-нес*), **Erudition** (*эр-у-ди' - шӧн*) s. ученость, знаніе |ржавый
Eruginous (*и-ру'-джи-нӧс*) adj.
Eruption (*и-рӧп'-шӧн*) s. изверженіе; появленіе; сыпь.
Eruptive (*и-роп'-тив*) adj. высыпающійся, сыпной, изверженный.
Erysipelas (*эр-и - сип' -и - ляс*) s. (мед.) рожа.
Erysipelatous (*эр-и-си-пел'-ӓ-тӧс*) adj. (мед.) рожистый.
Escalade (*эс-кал-лэд'*) s. (воен.) приступъ; || va. взлѣзать, брать приступомъ.
Escapade (*эс-кӓ-пэд'*) s. побѣгъ, бѣгство.
Escape (*эс-кэп'*) va. vn. убѣгать, избѣгать, избавляться; спасаться; вырываться; вытекать; || **To — notice,** ускользнуть отъ вниманія; || vn (from.) убѣжать, уклониться. **To — to America,** спастись въ Америку. || s. побѣгъ, бѣгство; спасеніе; ходъ; || *ошибка, пропускъ **— goat,** козелъ отпущенія. **We had a narrow —,** мы ловко ускользнули. **— of gas,** утечка газа. |(тех.) ходъ.
Escapement (*эс - кэп' - мент*) s.
Escarp (*эс-карп'*) va. (воен.) круто спускать; || s. скатъ, откосъ.
Escarpment (*эс-карп'-мент*) s. скатъ, откосъ.
Eschalot (*эш-ӓ-лот'*) s. (бот.) шарлотъ, мелкій лукъ.
Eschar (*эс'-кар*) s. (мед.) струпъ
Escharotic (*эс-ка-рот'-ик*) adj струпный; выѣдающій; образующій струпъ
Escheat (*эс-чит'*) s. (юрид.) выморочное имѣніе; || vn переходить во владѣніе кого (о недвижимости) вслѣдствіе неимѣнія наслѣдниковъ или по конфискаціи.
Eschew (*эс-чью'*) va. убѣгать, избѣгать.
Escort (*эс'-корт*) s. конвой; свита; || va. провожать, конвоировать.
Escritoire (*эс-кри-туор'*) s. чернильница.
Esculapian (*эс-кью-лэ'-пи-ӓн*) adj эскулаповъ, медицинскій.
Esculent (*эс'-кью-лент*) adj. съѣдобный, съѣстной. |герба.
Escutcheon (*эс-кӧч'-ӧн*) s. щитъ
Esophagus (*и-соф'-ӓ-гӧс*) s.(анат.) пищепроводъ.
Esopian (*и-со'о-пи-ӓн*) adj. эзоповъ.
Esoteric (*эс-о-тер'-ик*) adj. (фил.) эзотерическій |мечъ.
Espadon (*эс'-пӓ-дӧн*) s. тяжелый
Espalier (*эс-пӓль'-ер*) s шпалерникъ; || va. дѣлать шпалерникъ.
Especial (*эс-пеш'-ӓл*) adj. особливый, спеціальный.
Especially (*эс-пеш'-ӓл-и*) adv. главнымъ образомъ, особливо.
Especialness (*эс-пеш'-ӓл-нес*) s. особенность, спеціальность.
Esperance (*ес'-пер-энс*) s. надежда.
Espial (*эс-пси'-ӓл*) s. шпіонъ, -ка.
Espionage (*эс'-пи-ӧн-эдж*) s. шпіонство. |эспланада, лужайка
Esplanade (*эс-пла-нэд'*) s. площадь;
Espousal (*эс-па'уз-ӓл*) adj. свадебный; || s. обрученіе, сговоръ. **—s,** s. pl. обрученіе, сговоръ.
Espouse (*эс-па'уз*) va. жениться; выходить замужъ.
Espouser (*эс-па'уз-ер*) s. женихъ, защитникъ; покровитель.
Espy (*эс-пай'*) va. vn. высматривать, подкараулить; увидать, открыть, прослѣдить, разузнать.
Esquimaux (*ес'-ки-мо*) npr. (геогр.) эскимосы. || помѣщикъ.
Esquire (*эс-куайр'*) s. всадникъ.
Essay (*эс-сэй'*) va. пытаться, покушаться; испытать; || s. проба, опытъ, попытка; образчикъ.
Essayist (*эс-сэй'-ист*) s. дѣлающій опыты.
Essence (*эс'-сенс*) s. эссенція; || va окуривать, надушить
Essential (*эс-сен'-шӓл*) adj. существенный; || s. существо, главное сущность.
Essentiality (*эс-сен-ши-ӓл'-и-ти*), **Essentialness** (*эс-сен'-шӓл-нес*) s. существо
Essentially (*эс-сен'-шӓл-и*) adv. главнымъ образомъ, по существу.
Essoin (*эс-соин'*) va. (юрид.) признать причину неявки въ судъ уважительной; || s. свидѣтельство, оправдывающее неявку въ судъ
Establish (*эс-таб'-лиш*) va. основывать, учреждать; упрочить.
Establisher (*эс-тӓб'-ли-шер*) s. основатель, учредитель.
Establishment (*эс-тӓб' - лиш - мент*) s. основаніе, учрежденіе;

установленіе; штатъ, положеніе; господствующая церковь.

Estate (*эс-тэт'*) s. состояніе, положеніе, званіе; || имѣніе, помѣстье; владѣніе; имущество. **Real —**, недвижимое имѣніе. **Personal —**, движимость. **The deceased's —**, наслѣдство послѣ умершаго. **The third —**, третье сословіе.

Esteem (*эс-тим'*) s. уваженіе, почтеніе; || va. уважать, почитать; думать, считать, судить; оцѣнивать; дорожить чѣмъ.

Esteemable (*эс-тим'-ā-бл*) adj. уважаемый.

Esther (*эс'-тер*) npr. Эсѳирь.

Esthetic (*эс-сзет'-ик*) adj. эстетическій. [adv. эстетично.

Esthetically (*эс-сзет'-ик-ā-ли*)

Esthetics (*эс-сзет'-икс*) s. эстетика. [жаемый.

Estimable (*эс'-ти-мā-бл*) adj. уважаемый.

Estimableness (*эс'-ти-мā-бл-нес*) s. почтенность. [съ уваженіемъ.

Estimably (*эс'-ти-мā-бли*) adv.

Estimate (*эс'-ти-мэт*) s. оцѣнка; смѣта, бюджетъ; || va. оцѣнивать; вычислять; составлять смѣту. **Rough —**, приблизительная оцѣнка.

Estimation (*эс-ти-мэ'-шőн*) s. оцѣнка; вычисленіе; смѣта; || * уваженіе, почетъ. [оцѣночный.

Estimative (*эс'-ти-мā-тив*) adj.

Estimator (*эс'-ти-мэ-тőр*) s. оцѣнщикъ.

Estival (*эс'-ти-вāл*) adj. лѣтній.

Estivat (*эс'-ти-вэт*) va. проводить лѣто гдѣ-либо.

Estivation (*эс-ти-вэ'-шőн*) s. провожденіе лѣта.

Estop (*эс-топ'*) va. (юрид.) предъявлять встрѣчный искъ.

Estoppel (*эс-топ'-пл*) s. (юрид.) предъявленіе встрѣчнаго иска.

Estovers (*эс-то'о-верз*) s. pl кормовыя деньги.

Estrange (*эс-трэндж'*) va. (**from**) отчуждать, отдалять.

Estrangement (*эс-трэндж'-мент*) s. отчужденіе, удаленіе.

Estrapade (*эс-тра-пэд'*) s. вставаніе на дыбы.

Estray (*эс-трэй'*) vn. удаляться, заблуждаться; || s. выброшенный предметъ (моремъ).

Estreat (*эс-трит'*) s выписка; || va. дѣлать выписку

Estridge (*эс'-триджс*) s страусъ; страусовый пухъ.

Estuary (*эсть'-ю-ā-ри*) s. устье рѣки (при встрѣчѣ съ моремъ); лиманъ; паровая ванна.

Estuate (*есть'-ю-эт*) vn. кипѣть, волноваться. [пѣніе; волненіе.

Estuation (*эсть-ю-э'-шőн*) s. ки-

Etch (*эч*) va. гравировать крѣпкой водкой. [водкой.

Etcher (*эч'-ер*) s. граверъ крѣпкой

Etching (*эч'-инг*) s. гравированіе крѣпкой водкой. **— needle**, пунктировальная игла. [конечный.

Eternal (*и-тőрн'*) adj. вѣчный; без-

Eternally (*и-тőрн-е-ли*) adv. вѣчно; во вѣкъ. [ность.

Eternity (*и-тőр'-ни-ти*) s. вѣч-

Eternize (*и-тőр'-найз*) va. увѣковѣчивать.

Etesian (*и'-тő-жőн*) adj. постоянный, пассатный (о вѣтрахъ).

Ethel (*и'-сзел*) adj. благородный; || npr. Ѳтель.

Ether (*и'-сзер*) s. эѳиръ.

Ethereal (*и-сзи'-ри-āл*) adj. эѳирный; || *небесный.

Etherealize (*и-сзи'-ри-āл-айз*) va. превращать въ эѳиръ; || *дѣлать прозрачнымъ, небеснымъ.

Ethereous (*и-сзи'-ри-ос*) adj. эѳирный; небесный. [эѳирный.

Etherial (*и-сзи'-ри-āл*) adj. (хим.)

Etherize (*и'-сзе-райз*) va. подвергать воздѣйствію эфира

Ethic (*эсз'-ик*), **Ethical** (*эсз'-ик-āл*) adj. этическій, нравственный

Ethically (*эсз'-ик-āл-и*) adv этически.

Ethics (*эсз'-икс*) s. этика.

Ethiopia (*и-зси-о'о-пи-ā*) npr. (геогр.) Эѳіопія. [намѣстникъ.

Ethnarch (*эсз'-нарк*) s. этнархъ.

Ethnic (*эсз'-ник*). **Ethnical** (*эсз'-ник-āл*) adj. языческій; || s. язычникъ. [этнографъ.

Ethnographer (*эсз-но-грăф'-ер*) s.

Ethnographic (*эсз-но-грăф'-ик*), **Ethnographical** (*эсз-но-грăф'-ик-āл*) adj. этнографическій.

Etnography (*эсз-ног'-рā-фи*) s. этнографія.

Ethnologic (*эсз-но-лодж'-ик*), **Ethnological** (*эсз-но-лодж'-ик-āл*) adj. этнологическій [нологія.

Ethnology (*эсз-пол'-о-джи*) s. эт-

Ethology (*и-сзол'-оджи*) s. описаніе нравовъ, этологія.

Etiolate (*и'-ти-э-лэт*) va. vn. обезцвѣчивать, -ся, чахнуть, блѣднѣть (о растеніяхъ).

Etiolation (*и-ти-о-лэ'-шőн*) s. погибаніе, поблѣдненіе (растеній).

Etiology (*и-ти-ол'-о-джи*) s. (мед.) этіологія

Etiquette (*эт-и-кэт'*) s. обрядъ, этикетъ, церемоніалъ.

Etimological (*эт-и-мо-лодж'-ик-āл*) adj. этимологическій.

Etimology (*эт-и-мол'-о-джи*) s. этимологія.

Eucharist (*ю'-кā-рист*) s. евхаристія

Eucharistic (*ю-кā-рист'-ик*), **Eucharistical** (*ю-кā-рист'-ик-āл*) adj. евхаристическій.

Euchology (*ю-кол'-о-джи*) s. требникъ, минея.
Eudiometer (*ю-ди-ом'-и-тŏр*) s. эвдіометръ (для измѣренія чистоты воздуха и газа).
Eugene (*ю'-джин*) прг. Евгеній.
Eugenia (*ю-джи'-ни-а*) прг. Евгенія
Eulogic (*ю-лодж'-ик*), **Eulogical** (*ю-лодж'-ик-ăл*) adj. похвальный.
Eulogically (*ю-лодж'-ик-ăл-и*) adv. похвально.
Eulogist (*ю'-ло-джист*) s. хвалитель.
Eulogistic (*ю-ло-джист'-ик*) adj. хвалебный.
Eulogium (*ю-ло'о-джи-ŏм*), **Eulogy** (*ю'-ло-джи*) s. хвала; похвальное слово.
Eulogize (*ю'-лŏ-джайз*) va. хвалить.
Eunomy (*ю'-но-ми*) s. эуномія, правленіе на началахъ справедливости и равенства.
Eunuch (*ю'-нŏк*) s. евнухъ.
Eunuchate (*ю'-нŏк-эт*) va. оскоплять.
Eupatory (*ю'-пă-тŏ-ри*) s. (бот.) посконникъ.
Eupepsy (*ю-пеп'-си*) s. (мед.) хорошее пищевареніе.
Euphemism (*ю'-фи-мизм*) s. (рит.) смягченіе выраженія.
Euphonic (*ю-фон'-ик*), **Euphonical** (*ю-фон'-ик-ăл*) adj. благозвучный
Euphoniously (*ю-фо'о-ни-ŏс-ли*) adv. созвучно, согласно, стройно.
Euphony (*ю'-фо-ни*) s. благозвучіе.
Euroclydon (*ю-рок'-ли-дŏн*) s. сѣверо-восточный вѣтеръ.
Europe (*ю'-рŏп*) прг. (геогр.) Европа.
European (*ю-ро-пи'-ăн*) adj. европейскій; ‖ s. европеецъ.
Eurythmy (*ю'-рисз-ми*) s. (мед.) правильность пульса.
Eustace (*юс'-тăс*) прг. Евстахій.
Euterpe (*ю-тер'-пи*) прг. Евтерпа.
Evacuant (*и-вăкь'-ю-ăнт*) adj. эвакуирующій, извергающій, опоражнивающій.
Evacuate (*и-вăк'-ю-эт*) va. очищать, опорожнивать; выводить (войска).
Evacuation (*и-вăкь-ю-э'-шŏн*) s. эвакуація.
Evacuative (*и-вăкь'-ю-э-тив*) adj. эвакуирующій, опоражнивающій.
Evade (*и-вэд'*) va. vn. избѣгать, миновать; уклоняться.
Evanescence (*эв-ă-нес'-сенс*) s. исчезновеніе; эфемерность.
Evanescent (*эв-ă-нес'-сент*) adj. исчезающій, эфемерный; мимолетный.
Evangelic (*и-вăн-джел'-ик*), **Evangelical** (*и-вăн-джел'-ик-ăл*) adj. евангельскій.
Evangelicism (*и-вăн-джел'-и-сизм*) **Evangelism** (*и-вăн'-джел-изм*) adj. проповѣдываніе Евангелія.
Evangelist (*и-вăн'-джел-ист*) s. евангелистъ, апостолъ, проповѣдникъ Евангелія.
Evangelization (*и-вăн-джел-и-зэ'-шŏн*) s. проповѣдываніе Евангелія
Evangelize (*и-вăн'-джел-айз*) va. проповѣдывать Евангеліе.
Evaporable (*и-вăп'-о-рă-бл*) adj. испаряющійся.
Evaporate (*и-вăп'-о-рэт*) va. vn. испарять, -ся, улетучиваться; ‖ adj. испаряющійся.
Evaporation (*и-вăп-о-рэ'-шŏн*) s. испареніе.
Evaporative (*и-вăп'-о-рэ-тив*) adj. превращающій въ пары.
Evasion (*и-вэ'-жŏн*) s. уклоненіе, увертка; бѣгство.
Evasive (*и-вэ'-сив*) adj. уклончивый
Evasively (*и-вэ'-сив-ли*) adv. уклончиво.
Eve (*ив*) прг. Ева.
Eve (*ив*), **Even** (*и'-вн*) s. вечеръ; канунъ; навечеріе (праздника). **At —**, вечеромъ. **On the —**, наканунѣ. **Christmas —**, сочельникъ передъ Рождествомъ.
Evection (*и-век'-шŏн*) s. повышеніе
Even (*и'-вн*) s. вечеръ, см. **Eve**; ‖ adj. ровный, гладкій; одинаковый, сходный. **To make —**, сгладить, сравнять. **An — temper**, ровный характеръ. **— with the ground**, до основанія. **An — number**, четное число. **Odd or —**, четъ или нечетъ. **To be — with one**, быть съ кѣмъ въ расчетѣ. **— handed**, безпристрастный. **— -minded**, уравновѣшенный. **— -tempered**, спокойный. ‖ va. уравнивать; сглаживать. **To — accounts**, сводить счеты. ‖ adv даже; равно. **— now**, сейчасъ. **— so**, точно такъ, именно.
Evening (*и'-вн-инг*) s. вечеръ. **— party**, вечеринка. **— -star**, вечерняя звѣзда, Венера
Evenly (*и'-вн-ли*) adv. равно; гладко, одинаково; сходно; безпристрастно.
Evenness (*и'-вн-нес*) s. равность, гладкость, ровность (характера).
Event (*и-вент'*) s. случай, происшествіе, событіе; развязка; исходъ. **At all —s**, на всякій случай, во всякомъ случаѣ. **— ful**, adj. полный приключеній.
Eventerate (*и-вен'-тер-эт*) va. потрошить.
Eventilate (*и-вен'-ти-лэт*) va. вѣять (хлѣбъ)
Eventilation (*и-вен-ти-лэ'-шŏн*) s. вывѣиваніе (хлѣба).
Eventual (*и-вентъ'-ю-ăл*) adj. случайный; окончательный.
Eventually (*и-вентъ'-ю-ăл-и*) adv случайно; окончательно.
Ever (*эв'-ер*) adv. всегда **Hardly —, scarcely —**, почти никогда **For — and —**, навсегда. **— so**

little, сколь бы не было мало. **Russia for —!** да здравствуетъ Россія. [вѣчнозеленый.
Evergreen (*эв'-ер-грин*) adj. и s.
Everlasting (*эв-ер-ласт'-инг*) adj. вѣчный; безсмертный; || s. вѣчность. [adv. вѣчно, навсегда.
Everlastingly (*эв-ер-ласт'-инг-ли*)
Evermore (*эв-ер-мо'ор*) adv. вѣчно, всегда; непрестанно.
Eversion (*и-вөр'-шөн*) s. ниспровержение, опрокидываніе.
Every (*эв'-ер-и*) adj. каждый, всякій. **— day,** ежедневный. **— other day,** черезъ день. **— thing,** все. **— where,** всюду, вездѣ.
Evict (*и-викт'*) va. (юрид.) лишать имѣнія; доказывать.
Eviction (*и-вик'-шөн*) s. доказательство; удаленіе.
Evidence (*эв'-и-денс*) s. очевидность, ясность, явность; улика; свидѣтель. **To give —,** свидѣтельствовать. **To turn king's —,** открыть своихъ сообщниковъ. **Prisoner's —,** свидѣтель въ пользу обвиняемаго. **— for the prosecution,** свидѣтель обвиненія. || va. свидѣтельствовать, ясно доказывать.
Evident (*эв'-и-дент*) adj. очевидный, ясный, явный.
Evidential (*эв-и-ден'-шāл*), **Evidentiary** (*эв-и-ден'-ши-ā-ри*) adj. очевидный, явный.
Evidentially (*эв-и-ден'-шā-ли*) adv. очевидно, явно.
Evidently (*эв'-и-дент-ли*) adv. очевидно, явно.
Evidentness (*эв'-и-дент-нес*) s. очевидность, явность, ясность.
Evil (*и'вл*) adj. злой, дурной, худой, пагубный. **— speaking,** злословіе. **— communications corrupt good manners,** дурныя знакомства портятъ добрые нравы. || s. зло; злоба; несчастіе; болѣзнь. **Eschew — and do good,** избѣгай зла и дѣлай добро. **— be to him that — thinks!** да извидетъ дурно думающій. || adv. дурно, худо. **— -affected,** недоброжелательный. **— -disposed,** злонамѣренный. **— -doer,** злодѣй. **— -minded,** недоброжелательный. **— -wishing,** зложелающій.
Evilness (*и'-вл-нес*) злоба, злобность
Evince (*и-винс'*) va. утверждать, доказывать, выказывать. **To — courage,** доказать свою храбрость.
Evincible (*и-вин'-си-бл*) adj. доказательный, очевидный.
Evincibly (*и-вин'-си-бл-и*) adv. доказательно, очевидно.
Eviscerate (*и-вис'-сер-эт*) va. потрошить.
Evisceration (*и-вис-се-рэ'-шөн*) s. потрошеніе. [жимый
Evitable (*эв'-и-тā-бл*) adj. избѣ-
Evocation (*эв-о-кэ'-шөн*) s. вызываніе (духовъ).
Evoke (*и-во'ок*) va. вызывать.
Evolation (*эв-о-лэ'-шөн*) s. отлетъ, полетъ. [люта.
Evolute (*эв-о-льют'*) s. (геом.) эво-
Evolution (*эв-о-лью'-шөн*) s. развитіе; эволюція; (мат.) извлеченіе корня. [adj. эволюціонный.
Evolutionary (*эв-о-лью'-шөн-ā-ри*)
Evolve (*и-волв'*) va. vn. развертывать, -ся; развивать, -ся.
Evolvent (*и-волв'-ент*) s. (геом.) кривая линія.
Evomition (*эв-о-миш'-өн*) s. рвота.
Evulgation (*эв-ол-гэ'-шөн*) s. разглашеніе. [ніе, извлеченіе.
Evulsion (*и-вөл'-шөн*) s. вырыва-
Ewe (*йу*) s. овца. **— with lamb,** беременная овца.
Ewer (*йу'-р*) s. рукомойникъ.
Ex (*экс*) s. частица, означающая: изъ, отъ, бывшій. **— -chancellor,** бывшій канцлеръ.
Exacerbate (*эгз-ā-сөр'-бэт*) va. ожесточать.
Exacerbation (*эгз-ā-сөр-бэ'-шөн*) s. раздраженіе, ожесточеніе.
Exact (*эгз-āкт'*) va. vn. взыскивать; лихоимствовать; || adj. точный, исправный.
Exacter (*эгз-āкт'-ер*) s. требователь.
Exacting (*эгз-āкт'-инг*) adj. взыскательный, требующій.
Exaction (*эгз-āк'-шөн*) s. взысканіе, требованіе.
Exactitude (*эгз-āкт'-и-тьюд*), **Exactness** (*эгз-āкт'-нес*) s. точность, исправность.
Exactly (*эгз-āкт'-ли*) adv. точно, исправно.
Exaggerate (*эгз-āдж'-ер-эт*) va. преувеличивать, прибавлять.
Exaggeration (*эгз-āдж-ер-э'-шөн*) s. преувеличеніе.
Exaggeratory (*эгз-āдж-ер-э'-тө-ри*) adj. увеличительный.
Exalt (*эгз-о'олт*) va. возвышать; превозносить.
Exaltation (*эгз-ол-тэ'-шөн*) s. возношеніе; возведеніе; || восторгъ, возбужденіе.
Examinable (*эгз-āм'-и-нā-бл*) adj. подлежащій экзамену, испытанію.
Examination (*эгз-āм-и-нэ'-шөн*) s. экзаменъ, допросъ, испытаніе, осмотръ. **Postmortem —,** вскрытіе мертваго тѣла. **To pass, to undergo an —,** подвергаться экзамену. **Under —,** подвергнутый провѣркѣ.
Examine (*эгз-āм'-ин*) va. экзаменовать; допрашивать; осматри-

вать. **To — witness,** допрашивать свидѣтеля.
Examiner (*эгз-ам'-ин-ер*) s. экзаменаторъ; допрашиватель; изслѣдователь.
Exemple (*эгз-ăм'-пл*) s. примѣръ. **To set an —,** давать примѣръ.
Exempler (*эгз-ăм'-плер*) s. модель.
Exanimate (*эгз-ăн'-и-мэт*) adj. безжизненный; унылый.
Exanthema (*экс-ăн-сзи'-мă*) s. (мед.) накожная сыпь.
Exarch (*экс'-арк*) s. экзархъ.
Exarchate (*экс-ăр'-кэт*) s. экзархатъ.
Exasperate (*эгз-ăс'-пер-эт*) va. раздражать; прогнѣвить.
Exasperation (*эгз-ăс-пер-э'-шŏн*)s. ожесточеніе; вызовъ.
Excandescence (*экс-кăн-дес'-сенс*) s. раскаленіе, жаръ; || пылъ. гнѣвъ.
Excarnate (*экс-кар'-нэт*) va. (анат.) очищать отъ мяса.
Excavate (*экс'-кă-вэт*) va. выдалбливать; рыть.
Excavation (*экс'-кă-вэ-шŏн*) s. выдалбливаніе; выкапываніе; яма.
Excavator (*экс'-кă-вэ-тŏр*) s. землекопъ.
Exceed (*эк-сид'*) va. vn. (*by, for*) превосходить, заходить слишкомъ далеко въ чемъ: переступать (предѣлъ).
Exceeding (*эк-сид'-инг*) adj. чрезмѣрный, чрезвычайный; || s. излишекъ, чрезмѣрность.
Exceedingly (*эк-сид'-инг-ли*) adv. чрезвычайно.
Excel (*эк-сел'*) va. vn. превосходить, отличаться въ чемъ.
Excellence (*эк'-сел-енс*), **Excellency** (*эк'-сел-ен-си*) s. превосходство, преимущество.
Excellent (*эк'-сел-ент*) adj. превосходный. [превосходно.
Excellently (*эк'-сел-ент-ли*) adv.
Except (*эк-септ'*) va. исключать, выключать: || vn. отказываться, уклоняться. **To — against,** дѣлать возраженія. **To — against a witness,** отводить свидѣтеля. || prep. кромѣ.
Excepting (*эк-септ'-инг*) prep. исключая, кромѣ.
Exeption (*эк-сеп'-шŏн*) s. исключеніе; возраженіе, отклоненіе, отводъ. **All without —,** всѣ безъ исключенія. **To make —s to,** дѣлать возраженія противъ.
Exceptionable (*эк-сеп'-шŏн-ă-бл*) adj. исключимый, изъемлимый.
Exceptional (*эк-сеп'-шŏн-ăл*) adj. исключительный. [чивый.
Exceptious (*эк-сеп'-шŏс*) adj. обид-
Exceptive (*эк-септ'-ив*) adj. исключительный.
Exceptor (*эк-септ'-ŏр*) s. возражатель.
Excern (*эк-сŏрн'*) va. (мед.) выдѣлять. [va. дѣлать выписки.
Excerpt (*эк-сŏрпт'*) s. выписка; ||
Excerption (*эк-сŏрп'-шŏн*) s. выборъ; отрывокъ.
Excerptor (*эк-сŏрп'-тŏр*) s. дѣлающій извлеченія.
Excess (*эк-сес'*) s. чрезмѣрность, излишекъ; излишества. **To commit —s,** позволять себѣ излишества.
Excessive (*эк-сес'-ив*) adj. чрезмѣрный; неумѣренный.
Excessively (*эк-сес'-ив-ли*) adv. чрезмѣрно, неумѣренно.
Excessiveness (*эк-сес'-ив-нес*) s. чрезмѣрность, неумѣренность.
Exchange (*экс-чэндж'*) s. мѣна, обмѣнъ, промѣнъ, размѣнъ; || биржа; || курсъ биржевой; || va. vn. обмѣнивать, мѣнять. **To make an —,** обмѣнивать. **Bill of —,** вексель. **In — for,** въ обмѣнъ на. **— -business,** мѣновая торговля. **— -office,** мѣняльная контора.
Exchangeable (*экс-чендж'-ă-бл*) adj. мѣновой. [няло.
Exchanger (*экс-чендж'-ер*)s. мѣ-
Exchequer (*экс-чек'-ер*) s. казна, казначейство. **— -bills,** свидѣтельства на казначейство.
Excisable (*эк-сайз'-ă-бл*) adj. подлежащій акцизу.
Excise (*эк-сайз'*) s. акцизъ; || налагать акцизъ. [щикъ акциза.
Excisement (*эк-сайз'-мăн*) s. сбор-
Excision (*эк-сиж'-ŏн*) s. (хир.) вырѣзаніе.
Excitability (*эк-сайт'-ă-бил'-ити*) s. возбуждаемость.
Excitable (*эк-сайт'-ă-бл*) adj. возбуждаемый.
Excitant (*эк-сайт'-ăнт*) adj. возбуждающій; || s. возбуждающее средство. [дать.
Excitate (*эк'-си-тэт*) va. возбуж-
Excitation (*эк-си-тэ'-шŏн*) s. возбужденіе.
Excitative (*эк-саит'-ă-тив*), **Excitatory** (*эк-сайт'-ă-тŏ-ри*) adj. возбудительный.
Excite (*эк-сайт'*) va. возбуждать, поощрять. [бужденіе.
Exitement (*эк-сайт'-мент*) s. воз-
Exciter (*эк-сайт'-ер*)s. возбудитель.
Excitive (*эк-сайт'-ив*) adj. возбуждающій.
Exclaim (*экс-клэм'*) vn. восклицать.
Exclaimer (*экс-клэм'-ер*) s. восклицающій, крикунъ.
Exclamation (*экс-клă-мэ'-шŏн*) s. восклицаніе, крикъ. **Note of —,** восклицательный знакъ
Exclamative (*экс-клăм'-ă-тив*),

Exclamatory (*ăкс-клăм'-ă-тŏ-ри*) adj. восклицательный.
Exclude (*экс-кльюд'*) va. исключать.
Exclusion (*экс-клью'-жŏн*) s. выключеніе. [ключительный.
Exclusive (*экс-клью'-сив*) adj. ис-
Exclusively (*экс-клью'-сив-ли*) adv. исключительно, исключая.
Exclusiveness (*экс-клью'-сив-нес*) s. исключительность.
Exclusivism (*экс-клью'-си-визм*) s. исключительность, односторонность. [выдумывать.
Excogitate (*экс-коджс'-и-тэт*) va.
Excogitation (*экс-коджс'-и-тэ'-шŏн*) s. придумываніе.
Excommunicate (*экс-ком-мью'-ни-кэт*) va. отлучать отъ церкви; || s. отлученный отъ церкви.
Excommunication (*экс-ком-мью-ни-кэ'-шŏн*) s. отлученіе отъ церкви
Excoriate (*экс-ко'о-ри-эт*) va. содрать кожу.
Excoriation (*экс-ко-ри-э'-шŏн*) s. сдираніе кожи; ссадина.
Excortication (*экс-кор-ти-кэ'-шŏн*) s. облупленіе. [кивать.
Excreate (*экс'-кри-эт*) va. отхар-
Excrement (*экс'-кри-мент*) s. испражненія; калъ.
Excremental (*экс-кри-мент'-ăл*), **Excrementitial** (*экс-кри-мен-тиш'-ăл*) **Excrementitious** (*экс-кри-мен-тиш'-ŏс*) adj. каловый.
Excrescence (*экс-крес'-сенс*) s. наростъ.
Excrescent (*экс-рес'-сент*) adj. образующій наростъ.
Excrete (*экс-крит'*) va. извергать; выдѣлять.
Excretion (*экс-кри'-шŏн*) s. испражненія, выдѣленія.
Excretive (*экс'-кри-тив*), **Excretory** (*экс'-кри-тŏ-ри*) adj. способствующій выдѣленію.
Excruciate (*экс-кру'-ши-эт*) va. мучить, пытать.
Excruciating (*экс-кру'-ши-э-тинг*) adj. мучительный.
Excruciation (*экс-кру-ши-э'-шŏн*) s. мука, мученіе, пытка.
Exsulpation (*экс-кŏл-пэ'-шон*) s. оправданіе, [равдывать.
Exculpate (*экс-кŏл'-пэт*) va. оп-
Exculpatory (*экс-кŏл'-пă-тŏ-ри*) adj. оправдательный.
Excursion (*экс-кŏр'-шŏн*) s. удаленіе, уклоненіе; || экскурсія, путешествіе.
Excursionist (*экс-кŏр'-шŏн-ист*) s. экскурсантъ.
Excursive (*экс-кŏр'-сив*) adj. вольный; блуждающій, смѣлый.
Excursively (*экс-кŏр'-сив-ли*) adv. смѣло, произвольно.
Excursiveness (*экс-кŏр'-сив-нес*) s. необычность, отклоненіе; уклоненіе. [извинительный.
Excusable (*экс-кьюз'-ă-бл*) adj.
Excusableness (*экс-кьюз'-ă-бл-нес*) s. извинительность.
Excusably (*экс-кьюз'-ă-бли*) adv. извинительно.
Excusatory (*экс-кьюз'-ă-тŏ-ри*) adj. оправдательный.
Excuse (*экс-кьюз'*) va. извинять, оправдывать. **To — one's self,** извиняться.
Excuse (*экс-кьюс'*) s. извиненіе; оправданіе. [извинительный.
Excuseless (*экс-кьюс'-лес*) adj. не-
Excuser (*экс-кьюк'-ер*) s. оправдывающій.
Exeat (*экс'-и-эт*) s. отпускной билетъ (студенческій).
Execrable (*экс'-и-крă-бл*) adj. отвратительный.
Execrably (*экс'-и-крă-бли*) adv. отвратительно.
Execrate (*экс'-и-крэт*) va. ненавидѣть; гнушаться. [лятіе.
Execration (*эксикрэ'-шŏн*) s. прок-
Execratory (*экс'-и-крă-тŏ-ри*) s. божба, клятва, формула проклятія.
Executable (*экс'-и-кьют-ă-бл*) adj. выполнимый.
Execute (*экс'-и-кьют*) va. исполнять, выполнять.
Executer (*экс'-и-кью-тер*) s. исполнитель; палачъ.
Execution (*экс-и-ксью'-шŏн*) s. исполненіе; смертная казнь; (юрид.) наложеніе ареста. **In — of,** во исполненіе.
Executioner (*экс-и-кью'-шŏн-ер*) s. палачъ; исполнитель.
Executive (*эгз-екь'-ю-тив*) adj. исполнительный; || s. исполнительная власть. [шеприкащикъ.
Executor (*эгз-экь'-ю-тŏр*) s. ду-
Executorial (*эгз-экь'-ю-то'о-ри-ăл*) adj. душеприкащичій.
Executorship (*эгз-экь'-ю-тŏр-шип*) s. обязанность душеприкащика.
Executory (*эгз-экь'-ю-тŏ-ри*) adj. подлежащій выполненію; исполнительный
Executrix (*эгз-экь'-ю-трикс*) s. душеприкащица. [кованіе.
Exegesis (*экс-и-джи'-сис*) s. тол-
Exegetical (*экс-и-джет'-ик-ăл*) adj. служащій къ поясненію.
Exegetist (*экс-и-джи'-тист*) s. толкователь.
Exemplar (*эгз-ем'-плăр*) s. образецъ, примѣръ.
Exemplarily (*эгз'-ем-плă-ри-ли*) adv. примѣрно.
Exemplariness (*эгз'-ем-плă-ри-нес*) s. примѣрность.
Exemplary (*эгз'-ем-плă-ри*) adj. примѣрный.

Exemplification (*эгз-ем-пли-фи-кэ'-шон*) s. объясненіе примѣромъ
Exemplify (*эгз-ем'-пли-фай*) va. пояснять примѣромъ; снимать копію.
Exempt (*эгз-емпт'*) adj. изъятый, уволенный; || av. изъять, уволить.
Exemption (*эгз-ем'-шон*) s. изъятіе, увольненіе. [ронный.
Exequial (*экс-и'-куи-ăл*) adj. похо-
Exequies (*экс-и'-куиз*) s. похороны
Exercisable (*экс'-ер-сайз-ă-бл*) adj. примѣнимый.
Exercise (*экс'-ер-сайз*) s. упражненіе; моціонъ (воен.) ученіе; отправленіе, служеніе; занятіе, работа; урокъ, задача. **Bodily —**, тѣлесныя упражненія. || va. и vn. упражнять, -ся; заниматься, учиться; учить; и справлять (должность), дѣлать. **To — soldiers**, учить солдатъ. **To — acts of clemency**, дѣлать добрыя дѣла.
Exerciser (*экс'-ер-сайз-ер*) s. упражняющійся въ чемъ.
Exert (*эгз-ŏрт'*) va. проявлять, обнаруживать, дѣлать. **To — skill**, проявить ловкость. **To — one's self**, силиться, стараться. **To — one's self to the utmost**, стремиться сдѣлать возможное.
Exertion (*эгз-ŏр'-шон*) s. проявленіе, усиліе.
Exestuation (*эгз-есть-ю-э'-шон*) s. вскипаніе.
Exfoliate (*экс-фо'о-ли-эт*) vn. разлагаться на слои.
Exfoliation (*экс-фо-ли-э'-шон*) s. отдѣленіе слоевъ.
Exhalable (*эгз-хел'-ă-бл*) adj. испаряющійся. [пареніе.
Exhalation (*эгз-хă-лэ'-шон*) s. ис-
Exhale (*эгз-хэл'*) va. испускать, издавать (запахъ), испарять; всасывать. [пареніе.
Exhalement (*экс-хэл'-мент*) s. ис-
Exhaust (*эгз-о'ост*) va. исчерпывать, истощать; осушать, расходовать. **To — a subject**, исчерпать предметъ (разговора).
Exhausted (*эгз-о'остед*) adj. осушенный, истощенный.
Exhauster (*эгз-о'ост-ер*) s. исчерпывающій; вдыхатель.
Exhaustible (*эгз-о'ост-и-бл*) adj. исчерпаемый.
Exhausting (*эгз-о'ост-инг*) s. вытягиваніе; истощеніе; || adj. исчерпывающій.
Exhaustion (*эгз-о'ост-ŏн*) s. вытягиваніе, истощеніе; вдыханіе.
Exhaustive (*эгз-о'ост-ив*) adj. истощающій.
Exhaustless (*эгз-о'ост-лес*) adj. неисчерпаемый.
Exhaustment (*эгз-о'ост-мент*) s. истощеніе, высыханіе.
Exheredation (*эгз-хер-и-дэ'-шон*) s. лишеніе наслѣдства.
Exhibit (*эгз-иб'-ит*) va. предъявлять, представлять, выказывать; || s. представленіе, показаніе.
Exhibiter (*эгз-иб'-ит-ер*) s. экспонентъ. [ставка.
Exhibition (*экс-и-биш'-ŏн*) s. вы-
Exhibitioner (*экс-и-биш'-ŏн-ер*) s. стипендіатъ. [ставочный.
Exhibitive (*эгз-иб'-ит-ив*) adj. вы-
Exhibitively (*эгз-иб'-ит-ив-ли*) adv. эмблематически.
Exhilarant (*эгз-ил'-ă-рăнт*) adj. развеселяющій. [веселить.
Exhilarate (*эгз-ил'-ă-рэт*) va. vn.
Exhilarating (*эгз-ил'-ă-рэ-тинг*) adj. увеселяющій.
Exhilaratingly (*эгз-ил'-ă-рэ-тинг-ли*) adv. увеселительно.
Exhilaration (*эгз-ил-ă-рэ'-шон*) s. веселіе, веселость.
Exhort (*эгз-хорт'*) va. vn. увѣщевать, ободрять.
Exhortation (*экс-хор-тэ'-шон*) s. увѣщаніе, совѣтъ.
Exhortative (*эгз-хор'-тă-тив*), **Exhortatory** (*эгз-хор'-тă-тŏ-ри*) adj. увѣщательный, наставительный.
Exhortator (*эгз-хор-тэ'-тŏр*) s. наставникъ, поощритель.
Exhumation (*экс-хью-мэ'-шон*) s. вырываніе (трупа).
Exhume (*экс-хьюм'*) va. вырывать мертвое тѣло.
Exigence (*экс-и-дженс*), **Exigency** (*экс'-и-дженси*) s. надобность, нужда; крайность; замѣшательство.
Exigent (*экс'-и-джент*) adj. требовательный; s. судебное требованіе.
Exile (*экс'-айл*) s. ссылка, изгнаніе; || изгнанникъ. || va. ссылать, изгонять. **To — one's self**, покинуть родину. || adj. малый, мелкій.
Exilement (*экс'-айл-мент*) s. ссылка, изгнаніе.
Exility (*экс-ил'-и-ти*) s. слабость.
Exist (*эгз-ист'*) vn. существовать, быть. [ствованіе, бытіе.
Existence (*эгз-ист'-енс*) s. суще-
Existent (*эгз-ист'-ент*) adj. существующій, живущій.
Existing (*эгз-ист'-инг*) adj. см. **Existent**.
Exit (*экс'-ит*) s. выходъ, отъѣздъ, (театр.) уходъ (со сцены); проходъ, протокъ.
Exode (*эк'-сод*) s. исходъ.
Exodus (*экс'-о-дŏс*) s исходъ.
Exonerate (*эгз-он'-ер-эт*) vn. снять бремя, облегчить; очистить.
Exoneration (*эгз-он-ер-э'-шон*) s. снятіе бремени; облегченіе, освобожденіе отъ чего.
Exonerative (*эгз-он'-ер-ă-тив*) adj. облегчающій; освобождающій.

Exorable (экс'-о-рā-бл) adj. умолимый.
Exorbitance (эгз-ор'-би-тāнс) s. непомѣрность, чрезмѣрность.
Exorbitant (эгз-ор'-би-тāнт) adj. непомѣрный, чрезмѣрный.
Exorbitantly (эгз-ор'-би-тант-ли) adv. непомѣрно.
Exorcise (экс'-ор-сайз) va. заклинать.
Exorciser (экс'-ор-сайз-ер) s. заклинатель.
Exorcism (экс'-ор-сисм) s. заклинаніе.
Exorcist (экс'-ор-сист) s. заклинатель, колдунъ, шайтанъ.
Exordial (эгз-ор'-ди-āл) adj. вводный, вступительный.
Exordium (эгз-ор'-ди-ōм) s. введеніе
Exosmose (экс'-ос-мос) s. (физ.) экзосмосъ.
Exosseous (эгз-ос'-си-ōс) adj. безкостный.
Exostosis (экс-ос-то'о-сис) s. костевой наростъ.
Exoteric (экс-о-тер'-ик), **Exoterical** (экс-о-тер'-ик-āл) adj. явный.
Exotic (эгз-от'-ик) adj. (бот.) чужеземный; || чужеземное растеніе.
Expand (экс-пāнд') va. растягивать, распространять; || vn. расширяться.
Expanse (экс-панс') s. протяженіе, пространство.
Expansibility (экс-пāн-си-бил'-и-ти), **Expansibleness** (экс-пāн'-си-бл-нес) s. расширяемость, растяжимость.
Expansible (экс-пāн'-си-бл) adj. расширяемый.
Expansion (экс-пāн'-шōн) s. расширеніе; распространеніе; пространство; изліяніе (чувствъ).
Expansive (экс-пāн'-сив) adj. расширительный, откровенный.
Expansiveness (экс-пāн'-сив-нес) s. расширяемость, откровенность.
Expatiate (экс-пэ'-ши-эт) vn. распространяться о чемъ; блуждать.
Expatiation (экс-пэ'-ши-э'-шон) s. безпутность; распространеніе.
Expatiator (экс-пэ'-ши-э-тōр) s. распространяющійся о чемъ.
Expatriate (экс-пэ'-три-эт) va. изгонять изъ отечества.
Expatriation (экс-пэ-три-э'-шōн) s. изгнаніе изъ отечества.
Expect (экс-пект') va. ждать, ожидать; надѣяться. **We — him to dinner, but we shall not wait for him,** мы расчитываемъ на него къ обѣду, но мы не будемъ его ждать.
Expectable (экс-пект'-ā-бл) adj. ожидаемый.
Expectancy (экс-пект'-āн-си) s. ожиданіе.
Expectant (экс-пект'-āнт) adj. и s. ожидающій, -щая.
Expectation (экс-пек-тэ'-шōн) s. ожиданіе, надежда; упованіе. **To answer one's —,** соотвѣтствовать надеждамъ. **He lives in —,** онъ живетъ надеждой. **— of life,** средняя продолжительность жизни.
Expectorant (экс-пек'-то-рāнт) adj. (мед.) откаркивающій, отплевывающій мокроту.
Expectorate (экс-пэк'-то-рэт) va. отдѣлять мокроту.
Expectoration (экс-пек-то-рэ'-шōн) s. отдѣленіе мокроту.
Expectorative (экс-пек'-то-рэ-тив) s. отдѣляющій мокроту.
Expedience (экс-пи'-ди-енс), **Expediency** (экс-пи'-ди-ен-си) s. приличествованіе, цѣлесообразность; удобство.
Expedient (экс-пи'-ди-ент) adj. приличествующій, цѣлесообразный; надлежащій; изворотливый; находчивый; || s. средство, способъ.
Expediently (экс-пи'-ди-ент-ли) adv. соотвѣтсвующимъ, надлежащимъ образомъ; кстати.
Expedite (экс'-пе-дайт) va. поспѣшить, ускорять; отправлять; || adj. проворный, легкій.
Expeditely (экс'-пе-дайт-ли) adv. быстро, скоро.
Expedition (экс-пи-диш'-он) s. экспедиція; поспѣшность; старательность.
Expeditious (экс-пи-диш'-ōс) adj. скорый; исполнительный.
Expeditiously (экс-пи-диш'-ōс-ли) adv. скоро, быстро.
Expeditive (экс-пед'-и-тив) adj. исполнительный.
Expel (экс-пел') va. (**from, out of.**) выгонять; испускать; извлекать; исключать.
Expellable (экс-пел'-ā-бл) adj. могущій быть изгнаннымъ.
Expeller (экс-пел'-ер) s. изгоняющій.
Expend (экс-пенд') va. тратить.
Expenditure (экс-пен'-и-чур) s. трата, расходъ; потребленіе.
Expense (экс-пенс') s. издержка, расходъ; трата. **To put to —,** ввести въ расходъ. **To go to —,** тратить. **At any —,** чего-бы то ни стоило. **Petty —s,** мелкіе расходы. **Free of —,** безъ затратъ, даромъ.
Expenseless (экс-пенс'-лес) adj. безъ всякихъ издержекъ.
Expensive (экс-пен'-сив) adj. дорогой; || расточительный.
Expensively (экс-пен'-сив-ли) adv. дорого, съ большими расходами.
Expensiveness (экс-пен'-сив-нес) s. расточительность, издержки.
Experience (экс-пи'-ри-енс) s. опытность, опытъ. **By, from —,**

по опыту. || va. испытывать; дѣлать опыты. [опытный.
Experienced (*экс-пи'-ри-енст*) adj.
Experiment (*экс-пер'-и-мент*) s. экспериментъ, опытъ. **To make, to try an —**, дѣлать опытъ. || va. vn. дѣлать опыты, знать по опыту.
Experimental (*экс-пер-и-мент'-ӑл*) adj. опытный **— philosophy**, эксперментная философія.
Experimentalist (*экс-пер-и-мент'-ӑл-ист*) s. эспериментаторъ.
Experimentally (*экс-пер-и-мент'-ӑл-ли*) adv. на опытѣ, по опыту.
Experimenter (*экс-пер-и-мент'-ер*) s. эксперементоръ.
Expert (*экс-пōрт'*) s. экспертъ, знатокъ; || adj. свѣдущій; опытный. [умѣніемъ, искусно.
Expertly (*экс-пōрт'-ли*) adv. съ
Expertness (*экс-пōрт'-нес*) s. умѣніе, опытность.
Expiable (*экс'-пи-ō-бл*) adj. искупимый, поправимый.
Expiate (*экс'-пи-ет*) va. загладить, поправить, искупить.
Expiation (*экс-пи-э'-шōн*) s. искупленіе, заглаживаніе.
Expiator (*экс'-пи-ӑ-тōр*) s. искупитель. [искупительный.
Expiatory (*экс'-пи-ӑ-тō-ри*) adj.
Expirable (*экс-пайр'-ӑ-бл*) adj. оканчивающійся.
Expiration (*экс-пи-рэ'-шōн*) s. издыханіе; послѣдній вздохъ; смерть; || испареніе, паръ; || конецъ, срокъ.
Expire (*экс-пайр'*) va. выдыхать, испарять. || vn. испускать послѣдній вздохъ, умирать; ||* исчезать, оканчиваться.
Expiry (*экс'-пи-ри*) s. истеченіе срока, конецъ.
Explain (*экс-плэн'*) va. vn. объяснять, -ся, истолковывать.
Explainable (*экс-плэн'-ӑ-бл*) adj. изъяснимый.
Explainer (*экс-плэн'-ер*) s. объяснитель. [объясненіе.
Explanation (*экс-плӑ-нэ'-шōн*) s.
Explanatory (*экс-плӑн'-ӑ-тō-ри*) s. объяснительный.
Expletive (*экс'-пли-тив*) adj. дополнительный, вставочный; || s. пополненіе, вставка.
Expletively (*экс'-пли-тив-ли*) adv. дополнительно.
Explicable (*экс'-пли-кӑ-бл*) adj. объяснимый.
Explicate (*экс'-пли-кэт*) va. объяснить, развертывать; разъяснить, || adj. развернутый разъясненный.
Explication (*экс-пли-кэ'-шōн*) s. объясненіе.
Explicative (*экс'-пли-кэ-тив*). **Explicatory** (*экс'-пли-кэ-тō-ри*) adj. объяснительный.
Explicator (*экс'-пли-кэ-тōр*) adj. объяснитель, истолкователь.
Explicit (*экс-плис'-ит*) adj. ясный, точный, категорическій.
Explicitly (*экс-плис'-ит-ли*) adv. ясно, точно. [ясность.
Explicitness (*экс-плис'-ит-нес*) s.
Explode (*экс-пло'од*) va. взрывать; порицать, хулить; освистывать (актера); || vn. взрываться, раздражаться. **That theory has exploded**, эта теорія подорвана.
Exploit (*экс-плойт'*) s. подвигъ; || va. эксплуатировать.
Exploration (*экс-пло-рэ'-шōн*) s. изслѣдованіе
Explorator (*экс'-пло-рэ-тōр*) s. изслѣдователь.
Exploratory (*экс-плор'-ӑ-тō-ри*) adj. изслѣдующій. [вать.
Explore (*экс-пло'ор*) va. изслѣдо-
Explorer (*экс-пло'ор-ер*) s. изслѣдователь.
Explosion (*экс-пло'о-жōн*) s. взрывъ; разрывъ; вспышка.
Explosive (*экс-пло'о-сив*) adj. взрывающійся.
Explosively (*экс-пло'о-сив-ли*) s. со взрывомъ.
Exponent (*экс-по'о-нент*) s. (мат.) показатель; || представитель.
Export (*экс-по'орт*) va. вывозить, экспортировать; || s. вывозъ, экспортъ. **— duty**, вывозная пошлина. **— trade**, вывозная торговля.
Exportable (*экс-по'орт-ӑ-бл*) adj. вывозимый.
Exportation (*экс-пор-тэ'-шōн*) s. вывозъ, экспортъ.
Exporter (*экс-по'орт-ер*) s. купецъ, ведущій заграничную торговлю.
Expose (*экс-по'оз*) va. выставлять на показъ, представлять, излагать. **To — one's self**, выставляться на показъ.
Exposedness (*экс-по'оз-ед-нес*) s. оставленность, заброшенность.
Exposer (*экс-по'о-з-ер*) s. экспонентъ. [ложеніе, толкованіе.
Exposition (*экс-по-зиш'-ōн*) s. из-
Expositive (*экс-поз'-и-тив*) adj. излагающій, изъяснительный.
Expositor (*экс-поз'-и-тōр*) s. объяснитель, коментаторъ.
Expostulate (*экс-постъ'-ю-лэт*) va. упрекать.
Expostulation (*экс-постъ'-ю-лэ'-шōн*) s. укоризна, упрекъ.
Expostulator (*экс-постъ'-ю-лэ-тōр*) s. укоряющій.
Expostulatory (*экс-постъ'-ю-лэ-тō-ри*) adj. полный укоризнъ, укорительный.
Exposure (*экс-по'о-жур*) s. вы-

ставленіе; подверганіе себя чему; || огласка; || мѣстоположеніе.

Expound (*экс-па'унд*) va. изъяснять, толковать, излагать.

Expounder (*экс-па'унд-ер*) s. изъяснитель, толкователь.

Express (*экс-прес'*) va. выражать, объявлять; || выжимать. **To — one's mind,** высказываться. || adj. точный, ясный; опредѣленный; курьерскій (о поѣздѣ); нарочный, именной; || s. нарочный; экстренный, курьерскій поѣздъ.

Expressible (*экс-прес'-и-бл*) adj. выразимый.

Expression (*экс-преш'-ŏн*) s. выраженіе. **A fine —,** красивое выраженіе. **Theatrical —,** сценическая выразительность.

Expressionless (*экс-преш'-ŏн-лес*) adj. лишенный выраженія.

Expressively (*экс-прес'-ив-ли*) adv. выразительно; ясно.

Expressiveness (*экс-прес'-ив-нес*) s. выразительность.

Expressly (*экс-прес'-ли*) adv. нарочно, ясно, точно.

Expressure (*экс-прешъ'-юр*) s. выраженіе; впечатлѣніе, знакъ.

Exprobrate (*экс'-про-брэт*) va. укорять, осуждать.

Exprobration (*экс-про-брэ'-шŏн*) s. упрекъ, осужденіе.

Expropriate (*экс-про'о-при-эт*) va. отчуждать.

Expropriation (*экс-про'о-при-э-шŏн*) s. отчужденіе; экспропріація.

Expugn (*экс-пьюн'*) va. брать приступомъ.

Expugnable (*экс-пьюн'-ă-бл*) adj. преоборимый.

Expugnation (*экс-пŏг-нэ'-шŏн*) s. взятіе приступомъ, побѣда.

Expugner (*экс-пьюн'-ер*) s. берущій приступомъ, побѣдитель.

Expulse (*экс-пŏлс'*) va. изгонять, прогонять.

Expulsion (*экс-пŏл'-шŏн*) s. изгнаніе, удаленіе.

Expulsive (*экс-пŏл'-сив*) adj. (мед.) изгоняющій.

Expunge (*экс-пŏндж'*) va. вычеркивать, изглаживать.

Expurgate (*экс'-пŏр-гэт*) va. очищать; исправлять.

Expurgation (*экс-пŏр-гэ'-шŏн*) s. очищеніе; || поправка.

Expurgator (*экс-пŏр'-гэ-тŏр*) s. очиститель; || исправитель.

Expurgatory (*экс-пŏр'-гэ-тŏ-ри*) adj. чистительный.

Expurge (*экс-пŏр-дж'*) va. давать слабительное; вычищать.

Exquisite (*экс'-куи-зит*) adj. изысканный, тонкій, изящный. **— taste,** тонкій вкусъ. **— pain,** ужасная боль. **— pleasure,** изысканное удовольствіе. || s. щеголь, -лиха.

Exquisitely (*экс'-куи-зит-ли*) adv. изысканно.

Exquisiteness (*экс'-куи-зиш-нес*) s. изысканность, изящность.

Exsiccate (*экс-сик'-кэт*) va. высушивать.

Exsiccative (*экс-сик'-ка-тив*) adj. высушивающій.

Exspuition (*экс-спью-иш'-он*) s. отплевываніе.

Exsuction (*экс-сŏк'-шŏн*) s. высасываніе.

Extant (*экс'-тăнт*) adj. существующій.

Extemporaneous (*экс-тем-по-рэ'-ни-ŏс*) adj. импровизированный.

Extemporaneously (*экс-тем'-по-рэ'-ни-ŏс-ли*) adv. безъ приготовленія.

Extemporaneousness (*экс-тем-по-рэ'-ни-ŏс-нес*) s. экспромтъ.

Extemporary (*экс-тем'-по-рă-ри*) adj. импровизированный.

Extempore (*экс-тем'-по-ре*) adv. безъ приготовленія. **To speak —,** говорить безъ приготовленія.

Extemporize (*экс-тем'-по-райз*) vn. импровизировать.

Extemporizer (*экс-тем'-по-райз-ер*) s. импровизаторъ.

Extend (*экс-тенд'*) va. простирать; распространять; расширять; увеличивать; протягивать (руку). || vn. простираться. **His power does not — so far,** его власть не простирается столь далеко.

Extendible (*экс-тенд'-и-бл*) adj. растяжимый.

Extensibility (*экс-тен-си-бил'-и-ти*) s. растяжимость.

Extensible (*экс-тен'-си-бл*) adj. растяжимый, тягучій.

Extensibleness (*экс-тен'-си-бл-нес*) s. растяжимость.

Extensile (*экс-тен'-сил*) adj. см. **Extensible.**

Extension (*экс-тен'-шŏн*) s. растяженіе; простираніе.

Extensive (*экс-тен'-сив*) adj. пространный, обширный.

Extensively (*экс-тен'-сив-ли*) adv. пространно, обширно.

Extensiveness (*экс-тен'-сив-нес*) s. обширность, пространность.

Extensor (*экс-тен'-сŏр*) s. разгибающая мышца.

Extent (*экс-тент'*) s. протяженіе; || (юрид.) экспертиза. **To a great —,** въ значительной степени. **To a certain —,** до нѣкоторой степени.

Extenuate (*экс-тенъ'-ю-эт*) va. уменьшать; изнурять, ослаблять.

Extenuation (*экс-тенъ-ю-э'-шŏн*) s. уменьшеніе; изнуреніе.

Exterior (*экс-ти'-ри-ŏр*) adj. наружный, внѣшній; || s. наружность, внѣшность.

Exteriorly (*экс-ти'-ри-ōр-ли*) adv. снаружи, внѣшнимъ образомъ.
Exterminate (*экс-тōр'-ми-нэт*) va. истреблять, искоренять.
Extermination (*экс-тōр-ми-нэ'-шōн*) s. истребленіе.
Exterminator (*экс-тōр'-ми-нэ-тōр*) s. истребитель, -ница.
Exterminatory (*экс-тōр'-ми-нэ-тō-ри*) adj. истребительный.
Extermine (*экс-тōр'-мин*) va. истреблять.
External (*экс-тōр'-нал*) adj. наружный, внѣшній. [снаружи.
Externally (*экс-тōр'-нāл-и*) adv.
Extil (*экс-тил'*) vn. капать, сочиться.
Extinct (*экс-тинкт'*) adj. потухшій; прекращенный.
Extinction (*экс-тинк'-шōн*) s. потуханіе; прекращеніе; погашеніе.
Extinguish (*экс-тинг-гуиш*) va. потушить, погасить; пресѣчь. **To — the candle**, потушить свѣчу. **To — hopes**, уничтожить надежды.
Extinguisher (*экс-тинг'-гуиш-ер*) s. тушитель, гаситель.
Extinguishment (*экс-тинг'-гуиш-мент*) s. тушеніе; пресѣченіе; прекращеніе.
Extirpate (*экс-тōр'-пэт*) va. искоренять, удалять.
Extirpation (*экс-тōр-пэ'-шōн*) s. истребленіе, искорененіе.
Extirpator (*экс-тōр'-пэ-тōр*) s. истребитель, искоренитель.
Extol (*экс-тол'*) va. превозносить, прославлять.
Extorsive (*экс-тор'-сив*) adj. служащій для вымоганія.
Extort (*экс-тōрт*) va. вымогать.
Extorter (*экс-торт'-ер*) s. вымогатель.
Extortion (*экс-тор'-шōн*) s. вымогательство, лихоимство.
Extortionary (*экс-тор'-шō-на-ри*) adj. добытый путемъ вымогательства; награбленный.
Extortiner (*экс-тор'-шōн-ер*) s. вымогатель, мучитель.
Extra (*экс'-тра*) латинск. предлогъ, означающій: сверхъ чего, излишекъ; внѣ чего. **— charge**, дополнительный расходъ. **— postage**, дополнительный почтовый сборъ. **— hand**, сверхкомплектный. || s. экстраординарные расходы.
Extract (*экс'-трāкт*) s. экстрактъ; извлеченіе, выписка; || (*экс-тракт'*) va. извлекать; дѣлать выписку.
Extraction (*экс-трāкт'-шōн*) s. извлеченіе; экстрактъ.
Extractive (*экс-трāкт'-ив*) adj. извлеченный; экстрактивный.
Extractor (*экс-трāкт'-ōр*) s. извлекающій.
Extradition (*экс-тра-диш'-ōн*) s. выдача (преступника).
Extrados (*экс-трэ'-дōс*) s. (арх.) внѣшняя сторона свода.
Extra-judicial (*экс-тра-джью-диш'-āл*) adj. несудебный.
Extra-mundane (*экс-тра-мōн'-дэн*) adj. находящійся внѣ предѣловъ міра, воображаемый.
Extraneous (*экс-трэ'-ни-ōс*) adj. внѣшній, чуждый.
Extraordinarily (*экс-трōр'-ди-нэ-ри-ли*) adv. чрезвычайно.
Extraordinariness (*экс-трор'-ди-нā-ри-нес*) s. чрезвычайность.
Extraordinary (*экс-трор'-ди-нā-ри*) adj. чрезвычайный, необыкновенный, экстраординарный.
Extravagance (*экс-трāв'-а-гāнс*), **Extravagantness** (*экс-трāв'-а-гāнт-нес*) s. экстравагантность, сумасбродство; нелѣпость.
Extravagant (*экс-трāв'-ā-гāнт*) adj. экстравагантный, сумасбродный, нелѣпый; || расточительный.
Extravasate (*экс-трāв'-ā-сэт*) vn. изливаться.
Extravasation (*экс-трāв-ā-сэ'-шōн*) s. (мед.) экстравазація; || изліяніе сквозь сосуды.
Extreme (*экс-трим'*) adj. крайній, чрезмѣрный, величайшій. **An — heat**, чрезвычайная жара. **— unction**, соборованіе. || s. крайность, чрезмѣрность. **To run upon —s**, переходить отъ одной крайности къ другой. **To carry to —s**, доводить до крайности. **—s meet**, крайности сходятся.
Extremity (*экс-трем'-и-ти*) s. край: крайность, конецъ. **To drive one to —**, довести кого до крайности.
Extricable (*экс'-три-кā-бл*) adj. распутываемый.
Extricate (*экс'-три-кэт*) va. выпутывать, выводить.
Extrication (*экс-три-кэ'-шōн*) s. выпутываніе.
Extrinsic (*экс-трин'-сик*), **Extrinsical** (*экс-трин'-сик-āл*) adj. внѣшній, находящійся внѣ чего.
Extrinsically (*экс-трин'-сик-āл-и*) adv. внѣшнимъ образомъ.
Extrude (*экс-труд'*) va. вытѣснять, выталкивать.
Extrusion (*экс-тру'-жōн*) s. вытѣсненіе, выталкиваніе.
Extuberance (*экс-тью'-бер-āнс*) s (мед.) выпуклость, припухлость, опухоль.
Extuberant (*экс-тью'-бер-āнт*) adj. выдающійся, припухлый.
Exuberance (*эгзъ-ю'-бер-āнс*) s. излишество, обиліе.

Exuberant (*эгзь-ю'-бер-ӑнт*) adj. излишній, избыточный; обильный.
Exuberantly (*эгзь-ю'-бер-ӑнт-ли*) adv. избыточно, изобильно.
Exuberate (*эгзь-ю'-бер-эт*) va. изобиловать.
Exudation (*эк-сью-дэ'-шӧн*) s. эксудатъ, выпотъ.
Exude (*эк-сьюд'*) va. выпотѣвать.
Exulcerate (*эгз-ӧл'-сер-эт*) va. изъязвлять; || fig. раздражать; || vn. изъязвляться.
Exulceration (*эгз-ӧл-сер-э'-шӧн*) s. изъязвленіе; || раздраженіе.
Exulcerative (*эгз-ӧл'-сер-ӑ-тив*) adj. причиняющій язвы.
Exult (*эгз-ӧлт'*) vn. ликовать, радоваться; торжествовать, восторгаться.
Exultation (*эгз-ӧл-тэ'-шӧн*) s. ликованіе; восторгъ.
Exultingly (*эгз-ӧлт'-инг-ли*) adv. радостно, восторженно.
Exustion (*эгз-ӧс'-чӧн*) s. сожиганіе, сгараніе.
Exuviæ (*эгзь-ю'-ви-и*) s. pl. остатки, отложенія.
Eyas (*ай'-ӑс*) s. молодой соколъ; || неоперившійся; || дурачокъ, новичокъ.
Eye (*ай*) s. глазъ, око; взглядъ; ушко (иголки); (бот.) почка, глазокъ; (мор.) огонь. **Wind's —**, направленіе откуда дуетъ вѣтеръ; || высѣдъ. **Black —**, черный глазъ; синякъ. **Blind of one —**, кривой. **To strike the —**, бросаться въ глаза. **With one's own —s**, собственными глазами. **To keep a sharp — on**, пристально слѣдить. **Hook and —**, крючекъ и ушко. **To sail in the wind's —**, идти противъ вѣтра. **— ball**, глазное яблоко. **— brow**, бровь. **— lash**, рѣсница **— glass**, очки, лорнетъ. **— service**, служба подъ наблюденіемъ. **— tooth**, глазной зубъ. **— water**, глазная примочка. **— witness**, очевидецъ. **— lid**, вѣко. **— piece**, зрительное стекло. **— sight**, зрѣніе, наблюденіе. || va. смотрѣть, наблюдать. **He — d him from head to foot**, онъ смѣрилъ его съ головы до ногъ.
Eyed (*айд*) adj. глазной; || съ глазами. **Blue —**, голубоглазый. **Blear —**, мигательная оболочка (у птицъ). **Open —**, съ открытыми глазами; || внимательный.
Eyeless (*ай'-лес*) adj. безглазый; слѣпой.
Eyelet (*ай'-лет*) **Eyelet-hole** (*ай'-лет-хо'ол*) s. небольшое отверстіе, петелька, дырочка.
Eyesore (*ай'-соор*) s. что либо оскорбляющее зрѣніе, возбуждающее отвращеніе.
Eyot (*ай'-ӧт*) s. островокъ.
Eyre (*эр*) s. круговоротъ, (электр.) токъ.

F.

F (*эф*) шестая буква англійской азбуки.
Fa (*фа*) s. (муз.) фа.
Fabaceous (*фӑ-бэ'-шӧс*) adj. бобовый.
Fabian (*фэ'-би-ӑн*) npr. Фабіанъ; || adj. медлительный.
Fable (*фэ'-бл*) s. басня; небылица; фабула; || va. vn. сочинять басни; выдумывать; лгать.
Fabled (*фэ'-блд*) adj. баснословный.
Fabler (*фэ'-блер*) s. баснописецъ.
Fabric (*фӑб'-рик*) s. производство, выдѣлка, фабрикація; || заводъ, фабрика; || система, устройство. **A stately —**, великолѣпное изданіе. **Woollen —s**, шерстяная ткань.
Fabricate (*фӑб'-ри-кэт*) va. строить, дѣлать, выдѣлывать, производить; сооружать. **To — a story**, выдумывать.
Fabrication (*фӑб-ри-кэ'-шӧн*) s. сооруженіе; производство; фабрикація, выдумка.
Fabricator (*фӑб'-ри-кэ-тор*) s. фабрикантъ; соорудитель; производитель, поддѣлыватель.
Fabulist (*фӑбь'-ю-лист*) s. баснописецъ.
Fabulous (*фӑбь'-ю-лӧс*) adj. баснословный.
Fabulously (*фӑбь'-ю-лӧс-ли*) adv. баснословно.
Fabulousness (*фӑбь'-ю-лӧс-нес*) s. баснословность.
Facade (*фӑ-сэд'*) s. фасадъ (зданія).
Face (*фэс*) s. лицо, ликъ; видъ, физіономія; лицевая сторона (чего); фасадъ (зданія); наружный видъ, внѣшность, грань; лицо (шрифта); || присутствіе; || дерзость, наглость. **A pretty —**, прекрасное лицо. **He looked him in the —**, онъ посмотрѣлъ ему въ лицо. **— to —**, лицомъ къ лицу. **Before, to one's —**, передъ кѣмъ. **He put a good — upon the matter**, онъ хорошо это принялъ. **To put on a serious —**, сдѣлать, состроить серьезное лицо. **To make —s at**, гримасничать, удивиться. **A brazen —**, мѣдный лобъ. || va. стоять лицомъ къ лицу, напротивъ; || не страшиться; || отдѣлывать (чѣмъ); облицовывать; обкладывать. **To — out**, брать наглостью.

смотрѣть прямо на дѣло. || vn. лицемѣрить. **To — about,** повернуться лицомъ; (воен.) сдѣлать кругомъ (направо или налѣво).

Faced (*фэст*) adj. съ лицомъ; отдѣланный, облицованный. **Full —,** полнолицый. **Double - —, two - —,** двуличный. **Bold —,** мѣднолобый.

Faceless (*фэс'-лес*) adj. безличный, безъ выраженія въ лицѣ.

Facet (*фäс'-ет*) s. фацетка, грань.

Facetiæ (*фä-си'-ши-и*) s. искры остроумія; острота.

Facetious (*фä-си'-шӧс*) adj. веселый, шутливый.

Facetiously (*фä-си'-шӧс-ли*) adv весело, забавно.

Facetiousness (*фä-си'-шӧс-нес*) s. шутливость, насмѣшливость.

Facial (*фэ'-шäл*) adj. лицевой.

Facile (*фас'-ил*) adj. удобный, легкій, гибкій.

Facileness (*фäс'-ил-нес*) s. легкость; довѣрчивость.

Facilitate (*фä-сил'-и-тэт*) va. облегчать, упрощать.

Facilitation (*фä-сил-и-тэ'-тӧн*) s. облегченіе, упрощеніе.

Facility (*фä-сил'-и-ти*) s. легкость; уступчивость.

Facing (*фэ'-синг*) s. лицевая, наружная отдѣлка, облицовка; обшлагъ.

Fac-simile (*фäк-сим'-и-ле*) s. факсимиле.

Fact (*фäкт*) s. дѣло, фактъ, истинное происшествіе. **In —,** дѣйствительно. **—s are stubborn things,** нѣтъ ничего неопровержимѣе фактовъ. **A matter of —,** быль, положительный фактъ. **A matter of — man,** положительный, основательный, дѣловой человѣкъ.

Faction (*фäк'-шӧн*) s. крамола, мятежъ, заговоръ.

Factionist (*фäк'-шӧн-ист*) s. мятежникъ.

Factious (*фäк'-шӧс*) adj. мятежный.

Factiously (*фäк'-шӧс-ли*) adv. мятежнически.

Factiousness (*фäк'-шӧс-нес*) s. духъ возмущенія.

Factitious (*фäк-тиш'-ӧс*) adj. искуственный, поддѣльный.

Factitiously (*фäк-тиш'-ӧс-ли*) adv. искуственно, поддѣльно.

Factor (*фäк'-тор*) s. факторъ, дѣятель, коммиссіонеръ.

Factorage (*фäк'-тор-эдж*) s. плата фактору, куртажъ

Factory (*фäк'-тор-и*) s. купеческая контора; мануфактура.

Factotum (*фäк-то'о-тӧм*) s. фак-

Factum (*фäк'-тӧм*) s. дѣйствіе; производное.

Faculty (*фäк'-ӧл-ти*) s. способность; дарованіе; привиллегія; факультетъ, отдѣленіе; сила, власть

Facund (*фäк'-ӧнд*) adj. краснорѣчивый.

Faddle (*фäд'-л*) va. vn. ласкать, забавляться пустяками, тѣшиться.

Fade (*фэд*) va. vn. блекнуть, увядать, вянуть, ослабѣвать; томиться; гибнуть.

Fadge (*фäдж*) vn. согласоваться, сходиться; удаваться.

Fading (*фэд'-инг*) s. увяданіе; || adj. увядающій; преходящій.

Fady (*фэд'-и*) adj. вялый, блеклый, бренный, непрочный.

Fadingness (*фэд'-инг-нес*) s. вялость; блеклость; непрочность, бренность.

Fæces (*фи'-сиз*) s.pl. испражненія.

Fag (*фäг*) va. утомить; || vn. утомиться, устать; || s. труженикъ. **—end,** кромка (ткани); бракъ, отбросы.

Fagging (*фäг'-инг*) s. тяжелая работа.

Fagot (*фäг'-от*) s. пукъ (прутьевъ); вязанка (хвороста); фашина. || va. связывать вмѣстѣ.

Fail (*фэл*) vn. быть несостоятельнымъ въ чемъ-либо; ошибаться, не исполнять, манкировать. **His heart fails,** у него не хватило храбрости. **His strength fails,** ему измѣняютъ силы. **Do not — to keep your promise,** сдержите ваше обѣщаніе. **I will not —,** я не премину (сдѣлать что-либо); || va. покинуть, измѣнить; || s. упущеніе, неудача; неисполненіе; неуспѣхъ.

Failing (*фэл'-инг*) s. недостатокъ, ошибка, погрѣшность, несостоятельность; || adj. недостающій, неудачный. **His — powers,** его ослабѣвшія силы.

Failure (*фэль'-юр*) s. недостатокъ, несостоятельность; упущеніе; неудача. **The — of the scheme,** неудача предпріятія. **— of sight,** ослабленіе зрѣнія.

Fain (*фэн*) adj. довольный, удовлетворенный; вынужденый. **He was — to humble himself,** онъ былъ вынужденъ смириться; || adv. охотно.

Faint (*фэнт*) adj. томный; слабый, робкій; сырой (о погодѣ). **In a — voice,** слабымъ голосомъ. **A — resemblance,** легкое сходство. **— heart never won fair lady,** робкій никогда не пользуется успѣхомъ у красивыхъ женщинъ. **To feel —,** чувствовать упадокъ силъ. || vn. слабѣть; изнемогать; падать въ обморокъ. **On hearing the sad news, she fainted away,** при полученіи печальнаго извѣстія она упала въ обморокъ; || s. обморокъ. — -**hearted,** робкій. — -**heartedly,** робко. — -**heartedness,** робкость.

Fainting (*фэнт'-инг*) s. обморокъ; || adj. ослабѣвающій, робѣющій.

Faintish (*фэнт'-иш*) adj. чувствующій себѣ дурно.

Faintishness (*фэнт'-иш-нес*) s. ослабленіе.

Faintly (*фэнт'-ли*) adv. слабо; робко.

Faintness (*фэнт'-нес*) s. слабость; робкость; потеря силъ.

Fair (*фэр*) adj. прекрасный, хорошій; свѣтлый; ясный, чистый; благопріятный; честный, справедливый. **Of a — complexion,** нѣжнаго тѣлосложенія. — **hair,** бѣлокурые волосы. — **weather,** хорошая погода. **The — sex,** прекрасный полъ. **To give a — trial,** подвергнуть въ достаточной степени испытанію. — **play,** откровенность; игра въ открытую. **To be in a — way to succeed,** быть на пути къ успѣху. **A — wind,** благопріятный вѣтеръ. **I shall be — with you,** я буду съ вами добросовѣстенъ. **That is not —,** это не справедливо. **By — means or foul,** волей или неволей. — **dealings,** честное поведеніе, отношеніе. — **words butter no parsnips,** хорошія слова не даютъ еще масла въ кашу. **A — proposal,** пріемлемое предложеніе. || adv. прекрасно, открыто, прямо, честно. **To bid —,** обѣщать. **He bids — to grow rich,** онъ на пути къ богатству. — **spoken,** льстецъ. || s. красавецъ, -вица (f.). **The —,** прекрасный полъ; || ярмарка. — **time,** ярмарочное время.

Fairing (*фэр'-инг*) s. ярмарочный гостинецъ.

Fairish (*фэр'-иш*) adj. сносный.

Fairly (*фэр'-ли*) adv. прекрасно; откровенно, честно. **To deal — with all men,** дѣйствовать добросовѣстно по отношенію ко всѣмъ. **Hence, one may — conclude,** отсюда возможно сдѣлать выводъ. — **worn out,** совершенно усталый, изношенный.

Fairness (*фэр'-нес*) s. красота; честность, справедливость, откровенность. **The — of his conduct,** честность его поведенія. **The — of the writing,** отчетливость письма.

Fairy (*фэр'-и*) s. фея, волшебница; || adj. волшебный. — **like,** adj. на подобіе феи.

Faith (*фэсз*) s. вѣра; вѣрность, довѣріе. **The public —,** общественное довѣріе; || interj. по чести!

Faithful (*фэсз'-фул*) s. и adj. вѣрный, честный, прямой. **A — servant,** вѣрный слуга.

Faithfully (*фэсз'-фул-и*) adv. вѣрно, честно.

Faithfulness (*фэсз'-фул-нес*) s. вѣрность.

Faithless (*фэсз'-лес*) adj. невѣрный, вѣроломный.

Faithlessness (*фэсз'-лес-нес*) s. невѣріе; невѣрность; вѣроломство.

Fakir или **Faquir** (*фа-кир'*) s. факиръ.

Falcated (*фăл'-кэ-тед*) adj. изогнутый серпомъ.

Falchion (*фăл-кэ'-шон*) s. сабля, ятаганъ.

Falciform (*фăл'-си-форм*) adj. серпообразный.

Falcon (*фо'о-кн*) s. соколъ.

Falconer (*фо'о-кн-ер*) s. сокольничій.

Falconet (*фăл'-ко-нет*) s. фальконетъ (пушка).

Faldstool (*фолд'-стул*) s. кресло епископа, стулъ для молитвы.

Fall (*фол*) vn. падать, упадать; спадать, убывать (о водѣ); гибнуть. **To — backwards,** падать навзничь. **He fell a victim to intemperance,** онъ погибъ жертвой невоздержанности. **The wind —s,** вѣтеръ утихаетъ. **To — asleep,** засыпать. **To — sick,** захворать. **To — in love,** влюбиться. **The barometer —s,** барометръ падаетъ. **When the bill fell due,** когда наступаетъ срокъ векселя. **To — away,** худѣть, спадать въ вѣсѣ; сбѣжать. **To — back,** отступать, пятиться. **To — down,** падать лицомъ внизъ; преклоняться. **To — foul of,** натолкнуться на что либо. **To — in,** упасть во что либо. **To — in with,** согласиться, раздѣлять чье либо мнѣніе, встрѣтиться. **To — into,** сбросить съ себя что либо, впасть во что. **To — off,** разлучиться, упасть съ чего. **Friends — off in adversity,** друзья покидаютъ въ несчастіи. **Ripe apples — off from the tree,** спѣлыя яблоки падаютъ съ дерева. **To — on** или **upon,** напасть на, упасть на что либо. **To — out,** выпасть; || * разорвать отношенія. **To — short,** нехватать. **To — short of,** недоставать, не хватать чего либо. **To — to,** выпасть на долю. **To — through,** недоставать. || s. паденіе; упадокъ; || * осень. **The — of the curtain,** паденіе занавѣса. **The — of the leaf,** опаденіе листьевъ. **A — of rain,** паденіе дождя.

Fallacious (*фăл-лэ'-шос*) adj. обманчивый, ложный.

Fallaciously (*фăл-лэ'-шŏс-ли*) adv. обманчиво, ложно.
Fallaciousness (*фăл-лэ'-шŏс-нес*) s. обманчивость, ложность.
Fallacy (*фăл'-лă-си*) s. ложь, обманъ, заблужденіе.
Fallibility (*фăл-ли-бил'-и-ти*) s. погрѣшимость, ошибочность.
Fallible (*фăл'-и-бл*) adj. погрѣшимый. [шимо.
Fallibly (*фăл'-и-бл-и*) adv. погрѣ-
Falling (*фол'-инг*) adj. падающій, падучій. **A — star,** падучая звѣзда. **— sickness,** падучая (болѣзнь). || s. паденіе; упадокъ; пониженіе; прекращеніе. **— away,** похуденіе; измѣна. **— in,** впаденіе, обрывъ. **— off,** оставленіе, упадокъ, пониженіе. **— out,** распря: ссора.
Fallow (*фăл'-лоу*) adj. красноватый, желтоватый **A — deer,** красный звѣрь. **— finch,** (орн.) каменка. || s. залежь, новь. || va. распахивать, залежь, поднимать новь; || пускать въ паръ; запускать. [плодность.
Fallowness (*фăл'-лоу-нес*) s. без-
False (*фолс*) adj. фальшивый, ложный, невѣрный **A — report,** ложный слухъ. **A — diamond,** фальшивый брилліантъ **— teeth,** фальшивые зубы **— hair,** фальшивые волосы **— imprisonment,** незаконное тюремное заключеніе. **— -bottomed,** съ двойнымъ (потайнымъ) дномъ. **— -faced,** притворный.
Falsehood (*фолс'-худ*) s притворство, ложность, ложь, неправда.
Falsely (*фолс'-ли*) adv фальшиво, ложно, притворно. [sehood.
Falseness (*фолс'-нес*) s. см **Fal-**
Falsetto (*фол-сет'-то*) s. (муз.) фальцетъ.
Falsifiable (*фол'-си-фай-ă-бл*) adj. поддѣлываемый.
Falsification (*фол-си-фи-кэ'-шŏн*) s. фальсификація, поддѣлка
Falsifier (*фол'-си-фай-ер*) s. фальсификаторъ, поддѣлыватель; лжецъ. [вать.
Falsify (*фол'-си-фай*) va. поддѣлы-
Falsity (*фолс'-и-ти*) s см **Falsehood.**
Falter (*фол'-тер*) vn запинаться, заикаться; дрожать; спотыкаться
Faltering (*фол'-тер-инг*) s. запинаніе, заиканіе; нерѣшительность
Falteringly (*фол'-тер-инг-ли*) adv заикаясь, запинаясь. [молва.
Fame (*фэм*) s. слава, извѣстность,
Famed (*фэмд*) adj. извѣстный, знаменитый. **Ill —,** ославленный, пользующійся дурной репутаціей
Familiar (*фă-миль'-ăр*) adj. семейный, домашній; свободный, развязный; фамильярный; обыкновенный. **To be — with,** быть въ короткихъ отношеніяхъ съ кѣмъ. || s. закадычный другъ; домовой (духъ). [фамиліарность.
Familiarity (*фă-миль-ăр'-и-ти*) s.
Familiarize (*фă-миль'-ăр-айз*) va. фамиліарничать.
Familiarly (*фă-миль'-ар-ли*) adv. коротко, дружески, фамильярно.
Family (*фăм'-и-ли*) s. семья, семейство; поколѣніе, родъ. || adj. семейный. **— man,** отецъ семейства. **— way,** беременность. **To be in the — way,** быть беременной.
Famine (*фăм'-ин*) s. голодъ, безхлѣбица, недоѣданіе.
Famish (*фăм'-иш*) va. vn. морить голодомъ; голодать, умирать съ голоду. [даніе, голодъ.
Famishing (*фăм'-иш-инг*) s. голо-
Famishment (*фăм'-иш-мент*) s. голоданіе. [знаменитый.
Famous (*фэ'-мŏс*) adj. славный,
Famously (*фэ'-мŏс-ли*) adv. славно, знаменито.
Fan (*фăн*) s. вѣеръ, опахало; крыло (у мельницы); вентиляторъ; раздувальный мѣхъ; || vn. обмахивать; вѣять (хлѣбъ); раздувать (огонь); провѣтривать.
Fanatic (*фă-нат'-ик*) adj. фанатическій, изувѣрный
Fanatical (*фă-нат'-ик-ăл*) adj. см. **Fanatic.** [фанатически.
Fanatically (*фă-нат'-ик-ăл-и*) adv.
Fanaticism (*фă-нат'-и-сизм*) s. фанатизмъ
Fanaticize (*фă-нат'-и-сайз*) va. возбуждать фанатизмъ
Fancier (*фăн'-си-ер*) s мечтатель любитель (чего).
Fanciful (*фăн'-си-фул*) adj. мечтательный; причудливый.
Fancifully (*фăн'-си-фул-и*) adv. мечтательно; странно.
Fancifulness (*фăн'-си-фул-нес*) s. мечтательность, причудливость. странность.
Fancy (*фăн'-си*) va. vn вообразжать, мечтать, думать, имѣть склонность, любить. || s воображеніе; фантазія; мысль, идея; прихоть; склонность, влеченіе, вкусъ. **I took a — to her,** я почувствовалъ къ ней влеченіе **What a —,** что за фантазія! **It does not strike, take my —,** это не въ моемъ вкусѣ, || vn va. **Would you — that?** понравится ли вамъ это? **Just — him in that situation,** вообразите его въ этомъ положеніи. || adj. фантастичный; модный. **— -ball,** костюмированный балъ. **— -framed,** созданный воображеніемъ. **— -goods.**

модные товары. — **monger,** мечтатель.
Fandango (*фäн-дäн'-го*) s. фанданго (испанскій танецъ).
Fane (*фэн*) s. храмъ, капище; || флюгеръ.
Fanfaron (*фäн'-фā-рон*) s. хвастунъ, фанфаронъ.
Fanfaronade (*фäн-фäр-он-эд'*) s. хвастонство.
Fang (*фанг*) s. клыкъ, коготь, клешня; крюкъ; зацѣпка; корень (зуба); || va. захватывать.
Fangled (*фäн'-глд*) adj. воображаемый. **New —,** вновь изобрѣтенный.
Fanion (*фäнь'-öн*) s. флагъ (при военномъ обозѣ).
Fanlight (*фан'-лит*) s. вѣерообразное окно.
Fannel (*фäн'-нел*), **Fanon** (*фäн'-öн*) s. (цер. кат.) орарь.
Fanner (*фäн'-öр*) s. вѣятель; вѣялка; вентиляторъ.
Fantasia (*фäн-тā'-зи-а*) s. (муз.) фантазія.
Fantastic (*фäн-тäс'-тик*) adj. причудливый, фантастическій.
Fantastical (*фан - тäс' - тик - äл*) adj. см **Fantastic.**
Fantastically (*фäн-тäс'-тик-äл-и*) adv. причудливо.
Fantasticalness (*фäн-тäс'-тик-äл-нес*) s. причудливость, фантастичность.
Fantasy (*фäн'-тä-зи*) s. фантазія; воображеніе.
Far (*фар*) adj. далекій, дальній. || adv. далеко, вдалекѣ; очень, много, гораздо. **Can you trace it so — back?** можете-ли вы прослѣдить это издалёка. **How —?** далеко ли, до которыхъ поръ, до чего. **The day was — spent,** день уже почти прошелъ. **— greater,** гораздо большій. **— too much,** слишкомъ много. **In so — as,** до тѣхъ поръ пока, на сколько. **So — as I can guess,** на сколько я могу предположить. **By —,** на много, гораздо. **How — is it to?** сколько до этого. **He is very — from being,** онъ далекъ отъ. **— -sought,** изысканный, вынужденный. **— -fetched,** искуственный, натянутый.
Farce (*фарс*) s. фарсъ, шутка; || (кул.) фаршъ; || va. шпиговать.
Farcical (*фар'-си-кäл*) adj. шуточный, забавный.
Farcically (*фар'-си-кäл-и*) adv. шуточно, забавно.
Farcicalness (*фар'-си-кал-нес*) s. шутка, дурачество; балагурство.
Fardel (*фар'-дел*) s. охапка, связка.
Fare (*фэр*) vn. идти, ѣхать, путешествовать; жить, питаться; случаться, быть. **He fared very ill,** ему не поздоровилось отъ этого. || s. проѣздъ, провозъ; плата за провозъ; || пассажиры; || столъ, кушанье. **Have you paid your —?** заплатили ли вы за ваше мѣсто. **A bill of —,** карта кушаньямъ, меню.
Farewell (*фэр'-уел*) s. прощаніе; отъѣздъ. **To take — of,** прощаться
Farina (*фа-ри'-на*) s. крахмалъ; || (бот.) цвѣточная пыль.
Farinaceous (*фäр-и-нэ'-шöс*) adj. мучнистый.
Farm (*фарм*) s. мыза, ферма, заимка. — **bailiff,** управитель фермы. **— -house,** домъ арендатора. || va. арендовать или сдавать въ аренду; || vn. воздѣлывать землю.
Farmer (*фарм'-ер*) s. арендаторъ, фермеръ; землевладѣлецъ.
Farming (*фарм'-инг*) s. обработка, воздѣлываніе земли
Farmost (*фар'-мост*) adj. самый отдаленный.
Farness (*фар'-нес*) s. отдаленность, дальность.
Faro (*фэр'-о*) s. фаро (карточная игра).
Farraginous (*фäр-радж'-и-нöс*) adj. смѣшанный.
Farrago (*фäр-рэ'-го*) s. смѣсь.
Farrier (*фäр'-ри-ер*) s. кузнецъ, коновалъ; || vn. ковать, лечить лошадей.
Farriery (*фäр'-ри-ер-и*) s. ремесло коновала; ремесло кузнеца.
Farrow (*фäр'-оу*) s. поросенокъ; || vn. пороситься.
Farsighted (*фар'-сай-тед*) adj. дальнозоркій.
Farsightedness (*фар'-сай-тед-нес*) s. дальнозоркость.
Farther (*фар'-сзер*) adj. comp. отъ **Far,** далѣе, сверхъ чего, впередъ, потомъ. || adj. дальнѣйшій, большій. **Until — orders,** до новаго приказа.
Farthest (*фар'-сзедт*) adj. и adv. sup. отъ **Far.**
Farthing (*фар'-сзинг*) s. четверть пенса; полушка. **— worth,** стоящій полушку. **Not to be worth a —,** не стоитъ ни гроша.
Farthingale (*фар' - сзин-гэл*) s. фижмы.
Fascia (*фäш'-и-ä*) s. бинтъ, повязка; (арх.) кордонъ; (анат.) связка.
Fascial (*фäш'-и-ал*) adj. связочный.
Fasciated (*фäш-и-э'-тед*) adj. перевязанный.
Fasciation (*фäш'-и-э-шöн*) s. перевязка, повязка; обвязываніе.
Fascicle (*фäс'-си-кл*) s. книжка, тетрадка; || (бот.) пучокъ, щитокъ.
Fascicular (*фäс-сикь'-ю-лäр*) adj. пучковый, мочковатый.
Fasciculate (*фäс-сикь'-ю-лэт*) adj. см. **Fascicular.**
Fascicule (*фäс'-и-кьюл*) s. отдѣлъ книги, глава.

Fascinate (*фäс'-си-нэт*) va. очаровывать, прельщать.
Fascinating (*фäс'-си-нэт-инг*) adj. очаровательный, обворожительный.
Fascination (*фäс-си-нэ'-шöн*) s. обаяніе, очарованіе.
Fascine (*фä-син'*) s. (форт.) фашина.
Fashion (*фäш'-öн*) s. образъ, манера; обыкновеніе, обычай; видъ; фасонъ, покрой; мода. **The — of the day,** мода дня. **It is out of —,** это болѣе не въ модѣ. **After the Frenc —,** на французскій ладъ. **A lady of —,** свѣтская дама. || va. обдѣлывать; отдѣлывать, обрабатывать.
Fashionable (*фäш'-öн-ä-бл*) adj. модный, свѣтскій.
Fashionableness (*фäш'-он-ä-бл-нес*) s. модное изящество.
Fashionably (*фäш'-öн-ä-бл-и*) adv. модно, по модѣ, свѣтски.
Fashionist (*фäш'-öн-ист*) s. щеголь, франтъ.
Fast (*фаст*) adj. крѣпкій, твердый, прочный; запертый (о двери); скорый, живой. **A — friend,** надежный другъ. **This is a — colour,** нелиняючій цвѣтъ. **A — train,** скорый поѣздъ. **A — youth,** разсѣянный юноша. **A — girl,** вострушка (о дѣвочкѣ). **My watch is —,** мои часы идутъ впередъ. || adv крѣпко, твердо; сильно; близко; скоро. **To hold —,** крѣпко держать. **To stick — to,** привязаться къ чему либо. **It is raining —,** сильный дождь. **Don't write so —,** не пишите такъ быстро. || vn. поститься. || s. постъ. **— day,** постный день.
Fasten (*фäс-сн*) va. прикрѣплять; запирать, замыкать; крѣпко связывать; приколоть (булавкой); || vn. привязаться къ чему, приставать.
Fastener (*фäс'-сн-ер*) s. прикрѣпляющій.
Fastening (*фäс'-сн-инг*) s. запоръ, засовъ, крючокъ, застежка.
Faster (*фаст'-ер*) s. постникъ.
Fastidious (*фäс-тид'-и-öс*) adj. презрительный, разборчивый. прихотливый.
Fastidiously (*фас-тид'-и-öс-ли*) adv презрительно, разборчиво, прихотливо.
Fastidiousness (*фас-тид'-и-öс-нес*) s. презрѣніе, пренебреженіе; прихотливость.
Fastigiate (*фäс-тидж'-и-эт*) adj. (бот.) конической формы.
Fastigiated (*фäс-тидж'-и-эт-ед*) adj. см. **Fastigiate.**
Fasting (*фäст'-инг*) s. постъ, постничаніе. **— day,** постный день.
Fastly (*фаст'-ли*) adv. твердо.
Fastness (*фаст'-нес*) s. преданность; твердость; укрѣпленное мѣсто, крѣпость.
Fastuous (*фасть'-ю-öс*) adj. горделивый, надменный.
Fat (*фäт*) adj. тучный, жирный, дородный, толстый, грубый; сальный, непристойный; || s. жиръ, сало; тучность; || va. vn. откармливать, жирѣть, толстѣть.
Fatal (*фэ'-тäл*) adj. неизбѣжный, роковой.
Fatalism (*фэ'-тäл-изм*) s. фатализмъ, рокъ
Fatalist (*фэ'-тäл-ист*) s. фаталистъ
Fatality (*фä-тäл'-и-ти*) s. судьба, рокъ, предопредѣленіе.
Fatally (*фэ'-тä-ли*) adv. по волѣ рока, гибельно.
Fatalness (*фэ'-тäл-нес*) s. см. **Fatality**
Fate (*фэт*) s. судьба, участь, предопредѣленіе, рокъ; || **—s,** pl. (мие.) Парки.
Fated (*фэт'-ед*) adj. предопредѣленный.
Father (*фа'-сзер*) s. отецъ, родитель; дѣдъ. **To be a — to,** быть какъ отецъ. || va. усыновлять; имѣть отцомъ; считаться за отца; || приписывать кому что. **— hood,** состояніе родителя, отца. **— land,** отечество, родина. **— in law,** тесть, свекоръ; вотчимъ.
Fatherless (*фа'-сзер-лес*) adj. не имѣющій отца, сиротскій.
Fatherlessness (*фа'-сзер-лес-нес*) s. сиротство.
Fatherliness (*фа'-зер-ли-нес*) s. отеческая любовь.
Fatherly (*фа'-сзер-ли*) adj. отеческій; || adv. отечески.
Fathom (*фäсз'-ом*) va. измѣрять, проникать; выдѣлывать; вникать, изучать; || s. проницательность, способность; || шестифутовая сажень.
Fathomable (*фäсз'-öм-ä-бл*) adj. измѣримый.
Fathomless (*фäсз'-öм-лес*) adj. неизмѣримый, бездонный.
Fatigable (*фäт'-и-гä-бл*) adj. утомляющійся.
Fatigue (*фä-тиг'*) s. усталость, утомленіе. **To endure —,** переносить усталость. || va. утомлять, изнурять.
Fatiguing (*фä-тиг'-инг*) s. утомленіе; || adj утомительный.
Fatling (*фäт'-линг*) s. животное, откармливаемое на убой.
Fatness (*фäт'-нес*) s. жиръ; ожирѣлость, полнота; плодородность.
Fatten (*фäт'-тн*) va. откармливать на убой. || vn. жирѣть, толстѣть, полнѣть; || удобрять. **To — on,** жирѣть на счетъ чего.
Fattener (*фäт'-тн-ер*) s. то, что производитъ ожирѣніе.
Fattiness (*фäт'-ти-нес*) s. жиръ, ожирѣлость.

Fattish (*фăт-тиш*) adj. жирненькій, полный.
Fatty (*фăт'-ти*) adj. жирный, маслянистый.
Fatuitous (*фăтъ-ю'-и-тес*) adj. фатоватый, глупый, пустой.
Fatuity (*фăтъ-ю'-и-ти*) s. безтолковость, глупость, фатовство.
Fatuous (*фăтъ'-ю-ŏс*) adj. безтолковый, глупый.
Fauces (*фо'о-сиз*) s.pl. горло, глотка.
Faucet (*фо'о-сет*) s. втулка, деревянный кранъ.
Faugh (*фо'о*) interj. тьфу, фуй!
Fault (*фо'олт*) vn. ошибаться; || va. обвинять, порицать. || s. ошибка, вина, проступокъ, погрѣшность; отсутствіе. **To find —**, порицать, хулить. **— -finder**, хулитель, критикъ. [вильно, ошибочно.
Faultily (*фо'олт-и-ли*) adv. непра-
Faultiness (*фо'олт-и-нес*) s. недостатки, ошибки; испорченность.
Faultless (*фо'олт-лес*) adj. безошибочный, безукоризненный.
Faultlessly (*фо'олт-лес-ли*) adv. безошибочно, безукоризненно.
Faultlessness (*фо'олт-лес-нес*) s. безошибочность, безпорочность.
Faulty (*фо'олт-и*) adj. имѣющій недостатки, ошибочный; порочный.
Faun (*фо'он*) s. (мив.) фавнъ.
Fauna (*фо'о-на*) s. (зоол.) фауна.
Favour (*фэ'-вŏр*) s. благосклонность, расположеніе, одолженіе, честь; письмо; отрочка платежа; знакъ расположенія. **To curry — with one**, снискивать чье расположеніе. **I beg a — of you**, я васъ прошу сдѣлать мнѣ одолженіе. **Under — of the night**, подъ покровомъ ночи. **I have received your — of the**, я получилъ ваше почтенное письмо отъ. **To be in — of a measure**, склоняться въ пользу какой либо мѣры. || va. благопріятствовать, способствовать; дѣлать одолженіе; польстить (о портретѣ). [госклонный.
Favourable (*фэ'-вŏр-ă-бл*) adj. бла-
Favourableness (*фэ'-вŏр-ă-бл-нес*) s. благосклонность.
Favourably (*фэ'-вŏр-ŏ-бл-и*) adv. благосклонно, благопріятно.
Favoured (*фэ'-ворд*) adj. благопріятствуемый, пользующійся расположеніемъ. **Well —**, пріятный, благообразный. **Ill —**, невзрачный.
Favourer (*фэ'-вŏр-ер*) s. покровитель. [пріятный.
Favouring (*фэ'-вŏр-инг*) adj. благо-
Favouringly (*фэ'-вŏр-инг-ли*) adv. благопріятно.
Favourite (*фэ'-вŏр-и-ти*) s. любимецъ, -ица; || adj. любимый.
Favouritism (*фэ'-вŏр-и-тизм*) s. фаворитизмъ.
Favourless (*фэ'-вŏр-лес*) s. не имѣющій протекціи; неблагопріятный.
Fawn (*фо'он*) va. махать хвостомъ (о собакѣ); телиться (о ланяхъ). **To — on, upon**, ласкаться, ухаживать; раболѣпствовать. || s. молодая лань, косуля; || лесть, низкопоклонство. **— coloured**, бурый (о лисицѣ).
Fawner (*фо'он-ер*) s. льстецъ, низкопоклонникъ. [копоклонство.
Fawning (*фо'он-инг*) s. лесть, низ-
Fawningly (*фо'он-инг-ли*) adv. раболѣпно, низко.
Fay (*фэй*) va. (мор.) плотно соединять; || s. волшебница, фея.
Fealty (*фи'-ăл-ти*) s. вѣрность, вѣрноподданство.
Fear (*фир*) s. страхъ, опасеніе, боязнь. **For — of falling**, изъ боязни упасть. **To be in — of**, бояться чего-либо. **There is no —**, нечего опасаться. || va. vn. бояться, страшиться, безпокоиться. **It is to be — ed**, слѣдуетъ опасаться. **Never —**, не бойтесь. **I fear it is too true**, я боюсь, что это слишкомъ вѣрно.
Fearful (*фир'-фул*) adj. боязливый, боящійся; страшный. **To be — of**, опасаться. **A — death**, страшная смерть.
Fearfully (*фир'-фул-и*) adv. ужасно, страшно; въ страхѣ, въ ужасѣ.
Fearfulness (*фир'-фул-нес*) s. страхъ, опасеніе; боязливость.
Fearless (*фир'-лес*) adj. безстрашный; отважный.
Fearlessness (*фир'-лес-нес*) s. неустрашимость. [возможность.
Feasibility (*фи-зи-бил'-и-ти*) s.
Feasible (*фи'-зи-бл*) adj. возможный, исполнимый.
Feasibleness (*фи'-зи-бл-нес*) s. возможность, исполнимость.
Feasibly (*фи'-зи-бл-и*) adv. возможно, выполнимо.
Feast (*фист*) s. празднество, праздникъ, пиршество. **Movable —s**, переходные праздники. || vn. пировать; || наслаждаться. **To — on**, пировать. va. || чествовать; праздновать; угощать.
Feaster (*фист'-ер*) s. дающій пиры, богато живущій.
Feastful (*фист'-фул*) adj. праздничный, радостный, пышный.
Feasting (*фист'-инг*) s. угощеніе, пиръ, празднество.
Feat (*фит*) s. подвигъ, дѣло; || хитрость, штука, продѣлка; ловкость.
Feather (*фесз'-ер*) s. перо (птичье); украшеніе; || * бездѣлка; || чолка (у лошади); || вихоръ (волосъ). **Down —s**, пухъ. **Birds of a — flock**

together, птицы одного полета. To be a — in one's cap, придавать кому либо значеніе, выдвигать кого-либо, To show the white —, струсить. || va. украшать, покрывать перьями. To be — ed, опериться; ||* разбогатѣть. To — one's nest, * набить себѣ карманъ, нагрѣть руку. He feathers his nest with it, онъ въ этомъ нашелъ выгоду. — -bed, перина. — -driver, очищающій отъ перьевъ. — -duster, метелка изъ перьевъ. — -edge, скошенный край. — -footed, мохноногій. — -grass, (бот.) ковыль.

Feathered (*фесз'-ерд*) adj. украшенный перьями, оперившійся; крылатый, быстрый. — creatures, пернатыя (птицы).

Featherless (*фесз'-ер-лес*) adj. безперый, безкрылый.

Feathery (*фесз'-ер-и*) adj. покрытый перьями, пернатый; (бот.) перистый.

Feature (*фит'-юр*) s. черты лица, видъ. Fine —s, тонкія черты лица.

Featured (*фитъ'-юрд*) adj. имѣющій выразительныя черты лица, съ характернымъ лицомъ. Well —, съ красивыми чертами лица. Hard —, съ рѣзкими чертами лица. Ill —, некрасивый, непріятный.

Featureless (*фит'-юр-лес*) adj. не имѣющій характерныхъ чертъ.

Febricitant (*фи-брис'-и-тент*) adj. (мед.) находящійся въ лихорадкѣ.

Febrific (*фи-бриф'-ик*) adj. лихорадочный.

Febrifuge (*феб'-ри-фьюдж*) s. и adj. противолихорадочный.

Febrile (*фи'-брил*) adj. лихорадочный. (раль.

February (*феб'-ру-ă-ри*) s. февраль.

Fecal (*фи'-кăл*) adj. каловый.

Feces (*фи'-сис*) s. калъ, испражненія, фекальныя массы.

Fecula (*фекъ'-ю-ла*) s. картофельная мука.

Feculence (*фекъ'-ю-ленс*), **Feculency** (*фекъ'-ю-ленси*) s. крахмалистость.

Feculent (*фекъ'-ю-лент*) adj. крахмалистый; мутный, густой.

Fecund (*фек'-ŏнд*) adj. плодородный, плодовитый.

Fecundate (*фек'-ŏн-дэт*) va. дѣлать плодороднымъ, оплодотворять. (оплодотвореніе.

Fecundation (*фек-ŏн-дэ'-шŏн*) s.

Fecundity (*фи-кŏн'-ди-ти*) s. плодородность, плодовитость.

Federal (*фед'-ер-ăл*) adj. союзный, договорный, федеральный.

Federal (*фед'-ер-ăл*), **Federalist** (*фед'-ер-ăл-ист*) s. федералистъ.

Federalism (*фед'-ер-ăл-изм*) s. федерализмъ.

Federalize (*фед'-ер-ăл-айз*) va составлять союзъ.

Federate (*фед'-ер-эт*) adj. союзный, соединенный.

Federation (*фед-ер-э'-шŏн*) s. федерація, союзный.

Federative (*фед'-ер-ă-тив*) adj. федеральный, союзъ

Fee (*фи*) s. ленъ, наслѣдственное помѣстье; || — или —s, плата, вознагражденіе; взятки, подарки. — simple, помѣстье свободное отъ налоговъ. A lawyer's —s, гонораръ адвоката. || va. платить, вознаграждать; подкупать; нанимать.

Feeble (*фи'-бл*) adj. слабый, хилый, хворый, немощный; блѣдный (цвѣтъ). To grow —, ослабѣть. — minded, слабоумный.

Feebleness (*фи'-бл-нес*) s. слабость, хилость; блѣдность (цвѣта).

Feebly (*фи'-бл-и*) adv. слабо.

Feed (*фид*) adj. вознагражденный, оплаченный; подкупленный; || va. кормить, питать; откармливать; давать пищу; скабжать паровики водой. To — the cattle, пасти скотъ. To — a young bird by hand, кормить птичку съ руки; || vn. (on, upon) кормиться, питаться, ѣсть; пастись; толстѣть, жирѣть. He feeds on fruits, онъ питается плодами; || s. пастбище. || s. кормъ. Give my horse a —, дайте кормъ моей лошади.

Feeder (*фид'-ер*) s. дающій кормъ. || скотникъ; || кормилецъ; ||* подстрекающій; || рудная жила; насыпъ мельничный. A high —, любитель поѣсть, обжора.

Feeding (*фид'-инг*) s. кормъ, пища; продовольствіе; паства, пажить. — -bottle, соска.

Feel (*фил*) va. vn. чувствовать, ощущать; сочувствовать; осязать, щупать. How do you — yourself? какъ вы себя чувствуете. I — the cold, я страдаю отъ холода. To — a patient's pulse, щупать пульсъ. To — one's way, идти ощупью. To — soft, cold, быть мягкимъ, холоднымъ (на ощупь). He feels for nobody, онъ не принимаетъ ни въ комъ участія To — hurt, быть раненымъ. || s. осязаніе, ощупь.

Feeler (*фил'-ер*) s. чувствующій; || щупальцы, усики (насѣкомыхъ).

Feeling (*фил'-инг*) s. чувство, ощущеніе, осязаніе; чувствительность, сочувствіе. || adj. чувствительный, трогательный. In a — way, трогательно. Good —, доброе чувство. **Good — towards**, чувство пріязни къ къ кому либо **Such is my —**, такова моя точка зрѣнія. **To hurt one's —**, огорчать кого либо. **To have no — for**, быть безжалостнымъ къ кому либо. **To speak with —**, говорить съ чувствомъ.

Feelingly (*фил'-инг-ли*) adv. съ чувствомъ, трогательно; живо; ощутительно.

Feign (*фэн*) va. vn. притворяться, прикидываться, лгать, вымышлять. **To — a laugh**, притворяться смѣющимся. **In a feigned hand**, измѣненнымъ почеркомъ.

Feigned (*фэнд*) adj. притворный, ложный.

Feignedly (*фен'-ед-ли*) adv. притворно, скрытно.

Feigning (*фен'-инг*) s. притворство, лицемѣріе.

Feigningly (*фен-инг-ли*) adv. притворно, ложно.

Feint (*фэнт*) s. притворство; || adj. притворный, ложный.

Feldspar (*фелд'-спар*), **Feldspath** (*фелд'-спасз*) s. (мин.) полевой шпатъ

Felicitate (*фи-лис'-и-тэт*), va. (съ **on, upon**) поздравлять; || осчастливливать. [поздравленіе.

Felicitation (*фи-лис-и-тэ'-шон*) s.

Felicitous (*фи-лис'-и-тôс*) adj счастливый, блаженный.

Felicitously (*фи-лис'-и-тôс-ли*) adv. счастливо.

Felicitousness (*фи-лис'-и-тôс-нес*) s. счастіе, блаженство.

Felicity (*фи-лис'-и-ти*) s. блаженство, счастіе.

Feline (*фи'-лайн*) adj. кошачій.

Fell (*фел*) pret. отъ **Fall**; || s. мѣхъ, шкура; || adj. жестокій, свирѣпый; || va. свалить, сбить съ ногъ; срубить; разгладить (шовъ) **To — a tree**, срубить дерево.

Fellable (*фел'-ă-бл*) adj. годный на срубъ.

Feller (*фел'-ер*) s. дровосѣкъ.

Fellness (*фел'-нес*) s. жестокость, варварство, свирѣпость.

Fellow (*фел'-лоу*) s. товарищъ, собратъ; равный, ровня; парная вещь; || малый, молодецъ; || членъ (общества). **A young —**, повѣса. **School —**, школьный товарищъ. **An honest —**, славный парень. **A brisk little —**, горячій парень. **An old —**, старый товарищъ. **A base —**, негодяй. **A great big —**, верзила. **Bad —**, прощалыга. **A saucy —**, наглецъ. **— -citizen**, согражданинъ, -анка (f.). **— -countryman**, соотечественникъ **— -creatures**, ближніе. **— -member**, сотоварищъ, членъ. **— -prisoner**, товарищъ по заключенію. **— -soldier**, товарищъ по оружію **— -student**, товарищъ по ученію. **— -traveller**, спутникъ, попутчикъ. **— -worker**, сотоварищъ по работѣ.

Fellowship (*фел'-лоу-шип*) s. товарищество, сообщество, братство, соучастіе; сношенія, отношенія; || ученое званіе. **To hold — with**, водить съ кѣмъ знакомство.

Felly (*фел'-ли*) s. ободъ (у колеса).

Felo de se (*фи'-ло-ди-си*) s. (юрид.) самоубійство.

Felon (*фел'-ôн*) s. преступникъ; осужденный: (мед.) ноготоѣда; || adj. жестокій, свирѣпый.

Felonious (*фи-ло'о-ни-ôс*) adj. злой, вѣроломный; (юрид.) предумышленный.

Feloniously (*фи-ло'о-ни-ôс-ли*) adv. вѣроломно; предумышленно.

Felony (*фел'-ôн-и*) s. преступленіе; вѣроломство.

Felt (*фелт*) adj. чувствительный; осязаемый; || va. валять войлокъ; || s. войлокъ.

Felting (*фелт'-инг*) s. войлокъ, кошма; валяніе шерсти.

Female (*фи'-мэл*) s. самка, матка; женщина; || adj. женскій, женскаго пола. **In — society**, въ обществѣ женщинъ.

Feme-covert (*фем-ков'-ерт*) s. (юрид.) замужняя женщина.

Feme-sole или **Femme-sole**, (*фем'-со'ол*) s незамужняя женщина.

Feminacy (*фем'-и-нă-си*) s. женская натура, женственность.

Feminal (*фем'-и-нă.л*) adj. женскій.

Feminality (*фем'-и-нал'-и-ти*) s. см. **Feminacy**.

Feminine (*фем'-и-нин*) adj. женскій; || изнѣженный, нѣжный.

Femininely (*фем'-и-нин-ли*) adv. какъ женщина; по женски; изнѣженно. [низмъ.

Feminism (*фем'-и-низм*) s. феми-

Femoral (*фем'-о-рăл*) adj. бедряной.

Femur (*фи'-мôр*) s. (анат.) бедро, бедряная кость.

Fen (*фен*) s. болото, топь, тундра.

Fence (*фенс*) s. ограда, защита, оплотъ; заборъ, валъ, плетень; || укрыватель. || va. загораживать; ограждать; защищать; || vn. фехтовать; защищаться.

Fenceless (*фенс'-лес*) adj. открытый, незагороженный; || безграничный. [тованія.

Fencer (*фен'-сер*) s. учитель фехтованія.

Fencible (*фен-си-бл*) adj. могущій защищаться; || s. (воен.) милиціонеръ.

Fencing (*фен'-синг*) s. загоражи-

ваніе, защита; || фехтованіе. — -gloves, фехтовальныя перчатки. — master, учитель фехтованія. — -school, школа фехтованія.
Fend (*фенд*) va. отражать, отбивать; защищать; предотвращать. **To — off,** отражать (удары). || vn защищаться; увертываться.
Fender (*фенд'-ер*) s. каминная рѣшотка; (мор.) кранцы.
Fenestral (*фи-нес'-трăл*) adj. оконный; || s. окно; ставень.
Fenian (*фи-ни'-енн*) s. феній.
Fennel (*фен'-нел*) s. (бот.) укропъ.
Fennish (*фен'-ниш*) или **Fenny** (*фен'-ни*) adj. болотный.
Fenugreek (*фень'-ю-грит*) s. (бот.) божья трава.
Feod (*фьюд*) s. ленъ, помѣстье.
Feodal (*фьюд'-ăл*) ленный, феодальный.
Feodality (*фьюд'-ăл-и-ти*) s. феодальность.
Feodary (*фью'-ă-ри*) s. ленный владѣлецъ.
Feoff (*феф*) va. (юрид.) ввести во владѣніе, пожаловать помѣстьемъ; || s. наслѣдственное помѣстье.
Feoffment (*феф'-мент*) s. жалованіе помѣстьемъ.
Feoffor или **Feoffer** (*феф'-ŏр*) s. жалующій помѣстьемъ.
Feracious (*фи-рэ'-шŏс*) adj. плодородный.
Feracity (*фи-рас'-и-ти*) s. плодородіе.
Feral (*фи'-рăл*) adj. похоронный; печальный.
Ferial (*фи'-ри-ăл*) adj. седьмичный, праздничный (день).
Ferine (*фи'-райн*) adj. дикій, свирѣпый.
Ferment (*фŏр'-мент*) s. броженіе, закваска, дрожжи; волненіе (умовъ); возбужденіе; || va. бродить, закисать; волноваться; || va. производить броженіе.
Fermentable (*фŏр-мент'-ă-бл*) adj. могущій бродить, заквасится.
Fermental (*фŏр-мент'-ăл*) adj. бродильный.
Fermentation (*фŏр-мен-тэ'-шŏн*) s. броженіе, волненіе.
Fermentative (*фŏр-мент'-ă-тив*) adj. производящій броженіе.
Fermentativeness (*фŏр-мент-ă-тив-нес*) s. бродильное свойство.
Fern (*фŏрн*) s. (бот.) папоротникъ.
Ferny (*фŏрн'-и*) adj. поросшій папоротникомъ.
Ferocious (*фи-ро'о-шŏс*) adj. лютый, жестокій, свирѣпый.
Ferociously (*фи-ро'о-шŏс-ли*) adv. люто, жестоко, свирѣпо.
Ferociousness (*фи-ро'ошŏс-нес*) s. лютость, свирѣпость.
Ferocity (*фи-рос'-и-ти*) s. см. **Ferociousness.**
Ferrara (*феррер'-а*) npr. (геогр.) Феррара.
Ferreous (*фер'-и-ŏс*) adj. желѣзный.
Ferret (*фер'-ет*) s. (зоол.) хорекъ, || сырцовая лента; || vn. рыться, копаться; вывѣдывать. **To — out,** откапывать, розыскивать; выгонять откуда.
Ferreter (*фер'-ет-ер*) s. отыскивающій, роющій; || надоѣдало; проныра.
Ferriferous (*фер-риф'-ер-ŏс*) adj. содержащій въ себѣ желѣзо.
Ferrilite (*фер'-и-лит*) s. (мин.) базальтъ.
Ferruginated (*фер-ру-джи-нэтед*) adj. ржавчатый, ржавый.
Ferruginous (*фер-ру'-джи-нŏс*) adj. желѣзистый.
Ferrule (*фэр-рул*) s. желѣзный ободокъ, обручикъ.
Ferry (*фер'-и*) va. перевозить на паромѣ; || s. переправа, перевозъ (черезъ рѣку). — -boat, паромъ. — -man, перевозчикъ.
Fertile (*фŏр'-тил*) adj. плодородный, плодоносный; изобильный.
Fertilely (*фŏр'-тил-и*) adv. плодородно; изобильно.
Fertility (*фŏр-тил'-и-ти*) s. плодородіе; изобиліе.
Fertilization (*фŏр'-ти-ли-зэ'-шŏн*) s. (бот.) оплодотвореніе.
Fertilize (*фŏр'-ти-лайз*) va. удобрять, оплодотворять.
Ferula (*фер'-у-ла*) s. (бот.) дурнопахучникъ.
Ferule (*фер'-ул*) va. наказывать линейкой (ученика); || s. кольцо, гайка, наконечникъ.
Fervency (*фŏр'-вен-си*) s. горячность, пылъ, рвеніе.
Fervent (*фŏр'-вент*) adj. горячій, пылкій; усердный.
Fervently (*фăр'-вент-ли*) adv. горячо, пылко.
Ferventness (*фŏр'-вент-нес*) s. усердіе, рвеніе.
Fervid (*фŏр'-вид*) adj. горячій, пылкій.
Fervidly (*фŏр'-вид-ли*) adv. съ жаромъ, горячо.
Fervidness (*фŏр'-вид-нес*) s. см. **Fervency.**
Fervour (*фŏр'-вŏр*) s. жаръ, пылъ, горячность, усердіе.
Fescennine (*фес'-е-найн*) adj. распущенный, похотливый.
Fescue (*фес'-кью*) s. указка.
Fesse (*фес*) s. (гер.) полоса; перекладина (въ щитѣ).
Festal (*фес'-тăл*) adj. праздничный, радостный.
Fester (*фес'-тер*) va. гноиться, раздражаться, || s. гноящійся прыщикъ.
Festering (*фес'-тер-инг*) adj. зараженный, гноящійся.

Festival (*фес'-ти-вäл*) s. праздникъ; || adj. праздничный, веселый.
Festive (*фес'-тив*) adj. **Festival.**
Festivity (*фес'-тив-и-ти*) s. веселіе, радость; праздникъ.
Festoon (*фес-тун'*) s. (арх.) гирлянда, фестонъ; || украшать фестонами.
Fetal (*фи'-тä.л*) adj. (анат.) зародышевый.
Fetch (*феч*) va. сходить, послать (за); привести, принести; дѣлать, отправлять; приводить въ исполненіе; доставлять, давать; приносить (деньги). — **me my hat,** принесите мнѣ мою шляпу. **To — a blow,** отвѣсить ударъ. **To — a pump,** привести въ дѣйствіе помпу. **How much did it —?** сколько тебѣ дали? **To — away,** уводить, уносить, убирать **To — down,** спускать; сшибать; унижать. **To — in,** вводить, заставить войти. **To — out,** выводить, вытаскивать; выставлять на видъ. **To — up,** поднимать наверхъ; настичь; наверстать. || vn. двигаться, поворачиваться. || s. ухищреніе, хитрость, увертка, уловка, продѣлка.
Fetcher (*феч'-ер*) s. посланный; отправляющійся за чѣмъ.
Fetich (*фи'-тиш*) s. фетишъ, идолъ
Fetichism (*фи'-тиш-изм*) s. фетишизмъ.
Fetid (*фет'-ид*) adj. зловонный, вонючій.
Fetidness (*фэт'-ид-нес*) s. вонь, зловоніе.
Fetlock (*фет'-лок*) s. щетка (у лошади за копытомъ).
Fetor (*фи'-тöр*) s. смрадъ, зловоніе
Fetter (*фет'-тер*) va. связывать (руки и ноги); заковывать въ кандалы; надѣвать путы (на лошадь); || s. pl. ножные кандалы; путы (для лошадей); оковы, узы.
Fetterless (*фет'-тер-лес*) adj. несвязанный, нестѣсненный.
Fettle (*фет'-тл*) vn. бездѣльничать; || va. приводить въ порядокъ; сглаживать.
Fetus *или* **Fœtus** (*фи'-тöс*) s. (въ pl. **Fetuses** *или* **Fœtuses**). зародышъ, утробный плодъ.
Feud (*фьюд*) s. вражда, ссора, несогласіе, междуусобіе; || ленъ, помѣстье.
Feudal (*фьюд'-ä.л*) adj. ленный, феодальный.
Feudalism (*фьюд'-äл-изм*) s. феодализмъ.
Feudalist (*фьюд'-ä.л-ист*) s. феодалистъ.
Feudality (*фьюд-äл'-и-ти*) s. феодальность.
Feudatory (*фьюд'ä-тö-ри*) s. ленный владѣлецъ.
Feudist (*фьюд''ист*) s. знатокъ феодальнаго права.
Fever (*фи'-вöр*) s. лихорадка. **Intermittent —,** перемежающая лихорадка. || va. причинить лихорадку.
Feverish (*фи'-вöр-иш*) adj лихорадочный; || непостоянный.
Feverishly (*фи'-вöр-иш-.ли*) adv лихорадочно.
Feverishness (*фи'-вöр-иш-нес*) s. лихорадочное состояніе; || непостоянство.
Feverous (*фи'-вöр-öс*) adj. см. **Feverich.**
Few (*фью*) adj. немногіе; нѣсколько **In — words,** въ немногихъ словахъ, вкратцѣ — **people,** немногіе.
Fewness (*фью'-нес*) s. малость; небольшое количество; краткость.
Fib (*фиб*) s. ложь, выдумка; неправда; || vn. лгать, выдумывать.
Fibre (*фай'-бер*) s. (анат и бот) фибра, жилка; волокно
Fibril (*файб'-рил*) s. волоконце; жилочка.
Fibrillous (*фай'-брил-öс*) adj. волокнистый.
Fibrine (*фай'-брин*) adj волокнистый.
Fibrin (*фай'-брин*) s фибринъ
Fibrous (*фай'-брöс*) adj волокнистый, жилковатый; состоящій изъ фибръ.
Fibula (*фиб'-ю-.ла*) s. (анат.) малоберцовая кость; || (хир.) шовъ.
Fickle (*фик'-.л*) adj. непостоянный, измѣнчивый, вѣтреный.
Fickleness (*фик'-.л-нес*) s. непостоянство, измѣнчивость, вѣтреность; причуды.
Fickly (*фик'-.л-и*) adv. непостоянно, измѣнчиво, вѣтренно.
Fictile (*фик'-тил*) adj. глиняный.
Fiction (*фик'-шöн*) s. вымыселъ, выдумка; ложь; фикція.
Fictitious (*фик-тиш'-öс*) adj. мнимый, вымышленный, ложный, фиктивный.
Fictitiously (*фик-тиш'-öс-.ли*) adv. ложно, фиктивно, сказочно.
Fictitiousness (*фик-тиш'-öс-нес*) s. вымышленность, фиктивность, ложность.
Fid (*фид*) s. (мор.) ключъ для раскручиванія веревокъ.
Fiddle (*фид'-дл*) s. скрипка: || va играть на скрипкѣ; суетиться хлопотать; || vn. заниматься пустяками. — **-faddle,** пустяки, чепуха, турусы на к о л е с а х ъ. — **-stick,** смычокъ; || * пустяки. **I don't care a — for it,** меня это нисколько не озабачиваетъ. — **string,** скрипичная струна.
Fiddler (*фид'-длер*) s. скрипачъ; гудочникъ.
Fiddling (*фид'-длинг*), adj занимающійся пустяками; пустой; — **work,** скучная работа, потерянный трудъ; || s. игра на скрипкѣ.

Fidelity (*фи-дел'-и-ти*) s. вѣрность, преданность, правдивость
Fidge (*фидж*), **Fidged** (*фидж'-ет*) vn суетиться, возиться.
Fidget (*фидж'-ет*) s. безпокойство, нетерпѣливость, суетня **He is in a —**, онъкакъ на угольяхъ. **It gives me the —s to see it**, меня раздражаетъ это видѣть. **What a — you are!** какъ вы раздражаете вашимъ нетерпѣніемъ!
Fidgetiness (*фидж'-ет-и-нес*) s. надоѣдливость неугомонность, хлопотливость
Fidgety (*фидж'-ет-и*) adj. безпокойный, неугомонный
Fiducial (*фи-дью'-шал*) adj. увѣренный; повѣренный; твердый.
Fiducially (*фи-дью'-ши-ли*) adv. довѣрительно, увѣренно.
Fiduciary (*фи-дью'-ши-ă-ри*) s. повѣренный, хранитель; || adj. твердый, непоколебимый, надежный, вѣрный, порученный
Fie (*фай*) interj. фу! тьфу! **— for shame**, стыдно.
Fief (*фиф*) s. помѣстье, ленъ
Field (*филд*) s. поле, лугъ, равнина, || походъ, битва, сраженіе; протяженіе, пространство, обширность (предмета) **Across the —**, переходъ черезъ поле. **A — of ice**, сплошной ледъ **In the —**, на полѣ. **— -day**, день военныхъ упражненій **— -marshal**, фельдмаршалъ. **— -piece**, полевое орудіе. **— -preacher**, странствующій проповѣдникъ. **— works**, полевыя работы
Fiend (*финд*) s злой духъ, бѣсъ.
Fiendish (*финд'-иш*) adj. діавольскій, жестокій
Fiendishness (*финд'-иш-нес*) s. діавольская злоба.
Fiendlike (*финд'-лайк*) adj. бѣсовскій, демонскій
Fierce (*фирс*) adj. свирѣпый, лютый, бѣшеный, неистовый. **A — look**, свирѣпый взглядъ **— -looking**, съ свирѣпымъ взглядомъ. [яростно.
Fiercely (*фирс'-ли*) adv свирѣпо,
Fierceness (*фирс'-нес*) s. свирѣпость, лютость, || надменность
Fieriness (*фаи'-ер-и-нес*) s. жаръ, пылъ, пылкость, вспыльчивость, горячность
Fiery (*фай'-ер-и*) adj огненный; страстный, пылкій, вспыльчивый. **The — bush**, неопалимая купина **— countenance**, пылающее лицо **— heart**, горячее сердце **A — courser**, горячій конь
Fife (*файф*) s. флейта, дудка; || vn играть на флейтѣ.
Fifer (*файф'-ер*) s. флейтистъ

Fifteen (*фиф'-тин*) adj. пятнадцать.
Fifteenth (*фиф'-тинсз*) adj. пятнадцатый; || s. пятнадцатая часть.
Fifth (*фифсз*) adj. пятый; || s. пятая часть; (муз.) квинта.
Fifthly (*фифсз'-ли*) adv. въ пятыхъ.
Fiftieth (*фиф'-ти-есз*) adj. пятидесятый; || s. пятидесятая часть.
Fifty (*фиф'-ти*) adj. пятьдесятъ.
Fig (*фиг*) va. вбить кому что либо въ голову, заинтриговать пустяками; насмѣхаться; || s. смоква, винная ягода; || *бездѣлица, дрянь, фига. **A — for**, фига, кукишъ. **— -leaf**, фиговый листокъ. **Wild — -tree**, лѣсная смоковница.
Fight (*файт*) s. битва, сраженіе, поединокъ; драка, побоище. || va. vn. биться, сражаться. **To — a battle**, дать сраженіе. **To — a duel**, драться на дуэли. **To — one another**, препираться, ссориться.
Fighter (*файт'-ер*) s. боецъ, воинъ, рубака, дуэлистъ; забіяка.
Fighting (*файт'-инг*) adj. сражающійся. **A hundred thousand — men**, сто тысячъ сражающихся.
Figment (*фиг'-мент*) s. фикція, вымыселъ. [s. образность.
Figurability (*фиг-ю-рă-бил'-и-ти*)
Figural (*фигъ-ю-рăл*) adj. образный, фигуральный.
Figurant (*фигъ'-ю-рант*) s. (f. **Figurante**) фигурантъ, –нка (f.).
Figurate (*фигъ'-ю-рэт*) adj. имѣющій опредѣленную форму.
Figuration (*фигъ'-ю-рэ'-шон*) s. изображеніе.
Figurative (*фигъ-ю-рă-тив*) adj. образный, фигуральный; иносказательный. **In a — sense**, въ фигуральномъ смыслѣ.
Figuratively (*фигъ'-ю-рă-тив-ли*) adv въ переносномъ смыслѣ.
Figure (*фигъ'-юр*) s. видъ, образъ, форма; очертаніе, лицо, обликъ, рисунокъ. фигура, мина, осанка, || цыфра; || * значеніе. **What a — you are**, что у васъ за видъ. || va. придавать чему форму, изображать; выражать буквами, словами; украшать; || vn. блистать, играть роль въ свѣтѣ; появляться. **To — to one's self**, воображать себѣ.
Figured (*фигъ'-юрд*) adj. образный
Figurist (*фигъ'-ю-рист*) s. (богосл.) послѣдователь фигуризма.
Filaceous (*фи-лэ'-шос*) adj. (бот.) волокнистый
Filament (*фил'-ă-мент*) s. волокно, мочка, ниточка.
Filamentous (*фил-ă-мен'-тес*) adj волокнистый
Filanders (*фил'-ан-дерс*) s. черви (у птицъ)

Filatory (*фил'-ā-тō-ри*) s само-прялка.
Filature (*фил'-ā-тьюр*) s. прядение, пряжа; прядильня
Filbert (*фил'-берт*) s большой лѣсной орѣхъ.
Filch (*филч'*) va. мошенничать.
Filcher (*филч'-ер*) s. мошенникъ, жуликъ, воръ.
File (*файл*) s. пилка, напилокъ, связь; порядокъ; связка бумагъ; списокъ, счетъ, каталогъ; ‖ рядъ, вереница; (воен.) строй, шеренга **In Indian —**, въ рядъ **A cunning —**, * тонкая штука, хитрецъ ‖ va. сшивать бумаги; вязать въ кипы; нанизывать, подпиливать ‖ vn. идти въ рядъ. **To — off**, (воен.) дефилировать
Filer (*фай.л'-ер*) s. пильщикъ.
Filial (*филь'-āл*) adj. сыновній, дочернинъ. [сынъ, какъ дочь
Filially (*филь'-āл-и*) adv. какъ
Filiate (*фил'-и-эт*) va. усыновлять.
Filiation (*фил-и-э'-шōн*) s происхожденіе, родословная нить; связь.
Filiform (*фил'-и-форм*) adj. (бот) нитеобразный.
Filigree-work (*фил'-и-гри-уōрк*) s. филигранъ [грановый.
Filigreed (*фил'-и-грид*) adj. фили-
Filings (*файл'-ингз*) s. pl. опилки.
Fill (*фил*) va. наполнять, насыщать; надувать (паруса): выполнять (роль), исправлять (должность). **To — one's self out**, наѣдаться. **To — up the time**, провести время. ‖ vn. наполняться; напиваться. **To — up with sand**, насыпать пескомъ. ‖ s. полнота, довольство, достатокъ, сытость; самомнѣніе. **To take one's —**, насытиться.
Filler (*фил'-ер*) s. наполняющій, нагрузчикъ; ‖ воронка.
Fillet (*фил'-ет*) s. повязка; ободокъ; (арх.) валикъ, листель; ‖ филей, ссѣкъ; ‖ (анат.) уздечка (у языка, у крайней плоти); ‖ va. обвязывать лентой, повязкой.
Fillibeg (*фил'-ли-бег*) s. короткая юбка (въ Шотландіи у горцевъ)
Filling (*фил'-инг*) adj. наполняющій, сытный; ‖ s. наполненіе, набиваніе; ‖ вышивка.
Fillip (*фил'-ип*) s. щелчокъ; ‖ va. дать щелчокъ въ носъ.
Filly (*фил'-ли*) s. молодая кобылица.
Film (*филм*) s. (анат.) плева, перепонка, кинематографическая лента, ‖ * покрывало, облако; (бот.) семяносъ; паутина. ‖ va. покрывать плевой, перепонкой.
Filmy (*филм'-и*) adj. состоящій изъ плевы; ‖ хрупкій.
Filter (*фил'-тер*) s. фильтръ, цѣдило; ‖ va. цѣдить, процѣживать.
Filtering (*фил'-тер-инг*) s. процѣживаніе, фильтрованіе
Filth (*филсз*) s. нечистота, неблагопристойность, мерзость.
Filthily (*филсз-и-ли*) adv нечисто, грязно, мерзко
Filthiness (*филсз'-и-нес*) s нечистота, грязь; развращенность.
Filthy (*филсз'-и*) adj. нечистый, грязный; развращенный, скверный. [живать.
Filtrate (*фил'-трэт*) va. процѣ-
Filtration (*фил-трэ'-шōн*) s процѣживаніе, фильтрованіе
Fimbriate (*фим'-бри-эт*) adj (бот.) пушистый, мохнатый
Fin (*фин*) s плавникъ (у рыбъ); ‖ пластать рыбу для сушки.
Finable (*файн'-ā-бл*) adj подлежащій штрафу.
Final (*фай'-нāл*) adj конечный, окончательный **A — hope**, последняя надежда. **A — judgement**, окончательное рѣшеніе суда. [налъ.
Finale (*фи-на'-ле*) s. (муз.) фи-
Finality (*фай-нāл'-и-ти*) s философское понятіе о конечномъ.
Finally (*фай'-нāл-и*) adv наконецъ, напослѣдокъ.
Finance (*фи-нāнс'*) s доходы, прибыль; финансы. [нансовый.
Financial (*фи-нāн'-шāл*) adj фи-
Financially (*фи-нāн'-шāл-и*) adv. въ финансовомъ отношеніи.
Financier (*фин-āн-сир'*) s. финансистъ, управляющій финансами.
Finch (*финч*) s. (орн.) всякая маленькая птица.
Find (*файнд*) va. находить, заставать, встрѣчать, открывать; одобрить (большинствомъ), принять. **I am sorry to — that**, я вижу съ грустью что. **Who will — the money?** кто доставитъ деньги? **To — one's self**, находиться, быть, почувствовать себя. **To — fault with**, находить недостатки. **To — a person in money**, снабжать кого либо деньгами. **To — out**, розыскать, отгадать. **To — out one's way**, найти надлежащій путь. **To — out a person in a lie**, уличать кого либо во лжи.
Findfault (*файнд'-фōлт*) s. хулитель, критикъ.
Finding (*файнд'-инг*) s. открытіе, находка; догадка; (юрид.) приговоръ присяжныхъ.
Findings (*файнд'-ингз*) s. pl рабочія пособія, инструменты.
Fine (*файн*) adj. прекрасный, красивый; изящный; нѣжный, утонченный; тонкій, легкій; совершенный. **— cloth**, тонкаго сукна. **— linen**, тонкаго полотна. ‖ va.

утончать, очищать — **-draw,** штуковать, подштопывать — **-drawing,** тонкій шовъ, штуковка. — **-spoken,** говорунъ — **-spun,** тонкая ткань, || * утонченный. || s. пеня, денежный штрафъ; подать, оброкъ, взносъ; || конецъ. **In —,** наконецъ. **A heavy —,** тяжелый штрафъ. || va штрафовать.

Finely (*файн'-ли*) adv изящно, тонко, остро. **The house is — situated,** домъ красиво расположенъ.

Fineness (*файн-нес*) s. тонкость, чистота, ясность; нѣжность, изящество; красота

Finer (*файн'-ер*) s очиститель, шлифовщикъ.

Finery (*файн'-ер-и*) s. украшеніе, нарядъ, пышность, щегольство.

Finesse (*фи-нес'*) s тонкость, хитрость, ухищреніе; || vn хитрить.

Finger (*финг'-ер*) s. палецъ, перстъ; || (муз.) постановка пальцевъ. **The fore —,** указательный палецъ. **The ring —,** безъимянный палецъ. **The little —,** маленькій палецъ. **To have a — in the pie,** быть замѣшаннымъ въ грязное дѣло || va ощупывать. || vn упражняться пальцами, играть на какомъ-либо инструментѣ — **-board,** клавіатура; грифъ (скрипки). — **-end,** кончикъ пальца — **-glass,** стаканъ для омовенія пальцевъ. — **-post,** указательный столбъ. — **-stall,** наперстокъ

Fingered (*финг'-герд*) adj. снабженный пальцами; || ощупанный, взятый руками

Fingering (*финг'-гер-инг*) s ощупываніе; игра на инструментѣ; аппликатура.

Fingle-fangle (*фин'-гл-фӓн-гл*) s. бездѣлушка, побрякушка

Finical (*фин'-и-кӓл*) adj. жеманный, чопорный, щеголеватый.

Finically (*фин'-и-кӓл-и*) adv жеманно, чопорно, щеголевато

Finicalness (*фин'-и-кӓл-нес*) s. жеманство, чопорность

Fining (*файн'-инг*) s очистка, освѣтленіе (вина)

Finis (*фай'-нис*) s конецъ

Finish (*фин'-иш*) va. кончать, довершать. || s. законченность; (ман.) финишъ, отдѣлка

Finished (*фин'-ишд*) adj. оконченный, совершенный

Finisher (*фин'-иш-ер*) s завершитель

Finishing (*фин-иш-инг*) s окончаніе, совершеніе, отдѣлка, || adj. окончательный **To give the — stroke to,** доверишть

Finite (*фай'-найт*) adj имѣющій конецъ, границы, предѣлъ, опредѣленный

Finitely (*фай'-найт-ли*) adv до извѣстной степени, въ границахъ.

Finiteness (*фай'-найт-нес*) s. предѣльность

Finland (*фин'-лӓнд*) npr (геогр.) Финляндія; || adj. финляндскій.

Finlander (*фин'-лӓн-дер*) s. финляндецъ, -ндка.

Finless (*фин'-лес*) adj. безъ плавательныхъ перьевъ

Finlike (*фин'-лайк*) adj. похожій на плавники

Finny (*фин'-ни*) adj. съ плавательными перьями — **race,** рыбы. **The — tribes,** обитатели водъ

Fir (*фӧр*) s. ель, сосна, пихта. **Scotch —,** шотландская сосна. — **-tree,** сосна. — **tribe,** хвойныя деревья. — **wood,** сосновый, еловый лѣсъ

Fire (*файр*) s. огонь, пламя, пожаръ, пальба, блескъ, жаръ, пылъ, ярость, сила (страстей). **To set — to, to set on —,** поджигать, разжигать. **By the —,** у огня. **Slow —,** на маломъ огнѣ. **To put out the —,** тушить огонь. **Wild —,** сильный огонь. **To hang—,** продолжительное горѣніе. **To take — easily,** * быстро вскипать. || va. vn. поджигать, зажигать, распалять, воспламенять, воодушевлять, возбуждать; вспылить, стрѣлять, палить. **Without firing a shot,** безъ выстрѣла. **To — off,** разрядить (орудіе). || vn. зажигаться, воспламеняться. **To — at, upon,** стрѣлять по, обстрѣливать. — **-arm,** огнестрѣльное оружіе — **-ball,** огненный шаръ, болидъ — **-brand,** головня. — **-brick,** огнеупорный кирпичъ. — **-brigade,** пожарная команда. — **-clay,** огнеупорная глина. — **-damp,** рудничный газъ. — **-dog,** каменный таганъ. — **-engine,** пожарная труба. — **-escape,** спасательный пожарный снарядъ — **-fly,** свѣтлякъ (насѣкомое). — **-grate,** — **-guard,** рѣшетка у камина. — **-irons,** каминный приборъ — **-man,** пожарный; кочегаръ — **place,** очагъ — **-proof,** огнеупорный. — **screen,** экранъ, войлочный щитъ — **ship,** брандеръ — **-shovel,** лопатка для углей — **-side,** s мѣстечко у огня, очагъ, свой домъ, || adj. интимный — **-wood,** дрова — **-works,** фейерверкъ — **-worship,** огнепоклоненіе. — **-worshiper,** огнепоклонникъ.

Firelock (*файр-лок*) s. кремневое ружье, винтовка

Firing (*файр'-инг*) s. топливо; ‖ пальба, стрѣльба.
Firkin (*фöр'-кин*) s. мѣра жидкости въ четверть боченка.
Firm (*фöрм*) apj. твердый, крѣпкій; преданный. **The market is —**, рынокъ устойчивъ. **The — land**, твердая земля, континентъ. ‖ s. торговая фирма, имя, вывѣска.
Firmament (*фöр'-мā-мент*) s. небесная твердь, небо.
Firmamental (*фöр-мā-мент'-āл*) adj. небесный.
Firman (*фир'-мāн*) s. фирманъ.
Firmly (*фöрм'-ли*) adv. твердо, непоколебимо, постоянно.
Firmness (*фöрм'-нес*) s. твердость, крѣпость; прочность, постоянство, непоколебимость.
First (*фöрст*) adj. первый; прежній; первый (по старшинству, значенію); старшій. **The twenty — of December**, двадцать первое декабря. ‖ adv. во-первыхъ; прежде, впередъ. **To go —**, идти впередъ. **At —**, сперва, сначала. **— -born**, первородный, старшій. **— -class**, перворазрядный. **— -fruits**, первинки, первые плоды. **— -rate**, первостепенный, первоклассный, первой величины.
Firstling (*фöрст'-линг*) s. первенецъ, перворожденный.
Firstly (*фöрст'-ли*) adj. во первыхъ.
Firth (*фöрсз*) s. проливъ.
Fisc (*фиск*) s. государственная казна.
Fiscal (*фиск'-āл*) adj. казенный; ‖ s. казна: казначей.
Fish (*фиш*) s. рыба; ‖ * фишка, марка (въ игрѣ); (мор.) стойки, шкало (у мачты). **— -basket**, корзина для рыбы. **— -bone**, рыбья кость. **— -fag**, рыбная торговка, рыбачка. **— -wife**, **— -woman**, рыбная торговка. **— hook**, крючекъ удочки. **— -kettle**, рыбный котелъ. **— -market**, рыбный рядъ. **— -pond**, садокъ; рыбный прудъ. **— -slice**, лопатка для рыбы. **This is a pretty kettle of —**, * вотъ это славное дѣло. **To have other — to fry**, * есть подумать кое о чемъ другомъ. ‖ va. vn. ловить рыбу; ‖ * искать чего, домогаться; допытываться. **To — for trout**, ловить форель. **To — for compliments**, напрашиваться на комплименты. **To — up**, вытащить изъ воды. **To — out secrets**, улавливать чужія тайны.
Fisher (*фиш'-ер*) s. рыбакъ, рыболовъ.
Fisherman (*фиш'-ер-мāн*) s. рыбакъ, рыболовъ; ‖ рыболовное судно
Fishery (*фиш'-ер-и*) s. рыбная ловля, тоня.
Fishing (*фиш'-инг*) adj. рыболовный. **— -boat**, рыболовное судно. ‖ s. рыбная ловля. **— -line**, леса (удочки). **— -rod**, леса. **— -tackle**, рыболовные снаряды.
Fishmonger (*фиш'-мöнг-ер*) s. рыбный торговецъ.
Fishy (*фиш'-и*) adj. рыбный.
Fissure (*фиш'-ур*) s. трещина, щель, разрывъ, фиссура; ‖ va. раскалывать, расщелять
Fist (*фист*) s. кулакъ; ‖ va. vn. бить кулакомъ, драться на кулачкахъ.
Fistic (*фист'-ик*) adj. кулачный. (боксерскій.
Fisticuffs (*фист'-и-кöфс*) s. pl. удары кулакомъ, кулачный бой.
Fistula (*фисть'-ю-ла*) s. (мед.) фистула, свищъ.
Fistular (*фисть'-ю-лāр*) adj. свищевой.
Fistulate (*фисть'-ю-лэт*) va. образовать фистулу; ‖ va. выдолбить.
Fistulous (*фисть'-ю-лöс*) adj. свищевой.
Fit (*фит*) s. припадокъ, пароксизмъ; ‖ капризъ; порывъ, влеченіе; желаніе; пріемъ, минута; ‖ убранство **Fainting —**, обморокъ. **To move by —s and starts**, подвигаться скачками **That coat is a bad —**, одежда не къ лицу. **It is a tight —**, это слишкомъ узко. ‖ adj. соотвѣтствующій, годный; приспособленный; приличный; подобающій. **I am not — to**, я не въ состояніи, не могу. **If you think —**, если вы думаете что это кстати. ‖ va. vn. приспособлять, согласовать; пригонять, подгонять; соотвѣтствовать, подходить, быть въ пору. **Your clothes — you well**, ваша одежда вамъ къ лицу. **To — out**, снабдить всѣмъ необходимымъ, снарядить, вооружить. **To — up**, сдѣлать пригоднымъ (къ чему). **To — up the house**, меблировать домъ. **To — up a shop**, снабдить лавку товарами. **The windows — well**, окна плотно закрываются. **Your boots — well**, вамъ сапоги по ногѣ
Fitch (*фич*) s. (бот.) вика.
Fitchet (*фич'-ет*), **Fitchew** (*фичь'-ю*) s. (зоол.) каменная куница, ластка.
Fitful (*фит'-фул*) adj. припадочный; капризный, порывистый, безпокойный; мерцающій.
Fitly (*фит'-ли*) adv. соотвѣтственно; удобно, прилично, кстати
Fitness (*фит'-нес*) s. соотвѣтственность, пригодность. **— of time**, ко времени, своевременность.

Fitter (*фит'-ер*) s. устроитель, приспособитель, прилаживатель.

Fitting (*фит'-инг*) adj. годный, надлежащій; || s. приспособленіе. **— -out**, снаряженіе. **Gas —s**, приспособленія для газа. **Shop —s**, приспособленіе для магазина.

Fittingly (*фит'-инг-ли*) adv. прилично, подходящимъ образомъ.

Fitz (*фитс*) s. сынъ (незаконный).

Five (*файв*) s. adj. пять, пятый.

Fives (*файвз*) s. (вет.) заушница; || s. pl. родъ игры въ мячъ.

Fix (*фикс*) va. устанавливать, прикрѣплять, основывать; опредѣлять; рѣшить, выбрать; направить, устремить; фиксировать. **— your attention on**, остановите ваше вниманіе на. || vn. основываться, укрѣпиться, поселиться; || s. трудность, затрудненіе; положеніе.

Fixable (*фикс'-ӓбл*) adj. фиксируемый.

Fixation (*фикс-э'-шӧн*) s. фиксація, прикрѣпленіе, утвержденіе.

Fixed (*фикст*) adj. укрѣпленный, утвержденный, назначенный.

Fixedly (*фикс'-ед-ли*) adv твердо, опредѣленно, неподвижно

Fixedness (*фикс'-ед-нес*) s. неподвижность, стойкость; постоянство.

Fixity (*фикс'-и-ти*) s. неподвижность.

Fixture (*фиксть'-юр*) s. прикрѣпленіе; завязка; принадлежность. **The —s of a school-room**, принадлежности школьной комнаты. **Inventory of —s**, инвентарь помѣщенія. [багра; ракета.

Fizgig (*физ'-гиг*) s родъ остроги,

Fizz (*физз*), **Fizzle** (*физ'-зл*) va. шипѣть, свистать.

Flabbily (*флӓб'-би-ли*) adv. мягко; вяло. [кость, вялость.

Flabbiness (*флӓб'-би-нес*) s. мяг-

Flabby (*флӓб'-би*) adj. мягкій, вялый, неупругій.

Flaccid (*флӓк'-сид*) adj. мягкій, вялый, слабый, неплотный.

Flaccidly (*флӓк'-сид-ли*) adv слабо, вяло, безъ упругости.

Flaccidness (*флӓк'-сид-нес*, **Flaccidity** (*флӓк-сид'-и-ти*) s. слабость, вялость, мягкость

Flag (*флӓг*) vn. вѣшать (флагъ); опускаться; ослабѣвать, затихать; уставать. || va. опускать; приводить въ порядокъ; смирять. || s. флагъ, знамя; || плитнякъ; || (бот) водоросль. **Red —**, красный флагъ. **Black —**, черный флагъ. **To hoist a —**, поднимать флагъ **To lower the —**, опускать флагъ. **— -bearer**, древко флага. **— -officer**, начальникъ эскадры **— -ship**, флагманское судно **— -staff**, мачта съ флагомъ

Flagellant (*флӧдж'-ел-ӓнт*) s флагеллантъ-сѣкунъ.

Flagellate (*флӓдж'-ел-эт*) va. бичевать, сѣчь.

Flagellation (*флӓдж -ел-лэ'-шӧн*) s бичеваніе, сѣченіе.

Flagellator (*флӓдж'-ел-лэ'-тӧр*) s. бичевальщикъ

Flageolet (*флӓдж'-о-лет*) s. флажолетъ, флейта.

Flagginess (*флӓг'-ги-нес*) s. опущенность, вялость.

Flagging (*флӓг'-гинг*) s. опусканіе ослабленіе; || выстилка плитнякомъ. [обвислый, вялый.

Flaggy (*флӓг'-ги*) adj. опущенный.

Flagitious (*флӓ-джиш'-ӧс*) adj злобный, скверный, гнусный, жестокій.

Flagitiously (*флӓ-джиш'-ӧс-ли*) adv звѣрски, жестоко.

Flagitiousness (*флӓ-джиш'-ӧс-нес*) злоба, скверность, гнусность

Flagon (*флӓг'-ӧн*) s. склянка, фляжка

Flagrance (*флэ'-грӓнс*), **Flagrancy** (*флэ'-грӓнс-и*) s. жаръ, огонь, пламя; очевидность, явность; (юрид.) поимка на мѣстѣ преступленія

Flagrant (*флэ'-рӓнт*) adj. горячій, пылкій; явный

Flagrantly (*флэ'-грӓнт-ли*) adv пылко, съ жаромъ, явно; гнусно.

Flake (*флэк*) s. клочокъ, рядъ, слой; чешуя. **—s of snow**, хлопья снѣга. **— of ice**, льдина. **—s of copper**, окалина на мѣди. || va. падать хлопьями, кусками. **To — off**, лупиться, слоиться

Flaky (*флэк'-и*) adj. клочковатый, хлопковатый; слоистый

Flam (*флӓм*) s. выдумка, ложь; предлогъ; || va. vn. выдумывать, разсказывать сказки, мистифицировать. [свѣтильникъ.

Flambeau (*флӓм -бо*) s. факелъ,

Flame (*флэм*) s. пламя, пылъ, огонь; || страсть, любовь; || va. vn. воспламенять, -ся: пламенѣть, пылать, горѣть. [пламени.

Flameless (*флэм'-лес*) adj. безъ

Flamen (*флэ'-мен*) s. фламинъ (жрецъ у древ. римлянъ): первосвященникъ

Flaming (*флэм'-инг*) adj. пламенѣющій, горящій, сверкающій; || пылкій, страстный

Flamingly (*флӓм'-инг-ли*) adv пламенно, пылко, пышно.

Flamingo (*флӓ-мин'-го*) s. красный гусь, фламинго.

Flammable (*флӓм'-мӓ-бл*) adj. воспламенимый

Flamy (*флэм'-и*) adj. пламенный, огненный, горячій

Flange (*флӓндж*) va vn. окаймлять, обшивать; || s закраина, втулка, обойма

Flank (*флăнк*) s. бокъ, сторона; крыло, флангъ; || va. прикрывать, нападать сбоку; || vn. примыкать, касаться.
Flanker (*флăнк'-ер*) s. (воен.) фланкеръ; флангъ; || va. укрѣплять съ боку.
Flannel (*флăн'-ел*) s. фланель, байка.
Flap (*флăп*) va. ударить; || опускаться; размахивать. **To — the wings,** хлопать крыльями. **— -eared,** вислоухій; || s. пола, фалда, лацканъ (платья); отворотъ (шляпы); ушки (у башмаковъ); || клапанъ; || ударъ ладонью, тумакъ; взмахъ, ударъ крыломъ.
Flare (*флэр*) vn. ослѣплять блескомъ, блистать, сверкать; вспыхивать. **To — up,** воспламеняться; || s. колеблющійся свѣтъ.
Flaring (*флэр'-инг*) adj. ослѣпительный, сверкающій. **— ribbons,** яркія ленты.
Flash (*флăш*) s. блескъ, сіяніе; сверканіе, вспышка свѣта; огонь; брызги; острота; || арго, жаргонъ языка. **To return — for —,** око за око, зубъ за зубъ. **A — of lightning,** молнія. **— in the pan,** осѣчка. **A — of wit,** искорка остроумія. || adj. низкій, подлый, вульгарный; || vn. va. блеснуть, сверкнуть; съострить; || плеснуть, брызнуть.
Flasher (*флăш'-ер*) s. острякъ, поверхностный человѣкъ.
Flashily (*флăш'-и-ли*) adv. съ ложнымъ блескомъ, поверхностно.
Flashing (*флăш'-инг*) s. блескъ, сверканіе, сіяніе.
Flashy (*флăш'-и*) adj. поверхностный, пустой; минутный, внезапный; вспыхивающій; яркій.
Flask (*флăск*) s. фляжка (оплетенная); пороховница. [блюдо.
Flasket (*флăск'ет*) s. корзина,
Flat (*флăт*) adj. плоскій, ровный, гладкій; прямой; приплюснутый; || пошлый, плоскій, глупый; несостоятельный, безцвѣтный; безвкусный; слабый; вялый; (муз.) пониженный; бемольный (тонъ). **The — country,** плоская мѣстность. **To fall —,** пасть ницъ. **A — denial,** прямой, рѣшительный отказъ. **That is —,** это положительно такъ. || s. плоскость, равнина, о т м е л ь, мелководіе, рифъ; тупая сторона (меча); пошлая, глупая мысль; || * глупецъ; || || полъ, настилка; этажъ; || (муз.) бемоль; плоскодонная лодка; || va. vn. приглаживать; выравниваться, сплющиваться; выдыхаться; смягчаться. **— -iron,** утюгъ.
Flatly (*флăт'-ли*) adv. плашмя, плоско, ровно; || пошло || положительно.
Flatness (*флăт'-нес*) s. плоскость; || пошлость; глупость; безвкусица; низость (звука); упадокъ, уныніе.
Flatten (*флăт'-тн*) va. выравнивать, выглаживать; расплющивать; опошливать; отнимать крѣпость; выдыхаться; опечаливать; (муз.) понижать.
Flatter (*флăт'-тер*) s. плющильщикъ; || va. льстить; || обнадеживать. **I — myself that,** я льщу себя тѣмъ, что.
Flatterer (*флăт'-тер-ер*) s. льстецъ, ласкатель, угодникъ.
Flattering (*флăт'-тер-инг*) adj. льстивый, вкрадчивый; лестный.
Flatteringly (*флăт'-тер-инг-ли*) adv. льстиво, лестью; лестно.
Flattery (*флăт'-тер-и*) s. лесть, угодливость. [сколько плоскій.
Flattish (*флăт'-тиш*) adj. нѣ-
Flatulence (*флăтъ'-ю-ленс*) s. пустота, суетность; напыщенность; легкость.
Flatulency (*флăтъ'-ю-лен-си*), см. **Flatulence**.
Flatulent (*флăтъ'-ю-лент*) adj. пустой, напыщенный.
Flaunt (*флонт*) s. пустая вещь; мишура; бездѣлушка; вольность, напыщенность; || va. vn. блистать, щеголять, красоваться, важничать.
Flaunting (*флонт'-инг*) adj. блестящій; щегольской, чопорный; надменный; бросающійся въ глаза.
Flauntingly (*флонт'-инг-ли*) adv. гордо, надменно.
Flavorous (*флэ'-вӧр-ӧс*) adj. вкусный, душистый, пахучій.
Flavour (*флэ'-вӧр*) s. пріятный вкусъ, запахъ, благовоніе, ароматъ, букетъ (вина); || va. придавать запахъ *или* вкусъ *чему*.
Flavourless (*флэ'-вӧр-лес*) adj. безвкусный.
Flavous (*флэ'-вӧс*) adj. желтый.
Flaw (*фло'о*) s. щель, трещина; ошибка; изъянъ; брешь; плена (въ алмазѣ); пятно (на репутаціи); заусеница; (юрид.) упущеніе, нарушеніе; || волненіе, с с о р а; || шквалъ, сильный порывъ вѣтра; || va. ломать, колоть, разбивать, расщелять; нарушать.
Flawless (*фло'о-лес*) adj. безъ трещины; безъ изъяна.
Flawy (*фло'о-и*) adj. щелистый; надтреснутый, съ пятнами, съ изъяномъ; сильный (вѣтеръ).
Flax (*флăкс*) s. ленъ. **— seed,** льняное сѣмя. **— -spinner,** ткачъ. **— comb,** чесалка (для льна). **— dressing,**

чесаніе льна. — **dresser**, чесальщикъ льна. — **wench**, пряха

Flaxen (*флäкс'-н*) adj. льняной; || бѣлокурый. — **haired**, бѣлокурый.

Flaxy (*флäкс'-и*) adj. свѣтлаго цвѣта, бѣлокурый

Flay (*флэй*) va. обдирать, сдирать

Flayer (*флэй'-ер*) s. живодеръ.

Flea (*флu*) s. блоха. **To have a — in one's ear**, безпокоиться. — **bite**, укусъ блохи. — **-wort**, (бот.) блошникъ, комарникъ.

Fleam (*флим*) s. (вет.) ланцетъ (для кровопусканія).

Fleck (*флек*), **Flecker** (*флек-ер*) va. пятнать, дѣлать крапинки

Flection (*флек'-шон*) s. согнутость, сгибъ, согнутое состязаніе

Fledge (*фледж*) adj. оперенный. || va. оперять, снабжать крыльями

Fledged (*фледжд*) adj. см. **Fledge**

Fledgeling (*фледж'-линг*) s. птенецъ.

Flee (*флu*) va. vn. бѣжать, скрываться, спасаться, уклоняться; избѣгать.

Fleece (*флис*) s. шерсть, руно. **Golden —**, золотое руно; || va. снимать руно, стричь (овецъ); || притѣснять, обирать кого, вымогать (деньги).

Fleecer (*фли'-сер*) s. лихоимецъ, вымогатель

Fleecy (*фли'-си*) adj. клочковатый, шерстистый; кудрявый; перистый

Fleer (*флир*) s. насмѣшка, ужимка; пренебреженіе; || va. насмѣхаться; смотрѣть свысока.

Fleerer (*флир'-ер*) s. насмѣшникъ, зубоскалъ

Fleet (*флит*) s. флотъ; || adj. быстрый, проворный, быстроногій; || поверхностный. — **-footed**, быстроногій, проворный; || vn. убѣгать, протекать, проходить. **To — away**, исчезать; || vn. снимать пѣну; || слегка касаться.

Fleeting (*флит'-инг*) adj. проходящій, протекающій. **The — hours**, бѣгущіе часы. — **form**, бренное тѣло

Fleetly (*флит'-ли*) adv. быстро, поспѣшно.

Fleetness (*флит'-нес*) s. быстрота, проворство, скоротечность (времени)

Fleming (*флем'-инг*) s. фламандецъ, -ка (f.)

Flemish (*флем'-иш*) adj. фламанскій.

Flesh (*флеш*) s. мясо, плоть, тѣло, мякоть (плода). **Live —**, живое мясо; || va. кормить мясомъ (собакъ) съ цѣлью остервененія; || ожесточать, закалять; || обагрять кровью. — **-brush**, щетка для растиранія. — **-colour**, тѣлесный цвѣтъ. — **-couloured**, тѣлеснаго цвѣта. **day**, скоромный день. — **-hook**, крюкъ для товядины. — **meat**, говядина, мясо. — **pot**, посуда для варки говядины

Fleshiness (*флеш'-и-нес*) s. мясистость, толщина, дородность.

Fleshing (*флеш'-инг*) s. сдираніе мяса и сала съ кожи; (театр.) трико.

Fleshless (*флеш-лес*) adj. худощавый, сухой

Fleshliness (*флеш'-ли-нес*) s. чувственность.

Fleshly (*флеш'-ли*) adj. чувственный, плотскій, тѣлесный.

Fleshy (*флеш'-и*) adj. мясистый, толстый, дородный; плотскій, тѣлесный.

Flew (*флю*) pret. отъ **Fly**; || отвислыя губы

Flexibility (*флекс'-и-бил'-и-ти*) s. гибкость, мягкость; || уступчивость.

Flexible (*флекс'-и-бл*) adj. гибкій, уступчивый; покорный, послушный.

Flexibleness (*флекс'-и-бл-нес*) s. s. гибкость, уступчивость, покорность.

Flexibly (*флекс'-и-бли*) adv. гибко, уступчиво; уклончиво.

Flexile (*флекс'-ил*) adj. гибкій, уступчивый.

Flexion (*флекс'-шон*) s. сгибаніе, сгибъ, выгибъ, суставъ, || (техн.) спай, смычка.

Flexor (*флекс'-ōр*) s. (анат.) сгибающая мышца.

Flexuous (*флек'-шу-ōс*) adj. извилистый, излучистый; || (бот.) колѣнчатый.

Flexure (*флек'-шур*) s. сгибъ, изгибъ, выгибъ.

Flick (*флик*) s. щелканіе кнутомъ.

Flicker (*флик'-ер*) vn. махать или бить крыльями, порхать; волноваться, колебаться:

Flickering (*флик'-ер-инг*) adj. колебающійся, дрожащій; мерцающій. — **flame**, мерцающее пламя. || s. мерцаніе; трепетаніе, маханіе (крыльями).

Flickeringly (*флик'-ер-инг-ли*) adv. мерцательно.

Flier (*флай'-ер*) s. бѣглецъ; || (мех.) маховое колесо, маховикъ,

Flight (*флайт*) s. бѣгство, побѣгъ, полетъ, теченіе (времени); высѣдъ (птицъ); || стая, станица (птицъ); удаленіе; порывъ, увлеченіе; вспышка. **To betake one's self to —**, обратиться въ бѣгство. **To put to —**, обратить въ бѣгство. **At one —**, однимъ взлетомъ. **A — of arrows**, куча стрѣлъ. **The — of fancy**, полетъ воображенія. **A — of steps**, лѣстница.

Flightiness (*флайт'-и-нес*) s. легкомысліе, вѣтреность.

Flighty (*флайт'-и*) adj. быстрый,

скоропроходящій; легкомысленный; причудливый.
Flimsily (*флим'-зи-ли*) adv. мягко, нерѣшительно, вяло.
Flimsiness (*флим'-зи-нес*) s. легкость, непрочность; вялость; пошлость, глупость.
Flimsy (*флим'-зи*) adj. легкій, непрочный; рѣдкій; неосновательный; пошлый, пустой. **A — excuse,** пустое оправданіе.
Flinch (*флинч*) vn отступать; отставать; колебаться; увертываться; нарушать. **To — from one's duty,** отлынивать отъ своихъ обязанностей.
Flincher (*флинч'-ер*) s. отступающій, виляющій.
Flinders (*флин'дерз*) s. pl. осколки, обломки. **All to —,** въ дребезги.
Fling (*флинг*) va. бросать, кидать, метать; разливать (свѣтъ), свалить, повалить. **She flung her arms round his neck,** она бросилась къ нему на шею. **To — away,** отбрасывать, отражать; бросать. **To — down,** сбрасывать, валить, опрокидывать. **To — out,** издавать, испускать; выбрасывать. || vn. бросаться; кидаться; лягаться; брыкаться; браниться, насмѣхаться; || s. ударъ: бросаніе; язвительная шутка, сарказмъ. **Every one has a — at him,** всякій на него накидывается.
Flinger (*флинг'-ер*) s. пращникъ; бросатель; || * насмѣшникъ.
Flint (*флинт*) s. голышъ, кремень. **— -glass,** англійскій хрусталь. **— hearted,** безжалостный. **She would skin a —,** онъ на обухѣ рожь молотитъ, онъ зерна не уронитъ.
Flintiness (*флинт'-и-нес*) s. кремнистость, твердость; жестокосердіе.
Flinty (*флинт'-и*) adj. кремнистый, каменный; || безчувственный.
Flippancy (*флип'-ăн-си*) s. бѣглость, легкость, плавность (слога); || дерзость, назойливость.
Flippant (*флип'-ăнт*) adj. быстрый, легкій, бѣглый, плавный (о слогѣ); болтливый; дерзкій.
Flippantly (*флип'-ăнт-ли*) adv. бѣгло, плавно; многорѣчиво; дерзко.
Flirt (*флбрт*) va. бросать, кидать, махать; язвить осмѣивать кого. **She flirts her fan,** она кокетничаетъ вѣеромъ. || vn. насмѣхаться: порхать; кокетничать. || s. порывъ, прихоть, причуда; взмахъ, махъ; || насмѣшка, выходка; || кокетка.
Flirtation (*флбр-тэ'-шон*), **Flirting** (*флирт'-инг*) s. быстрое, живое движеніе, маханіе; вертлявость, кокетство; флиртъ.
Flirtingly (*флбрт'-инг-ли*), adv. кокетливо.
Flit (*флит*) vn. улетать, убѣгать, проноситься; порхать, мелькать.
Flitter (*флит'-тер*) s. лохмотья. **— -mouse,** летучая мышь, нетопырь. [порханіе; переходъ.
Flitting (*флит'-тинг*) s. полетъ,
Float (*фло'-от*) vn. плавать, всплывать; плавать на спинѣ. **To — away,** уноситься теченіемъ. **To — in mid-heaven,** парить въ облакахъ. || va сплавлять (лѣсъ); спускать (на воду); затоплять. || s. плотъ; поплавокъ; гонка (лѣса); волна; валъ; приливъ.
Floater (*фло'от-ер*) s. поплавокъ; пловецъ.
Floating (*фло'от-инг*) adj. плавающій, пловучій. **— capital,** капиталъ безъ опредѣленнаго назначенія. **— battery,** пловучая батарея.
Flocculence (*флок'-кью-ленс*) s. хлопковидное состояніе.
Flocculent (*флок'-кью-лент*) adj. клочковый, хлопковидный.
Flock (*флок*) s. стадо, стая, станица, толпа, множество, куча; паства (духовная); **— of wool,** клокъ шерсти; || vn. собираться, толпиться. **To — together,** столпиться.
Floe (*фло'о*) s. (мор.) сплошной ледъ.
Flog (*флог*) va. сѣчь, хлестать плетью.
Flogging (*фло'-гинг*) s. сѣченіе; розги, плеть.
Flood (*флöд*) va. заливать, затоплять; || s потокъ воды; разлитіе; приливъ; потопъ, наводненіе. **— -gate,** шлюзъ, затворъ.
Flooding (*флöд'-инг*) s. наводненіе; затопленіе || (мед) маточное кровотеченіе.
Floor (*фло'ор*) s. полъ; (мор.) дно, настилка, помостъ; токъ, гумно. **French —,** паркетъ **Ground —,** нижній этажъ. || va. настилать полъ; повалить, сбить съ ногъ.
Flooring (*фло'ор-инг*) s. настилка половъ; паркетъ, полы.
Flop (*флоп*) va. vn. хлопать крыломъ.
Flora (*фло'о-ра*) s. (бот.) флора.
Floral (*фло'-рăл*) adj. (бот.) цвѣточный.
Florence (*флор'-енс*) npr. (геогр.) Флоренція; || s. родъ тафты; || сортъ вина.
Florentine (*флор'-ен-тин*) s. флорентинецъ, -нка (s.)
Florescence (*фло-рес'-сенс*) s. (бот.) цвѣтеніе.

Floret (*фло о-рет*) s. (бот.) цвѣточекъ, прицвѣтникъ
Florid (*флор'-ид*) adj. цвѣтущій, || свѣжій, румяный
Floridity (*фло-рид'-и-ти*), **Floridness** (*флор'-ид-нес*) s. свѣжесть, свѣжій цвѣтъ лица.
Floriferous (*фло-риф'-ер-ôс*) adj. цвѣтоносный
Floriform (*фло'о-ри-форм*) adj цвѣтовидный
Florin (*флор'-ин*) s. флоринъ (монета).
Florist (*фло'о-рист*) s любитель цвѣтовъ
Floscular (*флос'-кью-лăр*), **Flosculous** (*флос'-кью-лôс*) adj. состоящій изъ нѣсколькихъ маленькихъ цвѣтковъ
Floscule (*флос'-кьюл*) s. прицвѣтникъ, цвѣточекъ
Floss (*флос*) s. пухъ, пушокъ; || ручей. — **-silk**, сырцовый шолкъ, филосель.
Flotilla (*фло-тил'-ла*) s. флотилія.
Flotsam (*флот'-сăм*), **Flotson** (*флот'-сôн*) s. морскія выкидки.
Flounce (*фла'-унс*) s. оборка, воланъ; || паденіе тяжелаго тѣла въ воду; || va. отдѣлывать оборками; || va. броситься, шлепнуться, упасть съ шумомъ; барахтаться; безпокоиться
Flounder (*фла'-ун-дер*) s. камбала, палтусъ (рыба); || vn. барахтаться, биться; волноваться; безпокоиться; спотыкаться; тяжело падать.
Flour (*фла'-ур*) s. мука. — **mill**, мукомольная мельница; || va мучнить, осыпать мукой.
Flourish (*флôр'-иш*) s. украшенія, прикрасы; росчеркъ (пера); (тип.) виньетка; (муз.) прелюдія, переливы; размахиваніе; пріемъ фехтованія; хвастовство, тщеславіе, пустой блескъ. || vn цвѣсти, процвѣтать; блистать, жить богато; говорить высокопарно; || va. разукрашивать; махать, размахивать.
Flourishing (*флôр'-иш-инг*) adj. цвѣтущій.
Flourishingly (*флôр'-иш-инг-ли*) adv въ цвѣтущемъ состояніи, блистательно; высокопарно; хвастливо.
Flout (*фла'-ут*) s. насмѣшка; || va. vn. осмѣивать, насмѣхаться, зло шутить.
Flouting (*фла'-ут-инг*) s. насмѣшка, злая шутка.
Floutingly (*фла'ут-инг-ли*) adv. насмѣшливо, язвительно.
Flow (*фло'у*) vn. течь, разливаться; прибывать (о водѣ); истекать. **The water flowed from the rock**, вода течетъ изъ скалы. **How many ages have flown away since that day!** сколько вѣковъ протекло съ этого дня **Light flows from the sun**, свѣтъ исходитъ отъ солнца; || va. затоплять, заливать. || s теченіе, струя; приливъ, потокъ; изобиліе — **of spirits**, увлеченіе, порывъ. **A — of words**, потокъ словъ.
Flower (*фла'у-ер*) s. цвѣтокъ, цвѣтъ; || цвѣтъ, отборъ, все лучшее; сущность. **She was the — of the family**, она была украшеніемъ семьи. || vn. цвѣсти, быть въ цвѣту; || пѣниться, молодиться, бродить, киснуть. || va. украшать цвѣтами. — **-basket**, корзина цвѣтовъ. — **-de luce**, (бот.) ирисъ, касатикъ. — **-garden**, цвѣтникъ — **-maker**, цвѣточникъ. — **-pot**, цвѣточный горшокъ — **-show**, цвѣточная выставка. — **-stalk**, (бот.) стебель (у цвѣтка). — **-stand**, жардиньерка. — **-work**, украшеніе изъ цвѣтовъ
Flowered (*фла'у-ерд*) adj. съ цвѣтами.
Floweret (*фла'у-ер-ет*) s. цвѣточекъ.
Flowering (*фла'у-ер-инг*) adj. цвѣтущій, въ цвѣту; || (бот.) цвѣтеніе.
Flowerless (*фла'у-ер-лес*) adj. безъ цвѣтовъ.
Flowery (*фла'у-ер-и*) adj. въ цвѣтахъ; цвѣтущій.
Flowing (*фло'у-инг*) adj. текущій, плавный, обильный; || s. приливъ, истокъ, теченіе.
Flowingly (*фло у-инг-ли*) adv обильно; гладко, плавно.
Flowk (*флук*) s (ихт.) см. **Flounder**
Fluate (*флю'-эт*) s. (хим.) фтористая соль
Fluctuate (*флôкт'-ю-эт*) vn. волноваться; струиться; колебаться
Fluctuating (*флôкть'-ю-э-тинг*) adj. колеблющійся
Fluctuation (*флôкть-ю-э'-шôн*) s движеніе воды; колебаніе, сомнѣніе; переливаніе, движеніе (жидкости).
Flue (*флю*) s. пухъ, пушокъ. || дымовая труба
Fluency (*флю'-ен-си*) s. гладкость, плавность. **To speak with —**, говорить гладко.
Fluent (*флю'-ент*) adj. гладкій, плавный, краснорѣчивый; изобильный. **A — style**, гладкій, плавный слогъ
Fluff (*флôф*) s. пухъ, пыль
Fluffy (*флôф'-фи*) adj. пушистый, мягкій.
Fluid (*флю'-ид*) adj. жидкій, текущій || s. жидкость.
Fluidity (*флю-ид'-и-ти*) s. жидкость
Fluidness (*флю'-ид-нес*) s. жидкость
Fluke (*флюк*) s. лапа, рогъ (у якоря); || (ихт.) камбала, палтусъ.
Flume (*флюм*) s рѣка, потокъ || шлюзный желобъ, каналъ

Flummery (*флём'-ер-и*) s. кашица, овсянка; || нелѣпость; || ласкательство, лесть.
Flunky (*флёнк'-и*) s. ливрейный лакей; || низкопоклонникъ.
Flunkyism (*флёнк'-и-изм*) s. раболѣпство, низкопоклонство; || подлость.
Fluor (*флю'-ёр*) s. жидкость; || флоръ; **-albus**, бѣли.
Fluorine (*флю'-ёр-ин*) s. (хим.) флоръ.
Flurry (*флёр'-и*) va. волновать, тревожить, смущать, ошеломлять; || s. шквалъ, сильный порывъ вѣтра; шумъ, суматоха. **A — of snow**, заносы снѣга. **What — a you are in!** въ какомъ вы состояніи.
Flush (*флёш*) va. vn быстро притекать, приливать, течь; покрыться румянцемъ, покраснѣть, раскраснѣться; льстить (самолюбію); гордиться, тщеславиться, сіять; устремляться; || обливать; || мотаться, развѣваться. **Flushed with good fortune**, опьяненный успѣхомъ. || adj. свѣжій, полный жизни, силы; изобильный, богатый, щедрый; высокомѣрный; подведенный въ уровень. **To be — of ready money**, имѣть большой запасъ денегъ || s. быстрый притокъ; приливъ (крови); румянецъ; сильная радость; притокъ денегъ; изобиліе; (бот.) отпрыскъ, отростокѣ; || стая; || карты одной масти. **The sudden — in his cheek**, внезапный румянецъ на его щекѣ. **To have a — of money**, быть при деньгахъ, имѣть много денегъ.
Flusher (*флёш'-ер*) s. (орнит.) балабанъ (самка)
Flushing (*флёш'-инг*) s. румянецъ, краска (въ лицѣ).
Flushness (*флёш'-нес*) s свѣжесть, красота; блескъ, сіяніе.
Fluster (*флёс'-тер*) s. порывъ, внезапное побужденіе, поощреніе; толчокъ; жаръ, пылкость, горячность; вспыльчивость; безпорядокъ, смущеніе; || va. vn. разгорячить, возбуждать, -ся; опьянять; волновать; смущать, -ся.
Flute (*флют*) s. флейта; || выемка. **Beaked —**, большой флажеолетъ. || va. дѣлать выемки, желобить; || vn. играть на флейтѣ.
Fluting (*флют'-инг*) s. (арх.) выемка, дорожка (у колонны).
Flutist (*флют'-ист*) s. флейтистъ.
Flutter (*флёт'-ер*) vn. порхать, перепархивать, перелетать; развѣваться; вырисовываться, рисоваться; суетиться; колебаться. **My heart —s**, у меня сердцебіеніе. || s.приводить въ движеніе, махать; спугнуть; пугать, тревожить; смущать. **To — one's fan**, играть вѣеромъ. || s. —порханіе; маханіе, обмахиваніе, развѣваніе; взмахъ (крыльевъ); поспѣшность; смущеніе, волненіе; трепетаніе. **To be all of a —**, быть въ смущеніи.
Fluttering (*флёт'-ер-инг*) s. см. **Flutter.**
Fluvial (*флю'-ви-ёл*) adj. рѣчной.
Flux (*флёкс*) s. теченіе; приливъ; движеніе; || * переходъ; измѣненіе; || стеченіе, толпа; || (хим.) плавень, плавка; (мед.) обильное истеченіе; || va. производить слюнотеченіе; расплавлять; || adj. измѣняющійся, обращающійся.
Fluxibility (*флёкс-и-бил'-и-ти*) s. плавкость.
Fluxion (*флёк'-шён*) s. истеченіе; (мед.) флюсъ; || **—s**, s. pl. интегральное дифференціальное исчисленіе.
Fly (*флай*) vn. летать, пролетать; убѣгать, скрываться; гнать; спугивать; набрасываться; лопаться; распустить, развернуть; развѣваться. **Sparks — upwards**. искры летятъ по воздуху. **The bird has flown**. птица улетѣла. **To — into a passion**, разгнѣваться. **To — about**, летать кругомъ; распространяться, разливаться. **To — at**, налетѣть, наброситься. **To — back**, отскочить, отлетѣть; || *отступить. **To — open**, распахнуться. **To — out**, вспылить; разразиться. **To — to**, летѣть къ, искать убѣжища. **To — out**, крейсировать. **To let —**, пускать, бросать; выстрѣливать; || va. бѣжать, бросать, пускать на вѣтеръ. **To — a kite**; пустить бумажнаго змѣя. **To — one's country**, оставлять отечество; || s муха; || (мех.) приводъ, маховое колесо; кабріолетъ легкій экипажъ. **Spanish —**. испанская муха. **Gad—**, трутень. **—-bitten**, запачканный мухами. **—-blow**, яичко мухи; || va. засиживать, гадить. **— -catcher**, мухоловка (птица). **— fishing**, ловля рыбы съ приманкой изъ мухъ. **—-leaf**, чистый листъ (въ книгѣ). **— -trap**, **— -paper**, мухоловка (растеніе). **— wheel**, маховикъ, маховое колесо.
Flyer (*флай'ер*) s. бѣглецъ, бѣгунъ; ручка (у вертела).
Flying (*флай'-инг*) s. полетъ, бѣгство; || adj. летучій, летающій; развѣвающійся, быстрый. **— colours**, развѣвающіяся знамена. **— artillery**, горная артиллерія. **— camp**, летучій отрядъ. **— fish**, летучая рыба.

Foal (*фо'ол*) va. vn. жеребиться, ослиться; || s. жеребенокъ, кобылка, осленокъ. — **bit**, (бот.) чертополохъ

Foam (*фо'ом*) s. пѣна, слюна, мыло (у лошади); || vn. пѣниться: быть въ мылѣ (о лошади); покрываться барашками (о морѣ).

Foamy (*фо'ом-и*) adj. пѣнистый, покрытый пѣной

Fob (*фоб*) s. насмѣшка, обманъ; || va. дурачить, обманывать.

Focal (*фо'о-кăл*) adj. (опт.) фокусный

Focus (*фо'о-кŏс*) s. (физ.) фокусъ; средоточіе, центръ.

Fodder (*фод'-ер*) s. кормъ для скота, сѣно; || va. давать кормъ (скотинѣ).

Fodderer (*фод'-ер-ер*) s. кто кормитъ скотину, скотникъ.

Foe (*фо'о*) s. врагъ, непріятель, противникъ. — **man**, врагъ, непріятель. — **-like**, вражескій.

Fog (*фог*) va. туманить, помрачать; || срѣзывать отаву, подростъ; || s. туманъ; (агр.) отава, подростъ; || облако дыма или пыли. — **signal**, сигналъ опасности при туманѣ. — **-bell**, набатъ.

Fogginess (*фог'-и-нес*) s. туманность, темнота.

Foggy (*фог'-и*) adj. туманный; пасмурный; густой, темный; || * глупый, тупой.

Foh (*фо'о*) interj. тьфу!

Foible (*фой'-бл*) s. слабая сторона, слабость, недостатокъ.

Foil (*фойл*) va. побѣдить, поразить; уничтожить; ослабить, притупить. **To — an attempt**, сдѣлать безполезнымъ покушеніе. || s. пораженіе, паденіе; неуспѣхъ, неудача; (фехт.) рапира; (охот.) слѣдъ (звѣря); || фольга, зеркальная наводка, металлическая пластинка; вообще все, что увеличиваетъ блескъ; мушка (на лицѣ).

Foiler (*файл'-ер*) s. побѣдитель.

Foiling (*фойл'-инг*) s. (арх.) украшенія; || побѣда; || (охот.) оленій слѣдъ.

Foin (*файн*) s. (фехт.) ударъ, толчокъ; || vn. нанести ударъ; || va. колоть.

Foist (*фойст*) va. ввернуть, вставить, всунуть. || vn. вонять. **To — a story upon one**, убѣдить кого либо въ небылицѣ.

Foister (*файст'-ер*) s. поддѣлыватель, лгунъ.

Fold (*фо'олд*) s. загородка, плетень (для овецъ); овцы, стадо; || складка, сгибъ; || разъ, || половинка (двери), удваиваніе, (алг.) возвышеніе въ степень; || предѣлъ **The — s of a serpent**, кольца змѣи. **Twofold**, дважды, вдвое. **Fourfold**, вчетверо. || va. загонять (овецъ); окружать, обнимать, обхватывать; сгибать, складывать, дѣлать складки. **To — up a letter**, сложить письмо. **To — the arms**, скрестить руки. || vn. складываться; скрещиваться

Folder (*фо'олд-ер*) s. складывающій

Folding (*фо'олд-инг*) s. складка складываніе, загибаніе, || объхватъ, объятіе; || загонъ овецъ. || adj. складной, гибкій — **-door**, створчатая дверь

Foliaceous (*фо-ли-э'-шŏс*) adj. (бот.) лиственный; пластинчатый

Foliage (*фо'о-ли-эдж*) s листва. листья; || va. украшать листьями

Foliate (*фо'о-ли-эт*) va выбивать въ листъ, въ пластинку; наводить ртуть (на зеркало); || adj. (бот.) лиственный

Foliation (*фо-ли-э'-шŏн*) s. (бот.) облиственіе; || наведеніе ртути (на зеркало); || выбиваніе въ листы.

Foliature (*фо'о-ли-э-чур*) s. выбивка; выбитый листъ, пластинка

Folier (*фо'о-ли-ер*) s. фольга

Folio (*фо'о-ли-о*) s. фоліантъ, || листокъ; страница. **In —**, въ листъ (форматъ).

Folk (*фо'ок*) s. народъ, люди: свѣтъ **Old — s**, старики **What will folks say?** что скажутъ люди — **lore**, народный эпосъ, легенды, повѣрья. — **mote**, народное сборище; вѣче

Follicle (*фол'-ли-кл*) s. (бот.) стручокъ, мѣшочекъ; || (анат.) фолликула, сумочка.

Folliculous (*фол-ликъ'-ю-лŏс*) adj фолликулярный, сумчатый.

Follow (*фол'-лоу*) va. vn. слѣдовать, слѣдить за кѣмъ; преслѣдовать; искать чего; подражать, слушаться; соблюдать, заниматься чѣмъ; || происходить, проистекать. **His eyes followed the ship**, онъ слѣдилъ глазами за кораблемъ. **Wherever guilt can fly, justice can —**, правосудіе всюду преслѣдуетъ правосудіе **To — one's pleasures**, предаваться удовольствіямъ **To — close upon**, близко слѣдовать за **Peter followed afar off**, Петръ слѣдовалъ издалека **As follows**, какъ сказано ниже, слѣдующій **That does not —**, изъ этого не слѣдуетъ.

Follower (*фол'-лоу-ер*) s. послѣдователь; провожатый, слуга; || кортежъ, свита

Following (*фол'-лоу-инг*) adj. послѣдующій, слѣдующій.

Folly (*фол'-и*) s. сумашествіе, безразсудство; блажь

Foment (*фо-мент'*) va. (мед.) примачивать; || замышлять; возбуждать. **To — discords**, возбуждать неудовольствіе.

Fomentation (*фо-мен-тэ'-шон*) s. (мед.) припарка, примочка; || возбужденіе.

Fomenter (*фо-мент'-ер*) s. возмутитель.

Fond (*фонд*) adj. безумный, безразсудный; || страстный, любящій до безумія. **To be foolishly — of**, любить до безумія. **A — mother**, нѣжная мать.

Fondle (*фонд'-л*) va. ласкать; нѣжить, лелѣять.

Fondler (*фонд'-лер*) s. ласкающій, балующій.

Fondling (*фонд'-линг*) s. любимецъ баловень.

Fondly (*фонд'-ли*) adv. безразсудно; нѣжно, страстно до безумія.

Fondness (*фонд'-нес*) s. нѣжность; страсть, сильная любовь.

Font (*фонт*) s. купель; (тип.) комплектъ шрифта.

Fontanel (*фонт'-ă-нел*) s. источникъ; || (анат.) родничокъ (на черепѣ новорожденныхъ).

Food (*фуд*) s. пища, кормъ, провизія. **Animal —**, мясные продукты

Foodful (*фуд'-фул*) adj. плодородный, питательный.

Fool (*фул*) сумасшедшій; дуракъ, дура (f.), глупецъ; шутъ. **I am not such a — as to believe it**, я не такъ глупъ, чтобы этому вѣрить **A great —**, большой глупецъ. **An April —**, апрѣльская шутка. **To play the — with one**, дурачить кого. **To play the —**, разыгривать изъ себя шута. **— -hardiness**, безумная смѣлость, отважность. **— -hardy**, безумно отважный. **— scap**, бумага большого формата. || vn. va. дурачиться, паясничать; шутить; надувать кого, издѣваться надъ кѣмъ. **To — one out of his money**, вымашить у кого либо деньги. **To — away**, безумно тратить деньги.

Foolery (*фул'-ер-и*) s. глупость, сумасбродство.

Fooling (*фул'-инг*) s. глупость, дурачество.

Foolish (*фул'-иш*) adj. дурацкій, глупый. **He talks such — nonsense**, онъ говоритъ такія глупости.

Foolishly (*фул'-иш-ли*) adv. глупо, безразсудно.

Foolishness (*фул'-иш-нес*) s. глупость, легкомысліе.

Foot (*фут*) s. нога, ступня; носокъ (чулка); подошва, подножіе; || конецъ; || положеніе, состояніе; || футъ (мѣра); стопа (въ стихахъ); пѣхота. **Fore —**, передняя нога. **Hind —**, задняя нога. **To go on —**, идти пѣшкомъ. **To walk bare —**, идти босыми ногами. **Neat's — oil**, масло изъ бычачьихъ ногъ **To set on —**, поставить на ноги. **It is very dirty under —**, большая грязь. **The — of a pillar**, подножіе колонны **The — of a page**, нижняя часть страницы. **The — of a sail**, углубленіе паруса. **Ten thousand —**, десять тысячъ пѣхотинцевъ **— -ball**, ножной мячъ. **— -board**, подножіе; педаль. **— -boy**, мальчикъ, посыльный. **— -bridge**, мостъ для пѣшеходовъ. **— -fall**, невѣрный шагъ, оступь. **— -guards**, гвардейская пѣхота. **— -hold**, мѣсто для постановки ноги **— -light**, рампа, лампы (на авансценѣ). **— -mark**, слѣдъ ноги. **— -pace**, площадка (между ступенями). **At a —'s pace**, шагомъ, медленно. **— -passenger**, пѣшеходъ **— -path**, тропинка, стезя. **— -print**, слѣдъ ноги. **— -race**, ходьба, бѣгъ (пѣшеходовъ) **— -soldier**, пѣхотинецъ. **— -step**, слѣдъ, стезя; подножка. **— -stool**, скамейка, подножіе. **— -warmer**, грѣлка (для ногъ). **— -way**, тропинка. || vn. ступать, ходить, идти пѣшкомъ, || va. бить, ударять ногой; попирать. || свести счетъ; надвязывать (чулки); класть подметки. **To — it**, идти пѣшкомъ. **To — a stocking**, спустить ногу.

Footed (*фут'-ед*) adj. съ ногами; пѣшій **A four — beast**, четвероногій. **Bare —**, босоногій. **Cloven —**, съ раздвоеннымъ копытомъ.

Footing (*фут'-инг*) s. мѣсто, опора для ногъ; || основаніе, опора; подошва; быкъ (моста); учрежденіе; установленіе; положеніе; осѣдлость; прибытіе; || ступаніе; хожденіе; шагъ; топаніе, топтаніе; || подведеніе итога. **To take —**, стать твердой ногой. **On a good —**, въ хорошихъ отношеніяхъ. **To get — in a place**, утвердиться, поселиться, устроиться на мѣстѣ. **On a war —**, на военномъ положеніи. **To pay his —**, оплатить свое участіе.

Footless (*фут'-лес*) adj. безногій

Footman (*фут' - мăн*) s. пѣхотинецъ; ливрейный лакей.

Fop (*фоп*) s. фатъ, франтъ, щеголь.

Fopling (*фоп'-линг*) s. франтикъ.

Foppery (*фоп'-ер-и*) s. глупость. дерзость; щегольство.

Foppishly (*фоп'-иш-ли*) adv. щеголевато; тщеславно.

Foppishness (*фоп'-иш-нес*) s. щегольство; тщеславіе.

For (*фор*) prep. для, ради, по, по причинѣ, по поводу, потому что; въ уваженіе; вслѣдствіе, изъ; || въ, къ; за; || въ продолженіе. **— God's sake —**, ради Бога. **— me**, ради меня. **I paid ten shillings — it,** я заплатилъ за это 10 шиллинговп. **They left him — dead,** его оставили какъ умершаго. **— a week's time,** на недѣлю. **— ever,** навсегда. **— pity,** изъ жалости. **— fear,** изъ страха. **I cannot go — want of money,** я не могу идти за недостаткомъ денегъ. **— aught I know,** насколько мнѣ извѣстно **What is that — a house,** что это за домъ. || conj. ибо, потому что; такъ какъ. **As —.** что касается до.

Forage (*фор'-эдж*) s. фуражировка, фуражъ, припасы; || кормъ; || фуражировать, добывать кормъ; || грабить, опустошать.

Forager (*фор'-ă-джер*) s фуражиръ.

Foraging (*фор'-ă-джинг*) s фуражировка. **— -cap,** шапка полицейскаго. [стіе.

Foramen (*фо-рэ'-мен*) s. (ан.) отвер-

Foray (*фо'-рэй*) s. набѣгъ, нашествіе, вторженіе, опустошеніе

Forbear (*фор-бэр'*) va. vn. прерывать; пропускать; воздерживаться; щадить, жалѣть, быть терпѣливымъ. **To — one another,** переносить другъ друга.

Forbearance (*фор-бэр'-ăнс*) s. воздержаніе, сдержанность (характера); снисходительность, терпѣніе

Forbid (*фор-бид'*) va. запрещать; мѣшать чему, отвращать. **Heaven forbid,** да хранить васъ небо.

Forbiddance (*фор-бид'-ăнс*) s. запрещеніе

Forbidding (*фор-бид'-инг*) s. запрещеніе; || adj. отталкивающій, отвратительный

Force (*фо'орс*) s сила, крѣпость, насиліе; || дѣйствительность; важность; || **—s,** s. pl. военныя силы. **By open —,** открытой силой. **Per —,** въ силу необходимости **The — of habit,** въ силу привычки. **To raise —s,** собирать военныя силы. **Naval —s,** морскія силы. || va заставлять, принуждать, приневоливать; брать силой, захватывать; насиловать; изнасиловать, торопить загнать (лошадь); подѣлывать (вино). || vn. напрягать силы, брать силой. **To — nature,** насиловать природу **To — a passage or a place,** захватить силой какой либо проходъ или укрѣпленіе **To — plants,** выгонять растеніе **To — meat,** шпиговать, начинять чѣмъ. **To — back,** отталкивать, отбросить. **To — from,** вытѣснить, исторгнуть. **To — into,** втолкнуть, ввести насильно. **To — out,** вытѣснить, исторгнуть, выгнать. **To — up,** усилить. **— -meat,** мясной фаршъ.

Forced (*фо'орст*) adj. принужденный, натянутый. **— style,** вычурный слогъ.

Forcedly (*фо'ор-сед-ли*) adv принужденно, неестественно.

Forcedness (*фо'ор-сед-нес*) s. принужденность

Forceful (*фо'орс-фул*) adj сильный, крѣпкій.

Forcefully (*фо'орс-фул-ли*) adv сильно; || насильно [ный

Forceless (*фо'орс-лес*) adj. безсиль-

Forceps (*фор'-сепс*) s. (хир.) щипцы (при родахъ)

Forcer (*фо'ор-сер*) s. принудитель, || (мех.) поршень (у насоса); || **—s,** s. pl (хир.) клещи.

Forcible (*фо'ор-си-бл*) adj. сильный, побудительный, насильственный

Forcibleness (*фо'ор-си-бл-нес*) s сила, энергія, насиліе

Forcibly (*фо'ор-си-бл-и*) adv сильно, энергично; насильно

Forcing (*фо'ор-синг*) s. принужденіе; (сад.) выгонка растеній; || adj. вынуждающій, нападающій **— -pit,** парникъ **— house,** теплица **—pump,** нагнетательный насосъ

Ford (*фо'орд*) s. бродъ (рѣчной); || va. переходить въ бродъ.

Fordable (*фо'орд-ă-бл*) adj. переходимый въ бродъ, мелкій.

Fore (*фо'ор*) adj. передній, передовой; прежній. **The — port,** передъ. || adv передъ чѣмъ, прежде, впередъ, заранѣе; (мор.) **— and aft,** съ носа на корму. **— -admonish,** предупреждать. **— -advise,** предувѣдомлять, предостерегать. **— -appoint,** предопредѣлять, предназначать **— -arm,** предплечіе **— -cabin,** носовая каюта. **— -castle,** бакъ (на кораблѣ). **— -chosen,** предъизбранный. **— -court,** передній дворъ **— -date,** обозначать заднимъ числомъ. **— -deck,** носъ корабля **— -design,** предумышлять. **— determine,** предрѣшать. **— -end,** передняя часть, оконечность **— -foot,** передняя нога. **— -front,** фасадъ (зданія); первый рядъ. **— -horse,** передовая лошадь **— -knowledge,** предвидѣніе; (бог.) предвѣдѣніе **— -leg,** передняя нога. **— -mentioned,** вышеупомянутый. **— -name,** имя, данное при крещеніи. **— -ordain,** предопредѣлять, предназначать. **— -ordination,** предопредѣленіе **— -possessed,** прежде владѣвшій, прежде находившійся во владѣніи **-rank,** первый рядъ. **— -shadow.**

предзнаменовать, намѣчать, символизировать. — **-ship**, корабельный носъ, бакъ. — **-shorten**, (жив.) укорачивать, сокращать въ перспективѣ. — **stay**, (мор.) форъ-штагъ. — **-wind**, попутный вѣтеръ.

Forebode (*фор-бо'од*) va. vn. предвѣщать, предчувствовать.

Forebodement (*фор-бо'од-мент*) s. предзнаменованіе, предчувствіе.

Foreboder (*фор-бо'од-ер*) s. предвѣщатель, предсказатель, вѣщунъ.

Foreboding (*фор-бо'од-инг*) s. см. **Forebodement.**

Forebodingly (*фор-бо'од-инг-ли*) adv. пророчески.

Forecast (*фо'ор-каст*) s. предусмотрительность, проницательность. || va. замышлять, предвидѣть.

Forecaster (*фор-каст'-ер*) s. предусмотрительный, проницательный человѣкъ.

Foreclose (*фор-кло'оз*) va. исключать; преграждать; прекращать; || (юрид.) отказывать за просрочкой.

Foreclosure (*фор-кло'ож-ур*) s. исключеніе; преграда, уничтоженіе; (юрид.) отказъ.

Foredoom (*фор-дум'*) va. предназначать, предопредѣлять.

Forefather (*фо'ор-фа-сзер*) s. предокъ.

Forefend (*фор-фенд'*) va. запрещать; отвращать; мѣшать; защищать; охранять.

Forefinger (*фо'ор-финг-гер*) s. указательный палецъ.

Forego (*фор-го'о*, va. оставлять, покидать. отказываться, предшествовать; || проходить, протекать.

Foregoing (*фор-го'о-инг*) adj. предшествующій, предъидущій.

Foreground (*фо'ор-граунт*) s. передній планъ (картины).

Forehand (*фо'ор-хӓнд*) s. главная часть; || передъ (лошади); || adj. преждевременный.

Forehanded (*фо'ор-хӓнд-ед*) adj. передній, предусмотренный.

Forehead (*фор'-ед*) s. лобъ, чело, лицо; || * смѣлость, наглость.

Foreign (*фор'-ин*) adj. иностранный, чужеземный, чужой; чуждый. — **products** иностранные продукты — **office**, министерство иностранныхъ дѣлъ. **This is wholly — to our matter**, это совершенно не относится къ дѣлу

Foreigner (*фор'-ин-ер*) s. иностранецъ, -нка (f.)

Foreignness (*фор'-ин-нес*) s. чуждость, сесоотвѣтственность,

Forejudge (*фор-джӧдж'*) va. предрѣшать; быть предубѣжденнымъ (юрид.) отказывать за просрочкой.

Forejudgment (*фор-джӧдж'-мент*) s. предубѣжденіе.

Foreknow (*фор-но'у*) va. предвидѣть, знать напередъ.

Foreland (*фо'ор-лӓнд*) s. (геогр.) мысъ; носъ.

Forelay (*фор-лэй'*) va. уловить; поджидать, заманивать въ засаду.

Forelock (*фо'ор-лок*) s. передніе волосы, хохолъ. **To take time by the —**, использовать случай.

Foreman (*фо'ор-мӓн*) s. главный; старшій.

Foremast (*фо'ор-маст*) s. (мор.) фокъ-мачта.

Feremost (*фо'ор-мост*) adj. первѣйшій, передовой, первый.

Forenoon (*фо'ор-нун*) s. утро, время до полудня.

Forensic (*фо-рен'-сик*) s. юридическій, судебный.

Forereach (*фор-рич'*) va. vn. опередить, перегнать.

Forerun (*фор-рон'*) va. обгонять; предшествовать, предвѣщать.

Forerunner (*фор-рӧн'-ер*) s. предтеча; предвѣстникъ, предокъ; || предзнаменованіе.

Foresaid (*фо'ор-сед*) adj. вышеупомянутый, вышесказанный.

Foresail (*фо'ор-сэл*) s. (мор.) фокъзейлъ.

Foresay (*фор-сэй'*) va. предсказывать.

Foresee (*фор-си'*) va. предвидѣть.

Foreshow (*фор-шо'у*) va. предвидѣть, предвѣщать, предрекать.

Foresight (*фо'ор-сайт*) s. предвѣдѣніе, предусмотрительность

Foreskin (*фо'ор-скин*) s. (анат.) крайняя плоть.

Foreskirt (*фо'ор-скӧрт*) s. передняя пола.

Forespeak (*фор-спик'*) va. предсказывать, возвѣщать; || заговаривать.

Forest (*фор'-ест*) va. засаживать лѣсомъ; || s. лѣсъ, дубрава; || adj. лѣсной. — **ranger**, лѣсничій, лѣсникъ. — **-Glade**, лужайка.

Forestall (*фор-стол'*) va. предупреждать; преграждать; завладѣвать заранѣе; опережать, скупать

Forestaller (*фор-стол'-ер*) s. скупщикъ.

Forestalling (*фор-стол'-инг*) s. скупка, перекупка (товаровъ).

Forester (*фор'-ест-ер*) s. лѣсникъ, лѣсничій; || лѣсной житель, || лѣсное дерево.

Forestry (*фор'-ес-три*). s. лѣсоводство.

Foretaste (*фор'-тэст*) va. предвкушать, предчувствовать; || предвкушеніе.

Foretell (*фор-тел'*) va. vn предсказывать, пророчествовать.

Foreteller (*фор-тел'-ер*) s. предсказатель

Forething (*фор-зсинк'*) va. vn. предусматривать, замышлять.

Forethought (*фо ор-зсот*) adj. предвидѣнный; || s. предвѣденіе.

Foretoken (*фо'ор-то-кн*) s предвѣстіе, предзнаменованіе

Foretop (*фо'ор-топ*) s. передніе волосы; передъ; чолка (у лошади) (мор.) форъ-марсъ

Foreward (*фа'ор-уорд*) s передъ, передній рядъ, авангардъ.

Forewarn (*фор-уорн'*) va. предостерегать, предохранять; || запрещать.

Forewomen (*фо'ор-уум-ӑн*) s. старшая работница, надсмотрщица.

Foreyard (*фо'ор-ярд*) s передній дворъ

Forfeit (*фор'-фит*) va. лишиться чего въ силу конфискаціи, потерять право на что; поплатиться; (юрид.) нарушить, злоупотребить **To — one's estate,** потерять имуществовслѣдствіеконфискаціи **To — one's credit,** утратить довѣріе, кредитъ. || s (юрид.) конфискація; потеря, лишеніе права; пеня, штрафъ, неустойка; || злоупотребленіе; вѣроломство; фантъ (въ игрѣ). **To pay the —,** уплатить штрафъ. || adj. конфискованный; приговоренный къ штрафу.

Forfeitable (*фор'-фит-ӑ-бл*) adj. подлежащій штрафу, описи, конфискаціи.

Forfeiture (*фор'-фи-чур*) s (юрид.) нарушеніе; злоупотребленіе; вѣроломство; || конфискація; штрафъ

Forfend (*фор-фенд'*) va. мѣшать, запрещать.

Forge (*фо'ордж*) s. кузница; горнъ, ковка. || va. ковать; || * выдумывать, поддѣлывать **To — coin,** дѣлать фальшивыя монеты

Forger (*фо'ор-джер*) s. ковачъ; || * выдумщикъ; поддѣлыватель.

Forgery (*фо'ор-джер-и*) s. ковка, || * подлогъ.

Forget (*фор-гет'*) va. забывать

Forgetful (*фор-гет'-фул*) adj. забывчивый; || беззаботный

Forgetfulness (*фор-гет'-фул-нес*) s. забывчивость; || беззаботность

Forget-me-not (*фор-гет'-минот*) s. (бот.) незабудка

Forging (*фо'ор-джинг*) s. ковка, || поддѣлываніе; || откованная вещь

Forgive (*фор-гив'*) va прощать, отпускать (грѣхи).

Forgiveness (*фор-гив'-нес*) s. прощеніе, помилованіе, отпущеніе (грѣховъ); сложеніе (штрафа)

Forgiver (*фор-гив'-ер*) s. дающій прощеніе

Fork (*форк*) s вилы вилка. || **—s.** s. pl. перекрестокъ; развѣтленіе, зигзагъ; висѣлица; || vn. раздваиваться, развѣтвляться; || va. поднимать на вилы.

Forked (*форк'-ед*) adj. раздвоенный, развилистый, двукопытный, вилообразный.

Forkedness (*форк'-ед-нес*) s. раздвоеніе, развилина, раздвоенность

Forky (*форк'-и*) adj. раздвоенный, двукопытный.

Forlorn (*фор-лорн'*) adj. и s. покинутый, погибшій, заброшенный; одинокій

Forlornness (*фор-лор'-нес*) s. заброшенность, отчаяное положеніе

Form (*форм*) s. форма, видъ, образъ; || формальность, || порядокъ; || образецъ, формула, модель; (грам.) видъ; || внѣшность; изящество; || скамья, лавка; классъ (въ училищахъ. || нора; || (тип.) рама, форма. **— of worship,** форма поклоненія божеству **For —s sake,** ради формы **The fifth —,** пятый классъ училища. **To lock up a —,** сжать въ рамку || va придавать видъ, форму, обдѣлывать, создавать, образовать, составлять; || наставлять (воен.) формировать; (техн.) отливать форму; || vn. принять форму, образоваться.

Formal (*форм'-ӑл*) adj. точный, форменный; || формальный, обрядный; щепетильный. **A — consent,** формальное согласіе.

Formalism (*форм'-ӑл-изм*) s. формализмъ, обрядъ.

Formalist (*форм'-ӑл-ист*) s формалистъ, ханжа.

Formality (*фор-мӑл'-и-ти*) s. формальность; || обрядъ, церемонія; благопристойность; || форма, мундиръ.

Formalize (*форм'-ал-айз*) vn церемониться; соблюдать формальности; || va. формулировать, придать видъ.

Formally (*форм'-ӑл-ли*) adv нарочно, точно; формально; церемонно

Formation (*фор-мэ'-шън*) s. образованіе, составленіе; (геол.) формація

Formative (*форм'-ӑ-тив*) adj. образовательный; образующій; пластическій; || (грам.)первообразный

Former (*форм'-ер*) s. составитель, творецъ, образователь; || adj. прежній, предъидущій. **In — times,** въ прежнія времена.

Formerly (*форм'-ер-ли*) adv. прежде, нѣкогда.

Formiate (*фор'-ми-эт*) s. (хим.) муравейнокислая соль.

Formic (*фор'-мик*) adj. (хим.) муравейный, формическій.

Formicate (*фор'-ми-кэт*) adj. муравьевидный.
Formication (*фор-ми-кэ'-шбн*) s. зудъ, мурашки (по тѣлу).
Formidable (*фор'-ми-дă-бл*) adj. грозный, страшный.
Formidably (*фор'-ми-дă-бл-ли*) adv. грозно, ужасно.
Formless (*форм'-лес*) adj. безформенный, безобразный.
Formula (*фор'-мью-ла*) (въ pl. **Formulæ**) s. формула; (фарм.) рецептъ.
Formulary (*фор'мью-лă-ри*) s. формуляръ; || adj. установленный, опредѣленный.
Formulate (*бор'-мью-лэт*) va. излагать; формулировать.
Fornicate (*фор'-ни-кэт*) va. прелюбодѣйствовать.
Fornication (*фор-ни-кэ'-шбн*) s. блудъ, прелюбодѣяніе.
Fornicator (*фор'-ни-кэ-тбр*) s. прелюбодѣй, волокита; || идолопоклоникъ. [прелюбодѣйка.
Fornicatress (*фбр'-ни-кэ-трес*) s.
Fornix (*фор'-никс*) s. сводъ (кровли)
Forray (*фор'-рэй*) va. опустошать.
Forsake (*фор-сэк'*) va. оставлять, покидать; бросать; отступать.
Forsaking (*фор-сэк'-инг*) s. оставленіе; отступленіе (отъ вѣры).
Forsooth (*фор-сусз'*) adv. вѣрно, поистинѣ, въ самомъ дѣлѣ.
Forswear (*фор-суэр'*) va. vn отказываться, отрекаться, ложно клясться. **To —one's self**, нарушать клятву
Forswearer (*фер-суэр'-ер*) s. клятвопреступникъ, отступникъ.
Fort (*фо'орт*) s. крѣпость, укрѣпленіе; || * сила.
Forte (*фо'ор-тэ*) adv. (муз.) громко,
Forth (*фо'орсз*) adv. впередъ; далѣе; вонъ, наружу; явно, на лицо **From that day —**, съ того дня, съ тѣхъ поръ. **And so —**, и такъ далѣе, т. д. prep, внѣ.
Forthright (*форсз-райт'*) adv прямо впередъ, все прямо
Forthwith (*форсз-уизс*) adv немедленно, тотчасъ, сразу.
Fortieth (*фор'-ти-есз*) adj. сороковой.
Fortifiable (*фор'-ти-фай-ă-бл*) adj. укрѣпимый. [s. укрѣпленіе.
Fortification (*фор-ти-фи-кэ'-шбн*)
Fortifier (*фор'-ти-фай-ер*) s. укрѣпитель; воздвигающій укрѣпленія; защитникъ
Fortify (*фор'-ти-фай*) va. укрѣплять; поощрять, ободрять; || vn. укрѣпляться.
Fortin (*фо'орт-ин*) s. крѣпостца.
Fortitude (*фор'-ти-тьюд*) s. мужество, сила. крѣпость; благородство.
Fortitudinous (*фор-ти-тью'-ди-нбс*) adj. мужественный, смѣлый.
Fortlet (*фо'орт-лет*) s. крѣпостца.
Fortnight (*форт'-найт*) s. двѣ недѣли. **A — hence**, черезъ двѣ недѣли.
Fortnightly (*форт'-найт-ли*) adv. два раза въ мѣсяцъ.
Fortress (*фор'-трес*) s. крѣпость; || * опора; || va. укрѣплять.
Fortuitous (*фор-тью'-и-тбс*) adj. случайный. [adv. случайно.
Fortuitously (*фор-тью'-и-тбс-ли*)
Fortuitousness (*фор-тью'-и-тбс-нес*) s. случайность.
Fortunate (*фор'-чу-нэт*) adj. счастливый; удачный.
Fortunately (*фор'-чу-нэт-ли*) adv. счастливо; удачно.
Fortunateness (*фор'-чу-нэт-нес*) s. счастіе, удача.
Fortune (*фор'-чун*) s. случайность, судьба, рокъ, участь; счастье, удача. || возвышеніе, успѣхи; карьера; состояніе, богатство. **The smiles of —**, улыбнулась судьба. **To make one's —**, составить себѣ состояніе, сдѣлать карьеру. **To have one's — told**, гадать о своей судьбѣ. **To tell — s by cards**, гадать на картахъ. **— -hunter**, искатель богатыхъ невѣстъ. **— -teller**, ворожея, гадальщикъ, -щица. **— -telling**, гаданіе.
Fortuneless (*фор'-чун-лес*) adj. несчастливый, бѣдный.
Forty (*фор'-ти*) adj. сорокъ
Forum (*фо'о-рбм*) s. форумъ.
Forward (*фор'-уőрд*) adj. усердный; поспѣшный, скорый; передній; ранній, скороспѣлый; || adv впередъ, постепенно, успѣшно **That boy is too — for his years**, этотъ мальчикъ значительно старше своихъ лѣтъ. **Be not — to speak in public**, не спѣшите говорить въ обществѣ || va, торопить, спѣшить, ускорять; отправлять, препровождать. **To — a letter**, передать письмо. **Goods forwarded**, отправленные товары
Forwarder (*фор'-уőрд-ер*) s. покровитель, содѣйствующее лицо; отправитель (товаровъ).
Forwarding (*фор'-уőрд-инг*) s. отправленіе, отправка (товаровъ); || adj. поощряющій, отправляющій.
Forwardly (*фор'-уőрд-ли*) adv усердно, поспѣшно; бойко, смѣло.
Forwardness (*фор'-уőрд-нес*) s. рвеніе, усердіе, успѣшность; поспѣшность; раннее развитіе, скороспѣлость; успѣхъ; смѣлость.
Forwards (*фор'-уордз*) adv. впередъ **To go backwards and —** ходить взадъ и впередъ.

Fosse (*фос*) s. ровъ, яма; (анат.) впадина (въ кости)
Fossil (*фос'-сил*) adj. и s ископаемый, ископаемое
Fossilism (*фос'-си-лизм*) s. палеонтологія. [тологъ
Fossilist (*фос'-си-лист*) s. палеон-
Fossilization (*фос'-си-ли-зэ'-шон*) s окаменѣніе
Fossilize (*фос'-сил-айз*) va vn каменѣть, превращать, -ся въ ископаемое [копающій
Fossorial (*фо-со'о-ри-ал*) adj и s
Foster (*фос'-тер*) va. кормить, вскармливать, питать, воспитывать, поощрять, покровительствовать. — **-child**, питомецъ, пріемышъ, — **brother**, молочный братъ. — **-mother**, пріемная мать, кормилица. — **-father**, кормилецъ, пріемный отецъ — **-sistor**, молочная сестра
Fosterage (*фос'-тер-эдж*) s обязанности кормилицы, -льца
Fosterer (*фос'-тер-ер*) s кормилица, -лецъ (m.); || * покровитель.
Fostering (*фос'-тер-инг*) adj. отеческій; || покровительственный.
Fosterling (*фос'-тер-линг*) s. питомецъ.
Fostress (*фос'-трес*) s. кормилица
Fother (*фосз-ер*) s. вѣсъ въ 19½ англ центнеровъ для взвѣшиванія металловъ; || va. (мор.) задѣлывать течь.
Fougade (*фу-гас'*) (или **Fougass**) s (воен.) фугасъ
Foul (*фа'ул*) adj. нечистый, грязный, дурной, вонючій, сорный; мутный (о водѣ); || гнусный, гадкій, безстыдный; безобразный, грубый — **words**, неприличныя слова. — **language**, ругательная рѣчь — **air**, зловонный, испорченный воздухъ —**breath**, зловонное дыханіе. — **weather**, дурная погода. — **winds**, противные вѣтры **A — deed**, отвратительный поступокъ. — **dealing**, — **play**, нечестное поведеніе, недобросовѣстность **To fall — of one**, наткнуться (о суднѣ); || * наброситься на кого. — **-faced**, съ противнымъ лицомъ — **-mouthed**, злоязычный, циничный. || va. пачкать, марать, гадить, мутить, || vn запутаться, столкнуться [скверно, гнусно
Foully (*фа'ул-ли*) adv нечисто,
Foulness (*фа'ул-нес*) s нечистота, грязь, безстыдство, гнусность, подлость, безобразіе
Found (*фа'унд*) va основывать, изобрѣтать. **To — a city**, основать городъ
Foundation (*фаун-дэ'-шон*) s закладка, основаніе начало, учрежденіе; вкладъ, стипендія — **stone**, * краеугольный камень **To be on the —** быть казенно-коштнымъ
Founder (*фа'унд-ер*) s. основатель, учредитель, творецъ, || литейщикъ, || va. vn (вет.) надорвать, надсадить, имѣть разбитыя ноги (о лошади); || (мор.) пойти ко дну; || * сплоховать
Foundered (*фа'унд-ерд*) adj. (вет.) надсаженный, разбитый (о лошади) [ня, литейная
Foundery (*фа'унд-ер-и*) s. плавиль-
Foundling (*фа'унд-линг*) s найденышъ, подкидышъ
Foundress (*фа'унд-рес*) s основательница, учредительница
Fount (*фа'унт*) s (тип.) отливка литеръ, || ключъ, источникъ, фонтанъ, || * начало
Fountain (*фа'унт-эн*) s источникъ, ключъ, ручей; фонтанъ — **pen**, перо съ резервуаромъ для чернилъ — **-head**, родникъ, источникъ; || начало, основаніе
Four (*фо'ор*) adj четыре. **On all —s**, на четверенькахъ — **-footed**, четвероногій — **in hand**, adv четверкой (править). — **-wheeled**, о четырехъ колесахъ
Fourfold (*фо'ор-фолд*) va учетверять, || adj четверной; || adv четырежды вчетверо
Fourscope (*фо'ор-скоп*) adj. восемьдесятъ. [надцать
Fourteen (*фо'ор-тин*) adj. четыр-
Fourteenth (*фо'ор-тинсз*) adj. четырнадцатый
Fourth (*фо'орсз*) adj четвертый; || s. четверть; || (муз.) кварта
Fourthly (*фо'орсз-ли*) adv въ четвертыхъ.
Fowl (*фа'ул*) s птица (домашняя), живность, куры. || vn стрѣлять, ловить птицъ [птицеловъ
Fowler (*фа'ул-ер*) s. охотникъ,
Fowling (*фа'ул-инг*) s птицеловство, охота на птицъ.
Fox (*фокс*) s. лиса, лисица; || * хитрый человѣкъ **Young —**, молодая лисица. — **hound**, собака для охоты на лисицу — **chase**, — **-hunt**, охота на лисицъ. — **trap**, капканъ для лисы — **glove**, наперсточная трава.
Foxtail (*фокс-тэл*) s лисій хвостъ. || (бот.) хвостатый амарантъ.
Foxy (*фокс-и*) adj лисій; хитрый
Fracas (*фра-ка'*) s. трескъ, грохотъ, суматоха.
Fraction (*фрак'-шон*) s. преломленіе, ломаніе; || * ссора. || частица, доля дробь **Decimal —**, десятичная дробь **Compound —**, дробь дроби, часть части

Fractional (*фрäк'-шён-äл*) adj. дробный. — **parts**, дроби.
Fractiously (*фрäк'-шёс-ли*) adv угрюмо, брюзгливо, сердито.
Fractiousness (*фрäк'-шёс-нес*) s. сварливость.
Fracture (*фрäк'-чур*) s. (хир.) переломъ (кости); (мин.) изломъ; || va. сломать.
Fragile (*фрäдж'-ил*) adj. ломкій, хрупкій; бренный; невѣрный.
Fragilely (*фрäдж'-ил-и*) adv. ломко, хрупко.
Fragility (*фра-джил'-и-ти*) s. хрупкость, ломкость; бренность, слабость.
Fragment (*фрäг'-мент*) s. обломокъ, осколокъ, кусочекъ, частица. [отрывочный.
Fragmental (*фрäг-мент'-äл*) adj.
Fragmentary (*фрäг-мент'-ä-ри*) adj. состоящій изъ кусковъ, отрывковъ.
Fragrance (*фрэ'-грäнс*), **Fragrancy** (*фрэ'-грäн-си*) s. благовоніе, ароматъ, благоуханіе.
Fragrant (*фрэ'-грäнт*) adj. душистый, пахучій, благовонный.
Fragrantly (*фрэ'-грäнт-ли*) adv съ хорошимъ запахомъ.
Frail (*фрэл*) s. корзина изъ тростника; || adj. слабый, тлѣнный, бренный. [стойчиво.
Frailly (*фрэл'-ли*) adv. слабо, неу-
Frailnes (*фрэл'-нес*), **Frailty** (*фрэл'-ти*) s. слабость, бренность.
Fraise (*фрэз*) s. (форт.) штурмвалъ.
Frame (*фрэм*) s. срубъ; остовъ (зданія); строеніе, тѣлосложеніе; стать, форма; || образъ, планъ, система; расположеніе; || оконница, рама; пяльцы; верстакъ, станокъ, остовъ; корпусъ. **He is out of** —, онъ не въ духѣ. || va. сооружать; строить, составлять, создавать, творить; || выдумывать; || вставлять (въ раму). **Tambour** —, пяльцы. — **work**, срубъ; станокъ; работа въ пяльцахъ.
Framer (*фрэм'-ер*) s. составитель; авторъ.
Framing (*фрэм'-инг*) s. ставить, дѣлать остовъ
Franc (*фрäнк*) s. франкъ (монета).
France (*фрäнс*) npr. (геогр.) Франція.
Franchise (*фрäн'-чиз*) s. льгота, привиллегія; убѣжище; || va. освобождать, отпускать на волю.
Frances (*фрäн'-сез*) npr Франсуаза.
Francis (*фрäн'-сис*) npr Франсуа.
Frangibility (*фрäн'-джи-бил'-и-ти*) s. ломкость, хрупкость
Frangible (*фрäн'-джи-бл*) adj. ломкій, хрупкій
Frank (*фрäнк*) va освобождать отъ платы портовыхъ денегъ; франкировать (письмо); откармливать; || adj. великодушный, щедрый; вольный; свободный (отъ подати); || s. франкъ (монета); франкированное письмо); || свиной хлѣвъ.
Frankfort (*фрäнк'-форт*) npr. (геогр.) Франкфуртъ. — **on** — **the** — **Main**, Франкфуртъ на Майнѣ.
Frankincense (*фрäнк-ин'-сенс*) s. ладанъ.
Frankly (*фрäнк'-ли*) adv откровенно, щедро, свободно, смѣло
Frankness (*фрäнк'-нес*) s. прямодушіе, откровенность, щедрость.
Frantic (*фрäн'-тик*) adj. бѣшеный, неистовый. — **with joy**, безумный отъ радости
Franticly (*фрäн'-тик-ли*) adv. бѣшенно, неистово.
Franticness (*фрäн'-тик-нес*) s. неистовство, бѣшенство.
Frap (*фрäп*) va. (мор.) связывать, найтовать (судно).
Fraternal (*фрä'-тöр-нäл*) adj. братскій. [по-братски
Fraternally (*фрä'-тöр-нä-ли*) adv
Fraternity (*фрä'-тöр-ни-ти*) s. братство; || братія, общество.
Fraternization (*фрэ-тор-ни-зэ-шöн*) s. братство; братанье
Fraternize (*фрäт'-öр-найз*) vn брататься
Fratricidal (*фрäт'-ри-сай'-дäл*) adj. братоубійственный.
Fratricide (*фрäт'-ри-сайд*) s. братоубійца; братоубійство.
Fraud (*фро'од*) s. обманъ, хитрость
Fraudful (*фро'од-фул*) adj. обманчивый, вѣроломный
Fraudfully (*фро'од-фул-и*) adj. обманчиво, вѣроломно.
Fraudulence (*фро'одь-ю-ленс*), **Fraudulency** (*фро'одь-ю-лен-си*) s. обманъ, невѣрность.
Fraudulent (*фро'одь-ю-лент*) adj. обманчивый, мошеннический; подложный.
Fraudulently (*фро'одь-ю-лент-ли*) adv. обманомъ, мошеннически.
Fraught (*фро'от*) adj, нагруженный; наполненный, полный; зафрахтованный; || s. грузъ, бремя; va. нагружать.
Fray (*фрэй*) s. ссора, шумъ, драка, битва; рѣдина (въ ткани); || va.vn. тереть, перетирать, -ся; раздергать, -ся (о ткани).
Fraying (*фрэй'-инг*) s. раздерганное, вытершееся мѣсто въ ткани
Freak (*фрик*) s. прихоть, причуды; || va, пестрить, испещрять.
Freakish (*фрик'-иш*) adj. причудливый; прихотливый, капризный.
Freakishly (*фрик'-и-шли*) adv. причудливо, капризно.

Freakishness (*фрик'-иш-нес*) s. причудливость, прихоть.
Freckle (*фрек'л*) s. веснушка, пятнышко; || va vn. покрываться пятнышками, веснушками.
Frecled (*фрек'-лд*) adj. веснусчатый, крапчатый, пятнистый.
Freckly (*фрек'-ли*) adj. веснушчатый
Fred (*фред*) прг. fam. отъ Фредерикъ. [дерикъ.
Frederic (*фред'-е-рик*) прг Фре-
Free (*фри*) adj. свободный, вольный, независимый; льготный; публичный; избавленный, свободный отъ; даровой; || прямой, искренній; добровольный, щедрый, непринужденный, ловкій, развязный. **I shall be — at six**, я буду свободенъ въ шесть часовъ. — **admission**, свободный входъ. **He is too — in his manners**, онъ слишкомъ развязенъ. || va. освобождать, отпускать на волю, увольнять; распутывать, развязывать; || изгонять, удалять; очищать, прочищать; || — **-born**, свободнорожденный. — **hearted**, искренній, откровенный. — **mason**, масонъ. — **-masonry**, масонство. — **-minded**, безпечный — **-school**, общедоступная безплатная школа — **-spoken**, откровенный — **-stone**, плитнякъ. — **-thinker**, вольнодумецъ — **-trade**, свободная торговля
Freebooter (*фри'-бут-ер*) s разбойникъ, грабитель
Freebooting (*фри'-бут-инг*) s. разбой, грабежъ [родерство
Freebooty (*фри'-бу-ти*) s. ма-
Freedman (*фрид'-ман*) s. вольноотпущенный
Freedom (*фри'-дом*) s свобода, воля, независимость — **of conscience**, свобода совѣсти; || смѣлость, развязность, вольность.
Freehold (*фри-холд*) s. (феод.) помѣстье свободное отъ феодальныхъ повинностей, фригольдъ.
Freeholder (*фри'-холд-ер*) s. (феод.) владѣлецъ фригольда.
Freely (*фри-ли*) adv свободно, вольно, открыто, смѣло
Freeness (*фринес*) s свобода, откровенность, искренность, щедрость
Freewill (*фри-уил*) s свободная, добрая воля, || adj добровольный
Freeze (*фриз*) va морозить, замораживать, застуживать, || vn мерзнуть, замерзать
Freezing (*фриз'-инг*) s. замерзаніе
Freight (*фрэт*) s. (торг.) фрахтъ наемъ (судна); || грузъ, кладь; || va зафрахтовать, нанимать (судно); грузить
Freighter (*фрэт'-ер*) s. наемщикъ, нагрузчикъ (судна).
Freighting (*фрэт'-инг*) s. (торг.) зафрахтованіе (судна)
French (*френч*) adj французскій **A — girl, lady**, француженка. || s французскій языкъ. **In plain —**, на хорошемъ французскомъ языкѣ — **-bean**, зеленый горошекъ. — **-chalk**, мелокъ у портныхъ. — **-horn**, охотничій рогъ — **-marigold**, (бот.) гвоздика индійская — **-plum**, французскій чернословъ. — **-polish**, французскій лакъ. — **-man**, французъ. — **-woman**, француженка.
Frenchify (*френч'-и-фай*) va офранцузить.
Frenzied (*френ'-зид*) adj. бѣшеный, безумный, дикій.
Frequence (*фри'-куенс*), **Frequency** (*фри'-куен-си*) s. многократность
Frequent (*фри'-куент*) adj. частый, многократный; многочисленный. || va. посѣщать, навѣщать кого, знаться съ кѣмъ. **To — gaming-houses**, посѣщать игорные дома
Frequentage (*фри-куент'-эдж*) s частое посѣщеніе, сношенія, общеніе
Frequentation (*фри-куен-тэ'-шон*) s. см **Frequentage**
Frequentative (*фри-куент'-а-тив*) adj. многократный
Frequenter (*фри-куент-ер*) частый посѣтитель. [часто
Frequently (*фри'-куент-ли*) adv
Frequentness (*фри-куент-нес*) s частое посѣщеніе, многократность
Fresco (*фрес'-ко*) s свѣжесть, прохлада; (жив.) фрескъ **Pantings in —** фрески
Fresh (*фреш*) adj свѣжій, прохладный; новый, недавній; цвѣтущій, сильный, крѣпкій, бодрый прѣсный, быстрый **The air is —**, воздухъ свѣжъ. — **breeze**, свѣжій вѣтерокъ **A — supply of goods**, новый ассортиментъ товаровъ — **butter**, свѣжее масло. || s. (въ соедин Штатахъ) разливъ (рѣки) — **man**, новичекъ новобранецъ — **water**, прѣсная вода; || • неопытный морякъ — **-water sailor**.
Freshen (*фреш-н*) va vn. освѣжать, -ся, свѣжѣть (о вѣтрѣ) опрѣснять (соленую воду)
Freshet (*фреш'-т*) s приливъ, разлитіе рѣки струя прѣсной воды
Freshly (*фреш'-ли*) adv свѣжо, прохладно, недавно, ново
Freshness (*фреш-нес*) s свѣ

жесть, прохлада; румяное лицо; новость; неопытность.

Fret (*фрет*) va. vn. тереть, перетирать, -ся; раздергивать, -ся; изнашивать, -ся; ссадить, содрать (кожу); || * безпокоить, -ся, сердить, -ся, волновать, -ся; || бродить, киснуть; разъѣдать, размывать; бороздить, вырѣзать, высѣкать. **To — and fume**, огорчаться, сердиться. **Do not —**, не мучайтесь. || s. волненіе, безпокойство; || броженіе (напитковъ); морской рукавъ; ладъ (на гитарѣ); протертое мѣсто (ткани); высѣчка, бороздка.

Fretful (*фрет'-фул*) adj. печальный, раздражительный.

Fretfully (*фрет'-фул-и*) adv. досадно, печально.

Fretfulness (*фрет'-фул-несс*) s. раздражительность, досада.

Fretting (*фрет'-инг*) adj. ѣдкій; || s. см. **Fret.**

Fretty (*фрет'-и*) adj. (арх.) украшенный выпуклою работою.

Friability (*фрай-ă-бил'-и-ти*), **Friableness** (*фрай'-ă-бл-несс*) s. разсыпчатость, рыхлость.

Friable (*фрай'-ă-бл*) adj. разсыпчатый, рыхлый.

Friar (*фрай'-ăр*) s. монахъ, чернецъ; || (тип.) блѣдное мѣсто. **Gray —**, францисканецъ. **Austin —**, августинецъ. **Black —**, доминиканецъ. **White —**, кармелитъ, **—'s lantern**, блуждающій огонь.

Friarlike (*фрай'-ăр-лайк*) adj. подобный монаху. [настырь.

Friary (*фрай'-ă-ри*) s. мужской мо-

Friation (*фрай-э'-шон*) s. растираніе въ порошокъ; разрушеніе.

Fribble (*фриб'-л*) adj. суетный, пустой; || vn. заниматься пустяками; подсмѣиваться; колебаться.

Fribbler (*фриб'-лер*) s. легкомысленный человѣкъ; насмѣшникъ.

Friburg (*фрай'-берг*) npr. (геогр.) Фрейбургъ. [(кушанье).

Fricassee (*фрик-ă-си'*) s. фрикасе

Friction (*фрик'-шон*) s. треніе; (мед.) втираніе. **— -wheel**, колесо, подвергающееся тренію.

Friday (*фрай'-дэй*) s. пятница. **Good —**, великая, страстная пятница.

Friend (*френд*) s. другъ (m.), подруга (f.), товарищъ, пріятель, -льница (f.). **The bosom —**, сердечный другъ. **A — in need is a friend indeed**, другъ узнается въ несчастіи; || va. помогать, покровительствовать.

Friendless (*френд'-лес*) adj не имѣющій друзей.

Friendlike (*френд'-лайк*) adj дружескій

Friendliness (*френд'-ли-несс*) s. дружескія отношенія

Friendly (*френд'-ли*) adj. дружескій; благосклонный; благопріятный. **A — turn**, дружеская услуга. **To be on — terms**, быть въ дружескихъ отношеніяхъ. **In a — way**, дружески. **— -society**, общество взаимопомощи

Friendship (*френд'-шип*) s. дружба, пріязнь; || благосклонность

Friesland (*фриз'-лăнд*) npr. (геогр.) Фрисландія.

Frieslander (*фриз'-лăнд-ер*) s. фрисландецъ, -ндка.

Frieze (*фриз*) s. байка (матерія); (арх.) фризъ; || va. ворсить (сукно).

Frigate (*фриг'-ет*) s. фрегатъ. **— -bird**, фрегатъ (птица).

Fright (*фрайт*) s. страхъ, испугъ. **To take — at**, испугаться. **What a — you have made of yourself?** что вы сдѣлали изъ себя за пугало?

Fright (*фрайт*), **Frighten** (*фрайт'-н*) va. пугать, напугать, стращать, ужасать. **To — away**, спугнуть. [ный, ужасный.

Frightful (*фрайт'-фул*) adj. страш-

Frightfully (*фрайт'-фул-и*) adv. страшно, ужасно.

Frightfulness (*фрайт'-фул-нес*) s. страхъ, ужасъ.

Frigid (*фридж'-ид*) adj. холодный, ледяной. **The — zones**, полярные пояса.

Frigidity (*фри-джид'-и-ти*) s. см **Frigidness**. [холодно.

Frigidly (*фридж'-ид-ли*) adv.

Frigidness (*фридж'-ид-нес*) s. холодность; индифферентность; хладнокровіе [(физ.) охлаждающій.

Frigorific (*фри-го-риф'-ик*) adj.

Frill (*фрил*) s. жабо (у рубашки); || va. дѣлать складки; || vn. дрожать отъ холода.

Frilling (*фрил'-линг*) s. складка.

Fringe (*фринджс*) va. обшивать бахромой; || s. бахрома, кайма, опушка. [хожій на бахрому

Fringelike (*фринджс'-лайк*) adj. по-

Fringy (*фрин'-джи*) adj съ бахромой, окаймленный

Fripper (*фрип'-пер*), **Fripperer** (*фрип'-пер-ер*) s. лоскутникъ, скупщика старья

Frippery (*фрип'-пер-и*) s ветошь || толкучка; || дрянь

Frisk (*фриск*) s. рѣзвость, рѣзвое движеніе; || adj. добрый, живой рѣзвый; || va. рѣзвиться, скакать отъ радости.

Frisker (*фриск'-ер*) s весельчакъ проказникъ, -ница (f.).

Frisket (*фриск'-ет*) s. (тип.) рашкеть [живо

Friskily (*фриск'-и-ли*) adv весело.

Friskiness (*фриск'-и-нес*) s. веселость, рѣзвость.
Frisky (*фриск'-и*) adj. веселый, живой, рѣзвый, игривый. — **horse**, ретивая, горячая лошадь
Frit (*фрит*) s. стеклянная смѣсь; || va. варить стеклянную смѣсь.
Frith (*фрисз*) s. морской рукавъ.
Fritillary (*фрит'-ил-лй-ри*) s. (бот.) кудрявка (растеніе).
Fritter (*фрит'-тер*) s. оладья, блинъ; || лоскутокъ, кусочекъ. **Apple** —**s**, пирожное изъ яблокъ. || va. крошить, рѣзать (говядину); раздроблять. **To — away**, проматывать (деньги), тратить (время).
Frivolity (*фри-вол'-и-ти*) s. суетность, вздоръ, пустяки.
Frivolous (*фрив'-о-лйс*) adj. суетный, легкомысленный.
Frivolously (*фрив'-о-лйс-ли*) adv легкомысленно.
Frivolousness (*фрив'-о-лйс-нес*) s. незначительность; суетность.
Frizz (*фриз*) va. завивать (волосы); ворсить (сукно).
Frizzle (*фриз'-л*) va. см. **Frizz**; || s. локонъ. [херъ
Frizzler (*фриз'-лер*) s. парикма-
Fro (*фро'о*) adv. взадъ, назадъ. **To go to and —**, ходить взадъ и впередъ.
Frock (*фрок*) s. дѣтское платье: блуза, кафтанъ. — **-coat**, сюртукъ.
Frog (*фрог*) s. лягушка. || (вет.) стрѣлка (у копыта) [лягушками.
Froggy (*фрог'-и*) adj изобилующій
Frolic (*фрол'-ик*) s. проказы, шалость, рѣзвость **In a —**, шаловливо. || va. шалить, проказничать, рѣзвиться; || adj. веселый, рѣзвый, шаловливый.
Frolicsome (*фрол'-ик-сйм*) adj. веселый, игривый, рѣзвый, шаловливый.
Frolicsomeness (*фрол'-ик-сйм-нес*) s. веселость, рѣзвость, шаловливость.
From (*фром*) prep. изъ, отъ, по, съ; со времени, отъ. — **bad to worse**, часъ отъ часу хуже — **the king**, отъ имени короля — **time to time**, отъ времени до времени. — **above**, сверху, свыше. — **afar**, издалека. — **behind**, сзади —**hence**, —**here**, отсюда. — **without**, извнѣ, изъ-за; — **within**, изнутри. — **an honorable motive**, изъ благороднаго побужденія. — **what I hear**, согласно съ тѣмъ, что я слышу. — **morning to night**, съ утра до вечера
Frond (*фронд*) s. (бот.) листья. листва
Frondescence (*фрон-дес'-сенс*) s. (бот.) облиственіе. [ственный.
Frondose (*фрон'-дос*) adj. густоли-
Front (*фрйнт*) s. лобъ, чело, передъ. передняя сторона, фасадъ, лицо; фронтъ; || adj передній, лицевой — **-room**, комната на улицу; || s **A hardened —**, мѣдный лобъ. **A side —**, въ профиль **In — of**, напротивъ. **The — of a church**, фронтонъ, передняя сторона церкви, || va. vn. встрѣтить, стать лицомъ къ лицу; стать во фронтъ; смѣло наступать; сопротивляться. **To new- —**, поправлять фасадъ; ||vn. быть расположеннымъ напротивъ, выходить на. **His house fronts to the street**, его домъ выходитъ на улицу
Frontage (*фрйнт'-эдж*) s. фасадъ.
Frontal (*фрйнт'-ал*) s. (арх.) фронтонъ; || adj. лобный, фронтальный
Frontier (*фронт'-ир*) s. граница, предѣлъ; || adj лежащій напротивъ. [щій напротивъ
Fronting (*фронт'-инг*) adj. лежа-
Frontispiece (*фронт'-ис-пис*) s. фасадъ (зданія); (тип.) заглавный листъ [стыдный, наглый.
Frontless (*фронт'-лес*) adj. без-
Frontlet (*фронт'-лет*) s. лобная повязка; || мишень, цѣль.
Fronton (*фрон'-тйн*) s (арх.) фронтонъ.
Frost (*фрост*) va. покрывать инеемъ, (пов.) глазировать; насѣкать (сталь); || s. иней. **A hard —**, сильное подмораживаніе. **Hoar —**. **white —**, иней, бѣлая изморозь **Glazed —**, гололедица. — **bitten**, отмороженный — **-bound**, задержанный льдомъ — **-nail**, острый шипъ у подковы — **-nipped**, обмороженный. — **-work**, глазурь
Frosted (*фрост'-ед*) adj. покрытый инеемъ; || сѣдой
Frostily (*фрост'-и-ли*) adv. съ ледяной холодностью
Frostiness (*фрост'-и-нес*) s трескучій морозъ; ледяная холодность
Frosty (*фрост'-и*) adj морозный, || холодный, равнодушный; || бѣлый, сѣдой.
Froth (*фросз*) s. пѣна; || *накипь **The — of beer**, пивная пѣна. || vn. пѣниться; молодиться; || va. вспѣнить; взмылить (лошадь).
Frothily (*фросз'-и-ли*) adv. пѣнясь || * пустословля
Frothiness (*фросз'-и-нес*) s. пѣнистость; || * пустословіе.
Frothy (*фросз'-и*) adj. пѣнистый; || * пустой.
Frounce (*фра'унс*) s. (вет.) ящеръ; || морщина, складка; || va. зави-

вать; || дѣлать складки; || vn. хмуриться

Frouzy (*фра'у-зи*) adj. засаленный; вонючій; нечасанный.

Froward (*фро'у-уорд*) adj. сердитый, угрюмый, своенравный

Frowardly (*фро'у-уŏрд-ли*) adv сердито, угрюмо, непокорно.

Frowardness (*фро'у-уŏрд-нес*) s угрюмость; непокорность, упрямство.

Frown (*фра'ун*) s. сердитый, нахмуренный видъ; нахмуриваніе (бровей); неудовольствіе; || va. vn хмуриться; выражать недовольство; грозить. **To — upon one,** коситься на кого.

Frowning (*фра'ун-инг*) adj. нахмуренный, угрюмый, мрачный. **A — countenance**, недовольный видъ.

Frowningly (*фра'ун-инг-ли*) adv нахмурясь, изъ подлобія.

Frozen (*фро'о-зн*) adj. замерзшій; отмороженный; холодный, ледяной. **— in,** обледенѣлый. **— out,** задержанный льдомъ.

Fructescence (*фрŏк-тес'-сенс*) s. (бот.) время созрѣванія плодовъ

Fructiferous (*фрŏк-тиф'-ер-ŏс*) adj. (бот.) плодоносный,

Fructification (*фрŏк-ти-фи-кэ'-шŏн*) s. (бот.) оплодотвореніе, образованіе плода.

Fructify (*фрŏк'-ти-фай*) va. оплодотворять; || vn. приносить плоды.

Fructuous (*фрŏкть'-ю-ŏс*) adj.плодовитый, плодоносный.

Frugal (*фру'-гăл*) adj. adj. умѣренный, воздержный, экономный.

Frugality (*фру-гăл'-и-ти*) s. умѣренность; воздержность, бережливость.

Frugally (*фру'-гăл-и*) adv. умѣренно, воздержно, бережливо.

Frugiferous (*фру-джиф'-ер-ŏс*) adj. плодоносный.

Frugivorous (*фру-джив'-ŏ-рŏс*) adj. (зоол.) травоядный, плодоядный

Fruit (*фрут*) s. плодъ, фруктъ; овощь; || * произведеніе; || выгода, польза; || доходы. **Stone —,** плодъ съ косточкой. **Wall —,** плодовое древонасажденіе шпалерами. **— -basket,** корзина для плодовъ. **— -bearer. — -tree**, плодовое дерево. **— -garden,** плодовый,фруктовый садъ. **— -time,** время плодовъ, осень. **— -show,** выставка плодовъ. **— -trade,** торгъ плодами. **— -woman,** торговка плодами; || **va.** приносить плоды.

Fruitage (*фрут'-эдж*) s. плоды, овощи.

Fruiterer (*фдут'-ер-ер*) s. торговецъ фруктами.

Fruitery (*фрут'-ер-и*) s. плоды; || фруктовая торгавля.

Fruitful (*фрут'-фул*) adj. плодовитый, плодоносный; изобильный; урожайный.

Fruitfully (*фрут'-фул-и*)adv. плодоносно, изобильно.

Fruitfulness (*фрут'-фул-нес*) s. плодовитость, плодородность;изобиліе; обиліе.

Fruition (*фру-иш'-ŏн*) s. пользованіе, владѣніе чѣмъ.

Fruitless (*фрут'-лес*) adj. безплодный; || тщетный, безполезный.

Fruitlessly (*фрут'-лес-ли*) adv безплодно; тщетно, безполезно.

Fruitlessness (*фрут'-лес-нес*) s. безплодіе; тщетность, безполезность.

Fruity (*фрут'-и*) adj. похожій на плодъ.

Frumentaceous (*фру-мен-тэ'-шŏс*) adj. пшеничный.

Frumenty (*фру'-мен-ти*) s. пшеничная каша.

Frump (*фрŏмп*) s. насмѣшка, злая шутка; || старая вѣдьма; старомодно одѣтая женщина

Frumpish (*фрŏмп'-иш*) adj.смѣшной; || старомодный.

Frush (*фрŏш*) s. (вет.) стрѣлка (въ копытѣ).

Frustrate (*фрŏс'-трэт*) va. обмануть (кого), помѣшать (кому);разрушить (планы, замыслы); || adj. тщетный, безполезный.

Frustration (*фрŏс-трэ'-шŏн*) s. тщетность, неудача

Frustum (*фрŏс'-тŏм*) s. стволъ, (геом.) усѣченный конусъ.

Frutescent (*фру-тес'-сент*) adj. (бот.) кустарниковый.

Fry (*фрай*) va. vn. жарить, -ся; кипѣть, бродить; волноваться. || s. рой маленькихъ рыбокъ; мелюзга, мелкая рыба; || * множество, мелочь; || блюдо жареной рыбы

Frying-pan (*фрай'-инг-пăн*) s. сковорода; противень.

Fubby (*фŏб'-и*) adj. толстолицый.

Fucate (*фью'-кэт*), **Fucated** (*фью'-кэ-тед*) adj. крашеный, нарумяненный.

Fuschia (*фук'-си-а*) s. (бот.)фуксія.

Fucus (*фью'-кŏс*) s. румяна, бѣлилы; || (бот.) фукусъ (водоросль).

Fuddle (*фŏд'-л*) va. vn. напоить, напиться до пьяна, пьянствовать

Fuddled (*фŏд'-лд*) adj. пьяный.

Fuddler (*фŏд'-лер*) s. пьяница.

Fudge (*фŏдж*) s. выдумка, вранье: || * какое вранье! какая чепуха || va. выдумывать, списать.

Fuel (*фью-ел*) s. топливо дрова **To add — to the fire**, подливать масло въ огонь; || va. подтапливать. поджигать.

Fugacious(*фью-гэ'-шŏс*)adjбѣглый,

вѣтреный, непостоянный; || скоротечный; (хим.) летучій.

Fugaciousness (*фью-гэ'-шо̆с-нес*) **Fugacity** (*фью-гӑс'-ц-ти*) s. вѣтреность, непостоянство; непрочность; (хим.) летучесть. [тьфу!.

Fugh (*фью*), **Foh** (*фо*) interj. фи!

Fugitive (*фью'-джи-тив*) adj. бѣглый; вѣтреный; скоротечный, преходящій; непрочный; || s. бѣглецъ; перебѣжчикъ.

Fugleman (*фью'-гл-мӑн*) *или* **Fugelman,** s. (воен.) колонновожатый.

Fugue (*фьюг*) s. (муз.) фуга.

Fulcrum (*фо̆л-кро̆м*) s. опора, подставка; (мех.) точка опоры; || (бот.) стебелекъ.

Fulfil (*фул-фил'*) va. исполнять.

Fulfiller (*фул-фил'-ер*) s. исполнитель.

Fulfilment (*фул-фил'-мент*), **Fulfilling** (*фул-фил'-инг*) s. исполненіе, совершеніе.

Fulfraught (*фул-фро'от*) adj. наполненный, снабженный.

Fulgency (*фо̆л'-джен-си*) s. блескъ, пышность; великолѣпіе.

Fulgent (*фо̆л'-джент*) adj. сіящій, лучезарный, искрометный

Fulguration (*фо̆л-гью-рэ'-шо̆н*) s. (хим.) искрометаніе, яркій блескъ.

Full (*фул*) adj. полный, наполненный, набитый; изобильный; насыщенный, пресыщенный, сытый; || большой, совершенный, цѣлый. **A house — of furniture**, домъ полный мебели. **A — body**, полное тѣло. **— of sorrow**, удрученный горемъ. **— moon**, полнолуніе. **A — voice**, сильный голосъ. **A — supply**, полный запасъ провизіи. **— -dress**, парадный костюмъ. **A — man**, человѣкъ съ положеніемъ **— -pay**, высокая плата. **To run at — speed**, скакать во всю. || s. полнота; высшая степень. **To the —**, совершенно, совсѣмъ. **In — of all demands,** сполна, по окончательному разсчету. **To eat one's —**, ѣсть досыта. || adv. полно, вполнѣ, совсѣмъ; точно; весьма, очень. **To look one — in the face**, смотрѣть кому прямо въ лицо. **— -bloomed**, въ полномъ цвѣту, алый. **— -blown**, вполнѣ распустившійся. **— -bodied**, дородный, полный; крѣпкій. **— -faced**, полнолицый. **— -grown**, взрослый **— -length**, во всю длину. **A — length portrait**, портретъ во весь ростъ. || va. валять (сукно).

Fullage (*фул'-эдж*) s. валяніе (суконъ).

Fuller (*фул'-ер*) s. валяльщикъ **—'s earth**, сукновальная глина.

Fullery (*фул'-ер-и*) s. сукновальня, валяльня.

Fulling (*фул'-инг*) s. валяніе (сукна); **— -machine**, валяльная машина. **— -mill**, валяльная мельница

Fully (*фул'-и*) adv. полно, вполнѣ, совершенно.

Fulminant (*фо̆л'-ми-нӑнт*) adj. (хим.) гремучій.

Fulminate (*фо̆л'-ми-нэт*) vn. (хим.) взрываться, гремѣть; || va. взрывать; || провозглашать; || s. гремучекислая соль.

Fulmination (*фо̆л-ми-нэ'шо̆н*) s. (хим.) взрывъ.

Fulminatory (*фо̆л'-ми-нӑ-то̆-ри*) adj. громовый; грозный.

Fulmine (*фо̆л'-мин*) vn. гремѣть; || va. пронзать какъ молнія.

Fulness (*фул'-нес*) s. полнота, избытокъ, обиліе; тучность, дородство; цѣлость. **— of the voice,** объемъ голоса.

Fulsome (*фул'-со̆м*) adj. отвратительный, гадкій, противный; || непристойный. **A — panegyric,** рабскій панегирикъ.

Fulsomely (*фул'-со̆м-ли*) adv. противно, тошно, гадко; непристойно

Fulsomeness (*фул'-со̆м-нес*) s. омерзѣніе, отвращеніе; гнусность, срамота.

Fulvia (*фул'-ви-ӑ*) npr. Фульвія.

Fumarole (*фью'-мӑ-рол*) s. дымовая трещина (въ вулканѣ).

Fumble (*фо̆м'-бл*) va. vn. валять; дѣлать кое-какъ; мять; вертѣть въ рукахъ; шалить; щупать, шарить || идти ощупью.

Fumbler (*фо̆м'-блер*) s. неловкій, нерѣшительный. [**Fumbler**.

Fumbling (*фо̆м'-блинг*) adj. см.

Fume (*фьюм*) s. дымъ, курево, копоть; испареніе, паръ; || * гнѣвъ, вспыльчивость; мечта; суета, пустота; || vn. дымиться, куриться; испаряться; || va. коптить, окуривать, превращать въ дымъ.

Fumet (*фью'-мет*) s. оленій пометъ.

Fumette (*фью'-мет*) s. зловоніе; запахъ. [ривать.

Fumigate (*фью'-ми-гэт*) va. оку-

Fumigation (*фью'-ми-гэ'-шо̆н*) s. окуриваніе, куреніе.

Fumingly (*фьюм'-инг-ли*) adv. сердито, въ сердцахъ.

Fumitory (*фью'-ми-то̆-ри*) s. (бот.) дымянка.

Fumous (*фьюм'-о̆с*), **Fumy** (*фьюм'-и*) adj. хмѣльной; || дымный

Fun (*фо̆н*) s. шутка, забава, потѣха; ложь, обманъ. **The — of the story,** смѣшная сторона этой исторіи. **For —,** ради шутки; изъ шалости, на смѣхъ.

Funambulate (*фью-нӑм'-бью-лэт* va. ходить (по канату)

Funambulatory (*фью-нäм'-бью-лä-тō-ри*) adj. ходящій по канату; || смѣлый.
Funambulist (*фью-нäм'-бью-лист*) s канатный плясунъ
Function (*фōнк'-шōн*) s. исполненіе, выполненіе; должность. обязанности.
Functional (*фōнк'-шōн-äл*) adj относящійся къ отравленіямъ организма; функціональный
Functionary (*фōнк'-шōн-ä-ри*) s. служащій, чиновникъ.
Fund (*фōнд*) s. денежный фондъ. вкладъ, капиталъ, запасъ **Sinking —**, капиталъ погашенія **Public —s**, общественныя средства || va. обезпечивать капиталомъ, консолидировать (долгъ); положить въ запасный, основной капиталъ
Fundament (*фōн'-дä-мент*) s. основаніе, базисъ.
Fundamental (*фōн-дä-мент -äл*) adj. основной || s основаніе, базисъ
Funeral (*фью'-нер-äл*) s похороны, погребеніе; || adj похоронный, погребальный. **— march**, похоронный маршъ
Funereal (*фью-ни -ри-äл*) adj. похоронный; траурный; печальный.
Fungosity (*фōн-гос'-и-ти*) s. ноздреватость, нарывъ
Fungous (*фōн'-гос*) adj поздреватый, мягкій, вялый.
Fungus (*фōн'-гос*) s. грибъ, наростъ; (мед.) полипъ. [(бот.) пуповина.
Funicle (*фью'-ни-кл*) s. веревочка;
Funicular (*фью-никъ'-ю-лäр*) adj веревочный; пуповинный; s. подъемная желѣзная дорога
Funk (*фōнк*) s. вонь, гнилой запахъ; || * испугъ, недоумѣніе: трусъ. || vn.* содрогаться; || вонять
Funnel (*фōн'-ел*) s. воронка, дымовая труба. [смѣшно.
Funnily (*фōн'-и-ли*) adv забавно.
Funny (*фōн'-и*) adj. смѣшной, забавный **A — fellow**, чудакъ. **— -bone**, локоть; || (анат.) плечевая кость.
Fur (*фōр*) s. мѣхъ, шкура, шуба; (мед.) налетъ (на языкѣ). **— trade**, мѣховая торговля || va. опушать, подбивать мѣхомъ.
Furbelow (*фōр'-би-лоу*) s. оборка, обшивка; || va. обшивать оборками.
Furbish (*фōр'-биш*) va полировать, чистить (металлы).
Furcation (*фōр-кэ'-шōн*) s. раздвоеніе, развилина.
Furfuraceous (*фōр-фью-рэ'-шōс*) adj. шелудивый
Furious (*фью'-ри-ōс*) adj. неистовый, лютый, бѣшенный, жестокій
Furiously (*фью'-ри-ōс-ли*) adv. неистово, люто, бѣшено, жестоко.
Furiousness (*фью'-ри-ōс-нес*) s. ярость, бѣшенство, неистовство.
Furl (*форл*) va. (мор.) убирать, крѣпить (паруса). [пленіе парусовъ
Furling (*фōрл'-инг*) s. (мор.) крѣ-
Furlong (*фōр'-лонг*) s. стадія, осьмая часть англ. мили.
Furlough (*фōр'-лоо*) s. отпускъ. || va. дать отпускъ.
Furnace (*фōр'-нэс*) s. большая печь, горнъ, горнило. **Blast —**, домна
Furnish (*фōр'-ниш*) va. доставлять что, снабжать чѣмъ, снаряжать. **To — with goods**, доставлять товары **To — a house**, меблировать домъ. [щикъ.
Furnisher (*фōр'-ниш-ер*) s. постав-
Furniture (*фōр'-ни-чур*) s. домашняя утварь, мебель, меблировка, домашнія принадлежности
Furred (*фōрд*) adj. подбитый мѣхомъ [мѣховщикъ.
Furrier (*фōр'-и-ер*) s. скорнякъ,
Furriery (*фōр'-и-ер-и*) s. мѣха, мѣховой товаръ.
Furrow (*фōр'-оу*) va. бороздить, дѣлать выемки, вырѣзки; || морщить (лобъ). || s борозда, выемка; морщина
Furry (*фāр'-и*) adj подбитый, опушенный мѣхомъ; мѣховой
Further (*фōр'-сзер*) adj. comp. отъ **far**, дальнѣйшій, отдаленный; по ту сторону лежащій **Until — orders**, до слѣдующаго, до новаго приказа. || adv далѣе, сверхъ того, притомъ, кромѣ того; || va. споспѣшествовать, помогать; способствовать
Furtherance (*фōр'-сзер-äнс*) s повышеніе, помощь, поддержка; успѣхъ **For the — of**, для повышенія кого-либо.
Furtherer (*фōр'-сзер-ер*) s. покровитель, двигатель впередъ.
Furthermore (*фōр'-сзер-мор*) adv. сверхъ того, кромѣ того.
Furthermost (*фōр'-сзер-мост*) adj. дальнѣйшій
Furthest (*фōр -сзест*) adj и adv. sup. отъ **far**; самый отдаленный, дальнѣйшій; на самомъ дальнемъ разстояніи.
Furtive (*фōр'-тив*) adj. скрытный, секретный, тайный.
Furtively (*фōр'-тив-ли*) adv. тайно. украдкой.
Furuncle (*фью'-рōнк-л*) s. чирій, вередъ, фурункулъ.
Fury (*фью'-ри*) s. неистовство, ярость; || пылъ, горячность; жестокость, изступленіе, вдохновеніе, восторгъ. || фурія.

Furze (*фöрз*) s. (бот.) дикій теринъ, верескъ, дрокъ
Furzy (*фöрз'-и*) adj поросшій верескомъ.
Fusarole (*фью'-са-рол*) s. (арх.) родъ украшеній изъ ряда четокъ
Fuscation (*фöс-кэ'-шöн*) s затменіе, помраченіе; мракъ.
Fuscous (*фöс'-кöс*) adj темный, темнаго цвѣта.
Fuse (*фьюз*) va. vn. плавить, -ся; расплавлять. -ся. || s трубка (бомбовая).
Fusee (*фью'-зи*) s. трубка (у бомбы); легкій слѣдъ (оленя); коническій валикъ въ часахъ
Fusibility (*фью-зи-бил'-и-ти*) s. плавкость
Fusible (*фью'-зи-бл*) adj. плавкій
Fusiform (*фью'-зи-форм*) adj. (бот.) веретенообразный
Fusil (*фью'-зил*) s ружье
Fusile (*фью'-зил*) adj. плавкій
Fusileer *или* **Fusilier** (*фью-зилир'*) s. пѣхотинецъ
Fusing (*фью'-зинг*) adj плавящій.
Fusion (*фью'-жöн*) s плавленіе. плавка.
Fuss (*фöс*) s шумъ, суматица; хлопоты; || va. хлопотать, суетиться
Fussily (*фöс'-си-ли*) adv съ замѣшательствомъ
Fussy (*фöс'-и*) adj суетливый, хлопотливый, шутливый
Fust (*фöст*) s (арх.) стержень (у столба); затхлость; || vn пахнуть затхлымъ
Fustet (*фöс'-тет*) s. (бот.) сумахъ (дерево)
Fustian (*фöс'-тьян*) s бумазея; || глупость, чепуха; || adj бумазейный; вздорный; надутый (о слогѣ)
Fustianist (*фöс'-тьян-ист*) s. пишущій высокимъ слогомъ
Fustiness (*фöст'-и-нес*) s. затхлость; затхлый запахъ; плесень
Fusty (*фöст'-и*) adj спертый затхлый.
Futile (*фью'-тил*) adj. пустой, ничтожный; || болтливый
Futility (*фью-тил'-и-ти*) s пустота; ничтожество
Futtock (*фöт'-ток*) s (мор.) футоксъ
Future (*фью'-чур*) adj будущій, грядущій. || s будущее **For the** —, впредь на будущее время || (грам.) будущее время
Futurely (*фью-чур-ли*) adv на будущее время
Futurition (*фью-чу-риш'-öн*) s будущность будущее
Futurity (*фью-чу'-ри-ти*) s будущее
Fuzz (*фöз*) s (бот.) дрокъ, пыльная трава. — **ball**, дождевикъ (грибъ) || vn разлетѣться въ мелкіе куски
Fuzzle (*фöз'-л*) va. напоить допьяна
Fy (*фай*) interj тьфу! фу!

G.

G (*джи*) седьмая буква англійской азбуки. || s. (муз.) нота соль.
Gab (*гäб*) s. ротъ; болтовня; || (тех.) зарубка. **He has the gift of the** —, онъ за словомъ въ карманъ не полезетъ. || vn. болтать, лгать
Gabardine (*гäб-äр-дин'*) s. родъ плаща, азямъ
Gabble (*гäб'-бл*) s. болтовня, гоготаніе; || vn. болтать, гоготать.
Gabbler (*гäб'-блер*) s болтунъ -нья
Gabbling (*гäб'-блинг*) s. болтаніе, болтовня, гоготаніе, кудахтаніе (курицы).
Gabel (*гэ'-бел*) s. пошлина, налогъ
Gabion (*гэ'-би-öн*) s (форт.) туръ
Gable (*гэ'-бл*) s. (арх.) щипецъ. — **-end**, щипецъ. — **-roof**, остроконечная крыша.
Gablet (*гэ'-блет*) s. (арх.) маленькій щипецъ (украшеніе).
Gabriel (*гэ'-бри-ел*) npr Гавріилъ, Гаврило
Gad (*гäд*) s. прутъ съ острымъ окончаніемъ, кончикъ, остріе. шипъ; рѣзецъ, клинъ; || неряха; || vn. бродяжничать, шататься **To — about**, слоняться, шляться
Gadabout (*гäд'-абаут*) s. шатунья. потаскушка.
Gadder (*гäд'-ер*) s. бродяга, гуляка
Gadfly (*гäд'-флай*) s. оводъ, слѣпень
Gaff (*гäф*) s. острога, багоръ; (мор.) гафель.
Gaffer (*гäф'-ер*) s. хозяинъ, дѣдушка, батька.
Gaffle (*гäф'-л*) s. пружина для натягиванія лука
Gag (*гäг*) s. кляпъ. || va. заткнуть ротъ; надѣть намордникъ.
Gage (*гэдж*) s залогъ, закладъ; || указная мѣра; || va. давать въ залогъ. ручаться; || мѣрять см. **Gauge**.
Gain (*гэн*) va. пріобрѣтать, выигрывать, добывать, достигать; || vn завладѣвать; подвигаться; одолѣвать, превозмогать. **To — a prize**, получить премію **To — a battle**, выиграть сраженіе. **To — one's end**, достигнуть цѣли. **To — ground**, стать на болѣе прочную почву, преуспѣвать, распространяться || s прибыль; выгода, выручка; барышъ
Gainable (*гэн'-ä-бл*) adj. достижимый.
Gainer (*гэн'-ер*) s. выигрывающій получающій выгоду пріобрѣтатель.
Gainful (*гэн-фул*) adj. прибыльный, выгодный.
Gainings (*гэн'-интс*) s. pl прибыль.

Gainless (*гэн'-лес*) adj. невыгодный, безприбыльный,
Gainlessness (*ген'-лес-нес*) s безприбыльность.
Gainsay (*гэн-сэй'*) va. противорѣчить; отвергать.
Gainsayer (*гэн-сей'-ер*) s. противорѣчащій, противникъ.
Gainsaying (*ген'-сэй-инг*) s. противорѣчіе; отрицаніе
Gairish (*гэп'-иш*) adj. блестящій, яркій; пышный
Gairishly (*гэр'-иш-ли*) adv. блестяще, великолѣпно.
Gairisnness (*гэр'-иш-нес*) s велпколѣпіе, яркость, пышность
Gait (*гэт*) s. дорога. походка, поступь. [носить гетры
Gaiter (*гэ'-тер*) s. гамаши; || va.
Gala (*гэ'-ла*) s. торжество **A — day,** парадный день
Galactite (*гäл-лäл'-тайк*) s (мин.) галактитъ.
Galactometer (*гäл-äк-том'-и-тöр*) s. измѣритель молока (приборъ). [тея
Galathæa (*гäл'-асзи-а*) npr Гала-
Galaxy (*гäл'-äкс-и*) s. (астр.) Млечный путь; || * блестящее собраніе
Gale (*гэл*) s. вѣтеръ, зефиръ, (мор.) штормъ, буря. **To — away,** уходить съ попутнымъ вѣтромъ **A hard, a strong —,** сильный штормъ.
Galeas (*гäл'-и-äс*) s. (мор.) гальясъ (судно)
Galeated (*гэ'-ли-э-тед*) adj. покрытый какъ-бы шлемомъ.
Galena (*гä-ли'-на*) s. (мин.) свинцовый блескъ.
Galeopsis (*гэ-ли-оп'-сис*) s. (бот.) пикульникъ, жабрей
Galicia (*галиш'-и-а*) npr (геог.) Галиція. [отъ. (судно).
Galiot (*гäл'-и-öт*) s. (мор.) галь-
Galipot (*гäл'-и-пот*) s живица, еловая смола.
Gall (*гол*) желчь; || * гнѣвъ, злоба, горечь; || чернильный орѣхъ; || ссадина. || va. vn. содрать кожу, ссадить, перетереть. -ся; || мучить, тревожить, раздражать, -ся.
Gallant (*гäл'-лäнт*) adj. любезный, учтивый, внимательный; храбрый, доблестный. **A — soldier,** храбрый солдатъ. **— manners,** изящныя манеры || s свѣтскій, любезный человѣкъ, щеголь, || храбрецъ.
Gallantly (*гäл'-лäнт-ли*) adv любезно, учтиво; храбро, благородно.
Gallantry (*гäл'-лäнт-ри*) s. вѣжливость, учтивость, обходительность; доблесть, храбрость; || ухаживаніе, волокитство
Galled (*го'олд*) adj. ободранный; раненый. раздраженный.

Galleon (*гäл'-ли-öн*) s. галеонъ (судно.) [коридоръ.
Gallery (*гäл'-лер-и*) s. галлерея.
Galley (*гäл'-ли*) s. галера (судно); (тип.) спускальная доска; || кухня (на судахъ). **—s,** s. pl. каторга **— -slave,** каторжникъ.
Gallic (*гäл'-лик*) adj. гальскій; (хим.) галовый.
Galligaskins (*гäл-ли-гäс'-кинз*) s pl. старинные широкіе шаровары; кожаныя штиблеты
Gallinaceous (*гäл-ли-нэ'-шöс*) adj. куриный.
Galling (*гол'-инг*) s. протираніе, растираніе; раздраженіе кожи; || adj. непріятный, раздражающій
Gallipot (*гäл'-и-пот*) s. (апт.) фаянсовая банка.
Gallon (*гäл'-öн*) s галлонъ (мѣра въ три штофа)
Galloon (*гäл-ун'*) s. галунъ
Gallop (*гäл'-оп*) s. галопъ; || vn галопировать, скакать
Gallopade (*гäл'-оп-ад*) s галопадъ (танецъ); || vn. галопировать
Galloper (*гäл'-оп-пер*) s. лошадь, идущая галопомъ
Galloping (*гäл'-оп-пинг*) adj галопирующій. [кой породы
Galloway (*гäл'-о-уэй*) лошадь мел-
Gallous (*гäл'-öс*) s. висѣлица; козлы, подмостки. **—bitts,** (мор.) висѣлица **A — look,** фальшивый видъ. [башмакъ, галоша
Galoche (*гä-лош'*) s. деревянный
Galore (*гä-лор'*) s. изобиліе.
Galvanism (*гäл'-вä-низм*) s (физ.) гальванизмъ.
Galvanize (*гäл'-вä-найз*) va. (физ.) гальванизировать
Galvanometer (*гäл-вä-нöм'-и-тöр*) s. гальванометръ.
Galvanoscope (*гäл-вäн'-о-скоп*) s гальваноскопъ
Gambit (*гäм'-бит*) s. гамбитъ (въ шахматной игрѣ). [деньги.)
Gamble (*гäм'-бл*) vn. играть (на
Gambler (*гäм'-блер*) s. игрокъ по профессіи; || картежникъ.
Gambling (*гäм'-блинг*) s. азартная игра. **— -house,** игорный домъ
Gamboge (*гäм-буж'*) s. гуммигутъ.
Gambol (*гäм'-бöл*) s. прыжокъ, скачекъ; || vn. рѣзвиться, прыгать, скакать. [га (лошади).
Gambrel (*гäм'-брел*) s. задняя но-
Game (*гэм*) s. игра; партія; || забава, увеселеніе; || дичь; || происки, интриги; || смѣлость. **To have a — at chess,** сыграть партію въ шахматы. **To give up the —,** бросить игру. **To make — of,** потѣшаться надъ кѣмъ, играть чѣмъ. **To eat —,** ѣсть дичь. || vn. играть во что. забавляться, шалить. **— -cock,** бойцовый пѣтухъ. **—ke-**

eper, смотитерль за дичью. лѣсникъ
Gamesome (*гэм'-сòм*) adj шутливый, рѣзвый
Gamesomely (*гэм-сом-ли*) adv шутливо, рѣзво
Gamesomeness (*гэм-сом-нес*) s забава, игры, веселье
Gamester (*гэм'-стер*) s игрокъ картежникъ
Gaming (*гэм'-инг*) s игра. — **house**, игорный домъ — **-table**, ломберный столъ
Gammer (*гäм'-мер*) s старушка. [бабушка
Gammon (*гäм'-мòн*) s. окорокъ. || выдумка; хвастовство. || **That's all —**, все это выдумки. || va. vn. приготовлять, коптить окорока; || обыгрывать въ триктракъ; || (мор.) класть ватеръвулинги
Gammoning (*гäм'-мòн-инг*) s. копченіе окороковъ. (мор.) ватеръвулинги
Gamut (*гäм-òт*) s гамма въ „до"
Gander (*гäн'-дер*) s гусакъ.
Gang (*гäнг*) s куча, толпа, шайка, скопище; артель (матросовъ) **A — of thieves**, шайка воровъ. — **board**, (мор.) сходни — **-way**, (мор.) сходни (на борту) || vn. ходить, уходить
Ganger (*ганг'-ер*) s староста, старшій рабочій.
Ganges (*гäн'-джиз*) npr. (геог) Гангъ
Ganglion (*гäнг'-гли-он*) s. гангліонъ
Gangrenate (*ганг'-гри-нэт*) va. vn. заражаться гангреною, переходить въ гангрену
Gangrene (*гäнг'-грин*) s. (мед) гангрена, антоновъ огонь. || va vn см **Gangrenate.**
Gangrenous (*гäнг'-гри-нòс*) adj гангренозный
Gangue (*гäнг*) s (мин.) порода, матка, необдѣланный камень
Gannet (*гäн'-ет*) s бакланъ (птица)
Gantlet (*гäнт'-лет*) s латная рукавица
Gantlope (*гäнт-лоп*) s (воен) шпицрутенъ
Ganza (*гäн'-за*) s. дикій гусь
Gaol (*джел*) s. тюрьма — **-delivery**, судъ надъ заключенными въ тюрьмѣ, распоряженіе о приводѣ на судъ
Gaóler (*джел-ер*) s. тюремщикъ
Gap (*гäп*) s. отверстіе, щель, проломъ, дыра, провалъ, пробѣлъ **To fill up a —**, затыкать дыру
Gape (*гэп*) vn зѣвать; раскрывать клювъ, || открываться, разверзаться, зіять **To — at, after for**, стремиться къ чему, домогаться **To stand gaping** стоять съ разинутымъ ртомъ. || s. зѣваніе.
Gaper (*гэп'-ер*) s. зѣвака
Gaping (*гэп'-инг*) s зѣваніе, зѣвота; щель, трещина. || adj зѣвающій, зіяющій
Garb (*гарб*) s одежда, платье наружность, видъ, внѣшность **National —** національный костюмъ
Garbage (*гар'-бэдж*) s потроха требуха
Garble (*гар'-бел*) va сортировать, отбирать, просѣкать, укорачивать
Garbler (*гар'-блер*) s. сортировщикъ, укорачиватель
Garbles (*гар'-блз*) s pl соръ, дрянь, высѣвки [бель
Garboard (*гар-борд*) s (мор.) гар
Garden (*гар-дн*) s. садъ **Kitchen —**, огородъ. || vn заниматься садоводствомъ — **-mould**, черноземъ. — **-stuff**, зелень, овощи
Gardener (*гар'-дн-ер*) s садовникъ **Market —**, сторожъ на рынкѣ **Kitchen —**, огородникъ.
Gardening (*гар'-дн-инг*) s садоводство. [гахъ овецъ).
Gare (*гэр*) s. грубая шерсть (на но-
Garfish (*гар'-фиш*). **Gar** (*гар*) s (ихт) родъ щуки [рокъ
Garganey (*гар'-гä-ни*) s (орн.) чи-
Gargarize (*гар'-гä-райз*) va vn полоскать (горло)
Gargle (*гар'-гл*) s. полосканіе
Gargoyle (*гор'-гойл*) s рыльце (у водосточной трубы).
Garland (*гар'-лäнд*) s гирлянда, вѣнокъ, украшеніе
Garlic (*гар'-лик*) s. чеснокъ
Garment (*гар'-мент*) s. одежда, платье
Garner (*гар'-нер*) s житница. | va. класть въ житницу
Garnet (*гар'-нет*) s. (мин.) гранатъ (мор.) тали
Garnish (*гар'-ниш*) s. украшеніе, убранство; | va украшать
Garnishment (*гар'-ниш-мент*) s. украшеніе, уборъ.
Garniture (*гар'-ни-чур*) s украшеніе, отдѣлка [кляча
Garran или **Garron** (*гäр-äн*) -
Garret (*гäр'-ет*) s чердакъ
Garreteer (*гар-ет-ир*) s обитатель чердака
Garrison (*гар'-и-сн*) s. гарнизонъ. || va ставить гарнизонъ
Garrote (*гар-ро'от*) s удавленіе желѣзнымъ ошейникомъ || va удавливать
Garrulity (*гар-ру-ли-ти*) s болтовня, болтливость [ливый
Garrulous (*гäр-ру-лос*) adj бол-
Garter (*гар'-тер*) s подвязка || va завязывать подвязкой, жаловать орденомъ Подвязки
Gas (*гäс*) s. (хим.) газъ — **-burner**, газовой рожокъ — **-light**, освѣщеніе газомъ — **-meter** газовый счетчикъ — **-pipe**, газовый

проводъ — -**works**, газовый заводъ. [подсвѣчникъ.
Gasalier (*гäс-ă-лир'*) s. газовый
Gascon (*гäс'-кöн*) s. гасконецъ.
Gasconade (*гäс-кöн-эд'*) s. хвастовство; || vn. хвастаться
Gaseous (*гäз'-и-öс*) adj. газовый
Gash (*гäш*) s. рана, шрамъ. || va. ранить. [въ газъ.
Gasify (*гäс -и-фай*) va. превращать
Gasket (*гäс'-кет*) s. (мор.) ревантъ, крѣпленіе паруса; пакля
Gasometer (*газ-ом'-и-тöр*) s. газометръ.
Gasp (*гäсп*) va. vn. открывать ротъ конвульсивно (при дыханіи). **To — for breath,** съ трудомъ дышать. **To — after**, вздыхать о чемъ; || va. **To —one's last,** испускать послѣдній вздохъ. || s. дыханіе; вздохъ. **Last—,** агонія.
Gasping (*гäсп'-инг*) s. дыханіе, хватаніе ртомъ воздуха; || * сильное желаніе. [вый.
Gassy (*гäс'-си*) adj. надутый, газо-
Gastric (*гäс'-трик*) adj гастрическій, желудочный.
Gastritis (*гäс-три'-тис*) s. (мед.) гастритъ, катарръ желудка
Gastronome (*гäс'-трон-о.м*), **Gastronomer** (*гäс-трон'-о-мер*) s. гастрономъ.
Gate (*гэт*) s. ворота, врата, дверь; входъ; застава. —**way,** ворота, подворотня.
Gather (*гäз'-ер*) va. собирать, набирать, накоплять, отбирать; || дѣлать выводъ; || дѣлать сзорки (на платьѣ); | vn. собираться, скопляться; сгущаться; созрѣвать (о планѣ). **They — ed together,** они собрались вмѣстѣ. **To — to a head,** (мед.) назрѣвать (до нагноенія). | s. сборка, складка.
Gatherer (*гäсз'-ер-ер*) s. собиратель сборщикъ. — **of corn,** жнецъ.
Gathering (*гäсз'-ер-инг*) s. собираніе; сборъ (денегъ); сборки (въ шитьѣ); (мед.) нагноеніе.
Gaud (*го'од*) s. украшеніе; бездѣлка; пустяки
Gaudily (*го'од-и-ли*) adj. пышно.
Gaudiness (*го'од-и-нес*) s. пышность, пустой блескъ.
Gaudy (*го'од-и*) adj. пышный, блестящій; бросающійся въ глаза.
Gauffering (*го'-оф-ер-инг*) s. гофрировка.
Gauge (*гэдж*) s. указная мѣра, мѣрило; мѣрка, калибръ, размѣръ. (мор.) **Sea —**; лотъ; || va. вымѣривать; клеймить.
Gauger (*гэ'-джер*) s. мѣрильщикъ.
Gauging (*гэ'-джинг*) s. вымѣриваніе. — **rod**, указная мѣра.
Gaunt (*гант*) adj. сухощавый; худой
Gauntlet (*гант'-лет*) s. латная рукавица **To run the —**, идти на удачу
Gauntly (*гант'-ли*) adv жидко, тоще
Gauze (*го'о.з*) s. газъ, флеръ. || adj. газовый
Gauzy (*го'о.з-и*) adj газовый
Gavel (*гäв'-ел*) s десятина; || оброкъ, дань.
Gavelkind (*гäв-ел-кайнд*) s. равный раздѣлъ; передѣлъ никами).
Gavot (*гäв'-öт*) s. гавотъ (танецъ).
Gawk (*го'ок*) s. кукушка; || * глупецъ
Gawky (*го'ок-и*) adj и s. неловкій, глупый.
Gay (*гэй*) adj веселый, живой; хмѣльной; яркій; нарядный. **As — as a lark,** веселый какъ птичка
Gayety *или* **Gaiety** (*гэй'-и-ти*) s веселость, живость, блескъ
Gayly (*гэй'-ли*) adv весело, живо || смѣясь.
Gayness (*гэй'-и-нес*) s. см **Gayety**.
Gaze (*гэз*) va. смотрѣть пристально; || va. созерцать; || s пристальный взглядъ; предметъ созерцанія. [сайга
Gazelle (*гă-зел'*) s. газель. серна,
Gazer (*гэз'-ер*) s. зритель -ница (f.)
Gazette (*гă-зет'*) s. газета, вѣдомости; || va объявлять черезъ газету
Gazetteer (*гäз-ет-тир'*) s географическій лексиконъ.
Gazing-stock (*гэз'-инг-стöр*) s. предметъ общаго вниманія
Gear (*гир*) s. приборъ, принадлежности, платье, одежда, уборъ; сцѣпленіе, совокупленіе, приводъ (для передачи движенія); дѣла. **Head —,** прическа. **To throw into —**, пустить въ ходъ. || va. одѣвать снаряжать; убирать (лошадь)
Geck (*гег*) s. простакъ, глупецъ
Gee *или* **Jee** (*джи*) interj. ну, ну!
Gehenna (*ги-хен'-на*) s. геенна, адъ.
Gelatinate (*джи-лäт'-и-нэт*) va vn. превращать, -ся въ студень
Gelatine (*джел'-ă-тин*) s. желатина, студень.
Gelatinous (*джи-лäт'-и-нöс*) adj. студенистый [уродовать.
Geld (*гелд*) va. холостить, класть;
Gelder (*гелд'-ер*) s. холостильщикъ
Gelding (*гелд'-инг*) s. холощеніе
Gelid (*джел'-ид*) adj. студеный
Gelidity (*джел-лид'-и-ти*), **Gelidness** (*джел'-ид-нес*) s. сильная стужа.
Gem (*джем*) s. драгоцѣнный камень; || (бот.) почка; (садов.) глазокъ, щитокъ. || va. украшать драгоцѣнными камнями; || vn. покрываться почками.
Gemini (*джем'-и-наи*) s. pl. близнецы, двойни; пара. чета, (астр.) Близнецы (созвѣздіе)

Geminous (*джем'-и-нōс*) adj. двойной, парный.
Gemmation (*джем-мэ'-шōн*) s. развертываніе почекъ.
Gemmeous (*джем'-ми-ōс*) adj. походящій на драгоцѣнный камень
Gemmy (*джем'-ми*) adj. изъ драгоцѣнныхъ камней; блестящій
Gender (*джен'-дер*) s родъ, сортъ, порода; полъ; (грам.) родъ. || va. порождать, причинять.
Genealogical (*джен-и-ā-лōдж'-ик-āл*) adj. генеалогическій, родословный.
Genealogy (*джен-и-āл'-о-джи*) s. генеалогія, родословная.
General (*джен'-ер-āл*) adj. общій, всеобщій, общественный; генеральный, главный **The — welfare,** общее благосостояніе **— officer**, генералъ. || s. общее, цѣлое; || генералъ, полководецъ: главный начальникъ.
Generalissimo (*джен'-ер-āл-ис'-си-мо*) s. генералиссимусъ.
Generality (*джен'-ер-āл'-и-ти*) s. общность; большинство.
Generalization (*джен'-ер-āл-и-зэ'-шōн*) s. обобщеніе.
Generalize (*джен'-ер-āл-айз*) va. обобщать.
Generally (*джен'-ер-āл-ли*) adv. вообще, повсюду, по большей части, обыкновенно
Generalness (*джен'-ер-āл-нес*) s. общность, обыкновеніе.
Generalship (*джен'-ер-āл-шип*) s. генеральство; тактика.
Generant (*джен'-ер-āнт*) s. производитель; || adj. образующій.
Generate (*джен'-ер-эт*) va. производить, рождать, порождать
Generating (*джен'-ер-эт-инг*) adj. порождающій, производящій
Generation (*джен-ер-э'-шōн*) s. рожденіе, образованіе; раса; поколѣніе, родъ, колѣно
Generative (*джен'-ер-ā-тив*) adj. зарождающій, производящій, дѣтородный.
Generator (*джен'-ер-э-тōр*) s. зарождатель, первопричина.
Generical (*джи-нер'-ик-āл*), **Generic** (*джи-нер'-ик*) adj. родовой.
Generically (*джи-нер'-ик-āл-и*) adv въ родовомъ отношеніи
Generosity (*джен-ер-ос'-и-ти*) s. великодушіе; благородство
Generous (*джен'-ер-ōс*) adj. великодушный; благородный
Generously (*джен'-ер-ōс-ли*) adv великодушно; благородно
Generousness (*джен'-ер-ōс-нес*) s. великодушіе; благородство; щедрость. [деніе. генезисъ.
Genesis (*джен'-и-сис*) s происхож-
Genet (*джен'-ет*) s. испанскій жеребецъ. [кошачій мѣхъ
Genet *или* **Genette** (*джи-нет'*) s
Geneva (*джи-ни'-ва*) npr (геогр.) Женева.
Genial (*джи'-ни-āл*) adj. живительный, животворный; жизненный радостный, геніальный
Geniality (*джи-ни-āл'-и-ти*) s. живость, веселость, животворность
Genially (*джи'-ни-āл-и*) adv отъ природы; весело. пріятно.
Geniculate (*джи-никь'-ю-лэт*), **Geniculated** (*джи-никъ'-ю-лэтед*) adj. (бот.) колѣнчатый.
Genii (*джи'-ни-ай*) pl. отъ **Genius.**
Genital (*джен'-и-тāл*) adj. дѣтородный: || **—s,** s. pl. дѣтородные органы.
Genitive (*джен'-и-тив*) s (грам.) родительный падежъ
Genitor (*дженъ'-и-тōр*) s родитель, отецъ.
Genius (*джинъ'-ōс*) (въ pl **Geniuses**) s. геній, природный талантъ (въ pl. **Genii**). геніи (добрые или злые духи).
Genoa (*дже-но'а*) npr (геог.) Генуя
Genteel (*джен-тил'*) adj. милый благородный, пріятный
Genteelly (*джен-тил'и*) adv мило пріятно, прелестно.
Genteelness (*джен'-тил-нес*) s пріятность, миловидность, изящность. [(трава)
Gentian (*джен'-шāн*) s генціана
Gentile (*джен'тайл*) s. язычникъ
Gentilism (*джен'-тил-изм*) s. язычество
Gentility (*джен-тил'-и-ти*) s. вѣжливость, учтивость, изящество приличіе; || мелкое дворянство
Gentle (*джен'-тл*) adj благородный (по рожденію), милый, скромный **A — horse,** смирная лошадь. **— reader,** благосклонный читатель.
Gentlefolk (*джен'-тл-фоок*), (**Gentlefolks**) s. pl. дворянство, знать
Gentleman (*джен-тл-мāн*) s порядочный, благовоспитанный человѣкъ, джентльменъ **He is a — every inch of him** это настоящій джентльменъ. **An independent —,** независимый человѣкъ, рантье **A — has asked for you,** господинъ васъ спрашивалъ. **Show the — to his room,** отведите господина въ его комнату. **— -farmer,** землевладѣлецъ. **— of four outs,** * джентльменъ безъ ума, денегъ, кредита манеръ.
Gentlemanlike (*джен'-тл-мāн-лайк*), **Gentlemanly** (*джен'-тл-мāн-ли*) adj. похожій на джентль-

мена; честный. — **behaviour,** джентльменскій поступокъ.
Gentlemanliness (*джен'-тлм-ăн-ли-нес*) s. джентльменство, благовоспитанность.
Gentleness (*джен'-тл-нес*) s. кротость, нѣжность; благородство; учтивость.
Gentlewoman (*джен'-тл-уу-мăн*) s. барышня; фрейлина.
Gently (*джен'-тли*) adv. тихо, кротко, учтиво.
Gentry (*джен'-три*) s. благовоспитанные люди; буржуазія.
Genuflection (*джи-нью-флек'-шŏн*) s. колѣнопреклоненіе.
Genuine (*джень'-ю-ин*) adj. настоящій, естественный, искренній. — **wine,** неподдѣльное вино. **A — text,** подлинный текстъ.
Genuinely (*джень'-ю-ин-ли*) adv. естественно; подлинно.
Genuineness (*джень'-ю-ин-нес*) s. подлинность, искренность.
Genus (*джи'-нŏс*) s. (pl. **Gerera**), родъ, классъ.
Geocentric (*джи-о-сен'-трик*). **Geocentrical** (*джи-о-сен'-трик-ăл*) adj. геоцентрическій, относящійся къ центру земли.
Geodesy (*джи-од'-и-си*) s. геодезія.
Geodetic (*джи-о-дет'-ик*).**Geodetical** (*джи-о-дет'-ик-ăк-ăл*) adj. геодезическій. [гнозія.
Geognosy (*джи-ог'-но-си*) s. гео-
Geographer (*джи-ог'-рă-фер*) s. географъ,
Geographic (*джи-о-грăф'-ик*), **Geographical** (*джи-о-грăф'-ик-ăл*) adj. географическій.
Geography (*джи-ог'-рă-фи*) s. географія.
Geologer (*джи-ол'-о-джер*) **Geologist** (*джи-ол'-о-джист*) s. геологъ.
Geological (*джи-о-лодж'-ик-ăл*) adj. геологическій.
Geology (*джи-ол'-о-джи*) s. геологія. [гаданія.
Geomancy (*джи'-о-мăн-си*) s. родъ
Geometer (*джи-ом'-и-тор*) s. геометръ.
Geometric (*джи-о-мет'-рик*), **Geometrical** (*джи-о-мет'-рик-ăл*) adj. геометрическій.
Geometrician (*джи-ом-и-триш'-ăн*) s. геометръ.
Geometry (*джи-ом'-и-три*) s. геометрія.
George (*джордж*) s. Георгій. **Brown —,** черный хлѣбъ.
Georgic (*джор'-джик*) adj. касающійся земледѣлія; || **—s,** s. pl. георгики.
Geranium (*джи-рэ'-ни-ŏм*) s. (бот.) герань. [чатокъ.
Germ (*джŏрм*) s. зародышъ, за-
German (*джŏр'-мăн*) adj. родной, близкій, свойственный. **Cousin —,** двоюродный братъ; || s. и adj. нѣмецъ, нѣмецкій.
Germander (*джŏр-мăн'-дер*) s. (бот.) дубровникъ.
Germanic (*джŏр-мăн'-ик*) adj. нѣмецкій. [Германія.
Germany (*джŏр'-мă-ни*) npr. (геогр.)
Germinal (*джор'-ми-нăл*) adj. зародышевый.
Germinate (*джŏр'-ми-нэт*) vn. пускать ростки.
Germination (*джŏр-ми-нэ'-шŏн*) s. пусканіе ростковъ.
Germinative (*джŏр'-ми-нэ-тив*) adj. (бот.) произрастающій изъ сѣмени. [рундій.
Gerund (*джо'-ŏнд*) s. (грам.) ге-
Gest (*джест*) s. дѣла, дѣяніе, подвиги; || зрѣлище.
Gestation (*джес-тэ'-шŏн*) s. беременность.
Gesticulate (*джес-тикь'-ю-лэт*) vn. жестикулировать.
Gesticulation (*джес-тикь-ю-лэ'-шŏн*) s. жестикуляція.
Gesticulator (*джес-тикь-ю-лэ'-тŏр*) s. жестикулирующій.
Gesture (*джесть'-юр*) s. жестъ, тѣлодвиженіе; || va. vn. жестикулировать.
Get (*гет*) va. vn. пріобрѣтать, достигать, добывать, получать, навлекать на себя, стяжать, доставлять; производить; доходить до чего; просить, склонять, добиться чего; заставлять. **To — money,** пріобрѣсти деньги. **To — friends,** пріобрѣсти друзей. **To — a name,** пріобрѣсти имя. **What will you — by all that?** что получите вы этимъ путемъ? **I have got it,** я это имѣю. **— a pair of boots made,** заставьте сдѣлать пару сапогъ. **To — the better of,** восторжествовать, одержать верхъ надъ кѣмъ, выздоровѣть. **To — ready,** приготовить, быть въ готовности. || vn. идти, сдѣлаться. **To — home,** придти домой. **To — better,** поправиться, чувствовать себя лучше. **To — clear of,** освободиться, расплатиться. **To — rid of,** избавиться отъ. **To — about,** выйти. **To — abroad,** выйти наружу; распространиться. **To — aground,** потерпѣть неудачу. **To — ahead of,** опережать. **To — at,** достигать. **To — away,** прогнать; уйти, избѣгнуть; похитить. **To — away from,** удалиться отъ. **To — one's self back,** возвратиться. **To — down,** спустить,-ся; сойти; проглотить. **To — forward,** идти впередъ, успѣвать. **To — hold of,** схватить; получить. **To — in, to — into,** входить.

впустить кого-либо. **To — off,** вывести, выпутаться, отдѣлаться; спастись; сбыть. **To — on,** идти впередъ, подвигаться; надѣвать. **To — on with,** согласиться съ кѣмъ. **To — out,** вынуть, вывести, вытащить, освободить,-ся. **To — over,** перейти; пройти; преодолѣть, отдѣлаться. **To — through,** пройти сквозь что, пробиться, выполнить; разобрать. **To — together,** собрать, *-ся,* встрѣтиться, соединиться. **To — under,** подчиниться; встать подъ. **To — up,** поднять, -ся; встать, приготовить; поставить (піесу). **To — upon a horse,** сѣсть на лошадь. **To — up steam,** топить.

Getter (*гет'-тер*) s. пріобрѣтатель, получатель выгоды.

Getting (*гет'-тинг*) s. пріобрѣтеніе прибыль, полученіе выгоды.

Get-up (*гет'-апп*) s. (театр.) мизансцена; постановка (піесы); конецъ; фасонъ.

Gewhaw (*гью'-гоо*) s. блестящая бездѣлушка, брелокъ; || adj. несущественный.

Geyser (*гэ'-сер*) s. гейзеръ.

Ghastful (*гäст'-фул*) adj. страшный, мрачный.

Ghastliness (*гäст'-ли-нес*) s. ужасный видъ, смертельная блѣдность.

Ghastly (*гäст'-ли*) adj. какъ привидѣніе, страшный.

Gherkin (*гöр'-кин*) s. огурчикъ.

Ghost (*го'ост*) s. духъ; душа; привидѣніе, тѣнь. **To give up the** =, отдать душу.

Ghostlike (*го'ост-лайк*) adj. какъ привидѣніе.

Ghostliness (*го'ост-ли-нес*) s. духовность.

Ghostly (*го'ост-ли*) adj. духовный.

Ghoul (*гул*) s. (миѳ.) родъ вампира, вурдалакъ.

Giant (*джай'-äнт*) s. гигантъ, великанъ, исполинъ; || adj. гигантскій, исполинскій. [канша.

Giantess (*джай'-äнт-нес*) s. вели-

Giantlike (*джай'-äнт-лайк*), **Giantly** (*джай'-äнт-ли*) adj. гигантскій.

Gib (*гиб*) s. (мех.) натяжная чека.

Gibber (*гиб'-ер*) vn. говорить дурнымъ нарѣчіемъ, невнятно.

Gibberish (*гиб'-ер-иш*) s. дурное нарѣчіе, тарабарщина.

Gibbet (*джиб'-ет*) s. висѣлица; || va. вѣшать.

Gibbon (*гиб'-öн*) s. гиббонъ, долгорукая обезьяна.

Gibbosity (*гиб-бос'-и-ти*) s. выпуклость, горбатость.

Gibbous (*гиб'-бос*) adj. выпуклый, горбатый.

Gibbousness (*гиб'-бос-нес*) s. выпуклость, горбатость.

Gib-cat (*гиб'-кäт*) s. старый котъ.

Gibe (*джайб*) va. vn. издѣваться, насмѣхаться надъ кѣмъ; || s. насмѣшка. [-ница.

Giber (*джайб'-ер*) s. насмѣшникъ,

Giblets (*джиб'-летс*) s. pl. потроха (птичьи).

Giddily (*гид'-и-ли*) adv. какъ угорѣлый, непостоянно, вертляво.

Giddiness (*гид'-и-нес*) s. головокруженіе; непостоянство, легкомысліе, вѣтренность.

Giddy (*гид'-и*) adj. подверженный головокруженіямъ, вѣтреный, разсѣянный. **A — girl,** пустая дѣвчонка. **— -headed,** безпечный, вѣтреный.

Gift (*гифт*) s. даръ, подарокъ, приношеніе; талантъ, дарованіе. **A free —,** добровольный даръ. **New year's —,** новогодніе подарки. || va. одарять. **He is — ed,** онъ одаренъ.

Gifted (*гиф-тед'*) adj. одаренный.

Gig (*гиг*) s. кубарь, волчокъ; юла; || * вертушка (о дѣвушкѣ); двухколесный фаэтонъ. || гичка (лодка).

Gigantean (*джай-гäн-ти'-äн*), **Gigantic** (*джай-гäн'-тик*) adj. гигантскій, исполинскій.

Giggle (*гиг'-гл*) vn. скалить зубы, хихикать; || s. зубоскальство.

Giggler (*гиг'-глер*) s. зубоскалъ.

Giggling (*гиг'-глинг*) s. зубоскальство.

Gild (*гилд*) va. золотить.

Gilder (*гилд'-ер*) s. золотильщикъ.

Gilding (*гилд'-инг*) s. золоченіе, позолота.

Gill (*гил*) s. жабры (у рыбъ); подбородокъ (у пѣтуха); отвислая кожа подъ подбородкомъ; || промоина, ровъ; || мѣра въ ¼ пинты, чарка; || молодка, сударка.

Gillie (*джил'-и*) s. мальчикъ, пажъ.

Gillyflower (*джил'-и-флау-ер*) s. (бот.) левкой.

Gilse (*гилс*), **Grilse** (*грилс*) s. маленькій лосось.

Gilt (*гилт*) s. позолота; || *блестки.

Gilthead (*гилд'-хед*) s. (ихт.) золотая рыбка.

Gimcrack (*джим'-крäк*) s. непрочный механизмъ; негодная вещь; игрушка.

Gimlet (*гим'-лет*) s. буравъ.

Gimmal (*гим'-мäл*) s. механизмъ; пружина; звено, сцѣпленіе.

Gimp (*гимп*) s. гипюръ.

Gin (*джин*) s. западня, силокъ; || подъемная машина. воротъ. **Cotton —,** машина для очистки хлопчатой бумаги отъ сѣмянъ. || джинъ (водка); || va. ловить въ западню.

Ginger (*джин'-джер*) s. имбирь. —

-beer, имбирный ликеръ. — **-bread,** хлѣбъ съ имбиремъ.
Gingerly (*джин'-джер-ли*) adv. тщательно, тихонько, осторожно.
Gingham (*гинг'-ăм*) s. родъ индѣйской матеріи.
Gingival (*джин'-джи-вăл*) adj. десенный.
Gingle *или* **jingle** (*джин'-гл*) s. звонъ, стукъ, шумъ; || va. vn. звонить, брящать, стучать, шумѣть
Gingling (*джинг'-глинг*) s. позвякиваніе.
Ginseng (*джин'-сенг*) s. (бот.) стосилъ (китайское растеніе).
Gipsy (*джип'-си*) s цыганъ, -нка; || * плутовка (f.); || adj. цыганскій.
Giraffe (*джи-раф'*) s. (зоол.) жирафъ.
Girandole (*джир'-ăн-дōл*) s. жирандоль.
Girasole (*джир'-а - сол*) s. подсолнечникъ; || (мин.) опалъ.
Gird (*гōрд*) s. тоска; || насмѣшка; || (амер.) ударъ кнутомъ; || va. опоясывать; окружать; облекать; || насмѣхаться. **To — a horse,** стягивать лошадь подпругой.
Girder (*гōрд'-ер*) s. перекладина, брусъ, палка.
Girdle (*гōрд'-л*) s. поясъ, кушакъ; опояска; || va. опоясывать. окружать.
Girl (*горл*) s. дѣвушка, дѣвица, дѣвка, дѣвочка.
Girlhood (*горл'-худ*) s. дѣвичество.
Girlish (*гōрл'-иш*) adj. дѣвическій.
Girlishness (*гōрл'-иш-нес*) s. дѣвичьи черты, дѣвичій характеръ.
Girt (*гōрт*) *или* **Girth** (*гōрсз*) va. подтягивать подпругой.
Girth (*гōрсз*) s. окружность, обхватъ; подпруга.
Gist (*джист*) s. суть, главный пунктъ.
Give (*гив*) va. vn. давать, отдавать, подавать; вручать; представлять; изъявлять; || емягчаться, отступать. **To — the lie,** изобличать во лжи. **To — notice,** предупреждать; предупреждать объ увольненіи отъ службы. **To — praise,** хвалить. **To — battle,** дать сраженіе. **To — thanks.** благодарить, воздать благодарность. **To — evidence,** дать свидѣтельство. **To — alms,** подать милостыню. **To — pleasure,** доставить удовольствіе. **To — pain to,** огорчить. **To — one's self out for,** выдавать себя за. **To — back,** возвращать, отступать. **To — over,** переставать; уступать; отказываться; ослабѣвать, покидать, отчаиваться. **To — up,** возвращать; отказываться, уступать; покидать; предавать, -ся. **To — way,** уступать; поддаваться; гнуться; распадаться; рушиться. **To — in charge,** обвинять, предавать кого полицейскимъ властямъ. **I'll give him as good as he brings,** я ему отплачу его же монетой
Giver (*гив'-ер*) s. дающій, жертвователь.
Gizzard (*гиз'-ăрд*) s. зобъ (у птицъ).
Glabrous (*глэ'-брōс*) adj. (бот.) гладкій, голый; || (зоол.) безволосый, голый.
Glacial (*глэ'-шăл*) adj. ледяной; (геогр.) ледовитый.
Glaciation (*глэ-ши-э'-шōн*) s. замираніе, оледенѣніе, ледъ.
Glacier (*глэ'-сир*) s. ледникъ; || глетчеръ.
Glacis (*глэ'-сис*) s. (форт.) гласисъ; скатъ.
Glad (*глăд*) adj. веселый, довольный.
Gladden (*глăд'-дн*) va. vn. радовать, -ся, веселить, -ся.
Glade (*глэд*) s. прогалина, просѣка; аллея; || (сѣв. амер.) полынья; ровный ледъ.
Gladiator (*глăд'-и-э-тōр*) s. гладіаторъ, боецъ.
Gladiolo (*глăд'-и-о.л*) s. шпажная трава.
Gladly (*глăд'-ли*) adv. съ охотою, съ удовольствіемъ.
Gladness (*глăд'-нес*) s. радость, довольство.
Gladsome (*глăд'-сōм*) adj. радостный, веселый; пріятный
Gladsomeness (*глăд'-сōм-нес*) s. см. **gladness**.
Gladwyn (*глăд'-уин*) s. (бот.) шпажная трава.
Glair (*глэр*) s. бѣлокъ (яичный), слизь; || бердышъ (родъ алебарды); || va. глянцевать (бѣлкомъ).
Glairy (*глэр'-и*) adj. слизистый; бѣлковый.
Glance (*глăнс*) s. блескъ, лучъ; || взглядъ; || намекъ. **At the first —,** съ перваго взгляда. || vn. va. бросать искры, лучи. взгляды; блистать, сверкать; || * намекнуть, отскочить (о пулѣ). **To — at a book,** пробѣжать глазами книгу, просмотрѣть книгу.
Glancingly (*глăн'-синг-ли*) adv. слегка, мимоходомъ, мелькомъ.
Gland (*глăнд*) s. (анат.) железа; || (бот.) желудь.
Glanders (*глăнд'-ерз*) (вет.) сапъ.
Glandiferous (*глăн-диф'-ер-ōс*) adj. (анат.) железистый.
Glandiform (*глăнд'-и-форм*) adj. имѣющій видъ железы.
Glandular (*глăндь'-ю-лăр*) adj. (анат.) железистый.
Glandule (*глăндь'-юл*) s. (анат.) гляндуля.
Glandulous (*глăндь'-ю-лōс*) adj. железистый.
Glare (*глэр*) s. яркій свѣтъ; грозный взглядъ; || vn. блестѣть; сверкать (глазами); блистать.
Glaring (*глэр'-инг*) s. блескъ; || adj.

ослѣпительный, блестящій; яркій; явный.

Glaringly (*глэр'-инг-ли*) adv. явно, открыто; съ яркимъ блескомъ.

Glaris (*глер'-ис*), **Glarus** (*глер'-ес*) npr. (геогр.) Гларисъ.

Glass (*глас*) s. стекло; стаканъ, рюмка; (анат.) хрусталикъ. **Cut —**, граненый хрусталь. **Weather —**, барометръ. **To drink out of a —**, пить изъ стакана. **Magnifying —**, увеличительное стекло. **Opera —**, бинокль. **Burning —**, зажигательное стекло. || adj. стекляный. **— -blower**, раздувальщикъ стекла. **— -case**, витрина. **— -door**, стеклянная дверь. **— -house**, стеклянный заводъ; || теплица. **— -stopper**, стеклянная пробка. **— -ware**, лавка стеклянной посуды. **— works**, s. pl. стеклянный заводъ. || va. смотрѣть, -ся въ зеркало; отражаться, ставить подъ стекло; вставлять стекла.

Glassiness (*глас-и-нес*) s. стекловидность; прозрачность; лоскъ, глянецъ.

Glasslike (*глас'-лайк*) adj. похожій на стекло.

Glassy (*глас'-и*) adj. стеклянный; зеркальный; глянцевитый, прозрачный.

Glaucoma (*гла-ко'о-ма*) s. (мед.) глаукома.

Glaucous (*гло'о-кос*) adj. сѣро-зеленый.

Glave (*глэв*) s. мечъ, сабля.

Glaze (*глэз*) s. глазурь; мурава, лакъ; || va. вставлять стекла; наводить глазурь, глянецъ; муравить (глиняную посуду).

Glazier (*глэ'-жёр*) s. стекольщикъ.

Glazing (*глэз'-инг*) s. глазуреніе, лакировка; наведеніе глянца, лоска (на ткань); муравленіе.

Gleam (*глим*) s. лучъ, свѣтъ, освѣщеніе; блескъ, сверканіе. **A — of hope**, лучъ надежды; || vn. свѣтиться, свѣтлѣть; блестѣть, сіять.

Gleaming (*глим'-инг*) s. свѣтъ, лучъ, проблескъ. [сіяющій.

Gleamy (*глим'-и*) adj. блестящій,

Glean (*глин*) va. vn. подбирать съ поля остатки жатвы; || побираться; живиться. [колосьевъ.

Gleaner (*глин'-ер*) s. подбиратель

Gleaning (*глин'-инг*) s. подбираніе колосьевъ; || пожива; сборъ.

Glebe (*глиб*) s. почва, земля; глыба земли (съ минералами); торфъ.

Glee (*гли*) s. веселье, радость; пѣсня съ припѣвами. **To be in high —**, быть очень довольнымъ, радоваться.

Gleek (*глик*) s. брелапъ (карт. игра); (муз.) трель (въ пѣніи); музыка; музыкантъ; || насмѣшка.

Gleesome (*гли'-сем*) adj. веселый, радостный.

Gleet (*глит*) s. (мед.) гной, сукровица. (мед.) бленоррея.

Gleetly (*глит'-и*) adj. гнойный.

Glen (*глен*) s. долина, долъ.

Glib (*глиб*) adj. текучій, гладкій, скользкій; развязный (на языкъ). || s. локонъ волосъ; || va. холостить; дѣлать скользкимъ.

Glibly (*глиб'-ли*) adv. гладко, бѣгло, плавно.

Glibness (*глиб'-нес*) s. текучесть; скользкость; развязность (языка).

Glide (*глайд*) s. теченіе, скользеніе; || vn. протекать, скользить; незамѣтно проходить. **To — through the waves**, разсѣкать волны.

Gliding (*глайд'-инг*) adj. скользящій. **A — stream**, тихій ручей. **— hours**, быстро бѣгущіе часы.

Glim (*глим*) s. свѣтъ, свѣча.

Glimmer (*глим'-ер*) s. мерцаніе, слабый свѣтъ. **Fitful —**, мелькающій свѣтъ. || vn. мерцать, слабо освѣщать. **The day light begins to —**, начинаетъ свѣтать.

Glimmering (*глим'-ер-инг*) s. слабые лучи свѣта; || adj. слабо освѣщающій. **A — light**, мерцающій свѣтъ. **— dawn**, зарождающая заря. **A — of hope**, проблески надежды.

Glimpse (*глимпс*) s. слабый, мимолетный свѣтъ, мельканіе; лучъ, полоса свѣта; проблескъ; || взглядъ; разъ; доля. **At a —, at one —**, съ перваго взгляда. || vn. мелкать, мерцать. [сіять, сверкать.

Glisten (*глис'-н*) vn. блистать,

Glitter (*глит'-тер*) vn. блестѣть, сверкать, сіять; просвѣчивать. **All is not gold that glitters**, не все то золото, что блеститъ. || s. блескъ, сіяніе; мишура.

Glitteringly (*глит'-тер-инг-ли*) adv. блестяще; съ блескомъ.

Gloaming (*гло'ом-инг*) s. сумерки.

Gloat (*гло'от*) vn. выпучить глаза; || пожирать глазами.

Globard (*гло'о-бард*) s. свѣтлячокъ, свѣтлякъ.

Globate (*гло'о-бэт*) s. **Globated** (*гло'о-бэт-ед*) adj. шарообразный, сферическій.

Globe (*гло'об*) s. шаръ; сфера; глобусъ; яблоко (глазное); || придавать шарообразный видъ.

Globose (*гло-бо'ос*) adj. сферическій, круглый.

Globular (*глобь'-ю-лăр*) adj. сферическій, шаровидный.

Globule (*глобь'-юл*) s. шарикъ.

Globulous (*глобь'-ю-лос*) adj. шаровидный.

Glomerate (*глом'-ер-эт*) va. ска-

тывать въ шаръ, свивать въ клубокъ.
Glomeration (*гломʼ-ер-э'-шдн*) s. скатываніе въ шаръ, свиваніе въ клубокъ, аггломерація.
Gloom (*глум*) s. мракъ; **Gloominess** (*глумʼ-и-нес*) s. мрачность; || пасмурность, унылость; печаль; || va. vn. помрачать, -ся; унывать, печалиться. [печально, уныло.
Gloomily (*глумʼ-и-ли*) adv. мрачно;
Gloomy (*глумʼ-и*) adj. мрачный, пасмурный, печальный.
Glorification (*гло-ри-фи-кэʼ-шдн*) s. прославленіе; слава, величіе.
Glorify (*глоʼо-ри-фай*) va. славить, прославлять.
Glorious (*глоʼа-ри-дс*) adj. славный, знаменитый; удивительный, замѣчательный.
Gloriously (*глоʼо-ри-дс-ли*) adv славно, блестяще.
Gloriousness (*глоʼо-ри-дс-ли-нес*) s знаменитость; высокомѣрность.
Glory (*глоʼо-ри*) s. слава; честь; извѣстность; блаженство (въ раю). || vn. **To — in**, гордиться, величаться.
Gloss (*глос*) s. блескъ, лоскъ; || толкованіе, изъясненіе; || благовидный предлогъ. || va. наводить лоскъ, прикрашивать; || объяснять, толковать. **To — over**, давать благовидный предлогъ.
Glossary (*глосʼ-а-ри*) s. толковый словарь. [лощильщикъ.
Glosser (*глосʼ-ер*) s. толкователь; ||
Glossiness (*глосʼ-и-нес*) s. лоскъ, глянецъ; апретура (ткани).
Glossography (*глос-огʼ-ра-фи*) s. словотолкованіе.
Glossy (*глосʼ-и*) adj. лоснящійся, полированный.
Glottis (*глотʼ-тис*) s. (анат.) гортанная щель, глотка.
Glove (*глдв*) va. надѣть перчатку; прикрыть, скрыть. || s. перчатка. **A pair of —s**, пара перчатокъ.
Glover (*глдвʼ-ер*) s. перчаточникъ, -ница.
Glow (*глоʼу*) s. жаръ, раскаленность, пылъ; яркость красокъ; румянецъ, увлеченіе, живость чувства, рвеніе; || vn. накаляться, горѣть, пылать; блистать; оживляться, краснѣть; пылать (страстью). **— -worm**, свѣтлякъ.
Glowing (*глоʼд-инг*) adj. горячій, жаркій, пылающій; накаленный до бѣла; яркій, блестящій.
Glowingly (*глоʼу-инг-ли*) adv. съ огнемъ, жарко, пылко.
Gloze (*глоʼоз*) s. лесть, ласкательстви; || vn. льстить, ласкать. **To — over**, окрашивать, придавать ложную окраску.
Glucose (*глью-косʼ*) s. (хим.) глюкоза.
Glue (*глю*) va. клеить, склеивать; || * спаивать, соединять; || s. клей.
Gluey (*глюʼ-и*) adj. клейкій, липкій, вязкій. [кость, липкость.
Glueyness (*глюʼ-и-нес*) s. клей-
Glum (*глдм*) adj. фам. досадливый, капризный
Glut (*глдт*) s. изобиліе, множество; пресыщеніе; || обремененіе, засореніе; || проглоченный кусокъ; || va. проглатывать, поглощать, наполнять; пресыщать.
Gluten (*глюʼ-тен*) s. клейковина, глютена. [кій, липкій.
Glutinous (*глюʼ-ти-нос*) adj. клей-
Glutton (*глдтʼ-тн*) s. обжора; || (зоол. россомаха.
Gluttonize (*глдтʼ-тн-айз*) vn. обжираться. [жорливый.
Gluttonous (*глдтʼ-тн-дс*) adj. об-
Gluttonously (*глдтʼ-тн-дс-ли*) adv. обжорливо.
Gluttony (*глдтʼ-тн-и*) s. прожорливость. [ринъ.
Glycerine (*глисʼ-ер-ин*) s. глице-
Glyph (*глиф*) s. (арх.) выемка, глифъ.
Glyphtics (*глипʼ-тикс*) s. глиптика (рѣзьба на драгоцѣнныхъ камняхъ). [глиптографія.
Glyptography (*глип-тогʼ-ра-фи*) s.
Gnarl (*нарл*) s. узелъ на деревѣ
Gnarled (*нарлд*), **Gnarly** (*нарʼ-ли*) adj. узловатый.
Gnash (*нäш*) va. vn скрежетать зубами. [зубовъ.
Gnashing (*нäшʼ-инг*) s. скрежетъ
Gnat (*нäт*) s. комаръ; мушка.
Gnaw (*ноʼо*) va. vn. грызть, глодать, кусать. **To — the bit**, закусить удила.
Gneiss (*найс*) s. (мин.) гнейсъ.
Gnome (*ноʼом*) s. гномъ.
Gnomon (*ноʼо-мдн*) s. гномонъ, стрѣлка солнечныхъ часовъ.
Gnomonics (*но-монʼ-икс*) s. гномоника.
Gnostic (*носʼ-тик*) s. гностикъ; || adj. гностическій. [гностицизмъ.
Gnosticism (*носʼ-ти-сизм*) s.
Gnu (*нью*) s. (зоол.) конебыкъ; родъ антилопы.
Go (*гоʼо*) vn. идти, ходить, уходить, проходить; ѣхать, уѣзжать; || быть, имѣть, находиться. **To — on foot**, идти пѣшкомъ. **To — on horseback**, ѣхать верхомъ. **To — to Russia**, отправиться, ѣхать въ Россію **How goes your health**, какъ ваше здоровье? **To — halves with one**, быть въ половинѣ съ кѣмъ. **To — under an ill report**, пользоваться дурной славой. **To let —**, пустить, отпустить, выпустить, проворонить. **To — about**, ходить, обходить, объѣхать; обращаться. **To — abroad**, выходить; ѣхать за гра-

ницу; распространяться. **To — again**, возвращаться. **To — against**, идти, быть противъ чего, противиться. **To — along**, идти, проходить; продолжать идти. **To — along with one**, * сходиться, согласоваться съ кѣмъ. **To — astray**, уклоняться, заблуждаться. **To — astern**, давать заднiй ходъ. **To — away**, уходить, уѣзжать, проходить. **To — back**, идти назадъ, отступать; возвращаться. **To — backward**, отступать, пятиться. **To — between**, * посредничать. **To — beyond**, проходить куда, заходить за что; превосходить. **To — by**, проходить мимо; не обращать вниманія, || подражать. **To — down**, спускаться, упадать; быть принятy. **To — for**, идти, отправляться за кѣмъ; слыть за кого. **To — forth**, выходить, выступать, появляться. **To — forward**, итти впередъ, успѣвать. **To — in**, входить; ходить въ чемъ. **To — in for**, стремиться къ чему. **To — into**, входить, вступать; согласоваться. **To — into mourning**, одѣваться въ трауръ. **To — near**, подходить; касаться, трогать. **To — off**, разсѣваться; отходить, уходить. **To — on**, отправиться, подвигаться впередъ. **To — out**, выходить, выѣзжать, выступать; выдаваться; потухать. **To — over to**, проходить, провѣрять, сводить счета. **To — round**; кружиться, вертѣться, обращаться, дѣлать обходъ. **To — through**, проходить сквозь что; пробиваться, переходить. **To — under** подвергаться, выносить, пройти подъ. **To — up**, идти вверхъ, восходить, подниматься, приближаться къ кому. **To — upon**, отправиться, идти на, въ; полагаться на что. **To — with**, идти съ кѣмъ, съ чѣмъ, слѣдовать; быть беременной. **To — without**, обойтись безъ чего; || s. ходъ, бѣгъ (лошади); мода; случай. **No —**, *ничего хорошаго, не ладится. **It was all the —**, это произвело фуроръ. **It is no —**, это не подходить. **That's a fine —**, вотъ такъ славно. **— -between**, **— -cart**, повозка **— -by**, бѣгство.

Goad (*го'од*) s. бодило, стрекало; || va. колоть бодиломъ; подгонять; || * подстрекать.

Goal (*го'ол*) s. цѣль; точка отправленія; преграда.

Goat (*го'от*) s. козелъ, коза. **He- —**, козелъ. **She- —**, коза. **— -footed**, съ козлиными ногами. **—'s beard**, (бот.) козелецъ. **— -sucker**, (орн.) козодой, полуночникъ. **— -herd**, пастухъ (козъ).

Goatish (*го'ош-иш*) adj. козлиный, козій; || вонючій, похотливый.

Gob (*гоб*), **Gobbet** (*гоб'-ет*) s. кусокъ, глотокъ. **To —, to — up**, проглотить разомъ.

Gobble (*гоб'-бл*) va. **To —, to — up**, жадно глотать, пожирать.

Gobbler (*гоб'-блер*) s. обжора; || индюкъ.

Gobblet (*гоб'-лет*) s. стаканъ, кубокъ. [шій, эльфъ.

Goblin (*гоб'-лин*) s. домовой, лѣ-

God (*год*) s. Богъ; Боже. **— bless you**, да хранитъ васъ Богъ. **Thank —**, слава Богу. **— save the king**! Боже, царя храни! (гимнъ). **The arm of —**, десница Божія.

Godchild (*год'-чайлд*) s. крестникъ, -ница (f.). [крестница.

Goddaughter (*год'доо-тер*) s.

Goddess (*год'-ес*) s. богиня.

Godfather (*год'-фа-сзер*) s. крестный отецъ; куманекъ.

Godhead (*год'-хед*) s. божество.

Godless (*год'-лес*) adj. безбожный.

Godlike (*год'-лайк*) adj. богоподобный, божественный.

Godliness (*год'-ли-нес*) s. набожность, благочестіе.

Godly (*год'-ли*) adj. набожный, благочестивый. **The —**, праведные.

Godmother (*год'-мöсз-ер*) s. крестная мать; кумушка.

Gods (*годз*) s. боги. **Among the —**, въ раю; || въ райкѣ, на галеркѣ (въ театрѣ).

Godship (*год'-шип*) s. божество.

Godson (*год'-сöн*) s. крестникъ.

Goer (*го'о-ер*) ходокъ; бѣгунъ.

Goffer (*го'о-фер*) va. гофрировать.

Goggle (*гог'-л*) vn. коситься, выпучивать глаза; || s. выпучиваніе глазъ; || adj. пучеглазый; || **—s**, s. pl. очки для косоглазыхъ; наглазники (у лошадей).

Going (*го'о-инг*) s. хожденіе, ходъ, ходьба; походка; отправленіе.

Goitre (*гой'-тер*) s. зобъ.

Gola (*го'о-ла*) s. (арх.) гусекъ, симусъ.

Gold (*го'олд*) s. золото; || adj. золотой. **— -cup**, (бот.) лютикъ. **— -dust**, золотой песокъ. **— -digger**, золотоискатель, старатель. **— -fish**, золотая рыбка. **— lace**, золотой галунъ. **— -leaf**, листовое золото. **— finder**, золотопромышленникъ.

Golden (*го'олд-н*) adj. золотой, золотистый; || * драгоцѣнный, дорогой; блестящій. **— harvest**, желтѣющая нива. [щегленокъ.

Goldfinch (*го'олд-финч*) s. (орн.)

Goldsmith (*го'олд-смисз*) s. золотыхъ дѣлъ мастеръ.
Golf (*голф*) s. родъ игры въ мячъ
Goloshes (*го-ло'о-шиз*) s. pl. галоши.
Gome (*го'ом*) s. застывшее въ колесахъ сало.
Gondola (*гон'-до-ла*) s. гондола.
Gondolier (*гон-до-лир'*) s. гондолеръ.
Gonfalon (*гон'-фă-лон*), **Gonfanon** (*гон'-фă-нон*) s. знамя. хоругвь.
Gong (*гонг*) s. гонгъ (китайскій муз. инст.).
Goniometry (*го-ни-ом'-и-три*) s. наука объ измѣреніи угловъ.
Good (*гуд*) adj. хорошій; добрый; милостивый; добродушный; полезный, годный. **— wine,** хорошее вино. **To hold —,** крѣпиться, быть здоровымъ. **To make —,** поправить; выполнить обѣщаніе. **To be — at,** быть знатокомъ. **To stand —,** существовать. **'Tis as — as done,** это все равно, что сдѣлано. **A — deal,** много. **A — while,** дорого. **— -breeding,** благовоспитанность. **— -day,** добрый день (въ смыслѣ привѣтствія), здраствуйте **— -Friday,** великая Пятница. **— -will,** добрая воля; расположеніе. || s. добро, благо, польза, выгода; удовольствіе; || intej. хорошо!
Goodliness (*гуд'-ли-нес*) s. благовидность, грація, красота.
Goodly (*гуд'-ли*) adj. красивый, прелестный, прекрасный, обаятельный.
Goodness (*гуд'-нес*) s. доброта, благость; милость; честность; польза. **Have the —,** сдѣлайте милость.
Goods (*гудз*) s. pl. движимое имущество: добро; вещи; товары. **Fancy —,** модные товары. **Dry —,** новинки **— train,** товарный поѣздъ.
Goody (*гуд'-и*) s. (нар.) бабушка, тетушка, хозяюшка.
Goose (*гус*) (въ s. pl. **Geese**) s. гусь, гусыня (f.); || утюгъ (у портныхъ); **A —, — cap,** простофиля, разиня. **— -skin,** гусиная кожа; ознобъ, подирающій по кожѣ. **— berry,** (бот.) крыжовникъ.
— neck, (мор.) собака у румпеля.
— cock, (орн.) глухарь, тетеревъ.
Gordian knot (*гор'-ди-ăн-нот*) s. гордіевъ узелъ.
Gore (*го'ор*) s. густая, запекшаяся кровь: небольшой мысъ, коса. || va. бодать; забодать; прокалывать; || срѣзать вкось.
Gorge (*гордж*) s. горло, гортань: зобъ (у птицъ); (форт.) узкій проходъ. || va. насытить. **To — on, upon,** наѣдаться по горло, насыщаться.
Gorgeous (*гор'-джŏс*) adj. великолѣпный, пышный, блестящій.
Gorgeously (*гор'-джŏс-ли*) adv великолѣпно, пышно, блестяще
Gorgeousness (*гор'-джŏс-нес*) s. великолѣпіе, пышность. блескъ, роскошь.
Gorget (*гор'-джет*) s. латный нашейникъ, нагрудникъ.
Gormand (*гор'-мăнд*) s. обжора; лакомка.
Gormandize (*гор'-мăнд-айз*) vn. объѣдаться, обжираться.
Gormandizer (*гор'-мăнд-айз-ер*) s. обжора.
Gorse или **Gorss** (*горс*) s. (бот.) дрокъ, дикій тернъ.
Gory (*го'ор-и*) adj. окровавленный, кровавый.
Goshawk (*гос'-хоок*) s. (орн.) ястребъ
Gosling (*гоз'-линг*) s. (орн.) гусенокъ.
Gospel (*гос'-пел*) s. Евангеліе; || va. проповѣдывать Евангеліе.
Gospeller (*гос'-пел-ер*) s. евангелистъ, чтецъ Евангелія.
Gassamer (*гос'-сă-мер*) s. тенетникъ, паутина.
Gossip (*гос'-сип*) s. сплетня; сплетникъ, -ница (f.). **A prating —,** болтунья. **A gadding —,** потаскушка. **A female —,** сплетница. || vn. болтать, тораторить; сплетничать.
Gossiper (*гос'-си-пер*) s. сплетникъ.
Gossiping (*гос'-сип-инг*) s. болтовня, пересуды, сплетни.
Goth (*госз*) s. готъ.
Gothic (*гозс'-ик*) adj. готическій.
Gothicize (*гозс'-и-сайз*) va. возвращать къ варварству.
Gouge (*га'удж, гудж*) s. (плот.) круглое долото; || va. выдалбливать.
Gourd (*го'урд, гурд*) s. (бот.) тыква.
Gourdy (*го'урд-и*) adj. (вет.) съ опухолью на ногѣ (о лошади).
Gout (*га'ут*) s. подагра.
Goutiness (*га'ут-и-нес*) s. подагрическое состояніе.
Gouty (*га'ут-и*) adj. подагрическій.
Govern (*гŏв'-ерн*) va. vn. править, управлять, господствовать.
Governable (*гŏв'-ерн-ă-бл*) adj. послушный; управляемый.
Governance (*гŏв'-ерн-ăнс*) s. управленіе, попечительство.
Governess (*гŏв'-ерн-ес*) s. гувернантка.
Government (*гŏв'-ерн-мент*) s. управленіе; форма правленія; правительство; господство.
Governmental (*гŏв'-ерн-мент'-ăл*) adj. правительственный.
Governor (*гŏв'-ерн-ŏр*) s. правитель, губернаторъ; гувернеръ; директоръ (банка.)
Governoship (*гŏв'-ерн-ŏр-шип*) s.

званіе, обязанности губернатора и т. д.
Gowan (*га'у-ăн*) s. (бот.) маргаритка.
Gown (*га'ун*) s. платье; мундиръ. **Night —, bed —**, ночная рубашка. **Dressing — —**, домашнее платье. **Morning —**, капотъ, халатъ.
Gownsman (*га'унз-мăн*) s. членъ судебнаго вѣдомства.
Grab (*грăб*) s. (мор.) грабъ (судно); || захватъ; || va. vn. схватить, поймать.
Grace (*грэс*) s. милость; пощада, прощеніе, помилованье; || пріятность, грація. **Day of —**, часъ покаянія. **Days of —**, (комер.) льготные дни (при уплатѣ векселей.) || va. придавать грацію; украшать; почтить, удостоить; оказать милость, расположеніе.
Graceful (*грэс'-фу.л*) adj. нѣжный, изящный, граціозный.
Gracefully (*грэс'-фул-и*) adv. нѣжно, изящно, граціозно.
Graceless (*грэс'-лес*) adj. непріятный, порочный, безстыдный.
Gracelessness (*грэс'-лес-нес*) s. неграціозность, развращенность.
Graces (*грэ'-сиз*) s. pl. Граціи.
Gracious (*грэ'-шŏс*) adj. милостивый, благосклонный, любезный, изящный, граціозный.
Graciously (*грэ'-шŏс-ли*) adv. милостиво, благосклонно, любезно, изящно, граціозно.
Graciousness (*грэ'-шŏс-нес*) s. милость; привѣтливость; граціозность.
Gradation (*грă-дэ'-шŏн*) s. постепенность; градація; переходъ.
Gradatory (*грăд'-ă-тŏ-ри*) s. крыльцо. [пень, всходъ.
Grade (*грэд*) s. чинъ, санъ, сте-
Gradient (*грэ'-ди-ент*) s. скатъ (дороги); || adj. идущій, ходящій.
Gradual (*грăдь'-ю-ăл*) s. (рим. кат.) ступеньки (передъ алтаремъ); служебникъ католической церкви; || adj. постепенный, послѣдовательный. [пенно.
Gradually (*грăдь'-ю-ăл*) adv. посте-
Graduate (*грăдь'-ю-эт*) va. постепенно подвигаться, переходить; || va. раздѣлять на градусы; постепенно усиливать; || vn. получать ученую степень; || s. имѣющій ученую степень.
Graft (*грăфт*) s. прививокъ; черенокъ; || va. прививать (деревья); || || * вплетать, сплетать.
Grafter (*грăфт'-ср*) s. прививающій деревья.
Grafting (*грăфт'-инг*) s. прививаніе (деревьевъ).
Grain (*грэн*) s. зерно; крупинка, сѣмячко (въ плодѣ); || зерновой хлѣбъ; гранъ (вѣсъ); || частица, доля; || волокно, жила. **A — of sand**, песчинка; || мерея (на кожѣ); шишечка. **Against the —**, не по ниткѣ, || противъ шерсти, противъ воли. || va. наводить мерею на кожу; || раскрашивать подъ дерево, подъ мраморъ.
Grainer (*грэн'-ер*) s. разрисовывающій подъ дерево, подъ мраморъ, декораторъ.
Graining (*грэн'-инг*) s. разрисовка подъ дерево, подъ мраморъ; || зерненіе (пороха).
Grains (*грэнз*) s. pl. выжимка солода; || родъ остроги.
Grainy (*грэн'-и*) adj. зернистый, зерновой. [(о птицахъ).
Grallic (*грăл'-ик*) adj. голенастый
Gram или **Gramme** (*грăм*) s. граммъ (вѣсъ).
Gramineal (*грă-мин'-и-ăл*) **Gramineous** (*грă-мин'-и-ŏс*) adj. злаковый, травянистый.
Graminivorus (*грăм-и-нив'-о-рŏс*) adj. травоядный.
Grammar (*грăм'-ăр*) s. грамматика. **— -school**, классическая гимназія. [грамматикъ.
Grammarian (*грăм'-э-ри-ăн*) s.
Grammatic (*грăм-ăт'-ик*), **Grammatical** (*грă-ăт'-ик-ăл*) adj. грамматическій.
Grammatitically (*грăм-ăт'-ик-ăл-ли*) adv. грамматически.
Grammaticize (*грăм-ăт'-и-сайз*) va. правильно писать.
Granadilla (*грăн'-ă-дил-ла*) s. страстный цвѣтъ (растеніе).
Granary (*грăн'-ă-ри*) s. житница.
Grand (*грăнд*) adj. большой, великій, высокій; славный, величественный, грандіозный, знатный; главный. **— child**, внукъ. **— -daughter**, внучка. **— -duke**, великій герцогъ, великій князь. **— -father**, дѣдушка. **Great- —, father**, прадѣдушка. **— -son**, правнукъ. **— -mother**, бабушка. **— -nephew**, двоюродный внукъ. **— -niece**, двоюродная внучка.
Grandam (*грăн'-дăм*) s. бабка, бабушка; || старуха.
Grandee (*грăн-ди'*) s. вельможа, сановникъ; грандъ (въ Испаніи).
Grandeur (*грăндь'-юр*) s. величіе, величественность; благородство; важность; пышность.
Grandiloquence (*грăн-дил'-о-куенс*) s. напыщенность (слога).
Grandiloquent (*грă-дил'-о-куент*) adj. напыщенный, высокопарный (о слогѣ).
Grandly (*грăнд'-ли*) adv величественно, благородно.

Grange (*грэндж*) s. хуторъ, мыза, ферма; сарай.
Granite (*грăн'-ит*) s. гранитъ.
Granivorous (*грă-нив'-о-рŏс*) adj. зерноядный.
Grant (*грăнт*) s. пожалованіе, даръ; дозволеніе, согласіе; привиллегія; || va. жаловать, даровать; дозволять, уступать, присуждать. **To take for granted**, смотрѣть на это какъ на дозволенное.
Grantee (*грăн-ти'*) s. пожалованный (чѣмъ).
Grantor (*грăнт'-ŏр*) s. жалующій; дающій позволеніе; даритель; основатель.
Granular (*грăнь'-ю-лăр*), **Granulary** (*грань'-ю-лă-ри*) adj. зернистый.
Granulate (*грăнь'-ю-лэт*) va. vn. зернить (порохъ); зерниться, дробиться.
Granulation (*грăнь-ю-лэ'-шŏн*) s. грануляція, зерненіе, дробленіе.
Granule (*грăнь'-юл*) s. зернышко, дробинка.
Granulous (*грăнь'-ю-лŏс*) adj. зернистый; || (мед.) гранулезный, бугорчатый.
Grape (*грэп*) s. виноградъ. **A bunch of — s**, кисть винограда. **— -sugar**, виноградный сахаръ, глюкоза. **— -vine**, виноградная лоза. **— -shot**, (арт.) вязанная картечь.
Graphic (*грăф'-ик*), **Graphical** (*грăф'-ик-ăл*) adj. графическій, чертежный, точный; живописный.
Graphically (*грăф'-ик-ăл-и*) adv. графически, точно, вѣрно; живописно.
Graphite (*грăф'-айт*) s. графитъ.
Grapnel (*грăп'-нел*) s. (мор.) малый якорь, дрекъ, кошка.
Grapple (*грăп'-пл*) va. зацѣпить; || vn. сцѣпиться, идти на абордажъ; || схватиться. **To — with**, сражаться. || s. (мор.) дрекъ, крюкъ сцѣпной; || зацѣпленіе; || схватка, борьба, рукопашный бой.
Grappling (*грăп'-плинг*) adj. цѣпкій. **— -irons**, абордажные крюки.
Grapy (*грэп'-и*) adj. гроздистый; виноградный.
Grasp (*грасп*) va. схватить, сжать руку въ кулакъ; захватить; заграбить. **— all, lose all.** * много желать — добра не видать, за семью зайцами погонишься, ни одного не поймаешь. || vn. захватывать, загребать, бороться; усиливаться; || s. захватъ рукою, горсть, завладѣніе.
Grass (*грас*) s. трава, мурава. **To turn out to —**, пустить на свѣжій кормъ (лошадь). **— green**, цвѣта травы. **grown**, заросшій травой. **— plot**, лужайка, газонъ. **The — es**, злаки. || va. пастись на травѣ, пускать на подножный кормъ; зарастать травой; || vn. обкладывать травой, пускать подъ траву.
Grasshopper (*грас'-хоп-пер*) s. (энтом.) кузнечикъ.
Grassiness (*грас'-и-нес*) s. обиліе травы.
Grassy (*грас'-и*) adj. травянистый, злачный. **The — tribe**, злаки.
Grate (*грэт*) s. рѣшетка; || va. загораживать рѣшеткой; || va. vn. скоблить, царапать, скрипѣть, надрывать, сокрушать (сердце). **To — the teeth**, скрежетать зубами.
Grateful (*грэт'-фул*) adj. признательный. **A — odour**, пріятный запахъ.
Gratefully (*грэт'-фул-и*) adv. признательно; пріятно.
Gratefulness (*грэт'-фул-нес*) s. признательность, пріятность.
Grater (*грэт'-ер*) s. терка.
Gratification (*грăт-и-фи-кэ'-шŏн*) s. удовлетвореніе; удовольствіе, добровольное даяніе.
Gratify (*грăт'-и-фай*) va. удовлетворять, угождать. **To — one's pride**, удовлетворять честолюбіе.
Gratifying (*грăт'-и-фай-инг*) adj. пріятный, удовлетворительный.
Grating (*грэт'-инг*) s. скрипѣть, скрипѣніе; уязвленіе; задѣлываніе рѣшеткой; || adj. рѣзкій, скрипящій, непріятный, грубый.
Gratis (*грэ'-тис*) adv. даромъ.
Gratitude (*грăт'-и-тьюд*) s. признательность, благодарность.
Gratuitous (*грă-тью'-и-тŏс*) adj. даровой, безвозмездный.
Gratuitously (*грă-тью'-и-тŏс-ли*) adv. даромъ.
Gratuity (*грă-тью'-и-ти*) s. даръ, добровольное приношеніе; подарокъ.
Gratulation (*грăть-ю-лэ'-шŏн*) s. поздравленіе.
Gratulatory (*грăть-ю-лэ-тŏ-ри*) adj. поздравительный.
Grave (*грэв*) va. vn. гравировать, вырѣзывать; (мор.) смазывать саломъ, слюной; || adj. тяжелый, степенный, серьезный; || s. могила. **A — countenance**, важный видъ. **— -clothes**, саванъ. **— -digger**, могильщикъ. **— -looking**, съ серьезнымъ видомъ. **— -stone**, надгробный камень.
Gravel (*грăв'-ел*) s. гравій, крупный песокъ; дресва; хрящъ; (мед.) каменная болѣзнь. **A — walk**, убитая пескомъ аллея. **A — pit**, песочная яма. || va. vn. усыпать пескомъ; вязнуть въ пескѣ.
Gravelling (*грăв'-ел-инг*) s. посыпаніе пескомъ; наносъ песку.

Gravelly (*грӑв'-ел-и*) adj. песчаный, изобилующій пескомъ.
Gravely (*грэв'-ли*) adv. важно, степенно.
Graven (*грэ'-вн*) adj. гравированный, нарѣзной.
Graveness (*грэв'-нес*) s. важность, степенность, суровость.
Graver (*грэв'-ер*) s. рѣзчикъ, граверъ
Graving (*грэв'-инг*) s. гравировка; гравюра; || * отпечатокъ; || (мор.) чистка дока.
Gravitate (*грӑв'-и-тэт*) va. (физ.) тяготѣть.
Gravitation (*грӑв-и-тэ'-шён*) s. тяготѣніе.
Gravity (*грӑв'-и-ти*) s. тяжесть, сила тяжести.
Gravy (*грэ'-ви*) s. сокъ (мясной).
Gray (*грэй*) adj. сѣрый, сѣдой. **Dapple —**, сѣрый въ яблокахъ. **To turn —**, сѣдѣть. **— beard**, сѣдая борода; || * старый хрычъ. **— eyed**, сѣроглазый. **— haired**, **— headed**, сѣдовласый. **— hound**, см. **Greyhound**. || s. сѣрый цвѣтъ.
Grayish (*грэй'-иш*) adj. сѣроватый, съ просѣдью.
Grayling (*грэй'-линг*) s. (ихт.) харіусъ, ленокъ.
Grayness (*грэй'-нес*) s. сѣрый цвѣтъ; сѣдина.
Graze (*грэз*) va. vn. пасти (стадо), пастись; кормить, -ся; щипать траву; || va. слегка коснуться, задѣть, дотронуться.
Grazier (*грэ'-жёр*) s. откармливающій скотину на продажу.
Grease (*грис*) s. жиръ, сало, смазка; || va. смазывать саломъ, жиромъ.
Greasily (*граз'-и-ли*) adv. сально, жирно; грязно.
Greasiness (*граз'-и-нес*) s. сальность, жиръ; грязь.
Greasy (*гриз'-и*) adj. масляниcтый, жирный; грязный.
Great (*грэт*) adj. большой, великій || важный, трудный. **A — deal**, много. **A — many**, многіе, много. **A — while**, долгое время. || s. цѣлое.
Great-Britain (*грэт'-брит'-эн*) npr. (геог.) Великобританія, Англія
Greatly (*грэт'-ли*) adv. очень, много, весьма, сильно; благородно.
Greatness (*грэт'-нес*) s. величина, величіе, важность; сила (страсти) **— of soul**, величіе души.
Greaves (*гривз*) s. pl. ножныя латы.
Grecian (*гри'-шён*) s. грекъ; || эллинистъ; || adj. греческій.
Grecism (*гри'-сизм*) s. греческій оборотъ рѣчи.
Greece (*грис*) npr. (геогр.) Греція.
Greed (*грид*) s. алчность, жадность.
Greedily (*грид'-и-ли*) adv. жадно.
Greediness (*грид'-и-нес*) s. жадность, ненасытность, прожорливость.
Greedy (*грид'-и*) adj. жадный, алчный; прожорливый. **— of gain**, корыстолюбивый.
Greek (*грик*) adj. греческій. **The — Church**, греческая церковь: || s. греческій языкъ; || грекъ, гречанка (f.).
Green (*грин*) adj зеленый; || блѣдный, болѣзненный (видъ); || свѣжій; молодой; неспѣлый, сырой, недоваренный. **— corn**, озимь. **To look**, выглядѣть глупымъ. **— -eyed**, зеленоглазый. **— -finch**, (орн.) дубоноска; (ихт.) морской окунь. **— -gage**, (бот.) слива ренклодъ. **— -grocer**, зеленьщикъ. **— -horn**, молокососъ. **— -house**, оранжерея, теплица. **— -room**, театральное фойе. **— -sickness**, дѣвичья ц.и блѣдная немочь. **— -sward**, лужайка. **Under the — -wood tree**, подъ тѣнью зеленаго дерева
Greenish (*грин'-иш*) adj. зеленоватый.
Greenland (*грин'-ланд*) npr. (геогр.) Гренландія.
Greenly (*грин'-ли*) adv. зеленовато незрѣло; неопытно.
Greenness (*грин'-нес*) s. зелень; || * неопытность, незрѣлость; || свѣжесть.
Greens (*гринз*) s. pl. травы, зелень, овощи.
Greet (*грит*) va. кланяться, привѣтствовать; заговаривать.
Greeting (*грит'-инг*) s. поклонъ, привѣтствіе; поздравленіе.
Gregarious (*гри-гэ'-ри-ёс*) adj. стадный (о животныхъ).
Gregariously (*гри-гэ'-ри-ёс-ли*) adv. стадами; группами.
Gregory (*григ'-и-ри*) npr. Георгій, Григорій, Егоръ.
Grenade (*гри-нэд'*) s. (воен.) граната
Grenadier (*грен-ӑ-дир'*) s. (воен.) гренадеръ.
Grey см. **Gray**.
Greyhound (*грэй'-хаунд*) s. борзая собака.
Grice (*грайс*) s. вепренокъ, поросенокъ.
Gride (*грайд*) va. vn. расколоть, проколоть. **To — through**, пробиться.
Gridiron (*грид'-ай-ёрн*) s. (пов.) рашпиръ.
Grief (*гриф*) s. печаль, горе, огорченіе.
Grievance (*грив'-ӑнс*) s. обида; вредъ; жалоба, неудовольствіе.
Grieve (*грив*) va. vn. огорчать, -ся, печалить, -ся, грустить.
Grievingly (*грив'-инг-ли*) adv. горестно, печально.
Grievous (*грив'-ёс*) adj. горестный мучительный; тяжкій; оскорбительный.
Grievously (*грив'-ёс-ли*) adv. горестно, мучительно; печально, горько; дурно. **To be — sick**. быть тяжко больнымъ.

Grievousness (*грив'-ос-нес*) s. тягость, бѣдственность.
Griffin (*гриф'-ин*), **Griffon** (*гриф'-он*) s. (мио.) грифонъ, грифъ; (орн.) ягнятникъ.
Grig (*григ*) s. (ихт.) маленькій угорь; || * удалецъ. [рѣ.
Grill (*грил*) va. жарить на рашпирѣ.
Grilse (*грилс*) s. маленькій лосось.
Grim (*грим*) adj. страшный, ужасный, безобразный. [вляніе.
Grimace (*гри-мэс'*) s. гримаса; кривляніе.
Grimalkin (*гри-мäл-кин*) s. старый котъ, котъ-васька.
Grime (*грайм*) s. пачканіе; || грязь; || va. запачкать.
Grimness (*грим'-нес*) s. свирѣпость, жесткость.
Grimly (*грим-ли*) adv. страшно, свирѣпо. [грязный.
Grimy (*грайм'-и*) adj. запачканный, грязный.
Grin (*грин*) va. vn. скалить зубы; гримасничать; || s. скаленіе зубовъ, зубоскальство, гримасничаніе, кривляніе.
Grind (*грайнд*) va. молоть, тереть, толочь, точить, оттачивать; || притѣснять. **To — colours**, растирать краски. **To — with the teeth**, жевать, пережевывать. **To — the poor**, угнетать бѣдныхъ. || vn. молоться, размалываться.
Grinder (*грайнд'-ер*) s. размалыватель; точильщикъ; растиратель; || жерновъ; || угнетатель.
Grinding (*грайнд'-инг*) s. толченіе, растираніе; шлифовка.
Grindstone (*грин'-дл-стон*) s. точильный камень. [кривляка.
Grinner (*грин'-нер*) s. зубоскалъ, кривляка.
Grinning (*грин'-инг*) adj. скалящій зубы; || s. скаленіе зубовъ, кривляніе, гримасничаніе.
Grinningly (*грин'-инг-ли*) adv. оскаливъ зубы, посмѣиваясь.
Gripe (*грайп*) s. захватъ рукой, лапой; горсть, лапа, коготь; пожатіе (руки); сжатіе, давленіе; || * угнетеніе, притѣсненіе, прижимка; (нажимъ); (мор.) грепъ, шекъ, водорѣзъ; || va. схватить, захватить, тѣснить; причинять спазмы; || vn. чувствовать рѣзь въ животѣ.
Griping (*грайп'-инг*) s. колотье, рѣзь, колики.
Gris (*грис*) s. бѣличій мѣхъ.
Grisly (*гриз'-ли*) adj. страшный, ужасный.
Grist (*грист*) s. помолъ (хлѣба); || * прибыль. **It brings — to the mill**, приносить барыши.
Gristle (*грис'-л*) s. (анат.) хрящъ.
Gristly (*грис'-ли*) adj. хрящевой.
Grit (*грит*) va. vn. трещать, хрустѣть; || s. крупный песокъ; мусоръ.
Grittiness (*грит'-и-нес*) s. песчаность, хрящеватость.
Gritty (*грит'-и*) adj. съ гравіемъ.
Grizzle (*гриз'-л*) s. сѣрый цвѣтъ.
Grizzled (*гриз'-лд*) adj. сѣроватый начинающій сѣдѣть.
Grizzly (*гриз'-ли*) adj. сѣроватый, сѣдоватый.
Groan (*гро'он*) s. стонъ, стенаніе, жалобы; завываніе (вѣтра); рычаніе; || бормотаніе; || vn. стонать, вздыхать; томиться.
Groaning (*гро'ан-инг*) s. см. **Groan**.
Groat (*гро'от*) s. гротъ (монета въ ¼ пенса). **He is not worth a —**, безъ гроша.
Groats (*гро'отс*) s. pl. овсяная крупа
Grocer (*гро'о-сер*) s. москательщикъ.
Grocery (*гро'о-сер-и*) (pl. **Groceries**) s. колоніальные товары.
Grog (*грог*) s. грогъ (напитокъ). **— -shop**, винный погребъ.
Groggy (*грог'-и*) adj. хмѣльной.
Grogram (*грог'-рäм*) s. гроградъ (матерія). [уголъ
Groin (*гройн*) s. пахъ (арх.) ребро, уголъ
Gromet *или* **Grommet** (*гром'-ет*) s. (мор.) кренгельсъ; стропка у весла.
Gromwell (*гром'-уел*), **Gromil** (*гром'-ил*) s. (бот.) воробьиное сѣмя (растеніе).
Groom (*грум*) s. мальчикъ, слуга, лакей, грумъ; конюхъ, стремянной. **— of the stole**, первый камергеръ.
Grooming (*грӯм'-инг*) s. перевязка ранъ (у лошадей).
Groove (*грув*) s. углубленіе, пещера; || выемка, пазъ; || va. дѣлать выемки.
Grope (*гро'оп*) va. vn. ощупывать, идти ощупью. **To — about**, идти ощупью. **To — one's way** *или* **out**, войти, найти дорогу ощупью
Gross (*гро'ос*) adj. толстый, большой, крупный, тяжелый; тупой, оптовый, гуртовый. **— food**, грубая пища. **A — injustice**, большая несправедливость. **The — sum**, общая сумма. **The — weight**, валовый вѣсъ, брутто. || s самая толстая часть чего; большинство, толпа; (тор.) гроссъ. **A — of buttons**, гроссъ пуговицъ. **By the —**, оптомъ, гуртомъ.
Grossly (*гро'ос-ли*) adv грубо тяжело, невѣжливо.
Grossness (*гро'ос-нес*) s. толстота, густота; грубость.
Grot (*грот*), **Grotto** (*грот'-то*) s. гротъ, пещера.
Grotesque (*гро-теск'*) adj гротесковый; забавный, смѣшной.
Ground (*гра'унд*) s. земля, почва; поле, помѣстье; грунтъ, дно, полъ; основаніе, фонъ, планъ; начало, причина. **Rising —**, холмъ. **Building —**, земля для построекъ.

To fall to the —, упасть на землю. **To gain —**, стать на болѣе прочную почву. **To lose —**, потерять почву. **I cultivate my own —s**, я обрабатываю собственную землю. **It is not without —s**, это не безъ основанія. **To keep in the back —**, держать въ тѣни. **The back — is too dark**, фонъ слишкомъ теменъ. || va. vn. ставить, класть на землю; ступать; основывать, -ся; (мор.) сѣсть на мель; || adj. разглаженный, размолотый. **— coffee**, размолотый кофе. **— -floor**, нижній этажъ. **— -glass**, матовое стекло. **— -ivy**, (бот.) будра. **— -rent**, земельная рента, доходы съ земли. **— -work**, фундаментъ, основаніе.

Groundage (*гра'унд-эдж*) s. рейдовыя пошлины.

Groundless (*гра'унд-лес*) adj. неосновательный, безпричинный.

Groundlessly (*гра'унд-лес-ли*) adv. неосновательно.

Groundlessness (*гра'унд-лес-нес*) s. неосновательность.

Groundling (*гра'унд-линг*) s. корюха (рыба); ничтожный, простой человѣкъ.

Grounds (*гра'ундз*) s. pl. подонки, осадокъ, гуща. **Coffee —**, кофейная гуща.

Groundsel (*гра'унд-сел*), **Groundsill** (*гра'унд-сил*) s. низъ строенія; порогъ; (бот.) крестовникъ (растеніе).

Group (*груп*) s. группа; || va. группировать. **To form into —s**, группировать. [ровка.

Grouping (*груп'-инг*) s. группи-

Grouse (*гра'ус*) s. (орн.) тетеревъ.

Grout (*гра'ут*) va. заливать известковымъ растворомъ; || s. непросѣянная мука; осадокъ, подонки.

Grove (*гро'ов*) s. роща, лѣсокъ.

Grovel (*гров'-л*) vn. ползать, пресмыкаться. [человѣкъ.

Groveller (*гров'-л-ер*) s. низкій

Grovelling (*гров'-е-линг*) adj. ползучій; низкій, противный.

Grow (*гро'у*) vn. рости, вырастать, произростать; увеличиваться, дѣлаться, становиться; || * пускать корни. **To — angry**, сердиться. **To — better**, поправляться. **To — cold**, похолодѣть. **To — late**, смеркаться. **It grows late**, становилось уже поздно. **To — pale**, блѣднѣть. **To — poor**, бѣднѣть. **To — again**, отталкивать. **To — into a habit**, войти въ обыкновеніе, перейти въ привычку. **To — up**, рости, выростать, подыматься. **Ill weeds — apace**, сорная трава быстро растетъ. || va. (агр.) ростить, обрабатывать.

Grower (*гро'у-ер*) s. выращивающій, земледѣлецъ; || то, что ростетъ.

Growing (*гро'у-инг*) s. ростъ, произростаніе; || adj. растущій.

Growl (*гра'ул*) s. рычаніе, ворчаніе; || vn. рычать, ворчать.

Growler (*гра'ул-ер*) s. ворчунъ, брюзга.

Growling (*гра'ул-инг*) adj. рычащій; || s. см. **Growl**.

Grown (*гро'ун*) part. pa. отъ **Grow**. **A — man**, человѣкъ съ положеніемъ. **— up children**, большія дѣти. **Grass —**, заросшій травой. **— up**, взрослый.

Growth (*гро'усз*) s. ростъ, произростаніе; прибавленіе, увеличеніе; произведеніе.

Grub (*грѳб*) va. распахивать подъ пашню залежь; || рыть, копать. **To — up weeds**, полоть. **To — on**, прозябать. || s. червякъ; хлѣбный червь; || карапузикъ; || пища.

Grubber (*грѳб'-ер*) s. распахивающій землю; землекопъ.

Grubbing (*грѳб'-инг*) s. распахиваніе (земли).

Grudge (*грѳдж*) va. vn. завидовать; роптать, жаловаться; || s. вражда; зависть, ревность. **I owe him a —**, я имѣю нѣчто противъ его.

Grudging (*грѳдж'-инг*) s. завистливый человѣкъ.

Grudgingly (*грѳдж'-инг-ли*) adv. нехотя, неохотно.

Gruel (*гру'-ел*) s. кашица, каша.

Gruff (*грѳф*) adj. угрюмый, суровый. [рово, грубо.

Gruffly (*грѳф'-ли*) adv. угрюмо, су-

Gruffness (*грѳф'-нес*) s. угрюмость, суровость.

Grum (*грѳм*) adj. см. **Gruff**.

Grumble (*гром'-бл*) va. vn. роптать, ворчать; || грохотать.

Grumbler (*гром'-блер*) s. ворчунъ, брюзга.

Grumbling (*гром'-блинг*) s. ропотъ, ворчаніе; грохотъ; || adj. ворчливый.

Grume (*грум*) s. сгустокъ.

Grumly (*грѳм'-ли*) adv. угрюмо, грубо. [шійся, осѣвшій.

Grumous (*гру'-мѳс*) adj. сгустив-

Grumpy (*грѳмп'-и*) adj. брюзгливый

Grunt (*грѳнт*) s. хрюканіе; || * брань; || vn. хрюкать; || * ворчать.

Grunter (*грѳнт'-ер*) s. ворчунъ, брюзга; | поросенокъ, свинья.

Grunting (*грѳнт'-инг*) s. хрюканіе; | ворчаніе. [ворча.

Gruntingly (*грѳнт'-инг-ли*) adv.

Guaiacum (*гуэй'-я-кѳм*) s. бакаутъ (дерево).

Guano (*гуа'-но*) s. гуано.

Guarantee (*гäр-ѣн-ти'*) s. (юрид.)

поручитель, порука, гарантія. **To become — for,** поручиться за кого либо. [**Guarantee.**

Guarantor (*гāр'-ăн-тōр*) s. см.

Guard (*гард*) va. vn. беречь, хранить, охранять; беречься, остерегаться; || s. стража, караулъ; гвардія; конвой; защита, охраненіе, присмотръ; кондукторъ. **Foot —,** пѣшая стража. **To be on —,** стоять на караулѣ. **To be on one's —,** быть на сторожѣ. **— room,** караульня, гауптвахта. **— ship,** брандвахтенное судно.

Guarded (*гард'-ед*) adj. осторожный, осмотрительный.

Guardedly (*гард'-ед-ли*) adv. осторожно, осмотрительно.

Guarder (*гард'-ер*) s. хранитель, оберегатель.

Guardian (*гард'-и-ăн*) s. хранитель, опекунъ; || adj. охраняющій; опекунскій. **A — angel,** ангелъ-хранитель.

Guardianship (*гард'-и-ăн-шип*) s. опека: защита, попеченіе.

Guardless (*гард'-лес*) adj. беззащитный.

Guava (*гуа'-ва*) s. губка (плодъ).

Gudgeon (*гōр'-жōн*) s. (ихт.) пискарь; || простофиля; (мех.) желѣзный болтъ, вертлюгъ; ось.

Guelf или **Guelph** (*гуелф*) s. (ист.) гвельфъ. [va. награждать.

Guerdon (*гōр'-дōн*) s. награда; ||

Guess (*гес*) va. vn. угадывать, догадываться; заключать; || s. догадка, заключеніе. **— work,** догадки, предположенія. **To make a — at,** сдѣлать предположеніе.

Guessing (*гес'-синг*) s. догадка, предположеніе, отгадываніе.

Guest (*гест*) s. гость; званный гость. **— chamber,** гостиная, столовая.

Guidance (*гайд'-ăнс*) s. руководство, управленіе. **For your —,** какъ указаніе вамъ.

Guide (*гайд*) va. указывать дорогу, вести; руководить; || s. путеводитель; проводникъ, указатель. **— -block,** (мех.) проводникъ, стержень. **— -book,** путеводитель (книга). **— -post,** вѣха.

Guild (*гилд*) s. общество, цехъ, гильдія. **— hall,** ратуша, магистратъ.

Guile (*гайл*) s. обманъ, лукавство; || va. лукавить, обманывать.

Guileful (*гайл'-фул*) adj. коварный, вѣроломный.

Guilefully (*гайл'-фул-и*) adv. коварно, вѣроломно, обманомъ.

Guileless (*гайл'-лес*) adj. искренній, простодушный.

Guilelessly (*гайл'-лес-ли*) adv. искренне, простодушно.

Guillotine (*гил'-ло-тин*) s. гильотина.

Guilt (*гилт'*) s. вина, преступленіе; виновность.

Guiltily (*гилт'-и-ли*) adv. преступно

Guiltiness (*гилт'-и-нес*) s. виновность.

Guiltless (*гилт'-лес*) adj. невинный, невиновный. [вино.

Guiltlessly (*гилт'-лес-ли*) adv. не-

Guiltlessness (*гилт'-лес-нес*) s. невиновность, невинность.

Guilty (*гилт'-и*) adj. виновный, преступный.

Guinea (*гин'-и*) npr. (геогр.) Гвинея. **— -fowl, — -hen,** цесарка (птица). **— -pepper,** индѣйскій перецъ. **— -pig,** гвинейскій кроликъ.

Guise (*гайз*) s. внѣшность, видъ, одежда; манера, обычай, мода; предлогъ.

Guitar (*ги-тар'*) s. гитара.

Gules (*гьюлз*) s. (герал.) красный цвѣтъ.

Gulf (*гōлф*) s. заливъ; || бездна, пучина, омутъ. **— stream,** Гольфштромъ.

Gulfy (*гōлф'-и*) adj. имѣющій много заливовъ, пучинъ, омутовъ.

Gull (*гōл*) va. одурачить, провести, обмануть; || обманъ, лукавство; || простакъ; || (орн.) чайка; (ихт.) головачъ.

Gullet (*гōл'-ет*) s. горло, горлышко: гортань, глотка.

Gullibility (*гōл-и-бил'-и-ти*) s. легковѣріе, простодушіе. [ный.

Gullible (*гōл'-и-бл*) adj. легковѣр-

Gully (*гōл'-и*) va. промывать дождевыми потоками; || s. выбоина, рытвина, оврагъ. **— hole,** стокъ водосточной трубы.

Gulp (*гōл'-п*) s. глотокъ; || va. жадно глотать; хлебнуть.

Gum (*гōм*) s. десна; || камедь, смола, гумми. **— tree,** (бот.) камедное дерево. **— arabic,** гумми-арабикъ. **— lac,** гуммилакъ; || va. намазывать клеемъ.

Gumminess (*гōм'-ми-нес*) s. смолистость, липкость, клейкость.

Gummy (*гōм'-ми*) adj. липкій.

Gumption (*гōмп' - шōн*) s. смышленность, толкъ.

Gun (*гōн*) s. ружье, пушка и вообще всякое огнестрѣльное оружіе; || **—s,** s. pl. артиллерія. **Double-barrelled —,** двустволка. **— carriage,** лафетъ. **— boat,** канонерка. **— cotton,** взрывчатый хлопокъ. **— -deck,** (мор.) батарея. **— -room,** (мор.) крюйтъ-камера. **— -powder,** порохъ. **— -shot,** выстрѣлъ. **— -smith,** оружейный мастеръ. **— -stick,** шомполъ. **— -stock,** ружейное ложе. **— -wale,** (мор.) планширъ.

Gunner (*гŏн'-ер*) s. пушкарь, канониръ, артиллеристъ.
Gunnery (*гŏн'-ер-и*) s. артиллерiйская наука.
Gunning (*гŏн'-инг*) s. стрѣльба.
Gunny (*гŏн'-и*) s тонкая рогожка.
Gurgle (*гŏр'-гл*) va. булькать, журчать; || s. бульканiе.
Gurgling (*гŏр'-глинг*) adj. журчащiй, бурчащiй; || s. бурчанiе, бульканiе.
Gurnard (*гŏр'-нăрд*), **Gurnet** (*гŏр-нэт*) s. (ихт.) барвена.
Gush (*гŏш*) s. быстрое, сильное излiянiе; || vn. хлеснуть, брызнуть, разлиться. **To — out in tears**, залиться слезами. [лiянiе.
Gushing (*гŏш'-инг*) s. сильное из-
Gushingly (*гŏш'-инг-ли*) adv сильно изливаясь
Gusset (*гŏс'-сет*) s. карманъ,
Gust (*гŏст*) s. вкусъ; склонность, страсть; увлеченiе, припадокъ (страсти); порывъ (вѣтра).
Gustation (*гŏс-тэ'-шŏн*) s. вкушенiе.
Gustatory (*гŏст'-ă-то-ри*) adj. вкусовой.
Gustful (*гŏст'-фил*) adj вкусный.
Gusto (*гŏс'-то*) s. вкусъ. [годѣ.
Gusty (*гŏст'-и*) adj. бурный (о по-
Gut (*гŏт*) s. (анат.) кишечникъ; || * пузо, брюхо; обжорство; || va потрошить, опоражнивать.
Gutta (*гŏт'та*) s. капелька, — **-percha**, гутта-перча.
Gutter (*гŏт'-ер*) va. желобить; || vn. стекать; || s. желобъ, выемка, канавка.— **-tile**, вогнутая черепица.
Guttural (*гŏт'-ŏр-ăл*) adj. гортанный, || s. гортанная буква.
Gutturally (*гŏш'-ŏр-ăл-и*) adv. произнося горломъ.
Guy (*гай*) s. (мор.) оттяжка.
Guzzle (*гŏз'-л*) va. vn. обжираться, упиваться, пьянствовать.
Guzzler (*гŏз'-лер*) s. пьянчуга.
Gybe (*джайб*) va. (мор.) перекидывать парусъ на гафелѣ.
Gymnasium (*джим-нэ'-зи-ŏм*) s. гимназiя [настъ
Gymnast (*джим'-наст*) s. гим-
Gymnastic (*джим-нăс'-тик*) adj. гимнастическiй.
Gymnospermous (*джим-но-спŏрм'-ŏс*) adj. (бот.) голосѣмянный
Gynander (*джи-нăн'-дер*) s. (бот.) женомужество.
Gyp или **Gip** (*джип*) s. школьникъ (въ Кембриджѣ). [совый
Gypseous (*джип'-си-ŏс*) adj. гип-
Gypsum (*джип'-сŏм*) s. гипсъ.
Gyrate (*джай'-рэт*) vn. вертѣться, кружиться.
Gyration (*джай-рэ'-шŏн*) s. круглое, коловратное движенiе.
Gyratory (*джай'-рă-тŏ-ри*) adj. вращательный, коловратный, кружащiйся.
Gyre (*джайр*) s. кругъ, окружность, кольцо. [кречетъ
Gyrfalcon (*джŏр-фо'о-кн*) s. (орн.)
Gyve (*джайв*) va. сковывать; || **—s**, s. pl. оковы, кандалы, путы

H.

H (*эч*) восьмая буква англiйской азбуки.
Ha (*ха*) inter. а! ба!
Habeas-corpus (*хэ'-би-ас-кор'-пŏс*) s. актъ о неприкосновенности личности.
Haberdasher (*хăб'-ер-дăш-ер*) s мелочной торговецъ.
Haberdashery (*хăб'-ер-дăш-ер-ри*) s. мелочной товаръ.
Haberdine (*хăб'-ер-дин*) s. соленая треска. [лый панцырь
Habergeon (*хă-бŏр'-джи-ŏн*) s. ма-
Habiliment (*хă-бил'-и-мент*) s одѣянiе, одежда, платье.
Habit (*хăб'-ит*) s. состоянiе, свойство, расположенiе, сложенiе; || одежда, платье, привычка, нравы, обычай; || va. одѣвать, облачать, наряжать. **Riding —**, амазонка.
Habitability (*хăб-и-тă-бил'-и-ти*) s. обитаемость, годность для житья.
Habitable (*хăб'-ит-ă-бл*) adj. годный для житья; жилой.
Habitableness (*хăб'-ит-ă-бл-нес*) s. см. **Habitability**.
Habitably (*хăб'-ит-ă-бл-и*) adv. годное для жилья. [обитатель.
Habitant (*хăб'-и-тăнт*) s. житель,
Habitation (*хăб-и-тэ'-шŏн*) s. жилище, обитель, жительство.
Habitual (*хă-битъ'-ю-ăл*) adj. обычный, обыкновенный, вкоренившiйся.
Habitually (*хă-битъ'-ю-ăл-и*) adv. обыкновенно, по привычкѣ.
Habituate (*хă-бит'-ю-эт*) va. **To — one's self**, привыкнуть, приучиться; поселиться.
Habitude (*хăб'-и-тьюд*) s. состоянiе, отношенiе, сообщенiе; || привычка, обычай.
Hack (*хăк*) va. рубить, изрубать; || * говорить заикаясь; || зазубрить (инструментъ). || s. наемная лошадь, наемный экипажъ; || наемникъ; || надрѣзъ, зазубрина.
Hacking (*хăк'-инг*) s. рубка. — **cough**, слабый и частый кашель.
Hackle (*хăк'-кл*) va. мыкать, мять, трепать ленъ; разрывать, разрубать; || s чесалка, мыканица, || ленъ, сырецъ.

Hackney (*хäк'-ни*) s. наемная лошадь; наемникъ. — **-coach**, наемная карета; || adj. наемный, продажный; банальный, простой; || va. заниматься чѣмъ; отдавать въ наемъ. [банальный.

Hackneyed (*хäк'-нид*) s. избитый,

Haddock (*хäд'-дöк*) s вахня (родъ трески).

Haft (*хäфт*) s. ручка, рукоятка; || va. придѣлать рукоятку.

Hag (*хäг*). va. мучить, измучить, изнурить; страшить; || s. фурія, старая вѣдьма; баба-яга, колдунья, мегера. — **-ridden**, находящійся подъ вліяніемъ кошмара.

Hagar (*хэ'-гар*) npr. Агарь.

Haggard (*хäг'-ард*) adj. дикій, свирѣпый; угрюмый. [свирѣпо.

Haggardly (*хäг'-ард-ли*) adv. дико,

Hagged (*хäг'-ед*) adj. страшный, безобразный, отвратительный.

Haggle (*хäг'-л*) vn. торговаться; || va. рубить, сдирать кожу, увѣчить.

Haggler (*хäг'-лер*) s. любящій торговаться. [торгъ.

Haggling (*хäг'-линг*) s. рубка;

Hagiography (*хэ-джи-ог'-рä-фи*) s. гагіографы, житія святыхъ.

Hagiology (*хэ-джи-ол'-о-джи*) s гагіологія, толкованіе священныхъ книгъ.

Hague (*хэг*) npr. (геогр.) Гаага.

Hail (*хэл*) s. градъ; || привѣтствіе, окликъ. — **-stone**, градина. — **-storm**, буря съ градомъ. || vn. **It —s**, градъ идетъ. || va. **To —**, **to — down**, падать, побивать градомъ; || привѣтствовать, окликать; || interj. знакъ привѣтствія.

Haily (*хэл'-и*) adj. съ градомъ.

Hair (*хэр*) s. волосъ, волосы (pl), шерсть, щетина; грива; ворсъ (на сукнѣ); || волосокъ. **Beautiful —**, прекрасные волосы. **False —**, фальшивыя волосы. **A fine head of —**, красивая шевелюра. **Within hair's breadth of**, на волосъ отъ гибели. **To split a —**, вдаваться въ излишнія тонкости. **To make one's — stand on end**, привести въ ужасъ, поставить волосы на головѣ дыбомъ. — **-breadth**, толщина волоса. **He had a — breadth escape**, онъ чуть ускользнулъ. — **-powder**, пудра для волосъ. — **-broom**, половая щетка. — **brush**, головная щетка. — **-cutting**, стрижка волосъ. — **-dresser**, парикмахеръ. — **-pin**, шпилька.

Hairiness (*хэр'-и-нес*) s. большіе волосы, косматость.

Hairless (*хэр'-лес*) adj. лысый, плѣшивый.

Hairy (*хэр'-и*) adj. косматый.

Hake (*хэк*) s. (ихт.) доршъ.

Halberd (*хол'-берд*) s. алебарда.

Halberdier (*хол-берд-ир'*) s. алебардщикъ.

Halcyon (*хäл'-си-öн*) adj. (орн.) зимородокъ, рыболовъ, алкіонъ; || adj. тихій, счастливый.

Hale (*хэл*) adj. здоровый, сильный, бодрый; || va. тащить, тянуть.

Haleness (*хэл'-нес*) s. сила, здоровье.

Half (*ха'аф*) s. (pl. **halves**) половина. **A pound and a —**, полтора фунта. **To do a thing by halves**. дѣлать что вполовину, на половину. || adj. половинный; полу... — **a dozen**, полдюжины. || adv. на половину, полу. — **dead**, полумертвый. — **awake**, полусонный. — **-binding**, полупереплетъ. — **-bred**, полукровка. — **brother**, сводный братъ. — **-pay**, половинное жалованіе. — **-sister**, сводная сестра. — **-way**, на полдорогѣ. — **-witted**, слабоумный, полоумный — **-yearly**, полугодичный. [пенса, денежка.

Halfpenny (*ха'аф-пенни*) s. пол-

Halibut (*хол'-и-бöт*) s. (ихт.) родъ пальтуса.

Hall (*хол*) s. зала; чертогъ, палата; за'мокъ; залъ засѣданія, зала суда. **Town —**, ратуша, магистратъ. — **mark**, клеймо накладываемое на золото или серебро. [аллилуія.

Hallelujah (*хäл-ли-люй'-а*) s. ал-

Halloo (*хäл-лу'*) va. vn. ускать, цыкать, кликать; || аукать; || interj. кусь, кусь!... эй!

Hallow (*хäл'-лоу*) va. освятить, освящать; боготворить.

Hallowmas (*хäл'-лоу-мäс*) s. день всѣхъ святыхъ.

Hallucination (*хал-лью-си-нэ'-шöн*) s. галлюцинація.

Halo (*хэ'-ло*) s. красный кругъ, кольцо около планетъ; вѣнецъ, сіяніе; ореолъ; (анат.) румянце.

Halser (*хос'о-ед*) s. см. **Hawser**.

Halt (*холт*) s. остановка, привалъ; || adj. хромой; || va. vn. хромать; останавливаться; дѣлать привалъ.

Halter (*хол'-тер*) s. хромой; || веревка; || недоуздокъ; || va. надѣть недоуздокъ; веревку на шею.

Halting (*хол'-тинг*) s. остановка; хромание. [храмывая.

Haltingly (*хал'-тинг-ли*) adv. при-

Halve (*хав*) va. раздѣлить пополамъ.

Hamate (*хэ'-мэт*) adj. крючковатый.

Hames (*хэмз*) s. клещи.

Hamlet (*хäм'-лет*) s. деревушка, поселокъ.

Hammer (*хäм'-мер*) s. молотокъ, молотъ; курокъ (у ружья); || продажа съ молотка. **To bring to the —**, пустить съ молотка. || va. и vn. бить, работать молотомъ.

To — away at, добиваться трудомъ; усиленно работать.

Hammer (*хäм'-мер-ер*) s. молотобоецъ, кузнецъ.

Hammering (*хäм'-мер-инг*) s. удары молотка, битье молотомъ; ковка; || * выдумка.

Hammock (*хäм'-ōк*) s. гамакъ.

Hamous (*хэ'-мōс*) adj. (бот.) крючковатый, загнутый.

Hamper (*хäм'-пер*) s. большая корзина; путы, цѣпи; || сковывать; затруднять, стѣснять.

Hamster (*хäм'-стер*) s. (зоол.) хомякъ.

Hamstring (*хäм'-стринг*) s. (ветер.) поджилки, подколѣнная жила; || va. сдѣлать хромымъ, подрѣзать подколѣнную жилу.

Hanaper (*хäн'-ä-пер*) s. плетенка, корзина; || казна, казначейство.

Hand (*хäнд*) s. рука; || подпись, почеркъ, рука; || сторона, часть, мѣсто; || рабочіе руки; работникъ; || игра, карты. **The right —**, правая рука, десница. **To give a —**, помочь, подать руку помощи. **To lay —s on**, наложить руку на. **To shake —s with one**, пожать кому руку. **To wash one's —s of a thing**, * умыть руки. **To get the upper —**, получить перевѣсъ. **By —**, помощникъ. **From — to mouth**, изъ-за дня въ день. **Off —**, бѣгло. **-to —**, вплотную. **From** *или* **one the other —**, съ другой стороны. **In —**, впередъ, напередъ, въ уплату. **Under the — of**, за подписью. **The mason employs twenty —s**, каменщикъ нанимаетъ 20 рабочихъ. **Small —**, тонкое письмо. **Short —**, стенографія. || va. падать, вручить; вести за руку, управлять. **To — down**, передать (сверху внизъ), спускаться. **To — out**, вывести за руку, помогать выйти. **To — over**, вручать. **To — up**, поднимать. || adj. ручной. **— -barrow**, носилки. **— basket**, ручная корзина. **— -bell**, колокольчикъ. **— -bill**, объявленіе, афиша. **— -book**, руководство, справочникъ. **— breadth**, ладонь (мѣра). **— -cart**, тачка, ручная тележка. **— -rail**, перила; поручень. **— -saw**, ручная пила.

Handcuff (*хäнд'-кеф*) s. ручныя кандалы; || va. надѣть ручныя кандалы.

Handed (*хäнд'-ед*) adj. переданный изъ рукъ въ руки; водимый за руку. **One —**, однорукій. **Left —**, лѣвша. **Empty —**, съ пустыми руками. **High —**, повелительный.

Handful (*хäнд'-фул*) s. горсть, горсточка; ручня.

Handicap (*хäнд'-и-кäп*) s. (спор.) гандикапъ.

Handicraft (*хäнд'-и-крафт*) s. рукодѣліе, художество, ремесло. **—sman**, ремесленникъ, художникъ.

Handily (*хäнд'-и-ли*) adv. искусно ловко, проворно.

Handiness (*хäнд'-и-нес*) s. искусство, ловкость, проворство.

Handiwork (*хäнд'-и-уōрк*) s. рукодѣліе, работа рукъ.

Handkerchief (*хäнк'-ер-чиф*) s. носовой платокъ.

Handle (*хäнд'-л*) s. ручка, рукоятка; эфесъ; черенокъ (ножа); скоба (у сундука); захватъ. **The — of a fork, of a knife, of a spoon**, ручка вилки, ножа, ложки; || va. управлять, трогать рукой; держать въ рукахъ; || направлять; обходиться. **— -bar**, велосипедный руль. **To furnish a —**, придумать предлогъ для извиненія.

Handling (*хäнд'-линг*) s. управленіе; веденіе (дѣла); обхожденіе; пріемы

Handmaid (*хэнд'-мэд*), **Handmaiden** (*хäнд'-мэ'-д-н*) s. служанка.

Handsel (*хäнд'-сел*) s. починъ; обновка; обновленіе; || va. обновить, почать.

Handsome (*хäн'-сōм*) adj. красивый, прекрасный, изящный. **A — fortune**, прекрасное состояніе. **It is not — of him**, это не красиво съ его стороны. **— is that — does**, хорошъ тотъ, кто хорошо поступаетъ.

Handsomely (*хäн'-сōм-ли*) adv. красиво, изящно, деликатно.

Handsomeness (*хäн'-сōм-нес*) s. красота, грація, изящество; прелесть.

Handy (*хäнд'-и*) adj. ручной; ловкій, искусный, сподручный.

Hang (*хäнг*) vn. va. вѣшать; повѣсить кого; развѣшивать что; || висѣть, склоняться; тянуть; не рѣшаться; зависѣть; вѣшаться (на шею), приставать. **To — a picture**, повѣсить картину. **— it!** къ черту его! **To — a bell**, поставить звонокъ. **To — fire**, (арт.) долго обстрѣливать. **To — down**, свѣсить, наклонять, свѣситься, опуститься. **To — out**, вывѣшивать, -ся. **To — about**, привязываться. **— back**, отставать, отступать. **To — loose**, привѣшивать. **To — over**, повѣсить, висѣть надъ чѣмъ. **To — together**, быть тѣсно связаннымъ, быть согласнымъ. **— -man**, палачъ. **— -nail**, заусеница.

Hanger (*хäнг'-ер*) s. привѣска, подвѣска; кортикъ. **Pot —**, крюкъ для подвѣшиванія котла. **— -on**, завсегдатай.

Hanging (*хäнг'-инг*) s. вѣшаніе; || обои, драпри, занавѣски.

Hank (*хăнк*) s. мотокъ (нитокъ); || склонность, привязанность; || va. мотать на мотокъ.

Hanker (*хăн'-ер*) vn. съ **after**, жаждать чего, страстно желать, вздыхать по.

Hankering (*хăнк'-ер-инг*) s. сильное желаніе, склонность.

Hanseatic (*хăн-си-ăт'-ик*) adj. ганзейскій (городъ).

Hanse (*хăнс*) s. ганза. — **towns**, ганзейскій союзъ.

Hap (*хăп*) s. судьба, рокъ; || vn. случаться, произойти.

Hapless (*хăп'-лес*) adj. несчастный, злополучный.

Haplessly (*хăп'-лес-ли*) adv. злополучно, несчастно.

Haply (*хăп'-ли*) adv. быть можетъ, если бы; случайно.

Happen (*хăп'-пн*) vn. случиться, сбыться, приключиться. **It sometimes happens that**, иногда случается что. **He happened to come**, случайно пришелъ.

Happenings (*хăп'-п-нингз*) s. pl. случайности.

Happily (*хăп'-и-ли*) adv. къ счастью; счастливо, благополучно.

Happiness (*хăп'-и-нес*) s. счастье; удача; благоденствіе.

Happy (*хăп'-и*) adj. счастливый, довольный.

Harangue (*хă-ранг'*) s. привѣтствіе; || va. vn. обращаться съ рѣчью.

Harass (*хăр'-ас*) va. утомлять, изнурять; || опустошать.

Harassment (*хăр'-ас-мент*) s. мука, мученіе; утомленіе, изнуреніе.

Harbinger (*хар'-бин-джер*) s. гонецъ; || предвѣстникъ.

Harbour (*хар'-бŏр*) va. vn. пріютить, укрыть, -ся; || питать (чувства); таить (мысли); || s. постоялый дворъ, пристанище, убѣжище; || гавань, портъ.

Harbourage (*хар'-бŏр-эдж*) s. убѣжище, безопасное мѣсто.

Harbourer (*хар'-бŏр-ер*) s. дающій пристанище.

Harbourless (*хар'-бŏр-лес*) adj. безпріютный, беззащитный.

Hard (*хард*) adj. твердый, жесткій, черствый; прочный; тягостный, трудный. **A — frost**, сильный морозъ. **A — heart**, жестокое, жесткое сердце. **To call — names**, обругать кого. — **times**, трудныя времена. **A — winter**, суровая зима; || adv. сильно, крѣпко; рѣзко, грубо; настоятельно, усидчиво. **Strike —**, сильно ударять. **It rains —**, дождь льетъ ливмя. **Things go — with him**, ему не везетъ въ дѣлахъ. **To be — up**, быть въ стѣсненныхъ обстоятельствахъ. **To be — upon**, быть безжалостнымъ къ кому. **To be — at it**, усиленно работать. — **by**, вблизи, возлѣ, вслѣдъ за. — **bound**, страдающій запоромъ; жесткій. — **fisted**, скаредный, тугой на расплату. — **hearted**, жестокосердый, жестокій. — **ware**, желѣзный товаръ.

Harden (*хард'-н*) va. vn. твердѣть, черствѣть, ожесточать, крѣпнуть; закаливаться; дѣлаться грубымъ, выносливымъ.

Hardening (*хард'-н-инг*) s. закалъ, закаливаніе; очерствѣніе, отвердѣніе.

Hardihood (*хард'-и-худ*) s. смѣлость, неустрашимость.

Hardily (*хард'-и-ли*) adv. смѣло, отважно; || сурово, грубо.

Hardiness (*хард'-и-нес*) s. отвага, смѣлость, неустрашимость; || крѣпость (здоровья); выносливость.

Hardly (*хард'-ли*) adv. съ трудомъ, съ усиліемъ; едва, не совсѣмъ; || строго, сурово.

Hardness (*хард'-нес*) s. твердость; прочность; трудность (пониманія); тягость || суровость (зимы). — **of hearing**, тугоухость. — **of heart**, жестокосердіе.

Hards (*хардс*) s. пакля, очесъ (пеньки), кострина, охлопки.

Hardship (*хард'-шип*) s. утомленіе, трудная работа; жестокосердіе.

Hardy (*хард'-и*) adj. смѣлый, отважный, безстрашный; крѣпкій, дюжій; плотный; стройный; выносливый.

Hare (*хэр*) s. заяцъ. **A young —**, зайченокъ. — **-bell**, (бот.) колокольчикъ, гіацинтъ. — **-brained**, вѣтреный, легкомысленный. — **hound**, борзая собака. — **foot**, (бот.) заячья лапка. — **hunter**, охотникъ на зайцевъ. — **-lip**, заячья губа.

Harem (*хэ'-рем*) s. гаремъ.

Haricot (*хăр'-и-ко*) s. (бот.) фасоль (бобъ).

Hark (*харк*) interj. слушай.

Harlequin (*хар'-ли-кин*) s. арлекинъ, гаеръ.

Harlequinade (*хар'-ли-кин-ед*) s. шутовская продѣлка.

Harlot (*хар'-лŏт*) s. проститутка; || vn. блядовать.

Harlotry (*хар'-лŏт-ри*) s. распутство, развратъ.

Harm (*харм*) s. вредъ, зло; бѣда, горе. **To do —**, вредить; || va. вредить.

Harmful (*харм'-фул*) adj. зловредный, опасный.

Harmfully (*харм'-фул-и*) adv. зловредно; въ ущербъ, вредоносно.

Harmfulness (*харм'-фул-нес*) s. зловредность, вредность.

Harmless (*харм'-лес*) adj. безвредный; невинный.
Harmlessly (*харм'-лес-ли*) adv. безвредно; невинно.
Harmlessness (*харм'-лес-нес*) s. безвредность, невинность.
Harmonic (*хар-мон'-ик*), **Harmonical** (*хар-мон'-ик-ăл*) adj. гармоничный, стройный. [монія.
Harmonics (*хар-мон'-икс*) s. гар-
Harmonious (*хар-мо'о-ни-ŏс*) adj. гармоничный, согласный, стройный.
Harmoniously (*хар-мо'ŏ-ни-ŏс-ли*) adv. гармонично, согласно, стройно.
Harmoniousness (*хар-мо'о-ни-ŏс-нес*) s. гармоничность; || соотвѣтственность (частей).
Harmonium (*хар'-мо'о-ни-ŏм*) s. гармоніумъ.
Harmonize (*хар'-мо-найз*) va. vn. приводить въ гармонію, въ созвучіе; согласовать, -ся.
Harmony (*хар'-мо-ни*) s. гармонія, созвучіе; || соразмѣрность; стройность.
Harness (*хар'-нес*) s. оружіе, доспѣхи; латы, броня; || упряжь, шоры. — **-maker**, шорникъ; || va. вооружиться; запречь лошадь.
Harp (*харп*) va. vn. играть на арфѣ; || * подымать вопросъ о старомъ; || s. арфа. **To play upon the —**, играть на арфѣ. **Æolian —**, эолова арфа. **Jew's —**, варганъ; || s. (астр.) созвѣздіе Лиры. **To — upon the same string**, пѣть одну и ту же пѣсню.
Harper (*харп'-ер*) s. арфистъ.
Harping (*харп'-инг*) s. игра на арфѣ; || * повтореніе одного и того же; || **—s**, s. pl. (мор.) вельсы, гарпингсы.
Harpist (*харп'-ист*) s. арфистъ, -стка (f.) [горъ, острога.
Harpoon (*хар-пун'*) s. гарпунъ, ба-
Harpooner (*хар-пун'-ер*) s. гарпунщикъ; || китобой.
Harpsichord (*хăрп'-си-корд*) s. (муз.) клавикорды. [ехидна.
Harpy (*хăр'-пи*) s. (мие.) гарпія;
Harridan (*хăр'-ри-дăн*) s. кляча; || старая вѣдьма. [бака.
Harrier (*хăр'-и-ер*) s. борзая со-
Harrow (*хăр'-оу*) s. борона; || va. боронить; || * мучить, терзать.
Harrower (*хар'-оу-ер*) s. боронильщикъ.
Harrowing (*хăр'-оу-инг*) s. боронъба; || * мученіе, терзаніе; || adj. мучительный.
Harry (*хăр'-и*) va. vn. безпокоить, мучить; || npr. уменьш. отъ **Henry**.
Harsh (*хăрш*) adj. жесткій, терпкій, грубый; непріятный, суровый, строгій. **A — word**, оскорбительное слово. — **-looking**, съ суровымъ взглядомъ. — **-sounding**, несогласные рѣзкіе звуки. — **-tempered**, со суровымъ характеромъ. — **-toned**, рѣзкозвучащій.
Harshly (*хăрш'-ли*) adv. жестко, грубо; непріятно, сурово, строго.
Harshness (*хăрш'-нес*) s. жестокость, неровность, непріятность; строгость, суровость.
Harslet (*харс'-лет*), **Haslet** (*хăс'-лет*) s. потроха (свиные).
Hart (*харт*) s. олень (шестигодовалый). **—'s -horn**, оленій рогъ. **—'s -tongue**, (бот.) оленій языкъ, многоножка. **—s -wort**, (бот.) горный укропъ, порѣчникъ.
Harum-scarum (*хэр'-ŏм-скэр'-ŏм*) adj. вѣтреный, безразсудный.
Harvest (*хар'-вест*) s. жатва, жниво; уборка (хлѣба); сборъ (плодовъ); урожай. **To gather in, to get in the —**, собирать урожай. || va. жать, собирать, убирать (хлѣбъ); || * пожинать. — **-home**, конецъ жатвы; пѣсни косарей (по уборкѣ хлѣба). — **-time**, время жатвы.
Harvester (*хар'-вест-ер*) s. жнецъ.
Harvesting (*хар'-вест-инг*) s. уборка урожая.
Hash (*хаш*) va. крошить, рубить; || s. рубленое мясо, окрошка.
Hasp (*хасп*) s. засовъ; крюкъ, скоба, застежка; || шпулька, веретено.
Hassock (*хăс'-сок*) s. циновка (подъ колѣни въ церкви); (мин.) туфъ.
Hastated (*хас'-тэ-тед*) adj. (бот.) копьевидный.
Haste (*хэст*) s. спѣхъ, поспѣшность; проворство; || va. vn. торопить, -ся, спѣшить. **To make —**, торопиться.
Haste (*хэст*), **Hasten** (*хэс'-н*) va. vn. см. **Haste**.
Hastile (*хис'-ти-ли*) adv. скоро, поспѣшно, быстро.
Hastiness (*хэс'-ти-нес*) s. поспѣшность, торопливость, заносчивость.
Hasty (*хэс'-ти*) adj. поспѣшный; скорый, торопливый; нетерпѣливый. — **pudding**, заварной пудингъ.
Hat (*хăт*) s. шляпа, шапка. **A leghorn —**, соломенная шляпа. **—s off!** шапки долой. — **-band**, лента вокругъ шляпы. — **-box**, — **case**, картонъ для шляпы. — **-brush**, щетка для шляпы.
Hatch (*хăч*) va. высиживать, выводить (цыплятъ); замышлять, затѣвать; загораживать; || vn. вылупиться, выйти изъ яйца. **To — hopes**, питать надежды; || s. высѣдъ, выводъ (цыплятъ); открытіе, развитіе; замыселъ; || под-

дверь; || люкъ. — **way**, рѣшетчатый люкъ.

Hatchel (*хăч'-ел*) s. чесалка, мыканица (льна, пеньки); ваяло (скульптора): || va. мыкать, трепать (ленъ); раздражать.

Hatches (*хăч'-ез*) s.pl. (мор.) рѣшетки надъ люками.

Hatchet (*хăч'-ет*) s. топоръ, сѣчка; сѣкира. [цыплятъ.

Hatching (*хăч'-инг*) s. выводъ

Hatchment (*хăч'-мент*) s. гербъ; украшенія на рукояткѣ меча, шпаги.

Hate (*хэт*) s. ненависть; отвращеніе; || va. ненавидѣть, питать отвращеніе.

Hateful (*хэт'-фул*) adj. ненавистный, омерзительный.

Hatefully (*хэт'-фул-и*) adv. ненавистно, омерзительно.

Hater (*хэт'-ер*) s. ненавистникъ.

Hatred (*хэ'-тред*) s. ненависть.

Hatter (*хăт'-ер*) s. продавецъ шляпъ. [кольчуга.

Hauberk (*хо'о-берк*) s. панцырь,

Haughtily (*хо'о-ти-ли*) adv. надменно, спѣсиво.

Haughtiness (*хо'о-ти-нес*) s. спѣсь, надменность.

Haughty (*хо'о-т-и*) adj. спѣсивый, надменный, дерзкій.

Haul (*хо'ол*) va. волочить, тащить, тянуть; увлекать; тормозить. **To — the wind**, (мор.) держать круто къ вѣтру. **To — down**, спустить флагъ.

Haulage (*хо'ол-эдж*) s. тяга, тяга бичевою, буксированіе.

Hauler (*хо'ол-ер*) s. бичевщикъ, бурлакъ, тянущій лямку.

Haulm или **Haum** (*хо'ом*) s. стебель; солома; || соломенная крыша.

Haunch (*ханч*) s. задняя нога, бедро, ляжка.

Haunt (*ха'унт*) s. мѣсто, часто посѣщаемое; убѣжище, пристанище; притонъ, мѣсто отдыха; || va. vn. посѣщать, навѣщать, часто бывать; преслѣдовать, постоянно обращаться къ кому или возвращаться къ чему.

Haunter (*ха'унт-ер*) s. завсегдатай, постоянный посѣтитель.

Hautboy (*хо'о-бой*) s. гобой (муз. инстр.)

Havanna (*ха-вăн'-на*) npr. (геогр.) Гаванна; || гаванская сигара.

Have (*хăв*) va. имѣть, владѣть, получить; держать, брать, знать; дозволить, велѣть; долженствовать; желать, хотѣть. **You had better not go**, вамъ лучше бы туда не ѣхать. **Have your hair cut**, обрѣжьте себѣ волосы. **I had rather go than stay**, я предпочелъ бы скорѣе уйти, чѣмъ ждать. **What will you — me do?** что мнѣ по вашему слѣдовало бы дѣлать. **To — about one**, имѣть съ собой. **To — at**, нападать. **To — in**, возвращаться. **To — up**, поднимать. [ще, пріютъ.

Haven (*хэ'-вн*) s. гавань; || убѣжи-

Haversack (*хăв'-ер-сăк*) s. мѣшокъ, ранецъ, котомка.

Having (*хăв'-инг*) s. имѣніе; владѣніе; пожитки. **It's worth the —**, это стоитъ того.

Havock (*хăв'-ок*) s. разрушеніе; расхищеніе; опустошеніе; || * разстройство. || va. раззорять, опустошать, уничтожать, грабить.

Haw (*хо'о*) s. (бот.) ягода боярышника, изгородь, плетень; загонъ (скота); (вет.) наростъ на вѣкѣ (у лошади); || запинка; || vn. запинаться, мямлить.

Hawhaw (*хоо-хо'о*) s. небольшая канава (около сада).

Hawk (*хо'ок*) s. соколъ, ястребъ; || va. vn. охотиться съ помощью соколовъ, спускать соколовъ; взвиться, сдѣлать нападеніе на лету; || харкать; || продавать по улицамъ. **— nosed**, съ ястребинымъ носомъ. **— eyed**, съ ястребинымъ взглядомъ.

Hawked (*хо'окт*) adj. изогнутый крючкомъ. [разнощикъ.

Hawker (*хо'ок-ер*) s. сокольникъ; ||

Hawking (*хоок'-инг*) s. обученіе соколовъ; соколиная охота; || розничная продажа.

Hawse (*хо'оз*) (мор.) положеніе канатовъ передъ шлюзами. **— hole**, шлюзъ.

Hawser (*хо'оз-ер*) s. (мор.) канатъ, кабельтовъ, швартовъ.

Hawthorn (*хо'о-зсорн*) s. (бот.) боярышникъ.

Hay (*хэй*) s. сѣно. **To make — when the sun shines**, нужно бить, ковать желѣзо пока горячо. **— cock**, копна сѣна на лугу. **— -rick**, **— -stack**, стогъ, скирдъ сѣна. **— fork**, вилы. **— loft**, сѣнникъ, сѣновалъ. **— maker**, работникъ, -ца на сѣнокосѣ. **— making**, сѣнокосъ, кошеніе сѣна. **— -time**, сѣнокосъ.

Hazard (*хăз'-ăрд*) s. случай, случайность; рискъ, опасность; || va. vn. рисковать, дѣйствовать на удачу. **To — one's life**, рисковать жизнью.

Hazardous (*хăз'-ăр-дŏс*) adj. рискованный, опасный, смѣлый.

Hazardously (*хăз'-ăр-дŏс-ли*) adv. рискованно, опасно, смѣло.

Haze (*хэз*) s. туманъ, пасмурность, темнота; || va. хмуриться (о погодѣ); дѣлаться туманнымъ. пасмурнымъ, заволакиваться, стлаться.

Hazel (*хэ'-зл*) s. орѣшина, лещина — **nut,** орѣхъ, орѣшекъ.

Haziness (*хэ'-зи-нес*) s. туманность.

Hazy (*хэ'-зи*) adj. туманный, неясный, темный; сѣренькій (о днѣ).

He (*хи*) pron. онъ. — **who,** — **that,** тотъ, кто; тотъ, который; || самецъ, мужчина. **A — -goat,** козелъ. **A — -elephant,** слонъ-самецъ

Head (*хед*) s голова, глава, головка; || верхушка, верхъ; || глава, начальникъ, вожакъ; высшее, главное мѣсто; || изголовье (постели); заглавіе (книги); истокъ, верховье (рѣки); шляпка (гвоздя); осадокъ, гуща (въ винѣ); дно (ящика, бочки); мысъ (земли); черепокъ (ножа); набалдашникъ (палки); фронтовая часть (войска). || главный пунктъ, центръ; тема (разговора); исходная точка; (мор.) носовая часть (корабля) **The two —s of a cask,** оба дна бочки **A fine — of hair,** красивая шевелюра. **On this —,** по этому пункту. **They have set a price on his —,** его голову оцѣнили **At 3 francs a —,** по три франка штука **He has a good —,** у него голова на мѣстѣ. **You have hit the nail on the —,** вы попали, угадали. **Over — and heels,** поверхъ макушки. **My — turns round,** у меня кружится голова. **— or tail,** орелъ или рѣшетка (игра). **Neither — nor tail,** ни начала, ни конца; || *ни то, ни се **— ache,** головная боль. **— -band,** головная повязка. **— clerk,** старшій служащій (конторы). **— -cook,** старшій поваръ. **— -dress, — -gear,** головной уборъ, прическа (дамы). **— -land,** мысъ, носъ, коса. **— master,** начальникъ (школы). **— -money,** поголовный денежный сборъ. **— -office,** главное отдѣленіе (конторы). **— -piece,** каска, шлемъ; || * разсудокъ, умъ **— -quarters,** главная квартира (арміи). **— -sman,** вожатый, зачинщикъ. **— -stall,** оглавль (у узды). **— stone,** краеугольный камень. **— -waters,** источники. **— way,** слѣдъ корабля. **— work,** умственная работа. **— wind,** (мор.) противный вѣтеръ. || va. идти во главѣ, предводительствовать, управлять; идти впереди, вести; || vn. вытекать, исходить, брать (начало); (мор.) имѣть ходъ. придѣлывать головку

Headed (*хед'-ед*) adj. съ головой, головной. **Clear —,** съ яснымъ умомъ. **Thick —,** тупоголовый.

Header (*хер'-ер*) s. предводитель, вожакъ, || насадчикъ головокъ (гвоздей и пр.).

Headily (*хер'-и-ли*) adv. вспыльчиво, упорно.

Headiness (*хер'-и-нес*) s. поспѣшность, упрямство, упорство.

Heading (*хер'-инг*) s. заголовокъ, насаживаніе шляпокъ, головокъ (на булавки и пр.); донныя доски (у бочекъ).

Headless (*хер'-лес*) adj безголовый, безглавый; обезглавленный

Headline (*хер'-лайн*) s. (тип.) колонцифры

Headlong (*хед'-лонг*) adj. опрометчивый, безразсудный; || adv очертя голову; стремглавъ **To run — to ruin,** идти на встрѣчу гибели

Headmost (*хер'-мост*) adj. передовой, передній.

Headspring (*хер'-спринг*) s. источникъ, родникъ.

Headstrong (*хед'-стронг*) adj упрямый, непреклонный

Heady (*хед'-и*) adj. стремительный, горячій; крѣпкій (о винѣ).

Heal (*хил*) va. vn. лечить, исцѣлять, вылечивать, -ся, || примирять, умиротворять

Healer (*хил'-ер*) s исцѣлитель

Healing (*хил'-инг*) adj. цѣлебный, цѣлительный, врачующій; || s. леченіе

Health (*хелсз*) s. здоровье, здравіе. **Broken —,** разстроенное здоровье. **Public —,** общественное здравіе. **Board of —,** санитарный совѣтъ. **We drank his —,** мы пьемъ за ваше здоровье. **How is your —,** каково ваше здоровье?

Healthful (*хелсз'-фул*) adj. здоровый, здравый

Healthfully (*хелсз'-фул-и*) adv. въ добромъ здоровьѣ.

Heathfulness (*хелсз'-фул-нес*) s. здоровье, здоровое состояніе.

Healthily (*хелсз'-и-ли*) adv. въ добромъ здравіи.

Healthiness (*хелсз'-и-нес*) s. см. **Heathfulness.**

Healthy (*хелсз'-и*) adj здоровый.

Heam (*хим*) s. (вет.) мѣсто, послѣдъ

Heap (*хип*) s куча, груда; толпа; || va класть въ кучу, наваливать. **To — up,** нагромождать.

Hear (*хир*) va. vn. слушать, внимать, слышать. **My prayer was heard,** моя молитва была услышана. **Do not believe all you —,** не всему тому вѣрьте, что слышите. **To — mass,** слушать службу (церковную). **I have heard of him,** я слышалъ о немъ. **I have**

heard from him, я слышалъ отъ него.

Hearer (*хир'-ер*) s. слушатель.

Hearing (*хир'-инг*) s. слухъ, слушаніе; || ауденція. **Be within** —, станьте такъ, чтобы вы меня слышали.

Hearken (*харк'-н*) va. vn. слушать подслушивать.

Hearsay (*хир'-сэй*) s. слухъ, молва.

Hearse (*хёрс*) s. гробъ; погребальная колесница; одръ; || va. класть въ гробъ, погребать.

Heart (*харт*) s. сердце; || душа, духъ; любовь, нѣжность; сердцевина центръ; суть, сущность. **To take** —, набраться храбрости. **To take to** —, принять къ сердцу. **To learn by** —, учить на память. — **-ache**, кручина, горе. — **-break**, тоска, отчаяніе. — **-breaking**, надрывающій сердце. — **burn**, изжога. — **-burning**, вражда, злоба. — **-disease**, сердечная болѣзнь. — **-felt**, глубоко прочувствованный. — **-rending**, раздирающій сердце. —**s -blood**, кровь сердца. —**s -ease**, (бот.) анютины глазки. — **-sick**, тяжело больной. — **-sore**, огорченіе, кручина, скорбь. — **-wounded**, мучимый любовью, съ растерзаннымъ сердцемъ.

Hearted (*харт'-ед*) adj. сердечный. **Hard** —, жестокосердный. **Faint** —, робкій. **Light** —, веселый. **Stout** —, храбрый.

Hearth (*харсз*) s. подъ (въ печи); очагъ. — **-money**, сборъ съ двора. — **-rug**, каминный коврикъ. — **-stone**, печной подъ.

Heartily (*харт'-и-ли*) adv. искренно, сердечно, усердно.

Heartiness (*харт'-и-нес*) s. искренность, сердечность.

Heartless (*харт'-лес*) adj безсердечный

Heartlessly (*харт'-лес-ли*) adv безсердечно

Heartlessness (*харт'-лес-нес*) s. безсердечность

Hearty (*харт'-и*) adj. чистосердечный, искренній, сердечный, душевный, здоровый, бодрый; хорошій (аппетитъ). — **welcome**, сердечный пріемъ.

Heat (*хит*) s. жаръ, зной; теплота; || пыль, горячность, вспышка, гнѣвъ, кругъ, конецъ (на скачкахъ). **In the** — **of the fight**, въ разгаръ боя. || va. vn. нагрѣвать; топить, -ся; воспламенять, горячить, -ся.

Heat (*хисз*) s. верескъ(кустарникъ). — **-cock**, глухарь.

Heathen (*хи'-сзн*) s. язычникъ. || adj. языческій

Heathenish (*хи'-сзн-иш*) adj. языческій; грубый.

Heathenishly (*хи'-сзн-иш-ли*) adv. язычески

Heathenism (*хи'-сзн-изм*) s. язычество.

Heather (*хисз'-ер*) s. верескъ.

Heathery (*хисз'-и*) adj. заросшій верескомъ.

Heathy (*хисз'-ер-и*) adj. заросшій верескомъ.

Heating (*хит'-инг*) s. нагрѣваніе; накаливаніе; || adj. согрѣвающій, нагрѣвательный, калильный.

Heave (*хив*) s. подниманіе, приподниманіе, возвышеніе; || напряженіе при кашлѣ. || va. vn. поднимать, приподнимать, -ся; напрягаться, надсѣдаться; тяжело дышать; испускать (вздохъ); волноваться; бросать, кидать. **To** — **a flag aboard**, поднять флагъ. **To** — **in sight**, показаться на горизонтѣ. **To** — **to**, лечь въ дрейфъ.

Heaven (*хев'-н*) s. небо, небеса. — **-born**, небесный, божественный.

Heavenly (*хев'-н-ли*) adj. небесный, божественный.

Heavenward (*хев'-н-уäрд*) adv. къ небу, кверху.

Heaver (*хив'-ер*) s. поднимающій нагружающій; рычагъ, вага. **Coal** —, угольщикъ.

Heaves (*хивз*) s. (вет.) запалъ.

Heavily (*хев'-и-ли*) adv. тяжело, трудно; медленно, уныло.

Heaviness (*хев'-и-нес*) s. тяжесть, тяжеловѣсность; || тягость; || скука, унылость.

Heaving (*хев'-инг*) s. см. **Heave.**

Heavy (*хев'-и*) adj. тяжелый, тяжеловѣсный, трудный; тупой, тучный (о почвѣ); пасмурный, унылый.

Hebdomadal (*хеб-дом'-ä-дäл*), **Hebdomadary** (*хеб-дом'-ä-дä-ри*) adj. недѣльный, еженедѣльный.

Hebetate (*хеб'-и-тэт*) va. притуплять, дѣлать глупымъ.

Hebetation (*хеб-и-тэ'-шён*) s. тупость, тупоуміе.

Hebraic (*хи-брэ'-ик*) adj. еврейскій

Hebrew (*хи'-бру*) adj. еврейскій; || s. еврейскій языкъ; еврей.

Hectic (*хек'-тик*). **Hectical** (*хек'-тик-äл*) adj. продолжительный; изнурительный (о лихорадкѣ).

Hector (*хек'-тор*) npr. Гекторъ; || храбрецъ, хвастунъ; || va. vn. поступать нагло; храбриться, буянить.

Hederaceous (*хед-и-рэ'-шёс*) adj. павеличный, плющевый.

Hedge (*хедж*) s. плетень, изгородь. **A quickset** —, живая изгородь. || va. обносить изгородью, загораживать заборомъ. — **hog**, ежъ. — **-school**, школа на открытомъ

воздухѣ. — **sparrow** травникъ (птица).
Heed (*хид*) va. обращать вниманіе; наблюдать, замѣчать; || s вниманіе, наблюденіе; осторожность. **Take — of what you say**, обдумывайте то, что вы говорите
Heedful (*хид'-фул*) adj внимательный; осторожный
Heedfully (*хид'-фул-и*) adv внимательно, осторожно
Heedfulness (*хид'-фул-нес*) s внимательность, осторожность
Heedless (*хид'-лес*) adj невнимательный; неосторожный
Heedlessly (*хид'-лес-ли*) adv невнимательно; неосторожно.
Heedlessness (*хид'-лес-нес*) s невнимательность; неосторожность
Heel (*хил*) s. пята, пятка; каблукъ (сапога); нога; шпора, бодецъ (пѣтуха); || конецъ; (мор.) задній конецъ (киля) **To trip up one's —s**, подставить кому ногу **To take to one's —s**, удрать. || vn. плясать, бѣгать; придѣлывать каблуки; (мор.) крениться; || вооружать бодцами (пѣтуха). **—piece**, задокъ у башмака. каблуки. — **tap**, недопитый стаканъ. **To leave no — taps**, уплачивать наличными
Heft (*хефт*) s усиліе. тяжесть, рукоятка || va приподнимать
Heifer (*хеф'-ер*) s телка
Heigh-ho (*хай'-хо*) interj. охъ, охъ
Height (*хайт*) s вышина, высота, верхъ, возвышеніе; || высокое положеніе. **The tower is one hundred feet in —**, башня вышиною сто футовъ **He is about my —**, онъ почти моего роста. **The — of impudence**, верхъ нахальства.
Heighten (*хайт'-н*) va. возвышать, увеличивать; улучшать.
Heightening (*хайт'-н-инг*) s. возвышеніе, увеличеніе, улучшеніе.
Heinous (*хэ'-нōс*) adj. ненавистный, гнусный
Heinously (*хэ'-нōс-ли*) adv ненавистно, гнусно.
Heinousness (*хэ'-нōс-нес*) s ненавистность, гнусность
Heir (*эр*) s. наслѣдникъ
Heirdom (*эр'-дōм*) s. наслѣдованіе.
Heiress (*эр'-ес*) s. наслѣдница.
Heirloom (*эр'-лум*) s. наслѣдственное имѣніе. [лѣдства.
Heirship (*эр'-шип*) s. право нас-
Helen (*хэл'-ин*), **Helena** (*хэ-ли'-на*) npr. Елена.
Heliac (*хи'-ли-ăк*). **Heliacal** (*хилай-ăк-ăл*) adj. (астр.) восходящій или заходящій при лучахъ солнца
Helical (*хэл'-и-кăл*) adj спиральный, винтовой.
Helioscope (*хи'-ли-о-скоп*) s (астр. Геліоскопъ
Heliotrope (*хи'-ли-о-троп*) s геліотропъ (растеніе и солнечные часы). [спираль
Helix (*хи'-ликс*) s (въ pl **Helices**)
Hell (*хел*) s адъ, преисподняя — **-born**, исчадіе ада — **-doomed**, обреченный на муки ада. — **-fire**, адскій огонь
Hellebore (*хэл'-ли-бор*) s (бот) чемерица [низмъ
Hellenism (*хэл'-лен-изм*) s. элли-
Hellish (*хэл'-иш*) adj адскій
Hellishness (*хэл'-иш-нес*) s. адская злоба.
Helm (*хем*) s руль, румпель, кормило; || va. править, управлять
Helmet (*хелм'-ет*) s. шлемъ, каска
Helminthic (*хел-мин'-зсик*) adj. глистогонный
Helmsman (*хелмз'-ман*) s рулевой, кормчій
Helot (*хи'-лот*) s рабъ, илотъ
Helotism (*хи'-лот-изм*) s рабство.
Help (*хелп*) va. помогать, пособлять, споспѣшествовать, служить. **To — one another**, помогать другъ другу **How can I — it?** что я могу сдѣлать противъ этого. **I cannot — it**, я ничего не могу сдѣлать противъ. **I cannot — saying**, я не могу ни сказать **To — down**, помочь кому сойти, спуститься. **To — in**, помочь войти, ввести **To — out**, помочь выйти, вывести изъ затрудненія. || vn. **To — to — on**, содѣйствовать. **Every little helps**, всякая малость въ помощь. || s. помощь; подпора; || помощникъ. **By the — of**, при помощи. **There is no — for it**, противъ этого нѣтъ средства.
Helper (*хелп'-ер*) s помощникъ
Helpful (*хелп'-фул*) adj. помогающій. [щій.
Helping (*хелп'-инг*) adj пособляю-
Helpless (*хелп'-лес*) adj безпомощный; покинутый
Helplessly (*хелп'-лес-ли*) adv безъ помощи.
Helplessness (*хелп'-лес-нес*) s. безпомощность, одиночество
Helpmate (*хелп'-мет*) s. помощникъ; товарищъ; компаніонка (s.)
Helter skelter (*хел'-тер-скел'-тер*) adv какъ ни попало, въ безпорядкѣ
Helve (*хелв*) s ручка, рукоятка, черенокъ; || va придѣлать ручку.
Hem (*хем*) s. рубецъ, кайма, обшивка; || va. подрубать, каймить. **To — in**, окружить, обволакивать. || interj. гей! сюда! гм! || звать; дѣлать „гм“.

Hematosis (*хем-ā-то'о-сис*) s. (физiол.) гематозисъ.
Hemi (*хем'-и*) частица означающая: половину, полу...
Hemisphere (*хем'-и-сфер*) s. гемисфера, полушарiе.
Hemistich (*хем'-и-стик*) s. полустишiе. [головъ, цикута.
Hemlock (*хем'-лок*) s. (бот.) боли-
Hemorrhage (*хем'-ор-рэдж*) s. кровоизлiянiе.
Hemorrhoidal (*хем-ор-ройд'-ăл*) adj. геморроидальный, почечуйный
Hemorrhoids (*хем'-ор-ройдз*) s. pl. (мед.) геморрой, почечуй.
Hemp (*хемп*) s. пенька, конопля. — **-comb,** чесалка, мыканица. — **-oil,** конопляное масло. — **-dresser,** чесальщикъ пеньки. — **-field,** конопляникъ. — **-seed,** конопляное сѣмя. [конопляный.
Hempen (*хемп'-н*) adj. пеньковый,
Hen (*хен*) s. курица; самка (птичья). — **-house,** курятникъ. — **-coop,** курятникъ. — **-pecked,** находящiйся подъ башмакомъ своей жены. — **-roost,** насѣсть.
Henbane (*хен'-бэн*) s. (бот.) бѣлена, курослѣпъ.
Hence (*хенс*) adv. отсюда, оттуда; изъ сего; отъ сихъ поръ. **Far —,** далеко отсюда. **Ten years —,** черезъ десять лѣтъ. **— his anger,** отсюда его гнѣвъ.
Henceforth (*хенс-фо'рсз*), **Henceforward** (*хенс-фōр'-уăрд*) adv. съ этого времени; отнынѣ, впредь
Henchman (*хенч'-мăн*) s. пажъ, служитель.
Hendecagon (*хен-дек'-ă-гон*) s. (геом.) одиннадцатиугольникъ.
Hendecassyllabic (*хен-дск-ă-сил-лăб'-ик*) adj. одиннадцатисложный (о стихѣ).
Hepatic (*хи-пăт'-ик*), **Hepatical** (*хи-пăт'-ик-ă.л*) adj. (анат.) печеночный. [гепатитъ.
Hepatite (*хеп'-ă-тайт*) s. (мин.)
Hepatitis (*хеп-ă-тай'-тис*) s. (мед.) воспаленiе печени.
Heptagon (*хеп'-та-гон*) s. (геом.) семиугольникъ.
Heptandria (*хеп-тăн'-дри-а*) s. (бот.) семимужiе.
Heptarchy (*хеп'-тарк-и*) s. гептархiя (семь англосаксонскихъ королевствъ).
Her (*хōр*) pron. ее, ей, ея; || ту; **With —,** съ ней. **The sea buried — I loved,** море поглотило ту, которую я любилъ; || pron. poss. adj. ея, свой, своя, свое. — **self,** себя, себѣ, сама себя.
Herald (*хер'-алд*) s. герольдъ, вѣстникъ, глашатай. [дическiй.
Heraldic (*хи-рăл'-дик*) adj. геральдический
Heraldry (*хер'-алд-ри*) s. геральдика, гербовѣденiе.
Herb (*ōрб, хōрб*) s. трава, злакъ. **Pot —s,** огородная зелень.
Herbaceous (*хōр-бэ'-шōс*) adj. травяной, травянистый, злаковый.
Herbage (*хōрб'-эдж*) s. трава, зелень; пажить.
Herbal (*хōрб'-ăл*) s. травникъ, гербарiй; || adj. травяной.
Herbalism (*хōрб'-а-лизм*) s. травовѣдѣнiе. [барiй.
Herbarium (*хōр-бэ'-ри-ōм*) s. гер-
Herbary (*хōрб'-ă-ри*) s. травникъ. огородъ.
Herbescent (*хōр-бес'-сент*) adj. растущiй травой, злаковый.
Herbiferous (*хōр-биф'-ер-ōс*) adj. производящiй травы.
Herbivorous (*хōр-бив'-о-рōс*) adj. травоядный.
Herborization (*хōрб'-о-ри-зэ'-шōн*) s. собиранiе и сушенiе травъ.
Herborize (*хōрб'-о-райз*) vn. собирать травы.
Herbous (*хōрб'-ōс*), **Herby** (*хōрб'-и*) adj. травяной.
Herculean (*хōр-кью'-ли-ăн*) adj. геркулесовъ; * исполинскiй, богатырскiй.
Hercules (*хōр'-кью-лиз*) s. (миө.) Геркулесъ; || * богатырь, силачъ.
Herd (*хōрд*) s. стадо (крупнаго скота); табунъ; || толпа, куча; || пастухъ. **— of swine,** стадо свиней. **Cow —,** коровiй пастухъ. **Coat —,** козiй пастухъ. **Swine —;** свинопасъ; || vn. ходить стадами; столпиться, жить вмѣстѣ.
Herdsman (*хōрдз'-мăн*) s. пастухъ
Here (*хир*) adv. здѣсь, тутъ. **— is,** вотъ. **— I am,** вотъ и я. **— and there,** тамъ и сямъ. **That is neither — nor there,** это ни тамъ ни здѣсь.
Hereabout (*хир-а-баут'*), **Hereabouts** (*хир-а-баутс*) adv. около; вокругъ.
Hereafter (*хир-афт'-ōр*) adv. отнынѣ, впредь; потомъ.
Hereat (*хир-ăт'*) adv. при семъ; къ сему.
Hereby (*хир-бай'*) adv. симъ, этимъ тѣмъ, черезъ это.
Hereditament (*хер-и-дит'-ă-мент*) s. наслѣдство.
Hereditary (*хи-ред'-и-тă-ри*) adj. наслѣдственный.
Herein (*хир-и'н*) adv. въ этомъ, этимъ, при семъ.
Hereof (*хир-оф'*) adv. отсюда, оттуда; изъ этого.
Hereon (*хир-он'*) adv. на это, послѣ этого, въ это время.
Heresy (*хер'-ис-и*) s. ересь, расколъ.
Heretic (*хер'-и-тик*) s. еретикъ, раскольникъ.

Heretical (*хи-рет'-ик-ăл*) adj еретическій. |это.
Hereto (*хир-ту'*) adv. къ этому, на
Heretofore (*хир-ту-фор'*) adv прежде, передъ этимъ, до этого времени; издревле
Herewith (*хир-уисз'*) adv съ этимъ, черезъ это; симъ
Heritable (*хер'-ит-ă-бл*) adj наслѣдственный; могущій наслѣдовать. |ство
Heritage (*хер'-ит-эдж*) s. наслѣд-
Hermaphrodite (*хер-мăф'-ро-дайт*) s. гермафродитъ, || adj. двуснастный, двуполый
Hermes (*хŏр'-миз*) s. (миѳ.) Меркурій; изваяніе Меркурія
Hermetic (*хер-мет'-ик*), **Hermetical** (*хер-мет'-ик-ăл*) adj. герметическій
Hermit (*хŏр'-мит*) s. отшельникъ, пустынникъ.
Hermitage (*хŏр'-мит-эдж*) s. жилище пустынника, келья, скитъ.
Hermitical (*хŏр-мит'-ик-ăл*) adj. отшельническій. |грыжа.
Hernia (*хŏр'-ни-ă*) s. (мед.) кила;
Hero (*хи'ро*) s герой. — **-worship**, культъ героевъ
Heroic (*хи-ро'о-ик*) adj геройскій, доблестный.
Heroicalness (*хи-ро'о-ик-ăл-нес*) s. геройство,
Heroine (*хер'-о-ин*) s героиня
Heroism (*хер'о-изм*) s. героизмъ.
Heron (*хер'-ŏн*) s. цапля
Herpes (*хŏр'-пиз*) s. лишай.
Herring (*хер'-инг*) s. сельдь, селедка. **Red — s**, копченыя сельди. — **-fishery**, ловля сельдей. — **-season**, время ловли сельдей.
Hers (*хŏрз*) pron. poss. ея. **The house is —**, это ея домъ.
Herse (*хŏрс*) s. (форт.) опускная рѣшотка; рогатка.
Herself (*хŏр-селф'*) pron. себя, себѣ, собой, сама, сама себя. **She killed —**, она покончила съ собой.
Hesitancy (*хез'-и-тăн-си*) s. сомнѣніе, колебаніе
Hesitate (*хез'-и-тэт*) vn. колебаться, сомнѣваться
Hesitating (*хез'-и-тэ-тинг*) adj. колеблющійся.
Hesitatingly (*хез'-и-тэ-тинг-ли*) adv. нерѣшительно, запинаясь.
Hesitation (*хез-и-тэ'-шŏн*) s. нерѣшительность.
Hesperian (*хес-пи'-ри-ăн*) adj. западный; || s. житель запада.
Hest (*хест*) *или* **Behest** (*бихест*) s. приказъ, повелѣніе.
Heteroclite (*хет'-ер-о-клайт*), **Heteroclitic** (*хет-ер-о-клит'-ик*), **Hetoroclitical** (*хет-ер-о-клит'-ик-ăл*) adj. (грам.) неправильно склоняемый; || * причудливый, странный.
Heterodoxy (*хет'-ор-о-докс-и*) s. ученіе противное православію.
Heterogeneousness (*хет-ер-о-джи'-ни-ŏс-нес*) s. разнородность
Heteroscian (*хет-ер-ош'-ăнс*) s. pl (геог.) гетероскіи.
Hew (*хью*) va рѣзать, рубить, гранить; тесать. **To — a stone**, тесать камень. **To — down**, срубать.
Hewer (*хью'-ер*) s. дровосѣкъ, каменотесъ.
Hexagon (*хекс'-ă-гон*) s. (геом.) шестиугольникъ.
Hexahedron (*хекс-ă-хи'-дрŏн*) s. (геом.) шестигранникъ.
Hexameter (*хекс-ăм'-и-тŏр*) s. гекзаметръ (стихъ)
Hexandrian (*хекс-ăн'-дри-ăн*) adj. (бот.) шестимужній.
Hexangular (*хекс-ăн'-гью-лăр*) adj. шестиугольный
Hey (*хей*) interj эй! хорошо — **day!** эй! какъ! что! || s. **Heyday of life**, золотые дни жизни.
Hiatus (*хай-э'-тŏс*) s. отверстіе, пропускъ, пробѣлъ; || (грам.) зіяніе.
Hibernal (*хай-бŏр'-нăл*) adj. зимній.
Hibernate (*хай-бŏр'-нэт*) vn. проводить зиму въ спячкѣ (о животныхъ).
Hibernation (*хаи-бŏр-нэ'-шŏн*) s. зимняя спячка (животныхъ).
Hibernia (*хай-бŏр'-ни-а*) npr. (геог.) Ирландія (др. назв.).
Hibernian (*хай-бŏр'-ни-ăн*) adj. ирландкій; || s. ирландецъ.
Hibernicism (*хай-бŏр'-ни-сизм*) s выраженія свойственныя ирландскому нарѣчію.
Hiccough (*хик'коф*), **Hickup** (*хик'-кŏп*) s. икота.
Hickory (*хик'-о-ри*) s. видъ орѣшника (дерево).
Hide (*хайд*) s. кожа, шкура; гайдъ (мѣра); || va. vn. прятать, -ся, скрывать, -ся, держать въ тайнѣ. — **and seek**, прятки, гулючки (игра).
Hideous (*хид'-и-ŏс*) adj. отвратительный, гнусный.
Hideously (*хид'-и-ŏс-ли*) adv. отвратительно, гнусно.
Hideousnes (*хид'-и-ŏс-нес*) s. безобразіе, гнусность.
Hiding (*хайд'-инг*) s. прятаніе, скрываніе. — **-place**, убѣжище; тайникъ. **To give a good —**, * хорошенько вздуть.
Hie (*хай*) vn. спѣшить, торопиться.
Hierarchy (*хай'-й-рарк-и*) s. іерархія, священноначаліе.
Hieroglyph (*хай'-и-ро-глиф*), **Hieroglyphic** (*хай'-и-ро-глиф-ик*) s. іероглифъ. |вары.
Higgle (*гиг'-гл*) vn. разносить то-

Higgedy-piggledy (*гиг-гл-ди-пиг'-гл-и*) adv. въ безпорядкѣ, какъ ни попало.

High (*хай*) adj. высокій; возвышенный; верхній, высшій; великій, знаменитый; надменный. **A — mountain**, высокая гора. **— price**, высокая цѣна. **The — priest**, первосвященникъ. **In — terms**, въ льстивыхъ выраженіяхъ. **A — wind**, сильный вѣтеръ. **A — colour**, яркій цвѣтъ. **The — altar**, главный алтарь. **— -road, — way**, большая дорога. **— -living**, жизнь на широкую ногу. **— water**, открытое море. || высоко, сильно, велико. **To aim too —**, мѣтить слишкомъ высоко. **To carry it —**, зазнаваться. **— -admiral**, старшій адмиралъ. **— -blown**, надутый, напыщенный. **— -born**, высокорожденный. **— -coloured**, яркій, багровый. **— -flown**, гордый. **— -handed**, жестокій. **— -life**, большой свѣтъ, знать. **— -minded**, высокомѣрный, надменный. **— -sea** (мор.) большое волненіе. **— -sounding**, напыщенный. **— spirited**, пылкій, смѣлый, дерзкій. **— tide**, большой приливъ. **— -time**, въ самое время. **— -water**, въ приливъ.

Highland (*хай'-ланд*) s. горная, нагорная страна.

Highlander (*хай'-лāнд-ер*) s. горецъ (Шотландіи).

Highly (*хай'-ли*) adv. высоко, много; сильно.

Highmost (*хай'-мост*) adj. высшій, высочайшій.

Highness (*хай'-нес*) s. высота, возвышенность, возвышеніе; высокое положеніе; высокая степень чего; высочество (титулъ).

Highway (*хай-уэй'*) s. большая, проѣзжая дорога; **— -man**, разбойникъ.

Hilarity (*хи-лāр'-и-ти*) s. веселость

Hill (*хил*) s. холмъ, пригорокъ, кочка. **Over — and dale, up — and down dale**, по горамъ, по доламъ.

Hilliness (*хил'-и-нес*) s. холмистость. [ка.

Hillock (*хил'-ок*) s. холмикъ, коч-

Hilly (*хил'-и*) adj. холмистый.

Hilt (*хилт*) s. эфесъ (у шпаги); рукоятка. (сѣмени).

Hilum (*хай'-лŏм*) s. (бот.) глазокъ

Him (*хим*) pron. его, ему; || того, тому, о томъ. **I think of —**, я думаю о немъ. **It is to — speak**, это онъ самый.

Himalaya (*хим'-а-лэ'-а*) npr. (геогр.) Гималайскія горы.

Himself (*хим-селф'*) pron. онъ самъ, себя, самого себя, самому себѣ, -ся (возвр. гл.) **He thinks only of —**, онъ только думаетъ о себѣ. **He has gone away by —**, онъ ушелъ одинъ. **He washes —**, онъ умывается.

Hind (*хайнд*) s. лань, оленья самка; || слуга, холопъ; мужикъ.

Hind (*хайнд*), **Hinder** (*хайнд'-ер*) adj. задній, послѣдній.

Hinder (*хин'-дер*) va. vn. мѣшать, препятствовать; останавливать; отвращать. **What hinders you from going?** что мѣшаетъ вамъ идти?

Hinderance (*хин'-дер-āнс*) s. помѣха, препятствіе.

Hindermost (*хайн'-дер-мост*) adj. послѣдній. [индусъ.

Hindoo или **Hindu** (*хин'-ду*) s.

Hindostan (*хайн'-достāн*), **Hindustan** (*хин'-дюстāн*) npr. (географ.) Индостанъ.

Hindostanee (*хин-ду-стāн'-и*) s. s. индускій языкъ.

Hinge (*хиндж*) s. петля (дверная); шалнеръ; крюкъ. **To be off the —s**, соскочить съ петель; || va. навѣсить на петли; || vn. висѣть, вертѣться (на петляхъ).

Hinny (*хин'-и*) s. мулъ.

Hint (*хинт*) s. намекъ, мысль; внушеніе; || va. vn. намекнуть; внушить. **He just hinted at it**, онъ только намекнулъ на это. **A broad —**, ясный намекъ.

Hip (*хип*) s. сѣдалищная кость; || va. вывихнуть бедро. **— -bath**, поясная ванна. **— -bone**, подвздошная кость.

Hippodrome (*хип'-по-дром*) s. гипподромъ, ристалище.

Hippopotamus (*хип-по-пот'-ā-мŏс*) s. гиппопотамъ, бегемотъ.

Hire (*хайр*) va. нанимать; брать на прокатъ. **To — out**, нанимать и отдавать въ наймы; || s. наемъ, прокатъ; плата за наемъ. **The labourer is worthy of his —**, потрудившійся достоинъ вознагражденія.

Hireling (*хай'-линг*) s. наемникъ; || продажная душа; || adj. наемный; продажный.

Hirer (*хайр'-ер*) s. наниматель, наемщикъ. [тый.

Hirsute (*хир-сьют'*) adj. волоса-

His (*хиз*) pron. poss. его. **A book of —**, одна изъ его книгъ.

Hispid (*хис'-пид*) adj. шершавый, щетинистый; косматый.

Hiss (*хис*) s. свистъ, свистаніе; свистки; шипѣніе; || va. vn. свистѣть, шипѣть.

Hissing (*хис'-инг*) adj. свистящій, шипящій; || s. см. **Hiss**.

Hist (*хист*) interj. тс!

Histology (*хис-тол'-о-джи*) s. гистологія.
Historic (*хис-тор'-ик*), **Historical** (*хис-тор'-ик-ăл*) adj. историческій.
History (*хис'-тŏ-ри*) s. исторія.
Histrionism (*хис'-три-о-низм*) s. s. комедіанство.
Hit (*хит*) va. vn. ударить, -ся; наткнуться, натолкнуть, -ся. **To — the mark**, достигнуть цѣли, попасть въ точку. **To — home**, дотронуться. **To — off**, напасть, натолкнуться; || s. ударъ; столкновеніе; случай. **A lucky —**, счастливый случай.
Hitch (*хич*) s. зацѣпки; остановка, препятствіе; || va. vn. завязать, скрѣпить; зацѣпиться.
Hithe (*хайсз*) s. рѣчная пристань.
Hither (*хисз'-ер*) adv. сюда. **— and thither**, тюда и сюда; || adj. ближайшій.
Hithermost (*хисз'-ер-мост*) adj. ближайшій къ намъ.
Hitherto (*хисз'-ер-ту*) adv. до этого времени, до сихъ поръ.
Hitherward (*хисз'-ер-уăрд*) adv по сю сторону, съ этой стороны.
Hive (*хайв*) s. s. улей; рой; || va. сажать въ улей; || vn. роиться; || жить общиной
Hiver (*хайв'-ер*) s. пчеловодъ.
Hives (*хайвз*) s. pl. (мед.) сыпная болѣзнь дѣтей; крупъ
Hizz (*хиз*) vn. см. **Hiss**.
Ho (*хо'о*) interj. эй! сюда!
Hoar (*хо'ор*) adj. бѣлый, сѣдой; покрытый снѣгомъ. **— frost**, иней; || s. сѣдина; || древность; || густой туманъ.
Hoard (*хо'орд*) va. vn. накоплять, копить; || s. складъ; кладъ. **To — up money**, накоплять деньги.
Hoarder (*хо'орд-ер*) s. накапливающій, скопидомъ.
Hoarse (*хо'орс*) adj. хриплый, сиплый. [лымъ голосомъ.
Hoarsely (*хŏ'орс-ли*) adv хрип-
Hoarseness (*хо'орс-нес*) s. хрипота.
Hoary (*хо'ор-и*) adj. сѣдой, сѣдовласый; || покрытый инеемъ.
Hoax (*хо'окс*) s. выдумка, мистификація, обманъ; || va. мистифицировать, обманывать.
Hob (*хоб*) s. ступица (колеса); мѣсто для разогрѣванія на очагѣ; || мужикъ, олухъ. **— goblin**, домовой, лѣшій **— nail**, гвоздь съ широкой шляпкой.
Hobble (*хоб'-л*) vn. прихрамывать, хромать; || va затруднять, надѣвать путы, || s прихрамываніе.
Hobbledehoy (*хоб'-л-ди-хой*) s. подростокъ [хромой
Hobbler (*хоб'-лер*) s. колченогій,
Hobblingly (*хоб'-линг-ли*) adv. прихрамывая; кое-какъ.
Hobby (*хоб'-и*) s. чоглокъ (соколъ); шотландская лошадь. **— horse**: лошадка (игрушка); || *конекъ, любимый предметъ разговора.
Hobnob (*хоб'-ноб*) vn. чокаться стаканами; дѣйствовать сообща.
Hock (*хок*) s. поджилки, подколѣнокъ; || рейнское вино.
Hockey (*хок'-и*) s. хокей.
Hocus-pocus (*хо'о-кŏс-по'о-кŏс*) s. плутни; || va. надуть.
Hod (*ход*) s. (кам.) корыто для извести. **— man**, работникъ, носящій известку.
Hodge-podge (*ходж'-поджс*) s. родъ рагу.
Hoe (*хо'о*) s. (агр.) грабли, кирка, мотыка; || va. vn. работать заступомъ, копать, рыть.
Hog (*хог*) s. свинья; годовалый бычокъ; || va. vn. (мор.) чистить дно судна.
Hoggish (*хог'-гиш*) adj. свинскій, грубый [ство, обжорство.
Hoggishness (*хог'-гиш-нес*) s. свин-
Hogshead (*хогз'-хед*) s. мѣра жидкости (въ 52½ галлона); || бочка.
Hoiden (*хой-дн*) s. неучъ; нахалъ, -ка (f.), мужичка; || adj. неотесанный, грубый.
Hoist (*хойст*) va. поднимать (парусъ); || (мор.) подъемная машина; длина паруса, флага.
Hoity-toity (*хой'-ти-той'-ти*) adj. игривый, рѣзвый.
Hold (*хо'олд*) va. держать, удерживать, поддерживать; владѣть; содержать, заключать ва себѣ; устраивать, составлять, доставать, хватать, имѣть, занимать (должность). **The church —s two thousand people**; въ церкви помѣщается двѣ тысячи человѣкъ. **To — an office**, имѣть должность. **To — in contempt**, презирать. **To — one's course**, держаться извѣстнаго направленія. **To — a doctrine**, придерживаться какого-либо ученія. **To — back**, сдерживаться, держаться сзади. **To fast**, крѣпко держаться, быть устойчивымъ. **To — forth**, предлагать, проповѣдывать. **To — good**, быть правдивымъ. **To — in**, сдерживаться **To off**, удалять. **To — on**, придерживаться чего, стоять на своемъ. **To — out**, предлагать; || vn. держаться; продолжаться; придерживаться: зависѣть; происходить, останавливаться. **Hold!** стой! **To — one's pleace —**, молчать. **The proverb —s**, пословица не ошибается. **To — against**, противопоставлять; про-

тивиться, сопротивляться. **To — back from,** держаться въ сторонѣ отъ чего. **To — on,** продолжать, не отставать. **— on!** держать крѣпче! **To — together,** соединяться, согласоваться. || s. взятіе, захватъ; || тюрьма, заключеніе; логовище (звѣря); || (мор.) трюмъ. **To have — of,** имѣть вѣрнуюточку опоры. **To lay — of,** взяться за что; ухватиться; воспользоваться. **To keep — of,** не выпускать.

Hold-all (*хо'олд-оол*) s. дорожная одежда. [препятствіе.

Holdback (*хо'олд-бăк*) s. задержка.

Holder (*хо'олд-ер*) s. арендаторъ, владѣлецъ; || ручка, рукоятка.

Holdfast (*хо'олд-фăст*) s. скоба; клещи; крюкъ. [ферма.

Holding (*хо'олд-инг*) s. владѣніе;

Hole (*хо'ол*) s. дыра; отверстіе, скважина; впадина; яма, нора; лачуга; || * лазейка, увертка; || va. рыть яму; продыравливать; сверлить; загонять шаръ въ лузу. **Full of —s,** весь въ дырахъ.

Holidam (*хол'-и-дăм*) s. Богородица.

Holiday (*хол'-и-дэй*) s. праздничный день, не рабочій день; || adj. праздничный.

Holily (*хо'о-ли-ли*) adv. благочестиво, свято. [благочестіе.

Holiness (*хо'-ли-нес*) s. святость,

Holland (*хол'-лăнд*) prг. (геог.) Голландія; || s. голландское полотно.

Hollander (*хол'-лăнд-ер*) s. голландецъ, —дка (f.).

Hollo (*хол'-ло*) vn. звать, окликать кого. [ало!

Holloa (*хол'-ла*) interj. эй! (мор.)

Hollow (*хол'-лоу*) adj. полый, пустой, впалый; глухой (звукъ); фальшивый. **To beat —,** разбить во всѣхъ отношеніяхъ. || s. пустота, впадина, углубленіе, дупло, яма, пещера; бездна; || va. выдалбливать.

Hollowness (*хол'-лоу-нес*) s. пустота, яма, впадина; полость; || лукавство.

Holly (*хол'-ли*) s. (бот.) остролистъ (дерево). **— -grove,** мѣсто, заросшее остролистникомъ. **— -hock,** (бот.) проскурнякъ розовый, мальва.

Holm (*хо'ом*) s. островокъ на рѣкѣ; || каменный дубъ.

Holocaust (*хол'-о-кост*) s. всесожженіе, жертва

Holograph (*хол'-о-грăф*) s. завѣщаніе, собственноручный актъ.

Holster (*хо'ол-стер*) s. чушка, кобура пистолетная.

Holy (*хо'о-ли*) adj. святой, священный. **— writ,** священное писаніе **— water,** святая вода **— rood, — day,** воздвиженіе честного креста. **— week,** страстная недѣля.

Homage (*хом'-ăдж*) s. повинность, покорность. **To pay —,** оказывать почтеніе, платить долгъ подданства.

Home (*хо'ом*) s. домъ, жилище; очагъ; отчизна, родина. **At —,** дома. **To be quite at — with,** чувствовать себя какъ дома. **Our last —,** наше послѣднее жилище. || adj. домашній, свой, родной. || внутренній; точный. **— manufactures,** мѣстное производство. || adv. дома, у себя, въ своей странѣ; внутри. **To come —,** возвращаться домой. **To walk —,** идти домой пѣшкомъ. **To strike —,** нанести меткій ударъ; задѣть за живое. **The anchor comes —,** якорь подымается. **— -bred,** врожденный, доморощенный, домашній. **— -department,** министерство внутреннихъ дѣлъ. **— made,** домашній, дома сдѣланный. **— sick,** страдающій тоской по родинѣ. **— sickness,** тоска по родинѣ. **— stall, — stead,** жилище; мѣсто происхожденія. **— spun,** дома выпряденный, грубый.

Homeless (*хо'ом-лес*) adj. бездомный

Homelily (*хо'ом-ли-ли*) adv. по домашнему.

Homeliness (*хо'ом-ли-нес*) s. доморощенность, крайняя простота; неотесанность.

Homely (*хо'ом-ли*) adj. крайне простой, обыкновенный; неотесанный; грубый; доморощенный.

Homeopathy (*хо-ми-оп'-ă-зи*) s гомеопатія.

Homeward (*хо'ом-уăрд*), **Homewards** (*хо'ом-уăрдз*) adv. по направленію къ дому, во-свояси.

Homicidal (*хом'-и-сай-дăл*) adj убійственный, смертоносный.

Homicide (*хом'-и-сайд*) s. человѣкоубійство; убійца, человѣкоубійца.

Homiletic (*хом-и-лет'-ик*), **Homiletical** (*хом-и-лет'-ик-ăл*) adj гомилетическій.

Homily (*хом'-и-ли*) s. бесѣда; христіанское поученіе, проповѣдь.

Homogeneous (*хо-мо-джи'-ни-ăс*) adj. однородный.

Homologous (*хо-мол'-о-гăс*) adj (геом.) соотвѣтственный

Homonymy (*хо-мăн'-и-ми*) s. (геом) одноименность; двусмысленность

Homophony (*хо-моф'-они*) s. единозвучіе; || (муз.) единогласіе.

Hone (*хо'он*) s. оселокъ, брусокъ || va. точить, оттачивать на оселкѣ

Honest (*он'-ест*) adj. честный

правдивый — **dealings**, честные поступки |правдиво.
Honestly (*он'-ест-ли*) adv. честно,
Honesty (*он-ести*) s. честность, правдивость, чистосердечіе
Honey (*хон'-и*) s. медъ. — **-bee**, пчела. — **-comb**, медовый сотъ — **-combed**, съ отверстіями ввидѣ сотовъ. — **-dew**, медвяная роса. — **-moon**, медовый мѣсяцъ. — **-mouthed**, сладкорѣчивый — **-suckle**, (бот.) жимолость — **-tongued**, сладкорѣчивый — **wort**, (бот.)вощанка. || va vn подслащать, ласкать, льстить
Honorary (*он'-ӧр-ă-ри*) adj. почетмый.
Honour (*он'-ӧр*) va почитать, чтить, почтить, удостоить. || s. честь; почтвніе, уваженіе, достоинство
Honourable (*он'-ӧр-ă-бл*) adj. почтенный, уважаемый; достойный
Honourableness (*он'-ӧр-ă-бл-нес*) s. почтенность; честность; слава
Hood (*худ*) s. капоръ; шапочка. мѣшокъ, капюшонъ (плаща); клобукъ;крышка,верхъ экипажа колпакъ, чехолъ; || va надѣвать капоръ, шапку, клубокъ. чехолъ, колпакъ и пр
Hoodwink - blind (*худ'-винк-блайнд*) s жмурки
Hoof (*хуф*) копыто; || скотина. || vn. холить (о скотѣ)
Hook (*хук*) s крюкъ, крючокъ, скоба; застежка; серпъ; || ловушка, западня. **Boat —**, багоръ — **and eye**, застежка и крючокъ **Take your —**, убирайтесь **On one's own —**, за свой собственный счетъ. — **-beaked**, съ крючковатымъ, клювомъ — **-bill**, крючковатый клювъ. — **-nosed**, съ ястребинымъ, орлинымъ носомъ; || va. зацѣпить крючкомъ, || * ловить на удочку; * подцѣпить что; || vn. сгибаться. гнуться, цѣпляться
Hooked (*хук'-ед*) adj крючковатый. искривленный; угловатый; кривой
Hookedness (*хук'-ед-нес*) s крючковатость, искривленность, кривизна. |согнутый
Hooky (*хук'-и*) adj крючковатый,
Hoop (*хуп*) s. обручъ. ободъ, обвязь; кольцо; кругъ (сыра); || гиканіе. крики (облавщиковъ) **To trundle a —**, катать обручъ; || vn набивать обручи, || окружать, || va. vn. кликать, кричать, гикать
Hooper (*хуп'-ер*) s обручникъ, бочаръ |коклюшъ
Hooping-cough (*хуп'-инг-коф*) s
Hoot (*хут*) s. крики, гиканье, осмѣяніе; || крикъ филина: || va vn кричать (какъ филинъ).
Hooting (*хут'-инг*) s. крики, гиканье; крикъ (филина).
Hop (*хоп*) va. vn. класть хмѣль (въ пиво); собирать хмѣль; || vn. прыгать, подпрыгивать, скакать; || s. (бот.) хмѣль; || прыжокъ, скачокъ; — **-bind**, хмѣлевой стебель. — **-pocket**, мѣшокъ для хмѣля. — **-gathering**, сборъ хмѣля. — **-pole**, хмѣлевая жердь, тычина — **-scotch**, мельница (игра).
Hope (*хо'оп*) s. надежда; ожиданіе, чаяніе; || va. vn надѣяться; уповать.
Hopeful (*хо'оп-фул*) adj. полный надеждъ, надѣющійся, подающій большія надежды
Hopefully (*хо'оп-фил-ли*) adv въ полной надеждѣ, обѣщая.
Hopefulness (*хо'оп-фул-нес*) s. хорошіе задатки; большія надежды
Hopeless (*хо'оп-лес*) adj не надѣющійся; безнадежный
Hopelessly (*хо'оп-лес-ли*) adv безнадежно |безнадежность
Hepelessness (*хо'оп-лес-нес*) s.
Hopingly (*хо'оп-инг-ли*) adv надѣясь, въ надеждѣ
Hopper (*хоп'-ер*) s прыгунъ, скакунъ; || ларь мельничный; ящикъ мельничный куда ссыпаютъ хлѣбъ для молотьбы. совокъ сѣялка.
Hopping (*хоп'-инг*) s. прихрамываніе, ковыляніе. || пляска; || собираніе хмѣля
Horal (*хо'о-рал*), **Horany** (*хо'ора-ри*) adj часовой, означающій часы. ежечасный
Horde (*хо'орд*) s. орда, шайка.
Horehound (*хо'ор-хаунд*) s шанора (трава)
Horizon (*хо-рай'-зӧн*) s горизонтъ, небосклонъ; кругозоръ.
Horizontal (*хор-и-зон'-тăл*) adj горизонтальный
Horn (*хорн*) s. рогъ, рожки, щупальцы, усики (у насѣкомыхъ); рога (мѣсяца); (муз.) рожокъ, роговая часть, кубокъ; || поворотъ, излучина, извилина. **To draw in the horns**, * съежиться, присмирѣть — **beam**, (бот) грабина, бѣлый букъ — **bill**, (орн) криворогъ — **-blende**, (мин) роговая обманка. — **-book**, букварь, азбука — **fish**, (ихт) иглица — **pipe**, особый напѣвъ, родъ волынки. характерная англійская пляска
Hornet (*хор'-нет*) s шершень (насѣкомое) |форму рога
Hornish (*хорн-иш*) adj имѣющій
Horny (*хорн'-и*) adj роговой; рогатый; мозолистый (о рукахъ)
Horologe (*хор'-о-лодж*) s. часы стѣнные |конъ
Horoscope (*хор'-о-скоп*) s горос-

Horrent (*хор'-ент*) adj. торчащій, щетинистый. [страшный.
Horrible (*хор'-и-бл*) adj. ужасный,
Horribly (*хор'-и-бл-и*) adv. ужасно, страшно.
Horrid (*хор'-ид*) adj. ужасный, отвратительный. щетинистый, грубый. **A — crime**, ужасное преступленіе.
Horridness (*хор'-ид-нес*) s. ужасъ, страхъ; отвращеніе.
Horrific (*хор-иф'-ик*) adj. ужасный.
Horrify (*хор'-и-фай*) va. ужасать.
Horror (*хор'-ор*) s. ужасъ, отвращеніе. **— striken, — -struck**, охваченный ужасомъ.
Horse (*хорс*) s. конь, лошадь; (техн.) подпорка, козлы; || конница, кавалерія. **Saddle —**, верховая лошадь. **Cart —**, рабочая лошадь. **War —**, боевой конь. **A troop of —**, отрядъ конницы. **— artillery**, конная артиллерія. **— -box**, стойло. **— -breaker**, пикеръ. **— -cloth**, чепракъ, попона. **— dealer**, лошадиный барышникъ. **— -doctor**, ветеринаръ. **— -fly**, слѣпень. **— -leech**, черная піявка. **— -play**, грубая игра, шутка. **— pond**, прудъ, водопой (для лошадей). **— race**, скачка, бѣгъ (лошадей). **— -shoe**, подкова. **— whip**, хлыстъ, кнутъ. **— woman**, всадница. || va. стегать; || vn. ѣхать верхомъ на лошади.
Horseback (*хорс'-бак*) s. сидѣніе верхомъ на лошади. **To get on —**, ѣхать верхомъ.
Horseman (*хорс'-мăн*) s. всадникъ, наѣздникъ, ѣздокъ, кавалеристъ.
Horsemanship (*хорс'-мăн-шип*) s. верховая ѣзда. [садоводство.
Horticulture (*хор'-ти-кăл-чур*) s.
Hosanna (*хо-зăн'-на*) s. осанна.
Hose (*хо'оз*) s. pl. чулки, штаны; (техн.) рукавъ, кишка.
Hosier (*хо'о-жер*) s. торгующій чулками.
Hosiery (*хо'о-жер-и*) s. чулочное мастерство, чулочная торговля.
Hospitable (*хос'-пи-тă-бл*) adj. гостепріимный.
Hospitably (*хос'-пи-тă-бл-и*) adv. гостепріимно.
Hospital (*хос'-пи-тăл*) s. госпиталь, больница, богадѣльня.
Hospitality (*хос'-пи-тăл-и-ти*) s. гостепріимство.
Host (*хо'ост*) s. хозяинъ, трактирщикъ; гость; войско, рать; толпа, множество, куча; || va. vn. оказывать гостепріимство.
Hostage (*хос'-тэдж*) s. заложникъ.
Hostel (*хос'-тел*) s. **Hostelry** (*хос'-тел-ри*) s. гостинница.
Hostess (*хо'ост-ес*) s. хозяйка, трактирщица.
Hostile (*хос'-тил*) adj. враждебный, непріязненый.
Hostilely (*хос'-тил-и*) adv. враждебно, непріязненно.
Hostility (*хос-тил'-и-ти*) s. враждебность. [постоялом дворѣ.
Hostler (*хос'-лер*) s. конюхъ на
Hot (*хот*) adj. горячій, жаркій; пылкій, вспыльчивый, разгоряченный; острый, горячительный. **How — it is**, какъ жарко. **To be —**, страдать отъ жары. **A — pursuit**, горячее преслѣдованіе. **— bed**, парникъ. **— brained, — headed**, вспыльчивый, горячій. **— house**, теплица, баня. **— press**, прессовать, лощить. **— -pressing**, глаженіе, лощеніе (тканей). **— spur**, вспыльчивый, горячій.
Hotly (*хот'-ли*) adv. жарко, горячо, пылко. [ность, пылкость.
Hotness (*хот'-нес*) s. жаръ, горяч-
Hough (*хок*) s. подколѣнокъ, поджилка; || va. подрѣзывать поджилки.
Hound (*ха'унд*) s. гончая, охотничья собака. **A blood —**, ищейка. **A grey —**, борзая. **A pack of —s**, свора собакъ. **The master of the —s**, главный ловчій. || va. охотиться съ собаками; гнаться за кѣмъ; травить, спускать собакъ; || * наталкивать на что.
Hour (*ха'ур*) s. часъ; || время. **An — and a half**, половина второго. **Half an —**, полчаса. **At a good —**, вовремя, кстати. **Within an —**, черезъ часъ. **To keep good —s**, вовремя возвращаться. **— — -glass**, песочные часы. **— -hand**, часовая стрѣлка.
Houri (*ха'ур-и*) s. гурія, райская дѣва.
Hourly (*а'ур-ли*) adj. ежечасный; безпрестанный, постоянный.
House (*ха'ус*) s. домъ; жилище, помѣщеніе; || хозяйство; домашніе; поколѣніе, родъ; общественное мѣсто, собраніе; фирма, торговый домъ. **Country —**, деревенскій домъ. **To keep open —**, жить открыто. **The — of Commons**, палата общинъ, нижняя палата. **— -agent**, дѣлецъ, управляющій. **— -breaker**, воръ, входящій посредствомъ взлома. **— -breaking**, кража со взломомъ. **— -dog**, дворовая собака. **— -keeping**, управленіе хозяйствомъ. **— -keeper**, хозяинъ, хозяйка (f.); экономка. **— -leek**, (бот.) очитокъ, степная рѣпа. **— -rent**, доходъ съ дома. **— -maid**, служанка. **— -room**, мѣсто въ домѣ, помѣщеніе. **— -surgeon**, домашній врачъ. **— warming**, пиръ на новосельѣ. || va. давать пристанище, прини-

мать въ домъ; || vn. укрываться **To — corn,** складывать рожь.

Household (*ха'ус-холд*) s. домъ, семья, челядь, штатъ; домашніе; || adj. домашній, хозяйственный. **— -bread,** домашній хлѣбъ. **— furniture,** домашняя обстановка.

Houseless (*ха'ус-лес*) adj. бездомный, безпріютный.

Housewife (*ха'ус-уайф*) s. хозяйка; дамскій рабочій ящикъ

Housewifery (*ха'ус-уайф-ри*) s. хозяйство, домоводство; || хозяйственность

Hosewifely (*ха'ус-уайф-ли*) adj. домовитый, хозяйственный; бережливый

Housing (*ха'уз-инг*) s. принятіе въ домъ; укрытіе; || убѣжище: || чепракъ, попна

Hovel (*хов'-ел*) s. навѣсъ, шалашъ, лачуга; || va. ставить, загонять (скотъ) подъ навѣсъ; прикрывать.

Hover (*хов'-ер*) vn висѣть надъ чѣмъ; летать, парить; || бродить, ходить; нерѣшаться.

How (*ха'у*) adv какъ, какимъ образомъ, сколько, насколько. **— do you do?** какъ вы поживаете **— is it that?** какимъ образомъ это случилось. **— old is he?** сколько ему лѣтъ. **— amiable is virtue,** какъ пріятна добродѣтель. **— well he looks!** какъ онъ хорошо выглядитъ.

Howbeit (*хау-би'-ит*) conj. какъ бы то ни было; однако; во всякомъ случаѣ.

However (*хау-ев'-ер*) adv. всетаки, какимъ бы то образомъ ни.. въ какомъ бы видѣ; по крайней мѣрѣ; || conj. однако, хотя бы; тѣмъ не менѣе. **— the matter stands,** въ какомъ бы положеніи дѣло не было **— unhappy he might be,** какъ бы онъ не былъ несчастливъ. **I cannot — approve of it,** я не могу однако это одобрить.

Howitzer (*ха'у-ист-ер*) s (арт.) гаубица.

Howl (*ха'ул*) va. vn. выть, завывать, рычать, вопить; || s. вой, завываніе

Howlet (*ха'у-лет*) s родъ совы

Howling (*ха'ул-инг*) adj. воющій, завывающій; || s. вой, завываніе

Howsoever (*хау-со-ев'-ер*) см. **However** [interj. гей. ой

Hoy (*хой*) s береговое судно; ||

Hub (*хоб*) s рукоятка меча: ступица (колеса)

Hubbub (*хŏб'-бŏб*) s шумъ, гамъ

Huckaback (*хŏк'-ă-бăк*) s. камчатное полотно.

Huckle (*хŏк'-л*) s тазъ, сѣдалище **— berry,** черника, брусника, клюква **— bone,** подвздошная кость. [разнощикъ.

Huckster (*хŏк'-стер*) s торгашъ,

Hucksteress (*хŏк'-стрес*) s торговка.

Huddle (*хŏд'-дл*) s толпа; безпорядокъ; смятеніе, сумятица; || vn торопиться, толпиться, валить толпой; толкаться; || va. валить, тискать; перепутывать; запутывать **To — together,** толпиться.

Hue (*хью*) s. цвѣтъ, краска, оттѣнокъ **— and cry,** гиканіе, крики, визгъ. **To raise a — and cry,** поднять крикъ.

Huff (*хŏф*) s. вспышка, припадокъ гнѣва, негодованіе, заносчивость; || самохвалъ || va vn надувать, ся: поднимать, -ся; || хвастать, хорохориться, || горячиться, сердиться [децъ

Huffer (*хŏф'-ер*) s хвастунъ, гор-

Huffing (*хŏф'-инг*) s наглость, спѣсь, заносчивость

Huffish (*хŏф'-иш*) adj заносчивый, надменный

Huffishly (*хŏф'-иш-ли*) adv заносчиво, надменно

Huffishness (*хŏф'-иш-нес*) s заносчивость, чванство; хвастовство.

Hug (*хŏг*) s объятія; обниманіе, обхватъ, || va прижимать, сжимать; обнять, обхватить, заключить въ объятія; || * ласкать, любить. **He hugged me in his arms,** онъ сжималъ меня въ объятіяхъ. **To — the land,** (мор.) держаться берега **To — the wind,** (мор.) придерживаться вѣтра, идти по вѣтру [мадный.

Huge (*хьюдж*) adj огромный, гро-

Hugely (*хьюдж'-ли*) adv. чрезвычайно, громадно.

Hugeness (*хьюдж'-нес*) s. громадность, обширность

Hugger-mugger (*хŏг'-гер-мŏг-гер*) s. укромное мѣсто. **In a — fashion,** грязно, нечисто.

Hulk (*хŏлк*) s. корпусъ корабля; понтонъ. **To send to the —s,** отправлять на галеры

Hull (*хŏл*) s. шелуха, скорлупа, кожа; стручокъ; корпусъ (судна); || va шелушить, лупить; пробить, прострѣлить (корабль). **To — down,** видѣть корабль на горизонтѣ [лухой

Hully (*хŏл'-и*) adj покрытый ше-

Hum (*хŏм*) s жужжаніе; журчаніе; ропотъ глухой шумъ, гулъ; || interj гм! || va vn жужжать, журчать, гудѣть, одобрять шепотомъ, гуломъ. [скій, людской.

Human (*хью'-мăн*) adj человѣче-

Humane (*хью-мэн'*) adj человѣчный, человѣколюбивый

Humanely (*хью-мэн'-ли*) adv. кротко, человѣколюбцво.
Humaneness (*хью-мэн'-нес*) человѣколюбіе, человѣчность.
Humanity (*хью-мăн'-и-ти*, s. человѣчество. **The humanities,** философскія науки.
Humanize (*хью'-мăн-айз*) va. смягчать нравы.
Human-kind (*хью'-мăн-кайнд*) s. родъ человѣческій
Humanely (*хью'-мăн-ли*) adv. почеловѣчески.
Humble (*хŏм-бл*) va. смирять, унижать, посрамлять; || adj. покорный, смиренный; почтительный. — **-bee**, шмель.
Humbleness (*хŏм'-бл-нес*) s. смиреніе, покорность; униженность.
Humbles (*хŏм'-блз*) s. внутренности(оленя). [смиренно.
Humbly (*хŏм'-бли*) adv. покорно,
Humbug (*хŏм'-бŏг*) s. враки. обманъ; || враль, хвастунъ; || va. обманывать; хвастать.
Humdrum (*хŏм'-дрŏм*) adj. и s. глупый; надоѣдливый.
Humect (*хью-мект'*), **Humectate** (*хью-мект'-эт*) va. увлажать, смачивать; освѣжать.
Humectation (*хью-мек-тэ'-шŏн*) s. увлаженіе, смачиваніе.
Humeral (*хью'-мер-ăл*) adj. плечной, плечевой.
Humerus (*хью'-ми-рŏс*) s. (анат.) плечевая кость.
Humid (*хью'-мид*) adj. сырой, влажный. [рость, влажность.
Humidity (*хью'-мид'-и-ти*) s. сы-
Humiliate (*хью-мил'-и-эт*) va. унничижать, унижать.
Humiliation (*хью-мил-и-э'-шŏн*) s. униженіе, уничиженіе, смиреніе.
Humility (*хью-мил'-и-ти*) s. смиреніе, покорность.
Humming (*хŏм'-минг*) s. жужжаніе; журчаніе, глухой шумъ, ропотъ. — **-bird,** колибри.
Humorous (*хью'-мŏр-ŏс*) adj. юмористическій, забавный, остроумный.
Humorously (*хью'-мŏр-ŏс-ли*) adv. съ юморомъ, забавно.
Humorousness (*хью'-мŏр-ŏс-нес*) s. юморъ; причудливость.
Humorsome (*хью'-мŏр-сŏм*)adj. досадливый, странный.
Humorsomely (*хью'-мŏр-сŏм-ли*) adv. досадливо, странно, капризно
Humour (*хью'-мŏр*) s. влага, мокрота; || нравъ, расположеніе духа; || прихоть, дурь; || юморъ; игривость ума; шутка. **The —s of the eye,** жидкости глаза. **To be in a good —**, быть въ хорошемъ настроеніи. **It is a mere —**, это просто прихоть. **Broad —**, большая веселость. **Dry —**, игривый умъ. **In a — for**, въ настроеніи. || va. угождать; приноравливаться; подчиняться капризамъ; соглασоваться, соображаться съ чѣмъ.
Hump (*хŏмп*) s. горбъ. — **backed,** горбатый.
Humped (*хŏмпт*) adj. съ горбомъ.
Hunch (*хŏнч*) s. горбъ; большой кусокъ; ударъ локтемъ. — **back,** горбунъ. — **backed**, горбатый.
Hundred (*хŏн'-дред*) adj. и s. сто, сотня. — **-fold**, стократный.
Hundredth (*хŏн'-дредсз*) adj. сотый.
Hungarian (*хŏнг-э'-ри-ăн*) adj. венгерскій; || s. венгерецъ, -рка.
Hungary (*хŏн'-гă-ри*) npr. (геог.) Венгрія.
Hunger (*хŏнг'-гер*) s. голодъ; || алчность къ чему. — **will break through stone walls,** голодъ хоть кого выгонитъ на промыселъ. || vn. голодать, томиться; || va. мучить голодомъ. **To — after,** * жаждать, нетерпѣливо ждать чего, алкать. — **-bitten,** мучимый голодомъ. [ный.
Hungered (*хŏнг'-герд*) adj. голод-
Hungerly (*хŏнг'-герд-ли*), **Hungrily** (*хŏнг'-гри-ли*) adv. голодно; жадно. [тощій.
Hungry (*хŏнг'-ри*) adj. голодный; ||
Hunks (*хŏнкс*) s. скряга, скаредъ.
Hunt (*хŏнт*) va. vn. охотиться; гоняться, гнаться за чѣмъ. **To — down a hare,** травить, загнать зайца. **To — up and down,** покатьповсюду. **To — out,** отыскать, открыть. || s. охота; погоня; травля; отыскиваніе; || свора.
Hunter (*хŏнт'-ер*) s. охотникъ; || охотничья собака, лошадь.
Hunting (*хŏнт'-инг*) s. охота; ловля; | adj. охотничій. — **-lodge,** охотничій домикъ.
Huntress (*хŏнт'-рес*) s. охотница; —богиня охоты (Діана).
Huntsman (*хŏнтс'-мăн*) s. ловчій, охотникъ.
Hurdle (*хŏр'-дл*) s. плетенка изъ прутьевъ, плетень, рѣшетка.
Hurdy-gurdy (*хор'-ди-гŏр'-ди*) s. (музык.) инструментъ вродѣ шарманки.
Hurl (*хŏрл*) s. шумъ, суматоха, смятеніе, бунтъ; || швыряніе; || va. швырнуть, бросить съ размаху, сбросить, свергнуть; пустить (стрѣлу); || vn. быстро нестись, кружиться. **To — defiance,** бросить вызовъ.
Hurler (*хŏрл'-ер*) s. бросающій, швыряющій.
Hurly-burly (*хŏр'-ли-бŏр'-ли*) s. суматоха, сумятица.
Hurrah (*ху'-ра*) interj. ура.

Hurricane (*хöр'-и-кэн*) s. ураганъ, буря; штормъ.
Hurried (*хöр'-ид*) adj. поспѣшный, быстрый. **A — note,** на спѣхъ написанное письмо.
Hurriedly (*хöр'-ид-ли*) adv. поспѣшно, скоро.
Hurry (*хöр'-и*) vn. va. торопить, спѣшить, подгонять. **To — away,** увлечь, умчать, убѣжать. **To — back,** быстро вернуться. **To — off,** быстро вытащить, утащить, увлечь. || s. торопливость; суетливость; суматоха. **In a great —,** съ большой поспѣшностью. **To be in a —,** торопиться. **— -skurry,** какъ попало; въ безпорядкѣ.
Hurt (*хöрт*) s. вредъ; зло; ущербъ; || повреждение, ушибъ; || va. вредить, повредить, ушибить; ранить; || портить.
Hurter (*хöрт'-ер*) s. вредитель.
Hurtful (*хöрт'-фул*) adj. вредный.
Hurtfully (*хöрт'-фул-ли*) adv. вредно.
Hurtfulness (*хöрт'-фул-нес*) s. вредъ.
Hurtle (*хöр'-тл*) va. vn. стукнуть, -ся, ударить, -ся, вертѣть, -ся; кружить, -ся.
Hurtless (*хöрт'-лес*) adj. безвредный.
Hurtlessly (*хöрт'-лес-ли*) adv. безвредно.
Husband (*хöз'-банд*) s. мужъ, супругъ; хозяинъ; || va. выдавать замужъ; пахать землю; || хозяйничать. **— -man,** земледѣлецъ. хозяинъ дома, отецъ семейства.
Husbandry (*хöз'-бäнд-ри*) s. хлѣбопашество, бережливость; управленіе хозяйствомъ.
Hush (*хöш*) adj. молчаливый, тихій; || va. vn. молчать, умолкнуть, заставить замолчать, утишить, угомонить, ся. **To — up,** заглушать. || interj. тс! тише! **— money,** взятка, подкупъ (за умолчаніе).
Husk (*хöск*) s. шелуха, скорлупа, кожа; мякина; отруби; || va. шелушить, лупить; чистить, снимать кожу; вѣять (хлѣбъ).
Huskiness (*хöск'-и-нес*) s. жесткость, шероховатость.
Husky (*хöск'-и*) adj. покрытый шелухой; шероховатый.
Hussar (*хуз-зар'*) s. гусаръ.
Hussy (*хöз'-зи*) s. плутовка, потаскуха.
Hustings (*хöс'-тингз*) s. pl. подмостки для ораторовъ на выборныхъ собраніяхъ: избирательныя собранія.
Hustle (*хöс'-л*) vn. va. толкаться, тѣсниться.
Huswifery (*хöз'-иф-ри*) s. см. **Housewifery**
Hut (*хöт*) s. хижина, лачуга, || (воен.) баракъ; || va. строить бараки, помѣщать въ баракахъ.

Hutch (*хöч*) s. ларь, закромъ; клѣтка (для кроликовъ); ловушка (для мышей), корзина (для угля). **Rabbit —,** кроличій домикъ.
Huzza (*хуз-за'*) s. радостный крикъ; || interj. ура; || vn. радостно кричать.
Hyacinth (*хай'-а-синсз*) s. гіацинтъ (камень и растеніе).
Hyades (*хай'-а-диз*), **Hyads** (*хай'-адз*) s. астр. Гіады (созвѣздіе).
Hybrid (*хай'-брид*) s. ублюдокъ, помѣсь; смѣсь, выродокъ; разновидность. || adj. ублюдочный.
Hydra (*хай'-дра*) s. гидра (водяная змѣя); (мис.) гидра (семиглавая змѣя).
Hydrate (*хай'-дрэт*) s. (хим.) гидратъ.
Hydraulic (*хай-дро'о-лик*), **Hydraulical** (*хай-дро'о-лик-äл*) adj. гидравлическій. **Hydraulics,** s. гидравлика.
Hydrochlorate (*хай-дро-кло'о-рэт*) s. (хим.) хлоральгидратъ.
Hydrochloric (*хай-дро-кло'о-рик*) adj. **— acid,** хлористо водородная кислота.
Hydrogen (*хай'-дро-джен*) s. (хим.) водородъ.
Hydrology (*хай'-дрол'-о-джи*) s. гидрологія.
Hydrometer (*хай-дром'-и-тöр*) s. гидрометръ.
Hydropathy (*хай-дроп'-ä-сзи*) s. гидропатія, водолѣченіе.
Hydrophobia (*хай-дро-фо'о-би-а*) s. водобоязнь.
Hydrophyte (*хай'-дро-файт*) s. (бот.) водоросль.
Hydropic (*хай-дроп'-ик*) **Hydropical** (*хай-дроп'-ик-äл*) adj. (мед.) водяночный.
Hydrostatic (*хай-дро-стäт'-ик*). **Hydrostatical** (*хай-дро-стäт'-ик-äл*) adj. гидростатическій; || **— tics,** s. гидростатика.
Hydruret (*хай'-дрю-рет*) s. (хим.) водородное соединеніе.
Hyemal (*хаи-и'-мäл*) adj. зимній.
Hyena (*хай-и'-на*) s. (зоол.) гіена.
Hygiene (*хай'-джи-ин*) s. гигіена.
Hygienic (*хай-джи-ен'-ик*) adj. гигіеническій.
Hygrometer (*хай-гром'-и-тöр*) s. (физ.) гигрометеръ, влагомѣръ.
Hymen (*хай'-мен*) s. бракъ, супружество. (анат.) дѣвственная плева.
Hymeneal (*хай-мен-и'-äл*), **Hymenean** (*хай-мен-и'-äн*) adj. брачный, свадебный; || s. свадебная пѣснь.
Hymenopters (*хай-мен-оп'-терс*) s. перепончато-крылыя (насѣкомыя).
Hymn (*хим*) s. гимнъ; || va. vn. пѣть гимны въ честь кого, славословить.

Hyp (*хип*) s. ипохондрія; меланхолія; || va. впадать въ меланхолію.
Hyperbola (*хай-пŏр'-бо-ла*) s. (мат.) гипербола.
Hyperbole (*хай-пŏр'-бо-ли*) s. (рит.) гипербола, преувеличеніе.
Hyperbolise (*хай-пŏр'-бо-лайз*) va. преувеличивать.
Hyperborean (*хай-пŏр-бо'о-ри-ăн*) adj. гиперборейскій, сѣверный; || s. гипербореецъ.
Hypertrophy (*хай-пŏр'-тро-фи*) s. (мед.) гипертрофія.
Hyphen (*хай-фен*) s. черточка, знакъ соединенія.
Hypnotic (*хип-нот'-ик*) adj. усыпительный, наркотическій.
Hypnotism (*хип'-но-тизм*) s. гипнотизмъ.
Hypochondria (*хип-о-кон'-дри-а*) s. (мед.) ипохондрія.
Hypocrisy (*хи-пок'-ри-си*) s. лицемѣріе, притворство.
Hypocrite (*хип'-о-крит*) s. лицемѣръ, ханжа.
Hypocritic (*хип-о-крит'-ик*) **Hypocritical** (*хип-о-крит'-ик-ăл*) adj лицемѣрный; притворный.
Hypogastrium (*хип-о-гăс'-три-ŏм*) s. (анат.) поджелудочная область, подбрюшіе.
Hypostasis (*хи-пос'-тă-сис*) s (бог.) ипостась, || основаніе, элементъ.
Hypotenuse (*хай-пот'-и-ньюз*) s. (геом.) гипотенуза.
Hypothesis (*хай-потс'-и-сис*) s. гипотеза, предположеніе
Hypothetic (*хай-по-зсет'-ик*), **Hypothetical** (*хай-по-зсет'-ик-ăл*) adj. гипотитическій, гадательный
Hyson (*хай'-зн*) s. особый сортъ зеленаго чаю.
Hysop (*хис'-ŏп*) s. иссопъ (трава).
Hysteria (*хис-ти'-ри-а*) s истерія
Hysteric (*хис-тер'-ик*), **Hysterical** (*хис-тер'-ик-ăл*) adj. истерическій.
Hysterics (*хис-тер'-икс*) s. pl. истерика
Hysterocele (*хис-тер'-о-сил*) s. (мед.) маточная грыжа.
Hysterotomy (*хис-тер-от'-о-ми*) (хир.) кесарево сѣченіз.

I.

I (*ай*) девятая буква англійской азбуки; || pron. я **It is I**, это я. **You are taller than I**, Вы выше ростомъ чѣмъ я.
Iambic (*ай-ăм'-бик*), **Iambous** (*ай-ăм'-бŏс*) s ямбъ
Ibex (*ай'-бекс*) s. (зоол.) каменный козелъ.
Ibis (*ай'-бис*) s. (орн.) ибисъ, каравайка.
Icarus (*ай'-ка-рŏс*) прг. (мие.) Икаръ
Ice (*айс*) s ледъ. **To break the —**, сломать ледъ; || * нарушить условность отношеній; || va. замораживать, леденить; охлаждать. **— -boat**, **—**, ледорѣзная лодка. **— bound**, окруженный льдомъ. **— -cream**, сливочное мороженое. **— -house**, погребъ, ледникъ. **— berg**, ледяная гора, глыба льда на мели.
Iceland (*айс'-лăнд*) прг. (геог.) Исландія. **— -moss**, исландскій мохъ
Icelander (*айс'-лăнд-ер*) s. исландецъ
Icelandic (*айс'-лăнд-ик*) adj. исландскій; || s. исландецъ.
Ichneumon (*ик-нью'-мŏн*) s. (зоол.) ихневмонъ фараонова мышь.
Ichnography (*ик-ног'-рă-фи*) s. геометрически построенный планъ зданія.
Ichor (*ай'-кор*) s. (мед.) ихоръ (злокачественный гной).
Ichorous (*ай'-кор-ŏс*) adj. ихорный.
Ichthyolite (*ик'-сзи-о-лайт*) s. ихтіомитъ (окаменѣлая рыба).
Ichthyological (*ик-сзи-о-лодж'-ик-ăл*) adj. ихтіологическій.
Ichtyology (*ик-сзи-ол'-о-джи*) s. ихтіологія (ученіе о рыбахъ).
Ichtyosaurus (*ик-сзи-о-со'о-рŏс*) s. ихтіозавръ, рыбоящеръ.
Icicle (*ай'-си-кл*) s. льдина.
Iciness (*ай'-си-нес*) s. сильный холодъ, стужа.
Iconoclast (*ай-кон'-о-клăст*) s. иконоборецъ.
Iconolater (*ай-кон-ол'-ă-тер*) s. иконопочитатель.
Icosahedron (*ай-ко-са-хи'-дрŏн*) s. (геом.) двадцатигранникъ.
Icteric (*ик-тер'-ик*) adj (мед.) иктеричный, страдающій желтухою
Icy (*ай'-си*) adj. ледяной, морозный, ледовитый; || холодный
Idea (*ай-ди'-а*) s. идея
Ideal (*ай-ди-ăл*) s. идеалъ, || adj. мысленный, умственный, воображаемый, идеальный, совершенный.
Idealism (*ай-ди'-ăл-изм*) s. идеализмъ.
Idealist (*аи-ди'-ăл-ист*) s идеалистъ.
Idealize (*ай-ди'-ăл-айз*) vn va. обдумывать, размышлять, идеализировать.
Identical (*ай-ден'-тик-ăл*) adj. тождественный, одинаковый.
Identification (*ай-ден'-ти-фи-кэ'-шŏн*) s. отожествленіе
Identify (*ай-ден'-ти-фай*) va. отожествлять, || vn. отожествляться, дѣлаться тождественнымъ.
Identity (*ай-ден'-ти-ти*) s. тождество, тождественность
Ideologist (*ай-ди-ол'-о-джист*) s. идеологъ.

Ides (*айдз*) s. pl. Иды (у древнихъ римлянъ).
Idiocy (*ид'-и-о-си*) s. идіотизмъ, слабоуміе.
Idiom (*ид'-и-ом*) s. особенность вырыженій языка; идіотизмъ.
Idiomatic (*ид-и-о-мат'-ик*), **Idiomatical** (*ид-и-о-мат'-ик-ал*) adj. свойственный особенностямъ языка. [патія.
Idiopathy (*ид-и-оп'-а-сзи*) s. идіо-
Idiot (*ид'-и-от*) s. идіотъ; юродивый
Idiotic (*ид-и-от'-ик*), **Idiotical** (*ид-и-от'-ик-ал*) adj. идіотическій, глупый.
Idle (*ай'-дл*) adj, праздный, незанятой, досужій, безпечный; безполезный. — **habits**, привычки праздности. — **hours**, часы отдыха. — **words**, лишнія слова. || vn. лѣниться; бездѣльничать. **To — away time**, терять время по пусту.
Idleness (*ай-дл-нес*) s. праздность, досугъ; лѣность; безсиліе; безпечность.
Idler (*ай'-длер*) s. праздный, праздношатающійся.
Idly (*ай'-дли*) adv. праздно; лѣниво безпечно; тщетно.
Idol (*ай'-дол*) s. идолъ, кумиръ; || предметъ обожанія.
Idolater (*ай-дол'-а-тер*) s. идолопоклонникъ. [лопоклонница.
Idolatress (*ай-дол'-а-трес*) s. идо-
Idolatrous (*ай-дол'-а-трос*) adj. идолопоклоническій.
Idolatry (*ай-дол'-а-три*) s. идолоплонство. [идолоплоническій.
Idolish (*ай'-дол-иш*) adj. идольскій
Idolize (*ай'-дол-айз*) va. vn. покланяться идоламъ.
Idoneous (*ай-до'о-ни-ос*) adj. свойственный, сродный.
Idyl (*ай'-дил*) s. идиллія.
Idyllic (*ай-дил'-ик*) adj. идиллическій, пастушескій.
If (*иф*) conj. если, ежели; если бы, если бы только.
Igneus (*иг'-ни-ос*) adj. огненный, огневой; огневидный.
Ignis-fatuus (*иг-ниф'-ер-ос*) adj. производящій огонь.
Ignite (*иг-найт'*) va. зажигать, раскалять; || vn. загораться
Ignitible (*иг-найт'-и-бл*) adj. горючій, воспламеняемый.
Ignition (*иг-ниш'-он*) s. горѣніе.
Ignoble (*иг-но'о-бл*) adj. неблагородный, низкаго происхожденія; | низкій, подлый.
Ignobleness (*иг-но'о-бл-нес*) s. неблагородство; низость. [подло.
Ignobly (*иг-но'о-бл-и*) adv. низко,
Ignominious (*иг-но-мин'-и-ос*) adj. позорный, безчестный.
Ignominiously (*иг-но-мин'-и-ос-ли*) adv. позорно, безчестно.
Ignominy (*иг'-но-мин-и*) s. безчестіе, позоръ.
Ignoramus (*иг-но-рэ'-мос*) s. невѣжда, неучъ; | (юрид.) неподсудный.
Ignorance (*иг'-но-ранс*) s. невѣжество; невѣдѣніе. **Out of —**, по невѣжеству.
Ignorant (*иг'-но-рант*) s. неучъ; | adj.)неученый, невѣжественный:
Ignorantly (*иг'-но-рант-ли*) adv. невѣжественно.
Ignore (*иг-но'ор*) va. не знать; не признавать. [рица).
Iguana (*и-гуа'-на*) s. игуана (яще-
Ileum (*и.л'-и-ом*) s. (анат.) подвздошная кишка.
Ilex (*ай'-лекс*) s. (бот.) каменный дубъ. [ный.
Iliac (*ил'-и-ак*) adj. (мед.) подвздош-
Ilk (*илк*) adj. каждый; тотъ самый тотъ же.
Ill (*ил*) adj. худой, дурной; скверный, злой; || s. зло; бѣда, несчастье; || adv. дурно, худо, нехорошо. — **-affected**, нерасположенный къ. — **-fated**, злополучный. — **-minded**, злонамѣренный. — **-nature**, злость; упрямство. — **-natured**, злонравный, упрямый. — **ased** недовольный. — **-qualified**, не имѣющій требуемыхъ качествъ. — **-tempered**, имѣющій дурной нравъ, угрюмый. — **-time**, va. дѣлать невпопадъ. — **-usage**, дурное обращеніе. — **-will**, недоброжелательство. **To bear — will to**, имѣть что либо противъ кого нибудь.
Illapse (*ил-лапс'*) vn. проникать, вселять; || s. наитіе; набѣгъ.
Illation (*ил-лэ'-шон*) s. (лог.) заключеніе.
Illative (*ил'-ла-тив*) adj. заключительный. [непохвальный.
Illaudable (*ил-ло'од-а-бл*) adj.
Illegal (*ил-ли'-гал*) adj. незаконный.
Illegality (*ил-ли-гал'-и-ти*) s. незаконность.
Illegalize (*ил-ли'-гал-айз*) va. сдѣлать незаконнымъ.
Illegally (*ил-ли'-гал-ли*) adv. незаконно.
Illegible (*ил-ледж'-и-бл*) adj. нечеткій, неразборчивый.
Illegibly (*ил-ледж'-и'бл-ли*) adv. нечетко, неразборчиво.
Illegitimacy (*ил-ли-джит'-и-маси*) s. незаконнорожденность, незаконность.
Illegitimate (*ил-ли-джит'-и-мэт*) adj. незаконнорожденный; незаконный.
Illegitimation (*ил-ли-джит-и-мэ'-шон*) s. см. **Illegitimacy.**

Illegitimately (*ил-ли-джит'-и-мэт-ли*) adv. незаконно
Illeviable (*ил-лев'-и-ā-бл*) adj. невзымаемый
Illiberal (*ил-либ'-ер-āл*) adj. нещедрый, скряжническій, отсталый, ограниченный.
Illiberality (*ил-либ'-ер-āл-и-ти*) s. узкость, ограниченность (во взглядахъ); скупость.
Illicit (*ил-лис'-ит*) adj. непозволенный, запрещенный.
Illicitness (*ил-лис'-ит-нес*) s. непозволенность.
Illimitable (*ил-лим'-ит-ā-бл*) adj. неограниченный, безпредѣльный
Illimitableness (*ил-лим'-ит-ā-бл-нес*) s. безграничность, безпредѣльность.
Illimitably (*ил-лим'-ит-ā-бл-и*) adv безгранично, безпредѣльно.
Illimited (*ил-лим'-ит-ед*) adj. см **Illimitable.**
Illiteracy (*ил-лит'-ер-ā-си*) s. незнаніе, неученость, безграмотность; || грубая ошибка.
Illness (*ил'-нес*) s. нездоровье, болѣзнь.
Illogical (*ил-лодж'-ик-āл*) s. нелогичный
Illogically (*ил-лодж'-ик-āл-ли*) adv нелогично [нелогичность
Illogicalness (*ил-лодж'-ик-āлнес*) s.
Illude (*ил-льюд'*) va. обманывать; обольщать
Illuminate (*ил-лью'-ми-нэт*) va освѣщать, озарять, иллюминовать, раскрашивать; || разъяснять, || s. иллюминатъ (сектантъ).
Illumination (*ил-лью-ми-нэ'-шōн*) освѣщеніе, иллюминація, блескъ, раскраска.
Illuminism (*ил-лью'-ми-низм*) s ученіе иллюминатовъ.
Illusion (*ил-лью'-жōн*) s. иллюзія, заблужденіе, обольщеніе, мечта, призракъ
Illusive (*ил-лью'-сив*) adj. мечтательный, призрачный
Illusively (*ил-лью'-сив-ли*) adv. мечтательно, призрачно
Illusory (*ил-лью'-сō-ри*) adj. см. **Illusive.**
Illustrate (*ил-лōс'-трэт*) va освѣщать, прославлять, объяснять, иллюстрировать.
Illustration (*ил-лōс-трэ'-шōн*) s освѣщеніе; прославленіе; блескъ, объясненіе, иллюстрація, рисунокъ
Illustrious (*ил-лōс'-три-ōс*) adj славный, знаменитый
Illustriously (*ил-лōс'-три-ōс-ли*) adv. славно, знаменито
Illustriousness (*ил-лōс'-три-ōс-нес*) s. слава, знаменитость.
I'm (*айм*) сокращеніе **I am**

Image (*им'-āдж*) s. воображеніе; образъ, || va. воображать, представлять себѣ — **-breaker**, иконоборецъ — **-worship**, поклоненіе иконамъ
Imagery (*им'-āдж-ри*) s. изображеніе, образъ, картина, представленіе, призракъ.
Imaginable (*им-āдж'-и-нā-бл*) adj. вообразимый
Imaginary (*им-āдж'-и-нā-ри*) adj. воображаемый, мнимый.
Imagination (*им-āдж-и-нэ'-шōн*) s. воображеніе; мысль идея.
Imagine (*им-āдж'-ин*) va. vn. воображать, представлять себѣ; изобрѣтать.
Imagining (*им-āдж'-и-нинг*) s. воображеніе; фантазія; вымыселъ; изобрѣтеніе.
Imbecile (*им'-бе-сил*) adj. тупоумный, глупый, немощный.
Imbecility (*им'-бе-сил-и-ти*) s. тупоуміе, немощь. [ключать.
Imbed (*им-бед'*) va. закрѣплять, за-
Imbibe (*им-байб'*) va. впитывать; всасывать, поглощать.
Imbibition (*им-би-биш'-ōн*) s. впитываніе; всасываніе.
Imbitter (*им-бит'-ер*) va. дѣлать горькимъ; огорчать.
Imbow (*им-бо'у*) va. окружать, включать.
Imbricated (*им'-бри-кэ-тед*) adj. черепицевидный, настильный
Imbroglio (*им-бро'ол-йо*) s. запутанный сюжетъ (въ драм. произведеніяхъ); || путаница.
Imbrown (*им-бра'-ун*) va. потемнять, загорать.
Imbrue (*им-бру'*) va. омачивать, обагрять, || разливать.
Imitate (*им'-и-тэт*) va. подражать; поддѣлывать.
Imitation (*им-и-тэ'-шōн*) s. подражаніе, имитація.
Imitative (*им-и-тэ-тив*) adj. подражающій, подражательный.
Imitator (*им'-и-тэ-тōр*) s. подражатель
Immaculate (*им-мāкь'-ю-лэт*) adj. чистый, безпорочный, незапятнанный
Immaculateness (*им-мāкь'-ю-лэт-нес*) s. безпорочность, чистота.
Immane (*им-мэн'*) adj. огромный, лютый.
Immanent (*им'-мā-нент*) adj. присущій, существенный.
Immanity (*им-мāн'-и-ти*) s. огромность чудовищность.
Immask (*им-маск'*) va. маскировать, надѣвать маску
Immaterial (*им-мэ-ти'-ри-āл*) adj. невещетсвенный; духовный; || несущественный.

Immaterialize (*им-мā-ти'-ри-ăл-айз*) va. дѣлать, предполагать невещественнымъ.
Immature (*им-мā-чур'*) adj. незрѣлый; || ранній, неоконченный, неполный.
Immatureness (*им-мā-чур'-нес*), **Immaturity** (*им-мā-чу'-ри-ти*) s. незрѣлость; неполнота.
Immeasurable (*им-меж'-ă-рă-бл*) adj. неизмѣримый, громадный.
Immediate (*им-ми'-ди-эт*) adj. непосредственный; немедленный.
Immedicable (*им-мед'-и-кă-бл*) adj. неизлѣчимый.
Immemorial (*им-мй-мо'о-ри-ăл*) adj. незапамятный.
Immense (*им-менс'*) adj. безмѣрный, несмѣтный, необъятный.
Immensurable (*им-мен'-шью-рă-бл*) adj. неизмѣримый.
Immerge (*им-мöрдж'*) va. погружать; || vn. (астр.) вступать въ полосу солнечнаго свѣта или тѣни.
Immerse (*им-мöрс'*) va. vn. погружать, потоплять, углубляться, см. **Immerge**.
Immersion (*им-мöр'-шöн*) s. погруженіе, углубленіе; (астр.) вступленіе въ полосу свѣта или тѣни.
Immesh (*им-меш'*) va. опутывать (сѣтями, паутиной).
Immigrant (*им'-ми-грāнт*) va. пришлецъ, переселенецъ, иммигрантъ.
Immigrate (*им'-ми-грэт*) va. переселяться, иммигрировать.
Imminence (*им'-ми-ненс*) s. неминуемость, неизбѣжность.
Imminent (*им'-ми-нент*) adj. неминуемый, неизбѣжный.
Immingle (*им-мин'-гл*) va. вмѣшиваться.
Immiscible (*им-мис'-си-бл*) adj. не поддающійся смѣшенію.
Immission (*им-миш'-öн*) s. впусканіе, введеніе; впрыскиваніе.
Immit (*им-мит'*) va. впускать, вводить, всовывать; впрыскивать.
Immix (*им-микс'*) va. смѣшивать, вмѣшивать.
Immobility (*им-мо-бил'-и-ти*) s. неподвижность, бездѣйствіе.
Immoderate (*им-мод'-ер-эт*) s. неумѣренный; неподвижный, чрезмѣрный.
Immoderateness (*им-мод'-ер-эт-нес*), **Immoderation** (*им-мод-ер-э'-шöн*) s. неумѣренность, непомѣрность, чрезмѣрность, чудовищность.
Immodesty (*им-мод'-ести*) s. нескромность; непристойность
Immolate (*им'-мо-лэт*) va. умерщвлять; закалывать.
Immoral (*им-мор'-ăл*) adj. безнравственный.
Immorality (*им-мо-рāл'-и-ти*) s. безнравственность.
Immortal (*им-мор'-тăл*) adj. безсмертный, вѣчный, || **—s**, s. pl. безсмертные.
Immortalize (*им-мор'-тăл-айз*) va. vn. обезсмертить, увѣковѣчить, -ся
Immovable (*им-мув'-ă-бл*) adj. неподвижный, непоколебимый; недвижимый.
Immunity (*им-мью'-ни-ти*) s. льгота; иммунитетъ.
Immure (*им-мьюр'*) va. окружать, стѣнами; заключать.
Immutable (*им-мьют'-ă-бл*) adj. неизмѣнный, непреложный.
Imp (*имп*) s. отпрыскъ, побѣгъ, почка; || чертенокъ, дьяволенокъ; наставка; || vn. удлинять, расширять наставками; || прививать.
Impact (*им-пăкт'*) va. нажимать, нагромождать; сталкивать; || s. нажиманіе, толчекъ.
Impair (*им-пэр'*) va. vn. повреждать, портить, ухудшать, -ся; || ослабѣвать.
Impalpable (*им-пăл'-пă-бл*) adj. неосязаемый; мельчайшій.
Impanation (*им-пă-нэ'-шöн*) s. (бог.) сосуществованіе хлѣба съ тѣломъ Христа при евхаристіи.
Impannel (*им-пăн'-ел*) va. вписывать; составлять списокъ (судей).
Imparadise (*им-пăр'-ă-дайз*) va. доставлять блаженство.
Imparisyllabic (*им-пăр-и-сил-лăб'-ик*) adj. (грам.) неравносложный.
Imparity (*им-пăр'-и-ти*) s. неравенство, несоразмѣрность.
Impark (*им-пăрк'*) va. включать въ ограду парка.
Impart (*им-парт'*) va. vn. давать, надѣлять, передавать, совѣщаться
Impartial (*им-пар'-шăл*) adj. безпристрастный.
Impartiality (*им-пар-ши-ăл'-и-ти*) s. безпристрастіе.
Impartible (*им-парт'-и-бл*) adj. нераздѣлимый, нераздѣльный; || сообщимый.
Impartment (*им-парт'-мэнт*) s. сообщеніе; разоблаченіе.
Impassable (*им-пăс'-ă-бл*) adj. непроходимый.
Impassible (*им-пăс'-си-бл*) adj. безстрастный; безучастный.
Impassion (*им-пăш'-öн*) va. возбуждать страсть, трогать.
Impassioned (*им-пăш'-öнд*) adj. охваченный страстью, страстный, возбужденный.
Impassive (*им-пăс'-сив*) adj. безчувственный.
Impaste (*им-пэст'*) va. мѣсить, превращать въ массу; (живоп.) класть краски густо.

Impatient (*им-пэ'-шент*) adj. и s. нетерпѣливый

Impawn (*им-по'он*) va. закладывать

Impeach (*им-пич'*) va. мѣшать, удерживать; || обвинять, доносить, порицать.

Impeachment (*им-пич'-мент*) s. помѣха, препятствіе; обвинительный актъ, обвиненіе, доносъ, порицаніе.

Impearl (*им-пöрл'*) va придавать видъ жемчуга, украшать жемчугомъ.

Impeccable (*им-пек-кă-бл*) adj. безгрѣшный, праведный.

Impede (*им-пид'*) va. препятствовать, задерживать.

Impediment (*им-пед'-и-мент*) s. препятствіе, помѣха; задержка.

Impel (*им-пел'*) va. побуждать, заставлять, увлекать.

Impellent (*им-пел'-лент*), **Impeller** (*им-пел'-ер*) s. движущая сила, двигатель.

Impen (*им-пен'*) va. загонять въ ограду, запирать.

Impend (*им-пенд'*) vn. висѣть надъ, угрожать.

Impenetrable (*им-пен'-и-трă-бл*) adj. непроницаемый; непроходимый; || безчувственный.

Impenitent (*им-пен-и-тэнт*) adj. и s. нераскаянный, закоснѣлый грѣшникъ.

Imperative (*им-пер'-ă-тив*) adj. повелительный.

Imperceptible (*им-пер-сеп'-ти-бл*) adj. незамѣтный, непримѣтный

Imperfect (*им-пöр'-фект*) adj. несовершенный, недостаточный; || неоконченный, неполный.

Imperfection (*им-пöр-фек'-шöн*), **Imperfectness** (*им-пор'-фект-несс*) s. несовершенство, неполнота, недостатокъ

Imperial (*им-пи'-ри-ăл*) adj императорскій; имперскій; государственный. || s. (арх.) родъ купола; эспаньолка (борода); || имперіалъ (монета и верхъ омнибуса).

Imperiality (*им-пи-ри-ăл'-и-ти*) s. императорская власть.

Imperil (*им-пер'-ил*) va. подвергать опасности, рисковать.

Imperious (*им-пи'-ри-öс*) adj. повелительный; высокомѣрный; сильный.

Imperishable (*им-пер'-иш-ă-бл*) adj нетлѣнный, вѣчный.

Impermeable (*им-пöр'-ми-ă-бл*) adj. непроницаемый, непромокаемый.

Impersonal (*им-пöр'-сöн-ăл*) adj. безличный.

Impersonate (*им-пöр'-сöн-эт*) va. олицетворять.

Impersonation (*им-пöр-сöн-э'-шон*) s. олицетвореніе.

Impersuasible (*им-пер-суэ'-зи-бл*) adj. неубѣдимый

Impertinence (*им-пöр'-ти-ненс*), **Impertinency** (*им-пöр'-ти-нен-си*) s нелѣпость, чепуха, сумасбродство; неумѣстность; || дерзость

Impertinent (*им-пöр'-ти-нент*) adj. нелѣпый, неумѣстный; наглый, дерзкій, || s нахалъ

Impertinently (*им-пöр'-ти-нент-ли*) adv нелѣпо, неумѣстно; нагло; не кстати

Imperturbability (*им-пöр-тöр-бă-бил'-и-ти*) s. непоколебимость, стойкость, хладнокровие

Imperturbable (*им-пöр-тöр'бă-бл*) adj непоколебимый, стойкій, хладнокровный

Impervious (*им-пöр'-ви-öс*) adj. непроходимый, непроницаемый, непромокаемый, недоступный.

Imperviously (*им-пöр'-ви-öс-ли*) adv. непроходимо, непроницаемо, непромокаемо, недоступно.

Impetrate (*им'-пи-трэт*) va. выпрашивать, вымаливать.

Impetration (*им-пи-трэ'-шöн*) s. вымаливаніе, выпрашиваніе.

Impetuosity (*им-петь-ю-öс'-и-ти*) s. стремительность, горячность

Impetuous (*им-петь'-ю-öс*) adj. стремительный, горячій, пылкій.

Impetuously (*им-петь'-ю-öс-ли*) adv стремительно, буйно, порывисто, горячо.

Impetuousness (*им-петь'-ю-öс-нес*) s. см. **Impetuosity**.

Impetus (*им'-пи-тöс*) s. сила движенія; стремительность, толчокъ

Impiety (*им-пай'-и-ти*) s. нечестіе, неблагочестіе.

Impinge (*им-пиндж'*) vn. ударяться, сталкиваться.

Impious (*им'-пи-öс*) adj. нечестивый, неблагочестивый.

Impiously (*им'-пи-öс-ли*) adv нечестиво, неблагочестиво

Impiousness (*им'-пи-öс-нес*) s. см. **Impiety**

Impish (*имп'-иш*) adj шаловливый.

Implacability (*им-плэ'-кă-бил'-и-ти*). **Implacableness** (*им-плэ'-кă-бл-нес*), s. неумолимость, непримиримость.

Implacable (*им-плэ'-кă-бл*) adj. неумолимый, непримиримый

Implacably (*им-плэ'-кă-бл-и*) adv. неумолимо, непримиримо

Implant (*им-плăнт'*) va. вкоренять, засѣвать, запечатлѣвать

Implantation (*им-плăн-тэ'-шöн*) s. вкорененіе, запечатлѣніе

Implausible (*им-пло'о-зи-бл*) adj. невѣроятный, неправдоподобный.

Implead (*им-плид'*) va. (юрид.) просить въ судѣ за кого, начать искъ.

Implex (*им'-плекс*) adj. сложный, запутанный, смѣшанный.
Implicate (*им'-пли-кэт*) va. вмѣшивать, вплетать, запутывать.
Implication (*им-пли-кэ'-шőн*) s. запутываніе, примѣшиваніе, прикосновенность; || выводъ.
Implore (*им-пло'őр*) va. vn. умолять, упрашивать.
Imply (*им-плай'*) va. запутывать, вовлекать; || подразумѣвать, заключать въ себѣ.
Impoison (*им-пой-зн*) va. отравлять
Impolicy (*им-пол'-иси*) s. неловкость. невѣжливость.
Impolite (*им-по-лайт'*) adj. неучтивый, невѣжливый.
Impolitenes (*им-по-лайт'-нес*) s. неучтивость, невѣжливость.
Impolitic (*им-пол'-и-тик*) adj. неполитичный, неблагоразумный.
Imponderable (*им-пон'-дер-ă-бл*) adj. (физ.) невѣсомый.
Import (*им-по'орт*) va. ввозить, привозить (товары); || означать, выражать; || имѣть значеніе; касаться.
Import (*им'-порт*) s. ввозные товары; || сила, значеніе, важность.
Importable (*им-по'орт-ă-бл*) adj. дозволенный къ привозу, ввозимый.
Importance (*им-пор'-тăнс*) s. важность, значительность, значеніе, вліяніе.
Important (*им-пор'-тăнт*) adj. важный, значительный.
Importation (*им-пор-тэ'-шőн*) s. ввозъ; привозные товары; перевозка. [тель.
Importer (*им-по'орт-ер*) s. ввози-
Importune (*им-пор-тьюн'*) va. докучать, надоѣдать; || adj. докучливый, назойливый.
Importunity (*им-пор-тью'-ни-ти*) s. докучливость, надоѣдливость, назойливость.
Impose (*им-по'оз*) va. класть, налагать, предписывать; облагать (сборомъ). **To — up, upon,** обманывать, надуть, провести кого. **I have been imposed upon,** меня обманули.
Imposing (*им-по'оз-инг*) adj. внушающій почтеніе: вмѣняемый (въ обязанность), налагаемый; || s. (тип.) замыканіе формы. **— stone,** доска для сверстки.
Imposition (*им-по-зиш'-őн*) s. наложеніе; приказъ, повелѣніе; подать, пошлина; || урокъ, задача въ (школахъ); || обманъ; || обвиненіе, упрекъ.
Impossibility (*им-пос-и-бил'-и-ти*) s. невозможность.
Impossible (*им-пос'-и-бл*) adj. невозможный.

Impost (*им'-пост*) s. налогъ, пошлина, подать; || (арх.) лопатка подъ пятою свода.
Imposture (*им-пость'-юр*) s. обманъ, плутовство; самозванство.
Impotence (*им'-по-тенс*), **Impotency** (*им'-по-тен-си*) s безсиліе, немощность, слабость; || увлеченіе.
Impotent (*им'-по-тент*) adj. и s. безсильный, слабый; несдержанный.
Impound (*им-па'унд*) va. загонять (скотъ); заключать; окружать.
Impoverish (*им-пов'-ер-иш*) va. доводить до бѣдности; истощать.
Impoverishment (*им-пов'-ер-иш-мент*) s. обѣднѣніе, оскуденіе, истощеніе.
Impracticability (*им-прăк-ти-ка-бил'-и-ти*), **Impracticableness** (*им-прăк'-ти-кă-бл-нес*), s. неисполнимость, невозможность; необходительность, несговорчивость.
Impracticable (*им-прăк'-ти-кă-бл*) adj. неисполнимый; несговорчивый.
Impracticably (*им-прăк'-ти-кă-бл-и*) adv. неисполнимо; несговорчиво.
Imprecate (*им'-при-кэт*) va. проклинать, клясть. [проклятіе.
Imprecation (*им-при-кэ'-шőн*) s.
Impregnable (*им-прег'-нă-бл*) adj. неприступный, непоколебимый.
Impregnate (*им-прег'-нэт*) va. vn. оплодотворять, обременять; дѣлать, -ся плодороднымъ; напитывать, пропитывать.
Impregnation (*им-прег-нэ'-шőн*) s. оплодотвореніе; напитываніе, пропитываніе.
Impress (*им-прес'*) va. отпечатывать; оттискивать; клеймить, штемпелевать; запечатлѣвать; || s. (*им'-прес*) s. отпечатокъ; печать, оттискъ; клеймо, штемпель; впечатлѣніе; насильственная вербовка (на службу), реквизиція.
Impression (*им-прэш'-őн*) s. оттискъ, отпечатаніе; тисненіе; печатаніе, изданіе (книги); || впечатлѣніе, дѣйствіе.
Impressionable (*им-прэш'-őн-ăбл*) adj впечатлительный, воспріимчивый.
Impressive (*им-прес'-ив*) adj. производящій впечатлѣніе; поразительный; трогательный.
Impressively (*им-прес'-ив-ли*) adv. производя впечатлѣніе; трогательно.
Impressiveness (*им-прес'-ив-нес*) s. впечатлительность.
Impressure (*им-преш'-юр*) s. отмѣтка, отпечатокъ.

Imprest (*им'-прест*) s. заемъ, задатокъ, авансъ; || va давать деньги взаймы, впередъ

Imprint (*им-принт*) va оттискивать, отпечатывать, печатать; начертывать. || s. заглавный листъ книги

Imprison (*им-приз'н*) va заключать, заточать (въ тюрьму)

Improbable (*им-проб'-ă-бл*) adj. невѣроятный

Improbity (*им-проб'-и-ти*) s. нечестность.

Impromptu (*им-промп'-тью*) s. экспромтъ, || adv безъ приготовленія, экспромптомъ.

Improper (*им-проп'-ер*) adj негодный, несвойственный; ошибочный; неприличный — **manners**, неприличныя манеры — **expressions**, неподходящее выраженіе

Impropriate (*им-про'о-при-эт*) va присваивать себѣ во владѣніе, секуляризировать.

Improvable (*им-прув'-ă-бл*) adj. способный къ усовершенствованію, полезному примѣненію; || (агр.) удобный для обработки (о землѣ).

Improve (*им-прув'*) va. vn улучшать, совершенствовать, преуспѣвать, воспользоваться; усовершенствовать, -ся; || обрабатывать, удобрять. **To — the occasion**, воспользоваться случаемъ. **Some things — by being kept**, нѣкоторыя вещи улучшаются отъ храненія. **To — one's self**, совершенствоваться **This girl — s upon me**, эта дѣвушка все болѣе и болѣе мнѣ нравится **The price of cotton — s**. цѣна хлопка возвышается

Improvement (*им-прув'-мент*) s. улучшеніе, усовершенствованіе; преуспѣяніе, успѣхъ, развитіе, примѣненіе.

Improvidence (*им-пров'-и-денс*) s. непредусмотрительность.

Improvident (*им-пров'-и-дент*). adj непредусмотрительный

Improvisation (*им-пров-и-зэ'-шŏн*) s импровизація

Imprudence (*им-пру'-денс*) s неблагоразуміе, неосторожность, безразсудство.

Imprudent (*им-пру'-дент*) adj неблагоразумный, неосторожный, безразсудный

Imprudently (*им-пру'-дент-ли*) adv неблагоразумно, неосторожно, безразсудно

Impudence (*им'-пью-денс*) s. безстыдство, наглость.

Impudent (*им'-пью-дент*) adj. безстыдный, наглый.

Impugn (*им-пьюн'*) vn. оспаривать, опровергать

Impugnable (*им-пьюн'-ă-бл*) adj. оспариваемый, опровергаемый

Impugner (*им-пьюн'-ер*) s. противникъ, оппонентъ

Impulse (*им'-пŏлс*), **Impulsion** (*им-пŏл'-шŏн*) s. толчокъ, побужденіе, подстреканіе, внушеніе; импульсъ.

Impulsive (*им-пŏл'-сив*) adj побуждаемый, понуждаемый, движимый

Impulsively (*им-пŏл'-сив-ли*) adv черезъ побужденіе, понужденіемъ толчкомъ

Impunity (*им-пью'-ни-ти*) s. безнаказанность

Impure (*им-пьюр'*) adj. нечистый, подмѣшанный.

Impurple (*им-пŏр'-пл*) va багрянить, обагрять.

Imputable (*им-пьют'-ă-бл*) adj. вмѣняемый (въ вину).

Imputation (*им-пью-тэ'-шŏн*) s. вмѣненіе; обвиненіе; порицаніе.

Impute (*им'-пьют'*) va. вмѣнять, относить, приписывать; обвинять.

Imputresible (*им-пью-трес'-си-бл*) adj. не гніющій, не портящійся

In (*ин*) prep. въ. во; || на, изъ, съ; по; по прошествіи; во власти, въ духѣ; въ смыслѣ; || ради; || иногда переводится творительнымъ падежомъ того существительнаго, къ которому относится. — **the night**, ночью — **the day time**, днемъ — **a low voice**, шопотомъ. — **token of**, въ знакъ чего. — **an hour**, черезъ часъ. **'Tis not — man**, это не во власти человѣка — **respect to you**, изъ уваженія къ вамъ — **the country**, въ деревнѣ. **To be — great trouble**, быть подъ вліяніемъ большого горя **A book — the press**, книга въ печати. — **the afternoon**, послѣ полудня. **The richest man — the town**, самый богатый человѣкъ въ городѣ. || adv внутри, внутрь, въ домѣ, у себя **Is M B. — ?** дома ли М В.? **To be — for it**, влетѣть, быть обманутымъ. **To keep — with one**, щадить кого либо

Inability (*ин-ă-бил'-и-ти*) s. неспособность, безсиліе; недостаточность

Inabstinence (*ин-ăб'-сти-ненс*) s. невоздержность.

Inaccessible (*ин-ăк-сес'-и-бл*) adj. неприступный, недоступный

Inaccuracy (*ин-ăк'-кью-рă-си*) s. неисправность; неточность

Inaccurate (*ин-ăк'-кью-рэт*) adj. неисправный, неточный.

Inaccurately (*ин-ак'-кью-рэт-ли*) adv. неисправно, неточно.
Inaction (*ин-äк'-шöн*) s. бездѣйствіе, недѣятельность.
Inactive (*ин-äкт'-ив*) adj. недѣятельный, бездѣятельный, инертный.
Inactivity (*ин-äк-тив'-и-ти*) s. недѣятельность, бездѣйствіе.
Inadequacy (*ин-äд'-и-куä-си*) s. недостаточность, несоотвѣтственность, несовершенство, несоразмѣрность.
Inadequate (*ин-äд'-и-куэт*) adj. недостаточный, несоотвѣтственный, несоразмѣрный, непосильный. [s. см. **Inadequacy**.
Inadequatenes (*ин-äд'-и-куэт-нес*)
Inadmissible (*ин-äд-мис'-си-бл*) adj. недопустимый, непріемлимый
Inadvertent (*ин-äд-вöрт'-ент*) adj. неосторожный, невнимательный.
Inalienable (*ин-эль'-ен-ä-бл*) adj. неотъемлемый, неотчуждаемый.
Inane (*ин-эн'*) adj. порожній, пустой
Inanimate (*ин-äн'-и-мэт*) adj. неодушевленный, безжизненный.
Inanition (*ин-ä-ниш'-öн*) s. отощаніе, истощеніе.
Inanity (*ин-äн'-и-ти*) s. пустота.
Inapplicable (*ин-äп'-пли-кä-бл*) adj. непримѣнимый, не подходящій.
Inapplication (*ин-äп-пли-кэ'-шöн*) s. неприложимость, непримѣнимость; нерадѣніе, нерадивость.
Inapposite (*ин-äп'-по-зит*) adj. неподходящій, несоотвѣтственный.
Inappreciable (*ин-äп-при'-ши-ä-бл*) adj. неоцѣнимый, безцѣнный
Inapprehensible (*ин-äп-при-хен'-си-бл*) adj. непостижимый.
Inappropriate (*ин-äп-про'о-при-эт*) adj. несоотвѣтственный, несвойственный.
Inaptitude (*ин-äпт'-и-тьюд*) s. неспособность, несвойственность.
Inarticulate (*ин-ар-тикь'-ю-лэт*) adj. невнятный.
Inartificial (*ин-ар-ти-фиш'-äл*) adj. безъискуственный; простой.
Inasmuch (*ин-äз-мöч'*) adv. —**as**, такъ какъ, потому что.
Inattention (*ин-äт-тен'-шöн*) s. невниманіе.
Inattentive (*ин-äт-тен'-тив*) adj. невнимательный.
Inaudible (*ин-о'од-и-бл*) adj. неслышный; невнятный.
Inaugurate (*ин-о'о-гью-рэт*) va. освящать (храмъ); посвящать (въ санъ); вводить (въ должность).
Inauguration (*ин-о-гью-рэ'-шöн*) s. освященіе; посвященіе; открытіе (памятника).
Inauspicious (*ин-ос-пиш'-öс*) adj. неблагопріятный; зловѣщій.
Inbeing (*ин-би'-инг*) s. присущность, нераздѣльность.
Inboard (*ин'-борд*) adv. внутри судна, въ трюмѣ.
Inborn (*ин'-борн*) adj. врожденный, природный.
Inbreathe (*ин-бризз'*) va. вдыхать; вдохновлять. [природный.
Inbred (*ин'-бред*) adj. врожденный,
Incage (*ин-кэдж'*) va. посадить въ клѣтку; заключить.
Incalculable (*ин-кäл'-кью-лä-бл*) adj. несчетный, несмѣтный.
Incalescence (*ин-кä-лес'-сенс*), **Incalescency** (*ин-кä-лес'-сен-си*) s. нагрѣваніе, возрастающій жаръ.
Incandescence (*ин-кäн-дес'-сенс*) s. накаливаніе добѣла.
Incantation (*ин-кäн-тэ'-шöн*) s. чары, колдовство.
Incanton (*ин-кäн'-тöн*) va. присоединять къ округу, кантону.
Incapable (*ин-кэ'-пä-бл*) adj. неспособный къ чему; негодный, не соотвѣтствующій.
Incapacious (*ин-кä-пэ'-шöс*) adj. узкій, ограниченный; невмѣстительный, неемкій.
Incapacitate (*ин-кä-пäс'-и-тэт*) va. сдѣлать неспособнымъ, несостоятельнымъ, безсильнымъ, лишать возможности; (юрид.) лишить права.
Incapacity (*ин-кä-пäс'-и-ти*) s. неспособность, несостоятельность; (юрид.) неправоспособность.
Incarcerate (*ин-кäр'-сер-эт*) va. заключить, заточить.
Incarnate (*ин-кäр'-нэт*) va. vn. воплощать; ‖ adj. воплощенный.
Incarnation (*ин-кар-нэ'-шöн*) s. воплощеніе (Христа).
Incarnative (*ин-кäр'-нä-тив*) adj. живительный; ‖ s. (мед.) заживляющее средство
Incase (*ин-кэс'*) va. класть въ ящикъ, упаковывать, покрывать.
Incastellated (*ин-кäс'-тел-лэтед*) adj. заключенный въ замкѣ.
Incatenation (*ин-кäт-и-нэ'-шöн*) s. сцѣпленіе.
Incautious (*ин-ко'о-шöс*) ad. неосторожный, необдуманный.
Incavated (*ин'-кä-вэ-тед*) adj. впалый.
Incendiary (*ин-сен'-ди-ä-ри*) s. поджигатель; ‖ adj. зажигательный.
Incense (*ин'-сенс*) s. ѳиміамъ; ладанъ; ‖ va. курить ѳиміамомъ. ладаномъ, кадить.
Incense (*ин-сенс'*) va. возбуждать, раздражать. [гнѣвъ, ярость.
Incensement (*ин-сенс'-мент*) s.
Incensive (*ин-сен'-сив*) adj. раздражающій, возбуждающій.
Incentive (*ин-сен'-тив*) s. то, что

разжигаетъ, возбуждаетъ; || побужденіе; побудительная причина; || adj. побудительный.
Inception (*ин-сеп'-шöн*) s. начало, начинаніе.
Inceptive (*ин-сеп'-тив*) adj. начальный.
Incertitude (*ин-сöр'-ти-тьюд*) s. неизвѣстность, неувѣренность, сомнѣніе.
Incessant (*ин-сес'-сант*) adj. непрерывный, постоянный.
Incest (*ин-сест*) s. кровосмѣшеніе.
Incestuous (*ин-сесть'-ю-öс*) adj. кровосмѣсительный.
Inch (*инч*) s. дюймъ, | * бездѣлица. **By — es**, мало по малу, понемножку. **Not an —**, ни крошки, нисколько. **Give him an — and he'll take an ell**, дай ему вершокъ, онъ захватитъ аршинъ. **Within an — of**, на шагъ отъ. || va. мало по малу двигать, -ся, медленно подвигаться. **To — out**, распредѣлять, отмѣрять.
Inchmeal (*инч'-мил*) s. дюймовая величина. **By —**, понемногу, мало по малу.
Inchoate (*ин'-ко-эт*) va. начинать; | adj. начатой, начинающійся.
Incidence (*ин'-си-денс*), **Incidency** (*ин'-си-ден-си*) s. (физ.) паденіе (одной линіи на другую).
Incident (*ин'-си-дент*) adj. случайный; нечаянный, вносный; || s. случай, нечаянность.
Incidental (*ин-си-дент'-ăл*) adj. случайный, неожиданный; побочный. **— expenses**, случайные расходы.
Incinerate (*ин-син'-ер-эт*) va. испепелять.
Incipience (*ин-сип'-и-енс*), **Incipiency** (*ин-сип'-и-ен-си*) s. начало, рожденіе, появленіе.
Incipient (*ин-сип'-и-ент*) adj. начинающійся, зарождающійся.
Incise (*ин-сайз'*) va. надрѣзывать, насѣкать.
Incision (*ин-сиж'-öн*) s. надрѣзъ, насѣчка.
Incisive (*ин-сай'-сив*) adj. рѣжущій, острый, колкій.
Incisor (*ин-сай'-зöр*) s. рѣзецъ (зубъ).
Incisory (*ин-сай'-сö-ри*) adj. см. **Incisive**.
Incisure (*ин-сиж'-ур*) s. надрѣзъ.
Incitation (*ин-си-тэ'-шöн*) s. возбужденіе, подстрекательство.
Incite (*ин-сайт'*) va. побуждать, подстрекать, поощрять.
Incitement (*ин-сайт'-мент*) va. побужденіе, побудительная причина.
Incitingly (*ин-сайт'-инг-ли*) adv. возбуждающимъ образомъ.
Incivility (*ин-си-вил'-и-ти*) s. неучтивость, невѣжливость.
Inclemency (*ин-клэм'-ен-си*) s. немилосердіе, безжалостность.
Inclement (*ин-клем'-ент*) adj. немилосердный, безжалостный.
Inclinable (*ин-клайн'-ă-бл*) adj. склонный.
Inclinableness (*ин-клайн'-ă-бл-нес*) s. склонность, наклонность.
Inclination (*ин-кли-нэ'-шöн*) s. наклоненіе, склоненіе; | склонность.
Incline (*ин-клайн'*) va. vn. склонять, -ся. | s. наклонъ, покатость, спускъ.
Inclose (*ин-кло'оз*) va. окружать, заключать, огораживать. | класть (въ конвертъ).
Inclosure (*ин-кло'о-жур*) s. включеніе; закрытіе.
Incloud (*ин-кла'уд*) va. помрачать, заволакивать.
Include (*ин-клюд'*) va. заключать, содержать въ себѣ.
Inclusion (*ин-клю'-жон*) s. включеніе.
Inclusive (*ин-клю'-сив*) adj. заключающій въ себѣ.
Incogitant (*ин-кодж'-и-тăнт*) adj. неразмышляющій, неблагоразумный.
Incognizable (*ин-ког'-ни-зă-бл*) adj. неузнаваемый.
Incoherance (*ин-ко-хир'-енс*), **Incoherency** (*ин-ко-хир'-ен-си*) s. несвязность.
Incoherently (*ин-ко-хир'-ент-ли*) adv. безъ связи, непослѣдовательно.
Incombustible (*ин-ком-бöс'-ти-бл*) adj. несгораемый.
Income (*ин'-кöм*) s. доходъ, приходъ. **— tax**, подоходный налогъ.
Incoming (*ин'-кöм-инг*) adj. приходный; наступающій; || s. доходъ.
Incommensurable (*ин-ком-мен-шу-рă-бл*) adj. несоизмѣримый, несоразмѣрный.
Incommode (*ин-ком-мо'од*) va. безпокоить, стѣснять; мѣшать.
Incommunicative (*ин-ком-мью'-ни-кă-тив*) adj. несообщительный.
Incommutable (*ин-ком-мьют'-ă-бл*) adj. незамѣнимый; неотъемлимый.
Incomparable (*ин-ком'-пă-рă-бл*) adj. несравненный, безподобный.
Incompatible (*ин-ком-пăт'-и-бл*) adj. несовмѣстимый, несообразный.
Incompetence (*ин-ком'-пи-тенс*), **Incompetency** (*ин-ком'-пи-тенси*) s. неспособность, недостаточность, безсиліе; некомпетентность.
Incompetent (*ин-ком'-пи-тент*) adj. неправоспособный; некомпетентный.
Incompleteness (*ин-ком-плит'-нес*) s. неполнота, несовершенство.
Incomposite (*ин-ком-поз'-ит*) adj. несложный, простой.
Incomprehensible (*ин-ком-при-

хен'-си-бл) adj. непонятный; невразумительный.

Incompressible (*ин-ком-прес'-си-бл*) adj. несжимаемый.

Inconceivable (*ин-кон-сив'-ă-бл*) adj. непостижимый, непонятный.

Inconclusiveness (*ин-кон-клю'-сив-нес*) s. недоказательность, неубѣдительность.

Incondensable (*ин-кон-ден'-сă-бл*) adj. несжимаемый, несгущаемый.

Incongruent (*ин-кон'-гру-ент*) adj. несоотвѣтственный, несообразный.

Inconsequence (*ин-кон'-си-куенс*) s. непослѣдовательность, несообразность.

Inconciderable (*ин-кон-сид'-ер-ă-бл*) adj. незначительный, неважный.

Inconsolable (*ин-кон-со'о-л-ă-бл*) adj. неутѣшный.

Inconspicuous (*ин-кон-спикъ'-ю-ŏс*) adj. незамѣтный, непримѣтный.

Inconstant (*ин-кон'-стăнт*) adj. непостоянный.

Inconstancy (*ин-кон'-стан-си*) s. непостоянство.

Incontestable (*ин-кон-тест'-ă-бл*) adj. неоспоримый, безспорный.

Incontinence (*ин-кон'-ти-ненс*), **Incontinency** (*ин-кон'-ти-нен-си*) s. невоздержаніе.

Incontrovertible (*ин-кон-тро-вŏрт'-и-бл*) adj. неопровержимый, безспорный.

Inconvenience (*ин-кон-вин'-и-енс*), **Inconveniency** (*ин-кон-вин'-и-ен-си*) s. неудобство; затрудненіе, несообразность; || va. затруднять, безпокоить.

Incorporation (*ин-кор-по-рэ'-шŏн*) s. соединеніе въ одно цѣлое.

Incorporeal (*ин-кор-по'о-ри-ăл*) adj. безтѣлесный, безплодный.

Incorporeally (*ин-кор-по'о-ри-ăл-ли*) adv. безъ тѣла, безъ плоти.

Incorrect (*ин-кор-рект'*) adj. неправильный; неисправный.

Incorrigible (*ин-кор'-ри-джи-бл*) s. неисправимый, непоправимый.

Incorrupt (*ин-кор-рŏпт'*) adj. непортящійся; не испорченный.

Incorruption (*ин-кор-рŏп'-шŏн*), **Incorruptness** (*ин-кор-рŏпт'-нес*) s. нетлѣніе, чистота; неподкупность.

Incrassate (*ин-крăс'-сэт*) va. vn. сгущать, -ся, густѣть.

Increase (*ин-крис'*) va. vn. увеличивать, -ся; рости, размножаться, усиливаться; || s увеличеніе, приращеніе, умноженіе; || племя, родъ, произведеніе; прибыль, плодъ; приращеніе (луны).

Incredible (*ин-кред'-и-бл*) adj. невѣроятный.

Incredulous (*ин-кредъ'-ю-лŏс*) adj. невѣрующій, недовѣрчивый.

Increment (*ин-кри-мент*) s. приращеніе, прибавленіе; (мат.) дифференціалъ.

Incriminate (*ин-крим'-и-нэт*) va. обвинять въ преступленіи.

Incrust (*ин-крŏст'*) va. врѣзать; инкрустировать, покрывать чѣмъ.

Incrustation (*ин-крŏс-тэ'-шŏн*) s. инкрустація.

Incubate (*ин'-кью-бэт*) vn. сидѣть на яйцахъ.

Incubation (*ин-кью-бэ'-шŏн*) s. сидѣніе на яйцахъ; (мед.) инкубація.

Inculcate (*ин-кŏл'-кэт*) va. твердить, вбивать, вдалбливать въ голову.

Inculpable (*ин-кŏл'-пăбл*) adj. безупречный, безукоризненный.

Inculpate (*ин-кŏл'-пет*) va. укорять, винить, обвинять.

Incumbency (*ин-кŏм'-бен-си*) s. долгъ, обязанность; || владѣніе приходскимъ мѣстомъ.

Incumbrance (*ин-кŏм'-брăнс*) s. затрудненіе.

Incur (*ин-кŏр'*) va. навлекать на себя, подвергаться чему. **To — expenses**, вводить въ расходъ.

Incurable (*ин-кьюр'-ă-бл*) adj. неизлечимый.

Incursion (*ин-кŏр-шŏн*) s. набѣгъ, вторженіе.

Incursive (*ин-кŏр'-сив*) adj. вторгающійся; враждебный.

Incurvate (*ин-кŏрв'-ет*) va. уклонять, отклонять; сгибать; || adj. вогнутый, выгнутый.

Incurvation (*ин-кŏр-вэ'-шŏн*) s. вогнутость, выгнутость; уклоненіе, кривизна.

Indebted (*ин-дет'-ед*) adj. задолженный; обязанный.

Indebtedness (*ин-дет'-ед-нес*) s. задолженность, долги.

Indecency (*ин-ди'-сен-си*) s. неприличіе, неблагопристойность.

Indecent (*ин-ди'-сент*) adj. неприличный, неблагопристойный.

Indecisive (*ин-ди-сай'-сив*) adj. нерѣшительный.

Indeclinable (*ин-ди-клайн'-ă-бл*) adj. (грам.) несклоняемый.

Indecorous (*ин-ди-ко'о-рŏс*) adj. неблагопристойный.

Indeed (*ин-дид'*) adv. дѣйствительно, правда, да.

Indefatigable (*ин-ди-фăт'-и-гă-бл*) adj. неутомимый.

Indefeasible (*ин-ди-фи'-зи-бл*) adj. неотмѣнимый, неотъемлемый.

Indefectible (*ин-ди-фект'-и-бл*) adj. непреходимый, незыблемый.

Indefensible (*ин-ди-фен'-си-бл*) adj. ни чѣмъ неоправдываемый.

Indefinite (*ин-деф'-и-нит*) adj. неопредѣленный.

Indelible (*ин-дел'-и-бл*) adj. неизгладимый. [деликатный, грубый

Indelicate (*ин-дел'-и-кэт*) adj. не-

Indemnify (*ин-дем'-ни-фай*) va. вознаградить (за потерю), дать удовлетвореніе.

Indemnity (*ин-дем'-ни-ти*) s. удовлетвореніе, вознагражденіе, амнистія.

Indent (*ин-дент'*) va. насѣкать, нарѣзывать, зазубривать; || va. vn. заключить условіе, дать обоюдное обязательство; || s. зазубрина, зубецъ; выемка; отпечатокъ; (амер.) купонъ.

Indenture (*ин-денть'-юр*) s. контрактъ, условіе; отрывная половина условія; || va. отдать въ ученіе по контракту; || vn. имѣть видъ зубчатаго края.

Independence (*ин-ди-пенд'-енс*) s независимость.

Independent (*ин-ди-пенд'-ент*) adj. независимый.

Indescribable (*ин-ди-скрайб'-ă-бл*) adj. неописуемый, неизобразимый.

Indestructible (*ин-ди-стрŏк'-ти-бл*) adj. неразрушимый

Indeterminate (*ин-ди-тŏр'-ми-нэт*) adj. неопредѣленный.

Indeterminateness (*ин-ди-тŏр'-ми-нэт-нес*) s. неопредѣленность, неясность.

Index (*ин'-декс*) s. указатель, оглавленіе (въ книгѣ); указательный палецъ, введеніе; (мат.) показатель. — **expurgatory**. каталогъ книгъ запрещенныхъ римскимъ папой; || va. составлять указатель

Indexical (*ин-декс'-ик-ă-л*) adj. указательный

India (*ин'-ди-ă*) npr. (геогр.) Индія

Indian (*ин'-ди-ăн*) adj. индѣйскій; || s. индѣецъ, индіанка (f.). — **-corn**, маисъ, кукуруза — **-ink**, тушь. — **rubber**, каучукъ, резина.

Indicant (*ин'-ди-кăнт*) adj. указательный; (мед.) назначающій.

Indicate (*ин'-ди-кэт*) va. указывать, показывать, (мед.) назначать, предписывать

Indication (*ин-ди-кэ'-шŏн*) s. указаніе, знакъ, признакъ открытіе; (мед.) предписаніе

Indicative (*ин-дик'-ă-тив*) adj. указывающій, показывающій, || s (грам.) изъявительное (наклоненіе.

Indicator (*ин'-ди-кэ-тŏр*) s указатель; признакъ. [указательный

Indicatory (*ин'-ди-кă-тŏ-ри*) adj.

Indict (*ин-дайт'*) va. предавать суду, обвинять. [тель, истецъ

Indicter (*ин-дайт'-ер*) s. обвини-

Indiction (*ин-дик'-шŏн*) s. индиктъ (періодъ времени въ 15 лѣтъ).

Indictment (*ин-дайт'-мент*) s. обвинительный актъ.

Indies (*ин-диз*) npr. (геогр.) pl отъ **India. East —**, восточная Индія. **West —**, Западная Индія

Indifference (*ин-диф'-фер-енс*), **Indifferency** (*ин-диф'-фер-ен-си*) s. равнодушіе, безразличность

Indifferent (*ин-диф'-фер-ент*) adj. равнодушный, индифферентный.

Indigence (*ин'-ди-дженс*), **Indigency** (*ин'-ди-джен-си*) s. бѣдность, нищета, нужда.

Indigenous (*ин-диджʼ-и-нŏс*) adj. туземный, мѣстный.

Indigent (*ин'-ди-джент*) adj. бѣдный, неимущій.

Indigested (*ин-ди-джест'-ед*) adj. непереваренный (о пищѣ) въ желудкѣ); || перепутанный, безпорядочный, необдуманный; недоваренный.

Indigestion (*ин-ди-джесть'-ŏн*) s. несвареніе желудка, худое пищевареніе.

Indignant (*ин-диг'-нăнт*) adj. негодующій, гнѣвный.

Indignation (*ин-диг-нэ'-шŏн*) s. негодованіе, гнѣвъ

Indignity (*ин-диг'-ни-ти*) s. недостойность; гнусность, обида

Indigo (*ин'-ди-го*) s. индиго, синяя или кубовая краска.

Indirect (*ин-ди-рект'*) adj. непрямой, косвенный

Indirection (*ин-ди-рек'-шŏн*). **Indirectness** (*ин-ди-рект'-нес*) s. уклоненіе, непрямыя средства, пути, нечестность

Indiscernible (*ин-диз-зŏрн'-и-бл*) adj неразличимый, непримѣтный

Indiscernibleness (*ин-диз-зŏрн'-и-бл-нес*) s. неразличимость, непримѣтность

Indiscipline (*ин-дис'-и-плин*) s. непослушность. неповиновеніе, недисциплинированность

Indiscreet (*ин-дис-крит'*) adj нескромный, неосторожный

Indiscretion (*ин-дис-креш'-ŏн*) s. нескромность, неосторожность. нескромный поступокъ

Indiscrimination (*ин-дис-крим-и-нэ'-шŏн*) s неумѣніе распознавать, безразличность, неразборчивость, || неясность

Indispensable (*ин-дис-пен'-сă-бл*) adj необходимый

Indispose (*ин-дис-по'оз*) va дѣлать неспособнымъ, не располагать къ чему. отвращать отъ чего

Indisposedness (*ин-дис-по'оз-ед-нес*) s нерасположеніе, отвращеніе, недоброжелательство.

Indisposition (*ин-дис-по-зиш'-дн*) s. нездоровье; болѣзнь; разстройство; нерасположеніе.

Indisputable (*ин-дис'-пью-тă-бл*) adj. неоспоримый.

Indisputableness (*ин-дис'-пью-тă-бл-нес*) s. неоспоримость.

Indissoluble (*ин-дис'-со-лью-бл*) adj. (хим.) нерастворимый; || *неразрывный.

Indistinct (*ин-дис-тинкт'*) adj. неясный, неявственный, невнятный.

Indistinctness (*ин-дис-тинкт'-нес*) s. неясность, невнятность; || безразличіе.

Indite (*ин-дайт'*) va. vn. сочинять, составлять, излагать письменно; диктовать.

Inditement (*ин-дайт'-мент*) s. сочиненіе, изложеніе; диктовка.

Inditer (*ин-дайт'-ер*) s. сочинитель, авторъ, писатель; диктующій.

Individual (*ин-ди-видь'-ю-ăл*) adj. личный, частный, индивидуальный, || s. личность; отдѣльное лицо, особа; индивидуумъ; особь, цѣлое. **A private —**, частное лицо.

Indivisible (*ин-ди-виз'-и-бл*) adj. недѣлимый, нераздѣльный.

Indocile (*ин-дос'-ил*) adj. непокорный, непослушный.

Indoctrinate (*ин-док'-три-нэт*) va. обучать, наставлять.

Indolence (*ин'-до-ленс*), **Indolency** (*ин'-до-лен-си*) s. лѣнивость, безпечность.

Indolent (*ин'-до-лент*) adj. лѣнивый, безпечный.

Indomitable (*ин-дом'-и-тă-бл*) adj. неукротимый.

Indoor (*ин'-доор*) adj. внутренній, комнатный.

Indorsable (*ин-дорс'-ă-бл*) adj. передаточный (см. **Indorse**)

Indorse (*ин-дорс'*) va. сдѣлать оборотную, передаточную, надпись (на векселѣ).

Indorsee (*ин-дор-си'*) s. лицо на имя котораго сдѣлана передаточная надпись.

Indorser (*ин-дорс'-ер*) s. дѣлающій передаточную надпись.

Indorsing (*ин-дорс'-инг*) s. передаточная надпись (на векселѣ).

Indubious (*ин-дью'-би-дс*) adj. несомнѣнный; вѣрный, надежный.

Indubitable (*ин-дью'-би-тă-бл*) adj. несомнѣнный, вѣрный.

Indubitableness (*ин-дью'-би-тă-бл-нес*) s. несомнѣнность: вѣрность.

Induce (*ин-дьюс'*) va. побуждать, убѣждать, склонять; причинять; приводить къ чему; полагать.

Inducement (*ин-дьюс'-мент*) s. побужденіе, причина.

Inducer (*ин-дью'-сер*) s. побудитель, побудительная причина.

Inducible (*ин-дью'-си-бл*) adj. то что можно вывести, доказать, ввести. [мѣстить.

Induct (*ин-ддкт'*) va. ввести; по-

Inductile (*ин-ддк'-тил*) adj. нетягучій (о металлахъ).

Induction (*ин-ддк'-шдн*) s. вступленіе; введеніе; начало, начинаніе; || заключеніе, выводъ отъ частнаго къ общему, индукція.

Inductive (*ин-ддкт'-ив*) adj. возбуждающій, побуждающій; индуктивный. [жать, одарять.

Indue (*ин-дью'*) va. облекать; снаб-

Indulge (*ин-ддлдж'*) va. снисходить; потворствовать; уступать; сносить; жаловать, даровать; давать. **To — one's self in**, предаваться чему. **He —d her with every thing**, онъ снабжалъ ее всѣмъ. || vn. предаваться чему, не сдерживать себя. **To — in expenses**, позволять себѣ расходы.

Indulgence (*ин-ддл'-дженс*), **Indulgency** (*ин-ддл'-джен-си*) s. снисхожденіе, снисходительность; слабость характера; кротость; потворство; удовлетвореніе (чувству); || индульгенція.

Indulgent (*ин-ддл'-джент*) adj. снисходительный, милостивый; кроткій. **— of their ease**, удовлетворяя своимъ прихотямъ.

Indulgently (*ин-дол'-джент-ли*) adv. снисходительно, снисходя къ; предаваясь чему.

Indult, Indulto (*ин-ддлт', ин-ддл'-то*) s. привиллегія, право.

Indurate (*ин'-дью-рэт*) va. vn. дѣлать, -ся твердымъ, жесткимъ, нечувствительнымъ; закалять,-ся, черствѣть.

Induration (*ин-дью-рэ'-шдн*) s. отверденіе; черствость (сердца); ожесточеніе.

Industrial (*ин-ддс'-три-ăл*) adj. промышленный, промысловой.

Industrious (*ин-ддс'-три-дс*) adj. дѣятельный, трудолюбивый, старательный; намѣренный; искусный, умный.

Industry (*ин-ддс-три*) s. трудолюбіе, дѣятельность, усердіе, рвеніе; промышленность

Indweller (*ин'-дуел-ер*) s. обитатель, жилецъ.

Indwelling (*ин'-дуел-инг*) adj. внутренній; сердечный; || s. пребываніе, присутствіе въ душѣ, въ сердцѣ.

Inebriate (*ин-и'-бри-эт*) va. опьянять; || * возбуждать, одурять; || vn. пьянѣть.

Inebriety (*ин-и-брай'-и-ти*) s. опьяненіе.
Inedited (*ин-ед'-ит-ед*) adj. неизданный, ненапечатанный
Ineffable (*ин-еф'-фа-бл*) adj. неизреченный, неисповѣдимый.
Ineffaceable (*ин-еф-фэс'-а-бл*) adj. неизгладимый.
Ineffective (*ин-еф-фект'-ив*). **Ineffectual** (*ин-еф-фектъ'-ю-ал*) adj. недѣйствительный; безполезный, напрасный; неудовлетворительный, не соотвѣтствующій; тщетный.
Inefficacious (*ин-еф-фи-кэ'-шос*) adj. недѣйствительный, безсильный
Inefficacy (*ин-еф'-фи-ка-си*) s. недѣйствительность;безуспѣшность
Inefficiency (*ин-еф-фиш'-ен-си*) s. недѣйствительность; неспособность, слабость.
Inefficient (*ин-еф-фиш'-ент*) adj. недѣйствительный, безсильный, недостаточный, безполезный
Inelastic (*ин-и-лас'-тик*) adj неэластичный, неупругій
Inelegant (*ин-эл'-и-гант*) adj. неизящный
Inelegance (*ин-эл'-и-ганс*). **Inelegancy** (*ин-эл'-и-ган-си*) s. неизящность.
Ineligibility (*ин-ел'-и-джи-бил'-и-ти*) s. неизбираемость
Ineligible (*ин-ел'-и-джи-бл*) adj. неизбираемый, неподходящій
Ineloquent (*ин-ел'-о-куент*) adj некраснорѣчивый
Inept (*ин-епт'*) adj несоотвѣтственный, непригодный; || глупый
Ineptitude (*ин-епт'-и-тьюд*) s. неспособность
Inequality (*ин-и-куол'-и-ти*) s неравенство, || несходство, разница
Inequitable (*ин-ек'-уи-та-бл*) adj несправедливый, пристрастный
Inert (*ин-орт'*) adj инертный, косный, недѣятельный
Inertia (*ин-ор'-ши-а*) s инерція.
Inertness (*ин-орт'-нес*) s косность; бездѣйствіе, инерція.
Inestimable (*ин-ес'-ти-ма-бл*) adj. неоцѣнимый [избѣжный
Inevitable (*ин-ев'-и-та-бл*) adj не-
Inexact (*ин-егз-акт'*) adj неточный, неисправный
Inexactness (*ин-егз-акт'-нес*) adj. неточность, неисправность.
Inexcitable (*ин-ек-саит'-а-бл*) adj. невозбудимый, невозмутимый
Inexcusable (*ин-екс-кьюз'-а-бл*) adj непростительный
Inexcusableness (*ин-екс-кьюз'-а-бл-нес*) s непростительность
Inexecution (*ин-екс-и-кью'-шон*) s. неисполненіе.
Inexhausted (*ин-егз-о'ос-тед*) adj. неисчерпанный; неистощимый.
Inexhaustibleness (*ин-егз-о'ост-и-бл-нес*) s. неистощимость, неисчерпаемость.
Inexhaustible (*ин-егз-о'ост-и-бл*) adj. неистощимый, неисчерпаемый.
Inexhaustive (*ин-егз-о'ост-ив*) adj. неистощимый, неисчерпаемый.
Inexorableness (*ин-екс'-о-ра-бл-нес*) s. неумолимость, непреклонность.
Inexorable (*ин-екс'-о-ра-бл*) s. неумолимый, безжалостный.
Inexpedience (*ин-екс-пи'-ди-енс*). **Inexpediency** (*ин-екс-пи'-ди-ен-си*) s. несоотвѣтственность, непригодность, неумѣстность.
Inexpedient (*ин-екс-пи'-ди-ент*) adj. несотвѣтственный, непригодный, неумѣстный, нерасторопный.
Inexpensive (*ин-екс-пен'-сив*) adj. недорогой, не расточительный, бережливый [неопытность.
Inexperience (*ин-екс-пи'-ри-енс*) s.
Inexperienced (*ин-екс-пи'-ри-енст*) adj неопытный
Inexpert (*ин-екс-порт'*) adj. неопытный; неискусный
Inexpiable (*ин-екс'-пи-а-бл*) adj. неизгладимый
Inexplicable (*ин-екс-пли-ка-бл*) adj необъяснимый
Inexpressible (*ин-екс-прес'-и-бл*) adj. невыразимый
Inexpressive (*ин-екс-прес'-ив*) adj. невыразительный
Inextinct (*ин-екс-тинкт*) adj. не угасшій, непотухшій
Inextinguishable (*ин-екс-тин'-гуиш-а-бл*) adj неугасимый.
Infallible (*ин-фал'-и-бл*) adj. непогрѣшимый, безошибочный непреложный
Infame (*ин-фэм'*) va безславить.
Infamous (*ин-фа-мос*) adj. безчестный, постыдный
Infamy (*ин'-фа-ми*). **Infamousness** (*ин'-фа-мос-нес*) s. безчестіе, позоръ
Infancy (*ин'-фан-си*) s младенчество, дѣтство, (юрид.) несовершеннолѣтіе [тоубійство.
Infanticide (*ин-фат'-и-сайд*) s. дѣ-
Infantile (*ин'-фан-тайл*). **Infantine** (*ин'-фан-тайн*) adj. младенческій, дѣтскій
Infantry (*ин-фант-ри*) s пѣхота, инфантерія
Infatuate (*ин-фать'-ю-эт*) va. свести съ ума, вскружить голову, увлечь чѣмъ
Infatuation (*ин-фать'-ю-э-шон*) s. помѣшательство, безуміе; ослѣпленіе; пристрастіе
Infect (*ин-фект*) va заражать.

Infection (*ин-фек'-шон*) s. инфекція, зараженіе; зараза.
Infectious (*ин-фек'-шос*), **Infective** (*ин-фек'-тив*) adj. заразительный, инфекціонный, заразный
Infecundity (*ин-фи-кон'-ди-ти*) s безплодность.
Infelicitous (*ин-фи-лис'-и-тос*) adj. несчастный. [счастіе.
Infelicity (*ин-фи-лис'-и-ти*) s. не-
Infer (*ин-фор'*) va выводить, заключать [димый.
Inferable (*ин-фор'а-бл*) adj. выво-
Inference (*ин'-фор-енс*) s. выводъ, заключеніе, слѣдствіе.
Inferior (*ин-фи'-ри-ор*) s. и adj. младшій, подчиненный; меньшій; слабѣйшій; низшій (по качеству)
Inferiority (*ин-фи-ри-ор'-и-ти*) s. низшая степень чего.
Infernal (*ин-фор'-нал*) adj. адскій, ужасный.
Infertile (*ин-фор'-тил*) adj. неплодоносный, безплодный.
Infest (*ин-фест'*) va. наводнять, опустошать; || мучить.
Infester (*ин-фест'-ер*) s. опустошитель. [вѣрный.
Infidel (*ин'-фи-дел*) adj. и s. не-
Infidelity (*ин-фи-дел'-и-ти*) s. невѣрность, вѣроломство, измѣна, невѣріе. [сачиваться
Infiltrate (*ин-фил'-трэт*) vn. про-
Infinite (*ин'-фи-нит*) adj. безконечный. [безконечность
Infiniteness (*ин'-фи-нит-нес*) s.
Infinitesimal (*ин-фин-и-тес'-и-мал*) adj. безконечно малый; || s. безконечно малая величина.
Infinitive (*ин-фин'-и-тив*) s. (грам.) неокончательное наклоненіе.
Infirm (*ин-форм'*) adj немощный, дряхлый; слабый. [ница.
Infirmary (*ин-форм'-а-ри*) s. боль-
Infirmity (*ин-форм'-и-ти*) **Infirmness** (*ин-форм'-и-нес*) s. немощь, недугъ, дряхлость, хилость; слабость.
Infix (*ин-фикс'*) va. воткнуть, всадить, вонзить; || * внушать, запечатлѣть.
Inflame (*ин-флэм'*) va vn. воспламенить, зажечь, *-ся*; возбудить; взволновать, -ся.
Inflammable (*ин-флам'-ма-бл*) adj. воспламеняемый, горючій.
Inflammation (*ин-флам-мэ'-шон*) s. воспламененіе.
Inflammatory (*ин-флам'-ма-тори*) adj. (мед.) воспалительный.
Inflate (*ин-флэт'*) va. опухать, раздувать; пухнуть; увеличивать.
Inflation (*ин-флэ'-шон*) s. надуваніе; растяженіе; надутость; (мед.) опухоль.
Inflect (*ин-флект'*) va. склонять, гнуть; измѣнять; склонять; (муз.) модулировать.
Inflection (*ин-флек'-шон*) s. склоненіе, сгибъ, наклоненіе.
Inflex (*ин-флекс'*) va. vn. сгибать, гнуть, коробить.
Inflexible (*ин-флекс'-и-бл*) adj. негибкій; || непреклонный.
Inflict (*ин-фликт'*) va. опредѣлять; налагать (наказаніе); возложить.
Infliction (*ин-флик'-шон*) s. опредѣленіе; наложеніе (наказанія).
Inflictive (*ин-флик'-тив*) adj. — **penalties**, опредѣляемое, налагаемое наказаніе.
Inflorescence (*ин-фло-рес'-сенс*) s. (бот.) цвѣторасположеніе.
Influence (*ин'-флю-енс*) s. вліяніе дѣйствіе; || наитіе, вдохновеніе; || va. вліять, дѣйствовать на кого. на что; склонять къ чему.
Influential (*ин-флю-ен'-шал*) adj. вліятельный, вліяющій.
Influenza (*ин-флю-ен'-за*) s. (мед.) инфлуэнца, гриппъ.
Influx (*ин-флокс*) s. втеченіе, приливъ; наплывъ; || наитіе, вдохновеніе.
Infold (*ин-фо'олд*) va. обернуть, окружить чѣмъ; обхватить.
Inform (*ин-форм'*) va. оживлять, одушевлять; придавать форму; научать, знакомить; извѣщать; увѣдомлять. **To — against one,** доносить на кого либо, обвинять.
Informal (*ин-форм'-ал*) adj. сдѣланный не по формѣ.
Informality (*ин-фор-мал'-и-ти*) s. отступленіе отъ формы.
Information (*ин-фор-мэ'-шон*) s. увѣдомленіе; свѣдѣнія, извѣстія; указанія; познанія. **A ma nof vast —,** человѣкъ съ большими познаніями.
Infract (*ин-фракт'*) va. разрывать нарушать. [рывъ, нарушеніе.
Infraction (*ин-фрак'-шон*) s. раз-
Infractor (*ин-фракт'-ор*) s. нарушитель.
Infrangible (*ин-фран'-джи-бл*) adj. неразрывный, нераздѣльный; ненарушимый.
Infrequency (*ин-фри'-куен-си*) s. рѣдкость. [рѣдкій.
Infrequent (*ин-фри'-куент*) adj.
Infringe (*ин-фриндж'*) va. нарушать, преступать; несоблюдать; противодѣйствовать; поддѣлывать.
Infringement (*ин-фриндж'-мент*) s. нарушеніе, несоблюденіе; поддѣлка.
Infuriate (*ин-фью'-ри-эт*) adj. разъяренный; || va. разъярить, привести въ ярость.
Infuse (*ин-фьюз*) va. настаивать

(чай, травы), сообщать, внушать; вселять, возбуждать (чувство)

Infusibility (*ин-фью-зи-би.л -и-ти*) s способность настаиваться, сообщаться, вдохновляться

Infusion (*ин-фью'-жон*) s настой, настойка; наливка; || нашествіе, наитіе, вдохновеніе, внушеніе

Infusorial (*ин-фью-со'о-ри-ӑл*) **Infusory** (*ин-фью'-сŏ-ри*) adj относящійся къ инфузоріямъ.

Ingathering (*ӑн-гӑсз'-ер-инг*) s. собираніе жатвы.

Ingeminate (*ин-джем'-и-нэт*) va. vn. вторить, усугублять

Ingenerate (*ин-джен'-ер-эт*) adj. зарожденный, || врожденный

Ingenious (*ин-джинь'-ŏс*) adj изобрѣтательный, остроумный, замысловатый

Ingeniousness (*ин-джинь-ŏс-нес*) s. изобрѣтательность, остроуміе; искусство, замысловатость.

Ingenite (*ин-джен -ит*) adj врожденный

Ingenuity (*ин-джи-нью'-и-ти*) s. см. **Ingeniousness**

Ingenuous (*ин-джень'-ю-ŏс*) adj. чистосердечный, простодушный, искренній, наивный

Ingenuousness (*ин-джень'-ю-ŏс-нес*) s. чистосердечіе, простодушіе, искренность, наивность.

Inglorious (*ин-гло'о-ри-ŏс*) adj. безславный, позорный

Ingot (*ин'-гот*) s s. слитокъ (металла).

Ingraft (*ин-графт'*) va. прививать (деревья); || запечатлѣвать, вкоренять.

Ingrain (*ин-грэн'*) va. красить въ шерсти; прокрасить. [дарный.

Ingrate (*ин'-грэт*) adj. неблагодарный.

Ingratiate (*ин-грэ'-щи-эт*) va. пріобрѣсти любовь, милость, расположеніе **To — one's self with**, вкрасться въ милость, втереться.

Ingratitude (*ин-грӑт'-и-тьюд*) s. неблагодарность

Ingredient (*ин-гри'-ди-ент*) s. составная часть чего либо

Ingress (*ин'-грес*) s вхожденіе, входъ, вступленіе, [паховый.

Inguinal (*ин'-гуи-нӑл*) adj. (анат.) паховый.

Ingulf (*ин-гŏлф'*) va. поглощать

Ingurgitate (*ин-гŏр'-джи-тэт*) va. поглощать, жрать; || vn. пьянствовать. [тать, жить въ чемъ.

Inhabit (*ин-хӑб'-ит*) va vn обитать, жить въ чемъ.

Inhabitant (*ин-хӑб'-ит-ӑнт*), **Inhabiter** (*ин-хӑб'-ит-ер*) s. житель обитатель

Inhabitation (*ин-хаб-и-тэ'-шŏн*) s. жительство; || жилище

Inhale (*ин-хэл'*) va вдыхать, вбирать въ себя (воздухъ).

Inharmonious (*ин-хар-мо'о-ни-ŏс*) adj. негармоничный, нестройный.

Inhere (*ин-хир'*) vn. существовать въ чемъ; быть присущу, приставать

Inherence (*ин-хир'-енс*) s присущность, нераздѣльность

Inherent (*ин-хир'-ент*) adj. присущій, свойственный

Inherently (*ин-хир'-ент-ли*) adv. присуще. [довать.

Inherit (*ин-хер'-ит*) va. vn. наслѣдовать.

Inheritance (*ин-хер'ит-ӑнс*) s наслѣдство; наслѣдованіе.

Inheritor (*ин-хер'-ит-ŏр*) s. наслѣдникъ

Inheritress (*ин-хер'-ит-рес*) **Inheritrix** (*ин-хер'-ит-рикс*) s. наслѣдница [ность

Inhesion (*ин-хи'-жŏн*) s. присущность

Inhibit (*ин-хоб'-ит*) va. мѣшать, задерживать; || запрещать.

Inhuman (*ин-хью'-мӑн*) adj. безчеловѣчный, жестокій.

Inhumanity (*ин-хью-мӑн'-и-ти*) s безчеловѣчность, жестокость.

Inhumate (*ин-хью'-мэт*), **Inhume** (*ин-хьюм'*) va. погребать, хоронить

Inhumation (*ин-хью-мэ'-шŏн*) s. погребеніе, похороны.

Inimical (*ин-им'-и-кӑл*) adj. непріязненный, враждебный.

Inimitable (*ин-им'-и-тӑ-бл*) adj. неподражаемый. [праведный

Iniquitous (*ин-ик'-уи-тŏс*) adj. неправедный

Iniquity (*ин-ик'-уи-ти*) s. несправедность, криводущіе; неправда, кривда.

Initial (*ин-иш'-ӑл*) adj начальный, заглавный; || s. заглавная буква.

Initiate (*ин-иш'-и-эт*) va. vn посвятить въ что; ввести (въ общество); ознакомить, -ся съ чѣмъ, дѣлать починъ.

Initiation (*ин-иш-и-э'-шŏн*) s посвященіе; введеніе (въ секту)

Initiative (*ин-иш'-и-э-тив*) s. починъ, инициатива; || adj. побудительный, начальный.

Initiatory (*ин-иш'-и-э-тŏ-ри*) adj. начальный, подготовительный

Inject (*ин-джект'*) va впускать, (мед.) впрыскивать.

Injection (*ин-джект'-шŏн*) s. впусканіе; (мед.) впрыскиваніе; || клистиръ. [несудебный.

Injudicial (*ин-джю-диш'-ӑл*) adj. несудебный.

Injudicious (*ин-джю-диш'-ŏс*) adj. нездравомыслящій

Injure (*ин'-джюр*) va. повредить, нанести вредъ, оскорбленіе, оскорбить; ушибить.

Injurious (*ин-джю'-ри-ŏс*) adj. оскорбительный; обидный; вредный,

Injury (*ин'-джю-ри*) s. вредъ, ущербъ; обида, оскорбленіе; || ушибъ, рана, поврежденіе. **To do —**, вредить, оскорблять. **To the — of**, во вредъ чему.

Injustice (*ин-джёс'-тис*) s. несправедливость, неправда.
Ink (*инк*) s. чернила: || adj. чернильный; || va. пачкать чернилами; (тип.) набивать красками; чернить; ||* поносить. **Marking —,** чернила для мѣтки бѣлья. **— -roller,** (тип.) валикъ. **— -horn,** чернильница. **— -fish,** каракатица (миллюскъ). **— -stand,** чернильница.
Inkiness (*инк'-и-нес*) s. чернота.
Inkle (*инк'-л*) s. тесьма.
Inkling (*инк'-линг*) s. намекъ: || охота, желаніе.
Inky (*инк-и*) adj. чернильный; замаранный чернилами.
Inlaid (*ин-лэд'*) part. pa. отъ **Inlay. An — work,** набивная работа.
Inland (*ин'-ланд*) adj. внутренній; домашній, туземный. **The — trade,** внутренняя торговля.
Inlander (*ин'-ланд-ер*) s. живущій внутри страны.
Inlaw (*ин-ло'о*) va. реабилитировать, возвратить права.
Inlay (*ин-лэй'*) va. вставлять, вкладывать; дѣлать наборную, накладную работу; выстилать чѣмъ. **To — a floor,** дѣлать паркетный полъ.
Inlayer (*ин-лэй-ер*) s. занимающійся наборной работой.
Inlaying (*ин-лэй-инг*) s. наборная работа.
Inlet (*ин'-лет*) s. входъ, проходъ; лазейка; проводъ.
Inlock (*ин - лок'*) va включать.
Inly (*ин'-ли*) adj. внутренній тайный.
Inmate (*ин'-мет*) s. сожитель; постоялецъ, жилецъ, -лица (f.). **All the — s of the house,** всѣ обитатели дома.
Inmost (*ин'-мост*) adj. глубочайшій; ||* самый сокровенный, интимный.
Inn (*ин*) s. гостинница, постоялый дворъ, трактиръ, кабакъ. **— keeper,** содержатель постоялаго двора, трактирщикъ.
Innate (*ин-нэт'*) adj. врожденный, природный.
Innateness (*ин-нэт'-нес*) s. врожденность.
Innavigable (*ин-нав'-и-га-б.л*) adj. несудоходный.
Inner (*ин'-нер*) adj. внутренній.
Innermost (*ин'-нер-мост*) adj. см. **Inmost.**
Inning (*ин'-нинг*) s. уборка хлѣба. || чередъ, очередь (при игрѣ въ мячъ).
Innocence (*ин'-но-сенс*). **Innocency** (*ин'-но-сен-си*) s. невинность.
Innocent (*ин-но-сент*) adj. невинный; простодушный; || s. невинный; || простакъ; блаженный.
Innocuous (*ин'-нокь'-ю-ёс*) adj. безвредный.
Innovate (*ин'-но-вэт*) va. vn. дѣлать нововведенія.
Innovation (*ин-но-вэ'-шон*) s. нововведеніе.
Innovator (*ин'-но-вэ-тёр*) s. нововводитель, -льница.
Innuendo (*ин-нью-ен'-до*) s. намекъ, инсинуація.
Innumerable (*ин-нью'-мер-а-б.л*), **Innumerous** (*ин-нью'-мер-ёс*) adj, безчисленный.
Inobservant (*ин-об-зёрв'-ант*) adj. ненаблюдательный.
Inoculate (*ин-окь'-ю-лэт*) va. прививать (деревья).
Inoculation (*ин-ёкь-ю'-лэ'-шён*) s. прививка (дерева); прививка.
Inodorus (*ин-о'о-дёр-ёс*) adj. непахучій, недушистый.
Inoffensive (*ин-оф-фен'-сив*) adj. безвредный, безобидный; неоскорбительный.
Inoffensiveness (*ин-оф-фен'-сви-нес*) s. безвредность; неоскорбительность.
Inofficial (*ин-оф-фиш'-ал*) adj. неофиціальность.
Inoperative (*ин-оп'-ер-а-тив*) adj. недѣйствительный.
Inopportune (*ин-оп-пор-тьюн'*) adj. несвоевременный, неумѣстный.
Inopportunity (*ин-оп-пор-тью'-ни-ти*) s. несвоевременность, неумѣстность.
Inordinacy (*ин-ор'-ди-на-си*) s. неправильность, безпорядокъ; невоздержность.
Inordinate (*ин-ор'-ди-нэт*) adj. безпорядочный, неправильный.
Inordinatenetss (*ин-ор'-ди-нэт-нес*) s. неправильность.
Inorganic (*ин-ор-ган'-ик*) adj. неорганическій.
Inorganically (*ин-ор-ган'-ик-ал-и*) adj. неорганически.
Inquest (*ин'-куест*) s. изслѣдованіе; осмотръ, обыскъ, допросъ.
Inquietude (*ин-куай'-и-тьюд*) s. безпокойство.
Inquire (*ин-куайр'*) va. освѣдомляться, спрашивать, справляться; производить анкету, слѣдствіе. **To — after,** спрашивать о чемъ, справляться. **He inquired for you,** онъ справлялся о васъ. **— within,** обращаться къ кому, спрашивать. **To — into,** изслѣдовать что.
Inquirer (*ин-куайр'-ер*) s. изслѣдователь; || слѣдователь.
Inquiring (*ин-куайр'-инг*) adj. пытливый. **An — mind,** пытливый умъ.
Inquiry (*ин-куайр'-и*) s. освѣдом-

ленie, вопросъ; допросъ; судебное слѣдствie. **To make inquiries,** спрашивать, собирать справки. **On —,** по справкамъ.

Inquisition (*ин-куи-зиш'-ðн*) s. изслѣдованie, разслѣдованie; инквизицiя. **The Holy —,** святая инквизицiя.

Inquisitional (*ин-куи-зиш'-ðн-ăл*) adj. слѣдственный; инквизиторскiй.

Inquisitive (*ин-куиз'-и-тив*) adj пытливый, любопытный.

Inquisitiveness (*ин-куиз'-и-тив-нес*) s. любопытство, любознательность

Inquisitor (*ин-куиз'-и-тðр*) s. судебный слѣдователь; || инквизиторъ.

Inquisitorial (*ин-куиз-и-то'о-ри-ăл*) adj. инквизиторскiй; инквизицiонный.

Inrail (*ин-рэл'*) va. обносить загородкой, рѣшеткой

Inroad (*ин-род*) s набѣгъ, нашествie; || захватъ

Insalubrious (*ин-сă-лью'-бри-ðс*) adj нездоровый

Insalubrity (*ин-сă-лью-бри-ти*) s нездоровыя качества (климата)

Insane (*ин-сэн'*) adj безумный, сумасшедшiй

Insatiable (*ин-сэ-ши-ă-бл*) adj ненасытный

Insatiably (*ин-сэ-ши-ă-бл-и*) adv ненасытно [ненасытно

Insatiately (*ин-сэ-ши-эт-ли*) adv

Insaturable (*ин-сăть-ю-рă-бл*) adj ненасытимый, ненасытный.

Inscribe (*ин-скрайб'*) va написать, записать; || * запечатлѣвать, поднести, посвятить (сочиненie).

Inscription (*ин-скрип'-шðн*) s надпись, заглавie

Inscrutable (*ин-скру'-тă-бл*) adj неисповѣдимый; непроницаемый.

Inscrutably (*ин-скру'-тăб-ли*) adv неисповѣдимо, непроницаемо

Insect (*ин'-сект*) s насѣкомое, || adj. ничтожный

Insectivorous (*ин-сек-тив'-о-рðс*) adj насѣкомоядный

Insecure (*ин-си-кьюр'*) adj ненадежный, невѣрный

Insecurely (*ин-си-кьюр'-ли*) adv. ненадежно, невѣрно.

Insecurity (*ин-си-кью'-ри-ти*) s. небезопасность, ненадежность; неувѣренность. [ствительный.

Insensate (*ин-сен'-сэт*) adj. нечув-

Insensibility (*ин-сен-си-бил'-и-ти*) s. нечувствительность, апатiя, отупѣнie

Insensible (*ин-сен'-си-бл*) adj. нечувствительный, безчувственный.

Insensibly (*ин-сен'-си-бли*) adv. нечувствительно, мало по малу, незамѣтно.

Insentient (*ин-сен'-шент*) adj. нечувствительный, безчувственный.

Inseparable (*ин-сеп'-ă-рă-бл*) adj. неразлучный, нераздѣльный.

Inseparably (*ин-сеп'-ă-рă-бли*) adv. неразлучно, нераздѣльно, совокупно.

Insert (*ин-сðрт'*) va. вставить, включить; внести; вписать.

Insertion (*ин-сðр'-шðн*) s. вставка, включенie.

Inside (*ин'-сайд*) s. внутреннее пространство; внутренность чего. **To turn — out,** вывернуть наоборотъ

Insidious (*ин-сид'-и-ðс*) adj. коварный, предательскiй.

Insidiously (*ин-сид'-и-ðс-ли*) adv. коварно, предательски.

Insidiousness (*ин-сид'-и-ðс-нес*) s. коварство, измѣна, предательство.

Insight (*ин'-сайт*) s. близкое ознакомленie, знакомство съ чѣмъ. **To give an — into,** ознакомиться съ чѣмъ.

Insignia (*ин-сиг'-ниа*) s. pl. знаки отличiя, отличительные признаки.

Insignificance (*ин-сиг-ниф'-и-кăнс*), **Insignificancy** (*ин-сиг-ниф'-и-кăн-си*) s. незначительность; неважность.

Insignificant (*ин-сиг-ниф'-и-кăнт*) adj. незначительный, неважный, ничтожный.

Insincere (*ин-син-сир'*) adj. неискренний [неискренне.

Insincerely (*ин-син-сир'-ли*) adv.

Insincerity (*ин-син-сир'-и-ти*) s. неискренность.

Insinuate (*ин-синь'-ю-эт*) va. vn. незамѣтно входить, вводить; втираться; инсинуировать, намекать.

Insinuation (*ин-синь-ю-э'-шðн*) s. инсинуацiя, вкрадчивость

Insipid (*ин-сип'-ид*) adj. безвкусный; нелѣпый

Insipidly (*ин-сип'-ид-ли*) adv. безвкусно, нелѣпо.

Insipience (*ин-сип'-и-енс*) s. глупость, безумie.

Insist (*ин-сист'*) vn настаивать на чемъ, упираться на что; требовать. **To — upon trifles,** настаивать на пустякахъ.

Insistence (*ин-сист'-енс*) s. настоянie, настоятельность, настойчивость.

Insnare (*ин-снэр'*) va. поймать въ ловушку; обмануть, обольстить. **To — one's self,** запутаться въ сѣтяхъ.

Insobriety (*ин-со-брай'-и-ти*) s. нетрезвость, пьянство

Insociable (*ин-со'о-ши-ă-бл*) adj. необщительный, нелюдимый.

Insolate (*ин'-со-лэт*) va. выстав-

лять на солнце, сушить на солнцѣ.
Insolation (*ин-со-лэ'-шŏн*) s. выставленіе на солнце.
Insolence (*ин'-со-ленс*) s. наглость, нахальство. [лый, нахальный.
Insolent (*ин'-со-лент*) adj. наг-
Insolently (*ин'-со-лент-ли*) adv нагло, нахально.
Insolubility (*ин-соль'-ю-бил'-и-ти*) s. нерастворимость.
Insoluble (*ин-соль'-ю-бл*) adj. нерастворимый, неразрѣшимый.
Insolvable (*ин-солв'-ă-бл*) adj. неоплатный; несостоятельный.
Insolvency (*ин-солв'-ен-си*) s. неоплатность; несостоятельность.
Insolvent (*ин-солв'-ент*) adj. неоплатный, несостоятельный; || s. несостоятельный должникъ.
Insomnia (*ин-сом'-ни-а*) s. безсонница. [сонный.
Insomnious (*ин-сом'-ни-ŏс*) adj. без-
Insomuch (*ин-сŏ-мŏч'*) adv. до такой степени, такъ что.
Inspect (*ин-спект'*) va. надзирать, наблюдать; осматривать.
Inspection (*ин-спек'-шŏн*) s. осмотръ; наблюденіе, надзоръ.
Insphere (*ин-сфир'*) va помѣстить въ сферу, въ среду
Inspirable (*ин-спайр'-ă-бл*) adj вдыхаемый. [вдыханіе.
Inspiration (*ин-спи-рэ'-шŏн*) s
Inspiratory (*ин-спай'-рă-тŏ-ри*) adj. (мед.) вдыхательный
Inspire (*ин-спайр'*) vn. вдыхать. дышать; || va. вдохновлять; дуть. вдохнуть (жизнь); втягивать воздухъ.
Inspirer (*ин-спайр'-ер*) s. вдохнотель, внушитель.
Inspirit (*ин-спир'-ит*) va. одушевлять, ободрять. [щать
Inspissate (*ин-спис'-сэт*) va. сгу-
Inspissation (*ин-спис-сэ'-шŏн*) s сгущеніе.
Instability (*ин-стă-бил'-и-ти*) s непостоянство; непрочность.
Install (*ин-стŏл'*) va помѣстить, ввести
Installation (*ин-стол-лэ'-шŏн*) s помѣщеніе, введеніе
Instalment (*ин-стол'-мент*) s. помѣщеніе; часть суммы, уплачиваемая въ зачетъ долга
Instance (*ин'-стăнс*) s просьба, настояніе; прошеніе; инстанція; причина, поводъ, примѣръ, образецъ; обстоятельство. **At the — of**, по просьбѣ **In the first —**, въ первой инстанціи **For —**, напримѣръ || vn va. ставить, приводить въ примѣръ, служить примѣромъ **To —**, приводить въ примѣръ
Instant (*ин'-стăнт*) s минута мгновеніе. || текущій мѣсяцъ. годъ. **On the 15 th —**, пятнадцатаго числа текущаго мѣсяца; || adj. настоятельный, убѣдительный; || настоящій, текущій (мѣсяцъ). [adj. мгновенный.
Instantaneous (*ин-стăн-тэ'-ни-ŏс*)
Instantaneously (*ин-стăн-тэ'-ни-ŏс-ли*) adv. мгновенно.
Instantly (*ин'-стăнт-ли*) adv. настоятельно, неотступно; тотчасъ.
Instate (*ин-стэт'*) va. помѣстить, опредѣлить, поставить; облечь во что.
Instead (*ин-стед'*) adv. вмѣсто. **To be — in**, замѣнять собою кого, что.
Insteep (*ин-стип'*) va. мочить, промачивать, пропитывать (водой).
Instigate (*ин'-сти-гет*) va. наущать, подстрекать.
Instigation (*ин-сти-гэ'-шŏн*) s. наущеніе, подстрекательство.
Instigator (*ин'-сти-гэ-тŏр*) s. подстрекатель.
Instil (*ин-стил'*) va. вливать, впускать по капелькѣ; || * внушать.
Instilment (*ин-стил'-мент*) s. вливаніе по каплѣ.
Instinct (*ин'-стинкт*) s. инстинктъ; || adj. движимый, побуждаемый.
Instinctive (*ин-стинкт'-ив*) adj. инстинктивный.
Instinctively (*ин-стинкт'-ив-ли*) adv. инстинктивно.
Institute (*ин'-сти-тьют*) va. учредить, установить; назначить (слѣдствіе); наставлять. **To — a society or college**, основать общество или школу. || s учрежденіе, установленіе; постановленіе, правила, уставъ; обученіе; институтъ (ученое общество).
Institution (*ин-сти-тью'-шŏн*) s. учрежденіе, установленіе, законы, правила.
Institutive (*ин'-сти-тью-тив*) adj. учредительный, учреждающій
Instruct (*ин-стрŏкт'*) va. учить, обучать, просвѣщать, давать инструкціи, предписывать.
Instruction (*ин-стрŏк'-шŏн*) s. обученіе, наставленіе, правила; инструкція
Instructive (*ин-стрŏкт'-ив*) adj. поучительный
Instrument (*ин'-стру-мент*) s. оружіе, инструментъ, снарядъ, средства; (юрид.) актъ, условіе; (муз.) инструментъ.
Instrumental (*ин-стру-мент'-ăл*) adj. служащій орудіемъ, средствомъ; (муз.) инструментальный. **To be — to**, быть причиной чего. **— performer**, музыкальный исполнитель. [s. непокорность.
Insubjection (*ин-сŏб-джек'-шŏн*)

Insubordinate (*ин-сӧб-ор'-ди-нэт*) adj. ослушный.
Insubordination (*ин-сӧ-бор-ди-нэ'-шӧн* s. ослушаніе, неповиновеніе
Insufferable (*ин-сӧф'-фер-ӑ-б.л*) adj. несносный, нестерпимый.
Insufferably (*ин-сӧф'-фер-ӑ-бл-и*) adv. несносно, нестерпимо.
Insufficient (*ин-сӧф-фиш'-ент*) adj. недостаточный, неспособный
Insufficiently (*ин-сӧф-фиш'-ент-ли*) adv недостаточно
Insular (*ин'-сью-лӑр*) s островитянинъ, -нка
Insulate (*ин'-сью-лэт*) va изолировать, разобщать
Insulation (*ин-сью-лэ'-шӧн*) s изоляція, разобщеніе
Insulator (*ин-сью-лэ-тӧр*) s. (физ.) изоляторъ.
Insult (*ин-сӧлт'*) va. оскорблять, наносить оскорбленія || vn. набрасываться, наскакивать **To — over**, надругаться надъ чѣмъ
Insulting (*ин-солт'-инг*) adj оскорбительный
Insultingly (*ин-солт-инг-ли*) adv оскорбительно
Insuperability (*ин-сью'-пер-ӑ-бил-и-ти*) s. непреодолимость
Insuperable (*ин-сью-пер-ӑ-б.л*) непреодолимый
Insuperably (*ин-сью'-пер-ӑ-бл-и*) adv непреодолимо
Insuportable (*ин-сӧп-по'орт-ӑ-б.л*) adj. невыносимый, нестерпимый несносный
Insuppressible (*ин-сӧп-прес-и-б.л*) adj неудержимый.
Insuppressive (*ин-сӧп-прес'-ив*) adj неудержимый, неодолимый
Insurable (*ин-шур'-ӑ-бл*) adj застрахуемый
Insurance (*ин-шур'-ӑнс*) s страхованіе. **Life —**, страхованіе жизни **Fire — office**, страховое отъ огня общество
Insure (*ин-шур'*) va vn страховать, застраховывать; обезпечивать
Insurer (*ин-шур'-ер*) s. страхователь
Insurgency (*ин-сӧр'-джен-си*) s. возмущеніе, мятежъ
Insurgent (*ин-сӧр'-джент*) s бунтовщикъ; || adj. возмутившійся
Insurmountable (*ин-сӧр-ма унт-ӑ-б.л*) adj. непреодолимый
Insurmountably (*ин-сӧр-ма'унт-ӑ-б.ли*) adv непреодолимо
Insurrection (*ин-сӧр-рек'-шӧн*) s. см. **Insurgency**
Insusceptible (*ин-сӧс-сеп-ти-б.л*) adj. нечувствительный, неспособный (къ воспріятію чего)
Intangible (*ин-тӑн'-джи-б.л*), adj неосязаемый
Intangibility (*ин-тӑн-джи-бил'-и-ти*), **Intangibleness** (*ин-тӑн'-джи-бл-нес*) s. неосязаемость.
Integer (*ин'-ти-джер*) s. цѣльность
Integral (*ин'-ти-грӑл*) adj. полный, цѣльный, цѣлый; || * здравый, совершенный; || s. цѣльность, полнота; (мат.) интегралъ.
Integrally *ин'ти-грӑл-и*) adv сполно, совершенно
Integrate (*ин'-ти-грэт*) va. составлять цѣлое; дополнять, заканчивать; (мат) интегрировать
Integration (*ин-ти-грэ'-шӧн*) s (мат.) интеграція
Integrity (*ин-тег'-ри-ти*) s цѣлость, неприкосновенность || честность, прямота, чистота
Integument (*ин-тегь'-ю-мент*) s (анат.) покровъ, оболочка плева
Intellect (*ин'-те.л-лект*) s. интеллектъ, умъ.
Intellectual (*ин-тел-лекть'-ю-ӑ.л*) adj мыслящій, умственный, интеллектуальный
Intellectually (*ин-тел-лекть'-ю-ӑл-и*) adv интеллектуально, умственно
Intelligence (*ин-тел-ли-дженс*) s умъ, понятіе, разумъ, смыслъ, || свѣдѣнія, извѣстія, || соучастіе. **The latest, —**, последнія извѣстія
Intelligent (*ин-тел'-ли-джент*) adj. разумный, умный
Intelligential (*ин-тел-ли-джен-шӑл*) adj. умственный, разумный, духовный.
Intelligibility (*ин-тел-ли-джи-бил'-и-ти*), **Intelligibleness** (*ин-тел'-ли-джи-бл-нес*) s выразительность, ясность, понятность.
Intelligible (*ин-тел'-ли-джи-бл*) adj. вразумительный, ясный, понятный.
Intelligibly (*ин-тел'-ли-джи-бли*) adv вразумительно, ясно, понятно, внятно.
Intemperance (*ин-тем-пер-ӑнс*) s. невоздержанность, неумѣренность.
Intemperate (*ин-тем-пер-эт*) adj. невоздержанный, неумѣренный
Intend (*ин-тенд'*) va намѣреваться, имѣть въ виду. || заботиться, наблюдать, || расширять
Intendancy (*ин-тенд'-ӑн-си*) s. управленіе, интендантство
Intendant (*ин-тенд'-ӑнт*) s управитель, интендантъ
Intended (*ин-тенд'-ед*) adj предполагаемый, назначенный; нарѣченный; || s. нарѣченный, -ная; суженый, -ная, женихъ, невѣста.
Intense (*ин-тенс'*) adj. сильный; напряженный, чрезмѣрный. **— heat**, сильный жаръ. **— sufferings**, сильныя страданія.

Intensely (*ин-тенс'-ли*) adv. сильно, чрезмѣрно, напряженно.
Intenseness (*ин-тенс'-нес*), **Intensity** (*ин-тен'-си-ти*) s. напряженіе, напряженность; натяжка; сила, важность; густота (звука) **The — of the cold,** интенсивность холода. **The — of a fever,** интенсивность лихорадки.
Intensify (*ин-тен'-си-фай*) va. vn. усиливать, -ся.
Intensive (*ин-тен'-сив*) adj. напряженный, усиленный; интенсивный.
Intensiveness (*ин-тен'-сив-нес*) s. интенсивность, сила, напряженность.
Intent (*ин-тент'*) adj. стремящійся къ чему; напряженный. **To be — on,** быть поглощеннымъ чѣмъ. **— on pleasure,** склонный къ удовольствіямъ. || s. намѣреніе, умыселъ, цѣль, планъ. **With good —,** съ добрымъ намѣреніемъ. **To all — s,** во всякомъ случаѣ.
Intention (*ин-тен'-шōн*) s. намѣреніе, умыселъ; напряженіе (ума).
Intentional (*ин-тен'-шōн-ăл*) adj. намѣренный, умышленный.
Intentionally (*ин-тен'-шōн-ăл-и*) adv. умѣренно, умышленно.
Intentioned (*ин-тен'-шōнд*) adj. **Well- —,** благонамѣренный.
Intently (*ин-тент'-ли*) adj. съ напряженіемъ.
Intentness (*ин-тент'-нес*) s. напряженность; заботливость (сильная)
Inter (*ин-тор'*) va. зарывать въ землю; погребать; покрывать землей.
Intercalar (*ин-тōр'-кă-лăр*), **Intercalary** (*ин-тōр-кă-лă-ри*) adj. вставочный, прибавочный.
Intercalate (*ин-тōр-кă-лэт*) va. вставлять, прибавлять.
Intercalation (*ин-тōр-кă-лэ'-шōн*) s. вставка, прибавка, прибавленіе.
Intercede (*ин-тер-сид'*) vn. **To — with,** ходатайствовать предъ кѣмъ. **To — for,** ходатайствовать за кого.
Intercept (*ин-тер-септ'*) va. прерывать, преграждать; перехватывать; пересѣкать.
Interception (*ин-тер-сеп'-шōн*) s. пресѣченіе, преломленіе (лучей); помѣха, преграда.
Intercession (*ин-тер-сеш'-ōн*) s. ходатайство, заступничество.
Intercessor (*ин-тер-сес'-сōр*) s. ходатай, заступникъ.
Interchain (*ин-тер-чэн'*) va. связывать (клятвой).
Interchange (*ин'-тер-чэндж*) s. мѣна, обмѣнъ, промѣнъ; перемѣна, смѣна; || (*ин-тер-чэндж'*) va. мѣнять, обмѣнивать; || vn. смѣняться.
Interchangeable (*ин-тер-чэндж'-ă-бл*) adj. взаимный; попеременный; мѣновой.
Interchangeably (*ин-тер-чэндж'-ă-бли*) adv. взаимно, обоюдно; поперемѣнно; взамѣнъ.
Interclude (*ин-тер-клюд'*) va. перехватывать, пресѣкать.
Interclusion (*ин-тер-клю'-жōн*) s. перенятіе, перехватъ; || помѣха, препятствіе.
Intercommunicate (*ин-тер-ком-мьюн'-и-кэт*) vn. сноситься между собою, сообщать другъ другу.
Intercostal (*ин-тер-кос'-тал*) adj. междуреберный
Intercourse (*ин'-тер-корс*) s. сношенія, сообщенія; обмѣнъ (мыслей).
Interdict (*ин-тер-дикт'*) va. запрещать; отрѣшать; отлучать (отъ церкви); || s. духовное завѣщаніе.
Interdiction (*ин-тер-дик'-шōн*) s. запрещеніе, запретъ; отлученіе (отъ церкви), лишеніе (правъ).
Interest (*ин-тер-ест*) va. принимать въ долю, заинтересовывать. **To — one's self,** принимать участіе, интересоваться. || s. интересъ, занимательность; || выгода, польза; участіе, доля, часть, довѣріе, кредитъ; поддержка. **Compound —,** сложные проценты. **Self —,** частный интересъ. **To pay with —,** уплачивать съ процентами. **At —, upon —,** на проценты.
Interesting (*ин'-тер-ест-инг*) adj. интересный, занимательный
Interfere (*ин-тер-фир'*) vn. (**with**) вмѣшиваться, быть посредникомъ; сталкиваться; соперничать. **To — with any one,** ходатайствовать передъ кѣмъ. **To — in disputes,** вмѣшиваться въ споры. **To — with interests,** вмѣшиваться съ какими либо разсчетами
Interior (*ин-ти'-ри-ōр*) adj. внутренній; || s. внутренность; внутреннія (дѣла, мѣстности).
Interiorly (*ин-ти'-ри-ōр-ли*) adv. внутренне.
Interjacent (*ин-тер-джэ'-сент*) adj. находящійся, лежащій между чѣмъ.
Interject (*ин-тер-джект'*) va. vn. вмѣщать, вставлять; помѣщать, -ся между.
Interjection (*ин-тер-джек'-шōн*) s. (грам.) междометіе; || вставка.
Interjectional (*ин-тер-джек'-шōн-ăл*) adj. вставной, вставочный.

Interjoin (*ин-тер-джойн'*) va. соединять, поженить.
Interjunction (*ин-тер-джонк'-шон*) s. взаимное соединеніе; взаимный союзъ.
Interlace (*ин-тер-лэс'*) va. вставлять, переплетать, пересѣкать.
Interlacement(*ин-тер-лэс'-мент*; s. взаимное соединеніе; вставка.
Interlapse (*ин'-тер-лäпс*) s. промежутокъ времени.
Interlay (*ин-тер-лэй'*) va. класть между, перекладывать чѣмъ.
Interleaf (*ин'-тер-лиф*) s. чистый листокъ, переплеченный между печатнымъ.
Interleave (*ин-тер-лив'*) va. прокладывать бѣлой бумагой (книгу).
Interline (*ин-тер-лайн'*) va. писать между строкъ.
Interlineation (*ин-тер-лин-и-э'-шон*) s. междустрочная приписка.
Interlink (*ин-тер-линк'*) va. сцѣплять, совокуплять.
Interlocution (*ин-тер-ло-кью'-шон*) s. разговоръ, бесѣда.
Interlocutor (*ин-тер-локъ'-ю-тöр*) s. собесѣдникъ
Interlope (*ин-тер-ло'оп*) va подрывать торговлю другого, наносить ущербъ кому
Interlucent (*ин-тер-лью'-сент*) adj. блестящій между чѣмъ.
Interlude (*ин'-тер-льюд*) s. интермедія.
Interlunar (*ин-тер-лью'-нäр*), **Interlunary** (*ин-тер-лью'-на-ри*) adj. междулунный
Intermarriage (*ин'-тер-мäр-ридж*) s. брачный союзъ между родственниками.
Intermeddle (*ин-тер-мед'-л*) va vn вмѣшивать, -ся
Intermeddler (*ин-тер-мед'-лер*) s. вмѣшивающійся; предлагающій посредничество.
Intermede (*ин'-тер-мед*) s. (теат.) интермедія.
Intermediary (*ин-тер-ми'-ди-ä-ри*) adj. промежуточный, посредствующій; средній.
Intermediate (*ин-тер-ми'-ди-эт*) adj. посредствущій.
Intermediately (*ин-тер-ми'-ди-эт-ли*) adj. при посредствѣ, посредствомъ. [гребеніе.
Interment (*ин-тöр'-мент*) s. по-
Interminable (*ин-тöр'-ми-нä-бл*) adj. безконечный, безпредѣльный; вѣчный.
Interminableness(*ин-тöр'-ми-нä-бл-нес*) s. безконечность, безпредѣльность, вѣчность.
Interminably (*ин-тöр'-ми-нä-бли*) adv. безконечно; вѣчно
Interminate (*ин-тöр'-ми-нэт*) adj. безпредѣльный; вѣчный.

Intermingle (*ин-тер-мин'-гл*) va. vn. перемѣшивать, переплетать, ся
Intermission (*ин-тер-миш'-он*) s. перерывъ, остановка.
Intermit (*ин-тер-мит'*) va. vn. прерывать, ся.
Intermittent (*ин-тер-мит'-тент*) adj. перемежающійся; временный; || s. (мед.) перемежающаяся лихорадка.
Intermix (*ин-тер-микс'*) va. vn. см. **Intermingle**
Internal, (*ин-тöрн'-äл*) adj внутренній; душевный, сокровенный.
Internally (*ин-тöрн'-нäл-и*) adv внутренне, духовно
International (*ин-тер-нäш-он-äл*) adj. международный
Interpellation (*ин-тер-пел-лэ'-шон*) s. запросъ. интерпелляція.
Interpledge (*ин-тер-пледж'*) va. дать другъ другу залогъ.
Interpoint (*ин-тер-пойнт'*). va. раздѣлять точками.
Interpolate (*ин-тöр'-по-лэт*) va. вставлять (въ текстъ).
Interposal (*ин-тер-по'оз-äл*) va. нахожденіе между чѣмъ; вмѣшательство, посредничество.
Interpose (*ин-тер-по'оз*) va. vn. ставить, стать между чѣмъ; быть посредникомъ, вмѣшиваться.
Interpret (*ин-тöр'-прет*) va. толковать, объяснять.
Interpretable (*ин-тор'-прет-ä-бл*) adj объяснимый.
Interpretation (*ин-тöр-при-тэ'-шон*) s. толкованіе, объясненіе.
Interregnum (*ин-тер-рег'-нöм*), **Interreign** (*ин'-тер-рэн*) s. междуцарствіе.
Interrex (*ин'-тер-рекс*) s. временный правитель.
Interrogate (*ин-тер'-ро-гэт*) va. vn допрашивать, спрашивать.
Interrogation (*ин-тер-ро-гэ'-шон*) s спрашиваніе, вопросъ.
Interrogatory (*ин-тер-рог'-ä-то-ри*) s допросъ; || adj. вопросительный
Interrupt (*ин-тер-рöпт'*) va. прерывать; пересѣкать; отдѣлять; || перебивать
Interrupted (*ин-тер-рöпт'-ед*) adj. adj. прерванный
Interruptedly (*ин-тер-рöпт'-ед-ли*) adv. прерывисто, съ остановками.
Interruption (*ин-тер-рöп'-шон*) s. перерывъ, остановка; преграда. **Without** —, безостановочно.
Intersection (*ин-тер-сек'-шон*) s. (геом.) пересѣченіе, точка пересѣченія. [лять.
Intersert (*ин-тер-сöрт'*) va. встав-
Interspace (*ин'-тер-спэс*) s. промежутокъ.

Intersperse (*ин-тер-спöрс'*) va. перемѣшивать.
Interstellar (*ин-тер-стел'-лӓр*), **Interstellary** (*ин-тер-стел'-лӓ-ри*) adj междузвѣздный.
Interstice (*ин-тöр'-стис*) s. промежутокъ; || щель.
Interstitial (*ин-тер)стиш'-ӓл*)adj промежуточный
Intertwine (*ин-тер-туайн'*) va. vn. сплетать, переплетать, -ся; запутываться.
Intertwist (*ин-тер-туист'*) va. переплетать, сплетать
Interval (*ин'-тер-вӓл*) s. промежутокъ, разстояніе; (муз.) интерваль.
Intervene (*ин-тер-вин'*) vn. находиться, быть (между); явиться; посредничать, вступаться.
Intervention (*ин-тер-вен'-шöн*) s. вступленіе, вмѣшательство.
Intervolve (*ин-тер-волв'*) va. завертывать; вплетать.
Interweave (*ин-тер-уив'*) va. вплетать, переплетать; || перемѣшивать; пересѣкать.
Intestate (*ин-тес'-тэт*) s. и adj. неоставившій духовнаго завѣщанія. **He died —**, онъ умеръ безъ духовнаго завѣщанія.
Intestinal (*ин-тес'-ти-нӓл*) adj. (анат.) кишечный.
Intestine (*ин-тес'-тин*) adj. внутренній; домашній, междоусобный; || s. кишечникъ.
Inthrall (*ин-зрол'*) va. порабощать
Inthrallment (*ин-зрол'-мент*) s. порабощеніе, рабство.
Intimacy (*ин'-ти-мӓ-си*) s. тѣсная связь, задушевная дружба, интимность.
Intimate (*ин'-ти-мэт*) adj тѣтный, задушевный, интимный; || s. задушевный другъ, || va. намекать.
Intimation (*ин-ти-мэ'-шöн*) s. намекъ; указаніе
Intimidate (*ин-тим'-и-дэт*) va. устрашать, пугать
Intimidation (*ин-тим-и-дэ'-шöн*) s. запугиваніе, устрашеніе.
Into (*ин'-ту*) prep. въ, во; на. **To be led — error**, быть введеннымъ въ заблужденіе.
Intolerable (*ин-тол'-ер-ӓ-бл*) adj. невыносимый, несносный.
Intolerably(*ин-тол'-ер-ӓ-бл-и*) adv. невыносимо, несносно
Intolerance (*ин-тол'-ер-ӓнс*) s. нетерпимость
Intomb (*ин-тум'*) va. класть въ [могилу.
Intonate (*ин'-то-нэт*) va. запѣвать; пѣть; пѣть гамму, интонировать.
Intonation (*ин-то-нэ'-шöн*) s. пѣніе; напѣвъ; интонація

Intorsion (*ин-тор'-шöн*) s. обвиваніе, обвитіе; || наклоненіе.
Intort (*ин-торт'*) va. всучивать, вплетать.
Intoxicate (*ин-токс'-и-кэт*) va. напоить допьяна; упоить. увлечь.
Intoxication (*ин-токс-и-кэ'-шöн*) s. опьяненіе; упоеніе.
Intractable (*ин-трӓкт'-ӓ-бл*) adj. несговорчивый, упрямый
Intransmutable(*ин-трӓнс-мьют-ӓ-бл*) adj. неподверженный превращенію.
Intrenchment (*ин-тренч'-мент*) s. (воен.) окопъ; || завладѣніе.
Intrepid (*ин-треп'-ид*) adj. неустрашимый. [неустрашимость.
Intrepidity (*ин-три-пид'-и-ти*) s.
Intrepidly (*ин-треп'-ид-ли*) adv. неустрашимо.
Intricacy (*ин-три-кӓ'-си*) s. запутанность, затруднительность
Intricate (*ин'-три-кэт*) adj запутанный, затрудненый.
Intricately (*ин'-три-кэт-ли*) adv запутанно, сложно
Intrigue (*ин-триг'*) s. пронырство, козни, каверзы; интрига: || vn. интриговать, строить козни
Intriguer (*ин-триг'-ер*) s. интриганъ, проныра.
Intrinsic (*ин-трин'-сик*), **Intrinsical** (*ин-трин'-сик-ӓл*) adj. внутренній, существенный.
Intrinsically (*ин-трин'-сик-ӓл-и*) adv. внутренне; существенно.
Introcession (*ин-тро-сеш'-öн*) s. вдавливаніе, прижиманіе
Introduce (*ин-тро-дьюс'*) va вводить, впускать, давать ходъ чему, представлять, знакомить **To — a friend to**, представлять друга.
Introducer (*ин-тро-дью'-сер*) s. вводящій, знакомящій
Introduction (*ин-тро-дöк'-шöн*) s. введеніе, вступленіе; предисловіе; знакомство, представленіе. **Letter of —**, рекомендательное письмо.
Introductive (*ин-тро-дöк'-тив*), **Introductory** (*ин-тро-дöк'-то-ри*) adj вступительный, предварительный
Intromit (*ин-тро-мит'*) va впускать, запускать, пропускать
Introspect (*ин-тро-спект'*) va. всматриваться. вникать
Introspection (*ин-тро-спек-шöн*) s. всматриваніе, вниканіе
Introspective (*ин-тро-спек'-тив*) adj смотрящій внутрь.
Introvert (*ин-тро-вöрт'*) va. обращать внутрь, сосредоточивать
Intrude (*ин-труд'*) vn. втираться, вкрадываться, входить **Am I intruding?** не безпокою ли я васъ? || va. обращать чье либо вниманіе на что, завладѣвать **To — one's**

self into, вмѣшиваться во что либо. **To — one's self on anyone**, безпокоить кого либо.
Intruder (*ин-труд'-ер*) s. непрошенный гость. [женіе; захватъ
Intrusion (*ин-тру'-ждн*) s. втор-
Intrust (*ин-тр*ѳ*ст'*) va ввѣрять, довѣрять, поручать.
Intuition (*ин-тью-иш'-ѳн*) s интуиція.
Intumescence (*ин-тью-мес'-сенс*) s. припухлость, опухлость.
Intwine (*ин-туайн'*) va перевивать, сплетать.
Intwist (*ин-туист'*) va. запутывать, обвивать.
Inula (*инь'-ю-ла*) s. (бот.) девясилъ.
Inumbrate (*ин-ѳм'-брэт*) va. оттѣнять. [нять, потоплять.
Inundate (*ин-ѳн'-дэт*) va. навод-
Inundation (*ин-ѳн-дэ'-шѳн*) s наводненіе, потопъ.
Inure (*инь-юр'*) va. пріучать. **To — to the hardships of war**, пріучать къ трудностямъ войны
Inurement (*инь-юр'-мент*) s. привычка, обычай.
Inurn (*ин-ѳрн'*) va. положить въ урну; погребать. [ніе; клеймо.
Inustion (*ин-ѳс'-чѳн*) s. прижига-
Inutility (*инь-ю-тил'-и-ти*) s безполезность, тщетность.
Invade (*ин-вэд'*) va. нахлынуть; напасть, посягать. **To — the privileges of a free nation**, нарушить права свободнаго народа.
Invalid (*ин-вал'-ид*) adj. слабый; (юрид.) недѣйствительный.
Invalid (*ин'-ва-лид*) adj. дряхлый, увѣчный; || s. инвалидъ.
Invalidate (*ин-вал'-и-дэт*) va. уничтожать, дѣлать недѣйствительнымъ. [неоцѣнимый
Invaluable (*ин-валь'-ю-а-бл*) adj.
Invaluably (*ин-валь'-ю-а-бл-и*) adv неоцѣнимо. [измѣняемый.
Invariable (*ин-вэ'-ри-а-бл*) adj. не-
Invariably (*ин-вэ'-ри-а-бл-и*) adv. неизмѣнно.
Invasion (*ин-вэ'-жѳн*) s. набѣгъ, вторженіе, нападеніе; захватъ; похищеніе.
Inveigh (*ин-вэй'*) va. **To — against**, поносить; возставать противъ кого.
Invigle (*ин-ви'-гл*) va. заманивать, завлекать; обольщать; обманывать
Inviglег (*ин-ви'-глер*) s. обольститель, обманщикъ.
Invent (*ин-вент'*) va изобрѣтать, выдумывать
Invention (*ин-вен'-шѳн*) s. изобрѣтеніе; открытіе; выдумка
Inventor (*ин-вент'-ѳр*) s изобрѣтатель. [adj. инвентарный.
Inventorial (*ин-вен-то'о-ри-ал*)
Inventory (*ин'-вен-тѳ-ри*) s. опись, вѣдомость, инвентарь; || va. составлять опись. [противный.
Inverse (*ин-вѳрс'*) adj. обратный,
Inversely (*ин-вѳрс'-ли*) adv обратно, наоборотъ
Inversion (*ин-вѳр'-шѳн*) s. обращеніе; перестановка, нарушеніе (порядка)
Invert (*ин-вѳрт'*) va опрокидывать, ниспровергать, перевертывать; переставлять
Invertebral (*ин-вѳр'-ти-брал*), **Invertebrated** (*ин-вѳр'-ти-брэтед*) adj. (ест. ист.) безпозвоночный
Inverted (*ин-вѳрт'-ед*) adj. обращенный, обратный. **— commas**, ковычки.
Invest (*ин-вест'*) va. облачать во что; облекать (властью); (воен.) окружать; облагать. **To — a sum in land**, помѣщать извѣстный капиталъ въ землю.
Investigable (*ин-вес'-ти-га-бл*) adj. изслѣдуемый.
Investigate (*ин-вес'-ти-гэт*) va. изслѣдовать, испытывать что; разузнавать.
Investigation (*ин-вес-ти-гэ'-шѳн*) изслѣдованіе, разузнаваніе
Investment (*ин-вест'-мент*) s. облаченіе, одѣяніе; (воен.) обложеніе; || помѣщеніе (капитала)
Inveterate (*ин-вет'-ер-эт*) va. укоренять; || adj закоренѣлый, заядлый. **An — habit**, вкоренившаяся привычка.
Invidious (*ин-вид'-и-ѳс*) adj ненавистный, возмутительный
Invidiously (*ин-вид'-ѳс-ли*) adv ненавистно, возмутительно
Invidiousness (*ин-вид'-и-ѳс-нес*) s. возмутительность
Invigorate (*ин-виг'-ор-эт*) va. придавать силу, энергію
Invincible (*ин-вин'-си-бл*) adj непобѣдимый, непреодолимый
Invincibly (*ин-вин'-си-бл-и*) adv непобѣдимо; непреодолимо
Inviolable (*ин-вай'-о-ла-бл*) adj ненарушимый, неприкосновенный
Inviolableness (*ин-вай'-о-ла-бл-нес*), **Inviolability** (*ин-вай-о-ла-бил'-и-ти*) s. ненарушимость, неприкосновенность.
Inviolate (*ин-вай'-о-лэт*) adj ненарушенный.
Invisible (*ин-виз'-и-бл*) adj невидимый, незримый.
Invisibleness (*ин-виз'-и-бл-нес*), **Invisibility** (*ин-виз-и-бил'-и-ти*) s. невидимость, незримость
Invitation (*ин-ви-тэ'-шѳн*) s. приглашеніе, зовъ.
Invite (*ин-вайт'*) va vn приглашать, звать, призывать
Invocate (*ин'-во-кэт*) va. призывать, взывать, молить.

Invocation (*ин-во-кэ'-шöн*) s. призываніе, взываніе; призывъ; обращеніе. [взывать.
Invoke (*ин-во'ок*) va. призывать,
Involuntarily (*ин-вол'-öн-тä-ри-ли*) adv. невольно, непроизвольно.
Involuntariness (*ин-вол'-öн-тä-ри-нес*) s. непроизвольность.
Involuntary (*ин-вол'-öн-тä-ри*) adj. невольный, непроизвольный.
Involution (*ин-во-лью'-шöн*) s. завертываніе, запутанность; сложность.
Involve (*ин-волв'*) va. завертывать, запутывать; заключать въ себѣ; вмѣшивать. **To be involved**, быть въ запутанныхъ обстоятельствахъ. **To — in difficulties**, вовлекать въ затрудненія. **To — in a dispute**, вовлекать въ споръ.
Involvement (*ин-волв'-мент*) s. осложненіе; затрудненіе.
Invulnerable (*ин-вöл'-нер-ä-бл*) adj. неуязвимый. [нами.
Inwall (*ин-уол'*) va. обносить стѣ-
Inward (*ин'-уäрд*) adj. внутренній; искренній; задушевный; || adv. внутрь, внутренне.
Inwardly (*ин'-уäрд-ли*) adv. внутрь, внутренне.
Inwardness (*ин'-уäрд-нес*) s. задушевность, внутренняя сторона.
Inwards (*ин'-уäрдз*) adv. внутрь, внутренне; || s. pl. внутренности.
Inweave (*ин-уив'*) va. вплести, заткать; перемѣшать съ чѣмъ.
Inwrap (*ин-рäп'*) va. завертывать, облачать во что; покрывать чѣмъ; || поставить въ затрудненіе, запутать. [окружить; увѣнчать.
Inwreathe (*ин-рисз'*) va. впутать,
Inwrought (*ин-ро'от*) adj. затканный, отдѣланный.
Iodin (*ай-о-дин*) s. (хим.) іодъ.
Irane (*ай-рäн'*) npr. (геог.) Иранъ.
Irascibility (*ай-рäс-си-бил'-и-ти*), **Irascibleness** (*ай-рäс'-си-бл-нес*) s. раздражительность.
Irascible (*ай-рäс'-си-бл*) adv. раздражительный, вспыльчивый.
Ire (*айр*) s. гнѣвъ, ярость.
Ireful (*айр'-фул*) adj. гнѣвный, яростный. [яростно.
Irefully (*айр'-фул-и*) adv гнѣвно,
Ireland (*айр'-лäнд*) npr. (геог.) Ирландія. [дужность.
Iridecence (*ир-и-дес'-сенс*) s. ра-
Iridescent (*ир-и-дес'-сент*) adj. радужный. [Ирисъ.
Iris (*ай'-рис*) s. радуга; || npr. (мие.)
Irish (*ай'-риш*) adj. ирландскій; || s. ирландецъ, -нка.
Irk (*öрк*) va. сердить, досаждать, огорчать. [щій, скучный.
Irksome (*öрк'-сöм*) adj. досаждаю-
Irksomely (*öрк'-сöм-ли*) adv. скучно, утомительно.
Irksomeness (*öрк'-сöм-нес*) s. докучливость, скука.
Iron (*ай'-öрн*) s. желѣзо, желѣзное издѣліе; || **—s**, s. pl. кандалы, цѣпи, оковы. **Cast —**, чугунъ. **Sheet —**, листовое желѣзо. **Wrought —**, кованное желѣзо. **Flat —**, утюгъ. **Curling —s**, щипцы (для завивки волосъ). || adj. желѣзный. **An — bar**, полоса желѣза. **The — age**, желѣзный вѣкъ. **— -bound**, окованный желѣзомъ. **— -clad**, броненосный, блиндированный. **— -foundry**, чугунно-литейный заводъ. **— -gray**, сѣрожелѣзнаго цвѣта. **— -ware**, желѣзные товары. **— -werk**, желѣзное издѣліе. **— -works**, желѣзодѣлательный заводъ. **— -wort**, (бот.) жабная трава || va. утюжить, гладить; оковывать; заковывать. **To — linen**, гладить бѣлье.
Ironer (*ай'-öрн-ер*) s. гладильщикъ.
Ironical (*ай-рон'-ик-äл*) adj. ироническій.
Ironically (*ай-рон'-ик-äл-и*) adv. иронически.
Ironmonger (*ай'-öрн-монг'-гер*) s. торговецъ желѣзными издѣліями
Ironmongery (*ай-öрн-монг'-ге-ри*) s. мелкіе желѣзные товары.
Irony (*ай'-öрн-и*) adj. желѣзный; желѣзистый. [смѣшка.
Irony (*ай'-рон-и*) s. иронія, на-
Irradiance (*ир-рэ'-ди-äнс*), **Irradiancy** (*ир-рэ'-ди-äн-си*) s. испусканіе лучей, сіяніе.
Irradiant (*ир-рэ'-ди-äнт*) adj. испускающій лучи
Irradiante (*ир-рэ'-ди-эт*) va. vn. бросать свѣть, освѣщать, озарять.
Irradiation (*ир-рэ-ди-э'-шöн*) s. лучеиспусканіе, лучезарность; сіяніе, блескъ. [разумный.
Irrational (*ир-рäш'-öн-äл*) adj. не-
Irrationality (*ир-рäш-öн-äл'-и-ти*) s. неразумность.
Irrationally (*ир-рäш-öн-äл'-и*) adv. неразумно.
Irreclaimable (*ир-ри-клэм'-ä-бл*) adj. неисправимый, непоправимый.
Irreconciblable (*ир-рек-он-сайл'-ä-бл*) adj. непримиримый.
Irreconcilableness (*ир-рек-он-сайл'-ä-бл-нес*) s. непримиримость, несогласимость.
Irreconcilably (*ир-рек-он-сайл'-ä-бли*) adv. непримиримо.
Irrecoverable (*ир-ри-кöв'-ер-ä-бл*) adj. невозвратимый.
Irrecoverably (*ир-ри-кöв'-ер-ä-бли*) adv невозвратимо.
Irredeemable (*ир-ри-дим'-ä-бл*) adj. невыкупаемый.

Irreducible (*ир-ри-дью'-си-бл*) adj. неукротимый.
Irreducibly (*ир-ри-дью'-си-бли*) adv. неукротимо
Irrefragable (*ир-реф'-рă-гă-бл*) adj. безспорный, неопровержимый.
Irrefragably (*ир-реф'-рă-гă-бл-и*) adv. безспорно, неопровержимо.
Irrefutable (*ир-реф'-ю-тă-бл*) adj. неопровержимый.
Irrefutably (*ир-реф'-ю-тă-бл-и*) adv. неопровержимо.
Irregular (*ир-регь'-ю-лăр*) adj. неправильный, безпорядочный; иррегулярный (о солдатѣ).
Irregularity (*ир-регь'-ю-лăр'-и-ти*) s безпокойность, неправильность; дурное поведеніе.
Irregularly (*ир-регь'-ю-лăр'-ли*) adv. неправильно.
Irrelative (*ир-рел'-ă-тив*) adj. не имѣющій соотношенія.
Irrelevancy (*ир-рел'-и-вăн-си*) s. неприменимость.
Irrelevant (*ир-рел'-и-вăнт*) adj. непримѣнимый.
Irreligious (*ир-ри-лидж'-ŏс*) adj. невѣрующій, нечестивый.
Irreligiously (*ир-ри-лидж'-ŏс-ли*) adv. нечестиво.
Irreligiousness (*ир-ри-лидж'-ŏс-нес*) s. нечестіе, безвѣріе.
Irremediable (*ир-ри-ми'-ди-ă-бл*) adj. неизлѣчимый, неисцѣлимый.
Irremediably (*ир-ри-ми'-ди-ă-бл-и*) adv. неизлѣчимо, неисцѣлимо.
Irremissible (*ир-ри-мис'-си-бл*) adj. непростительный.
Irremissibly (*ир-ри-мис'-си-бл-и*) adv. непростительно.
Irremovable (*ир-ри-мув'-ă-бл*) adj. недвижимый; неизмѣнный.
Irremovability (*ир-ри-мув-ă-бил'-и-ти*) s. недвижимость; непреложность, неизмѣнность.
Irreparable (*ир-реп'-ă-рă-бл*) adj. невозвратимый, невознаградимый.
Irreparably (*ир-реп'-ă-рă-бл-и*) adv. невозвратимо, невознагратимо. [непреложный.
Irrepealable (*ир-ри-пил'-ă-бл*) adj.
Irreprehensible (*ир-реп-ри-хен'-си-бл*) adj. безупречный.
Irreprehensibleness (*ир-реп-ри-хен'-си-бл-нес*) s. безупречность.
Irreprehensibly (*ир-реп-ри-хен'-си-бли*) adv. безупречно.
Irrepressible (*ир-ри-прес'-и-бл*) adj. неукротимый, не могущій быть подавленнымъ.
Irreproachable (*ир-ри-прооч-ă-бл*) adj. безукоризненный.
Irreproachableness (*ир-ри-про'оч-ă-бл-нес*) s. безукоризненность.
Irreproachably (*ир-ри-прооч-ă-бл-и*) adv. безукоризненно.
Irreprovable (*ир-ри-прув'-ă-бл*) adj. безупречный.
Irreprovably (*ир-ри-прув'-ă-бл-и*) adv. безупречно.
Irresistance (*ир-ри-зист'-ăнс*) s. непротивляемость.
Irresistibleness (*ир-ри-зист'-и-бл-нес*) s. непреодолимость.
Irresistible (*ир-ри-зист'-и-бл*) adj. непреодолимый.
Irresistibly (*ир-ри-зист'-и-бли*) adv. непреодолимо.
Irresoluble (*ир-рез'-о-лью-бл*) adj. неразрѣшимый.
Irresolute (*ир-рез'-о-льют*) adj. нерѣшительный.
Irresolution (*ир-рез'о-лью'-шŏн*), **Irresoluteness** (*ир-рез'-о-льют-нес*) s. нерѣшительность.
Irresolvable (*ир-ри-зол'в'-ă-бл*) adj. неразрѣшимый.
Irrespective (*ир-ри-спект'-ив*) adj. независимый, безусловный.
Irrespectively (*ир-ри-спект'-ив-ли*) adv. безусловно.
Irrespirable (*ир-рес'-пи-рă-бл*) adj. негодный для дыханія.
Irresponsible (*ир-ри-спон'-си-бл*) adj. несоотвѣтственный.
Irretrievable (*ир-ри-трив'-ă-бл*) adj. невозвратимый.
Irretrievableness (*ир-ри-трив'-ă-бл-нес*) s. невозвратимость, невознаградимость.
Irretrievably (*ир-ри-трив'-ă-бли*) adv. невозвратимо.
Irreverence (*ир-рев'-ер-енс*) s. непочтеніе. [непочтительный.
Irreverent (*ир-рев'-ер-ент*) adj.
Irreverently (*ир-рев'-ер-ент-ли*) adv. непочтительно.
Irreversible (*ир-ри-вŏрс'-и-бл*) adj. неотмѣнный.
Irreversibleness (*ир-ри-вŏрс'-и-бл-нес*) s. неотмѣняемость, непреложность.
Irrevocability (*ир-рев-о-кă-бил'-и-ти*), **Irrevocableness** (*ир-рев'-о-кă-бл-нес*) s. неотмѣняемость, непреложность.
Irrevocable (*ир-рев'-о-кă-бл*) adj. неотмѣнимый. [неотмѣнимо.
Irrevocably (*ир-рев'-о-кă-бли*) adv.
Irrigate (*ир'-ри-гэт*) va. орошать, смачивать. [шеніе.
Irrigation (*ир-ри-гэ'-шŏн*) s. оро-
Irritability (*ир-ри-тă-бил'-и-ти*) s. раздражительность.
Irritable (*ир'-ри-тă-бл*) adj. раздражительный.
Irritably (*ир'-ри-тă-бли*) adv. раздражительно. [дражающій.
Irritant (*ир'-ри-тăнт*) adj. раз-
Irritate (*ир'-ри-тэт*) va. раздражать; сердить, возбуждать.

Irritation (*ир-ри-тэ'-шон*) s. раздраженіе; возбужденіе
Irruption (*ир-рŏп'-шŏн*) s. вторженіе; разлитіе водъ
Irruptive (*ир-рŏп'-тив*) adj. вторгающійся.
Islam (*из'-ля́м*) s. исламъ, мусульманство.
Islamite (*из'-ля́-майт*) s мусульманинъ.
Island (*айл'-ăнд*) s. островъ.
Islander (*айл'-ăнд-ер*) s. островитянинъ, -нка.
Isochronal (*ай-сок'-ро-нăл*), **Isochronous** (*ай-сок'-ро-нŏс*) adj. одновременный.
Isochronism (*ай-сок'-ро-низм*) s. одновременность.
Isolate (*ис'-о-лэт*) va. отдѣлять, уединять; (физ.) разобщать, изолировать.
Isolation (*ис-о-лэ'-шон*) s. разобщеніе, изолированіе.
Isomeric (*ай-со-мер'-ик*) adj, изомерный.
Isosceles (*ай-сос'-си-лиз*) adj. (геом.) равнобедренный.
Israelite (*из-рэ'-елайт*) s. еврей.
Issuable (*иш'-шу-ă-бл*) adj. выпускаемый въ обращеніе
Issue (*иш'-шу*) s. выходъ, уходъ; исходъ; конецъ, результатъ; || выпускъ, изданіе; || сбытъ; || потомство. **The — of a contest**, исходъ спора. **To bring to an—**, довести до конца. **To join — with**, тягаться, спорить. **They died without —**, они умерли безъ потомства. **To be at —**, вести тяжбу, споръ. || vn. выходить, уходить, исходить, изливаться. рождаться; происходить; || va издавать, выпускать. **To — bank-notes**, выпускать банковые билеты въ обращеніе.
Issueless (*иш'-шу-лес*) adj. безвыходный; бездѣтный, безпотомственный.
Isthmus (*ист'-мŏс*) s. перешеекъ.
It (*ит*) pron. это, онъ, она, оно. **Read the letter, — is interesting**, прочтите письмо: оно интересно — **is I**, это я **It rains**, дождь идетъ **What is — you want?** что вамъ нужно?
Italian (*и-тăл-йăн*) adj итальянскій; || s. итальянецъ, -нка.
Italic (*и-тăл'-ик*) adj. (тип) курсивный, || s курсивъ
Italy (*ит'-ă-ли*) npr (геогр.) Италія
Itch (*ич*) s. чесотка, зудъ; || vn чесаться, зудить, сильно желать
Itchiness (*ич'-и-нес*). **Itching** (*ич'-инг*) s. зудъ, свербежъ; || * сильное желаніе.
Itchy (*ич'-и*) adj. чесоточный, зудящій.
Iterate (*ит'-ер-эт*) va. повторять, возобновлять.
Iteration (*ит-ер-э'-шон*) s. повтореніе.
Iterative (*ит'-ер-ă-тив*) adj. повторяющійся
Itinerant (*ай-тин'-ер-ăнт*) adj. странствующій, путешествующій.
Itinerary (*ай-тин'-ер-ă-ри*) s. указатель пути; || adj. путевой, дорожный
Itinerate (*ай-тин'-ер-эт*) vn. странствовать
Its (*итс*) pron. его, ея, ихъ. **A sword in — scabbard**, мечъ въ ножнахъ.
Itself (*ит-селф'*) pron. самъ, сама, само; себя. **She is virtue —**, она — сама добродѣтель. **It moves of —**, это движется само собою. **By —**, особнякомъ.
Ivory (*ай'-вŏ-ри*) s. слоновая кость; || adj. изъ слоновой кости. — **-black**, уголь отъ сожженной слоновой кости. — **-worker**, токарь вещей изъ слоновой кости.
Ivy (*ай'-ви*) s. (бот.) плющъ. — **-crowned**, украшенный плющемъ. — **mantled**, заросшій плющемъ.
Izard (*из'-зŏрд*) s. прежнее названіе буквы **z**.

J.

J (*джэй*) десятая буква англійской азбуки; || какъ сокращеніе въ словѣ **J. C.**, **Jesus Christ**, Іисусъ Христосъ.
Jabber (*джăб'-бер*) vn. болтать, тараторить, говорить вздоръ; || va. бормотать; лепетать; || s. болтовня, бормотаніе.
Jabberer (*джăб'-ер-ер*) s. болтунъ.
Jabberring (*джăб'-бер-инг*) s. болтовня; бормотаніе; лепетъ.
Jacinth (*дже'-синсз*) s. гіацинтъ.
Jack (*джăк*) s. *уменьш. отъ* **John**; || дурачекъ, глупецъ, плутъ, бѣднякъ; || машинка для сниманія сапогъ; козлы, рычагъ, вертелъ; (мор.) тали; цѣль (въ игрѣ въ шары); || (ихт.) молодая щука; || кожаная куртка. — **a-dandy**, щеголь, франтикъ. —**a-lantern**, блуждающій огонь. **Lifting —** подъемный кранъ. — **-boots**, ботфорты. — **knife**, большой складной ножъ. — **-plane**, рубанокъ, стругъ. — **-pudding**, шутъ, паяцъ. — **-tar**, старый морякъ. — **-towel**, длинное накатное полотенце.
Jackal (*джăк'-ăл*) s. (зоол.) шакалъ.

Jackanapes (*джäк' - ä - нэпс*) s обезьяна; || щеголь, фатъ
Jackass (*джäк'-ас*) s осликъ, оселъ; || *глупецъ.
Jackdaw (*джäк'-доо*) s.(орн.)галка
Jacket (*джäк'-ет*) s. куртка, жакетъ.
Jacobin (*джäк'-о-бин*) s.якобинецъ
Jacobite (*джäк'-о-байт*) s якобитъ.
Jacob's-ladder (*джä'-кобз-лäд-ер*) (мор.) трапъ, стремянка.
Jacob's-staff (*джä'-кобз-стаф*) s. трость съ кинжаломъ; пилигримскій посохъ;(мор.)градштокъ.
Jaconet (*джäк'-о-нет*) s. жаконетъ (матерія).
Jactation (*джäк-тэ'-шён*), **Jaculation** (*джäкь-ю-лэ'-шён*) s. бросаніе, метаніе, пусканіе.
Jaculate (*джäкь'-ю-лэт*) va. бросать, метать, пускать
Jaculatory (*джäкь'- ю - лä-тö-ри*) adj. бросательный, метательный.
Jade (*джед*) s. кляча, одеръ; || распутная женщина; старая женщина, старая шельма; || va. vn. утомлять, докучать; унывать; падать духомъ
Jadish (*джэк'-иш*) adj. дурной, испорченный (*о лошади*); || порочный, распутный, истаскавшійся.
Jag (*джäг*) s. охапка сѣна, мѣшокъ овса.
Jagg (*джäг*) s. зубецъ (у пилы); зазубрина; || va. нарѣзывать зубцы, зазубривать
Jaggy (*джäг'-ги*) adj зазубренный; зубчатый.
Jaguar (*джäгь-ю-ар'*) s. (зоол.) ягуаръ
Jail (*джел*) s. тюрьма — **-bird**, висѣльникъ. — **-keeper**, тюремщикъ.
Jailer (*джэл'-ер*) s. тюремщикъ
Jakes (*джэкс*) s. отхожее мѣсто, нужникъ.
Jalap (*джäл'-ап*) s. (бот.) ялапа.
Jam (*джäм*) s. мармеладъ, вареніе || va давить, жать,сжимать; мять, топтать
Jamb (*джäм*) s. косякъ (у дверей); подпорка.
Jane (*джен*) prp Іоанна (f.) || s. тикъ, сатинъ.
Jangle (*джäн'-гл*) va. vn. нестройно звучать, рознить; || ссориться, спорить; || s. ссора, споръ.
Jangler (*джäн'-глер*) s. спорщикъ, задира.
Janitor (*джäн'-и-тор*) s. привратникъ.
Janizary (*джäн'-и-зä-ри*) s. янычаръ
January (*джäнь'-ю-ä-ри*) s. январь.
Japan (*джä-пäн'*) prp (геогр.) Японія; || s. лакъ; || adj японскій; || лакированный; || va. покрывать лакомъ
Japanese (*джäп-ä-низ'*) adj. японскій; || s. японецъ, -нка; || японскій языкъ
Japanner (*джä-пäн'-нер*) s. лакировщикъ.
Jar (*джар*) s. дрожаніе, колебаніе, вибрація, дребезжаніе; || ссора, раздоръ; || кувшинъ, кружка. **To be on the —, to be ajar,** быть полуоткрытымъ; || vn. дрожать, сотрясаться; дребезжать; || ссориться; || va. сотрясать, колебать.
Jargon (*джар'-гон*) s. говоръ; нарѣчіе, жаргонъ.
Jarring (*джар'-ринг*) s. дрожаніе, колебаніе, вибрація; дисгармонія; || *ссора, раздоръ. || adj. несогласный, противоположный; трепещущій. — **interests**, противоположные интересы. **A — sound**, несогласный звукъ.
Jasmin (*джäс'-мин*) s. (бот.) жасминъ
Jasper (*джäс'-пэр*) s. (мин.) яшма.
Jaundice (*джан'-дис*) s. (мед.) желтуха
Jaunt (*джант*) s. прогулка, поѣздка; || vn бродить; прогуливаться, кататься.
Jauntiness (*джан'-ти-нес*) s. веселость, легкость, живость, миловидность.
Jaunty (*джан'-ти*) adj. веселый, живой, миловидный
Javelin (*джäв'-лин*) s. дротикъ.
Jaw (*джо'о*) s. челюсть; || **—s**, s. pl. ротъ, пасть, зѣвъ; || тиски, клещи. **In the —s of death**, въ когтяхъ смерти
Jay (*джей*) s. (орн.) сойка.
Jealous (*джел'-ёс*) adj ревнивый, завистливый; подозрительный. бдительный, заботливый
Jealously (*джел'-ёс-ли*) adv ревниво, завистливо; подозрительно; заботливо
Jealousy (*джел'-ёс-и*) s. ревность, зависть; мнительность, подозрительность, недовѣрчивость.
Jeer (*джир*) va. vn. насмѣхаться, смѣяться, глумиться, осмѣивать, язвить; || s. насмѣшка, осмѣяніе.
Jeerer (*джир'-ер*) s насмѣшникъ, зубоскалъ.
Jehovah (*джи-хо'о-ва*) s Егова, Богъ.
Jejune (*джи-джюн'*) adj. голодный; пустой, безплодный, сухой; бѣдный
Jejuneness (*джи-джюн'-нес*) s. бѣдность, скудость;безплодность.
Jelly (*джел'-ли*) s. желе, студень.
Jenny (*джен'-ни*) s. прядильная машина; || **Mule —**, тонкопрядильная машина; || prp. уменьш. отъ Іоанна.
Jeopard (*джеп'-ард*), **Jeopardize** (*джеп'- ард - айз*) va. рисковать, подвергать опасности.

Jeopardous (*джеп'-ард-ос*) adj. отважный; опасный.
Jeopardy (*джеп'-ард-и*) s. опасность, рискъ.
Jerboa (*джер'-бо-я*) s. табарганъ (грызунъ).
Jeremiade (*джер-и-май'-ăд*) s. постоянныя жалобы, сѣтованія.
Jerk (*джöрк*) va. vn. бросать, кидать, метать, толкнуть; ‖ рѣзать; ‖ s. толчокъ; дерганіе, прыжокъ; ударъ; ‖ *острота. **A — with the elbow**, ударъ локтемъ.
Jerkin (*джöр'-кин*) s. куртка, полукафтанье, камзолъ.
Jersey (*джöр'-зи*) npr. (геогр.) Джерсей; ‖ s. тонкая шерстяная пряжа и соотвѣтствующая рубашка.
Jest (*джест*) s. шутка, острота, посмѣшище; ‖ vn. шутить, насмѣхаться.
Jester (*джест'-ер*) s. шутникъ, насмѣшникъ; гаеръ.
Jestingly (*джест'-инг-ли*) adv. въ шутку, шутливо.
Jesuit (*джезь'-ю-ит*) s. іезуитъ.
Jesuitic (*джезь'-ю-ит'-ик*), **Jesuitical** (*джезь'-ю-ит-ик-ăл*) adj. іезуитскій; ‖ лицемѣрный, хитрый.
Jesuitism (*джезь'-ю-и-тизм*) s. іезуитство.
Jet (*джет*) s. бросаніе, метаніе; ‖ струя воды. ‖ (мин.) агатъ, черный янтарь; ‖ vn. выдаваться, выступать; встряхиваться; важничать, ходить гоголемъ.
Jetsam (*джет'-сăм*) **Jetson** (*джет'-сöн*) s. бросаніе въ море товаровъ во время бури.
Jetty (*джет'-ти*) adj. агатовый; черный какъ смоль; ‖ vn. выдаваться, выступать; ‖ s. выступъ (зданія); плотина, гать.
Jew (*джю, джу*) s. жидъ, еврей. **—'s harp**, (муз.) варганъ.
Jewel (*джу'-ел*) s драгоцѣнность, драгоцѣнный камень; ‖ va. украшать драгоцѣнными камнями.
Jeweller (*джю'-ел-ер*) s. ювелиръ, брилльянщикъ.
Jewelry (*джю'-ел-лер-и*) s. ювелирное искусство; драгоцѣнные камни.
Jewess (*джю'-ес*) s еврейка; жидовка.
Jewish (*джю'-иш*) adj. еврейскій, іудейскій.
Jezebel (*ежез'-и-бел*) s. мегера, злая женщина.
Jib (*джиб*) s. (мор.) кливеръ. **Flying —**, бомъ-кливеръ.
Jiffy (*джиф'-фи*) s. мигъ, мгновеніе ока.
Jig (*джиг*) s. жига (родъ танца и пѣсни); ‖ уловка; ‖ плясать жигу; хитрить. ‖ * дѣвка.
Jill (*джил*) s. молодая женщина;
Jilt (*джилт*) s. кокетка, вѣтреница; ‖ va. vn. кокетничать, вѣтреничать; обманывать.
Jimp (*джимп*) adj. красивый, пригожій, кокетливый.
Jingle (*джин'-гл*) s. и va. vn. см. Jingle.
Job (*джоб*) s. работа, трудъ, предпріятіе; сдѣлка (выгодная); дѣло; ударъ острымъ оружіемъ. **The — is over**, работа кончена. **To do the — for one**, убить кого. **That is a bad —**. это дурное дѣло. ‖ va. vn. поражать остріемъ, вонзать; нанимать на срокъ; работать поштучно, съ урка; барышничать.
Jobber (*джоб'-бер*) s. маклеръ, барышникъ. ‖ s. поденщикъ. **Stock —**, играющій на повышеніе цѣны на товаръ. **— -nowl**, болванъ, глупецъ.
Jockey (*джок'-эй*) s. жокей, ѣздокъ; ‖ * плутъ; ‖ va. плутовать, надувать.
Jocose (*джо-ко'ос*) adj. веселый, забавный, шутливый.
Jocosely (*джо-ко'ос-ли*) adv. весело, забавно, шутливо.
Jocular (*джокь'-ю-лăр*) adj. шутливый, забавный, веселый.
Jocularity (*джокь-ю-лăр'-и-ти*) s. шутливость, веселость.
Jocund (*джок'-öнд*) adj. веселый, живой.
Jocundly (*джок'-öнд-ли*) adv весело, живо.
Jocundness (*джок'-öнд-нес*), **Jocundity** (*джо-кöн'-ди-ти*) s. веселость, веселіе, радость.
Jog (*джог*) s. толчокъ, толчокъ локтемъ; ‖ помѣха, легкое препятствіе; ‖ va. толкать; трясти. ‖ vn двигаться, давая толчки; трястись; трусить. **To — along**, медленно идти.
Joggle (*джог'-гл*) vn. va толкать; пихать, трясти, потрясывать.
John (*джон*) s. (ихт.) доршъ, треска. **— dory**, златикъ (рыба); ‖ npr. Иванъ.
Join (*джойн*) va. соединять, присоединять, совокуплять, сплачивать; ‖ vn. соединяться, присоединяться; сходиться; быть сходнымъ.
Joinder (*джойн'-дер*) s. соединеніе, сочетаніе, союзъ.
Joiner (*джойн'-ер*) s столяръ.
Joinery (*джойн'-ер-и*) s. столярное ремесло.
Joining (*джойн'-инг*) s. соединеніе, связь, спай.
Joint (*джойнт*) s. суставъ. ‖ смычка, спай, пазъ, стыкъ, часть (мяса). **Out of —**, вывихнутый. **Elbow —**, локоть. ‖ adj соединенный, общій. **— property**, нераздѣльное имущество. **On — account**, на общій счетъ. **— heir**, сонаслѣдникъ. **— -stock**, акціонерный капиталъ **— -stool**, склад-

ной стулъ — -**tenancy**, владѣніе землей сообща || va vn соединять,-ся, сплачивать, || разнимать, разрѣзывать (по частямъ, по суставамъ)
Jointed (*джойнт'-ед*) adj. колѣнчатый, суставчатый
Jointly (*джойнт'-ли*) adv совокупно, сообща, заодно.
Jointress (*джойнт'-рес*) s. (юрид.) владѣтельница вдовьею частью
Jointure (*джойнтъ'-юр*) s. (юрид.) вдовья часть, || va. назначать вдовью часть
Joist (*джойст*) s. балка, перекладина, стропило; || va. класть балки.
Joke (*джо'ок*) s шутка. **A practical —**, злая шутка || va vn шутить, подшучивать.
Joker (*джо'ок-ер*) s шутникъ, насмѣшникъ.
Jole, Joll (*джо'ол*) s щека, ланита **Cheek by —**, рядомъ
Jollification (*джол-ли-фи-кэ'-шон*) s. увеселенія, забавы, праздникъ
Jollily (*джол'-ли-ли*) adv. весело, радостно
Jolliness (*джол'-лин-ес*) **Jollity** (*джол'-ли-ти*) s. веселіе, увеселеніе, празднество
Jolly (*джол'-ли*) adj. веселый, шумный, живой. — **-boat**, малое гребное судно.
Jolt (*джо'олт*) s. триска, толчокъ; || va vn давать толчки, трясти. — **-head**, болванъ, олухъ.
Jorden (*джор'-дн*) s. ночной горшокъ
Jostle (*джос'-л*) va. толкать, тормошить **To — a person out of a thing,** надуть кого-либо.
Jostling (*джос'-линг*) s. давка, толкотня.
Jot (*джот*) s. іота; || va. отмѣчать, [записывать.
Jotting (*джот'-инг*) s. отмѣтка, записка
Journal (*джŏр'-нăл*) s дневникъ, журналъ, вѣдомости.
Journalism (*джŏр'-нăл-изм*) s. журналистика.
Journalist (*джŏр' - нăл - ист*) s [журналистъ.
Journalize (*джŏр'-нăл-айз*) va. писать въ журналахъ; || va. вносить въ книгу (счетъ).
Journey (*джŏр'-ни*) s. путешествіе, поѣздка; день пути, день ѣзды; || vn. путешествовать.
Journeyman (*джŏр'-ни-мăн*) s. поденщикъ.
Joust (*джост*) s. vn. см. **Just.**
Jove (*джов*) s. Юпитеръ.
Jovial (*джо'о-ви-ăл*) adj. веселый, живой.
Jovialness (*джо'о-ви-ăл-нес*), **Joviality** (*джо-ви-ăл'-и-ти*) s. веселость, радость.
Jovially (*джо'о-ви-ăл-ли*) adv весело, живо
Jowl (*джо'ул*) щека, ланита.
Joy (*джой*) s радость, ликованіе; счастье **To wish one —**, поздравлять кого либо || vn. радоваться; || va. радовать, утѣшать, поздравлять.
Joyful (*джой'-фул*) adj. радостный, веселый.
Joyfully (*джой'-фул-ли*) adv. радостно, весело.
Joyfulness (*джой'-фул-нес*) s. радость, утѣха, веселіе.
Joyless (*джой'-лес*) adj невеселый, нерадостный; || печальный.
Joyous (*джой'-ос*) adj. веселый, радостный.
Joyousness (*джой'-ос-нес*) s веселіе, радость, утѣха.
Jubilant (*джю'-би-лант*) adj. ликующій.
Jubilation (*джю-би-лэ'-шон*) s. празднество; веселіе.
Jubilee (*джю'-би-ли*) s. юбилей.
Judaic (*джю-дэ'-ик*), **Judaical** (*джю-дэ'-ик-ăл*) adj. іудейскій.
Juddock (*джод'-док*) s. гаршнепъ, маленькій бекасъ.
Judge (*джодж*) s. судья; знатокъ; || va vn судить, оцѣнивать.
Judgeship (*джодж'-шип*) s. должность судьи.
Judgment (*джодж'-мент*) s. приговоръ, рѣшеніе, судъ; наказаніе, кара; || мнѣніе, сужденіе. || **To pass —**, произносить приговоръ.
Judicative (*джю'-ди-кэ-тив*) adj. судящій.
Judicatory (*джю'-ди-кă-тŏ-ри*) s. судъ, судилище; || adj. отправляющій правосудіе.
Judicature (*джю'-ди-кă-тьюр*) s. отправленіе правосудія; судъ
Judicial (*джю-диш'-ăл*) adj. судейскій, судебный
Judicially (*джю-диш'-ăл-и*) adv. судебнымъ порядкомъ
Judiciary (*джю-диш'-и-ер-и*) adj. судебный, судейскій.
Judicious (*джю-диш'-ос*) adj. разсудительный, справедливый.
Judiciously (*джю-диш'-ос-ли*) adv. разсудительно, справедливо
Judiciousness (*джю-диш'-ос-нес*) s. разсудительность.
Jug (*джŏг*) s. кружка, кувшинъ; || va. согрѣвать на кипящей водѣ. **Jugged hare**, заяцъ приготовленный на водяныхъ парахъ.
Juggle (*джŏг'-гл*) vn. фокусничать; || va vn обманывать, надувать; || фокусъ; обманъ.
Juggler (*джŏг'-глер*) s. фокусникъ, фигляръ; обманщикъ.
Jugglery (*джуг'-глери*) s. фокусничанье, плутовство.
Juggling (*джŏ'-глинг*) s. фокусни-

чаніе; || мороченіе, надувательство; плутня, обманъ
Jugular (*джю'-гью-лӑр*) adj. (анат.) яремный, шейный.
Juice (*джюис*) s. сокъ.
Juiceless (*джюс'-лес*) adj. безсочный, сухой.
Juiciness (*джю'-си-нес*) s. сочность
Juicy (*джю'-си*) adj. сочный
Jujube (*джю'-джуб*) s. (бот.) грудная ягода. [дительное питье
Julap (*джю'-лӑп*) s. (фарм.) прохла-
Julian (*джюл'-йӑн*) adj. юліанскій, || prp. Юліанъ.
July (*джю'-лай'*) s. іюль
Jumark (*джю'-марк*) s. ублюдокъ, помѣсь.
Jumble (*джо̆м-бл*) s. смѣшеніе, безпорядокъ, суматоха; || vn. перемѣшиваться
Jumbling (*джо̆м'-блинг*) s. смѣшеніе, безпорядокъ, шумъ
Jump (*джо̆мп*) vn. va. прыгать, скакать; || сходиться, соглашаться. **To — out of bed,** соскакивать съ постели. **To — up,** вскакивать. **To — at an offer,** спѣшить принятіемъ предложенія. **To — a ditch,** прыгать черезъ ровъ. || s. скачокъ, прыжокъ
Jumper (*джо̆мп'-ер*) s. прыгунъ, -нья, скакунъ, -нья.
Junction (*джо̆нк'-шо̆н*) s. соединеніе; сліяніе (рѣкъ).
Juncture (*джо̆нк'-чур*) s. обстоятельство, случай; || швовъ, пазъ
June (*джюдн*) s. іюнь.
Jungle (*джо̆н'-гл*) s. чаща, густой лѣсъ.
Junior (*джюн'-йо̆р*) adj. и s. младшій, меньшій.
Juniper (*джю'-ни-пер*) s. (бот.) можжевельникъ, верескъ
Junk (*джо̆нк*) s. (мор.) ворса; солонина; колода
Junket (*джо̆нк'-ет*) s. лакомство: пирушка; || vn. услаждать себя втихомолку; кутить. || va. угощать, давать пиры [рушка, кутежъ.
Junketting (*джо̆нк'-ет-инг*) s. пи-
Juno (*джю'-но*) s. prп. Юнона.
Junta (*джо̆н'-та*), **Junto** (*джо̆н'-то*) s. заговоръ (политическій).
Jupiter (*джю'-пи-тер*) prп. Юпитеръ.
Juratory (*джю'-рӑ-то̆-ри*) adj. **A — caution,** присяга на судѣ
Juridical (*джю-рид'-ик-ӑл*) adj. судебный, законный
Juridically (*джю-рид'-ик-ӑл-и*) adv. судебнымъ порядкомъ, законно
Jurisdiction (*джю-рис-дик'-шо̆н*) s. подвѣдомственность, юрисдикція.
Jurist (*джю'-рист*) s. юристъ.
Juror (*джю'-ро̆р*) s. присяжный; членъ жюри.
Jury (*джю'-ри*) s. судъ присяжныхъ, жюри **— box,** скамья присяжныхъ **— -man,** присяжный **— mast,** (мор.) временная, запасная мачта.
Just (*джо̆ст*) adj. справедливый, праведный, правдивый, точный. **A — cause,** справедливое дѣло. **— dealing,** добросовѣстность || adv. точно, именно, какъ разъ, совершенно, только что. **— enough,** достаточно. **That will — do,** это будетъ какъ разъ кстати. **— by here,** какъ разъ возлѣ чего, вотъ здѣсь у самаго. **That's — like him,** это на него похоже. **Let us — see,** обсудимъ, разсмотримъ. **I was — saying,** я только что говорилъ. **— say a word,** скажите лишь слово. **He has — gone,** онъ только что ушелъ.
Justice (*джо̆с'-тис*) s. справедливость; правота, правосудіе, || судья. **To demand —,** требовать правосудія. **The lord chief —** председатель суда. **— of the peace,** мировой судья
Justiciable (*джо̆с-тиш'-и-ӑ-бл*) adj. подсудный [судья.
Justiciary (*джо̆с-тиш-и-ӑ-ри*) s.
Justifiable (*джо̆с'-ти-фай-ӑ-бл*) adj. могущій быть оправданнымъ; || законный, справедливый.
Justification (*джо̆с'-ти-фи-кэ'-шо̆н*) s. оправданіе; защита (на судѣ).
Justificative (*джо̆с'-ти-фи-кэ-тив*) adj. оправдательный, доказывающій невиновность
Justifier (*джо̆с'-ти-фай-ер*) s. оправдатель
Justify (*джо̆с'-ти-фай*) va. оправдывать; защищать, (тип.) уравнивать (шрифтъ).
Justle (*джо̆с'-л*) vn. сталкиваться, наталкиваться || va. **— off, out,** выталкнуть, толкнуть; || s. толчокъ. [во; точно
Justly (*джо̆ст'-ли*) adv. справедли-
Justness (*джо̆ст'-нес*) s. точность, справедливость
Jut (*джо̆т*) vn. выдаваться, выступать, || s. выступъ.
Jute (*джют*) s. джутъ (индѣйская конопля).
Jutty (*джо̆т'-ти*) s. (арх.) выставка, выпуклость, выступъ, плотина, гать, дамба; || vn. см. **Jut.**
Juvenile (*джю'-вин-ил*) adj. юный, юношескій [юность, молодость.
Juvenility (*джю-ви-нил'-и-ти*) s.
Juxtaposited (*джо̆кс-та-поз'-ит-ед*) adj. смежный, соприкосновенный.
Juxtaposition (*джо̆кс-та-по-зиш'-о̆н*) s. соприкосновеніе, смежность

K

K (*кэй*) одиннадцатая буква англійской азбуки; *какъ сокращеніе:* **K.**, **Knight**, рыцарь, кавалеръ. **K. B.**, **Knight of the Bath**, кавалеръ ордена Бани.

Kale (*кэл*) s. (бот.) цвѣтная капуста. [кенгуру.

Kangaroo (*кан-га-ру'*) s. (зоол.)

Kaw (*ко'о*) s. карканіе.

Keckle (*кек'-л*) va. (мор.) класть клетень, мать на канатъ.

Kecksy (*кек'-си*) s. сухіе стебли и сучья; сухая трава.

Kedge (*кедж*) va. vn. (мор.) верповать, -ся; идти по заводу; || s. верпъ.

Keel (*кил*) s. (мор.) киль; || vn. бороздить море, плавать; килевать. — **boat**, габара (грузовое судно).

Keeling (*кил'-инг*) s. (ихт.) родъ трески.

Keen (*кин*) adj. острый; рѣзкій, пронзительный; пылкій, живой. **To look** —, имѣть расторопный видъ. **A — appetite**, сильный аппетитъ. — **wind**, рѣзкій вѣтеръ. **A — remark**, тонкое замѣчаніе. —**-eyed**, имѣющій острое зрѣніе.

Keenness (*кин'-нес*) s. острота; рѣзкость, пронзительность; ѣдкость, колкость; жадность; пронзительность; пылкость.

Keep (*кип*) va. держать, содержать; имѣть, вести; || содержать, снабжать; сохранять, беречь; соблюдать; производить, дѣлать. **To — a school, a shop**, держать школу, лавку. **To — one's word**, сдержать слово. **To — accounts**, вести счета. **To — cattle**, пасти скотъ. **To — silence**, хранить молчаніе. **To — one's counsel**, блюсти тайну. **To — one's bed**, лежать въ постели. **To — peace**, хранить миръ. **To — in motion**, поддерживать въ движеніи. **To — a farm**, обрабатывать ферму. **To — a carriage, servants**, держать экипажъ, прислугу. **To — countenance**, хранить внѣшнее приличіе. **To — company**, поддерживать компанію. **To — company with**, водить знакомство съ кѣмъ. **To — the laws**, соблюдать законы. **To — a wedding**, праздновать свадьбу. **To — good hours**, возвращаться рано домой. **To — time**, (муз.) соблюдать тактъ **To — from danger**, предохранять отъ опасности. **I will not — you long**, я долго не задержу васъ. **To — away**, держать въ отдаленіи **To — back**, держать на задахъ, припрятывать. **To — by**, держать въ резервѣ. **To — down**, опускать внизъ. **To — from**, удалять удерживать. **To — in**, держать взаперти **To — boys in school** удерживать учениковъ въ школѣ. **To — off**, удалять. **To — on**, сохранять. **To — out**, держать внѣ **To — to**, придерживать. **To — under**, держать подъ; укрощать **To — up**, поднимать; поддерживать; || vn. держаться, оставаться, быть, жить, сохраняться, сберегаться; || va. vn. (мор.) держать, -ся. **To — well with a person**, сохранять хорошія отношенія съ кѣмъ **To — quiet**, сохранять спокойствіе. **The meat will not —**, мясо не сохранится. — **where you are**, оставайтесь тамъ, гдѣ находитесь. **To — along**, идти по какому либо пути. **To — aloof**, держаться въ сторонѣ. **To — at home**, оставаться дома. **To — away**, оставаться въ сторонѣ; удаляться. **To — back**, сдерживаться; отступать. **To — in**, оставаться у себя. **To — in with**, оставаться въ хорошихъ отношеніяхъ съ кѣмъ. **To — off**, держаться въ сторонѣ. **To — on**, продолжать, придерживаться чего либо. — **on straight forward**, идти прямо впередъ. **To — out of the way**, уступать дорогу. **To — to**, придерживаться — **to it**, держитесь за это. **To — up**, бодрствовать; сопротивляться. **To — with**, оставаться съ кѣмъ. **To — within**, оставаться внутри, у себя. || s. держаніе; || охрана, опека, защита; || башня, крѣпость; || состояніе, положеніе; || содержаніе, прокормленіе.

Keeper (*кип'-ер*) s. содержатель; держатель; хранитель, смотритель, сторожъ.

Keeping (*кип'-инг*) s. храненіе, присмотръ, охрана; содержаніе, прокормленіе; держаніе, удержаніе; гармонія, соотвѣтственность частей. **In God's —**, въ произволеніи Божьемъ. **Not to be in —**, быть въ несогласіи

Keepsake (*кип'-сэк*) s. подарокъ на память; кипсэкъ.

Keg (*кег*) s. маленькая бочка.

Kelp (*келп*) s. невыдѣланная сода.

Ken (*кен*) va. знать, понимать, узнавать, усматривать; || s. зрѣніе, познаніе, кругозоръ.

Kennel (*кен'-нел*) s. конура; нора, логовище; свора собакъ; || жолобъ (для стока воды), лужа; || vn лежать въ конурѣ, въ норѣ.

Kentledge (*кентʼ-леджс*) s (мор.) чугунныя баластины.
Kerchief (*кöрʼ-чив*) s. головной платокъ. [выемка.
Kerf (*кöрф*) s. зарубка, вырубка,
Kern (*кöрн*) s. ирландскій пѣхотинецъ: мужикъ, бродяга. || vn. образовываться въ зерно.твердѣть
Kernel (*кöрнʼ-ел*) s. ядро, зерно; || vn. образовываться въ зерно
Kernelly (*кöрнʼ-ел-и*) adj зернистый; зернообразный
Kersey (*кöрʼ-зи*) s. родъ шерстяной матеріи. [га.
Kestrel (*кесʼ-трел*) s.(орн.)пустельга.
Ketch (*кеч*) s. кечъ (судно).
Kettle (*кетʼ-тл*) s. котелъ. **Tea —**, чайникъ. **— drum**, литавра **— drummer**, литаврщикъ.
Key (*ки*) s. ключъ; чека, клинъ,закрѣпка, крючокъ. **To be under lock and —**, быть запертымъ, подъ замкомъ. **— -board**, клавіатура. **— note**, (муз.) тоника. **— stone**, (арх.) сводный камень.
Keyage (*киʼ-эджс*) s. пристанныя деньги.
Khan (*кан*) s. ханъ.
Kibe (*кайб*) s. трещина на кожѣ, шелушеніе кожи.
Kick (*кик*) va. ударять, толкать ногою,. давать пинки; лягать. **To — out**, выгнать пинками. **To — the bucket**, * умирать. **To — up a dust**, подымать ногами пыль. || vn. брыкаться, лягаться. **To — at**, отталкивать. || s. ударъ, толчокъ ногою, пинокъ, ляганіе; отдача **— up**, шумъ, суматоха.
Kicker (*кикʼ-ер*) s. дающій пинка; брыкающійся.
Kickshaw (*кикʼ-шоо*) s. пустяки, бездѣлка; рагу.
Kid (*кид*) s. козленокъ; кожа козленка. **— gloves**, перчатки изъ кожи козленка; || корзинка для сухарей); вязанка, пукъ (прутьевъ). || va. vn. козлиться; || дѣлать вязанку хворосту.
Kiddow (*кидʼ-доу*) s. (орн.) кайра.
Kidnapper (*кидʼ-нäп-ер*) s. похититель (людей).
Kidnapping (*кидʼ-нäп-инг*) s. похищеніе, увозъ (людей, дѣтей).
Kidney (*кидʼ-ни*) s. (анат.) почка; || * закалъ, характеръ, свойство. **— -bean**, турецкій бобъ.
Kilderkin (*килʼ-дер-кин*) s. полубоченокъ.
Kill (*кил*) va. убивать, умерщвлять. **To — by inches**, понемногу умерщвлять. **To — two birds with one stone**, убить двухъ зайцевъ съ одного выстрѣла.
Killer (*килʼ-ер*) s. убійца.
Kiln (*кил*) s. печь; калильная печь. **— -dry**, сушить въ печи.

Kilogram (*килʼ-о-грäм*) s килограммъ [ча литровъ.
Kilolitre (*килʼ-о-ли-тöр*) s тыся-
Kilometre (*килʼ-о-ми-тöр*) s километръ
Kilt (*килт*) s. юбка (шотландская)
Kimbo (*кимʼ-бо*) adj согнутый. **To set one's arms a -kimbo**, подбочениться.
Kin (*кин*) s родственникъ, -ница; родня, родство; связь, сходство. **Next of —**, ближайшій родственникъ. || adj. родственный,сходный
Kind (*кайнд*) s родъ, разрядъ, сортъ; || натура, произведеніе; наклонность, характеръ. **The human —**, родъ человѣческій. **A different — of plant**, различные сорта растеній. **To pay in —**, платить натурою, произведеніями. **All —s of books**, различнаго рода книги. || adj. (съ **to**) добрый, ласковый, любезный **To be — to a person**, быть добрымъ къ кому. **Be so — as to**, будьте столь добры **— -hearted**, добросердечный. **— -heartedness**, добросердечіе.
Kindle (*кинʼ-дл*) va. vn. зажигать, воспламенять, -ся; возгораться, воспаляться; горѣть; || возбуждать (гнѣвъ, страсть).
Kindliness (*кайндʼ-ли-нес*) s. благосклонность, доброта.
Kindly (*кайндʼ-ли*)adj. однородный; || добрый, ласковый; || adv. ласково, любезно, благосклонно, успѣшно.
Kindness (*кайндʼ-нес*) s. доброта, доброжелательность, кротость; услуга, дружба; любезность.
Kindred (*кинʼ-дред*) s. родство; родня, родные, родственники; близкіе; || сродство, однородность; || adj. родственный; сродный.
Kine (*кайн*) s. pl. коровы.
King (*кинг*) s. король. **—'s -bench**, судъ королевской скамьи. **— 's -evil**, золотуха. **— -fisher**, зимородокъ (птица); || va. сдѣлать королемъ; накрыть доведь (въ игрѣ въ шашки).
Kingcraft (*кингʼ-крафт*) s. искусство править народомъ.
Kingdom (*кингʼ-дöм*) s. королевство; царство. **The animal —**, животное царство.
Kinglet (*кингʼ-лет*), **Kingling** (*кингʼ-линг*) s. царекъ.
Kinglike (*кингʼ-лайк*) adj. королевскій, царскій.
Kingly (*кингʼ-ли*) adj. королевскій, царскій; || adv. по-королевски.
Kingship (*кингʼ-шип*) s. королевское достоинство.
Kink (*кинк*) s. припадокъ кашля, смѣха; || (мор.) кеньга; колышка.

Kinsfolk (*кинз'-фоок*) s. родственники, родные.
Kinsman (*кинз'-мăн*) s. родственникъ. [ственница.
Kinswoman (*кинз'-уум-ăн*) s. род-
Kiosk (*ки-оск'*) s. кіоскъ, бесѣдка.
Kipper (*кип'-пер*) va. солить, сушить (рыбу); || s. лосось, семга во время метанія икры. [ландіи.
Kirk (*кŏрк*) s. церковь (въ Шот-
Kirtle (*кŏр'-тл*) s. верхняя одежда; плащъ; женское платье, юбочка.
Kirtled (*кŏр'-тлд*) adj. и s. носящій верхнюю одежду, юбочку.
Kiss (*кис*) va. vn. цѣловать, лобзать, -ся; ласкать. **To — one's hand to,** посылать воздушный поцѣлуй; || s. поцѣлуй.
Kissing (*кис'-инг*) s. цѣлованіе.
Kit (*кит*) s. бутыль; ведро; карманная небольшая скрипка; ноша, грузъ; снаряженіе; аммуниція, наборъ инструментовъ.
Kitchen (*кич'-ен*) s. кухня, поварня.— **-garden,** огородъ. — **-maid,** судомойка. — **-range,** англійская кухонная печь.
Kite (*кайт*) s. (орн.) коршунъ; || * жадный человѣкъ.
Kith (*кизс*) s. знакомые, близкіе.
Kitten (*кит'-тн*) s. котенокъ; || vn. котиться.
Klick (*клик*) vn. стучать потихоньку.
Knab (*нăб*) va. грызть, кусать; хватать зубами.
Knack (*нăк*) s. дѣтская игрушка, бездѣлка; || сноровка, ловкость. **He has caught the — of it,** онъ пріобрѣлъ эту сноровку. || vn. трещать, хрустѣть; щелкать.
Knag (*нăг*) s. сукъ, наростъ (на деревѣ); вѣшалка; отпрыскъ оленьяго рога.
Knaggy (*нăг'-ги*) adj. сучковатый; || неровный.
Knap (*нăп*) s. наростъ (на деревѣ); || va. vn. кусать, откусывать; грызть; ломать, трещать, щелкать. [сумка.
Knapsack (*нăп'-сăк*) s. ранецъ,
Knapweed (*нăп'-уид*) s. (бот.) бѣлолистъ, василекъ.
Knarl (*нарл*) s. сукъ, наростъ (на деревѣ).
Knave (*нев*) s. плутъ, мошенникъ, бездѣльникъ; валетъ (въ картахъ). [мошенничество.
Knavery (*нэв'-ер-и*) s. плутовство.
Knavish (*нэв'-иш*) adj. плутовской, мошенническій.
Knavishness (*нэв'-иш-нес*) s. см. **Knavery.** [(тѣсто).
Knead (*нид*) va. мѣсить, валять
Kneading (*нид'-инг*) s. мѣшеніе (тѣста). — **-trough,** квашня.
Knee (*ни*) s. колѣно. **To bend the — to,** склонять колѣна. — **-cap,** наколѣнникъ. — **-deep,** доходящій до колѣнъ. — **jointed,** колѣнчатый; — **-pan,** (анат.) колѣнная чашка.
Kneed (*нид*) adj. **In —,** имѣющій вогнутыя колѣни. **Out —,** имѣющій выгнутыя колѣна; || (бот.) колѣна; || (бот.) колѣнчатый.
Kneel (*нил*) vn. преклонять колѣна.
Knell (*нел*) s. звонъ по усопшемъ.
Knife (*найф*) s. ножъ, ножикъ: рѣзецъ; кинжалъ. **Clasp —,** складной ножъ. **Pen —,** перочинный ножъ. — **grinder,** точильщикъ. — **rest,** подставка для ножа и вилки. — **tray,** корзина для ножей.
Knight (*найт*) s. кавалеръ, рыцарь; конь (въ шахматахъ). — **errant,** странствующій рыцарь; || va. посвящать, принимать кого въ рыцари.
Knighthood (*найт'-худ*) s. рыцарское званіе.
Knightly (*найт'-ли*) adj. рыцарски; || adv. по-рыцарски.
Knit (*нит*) va. вязать (на спицахъ); плести; связывать, скрѣплять, соединять. **To — stockings,** вязать чулки. **To — one's hands,** сжимать кулаки. **To — one's brow,** хмурить брови.
Knitter (*нит'-тер*) s. вязальщикъ, -щица. [**needle,** спица.
Knitting (*нит'-тинг*) s. вязаніе. —
Knittle (*нит'-тл*) s. (мор.) ревантъ, плетенка.
Knob (*ноб*) s. горбъ, шишка, желвакъ, опухоль, опухоль; холмъ, бугоръ. **The — of a door,** ручка у двери.
Knobbed (*нобд*), **Knobby** (*ноб'-би*) adj. шишковатый, узловатый; холмистый.
Knock (*нок*) s. ударъ, стукъ. **Here was a —,** кто то постучался; || va. ударять, колотить, стучать. **To — one upon the pate,** ударить кого по головѣ. **To — down,** сшибать съ ногъ, сваливать. **To — in, into,** вколачивать, вбивать. **To — off,** сбивать; легко исполнить. **To — up,** подымать стуками, ударами, разбудить; || *изнучить, изнурить; || vn. стучать, -ся, ударяться, натыкаться. **To — under,** уступать, подчиняться, сдаваться.
Knocker (*нок'-ер*) s. тотъ, кто стучитъ; молотокъ, стукальце.
Knocking (*нок'-инг*) s. стукъ.
Knoll (*но'ол*) s. холмикъ, бугорокъ; || звонъ по усопшемъ: || va. звонить по усопшемъ; || vn. звенѣть.
Knot (*нот*) s. узелъ; бантъ; завязка; пучокъ; собраніе, кружокъ;

|| * узы, союзъ; затрудненіе. **The Gordian —**, гордіевъ узелъ. **A running —, slip —**, ходячій узелъ. **To tie a —**, завязать узелъ. **A — of friends**, кружокъ друзей. **Love —s**, узы любви. **To go ten —s an hour**, идти 10 узловъ въ часъ. **— -grass**, (бот.) спорышъ; || va. vn. завязывать, -ся узломъ, связывать, -ся; || соединять, запутывать; || (бот.) распускаться, распускать почки; || совокупляться.

Knotless (*нот'-лес*) adj. безъ узловъ. [тый; || запутанный.

Knotted (*нот-тед*) adj. узлова-

Knottiness (*нот'-ти-нес*) s. узловатость; || запутанность.

Knotty (*нот'-ти*) adj. узловатый, суковатый; запутанный, трудный.

Knout (*на'ут*) s. кнутъ, плеть.

Know (*но'у*) va. vn. знать, познавать, видѣть. **To —**, или **to — again**, узнавать. **To — by heart**, знать на память. **To — by sight**, знать по внѣшности. **To — for certain**, считать достовѣрнымъ. **Don't you — me?** развѣ вы не узнаете меня. **He —s how to read and write**, онъ умѣетъ читать и писать. **He —s better**, онъ хорошо знаетъ. [ваемый.

Knowable (*но'у-ā-бл*) adj. позна-

Knowing (*но'у-инг*) adj. знающій, свѣдующій, искусный; тонкій, хитрый.

Knowingly (*но'у-инг-ли*) adv. съ знаніемъ дѣла, сознательно.

Knowledge (*нол'-едж*) s. знаніе, познаніе; вѣдѣніе; свѣдѣніе; || искусство, ловкость; половое совокупленіе. **Without my —**, безъ моего вѣдома. **To the best of my —**, насколько я знаю. **To have no — of**, не имѣть о томъ никакихъ свѣдѣній.

Known (*но'ун*) adj. извѣстный, объявленный. **Thing —**, извѣстная вещь. **A — fact**, извѣстный фактъ.

Knuckle (*нŏк'-л*) s. суставъ (пальца); смыкъ, шалнеръ. || vn. уступать, поддаваться, подчиняться.

Knuckled (*нŏк'-лд*) adj суставчатый.

Kopeck (*ко'-пек*) s. копейка.

Koran (*ко'о-рāн*) s. коранъ.

L.

L (*эл*) двѣнадцатая буква англійской азбуки; какъ сокращеніе слова **pound**, фунтъ, фунтъ стерлинговъ; **L 3, 3 L**, три фунта.

La (*ла*) s. (муз.) нота ла.

Labefaction (*лāб-и-фāк'-шŏн*) s. ослабленіе, истощеніе, упадокъ.

Label (*лэ'-бел*) s. ярлыкъ, этикетка, пломба; шелковая лента (прикрѣпленная къ грамотѣ); (арх.) отливина; || va. привязывать, наклеивать ярлыкъ.

Labial (*лэ'-би-āл*) adj. губной; || s. (грам.) губная буква.

Laboratory (*лāб'-о-рā-тŏ-ри*) s. лабораторія.

Laborious (*лā-бо'о-ри-ŏс*) adj. трудолюбивый; трудный.

Laboriously (*лā-бо'о-ри-ŏс-ли*) adv. трудно, съ трудомъ, трудолюбиво.

Laboriousness (*лā-бо'о-ри-ŏс-нес*) s. трудолюбіе; трудность.

Labour (*лэ'-бŏр*) s. работа, трудъ; стараніе, усердіе; напряженіе, усиліе. **Hard —**, каторжныя работы; каторга. **— -pains**, муки при родахъ; || va. vn. трудиться, работать; разрабатывать (вопросъ), обрабатывать (землю); нести тяжесть, мучиться, страдать. **To — hard**, усердно трудиться. **To — under great difficulties** бороться съ затрудненіями. **To — under a mistake**, быть въ заблужденіи. **To — along, up**, съ трудомъ подвигаться, взбираться.

Labourer (*лэ'-бŏр-ер*) s. труженикъ; работникъ, рабочій, пахарь. **Day —**, поденщикъ. **Fellow —**, сотрудникъ.

Labouring (*лэ'-бŏр-инг*) adj. работающій. **A — man**, поденщикъ.

Laburnum (*лā-бŏр'-нŏм*) s. (бот.) альпійскій ракитникъ.

Labyrinthic (*лāб-и-ринсз'-ик*) adj. лабиринтовый; запутанный.

Lac (*лāк*) s. лакъ; лекъ (монета, знакъ, означающій сотню тысячъ)

Lace (*лэс*) s. шнурокъ; завязка, лента; галунъ; шевронъ; кружево; || * козни. **Bone —**, кружево. **Gold —**, шитье золотомъ. **Shoe —**, завязки для башмаковъ. **— -frame**, станокъ, пяльцы (для кружевъ); **— maker**, фабрикантъ кружевъ, кружевница. **— -man**, торговецъ кружевами; || шнуровать, привязывать; обшивать кружевами, тесьмою

Lacerate (*лāс'-ер-эт*) va. раздирать, разрывать; надрывать (сердце). [драніе, разрывъ.

Laceration (*лāс-ер-э'-шŏн*) s. раз-

Lache (*лāш*), **Laches** (*лāш'-ез*) s. (юрид.) небрежность.

Lachrymal (*лāк'-ри-мāл*) adj. (анат.) слезный.

Lachrymation (*лāк-ри-мэ'-шŏн*) s. проливаніе слезъ, плачъ.

Lachrymose (*лāк'-ри-моз*) adj. слезный, слезливый, плаксивый.

Lacing (*лэ'-синг*) s. шнурованіе;

обшиваніе кружевомъ; || веревка; шнуръ; (мор.) слаблинь.
Lack (*лäк*) s. недостатокъ, нужда, надобность; лишеніе. **For — of**, по недостатку чего, за неимѣніемъ чего. || va. vn. недостовать; испытывать недостатокъ, нуждаться. || **— a day**, interj. увы!
Lackadaisical (*лäк-ä-дэ'-зи-äк*) adj. сентиментальный.
Lackey (*лäк'-ей*) s. лакей; || va. vn. служить лакеемъ; угождать.
Laconic (*лä-кон'-ик*), **Laconical** (*лä-кон'-ик-äл*) adj. лаконическій, краткій.
Laconize (*лäк'-о-найз*) vn. выражаться лакомнически.
Lacquer (*лäк'-ер*) s. лакъ (для мѣди); || va. покрывать лакомъ, лакировать, глузурить.
Lactary (*лäк'-тä-ри*) s. молочная, сырня.
Lactation (*лäк-тэ'-шöн*) s. мкорленіе грудью.
Lacteal (*лäк'-ти-äл*) adj. млеконосимый, млечный.
Lactescense (*лäк-тес'-сенс*) s. молочность.
Lactescent (*лäк-тес'-сент*), **Lactiferous** (*лäк-тиф'-ер-öс*) adj. молочнистый.
Lactic (*лäк'-тик*) adj. (хим.) молочный.
Lactine (*лäк'-тин*) s. молочный сахаръ.
Lacuna (*лäкъ-ю'-нä*) s. пробѣлъ, пропускъ.
Lacustral (*лä-кос'-трäл*) adj. болотный; озерный.
Lad (*лäд*) s. молодой человѣкъ; юноша, отрокъ; (нар.) малый, парень. **Courage, my lads**, смѣлѣй, ребята!
Ladder (*лäд'-ер*) s. лѣстница.
Lade (*лэд*) va. vn. нагружать, -ся, грубить; || осыпать (похвалами); || черпать. **To — out**, вычерпывать.
Laden (*лэ'-дн*) adj. нагруженный; обремененный.
Lading (*лэд'-инг*) s. нагрузка; грузъ, кладь. **Bill of —**, (торг.) коносаментъ.
Ladle (*лэ'-дл*) s. большая суповая ложка; черпакъ, ковшикъ; || va. черпать.
Lady (*лэ'-ди*) s. госпожа, дама, леди; || жена, супруга. **My —**, сударыня, милостивая государыня. **A young —**, дѣвица, барышня. **— -bird**, (зоол.) божья коровка. **— day**, Благовѣщеніе. **— love**, возлюбленная, предметъ страсти. **—'s -seal**, (бот.) водогонъ, дѣвичій корень. **—'s -slipper**, (бот.) марьинъ башмачекъ. **—'s -mock**, (бот.) сердечникъ луговой.
Ladylike (*лэ'-ди-лайк*) adj. подобный, свойственный дамѣ.
Ladyship (*лэ'-ди-шип*) s. почетное наименованіе жены лорда.
Lag (*лäг*) adj. и s. послѣдній, отсталый, запоздалый; низшій классъ народа; || чернь, осадокъ; бракъ. || vn. отставать, запаздывать; мѣшкать; тащиться.
Lagger (*лäг'-гер*) s. мямля, копунъ.
Lagging (*лäг'-гинг*) adj. остающій, мѣшкотный.
Laggingly (*лäг'-инг-ли*) adv. медленно.
Lagoon (*лä-гун'*) или **Lagune**, s. лагунъ.
Laic (*лэ'-ик*) s. міряниннъ; || adj. мірской, свѣтскій.
Laical (*лэ'-ик-äл*) міряниннъ; || adj. мірской, свѣтскій.
Laid (*лэд*) part. pa. отъ **Lay**; положенный. **New — eggs**, свѣжія яйца. **— paper**, линованная бумага.
Lair (*лэр*) s. логовище, берлога, нора; ложе; привалъ; пастбище.
Laird (*лэрд*) s. (шотл.) вельможа, лордъ.
Laity (*лэ'-и-ти*) s. міряне (pl.)
Lake (*лэк*) озеро; || баканъ (краска).
Lama (*лэ'-ма*) s. лама (жрецъ и животное).
Lamb (*лäм*) s. ягненокъ; (библ.) агнецъ. **—'s -lettuce**, s. (бот.) валерьяна. **—'s -wool**, первая овечья шерсть, поярокъ.
Lame (*лэм*) adj. хромой, увѣчный, убогій; || неполный; плохой; съ изъяномъ. **— of one hand**, безрукій. **— duck**, неисправный плательщикъ. || va. уродовать, калѣчить; искажать.
Lamellar (*лäм'-ел-лäр*) adj. пластинчатый, слоистый.
Lamellate (*лäм'-ел-лэт*), **Lamellated** (*лäм'-ел-лэ-тед*) adj. пластинчатый.
Lamely (*лэм'-ли*) adv. хромая, прихрамывая; || съ изъяномъ.
Lameness (*лэм'-нес*) s. хромота; увѣчье; || неудовлетворительность
Lament (*лу-мент'*) s. плачъ, рыданія, сѣтованія; || va. vn. горевать, плакать, сѣтовать, оплакивать.
Lamentable (*лäм'-ен-ä-бл*) adj. плачевный, жалкій.
Lamentably (*лäм'-ен-ä-бл-и*) adv. плачевно, жалко.
Lamentation (*лä-мен-тэ'-шöн*). s. плачъ, вопль, рыданія.
Lamia (*лэ'-ми-а*) s. (миө.) ламія; вѣдьма; акула (рыба).
Lamina (*лäм'-и-на*) s. пластина; листъ (металлическій); бляха; мочка (уха); (бот.) лопасть (листа).
Laminar (*лäм'-и-нäр*) adj. состоящій изъ пластинокъ, изъ листьевъ; слоистый.
Lamp (*лäмп*) s. лампа лампада; ||

свѣтъ. **Safety —**, предохранительная лампа. **— -black**, копоть, сажа. **— lighter**, фонарщикъ. **— shade**, абажуръ. **— post**, фонарный столбъ. **— stand**, подножка у лампы.
Lampoon (*лäм-пун'*) s. пасквиль, сатира; || va. писать пасквили.
Lampooner (*лäм-пун'-ер*) s. сочинитель пасквилей, сатиръ.
Lamprey (*лäм'-прей*) s.(ихт.)вьюнь, минога.
Lanate (*лэ'-нэт*), **Lenated** (*лэ'-нэтед*) adj. (бот.) опыленный, пушистый.
Lance (*лäнс*) s. пика, копье, дротикъ; || va. пронзить, проколоть (копьемъ); прорѣзывать (ланцетомъ).
Lancer (*лäн'-сер*) s. копьеносецъ.
Lancet (*лäн'-сет*) s. (хир.) ланцетъ; (арх.) стрѣлка свода.
Lancinate (*лäн'-си-нэт*) va. раздирать; (мед.) колоть, дергать причинять колотье.
Land (*лäнд*) s. земля; || почва, грунтъ; || помѣстье, владѣнія. **Native —**, отечество, отчизна, родина. **Main —**, материкъ, континентъ. **Pasture —**, пастбище. **To go by —**, ѣхать сухимъ путемъ. **To buy —**, купить землю. **To make the —**, пристать къ берегу. **To keep the — aboard**, держаться берега. **To know how the — lies**, * быть въ курсѣ дѣла. **— -agent**, управляющій.— **-force**, сухопутное войско. **— -fall**, неожиданное получение помѣстья; усмотрѣніе берега. **— -holder**, **— owner**, землевладѣлецъ. **— measurer**, землемѣръ.— **surveying**, измѣреніе земли. **— surveyor**, землемѣръ, межевщикъ. || va. выгружать (товары); высаживать (людей); || vn. сходить на берегъ.
Landed (*лäнд'-ед*) adj. приставшій къ берегу; || поземельный, помѣстный. **— interest**, недвижимое земельное имущество. **— property**, имѣніе. **— security**, закладная на имѣніе.
Landing (*лäнд'-инг*) s. высадка, выгрузка (на берегъ). **— place**, пристань; площадка(на лѣстницѣ). **— -stage**, пароходная пристань.
Landlady (*лäнд'-лэ-ди*) s. владѣтельница замка; помѣщица, содержательница гостинницы.
Landless (*лäнд'-лес*) adj. безземельный.
Landlock (*лäнд'-лок*) va. окружать, ограждать, обносить землею.
Landloper (*лäнд'-ло-пер*) s. бродяга; морякъ прѣсной воды.
Landlord (*лöнд'-лорд*) s. владѣлецъ замка; помѣщикъ; содержатель гостинницы.
Landscape (*лäнд'-скэп*) s. пейзажъ; видъ. **— painter**, пейзажистъ.
Landslide (*лäнд'-слайд*), **Landslip** (*лäнд'-слип*) s. обвалъ (въ горахъ).
Landsman (*лäндз'-мäн*) s. землякъ; житель континента
Landward (*лäнд'-уäрд*) adv. къ берегу.
Lane (*лэн*) s. тропинка между изгородью; проходъ; переулокъ.
Language(*лäн'-гуäдж*)s.языкъ, нарѣчіе; рѣчь. **The English —**, англійскій языкъ. **Dead —**, мертвый языкъ.
Languid (*лäнг'-гуид*) adj. немощный, безсильный; безжизненный; томный; || вялый, медленный.
Languidly (*лäнг'-гуид-ли*) adv. немощно, безсильно; безжизненно; томно; || вяло, медленно.
Languidness (*лäнг'-гуид-нес*) s. безжизненность; вялость; томленіе.
Languish (*лäг'-гуиш*) vn. чахнуть, изнемогать; вянуть.
Languishing (*лäг'-гуиш-инг*) s. изнуреніе; || adj. изнуряющій.
Languishingly (*лäнг'-гуиш-инг-ли*) adv. томно, изнуряюще.
Languishment(*лäнг'-гуиш-мент*), **Languor** (*лäнг'-гуöр*) s. безсиліе.
Languorous (*лäнг'-гуöр-öс*) adj. томный; слабый.
Laniferous (*лä-нифʼ-ер-öс*), **Lanigerous** (*лä-ниджʼ-ер-öс*) adj. шерстоносный.
Lank (*лäнк*) adj. мягкій, дряблый, тощій, обвислый. **— hair**, гладкіе волосы.**To grow —**, худѣть.
Lankly (*лäнк'-ли*) adv. скудно, плохо, слабо.
Lankness (*лäнк'-нес*) s. сухощавость, худощавость.
Lanner (*лäн'-нер*), **Lannereret** (*лäн'-ер-ет*) s. (орн.) родъ сокола.
Lansquenet (*лäнс'-ке-нет*) s. пѣхотинецъ.
Lantern (*лäн'-терн*) s. фонарь; маякъ. **Dark —**, потаенный фонарь; || (арх) башенка, бельведеръ. **— -jaws**, впалыя щеки.
Laniginous (*лä-нью'-джи-нöс*) adj. покрытый пухомъ.
Lanyard (*лäнь'-ярд*) s. (мор.) талрепъ, свизень, тали.
Lap (*лäп*) s. полы, фалды, сгибы, складки (платья) ;мочка (уха); || колѣни;лоно,нѣдра(земли); || шерсть, руно; скатерть; || va. складывать, свертывать, обворачивать, обвязывать, окутывать; загибать. || vn. **To — on, — over**, лежать надъ чѣмъ; || лакать, лизать.
Lap-dog (*лäп'-дог*) s. дамская со-

бачка, болонка.
Lapel (*лä-пел'*) s. отворотъ, обшлагъ (на платьѣ).
Lapidary (*лäп'-и-дä-ри*) s. гранильщикъ; || adj. надгробный, лапидный (слогъ).
Lapidescence (*лäп-и-дес'-сенс*) s. окаменѣніе.
Lapidify (*лä-пид'-и-фай*) va. vn. окаменѣть; каменѣть.
Lapis (*лэ'-пис*) s. камень. — **lazuli**, лазурный камень.
Lapland (*лäп'-лäнд*) npr. (геог.) Лапландія.
Laplander (*лäп'-лäнд-ер*) s. лапландецъ, -ндка.
Lappet (*лäп'-ет*) s. лопасть, завязка (чепца).
Lapse (*лапс*) s. теченіе, ходъ; промежутокъ, переходъ; паденіе; ошибка, уклоненіе; вина; || vn. протекать, проходить; падать (нравственно).
Lapsing (*лäп'-синг*) s. см. **Lapse.**
Lapwing (*лäп'-уинг*) s. (орн.) пигалица.
Larceny (*лар-си-ни*) s. воровство, кража.
Larch (*ларч*) s. (бот.) лиственница.
Lard (*лард*) s. топленое свиное сало; мазь, жиръ; шпекъ. || va. шпиковать, утучнять; поливать жаркое. **To — with wit,** украшать остроуміемъ.
Larder (*лард'-ер*) s. кладовая, чуланъ.
Larderer (*лард'-ер-ер*) s. ключникъ.
Larding-pin (*лард'-инг-пин*) s. шпиковка.
Large (*лардж*) adj. большой, обширный; просторный, широкій; || щедрый, обильный. **To talk —,** говорить фразами. **At —,** на просторѣ; вольно, съ удобствомъ.
Largely (*лардж'-ли*) adv. широко просторно; подробно, щедро.
Largeness (*лардж'-нес*) s. величина, обширность; широта.
Largess (*лар'-джес*) s. щедроты, даръ.
Lariat (*лäр'-и-äт*) s. родъ аркана.
Lark (*ларк*) s. (орн.) жаворонокъ; || * рѣзвость, шалость; || vn. шутить.
Larmier (*лар'-ми-ер*) s. (арх.) отливина.
Larva (*лар'-ва*) s. личинка (у насѣкомыхъ).
Larvated (*лар'-вэ-тед*) adj. въ маскѣ, замаскированный.
Laryngitis (*лäр-ин-джай'-тис*) s. (мед.) ларингитъ.
Larynx (*лäр'-инкс*) s. (анат.) гортань.
Lascivious (*лäс-сив'-и-ôс*) adj. похотливый, сладострастный.
Lasciviously (*лäс-сив'-и-ôс-ли*) adv. похотливо, сладострастно.
Lasciviousness (*лäс-сив'-и-ôс-нес*) s. похотливость, сладострастіе.
Lash (*лäш*) s. плетка, ремень; бичъ, кнутъ; ударъ бичемъ; || * колкость, сарказмъ; || va. vn. хлестать, сѣчь, бичевать; || осмѣивать, критиковать. **To — out,** развернуться, пуститься напропалую: || (мор.) найтовать.
Lashing (*лäш'-инг*) s. хлестаніе, бичеваніе, сѣченіе; || связка, связь; || (мор.) пушечный найтовъ.
Lass (*лäс*) s. молодая дѣвушка, поселянка.
Last (*ласт*) adj. послѣдній, окончательный. — **week,** прошедшая недѣля. — **but one,** предпослѣдній. **At —,** наконецъ; || s. конецъ, край; || башмачная колодка; || (мор.) ластъ (двѣ тонны); грузъ; || vn. продолжаться, длиться; держаться. **Nothing here — s for ever,** здѣсь ничего нѣтъ вѣчнаго.
Lasting (*ласт'-инг*) s. продолжительность, прочность; || adj. продолжительный; прочный; постоянный.
Lastingly (*ласт'-инг-ли*) adv. продолжительно; прочно; постоянно.
Lastly (*ласт'-ли*) adv. наконецъ, подъ конецъ; въ заключеніе.
Latch (*лäч*) s. защелка (у дверей); || va. защелкнуть, поймать въ силокъ.
Latchet (*лäч'-ет*) s. ремешокъ, снурокъ у башмака.
Late (*лэт*) adj. поздній; запоздавшій; || бывшій, минувшій, прежній; недавній, новый; || умершій, покойный. **You are —** вы поздно приходите. **To keep — hours,** возвращаться въ неурочное время. **Of — years,** за послѣдніе годы. **The — ministry,** послѣднее министерство. **The — king,** покойный король; || adv. поздно; недавно. **Better — than never,** лучше поздно, чѣмъ никогда. **Of —,** недавно, незадолго до.
Lateen (*лä-тин'*) adj. (мор.) латинскій. — **sail,** косой парусъ.
Lately (*лэт'-ли*) adv. недавно, вновь.
Latency (*лэ'-тен-си*) s. скрытность, сокровенность.
Lateness (*лэт'-нес*) s. запоздалость; позднее время; || недавность. — **in life,** въ старости.
Latent (*лэ'-тент*) adj. скрытный, тайный, неявный.
Later (*лэт'-ер*) comp. отъ **Late. At a — hour,** позднѣе.
Lateral (*лäт'-ер-äл*) adj. боковой, сторонній.
Laterally (*лäт'-ер-äл-и*) adv. съ боку, со стороны.
Lath (*ласз*) s. рѣшетина, драница. **As thin as a —,** сухой какъ щепка; || va. рѣшетить, прибивать драницы.
Lathe (*ласз*) s. округъ; || житница;

|| (*лэсз*), s. токарный, сверлильный станокъ.
Lather (*лäсз'-ер*) s. мыльная пѣна; || va. vn. мылить, -ся; покрывать, -ся мыльной пѣной;
Latish (*лэт'-иш*) adj. поздноватый.
Latitude (*лäт'-и-тьюд*) s. ширина, обширность; (геор.) широта; || свобода, просторъ, ширь.
Latten (*лäт'-н*) s. жесть, желтая мѣдь.
Latter (*лäт'-ер*) adj послѣдній; поздній. **In these — ages**, за послѣдніе годы. **The — part of the summer**, конецъ лѣта.
Latterly (*лäт'-ер-ли*) adv. въ послѣднее время, недавно.
Lattice (*лäт'-ис*) s. рѣшетка; рѣшетчатая работа; || va. дѣлать рѣшетку; || **— work**, рѣшетка для вьющихся растеній.
Laud (*ло'од*) s. хваленіе, хвала, прославленіе; va. восхвалять, воспѣвать; славить.
Laudable (*ло'од-ä-бл*) adj. похвальный. [похвальность.
Laudableness (*ло'од-ä-бл-нес*) s.
Laudator (*ло-дэ'-тöр*), **Lauder** (*ло'од-ер*) s. хвалитель.
Laugh (*лаф*) vn. смѣяться, хохотать. **To — at**, смѣяться надъ чѣмъ. **To — away**, прогнать смѣхомъ. **To — aloud**, громко смѣяться. **To — heartily**, смѣяться отъ всего сердца. **To — in one's sleeve**, смѣяться изподтишка, въ кулакъ; || va. осмѣивать; || s. смѣхъ, хохотъ. **A loud —**, грубый смѣхъ. **To raise a —**, возбуждать смѣхъ, заставлять смѣяться. [ной.
Laughable (*лäф'-ä-бл*) adj. смѣш-
Laughing (*лаф'-инг*) s. смѣхъ. || смѣющійся, веселый. **— eyes**, веселые глаза. **— stock**, посмѣшище.
Laughingly (*лаф'-инг-ли*) adv. смѣясь, весело, шутя.
Laughter (*лаф'-тер*) s. смѣхъ, хохотъ; осмѣяніе.
Launch (*ланч*) va. vn. бросать, -ся. **To — a ship**, спускать судно на воду. **To — out**, распространяться о чемъ; || s. спускъ судна (на воду).
Launder (*лан'-дер*) s. промывальня; || vn. заниматься стиркой.
Laundress (*лан'-дрес*) s. прачка; || vn. заниматься стиркой.
Laundry (*лан'-дри*) s. стирка; прачешная.
Laureate (*ло'о-ри-эт*) adj. и s. увѣнчанный лаврами, получившій премію; || va. увѣнчать лаврами, дать премію.
Laurel (*ло'о-рел*) s. лавровое дерево; лавры.
Lava (*ла'-ва*) s. лава.
Lavatory (*лäв'-ä-тö-ри*) s. умывальня; промываніе; промывка (золота).
Lave (*лэв*) va. vn. мыть, купать, -ся.
Lavender (*лäв'-ен-дер*) s. (бот.) лавенда.
Laver (*лэ'-вэр*) s. умывальница; || лохань; (бот.) пбупка.
Laverock (*лäв'-ер-ок*) s. жаворонокъ.
Lavish (*лäв'-иш*) vn. расточать, могать; || adj. расточительный.
Lavishly (*лäв'-иш-ли*) adv. расточительно. [товка (f.).
Lavisher (*лäв'-и-шер*) s. мотъ, мо-
Lavishment (*лäв'-иш-мент*) **Lavishness** (*лав'-иш-нес*) s. расточительность.
Law (*ло'о*) s. законъ; право; юриспруденція, правовѣдѣніе. **Civil —**, гражданское право. **Common —**, обычное право. **To go to — with one**, судиться съ кѣмъ либо. **— -maker**, законодатель.
Lawful (*ло'о-фул*) adj. законный.
Lawfully (*ло'о-фул-ли*) adv. законно. [конность.
Lawfulness (*ло'о-фул-нес*) s. за-
Lawgiver (*ло'о-гив-ер*) s. законодатель. [нодательный.
Lawgiving (*ло'о-гив-инг*) adj. зако-
Lawless (*ло'о-лес*) adj. беззаконный, незаконный, безпорядочный
Lawlessly (*ло'о-лес-ли*) adv. беззаконно, незаконно, безпорядочно
Lawlessness (*ло'о-лес-нес*) s. беззаконность, беззаконіе, безпорядочность.
Lawn (*ло'он*) s. просѣка, прогалина, лужайка, поляна; || лино-батистъ; || adv. лино-батистовый.
Lawsuit (*ло'о-сьют*) s. тяжба, процессъ.
Lawyer (*ло'о-йер*) s. стряпчій, юристъ; адвокатъ; законовѣдъ.
Lawyerly (*ло'о-йер-ли*) adj. судебный, юридическій.
Lawyerlike (*ло'о-йер-лайк*) adj. какъ адвокатъ, какъ юристъ.
Lax (*лäкс*) adj. слабый; распущенный; страдающій поносомъ; || s. поносъ.
Laxation (*лäкс-э'-шöн*) s. ослабленіе, опущеніе.
Laxative (*лäкс'-ä-тив*) adj. слабительный; || s. (фар.) слабительное.
Laxity (*лäкс'-и-ти*) s. слабость, ослабленіе; нерадѣніе; распущенность (нравовъ).
Laxly (*лäкс'-ли*) adv. слабо, неплотно; свободно.
Lay (*лэй*) adj свѣтскій, бѣлый, мірской. **A — brother**, бѣлецъ. **A — clerk**, пѣвчій. || s. слой, рядъ; грунтовая краска, протрава; || закладъ, пари; ставка (въ игрѣ); пѣснь; жалоба; || лужокъ,

лужайка. **The — of the last Minstrel,** пѣснь послѣдняго менестреля; || va. класть, положить; налагать; поставить; постановить, порѣшить; укрощать, успокаивать; увѣщевать; биться объ закладъ. **To — eggs,** нестись (о курицѣ). **To — the cloth,** стлать скатерть. **To — siege to a place,** осаждать какое либо мѣсто. **To — bare,** обнажать. **The rain had laid the dust,** дождь прибилъ пыль. **To — waste,** опустошать. **To — a wager,** держать пари. **To — the fault at another man's door,** свалить вину съ больной головы на здоровую **To — a plot,** затѣвать заговоръ. || vn. нестись (о курицѣ); || замышлять. **To — about, To — about one's self,** биться, метаться, стучать во всѣ двери. **To — against,** ставить кому на счетъ. **To — apart,** отвергать. **To — aside,** откладывать въ сторону. **To — before,** представлять; выставлять. **To — by,** откладывать въ сторону. **To — down,** опускать на землю. **To — hold of,** схватывать; завладѣвать **To — in provisions,** дѣлать запасы. **To — on,** бить, колотить; дѣйствовать смѣло, класть на. **— it on,** крѣпко выколачивайте! **To — out,** намѣреваться, располагать: выкладывать (деньги); принимать мѣры. **To — up,** откладывать.

Layer (*лэй-ер*) s. рядъ, слой, настилка; курица, несущая яйца. **Brick —,** каменщикъ.

Laying (*лэй'-инг*) s. постановка, кладка; кладка яицъ.

Layman (*лэй'-мăн*) s. мірянинъ; (жив.) манекенъ, чучело.

Lazaret (*лăз-ă-рет'*), **Lazaretto** (*лăз-ă-рет'-то*) s. лазаретъ.

Laze (*лэз*) va. лѣнтяйничать.

Lazily (*лэ'-зи-ли*) adv. лѣниво.

Laziness (*лэ'-зи-нес*) s. лѣность, разгильдяйство.

Lazy (*лэ'-зи*) adj. лѣнивый, тяжелый на подъемъ. **— bones,** лѣнтяй.

Lea (*ли*) s. лучъ; поле.

Leach (*лич*) s. зола.

Lead (*лед*) s. свинецъ; || пломба; (мор.) грузило; (тип.) шпонка. **Black —,** графитъ. **White —,** свинцовыя бѣлила. **— -work,** покрываніе свинцомъ; || va. покрывать свинцомъ; (тип.) раздѣлять шпонками.

Lead (*лид*) va. vn. вести; управлять, руководить; править, указывать дорогу; увлекать, приводить къ чему. **To — a horse to water,** вести лошадь на водопой. **To — the dance,** дирижировать танцами. **To — astray,** заводить, вводить въ заблужденіе, уклонять. **To — away,** уводить, увлекать. **To — a happy life,** вести счастливую жизнь. **To — to vice,** побуждать къ разврату. **To — into error,** вводить въ заблужденіе. **This led her to reflect,** это заставило ее подумать. **To — back,** отводить назадъ. **To — on,** вести впередъ. **To — out,** выводить, указывать дорогу, направлять. **To — up,** вести кверху, заставлять подниматься. || s. первенство, предводительство, господство; первый шагъ (въ дѣлѣ); ходъ (въ картахъ); первый ударъ; выставка шара (на билліардѣ).

Leaded (*лед'-ед*) adj. покрытый свинцомъ; (тип.) раздѣленный шпонами.

Leaden (*лед'-н*) adj. свинцовый.

Leader (*лид-ер*) s. вождь, предводитель; распорядитель; лидеръ (партіи); передовая статья (въ газекѣ); первая лошадь въ обозѣ.

Leadership (*лид'-ер-шип*) s. предводительство, веденіе, управленіе, руководство.

Leading (*лед'-инг*) s. свинцовый матеріалъ.

Leading (*лид'-инг*) adj. ведущій, направляющій, главный, передовой; || s. веденіе; направленіе **— -strings,** дѣтскія помочи.

Leaf (*лиф*) s. (pl. **Leaves**), листъ, листокъ (книги); створка (окна). **Yellow leaves,** желтые листья. **Gold —,** листья золота. **A — of paper,** листокъ бумаги. **I shall make him turn over a new —,** онъ у меня запоетъ другую пѣсню. **To turn down a —,** сдѣлать рожокъ изъ бумаги. || vn. покрываться листьями.

Leafage (*лиф'-эдж*) s. листья, листва

Leafless (*лиф'-лес*) adj. безлистный

League (*лиг*) s. союзъ; лига; || vn. заключать союзъ. [союза.

Leaguer (*лиг'-ер*) s. членъ лиги,

Leak (*лик*) s. течь, просачиваніе. **To stop a —,** заткнуть течь; || vn. течь, просачиваться; || вырываться, освобождаться.

Leakage (*лик'-эдж*), **Leaking** (*лик'-инг*) s. течь, просачиваніе; утечка.

Leaky (*лик'-и*) adj. протекающій, имѣющій течь; || утлый; || болтливый.

Leal (*лил*) adj. правдивый, честный.

Lean (*лин*) va. vn. наклонять, склонять, нагибать, -ся; упирать, прислонять, -ся; примыкать, -ся; имѣть склонность къ чему. || adj.

худой, худощавый, тощій. **To grow —**, худѣть.

Leaning (*лин'-инг*) s. наклоненіе; наклонъ; наклонность, склонность; || adj. наклонный, поддерживающій. [плохо.

Leanly (*лин'-ли*) adv. тоще, скудно,

Leanness (*лин'-нес*) s. худощавость, худоба; бѣдность, истощеніе.

Leap (*лип*) vn. прыгать, скакать, вскочить. **To — over**, перепрыгнуть, вскочить; || va. перепрыгнуть, вспрыгнуть; || s. прыжокъ, скачокъ; || садка. **To take a —**, прыгнуть. **— -frog**, чехарда. **— -year**, высокосный годъ.

Leaper (*леп'-ер*) s. брыгунъ, скакунъ

Leaping (*лип'-инг*) s. прыганіе, скаканіе; || adj. прыгающій; скаковой.

Learn (*лöрн*) va. учиться, учить, изучать; || vn. учиться.

Learned (*лöрн'-ед*) adj. ученый; свѣдущій, знающій. **A very — man**, весьма ученый человѣкъ. **A — body**, ученые. [ученикъ.

Learner (*лöрн'-ер*) s. учащійся,

Learning (*лöрн'-инг*) s. ученіе, изученіе; наука, знаніе.

Lease (*лиз*) s. условіе, договоръ (найма); откупъ. **On a —**, по договору. **To cancel a —**, отказаться отъ договора найма. **The — of nature**, предѣлъ жизни. || va. отдавать *или* брать въ аренду. **— hold**, арендованный, наемный. **— holder**, откупщикъ, арендаторъ.

Leash (*лиш*) s. свора; || va связывать; водить на сворѣ.

Leasing (*лиз'-инг*) s. собираніе колосьевъ на полѣ; || лживость.

Least (*лист*) adj. super. отъ **Little**, меньшій, малѣйшій; || adv. меньше, менѣе всего. **At —, at the —**, по крайней мѣрѣ. **Not in the —**, ничуть, совсѣмъ не.

Leather (*лесз'-ер*) s. кожа (выдѣланная); || adj. кожаный, кожевенный. **— -dresser**, кожевникъ, скорнякъ; || va. отдѣлать, покрыть кожей; || * поколотить кого.

Leathern (*лесз'ерн*) adj. кожаный.

Leathery (*лесз'-ер-и*) adj. похожій на кожу.

Leave (*лив*) s. позволеніе, отпускъ; свобода, отставка; прощаніе **To take — of**, распроститься.

Leave (*лив*) va. уѣзжать, покидать, удаляться; позволять, предоставлять. **We have left all**, мы все покинули. **I — that to him**, я предоставляю это ему. **To — alone**, оставлять одного. **To — behind**, оставить послѣ себя, по смерти. **To — off**, оставить, покинуть, прекратить. **To — off a bad habit**, отказаться отъ дурной привычки. **To — out**, выпустить, исключить, забыть. **Nothing was left out**, ничего не было не предусмотрѣно. || vn. переставать, прекращать; уѣзжать, покидать. **We left off here**, мы остались здѣсь.

Leaved (*ливд*) adv. одѣтый, покрытый листьями; створчатый, складный.

Leaven (*лев'-н*) s. закваска; дрожжи; || va. заквашивать; || * вселять, заражать. **To — the dough**, поднимать на дрожжахъ тѣсто.

Leavening (*лев'-н-инг*) s. броженіе.

Leavenous (*лев'-н-öс*) adj. заквашенный; || * разлагающійся.

Leaving (*лев'-инг*) adj. оставляющій; || s. оставленіе, || **—s**, s. pl остатки, объѣдки.

Lecher (*леч'-ер*) s. развратникъ; || vn. развратничать.

Lecherous (*леч'-ер-öс*) adj. развратный. [развратно.

Lecherously (*леч'-ер-öс-ли*) adv.

Lecherousness (*леч'-ер-öс-нес*), **Lechery** (*леч'-ер-и*) s. распутство.

Lectern (*лек'-терн*) s. кафедра, налой.

Lection (*лек'-шöн*) s. чтеніе;

Lecture (*лек'-чур*) s. рѣчь, лекція, проповѣдь; выговоръ, нагоняй; || чтеніе. **To give lectures**, читать лекціи. **A curtain —**, супружескій выговоръ. || vn. va. читать лекціи, проповѣды; наставлять; поучать, дѣлать выговоры.

Lecturer (*лек'-чу-рер*) s. лекторъ, проповѣдникъ. [**tern**.

Lecturn (*лек'-тöрн*) s. *см.* **Lec-**

Ledge (*ледж*) s. рядъ, слой; край, закраина; рифъ.

Ledger (*ледж'-ер*) s. (торг.) большая счетная книга; || (арх.) поперечная балка. [съ рифами.

Ledgy (*ледж'-и*) adj. съ выступами,

Lee (*ли*) s. подонки, осадокъ; дрожжи; (мор.) подвѣтренная сторона. **Unter the —**, защищаемый отъ вѣтра. (мор.) **— -boards**, шварцы. **— gage**, нахожденіе подъ вѣтромъ у другого корабля. **— -way**, дрейфъ.

Leech (*лич*) s. лекарь, || піявка. **— -line**, (мор.) нокъ-гордень

Leek (*лик*) s. (бот.) порей.

Leer (*лир*) s. взглядъ искоса, перемигиваніе, глазки; || va vn смотрѣть искоса; дѣлать глазки, завлекать.

Leeringly (*лир'-инг-ли*) adv. искоса.

Lees (*лиз*) s. pl. подонки, дрожжи.

Leeward (*ли'-уäрд*) adj. подвѣтренный; || adv. подъ вѣтромъ.

Left (*лефт*) adj. лѣвый. **On the —**

налѣво. — **-hander,** лѣвша. — **-handedness,** привычка дѣлать лѣвой рукой.

Leg (*лег*) s. нога; голень; лапка; ножка; подставка. **A — of mutton,** баранья нога. **A — of beef,** кострецъ говяжій. **To be on one's —,** стоять, говорить (въ засѣданіи). **He stands on his own —s,** * онъ стоитъ на собственныхъ ногахъ. **To put the best — foremost,** спѣшить. **To take — bail,** убѣжать.

Legacy (*лег'-ă-си*) s. завѣщанное

Legal (*ли'-гăл*) adj. законный; дѣйствительный; легальный.

Legality (*ли-гăл'-и-ти*) s. законность.

Legalization (*ли-гăл-и-зэ'-шŏн*) s. узаконеніе.

Legate (*лег'-эш*) s. посолъ, легатъ.

Legatee (*ле-гă-ти'*), **Legatary** (*лег'-ă-тŏ-ри*) adj. получающій по завѣщанію

Legation (*ли-гэ'-шŏн*) s. легатство, миссія, посольство.

Legator (*лег'-ă-тŏр*) s. завѣщатель.

Legend (*ли'-джент*) s. легенда, былина.

Legendary (*ледж'-енд-ă-ри*) adj. легендарный.

Legerdemain (*ледж'-ер-ди-мэн*) s. фокусъ.

Leggin (*лег'-гин*) s. длинныя гетры.

Leghorn (*легхо'орн*) npr. (геогр.) Ливорно

Legible (*ледж'-и-бл*) adj. четкій, разборчивый.

Legion (*ли'-джŏн*) s. легіонъ, полкъ.

Legislate (*ледж'-ис-лэт*) vn. издавать законы.

Legist (*лид'-жист*) s. законовѣдъ

Legitimacy (*ли-джит'-и-мă-си*) s. законность.

Legitimate (*ли-джит'-и-мэт*) adj. законный; ‖ va. признать законнымъ.

Legume (*лигъ'-юм*) s. зелень, овощи; (бот.) бобъ.

Leguminous (*ли-гью'-ми-нŏс*) adj. (бот.) бобовый.

Leisure (*ли'-жŏр*) s. досугъ.

Leisurely (*ли'-жŏр-ли*) adv. на досугѣ; не спѣша.

Lemma (*лем'-ма*) s. (геом.) лемма.

Lemon (*лем'-ŏн*) s. лимонъ. — **-grass,** душистый тростникъ.

Lemur (*ли'-мŏр*) s. (зоол.) лемуръ (обезьяна).

Lend (*ленд*) va. ссужать, одолжать, давать взаймы. **To — a hand,** подать руку; ударить по рукамъ.

Lender (*ленд'-ер*) s. заимодавецъ.

Lending (*ленд'-инг*) s. ссуженіе, ссуда.

Length (*ленгсз*) s. длина; протяженіе, пространство; теченіе; ходъ; степень, возможность. **That street is five miles in —,** это улица пять миль въ длину. **At — full —,** во всю длину, во весь ростъ. **A full — picture,** портретъ во весь ростъ. **In — of time,** съ теченіемъ времени, со временемъ. **At —,** наконецъ, напослѣдокъ.

Lengthen (*ленгсз'-н*) va. vn. удлинять; увеличивать, -ся; тянуть. **To — out,** вытягивать. **The days —,** дни прибываютъ.

Lengthily (*ленгсз'-и-ли*) adv. долго; долговременно.

Lengthwise (*ленгсз'-уэйз*) adv. въ длину, вдоль.

Lengthy (*ленгсз'-и*) adj. долговатый; протяжный.

Leniency (*ли'-ни-ен-си*) s. мягкость, доброта, снисходительность.

Lenient (*ли'-ни-ент*) adj. см. **Lenitive.**

Lenitive (*лен'-и-тив*) adj. облегчительный; утоляющій; мягчительный; ‖ s. смягчающее (боль) средство; ‖ облегченіе.

Lenity (*лен'-и-ти*) s. кротость, снисходительность.

Lens (*ленз*) s. (опт.) линза.

Lent (*лент*) s. постъ.

Lenten (*лент'-н*) adj. великопостный, постный.

Lenticular (*лен-тикъ'-ю-лăр*) adj. чечевицеобразный.

Lentil (*лен'-тил*) s. чечевица.

Leo (*ли'о*) s. (аст.) Левъ (созвѣздіе).

Leonine (*ли'-о-найн*) adj. львиный.

Leopard (*леп'-ăрд*) s. леопардъ.

Leper (*леп'-ер*) s. и adj прокаженный.

Leprosy (*леп'-ро-си*) s. проказа.

Lesion (*ли'-жŏн*) s. повреждение; рана; ‖ убытокъ.

Less (*лес*) adj. comp. отъ **Little.** меньшій. **He is — than you,** онъ меньше васъ; ‖ adv. менѣе. **Much —,** гораздо менѣе. **The — he labours, the — he gains,** чѣмъ менѣе онъ работаетъ, тѣмъ менѣе онъ получаетъ. ‖ s. меньшая степень чего; меньшій.

Lessee (*лес-и'*) s. наемщикъ, арендаторъ.

Lessen (*лес'-н*) va. vn. уменьшать; убавлять, -ся. **To — one's self,** унижаться.

Lesser (*лес'-ер*) adj. comp. отъ **Little:** меньшій, малый.

Lessen (*лес'-ен*) s. урокъ; лекція; ‖ va. наставлять, поучать.

Lessor (*лес'-ŏр*) s. отдающій въ наемъ.

Lest (*лест*) conj. чтобы не... какъ бы не... — **he go away,** изъ опасенія, что онъ уйдетъ.

Let (*лет*) va. пускать, позволять, допускать; отдавать въ наймы. **To — fall,** оставить упасть. **To — know,** дать знать. — **me tell you,** позвольте мнѣ вамъ сказать. **To — a house,** отдавать въ наймы домъ. **To — alone,** оставить въ покоѣ. **To — down,** опускать, спускать, понижать; ослабить. **To — in, into,** впускать, допускать. **To — loose,** отпустить; расширить; отвязать. **To — off,** спускать, выпускать, освобождать. **To — out,** упустить, выпустить, распустить. **To — up,** дать подняться пустить вверхъ; || s. препятствіе, помѣха, преграда.

Lethal (*ли'-зсăл*) adj. смертельный, летальный.

Lethargic (*ли-зсар'-джик*), **Lethargical** (*ли-зсар'-джик-ăл*) adj. летаргическій (о снѣ).

Lethe (*лиси*) s. (миѳ.) Лета (рѣка забвенія); || *забвеніе.

Lethiferous (*ли-зсиф'-ср-ŏс*) adj. подверженный забвенію, смертный.

Letter (*лет'-ер*) s. позволяющій и пр. **blood —,** кровопускатель.

Letter (*лет'-ер*) s. буква; шрифтъ; || письмо, посланіе. **Black —,** готическая буква. **Capital —,** заглавная буква. **Dead —,** письмо безъ адреса. **— of attorney,** довѣренность. **— -book,** копировальная книга писемъ. **— -box,** почтовый ящикъ. **— -carrier,** почтальонъ. **— -case,** портфель для писемъ; (тип.) касса. **— -paper,** почтовая бумага. **— -press,** печать. **— -writer,** письмовникъ; || va. отмѣчать заглавными буквами имени.

Lettered (*лет'-ерд*) adj. грамотный.

Letting-out (*лет'-инг-а'ут*) s. отдача въ наймы.

Lettuce (*лет'-ис*) s. латукъ, салатъ.

Leucorrhœa (*лью-кор-ри'-а*) s. (мед.) бѣли.

Levant (*ли-вăнт'*) s. востокъ, восточныя страны, Левантъ.

Levantine (*лев'-ăнт-ин*) adj. восточный; || s. родъ ткани.

Levee (*лев'-и*) s. вставаніе; выходъ (при дворѣ); туалетъ (дамы). **To hold a —,** пріемъ.

Level (*лев'-ел*) adj. горизонтальный, ровный, гладкій; соотвѣтствующій. **To — to make —,** поставить въ уровень; || va. нивелировать, ровнять. выравнивать; ставить въ уровень съ чѣмъ. **To — a cannon,** наводить пушку. **To — a blow,** наносить ударъ; || vn. быть въ согласіи, сходиться въ точкѣ зрѣнія, быть на одномъ уровнѣ; || s. уровень; гладкая поверхность. **To set on a — with,** ставить въ уровень съ. **Dead —,** полный уровень. **Plumb —,** уровень съ отвѣсомъ. **Spirit —** ватерпасъ.

Leveller (*лев'-ел-ср*) s. нивелировщикъ, уравниватель.

Levelling (*лев'-ел-инг*) s. уравниваніе, нивеллировка.

Levelness (*лев'ел-нес*) s. уровень, ровная поверхность.

Lever (*ли'-вер*) s. рычагъ, подъемъ.

Leviable (*лев'-и-ă-бл*) adj. набираемый, собираемый.

Leviathan (*ли-вай'-ă-зсăн*) s. левіаѳанъ; китъ.

Levigate (*лев'-и-гэт*) va. (хим.) превращать въ мельчайшій порошокъ; сглаживать.

Levitation (*лев-и-тэ'-шŏн*) s. приданіе легкости чему.

Levite (*ли'-вайт*) s. левитъ.

Levitical (*ли-вит'-ик-ăл*) adj. левитскій.

Levity (*лев'-и-ти*) s. легкость

Levy (*лев'-и*) s. наборъ; сборъ (денегъ); || va. набирать (войско), собирать (подати).

Lewd (*льюд*) adj. распутный, безстыдный, срамной.

Lewdly (*льюд'-ли*) adv. распутно, безстыдно, срамно.

Lewdness (*льюд'-нес*) s распутство; развратъ; срамота.

Lexical (*лекс'-ик-ăл*) adj. лексиконный.

Lexicon (*лекс'-и-кон*) s. лексиконъ, словарь.

Ley (*ли*) s. лугъ.

Leyden (*лэ'-ден*) npr. (геогр.) Лейденъ. **— -jar,** (физ.) лейденская банка.

Liability (*лай-ă-бил'-и-ти*) s. отвѣтственность; способность къ чему, подверженность чему. **To incur — to a debt,** подлежать платежу долга. **Liabilities of a commercial house,** обязательства, долги торговаго дома, подлежащіе платежу.

Liable (*лай'-ă-бл*) adj. отвѣтственный, подверженный, подлежащій.

Liar (*лай'-ер*) s. лгунъ, -нья (f.)

Lias (*лай'-ăс*) s. твердый известнякъ.

Libation (*лаи-бэ'-шŏн*) s. возліяніе вина.

Libel (*лай'-бел*) s. пасквиль; диффамація; || va. vn. поносить; || преслѣдовать судомъ за диффамацію.

Libeller (*лай'-бел-ср*) s. пасквилянтъ.

Libellous (*лай'-бел-ŏс*) adj. пасквильный, ругательный.

Liber (*лай'-бер*) s. (бот.) лубъ, кора.

Liberal (*либ'-ер-ăл*) s либералъ; || adj. либеральный, свободомыслящій, щедрый.

Liberalism (*либ'-ер-ал-изм*) s. либерализмъ.

Liberate (*либ'-ер-эт*) va. освобождать.

Liberation (*либ'-ср-э-шŏн*) s. освобожденіе.

Liberator (*либ'-ер-э-тöр*) s. освободитель.
Libertine (*либ'-ер-тин*) adj. своевольный, распутный; || s. вольноотпущенникъ (у римлянъ); || развратникъ.
Liberty (*либ'-ер-ти*) s. свобода; вольность; позволеніе; право. **You are at full — to,** вы имѣете полную свободу, вы вполнѣ свободны. **To take liberties,** допускать вольности.
Libidinous (*ли-бид'-и-нöс*) adj. сладострастный, чувственный.
Libidinously (*ли-бид'-и-нöс-ли*) adv. сладострастно, чувственно.
Libidinousness (*ли-бид'-и-нöс-нес*) s. чувственность.
Libra (*лай'-бра*) s. Вѣсы (созвѣздіе).
Librarian (*лай-бре'-ри-ăн*) s. библіотекарь.
Library (*лай'-брă-ри*) s. библіотека.
Librate (*лай'-брэт*) va. vn. рѣшать; приводить въ равновѣсіе.
Libration (*лай-брэ'-шöн*) s. качаніе; равновѣсіе.
Libratory (*лай'-брă-тöри*) adj. качающійся; равновѣсный.
License (*лай'-сенс*) s. своеволіе, вольность; позволеніе, разрѣшеніе; привилегія, право, патентъ, свидѣтельство. **A marriage —,** освобожденіе отъ брачнаго оглашенія. **Shooting —,** свидѣтельство на право охоты. **To degenerate into —,** переходить въ распутство. || vn. разрѣшать, одобрять; давать право, привилегію.
Licensed (*лай'-сенст*) adj. имѣющій право, привилегію на что.
Licenser (*лай'-сенс-ер*) s. разрѣшающій, позволяющій.
Licentious (*лай-сен'-шöс*) adj. безпутный, непристойный.
Licentiously (*лай-сен'-шöс-ли*) adv. безпутно, непристойно.
Licentiousness (*лай-сен'-шöс-нес*) s. безпутство, непристойность.
Lichen (*лай'-кен*) s. мохъ.
Lick (*лик*) va. лизать; лакать; (нар.) поколотить. **To — one's fingers,** кусать пальцы; || s. лизаніе; || (нар.) п о т а с о в к а. **— -spittle,** подлецъ.
Lickerish (*лик'-ер-иш*) adj. лакомый, жадный.
Lickerishly (*лик'-ер-иш-ли*) adv. сластолюбиво, жадно.
Lickerishness (*лик'-ер-иш-нес*) s. сластолюбіе, лакомство.
Licking (*лик'-инг*) s. лизаніе, лаканіе; || (нар.) потасовка, побои.
Licorice (*лик'-о-рис*) s. солодковый корень.
Lid (*лид*) s. s. крышка, покрышка; вѣко (глаза).
Lie (*лай*) s. щелокъ; || s. ложь, неправда. **To give one the —,** изобличать во лжи. || vn. лгать; || vn. лежать, ложиться, покоиться; жительствовать; опираться; быть, находиться; имѣть положеніе; заключаться, состоять. **To — on the ground,** лежать на землѣ. **Here lies,** здѣсь покоится, здѣсь погребенъ. **The book lies on the table,** книга лежитъ на столѣ. **The snow lies deep,** снѣгъ глубокъ. **To — in wait,** устроить засаду, выжидать. **To — idle,** проводить время въ праздности, быть незаняту. **To — about,** валяться. **To — at,** лежать (на сердцѣ); отягощать, надоѣдать. **To — alongside,** идти бортъ о бортъ. **To — by,** быть возлѣ, при, около. **To — down,** лежать, покоиться. **To — in,** лежать въ родахъ. **To — on, upon,** лежать на обязанности кого. **To — out at length,** растянуться въ длину. **To — over,** быть отложену. **To — to,** (мор.) лежать (въ дрейфѣ). **To — under,** быть подъ вліяніемъ; подлежать.
Lief (*лиф*) adv. охотно. **I had as — go as not,** мнѣ было безразлично идти или нѣтъ.
Lien (*ли'-ен*) s. (юрид.) законное право, закладная.
Lieu (*лью*) s. мѣсто. **In — of,** вмѣсто чего.
Lieutenant (*лью-тен'-ăнт*) s. лейтенантъ. **Lord —,** намѣстникъ графства.
Life (*лайф*) s. (въ pl. **Lives**) жизнь || живость, оживленіе, движеніе; || душа; натура; || образъ жизни; человѣкъ, живое существо. **Animal —,** животная жизнь. **Early —,** молодость, юность. **For —,** пожизненно. **To the —,** сходно, вѣрно схвачено. **Larger than —,** больше натуральной величины. **High —,** высшій свѣтъ. **In Low —,** въ низшемъ классѣ общества, среди простонародья. **A picture taken from —,** картина съ натуры. **Still —,** мертвая природа. **To give — to,** оживлять, одухотворять. **— -annuity,** пожизненная рента. **— -insurance,** страхованіе жизни. **— blood,** кровью сердца; положить за кого душу. **— -boat,** спасательная лодка. **— -buoy,** спасательный бакенъ. **— -estate,** пожизненное владѣніе. **— -guard,** лейбъ-гвардія. **— -interest,** пожизненный доходъ. **— -preserver,** спасательный аппаратъ; дубина. **— time,** за время жизни.
Lifeless (*лайф'-лес*) adj. безжизненный, бездыханный.

Lifelessly (*лайф'-лес-ли*) adv. безжизненно, бездыханно.
Lifelessness (*лайф'-лес-нес*) s. безжизненность, бездыханность.
Lifelike (*лайф'-лайк*) adj. похожій на живого, естественный.
Lift (*лифт*) va. vn. поднимать,-ся; s. поднятіе, подъемъ, возвышеніе; подъемная машина.
Lifter (*лифт'-ер*) s. поднимающій; ‖ (нар.) воръ.
Ligament (*лиг'-ă-мент*) s. связка.
Ligation (*лай-гэ'-шбн*) s. связываніе; связь, лигатура.
Ligature (*лиг'-ă-тьюр*) s. связь, связка, перевязка, лигатура.
Light (*лайт*) s. свѣтъ; сіяніе; свѣтило; дневной свѣтъ; освѣщеніе, огонь; просвѣтъ; окно. **It is day —**, уже день. **Moon —**, лунный свѣтъ. **It is —**, уже день. **It is broad day —**, совсѣмъ свѣтло **In broad day —**, среди бѣлаго дня. **To bring to —**, вывести наружу, открыть. **To set a thing in the right —**, надлежащимъ образомъ освѣтить что. **Give me a —**, дайте мнѣ огня. **A red —**, красный огонь. ‖ adj. ясный, свѣтлый; легкій; легкомысленный; веселый. **It is —**, погода ясная; свѣтло. **A — meal**, легкій завтракъ. **A — coin**, легковѣсная монета. **A — task**, легкая задача. **— hair**, бѣлокурый. **— blue**, свѣтлоголубой **— -armed**, легко вооруженный. **— -bearer**, несущій факелъ. **— coloured**, свѣтлаго цвѣта. **—complexioned**, съ бѣлымъ оттѣнкомъ кожи. **— fingered**, ловкій, искусный въ воровствѣ, жуликъ. **— -footed**, легкій на ногу; скорый. **— -headed**, легкомысленный. **— -hearted**, веселый, беззаботный **— -house**, маякъ. **— -minded**, легкомысленный, вѣтреный. **— -ship**, плавучій маякъ. ‖ va. зажигать; воспламенять; освѣщать. **To — a fire**, зажигать огонь. **To — the way**, показывать путь. ‖ vn. случиться, произойти; выйти (изъ экипажа); слѣзать (съ лошади); садиться спуститься (о птицахъ). **To — upon**, упасть на, спуститься съ чего.
Lighten (*лайт'-н*) va. освѣщать, иллюминовать; просвѣщать; дѣлать веселымъ; облегчать. ‖ vn. блистать, сверкать, свѣтить; разъясняться.
Lighter (*лайт'-ер*) s. зажигатель; ‖ (мор.) лихтеръ, грузоперевозное судно.
Lighterage (*лайт'-ер-эдж*) s. плата за разгрузку судовъ.
Lighterman (*лайт'-ер-мăн*) s. матросъ на лихтерѣ.
Lightless (*лайт'-лес*) adj. темный не имѣющій свѣта, неосвѣщенный.
Lightly (*лайт'-ли*) adv. легко, слегка.
Lightness (*лайт'-нес*) s. непостоянство; легкость; вѣтренность; ловкость.
Lightning (*лайт'-нинг*) s. молнія. **— -conductor, — rod**, громоотводъ. **A flash of —**, молнія. **— -glance**, молніеносный взглядъ; молнія.
Lights (*лайтс*) s. pl легкія (у животныхъ); ‖ глупецъ.
Lightsome (*лайт'-сŏм*) adj. свѣтлый; веселый; свѣтоносный.
Lightsomenesss (*лайт'-сŏм-нес*) s. веселость.
Lignify (*лиг'-ни-фай*) va. vn превращать, -ся въ дерево.
Lignite (*лиг'-найт*) s. лигнитъ (уголь).
Like (*лайк*) adj. ровный, одинаковый, подобный, похожій; вѣроятный, возможный. **— enough**, вѣроятно. **— -father, — son**, каковъ отецъ таковъ и сынъ. **Nothing — experience in this world**, опытъ важнѣе всего на свѣтѣ. **To look —**, казаться, имѣть видъ, походить на. **We are — to have war**, весьма вѣроятно, что у насъ будетъ война. ‖ s. подобный себѣ, подобное; копія снимокъ, подобіе; ‖ склонность. **And the —**, и тому подобное. ‖ adv. какъ, подобно; какъ подобаетъ; возможно, вѣроятно. **— her**, какъ она.— **a christian**, подобно христіанину. **That's just — him**, это на него похоже. **I had — to have fallen with fright**, я чуть не упалъ со страху ‖ va. vn. любить; нравиться, быть пріятнымъ хотѣть, желать. **Do you — that wine?** нравится ли вамъ это вино? **To — better**, предпочитать. **I should — to see him**, мнѣ хотѣлось бы его видѣть. **As you —**, какъ хотите, какъ вамъ угодно.
Likelihood (*лайк'-ли-худ*), **Likeliness** (*лайк'-ли-нес*) s. вѣроятность.
Likely (*лайк'-ли*) adj. вѣроятный; пріятный, красивый; похожій, одинаковый. ‖ adv. вѣроятно. **He is — to come**, онъ можетъ придти.
Liken (*лайк'-н*) va сравнивать; уподоблять.
Likeness (*лайк'-нес*) s. сходство, образъ, подобіе, портретъ. **He is the very — of his father**, онъ вылитый отецъ.
Likewise (*лайк-уайз*) adv. подобно, также, тоже.

Liking (*лаик'-инг*) s. дородность, хорошее состояніе здоровья; опытъ, испытаніе; склонность, вкусъ, охота; согласіе. **To take a — to,** пріобрѣсти склонность къ чему.
Lilac (*лай'-лăк*) s. (бот.) сирень.
Liliaceous (*лил-и-э'-шŏс*) adj. лилейный. [лиліями.
Lilied (*лил'-ид*) adj. украшенный
Liliputian (*лил-и-пью'-шăн*) s. лилипутъ, карликъ.
Lily (*лил'-и*) s. (бот.) лилія. **— of the valley,** ландышъ. **Water —,** кувшинчикъ. [ніе; опилки.
Limature (*лай'-мă-тьюр*) s. пиле-
Limb (*лим*) s. край; членъ, конечность (тѣла); вѣтвь (дерево). **— of a quadrant,** лимбъ, край съ дѣленіями на четверти окружности **— of the law,** стряпчій. || va. снабжать членами; раздроблять, расчленять.
Limbed (*лимд*) имѣющій члены. **Large —,** хорошо сложенный.
Limber (*лим'-бер*) adj. гибкій, мягкій; сговорчивый, легкій. || va. прикрѣплять (пушку); || дѣлать гибкимъ, смягчать.
Limbless (*лим'-лес*) adj. безчленный
Limb-meal (*лим'-мил*) adv. частями
Limbo (*лим'-бо*), **Limbus** (*лим'-бŏс*) s. предверіе ада; тюрьма.
Lime (*лайм*) s. клей, птичій клей; || известь; || грязь, тина; (бот.) липа; || особый родъ лимона. **Quick —,** негашенная известь. **Slacked —,** гашенная известь. **— -burner,** обжигальщикъ извести. **— -kiln,** печь для обжиганія извести. **— -pit,** яма для храненія гашенной извести. **— -water,** известковая вода. **— -twig,** вѣтка намазанная клеемъ для ловли птицъ. **— -white,** известковый растворъ. || va. намазывать клеемъ; скрѣплять известью, удобрять известью (почву).
Limit (*лим'-ит*) s. граница, предѣлъ, рубежъ; || vn. ограничивать.
Limitable (*лим'-ит-ă-бл*) adj. ограничимый.
Limitarian (*лим-ит-э'-ри-ăн*) adj. ограничивающій.
Limitary (*лим'-ит-ă-ри*) adj. пограничный; ограниченный.
Limitation (*лим-ит-э'-шŏн*) s. ограниченіе; оговорка; (юрид.) давность.
Limited (*лим'-ит-ед*) adj. ограниченный. **Joint stock company —,** анонимное общество.
Limitedness (*лим'-ит-ед-нес*) s. ограниченіе, ограниченность.
Limiter (*лим'-ит-ер*) s. ограничивающій.
Limitless (*лим'-ит-лес*) adj. безпредѣльный, безграничный.
Limn (*лим*) va. рисовать акварелью.
Limner (*лим'-нер*) s. раскрашиватель; художникъ-портретистъ.
Limning (*лим'-инг*) s. рисованіе водяными красками, раскрашиваніе.
Limous (*лай'-мŏс*) adj. иловый, тинистый, грязный, мутный.
Limp (*лимп*) vn. хромать, прихрамывать; || s. хромaніе, прихрамываніе; || adj. слабый, легкій, гибкій
Limpet (*лим'-пет*) s. блюдечко (раковина).
Limpid (*лим'-пид*) adj. свѣтлый, чистый, прозрачный.
Limpidity (*лим-пид'-и-ти*). **Limpidness** (*лим'-пид-нес*) s. чистота, прозрачность.
Limpingly (*лимп'-инг-ли*) adv. хромая. [ковый.
Limy (*лайм'-и*) adj. клейкій, извест-
Linchpin (*линч'-пин*) s. чека.
Linden (*лин'-ден*) s. липа.
Line (*лайн*) s. линія; линія (желѣзнодорожная); образъ (жизни), родъ занятія, отрасль, профессія; граница, предѣлъ; строка, строчка; стихъ; черта (лица); очертаніе, очеркъ; штрихъ. **To write a —,** черкнуть словечко. **— of route,** маршрутъ, путь. **A ship of the —,** линейное судно. **Troops of the —,** линейныя войска. **His father was in the sugar —,** его отецъ былъ по сахарной торговлѣ. **Main —,** главная линія. **Double —,** двуколейная дорога. **Branch —,** развѣтвленіе пути. **To get off the —,** сойти съ рельсъ.
Line (*лайн*) va. подкладывать, покрывать, отдѣлывать; проводить черты. **To — a coat,** подложить подкладку. **To — one's purse,** набивать деньгами кошелекъ. **To — with trees,** обсаживать деревьями. [колѣніе.
Lineage (*лин'-и-эдж*) s. родъ, по-
Lineal (*лин'-и-ăл*) adj. линейный, начертанный; нисходящій по прямой линіи.
Lineally (*лин'-и-ăл-ли*) adv. по прямой линіи.
Lineament (*лин'-и-ă-мент*) s. черта, очертаніе.
Linear (*лин'-и-ăр*) adj. линейный.
Linen (*лин'-ен*) s. полотно, холстъ; || бѣлье. **Baby —,** пеленьки. **Table —,** столовое бѣлье. || adj. полотняный, холстинный; бѣлевой. **— -draper,** торгующій полотняными товарами.
Liner (*лайн'-ер*) s. пароходъ, совершающій правильные рейсы.

Ling (*линг*) s. (ихт.) налимъ морской.
Linger (*линг'-ер*) vn. медлить, мѣшкать, колебаться, долго быть въ одномъ положеніи; || va. тянуть, влачить.
Lingering (*линг'-гер-инг*) s. медлительность; томленіе; колебаніе; || adj. медленный, продолжительный, томительный.
Lingo (*лин'-го*) s. жаргонъ.
Lingual (*лин'-гуал*) adj. язычный.
Linguist (*лин'-гуист*) s. лингвистъ.
Lining (*лайн'-инг*) s. подкладка; отдѣлка; внутренность, содержимое. — **of a coat,** подкладка платья. — **of a hat,** подкладка шляпы.
Link (*линк*) s. звѣно (цѣпи); мотокъ; связь; факель. — **-boy,** факельщикъ. || va. сцѣплять, соединять, связывать.
Linnet (*лин'-нет*) s. (орн.) коноплянка.
Linseed (*лин'-сид*) s. льняное сѣмя. — **-oil,** льняное масло.
Linsey-woolsey (*лин'-си-вул-си*) s. сермяга; || adj. сермяжный.
Lint (*линт*) s. ленъ; (хир.) корпія.
Lintel (*лин'-тел*) s. притолка (у дверей).
Lion (*лай'-он*) s. левъ. **—'s -foot,** (бот.) одуванчикъ.
Lip (*лип*) s. губа; || край. — **-glue,** губной клей. — **-salve,** губная помада. || va. цѣловать.
Lipless (*лип'-лес*) adj. безгубый.
Lipothymy (*лай-посз'-и-ми*) s. обморокъ.
Lipped (*липт*) adj. имѣющій губы. **Blubber —,** толстогубый; || (бот.) губовидный.
Liquation (*лай-куэ'-шон*) s. вытопка; плавка.
Liquefaction (*лик-уи-фак'-шон*) s. растапливаніе.
Liquefiable (*лик'-уи-фай-а-бл*) adj. плавкій, растворяемый.
Liquefy (*лик'-уи-фай*) va. vn. растапливать, растворять, -ся, разжижать.
Liquescency (*лай-куес'-сен-си*) s. плавкость.
Liquescent (*лай-куес'-сент*) adj. распускающійся, растворяющійся
Liqueur (*ли'-кэр*) s. ликеръ.
Liquid (*лик'-уид*) adj. жидкій, текучій; плавный; мягкій, нѣжный. || s. жидкость; (грам.) плавная буква.
Liquidate (*лик'-уи-эд*) va. очищать; ликвидировать.
Liquidation (*лик-уи-дэ'-шон*) s. разсчетъ, ликвидація.
Liquidator (*лик'-уи-дэ-тэр*) s. ликвидаторъ.
Liquidity (*ли-куид'-и-ти*), **Liquidness** (*лик'-уид-нес*) s. жидкость, жидкое состояніе.
Liquidly (*лик'-уид-ли*) adv. жидко; плавно, мягко.
Liquor (*лик'-эр*) s. напитокъ. **Spiritous —,** крѣпкій напитокъ. **To be in —,** быть пьяну; || **va.** смачивать, увлажать.
Lisbon (*лис-бон*) npr. (геог.) Лиссабонъ.
Lisp (*лисп*) va. vn. картавить, пришепетывать; лепетать; || s. картавленіе.
Lisper (*лисп'-ер*) s. картавящій; лепечущій.
Lisping (*лисп'-инг*) s. картавленіе; лепетаніе.
Lispingly (*лисп'-инг-ли*) adv. пришепетывая; запинаясь.
List (*лист*) s. кромка, крайма; рубежъ, граница, межа; роспись, списокъ; желаніе, охота; арена. **To draw up a —,** составлять списокъ. **To strike off the —,** вычеркивать изъ списка. **Civil —,** цивильный листъ. — **shoe,** опорки. **Army —,** списокъ военныхъ. || va. вербовать, набирать рекрутъ; окружать барьеромъ; снабжать каймою; || vn. быть наклоннымъ, желать; подслушиваться, слушать. **The wind bloweth where it listeth,** вѣтеръ дуетъ куда хочетъ.
Listen (*лис'-н*) vn. va. слушать, подслушивать.
Listener (*лис'-н-ер*) adj. s. слушающій, подслушивающій.
Listless (*лист'-лес*) adj. невнимательный, нерадивый.
Listlessly (*лист'-лес-ли*) adv. невнимательно, нерадиво.
Listlessness (*лист'-лес-нес*) s. невниманіе, нерадивость.
Literal (*лит'-ер-ал*) adj. буквальный; состоящій изъ буквъ.
Literally (*лит'-ер-ал-ли*) adv. буквально.
Literalness (*лит'-ер-ал-нес*) s. буквальность.
Literary (*лит'-ер-а-ри*) adj. литературный; книжный, ученый. — **man,** литераторъ, ученый.
Literati (*лит-ер-э'-тай*) s. pl. ученые, литераторы.
Literature (*лит'-ер-а-тьюр*) s. литература, словесность.
Litharge (*лисз'-арджь*) s. (хим.) глетъ.
Lithe (*лайсз*) adj. гибкій, поворотливый; сговорчивый.
Litheness (*лайсз'-нес*) s. гибкость, поворотливость, проворность.
Lithesome (*лайсз'-сом*) adj. поворотливый, проворный.
Lithograph (*лисз'-о-граф*) va. литографировать; || s. литографія.
Lithography (*ли-зсог'-ра-фи*) s. литографія.
Litigate (*лит'-и-гэт*) va. преслѣдовать судомъ; || vn. тягаться.
Litigation (*лит-и-гэ'-шон*) s. тяжба, искъ.
Litigator (*лит'-и-гэ-тэр*), **Litigant** (*лит'-и-гант*) s. тяжущійся.

Litigious (*ли-тиджʼ-ёс*) adj. сутяжническій, сварливый.
Litigiously (*ли-тиджʼ-ёс-ли*) adv. сутяжнически, сварливо.
Litigiousness (*ли-тиджʼ-ёс-нес*) сутяжничество, сварливость.
Litmus (*литʼ-мёс*) s. лакмусъ.
Litorn (*литʼ-ёрн*) s. (орн.) дроздъ.
Litre (*лиʼ-тёр*) s. литръ.
Litter (*литʼ-тер*) s. носилки; подстилка (для скота), обрѣзка, остатки, лоскутки, соръ; безпорядокъ; пометъ; || va. стлать постилку (для скота); приводить въ безпорядокъ; || va. vn. метать, щениться
Little (*литʼ-тл*) adj. (comp. **less**, sup. **least**), малый, маловажный, небольшой, маленькій; слабый; низкій. **A — sleep**, легкій сонъ. **A — sum**, небольшая сумма денегъ. **A — air**, немного воздуха. || s. малое, небольшое, немногое. **Wait a —**, подождите немного. || adv. мало, немного, немножко. **There was — else**, было лишь это. **Not a —**, не мало.
Littleness (*литʼ-тл-нес*) s. малость, мелкость, маловажность.
Littoral (*литʼ-тё-рёл*) adj. прибрежный, приморскій.
Liturgy (*литʼ-ёр-джи*) s. литургія.
Live (*лив*) vn. жить, существовать, обитать. **So long as I —**, пока я живъ. **To — well**, хорошо пожить **To — upon one's income**, жить съ доходовъ. **To — from hand to mouth**, жить со дня на день **To — on fish**, питаться рыбой. || va. вести жизнь. **To — a life of luxury**, вести развратный образъ жизни.
Live (*лайв*) adj. живой, полный жизни. **— stock**, скотъ. **A — coal**, раскаленный уголь.
Lived (*лайвд*) adj. **Long —**, долговѣчный. **Short —**, скоротечный.
Livelihood (*лайвʼ-ли-худ*) s. существованіе, средства существованія. **To get one's —**, зарабатывать на жизнь.
Liveliness (*лайвʼ-ли-нес*) s. живость; веселость, оживленіе.
Livelong (*ливʼ-лонг*) adj. длинный, долговѣчный.
Lively (*лайвʼ-ли*) adj. живой, оживленный, веселый, яркій; || adv. живо, оживленно, весело, ярко.
Liver (*ливʼ-ер*) s. живой, живущій. **High —**, любящій хорошо пожить. || (анат) печень.
Liveried (*ливʼ-е-рид*) adj. ливрейный.
Livery (*ливʼ-ер-и*) s. передача владѣнія; прокормъ, пансіонъ; ливрея (прислуги); корпорація привилегированыхъ гражданъ Лондона. **To keep horses at —**, взять лошадей на прокормъ. **To wear a —**, ходить въ ливреѣ. **— -servant**, ливрейный лакей. **— man**, ливрейный лакей. **— stable**, извощичій дворъ съ содержаніемъ лошадей. || va. одѣвать въ ливрею.
Livid (*ливʼ-ид*) adj. блѣдный.
Lividness (*ливʼ-ид-нес*) s. блѣдность.
Living (*ливʼ-инг*) adj. живой, живущій, дѣятельный; текущій. **— rock**, голая скала. **A — faith**, живая вѣра. **The — and the dead**, живые и мертвые. **A — dog is better than a dead lion**, лучше быть живымъ, чѣмъ мертвымъ. || s. житье, жизнь; средства жизни. **To get a —**, зарабатывать на жизнь. **— is dear here**, жизнь здѣсь дорога.
Lixiviate (*ликс-ивʼ-и-эт*) adj. щелочной; || va. щелочить, бучить.
Lizard (*лизʼ-ёрд*) s. (зоол.) ящерица.
Llama (*лаʼ-ма*) s. (зоол.) лама.
Lo (*лоʼо*) interj. вотъ! смотрите!
Loach *или* **Locke** (*лоʼоч*) s. (ихт.) голецъ, гольчикъ.
Load (*лоʼод*) s. тяжесть; бремя, грузъ; сила давленія, удара. **A cart —**, полный возъ. **A ship —**, нагруженный корабль. || va. грузить, вьючить; обременять; одарять. **To — with favours**, осыпать милостями. **To — with reproaches**, осыпать упреками.
Loading (*лоʼод-инг*) s. грузъ; нагрузка; заряженіе (оружія).
Loadstone (*лоʼод-стон*) s. магнитъ.
Loaf (*лоʼоф*) s. булка, голова (сахару)
Loafer (*лоʼоф-ер*) s. бродяга.
Loam (*лоʼом*) s. жирная глина, глинистая земля.
Loamy (*лоʼо-ми*) adj. глинистый.
Loan (*лоʼон*) s. ссуда, заемъ. **— bank**, заемный, ссудный банкъ; || va. ссужать, давать взаймы.
Loath (*ло-осз*) adj. не имѣющій расположенія. **He was — to punish**, ему было противно наказывать.
Loathe (*лоʼсз*) va. ненавидѣть, гнушаться; возбуждать отвращеніе. **He loathes every kind of food**, ему противна всякаго рода пища.
Loathful (*лоʼосз-фул*) adj. ненавистный, отвратительный.
Loathing (*лоʼосз-инг*) s. отвращеніе, омерзеніе.
Loathingly (*лоʼосз-инг-ли*) adv. съ омерзеніемъ, съ отвращеніемъ
Loathness (*лоʼосз-нес*) s. отвращеніе
Loathsome (*лоʼосз-сём*) adj. отвратительный.
Loathsomely (*лоʼосз-сём-ли*) adv. (отвратительно.
Loathsomenes (*лоʼосз-сём-нес*) s. отвратительность

Lob (*лоб*) s. мужикъ, олухъ; || va. уронить, бухнуть.

Lobate (*ло'о-бэт*)о, **Lobed** (*ло'о-бд*) adj. (бот.) съ долями.

Lobby (*ло'о-би*) s. передняя; сѣни, подъѣздъ; преддверіе.

Lobe (*ло'об*) s. (анат.) доля, лопасть; (бот.) доля (листа). [лія.

Lobelia (*ло-би'-ли-а*) s. (бот.) лобе-

Lobiolly-boy (*лоб'-лал-ли-бой*) s. (мор.) фельдшеръ.

Lobster (*лоб'-стер*) s. омаръ, морской ракъ.

Lobule (*лобь'-юл*) s. (анат.) долька.

Local (*ло'о-кăл*) adj. мѣстный.

Locality (*ло-кăл'-и-ти*) s. мѣстность; мѣстныя условія.

Localize (*ло'о-кăл-айз*) va. локализировать. [водворять.

Locate (*ло'о-кэт*) va. помѣщать,

Location (*ло-кэ'-шон*) s. назначеніе мѣста, водвореніе; мѣстоположеніе.

Loch (*лок*) s. озеро (въ Шотландіи); (анат.) грудное питье.

Lochia (*ло-кай'-ä*) s. (мед.) послѣродовое очищеніе.

Lock (*локч*) s. замокъ; перемычка; гать, шлюзъ; сжиманіе; клокъ (волосъ), прядь, локонъ; охапка (сѣна); || * соглашеніе. **To pick a —,** открыть замокъ безъ ключа. **— of hair,** локонъ. **Of — wool,** клокъ шерсти. **Safely- —,** замокъ съ секретомъ. **— -keeper,** сторожъ при шлюзѣ. **— -up,** арестанская при полиціи. || va. запирать, замыкать; закрѣплять; заключать (въ тюрьму). **— the door,** закройте дверь. **To double —,** запереть на два поворота. || vn. запираться, замыкаться; прилаживаться.

Lockage (*лок'-эдж*) s. шлюзныя работы; уровень подъема или спуска шлюза.

Locked-jaw (*лŏкт'-джо*) s. (мед.) тризмусъ при тетаносѣ.

Locker (*лок'-ер*) s. кессонъ, ящикъ.

Locket (*лок'-ет*) s. замочекъ; застежка; медальонъ. [холстъ.

Lockram (*лок'-рăм*) s. грубый

Locksmith (*лок'-смисз*) s. слесарь.

Locomotion (*лок-мо'о-шŏн*) s. передвиженіе; сила движенія.

Locomotive (*ло-ко-мо'о-тив*) adj. движущій, движущійся; || s. локомотивъ, паровозъ.

Locust (*ло'о-кŏст*) s. саранча; (бот.) сладкій рожокъ. **— tree,** локустовое дерево, рожковое дерево.

Lode (*ло'од*) s. рудная жила.

Lodestone (*ло'од-стон*) s. см. **Loadstone.**

Lodge (*лодж*) va. класть, помѣщать; вонзать, всаживать; запечатлѣвать. || vn. жить, помѣщаться, быть прибитымъ къ землѣ (о хлѣбѣ); || s. хижина, домикъ; сторожка, швейцарская; ложа (въ театрѣ).

Lodger (*лодж'-ер*) s. жилецъ.

Lodging (*лодж'-инг*) s. квартира, жилище. **Furnished —s,** меблированная квартира. **Board and —,** домашній пансіонъ. **— house,** меблированныя комнаты.

Lodgment (*лодж'-мент*) s. жительство; квартира; помѣщеніе.

Loft (*лэфт*) s. чердакъ; этажъ, ярусъ.

Loftily (*лофт'-и-ли*) adv. съ верху до низу; надменно, съ высокомѣріемъ.

Loftiness (*лофт'-и-нес*) s. высота, возвышенность, величіе; надменность.

Lofty (*лофт'-и*) adj. высокій, возвышенный; величавый; надменный.

Log (*лог*) s. бревно; полѣно, чурбанъ; плаха; (мор.) лагъ. **— board,** вахтенная доска. **— book,** шканечный журналъ. **— wood,** кампешевое дерево. [логарифмъ.

Logarithm (*лог'-ä-рисзм*) s. (мат.)

Logger (*лог'-гер*) s. дровосѣкъ.

Loggerhead (*лог'-гер-хед*) s. олухъ, болванъ, дубина. **To fall to —s,** схватиться на кулачки.

Loggerheaded (*лог'-гер-хед-ед*) adj. глупый, тупоумный.

Logic (*лодж'-ик*) s. логика.

Logical (*лодж'-и-кăл*) adj. логическій, логичный.

Loin (*лойн*) s. филей (мясо). || **—s,** s. pl. поясница, чресла.

Loiter (*лой'-тер*) vn. мѣшкать, медлить, ротозѣйничать, || va. тратить (время).

Loiterer (*лой'-тер-ер*) s. праздношатающійся, лодарь.

Loitering (*лой'-тер-инг*) s. праздношатаніе; || adj. праздный.

Loteringly (*лой'-тер-инг-ли*) adv. праздно.

Lole (*лол*) vn. небрежно дѣйствовать, облокачиваться, развалиться; висѣть. || va. высовывать языкъ. [денца.

Lollipop (*лол'-ли-поп*) s. родъ ле-

London (*лон'-ден*) npr. (геог.) Лондонъ. [нецъ.

Londoner (*лон'-де-нер*) s. лондо-

Lone (*ло'он*) adj. уединенный, одинокій. [неніе одиночество.

Loneliness (*ло'он-ли-нес*) s. уеди-

Lonely (*ло'он-ли*) adj. см. **Lone.**

Loneness (*ло'он-нес*) s. см. **Loneliness.** [ный.

Lonesome (*ло'он-сŏм*) adj. уединен-

Lonesomeness (*ло'он-сŏм-нес*) s. уединеніе.

Long (*лонг*) adj. длинный, долгій;

продолжительный; || * медленный, скучный. **A — time,** продолжительное время. **You are very — in coming,** вы медлите приходомъ. **In the — run,** наконецъ. || adv. продолжительно, длинно, долго, давно; медленно. **— after,** долго послѣ того. **— since, — ago,** уже давно. **Ere —,** въ непродолжительномъ времени. **Have you known them —?** давно ли вы ихъ знаете. **As — as I live,** пока я живъ. **All my life —,** впродолженіи всей моей жизни. **All night —,** во всю ночь. || vn. горячо желать, имѣть сильное желаніе, охоту. **I — to see him,** я сильно желаю его видѣть. **— -armed,** далеко хватающій. **— -boat,** большая шлюпка. **— -measure,** мѣра длины. **— -sighted,** дальнозоркій. **— -sightedress,** дальнозоркость. **— -suffering;** adj. долготерпѣливый. **— -suffering,** s. долготерпѣніе. **— -winded,** продолжительный.

Longanimity (*лон-гă-ним'-и-ти*) s. долготерпѣніе, кротость.

Longe (*лŏндж*) s. ударъ рапирой.

Longeval (*лон-джи'-вăл*) adj. долговѣчный. [говѣчность.

Longevity (*лон-джев'-и-ти*) s.дол-

Longing (*лонг'-инг*) s. сильное, страстное желаніе.

Longingly (*лонг'-инг-ли*) adv сильно, пламенно.

Longish (*лонг'-иш*) adj. длиноватый, долговатый.

Longitude (*лон'-джи-тьюд*) s.долгота. [*нăл*) adj. продольной.

Longitudinal (*лон'-джи-тьюд-и-*

Longitudinaly (*лон'-джи-тьюд'-и-нăл-и*) adv. въ длину. вдоль.

Longwise (*лонг'-уайз*) adv. въ длину.

Loo (*лу*) s. мушка (карт. игра).

Looby (*лу'-би*) s.олухъ, простофиля.

Look (*лук*) vn. va. смотрѣть, глядѣть, бросать взгляды; || имѣть видъ, казаться; производить впечатленіе; заботиться. **To — ill,** имѣть болѣзненный видъ. **Look sharp,** смотрите пристально, держите ухо востро. **That looks well,** это имѣетъ хорошій видъ. **The front looks into the garden,** фасадъ дома выходитъ въ садъ. **To — after,** слѣдить глазами, наблюдать; заботиться; обращать вниманіе. **To — about,** смотрѣть вокругъ себя; разсматривать, осматриваться. **To — at,** смотрѣть, обращать вниманіе. **To — away from,** отворачиваться, отвращать глаза. **To — back,** смотрѣть назадъ, просматривать. **To — big,** гордиться. **To — down,** смотрѣть внизъ; потуплять глаза; понижаться (о цѣнахъ). **To down on,** презирать. **To — for,** искать отыскивать глазами; ожидать. **— here!** смотрите сюда! **To — in upon,** смотрѣть въ, внутрь; || заглянуть. **To — into,** смотрѣть въ, заглядывать, войти; выходить въ. **To — like,** походить на кого. **To — out,** смотрѣть изъ, впередъ; быть на сторонѣ. **— out!** берегитесь. **To — over,** просматривать; прощать. **To — to,** смотрѣть, караулить, наблюдать. **To — up,** подымать глаза на; смотрѣть на; ободряться. **To — up to,** имѣть къ чему уваженіе. || v. смотрѣть; искать. **To — a man in the face,** смотрѣть прямо въ лицо. **To — up a thing,** искать чего либо. || s. взглядъ; видъ. **Sweet —,** любящій взглядъ. **Angry —s,** сердитые взоры.

Looker (*лŭк'-ср*) s. наблюдающій, разсматривающій; зритель. **A — on,** зритель.

Looking (*лук'-инг*) s. поиски. **Good - —,** красивый. **— nice,** имѣющій пріятный видъ. **Ill - —,** больной на видъ. **— glass,** зеркало.

Look-out (*лук'-аут*) s. точка зрѣнія, пунктъ наблюденія; наблюденіе, дозоръ; (мор.) часовой. **To keep a good —,** смотрѣть во всѣ глаза.

Loom (*лум*) s. ткацкій станокъ; туманное очертаніе предмета; печная труба; || vn. показываться вдали въ увеличенномъ размѣрѣ. **— -gale,** свѣжій вѣтерокъ.

Looming (*лум'-инг*) s. миражъ, туманное очертаніе предмета.

Loon (*лун*) s. негодяй.

Loop (*луп*) s. петля, петлица; дыра, отверстіе; скобка, шипъ. **— hole,** отверстіе; бойница, окошко; || va. снабжать петлями.

Loopholed (*луп'-холд*) adj. снабженный отверстіями, бойницами.

Loose (*лус*) va отвязывать, развязывать; освобождать; ослаблять; || vn. встать подъ паруса, выйти въ морѣ; || adj. отвязанный; отдѣленный; подвижной; свободный; распущенный (о волосахъ); || * расплывчатый, неясный; нерадивый; распущенный. **This cord is too —,** эта веревка слишкомъ слабо натянута. **— sleeves,** широкія рукава. **— morals,** распущенные нравы. **To break —,** освободиться, уйти; отвязаться. **To let —, to set —,** освободить изъ заключенія; || s.свобода, вольность

Loosely (*лус'-ли*) adv. слабо, не-

твердо; **свободно**; || **безпорядочно**, нерадиво, распущенно.
Loosen (*лус'-н*) va. ослаблять, отпускать; развязывать; разрыхлять (землю); отдавать (парусъ).
Looseness (*лус'-нес*) s. ослабленіе; слабость; колебаніе; рыхлость; просторъ, свобода: распущенность; (мед.) поносъ.
Loot (*лут*) s. грабежъ.
Lotting (*лут'-инг*) s. грабежъ.
Lop (*лоп*) va. подрѣзывать (деревья); || vn. падать; висѣть, опускаться; повѣсить (уши); || s. отрѣзанная вѣтвь; то что виситъ, опускается.
Lopper (*лоп'-пер*) s. обрѣзчикъ (вѣтвей деревьевъ).
Lopping (*лоп'-пинг*)s. обрѣзываніе.
Loquacious (*ло-куä'-шöс*) adj. болтливый. [s. болтливость.
Loquaciousness (*ло-куä'-шöс-нес*)
Lord (*лорд*) s. лордъ, господинъ. **Land —**, землевладѣлецъ. **First — of the admiralty**, морской министръ. || vn. владычествовать; || va. сдѣлать лордомъ. **To — it over one**, господствовать надъ кѣмъ.
Lordlike (*лорд'-лаик*) adj. подобный лорду; благородный; гордый.
Lordliness (*лорд'-ли-нес*) s. достоинство лорда; гордость, высокомѣріе. [дворянинъ.
Lordling (*лорд'-линг*) s. юнкеръ,
Lordly (*лорд'-ли*) apj. относящійкъ лорду; благородный; гордый; || adv. благородно, гордо; какъ лордъ.
Lordship (*оорд'-шип*) s. власть, господство; владѣніе; титулъ лорда. **Your —**, ваша милость.
Lore (*ло'ор*) s. званіе, познаніе, ученіе. **Classic —**, классическая наука. [вать; облицовывать.
Loricate (*лор'-и-кэт*) va. покры-
Loriot (*ло'о-ри-öт*) s. (орн.) иволга.
Lorn (*лорн*) adj. см. **Forlorn.**
Lorry (*лор'-ри*) s. грузовая телѣга.
Losable (*луз'-ä-бл*) adj. подлежащій утратѣ.
Lose (*луз*) vn. va. терять, -ся, потерять, -ся; проигрывать, утрачивать, понижаться (въ цѣнѣ); отставать (о часахъ).
Loser (*луз'-ер*) s. теряющій, проигрывающій.
Losing (*луз'-инг*) adj. теряющій; || s. потеря. **A — piece of business**, невыгодное дѣло.
Loss (*лос*) s. потеря, убыль, убытокъ; уронъ, проигрышъ.
Lost (*лост*) adj. потерянный, утраченный, погибшій.
Lot (*лот*) s. жребій, рокъ; доля, судьба; доля, часть; выигрышъ, счастіе. **To draw, to cast —s**, бросать жребій. **—s of marchandise**, партія товара. **To sell by** *или* **in —s**, продавать партіями. || va. назначать, опредѣлять; дѣлить. назначать доли; сортировать. [(ихт.) налимъ.
Lote (*ло'от*) s. (бот.) лядвенецъ,
Lotion (*ло'о-шöн*) s. умываніе.
Lottery (*лот'-те-ри*) s. лоттерея.
Loud (*ла'уд*) adj. громкій, звонкій; сильный, шумный, блестящій. **A — voice**, громкій голосъ. **A — laugh**, громкій смѣхъ. || adv. см. **Loudly**.
Loudly (*ла'уд-ли*) adv. громко,звонко; сильно, шумно, блестяще.
Loudness (*ла'уд-нес*) s. громкость, звонкость; сила (звука); шумъ.
Lough (*лок*) s. озеро, морской заливъ.
Lounge (*ла'ундж*) vn. шататься ничего не дѣлая, жить въ праздности; || s. шатаніе, ротозѣйничаніе; отдыхъ, лежаніе днемъ; софа, кресло для отдыха.
Lounger (*ла'ун-джер*) s. праздношатающійся, фланеръ, ротозѣй.
Louse (*ла'ус*) vn. вычесывать вшей. || s. вошь. **Crab —**, площица. **— -wort**, вшивая трава.
Lousily (*ла'уз-и-ли*) adv. низко.
Lousiness (*ла'уз-и-нес*)s. вшивость.
Lousy (*ла'уз-и*) adj. вшивый.
Lout (*ла'ут*) s. деревенщина.
Loutish (*ла'ут-иш*) adj. грубый, мужиковатый.
Loutishness (*ла'ут - иш - нес*) s. грубость, мужиковатость.
Lovable (*лöв'-ä-бл*) adj. достойный любви, милый. [стеніе).
Lovage (*лöв' - эдж*) s. зоря (ра-
Love (*лöв*) va. vn. любить, быть влюбленнымъ, обожать; || s. любовь; привязанность, дружба. **Self - —**, себялюбіе, самолюбіе. **To be in — with one**, быть влюбленнымъ въ кого, любить. **To fall in — with**, влюбиться въ кого. **To make — to**, ухаживать, волочиться. **My — to all**, мой привѣтъ всѣмъ. **— -apple**, помидоръ, томатъ. **— knot**, союзъ любви. **— lorn**, оставленный. **— -letter**, любовное письмо. **— -suit**, ухаживаніе, сватаніе. **— token**, знакъ любви.
Loveless (*лöв'-лес*) adj. нелюбящій.
Loveliness (*лöв'-ли-нес*) s. любезность; миловидность.
Lovely (*лöв'-ли*) adj. достойный любви, милый, любезный; красивый.
Lover (*лöв'-ер*) s. любовникъ.
Loving (*лöв'-инг*) adj. любящій, нѣжный **— kindness**, милосердіе.

Lovingly (*лов'-инг-ли*) adv. любовно, нѣжно.
Lovingness (*лов'-инг-нес*) s. любовь, привязанность, нѣжность
Low (*ло'у*) adj. низкій, нижній, низшій; простонародный; глубокій; слабый, жалкій; мелкій, небольшой. **A — building,** низкое строеніе. **— water,** низкая вода. **With a — voice,** тихимъ голосомъ. **You seem in — spirits,** вы въ угнетенномъ состояніе. **— expression,** вульгарныя выраженіе. **— pulse,** слабый пульсъ. || adv. низко, низменно; глубоко; дешево; тихо, печально; гнусно, бѣдно, жалко. **To bow —,** дѣлать глубокій поклонъ. **Speak —.** говорить тихонько. **— -born,** низкаго происхожденія. **— bred,** невоспитанный. **— minded,** съ узкими взглядами. **— priced,** низкоцѣнный. **— spirited,** удрученный, унылый. **— spiritedness,** удрученность, унылость. || s. мычаніе, ревъ; || va. мычать, ревѣть. **— -countries.** Нидерланды.
Lower (*ло'у-ер*) adj. comp. отъ **Low;** нижній, низшій, позднѣйшій; || va. vn. понижать, -ся; спускать, опускать, -ся, ослабѣвать; (мор.) отдавать. **To — the sails,** спускать паруса. **The — house,** нижняя палата въ Англіи. || adj. **The — walks of life,** низшіе слои жизни.
Lower (*ла'у-ер*) s. пасмурность; || vn. темнѣть, покрываться, заволакиваться облаками, хмуриться. **The sky —s,** небо покрывается тучами.
Lowering (*ла'у-ер-инг*) adj. пасмурный; нахмуренный.
Loweringly (*ла'у-ер-ин-гли*) adv. пасмурно; нахмурясь.
Lowermost (*ло'у - ер - мост*) adj. super. отъ **Low;** самый низкій, нижайшій.
Lowery (*ла'у-ер-и*) adj. пасмурный; облачный; мрачный.
Lowing (*ло'у-инг*) s. мычаніе; ревъ.
Lowland (*ло'у-лäнд*) s. низменность. **The —s of Scotland,** низменности Шотландіи.
Lowlander (*ло'у-лäнд-ер*) s. обитатели низменностей
Lowliness (*ло'у-ли-нес*) s. смиреніе; низость, униженіе.
Lowly (*ло'у-ли*) adj. смиренный; низкій, малый.
Lowness (*ло'у-нес*) s. мелкость; малость, подлость, низость, пошлость; упадокъ (духа, цѣнъ); ослабленіе. уменьшеніе. [ный
Loyal (*лой'-äл*) adj. лояльный, вѣр-
Loyalism (*лой'-äл-изм*) s. лояльность, вѣрность.
Loyalty (*лой'-äл-ти*) adv. лояльно,
Lozenge (*лоз'-ендж*) s. (геом.) ромбъ; || (фарм.) лепешка.
Lubber (*лöб'-бер*) s. увалень, лежебокъ, лѣнтяй.
Lubberly (*лöб'-бер-ли*) adj. неповоротливый, лѣнивый; || adv. неповоротливо, лѣниво,
Lubric (*лью'-брик*) adj. скользкій, гладкій; шаткій; похотливый.
Lubricate (*лью'-бри-кэт*) va. смазывать, дѣлать скользкимъ, гладкимъ.
Lubrication (*лью-бри-кэ'-шöн*) s. смазываціе, дѣланіе скользкимъ, гладкимъ.
Lucid (*лью'-сид*) adj. свѣтлый, прозрачный; ясный.
Lucidity (*лью-сид'-и-ти*), **Lucidness** (*лью'-сид-нес*) s. свѣтъ, прозрачность, ясность.
Lucidly (*лью'-сид-ли*) adv. свѣтло, ясно, прозрачно.
Lucifer (*лью'-си-фер*) s. Люциферъ, || (астр.) утренняя звѣзда, денница.
Luck (*лöк*) s. счастье, удача. **Good —!** желаю счастья! **To take pot —,** обѣдать чѣмъ Богъ пошлетъ. **Ill —,** несчастіе, неудача.
Luckily (*лöк'-и-ли*) adv. по счастью.
Luckiness (*лöк'-и-нес*) s. счастье. удача. [стный, злополучный.
Luckless (*лöк' - лес*) adj. несча-
Lucklessly (*лöк'-лес-ли*) adv. несчастливо, злополучно.
Lucklessness (*лöк'-лес-нес*) s несчастье. [удачный.
Lucky (*лöк'-и*) adj. счастливый,
Lucrative (*лью'-крäтив*) adj. прибыльный, доходный.
Lucre (*лью'-кер*) s. прибыль, доходъ, барышъ.
Lucubrate (*лью'-кью - брэт*) vn. заниматься, изучать
Lucubration (*лью'-кью-брэ'-шöн*) s изученіе, усиленныя занятія
Lucubratory (*лью'- кью - брэ-то-ри*) adj. сдѣланный по ночамъ, труженническій
Luculent (*лью'-кью-лент*) adj ясный, прозрачный; явный.
Ludicrous (*лью'-ди-крöс*) adj смѣшной, забавный.
Ludicrously (*лью' - ди - крöс - ли*) adv. смѣшно, забавно
Ludicrousness (*лью'-ди-крöс-нес*) s. смѣшное, забавное.
Luff (*лöф*) s. (мор.) навѣтренная сторона. **— -tackle,** родъ хватъ-талей; || vn. идти по вѣтру, лавировать.
Lug (*лöг*) va. тащить, волочить, тянуть; || vn. тащиться. **To — away, off,** утаскивать, увлекать за собою **To — out,** вытаскивать

Luggage (*лŏг'-гэдж*) s. багажъ, кладь, поклажа. — **train**, товарный поѣздъ. — **-van**, багажный фургонъ.
Lugubrious (*лью-гью'-бри-ŏс*) adj. жалобный, заунывный.
Lukewarm (*льюк'-уорм*) adj. тепловатый, тепленькій; равнодушный.
Lukewarmness (*льюк'-уорм-нес*) s. тепловатость; равнодушіе.
Lull (*лŏл*) va. убаюкивать, усыплять; ‖ vn. успокаиваться; засыпать; ‖ s. все то, что успокаиваетъ, усыпляетъ, (мор.) затишье.
Lullaby (*лŏл'-ā-бай*) s. пѣсенка (колыбельная).
Lumbago (*лŏм-бэ'-го*) s. (мед.) невральгія поясничныхъ нервовъ.
Lumbar (*лŏм'-бāр*) adj. (анат.) чресленный, поясничный.
Lumber (*лŏм'-бер*) s. хламъ; громоздкія ненужныя вещи. — **room**, чуланъ для громоздкихъ, ненужныхъ вещей; ‖ va. громоздить, свалить въ безпорядкѣ; ‖ vn. тащиться. [тило.
Luminary (*лью'-ми-нā-ри*) s. свѣ-
Luminous (*лью-ми-нос*) adj свѣтлый, ясный, блестящій.
Luminously (*лью'-ми-нŏс-ли*) adv. свѣтло, ясно, блестяще.
Luminousness (*лью'-ми-нŏс-нес*), **Lumiosity** (*лью'-ми-нос-и-ти*) s. свѣтлость, блескъ, ясность.
Lump (*лŏмп*) s. кусокъ, комокъ, глыба; чурбанъ, куча. **A — of sugar**, кусокъ сахару. **In a —**, гуртомъ, оптомъ. ‖ va. складывать въ кучу, брать гуртомъ.
Lumper (*лŏмп'-ер*) s. разгрузчикъ.
Lumping (*лŏмп'-инг*) adj. большой, тяжелый.
Lumpish (*лŏмп'-иш*) adj. большой, тяжелый; огромный; неуклюжій; тупой.
Lumpishly (*лŏмп'-иш-ли*) adv. тяжело, неуклюже; тупо.
Lumpishness (*лŏмп'-иш-нес*) s. неуклюжесть, тупость.
Lumpy (*лŏмп'-и*) adj. состоящій изъ кусковъ.
Lunacy (*лью'-нā-си*) s. періодическое умопомѣшательство; сумасшествіе; лунатизмъ.
Lunch (*лŏнч*), **Luncheon** (*лŏнч'-ŏн*) s. завтракъ; ‖ vn. завтракать.
Lune (*льюн*) s. всякая вещь въ видѣ полумѣсяца; (геом.) выемный кругъ; ‖ причуды, капризы.
Lunette (*лью-нет'*) s. (форт.) люнетъ.
Lung (*лŏнг*) s. (анат.) легкое. — **s.**, s. pl. легкія. [легкія.
Lunged (*лŏнгд*) adj. имѣющій
Luniform (*лью'-ни-форм*) adj. луновидный.

Lunisolar (*лъ-ни-со'о-лāр*) adj. (астр.) луносолнечный.
Lupine (*лью'-пин*) s. (бот.) лупинъ, волчій бобъ.
Lurch (*лŏрч*) s. (мор.) накрениваніе судна; ‖ двойная партія въ триктракѣ. **To leave in the —**, покинуть кого въ трудномъ положеніи; ‖ vn. уклоняться, избѣгать, лукавить, подстерегать; (мор.) крениться.
Lurcher (*лŏрч'-ер*) s. подстерегающій; охотничья собака.
Lure (*льюр*) s. приманка, прелесть; прикормъ; ‖ va. vn. приманивать.
Lurid (*лью'-рид*) adj. мрачный, угрюмый, посинѣвшій.
Lurk (*лŏрк*) vn. подстерегать, прятаться. **To — about**, бродить вокругъ. [щій, прячущій.
Lurker (*лŏрк'-ер*) s. подстерегаю-
Lurking (*лŏрк'-инг*) adj. прячущійся; скрытный. — **rocks**, подводная скала. — **-place**, засада.
Luscious (*лŏш'-ŏс*) adj. приторный.]торно, очень сладко.
Lusciously (*лош'-ŏс-ли*) adv. при-
Lusciousness (*лŏш'-ŏс-нес*) s. сладость, приторность.
Lust (*лŏст*) s. сильное желаніе, алчность; вожделѣніе. похоть; крѣпость, сила; ‖ vn. сильно желать.
Lustful (*лŏст'-фул*) adj. сладострастный, похотливый.
Lustfully (*лŏст'-фул-и*) adv. сладострастно, похотливо.
Lustfulness (*лŏст'-фул-нес*) s. сладострастность, похотливость.
Lustily (*лŏс'-ти-ли*) adv. бодро, крѣпко, сильно.
Lustiness (*лŏс'-ти-нес*) s. сила, бодрость. [охота.
Lusting (*лŏс'-тинг*) s. желаніе,
Lustral (*лŏс'-трāл*) adj. очистительный (за давностью); наступающій по истеченіи пяти лѣтъ.
Lustration (*лŏс'-трэ'-шŏн*) s. очищеніе (за давностью); (ант.) счисленіе черезъ пять лѣтъ.
Lustre (*лŏс'-тер*) s. лоскъ, глянецъ, блескъ; люстра, паникадило.
Lustreless (*лŏс'-тер-лес*) adj. неблестящій, тусклый. [ринъ.
Lustring (*лŏс'-тринг*) s. люст-
Lustrous (*лŏс'-трŏс*) adj. блестящій, свѣтлый, глянцевитый.
Lustrously (*лŏс'-трŏс-ли*) adv. блестяще. глянцевито.
Lustrum (*лŏс'-тром*) s. (рим.) періодъ въ пять лѣтъ, люструмъ.
Lusty (*лŏс'-ти*) adj. крѣпкій, сильный, дюжій, здоровый; дородный.
Lute (*льют*) s. лютня. — **-maker**, инструментальный мастеръ.
Lute (*льют*), **Luting** (*льют'-инг*)

s. замазка, замазыванiе; || va. замазывать.

Lutheran (*лью'-сзер-ăн*) s. лютеранинъ; || adj. лютеранскiй.

Lutheranism (*лью'-сзер-ăн-изм*) s. лютеранство.

Luthern (*лью'-сзерн*) s. слуховое окно. {свихнуть.

Luxate (*лŏкс'-эт*) va. вывихнуть,

Luxation (*лŏкс-э'-шŏн*) s. вывихъ.

Luxuriance (*лŏкс-ю'-ри-ăнс*), **Luxuriancy** (*лŏксъ-ю'-ри-ăн-си*) s. обилiе, изобилiе, плодовитость.

Luxuriant (*лŏгзъ-ю'-ри-ăнт*) adj. обильный, плодовитый.

Luxuriantly (*лŏгзъ-'ю-ри-ăнт-ли*) adv. обильно, плодовито.

Luxuriate (*лŏгзъ-ю'-ри-эт*) vn. изобиловать, пышно расти, жить богато.

Luxurious (*лŏгзъ-ю'-ри-ŏс*) adj. роскошный, пышный.

Luxuriously (*лŏгзъ-ю'-ри-ŏс-ли*) adv. роскошно, пышно.

Luxuriousness (*лŏгзъ-ю'-ри-ŏс-нес*) s. роскошь, пышность.

Luxury (*лŏк'-шу-ри*) s. роскошь, пышность; сластолюбiе

Lyceum (*лай-си'-ŏм*) s. лицей, училище. {правда.

Lye (*лай*) s. щелокъ; || ложь, не-

Lying (*лай'-инг*) p. pr. отъ **Lie**; (мор.) — **to**, лежа въ дрейфѣ. || s. ложь; || adj. лгущiй, лживый. — **-in**, adj. въ родахъ. — **-in hospital**, родовспомогательное заведенiе.

Lumph (*лимф*) s. (физiол.) лимфа.

Lunch (*линч*) va. линчевать, наказывать безъ суда. — **-law**, судъ Линча, расправа.

Lynx (*линкс*) s. рысь. **To be** — **-eyed**, имѣть быстрые глаза.

Lyra (*лай'-ра*) s. Лира (созвѣздiе).

Lyre (*лайр*) s. лира, музык. инструментъ.

Lyric (*лир'-ик*), **Lyrical** (*лир'-икăл*) adj. лирическiй.

M.

M (*эм*) тринадцатая буква англiйской азбуки. —**'m**, вмѣсто **am**, есмь.

Mab (*мăб*) s. замараха, неряха; || vn. одѣваться неряшливо.

Mac *и* **Mc** (*мăк*) s. *передъ именами собственными означаетъ* сынъ.

Mace (*мэс*) s. жезлъ, булава; палица; мушкатный орѣхъ. — **-bearer**, жезлоносецъ.

Macedonia (*мăс-и-до'о-ни-а*) prг. (геог.) Македонiя.

Macerate (*мăс'-ер-эт*) va. истощать, изнурять; умерщвлять (плоть). {щенiе, изнуренiе.

Maceration (*мă-сер-э'-шŏн*) s. исто-

Machiavelism (*мăк'-и-ă-вел-изм*) s. макiавелизмъ, коварство.

Machinal (*мăк'-и-нăл*) adj. механическiй, машинный.

Machinate (*мăк'-и-нэт*) va. замышлять.

Machination (*мăк-и-нэ'-шŏн*) s. злоумышленiе, заговоръ.

Machinator (*мăк'-и-нэ-тŏр*) s. злоумышленникъ.

Machine (*мă-шин'*) s. машина; механизмъ, приборъ, аппаратъ. — **made**, машинной работы.

Machinery (*мă-шин'-ер-и*) s. механика, механизмъ; устройство; чудесное (въ поэмахъ).

Machinist (*мă-шин'-ист*) s. механикъ. {промокаемое пальто.

Mackintosh (*мăк'-ин-тош*) s. не-

Mackle (*мăк'-л*) s. — **paper**, (тип.) макулатура. {lae, пятно.

Macula (*мăкъ'-ю-ла*) въ pl. **Macu-**

Maculate (*мăкъ'-ю-лэт*) va. пятнать, пачкать.

Maculation (*мăкъ-ю-лэ'-шŏн*) s. пятнанiе; пятно, грязь.

Maculature (*мăкъ'-ю-лэ-чур*) s. (тип.) макулатура.

Mad (*мăд*) adj. сумашедшiй, помѣшанный; бѣшенный; свирѣпый. — **for, after**, помѣшанный на чемъ. **Raving** —, бѣшенный. **To be** —, быть сумасшедшимъ. **A** — **undertaking**, безумное предпрiятiе. **He is** — **with me**, онъ страшно золъ на меня. — **-apple** (бот.) баклажанъ. — **-brained**, сумасшедшiй, сумасбродный. — **-house**, домъ умалишенныхъ. — **-cap**, сумасшедшiй; повѣса, сорванецъ. || vn. быть сумасшедшимъ.

Madden (*мăд'-дн*) va. сводить съ ума, бѣсить; || vn. сходить съ ума.

Maddening (*мăд'-дн-инг*) adj. сводящiй съ ума.

Madder (*мăд'-дер*) s. марена; || va. красить мареною. — **-coloured**, мареноваго цвѣта. — **-dyeing**, крашенiе мареною. — **-dyer**, красильщикъ мареною. — **-root**, корень марены.

Made (*мэд*) adj. сдѣланный, приготовленный. — **up**, искуственный. **Ready** —, готовый. — **-dishes**, пирожныя. {**garete**.

Madge (*мăдж*) prг. умен. отъ **Mar-**

Madly (*мăд'-ли*) adv. безумно; бѣшено; безразсудно.

Madman (*мăд'-мăн*) s. сумасшедшiй, умалишенный.

Madness (*мăд'-нес*) s. умопомѣшательство, безумiе, ярость.

Madona *или* **Madonna** (*ма-дон'-на*) s. мадонна.

Madrigal (*мăд'-ри-гăл*) s. мадригалъ.

Madwort (*мăд'-уōрт*) s. (бот.) икотная трава.

Magazine (*мăг-ă-зин'*) s. магазинъ, складъ, амбаръ; || литературный сборникъ; || va. складывать въ амбары.

Magdalen (*мăг'-да-лен*) s. раскаявшаяся грѣшница; || npr. Магдалина.

Maggot (*мăг'-ōт*) s. червякъ (въ мясѣ); || прихоть, причуды.

Maggoty (*мăг'-ōт-и*) adj. червивый; || причудливый: прихотливый.

Magi (*мэ'-джай*) s. pl. маги, волхвы, мудрецы.

Magian (*мэ'-джи-ăн*) s. магъ, волхвъ.

Magic (*мăдж'-ик*), **Magical** (*мăдж'-ик-ăл*) adj. магическій, волшебный.

Magician (*мă-джиш'-ăн*) s. магъ, волшебникъ, колдунъ.

Magisterial (*мăдж-ис-ти'-ри-ăл*) adj. магистратскій, судейскій; повелительный.

Magistracy (*мăдж'-ис-трă-си*) s. судейское званіе; магистратъ.

Magistrate (*мăдж'-ис-трэт*) s. судья; членъ магистрата.

Magna charta (*мăг'-на-кар'-та*) s. великая хартія, основной государственный законъ.

Magnanimity (*мăг-на-ним'-и-ти*) s. великодушіе.

Magnanimous (*мăг-нăн'-и-мōс*) adj. великодушный.

Magnanimously (*мăг-нăн'-и-мōс-ли*) adv. великодушно.

Magnet (*мăг'-нет*) s. магнитъ.

Magnetic (*мăг-нет'-ик*), **Magnetical** (*мăг-нет'-икăл*) adj. магнитный, магнитическій.

Magnetism (*мăг'-нет-изм*) s. магнетизмъ.

Magnific (*мăг-ниф'-ик*), **Magnifical** (*мăг-ниф'-ик-ăл*) adj. великолѣпный, пышный.

Magnificence (*мăг-ниф'-и-сенс*) s. великолѣпіе, пышность.

Magnificent (*мăг-ниф'-и-сент*) adj. великолѣпный.

Magnificently (*мăг-ниф'-и-сент-ли*) adv. великолѣпно.

Magnifier (*мăг'-ни-фай-ср*) s. панегиристъ; || лупа.

Magnify (*мăг'-ни-фай*) va. увеличивать; || величать, превозносить.

Magnifying (*мăг'-ни-фай-инг*) adj. увеличительный; восхваляющій.

Magniloquent (*мăг-нил'-о-куент*) adj. надутый, напыщенный (слогъ).

Magnitude (*мăг'-ни-тьюд*) s. величина; || важность, значеніе.

Magnolia (*мăг-но'о-ли-а*) s. магнолія (дерево).

Mahogany (*мă-хог'-ă-ни*) s. красное дерево.

Mahometan (*мă-хом'-ет-ăн*) s. магометанинъ.

Mahometanism (*мă-хом'-ет-ăн-изм*) s. магометанство.

Maid (*мэд*) s. дѣвица, дѣва, дѣвушка; || горничная, служанка. **— of honour,** фрейлина. **The — of Orleans,** орлеанская дѣва. **Lady's —,** горничная. **Kitchen —,** судомойка. **Nursery —,** нянька. **— of all work,** одна прислуга.

Maiden (*мэд'-н*) s. дѣвица, дѣвушка; || adj. дѣвичій; дѣвственный; || * чистый, свѣжій, новый. **A — throng,** толпа дѣвицъ. **— name,** дѣвичья фамилія. **A — speech,** первая рѣчь члена парламента.

Maidenhair (*мэд'-н-хер*) s. (бот.) волосатикъ.

Maidenhead (*мэд'-н-хед*) или **Maidenhood** (*мэд'-н-худ*) s. дѣтство, дѣвственность; чистота.

Maidenlike (*мэд'-н-лайк*) adj. дѣвичій, дѣвственный; скромный.

Maidenliness (*мед'-н-ли-нес*) s. застѣнчивсть, скромность.

Maidenly (*мед'-н-ли*) adj. дѣвичій, дѣвственный; скромный, застѣнчивый; нѣжный, слабый.

Maidhood (*мэд'-худ*) см. **Maidenhead.**

Mail (*мэл*) s. желѣзное колечко; чемоданъ; почта; кольчуга. **— bag,** чемоданъ. **— -coach,** почтовая карета. **— -guard,** почтальонъ сопровождающій почту. **— -packet,** почтовый пароходъ. **— -train,** почтовый поѣздъ. || va. одѣвать кого въ кольчугу; отправлять на почту.

Maim, (*мэм*) s. отнятіе (члена); увѣчіе; || * ударъ, ущербъ; || va. отнимать членъ, уродовать, калѣчить.

Main (*мэн*) adj. главный, преимущественный; первый; обширный, большой; сильный, могущественный; важный. **— building,** главное зданіе. **— mast,** гротъ-мачта. **— road,** большая дорога. **— gate of a town,** главныя ворота города. **— land,** материкъ || s. главное, большая часть, большинство; открытое море, океанъ; материкъ; главный проводъ, каналъ, труба; сила, мочь; закладъ (на пѣтушинномъ бою). **In — the,** по большей части, вообще. **With might and —,** изо всѣхъ силъ, изъ всей мочи.

Mainly (*мэн'-ли*) adv. главнымъ образомъ, преимущественно, особенно; многозначительно; сильно.

Mainprize (*мэн'-прайз*) s. поручи-

тельство, отдача на поруки. || va. отдавать на поруки.
Mainswear (*мэн'-суэр*) vn. давать ложную клятву.
Maintain (*мэн-тэн'*) va. поддерживать, сохранять; содержать. **To — a cause,** защищать, отстаивать что либо.
Maintenable (*мен-тен'-ӑ-бл*) adj. что можно поддержать,защитить.
Maintenance (*мэн'-те-нӑнс*) s. поддержка; содержаніе, продовольствіе; поддерживаніе (порядка).
Maize (*мэз*) маисъ, кукуруза.
Majestic (*мӑ-джес'-тик*), **Majestical** (*мӑ-джес'-тик-ӑл*) adj. величественный, важный, величавый.
Majesty (*мӑдж'-ести*) s. величіе. важность; величество (титулъ).
Major (*мэ'-джӧр*) adj. большой. значительный; старшій. **The — part,** значителная часть. || s. первая посылка (въ силлогизмѣ;) (воен.) маіоръ. **Drum —,** тамбуръ-мажоръ. **— -general,** генералъ маіоръ.
Majoration (*мӑдж-ӧр-э'-шӧн*) s увеличеніе, расширеніе
Major-domo, (*мэ-джӧр-до о-мо*) s. дворецкій.
Majority (*мӑ-джӧр'-и-ти*) s большинство, большая часть; || предки, дѣды; || маіорскій чинъ. **To come to one's —,** достигать совершеннолѣтія.
Make (*мэк*) va. дѣлать, творить, создавать, совершать, производить, составлять; приготовлять, принуждать, заставлять; изображать; претерпѣвать, нести; добывать, извлекать. **To hats —,** дѣлать шляпу **To — a speech,** произносить рѣчь, спичъ. **To — a bargain,** заключить сдѣлку **To — a promise,** обѣщать **To — haste,** спѣшить, торопиться. **To — a mistake,** ошибиться **To — a bed,** сдѣлать, приготовить постель. **Two and two — four,** дважды два четыре **To — excuse,** извиняться **To — a fortune,** дѣлать состояніе **To — known,** извѣстить, объявить. **— him go,** отпускать на свободу **You are enough to — me mad,** вы способны свести меня съ ума **To — ill,** довести до болѣзни **I will — it up to you,** я вамъ это поставлю на счетъ **To — light of,** не цѣнить, не обращать никакого вниманія **To — rauch of one,** ухаживать за кѣмъ, баловать кого. **To — sure of,** считать что за вѣрное, расчитывать на что **To — towards,** спорить. **To — away with,** разсѣять, разрушить, потерять. **To — out of,** понимать. **I cannot — it out,** я ничего въ этомъ не понимаю. **To — a fool of,** насмѣхаться. **To — for a harbour,** идти въ гавань. **To — the best of,** извлечь наилучшую пользу изъ чего. **To — over,** уступать. **To — ready,** приготовлять. **To — it up,** примириться **To — up one's mind,** рѣшиться. || vn. стремиться, направиться, идти къ, подвигаться къ **He — towards home,** онъ направился къ своему жилищу **To — free with,** освободиться. **To — bold to,** осмѣлиться. **To — merry,** забавляться **To — as if,** сдѣлать видъ что **To — at,** бѣжать за. **To — away, off,** удаляться, уходить, убѣгать. **To — for,** служить въ пользу, направляться къ чему. **To — up for,** замѣщать, занимать мѣсто чего **To — up to,** ухаживать за кѣмъ, увиваться около чего. || s. видъ, форма, покрой (платья), фасонъ; ростъ, станъ; сложеніе; || работа, отдѣлка, произведеніе. издѣліе. — -**peace,** миротворецъ — **shift,** лучшій способъ изъ плохихъ.
Maker (*мэк'-ер*) s творецъ, создатель, мастеръ; фабрикантъ
Making (*мэк'-инг*) s дѣланіе, совершеніе, издѣліе, работа, производство, форма, строеніе, сложеніе **That was the — of him,** это составило его состояніе
Malachite (*мӑл'-ӑ-кайт*) s. малахитъ.
Malady (*мӑл -ӑ-ди*) s болѣзнь, нездоровье.
Malapert (*мӑл-ӑ-порт*) adj. дерзкій, наглый
Malapertness (*мӑл-ӑ-порт-нес*) s. дерзость, наглость
Malapropos (*мӑл-ӑп-ро-по о*) adv. некстати, не вовремя
Malaria (*ма-лэ'-ри-я*) s маларія, вредныя испаренія
Malcontent (*мӑл'-кон-тент*) adj. и s. недовольный
Male (*мэл*) adj. мужской, мужескій. || s мужчина, самецъ
Malediction (*мӑл-и-дик-шӧн*) s проклятіе
Malefactor (*мӑл'-и-фӑк-тор*) s. злодѣй, преступникъ.
Malefice (*мӑл'-и-фис*) s злое дѣло, вредъ
Malevolent (*мӑ-лев'-о-лент*) adj недоброжелательный, злорадный
Malfeasance (*мӑл-фи'-зӑнс*) s злодѣяніе, злодѣйство
Malformation (*мӑл-фор-мэ'-шӧн*) *или* **Maleformation** s дурное сложеніе, уродливость

Malice (*мăл'-ис*) s. злоба, злость, злорадство; (юрид.) преступное намѣреніе.
Malicious (*мă-лиш'-ŏс*) adj. злонамѣренный, злобный; преступный.
Maliciousness (*мă-лиш'-ŏс-нес*) s. злоба, злость.
Malign (*мă-лайн'*) adj. злой, злобный; || va. vn. относиться къ кому враждебно; злословить.
Malignant (*мă-лиг'-нăнт*) adj. злобный, злой, враждебный; (мед.) злокачественный.
Malignity (*мă-лиг'-ни-ти*) s. злоба, злорадство, зловредность.
Malison (*мăл'-и-зн*) см. **Malediction.**
Malkin (*мо'о-кин*) s. помело (у трубочиста); || пугало; || неряха.
Mall (*мăл*) s. игра шарами.
Mall (*мо'ол*) s. молотъ; || va. колотить молотомъ.
Malleable (*мăл'-лп-а-бл*) adj. ковкій
Malleate (*мă.л'-ли-эт*) va. ковать; бить молотомъ.
Malleation (*мăл-лп-э'-шŏн*) s. ковка
Mallet (*мăл'-лет*) s. колотушка.
Mallow (*мăл'-лоу*), **Mallows** (*мăл'-лоуз*) s. (бот.) мальва, занзивей.
Malt (*молт*) s. солодъ; || va. vn. дѣлать солодъ. [ячменя.
Malting (*молт'-инг*) s. соложеніе
Maltreat (*мăл-трит'*) va. дурно обращаться съ кѣмъ.
Malvaceous (*мăл-ве'-шŏс*) adj. (бот.) просвирочный.
Malversation (*мăл-вер-сэ'-шŏн*) s. лихоимство.
Mammal (*мăм'-мăл*) s. млекопитающее животное.
Mammary (*мăм'-мă-ри*) adj. сосковый, титечный.
Mammet (*мăм'-мет*) s. (энт.) кукла, куколка.
Mammifer (*мăм'-ми-фер*) s. млекопитающееся.
Mammiferous (*мăм-миф'-ер-ŏс*) adj. млекопитающійся.
Mammock (*мăм'-мŏк*) s. глыба, кусокъ; || va. разламывать на глыбы, куски. [мамонтъ.
Mammoth (*мăм'-мосз*) s. (зоол.)
Man (*мăн*) s. (pl. **men**) человѣкъ, мужчина, мужъ, особа; самецъ; шашка; пѣшка (въ шахматахъ); (мор.) судно, корабль. **A good —**, добрый человѣкъ. **The head —**, начальникъ. **A — needs no more than this,** только это и нужно. **A — of war,** военный корабль; || va. снабжать людьми, войсками; вооружать; укрѣплять. **To — a fleet,** вооружать флотъ. **— -eater**, людоѣдъ. **— -hater**, человѣконенавистникъ: **— -servant**, лакей, человѣкъ.
Manacle (*мăн'-ă-кл*) va. сковывать кого по рукамъ; || **— s**, s. pl. ручныя кандалы.
Manage (*мăн'-эдж*) va. vn. править, управлять чѣмъ, вести что; обращаться, обходиться съ кѣмъ; дѣлать, дѣйствовать, беречь, щадить. **To — a business,** вести дѣло. **To — a boat,** управлять лодкой. **To — a horse,** управлять лошадью. **I will — him,** я его пощажу.
Manageable (*мăн'-эдж-ă-бл*) adj. укротимый; обходительный.
Manageableness (*мăн'-эдж-ă-бл-нес*) s. обходительность, кротость.
Management (*мăн'-эдж-мент*) s. правленіе, управленіе, завѣдываніе чѣмъ, хитрость, коварство, уловка, продѣлка.
Manager (*мăн'-э-джер*) s. правитель, управляющій, завѣдующій чѣмъ; директоръ, экономъ.
Manciple (*мăн'-си-пл*) s. экономъ, поставщикъ.
Mandatary (*мăн'-дă-тă-ри*) s. повѣренный, уполномоченный.
Mandate (*мăн'-дэт*) s. предписаніе, приказъ, полномочіе.
Mandible (*мăн'-ди-бл*) s. (зоол.) нижняя челюсть. [лина.
Mandolin (*мăн'-до-лин*) s. мандо-
Mandrel (*мăн'-дрел*) s. пробойникъ
Manducate (*мăн'-дью-кэт*) va. жевать, ѣсть.
Mane (*мэн*) s. грива.
Manege (*мă-нэж'*) s. манежъ; || va. выѣзжать лошадь.
Manful (*мăн'-фул*) adj. мужественный, храбрый, благородный.
Manfully (*мăн-фул-и*) adv. мужественно, храбро, благородно.
Manganese (*мăн-гă-низ'*) s. (мин.) марганецъ. [короста.
Mange (*мэндж*) s. (вет.) чесотка,
Mangel-wurzel (*мăнг'-гл-убр-зл*) s. свекла.
Manger (*мэн'-джер*) s. ясли.
Mangle (*мăнг'-гл*) s. катокъ (для бѣлья); || va. катать бѣлье; разрывать, разбивать; искажать.
Mangler (*мăнг'-глер*) s. катальщикъ (бѣлья); разрыватель, исказитель.
Mangling (*мăнг'-глин*) s. катаніе (бѣлья); разрываніе; искаженіе,
Mango (*мăнг'-го*) s. плодъ мангового дерева. **— tree,** манговое дерево.
Mangy (*мэн'-джи*) adj. чесоточный, шелудивый.
Manhood (*мăн'-худ*) s. возмужалость; мужество.
Mania (*мэ'-ни-ă*) s. манія, безуміе.
Maniac (*мэ'-ни-ăк*) s. и adj. безумный, помѣшанный, маніакъ.
Maniacal (*мэ'-ни-ăк-ăл*) adj. безумный.

Manifest (*мäн'-и-фест*) s. манифестъ; (торг.) опись товаровъ; adj. очевидный, явный; || va. обнаруживать, заявлять, объявлять.
Manifestation (*мäн-и-фес-тэ'-шöн*) s. манифестація, обнаруживаніе; заявленіе.
Manifold (*мäн'-и-фолд*) adj. многочисленный, разнообразный.
Manikin (*мäн'-и-кин*) s. маленькій человѣчекъ, манекенъ.
Maniple (*мäн'-и-пл*) s. горсть, пригоршня.
Manipulate (*мä-нипь'-ю-лэт*) va. манипулировать, приготовлять.
Mankind (*мäн'-кайнд*) s. человѣчество, родъ человѣческій.
Manlike (*мäн'-лайк*) adj. см. **Manly**
Manliness (*мäн'-ли-нес*) s. мужественный видъ; отвага, благородство.
Manly (*мäн'-ли*) adj. мужественный; смѣлый, отважный, благородный; || adv. смѣло, отважно.
Manner (*мäн'-нер*) s. манеръ, фасонъ, образецъ; видъ, родъ, манера, привычка, обыкновеніе; || **— s,** s. pl. манеры, обращеніе, нравы. **In this —**, такъ, такимъ образомъ. **The — in which**, тотъ способъ которымъ. **All — of things,** всякаго рода вещи **In a —,** нѣкоторымъ образомъ. **Manners make the man,** человѣка узнаютъ по его обращенію. || va учить хорошимъ манерамъ.
Mannerly (*мäн'-нер-ли*) adj. вѣжливый, благовоспитанный; || adv. вѣжливо, учтиво
Manish (*мäн'-ниш*) adj. мужеской; мужественный, смѣлый
Manœuvre (*мä-нью'-вер*) s. (воен.) маневръ, движеніе, уловка. || va. (воен.) дѣлать передвиженія; маневрировать.
Manor (*мäн'-öр*) s. помѣстье — **-house,** усадьба, барскій домъ, замокъ; [мыза, ферма.
Manse (*мäнс*) s домъ, жилище;
Mansion (*мäн'-шöн*) s. жилище; домъ, замокъ; отель.
Mantelet (*мäн'-тел-ет*), **Mantlet** (*мäн'-тлет*), **Mantilla** (*мäн-тил'-ла*) s. мантилья.
Mantle *или* **Mantel** (*мäн'-тл*) s. мантія, плащъ, мантилья; || видъ, предлогъ. **The — of night,** покровъ ночи. **— piece, — -shelf,** очажный колпакъ, доска надъ каминомъ. || va. покрывать, облекать, || vn. распускать крылья; веселиться, ликовать, зарумяниться, покраснѣть
Mantua (*мäн'-тью-ä*) s. женское платье, тальма. **— -maker,** портниха [s руководство.
Manual (*мäнь'ю-äл*) adj. ручной; ||
Manually (*мань'ю-äл-и*) adv. руками
Manufactory (*мäнь-ю-фäк'-тö-ри*) s. мануфактура, фабрика, заводъ.
Manufacture (*мäнь-ю-фäкт'-юр*) s. мануфактура; фабрикація, производство; || va. выдѣлывать, производить, обрабатывать, фабриковать.
Manufacturer (*мäнь-ю-фäкть'-юр-ер*) s. фабрикантъ, заводчикъ.
Manufacturing (*мäнь-ю-фäкть'-юр-инг*) adj. мануфактурный, фабричный. [s. освобожденіе.
Manumission (*мäнь-ю-миш'-öн*)
Manumit (*мäнь-ю-мит'*) va. отпускать на волю, увольнять.
Manure (*мä-ньюр'*) s. удобреніе, навозъ; || va. унаваживать, удобрять землю.
Manuring (*мä-ньюр'-инг*) s. унаваживаніе, удобреніе.
Manuscript (*мäнь'-ю-скрипт*) s. рукопись; || adj. рукописный.
Many (*мен'-и*) adj. многіе **How —,** сколько? **So —,** сколько. **As — as,** столько, сколько. **— a man,** многіе. **— a time,** часто, не разъ. **Too —,** слишкомъ; || s. множество, большое число, многіе; толпа, народъ. **A great —,** многіе **— coloured,** разноцвѣтный, пестрый. **— flowered,** (бот.) многоцвѣтный. **— -headed,** многоголовый. **— -peopled,** густо населенный. **— -petaled,** (бот.) многолепестковый
Map (*мäп*) s. ландкарта; географическая карта. || va чертить карту
Maple (*мэ'-пл*) s. **— tree,** (бот.) кленъ.
Mar (*мар*) s. ушибъ, синякъ, знакъ || va. портить, повреждать, искажать, коверкать.
Marasmus (*мä-рäз'-мöс*) s. (мед.) маразмъ, изнуреніе (старческое)
Maraud (*ма-ро'од*) vn грабить, мародерствовать.
Marauder (*ма-ро'од-ер*) s. мародеръ
Marble (*мар'-бл*) s. мраморъ; шарики (игрушка); || va расписывать подъ мраморъ. **— cutter,** полировщикъ мрамора. **— -hearted,** жестокосердый.
March (*марч*) s. мартъ (мѣсяцъ); || ходьба, хожденіе; шествіе; ходъ; развитіе: (воен.) переходъ, маршъ **Day's —,** день пути. **Dead —,** похоронный маршъ. **The — past,** дефилированіе солдатъ. || vn. (воен.) маршировать; ходить. **To — in,** входить, вступать. **To — off,** выступать; уходить; убираться. **To — on,** наступать, подвигаться впередъ. **To — out,** выступать, выходить **To — past,** дефилировать || va выводить въ походъ. **To — back,** возвращать.

Marches (*мар'ч-из*) s. pl. границы предѣлы.
Marching (*марч'-инг*) s. марширование; хожденіе, ходьба.
Marchioness (*мар'-шён-ес*) s. маркиза.
Marchpane (*марч'-пэн*) марципанъ (родъ пряника).
Mare (*мэр*) s. кобыла, кобылица.
Margaret (*мар'-га-рет*) npr. Маргаритта.
Margarine (*мар'-гă-рин*) s. (хим.) маргаринъ.
Margin (*мар'-джин*) s. край; берегъ; поле (книги); || va. обдѣлывать, обшивать края.
Marginal (*мар'-джин-ăл*) adj, краевой.
Marigold (*мăр'-и-голд*) s. (бот.) ноготки, златоцвѣтъ.
Marine (*мă-рин'*) s. морское дѣло; флотъ; || матросъ; || adj. морской.
Mariner (*мăр'-и-нер*) s. морякъ, матросъ. **—'s card,** роза вѣтровъ.
Marital (*мăр'-и-тăл*) adj. мужній.
Maritime (*мăр'-и-тим*) adj. морской
Mark (*марк*) знакъ; отмѣтка; замѣтка; мѣтка; || знакъ, признакъ; || родинка; марка, фишка. **Trade —,** фабричное клеймо. **— of ignorance,** доказательство невѣжества. **To hit the —,** попасть въ цѣль, достигнуть цѣли. **To miss one's —,** промахнуться. **To over shoot the —,** идти дальше цѣли. **Near the —,** близко къ действительности. || va. vn. отмѣчать, мѣтить; замѣчать; усматривать.
Marker (*марк'-ер*) s. маркеръ; налагающій клеймо; || закладка (въ книгѣ).
Market (*мар'-кет*) s. рынокъ, базаръ, площадь; торгъ, торговля, продажа; || цѣна, курсъ. **To go to —,** идти на рынокъ. **Corn —,** хлѣбный рынокъ. **Fish —,** рыбный рядъ. **— -gardener,** огородникъ. **— -place,** базарная площадь. **— -woman,** рыночная торговка; || vn. продавать и покупать на базарѣ; торговаться.
Marketable (*мар'-кет-ă-бл*) adj. продажный; доброкачественный (товаръ).
Marksman (*маркс'-мăн*) s. искусный, мѣткій стрѣлокъ.
Marl (*мар.г*) s мергель, рухлякъ; || va. удобрять землю мергелемъ.
Marline (*Мар'-лин*) s. (мор.) марлинь. **— Spike,** свайка, драекъ.
Marmorean (*Мар-мо'о-ри-ăн*) adj. мраморный.
Marmoset (*мар'-Мо-зет*) s. мартышка.
Marmot (*мар'-мот*) s. (зоол.) сурокъ.
Maroon (*ма-ро'он*) s. мулатъ; || каштановый цвѣтъ.
Marplot (*мар'-плот*) s. черновикъ.
Marque (*марк*) s. каперъ (судно). **Letters of —,** каперское свидѣтельство.
Marquee (*мар-ки'*) s. тентъ надъ палаткой.
Marquetry (*мар'-кет-ри*) s. наборная работа, мозаика.
Marquis (*мар'-куис*) s. маркизъ.
Marriage (*мăр'-идж*) s. бракъ, супружество, женитьба, свадьба. **— portion,** приданое.
Married (*мăр'-ид*) adj. женатый, -тая (f.), брачный, супружескій.
Marrow (*мăр'-роу*) s. костный мозгъ. **Vegetable —,** родъ тыквы. **— -bone,** мозговая кость; колѣни. **— -fat,** особый родъ гороха
Marrowish (*мăр'-роу-иш*) adj. костно-мозговой.
Marrowless (*мăр'-роу-лес*) adj. безмозглый.
Marrowy (*мăр'-роу-и*) adj. полный мозга
Marry (*мăр'-и*) va. обвѣнчать; женить, выдать замужъ; || vn. вѣнчаться, вступать въ бракъ, жениться, выходить замужъ. || interj. да! конечно! ну да!
Mars (*марз*) npr. Марсъ.
Marsh (*марш*) s. болото, топь. **Salt —,** солончакъ. **— mallow,** (бот.) проскурнякъ, занзевой.
Marshal (*мар'-шăл*) s. маршалъ; судья (въ Америкѣ); || va. выстраивать, равнять; распоряжаться.
Marshy (*марш'-и*) adj. болотистый топкій; болотный.
Mart (*март*) s. рынокъ, торговый центръ, продажа; || va. торговать.
Martial (*мар'-шăл*) adj. воинственный, храбрый; военный. **Court,** военный, полевой судъ.
Martin (*мар'-тин*) s. (орн.) самородокъ.
Martinet (*мар'-ти-нет*) s. см. **Martin**; || строгій офицеръ.
Martyr (*мар'-тир*) s. мученикъ; || va. мучить, пытать.
Martyrdom (*мар'-тир-дŏм*) s. мученичество, мученіе, мука.
Marvel (*мар'-вел*) s. чудо, диво; || vn. дивиться, удивляться.
Marvellous (*мар'-вел-ŏс*) adj. чудесный, дивный.
Marvellously (*мар'-вел-ŏс-ли*) adv. чудесно, дивно.
Marvellousness (*мар'-вел-ŏс-нес*) s. дивное, чудесное.
Mary (*мэ'-ри*) npr. Марія.
Masculine (*мăс'-кью-лин*) adj. мужескій, мужественный, сильный. **— gender,** мужескій родъ.
Mash (*мăш*) s. петля (въ сѣти); смѣсь; пойло (для лошадей). || va. смѣшивать, мѣшать; варить (пиво)
Mashing (*мăш'-инг*) s. смѣшиваніе; смѣсь; варка (пива), пивовареніе.
Mashy (*мăш'-и*) adj. смѣшанный, размѣшанный, размятый.
Mask (*маск*) s. маска, личина;

видъ, предлогъ; || маскарадъ; (арх.) лѣпная голова. **To take off the —**, снять маску || va. надѣвать на кого маску; || vn маскироваться.

Masker (*маск'-ер*) s. маска, маскированный.

Mason (*мэ'-сн*) s. каменщикъ. — **free**, масонъ [скій.

Masonic (*мэ-сон'-ик*) adj. масон-

Masonry (*мэ'-сн-ри*) s. работа каменщика; || **Free —**, масонство.

Masquerade (*мăс-кер-эд'*) s. маскарадъ; || va. vn маскировать, -ся.

Mass (*мас*) s масса; куча, груда; || обѣдня, месса. **The — of the people**, множество народа. **High —, grand —**, обѣдня съ пѣніемъ. **Low —**, обѣдня безъ пѣнія.

Massiness (*мăс'-си-нес*), **Massiveness** (*мăс'-сив-нес*) s. массивность, плотность.

Mast (*маст*) s. мачта; || (бот.) желудь, орѣхъ, каштанъ.

Master (*мас'-тер*) s. хозяинъ, владѣлецъ, властелинъ; баринъ, господинъ, учитель, преподаватель **The — of the house**, хозяинъ дома **He is the — of several languages**, онъ владѣетъ нѣсколькими языками. **The village —**, школьный учитель. **Assistant —**, помощникъ учителя. **Dancing —**, танцмейстеръ. **Head —**, директоръ училища. **— of the horse**, главный конюшній. || va. владѣть, обладать чѣмъ; одолѣвать; усмирять; достигать чего — **-key**, отмычка (ключъ). — **-piece**, образцовое произведеніе. — **-stroke**, ловкая штука.

Masterful (*мас'-тер-фул*) adj. искусный, мастерской; повелительный

Masterless (*мас'-тер-лес*) adj. не имѣющій хозяина; || упрямый

Masterly (*мас'-тер-ли*) adj. мастерской, искусный; || adv. мастерски.

Mastership (*мас'-тер-шип*) s. должность учителя; званіе директора. см. **Mastery**

Mastery (*мас'-тер-и*) s. господство, владычество; власть; превосходство; умѣніе, искусство

Masticate (*мăс'-ти-кэт*) va. жевать; разжевывать.

Mastication (*мăс-ти-кэ'-шŏн*) s жеваніе, разжевываніе.

Masticatory (*мăс'-ти-кэ-тŏ-ри*) adj жевательный

Mastiff (*мăс'-тиф*) s. большая дворовая собака. [донъ.

Mastodon (*мăс'-то-дон*) s. масто-

Mat (*мăт*) s. цыновка, плетенка, рогожка; матрацъ: || va покрывать, прикрывать цыновкой , || сплетать, переплетать.

Match (*мăч*) s. фитиль; сѣрная спичка; || бракъ, женитьба; партія; || равное, подобное, подходящее; состязаніе, соперничество **To meet with one's —**, найти себѣ главу. **She is a — for him**, она ему пара. **The — lasted two hours**, бой продолжался два часа. **A running —**, состязаніе въ бѣгѣ. **A capital —**, выгодный бракъ **The — was a bad one**, бракъ былъ неудаченъ. **A love —**, бракъ по любви. — **-maker**, фабрикантъ спичекъ; сватъ, сваха — **-making**, сватаніе. || va. равнять; подходить, быть равнымъ кому; приравнивать; сочетать бракомъ; сосватать. **To — colours**, подбирать цвѣта; || vn; жениться, выходить замужъ; совокупляться, спариваться; подходить подъ статъ.

Matchless (*мăч'-лес*) adj безподобный, несравненный; неравный

Matchlessly (*мăч'-лес-ли*) adv. безподобно, несравненно; неравно

Matchlessness (*мăч'-лес-нес*) s. несравненность.

Mate (*мэт*) s. товарищъ, сотоварищъ (m.); товарка, подруга (f.) супругъ, супруга (f.), самецъ, самка (f.). (мор.) помощникъ штурманъ; матъ (въ шахматахъ); || va. сочетать бракомъ, сочетаться; равнять, сравнивать, приравнивать, противиться чему, возставать противъ; дѣлать матъ.

Mateless (*мэт'-лес*) adj одинокій.

Material (*мă-ти'-ри-ăл*) adj матеріальный, вещественный; существенный; || s. матерія, вещество. [s. матеріализмъ.

Materialism (*мă-ти'-ри-ăл-изм*)

Materialist (*мă-ти'-ри-ăл-ист*) s. матеріалистъ.

Materiality (*мă-ти-ри-ăл'-и-ти*) s. матеріальность, вещественность.

Materialness (*мă-ти'-ри-ăл-нес*) матеріальность, вещественность; || существенность.

Maternal (*мă-тŏр'-нал*) adj материнскій. [теринство

Maternity (*мă-тŏр'-ни-ти*) s. ма-

Math (*масз*) s. сѣнокосъ, косьба. **After —**, отава

Mathematics (*мăсз-и-мăт'-икс*) s. математика.

Matrice (*мэ'-трис*), **Matrix** (*мэ'-трикс*) s. (анат.) матка.

Matricide (*мăт'-ри-сайд*) s матереубійца.

Matriculation (*ма-трик-ю-лэ'-шŏн*) s. внесеніе въ списокъ

Matrimonial (*мăт-ри-мо'о-ни-ăл*) adj супружескій, брачный.

Matrimony (*мăт'-ри-мо-ни*) s. супружество, бракъ

Matron (*мэ'-трон*) s. почтенная дама; матрона; мать семейства.
Matter (*мат'-тер*) s. матерія, вещество; предметъ, матерія, содержаніе; дѣло; фактъ; основаніе, поводъ; существенность, важность; пространство, разстояніе. **To enter upon the —**, введеніе. **What is the —?** въ чемъ дѣло. **What is the — with you?** что съ вами? **No —, it is no —**, нужды нѣтъ, ничего. **For that —**, что касается до. **In —s of religion**, въ вопросахъ вѣры. **A light —**, неважная вещь. **A — of course**, естественная вещь. **— of fact**, фактъ, дѣйствительность. || vn. значить, имѣть значеніе; касаться до чего. **It matters much**, это имѣетъ большое значеніе. **That does not — to you**, это до васъ не касается.
Matting (*мăт'-инг*) s. покрываніе цыновками; || циновки.
Mattock (*мăт'-ток*) s. мотыка, кирка.
Mattress (*мăт'-трес*) s. матрасъ, [тюфякъ.
Matturate (*мăть'-ю-рэт*) va. проводить въ зрѣлость; || vn. зрѣть, спѣть, поспѣвать; || (мед.) гноиться.
Maturation (*мăть-ю-рэ'-шон*) s. [созрѣваніе.
Mature (*мă-тьюр'*) adj. зрѣлый, спѣлый; || va. приводить къ зрѣлости; || vn. зрѣть, созрѣвать, спѣть.
Maturity (*мă-тью'-ри-ти*), **Matureness** (*мă-тьюр'-нес*) s. зрѣлость, спѣлость.
Maudlin (*мо'од-лин*) adj. подвыпившій; глупый, тупой.
Maugre (*мо'о-гер*) adv. несмотря на, вопреки.
Maul (*мо'ол*) s. молотъ; || va. бить молотомъ.
Maund (*ма'анд*) s. корзина.
Maunder (*ма'анд-ер*) s. ворчунъ.
Maundy-Thursday (*мо'он-ди-зсѐрз'-дай*) s. Великій Четвергъ.
Mausoleum (*мо-со-ли'-ом*) s. мавзолей, гробница.
Maw (*мо'о*) s. брюхо, пузо; зобъ (у птицъ), — **-worm**, глистъ; || * лицемѣръ, ханжа.
Mawkish (*мо'ок-иш*) adj. притворный; отвратительный.
Mawkishness (*мо'ок-иш-нес*) adj. притворность, омерзительность.
Mawmish (*мо'о-миш*) adj. пошлый, пустой.
Maxim (*мăкс'-им*) s. правило, принципъ; положеніе.
May (*мэй*) s. май; || весна; юность. — **-bug**, майскій жукъ. — **-bush**, (бот.) боярышникъ. — **-day**, первое мая. — **-flower**, цвѣтокъ боярышника. || vn. собирать цвѣты (боярышника) перваго мая. || v. aux. (**might**) мочь; быть дозволеннымъ. **It — be**, быть можетъ.
Mayhem (*мэй'-хем*) s. увѣчье.
Mayor (*мэй'-ор*) городкой голова.
Mayoress (*мэй'-ор-ос*) s. жена городского головы.
Maze (*мэз*) s. лабиринтъ; путаница; смущеніе; || va. смущать; запутывать.
Mazy (*мэ'-зи*) adj. запутанный; смущенный.
Me (*ми*) pron. косвен. падежъ отъ. I, меня, мнѣ. **For —**, для меня. **He told —**, онъ мнѣ сказалъ.
Mead (*мид*) s. напитокъ изъ меда и воды.
Mead (*мид*), **Meadow** (*мед'-оу*) s. лугъ. — **-grass**, (бот.) мятликъ. — **-saffron**, луговой шафранъ. — **-ground**, луга. — **sweet**, (бот.) таволга, лабазникъ.
Meagre (*ми'-гер*) adj. худой; безплодный; бѣдный.
Meagreness (*ми'-гер-нес*) s. худоба худощавость; скудность; безплодіе (почвы).
Meal (*мил*) s. ѣда; столъ, обѣдъ; мука. — **-time**, обѣденное время. — **-tub**, мучной ларь. — **-worm**, мучной червь.
Mealiness (*мил'-и-нес*) s. мучни-[стость
Mealy (*мил'-и*) adj. мучной, мучнистый; || пыльный, запыленный. — **-mouthed**, сладкорѣчивый.
Mean (*мин*) adj. низкій, презрѣнный, подлый; скупой, скаредный; скудный, бѣдный; плохой, дурной; посредственный. **His — abode**, его скромное жилище. — **looking**, ничтожный видъ. **That was —**, это было низко. **A — action**, низкій поступокъ. **In the — time**, между тѣмъ, тѣмъ временемъ. || s. середина; посредственность; способъ, средство; причина, орудіе; средства, состояніе. **A golden —**, золотая середина. **This was the only means**, это былъ единственный способъ. **By that means**, этимъ путемъ. **By fair means**, мягкимъ способомъ. **By all means**, всѣми путями. **By no means**, никакимъ образомъ. **To live on one's means**, жить со своего дохода, на собственныя средства. || va. vn. желать, хотѣть; предполагать, намѣреваться; значить; подразумѣвать; назначать, предназначать. **I do not — to do it**, я не предполагаю это сдѣлать. **What do you — by doing so?** чего предпологаете вы достичь такимъ путемъ. **He did not — it**, онъ не хотѣлъ этого. **What does this word — ?** что значитъ это слово. **I — exactly**

what I say, я дѣйствительно хочу сказать то, что высказываю

Meander (*ми-ӑн'-дер*) s. изгибь, извилина (рѣки, дороги); || * затрудненіе, запутанность, извороты, увертки; || va. vn. извивать, -ся, изгибать, -ся.

Meaning (*мин'-инг*) s. предположеніе, намѣреніе; хотѣніе, желаніе; мысль, мнѣніе; смыслъ. **Double —**, двусмысленность. || adj. имѣющій намѣреніе; многозначительный. **A — look**, многозначительный взглядъ.

Meaningless (*минг'-инг-лес*) adj неимѣющій смысла; незначительный.

Meanly (*мин'-ли*) adv. низко; подло, гнусно; скудно, бѣдно; посредственно.

Meanness (*мин'-нес*) s. низость; подлость, мерзость, гнусность, мелочность; скудость; посредственность

Meantime (*мин'-таим*). **Meanwhile** (*мин'-уайл*) adv тѣмъ временемъ, между тѣмъ

Measles (*ми'-злз*) s. pl. корь (болѣзнь); (вет.) угри (у свиней).

Measurable (*межь'-юр-ӑ-бл*) adj. измѣримый; умѣренный

Measure (*нежь'-юр*) s. мѣра, мѣрка, степень, мѣра; стопа, размѣръ (въ стихахъ); (муз.) тактъ. **Long —**, мѣра длины. **To take a man's —**, снять съ кого мѣрку. **Beyond —**, чрезмѣрно. || va. мѣрить, измѣрять; соразмѣрять; || vn. имѣть размѣры.

Measured (*межь'-юрд*) adj измѣренный; || мѣрный, ровный.

Measureless (*межь'-юр-лес*) adj неизмѣримый, безмѣрный.

Measuring (*межь'-юр-инг*) s измѣреніе. [**Roast —**, жаренное

Meat (*мит*) s. мясо; || птица

Mechanical (*ми-кан'-ик-ӑл*) adj механическій; машинальный.

Mechanics (*ми-кӑн'-ик*) s. механика.

Medal (*мед'-ӑл*) s медаль.

Meddle (*мед'-дл*) vn. вмѣшиваться, впутываться во что; трогать, касаться. **Don't — with edged -tools**, не трогайте острыхъ инструментовъ.

Meddler (*мед'-длер*) s. интриганъ. || пустоплетъ.

Meddlesome (*мед'-дл-сӧм*) adj. вмѣшивающійся въ чужія дѣла, любопытный.

Meddling (*мед'-длинг*) s вмѣшательство; || вмѣшивающійся въ чужія дѣла.

Medial (*ми'-ди-ӑл*) adj средній

Median (*ми'-ди-ӑн*) adj срединный; средній.

Mediate (*ми'-ди-эт*) va. vn. быть посредникомъ; вмѣшиваться; || adj. средній; промежуточный.

Mediation (*ми-ди-э'-шӧн*) s. посредничество; вмѣшательство.

Mediator (*ми'-ди-э-тӧр*) s. посредникъ, ходатай.

Medical (*мед'-ик-ӑл*) adj. медицинскій; врачебный.

Medicament (*мед'-и-кӑ-мент*) s. лекарство.

Medicate (*мед'-и-кет*) va. приписывать лекарство; лечить.

Medicine (*мед'-и-син*) s. медицина; || лекарство. **— chest**, аптечка. || va. лечить, врачевать.

Mediocre (*ми'-дц-о-кер*) adj. посредственный.

Mediocrity (*ме-ди-ок'-ри-ти*) s. посредственность.

Meditate (*мед'-и-тэт*) vn. размышлять, созерцать; обдумывать; намѣреваться; || va. помышлять, затѣвать.

Meditation (*мед-и-тэ'-шӧн*) s. размышленіе, созерцаніе; обдумываніе.

Meditative (*мэд'-и-тэ-тив*) adj. размышляющій; задумчивый.

Mediterranean (*мед-и-тер-рэ'-ниӑн*) adj средиземный; || s. Средиземное море.

Medium (*ми'-ди-ӧм*) s. середина, серёдка; (физ.) среда; (мат.) среднее число; || средство, путь, способъ; (спир.) медіумъ. **Circulating —**, деньги, ходячая монета. **Through the — of**, черезъ посредство. [кизиль.

Medlar (*мед'-лӑр*) s. (бот.) ирга,

Medley (*мед'-ли*) s. смѣсь, смѣшеніе; || (муз.) попури; || adj. смѣшанный, разнородный.

Medulla (*ми-дӧл'-лӑ*) s. (анат.) мозгъ; (бот.) сердцевина.

Medusa (*ми-дью'-са*) s Медуза.

Meed (*мид*) s. награда, вознагражденіе, даръ.

Meek (*мик*) adj. кроткій, смирный, добрый **— eyed**, съ добрыми глазами. **— -spirited**, съ мягкимъ характеромъ

Meekness (*мик'-нес*) s. кротость, смиреніе; покорность.

Meerschaum (*мир'-шом*) s морская пѣнка.

Meet (*мит*) adj. приличный, подобающій, слѣдующій; || s. сборъ, сборное мѣсто (на охотѣ); || va. vn встрѣчать, -ся; видѣть, -ся; свидѣться, предстать предъ; собираться, сходиться; драться на дуэли, вступать въ бой; находить, натыкаться на что; претерпѣвать, переносить. **— me at 5 o'clock**, встрѣтьте меня въ пять часовъ. **He met my wishes**, онъ пошелъ на встрѣчу моимъ желаніямъ. **To — death**, найти смерть. **Met from all parts**, собравшіеся со всѣхъ сторонъ. **To — a refusal**, получить отказъ. **To — expenses**, натолкнуться на расходы, оплатить расходы. **Till we — again**, до тѣхъ поръ покуда мы опять встрѣтимся. **The two armies met at**, оба войска втрѣтились въ рукопашномъ бою. **The radii of a circle — in the centre**, радіусы круга сходятся въ центрѣ. **To make both ends —**, свести концы съ концами. **To — with**, упасть на, встрѣтиться. **We met with ingratitude**, мы встрѣтили неблагодарность. **To — with opposition**, встрѣтить сопротивленіе.

Meeting (*мит'-инг*) s. встрѣча; свиданіе; || дуэль, бой; || митингъ, сходка; собраніе; стеченіе (народа). **To call a —**, созвать собраніе. **To close the —**, закрыть засѣданіе. **A — of shareholders**, собраніе акціонеровъ. **— of rivers**, сліяніе рѣкъ. **— house**, собраніе; домъ для собраній; молитвенный домъ.

Meetly (*мит'-ли*) adv. прилично, сообразно, кстати.

Meetness (*мит'-нес*) s. приличіе, сообразность. [ловная боль.

Megrim (*ми'-грим*) s. мигрень, го-

Melancholic (*мел'-ăн-кол-ик*) adj. меланхолическій, грустный, задумчивый; || s. меланхоликъ; || меланхолія.

Melancholy (*мел'-ăн-кол-и*) s. меланхолія; грусть, печаль; || adj. меланхолическій; печальный.

Melinite (*мэ'-лин-айт*) s. (химич.) мелинитъ. [улучшать, -ся.

Meliorate (*мил'-йор-эт*) va. vn.

Melioration (*ми-лйор-э'-шŏн*) s. улучшеніе.

Melissa (*мел-ис'-а*) s. (бот.) мелисса, пчельникъ. [медоносный.

Melliferous (*мел-лиф'-ер-ŏс*) adj.

Mellifluence (*мел-лиф'-лю-енс*) s. сладость (звука); мелодія.

Mellow (*мел'-лоу*) adj. спѣлый, зрѣлый, сочный; мягкій; сладкозвучный; вкусный; рыхлый, разсыпчатый; || va. vn. зрѣть, спѣть; мягчить, размягчаться; разрыхлять, -ся (о почвѣ).

Mellowness (*мел'-лоу-нес*) s. мягкость, зрѣлость, спѣлость; пріятность, сладость (для вкуса, зрѣнія); рыхлость (почвы).

Mellowy (*мел'-лоу-и*) adj. мягкій, нѣжный.

Melodious (*ми-ло'о-ди-ŏс*) adj. мелодичный, сладкозвучный.

Melodrama (*мел-о-дрэ'-ма*) s. мелодрама. [гозвучіе.

Melody (*мел'-о-ди*) s. мелодія, бла-

Melon (*мел'-ŏн*) s. дыня. **Water —**, арбузъ. **— bed**, дынная гряда. **— pumkin**, тыква.

Melt (*мелт*) va. топить, растапливать, распускать; плавить, расплавлять; || vn. таять, растаять, растапливаться, распускаться; || смягчаться; умилостивляться. **Sugar melts in water**, сахаръ распускается въ водѣ. **To — away**, совершенно растаять. **To into — tears**, заливаться слезами.

Melting (*мелт'-инг*) adj. тающій, растапливающійся; смягчающійся; трогательный; || s. плавка, расплавка; раяніе; умиленіе. **— -house**, плавильня.

Member (*мем'-бер*) s. членъ, часть тѣла; членъ.

Membership (*мем'-бер-шип*) s. членство; || товарищество, общество.

Membrane (*мем'-брэн*) s. перепонка, пленка, мембрана.

Memorable (*мем' - о - рă - бл*) adj. памятный, достопамятный.

Memorably (*мем'-о-рăбл-и*) s. памятно.

Memorial (*ми-мо'о-ри-ăл*) adj. напоминающій; || s. напоминаніе; воспоминаніе; знакъ памяти; замѣтка.

Memory (*мем'-о-ри*) s. память; || воспоминаніе. **This is within my —**, это было на моей памяти. **In — of**, въ память о. **From —, by —**, наизусть, на память.

Menace (*мен'-ăс*) s. угроза; || va. угрожать. [тель.

Menacer (*мен'-ă-сер*) s. угрожа-

Menacing (*мен'-ă-синг*) adj. грозный; угрожающій.

Menacingly (*мен'-ă-синг-ли*) adv. грозно, съ угрозой.

Menagerie (*мен-ăж'-е-ри*) s. звѣринецъ.

Mend (*менд*) va. чинить, починять; возстанавливать, поправлять; улучшать; || vn. исправляться, поправляться; улучшаться, измѣняться къ лучшему.

Mendable (*менд'-ă-бл*) adj. исправимый, поправимый.

Mendacious (*мен - дэ'-шŏс*) adj. ложный, обманчивый.

Mendacity (*мен-дăс'-й-ти*) s. ложь, обманъ.

Mender (*менд'-ер*) s. чинильщикъ; штопальщикъ; исправитель; улучшатель. [**Mendicity**.

Mendicancy (*мен'-ди-кăн-си*) s. см.

Mendicant (*мен'-ди-кăнт*) s. нищій, нищая (f.) || adj. нищенскій.

Mendicity (*мен-дис'-и-ти*) s нищенство; нищета.
Menial (*ми'-ни-ăл*) s слуга, служанка (f); || adj. домовый, домашній, дворовый, || лакейскій, низкій.
Meniscus (*ми-нис'-кŏс*) s. (опт.) выпуклововогнутое стекло, менискъ.
Meniver (*мен'-и-вер*) s. (зоол.) сибирская бѣлка
Menses (*мен'-сиз*) s pl мѣсячныя очищенія, регулы.
Menstruation (*мен-стру-э'-шŏн*) s. менструація.
Mensurable (*мен'-шу-рă-бл*) adj измѣримый.
Mensuration (*мен-шу-рэ'-шŏн*) s. мѣряніе; измѣреніе; мѣра
Mental (*мен'-тăл*) adj. умственный, мысленный
Mentally (*мен'-тăл-и*) adv умственно, мысленно, умомъ
Mention (*мен'-шŏн*) s упоминаніе; || va. упоминать, говорить **Do not — it,** не упоминайте объ этомъ
Mentz (*ментс*) npr (геогр.) Майнцъ.
Mercantile (*мŏр' - кăн - тил*) adj. торговый, купеческій, меркантельный.
Mercenarily (*мŏр'-си-нă-ри-ли*) adv корыстолюбиво; продажно.
Mercenariness (*мŏр'-си-нă-ри-нес*) s. корыстолюбіе, продажность.
Mercenary (*мŏр'-си-нă-ри*) adj. корыстолюбивый; || s. наемникъ.
Mercery (*мŏр'-сер-и*) s торговля швейными, мелочными товарами.
Merchandize (*мŏр'-чăн - дайз*) s. товаръ; торговля, торгъ; || vn. торговать.
Merchant (*мŏр'-чăнт*) s. торговецъ, купецъ, коммерсантъ; || adj. торговый; купеческій; продажный. — **-like**, купеческій. — **-service**, служба въ коммерческомъ флотѣ — **-man,** купеческое судно.
Merciful (*мŏр'-си-фул*) adj. милосердный, милостивый
Mercifulness (*мŏр'-си-фул-нес*) s. милосердіе, милостивость.
Merciless (*мŏр'-си-лес*) adj немилосердный, безжалостный.
Mercilessly (*мŏр'-си-лес-ли*) adv. немилосердно, безжалостно.
Mercilessness (*мŏр'-си-лес-нес*) s. немилосердіе; безсердечность.
Mercurial (*мŏр-кью'-ри-ăл*) adj. ртутный; || живой, проворный; || s. ртутный препаратъ.
Mercury (*мŏр'-кью-ри*) npr (миф.) меркурій; || ртуть; живость, подвижность.
Mercy (*мŏр'-си*) s. милосердіе, милость; благость; || прощеніе. помилованіе, пощада; состраданіе, сожалѣніе. **To show —,** быть милосердымъ. **To cry —,** просить о помилованіи. — **-seat,** покрышка кивота завѣта.
Mere (*мир*) s. прудъ, озеро; межа; || adj. простой, чистый; сущій, настоящій. **The — truth,** сущая правда **A — rogue**, настоящій жуликъ.
Merely (*мир'-ли*) adv. просто; только. — **a word,** лишь слово.
Meretricious (*мер-и-триш'-ŏс*) adj. распутный, блудный; притворный, фальшивый
Meretriciously (*мер-и-триш'-ŏс-ли*) adv. блудно
Meretriciousness (*мер-и-триш'-ŏс-нес*) s продажность куртизанки.
Merge (*мŏрдж*) va. поглощать; || vn. погружаться; исчезать; || выходить, появляться. **To — into view,** показаться.
Meridian (*ми-рид'-и-ăн*) s. меридіанъ; || полдень; || высшая точка, верхъ (чего); || adj. меридіональный; полуденный, высшій
Meridional (*ми-рид'-и-он-ăл*) adj меридіональный; полуденный, южный.
Meridionality (*ми-рид-и-он-ăл-и-ти*) s. мѣстоположеніе, направленіе къ югу
Merit (*мер'-ит*) s, заслуга, достоинство; || va. заслуживать
Meritorious (*мер-и-то'о-ри-ŏс*) adj похвальный, достойный награды
Meritoriously (*мер-и-то'ŏ-ри-ŏс-ли*) adv. похвально
Meritoriousness (*мер-и-то'о-ри-ŏс-нес*) s. достоинство.
Mermaid (*мŏр'-мйд*) s. сирена.
Merrily (*мер'-и-ли*) adv весело радостно.
Merriment (*мер'-и-мент*) s. веселіе, радость; забава, развлеченіе
Merriness (*мер'-и-нес*) s. веселость
Merry (*мер'-и*) adj. веселый; || забавный, смѣшной, потѣшный; || свѣжій. **To make —,** веселиться — **andrew**, скоморохъ, шутъ. — **-hearted,** имѣющій веселый характеръ. — **-making,** увеселеніе, праздникъ; || s. (бот.) черешня.
Meseems (*ми-симз'*) v **defect**. мнѣ кажется.
Mesentery (*мес'-ен-тер-и*) s. (анат.) брыжейка.
Mesh (*меш*) s. петля, барда (швная) || va. поймать въ сѣть.
Meshy (*меш'-и*) adj. сѣтчатый.
Meslin (*мез'-лин*) s. смѣсь пшеницы и ржи.
Mesmerism (*мез'-мер-изм*) s. животный магнетизмъ.
Mess (*мес*) s. блюдо, кушанье, (воен.) артель, общій столъ; || кутерьма, путаница, неурядица **To make a —,** надѣлать чепухи. — **-room**, общая столовая. — **-mate,** товарищъ по столу; || vn. ѣсть,

обѣдать за общимъ столомъ, артелью; || va. путать; дѣлать кутерьму. {посылка, посланіе.
Message (*мес'-сäдж*) s. порученіе,
Messenger (*мес'-сен-джер*) s. гонецъ, вѣстникъ, посланный; (мор.) кабалярь. {Спаситель.
Messiah (*мес-ай'-а*) s. Мессія,
Messuage (*мес'-суедж*) s. усадьба.
Metacarpus (*мет-ä-кар'-пöс*) s. (анат.) запястье (руки).
Metage (*мет'-эдж*) s. измѣреніе каменнаго угля; цѣна такого измѣренія.
Metal (*мет'-äл*) s. металлъ; || мелкій камень, щебень.
Metallic (*ми-тäл'-лик*) adj. металлическій.
Metalliferous (*мет-äл-лиф'-ерöс*) adj. рудоносный.
Metalline (*мет'-äл-лайн*) adj. металлическій.
Metallize (*мет'-äл-лайз*) va. (хим.) превращать въ металлъ.
Metalloid (*мет'-äл-лойд*) s. металлоидъ.
Metallurgic (*мет'-äл-лöр'-джик*) adj. металлургическій.
Metallurgy (*мет'-äл-лöр-джи*) s. металлургія.
Metamorphose (*мет-ä-мор'-фос*) va. превращать, перемѣнять.
Metaphor (*мет'-ä-фор*) s. метафора
Metaphoric (*мет-ä-фор'-ик*) **Metaphorical** (*мет-ä-фор'-ик-äл*) adj. метафорическій, переносный.
Metaphorically (*мет-ä-фор'-ик-äл-и*) adv. въ переносномъ смыслѣ
Metaphrase (*мет'-ä-фрэз*) s. буквальный переводъ.
Metaphysic (*мет-ä-физ'-ик*) **Metaphysical** (*мет-ä-физ'-ик-äл*) adj. метафизическій.
Metaphysically (*мет-ä-физ'-ик-äл-и*) adv. метафизически.
Metaphysics (*мет-ä-физ'-икс*) s. метафизика.
Metaphisis (*ми-тäф'-и-сис*) s. метаморфоза, превращеніе.
Mete (*мит*) va. мѣрить; || s. мѣра; граница, предѣлъ.
Metempsychosis (*ми-темп-си-ко'о-сис*) s. переселеніе душъ.
Meteor (*ми'-ти-öр*) s. метеоръ.
Meteoric (*ми-ти-ор'-ик*) adj. метеорическій.
Meteorite (*ми'-ти-öр-айт*) s. метеоролитъ, аэролитъ.
Meteorologic (*ми-ти-ор-о-лодж'-ик*), **Meteorological** (*ми-ти-ор-о-лодж'-ик-äл*) adj. метеорологическій. {s. метеорологія.
Meteorology (*ми-ти-ор-ол'-оджи*)
Meteorous (*ми-ти'-ор-öс*) adj. метеорическій.
Meter (*ми'-тöр*) s. измѣритель; || счетчикъ, считатель. **Gas —**, газометръ.
Methinks (*ми-зсинкс'*) v. defect. мнѣ кажется, я думаю.
Method (*месз'-од*) s. методъ, методъ, метода; способъ, средство; порядокъ, ходъ.
Methodic (*ми-зсод'-ик*), **Methodical** (*ми-зсод'-ик-äл*) adj. методическій, правильный.
Methodically (*ми-зсод'-ик-äл-и*) adv. методически, въ порядкѣ.
Methought (*ми'-сзоот*) pret. отъ **Methinks**; мнѣ казалось, я думалъ.
Methyl (*месз'-ил*) s. (хим.) метилъ.
Metonymy (*ми-тон'-и-ми*) s. (рит.) метонимія.
Metre (*ми'-тор*) s. метръ.
Metrical (*мет'-рик-äл*) adj. метрическій.
Metropolis (*ми-троп'-о-лис*) s. метрополія, столица государства.
Metropolitan (*мет-ро-пол'-и-тäн*) adj. столичный; епархіальный; || s. митрополитъ.
Mettle (*мет'-тл*) s. огонь, жаръ, пылъ, живость; энергія, храбрость.
Mettlesome (*мет'-тл-сöм*) adj. горячій, пылкій, ретивый.
Mettlesomeness (*мет'-тл-сöм-нес*) s. пылъ, пылкость, горячность.
Mew (*мью*) s. (орн.) чайка; || клѣтка, курятникъ; || мяуканіе (кошки) || va. заключать въ клѣтку; || vn. мяукать (о кошкѣ); линять, терять перья, рога.
Mewing (*мью'-инг*) s. запираніе, заключеніе; || мяуканіе; || линяніе.
Mewl (*мьюл*) vn. кричать (о младенцахъ).
Mews (*мьюз*) s. огороженное мѣсто.
Mexico (*мек'-си-ко*) npr. (геогр.) Мексика.
Miasmatic (*май-аз-мäт'-ик*) adj. міазматическій, заразительный.
Mica (*май'-ка*) s. (мин.) слюда, глиммеръ.
Michail (*май'-кел*) npr. Михаилъ.
Miche (*мич*) vn. прятаться, скрываться, хитрить.
Mickle (*мик'-л*) s. многое; || adj. большой. {микроскопъ.
Microscope (*май'-кро-скоп*) s.
Mid (*мид*) adj. средній, срединный. **The — hour of night**, полночь. **— -day**, полдень, **— -lent**, средина поста.
Middle (*мид'-дл*) s. середина; центръ. **The — of the body**, средина тѣла, поясъ; || adj. срединный, средній; промежуточный; посредствующій. **The — ages**, средніе вѣка. **— -aged**, среднихъ лѣтъ. **The — finger**, средній па-

нецъ. — **sized,** средняго роста, средней величины

Middleman (*мид'-дл-мӓн*) s. посредникъ, агентъ

Middlemost (*мед'-дл-мост*) adj самый центральный

Middling (*мед'-длинг*) adj средній, посредственный

Midge (*мидж*) s. комаръ. мошка

Midland (*мид'-ланд*) adj внутренній.

Midship (*мид'-шип*) s. (мор.) середина корабля [мичманъ.

Midshipman (*мид'-шип-мӓн*) s.

Midships (*мид'-шипс*) adv на серединѣ корабля

Midst (*мидст*) s середина **In the — of war,** въ разгаръ войны; || adv. въ серединѣ, посреди

Midsummer (*мид'-сӧм-ер*) s. середина лѣта.

Midwife (*мид'-уайф*) s. бабка, повитуха, акушерка; || va vn принимать младенца.

Midwifery (*мид'-уайф-ри*) s акушерство.

Mien (*мин*) s. видъ. наружность

Miff (*миф*) s. размолвка, раздоръ, ссора; досада на кого

Might (*майт*) pret отъ **May.** || s сила, мощь, власть. **With all —,** изо всей силы

Mightiness (*майт'-и-нес*) s сила. могущество, величіе.

Mighty (*майт'-и*) adj. сильный, могучій, могущественный, большой, великій; извѣстный, величественный. — **wise,** очень мудрый. [резеда

Mignonette (*мин-йӧн-ет'*) s.(бот.)

Migrate (*май'-грэт*) vn эмигрировать, переселяться; перелетать (о птицахъ).

Migration (*маи-грэ'-шӧн*) s. эмиграція, переселеніе; перелетъ (птицъ).

Migratory (*май-гре'-тӧ-ри*) adj кочующій, переселяющійся. — **birds,** перелетныя птицы.

Milch (*милч*) adj. молочный. — **-cow,** дойная корова.

Mild (*майлд*) adj. мягкій, кроткій, добрый; нѣжный; вкусный. — **words,** нѣжныя, добрыя слова. **To grow —,** смягчаться.

Mildly (*майлд'-ли*) adv. тихо, кротко; спокойно, легонько. слегка.

Mildness (*майлд'-нес*) s. мягкость, доброта, кротость, пріятность.

Mile (*майл*) s. миля. — **post,** верстовой столбъ.

Militant (*мил'-и-тӓнт*) adj. воюющій, сражающійся.

Militarily (*мил'-и-тӓ-ри-ли*) adv. по-военному.

Military (*мил'-и-тӓ-ри*) s. военный воинъ; || adj военный, воинскій.

Militate (*мил'-и-тэт*)vn. воевать.

Militia (*ми-лиш'-ӓ*) s. милиція, народное ополченіе. — **-man,** милиціонеръ, ополченецъ

Milk (*милк*) s. молоко **Sour —,** кислое молоко. **New —,** парное молоко. **Skim —,** снятое молоко. — **-fever,** молочная лихорадка. — **-food,** молочная пища — **-maid,** — **-woman,** молочница; || va. доить (корову); сосать молоко; доставлять молоко.

Milker (*милк'-ер*) s. доильщикъ коровъ, || дойная корова

Milkiness (*милк'-и-нес*) s. молочность; || мягкость

Milksop (*милк'-соп*) s мокрая курица, тряпка.

Milky (*милк'-и*) adj. молочный, млечный. **The — way,** млечный путь.

Mill (*мил*) s. мельница, мукомольня; || заводъ, фабрика; || кулачный бой, потасовка. **Water —,** водяная мельница. **Wind —,** вѣтряная мельница. **Cotton —,** бумагопрядильня; || va. молоть; чеканить (монету); валять (сукно); колотить, бить — **-board,** папка, картонъ. — **-dam,** мельничная плотина. — **-hopper,** мельничная насыпь. — **-pond,** мельничный прудъ — **-stone,** жерновъ. **To have a — stone about one's neck,** имѣть жерновъ на шеѣ. — **-work,** мельничный механизмъ. **wright,** строитель мельницъ.

Millenarian (*ми-ли-нэ'-ри-ӓн*) adj тысячелѣтній [сячелѣтіе

Millennium (*мил-лен'-ни-ӧм*)s. ты-

Miller (*мил'-ер*) s. мельникъ.

Millesimal (*мил-лес'-и-мӓл*) adj тысячный.

Millet (*мил'-лет*) s. (бот.) просо, пшено. [ный, верстовой

Milliary (*мил'-лӣ-ӓ-ри*) adj мили-

Milligram или **Milligramme**(*ми-ли-грӓм*) s. миллиграммъ

Millilitre (*мил'-ли-ли-тӧр*) s. миллилитръ. [лиметръ.

Millimetre (*мил'-ли-ми-тӧр*) s.мил-

Milliner (*мил'-ли-нер*) s. модистка, торгующая модными товарами

Millinery (*мил'-ли-нер-и*) s. моды модные товары

Milling (*мил'-инг*) s молотьба, помолъ; валяніе (сукна); колоченіе битье

Million (*мильъ'-йӧн*)s. милліонъ.

Millionnaire (*мил'-йӧн-эр*) s. милліонеръ.

Milt (*милт*) s. молоки (у рыбы); (анат.) селезенка; || va. оплодотворять икру.

Mime (*майм*) s. шутъ, мимикъ; || vn. корчить шута.
Mimer (*майм'-ер*) s. мимикъ.
Mimic (*мим'-ик*), **Mimical** (*мим'-ик-ал*) adj. мимическій, подражательный; || va. подражать; || s. мимикъ.
Mimicking (*мим'-и-кинг*). **Mimicry** (*мим'-ик-ри*) s. мимика; шутовство; передразниваніе.
Mimosa (*май-мо'о-за*) s. (бот.) мимоза, не тронь-меня.
Minacious (*ми-нэ'-шйс*) adj. угрожающій. [зящій.
Minatory (*мин'-ā-тō-ри*) adj. гро-
Mince (*минс*) va. крошить, рубить на мелкія части; || смягчать, ослаблять. **To — meat**, рубить говядину. **To — an expression**, смягчить выраженіе; || vn. сѣменить ногами; глотать слова; жеманиться. **— -meat**, рубленная говядина. **— -pie**, пирогъ съ мясной начинкой.
Mincing (*мин'-синг*) adj. аффектированный, жеманный.
Mincingly (*мин'-синг-ли*) adv жеманно; слегка, поверхностно.
Mind (*майнд*) s. умъ, разумъ, разумѣніе, разсудокъ; духъ, душа, совѣсть; || характеръ, нравъ; мысль, вниманіе; намѣреніе, рѣшеніе; склонность; мнѣніе, память, воспоминаніе. **I have made up my —**, я съ этимъ смирился. **To have a — to**, хотѣть, желать. **So many men, so many —s**, сколько головъ, столько умовъ. **To call to —**, приходить на умъ. **Time out of —**, давнымъ давно, въ незапамятныя времена. **To give one's — to**, предаваться чему. **A sound —**, здравый умъ. **Active —**, дѣятельный умъ. **To be out of one's —**, потерять разумъ. **To go out of one's —**, сойти съ ума. **A grovelling —**, низкій духомъ. || va. замѣчать, обращать вниманіе; наблюдать, беречь, заботиться; помнить; напоминать; повиноваться кому, слушаться, бояться; любить, имѣть расположеніе, склонность къ. **— your health**, берегите здоровье. **— your business**, знайте свое дѣло. **They do not — expense**, они не считаются съ расходами. **Never — that**, нужды нѣтъ, ничего.
Minded (*майнд'-ед*) adj. склонный, наклонный, расположенный къ. **High- —** благородный. **Ill - —**, злонамѣренный. **Weak - —**, слабоумный.
Mindedness (*майнд'-ед-нес*) s. расположеніе, склонность.
Mindful (*майнд'-фул*) adj. внимательный; заботливый.
Mindfully (*майнд'-фул-и*) adv. внимательно; заботливо.
Mindfulness (*майнд'-фул-нес*) s. внимательность; заботливость.
Mindless (*майнд'-лес*) adj. невнимательный, беззаботный.
Mine (*майн*) pron. poss. мой, моя, мое. **This book is —**, это моя книга. || s. рудникъ, копь, руда; (воен.) мина. **A gold —**, золотой пріискъ. || vn. va. разрабатывать копь; подводить мину; подрывать, -ся. [саперъ, минеръ.
Miner (*майн'-ер*) s. рудокопъ; (воен.)
Mineral (*мин'-ер-ăл*) s. минералъ; || adj. минеральный; ископаемый.
Mineralogical (*мин-ер-ăл-оджʼ-ик-ăл*) adj. минералогическій.
Mineralogy (*мин-ер-ăл'-о-джи*) s. минералогія.
Minever (*мин'-и-вер*) s. сибирская бѣлка; бѣличій мѣхъ.
Mingle (*минг'-гл*) смѣсь, смѣшеніе; || va. vn. смѣшивать, -ся, перемѣшивать, -ся. **To — with**, смѣшиваться съ.
Mingler (*минг'-глер*) s. перемѣшивающій. [ваніе.
Mingling (*минг'-глинг*) s. смѣши-
Miniature (*мин'-и-ать-юр*) s. миніатюра. **— painter**, миніатюристъ; || va. писать миніатюры.
Minikin (*мин'-и-кин*) s. маленькая булавка; || любимецъ; || adj. маленькій, мелкій.
Minim (*мин'-им*) s. карликъ, пигмей; (ихт.) пискать; (муз.) полубѣлая нота.
Mining (*маин'-инг*) s. разработка копей; || adj. рудокопный; копающій. [бимецъ.
Minion (*лин'-йон*) s. фаворитъ, лю-
Minister (*мин'-ис-тер*) s. министръ; пасторъ; орудіе, инструментъ; исполнитель **Officiating —**. священнослужитель, священнодѣйствующій; || va. подавать, доставлять; служить, прислуживать; помогать. **To — at table**, служить за столомъ. **To — to the wants**, отвѣчать на нужды. **To — to a patient**, ухаживать за больными.
Minnow (*мин'-ноу*) s. (ихт.) пискарь.
Minor (*май'-нор*) adj. меньшій, малый, маленькій; младшій. **Asia —** Малая Азія. || малолѣтній; вторая посылка въ силлогизмѣ.
Minority (*ми-нор'-и-ти*) s. малолѣтство, несовершеннолѣтіе; меньшинство.
Minster (*мин'-стер*) s. каѳедральный соборъ.
Minstrel (*мин'-стрел*) s. менестрель; пѣвецъ, музыкантъ.
Mint (*минт*) s. монетный дворъ; || (бот.) мята. **To have a — of**

money, имѣть золотой пріискъ. **Pepper —,** перечная мята. || va. чеканить монету; || выдумывать.
Mintage (*минт'-эдж*) s. чеканная монета; право чеканки монеты.
Minter (*минт'-ер*) s. монетчикъ; || выдумщикъ.
Minuet (*минь'-ю-эт*) s. минуетъ (танецъ)
Minus (*май'-нöс*) s. (мат.) минусъ
Minuscule(*ми-нöс'-кьюл*) s. малая строчная буква [мелкій
Minute (*ми-ньют'*) adj маленькій,
Minute (*мин'-ит*) s минута, замѣтка, замѣчаніе **To take —s of,** дѣлать замѣтки. || va написать замѣтку. **— -book,** записная книга. **— hand,** минутная стрѣлка.
Minutely (*мин'-ит-ли*) adj. ежеминутный; || adv поминутно.
Minuteness (*ми-ньют'-нес*) s. малость, мелкость; мелочность.
Minutiæ(*ми-нью'-ши-и*) s. pl. мельчайшія подробности.
Minx (*минкс*) s. жеманница, кокетка; || сучка, щенокъ (самка).
Miny (*майн'-и*) adj. богатый рудниками; подземный.
Miracle (*мир'-ӑ-кл*) s. чудо; диковина **To work a —,** сотворить чудо.
Miraculous (*ми-рӑкъ'-ю-лöс*) adj. чудесный, дивный.
Miraculously (*ми-рӑкъ'-ю-лöс-ли*) adv. чудесно, дивно.
Miraculousness (*ми-рӑкъ'-ю-лöс-нес*) s. чудесность; удивительность
Mirage (*ми-раж'*) s. миражъ, марево.
Mire (*майр*) s. грязь, слякоть, илъ, тина; лужа; топь. || va. замарать, загрязнить; || vn. завязнуть въ грязи. [см. **Mirky.**
Mirk, Mirky (*мöрк, мöрк'-и*) adj.
Mirror (*мир'-рор*) s. зеркало; || va. отражать.
Mirth (*мöрсз*) s. радость, веселье.
Mirthful (*мöрсз'-фул*) adj. радостный, веселый.
Mirthfully (*мöрсз'-фул-ли*) adv. радостно, весело. [нистый.
Miry (*майр'-и*) adj. грязный, ти-
Mis (*мис*) приставка, означающая недостатокъ, ошибку, неправильность и пр.
Misacceptation (*мис-ӑк-сеп-тэ'-шöн*) s. неправильный смыслъ, ложное пониманіе.
Misadventure (*мис-ӑд-вентъ'-юр*) s. несчастіе.
Misadventured (*мис-ӑд-вентъ'-юрд*) adj злополучный, несчастный [но показывать.
Misallege (*мис-ӑл-ледж'*) va. лож
Misallied (*мис-ӑл-лайд'*) adj. дурно подобранный.

Misanthrope (*мис'-ӑн-сзроп*) s. мизантропъ, человѣконенавистникъ
Misapplication (*мис-ап-пли-кэ'-шöн*) s. злоупотребленіе.
Misapply (*мис-ап-плай'*) va. дурно примѣнять.
Misapprehend (*мис-ап-при-хенд'*) va. ошибочно понимать
Misarrange (*мис-ӑр-рэндж'*) va. неправильно устраивать.
Misbecome (*мис-би-кöм'*) va. несоотвѣтствовать, неприличествовать.
Misbecoming (*мис-би-кöм-инг*) adj. непримиримый, непристойный. [*инг-нес*) s. неприличіе.
Misbecomingness (*мис-би-кöм'-*
Misbehave (*мис-би-хэв'*) vn. дурно вести себя. [вѣрованіе.
Misbelief (*мис-би-лиф'*) s. ложное
Misbelieve(*мис-би-лив'*) va. вѣрить въ лжеученія.
Misbestow (*мис-би-сто'у*) va. неправильно давать кому что.
Miscalculate (*мис-кӑл'-кью-лэт*) va. неправильно считать, обсчитываться.
Miscarriage (*мис-кӑр'-ридж*) s. дурное поведеніе, ложный шагъ; (мед.) выкидышъ.
Miscarry (*мис-кӑр'-ри*) va. неудаваться, не успѣвать; не доходить; погибать. || (мед.) недоносить, выкинуть. [но считать.
Miscast(*мис-каст'*) va. неправиль-
Mischance (*мис-чӑнс'*) s. несчастіе, неудача, непріятное приключеніе.
Mischarge (*мис-чардж'*) s. ошибка въ счетѣ; || va. неправильно считать.
Mischief (*мис'-чиф*) s. зло; || вредъ, убытокъ; || злое дѣло, злоба. **To do —,** причинять зло. **To make — between people,** сѣять раздоръ среди людей. **— -maker,** злой человѣкъ, яблоко раздора. **— -making,** вредный, зловредный; сѣятель раздора.
Mischievous (*мис'-чи-вöс*) adj. злой, злобный; злопамѣренный; зловредный.
Mischievously (*мис'-чи-вöс-ли*) adv. зло, злобно, злонамѣренно. зловредно
Mischievousness(*мис'-чи-вöс-нес*) s. злоба, злобность; зловредность.
Mischoose (*мис-чуз'*) va. vn. дурно выбирать. [смѣшивающійся.
Miscible (*мис'-си-бл*) adj. хорошо
Miscite (*мис-сайт'*) va. неправильно цитировать.
Misclaim (*мис-клэм'*) s. неосновательное требованіе.
Miscompute (*мис-ком-пьют'*) va. неправилно считать; вычислять.
Misconceit (*мис-кон-сит'*) s. ошибочное представленіе, понятіе.

Misconceive (*мис-кон-сив'*) va. vn. составить ложное представленіе.
Misconception (*мис-кон-сеп'-шӧн*) s. ложное понятіе.
Misconduct (*мис-кон'-дӧкт*) s. дурное поведеніе.
Misconjecture(*мис-кон-джектъ'-юр*) s. ошибочное предположеніе; || vn. дѣлать ошибочныя предположенія.
Misconstrue (*мис-кон'-стру*) va. ложно толковать; извращать, истолковать въ дурную сторону.
Miscounsel (*мис-ка'ун-сел*) va. давать дурные совѣты.
Miscount (*мис-ка'унт*) va. vn. неправильно считать, обсчитываться.
Miscreant (*мис'кри-ӑнт*) s. негодяй, злодѣй.
Misdate (*мис-дэт'*) s. ложная дата; || va. выставлять неправильно число.
Misdeed (*мис-дид'*) s. злодѣяніе.
Misdeem (*мис-дим'*) va. ложно судить. [но направлять.
Misdirect (*мис-ди-рект'*) va. ложно
Misdo (*мис-ду'*) va. vn. дѣлать дурно; ошибаться.
Misdoubt (*мис-да'ут*) s. подозрѣніе, сомнѣніе; || va. vn. подозрѣвать.
Misentry (*мис-ен'-три*) s. ошибочная запись.
Miser (*май'-зер*) s. скряга, скупой; негодяй. [счастный; плачевный.
Miserable (*миз'-ер-ӑ-бл*) adj. не-
Miserere (*миз-и-ри'-ри*) s. псаломъ; „ помилуй мя Боже. "
Miserly (*май'-зер-ли*) adj. скупой, скаредный.
Misery (*миз'-ер-и*) s. несчастіе, бѣда, напасть; горе; нищета.
Misfashion (*мис-фӓш'-ӧн*) va. дурно дѣлать.
Misfeasance (*мис-фи'-зӓнс*) s. причиненіе вреда.
Misform (*мис-форм'*) va. придавать чему дурной видъ.
Misfortune (*мис-фор'-чун*) s. несчастіе, бѣда.
Misgive (*мис-гив'*) va. внушать сомнѣніе, опасеніе.
Misgiving (*мис-гив'-инг*) s. сомнѣніе, опасеніе.
Misgotten (*мис-гот'-тн*) adj. нечестно пріобрѣтенный.
Misgovern (*мис-гӧв'-ерн*) va. дурно управлять.
Misguidance (*мис-гайд'-ӑнс*) s. ложное направленіе.
Mishap (*мис-хӓп'*) s. несчастіе, неудача. [шаться.
Mishear (*мис-хир'*) va. vn. ослы-
Mishmash (*миш'-мӓш*) s. смѣсь.
Misinfer (*мис-ин-фӧр'*) va. vn. ложно заключать.
Misinformation (*мис-ин-фӧр-мэ'-шӧн*) s. сообщеніе ложныхъ свѣденій. [дурно обучать.
Misinstruct (*мис-ин-стрӧкт'*) va.
Misintelligence (*мис-ин-тел'-ли-дженс*) s. недоразумѣніе, неточное свѣдѣніе.
Misinterpret (*мис-ин-тӧр'-прет*) va. ложно толковать; искажать.
Misjoin (*мис-джойн'*) va. дурно соединять, дурно подбирать.
Misjudge (*мис-джӧдж'*) va. vn. ложно судить о.
Misjudgment (*мис-джӧдж'-мент*) s. ложное сужденіе.
Mislay (*мис-лэй'*) va. дурно класть что; потерять.
Misle (*миз'-л*) vn. моросить.
Misleader (*мис-лид'-ер*) s. вводящій въ заблужденіе, соблазнитель.
Mislike (*мис-лайк'*) va. не любить.
Misly (*миз'-ли*) adj. — **rain**, мелкій дождикъ.
Mismanage (*мис-мӓн'-эдж*) va. дурно управлять; || vn. дурно вести себя. [но называть.
Misname (*мис-нэм'*) va. неправиль-
Misobserve (*мис-об-зӧрв'*) va. дѣлать неточное наблюденіе.
Misplace (*мис-плэс'*) va. худо положить; неудачно помѣстить.
Mispoint (*мис-пойнт'*) va. неправильно ставить знаки препинанія.
Misprint (*мис-принт'*) va. неправильно печатать.
Misprize (*мис-прайз'*) va. не высоко цѣнить, обезцѣнивать.
Mispronounce (*мис-про-на'унс*) va. неправильно произносить.
Misrate (*мис-рэт'*) va. ложно оцѣнивать. [точный разсказъ.
Misrecital (*мис-ри-сайт'-ӑл*) s. не-
Misrelate (*мис-ри-лэт'*) va. ложно передавать, ложно доносить.
Misreport (*мис-ри-порт'*) va. ложно доносить.
Misrepresent (*мис-реп-ри-зент'*) va. ложно изображать, искажать.
Misrule (*мис-рул'*) s. безпорядокъ, сумятица; захватъ (власти).
Miss (*мис*) s. миссъ, барышня; || недостатокъ, неимѣніе; потеря, утрата; ошибка, промахъ; || va. vn. не попадать въ цѣль; дать промахъ, промахнуться; упускать, ошибаться; чувствовать лишеніе, отсутствіе чего. **To — the mark**, сдѣлать промахъ. **To — the train**, опоздать на поѣздъ. **He could not — the street**, онъ не могъ ошибиться улицей. **He missed money from his cash-box**, онъ увидѣлъ, что у него нехватаетъ денегъ въ ящикѣ. **I missed a glove**, я потерялъ перчатку. || vn. **One volume is missing**, недостаетъ одного тома.
Missay (*мис-сэй'*) va. vn. обмол-

виться, неправильно выражаться
Missend (*мис-сенд*) va невѣрно адресовать; неправильно направлять [служить
Misserve (*мис-сōрв'*) vn дурно
Misshape (*мис-шэп'*) va. уродовать, обезображивать.
Missile (*мис'-сил*) adj. метательный.
Missing (*мис'-инг*) adj. недостающій, отсутствующій, потерянный. **To be —**, недоставать.
Mission (*миш'-ōн*) s. посольство, миссія; порученіе
Missionary (*миш'-ōн-ă-ри*) s. миссіонеръ. [ворить, обмолвиться.
Mispeak (*мис-спик'*) vn. дурно го-
Misspell (*мис-спел'*) va. неправильно писать. [чать, тратить.
Misspend (*мис-спенд'*) va. расто-
Misstate (*мис-стэт'*) va неправильно утверждать, неправильно удостовѣрять.
Mist (*мист*) s туманъ, мгла; ‖ va. покрывать, застилать туманомъ; ‖ vn. морочить
Mistake (*мис-тэк'*) s. ошибка; промахъ, проступокъ, вина. ‖ va. vn. не понимать, ошибаться, заблуждаться **To be mistakes**, ошибиться
Mistaken (*мис-тэк'-н*) adj. ошибающійся; ошибочный. **I am —**, я ошибаюсь. **You are —**, вы ошибаетесь. [считывать.
Misteach (*мис-тич*) va. дурно во-
Mistell (*мис-тел'*) va. дурно говорить. [динъ.
Mister (*мис'-тер*) s. сударь, госпо-
Mistily (*мист'-и-ли*) adv. туманно, сумрачно [лать что некстати.
Mistime (*мис-тайм'*) va vn дѣ-
Mistiness (*мист'-и-нес*) s туманность, туманъ.
Mistle (*миз'-л*) s туманъ
Mistranslate (*мис-трăнс-лэт'*) va. неправильно переводить
Mistranslation (*мис-трăнс-лэ'-шōн*) s. невѣрный переводъ
Mistress (*мис'-трес*) s хозяйка; госпожа; барыня; наставница, учительница; любовница, содержанка.
Mistrust (*мис-трōст'*) s. недовѣріе, сомнѣніе, подозрѣніе. ‖ va не довѣрять кому; подозрѣвать.
Mistrustful (*мис-трōст'-фул*) adj недовѣрчивый
Mistrusfulness (*мис-трōст'-фул-нес*) s. недовѣрчивость.
Mistrustingly (*мис-трōст'-инг-ли*) adv. недовѣрчиво
Mistrustless (*мис-трōст'-лес*) adj. довѣрчивый.
Mistune (*мис-тьюн'*) va. невѣрно настраивать, разстраивать.
Mistutor (*мис-тью'-тōр*) va. дурно воспитывать, дурно вести.
Misty (*мист'-и*) adj. туманный; темный, тусклый
Misunderstand (*мис-ōн-дер-стăнд'*) va. дурно понимать
Misunderstanding (*мис-ōн-дер-стăнд'-инг*) s. неправильное пониманіе; раздоръ, несогласіе
Misusage (*мись-юз'-эдж*) s. злоупотребленіе; дурное обращеніе.
Misuse (*мись-юз'*) s. см. **Misusage**. ‖ va. злоупотреблять; дурно обращаться съ кѣмъ.
Misvouch (*мис-ва'уч*) va. лжесвидѣтельствовать. [гонять
Misyoke (*мис-йо'ок*) va. худо при-
Mitigant (*мит'-и-гăнт*) adj. смягчающій, мягчительный.
Mitigate (*мит'-и-гэт*) va. смягчать, ослаблять; успокаивать.
Mitigation (*мит-и-гэ'-шōн*) s. смягченіе, ослабленіе.
Mitigative (*мит'-и-гэ-тив*), **Mitigatory** (*мит'-и-гă-тō-ри*) adj смягчающій, облегчающій.
Mity (*майт'-и*) adj. наполненный молью.
Mix (*микс*) va. vn. мѣшаться, смѣшиваться; примѣшиваться
Mixture (*микс'-чур*) s. смѣсь, смѣшиваніе; (апт.) микстура.
Mizmaze (*миз'-мэз*) s. путаница.
Mizzen (*миз'-зн*) s. (мор.) бизань.
Mnemonics (*ни-мон'-икс*) s. мнемоника.
Moan (*мо'он*) s. стонъ, стенаніе, сѣтованіе; ‖ va. vn. стонать, сокрушаться, горевать.
Moanful (*мо'он-фул*) adj. плачевный, жалобный. [дой
Moat (*мо'от*) s. (форт.) ровъ съ во
Mob (*мōб*) s. толпа, сборище; простонародье, чернь; народъ; ‖ шумная сходка. **— cap**, простой чепецъ. ‖ va. нападать толпой, тормошить.
Mobility (*мо-бил'-и-ти*) s. подвижность; проворство; ‖ чернь, сволочь. [мобилизація.
Mobilization (*моб-и-ли-зэ'-шон*) s.
Mobilize (*моб'-и-лайз*) va. мобилизировать (войско)
Mock (*мок*) s. насмѣшка; посмѣшище; ‖ va. vn. смѣяться, насмѣхаться; обманывать. ‖ adj. ложный, фальшивый; смѣшной, шуточный
Mocker (*мок'-ер*) s. насмѣшникъ, зубоскалъ; обманщикъ.
Mockery (*мок'-ер-и*) s. насмѣшка, зубоскальство, осмѣяніе
Mode (*мо'од*) s образъ, форма, родъ, видъ, обычай, обыкновеніе, мода; (грам.) наклоненіе. **The newest —**, послѣдняя мода.
Model (*мод'-ел*) s. модель, образецъ, примѣръ; снимокъ, слѣпокъ; ‖ va. vn. формовать, обра-

зовывать, создавать что по плану, дѣлать слѣпки; лѣпить.
Modeller (*мод'-ел-ер*) s. модельщикъ, составляющій модели.
Moderate (*мод'ер-эт*) adj. умѣренный, средній. **A — price,** умѣренная цѣна; || va. vn. умѣрять, смягчать, сдерживать -ся.
Moderateness (*мод'-ер-эт-нес*) s. умѣренность, воздержность. **The — of price,** дешевизна.
Moderation (*мод-ер-э'-шöн*) s. воздержность, умѣренность; безмятежность.
Moderator (*мод'-ер-э-тöр*) s. правитель, руководитель; предсѣдатель (собранія); (мех.) регуляторъ; || утишитель.
Modern (*мод-ерн*) adj. новый, новѣйшій, современный.
Modest (*мод'-ест*) adj. скромный; застѣнчивый.
Modestly (*мод'-ест-ли*) adv. скромно; застѣнчиво.
Modesty (*мод'-ест-и*) s. скромность; застѣнчивость.
Modicum (*мод'-и-кöм*) s. малость, малая доля.
Modifiable (*мод'-и-фай-ă-бл*) adj. измѣняемый; видоизмѣняемый.
Modification (*мод-и-фи-кэ'-шöн*) s. видоизмѣніе, измѣненіе.
Modify (*мод'-и-фай*) va. измѣнять, видоизмѣнять.
Modish (*мо'од-иш*) adj. модный.
Modishly (*мо'од-иш-ли*) adv. помодѣ, модно.
Modishness (*мо'од-иш-нес*) s. страсть къ модѣ.
Modulate (*модь'-ю-лэт*) vn. (муз.) модулировать.
Modulation (*модь-ю-лэ'-шöн*) s. модуляція.
Module (*модь'-юл*) діаметръ модели; (арх.) модель.
Modus (*мо'о-дöс*) s. способъ.
Mohammedan (*мо-хăм'-мед-ăн*) s. магометанинъ.
Moiety (*мой'-и-ти*) s. половина.
Moil (*мойл*) vn. работать, трудиться; || va. замарать грязью; изнурять; || s. пятно; || мулъ.
Moist (*мойст*) adj. сырой, влажный; потный.
Moisten (*мой'-сн*) va. мочить, смачивать.
Moistness (*мойст'-нес*), **Moisture** (*мойсть'-юр*) s. сырость, влажность; влага; испарина, потъ.
Molasses (*мо-лăс'-сиз*) s. патока.
Moldavia (*мол-дэ'-ви-а*) npr. (геог.) Молдавія.
Mole (*мо'ол*) s. родинка; (мед.) міома, наростъ (на маткѣ); молъ (въ гаваняхъ); (зоол.) кротъ. **— catcher,** кротоловъ. **— cricket,** (энт.) медвѣдка. **— eyed,** слѣпой какъ кротъ, подслѣповатый. **— trap,** кротоловка.
Molecule (*мал'-и-кьюл*) s. молекула, частица.
Molest (*мо-лест'*) va. безпокоить, тревожить.
Molestation (*мол-ес-тэ'-шöн*) s. безпокойство, тревога.
Mollient (*мол'-ли-ент*) adj. мягчительный, смягчающій.
Mollification (*мол'-ли-фи-кэ'-шöн*) s. размягченіе; облегченіе.
Mollifier (*мол'-ли-фай-ер*) s. успокоитель, облегчающій; мягчительное средство,
Mollify (*мол'-ли-фай*) va. мягчить, смягчать; растрогать; успокоить.
Molten (*мо'ол-тн*) adj. литой. **— gold,** литое золото.
Moment (*мо'о-мент*) s. минута, мгновеніе, мигъ, моментъ; || значеніе
Momentary (*мо'о-мент-ă-ри*) adj. минутный, мгновенный.
Momentous (*мо-мент'-ос*) adj. важный, значительный.
Monachal (*мон'-ă-кăл*) adj. монашескій, иноческій.
Monarch (*мон'-арк*) s. монархъ, государь; || adj. верховный, высшій.
Monarchist (*мон'-ăрк-ист*) s. монархистъ.
Monarchy (*мон'-арк-и*) s. монархія.
Monastery (*мон'-ăс-тер-и*) s. монастырь, обитель. [никъ.
Monday (*мöн'-ди*) s. понедѣльMonetary** (*мöн'-и-тер-и*) adj. монетный, денежный.
Money (*мöн'-и*) s. монета, мелкія деньги, серебро. **Bad —,** фальшивая монета. **Earnest —,** задатокъ. **Odd —,** доплата. **Even —,** круглымъ счетомъ. **Ready —,** наличными деньгами. **— -broker,** биржевой маклеръ. **— -changer,** мѣняло. **— market,** денежный курсъ. **— -order,** почтовый переводъ. **— -taker,** кассиръ.
Moneyed (*мöн'-ид*) adj. имѣющій деньги. **A — man,** капиталистъ.
Monger (*мöнг'-гер*) s. продавецъ, торговецъ. **Fish —,** рыбный торговецъ. **Iron- —,** торговецъ желѣзными издѣльями.
Mongrel (*мöнг'-грел*) adj. смѣшанной крови; || s. метисъ, мулатъ, креолъ.
Monition (*мо-ниш'-он*) s. совѣтъ, увѣщаніе, наставленіе; увѣдомленіе.
Monitive (*мон'-и-тив*) adj. увѣщательный, увѣдомляющій.
Monitor (*мон'-и-тöр*) s. увѣщатель.
Monitorial (*мон-и-то'о-ри-ăл*) adj. увѣщательный, наставительный.
Monitory (*мон'-и-тö-ри*) adj. увѣ-

щательный, наставительный; || s. увѣщаніе.

Monk (*мöнк*) s. монахъ, инокъ. — **fish**, (ихт.) рашпиля — **'s-hood**, (бот.) волчій аконитъ.

Monkey (*мöнк'-и*) s. обезьяна, мартышка; (техн.) баба. **She** —, обезьяна (самка). **To play the** —, обезьянничать.

Monochord (*мон'-о-корд*). s. (муз.) монохордъ

Monochromatic (*мон-о-кро-мäт'-ик*) adj. одноцвѣтный.

Monocotyledon (*мон-о-кот-и-ли'-дöн*) s. (бот.) односѣмянодольное растеніе.

Monocular (*мо-нокъ'-ю-лäр*), **Monoculous** (*мо-нокъ'-ю-лöс*) adj одноглазый.

Monogamy (*мо-ног'-ä-ми*) s единнобрачіе.

Monogram (*мон'-о-грäм*) s. монограмма.

Monologue (*мон'-о-лог*) s. монологъ.

Monome (*мон'-ом*) s. (алг.) одночленное количество.

Monopetalous (*мон-о-пет'-а-лöс*) adj. (бот.) одналепестковый.

Monopolize (*мо-ноп'-о-лайз*) va. монополизировать.

Monopoly (*мо-ноп'-о-ли*) s. монополія

Monosyllable (*мон'-о-сил-лä-бл*) s односложное слово.

Monotony (*мо-нот'-о-ни*) s. однообразіе, монотонность.

Monotonous (*мо-нот'-о-нос*) adj однообразный, монотонный.

Monsoon (*мон-сун'*) s. муссонъ

Monster (*мон'-стер*) s. чудовище; уродъ; извергъ.

Monstrosity (*мон-строс'-и-ти*) s. чудовищность, уродливость

Monstrous (*мон'-строс*) adj чудовищный, уродливый.

Monstrously (*мон'-строс-ли*) adv. чудовищно, уродливо

Monstrousness (*мон'-строс-нес*) s. чудовищность, уродливость

Montanic (*мон-тäн'-ик*) adj. горный, гористый

Month (*мöнсз*) s. мѣсяцъ. **A — ago** мѣсяцъ тому назадъ. **Lunar** —, лунный мѣсяцъ. **Calendar** —, солнечный мѣсяцъ

Monthly (*мöнсз-ли*) adj мѣсячный; || adv ежемѣсячно, помѣсячно

Monticle (*мон'-ти-кл*) s горка, пригорокъ.

Monument (*мöнь'-ю-мент*) s монументъ, памятникъ.

Mood (*муд*) s. расположеніе; (грам.) наклоненіе; (муз.) тонъ. **To be in a cheerful** —, быть въ хорошемъ расположеніи духа.

Moodiness (*муд'-и-нес*) s угрюмость.

Moon (*мун*) s. луна, мѣсяцъ **Full** —, полнолуніе — **beam**, лучъ мѣсячнаго свѣта. — **calf**, уродъ, олухъ. — **eyed**, подслѣповатый. — **light**, лунный свѣтъ. **By — light**, при свѣтѣ луны. — **shine**, свѣтъ луны, мѣсяцъ. **It is all — shine**, все это вздоръ || adj. — **shiny**, освѣщенный луной. — **struck**, лунатическій.

Moonless (*мун'-лес*) adj. безлунный

Moony (*мун'-и*) adj. лунный.

Moor (*мур*) s. мавръ; || болото, топь; || мѣсто поросшее верескомъ; || степь, пустошь. — **cock**, — **fowl**, тетеревъ, глухарь. — **hen**, водяная курочка; || vn. ошвартоваться.

Mooring (*мур'-инг*) s. (мор.) ошвартованіе.

Moorish (*мур'-иш*) adj болотистый; мавританскій.

Moory (*мур'-и*) adj болотистый.

Moot (*мут*) s предметъ спора; спорный юридическій вопросъ; || va. vn. обсуждать такой вопросъ, спорить

Mooting (*мут'-инг*) s. оспариваніе; пренія, дебаты.

Mop (*моп*) s. швабра; || гримаса; || va. чистить шваброй.

Mope (*мо'оп*) vn. тупѣть, цѣпенѣть быть унылымъ, скучать; || va. наводить тоску; || s. тупица; |унылый человѣкъ. — **eyed**, близорукій.

Moping (*мо'оп-инг*) s. печаль, тоска, грусть.

Mopish (*мо'оп-иш*) adj. тупой, глупый; || унылый, грустный.

Mopishness (*мо'оп-иш-нес*) s. тупость; || грусть, печаль; скука.

Moppet (*моп'-пет*), **Mopsey** (*моп'-си*) s. кукла

Moral (*мор'-äл*) s мораль, нравоученіе; || adj. моральный, нравоучительный

Morality (*мо-рäл'-и-ти*) s. мораль. нравоученіе

Moralize (*мор'-äл-айз*) vn морализировать; || va. преобразовывать нравы, воздѣйствовать путемъ морали.

Morass (*мо-рäс'*) s. болото, топь.

Moravia (*мо-рэ'-ви-а*) npr. (геог.) Моравія.

Morbid (*мор'-бид*) adj. болѣзненный

Morbidly (*мор'-бид-ли*) adv болѣзненно

Morbidness (*мор'-бид-нес*) s. болѣзненность

Mordacious (*мор-дэ'-шöс*) adj кусающійся, колкій; ѣдкій, язвительный.

Mordant (*мор'-дäнт*) s. (техн.) протрава; || adj. см. **Mordacious**; протравляющій.

More (*мо'ор*) adj. comp. отъ **Much**, **Many**, болѣе, больше, еще; многочисленнѣе. **Give me some** —, дайте мнѣ еще. **The — haste, the worse speed**, тише ѣдешь, дальше будешь. || adv. болѣе, больше. **Much**, гораздо больше; скорѣе. **No** —, не больше **No** —, доволь-

но, больше ни слова. **The harder the task, the — honourable the labour,** чѣмъ болѣе трудная задача, тѣмъ болѣе почетенъ трудъ. **The —, the merrier,** чѣмъ болѣе безумцевъ, тѣмъ веселѣе. **Once —,** еще разъ. || s. большее; большое количество; излишекъ. **We can do no —,** мы ничего большаго сдѣлать не можемъ.
Moreen (*мо-рин'*) s. шерстяное дама (матерія).
Morel (*мор'-ел*) s. (бот.) пасленъ, черныя псинки.
Moreover (*мор-о'о-вер*) adv. кромѣ того, по мимо того.
Moresque (*мо-реск'*) s. мавританскій стиль; || adj. мавританскій.
Morganatic (*мор-гä-нäт'-ик*) adj. морганическій.
Morn (*морн*) s. утро; слѣдующій день, завтра.
Morning (*морн'-инг*) s. утро. **To morrow —,** завтра утромъ. **Good —,** доброе утро, здравствуйте. || adj. утренній. **— gown,** халатъ, капотъ. **— star,** утренняя звѣзда.
Morocco (*мо-рок'-ко*) s. (геогр.)Марокко; || **— leather,** сафьянъ.
Morose (*мо-ро'ос*) adj. угрюмый, мрачный.
Morosely (*мо-ро'ос-ли*) adv. угрюмо, мрачно.
Moroseness (*мо-ро'ос-нес*). **Morosity** (*мо-рос'-и-ти*) s. угрюмость, мрачность.
Morphæus (*мор'-фи-ðс*)s. Морфей.
Morphia (*мор'-фи-ä*), **Morphine** (*мор'-фин*) s. (хим.) морфій.
Morris (*мор'-ис*) prr. Морисъ. **— dance,** мавританскій танецъ.
Morrow (*мор'-роу*) s. завтрашній день, завтра. **To- — morning,** завтра утромъ. **The day after to- —,** послѣ завтра. **To- — week,** черезъ недѣлю.
Morse (*морс*) s. (зоол.) моржъ.
Morsel (*мор'-сел*) s. кусокъ, кусочекъ.
Mortal (*мор'-тäл*) adj. смертный; сильный, ужасный. **A — foe,** смертельный врагъ. **A — sin,** смертельный грѣхъ. || s. смертный, человѣкъ.
Mortality(*мор-тäл'-и-ти*)s. смертность; смерть.
Mortgage (*мор'-гэдж*) s. ипотека; || va. закладывать (имѣніе).
Mortiferous (*мор-тиф'-ер-ðс*)adj. смертоносный.
Mortification(*мор-ти-фи-кэ'-шðн*) s. омертвѣніе, гангрена; || оскорбленіе.
Mortify (*мор'-ти-фай*) vn. портиться; заражаться гангреною; || va. оскорблять.
Mortifying (*мор'-ти-фай-инг*) adj. оскорбительный; обидный.
Mortuary (*морть'-ю-ä-ри*) s. плата за похороны; || adj. погребальный, похоронный.
Mosaic (*мо-зэ'-ик*) s. мозаика.
Moscow (*мос'-коо*)prr.(геог)Москва
Moslem (*моз'-лем*) s. мусульманинъ
Mosquito (*мðс-ки'-то*) s. москитъ, комаръ. **— net,** сѣтка отъ комаровъ.
Moss (*мос*) s. мохъ; || болото, топь. **— clad, — grown,** поросшій мохомъ. **— land,** торфяное болото. **— trooper,** граоитель. || va. покрывать мохомъ.
Mossiness (*мос'-и-нес*) s. мшистое состояніе.
Mossy (*мос'-и*) adj. мшистый, покрытый мохомъ.
Most (*мо'ост*) adj. super. отъ **Much,** большій, наибольшій. **— men,** большая часть людей. || adv. больше всего, въ высшей степени; очень. **— vile,** низкій, подлый. **A — populous country,** густо населенная страна.**— honourable,** высокоуважаемый. || s. большинство, большая часть. **At the —,** самое большое. **To make the — of,** извлекать изъ чего возможно большую пользу.
Mostly (*мо'ост-ли*) adv. обыкновенно, чаще всего, по большей части.
Mote (*мо'от*) s. собраніе, сборище; || атомъ, частица. || моль.
Moth (*мосз*) s. ночная бабочка; моль.
Mother (*мосз'-ер*) s. мать, матушка, матерь, родительница; || плѣсень. **A grand- —,** бабушка. **Great-grand —,** прабабушка. **— in -law,** свекровь, теща. **Step- —,** теща. **To be a — to,** быть матерью кому. || adj. материнскій. **— country,** отечество, родина. **— tongue,**родной языкъ. **— church,** господствующая церковь. || va. усыновлять, быть матерью. **— -of pearl,** перламутръ. **— of-thyme,** богородская трава.
Motherhood (*мðсз'-ер-худ*) s. материнство.
Motherless (*мðсз'-ер-лес*) adj. не имѣющій матери.
Mothy (*мосз'-и*) adj. съѣденный молью.
Motion (*мо'о-шðн*) s. движеніе; ходъ (машины); побужденіе, воля; предложеніе (въ собраніи); (мед.) испражненіе низомъ. **To make a —,** сдѣлать предложеніе. **To carry a —,** принять предложеніе. **To put in —,** привести въ движеніе. || va. vn. предлагать что, сдѣлать предложеніе.
Motionless (*мо'о-шðн-лес*) adj. неподвижный.
Motive (*мо'о-тив*) s. мотивъ, основаніе; || adj. движущій, двигатель-

ный. — **pawer**. движущая сила. ‖ va. мотивировать.

Motor (*мо'о-тӧр*) s. двигатель; ‖ побудительная причина; ‖ моторъ; adj. движущій, двигающій. — **car**, автомобиль, моторъ.

Motory (*мо'о-тӧ-ри*) adj. см. **Motor**.

Mottled (*мот'-тлд*) adj. въ яблокахъ, крапчатый, пятнистый; испещренный, пестрый; чубарый (о лошади). (визъ.

Motto (*мот'-то*) s. эпиграфъ, де-

Mould (*мо'олд*) s. форма, литейная форма; шаблонъ; ‖ плѣсень; ‖ черноземъ; ‖ va. формовать; мѣсить (тѣсто); дѣлать по шаблону; ‖ плѣснезѣть.

Moulder (*мо'олд-ер*) s. формовщикъ, литейщикъ; ‖ va. vn. распылять, -ся; распадаться, разрушаться.

Mouldiness (*мо'олд-и-нес*) s. заплѣсневѣлость.

Moulding (*мо'олд-инг*) s. (арх.) лѣпное украшеніе, гзымзъ.

Mouldy (*мо'олд-и*) adj. покрытый плѣсенью.

Moult (*мо'олт*) va. vn. линять; терять перья (о птицахъ).

Moulting (*мо'олт-инг*) s. линяніе; теряніе перьевъ.

Mound (*ма'унд*) s. валъ, земляная насыпь, плотина; оплотъ; ‖ va. защищать насыпью.

Mount (*ма'унт*) vn. подниматься, восходить, взлѣзать. **To — on horseback**, садиться верхомъ на лошадь. ‖ va. поднимать. **To — the throne**, взойти на престолъ. **To — a hill**, взбираться на гору. **To — a trooper**, снярядить всадника. **To — guard**, быть на часахъ.

Mount (*ма'унт*) s. гора, горка, земляная насыпь, плотина, валъ.

Mountain (*ма'унт-ин*) s. гора; ‖ куча, масса, множество. **To make —s of mole-hills**, * дѣлать изъ мухи слона. ‖ adj. горный, нагорный. (горецъ.

Mountaineer (*маунт-ин-ир'*) s.

Mountainous (*ма'унт-ин-ӧс*) adj. гористый, горный.

Mountebank (*ма'унт-и-бӓнк*) s. паяцъ, скоморохъ; ‖ va. vn. обманывать.

Mounting (*ма'унт-инг*) s. восхожденіе, подъемъ, ‖ оправа, обдѣлка.

Mourn (*мо'орн*) vn. va. плакать, оплакивать.

Mourner (*мо'орн-ер*) s. оплакивающій, -щая; плакальщикъ, -щица.

Mournful (*мо'орн-фул*) adj. плачевный, заунывный; траурный.

Mournfulness (*мо'орн-фул-нес*) s. печаль, скорбь, грусть.

Mourning (*мо'орн-инг*) s. плачъ, рыданіе; трауръ. **Half —**, (полутрауръ. **Deep —**, глубокій трауръ. **— -coach**, погребальная колесница. **To go into — for**, носить по комъ трауръ; ‖ adj. печальный; траурный.

Mouse (*ма'ус*) s. (pl. **mice**) мышь ‖ (*ма'уз*) vn. ловить мышей; (мор. сдѣлать найтовъ.

Mouser (*ма'уз-ер*) s. мышеловъ.

Mouth (*ма'усз*) s. ротъ, уста; пасть, зѣвъ (у звѣрей); клювъ (у птицъ); жерло, дуло (ружья); устье (рѣки); ‖ крикъ, возгласъ. **The — of a lion**, пасть льва. **That made his — water**, у него слюнки потекли. **To be down in the —**, быть смущеннымъ. **To make —s**, гримасничать. **The — of a well**, отверстіе колодца. **The — of the Thames**, устье Темзы. **— -organ**, флейта. **— piece**, (муз.) мундштукъ. ‖ va. хватать ртомъ, пастью, ѣсть, жевать; орать; кричать; ‖ vn. горланить.

Mouthed (*ма'усзд*) adj. имѣющій ротъ, пасть. **Full —**, громкоголосый. **Hard —**, тугоуздая (лошадь). **Mealy —**, застѣнчивый, медоточивый. (ламаторъ.

Mouther (*ма'усз-ер*) s. витія, дек-

Mouthful (*ма'усз-фул*) s. глотокъ, кусокъ.

Mouthing (*ма'усз-инг*) s. крикъ, громкій разговоръ; зѣваніе.

Movable (*мув'-ӓ-бл*) adj. подвижной; ‖ **—s**, s. pl. движимость.

Movably (*мув'-ӓ-бли*) adv. подвижно.

Move (*мув*) va. vn. двигать, -ся, сдвигать, передвигать, -ся; шевелить, -ся, трогать, побуждать, предлагать; ходить, идти. **To — to laughter**, возбуждать смѣхъ. **He was quite moved at it**, онъ былъ этимъ очень разстроганъ. **To — away**, удалять, отодвигать, -ся. **To — down**, опускать, спускать, -ся. **To — forward**, подвигать, -ся впередъ. **To — in**, вдвигать, вводить; въѣзжать, входить. **To — out**, выдвигать, выходить. **To — up**, подвигать, -ся, подниматься. ‖ s. движеніе; ходъ; поступокъ, шагъ, дѣло. **Whose — is it?** кому ходить? **It is your —**, вамъ ходить.

Movement (*мӓв'-мент*) s. движеніе; побужденіе, волненіе, возбужденіе.

Mover (*мув'-ер*) s. двигающій, двигатель, движущая сила; побудительная причина.

Mow (*мӓ'у*) va. сѣноваль; стогъ сѣна или соломы; ‖ vn. гримаса; ‖ va. убирать въ сѣноваль; ‖ vn. гримасничать.

Mow (*мо'у*) va. косить; собирать жатву. **To — a field,** косить лугъ.
Mower (*мо'у-ер*) s. косарь, косецъ.
Mowing (*мп'у-инг*) s. косьба. — **-machine,** сѣнокосилка. — **-time,** сѣнокосъ.
Much (*мöч*) adj. многочисленный; долгій, продолжительный. || adv. много, значительно, очень, сильно; почти, около. — **money,** много денегъ. — **more,** гораздо болѣе. **So — the better,** тѣмъ лучше. **So — worse,** тѣмъ хуже. **He is — mistaken,** онъ сильно ошибается. **How —,** сколько? **As — as,** столько, сколько. **So —,** столько. **Too —,** слишкомъ много. — **the same thing,** почти тоже самое. || s. многое, большая часть. **To make — of,** обращаться съ кѣмъ ласково, холить, баловать. **To make — of one's time,** хорошо использовать время.
Mucid (*мью'-сид*) adj. слизистый; заплѣсневѣлый.
Mucilage (*мью'-си-лэдж*) s. слизь.
Mucilaginous (*мью-си-лäдж'-и-нöс*) adj. слизистый.
Muck (*мöк*) s. навозъ, пометъ, калъ; || * гадость, мерзость. — **hill,** навозная куча. **To be in a — sweat,** вспотѣть. || va. унаваживать; грязнить. [нечистота, мерзость.
Muckiness (*мöк'-и-нес*) s. грязь,
Muckle (*мöк'-л*) adv. и adj. уст. вмѣсто **Much.**
Mucky (*мöк'-и*) adj. грязный, мерзкій, гадкій. [зистое состояніе.
Mucosity (*мью-кос'-и-ти*) s. сли-
Mucous (*мою'-кöс*) adj. слизистый.
Mucus (*мью'-кöс*) s. слизь.
Mud (*мöд*) s. грязь, тина; глина. **To stick in the —,** быть въ грязи. || va. погружать въ грязь, обрызгивать грязью, грязнить. — **-cart,** телѣга для вывоза грязи. — **lark,** тряпичникъ. — **wall,** земляная стѣна.
Muddily (*мöд'-ди-ли*) adv. мутно, грязно. [мутность.
Muddiness (*мöд'-ди-нес*) s. грязь;
Muddle (*мöд'-дл*) va. мутить, грязнить; || затемнять, омрачать; смущать. [ловѣкъ
Muff (*мöф*) s. муфта; || глупый че-
Muffle (*мöф'-фл*) va. закутывать, завязывать глаза; || vn. бормотать. [крывало; повязка.
Muffler (*мöф'-флер*) s. вуаль, по-
Mug (*мöг*) s. кружка; горшокъ; котелъ; || (нар.) рыло, морда.
Muggy (*мöг'-ги*), **Muggish** (*мöг'-гиш*) adj. сырой, влажный, мокрый.
Mulatto (*мью-лäт'-то*) s. мулатъ.
Mulattress (*мью-лäт'-трес*) s. мулатка.
Mule (*мьюл*) s. мулъ, лошакъ; || ублюдокъ, помѣсь. — **-driver,** погонщикъ муловъ. — **-twist,** тонкая пряжа.
Muleteer (*мью-ле-тир'*) s. погонщикъ муловъ.
Muliebrity (*мью-ли-еб'-ри-ти*) s. свойства женщины; женственность, изнѣженность.
Mulish (*мьюл'-иш*) adj. лошачій.
Mulishness (*мью'-лиш-нес*) s. ослиное упрямство.
Mull (*мöл*) va. нагрѣвать вино съ пряностями.
Mullet (*мöл'-лет*) s. (ихт.) головль.
Mulligrubs (*мöл'-и-грöбс*) s. колика, рѣзь (въ желудкѣ); хандра.
Multangular (*мöлт-äн'-гью-лäр*) adj. многоугольный.
Multicapsular (*мöл-ти-кäп'сью-лäр*) adj. многогоячеистый.
Multifarious (*мöл-ти-фэ'-ри-öс*) adj. разновидный, разнообразный.
Multifariousness (*мöл-ти-фэ'-ри-öс-ли*) adv. разновидно, разнообразно.
Multiform (*мöл'-ти-форм*) adj. многообразный.
Multilateral (*мöл-ти-лäт'-ер-äл*) adj. многосторонній.
Multiloquous (*мöл-ти-л'-о-куöс*) adj. болтливый.
Multiped (*мöл'-ти-пед*) adj. многоногій; || s. (энт.) многоножка.
Multiple (*мöл'-ти-пл*) adj. (ариө.) кратный; || s. кратное число.
Multipliable (*мöл'-ти-плай-ä-бл*) adj. множимый.
Multiplicand (*мöл'-ти-пли-кäнд*) adj. (ариө.) множимое (число).
Multiplicate (*мöл'-ти-пли-кэт*) adj. многосложный, сложный.
Multiplication (*мöл-ти-пли-кэ'-шöн*) s. умноженіе. — **table,** таблица умноженія.
Multiplicity (*мöл-ти-плис'-и-ти*) s. многочисленность, множество.
Multiplier (*мöл'-ти-плай-ер*) s. (ариө.) множитель.
Multiply (*мöл'-ти-плай*) va. размножать; (ариө.) помножать.
Multipotent (*мöл-тип'-о-тент*) adj. всесильный.
Multitude (*мöл'-ти-тьюд*) s. множество; толпа, народъ.
Multivalve (*мöл'-ти-вäлв*) s. (зоолог.) многостворчатая раковина.
Multocular (*мöл-токь'-ю-лäр*) adj. многоглазый.
Mum (*мöм*) s. пиво изъ пшеницы. **Mum's the word,** молчаніе! || adj. безмолвный. **To be —,** безмолвствовать.
Mumble (*мöм'-бл*) va. vn. бормотать, мямлить. — **news,** выдумщикъ. [мямля.
Mumbler (*мöм'-блер*) s. болтунъ,

Mumblingly (*мöм'-блинг-ли*) adv бормоча, съ бормотаніемъ, мямля

Mumm (*мöм*) vn наряжаться, маскироваться.

Mummer (*мöм'-ер*) s. маска, ряженый.

Mummery (*мöм'-мер-и*) s. маскарадъ, наряженіе; || притворство.

Mummify (*мöм'-ми-фай*) va. превращать въ мумію

Mummy (*мöм'-ми*) s. мумія. **To beat to a —,** избить кого до полусмерти.

Mump (*мöмп*) va. vn. глодать; грызть; бормотать; просить милостыню; бальзамировать.

Mumper (*мöмп'-ер*) s. нищій, нищая.

Mumping (*мöмп'-инг*) s. нищенствованіе; || притворство.

Mumpish (*мöмп'-иш*) adj. угрюмый, сердитый.

Mumps (*мöмпс*) s. pl. (мед.) заушница; || угрюмость.

Munch (*мöнч*) va. vn. чавкать, жевать.

Mundane (*мöн'-дэн*) adj. мірской, свѣтскій

Municipality (*мью-нис-и-пä'-и-ти*) s. муниципалитетъ.

Munificence (*мью'-ниф'-и-сенс*) s. щедрость; тароватость.

Muniment (*мью'-ни-мент*) s. укрѣпленіе, ограда; || защита, оплотъ.

Munition (*мью'-ниш'-öн*) s. укрѣпленіе; || аммуниція.

Mural (*мью'-рäл*) adj. стѣнной.

Murder (*мöр'-дер*) s. убійство; || va. убивать; || прекратить.

Murderer (*мöр'-дер-ер*) s. убійца.

Murderess (*мöр'-дер-ес*) s. женщина-убійца.

Murderous (*мöр'-дер-öс*) adj. совершившій убійство; убійственный; жестокій.

Mure (*мьюр*) s. стѣна; || va. окружать стѣной.

Murk (*мöрк*) s. мракъ, темнота; || подонки, отбросы.

Murky (*мöрк'-и*) adj. мрачный, сумрачный, пасмурный.

Murmur (*мöр'-мöр*) s. шопотъ; ропотъ; журчаніе; || vn. шептать; роптать; журчать.

Murmurer (*мöр'-мöр-ер*) s. ропщущій; ворчунъ.

Murmuring (*мöр'-мöр-инг*) adj. ропщущій, ворчащій, журчащій.

Murmuringly (*мöр'-мöр-инг-ли*) adv. съ ропотомъ, ворча.

Murrain (*мöр'-рин*) s. падежъ, моръ (скота); парша, шелуди.

Murrey (*мöр'-ри*) adj. темнокрасный.

Muscadel (*мöс'-кä-дел*), **Muscadine** (*мöс'-кä-даин*), **Muscatel** (*мöс-ка-тел*) s. мускатъ (виноградъ и вино).

Muscle (*мöс'-сл*) s. мышца, мускулъ; || (зоол.) ракушка.

Muse (*мьюз*) s. муза, поэзія; раздумье, греза, мечта. **To be in a —,** быть погруженнымъ въ размышленія. || vn. va. думать, размышлять, задумываться, мечтать.

Museful (*мьюз'-фул*) adj. мечтательный.

Muser (*мьюз'-ер*) s. мечтатель.

Mush (*мöш*) s. маисовая каша.

Mushroom (*мöш'-рум*) s. (бот.) грибъ; || выскочка.

Music (*мью'-зик*) s. музыка. **To set to —,** положить на музыку. **— book,** тетрадь съ нотами. **— -hall,** концертный залъ

Musical (*мью'-зик-äл*) adj. музыкольный, благозвучный; мелодичный. **— instrument,** музыкальный инструментъ.

Musician (*мью-зиш'-äн*) s. музыкантъ.

Musing (*мьюз'-инг*) s. размышленіе, задумчивость.

Musingly (*мьюз'-инг-ли*) adv. задумчиво.

Musk (*мöск*) s. мускусъ; (зоол.) кабарга. **— cat,** (зоол.) цибетъ. **— pear,** мускатная груша. **— wood,** (бот.) мускусное дерево, рытвякъ.

Musket (*мöс'-кет*) s. мушкетъ, ружье. **— proof,** непробиваемый ружейными пулями. **— shot,** выстрѣлъ изъ ружья

Muskiness (*мöск'-и-нес*) s. запахъ мускуса.

Musky (*мöск'-и*) adj мускусовый, мускусный.

Muslin (*мöз-лин*) s кисея, муслинъ.

Mussel (*мöс'-л*) s. (зоол.) ракушка.

Must (*мöст*) s. мустъ (молодое вино); плѣсень, затхлость. || vn быть должнымъ, обязаннымъ, долженствовать. **He — pay at last,** онъ долженъ наконецъ заплатить. **I — go,** я долженъ идти **He — have set out,** онъ долженъ былъ уѣхать. || va. дѣлать кислымъ, покрывать плѣсенью; || vn. плѣснев ѣть, киснуть

Mustache (*мöс-таш'*) s усы.

Mustard (*мöс'-тöрд*) s. горчица.

Muster (*мöс'-тер*) va. собирать перекликать, дѣлать перекличку. || vn собираться, сходиться **To — up courage,** набираться храбрости. || s. сборъ войска для смотра; смотръ; перекличка. **— -roll,** полковой списокъ

Mustily (*мöст'-и-ли*) adv. съ плѣсенью; кисло, затхло

Mustiness (*мöст'-и-нес*) s. плѣсень, затхлость

Musty (*мöст'-и*) apj. заплѣсневѣлый; затхлый; устарѣлый; сонный, вялый.

Mutability (*мью-тä-бил'-и-ти*) s. перемѣнчивость, измѣнчивость.

Mutable (*мью'-тä-бл*) adj. измѣнчивый, перемѣнчивый; непостоянный. [s. см. **Mutability.**
Mutableness (*мью'-тä-бл-нес*)
Mutation (*мью-тэ'-шбн*) s. измѣненіе, перемѣна.
Mute (*мьют*) adj. нѣмой; безмолвный; || s. нѣмой, нѣмая; (муз.) сурдина; (грам.) нѣмая буква; || человѣкъ у дверей дома, гдѣ покойникъ (въ Англіи); || птичій пометъ; || vn. мараться (о птицахъ).
Mutely (*мьют'-ли*) adv. нѣмо, молча.
Muteness (*мьют'-нес*) s. нѣмота, безмолвіе.
Mutilate (*мью'-ти-лэт*) va. уродивать, калѣчить, искажать.
Mutilation (*мью-ти-лэ'-шбн*) s. изуродованіе, искалѣчиваніе, искаженіе.
Mutilator (*мью'-ти-лэ-тор*) s. уродователь, искажатель.
Mutineer (*мью-ти-нер'*) s. бунтовщикъ, мятежникъ.
Mutinous (*мью'-ти-нбс*) adj. мятежный, бунтующій.
Mutinously (*мью'-ти-нбс-ли*) adv. мятежно.
Mutiny (*мью'ти-ни*) s. мятежъ, бунтъ; || vn. бунтовать, возмущаться.
Mutter (*мбт'-тер*) vn. бормотать, ворчать; шептать; || s. ропотъ, воркотня. [-нья.
Mutterer (*мбт'-тер-ер*) s. ворчунъ,
Mutton (*мбт'-тн*) s. баранина. **Leg of —,** баранья нога. **A neck of —,** баранья шейка. **— -chop,** баранья котлета.
Mutual (*мьють'-ю-äл*) adj. взаимный, обоюдный.
Mutuality (*мьють-ю-äл'-и-ти*) s. взаимность, обоюдность.
Mutyle (*мьють'-юл*) s. (арх.) модильонъ.
Muzzle (*мбз'-зл*) s. морда, рыло; дуло, жерло (пушки); намордникъ. **The — of a gun,** жерло пушки. **The — of a bellows,** наконечникъ раздувальныхъ мѣховъ. || va. надѣвать намордникъ; ласкать; обнюхивать; бить, колотить.
My (*май* или *ми*) adj. и pron. мой, моя, мое. **— children,** мои дѣти. **— own,** мой собственный.
Mycology (*май-кол'-о-джи*) s. описаніе грибовъ.
Myology (*май-ол'-о-джи*) s. міологія.
Myopy (*май'-о-пи*) s. близорукость.
Myosotis (*май-о-со'-о-тис*) s. (бот.) незабудка.
Myriad (*мир'-и-äд*) s. миріада.
Myrrh (*мбр*) s. мирра.
Myrtiform (*мбр'-ти-форм*) adj. миртобразный.
Myrtle (*мбр'-тл*) s. (бот.) мирта.
Myself (*май-селф'*) pron. я самъ; || себя. [таинственный.
Mysterious (*мис-ти'-ри-бс*) adj.
Mysteriously (*мис-ти-ри-бс-ли*) adv. таинственно.
Mysteriousness (*мис-ти'-ри-бс-нес*) s. таинственность.
Mystery (*мис'-тер-и*) s. тайна; || мистерія. **To make a — of,** дѣлать тайну изъ.
Mystic (*мис'-тик*), **Mystical** (*мис'-тик-äл*) adj. мистическій, таинственный. || s. мистикъ.
Mysticalness (*мис'-тик-äл-нес*) s. таинственность.
Mysticism (*мис'-ти-сизм*) s. мистицизмъ.
Mystification (*мис-ти-фи-кэ'-шбн*) s. мистификація.
Mystify (*мис'-ти-фай*) va. мистифицировать.
Mythologic (*мисз-о-лодж'-ик*), **Mythological** (*мисз-о-лодж'-ик-äл*) adj. миѳологическій, баснословный. [ѳологія.
Mythology (*ми-зсол'-о-джи*) s. ми-

N.

N (*ен*) четырнадцатая буква англійской азбуки.
Nab (*нäб*) va. поймать, цапнуть, получить. [мутровый.
Nacreous (*нэ'-кри-бс*) adj. перла-
Nadir (*нэ'-дир*) s. (астр.) надиръ.
Nag (*нäг*) s. лошадка.
Nail (*нэл*) s. гвоздь; || ноготь; коготь (птицъ, звѣрей). **You hit the — on the head,** вы затронули за живое. **To drive in a —,** вколотить гвоздь. **To bite one's —s,** кусать ногти; || va. прибивать гвоздями; пригвоздить; заклепать (пушку). **To — down,** приколачивать гвоздями; заколачивать. **To — up,** заколачивать, прикрѣплять гвоздями.
Naive (*нэ'-ив*) adj. наивный, простодушный. [простота.
Naivety (*нэ'-ив-ти*) s. наивность;
Naked (*нэ'-кед*) adj. голый, нагой; простой, чистый. **Stark —,** голъ, какъ соколъ. **With the — eye,** невооруженнымъ глазомъ. **The — truth,** голая истина.
Nakedly (*нэ'-кед-ли*) adv. нагишемъ, обнаженно; просто.
Nakedness (*нэ'-кэд-нес*) s. нагота, обнаженность; явность.
Namby-pamby (*нäм'-би-пäм'-би*) adj. жеманный.
Name (*нем*) s. имя; названіе; извѣстность. **Christian —,** имя,

при крещенiи. **Nick —**, прозвище. **To call —s**, ругаться **A good — is better than riches**, добрая слава лучше богатства. **What is his —**, какъ зовутъ его? **In the — of**, во имя; || va. называть; именовать, звать; назначать, указывать, говорить. **— your day**, укажите вашъ день.

Named (*нэмд*) adj. съ именемъ; называемый, названный; указанный. **Above —**, вышеупомянутый.

Nameless (*нэм'-лес*) adj. безъименный, неизвѣстный; несказанный.

Namely (*нэм'-ли*) adv. именно.

Namesake (*нэм'-сэк*) s. тезка, однофамилецъ.

Nap (*нäп*) s. легкiй сонъ, дремота; ворса (на суснѣ); пухъ (на растенiяхъ). **To take a —**, соснуть; || vn. дремать, спать; || va. ворсить.

Nape (*нэп*) s. затылокъ.

Naphta (*нäп'-сзä*) s. нефть.

Napkin (*нäп'-кин*) s. салфетка. **— ring**, колечко для салфетки.

Napless (*нäп'-лес*) adj. безъ ворсы; вытертый; потертый.

Nappiness (*нäп'-пи-нес*) s. склонность ко сну; || ворсистость; пушистость.

Nappy *нäп'-пи*) adj. ворсистый, пушистый; пѣнистый. [нарциссъ.

Narcissus (*нар-сис'-öс*) s. (бот.)

Narcotic (*нар-кот'-ик*), **Narcotical** (*нар-кот'-ик-äл*) adj. наркотическiй, усыпляющiй.

Nard (*нард*) s. нардъ (благовонное растенiе).

Narrate (*нар-рэт'*) va. разсказывать, повѣствовать.

Narration (*нар-рэ'-шöн*) s. разсказъ, повѣствованiе.

Narrow (*нäр'-роу*) adj. узкiй; тѣсный; ограниченный; скромный, скудный; скупой; низкiй; точный; **A — passage**, узкiй проходъ. **— circumstances**, денежныя затрудненiя. **A — mind**, ограниченный умъ. **A — search**, подробное изслѣдованiе. **To have a — escape**, удачно ускользнуть; || va. суживать; стѣснять, ограничивать; || vn. суживаться, стѣсняться.

Narrowing (*нäр'-роу-инг*) s. суживанiе, стѣсненiе.

Narrowly (*нäр'-роу-ли*) adv. узко, тѣсно; ограниченно; скупо; едва, съ трудомъ.

Narrowness (*нäр'-роу-нес*) s. узкость, узость, ограниченность; скромность; скаредность, скупость.

Nasal (*нэ'-зäл*) adj. носовой; || s. (грам.) носовая буква.

Nascent (*нäс-сент*) adj рождающiйся, возникающiй.

Nastily (*нäс'-ти-ли*) adv. грязно; гадко, скверно.

Nastiness (*нäс'-ти-нес*) s. грязь, нечистота; мерзость; непристойность. [(бот.) настурцiй.

Nasturtium (*нас-тöр'-шöм*) s.

Nasty (*нäс'-ти*) adj. грязный, гадкiй, мерзкiй; непристойный.

Natal (*нэ'-тäл*) adj. родной, родимый; отечественный.

Natatory (*нä'-тä-тö-ри*) adj. плавательный.

Nation (*нэ'шöн*) s. народъ, нацiя.

National (*нäш'-öн-äл*) adj. народный, нацiональный.

Nationalism (*нäш'-öн-äл-изм*), **Nationality** (*нäш-öн-äл'-и-ти*) s. народность, нацiональность.

Native (*нэ'-тив*) adj. природный, естественный, натуральный; простой; родимый, отечественный; прирожденный. **— language**, родной языкъ. || s. уроженецъ, туземецъ.

Nativity (*на-тив'-и-ти*) s. рожденiе; рождество; мѣсто рожденiя.

Natty (*нäт'-ти*) adj. славненькiй, чистенькiй, миленькiй.

Natural (*нäт'-ю-рäл*) adj. природный, естественный, натуральный, истинный, настоящiй; || s. дуракъ, идiотъ; нравъ, характеръ; (муз.) бекаръ.

Naturalism (*нäть'-ю-рäл-изм*) s. естественность, натурализмъ.

Naturalization (*нäть-ю-рäл-и-зэ'-шöн*) s. натурализацiя.

Naturalize (*нать'-ю-рäл-айз*) va. натурализовать.

Naturally (*нäть'-ю-рäл-ли*) adv. естественно, натурально; непринужденно.

Naturalness (*нäть'-ю-рäл-нес*) s. естественность, натуральность, непринужденность.

Nature (*нэть'-юр*) s. природа; естество, мiръ, вселенная; нравъ, наклонность, характеръ. **Good —**, доброта. **Ill —**, злой нравъ.

Natured, (*нэть'-юрд*) adj. **Good —**, добронравный, добрый.

Naught (*но'от*) adj. дурной, испорченный, злой; || s. ничто, нуль. **To set at —**, пренебрегать, ни во что не ставить; || adv. никоимъ образомъ, отнюдь не, нисколько.

Naughtily (*но'от-и-ли*) adv. зло, злобно, съ злостью.

Naughtiness (*но'от-и-нес*) s. злость, злоба.

Naughty (*но'от-и*) adj. дурной, злой, скверный, распутный.

Nausea (*но'з-ши-ä*) s. (мед.) тошнота

Nauseate (*но'о-ши-эт*) **va. vn.** питать отвращеніе; тошнить.
Nauseous (*но'о-шос*) **adj.** тошнотный; противный.
Nautic (*но'о-тик*), **Nautical** (*но'о-тик-ăл*) adj. морской, мореходный, мореплавательный.
Naval (*нэ'-вăл*) adj. морской, флотскій, корабельный.
Nave (*нэв*) s. ступица (колеса); || средняя часть церкви.
Navel (*нэ'-вл*) s. пупокъ, пупъ; || середина.
Navigate (*нäв'-и-гэт*) va. vn. плавать (о суднѣ); управлять (судномъ; [плаваніе, навигація.
Navigation (*нäв-и-гэ'-шöн*) s.
Navigator (*нäв'-и-гэ-тöр*) s. мореплаватель, мореходецъ.
Navvy (*нäв'-ви*) s. землекопъ.
Navy (*нэ'-ви*) s. флотъ.
Nay (*нэй*) adv. нѣтъ; || но и, даже, сверхъ того.— **more,** даже больше; || s. отказъ, опроверженіе.

Neap (*нип*) adj. низкій, понижающійся, убывающій; || s. отливъ.
Near (*нир*) prep. близко, вблизи, недалеко; подлѣ, возлѣ: **To come —, to draw —,** приблизиться, подойти; || adv. почти, едва, чуть; близко, подлѣ, около; || adj. близкій, сосѣдній; ближайшій, интересующій; точный. **A — friend,** закадычный другъ; || va. vn. близиться, приближаться.
Nearly (*нир'-ли*) adv. близко, около, почти.
Nearness (*нир'-нес*) s. близость, смежность, сосѣдство; родство, сродство; скупость.
Neat (*нит*) adj. чистый, опрятный; изящный, красивый; ловкій, искусный. **A — dress,** хорошо сидящее платье. **A — piece of work,** тщательная работа. **— wine,** чистое вино. || s. крупный рогатый скотъ; корова, быкъ, волъ. **—'s tongue,** бычачій языкъ. **— leather,** коровья кожа.
Neatly (*нит'-ли*) adv. чисто, опрятно; красиво, изящно; ловко, искусно.
Neatness (*нит'-нес*) s. чистота, опрятность, изящество; красивость.
Nebula (*небъ'-ю-лă*) s. (астр.) туманное пятно; облако.
Necessaries (*нес'-ес-сă-риз*) s. pl. нужное,необходимое;потребности.
Necessary (*нес'-ес-сă-ри*) adj. необходимый, нужный; неизбѣжный; || s. несессеръ; || нужникъ.
Necessitate (*ни-сес'-си-тэт*) va. вынуждать, принуждать.
Necessitous (*ни-сес'-си-тöс*) s. нуждающійся, бѣдный.
Necessity (*ни-сес'-си-ти*) s. необходимость, потребность, нужда; || нужное. **You see the — of it,** вы видите необходимость этого.
Neck (*нек*) s. шея; шейка; (геог.) перешеекъ; (мех.) стержень; горлышко (бутылки). **A short —,** короткая шея. **— of mutton,** шейка овцы. **Stiff —,** искривленіе шеи. **— and shoulders,** мѣрка для рубашки. **The — of a violin,** ручка скрипки. **To harden the —,** упрямиться, непокорствовать. **— -tie,** галстукъ, **— and crop,** выше головы. **— or nothing,** отчаянный, головорѣзъ.
Necked (*нект*) adj. имѣющій шею. **Long —,** съ длинной шеей. **Narrow — bottle,** бутылка съ узкимъ горлышкомъ. **Stiff —,** прямой.
Neckerchieff (*нек'-ер-чиф*) s. косынка, платокъ (шейный).
Necklace (*нек'-лэс*) s. ожерелье, колье.
Necrological (*нек-ро-лодж'-ик-ăл*) adj. некрологическій.
Necrology (*ни-крол-о-джи*) s. метрическая книга; некрологъ.
Necrosis (*ни-кро'о-сис*) s. (мед.) омертвеніе костей.
Nector (*нек'-тăр*) s. нектаръ.
Need (*нид*) s. нужда, надобность, потребность. **To stand in — of anything,** нуждаться въ чемъ. **If — be,** если нужно, при надобности. || va. vn. имѣть нужду, надобность въ чемъ, нуждаться.
Needful (*нид'-фул*) adj. нужный, потребный, необходимый.
Needfulness (*нид'-фул-нес*) s. необходимость, потребность,нужда.
Needily (*нид'-и-ли*) adv. въ нищетѣ, бѣдно.
Neediness (*нид'-и-нес*) s. нищета, нужда, бѣдность.
Needle (*ни'дл*) s. иголка, игла. **Knitting —,** вязальная игла, спица. **Dipping —,** магнитная стрѣлка. **— -case,** игольникъ. **— woman,** швея. **— work,** шитье. || vn. va. кристаллизоваться иголками.
Needler (*ни'-длер*) s. игольщикъ.
Needless (*нид'-лес*) adj ненужный, безполезный.
Needlessness (*нид'-лес-нес*) s. тщетность, безполезность.
Needs (*нидз*) adv. необходимо, непремѣнно. **I must — know it,** мнѣ необходимо это знать.
Needy (*нид'-и*) adj. нуждающійся, бѣдный.
Nefarious (*ни-фэ'-ри-öс*) adj. мерзкій, гнусный, подлый.

Nefariously (*ни-фэ'-ри-ӧс-ли*) adv мерзко, гнусно, подло.
Nefariousness (*ни-фэ'-ри-ӧс-нес*) мерзость, гнусность.
Negative (*нег'-ӑ-тив*) adj. отрицательный; || s. (фотог.) негативъ; (юрид.) отрицаніе; отрицательное предложеніе; || va. отрицать, опровергать. [отрицательность.
Negativeness (*нег'-ӑ-тив-нес*) s.
Neglect (*нег-лект'*) s. небрежность нерадѣніе, невниманіе; пренебреженіе. **To fall into —,** выходить изъ употребленія. || va. нерадѣть, не заботиться о чемъ; пренебрегать.
Neglectful (*нег-лект'-фул*) adj. небрежный [небрежно
Neglectfully (*нег-лект'-фул-и*) adv
Negligence (*нег'-ли-дженс*) s. небрежность.
Negligent (*нег'-ли-джент*) adj. небрежный; равнодушный
Negotiable (*ни-го'о-ши-ӑ-бл*) adj продажный [гоціантъ.
Negotiant (*ни-го'о-ши-ӑнт*) s. не-
Negotiate (*ни-го'о-ши-эт*) vn. va. вести переговоры; торговать чѣмъ **To — a bill of exhange,** дисконтировать, продать вексель.
Negress (*ни'-грес*) s. негритянка
Negro (*ни'-гро*) s. негръ; || adj. черный, негритянскій. [(лошади).
Neigh (*нэй*) vn ржать; || s. ржаніе
Neighbour (*нэй'-бӧр*) s. сосѣдъ, сосѣдка (f.); (библ.) ближній; || adj. сосѣдній. **To love one's —,** любить своего ближняго; || va гранить, прилегать, жить въ сосѣдствѣ
Neighbourhood (*нэй'-бӧр-худ*) s. сосѣдство; близость, смежность; сторона.
Neighbouring (*нэй'-бӧр-инг*) adj. сосѣдній, смежный; окрестный.
Neighbourliness (*нэй'-бӧр-ли-нес*) s. добрыя сосѣдскія отношенія.
Neighbourly (*нэй'-бӧр-ли*) adv. по-сосѣдски; || adj. сосѣдскій; дружескій; общительный.
Neither (*ни'-сзер*) conj. ни. **— this nor that,** ни то, ни се. **— will I do it,** я также это не сдѣлаю. || pron. adj. ни тотъ, ни другой; никто изъ нихъ; никто, никакой. **— of them was present,** никто изъ нихъ не присутствовалъ. **— shall come,** ни тотъ, ни другой не придутъ. **To be on — side,** не быть ни на чьей сторонѣ.
Nenuphar (*нень'-ю-фар*) s. (бот.) кувшинка.
Neologism (*ни-ол'-о-джизм*) s неологизмъ (новое слово *или* выраженіе).
Neophyte (*ни'-о-файт*) s. неофитъ, новообращенный.

Nep (*неп*) s (бот.) блохогонка.
Nepenthes (*ни-пен'-сзиз*) s. (бот.) кротовикъ.
Nephew (*нефь'-ю*) s. племянникъ.
Nephritis (*неф-райт'-тис*) s.(мед.) нефритъ. [нимфа.
Nereid (*ни'-ри-ид*) s (миѳ.) морская
Nerve (*нӧрв*) s. нервъ; || * сила, сильный характеръ; (бот.) жилка въ листѣ; || va. придавать силу, бодрость, укрѣплять.
Nerveless (*нӧрв'-лес*) adj. не имѣющій нервовъ.
Nervous (*нӧрв'-ӧс*) adj, нервный; || * сильный; (бот.) жилистый.
Nervously (*нӧрв'-ӧс-ли*) adv нервно; сильно
Nervousness (*нӧрв'-ӧс-нес*) s. нервозность; || сила; крѣпость
Nervy (*нӧр'-и*) adj. сильный, крѣпкій
Nescience (*неш'-енс*) s незнаніе, невѣдѣніе, невѣжество.
Ness (*нес*) s. (геог.) мысъ, носъ.
Nest (*нест*) s. гнѣздо; || сборище (людей); || * ящикъ. **To make a —,** дѣлать гнѣздо. **To look for a mare's —,** искать не тамъ гдѣ нужно. **A — of thieves,** притонъ воровъ. **To feather one's —,** устраивать свое гнѣздо || vn. вить гнѣздо; гнѣздиться.
Nestle (*нес'-л*) vn вить гнѣздо, гнѣздиться; поселяться; пріютить. спрятать; холить, любить.
Nestling (*нес'-линг*) s. птенчикъ птенецъ; || adj: только что вылупившійся изъ яйца.
Net (*нет*) s. сѣть, сѣтка, тенета; || тюль (ткань). **— -work,** вязанная работа || va. вязать сѣти; поймать въ сѣти; получать чистый доходъ; || adj. чистый, (о вѣсѣ). **— gain,** чистый выигрышъ. **— weight,** чистый вѣсъ, нетто.
Nether (*несз'-ер*) adj. нижній
Netherlands (*несз'-ер-лӑнд.*) npr. (геог.) Нидерланды, Голландія.
Nethermost (*несз'-ер-мост*) adj. самый низкій.
Netting (*нет'-тинг*) s. сѣть, сѣтка; всякая плетеная работа.
Nettle (*нет'-тл*) s. (бот.) крапива. **— rash,** крапивная лихорадка; || va. колоть, язвить; сердить, раздражать.
Neurasthenia (*нью-рӑс-сзи-ни'-а*) s. (мед.) неврастенія.
Neurotic (*нью-рот'-ик*) adj. укрѣпляющій нервы
Neuter (*нью'-тер*) adj. средній, нейтральный; безпристрастный, безучастный.
Neutral (*нью'-трӑл*) adj. и s. нейтральный (человѣкъ), индиферентный, безучастный.
Neutrality (*нью-трӑл'-и-ти*) s. нейтралитетъ.

Neutralize (*нью'-трә.1-пайз*) va. нейтрализовать, уничтожать.
Never (*нев'-ер*) adv. никогда. ни, ни; не, нѣтъ, нисколько. **He will — come,** онъ никогда не придетъ **— a word,** никогда ни слова. **— so little,** какъ мало бы ни было. **— more,** никогда больше.
Nevertheless (*нев'-ер-сзе-лес*) adv. тѣмъ не менѣе; однако.
New (*нью*) adj. новый; недавній; молодой, свѣжій; неопытный. **The — Testament,** Новый Завѣтъ. **The — year,** новый годъ. **— milk,** парное молоко. **— laid eggs,** свѣжія яйца. **— born,** новорожденный. **— fashioned,** новомодный. **To — gild,** снова вызолотить. [ново; вновь.
Newly (*нью'-ли*) adv. недавно, за-
Newness (*нью' - нес*) s. новизна, новость, новое; || незнаніе.
News (*ньюз*) s. новость, извѣстіе, вѣсть. **What is the —?** что новаго? **No — is good —,** * отсутствіе вѣстей — хорошій признакъ. **— boy,** газетчикъ, разносчикъ газетъ. **— monger,** собиратель новостей. **— room,** кабинетъ для чтенія. **— vender,** продавецъ газетъ.
Newspaper (*ньюз'-пэ-пер*) s. газета. **Daily —,** ежедневная газета. **Weekly —,** еженедѣльникъ (журналъ).
New Zealand (*нью-зи'-лэнд*) npr. (геогр.) Новая Зеландія.
Next (*некст*) adj. sup. отъ **Nigh,** слѣдующій, будущій; сосѣдній, ближайшій; первый. **The — house,** сосѣдній домъ. **The — heir,** ближайшій наслѣдникъ. **— year,** будущій годъ. || adv. потомъ, послѣ этого; почти. **He sat — to her,** онъ сидѣлъ рядомъ съ ней. **What —?** что еще? что потомъ? **— to impossible,** почти невозможно. **— to nothing,** почти ничего.
Nib (*ниб*) s. кончикъ (пера); клювъ (птичій); остріе; || vn. чинить, очинивать перо.
Nibbed (*нибд*) adj. съ кончикомъ, съ клювомъ.
Nibble (*ниб'бл*) va. vn. грызть, глодать; клевать (о рыбахъ); отщипывать; критиковать.
Nibler (*ниб'-лер*) s. грызунъ, клюющій, грызущій; ѣдкій, критикъ.
Nice (*найс*) adj. точный, аккуратный; изящный; нѣжный, тонкій; щекотливый, затруднительный; славный, милый. **A — bit,** лакомый кусочекъ. **— ear,** тонкій слухъ. **— flowers,** красивые цвѣты. **A — child,** милый ребенокъ **A — man,** любезный человѣкъ **A — critic,** строгій критикъ. **A — distinction,** тонкое различіе. **You are a — man!** вы славный малый!
Niceness (*найс'-нес*) s. точность, аккуратность; изысканность, нѣжность, тонкость; разборчивость; пріятность.
Nicety (*найс'-и-ти*) s. деликатность, нѣжность, изысканность, тонкость, аккуратность. **The niceties of politics,** тонкости политики. **To a —,** совершенно кстати. **Niceties in eating,** лакомыя блюда.
Niche (*ниш*) s. ниша.
Nick (*ник*) s. точное время; || зарубка, рубецъ, трещина. **Old —,** чортъ, лѣшій. **In the very — of time,** какъ разъ во-время. || va. встрѣчать кстати, дѣлать, дѣлать что кстати; попадать въ цѣль; зарубать.
Nickel (*ник'-ел*) s. никель.
Nicker (*ник'-ер*) s. обманщикъ, плутъ.
Nicknack (*ник'-нәк*) s. всякія безделушки. [ще.
Nickname (*ник'-нэм*) s. прозви-
Nicotian (*ни-ко'о-шән*) adj. табачный; || s. (бот.) табакъ.
Nictate (*ник'-тэт*) vn. мигать глазами, щуриться.
Nidulation (*нидь-ю-лә'-шон*) s. сидѣніе на яйцахъ въ гнѣздѣ.
Niece (*нис*) s. племянница.
Niggard (*ниг'-гәрд*) adj. скупой, скаредный; || s. скупецъ, скряга.
Niggardliness (*ниг'-гәрд-ли-нес*) s. скупость, скряжничество.
Nigger (*ниг'-гер*) s. негръ, арапъ.
Nigh (*най*) adj. близкій, ближній; || вблизи, близко, около. **To draw — to,** приближаться къ.
Nighness (*най'-нес*) s. близость, сосѣдство.
Night (*найт*) s. ночь, вечеръ. **To —,** сегодня ночью; вечеромъ. **Last —,** прошедшею ночью. **By —,** ночью, вечеромъ. **— cart,** телѣга для нечистотъ. **— fall,** наступленіе ночи. **— man,** золотарь. **— -soil,** нечистоты отхожихъ мѣстъ. **— walker,** ночной бродяга. **— watch,** ночной сторожъ.
Nightingale (*найт'-ин-гэл*) s. соловей.
Nightly (*найт'-ли*) adv. ночью, по ночамъ; || adj. ночной. [маръ.
Nightmare (*найт'-мэр*) s. кош-
Nightward (*найт'-уәрд*) adj. приближающійся къ ночи.
Nigrescent (*най-грес'-сент*) adj. чернѣющій. [лизмъ.
Nihilism (*най'-хил-изм*) s. ниги-
Nihility (*най-хил'-и-ти*) s. ничто, ничтожество.

Nill (*нил*) s. искорка; гвоздь, иголка. || va. vn. не хотѣть, не желать.

Nimble (*ним'-бл*) adj. проворный, живой, ловкій. **— footed**, быстроногій. **— witted**, остроумный.

Nimbleness (*ним'-бл-нес*) s. проворство, живость, быстрота.

Nimbus (*ним'-бос*) s. сіяніе, вѣнецъ.

Nine (*найн*) s. девять, девятка; || adj. девятый. **A — days wonder**, девятое чудо. **The —**, девять Музъ. **Dressed up to the nines**, тщательно одѣтый. **— -fold**, въ девять разъ. **— -holes**, девять дугъ (дѣтская игра). **— -pins**, кегли. **— -score**, двадцать разъ девять. [цать.

Nineteen (*найн'-тин*) s. девятнад-

Nineteenth (*найн'-тин-сз*) adj. девятнадцатый. [вяностый.

Ninetieth (*найн'-ти-есз*) adj. де-

Ninety (*найн'-ти*) s. девяносто.

Ninny (*нин'-ни*) s. простакъ, простофиля.

Ninth (*найнсз*) adj. девятый; || s. (муз.) нона. [тыхъ.

Ninthly (*найнсз'-ли*) adv. въ девя-

Nip (*нип*) s. щипокъ, укушеніе, укусъ, сарказмъ, колкость; || va. щипать; отщипнуть; быстро выхватывать; повреждать (растеніе); язвить словами. **The frost has nipped the corn**, морозъ повредилъ рожь. **To — in the bud**, уничтожать зародыши.

Nipper (*нип'-пер*) s. рѣзецъ (зубъ); сатирикъ; щипцы.

Nippers (*нип'-перз*) s. pl. щипчики.

Nipping (*нип'-пинг*) adj. щиплющій, колющій, язвительный. **A — frost**, сильный морозъ. **A — word**, колкое слово.

Nipple (*нип'-пл*) s. титька, сосокъ; затравочный стержень (у ружья).

Nit (*нит*) s. (энт.) гнида.

Nitre (*най'-тер*) s. (хим.) селитра.

Nitty (*нит'-ти*) adj. изобилующій гнидами.

Niveous (*нив'-и-ос*) adj. бѣлоснѣжный; снѣжный.

Noah (*но'а*) npr. Ной.

No (*но'о*) adv. нѣтъ, не. **No such thing**, совершенно нѣтъ. || adj. **— where**, нигдѣ. **— man**, никто.

Nob (*ноб*) s. (нар.) башка, голова.

Nobilitate (*но-бил'-и-тэт*) va. возводить въ дворянское достоинство.

Noble (*но'о-бл*) adj. дворянскій, благородный, славный, доблестный. **A — building**, роскошная постройка; || s. дворянинъ.

Nobleman (*но'о-бл-мäн*) s. дворянинъ.

Nobody (*но'о-бод-и*) s. никто; ничто. **— will know it**, никто объ этомъ не будетъ знать. **He is —**, онъ ничто, онъ не въ счетъ.

Nocent (*но'о-сент*) adj. вредоносный.

Noctambulist (*нок-тäм-бью-лист*) s. лунатикъ. [тюрнъ.

Nocturn (*нок-тöрн*) s. (муз.) нок-

Nocturnal (*нок-тор'-нäл*) adj. ночной.

Nod (*нод*) s. кивокъ, легкій поклонъ; наклоненіе, склоненіе; || va. vn. кивать головой, наклонять голову; дремать, клониться; шататься, колебаться. **To — to**, дѣлать легкій кивокъ головой. **To — approbation**, дѣлать знакъ одобренія.

Nodated (*но'о-дэ-тед*) adj. узловатый. [ловой.

Nodder (*нод'-дер*) s. кивающій го-

Noddle (*нод'-дл*) s. голова, башка.

Noddy (*нод'-ди*) s. глупецъ, простакъ.

Node (*но'од*) s. узелъ.

Nodose (*но-до'ос*) adj. узловатый.

Nodosity (*но-дос'-и-ти*) s. узловатость. [тый; || * запутанный.

Nodular (*нодь'ю-лäр*) adj. узлова-

Nodule (*нодь'-юл*) s. узелокъ.

Nog (*ног*) s. горшечекъ, кружка пива; || клинъ.

Noggin (*ног'-гин*) s. горшечекъ.

Noise (*нойз*) s. шумъ, трескъ, грохотъ; суматоха. **To make a —**, шумѣть. **What a —!** что за шумъ! || vn. шумѣть; || va. безпокоить кого шумомъ. **To — abroad**, распространять слухъ.

Noiseless (*нойз'-лес*) adj. безшумный, тихій.

Noiselessly (*нойз'-лес-ли*) adv. безшумно, тихо. [тишина.

Noiselessness (*нойз'-лес-нес*) s.

Noisily (*нойз'-и-ли*) adv. шумно.

Noisiness (*нойз'-и-нес*) s. шумъ.

Noisome (*ной-сöм*) adj. вредный, нездоровый; вонючій.

Noisomely (*ной-сöм-ли*) adv. вонюче, зловонно.

Noisomeness (*ной-сöм-нес*) s. зловредность, мерзость.

Noisy (*ной'-зи*) adj. шумный, громкій.

Nomadic (*но-мäд'-ик*) adj. кочевой.

Nombles (*нöм'-блз*) s. pl. внутренности оленя.

Nomenclature (*но-мен-клэт'-юр*) s. номенклатура.

Nominal (*ном'-и-нäл*) adj. именной; номинальный; нарицательный. [именно.

Nominally (*ном'-и-нäл-и*) adv. по-

Nominate (*ном'-и-нэт*) va. именовать, называть; назначать.

Nomination (*ном-и-нэ'-шöн*) s. назначеніе.

Nominative (*ном'-и-нä-тив*) adj.

именительный; || s. именительный падежъ.

Non (*нон*) adv. *въ соединеніи съ другими словами обозначаетъ* не. **— ability,** неспособность; (юрид.) непровоспособность. **— attendance,** отсутствіе. **— conformist,** раскольникъ. **— contagious,** незаразительный. **— entity, — existence,** небытіе. **— residence,** отсутствіе мѣста жительства.

Nonage (*нон'-эдж*) s. несовершеннолѣтіе.

Nonce (*нонс*) s. намѣреніе. **For the —,** преднамѣренно.

None (*нон*) adj. и pron. никакой, ни одинъ, никто, ничтò; ни, нисколько, не, нѣтъ. **— will be excepted,** никто не будетъ исключенъ. **— of that,** только на это. **He has —,** у него этого нѣтъ. **He was — the worse for it,** ему не было отъ этого хуже.

Nonesuch (*нöн'-сöч*) s. безподобная вещь.

Nonius (*но'о-ни-öс*) s. noніусъ, верніеръ.

Nonpareil (*нон-па-рел'*) s. несравненное; (тип.) мелкій шрифтъ. || adj. несравненный.

Nonplus (*нон'-плöс*) s. смущеніе; || va. смутить.

Nonsense (*нон'-сенс*) s. безсмыслица, нелѣпость. **To talk —,** говорить глупости, нести чепуху. **It is —,** это пустяки.

Nonsensical (*нон-сен'-сик-ăл*) adj. безсмысленный, нелѣпый.

Nonsuit (*нон'-сьют*) s. (юрид.) прекращеніе иска; || va. отказывать въ искѣ.

Noodle (*ну'дл*) s. простофиля, олухъ.

Nook (*нук*) s. уголъ, закоулокъ.

Noon (*нун*) s. полдень. **At —,** въ полдень. **— -tide, — -day,** полдень. || adj. полуденный.

Nooning (*нун'-инг*) s. отдыхъ, сонъ въ полдень.

Noose (*нуз*) s. петля, силокъ; || * сѣти, ловушка; || va. дѣлать петлю; ловить силкомъ.

Nor (*нор*) conj. ни, не. **I neither love — fear you,** я не люблю васъ и не боюсь васъ. **— was this all,** но это было не все.

Normal (*нор'-мăл*) adj. нормальный, правильный, образцовый.

Norman (*нор'-мăн*) s. норманецъ, -дка; || adj. нормандскій.

Norse (*норс*) s. древне-скандинавскій языкъ.

North (*норсз*) s. сѣверъ, нордъ; || adj. сѣверный. **— -east,** сѣверо-востокъ. **— west,** сѣверо-западъ.

Northern (*норсз'-ерн*) adj. сѣверный.

Northward (*норсз'-уăрд*) adj. находящійся къ сѣверу; || adv. на сѣверъ.

Nose (*но'оз*) s. носъ; морда, рыло (у животныхъ); || чутье. **To lead by the —,** водить за носъ. **Flat —,** утиный носъ. **Pug —,** широкій носъ. **Turn -up —,** задранный къ верху носъ. **To blow one's —,** сморкаться. **To pick one's —,** совать пальцы въ носъ. **His — is out of joint,** * онъ больше не въ фаворѣ. **To turn up one's — at,** отворачивать носъ. **To have a good —,** имѣть хорошее обоняніе; || * держать носъ по вѣтру; || va. чуять; нюхать, обонять. **— -bag,** торба для лошадей.

Nosegay (*но'оз-гэй*) s. букетъ (цвѣтовъ).

Noseless (*но'оз-лес*) adj. безносый.

Nostoc (*нос'-ток*) s. (бот.) возгрица.

Nostril (*нос'-трил*) s. ноздря.

Nostrum (*нос'-трöм*) s. секретное лекарство.

Not (*нот*) adv. не, нѣтъ, ни. **Why —?** почему нѣтъ? **— at all,** нисколько, совсѣмъ нѣтъ. **— that I say,** не потому чтобы я это утверждалъ. **If —,** если не.

Notability (*нот-ă-бил'-и-ти*) s. знатность.

Notable (*но'от-ă-бл*) adj. знатный; замѣчательный; знаменитый; трудолюбивый.

Notary (*но'о-тă-ри*) s. нотаріусъ.

Notation (*но-тэ'-шöн*) s. изображеніе знаками, буквами, символами.

Notch (*ноч*) s. зарубка, выемка, рубецъ, зазубрина; || узкій проходъ; уторъ бочки. || va. зарубать; зазубривать.

Note (*но'от*) s. знакъ, признакъ; замѣтка, отмѣтка; примѣчаніе; выписка, записка, счетъ; дипломатическая нота; || вниманіе; (муз.) нота, тонъ. **To take no — of that,** я не обращаю на это вниманія. **Marginal —,** замѣтка на поляхъ. **Persons of —,** лица заслуживающія общественнаго вниманія. **Promissory —, — of hand,** вексель. **Bank - —,** банковый билетъ. **— of exclamation,** знакъ восклицанія. || va. замѣчать, примѣчать; записывать, помѣчать.

Noted (*но'от-ед*) adj. замѣчательный, извѣстный; отъявленный, закоренѣлый.

Notedly (*но'от-ед-ли*) adv. внимательно, со вниманіемъ.

Notedness (*но'от-ед-нес*) s. извѣстность, знаменитость.

Noter (*но'от-ер*) s. дѣлающій отмѣтки.

Noteworthy (*но'от-уöр-сзи*) adj. достойный замѣчанія.

Nothing (*нöсз'-инг*) s. ничто, ничего: нуль. **For —**, ни за что. **Less than —**, менѣе чѣмъ что либо. **— less**, не менѣе. **To come to —**, ни къ чему не привести. || adv. не, нисколько; вовсе не.

Nothingness (*носз'-инг-нес*) s. ничтожность; пустяки; ничто.

Notice (*но'о-тис*) s. замѣчаніе; вниманіе; увѣдомленіе, извѣщеніе; извѣстіе; || отпускъ, увольненіе; очеркъ. **Worthy of —**, достойный замѣчанія. **To take — of**, обратить на что вниманіе. **To give —**, предупреждать. **At the shortest —**, при малѣйшемъ замѣчаніи. **A biographical —**, біографическій очеркъ. || va. замѣчать, примѣчать; обращать вниманіе; упоминать; быть къ кому внимательнымъ.

Noticeable (*но'о-тис-ӑ-б.л*) adj. достойный замѣчанія, вниманія.

Notification (*но-ти-фи-кэ'-шӧн*) s. извѣщеніе, объявленіе.

Notify (*но'о-ти-фай*) va. извѣщать, заявлять, объявлять.

Notion (*но'о-шӧн*) s. представленіе, понятіе; мысль, идея; мнѣніе, намѣреніе.

Notional (*но'о-шӧн-ӑл*) adj. умственный, идеальный, воображаемый.

Notoriety (*но-то-рай'-и-ти*) s. всеобщая извѣстность, гласность.

Notorious (*но-то'о-ри-ӧс*) adj. гласный, общественный; отъявленный.

Notoriously (*но-то'о-ри-ӧс-ли*) adv. общеизвѣстно, гласно, открыто.

Notoriousness (*но-то'о-ри-ӧс-нес*) s. см. **Notoriety**.

Notwithstanding (*нот-уисз-стӑнд'-инг*) adv. и conj. не смотря на; однако.

Nought (*но'от*) s. ничто. **To set at —**, презирать.

Noun (*на'ун*) s. (грам.) имя существительное.

Nourish (*нӧр'-иш*) va. питать, кормить; воспитывать; содержать.

Nourishable (*нӧр'-иш-ӑ-б.л*) adj. могущій быть вскормленнымъ.

Nourisher (*нӧр'-иш-ер*) s. питатель, кормилецъ.

Nourishing (*нӧр'-иш-инг*) adj. питательный, сытный.

Nourishment (*нӧр'-иш-мент*) s. пища, питаніе.

Novel (*нов'-ел*) adj. новый; || s. романъ, повѣсть; новелла.

Novelty (*нов'-ел-ти*) s. новость, новинка.

November (*но-вем'-бер*) s. ноябрь.

Novenary (*нов'-и-нӑ-ри*) s. девять, девятеро; || adj. девятый.

Novennial (*но-вен'-ни-ӑ.л*), adj. повторяющійся черезъ девять лѣтъ.

Novercal (*но-вер'-кӑл*) adj. мачихинъ.

Novice (*нов'-ис*) s. послушникъ, -ница (s.); || новичекъ.

Novitiate (*но-виш'-и-эт*) s. искусъ.

Now (*нау*) adv. теперь, нынѣ, въ настоящее время; то ... то; тогда. **Even —**, тотчасъ. **Till —**, до нынѣ, до настоящаго времени. **Just —**, тотчасъ. **— high, — low**, то высоко, то низко. **— and then**, отъ времени до времени, иногда. || conj. а, же, послѣ сего, а посему. **— it happened**, между прочимъ случилось. || s. настоящее, настоящее время. **— a days**, въ наши дни.

Noway (*но'о-уэй*), **Noways** (*но'о-уэйз*) adv. никоимъ образомъ.

Nowhere (*но'о-уэр*) adv. нигдѣ.

Nowise (*но'о-уайз*) adv. никоимъ образомъ.

Noxious (*нок'-шӧс*) adj. вредный, пагубный, гибельный.

Noxiously (*нок'-шӧс-ли*) adv. вредно, пагубно, гибельно.

Noxiousness (*нос'-шӧс-нес*) s. зловредность, гибельность.

Nozzle (*ноз'-з.л*) s. носокъ, рыльце.

Nubia (*нью'-би-а*) npr. (геогр.) Нубія.

Nubile (*нью'-бил*) adj. возмужалый для брака.

Nude (*ньюд*) adj. голый, (юрид.) недѣйствительный.

Nudge (*нӧдж*) adj. подталкивать локтемъ; || s. ударъ локтемъ.

Nudity (*нью'-ди-ти*) s. нагота.

Nugacity (*нью-гӑс'-и-ти*) s. суетность, вздоръ.

Nugatory (*нью'-гӑ-тӧ-ри*) adj. суетный, вздорный, пустяшный.

Nugget (*нӧг'-гет*) s. самородокъ.

Nuisance (*нью'-сӑнс*) s. язва, зараза; вредъ, ущербъ, непріятность. **Public —**, общественный вредъ. **What a —!** что за несносная вещь!

Null (*нӧл*) adj. недѣйствительный, безсильный. **— and void**, безъ всякаго дѣйствія.

Nullify (*нӧ.л'-ли-фай*) va. дѣлать недѣйствительнымъ.

Nullity (*нӧ.л'-ли-ти*) s. ничтожность; недѣйствительность.

Numb (*нӧм*) adj. оцѣпенѣлый, онѣмѣлый; || va. производить онѣмѣніе, оцѣпенѣть.

Number (*нӧм'-бер*) s. число, величина, количество; номеръ, нумеръ; номеръ (газеты); || плавность, гармонія. **An even or odd —**, четное число или нечетное. **Singular —**, единственное число. **Plural —**, множественное число. **In —s**, въ извѣстномъ количествѣ. || va. перечислять, зачислять, исчислять, нумеровать.

Numberless (*нöм'-бер-лес*) adj. безчисленный, неисчислимый.
Numbness (*нöм'-нес*) s. оцѣпенѣніе, онѣмѣніе.
Numerable (*нью'-мер-ä-бл*) adj. исчисляемый.
Numeral (*нью'-мер-äл*) adj. числовой, численный, числительный; || s. цыфра. [томъ, по счету.
Numerally (*нью'-мер-äл-и*) adv. сче-
Numerate (*нью'-мер-эт*) va. исчислять, считать.
Numeration (*нью-ер-э'-шöн*) s. исчисленіе, счетъ; нумерація.
Numeric (*нью-мер'-ик*), **Numerical** (*нью-мер'-ик-äл*) adj. численный, числовой.
Numerous (*нью'-мер-öс*) adj. многочисленный.
Numerously (*нью'-мер-öс-ли*) adv. въ большомъ числѣ.
Numerousness (*нью'-мер-öс-нес*) s. многочисленность.
Numidia (*нью-мид'-и-а*) npr.(геог.) Нумидія. [нумизматика.
Numismatics (*нью-миз-мäт'-икс*) s
Numskull (*нöм'-скöл*) s. дурень, болванъ.
Nun (*нöн*) s. монахиня, инокиня.
Nuncio (*нöн'-ши-о*) s. нунцій, посланникъ.
Nuncupative (*нöн-кью'-пä-тив*), **Nuncupatory** (*нöн-кью'-пä-тö-ри*) adj. изустный, словесный.
Nundinary (*нöн'-ди-нä-ри*) adj., **Nundinal** (*нöн'-ди-нäл*) adj. ярмарочный.
Nunnery (*нöн'-нер-и*) s. женскій монастырь. [брачный.
Nuptial (*нöп'-шäл*) adj. свадебный,
Nurse (*нöрс*) s. няня, нянюшка; кормилица; || сидѣлка, || бабка (повивальная). **Wet —**, кормилица. **Dry —**, сухая кормилица. **To put to —**, отдавать кормилицѣ ребенка. || va. нянчить; воспитывать, вскармливать (дитя); ухаживать за больными.
Nurser (*нöрс'-ер*) s. кормилецъ.
Nursery (*нöрс'-ер-и*) s. дѣтская; || питомникъ: || кормленіе грудью, нянченіе. **— -garden**, питомникъ. **— -man**, садовникъ разводящій молодыя деревья. [ніе.
Nursing (*нöрс'-инг*) s. вскармлива-
Nursling (*нöрс'-линг*) s. грудной младенецъ; || любимецъ.
Nurture (*нöртъ'-юр*) s. пища, кормъ; воспитаніе; || va. питать, вскармливать.
Nut (*нöт*) s. орѣхъ; (мин.) гайка. **Cashew —**, орѣхъ краснаго дерева. **Hazel —**, **small —**, орѣшникъ. **To crack —s**, грызть орѣхи. **To give a hard — to crack**, * дѣлать затрудненія. **— shell** орѣховая скорлупа. || va. собирать орѣхи.
Nutation (*нью-тэ'-шöн*) s. (бот.) наклоненіе растеній къ солнцу; (астр.) нутація.
Nutrient (*нью'-три-ент*) adj. питательный; || пища, кормъ.
Nutriment (*нью'-три-мент*) s. пища, кормъ.
Nutrimental (*нью-три-мент'-äл*) adj. питательный.
Nutrition (*нью-триш'-öн*) s. питаніе; пища.
Nutritious (*нью-триш'-öс*), **Nutritive** (*нью'-три-тив*) adj. питательный.
Nuzzle (*нöз'-зл*) va. вскармливать, воспитывать; || vn. прятаться, ходить опустивъ голову.
Nye (*най*) s. стая, выводокъ (птицъ).
Nymph (*нимф*) s. нимфа.
Nymphlike (*ниф'-лайк*) adj. похожій на нимфу.

O.

O (*о'о, о*) пятнадцатая буква англійской азбуки. interj. а! ахъ!
Oaf (*о'оф*) s. подмѣненное (феями) дитя. || дуракъ, олухъ. [глупый.
Oafish (*о'оф-иш*) adj. безмозглый,
Oak (*о'ак*) s. дубъ. **— tree**, дубъ. **— -apple**, желудь. **— bark**, дубовая кора.
Oaken (*о'ок-н*) adj. дубовый.
Oaky (*о'ок-и*) adj. дубовый, крѣпкій.
Oar (*о'ор*) s. весло; лопатка; || va. грести. **— -maker**, гребецъ.
Oared (*о'орд*) adj. съ веслами. **An eight — match**, гонка на веслахъ.
Oarsman (*о'орз-мäн*) s. гребецъ.
Oary (*о'ор-и*) adj. весельный.
Oast (*о'ост*) s. печь для сушки хмеля.
Oat (*о'от*) s. овесъ. **To sow one's wild —**, * расходовать силы молодости.
Oaten (*о'от-н*) adj. овсяный.
Oath (*о'осз*) s. клятва; присяга; божба. **To take one's —**, присягать, дать клятву. **On, upon —**, подъ клятвой. **To break one's —**, нарушить клятву. **— breaking**, клятвопреступникъ. **Volley of —s**, рядъ ругательствъ. **A tremendous**, ужасное ругательство.
Obduracy (*об'-дью-ра-си*) s. ожесточеніе, закоснѣлость.
Obdurate (*об'-дью-рэт*) adj. закоснѣлый; упрямый; жестокій; грубый. [см. **Obduracy**.
Obdurateness (*об'-дью-рэт-нес*) s.

Obedience (*о-би'-ди-енс*) s. послушаніе, повиновеніе.
Obedient (*о-би'-ди-ент*) adj. послушный, покорный.
Obeisance (*о-бэ'-сăнс*) s. почтеніе, поклонъ.
Obeseness (*о-бис'-нес*), **Obesity** (*о-бес'-и-ти*) s. тучность.
Obey (*о-бэи'*) va. слушаться, повиноваться, подчиняться.
Obfuscate (*об-фŏс'-кэт*) va. заслонять, затмевать; помрачать.
Obfuscation (*об-фŏс-кэ'-шŏн*) s. затмеваніе, помраченіе.
Obit (*о'о-бит*) s. смерть, кончина; похороны, панихида.
Obitual (*ŏ-бить'-ю-ăл*) adj. панихидный, заупокойный.
Obituary (*о-бить'-ю-ă-ри*) s. извѣщеніе о смерти.
Object (*об'-джект*) s. предметъ, вещь; цѣль, объектъ. **— glass**, предметное стекло. || va. vn. возражать, упрекать; противопоставлять, противиться чему.
Objective (*об-джект'-ив*) adj. предметный, объективный; || s. (грам.) прямое дополненіе.
Objector (*об-джект'-ŏр*) s. возражатель.
Objurgate (*об-джŏр'-гэт*) va. упрекать, укорять.
Objurgation (*об-джŏр-гэ'-шŏн*) s. упрекъ, укоризна.
Objurgatory (*об-джŏр'-гэ-тŏ-ри*) adj. укоризненный.
Oblate (*об-лэт'*) adj. сплющенный.
Obligate (*об'-ли-гэт*) va. обязывать; побуждать.
Obligation (*об-ли-гэ'-шŏн*) s. обязательство, || одолженіе. **To be under —**, имѣть обязательство.
Obligatory (*об'-ли-гă-тŏ-ри*) adj. обязательный.
Oblige (*о-блайдж'*) va. обязывать; заставлять, принуждать; || одолжать.
Obligee (*об-ли-джи'*) s. заимодавецъ.
Obliging (*о-блай'-джинг*) adj. обязательный; услужливый.
Obligingly (*о-блай'-джинг-ли*) adv. обязательно; услужливо.
Obligor (*об-ли-гор'*) s. принимающій на себя обязательство.
Oblique (*об-лик'*) adj. косвенный; косой; криволушный.
Obliquely (*об-лик'-ли*) adv. косвенно, вкось.
Obliqueness (*об-лик'-нес*), **Obliquity** (*об - лик' - уи - ти*) s. косвенность; уклоненіе.
Obliterate (*об-лит'-ер-эт*) va. вымарывать; изглаживать, уничтожать.
Obliteration (*об-лит-ер-э'-шŏн*) s. вымарка, изглаживаніе, уничтоженіе.
Oblivion (*об-лив'-и-он*) s. забвеніе. **Act of —**, амнистія.
Oblivious (*об-лив'-и-ŏс*) adj. забывающій, забывчивый. **To be — of**, забывать.
Obliviously (*об-лив'-и-ŏс-ли*) adv. забывая, предавая забвенію.
Oblong (*об'-лонг*) adj. продолговатый.
Obloquy (*об'-ло-куи*) s. клевета, пересуды.
Obmutescence (*об-мью-тес'-сенс*) s. отнятіе языка; || молчаніе.
Obnoxious (*об-нок'-шŏс*) adj. подверженный; зависимый; предосудительный.
Obnoxiousness (*об-нок'-шŏс-нес*) s. подверженность; зависимость; предосудительность.
Oboe (*о'о-бое*) s. гобой.
Obole (*об'-ол*), **Obolus** (*об'-о-лŏс*) s. (ант.) оболъ.
Obreption (*об-реп'-шŏн*) s. неожиданность, сюрпризъ.
Obscene (*об-син'*) adj. непристойный, безстыдный; скверный.
Obsceneness (*об-син'-нес*), **Obscenity** (*об-син'-и-ти*) s. непристойность, безстыдство.
Obscuration (*об-скью-рэ'-шŏн*) s. помраченіе; || ослѣпленіе.
Obscur (*об-скьюр'*) va. помрачать, затемнять; дѣлать неяснымъ; || apj. мрачный, темный, неясный.
Obsecrate (*об'-си-крэт*) va. умолять, просить.
Obsequies (*об-си'-куиз*) s. pl. похороны, погребеніе.
Obsequious (*об-си'-куи-ŏс*) adj. рабски-покорный.
Obsiquiousness (*об-си'-куи-ŏс-нес*) s. рабская покорность.
Observable (*об-зŏрв'-ă-бл*) adj. примѣтный, видный, замѣчательный.
Observance (*об-зŏрв'-ăнс*) s. соблюденіе, исполненіе; обрядъ, правило; || покорность. **The — of one's promise**, исполненіе обѣщанія.
Observant (*об-зŏрв'-ăнт*) adj. и s. наблюдательный, внимательный, точный.
Observation (*об-зŏр-ве'-шŏн*) s. наблюденіе; || замѣчаніе.
Observator (*об'-зŏр-вэ-тŏр*) s. наблюдатель.
Observatory (*об-зŏрв'-ă-тŏ-ри*) s. обсерваторія.
Observe (*об-зŏрв'*) va. vn. наблюдать, соблюдать; замѣчать.
Observer (*об-зŏрв'-ер*) s. наблюдатель, исполнитель.
Observing (*об-зŏрв'-инг*) adj. наблюдающій; соблюдающій.
Observingly (*об-зŏрв'-инг-ли*) adv. наблюдая, старательно.
Obsolescence (*об-со-лес'-сенс*) s. устарѣлость.

Obsolete (*об'-со-лит*) adj. вышедшій изъ употребленія, устарѣлый.
Obsoleteness ((*об'-со-лит-нес*) s. устарѣлость; неупотребительность.
Obstacle (*об'-стă-кл*) s. препятствіе, помѣха.
Obstetric (*об-стет'-рик*), **Obstetrical** (*об-стет'-рик-ăл*) adj. родовспомогательный.
Obstinate (*об'-сти-нэт*) adj. упрямый; настойчивый.
Obstinateness (*об'-сти-нэт-нес*), **Obstinacy** (*об'-сти-нă-си*) s. упрямство, упорство.
Obstipation (*об-сти-пэ'-шŏн*) s. закупориваніе, загражденіе; (мед.) запоръ.
Obstreperous (*об-стреп'-ер-ŏс*) adj. крикливый, шумный.
Obstreperousness (*об-стреп'-ер-ŏс-нес*) s. шумъ, крикъ.
Obstriction (*об-стрик'-шŏн*) s. обязательство.
Obstruct (*об-стрŏкт'*) va. затыкать, закупоривать; преграждать; препятствовать; (мед.) засорять.
Obstruction (*об-стрŏк'-шŏн*) s. помѣха; обструкція; || (мед.) засореніе, запоръ.
Obtain (*об-тэн'*) va. получить, добыть; достигнуть чего; || vn. установиться, утвердиться, одержать верхъ.
Obtainable (*об-тэн'-ă-бл*) adj. достижимый.
Obtainer (*об-тэн'-ер*) s. достигающій.
Obtainment (*об-тэн'-мент*) s. полученіе, достиженіе.
Obtest (*об-тест'*) va. призывать въ свидѣтели, умолять; || vn. протестовать.
Obtestation (*об-тес-тэ'-шŏн*) s. мольба, заклинаніе.
Obtrude (*об-труд'*) va.vn. втираться, вторгаться; навязывать, -ся; надоѣдать.
Obtrusion (*об-тру'-жŏн*) s. навязываніе, навязчивость.
Obtrusive (*об-тру'-сив*) adj. навязчивый.
Obtund (*об-тŏнд'*) va. притуплять; успокаивать, смягчать.
Obturation (*об-тью-рэ'-шŏн*) s. закрытіе (отверстія).
Obtuse (*об-тьюс'*)adj. тупой (уголъ, звукъ); безтолковый.
Obtuseness (*об-тьюс'-нес*) s. тупость, безтолковость.
Obtusion (*об-тью'-жŏн*) s. притупленіе, тупость.
Obviate (*об'-ви-эт*) va. отвратить.
Obvious (*об'-ви-ŏс*) adj. очевидный, явный; встрѣчный.
Obviously (*об'-ви-ŏс-ли*) adv. очевидно, явно.
Obviousness (*ŏб'-ви-ŏс-нес*) adv. очевидность, явность.

Occasion (*ок-кэ'-жŏн*) s. случай; s. случай; поводъ, причина; нужда, надобность. **By —**, по случаю, случайно. **On —**, въ случаѣ надобности. **On the first —**, про первомъ случаѣ. **I have — for it**, это мнѣ нужно. **There is no — for**, нѣтъ надобности; || va. причинять что, давать поводъ къ чему; быть причиною чего.
Occasional (*ок-кэ'-жŏн-ăл*) adj. случайный.
Occident (*ок'-си-дент*)s. западъ.
Occiduous (*ок-сидь'-ю-ŏс*) adj. западный.
Occipital (*ок-сип'-и-тăл*) adj. затылочный.
Occult (*ок-кŏлт'*) adj. сокровенный, скрытый.
Occultness (*ок-кŏлт'-нес*) s. заслоненіе; затменіе; сокровенность
Occupancy (*ок'-кью-пăн-си*) s. завладѣніе.
Occupant (*ок'-кью-пăнт*) s. завладѣвающій.
Occupation (*ок-кью-пэ'-шŏн*) s. завладѣніе; занятіе, оккупація; владѣніе. **Of what — is he?** что онъ дѣлаетъ?
Occupy (*ок'-кью-пай*) va. завладѣвать, занимать; вести дѣло.
Occur (*ок-кŏр'*) vn. приходить (въ голову); случаться, встрѣчаться. **It occurred to us**, случилось что.
Occurrence (*ок-кŏр'-енс*) s. случай, приключеніе, обстоятельство; явленіе. **To be of frequent —**, быть обычнымъ явленіемъ.
Ocean (*о'о-шŏн*) s. океанъ. **The Atlantic —**, атлантическій океанъ.
Ochre (*о'о-кер*) s. охра.
Octagon (*ок'-та-гон*) s, (геом.) осьмиугольникъ.
Octahedral (*ок-та-хи'-дрăл*) adj. восьмигранный.
Octahedron (*ок-та-хи'-дрŏн*) s. (геом.) восьмигранникъ.
Octangular (*ок-тăн'-гью-лăр*) adj. восьмиугольный.
Octave (*ок'-тэв*) s. (муз.) октава; || prг. Октавій.
Octennial (*ок-тен'-ни-ăл*) adj. восьмилѣтній.
October (*ок-то'о-бер*) s. октябрь.
Octogenarian (*ок-то-джи-нэ'-ри-ăн*), **Octogenary** (*ок-тодж'-и-нă-ри*) adj. и s. восьмидесятилѣтній.
Octuple (*ок'-тью-пл*) adj. восьмилѣтній.
Ocular (*окь'-ю-лăр*) adj. глазной; || s. глазное стекло.
Oculist (*окь'-ю-лист*) s. окулистъ.
Odalisque (*о'о-да-лиск*) s. одалиска
Odd (*од*) adj. нечетный, неровный, непарный, разрозненный; лишній, добавочный; нѣкоторый, различный; странный. **— money**, до-

бавочная плата. **Keep the — money**, оставьте остальное (сдачу). **Different — things**, различныя маленькія вещи. **An — volume**, разрозненный томъ. **An — expression**, странное выраженіе

Oddity (*од'-и-ти*) s. странность, странная вещь.

Oddly (*од'-ли*) adv странно, чудно; удивительно; ‖ нечетно.

Oddness (*од'-нес*) s. странность, необычайность, причудливость.

Odds (*одз*) s. и pl. различіе, неравенство; перевѣсъ; преимущество; предпочтеніе; ссора, размолвка. **The — are against us**, судьба противъ насъ. **To be made up of — and ends**, быть сдѣланнымъ изъ кусочковъ. **What's the — ?** какой результатъ? что это составляетъ? **The — were against me**, шансы были противъ меня. **To set at —**, поссорить

Ode (*о'од*) s. ода

Odious (*о'о-ди-ӧс*) adj гнусный, отвратительный **Comparisons are —**, сравненія недоказательно.

Odium (*о'о-ди-ӧм*) s. ненависть, гнусность

Odorant (*о'о-дор-ӓнт*) adj душистый, пахучій

Odoriferous (*о-дор-иф'-ер-ӧс*) adj. душистый, благовонный

Odoriferousness (*о-дор-иф'-ер-ӧс-нес*) s. душистость, благовонность

Odorous (*о'д-дор-ӧс*) adj. см. **Odoriferous**

Odourless (*о'о-дӧр-лес*) adj не имѣющій запаха.

Œcumenical см. **Economical**

Œdema (*и-ди'-ма*) s. отекъ, водянка.

Œdematous (*и-дем'-ӓ-тӧс*) adj. отечный, водяночный

O'er см. **Over**. [**Esophagus**.

Œsophagus (*и-соф'-ӓ-гӧс*) s. см.

Of (*ов*) prep изъ, въ. **Of old**, въ прежнее время. **Of late**, недавно **Of course**, само собой разумѣется, конечно

Off (*оф*) adv. на разстояніи, отъ; ‖ противъ; ‖ далеко, сверху. **A great way —**, далеко отъ, издалека. **He is — to the country**, онъ уѣхалъ въ деревню. **The handle is —**, ручка отлетѣла. **Either — or on**, ни за, ни противъ **Hats —!** шляпы долой! **Two per cent —**, за вычетомъ двухъ процентовъ. **— and on**, съ промежутками. **He is well —**, у него дѣла хороши; ‖ prep далеко отъ; (мор.) на высотѣ. **— the cape**. на высотѣ мыса. ‖ adj. дальнѣйшій, болѣе отдаленный; находящійся на право. **— with him!** уведите его! **— with his head!** отрубите ему голову.

Offal (*оф'-фӓл*) s крупицы, объѣдки; соръ; отстой.

Offence (*оф-фенс'*) s. обида, оскорбленіе, проступокъ; нарушеніе. **There's no —**, въ этомъ нѣтъ ничего дурного **To take —**, оскорбиться, обижаться.

Offenceless (*оф-фенс'-лес*) adj. безобидный; невинный.

Offend (*оф-фенд'*) va. vn. обижать, оскорблять, прогнѣвить; соблазнять, -ся; нарушать, повреждать; безпокоить. **To — the laws of God**, нарушать законы божескіе.

Offender (*оф-фенд'-ер*) s. оскорбитель, обидчикъ; нарушитель (закона).

Offensive (*оф-фен'-сив*) adj. обидный, оскорбительный, наступательный; ‖ s. нападеніе

Offensively (*оф-фен'-сив-ли*) adv обидно, оскорбительно, наступтельно [обида, оскорбленіе.

Offensiveness (*оф-фен'-сив-нес*) s.

Offer (*оф'-ер*) va. vn. предлагать, представлять, -ся; подносить, предлагать, сулить; покушаться, предпринимать, наносить. **To — up**, предлагать, жертвовать **If the occasion offers**, если представится случай. **He offered to come** онъ просилъ придти. ‖ s. предложеніе; покушеніе, попытка, усиліе. **— of marriage**, дѣлать брачное предложеніе **To make an —**, сдѣлать предложеніе.

Offerer (*оф'-ер-ер*) s. предлагающій, подносящій; жертвоприноситель.

Offering (*оф'-ер-инг*) s. предложеніе, приношеніе; жертвоприношеніе. **Thank —**, благодарственное молебствіе, изъявленіе благодарности.

Offertory (*оф'-ер-тӧ-ри*) s. дароприношеніе; проскомидія.

Off-hand (*оф'-хӓнд*) adv. тотчасъ, ‖ adj. быстрый, рѣзкій.

Office (*оф'-ис*) s. долгъ, обязанность, ‖ должность, служба, мѣсто; ‖ званіе, назначеніе; услуга, контора, канцелярія. **To be in —**, быть на службѣ. **To be out of —**, быть не при исполненіи своихъ обязанностей. **The government —s**, министерства. **Jack in —**, маленькій чиновникъ

Officer (*оф'-и-сер*) s. чиновникъ. ‖ (воен.) офицеръ; ‖ va. назначать офицеровъ.

Official (*о-фиш'-ӓл*) adj. общественный, оффиціальный, служебный; ‖ s. чиновникъ, служащій.

Officially (*о-фиш'-ӓл-ли*) adv. оффиціально. [ціальность.

Officialty (*о-фиш'-ӓл-ти*) s. оффи-

Officiate (*о-фиш'-и-эт*) vn. служить **To — for**, замѣнять. **To — in**, служить (въ церкви).
Officinal (*о-фис'-и-нäл*) adj. употребляющійся въ аптекахъ, официнальный.
Officious (*о-фиш'-ŏс*) adj. услужливый; назойливый.
Officiously (*о-фиш'-ŏс-ли*) adv. услужливо, назойливо.
Officiousness (*о-фиш'-ŏс-нес*) s. услужливость, назойливость.
Offing (*оф'-инг*) s. открытое море.
Offscouring (*оф'-скаур-инг*) s. соръ, грязь, подонки.
Offscum (*оф'-скŏм*) s. накипь, грязь, нечистоты.
Offset (*оф'-сет*) s. отрасль; отпрыскъ; (торг.) зачетъ, вознагражденіе, компенсація.
Offshoot (*оф'-шут*) s. отпрыскъ, отростокъ, вѣтвь.
Off-side (*оф'-сайд*) s. правая сторона.
Offspring (*оф'-спринг*) s. отрасль, отродье, потомство; произведеніе, плодъ.
Offuscate (*оф-ŏс'-кэт*) va. шокировать, смущать, обижать.
Offuscation (*оф-ŏс-кэ'-шŏн*) s. шокированіе.
Offward (*оф'-уäрд*) adv. по направленію къ открытому морю.
Oft (*офт*), **Often** (*оф'-н*), **Oftentimes** (*оф'-н-таймз*), **Ofttimes** (*офт'-таймз*) adv. часто. **How often**, часто ли?
Ogive (*о'о-джив*) s. стрѣлка свода.
Ogle (*о'о-гл*) va. смотрѣть украдкой; || s. взглядъ украдкой.
Ogler (*о'о-глер*) s. смотрящій украдкой.
Ogling (*о'о-глинг*) взглядъ украдкой.
Oil (*ойл*) s. масло. **Castor —**, касторовое масло. **Olive —**, оливковое, прованское масло. **— -cloth, — -skin**, клеенка. **— -colour**, масляная краска. || va. маслить, смазывать масломъ.
Oiliness (*ойл'-и-нес*) s. маслянистость.
Oint (*ойнт*) va. мѵропомазать.
Old (*о'олд*) adj. старый, ветхій, пожилой; прежній, древній. **To grow —**, стариться. **— age**, старость. **An — house**, старый домъ. **— books**, старыя книги. **How — are you?** сколько вамъ лѣтъ? **I am thirty years —**, мнѣ тридцать лѣтъ **An — family**, старинный родъ. **The — Testament**, Ветхій Завѣтъ. **The — world**, древній міръ. **Of —**, встарину, прежде, во время оно. **— -fashioned**, старомодный.
Olden (*о'олдн*) adj. старый, древній.
Oleaginous (*о-ли-äдж'-и-нŏс*) adj. маслянистый.
Oleander (*о-ли-äн'-дер*) s. (бот.) олеандръ.
Olfactory (*ол-фäк'-тŏ-ри*) adj. (анат.) обонятельный.
Oligarch (*ол'-и-гарк*) s. олигархъ.
Oligarchy (*ол'-и-гарк-и*) s. олигархія.
Olive (*ол'-ив*) s. оливка, маслина, оливковое дерево.
Olympus (*о-лим'-пес*) s. Олимпъ.
Ombre (*ом'-бер*) s. ломберъ (игра).
Omega (*о-ми'-га*) s. омега; || * конецъ.
Omelet (*ом-и-лет*) s. яичница.
Omen (*о'о-мен*) s. предзнаменованіе; предсказаніе.
Ominous (*ом'-и-нŏс*) adv. предзнаменовательный; зловѣщій.
Ominousness (*ом'-и-нŏс-нес*) s. знакъ (дурной).
Omission (*о-миш'-ŏн*) s. упущеніе.
Omissive (*о-мис'-ив*) adj. пропускающій.
Omit (*о-мит'*) va. упускать, пропускать.
Omittance (*о-мит'-äнс*) s. упущеніе.
Omnibus (*ом'-ни-бŏс*) s. омнибусъ.
Omnifarious (*ом'-ни-фэ'-ри-ŏс*) adj. всяческій, различный.
Omnipotence (*ом-нип'-о-тенс*), **Omnipotency** (*ом-нип'-о-тен-си*) s. всемогущество.
Omnipotent (*ом-нип'-о-тент*) adj. всемогущій, всесильный.
Omnipotently (*ом-нип'-о-тент-ли*) adv. всемогуще, всесильно.
Omnipresence (*ом-ни-през'-енс*) s. вездѣсущность.
Omnipresent (*ом-ни-през'-ент*) adj вездѣсущій.
Omniscient (*ом-ниш'-ент*) adj. всевѣдующій.
Omnium (*ом'-ни-ŏм*) s. вся стоимость; || смѣсь.
Omnivorous (*ом-нив'-о-рŏс*) adj. всепожирающій.
Omoplate (*ом'-о-плэт*). s. (анат.) лопатка.
On (*он*) (prep.) на; при; въ; у; о; объ; ради. **Heaps — heaps**, куча на кучѣ. **Loss — loss**, потеря за потерей. **To play — the violin**, играть на скрипкѣ. **To live — vegetables**, питаться овощами. **— board a ship**, на борту корабля **— the right hand**, съ правой руки. **— the contrary**, напротивъ. **— foot**, пѣшкомъ. **— horseback**, верхомъ на конѣ. **— an average**, въ среднемъ. **— Monday next**, въ ближайшій понедѣльникъ; || adv. навсегда. **The cloth is —**, скатерть постлана. **He had a cap —**, на немъ шапка. **Move —**, подвигайтесь. **To look —**, смотрѣть. **Play —**, продолжайте играть. **And so —**. и такъ далѣе.
Onager (*он'-ä-джер*) s. (зоол.) онагръ (дикій оселъ).
Onanism (*о'онäн-изм*) s. онанизмъ, рукоблудіе.

Once (*уб'нс*) adv однажды; нѣкогда. — **a year**, однажды, разъ въ годъ. — **for all**, разъ навсегда — **more**, еще разъ. — **upon a time**, прежде, когда-то.
One (*уб'-н*) adj. одинъ, единый, единственный; || одинаковый. — **fine morning**, въ одно прекрасное утро. **His — care**, его единственная забота. — **Thomas**, нѣкій Томасъ. — **hundred and sixty**, сто шестьдесятъ; || pron. нѣкто, кого-то; кто-либо, всякій, тотъ, который; — **by** —, одинъ за однимъ. — **and all**, всѣ до послѣдняго. **It is all — to me**, мнѣ это все едино. **Such a—**, такой. **He is — who**, это человѣкъ который. **The knowing — s**, свѣдущіе люди. **It tires —**, это утомительно. **Ask of any —**, спросите у кого угодно. **Each —**, **every —**, каждый, каждая. **No —**, никто. **Some —**, нѣкто, нѣкоторый. — **-eyed**, кривой — **-sided**, однобокій; || * пристрастный.
Oneirocritic (*о-наи-ро-крит'-ик*) s. снотолкователь.
Oneness (*убн'-нес*) s. единство, единица.
Onerous (*он'-ер-бс*) adj. грузный, накладной; тягостный. [гостно
Onerously (*он'-ер-бс-ли*) adv. тя-
One's (*убнз'*) pron. его, ея, ихъ **To have two strings to — bow** имѣть про запасъ два дѣла.
One's self (*убнз'-селф*) pron. себя
Onion (*бн'-йбн*) s. (бот.) лукъ; луковица. — **eyed**, слезливый.
Only (*о'он-ли*) adj. единый, единственный; || adv. только, единственно.
Onset (*он'-сет*) s. нападеніе; аттака; приступъ. [штурмъ
Onslaught (*он'-слот*) s. аттака;
Ontology (*он-тол'-о-джи*) s. онтологія.
Onward (*он'-уāрд*) adv. впередъ, далѣе, прогрессивно; || adj. подвигающійся, прогрессирующій
Onyx (*о'о-никс*) s. (мин.) ониксъ.
Oolite (*о'о-лайт*) s. оолитъ.
Ooze (*уз*) s. тина, илъ; || vn. тихо течь, сочиться; || va. процѣживать.
Oozing (*уз'-инг*) s. просачиваніе.
Opacity (*о-пāс'-и-ти*) s. непрозрачность.
Opal (*о'о-пāл*) s. (мин.) опалъ.
Opalescence (*о-пāл-ес'-сенс*) s. опаловидный блескъ.
Opaline (*о'о-пāл-ин*) adj. опаловый.
Opaque (*о-пэк'*) adj. непрозрачный.
Opaqueness (*о-пэк'-нес*) s. непрозрачность. [вать.
Ope (*о'оп*) va. vn. (поэт.) откры-
Open (*о'о-пн*) va. vn. отворять, открывать, -ся; раскрывать, -ся; вскрывать, -ся; проколоть, прорѣзать, || излагать, изъяснять; || развертываться (о цвѣтахъ). **My windows — on the road**, мои окна выходятъ на дорогу **The flowers —**, цвѣты распускаются, || adj. открытый, раскрытый, публичный; явный, ясный. **Wide —**, отворенный настежь. **To pull —**, открывать. — **country**, открытая мѣстность **In the — fields**, въ чистомъ полѣ. **In the — air**, на открытомъ, чистомъ воздухѣ. — **carriage**, открытый экипажъ, **To lay —**, открыть, выставить на показъ. **An — question**, открытый вопросъ.— **-handed**, щедрый, тароватый. — **-hearted**, чистосердечный.
Opener (*о'о-пн-ер*) s. открывающій; объясняющій.
Opening (*о'о-пн-инг*) s. отверстіе, щель; вступленіе, начало; (мор.) проходъ.
Openly (*о'о-пн-ли*) adv открыто, явно, откровенно.
Openness (*о'о-пн-нес*) s. открытое положеніе; откровенность; ясность, явность.
Opera (*оп'-ер-а*) s опера — **glass**, бинокль. — **hat**, клакъ — **house**, оперный театръ.
Operate (*оп'-ер-эт*) va vn дѣйствовать; оперировать.
Operation (*оп-ер-э'-шбн*) s. дѣйствіе; (хир.) операція.
Operative (*оп'-ер-ā-тив*) adj дѣйствующій; || s. работникъ, ремесленникъ.
Operator (*оп'-ер-э-тбр*) s дѣйствователь; операторъ.
Ophthalmollogy (*оф-зсāл-мол'-о-джи*) s. ученіе о глазѣ
Opiate (*о'о-пи-эт*) s. усыпительное средство; || adj. усыпительный.
Opine (*о-пайн'*) vn. vn думать, предполагать; подавать мнѣніе
Opiniated (*о-пин'-йэ-тед*) adj. упрямый
Opiniative (*о-пин'-йэ-тив*) adj. упрямый, несговорчивый.
Opiniativeness (*о-пин'-йэ-тив-нес*) s. упорство.
Opinion (*о-пин'-йбн*) s. мнѣніе; мысль; разсужденіе; взглядъ **Decided —**, установившееся мнѣніе **In my —**, по моему мнѣнію. **A high —**, высокое мнѣніе.
Opinionate (*о-пин'-йбн-эт*), **Opinionated** (*о-пин'-йбн-э-тед*). **Opinionative** (*о-пин'-йбн-э-тив*) adj. упорный, упрямый, настойчивый.
Opinionativeness (*о-пин'-йбн-*

э-тив-нес) s. упрямство, настойчивость.
Opinioned (о-пин'-йонд) adj. упорный, упрямый.
Opium (о'о-пи-ом) s. опiумъ, опiй.
Oppidan (оп'-пи-дăн) s. экстернъ въ училищѣ.
Opponency (оп-по'о-нен-си) s. возраженiе; диспутъ.
Opponent (оп-по'о-нент) s. оппонентъ; || adj. противный.
Opportune (оп-пор-тьюн') adj. благовременный, своевременный.
Opposable (оп-по'оз-ă-бл) adj. противопоставимый.
Oppose (оп-по'оз) va. противопоставлять; возражать, соперничать.
Opposer (оп-по'оз-ер) s. противникъ, соперникъ.
Opposite (оп'-по-зит) adj. противоположный; противный; || s. противникъ, соперникъ.
Oppositeness (оп'-по-зит-нес) s. противоположность, противостоянiе.
Opposition (оп-по-зиш'-ŏн) s. противоположность, противостоянiе; противорѣчiе, соперничество; оппозицiя. **In — to**, въ оппозицiи. **To meet with —**, встрѣчаться съ сопротивленiемъ.
Oppress (оп-прес') va. угнетать, гнести, давить, жать.
Oppression (оп-преш'-ŏн) s. угнетенiе, притѣсненiе, давленiе; || тоска, уныние.
Oppressive (оп-прес'-ив) adj. обременительный; притѣснительный.
Oppressiveness (оп-прес'-ив-нес) s. обременительность; отяготительность.
Oppressor (оп-прес'-ŏр) s. притѣснитель, гонитель.
Opprobrious (оп-про'о-бри-ŏс) adj. позорный, безчестный; обидный.
Opprobriousness (оп-про'о-бри-ŏс-нес) s. позорность, постыдность; безславiе.
Opprobrium (оп-про'о-бри-ŏм) s. позоръ, безславiе.
Oppugn (оп-пьюн') va. опровергать, оспаривать; противиться.
Oppugnancy (оп-пŏг'-нан-си), **Oppugnation** (оп-пŏг-нэ'-шŏн) s. сопротивленiе, опровержение, препятствiе.
Optative (оп'-тă-тив) adj. (грам.) желательный.
Optic (оп'-тик), **Optical** (оп'-тик-ăл) adj. оптическiй, зрительный; || s. зрѣнiе, глазъ; || **—s**, s. pl. оптика.
Optician (оп-тиш'-ăн) s. оптикъ.
Optime (оп'-ти-ме) s. вторая почетная степень (въ Кембриж. университетѣ).
Optimism (оп'-ти-мизм) s. оптимизмъ.
Optimist (оп'-ти-мист) s. оптимистъ.
Option (оп'-шŏн) s. выборъ, произволъ, желанiе. **At the — of**, на выборъ.
Optional (оп'-шŏн-ăл) adj. произвольный, факультативный.
Optionally (оп'-шŏн-ăл-и) adv. произвольно, на выборъ.
Opulence (опью'-ленс), **Opulency** (опь'-ю-лен-си) s. достатокъ, избытокъ, богатство.
Opulent (опь'-ю-лент) adj. достаточный, зажиточный, богатый.
Opulently (опь'-ю-лент-ли) adv. достаточно, зажиточно, богато.
Opuscule (о-пŏс'-кьюл) s. небольшое литературное произведенiе.
Or (ор) conj. или; либо; ли; || *послѣ отрицанiя*: ни; *при началѣ рѣчи*; и; || **— ever**, прежде чѣмъ; || s. (герал.) золотой цвѣтъ.
Orach (ор'-ас) s (бот.) лебеда.
Oracle (ор'-ă-кл) s. оракулъ; прорицанiе; || vn. прорицать, предсказывать.
Oracular (о-рăкь'-ю-лăр), **Oraculous** (орăкь'-лŏс) adj. оракульскiй, прорицательный; двусмысленный.
Oracularly (о-рăкь'-ю-лăр-ли), **Oraculously** (о-рăкь'-ю-лŏс-ли) adv. какъ оракулъ, прорицая; двусмысленно.
Oraculousness (орăкь'-ю-лŏс-нес) s. съ характеромъ предсказанiя.
Oral (о'о-рăл) adj. устный, изустный; словесный.
Orally (о'о-рăл-ли) adv. устно, изустно; словесно.
Orange (ор'-ендж) s. померанецъ, апельсинъ; **— -tree**, апельсиновое дерево; || adj. апельсиновый; оранжеваго цвѣта. **— colour**, оранжевый цвѣтъ. **— -man**, торговецъ апельсинами. **— -peel**, апельсиновая корка. **— woman**, торговка апельсинами.
Orangery (ор'-ăн-джер-и) s. оранжерея.
Orang-outang (о-рăнг'-у-тăнг) s. орангъ-утангъ (обезьяна).
Oration (о-рэ'-шŏн) s. рѣчь, слово. **Funeral —**, надгробное слово.
Orator (ор'-ă-тŏр) s. ораторъ, витiя.
Oratorial (ор-ă-то'о-ри-ăл), **Oratorical** (ор-ă-тор'-ик-ăл), adj. ораторскiй, витiйскiй.
Oratorially (ор-ă-то'о-ри-ăл-и), **Oratorically** (ор-ă-тор'-ик-ăл-и) adv. ораторски.
Oratorio (ор-ă-то'о-ри-о) s. въ pl. **Oratorios**, ораторiя.
Oratory (ор'-ă-тŏ-ри) s. красно-

рѣчіе, витійство; риторика; || молельня

Orb (*орб*) s. шаръ; сфера; небесное тѣло, свѣтило; кругъ, орбита; оборотъ, обращеніе; || va. придавать шарообразный видъ; округлять; окружать.

Orbed (*орбд*) adj. шарообразный, сферическій, округленный, круглый; круговой

Orbic (*орб'-ик*), **Orbical** (*орб'-икăл*) adj. сферическій.

Orbicular (*орбикъ'-ю-лăр*) adj. круговой, круглый, шаровидный, сферическій.

Orbicularly (*орбикъ'-ю-лăр-ли*) adv кругообразно, сферически, вокругъ.

Orbicularness (*орбикъ'-ю-лăр-нес*) s. кругообразность, окружность, шаровидность.

Orbiculate (*орбикъ'-ю-лэт*), **Orbiculated** (*орбикъ'-ю-лэтд*) adj. шаровидный, круговой; округлый

Orbit (*орб'-ит*) s. орбита; глазная впадина.

Orbital (*орб'-ит-ăл*), **Orbitual** (*ор-бич'-ю-ăл*) adj. относящійся къ глазной впадинѣ

Orchard (*ор'-чард*) s. плодовой, фруктовый садъ.

Orcharding (*ор'-чард-инг*) s. разведеніе фруктовыхъ деревьевъ.

Orchardist (*ор'-чард-ист*) s. занимающійся разведеніемъ фруктовыхъ деревьевъ.

Orchestra (*ор'-кест-ра*) s. оркестръ

Orchestral (*ор'-кес-трăл*) adj оркестровый.

Orchid (*ор'-кид*), **Orchis** (*ор'-кис*) s. (бот.) ятрышникъ, кукушкины слезы, орхидея.

Ordain (*ор-дэн'*) va. учреждать, устраивать, располагать, предписывать; завѣщать. **To — a priest**, посвящать въ священники.

Ordainable (*ор-дэн'-ă-бл*) adj. что можно учредить, предписать.

Ordainer (*ор-дэн'-ер*) s. учредитель, устроитель; рукополагающій въ духовный санъ.

Ordeal (*ор'-ди-ăл*) s. судъ Божій (въ средніе вѣка); испытаніе; пытка.

Order (*ор'-дер*) s. порядокъ, строй; расположеніе, распредѣленіе; нормальное состояніе; правильность, порядокъ; приказъ, распоряженіе инструкція; уставъ, постановленіе, правило; билетъ (для входа), классъ, рангъ, чинъ, званіе; орденъ (духовный). **To put in —**, привести въ порядокъ. **In — of battle**, въ боевомъ порядкѣ. **To be in —**, быть въ порядкѣ. **To keep one in —**, требовать исполненія обязанностей. **The — of the day**, порядокъ дня **Till further —s**, до новыхъ распоряженій. **Call to —**, призывъ къ порядку; расположеніе **By — and on account of**, по распоряженію и за счетъ кого. **— for goods**, заказъ товаровъ **— of the Bath**, орденъ Бани **To take —s**, посвящаться въ монахи. **In — to please you**, чтобь вамъ понравиться. || va. устраивать, управлять, руководить, располагать; приказывать, назначать; заказывать. **Well ordered**, хорошо устроенный **To — a coat**, заказать себѣ одежду. **To — a dinner**, заказать обѣдъ. **To — away**, велѣть выйти, велѣть убрать, выгнать; отослать. **To — in**, впустить, велѣть принести. **To — off**, удалить. **To — out**, заставить выйти, вынести. **To — up**, велѣть взойти, подать наверхъ.

Orderer (*ор'-дер-ер*) s распорядитель, отдающій приказы, распоряженія.

Ordering (*ор'-дер-инг*) s. устройство, распоряженіе

Orderless (*ор'-дер-лес*) adj неправильный; безпорядочный

Orderliness (*ор'дер-ли-нес*) s. порядокъ, правильность; благонравіе.

Orderly (*ор'-дер-ли*) adj. правильный; благонравный. **— sergeant**, вѣстовой || adv. правильно, въ порядкѣ.

Ordinal (*ор'-ди-нăл*) adj. относящійся къ порядку; || s. порядковое числительное.

Ordinance (*ор'-ди-нăнс*) s. уставъ, регламентъ; указъ, приказаніе.

Ordinarily (*ор'-ди-нă-ри-ли*) adv. обыкновенно, по обыкновенію.

Ordinary (*ор'-ди-нă-ри*) adj. обыкновенный, обычный, простой; || s. обыкновеніе, обычай; общій столъ; обычная служба

Ordinate (*ор'-ди-нэт*) adj правильный.

Ordinately (*ор'-ни-нэт-ли*) adv. правильно.

Ordination (*ор-ди-нэ'-шöн*) s. назначеніе, посвященіе; наклонность, влеченіе.

Ordnance (*орд'-нăнс*) s артиллерія, пушки. **Heavy —**, тяжелая артилерія. **— -map**, артиллерійская карта. **— survey**, кадастръ.

Ordonnance (*ор'-дон-нăнс*) s. приказъ, распоряженіе; распорядокъ, расположеніе

Ordure (*ордъ'-юр*) s. соръ, грязь, нечистоты, навозъ.

Ore (*о'ор*) s руда, металлъ, минералъ. **Iron —**, желѣзная руда.

Orfrays (*ор'-фрэйз*) s. порча.

Orgal (*ор'-гал*) s. (хим.) синный камень.
Organ (*ор'-гäн*) s. орудіе; (муз.) органъ. **The — of speech,** органъ рѣчи. **Barrel or street —,** органъ — **-blower,** раздувальщикъ мѣховъ (у органа). — **builder,** органный мастеръ. — **-case,** органный корпусъ. — **-loft,** органные хоры въ церкви. — **-stop,** органный голосъ.
Organic (*ор-гäн'-ик*), **Organical** (*ор-гäн'-ик-äл*) adj. органическій; || чувственный.
Organically (*ор-гäн'-ик-äл-и*) adv. органически, съ помощью органовъ.
Organism (*ор'-гäн-изм*) s. организмъ; устройство органовъ; органическое тѣло.
Organist (*ор'-гäн-ист*) s. органистъ
Organization (*ор-гäн-и-зэ'-тöн*) s. организація, устройство.
Organize (*ор'-гäн-аиз*) va. организовать, устраивать.
Orgeat (*ор'-жäт*) s. миндальное молоко.
Orgies (*ор'-джис*) s. pl. оргіи (у древнихъ).
Oriel (*о'о-ри-ел*) s. альковъ; углубленіе.
Orient (*о'о-ри-ент*) s. востокъ; утро; восточная страна; восточный, яркій, блестящій.
Oriental (*о-ри-ент'-äл*) adj. восточный; || **—s,** s. pl. жители восточныхъ странъ.
Orientalist (*о-ри-ент'-äл-ист*) s. оріенталистъ, востоковѣдъ.
Orifice (*ор'-и-фис*) s. отверстіе, устье, жерло, проходъ.
Origin (*ор'-и-джин*) s. начало, происхожденіе; родъ.
Original (*о-ридж'-и-нäл*) adj. оригинальный, подлинный; первобытный, первоначальный; самобытный. **— sin,** первородный грѣхъ. **An — picture,** подлинная картина. || s. оригиналъ, подлинникъ.
Originalness (*о-ридж'-и-нäл-нес*), **Originality** (*о-ридж-и-нäл'-и-ти*) s. подлинность, оригинальность.
Originally (*о-ридж'-и-нäл-и*) adv. первоначально; въ оригиналѣ; первообразно.
Originate (*о-ридж'-и-нэт*) va. давать начало, производить; || vn. брать начало, родиться, происходить.
Origination (*о-ридж-и-нэ'-шöн*) s. начало, происхожденіе, рожденіе; произведеніе.
Originator (*о-ридж'-и-нэ-тöр*) s. творецъ, первопричина.
Orion (*о-рай'-öн*) s. (астр.) Оріонъ (созвѣздіе).
Orison (*ор'-и-зöн*) s. молитва.

Orkneys (*орк'-низ*) npr. pl. (геог.) Аркады (острова).
Orlet (*ор'-лет*), **Orlo** (*ор'-ло*) s. (арх.) поясокъ, полоска.
Orlop (*ор'-лоп*) s. (мор.) кубрикъ, палуба.
Ornament (*ор'-на-мент*) s. украшеніе, убранство, уборъ, нарядъ; аграмантъ; || vn. украшать, убирать.
Ornamental (*ор-на-мент'-äл*), adj. служащій украшеніемъ.
Ornamentally (*ор-на-мент'-äл-и*) adv. въ видѣ украшенія.
Ornate (*ор'-нэт*) adj. украшенный, красивый, нарядный.
Ornately (*ор'-нэт-ли*) adv. красиво, нарядно.
Ornateness (*ор'-нэт-нес*) s. красивость, нарядность, убранство.
Ornithological (*ор-ни-сзо-лодж'-ик-äл*) adj. орнитологическій.
Ornithology (*ор-ни-зсол'-о-джи*) s. орнитологія.
Ornithomancy (*ор-нисз'-о-мäн-си*) s. гаданіе по полету птицъ.
Orography (*о-рог'-рä-фи*) s. орографія.
Orology (*о-рол'-о-джи*) s. описаніе горъ.
Orphan (*ор'-фäн*) s. сирота; || adj. сиротскій; || va. сдѣлать сиротой.
Orphanage (*ор'-фäн-эдж*) s. сиротство.
Orphanhood (*ор'-фäн-худ*) s. сиротство.
Orphean (*ор-фи'-äн*), **Orphic** (*ор'-фик*) adj. орфейскій.
Orpheus (*ор'-фьус*) npr. (миѳ.) Орфей.
Orpine (*ор'-пин*) s. (бот.) молодило, заячья капуста.
Orris (*ор'-ис*) s. (бот.) мохъ, шпажникъ.
Ort (*орт*) s. остатокъ, обрѣзокъ.
Orthodox (*ор'-сзо-докс*) adj. православный, правовѣрный; ортодоксальный.
Orthodoxy (*ор'-сзо-докс-и*) s. православіе, правовѣрность.
Orthographic (*ор-сзо-грäф'-ик*), **Orthographical** (*ор-сзо-грäф'-ик-äл*) adj. орѳографическій.
Orthographically (*ор-сзо-грäф'-ик-ä-ли*) adv. орѳографически.
Orthography (*ор-сзог'-рä-фи*) s. правописаніе, орѳографія.
Orthopedic (*ор-сзо-пед'-ик*) adj. ортопедическій.
Orthopedy (*ор-сзоп'-и-ди*) s. (хир.) ортопедія.
Ortive (*ор'-тив*) adj. (астр.) восходный.
Ortolan (*ор'-то-лäн*) s. (орн.) овсянка (птица).
Orval (*ор'-вäл*) s. (бот.) полевой шалфей.
Oscillate (*ос'-си-лэт*) vn. качаться, колебаться.
Oscillation (*ос-сил-лэ'-шöн*) s. качаніе, колебаніе; ходъ; (мех.) маханіе.
Oscillatory (*ос'-сил-лä-тö-ри*) adj. качательный; маховой.

Oscitancy (*ос'-си-тǎн-си*), **Oscitation** (*ос-си-тэ'-шőн*) s. зѣваніе, зѣвота, сонливость, лѣность, вялость; нерадѣніе.
Oscitant (*ос'-си-тǎнт*) adj сонный, вялый, лѣнивый, небрежный.
Osculation (*ос-кью-лэ'-шőн*) s. (геом.) соприкосновеніе, касаніе.
Osculatory (*ос-кью'-лǎ-тő-ри*) adj. (геом.) касательный
Osier (*о'о-жер*) s. ива, верба; ‖ adj ивовый.
Osselet (*ос'-си-лет*) s. (вет.) накостница.
Osseous (*ос'-си-őс*) adj. костный
Ossicle (*ос'-си-кл*) s. косточка.
Ossific (*ос'-сиф'-ик*) adj. костяное.
Ossification (*ос-си-фи-кэ'-шőн*) s. окостенѣніе.
Ossifrage (*ос'-си-фрэдж*) s. рыбный орелъ.
Ossify (*ос'-си-фай*) va. vn. костенѣть, превращаться въ кость.
Ossuary (*ос'-шу-ǎ-ри*) s. костякъ.
Ostensibility (*ос-тен-си-бил'-и-ти*) s. явность, очевидность.
Ostensible (*ос-тен'-си-бл*) adj могущій быть показаннымъ; очевидный, явный
Ostensibly (*ос-тен'-си-бл-и*) adv. очевидно, явно.
Ostensive (*ос-тен'-сив*) adj. показывающій, означающій; знаменующій.
Ostent (*ос-тент'*) s. знакъ, признакъ, отличительныя черты, примѣты.
Ostentation (*ос-тен-тэ'-шőн*) s. тщеславіе, оказательство, чванство.
Ostentatious (*ос-тен-тэ'-шőс*) adj. тщестлавный, хвастовской, чванный, пышный.
Ostentatiously (*ос-тен-тэ'-шőс-ли*) adv. хвастливо; изъ тщеславія.
Ostentatiousness (*ос-тен-тэ'-шőс-нес*) см. **Ostentation.**
Ostler (*ост'-лер*) s. конюхъ.
Ostlery (*ост'-лери*) s. гостинница, постоялый дворъ.
Ostracism (*ос'-трǎ-сизм*) s. остракизмъ; изгнаніе исключеніе изъ общества.
Ostracize (*ос'-трǎ-сайз*) va. изгонять, исключать изъ общества.
Ostrich (*ос'-трич*) s. страусъ
Otaheite (*о-таай'-ти*) npr. (геог.) Таити.
Otalgia (*о-тǎл'-джи-а*) s. (мед) ушная боль.
Other (*őсз'-ер*) adj. другой, иной. **The — day,** намедни, надняхъ. **Any —,** всякій другой. ‖ pron. другой. **—s,** другіе, прочіе. **No —,** никто другой, никого другого.
Otherwise (*őсз'-ер-уайз*) adv иначе, другимъ способомъ; впрочемъ
Ottar (*от'-тǎр*), **Otto** (*от'-то*) s. ароматическое масло. **— of roses,** эссенція изъ розъ.
Otter (*от'-тер*) s (зоол.) выдра; ‖ adj выдровый
Ottoman (*от'-то-мǎн*) s. турокъ; adj. турецкій; ‖ отоманка (диванъ).
Ouch (*а'уч*) s. гнѣздо (у перстня); золотое украшеніе, ожерелье.
Ought (*о'от*) vn. долженствовать; слѣдовать, надлежать. **You — to go,** вы должны были туда пойти.
Ounce (*а'унс*) s. унція (вѣсъ).
Our (*а'ур*) adj. и pron. нашъ. **— self, — selves,** pl. мы сами.
Ours (*а'урз*) pron. poss. нашъ, наши.
Ourselve (*аур-силф'*) pron. (pl. **ourselves**) мы сами, насъ самихъ, самихъ себя; ся. **We deceive —,** мы ошибаемся.
Ousel (*у'-зл*) s. черный дроздъ.
Oust (*а'уст*) va. снять, опорожнить, опростать; отнять (имѣніе).
Ouster (*а'уст-ер*) s. (юрид.) отнятіе по суду имѣнія.
Out (*а'ут*) adv. изъ, внѣ, за: вонъ, наружу; ‖ прошедшій, оконченный, совершившійся, сдѣланный; отданный. **To remain —,** оставаться снаружи. **A way —,** выходъ. **The fleet was —,** флотъ былъ въ морѣ. **All sails —,** на всѣхъ парусахъ. **The secret is —,** тайна открыта. **A book just —,** только что выпущенная книга. **It is — of print,** изданіе распродано. **The fire is —,** огонь потушенъ. **The wine was —,** вина болѣе не было. **— with it,** прочь съ этимъ. **— and —,** совершенно, вполнѣ; превосходный. **To be — with one,** быть съ кѣмъ либо въ ссорѣ; прекратить сношенія. **— at the elbow,** съ порваннымъ локтемъ. ‖ prep. (съ **of**) изъ, вонъ, наружу; вышедшій изъ; ‖ безъ; ‖ черезъ, выше, за. **— of fashion,** вышедшій изъ моды. **— of sight,** пропавшій изъ виду. **— of doubt,** внѣ сомнѣнія. **— of place,** безъ мѣста; неумѣстный. **He is — of pocket by it,** онъ поплатился карманомъ. **— of tune,** не въ тонъ. **— of kindness,** изъ дружбы. **— of laziness,** вслѣдствіе лѣни. **To drink — of a glass,** пить изъ стакана. **— of measure,** черезъ мѣру. **One — of ten,** одинъ изъ десяти. ‖ interj. **— with him!** вонъ его! **— upon him!** вонъ его! ‖ adj. **— and home journey,** путешествіе туда и обратно.
Outact (*аут-ǎкт'*) va. дѣлать болѣе, нежели надобно; превышать.
Outargue (*аут-ар'-гью*) va. убѣдить.
Outbalance (*аут-бǎл'-ǎнс*) va. перевѣшивать; превосходить.

Outbar (*аут-бар'*) va. препятствовать входу; окопать, обнести укрѣпленіями.
Outbid (*аут-бид'*) va. наддавать, набавлять (цѣну).
Outbidder (*аут-бид-дер*) s. наддатчикъ (цѣны).](цѣны).
Outbidding(*аут-бид-инг*)s.набавка
Outbound (*а'ут-баунд*) adj. назначенный въ дальнее плаваніе.
Outbrag (*аут-брäг'*) va. превзойти хвастовствомъ.
Outbrave (*аут-брэв'*) va. пренебрегать, презирать.
Outbrazen (*аут-брэ'-зн*) va. брать наглостью; обращаться дерзко, нагло, съ презрѣніемъ.
Outbreak (*а'ут-брэк*), **Outbreaking** (*а'ут-брэк-инг*) s. высыпаніе, появленіе пятенъ.
Outbreathe (*аут'-брисз'*) vn. задыхаться.
Outbuild (*аут-билд'*) va. превосходить въ дѣлѣ постройки
Outbuilding (*аут-билд'-инг*) s. пристройка.
Outburn(*аут-берн'*) va.перегорѣть.
Outburst (*а'ут-бöрст*) s. взрывъ, вспышка.
Outcast (*а'ут-каст*) adj. изгнанный; отверженный; негодный.
Outcrop (*аут-кроп'*) vn. (геол.) выходить на поверхность земли, обнажаться.
Outcry (*а'ут-край*) s. крикъ, плачъ, вопль, шумъ. [ся, дерзать.
Outdare(*аут-дэр'*) va. не страшить-
Outdo (*аут-ду'*) va. превосходить; дѣлать лучше.
Outdoor (*аут-до'ор*) adj. наружный; уличный, находящійся внѣ дома.
Outdrink(*аут-дринк'*)va. перепить.
Outdwell (*аут-дуел'*) va. промѣшкать.
Outer (*а'ут-ер*) adj. наружный, внѣшній.
Outerly (*а'ут-ер-ли*) adv.снаружи, внѣ. [ружный, самый крайній.
Outermost (*а'ут-ер-мост*) adj .на-
Outface (*аут'-фэс'*)va. дерзко, смѣло утверждать.
Outfall (*а'ут-фол*) s. водопадъ; истокъ, канава. [но льстить.
Outfawn (*а'ут-фо'он*) va. чрезмѣр-
Outfit (*а'ут-фит*) s. вооруженіе; снаряженіе; экипировка (судовъ).
Outfitter (*а'ут-фит-тер*) s. завѣдующій вооруженіемъ (судовъ).
Outfitting (*а'ут-фит-инг*) s. снабженіе всѣмъ нужнымъ, экипировка, вооруженіе.
Outflank (*аут-флäнк'*) va. (воен.) вытягивать флангъ.
Outflow (*аут-фло'у*) vn.вытекать; || s. выходъ, истеченіе.
Outfly (*аут-флай'*) va. опередить въ полетѣ. улетѣть, скрыться.
Outfool (*аут-фул'*) va. превосходить дурачествомъ.
Outfrown (*аут-фра'ун*) va. смотрѣть свысока; заставить потупить взоръ.
Outgive (*аут-гив'*)va.давать щедро.
Outgo (*аут-го'о*) va. опередить; превосходить; провести.
Outgoing (*а'ут-го-инг*) s. опереженіе; исходъ, выходъ; крайній предѣлъ.
Outgrow (*аут-гро'у*) va. перерости, быть выше, превосходить въ чемъ; оставить (привычку).
Out-guard (*а'ут-гард*) s. (воен.) форпостъ.
Out-herod (*аут-хер'-од*) va. превзойти жестокостью.
Out-house (*а'ут-хаус*) s. амбаръ, надворная постройка. [гулка.
Outing (*а'ут-инг*) s. выходъ, про-
Outjest (*аут-джест'*) va. засмѣять кого; совершенно одурачить.
Outlandish (*аут-лäнд'-иш*) adj.чужеземный, иностранный.
Outlast (*аут-ласт'*) va. продолжаться, выдерживать долѣе кого; пережить кого.
Outlaw (*а'ут-ло*) s. изгнанникъ, лишенный правъ; разбойникъ, убійца; || va. изгонять, лишать покровительства законовъ, правъ.
Outlawry (*а'ут-ло-ри*) s. осужденіе на изгнаніе; опала; исключеніе изъ общества.
Outlay (*аут-лэй'*) va. излагать; издерживать; || (*аут'-лэй*) s. издержки, труды.
Outleap (*аут-лип'*) va. перескочить, перепрыгнуть.
Outlet (*а'ут-лет*) s. выпускъ, исходъ, истеченіе. [во лжи.
Outlie (*аут-лай'*) va. превосходить
Outline (*а'ут-лайн*) s. контуръ, очеркъ, очертаніе; || va. набросать.
Outlive (*аут-лив'*) va. пережить кого. [шій кого.
Outliver (*аут-лив'-ер*) s. пережив-
Outlook (*а'ут-лук*) s. осторожность, осмотрительность; || va. смотрѣть пристально; сконфузить взглядомъ.
Outlying (*а'ут-лай-инг*) adj.сверхъ мѣры лгущій; дальній.
Outmarch (*аут-марч'*) va. опередить въ ходьбѣ.
Outmost (*а'ут-мост*) adj. наиболѣе отдаленный.
Out-number (*аут-нöм'-бер*) va. превосходить численностью.
Out-pace (*аут-пэс'*) va. см. **Outmarch**.
Out-parish (*а'ут-пäр-иш*) s. загородный приходъ.

Out-pass (*аут-пас'*) va. опередить; ускорить, превзойти

Outpost (*а'ут-пост*) s. (воен.) аванпость.

Outpour (*аут-по'ор*) va. изливать. [извергать.

Outrage (*а'ут-рэдж*) s. оскорбленіе, обида, насиліе, наглость; || va. оскорбить, обидѣть.

Outrageous (*аут-рэ'-джёс*) adj. оскорбительный, обидный, насильственный; гнусный; неистовый, жестокій; ужасный.

Outrageously (*аут-рэ'-джёсли*) adv. оскорбительно, обидно, насильственно, гнусно.

Outrageousness (*аут-рэ'-джёснес*) s. ярость, свирѣпость; гнусность; безмѣрность.

Outreach (*аут-рич'*) va. превышать, простираться далѣе; превосходить.

Outride (*аут-райд'*) va. перегнать верхомъ на лошади, обогнать.

Outrider (*аут-райд'-ер*) s. всадникъ, верховой.

Outrigger (*а'ут-риг-гер*) s. балка при кренгованіи; выстрѣлъ.

Outright (*а'ут-райт*) adv. немедленно, тотчасъ; вполнѣ, совершенно. **To laugh —,** смѣяться во всё горло.

Outrival (*аут-рай'-вăл*) va. превосходить. [истребить.

Outroot (*аут-рут'*) va. искоренять, истребить.

Outrun (*аут-рŏн'*) va. обогнать; превосходить. [(о лораблѣ).

Outsail (*аут-сэл'*) va. обогнать

Outsell (*аут-сел'*) va. продавать болѣе, дороже; превышать цѣной.

Outset (*а'ут-сет*) s. начало, почннъ; выступленіе

Outshine (*аут-шайн'*) va. превосходить блескомъ; || vn. сіять.

Outshoot (*аут-шут'*) va. стрѣлять далѣе; перегонять, превосходить.

Outside (*а'ут-сайд*) s. наружная сторона; наружность, внѣшность; || имперіалъ. **At the —,** по большей мѣрѣ; || adj. наружный, внѣшній.

Outsit (*аут-сит'*) va. засидѣться, просидѣть болѣе кого.

Outskirt (*а'ут-скŏрт*) s. окраина, опушка; предмѣстье, граница, предѣлъ. [ся, проспать.

Outsleep (*аут-слип'*) va. заспать-

Outspeak (*аут-спик'*) va. слишкомъ много говорить, распространяться.

Outspread (*аут-спред'*) va. распространять, расширять, распускать

Outstand (*аут-стăнд'*) va. vn. выстоять, выдержать, вытерпѣть, выдаваться, выступать.

Outstanding (*аут-стано'-инг*) adj. выдающійся; || неуплаченный; текущій

Outstare (*аут-стэр'*) va. смотрѣть въ глаза прямо, дерзко.

Outstep (*аут-степ'*) va. опередить.

Outstretch (*аут-стреч'*) va. растягивать; распространять.

Outstrip (*аут-стрип'*) va. обогнать, опередить.

Outswear (*аут-суэр'*) va клясться болѣе другихъ, заклинать

Outswell (*аут-сусл'*) va. раздаться, выйти изъ предѣловъ.

Outtalk (*аут-то'ок*) va заговорить, переговорить кого.

Out-tongue (*аут-тŏнг'*) va переговорить кого, говорить громче кого либо.

Outvie (*аут-вай'*) va. превосходить

Outvote (*аут-во'от*) va. добиться чего большинствомъ голосовъ.

Outwalk (*аут-уо'ок*) va. опередить въ ходьбѣ. [стѣна

Outwall (*а'ут-уол*) s. наружная

Outward (*а'ут-уăрд*) adj. наружный, внѣшній, верхній; чужеземный; || s. наружность, внѣшность, видъ; || adv. внѣ, наружу, заграницу. **— bound,** отправляемый за границу (корабль)

Outwardly (*а'ут-уăрд-ли*) adv. внѣ, снаружи; наружно, внѣшне

Outwardness (*а'ут-уăрд-нес*) s. внѣшность, наружность

Outwards (*а'ут-уăрдз*) adv. см. **Outward.**

Outwatch (*аут-уоч'*) va. не спать долѣе кого.

Outwear (*аут-уэр'*) va. скучно проводить время; продолжаться долѣе.

Outweigh (*аут-уэй'*) va. перетягивать, быть тяжелѣе; превосходить.

Outwit (*аут-уит'*) va. перехитрить, обмануть, одурачить.

Outwork (*аут-уŏрк'*) va. превзойти кого въ работѣ, работать долѣе.

Outwrite (*аут-райт'*) va. писать лучше, превосходить кого въ письмѣ.

Ouzel (*у'-зл*) s. скворецъ (птица).

Oval (*о'о-вăл*) adj. овальный; яйцеобразный; || s. соотвѣтствующая фигура.

Ovarious (*о-вэ'-ри-ŏс*) adj яичный.

Ovary (*о'о-вă-ри*) s. (анат. и бот.) яичникъ.

Ovate (*о'о-вэт*) **Ovated** (*о'о-вэтед*) adj. яйцеобразный.

Ovation (*о-вэ'-шŏн*) s. овація.

Oven (*ŏв'-н*) s. печь, горно. **Dutch —,** плита.

Over (*о'о-вер*) prep. надъ, сверхъ, по, на; за. **To cross — the river,**

переправляться черезъ рѣку. — **the way,** по ту сторону дороги. **To watch — any one,** за кѣмъ либо наблюдать. **To walk — a field,** гулять по полю. — **head and ears,** выше головы. **He is — fifty,** ему за пятьдесятъ. || adv. свыше, далеко за, слишкомъ, совсѣмъ.. **To run —,** течь черезъ; переѣхать,раздавить (экипажемъ) **To jump —,** перескочить. — **and above,** еще сверхъ этого. — **and —,** опять и опять. **All — mud,** покрытый грязью. — **long,** слишкомъ долго. — **ten francs,** свыше десяти франковъ. **The danger is —,** опасность прошла. **It is all — with him,** для него все кончено. [изобиловать.

Overabound (*о-вер-ă-ба'унд*) vn.

Overact (*о-вер-ăкт'*) va. зайти въ чемъ слишкомъ далеко.

Overalls (*о'о-вер-олз*) s. pl. широкіе дорожные шаровары.

Overanxious (*о-вер-ăнк'-шŏс*) adj. черезчуръ озабоченный.

Overarch (*о-вер-арч'*) va. vn. покрывать сводомъ.

Overawe (*о-вер-о'о*) va. держать въ большомъ страхѣ.

Overbalance (*о-вер-бăл'-ăнс*) va. перевѣшивать, перетягивать; || s. перевѣсъ.

Overbear (*о-вер-бэр'*) va. осилить, превозмочь, побороть; || угнетать.

Overbearing (*о-вер-бэр'-инг*) adj. берущій верхъ; наглый; повелительный.

Overbid (*о-вер-бид'*) va. предлагать болѣе; наддавать.

Overblow (*о-вер-бло'у*) va. vn. разнести, разогнать вѣтромъ; (мор.) крѣпчать; пройти. [за-бортъ.

Overboard (*о'о-вер-борд*) adv.(мор.)

Overburden (*о-вер-бŏр'-дн*) va. черезчуръ нагружать.

Overbusy (*о-вер-биз'-и*) adj. очень занятой дѣлами, слишкомъ хлопотливый. [тить.

Overbuy (*о-вер'-бай*) va. перепла-

Overcareful (*о-вер-кэр'-фул*) adj. слишкомъ заботливый.

Overcast (*о-вер-каст'*) va. помрачать, затемнять, застилать; преувеличивать.

Overcautious (*о-вер-ко'о-шŏс*) adj. слишкомъ осторожный.

Overcharge (*о-вер-чарджʼ*) va. слишкомъ обременить, отягощать; брать слишкомъ дорогую цѣну; || s. чрезмѣрная тягость; слишкомъ высокій налогъ.

Overcloud (*о-вер-кла'уд*) va. застилать облаками. [пальто.

Overcoat (*о'о-вер-кот*) s. верхнее

Overcome (*о-вер-кŏм'*) va. побѣдить, осилить, одолѣть; || vn. одержать верхъ.

Overcount (*о-вер-ка'унт*) va. слишкомъ высоко ставить, цѣнить.

Overcredulous (*о-вер-кредь'-юлŏс*) adj. легковѣрный.

Overcrowd (*о-вер-кра'уд*) va. переполнять. [s. переполненіе.

Overcrowding (*о-вер-кра'уд-дайн*)

Overdate (*о-вер-дэт'*) va. помѣтить переднимъ числомъ.

Overdo (*о-вер-ду'*) va. дѣлать черезъ мѣру; утрировать; надсаживать; || пережаривать; переваривать. [большая доза.

Overdose (*о-вер-до'ос*) s. слишкомъ

Overdraw (*о-вер-дро'о*) vn. (комер) превысить кредить въ банкѣ.

Overdress (*о-вер-дрес'*) va. черезчуръ нарядить, разукрасить.

Overdrink (*о-вер-дринк'*) va. vn. пить лишнее, не въ мѣру.

Overdrive (*о-вер-драйв'*) va. vn. загнать, утомить; зайти слишкомъ далеко въ чемъ.

Overdue (*о-вер-дью'*) adj. запоздалый, просроченный.

Overeager (*о-вер-и'-гер*) adj. слишкомъ пылкій, горячій.

Overeye (*о-вер-ай'*) va. присматривать, наблюдать.

Overfall (*о'-о-вер-фол*) s. мель.

Overfeed (*о-вер-фид*) va. окормить.

Overflow (*о-вер-фло'у*) va. vn. наливать черезъ край; заливать,затоплять, разливаться; изобиловать; || s. разливъ; наводненіе; || избытокъ.

Overfly (*о-вер-флай'*) va. перелетать, пролетать.

Overforward (*о-вер-фор'-уăрд*) adj. слишкомъ торопливый, рьяный.

Overfreight (*о-вер-фрэт'*) va. черезчуръ нагружать.

Overfull (*о-вер-фул'*) adj. переполненный.

Overgrow (*о-вер-гро'у*) va. vn. перерастать, разростаться; покрываться растеніями, заростать; слишкомъ высоко увеличиваться

Overgrown (*о'-вер-гро'ун*) adj. заросшій; переросшій. **A garden with weeds,** садъ заросшій травой.

Overgrowth (*о-вер-гро'усз*) s. слишкомъ высокій ростъ; || излишество, избытокъ.

Overhang (*о'с-вер-хăнд*) s. превосходство, преимущество, верхъ; || навѣсъ; || vn. надвисать.

Overhastily (*о-вер-хэст'-и-ли*) adv. слишкомъ торопливо, скоро.

Overhastiness (*э-вер-хэст'-и-нес*) s. черезчуръ большая поспѣшность.

Overhasty (*о-вер-хэст'-и*) adj.

слишкомъ поспѣшный, торопливый.
Overhaul (*о-вер-хо'-ол*) va. распространять, разстилать; распускать вновь разсматривать (дѣло).
Overhear (*о-вер-хир'*) va. нечаянно услышать.
Overheat (*о-вер-хит'*) va. слишкомъ сильно натопить, нагрѣть.
Overjoy (*о-вер-джой'*) va. чрезвычайно обрадовать, привести въ восторгъ.
Overkind (*о-вер-кайнд'*) adj. чрезмѣрно ласковый.
Overlade (*о-вер-лэд'*) va. перегрузить, обременить.
Overlap (*о-вер-ләп'*) va vn. обертывать, перекрывать
Overlay (*о-вер-лэй'*) va. переложить, обременить; отяготить; задушить; покрыть, накрыть; затмить.
Overleap (*о-вер-лип'*) va. перепрыгнуть черезъ что
Overleather (*о'о-вер-лесз-ер*) s. кожаный передокъ у башмака.
Overload (*о-вер-ло'од*) va. перегружать.
Overlook (*о-вер-лук'*) va надсматривать, наблюдать за; смотрѣть сверху; имѣть видъ надъ; || просмотрѣть, пропустить **The castle overlooks the town**. замокъ господствуетъ надъ городомъ.
Overlooker (*о-сер-лук'-ер*) s. надсмотрщикъ, надзиратель.
Overmatch (*о-вер-матч'*) va. утомить чрезмѣрной ходьбой.
Overmeasure (*о'о-вер-меж-ӧр*) s прибавокъ, придача къ чему.
Over-modest (*о-вер-мед'-ест*) adj черезчуръ скромный
Overmuch (*о-вер-мӧч'*) s. чрезмѣрный, пребольшой; || adv слишкомъ много, черезчуръ.
Over-night (*о'о-вер-найт*) s вечеръ, канунъ.
Overpass (*о-вер-пас'*) va. пройти, перейти; пропустить.
Overpay (*о-вср-пэй'*] vn. переплатить.
Overplus (*о'о-вер-плӧс*) s. излишокъ, остатокъ, чистый барышъ.
Overpower (*о-вер-па'у-ер*) va. одолѣвать, отягощать; господствовать.
Overpowering (*о-вер-па'у-ер-инг*) adj. тягостный, подавляющій.
Overpoweringly (*о-вер-па'у-ер-инг-ли*) adv. отягощая, одолѣвая; съ большой силой.
Overpress (*о-вер-прес'*) va. притѣснять, прижимать.
Overprize (*о-вер-прайз'*) va слишкомъ высоко цѣнить
Overrate (*о-вер-рэк'*) va (мор.) разбиваться (о волнахъ).
Overreach (*о-вер-рич'*) va превышать; опередить; обмануть, увернуться отъ чего; || засѣкаться (о лошади). **He will — you**, * онъ васъ обойдетъ.
Override (*о-вер-райд'*) va. заѣздить, загнать, надсадить (лошадь); опередить.
Overripe (*о-вер-райп'*) adj перезрѣлый.
Overroast (*о-вер-ро'ост*) va. пережарить.
Overrun (*о-вер-рӧн'*) va, vn. обогнать, опередить; покрывать; наполнять; заростать, засѣлить; опустошить; разливаться
Oversea (*о'о-вер-си*) adj. заморскій.
Oversee (*о-вер-си'*) va. надсматривать, наблюдать за; просмотрѣть
Overseer (*о-вер-си'-ер*) s. надсмотрщикъ, смотритель; староста.
Oversell (*о-вер-сел'*) va. продавать слишкомъ дорого.
Overset (*о-вер-сет'*) va. опрокинуть, разрушить; сбить съ толку; || vn. опрокинуться.
Overshade (*о-вер-шед'*), **Overshadow** (*о-вер-шәд'-оу*) va. застилать, омрачать; протежировать.
Overshoe (*о'о-вер-шу*) s. галоша,
Overshoot (*о-вер-шут'*) va. vn стрѣлять мимо. **To — one's self**, промахнуться.
Oversight (*о'о-вер-сайт*) s. надзоръ; || оплошность, недосмотръ. **From —**, по небрежности.
Overskip (*о-вер-скип*) va. перепрыгнуть, пропустить; ускользнуть.
Overslip (*о-вер-слип'*) va. упустить (время, случай).
Oversoon (*о-вер-сун'*) adv. слишкомъ скоро.
Overspent (*о-вер-спент'*) adj. утомленный, изнеможенный.
Overspread (*о-вер-спред'*) va. vn. покрывать, -ся.
Overstate (*о-вер-стэт'*) va. преувеличивать.
Overstep (*о-вер-степ'*) va. зайти за предѣлы.
Overstock (*о-вер-сток'*) va. переполнить.
Overstrain (*о-вер-стрэн'*) vn. напрягать силы. **To — one's self**, дѣлать усилія.
Overstretch (*о-вер-стреч'*) va. слишкомъ далеко простирать.
Overstrew (*о-вер-стру'*) va. посыпать, покрывать.
Oversway (*о-вер-суэй'*) va. разубѣждать; подчинять
Overswell (*о-вер-суел'*) va. выступать изъ береговъ; переступать черезъ край.
Overt (*о'о-верт*) adj открытый, явный.
Overtake (*о-вер-тэк'*) va. настигать, догнать, поймать; застигнуть. **The storm overtook us**, буря насъ застала.
Overtask (*о-вер-таск'*) va. обременять работами.

Overtax (*о-вер-тӑкс*) va. обременять налогами.
Overthrow (*о-вер-зсро'у*) va. опрокинуть, повалить, ниспровергнуть
Overthrower (*о-вер-зсро'у-ер*) s. истребитель, раззоритель.
Overthwart (*о'о-вер-сзуорт*) adj. противный, противоположный; || adv. косо, поперекъ, наперекоръ.
Overtime (*о'о-вер-тайм*) s. неурочное время.
Overtire (*о-вер-тайр'*) va. очень утомить, измучить.
Overtly (*о'о-верт-ли*) adv. явно, открыто.
Overtop (*о-вер-топ'*) va. превышать, превосходить.
Overture (*о'-вер-чур*) s. (муз.) увертюра.
Overturn (*о-вер-тӧрн'*) va. повалить, ниспровергнуть; превозмочь || s. опрокидываніе, ниспроверженіе.
Overvalue (*о-вер-вӑль'-ю*) va. слишкомъ высоко цѣнить.
Overweary (*о-вер-уи'ри*) va. черезчуръ утомить.
Overween (*о-вер-уин*) vn. возгордиться, возомнить о себѣ много.
Overweeningly (*о-вер-уин'-инг-ли*) adv. надменно; кичливо.
Overweigh (*о-вер-уэй'*) va. перевѣшивать; превосходить.
Overweight (*о'о-вер-уэйт*) s. перевѣсъ; избытокъ.
Overwhelm (*о-вер-хуелм'*) va. подавлять, обременять; побѣждать.
Overwhelming (*о-вер-хуелм'-инг*) adj. подавляющій, обременяющій, тягостный.
Overwise (*о-вер-уайз'*) adj. черезчуръ умный.
Overwork (*о-вер-уӧрк'*) va. vn. замучить работой; || s. чрезмѣрная работа.
Overworn (*о-вер-уорн'*) adj. изнуренный, истощенный (работой); изношенный.
Overwrought (*о-вер-ро'от*) adj. заработавшійся, переутомленный
Overzealous (*о-вер-зел'-ӧс*) adj. слишкомъ усердный, ревностный
Ovicular (*о-викъ'-ю-лар*) adj. яичный.
Oviform (*о'о-ви-форм*) adj. яйцеобразный.
Ovine (*о'о-вайн*) adj. овечій.
Oviparous (*о-вип'-ӑ-рӧс*) adj. несущій яйца.
Ovoid (*о'о-войд*) adj. яйцеобразный.
Owe (*о'у*) va. vn. быть должнымъ.
Owing (*о'у-инг*) adj. должный, подлежащій уплатѣ. **what is —**, должное. **To be — to**, быть чему-либо обязаннымъ.
Owl (*а'ул*) s. (орн.) сова; сычъ. **Brown —**, филинъ. **Barn —**, пугачъ. **Screech —**, полунощникъ; || vn. бродить по ночамъ за добычей, заниматься контрабандой.
Owler (*а'ул-ер*) s. контрабандистъ.
Owlet (*а'ул-ет*) s. см. **Owl**.
Own (*о'он*) adj. свой, собственный. **Of her — accord**, по ея собственному желанію. **The house is his —**, домъ ему принадлежитъ; || va. владѣть, обладать чѣмъ; сознавать, признавать что; просить. **He owns this estate**, онъ владѣетъ этой землей. **He owns having found it**, онъ признается, что нашелъ это.
Owner (*о'он-ер*) s. владѣлецъ, собственникъ.
Ownership (*о'он-ер-шип*) s. собственность, владѣніе.
Ox (*окс*) s. (pl. **Oxen**) волъ, быкъ. **Oxdriver**, погонщикъ воловъ. **— -eye**, (бот.) бычачій глазъ.
Oxalic (*окс-ӑл'-ик*) adj. **— acid**, щавелевая кислота.
Oxidable (*окс'-ид-ӑ-бл*) adj. способный окисляться.
Oxidate (*окс'-ид-эт*) va. окислять.
Oxidation (*окс-ид-э'-шӧн*) s. (хим.) окисленіе.
Oxidize (*окс-ид-айз*) va. окислять.
Oxonian (*оксо'-ни-ӑн*) s. студентъ оксфорскаго университета.
Oxygen (*окс'-и-джен*) s. (хим.) кислородъ.
Oxygenate (*окс'-и-джен-эт*) va. окислять.
Oyer (*о'о-йер*) s. (юрид.) выслушиваніе судебныхъ дѣлъ. **Court of oyer and terminer**, судъ присяжныхъ.
Oyes или **Oyez** (*о'о-йес*) interj. слушайте! тише!
Oyster (*ойс'-тер*) s. устрица. **— -bed**, устричная мель. **— -dredge**, наметка для ловли устрицъ. **— shell**, устричная раковина. **— -woman**, торговка устрицами.
Ozena (*о-зи'-на*) s. (мед.) вонючій насморкъ въ носу.
Ozone (*о'о-зӧн*) s. (хим.) озонъ, сгущенный кислородъ.

P.

P (*пи*), шестнадцатая буква англійской азбуки. **To mind one's Ps and Qs**, fam. ставить точки на и, подчеркивать что либо.
Pabular (*пӑбъ'-ю-лӑр*) adj. питательный, съѣстной.
Pabulum (*пӑбъ'-ю-лӧм*) s. пища, кормъ; || топливо.
Pace (*пэс*) s. шагъ; походка, поступь; аллюръ, ходъ (лошади). **To keep — with**, идти наравнѣ съ кѣмъ; || vn. ходить, ходить мирнымъ шагомъ, выступать; || va.

мѣрить шагами, шагать; давать ходъ.

Paced (*пэст*) adj. **slow —**, идущій медленнымъ шагомъ.

Pacific (*пä-сиф'-ик*) adj. миролюбивый; кроткій. **The — Ocean**, Тихій океанъ.

Pacification (*пä-сиф-и-кэ'шöн*) s. умиротвореніе, усмиреніе.

Pacificator (*пä-сиф-и-кэ'-тöр*), **Pacifier** (*пäс'-и-фай-ер*) s. миротворецъ, примиритель.

Pacify (*пäс'-и-фай*) va. возстановить миръ; усмирять, успокоивать.

Pack (*пäк*) s. тюкъ, кипа, мѣсто (товарное), связка; || *бремя, тягость; куча; колода (картъ) **— of hounds**, свора собакъ. **A — of knaves**, шайка мошенниковъ. **— -cloth**, мѣшечный холстъ **— -horse**, ломовая лошадь. **— man**, носильщикъ. **— -thread**, тонкая бичева; || va. vn упаковывать, -ся, связывать, завертывать, укупоривать; || *умышлять что либо **To — off**, отправлять. **To — up**, складывать, упаковываться

Packer (*пäк'-ер*) s. укладчикъ, упаковщикъ.

Packet (*пäк'-ет*) s. пакетъ, пачка, [узелъ, тюкъ

Packing (*пäк'-инг*) s укладка, упаковка, укупорка; || матеріалъ для для укупорки, упаковки; || (кам.) заполненіе пустыхъ мѣстъ въ каменной кладкѣ; || *уловка.

Pact (*пäкт*) s договоръ, условіе, соглашеніе

Pad (*пäд*) s. тропинка, стезя, дорожка; большая дорога; воръ на большой дорогѣ, бродяга; || иноходецъ; || подушка; подушечка; сидѣніе; || втулка, затычка. **Blotting —**, бюваръ; || vn. разбойничать, грабить; || медленно ходить; || выравнивать дорогу; || va. проходить, протоптать; подбивать ватой; подкладывать подушечки.

Padding (*пäд'-динг*) s. набивка, матеріалъ для набивки

Paddle (*пäд'-дл*) vn. va. грести, плескаться, барахтаться въ водѣ; уходить, убѣгать; || s. весло; лопатка; затворъ (у шлюза). **— door**, затворъ, вешнякъ (у шлюза).

Paddler (*пäд'-длер*) s гребецъ; тотъ, кто плещетъ водой.

Paddock (*пäд'-док*) s. большая жаба; ограда для дикихъ животныхъ.

Padlock (*пäд'-лок*) s. висячій замокъ, || va. заключать, приковывать.

Pagan (*пэ'-гäн*) s. язычникъ, -чница; || adj. языческій.

Page (*пэдж*) s страница; || пажъ, || va. нумеровать страницы

Pageant (*пäдж'-äнт*) s. парадъ, великолѣпное зрѣлище; пышность; || adj пышный, блистательный.

Pagination (*пäдж-и-нэ'-тöн*), **Paging** (*пэ'-джинг*) s. нумеровка страницъ.

Pail (*пэл*) s. ведро; (мор) бакъ.

Pain (*пэн*) s. наказаніе, кара; мука, боль; скорбь, безпокойство; || || **—s**, pl. работа, трудъ, стараніе; усиліе. **A — in the foot**, боль въ ногѣ. **To cry out with —**, кричать отъ боли **To take —s**, стараться. **Without —s, no gains**, безъ хлопотъ нѣтъ заработка **Much —s**, много труда. **On — of death**, подъ страхомъ смертной казни. **The —s of hell**, муки ада. **—s taker**, труженикъ, хлопотунъ; || adj **—s taking**, трудолюбивый; || va. причинять боль, скорбь; болѣть, мучить; || огорчать.

Painful (*пэн'-фул*) adj болѣзненный, мучительный, горестный; утомительный.

Painfully (*пэн'-фул-и*) adv. болѣзненно, мучительно, горестно; утомительно.

Painfulness (*пэн'-фул-нес*) s. болѣзненность, боль, печаль, скорбь, огорченіе, тревога; трудность, усиліе. [ный; легкій.

Painless (*пэн'-лес*) adj безболѣзненный; легкій.

Paint (*пэнт*) va vn писать красками, рисовать, окрашивать; || *описывать, изображать; || румянить, -ся; || s. краска, окраска; румяны [маляръ.

Painter (*пэнт'-ер*) s живописецъ; маляръ.

Painting (*пэнт'-инг*) s живопись; картина. **Oil—, — in oil**, живопись масляными красками.

Pair (*пэр*) s. пара, чета. **A — of gloves**, пара перчатокъ. **A — of pigeons**, пара голубей **To go up three —s of stairs**, подняться на третій этажъ, || va. совокуплять, соединять; сводить спаривать; подбирать подъ пару; || vn. совокупляться, соединяться, сочетаться, сходиться.

Palace (*пäл'-äс*) s дворецъ; чертоги

Palatable (*пäл'-ä-тä-бл*) adj вкусный

Palatal (*пäл'-ä-тäл*) adj. нёбный; || s. (грам) нёбная буква.

Palate (*пäл'-эт*) s нёбо (во рту); вкусъ

Palaver (*пä-лä'-вер*) s. пустая болтовня; лесть; || va vn болтать, льстить.

Pale (*пэл*) adj блѣдный, тусклый. **To grow —**, поблѣднѣть **A — blue**, свѣтлоголубой || vn блѣдность; || va. заставить кого поблѣднѣть; || vn. поблѣднѣть.

Pale (*пэл*) s. колъ; свая; ограда; || * нѣдро, лоно. **Within the — of the Church**, въ лонѣ церкви. || va. огораживать кольями, обносить оградой; окружать.

Paleness (*пэл'-нес*) s. блѣдность.

Paleography (*пэ-ли-ог'-рä-фи*) s. палеографія.

Paleology (*пэ-ли-ол'-о-джи*) s. палеологія.

Paleontology (*пэ-ли-он-тол'-о-джи*) s. палеонтологія.

Paleous (*пэ'-ли-ос*) adj. мякинный.

Paling (*пэл'-инг*) s. палисадъ, тынъ заборъ изъ кольевъ.

Palisade (*пäл-и-сэд'*) s. частоколъ, полисада; || va. обносить частоколомъ, палисадой.

Palish (*пэл'-иш*) adj. блѣдноватый.

Pall (*по'ол*) s. мантія, ряса; покровъ; || тошнота. **To bear the —**, поддерживать концы покрова; || va. одѣвать, облагать, покрывать; || va. vn. сдѣлать, -ся безвкуснымъ; пресыщать, -ся; выдыхаться, портиться; слабѣть, обезсиливать.

Pallet (*пäл'-ет*) s. койка, нары; палитра (у живописца).

Palliate (*пäл'-ли-эт*) va. покрывать, извинять, оправдывать, временно облегчать болѣзнь.

Palliating (*пäл-ли-э'-тинг*) s. покрытіе (вины).

Palliation (*пäл-ли-э'-шöн*) s. смягченіе (вины); (мед.) палліативное облегченіе боли.

Palliative (*пäл-ли-ä'-тив*) s. палліативъ; || adj. палліативный.

Pallid (*пäл'-лид*) adj. блѣдный.

Pallidness (*пäл'-лид-нес*) s. блѣдность.

Pallor (*пäл'-лöр*) s. блѣдность.

Palm (*па'ам*) va. брать руками, хватать; стащить что. **To — upon**, обманывать; || s. ладонь, длань; пядь (мѣра); лапа (у якоря); (бот.) пальма; || пальмовая вѣтвь; побѣда, тріумфъ. **To bear away the —**, получить пальму первенства. **— Sunday**, Вербное Воскресенье. **— tree**, пальма.

Palmer (*па'ам-ер*) s. богомолецъ, пилигримъ.

Palmister (*пäл'-мис-тер*) s. хиромантикъ.

Palmistry (*пäл'-мис-три*) s. хиромантія; || фокусъ.

Palmy (*па'а-ми*) adj. засаженный пальмами; || побѣдоносный, торжествующій.

Palp (*пäлп*) s. щупальце, усикъ (у насѣкомыхъ).

Palpability (*пäл-пä-бил'-и-ти*) s. ощутительность, осязаемость; || * очевидность, ясность.

Palpable (*пäл'-пä-бли*) adj. ощутительный, осязаемый; || ясный, очевидный.

Palpably (*пäл'-бä-бли*) adv. осязаемо, ощутительно; ясно, очевидно.

Palpation (*пäл-пэ'-шöн*) s. ощупываніе, прикосновеніе.

Palpitate (*пäл'-пи-тэт*) vn. биться, трепетать, дрожать.

Palpitation (*пäл-пи-тэ'-шöн*) s. біеніе, трепетаніе (сердца).

Palsy (*пол'-зи*) s. параличъ; || va. поражать параличомъ.

Palter (*пол'-тер*) va. vn. плутовать, лукавить, обманывать; || мотать.

Palterer (*пол'-тер-ер*) s. лукавый человѣкъ; плутъ.

Paltriness (*пол'-три-нес*) s. скудость; мелочность; подлость.

Paltry (*пол'-три*) adj. плохой, дурной; подлый, глупый.

Paludal (*пä-лью'-дäл*) adj. болотистый.

Pam (*пäм*) s. трефовый валетъ.

Pamper (*пäм'-пер*) va. насыщать; вполнѣ удовлетворять; нѣжить. **To — a child**, укачивать ребенка.

Pamperer (*пäм'-пер-ер*) s. насыщенный.

Pamphlet (*пäм'-флет*) s. брошюра; памфлетъ.

Pamphleteer (*пäм-флет-ир'*) s. памфлетистъ.

Pan (*пäн*) s. миска, крынка, чаша, кастрюля; тазъ. **A frying —**, сковорода. **A dripping —**, противень. **A warming —**, грѣлка. **To flash in the —**, осѣчься, дать осѣчку.

Pancake (*пäн'-кэк*) s. оладья.

Pander (*пäн'-дер*) s. сводникъ, прислужникъ; || va. vn. сводничать, прислуживать, -ся.

Pane (*пэн*) s. отдѣленіе, часть чего; вставка; узкій конецъ молота.

Panegyric (*пäн-джир'-ик*) s панегирикъ, похвальное слово.

Panel (*пäн'-ел*) s. панель, филенка; (юрид.) списокъ присяжныхъ; уголовный арестантъ (въ Шотл.); || va. общивать панелями (комнату); производить филенчатую работу.

Paneless (*пэн'-лес*) adj. безъ оконныхъ стеколъ.

Pang (*пäнг*) s. му'ка, тоска; || s. pl. муки, агонія; || va. мучить, терзать.

Panic (*пäн'-ик*) s. паника; || adj. панический.

Panicle (*пäн'-икл*) s. метелка, вѣнчикъ (у злаковъ).

Panification (*пä-ни-фи-кэ'-шöн*) s. хлѣбопеченіе.

Pannier (*пäн'-йер*) s. корзина, коробъ (ивовый).

Panorama (*пäн-о-рэ'-ма*) s. панорама.

Pansy (*пäн'-зи*) s. (бот.) троицынъ цвѣтъ.

Pant (*пäнт*) s. біеніе сердца; прерывистое дыханіе; || va. vn. биться

трепетать; играть. **To — for breath,** тяжело дышать, задыхаться. **To — for,** вздыхать о чемъ.
Pantalets (*пăн-тă-летс'*) s. женскія или дѣтскія панталоны.
Pantaloon (*пăн-та-лун'*) s. панталоны, штаны. **A pair of —s,** панталоны.
Pantechnicon (*пăн-тек'-ни-кон*) s. базаръ разныхъ издѣлій.
Pantheism (*пăн'-сзи-изм*) s. пантеизмъ. [тера, барсъ
Panther (*пăн'-сзер*) s. (зоол.) пан-
Pantile (*пăн'-тайл*) s. коньковая черепица.
Panting (*пăнт'-инг*) s. см. **Pant.**
Pantingly (*пăнт'-инг-ли*) adv. съ біеніемъ сердца, задыхаясь.
Pantler (*пăнт'-лер*) s. хлѣбодаръ, ключникъ.
Pantofle (*пăн-ту'-фл*) s. туфля
Pantry (*пăн'-три*) s. кладовая, чуланъ.
Pants (*пăнтс*) s. pl. панталоны
Pap (*пăп*) s. титька, сосокъ; вымя (у животныхъ); кашка (для дѣтей); мякоть (плодовъ); || va. кормить кашей.
Paper (*пэ'-пер*) s. бумага; || бумаги, документы. **Blotting —,** пропускная бумага. **Curl —,** папильотка. **Music —,** нотная бумага. **Tissue —,** атласная бумага. **Stamped —,** гербовая бумага. **Unstamped —,** простая (не гербовая) бумага. **Smoking —,** папиросная бумага. **Weekly —,** еженедѣльникъ. || va. оклеивать бумагой, бумажными обоями; завертывать въ бумагу. || adj. бумажный. **— -credit,** вексельный кредитъ, банковые билеты. **— -hanger,** обойщикъ. **— -hangings,** бумажныя обои. **— kite,** бумажный змѣй. **— -stainer,** фабрикантъ цвѣтной бумаги. **— manufacture,** бумажная фабрика. **— -weight,** прессъ-папье.
Papillary (*пăп'-ил-лă-ри*) adj. сосковый, сосцевидный.
Pappy (*пăп'-пи*) adj. мягкій, сочный.
Par (*пар*) s. чета, пара, дружка, ровня. **At —,** наравнѣ; (торг.) альпари, по нарицательной цѣнѣ, **To get on a — with,** возвыситься до уровня чего.
Parable (*пар'-ă-бл*) s. притча.
Parabole (*па-рăб'-о-ли*) (рит.) уподобленіе. [шютъ.
Parachute (*пăр'-а-шут*) s. пара-
Parade (*пă-рэд'*) s. показъ, нарядъ, убранство; тщеславіе; (воен.) разводъ, парадъ; || va. (воен.) строить войска, дѣлать парадъ; || тщеславиться; || парадировать.
Paradigm (*пăр'-ă-дим*) s. (грам.) образецъ, примѣръ.

Paradise (*пăр'-ă-дайз*) s. рай. **— Lost,** потерянный Рай.
Paradox (*пăр'-а-докс*) s. парадоксъ.
Paraffine (*пăр'-ăф-фин*) s. (хим.) парафинъ.
Paragon (*пăр'-а-гон*) s. образецъ; || va. vn. сравнивать -ся, уподоблять -ся.
Paragram (*пăр'-а-грăм*) s. каламбуръ, игра словъ.
Paragraph (*пăр'-а-грăф*) s. параграфъ. [умолчаніе.
Paralepsis (*пăр-ă-леп'-сис*) s. (рит.)
Parallel (*пăр'-ăл-лел*) adj. параллельный, ровный, сходный. || s. параллель; подобіе, сходство. **Without —,** безъ сравненія; || va. проводить параллель, сравнивать.
Parallelogram (*пăр-ăл-лел'-о-грăм*) s. (геом.) параллелограмъ.
Parallelopiped (*пăр-ăл-лел-о-пай'-пед*) s. (геом.) параллелопипедъ.
Paralysis (*пă-рăл'-и-сис*) s. (мед.) параличъ.
Paralytic (*пăр-ă-лит'-ик*) **Paralytical** (*пăр-ă-лит'-ик-ăл*) adj. паралнчный.
Paralyze (*пăр'-ă-лайз*) va. поражать параличемъ; парализовать.
Paramount (*пăр'-ă-маунт*) adj. верховный; высшій; || s. глава начальникъ.
Paramour (*пăр-ă-мур*) s. любовникъ, -ница. [парапетъ.
Parapet (*пăр'-ă-пет*) s. брустверъ,
Paraph (*пăр-аф*) s. росчеркъ; || va. дѣлать росчеркъ.
Paraphernalia (*пăр-ă-фőрнэ'-ли-а*) s. pl. (юрид.) исключительная собственность жены; женскіе наряды.
Paraphrase (*пăр'-ă-фрэз*) s. толкованіе; || va. vn. толковать.
Parasite (*пăр'-ă-сайт*) s. паразитъ, тунеядецъ.
Parasitism (*пăр'-ă-сит-изм*) s. тунеядство. [(отъ солнца).
Parasol (*пăр'-ă-сол*) s. зонтикъ
Parboil (*пар'-бойл*) va. недоварить, недокипятить.
Parcel (*пар'-сел*) s. связка, узелъ, тюкъ, пакетъ; || част, частица, доля. **A — of people,** толпа народа. **A — of rogues,** шайка разбойниковъ. || va. дѣлить на части; раздѣлять; связывать въ тюкъ. **To — out,** распредѣлять.
Parcener (*пар'-се-нер*) s. (юрид.) сонаслѣдникъ, -ница, совладѣлецъ, -лица.
Parch (*парч*) va. печь, припекать; жарить; сушить, высушивать. **My mouth is parched with thirst,** во рту пересохло отъ жажды; || vn. печься, жариться. сохнуть. [суха, сухость.
Parchedness (*парч'-ед-нес*) s. за-
Parching (*парч'-инг*) s. жареніе,

печеніе, высушиваніе; || adj. знойный, жаркій.

Parchment (*парч'-мент*) s. пергаментъ.

Pard (*пард*) s. (зоол.) леопардъ.

Pardon (*пар'-дн*) s. прощеніе, помилованіе, извиненіе; || va. прощать, миловать, помиловать, извинять. — **me,** извините.

Pardonable (*пар'-до-ă-бл*) adj. простительный.

Pardoning (*пар'-дн-инг*) adj. снисходительный, милостивый; милующій.

Pare (*пэр*) обрѣзывать, срѣзывать; облуплять, очищать (плоды).

Parent (*пэр'-ент*) s. родитель, -ница. **—s,** родители, отецъ и мать.

Parentage (*пэр'-ент-эдж*) s. происхожденіе, рожденіе.

Parenticide (*пă-рент'-и--сайд*) s. отцеубійца, матереубійца.

Parentless (*пэр'-ент-лес*) adj. сирота, не имѣющій родителей.

Parget (*парт'-джет*) s. штукатурка, подмазка; бѣлила; || va. штукатурить, подмазывать, малевать.

Pargeter (*пăр'-джет-ер*) s. штукатуръ.

Pargeting (*пăр'-джет-инг*) s. штукатуреніе.

Paring (*пэр'-инг*) s. обрѣзыванье, срѣзываніе; облупленіе (плодовъ).

Parish (*пăр'-иш*) s. приходъ; приходская община; || adj. приходскій. **The — church,** приходская церковь. **— clerk,** пономарь.

Parishioner (*пă-риш'-ŏн-ер*) s. прихожанинъ, -жанка.

Paritor (*пăр'-итор*) s. изготовитель.

Parity (*пăр'-и-ти*) s. равенство, одинаковость, сходство.

Park (*парк*) s. паркъ; звѣринецъ; || плетень; || va. огораживать.

Parlance (*пар'-лăнс*) s. разговоръ, рѣчь, бесѣда.

Parley (*пар'-ли*) s. совѣщаніе; конференція; || vn. совѣщаться, вести переговоры. **To come to a—,** вступать въ переговоры.

Parliament (*пар'-ли-мент*) s. парламентъ, Государственная Дума.

Parliamentary (*пар'-ли-мент'-ă-ри*) adj. парламентскій.

Parlour (*пар'-лŏр*) s. гостиная, пріемная.

Parochial (*пă-ро'о-ки-ăл*) adj. приходскій.

Parochially (*пă-ро'о-ки-ăл-и*) adv. черезъ приходъ.

Parodic (*пă-род'-ик*), **Parodical** (*пă-род'-ик-ăл*) adj. пародическій.

Parody (*пăр'-о-ди*) s. пародія; || va. пародировать.

Parole (*пă-ро'ол*) s. слово, рѣчь; (воен.) пароль, лозунгъ.

Paronymous (*пă-рон'-и-мос*) adj. происходящій отъ одного корня съ другимъ словомъ.

Paroquet (*пăр'-о-кет*) s. (орн.) попугайчикъ.

Parotic (*па-ро'о-тик*) s. (анат.) околоушная железа.

Paroxysm (*пăр'-окс-изм*) s. пароксизмъ, припадокъ.

Parricide (*пăр'-ри-сайд*) s. отцеубійца.

Parrot (*пар'-рŏт*) s. попугай.

Parry (*пăр'-ри*) va. vn. отражать (ударъ); * уклоняться, избѣгать.

Parse (*парс*) va. дѣлать граматическій разборъ.

Parsee (*пар'-си*) s. огнепоклонникъ, гвебъ.

Parsimonious (*пар-си-мо'о-ни-ăс*) adj. бережливый, экономный.

Parsing (*порс'-инг*) s. грамматическій разборъ.

Parson (*пар'-сн*) s. священникъ, пасторъ.

Parsonage (*пар'-сн-эдж*) s. церковный домъ.

Part (*парт*) s. часть, доля; частица, кусочекъ; часть (города), кварталъ; мѣсто, страна; || партія, сторона; долгъ, обязанность; || (теат.) роль; выпускъ (книги); (муз.) партія, голосъ. **The greatest — of mankind,** большая часть человѣческаго рода. **For the most —,** въ большей части. **For my —,** на мою долю. **In —,** отчасти. **In —s,** частями. **To take —,** принять участіе въ. **Foreign —s,** иностранныя государства. **To play a —,** играть роль; || въ pl. способности, талантъ. **A lad of —s,** молодой человѣкъ съ способностями. || va. vn. дѣлить, раздѣлять, -ся; отдѣлять, -ся; разставаться, разлучаться; разъединять; распадаться. (съ **from.**) оставлять. **We must —,** мы должны разстаться. (съ **with**) уступить, отдѣлаться. **I will not — with it at any price,** я не хочу утратить это ни за какую цѣну. **Don't — with your money,** берегите деньги.

Partake (*пар-тэк'*) va. vn. дѣлить; участвовать; имѣть свойство. **To — of,** принять участіе.

Partial (*пар'-шăл*) adj. пристрастный; склонный къ чему; || частный, мѣстный. **A — judge,** пристрастный судья. **— eclipse,** частичное затменіе. **To be — to,** имѣть предпочтеніе къ чему либо.

Partially (*пар'-шал-и*) adv. пристрастно, отчасти; частично.

Partiality (*пар-ши-ăл'-и-ти*) s пристрастіе; склонность къ чему дѣлимость.

Partible (*парт'-и-бл*) adj. раздѣлимый, дѣлимый.

Participant (*пар-тис'-и-пăнт*) adj. участвующій; || s. участникъ.

Participate (*пал-тис'-и-пэт*) va. дѣлить; раздѣлять; || vn. участвовать.

Participation (*пар-тис'-и-пэ'-тӧн*) s. участіе; раздѣленіе, распредѣленіе. [частичка.

Particle (*пар'-ти-кл*) s. частица,

Particular (*пар-тикь-ю-лӓр*) adj. частный, личный, особенный; особый, замѣчательный; || близкій; || подробный; || щепетильный: прихотливый; разборчивый. **— object,** предметъ особаго рода. **I shall be — in stating,** я въ особенности установлю. **Really you are too —,** дѣйствительно вы слишкомъ требовательны. **He has no — news,** у него нѣтъ особыхъ новостей. || s. особенность, личное качество; подробность, обстоятельство. **On this —,** на этотъ счетъ.

Particularity (*пар-тикь-ю-лӓр'-и-ти*) s. особенность.

Parting (*парт'-инг*) s. раздѣленіе, отдѣленіе; разлука; || adj. прощальный; отдѣляющій. **A — glass,** прощальный кубокъ.

Partisan (*пар'-ти-зӓн*) s. приверженецъ (партіи):(воен.) партизанъ.

Partition (*пар-тиш'-ӧн*) s. дѣленіе; раздѣленіе; перегородка; || va. дѣлить, раздѣлить, отдѣлять.

Partitive (*пар'-ти-тив*) adj. (грам.) раздѣлительный.

Partly (*парт'-ли*) adv. отчасти, нѣсколько.

Partner (*парт'-нер*) s. участникъ, -ница; компаніонъ, товарищъ; сожитель, -ница; партнеръ (въ игрѣ, кавалеръ, дама (въ танцахъ) **sleeping —,** командитеръ.

Partridge (*пӓр'-тридж*) s. (орн.) куропатка.

Parturient (*пар-тью'-ри-ент*) adj рождающая, беременная.

Parturition (*пӓр-тью-риш'-ӧн*) s. роды.

Party (*пар'-ти*) s. сторона, партія; || участникъ, -ница; человѣкъ, особа, лицо; || бесѣда, общество, собраніе. **The — concerned, the interested —,** заинтересованная сторона. **A third —,** третье лицо. **To join the —,** присоединиться къ. **A hunting —, a fishing —,** идти на охоту, на рыбную ловлю. **An evening —** вечеринка. **A dinner —,** большой обѣдъ. **— -coloured,** пестрый

Pass (*пас*) vn. пройти, обойтись, достичь; умереть. **To — along,** пройти вдоль. **To — away,** обойтись. **To — by,** пройти черезъ. **To — for,** считаться за. **To — off,** разсѣяться. **To — off for,** выдавать себя за. **To — on,** идти своей дорогой. **To — over,** перейти. || va. итти, превзойти; пройдить, профильтировать. **To — a river,** перейти черезъ рѣку. **We shall — the winter at Paris,** мы проведемъ зиму въ Парижѣ. **To — the bottle —,** передать бутылку. **To — remarks upon,** дѣлать замѣчаніе по поводу. **To — a sentence,** произносить приговоръ. **To — away the time,** проводить время. **To — by in silence,** обойти молчаніемъ. **To — out,** заставить выйти. **To — the bottle round,** пустить бутылку въ круговую. || s. проходъ; узкій входъ, ущелье, проливъ; пропускъ, паспортъ; положеніе, состояніе. **Things have come to a pretty —!** вотъ до чего дошло! **— -key,** отмычка. **— rope,** (мор.) лееръ. **— -ticket,** входной билетъ. **— word,** пароль, лозунгъ.

Passable (*пӓс'-а-бл*) adj. проходимый; сносный, посредственный.

Passably (*пӓс'-а-бл-и*) adv. сносно, посредственно.

Passage (*пас'-сэдж*) s. проходъ, проѣздъ; переправа; перелетъ; рейсъ, путь, дорога; корридоръ, галлерея; пассажъ. **The — lasted five hours,** переправа длилась пять часовъ. **This — is obscure,** это мѣсто темно (о сочиненіи).

Passant (*пӓс'-сӓнт*) adj. (герал.) идущій.

Passenger (*пӓс'-сен-джер*) s. пассажиръ, ѣздокъ, путешественникъ, прохожій **Railway —,** желѣзнодорожный пассажиръ.

Passing (*пас'-инг*) adj. отличный, превосходный, чрезвычайный; || adv. отлично, чрезвычайно. **— -bell,** звонъ по умершемъ.

Passion (*пӓш'-ӧн*) s. страсть, пылъ, увлеченіе; || гнѣвъ. **— week,** святая недѣля. **To get into a —,** сердиться.

Passionate (*пӓш'-ӧн-эт*) adj. страстный, пламенный, горячій, живой; вспыльчивый.

Passionately (*пӓш'-ӧн-эт-ли*) adv. страстно, пламенно, горячо, живо; вспыльчиво

Passionateness (*пӓш'-ӧн-эт-нес*) adj. страстность, пылкость, горячность, вспыльчивость

Passionless (*пӓш'-ӧн-лес*) adj безстрастный, тихій

Passive (*пӓс'-сив*) adj страдательный; недѣйствующій, пассивный; повинующійся. **— obedience,** слѣпое повиновеніе. **— verb,** (грам.) страдательный залогъ.

Passively (*пӓс'-сив-ли*) adv. страдательно, пассивно.

Passiveness (*пäс'-сив-нес*) s. пассивность; терпѣніе; бездѣйствіе.
Passport (*пас'-порт*) s. паспортъ, видъ (на жительство).
Past (*паст*) part. pa. отъ **Pass**; adj. прошлый, минувшій. **The — year**, прошлый годъ. || s. прошедшее, прошлое. || prep. послѣ, за, свыше, внѣ, далѣе; слишкомъ. — **six o'clock**, послѣ шести часовъ. — **remedy**, безъ лѣкарства. — **a doubt**, внѣ сомнѣнія.
Paste (*пэст*) s. тѣсто; || страза. — **diamonds**, искуственные бриллiанты. || va. клеить клейстеромъ. **To — up**, наклеивать.
Pasteboard (*пэст'-борд*) s. папка, картонъ.
Pastel (*пäс'-тел*) s. пастель.
Pastil (*пäс'-тил*) s. курительная свѣчка.
Pastime (*пäс'-тайм*) s. времяпрепровожденіе; развлеченіе.
Pastor (*пäс'-тöр*) s. пастухъ; || пастырь, пасторъ.
Pastoral (*пäс'-тöр-ä.л*) adj. пастушескій; || пастырскій, пасторскій; || s. пастораль, пастушеское стихотвореніе, идиллія. [пирогъ.
Pastry (*пэс'-три*) s. пирожное,
Pasturable (*пасть'-юр-ä-бл*) adj. годный для паствы.
Pasturage (*пасть'-юр-эдж*) s. паства, пастбище, выгонъ.
Pasture (*пäсть'-юр*) s. паства; || va. пасти.
Pasty (*пэс'-ти*) s. пирогъ, пашкетъ.
Pat (*пäт*) adj. годный; удобный, подходящій; || adv. пригодно, кстати, соотвѣтственно; || s. легкій ударъ, толчокъ; взбитая масса (чего); || прозвище ирландцевъ (*сокращ. отъ* **Patrick**). || va. слегка ударять, поколачивать.
Patache (*пä-таш'*) s. старомодный экипажъ.
Patch (*пäч*) s. заплата, лоскутъ; кусокъ, клочокъ (земли); мушка (на щекѣ); (анат.) пластырь; (нар.) бездѣльникъ. **A cross —**, плакса. — **work** штопаніе. || va. класть заплаты, чинить; прикладывать пластырь. **To — a coat**, штопать одежду. **To — up a business**, наладить кое какъ дѣло.
Patcher (*пäч'-ер*) s. штопальщикъ.
Patchy (*пäч'-и*) adj. въ заплатахъ.
Pate (*пэт*) s. голова, башка.
Pated (*пэт'-ед*) adj. **A shallow — fellow**, безмозглый.
Paten (*пäт'-ен*), **Patin** (*пат'-ин*) s. (церк.) дискосъ.
Patent (*пäт'-ент*) adj. публичный, всенародный; явный; патентованный; || s. дипломъ, патентъ, привилегія; || va. выдавать патенты.
Patentee (*пäт-ент-и*) s. имѣющій привиллегію. [ческій, отеческій.
Paternal (*пä-тöр'-нä.л*) adj. отцов-
Paternally (*пä-тöр'-нä.л-.ли*) adv. по-отцовски, отечески.
Paternity (*пä-тöр'-ни-ти*) s. отцовское состояніе.
Path (*пасз*) s. тропинка, дорожка, стезя, путь; || * поведеніе. **Foot —**, троттуаръ. — **way**, пѣшеходная тропинка. || va. протаптывать дорожку; пробывать дорогу.
Pathetic (*пä-сзет'-ик*), **Pathetical** (*пä-сзет'-ик-ä.л*) adj. трогательный, патетическій.
Pathetically (*пä-сзет'-ик-ä.л-и*) adv. трогательно, патетически.
Patheticalness (*пä-сзет'-ал-нес*) s. трогательность, патетичность.
Pathless (*пäсз'-лес*) adj. непротоптаный.
Pathological (*пäсз-о-лодж'-ик-ал*) adj. патологическій. [логія.
Pathology (*пä-сзо.л'-оджи*) s. пато-
Pathos (*пэ'-сзос*) s. паѳосъ.
Patibulary (*пä-тибь'-ю-лä-ри*) adj. висѣличный.
Patience (*пэ'-шенс*) s. терпѣніе, терпѣливость. **To lose —, to be out of —**, потерять терпѣніе.
Patient (*пэ'-шент*) adj. терпѣливый; настойчивый; || паціентъ.
Patiently (*пэ'-шент-.ли*) adv. терпѣливо, настойчиво.
Patly (*пäт'-.ли*) adv. удобно, умѣстно, кстати.
Patness (*пäт'-нес*) s. умѣстность, своевременность, правильность, соотвѣтственность.
Patriarch (*пэ'-три-арк*) s. патріархъ. [цій.
Patrician (*пä-триш'-äн*) s. патри-
Patrimonial (*пäт-ри-мо'о-ни-äл*) adj. вотчинный, родовой.
Patrimony (*пäт'-ри-мо-ни*) s. вотчина.
Patriot (*пэ'-три-от*) s. патріотъ.
Patriotism (*пэ'-три-от-изм*) s. патріотизмъ.
Patrol (*пä-тро'ол*) s. патруль, дозоръ; || va. осматривать, производить осмотръ; || vn. ходить дозоромъ.
Patron (*пэ'-трон*) s. защитникъ, покровитель. [кровительство.
Patronage (*пäт'-рöн-эдж*) s. по-
Patronize (*пäт'-рöн-айз*) va. покровительствовать, защищать.
Patronless (*пэ'-трон-лес*) adj. беззащитный.
Patronymic (*пäт-ро-ним'-ик*) s. отчество. [плуга).
Patten (*пäт'-тен*) s. лемехъ
Patter (*пäт'-тер*) vn. хлестать, ударять (о дождѣ, о градѣ); va. бормотать; разговаривать.

Pattering (*пӓт-тер-инг*) s. шумъ отъ дождевыхъ капель.
Pattern (*пӓт'-терн*) s. модель, образецъ, форма, выкройка. **To take — by,** взять за образецъ. **— book,** книга съ образчиками; || va подражать, копировать.
Patty (*пӓт'-ти*) s. пирожокъ.
Paunch (*по'онч*) s. брюхо, пузо; || рукавъ (первый желудокъ жвачныхъ); || va. потрошить.
Pauper (*по'о-пер*) s. бѣднякъ, нищій, -щая.
Pauperism (*по'о-пер-изм*) s. нищенство; пауперизмъ.
Pauperize (*по'о-пер-айз*) va. доводить до нищенства.
Pause (*по'оз*) s. остановка, промежутокъ; отдыхъ; параграфъ; (муз.) пауза; || vn. остановиться; ждать
Pave (*пэв*) va. мостить; прокладывать путь. [тротуаръ.
Pavement (*пэв'-мент*) s. мостовая;
Paver (*пэв'-ер*), **Pavier** или **Pavior** (*пэв'-йер*) s. мостильщикъ.
Paw (*по'о*) s. лапа (съ когтями); vn. va. хватать когтями, лапами, обращаться съ кѣмъ грубо.
Pawn (*по'он*) s. закладъ, залогъ; || пѣшка (въ шахматахъ). **In —,** закладывать въ ссудной кассѣ **— shop,** ссудная касса; || va. закладывать, отдавать въ закладъ
Pawnee (*пон - и'*) s. ссужающій деньги.
Pawner (*по'он-ер*) s. закладчикъ.
Pay (*пэй*) va. платить, выплачи- **He pays me with ingratitude,** онъ отплачиваетъ мнѣ неблагодарностью. **— him my respects,** передайте ему мое почтеніе. **To — one's addresses to,** ухаживать за кѣмъ либо. **I will — you for this trick,** я вамъ отплачу за это. **To — away,** отплатить. **To — back,** возвратить. **To — down,** платить наличными **To — for,** платить, вознаграждать. **To — off,** отпускать, разсчитывать. **To — out,** отплатить; || vn поплатиться. **To — through the nose,** дорого поплатиться. **It does not —,** это не выгодно; || s. плата, жалованье; уплата; доходъ; вознагражденіе. **Half —,** половинное жалованіе. **In the — of,** на жалованіи у. **— bill,** ассигновка. **— -day,** день платежа. **— -master,** уплачивающій, казначей. **— -office,** платежная касса.
Payable (*пэй'-ӓ-бл*) adj. подлежащій уплатѣ.
Payee (*пэй-и'*) s. тотъ, кому надлежитъ заплатить [-щица.
Payer (*пэй'-ер*) s. плательщикъ,
Payment (*пэй'-мент*) s. плата, уплата, вознагражденіе. **Heavy —,** крупный платежъ. **To meet a —,** быть въ состояніи уплатить. **To suspend —,** прекратить платежи.
Pea (*пи*) s. (pl. peas, pease), горошина, горохъ.
Peace (*пис*) s. миръ; тишина, покой; спокойствіе. **At —,** мирно. **To hold the —,** молчать. **To keep the —,** соблюдать миръ. **— -breaker,** нарушитель мира, тишины. **— maker,** миротворецъ. **— -offering,** искупительная жертва. **— -officer,** полицейскій чиновникъ; || interj. тише! молчите!
Peaceable (*пис'-ӓ-бл*) adj. миролюбивый, мирный, тихій.
Peaceful (*пис'-фул*) adj. тихій, смирный, миролюбивый.
Peacefully (*пис'-фул-и*) adv. тихо, смирно, миролюбиво.
Peacefulness (*пис' - фул - нес*) s. спокойствіе, тишина, миръ.
Peaceless (*пис'-лес*) adj. безпокойный.
Peach (*пич*) s. (бот.) персикъ. **— -blossom,** персиковый цвѣтъ; || va.
Peacock (*пи'-кок*) s. (орн.) павлинъ.
Peahen (*пи'-хен*) s. (орн.) пава.
Peak (*пик*) s. вершина, верхушка, остріе; || vn. имѣть хилый видъ.
Peaking (*пик'-инг*) adj. болѣзненный, бѣдный.
Peal (*пил*) s. шумъ, трескъ, грохотъ; взрывъ; звонъ. **— of laughter,** взрывъ смѣха. **To ring one a —,** * разбранить кого; || vn. раздаваться; гремѣть; || va. оглушать; прославлять.
Pear (*пэр*) s. груша.
Pearl (*пёрл*) s. жемчужина, перлъ, жемчугъ; бисеръ; || (мед.) бѣльмо. **— -barley,** перловая крупа. **— eyed,** съ бѣльмомъ въ глазу. **— oyster,** жемчужная раковина; || va. украшать, унизывать жемчугомъ.
Pearly (*пёрл'-и*) adj. жемчужный.
Peasant (*пез'-ӓнт*) s. крестьянинъ; || **— like,** крестьянскій; грубый. [стьяство.
Peasantry (*пез'-ӓнт-ри*) s. кре-
Peat (*пит*) s. торфъ. **— bog, — moss,** торфяное болото.
Pebble (*пеб' - бл*), **Pebble-stone** (*пеб' - бл - стон*) s. кремень, булыжникъ.
Pebbly (*пеб'-бли*) adj. кремнистый, покрытый кремнями.
Peccability (*пек-кӓ-бил'-и-ти*) s. грѣховность. [ный.
Peccable (*пек'-кӓ-бл*) adj. грѣхов-
Peccant (*пек'-кӓнт*) adj. виновный, грѣховный; дурной, (мед.) вредный.

Peck (*пек*) s. гарнецъ (мѣра); || * большое количество; || va. vn. долбить клювомъ, клёвать; копать, рыть.
Pecker (*пек'-ер*) s. дятелъ. **The — wood,** зеленый дятелъ.
Pectinal (*пек'-ти-нäл*) adj. гребенчатый.
Pectoral (*пек'-то-рäл*) adj. грудной; || s. грудное лекарство.
Peculate (*пек'-ю-лэт*) vn. расхищать, обкрадывать.
Peculiar (*пи-кьюл'-йäр*) adj. особенный, частный, специальный; странный; || s. свойство; особенность. [s. особенность.
Peculiarity (*пи-кьюл-йäр'-и-ти*)
Peculiarize (*пи-кьюл'-йäр-айз*) vn. принаравливать.
Peculiarly (*пи-кьюл'-йäр-ли*) adv. особенно, специально.
Pecuniary (*пи-кьюн'-йä-ри*) adj. денежный.
Pedagogue (*пед'-ä-гог*) s. педагогъ, учитель. [гогія.
Pedagogy (*пед'-ä-го-джи*) s. педа-
Pedal (*пи'-дäл*) adj. ножной; || s. (муз.) педаль. [-нтка.
Pedant (*пед'-äнт*) s. педантъ,
Pedantic (*пи-дäнт'-ик*), **Pedantical** (*пи-дäнт'-ик-äл*) adj. педантскій.
Pedantically (*пи-дäнт'-ик-äл-ли*) adv. педантически.
Pedantry (*пед'-äнт-ри*) s. педанство.
Peddle (*пед'-дл*) va. vn. заниматься мелочами; разносить товары по домамъ.
Peddler (*пед'-длер*) s. разнощикъ.
Peddlery (*пед'-длер-и*) s. мелочная торговля, торговля въ разносъ.
Peddling (*пед'-длинг*) adj. ничтожный, пустой.
Pedestal (*пед'-ес-тäл*) adj. подножіе, педесталъ. [ная.
Pedigree (*пед'-и-гри*) s. родослов-
Pedlar или **Pedler** (*пед'-лäр*) s. разнощикъ.
Pedometer (*пи-дом'-и-тöр*) s. путемѣръ, подометръ.
Peduncle (*пи-дöнк'-л*) s. стебель, черенокъ, ножка (у цвѣтовъ).
Peduncular (*пи-дöнкъ'-ю-лäр*) adj. (бот.) череночный.
Peel (*пил*) va. обирать, снимать кожу, кору; лупить; шелушить (горохъ); мять (ленъ); || * грабить, опустошать. || vn. лупиться. || s. кожа кора, шелуха; || круглая башня.
Peep (*пип*) vn. появляться, проглядывать; смотрѣть сквозь щель. **The day begins to —,** начинаетъ свѣтать. **The flowers are peeping,** цвѣты распускаются. **To — out,** высматривать. || s. появленіе; взглядъ украдкою; быстрый взглядъ **At — of day,** на разсвѣтѣ.
Peeper (*пип'-ер*) s. подсматривающій; (разг.) глазъ.
Peer (*пир*) s. перъ (титулъ); ровня; товарищъ. **To be made a —,** быть избраннымъ въ перы. || vn. являться, появляться; глядѣть.
Peerage (*пир'-эдж*) s. достоинство пера.
Peerless (*пир'-лес*) adj. несравненный, безподобный.
Peerlessly (*пир'-лес-ли*) adv. несравненно, безподобно.
Peerlessness (*пир'-лес-нес*) s. несравненность, безподобность.
Peevish (*пи'-виш*) adj. недовольный, брюзгливый.
Peevishly (*пи-виш-ли*) adv. недовольно, брюзгливо.
Peevishness (*пи'-виш-нес*) s. сварливость, брюзгливость.
Peg (*пиг*) s. деревянный гвоздь; вѣшалка; втулка (у бочки); || * степень. **To come down a —,** понижаться. || va. прибивать гвоздями; || vn. нападать на что.
Pelf (*пелф*) s. деньги, богатство.
Pell (*пел*) s. кожа, пергаментъ.
Pellet (*пел'-лет*) s. шарикъ; пуля; || va. дѣлать шарики.
Pellicle (*пел'-ли-кл*) s. кожица, перепонка.
Pellitory (*пел'-ли-тö-ри*) s. (бот.) стѣнница. [порядочно.
Pell-mell (*пел-мел'*) adv. без-
Pellucid (*пел-лью'-сид*) adj. свѣтлый, прозрачный.
Pelt (*пелт*) s. шкура, кожа. **— monger,** кожевникъ, сыромятникъ; || va. бросать, бить, колотить, тузить. **To — any one with snow balls,** бросать въ кого либо снѣжки.
Pelting (*пелт'-инг*) s. приступъ, штурмъ; нападеніе; атака. **A — with stones,** побіеніе камнями.
Peltry (*пелт'-ри*) s. пушной товаръ; мѣха.
Pen (*пен*) перо. **Quill —,** писчее гусиное перо. **— -holder,** ручка (для метал. перьевъ); || va. писать; || * излагать (мысли); сочинять.
Penal (*пи'-нäл*) adj. карательный, уголовный.
Penalty (*пен'-äл-ти*) s. наказаніе, кара; пеня.
Penance (*пен'-äнс*) s. покаяніе, раскаяніе. **To do — for,** покаяться.
Pance (*пенс*) pl. отъ **Penny.**
Pencil (*пен'-сил*) s. кисть, кисточка; карандашъ; пучокъ лучей свѣта. **— -case,** рейсфедеръ; || va. рисовать, чертить.
Pendant (*пенд'-äнт*) s. подвѣска; || серьга; украшеніе.

Pendency (*пенд'-ен-си*) s. (юрид.) время продолженія тяжбы

Pendent (*пенд'-ент*) adj висячій; выдающійся.

Pending (*пенд'-инг*) prep впродолженіе, во время

Pendulosity (*пендь-ю-лос'-и-ти*), **Pendulousness** (*пендь'-ю-лôс-нес*) s привѣшанность; переходное состояніе.

Pendulous (*пендь'-ю-лôс*) adj. висячій; переходный; || * сомнительный [никъ (у часовъ).

Pendulum (*пендь'-ю-лôм*) s. маят-

Penetrability (*пен-и-трâ-бил'-и-ти*) s. проницаемость.

Penetrable (*пен'-и-трâ-бл*) adj. проницаемый.

Penetrablenes (*пен'-и-трâ-бл-нес*) s. проницаемость.

Penetrant (*пен'-и-трâ-нт*) adj проницательный.

Penetrate (*пен'-и-трэт*) va. vn. проникать, -ся; постигать.

Penetrating (*пен'-и-трэ-тинг*) adj. проницательный.

Penetration (*пен-и-трэ'-шôн*) s. проницаніе; проницательность

Penetrative (*пен'-и-трэ-тив*) adj. проницательный; пронизывающій

Penguin (*пен'-гуин*) s. (орн.) пингвинъ.

Penitence (*пен'-и-тенс*), **Penitency** (*пен'-и-тен-си*) s. покаяніе, раскаяніе, [щійся.

Penitent (*пен'-и-тент*) adj. кающ-

Penitentiary (*пен-и-тен'-шâ-ри*) s исповѣдникъ, духовникъ; || исправительный домъ; || adj. исправительный; покаянный.

Penitently (*пен'-и-тент-ли*) adv. съ покаяніемъ. [ный ножикъ.

Penknife (*пен'-найф*) s. перочин-

Penman (*пен'-мâн*) s. каллиграфъ, писатель, авторъ.

Pennant (*пен'-нâнт*), **Pennon** (*пен'-нôн*) s. крыло.

Pennate (*пен'-нэт*), **Pennated** (*пен'-нэт-ед*) adj. пернатый.

Penniless (*пен'-ни-лес*) adj. безденежный, неимущій.

Pennilessness (*пен'-ни-лес-нес*) s безденежье, бѣдность.

Penny (*пен'-ни*) s. въ pl. **Pennies** (о числѣ монетъ) и **Pence** (о суммѣ денегъ), s. пенни, пенсъ **Twelve pence make a shilling.** Въ шиллингѣ двѣнадцать пенсовъ **A few pennies,** нѣсколько пенни. **No —, no paternoster,** безъ денегъ—нѣтъ и службы. **To turn an honest —,** добывать деньги честнымъ путемъ. **— -postage,** почтовая плата въ одинъ пенни. **— -weight,** двадцатая часть унціи. **— -wise,** разсчетливый въ мелочахъ, мелочной.

Pennyworth (*пен'-ни-уôрсз*) s. стоимость пенни; небольшое количество. **To have one's —,** имѣть не свои деньги, **To get a bad —,** заключить невыгодную сдѣлку. [виснувшій.

Pensile (*пен'-сил*) adj висячій; по-

Pension (*пен'-шôн*) s. пенсіонъ, пенсія; платежи; рента; || va. назначить пенсію, **To — off,** дать отставку съ пенсіею.

Pensioner (*пен'-шôн-ер*) s. пенсіонеръ; (воен.) инвалидъ.

Pensive (*пен'-сив*) adj. задумчивый грустный, печальный.

Pensively (*пен'-сив-ли*) adv задумчиво; грустно, печально

Pensiveness (*пен'-сив-нес*) s. задумчивость; грусть.

Pent (*пент*) part. p. отъ **Pen** и adj. огороженный; || s. ограда.

Pentagon (*пен'-тâ-гон*) s. (геом.) пятиугольникъ.

Pentecost (*пен'-ти-кост*) s. пятидесятница, троицынъ день.

Penthouse (*пент'-хаус*) s. навѣсъ кровля. [предпослѣдній.

Penultimate (*пи-нôлт'-и-мет*) adj.

Penumbra (*пи-нôм'-бра*) s. полутѣнь полусвѣтъ.

Penurious (*пи-нью'-ри-ôс*) adj. скупой; бѣдный; скудный.

Penuriously (*пи-нью'-ри-ôс-ли*) adv. скупо; бѣдно, скудно.

Penuriousness (*пи-нью'-ри-ôс-нес*) s. скупость, скудость, недостатокъ

Penury (*пень'-ю-ри*) s. бѣдность, нищета.

People (*пи'-пл*) s. народъ, нація; жители, обитатели; сословіе; лица, люди. **The — of Moscow,** обитатели Москвы. **An enlightened —,** просвѣщенный народъ. **The Chinese —,** китайцы. **Country —,** поселяне, деревенскіе жители. **— of both sexes,** лица обоего пола, **Old —,** старики. **Young —,** молодежь. **They are good —,** это славные люди. **What will — say?** что люди скажутъ? || va. населять.

Pepper (*пеп'-пер*) s. перецъ. **— box, — caster,** перечница; || va. приправлять перцемъ; || * бить, колотить; изранить.

Peppermint (*пеп'-пер-минт*) s. (бот.) перечная мята.

Peppery (*пеп'-пер-и*) adj. перцовый, острый; вспыльчивый.

Per (*пер*) prep. черезъ, чрезъ; за; въ; на. **5 — cent,** пять процентовъ. **— ton,** на тонну. **As — invoice,** въ зависимости отъ счета. **— pais,** присяжными.

Peradventure (*пер-âд-вентъ'-юр*) adv. случайно, быть можетъ.

Perambulation (*пер-ӑм-бью-лэ'-шӧн*) s. прохожденіе; осмотръ.
Perceivable (*пер-сив'-ӑ-бл*) adj. видимый, явственный; примѣтный
Perceivably (*пер-сив'-ӑ-бл-и*) adv. видимо, явственно; примѣтно.
Perceive (*пер-сив'*) va. ощущать, чувствовать; усматривать.
Perceiver (*пер-сив'-ер*) s. чувствующій, наблюдатель.
Percentage (*пер-сент'-эдж*) s. проценты.
Perceptibility (*пер-сеп-ти-бил'-и-ти*) s. видимость, ощущаемость; примѣтность.
Perceptible (*пер-сеп'-ти-бл*) adj. видимый, замѣтный; примѣтный.
Perceptibly (*пер-сеп'-ти-бл-и*) adv видимо, замѣтно, примѣтно.
Perception (*пер-сеп'-шӧн*) s. понятіе, познаваніе, чувствованіе.
Perceptive (*пер-сеп'-тив*) adj. понимающій, сознающій, чувствующій.
Perceptivity (*пер-сеп-тив'-и-ти*) s. познаваемость.
Perch (*пӧрч*) s. (ихт.) окунь; || жердь, шесть; || насѣстъ (для птицъ); мѣра протяженія; || vn. садиться, сѣсть (о птицахъ).
Perchance (*пер-чӓнс'*) adv. случайно, можетъ быть.
Percipient (*пер-сип'-и-ент*) adj. усвояющій.
Percolate (*пӧр'-ко-лэт*) va. цѣдить фильтровать; || vn. просачиваться.
Percolator (*пӧр'-ко-лэ-тор*) s. фильтръ.
Percussion (*пер-кӧш'-ӧн*) s. ударъ толчокъ; звукъ; (мед.) выстукиваніе. **— cap,** разрывная капсюля.
Percussive (*пер-кӧс'-сив*), **Percutient** (*пер-кью'-шент*) adj. ударный, ударяющій.
Perdition (*пер-диш'-ӧн*) s. разрушеніе, раззореніе, гибель.
Perdue (*пӧр'-дью*) adv. въ засадѣ; || adj. и s. находящійся въ засадѣ
Peregrinate (*пер'-и-гри-нэт*) vn. странствовать.
Peremptorily (*пер'-ем-тӧ-ри-ли*) adv. повелительно, непреклонно.
Peremptoriness (*пер'-ем-тӧ-ри-нес*) s. повелительность, непреложность.
Peremptory (*пер'-ем-тӧ-ри*) adj. рѣшительный, окончательный.
Perennial (*пер-ен'-ни-ӑл*) adj. вѣчный, всегдашній; (бот.) многолѣтній.
Perennially (*пер-ен'-ни-ӑл-и*) adv. постоянно, безпрерывно.
Perfect (*пӧр'-фект*) adj. совершенный, полный, цѣлый; || va. совершенствовать; завершать, оканчивать; пополнять.
Perfecter (*пор'-фект-ер*) s. совершенствователь, улучшатель.
Perfectibility (*пер-фук'-ти-бил'-и-ти*) s. способность совершенствоваться.
Perfectible (*пер-фек'-ти-бл*) adj. способный совершенствоваться.
Perfection (*пер-фек'-шӧн*) s. совершенство. **To —**, превосходно.
Perfective (*пер-фек'-тив*) adj. совершенствующій; (грам.) совершенный.
Perfectly (*пер-фект'-ли*) adv. совершенно, вполнѣ.
Perfectness (*пӧр'-фект-нес*) s. совершенство; опытность.
Perfidious (*пер-фид'-и-ӧс*) adj. вѣроломный, измѣннический.
Perfidiously (*пер-фид'-и-ӧс-ли*) adv. вѣроломно, измѣннически.
Perfidiousness (*пер-фид'-и-ӧс-нес*) s. вѣроломство, измѣна.
Perfidy (*пӧр'-фи-ди*) s. вѣроломство.
Perforate (*пӧр'-фо-рэт*) va. просверливать.
Perforation (*пӧр-фо-рэ'-шӧн*) s. просверливаніе; дыра, отверстіе.
Perforator (*пӧр'-фо-рэ-тӧр*) s. буравъ.
Perforce (*пер-фо'орс*) adv. силою насильно.
Perform (*пер-форм'*) va. vn. дѣлать исполнять, выполнять; совершать исправлять. **To — on the flute,** играть на флейтѣ.
Perfomable (*пер-форм'-ӑ-бл*) adj. удобоисполнимый.
Performance (*пер-форм'-ӑнс*) s. совершеніе, исполненіе; дѣяніе, дѣло; подвигъ; поступокъ; сочиненіе; игра, исполненіе (актера); представленіе (театральное). **No — to-night,** сегодня нѣтъ спектакля. **Morning —**, утреннее представленіе.
Performer (*пер-форм'-ер*) s. исполнитель, -ница; актеръ, -триса.
Perfume (*пӧр'-фьюм*) s. благовоніе ароматъ; духи.
Perfumery (*пер-фьюм'-ер-и*) s. парфюмерія.
Perfunctorily (*пер-фӧнк'-тӧ-ри-ли*) adv. кое какъ, небрежно.
Perfunctoriness (*пер-фӧнк'-тӧ-ри-нес*) s. небрежное исполненіе.
Perfunctory (*пер-фӧнк'-тӧ-ри*) adj. сдѣланый небрежно.
Perhaps (*пер-хӓпс'*) adv. быть можетъ, авось.
Peril (*пер'-ил*) s. опасность; || vn. быть въ опасности; || va. подвергать опасности.
Perilous (*пер'-ил-ӧс*) adj опасный, рискованный.
Perilously (*пер'-ил-ӧс-ли*) adv. опасно, рискованно.
Perilousness (*пер'-ил-ӧс-нес*) s. опасность, рискованность.
Perimeter (*пи-рим'-и-тӧр*) s. (геом.) периметръ.

Period (*пи'-ри-ŏд*) s періодъ, протяженіе; время, эпоха, конецъ, окончаніе. **A — of a thousand years,** періодъ въ тысячу лѣтъ. **At an early — of history,** въ раннюю эпоху исторіи. **To put a — to,** положить конецъ чему. **To form a —,** составить эпоху.

Periodic (*пи-ри-од'-ик*), **Periodical** (*пи-ри-од'-ик-ал*) adj. періодическій, повременный; || s періодическое изданіе.

Periodically (*пи-ри-од'-ик-ăл-и*) adv. періодически, повременно

Periodicalness (*пи-ри-од'-ик-ăл-нес*) s. періодичность.

Peripatetic (*пер-и-пă-тет'-ик*) adj. перипатетическій, аристотелевскій.

Paripateticism (*пер-и-пă-тет'-и-сизм*) s. аристотелевская философія.

Periphery (*пи-риф'-ер-и*) s (геом) периферія, окружность.

Periphrase (*пер'-и-фрэз*) s. перифраза; обиняки; || vn. va. перефразировать.

Periphrastic (*пер-и-фрăс'-тик*), **Periphrastical** (*пер'-и-фрăс'-тик-ăл*) adj околичный, перифразическій.

Perish (*пер'-иш*) vn. погибать, гибнуть; чахнуть, угасать; || va. губить, разрушать.

Perishability (*пер'-иш-ă-бил'-и-ти*) s. тлѣнность, бренность.

Perishable (*пер-иш'-ă-бл*) adj. тлѣнный, преходящій.

Perishableness (*пер'-иш-ă-бл-нес*) s. см. **Perishability.**

Perishably (*пер'-иш-ă-бли*) adv. тлѣнно, преходяще.

Peristaltic (*пер-и-стăл'-тик*) adj. перистальтическій.

Periwig (*пер'-и-уиг*) s. парикъ; || va. надѣть парикъ.

Periwinkle (*пер'-и-уинкл*) s. (бот.) барвинокъ. || приморская башенка (раковина).

Perjure (*пŏр'-джур*) va. **To — one's self,** нарушить клятву; ложно клясться.

Perjurer (*пŏр'-джур-ер*) s. клятвопреступникъ.

Perjury (*пŏр'-джŏ-ри*) s. клятвопреступленіе, вѣроломство.

Perk (*пŏрк*) adj. щегольской, нарядный; || va. украшать, наряжать. || vn. чваниться.

Permanence (*пŏр'-мă-ненс*) **Permanency** (*пŏр'-мă-нен-си*) s неподвижность, неизмѣнность.

Permanent (*пŏр'-мă-нент*) adj прочный, неизмѣнный, постоянный.

Permanently (*пŏр'-мă-нент-ли*) adv. прочно, неизмѣнно, постоянно.

Permeability (*пŏр-ми-ă-бил'-и-ти*) s. проницательность, проходимость

Permeable (*пŏр'-ми-ă-бл*) adj. проницаемый.

Permeate (*пŏр'-ми-эт*) va. проникать. [прониканіе.

Permeation (*пŏр-ми-э'-шŏн*) s.

Permissible (*пер-мис'-си-бл*) adj. позволительный.

Permission (*пер-миш'-ŏн*) s. позволеніе.

Permissive (*пер-мис'-сив*) adj. позволяющій, дозволительный.

Permit (*пер'-мит'*) va. vn. дозволять, позволять; || s. пропускъ, отпускъ. [замѣнимый.

Permutable (*пер-мью'-тă-бл*) adj.

Permutableness (*пер-мью'-тă-бл-нес*) s. замѣнимость.

Permutably (*пер'-мью'-тă-бли*) adv. замѣнимо.

Permutation (*пŏр-мью-тэ'-шŏн*) s. размѣнъ, обмѣнъ, перемѣна.

Permute (*пер-мьют'*) va. vn. промѣнивать (что); мѣняться (чѣмъ).

Pernicious (*пер-ниш'-ŏс*) adj вредный, пагубный.

Perniciously (*пер-ниш'-ŏс-ли*) adv. вредно, пагубно.

Perniciousness (*пер-ниш'-ŏс-нес*) s. вредность, пагубность.

Peroration (*пер-о-рэ'-шŏн*) s. заключеніе рѣчи.

Perpender (*пер'-пенд'-ер*), **Perpent-stone** (*пŏр'-пенд-стон*) s. проемный камень.

Perpendicular (*пŏр-пен-дик'-ю-лăр*) adj. перпендикулярный, отвѣсный; || s. перпендикуляръ.

Perpetrate (*пŏр'-пи-трэт*) va. совершать (преступленіе).

Perpetration (*пŏр-пи-трэ'-шŏн*) s. совершеніе (преступленія).

Perpetrator (*пŏр'-пи-трэ-тŏр*) s. преступникъ, виновный.

Perpetual (*пер-петъ'-ю-ăл*) adj. вѣчный, безконечный.

Perpetually (*пер-петъ'-ю-ăл-и*) adv. вѣчно, безконечно.

Perpetuate (*пер-петъ'ю-эт*) va. навсегда продолжать; увѣковѣчивать.

Perpetuation (*пер-петъ-ю-э'-шŏн*) s. увѣковѣчиваніе.

Perpetuity (*пер-пи-тью'-и-ти*) s. продолженіе навсегда.

Perplex (*пер-плекс'*) va. смущать; запутывать; досаждать.

Perplexed (*пер-плекст'*) adj. смущенный; запутанный; обезпокоенный.

Perplexity (*пер-плекс'-и-ти*) s. смущеніе, недоумѣніе, запутанность.

Perquisite (*пŏр'-куи-зит*) s. особое вознагражденіе.
Perquisition (*пŏр-куи-зиш'-ŏн*) s. розыскъ, изслѣдованіе.
Perron (*пер'-рŏн*) s. подъѣздъ, крыльцо.
Perroquet (*пер-ро-кет'*) s. попугай.
Perry (*пер'-ри*) s. грушовка (наливка).
Persecute (*пŏр'-си-кьют*) va. гнать, преслѣдовать; докучать.
Persecution (*пŏр-си-кью'-шŏн*) s. гоненіе, преслѣдованіе.
Persecutive (*пŏр'-си-кью-тиe*) adj. преслѣдующій.
Persecutor (*пŏр'-си-кью-тŏр*) s. гонитель, преслѣдователь.
Perseverance (*пŏр-си-вир'-ăнс*) s. настойчивость, постоянство.
Persevere (*пŏр-си-вир'*) va. упорствовать.
Persevering (*пŏр-си-вир'-инг*) adj. упорный, настойчивый.
Perseveringly (*пŏр-си-вир'-инг-ли*) adv. упорно, настойчиво.
Persia (*пŏр'-шиа*) npr. (геог.) Персія
Persist (*пер-сист'*) vn. оставаться; упорствовать, быть настойчивымъ.
Persistence (*пер-сист-енс*), **Persistency** (*пер-сист'-ен-си*) s. постоянство, настойчивость; упорство.
Persistent (*пер-сист'-ент*), **Persisting** (*пер-сист'-инг*) adj. (бот.) постоянный.
Persistive (*пер-сист'-ив*) adj. настойчивый, упорный.
Person (*пŏр'-сн*) s. особа, лицо, персона; внѣшность, наружность. **Many — s**, многія лица; (грам.) **In the third —**, въ третьемъ лицѣ
Personable (*пŏр'-сŏн-ă-бл*) adj. предварительный; (юрид.) правоспособный.
Personage (*пŏр'-сŏн-эдж*) s. особа, лицо; || (театр.) дѣйствующее лицо.
Personal (*пŏр'-сŏн-ăл*) adj. личный; (юрид.) движимый. — **estate**, движимость. — **property**, движимая собственность.
Personality (*пŏр-сŏн-ăл'-и-ти*) s. личность.
Personally (*пŏр' - сŏн - ăл-и*) adv. лично, самолично.
Personalty (*пŏр'-сŏн-ăл-и-ти*) s. (юрид.) движимое имущество.
Personate (*пŏр'-сŏ-нэт*) va. изображать, принимать видъ, подражать, выдавать себя за кого.
Personation (*пŏр-сŏн-э'-шŏн*) s. выдаваніе себя за кого.
Personator (*пŏр-сŏн-э'-тŏр*) s. выдающій себя за кого; актеръ.
Personification (*пер-сон-и-фи-кэ'-шŏн*) s. олицетвореніе.
Personify (*пер-сон'-и-фай*) va. олицетворять.
Perspective (*пер-спек'-тив*) s. перспектива; видъ; зрительная труба; || adj. зрительный, оптическій, перспективный.
Perspectively (*пер-спек'-ти-ве-ли*) adv. перспективно, оптически.
Perspicacious (*пŏр-спи-кэ'-шŏс*) adj. прозорливый, проницательный.
Perspicaciously (*пŏр-спи-кэ'-шŏс-ли*) adv. прозорливо, проницательно
Perspicacity (*пŏр-спи-кăс'-и-ти*) s. прозорливость, проницательность.
Perspicuity (*пŏр-спи-кью'-и-ти*) s. ясность; очевидность.
Perspicuous (*пер-спикъ'-ю-ŏс*) adj. ясный, очевидный; вразумительный.
Perspicuously (*пер-спикъ'-ю-ŏс-ли*) adv. ясно, очевидно; вразумительно.
Perspicuousness (*пер-спикъ'-ю-ŏс-нес*) s. ясность, очевидность, понятность.
Perspirable (*пер-спайр'-ă-бл*) adj. (мед.) выходящій испариною.
Perspiration (*пŏр-спи-рэ'-шŏн*) s. (мед.) испареніе, потъ.
Perspire (*пер-спайр'*) vn. выходить потомъ, испараться.
Persuadable (*пер-суэд'-ă-бл*) adj. убѣдимый.
Persuade (*пер-суэд'*) va. убѣждать, уговаривать, увѣрять. **To — from**, разубѣждать въ чемъ.
Persuader (*пер-суэд'-ер*) adj. убѣждающій.
Persuasibility (*пер-суэ-си-бил'-и-ти*) s. склонность воспринимать чужіе доводы, убѣдительность.
Persuasible (*пер-суэ'-си-бл*) adj. поддающійся убѣжденію.
Persuasion (*пер-суэ'-жŏн*) s. убѣжденіе; увѣренность; вѣра.
Persuasive (*пер-суэ'-сив*) adj. убѣдительный.
Persuasively (*пер-суэ'-сив-ли*) adv. убѣдительно.
Persuasiveness (*пер-суэ'-сив-нес*) s. убѣдительность.
Persuasory (*пер-суэ'-сŏ-ри*) adj. убѣдительный.
Pert (*пŏрт*) adj. живой, проворный, рѣзвый; смѣлый.
Pertain (*пер-тэн'*) vn. принадлежать; касаться.
Pertinacious (*пŏр-ти-нэ'-шŏс*) adj. упрямый; настойчивый.
Pertinaciously (*пŏр-ти-нэ'-шŏс-ли*) adv. упрямо; настойчиво.
Pertinaciousness (*пŏр-тинэ'-шŏс-нес*), **Pertinacity** (*пŏр-ти-нăс'-и-ти*) s. упрямство; настойчивость, упорство.
Pertinence (*пŏр'-ти-ненс*), **Perti-**

nency (*пöр'-ти-нен-си*) s. соотвѣтственность, умѣстность, приличіе.

Pertinent (*пöр'-ти-нент*) adj подходящій, соотствѣтвующій; приличный.

Pertinently (*пöр' - ти - нент-ли*) adv. кстати, соотвѣтственно, умѣстно.

Pertinentness (*пöр'-ти-нент-нес*) s. соотвѣтственность, приличіе

Pertly (*пöрт'-ли*) adv весело, живо, проворно; смѣло, дерзко.

Pertness (*пöрт'-нес*) s. живость, бодрость, рѣзвость; смѣлость, дерзость.

Perturb (*пöр-тöрб'*) va смущать, волновать, тревожить.

Perturbation (*пöр-тöр-бэ'-шöн*) s смущеніе, волненіе, тревога.

Perturbator (*пöр-тöр-бэ'-тöр*), **Perturber** (*пер-тöрб'-ер*) s возмутитель, смутьянъ.

Pertuse (*пер - тьюз'*), **Pertused** (*пер-тьюзд'*) adj пробуравленный, просверленный

Pertusion (*пер-тью'-жöн*) s. пробуравливаніе, сверленіе

Peru (*пиру'*) npr (геогр.) Перу

Peruke (*пер'-ук*) s. парикъ — **maker,** парикмахеръ.

Perusal (*пи-ру'-зäл*) s. чтеніе; разсмотрѣніе. [сматривать

Peruser (*пи-руз'*) va. читать; раз-

Peruser (*пи-руз'-ер*) s. читатель, изслѣдователь, наблюдатель.

Pervade (*пер-вэд'*) va. проникать, обнимать [каніе

Pervasion (*пер-вэ'-жöн*) s. проник-

Perverse (*пер-вöрс'*) adj. извращенный; испорченный, развратный.

Perversely (*пер-вöрс'-ли*) adv. извращенно, навыворотъ; развратно

Perverseness (*пер-вöрс'-нес*) s. извращенность, испорченность, развратъ; злость.

Perversion (*пер-вöр'-шöн*), **Perversity** (*пер-вöр'-си-ти*) s. испорченность, извращеніе.

Perversive (*пер-вöр'-сив*) adj. извращающій; портящій.

Pervert (*пер'-вöрт*) va. совращать съ пути истины, развращать; извращать; искажать. **To — truth,** искажать истину. **To — the meaning,** извратить смыслъ.

Perverter (*пер-вöрт'-ер*) s. извращающій (что); развратитель.

Pervertible (*пер-вöрт'-и-бл*) adj. извратимый; развратимый.

Pervious (*пöр'-ви-öс*) adj. проницаемый; проходимый; пропускающій что.

Perviousness (*пöр'-ви-öс-нес*) s. проницаемость, проходимость.

Pessimist (*пес'-си-мист*) s пессимистъ.

Pest (*пест*) s чума, моръ; || * язва, бичъ. — **-house,** больница для чумныхъ.

Pester (*пес'-тер*) va безпокоить надоѣдать, запруживать

Pesterer (*пес'-тер-ер*) s мучитель, надоѣдало.

Pestiferous (*пес-тиф'-ер-öс*) adj пагубный, гибельный, || чумный

Pestiferously (*пес-тиф'-ер-öс-ли*) adv пагубно, гибельно.

Pestilence (*пес'-ти-ленс*) s. чума, моръ, зараза, испорченность

Pestilent (*пес'-ти-лент*) adj чумный, заразительный, пагубный; злой

Pestilential (*пес-ти-лен'-шäл*) adj. чумный, заразительный, пагубный; вредный

Pestle (*пес'-л*) s пестъ, пестикъ.

Pet (*пет*) s. вспышка досады, || любимецъ; || va. нѣжить, лелѣять.

Petal (*пет'-äл*) s. (бот.) лепестокъ.

Peter (*пи'-тер*) npr. Петръ.

Petersburg (*пи'-терз-бöрг*) npr. (геогр.) Петербургъ.

Petiolate (*пет'-и-о-лэт*), **Petioled** (*пет'-и-олд*) adj. (бот.) имѣющій ножку.

Petiole (*пет'-и-ол*) s. (бот.) ножка, черешокъ (у листа).

Petition (*пи-тиш'-öн*) s. петиція, прошеніе, мольба; просьба **To draw up a —.** || va просить, упрашивать, умолять, подавать прошеніе.

Petitionary (*пи-тиш'-öн-ä-ри*) adj просительный

Petitioner (*пи-тиш'-öн-ер*) s. проситель, челобитчикъ.

Petitioning (*пи-тиш'-öн-инг*) s. прошеніе; представленіе прошенія

Petrel (*пет'-рел*) s. глупышъ.

Petrescence (*пи-трес'-сенс*), **Petrification** (*пет-ри-фи-кэ'-шöн*), **Petrifaction** (*пет-ри-фäк'-шöн*) s. окаменѣніе, окаменѣлость.

Petrifactive (*пет-ри-фäк'-тив*), **Petrific** (*пи-триф'-ик*) adj. окаменяющій, приводящій въ окаменѣлое состояніе.

Petrify (*пет'-ри-фай*) va. окаменѣть; || * очерствлять (сердце); || vn. каменѣть.

Petrol (*пи-тро'ол*), **Petroleum** (*пи-тро'-о-ли-öм*) s. керосинъ.

Petronal (*пет'-ро-нел*) s. кремневый пистолетъ.

Petrous (*пи'-трöс*) s каменистый, каменный, окаменѣлый; || жесткій

Petticoat (*пет'-ти-кот*) s. юбка, юбочка; дѣтское платье.

Pettifogger (*пет'-ти-фог-гер*) s. кляузникъ, сутяга.

Pettiness (*пет'-ти-нес*) s. малость, маловажность.
Pettish (*пет'-тиш*) adj. раздражительный; угрюмый.
Pettishly (*пет'-тиш-ли*) adv. раздражительно, угрюмо.
Pettishness (*пет'-тиш-нес*) s. раздражительность, угрюмость.
Pettitoes(*пет'-ти-тоз*) s.pl. лапки, поросячьи ножки; || ноги.
Petty (*пет'-ти*) adj. маленькій; маловажный; подчиненый, низшій. **A — quarrel**, пустяшная ссора. **— session**, судъ мировыхъ судей.
Petulance (*петь'-ю-ланс*), **Petulancy** (*петь'-ю-лан-си*) s. рѣзвость, живость.
Petulant (*петь'-ю-лант*) adj. рѣзвый, живой, прихотливый.
Petulantly (*пет'-ю-лант-ли*) adv. рѣзво, живо, прихотливо.
Pew (*пью*) s. загороженное мѣсто, скамья въ церкви. **— opener**, сторожъ (при церкви).
Pewter (*пью'-тер*) s. олово, оловянная посуда.
Phantom (*фан'-том*) s. привидѣніе, призракъ.
Pharisaic (*фар-и-сэ'-ик*), **Pharisaical** (*фар-и-сэ'-ик-ал*) adj. фарисейскій, лицемѣрный.
Pharisee (*фар'-и-си*) s. фарисей; || лицемѣръ, ханжа.
Pharmaceutic (*фар-ма-сью'-тик*) **Pharmaceutical** (*фар-ма-сью'-тик-ал*) s. фармацевтическій, аптекарскій.
Pharmacology (*фар-ма-кол'-о-джи*) s. фармакологія.
Pharmacy (*фар'-ма-си*) s. аптека.
Pharos (*фэ'-рос*) s. маякъ.
Pharynx (*фар'-инкс*) s. (анат.) зѣвъ, глотка.
Phase (*фэз*), **Phasis** (*фэ'-зис*) (въ pl. **Phases**) видоизмѣненіе, перемѣна; (астр.) фаза.
Pheasant (*фэз'-ант*) s. фазанъ (птица).
Pheese (*физ*) s. безпокойство, возбужденіе.
Phenix (*фи'-никс*) s. фениксъ (птица и созвѣздіе).
Phenomenal (*фи-ном'-и-нал*) adj. феноменальный.
Philanthropic (*фил-ан-сзроп'-ик*), **Philantropical** (*фил-ан-сзип'-ик-ал*) adj. филантропическій, благотворительный.
Philanthropy (*фи-лан'-сзро'-пи*) s. филантропія, благотворительность
Philologer (*фи-лол'-о-джер*), **Philologist** (*фи-лол'-о-джист*) s. филологъ, языковѣдъ.
Philology (*фи-лол'-о-джи*) s. филологія, языковѣденіе.
Philomel (*фил'-о-мел*) adj. темножелтый.
Philosopher (*фи-лос'-о-фер*) s. философъ.
Philosophize (*фи-лос'-о-файз*) vn. философствовать, умствовать.
Philosophy (*фи-лос'-о-фи*) s. философія. **Natural —**, физика.
Philter (*фил'-тер*) s. любовное зелье; || vn. привораживать, очаровывать.
Phiz (*физ*) s. рожа, харя.
Phlegm (*флем*) s. (мед.) флегма, мокрота; || * равнодушіе.
Phlegmatic (*флег-мат'-ик*) adj. флегматичный, равнодушный.
Phlegmatically (*флег-мат'-ик-ал-и*) adv. флегматично, равнодушно.
Phlegmon (*флег'-мон*) s. (мед.) флегмона.
Phonetic (*фо-нет'-ик*) adj. фонетическій; звуковой.
Phonetically (*фо-нет'-ик-ал-ли*) adv. фонетически.
Phonics (*фон'-икс*) s. фонетика.
Phonograph (*фо'о-но-граф*) s. фонографъ.
Phosphate (*фос'-фэт*) s. (хим.) фосфорнокислая соль.
Phosphor (*фос'-фор*) s. (хим.) фосфоръ.
Phosphorate (*фос'-фор-эт*) va. (хим.) насыщать форфоромъ.
Phosphorescence (*фос'-фор-ес-сенс*) s. фосфоричность.
Phosphorescent (*фос'фор-ес-сент*) s. фосфорическій.
Phosphorous (*фос'-фор-ос*) adj (хим.) фосфористый.
Photograph (*фо'о-то-граф*) s. фотографическій снимокъ.
Photography (*фо-тог-ра-фи*) s. фотографія.
Phrase (*фрэз*) s. фраза; стиль. **As the — goes**, какъ говорится. **—-book**, сборникъ фразъ. || va. выражать, говорить.
Phraseologic (*фрэ-зи-о-лодж'-ик*), **Phraseological** (*фрэ-зи-о-лодж-ик-ал*), adj. фразеологическій.
Phrenetic (*фри-нет'-ик*) adj. и s. бѣшенный, разъяренный.
Phrenology (*фри-нол'-о-джи*) s. френологія.
Physic (*физ'-ик*) s. медицина.
Physical (*физ'-ик-ал*) adj. медицинскій; физическій. **— strength**, физическая сила. **In a — sense**, въ физическомъ смыслѣ.
Physician (*фи-зиш'-ан*) s. врачъ, лекарь.
Physiognomy (*физ-и-ог'-но-ми*) s. физіономія.
Physillogy (*физ-и-ол'-оджи*) s. физіологія.
Piano (*пи-а'-но*), **Piano-forte** (*пи-а-но-фор-тэ*) s. (муз.) фортепіано. **Upright —**, піанино. **Grand —**, рояль. **To play the —**, играть на роялѣ. **— maker**, фабрикантъ роялей.

Pica (*пай'-ка*) s. (орн.) сорока; || (мед.) извращенный аппетитъ.
Picaroon (*пик-ӑ-рун'*) s. грабитель, пиратъ.
Pick (*пик*) va. клевать, долбить, щипать; очищать, выбирать, искать; прокалывать, протыкать; воровать. **To — the best**, выбрать лучшее. **To — a quarrel with**, затѣять съ кѣмъ либо ссору **To — pockets**, воровать у прохожихъ изъ кармановъ. **To — out**, ощипывать; снимать, извлекать; поймать. **To — up**, поднимать, подпирать, подцѣпить. || vn. ѣсть безъ аппетита; дѣлать что тщательно. || s. пика, заступъ; || выборъ.
Pickaback (*пик'-ӑ-бӑк*) adv. вви-дѣ ноши на спинѣ.
Pickaninny (*пик'-ӑ-нин-ни*) s. ребенокъ.
Pickaxe (*пис'-ӑкс*) s. мотыка, заступъ, кирка.
Picked (*пик'-ед*) adj. остроконечный, острый.
Pickeer (*пик'-ир*) va. грабить.
Picker (*пик'-ер*) s. собиральщикъ, подбиральщикъ.
Picket (*пик'-ет*) s. колъ, столбъ; (воен.) пикетъ; || va. обносить кольями; привязывать къ столбу.
Picking (*пик'-инг*) s. собираніе, уборка; очистка; сортировка; || желѣзнякъ; || мелкая кража.
Pickle (*пик'-л*) s. разсолъ; уксусъ; пикули; || непріятное положеніе; || повѣса, шалунъ. **Mixed —s**, огурцы въ разсолѣ. **To be in a fine —**, быть въ затрудненіи. **— -herring**, паяцъ, гаеръ, скоромохъ. || va. солить, класть въ разсолъ, мариновать, выдавать копію за подлинникъ; журить кого. **To — cucumbers**, приготовлять корнишоны.
Pickled (*пик'-лд*) adj. соленый, маринованный; || * отъявленный. **— oysters**, маринованныя устрицы.
Picklock (*пик'-лок*) s. отмычка.
Pickpocket (*пик'-пок-ет*) s. карманный воришка.
Pickthank (*пик'-зсӑнк*) s. льстецъ, угодникъ.
Picnic (*пик'-ник*) s. пикникъ.
Pictorial (*пик-то'о-ри-ӑл*) adj. живописный, картинный; иллюстрированный.
Pictorially(*пик-то'о-ри-ӑл-ли*)adv. живописно, картинно; иллюстрированно, съ рисунками.
Picture (*пикть'-юр*) s. картина, живопись; портретъ; изображеніе. **He is the — of his father**, онъ портретъ своего отца. **A — of pastoral life**, картина деревенской жизни. **A — of grief**, изображеніе страданія. **— book**, книга съ рисунками, **— -frame**, рамка. **— -gallery**, картинная галлерея.
Picturesque (*пикть-юр-еск'*) adj. живописный, картинный.
Picturesquely (*пикть-юр-еск'-ли*) adv. живописно, картинно.
Picturesqueness (*пикть-юр-еск'-нес*) s. живописность, картинность
Piddle (*пид'-дл*) vn. ѣсть безъ аппетита, кусочками; заниматься пустяками; мочиться (о дѣтяхъ).
Pie (*пай*) s. пирогъ, паштетъ; || сорока (птица); || служебникъ. **Apple —**, яблочный пирогъ. **To have a finger in the —**, * имѣть рыльце въ пушку.
Piebald (*пай'-болд*) adj. пестрый; пѣгій (о лошади).
Piece (*пис*) s. кусокъ, часть, штука; обломокъ; заплата; піеса; сочиненіе; образецъ; дѣйствіе. **A — of cloth**, кусокъ сукна. **A — of furniture**, мебель. **A penny a —**, пенни за каждую вещь. **— of water**, водный резервуаръ,озеро. **To come to —s**, распадаться на части. **A field —**, полевыя орудія. **A — of music**,музыкальная пьеса. **All of a —**, изъ одного куска. **— -work**, поштучная работа. **A — of advice**, совѣтъ. **A — of folly**, безумное дѣйствіе. || va. заплачивать, починивать; продлить; прибавить; соединить. **To — out**, добавлять, надстилать, продолжать. **To — up**, чинить, поправлять, заглаживать. || vn. смѣшиваться, соединяться, сплачиваться.
Pieceless (*пис'-лес*) adj. цѣльный.
Piecemeal (*пис'-мил*) adj. составленный изъ кусковъ; отдѣльный; || adv. по кускамъ, поштучно; мало по малу.
Piecer (*пи'-сер*) s. штопальщикъ.
Pied (*пайд*) adj. пестрый.
Piedness (*пайд'-нес*) s. пестрота.
Pier (*пир*) s. столбъ, свая, бык (у моста); дамба, плотина. **— glass**, простѣночное зеркало, трюмо.
Pierce (*пирс*) va. прокалывать, протыкать, буравить; починать (вино); проникать; трогать, растрогать; || vn. врываться силою.
Piercing (*пис'-синг*) adj. просверливающій, острый; пронзительный, проницательный.
Piercingly (*пис'-синг-ли*) adv, просверливая, остро, пронзительно, проницательно.
Pietist (*пай'-и-тист*) s. піетистъ, ханжа.
Piety (*пай'-и-ти*) s. благочестіе, набожность.
Pig (*пиг*) s. свинья, поросенокъ; (мет.) свинка, слитокъ. **Sucking —**, молочный поросенокъ. **To buy a — in a poke**, купить что заглазно. || vn. пороситься; || валять-

ся на неопрятной постели. — **-headed**, глупый. — **-iron**, чугунъ въ болванкахъ.

Pigeon (*пидж'-ён*) s. голубь (птица). **Carrier —**, почтовый голубь. **Wild —, wood —**, дикій голубь. — **-hearted**, робкій. — **-hole**, голубиное гнѣздо; клѣтка въ ящикѣ. — **-house**, голубятня.

Piggery (*пиг'-гер-и*) s. свиной хлѣвъ.

Piggish (*пиг'-гиш*) adj. свиной.

Pigmean (*пиг-ми'-ън*) adj. пигмейскій, малюсенькій.

Pigment (*пиг'-мент*) s. пигментъ; грунтовая краска.

Pigmy (*пиг'-ми*) s. пигмей, карликъ.

Pigtail (*пиг'-тэл*) s. свиной хвостъ; коса; свернутый табакъ.

Pike (*пайк*) s. пика, копье, острый конецъ чего, шпилька; (ихт.) щука. — **-man**, копьеносецъ. — **-staff**, древко пики.

Pile (*пайл*) s. колъ, свая, остріе, куча, груда, костеръ; лицо (монеты); волосъ, шерсть, пухъ. — **of papers**, куча бумагъ. **A — of ruins**, развалины. **Funeral —**, погребальный костеръ. **To build upon —s**, строить на сваяхъ. || va. складывать, наваливать, громоздить; вбивать сваи.

Piles (*пайлз*) s. pl. (мед.) геморой, почечуй. [стянуть что.

Pilfer (*пил'-фер*) va. vn. воровать,

Pilferer (*пил'-фер-ер*) s. воришка.

Pilfering (*пил'-фер-инг*) s. воровство.

Pil-garlic (*пил-гар-лик'*), **Pilled-garlic** (*пилд-гар-лик'*) s. оплѣшивѣвшій отъ болѣзни; бѣднякъ.

Pilgrim (*пил'-грим*) s. странникъ, богомолецъ.

Pilgrimage (*пил'-грим-эдж*) s. паломничество, хожденіе по святымъ мѣстамъ.

Piling (*пайл'-инг*) s. сваливаніе (въ кучи); забивка свай.

Pill (*пил*) s. пилюля.

Pillage (*пил'-лэдж*) s. грабежъ, расхищеніе; || va. грабить, расхищать.

Pillager (*пил'-лэдж-ер*) s. грабежъ, расхищеніе; || va. грабитель, расхититель.

Pillar (*пил'-ляр*) s. столъ, стойка, колонна; || * подпора, поддержка.

Pillared (*пил'-лард*) adj. подпертый колоннами, столбами.

Pillion (*пил'-йон*) s. сѣдельная подушка; женское сѣдло.

Pillory (*пил'-ло-ри*) s. позорный столбъ; || va. выставлять къ позорному столбу.

Pillow (*пил'-лоу*) s. подушка, изголовье. **Advise with your —**, утро вечера мудренѣй; || va. класть на подушку.

Pilose (*пай-ло'ос*), **Pilous** (*пай'-лос*) adj. косматый, волосатый.

Pilot (*пай'-лот*) va. вести корабль; править рулемъ; || * направлять; || s. лоцманъ, штурманъ, кормчій. — **-boat**, лоцманскій ботъ. — **-cloth**, грубое сукно.

Pilotage (*пай'-лот-эдж*) s. (мор.) лоцманское искуство.

Pimento (*пи-мен'-то*) s. (бот.) ямайскій перецъ.

Pimp (*пимп*) s. сводникъ, сводня; || vn. сводничать.

Pimpernel (*пим'-пер-нел*) s. (бот.) берденецъ. [курослѣпникъ.

Pimpinella (*пим-пи-нел'-ла*) s. (бот.)

Pimping (*пимп'-инг*) adj. маленькій, малый, незначительный.

Pimple (*пим'-пл*) s. прыщъ, угорь, пузырь. [тый, угреватый.

Pimpled (*пим'-плд*) adj. прыщева-

Pin (*пин*) s. булавка; болтъ, гвоздь, шпиль; зубчикъ. **Hair —**, шпилька. **Rolling —**, скалка для тѣста. **I care not a — for it**, я объ этомъ совсѣмъ не забочусь. — **-cushion**, подушка для булавокъ; || va. прикрѣплять булавкой; укрѣплять, загонять, запирать; поймать. **To — up a gown**, подколоть платье. [редникъ.

Pinafore (*пан'-ă-фор*) s. дѣтскій пе-

Pincers (*пин'-серз*) s. щипцы, щипчики; клещи.

Pinch (*пинч*) s. щипокъ; щепотка; || * бѣда, несчастіе; нужда. **A — of snuff**, щепотка табаку. **To be at a —**, быть въ затруднительномъ положеніи. **Upon a —**, въ случаѣ надобности. || va. щипнуть, ущипнуть; жать, прижимать; вынуждать; колоть, язвить. **My shoe pinches me**, мнѣ жмутъ ботинки. **To — off a piece**, унести что либо. || vn. щипать; жать; причинять боль; быть въ нуждѣ; отказывать себѣ въ чемъ. **The cold pinches**, морозъ щиплетъ. [клещи.

Pinchers (*пинч'-ерз*) s. pl. щипцы,

Pinching (*пинч'-инг*) adj. щиплющій, причиняющій боль; рѣзкій; крайній; настоятельный. **A — necessity**, настоятельная нужда.

Pine (*пайн*) s. (бот.) сосна. — **Apple**, ананасъ (дерево и плодъ). — **-cone**, еловая шишка. — **-tree**, сосна. || vn. томиться, изнывать; чахнуть; увядать. **To — for**, тосковать, вздыхать по чемъ. || va. томить, истомлять.

Pinery (*пайн'-е-ри*) s. ананасная теплица. [овчарня.

Pinfold (*пин'-фолд*) s. загонъ,

Pinion (*пин'-йон*) s. перо; крылышко, крыло; ручныя кандалы; ||

(мех.) шестерня; || va. связывать (крылья, руки), подрѣзывать крылья; заковывать.
Pinioned (*пин'-йонд*) adj. крылатый.
Pink (*пинк*) s. глазокъ; (бот.) гвоздика; розовая краска; модель, образецъ; верхъ совершенства, (ихт.) пискарь; (мор.) транспортное судно. **You have taken the very—of them**, вы выбрали самое красивое. || adj. розовый. || va. протыкать, прокалывать, пронзать; красить въ розовый цвѣтъ.
Pinnacle (*пин'-нă-кл*) s. легкая башенка; шпицъ, зубецъ; верхушка; || * верхъ. **The — of glory**, верхъ славы.
Pinner (*пин'-нер*) s. пришпиливающій булавки; || загонщикъ овецъ
Pint (*пайнт*) s. пинта (половина кварты).
Pintado (*пин-тэ'-до*) s. (орн.). цесарка.
Pintle (*пинт'-тл*) s. булавочка; гвоздь; || (мор.) крюкъ у руля.
Pioneer (*пай-о-нир'*) s. піонеръ; || va. прокладывать дорогу.
Piony (*пай'-о-ни*) s. (бот.) піонъ, марьинъ корень.
Pious (*пай'-ŏc*) adj. благочестивый, набожный. **A — woman**, благочестивая женщина. **A — deed**, богоугодное дѣло.
Pipe (*пайп*) s. труба; трубка; дудка, свирѣль; флейта, свистокъ; || дыхательное горло, голосъ; || бочка (въ 447 литровъ). **Branch —**, колѣно трубы. **A water —**, водопроводная труба. **To light one's —**, закурить свою трубку. **— -fish**, угорь. **The wind —**, дыхательное горло. || va. vn. играть на духовомъ инструментѣ, пищать, свистать.
Piping (*пайп'-инг*) adj. слабый; болѣзненный; || кипящій. **— hot**, кипящій, горячій. || s. обшивка (платья).
Pipkin (*пип'-кин*) s. глиняный горшечекъ.
Piquancy (*пик'-ăн-си*) s. пикантность, ѣдкость; колкость, рѣзкость.
Piquant (*пик'-ăнт*) adj. пикантный, ѣдкій; колкій, рѣзкій.
Piquantly (*пик'-ăнт-ли*) adv. пикантно, ѣдко; колко, рѣзко.
Pique (*пик*) s. неудовольствіе, негодованіе; возбужденіе; || va. раздражать, уколоть, обидѣть. **To — one's self on**, претендовать на что либо
Piquet (*пик'-ет*) s. пикетъ.
Piracy (*пай'-рă-си*) s. пиратство; литературное воровство.
Pirate (*пай'-рэт*) s. пиратъ; судно пиратовъ; литературный воръ; || va. пиратствовать; перепечатывать безъ разрѣшенія автора
Piratical (*пай-рăт'-ик-ăл*) adj. разбойничій, пиратскій; перепечатанный безъ разрѣшенія автора.
Piratically (*пай-рăт'-ик-ăл-и*) adv. разбойнически, по пиратски; перепечатывая безъ разрѣшенія автора.
Pirouette (*пир-у-ет'*) s. пируэтъ; || vn. выдѣлывать пируэты, вертѣться на одной ногѣ.
Piscatorial (*пис-кă-то'о-ри-ăл*), **Piscatory** (*пис'-кă-тō-ри*) adj. рыболовный.
Pisces (*пис'-сиз*) s. pl. Рыбы (знакъ Зодіака).
Pisciculture (*пис'-си-кŏл-чур*) s. рыболовство.
Piscina (*пис-сай'-на*) s. резервуаръ для купанія; || бассейнъ для живой рыбы.
Piscinal (*пис-сай'-нăл*) adj. относящійся къ садку, къ рыбному пруду.
Piscine (*пис'-сайн*) adj. рыбный.
Pish (*пиш*) interj. тьфу, фу! || vn. выражать презрѣніе.
Piss (*пис*) s. моча, урина; || vn. мочиться.
Pistil (*пис'-тил*) s. (бот.) пестикъ.
Pistol (*пис'-тол*) s. пистолетъ. **— -gallery**, стрѣльбище. || va. убить кого изъ пистолета.
Piston (*пис'-тŏн*) s. поршень (у насоса).
Pit (*пит*) s. яма, колодезъ, пропасть, могила; копь, шахта; ямочка, рябина (на лицѣ); партеръ (въ театрѣ). **Coal —**, шахта. **— man**, рудокопъ. **Sand - —**, яма для добыванія песку. **Bottomless —**, бездонная пропасть. || va. дѣлать ямочку, вдавливать; дѣлать рябымъ.
Pitapat (*пит'-ă-пăт*) s. біеніе (сердца); || adv. съ трепетомъ; трепеща. **His heart went —**, у него сердце забилось.
Pitch (*пич*) s. смола; (муз.) тонъ; (мор.) боковая качка. **— -black**, совершенно черный. **The highest —**, самый высшій (о тонѣ). **To carry things to too high a —**, доводить что либо до крайности. **To a right —**, въ разумномъ размѣрѣ. **— -fork**, вилы. **— -pipe**, діапазонъ. **To take a — at**, пожертвовать чѣмъ либо. **To play at — and toss**, играть въ орла и рѣшку. || va. смолить; || укрѣплять, налаживать (палатку); || (муз.) давать тонъ. **He pitched his tents in a little meadow**, онъ поставилъ свои палатки на маленькомъ лугу. **A pitched battle**, правильный бой. || vn. спускаться, погружаться; (мор.) качаться. **To — upon**, прыгать на. **To — into**, бросаться въ.

He pitched in the plain. онъ остановился на равнинѣ. — **into it,** валяйте.
Pitcher (*пич'-ер*) s. кувшинъ; кирка, мотыка, заступъ, валы. —**s have ears,** стѣны имѣютъ уши
Pitchiness (*пич'-и-нес*) s. чернота, мракъ, тьма.
Pitching (*пич'-инг*) s. бросаніе, киданіе; (мор.) килевая качка; || adj. пологій, отлогій, покатый.
Pitchy (*пич'-и*) adj. осмоленный, темный, пасмурный.
Piteous (*пит'-о-ёс*) adj. жалкій, жалостный, бѣдственный, достойный сожалѣнія.
Piteously (*пит'-о-ёс-ли*) adv. жалко, жалобно, бѣдственно.
Piteousness (*пит'-о-ёс-нес*) s. сострадание, соболѣзнованіе, сожалѣніе
Pitfal (*пит'-фол*) s. западня, ловушка; || va. заманивать въ ловушку.
Pith (*писз*) s. сердцевина (растенія); мозговое вещество, мозгъ; || жизненная сила, крѣпость; суть, сущность, ядро, значеніе.
Pithily (*писз'-и-ли*) adv. сильно, энергично. [энергія
Pithiness (*писз'-и-нес*) s. сила,
Pithless (*писз'-лес*) s. безмозглый, безсильный.
Pithy (*писз'-и*) adj. мозговатый, мозговой; || (бот.) съ сердцевиной; || сильный, энергичный. **A — remark,** остроумное замѣчаніе.
Pitiable (*пит'-и-ă-бл*) adj. достойный сожаленія, несчастный
Pitiableness (*пит'-и-ă-бл-нес*) s. положеніе достойное сожаленія.
Pitiful (*пит'-и-фул*) adj. жалостливый, сострадательный; || жалкій, презрѣнный.
Pitifully (*пит'-и-фу-ли*) adv. жалостливо, сострадательно, || жалко, презрѣнно, плохо.
Pitifulness (*пит'-и-фул-нес*) s. жалостливость, сострадательность, сожаленіе; презрѣнность.
Pitiless (*пит'-и-лес*) adj безжалостный. [жалостно.
Pitilessly (*пит'-и-лес-ли*) adv. без-
Pitilessness (*пит'-и-лес-нес*) s. безжалостность.
Pittance (*пит'-тăнс*) s. порція кушанія; подаяніе.
Pituite (*питъ'-ю-айт*) s. (мед.) мокрота, слизь, харкотина.
Pity (*пит'-и*) s. сожаленіе; милосердіе. **For—'s sake,** изъ милости. **It is a — that,** жаль что. || va. vn. жалѣть, сожалѣть; возбудать состраданіе. **I — your misfortune,** я сочувствую вашему горю. **He is to be pitied,** онъ достоинъ сожаленія.

Pivot (*пив'-от*) s. шипъ, стержень, веретено. [умолимость
Placability (*плэ-кă-бил'-и-ти*) s.
Placable (*плэ'-кă-бл*) adj. умолимый
Placard (*плă-кăрд'*) s. плакатъ; || пасквиль. || va. прибивать къ стѣнѣ плакатъ
Place (*плэс*) s. мѣсто; мѣстность, положеніе, занятіе, мѣстопребываніе, рангъ. **Keep a — for me near you,** сохраните мнѣ мѣсто около васъ. **To put one in his —,** поставить кого либо на свое мѣсто. **In — of, in the — of,** на мѣсто, вмѣсто. **The — of his birth,** мѣсто рожденія. **A — of refuge,** мѣсто убѣжища. **High —s,** высокія мѣста. **By- —,** уединенное мѣсто. **A good — for a house,** хорошее мѣсто для дома. **In no —,** нигдѣ. **In the first —,** во-первыхъ. **In the next —,** въ послѣдующемъ. **To take —,** занимать мѣсто. **Quite out of —,** совершенно неумѣстно. **He is out of —,** онъ безъ мѣста. **A trading —,** торговый городъ. **A watering —,** курортъ. **— of arms,** мѣсто, гдѣ находится оружіе. **I took his — last Sunday** я замѣщалъ его послѣднее воскресеніе. || va. помѣщать, класть.
Placenta (*плă-сен'-та*) s. (анат.) послѣдъ.
Placer (*плэи'-ер*) s. дающій мѣсто.
Placid (*плăс'-ид*) adj. мирный, смирный, тихій.
Placidly (*плăс'-ид-ли*) adv. мирно, смирно, тихо.
Placidness (*плăс'-ид-нес*), **Pacidity** (*плăс-ид'-и-ти*) s. кротость, смиреніе; спокойствіе; тишина.
Plagiarist (*плэ-джиă-рист'*) **Plagiary** (*плэ-джиă-ри*) s. плагіаторъ.
Plague (*плэг*) s. чума, моровая язва, || язва, бичъ, наказаніе. **A — on,** чертъ его возьми! **The ten — s of Egypt,** десять казней египетскихъ || va заражать чумой; || надоѣдать, мучить.
Plaguily (*плэг'-и-ли*) adv. ужасно, страшно. [клятой
Plaguy (*плэг'-и*) adj ужасный, про-
Plaice (*плэс*) s (ихт.) палтусъ
Plaid (*плăд*) s. шотландскій плащъ, пледъ.
Plain (*плэн*) adj. ровный, плоскій, одноцвѣтный. откровенный, явный, ординарный, простой, лишенный украшеній, полноцѣнный. — **velvet,** одноцвѣтный, гладкій бархатъ. **A — man,** чистосердечный человѣкъ. **A — story,** простая исторія. **The — truth,** чистая правда. **A — fool,** круглый дуракъ. **How — she is!** какъ

она вульгарна. **In — terms,** въ ясныхъ выраженіяхъ. **To be — with one,** говорить откровенно съ кѣмъ. **In — English** на хорошомъ англійскомъ языкѣ. **— food,** простая пища. **— cooking,** домашній обѣдъ. || adv. ясно, откровенно, отчетливо. **Speak — to me,** говорите со мной откровенно. || s. ровная мѣстность, равнина. **In a —,** на равнинѣ: **— -dealer,** добросовѣстный человѣкъ. **— -dealing,** добросовѣстный; добросовѣстность. **— -song,** полногласный. **— -speaking** откровенный разговоръ. **— -spoken,** откровенно говорить, откровенничать. **— -work,** добросовѣстная работа. **Able to do — work,** способный шить. || va. уравнять.

Plainly (*плэн'-ли*) adv. просто, гладко; откровенно, ясно, чистосердечно; напрямикъ.

Plainness (*плэн'-нес*) s. ровность, гладкость; ясность, простота; простодушіе; откровенность, прямота.

Plaint (*плэнт*) s. жалоба, сѣтованіе.

Plaintiff (*плэнт'-иф*) s. (юрид.) истецъ, -тица.

Plaintive (*плэнт'-ив*) adj. (юрид.) жалобный; исковой.

Plaintively (*плаэнт'-ив-ли*) adv. жалобно; жалостно.

Plaintiveness (*плэнт'-ив-нес*) s. жалобность, плачевность.

Plait (*плэт*) s. складки, сгибъ; коса. || va. дѣлать складки, плоить; плести; || * запутывать.

Plaiter (*плэт'-ер*) s. складывающій, плетельщикъ.

Plan (*плăн*) s. планъ, чертежъ, модель; намѣреніе, проектъ. **To draw a —,** чертить планъ. || vn. va. составить планъ, чертежъ; замышлять; строить планы.

Planchet (*плăнч'-ет*) s. монетный кружокъ.

Plane (*плэн*) s. плоская поверхность, плоскость, чертежъ, планъ, проекція; || чинаръ, яворъ (дерево); стругъ, рубанокъ; || adj. плоскій, ровный. **— geometry,** планиметрія; || va. строгать, выглаживать; выравнивать.

Planet (*плăн'-ет*) s. планета.

Planish (*пкăн'-иш*) va. оскабливать, гладить, лощить; полировать.

Plank (*плăнк*) s. толстая доска; || настилать доски, обшивать досками. **To — a ship,** обшивать досками судно.

Plant (*плăнт*) s. растеніе; орудія, принадлежности, матеріалы (эксплуатаціи) **To set a —,** сажать растенія въ землю. **— -louse,** травяная вошь. || va. сажать. вкапывать; учреждать, устанавливать, основать. **To — a colony,** основывать колонію.

Plantation (*плăн-тэ'-шӧн*) s. сажаніе; || плантація; поселеніе.

Planter (*плăнт'-ер*) s. сажальщикъ деревьевъ; плантаторъ; переселенецъ, колонистъ; учредитель, основатель, [деревцо.

Planticle (*плăнт'-и-кл*) s. молодое

Planting (*плăнт'-инг*) s. посадка, сажаніе (растеній); || устанавливаніе, учрежденіе; колонизація; основаніе (зданія) **— stick,** сажальный колъ.

Plash (*плăш*) s. лужа; брызги воды, грязи; вѣтвь, сплетенная съ другими; || vn. плескаться (въ водѣ), шлепать по грязи; || va. плести вѣтки.

Plashy (*плăш'-и*) adj. мокрый покрытый лужами, тинистый.

Plasma (*плăз'-ма*) s. плазма; родъ халцедона (камень).

Plaster (*плас'-тер*) s. штукатурка, гипсъ, гипсовый слѣпокъ; пластырь. **— of Paris,** гипсъ. **Court —,** англійская тафта (пластырь); || штукатурить; прикладывать пластырь.

Plasterer (*плас'-тер-ер*) s. штукатуръ. [турная работа.

Plastering (*плас'-тер-инг*) s. штука-

Plastic (*плас'-тик*) adj. пластическій.

Plasticity (*плăс-тис'-и-ти*) s пластичность, образовательность.

Plat (*плăт*) va. плести.

Plat (*плăт*), **Platting** (*плăт'-инг*) adj. ровный, гладкій, плоскій; || s. небольшой клочокъ земли, коса.

Platane (*плăт'-ăн*) s. чинаръ (дерево).

Plate (*плэт*) s. бляха, бляшка; листъ, плита, полоса; стеріотипная доска; гравюра, эстампъ; серебряная, золотая посуда; накладное серебро; тарелка. **Soup- —,** глубокая тарелка. **Dinner —,** мелкая тарелка. **Silver —,** серебряная посуда. **Gold —,** золотая посуда. **— -rail,** плоскій рельсъ. **— -glass,** зеркальное шлифованое стекло. **— -warmer,** жаровня для нагрѣванія тарелокъ; || va. накладывать серебромъ, оправлять въ золото, въ серебро; плющить въ листы.

Plateau (*плă-то'о*) s. плато, плоская возвышенность.

Plateful (*плэт'-фул*) s. полная тарелка (чего).

Platform (*плăт'-форм*) s. платформа, тераса, помостъ.

Plating (*плэт'-инг*) s. наведеніе металла (на металлъ).

Platinum (*плăт'-и-нӧм*) s. платина.

Plato (*плэ'-то*) npr Платонъ
Platonic (*плă-тон-ик*) adj. Платоновъ, платоническій.
Platoon (*плă-тун'*) s. взводъ (солдатъ).
Platter (*плăт'-ер*) s. блюдо ;(мор.) бакъ ; || плетельщикъ.
Platting (*плăт'-инг*) s. плетеніе.
Plaudit(*плo'од-ит*) s. рукоплесканіе
Plauditory (*плo'од-ит-тŏ-ри*) adj. рукоплещущій, одобрительный.
Plausibility (*пло-зи-бил'-и-ти*) s. вѣроятность, правдоподобіе.
Plausible (*плo'о-зи-бл*) adj. вѣроятный, правдоподобный.
Plausibleness (*плo'о-зи-бл-нес*) s. вѣроятность, правдоподобіе.
Play (*плэй* (vn. vn. играть; забавляться. **Do not — with fireu arms**, не играйтесъ огнестрѣльнымъ оружіемъ. **To — upon one**, насмѣхаться надъ кѣмъ либо. **To — upon the violin**, играть на скрипкѣ. **To — at cards**, играть въ карты. **To — high**, вести крупную игру. **To — sure**, играть навѣрняка. **To — false**, мошенничать въ игрѣ. **To make the waters —**, пускать фонтаны въ ходъ. **Leaves playing in the wind**, движеніе листьевъ отъ вѣтра. **To — a comedy**, играть комедію. **To — the fool**, валять дурака. **To — a game at whist**, играть партію въ вистъ. **To — away**, проигрываться. **To — off**, играть. **To — out the game**, играть до конца || s. игра; забава; спектакль. **Fair —**, добросовѣстность. **Foul —**, обманъ. **At —**, играя. **Full of —**, игривость. **Child's —**, дѣтская игра. **It is as good as a —**, это настоящая комедія. **To go to the —**, идти на спектакль. **To bring into —**. приводить въ движеніе. **To give the full — to one's fancy**, давать волю фантазіи. **— -bill**, театральная афиша. **— -fellow**, товарищъ по игрѣ, **— -ground**, мѣсто для игры. **— -house**, театръ. **— -time**, время отдыха, игры. **— -writer**, **— -wright**, драматическій авторъ.
Player (*плэй'-ер*) s. игрокъ; актеръ, актриса; музыкантъ, музыканша.
Playful (*плэй'-фул*) adj. игривый, живой; рѣзвый.
Playfully (*плэй'-фул-ли*) adv. игриво, живо, рѣзво.
Playfulness (*плэй'-фул-нес*) s. игривость, живость, рѣзвость.
Plaything (*плэй'-инг*) adj. играющій
Plea (*пли*) s. защита; защитительное слово; доводы; искъ; тяжба, предлогъ, отговорка **A plausible —**, благовидный предлогъ.
Plead (*плид*) vn. va. защищать (въ судѣ); представлять доводы **To — guilty**, признавать себя виновнымъ. **To — one's age**, ссылаться на свои годы **To — one's cause**, защищать что либо.
Pleadable (*плид'-ă-бл*) adj. оправдательный, защитимый. извинительный
Pleader (*плид'-ер*) s. защитникъ, адвокатъ, тяжущій.
Pleading (*плид'-инг*) s. защита; оправда; іе; тяжба.
Pleasant (*плез'-ăнт*) adj. пріятный, прелестный, милый, веселый, шутливый. **A — fellow**, веселый товарищъ.
Pleasantly (*плез'-ăнт-ли*) adv. пріятно, весело, забавно.
Pleasantness (*плез'-ăнт-нес*) s. пріятность; веселость; забавность, прелесть.
Pleasantry (*плез'-ăнт-ри*) s. веселость, шутливость; шутка, затѣя, острота.
Please (*плиз*) va. нравиться; быть угодну; угожда ь. **To — one**, нравиться кому либо, доставлять удовольствіе. **Let him — himself**, пусть дѣлаетъ, что хочетъ. **— God!** дай-то Богъ! **How pleased I am to see you!** какъ я радъ васъ видѣть, || vn. соблаговолить соизволить; хотѣть, желать. **As you —**, какъ вамъ угодно. **Do — go in**, будьте любезны войти. **If you —**, пожалуйста.
Pleased (*плизд*) adj. довольный. **Well —**, доволенъ, радъ, довольный. **If he be angry, he must be — again**, если онъ былъ недоволенъ, то пусть будетъ теперь доволенъ.
Pleasing (*плиз'-инг*) adj. пріятный. **A — idea**, забавная мысль.
Pleasingly (*плиз'-инг-ли*) adv. пріятно.
Pleasingness (*плиз'-инг-нес*) s. пріятность, прелесть.
Pleasurable (*плеж'-ŏр-ă-бл*) adj. пріятный, веселый.
Pleasurableness (*плеж'-ŏр-ă-бл-нес*) s. пріятность, прелесть.
Pleasurably (*плеж'-ŏр-ă-бли*) adv. съ удовольствіемъ.
Pleasure (*плеж'-ŏр*) s. удовольствіе; радость, забава; воля, соизволеніе; согласіе; желаніе **To feel, to take — in a thing**, находить въ чемъ либо удовольствіе. **At —**, по волѣ, по желанію. **At his —**, по его волѣ. **— -boat**, лодка, яхта для катанія. **— -ground**, паркъ для прогулокъ; || va. доставлять удовольствіе; удовлетворять, исполнить желаніе.
Plebeian (*пли-би'-йăн*) s. плебей,

простолюдинъ; || adj. плебейскій, простонародный; || низкій.
Pledge (*пледж*) s. закладъ, залогъ; задатокъ; поручительство. **To put in —**, давать въ залогъ; || va. закладывать, отдавать въ залогъ. поручаться; пить за чье здоровье. **To — one's faith**, давать свое слово.
Pledgee (*пледж'-и*) s. заимодавецъ, залогоприниматель.
Pledger (*пледж'-ер*) s. закладчикъ.
Plenary (*пли'-нă-ри*) adj. полный, цѣлый, совершенный. **— indulgence**, полное отпущеніе грѣховъ.
Plenipotence (*пли-нип'-о-тенс*) s. полномочіе.
Plenipotent (*пли-нип'-о-тент*) adj. полномочный
Plenitude (*плен'-и-тьюд*) s. полнота, цѣлость; избытокъ.
Plenteous (*плен'-ти-ŏс*) adj. обильный, плодородный.
Plenteously (*плент'-ти-ŏс-ли*) adv обильно, плодородно.
Plenteousness (*плен'-ти-ŏс-нес*) s. обиліе, избытокъ; плодородіе.
Plentiful (*плен'-ти-фул*) adj. обильный, богатый, плодородный.
Plentifully (*плен'-ти-фул-и*) adv. обильно, богато.
Plentifulness (*плен'-ти-фул-нес*) s. обиліе, избытокъ, плодородіе.
Plenty (*плен'-ти*) s. изобиліе, избытокъ. **Horn of —**, рогъ изобилія; || adj. изобильный.
Pleonasm (*пли'-о-нăзм*) s. плеоназмъ, многословіе.
Pleura (*плю'-ра*) s. (анат.) плевра.
Pleurisy (*плю'-риси*) s. (мед.) плеврить.
Pliability (*плай-ă-бил'-и-ти*) s. гибкость; уступчивость.
Pliable (*плай'-ă-бл*) adj. гибкій; уступчивый.
Pliableness (*плай-ă-бл-нес*) s. гибкость; уступчивость.
Pliably (*плаи'-ă-бли*) adv. уступчиво; послушно; гибко.
Pliancy (*плай'-ăн-си*) s. гибкость; уступчивость, покорность.
Pliant (*плай'-ăнт*) adj. гибкій; уступчивый, покорный.
Pliantly (*плай'-ăнт-ли*) adv. гибко; уступчиво, покорно.
Pliantness (*плай'-ăнт-нес*) s. см. **Pliancy.**
Pliers (*плай-ер*) s. маленькія щипчики
Plight (*плайт*) va. давать въ залогъ, ручаться; || s. случайность, рискованность; состояніе (организма); залогъ, ручательство. **A woeful —**, жалкое состояніе.
Plighter (*плайт'-ер*) s. обѣщающій
Plinth (*плинсз*) s. (арх.) плинтусъ; цоколь.
Plod (*плод*) vn. трудиться безъ устали, съ трудомъ идти. **To — on**, корпѣть надъ работой.
Plodder (*плод'-ер*) s. усидчивый человѣкъ.
Plodding (*плод'-динг*) s. корпѣніе; || adj. усидчивый, работящій, трудолюбивый.
Plot (*плот*) s. небольшое мѣсто земли, поле; форма, образецъ; планъ, чертежъ; заговоръ, умыселъ; цѣль, намѣреніе; завязка (драмы). **A grass —**, лужайка. **To lay a —**, составлять заговоръ, интриговать; || va. vn. составлять заговоръ; злоумышлять, затѣвать, намѣреваться; составить, чертить планъ.
Plotter (*плот-'ер*) s. заговорщикъ.
Plotting (*плот'-инг*) s. заговоръ; намѣреніе; съемка плана.
Plough (*пла'у*) s. плугъ, соха; || земледѣліе, землепашество; || фуганокъ (у столяровъ). || va. пахать землю, орать, дѣлать запашку; бороздить(море). **To — the air**, разсѣкать воздухъ. **— boy**, мальчикъ-пахарь; глупый малый. **— -land**, пашня. **— man**, пахарь. **— -share**, сошникъ.
Plougher (*пла'у-ер*) s. пахарь.
Ploughing (*пла'у-инг*) s. паханіе, вспашка.
Plover (*плŏв'-ер*) s. родъ кулика, ржанка (птица).
Pluck (*плŏк*) va. дергать; выдергивать, вырывать, рвать, ощипывать. **To — up a tree**, корчевать дерево. **To be plucked**, быть неудачникомъ. || s. потроха; || вырываніе, дерганіе, щипаніе.
Plucker (*плŏк'-ер*) s. вырывающій, ощипывающій.
Plug (*плŏг*) s. болтъ; втулка; || va. затыкать, закупоривать.
Plum (*плŏм*) s. слива. **Dried —s**, черносливъ.
Plumage (*плюм'-ăдж*) s. перья (у птицы); султанъ, плюмажъ.
Plumb (*плŏм*) s. свинецъ; || отвѣсъ, ватерпасъ; || adj. отвѣсный, вертикальный, перпендикулярный; || adv. отвѣсно, вертикально, перпендикулярно; || va. ставить по отвѣсу, отвѣсно; бросать лотъ.
Plume (*плюм*) s. перо (птичье); плюмажъ, султанъ; знакъ отличія; спесь, важность, слава; || va. отравлять на себѣ перья; чиститься (о птицахъ); украшать перьями; || * важничать, гордиться.
Plump (*плŏмп*) adj. пухлый, толстый; полный; грубый; прямой. **A — answer**, прямой отвѣтъ; || va. vn. упитывать, откармливать, толстѣть; раздувать, -ся, наполнять, -ся; || vn. прибавлять, -ся;

бухнуть, -ся; || adv. разомъ, вдругъ, тяжеловѣсно.

Plumply (*плѣмп'-ли*) adv. рѣшительно, прямо, напрямикъ.

Plumpness (*плѣмп'-нес*) s. полнота, дородность; рѣзкость, смѣлость.

Plumy (*плюм'-и*) adj. опеpенный, покрытый перьями.

Plunder (*плѣн'-дер*) s. грабежъ, расхищеніе, добыча; || va. грабить, расхищать.

Plunderer (*плѣн'-дер-ер*) s. грабитель, похититель.

Plunge (*плѣндж*) s. погруженіе (въ воду), ныряніе; || заботы; печаль; || va. vn. окунать, -ся, погружать, -ся; || вовлечь кого во что.

Plunger (*плѣн'-джер*) s. ныряющій, водолазъ, пловецъ.

Pluperfect (*плю'-пѣр-фект*) adj. (грам.) давнопрошедшее время.

Plural (*плю'-рāл*) adj. s. (грам.) множественное число.

Plurality (*плю-рāл'-и-ти*) s. многочисленность, множество.

Plurally (*плю'-рāл-ли*) adv. во множественномъ числѣ.

Plush (*плѣш*) s. плисъ (матерія).

Pluvial (*плю'-ви-āл*), **Pluvious** (*плю'-ви-ѣс*) adj. дождливый, дождевой.

Ply (*плай*) vn. va. трудиться надъ чѣмъ, заниматься чѣмъ, налягать на что; спѣшить, торопиться; управлять (чѣмъ); направлять путь, ходить изъ одной стороны въ другую; нагибаться, гнуться, уступать; (мор.) лавировать. **To — one's studies,** сильно заниматься. **To — with axes,** рубить. **To — the needle,** работать иглой. **An omnibus plies between,** омнибусъ ѣздитъ между... || s. сгибъ, складка; оборотъ; || привычка.

Pneumatic (*нью-мāт'-ик*), **Pneumatical** (*нью-мāт'-ик-āл*) adj. пневматическій, воздушный.

Poach (*по'оч*) va. слегка варить, кипятить; начинать; воровать (дичь); || vn. браконьерствовать; вдавливаться; сырѣть.

Poacher (*по'оч-ер*) s. браконьеръ.

Poachiness (*по'оч-и-нес*) s. сырость, влажность.

Poaching (*поч'-инг*) s. браконьерство.

Poachy (*по'оч-и*) adj. сырой, влажный.

Pock (*пок*) s. (мед.) оспина. — **-marked,** рябой.

Pocket (*пок'-ет*) s. карманъ; мѣшокъ, сумка; луза (билліарда). **To pick a —,** украсть. **To put in one's —,** положить въ карманъ, спрятать. **To be in —,** быть въ выигрышѣ. || — **book,** записная книжка. — **money,** карманныя деньги; || va. класть или прятать въ карманъ.

Pocky (*пок'-и*) adj. покрытый оспой; || (разг.) гадкій.

Pod (*под*) s. (бот.) шелуха, кожица, стручокъ; || vn. рости стручками.

Poem (*по'оем*) s. поэма.

Poesy (*по'о-еси*) s. поэзія.

Poet (*по'о-ет*) s. поэтъ, стихотворецъ.

Poetaster (*по'о-ет-āс-тер*) s. риемоплетъ.

Poetry (*по'о-ет-ри*) s. поэзія, стихи.

Poignancy (*пойн'-āн-си*) s. острый вкусъ, острота; || * колкость, ѣдкость.

Poignant (*пойн'-āнт*) adj. острый на вкусъ, острота; || * колкій, ѣдкій; мучительный.

Poignantly (*пойн'-āнт-ли*) adv. остро на вкусъ; || * колко, ѣдко; мучительно.

Point (*пойнт*) s. пунктъ, точка; (тип.) пунктъ; || вопросъ. **To gain one's —,** довести до своей точки. **In every —,** во всѣхъ отношеніяхъ. **I was upon the — of coming,** я едва не пришелъ. **Freezing —,** точка замерзанія. **Cardinal —s,** главные пункты. **Brussels —,** брюссельскія кружева. **Hard —,** трудовой вопросъ. **Knotty —,** запутанный вопросъ. **The main —,** главный вопросъ. **A — of fact,** вопросъ факта. **To come to the —,** подойти къ дѣлу. || va. заострять; точить; направлять, указывать пальцемъ; мѣтить. **To — the finger at,** показывать пальцемъ. **To — out,** указывать. **To — a musket at,** цѣлиться изъ ружья. **To — a gun,** нацѣливать пушку. **To — a sail,** закрѣплять парусъ. || vn. указывать пальцемъ; направляться; оставаться.

Pointed (*пайнт'-ед*) adj. остроконечный, острый, тонкій.

Pointedly (*пойнт'-ед-ли*) adv. колко, остро, тонко, прямо.

Pointedness (*пойнт'-ед-нес*) s. остроконечность, острота, колкость.

Pointer (*пойнт'-ер*) s. указатель; показатель; (жел. дор.) стрѣлка.

Pointing (*пойнт'-инг*) s. заостреніе; указываніе.

Pointsman (*пойнтс'-мāн*) s. (жел. дор.) стрѣлочникъ.

Poise (*пойз*) вѣсъ, равновѣсіе; гиря; || * противовѣсъ; вѣсъ, значеніе. || va. вѣшать, вѣсить; уравновѣшивать; || сравнивать.

Poison (*пой'-зн*) s. ядъ; отрава; || va. отравлять.

Poisoner (*пой'-зн-ер*) s. отравитель.

Poisonousness (*пой'-зн-ѣс-нес*) s. ядовитость; || пагубность.

Poke (*по'ок*) s. небольшой мѣшокъ; карманъ; толчокъ, ударъ. **To buy a pig in a —,** купить что либо заглазно. || va. vn. совать, пихать, толкать; щупать, ощупывать, шарить, рыться; надѣвать ярмо. **To — the fire,** мѣшать въ печкѣ кочергою. **To — one's nose every where,** всюду совать свой носъ. **To go poking about,** идти ощупью; рыться.

Poker (*по'ок-ер*) s. кочерга; крюкъ, крючекъ; человѣкъ, сующій всюду свой носъ.

Polacca (*по-лäк'-кä*), **Polacre** (*по-ла'-кер*) s. полякра (трехмачтовое судно).

Poland (*по'о-лäнд*) npr. (геогр.) Польша. [полюсный.

Polar (*по'о-лäр*) adj. полярный.

Polarity (*по-лäр'-и-ти*) s. (физ.) полярность.

Polarization (*по-лäр-и-зэ'-шён*) s. (физ.) поляризація (свѣта).

Polarize (*по'о-лäр-айз*) va. (физ.) поляризировать (свѣтъ).

Polare (*по'о-лä-ри*) adj. полярный, полюсный.

Pole (*по'ол*) s. шестъ, жердь, колъ; вѣха; свая; балансиръ (у канатнаго плясуна); рычагъ; дышло (кареты); || полюсъ. **The north —,** сѣверный полюсъ. **The south —,** южный полюсъ. **A barber's —,** вывѣска парикмахера. **Greasy —,** балансиръ (у канатнаго плясуна). **Under bare —s,** безъ парусовъ. **— -axe,** сѣкира, топоръ; бердышъ; || va. ставить шесты; подпирать шестами, жердями.

Pole (*по'ол*), **Polander** (*по'ол-ан-дер*) s. полякъ, полька. [рекъ.

Polecat (*по'ол-кäт*) s. (зоол.) хо-

Polemic (*по-лем'-ик*), **Polemical** (*по-лем'-ик-äл*) adj. полемическій, спорный.

Polemics (*по-лем'-ик-с*) s. полемика.

Police (*по-лис'*) s. полиція. **— -constable,** полицейскій. **— -court,** судъ при полиціи. **— -officer,** полицейскій чиновникъ. **— -station,** полицейскій участокъ.

Policed (*по-лист'*), **Policied** (*пол'-и-сид*) adj. благоустроенный.

Policeman (*по-лис'-мäн*) s. полицейскій, городовой.

Policy (*пол'-и-си*) s. политика; || полисъ (страховой); облигаціи. **Life —,** полисъ на страхованіе жизни.

Poling (*по'ол-инг*) s. вбиваніе свай; подпираніе сваями.

Polish (*пол'-иш*) va. лощить, полировать; наводить глянецъ; || *смягчать. **To — glass, marble,** шлифовать стекло, мраморъ. **To — up a young man,** отесать молодаго человѣка; || vn. принять блескъ, лоскъ; || *отесаться, образоваться; || s. лоскъ, глянецъ; политура; полировка; || *изящество; внѣшній лоскъ. **French —,** французскій лакъ.

Polishedness (*пол'-ишт-нес*) s. полированность; лоскъ, глянецъ, || изящество.

Polisher (*пол'-иш-ер*) s. полировщикъ; || лощило, гладило; воронило.

Polishing (*пол'-иш-инг*) adj. полирующій, полировальный; || s. полированіе.

Polite (*по-лайт'*) adj. гладкій, лощеный, вороненый; || вѣжливый.

Politely (*по-лайт'-ли*) adv. изящно, вѣжливо. [ливость, учтивость.

Politeness (*по-лайт'-нес*) s. вѣж-

Politic (*пол'-и-тик*) adj. политическій, государственный; || *хитрый, искусный.

Political (*пол'-и-тик-äл*) adj. политическій, государственный. **— and civil rights.**

Politics (*пол'-и-тикс*) s. политика.

Polity (*пол'-и-ти*) s. образъ правленія.

Polka (*по'ол-ка*) s. полька (танецъ).

Poll (*по'ол*) s. голова, затылокъ; || списокъ именъ; выборы; || головачъ (рыба). **— -tax,** подушное. **To be at the head of the —,** имѣть большинство; || va. срѣзывать верхушки у деревьевъ; вносить въ списокъ, подавать голосъ, баллотировать.

Pollard (*пол'-лäрд*) s. подрѣзанное дерево; головачъ (рыба); (охот.) безрогій олень.

Pollen (*пол'-лсн*) s. мелкіе отруби.

Poller (*по'ол-ер*) s. подающій голосъ, избиратель; обрѣзывающій деревья.

Polling (*по'ол-инг*) s. подача голосовъ, выборы. **— -place,** выборная зала.

Polute (*пол-льют'*) va. осквернять; портить; запачкать, обезчестить.

Pollutedness (*по-льют'-ед-нес*) s. оскверненіе, нечистота.

Polluter (*пол-льют'-ер*) s. осквернитель, развратитель.

Pollution (*пол-лью'-шён*) s. оскверненіе; || (мед.) поллюція.

Polly (*пол'-и*) npr. уменьш. отъ Марія. [сиха; || adj. трусливый.

Poltroon (*пол-трун'*) s. трусъ, тру-

Poltroonery (*пол-трун'-ер-и*) s. трусость, трусливость.

Polyandry (*пол-и-äн'-дри*) s. многомужество, поліандрія.

Polygamy (*по-лиг'-ä-ми*) s. многоженство, полигамія.

Polyglot (*пол'-и-глот*) adj. и s. многоязычный.

Polygon (*пол'-и-гон*) s. (геом.) многоугольникъ.

Polyhedron (*пол-и-хи'-дрон*) s. (геом.) многогранникъ.

Polypode (*пол'-и-под*) s. (зоол. и бот.) многоножка.

Polysyllabic (*пол-и-сил-ляб'-ик*), **Polysyllabical** (*пол-и-сил-ляб'-ик-ä.л*) adj. многосложный.

Polytechnic (*пол-и-тек'-ник*) adj. политехническій.

Polytheism (*пол'-и-сзи-изм*) s. политеизмъ, многобожіе.

Pomace (*пŏм'-äс*) s. яблочные выжимки.

Pomade (*по-мэд'*) s. помада, мазь.

Pomatum (*по-мэ'-тŏм*) s. помада, мазь; || va. помадить, мазать.

Pomegranate (*пŏм-грäн'-ет*) s. гранатовое яблоко.

Pommel (*пŏм'-ел*) s. головка (шпаги); шишка, набалдашникъ; || va. колотить, расколачивать, бить.

Pomp (*помп*) s. пышность, великолѣпіе, блескъ, помпа, слава.

Pomposity (*пом-пос'-и-ти*) s. пышность; || напыщенность.

Pompous (*помп'-ŏс*) adj. пышный; напыщенный. [но; напыщенно.

Pompously (*помп'-ŏс-ли*) adv. пышно;

Pompousness (*помп'-ŏс-нес*) s.

Pond (*понд*) s. прудъ, садокъ; || va. дѣлать прудъ, садокъ.

Ponder (*пон'-дер*) va. vn. взвѣшивать, обсуждать, изслѣдовать.

Ponderableness (*пон'-дер-ä-бл-нес*), **Ponderability** (*пон-дер-ä-бил-и-ти*) s. вѣсомость, вѣскость.

Ponderable (*пон'-дер-ä-бл*) adj. вѣсомый, вѣскій.

Ponderous (*пон'-дер-ŏс*) adj. тяжелый, тяжеловѣсный; сильный.

Ponderousness (*пон'-дер-ŏс-нес*) s. вѣсъ, тяжесть.

Poniard (*пон'-йäрд*) s. кинжалъ. || va. заколоть кинжаломъ.

Pontage (*пон'-тэдж*) s. плата за проѣздъ черезъ мостъ.

Pontifical (*пон-тиф'-ик-ä.л*) adj. архіерейскій; || великолѣпный.

Pontificals (*пон-тиф'-ик-ä.лс*) s.pl. архіерейское облаченіе

Pontificate (*пон-тиф'-ик-эт*) s. первосвященство.

Pontoon (*пон-тун'*) s. понтонъ.

Pony (*по'о-ни*) (въ pl. **Ponies**) s. пони.

Poodle (*пу'-дл*) s. пудель.

Pooh (*пу*) interj. ба! фу!

Pool (*пул*) s. лужа, прудокъ; || пулька, ставка (въ игрѣ).

Poor (*пур*) adj. бѣдный, неимущій; скудный, тощій, убогій. **As — as a church mouse**, голь, какъ соколъ. **A — plea**, слабое оправданіе. **The patient has had a — night**, больной провелъ плохую ночь. || s. бѣдный классъ народа, бѣдные, **— -spirited**, нищій духомъ, трусливый, ничтожный.

Poorly (*пур'-ли*) adv. бѣдно; дурно, ничтожно; || adj. fam. прихварывающій.

Poorness (*пур'-нес*) s. бѣдность, скудность; || слабость; || убожество.

Pop (*поп*) s. хлопъ, щёлкъ; || vn.va. издать короткій звукъ; лопнуть, хлопнуть, щелкнуть, выпалить; неожиданно случиться; войти быстро; броситься, ринуться. **To — down**, броситься внизъ. **To — out**, вдругъ выйти. **He popped his head out of the water**, онъ неожиданно высунулъ голову изъ воды. **To — off a pistol**, стрѣлять изъ пистолета; || adv. внезапно, вдругъ.

Pope (*по'оп*) s. папа || попъ, священникъ; || плотва (рыба).

Popery (*по'оп-ер-и*) s. папизмъ.

Popinjay (*поп'-ин-джэй*) s. попугай; || *фатъ, щеголь.

Popish (*по'оп-иш*) adj. папистскій, римско-католическій.

Poplar (*поп'-ляр*) s. (бот.) тополь, осокорь.

Poppy (*поп'-пи*) s. макъ. **— -colour**, пунцовый цвѣтъ.

Populace (*попь'-ю-ляс*) s. чернь, простой народъ.

Popular (*попь'-ю-ляр*) adj. народный; популярный.

Popularity (*попь'-ю-ляр'-и-ти*) s. популярность.

Popularize (*попь'-ю-ляр-айз*) va. популяризировать.

Popularly (*попь'-ю-ляр-ли*) adv. популярно. [родонаселеніе.

Population (*попь-ю-лэ'-шŏн*) s. на-

Populous (*попь'-ю-лŏс*) adj. людный, многолюдный.

Populously (*попь'-ю-лŏс-ли*) adv. людно, многолюдно.

Populousness (*попь'-ю-лŏс-нес*) s. населенность, многолюдность.

Porcelain (*пор'-си-лэн*) s. фарфоръ

Porch (*порч*) s. паперть (у церкви). портикъ.

Porcine (*пор'-сайн*) adj. свиной.

Porcupine (*пор'-кью-пайн*) s. (зоол) дикобразъ.

Pore (*по'ор*) s. пора, скважина. || va. (съ **over**), пристально смотрѣть на что; внимательно изучать. [изыскатель.

Porer (*по'ор-ер*) s. изслѣдователь,

Pork (*по'орк*) s. свинина. **— -butcher**, колбасникъ. **— -chop**, свиная котлета.

Porker (*по'орк-ер*) s. свинья.

Porket (*по'орк-ет*) s. поросенокъ.

Porosity (*по-рос'-и-ти*) s. ноздреватость.

Porous (*по'ор-ӧс*) adj. пористый, ноздреватый, скважистый.
Porousness (*по'ор-ӧс-нес*) s. пористость, ноздреватость.
Porphyry (*пор'-фи-ри*) s. порфиръ (камень). [свинка
Porpoise (*пор'-пӧс*) s. морская
Porridge (*пор'-риджс*) s. похлебка, супъ.
Porringer (*пор'-рин-джер*) s. миска
Port (*по'орт*) s. гавань, портъ. **Sea-port-town,** приморскій городъ съ гаванью; входъ, проходъ; видъ, обстановка; портвейнъ (вино); || лѣвый бортъ. **—hole,** пушечный портъ; || va. носить, нести; || (мор.) брать, поворачивать на лѣво.
Portability (*пор-тӑ-бил'-и-ти*), **Portableness** (*по'орт-ӑ-бл-нес*) s. удобоносимость.
Portable (*по'орт-ӑ-бл*) adj. удобоносимый, переносный.
Portage (*по'орт-ӑдж*) s. переходъ по перевозкѣ; переносъ, переноска, перевозъ, транспортъ.
Portal (*по'орт-ӑл*) s. порталъ, главный входъ.
Portend (*пор-тенд'*) va. предсказывать, предзнаменовать.
Portent (*пор-тент'*) s. предсказаніе, предзнаменованіе.
Portentous (*пор-тент'-ӧс*) adj. зловѣщій, чудовищный.
Porter (*по'ор-тер*) s. привратникъ крючникъ; || портеръ (пиво).
Porterage (*по'ор-тер-эдж*) s. должность привратника; переноска; плата за переноску.
Portico (*по'ор-ти-ко*) s. (арх.) портикъ, галлерея.
Portion (*по'ор-шӧн*) s. часть, доля; участокъ; приданое; || va. раздѣлять; давать приданное.
Portioner (*по'ор-шӧн-ер*) s. надѣляющій; распредѣлитель.
Portionless (*по'ор-шӧн-лес*) adj. не имѣющая приданаго, бесприданница.
Portlast (*по'орт-ласт*) s. (мор.) планширъ.
Portliness (*по'орт-ли-нес*) s. осанка.
Portly (*по'орт-ли*) adj. осанистый, сановитый; дородный.
Portrait (*по'ор-трэт*) s. портретъ. **Full-length —,** портретъ во весь ростъ. **To have one's — taken,** заказать свой портретъ.
Portraiture (*по'ор-третъ-юр*) s. портретъ, изображеніе.
Portray (*пор-трэй'*) va. снимать портретъ; расписывать.
Portrayer (*под-трэй'-ер*) s. художникъ, портретистъ.
Portress (*по'ор-трес*) s. привратница. [жистый.
Pory (*по'ор-и*) adj. пористый, сква-
Pose (*по'оз*) s. поза; || va. ставить въ тупикъ, смущать; зажимать ротъ.
Poser (*по'оз-ер*) s. смущающій; вопросъ ставящій въ тупикъ.
Position (*по-зиш'-ӧн*) s. положеніе; мѣсто; состояніе, званіе; позиція. **In a — to,** въ состояніи сдѣлать.
Positive (*поз'-и-тив*) adj. положительный, безусловный. **— facts,** положительные факты. **He is too —,** онъ слишкомъ неуступчивъ.
Positivism (*поз'-и-тив-изм*) s. позитивизмъ.
Posse (*пос'-си*) s. толпа.
Possess (*пос-сез'*) va. владѣть, обладать; имѣть. **To be possessed of,** быть въ чьемъ либо обладаніи. **The devil possesses him,** чортъ имъ владѣетъ.
Possession (*пос-сеш'-ӧн*) s. владѣніе, имѣніе. **To take —,** вступать во владѣніе.
Possessive (*пос-сео'-сив*) adj. имѣющій, владѣющій.
Possessor (*пос-сес'-ӧр*) s. владѣлецъ, обладатель.
Possessory (*пос-сес'-ӧ-ри*) adj. владѣтельный, касающійся до владѣнія.
Posset (*пос'-сет*) s. напитокъ (изъ молока съ виномъ).
Possibility (*пос-си-бил'-и-ти*) s. возможность. [ный.
Possible (*пос'-си-бл*) adj. возмож-
Possibly (*пос'-си-бли*) adv. возможно. **He may — come,** можетъ быть онъ придетъ.
Post (*пост*) s. столбъ, свая; || мѣсто, должность; постъ; караулъ; станція; почта; почтовая карета; почтовая бумага. **By return of —, — free,** adj. безъ платежа за пересылку. **— office,** почтовая контора. || vn. ѣхать на почтовыхъ; мчаться; || разставлять на мѣста, на посты; || вносить въ роспись. **To —, to — up,** извѣщать о томъ, что случилось.
Postage (*по'ост-эдж*) s. почтовая плата. **— -stamp,** почтовый штемпель.
Postal (*по'ост-ӑл*) adj. почтовый.
Postdate (*пос'-дэт*) s. заднее число; || va. отмѣчать заднимъ числомъ.
Poster (*по'ост-ер*) s. ѣдущій на почтовыхъ; курьеръ; || афиша.
Posterior (*пос-ти'-ри-ӧр*) adj. послѣдующій, позднѣйшій, задній.
Posteriorly (*пос-ти'-ри-ӧр-ли*) adv. позже, позднѣе.
Posteriors (*пос-ти'-ри-ӧрз*) s. pl. задница. [ство.
Posterity (*пос-тер'-и-ти*) s. потом-
Postern (*по'ос-терн*) s. потаенная дверь; || adj. задній, потаенный.

Posthumous (*пост'-хью-мос*) adj посмертный

Posthumously (*пост'-хью-мос-ли*) adv по смерти.

Postil (*пос'-тил*) va. дѣлать замѣтки на поляхъ, || s. замѣтка на поляхъ. [почтарь.

Postillion (*пос-тил'-йон*) s. ямщикъ

Posting (*по'ост-инг*) s. запись въ главную книгу, || путешествіе на почтовыхъ.

Postmeridian (*пост-ми-рид'-и-ан*) adj. послѣполуденный.

Postpone (*пост-по'он*) va. откладывать, отсрочивать.

Posponement (*пост-по'он-мент*) s. отсрочка.

Postulant (*пость'-ю-лант*) s. проситель, просительница.

Postulate (*пость'-ю-лэт*) s. постулатъ; || va. ходатайствовать, усиленно просить.

Postulation (*пость-ю-лэ'-шон*) s. ходатайство; усиленная просьба.

Posture (*пост'-юр*) s. положеніе тѣла; поза; положеніе.

Posy (*по'о-зи*) s. девизъ; || букетъ.

Pot (*пот*) s. горшокъ, котелокъ, кружка (мѣра). **To go to —**, разориться, погибнуть. **— -bellied**, пузатый. **— -house**, кабакъ, || va. сохранять въ горшкѣ.

Potable (*по'о-та-бл*) adj. годный для питья.

Potash (*пот'-аш*) s. (хим.) поташъ.

Potassium (*по-тас'-си-ом*) s. (хим.) калій. [глотокъ.

Potation (*по-тэ'-шон*) s. попойка;

Potato (*по-тэ'-то*) s. картофель. **Mashed —s**, картофельное пюре. **— -starch**, картофельный крахмалъ. [водка.

Poteen (*по-тин'*) s. ирландская

Potency (*по'о-тен-си*) s. сила, крѣпость, могущество.

Potent (*по'о-тент*) adj. сильный, крѣпкій, могущественный.

Potentate (*по'-тент-эт*) s. государь.

Potential (*по-тен'-шал*) adj. возможный, присущій; || s. возможное.

Potently (*по'о-тент-ли*) adv. сильно, могущественно.

Potentness (*по'о-тент-нес*) s. власть, сила, могущество.

Pother (*посз'-ер*) s. шумъ, гамъ, суматоха; скука; || vn. суетиться, хлопотать; || va. докучать.

Potion (*по'о-шон*) s. питье.

Potman (*пот'-ман*) s. слуга въ кабакѣ.

Potsherd (*пот'-шорд*) s. черепокъ.

Pottage (*пот'-тэдж*) s. супъ.

Potter (*пот'-тер*) s. гончаръ, горшечникъ. || vn. бездѣльничать. **To — about**, баловать, шалить.

Pottery (*пот'-тер-и*) s. глиняная посуда; гончарня. [пиваніе.

Potting (*пот'-тинг*) s. питье, вы-

Pottle (*пот'-тл*) s. корзина для фруктовъ, сосудъ; || мѣра емкости.

Pouch (*па'уч*) s. карманъ; кошель; ягдташъ, сумка, || брюхо; || va. класть въ карманъ, сберегать; глотать.

Poulterer (*по'улт-ер-ер*) s. торговка домашнею птицей

Poultice (*по'ул-тис*) s припарка; || va. прикладывать припарку.

Poultry (*по'улт-ри*) s. домашняя птица. **— -yard**, птичій дворъ

Pounce (*па'унс*) s. сандаракъ, дырка (для узора); коготь хищной птицы; || va. задирать сандаракомъ; дѣлать дырки узора; хватать когтями. [рильница.

Pouncet box (*по'ун-сет-бокс*) s. ку-

Pound (*па'унд*) s. фунтъ (вѣсъ). **Half a —**, полфунта. **By the —**, по фунтамъ || va. загонять, заключать въ загородку. бить; толочь.

Poundage (*па'унд-эдж*) s скидка; входная плата

Pounder (*па'унд-ер*) s наковальня; разбивальный молотъ. **A ten —**, банковый билетъ на десять фунтовъ.

Pour (*по'ур*) va. лить, изливать, выливать, наливать, поливать, бросать, испускать, издавать. **To — out something to drink**, наливать пить. **To — forth**, выпускать. || vn. течь; литься, изливаться; кидаться, устремляться. **It pours down**, проливной дождь **It never rains but it pours**, одна бѣда другую зоветъ. **Pouring rain**, проливной дождь.

Pourer (*по'ур-ер*) s. наливальщикъ.

Pout (*по'ут*) s. надутый видъ; надутые губы; минога (рыба); лѣсная куропатка(птица); || vn дуться.

Pouter (*па'ут'-ер*) s. тотъ, кто дуется; голубь воркунъ.

Pouting (*па'ут-инг*) s досадованіе.

Poverty (*пов'-ср-ти*) s нищета, бѣдность.

Powder (*па'у-дер*) s. порошокъ; порохъ; пудра; || va. превращать въ порошокъ; пудрить; присыпать; || vn. превращаться въ порошокъ.

Powdering (*па'у-дер-инг*) s превращеніе въ порошокъ, посыпка, пудреніе.

Powdery (*па'у-дери*) adj. разсыпчатый, рыхлый, пыльный; покрытый порошкомъ

Power (*па'у-ер*) s. власть, могущество, сила, дарованіе, талантъ; государство, государь; военная сила, || полномочіе **In the — of**, во власти. **The — of steam**, сила пара. **The — of a machine,** сила машины. **Moving —,** двигательная сила. **Steam engine of fifty horse- —,** паровая машина въ 50 лошадиныхъ силъ. **He has great natural — s,** этотъ человѣкъ съ большими способностями. **Civil —,** гражданская власть. **Military —,** военная власть. **The — of Europe,** силы европейскихъ державъ. **A — of friends,** большое количество друзей. **A — of attorney,** въ силу довѣренности. **A cube is the third —,** кубъ составляетъ третье измѣреніе.

Powerful (*па'у-ер-фул*) adj. могущественный, сильный.

Powerfully (*па'у-ер-фул-и*) adv. могущественно, сильно.

Powerfulness (*па'у-ер-фул-нес*) s. могущество, сила.

Powerless (*па'у-ер-лес*) adj. слабый, безсильный.

Powerlessly (*па'у-ер-лес-ли*) adv. слабо. безсильно.

Powerlessness (*па'у-ер-лес-нес*) s. слабость, безсиліе.

Powerloom (*па'у-ер-лум*) s. механическій, ткацкій станокъ.

Pox (*покс*) s. (мед.) оспа.

Poy (*пой*) s. балансирный шестъ.

Practicability (*пряк-ти-кă-би-ли-ти*), **Practicableness** (*пряк'-ти-кă-бл-нес*) s. осуществимость, исполнимость.

Practicable (*прäк'-ти-кă-бл*) adj. осуществимый, исполнимый.

Practicably (*прäк'-ти-кă-бл-и*) adv. осуществимо, исполнимо.

Practical (*прäк'-ти-кöл*) adj. опытный, практическій.

Practically (*прäк'-ти-кöл-ли*) adv. на дѣлѣ, на опытѣ.

Practicalness (*прäк'-ти-кăл-нес*) s. практичность. дѣльность.

Practice (*прäк'-тис*) s. практика, опытъ, дѣло, навыкъ; привычка; искусство, умѣніе. **To put in —,** вводить въ практику. **The — of virtue,** введеніе добродѣтели въ обиходъ. **To make it one's — to,** составить себѣ привычку. **Gun —,** стрѣльба изъ пушки. **Target —,** стрѣльба въ цѣль. || va. vn. приводить въ дѣйствіе, осуществлять. **To — fencing,** упражненіе въ фехтованіи; || vn. практиковать, дѣйствовать, дѣлать, упражняться въ чемъ; привыкать. **To — with a rifle,** упражненіе въ стрѣльбѣ изъ ружья.

Practised (*прäк'-тист*) adj практическій, опытный. **A — speaker,** опытный ораторъ.

Practiser (*прäк'-ти-сер*) s практикъ.

Practising (*прäк'-ти-зинг*) adj. практикующій. **— lawyer,** практикующій юристъ.

Practitioner (*прäк'-тиш'-ӧн-ер*) s. искусный человѣкъ, опытный врачъ, юристъ.

Præmunire (*премь-ю-най'-ри*) s. посягательство на верховную власть или парламентъ.

Pragmatic (*прäг-мäт'-ик*), **Pragmatical** (*прäг-мäт'-ик-ăл*) adj. достовѣрный, прагматическій.

Pragmatically (*прäг-мäт'-ик-ăл-и*) adv. достовѣрно, прагматически.

Prairie (*прэ'-ри*) s. лугъ, поляна, преріи, степь.

Praise (*прэз*) s. хвала, восхваленіе. **Worthy of —,** похвально. **To bestow —,** воздавать хвалу. || va. хвалить, восхвалять.

Praiseless (*прэз'-лес*) adj. непохвальный. [почитатель.

Praiser (*прэз'-ер*) s. хвалитель;

Praiseworthily (*прэз'-уöр-сти-ли*) adv. похвально.

Praiseworthiness (*прэз'-уöр-сти-нес*) s. похвальность.

Praiseworthy (*прэз'-уöр-сти*) adj. похвальный.

Pram (*прäм*) **Prame** (*прэм*) s. прамъ (плоскодонное судно).

Prance (*прäнс*) vn. становиться на дыбы; ходить гоголемъ, важничать. [конь.

Prancer (*прäн'-сер*) s. красивый

Prank (*прäнк*) va. украшать, убирать, наряжать. **To — play one's —s,** * дѣлать по своему. || s. проказа, шалость, продѣлка.

Prankish (*прäнк'-иш*) adj. рѣзвый, шаловливый.

Prate (*прэт*) va. vn. болтать; || s. болтовня, пустословіе.

Prater (*прэт'-ер*) s. болтунъ, -нья. враль.

Prating (*прэт'-инг*) s болтовня, вранье; || adj. болтливый.

Pratingly (*прэт'-инг-ли*) adj. болтливо.

Pratique (*прäт'-ик*) s. практика. **To take —,** дѣлаться предметомъ общей практики.

Prattle (*прäт'-тл*) vn. болтать, лепетать; || s. болтовня, лепетъ.

Prattler (*прäт'-тлер*) s. см. **Prater.** [порченность.

Pravity (*прäв'-и-ти*) s. порча, ис-

Prawn (*про'он*) s. креветъ (ракъ).

Praxis (*прäкс'-ис*) s. употребленіе, практика.

Pray (*прэй*) va. vn. просить, умолять, молиться. **I — you,** я прошу васъ.

Prayer (*прэй'-ер*) s. молитва; просьба; || проситель; молящійся.

Prayerfully (*прэй-ер-фу-ли*) adv набожно.

Praying (*прэй'-инг*) s молитва

Preach (*прич*) va vn. говорить проповѣдь, проповѣдывать, поучать. || s проповѣдь, поученіе

Preacher(*прич'ер*)s проповѣдникъ

Preaching(*прич'-инг*)s проповѣдь

Preachment (*прич'-мент*) s. проповѣдь, поученіе.

Preadamite (*приад'-ӑмайт*) s. человѣкъ жившій до Адама.

Preadmonish (*при-ад-мон'-иш*) va. предварять, предупреждать

Preadmonition (*приад-мо-ниш'-он*) s предвареніе

Preamble (*при'-ам-бл*) s предисловіе. вступленіе; || va. дѣлать предисловіе

Precarious (*при-кэ'-ри-ӧс*) adj случайный, ненадежный

Precariously(*прикэ'-ри-ӧсли*) adv. по волѣ, случайно, ненадежно.

Precariousness(*при-кэ'-ри-ӧс-нес*) s зависимость отъ случая; случайность, ненадежность.

Precaution (*при-ко'о-шӧн*) s. предосторожность; || va. предостерегать. **By way of —**, ввидѣ предосторожности.

Precautionary (*при-ко'о-шӧн-ӑ-ри*) adj. предупредительный, предупреждающій.

Precede (*при-сид'*) va. предшествовать; стоять выше кого.

Precedence (*при-сид'-енс*), **Precedency** (*при-сид'-ен-си*) s. старшинство, превосходство. **To take of —**, заходить впередъ.

Precedent (*при-сид'-ент*)adj. предшествующій, имѣвшій мѣсто.

Precedently (*при-сид'-ент-ли*)adv прежде. въ прошломъ.

Preceding (*при-сид'-инг*) adj. предыдущій

Precept (*при'-септ*) s. постановленіе; заповѣдь; (юрид.) предписаніе.

Preceptive (*при-сеп'-тис*) adj. наставительный, поучительный.

Preceptor (*при-сеп'-тӧр*) s.наставникъ |adj. наставническій.

Preceptorial (*при-сеп-то'о-ри-ӑл*)

Preceptory (*при-сеп'-тӧ-ри*) adj. наставительный: поучительный; || s. духовная семинарія.

Preceptress (*при-сеп'-трес*) s.наставница, учительница.

Precession (*при-сеш'-ӧн*) s. прешествіе. [граница; область.

Precinct (*при'-синкт*) s. предѣлъ,

Precious (*преш'-ӧс*) adj. драгоцѣнный; достойный почитанія. **A — liar,** враль. **— metals,** драгоцѣнные металлы.

Preciously (*преш'-ӧс-ли*) adv. драгоцѣнно. [гоцѣнность.

Preciousness (*преш'-ӧс-нес*) s. дра-

Precipice (*прес'-и-пис*) s пропасть, бездна.

Precipitance (*при-сип'-и-тӓнс*), **Precipitancy** (*при-сип'-и-тӓн-си*) s стремительность, торопливость опрометчивость.

Precipitant (*при-сип'-и-тӓнт*)adj. стремительный,торопливый,опрометчивый.

Precipitantly (*при-сип'-и-тӓнт-ли*) adv стремительно, торопливо.

Precipitate (*при-сип'-и-тэт*) va. vn низвергать, -ся, торопить, -ся; ускорять; || осаждать; || adj. торопливый, поспѣшный, стремительный, опрометчивый

Precipitation (*при-сип-и-тэ'-шӧн*) s. низверженіе; паденіе; торопливость; опрометчивость.

Precipitous (*при-сип'-и-тӧс*) adj. крутой, утесистый; быстрый; поспѣшный.

Precipitously (*при-сип'-и-тӧс-ли*) adv. круто, утесисто; быстро.

Precipitousness (*при-сип'-и-тӧс-нес*) s крутость, утесистость;быстрота; поспѣшность.

Precise (*при-сайс'*) adj. точный, вѣрный, аккуратный. **At the — hour,** въ опредѣлённый часъ.

Precisely (*при-сайс'-ли*) adv. точно, аккуратно.

Preciseness (*при-сайс'-нес*) s. точность, исправность, аккуратность жеманство.

Precision (*при-сиж'-ӧн*) s. точность, опредѣленность.

Preclude (*при-клюд'*) va. исключать; предотвращать.

Preclusion (*при-клю'-жӧн*) s. исключеніе; предотвращеніе; лишеніе.

Precocious (*при-ко'о-шӧс*) adj. ранній, скороспѣлый.

Precociousness (*при-ко'-о-шӧс-нес*), **Precocity** (*при-кос'-и-ти*) s. скороспѣлость.

Precognition (*при-ког-ниш'-ӧн*) s. предвѣдѣніе; предварительное обсужденіе.

Preconceit (*при-кон-сит'*) s. предубѣжденіе, предразсудокъ.

Preconcieve (*при-кон-сив'*) va. судить заранѣе. [предвзятый

Preconcieved (*при-кон-сив'д*) adj.

Preconception (*при-кон-сеп'-шӧн*) s. предубѣжденіе, предразсудокъ.

Preconcert (*при-кон-сӧрт'*) va. заранѣе условиться.

Precursor (*при-кӧр'-сӧр*) s. предтеча; предвѣстникъ.

Precursory (*при-кӧр'-сӧ-ри*) adj. предшествующій; предвѣщающій.

Predaceous (*при-дэ'-шӧс*) adj. хищный.

Predatory (*пред'-ӑ-тӧ-ри*) adj.

хищный, хищнический, грабительскій.
Predecease (*при'-ди-сис*) s. кончина прежде другого.
Predecessor (*пред-и-сес'-сӧр*) s. предшественникъ.
Predesign (*при-ди-зайн'*) va. предназначить.
Predestinate (*при-дес'-ти-нэт*) va. предопредѣлять, предназначать; adj. предопредѣленный; предназначенный.
Predestination (*при-деç-ти-нэ'-шӧн*) s. предопредѣленіе.
Predestine (*при-дес'тин*) va. см. **Predestinate**.
Predetermine (*при-ди-тӧр'-мин*) va. предопредѣлять.
Predial (*при'-ди-ăл*) adj. поземельный; состоящій въ землѣ, въ помѣстьяхъ.
Predicable (*пред'-и-кă-бл*) adj. свойственный, относимый; || s. приписываемое свойство.
Predicament (*при-дик'-ă-мент*) s. категорія, разрядъ; || s. (грам.) состояніе, положеніе.
Predicant (*пред'-и-кăнт*) s. утверждающій; проповѣдникъ.
Predicate (*пред'-и-кэт*) va. vn. утверждать, подтверждать; || s. (грам.) сказуемое. [зывать.
Predict (*при-дикт'*) va. предска-
Prediction (*при-дик'-шӧн*) s. предсказаніе, пророчество.
Predictive (*при-дикт'-ив*) adj пророческій, предсказывающій.
Predictively (*при-дикт'-ив-ли*) adv. пророчески
Predictor (*при-дик'-тӧр*) s. предсказатель, пророкъ.
Predilection (*при-ди-лек'-шӧн*) s. пристрастіе. [предрасполагать.
Predispose (*при-дис-по'оз*) va.
Predominance (*при-дом'-и-нăнс*), **Predominancy** (*при-дом'-и-нăнси*) s. преобладаніе; вліяніе.
Predominant (*при-дом'-и-нăнт*) adj. преобладающій, господствующій.
Predominantly (*при-дом'-и-нăнтли*) adv. преобладающимъ образомъ.
Predominante (*при-дом'-и-нэт*) va. vn. преобладать, господствовать.
Predomination (*при-дом-и-нэ'-шӧн*) s. преобладаніе, господство.
Predoomed (*при-думд'*) adj. обреченный заранѣе.
Pre-elect (*при-и-лект'*) va. выбрать заранѣе.
Pre-election (*при-и-лек'-шӧн*) s. выборъ заранѣе.
Pre-eminence (*при-эм'-и-ненс*) s. превосходство, первенство.
Pre-eminent (*при-эм'-и-нент*) adj. превосходящій, особенный.
Pre-eminently (*при-эм'-и-нентли*) adv. отличительно, особенно, преимущественно.
Pre-emption (*при-эм'-шӧн*) s. право покупки прежде другихъ.
Preen (*прин*) va. чистить перья (о птицахъ); обрѣзывать сучья у деревьевъ.
Pre-engage (*при-эн-гэдж'*) va. заранѣе брать обѣщаніе, обязательство.
Pre-exist (*при-егз-ист'*) va. предсуществовать, существовать прежде чего.
Preface (*преф'-ăс*) s. предисловіе; va. vn. дѣлать, написать предисловіе.
Prefect (*при'-фект*) s. префектъ.
Prefer (*при-фӧр'*) va. предпочитать; возводить (въ званіе); представлять (проектъ).
Preferable (*преф'-ер-ă-бл*) adj. предпочтительный; лучшій.
Preferableness (*преф'-ер-ă-бл-нес*) s. предпочтительность.
Preferably (*преф'-ер-ă-бл-и*) adv. предпочтительно, лучше.
Preference (*преф'-ер-енс*) s. предпочтеніе.
Preferential (*преф-ер-ен'-шăл*) привиллегированный.
Prefigurate (*при-фигь'-ю-рэт*), **Prefigure** (*при-фигь'-юр*) va. представляться, отражаться въ прежнихъ типахъ, образахъ; повторяться. [дѣлать.
Preform (*при-форм'*) va. заранѣе
Prefulgency (*при-фӧл'-джен-си*) s. блескъ, лучезарность.
Pregnable (*прег'-нă-бл*) adj. побоpимый.
Pregnancy (*прег'-нăн-си*) s. беременность; || * плодовитость.
Pregnant (*прег'-нăнт*) adj. беременная; || плодовитый, обильный, многообѣщающій; полный смысла, интереса.
Prehensile (*при-хен'-сил*) adj. цѣпкій, хватающій.
Prehension (*при-хен'-шӧн*) s. хватаніе, захватъ.
Prejudge (*при-джӧдж'*) va. осуждать заранѣе, предрѣшать.
Prejudicate (*при-джю'-ди-кэт*) vn. предрѣшать, составить сужденіе заранѣе.
Prejudice (*предж'-ю-дис*) s. предубѣжденіе, предразсудокъ. **Without — to**, безъ вреда для. **To a person's —**, во вредъ кому либо. **To do — to**, вредить. || va. предупреждать, предубѣждать; имѣть предразсудокъ; озабачивать, вредить.

Prejudiced (*предж'-ю-дист*) adj. предубѣжденный.
Prejudicial (*предж-ю-диш'-ăл*) adj. вредный, пагубный.
Prelate (*прел'-эт*) s. прелатъ, епископъ.
Prelect (*пре-лект'*) va. собесѣдовать.
Prelection (*при-лек'-шŏн*) s. публичное чтеніе, проповѣдь.
Prelector(*при-лек'-тŏр*)s. лекторъ.
Preliminarily (*при-лим'-и-нă-ри-ли*) adv. предварительно.
Preliminary (*при-лим'-и-нă-ри*) adj. предварительный.
Prelude (*прель'-юд*) s. прелюдія, вступленіе; || va. дѣлать вступленіе.
Preluder (*при-льюд'-ер*) s. дѣлающій вступленіе.
Prelusive (*при-лью'-сив*). **Prelusory** (*при-лью'-сŏ-ри*) adj. предварительный, вступительный.
Premature (*примă-тьюр'*) adj. преждевременный.
Prematurely (*примă-тьюр'-ли*) adv. преждевременно.
Prematureness (*примă-тьюр'-нес*) s. преждевременность.
Premeditate (*при-мид'-и-тэт*) vn. предумышлять.
Premeditated (*при-мед'-и-тэ-тед*) s. предумышленный, преднамѣренный.
Premeditation(*при-мед-и-тэ'-шŏн*) s. предумышленность, преднамѣреніе.
Premier (*прем'-и-ер*) adj. первый, главный; || s. первый министръ.
Premiership (*прем'-и-ер-шип*) s. первенство.
Premise (*при-майз*) va. vn. предпосылать.
Premises (*прем'-и-сиз*) s. pl. предпосылки (въ силлогизмѣ); вступленіе въ актѣ о пожалованіи; помѣстье, земля, имѣніе, помѣщеніе. **On the —**, на мѣстѣ. **Vast —**, большие магазины.
Premium (*при'-ми-ŏм*) s. премія, награда, вознагражденіе. **To be at a —**, приносить премію.
Premonish (*при-мон'-иш*) va. предувѣдомлять, предварять.
Premonition (*при-мо-ниш'-ŏн*) s. предувѣдомленіе, предвареніе.
Premonitory (*при-мон'-и-то-ри*) adj. предувѣдомляющій.
Prenominate (*при-ном'-и-нэт*) va. называть, упоминать ранѣе; || adj. вышеупомянутый.
Prentice (*прен'-тис*) s. ученикъ въ ремеслѣ; новичекъ.
Preobtain (*при-об-тэн'*) va. получать заранѣе.
Preoccupy (*при-ок'-кью-пай*) va. завладѣвать прежде другихъ; составлять мнѣнія заранѣе.
Preordain (*при-ор-дэн'*) va. предопредѣлять, предназначать.
Preordinance (*при-ор'-ди-нăнс*). **Preordination** (*при-ор-ди-нэ'-шŏн*) s. предопредѣленіе, предназначеніе.
Prepaid (*при-пэд'*) adj. оплаченный заранѣе.
Preparation (*преп-ă-рэ'-шŏн*) s. приготовленіе; сборы; препаратъ.
Preparative (*при-пăр'-ă-тив*) s. приготовленіе; || adj. предварительный, приготовительный.
Preparatively (*при-пăр'-ă-тив-ли*) adv. предварительно, приготовительно.
Preparatory (*при-пăр'-ă-то-ри*) adj. см. **Preparative**.
Prepare (*при-пэр'*) va. vn. приготовлять, -ся, готовить, -ся. **To — a dinner**, приготовлять обѣдъ.
Preparedly (*при-пэр'-ед-ли*) adv. осмотрительно, приготовившись.
Preparedness (*при-пэр'-ед-нес*) s. готовность.
Preparer (*при-пэр'-ер*) s. приготовляющій.
Prepay (*при-пэй'*) va. оплачивать заранѣе.
Prepayment (*при-пэй'-мент*) s. оплата заранѣе.
Prepençe (*при-пенс'*) adj. предумышленный.
Preponderance (*при-пон'-дер-ăнс*) s. перевѣсъ, преобладаніе.
Preponderancy (*при-пон'-дер-ăн-си*) s. перевѣсъ, преобладаніе.
Preponderant (*при-пон'-дер-ăнт*) adj. перевѣшивающій, преобладающій, превосходящій.
Preponderate (*при-пон'-дер-эт*) va. vn. перевѣшивать, превосходить.
Preponderation (*при-пон-дер-э'-шŏн*) s. перевѣсъ.
Preposition (*преп-о-зиш'-ŏн*) s. (грам.) предлогъ.
Prepossess (*при-поз-зес'*) va. владѣть напередъ; плѣнять, сводить съ ума; располагать къ себѣ.
Prepossessing (*при-поз-зес'-инг*) adj. плѣняющій, пріятный, располагающій къ себѣ.
Prepossession (*при-пос-сеш'-ŏн*)s. предшествующее владѣніе; предубѣжденіе.
Prepossessor (*при-пос-сес'-ŏр*) s. предшествующій владѣлецъ.
Preposterous (*при-пос'-тер-ŏс*)adj. превратный; нелѣпый, абсурдный.
Preposterously (*при-пос'-тер-ŏс-ли*) adv. превратно; нелѣпо, абсурдно.
Preposterousness (*при-пос'-тер-ŏс-нес*) s. превратность, нелѣпость, абсурдность.

Prepuce (*при-пьюс'*) s (анат.) крайняя плоть.
Prerequisite (*при-рек'-уи-зит*) s. и adj. заранѣе необходимое
Preresolve (*при-ри-золв'*) va. vn предрѣшать. [преимущество
Prerogative (*при-рог'-ă-тив*) s.
Presage (*при-сэдж*) s предзнаменованіе, предчувствіе; || va. предвѣщать. [вѣщій
Presageful (*при-сэдж'-фул*) adj
Presbyter (*през-би-тер*) s священникъ, пресвитеріанинъ
Presbyterian (*през-би-ти'-ри-ăн*) adj пресвитеріанскій
Presbyterianism (*презби-ти'-ри-анизм*) s. пресвитеріанство.
Presbytery (*през'-би-тер-и*) s. собраніе пресвитеріанской церкви, пресвитеріанское исповѣданіе [вѣденіе
Prescience (*при'-ши-енс*) s. пред-
Prescient(*при'-ши-ент*)**Prescious** (*при'-шос*) adj одаренный предвѣденіемъ
Prescribe (*при-скрайб'*) va vn предписывать
Prescript (*при'-скрипт*) adj предписанный. || s предписаніе
Prescriptible (*при-скрипт'-и-бл*) adj предписываемый
Prescriptive (*при-скрипт'-ив*) adj пріобрѣтенный за давностью.
Presence (*през'-енс*) s. присутствіе осанка, видъ, высокое лицо, государь — **of mind**, присутствіе духа. — **chamber**, пріемная комната.
Present (*през'-ент*) adj присутствующій, настоящій, нынѣшній, дѣйствительный **To be — at**, присутствовать при, на **The — month**, текущій мѣсяцъ. || s подарокъ. **At —**, въ настоящее время, теперь **By these —s**, настоящимъ (письмомъ) **To make a — of**, подарить что либо
Present (*при-зент'*) va vn представлять, -ся, подносить, дарить **To — a petition**, представлять прошеніе **To — a person with a thing**, подарить что либо кому
Presentable (*при-зент'-ă-бл*) adj могущій быть представленнымъ
Presentation (*през-ен-тэ'-шон*) s представленіе, поднесеніе, дареніе, пожалованіе **On —**, по предъявленіи
Presentative (*при-зент'-ă-тив*) adj имѣющій право на представленіе.
Presentee (*през-ент'-и*) s кандидатъ на духовную должность
Presenter (*при-зент'-ер*) s представляющій, подноситель
Presentiment (*при-сент'-и-мент*) s предчувствіе.
Presently (*през'-ент-ли*) adv. сейчасъ, скоро.
Presentment (*при-зент'-мент*) s. представленіе; предъявленіе (векселя); (юрид.) судебное преслѣдованіе.
Preservable (*при-зöрв'-ă-бл*) adj. могущій быть сохраненнымъ.
Preservation (*през-ер-вэ'-шон*) s. сохраненіе, предохраненіе
Preservative (*при-зöрв'-ă-тив*), **Preservatory** (*при-зöрв'-ă-тори*) adj. предохранительный.
Preserve (*при-зöрв'*) va. охранять, предохранять; сохранять; дѣлать консервы. **To — health**, сохранять здоровье. **To — plums**, приготовлять консервы изъ персиковъ. **To — appearances**, сохранять внѣшность. || s. варенье консервы || заказное мѣсто для (охоты, рыбной ловли)
Preserver (*при-зöрв'-ер*) s охранитель, предохранитель, заготовщикъ консервовъ **Life - —** спасательный поясъ
Preside (*при-зайд'*) vn предсѣдательствовать
President (*през'-и-дент*) s президентъ, предсѣдатель **Vice - —**, вице-президентъ, товарищъ-предсѣдатель. [датель.
Presider (*при-зайд'-ер*) s предсѣ-
Presidial (*при-сид'-и-ăл*) adj. гарнизонный
Presignify (*при-сиг'-ни-фай*) va. предуказывать, намекать
Press (*прес*) va жать, сжимать, сдавливать, обнимать, мять; тѣснить, торопить, преслѣдовать. **She pressed me to accept**, онъ побуждала меня принять. **To — on, to — forward**, толкать впередъ **With hunger pressed**, побуждаемый голодомъ. **Pressed for money**, побуждаемый недостаткомъ денегъ. **To hot —**, гладить. **To — down**, сильно надавливать || vn тѣсниться, толпиться, торопиться, преслѣдовать, наступать, заставлять. **These questions pressed upon his mind**, эти вопросы занимали его **To — against the door**, толкать дверь || s. прессъ, тиски, жомъ; гнетъ; || печатаніе; печать; || тѣснота, давка; толпа, спѣшность, насильственная вербовка матросовъ. **Printing —**, книгопечатный станокъ **In the —**, въ печати. **To go to —, to send to —**, печатать. — **-work**, тисненіе, печатные листы
Pressing (*прес'-инг*) adj. прессующій, крайне нужный, настоятельный, спѣшный, настойчивый.
Pressingly (*прес'-инг-ли*) adv.

крайне нужно, настоятельно, спѣшно, настойчиво.
Pression *преш'-ŏн*)s см. **Pressure**
Pressure (*преш'-ур*) s. давленіе: гнетъ, тяжесть; прессованіе, тисненіе; печатаніе; || * стѣснительныя обстоятельства, нужда горе. **High —**, высокое давленіе. **Atmospheric —**, давленіе атмосферы. **The — of business**, тяжесть дѣлъ. **— gauge**, (физ.) манометръ
Prestation (*прес-тэ'-шŏн*) s.(юрид) уплата; подать, пошлина.
Prestige (*прес'-тидж*) s. престижъ обаяніе, очарованіе, иллюзія.
Presto (*прес'-то*) adv. скоро, быстро; (муз.) престо.
Presumable (*при-зьюм'-ă-бл*) adj. предполагаемый, вѣроятный.
Presume (*при-зьюм'*) va. vn. предполагать; осмѣливаться, дерзать. **To — on**, разсчитывать, надѣяться. **He presumes too much on his merit**, онъ слишкомъ хорошаго о себѣ мнѣнія.
Presumer (*при-зьюм'-ер*) s. предполагающій; самонадѣянный.
Presuming (*при-зьюм'-инг*) adj. надменный; самонадѣянный.
Presumingly (*пре-зьюм'-инг-ли*) adv. надменно, самонадѣянно.
Presumption (*при-зŏмп'-шŏн*) s. предположеніе; вѣроятность; самонадѣянность.
Presumptive (*при-зŏмп'-тив*) adj. предполагаемый, самонадѣянный, довѣрчивый.
Presumptively (*при-зŏмп'-тив-ли*) adv. по предложенію.
Presumptuous (*при-зŏмпть'-юŏс*) adj. самоувѣренный, самонадѣянный.
Presumptuously (*при-зŏмпть'-юŏс-ли*) adv. самоувѣренно, самонадѣянно.
Presumptuousness (*при-зŏмпть'-ю-ŏс-нес*) s. самоувѣренность, самонадѣянность.
Presuppose (*при-сŏп-по'оз*) va. предполагать.
Pretence (*при-тенс'*) s. предлогъ, видъ, поводъ, отговорка. **On, upon, under — of**, подъ предлогомъ, подъ видомъ.
Pretenceless (*при-тенс'-лес*) s. безъ предлога, безъ повода.
Pretend (*при-тенд'*) va. vn. отговариваться, ссылаться, навиняться; притворяться, утверждать, требовать, претендовать, домагаться. **He pretends to be ill**, онъ притворяется больнымъ. **He pretends business**, онъ притворяется занятымъ.
Pretended (*при-тенд'-ед*) adj. мнимый, притворный.
Pretender (*при-тенд'-ер*) s. притворщикъ; домогающійся чего; претендентъ, соискатель.
Pretension (*при-тен'-шŏн*) s. претензія, притязаніе; требованіе, желаніе. **To lower one's —s**, сбавить свои требованія.
Pretentious (*при-тен'-шŏс*) adj. требовательный, самонадѣянный
Preterimperfect (*при-тер-им-пŏр'-фект*) adj. (грам.) прошедшее несовершенное (время).
Preterit (*прет'-ер-ит*) adj. (грам.) прошедшее (время).
Preterition (*при-тер-иш'-ŏн*) s. прошедшее, минувшее.
Pretermission (*при-тер-миш'-ŏн*) s. предпосланіе.
Pretermit (*при-тер-мит'*) va. пропустить; умолчать.
Preternatural (*при-тер-нăть'-ю-тăл*) adj. сверхъестественный, чрезвычайный.
Preternaturally (*при-тер-нăть'-ю-рăл-и*) adv. сверхъестественно, чрезвычайно.
Preterperfect (*при-тер-пŏр'-фект*) adj. (грам.) прошедшее совершенное (время).
Preterpluperfect (*при-тер-плю'-пер-фект*) adj. (грам.) давнопрошедшее (время).
Pretext (*при-текст'*) s. предлогъ, отговорка.
Pretor (*при'-тор*) s. преторъ (у др. рим.)
Prettily (*прет'-ти-ли*) adv. красиво, мило, пріятно.
Prettiness (*прет'-ти-нес*) s. пріятность, изящность, миловидность
Pretty (*прет'-ти*) adj. пріятный, изящный, миловидный. **A — fellow!** хорошъ! || adv. довольно, почти. **— well**, довольно, хорошо.
Pretypify (*при-тип'-и-фай*) va. представить.
Prevail (*при-вэл'*) vn. взять, одержать верхъ, превозмочь; господствовать; удаваться. **This fashion prevails**, этотъ обычай получилъ перевѣсъ. **To — upon**, взять верхъ. **To — over**, взять верхъ. **To — with**, завладѣть.
Prevailing (*при-вэл'-инг*) adj. господствующій, преобладающій, сильный. **— opinion**, господтвующее мнѣніе.
Prevalence (*прев'-ă-ленс*). **Prevalency** (*прев'-ă-лен-си*) s. вліяніе, власть, господство; дѣйствительность, сила.
Prevalent (*прев'-ă-лент*) adj. господствующій, преобладающій, сильный.
Prevalently (*прев'-ă-лент-ли*) adv. могущественно, сильно.
Prevaricate (*при-вăр'-и-кэт*) vn. лукавить, измѣнять долгу.

Prevaricator (*при-вăр'-и-кэ-тŏр*) s. лукавый человѣкъ

Prevenient (*при-вин'-и-ент*) adj предшествующій предупреждающій

Prevent (*при-вент'*) va предупреждать, отвращать, мѣшать **To — this misfortune,** предупредить несчастіе **To — a person from doing a thing,** помѣшать кому дѣлать что-либо

Preventable (*при-вент-а-б л*) adj предотвратимый.

Preventer (*при-вент'-ер*) s предотвратитель.

Prevention (*при-вен'-шън*) s предупрежденіе, предотвращеніе

Preventive (*при-вент'-ив*) adj предупредительный, предохранительный **— measures,** предупредительныя мѣры

Previous (*при'-ви-ос*) adj предыдущій, предварительный

Previously (*при'-ви-ŏс-ли*) adv прежде, предварительно

Previousness (*при'-ви-ŏс-нес*) s первенство, старшинство

Prevision (*при-виж'-ън*) s. предвидѣніе

Prewarn (*при-уорн'*) va предостерегать

Prey (*прэй*) s добыча **Bird of —,** хищная птица **To be a — to,** быть подъ вліяніемъ чего либо || vn **To — on, upon,** грабить пожирать дѣлать добычею. || разрушать, изнурять

Preyer (*прэй'-ер*) s хищникъ

Price (*прайс*) s цѣна, цѣнность **Average—,** средняя цѣна **Cost—,** платежная цѣна **Fixed —,** опредѣленная цѣна **Full —,** полная цѣна **The lowest —,** самая дешевая цѣна **Market —,** рыночная цѣна **Opening —,** первая биржевая цѣна **Closing —,** последняя цѣна на биржѣ. **At any —,** за всякую цѣну **Under —,** за дешевую цѣну **To fetch a —,** получить премію **Not at any —,** ни за что на свѣтѣ || va оцѣнивать

Priceless (*прайс-лес*) adj безцѣнный ничего не стоющій

Prick (*прик*) va vn колоть прикалывать, вонзать, понуждать вслушиваться. (муз) класть на ноты причинять острую боль. пришпоривать (лошадь) **To — with a needle,** колоть булавками **To — up one's ears,** вострить уши || s остріе, игла, шипъ уголь цѣль, острая боль, угрызенія совѣсти

Pricker (*прик'-ер*) s остріе чего, колючка, шипъ, шило, всадникъ, пришпоривающій лошадь

Pricket (*прик'-ет*) s годовалый олень

Pricking (*прик'-инг*) s уголъ, ужаленіе, острая боль

Prickle (*прик'-л*) va колоть прикалывать, || s (бот) колючка, игла **— -back,** колюшка (рыба)

Prickly (*прик'-ли*) adj колючій

Pride (*прайд*) s. гордость, спесь, блескъ, пышность, честь, || течка. **To puff up with —,** спесивиться. **Honest —,** благородная гордость. **To humble one's —,** унизить свою гордость **Military —,** военныя почести || va vn возгордиться, сдѣлать гордымъ, гордиться **To — one's self,** кичиться, гордиться чѣмъ

Prier (*прай'-ер*) изслѣдователь, изыскатель,

Priest (*прист*) s священникъ, іерей, попъ **High- —,** первосвященникъ. **— -ridden,** подъ властью священниковъ

Priestcraft (*прист'-крафт*) s интриги духовенства.

Priesthood (*прист'-худ*) s священство, духовенство

Priestly (*прист'-ли*) adj. священническій іерейскій жреческій

Prig (*приг*) s нахалъ, фать, || воръ, || vn торговаться, || va стащить, украсть

Priggish (*приг'-гиш*) adj нахальный, фатоватый, самодовольный.

Priggery (*приг'-гер-и*) s нахальство, фатовство, самодовольство.

Prim (*прим*) adj жеманный, натянутый, изысканный, || va одѣвать, наряжать

Primacy (*прай-ма-си*) s приматьство, первенство

Primage (*прай'-мэдж*) s премія въ пользу шкипера купеческаго судна

Primarily (*прай'-ма-ри-ли*) adv первоначально сперва

Primary (*прай'-ма-ри*) adj первоначальный, первобытный, основной **The — colours,** основные цвѣта. **— -school,** начальное училище

Prime (*прайм*) adj первобытный, первый, лучшій главный || s начало происхожденіе разсвѣтъ, заря, утро, молодость, лучшая часть **The — of life,** начало жизни **These trees are in their —,** эти деревья — въ расцвѣтѣ силъ, || va приготовить къ выстрѣлу

Primer (*прайм'-ер*) s (арт) затравникъ

Primero (*при-ми-ро*) s. родъ карточной игры

Primeval (*при-ми'-вал*) adj первобытный, первоначальный

Priming (*прайм'-инг*) s порохъ пистонъ

Primitive (*прим'-и-тив*) adj пер-

вобытный, примитивный, первоначальный.
Primitively (*прим'-и-тив-ли*) adv. сперва, первоначально.
Primitiveness (*прим'-и-тив-нес*) s. первобытность, примитивность.
Primly (*прим'-ли*) adv. жеманно, изысканно.
Primness (*прим'-нес*) s. жеманство.
Primogenial (*прай-мо-джи'-ни-ăл*) adj. первоначальный, первобытный.
Primogenitor (*прай-мо-джен'-и-тŏр*) s. прародитель.
Primogeniture (*прай-мо-джен'-и-тьюр*) s. первородство.
Primordial (*прай-мор'-ди-ăл*) s. начало, причина, происхожденіе; стихія, элементъ; || adj. первоначальный, начальный.
Primrose (*прим'-роз*) adj. веселый, цвѣтущій; || s. буковица бѣлая (растеніе).
Prince (*принс*) s. принцъ, князь.
Princess (*прин'-сес*) s. принцесса, княгиня, княжна.
Principal (*прин'-си-пăл*) adj. главный, знатнѣйшій. **The — thing,** самое существенное; || s. глава, начальникъ, хозяинъ; капитальная сумма.
Principality (*прин-си-пăл'-и-ти*) s. верховная власть.
Principally (*прин'-си-пăл-ли*) adv. преимущественно.
Principle (*прин'-си-пл*) s. начало, причина, основаніе, принципъ. **On —,** по принципу. **A man of —,** человѣкъ принципіальный; || va. установлять за правило.
Prink (*принк*) vn. разряжаться.
Print (*принт*) va. печатать; отпечатать; || s. отпечатокъ, слѣдъ; оттискъ, печать; шрифтъ; гравюра; газета; ситецъ. **The — of the nails,** отпечатокъ гвоздей. **In —,** въ печати. **Out of —,** вышедшій изъ продажи. **— -seller,** продавецъ эстамповъ.
Printer (*принт'ер*) s. печатникъ.
Printing (*принт'-инг*) s. печатаніе, книгопечатаніе; набивка (ситца). **Letterpress —,** типографія. **Lithographic —,** литографія. **— -house, — -office,** типографія.
Printless (*принт'-лес*) adj. безслѣдный.
Prior (*прай'-ŏр*) adj. прежній; || s. настоятель (монастыря).
Prioress (*прай'-ŏр-ес*) s. настоятельница (монастыря).
Priority (*прай-ор'-и-ти*) s. старшинство, первенство.
Prism (*призм*) s. призма, раекъ.
Prismatic (*приз-мăт'-ик*), **Prismatical** (*приз-мăт'-ик-ăл*) adj. призматическій.
Prison (*приз'-н*) s. тюрьма, острогъ, темница. **In —,** въ тюрьмѣ. **Out of —,** выпущенный изъ тюрьмы. **— -house,** тюрьма. **— -keeper,** тюремщикъ; || va. посадить въ тюрьму.
Prisoner (*приз'-н-ер*) s. арестантъ; колодникъ, заключенный; плѣнникъ. **To take —,** взять въ плѣнъ.
Pristine (*прис'-тин*) adj. первобытный, древній, старинный.
Prithee (*присз'-и*) сокр. **I pray thee,** пожалуйста, прошу тебя.
Prittle-prattle (*прит'-тл-прăт-тл*) s. болтовня, калякaніе.
Privacy (*прай'-вă-си*) s. уединеніе, покой; тайна, секретъ; молчаніе.
Private (*прай'-вэт*) adj. особый, особливый, частный, личный. **He has no — fortune,** у него нѣтъ состоянія. **— conversation,** частный разговоръ. **— lesson,** частные уроки. **— life,** частная жизнь. **They desire to be —,** они желаютъ быть одни. **A — place,** уединенное мѣсто. **A — staircase,** потайная лѣстница. **A — gentleman,** частное лицо. **A — soldier,** простой солдатъ. **— -clothes,** частная одежда; || s. секретное дѣло; || простой солдатъ.
Privateer (*прай-вă-тир'*) s. каперъ, арматоръ; || va. крейсировать.
Privateering (*прай-вă-тир'-инг*) s. каперство.
Privateness (*прай'-вэт-нес*) s. уединеніе; секретъ.
Privation (*прай-вэ'-шŏн*) s. лишеніе, недостатокъ; разжалованіе.
Privative (*прив'-ă-тив*) s. лишеніе, недостатокъ; || adj. отрицательный.
Privilege (*прив'-и-ледж*) s. привилегія. **By way of —,** въ видѣ преимущества; || va. давать привилегію.
Privily (*прив'-и-ли*) adv. тайно, втайнѣ, секретно.
Privity (*прив'-и-ти*) s. вѣденіе, соглашеніе.
Privy (*прив'-и*) adj. частный, собственный; тайный; особый. **— to,** освѣдомленный; || s. участникъ.
Prize (*прайз*) s. призъ; добыча; выигрышъ; награда. **To be a lawful —,** быть законнымъ призомъ. **To carry the —,** получить призъ. **To get a —,** выиграть что. **The highest —,** наибольшій выигрышъ; || va. оцѣнивать. **— -fighter,** боксеръ. **— -fighting,** боксъ, борьба. **— -man,** лауреатъ. **— -money,** призовая плата.
Pro (*про'о*) prep. за. **— and con,** за и противъ.

Probability (*проб-ä-бил'-и-ти*) s вѣроятность, правдоподобіе
Probable (*проб'-ä-бл*) adj вѣроятный, правдоподобный
Probably (*проб'-ä-бл-и*) adv вѣроятно, правдоподобно
Probation (*про-бэ'-шон*) s испытаніе, искусъ
Probationer (*про-бэ'-шон-ер*) s испытуемый, послушникъ
Probative (*про'о-бэ-тив*) adj служащій для испытанія
Probatory (*про'о-ба-то-ри*) adj служащій для испытанія испытательный
Probe (*про'об*) va зондировать, ощупывать, вывѣдывать
Probity (*проб'-и-ти*) s честность, прямодушіе
Problem (*проб'-лем*) s проблемма, задача
Problematical (*проб-лем-ат'-ик-ал*) adj проблематическій, загадочный
Problematically (*проб-лем-ат'-ик-ал-и*) adv проблематически, загадочно
Proboscis (*про-бос'-сис*) s хоботъ слона
Procedure (*про-сидь-юр*) s поступокъ, процедура
Proceed (*про-сид*) vn продолжать, подвигаться, дѣлать успѣхи, отправляться, перейти, приступить, дѣйствовать. **They proceeded to London,** они отправились въ Лондонъ **To — to business,** приступить къ дѣлу **Light —s from the sun,** свѣтъ отъ солнца **To — with one's story,** продолжать разсказъ **To — to blows,** дойти до ударовъ **To — to strong measures,** прибѣгнуть къ строгимъ мѣрамъ **To — on one's way,** идти своимъ путемъ **To — cautiously,** дѣйствовать съ осторожностью **To — against,** начинать искъ
Proceeding (*про-сид'-инг*) s поступокъ, дѣйствіе, продолженіе, успѣхъ **The day's —s,** событія дня **To take —s against,** начинать преслѣдованіе противъ кого
Proceeds (*про-сидс*) продуктъ, доходъ
Process (*прос'-ес*) s процессъ, теченіе, дѣйствіе, дѣло **In — of time,** въ теченіе времени **The — of vegetation,** процессъ произростанія
Procession (*про-сеш'-он*) s шествіе, поѣздъ, картежъ, процессія, крестный ходъ
Processional (*про-сеш-он-ал*) adj относящійся къ процессіи
Proclaim (*про-клэм*) va провозглашать, публиковать, созывать **To — war,** провозглашать войну
Proclaimer (*про-клэм'-ер*) s. объявитель, глашатай
Proclamation (*прок-лä-мэ'-шон*) s прокламація, указъ, воззваніе
Proclivity (*про-клив'-и-ти*) s склонность, стремленіе
Procrastinate (*про-крäс'-ти-нэт*) va откладывать, || vn мѣшкать
Procrastination (*про-крäс-ти-нэ'-шон*) s. отлагательство
Procreant (*про'о-кри-äнт*) adj порождающій, производительный
Procreate (*про'о-кри-эт*) va порождать, производить
Procreation (*про-кри-э'-шон*) s порожденіе, произведеніе
Procreativeness (*про'о-кри-э-тив-нес*) s производительность
Proctor (*прок'-тöр*) s уполномоченный, || va вести (дѣла)
Procumbent (*про-комʼ-бент*) adj. лежащій ницъ.
Procurable (*про-кьюр'-ä-бл*) adj получимый
Procuration (*прокь-ю-ю-рэ-шон*) s пріобрѣтеніе, полномочіе
Procurator (*прокь-ю-рэ-тöр*) s повѣренный, представитель
Procure (*про-кьюр'*) va получать, добывать, причинять, достигать
Procurement (*про-кьюр-мент*) s пріобрѣтеніе, веденіе дѣлъ
Procurer (*про-кьюр'-ер*) s тотъ, который достаетъ, доставляетъ, сводникъ
Prodigal (*прод'-и-гäл*) s расточитель, мотъ, || adj расточительный **— son,** блудный сынъ
Prodigality (*прод-и-гäл'-и-ти*) s расточительность
Prodigally (*прод'-и-гäл-и*) adv расточительно
Prodigious (*про-диджʼ-öс*) adj чудесный, удивительный, громадный
Prodigiously (*про-дидж-öс-и*) adv чудесно, удивительно, громадно
Prodigiousness (*про-дидж-öс-нес*) s чудесность, удивительность, громадность
Prodigy (*прод-и-джи*) s чудо, диво
Produce (*про-дьюс*) va vn производить, рождать, доставлять || s произведеніе, продуктъ, доходъ **Raw —,** естественные продукты **Home —,** домашніе продукты **Net —,** чистый доходъ
Producer (*про-дью-сер*) s производитель
Producible (*про-дью-си-бл*) s производимый
Producibleness (*про-дью-си-бл-нес*) s производимость
Product (*про-дöкт*) va продолжать, увеличивать
Productible (*про-дöкт-и-бл*) adj производимый
Productile (*про-дöк-тил*) adj продолжимый
Production (*про-дöк-шон*) s про-

изводство; продуктъ, произведеніе. **The —s of the earth**, продукты земли.

Productive (*про-дŏк'-тив*) adj. производящій, производительный, плодородный. **To be — of**, производить.

Productively (*про-дŏк'-тив-ли*) adv. производя, производительно, плодородно.

Productiveness (*про-дŏк'-тив-нес*) s. производительность, плодородность.

Productivity (*про-дŏк-тив'-и-ти*) s. производительность.

Profanation (*проф-ă-нэ'-шŏн*) s. оскверненіе, профанація.

Profane (*про-фэн'*) adj. мірской, свѣтскій; осквернительный, нечестивый; || adv. осквернять, богохульствовать.

Profaner (*про-фэн'-ер*) s. богохульникъ, осквернитель.

Profess (*про-фес'*) va. vn. открыто объявлять; исповѣдывать; заниматься чѣмъ.

Professed (*про-фест'*) adj. явный, открытый; отъявленный. **A — atheist**, явный атеистъ.

Professedly (*про-фес'-ед-ли*) adv. явно, публично, открыто.

Profession (*про-феш'-ŏн*) s. исповѣданіе; объявленіе; занятіе; профессія, спеціальность. **The learned —s**, ученыя профессіи.

Professional (*про-феш'-ŏн-ăл*) adj. принадлежащій къ званію, занятію; профессіональный; явный.

Professionally (*пра-феш'-ŏн-ăл-и*) adv. открыто, публично, явно; по спеціальности, по званію.

Professor (*про-фес'-ŏр*) s. исповѣдникъ (вѣры); профессоръ, ученый.

Proffer (*ndоф'-фер*) va. предлагать, пытаться; || s. предложеніе, попытка.

Profferer (*проф'-фер-ер*) s. предлагающій.

Proficience (*про-фиш'-енс*), **Proficiency** (*про-фиш'-ен-си*) s. успѣхъ, знаніе, искусство.

Proficient (*про-фиш'-ент*) s. знатокъ; || adj. искусный, опытный.

Profile (*про'о-фил*) s. профиль, разрѣзъ; || va. изображать въ профилѣ.

Profit (*проф'-ит*) s. барышъ, доходъ, прибыль. **Gross —**, валовый доходъ. **Net —**, чистый доходъ. || va. приносить выгоду; улучшать. **To be profited by**, имѣть выгоду. || vn. извлекать пользу, выгоду; совершенствоваться. **To — by**, пользоваться чѣмъ либо.

Profitable (*проф'-ит-ă-бл*) adj. полезный, выгодный.

Profitableness (*проф'-ит-ă-бл-нес*) s. полезность, выгодность.

Profitably (*проф'-ит-ă-бл-и*) adv. полезно, выгодно.

Profiting (*проф'-ит-инг*) s. прибыль, выгода, успѣхъ.

Profitless (*проф'-ит-лес*) s. безполезный, безприбыльный.

Profligacy (*проф'-ли-гă-си*) s. распутство, разнузданность; злобность.

Profligate (*проф'-ли-гэт*) s. распутникъ; злодѣй; || adj. распутный.

Profound (*про-фа'унд*) adj. глубокій; || s. глубина, глубь, бездна.

Profoundly (*про-фа'унд-ли*) adv. глубоко.

Profoundness (*про-фа'уд-нес*) s. глубина.

Profundity (*про-фŏн'-дити*) s. глубина.

Profuse (*про-фьюз'*) adj. расточительный; обильный; излишній.

Profusely (*про-фьюз'-ли*) adv. расточительно, обильно; излишне.

Profuseness (*про-фьюз'-нес*) s. расточительность, излишество, изобиліе.

Profusion (*про-фью'-жŏн*) s. расточительность, излишество.

Prog (*прог*) vn. нищенствовать; плутовать; || s. нищій, бродяга; кусокъ хлѣба, копейка, просимые нищими.

Progenitor (*про-джен'-тьюр*) s. прародитель, предокъ.

Progeniture (*про-джен'-и-тŏр*) s. рожденіе.

Progeny (*продж'-и-ни*) s. потомство, племя, родъ; отродіе.

Prognosis (*прог-нос'о-сис*) s. (мед.) прогнозъ.

Prognostic (*прог-нос'-тик*) adj. предсказывающій.

Programme (*про'о-грăм*) s. программа.

Progress (*прог'-рес*) s. прогрессъ, успѣхъ, ходъ. **To make —**, дѣлать успѣхи. **To report —, parlem**, сдѣлать докладъ (въ парламентѣ).

Progress (*про-грес'*) vn. двигаться впередъ, успѣвать, прогрессировать.

Progression (*про-греш'-ŏн*) s. движеніе впередъ; промежутокъ времени.

Progressional (*про-греш'-ŏн-ăл*) adj. прогрессивный.

Progressive (*про-грес'-ив*) adj. движущійся впередъ, прогрессивный.

Prohibit (*про-хиб'-ит*) va. запрещать, воспрещать; мѣшать.

Prohibiter (*про-хиб'-ит-ер*) s. воспрещающій.

Prohibition (*про-хи-биш'-ŏн*) s. воспрещеніе, запретъ.

Prohibitive (*про-хиб'-ит-ив*) adj. запретительный.

Project (*про-джект'*) va. замышлять, затѣвать, проектировать; || s. намѣреніе, проектъ.

Projectile (*про-джект'-ил*) adj. метательный, бросательный.
Projection (*про-джек'-шон*) s. бросаніе, мечтаніе; проектъ, планъ; проекція.
Projector (*про-джект'-ор*) s составитель проектовъ. || прожекторъ. [выступъ
Projecture (*про-джекть'-юр*) s.
Prolepsis (*про-леп'-сис*) s. истина не требующая доказательствъ
Proleptic (*про-леп'-тик*), **Proleptical** (*про-леп'-тик-ăл*) adj. вступительный, вводный; предыдущій
Proletarian (*прол-и-тэ'-ри-ăн*) adj. пролетарскій.
Proletary (*прол'-и-тā-ри*) s. пролетарій.
Proliferous (*про-лиф'-ер-ŏс*) adj (бот.) имѣющій отпрыски
Prolific (*про-лиф'-ик*), **Prolifical** (*про-лиф'-ик-ăл*) adj. плодоносный, плодородный.
Prolificness (*про-лиф'-ик-нес*) s плодоносность, плодовитость
Prolix (*про-ликс'*) va. пространный
Prolocutor (*про-локь'-ю-тŏр*) s. начинающій рѣчь, председатель собранія духовенства.
Prologue (*про'о-лог*) s. прологъ, вступленіе; || va начинать прологомъ.
Prolong (*про-лонг'*) va продолжать, протянуть, отлагать
Prolongation (*про-лон-гэ'-шон*) s продолженіе, продленіе, отсрочка.
Prolonger (*про-лонг'-ер*) s отсрочиватель; промедляющій
Promenade (*пром-и-над'*) s гулянiе, прогулка. || vn прогуливаться.
Prominence (*пром'-и-ненс*), **Prominency** (*пром'-и-нен-си*) s выпуклость, возвышеніе, рельефность
Prominent (*пром'-и-нент*) adj выдающійся выпуклый, отличительный
Prominently (*пром'-и-нент-ли*) adv рельефно, выпукло.
Promiscuous (*про-мис'-кью-ŏс*) adj смѣшанный, безпорядочный.
Promiscuously (*про-мис'-кью-ŏс-ли*) adv смѣшанно, безпорядочно.
Promiscuousness (*про-мис'-кью-ŏс-нес*) s смѣшанность, безпорядочность
Promise (*пром'-ис*) s обѣщаніе, обстоятельство, надежда. **To keep one's —**, сдерживать обѣщаніе **Of good —**, подающій добрую надежду || va vn обѣщать, сулить **To — one's self**, обѣщать самому себѣ
Promiser (*пром'-ис-ер*) s обѣщающій, дающій обѣщаніе.

Promising (*пром'-ис-инг*) adj. обѣщающій. **A — youth**, многообѣщающій молодой человѣкъ
Promissory (*пром'-ис-со-ри*) adj. заключающій въ себѣ обѣщаніе
Promontory (*пром'-ŏн-тŏ-ри*) s. (геогр.) мысъ, носъ
Promote (*про-мо'от*) va. vn подвигать, ся, поощрять
Promoter (*про-мо'от-ер*) s поощритель; двигатель
Promotion (*про-мо'о-шŏн*) s. поощреніе; повышеніе
Promotive (*про-мо'о-тив*) adj поощряющій, повышающій
Prompt (*промт*) adj скорый, быстрый, дѣятельный **— -day**, день платы || s. срокъ (платежа). || va возбуждать, поощрять, вдохновлять
Prompter (*промт'-ер*) s подсказчикъ, внушитель, совѣтникъ, суфлеръ
Promptitude (*промт'-и-дьюд*) s. быстрота, скорость, поспѣшность, усердіе
Promptly (*промт'-ли*) adv быстро, скоро, живо
Promptness (*промт'-нес*) s. см **Promptitude**
Promulgate (*про-мŏл'-гэт*), **Promulge** (*про-мŏлдж'*) va. обнародывать
Promulgation (*про-мол-гэ'-шŏн*) s. обнародованіе, опубликованіе
Prone (*про'-он*) adj наклонный, лежащій лицомъ внизъ
Proneness (*про'-о-нес*) s. наклонность, наклоненность
Prong (*пронг*) s зубецъ (вилки), рожокъ (вилъ)
Pronged (*пронгд*) adj имѣющій зубцы
Pronominal (*про-ном'-и-нăл*) adj. относящійся къ мѣстоимѣнію
Pronominally (*про-ном'-и-нăл-ли*) adv въ видѣ мѣстоимѣнія
Pronoun (*про'о-наун*) s (грам.) мѣстоимѣніе
Pronounce (*про-на'унс*) va произносить, объявлять. || vn высказываться, объявлять себя за
Pronounceable (*про-на'унс-ă-бл*) adj. удобопроизводимый
Pronounciation (*про-нŏн-ши-э'-шŏн*) s произношеніе
Proof (*пруф*) (въ pl. **Proofs**) s доказательство, доводъ, || испытаніе, проба, непоколебимость **In — of**, въ доказательство **— in writing**, письменное доказательство **To be — against, to**, быть доказательствомъ противъ кого **To put to the —**, испытывать **— -sheet** пробные оттиски **Water — -** одежда непропускающая воды. || adj способный сопроти-

вляться, защищаться; твердый; испытанный. **— against all temptation,** испытанный противъ всякихъ искушеній.
Proofless (*пруф'-лес*) adj. бездоказательный.
Prop (*проп*) va. подпирать; поддерживать; || s. подпорка, подставка.
Propagable (*проп'-ă-гă-б.л*) adj. могущій быть распространеннымъ. [s. пропагандистъ.
Propagandist (*проп-ă-гăн'-дист*)
Propagate (*проп'-ă-гэт*) va. vn. размножать, плодиться; порождать; пропагандировать. **To — religion,** распространять религію.
Propagator (*проп'-ă-гэ-тŏр*) s. распространитель.
Propel (*про'-пел*) va. двигать, подвигать, приводить въ движеніе.
Propeller (*про'-пел-лер*) s. двигатель. **Screw —,** винтовой двигатель.
Propend (*про-пенд'*) vn. склоняться, наклоняться къ нему.
Propensity (*про-пен'-си-ти*) s. наклонность; склонность, расположеніе.
Proper (*проп'-ер*) adj. собственный; свойственный; приличный, подходящій. **A — name,** имя собственное. **In — terms,** въ надлежащихъ выраженіяхъ. **Is it — to do so?** хорошо ли такъ поступить? **To the — person,** кому надлежитъ?
Properly (*проп'-ер-ли*) adv. собственно, свойственно; надлежащимъ образомъ; точно.
Properness (*проп'-ер-нес*) s. свойственность.
Property (*проп'-ер-ти*) s. свойство; собственность. **Literary —,** литературная собственность. **Real—,** недвижимая собственность. **Personal —,** личное имущество, движимость.
Prophecy (*проф'-и-си*) s. пророчество, предсказаніе, прорицаніе.
Prophesy (*проф'-и-сай*) va. vn. пророчествовать, прорицать, предсказывать. [предсказатель.
Prophet (*проф'-ет*) s. пророкъ;
Prophetic (*про-фет'-ик*), **Prophetical** (*про-фет'-ик-ăл*) adj. пророческій.
Propinquity (*про-пинк'-уи-ти*) s. близость, сосѣдство; родство.
Propitable (*про-пиш'-и-ă-бл*) adj. умилостивительный.
Propitiate (*про-пиш'-и-эт*) va. vn. снискать милость; умилостивлять; усмирять.
Propitiation (*про-пиш-и-э'-шŏн*) s. умилостивленіе; успокоеніе.
Propitious (*про-пиш'-ŏс*) adj. милостивый, благосклонный.
Propitiously (*про-пиш'-ŏс-ли*) adv. милостиво, благосклонно.
Propitiousness (*про-пиш'-ŏс-нес*) s. милость, благосклонность.
Proportion (*про-по'ор-шŏн*) s. соразмѣрность; || размѣръ; мѣра; правило; (мат.) пропорція. **In —,** въ соразмѣрности. **In — as,** по мѣрѣ того, какъ. **Out of —,** внѣ соразмѣрности. || va. соразмѣрять.
Proportionable (*про-по'ор-шŏн-ă-б.л*) adj. соразмѣрный.
Proportional (*про-по'ор-шŏн-ăл*) adj. пропорціональный.
Proportionate (*про-по'ор-шŏн-ет*) va. соразмѣрять.
Proposal (*про-по'оз-ăл*) s. предложеніе; взглядъ.
Propose (*про-по'оз*) va. vn. предлагать; предполагать. **To — to one's self,** намѣреваться.
Proposer (*про-по'оз-ер*) s. предлагающій.
Proposition (*проп-о-зиш'-ŏн*) s. предложеніе; теорема; задача.
Propound (*про-па'унд*) va. предлагать. [предлагающій.
Propounder (*про-па'унд-ер*) s.
Propping (*проп'-инг*) s. подпираніе
Propretor (*про-при'-тŏр*) s. пропреторъ.
Proprietary (*про-прай-и-тă-ри*) s. собственникъ. || adj. составляющій собственность. **— school** школьная собственность.
Proprietor (*про-прай'-и-тŏр*) s. собственникъ, хозяинъ.
Propriety (*про-прай'-и-ти*) s. приличіе, благопристройность; свойство. **With all due — of language,** со всѣми особенностями языка; приличнымъ языкомъ.
Propugn (*про-пьюн'*) va. защищать; отомщать.
Propugnner (*про-пьюн'-ер*) s. защитникъ; мститель.
Propulsion (*про-пŏл'-шŏн*) s. движеніе впередъ; толчокъ.
Propulsive (*про-пŏл'-сив*) adj. движущій впередъ.
Prorogation (*про-ро-гэ'-шŏн*) s. отсрочка, отлагательство.
Prorogue (*про-ро'ог*) va. продолжить, отсрочить.
Prosaic (*про-зэ'-ик*) adj. прозаическій; скучный, обыденный.
Proscenium (*про-си'-ни-ŏм*) s. авансцена.
Proscribe (*про-скрайб'*) va. осуждать на смерть, на изгнаніе; запрещать.
Proscriber (*про-скрайб'-ер*) s. тотъ кто осуждаетъ на изгнаніе, на смерть. [никъ, ссыльный.
Proscript (*про'о-скрипт*) s. изгнан-
Proscription (*про-скрип'-шŏн*) s. изгнаніе, опала.

Proscriptive (*про-скрип'-тив*) s. относящійся къ изгнанію
Prose (*про оз*) s. проза; || va. писать прозою, разсказывать скучно — **writer**, прозаикъ
Prosecute (*прос'-и-кьют*) va. преслѣдовать (планъ), продолжать.
Prosecution (*прос-и-кью-шон*) s преслѣдованіе; продолженіе
Proselyte (*прос'-и-лаит*) s. прозелитъ, новообращенный, || va обращать въ вѣру
Proser (*про оз-ер*) s. прозаикъ.
Prospect (*прос'-пект*) s видъ, горизонтъ, точка зрѣнія; || ожиданіе, переспектива. **He has a fine —**, у него хорошіе виды на будущее **— towards the south**, расположеніе на югъ. **The — of future happiness**, надежда на будущее счастіе || **va.** vn. искать, дѣлать изысканіе
Prospection (*про-спек'-шон*) s. предусмотрительность
Prospective (*про-спект'-ив*) adj. будущій, видящій вдали
Prospectus (*про-спек'-тос*) s планъ программа, объявленіе
Prosper (*прос'-пер*) vn благоденствовать, процвѣтать
Prosperity (*прос-пер'-и-ти*) vn благоденствіе, процвѣтаніе, преуспѣяніе
Prosperous (*прос'-пер-ос*) adj удачный, успѣшный
Prosperously (*прос-пер-ос-ли*) adv удачно, успѣшно
Prosperousness (*прос'-пер-ос-нес*) s. см. **Prosperity**
Prostate (*прос'-тэт*) adj. — **gland**, (анат.) предстательная желѣза
Prostitute (*прос'-ти-тьют*) va отдать на позоръ, ввергнуть въ развратъ; || adj развратный; || s. проститутка
Prostitution (*прос-ти-тью'-шон*) s. проституція
Prostrate (*прос'-трэт*) adj распростертый, лежащій || va. падать ницъ. **To — one's self**, падать ницъ передъ кѣмъ
Prostration (*прос-трэ'-шон*) s. паденіе ницъ, || низверженіе
Prosy (*про'оз-и*) adj прозаическій
Protect (*про-тект'*) va. защищать, покровительствовать
Protection (*про-тек'-шон*) s. защита, покровительство.
Protectionist (*про-тек'-шон-ист*) s. протекціонистъ
Protective (*про-тект'-ив*) adj. защитительный, покровительственный
Protector (*про-тект'-ор*) s. защитникъ, покровитель.

Protectorate (*про-тект'-ор-эт*) s попечительство.
Protectorship (*про-тект'-ор-шип*) s. попечительство.
Protest (*про-тест*) va. vn. публично объявлять; протестовать, доказывать. **To — against a resolution**, протестовать противъ рѣшенія. **To — a bill of exchange**, протестовать вексель.
Protest (*про'-тест*) s. протестъ; заявленіе. **To be under —**, быть опротестованнымъ.
Protestant (*прот'-ест-ант*) adj. протестующій; || s. протестантъ.
Protract (*про-тракт'*) va. продолжать; отсрачивать; чертить.
Protraction (*про-тракт'-шон*) s. продолженіе, проволочка; отсрочка; чертежъ
Protrude (*про-труд'*) va. vn. выталкивать, толкать впередъ.
Protrusion (*про-тру'-жон*) s. проталкиваніе, пробиваніе.
Protrusive (*про-тру'-сив*) adj. движущій впередъ.
Protuberance (*про-тью'-бер-анс*) s выпуклость; шишка.
Protuberant (*про-тью'-бер-ант*) adj. выпуклый
Protuberate (*про-тью'-бер-эт*) vn. выступать, выдаваться.
Proud (*пра'уд*) adj. гордый, спесивый, величественный; прекрасный. || (мед.) ноздреватый. — **-flesh**, дикое мясо
Proudish (*пра'уд-иш*) adj. горделивый.
Proudly (*пра'уд-ли*) adv. гордо, величественно, прекрасно.
Provable (*прув'-а-бл*) adj. доказуемый.
Prove (*трув*) va. испытывать, пробовать; показывать. **To — the truth of**, доказывать справедливость чего. **To — one's self able**, доказать свою способность. || vn. оказываться, выходить на дѣлѣ. **To — useful**, доказать полезность. **To — incorrect**, доказать неисправность. **If what you say — true**, если-ли то, что вы говорите, вѣрно?
Provender (*пров'-ен-дер*) s. фуражъ, кормъ, пища.
Prover (*прув'-ер*) s. испытывающій.
Proverb (*пров'-орб*) s. пословица; притча. **To become a —**, войти въ поговорку || va. vn. говорить пословицами
Proverbial (*про-ворб'-и-ал*) adj. вошедшій въ пословицу.
Proverbially (*про-ворб'-и-ал-и*) adv. по пословицѣ, въ видѣ пословицы.
Provide (*про-вайд'*) va. vn. снабжать, -ся чѣмъ, запасать, -ся; предусматривать; заботиться,

радѣть; устраивать, установлять; получать, достигать. **They provide him with clothes,** его снабжать одеждой. **He is provided with,** онъ имѣетъ все что нужно. **To — for one,** снабжать кого либо. **To — for the future,** принимать мѣры, запасаться на будущее. **To — against want,** запасаться противъ нужды.

Provided (*про-вайд'-ед*) conj. если только, подъ условіемъ.

Providence (*пров'-и-денс*) s. предвидѣніе; Провидѣніе.

Provident (*пров'-и-дент*) adj. предусмотрительный.

Provider (*про-вайд'-ер*) s. поставщикъ.

Province (*пров'-инс*) s. область, провинція; завѣдываніе; занятіе, дѣло, должность. **This is not within my —,** это не входитъ въ мои обязанности.

Provision (*про-виж'-ŏн*) s. заготовленіе; принятіе мѣръ; запасъ; провіантъ, съѣстные припасы; предосторожность, условіе, постановленіе. **To lay in a —,** запасаться, заготовлять. **To make a — for one,** снабжать кого либо. || va. продовольствовать.

Provisional (*про-виж'-ŏн-ă.л*) adj. временный, удовлетворяющій безотлагательной нуждѣ.

Provisionally (*про-виж'-ŏн-ă.л-и*) adv. на время, для удовлетворенія безотлагательной нужды.

Proviso (*про-вай'-зо*) s. условная статья.

Provocation (*про-во-кэ'-шŏн*) s. вызовъ; возбужденіе.

Provocative (*про-во'о-кă-тив*) adj. возбудительный, возбуждающій; || s. возбуждающее средство.

Provoke (*про-во'ок*) va. вызывать; возбуждать, раздражать. **To — laughter,** вызывать смѣхъ. **To — a smile,** вызывать улыбку. **To — a person,** разсердить кого-либо.

Provoker (*про-во'ок-ер*) s. зачинщикъ, возбудитель.

Provoking (*про-во'ок-инг*) adj. раздражающій, возбуждающій, оскорбительный.

Provokingly (*про-во'ок-инг-ли*) adv. раздражающимъ образомъ.

Provost (*пров'-ŏст*) s. глава, голова, старшина.

Provostship (*пров'-ŏст-шип*) s. должность главы, старшины.

Prow (*пра'у*) s. носъ (судна).

Prowess (*пра'у-ес*) s. храбрость, доблесть.

Prowl (*пра'у.л*) va. vn. бродить, шататься; бродяжничать; || s. бродяжничество.

Prowler (*пра'у-лер*) s. бродяга, праздношатающійся.

Proximate (*прокс'-и-мэт*) adj. непосредственный, ближайшій.

Proximately (*прокс'-и-мэт-ли*) adv. непосредственно.

Proximity (*прокс-им'-и-ти*) s. близость.

Proxy (*прокс'-и*) s. полномочіе, довѣренность; || уполномоченный. **To vote by —,** голосовать черезъ довѣреннаго.

Prude (*пруд*) s. недоступная женщина.

Prudence (*пру'-денс*) s. благоразуміе, осторожность.

Prudent (*пру'-дент*) adj. благоразумный, осторожный, умѣренный, воздержный.

Prudential (*пру-ден'-шă.л*) adj. предусмотрительный, осторожный.

Prudentially (*пру-ден'-шă.л-и*) adv. благоразумно, мудро, осторожно.

Prudently (*пру'-дент-ли*) adv. благоразумно, мудро.

Prudery (*пруд'-ер-и*) s. неприступность (женщины); дѣвичья стыдливость; жеманство.

Prudish (*пруд'-иш*) adj. щепетильный; стыдливый; жеманный.

Prudishly (*пруд'-иш-ли*) adv. щепетильно; стыдливо; жеманно.

Prune (*прун*) va. подрѣзывать, срѣзывать; очищать; || vn. рядиться, наряжаться. || s. черносливъ, слива.

Prunello (*пру-нел'-ло*) s. родъ шерстяной матеріи; || слива.

Pruner (*прун'-ер*) s. обрѣзчикъ вѣтвей деревьевъ.

Pruniferous (*пру-ниф'-ер-ŏс*) adj. сливоносный.

Pruning (*прун'-инг*) s. подрѣзка, обрѣзка вѣтвей. **— -hook,** садовый ножъ. **— -shears,** садовыя ножницы.

Prurience (*пру'-ри-енс*) s. зудъ; непреодолимое желаніе.

Prurient (*пру'-ри-ент*) adj. зудящій; сильно желающій.

Prussia (*прŏш'-иă*) npr. (геогр.) Пруссія.

Pry (*прай*) vn. стараться узнать, стремиться увидѣть; допытываться; рыться. **To — into other men's concerns,** совать носъ въ чужія дѣла. **To — in upon,** наблюдать. || s. пытливый взоръ; очень любопытный человѣкъ.

Prying (*прай'-инг*) adj. пытливый, любопытный.

Pryingly (*прай'-инг-ли*) adv. пытливо, съ любопытствомъ.

Psalm (*сам*) s. псаломъ.

Pseudonyme (*сью'-до-ним*) s. псевдонимъ.

Psychologic (*сай-ко-лодж'-ик*), **Psychological** (*сай-ко-лодж'-ик-ă.л*) adj. психологическій.

Psychology (*сай-кол'-о-джи*) s психологія

Ptisan (*тиз-ән*) s (апт) отваръ

Puberty (*пью-бер-ти*) s возмужалость, половая зрѣлость. (бот) пушокъ.

Pubescence (*пью-бес'-сенс*) s возмужалость половая зрѣлость

Pubescent (*пью-бес'-сент*) adj возмужалый, зрѣлый въ половомъ смыслѣ. (бот) покрытый пушкомъ

Public (*пӧб-лик*) adj общественный, народный, публичный, общеизвѣстный, гласный || s публика, народъ **In** —, публично — **-house**, кабакъ, харчевня, постоялый дворъ — **-mindedness**, — **-spiritedness**, любовь къ общественному благу [щикъ

Publican (*пӧб-ли-кән*) s трактир-

Publication (*пӧб-ли-кэ'-шӧн*) s опубликованіе, обнародованіе

Publicist (*пӧб'-ли-сист*) s публицистъ.

Publicity (*пӧб-лис'-и-ти*) s публичность, гласность

Publicly (*пӧб'-лик-ли*) adj публично, гласно, всенародно

Publisher (*пӧб'-лиш-ер*) s. тотъ кто публикуетъ, обнародываетъ

Puce (*пьюс*) adj — **-coloured**, рыжевато-чернаго цвѣта

Puceron (*пью'-си-рон*) s травяная вошь.

Puck (*пӧк*) s духъ, домовой, фея — **-ball**, дождевикъ (грибъ)

Pucker (*пӧк-ер*) va. морщить, сморщивать, дѣлать складки. || (техн) отливать, чеканить. || s морщина, складка, сборка

Pudder (*пӧд-дер*) s шумъ, гамъ, суматоха, || vn шумѣть, вмѣшиваться. || va. причинять замѣшательство

Pudding (*пуд'-дингъ*) s пудингъ (кушанье) **Black** - —, кровяная колбаса — **-headed**, тяжелый, тупой

Puddle (*пӧд'-дл*) s лужа, запруда, глиняная обмазка. || va грязнить, заносить иломъ, обкладывать глиной, запружать, пудлинговать (желѣзо)

Puddler (*пӧд'-длер*) s пудлинговщикъ (желѣза)

Pudicity (*пью-дис-и-ти*) s скромность, стыдливость

Puerile (*пью'-ер-ил*) adj дѣтскій, ребяческій [бячество

Puerility (*пью-ер-ил-и-ти*) s ре-

Puerperal (*пью-ӧр-пер-ӓл*) adj. родильный

Puff (*пӧф*) s дыханіе, дуновеніе, пуфъ, реклама, дождевикъ (грибъ); пуховка, слойка (пирожокъ) **To give a** —, дуть. **A — of tobacco smoke**, клубъ табачнаго дыма. — **-paste**, слоеное тѣсто || vn дуться, надуваться, топыриться, пыхтѣть, запыхаться, спесивиться, хвалиться **To — and blow**, задыхаться. || va дуть, надувать дѣлать пышнымъ (о платьѣ), превозносить **To — away**, разгонять, прогонять **To — a candle out**, задуть свѣчу **To — up with pride**, спесивиться **To — up**, разбухать

Puffer (*пӧф-ер*) s раздуватель, восхвалитель, хвастунъ.

Puffin (*пӧф'-ин*) s (орн) тупикъ

Puffiness (*пӧф'-и-нес*) s одутловатость, напыщенность

Puffingly (*пӧф'-инг-ли*) adv дуя, пыхтя, надуто, преувеличенно

Puffy (*пӧф'-и*) adj одутловатый, надутый

Pug (*пӧг*) s мартышка, небольшая обезьяна — **-dog**, моська — **-faced**, курносый — **-nose**, приплюснутый носъ || va (камен) разминать глину [глины

Pugging (*пӧг'-гинг*) s разминание

Pugilism (*пью'-джил-изм*) s кулачный бой

Pugnacious (*пӧг-нэ'-шос*) adj драчливый, сварливый

Puisne (*пью'-ни*) s и adj младшій

Puissance (*пью'-ис-сӓнс*) s могущество, сила

Puissant (*пью-ис-сӓнт*) adj могущественный, сильный

Puissantly (*пью-ис-сӓнт-ли*) adv могущественно, сильно

Puke (*пьюк*) va vn рвать, тошнить, || s рвотное

Puker (*пьюк-ер*) s тотъ, кого рветъ; || рвотное.

Pulchritude (*пӧл'-кри-тьюд*) s красота, миловидность, добродѣтельность

Pule (*пьюл*) vn пищать, охать, худѣть [оханіе

Puling (*пьюл-инг*) s пищаніе,

Pull (*пул*) va vn тянуть, тащить, -ся, рвать, разрывать, срывать, натягивать **To — hard**, крѣпко тянуть **To — about**, дергать, тормошить кого **To — along**, тащить за собой **To — asunder**, **to — apart**, разрывать на двое **To — away**, вырывать, выдергивать, оттаскивать **To — back**, оттаскивать, тянуть назадъ; задерживать **To — down**, спускать, сбавлять, унижать, срывать, сносить, низвергать, ослаблять. **To — down a wall**, разрушать, сносить стѣну **To — in**, втягивать, **To — in a horse**, удерживать лошадь **To — off**, стаскивать; снимать, срывать **To — off one's shoes**, снимать ботинки. **To —**

out, вытаскивать, выдергивать. **To — up**, втаскивать; || vn. съ усиліемъ тащить, грести. **up! coachman**, стой, извощикъ! **To — up against the stream**, грести противъ теченія; || s. тащеніе; усиліе, напряженіе, взмахъ, ударъ; борьба. **Give another —**, еще одно усиліе. **— -back**, препятствіе, остановка; уступка, сбавка.

Pullet (*пул'-лет*) s. курочка, молодка.

Pulley (*пул'-и*) s. блокъ, воротъ; шкивъ.

Pullulate (*пол'-лью-лэт*) sn. прозябать, прорастать, пускать ростки.

Pullulation (*пол-лью-лэ'-шон*) s. прозябаніе, прорастаніе, пусканіе ростковъ.

Pulmonary (*пол'-мо-нă-ри*) adj. (мед.) легочный.

Pulmonic (*пол-мон'-ик*) adj. легочный; чахоточный. **— consumption**, чахотка; || s. лекарство противъ болѣзни легкихъ; || || чахоточный, -ная (f.).

Pulp (*полп*) s. мягкая масса чего; мозгъ (костей); мякоть (овощей), масса для выдѣлки бумаги; || va. превращать въ мягкую массу; облупливать.

Pulpit (*пул'-пит*) s. каѳедра; трибуна. **— -oratory**, краснорѣчіе.

Pulpous (*полп'-ос*) adj. мягкій; (бот.) мясистый.

Pulsate (*пол'-сэт*) vn. биться.

Pulse (*полс*) s. пульсъ, біеніе пульса, пульсированіе; стручковыя овощи. **Low —**, слабый пульсъ. **To feel one's —**, ощупать пульсъ; || * разузнать мнѣніе, освѣдомиться объ образѣ мыслей.

Pulseless (*полс'-лес*) adj. не имѣющій пульса; безъ пульса.

Pulverizable (*пол'-вер-айз-ă-бл*) adj. могущій быть превращеннымъ въ порошокъ, въ пыль.

Pulverulence (*пол-вер'-у-ленс*) s. пыльность.

Pulverulent (*пол-вер'-у-лент*) adj. состоящій изъ порошка; пыльный.

Pump (*помп*) s. насосъ, помпа. **Forcing —**, нагнетательный насосъ. **Air —**, воздушный насосъ. **Hand —**, ручная помпа. **Fire —**, пожарная труба. **— -brake**, коромысло, ручка у насоса. **— -gear**, помповыя принадлежности. **— -handle**, ручка у насоса. **To work a —**, дѣйствовать насосомъ, помпою; || vn. подымать, дѣйствовать насосомъ, помпою; качать, выкачивать; || * вывѣдывать, выманивать. **I shall — him**, я у него разузнаю. **To — him dry**, все вывѣдать у кого либо.

Pumper (*помп'-ер*) s. тотъ, кто дѣйствуетъ насосомъ, помпою.

Pun (*пон*) s. игра словъ, каламбуръ; || vn. va. говорить каламбуры; убѣждать, говоря двусмысленно.

Punch (*понч*) s. рѣзецъ, пробойникъ; шипъ, шпилька; баба; || толчокъ; ударъ кулакомъ; || пуншъ (напитокъ); || паяцъ; || плотная небольшая лошадь; || карапузикъ, толстякъ.

Puncher (*понч'-ер*) s. тотъ, кто пробиваетъ; || рѣзецъ, пробойникъ.

Punchy (*понч'-и*) adj. короткій и толстый, коренастый.

Punctate (*понк'-тет*), **Punctated** (*понк'-тэ-тед*) adj. остроконечный; || (бот.) пятнистый, усѣянный точками.

Punctilio (*понк'-тил'-йо*) s. пунктуальность, щепетильность, церемонность.

Punctilious (*понк-тил'-йос*) adj. пунктуальный, щепетильный, церемонный, мелочный.

Punctiliously (*понк-тил'-йос-ли*) adv. пунктуально, щепетильно, церемонно, мелочно.

Punctiliousness (*понк-тил'-йос-нес*) s. пунктуальность, щепетильность, аккуратность.

Punctual (*понктъ'-ю-ăл*) adj. пунктуальный, точный, аккуратный.

Punctualness (*понктъ'-ю-ăл-нес*), **Punctuality** (*понктъ-ю-ăл'-и-ти*) s. пунктуальность, аккуратность.

Punctually (*понктъ'-ю-ал-и*) adv. пунктуально, аккуратно, точно.

Punctuate (*понктъ-ю-эт*) va. ставить знаки препинанія.

Punctuation (*понктъ-ю-э'-шон*) s. употребленіе знаковъ препинанія.

Puncture (*понктъ'-юр*) s. уколъ, проколъ; укусъ, ужаленіе; язва; || va. уколоть, проколоть.

Pungency (*пон'-джен-си*) s. острота, ѣдкость, крѣпость; колкость, язвительность.

Pungent (*пон'-джент*) adj. острый, ѣдкій, крѣпкій; колкій, язвительный.

Pungently (*пон'-джент-ли*) adv. остро, ѣдко; крѣпко; колко, язвительно.

Punic (*пью'-ник*) adj. пунический; || коварный; || s. древне-карфагенскій языкъ.

Puniness (*пью'-ни-нес*) s. малость, ничтожность; слабость.

Punish (*пон'-иш*) vn. наказывать, карать, казнить.

Punishable (*пон'-иш-а-бл*) adj достойный наказанія наказуемый
Punishableness (*пон' иш-а-бл-нес*) s виновность, наказуемость
Punisher (*пон'-иш-ер*) s. наказывающій, каратель
Punishment (*пон'-иш-мент*) s наказаніе, кара, казнь, штрафъ
Punitive (*пью'-ни-тив*) adj карательный, уголовный (о законѣ)
Punitory (*пью'-ни-то-ри*) adj наказующій, карающій
Punning (*пон'-инг*) s привычка играть словами |ламбуристъ
Punster (*пон'-стер*) s острякъ,ка-
Punt (*понт*) s (мор.) плотъ, плоскодонное судно, лодка || vn понтировать
Puny (*пью'-ни*) s новичекъ. || adj младшій, послѣдній слабый.
Pup (*поп*) s собачка, сучка см **Puppy**; || vn щениться
Pupil (*пью'-пил*) s зрачокъ, зѣница. || воспитанникъ питомецъ
Pupilage (*пью'-пил-эдж*) s питомничество, ученичество
Pupilary (*пью-пил ар'-и*) adj зрачковый
Puppet (*поп'-ет*) s маріонетка, кукла; бабка (у токарн станка) — **-play**, — **-show**, кукольная комедія, театръ маріонетокъ
Puppy (*поп'-и*) s щенокъ; || *молокососъ, вѣтрогонъ
Puppyism (*поп'-и-изм*) s низость, подлость, пошлость
Pur или **Purr** (*пор*) vn мурлыкать. || s. мурлыканіе
Purblind (*пор'-блайнд*) adj близорукій; || *недальновидный
Purchasable (*пор'-чэс-а-бл*) adj покупной, продажный
Purchase (*пор'-чэс*) va купить пріобрѣсти. || выхлопотать. (мор.) тихо поднимать **To — an estate**, купить имѣніе || s покупка, пріобрѣтеніе; движеніе, ходъ (машины) — **-money**, покупная плата, деньги за покупку **To make a —**, дѣлать покупку
Purchaser (*пор'-чэс-ер*) s. покупщикъ, -щица, пріобрѣтатель, -льница.
Pure (*пьюр*) adj чистый, простой, настоящій; непорочный, совершенный
Purely (*пьюр'-ли*) adv чисто, правильно; непорочно, совершенно
Pureness (*пьюр'-нес*) s чистота, правильность; непорочность
Purfle (*пор'-фл*) s. старинная вышивка на женскихъ платьяхъ
Purgation (*пор-гэ'-шон*) s. очищеніе; || слабительное; (юрид.) оправданіе себя
Purgative (*пор'-га-тив*) adj. слабительный; || s. слабительное
Purge (*порджс*) va чистить, очищать, оправдывать || va vn очистить, -ся прослабить || s очищеніе
Purifier (*пью'-ри-фай-ер*) s чистильщикъ, очищающее средство
Purify (*пью'-ри-фай*) va vn очищать,-ся. || оправдать.
Purifying (*пью'-ри-фай-инг*) adj очищающій. || очищеніе
Purism (*пьюр'-изм*) s пуризмъ
Purist (*пьюр'-ист*) s пуристъ
Puritan (*пью'-ри-тан*) s пуританинъ, -ка. || adj пуританскій
Purity (*пью'-ри-ти*) s чистота, непорочность правильность
Purl (*порл*) s бордюръ бахрома. || журчаніе. || волна, рябь || vn журчать, струиться; || va отдѣлывать бахромой
Purlieu (*пор'-лью*) s прилѣсокъ; предмѣстье. || **—s**, s. pl окраины, окрестности, границы, предѣлы.
Purlin (*пор'-лин*) s перекладина
Purling (*порл'-инг*) s струеніе, журчаніе (ручья). || adj струящійся, журчащій
Purloin (*пор'-лойн*) va. похищать, красть, воровать |тать
Purloiner (*пор-лойн'-ер*) s воръ,
Purloining (*пор-лойн'-инг*) s кража, воровство
Purple (*пор'-пл*) s. багрецъ, пурпуръ, пурпуровый цвѣтъ, порфира. || великолѣпіе, пышность; || достоинство царское, кардинальское; (мед.) красное пятно на кожѣ; || adj багряный, пурпуровый; || va. окрасить въ багряный цвѣтъ; обагрить. |снуха.
Purples (*пор'-плз*) s pl (мед.) кра-
Purplish (*пор'-плиш*) adj багрянистый, темнокрасноватый
Purport (*пор'-порт*) s направленіе, цѣль
Purpose (*пор'-пос*) s намѣреніе, цѣль, умыселъ; предметъ; виды; назначеніе; потребность. **Ambitious —s**, честолюбивые планы. **On —**, нарочно, съ умысломъ **It answers my —** это соотвѣтствуетъ моимъ цѣлямъ **To speak to the —**, говорить кстати **To gain one's —**, достигнуть своей цѣли **For what —?** съ какой цѣлью **To no —**, тщетно. **What — would that answer**, къ чему это послужитъ || va vn намѣреваться; рѣшиться; предполагать
Purposeless (*пор'-пос-лес*) adj ненамѣренный, безцѣльный
Purposely (*пор'-пос-ли*) adv нарочно, съ умысломъ, намѣренно.
Purring (*пор'-инг*) s. мурлыканіе; || adj. мурлыкающій
Purse (*порс*) s. кошелекъ; || * имущество, богатство, деньги, денеж-

ный призъ на скачкахъ. **A well lined —**, полный кошелекъ. **—-proud**, гордящійся деньгами, тугой мошной. **—-strings**, шнурки кошеля. || va класть въ кошелекъ; сбирать, стягивать. **To — up**, морщить, складывать. **To — up one's mouth**, закусывать губы.

Purser (*пŏрс'-ер*) s. (мор.) счетчикъ; экономъ (въ лицеѣ).

Pursiness (*пŏрс'-и-нес*) s. опухлять, раздутость; одышка; (вет.) запалъ.

Pursuance (*пŏр-сью'-ăнс*) s. преслѣдованіе; продолженіе. **In — of**, вслѣдствіе, въ силу, согласно съ.

Pursuant (*пŏр-сью'-ăнт*) adj. согласный съ, слѣдующій.

Pursue (*пŏр-сью'*) va. vn. преслѣдовать, гнаться за; слѣдовать; стремиться къ чему; продолжать. **To — an enemy**, преслѣдовать врага.

Pursuit (*пŏр-сьют'*) s. преслѣдованіе, гоненіе, погоня; стремленіе, исканіе; продолженіе; занятія.

Pursuivant (*пŏр'-сти-вăнт*) s. предвѣстникъ, вѣстникъ.

Pursy (*пŏр'-си*) adj. опухлый, толстый; страдающій одышкой.

Purulence (*пью'-ру-ленс*), **Purulency** (*пью'-ру-лен-си*) s. (мед.) гніеніе, нагноеніе.

Purulent (*пью'-ру-лент*) adj. гнойный.

Purvey (*пŏр'-вэй*) va. vn. снабжать; заготовлять; запасать, -ся.

Purveyance (*пŏр-вэй'-ăнс*) s. запасы, заготовленіе запасовъ.

Purveyor (*пŏр-вэй'-ŏр*) s. поставщикъ, подрядчикъ. **— to**, поставщикъ кого либо.

Purview (*пŏр'-вью*) s. границы, сфера; предѣлъ (власти); текстъ (закона).

Pus (*пŏс*) s. (мед.) гной.

Push (*пуш*) va. толкать, пихать; толкнуть; подталкивать, торопить, надоѣдать. **To — one's fortune**, составить себѣ карьеру, добиться счастья. **To — away, back**, оттолкнуть, отпихнуть, прогнать назадъ. **To — forward**, толкнуть впередъ, подтолкнуть, торопить. **To — one's self forward**, толкаться. **To — in**, втолкнуть, впихнуть. **To be pushed for money**, быть стѣсненнымъ въ деньгахъ. **To — off**, оттолкнуть. **To — on**, подталкивать, подгонять. **To — out**, выталкивать. **To — up**, приподнимать. || vn. толкать, дѣлать усилія, нападать. **To — back**, толкать назадъ. **To — by**, быстро отталкивать. **To — down**, сталкивать. **To — forward**, проталкивать впередъ. **To — into**, вталкивать. **To — off**, (мор.) отвалить отъ берега. **To — on**, подвигаться впередъ. || s. толчокъ; тычокъ, ударъ; нападеніе; || побужденіе, усиліе; сдвигъ; критическая минута, важный моментъ. **A vigorous —**, здоровый толчокъ. **When it comes to the —**, когда будетъ время разбора? **On a —**, въ лучшемъ случаѣ.

Pushing (*пуш'-инг*) adj. проталкивающійся впередъ; вторгающійся, докучливый; живой, проворный, здоровый.

Pusillanimity (*пью-сил-лă-ним'-и-ти*) s. малодушіе, трусливость; боязливость.

Pustule (*пŏсть'-юл*) s. гноевой прыщъ, угорь.

Put (*пут*) va. класть, ставить, положить; помѣстить; довести до чего; принудить, заставить; предполагать. **To — a horse in the stable**, помѣщать лошадь въ конюшню. **To — a house in repair**, поправлять домъ. **To — in practice**, вводить въ практику. **To — to death**, приговаривать къ смерти. **To — a question**, предлагать вопросъ. **To — one to silence**, заставлять кого молчать. **To — aboard**, высадить кого съ корабля. **To — aside**, отставлять къ сторонѣ. **To — away**, отбрасывать; отпускать. **— that away**, уберите это! **To — by**, откладывать. **To — down**, класть на землю. **I have — you down for so much**, я записалъ васъ на столько то. **To — forth**, подвигать впередъ. **To — forward**, выдвигать. **To — in**, класть въ. **To — in fear**, пугать. **To — in a claim**, предъявлять свое право. **To — off**, снимать. **— off your shoes**, снимите ваши ботинки. **The assembly was — off**, собраніе было распущено. **To — on**, класть; надѣвать. **— on your hat**, надѣньте вашу шляпу. **To — on trial**, подвергать испытанію. **To — out**, ставить наружу. **To — out to nurse**, отдавать кормилицѣ. **— him out**, прогоните его. **— the lamp out**, потушите лампу. **To — out money**, помѣщать деньги. **To — over**, поставить что вверхъ дномъ. **To — to**, впрягать. **To — the horses to**, запрягать лошадей. **To — to flight**, обращать въ бѣгство. **To — to silence**, заставлять молчать. **To be — to it**, быть вынужденымъ. **To — up**, помѣщать наверхъ. **To — up bills**, помѣщать объявленія. **To — up an umbrella**, открывать зонтикъ. **To — upon**, налагать на кого что. **To — upon one**, ставить кому либо въ вину. || vn. дви гаться, направляться, произрастать **To — about,** (мор.) поворачивать корабль **To — forth,** произростать, давать почки **To — off,** (мор.) отчаливать **To — to sea,** поднимать паруса **To — up at,** останавливаться (въ гостинницѣ) **To — up with,** страдать

Put (*пут*) s нужда, крайность — **off,** отлагательство, отсрочка, отговорка

Putative (*пью'-тā-тив*) adj мнимый, предполагаемый, такъ называемый

Putrefaction (*пью-три-фак'-шōн*) s гнилость, гніеніе

Putrefactive (*пью-три-фāк'-тив*) adj гнилостный.

Putrefy (*пью'-три-фай*) va vn гноить: гнить

Putrescence (*пью-трес'-енс*) s. гніеніе

Putrescent (*пью-трес'-сент*) adj гніющій, гнилой, гнилостный

Putrid (*пью'-трид*) adj гніющій, гнилой.

Putter (*пут'-тер*) s укладчикъ. — **-on,** подстрекатель

Putting (*пут'-тинг*) s. постановка, укладка, надѣваніе

Puzzle (*пōз'-зл*) s замѣшательство, затрудненіе; смущеніе, безпокойство. || va. привести въ замѣшательство, сбить съ толку, опутать. || vn затрудняться, смущаться — **-headed** смутьянъ.

Puzzler (*пōз'-лер*) s. затруднитель,

Puzzling (*пōз'-линг*) adj. затрудняющій, смущающій.

Pygmy (*пиг'-маи*), **Pygmean** (*пиг-май'-ан*) s. пигмей; || adj. пигмейскій

Pylorus (*пи-ло'о-рōс*) s. (анат.) выходное отверстіе желудка.

Pyramid (*пир'-а-мид*) s. пирамида.

Pyre (*пайр*) s. костеръ, на которомъ древніе сжигали умершихъ

Pyrites (*пи-раи'-тис*) s. (мин.) колчеданъ

Pyritic (*пи-рит'-ик*), **Pyritical** (*пи-рит'-ик-āл*) adj колчеданный.

Pyrotechnics (*пи-ро-тех'-никс*) s. пиротехника.

Pythia (*писз'-и-а*) s **Пиѳія**

Pythoness (*писз'-о-нес*) s ворожея, волшебница, предсказательница.

Pythonic (*пи-сзон'-ик*) adj предсказательный

Pyx (*пикс*), **Pyxis** (*пикс'-ис*) s. дароносица; коробка (компаса)

Q.

Q (*кью*) семнадцатая буква англійской азбуки

Quack (*куāк*) va квакать; крякать, || • хвалиться, хвастаться || adj. шарлатанскій. || s. кваканье; || шарлатанъ **A — medicine,** шарлатанское средство — **doctor,** шарлатанъ, знахарь.

Quackery (*куак-ер-и*) s шарлатанство, хвастовство

Quackish (*куāк'-иш*) adj шарлатанскій, хвастливый

Quacksalver (*куāк'-сāл-вер*) s шарлатанъ

Quadragesima (*куад-рā-джес'-и-мā*) s четыредесятница великій постъ

Quadragesimal (*куод-ра-джес'-и-мāл*) adj великопостный.

Quadrangle (*куад'-ранг-гл*) s. (геом.) четыреугольникъ

Quadrangular (*куод-ран'-гью-лāр*) adj четырехугольный

Quadrant (*куод'-рāнт*) s четверть круга

Quadrantal (*куод-рāнт'-āл*) adj относящійся къ четверти круга, || s кубъ

Quadrat (*куод'-рāт*) s (тип.) закладка.

Quadrate (*куод'-рэт*) adj. квадратный, дѣлимый на четверти. || точный, равный. || s квадратъ. || vn. соотвѣтствовать

Quadratic (*куод-рāт'-ик*) adj. квадратный

Quadrature (*куад'-рā-тьюр*) s. квадратъ, квадратура

Quadrennial (*куод'-рен'-ни-āл*) adj четырехлѣтній.

Quadrennially (*куод-рен'-ни-āл-и*) adv разъ въ четыре года

Quadrilateral (*куод-ри-лāт'-ер-āл*) adj. четырехсторонній; || s четырехсторонникъ

Quadrille (*куо-дрил'*) s кадриль.

Quadrillon (*куод-рил-йōн*) s. (мат.) квадрильонъ.

Quadrinomial (*куод-ри-но'о-ми-āл*) s (алг.) четырехчленная величина

Quadripartite (*куод-рип'-ар-тайт*) adj четвертной, раздѣленный на четыре части

Quadrisyllable (*куод-ри-сил'-лā-бл*) s четырехсложное слово

Quadroon (*куод-рун'*) s квартеронъ (рожденный отъ мулатки и европейца)

Quadrumane (*куод'-ру-мэн*) s. четверорукое животное

Quadrumanous (*куод-ру'-ма-нōс*) adj. четверорукій

Quadruped (*куод'-ру-пэд*) adj. четвереногое животное. || adj четвероногій

Quadruple (*куод-ру'-пл*) adj. учетверенный; || va учетверять

Quadruplicate (*куод-ру'-пли-кэт*) см **Quadruple.**

Quadruplication (*куод-ру-пли-кэ'-шōн*) s. учетвереніе

Quadruply (*куод'-ру-пли*) adv. учетверо.

Quaff (*куафъ*) va & vn. пить большими глотками, упиваться. **To — the bowl**, опорожнить стаканъ. || vn. много пить.
Quaffer (*куäфъ'-ер*) s. пьяница.
Quaggy (*куäг'-ги*) adj. трясинный.
Quagmire (*куäг'-майр*) s. трясина.
Quail (*куэл*) vn. терять почву подъ ногами, робѣть, унывать; ослабѣвать, блекнуть; || свертываться; || va. подавлять, уничтожать; || s. перепелъ (птица). **Young —**, перепеленокъ. **— -call, — -pipe**, приманная дудка.
Quailing (*куэл'-инг*) s потеря увѣренности; робость, уныніе.
Quaint (*куэнт*) adj. милый, граціозный; искусный, изысканный; странный, оригинальный, **— habits**, странныя привычки. **He is so —**, онъ такой оригиналъ.
Quaintness (*куэнт'-нес*) s. миловидность; тонкость, искусность, оригинальность.
Quake (*куэк*) vn. трепетать, дрожать; колебаться; || va. пугать, устрашать. **The earth —s**, землятрясеніе. || s. трепетъ, дрожь.
Quaker (*куэк'-ер*) s. тотъ, кто дрожитъ, трепещетъ; || квакеръ.
Quakerism (*куэк'-ер-изм*) s. квакерство. [керскій.
Quakerly (*куэк'-ер-ли*) adj. ква-
Quaking (*куэк'-инг*) adj. дрожащій, колеблющійся.
Qualifiable (*куол'-и-фай-ä-бл*) adj. способный къ чему, ловкій.
Qualification (*куол-и-фи-кэ'-шöн*) s. качество, способность.
Qualificator (*куол'-и-фи-кэ-тöр*) s. опредѣлитель, оцѣнщикъ.
Qualified (*куол'-и-файд*) adj. соотвѣтственный, способный, имѣющій права; условный; умѣренный. **A man well — for**, подходящій для этого человѣкъ.
Qualify (*куол'-и-фай*) va. дѣлать способнымъ къ чему; разрѣшать что либо кому; признавать за кѣмъ право. **To — the rigour of the law**, смягчать законъ. || vn. дѣлаться способнымъ.
Quality (*куол'-и-ти*) s. качество, достоинство, свойство; талантъ; знаніе, титулъ. **His good qualities**, его добрыя качества. **Persons of —**, высокопоставленныя лица.
Qualm (*куам*) s. тошнота, дурнота.
Qualmish (*куам'-иш*) adj. чувствующій тошноту. [тошнота.
Qualmishness (*куам-иш'-нес*) s.
Quandary (*куон-дэ'-ри*) s. сомнѣніе, затрудненіе.
Quantitative (*куон'-ти-тэ-тив*), **Quantitive** (*куон'-ти-тив*) adj. количественный.
Quantity (*куон'-ти-ти*) s. количество, величина; множество.
Quantum (*куон'-тöм*) s. количество, сумма; итогъ.
Quarantine (*куор'-äн-тин*) s. сорокодневный періодъ; карантинъ; va. содержать въ карантинѣ.
Quarrel (*куор'-ел*) s. ссора; распря, раздоръ, споръ, пренія, искуственный брилліантъ; стекольщичій алмазъ. **To pick a — with a person**, искать съ кѣмъ либо ссоры. || vn. ссориться, браниться, придираться къ чему; расходиться.
Quarrelling (*куо'-ел-инг*) s. споръ, ссора.
Quarrelsome (*куор'-ел-сöм*) adj. вздорливый, бранчивый, придирчивый.
Quarrelsomely (*куор'-ел-сöм-ли*) adv. вздорливо, придирчиво.
Quarrelsomeness (*куо'-рел-сöм-нес*) s. вздорность.
Quarrier (*куор'-и-ер*) s. работникъ въ каменоломнѣ.
Quarry (*куор'-и*) s. каменоломня; || дичь, добыча (на охотѣ).
Quarrying (*куор'-и-инг*) s. извлеченіе (камней). [**Quarrier.**
Quarryman (*куор'-и-мäн*) s. см.
Quart (*куорт*) s. четвертая часть галона (мѣра). [игрѣ).
Quart (*карт*) s. квартъ (въ карт.
Quartan (*куор'-тäн*) adj. четверодневный; возвращающійся черезъ каждые четыре дня (о лихорадкѣ).
Quartation (*куор-тэ'-шöн*) s. (мет.) квартованіе.
Quarter (*куор'-тер*) s. четверть (года, луны, учебнаго года); четверть города, кварталъ; || сторона, страна, мѣсто. **A — of an hour**, четверть часа. **A — of lamb**, четверть ягненка. **Every —**, каждую четверть. **The four —s of the world**, четыре страны свѣта. **From all —s**, со всѣхъ сторонъ. **In high —s**, въ высшихъ сферахъ. **To change one's —**, переселиться изъ одного квартала въ другой. **Head —s**, главная квартира (военная). **To give no —**, никого не щадить. **— -block**, передаточный блокъ. **— -day**, день квартирной платы. **— -deck**, (мор.) шканцы. **— -master**, квартирмейстеръ. **— -sessions**, (юрид.) четвертныя засѣданія суда. **— -staff**, палка о двухъ концахъ. || va. дѣлить на четыре части; четвертовать; давать пріютъ. **To — soldiers upon one**, расквартировать солдатъ. || vn. помѣщаться, квартировать, жить.

Quarterage (*куор'-тер-эдж*) s. трехмѣсячное жалованіе.
Quartering (*куор'-тер-инг*) s. раздѣленіе на четыре части; четвертованіе; (воен.) расквартированіе.
Quarterly (*куор'-тер-ли*) adj. четвертной; трехмѣсячный; || adv. по четвертямъ (года).
Quartern (*куор'-терн*) s. мѣра въ четверть пинты, хлѣбъ въ четыре фунта.
Quartette или **Quartet** (*куортет'*) s. (муз.) квартетъ; || строфа изъ четырехъ стиховъ.
Quarto (*куор'-то*) s. четверка (листа); книга въ четвертую долю листа.
Quartz (*куортс*) s. (мин.) кварцъ.
Quartzose (*куор'-зос*), **Quartzy** (*куортс'-и*) adj. кварцевый.
Quash (*куош*) va. сокрушать, разбивать; уничтожать; || vn. шумѣть, волноваться. || s. см. **Squash**.
Quasi (*куэ'-сай*) s. какъ будто бы, почти.
Quassation (*куăс-сэ'-шон*) s. трясеніе, качаніе; сотрясеніе.
Quasimodo (*куăс-и-мо'о-до*) s. — **Sunday**, Оомино воскресенье.
Quassia (*куăш'-й-ă*) s. (бот.) кассія, горькій корень.
Quater-cousins (*ке'-тер-кöз-н*) s. двоюродные братья первыхъ четырехъ степеней.
Quaternary (*куă-тöр'-нă-ри*) s. четыре (число), четверка; || adj. четверной.
Quaternion (*куа-тöр'-ни-öн*) s. четыре; || стража изъ четырехъ человѣкъ.
Quatrain (*куот'-рэн*) s. четверостишіе.
Quaver (*куэ'-вер*) vn. дрожать, сотрясаться, выдѣлывать трели; || s. сотрясеніе голоса; трель; одновязная нота. **Semi-** —, шестнадцатая нота. — **-rest**, пауза осьмой ноты.
Quaverer (*куэ'-вер-ер*) s. пѣвецъ, дѣлающій трели.
Quavering (*куэ'-вер-инг*) s. трель.
Quay (*ки*) s. набережная; || va. устраивать набережную.
Quayage (*ки'-эдж*) s. береговое право.
Quean (*куин*) s. развратная женщина; || молодая женщина, дѣвушка.
Queasiness (*кýи'-зи-нес*) s. тошнота, дурнота.
Queasy (*куи'-зи*) adj. вызывающій тошноту, противный; прихотливый.
Queen (*куин*) s. королева; || дама (въ картахъ); королева (въ шахматной игрѣ). — **-dowager**, вдовствующая королева. — **-like**, подобный королевѣ. — **-mother**, королева-мать. || va. проводить пешку въ королевы.
Queenly (*куин'-ли*) adj. подобающій королевѣ.
Queer (*куир*) adj. странный, чудный, забавный, причудливый. **A — place**, странный городъ. **A — fellow**, оригиналъ; чудакъ.
Queerish (*куир'-иш*) adj. оригинальный, странноватый.
Queerly (*куир'-ли*) adv. странно, чудно, забавно, причудливо.
Queerness (*куир'-нес*) s. странность, оригинальность, причудливость.
Quell (*куел*) va. укрощать, подавлять; унижать. **To — a sedition**, подавлять возстаніе. || vn. усмиряться, утихать; || умирать.
Queller (*куел'-ер*) s. усмиритель, укротитель.
Quench (*куенч*) va. тушить, гасить; утолять (жажду); утишать, ослаблять, притуплять; || vn. ослабѣвать.
Quenchable (*куенч'-ă-бл*) adj. утолимый, угасимый.
Quenchless (*куенч'-лес*) adj. неугасимый, неутолимый, неутишимый.
Quercitron (*куöр'-сит-рон*) s. кора, желтаго дуба.
Querimonious (*куер-и-мо'о-ни-öс*) adj. ноющій, жалующійся.
Querimoniously (*куер-и-мо'о-ни-öс-ли*) adv. вѣчно жалуясь.
Querimoniousness (*куер-и-мо'о-ни-öс-нес*) s. сутяжничество.
Querist (*куи'-ист*) s. допрошиватель; вопрошатель.
Quern (*кöрн*) s. ручная мельница.
Querulous (*куер'-у-лöс*) adj. ноющій, ворчащій, жалующійся; жалобный.
Querulously (*куер'-у-лöс-ли*) adv. жалуясь; жалобно.
Querulousness (*куер'-у-лöс-нес*) s. нытье, жалобы, ворчливость.
Query (*куи'-ри*) s. вопросъ; || va. vn. задавать вопросы, допытываться.
Quest (*куест*) s. отысканіе, розыскъ; слѣдствіе; желаніе, просьба. **In — of**, на поискахъ.
Question (*куес'-чöн*, *куест'-ђин*) s. вопросъ; || запросъ (въ парламентахъ); (мат.) задача; || пытка. **To ask one a —**, задавать кому вопросъ. **An unfair —**, нескромный вопросъ. **To beg the —**, ставить принципіальное положеніе. **To solve a —**, разрѣшать задачу. **To call in —**, возбуждать вопросъ. **What is the — ?** въ чемъ дѣло? **To be out of the —**, быть внѣ сомнѣнія. **Without —**, внѣ сомнѣнія. || vn. va. дѣлать, задавать вопросы; подвергать

сомнѣнію, сомнѣваться. **I — his prudence,** я опасаюсь его мудрости.
Questionable (*куест'-йăн-ă-бл*) adj. подлежащій вопросу, сомнѣнію. вопросный; сомнительный.
Questionableness (*куест'-йăн-ă-бл-нес*) s. сомнительность.
Questionary (*куес'-йŏн-ă-ри*) adj. вопросительный.
Questioner (*куест'-йŏн-ер*) s. тотъ кто спрашиваетъ.
Questionless (*куест'-йŏн-лес*) adj. не вызывающій вопроса.
Questor (*куес'-тŏр*) s. квесторъ.
Questorship (*куес'-тŏр-шип*) s. квестура.
Quib (*куиб*) s. сарказмъ, колкость.
Quibble (*куиб'-бл*) s. каверзы, крючкотворство; тонкости, игра словъ; || vn. играть словами, каверзничать.
Quibbler (*куиб'-блер*) s. каверзникъ, софистъ.
Quibblingly (*куиб'-блинг-ли*) adv. уклончиво, играя словами.
Quick (*куик*) adj. живой, быстрый, проворный, скорый, дѣятельный, искусный. **The — and the dead,** живые и мертвые. **A — eye,** бойкій взглядъ. **Be —,** скорѣе, проворнѣе, живо. **To be — at work,** быть расторопнымъ въ работѣ; || adv. живо, быстро, проворно. || s. живое; живое мясо. **To cut, to touch to the —,** затронуть, задѣть за живое. **— -beam,** рябина (дерево). **— -eyed,** быстроглазый, далеко видящій, проницательный. **— set hedge,** живая изгородь. **— -sand,** движущійся песокъ. **— -sighted.** имѣющій хорошее зрѣніе, проницательный. **— witted,** имѣющій живой умъ.
Quicken (*куик'-н*) va. оживлять; ускорять; возбуждать. **To — one's steps,** ускорять шаги. **To — the appetite,** возбуждать аппетитъ. || vn. оживляться, возгораться.
Quickener (*куик'-н-ер*) s. оживитель, возбудитель.
Quickening (*куик'-нинг*) adj. оживляющій, возбуждающій, оживотворяющій.
Quickly (*куик'-ли*) adv. скоро, поспѣшно; немедленно.
Quickness (*куик'-нес*) s. быстрота, скорость, живость; проницательность.
Quickset (*куик'-сет*) s. дерево въ зелени; || va. сажать живую изгородь. [ртуть.
Quicksilver (*куик'-сил-вер*) s.
Quid (*куид*) s. жвачка табаку.
Quiddany (*куид'-дă-ни*) s. айвовый мармеладъ.
Quiddity (*куид'-ди-ти*) s. сущность; || каверза.
Quidnunc (*куид'-нŏнк*) s. любитель новостей.
Quiescence (*куай-ес'-сенс*), **Quiesency** ((*куай-ес'-сен-си*) s. спокойствіе, покой, безмолвіе.
Quiescent (*куай-ес'-сент*) adj. спокойный, неподвижный; безгласный; || s. (грам.) безгласная буква.
Quiet (*куай-ет*) adj. покойный, спокойный, смирный, тихій. **To be —,** молчать, сохранять молчаніе. **Let me be —,** оставьте меня въ покоѣ. || s. покой, спокойствіе, тишина. || va. успокаивать, усмирять, унимать.
Quieting (*куай'-ет-инг*) adj. успокаивающій, умиротворяющій.
Quietism (*куай'-ет-изм*) s. квіетизмъ. [тистъ.
Quietist (*куай'-ет-ист*) s. квіе-
Quietly (*куай'-ет-ли*) adv. покойно, спокойно, тихо.
Quietness (*куай'-ет-нес*) s. покой, спокойствіе.
Quietsome (*куай'-ет-сŏм*) adj. спокойный.
Quietude (*куай'-и-тьюд*) s. покой, спокойствіе.
Quietus (*куай-и'-тŏс*) s. покой, спокойствіе; смерть; разсчетъ; квитанція.
Quill (*куил*) s. перо (гусиное); стволъ пера; игла; шпулька, катушка. **The — of a pen,** ручка пера. **— -driver,** писецъ, писака. || va. обшивать рюшемъ, плоить.
Quilt (*куилт*) s. стеганое одѣяло; || va. стегать.
Quilting (*куилт'-инг*) s. стежка, набивка.
Quiniary (*куай'-нă-ри*) adj. состоящій изъ пяти.
Quince (*куинс*) s. квитъ, айва (плодъ). **— -tree,** квитовое дерево.
Quincuncial (*куин-кŏн'-шăл*) adj. обсаженный косыми рядами (о деревьяхъ).
Quincunx (*куин'-кŏнкс*) s. посадка деревьевъ косыми рядами.
Quindecagon (*куи-дек'-ă-гон*) s. (геом.) пятнадцатиугольникъ.
Quinia (*куин'-и-нă*), **Quinine** (*куи-найн'*) s. хининъ.
Quinquagesima (*куин-куă-джес'-и-мă*) s. — **Sunday,** сыропустное воскресеніе.
Quinquennial (*куин-куен'-ни-ăл*) adj. пятилѣтній.
Quinquina (*куин-куай'-нă*) s. хина (дерево); хинная корка.
Quinsy (*куин'-зи*) s. (мед.) жаба.
Quint (*куинт*) s. квинта (въ пикетѣ).
Quintal (*куинт'ăл*) s. центнеръ (сто фунтовъ).

Quintessence (*куин-тес'-сенс*) s. (хим.) квинтессенція; || сущность.
Quintette (*куин-тет'*) s (муз.) квинтетъ.
Quintile (*куинт'-ил*) s. (астр.) — **aspect**, пятичастный видъ.
Quintillion (*куин-тил'-йäн*) s. (ариө.) квинтильонъ.
Quintuple (*куин'-тью-пл*) adj. пятиричный, || va. умножать на пять.
Quip (*куип*) s. язвительная насмѣшка; || va. язвительно насмѣхаться.
Quire (*куайр*) s. хоръ, хоры (въ церкви); десть (бумаги); || va. пѣть хоромъ. [ристъ, пѣвчій.
Quirister (*куир'-ис-тер*) s. хо-
Quirk (*кубрк*) s. увертка, уловка, острота, шутка; || порывъ.
Quirkish (*кубрк'-иш*) adj. увертливый, ловкій.
Quit (*куит*) va. оставлять, покидать, бросать; оправдать, просить; заплатить, расквитаться. **To give notice to —**, отказать жильцу въ квартирѣ. **To — an employment**, отказаться отъ какой либо службы. **He has quitted us**, онъ насъ оставилъ. **To — the scores with one**, расплатиться съ кѣмъ либо. || adj. квитъ, недолжный; свободный. **To get — of**, расквитаться.
Quitch-grass (*куич'-грас*) s. (бот.) ежа, палочная трава.
Quite (*куайт*) adv. совсѣмъ, совершенно. — **recent**, недавній. — **cold**, совершенно холодный.
Quit-rent (*куит-рент*) s. рента.
Quits (*куитс*) adv. квитъ.
Quittance (*куит'-тäнс*) s. уплата, разсчетъ, возвратъ, квитанція.
Quitter (*куит'-тер*) s. расплачивающійся.
Quiver (*куив'-ер*) s. колчанъ; || vn трепать, дрожать
Quivering (*куив'-ер-инг*) s. дрожь, трепетъ.
Quixotic (*куикс-от'-ик*) adj. сумасбродный. [масбродство
Quixotism (*куикс'-от-изм*) s. су-
Quiz (*куиз*) s. загадка; || насмѣшникъ, зубоскалъ; чудакъ; | va насмѣхаться: мистифицировать.
Quizzer (*куиз'-зер*) s. насмѣшникъ, зубоскалъ.
Quizzical (*куиз'-зик-äл*) adj. смѣшной, комическій.
Quizzing-glass (*куиз'-зинг-глас*) s лорнетка, стеклышко.
Quodlibet (*куод'-ли-бет*) s. тонкая шуточка; тонкость.
Quoif (*куойф*) s. чепчикъ. || va. надѣвать чепчикъ.
Quoin (*куойн*) s. уголъ, трюмъ; (тип.) вставка.
Quoit (*куойт*) s метательный кружокъ, дискъ.
Quondam (*куон'-дäм*) adj бывшій.
Quorum (*куо'о-рум*) s. кворумъ.
Quota (*куо'о-та*) s доля, часть.
Quotation (*куо-тэ'-шон*) s цитата; (торг.) биржевая цѣна.
Quote (*куо'от*) va. дѣлать ссылку, цитировать; || (торг) назначать, отмѣчать цѣну.
Quoter (*куо'о л-ер*) s. дѣлающій ссылку, цитирующій.
Quoth (*куо'осз*) vn. говорить — **I** —, говорю я — **he**, говоритъ онъ. -**she**, говоритъ она.
Quotidian (*куо-тид'-и-äн*) adj. ежедневный.
Quotient (*куо'о-шент*) s. (ариө.) частное число.

R.

R (*ар*) восемнадцатая буква английской азбуки [ротникъ.
Rabato (*ра-бэ'-то*) s. отложной во-
Rabbet (*рäб'-бет*) s.(стол.) фальцъ, выемка, закрой; (мор.) шпунтъ. — **-plane**, дорожникъ, фуганокъ. || va. дѣлать фальцъ, прилаживать въ закрой.
Rabbi (*рäб'-би*), **Rabbin** (*рäб'-бин*) s. раввинъ.
Rabinic (*рäб-бин'-ик*), **Rabbinical** (*рäб-бин'-ик-äл*) adj раввинскій.
Rabbinism (*рäз'-бин-изм*) s раввинское ученіе. [винистъ.
Rabbinist (*рäб'-бин-ист*) s. рав-
Rabbit (*рäб'-бит*) s. кроликъ. **Doe** —, кроличья самка. **A young** —, молодой кроликъ. **Tame** —, домашній кроликъ. **Wild** —, дикій кроликъ. — **-warren**, кроличій садокъ.
Rabble (*рäб'-бл*) s. сборище, толпа, народъ, чернь; || сволочь
Rabid (*рäб'-ид*) adj бѣшеный, неистовый, яростный, сильный.
Rabidness (*рäб'-ид-нес*) s собачье бѣшенство, водобоязнь; || ярость, неистовство.
Race (*рэс*) s раса, родъ, колѣно, поколѣніе; || племя, порода (животныхъ); корень, побѣгъ (растеній), вкусъ запахъ, букетъ (вина). особенное свойство. || s бѣгъ, бѣганіе взапуски. || поприще; ходъ, теченіе жизни, (мор.) быстрое теченіе. **A numerous** —, многочисленное потомство **Boat** —, гонка на лодкахъ. **To win the** —, получить призъ на состязаніи **To run one s**—, идти своимъ

путемъ. — -**course**, бѣгъ; ипподромъ. — -**horse**, рысакъ, скаковая лошадь. || vn быстро бѣжать, бѣгать взапуски; состязаться въ бѣгѣ.

Raceme (*рă-сим'*) s. (бот.) кисть.

Racer (*рэ'-сер*) s. рысакъ, скакунъ, скаковая лошадь; || скороходъ.

Rachitis (*рă-кай'-тис*) s. (мед.) рахитизмъ, англійская болѣзнь.

Raciness (*рэ'-си-нес*) s. вкусъ, запахъ; букетъ (вина); отличительное свойство, особенность.

Racing (*рэ'-синг*) adj. бѣгущій, бѣгающій, || скорый, быстрый; || s. бѣгъ, ристаніе.

Rack (*рăк*) s. орудіе пытки, || пытка, истязаніе; || *мука, мука, мученіе; (мех.) зубчатая полоса, рѣшетка; || паръ, легкія облачка (на небѣ). **Bottle —**, подставка для бутылокъ. **Hat —**, вѣшалка для шляпъ. — -**rent**, непомѣрная квартирная плата; || va. подвергать пыткѣ. **To — for rent**, требовать квартирную плату; || vn предъявлять суровое требованіе; исчезать какъ дымъ, испаряться.

Racker (*рăк'-ер*) s. мучитель, истязатель; палачъ.

Racket (*рăк'-ет*) s. шумъ, грохотъ, трескотня; гвалтъ; ракета; отбойникъ (при игрѣ въ мячъ); ракета. **What a — they made**, какъ они шумятъ. — **court**, игра въ мячъ; || vn. шумѣть, галдѣть; возиться. || va. отбивать мячъ или воланъ ракетой

Racketing (*рăк'-ет-инг*) s шумная веселость.

Rackety (*рăк'-ет-и*) adj. шумный, шумящій, шумливый; буйный.

Racy (*рэ'-си*) adj. вкусный, крѣпкій, съ букетомъ (о винѣ); || изобильный, богатый, сильный (о слогѣ); имѣющій отличительное свойство.

Raddle (*рăд'-дл*) s. хворостъ, жердь; плетень, изгородь; || va. плести, сплетать, переплетать.

Raddock (*рăд'-дŏк*) s. реполовъ, листовка (птица).

Radial (*рэ'-ди-ăл*) adj. радіальный; лучистый.

Radiance (*рэ'-ди-ăнс*) s. сіяніе, блескъ, лучезарность.

Radiant (*рэ'-ди-ăнт*) adj. испускающій лучи; сіяющій, лучезарный. — **with pleasure**, сіяющій радостью; || s. свѣтящаяся радостью; || s. свѣтящаяся точка.

Radiantly (*рэ'-ди-ăнт-ли*) adv. съ сіяніемъ, съ блескомъ.

Radiate (*рэ'-ди-эт*) va. испускать лучи, сіять, блистать; || va. сіять, освѣщать; || adj. (бот.) лучистый, чевой.

Radiated (*рэ'-ди-э-тед*) adj. лучезарный, украшенный сіяніемъ.

Radiation (*рэ-ди-э'-шон*) s. лучезарность, лучеиспусканіе, сіяніе; изліяніе лучей.

Radiator (*рэ'-ди-э-тŏр*) s. лучеиспускатель; (элек.) радіаторъ.

Radical (*рăд'-и-кăл*) adj. коренной, основной, радикальный; || s. (грам.) коренное слово, корень; (хим.) начало; || радикалъ (въ политикѣ).

Radicalism (*рăд' и-кăл-изм*) s. радикализмъ.

Radically (*рад'-и-кăл-ли*) adv. радикально, фундаментально; первоначально, примитивно.

Radicalness (*рăд'-и-кăл-нес*) s. радикальность, фундаментальность, основательность.

Radication (*рăд-и-кэ'-шон*) s. укорененіе.

Radicle (*рăд'-и-кл*) s. (бот.) корешокъ (въ сѣменахъ).

Radish (*рăд'-иш*) s. рѣпа; рѣдька, редиска. **Horse —**, хрѣнъ.

Radius (*рэ'-ди-ŏс*) s. (геом.) (въ pl. **Radii**) радіусъ; (анат.) лучевая кость.

Radix (*рэ'-дикс*) s. въ pl. **Radices** (грам., алг., бот.) корень.

Raff (*раф*) va. сгребать, смѣшивать въ кучу; || s. ворохъ предметовъ; подонки общества; чернь, простонародіе.

Raffle (*рăф'-фл*) vn. бросать жребій, разыгривать что въ лотерею; || s. бросаніе жребія, лотерея.

Raffler (*рăф'-флер*) s. участвующій въ лотереѣ.

Raft (*рафт*) s. паромъ, плотъ, гонка лѣса; || va. сплавлять на плотахъ.

[балка, бревно.

Rafter (*рафт'-ер*) s. стропило,

Raftsman (*рафтс'-ман*) s. сплавщикъ, плотовщикъ.

Rag (*рăг*) s. тряпка, ветошка; лоскутъ, лохмотье; отрепье, рубище. **To be all in —s**, быть въ лохмотьяхъ. **To pick —s**, подбирать лохмотья. — -**dealer**, торговецъ лохмотьями. — -**picker**, тряпичникъ. — **stone**, точильный камень.

Ragamuffin (*рăг-ă-мŏф'-фин*) s. оборванецъ; бездѣльникъ, проходимецъ.

Rage (*рэдж*) s. бѣшенство; ярость, неистовство; изступленіе; гнѣвъ, лютость; восторгъ; страсть. **To be in a —**, придти въ бѣшенство. **The — of a tempest**, свирѣпость бури. **The — for money**, страсть къ деньгамъ. **It is all the —**, это свирѣпствуетъ; || vn. бѣшенствовать; бѣситься, неистовствовать; свирѣпствовать, бушевать.

Rageful (*рэдж'-фул*) adj. бѣшеный, яростный, неистовый, свирѣпый, жестокій.

Ragged (*рӑг'-гед*) adj. разорванный въ клочья, истрепанный, изношенный, оборванный, шероховатый; извилистый. — **stones**, щебень.

Raggedly (*рӑг'-гед-ли*) adv. въ лохмотьяхъ, въ рубищѣ.

Raggedness (*рӑг'-гед-нес*) s. оборванный видъ; шероховатость.

Raging (*рэ'-джинг*) adj. бѣшеный, яростный, неистовый; свирѣпый, жестокій || s. бѣшенство ярость, свирѣпость; сила (бури)

Ragingly (*рэ'-джинг-ли*) adv. бѣшено, яростно, неистово.

Ragman (*рӑг'-мӑн*) s. тряпичникъ, ветошникъ, старьевщикъ

Ragout (*ра-гу'*) s. рагу (кушаніе).

Raid (*рэд*) s. набѣгъ, нашествіе, вторженіе.

Rail (*рэл*) s. брусокъ, полоса; рельсъ; || **—s**, pl. перила; рельсы. **To run off the —s**, сойти съ рельсъ. **To lay down the —s**, прокладывать рельсы. **Running off the —s**, сходъ съ рельсъ. **By —**, по желѣзной дорогѣ; || va. обносить загородкою; выстраивать рядами. **To — in**, обносить рѣшеткою. **To — off**, отдѣлять рѣшеткою; || vn. браниться, ругаться. **To — at**, оскорблять, возставать противъ кого.

Railer (*рӑл'-эр*) s. ругатель, хулитель.

Railing (*рэл'-инг*) s. поношеніе, ругательство, брань, обида, рѣшетка, изгородь, перила; || adj обидный, оскорбительный

Railingly (*рэл'-инг-ли*) adv обидно, оскорбительно. [шутка

Raillery (*рӑл'-лер-и*) s. насмѣшка,

Railroad (*рэл'-род*), **Railway** (*рэл'-уэй*) s. желѣзная дорога **Branch- —**, развѣтвленіе пути. **—station**, станція желѣзной дороги. [одѣяніе, платье

Raiment (*рэ'-мент*) s. одежда,

Rain (*рэн*) vn. лить дождемъ; || s дождь, дождикъ. **It pours with —** проливной дождь. **Pelting —**, сильный дождь. **Pouring —**, ливень. **— -drop**, капли дождя. **— -gauge**, дождемѣръ. **— -tight**, непромокаемый **— -water**, дождевая вода

Rainbow (*рэн'-боу*) s. радуга.

Raininess (*рэн'-и-нес*) s. дождливость.

Rainy (*рэн'-и*) adj дождливый

Raise (*рэз*) va. подымать, поднимать, приподнимать; воздвигать, сооружать; собирать, набирать; воздѣлывать; разводить (растенія), выкармливать, || поддерживать (мужество) **To — a weight**, поднимать тяжести **To — an altar, a temple**, создать храмъ. **To — the dust**, поднять пыль. **To — paste**, поднять тѣсто. **To — plants**, выращивать растенія. **To — recruits**, набирать солдатъ **To — money**, добывать денегъ. **To — the price**, увеличивать цѣну. **To — the country**, поднимать возстаніе въ странѣ). **To — expectations**, возбуждать надежды. **To — an outcry**, поднимать крикъ. **To — a siege**, снимать осадное положеніе **To — the wind**, добывать денегъ.

Raiser (*рэз'-ер*) s. основатель, учредитель, соорудитель. **Cattle —**, выращиватель скота

Raisin (*рэ'-зн*) s. изюмъ, изюмина.

Raising (*рэз'-инг*) s. возвышеніе, повышеніе, увеличеніе; || учрежденіе, основаніе; || разведеніе (скота); наборъ (войска), || снятіе (осада); возбужденіе.

Rajah (*ра'-джа*) s. раджа.

Rake (*рэк*) s. грабли, скребокъ; || (мор.) уклонъ, навѣсъ, уклонъ мачты; распутникъ, безпутникъ; повѣса, сорванецъ. || va. грести, сгребать, копить. **To — off**, соскабливать. **To — out**, тушить (объ огнѣ) **To — up**, поднимать. **To — together**, сгребать. || vn. рыться, копаться, шарить, чесаться, распутничать, проходить быстро

Rakehell (*рэк'-хел*) s распутникъ, безпутникъ, развратникъ, бездѣльникъ

Rakeshame (*рэк'-шэм*) s. распутный, негодяй, безстыдникъ

Raking (*рэк'-инг*) s. гребля, сгребаніе, загребаніе; количество, которое можно сгрести однимъ разомъ

Rakish (*рэк'-иш*) adj. распутный, безпутный, развратный

Rakishness (*рэк'-иш-нес*) s. распутство, развратъ

Rally (*рӑл'-ли*) va vn соединять, собирать (вокругъ кого); || оживлять, -ся || s соединеніе, || насмѣшка, шутка

Ram (*рӑм*) s баранъ, || (мех.) таранъ. (астр.) Овенъ (созвѣздіе). **Battering —**, таранъ **Water- —**, гидравлическій таранъ **—ship**, корабль-ледоколъ || va таранить, вколачивать **To — the powder into a gun**, начинять порохомъ пушку

Ramadan (*рӑм-ӑ-дӑн*) s. рамазанъ (магометанскій постъ)

Ramble (*рăм'-б.л*) s. прогулка, поѣздка, экскурсія; шатаніе; || vn. бродить, блуждать, шляться; прогуливаться.
Rambler (*рăм'-б.лер*) s. бродяга, праздношатающійся; гуляка.
Rambling (*рăм'-блинг*) s. прогулка, поѣздка; шляніе, шатаніе, блужданіе; || adj. скитающій, блуждающій, странствующій. **A — discourse**, безсвязная рѣчь — **thoughts**, смутныя мысли.
Rameous (*рэ'-ми-ŏс*) adj. (бот.) вѣтвенный.
Ramification (*рăм-и-фи-кэ'-шŏн*) s. развѣтвленіе, вѣточка.
Ramify (*рăм'-и-фай*) va. vn. развѣтвлять, ся; дѣлиться на вѣтви.
Rammer (*рăм'-мер*) s. трамбовка, долбня; шомполъ (у ружья); (арт.) прибойникъ.
Rammish (*рăм'-миш*) adj. крѣпкій, непріятный (о запахѣ).
Rammishness (*рăм'миш-нес*) s. крѣпость, прогорьклость (запаха).
Ramp (*рăмп*) s. прыжокъ, скачекъ. || vn. прыгать, скакать, рѣзвиться; всползать (о вьющихся растеніяхъ).
Rampancy (*рăмп'-ăн-си*) s. преизбытокъ; преобладаніе, господство.
Rampant (*рăмп'-ăнт*) adj. обильный, роскошный, стелющійся (о растеніяхъ); необузданный, преобладающій.
Rampart (*рăм'-парт*) s. оплотъ, защита; || va. обносить валомъ.
Rampion (*рăм'-пи-ŏн*) s. (бот.) садовой колокольчикъ.
Ramrod (*рăм'-род*) s. шомполъ (у ружья).
Ramshackle (*рăм'-шăк-л*) va искать, рыться, шарить.
Rancid (*рăн'-сид*) adj. имѣющій прогорьклый запахъ, тухлый.
Rancidness (*рăн'-сид-нес*), **Rancidity** (*рăн-сид'-и-ти*) s. прогорьклость, тухлость.
Rancorous (*рăнк'-ŏр-ŏс*) adj. злобный, мстительный, неумолимый.
Rancorously (*рăнк'-ŏр-ŏс-ли*) adv. злобно, мстительно, неумолимо.
Rancour (*рăнк-ŏр*) s. злоба, злопамятность, ненависть.
Random (*рăн'-дŏм*) s. случай, случайность. **At —**, по случаю. **To speak at —**, болтать на право и налѣво. || adj. случайный. **— shot**, не попавшій въ цѣль выстрѣлъ.
Range (*рэндж*) va. ставить въ рядъ; строить; распредѣлять; бродить; перескакивать. **To — the forest**, очищать лѣсъ. **To — the coast**, огибать берегъ || vn бродить, шляться, таскаться; выравниваться; лежать, помѣщаться. **To — along**, гулять вдоль. || s. рядъ, серія, строй; вереница; классъ, отдѣлъ; экскурсія; протяженіе, пространство. **A vast —**, обширное пространство. **— of observation**, рядъ наблюденій.
Ranger (*рэн'-джер*) s. лѣсничій; || || ищейка, (собака).
Rangership (*рэн'-джер-шип*) s. должность лѣсничаго.
Rank (*рăнк*) s. рядъ, строй, линія, классъ, отдѣлъ; степень, чинъ. **Front —**, первый рядъ; (воен.) фронтъ. **To rise from the — s**, выйти изъ солдатъ въ офицеры. **The — of captain**, чинъ капитана. || va. vn. ставить въ рядъ, стоять въ ряду; размѣщать; причислять, ся; имѣть чинъ; быть въ чинѣ; вносить въ роспись. **To — high**, занимать высокій рангъ. || adj. богатый, роскошный, плодоносный, плодородный, тучный, сильный, крѣпкій, чрезмѣрный; грубый. **A — poison**, сильный ядъ. **A — scoundrel**, сущій плутъ. **It is — idolatry**, это грубое идолопоклонство. **— butter**, прогорьклое масло.
Rankle (*рăнк'-л*) vn. воспаляться; || возгораться; свирѣпствовать.
Rankly (*рăнк'-ли*) adv изобильно, роскошно; || грубо.
Rankness (*рăнк'-нес*) s. богатство, изобильный ростъ; плодовитость, тучность; мощь; избытокъ; || прогорьклость,
Ransack (*рăн'-сăк*) va. грабить, расхищать; || рыться, копаться.
Ransom (*рăн'-сŏм*) s. выкупъ, выкупныя деньги; || va. выкупать.
Ransomer (*рăн'-сŏм-мер*) s. выкупщикъ, выкупатель изъ плѣна.
Ransomless (*рăн'-сŏм-лес*) adj. не платящій выкупа.
Rant (*рăнт*) vn. говорить напыщенно; нести чушь, орать кричать.
Ranter (*рăнт'-ер*) s. говорящій напыщенно; пустомеля; говорунъ.
Ranting (*рăнт'-инг*) adj высокопарный, напыщенный; буйный. **A — orator**, горланъ.
Rantipole (*рăнт'-и-пол*) adj. шальной, буйный, необузданный; || s. сорванецъ; вертопрахъ; бродяга; || vn. шляться, слоняться безцѣльно.
Ranunculus (*рă-нŏн'-кью-лŏс*) s. (бот.) лютикъ.
Rap (*рăп*) vn. стучать; ударять. **To — at the door**, стучать въ дверь. **To — out**, извергать ругательства. || va. уносить, переносить; приводить въ восторгъ, восхищать; вымѣнивать; схватить что насильно. **Rapt in wonder**, приходить

въ восторгъ. || s. быстрый и короткій ударъ. щелчокъ. **A — on the knuckles,** ударъ по пальцамъ

Rapacious (*рā-пэ'-шос*) adj. склонный къ грабежу, жадный, хищный

Rapaciously (*рā-пэ'-шос-ли*) adv. жадно; хищнически.

Rapaciousness (*рā-пэ'-шос-нес*), **Rapacity** (*рā-пāс'-и-ти*) s. склонность къ грабежу, грабительство. хищничество

Rape (*рэп*) s. похищеніе, увозъ силою. || (юрид) изнасилованіе (женщины): добыча. (бот) рапсъ — **-seed** рапсовое сѣмя

Rapid (*рāп'-ид*) adj быстрый, скорый || s. и pl **Rapids,** быстрина, пороги (на рѣкѣ)

Rapidity (*рā-пид'-и-ти*) s. быстрота, скорость [скоро

Rapidly (*рāп'-ид-ли*) adv быстро,

Rapidness (*рāп'-ид-нес*) s быстрота, скорость.

Rapier (*рэ'-пи-ер*) s рапира.

Rapine (*рāп'-ин*) s грабежъ, похищеніе; || va. грабить, расхищать

Rappee (*рāп-пи'*) s. нюхательный табакъ

Rapper (*рāп'-пер*) s. стучащій; || стукальце (у дверей). || ругательство, крѣпкое словцо.

Rapture (*рāптъ'-юр*) s. восторгъ, экстазъ, упоеніе, быстрота, скорость, похищеніе, взятіе силой.

Raptured (*рāптъ'-юрд*) adj. восторженный, восхищенный, упоенный.

Rapturous (*рāптъ'-юр-ос*) adj восхитительный. упоительный, восторженный.

Rapturously (*рāптъ'-юр-ос-ли*) adv. восхитительно, упоительно, восторженно

Rare (*рэр*) adj рѣдкій, прекрасный, чудесный, несравненный. безподобный

Raree-show (*рэр'-и-шоу*) s рѣдкость, диковинка

Rarefaction (*рāр-и-фāк'-шон*) s (физ) разрѣженіе. разжиженіе.

Rarefy (*рāр'-и-фай*) va vn разрѣжать, -ся, разжижать, -ся

Rarely (*рэр'-ли*) adv рѣдко. изрѣдка. нечасто.

Rareness (*рэр'-нес*). **Rarity** (*рāр'-и-ти*) s рѣдкость. (физ) разрѣженность. разжиженность.

Rareripe (*рэр-райп*) adj скороспѣлый. || s скороспѣлка

Rascal (*рāс'-кāл*) s. негодяй. бездѣльникъ плутъ. мошенникъ, каналья. || adj худой. худощавый

Rascality (*рāс-кāл'-и-ти*) s сволочь, чернь, мошенничество, плутовство [дяй, бездѣльникъ

Rascallion (*рāс-кāл'-йон*) s него-

Rascally (*рāс'-кāл-ли*) adj гадкій, низкій; плутовской, жульническій. **A — trick,** жульничество. **In a — manner,** жульническимъ образомъ

Rase (*рэз*) va ударить слегка, скользнуть по поверхности, срывать; выскабливать, вычищать.

Rash (*рāш*) adj опрометчивый, неосторожный; отважный, смѣлый, горячій. || s. сыпь, высыпаніе, прыщи (на кожѣ); || va. рѣзать ломтями; торопить.

Rasher (*рāш'-ер*) s. тонькій ломоть сала

Rashly (*рāш'-ли*) adv. опрометчиво, неосторожно, отважно, смѣло.

Rashness (*рāш'-нес*) s. опрометчивость, неосторожность, отважность, смѣлость.

Rasp (*расп*) s. терка. || va. тереть теркой, спиливать.

Raspberry (*рāз'-бер-ри*) s. малина. — **-bush,** малиновый кустъ.

Rasping (*расп'-инг*) s. опилыки, оскребки, || скобленіе

Rasure (*рэж'-ур*) s скобленіе, выскабливаніе; вымарываніе

Rat (*рāт*) s. крыса — **-catcher,** крысоловъ **Rat's bane,** крысиная смерть — **-trap,** крысоловка, **To smell a —.** догадываться (о ловушкѣ).

Ratable (*рэт'-ā-бл*) adj. оцѣнимый, оцѣненный; податной.

Ratably (*рэт'-ā-бли*) adv. пропорціально, соразмѣрно.

Ratafia (*рāт-а-фи'-а*) s. родъ вишневой наливки

Ratan (*рā-тāн'*) s см **Rattan.**

Ratchet (*рāч'-ет*) s задерживательная полоска — **wheel,** колесо съ загнутыми зубьями

Rate (*рэт*) s цѣна, цѣнность, стоимость, оцѣнка, подать такса; степень, разрядъ, сортъ, способъ, порція, паекъ **At a high —,** по высокой цѣнѣ. **At any —,** ни за какую цѣну. **A first — article,** предметъ перваго качества. **At a great —,** съ большой скоростью. **Poor —s,** сборъ въ пользу бѣдныхъ. **— of sailing,** скорость хода судна. **A third — ship of war.** линейное судно третьяго разряда — **-payer,** плательщикъ налога. || va. цѣнить, оцѣнивать, измѣрять, исчислять, распредѣлять; налагать подать, сборъ; распредѣлять налогъ, журить, порицать, сдѣлать кому выговоръ || vn производить оцѣнку; быть причисленнымъ (къ числу, къ классу), упрекать, **To — as,** оцѣнить во что [нитель.

Rater (*рэт'-ер*) s. оцѣнщикъ, цѣ-

Rath (*рāсз*) s. холмъ, горка, при-

горокъ; || крѣпость, укрѣпленіе; || adj. ранній, скороспѣлый.
Rather (*рäсз'-ер*) adv. скорѣе, охотнѣе; болѣе, лучше; || нѣсколько, немного. **Anything — than,** скорѣе все, чѣмъ это. **I had, I would —,** я предпочелъ бы. **— better,** скорѣе къ лучшему. **She is — pretty,** она скорѣе красива.
Ratification (*рäт-и-фи-кэ'-шöн*) s. ратификація, утвержденіе.
Ratifier (*рäт'-и-фай-ер*) s. утверждающій.
Ratify (*рäт'-и-фай*) va. утверждать ратифицировать.
Rating (*рэт'-инг*) s. оцѣнка: опредѣленіе; || выговоръ.
Ratio (*рэ'-ши-о*) s. пропорція; отношеніе. **In the — of,** въ отношеніи къ.
Ratiocination (*рäш-и-ос-и-нэ'-шöн*) s. разсужденіе; заключеніе.
Ration (*рэ'-шöн*) s. раціонъ; порціонъ, паекъ.
Rational (*рäш'-öн-äл*) adj. разумный, раціональный, разсудительный
Rationale (*рäш-öн-э'-ли*) s. разумное объясненіе чего.
Rationalism (*рäш'-öн-äл-изм*) s. раціонализмъ.
Rationalist (*рäш'-öн-äл-ист*) s. раціоналистъ.
Rationality (*рäш-öн-äл'-и-ти*) s. разумность, разсудительность, раціональность.
Rationally (*рäш'-öн-äл-ли*) adv. разумно, разсудительно, раціонально.
Rationalness (*рäш'-öн-äл-нес*) s. разумность, разсудительность, раціональность.
Rattan (*рäт'-тäн*) s. индѣйскій тростникъ.
Rateen (*рäт-тин'*) s. родъ шерстяной матеріи.
Ratting (*рäт'-инг*) s. отступничество.
Rattle (*рäт'-тл*) va. vn. трещать, гремѣть, грохотать; шумѣть; производить трескъ, бренчать; болтать; кричать, орать; бранить. || s. трескъ, трескотня, грохотъ, шумъ; бряцаніе оружія; болтовня; гамъ; трещотка. **— of arms, of chains,** звяканіе оружія, лязгъ цѣпей. **Death —,** предсмертный храпъ. **— snake,** гремучая змѣя. **— traps,** багажъ. **— -brained,** легкомысленный. **— -headed,** необдуманный, сорванецъ.
Rattles (*рäт'-тлс*) s. pl. (нар.) крупъ (болѣзнь).
Rattling (*рäт'-тлинг*) s. шумъ, стукотня, бряцаніе, бренчаніе; хрипота; || adj. шумящій; бросающійся въ глаза. **A — thing,** славное дѣло.
Raucity (*ро'о-си-ти*) s. хрипота. охриплость, грубость (голоса).
Ravage (*рäв'-эдж*) s. опустошеніе, раззореніе; || va. разрушать, опустошать, раззорять.
Ravager (*рäв'-эдж-ер*) s. опустошитель, раззоритель, разрушитель.
Rave (*рэв*) vn. бредить, грезить: безумствовать; говорить чепуху. **To — after,** требовать.
Ravel (*рäв'-л*) va. запутать, путать || распутывать, раздергивать (ткань): || vn. путаться, впутываться, вмѣшиваться.
Ravelin (*рäв'-лин*) s. (форт.) равелинъ; полумѣсяцъ.
Ravellings (*рäв'-л-ингс*) s. pl. ошпки.
Raven (*рэ'-вн*) s. воронъ; || adj. черный какъ воронъ; || s. добыча; хищность; || va. vn. жрать, пожирать; похищать, грабить.
Ravener (*рäв'-н-ер*) s. грабитель: хищникъ, хищная птица.
Ravening (*рäв'-н-инг*) s. алчность: прожорливость, обжорство; || adj прожорливый, пожирающій.
Ravenous (*рäв'-н-öс*) adj. хищный; ненасытный, прожорливый, обжорливый.
Ravenously (*рäв'-н-öс-ли*) adv. прожорливо, хищно.
Raver (*рэв'-ер*) s. бредящій: живущій грезами; сумасбродъ.
Ravin (*рäв'-н*) s. добыча; хищность, хищничество.
Ravine (*рä-вин'*) s. рытвина, оврагъ лощина.
Raving (*рэв'-инг*) adj. неистовый. яростный, буйный. **— -mad,** сумасшедшій. || s бредъ, бѣшенство
Ravingly (*рэв'-инг-ли*) adv. какъ сумасшедшій.
Ravish (*рäв'-иш*) va. похищать, увозить; || восхищать; || изнасиловать (женщину).
Ravishing (*рäв'-иш-инг*) adj. восхитительный.
Ravishingly (*рäв'-иш-инг-ли*) adv. восхитительно.
Ravishment (*рäв'-иш-мент*) s. похищеніе; восхищеніе; изнасилованіе.
Raw (*ро'о*) adj. сырой, нежаренный ободранный, безъ кожи; чистый, безъ примѣси; несваримый; необработанный; суровый, холодный, сырой; неопытный, новый. **— meat,** сырое мясо. **— flesh,** живое мясо, дикое мясо. **— soldiers,** новобранцы. **A — climate,** суровый климатъ. **— silk,** шелкъ-сырецъ. **— material,** сырой матеріалъ. **— boned,** тощій, сухощавый; поджарый.
Rawhead (*ро'о-хед*) s. бука, пугало

Rawish (*ро'о-иш*) adj. сыроватый, недожаренный; холодноватый.

Rawness (*ро'о-нес*) s. сырость; суровость; холодность (погоды).

Ray (*рэй*) s. лучи; (бот.) плевелъ; (зоол.) скатъ (рыба). || va. бороздить, чертить, бросать, испускать лучи.

Raze (*рэз*) va. сравнивать съ землей; уничтожать; вычеркивать.

Razee (*ра-зи'*) s. (мор.) корабль переделанный изъ большого размѣра въ малый.

Razor (*рэ'-зор*) s. бритва. **To set a —**, править бритву **— -bill**, чистикъ (птица).

Reabsorb (*ри-ăб-сӧрб*) va. вновь всасывать, вновь поглощать.

Reabsorption (*ри-ăб-сорп'-шӧн*) s. вторичное всасываніе.

Reach (*рич*) va. простирать, протягивать догонять; подвигать, доходить, добираться; добиваться. **To — the ceiling**, касаться потолка. **To — home**, приходить домой **The letter reached me at twelve o'clock**, письмо застало меня въ 12 часовъ. **To — the ears of**, дойти до свѣдѣнія. || vn простираться, идти тянуться. **To — after**, стараться. **To — in, into**, проникнуть. || s. протяженіе; пространство; разстояніе; цѣль, намѣреніе, усиліе, понятіе, пониманіе, сила способность; хитрость. **Within — of**, въ предѣлахъ досягаемости **— of thought**, въ предѣлахъ мыслей. **Out of —**, внѣ досягаемости. **— of water**, водный просторъ.

Reaching (*рич-инг*) s усиліе. **Far —**, простирающійся далеко

React (*ри-ăкт'*) vn. воздѣйствовать, реагировать

Reaction (*ри-ăк'-шӧн*) s. воздѣйствіе; реагированіе, реакція

Reactionary (*ри-ăк'-шӧн-ă-ри*) adj. реакціонный

Reactionist (*ри-ăк'-шӧн-ист*) s. реакціонеръ.

Reactive (*ри-ăкт'-ив*) adj. противодѣйствующій, реактивный.

Read (*рид*) va. vn. читать; прочитывать; учить. **To — aloud**, **to — out**, читать вслухъ. **To — over**, просматривать (книгу) **To — for the church**, приготовляться къ духовному званію

Read (*ред*) adj. читаный, прочитаный. || начитанный. **Well —**, ученый. **He is well — in history**, онъ свѣдущъ въ исторіи,

Readable (*рид'-ă-бл*) adj разборчивый (для чтенія).

Reader (*рид'-ер*) s. читатель, чтецъ лекторъ. **A great —**, усердный читатель; корректоръ.

Readership (*рид'-рид'-ер-шип*) s. должность церковнаго чтеца.

Readily (*ред'-и-ли*) adv. тотчасъ, немедленно, легко, охотно.

Readiness (*ред'-и-нес*) s. быстрота живость, поспѣшность; легкость, живость, проворство. **— of speech**, легкость изложенія.

Reading (*рид'-инг*) s. чтеніе: начитанность; толкованіе, варіантъ. **Light —**, легкое чтеніе. **— -book**, хрестоматія. **— -boy**, читающій, оригиналъ у корректора. **— -desk** пюпитръ; налой (въ церкви). **— -room**, читальная комната, читальня.

Ready (*ред'-и*) adj. скорый, быстрый; легкій, живой; охотный, склонный; готовый. **To make —**, приготовлять **— reckoner**, счеты. **— money**, наличныя деньги. **— for the departure**, готовый къ отъѣзду. **A — way**, легкій способъ. **A — censent**, охотное согласіе. || adv. совсѣмъ, совершенно, уже, готово. **— -made**, готовый.

Re-agent (*ри-э'-джент*) s. (хим.) реактивъ, реагентъ.

Real (*ри'-ăл*) adj вещественный, реальный; дѣйствительный; сущій. подлинный, (юрид.) недвижимый. **— estate**, недвижимое имущество. || s реалъ (испанская монета).

Realism (*ри'-ăл-изм*) s. реализмъ; вещественность.

Realist (*ри'-ăл-ист*) s. реалистъ.

Reality (*ри-ăл'-и-ти*) s. дѣйствительность, реальность, истина.

Realizable (*ри'-ăл-айз-ă-бл*) adj. осуществимый, реализуемый

Realization (*ри-ăл-и-зэ'-шӧн*) s. осуществленіе, реализація.

Realize (*ри'-ăл-айз*) va. осуществлять, достигать, исполнять; реализовать, обращать недвижимость въ деньги. **To — much profit**, получить крупный барышъ.

Really (*ри'-ăл-ли*) adv. дѣйствительно, въ самомъ дѣлѣ.

Realm (*рилм*) s. государство, царство

Realty (*ри'-ăл-ти*) s правдивость, прямодушие; || (юрид.) недвижимость

Ream (*рим*) s. стопа (бумаги).

Reap (*рип*) va. vn. жать (хлѣбъ): || собирать; пожинать, получать.

Reaper (*рип'-ер*) s. жнецъ (m.), жница (f).

Reaping (*рип'-инг*) s жатва, жнитво **— -hook**, серпъ **— -machine**.

жатвенная машина. — **-time,** время жатвы.

Rear (*рир*) s. тылъ, аріергардъ, задъ, задняя часть: задній рядъ; || adj. задній.;— **admiral,** контръ-адмиралъ. — **guard,** аріергардъ. **To be in the —,** быть въ хвостѣ. **To bring up the —,** замыкать шествіе. **He fell upon the enemy's —,** онъ напалъ на непріятельскіе зады; || va. воздвигать, созидать; воспитывать, воздѣлывать (растенія); повышать по службѣ. **To — a large family,** содержать многочисленное семейство; || vn. брыкаться, становиться на дыбы.

Rearmouse (*рир'-маус*) s. летучая мышь.

Rearward (*рир'-уодд*) s. тылъ, аріергадъ.

Reascend (*ри-ăс-сенд'*) va. vn. снова всходить.

Reascent (*ри-ăс-сент'*) s. вторичный подъемъ.

Reason (*ри'зн*) s. разумъ, разсудокъ; причина, поводъ, доводъ. **It stands to —,** само собой разумѣется. **For a good —,** по основательной причинѣ. **By — of,** по причинѣ. **You have — for alarm,** у васъ есть основанія къ опасенію; || vn. и va. разсуждать о чемъ; разсматривать что; воздѣйствовать доводами. **To — with,** разсуждать. **To — down,** убѣдить. **To — out,** доказать путемъ разсужденія.

Reasonable (*ри'-зн-ă-бл*) adj. разумный, разсудительный; || справедливый; умѣренный, сходный.

Reasonableness (*ри'-зн-ă-бл-нес*) s. разумность, умѣренность, справедливость.

Reasonably (*ри'-зн-ă-бли*) adv. разумно, разсудительно; || справедливо, умѣренно, сходно.

Reasoner (*ри'-зн-ер*) s. умствователь, резонеръ, разсуждающій.

Reasoning (*ри'зн-инг*) s. умствованіе, разсужденіе.

Reasonless (*ри'зн-лес*) adj. неразумный; неосновательный.

Reave (*рив*) va. похищать, лишать чего.

Rebate (*ри-бэт'*) va. притуплять, тупить; смягчать, уменьшать, сбавлять.

Rebatement (*ри-бэт'-мент*) s. s уменьшеніе, сбавка, скидки.

Rebel (*реб'-ел*) s. мятежникъ, революціонеръ; || vn. возставать, бунтовать.

Rebellion (*ри-бел'-йон*) s. возмущеніе, мятежъ, бунтъ.

Rebellious (*ри-бел'-йŏс*) adj. бунтующій, возставшій, мятежный.

Rebelliously (*ри-бел'-йŏс-ли*) adv. какъ революціонеръ, мятежно.

Rebelliousness (*ри-бел'-йŏс-нес*) s. склонность къ мятежу.

Rebound (*ри-ба'унд*) s. отскакиваніе; отраженіе; вторичный прыжокъ. || va. vn. отскакивать, отпрыгивать, отражать; отбрасывать.

Rebuff (*ри-бŏф'*) s. сопротивленіе, холодный отказъ; щелчокъ; || va. отталкивать.

Rebukable (*ри-бьюк'-ă-бл*) adj. заслуживающій выговора.

Rebuke (*ри-бьюк'*) s. выговоръ, порицаніе; || va. дѣлать выговоръ, порицать.

Rebuker (*ри-бьюк'-ер*) s. хулитель, порицатель.

Rebus (*ри'-бŏс*) s. ребусъ, загадка.

Rebut (*ри-бŏт'*) va. отвергать, отражать; || vn. отступать назадъ.

Rebutter (*ри-бьют'-ер*) s. (юрид.) возраженіе отвѣтчика на обвиненіе истца.

Recall (*ри-кол'*) s. отзывъ, отозваніе, отмѣна; || va. отзывать, ворочать; отмѣнять, брать назадъ.

Recant (*ри-кăнт'*) va. vn. отрекаться, отпираться; брать назадъ (слово).

Recanter (*ри-кăнт'-ер*) s. отрекающійся.

Recapitulate (*ри-кă-пить'-ю-лэт*) va. вкратцѣ повторять.

Recapitulation (*ри-кă-пить'-ю-лэ'-шŏн*) s. краткое повтореніе, перечень.

Recapitulatory (*ри-кă-пить'-ю-лэ-тŏ-ри*) adj. повторительный.

Recaption (*ри-кăп'-тŏн*) s. вторичное завладѣніе.

Recaptor (*ри-кăп'-тŏр*) s. завладѣвающій чѣмъ вторично.

Recapture (*ри-кăп'-чур*) va. вторично завладѣвать.

Recast (*ри-каст'*) va. снова бросать, снова исчислять; переставлять вновь.

Recede (*ри-сид'*) vn. возвращаться назадъ, пятиться; отрекаться, отказываться.

Receipt (*ри-сит'*) s. полученіе, получка; пріемъ; сборъ, доходъ; росписка (въ полученіи чего); рецептъ. — **-book,** приходо-расходная книга. **Give me a —,** дайте мнѣ росписку. **On — of,** по полученіи. — **for rent,** квитанція въ полученіи наемной платы. || va. выдавать росписку въ полученіи чего.

Receivable (*ри-сив'-ă-бл*) adj. пріемлемый.

Receive (*ри-сив'*) va. получать, принимать, поймать; схватывать; встрѣчать, оказывать пріемъ; скрывать, утаивать.

Receivedness (*ри-сив'-еднес*) s.

общее согласіе, принятіе; общепринятость.

Receiver (*ри-сив'-ер*) s. получатель, пріемщикъ; || укрыватель. (хим., пріемникъ.

Receiving (*ри-сив'-инг*) s получение, получка, пріемъ, утаиваніе, сокрытіе. **— house,** почтовая контора.

Recency (*ри'-сен-си*) s недавность; | свѣжесть.

Recense (*ри-сенс'*) va пересматривать, провѣрять

Recension (*ри-сен'-шон*) s пересмотръ, провѣрка, исчисленіе перепись.

Recent (*ри'-сент*) adj недавній, новый, свѣжій, современный

Recently (*ри'-сент-ли*) adv. недавно, вновѣ, свѣжо; современно.

Recentness (*ри'-сент-нес*) s. см. **Recency**

Receptacle (*ри-сеп'-тā-кл*) s. вмѣстилище, ложе.

Receptibility (*ри-сеп-ти-бил'-и-ти*) s. способность получать, воспрiимчивость.

Reception (*ри-сеп'-шон*) s. полученіе, пріемъ, допущеніе; встрѣча, пріемъ. **— of a letter**, полученіе письма **To give one a good —**, привѣтливо встрѣчать кого.

Receptive (*ри-сеп'-тив*) adj. воспріимчивый, способный получать.

Recess (*ри-сес'*) s удаленіе, отступленіе; перерывъ, вакація; мѣсто удаленія, уединеніе, одиночество

Recession (*ри-сеш'-он*) s. удаленіе, отступленіе, отказъ; уступа.

Rechange (*ри-чэндж'*) va. обмѣнивать

Recharge (*ри-чарж'*) va подавать встрѣчное обвиненіе, отвѣчать на обвиненіе обвиненіемъ.

Recipe (*рес'-и-пи*) s. рецептъ.

Recipient (*ри-сип'-и-ент*) s. пріемникъ; получатель.

Reciprocal (*ри-сип'-ро-кāл*) adj. обоюдный, взаимный.

Reciprocally (*ри-сип'-ро-кāл-ли*) adv. обоюдно, взаимно.

Reciprocalness (*ри-сип'-ро-кал-нес*) s. обоюдность, взаимность.

Reciprocate (*ри-сип'-ро-кэт*) va. vn. воздавать отплачивать тѣмъ же.

Reciprocity (*рес-и-прос'-и-ти*) s. взаимность, обоюдность.

Recital (*ри-сайт'-āл*) s повѣствованіе, сказаніе, изложеніе: исчисленіе. **An organ —**, концертъ на органѣ.

Recitation (*рес-и-тэ'-шон*) s. разсказываніе наизусть.

Recitative (*рес-и-тā-тив'*) s. (муз.) речитативъ, || adj. речитативный.

Recite (*ри-сайт'*) va разсказывать, излагать, произносить наизусть.

Reciter (*ри-сайт'-ер*) s разсказчикъ, читающій наизусть

Reck (*рек*) va vn заботиться, безпокоиться, думать, радѣть о чемъ; касаться

Reckless (*рек'-лес*) adj. безпечный, нерадивый, легкомысленный, смѣлый.

Recklessly (*рек'-лес-ли*) adv. безпечно, нерадиво легкомысленно; смѣло.

Recklessness (*рек'-лес-нес*) безпечность, нерадивость, легкомысленность; смѣлость.

Reckon (*рек'н*) va. считать, исчислять; цѣнить, оцѣнивать, считать, принимать за **To — up,** дѣлать сложеніе || vn. разсчитывать, полагаться на, полагать, думать **I — upon your friendship,** я разсчитываю на вашу дружбу.

Reckoner (*рек'-н-ер*) s. счетчикъ, выкладчикъ. **Ready —**, счеты.

Reckoning (*рек'-н-инг*) s. счетъ, разсчетъ, исчисленіе. счисленіе; подсчетъ. **Every one must pay his —**, каждый долженъ своимъ поплатиться.

Reclaim (*ри-клэм'*) va. исправлять; требовать, возвращать, звать назадъ, приручать **To — a gambler**, наказать шулера. **To — marsh land,** осушить болото. || vn протестовать, противиться.

Reclaimable (*ри-клэм'-ā-бл*) adj. могущій быть обратно потребованнымъ, исправленнымъ, прирученнымъ

Reclamation (*рек-лā-мэ'-шон*) s. требованіе о возвращеніи; исправленіе, жалоба.

Reclination (*рек-ли-нэ'-шон*) s. наклоненіе.

Recline (*ри-клайн'*) va vn. склонять, -ся, наклонять, -ся, прислонять, -ся; опирать, ся

Reclining (*ри-клайн'-инг*) adj. прислоненный; опершійся, наклоненный.

Reclose (*ри-кло'оз*) va. снова запирать.

Recluse (*ри-клюс'*) adj запертый, сокрытый; уединенный, || s затворникъ, -ница.

Recluseness (*ри-клюс'-нес*) s. затворничество, уединеніе

Reclusive (*ри-клю'-сив*) adj затворническій; уединенный

Recognition (*рек-ог-ниш'-он*) s. узнаваніе, разсматриваніе, обозрѣваніе, изысканіе

Recognize (*рек'-ог-найз*) va узнавать, признавать; разсматривать; || vn. подписывать обязательство.

Recoil (*ри-коил'*) va. отступать, пятиться, терять точку опоры; отскакивать. **To — from,** отказываться, возмущаться чѣмъ, || s. отступленіе, отскокъ; отдача (ружья); || отвращеніе.

Recoiling (*ри-койл'-инг*) s. отступленіе, попятное движеніе; || отвращеніе.

Recoilingly (*ри-койл'-инг-ли*) adv. пятясь, отступая назадъ.

Recoin (*ри-койн'*) va. перечеканивать (монету).

Recollect (*рек-ол-лект'*) va. вспоминать; узнавать, признавать. **I — having read somewhere,** я помню что гдѣ то читалъ. **I don't — him,** я его не помню.

Re-collect (*ри-кол-лект'*) va. вновь собирать.

Recollection (*рек-ол-лек'-шон*) s. воспоминаніе, память; размышленіе. **To have some — of,** нѣсколько помнить.

Recollective (*рек-ол-лек'-тив*) adj. напоминающій.

Recollet (*рик'-ол-лект*) s. францисканецъ (монахъ).

Recommend (*рек-ом-менд'*) va. рекомендовать, совѣтовать; поручать.

Recommendable (*рек-ом-менд'-ă-бл*) adj. достойный одобренія.

Recommendation (*рек-ом-мен-дэ'-шон*) s. рекомендація.

Recommendatory (*рек-ком-менд'-ă-тŏ-ри*) adj. рекомендательный.

Recommender (*рек-ом-менд'-ер*) s. рекомендующій.

Recompense (*рек'-ом-пенс*) va. вознаграждать, награждать; возмѣщать; || s. награда, вознагражденіе; воздаяніе, возмѣщеніе.

Recompose (*ри-ком-по'оз*) va. снова успокоить; вновь собирать, снова составлять.

Recomposition (*ри-ком-по-зиш'-ŏн*) s. составленіе вновь.

Reconcilable (*рек'-он-сайл-ă-бл*) adj. примиримый, совмѣстимый.

Reconcilableness (*рек'-он-сайл-ă-бл-нес*) s. примиримость, совмѣстимость.

Reconcile (*рек'-он-сайл*) va. примирять, умиротворять; покориться чему. **To be reconciled with** или **to,** быть съ кѣмъ примиреннымъ. **I will try to — myself to it,** я попробую примириться съ этимъ.

Reconcilement (*рек'-он-сайл-мент*) s. см. **Reconcilation.**

Reconciler (*рек'-он-сайл-ер*) s. примиритель, миротворецъ, согласователь.

Reconciliation (*рек-он-сил-и-э'-шŏн*) s. примиреніе, согласованіе.

Reconciliatory (*рек-он-сил'-и-ă-то-ри*) adj примирительный, умиротворительный.

Recondite (*рек'-он-дайт*) adj. непроницаемый, тайный, непонятный, темный.

Reconduct (*ри-кон-дŏкт'*) va. провожать, вести назадъ.

Reconquer (*ри-конк'-ер*) va. обратно завоевывать, получать.

Reconsecrate (*ри-кон'-си-крэт*) va. снова посвящать.

Reconsider (*ри-кон-сид'-ер*) va. снова обсуждать.

Reconvene (*ри-кон-вин'*) va. сновь собирать, снова созывать.

Reconvert (*ри-кон-вŏрт'*) va. вновь превращать.

Reconvey (*ри-кон-вэй'*) va. отвозить назадъ; || (юрид.) переуступка

Reconveyence (*ри-кон-вэй'-ăнс*) s. (юрид.) переуступка, возвращеніе обратно правъ.

Record (*ри-корд'*) va. записывать, вписывать; приводить, упоминать о чемъ; восхвалять; запечатлѣвать; || vn. размышлять. || s. книга записей, реестръ; записки; протоколъ; лѣтопись, анналы, грамота. **— office,** архивъ; (спор.) рекордъ. **On —,** отмѣченный въ спискахъ. **He keeps the —.** онъ держитъ рекордъ. **The —s of past ages,** лѣтопись прошлаго.

Recorder (*ри-корд'-ер*) s. регистраторъ, архиваріусъ; || судья; || (муз.) родъ флейты.

Recount (*ри-ка'унт*) va. расказывать, пересчитывать.

Recourse (*ри-ко'орс*) s. обращеніе, допускъ; прибѣжище. **To have — to,** обращаться къ.

Recover (*ри-кŏв-'ер*) va. взять назадъ, вернуть; получить обратно; вылѣчивать; избавлять; обрѣтать (потерянное). **To — one's health,** выздоровѣть. **To — one's breath,** отдышаться. **To — a loss,** возвратить утраченное. **To — one's self,** придти въ себя. || vn. выздоравливать, поправляться; приходить въ себя; (юрид.) выигрывать (тяжбу).

Recoverable (*ри-кŏв'-ер-ă-бл*) adj. возвратимый, излечимый.

Recovery (*ри-кŏв'-ер-и*) s. выздоровленіе, излеченіе; обратное полученіе, отысканіе. **Past —,** безнадежный (о больномъ).

Recreant (*рек'-ри-ăнт*) adj. трусливый, подлый; || s. трусъ, подлецъ

Recreate (*рек'-ри-эт*) pa. развлекать, забавлять, оживлять; || vn. развлекаться. [создавать.

Recreate (*ри-кри-эт'*) va. вновь

Recreation (*рек-ри-э'-шŏн*) s. развлеченіе, забава, увеселеніе.

Recreative (*рек-ри-э-тив*) adj развлекающій, увеселительный

Recreatively (*рек'-ри-э-тив-ли*) adv. развлекая, увеселительно.

Recrement (*рек'-ри-мент*) s окалина, шлакъ (металла), (мед.) выдѣленіе.

Recremental (*рек-ри-мент-ă.л*), **Recrementitial** (*рек-ри-мен-тиш'-ă.л*), **Recrementitious** (*рек-ри-мен-тиш'-ŏс*) adj состоящій изъ шлаковъ. || (мед.) выдѣленный.

Recriminate (*ри-крим'-и-нэт*) va vn взаимно обвинять

Recrimination (*ри-крим-и-нэ'-шŏн*) s. взаимное обвиненіе, пререканіе

Recriminative (*ри-крим'-и-нэтив*), **Recriminatory** (*ри-крим'-и-нă-тŏ-ри*), adj встрѣчно обвиняющій

Recriminator (*ри-крим'-и-нэтор*) s. обвинитель жалобщикъ.

Recross (*ри-крос*) va. снова пересѣкать (путь)

Recrudescence (*ри-кру-дес'-сенс*), **Recrudescency** (*ри-кру-дес'-сен-си*) s. вторичное заболѣваніе, возвратъ болѣзни.

Recruit (*ри-крут'*) va подкрѣплять, возобновлять; пополнять; вербовать; || vn. укрѣпляться, поправляться; полнѣть, толстѣть; || s. подкрѣпленіе, возобновленіе, || вербовка, рекрутъ

Recruiter (*ри-крут'-ер*) s. вербовщикъ (солдатъ).

Recruiting (*ри-крут'-инг*) s вербовать (солдатъ).

Recruitment (*ри-крут'-мент*) s. рекрутскій наборъ.

Rectangle (*рект'-ăнг-гл*) s прямоугольникъ

Rectangular (*рект-ăнг'-гью-лăр*) adj прямоугольный.

Rectangularly (*рек-тăнг'-гью-лăр-ли*) adv съ прямыми углами.

Rectifiable (*рек'-ти-фай-и-бл*) adj. поправимый

Rectification (*рек-ти-фи-кэ'-шŏн*) s. исправленіе, поправка; || (хим.) двоеніе, очищеніе перегонками

Rectifier (*рек'-ти-фай-ер*) s. поправитель, (техн.) ректификаторъ.

Rectify (*рек'-ти-фай*) va. поправлять, исправлять, (хим.) очищать, двоить.

Rectilineal (*рек-ти-лин'-и-ăл*), **Rectilinear** (*рек-ти-лин'-и-ăр*) adj. прямоугольный.

Rectitude (*рек'-ти-тьюд*) s. прямота, прямь; || честность

Rector (*рек'-тŏр*) s. ректоръ (университета), директоръ (училища); приходскій священникъ.

Rectoral (*рек'-тŏр-ă.л*), **Rectorial** (*рек-то'о-ри-ăл*) adj. ректорскій

Rectorship (*рек'-тŏр-шип*), **Rectorate** (*рек'-тŏр-эт*) s ректорство.

Rectory (*рэк'-тŏ-ри*) s. приходъ (сельскаго священника).

Rectum (*рек'-тŏм*) s (анат) прямая кишка.

Recumbence (*ри-кŏм'-бенс*), **Recumbency** (*ри-кŏм'-бен-си*) s. возлежаніе, лежаніе, отдыхъ, покой

Recumbent (*ри-кŏм'-бент*) adj. лежащій, прислонившійся, отдыхающій.

Recuperate (*ри-кью'-пер-эт*) va. возвращать, вернуть, воротить.

Recuperation (*ри-кью-пер-э'-шŏн*) s. возвращеніе

Recur (*ри-кŏр'*) vn возвращаться повторяться, опять приходить (на умъ).

Recurrence (*ри-кŏр'-енс*), **Recurrency** (*ри-кŏр'-ен-си*) s. возвращеніе, повтореніе, прибѣганіе къ кому

Recurrent (*ри-кор'-ент*) adj. повторяющійся, періодическій

Recurvate (*ри-корв'-эт*) va пригибать, загибать, || adj загнутый

Recurvation (*ри-кŏр-вэ'-шŏн*) s. загибъ, загнутость назадъ

Recurve (*ри-кŏрв'*) va. загибать, отгибать назадъ.

Recusancy (*ри-кью'-зăн-си*) s ученіе нонконформистовъ

Recusation (*рикь-ю-зэ'-шŏн*) s. отверганіе, отказъ, отводъ

Red (*ред*) adj красный **To turn —**, покраснѣть. || s. красный цвѣтъ. **A dark —**, темнокрасный цвѣтъ **— hair**, рыжіе волосы **— -hot**, раскаленный **— -pole**, (орн.) коноплянка. **— -tape**, рутина **— -cap**, снигирь |реполовъ

Redbreast (*ред'-брест*) s. (орн.)

Redden (*ред'-дн*) va. дѣлать краснымъ. || vn краснѣть; румяниться.

Reddish (*ред'-диш*) adj. красноватый

Reddishness (*ред'-диш-нес*) s. красноватость.

Reddition (*ред-диш'-ŏн*) s. возвращеніе, обратная отдача

Reddle (*рэд'дл*) s. красная строка.

Redeem (*ре-дим'*) va. выкупать, искупить; спасать, извлекать; искупать. **To — lost time**, наверстать потерянное время.

Redeemable (*ред-им'-ă-бл*) adj. что можно выкупить, искупить.

Redeemer (*ри-дим'-ер*) s. избавитель, искупитель. Спаситель

Redemption (*ри-демп-шŏн*) s. выкупъ, освобожденіе, искупленіе.

Redescend (*ри-ди-сенд'*) vn. опять сходить, снова спускаться.

Redintegrate (*ри-дин'-ти-грэт*) va. водворять вновь, возобновлять.
Redintegration (*ри-дин-тиг-рэ'-шо̆н*) s. водворенiе вновь, возобновленiе.
Redness (*ред'-нес*) s. краснота; раскаленность докрасна.
Redolence (*ред'-о-ленс*), **Redolency** (*ред'-о-лен-си*) s. прiятный запахъ, благоуханiе.
Redolent (*ред'-о-лент*) adj. душистый, благовонный.
Redouble (*ри-до̆б'-л*) va. vn. удвавать, -ся, увеличивать, -ся.
Redoubt (*ри-да'ут*) s. (форт.) редутъ; || va.страшиться, опасаться.
Redoubtable (*ри-да'ут-ӑ-бл*) adj. грозный, страшный.
Redound (*ри-да'унт*) va. vn. отражаться, возвращаться; падать на кого; способствовать. **It redounds to his honour**, это дѣлаетъ ему честь.
Redraft (*ри-драфт'*) va. вновь редактировать; || s. копiя съ копiи; переписанный вексель.
Re-draw (*ри-дро'о*) va. снимать вторую копiю; || (торг.) брать новый вексель взамѣнъ протестованнаго.
Redress (*ри-дрес'*) va. выпрямлять; поправлять, выправлять; удовлетворять; утѣшать; смягчать. **To — grievances**, уничтожать злоупотребленiя. || s.исправленiе, улучшенiе; удовлетворенiе; вознагражденiе (за вредъ), справедливость.
Redresser (*ри-дрес'-ер*) s. исправитель; заступникъ.
Redressive (*ри-дрес'-ив*) adj. исправительный, облегчающiй; заступающiйся за.
Reduce (*ре-дьюс'*) va. приводить; доводить, превращать; уменьшать, сокращать. **To — despair**, доводить до отчаянiя. **To — a place**,принудить городъ къ сдачѣ.
Reducer (*ри-дью'-сер*) s. уменьшитель, растворитель.
Reducible (*ри-дью'-си-бл*) s.уменьшимый. [s. уменьшимость.
Reducibleness (*ри-дью'-си-бл-нес*)
Reduct (*ри-до̆кт'*) s. (хим.) процессъ нейтрализацiи кислоты щелочью и обратно.
Reduction (*ри-до̆к'-шо̆н*) s. превращенiе, обращенiе, уменьшенiе, сбавка; покоренiе.
Reductive (*ри-до̆к'-тив*) adj. редуктивный.
Redundancy (*ри-до̆н'-дӑн-си*) s. излишество, избытокъ.
Redundant (*ри-до̆н'-дӑнт*) s. излишнiй, преизобилующiй.
Redundantly (*ри-до̆н'-тӑнт-ли*) adv. излишне.

Reduplicate (*ри-дью'-пли-кэт*) va. удваивать, усугублять; || adj. удвоенный.
Reduplication (*ри-дью-пликэ'-шо̆н*) s. удвоенiе, усугубленiе.
Reed (*рид*) s. (бот.) тростникъ, камышъ; (муз.) свирѣль, дудка изъ камыша. — **-bunting**, — **-sparrow**, (орн.) стрепатка камышовая. — **pipe**, свирѣль.
Reeded (*рид'-ед*) adj. покрытый тростникомъ.
Reeden (*рид'-н*) adj. тростниковый, камышовый. [мышомъ.
Reedy (*рид'-и*) adj. заросшiй ка-
Reef (*риф*) s. рифъ, каменная гряда. — **tackle**, рифъ-тали.
Reefer (*риф'-ер*) s. мичманъ.
Reefy (*риф'-и*) adj. усѣянный рифами.
Reek (*рик*) s. дымъ, паръ, испаренiе; || копна, стогъ (сѣна); || vn. дымиться, куриться, испускать пары. [куренный черный.
Reecky (*рик'-и*) adj. дымный, за-
Reel (*рил*) s. мотовило, катушка, шпулька; шотландскiй деревенскiй танецъ ввидѣ хоровода; || vn. колебаться, качаться, вертѣться. **My head —s**, у меня кружится голова.
Re-enforce (*ри-эн-фо'орс*) va. подкрѣплять, усиливать.
Re-enforcement (*ри-эн-фо'орсмент*) s. подкрѣпленiе; усиленiе.
Re-engage (*ри-эн-гэдж'*) va. возобновлять бой.
Re-engagement (*ри-эн-гэдж'-мент*) s. возобновленiе боя.
Re-enjoy (*ри-эн-джой'*) vn. снова наслаждаться.
Re-enkindle (*ри-эн-кин'-дл*) va. снова зажигать.
Reeve (*рив*) s. лозникъ (птица); || va. продевать веревку въ блокъ.
Refection (*ри-фек'-шо̆н*) s. закуска, легкiй обѣдъ; подкрѣпленiе (силъ).
Refective(*ри-фек'-тив*) adj.возстанавливающiй, подкрѣпляющiй.
Refectory (*ри-фект'-то̆-ри*) s. трапезная, столовая.
Refel (*ри-фел'*) va, опровергать; оспаривать; обуздывать.
Refer (*ри-фо̆р'*) va. передавать, отсылать, относить, дѣлать сноску на что. **To — the reader to a note**, отсылать читателя къ примѣчанiямъ. || vn. относиться; полагаться на, прибѣгать къ кому за чѣмъ.
Referable (*реф'-ер-ӑ-бл*), **Referrible** (*рифо̆р'-ри-бл*) adj. относимый, приписываемый.
Referee (*реф-ер-и'*) s. посредникъ.
Reference (*реф'-ер'-енс*) s. отношенiе; отзывъ, отчетъ, справка

рекомендація, свидѣтельство. **To have good —s,** имѣть хорошее свидѣтельство **On — to, by — to,** въ отношеніи къ. **To have no — to,** безъ отношенія къ **In speaking he made — to,** въ разговорѣ онъ сдѣлалъ ссылку на

Refine (*ри-файн'*) va vn рафинировать (сахаръ), очищать, -ся (о металлахъ), улучшать, давать лоскъ

Refined (*ри-файн'-ед*) adj утонченный, очищенный [утонченно

Refinedly (*ри-файн'-ед-ли*) adv

Refinedness (*ри-файн'-ед-нес*) s чистота, очищенность, лоскъ, утонченность

Refinement (*ри-файн'-мент*) s рафинированіе, очищеніе, обработка, чистота, лоскъ

Refiner (*ри-файн'-ер*) s рафинировщикъ, очиститель

Refinery (*ри-файн'-ер-и*) s сахарный заводъ.

Refit (*ри-фит'*) va. vn снова поправлять, вновь приготовить

Reflect (*ри-флект'*) va. vn отражать, -ся; || размышлять **I have — ed on it,** я это обдумалъ **To — on,** бросать укоръ на.

Reflecting (*ри-флект'-инг*) adj отражающій; разсудительный. **A — mind,** размышляющій разумъ

Reflectingly (*ри-флект'-инг-ли*) adv. разсудительно

Reflection (*ри-флект'-шон*) s. отраженіе, отблескъ. || размышленіе; || осужденіе, порицаніе. **On, upon —,** поразмысливъ

Reflective (*ри-флект'-ив*) adj отражающій, размышляющій

Reflector (*ри-флект'-ор*) s рефлекторъ

Reflex (*ри-флекс*) adj обращенный назадъ, рефлективный; || s отраженіе; (физ.) рефлексъ. (жив.) свѣтотѣнь.

Reflexiblity (*ри-флекс-и-бил'-и-ти*) s. отражаемость

Reflexible (*ри-флекс'-и-бл*) adj отражаемый

Reflexive (*ри-флекс'-ив*) adj. обращенный назадъ

Reflow (*ри-фло'у*) vn отливать, течь обратно.

Reform (*ри-форм'*) va преобразовывать; || vn видоизмѣняться къ лучшему, реформироваться; || s реформа, преобразованіе

Re-form (*ри-форм'*) va. вновь образовывать.

Reformation (*реф-ор-мэ'-шон*) s реформа, реформація, преобразованіе

Re-formation (*ри-фор-мэ'-шон*) s образованіе чего вновь.

Reformatory (*ри-форм'-ă-тŏ-ри*) adj. преобразующій, преобразовательный

Reformer (*ри-форм'-ер*) s. преобразователь, реформаторъ.

Reformist (*ри-форм'-ист*) s. реформистъ

Refortify (*ри-фор'-ти-фай*) va вторично подкрѣплять

Refound (*ри-фа'унд*) va. снова расплавлять [лять (лучи).

Refract (*ри-фрăкт'*) va. прелом-

Refracting (*ри-фрăкт'-инг*) adj преломляющій (лучи).

Refraction (*ри-фрăкт'-шон*) s. преломленіе (лучей)

Refractor (*ри-фрăк'-тор*) s рефракторъ

Refractory (*ри-фрăкт'-ŏ-ри*) adj упрямый, упорный; трудноплавкій, огнеупорный

Refragable (*реф'-рă-гă-бл*) adj опровергаемый, опровержимый

Refrain (*ри-фрэн'*) va. vn. сдерживать, -ся; обуздывать, -ся. **To — from tears,** удерживать слезы || s. припѣвъ (пѣсни).

Reframe (*ри-фрэм'*) va. передѣлывать

Refrangibility (*ри-фрăн'-джи-бил-и-ти*) s. преломляемость (лучей)

Refrangible (*ри-фрăн'-джи-бл*) adj. (физ.) преломляемый.

Refresh (*ри-фреш'*) va. освѣжать; охлаждать; развлекать, обновлять. **To — one's self,** освѣжаться, отдохнуть, развлечься.

Refresher (*ри-фреш'-ер*) s. освѣжитель; освѣжающее.

Refreshing (*ри-фреш'-инг*) adj освѣжающій; прохладительный. **— sleep.**

Refreshment (*ри-фреш'-мент*) s. освѣженіе, отдохновеніе, подкрѣпленіе

Refrigerant (*ри-фридж'-ер-ăнт*) adj охлаждающій, прохлаждающій, || s прохладительное

Refrigerate (*ри-фридж'-ер-эт*) va охлаждать.

Refrigeration (*ри-фридж-ер-э-шон*) s. охлажденіе, прохлажденіе

Refrigerative (*ри-фридж'-ер-ă-тив*) adj охлаждающій, прохлаждающій

Refrigerator (*ри-фридж'-ер-э-тŏр*) s охладитель

Refuge (*рефь'-юдж*) s убѣжище, пріютъ, || *надежда; заступникъ. **To take —,** удаляться въ убѣжище **Night —,** ночлежка; || va. давать пріютъ, укрывать; заступаться за кого.

Refugee (*рефь-ю-джи'*) s. искатель убѣжища

Refulgence (*ри-фол'-дженс*), **Re-**

-fulgency (*ри-фöл'-джен-си*) s. блескъ, сіяніе.

Refulgent (*ри-фöл'-джент*) adj. блестящій. сіяющій, лучезарный.

Refulgently (*ри-фöл'-джент-ли*) adv. съ блескомъ, съ сіяніемъ, лучезарно.

Refund (*ри-фöнд'*) va. отдавать, возвращать (деньги), заплатить.

Refunding (*ри-фöнд'-инг*) s. возвращеніе денегъ.

Refusal (*ри-фьюз'-ăл*) s. отказъ; || выборъ, предпочтеніе. **To meet with a —,** встрѣтить отказъ.

Refuse (*ри-фьюз'*) va. vn. отказывать, -ся, отвергать.

Refuse (*рифь'-юз*) adj. отвергнутый; забракованный; || s. отброски, бракъ.

Refuser (*ри-фьюз'-ер*) s. отвергающій.

Refutable (*ри-фьют' - ă-б.л*) adj. [опровержимый.

Refutation (*рефь-ю-тэ' - шöн*) s. опроверженіе.

Refutatory (*ри - фьют'-ă- тö-ри*) adj. опровержимый.

Refute (*ри-фьют'*) va. опровергать.

Refuter (*ри-фьют'-ер*) s. опровергатель.

Regain (*ри-гэн'*) va. возвращать, снова пріобрѣтать.

Regal (*ри'-гăл*) adj. королевскій, царскій; || s. (муз.) регалъ.

Regale (*ри-гэл'*) s. прерогативы и преимущества королей; || s. угощеніе, пиръ; || va. vn. угощать, подчивать, пировать, услаждать.

Regalement (*ри-гэл'-мент*) s. угощеніе, потчиваніе.

Regalia (*ри-гэ'-ли-а*) s. pl. регаліи.

Regality (*ри-гăл'-и-ти*) s. королевское, царское достоинство.

Regally (*ри'-гăл'-и*) adv. по-царски.

Regard (*ри-гард'*) va. смотрѣть, глядѣть; обращать вниманіе, наблюдать; уважать; || s. взглядъ, взоръ; почтеніе, уваженіе. **Without any — to,** безъ всякаго вниманія къ. **Out of — for you,** изъ уваженія къ вамъ. **To pay — to,** считаться съ чѣмъ. **To show — to,** оказывать почтеніе чему. **In —, with — to,** изъ уваженія къ чему. **My kindest —s to,** прошу засвидѣтельствовать мое сердечное вниманіе.

Regardful (*ри-гард'-фу.л*) apj. внимательный, заботливый.

Regardfully (*ри-гард'-фул-ли*) adv. внимательно, заботливо; съ уваженіемъ.

Regardless (*ри-гард'-лес*) adj. невнимательный. равнодушный, непочтительный. **He is — of money,** онъ не цѣнитъ деньги.

Regardlessly (*ри-гард'-лес-ли*) adv. безъ вниманія, равнодушно, непочтительно.

Regardlessness (*ри-гард'-лес-нес*) s. невнимательность, равнодушіе; безпечность.

Regatta (*ри-гăт'-та*) s. регата, гонка (между судами).

Regency (*ри'-джен-си*). s. регенство, правленіе.

Regeneracy (*рид-джен'-ер-ă-си*) s. возрожденіе.

Regenerate (*ри-джен'-ер-эт*) va. возрождать; || adj. возрожденный.

Regenerateness (*ри-джен'-ер-эт-нес*) s. возрождаемость.

Regenerating (*ри - джен' - ер - э-тинг*), **Regenerative** (*ри-джен'-ер-э - тив*), **Regeneratory** (*ри-джен'-ер-э-тö-ри*) adj. возрождающій, возстановляющій.

Regeneration (*ри-джен-ер-э'-шöн*) s. возрожденіе, возобновленіе.

Regent (*ри'-джент*) s. регентъ, правитель; || adj. царствующій, управляюоій.

Regentship (*ри'-джент-шип*) s. регентство; правленіе.

Regicide (*редж'-и-сайд*) s. цареубійство; цареубійца.

Regimen (*редж'-и-мен*) s. режимъ, родъ правленія; || (мед.) режимъ, образъ жизни.

Regiment (*редж' - и - мент*) s. полкъ: правленіе; || va. формировать полкъ. [adj. полковой.

Regimental (*редж - и - мент'-ă.л*)

Regimentals (*редж-и-мент'-ăлз*) s. pl. полковой мундиръ. **In full —,** въ парадной формѣ.

Region (*ри'-джöн*) s. страна, область, мѣстность.

Register (*редж' - ис - тер*) s. регистръ, книга, журналъ, протоколъ. **Parish —,** метрическая книга; || va. регистрировать, записывать въ книгу.

Registry (*редж'-ис-три*) s. регистратура, внесеніе въ книгу, записываніе въ протоколъ. **— office,** справочная контора.

Regnancy (*рег'-нăн-си*) s. царствованіе, правленіе.

Regnant (*рег'-нăнт*) adj. царствующій, управляющій.

Regorge (*ри-гордж'*) va. блевать, выблевывать.

Regraft (*ри-грăфт'*) va. (бот.) снова прививать.

Regreet (*ри-грит'*) va.vn. обмѣниваться поклонами, снова привѣтствовать.

Regress (*ри'-грес*) s. возвращеніе, возвратъ. выходъ.

Regression (*ри-греш'-öн*) возвращеніе, возвратъ.

Regressive (*ри-грес'-ив*) adj. возвращающійся, возвратный.
Regret (*ри-грет'*) s. сожалѣніе, жалость; ‖ va. сожалѣть, печалиться.
Regular (*регь'ю-ляр*) adj. правильный, регулярный; совершенный — **life**, правильная жизнь. **As — as clockwork**, аккуратный, какъ часы **A — quack**, явный шарлатанъ **A — rascal**, отъявленный жуликъ.
Regularity (*регь-ю-ляр'-и-ти*) s. регулярность, правильность, точность. **For regularity's sake**, ради порядка.
Regularly (*регь'-ю-ляр-ли*) adv регулярно, правильно, точно.
Regulate (*регь'-ю-лэт*) va. приводить въ порядокъ, регулировать.
Regulation (*регь-ю-лэ'-шён*) s. приведеніе въ порядокъ; порядокъ. (регуляторъ.
Regulator (*регь'-ю-лэ-тёр*) s.(мех.)
Regurgitate (*ри-гёр'-джи-тэт*) va vn. извергать, -ся, изрыгать, -ся
Regurgitation (*ри-гёр-джи-тэ'-шён*) s. изверженіе, изрыганіе, отрыжка (жвачки).
Rehabilitate (*ри-хä-бил'-и-тет*) va. возстановлять, реабилитировать.
Rehabilitation (*ри-хä-бил'-и-тэ'-шён*) s. возстановленіе, реабилитація.
Rehearsal (*ри-хöрс'-äл*) s. повтореніе, (театр.) репетиція
Rehearse (*ри-хöрс'*) va. повторять, пересказывать, разсказывать.
Rehearser (*ри-хöрс'-ер*) s. разсказчикъ.
Reign (*рэн*) s. царствованіе, правленіе; ‖ царство; ‖ va. царствовать, управлять. **In** или **during the — of**, въ царствованіе
Reigning (*рэн'-инг*) adj. господствующій, преобладающій.
Re-imburse (*ри-им-бöрс'*) va. выплачивать, возвращать платежъ.
Re-imbursement (*ри-им-бöрс'-мент*) s. возвратъ платежа.
Rein (*рэн*) s. возжа, поводъ; бразды правленія). **To take the —s**, взять бразды (правленія). **To keep, to hold a tight — over**, держать на короткой уздѣ; ‖ va. управлять возжами; обуздывать; ‖ направлять.
Reindeer (*рэн'-дир*) s. сѣверный олень. (крѣпить.
Re-inforce (*ри-ин-фо'орс*) va. под-
Re-inforcement (*ри-ин-фо'орс-мент*) s. подкрѣпленіе.
Reinless (*рэн'-лес*) adj. безъ поводьевъ, необузданный
Reins (*рэнз*) s. почка, почки; поясница. (вновь печатать.
Re-insert (*ри-ин-сöрт'*) va.
Re-insertion (*ри-ин-сöр'-шён*) s. s. вторичное изданіе, тисненіе
Re-inspect (*ри-ин-спект'*) va. вновь просматривать.
Re-inspire (*ри-ин-спайр'*, va. вновь вдохновлять.
Re-instate (*ри-ин-стэт'*) va. снова ввести во владѣніе, возстановлять.
Re-instatement (*ри-ин-стэт'-мент*) s. вторичный вводъ во владѣніе, возстановленіе.
Re-insurance (*ри-ин-шур'-äнс*) s. перестрахованіе.
Re-insure (*ри-ин-шур'*) va. снова застраховать.
Re-iterate (*ри-ит'-ер-эт*) va. повторять, возобновлять.
Re-iteration (*ри-ит-ер-э'-ш'-шён*) s. повтореніе.
Reject (*ри-джект'*) va. отталкивать, отвергать. (отвержимый.
Rejectable (*ри-джект'-ä-бл*) adj.
Rejection (*ри-джект'-шён*) s. отталкиваніе, отверженіе
Rejoice (*ри-джойс'*) vn. радоваться, веселиться, торжествовать; ‖ va. радовать.
Rejoicing (*ри-джойс'-синг*) s. радость, веселіе.
Re-join (*ри-джойн'*) va. соединять присоединять; ‖ vn. сойтись, встрѣтиться; ‖ возражать, отвѣчать.
Rejoinder (*ри-джойн'-ер*) s. отвѣтъ, возраженіе.
Rejoint (*ри-джойнт'*) va. вновь соединять. (молодость.
Rejuvenate (*ри-джю'-ви-нэт*) va.
Rejuvenescence (*ри-джю-ви-нес'-сенс*) s. помолоденіе.
Relapse (*ри-лäпс'*) vn. вновь впадать; ‖ (мед.) снова заболѣвать; ‖ s. (мед.) рецидивъ.
Relate (*ри-лэт'*) va. разсказывать, повѣтствовать; ‖ vn. касаться до.
Relater (*ри-лэт'-ер*) s. разсказчикъ, повѣтствователь.
Relation (*ри-лэ'-шён*) s. отношеніе; соотношеніе; родство; ‖ разсказъ. **In — to that**, въ связи съ этимъ. **A distant —**, отдаленный родственникъ.
Relationship (*ри-лэ'-шён-шип*) s. родство; отношеніе. (тельный.
Relative (*рел'-ä-тив*) adj. относи-
Relatively (*рел'-ä-тив-ли*) adv. относительно, по отношенію къ.
Relativeness (*рел'-ä-тив-нес*) **Relativity** (*рел-ä-тив'-и-ти*) s. относительность.
Relax (*ри-лäкс*) va. ослаблять, распускать; уступать. **To — one's mind**, дать отдохнуть головѣ раз-

влечься. || vn. ослабѣвать, смягчаться, отдыхать.
Relaxation (*ри-лӑкс-э'-шӧн*) s. ослабленіе, смягченіе; || отдыхъ, развлеченіе.
Relaxative (*ри-лӑкс'-ӑ-тив*) adj. ослабляющій; слабительный.
Relay (*ри-лэй*) va. снова класть; || s. смѣна (лошадей), подстава.
Release (*ри-лис'*) va. отпускать (веревку); выпускать на волю, увольнять, разрѣшать; || s. увольненіе, отпущеніе на волю, освобожденіе.
Relegate (*рел'-и-гэт*) va. изгонять ссылать, удалять.
Relent (*ри-лент'*) vn. смягчаться, ослабѣвать, мякнуть, таять, потѣть.
Relenting (*ри-лент'-инг*) s. умиленіе, смягченіе, уменьшеніе,распусканіе.
Relentless (*ри-лент'-лес*) adj. безжалостный, неумолимый; свирѣпый.
Relentlessly (*ри-лент'-лес-ли*)adv. безжалостно, неумолимо, свирѣпо
Relentlessness (*ри-лент'-лес-нес*) s. безжалостность, неумолимость, свирѣпость, ожесточеніе.
Re-let (*ри-лет'*) va. снова отдавать внаймы.
Relevancy (*рел'-и-вӑн-си*) s. пособіе, содѣйствіе, отношеніе, зависимость.
Relevant (*рел'-и-вӑнт*) adj. содѣйствующій, пособляющій, относящійся къ; примѣнимый.
Reliable (*ри-лай'-ӑ-бл*) adj. заслуживающій довѣрія.
Reliance (*ри-лай'-ӑнс*) s. довѣріе, упованіе. [віи; мощи.
Relic (*рел'-ик*) s. остатокъ; реликвія;
Relict (*рел'-икт*) s. вдова.
Relief (*ри-лиф'*) s. облегченіе,успокоеніе; утѣшеніе; помощь, пособіе, вспомоществованіе; (воен.) смѣна (часовыхъ); (скульп.) рельефъ. **Out-door —**, помощь на дому. **That affords some —**, это даетъ нѣкоторое облегченіе. **To bring out in bold —**, сильно выдвигать. **High —**, горельефъ.
Relieve (*ри-лив'*) va. облегчать, утѣшать, помогать; вознаграждать; смѣнять. **To — sufferings**, облегчать страданія. **To — the poor**, помогать бѣднымъ.
Relieving (*ри-лив'-инг*) adj. облегчающій, помогающій. **— officer**, чиновникъ комитета попеченія о бѣдныхъ. [жигать.
Re-light (*ри-лайт'*) va. вновь зажигать.
Religion (*ри-лидж'-ӧн*) s. религія, законъ, вѣра; набожность.
Religious (*ри-лидж'-ӧс*) adj. религіозный, благочестивый, набожный.
Religiously (*ри-лидж'-ӧс-ли*) adv. религіозно, благочестиво,набожно
Religiousness (*ри-лидж'-ӧс-нес*) s. религіозность, благочестіе, набожность.
Relinquishment (*ри-лин'-куиш-мент*) s. оставленіе, покиданіе, отказъ отъ чего.
Reliquary (*рел'-и-куӑ-ри*) s. гробница, рака.
Relish (*рел'-иш*) va. придавать вкусъ; смаковать, вкушать, наслаждаться чѣмъ; || vn. быть вкуснымъ, имѣть вкусъ чего, нравиться. || s. вкусъ; смакъ; || * склонность, охота; || запахъ.
Relishable (*рел'-иш-ӑ-бл*) adj.вкусный, смачный, превосходный на вкусъ. [ный, смачный.
Relishing (*рэл'-иш-инг*) adj. вкусный, смачный.
Re-live (*ри-лив'*) vn.оживать,оживляться.
Reluctance (*ри-лӧк'-танс*), **Reluctancy** (*ри-лӧк'-тан-си*) s. нежеланіе, неохота; отвращеніе.
Reluctant (*ри-лӧк'-тӑнт*) adj. сопротивляющійся; дѣйствующій противъ желанія.
Reluctantly(*ри-лӧк'-тӑнт-ли*)adv. неохотно съ отвращеніемъ.
Rely (*ри-лай'*) vn. довѣрять, полагаться на.
Remain (*ри-мэн'*) vn. оставаться; пребывать, находиться. **It remains for us**, намъ остается.
Remainder (*ри-мэн'-дер*) s. остатокъ; || adj. остающійся, оставшійся,оставленный.
Remains (*ри-мэнз'*) s. pl. остатки; бренные останки.
Remand (*ри-мӑнд'*) va. отсылать обратно; отзывать.
Remark (*ри-марк'*) s. замѣтка,замѣчаніе; || va. замѣчать, дѣлать замѣчанія.
Remarkable (*ри-марк'-ӑ-бл*) adj. замѣчательный, достойный замѣчанія.
Remarkableness (*ри-марк'-ӑ-бл-нес*) s. достопримѣчательность.
Remarkably (*ри-марк'-ӑ-бл-и*)adv. замѣчательно; чрезвычайно.
Remediable (*ри-ми'-ди-ӑ-бл*) adj. исправимый, излечимый.
Remedial (*ри-ми'-ди-ӑл*) adj. лѣчебный, служащій для излѣченія.
Remediless (*ри-мед'-и-лес*) adj. неисправимый; неизлечимый.
Remedy (*рем'-и-ди*) s. лекарство; средство, пособіе; || va. вылечивать, помогать.
Remember (*ри-мем'-бер*) va. помнить, припоминать, вспоминать; напоминать; кланяться. **Do you**

— this man? помните ли вы этого человѣка? **If I — rightly,** если я правильно это помню. **— me kindly to your aunt**, будьте любезны напомнить обо мнѣ вашей тетушкѣ.

Remembrance (*ри-мем'-брѣнс*) s. память, воспоминаніе. **In — of,** на память.

Remembrancer (*ри-мем'-брѣнс-сер*) s. напоминающій; напоминаніе

Remigration (*рем-и-грэ'-шён*) s. возвращеніе обратно.

Remind (*ри-маинд'*) va. напоминать; передавать поклонъ. **To — a person of his promise,** напоминать объ обѣщаніи.

Reminiscence (*рем-и-нис'-сенс*) s. воспоминаніе; память.

Remiss (*ри-мис'*) adj. нерадивый, неточный, вялый.

Remissible (*ри-мис'-си-бл*) adj. простительный.

Remission (*ри-миш'-ён*) s. прощеніе, помилованіе; облегченіе; смягченіе.

Remissive (*ри-мис'-сив*) adj. прощающій, ослабляющій.

Remissly (*ри-мис'-ли*) adv. небрежно; вяло, лѣниво.

Remissness (*ри-мис'-нес*) s. небрежность; вялость, лѣнь.

Remit (*ри-мит'*) va. ослаблять, смягчать, укрощать, уменьшать, прощать; передавать; пересылать, переводить (деньги). || vn. ослабѣвать; смягчаться. **To — money by the post,** посылать деньги по почтѣ.

Remitment (*ри-мит'-мент*) s. прощеніе, отпущеніе; || вторичное заключеніе въ тюрьму.

Remittal (*ри-мит'-тѣл*) s. отдача врученіе, скидка.

Remittance (*ри-мит'-тѣнс*) s. (торг.) переводъ (денегъ, векселя)

Remittent (*ри-мит'-тент*) adj. (мед.) перемежающійся.

Remitter (*ри-мит'-шер*) s. переводчикъ (денегъ); вручатель.

Remnant (*рем'-нѣнт*) s. остатокъ.

Remodel (*ри-мод'-ел*) va. передѣлывать, преобразовывать.

Remonstrance (*ри-мон'-стрѣнс*) s. увѣщаніе, замѣчаніе.

Remonstrate (*ри-мон'-стрэт*) va. vn. увѣщевать. [s. увѣщеватель.

Remonstrator (*ри-мон'-стрэ-тѣр*)

Remora (*рем'-о-рѣ*) s. прилипало (рыба); || препятствіе.

Remorse (*ри-морс'*) s. угрызенія совѣсти; жалость, сожалѣніе.

Remorseful (*ри-морс'-фул*) adj. полный угрызеній совѣсти, сострадательный.

Remorseless (*ри-морс'-лес*) adj. безжалостный, жестокій.

Remorselessly (*ри-морс'-лес-ли*) adv. безжалостно, жестоко.

Remorselessness (*ри-морс'-лес-нес*) s. безжалостность.

Remote (*ри-мо'от*) adj. отдаленный, удаленный, дальній. **— country,** далекія страны. **— ages,** отдаленные вѣка. **A — idea,** слабое представленіе.

Remotely (*ри-мо'от-ли*) adv. далеко, удаленно; || слабо.

Remoteness (*ри-мо'от-нес*) s. дальность, даль; отдаленность.

Remount (*ри-ма'-унт*) vn. снова садиться, вновь влѣзать; ремонтировать.

Removal (*ри-мув'-ѣл*) s. удаленіе; сдвиганіе; уборка; увозъ, перевозка; передвиженіе; перемѣна, перемѣщеніе, устраненіе.

Remove (*ри-мув'*) va. передвигать, отодвигать, удалять, убирать, перемѣщать, перевозить, переносить; смѣщать; уничтожать. **To — suspicion**, удалить подозрѣнія. **— that chair,** унести стулъ **To — the difficulties,** устранить затрудненія. **To — a prisoner,** перевести заключеннаго. **To — furniture** увезти мебель. || vn. перемѣщаться, отходить, перемѣнять (квартиру). || s. перемѣщеніе; удаленіе, отъѣздъ; перемѣна квартиры; переѣздъ; ступень, шагъ. **Three — are as bad as a fire,** три переѣзда все равно что пожаръ. [передвигатель.

Remover (*ри-мув'-ер*) s. сдвигатель,

Removing (*ри-мув'-инг*) s. см. **Removal**.

Remunerable (*ри-мью'-нер-ѣ-бл*) adj. достойный вознагражденія.

Remunerate (*ри-мью'-нер-эт*) va. вознаграждать, награждать.

Remuneration (*ри-мью-нер-э'-шён*) s. вознагражденіе, награжденіе, награда. || возмездіе.

Remunerative (*ри-мью'-нер-ѣ-тив*) adj. вознаграждающій.

Renaissance (*ри-нэс'-сѣнс*) s. возрожденіе.

Renal (*ри'-нѣл*) adj. почечный.

Renard (*рен'ѣрд*) s. лисица, лиса.

Renascent (*ри-нѣс'-сент*) adj. возрождающійся. [снова плыть.

Re-navigate (*ри-нѣв'-и-гэт*) va.

Rencounter (*рен-ка'ун-тер*) s. встрѣча, столкновеніе; || va. vn. встрѣчаться, сталкиваться; схватываться.

Rend (*ренд*) vn. раздирать, разрывать, терзать; расщеплять. **To — the heart**, терзать сердце. **To — asunder**, раскалывать на двое.

Render (*рен'-дер*) va. отдавать; возвращать; передать словесно. **To — a service**, оказать услугу. **To**

— assistance to, оказать поддержку.

Renderable (*рен'-дер-ă-бл*) adj. возвратимый, воздаваемый.

Renderer (*рен'-дер-ер*) s. отдатчикъ

Rendering (*рен'-дер-инг*) s переводъ, переложеніе. || штукатурка

Renegate (*рен'-и-гэд*), **Renegado** (*рен-и-гэ'-до*) s. ренегатъ. вѣроотступникъ, перемѣтчикъ

Renerve (*ри-нōрв'*) va придавать новую силу.

Renew (*ри-нью'*) va. возобновлять, возрождать, дѣлать что снова. **To — bill,** переписывать вексель.

Renewable (*ри-нью'-ă-бл*) adj возобновимый, возстановимый.

Renewal (*ри-нью'-ăл*) s. возобновленіе, возстановленіе.

Renewedness (*ри-нью'-ед-нес*) s. возобновленіе, возстановленіе

Renewing (*ри-нью'-инг*) adj. возобновляющій, возрождающій; || s. возобновленіе, возрожденіе.

Reniform (*рен'-и-форм*) adj. почкообразный.

Renitence (*ри-най'-тенс*), **Renitency** (*ри-най'-тен-си*) s. сопротивленіе, упорство.

Rennet (*рен'-нет*), **Renetting** (*рен'-нет-инг*) s. ранетъ (яблоко).

Renounce (*ри-на'унс*) va. отрекаться; отказываться.

Renouncement (*ри-на'унс-мент*) s. отреченіе, отверженіе.

Renouncer (*ри-на'ун-сер*) s. отрекающійся, отвергающій

Renouncing (*ри-на'ун-синг*) s отреченіе, отказъ.

Renovate (*рен'-о-вэт*) va возобновлять, обновлять.

Renovation (*рен-о-вэ'-шōн*) s возобновленіе. обновленіе.

Renown (*ри-на'ун*) s. слава, знаменитость; || va. дѣлать извѣстнымъ, знаменитымъ

Renowned (*ри-на'унд*) adj. славный знаменитый, извѣстный

Renownedly (*ре-на'унд-ли*) adv со славой

Rent (*рент*) s. трещина щель, разрывъ; расколъ; наемная плата, оброкъ. подать; || доходъ, рента **Ground —,** земельная рента **— -day,** день платежа аренды || отдавать внаемъ, арендовать, нанимать.

Rentable (*рент'-ă-бл*) adj. наемный, арендуемый. [дамъ

Rental (*рент'-ăл*) s. роспись доходо-

Renter (*рент'-ер*) s. жилецъ, арендаторъ; наемщикъ || va сшивать, стачивать

Renterer (*рент'-ер-ер*) s точильщикъ, штопальщикъ.

Renunciation (*ри-нōн-ши-э'-шōн*) s отреченіе. отказъ

Renverse (*рен-вōрс'*) adj. (герал.) головой внизъ опрокинутый.

Repair (*ри-пэр'*) va. чинить. исправлять. ремонтировать, поправлять. **To — a house,** ремонтировать домъ; || vn. идти, уходить, удаляться **To — to a sanctuary,** искать убѣжища въ святилищѣ || s. поправка, исправленіе, починка. **Heavy —s,** крупныя исправленія. **To undergo —,** быть въ починкѣ. **To keep in —,** поддерживать. **In —,** въ починкѣ. **To be out of —,** быть въ непоправимомъ видѣ.

Repairable (*ри-пэр'-ă-бл*) adj поправимый, исправимый

Repairer (*ри-пэр'-ер*) s возстановитель, исправитель

Reparable (*реп'-ă-рă-бл*) adj. поправимый, исправимый

Reparably (*реп'-ă-рă-бл-и*) adv поправимо, исправимо

Reparation (*реп-ă-рэ'-шōн*) s поправка, возстановленіе. вознагражденіе.

Reparative (*ри-пăр-ă-тив*) adj поправляющій. возстановляющій

Repartee (*реп-ар-ти'*) s. быстрый отвѣтъ; || vn отвѣчать быстро и умно.

Repartition (*ри-пар-тиш'-ōн*) s распредѣленіе, раскладка.

Repass (*ри-пас*) va. va опять проходить, проѣзжать

Repast (*ри-паст'*) s. ѣда. столъ **Light —,** легкая ѣда. || va vn кормиться. питаться, ѣсть

Repasture (*ри-пасть-юр*) s. ѣда, кормъ.

Repay (*ри-пэй'*) va. вторично платить, уплатить, возвращать

Repayable (*ри-пэй'-ă-бл*) adj подлежащій вторичной уплатѣ

Repayment (*ри-пэй'-мент*) s вторичный платежъ. уплата; || отплата

Repeal (*ри-пил'*) va. отмѣнять. уничтожать. отзывать: || s. отмѣна, уничтоженіе

Repealable (*ри-пил'-ă-бл*) adj. отмѣнимый, уничтожимый

Repealer (*ри-пил'-ер*) s. отмѣнитель, отзыватель.

Repeat (*ри-пит'*) va. повторять. читать наизусть, репетировать: || s. повтореніе.

Repeatedly (*ри-пит-ед-ли*) adv неоднократно, повторно

Repeater (*ри-пит-ер*) s. повторитель, пересказчикъ

Repeating (*ри-пит'-инг*) adj. повторяющій; съ репетиціей (о часахъ).

Repel (*ри-пел'*) va. vn. отталкивать, отражать, отвергать.
Repellency (*ри-пел'-лен-си*) s. отталкиваніе, отраженіе.
Repellent (*ри-пел'-лент*) adj. отталкивающій, отражающій; ‖ (мед.) разрѣшающій (опухоль).
Repent (*ри-пент'*) va. vn. каяться, раскаиваться, сожалѣть.
Repent (*ри'-пент*) adj. ползущій, ползучій (о растеніяхъ); пресмыкающійся (о животныхъ).
Repentance (*ри-пент'-ăнс*) s. раскаяніе, покаяніе, сожалѣніе.
Repentant (*ри-пент'-ăнт*) adj. раскаивающійся; сокрушающійся
Repenting (*ри-пент'-инг*) s. раскаяніе, покаяніе.
Repentignly (*ри-пент'-инг-ли*) adv. съ раскаяніемъ, сокрушаясь.
Repercuss (*ри-пер-кŏс'*) va. отражать, отталкивать.
Repercussion (*ри-пер-кŏш'-ŏн*) s. отраженіе.
Repercussive (*ри-пер-кŏс'-сив*) adj. отражающій, отраженный.
Repertory (*реп'-ер-тŏ-ри*) s. репертуаръ; реестръ, каталогъ.
Repetition (*реп-и-тиш'-ŏн*) s. повтореніе; пересказъ; репетиція.
Repine (*ри-пайн'*) va. быть недовольнымъ, роптать, сѣтовать.
Repiner (*ри-пайн'-ер*) s. недовольный, ропщущій, сѣтователь.
Repining (*ри-пайн'-инг*) s. сѣтованіе, неудовольствіе, ропотъ.
Repiningly (*ри-пайн'-инг-ли*) adv. съ сѣтованіемъ, недовольно, съ ропотомъ.
Re-plant (*ри-плăнт'*) va. снова сажать, пересаживать (растеніе).
Replete (*ри-плит'*) adj. наполненный, переполненный.
Repletion (*ри-пли'-шŏн*) s. полнота, переполненіе; (мед.) полнокровіе.
Replevin (*ри-плев'-ин*) s. (юрид.) снятіе запрещенія.
Replicate (*реп'-ли-кэт*) adj. (бот.) загнутый назадъ; ‖ s. (муз.) повтореніе.
Replication (*реп-ли-кэ'-шŏн*) s. отвѣтъ, возраженіе; реплика.
Replier (*ри-плай'-ер*) s. возражатель, отвѣтчикъ.
Reply (*ри-плаи'*) s. отвѣтъ, возраженіе; ‖ vn. отвѣчать, возражать.
Report (*ри-по'орт*) va. vn. разсказывать, передавать, доносить. **It is reported that,** говорятъ что. ‖ vn. докладывать. ‖ s. слухъ, молва, извѣстіе; отзывъ, докладъ, рапортъ, донесеніе; ‖ звукъ выстрѣла. **Current** —, молва. **Common** —, общій голосъ. **A man of good** —, человѣкъ хорошей репутаціи. **To make a** —, сдѣлать докладъ.
Reporter (*ри-по'орт-ер*) s. докладчикъ, репортеръ (газетный).
Reportingly (*ри-по'орт-инг-ли*) adv. по слуху, по наслышкѣ.
Reposal (*ри-по'оз-ăл*) s. отдыхъ, отдохновеніе; упованіе.
Repose (*ри-по'оз*) s. отдыхъ, покой, спокойствіе; ‖ va. vn. отдыхать, дать отдохнуть; спать; полагаться на кого, ввѣрять.
Reposit (*ри-поз'-ит*) va. класть, полагать, помѣщать.
Reposition (*ри-по-зиш'-ŏн*) s. возстановленіе; (хир.) вправленіе кости.
Repository (*ри-поз'-и-тŏ-ри*) s. складъ, помѣщеніе, депо. **Fancy** —, модный базаръ.
Reprehend (*реп-ри-хенд'*) va. дѣлать выговоръ, порицать.
Reprehender (*реп-ри-хенд'-ер*) s. порицатель, дѣлающій выговоръ.
Reprehensible (*реп-ри-хен'-си-бл*) adj. достойный порицанія; порочный, предосудительный.
Reprehensibly (*реп-ри-хен'-си-бли*) adv. предосудительно.
Represent (*реп-ри-зент'*) va. представлять, изображать; описывать; представлять кого.
Representable (*реп-ри-зент'-ă-бл*) adj. могущій быть представленнымъ.
Representation (*реп-ри-зен-тэ'-шŏн*) s. описаніе, изображеніе, представленіе.
Representative (*реп-ри-зент'-ă-тив*) adj. изображающій, представляющій; ‖ s. изображеніе, представленіе; представитель.
Representatively (*реп-ри-зент'-ă-тив-ли*) adv. какъ представитель.
Representativeness (*реп-ри-зент'-ă-тив-нес*) s. представительность.
Representer (*реп-ри-зент'-ер*) s. представляющій, изображающій; представитель.
Repress (*ри-прес'*) va. укрощать, подавлять.
Repression (*ри-преш'-ŏн*) s. укрощеніе, подавленіе.
Repressive (*ри-прес'-ив*) adj. укротительный; репрессивный.
Reprieve (*ри-прив'*) va. откладывать, отсрочивать; дать отдохнуть; ‖ s. отсрочка; передышка.
Reprimand (*реп'-ри-мăнд*) va. дѣлать выговоръ, журить, бранить, осуждать; ‖ s. выговоръ, замѣчаніе, порицаніе.
Reprint (*ри-принт'*) va. перепечатывать; ‖ s. новое изданіе (книги).
Reprisal (*ри-праиз'-ăл*) s. притѣсненіе, возмездіе, мщеніе,

месть. **By way of —**, путемъ притѣсненія

Reproach (*ри-про'оч*) va упрекать, корить, порицать **To — sharply, severely,** жестоко упрекать || s упрёкъ, укоризна, порицаніе, осужденіе; срамъ **Free from —**, свободный отъ упрека

Reproachable (*ри-про оч-ă-бл*) adj заслуживающій упрека, позорный

Reproachful (*ри-про'оч-фул*) adj заслуживающій упрека, позорный, оскорбительный, постылный

Reproachfully (*ри-про'оч-фул-ли*) adv оскорбительно, постыдно

Reprobate (*реп'-ро-бэт*) va отвергать, отринуть; осуждать, || s отверженный, окаянный, негодяй

Reprobation (*реп-ро-бэ'-шŏн*) s отверженіе, хула, обвиненіе

Reproduce (*ри-про-дьюс'*) va воспроизводить, вновь производить

Reproducer (*ри-про-дью'-сер*) s воспроизводитель, производитель

Reproduction (*ри-про-дŏк'-шŏн*) s воспроизведеніе; репродукція

Reproductive (*ри-про-дŏк'-тив*) воспроизводительный

Reproof (*ри-пруф'*) s упрекъ, попрекъ, выговоръ; хула

Reprovable (*ри-прув'-ă-бл*) adj достойный порицанія, упрека

Reprove (*ри-прув'*) va выговаривать, укорять, попрекать

Reptile (*реп'-тил*) s гадъ, гадина, || adj пресмыкающійся, подлый, низкій. [лика.

Republic (*ри-пŏб'-лик*) s респуб-

Republican (*ри-пŏб'-лик-ăн*) adj республиканскій; || s республиканецъ.

Republication (*ри-пŏб-ли-кэ'-шŏн*) s. перепечатываніе, второе изданіе

Republish (*ри-пŏб'-лиш*) va перепечатывать, вновь выпускать изданіе [отвергаемый

Repudiable (*ри-пью'-ди-ă-бл*) adj

Repudiate (*ри-пью'-ди-эт*) va. отвергать, разходиться съ кѣмъ.

Repudiation (*ри-пью-ди-э'-шŏн*) s. отверженіе, отреченіе

Repugnance (*ри-пŏг'-нăнс*) s отвращеніе, противорѣчіе, несовмѣстимость

Repugnant (*ри-пŏг'-нăнт*) adj противный, противорѣчащій, несходный **To be — to**, быть противнымъ кому либо

Repulse (*ри-пŏлс'*) va отталкивать, отвергать; || s отказъ, отбой

Repulsion (*ри-пŏл'-шŏн*) s отталкиваніе, отвращеніе

Repulsive (*ри-пŏл'-сив*) adj отталкивающій, отвратительный; || грубый, холодный.

Re-purchase (*ри-пŏр'-чэс*) s. выкупъ, || va выкупать

Reputable (*репь'-ю-тă-бл*) adj почетный, уважаемый

Reputableness (*репь'-ю-тă-бл-несь*) s почетъ, уваженіе

Reputably (*репь'-ю-тă-бл-и*) adv почетно, съ честью

Reputation (*репь-ю-тэ'-шŏн*) s репутація, имя, слава **To gain —**, составить себя репутацію

Repute (*ри-пьют'*) va. считать, почитать, принимать за, || s репутація, имя; || слава. **In good —**, съ доброй славой **Of —**, известный

Reputed (*ри-пьют'-ед*) adj знаменитый, предполагаемый **— father,** предполагаемый отецъ.

Reputedly (*ри-пьют'-ед-ли*) adv по всеобщему мнѣнію

Reputeless (*ри-пьют'-лес*) adj безславный, безчестный, позорный

Request (*ри-куест'*) s требованіе, прошеніе, искъ, просьба **At the — of**, по требованію **In —**, въ честь. || va требовать; просить, ходатайствовать **To — an answer,** требовать отвѣта

Requester (*ри-куест'-ер*) s. проситель, челобитчикъ.

Re-quicken (*ри-куик'-н*) va оживлять, одушевлять.

Require (*ри-куайр'*) va требовать, просить, нуждаться **This work —s great attention**, эта работа требуетъ большого вниманія **Two receipts are —d**, нужно двѣ росписки **I — little to be happy**, мнѣ нужно немного для счастія

Requirement (*ри-куайр'-мент*) s требованіе, просьба, надобность

Requisite (*рек'-уи-зит*) s. необходимое; потребность, || adj требуемый, потребный, нужный

Requisitely (*рек'-уи-зит-ли*) adv требуемо, потребно, нужно

Requisiteness (*рек'-уи-зит-нес*) s. надобность, потребность, нужда

Requisition (*рек-уи-зиш'-ŏн*) s требованіе, реквизиція

Requital (*ри-куайт'-ă-л*) s воздаяніе

Requite (*ри-куайт'*) va воздавать, вознаграждать, отблагодарить

Reredos (*рир'-дос*) s. запрестольное украшеніе

Rereward (*рир'-уорд*) s. арріергардъ [выйти въ море

Re-sail (*ри-сэл'*) va vn снова

Re-sale (*ри-сэл'*) s перепродажа

Resalute (*ри-сă-льют'*) va вновь кланяться.

Rescind (*ри-синд'*) va уничтожать, отмѣнять [дѣлимый вновь

Rescindable (*ри-синд'-ă-бл*) adj

Rescission (*ри-сиж'-ӧн*) s. отмѣна, уничтоженіе; разладъ.
Rescript (*ри'-скрипт*) s. рескриптъ, грамота.
Rescue (*рес'-кью*) va. (съ **from**) освобождать, выручать, спасать; отнимать. || s. освобожденіе, избавленіе; выручка, отнятіе. **To the —!** На помощь!
Rescuer (*рес'-кью-ер*) s. выручатель, избавитель, спаситель.
Research (*ри-сӧрч*) va. изслѣдовать, изыскивать; || s. изслѣдованіе, изысканіе, розыскъ.
Re-seat (*ри-сит'*) va. снова посадить.
Re-seek (*ри-сик'*) va. снова искать.
Re-seize (*рисиз'*) va. вновь схватить.
Reseizure (*ри-сижь'-юр*) s. вторичный захватъ.
Re-sell (*ри-сел'*) va. перепродавать, вновь продавать.
Resemblance (*ри-зем'-блӓнс*) s. сходство, подобіе, образъ.
Resemble (*ри-зем'-бл*) va. походить, сходствовать; || сравнивать.
Resent (*ри-зент'*) va. vn. чувствовать; ощущать, принимать близко къ сердцу; питать злобу. **To — an affront,** чувствовать оскорбленіе.
Resentful (*ри-зент'-фул*) adj. отвратительный; злобный.
Resentfully (*ри-зент'-фул-и*) adv. злопамятно, злобно.
Resentive (*ри-зент'-ив*) adj. чувствительный, обидчивый; мстительный.
Resentment (*ри-зент'-мент*) s. чувствительность, обидчивость; мстительность.
Reservation (*рез-ер-вэ'-шӧн*) s. сохраненіе чего про запасъ.
Reserve (*ри-зорв'*) s. запасъ, резервъ; условіе, оговорка, изъятіе. || va. беречь, сберегать, запасать; исключать, изъять. **Without —,** безъ запаса. **In —,** въ запасѣ.
Reserved (*ри-зӧрвд'*) adj. сдержанный, скромный, осторожный, скрытный.
Reservedly (*ри-зӧрвд'-ли*) adv. сдержанно, скромно, осторожно; скрытно.
Reservedness (*ри-зӧрвд'-нес*) s. сдержанность, скромность, осторожность; скрытность.
Reservoir (*рез-ер-вуор'*) s. резервуаръ, вмѣстилище.
Re-set (*ри-сет'*) va. (тип.) снова набирать.
Re-settle (*ри-сет'-тл*) va. vn. возстановлять, -ся, вновь утверждать
Re-shape (*ри-шэп'*) va. реформировать, преобразововать.
Re-ship (*ри-шип'*) va. вновь нагружать корабль.
Reside (*ри-зайд'*) vn. жить, обитать, жительствовать.
Residence (*рез'-и-денс*) s. пребываніе, жительство; жилище.
Resident (*рез'-и-дент*) adj. живущій, жительствующій; || s. житель
Residual (*ри-зидь'-ю-ӓл*) adj. остающійся, остаточный.
Residuary (*ри-зидь'-ю-ӓ-ри*) adj. остающійся, остаточный.
Residue (*рез'-и-дью*) s. остатокъ, остальное.
Resign (*ри-зайн'*) va. выходить въ отставку; сдавать, уступать.
Resignation (*рез-иг'-нэ'-шӧн*) s. отреченіе, уступка, передача; смиреніе; отставка, отрѣшеніе. **To tenter one's —,** подать въ отставку.
Resilient (*ри-зил'-и-ент*) adj. отрыгивающій, отскакивающій.
Resin (*рез'-ин*) s. смола, камедь.
Resist (*ри-зист'*) va. vn. сопротивляться, противиться.
Resistance (*ри-зист'ӓнс*) s. сопротивленіе.
Resister (*ри-зит'с-ер*) s. сопротивляющійся.
Resistless (*ри-зист'-лес*) adj. непреодолимый, неодолимый.
Resoluble (*риз'-о-лью-бл*) adj. растворимый вновь.
Resolute (*рез'-о-льют*) adj. рѣшительный, смѣлый, настойчивый.
Resolutely (*рез'-о-льют-ли*) adv. рѣшительно, смѣло; настойчиво.
Resoluteness (*рез'-о-льют-нес*) s. рѣшительность, смѣлость; настойчивость.
Resolution (*рез-о-лью'-шӧн*) s. рѣшеніе; постановленіе, резолюція; (мед.) разрѣшеніе. **To move a —,** сдѣлать предложеніе.
Resolvable (*ри-золв'-ӓ-бл*) adj. разрѣшимый.
Resolve (*ре-золв'*) va. рѣшать, разрѣшать, объяснять; растворять; опредѣлять, постановлять. **To — an equation,** рѣшить уравненіе. **To — a doubt,** выяснить сомнѣніе. || vn. рѣшаться, намѣреваться; || разрѣшаться, разлагаться. **I resolved upon it,** я на это рѣшился; || s. рѣшеніе, опредѣленіе, резолюція.
Resolvedly (*ри-золв'-ед-ли*) adv. рѣшительно, твердо, настойчиво.
Resolvedness (*ри-золв'-ед-нес*) s. рѣшительность, твердость, настойчивость.
Resolvent (*ри-золв'-ент*) adj. растворяющій.
Resolver (*ри-золв'-ер*) s. рѣшившійся на что; || растворитель.
Resolving (*ри-золв'-инг*) s. рѣшеніе, намѣреніе, рѣшимость.
Resonance (*рез'-о-нӓнс*) s. отголосокъ, резонансъ.

Resonant (*рез'-о-нäнт*) adj звучный, звонкій

Resort (*ри-зорт'*) va обращаться, прибѣгать, употреблять. || идти, отправляться, вернуться. **To — to a place,** отправляться въ какое либо мѣсто. || s. обращеніе, прибѣганіе, прибѣжище; посѣщеніе; сходка; свиданіе; мѣсто свиданія, убѣжище. **The — of the fashionable,** мѣсто собранія элегантныхъ людей **Last —**, (юрид.) послѣдняя *или* высшая инстанція.

Resound (*ри-за'унд*) va. отражать (звуки); || vn громко звучать, гремѣть, || отдаваться, отзываться **The echo resounded his lamentations**, эхо передавало его жалобы

Re-sound (*ри-са'унд*) va. снова [звучать

Resounding (*ри-са'унд-инг*) s звучаніе; || adj звучный, громкій

Resource (*ри-со'орс*) s средство, способъ, рессурсъ.

Resourceless (*ри-со'орс-лес*) adj безпомощный, лишенный средствъ

Re-sow (*ри-со'у*) va. пересѣвать, вновь засѣвать

Respect (*ри-спект'*) va. чтить, уважать, смотрѣть; относиться, касаться, выходить. **To — the persons,** что касается лицъ. || s уваженіе, почтеніе, благоговѣніе; отношеніе **In — of,** въ сравненіи, сравнительно съ. **In all —s, in every —**, во всѣхъ отношеніяхъ. **In some —, in some —s,** въ нѣкоторыхъ отношеніяхъ. **To show — to one.** проявлять уваженіе къ кому либо **To treat with —**, обходиться съ кѣмъ почтительно **— of persons,** по отношенію къ лицамъ

Respectability (*ри-спект-ä-би-л'-и-ти*) s почтенность, уваженіе; приличіе. **Of —**, въ положеніи заслуживающемъ уваженія

Respectable (*ри-спект'-ä-бл*) adj. почтенный, почитаемый, уважаемый; || порядочный **A — number**, изрядное число

Respectful (*ри-спект'-фул*) adj почтительный

Respectfully (*ри-спект'-фул-ли*) adv почтительно, съ уваженіемъ

Respectfulness (*ри-спект'-фул-нес*) s. почтительность; почтеніе

Respirability (*ри-спайр'-ä-бил-и-ти*), **Respirableness** (*ри-спайр'-ä-бл-нес*) s удобовдыхаемость.

Respirable (*ри-спайр'-ä-бл*) adj. удобовдыхаемый

Respiration (*рес-пи-рэ'-шон*) s. дыханіе дышаніе [спираторъ.

Respirator (*рес'-пи-рэ-тор*) s. ре-

Respiratory (*ри-спайр'-ä-тö-ри*) ajd дыхательный

Respire (*ри-спайр'*) vn дышать, вздохнуть; вдыхать (воздухъ)

Respite (*рес'-пит*) s. отсрочка; || отдыхъ; пріостановка; || va отсрочивать, отлагать; || давать отдыхъ

Resplendence (*ри-сплен'-дес*), **Resplendency** (*ри-сплен'-ден-си*) s блескъ, сіяніе, сверканіе.

Resplendent (*ри-сплен'-дент*) adj блестящій, сіяющій, лучезарный

Resplendently (*ри-сплен'-дент-ли*) adv блестяще, съ сіяніемъ, лучезарно

Respond (*ри-с304'*) va. vn. отвѣчать, соотвѣтствовать.

Respondent (*ри-спонд'-ент*) adj отвѣчающій; соотвѣтствующій || s (юрид.) отвѣтчикъ.

Response (*ри-спонс'*) s отвѣтъ, возраженіе [отвѣчающій

Responsive (*риспон'-сив*) adj

Responsory (*ри-спон'-сö-ри*) adj отвѣтный

Rest (*рест*) s. отдыхъ, отдохновеніе, сонъ; покой, спокойствіе; (муз.) пауза; || остатокъ, остальное. **To have a good night's —**, хорошо спать ночью. **To take —**, отдыхать. **Crotched —**, пауза **Minim —**, полупауза. **Give me the —**, дайте мнѣ остальное **He and the —**, онъ и другіе. || vn останавливаться, остановиться; отдыхать; успокоиться; спать; полагаться, уповать на; оставаться, пребывать **— a little longer**, отдохните еще немного **To — upon appearances**, руководствоваться внѣшностью. **You may — assured that**, вы можете быть увѣрены что **It —s with him to decide**, отъ васъ зависитъ избрать рѣшеніе. || va давать отдыхъ; успокаивать, полагать, основать, класть, положить.

Restful (*рест'-фул*) adj. покойный, спокойный, успокоительный

Restfully (*рест'-фул-и*) adv покойно, спокойно, успокоительно

Resting (*рест'-инг*) s. покойный. **— place**, мѣсто отдыха

Restitution (*рес-ти-тью'-шон*) s. возстановленіе, возвращеніе

Restive (*рест'-ив*) adj упрямый, упорный

Restiveness (*рест'-ив-нес*) s упрямость, упорство

Restless (*рест'-лес*) adj безсонный, неспокойный, тревожный, нетерпѣливый **— desires**, ненасытимыя желанія. **A — night**, тревожная ночь. **A — child**, нетерпѣливый ребенокъ.

Restlessly (*рест'-лес-ли*) adv безсонно, неспокойно, нетерпѣливо.

Restlessness (*рест'-лес-нес*) s.

безсонница, безпокойство, тревога; нетерпѣніе.
Restoration (*рес-то-рэ'-шён*) s. возстановленіе, возобновленіе.
Restorative (*ри-сто'ор-ă-тив*) adj. подкрѣпляющій, укрѣпляющій.
Restore (*ри-сто'ор*) va. возстановлять, возобновлять, реставрировать; укрѣплять. **To — to virtue**, возвращать на путь добродѣтели. **To — to health**, возвращать здоровье. **To — to life**, возвращать къ жизни. **To — peace**, возстановлять миръ.
Restorer (*ри-сто'ор-ер*) s. возстановитель, возобновитель, реставраторъ.
Restrain (*ри-стрэн'*) va. сдерживать, удерживать, обуздывать. **To — one's passions**, сдерживать свои страсти. **To — from**, отвлекать отъ.
Restrainable (*ри-стрэн'-ă-бл*) adj. могущій быть удержаннымъ, укрощеннымъ.
Restraint (*ри-стрэнт'*) s. принужденіе, стѣсненіе; узда, препятствіе. **To be under —**, быть стѣсненнымъ.
Restrict (*ри-стрикт'*) va. ограничивать, сокращать, умѣрять.
Restriction (*ри-стрик'-шён*) s. ограниченіе.
Result (*ри-зёлт'*) s. отскакиваніе, отраженіе; результатъ, слѣдствіе, выводъ; || vn. отскакивать, отражаться; проистекать, вытекать, слѣдовать.
Resultant (*ри-зёлт'-ăнт*) adj. проистекающій, вытекающій.
Resumable (*ри-зьюм'-ă-бл*) adj. могущій быть взятымъ обратно.
Resume (*ри-зьюм'*) va. отбирать назадъ; возобновлять. **To — one's place**, отобрать мѣсто. **To — a journey**, пускаться въ путь.
Resumption (*ри-зём'-шён*) s. отобраніе; возобновленіе.
Resumptive (*ри-зём'-тив*) adj. отбирающій назадъ.
Resurrection (*рез-ёр-рек'-шён*) s. воскресеніе (изъ мертвыхъ).
Resurrectionist (*ре-зёр-рек'-шён-ист*) s. гробо-обкрадыватель.
Re-survey (*ри-сёр-вэй'*) va. снова осматривать, обозрѣвать.
Resuscitate (*ри-сёс'-си-тэт*) va. воскрешать, оживлять; || vn. воскресать, оживать.
Resuscitation (*ри-сёс-си-тэ'-шён*) s. воскрешеніе, оживленіе.
Ret (*рет*) va. мочить, вымачивать (ленъ).
Retail (*ри-тэл'*) va. кромсать; продавать по мелочамъ. || s. мелочной торгъ. [торговецъ.
Retailer (*ри-тэл'-ер*) s. мелочной
Retailment (*ри-тэл'-мент*) s. розничная продажа.
Retain (*ри-тэн'*) va. держать, сохранять, удерживать; нанимать, взять; поддерживать. **To — a sum of money**, удерживать часть денегъ. **To — heat**, сохранять жаръ.
Retainable (*ри-тэн'-ă-бл*) adj. удержимый, задержимый.
Retainer (*ри-тэн'-ер*) s. задерживатель; || слуга; приверженецъ, сторонникъ.
Retaining (*ри-тэн'-инг*) s. **— wall**, подпорная стѣна.
Re-take (*ри-тэк'*) va. брать назадъ, снова завладѣвать.
Re-taking (*ри-тэк'-инг*) s. взятіе обратно чего либо.
Retaliate (*ри-тăл'-и-эт*) va. vn. отплачивать той же монетой; отмщать.
Retard (*ри-тард'*) va. замедлять, задерживать; отлагать.
Retardation (*ри-тар-дэ'-шён*) s. замедленіе, задержка, помѣха; отсрочка. [остановка.
Retardment (*ри-тард'-мент*) s.
Retch (*реч*) vn. силиться вызвать рвоту.
Re-tell (*ри-тел'*) va. пересказывать
Retention (*ри-тен'-шён*) s. удерживаніе, задерживаніе; || воспоминаніе.
Retentive (*ри-тен'-тив*) adj. удерживающій, задерживающій.
Retentiveness (*ри-тен'-тив-нес*) s. способность удерживать, задерживать.
Reticence (*рет'-и-сенс*) s. молчаніе, умолчаніе. [сѣтчатый.
Reticular (*ри-тик'-ю-лăр*) adj.
Reticulate (*ри-тик'-ю-лэт*), **Reticulated** (*ри-тик'-ю-лэ-тед*) adj. сѣтчатый, сѣточный.
Reticulation (*ри-тик-ю-лэ'-шён*) s. сѣтчатое строеніе.
Reticule (*рет'-и-кьюл*) s. ридикюль.
Retiform (*рет'-и-форм*) adj. сѣтчатый. [чатка.
Retina (*рет'-и-на*) s. (анат.) сѣт-
Retinue (*рет'-и-нью*) s. свита, кортежъ, дворъ.
Retire (*ри-тайр'*) vn. удаляться, отступать, ретироваться. **To — from business**, удаляться отъ дѣлъ. || va. убирать, удалять, взять обратно.
Retired (*ри-тайрд'*) adj. удалившійся; отставной; уединенный. **A — place**, уединенное мѣстечко. **— officer**, офицеръ въ отставкѣ.
Retiredly (*ри-тайрд'-ли*) adv. уединенно, въ одиночествѣ.
Retiredness (*ри-тайрд'-нес*) s. уединенность, одиночество.
Retirement (*ри-тайр'-мент*) s.

удаленіе, отступленіе; отставка, уединеніе.
Retort (*ри-торт'*) va. возражать, опровергать; отражать; || s. возраженіе, реплика; || (хим.) реторта.
Retorter (*ри-торт'-ер*) s. тотъ кто возражаетъ, отвѣчаетъ.
Retortion (*ри-тор'-шён*) s. опровержение. [сать, кидать
Re-toss (*ри-тос'*) va. снова бро-
Re-touch (*ри-точ'*) va. снова трогать, дотрагиваться; (жив.) ретушировать.
Retrace (*ри-трэс'*) va. перечерчивать; напоминать, возвращаться. идти обратно.
Retract (*ри-тракт'*) va. vn. вытаскивать, извлекать, брать назадъ; || s. ковка лошадей.
Re-tread (*ри-тред'*) va. ступать вновь.
Retreat (*ри-трит'*) vn. отступать, удаляться; || s. отступленіе, отбой; убѣжище, мѣсто убѣжища.
Retrench (*ри-тренч'*) va урѣзывать, сокращать, уменьшать **To — expenses**, уменьшать издержки
Retrenchment (*ри-тренч'-мент*) s. урѣзываніе, сокращеніе, уменьшеніе.
Retribute (*ри-трибю'-ют*) va вознаграждать; воздавать.
Retribution (*рет-ри-бью'-шён*) s вознагражденіе, награда, воздаяніе.
Retributive (*ри-трибь'-ю-тив*) adj вознаграждающій, воздающій.
Retrievable (*ри-трив'-ă-бл*) adj возвратимый; поправимый
Retrieve (*ри-трив'*) va. возвращать, воротить, обрѣтать, поправлять. **To — a loss**, исправить потери, возвратить утраченное
Retriever (*ри-трив'-ер*) s лягавая испанской породы
Re-trim (*ри-трим'*) va снова убирать; вновь поправлять
Retroact (*ри-тро-ăкт'*) va обратно дѣйствовать.
Retrocede (*рет'-ро-сид*) va переуступать; || vn идти назадъ
Retrocession (*рет-ро-сеш'-ён*) s переуступка.
Retrogation (*рет-ро-грă-дэ'-шён*) s. шествіе назадъ, попятное движеніе.
Retrograde (*рет'-ро-грэд*) vn. возвращаться назадъ. || adj возвратный, попятный.
Retrogression (*рет-ро-грэш'-ён*) s обратное движеніе
Retrospect (*рет'-ро-спект*). **Retrospection** (*рет-ро-спек'-шён*) s взглядъ назадъ
Retrospective (*рет-ро-спект'-ив*) adj ретроспективный
Retrospectively (*рет-ро-спект'-ив-ли*) adv. оглядываясь назадъ. ретроспективно.
Retting (*рет'-тинг*) s моченіе. вымачиваніе
Retund (*ри-тёнд'*) va притупить, тупить, иступить (лезвіе).
Return (*ри-тёрн'*) vn возвращаться, вернуться; снова начинать. отвѣчать, возражать. **To — home**, возвращаться домой. **He was about to —**, онъ былъ близокъ къ возвращенію. **To — to the business in hand**, вернемся къ дѣлу || va возвратить, вернуть. отдавать назадъ, вознаграждать, отплачивать, откладывать, отсрочить **To — a thing borrowed**, возвратить одолженную вещь. **— me my money**, отдайте мнѣ мои деньги **To — an answer**, дать отвѣтъ. **To — a visit**, отдать визитъ **To — goods**, возвратить товары **To — to parliament**, избрать членомъ парламента. || s. возвращеніе, возвратъ, уплата (долга); доходъ, барышъ, передача, врученіе, переводъ (денегъ); награда, вознагражденіе, отплата; выборъ, назначеніе, донесеніе, докладъ **On my — from**, по моемъ возвращеніи изъ **A — of friendship**, возвратъ дружбы. **In —**, въ обмѣнъ. **The — of place**, возвращеніе мира. **By — of post**, съ обратной почтой. **To make quick —s**, давать крупный заработокъ. **— -ticket**, билетъ туда и обратно. **The —s**, оффиціальные отчеты. **The —s of an election**, результаты избранія.
Returnable (*ри-тёрн'-ăбл*) adj. могущій быть возвращеннымъ.
Returner (*ри-тёрн'-ер*) s. возвратитель, плательщикъ
Returning (*ри-тёрн'-инг*) s возвращеніе обратно; отчетъ, докладъ о выборахъ.— **-officer**, докладчикъ; комиссаръ при выборахъ [неніе, соединеніе
Reunion (*ри-юн'-йён*) s присоеди-
Re-unite (*ри-ю-найт'*) va. соединять, присоединять, примирять, мирить, || vn. соединяться
Reveal (*ри-вил'*) va. открывать, раскрывать, обнаруживать, разоблачать, || s раскрытіе, обнаруженіе, разоблаченіе
Revealer (*ри-вил'-ер*) s открыватель, разоблачитель
Reveille (*ри-вэль'-э*) s. (воен.) утренняя заря
Revel (*рев'-ел*) vn пировать, кутить, наслаждаться. || s. пиръ, пиршество, кутежъ, разгулъ, оргія
Revelation (*рев-и-лэ'-шён*) s. открытіе, обнаруженіе, откровеніе.

Reveller (*рев'-ел-ер*) s. кутила; любящій пиры, разгулъ.

Revelling (*рев'-ел-инг*), **Revelry** (*рев'-ел-ри*) s. шумное веселье, оргія, веселый пиръ.

Revenge (*ри-вендж'*) va. мстить, отмщать; || s. месть, отплата, отмщеніе, воздаяніе. реваншъ. **To be — ed on,** отомстить.

Revengeful (*ри-вендж'-фул*) adj. мстительный. [тель, каратель.

Revenger (*ри-вен'-джер*) s. мсти-

Revenue (*рев'-и-нью*) s. доходъ, прибыль, барышъ; сборъ. — **-officer,** таможенный чиновникъ.

Reverberant (*ри-вöр'-бер-äнт*) adj. отражающій (звукъ, свѣтъ).

Reverberate (*ри-вöр'-бер-эт*) va. отражать (звукъ, свѣтъ), отдавать (теплоту); накаливать, растапливать; || vn. отражаться.

Revere (*ри-вир'*) va. уважать, чтить, почитать.

Reverence (*рев'-ер-енс*) s. почтеніе, уваженіе, благоговѣніе, поклонъ; || va. почитать.

Reverend (*рев'-ер-енд*) adj. уважаемый, почтенный.

Reverent (*рев'-ер-ент*) adj. почтительный, благоговѣйный.

Reverie (*рев-ер-и'*) s. греза, мечта, задумчивость; бредъ.

Reversal (*ри-вöр'-сал*) s. уничтоженіе, отмѣна (приговора).

Reverse (*ри-вöрс'*) va. опрокидывать, ниспровергнуть, перевернуть вверхъ дномъ; кассировать приговоръ. **To — the state,** разрушать государство. || s. неудача, превратность, несчастіе, перемѣна, перемѣнчивость; оборотная сторона (медали). [мѣнимый.

Reversible (*ри-вöрс'-и-бл*) adj. от-

Reversion (*ри-вöр'-шöн*) s. возвращеніе, возвратъ (имѣнія); право на наслѣдство.

Reversionary (*ри-вöр'-шöн-ä-ри*) adj. возвратимый въ обратномъ порядкѣ наслѣдованія.

Reversioner (*ри-вöр'-шöн-ер*) s. имѣющій право на реверсію.

Revert (*ри-вöрт'*) s. возвращеніе, возвратъ; || va. измѣнить, повернуть обратно, обращать назадъ; vn. возвращаться, вернуться.

Revertible (*ри-вöрт'-и-бл*) adj. возвратимый. [няющій.

Revertive (*ри-вöрт'-ив*) adj. измѣ-

Revest (*ри-вест'*) va. снова одѣвать; помѣщать (деньги).

Revetement (*ри-вет'-мент*) s. выкладка (вала). [лебаться снова.

Revibrate (*ри-вай'-брэт*) vn. ко-

Revictual (*ри-вит'-л*) va снова снабжать провіантомъ.

Review (*ри-вью'*) s. пересмотръ, обозрѣніе; ревизія; смотръ (войскамъ); критика; || va. осматривать обозрѣвать, просматривать, критиковать.

Reviewal (*ри-вью'-äл*) s. критическій обзоръ (книги).

Reviewer (*ри-вью'-ер*) s. инспекторъ, ревизоръ; критикъ.

Revile (*ри-вайл'*) va. бранить, ругать; || s. брань, ругань.

Reviler (*ри-вайл'-ер*) s. поноситель, ругатель.

Revindicate (*ри-вин'-ди-кэт*) va. требовать обратно.

Revisal (*ри-вайз'-äл*) s. вторичный просмотръ, пересмотръ.

Revise (*ри-вайз'*) va. просматривать, ревизовать; (тип.) корректировать.

Reviser (*ри-вайз'-ер*) s. пересмотрщикъ; корректоръ; ревизоръ.

Revision (*ри-виж'-öн*) s. осмотръ, просмотръ; ревизія. [сѣщать.

Revisit (*ри-виз'-ит*) va. снова по-

Revival (*ри-вайв'-äл*) s. воскрешеніе, оживленіе; возобновленіе, возвращеніе; возрожденіе, приведеніе въ чувство.

Revive (*ри-вайв'*) vn. воскресать, оживить, оживляться, возрождаться, возстановляться. **Trade begins to —,** торговля начинаетъ оживляться. || va. воскрещать, воскресить; возобновлять, возрождать; (хим.) возстановить (металлъ). **To — credit,** возстановить кредитъ. **To — the memory** возобновить въ памяти.

Reviver (*ри-вайв'-ер*) s. воскрешатель, оживитель, возстановитель; || возобновленіе, возстановленіе. [оживлять.

Revivify (*ри-вив'-и-фай*) va. опять

Revocable (*рев'-о-ка-бл*) adj. могущій быть отозваннымъ; отмѣнимый, отрѣшимый. [мѣнимо.

Revocably (*рев'-о-кä-бли*) adv. от-

Revocation (*рев-о-кэ'-шöн*) s. отозваніе, возвращеніе, отмѣна.

Revoke (*ри-во'ок*) va. уничтожать отмѣнять; отрекаться; отзывать; || vn. дѣлать ренонсъ (въ картахъ)

Revolt (*ри-волт'*) vn. возмущаться, возставать; || s. возстаніе.

Revolted (*ри-волт'-ед*) adj. мятежный, возставшій. [никъ.

Revolter (*ри-волт'-ер*) s. мятеж-

Revolting (*ри-волт'-инг*) adj. возмущающій, возмутительный.

Revoltingly (*ри-волт'-инг-ли*) adv. возмутительно.

Revolution (*рев-о-лью'-шöн*) s. революція, переворотъ; оборотъ (колеса); обращеніе (планеты).

Revolutionary (*рев-оль'-шöн-ä-ри*) adj. революціонный.

Revolutionize (*рев-оль'-шöн-айз*) va производить революцію.

Revolve (*ри-волв'*) va. вращать, обдумывать; ‖ vn вертѣться. обращаться.

Revolvency (*ри-волв'-енси*) s. вращеніе. обращеніе [веръ

Revolver (*ри-волв'-ер*) s. револь-

Revulsion (*ри-вöл'-шöн*) s. (мед.) отвлеченіе, оттяжка; ‖ непріязнь.

Revulsive (*ри-вöл'-сив*) adj непріязненный, враждебный. ‖ (мед.) отвлекающій.

Reward (*ри-уорд'*) va награждать воздавать, отплачивать; ‖ s. награда. воздаяніе, плата.

Rewarder (*ри-уорд'-ер*) s. воздаятель, награждатель.

Re-write (*ри-райт'*) va. переписывать. [спиа

Reynard (*рэй'-нард*) s. лиса. ли-

Rhapsody (*рäп'-со-ди*) s. рапсодія

Rhetoric (*рет'-орик*) s. риторика, краснорѣчіе. [торическій.

Rhetorical (*ри-тор'-ик-äл*) adj. ри-

Rhetorician (*рет-о-риш'-äн*) s. риторъ, учитель краснорѣчія; краснобай. [матизмъ, ломота

Rheumatism (*ру'-ма-тизм*) s. рев-

Rhomb (*ромб*). **Rhombus** (*ром'-бöс*) s. ромбъ.

Rhubarb (*ру'-барб*) s. (бот.) ревень

Rhyme (*райм*) s. рифма; стихи. **without — or reason**. безъ всякаго смысла. ‖ va. рифмовать; писать стихи. [мы.

Rhymeless (*райм'-лес*) s безъ риф-

Rhymer (*райм'-ер*) s. рифмоплетъ

Rhythm (*рисзм*), **Rhythmus** (*рисз'-мöс*) s. ритмъ. размѣръ

Rib (*риб*) s. ребро; (арх.) стрѣлки (въ сводѣ); (плотн.) скрѣпа. связь, балка; (бот.) жилки (въ листѣ) (нар.) жена. ‖ va дѣлать что ребристымъ; ‖ заключать, запирать.

Ribald (*риб'-äлд*) s грубіянъ. невѣжа. хамъ. распутникъ. развратникъ; ‖ adj. грубый. низкій. срамной. непристойный.

Ribaldry (*риб'-äлд-ри*) s сквернословіе; срамота. распутство.

Ribbon (*риб'-бöн*) s. лента, тесемка; ‖ возжи, поводъ. ‖ va украшать лентами **— -trade**. торговля лентами **— -weaver**. тесемщикъ. ленточникъ. **— -weaving**. тканье лентъ.

Rice (*райс*) s. рисъ. **— -paper**. рисовая бумага. **— -plantation**, **— -field**, рисовое поле

Rich (*рич*) adj. богатый; великолѣпный, роскошный; изобильный, плодородный; восхитительный. прелестный. **A — soil**. богатая, плодородная почва. **— dress**, богатая одежда. **A — flavour**, нѣжный вкусъ. **— colours**, яркіе цвѣта. **A — wine**, хорошее вино **A — diet**, обильная пища **A — dish**. тонкое блюдо **The — and the poor**, богатые и бѣдные [билие

Riches (*рич'-ес*) s богатство, изо-

Richly (*рич'-ли*) adv, богато. великолѣпно. щедро.

Richness (*рич'-нес*) s. богатство. обиліе. достатокъ. плодородіе. великолѣпіе. прелесть. пріятный вкусъ [куча

Rick (*рик*) s стогъ. скирда. копна;

Rickets (*рик'-етс*) s pl (мед.) искривленіе костей. рахитъ.

Rickety (*рик'-ет-и*) adj. слабый. разслабленный, рахитическій. ‖ расшатанный

Ricochet (*рик-о-шет'*) s рикошетъ. отскокъ.

Rid (*рид*) va освобождать. избавлять; лишать, отнимать; убивать **To — one's self**, освобождать отъ. **To get — of**, освобождаться

Riddance (*рид'-дäнс*) s. освобожденіе, избавленіе.

Riddle (*рид'-дл*) s. загадка ‖ va объяснять. загадывать; просѣвать **To — wheat**. просѣвать рожь. ‖ vn говорить загадками

Riddling (*рид'-длинг*) adj. говорящій загадками. двусмысленный

Ride (*райд*) vn. ѣхать, ѣздить, кататься (верхомъ); носиться. нестись. плыть; ‖ (мор.) стоять на якорѣ **To — out**, выводить лошадь **To — on the winds**, несомый вѣтромъ **To — at anchor** стоять на якорѣ **To — away**, **off**. уѣхать верхомъ **To — along**. ѣхать верхомъ вдоль чего. ‖ va ѣздить. сидѣть верхомъ, перевозить что верхомъ на лошади; управлять кѣмъ (грубо) ‖ s. прогулка. поѣздка верхомъ, верховая ѣзда; ѣзда въ экипажѣ; ‖ аллея. дорога для ѣзды. **To go for a —**. дѣлать прогулку. поѣздку верхомъ. **To have, to take a —**. дѣлать прогулку.

Rider (*райд'-ер*) s. верховой. всадникъ. ѣздокъ. приложеніе къ документу, дополнительное условіе **Gentleman —**, наѣздникъ верхомъ **Rough —**, смѣлый наѣздникъ.

Ridge (*ридж*) s. борозда (вспашки); хребетъ (спины), вершина, хребетъ, кряжъ (горъ); кровля дома; край **— of rocks**, рядъ скалъ. **Lurking —**, скала на поверхности воды ‖ va. бороздить (плугомъ), желобить

Ridicule (*рид'-и-кьюл*) s. смѣшное; ‖ ридикюль. **To turn into —**, осмѣивать ‖ va. смѣяться, насмѣхаться; осмѣивать.

Ridiculous (*ри-дикъ'-ю-лёс*) adj. смѣшной, странный.
Ridiculously (*ри-дикъ'-ю-лёс-ли*) adv смѣшно.
Ridiculousness (*ри-дикъ'-ю-лёс-нес*) s. смѣшное.
Riding (*райд'-инг*) s. ѣзда верхомъ *или* въ экипажѣ; катанье; ‖ adj. служащій, годный для ѣзды верхомъ *или* въ экипажѣ. — **coat**, верховое платье. — **habit**, амазонка (женское платье). — **hood**, дорожный капотъ. **Little Red — Hood**, красная шапочка. — **-master**, берейторъ. — **-whip**. хлыстъ.
Rife (*райф*) adj. господствующій, изобилующій, частый; обыкновенный.
Rifely (*райф'-ли*) adv. обильно, изобильно, часто, обыкновенно.
Rifeness (*райф'-нес*) s. преобладаніе, обиліе, частое повтореніе.
Rifle (*рай'-фл*) va. похищать, грабить, красть.
Rifle (*рай'-фл*) s. винтовка, карабинъ. **The —s**, карабинеры.
Rifleman (*рай'-фл-ман*) s. карабинеръ.
Rifler (*райф'-лер*) s. грабитель, воръ.
Rift (*рифт*) s. щель, трещина, скважина, пробоина, дыра; ‖ бродъ (на рѣкѣ); ‖ va. раскалывать, расщеплять.
Rig (*риг*) va. наряжать, разрядить, разодѣть; (мор.) оснастить, вооружать, такелажить. **To — the capstern**, вооружить кабестанъ (морск.) ‖ vn. рѣзвиться, шалить, проказничать. ‖ s. странный, смѣшной нарядъ; шумъ, суматоха; (мор) оснастка, такелажъ; ‖ шутка, проказа; ‖ распутница, потаскуха.
Rigadoon (*риг-ā-дун'*) s. родъ танца.
Rigger (*риг'-гер*) s. оснастчикъ (судна).
Rigging (*риг'-гинг*) s. оснащиваніе (судна), такелажъ; нарядъ, уборы.
Right (*райт*) adj, правый; ‖ прямой (объ углѣ); правильный, справедливый, вѣрный; прямой, правдивый, честный; настоящій, чистый, хорошій. **The — way**, прямой путь. — **angle**, прямой уголъ. **That is —**, это такъ. **To set a thing —**, поставить на свое мѣсто. — **hand**. правая рука. **That serves him —**. такъ ему и слѣдуетъ. **You are —**, вы правы. ‖ adv. прямо, напрямикъ, какъ разъ, правильно, правдиво, вѣрно, точно; ‖ очень, весьма. — **or wrong**, такъ или не такъ. **I am not quite —**, я не совсѣмъ здоровъ. **The — reverend**, преподобный. ‖ s. правота, справедливость; правда; право, преимущество, законное требованіе; власть. правая рука; правая сторона. **The —s of citizens**, права гражданъ. **Bill of —s**, законъ о правахъ гражданъ. **By —, of —**, по праву. **On the —, to the —**, на правой рукѣ. **To set, to put to —s**, привести въ порядокъ, исправить. ‖ va. оказывать кому справедливость, оправдывать кого; выпрямлять, ставить что прямо. **To — one's self**, самому осуществить свое право, отмстить. ‖ vn. приподниматься, подыматься; встать, выпрямиться. — **-angled**, прямоугольный. — **-handed**, правша, праворукій. — **-minded**, прямой, справедливый. — **-mindedness**, прямодушіе, прямота, справедливость.
Righteous (*рай'-чёс*) adj. прямой, прямодушный, правдивый.
Righteously (*рай'-чёс-ли*) adv. прямо, честно, правдиво.
Righteousness (*рай'-чёс-нес*) s. прямота, прямодушіе, честность, правдивость.
Rightful (*райт'-фул*) adj. законный; справедливый.
Rightfully (*райт'-фул-и*) adv. законно; справедливо.
Rightfulness (*райт'-фул-нес*) s. законность; справедливость.
Rightly (*райт'-ли*) adv. хорошо, достойно, честно, прямо.
Rightness (*райт'-нес*) s. прямое направленіе; правота, прямота.
Rigid (*ридж'-ид*) adj. негибкій; ‖ непреклонный, строгій.
Rigidity (*ри-джид'-ти*) s. негибкость; непреклонность, строгость
Rigmarole (*риг'-мā-рōл*) s. пустословіе.
Rigorism (*риг'-ōр-изм*) s. ригоризмъ.
Rigorist (*риг'-ōр-ист*) s. ригористъ.
Rigorous (*риг'-ōр-ōс*) adj. строгій, суровый, жестокій. — **terms**, суровыя условія. **A — winter**, суровая зима.
Rigorously (*риг'-ōр-ōс-ли*) (adv строго, сурово, жестоко.
Rigorousness (*риг'-ōр-ōс-нес*) s. строгость, суровость.
Rigour (*риг'-ōр*) s. суровость, строгость; ‖ точность; ‖ негибкость
Rile (*райл*) va. раздражать, дѣйствовать на нервы.
Rill (*рил*) s. ручей, ручеекъ; ‖ vn. течь ручьемъ, струиться.
Rillet (*рил'-лет*) s. ручеекъ, ручей
Rim (*рим*) s. край, кайма; поле (шляпы); ободокъ, оболочка; ‖ va. окаймлять.
Rime (*райм*) s. иней, изморозь; гололедица; туманъ; ‖ vn. инде-

вѣть, моросить. ложиться на что ввидѣ инея

Rimple (*рим'-пл*) s складка, морщина. || рябь (на водѣ). || va. мять. морщить, рябить

Rind (*райнд*) s оболочка, кора (деревьевъ), кожица (плодовъ)

Ring (*ринг*) s кольцо, перстень, ободъ, кругъ, ободокъ, (бот.) наслоеніе древесины, кругъ, кружокъ, окружность, бѣгъ, бѣговой кругъ, || s звонъ, трезвонъ, звукъ, звучаніе **To dance in a —**, плясать кругомъ **A wedding —**, обручительное кольцо **A diamond —**, алмазный перстень **A split —**, складное кольцо для надѣванія ключей **Ear —s**, сережки. **A — at the bell**, ударъ звонка **A — of applause**, взрывъ аплодисментовъ **— -bolt**, (мор.) рымъболтъ **— -dove**, (орн.) голубь **— -finger**, безъимянный палецъ **— -worm**, (мед.) сыпь на головѣ (импетиго). || va. окружать кольцомъ, || украшать кольцами. надѣвать кольцо (на кобылу). || va звонить, трезвонить, ударять въ колоколъ. **To — the bells**, звонить въ колокола. || vn. звенѣть. звонить; звучать **The bell rings**, колоколъ звонитъ **My ears —**, у меня звенитъ въ ушахъ

Ringer (*ринг'-ер*) s звонарь

Ringing (*ринг'-инг*) s звонъ, трезвонъ, благовѣстъ

Ringleader (*ринг'-лид-ер*) s зачинщикъ, атаманъ, глава

Ringlet (*ринг'-лет*) s. колечко. кружокъ, хороводъ, локонъ волосъ

Rinse (*ринс*) va полоскать **To — a bottle**, ополаскивать бутылку

Rinsing (*ринс'-инг*) s. полосканіе

Riot (*рай'-ӧт*) s. бунтъ, возмущеніе, мятежъ, шумная сходка; шумъ; || разгулъ, кутежъ, оргія **To quell a —**, усмирять возмущенія **To run —**, дѣлать извиненія || vn бунтоваться, возставать, || шумѣть, кутить, пиршествовать, предаваться чему

Riotous (*рай'-ӧтӧс*) adj. мятежный

Riotousness (*рай'-ӧтӧс-нес*) s мятежность.

Rip (*рип*) va. разрывать, отрывать, отдирать, открывать, разоблачать (тайну) **To — off**, оторвать **To — open**, открыть **To — out**, сболтнуть, проговориться. **To — up**, откапывать, выкапывать, открыть || s разрывъ, разрѣзъ, (народ.) распутный человѣкъ

Ripe (*райп*) adj. спѣлый; зрѣлый **— years**, зрѣлый возрастъ

Ripen (*райп'-н*) vn спѣть, зрѣть.

Ripeness (*райп'-нес*) s. спѣлость, зрѣлость, совершенство

Ripening (*райп'-н-инг*) s зрѣлость. созрѣваніе, назрѣваніе

Ripping (*рип'-пинг*) s. отрываніе, отдираніе, разрываніе. || обнаруженіе, разоблаченіе **— saw**, отверстіе || adj громадный, изумительный

Ripple (*рип'-пл*) vn струиться. журчать. || va рябить; || мять, мыкать (ленъ); || s струя, рябь, журчаніе. мялка (для льна)

Rise (*райз*) vn. вставать, возмущаться, возставать, подниматься, восходить: проистекать, увеличиваться **To — from table**, вставать изъ за стола. **The sun —s**, солнце встаетъ. **Birds — in the air**, птица поднимается въ воздухъ **The tide is rising**, приливъ растетъ. **To — in the world**, пробить себѣ дорогу **The stream —s in a pond**, ручеекъ беретъ свое начало въ озерѣ **The dough is rising**, тѣсто поднимается **Bread is beginning to —**, цѣна на хлѣбъ растетъ. **Parliament rose at —**, парламентъ разошелся въ 11 часовъ **To — again**, воскреснуть, возстать **To — up**, вставать **To — up in arms**, возстать съ оружіемъ въ рукахъ || s вставаніе, восходъ. возвышеніе, подъемъ, начало. происхожденіе. прибываніе (воды) **Sun- —**, солнце поднимается **The — of a river**, рѣка прибываетъ **It takes its — at**, ся источникъ находится тамъ то **To give — to**, служить мѣстомъ зарожденія **The — of the stocks**, повышеніе курса бумагъ

Risibility (*риз-и-бил'-и-ти*), **Risibleness** (*риз'-и-бл-нес*) s смѣшливость, способность смѣяться

Risible (*риз'-и-бл*) adj имѣющій способность смѣяться, смѣшной

Risibly (*риз'-и-бли*) adv. смѣшно

Rising (*райз'-инг*) adj растущій, восходящій, пріобрѣтающій извѣстность. начинающійся, зарождающійся **The — sun**, восходящее солнце. **The — generation**, будущее поколѣніе || s вставаніе, восхожденіе, восходъ, возвышеніе, подъемъ, вздорожаніе, повышеніе (цѣны) || возстаніе

Risk (*риск*) s рискъ, страхъ, опасность **To run a —**, рисковать, подвергать опасности || va рисковать, отваживаться, пытаться

Risker (*риск'-ер*) s рискующій

Rite (*райт*) s. богослуженіе, церковный обрядъ

Ritual (*рить'-ю-ал*) adj обрядный, богослужебный, ритуальный; || s. служебникъ, требникъ

Ritualism (*рит-ю-ӓл-изм*) s. обрядность.
Rival (*рай'-вӓл*) s. соперникъ, конкурентъ; || adj. сопернический; || va. соперничать, соревновать.
Rivalry (*рай'-вӓл-ри*) s. соперничество, соревнованіе.
Rive (*райв*) va. vn. колоть, -ся, раскалывать, -ся, расщеплять, -ся; || s. трещина, щель, расколъ.
Rivel (*рив'-л*) va. морщить; съеживать, скорчивать; || s. морщина, складка.
River (*рив'-ер*) s. рѣка. **Up the —**, вверхъ по рѣкѣ. **Down the —**, внизъ по рѣкѣ. **— -course**, теченіе рѣкъ. **— -god**, водяной духъ **— -head**, источникъ рѣки.
River (*райв'-ер*) s. раскалывающій.
Rivet (*рив'-ет*) s. заклепка; || va. заклепывать; укрѣплять, скрѣплять.
Riveting (*рив'-ет-инг*) s. заклепываніе, приклепываніе.**— -hammer**, заклепникъ.
Rivulet (*ривъ'-ю-лэт*) s. рѣчка, рѣчонка. [раканъ.
Roach (*ро'оч*) s. язь (рыба); || тара-
Road (*ро'од*) s. дорога, путь; путешествіе; набѣгъ; || (мор.) рейдъ. **High —**, большая дорога. **Carriage —**, колесная дорога. **Cross —**, проселочный путь. **Rail —**,желѣзная дорога. **— steames**, безрельсов.локомотивъ. **On the —**,въ пути. **— -book**,маршрутъ;путеводитель. **— -side**, край дороги. **— -way**, дорога, шоссе, путь.
Roadstead (*ро'од-стэд*) s. (мор.) рейдъ.
Roadster (*ро'од-стер*) s. дорожная лошадь; || морское судно, стоящее на рейдѣ.
Roam (*ро'ом*) va. vn. бродить, скитаться, блуждать; || s. блужданіе, скитаніе, странствованіе.
Roamer (*ро'ом-ер*) s. бродяга, скиталецъ.
Roaming (*ро'ом-инг*) s. скитаніе, бродяжничество.
Roan (*ро'он*) adj. рыжеватосврасый; || s. рыжеватосврасовая лошадь, или масть; || **— tree**, дикій ясень
Roar (*ро'ор*) vn. орать, кричать; мычать, ревѣть, рычать; выть, завывать, шумѣть, грохотать. **The sea roars**, ревъ моря. || s. крикъ, вопль; мычаніе, ревъ; шумъ, громъ, грохотъ. **A — of laughter**, взрывъ смѣха
Roarer (*ро'ор-ер*) s крикунъ, ревунъ, тотъ, кто мычитъ, рычитъ.
Roaring (*ро'о-инг*) s. ораніе, мычаніе, рычаніе, ревъ; || шумъ.
Roast (*ро'ост*) va. жарить, печь (кушанье); обжигать (руду). **To — coffee**, жарить кофе. || vn. издѣваться насмѣхаться; досаждать. || s. жареное, жаркое. **To rule the—**, править, управлять. || adj. жареный, печеный.
Roasting (*ро'ост-инг*) s. жареніе, печеніе; обжиганіе; || пересмѣиваніе.
Rob (*роб*) va. vn. грабить; красть, похищать;разбойничать; || лишать чего. **They robbed houses**, они грабили дома. **I will not — you of that pleasure**, я не хочу васъ лишить этого удовольствія.
Robber (*роб'-бер*) s. разбойникъ, грабитель, воръ.
Robbery (*роб'-бер-и*) s. грабежъ, разбой, кража.
Robe (*ро'об*) s. форменное платье; || vn. одѣваться въ форменное платье.
Robin (*роб'-ин*) s. *или* **— redbreast**, реполовъ (птица).
Robust (*ро-бӧст'*), **Robustious** (*ро-бӧст'-йос*) adj. крѣпкій, сильный; необузданный, шальной. **A — mind**, здоровый умъ.
Robustly (*ро-бӧст'-ли*) adv. крѣпко, сильно, дюже.
Robusteness (*ро-бӧст'-нес*) s. крѣпость, сила, дюжесть.
Rochet (*роч'-ет*) s. стихарь; мантія англійскихъ перовъ.
Rock (*рок*) s. скала, утесъ; камедь; || * защита, покровитель. **Lurking — s**, выдающіяся скалы. **— -crystal**, горный хрусталь. **— -oil**, горное масло, нефть. **— -salt**, каменная соль. **— -work**, искусственный утесъ. || va. качать, колыхать; || vn. качаться, колыхаться, двигаться взадъ и впередъ. **To — a child**, укачивать ребенка.
Rocker (*рок'-ер*) s. нянька; || качалка (для ребенка).
Rocking (*рок'-инг*) s. качаніе, колебаніе. **— chair**, качалка, качающееся кресло.
Rocky (*рок'-и*) adj. скалистый, утесистый, каменистый.
Rod (*род*) s. прутъ, лоза; жезлъ, посохъ, батожокъ; трость; || * власть, сила; розга, хлыстъ; мѣра длины: (въ 16,5 футовъ); стержень, рычагъ. **Curtain —**, желѣзный прутъ занавѣсокъ. **Connecting —**, соединительный стержень.
Rodent (*ро'о-дент*) s. (зоол.) грызунъ; || adj. грызущій.
Rodomont (*род'-о-монт*) s. хвастунъ, самохвалъ.
Rodomontade (*род-о-монт-эд'*) s. хвастовство, самохвальство || vn. хвастать, хвалиться.

Roe (*ро'о*) s (зоол.) косуля, || оленья самка

Roe (*ро'о*) s **Soft —**, молоки **Hard —**, икра (рыбья)

Roebuck (*ро'о-бок*) s (зоол.) косуля

Rogation (*ро-гэ'-шон*) s. прошеніе, просьба, молитва

Rogue (*ро'ог*) s плутъ, мошенникъ, бездѣльникъ, бродяга, насмѣшникъ, шутникъ. || проказникъ (о дѣтяхъ) **A cunning —**, тонкая шельма

Roguish (*ро'ог-иш*) adj мошеннический, воровской, плутовской

Roguishly (*ро'ог-иш-ли*) adv мошеннически, воровски, плутовски шаловливо

Roguishness (*ро'ог-иш-нес*) s мошенничество, плутовство

Roist (*ройст*), **Roister** (*ройст-ер*) vn хорохориться, шумѣть, важничать, хвастать.

Roister (*ройст-ер*), **Roisterer** (*ройст-ер-ер*) s. бахвалъ, хвастунъ

Roll (*ро'ол*) va катать, катить, свертывать, скатывать, укатывать, трамбовать **To — a stone**, катить камень || vn катиться, кататься, валяться, скатываться, покатиться, качаться (о кораблѣ) **To — in money**, изобиловать золотомъ **To — about**, бросаться во всѣ стороны **To — along**, истекать **To — away**, удаляться **To — back**, возвращаться **To — in**, входить **To — on**, продолжать катиться **To — out**, выкатываться **To — round**, обращаться **To — up**, вертѣться || s. катаніе, || свертокъ, трубка, свитокъ, валъ, барабанъ. || булка (хлѣбъ); || списокъ, реестръ; || барабанная дробь **To put on the — s**, заносить на листъ, въ списокъ

Roller (*ро'ол-ер*) s барабанъ, валъ, цилиндръ, катокъ, || (хир.) бинтъ, бандажъ

Rolling (*ро'ол-инг*) s катаніе, скатываніе || боковая качка, || adj волнистый, качающійся **— eyes**, блуждающіе глаза **A — stone gathers no moss**, катящійся камень не обростаетъ мохомъ **— sea**, волнующееся море. **— -pin**, свертокъ

Romaic (*ро-мэ'-ик*) s новогреческій языкъ

Roman (*ро'о-мăн*) adj римскій || s римлянинъ.

Romance (*рŏ-манс'*) s романъ, разсказъ. || (муз.) романсъ, || романскій языкъ

Romancer (*ро-мăн'-сер*) s романистъ

Romanesque (*ро-мăн-еск'*) adj романическій

Romanist (*ро'о-мăн-ист*) s католикъ

Romantic (*ро-мăн'-тик*) adj романическій, романтическій

Romish (*ро'ом-иш*) adj римскій

Romp (*ромп*) s грубая шалость, шумная игра, шаловливая дѣвочка съ ухватками мальчика. || vn. подымать возню, рѣзвиться

Rompish (*ромп'-иш*) adj рѣзвый, шаловливый

Rompishly (*ромп'-иш-ли*) adv рѣзво, шаловливо

Rompishness (*ромп'-иш-нес*) s рѣзвость шаловливость

Rondeau (*рон-до'о*) s рондо, круговая пѣсня

Rood (*руд*) s рута, четверть десятины земли, крестъ, распятіе **— loft**, галлерея въ церкви съ распятіемъ

Roof (*руф*) s, крыша, кровля, кровъ, сводъ (небесный), небо (рта), верхъ (крыши); || va крыть кровлей, покрывать.

Roofer (*руф'-ер*) s кровельщикъ

Roofing (*руф'-инг*) s покрываніе крышей, || крыша, **— -felt**, поддѣльная кожа (изъ картона)

Roofless (*руф'-лес*) adj не имѣющій крыши; || безпріютный

Roofy (*руф'-и*) adj имѣющій крышу, покрытый

Rook (*рук*) s грачъ (птица), обманщикъ, плутъ, пройдоха, башня (въ шахматной игрѣ). || va обманывать, надувать, обирать. || vn плутовать, притаиваться

Rookery (*рук'-ер-и*) s. мѣсто, гдѣ грачи вьютъ гнѣзда, куча полуразвалившихся строеній, || (нар.) бардакъ

Room (*рум*) s мѣсто, пространство, просторъ, комната, помѣщеніе, покой, горница; (мор.) каюта, случай, причина, поводъ **Bed —**, спальня **Dining —**, столовая **Drawing —**, гостинная **Sleeping —**, спальня. **State —**, пріемная комнатъ **To make —**, освобождать мѣсто **To have —**, имѣть мѣсто **Gun —**, мѣсто храненія пороха

Roomily (*рум'-и-ли*) adv просторно

Roominess (*рум'-и-нес*) s просторъ, вмѣстительность

Roomy (*рум-и*) adj просторный, вмѣстительный, обширный

Roost (*руст*) s насѣстъ, || vn садиться на насѣстъ

Rooster (*руст'-ер*) s. самецъ домашнихъ птицъ (пѣтухъ, селезень)

Root (*рут*) s. корень, корешокъ, || основаніе, источникъ. **To take —**, укорениться, пустить корни, **Square —**, квадратный корень

— -**bound**, укоренившійся. — **stock**, корневище. || vn. пускать корни, укореняться; разрывать землю. || va. вкоренять, укоренять. **To — out, to — up**, вырывать съ корнями; искоренять.
Rooted (*рут'-ед*) adj. укоренившійся, вкоренившійся.
Rootedly (*рут'-ед-ли*) adv. глубоко, крѣпко.
Rootlet (*рут'-лет*) s. корешокъ.
Rope (*ро'оп*) s. веревка, канатъ; рядъ, нитка (жемчуга); пучокъ (лука); кишки птицъ. **Tight** —, натянутая веревка. — -**barrel**, барабанъ. — -**dancer**, акробатъ, канатный плясунъ. — -**ladder**, веревочная лѣстница. — -**maker**, канатный мастеръ. — -**walk**, канатный заводъ. || vn. тянуться.
Ropery (*ро'оп-ер-и*) s. канатный заводъ.
Ropiness (*ро'оп-и-нес*) s. вязкость липкость, тягучесть. [тягучій.
Ropy (*ро'оп-и*) adj. вязкій, липкій;
Rose (*ро'оз*) s. (бот.) роза, розанъ; || розетка, розовый бантъ. **No — without thorns**, нѣтъ розы безъ шиповъ. — **bud**, розовый бутонъ. — **bush**, розовый кустъ. — **coloured**, розовый, розоваго цвѣта.
Rosin (*роз'-ин*) s. древесная смола, камедь. [тость, румяность.
Rosiness (*ро'оз-и-нес*) s. розова-
Rosiny (*роз'-и-ни*) adj. смолистый, камедистый.
Roster (*рос'-тер*) s. военный уставъ, регламентъ.
Rostral (*рос'-трал*) adj. носовой.
Rostrate (*рос'-трэт*). **Rostrated** (*рос'-трэ-тед*) adj. имѣющій клювообразный отростокъ.
Rostrum (*рос'-трŏм*) s. носъ (корабля); клювъ (птицы).
Rosy (*ро'оз-и*) adj. розовый, румяный, пунцовый; розовидный. — **crowned**, увѣнчанный розами. — **fingered**, розоперстый.
Rot (*рот*) s. шелуди, парши (у овецъ); гниль, гнилость. **Dry** —, червоточина (въ деревѣ). **It's all** —, это всё глупости. || va. vn. портить, -ся, гнить, гноиться.
Rotary (*ро'о-тă-ри*) adj. коловратный, вращательный.
Rotation (*ро-тэ'-шŏн*) s. коловращеніе, вращеніе, обращеніе, верченіе; || перемѣна, переворотъ.
Rotatory (*ро'о-тă-тŏ-ри*) adj. коловратный, вращательный.
Rote (*ро'от*) s. зубрежка; рутина. родъ шарманки. **To learn by** —, учить въ зубрежку.
Rotifer (*ро'о-ти-фер*) коловратка (животное).
Rotten (*рот'-тн*) adj. гнилой, сгнившій, испорченный. — **borough**, гнилое мѣстечко. — -**stone**, (мин.) триполи.
Rottenness (*рот'-тн-нес*) s. гнилость, гниль, испорченность.
Rotund (*ро-тŏнд'*) adj. круглый, сферическій; || s. ротонда.
Rotunda (*ро-тŏн'-да*) s. (арх.) круглое зданіе, ротонда.
Rotundity (*ро-тŏнд'-и-ти*) s. круглость, округлость, сферичность.
Rouge (*руж*) s. румяна; || adj. красный; || va. vn. румянить, -ся.
Rough (*рŏф*) adj. грубый, шершавый, неровный, мохнатый, жесткій, терпкій, суровый, строгій, жестокій, сильный. **A — diamond**, необдѣланный алмазъ. **A — copy**, черновая бумага, черновикъ. **A — sketch**, набросокъ. **A — sea**, сильное волненіе, бурное море. — **usage**, грубое обращеніе. **A — voice**, грубый голосъ. **His — manners**, его грубыя манеры. **A dog with — hair**, ощетинившаяся собака. || s. грубіянъ, негодяй, шалопай; || сырье, необдѣленный видъ; || va. дѣлать грубымъ, шероховатымъ. **To — it**, пріучиться, привыкать къ чему тяжелому.
Roughen (*рŏф'-н*) va. vn. дѣлать, -ся, грубымъ, шероховатымъ, грубѣть; обдѣлывать вчернѣ.
Roughing (*рŏф'-инг*) s. оболваниваніе, обтесываніе.
Roughish (*рŏф'-иш*) adj. грубоватый. [грубоватость.
Roughishness (*рŏф'-иш-нес*) s.
Roughly (*рŏф'-ли*) adv. шероховато, шершаво, мохнато; грубо, рѣзко.
Roughness (*рŏф'-нес*) s. шероховатость, шершавость, мохнатость грубость, рѣзкость, необдѣланность, сырое состояніе чего.
Roumania (*ру-мэ-ніа*) s. (геогр.) Румынія.
Roulette (*ру-лет'*) s. рулетка.
Round (*раунд*) adj. круглый; прямой, искренній, истинный, настоящій, чистый; большой, крупный **To make** —, округлять, закруглять. **A — lie**, чистая ложь. **A — number**, круглое число. **A — sum**, круглая, порядочная сумма || s. кругъ; прогулка, поѣздка, хороводъ; (воен.) залпъ; обходъ, объѣздъ, дозоръ. — **of beef**, сѣкъ говядины. **In the whole — of our life**, за все время нашей жизни. **A — of applause**, взрывъ аплодисментовъ. || adv. кругомъ, вокругъ, въ окружности. **To**

move —, двигаться вокругъ — **about**, кругомъ, вокругъ **Ten leagues —**, десять верстъ въ окружности || prep вокругъ, кругомъ около чего **To sit — the fire**, сидѣть вокругъ огня **To hand a bottle —**, передавать круговую бутылку || va окружать, округлять. **To — off**, заканчивать, огибать мысъ || vn округляться, закругляться **—backed**, **— -shouldered**, сутуловатый, сутулый **— -house**, тюрьма при гауптвахтѣ

Roundabout (*ра'унд-а-баут*) adj обширный, широкій, окольный. || s игра въ колечко

Roundel (*ра'ун-дел*), **Roundelay** (*ра'унд-и-лэй*) s. хороводная пѣснь рондо

Roundhead (*ра'унд-хед*) s кругологовый, || пуританинъ

Rounding (*ра'унд-инг*) s округленіе, закругленіе

Roundish (*ра'унд-иш*) adj кругловатый

Roundishness (*ра'унд-иш-иес*) s кругловатая форма

Roundly (*ра'унд-ли*) adv кругло, прямо, откровенно свободно

Roundness (*ра'унд-нес*) s. круглость, прямота, откровенность, легкость

Rouse (*рауз*) va vn будить, пробуждать, -ся, просыпаться, || возбуждать, -ся || vn (мор.) тянуть снасть.

Rouser (*ра'уз-ер*) s возбудитель, тотъ или то, что будитъ.

Rousing (*ра'уз-инг*) adj возбудающій; пробуждающій; большой сильный.

Rout (*раут*) s. сборище, сбродъ, шумъ, гвалтъ, большое собраніе, раутъ. || s. пораженіе, бѣгство (арміи); || va разбивать (армію), обращать въ бѣгство.

Route (*раут*) s дорога, путь, трактъ

Routine (*ру-тин'*) s. рутина, привычка къ чему

Rove (*ро'ов*) va vn. бродить, блуждать, скитаться, бѣгать; || бредить, нести околесную. || развивать, -ся; || s. экскурсія, прогулка; бродяжничаніе, скитаніе

Rover (*ро'ов-ер*) s. скиталецъ, бродяга, вѣтренникъ, корсаръ, пиратъ

Roving (*ро'ов-инг*) adj. скитающійся, бродящій, блуждающій; || s. легкое трощеніе пряжи

Row (*рау*) s шумъ, суматоха, свалка, драка **To kick up a —**, поднять шумъ, затѣять ссору **What's the —?** въ чемъ дѣло?

Row (*роу*) s. рядъ; шеренга; столбецъ, прогулка на лодкѣ; гребля. **A — of trees**, рядъ деревьевъ **A — of figures**, рядъ цыфръ. || va. vn грести веслами, ходить на веслахъ **— -lock**, уключина **— -port**, полубортикъ для гребли веслами.

Rowel (*ра'у-ел*) s колесцо (въ шпорахъ), (ветер.) заволока.

Rower (*ро'у-ер*) s. гребецъ.

Rowing (*ро'у-инг*) s. гребля; || ворсованіе

Rowland (*ро'у-ланд*) npr. Роландъ.

Royal (*рой'-ӑл*) adj царскій, королевскій, славный, великолѣпный. || s (мор.) бом-брамсель; || большого формата александрійская бумага, небольшая мортира.

Royalism (*рой'-ӑл-изм*) s. роялизмъ

Rub (*рӧб*) va тереть, вытирать; (мед.) втирать, натирать, растирать **To — one's self**, дѣлать себѣ втираніе **To — away**, соскабливать **To — down**, очищать; чистить лошадь. **To — off**, счищать треніемъ **To — out**, уничтожать, стирать. **To up**, отполировывать || vn. стираться; || (мед.) растираться **To — on with the world**, потихоньку пробивать себѣ дорогу. || s. треніе; стираніе; растираніе, натираніе; || сарказмъ; || препятствіе, помѣха. **There's the —**, въ этомъ затрудненіе?

Rubber (*рӧб'-бер*) s. натиратель, терка, ударъ кулакомъ; робберъ (въ карточной игрѣ); подпилокъ; резинка

Rubbish (*рӧб'-биш*) s. остатки, соръ, ветошь.

Rubble (*рӧб'-бл*) s. щебень. **— stone**, щебень

Rubefacient (*ру-би-фэ'-шент*) adj. (мед.) производящій краснотy кожи.

Rubicund (*ру'-би-кӧнд*) adj. красноватый, красный.

Rubied (*ру'-бид*) adj яхонтоваго цвѣта, красный.

Rubious (*ру'-би-ӧс*) adj. красный.

Rubric (*ру'-брик*) s. рубрика; (мин.) синопль, || adj. красный

Rubrical (*ру'-брик-ӑл*) adj подведеный подъ рубрики; красный.

Ruby (*ру'-би*) s. рубинъ, яхонтъ; красный прыщъ на лицѣ; || adj. красный, румяный. || va дѣлать краснымъ. **Her — lips**, ея красныя губы

Ruck (*рӧк*) va мять, измять; || vn. унижать, || s. складка, морщина.

Ructation (*рӧк-тэ'-шӧн*) s. рыганіе, отрыжка.

Rud (*рӧд*) va. дѣлать краснымъ, краснота.

Rudder (*рӧд'-дер*) s (мор.) руль

Ruddiness (*рӧд'-ди-нес*) s. краснота, румяность.

Ruddle (*рӧд'-дл*) s (минер.) вапъ, красный мѣлъ

Ruddock (*рӧд'-док*) s. (орн.) реполовъ.

Ruddy (*рӧд'-ди*) adj красноватый, съ легкимъ румянцемъ.

Rude (*руд*) adj грубый, неучтивый, дерзкій, строгій, жесткій, суровый; бурный. **A — winter**, суровая зима **Ro be — to**, быть грубымъ къ **A — answer**, грубый отвѣтъ **— language**, грубая рѣчь.

Rudely (*руд'-ли*) adv грубо, дерзко, невѣжливо, жестоко, бурно.

Rudeness (*руд'-нес*) s грубость дерзость, невѣжливость, жестокость; бурность

Rudiment (*ру'-ди-мент*) s. начало, основаніе, зачатокъ; || va. преподавать начальныя правила.

Rue (*ру*) s. (бот.) рута; || s. раскаяніе; сожалѣніе; || va. vn. раскаиваться, сожалѣть, горевать; сострадать.

Rueful (*ру'-фул*) adj. плачевный, прискорбный, печальный

Ruefully (*ру'-фул-и*) adv плачевно, прискорбно, печально

Ruefulness (*ру'-фул-нес*) s. плачевность, прискорбность, печаль

Rueing (*ру'-инг*) s. оплакиваніе, сокрушеніе

Ruff (*рӧф*) s. брыжи; барабанный бой; окунь (рыба); особый видъ голубя; || va. волновать, тревожить

Ruffian (*рӧф'-йан*) s злодѣй, разбойникъ; || adj. звѣрскій, свирѣпый. || vn. злодѣйствовать, разбойничать; буянить.

Ruffian-like (*рӧф'-йан-лайк*) adj разбойничій, злодѣйскій

Ruffle (*рӧф'-фл*) s. манжета, шумъ, гвалтъ, тревога; барабанная дробь. || va. гофрировать, плоить; || мять, изминать, || безпокоить, растраивать.

Ruffling (*рӧф'-флинг*) s шумъ, сумятица, безпорядокъ, тревога.

Rufous (*ру'-фӧс*) adj красноватый, рыжій

Rug (*рӧг*) s грубая шерстяная матерія, мохнатый коверъ **A hearth—**, коверъ передъ каминомъ

Rugged (*рӧг'-гед*) adj грубый, суровый, мохнатый, шероховатый, жесткій, невѣжливый **A — surface**, неровная поверхность **A — look**, недовольный видъ

Ruggedly (*рӧг-гед-ли*) adv грубо, сурово, жестоко, строго.

Rugose (*ру-го'ос*), **Rugous** (*ру'-гӧс*) adj морщинистый.

Ruin (*ру'-ин*) s. паденіе, разрушеніе. **To bring one to —**, раззорить, погубить кого, || va. разрушать, || погубить; || vn разрушаться, развалиться

Ruinous (*ру'-ин-ӧс*) adj разрушающій, гибельный

Ruinously (*ру'-ин-ӧс-ли*) adv. разрушительно, пагубно, гибельно.

Ruinousness (*ру'-ин-ӧс-нес*) s. разрушительность, пагубность.

Rule (*рул*) s. линейка, образецъ, примѣръ; правило, порядокъ; власть, правительство, господство **To bear —**, править, командовать. **To lay down a —**, устанавливать правила. **To make it a — to**, ставить за правило. **— of three**, тройное правило. || va. линовать; || приводить въ порядокъ; установлять, вести, владѣть. **To — one's life**, распоряжаться собой. **Be ruled by me**, позвольте мнѣ васъ направлять. **To — paper**, линовать бумагу, || vn. властвовать, господствовать, владѣть, управлять.

Ruler (*рул'-ер*) s правитель, повелитель; || линейка.

Rum (*рӧм*) s. ромъ, || adj. странный, чудный

Rumble (*рӧм'-бл*) va тихо гремѣть, шумѣть, журчать; || s. гулъ, раскатъ; ворчаніе, сидѣніе сзади экипажа.

Rumbler (*рӧм'-блер*) s. тотъ или то, что гремитъ, шумитъ, журчитъ.

Ruminant (*ру'-ми-нӑнт*) adj. отрыгающій жвачку, || s жвачное животное

Ruminate (*ру'-ми-нэт*) va. vn отрыгать жвачку, || * пережевывать, обдумывать

Rumination (*ру-ми-нэ'-шӧн*) s. отрыганіе, пережевываніе; || * обдумываніе

Ruminator (*ру'-ми-нэ-тор*) s. обдумывающій, размышляющій.

Rummage (*рӧм'-мэдж*) va. vn искать, рыться, шарить, перерывать; передвигать, переставлять, || s шаренье, переноска

Rumour (*ру'-мӧр*) s. молва, слухъ; сплетня, || va. разглашать

Rumourer (*ру'-мӧр-ер*) s разглашатель, сплетникъ

Rump (*рӧмп*) s. крестецъ, задъ, задница, крупъ (лошади), гузка (птицы) **The — Parliament**, насмѣшливое прозвище парламента при Кромвелѣ.

Rumple (*рӧм'-пл*) s морщина, складка; || va. мять, смять

Rupmus (*рӧм'-пӧс*) s. сумятица, шумъ, переполохъ.

Run (*рӧн*) vn бѣжать, бѣгать, течь, литься, пробѣгать, проходить, ходить, клониться, направляться **To — after one**, бѣжать за кѣмъ **Time runs on** время идетъ. **This barrel runs**, этотъ боченокъ течетъ **To — mad**, сходить съ ума **This bill ran thirty days**, этотъ вексель былъ срокомъ на тридцать дней **To — against**, набѣжать, наскочить, столкнуться. **To — aground**, наскочить на мель, на камень **To — ahead**, забѣгать впередъ. **To — away**, убѣжать, удрать **To — away with**, уносить, похищать **To — back**, бѣжать назадъ, идти вспять **To — down**, стекать, сочиться (о жидкости). **To — for**, бѣжать за чѣмъ, доставать что **To — into, in**, вбѣгать, входить. **To — off**, убѣжать; утечь. **To — on**, продолжать, слѣдовать. **To — out**, оканчиваться, истекать **To — over**, выходить изъ береговъ (о рѣкѣ). **To — up**, возвышаться, подниматься, расти || va преслѣдовать, гоняться, гнаться за кѣмъ, пронизывать, вонзать, пропускать; ударить, натолкнуть. **He runs two dangers**, онъ подвергается двумъ опасностямъ. **To — ship aground**, выбросить судно на берегъ. **To — a riband in a ring**, продѣть въ кольцо ленту. **To — down**, загнать. **To — out**, кончить, окончить, прекращать. **To — over**, переѣхать черезъ, опрокинуть. **To — over a book**, пробѣжать книгу, слегка просмотрѣть книгу **To — up**, возвышать, подымать. || s. бѣгъ, бѣготня; || поѣздка, прогулка; || теченіе; продолженіе, послѣдствіе; || успѣхъ, ходъ; переходъ. **In the long —**, впослѣдствіи. **This piece had a long —**, эта піеса шла на сценѣ долгое время, эта піеса имѣла успѣхъ.

Runagate (*рнѐ'-ā-гэт*) s. ренегатъ, дезертиръ, бѣглецъ

Runaway (*рōн'-ā-уэй*) s. бѣглецъ, дезертиръ; || adj бѣглый; сбѣжавшій

Rundle (*рōн'-дл*) s ступенька, перекладина, валъ.

Rundlet (*рōнд'-лет*), **Runlet** (*рōн'-лет*) s небольшой боченокъ

Runer (*рун'-ср*) s. бардъ, пѣвецъ (у кельтовъ)

Runes (*рунз*) s. pl руны

Rung (*рōнг*) s перекладина, ступенька (у лѣсницы). || колъ, дубина.

Ruic (*ру'-ник*) adj руническій.

Runner (*рōн'-нер*) s. бѣгунъ, скороходъ; курьеръ, (бот.) побѣгъ, отростокъ, верхній жерновъ (на мельницѣ); (мор.) лопарь

Runnet (*рōн'-нет*) s. сывороточная закваска

Running (*рōн'-инг*) s. бѣгъ, бѣганіе; истеченіе, отдѣленіе; отливка, выливаніе, литье; || adj. бѣгущій, бѣгучій, текущій; || вылѣляющійся, скаковый, рысистый **— account**, текущій счетъ

Runt (*рōнт*) s. ублюдокъ, малорослое (животное)

Rupture (*рōпть-юр*) s переломъ, разломъ, разрывъ, перерывъ, разладъ; || (мед.) грыжа, кила || va ломать, переламывать || vn ломаться, разрываться, || надорваться, надсадиться

Rural (*ру'-рāл*) adj деревенскій, сельскій

Rurally (*ру'-рāл-и*) adv по деревенски, по сельски, какъ въ деревнѣ.

Ruralness (*ру'-рāл-нес*) s. деревенскій, сельскій характеръ чего, деревенщина.

Ruse (*рус*) s. хитрость.

Rush (*рōш*) s. камышъ, тростникъ || пустяки, бездѣлица, ничто || скорый бѣгъ, напоръ, наплывъ, натискъ, порывъ **There was a — at the door**, произошла давка у дверей. **It is not worth a —**, это выѣденнаго яйца не стоитъ, это ничего не стоитъ. **— -candle**, **— -light**, ночникъ, || * слабый свѣтъ. **— -like**, похожій на тростникъ; || * слабый || vn кидаться, стремиться **To — forward**, бросаться впередъ. **To — out**, быстро выходить.

Rushiness (*рōш'-и-нес*) s изобиліе камыша.

Rushing (*рōш'-инг*) s. быстрый бѣгъ, натискъ, напоръ, порывъ, шумъ

Russ (*рōс*) adj русскій, || s. русскій

Russet (*рос'-сет*) adj. рыжевато-бурый; || деревенскій, простой

Russet (*рōс'-сет*), **Russeting** (*рōс'-сет-инг*) s ренетъ (родъ груши и яблоки).

Russia (*рōш'-и-ā*) npr Россія

Russian (*рōш'-и-āн*) s русскій || adj. русскій.

Rust (*рōст*) s. ржа, ржавчина, головня (въ хлѣбахъ). || vn ржавѣть; горкнуть (о салѣ). || va ржавить; || притуплять.

Rustic (*рōс'-тик*) s мужикъ, деревенщина; || adj сельскій, деревенскій, простой

Rustic (*рōс'-тик*), **Rustical** (*рōс-тик-āл*) adj деревенскій, мужицкій; грубый. **A — dwelling**, деревенское жилище

Rustically (*рōс'-тик-āл-и*) adv помужицки, грубо

Rusticate (*рōс'-тик-эт*) va удалить въ деревню; || vn жить въ деревнѣ.

Rusticity (*рōс-тис'-и-ти*) s деревенскій бытъ, простота

Rustily (*рōст'-и-ли*) adv. ржаво; || грубо

Rustiness (*рост'-и-нес*) s. ржавость; || прогорклость (сала).
Rustle (*рос'-л*) vn. шумѣть, шелестѣть; || s. легкій шумъ, шорохъ
Rustling (*рос'-линг*) s. шорохъ, шелесть, звяканіе (оружія), || adj шелестящій
Rusty (*рост'-и*) adj ржавый, || грубый; угрюмый
Rut (*рот*) s. расходка, течка (объ оленяхъ); колея, выбоина; || желобокъ, выемка
Ruth (*русз*) s. милосердіе, сострадание, жалость
Ruthful (*русз'-фул*) adj. милосердный, сострадательный, жалостливый
Ruthless (*русз'-лес*) adj. немилосердный, безжалостный, безсердечный.
Rutlessly (*русз'-лес-ли*) adv немилосердно, безжалостно, безсердечно.
Ruthlessness (*русз'-лес-нес*) s. безсердечіе, безжалостность, жестокость
Rutilant (*ру'-ти-лант*) adj лучезарный, сіяющій.
Ruttish (*рот'-тиш*) adj. похотливый, сладострастный.
Rutty (*рот'-ти*) adj изрѣзанный колеями.
Rye (*рай*) s. (бот.) рожь — **-bread**, ржаной хлѣбъ.

S.

S (эс) девятнадцатая буква англійской азбуки
Sabbath (*сăб'-бăсз*) s день отдохновенія, шабашъ, суббота (у евреевъ) — **-breaker**, нарушитель святости субботы
Sabian (*сэ'-би-ăн*) s. сабаистъ
Sable (*сэ'-бл*) s (зоол.) соболь, || соболій мѣхъ, || траурное одѣяніе. adj соболій, черный, траурный
Sabre (*сэ'-бер*) s сабля. || va рѣзать саблею
Sac (*сăк*) s (анат.) мошонка
Saccade (*сăк'-эд*) s дерганіе лошадя за узду
Sacchariferous (*сăк-кă-риф'-ерос*) adj сахароносный
Saccharify (*сăк-кăр'-и-фай*) va превращать въ сахаръ
Saccharine (*сăк'-кă-рин*) adj сахаристый, сахарный
Sacerdotal (*сăс-ер-до'о-тăл*) adj священническій, жреческій.
Sack (*сăк*) s. мѣшокъ, куль, сума, бурдюкъ, || xересъ (вино). **A — of flour**, мѣшокъ муки **To give the — to**, отказываться отъ должности — **-cloth**, ткань для мѣшковъ || va. класть (въ мѣшокъ); наливать (въ мѣхъ)
Sackage (*сăк'-эдж*) s. опустошение
Sackful (*сăк'-фул*) s полный мѣшокъ чего
Sacking (*сăк-инг*) s. дерюга, грубый холстъ
Sacrament (*сăк'-рă-мент*) s таинство, причастіе **To take the —**, причащаться
Sacred (*сэ'-кред*) adj святой, священный, духовный — **history**, священная исторія
Sacrifice (*сăк'-ри-файз*) s жертва, жертвоприношеніе, || va vn приносить жертву, жертвовать
Sacrilege (*сăк'-ри-ледж*) s святотатство.
Sacrilegious (*сак-ри-ли-джос*) adj святотатственный
Sacrilegiously (*сак-ри-ли'-джос*) adv святотатственно
Sacrilegiousness (*сак-ри-ли'джос-нес*) s святотатственность
Sacrist (*сэк-рист*), **Sacristan** (*сăк'-рис-тăн*) s пономарь, ключарь
Sacristy (*сăк'-ри-сти*) s. ризница.
Sad (*сăд*) adj печальный, опечаленный, задумчивый, дурной — **-hearted**, съ печальнымъ сердцемъ **To grow —**, дѣлаться печальнымъ **To make —**, опечаливать, огорчать **A — fellow**, скверный парень **A — affair**, непріятное дѣло
Sadden (*сăд'-дн*) va опечалить, || vn. печалиться, кручиниться, грустить
Saddle (*сăд-дл*) s сѣдло **Pack —**, вьючное сѣдло **A — of mutton**, бараній хребетъ **Side- —, a lady's —**, женское, дамское сѣдло **To vault into the —**, вскочить на сѣдло || va сѣдлать, вьючить **To — with**, осѣдлать — **-backed**, сѣдлистый — **-bags**, s pl сѣдельныя сумки — **-bow**, лука, арчакъ — **-cloth**, чепракъ — **-horse**, верховая лошадь — **-maker**, шорникъ
Saddler (*сăд'-длер*) s сѣдельный мастеръ, шорникъ
Saddlery (*сăд'-длер-и*) s сѣдельное мастерство
Sadly (*сăд'-ли*) adv печально, мрачно; несчастливо, нехорошо **He suffers —**, онъ жестоко страдаетъ
Sadness (*сăд'-нес*) s горе, печаль, грусть
Safe (*сэф*) adj цѣлый здравый, невредимый, надежный, дѣйствительный — **from**, огражденный отъ. — **and sound**, здравый и невредимый. **A — remedy**, хорошо дѣйствующее лекарство, вѣрное средство — **-conduct**,

пропускъ, охранный видъ. — **-guard**, гарантія безопасности. || va. спасать — **-keeping**, храненіе, охрана. — **bind**, — **find**, * осторожность есть мать безопасности || s надежное мѣсто для чего, кладовая, чуланъ.

Safely (*сэф'-ли*) adv безопасно; здраво, невредимо.

Safeness (*сэф'-нес*) s. безопасность.

Safety (*сэф'-ти*) s. безопасность, невредимость спасеніе. **To flee for —**, искать спасенія въ бѣгствѣ — **-belt**, спасательный поясъ — **-cock**, предохранительный клапанъ (въ машинѣ) — **-lamp**, предохранительная лампа (въ шахтахъ). — **-valve**, предохранительный клапанъ (въ пар. машинѣ)

Saffran (*сăф'-фрън*) s. (бот.) шафранъ. — **coloured**, шафроноваго цвѣта. || adj шафранный; темножелтый. || va. красить, приправлять шафраномъ.

Sag (*сăг*) s осѣданіе; || vn. склоняться, осѣдать; || va нагружать.

Sagacious (*са-гэ'-шъс*) adj. прозорливый, проницательный, чуткій; разсудительный

Sagaciously (*сă-гэ'-шъс-ли*) adv прозорливо, проницательно, чутко; разсудительно.

Sagaciousness (*сă-гэ'-шъс-нес*) **Sagacity** (*сă-гăс'-и-ти*) s. прозорливость, проницательность, чуткость, разсудительность, тонкоость, острота (чутья).

Sage (*сэдж*) s. мудрецъ, мудрый; (бот.) шалфей; || adj мудрый, умный, благоразумный, важный, степенный

Sagely (*сэдж'-ли*) adv мудро, умно, благоразумно; важно, степенно.

Sageness (*сэдж'-нес*) s. мудрость, благоразуміе; важность, степенность.

Sagittal (*сăдж'-ит-ăл*) adj стрѣловидный, стрѣльчатый

Sagittate (*сăдж' - ит - тэт*) adj (бот.) стрѣловидный

Sago (*сэ'-го*) s. саго

Sagoin (*сă-гойн'*) s. сагуинъ (обезьяна)

Sagy (*сэ'-джи*) adj шалфейный

Said (*сед*) adj сказанный, упомянутый **The — house**, указанный домъ.

Sail (*сэл*) s. парусъ, || крыло, вѣялка, плаваніе на парусномъ суднѣ **Fore —**, фокъ. **Main —**, гротъ. **Mizzen —**, бизань **To set —**, распустить парусъ **All —s set, all —s**, на всѣхъ парусахъ. **| cloth**, парусина. — **maker**. парусникъ. — **-yard**, рея || vn плыть, идти подъ парусами, поднимать паруса, кататься по морю. **To — from**, удаляться **To — along the coast**, огибать берегъ. **To — into a port**, направляться въ портъ **To — up a river**, подыматься вверхъ по рѣкѣ. — **down a river**, спускаться внизъ по рѣкѣ

Sailable (*сэл'-ă-бл*) adj судоходный

Sailer (*сэл'-ер*) s. парусное судно. **She is a —**, это хорошее парусное судно

Sailing (*сэл'-инг*) adj парусный, плывущій; || s. плаваніе, навигація — **-match**, гонка на парусахъ — **-order**, приказъ объ отплытіи — **ship**, парусное судно

Sailor (*сэл'-ър*) s. морякъ, матросъ **Fresh-water —**, прѣсноводный морякъ

Saint (*сэнт*) s святой — **-like**, похожій на святаго, приличествующій святому **All saints' day**, день всѣхъ святыхъ; || va канонизировать, причислять къ лику святыхъ

Saintly (*сэнт'-ли*) adv свято.

Sake (*сэк*) s. цѣль, намѣреніе, причина, любовь, уваженіе **For God's —**, ради Бога. **For pity's —**, изъ жалости. **For your —**, ради вашей пользы.

Sal (*сăл*) s. (фарм.) соль.

Salacious (*сă-лэ'-шъс*) adj пылкій, страстный; сладострастный.

Salaciously (*сă-лэ'-шъс-ли*) adv пылко, страстно, сладострастно

Salaciousness (*сă-лэ' - шъс-нес*). **Salacity** (*сă-лăс'-и-ти*) s пылкость, страстность. сладострастность.

Salad (*сăл'-ăд*) s. салатъ. **Corn —**, (бот.) маунпца. — **-bowl**, салатникъ.

Salading (*сăл'-ăд-инг*) s. зелень для салата.

Salamander (*сăл'-ă-мăн-дер*) s. саламандра

Salaried (*сăл-ă-рид*) adj. состоящій на жалованьѣ

Salary (*сăл'-ă-ри*) s. жалованье, окладъ. || va. давать жалованье

Sale (*сэл*) s. продажа, распродажа, сбытъ. **Private —**, продажа по взаимному соглашенію. — **by auction**, продажа съ аукціона. — **room**, аукціонная зала — **-work**, товаръ сдѣланный на продажу.

Salesman (*сэлз'-мăн*) s. продавецъ, торговецъ, || скотопромышленникъ

Salic (*сăл'-ик*) adj. салическій. **The — law**, салическій законъ

Salient (*сэ'-ли-ент*) adj. выдающійся, выпуклый, рельефный; скачущій.

Saliferous (*сă-лиф-ер-ŏс*) adj содержащій въ себѣ соль

Salifiable (*сал'-и-фай-ă-бл*) adj (хим.) солетворный

Salification (*сăл-й-фи-кэ'-шŏн*) s (хим.) образованіе солей

Salify (*сăл'-и-фай*) va (хим.) превращать въ соль

Saline (*сă-лайн'*) adj соляной; || s солончакъ, соляной источникъ

Salinous (*сă-лайн'-ŏс*) adj соляной, соляный

Saliva (*сă-лай'-вă*) s слюна.

Sallow (*сăл'-лоу*) adj блѣдный, желтоватый

Sallowness (*сăл'-лоу-нес*) s блѣдность, желтоватость

Sally (*сăл'-ли*) s. выходка, вспышка, || поѣздка, (воен.) вылазка — **-port**, подземный ходъ изъ крѣпости; || va. вырваться

Sally (*сăл'-ли*) npr. demin **de Sarah** [нигретъ, смѣсь

Salmagundi (*сăл-мă-гŏн'-ди*) s ви-

Salmon (*сăм'-ŏн*) s. лосось, семга — **-trout**, лаксфорель, пеструшка (рыба)

Saloon (*сă-лун'*) s зала, гостиная — **passengers**, залъ ожиданія пассажировъ перваго класса

Salt (*солт*) s соль, || *острота, колкость **Rock —**, каменная соль **Sea —**, морская соль **Bay —**, сѣрая соль. **Not to be worth one's —**, не стоющій корма. **Epsom —s**, англійская соль; || adj соленый, изобилующій солью, просольный; рѣзкій, ѣдкій; похотливый, сладострастный — **cellar**, солонка. — **-fish**, просольная рыба — **-maker**, солеваръ — **-marsh**, сололончакъ. — **-meat**, солонина — **-works**, солеварня || va. vn солить, просаливать.

Saltation (*сăл-тэ'-шŏн*) s. прыганіе, скаканіе

Salter (*сŏлт'-ер*) s солильщикъ, солеваръ [соленая варница.

Saltern (*солт'-ерн*) s. солеварня.

Salting (*солт'-инг*) s соленіе

Saltness (*солт'-нес*) s. соленость, соленоватость

Saltpetre (*солт-пи'-тер*) s. селитра.

Saltpetrous (*солт'-пи-трŏс*) adj. селитренный

Salubrious (*са-лью'-бри-ŏс*) adj здоровый [adv здорово

Salubriously (*сă-лью'-бри-ŏс-ли*)

Salubriousness (*сă-лью'-бри-ŏс-нес*), **Salubrity** (*сă-лью'-бри-ти*) s. хорошее состояніе здоровья

Salutary (*сăль'-ю-тă-ри*) adj цѣлительный, цѣлебный

Salutation (*сăль'-ю-тэ'-шŏн*) s поклонъ, привѣтствіе

Salute (*сă-льют'*) s. поклонъ привѣтъ (воен.) салютъ || va привѣтствовать, кланяться; цѣловать; (воен.) салютировать. **To return a—**, отдать салютъ. **To fire a —**, сдѣлать салютъ.

Saluter (*сă-льют'-ер*) s привѣтствующій, кланяющійся.

Salvage (*сăл'-вэдж*) s. вознагражденіе за спасеніе корабля и его груза

Salvation (*сăл-вэ'-шŏн*) s спасеніе — **army**, армія спасенія

Salve (*са'ав*) s. мазь, помада, пластырь — **for every sore**, мазь отъ всякихъ болѣзней; || va. излечивать, врачевать, прикладывать пластырь [дечко.

Salver (*сăл'-вер*) s. подносъ, блю-

Salvo (*сăл'-во*) s. исключеніе, изъятіе, отговорка, увертка, (воен.) залпъ [негра и мулатки

Sambo (*сăм'-бо*) s. родившійся отъ

Same (*сэм*) adj самый, тотъ самый, одинаковый, сходный, тождественный. **It is the —**, это одно и тоже **Much about the — as**, почти такъ же, почти тоже **If it is the — for you**, если вамъ все равно

Sameness (*сэм'-нес*) s тождество, одинаковость, сходство.

Sample (*сăм'-пл*) s образчикъ, примѣръ, || va. показывать примѣръ, дѣлать образчики

Sampler (*сăм'-плер*) s модель, выкройка, образцы мѣтокъ

Sanable (*сăн'-ă-бл*) adj излѣчимый, исцѣлимый.

Sanatory (*сăн'-ă-тŏ-ри*) adj гигіеническій

Sanctification (*сăнк-ти-фи-кэшŏн*) освященіе, посвященіе.

Sanctifier (*сăнк'-ти-фай-ер*) s. освятитель, освящающій

Sanctify (*сăнк'-ти-фай*) va. святить, освящать [adj освящающій

Sanctifying (*сăнк'-ти-фай-инг*)

Sanctimonious (*сăнк-ти-мо'о-ни-ŏс*) adj святой, набожный, || ханжеской

Sanctimoniously (*сăнк-ти-мо'о-ни-ŏс-ли*) adv свято, набожно; || лицемѣрно.

Sanctimoniousness (*сăнк-ти-мо'о-ни-ŏс-нес*) s святость, набожность || ханжество

Sanctitude (*сăнк'-ти-тьюд*) s. святость

Sanctity (*сăнк'-ти-ти*) s святость

Sanctuary (*сăнктъ'-ю-ă-ри*) s святая святыхъ, святилище храмъ; алтарь. || убѣжище **To take — under ground**, спрятаться подъ землю

Sand (*сăнд*) s песокъ, гравій, песчинка. || **—s**, s pl пески мель, отмель **To be unbedded in the —**, засѣсть въ песокъ. **On the —s**,

на морскомъ берегу, на пляжѣ — **bag,** мѣшокъ съ пескомъ. — **-bank,** отмель, песчаный наносъ. **To run on a — -bank,** налетѣть на мель. — **-drift,** куча наносного песку. — **-flood,** масса песку, переносимая по степи — **-glass,** песочные часы; || va. усыпать пескомъ.

Sandal (*сăн'-дăл*) s. сандалія, туфля.

Sanded (*сăнд'-ед*) adj. усыпанный пескомъ, песчаный, песочный.

Sanders (*сăн'-ерз*) s. (бот.) сандалъ.

Sandiness (*сăнд'-и-нес*) s. песчаность, песочность.

Sandish (*сăнд'-иш*) adj. зыбкій, песочный

Sandstone (*сăнд'-стон*) s. песчаникъ

Sandwich (*сăнд'-уич*) s. бутербродъ, тартинка

Sandy (*сăнд'-и*) adj. песчаный, песочный; || * непрочный; || рыжій — **-haired,** рыжеволосый

Sane (*сэн*) adj. здоровый, здравый; здравомыслящій.

Saneness (*сэн'-нес*) s. здоровость, здравіе; здравомысліе.

Sanguiferous (*сăнг-гуиф'-ер-ŏс*) adj. (анат.) кровеносный

Sanguine (*сăнг'-гуин*) adj. кровяного цвѣта, багровый; || полнокровный; горячій.

Sanguinely (*сăнг'-гуин-ли*) adv горячо, пылко

Sanguineness (*сăнг'-гуин-нес*) s. полнокровіе, горячность, пылкость.

Sanguineous (*сăнг-гуин'-и-ŏс*) adj. кровяной, полнокровный; сангвиническій.

Sanitary (*сăн'-и-тă-ри*) adj. санитарный.

Sanity (*сăн'-и-ти*) s. здравость; здравый смыслъ

Sanscrit (*сăн'-скрит*) s. санскритскій языкъ.

Sap (*сăп*) s. (бот.) сокъ (растеній), заболонь, мязга (дерево); || (воен.) подкопъ || va. подкапывать, подрываться **To — a wall,** подрываться подъ стѣну, разрушать стѣну

Sapid (*сăп'-ид*) adj. вкусный, вкусовой

Sapience (*сэ'-пи-ŏнс*) s. мудрость, премудрость, разумность

Sapient (*сэ'-пи-ент*) adj. мудрый, премудрый, разумный

Sapless (*сăп'-лес*) adj. безсочный, сухой, высохшій.

Sapling (*сăп'-линг*) s. молодое деревцо; пересадный черешокъ

Saponaceous (*сăп-о-нэ'-шŏс*) adj. мыльный, мылистый

Saponification (*сă-пон-и-фи-кэ'-шŏн*) s. превращеніе въ мыло

Saponify (*сă-пон'-и-фай*) vn. превращаться въ мыло.

Sapor (*сэ'-пŏр*) s. вкусъ, смачность

Sapphire (*сăф'-айр*) s. сапфиръ

Sappiness (*сăп'-пи-нес*) s. сочность

Sappy (*сăп'-пи*) adj. сочный; нѣжный, молодой

Saraband (*сăр'-а-бăнд*) s. сарабанда (танецъ)

Sarcasm (*сăр'-казм*) s. сарказмъ, язвительная насмѣшка.

Sarcastic (*сар'-кăс-тик*), **Sarcastical** (*сар'-кăс-тик-ăл*) adj. саркастическій, насмѣшливый

Sarcophagus (*сар-коф'-ă-гŏс*) s. саркофагъ; парадная гробница.

Sardine (*сар'-дин*) s. сардинка (рыба)

Sardonyx (*сар-до-никс*) s. (мин.) сардониксъ.

Sash (*сăш*) s. поясъ, кушакъ; шарфъ, оконная рама. — **window,** подъемное окошко || va. опоясать, выставлять оконныя рамы

Satan (*сэ'-тăн*) s. сатана, діаволъ

Satanic (*са-тăн'-ик*), **Satanical** (*са-тăн'-ик-ăл*) adj. сатаническій, діавольскій

Satanically (*са-тăн'-ик-ăл-и*) adv. сатанически, діавольски

Satchel (*сăч'-ел*) s. мѣшокъ для анчи, маленькій мѣшокъ

Sate (*сэт*) va. насыпать, накормить

Satellite (*сăт'-ел-лайт*) s. (астр.) спутникъ, послѣдователь

Satiate (*сэ'-ши-эт*) va. насыщать, удовлетворять, переполнять. || adj. насыщенный

Satiation (*сэ-ши-э'-шŏн*), **Satiety** (*сă-тай'-и-ти*) s. насыщеніе, сытость.

Satin (*сăт'-ин*) s. атласъ, || adj. атласный

Satiny (*сăт'-и-ни*) adj. атласистый

Satire (*сăт'-айр*) s. сатира, насмѣшка.

Satiric (*сă-тир'-ик*), **Satirical** (*сă-тир'-ик-ăл*) adj. сатирическій, язвительный

Satirically (*сă-тир'-ик-ăл-и*) adv. сатирически, язвительно

Satisfaction (*сăт-и-фăк'-шŏн*) s. удовлетвореніе, удовольствіе

Satisfactory (*сăт'-ис-фăк'-тŏ-ри*) adj. удовлетворительный; достаточный

Satisfy (*сăт'-ис-фай*) va. vn. удовлетворять, довольствоваться **I satisfied myself that,** я убѣдился что

Satrap (*сэ'-трăп*) s. сатрапъ

Saturate (*сăть'-ю-рэт*) va. (хим.) насыщать

Saturday (*сăт'-ŏр-дэй*) s. суббота

Saturn (*сăт'-ŏрн*) s. (миѳ.) Сатурнъ

Satyr (*сэ'-тŏр*) s. (миѳ.) сатиръ

Sauce (*со'ос*) s. соусъ, подливка, приправа. || дерзость. **None of your —,** не говорите дерзостей — **-boat,** соусникъ. — **-pan,** кастрюлька для соуса. || va. приправлять соусомъ; || * разнообразить || говорить дерзости

Saucer (*со'о-сер*) s. соусникъ
Saucily (*со'о-си-ли*) adv дерзко, нагло, нахально.
Sauciness (*со'о-си-нес*) s. дерзость наглость, нахальство
Saucisse (*со-сис'*) **Saucission** (*со-сис-сон'*) s (воен.) сосисъ, пороховая кишка.
Saucy (*со'о-си*) adj дерзкій, наглый, нахальный
Saunter (*сан'-тер*) vn ходить безъ цѣли, шататься **To — down,** шляться. **To — about the streets,** бродить по улицѣ. || s блужданіе
Saunterer (*сан'-тер-ер*) s шатунъ, праздношатающійся
Saurian (*со'о-ри-ăн*) adj. ящеричный; || s. ящеричное животное
Sausage (*до'о-сэдж*) s сосиска, колбаса.
Savage (*сăв'-эдж*) adj. дикій, варварскій; || s. дикарь, варваръ.
Savagery (*сăв'-эдж-ри*) s. дикость, необузданность, лютость, варварство. [(равнина)
Savanna (*сă-вăн'-на*) s. саванна
Save (*сэв*) va. спасать, охранять; беречь; избѣгать. **I saved your life,** я спасъ вамъ жизнь. **To — money,** беречь деньги. **To — an expense,** избѣгать расходовъ. || vn. экономничать. || prep. исключая, за исключеніемъ, развѣ.
Save-all (*сэв'-ол*) s. подставка для огарка. [шій сортъ колбасы.
Saveloy (*сăв'-и-лой*) s. сосиска, низ-
Saver (*сэв'-ер*) s. спаситель, избавитель. [женіе; запасъ.
Saving (*сэв'-инг*) s. спасеніе; || сбе-
Savingness (*сăв'-инг-нес*) s. бережливость.
Saviour (*сэв'-и-ŏр*) s. спаситель.
Savour (*сэ'-вŏр*) s. вкусъ, запахъ, духъ; || характеръ. **Sweet —,** пріятный запахъ. || vn имѣть вкусъ, пахнуть; отзываться. **That opinion savours of heresy,** это мнѣніе пахнетъ ересью || va. обонять, нюхать, вкушать.
Savourless (*сэ'-вŏр-лес*) adj. безвкусный; безъ запаха.
Savourly (*сэ'-вŏр-ли*) adj хорошо приправленный, вкусный
Savoury (*сэ'-вŏр-и*) adj. вкусный, благовонный
Savoy (*са-вой'*) s. кудрявая капуста; || npr (геогр.) Савойя
Saw (*со'о*) s. пила, пилка, || поговорка. **An old —,** старая поговорка. || vn va. пилить, распиливать; проводить, мистифицировать кого. **— -blade,** лезвее пилы. **— -dust,** опилки; **— -like,** зубчатый; || * нестройный, грубый. **— -mill,** пильный заводъ.
Sawyer (*со'о-йер*) s. пильщикъ.

Saxony (*сак'-со-ни*) npr. (геогр.) Саксонія
Say (*сэй*) va. говорить, сказывать; || повторять, читать наизусть **To — again,** повторять **To — one's prayers,** произносить молитвы **To — a lesson,** повторять урокъ **To — a thing and do it,** говорить и поступать согласно словамъ. || vn говорить. **That is to —,** то есть т. е. **To—on,** все время говорить, продолжать. **I —!** послушайте! || s слово, рѣчь. **To have one's —,** сказать свое слово.
Saying (*сэи-инг*) s слово, рѣчь, выраженіе, поговорка, пословица. **— and doing are different things,** говорить и дѣлать двѣ вещи разныя **As the — is,** какъ говорятъ.
Scab (*скăб*) s (мед.) струпъ, (вет.) короста, чесотка, шелуди
Scabbard (*скăб'-бăрд*) s ножны || va. влагать въ ножны
Scabbed (*скăб'-бед*) adj. покрытый струпьями, паршивый.
Scabious (*скэ'-би-ŏс*) adj чесоточный, шелудивый.
Scabrous (*скэ'-брŏс*) adj. шероховатый, грубый
Scaffold (*скăф'-фолд*) s. подмостки лѣса; эстрада, эшафотъ. **To erect a —,** сооружать эшафотъ **To ascend the —,** подниматься на эшафотъ. || va строить, воздвигать подмостки
Scalable (*скэл'-ă-бл*) adj. легкій, удобный для приступа.
Scald (*сколд*) va. обваривать, отваривать, кипятить. **A scalded cat dreads cold water.** * обжегшійся на молокѣ и на воду дуетъ. || s. ожогъ, обжогъ (кипяткомъ). || adj. жалкій, несчастный
Scalding (*сколд'-инг*) s обварка; ожогъ. **— water,** кипящая вода
Scale (*скэл*) s. чаша, чашка вѣсовъ, (астр.) Вѣсы; || масштабъ, скала, мѣра; рядъ, постепенность; чешуя (рыбы), (муз.) гамма; лѣстница: накипь, слой. **On a large —,** въ широкомъ размѣрѣ **Sliding —,** подвижная скала. **— -beam,** коромысло у вѣсовъ. **— board,** спускальная доска. || va взбираться по лѣстницѣ; вѣсить, мѣрить; очищать чешую; || vn. снимать накипь, слои, распространять, || vn. отдѣляться
Scaled (*скэлд*) adj. чешуйчатый.
Scaling (*скэл'-инг*) s. **— -ladder,** штурмовая лѣстница.
Scallop (*скол'-лŏп*) s. гребенка (рыба); зубецъ, фестонъ; || va. вырѣзывать (зубцы).

Scalp (*скäлп*) s скальпъ; || va скальпировать, снимать кожу съ черепа. [пель.
Scalpel (*скäл'-пел*) s. (хир.) скаль-
Scaly (*скэл'-и*) adj чешуйчатый, чешуеобразный; паршивый, жалкій.
Scamble (*скäм'-бл*) vn. хлопотать, суетиться; || va. раздирать; проматывать
Scammony (*скам'-мо-ни*) s. (бот.) скамонія, песья смерть.
Scamp (*скäмп*) s. негодяй, бездѣльникъ.
Scamper (*скäм'-пер*) vn. убѣгать со всѣхъ ногъ; || s. утёкъ, поспѣшное бѣгство. [ный
Scampish (*скäм'-пиш*) adj. безпут-
Scan (*скäн*) va изучать подробно, подыматься по ступенямъ.
Scandal (*скäн'-дäл*) s. скандалъ, срамъ, позоръ, безчестіе **To raise a —**, поднимать скандалъ. **To bring — upon**, быть предметомъ стыда.
Scandinavia (*скäн-ди-нэ'-ви-а*) npr (геогр.) Скандинавія.
Scanning (*скäн'-инг*) s. тщательное изслѣдованіе, изученіе; скандированіе (стиховъ).
Scant (*скäнт*) va ограничивать, сокращать, стѣснять. **To — one's self in a thing**, отказыват ьсебѣ въ чемъ. || vn слабѣть, уменьшаться
Scant (*скäнт*). **Scanty** (*скäнт'-и* adj недостаточный, ограниченный, короткій, узкій, скупой.
Scantily (*скäнт'-и-ли*) adv. недостаточно, узко, скупо, бѣдно.
Scantiness (*скäнт'-и-нес*) s. недостаточность, скудность, узкость, бѣдность.
Scantle (*скäнт'-тл*) va недоставать; || va. ограничивать, сокращать.
Scape (*скэп*) s. (бот.) стебель, (арх). стержень; || побѣгъ, бѣгство; прихоть **— goat**, козелъ отпущенія. **— grace**, повѣса. || va. vn. см. **Escape**.
Scapement (*скэп'-мент*) s ходъ (часовъ). [лопатка.
Scapula (*скäпъ'-ю-ла*) s. (анат.)
Scar (*скар*) s. рубецъ, шрамъ; || va. дѣлать рубцы, шрамы
Scarab (*скäр'-äб*), **Scarabee** (*скäр'-ä-би*) s жукъ.
Scarce (*скэрс*) adj. рѣдкій, скучный. **Money is —**, деньги рѣдки. **Scarce** (*скэрс*), **Scarcely** (*скэрс'-ли*) adv едва, почти **— any thing**, почти ничто. **— ever**, (почти никогда
Scarceness (*скэрс'-нес*), **Scarcity** (*скäр'-си-ти*) s. недостатокъ, рѣдкость
Scare (*скэр*) va. пугать. **To — away** спугивать, спугнуть. **— -crow**, пугало.
Scarf (*скарф*) s. шарфъ; || замокъ, связка, соединеніе
Scarfed (*скарфт*) adj въ шарфѣ. || связанный, сплоченный.
Scarfskin (*скарф'-скин*) s эпидерма, верхній слой кожи.
Scarify (*скäр'-и-фай*) va. производить насѣчки [латина
Scarlatina (*скар-лä-ти'-на*) s скар-
Scarlet (*скäр'-лет*) s яркій багрецъ; || adj. ярко-красный
Scarp (*скарп*) s. перевязь, поясъ, шарфъ.
Scath (*скäсз*) va причинять вредъ, повреждать. [ный
Scathless (*скäсз'-лес*) adj безвред-
Scatter (*скäт'-тер*) va разсыпать, развивать, расточать. **To — abroad**, разсѣивать повсюду || vn. разсыпаться, развѣваться, разбрасываться. **— -brain**, вѣтренный человѣкъ.
Scattered (*скäт'-терд*) adj разбросанный; разсѣянный; безпорядочный
Scattering (*скäт'-тер-инг*) s разбрасываніе [сорщикъ
Scavenger (*скäв'-ен-джер*) s. му-
Scene (*син*) s. сцена; декораціи, мѣсто дѣйствія. **Side- —**, кулиса. **A — of sorrow**, юдоль плача. **Behind the — s**, за кулисами **— painter**, декораторъ
Scenery (*син'-ер-и*) s. театральная сцена; видъ; декораціи
Scenic (*сен'-ик*) **Scenical** (*сен'-ик-äл*) adj сценическій.
Scent (*сент*) s запахъ, духи, ароматъ; чутье (животныхъ); нюхъ || слѣдъ, путь. **— bottle**, флаконъ съ духами. **To be upon the right —**, идти по вѣрному слѣду **To throw off the —**, изловить, изобличить. || va vn обонять, вдыхать запахъ; надушить, || чуять, прослѣдовать по слѣдамъ.
Scentless (*сент'-лес*) adj. безъ запаха; || безъ чутья.
Sceptic (*скеп'-тик*) s. скептикъ.
Sceptic (*скеп'-тик*), **Sceptical** (*скеп'-тик-äл*) adj. скептическій.
Scepticalness (*скеп'-тик-äл-нес*), **Scepticism** (*скеп'-ти-сизм*) s. скептицизмъ.
Sceptre (*сеп'-тер*) s. скипетръ.
Schedule (*скедь'-юл*) s. свитокъ; роспись, опись, балансъ.
Scheme (*ским*) s. начертаніе, планъ, проектъ; схема. **To lay, to form a —**, составить проектъ, планъ. || va. vn. составить планы, проектировать

Schemer (*ским'-ер*) s. составитель плановъ, изобрѣтатель. прожектеръ. интриганъ.
Schism (*сизм*) s. расколъ.
Schismatic (*сиз-мат'-ик*) s. схизматикъ, раскольникъ. || adj. раскольническій.
Schismatical (*сиз-мăт'-ик-ăл*) adj. раскольническій
Schist (*шист*) s. сланецъ, шиферъ.
Scholar (*скŏл'-ăр*) s. ученикъ, школьникъ. || образованный, ученый. **Day —**, экстернъ
Scholarly (*скŏл'-ăр-ли*) adj. ученическій, школьный. || ученый.
Scholarship (*скŏл'-ăр-шип*) s. ученичество; образованіе. ученость. знаніе [схоластикъ.
Scholastic (*скŏ-лăс'-тик*) s.
School (*скул*) s. училище. школа, классъ. урокъ. || послѣдователи извѣстной школы. **Day —**, училище для приходящихъ. **Boarding —**, пансіонъ. **Infant —**, дѣтскій пріютъ. **— -boy**, ученикъ, школьникъ. **— -fellow**, соученикъ, товарищъ. **— -man**, схоластикъ. **— -room**, классъ, классная команда; || va. учить, воспитывать, наставлять, давать урокъ
Schooling (*скул'-инг*) s. ученіе. обученіе; наставленіе. плата за ученіе.
Schooner (*скун'-ер*) s. (мор.) шхуна.
Sciatic (*сай-ăт'-ик*), **Sciatical** (*сай-ăт'-ик-ăл*) adj. чрезсленный, бедренный
Science (*сай'-енс*) s. наука. знаніе.
Scientific (*сай-ен-тиф'-ик*), **Scientifical** (*сай-ен-тиф'-ик-ăл*) adj. научный, ученый
Scientifically (*сай-ен-тиф'-ик-ăл-и*) adv. научно. учено
Scintillate (*син'-ти-лэт*) vn. сверкать, мерцать. [знаніе
Sciolism (*сай'-о-лизм*) s. полу-
Scion (*сай'-он*) s. отростокъ дерева
Scirrhus (*скир'-рŏс*) s. (мед.) раковидная опухоль, скиррь.
Scission (*сиж'-ŏн*) s. раздѣленіе. разнятіе, разрѣзываніе
Scissors (*сиз'-зŏрс*) s. pl. ножницы
Scoff (*скоф*) va. vn. насмѣхаться; осмѣивать; || s. насмѣшка, осмѣяніе. [зубоскалъ.
Scoffer (*скоф'-ер*) s. насмѣшникъ,
Scoffing (*скоф'-инг*) adj. насмѣшливый; || s. насмѣшка, осмѣяніе
Scold (*скоуд*) va. vn. бранить, ругать, -ся, поносить. || s. брань, ругань; || крикунъ, брюзга; || сварливая баба.
Scolding (*ско'олд-инг*) adj. сварливый, бранчивый, крикливый.
Scoldingly (*ско'-олд-инг-ли*) adv сварливо, бранчиво, крикливо.

Scollop (*скол'-лŏп*) s. **Scallop.**
Sconce (*сконс*) s. футляръ, оболочка; шлемъ. черепъ. башка. || канделябръ; || штрафъ, пеня. || va. налагать штрафъ
Scoop (*скуп*) s. ковшъ. черпакъ. || va. черпать, вычерпывать
Scope (*скоп*) s. пространство, протяженіе, просторъ. свобода. своеволіе. **Have you — enough?** достаточно ли вамъ мѣста? **There's plenty of —**, много мѣста. **To have free —**, быть свободнымъ отъ стѣсненій
Scorbutic (*скор-бью'-тик*), **Scorbutical** (*скор-бью'-тик-ăл*) adj. скорбутный, цынготный.
Scorch (*скорч*) va. пряжигать, опалить; || vn. пригорать.
Scorching (*скорч'-инг*) adj. палящій.
Score (*ско'ор*) s. зарубка, нарѣзка; счетъ. статья счета. линія, черта. || причина, поводъ; || (муз.) партитура. **Three —**, шестьдесятъ. **Four —**, восемьдесятъ **On, upon the — of**, по статьѣ, на статьѣ. || va. зарубать, насѣкать; отмѣчать, вносить въ счетъ; (муз.) оркестровать.
Scorer (*ско'ор-ер*) s. маркеръ
Scoria (*ско'о-ри-ă*) s. окалина, шлакъ.
Scorify (*ско'о-ри-фай*) va. превравъ шлакъ
Scorn (*скорн*) s. презрѣніе, пренебреженіе; предметъ презрѣнія. **To treat one with —**, относиться къ кому либо съ презрѣніемъ. || va. vn. презирать, пренебрегать.
Scorner (*скорн'-ер*) s. презирающій.
Scornful (*скорн'-фул*) adj. презрительный, пренебрегающій
Scornfully (*скорн'-фул-и*) adv. презрительно, пренебрегающе
Scornfulness (*скорн'-фул-нес*) s. презрительность. пренебреженіе.
Scorpion (*скор'-пи-ŏн*) s. скорпіонъ (насѣкомое и созвѣздіе) **— grass**, незабудка (цвѣтокъ)
Scortatory (*скор'-тă-тŏ-ри*) adj. блудный; любострастный
Scot (*скот*) s. шотландецъ. || доля, часть; подать. пошлина **— free**, безпошлинный, здравый и невредимый.
Scotch (*скоч*) adj. шотланскій. || **— woman**, шотландка. || va. надрѣзывать (кору); || s. надрѣзъ. царапина. [Шотландія.
Scotland (*скот'-лăнд*) npr. (геогр.)
Scoundrel (*ска'ун-дрел*) s. бездѣльникъ, негодяй
Scour (*ска'ур*) va. vn. чистить, очищать, отчищать. || пробѣгать, обѣгать, || страдать поносомъ, давать слабительное

Scourge (*скöрдж*) s. плеть, бичъ хлыстъ. || va сѣчь, наказывать
Scourging (*скöрдж'-инг*) s. бичеваніе; наказаніе
Scout (*ска'уп*) s. (воен.) развѣдчикъ; || прислужникъ. (педель въ университетѣ); || va. надрѣзывать, развѣдывать; || насмѣхаться надъ кѣмъ
Scow (*ска'у*) s. плоскодонное судно
Scowl (*ска'ул*) va. vn. хмуриться. || s. нахмуренное лицо.
Scowling (*ска'ул-инг*) s. хмуреніе, нахмуренный видъ
Scrabble (*скрäб'-бл*) va. vn. серести, скоблить, карабкаться; пачкать; || s. скобленіе, царапаніе, || пачканіе
Scrag (*скрäг*) s. остовъ, скелетъ
Scraged (*скрä'-гед*), **Scraggy** (*скрäг'-ги*) adj. худой, тощій, шероховатый, грубый
Scraggily (*скрäг'-ги-ли*) adv. тоще, худощаво; шероховато
Scragginess (*скрäг'-ги-нес*) s. худоба, сухощавость, шероховатость
Scramble (*скрам'-бл*) vn. карабкаться. **To — for**, стараться наперерывъ захватить что. **To — up**, вскарабкаться, взлѣзать. || s. карабканіе, схватка, свалка.
Scranch (*скрäнч*) va. грызть, разгрызть
Scrap (*скрäп*) s. кусокъ, кусочекъ, клочокъ. **—-book**, альбомъ
Scrape (*скрэп*) va. vn. скрести, скоблить, отчищать, || собирать, сколачивать (деньги); топтать, шаркать ногами, сглаживать (неровности). || s. скобленіе, отскабливаніе, очищеніе. || топтаніе; неловкій поклонъ, затрудненіе.
Scraper (*скрэп'-ер*) s. скребокъ, || скупецъ. || плохой игрокъ на скрипкѣ.
Scraping (*скрэп'-инг*) s. скобленіе, очищеніе; || оскребки, пиликаніе (на скрипкѣ).
Scratch (*скрäч*) va. vn. чесать, царапать, рыть ногтями **To — out**, выцарапывать, вымарывать; || s. царапина. || * состязаніе, испытаніе. **Old —**, старый хрычъ
Scratcher (*скрäч'-ер*) s. тотъ *или* то, что царапаетъ, скребокъ.
Scrawl (*скро'ол*) va. vn. царапать, марать, нечисто писать; || s. царапаніе, мараніе (бумаги).
Scrawler (*скро'о-лер*) s. пачкунъ, бумагомаратель. [s. скрипъ
Screak (*скрик*) vn. скрипѣть; ||
Scream (*скрим*) s. крикъ, вопль, визгъ, || vn. кричать, вопить.
Screaming (*скрим'-инг*) s. крикъ, кричаніе
Screech (*скрич*) vn. кричать, визжать (о совѣ). || s. крикъ, визгъ (совы)
Screen (*скрин*) s. ширмы, экранъ абажуръ; || плетень. || * убѣжище, прикрытіе; || рѣшето; || va. прикрывать, защищать, просѣвать.
Screw (*скру*) s. винтъ. **—-driver**, отвертка. **— steamer**, винтовой пароходъ. || va. винтить, привинчивать, сжимать, гнести; сучить, вить. **To — down**, завинчивать **To — in**, ввинчивать **To — out**, вывинчивать. **To — up**, подвинчивать, подымать
Scribble (*скриб'-бл*) va. vn. писать каракули, марать бумагу. || s. каракули, маранье.
Scribbler (*скриб'-блер*) s. писака бумагомаратель.
Scribbling (*скриб'-блинг*) s. пачканіе, бумагомараніе
Scribe (*скрайб*) s. писарь, писецъ.
Scrip (*скрип*) s. мѣшочекъ; кусочекъ исписанной бумаги, квитанція о взносѣ денегъ
Script (*скрипт*) s. (тип.) рукописный шрифтъ. [библейскій
Scriptural (*скрипть'-юр-äл*) adj
Scripture (*скрипть-юр*) s. писаніе, надпись; библія
Scrivener (*скрив-нер*) s. нотаріусъ. денежный маклеръ
Scrofula (*скрофь-ю-лä*) s. (мед.) золотуха [лотушный
Scrofulous (*скрофь-ю-лöс*) adj. зо-
Scroll (*скро'ол*) s. свитокъ, свертокъ. (арх.) лѣпныя украшенія.
Scrotum (*скро'о-тöм*) s. (анат.) мошонка.
Scrub (*скрöб*) va. тереть, стирать, отчищать, || vn. трудиться, стараться. || s. труженикъ, чернорабочій; || ничтожная вещь **A dirty little — of a servant**, грязнушка. **Scrubbing brush**, щетка для чистки
Scrubby (*скрöб'-би*) adj. ничтожный, мелкій.
Scruple (*скру'-пл*) s. скрупулъ. || * очень маленькое количество; совѣстливость, сомнѣніе. || vn. совѣститься, колебаться, недоумѣвать. [s. совѣстливость
Scrupulosity (*скру-пью-лос'-и-ти*)
Scrupulous (*скру'-пью-лöс*) adj. совѣстливый, добросовѣстный
Scrupulously (*скру'-пью-лос-ли*) adv. совѣстливо, добросовѣстно.
Scrupulousness (*скру'-пью-лöс-нес*) s. см. **Scrupulosity**
Scrutable (*скру-тä-бл*) adj. могущій быть изслѣдованнымъ
Scrutinize (*скру'-ти-найз*) va. испытывать, изслѣдовать.
Scrutinizer (*скру-ти-наиз-ер*) s. испытатель, изслѣдователь

Scrutiny (*скру'-ти-ни*) s. испытаніе, изслѣдованіе
Scrutoire (*скру-туор'*) s. конторка. бюро
Scud (*скӧд*) va. vn. убѣгать. проходить, спасаться; (мор.) идти по вѣтру || s. убѣганіе; легкое облачко; ливень
Scuffle (*скӧф'-фл*) s. схватка, борьба; || vn бороться драться, ссориться.
Scuffler (*скӧф'-флер*) s борецъ. драчунъ
Scull (*скол*) s черепъ. || старъ (рыба) || яликъ, || кормовое весло. || va юлить весломъ на кормѣ
Sculler (*скӧл'-ер*) s яликъ. кормовщикъ
Scullery (*скӧл'-ер-и*) s чуланъ. кладовая
Scullion (*скӧл'-йӧн*) s кухонный мальчишка.
Sculptor (*скӧлп'-тӧр*) s скульпторъ. ваятель
Sculptural (*скӧлпть'-юр-ал*) adj скульптурный, ваятельный
Sculpture (*скӧлпть'-юр*) s скульптура. ваяніе; || ваять. высѣкать
Scum (*скӧм*) s. пѣна, накипь, окалина. шлакъ **The — of society**, подонки общества || va снимать пѣну
Scummer (*скӧм'-мер*) s уполовникъ, сниматель пѣны
Scummings (*скӧм'-мингз*) s. пѣна. накипь
Scupper (*скӧп'-пер*) s (мор.) жолобъ для стока вода
Scurf (*скӧрф*) s струпъ. короста. паршь
Scurfiness (*скӧрф-и-нес*) s лущеніе, лупленіе, струповатость
Scurfy (*скӧрф-и*) adj. струповатый. шелушащійся, лупящійся
Scurrility (*скӧр-рил'-и-ти*) s. грубость, непристойность
Scurrilous (*скӧр-рил-ӧс*) adj грубый, непристойный
Scurrilously (*скӧр-рил'-ӧс-ли*) adv грубо, непристойно
Scurrilousness (*скӧр-рил'-ӧс-нес*) s. грубость, непристойность
Scurvily (*скӧр'-ви-ли*) adv недостойно, позорно
Scurviness (*скӧр'-ви-нес*) s. недостойность, позорность
Scurvy (*скӧр'-ви*) s (мед.) цынга. скорбутъ; || adj цынготный. скорбутный; || жалкій. несчастный. низкій **A — fellow**, нищій **A — piece of business**, скверное дѣло
Scut (*скӧт*) s короткій хвостъ
Scutch (*скӧч*) va слегка выколачивать. мять, трепать.
Scutcheon (*скӧч'-ӧн*) s. щитъ герба, бляшка (у замка)
Scutiform (*скью'-ти-форм*) adj щитообразный
Scuttle (*скӧт'-тл*) s. корзина, ящикъ для угля, (агр.) вѣяло. вѣялка || скорый шагъ, || (мор.) люкъ, || vn быстро бѣжать. спѣшить. || va (мор.) погружать судно на дно. просверливая въ немъ дыры
Scythe (*сайсз*) s. коса. || va косить
Scythia (*сизс'-и-а*) npr (геог) Скиѳія (древнее названіе)
Scythian (*сизс'-и-ан*) s скиѳъ. || adj скиѳскій
Sea (*си*) s. море; волна, волненіе **At —**, въ морѣ. **Beyond the —**, за моремъ, въ чужихъ краяхъ. **To go to —**, пуститься въ море, сдѣлаться морякомъ **On the high —s**, въ открытомъ морѣ. **Half seas over**. * полупьяный. которому море по колѣно. **— -board**, выходящій на море; || adv. въ направленіи къ морю **— -bound**, предназначенный для моря **— -boy**, юнга **— -breeze**, морской вѣтерокъ **— -captain**, капитанъ морского судна. **— -coast**, морской берегъ **— -dog**, тюлень; акула **— -fight**, морское сраженіе **— -going**, мореходный плавающій въ открытомъ морѣ **— -gull**, чайка. **— -horse**, моржъ рѣчная лошадь **— -mew**, чайка. **— -piece**, (художн.) морской видъ **— -port**, приморскій городъ, приморская гавань **— -room**, открытое море. просторъ на морѣ **— -shell**, морская раковина. **— -shore**, морской берегъ **— sick**, страдающій морскою болѣзнью **— -sickness**, морская болѣзнь **— -side**, морской берегъ **— -tossed**, качаемый, омываемый волнами **— wall**, плотина, гать **— -weed**, водоросль. **— -worthy**, годный для морской службы. къ плаванію
Seafarer (*си'-фе-рер*) s мореходецъ, морякъ
Seafaring (*си'-фе-ринг*) adj мореходный
Seal (*сил*) s. (зоол) тюлень || печать, отпечатокъ. клеймо **Great —**, большая печать **Privy —** малая печать **To take off the —s**, снять печати **Under one's —**, частнымъ образомъ по частному соглашенію || va vn прикладывать печать, запечатывать; утверждать, закрѣплять. держать въ секретѣ. клеймить (мѣры, вѣсы); вмазывать (въ стѣну) **To — up**, запечатывать, опечатать. закрыть **His fate is sealed**. его судьба рѣшена
Sealer (*сил'-ер*) s. опечатывающій, налагающій клеймо, прикладывающій печать
Sealing (*сил'-инг*) s. припечатываніе, опечатываніе, приложеніе печати. клейма. вмазываніе; ловля тюленей. **— wax**, сургучъ

Seam (*сим*) s. шовъ, зашивка, сшивка, спай, смычка, рубецъ, шрамъ. (геол.) слой || va. сшивать зашивать, покрывать рубцами.

Seaman (*си'-мăн*) s. морякъ.

Seamanship (*си'-мăн-шип*) s. мореходство, морское дѣло.

Seamless (*сим'-лес*) adj. безъ шва

Seamstress (*сим'-стрес*) s. бѣлошвейка, швея.

Seamy (*сим'-и*) adj покрытый швами

Sear (*сир*) va прижигать, сушить, || adj. прижженный, высушенный, сухой — **-wood**, сушеное дерево — **cloth**, пластырь.

Search (*сöрч*) va. vn искать, отыскивать, обыскивать, осматривать испытывать, изслѣдовать. **To — a house**, дѣлать домовой обыскъ **To — out**, находить при помощи поисковъ, открывать. **To — for**, искать. **To — after**, искать. **To — into**, углубляться въ поиски. || s. поискъ, обыскъ, осмотръ, изслѣдованіе. **In — of**, въ поискахъ **Right of —**, право розыска. — **-warrant**, разрѣшеніе на производство обыска.

Searchable (*сöрч'-ă-бл*) adj. подлежащій обыску, изслѣдованію.

Searcher (*сöрч'-ер*) s. отыскиватель, обыскивающій, изслѣдователь.

Searching (*сöрч'-инг*) adj. проницательный, пронзительный, испытующій.

Searchless (*сöрч'-лес*) adj. непроницаемый, непостижимый

Searedness (*сир'-ед-нес*) s. отвердѣніе; нечувствительность.

Season (*си'-зн*) s. время года, сезонъ, время, пора, удобное время **Dull —**, печальное время года. **In —, in due —**, въ благопріятное время **Out of —**, не во-время, не въ пору, не кстати. **For a —**, на нѣкоторое время. || va. акклиматизировать, пріучать, приспособлять; приправлять. **To — a dish**, приправлять блюдо. **To — soldiers**, закалять солдатъ || vn поспѣвать, дѣлать годнымъ, сохнуть.

Seasonable (*си'-зн-ă-бл*) adj. благовременный, своевременный

Seasonableness (*си'-зн-ă-бл-нес*) s. благовременность, своевременность.

Seasonably (*си'-зн-ă-бл-и*) adv благовременно, своевременно

Seasoner (*си'-зн-ер*) s. приправляющій

Seasoning (*си'-зн-инг*) s. приправа

Seat (*сит*) s. стулъ, скамья, сѣдалище, мѣсто; || сидѣніе; мѣстопребываніе, жилище; мѣстоположеніе. **To keep one's —**, сидѣть **A bishop's —**, епископское мѣсто. **— in parliament**, мѣсто въ парламентѣ. **— of war**, мѣсто военныхъ дѣйствій. **To take a —**, занять мѣсто || va. сажать, посадить, помѣщать **Pray, be seated**, прошу садиться. **Have these chairs seated**, почините сидѣніе у этихъ стульевъ.

Seating (*сит'-инг*) s. сажаніе сидѣніе, мѣсто для сидѣнья у панталонъ.

Seauard (*си'-уăрд*) adj. направленный къ морю; || adv по направленію къ морю.

Sebaceous (*си-бэ'-шöс*) adj. (анат.) сальный.

Secant (*си'-кант*) adj (геом.) сѣкущая; || s. (мат.) секансъ.

Secede (*си-сид'*) vn. удаляться, отступать отъ чего.

Seceder (*си-сид'-ер*) s. отступникъ, раскольникъ.

Secession (*си-сеш'-öн*) s. отступленіе, разлученіе, разрывъ.

Seclude (*си-клюд'*) va. удалять, исключать.

Secluded (*си-клюд'-ед*) adj. уединенный; удаленный, исключенный.

Seclusion (*си-клю'-жöн*) s. уединеніе, удаленіе исключеніе.

Seclusive (*си-клю'-сив*) adj уединяющій, удаляющій, исключающій.

Second (*сек'-öнд*) adj. второй, другой; || уступающій, низшій; || нижній. — **rate**, второклассный. — **sight**, прозорливость. — **floor**, — **story**, второй этажъ. **Charles the —**, Карлъ II. **To be — to none**, никому не уступать. — **-hand**, изъ вторыхъ рукъ. — **-sighted**, прозорливый. || s. помощникъ; свидѣтель, секундантъ; (муз.) секунда; || va. помогать, поддерживать. **To — a resolution**, поддержать рѣшеніе.

Secondarily (*сек'-öнд-ă-ри-ли*) adv непрямо; во-вторыхъ.

Secondariness (*сек'-öнд-ă-ри-нес*) s. второстепенность.

Secondary (*сек'-öн-ă-ри*) adj. второстепенный, второклассный; || s. уполномоченный

Seconder (*сек'-öнд-ер*) s. помощникъ, поддерживающій.

Secondly (*сек'-öнд-ли*) adv вовторыхъ

Secrecy (*си'-кри-си*) s. тайна; уединенное мѣсто, убѣжище; || скромность. **In —**, въ секретѣ.

Secret (*си'-крет*) adj секретный, тайный. **To keep —**, хранить въ секретѣ || s. секретъ, тайна. **To tell one a —**, сообщить комулибо тайну.

Secretary (*сек'-ри-тā-ри*) s секретарь — **of state**, государственный секретарь
Secretaryship (*сек' - ри - та ри-шип*) s. секретаріатство
Secrete (*си-крит'*) va прятать укрывать; (физ.)
Secretion (*си-кри'-шŏн*) s. (физ.) выдѣленіе, секретъ.
Secretitious (*си-кри-тиш'-ŏс*) adj выдѣлительный
Secretivenes (*си-кри'-тив-нес*) s. скрытность. [ретно, тайно.
Secretly (*си'-крет-ли*) adv сек-
Secretness (*си'-крет-нес*) s секретность, таинственность
Secretory (*си'-кри-тŏ-ри*) adj выдѣлительный
Sect (*сект*) s. секта, толкъ
Sectarian (*сек-то'-ри-ăн*) s. сектантъ; || adj сектанскій, раскольничій [раскольникъ
Sectary (*сек'-тŏ-ри*) s сектантъ.
Section (*сек'-шŏн*) s. разсѣченіе; подраздѣленіе, раздѣлъ, секція
Sectional (*сек'-шŏн-ăл*) adj частичный
Sector (*сек'-тŏр*) s. (геом.)секторъ
Secular (*секъ'-ю-лăр*) adj. свѣтскій,мірской; земной; тлѣнный **The — arm**, свѣтская власть — **education**, свѣтское воспитаніе. || s. свѣтскій человѣкъ.
Secularity (*секъ-ю-лăр'-и-ти*) s. свѣтскость, суетность.
Secularization (*секъ-ю-лар-и-зэ-шŏн*) s. переходъ изъ духовнаго состоянія въ свѣтское
Secularize (*секъ'-ю-лăр-айз*) va обращать въ свѣтское состояніе
Secularly (*секъ'-ю-лăр-ли*) adv по-свѣтски, по-мірски
Secure (*си-кьюр'*) va спасать, защищать, обезпечивать, гарантировать, застраховывать, захватить, задержать, укрѣплять, заграждать. **To — a place**, удержать за собой мѣсто; || adj спасенный, защищенный, обезпеченный; застрахованный, гарантированный, увѣренный, самонадѣянный
Secureness (*си-кьюр-нес*) s безопасность, сохранность, надежность.
Security (*си-кью ри-ти*) s. безопасность, надежность, || охрана, защита, обреченіе; || самонадѣянность, || порука. **To give —**, дать обезпеченіе
Sedan-chair (*си-дăн'-чэр*) s носилки [ный, положительный
Sedate (*си-дэт'*) adj. тихій, покой-
Sedately (*си-дэт'-ли*) adv тихо покойно; положительно.
Sedateness (*си-дэт'-нес*) s спокойствіе, положительность, невозмутимость
Sedative (*сед'-ă-тив*) adj. унимающій боль. [осѣдлымъ образомъ.
Sedentarily (*сед'-ен-тă-ри-ли*) adv
Sedentariness (*сед'-ен-тă-ри-нес*) s осѣдлый образъ жизни, осѣдлость.
Sedentary (*се'д-ен-тă-ри*) adj.осѣдлый, недѣятельный.
Sedge (*седж*) s. осока (трава).
Sediment (*сед'-и-мент*) s.осадокъ, отстой
Sedimentary (*сед-и-мент' - ă - ри*) adj. осадочный, отстойный.
Sedition (*си-диш -ŏн*) s. возмущеніе, мятежъ, бунтъ
Seditionary (*си-диш'-он-ă-ри*) s. бунтовщикъ, мятежникъ.
Seditious (*си-диш'-ŏс*) adj мятежный [тежно.
Seditiously (*си-диш'-ŏс-ли*) adv: мя-
Seditiousness (*сидиш'-ŏс-нес*) s. мятежность
Seduce (*си-дьюс'*) va. соблазнять, обольщать, развращать, плѣнять
Seducement (*си-дьюс'-мент*) s. соблазнъ, обольщеніе, развращеніе, прельщеніе.
Seducer (*си-дьюс'-сер*) s. соблазнитель,обольститель, развратитель. плѣнитель
Seduction (*си-дŏк'-шŏн*) s.соблазнъ, обольщеніе, развращеніе, прельщеніе.
Seductive (*си-дŏк'-тив*) adj. соблазнительный, обольстительный, плѣнительный
Sedulity (*си-дью'-ли-ти*), **Sedulousness** (*седъ'-ю-лŏс-нес*) s. прилежаніе, усердіе
Sedulous (*седъ'-ю-лŏс*) adj. прилежный, усердный
Sedulously (*седъ -ю- лŏс-ли*) adv. прилежно. усердно.
See (*си*) va. vn видѣть, смотрѣть, наблюдать. **I — nothing**, я ничего не вижу.— **that all is ready**, смотрите чтобы всё было готово. **To — the world**, видѣть свѣтъ. **To — friends**, посѣщать друзей. **I will — you out**, я провожу васъ до двери. **To — away**, **to — off**, довести до экипажа. **To — in**, видѣть (входящихъ) **To — out**, отвести; || vn заботиться, остерегаться. **Let me —**, **let us —**, посмотримъ! **I —**, я вижу, я понимаю. **— to it**, подумайте объ этомъ. **Just — into that matter**, разсмотрите это дѣло.
Seed (*сид*) s. сѣмя; зерно; посѣвъ; племя, порода, потомство. **To run to —**, идти въ сѣмена; || vn. наливаться, сѣмениться; || va. сѣять, усѣвать. — **-cake**, лепешка съ анисомъ. — **corn**, зерно для по-

сѣва — **-pearl**, мелкій жемчугъ — **-time**, время посѣва. — **-vessel** (бот.) околоплодникъ

Seedling (*сид'-линг*) s. растеніе, выгнанное изъ сѣмени

Seedsman (*сидз'-ман*) s. торговецъ сѣменами, сѣятель.

Seedy (*сид'-и*) adj. зернистый, сѣменистый благовонный, пахучій, || *изношенный жалкій

Seeing (*си-инг*) s. смотрѣніе, видѣніе; || conj. — **that**, въ виду этого, принимая это въ соображеніе.

Seek (*сик*) va. vn, искать, отыскивать **To — a person's life**, покушаться на чью либо жизнь. **To — out**, искать || va.vn. домогаться, добиваться чего; посягать на что; преслѣдовать. **To — after**, отыскивать, добиваться. **To — for**, пытаться найти.

Seeker (*сик'-ер*) s. искатель, преслѣдователь.

Seem (*сим*) vn, казаться: принимать видъ, притворяться. **It seems**, кажется

Seemer (*сим'-ер*) s. лицемѣръ.

Seeming (*сим'-инг*) s. наружный видъ, мнѣніе; || adj. притворный, лицемѣрный; благовидный, правдоподобный. [видимому.

Seemingly (*сим'-инг-ли*) adv. по-

Seemingness (*сим'-инг-нес*) s. вѣроятность, благовидность, правдоподобность

Seemliness (*сим'-ли-нес*) s. благопристойность, приличіе; прелесть, грація.

Seemly (*сим'-ли*) adj. благопристойный, приличный, пристойный; || adv благопристойно, прилично; || **It is not — to**, это неприлично

Seer (*сир*) s. видящій, провидецъ, пророкъ [качаться

Seesaw (*си'-со*) s качели; || vn.

Seethe (*сисз*) va. va. кипятить, варить; || vn кипѣть.

Seether (*сисз'-ер*) s. котелъ, чугунъ

Segar (*си-гар'*) s. см **Cigar**

Segment (*сег'-мент*) s кусокъ, сегментъ

Segregate (*сег'-ри-гэт*) va отдѣлять, отлучать, || adj, отдѣленный, отлученный

Segregation (*сег-ри-гэ'-шон*) отдѣленіе отлученіе

Seignior (*синь'-йор*) s. господинъ, властитель.

Seine (*син*) s. неводъ, мережа.

Seize (*сиз*) va. vn. хватать, захватить, завладѣвать; достигать, воспользоваться; (юрид.). арестовать, налагать арестъ на имущество. **To — upon**, овладѣть чѣмъ.

Seizer (*сиз'-ер*) s. захватчикъ, завладѣватель; (юрид.) налагающій арестъ.

Seizin (*сиз'-ин*) s. (юрид. (владѣніе: вводъ во владѣніе.

Seizing (*сиз'-инг*) s. овладѣніе, захватъ, добыча, призъ, || наложеніе ареста, конфискація.

Seizure (*сижъ'-юр*) s. захватъ, овладѣніе, поимка, арестованіе, наложеніе ареста, конфискація.

Seldom (*сел'-дом*) adv. рѣдко, изрѣдка; || adj. рѣдкій.

Select (*си-лект'*) va. выбирать, избирать; || adj. избранный, отборный, лучшій.

Selection (*си-лек'-шон*) s. выборъ, собраніе. [ніе, выборъ.

Selectness (*си-лект'-нес*) s. избра-

Selector (*си-лект'-ор*) s. избиратель. [селенитъ.

Selenite (*сел'-и-найт*) s. (мин.).

Self (*селф*) s. pron. въ pl. **Selves** (*селвз*) самъ, себя. **My other —** мое другое я. **My own —**, я самъ **Their own — ves**, они сами. **She was by herself**, она была у себя. **one's self**, себя самого. **By one's —**, самъ, одинъ. **To keep by one's —**, остаться совершенно однимъ. **I was riding by myself**, я ѣхалъ верхомъ одинъ. *Въ сложныхъ словахъ:* — **-abasement**, самоуниженіе. — **-abuse**, самообольщеніе, иллюзія. — **-accusing**, самообвиненіе. — **acting**, самодѣйствующій. — **-admiration**, поклоненіе самому себѣ, самолюбованіе. — **adoring**, обожающій самого себя. — **-applause**, самовосхваленіе, самодовольство. — **-charity**, любовь къ самому себѣ. **-collected**, погруженный въ самого себя. — **-command**, самообладаніе — **-conceit**, самомнѣніе, самодовольство. — **-condemnation**, самоосужденіе. — **-confidence**, самоувѣренность. — **-confident**, самоувѣренный. — **-consciousness**, самосознаніе, самомнѣніе. — **-coutradiction**, противорѣчіе самому себѣ. — **-contradictory**, противорѣчащій самому себѣ. — **-control**, самообладаніе. — **-deceit**, — **-deception**, самообольщеніе, иллюзія. — **-defence**, самозащита. — **-delusion**, иллюзія. — **-denial**, самоотверженіе. — **-destruction**, самоуничтоженіе — **devoted**, жертвующій собою. — **-educated**, научившійся самъ собою, самоучка. — **-education**, самовоспитаніе. — **-enjoyment**, внутреннее довольство — **esteem**, уваженіе къ самому себѣ. — -evidence, очевидность. — -evident, очевидный. — -government, самоуправленіе. — -imposture, самозванство — -interest, личный интерессъ, эгоизмъ. — knowledge, познаніе самого себя. — -love. себялюбіе,эгоизмъ, самолюбіе. — -murder, самоубійство. — -opinion, личное мнѣніе. — -possession, самообладаніе. — -praise, самохвальство. — -preservation, самосохраненіе. — -regulation, самоуправленіе. — -same, тотъ самый, тождественный. — -seeking, adj. эгоистическій, личный. — -styled, именующій себя.— -sufficiency, самодовольство. — -sufficient, самодовольный; пустой. — -will,своенравіе, своеволіе. — -willed, своенравный, своевольный.

Selfish (*селф'-иш*) adj. себялюбивый, эгоистическій.

Selfishly (*селф'-иш-л-и*) adv. себялюбиво, эгоистически.

Selfishness (*селф'-иш-нес*) s. себялюбіе, эгоизмъ.

Sell (*сел*) va. vn. продавать; || vn. продаваться; торговать. To — for cash, продавать на наличныя. To — retail, wholesale, продавать по мелочамъ. To — off, распродавать, ликвидировать. To — out, продавать на выносъ. Corn —s well, рожь продается хорошо.

Seller (*сел'-ер*) s. продавецъ, торговецъ.

Selling (*сел'-инг*) s. продажа.

Seltzer-water (*селт'-зер-уо'-тер*) s. сельтерская вода.

Selvedge (*сел'-ведж*) s. кромка (у тканей).

Semaphore (*сем'-ā-фор*) s. семафоръ.

Semblance (*сем'-бланс*) s. видъ, сходство.

Semen (*си'-мен*) s. сѣмя — -contra, (апт.) цытварное сѣмя.

Semi (*сем'-и*) s. приставка, означающая *полу*. — -annual, полугодовой. — -barbarian, полуварварскій. — -breve, (муз.) бѣлая нота. — -circle, полукругъ. — -circular, полукруглый. — -colon, точка съ запятой (знакъ). — -lunar, полулунный. — -official, полуоффиціальный. — -transparent, полупрозрачный.

Seminal (*сем'-и-нāл*) adj. сѣмянной.

Seminality (*сем-и-нāл'-и-ти*) s. производительность.

Seminarist (*сем'-и-нā-рист*) s. семинаристъ.

Seminary (*сем'-и-нā-ри*) s. семинарія, училище.

Semination (*сем-и-нэ'-шōн*) s. сѣяніе, обсѣмененіе.

Seminiferous (*сем-и-ниф'-ер-ōс*) adj. сѣменоносный.

Semiquaver (*сем'-и-куэ-вер*) s. (муз.) двувязная нота.

Semolina (*сем-о-ли'-но*) s. манная крупа.

Sempiternal (*сем-пи-тōр'-нāл*) adj. вѣчный, вѣковѣчный.

Sempiternity (*сем-пи-тōр'-ни-ти*) s. вѣчность, вѣковѣчность.

Senary (*сен'-ā-ри*) adj. шестерной.

Senate (*сен'-эт*) s. сенатъ.

Senator (*сен'-ā-тōр*) s. сенаторъ.

Senatorial (*сен-ā-то'о-ри-āл*) adj. сенаторскій.

Senatorially (*сен-ā-то'о-ри-āл-и*) adv. по-сенаторски.

Senatorship (*сен'-ā-тōр-шип*) s. сенаторство.

Send (*сенд*) va. vn. посылать, отправлять; жаловать. To — a letter by post, посылать письмо по почтѣ. He was sent to China, его послали въ Китай. To — one about his business, отдѣлаться отъ кого нибудь. To — away, отсылать, прогонять. To — down, ниспосылать. To — for, посылать за. To — forth, to — out, издавать, производить,испускать. To — in, посылать, вводить. To — up one's name, велѣть доложить о себѣ. || vn. нырять носомъ, имѣть килевую качку.

Sender (*сенд'-ер*) s. отправщикъ.

Senescence (*си-нес'-сенс*) s. старость, старѣніе.

Senile (*си-найл*) adj. старческій.

Senility (*си-нил'-и-ти*) s. старость.

Senior (*син'-йōр*) adj. старшій; старѣйшій; || s. старшій.

Seniority (*син-йор'-и-ти*) s. старшинство.

Senna (*сен'-на*) s. египетская кассія (дерево).

Se'nnight (*сен'-нит*) s. недѣля.

Sensation (*сен-сэ'-шōн*) s. ощущеніе; сенсація.

Sensational (*сен-сэ'-шōн-āл*) adj. ощутительный; сенсаціонный.

Sense (*сенс*) s. чувство; умъ, разсудокъ, смыслъ; || чувствительность, чувствованіе. The five —s, пять чувствъ. Moral —, нравственное чувство. Common —, здравый смыслъ. He is out of his —, онъ потерялъ разсудокъ. In a figurative —, въ переносномъ смыслѣ. I will bring him to his —s, я возвращу его къ разумному пониманію. To come to one's —s, придти въ чувство.

Senseless (*сенс'-лес*) adj. безчувственный, нечуствительный.

Senselessly (*сенс'-лес-ли*) adv. безчувственно, нечувствительно.

Senselessness (*сенс'-лес-нес*) s. безчувственность, нечувствительность. [чувствительность

Sensibility (*сен-си-бил'-и-ти*) s.

Sensible (*сен'-си-бл*) adj. чувствительный; разумный. **A — woman,** разумная женщина. **That's his most — part,** это его самое чувствительное мѣсто **I am — of your kindness,** я чувствую вашу доброту. [чувствительность

Sensibleness (*сен'-си-бл-нес*) s

Sensibly (*сен'-си-бл-и*) adv. чувствительно.

Sensitive (*сен'-си-тив*) adj чувствительный; чувственый **He is too —,**

Sensitively (*сен'-си-тив-ли*) adv чувствительно.

Sensitiveness (*сен'-си-тив-нес*) s чувствительность.

Sensorium (*сен-со'о-ри-ом*). **Sensory** (*сен'-со-ри*) s. органъ очущеній. [ный, сладострастный.

Sensual (*сен'-шу-ал*) adj. чувствен-

Sensualism (*сен' - шу - ал-изм*) s. чувственность; сенсуализмъ

Sensualist (*сен'-шу-ал-ист*) s. сластолюбецъ; сенсуалистъ.

Sensuality (*сен-шу-ал'-и-ти*), **Sensualness** (*сен'-шу-ал-нес*) s. чувственноость, сластолюбіе.

Sensuous (*сен'-шу-ос*) adj. дѣйствующій на чувства; чувственный

Sentence (*сен'-тенс*) s. изрѣченіе; мнѣніе; правило; рѣшеніе, сентенція; || va. произнести приговоръ, рѣшеніе.

Sententious (*сен-тен'-шос*) adj. изобилующій поученіями, правилами, изрѣченіями

Sententiously (*сен-тен'-шос-ли*) adv. ввидѣ поученія.

Sententiousnes(*ден-тен'-шос-нес*) s. поучительность.

Sentient (*сен'-ши-энт*) s. чувствующее существо; || adj. чувствующій, мыслящій.

Sentiment (*сен'-ти-мент*) s. чувство, чувствованіе, ощущеніе; мнѣніе; мысль, изрѣченіе.

Sentimental(*сен-ти-мент'-ал*) adj чувствительный, сентиментальный.

Sentimentalism (*сен-ти-мент'-ал-изм*) s. чувствительность, сентиментализмъ

Sentinel (*сен'-ти-нел*) s. часовой.

Sentry (*сен'-три*) s. часовой; || часы, караулъ. **To keep —,** быть, стоять на часахъ. **— -box,** караулка.

Separate (*сеп'-а-рет*) va. vn. отдѣлять. -ся; раздѣлять, -ся; || adj отдѣльный; раздѣленный.

Separateness (*сеп'-а-рет-нес*) s отдѣльность, особенность.

Separation (*сеп-а-рэ'-шон*) s отдѣленіе, разъединеніе, разлука; разводъ.

Sepoy (*си'-пой*) s. сипай.

September (*сеп-тем'-бер*) s сентябрь.

Septenary (*сеп'-тен-а-ри*) adj. семиричный, семилѣтній; || s. число семь; семилѣтіе.

Septennial (*сеп-тен'-ни-ал*) adj. семилѣтній.

Septentrion (*сеп-тен'-три-он*) s. сѣверъ, полночь

Septic (*сеп'-тик*). **Septical** (*сеп'-тик'-ал*) adj. (мед.) гнилостный.

Septuagint(*сеп'-тью-а-джинт*) s. переводъ св писанія семидесятью толковниками

Septuple (*сеп'-тью-пл*) adj семяричный, семикратный.

Sepulchre (*сеп'-ол-кер*) s могила, склепъ [нить, погребать.

Sepulchre (*си-пол'-кер*) va. хоро-

Sepulture (*сеп'-ол-тьюр*) s погребеніе, похороны

Sequacious (*си-куэ'-шос*) adj слѣдующій за чѣмъ; || * несамостоятельный. [слѣдствіе.

Sequel (*си'-куел*) s. послѣдующее,

Sequence (*си'-куенс*) s порядокъ, рядъ; слѣдствіе, послѣдствіе.

Sequester (*си-куес'-тер*) va удалять, разлучать; (юрид.) секвестрировать. [ремъ.

Seraglio (*си-рал'-йо*) s. сераль, га-

Serene (*си-рин'*) adj. свѣтлый, ясный; тихій, спокойный.

Serenely (*си-рин'-ли*) adv. свѣтло, ясно, тихо, спокойно.

Sereneness (*си-рин'-нес*), **Serenity** (*си-рен'-и-ти*) s. ясность, тишина, спокойствіе.

Serf (*сорф*) s. крѣпостной человѣкъ.

Serge (*сардж*) s. саржа (ткань).

Sergeant (*сор'-джент*) s унтеръофицеръ, сержантъ; урядникъ. **— major,** фельдфебель. **— -at law,** докторъ правъ.

Serial (*си'-ри-ал*) adj періодическій, выходящій выпусками

Sericeous (*си-риш'-ос*) adj шелковый, шелковистый.

Series (*си'-риз*) s. рядъ, порядокъ, серія. [серіозный.

Serious (*си'-ри-ос*) adj. важный,

Seriously (*си'-ри-ос-ли*) adv. важно, серіозно.

Seriousness (*си'-ри-оз-нес*) s. важность, серіозность.

Sermon (*сор'-мон*) s. проповѣдь, слово. [вѣдывать, поучать.

Sermonize (*сор'-мон-ай*) vn. про-

Seron, **Seroon** (*си-рун*) s. (торг.) кипа, тюкъ (товаровъ)

Serosity (*си-рос'-и-ти*) s серозная жидкость (крови), сыворотка (крови, молока).

Serpent (*сöр'-пент*) s. змѣй, змѣя.
Serpentine (*сöр'-пен-тайн*) adj. змѣиный, змѣевидный, извивающійся, спиральный. — **worm**, извитая трубка. || s. змѣевикъ (камень и растеніе).
Serpentize (*сöр'-пент-айз*) vn. извиваться.
Serration (*сер-рэ'-шöн*), **Serrature** (*сер'-рӓ-тьюр*) s. зубчатая форма, зазубренность.
Serried (*сер'-рид*) adj. сомкнутый, сжатый.
Serum (*си'-рöм*) s. (физіол.) серумъ.
Serval (*сöр'-вӓл*) s. (зоол.) тибетская кошка.
Servant (*сöрв'-ӓнт*) s. слуга, служитель. — **man**, слуга. — **maid**, служанка, горничная. **I am your most humble —**, вашъ покорный слуга.
Serve (*сöрв*) va. vn. служить; находиться на службѣ; оказывать услугу; прислуживать, служить за столомъ; обращаться, обходиться, поступать; || годиться, удовлетворять, сообразоваться; || (юрид.) предъявлять(предписаніе). **To — one's country**, служить своей странѣ. **To — dinner**, подавать обѣдъ. **To — a gun**, прислуживать около пушки. **To — as an exemple**, служить примѣромъ. **That will not — my turn**, это не мое дѣло. **It served him right**, онъ заслужилъ это. **To — out**, выслужить; раздавать, распредѣлять; угодить; отколотить. **To — up**, поставить, подать на столъ (кушанья). **To — at table**, служить за столомъ.
Server (*сöрв-ер*) s. служитель, прислужникъ.
Servia (*серв-ви-ӓ*) npr. (геог.) Сербія.
Service (*сöрв'-ис*) s. служба, служеніе; || богослуженіе; услуга, почтеніе, уваженіе; подача, смѣна (кушаній); || (юрид.) предъявленіе (предписанія). **To do a —**, оказать услугу. **To be out of —**, быть безъ мѣста. **Military —**, военная служба. **Actual —**, дѣйствительная служба. **To enter the —**, поступать на службу. **To tender one's —'s**, предлагать свои услуги. **To be of —**, быть полезнымъ; служить въ пользу. **Dinner —**, обѣденный сервизъ. **Tea —**, чайный сервизъ. — **book**, требникъ. — **tree**, садовая рябина.
Serviceable (*сӓрв'-ис-ӓ-бл*) adj. годный, пригодный; услужливый.
Serviceableness (*сöрв'-ис-ӓ-бл-нес*) s. годность, пригодность; услужливость.
Servile (*сöрв'-ил*) adj. рабскій, раболѣпный; подлый.
Servilely (*сöрв'-ил-и*) adv. рабски, раболѣпно; подло.
Servileness (*сöрв'-ил-нес*), **Servility** (*сер-вил'-и-ти*) s. рабство; раболѣпе; подлость.
Serving (*сöрв'-инг*) adj. служащій. — **maid**, служанка. — **man**, слуга.
Servitor (*сöрв'-и-тöр*) s. слуга, служитель; служанка (f.); студентъ-стипендіатъ (въ Оксфордскомъ университетѣ).
Servitude (*сöрв'-и-тьюд*) s. рабство; порабощеніе; || прислуга; (юрид.) сервитутъ.
Sesqui (*сес'-куай*) s. полтора (въ составныхъ словахъ).
Session (*сеш'-öн*) s. сидѣніе, засѣданіе; сессія.
Set (*сет*) va. помѣщать; ставить, устанавливать; постановлять, посадить, положить; сажать (растенія); дѣлать, приводить; назначать; направлять. **To — in order**, приводить въ порядокъ. **To — at ease**, успокаивать. **To — at rest**, успокаивать. **To — a price**, назначить цѣну. **To — a stone in gold**, оправить камень въ золото. **To — a bone**, вправить кость. **To—a good example**, дать хорошій примѣръ. **To — thinking**, заставить думать. **To — the sails**, поднять паруса. **To — sail**, поставить парусъ. **To — about**, начинать, предпринимать, прилагать. **To — a float**, спускать на воду; распространять (слухъ). **To — against**, ставить подлѣ, прислонять; противопоставлять. **To — one's self against** становиться въ оппозицію, противиться. **To — apart**, отдѣлять, отлагать въ сторону. **To — aside**, миновать, отлагать въ сторону, не обращать вниманія. **To — astray**, сбивать съ дороги. **To — at defiance**, вызывать. **To — before**, предъявлять. представлять на видъ; давать на выборъ, **To — by**, отлагать въ сторону; отвергать, устранять. **To — down**, высаживать, спускать на землю; записывать; установлять, опредѣлять; признавать. **To — down for**, признавать за кого. **To — forth**, выставлять, показывать, изъявлять; выпускать (книгу); отправлять разглашать; высылать. **To — forward**, подвигать впередъ, поощрять, отличать. **To — in**, вкладывать; направлять, давать толчокъ. **To — off**, отдѣлять, выдѣлять; отличать. **To — on, upon**, подстрекать, подзадоривать; поручать. **To — on fire**, воспламенять, зажигать; раздражать. **To — out**, ставить впередъ,

выставлять, назначать, ограничивать; объявлять; украшать, снаряжать. **To — out a fleet,** снаряжать флотъ **To — out a table,** украшать столъ. **To — to,** прикрѣплять. **To — to music,** положить на музыку **To — up,** воздвигать, ставить; поднимать, основывать, учреждать; возглашать, (тип.) набирать **To — up a flag,** поднять флагъ **His father— him up in trade,** его отецъ посвятилъ его торговлѣ **To — up a laugh,** разразиться смѣхомъ; || vn садиться, заходить (о солнцѣ); останавливаться; сеѣдаться, сгущаться; приниматься (о растеніяхъ), направляться, устанавливаться **To — to work,** приниматься за работу. **The sun is setting,** солнце садится **To — about,** начинать, приниматься. **To — forth, to — forward,** двигаться, идти, подвигаться впередъ, отправляться **To — in,** начинаться, наступать, становиться, водворяться. **Cold weather has — in,** начинаются холода. **To — off, to — out,** отправляться, пускаться въ путь. **To — up,** начинать (дѣло); заводиться; брать на себя **To set up for,** выдавать себя за; || adj. установленный, предписанный, опредѣленный; правильный, форменный, расположенный къ. **A — speech,** тщательно обдуманная рѣчь. **A — form,** установленная форма. **Hard —,** въ крайности. || s. выборъ, подборъ; уборъ, приборъ; собраніе, коллекція, партія, компанія; комплектъ; сочетаніе, пара; ставка (въ игрѣ). **— of diamonds** брилліантовый уборъ **— of china,** фарфоровый сервизъ **Four — s of dancers,** четыре пары танцующихъ. **A — of books,** коллекція, собраніе книгъ. **— of sails,** комплектъ парусовъ. **A — of teeth,** рядъ зубовъ. **A — of men,** подборъ людей. **Dead —,** стойка (собаки). **To be at a dead —.** быть въ застоѣ. завязнуть, засѣсть, застрять. **— down,** s. оскорбительный выговоръ, порицаніе, грубость. **— -foil,** (бот) завязный корень. **— -off,** s. украшеніе; вознагражденіе, зачетъ. **— -out,** s. блестящее; существующее на показъ. **— -to,** схватка, борьба, споръ.

Set (*сет*) va. см. дополненіе (на оборотѣ) [тинообразный

Setaceous (*си-тэ'-шос*) adj. ще-

Setiferous (*си-тиф'-ер-ос*) adj. щетинистый, покрытый щетиной

Seton (*си'-тон*) s. (хир) повязка для заволоки.

Setose, Setous (*си-то'ос, си'-тос*) adj. щетинистый. [канапе

Settee (*сет-ти'*) s. диванчикъ,

Setter (*сет'-тер*) s помѣщающій, ставящій, сажающій; || сетеръ (собака; (муз) композиторъ.

Setting (*сет'-тинг*) s. помѣщеніе, установленіе, положеніе; закатъ (солнца), положеніе на музыку: оправа (драгоцѣннаго камня): приложеніе (подписи); (хир.) вправленіе (кости); (охот.) охота съ лягавой собакой. **— in,** начало, начинаніе. **— -on,** подстрекательство **—off, — out,** отъѣздъ, отплытіе, отходъ; начало, начинаніе. **— up,** основаніе, учрежденіе.

Settle (*сет'-тл*) s. скамья, скамейка; || va. vn. помѣщать, -ся; устанавливать, -ся, поселять,-ся; приводить въ порядокъ; устраивать; укрѣплять; женить, -ся; рѣшать, -ся; назначать, опредѣлять; || уплатить, расквитаться **He — d his son in trade,** онъ помѣстилъ своего сына по коммерческой части. **That —s the question,** это устанавливаетъ этотъ вопросъ. **This argument — d me,** это соображеніе меня убѣдило. **Nothing can — his mind,** ничто не можетъ установить его рѣшенія. || vn. **They — d there,** они основались здѣсь. **To — down to something,** остановиться на чемъ либо. **The dust —s upon everything,** пыль садится на всё. **Let the wine —,** дайте вину устояться. **To — down,** останавливаться. **To — on, To — upon,** назначать жаловать что кому

Settled (*сет'-тлд*) adj. твердый, установившійся, постоянный.

Settlement (*сет' - тл - мент*) s. установленіе, опредѣленіе, назначеніе; помѣщеніе; положеніе, состояніе; бракъ, женитьба; приданное, вдовья часть; поселеніе, колонія; уплата, расплата, ликвидація; осадка, осѣданіе, отстой; || мѣсто родины. **To make a — upon a person,** учреждать въ пользу кого либо ренту **Act of —,** законъ о престолонаслѣдіи (въ Англіи). [колонистъ.

Settler (*сет'-тлер*) s поселенецъ,

Settling (*сет'-тлинг*) s. см. **Settlement.**

Seven (*сев'-н*) adj. и s. семь.

Sevenfold (*сев'-н-фолд*) adj семеричный, семикратный || adv. семерично, семикратно.

Seventeen (*сев'-н-тин*) adj. и s. семнадцать. [семнадцатый.

Sevententh (*сев' - н - тинсз*) adj.

Seventh (*сев'-нсз*) adj. седьмой; седьмое (число).
Seventhly (*сев'-нсз-ли*) adv. въ-седьмыхъ, [семидесятый.
Seventieth (*сев'-н-ти-есз*) adj.
Seventy (*сев'-н-ти*) adj. семьдесятъ; || s. семьдесятъ толковниковъ (библіи). (разлучать,-ся.
Sever (*сов'-ер*) va. vn. отдѣлять,-ся,
Several (*сев'-ер-ăл*) adj. многіе, разные, различные; особый, отдѣльный, взаимный, обоюдный. **— persons**, многія лица.
Severalty (*сев'-ер-ăл-ти*) adj. отдѣльность, особенность.
Severance (*сев'-ер-анс*) s. раздѣленіе, отдѣленіе, разъединеніе.
Severe (*си-вир'*) adj. строгій, суровый, жесткій. **A — judge**, строгій судья. **A — winter**, суровая зима. **A — look**, суровый взглядъ. **A — cold**, сильный насморкъ.
Severity (*си-вер'-и-ти*) s. строгость, суровость, жесткость. **The — of the winter**, суровость зимы.
Sew (*coy*) va. vn. шить. **To — up**, зашивать.
Sewer (*со'у-ер*) s. швецъ, швея (f.).
Sewerage (*сью'-ер-эдж*) s. система сточныхъ трубъ; жидкость этихъ трубъ.
Sewing (*со'у-инг*) s. шитье. **— -machine**, швейная машина. **— -needle**, швейная игла.
Sex (*сэкс*) s. полъ; женскій полъ.
Sexegenary (*секс-ăдж'-и-нă-ри*) adj. шестидесятилѣтній.
Sexennial (*секс-ен'-ни-ăл*) adj. шестилѣтній; повторяющійся черезъ шесть лѣтъ.
Sextant (*секс'-тăнт*) s. шестая часть свѣта. [номарь.
Sexton (*секс'-тŏн*) s. дьячокъ, по-
Sextuple (*секс'-тъп-пл*) adj. шестярной, шестиричный.
Sexual (*сек'-шу-ăл*) adj. половой.
Sexuality (*сек-шу-ал'-и-ти*) s. различіе половъ.
Shab (*шăб*) s. чесотка, струпъ, короста; || vn. вести себя низко, скряжнически.
Shabbily (*шăб'-би-ли*) adv. скряжнически, низко, скудно.
Shabbiness (*шăб'-би-нес*) s. скряжничество, скудность, ничтожность, низость.
Shabby (*шăб'-би*) adj. оборванный, ничтожный, жалкій. **— clothes**, ободранная одежда, отрепья. **To be —**, быть въ ободранной одеждѣ. **A — fellow**, ничтожный человѣкъ.
Shack (*шăк*) s. право пастбища во время зимы; || бродяга, нищій.
Shackle (*шăк'-кл*) va. надѣвать кандалы, сковывать; || * плѣнять; мѣшать, стѣснять; || **—, —s**, s. pl. оковы, кандалы; узы; путы.
Shad (*шăд*) s. желѣзница, бѣшеная рыба.
Shaddock (*шăд'-дŏк*) s. апельсиновое дерево; большой апельсинъ.
Shade (*шэд*) s. тѣнь; мракъ, оттѣнокъ; убѣжище; абажуръ (лампы); || * сѣнь, защита. **In the —**, въ тѣни. **To throw into the —**, оставлять въ тѣни. **Under the — of a tree**, подъ тѣнью дерева. **A cool —**, въ свѣжести, подъ тѣнью. **The —s of night**, тѣни ночи. || va. осѣнять, покрывать тѣнью; прикрывать; помрачать; || * покровительствовать.
Shaded (*шэд'-ед*) adj. тѣнистый.
Shadeless (*шэд'-лес*) adj. не имѣющій тѣни, открытый.
Shadiness (*шэд'-и-нес*) s. тѣнистость, тѣнь.
Shading (*шэд'-инг*) s. оттѣненіе.
Shadow (*шăд'-оу*) s. тѣнь, мракъ; убѣжище, защита; покровительство. **The — of a tree**, тѣни дерева. **— of death**, признакъ. **To pursue a —**, гоняться за призракомъ. || va. покрывать тѣнью, оттѣнять; защищать, осѣнять изображать символически; сопровождать.
Shadowless (*шăд'-оу-лес*) adj. не имѣющій тѣни.
Shadowy (*шăд'-оу-и*) adj. тѣнистый, мрачный, темный; существующій въ мечтахъ; безтѣлесный, блѣдный, символическій. **A — affair**, темное дѣло. **— shapes**, химерическія формы.
Shady (*шэд'-и*) adj. тѣнистый, покрытый тѣнью, мрачный.
Shaft (*шафт*) s. всякое продолговатое цилиндрическое тѣло; стрѣла, колонна; стволъ, стержень, дышло, оглобли, шпицъ (колокольни); валъ, ось; древко. **The —s of envy**, стрѣлы зависти. **To sink a —**, пробуровать, выкопать колодецъ. **— -horse**, коренная лошадь. **Horizontal —**, продольный валъ.
Shafted (*шафт'-ед*) adj. снабженный древкомъ, дышломъ, столбомъ.
Shag (*шăг*) s. грубый густой волосъ; грубая ворса; обыкновенный табакъ; бакланъ (птица); || adj. косматый; || va. дѣлать грубымъ, косматымъ.
Shaggedness (*шăг'-гед-нес*), **Shagginess** (*шăг'-ги-нес*) s. косматость, шершавотость, грубость.
Shaggy (*шăг'-ги*), **Shagged** (*шăг'-гед*) adj. косматый, шершавый, грубый.

Shagreen (*ша-грин'*) va. см. **Chagrin**

Shah (*ша*) s. шахъ.

Shake (*шэк*) va. vn. трясти, трястись; потрясать, колебать, -ся; качать, -ся, шатать, -ся; || дрожать; жать, пожимать (руки); (муз.) дѣлать трель. **To — a tree**, трясти дерево. **To — hands with one**, пожать кому руки **To — down**, стряхивать, отряхивать. **To — off**, сбрасывать, стряхивать, свергать. **To — out**, вытряхивать, выбивать. **He shook his fist at them**, онъ показалъ имъ кулакъ. **To — up**, взбивать, шевелить, трясти, поощрять. **His hand —s**, его рука дрожитъ. **To — with cold**, дрожать отъ холода. **To — all over**, дрожать всѣми членами || s. потрясеніе толчокъ; кивокъ; пожатіе (руки); щель, трещина; (муз.) трель. **With a — of the head**, качая головой. **No great —s**, * бездѣлица, пустяки **A — -down**, импровизированная постель (на стульяхъ, полу).

Shaker (*шэк'-ер*) s. трясущій.

Shaking (*шэк'-инг*) s трясеніе, потрясаніе; толчокъ, пожатіе (руки)

Shako (*шак'-о*) s коверъ.

Shaky (*шэк'-и*) adj расщепленный, съ трещинами, тряскій.

Shale (*шэл*) s. сланцеватая глина

Shall (*шал*) v auxil. defect. долженствовать, надлежать. **I — go**, я пойду **You — come**, вы должны идти **Thou shalt not steal**, ты не долженъ красть. **— I shut the window**, не закрыть ли окно? [стяная матерія.

Shalloon (*шал-лун'*) s. тонкая шер-

Shallop (*шал'-лоп*) s. шалупъ (судно).

Shallot (*шал-лот'*) s. см. **Eschalot**.

Shallow (*шал'-лоу*) adj. мелкій, неглубокій; || * ограниченный, пустой, поверхностный. **— -pated**, съ ограниченными умственными способностями. || s. мелкое мѣсто, банка; каменный рифъ; || va. уменьшать глубину.

Shallowly (*шал'-лоу-ли*) adv. мелко, неглубоко, поверхностно; пусто, узко.

Shallowness (*тал'-лоу-нес*) s. мелкость, неглубокость, поверхностность, узость.

Sham (*шо'ом*) s. подлогъ, обманъ, притворство. || adj. подложный, притворный. **A — fight**, симулированное сраженіе. || va. vn притворяться чѣмъ, принимать лживый видъ. **To — illness**, притворяться больнымъ.

Shamble (*шам'-бл*) vn тащиться, нога за ноги.

Shambles (*шам'-блз*) s pl мясной рядъ, рынокъ.

Shambling (*шам'-блинг*) adj. имѣющій неуклюжую походку; || неуклюжая походка.

Shame (*шэм*) s стыдъ, срамъ. **He has lost all —**, онъ потерялъ всякій стыдъ. **It is quite a — to.** это стыдно **If she has any —**, если у нея есть какой либо стыдъ. || va. стыдить, пристыжать, позорить; || vn. стыдиться.

Shamefaced (*шэм'-фэст*) adj стыдливый, застѣнчивый, робкій

Shamefacedly (*шэм'-фэст-ли*) adv. стыдливо, застѣнчиво, робко.

Shamefacedness (*шэм'-фэст-нес*) s. стыдливость, застѣнчивость, робкость.

Shameful (*шэм'-фул*) adj. постыдный, срамной, неприличный.

Shamefully (*шэм'-фул-и*) adv. постыдно, срамно, неприлично

Shamefulness (*шэм'-фул-нес*) s. постыдность, срамъ, неприличность [ный.

Shameless (*шэм'-лес*) adj безстыд-

Shamelessly (*шэм'-лес-ли*) adv. безстыдно.

Shamelessness (*шэм'-лес-нес*) s. безстыдность, безстыдство

Shammer (*шэм'-ер*) s. стыдящій.

Shamoy (*шэм'-ой*), **Shammy** (*шам'-ми*) s. верблюдъ

Shampoo (*шам-пу'*) va. тереть, растирать (послѣ бани); мыть голову. [рающій, массажистъ.

Shampooer (*шам-пу'-ер*) s. расти-

Shampooing (*шам-пу'-инг*) s. растираніе, массажъ.

Shamrock (*шам'-рок*) s. трилистникъ (трава).

Shank (*шанк*) s. голень; нога; || стержень, стволъ; веретено (якоря): труба (печная), чубукъ (трубки

Shanked (*шанкт*) adj. имѣющій ногу, ножку, стволъ.

Shanty (*шан'-ти*) s. хижина, лачуга

Shapable (*шэп'-аб-л*) adj. могущій быть оформеннымъ.

Shape (*шэп*) s. образъ, форма станъ, осанка; || va. образовывать, творить, порождать, создавать, формировать; сообразовывать; выкраивать, направлять; || vn. соотвѣтствовать, идти. || s **In the — of**, въ формѣ. **An elegant —**, изящная талія

Shapeless (*шэп'-лес*) adj безобразный, дурно сложенный.

Shapelessness (*шэп'-лес-нес*) s безобразіе, нестатность, дурное сложеніе.

Shapeliness (*шэп'-ли-нес*) s. статность, хорошее сложеніе.

Shapely (*шэп'-ли*) adj статный, пропорціональный

Shard (*шардъ*) s. черепокъ; щель; скорлупа (яйца); стебель (листьевъ); надкрыліе (у жуковъ).

Share (*шэр*) s. доля, часть, участіе; акція; || (агр.) лемехъ, сошникъ (у плуга). **To each his —**, каждому своя доля. **To go — s with**, раздѣлить, имѣть равную долю. **To fall to one's —**, оставаться кому на долю. **Railway —**, акція желѣзной дороги. **Transferable —**, акція на предъявителя. **Preference —**, привиллегированная акція. **Bonus —**, учредительскія акціи. **— holder**, акціонеръ. || va. vn. раздѣлять, дѣлить, -ся; участвовать; владѣть вмѣстѣ съ другими; получать долю, часть. **To — alike**, дѣлить на части.

Sharer (*шэр'-ер*) s. участникъ.

Sharing (*шэр'-инг*) s. дѣленіе, раздѣленіе; участь.

Shark (*шарк*) s. акула (рыба); || * пройдоха, шулеръ, мошенникъ; || va. vn. мошенничать, плутовать; || блюдолизничать, жить на чужой счетъ.

Sharker (*шарк'-ер*) s. пройдоха, шулеръ, мошенникъ; блюдолизъ.

Sharking (*шарк'-инг*) s. плутовство, мошенничество, блюдолизничество.

Sharp (*шарп*) adj. острый, остроконечный; рѣзкій; ѣдкій; тонкій, проницательный; быстрый, скорый; хитрый, умный; бодрый, живой, дѣятельный; злой; жестокій. **A — knife**, острый ножъ. **A — tongue**, ядовитый языкъ. **A — needle**, острая игла. **A — peak**, заостренное остріе. **— features**, рѣзкія черты. **— wind**, крутой вѣтеръ, бейдевиндъ. **— cold**, рѣжущій холодъ. **A — winter**, суровая зима. **A — eye, — sight**, проницательный взоръ. **To keep a — eye on**, имѣть глазъ за чѣмъ либо. **A — child**, бойкій ребенокъ. **To look —**, торопиться. **A — taste**, острый вкусъ. **— words**, рѣзкія слова. **A — reply**, рѣзкій отвѣтъ. **A — reproof**, выговоръ. **Be — with that boy**, будьте построже съ этимъ мальчикомъ. **— pain**, рѣзкая боль. **A — appetite**, здоровый аппетитъ. **A — fight**, жестокая схватка. **— -cornered**, остроугольный. **— -edged** съ острымъ ребромъ. **— -shooter** искусный стрѣлокъ. **— -sighted**, дальнозоркій, проницательный., **— -sightedness**, дальнозоркость, проницательность. **— witted**, остроумный. || s. (муз.) діезъ; || остріе, острое оружіе. || острить, точить; (муз.) ставить діэзъ. || vn. плутовать, мошенничать.

Sharpen (*шарп'н*) va. точить, острить; дѣлать острымъ, чувствительнымъ, рѣзкимъ, завостривать; возбуждать, оживлять; (муз.) ставить діэзъ.

Sharper (*шарп'ер*) s. пройдоха, плутъ, мошенникъ, негодяй.

Sharpness (*шарп'нес*) s. острота, остроконечность; рѣзкость, проницательность, ѣдкость; тонкость; быстрота, скорость; внезапность; хитрость, смѣтливость, искусство; жестокость, суровость.

Shatter (*шăт'тер*) vn. разбивать, расшибать; разстраивать. **To — the health, one's fortune**, разрушить здоровье, потерять состояніе. || vn. разшибаться въ дребезки. || s. обломокъ. **— -brained, — -pated**, помѣшанный, растроенный, безразсудный. **To break into —s**, разбивать въ дребезги.

Shattery (*шăт'-тер-и*) adj. хрупкій, ломкій.

Shave (*шэв*) va. брить, стричь, обрѣзывать; косить, скоблить, соскабливать; сдирать. **To — off**, урѣзывать. **To — close**, брить наголо. **To — one's self**, бриться. **To get — ed**, заставить обрить себя. || vn. бриться. || s. стружка, обрѣзокъ, щепка.

Shaveling (*шэв'-линг*) s. бритый.

Shaver (*шэв'-ер*) s. брадобрѣй, цирульникъ; плутъ, живодеръ, || юноша, молодой человѣкъ.

Shaving (*шэв'-инг*) s. бритье, срижка; стружка, щепка, обрѣзокъ. **— -brush**, кисточка для бритья. **— -dish, — -basin**, тазикъ для бритья. **— -soap**, мыло для бритья. **Wood- —s**, стружки.

Shaw (*шо'о*) s. чаша, лѣсокъ.

Shawl (*шо'ол*) s. шаль.

Shawm (*то'ом*) см. **Shalm**.

She (*ши*) pron. она; эта, та. || s. женщина; самка. **It is —**, это она. (**Here — comes**, вотъ она идетъ. **— who speaks**, та, которая говоритъ. Какъ указаніе рода животнаго. **— -ass**, ослица. **— -bear**, медвѣдица. **— -cat**, кошка. **— -goat**, коза. **— -wolf**, волчица

Sheaf (*шиф*) s. въ pl. **Sheaves**, снопъ, связка, вязанка. **To bind in —s**, вязать въ снопы. || va. вязать въ снопы, въ вязанки.

Sheafy (*шиф'-и*) adj. относящійся къ снопамъ.

Shear (*шир*) va. стричь, остригать; срѣзывать; || * лишать. vn. см. **Sheer**.

Shearer (*шир'-ер*) s. стригущій.

Shearing (*шир'-инг*) s. стрижка.

Shearling (*шир'-линг*) s. ярка, въ первый разъ остриженная овца.

Shearman (*шир'-мäн*) s. стригачъ, стригунъ.

Shears (*ширз*) s. pl. большія ножницы.

Sear-steel (*шир'-стил*) s. сталь высокаго сорта.

Sheat-fish (*шит'-фиш*) s. сомъ (рыба).

Sheath (*шиз*) s ножны, футляръ; (бот.) влагалище; (зоол.) надкрыліе.

Sheathe (*шисз*) va. влагать въ ножны, въ футляръ; прикрывать; обшивать (судно). **To — the sword,** влагать мечъ въ ножны; || * заключать миръ.

Sheathing (*шесз'-инг*) s. (мор.) обшивка судна.

Sheathless (*шисз'-лес*) adj. безъ ноженъ, безъ футляра.

Sheathy (*шисз'-и*) adj. въ видѣ ноженъ, футляра, влагалища.

Sheave (*шив*) s. шкивъ (блокъ).

Shed (*шед*) va. проливать, изливать; испускать; распространять; ронять. **To — tears,** проливать слезы. **To — light,** проливать свѣтъ. || vn. осыпаться, сыпаться; выпадать. || s. пролитіе; навѣсъ; сарай, мастерская.

Shedder (*шед'-дер*) s. распространитель.

Sheen (*шин*) s. сіяніе, блескъ.

Sheep (*шип*) (въ pl. **Sheep**), баранъ, овца; || * глупецъ. **— cot, — fold,** овчарня. **— master,** овцеводъ. **—'s -eye,** нѣжный взглядъ; глазки. **— shearing,** стрижка овецъ. **— skin,** овчина. **— walk,** овечій загонъ.

Sheepish (*шип'-иш*) adj. робкій, наивный.

Seepishly (*шип'-иш-ли*) adv. робко, застѣнчиво.

Sheepishness (*шип'-иш-нес*) s. робость, наивность.

Sheer (*шир*) adj. настоящій, прямой, истинный. **— ignorance,** грубое невѣжество. || adv. прямо, совершенно, напрямикъ, наотрѣзъ. **— over,** гораздо выше. || va. (мор.) **To — off,** бѣжать, гнаться. || s. (мор.) наклоненіе корабля. **— hook,** дрекъ. **-hulk,** понтонный *или* плавучій кранъ.

Sheers (*ширз*) spl. (мор.) краны для подъема мачтъ.

Sheet (*шит*) s. плоскость, полоса, простыня; листъ. **Winding- —,** саванъ. **Fly —,** летучій листокъ. **— -anchor,** (мор.) швартъ. **— -copper,** листовая мѣдь. **— iron,** листовое желѣзо. || va. покрывать простынею; || (мор.) натягивать шкоты.

Sheeting (*шит'-инг*) s. покрываніе простыней; простыня.

Shekel (*шек'-ел*) s. серебрянникъ (монета).

Shelf (*шелф*) въ pl. **Shelves**, полка. **To lay on the —,** * отложить въ сторону.

Shelfy (*шелф'-и*) adj. полный рифовъ отмелей.

Shell (*шел*) s. скорлупа, шелуха, чешуя; черепъ (устрицы); раковина; || петлица; || остовъ, срубъ (зданія); (арт.) граната; (муз.) лира. **— -fish,** моллюскъ. **— work,** украшеніе изъ раковинъ. || va. снимать скорлупу; шелушить; бомбардировать. **To — out,** раздавать направо и налѣво, расплачиваться на широкую руку.

Shelly (*шел'-и*) adj. скорлупный, раковинный; изобилующій раковинами.

Shelter (*шел'-тер*) s. покрышка, прикрытіе; пріютъ, убѣжище; || * покровительство. **To take —,** спрятаться, найти убѣжище. **Under the — of,** подъ защитою чего. || va. укрывать; прикрывать, защищать; скрывать. || vn. укрываться, таить; представлять въ другомъ свѣтѣ.

Shelterless (*шел'-тер-лес*) adj. безпріютный, беззащитный.

Shelve (*шелв*) va. дѣлать полки, класть на полку; || vn. наклоняться; || s. склонъ, откосъ.

Shelving (*шелв'-инг*) s. положеніе на полку; склонъ, откосъ; || adj. наклонный.

Shelvy (*шелв'-и*) adj. см. **Shelfy**.

Shend (*шенд*) va. повреждать, позорить; безчестить; порицать.

Shepherd (*шеп'-ерд*) s. пастухъ; || * пастырь. **— -boy,** подпасокъ.

Shepherdess (*шеп'-ерд-ес*) s. пастушка.

Shepherdly (*шеп'-ерд-ли*) adj. пастушескій, сельскій.

Sherbet (*шöр'-бет*) s. шербетъ (напитокъ).

Sherd (*шöрд*) s. черепокъ.

Sheriff (*шер'-иф*) s. шерифъ, главный судья въ графствѣ Англіи.

Sheriffalty (*шер'-иф-äл-ти*), **Sheriffship** (*шер'-иф-шип*) s. должность, званіе шерифа.

Sherry (*шер'-ри*) s. хересъ (вино).

Shibboleth (*шиб'-бо-лес*) s. лозунгъ (партіи); испытаніе; особенность.

Shie (*шай*) va. бросать.

Shield (*шилд*) s. щитъ; || * защита; || va. прикрывать, защищать.

Shieldless (*шилд'-лес*) adj. не имѣющій щита; беззащитный.

Shift (*шифт*) va. vn. мѣнять, перемѣнять, -ся, переодѣвать, -ся; изощряться, вывертываться; вилять, хитрить. || va. **To — the scene,** дѣлать перемѣну декорацій. **To — about,** размѣнять совершенно направленіе. **To — off,** освобождаться. **To — for one's self,** устраиваться. || s. средство, способъ; уловка, увертка, хитрость; рубашка (женская). **It is his last —,** это его послѣдній козырь. **To make — to,** найти способъ наладить дѣло. **To use —s,** хитрить. **As a last —,** послѣднее средство.

Shifter (*шифт'-ер*) s. перемѣняющій; плутъ, хитрецъ; || (мор.) помощникъ повара.

Shifting (*шифт'-инг*) adj оборотливый, увертливый, хитрый, непостоянный.

Shiftless (*шифт'-лес*) adj. непаходчивый; безпомощный.

Shillahah (*шиле'-ла*), **Shillelah** (*шили'-ла*) s. дубинка.

Shilling (*шил'-линг*) s. шиллингъ (монета).

Shilly-Shally (*шил'-и-шäл'-и*) s. глупая нерѣшительность, колебаніе; || adj. нерѣшительный.

Shimmer (*шим'-мер*) vn. свѣтиться, мерцать.

Shin (*шин*) s. (анат.) берце, голень.

Shindy (*шин'-ди*) s. шумъ, суматоха, сумятица.

Shine (*шайн*) vn. сіять, свѣтить, блестѣть, блистать. **To — forth,** просвѣчивать, обнаруживаться. || s. блескъ, сіяніе.

Shiner (*шайн'-ер*) s. то, что свѣтится; золотой (монета).

Shingle (*шинг'-гл*) s. драница; булыжникъ, голышъ, галька. || va. крыть драницей; ковать.

Shining (*шайн'-инг*) adj. блестящій, сіяющій, свѣтлый; || s. блескъ, сіяніе. [свѣтлый.

Shiny (*шайн'-и*) adj. блестящій,

Ship (*шип*) s. корабль, судно. **War —,** военный корабль. **— of the line,** линейный корабль. **Flag —,** флагманское судно. **Merchant —,** торговое судно **Fire —,** брандеръ. **First rate —,** судно перваго ранга. **To fit out a —,** вооружать судно. **To freight a —,** снаряжать корабль. **To man a —,** снаряжать корабль. **To take —,** садиться на корабль; || va. сажать на судно; грузить, нагружать; нанимать на судно. **— board,** бортъ корабля. **— -boy,** юнга. **— -broker,** судовой маклеръ. **— -builder,** кораблестроитель. **— building,** кораблестроеніе. **— -chandler,** поставщикъ корабельныхъ принадлежностей. **— -holder,** судовладѣлецъ. **— -load,** корабельный грузъ. **— -money,** корабельная пошлина. **— -owner,** арматеръ. **— shape,** adv. какъ слѣдуетъ, по морскому. **— -wright,** строитель корабля. **— yard,** верфь.

Shipmate (*шип'-мэт*) s. товарищъ по службѣ на кораблѣ.

Shipment (*шип'мент*) s. нагрузка, корабельный грузъ. [груза.

Shipper (*шип'ер*) s. отправщикъ

Shipping (*шип'-инг*) s. суда; коммерческій флотъ; морскія силы, нагрузка, груженіе корабля; || adj. корабельный, судовой, морской. **— charges,** нагрузка судна.

Shipwreck (*шип'-рек*) s. кораблекрушеніе; обломки судовъ; || va. причинять кораблекрушеніе. **To be —ed,** потерпѣть кораблекрушеніе.

Shire (*шайр*) въ сложныхъ словахъ: *шир*) s. графство.

Shirk (*шöрк*) va. избѣгать, уклоняться; клянчить.

Shirt (*шöрт*) s. рубашка (мужская). **Night —,** ночная рубашка **— -maker,** рубашечникъ. **To sell the — off one's back,** все спустить до рубашки; || va. прикрывать рубашкой; перемѣнять рубашку

Shirting (*шöрт'-инг*) s. шертингъ (ткань для рубашекъ).

Shirtless (*шöрт'-лес*) adj. не имѣющій рубашки. [щепа.

Shive (*шайв*) s. ломоть; обломокъ;

Shiver (*шив'-ер*) s. дрожь, содроганіе; обломокъ, щепа; ломоть; чека; (мин.) сланецъ, шиферъ; || va. vn. разбивать, -ся; расшибать, -ся, раздроблять.

Shivering (*шив'-ер-инг*) adj. приводящій въ дрожь.

Shivery (*шив'-ер-и*) adj. ломкій, хрупкій; дрожащій.

Shoal (*шо'ол*) s. толпа, масса; стая (рыбы); отмель; || vn. толпиться, тѣсниться; убывать (о водѣ); || adj. мелкій. [кость, отмель.

Shoaliness (*шо'ол-и-нес*) s. мел-

Shoaly (*шо'ол-и*) adj. отмелистый.

Shock (*шок*) s. потрясеніе, столкновеніе, ударъ, толчокъ; нападеніе; || копна; груда; || пудель. **The — of an earthquake,** землетрясеніе. **A — of hair,** густая шевелюра. **To feel quite shocked,** быть задѣтымъ за живое; || vn va. толкать; потрясать, возмущать; оскорблять; сталкиваться; класть въ груду.

Shocking (*шок'-инг*) adj. возмутительный, отвратительный; оскорбительный. позорный. **A — sight,** поразительное зрѣлище.

Shockingly (*шок'-инг-ли*) adv. возмутительно, отвратительно, оскорбительно, позорно.

Shoe (*шу*) s. башмакъ; || подкова; || тормозъ. **Dancing —,** башмачекъ для танцевъ. **Wooden —,** деревянные башмаки. **To be in a**

person's —s, * быть на мѣстѣ кого либо. — **-black**, чистильщикъ сапогъ. — **-blacking**, мазь для сапогъ. — **-buckle**, пряжка для сапогъ. — **-brush**, щетка для сапогъ. — **-horn**, обувальный рогъ. — **-lace**, шнурокъ для ботинокъ — **-leather**, сапожная кожа. — **string**, завязка у башмака; || va. обувать; подковывать; надѣвать тормозъ.

Shoeing (*шу'-инг*) s. обуваніе; подковываніе. — **-hammer**, кузнечный молотъ. — **-horn**, обувальный рогъ.

Shoemaker (*шу'-мэ-кер*) s. башмачникъ; сапожникъ.

Shoeless (*шу'-лес*) adj босоногій.

Shoemaking (*шу'-мэ-кинг*) s. сапожничество, башмачничество.

Shoot (*шут*) va. метать, бросать, застрѣлить, убить; разстрѣлять; ранить; || выгружать, разгружать; ссыпать. **To — an arrow**, пускать стрѣлу, двигать. **To — a partridge**, подстрѣлить куропатку **To — a soldier**, разстрѣлять солдата. **He was shot in the leg**, онъ былъ раненъ въ ногу. — **the dirt into this hole**, заваливать яму. **To — the moon**, * строить невозможные планы. **To — forth**, бросать,толкать. **To — off**, выстрѣливать, отстрѣливаться. **To — out**, бросать, выталкивать. **To — through**, прострѣлить, пронзать; || vn. стрѣлять, выстрѣлить; расти; устремляться; быстро проѣхать, пройти. **He shoots very well**, онъ превосходно стрѣляетъ. **My finger shoots**, мнѣ стрѣляетъ въ палецъ. **To — ahead**, бросаться впередъ. **To — at**, стрѣлять въ кого. **To — forth**, выростать. **To — into**, сростаться, сформироваться. **To — off**, удаляться **To — out**, бросаться, выбрасываться. **The trees — out**, деревья выростаютъ. **To — through**, прорастать. **To — up**, расти; подыматься, увеличиваться; || s. выстрѣлъ; || отпрыскъ, побѣгъ, поросенокъ; узкій проходъ.

Shooter (*шут'-ер*) s стрѣлокъ, стрѣлецъ.

Shooting (*шут'-инг*) adj. охотничій; быстро движущійся; произростающій; колющій. — **gallery**, тиръ, стрѣльбище. — **party**, охотничій отрядъ. — **pain**, стрѣляющая боль. — **star**, падающая звѣзда. — **stick**, (типогр.) клинъ. || s. стрѣляніе, выстрѣлъ, залпъ; произростаніе; быстрое движеніе.

Shop (*шоп*) s. лавка, магазинъ, мастерская **To keep a —**, имѣть лавочку. **To shut up —**, закрывать лавочку. — **-board**, верстакъ, прилавокъ — **-boy**, мальчикъ при лавкѣ, подручный — **girl**, продавщица въ магазинѣ. — **-keeper**, лавочникъ —**-lifter**, лавочный воръ. — **-man**, мелкій лавочникъ,сидѣлецъ. — **-walker**, старшій прикащикъ, довѣренный магазина; || vn. дѣлать закупки, бѣгать по магазинамъ.

Shopping (*шоп'-инг*) s. хожденіе по лавкамъ, дѣланіе покупокъ **To do the —, to go —**, дѣлать покупки, бѣгать по магазинамъ.

Shore (*шо'ор*) s. берегъ. **Along —**, по побережью. **Off —**, въ открытомъ морѣ. **On —**, на землѣ. || va. высаживать, выгружать на берегъ

Shoreless (*шо'ор-лес*) adj безбрежный.

Short (*шорт*) adj короткій, краткій, близкій; недостаточный, недостающій; малорослый; несовершенный, неполный; ограниченный; узкій; рѣзкій, грубый, хрупкій, рыхлый. **A — distance**, короткое разстояніе. **In a — time**, короткое время. **A — answer**, рѣзкій отвѣтъ. **To be — of money**, имѣть денегъ въ обрѣзъ **To cut —**, обрѣзать. **To fall — of**, остаться падъ. **To keep —**, тѣснить. **To keep — of food**, морить голодомъ. **To make shorter**, сокращать. **To make — work of it**, чтобы сократить. **To stop —**, останавливать. **To be taken —**, быть подъ вліяніемъ острой нужды. || s. краткое содержаніе чего. **In —**, однимъ словомъ. **The long and the — of it is**, короче говоря. || adv. коротко, въ сокращеніи. — **-breathed.** задыхающійся. — **-coming**, недостатокъ, отсутствіе чего; погрѣшимость, оплошность. — **-commons**, * плохая ежедневная пища. — **-dated**, краткосрочный. — **-hand**, стенографія. — **-hand writer**, стенографъ. — **-lived**, скоротечный. — **-sight**, близорукость. — **-sighted**, близорукій. — **-sightedness**, близорукость. — **-waisted**, съ короткой таліей. — **-winded**, съ короткимъ дыханіемъ, страдающій одышкой — **-witted**, ограниченный, недалекій.

Shorten (*шорт'-н*) va. vn укорачивать, сокращать, -ся; убавлять, уменьшать, -ся.

Shortening (*шорт'-н-инг*) s. укорачиваніе, сокращеніе; убавленіе, уменшеніе. [вкратцѣ; скоро.

Shortly (*шорт'-ли*) adv коротко,

Shortness (*шорт'-нес*) s. малорослость, короткость, краткость; скоротечность; ограниченность. — **of breath,** одышка. **The — of life,** краткость жизни. **The — of our reason,** недостаточность разсудительности.

Shorts (*шортс*) s. pl. отруби; короткіе штаны.

Shot (*шот*) s. выстрѣлъ; || пуля, ядро; разстояніе выстрѣла; стрѣлокъ. **Pistol —,** выстрѣлъ изъ пистолета. **To fire a —,** выстрѣлить. **Random —,** холостой выстрѣлъ. **Small —,** дробь, пуля. **Without firing a —,** безъ выстрѣла. **Within cannon —,** на пушечный выстрѣлъ. **A good —,** хорошій стрѣлокъ. **He went off like a —,** онъ удралъ съ быстротой пули. || va. заряжать **— -belt,** ладунка, патронница. **— -tower,** охотничья дробь.

Shotten (*шот'-тн*) adj. выдающійся; вывихнутый; свернувшійся (о молокѣ).

Shough (*шок*) s. пудель.

Should (*шуд*) pret. отъ **Shall;** употребляется какъ вспомогательный глаголъ въ настоящемъ и прошедшемъ времени сосдагательнаго наклоненія. **I — go,** я долженъ идти. **If I — succeed,** если это мнѣ удастся. **Suppose they — come,** если предположить, что они придутъ. **For fear he — speak,** изъ опасенія что онъ будетъ говорить.

Shoulder (*шо'ол-дер*) s. плечо; подпора; лопатка (мяса); заплечекъ (у столяровъ). — **of mutton,** лопатка барана. **To put one's — to the wheel,** поддержать кого либо. **To give the cold — to,** выбивать, выколачивать **— -belt,** перевязь. **— -blade, — -bone,** лопатка. **— -knot,** эполетъ. **— -strap,** жгутъ на эполетѣ. || va. нагружать на плечи; двигать плечомъ; (воен.) взять на плечо. **Arms!** на плечо!

Shouldered (*шо'ол-дерд*) adj. имѣющій плечи. **Round- —,** сутуловатый.

Shout (*ша'ут*) s. крикъ, ликованіе, восклицаніе. || vn. va. кричать; выкрикивать; поощрять. **To — out,** кричать. [кричитъ.

Shouter (*ша'ут-ер*) s. тотъ, кто

Shouting (*ша'ут-инг*) s. крикъ, крики, восклицанія.

Shove (*шов*) va. vn толкать, пихать; продираться. — **along,** толкать впередъ. **To — away,** выталкивать, удалять **To — back,** толкать. **To — by,** выталкивать. **To — down,** опрокидывать. **To — in,** вталкивать. **To — off,** выталкивать. **To — out,** толкать выталкивать. || s. толчокъ.

Shovel (*шов'-л*) s. лопата лопатка; || **— ful,** лопата чего.

Shoveller (*шов'-л-ер*) s. (орн.) широконосъ.

Show (*шоу*) va. показывать, являть; указывать, выказывать; выставлять; объяснять; провожать. **To — the way,** показывать дорогу. **To — one's will,** обнаруживать свою волю. **To — kindness,** выражать благоволеніе. **— the gentleman to his room,** покажите этому господину его комнату. **To — down,** проводить. **To — forth,** выставлять. **To — in, into,** вводить. **— him in,** заставьте его войти. **To — off,** гарцавать на лошади; ставить въ видное положеніе. **To — one's self off,** позировать. **To — out,** отводать. **To — over,** показывать. **— him over the bridge,** переведите его черезъ мостъ. **To — up,** поднимать. || vn. являться, показываться; казаться, выставляться, имѣть видъ. **To — off,** позировать. || s. видъ, внѣшній видъ, наружность; выставка; пышность, великолѣпіе; блескъ, зрѣлище. **Flower —,** выставка цвѣтоводства. **To make a — of,** дѣлать выставку. **With a — of friendship,** подъ видомъ дружбы. **— -bottle,** выставочная бутыль (въ аптекѣ). **— -case,** витрина. **— -man,** балаганщикъ. **— -window,** витрина.

Shower (*ша'у-ер*) s. показыватель.

Shower (*ша'у-ер*) s, дождь; ливень. **April —s,** весенніе дожди. — **bath,** душъ. **A — of bullets,** дождь пуль. || va. орошать водой, поливать дождемъ. **To — down on,** проливать что.

Showerless (*ша'у-ер-лес*) adj. бездождный. [вый.

Showery (*ша'у-ер-и*) adj. дождли-

Showily (*шо'у-или*) adv. пышно; на показъ

Showiness (*шо'у-и-нес*) s. пышность, великолѣпіе.

Showy (*шо'у-и*) adj. пышный, великолѣпный, яркій.

Shred (*шред*) va. разрѣзывать, рѣзать, крошить. || s. обрѣзокъ, лоскутокъ, кусокъ. **—s of cloth,** обрѣзки сукна.

Shrew (*шру*) s. сварливая баба.

Shrewd (*шруд*) adj. строгій; разборчивый, тонкій, искусный; || придирчивый, сварливый. **A — man,** хитрецъ. **A — question,** ловкій вопросъ.

Shrewdly (*шруд'-ли*) adv. строго, разборчиво; тонко; || придирчиво, сварливо.

Shrewdness (*шрýд'-нес*) s. тонкость, проницательность; лукавство, злобность.
Shrewish (*шрý'-иш*) adj бранчивый, ворчливый, сердитый
Shrewishly (*шрý'-иш-ли*) adv бранчливо, ворчливо, сердито.
Shrewishness (*шрý'-иш-нес*) s. бранчливость, ворчливость.
Shriek (*шрик*) vn. va. кричать, закричать. **To — out,** вскричать || s пронзительный крикъ
Shrift (*шрифт*) s. исповѣдываніе
Shrill (*шрил*) adj. пронзительный, рѣзкій. || vn va. издавать пронзительный звукъ.
Shrillness (*шрил'-нес*) s. пронзительность, рѣзкость.
Shrilly (*шил'-и*) adv. пронзительно, рѣзко. [|| * карапузикъ.
Shrimp (*шримп*) s. кревотъ (ракъ;
Shrine (*шрайн*) s. рака, ковчегъ, алтарь, храмъ.
Shrink (*шринк*) vn va ссѣдаться, осѣдать; съуживать, -ся, сжимать, -ся; || отступать, убѣгать, отказываться отъ чего **To — at,** смотрѣть съ ужасомъ. **To — away,** убѣгать. **To — back,** отступать. **To — in,** сокращаться. || s. ссѣданіе, осадка, сокращеніе, съуживаніе, сжатіе
Shrinkage (*шринк'-эдж*), **Shrinking** (*шринк'-инг*) s. ссѣданіе, сокращеніе, съуживаніе.
Shrinker (*шринк'-ер*) s. тотъ, кто отступаетъ, дрожитъ (онъ страха)
Shrive (*шрайв*) va. vn исповѣдовать, -ся [-ся, съеживать, -ся.
Shrivel (*шрив'-л*) va vn морщить,
Shriver (*шрайв'-ер*) s. исповѣдникъ.
Shroud (*шрауд*) s. покровъ, саванъ, прикрытіе; покровительство; || **—s,** s. pl. (мор) ванты, || va. завертывать въ саванъ; прикрывать, покрывать; || vn. укрываться
Shroudless (*шрауд'-лес*) adj безпокровный, лишенный савана.
Shroudy (*шра'уд-и*) adj. дающій убѣжище. [навалъ, масляница
Shrove-tide (*шро'ов-тайд*) s. кар-
Shrove-Tuesday (*шро'ов-тьюз-дэй*) s. вторникъ первой недѣли великаго поста. [|| родъ напитка.
Shrub (*шрӧб*) s кустъ, кустарникъ;
Shrubbery (*шрӧб'-бер-и*) s. мѣсто, покрытое кустарникомъ.
Shrubby (*шрӧб'-би*) adj. поросшій кустарникомъ.
Shrug (*шрӧг*) va. vn. пожимать плечами; || s. пожиманіе плечами.
Shudder (*шӧд'-дер*) vn. содрагаться, дрожать, вздрагивать, || s. дрожь, содроганіе.
Shuffle (*шӧф'-фл*) va. мѣшать, перемѣшивать; смѣшивать; тасовать (карты). **To — away,** ловко спрятать, провести. **To — in into,** подсунуть **To — off,** отбросить **To — one off,** провести кого либо, сбыть съ рукъ. **To — out,** припрятать. **To — up,** закончить, завершить. || vn колебаться, качаться, вилять, лукавить; хитрить, вертѣться. || волочить ноги. **To — along,** волочить ногу **To — away, off,** постыдно отступать. **Don't — so,** не волоте такъ ноги. || s. мѣшаніе, смѣшеніе, перемѣщеніе; || уловка, плутня; тасованіе картъ
Shuffler (*шӧф'-флер*) s обманщикъ.
Shuffling (*шӧф'-флинг*) s тасованіе картъ; тяжелая походка; колебаніе, шатаніе; хитрость, лукавство; || adj. уклончивый.
Shufflingly (*шӧф'-флинг-ли*) adv уклончиво, виляя, волоча ноги.
Shun (*шӧн*) va. избѣгать; пихать, толкать. [ный
Shunless (*шӧн'-лес*) adj. неизбѣж-
Shunt (*шӧнт*) s. запасной путь желѣзной дороги.
Shut (*шӧт*) va. vn. затворять, закрывать, запирать, -ся **To — the eyes,** закрывать глаза **To — close,** плотно закрывать **To — from,** исключать. **To — in,** заключать. **To — off,** перехватывать. **To — out,** закрывать дверь **—him out,** закройте за нимъ дверь. **To — up,** заключать. **To — up a house,** заколачивать домъ **To — up shop,** закрывать лавку || s. затвореніе, запираніе, ставня
Shutter (*шӧт'-тер*) s. затворяющій, запирающійся; || ставня.
Shuttle (*шӧ'-тл*) s. челнокъ (у ткачей); || затворъ (въ шлюзѣ) воланъ (игра).
Shy (*шай*) adj. стыдливый, застѣнчивый, боязливый; нерѣшительный, недовѣрчивый, осторожный || va. избѣгать, бросать вкось; || va. пугать, бросаться въ сторону; || бросаніе **To have a —at a thing,** цѣлиться во что.
Shyly (*шай'-ли*) adv. стыдливо, застѣнчиво, боязливо; нерѣшительно, осторожно
Shyness (*шай'-нес*) s. стыдливость, застѣнчивость, боязливость, нерѣшительность, осторожность.
Siberia (*сайби'-риа*) npr. (геог.) Сибирь. [скій.
Siberian (*шайби'-риан*) adj. сибир-
Sibilant (*сиб'-и-лäнд*) adj. свистящій, шипящій; || s. шипящая буква.
Sibilation (*сиб-и-лэ'-шӧн*) s. свистаніе, шипѣніе [щательница.
Sibyl (*сиб'-ил*) s. сибилла, предвѣ-

Sibylline (*сиб'-ил-лайн*) adj. сибилическій, предвѣщательный.
Siccative (*сик'-кä-тив*) adj. высушивающій; || s. сушащее средство.
Siccity (*сик'-си-ти*) s. сухость.
Sice (*сайз*) s. шесть очковъ (въ игрѣ).
Sick (*сик*) adj. больной, нездоровый. **A — man,** больной человѣкъ. **The —,** больные. **To be — at heart,** съ болью въ сердцѣ. **To feel —,** почувствовать себя дурно. **To be sea- —,** страдать морской болѣзнью. **To be — of flattery,** получить отвращеніе къ лести. **— -bed,** одръ болѣзни. **— list,** списокъ больныхъ. **— ward, — room,** лечебница.
Sicken (*сик'-н*) va. причинять болѣзнь, тошноту; причинять отвращеніе, огорченіе, скорбь; || vn. заболѣвать, хворать; чувствовать отвращеніе, скорбь; слабѣть, чахнуть. **His son — ed and died,** его сынъ захворалъ и умеръ. **He — ed at the sight,** ему сдѣлалось дурно при этомъ зрѣлищѣ.
Sickener (*сик'-не*) s. докука. **I soon had a — of it,** мнѣ это надоѣло по горло.
Sickening (*сик'-к-нинг*) adj. непріятный, отвратительный; || вызывающій болѣзнь.
Sickish (*сик'-иш*) adj. болѣзненный; чувствующій тошноту.
Sickishness (*сик'-иш-нес*) s. болѣзненность; тошнота.
Sickle (*сик'-л*) s. серпъ; мотыка.
Sickled (*сик'-лд*) adj. снабженный серпомъ.
Sickliness (*сик'-ли-нес*) s. болѣзненность, хворость; нездоровость климата.
Sickly (*сик'-ли*) adj. болѣзненный, хворый; нездоровый (о климатѣ). **To grow —,** сдѣлаться больнымъ. **A — sight,** возмущающее душу зрѣлище.
Sickness (*сик'-нес*) s. болѣзнь, боль; тошнота. **Sea —,** морская болѣзнь. **The falling —,** одряхлѣніе
Side (*сайд*) s. сторона, бокъ; стѣнка, стѣна; склонъ (горы). **The right —,** правая сторона, надлежащая сторона. **Wrong —,** неправильная сторона. **Blind —,** слабая сторона. **Near- —,** склонъ. **Off- —,** внѣ склона. **The right — of a stuff,** лицо у матеріи. **The wrong —,** изнанка. **— by —,** бокъ въ бокъ, рядомъ. **On that —,** съ этой стороны. **On all —s,** со всѣхъ сторонъ. **The sea —,** морской берегъ. **The — of the hill,** боковая сторона холма. **At the fire —,** у очага. **To change —s,** переходить со одной стороны на другую. || adj. боковой, косвенный, косой. || vn. принимать, держать сторону, приставать, вступить въ партію. **— -arms,** холодное оружіе. **— -board,** буфетъ. **— -door,** боковая дверь. **— -look,** взглядъ сбоку. **— -saddle,** дамское сѣдло. **— table,** столъ у стѣны.
Sided (*сайд'-ед*) adj. сторонній. **One —,** односторонный.
Sidelong (*сайд'-лонг*) adj. боковой, косвенный; || adj. въ сророну; косвенно.
Sideration (*сид-ер-э'-шон*) s. вліяніе звѣзды, сидерація.
Siderography (*сид-ер-ог'-рä-фи*) s. граверное искуство.
Sidesman (*сайдз'-мäн*) s. сторонникъ, приверженецъ.
Sidewalk (*сайд'-уок*) s. тротуаръ.
Sideways (*сайд'-уэйз*), **Sidewise** (*сайд'-уайз*) adv. на сторону, со стороны; косвенно, наискось; бокомъ.
Siding (*сайд'-инг*) s. сторонничество, принадлежность къ партіи; || разъѣздный путь.
Sidle (*сай'-дл*) vn. идти съ боку, лежать на боку. **To — up,** идти бокомъ.
Siege (*сидж*) s. осада.
Siesta (*си-ес'-та*) s. полуденный отдыхъ, послѣобѣденный сонъ.
Sieve (*сив*) s. сито, рѣшето, грохотъ
Sift (*сифт*) va. просѣвать; || изслѣдовать. **To — out,** просѣвать муку; || стараться открыть.
Sifter (*сифт'-ер*) s. просѣвающій.
Sifting (*сифт'-инг*) s. просѣваніе; высѣвки.
Sigh (*сай*) s. вздохъ. **Deep —,** глубокій вздохъ. **To heave a —,** испускать вздохъ. || vn. va. вздыхать; стонать. **To — for,** вздыхать о чемъ, **To — over,** плакать, оплакивать. [вздохи.
Sighing (*сай'-инг*) s. вздыханіе,
Sight (*сайт*) s. зрѣніе, глаза; видѣніе, смотрѣніе; взглядъ, видъ; зрѣлище; || цѣль. **Short —,** близорукость. **To have a — of,** любоваться видомъ на что либо. **To lose — of,** потерять изъ виду. **In the — of,** при видѣ. **Within —,** въ полѣ зрѣнія. **Out of —,** внѣ полѣ зрѣнія. **At —,** по первому взгляду безъ подготовки. **A bill payable at —,** вексель по предъявленію. **At first —,** съ перваго взгляда, по первому впечатлѣнію. **After —,** по разсмотрѣніи. **Thirty days after —,** съ платежомъ черезъ 30 дней. **To know by —,** знать по виду. **A fine —,** прекрасное зрѣлище. **The —s of Paris,** до-

стопримѣчательности Парижа **To take —**, метить. **To take a — at**, поставить кому либо нось **What a — of money!** Какое громадное количество денегъ.— **-seeing**, достопримѣчательности — **-seer**, осматриватель достопримѣчательностей; ротозѣй, зѣвака, va. vn увидать; производить наблюденіе, || прицѣливать, -ся.

Sighted (*сайт'-ед*) adj. зоркій **Short- —**, близорукій; || * недогадливый **Dim- —**, плоховидящій **Quick- —**, проницательный, прозорливый. [незрячій

Sightless (*сайт'-лес*) adj слѣпой,

Sightlessness (*сайт'-лес-нес*) s слѣпота.

Sightliness (*сайт'-ли-нес*) s. красота, пригожество.

Sightly (*сайт'-ли*) adj. видный, бросающійся въ глаза, пригожій

Sigmoid (*сиг'-мойд*), **Sigmoidal** (*сиг-мойд'-ăл*) adj. (анат.) сигмоидальный.

Sign (*сайн*) s праздникъ, знакъ, значеніе; чудо; подпись. **To give —s of**, обнаруживать признаки **To make the — of the cross**, творить знаменіе креста. **—manual**, собственноручная подпись. **— -board**, вывѣска. **— -painter**, живописецъ рисующій вывѣски **— -post**, указательный столбъ. || va. vn. подписывать; изображать; обозначать.

Signal (*сиг'-нăл*) s. знакъ, сигналъ; || предвѣстіе; || adj знаменитый, славный, замѣчательный. **A — service**, выдающаяся услуга. || va. дѣлать знакъ, сигнализировать, **— -gun**, сигнальная пушка. **— -light**, сигнальный фонарь. **— -man**, сигнальщикъ.

Signalize (*сиг'-нăл-айз*) va отличать; || сигнализировать.

Signally (*сиг'-нăл-и*) adv. знаменито, славно, замѣчательно.

Signatory (*сиг'-нă-тŏ-ри*) adj. относящійся къ печати.

Signature (*сиг'-нă-тьюр*) s. подпись; знакъ, печать.

Signer (*сайн'-ер*) s. подписавшійся.

Signet (*сиг'-нет*) s. печать.

Significance (*сиг-ниф'-и-кăнс*), **Significancy** (*сиг-ниф'-и-кăн-си*) s. значеніе, смыслъ, выразительность; важность.

Significant (*сиг-ниф'-и-кăнт*) adj. значащій; значительный.

Significantly (*сиг-ниф'-и-кăнт-ли*) adv. съ значеніемъ, значительно.

Signification (*сиг-ни-фи-кэ'-шŏн*) s. значеніе, смыслъ

Significatory (*сиг-ниф'-и-кă-тŏ-ри*) s. знакъ, признакъ,

Signify (*сиг'-ни-фай*) va. vn. вырыжать, объявлять; значить, означать; имѣть значеніе. **It signifies little**, это имѣетъ мало значенія. **What signifies?** что за важность?

Silence (*сай'-ленс*) s. молчаніе. **To keep —**, сохранять молчаніе. **To pass over in —**, пройти молчаніемъ. **— gives consent**, молчаніе знакъ согласія || va. заставлять замолчать, зажимать ротъ, успокаивать.

Silent (*сай'-лент*) adj. молчаливый, безмолвный, тихій, спокойный; безгласный; нѣмой (о буквѣ) **Be —**, замолчите. **The — waters**, безмолвныя тихія воды **A — letter**, нѣмое посланіе.

Silently (*сай'-лент-ли*) adv. молчаливо, безмолвно, тихо, спокойно, безгласно

Silentness (*сай'-лент-нес*) s. молчаніе, безмолвіе, тишина.

Silk (*силк*) s. шелкъ; шелковая матерія **Figured —**, выработанный шелкъ. **Floss —**, бур-де-суа. **Raw —**, шелкъ сырецъ. **Thrown —**, трощеный шелкъ **Twisted —**, крученный шелкъ —. **Unbleached —**, небѣленый шелкъ. **Waste —**, бур-де-суа. || adj. шелковый. **A — gown**, шелковое платье. **— -district**, мѣстность, производящая шелкъ. **— dyer**, красильщикъ шелка. **— -goods**, шелковый товаръ, шелки. **— -mercer**, торговецъ шелкомъ. **— -manufacture**, шелковое производство. **— -mill**, шелкопрядильная фабрика. **— -throwster**, тростильщикъ шелка. **— -trade**, шелковая торговля. **— -weaver**, ткачъ шелковыхъ матерій. **— -worm**, шелковистый червь.

Silken (*силк'-н*) adj. шелковый; шелковистый, мягкій, гибкій, разодѣтый въ шелки; || va. дѣлать шелковымъ, мягкимъ.

Silkiness (*силк'-и-нес*) s. шелковистость, мягкость.

Silky (*силк'-и*) adj. см. **Silken**.

Sill (*сил*) s. порогъ (двери).

Silliness (*сил'-ли-нес*) s. глупость, простота.

Silly (*сил'-ли*) adj глупый, простоватый, слабоумный.

Silt (*силт*) s. тина, илъ, грязь.

Silure (*си-льюр'*) s. (ихт.) сомъ.

Silvan (*сил'вăн*) adj. лѣсистый лѣсной.

Silver (*сил'вер*) s. серебро; серебряная монета **Standard —**, серебро съ пробой; || adj. серебряный; серебристый. **A — plate**, серебряная тарелка. **— sound**, серебристый звукъ. **— -fish**, серебрянка (рыба). — **-foil**, листъ серебра. — **-grey**, серебристо-сѣрый. — **gilt**, серебристая окраска. — **-haired**, сѣдоволосый.— **-ore**, серебряная руда. — **-paper**, серебристая бумага. — **-plated**, накладного серебра. — **-tongued**, сладкорѣчивый; || va. посеребрить, серебрить.

Silversmith (*сил'-вер-смисэ*) s. серебряныхъ дѣлъ мастеръ.

Silvery (*сил'вер-и*) adj. серебристый, серебрянный.

Simar (*си-мар'*) s. женская накидка. [однородный, сходный.

Similar(*сим'-и-ляр*) adj. подобный,

Similarity (*сим-и-ляр-и-ти*) s. подобіе, однородность, сходство.

Similarly (*сим'-и-ляр-ли*) adv. подобно, однородно, сходно.

Simile (*сим'-и-ли*) s. (рит.) уподобленіе, сравненіе.

Similitude (*си-мил'-и-тьюд*) s. подобіе, уподобленіе, сходство.

Simmer (*сим'-ер*) vn. вскипать.

Simoniac (*си-мо'о-ни-ăк*) s. святокупецъ.

Simoniacal (*сим-и-най'-ăк-ăл*), **Simonious** (*си-мо'о-ни-ŏс*) adj. святокупный. [симонія.

Simony (*сим'о-ни*) s. святокупство,

Simoom (*си-мум'*), **Simoon** (*си-мун'*) s. самумъ (вѣтеръ).

Simper (*сим'-пер*) vn. улыбаться, скалить зубы; || s. глупая улыбка.

Simpering (*сим'-пер-инг*) s. глупая улыбка.

Simperingly(*сим'-пер-инг-ли*) adv. съ глупой улыбкой.

Simple (*сим'пл*) adj. простой, безъискуственный, ясный, однородный. — **manners**, съ простыми манерами. — **-minded**, наивный, простодушный; || s. простое, несложное.

Simpleness (*сим'-пл-нес*) s. простота, несложность; наивность, простоватость.

Simpler (*сим'-плер*) s. собиратель лекарственныхъ травъ.

Simpleton (*сим'-пл-тŏн*) s. простакъ, простофиля, глупецъ.

Simplicity (*сим-плис'-и-ти*) s. см. **Simpleness**.

Simplification (*сим-пли-фи-кэ'-шŏн*) s. упрощеніе.

Simplify (*сим'-пли-фай*) vn. упрощать. [безъискуственно.

Simply (*сим'-пли*) adv. просто,

Simulate (*симь'-ю-лэт*) va. принимать видъ, симулировать; || adj. притворный, лицемѣрный.

Simulation (*симь-ю-лэ'-шŏн*) s. притворство, лицемѣріе.

Simultaneity (*сай-мŏл-тă-ни'-ти*) **Simultaneousness** (*сай-мŏл-тэ'-ни-'ŏс-нес*) s. одновременность.

Simultaneous (*сай-мŏл-тэ'-ни-ŏс*) adj. одновременный.

Simultaneously (*сай-мŏл-тэ'-ни-ŏс-ли*) adv. одновременно.

Sin (*син*) s. грѣхъ. **Original** —, первородный грѣхъ.— **-offering**, искупительная жертва; || vn. грѣшить.

Since (*синс*) conj. потому что, такъ какъ. — **there is nothing**, такъ какъ ничего нѣтъ. — **you saw him**, съ тѣхъ поръ, какъ вы его видѣли. — **the world began**, съ сотворенія міра. || adv. съ тѣхъ поръ; тому назадъ. **Ever** —, съ тѣхъ поръ какъ. **Not long** —, недавно. **I saw him about three weeks** —, его видѣлъ около трехъ недѣль тому назадъ; || prep. съ. — **his death**, съ его смерти.

Sincere (*син-сир'*) adj. искренній; чистый. [кренне.

Sincerely (*син-сир'-ли*) adv. ис-

Sincereness (*син-сир'-нес*), **Sincerity**(*син-сер'-и-ти*) s. искренность. [темя.

Sinciput (*син'-си-пŏт*) s. (анат.)

Sine (*сайн*) s. (геом.) синусъ.

Sinecure(*сай-ни-кьюр*)s. синекура.

Sine die (*сай'ни-дай'-ай*) adv. безсрочно.

Sinew (*синь'-ю*) s. (анат.) сухожиліе; || мускулъ; || va. связывать, соединять.

Sinewed (*синь'-юд*), **Sinewy** (*синь'-ю-и*) adj. сухожильный; сильный.

Sinewless (*синь'-ю-лес*) adj. не имѣющій сухожилій.

Sinful (*син'-фул*) adj. грѣшный, грѣховный.

Sinfuly (*син'-фул-и*) adv. грѣшно, грѣховно. [ховность.

Sinfulness (*син'-фул-нес*) s. грѣ-

Sing (*синг*) vn. пѣть. **To — out of tune**, фальшивить; || va. воспѣвать, восхвалять. **To — a hymn**, пѣть хвалебные гимны; || — **song**, нескладное, монотонное пѣніе.

Singe (*синдж*) va. опалять, спаливать.

Singer (*синг'-ер*) s. пѣвецъ, пѣвица (f.); пѣвчій; || пѣвчая птица.

Singing (*синг'-инг*) s. пѣніе; || adj. пѣвучій, пѣвчій. — **-bird**, пѣвчая птица. — **-boy**, пѣвчій. — **-master**, учитель пѣнія.

Single (*синг'-гл*) adj. единственный, единый; простой, несложный; одинокій. **A — sole**, на одной подошвѣ. **A — word**, одно лишь слово. — **-handed**, безпомощный, одинокій. — **-stick**, игра въ палки. **A — man**, одинокій, холостякъ. **To live** —, жить холостякомъ. **A — fight**, единоборство. **—-hearted**, простосердечный, откровенный; || va. брать по одиночкѣ. **To — out**, отдѣлять, выбирать.

Singleness (*синг'-гл-нес*) s. одиночество, простота, искренность.

Singly (*синг'-гли*) adv отдѣльно, по одиночкѣ; || просто, искренне.

Singular (*синг'-гью-лäр*) adj. единственный, особенный, отдѣльный; замѣчательный. **A — case**, отдѣльный случай. **In the — number**, въ единственномъ числѣ.

Singularity (*синг-гью-лäр'-и-ти*) s. особенность, странность.

Singularly (*синг'-гью-лäр-ли*) adv. особенно; (грам.) въ единственномъ числѣ.

Sinical (*син'-и-кäл*) adj. относящійся къ синусу.

Sinister (*син'-ис-тер*), **Sinistrous** (*син'-ис-трöс*) adj. лѣвый; || злой, злополучный.

Sinistrously (*син'-ис-трöс-ли*) adv. налѣво; || зло, злополучно.

Sink (*синк*) va. углублять, погружать; (мор.) пускать ко дну, тонуть; проникать, спускаться. **The ship began to —**, карабль началъ идти ко дну. **The water —s**, вода убыла, пошла на убыль. **His credit —s**, довѣріе къ нему уменьшилось. **The floor —s**, полъ опустился. **To — on the ground**, опуститься на землю. **To — into a deep sleep**, впасть въ глубокій сонъ. **To — under a weight**, пасть подъ тяжестью; || va. опустить, убавить. **To — a ship**, пустить корабль ко дну. **To — a well**, выкопать колодецъ. **To — a river**, спустить воду въ рѣкѣ. **To — money**, спустить деньги; || s. сточная труба. **—-hole**, клоака.

Sinker (*синк'-ер*) s. грузъ, тяжесть.

Sinking (*синк'-инг*) s. погруженіе, осѣданіе, копаніе колодца, опусканіе. **— -fund**, капиталъ погашенія.

Sinless (*син'-лес*) adj. безгрѣшный, безвинный.

Sinlessness (*син'-лес-нес*) s. безгрѣшность, безвинность.

Sinner (*син'-нер*) s, s. грѣшникъ, грѣшница; || vn. грѣшить.

Sinuate (*синь'-ю-эт*) va. vn. извивать, ся.

Sinuate (*синь'-ю-эт*), **Sinuated** (*синь'-ю-эт-ед*) adj. (бот.) выемчатый.

Sinuosity (*синь-ю-ос'-и-ти*) s. извилистость.

Sinuous (*синь-ю-ос'*) adj. извилистый.

Sinus (*сай'-нöс*) s, пустота, впадина; бухта, заливъ.

Sip (*сип*) vт. vn. прихлебывать; сосать; || s. хлебокъ, небольшой глотокъ.

Siphon (*сай'-фöн*) s. сифонъ.

Sipper (*сип'-пер*) s. прихлебывающій.

Sippet (*сип'пет*) s. кусочекъ хлѣба, пропитанный бульономъ.

Sir (*сöр*) s. милостивый государь, господинъ, сударь. **Speak on —**, говорите, господинъ. **— knight**, господинъ кавалеръ, дворянинъ. **Sir Walter Scott.**

Sire (*ссйр*) s. отецъ, родитель; государь; отецъ (у животныхъ).

Siren (*сай'-рен*) s. сирена; || прелестница.

Sirius (*сир'-и-öс*) s. (астр.) Сиріусъ.

Sirup (*сир'-öп*) s. сиропъ, патока.

Sister (*сис'-тер*) s. сестра. **—-in-law**, свояченица, золовка, невѣстка; || adj. однородный. **The — country**, Ирландія.

Sisterhood (*сис'-тер-худ*) s. общество сестеръ.

Sisterly (*сис'-тер-ли*) adj. сестринъ.

Sit (*сит*) vn. садиться, сидѣть, сидѣть верхомъ; торчать, засѣдать; судить. **To be sitting**, быть въ сидячемъ положеніи, сидѣть. **— close, will you?** сядьте тѣснѣе. **To — at table**, сидѣть за столомъ. **To — on the ground**, сидѣть на землѣ. **We sat in council**, мы засѣдали въ совѣтѣ. **To — at work**, сидѣть за работой. **Horror sat on each face**, ужасъ выступилъ на каждомъ лицѣ. **That coat sits too close**, это платье слишкомъ узко сидитъ. **To — aside**, оставаться въ сторонѣ. **To — down**, садиться; отдыхать, водворяться. **To — out**, сидѣть внѣ чего. **To — up**, подниматься; вставать. **To — up straight**, держитесь прямо. **To — up late**, поздно бодрствовать. **We will — up for you**, мы васъ будемъ ждать.

Site (*сайт*) s. мѣстоположеніе, мѣстность, мѣсто.

Sitter (*сит'-тер*) s. ведущій сидячую жизнь; натурщикъ; пассажиръ (въ лодкѣ); курица (на яицахъ).

Sitting (*сит'-тинг*) s. сидѣніе; занятіе моста; сеансъ; засѣданіе, сессія; аудиенція; || adj. сидячій. **At one —**, въ одинъ сеансъ. **— -room**, гостиная.

Situate (*ситъ'-ю-эт*), **Situated** (*ить'-ю-э-тед*) adj. лежащій, занимающій положеніе.

Situation (*ситъ'-ю-э'-шöн*) s. мѣстоположеніе; положеніе, расположеніе, состояніе; должность. **In a — to**, въ положеніи, въ со-

стоянія. **Out of —**, несумѣстно; безъ мѣста.
Six (*сикс*) adj. и s. шесть; шестеро, шестерка. **At — es and sevens**, вверхъ дномъ.
Sixfold (*сикс'-фолд*) adj. шестерной, шестеричный; ‖ adv. вшестеро.
Sixpence (*сикс'-пенс*) s. шесть пенсовъ; полшиллинга.
Sixpenny (*сикс'-пени*) adj. цѣною въ шесть пенсовъ.
Sixscore (*сикс'-скор*) adj. и s. сто двадцать.
Sixteen (*сикс'-тин*) adj. и adv. шестнадцать.
Sixteenth (*сикс'-тинсз*) adj. шестнадцатый.
Sixth (*сиксз*) adj. шестой; ‖ s. шестая часть, доля; (муз.) секста. **Edward the —**, Эдуардъ VI. **The — of December**, шестое декабря.
Sixthly (*сиксз-ли*) adv. въ-шестыхъ.
Sixtieth (*сикс'-ти-есз*) adj. шестидесятый; ‖ s. шестидесятая часть.
Sixty (*сикс'-ти*) adj. и s. шестьдесятъ.
Sizable (*сайз'-ā-бл*) adj. извѣстнаго размѣра.
Sizar (*сай-зāр*) s. бѣдный студентъ (въ Кембриджск. университетѣ).
Size (*сайз*) s. величина, мѣра, размѣръ, объемъ; ростъ; форматъ (книги); достоинство (товара); состояніе, классъ. **What — do you take?** какой у васъ номеръ (размѣръ)? ‖ va. прилаживать, приспособлять; проклеивать.
Sized (*сайзд*) adj. имѣющій размѣръ. **Large —**, большихъ размѣровъ. **Middle —**, средней величины.
Sizing (*сайз'-инг*) s. клейка; наклейка; ‖ клей.
Sizy (*сайз'-и*) adj. клейкій, липкій.
Skate (*скэт*) s. конекъ; скатъ (рыба); ‖ vn. кататься на конькахъ.
Skater (*скэт'-ер*) s. конькобѣжецъ, катающійся на конькахъ.
Skating (*скэт'-инг*) adj. катающійся на конькахъ; ‖ s. катаніе на конькахъ. **— -club**, клубъ конькобѣжцевъ. **— -rink**, катокъ.
Skedaddle (*ски-дад'-л*) vn. удирать, убѣгать.
Skeg (*скег*) s. дикая слива.
Skegger (*скег'-гер*) s. молодой лосось.
Skein (*скэн*) s. кинжалъ, ножъ.
Skeleton (*скел'-и-тŏн*) s. скелетъ, остовъ; срубъ (строенія); планъ.
Sketch (*скеч*) s. очеркъ, эскизъ, планъ, обзоръ. **— -book**, альбомъ. ‖ va. набрасывать очерки, планы. **To — out**, составить планъ чего.
Sketcher (*скеч'-ер*) s. составитель плановъ.
Skew (*скью*) adj. косой, косвенный; **— -back**, откосъ ‖ adv. косо, наискось, вкось; дугообразно. ‖ va. коситься, идти вкось.
Skewer (*скью'-ер*) s. вертелъ; ‖ va. втыкать на вертелъ.
Skid (*скид*) s. тормазъ; ‖ va. тормозить.
Skiff (*скиф*) s. яликъ.
Skilful (*скил'-фул*) adj. искусный, ловкій.
Skilfully (*скил'-фул-и*) adv. искусно, ловко.
Skilfulness (*скил'-фул-нес*) s. искусство, ловкость, знаніе.
Skill (*скил*) s. талантъ; пониманіе; поводъ, основаніе; см. **Skilfulness**.
Skilled (*скилд*) adj. см. **Skilful**.
Skilles (*скил'-лес*) adj. неискусный, неловкій.
Skillet (*скил'-лет*) s. кастрюлька.
Skim (*ским*) s. пѣна, сливки, устой. ‖ va. снимать пѣну, сливки. ‖ vn. изучать поверхностно; легко касаться чего. **To — along**, скользить вдоль, едва касаться. **To — over**, скользить по поверхности. **— milk**, снятое молоко.
Skimmer (*ским'-мер*) s. водорѣзъ (птица); ложка для сниманія сливокъ.
Skimming (*ским'-минг*) s. сниманіе пѣны, сливокъ.
Skin (*скин*) s. кожа; кожица (плодовъ). **He is nothing but — and bones**, онъ лишь кожа да кости. **Next to one's —**, на собственной шкурѣ. **— deep**, неглубокій, поверхностный. ‖ va. обдирать, лущить, снимать кожу или кожицу; ‖ обтягивать кожей. **He would — a flint**, онъ и голову обдеретъ. **To — over**, заживать (о ранѣ). ‖ vn. (съ **over**) покрываться кожицей.
Skinflint (*скин'-флинт*) s. скряга, скупецъ, кащей.
Skink (*скинк*) s. (зоол.) родъ ящерицы.
Skinless (*скин'-лес*) adj. не имѣющій кожи.
Skinned (*скинд*) adj. ободранный, вылущенный.
Skinner (*скин'-ер*) s. живодеръ, скорнякъ, сыромятникъ.
Skinniness (*скин'-ни-нес*) s. худощавость; исхуданіе.
Skinny (*скин'-ни*) adj. кожный, ‖ худощавый, худой.
Skip (*скип*) va. vn. прыгать, скакать; вскочить, подпрыгивать. **To — for joy**, скакать отъ радости. **To — over**, перескакивать, пропускать. **To — a chapter**, пропускать главу. ‖ s. прыжокъ, скачокъ; пропускъ. **— jack**, выскочка, проходимецъ. **— -kennel**, мальчикъ на побѣгушкахъ.

Skipper (*скип'-пер*) s. (мор.) шкиперъ; || прыгунъ, повѣса.
Skipping (*скип'-пинг*) s. прыганіе, прыжки, скаканіе; || adj. прыгающій, вѣтренный. — **rope**, веревка черезъ которую прыгаютъ.
Skippingly (*скип'-пинг-ли*) adv. прыжками, скачками.
Skirmish (*скöр'-миш*) s. стычка, схватка; || vn. схватиться.
Skirmisher (*скöр'-миш-ер*) s. застрѣльщикъ, зачинщикъ схватки.
Skirmishing (*скöр-миш-инг*) s. см. **Skirmish**.
Skirret (*скир'-ет*) s. (бот.) сахарный корень.
Skirt (*скöрт*) s. пола (у платья); бортъ; подолъ; юбка (у платья); край, обшивка; опушка (лѣса), берегъ (рѣки), граница, предѣлъ; || va. обшивать, оторачивать; || vn. жить на краю, на берегу; идти вдоль берега.
Skirting (*скöрт'-инг*) s. бордюръ; (арх.) плинтусъ.
Skit (*скит*) s. насмѣшка, причуды. || плутовка, кокетка.
Skittish (*скит'-тиш*) adj. пугливый, артачливый, причудливый, своенравный.
Skittishly (*скит'-тиш-ли*) adv. пугливо, артачливо; причудливо; своенравно.
Skittishness (*скит'-тиш-нес*) s. пугливость, артачливость; причудливость, своенравіе, странность.
Skittles (*скит'-т-лз*) s. pl. кегли (игра). — **-ground**, кегльбанъ.
Skulk (*скöлк*) vn. прятаться.
Skull (*скöл*) s. черепъ — **cap** верхушка черепа.
Skunk (*скöнк*) s. (зоол.) хорекъ.
Skurry (*скöр'-ри*) s. поспѣшность, торопливость.
Sky (*скай*) s. небо; климатъ. **The skies**, небеса. **Blue —**, голубое небо. **Cloudy —**, небо покрытое тучами. **Up to the skies**, до небесъ. — **-blue**, лазурь. — **lark**, (орн.) луговой жаворонокъ. — **light**, косое окно въ крышѣ; люкъ со стеклами. — **-rocket**, летучая ракета. — **-scraper**, (мор.) трюмсель.
Skyey (*скай'-и*) adj. небесный; воздушный. [бой; заоблачный
Skyish (*скай'-иш*) adj. свѣтлоголу-
Skyward (*скай'-уäрд*) adv. къ небу.
Slab (*слäб*) s. горбыль; плита.
Slabber (*слäб'-бер*) va. слюнявить, загрязнять; || vn. распускать слюни.
Slabberer (*слäб'-бер-ер*) s. слюнявый человѣкъ. [слюнявый.
Slabbering (*слäб'-бер-инг*) adj.

Slabby (*слäб'-би*) adj. слюнявый; липкій; грязный.
Slack (*слäк*) adj. мягкій, неустойчивый, слабый. **A — rope**, слабо натянутая веревка. **Trade is —**, дѣла слабы. — **water**, гладкое море, время между приливомъ и отливомъ. || adv. несовершенно, мягко, слабо. || s. мелкій каменный уголь; мусоръ; || лощина, долина. || vn. уменьшаться, слабнуть; запаздывать; гаснуть (объ извести); || va. уменьшать, ослаблять; гасить (известь).
Slacken (*слäк'-н*) vn. разжиматься, разслабляться, замедляться. **The wind — s**, (мор.) вѣтеръ ослабъ. || va. замедлять, разслаблять, разжимать. **To — one's pace**, замедлять свои шаги.
Slackly (*слäк'-ли*) adv ненатянуто, слабо, вяло.
Slackness (*слäк'-нес*) s. ненатянутость, слабость; медленность; небрежность.
Slade (*слэд*) s. небольшая долина; болотистая полоса земли.
Slag (*слäг*) s. шлакъ, выгарки, окалина (металла).
Slake (*слэк*) va. тушить; утолять; утѣшать, укрощать; гасить (известь); || vn. угасать; утихать; слабѣть.
Slam (*слäм*) va. хлопать, хлопнуть; захлопнуть, поколотить, побить; взять всѣ взятки(въ картахъ). **He slammed the door**, онъ захлопнулъ дверь. || s. хлопаніе; сильный размахъ, шлемъ (въ картахъ).
Slander (*слäн'-дер*) s. клевета, злословіе; || va. клеветать.
Slanderer (*слäн'-дер-ер*) s. клеветникъ, поноситель.
Slanderous (*слäн'-дер-öс*) adj. клеветническій, злословный.
Slanderously (*слäн'-дер-öс-ли*) adv. клеветнически, злословно.
Slanderousness (*слäн'-дер-öс-нес*) s. клеветничество, злословіе.
Slang (*слäнг*) s. жаргонъ, арго.
Slant (*слäнт*), **Slanting** (*слäнт'-инг*) adj. косой, косвенный, откосный, идущій вкось; || va. направлять вкось. **To go — ing**, идти подъ гору. || s косвенное направленіе; откосъ; косвенный намекъ.
Slantingly (*слäнт'-инг-ли*) adv. вкось, въ бокъ, косо.
Slap (*слäп*) s. ударъ (плоскимъ предметомъ или ладонью), шлепокъ. — **in the face**, плюха || va. шлепнуть, дать тумака **She slapped his face**, она дала ему пощечину; || adv. вдругъ, совершенно, бацъ, шлепъ. — **dash**, adv. вдругъ, скоро; бацъ; прямо.

Slash (*слäш*) s. рубецъ, шрамъ, порѣзъ; ударъ хлыстомъ. || va. сдѣлать рубецъ, шрамъ, порѣзъ; || vn. стегать, хлестать.
Slasher (*слäш'-ер*) s. сѣкунъ, порющій; || строгій критикъ.
Slate (*слэт*) s. сланецъ, шиферъ; аспидный камень; || грифельная доска; || va. крыть сланцемъ, шиферомъ. — **-axe,** хребетъ крыши. — **-clay,** сланцеватая глина. — **coal,** сланцевый уголь. — **-coloured,** аспиднаго цвѣта. — **-pencil,** грифель. — **quarry,** ломка сланца, аспиднаго камня. — **-worker,** рабочій ломающій сланецъ.
Slater (*слэт'-ер*) s. кроющій шиферомъ.
Slating (*слэт'-инг*) s. покрываніе шиферомъ.
Slatter (*слäт'-тер*) vn. быть неряшливымъ.
Slattern (*слäт'-терн*) adj. неряшливый.
Slatternly (*слäт'-терн-ли*) adv. неряшливо, неопрятно.
Slaty (*слят'-и*) adj. сланцевый, аспидный; аспиднаго цвѣта.
Slaughter (*сло'-о-тер*) s. избіеніе, рѣзня, сѣча, побоище; убой (скота). — **-house,** скотобойня, бойня. — **-man,** мясникъ. || va. умерщвлять, рѣзать, убивать; бить (скотъ).
Slaughterous (*сло'о-тер-ōс*) adj. убійственный, разбойничій.
Slave (*слэв*) s. рабъ, невольникъ. **She —,** невольница. — **born,** рожденный рабомъ. — **-coast,** черный берегъ. — **-dealer,** работорговецъ. — **-driver,** надсмотрщикъ надъ невольниками. — **-owner,** рабовладѣлецъ. — **-ship,** судно для торга невольниками. — **-trade,** торгъ невольниками. || vn. исполнять тяжелую работу; торговать невольниками. || va обращать въ рабство.
Slaver (*слэв'-ер*) s. торговецъ невольниками.
Slaver (*слäв'-ер*) s. слюна; пѣна; || va. испускать слюну.
Slaverer (*слäв'-ер-ер*) s. слюнявый; тупица, дуралей.
Slavery (*слэв'-ер-и*) s. рабство, неволя, невольничество.
Slavey (*слэви*) s. служанка для черной работы.
Slavish (*слэв'-иш*) adj. рабскій, раболѣпный.
Slavishly (*слэв'-иш-ли*) adv. рабски, раболѣпно.
Slavishness (*слэв'-иш-нес*) s. рабство, раболѣпство.
Slavonic (*славвон'-ик*) adj славонскій.
Slay (*слэй*) va. убить, умертвить, заколоть.
Slayer (*слэй'-ер*) s. убійца.

Sleave (*слив*) s. спутанный моток (шелка, нитокъ); || va. распутывать (шелкъ).
Sleazy *или* **Sleezy,** (*сли'-зи*) adj. неплотный, рѣдкій (о ткани).
Sled (*след*) s. сани, розвальни, салазки; || va. возить въ саняхъ.
Sledge (*следж*) s. сани, санки; || большой молотъ. — **-hammer,** кузнечный молотъ.
Sleek (*слик*) adj. гладкій, ровный; мягкій, нѣжный. || va. гладить; лощить. **To — over,** смягчать, выглаживать.
Sleekly (*слик'-ли*) adv. гладко.
Sleekness (*слик'-нес*) s. гладкость; нѣжность.
Sleep (*слип*) vn. спать; почивать, отдыхать. **To — soundly,** глубоко, крѣпко спать. **To — like a top,** спать мертвымъ сномъ. **To — at night,** спать ночью. **To — in the open,** спать подъ открытымъ небомъ. **To — again,** вновь засыпать. **To — on,** продолжать спать. **To — out,** спать не дома. **To — it out,** спать до полудня. **To — away,** проспать. **To — one's self sober,** выспаться (послѣ пьянства). || s. сонъ; спанье. **Deep, sound —,** глубокій сонъ. **To go to —,** засыпать. **To put to —,** усыплять. **To be dying with —,** падать отъ сна. **Overcome with —,** сонъ одолѣваетъ. — **-walker,** лунатикъ. — **-walking,** лунатизмъ.
Sleeper (*слип'-ер*) s. сонливый человѣкъ, соня; || шпала; лежень; (мор.) слиперсъ.
Sleepily (*слип'-и-ли*) adv. сонливо; вяло, лѣниво.
Sleepiness (*слип'-и-нес*) s. сонливость; вялость.
Sleeping (*слип'-инг*) adj. спящій; || спальный. — **car,** спальный вагонъ. — **potion,** усыпительное питье. — **partner,** командитеръ. || s. спанье; сонъ; покой.
Sleepless (*слип'-лес*) adj. безсонный.
Sleeplessness (*слип'-лес-нес*) s. безсонница.
Sleepy (*слип'-и*) adj. сонный, сонливый, спящій; усыпительный; вялый. — **-looking,** сонный. **To be, to feel —,** быть соннымъ.
Sleet (*слит*) s. градъ, снѣгъ съ дождемъ въ родѣ крупы. || vn. моросить.
Sleety (*слит'-и*) adj. — **weather,** мокрая погода, слякоть.
Sleeve (*слив*) s. рукавъ. — **-button,** запонка. **To laugh in one's —,** смѣяться про себя. || va. придѣлывать рукава (къ платью).
Sleeveless (*слив'-лес*) adj. безрукавый.

Sleigh (*слэй*) s. сани.
Sleighing (*слэи'-инг*) s. перевозка на саняхъ.
Sleight (*слайт*) s. хитрость, уловка; ловкій.
Sleighty (*слайт'-и*) adj. ловкій, проворный.
Slender (*слен'-дер*) adj. тонкій, гибкій; малый, слабый, нѣжный; скудный. **A — waist**, тонкая талія. **— stalk**, тонкій стволъ. **A — pittance**, плохая пища.
Slenderly (*слен'-дер-ли*) adj. тонко, гибко; мало, слабо, нѣжно; скудно.
Slenderness (*слен'-дер-нес*) s тонкость, гибкость, малость, слабость, скудность.
Sley (*слэй*) s. добро (ткацкое).
Slice (*слайс*) s. ломоть, ломтикъ; лопатка; плоское блюдо, подносъ; || (апт.) пластырь. || va. рѣзать ломтями.
Slick (*слик*) adj гладкій, ровный; || ловкій, хитрый.
Slide (*слайд*) va. vn. скользить; незамѣтно проходить, тихонько всунуть; слегка коснуться чего. **To — away**, ускользнуть, уйти. **To — down**, соскользнуть, сойти. **To — from**, ускользнуть. **To — into**, незамѣтно войти; вкрасться. || s. скольженіе; ровный, гладкій ходъ; золотникъ (въ паровой машинѣ).
Slider (*слайд'-ер*) s. то, что скользитъ; тотъ, кто катится, скользитъ.
Sliding (*слайд'-инг*) s. скольженіе; || adj. скользящій. **— door**, выдвижная дверь. **— panel**, передвижное панно. **— scale**, раздвижная лѣстница.
Slight (*слайт*) adj. легкій, тонкій, неплотный; слабый, малый. **— effort**, легкое усиліе. **A — impression**, мимолетное впечатлѣніе. **A — scratch**, легкая царапина. || s. пренебреженіе, неуваженіе; || va. неуважать, относиться съ пренебреженіемъ.
Slighter (*слайт'-ер*) s. пренебрегающій.
Slightingly (*слайт'-инг-ли*) adv съ пренебреженіемъ
Slightly (*слайт'-ли*) adv. легко, тонко; мало, слабо.
Slightness (*слайт'-нес*) s легкость, слабость; небрежность.
Slily (*слай'-ли*) adv. подъ сурдинку, потихоньку, изъ подтишка.
Slim (*слим*) adj. тонкій, гибкій легкій, слабый; незначительный
Slime (*слайм*) s. илъ, тина; || слизь.
Sliminess (*слайм'-и-нес*) s вязкость, тинистость.
Slimy (*слайм'-и*) adj. вязкій, липкій, тинистый.
Sliness (*слай'-нес*) s. хитрость, уловка
Sling (*слинг*) s. праща; ударъ изъ пращи; сильный ударъ; (хир.) повязка; (мор.) стропъ. **He wears his arm in a —**, онъ носитъ руки на перевязи. || va. метать, кидать; подвѣшивать; (мор.) поднять на стропахъ.
Slinger (*слинг'-ер*) s. пращникъ.
Slink (*слинк*) vn. уходить украдкою; убираться, скрываться; || выкинуть (о животныхъ); || s. выкидышъ (у животныхъ).
Slip (*слип*) vn. скользить, поскользнуться; соскочить съ чего. **His foot slipped**, онъ поскользнулся. **To — away**, ускальзывать, бѣжать (о времени). **To — down**, скользить, падать, соскользнуть. **To — in, into**, вкрасться, проскальзывать. **To — off**, соскальзывать, ускользнуть. **To — on**, скользить по, протекать. **To — out**, выскользнуть; утратиться изъ памяти. || va. незамѣтно всунуть, впустить, ввести; || упустить, потерять. **I slipped money into his hand**, я втиснулъ ему деньги въ руки. **He slipped me**, онъ ускользнулъ отъ меня. **To — the collar**, ускользнуть изъ рукъ, пріобрѣсти свободу **To — out**, выпустить, высвободить **To — one's neck out of the collar**, ускользнуть изъ подъ ярма **To — over**, набросить, накинуть; пропустить. || s. скольженіе; оступь. ускользаніе, оставленіе, покиданіе; || * ошибка, погрѣшность; || паденіе, обвалъ; || свора для собакъ; (тип.) гранка; (мор.) эллингъ; кулисы (въ театрѣ). **To make a —**, оступиться. ошибиться. **There's many a — between the cup and the lip**, * близокъ локоть, да не укусишь. **To give a person the —**, обмануть чье либо ожиданіе **Land —**, оползни, оползаніе земли. **A — of the tongue**, оговорка. **— -board**, кулиса. **— -knot**, передвижная петля, морской узелъ.
Slipper (*слип'-пер*) s туфель, туфля
Slipperiness (*слип'-пер-и-нес*) s. скользкость, сомнительность, непрочность.
Slippery (*слип'-пер-и*) adj скользкій, гладкій, непрочный, развязный; сладострастный
Slipshod (*слип'-шод*) adj имѣющій стоптанные башмаки; небрежный
Sliplop (*слип'-слоп*) s. опивки.
Slish (*слиш*) s ударъ кнута.
Slit (*слит*) va vn. расщелять, -ся, раскалывать, -ся. || s разсѣлина, разрѣзъ, расщепъ.
Slitter (*слит'-тер*). s распильщикъ, колыцикъ.

Slitting (*слит'-тинг*) s. раскалываніе, разрѣзываніе въ полосы. — **-mill**, желѣзорѣзный станъ.
Sliver (*слив'-ер*) va. разрѣзывать вдоль, въ полосы, раскалывать; || s. ломоть, кусокъ, полоса.
Sloat (*сло'от*) s. перекладина, поперечина.
Sloe (*сло'о*) s. терновая ягода. — **tree**, терновникъ.
Sloop (*слуп*) s. (мор.) шлюпка (судно). — **of war**, корветъ.
Slop (*слоп*) s. пролитая вода; лужа; грязное пятно; помои; опивки; || va. проливать, разливать; жадно пить. — **-basin**, — **-bowl**, полоскательница. — **-pail**, ведро для грязной воды. — **-seller**, старьевщикъ. — **-shop**, магазинъ стараго платья.
Slope (*сло'оп*) adj. наклонный, покатый, косой, отлогій; || adv. наклонно, покато. || va. ставить въ наклонное положеніе. || vn. наклоняться, нагибаться.
Slopewise (*сло'оп-уайз*) adv. вкось, наклонно, отлого.
Sloping (*сло'оп-инг*) s. косость, отлогость, скатъ. [**Slopewise**.
Slopingly (*сло'оп-инг-ли*) adv. *см.*
Sloppiness (*слоп'-пи-нес*) s. грязь, мокрота, иловатость.
Sloppy (*слоп'-пи*) adj. грязный, мокрый, тинистый.
Slot (*слот*) s. *см.* **Sloat**; || слѣдъ краснаго звѣря. — **-hound**, ищейка (собака).
Sloth (*слосз*) s. медленность; нерадѣніе, лѣность; (зоол.) тихоходъ.
Slothful (*сло'осз-фул*) adj. лѣнивый, нерадивый.
Slothfully (*сло'осз-фул-и*) adv. лѣниво, нерадиво.
Slothfulness (*сло'осз-фул-нес*) s. лѣнивость, нерадивость.
Slouch (*сла'уч*) s. наклоненіе; тяжелая поступь. || va. наклонить, опустить (голову); || vn. ходить опустя голову; ступать тяжело.
Slouched (*сла'учт*) adj. съ широкими опущенными полями (о шляпѣ).
Slough (*сла'у*) s. топь, трясина, тина; || * омутъ, сырость.
Slough (*слöф*) s. кожа, сброшенная змѣей; || струпъ; || vn. превращаться въ струпъ.
Sloughy (*сла'у-и*) adj. тинистый, болотистый, грязный.
Sloughy (*слöф'-и*) adj. струпный.
Sloven (*слов'-ен*) s. неряха.
Slovenliness (*слов'-ен-ли-нес*) s. неопрятность, неряшливость.
Slovenly (*слов'-ен-ли*) adj. неопрятный, неряшливый; || adv. неопрятно, неряшливо.
Slow (*сло'у*) adj. медленный, мѣшкотный; лѣнивый: тугой, непонятливый. **A — poison**, медленно дѣйствующій ядъ. **To be —**, неподвижный умъ. **Your watch is five minutes too —**, ваши часы отстаютъ на пять минутъ. — **-paced**, медленно идущій. — **-worm**, змѣя съ костякомъ.
Slowly (*сло'у-ли*) adv. медленно, не спѣша.
Slowness (*сло'у-нес*) s. мѣшкотность, отставаніе; тупость.
Slub (*слöб*) va. слегка тростить (пряжу); || s. трощеніе.
Slubber (*слöб'-ер*) va. вахлять; пачкать; || s. тростильщикъ.
Sludge (*слöдж*) s. тина, грязь, отстой.
Sludgy (*слöд'-жи*) adj. грязный; болотистый, тинистый.
Slug (*слöг*) va. vn. лѣнтяйничать; дѣлать лѣнивымъ; || s. лѣнивецъ, тунеядецъ; лѣнтяй; || слизень (улитки).
Sluggard (*слöг'-гāрд*) s. лѣнивецъ, лежебокъ; || adj. лѣнивый, праздный.
Sluggish (*слöг'-гиш*) adj. лѣнивый, неповоротливый, сонный.
Sluggishly (*слöг'-гиш-ли*) adv. лѣниво, неповоротливо, сонно.
Sluggishness (*слöг'-гиш-нес*) s. лѣность, неповоротливость.
Sluice (*слюс*) s. шлюзъ; затворъ, — **-gate**, вешнякъ. || va. выпускать черезъ шлюзъ. [комъ.
Sluicy (*слю'-си*) adj. текущій пото-
Slum (*слöм*) s. глухая грязная улица.
Slumber ((*слöм'-бер*) s. дремота, усыпленіе; покой; || vn. дремать, спать; || va. усыплять.
Slumberer (*слöм'-бер-ер*) s. тотъ, кто дремлетъ.
Slumbering (*слöм'-бер-инг*) adj. дремлющій. || s. дремота.
Slumberingly (*слöм'-бер-ин-гли*) adv. какъ во снѣ.
Slumberous (*слöм'-бер-öс*), **Slumbery** (*слöм'-бер-и*) adj. наводящій сонъ, усыпительный.
Slump (*слöмп*) vn. проваливаться, идти ко дну.
Slur (*слöр*) s. черная мѣтка, пятно; намекъ; выговоръ; поношеніе; обманъ; || (муз.) соединительная черта. || va. пятнать, пачкать; поносить, чернить; сыграть шутку. **To cast —s upon**, забрасывать грязью, унижать.
Slurring (*слöр'-инг*) s. (муз.) соединеніе; непріятный намекъ.
Slush (*слöш*) s. грязь, растаявшій снѣгъ.
Slushy (*слöш'-и*) adj. грязный.
Slut (*слöт*) s. неряха, шлюха; || сука.

Sluttery (*слѳш'-тер-и*) s. неряшество, неопрятность. грязь.
Sluttish (*слѳт'-тиш*) adj. неряшливый, неопрятный; гадкій.
Sluttishness (*слѳт'-тиш-нес*) s. *см.* **Sluttery.**
Sly (*сли*) adj. хитрый, лукавый, пронырливый. **— -boots,** хитрецъ. **A — trick,** хитрость, ловкость. **A — look,** взглядъ изъ подлобья. **On the —,** изподтишка.
Slyly (*слай'-лю*) adv. хитро, лукаво, искусно, ловко.
Slyness (*слай'-нес*) s. хитрость, лукавство.
Smack (*смäк*) vn. va, громко цѣловать, чмокать губами; смаковать; хлопать (хлыстомъ); пахнуть, отзываться **To — of heresy,** съ оттѣнкомъ ереси. || s. громкій поцѣлуй, чмоканіе: щелканіе (губами); легкій ударъ; отзываніе чѣмъ; оттѣнокъ чего. **A — on the ear,** пощечина.
Small (*смол*) adj. маленькій, ничтожный, худосочный, тонкій. **A — sum,** небольшая сумма. **— arms,** ручное оружіе. **— -clothes,** короткіе штаны. **— -coal,** мелкій уголь, **— -craft,** мелкія суда **— -pox,** оспа. **— talk,** болтовня, банальности. **— -wares,** торговля мелочнымъ товаромъ. || тонкая *или* слабая часть чего; кончикъ, хвостикъ (чего), голенище (сапога); нижняя часть (ноги).
Smallage (*смол'-эджс*) s.(бот.) сельдерей, дикая петрушка.
Smallish (*смол'-иш*) adj малoватый; мелковатый,
Smallness (*смол'-нес*) s. малость, мелкость, тонкость; слабость; ничтожество
Smalt (*смолт*) s. смальта, синяя краска.
Smart (*смарт*) adj. жгучій, рѣзкій, рѣжущій; ловкій; изящный, нарядный **A — answer,** рѣзкій отвѣтъ. **A — stroke,** рѣзкій ударъ. **A — breeze,** благопріятный вѣтеръ. **A — reply,** удачный отвѣтъ. **A — man,** изящный человѣкъ. **To make one's self —,** прихорашиваться **To be —,** быть изящнымъ. || s. острая, жгучая боль; || * сильная печаль. **— money,** (воен.) вознагражденіе за раны, пенсіонъ. || vn испытывать острую боль; || * страдать, терпѣть, мучиться. **My fingers —,** у меня горятъ пальцы. **You shall — for it,** вамъ за это влетитъ.
Smarten (*смарт'н*) va наряжать, прихорашивать.
Smarting (*смарт'-инг*) s рѣзкая боль.
Smartly (*смарт'-ли*) adv. больно, чувствительно; рѣзко, колко, остро; тонко; ловко, живо.
Smartness (*смарт'-нес*) s. живость, чувствительность боли; рѣзкость, ѣдкость, острота; ловкость, живость; изящность.
Smash (*смäш*) va. разбивать, раскалывать въ дребезги; разорять; || s. раскалываніе, раздробленіе
Smatch (*смäч*) s. вкусъ; чувство; оттѣнокъ.
Smatter (*смäт'-тер*) s. поверхностное понятіе о чемъ; || vn. имѣть поверхностное понятіе о чемъ.
Smatterer (*смäт'-тер-ер*) s. недоучка.
Smattering (*смäт'-тер-инг*) s. поверхностное познаніе.
Smear (*смир*) va. мазать, пачкать, марать; || s. смазка, мазь; пачкотня; пятно.
Smeary (*смир'-и*) adj. сальный, жирный, грязный.
Smell (*смел*) va. обонять, нюхать, чуять, догадываться. **— this rose,** понюхайте эту розу. **To — a rat,** * подозрѣвать что либо. || vn. пахнуть; нюхать **To — nice,** пріятно пахнуть. || s. обоняніе; || запахъ. **To be offensive to the —,** непріятно пахнущій **The — of a violet,** съ запахомъ фіалки.
Smelling (*смел'инг*) adj. пахнушій. **Sweet —,** пріятно пахнущій. **— bottle,** флаконъ съ духами. || s. обоняніе.
Smelt (*смелт*) s корюха (рыба); va. плавить (руду)
Smelter (*смелт'-ер*) s. плавильщикъ.
Smeltery (*смелт'-ер-и*) s плавильня.
Smelting (*смелт'-инг*) s чугунъ.
Smew (*смью*) s. крохаль (птица).
Smicker (*смик'-ер*) vn. дѣлать глазки.
Smiddy (*смид'-и*) s кузница.
Smile (*смайл*) vn. улыбаться, смотрѣть весело. **To — at, on, upon,** смѣяться надъ. **To — assent,** улыбкой выражать согласіе. || s. улыбка. **With a —,** улыбаясь.
Smiling (*смайл'-инг*) adj. улыбающійся.
Smilingly (*смайл'-инг-ли*) adv улыбаясь.
Smilingness (*смайл'-инг-нес*) s. улыбающійся видъ.
Smirch (*смѳрч*) va. затемнять, пачкать.
Smirk (*смѳрк*) vn. нѣжно улыбаться, дѣлать глазки; || s. нѣжная улыбка.
Smirking (*смѳрк'-инг*) s. жеманничаніе. || adj. нѣжно улыбающійся, жеманный.
Smite (*смайт*) va. ударять, поражать; убивать, прельщать. **To be smitten with,** быть увлеченнымъ. || vn. сталкиваться, ударяться **The knees — together,** колѣни стучать другъ о друга.

Smitter (*смайт'-ер*) s. наносящій удары.
Smith (*смисз*) s. кузнецъ; || ковачъ.
Smithery (*смисз'-ер-и*), **Smithy** (*смисз'-и*) s. кузница.
Smithing (*смисз'-инг*) s. кованіе, ковка.
Smock (*смок*) s. женская рубашка. — **-frock**, блуза (у работниковъ).
Smoke (*смо'ок*) s. дымъ, курево, копоть; паръ, испаренія. **To end in —**, разлетаться какъ дымъ. **No — without fire**, нѣтъ дыма безъ огня. — **-consumer**, поглащатель дыма. — **-consuming**, дымогарный. **To — -dry**, коптить (мясо). — **jack**, вертель. || **va.** пускать дымъ, дымиться, дышать; || * раздражаться; пускать дымъ въ глаза; прокапчивать. **Wood —s when burning**, дерево горитъ съ дымомъ. **To — out**, выкурить; || * выгонять.
Smoker (*смо'ок-ер*) s. курильщикъ; коптильщикъ.
Smoking (*смо'ок-инг*) adj. курящій, -ся; дымящій, -ся. — **compartment**, отдѣленіе для курящихъ. — *или* **smoke room**, комната для курящихъ. || s. куреніе (табаку); || смокингъ (одежда). **No — allowed**, курить не разрѣшается.
Smoky (*смо'ок-и*) adj. дымный, дымящійся, копотный; мрачный, темный. **A — chimney**, дымящая труба.
Smooth (*смусз*) adj. гладкій, ровный, легкій; нѣжный, плавный; тихій. **A — surface**, гладкая поверхность. — **hair**, гладкіе волосы. **A — skin**, мягкая, гладкая кожа. — **skinned**, безбородый, бритый. — **-faced**, съ нѣжнымъ лицомъ, мягкій; безбородый. **To run —**, мягко стлать. — **-tongued**, сладкорѣчивый. || приглаживать; полировать; смягчать, ласкать; льстить; разгонять морщины (на лбу). **To — away**, устранять препятствія. **To — down**, смягчать.
Smoothing (*смузс-инг*) s. смягченіе; выглаживаніе. — **-iron**, утюгъ. — **-plane**, рубанокъ.
Smoothly (*смузс-ли*) adv. гладко, ровно, главно, легко, тихо.
Smoothness (*смузс'-нес*) s. гладкость, ровность, плавность, пріятность; спокойствіе. **The — of a floor**, гладкость пола. **The — of a surface**, гладкость поверхности. **The — of the skin**, гладкость кожи.
Smother (*смӧсз-ер*) va. душить, задушать, захватывать духъ; тушить (огонь); || *скрыть; подавить; || **vn.** задыхаться, гаснуть; || s. духота, дымъ; густая пыль; угнетеніе.
Smothering (*смӧсз'-ер-инг*) s. удушеніе. [дымиться.
Smoulder (*смо'ол-дер*) vn. тлѣть.
Smouldering (*смо'ол'-дер-инг*), **Smouldry** (*смо'ол'-дри*) adj. тлѣющій. [ный, нарядный.
Smug (*смӧг*) adj. чистый, опрят-
Smuggle (*смӧг'-гл*) va. vn. промышлять контробандой. **To — in**, заниматься, промышлять контробандой.
Smuggled (*смӧг'-гл-д*) adj. контрабандный. — **goods**, контрабандные товары.
Smuggler (*смӧг'-глер*) s. контрабандистъ. [банда
Smuggling (*смӧг'-глинг*) s. контра-
Smut (*смӧт*) va. vn. коптить, коптѣть; чернить, чернѣть; пачкать, марать сажей; || повреждать, -ся головней, ржавчиной; || s. сажа, грязь; пятно; головня, ржавчина (въ хлѣбѣ).
Smutch см. **Smut.**
Smuttily (*смӧт'-ти-ли*) adv. грязно, черно; безстыдно.
Smuttiness (*смӧт'-ти-нес*) s. закоптѣлость, чернота, грязь.
Smutty (*смӧт'-ти*) adj. закоптѣлый, черный, грязный; || покрытый ржавчиной (хлѣбъ).
Snack (*снӓк*) s. доля, часть; кусочекъ. **To go —s**, дѣлить на части. **To take —**, закусить.
Snaffle (*снӓф'-фл*) s. уздечка, трензель.
Snag (*снӓг*) s. короткій сукъ; наростъ, шишка; сильно выдающійся зубъ.
Snagged (*снӓг'-гед*), **Snaggy** (*снӓг'-ги*) adj. суковатый, шишковатый.
Snail (*снэл*) s. улитка; || * мѣшковатый человѣкъ; || спираль. — **-clover**, — **-trefoil**, (бот.) медунка, люцерна.
Snake (*снэк*) s. змѣя. **Rattle —**, гремучая змѣя. **A — in the grass**, * шило въ мѣшкѣ. — **moss**, (бот.) листопадъ. — **root**, (бот.) змѣинный корень. —**'s head**, (бот.) клубень ириса. — **weed**. — **wort**, (бот.) змѣевикъ, горлецъ. —**wood**, змѣиное девево. || va. (мор.) тренцовать.
Snakish (*шнэк'-иш*) adj. змѣиный.
Snaky (*шнэк'-и*) adj. змѣиный; || * коварный; извилистый.
Snap (*снӓп*) va. разрывать; защелкивать, щелкать кнутомъ. **To — in two**, разламывать на двое. **To — one's fingers at**, потѣшаться надъ кѣмъ. **To — off**, ломать, отламливать, отрывать. **To — up**, схватывать; грубо обращаться. || vn. разрываться, до-

миться. || s. разрывъ, разломъ; рѣзкій звукъ кнута, щелканіе; || защёлка, аграфъ. **To make a — at,** стараться схватить. **— dragon,** (бот.) жабрей. [ловѣкъ.

Snapper (*снāп'-пер*) s. жадный че-

Snappish (*снāп'-пиш*) adj. сварливый, грубый. **A — cur,** злая собака. [сварливо, грубо.

Snappishly (*снāп'-пиш-ли*) adv.

Snappishness (*снāп'-пиш-нес*) s. сварливость, грубость.

Snare (*снэр*) s. западня, ловушка; сѣти, тенета; || va. поймать въ сѣти.

Snarl (*снарл*) vn. (съ **at**) ворчать, скалить зубы. || s. путаница; спутанные волосы, нитки. **With a —,** съ ворчаніемъ, скаля зубы.

Snarler (*снарл'-ер*) s. брюзга; сварливый человѣкъ; злая собака.

Snarling (*снарл'-инг*) adj. брюзгливый, сварливый; || запутанный, узловатый.

Snary (*снэр'-и*) adj. служащій ловушкой; коварный.

Snatch (*снāч*) va. жадно ловить, хватать, вырвать, сорвать, хапнуть, утащить. **To — away,** выхватить, уносить. **To — up,** захватывать. || vn. (съ **at**) ухватываться за что. || s. хватаніе, захватъ; кусочекъ чего; урывокъ; || колкость; || увертка. **To make a — at,** стараться схватить. **By —s,** порывами; урывками. **—s of old tunes,** отрывки старыхъ мотивовъ. **— -block,** передаточный блокъ.

Snatcher (*снāч'-ер*) s. жадно хватающій, отниматель; воръ. **Body- —,** гробокрадецъ.

Snatchingly (*снāч'-инг-ли*) adj. на скорую руку, быстро; съ жадностью.

Sneak (*сник*) vn. красться, подкрадываться, увертываться, ползать. || * унижаться, подличать. **To — away, to — off,** ускользать, уходить со смущеніемъ. || s. подлый, низкій, скрытный человѣкъ; трусъ.

Sneaking (*сник'-инг*) adj. раболѣпный, низкій; скрытный.

Sneakingly (*сник'-инг-ли*) adv. раболѣпно, низко; скрытно; украдкою.

Sneer (*снир*) vn. va. поднимать на смѣхъ, зубоскалить; || s. насмѣшливая улыбка, зубоскальство.

Sneerer (*снир'-ер*) s. зубоскалъ, насмѣшникъ.

Sneering (*снир'-инг*) adj презрительный, насмѣшливый.

Sneeringly (*снир'-инг-ли*) adv. презрительно, насмѣшливо.

Sneeze (*сниз*) vn. чихать; || s. чиханіе.

Sneezing (*сниз'-инг*) s. чиханіе.

Snicker (*сник'-ер*), **Snigger** (*сниг'-гер*) vn. смѣяться исподтишка.

Sniff (*сниф*) vn. сопѣть, фыркать; || vn. втягивать воздухъ ноздрями.

Sniggle (*сниг'-гл*) va. ставить сѣти; || vn. ловить угрей; || смѣяться исподтишка.

Snip (*снип*) s. частица, кусочокъ чего; доля, часть; отрѣзъ, обрѣзокъ; || (нар.) портной; || va. отрѣзать ножницами.

Snipe (*снайп*) s. куликъ, бекасъ; || * олухъ. [рѣжетъ.

Snipper (*снип'-пер*) s. тотъ, кто

Snipsnap (*снип'-снап*) s. горячій споръ.

Snivel (*снив'-л*) s. сопля; || vn. течь изъ носу; || сопѣть; хныкать.

Sniveller (*снив'-л-ер*) s. плакса.

Snivelly (*снив'-л-и*) adj. сопливый; плаксивый.

Snob (*сноб*) s. выскочка; снобъ; штрейкбрехеръ, поденщикъ, башмачникъ. [ный; низкій.

Snobbish (*сноб'-биш*) adj. чван-

Snobbism (*сноб'-бизм*) **Snobbishness** (*сноб'-биш-нес*) s. чванство; снобизмъ.

Snooze (*снуз*) vn. вздремнуть.

Snore (*сно'ор*) vn. храпѣть; || s. храпѣніе, храпъ.

Snorer (*сно'ор-ер*) s. тотъ, кто храпитъ.

Snoring (*сно'ор-инг*) s. храпѣніе.

Snort (*снорт*) vn. фыркать (о лошади); отворачиваться съ пренебреженіемъ.

Snorting (*снорт'-инг*) s. храпъ, фырканіе. [рѣться.

Snot (*снот*) s. сопли; || va. смот-

Snotty (*снот'-ти*) adj. сопливый, грязный.

Snout (*сна'-ут*) s. рыло, рыльце; хоботъ (слона); хрюкало (свиньи); носокъ (трубки).

Snow (*сно'у*) s. **— -ball,** комъ снѣгу, снѣжокъ. **To — -ball,** играть въ снѣжки. **— -capped,** увѣнчанный снѣгомъ. **— -drift,** снѣжный сугробъ. **— drop,** (бот.) подснѣжникъ. **— -flake,** хлопокъ снѣга. **— -like,** снѣгоподобный. **— -slip,** лавина, снѣговой обвалъ. **— -storm,** буранъ. || vn. imp. снѣжить, падать (о снѣгѣ). **It — s,** снѣгъ идетъ.

Snowy (*сно'у-и*) adj. снѣжный; бѣлоснѣжный.

Snub (*снŏб*) s. сукъ, шишка; выговоръ. **— -nose,** носъ съ горбинкой. || va. подрѣзывать, укорачивать; бранить; || vn. рыдать.

Snuff (*снŏф*) s. нагаръ (на свѣчѣ); огарокъ; нюхательный табакъ; досада, злоба. **To take —,** нюхать табакъ. **To be up to —,** *не быть нромахомъ. — **-box**, табакерка. — **taker**, нюхающій табакъ. **A pinch of —**, щепотка табаку. || va. нюхать; обонять, чуять; снимать съ свѣчи нагаръ. **To — out**, погасить свѣчу, снимая нагаръ. || vn. храпѣть.

Snuffer (*снöф'-ер*) s. снниматель нагара. — **pan**, — **tray**, щипцы для сниманія нагара.

Snuffle (*снöф'-фл*) vn. гнусавить.

Snuffler (*снöф'-флер*) s. гнусавящій.

Snuffles (*снöф'-флз*) s. заложеніе носа (слизью).

Snuffling (*снöф'-флинг*) s. носовой звукъ, свистъ.

Snufty (*снöф'-и*) adj. запачканный нюхательнымъ табакомъ.

Snug (*снöг*) vn. прижаться, прилечь къ чему; плотно лежать. || adj. прижавшійся; притаившійся, пріютившійся, тихій, спокойный; удачный, уютный. **To lie —**, тѣсниться. **A — little house**, хорошенькій маленькій домикъ. **To sit — by the fire**, тѣсниться у очага.

Snuggery (*снöг'-гер-и*) s. уютное мѣстечко; будуаръ.

Snuggle (*снöг'-гл*) vn. ютиться, пріютиться, тѣсниться.

Snugly (*снöг'-гли*) adv. уютно, удобно, покойно.

Snugness (*снöг'-нес*) s. уютность, удобство; спокойствіе.

So (*со'о*) adv, такъ, такимъ образомъ; и такъ, слѣдовательно; что; только бы, чтобы. **Is it?** такъ ли это? **If it were not —**, еслибы это было не такъ. **If —**, если такъ. **— called**, такъ называемый. **— then**, такимъ образомъ. **And — on**, и такъ далѣе. **Will he be here in time?** будетъ ли онъ здѣсь во время? **I hope —**, я надѣюсь. **I think —**, я такъ думаю. **Why — ?** почему такъ? **How —?** какъ такъ? **Mr — and —**, такой-то и такой-то господинъ. **— fine a house**, такой красивый домъ. **He is not — rich as his sister**, онъ не такъ богатъ, какъ его сестра. **— long as**, такъ долго, какъ. **He has not — much money**, у него нѣтъ такихъ денегъ., **— many men**, сколько головъ. **— many minds**, столько умовъ (мнѣній). **— far as**, постольку—поскольку. **— that**, такъ что, такимъ образомъ. || conj. лишь бы, если только, съ тѣмъ, чтобы.

Soak (*со'ок*) va. обмакивать, окунуть, вымачивать, напитывать. || истощать; высушивать. **To — bread**, смачивать хлѣбъ. **To — in**, поглощать, пить. || vn. мокнуть, впитываться, всасываться. **Water — s into the earth**, вода просачивается въ землю

Soakage (*со'ок-эдж*) s. просачиваніе.

Soaker (*со'ок-ер*) s. тотъ, кто мочитъ.

Soaking (*со'ок-инг*) s. моченіе, намачиваніе; || adj. промачивающій. **A — rain**, проливной дождь.

Soap (*со'оп*) s. мыло. **Soft —**, черное мыло. **Mottled —**, марсельское мыло. **Cake of —**, кусокъ мыла. — **-ball**, кружокъ мыла. — **-berry tree**, (бот.) мыльное дерево. — **-boiler**, — **-manufacturer**, мыловаръ. — **-dish**, мыльница. — **-stone**, мыльный камень, стеатитъ. — **-suds**, мыльная вода. — **-trade**, — **-works**, мыловарня. — **wort** (бот.) мыльная трава. || va. мылить, намыливать.

Soapy (*со'оп-и*) adj. мыльный, покрытый мыломъ.

Soar (*со'ор*) s. полетъ; пареніе; пылъ; || va. взлетѣть; высоко подняться; парить.

Soaring (*со'ор-инг*) adj. возвышенный, наглый, вызывающій. || s. порывъ, пылъ.

Sob (*соб*) s. рыданіе, всхлипываніе; || vn. рыдать, всхлипывать.

Sober (*со'о-бор*) adj. воздержный, трезвый, умѣренный; здравый, благонравный, скромный. **To live a — life**, вести трезвую жизнь. **To get —, to grow —**, сдѣлаться трезвымъ, отрезвѣть. — **-minded**, воздержный; разсудительный. — **-mindedness**, воздержность, разсудительность. **He is not in his — senses**, онъ не въ трезвомъ видѣ. || va. отрезвлять; || образумлять. **To — down**, отрезвляться.

Soberly (*со'о-бер-ли*) adv. воздержно, трезво, умѣренно, здраво; разсудительно.

Soberness (*со'обер-нес*), **Sobriety** (*со-брай'-и-ти*) s. воздержность, трезвость, умѣренность; спокойствіе; здравомысліе.

Sociability (*со-ша-бил'-и-ти*), **Sociableness** (*со'о-ша-бл-нес*) s. общительность, общежительность.

Sociable (*со'о-ша-бл*) adj. общительный, общежительный; товарищескій, коммерческій.

Sociably (*со'о-ша-бли*) adv. общительно, по-товарищески.

Social (*со'о-шал*) adj. общественный, соціальный, гражданскій.

Socialism (*со'о-шал-изм*) s. соціализмъ.

Socialist (*со'о-шал-ист*) s. соціалистъ.

Sociality (*со-ши-ал' - и - ти*), **Socialness** (*со'о-шал-нес*) s. общежительность, общественность.

Socially (*со'о-шāл-ли*) adv общежительно.

Society (*со-сай'-и-ти*) s. общество; общежитіе; собраніе; братство, товарищество; || бесѣда, гости **The Royal —**, королевское общество. **Bible —**, библейское общество. **Fashionable —**, приличное общество **To go into —**, выѣзжать въ свѣтъ.

Socinian (*со-син'-и-ăн*) s. социніанецъ.

Socinianism (*со-син'-и-ăн-изм*) s социніанская ересь.

Sociology (*со-ши-ол'-о-джи*) s. соціологія.

Sock (*сок*) s. носокъ, карпетка; || комедія; комикъ.

Socket (*сок'-ет*) s. отверстіе, пустота; углубленіе, лунка.

Sockless (*сок'-лес*) adj. не имѣющій носковъ, необутый.

Socle (*со'о-кл*) s. (арх.) цоколь, подножіе (колонны).

Sod (*сод*) s. дернъ; || adj. дерновый; || va. обкладывать дерномъ.

Soda (*со'о-да*) s. сода. **— -water**, содовая вода.

Sodalite (*со'о-дăл-айт*) s. (мин.) содалитъ.

Sodality (*со-дăл'-и-ти*) s. общество, братство.

Soever (*со-ев'-ер*) adv. **— whosoever**, кто бы то ни былъ. **howsoever**, какимъ бы образомъ не было.

Sofa (*со'офа*) s. софа, диванъ.

Soffit (*соф'-фит*) s. (арх.) свѣсъ, софитъ; дуга (свода).

Sofism (*со'о-физм*) s. софизмъ.

Soft (*софт*) adj. мягкій, нѣжный, пріятный; кроткій, покойный, сговорчивый, робкій; слабый. **A — peach**, мягкій персикъ. **A — bed**, мягкая кровать. **A — stone**, мягкій камень. **— wood**, мягкое дерево. **— -hearted**, мягкосердечный. **A — skin**, нѣжная кожа. **As — as down**, мягкій какъ пухъ. **A — answer turneth away wrath**, кроткій отвѣтъ разсѣиваетъ гнѣвъ. **— sawder**, льстивый, мягкій отвѣтъ. **— sound**, слабый звукъ. **— -headed**, слабоумный. **— -spoken**, сладкорѣчивый; || adv. мягко; нѣжно; плавно; тихо.

Soften (*соф'-н*) va. мягчить, смягчать; утишать, укрощать; успокаивать; нѣжить.; || vn. смягчаться, мякнуть; разнѣживаться; трогаться.

Softening (*соф'-и-нг*) s. смягченіе, размягченіе; облегченіе; услажденіе.

Softish (*софт'-иш*) adj. мягковатый.

Softly (*софт'-ли*) adj. мягко, нѣжно, покойно; медленно

Softness (*софт'-нес*) s. мягкость, нѣжность; плавность; учтивость; слабость.

Soggy (*сог'ги*) adj. влажный, мокрый.

So-ho (*со-хо'о*) interj. эй, гэй!

Soil (*сойл*) va. пачкать, грязнить, марать; пятнать, осквернять; || унаваживать **To — a garment**, дѣлать пятна на одеждѣ: **To — with dust**, пачкать пылью; || s. грязь; пятно, замарка; || навозъ, удобреніе; || земля, почва; пашня, поле; страна. **Sandy —**, песчаная почва. **In foreign —**, въ чужой землѣ.

Soiliness (*сойл'-и-нес*) s. грязь, пятно, оскверненіе.

Soiling (*сойл'-инг*) s. пачканіе.

Sojourn (*со'о-джöрн*) s. временное пребываніе; || vn. временно проживать.

Sojourner (*со'о-джöрнер*) s заѣзжій.

Sojourning (*со'о-джöрн-инг*) s. см. **Sojurn**.

Sol (*сол*) s. солнце; (муз.) нота соль.

Solace (*сол'-ăс*) va. утѣшать, увеселять, развлекать. **To — one's self**, утѣшаться; || s утѣшеніе, радость, успокоеніе.

Solander (*со-лăн'-дер*) s. (вет.) колѣнный мокрецъ (лошади).

Solar (*со'о-лăр*) adj. солнечный.

Solder (*сол'-дер*) va. паять; || s. спайка.

Solderer (*сол'-дер-ер*) s. паяльщикъ.

Soldering (*сол'-дер-инг*) s. спай, спайка.

Soldier (*со'ол-джер*) s. солдатъ; военный, воинъ. **Foot —**, пѣхотинецъ. **Horse —**, кавалеристъ. **Private —**, простой солдатъ. **To turn —**, идти въ солдаты.

Soldierlike (*со'о-джер-лайк*), **Soldierly** (*со'ол-джер-ли*) adj. солдатскій, подобный солдату.

Soldiership (*со'ол-джер-шип*) s. званіе солдата; солдатство, военщина.

Soldiery (*со'ол-джер-и*) s. солдатство, военщина; воинство, солдаты.

Sole (*со'ол*) s. подошва (ноги, башмака); копыто; нижняя часть, исподъ, лежень, фундаментъ; родъ камбалы (рыба); || va. придѣлывать подошвы. **To — and heel**, ставить новую подошву; || adj. единый, единственный; холостой, незамужняя. **Our — delight**, наше единственное наслажденіе. **The — support**, единственная поддержка. **A feme —**, незамужная женщина.

Solecism (*сол'-и-сизм*) s. солецизмъ; ошибка.

Solely (*со'ол-ли*) adv единственно исключительно.

Solemn (*со'ол-ем*) adj. торжественный; церемоніальный, пышный, важный. **A — silence,** торжественное молчаніе.
Solemness (*сол'-ем-нес*), **Solemnity** (*со-лем'-ни-ти*) s. торжественность, торжество; церемонія, пышность; степенность.
Solemnization (*сол-ем-най-зэ'-шŏн*) s. торжествованіе, празднованіе.
Solemnize (*сол'-ем-найз*) va. праздновать, торжествовать.
Solemnly (*со'ол-ем-и*) adv. торжественно; пышно.
Soleness (*со'ол-нес*) s. единственность, одиночество.
Solicit (*со-лис'-ит*) va. просить, ходатайствовать, домогаться; приглашать; волновать. **To — a favour,** ходатайствовать о милости; || vn. (съ **for**) просить о чемъ.
Solicitation (*со-лис-и-тэ'-шŏн*) s. ходатайство, просьба, домогательство.
Solicitor (*со-лис'-ит-ŏр*) s. проситель; заступникъ, ходатай, стряпчій.
Solicitorship (*со-лис'-ит-ŏр-шип*) s. адвокатство.
Solicitous (*со-лис'-ит-ŏс*) adj. жаждущій, домогающійся чего; заботливый.
Solicitude (*со-лис'-и-тьюд*) s. заботливость, забота, попеченіе.
Solid (*сол'-ид*) s. твердое тѣло; || adj. твердый, плотный; тяжелый, массивный; важный. **To become —,** отвердѣть. **— gold,** массивное золото. **A — reason,** солидный предлогъ.
Solidarity (*сол-и-дар'-и-ти*) s. солидарность; круговая порука.
Solidification (*со-лид-и-фи-кэ'-шŏн*) s. отвердѣніе.
Solidify (*со-лид'-и-фай*) va. vn. дѣлать, -ся твердымъ; твердѣть.
Solidity (*со-лид'-и-ти*) s. твердость, плотность, массивность; основательность; важность; почтенность.
Solidly (*сол'-ид-ли*) adv. твердо, плотно, массивно; основательно; важно, почтенно.
Solidness (*сол'-ид-нес*) см. **Solidity.** [говорить монологъ
Soliloquize (*со-лил'-о-куайз*) vn.
Soliloquy (*со-лил'-о-куи*) s. монологъ, рѣчь, обращенная къ самому себѣ.
Solitaire (*сол-и-тэр'*) s. пустынникъ, отшельникъ; солитеръ (брильянтъ).
Solitarily (*сол'-и-тä-ри-ли*) adv. уединенно, одиноко.
Solitariness (*сол'-и-тä-ри-нес*) s. уединенность, уединіе, одиночество.
Solitary (*сол'-и-тä-ри*) adj. уединенный, одиночный; печальный. **A — dwelling,** пустынное жилище. **A — life,** одинокая жизнь. || s. пустынникъ, отшельникъ.
Solitude (*сол'-и-тьюд*) s. уединеніе, пустыня.
Solmization (*сол-ми-зэ'-шŏн*) s. пѣніе нотъ безъ словъ.
Solo (*со'о-ло*) s. (муз.) соло.
Solstice (*сол'-стис*) s. (астр.) солнцестояніе. [растворимость.
Solubility (*соль-ю-бил'-и-ти*) s.
Soluble (*соль'-ю-бл*) s. растворимый. [створимость.
Solubleness (*соль'-ю-бл-нес*) s. ра-
Solution (*со-лью'-шŏн*) s. рѣшеніе, разрѣшеніе; разрывъ; || раствореніе; растворъ.
Solutive (*соль'-ю-тив*) adj. растворяющій; слабительный.
Solvability (*солв-ä-бил'-и-ти*) s. разрѣшимость; || состоятельность
Solvable (*солв'-ä-бл*) adj. разрѣшимый; || оплатный; состоятельный. [см. **Solvability.**
Solvableness (*солв'-ä-бл-нес*) s.
Solve (*солв*) va. разлагать; рѣшать, разрѣшать; объяснять.
Solvency (*солв'-ен-си*) s. состоятельность.
Solvent (*солв'-ент*) s. состоятельный; || растворяющій.
Somatology (*со-мä-тол'-о-джи*) s. соматологія.
Sombre (*сом'-бер*), **Sombrous** (*сом'-брŏс*) adj. мрачный, темный; пасмурный.
Some (*сŏм*) adj. нѣкоторый, нѣкій, какой нибудь; нѣсколько, немножко, кое-что. **— few,** немногіе, нѣкоторые. **Bring — water,** принесите немного воды. **— good books,** нѣсколько хорошихъ книгъ. **— people say,** нѣкоторые люди говорятъ. **In — way or other,** тѣмъ или другимъ способомъ, такъ или иначе, **A village of — eighty houses,** деревня около восьмидесяти дворовъ. || pron. **— are rich and — poor,** нѣкоторые богаты, другіе бѣдны. **Are there any fruits?** есть ли здѣсь какіе-либо плоды? **There are —,** да есть кое-какіе. **Give me —,** дайте мнѣ кое-какіе.
Somebody (*сŏм'-бод-и*) s. нѣкто, кто-нибудь, кто-либо, ктото.
Somehow (*сŏм'-хау*) adv. такъ или иначе, какъ-нибудь.
Somersault (*сŏм'-ер-солт*) s. кувырканіе, паденіе.
Something (*сŏм'-есзинг*) s. кое-что, нѣкто, что-нибудь. **Fetch me —,**

принесите мнѣ кое-что. — **strange**, что-то странное

Sometime (*сом'-тайм*) adv нѣкогда, когда то, въ былое время; однажды

Sometimes (*сом'-таймз*) adv иногда; то .. то.

Somewhat (*сом'-уот*) s нѣчто, что нибудь. || adv нѣсколько немного. **He is — aged**, онъ немного старъ. (нибудь, гдѣ либо

Somewhere (*сом'-уер*) adv. гдѣ

Somewhile (*сом'-уайл*) adv. нѣсколько времени.

Somnambulation (*сом-нäм-бью-лэ'-щöн*), **Somnambulism** (*сом-нäм'-бью-лизм*) s. сомнабулизмъ, лунатизмъ.

Somniferous (*сом-ниф'-ер-öс*) **Somnific** (*сом-ниф'-ик*) adj. снотворный.

Somnolence (*сом'-но-ленс*), **Somnolency** (*сом'-но-лен-си*) s. сонливость, спячка.

Somnolent (*сом'-но-лент*) adj сонливый, сонный

Son (*сöн*) s. сынъ. — **in-law**, зять. **Step- —**, мужъ дочери, зять.

Sonata (*со-нэ'-та*) s. (муз.) соната

Song (*сонг*) s. пѣснь, пѣсня; стихотворенie; стихи; || пустяки, ничто. **Sacred —**, священная пѣсня **War —**, военная пѣсня. **Drinking —**, застольная пѣсня. **The — of Salomon**, псалмы. — **-book**, пѣсельникъ — **-writer**, пѣсенникъ. **For an old —**, задаромъ.

Songless (*сонг'-лес*) adj. не поющiй; непѣвчiй.

Songster (*сонг'-стер*) s пѣвунъ.

Songstress (*сонг'-стрес*) s. пѣвунья

Soniferous (*со-ниф'-ер-öс*) adj. звучный, звонкiй.

Sonnet (*сон'-нет*) s. сонетъ; || va сочинять сонеты.

Sonneteer (*сон-нет-ир'*) s. сочинитель сонетовъ. (звукомѣръ.

Sonometer (*со-ном'-и-тöр*) s. (физ.)

Sonorific (*сон-о-риф'-ик*) adj. звучащiй, звуковой

Sonorous (*со-но'о-рöс*) adj. звучный, звонкiй. (звучно, звонко.

Sonorously (*со-но'о-рöс-ли*) adv.

Sonorousness (*со-но'о-рöс-нес*) s. звучность, звонкость.

Sonship (*сöн'-шип*) s. отношенie сына къ отцу.

Soon (*сун*) adv. скоро, вскорѣ, рано. **Sooner**, скорѣе; охотнѣе, лучше. **Soonest**, въ скорѣйшее время. **I shall — return**, я скоро долженъ вернуться. **So —**, столь быстро. **Too —**, слишкомъ рано. **How —**, когда? **Sooner or later**, раньше или позже. **As — as**, такъ быстро, какъ можно. **Sooner than**, скорѣе чѣмъ. **I had sooner die**, я скорѣе предпочелъ бы умереть (сажою

Soot (*сут*) s. сажа. || va покрывать

Sooth (*сусз*) s. правда, дѣйствительность; || adj. дѣйствительный, справедливый. **In —**, въ правду, дѣйствительно.

Soothe (*сузс*) va. ласкать, льстить; услаждать, нѣжить; успокаивать; убаюкивать; || прельщать.

Soother (*сузс'-ер*) s. ласкающiй, льстецъ, услаждатель, успокоитель, убаюкиватель, || прельщающiй.

Soothing (*сузс'-инг*) adj ласкательный, усладительный; успокоительный; нѣжный, льстивый.

Soothsay (*сузс'-сэй*) s. предзнаменованie, предсказанie, превращенie || vn. предзнаменовывать, предсказать, предвѣщать.

Soothsayer (*сузс'-сэй-ер*) s. предсказатель, предвѣщатель.

Soothsaying (*сузс'-сэй-инг*) s. см. **Soothsay**. (запачканность

Sootiness (*сут'-и-нес*) s. чернота,

Sooty (*сут'-й*) adj покрытый сажей, запачканный, черный, грязный.

Sop (*соп*) s. кусочекъ съѣстнаго, намоченный въ чемъ; подачка; кусокъ брошенный собакѣ. || va. обмакивать въ жидкость.

Soph (*соф*) s студентъ второго курса

Sophia (*со'о-фиа*) npr. Софья.

Sophism (*соф'-изм*) s. софизмъ.

Sophist (*соф'-ист*) s. софистъ.

Sophistic (*со-фист'-ик*), **Sophistical** (*со-фист'-ик-äл*) adj. софистическiй.

Sophistically (*со-фист'-ик-äл-и*) adv. софистически, какъ софистъ.

Sophisticate (*со-фист'-и-кэт*) va. поддѣлывать; извращать, портить; || adj. поддѣланный; извращенный, испорченный.

Sophistication (*со-фист-и-кэ'-шöн*) s. поддѣлыванie, поддѣлка, подмѣшиванie; извращенie.

Sophisticator (*со-фист'-и-кэ-тöр*) s. поддѣлыватель, подмѣшиватель.

Sophistry (*соф'-ист-ри*) s. лжемудрствованie; логика.

Soporiferous (*соп-о-риф'-ер-öс*) adj. снотворный.

Soporific (*соп-о-риф'-ик*) adj. снотворный; || s. снотворное средство.

Soporous (*соп'-о-рöс*) s. причиняющiй спячку.

Sopper (*соп'-пер*) s обмакивающiй, намачиватель чего. (рано.

Soprano (*со-пра'-но*) s. (муз.) сопрано.

Sorb (*сорб*) s. рябина.

Sorcerer (*сор'-сер-ер*) s. колдунъ, чародѣй. (чародѣйка.

Sorceress (*сор'-сер-ес*) s. колдунья,

Sorcerous (*сор'-сер-ōс*) adj. чародѣйскій, волшебный.

Sorcery (*сор'-сер'-и*) s. колдовство, чародѣйство, волшебство; очарованіе, чары.

Sordid (*сōр'-дид*) adj. низкій, подлый; скряжническій.

Sordidly (*сōр'-дид-ли*) adv. низко, подло; скряжнически.

Sordidness (*сōр'-дид-нес*) s. низость, подлость; скаредность.

Sore (*со'ор*) s. рана, язва; боль. || adj. чувствительный, болѣзненный, больной; рѣзкій, жестокій. **The — place**, больное мѣсто. **— ears**, боль ушей. **— eyes**, боль глазъ. **— throat**, боль горла. **To make —**, сдѣлать чувствительнымъ, болѣзненнымъ. || adv. болѣзненно, чувствительно.

Sorel (*сор'-ел*) s. олень на третьемъ году. *см.* **Sorrel.**

Sorely (*со'ор-ли*) adv. болѣзненно, чувствительно

Soreness (*со'ор-нес*) s. боль, чувствительность, скорбь.

Sorites (*со-рай'-тоз*) s. соритъ (логическій доводъ).

Sorrel (*сор'-рел*) s. гнѣдая масть; || (бот.) щавель; || adj. гнѣдой, рыжій.

Sorrily (*сор'-ри-ли*) adv. дурно, плохо, бѣдно, жалко.

Sorriness (*сор'-ри-нес*) s. низость, подлость, плоховатость, худость.

Sorrow (*сор'-роу*) s. печаль, кручина, горе, горесть, скорбь. **In —**, въ горести. **To my —**, къ моему сожалѣнію. **— -stricken**, пораженный горемъ. || vn. огорчаться, печалиться, горевать.

Sorrowful (*сор'-роу-фул*) adj. печальный, горюющій; плачевный.

Sorrowfully (*сор'-роу-фул-и*) adv. печально, грустно, плачевно.

Sorrowfulness (*сор'-роу-фул-нес*) s. печаль, гореваніе, скорбь.

Sorrowing (*сор'-роу-инг*) s. выраженіе горя, печали; проявленіе скорби

Sorrowless (*сор'-роу-лес*) adj. без-[печальный.

Sorry (*сор'-ри*) adj. жалѣющій; грустный, печальный, плохой, жалкій. **I am very — for it**, я очень объ этомъ сожалѣю. **A — sight**, печальное зрѣлище. **A — excuse**, слабое оправданіе.

Sort (*сорт*) s. видъ, родъ; сортъ, разрядъ; способъ; высшее качество; манера, образъ; || сословіе, классъ. **Good — of people**, славные люди. **A good — of woman**, это хорошая женщина. **Out of —s**, не въ расположеніи, въ печальномъ настроеніи. **He is out of —s**, * онъ въ своей тарелкѣ. **In some —**, въ нѣкоторомъ родѣ. || va. сортировать, классифицировать. **To — out**, выбирать. **To — the wool**, сортировать шерсть. || vn. (съ **with**) связываться, соединяться съ кѣмъ,

Sortable (*сорт'-ā-бл*) adj. подходящій, соотвѣтственный, годный.

Sorter (*сōрт' ер*) s. сортировщикъ.

Sortilege (*сор'-ти-ледж*) s. бросаніе, метаніе жребія.

Sortiligious (*сор-ти-ли'-джōс*) adj относящійся къ метанію жребія.

Sot (*сот*) s. дуракъ, дуралей, глупый; || пьяница.

Sottish (*сот'-тиш*) adj. дураковатый, глупый; || напившійся.

Sottishly (*сот'-тиш-ли*) adv. глупо, тупо; какъ пьяница.

Sottishness (*сот'-тиш-нес*) s. дураковатость, глупость; || пьянство; запой.

Sough (*сōф*) s. сточный каналъ; труба, стокъ для отвода (нечистотъ); шумъ, свистъ; завываніе (вѣтра); гулъ; шелестъ; || vn. свистѣть, завывать (о вѣтрѣ).

Soul (*со'ол*) s. душа, духъ. **With all my —**, отъ всей моей души. **A dull —**, неподвижный умъ. **Poor —**, бѣдное созданіе. **The — of eloquence**, духъ краснорѣчія. **— -destroying**, гибельное для души. **— -entrancing**, увлекающее душу. **— -felt**, глубокопрочувствованный. **— -refreshing**, освѣжающій душу. **— -saving**, спасающій душу. **— -searching**, проникающій до глубины души. **— -stirring**, трогательный. **— -subduing**, покоряющій душу.

Soulless (*со'ол-лес*) adj. бездушный, низкій.

Sound (*со'унд*) adj. здоровый; крѣпкій, бодрый, глубокій; сильный (ударъ), звонкій (поцѣлуй). **— health**, доброе здравіе. **A — tooth**, здоровый зубъ. **— mind**, здоровый разумъ. **A — body**, здоровое тѣло. **— doctrine**, правильное толкованіе, доктрина. **— reasoning**, здравое разсужденіе. **— sleep**, глубокій сонъ; || adv. глубоко; || s. плавни (рыбъ); (геог.) проливъ; (хир.) зондъ; (муз.) тембръ (колокола). **Shrill —**, пронзительный звукъ. **Sharp —**, рѣзкій звукъ. **Harsh —**, грубый звукъ. **— of the drum**, звукъ барабана. **— -board**, (муз.) поле рояля. **— -hole**, звуковое отверстіе скрипки; || vn. зондировать, ощупывать, пробовать, звучать; казаться. **The trumpet sounds**, рожокъ звучитъ. **To — well**, хорошо звучать. **To — strange**, казаться страннымъ; странно звучать; || va. (мор. и хир.) зондиро-

ровать; изыскивать; звенѣть; (воен.) трубить, возглашать. **To — abroad**, далеко разглашать. **To — a retreat**, трубить отбой **— his praise**, возглашать хвалу
Sounding (*са'унд-инг*) adj. звучный. звонкій, гулкій; || s. звонъ, звукъ, звучаніе; (хир.) зондированіе, изслѣдованіе; (мор.) измѣреніе глу- **— -line**, лотъ-линь. **— -lead**, лотъ, грузило.
Soundless (*са'унд-лес*) adj безвзвучный, бездонный.
Soundly (*са'унд-ли*) adv. здорово, крѣпко, прочно, сильно; глубоко; здраво, основательно.
Soundness (*са'унд-нес*) s. здоровье, здравіе, крѣпость, сила, основательность, правильность. **— of reasoning**, здравость разсужденія. **— of principles**, здравые принципы.
Soup (*суп*) s. супъ, похлебка. **Gravy —**, крѣпкій бульонъ. **Pea —**, гороховое пюре. **— -ladle**, суповая ложка. **— -tureen**, суповая миска. **— -kitchen**, народная кухня. **— -ticket**, билетъ на безплатный обѣдъ.
Sour (*са'ур*) adj. кислый, острый, ѣдкій; || рѣзкій; сердитый, злой. **To turn —**, окисляться. **A — look**, недоброжелательный взглядъ; || va. окислять; || * ожесточать; отправлять. **Misfortunes — the temper**, неудачи ожесточаютъ характеръ; || vn. киснуть; скисать. [истокъ; начало.
Source (*со'орс*) s. источникъ, ключъ,
Sourish (*са'ур-иш*) adj. кисловатый, кисленькій.
Sourly (*са'ур-ли*) adv. кисло, угрюмо, сердито.
Sourness (*са'ур-нес*) s. кислота, кисловатость; || * горечь, угрюмость.
Souse (*са'ус*) s. маринованное, соленье; маканіе (въ воду); || va. мариновать, солить; обмакивать (въ воду); || va. vn. стремительно бросаться на; ударять; || adv. неожиданно, вдругъ.
South (*са'усз*) s. югъ, полдень; || adj. южный, полуденный. **The — pole**, южный полюсъ; || adv. къ югу, на югъ. **— downs**, дюны юга; || овцы, пасущіяся на дюнахъ. **— -east**, s. юго-востокъ; || adj. юго-восточный. **— easter**, юговосточный вѣтеръ.
Southerly (*са'усз-ер-ли*) adj. южный, лежащій къ югу.
Southern (*са'усз-ерн*) adj. южный, полуденный. [къ югу.
Southernly (*за'усз-ерн-ли*) adv.
Southernmost (*са'усз-ерн-мост*) adj. самый близкій къ югу.
Southing (*са'-усз-инг*) adj. идущій къ югу; || s. (астр.) наклоненіе къ югу.
Southmost (*са'усз-мост*) adj. самый близкій къ югу.
Southward (*са'усз-уāрд*) adv. къ югу; || s. югъ. южныя страны.
Sovereign (*сōв'-ер-ин*) adj. монархическій, верховный. **A — remedy**, преимущественное лекарство; || s. монархъ; || суверенъ (монета).
Sovereignly (*сōв'-ер-ин-ли*) adv. самодержавно, верховно.
Sovereignty (*сōв'-ер-ин-ти*) s. самодержавіе, верховная власть; монархія.
Sow (*с'оо*) s. свинья (самка); свинка (чугуна). **— thistle**, (бот.) заячья капуста.
Sow (*са'у*) va. vn. сѣять, засѣвать, посѣять; усыпать. **To — one's wild oats**, прожигать юность.
Sower (*со'у-ер*) s. сѣятель; распространитель.
Sowing (*со'у-инг*) s. сѣяніе; посѣвъ; распространеніе. **— -machine**, сѣялка. **— -time**, время посѣва.
Soy (*сой*) s. соя.
Space (*спэс*) s. пространство, мѣсто; протяженіе, продолженіе, теченіе (времени); (тип.) шпація; || va. (тип.) набирать со шпаціями.
Spacious (*спэ'-шос*) adj. пространный, обширный.
Spaciously (*спэ'-шос-ли*) adv. пространно, обширно.
Spaciousness (*спэ'-шос-нес*) s. пространство, обширность, объемъ, помѣстительность, большое протяженіе. [кирка.
Spaddle (*спāд'-дл*) s. лопаточка,
Spade (*спэд*) s. лопата, заступъ; || (охотн.) всякій красный звѣрь; пики (въ картахъ).
Spadeful (*спэд'-фул*) s. полная лопата чего.
Spadiceous (*спā-диш'-ос*) adj. коричневый; гнѣдой.
Spadille (*спā'-дил*) s. пиковый тузъ (въ ломберѣ).
Spadix (*спэ'-дикс*) s. (бот.) початокъ.
Spahee или **Spahi** (*спа'хи*) s. спаги.
Spain (*спэн*) npr. (геогр.) Испанія.
Span (*спāн*) s. пядень, пядь, ладонь; || * мгновеніе; || пара (лошадей, воловъ); (геом.) хорда дуги. **Life's but a —**, жизнь лишь мгновеніе. **— new**, совершенно новый; съ иголочки. || va. мѣрить, измѣрять пяденями, ладонями; спутывать (лошадь). **— -counter**, **— -farthing**, лунка, ямка (дѣтская игра).
Spandrel (*спāн'-дрел*) s. (арх.) пята, основаніе (свода).

Spangle (*спӑнг'-гл*) va. усѣивать блестками. || s. блестки, блесточка **The star spandled banner**, знамя усѣянное звѣздами (сѣверо-американское). [-нка.

Spaniard (*спӑнь'ерд*) s. испанецъ,

Spaniel (*спӑн'-йел*) s. болонка (собачка); || * льстецъ; || adj. похожій на болонку; || * льстивый.

Spanish (*спӑн'-иш*) s. испанскій языкъ; || adj. испанскій.— **-broom**, (бот.) испанскій дрокъ.—**fly**, шпанская муха. **The — main**, испанскій континентъ.

Spank (*спӑнк*) va. бить, хлопать, шлепать; || vn. быстро идти.

Spanker (*спӑнк'-ер*) s. мелкая мѣдная монета; || толстякъ; ходящій большими шагами.

Spanner (*спӑн'-нер*) s. курокъ (у ружья); ключикъ (для гаекъ).

Spar (*спӑр*) s. (мин.) плавиковый шпатъ; спаръ (рыба); (мор.) деревья для стеньгъ, рейковъ; || драка на кулачкахъ. || vn. драться на кулачкахъ, боксировать; браниться; || va. запирать на замокъ. [пожный гвоздь.

Sparable (*спӑр'-ӑ-бл*) s. мелкій са-

Spare (*спэр*) va. vn. щадить, беречь, жалѣть; обходиться безъ чего; уступать. **To—one's money**, беречь деньги. **He does not — himself**, онъ себя не бережетъ. **I have some to —**, у меня болѣе чѣмъ нужно (чего-либо). **I cannot — so much**, я не располагаю такимъ количествомъ. || adj. скромный, умѣренный, скудный; бережливый; | запасный, свободный; | худощавый. **A tall — man**, большой худой человѣкъ. **— clothes**, перемѣнная одежда. **A — bed room**, запасная комната. **I have no — time**, у меня нѣтъ свободнаго времени.

Spareness (*спэр'-нес*) s. худоба, худощавость.

Sparer (*спэр'-ер*) s. умѣренный, бережливый человѣкъ.

Sparing (*спэр'-инг*) adj. умѣренный, бережливый, экономный. **He is — of his words**, онъ скупъ на слова.

Sparingly (*спэр'-инг-ли*) adj. бережливо, умѣренно.

Sparingness (*спэр'-инг-нес*) s. бережливость, умѣренность.

Spark (*спарк*) s. искра; лучъ, проблескъ, вспышка; || любезникъ, волокита; щеголь. **A — of reason**, искорка разума. **A wild —**, легкомысленный человѣкъ.

Sparkish (*спарк'-иш*) adj. живой, рѣзвый, щегольской.

Sparkle (*спаркл'-л*) s. искра, искорка, блестка; || vn. искриться; блестѣть, сіять; || va. разсѣвать.

Sparkler (*спарк'-лер*) s. тотъ, у кого блестятъ глаза; то, что искрится.

Sparklet (*спарк'-лет*) s. искорка.

Sparkling (*спарк'-линг*) adj. искрящейся, сіяющій, блистающій.

Sparklingly (*спарк'-линг-ли*) adv. ярко; искрясь.

Sparklingness (*спарк'-линг-нес*) s. сіяніе, блескъ; пѣнистость (вина). [(рыба).

Sparling (*спар'-линг*) s. корюха

Sparring (*спӑр'-ринг*) s. вступленіе въ кулачный бой; споръ.

Sparrow (*спӑр'-роу*) s. воробей. **— -hawk**, ястребъ.

Sparry (*спар'-ри*) adj. (мин.) шпатовый. [санный, расѣянный.

Sparse (*спарс*) adj. рѣдкій, разбро-

Sparsely (*спарс'-ли*) adv. разбросанно, расѣянно.

Sparta (*спар'-та*) прг. (геог.) Спарта

Spasm (*спӑзм*) s. спазма, схватка, судорога.

Spasmodic (*спӑз-мод'-ик*), **Spasmodical** (*спаз-мод'-ик-ӑл*) adj. судорожный.

Spat (*спӑт*) s. молодая устрица; || ударъ, щелчекъ.

Spathaceous (*спӑ-сэз'-шос*) adj. (бот.) имѣющій лопатчатое цвѣточное влагалище.

Spathe (*спэсз*) s. (бот.) лопатчатое цвѣточное влагалище.

Spathic (*спӑсз'-ик*) adj. (мин.) шпатовый. [**thaceous**.

Spathous (*спӑсз'-ӧс*) adj. см. **Spa-**

Spatter (*спӑт'-тер*) va. брызгать, обрызгать; грязнить, марать; чернить, порочить; извергать; разлить. [*из*) s. pl. штиблеты.

Spatterdashes (*спӑт'-тер-дӑш-*

Spatula (*спӑть'-юла*), **Spattle** (*спӑ'-тл*) s. лопаточка для намазыванія пластыря на холстъ; колпикъ (птица).

Spavin (*спӑв'-ин*) s. (вет.) наколѣнный грибъ (у лошади).

Spawl (*спо'о.л*) s. плевокъ, харкотина || vn. плевать, харкать.

Spawn (*спо'он*) икра; мелкая рыба; племя, отродье; плодъ, произведеніе; сѣмена, споры (грибовъ). || va. метать икру; порождать; происходить.

Spawner (*спо'он-ер*) s. рыбья самка; мелкая рыбка.

Spay (*спэй*) va. класть, холостить (самокъ).

Speak (*спик*) vn. va. говорить, произносить, сказывать, изъясняться, выражаться; бесѣдовать. **To — loud**, громко говорить. **To — low**, тихо говорить. **So to —**, такъ сказать. **To — well of**, говорить хорошо о. **To — ill of**,

говорить скверно о. **To — out**, говорить громко. **To — up**, говорить громко, смѣло высказываться. **To — three languages**, говорить на трехъ языкахъ. **— a word**, скажите слово. **To — the truth**, говорить правду. **To — one's mind**, выказывать свою мысль.
Speakable (*спик'-ă-бл*) adj. высказываемый; о чемъ можно говорить.
Speaker (*спик'-ер*) s. предсѣдатель палаты общинъ, спикеръ (въ Англіи); || ораторъ, говорунъ. **A Good —**, хорошій ораторъ.
Speakership (*спик'-ер-шип*) s. предсѣдательство.
Speaking (*спик'-инг*) adj. говорящій; разговорный. **A — -trumpet**, звуковая труба. || s. говореніе, разговоръ; рѣчь; произнесеніе рѣчи. **Public —**, ораторское искусство.
Spear (*спир*) s. копье, пика, дротикъ. **Eel —**, острога, багоръ (для угрей). || va. прокалывать копьемъ; багрить рыбу. **— -foot**, задняя правая нога лошади. **— -grass**, (бот.) пырей. **— -head**, остріе, наконечникъ (копья), **— -wort**, (бот.) луговой ранункулъ.
Spearman (*спир'-мăн*) s. копьеносецъ.
Special (*спиш'-ăл*) adj. особенный, спеціальный; || главный. **— opportunities**, чрезвычайные, особенные случаи. **— agents**, спеціальный представитель.
Specialist (*спеш'-ăл-ист*) s. спеціалистъ.
Speciality (*спеш-и-ăл'-и-ти*), **Specialty** (*спеш'-ăл-ти*) s. особенность; условіе; || спеціальность
Specially (*спеш'-ăл-ли*) adv. особенно, спеціально.
Specie (*спи'-ши*) s. звонкая монета
Species (*спи'-шиз*) s. видъ, родъ, порода; || звонкая монета; || изображеніе, образъ; || зрѣлище. **The propagation of the —**, распространеніе вида.
Specific (*спи-сиф'-ик*), **Specifical** (*спи-сиф'-ик-ăл*) adj. особенный; специфическій; свойственный.
Specifically (*спи-сиф'-ик-ăл-и*) adv. особенно, свойственно.
Specificate (*спи-сиф'-и-кэт*) va. подробно означать.
Specification (*спес-и-фи-кэ'-шŏн*) s. подробное обозначеніе.
Specify (*спес'-и-фай*) va. подробно означать, именовать.
Specimen (*спес'-и-мен*) s. образецъ, примѣръ, пробный листъ (сочиненія).
Specious (*спи'-шŏс*) adj. очевидный, явный, правдоподобный.
Speciously (*спи'-шŏс-ли*) adv. очевидно, явно, правдоподобно.
Speciousness (*спи'-шŏс-нес*) s. очевидность, правдоподобность, благовидность.
Speck (*спек*) s. пятно, пятнышко, крапинка; жиръ, ворвань (китовъ); бѣльмо (въ глазу). || vn. пятнать; испещрять.
Speckle (*спек'-л*) s. пятнышко, мушка, веснушка.
Speckledness (*спек'-лд-нес*) s крапчатость, испещренность; веснушки.
Spectacle (*спек'-тă-кл*) s. спектакль, зрѣлище. || **—s**, s. pl. очки. **A pair of — s**, очки. **— -case**, футляръ для очковъ. **— -maker**, оптикъ.
Spectator (*спек-тэ'-тŏр*) s. зритель, присутствующій, наблюдатель.
Spectatorial (*спек-тă-то'о-ри-ăл*) adj. относящійся къ зрителю.
Spectatorship (*спек-тэ'-тŏр-шип*) s. глядѣніе, смотрѣніе.
Spectatress (*спек-тэ'-трес*) **Spectatrix** (*спек-тэ'-трикс*) s. зрительница.
Spectral (*спек'-трăл*) adj. призрачный; (опт.) спектральный.
Spectre (*спек'-тер*) s. привидѣніе, призракъ, тѣнь.
Spectrum (*спек'-трŏм*) s. образъ; (опт.) спектръ.
Specular (*спекъ'-ю-лăр*) adj. зеркальный; зрительный.
Speculate (*спекъ'-ю-лэт*) va. vn. размышлять, обдумывать, созерцать.
Speculation (*спекъ-ю-лэ'-шŏн*) s. размышленіе, обдумываніе созерцаніе; умозрѣніе, теорія; (торг.) спекуляція, разсчетъ.
Speculatist (*спекъ'-ю-лă-тист*) s. теоретикъ, созерцатель; || спекуляторъ.
Speculative (*спекъ'-ю-лă-тив*) adj. умозрительный, теоретическій, идеальный.
Speculatively (*спекъ'-ю-лă-тив-ли*) adv. умозрительно, теоретически, идеально.
Speculativeness (*спекъ'-ю-лă-тив-нес*) s. умозрительность, теоретичность, идеальность.
Speculator (*спекъ'-ю-лэ-тŏр*) s. наблюдатель; спекуляторъ.
Speculatory (*спекъ'-ю-ла-тŏ-ри*) adj. наблюдательный; спекулятивный. (ло.
Speculum (*спекъ'-ю-лŏм*) s. зеркало.
Speech (*спич*) s. рѣчь, слово. || va. vn. говорить, произносить рѣчь. **The parts of —**, части рѣчи. **A**

maiden —, первая рѣчь. **To make a —**, произносить рѣчь.
Speechify (*спич'-и-фай*) vn. говорить, произносить рѣчь.
Speechless (*спич'-лес*) adj. безсловесный, лишенный дара слова.
Speechlessness (*спич'-лес-нес*) s. безсловесность; нѣмота.
Speed (*спид*) va. спѣшить, поспѣшать; успѣвать, имѣть удачу; ‖ va. ускорять, торопить; посылать. **May heaven — this undertaking!** небо, да благопріятствуетъ этому предпріятію. ‖ s. быстрота, скорость, поспѣшность, спѣхъ, проворство, прыткость, живость, торопливость. **Full —, at full —**, во всю прыть. **With all —**, поспѣшно. **To make —**, торопиться. **Good —! God —!** съ Божьей помощью.
Speedily (*спид'-и-ли*) adv. скоро, быстро, поспѣшно, торопливо, проворно.
Speediness (*спид'-и-нес*) s. скорость, быстрота, поспѣшность.
Speedwell (*спид'-уел*) s. (бот.) вероника, ибунка.
Speedy (*спид'-и*) adj. скорый, быстрый, поспѣшный; прыткій
Spell (*спел*) s. чары, очарованіе; заговоръ; порча, сглазъ; ‖ помощь, подмога; очередная работа. **To break the —**, нарушить очарованіе. **— -bound**, подъ очарованіемъ. **By —s**, по очереди. **At a —**, сразу ‖ va. читать по складамъ; очаровывать, заколдовывать; ‖ помогать, пособлять; смѣнять на работѣ; ‖ vn. учиться читать; писать правильно.
Speller (*спел'-ер*) s. читающій по складамъ; ‖ умѣющій правильно писать
Spelling (*спел'-инг*) s очередь, смѣна; ‖ чтеніе по складамъ, правописаніе.
Spelt (*спелт*) s (бот.) полба.
Spelter (*спел'-тер*) s. (мин.) цинкъ.
Spend (*спенд*) va. тратить, растрачивать; мотать, расточать. **To — one's strength**, истощать свои силы **To — a day**, провести день. ‖ vn тратиться; издерживаться; употребляться
Spender (*спенд'-ер*) s. расходующій; ‖ расточитель, мотъ
Spendthrift (*спенд'-сзрифт*) s. расточитель, мотъ.
Spent (*спент*) adj. истраченный, израсходованный; промотанный; изнуренный **Days — in sorrow**, дни проведенные въ горести. **The storm is —**, буря миновала. **A — ball**, пуля на излетѣ **A — mast**, сломанная мачта
Sperm (*спорм*) s. сперма; икра
Spermaceti (*спöрм-ā-си'-ти*) s. спермацетъ. **— whale**, кошелекъ.
Spermatic (*спер-мäт'-ик*), **Spermatical** (*спер-мäт'-ик-äл*) adj. сѣменной.
Spermatocele (*спер-мäт'-о-сил*) s. (мед.) грыжа сѣменныхъ канатиковъ.
Spermatology (*сперм-ā-тол'-о-джи*) s. ученіе о сѣмени.
Spew (*спью*) va. vn. блевать, рвать.
Spewing (*пью'-инг*) s. блеваніе, рвота.
Sphere (*сфир*) s. сфера, шаръ, глобусъ; планетный кругъ; ‖ кругъ дѣйствій. **Within one's —**, въ своей сферѣ. **To go out of one's —**, выйти изъ своей сферы; ‖ va. округлять.
Spheric (*сфер'-ик*), **Spherical** (*сфер'-ик-äл*) adj. сферическій, шарообразный.
Spherically (*сфер'-ик-ā-ли*) adv. сферически, шарообразно.
Sphericity (*сфи-рис'-и-ти*) s. сферичность, шарообразность.
Spherics (*сфер'-икс*) s ученіе о сферѣ.
Spheroid (*сфи'-ройд*) s. (геом.) сфероидъ.
Spheroidal (*сфи'-ройд-äл*), **Spheroidic** (*сфи'-ройд-ик*) **Spheroidical** (*сфи'-ройд-ик-äл*) adj сфероидальный, шаровидный.
Spheroidity (*сфи-ройд'-и-ти*) s. сфероидальность, шаровидность.
Spherometer (*сфи-ром'-и-тöр*) s. (физ.) сферометръ.
Spherule (*сфер'-ул*) s. шарикъ.
Sphery (*сфир'-и*) adj. принадлежащій сферѣ, сферическій
Sphincter (*сфинк'-тер*) s (анат.) сфинкторъ (сжимающій мускулъ).
Sphinx (*сфинкс*) s. сфинксъ; ‖ (зоол.) сумеречная бабочка.
Spica (*спай'-ка*) s. (хир.) родъ бинта; ‖ звѣзда въ созвѣздіи Дѣвы
Spice (*спайс*) s. пряность, пряныя коренья; ‖ малость, немного; зачатокъ, зародышъ. **A — of learning**, зачатки образованія. ‖ va. приправлять пряностями; душить.
Spicer (*спай'-сер*) s бакалейный торговецъ.
Spicery (*спай'-сер-и*) s. пряные товары; бакалейная лавка.
Spick (*спик*) s. гвоздь. **— -and -span new**, совершенно новый, съ иголочки.
Spicy (*спай'-си*) adj. пряный, ароматическій.
Spider (*спай'-дер*) s. (энтом.) паукъ. **—'s web**, паутина.
Spigot (*спиг'-öт*) s втулка, затычка.
Spike (*спайк*) s. костыль, гвоздь, клинъ; ‖ (бот.) колосъ. **— lavender**, лаванда. ‖ va. заострять; заклепать, загвоздить.

Spikelet (*спайк'-лет*) s. (бот.) колосокъ. [лаванда.
Spikenard (*спайк'-нард*) s. (бот.)
Spiky (*спайк'-и*) adj. заостренный.
Spile (*спайл*) s. деревянная затычка; колъ, свая. [рюльки.
Spilikins (*спил'-и-кинз*) s. pl. би-
Spill (*спил*) s. затычка; лучина, щепка; прутъ; желѣзная полоса. || va. проливать, разливать, просыпать. **To — milk**, пролить молоко. || vn. проливаться; сыпаться.
Spiller (*спил'-ер*) s. проливатель, просыпатель.
Spin (*спин*) va. прясть, сучить, вить; тянуть. **To — a yarn**, разсказывать длинную исторію; || vn. сучить; вертѣться; струиться; течь. [*эдж*) s. (бот.) шпинатъ.
Spinach *или* **Spinage** (*спин'-*
Spinal (*спай'-нăл*) adj. спиной, хребтовый.
Spindle (*спин'-дл*) s. веретено; ось, валъ, коклюшка (для плетенія кружевъ); шпилька. **— -legged**, съ длинными ногами. **— -legs**, **— -shanks**, журавлиныя ноги. **— -tree**, вересклед, бересклед.
Spine (*спайн*) s. спиной хребетъ; | голень; (бот.) игла, колючка.
Spineferous (*спай-ниф'-ер-ōс*) adj. снабженный иглами.
Spinel (*спай'-нел*), **Spinnele** (*спи'-нел*) s. (мин.) шпинель (рубинъ).
Spinet (*спин'-ет*) s. шпинетъ (музык. инстр.).
Spinner (*спин'-нер*) s. прядильщикъ; пряха.
Spinning (*спинн'-инг*) s. тканье, пряденіе; вращеніе. **— -jenny**, трикопрядильная машина. **— frame**, прядильный станокъ. **— -mill**, ткацкая **— -wheel**, прялка, самопрялка.
Spinosity (*спай-нос'-и-ти*) s. колючесть; | * затрудненіе.
Spinous (*спай'-нōс*), **Spinose** (*спай-но'ос*) adj. колючій; иглистый; | * затруднительный.
Spinster (*спин'-стер*) s. пряха.
Spinstry (*спин'-стри*) s. пряденіе.
Spiny (*спайн'-и*) adj. колючій; покрытый шипами.
Spiracle (*спир'-ă-кл*) s. отдушина; пора (у животныхъ); дыхательце (у растеній).
Spiral (*спай'-рăл*) adj. спиральный, винтообразный.
Spirally (*спай'-рăл-и*) adv. спирально, винтомъ.
Spire (*спайр*) s. спираль, спиральная линія; шпицъ; | vn. подниматься остроконечно; | колоситься (о хлѣбѣ). [шпицъ.
Spired (*спайрд*) adj. имѣющій
Spirit (*спир'-ит*) s. дуновеніе, духъ; воздухъ, вѣтеръ; || душа, духъ; | умъ, разсудокъ, пониманіе; сердце; смыслъ; | геній, умный человѣкъ; | жажда, страсть; жаръ, пылъ; живость, возбужденіе; отвага; (хим.) спиртъ. **An evil —**, злой духъ. **A man of a generous —**, великодушный человѣкъ. **Party —**, партійный духъ. **Public —**, общественное мнѣніе. **With great —**, съ большимъ мужествомъ. **To show —**, доказать мужество. **He acts with —**, онъ дѣйствуетъ энергично. **High —s**, веселость, возбужденное состояніе. **Full of —s**, веселый. **In low —s**, въ удрученномъ состояніи. **To keep up one's —**, не утрачивать мужества. **Animal —s**, разумъ животныхъ. **Ardent —s**, крѣпкіе напитки (спиртные). **— of lavender**, лавандный спиртъ. **— of wine**, винный спиртъ. **— -trade**, торговля спиртными напитками. | va. одушевлять, воодушевлять; одобрять, поощрять.
Spirited (*спир'-ит-ед*) adj. живой, оживленный, воодушевленный; бодрый, пылкій, горячій, мужественный, отважный. **High —**, съ удовольствіемъ, съ воодушевленіемъ. **Low —**, неохотно, угнетенно. **Mean —**, подавленный, безхарактерный.
Spiritedly (*спир'-ит-ед-ли*) adv. живо, бойко, одушевленно; бодро.
Spiritedness (*спир'-ит-ед-нес*) s. одушевленность, бодрость, живость, оживленность. **Bold- —**, смѣлость. **High- —**, мужество. **Low- —**, малодушіе. **Mean- —**, трусость; подлость. [бездушный; унылый.
Spiritless (*спирт'-ит-лес*) adj.
Spiritlessly (*спирт'-ит-лес-ли*) adv. бездушно; уныло.
Spiritlessness (*спирт'-ит-лес-нес*) s. уныніе, безжизненность.
Spiritous (*спирт'-ит-ōс*) adj. чистый какъ спиртъ; спиртуозный; || живой.
Spiritual (*спир'-итъ-ю-ăл*) adj. духовный, невещественный.
Spiritualism (*спир'-итъ-ю-ăл-изм*) s. спиритуализмъ.
Spiritualist (*спир'-итъ-ю-ăл-ист*) s. спиритуалистъ.
Spirituality (*спир-ютъ-ю-ăл'-и-ти*) s. безтѣлесность, невещественность; духовность.
Spiritualize (*спир'-итъ-ю-ăл-айз*) va. одухотворять.
Spiritually (*спир'-итъ-ю-ăл-и*) adv. духовно.
Spiritualty (*спир'-итъ-ю-ăл'-и-ти*) s. безтѣлесность, духовность.
Spirituous (*спир'-итъ-ю-ōс*) s. спиртовый; спиртуозный.

Spirituousness (*спир'-итъ-ю-дс-нес*) s. спиртуозность; живость.
Spirt (*спöрт*) va. выбрасывать, брызгать, бить ключемъ.
Spirtle (*спöр'-тл*) va. брызгать, разбрызгивать. [той.
Spiry(*спайр'-и*)adj.спиральный, ви-
Spissitude (*спис'-си-тьюд*) s. плотность, толщина, густота.
Spit (*спит*) s. вертелъ; отмель; заступъ; || плевокъ. || va. втыкать на вертелъ; протыкать насквозь; || vn. плевать, харкать. || — **-fire**, горячій человѣкъ.
Spite (*спайт*) s. злоба, злопамятство, досада. **In — of**, наперекоръ. **Out of —**, съ досады. **To have a — against**, досадовать на кого либо. || vn. досаждать, раздражать.
Spiteful (*спайт'-фул*) adj. злой, злобный, злопамятный.
Spitefully (*спайт'-фул-и*) adv. зло, злобно, злопамятно.
Spitefulness (*спайт'-фул-нес*) s. злоба, вражда, злопамятность.
Spitter (*спит'-тер*) плевака; || втыкающій мясо на вертелъ.
Spitting (*спит'-тинг*) s. плеваніе, харканіе. — **-box**, плевательница.
Spittle (*спит'-тл*) s. слюна, слюни.— **-house**, больница. [ница.
Spittoon (*спиш-тун'*) s. плеваль-
Splash (*сплӑш*) va. vn. плескать, -ся; брызгать, -ся || s. брызги (воды, грязи) — **-board**, щиты отъ грязи.
Splashy (*сплӑш'-и*) adj грязный, тинистый.
Splatter (*сплӑт'-тер*) vn плескаться, брызгать.
Splay (*сплэй*) s. скосъ, откосъ; || va скашивать, дѣлать откосъ; || вывихнуть (плечо). — **-foot**, — **-footed**, косолапый, кривоногій
Spleen (*сплин*) s (анат.) селезенка; || *.желчь, горесть, гнѣвъ; сплинъ, хандра. **To have the —**, быть въ мрачномъ настроеніи **To drive away —**, тосковать.
Spleenful (*сплин'-фул*), **Spleenish** (*сплин'-иш*), **Spleeny** (*сплин'-и*) adj. страдающій сплиномъ, сердитый. [селезеночная трава
Spleenwort (*сплин'-уöрт*) s. (бот.)
Splendent (*сплен'-дент*) adj блестящій, сіяющій
Splendid (*сплен'-дид*) adj великолѣпный, пышный
Splendidly (*сплен'-дид-ли*) adv великолѣпно, пышно.
Splendour (*сплен'-дöр*) s блескъ, сіяніе; великолѣпіе
Splenetic (*сплен'-и-тит*), **Splenetical** (*сплен'-и-тит-ӑл*) adj страдающій сплиномъ, желчный; || s. меланхоликъ [ночный
Splenic (*сплен'-ик*) adj. селезе-
Splice (*сплӑйс*) va. (мор.) сплескивать (канатъ).
Splint (*сплинт*), **Splinter** (*сплин'-тер*) s. осколокъ, обломокъ; || (хир.) лубокъ; заноза. **Splinter-bar**, рессоры. || va. vn. расщеплять, -ся; разбивать, -ся на осколки.
Split (*сплит*) va. расщеплять, раскалывать, разбивать. **To — a board**, разрубить доску. **To — asunder**, разрубить на двое. **To — one's sides with laughing**, задыхаться отъ смѣху. || vn. раскалываться, колоться; разбиваться. **To — with laughter**, прыснуть отъ смѣха. — **in two**, расколотый на двое. — **-ring**, разломанное кольцо. [щикъ.
Splitter (*сплит'-тер*) s. коколь-
Splutter (*сплöт'-тер*) s. шумъ, гвалтъ.
Spoil (*спойл*) va. vn. портить; || грабить, расхищать, опустошать. **To — one's work**, портить свое дѣло. **To — one's children**, портить дѣтей. **To — the eyes by reading**, портить глаза чтеніемъ. || s. воровство, грабежъ, похищеніе; гибель; порча.
Spoiler (*спойл'-ер*) s. хищникъ, разоритель, воръ; || портящій
Spoiling (*спойл'-инг*) ограбленіе, расхищеніе, порча.
Spoke (*спо'ок*) s. спица, ступенька.
Spokesman (*спо'окс-мӑн*) s. ораторъ; посредникъ, представитель.
Spoliate (*спо'о-ли-эт*) va. vn грабить, обирать, расхищать
Spoliation (*спо-ли-э'-шöн*) s грабежъ, похищеніе
Spoliator (*спо'о-ли-э-тöр*) s грабитель, похититель
Spondee (*спон'-ди*) s спондей (стопа въ стихѣ).
Spondyle *или* **Spondyl** (*спон'-дил*) s. (анат.) позвонокъ
Sponge (*спöндж*) s губка, || паразитъ, блюдолизъ. || va. vn. смывать губкой, дѣлать непромокаемой матерію. **To — up**, высушивать путемъ губки.
Sponger (*спöн'-джер*) s моющій губкой; || лизоблюдъ
Sponging (*спöн'-джинг*) s. омываніе губкой. — **-house**, домъ предварительнаго заключенія, долговое отдѣленіе
Sponginess (*спöн'-джи-нес*) s губчатость.
Spongious (*спöн'-джи-öс*),**Spongy** (*спöн'-жи*) adj. губчатый
Sponsal (*спöн'-сал*) adj супружескій, брачный [тельство.
Sponsion (*спöн'-шöн*) s поручи-
Sponsor (*спöн'-сöр*) s поручитель.

порука; || крестный отецъ, крестная мать.
Spontaneity (*спон-тӑ-ни'-и-ти*), **Spontaneousness** (*спон-тэ'-ни-ӧс-нес*) s. самопроизвольность, добровольность.
Spontaneous (*спон-тэ'-ни-ӧс*) adj. самопроизвольный, добровольный
Spontaneously (*спон-тэ'-ни-ӧс-ли*) adv. самопроизвольно, добровольно.
Spontoon (*спон-тун'*) s. (воен.) эспонтонъ (пика).
Spool (*спул*) s. шпулька, катушка.
Spoom (*спум*) va. цѣнить, подымать цѣну; vn. (мор.) быстро нестись.
Spoon (*спун*) s. ложка. **Table —**, столовая ложка. **Dessert —**, десертная ложка. **Tea —**, кофейная ложечка.
Spoonbill (*спун'-бил*) s. колпикъ (птица).
Spoondrift (*спун'-дрифт*) s. (мор.) брызги, срываемые съ верхушекъ волнъ сильнымъ вѣтромъ.
Spooney (*спун'-и*) adj. слабоумный, глупый.
Spoonful (*спун'-фул*) s. полная ложка. [ложечникъ.
Spoonwort (*спун'-уӧрт*) s. (бот.)
Sporadic (*спо-рӑд'-ик*), **Sporadical** (*спо-рӑд'-ик-ӑл*) adj. (мед.) спорадическій.
Sport (*спо'орт*) s. игра, забава, развлеченіе; шутка; спортъ (всѣхъ родовъ); скачки, охота; продѣлка уловка; мѣры. **In —**, въ шутку. **In search of —**, въ поискахъ развлеченія. **To make — of a person**, смѣяться надъ кѣмъ либо. || va. употреблять что, дѣлать что на показъ, щеголять; представлять, играть пѣть. **To — one's self with**, забавляться, чѣмъ. **To — a new coat**, насить новую одежду. || vn. играть, шутить, забавляться; насмѣхаться, издѣваться.
Sporter (*спо'орт-ер*) s. охотникъ, спортсменъ; шутникъ.
Sportsman (*спо'ортс'-мӑн*) s. спортсменъ.
Sportful (*спо'орт-фул*) adj. веселый, шутливый, потѣшный.
Sportfully (*спо'орт-фул-и*) adv. весело, шутливо, потѣшно.
Sportfulness (*спо'орт-фул-нес*) s. игра, шутка, забава, потѣха, развлеченіе.
Sporting (*спо'орт-ин*) s. игра, забава, потѣха; охота. **A — man**, охотникъ, спортсменъ.
Sportive (*спо'орт-ив*) adj. веселый, забавный.
Sportiveness (*спо'орт-ивнес*) s. веселость.
Sportless (*спо'орт-лес*) adj. нерадостный, невеселый, печальный.
Spot (*спот*) s. пятно; пятнышко, мушка, крапинка; || * небольшое пространство земли, мѣсто. **To take out a —**, снимать пятно. **On, upon the —**, на мѣстѣ. **I was upon the —**, я былъ на мѣстахъ. || va. пятнать.
Spotless (*спот'-лес*) adj. не имѣющій пятенъ; || * незапятнанный.
Spotlessness (*спот'-лес-нес*) s незапятнанность, чистота.
Spotted (*спот'-тед*) adj. пятнистый, крапчатый.
Spottedness (*спот'-тед-нес*) s. пятнистость, крапчатость.
Spotty (*спот'-ти*) adj. пятнистый, крапчатый; замаранный.
Spousal (*спа'уз-ӑл*) adj. брачный, свадебный; || s. бракъ, свадьба.
Spouse (*спа'уз*) s. супругъ, -га.
Spouseless (*спа'уз-лес*) adj. безбрачный, незамужняя, холостой.
Spout (*спа'ут*) s. труба, желобъ, протокъ (сосудовъ); || ливень. || смерчъ. **Up the —**, въ ломбардѣ; (нар.) у тетки. || va. vn. лить, -ся, струиться. **To — out**, брызгать, выходить. **To — up**, съ силой приподниматься.
Spouter (*спа'ут-ер*) s. говорунъ.
Spouting (*спа'ут-инг*) s. брызганіе; ораторствованіе.
Sprain (*спрэн*) s. растяженіе связокъ, вывихъ, || va. вывихнуть.
Sprat (*спрӑт*) s. сардина, сардель (рыба).
Sprawl (*спро'ол*) vn. растянуться; || барахтаться. **To lie — ing**, растянуться во всю длину. || va. **— ing out his legs**, влача ноги.
Spray (*спрэй*) s. вѣтка, побѣгъ; хворостина; || брызги (волнъ).
Spread (*спред*) va. vn. распространять, вытягивать. **The trees — their branches**, деревья распростираютъ свои вѣтви. **To — a carpet**, постлать коверъ. **To — a net**, растянуть сѣть. **To — a tent**, поставить палатку. **To — a table**, накрыть столъ. **To — flowers on the ground**, усѣять почву цвѣтами. **To — a report**, распространить слухъ. **To — a disease**, распространить болѣзнь. **To — abroad**, распространить. **To — out**, растянуть, расправить. || vn. распространяться, расѣяваться. **To — forth**, расправляться. **To — out**, растягиваться. || s. протеженіе, пространство, просторъ, объемъ, расширеніе; распространеніе, развитіе; || скатерть, простыня.
Spreader (*спред'-ер*) s. распространитель (слуховъ).

Spreading (*спред'-инг*) adj. обширный, распространенный. **A — tree**, вѣтвистое дерево. || распространеніе, развитіе.
Spree (*спри*) s. шутка, шалость, кутежъ.
Sprig (*сприг*) s. вѣтка, вѣточка, побѣгъ; стебелекъ, былинка, бриллiантовое перо; шпилька, гвоздь (безъ шляпки). || украшать, вышивать вѣтками, цвѣтами.
Spriggy (*сприг'-ги*) adj. полный вѣтокъ, стеблей.
Spright (*спрайт*) s. духъ, душа; тѣнь, призракъ; || va. преслѣдовать какъ тѣнь.
Sprightful (*спрайт'-фул*) adj. пылкій, живой, бойкій.
Sprightless (*спрайт'-лес*) adj безжизненный, вялый.
Sprightliness (*спрайт'-ли-нес*) s. живость, веселость
Sprightly (*спрайт'-ли*) adj пылкій, добрый, живой.
Spring (*спринг*) vn. прыгать, расти, всходить, происходить, начинаться, проявляться; брать начало, вытекать. **The stag sprung from rock to rock**, олень прыгалъ со скалы на скалу. **To — again**, отталкивать, вновь зарождаться. **To — at**, бросаться на. **To — away**, бросаться отъ. **To — back**, отскакивать назадъ. **To — forth**, выскакивать. **To — forward**, бросаться впередъ. **To — in**, вскакивать. **To — on, upon**, бросаться на. **To — out**, выходить изъ. **To — up**, зарождаться, являться на свѣтъ. || va. поднять (дичь), возбуждать (вопросъ); предлагать (проектъ); взорвать (мину); зажигать (огонь). **To — a leak**, дать течь. **To — a partridge**, поднять куропатку || s. весна; || ключъ, родникъ, || * источникъ, начало; происхожденіе, движущая сила; пружина, (мор.) трещина. **To take a —**, сдѣлать скачокъ **With a —**, со скачкомъ. **The — of a lock**, пружина замка. **The main —**, главная пружина **The — is dry**, источникъ высохъ — **-balance**, пружинные вѣсы — **-board**, трамплинъ — **-box**, часовой барабанъ — **-carriage**, рессорный экипажъ — **-tide**, весеннее время; половодье большая вода. — **-time**, весна. — **-water**, вода источника
Springe (*спринджс*) s силокъ, петля; || va. ловить силкомъ (птицъ)
Springer (*спринг'-ер*) s прыгунъ; загонщикъ; газель серна, древ побѣгъ
Springiness (*спринг'-и-нес*) s. эластичность; влажность; упругость.
Springing (*спринг'-инг*) s. прыганіе, скаканіе; происхожденіе, начало, рожденіе, происхожденіе.
Springy (*спринг'-и*) adj. упругій; || влажный.
Sprinkle (*спринк'-л*) va. vn. орошать, кропить. окроплять, обрызгивать; моросить (о дождѣ). **Sprinkled with gold**, усѣянный золотомъ. || s. кропило, лейка.
Sprinkling (*спринк'-линг*, s. кропленіе, обрызгиваніе. — **of rain**, мелкій дождь.
Sprit (*сприт*) va. выбрасывать, выкидывать. — **-sail**, блиндъ (парусъ). [призракъ
Sprite (*спрайт*) s. духъ, душа,
Sprout (*спра'ут*) vn. расти, произрастать, прозябать; всходить. || s. ростокъ; капуста. **Brussels — s**, брюссельская капуста.
Spruce (*спрус*) adj. щеголеватый, чистенькій; вѣтренный
Sprucely (*спрус'-ли*) adv щеголевато, чистенько.
Spruceness (*спрус'-нес*) s щеголеватость, вѣтренность
Spry (*спрай*) s. пѣна, брызги (волны), adj. живой, проворный, ловкій.
Spud (*спöд*) s. (агр.) кирка.
Spume (*спьюм*) s. пѣна, || vn. пѣниться.
Spumous (*спьюм'-öс*), **Spumy** (*спьюм'-и*) adj пѣнистый, пѣнящійся.
Spunk (*спöнк*) s. гнилушка; грибной нарость (на деревьяхъ); || пылъ, живость
Spunky (*спöн'-ки*) adj. храбрый
Spur (*спöр*) s. шпора, бадецъ; || * поощреніе, побужденіе; вершина (горы); спорынья (ржи); (плотн.) подпора. **To set — s to**, пришпорить. **Upon the — of the moment**, подъ вліяніемъ момента. — **-wheel**, зубчатое колесо. — **maker**, пришпоривающій. || vn шпорить, пробуждать, стимулировать. **To — on**, торопиться
Spurgall (*спöр'-гол*) s. рана, болячка отъ укола шпорой; || va. уколоть шпорой
Spurge (*спöрдж*) s (бот.) придорожный молочай
Spurious (*спью'-ри-öс*) adj. поддѣльный; незаконный; незаконорожденный. — **books**, апокрифы
Spuriously (*спью'-ри-öсли*) adv поддѣльно; незаконнорожденно.
Spuriousness (*спью'-ри-öснес*) s. поддѣльность, незаконнорожденность
Spurn (*спöрн*) s. пинокъ, ударъ ногой; || * пренебреженіе, || va. vn

давать пинка, толкнуть, лягать; отвергать, пренебрегать.
Spurred (*спѐрд*) adj. со шпорами; поврежденный спорыньей.
Spurrier (*спѐр'-ри-ер*) s. шпорникъ.
Sputter (*спѐт'-тер*) s. шумъ, гамъ; бормотаніе; слюни; || va. vn. брызгать, плевать; бормотать; издавать трескъ.
Sputterer (*спѐт'-тер-ер*) s. бормотунъ, -нья, брызжущій слюнами.
Spy (*спай*) s. шпіонъ, соглядатай. **—boat**, развѣдочное судно. **—glass**, подзорная труба. || vn. va. (съ **into**) замѣчать, подмѣчать, шпіонить.
Squab (*скуоб'*) adj. безперый; молодой; толстый; пухлый; || s. кушетка; || толстякъ, толстуха; || голубокъ.
Squabble (*скуаб'-бл*) s. ссора, споръ, драка; || vn. ссориться, драться.
Squabbler (*скуаб'-бл-ер*) s. спорщикъ, задира, драчунъ.
Squabby (*скуоб'-би*), **Squabbish** (*скуоб'-биш*) adj. жирный, полный, коренастый.
Squad (*скуод'*) s. небольшой отрядъ
Squadron (*скуод'-рѐн*) s. эскадронъ; карре; войско; эскадра.
Squalid (*скуол'-ид*) adj. грязный, нечистый.
Squalidity (*скуā-лид'-и-ти*), **Squalidness** (*скуол'-ид-нес*), **Squalor** (*скуэ'-лѐр*) s. грязь, нечистота; нищета.
Squalidly (*скуол'-ид-ли*) adv. грязно, неопрятно.
Squall (*скуол'*) s. громкій крикъ, вопль; (мор.) шквалъ; || vn. орать, вопить, зѣвать. **To look out for —s**, слѣдить за результатомъ.
Squaller (*скуол'-ер*) s. крикунъ, -нья.
Squally (*скуол'-и*) adj. зернистый.
Squamiform (*скуэ'-ми-фѐрм*) adj. чешуевидный.
Squamose (*скуā-мо'ос*), **Squamous** (*скуэ'-мѐс*) adj. чешуйчатый.
Squander (*скуон'-дер*) va. расточать, проматывать.
Squanderer (*скуон'-дер-ер*) s. расточитель, мотъ.
Squandering (*скуон'-дер-инг*) s. расточительность, мотовство.
Square (*скуэр'*) adj. четырехугольный, квадратный; || правильный; || крѣпкій, коренастый; правдивый. **A — table**, четырехугольный столъ. **— -built, — -shouldered**, четырехугольный. **— number**, квадратное число. **— -root**, квадратный корень. **The account is —**, счетъ правиленъ. || s. четыреугольникъ, квадратъ; || скверъ, садикъ. **To form into a —**, образовать карре. **Out of —**, непрямоугольный. || va. дѣлать четырехугольнымъ, квадратнымъ; сводить, подводить (итогъ); мѣрить измѣрять. **To — accounts**, сводить счета. || vn. соотвѣтствовать, сообразоваться. **To — up to any one**, приблизиться къ кому съ угрожающимъ видомъ.
Squarely (*скуэр'-ли*) adv. четырехугольно; || честно.
Squareness (*скуэр'-нес*) s. четыугольная форма.
Squarer (*скуэр'-ер*) s. составляющій четырехугольникъ; || забіяка.
Squarrose (*скуăр-ро'ос*) **Squarrous** (*скуăр'-рѐс*) adj шероховатый, шершавый.
Squash (*скуош*) s. раздавливаніе; мякоть; незрѣлое, сырое; тыква; | va. давить, раздавливать.
Squashy (*скуош'-и*) adj. мягкій, пористый.
Squat (*скуот*) s. сидѣніе на корточкахъ; || adj. скорчившійся, сидящій на корточкахъ, коренастый; | va. давить; раздавливать; vn. сидѣть на корточкахъ.
Squatter (*скуот'-тер*) s. тотъ, кто сидитъ на корточкахъ, притаивается.
Squaw (*скуо'о*) s. женщина (въ (Сѣверной Америкѣ).
Squeak (*скуик'*) vn. кричать, издавать рѣзкій крикъ. | s. скрипъ двери, рѣзкій крикъ. **To give a —**, издать крикъ.
Squeaker (*скуик'-ер*) s. крикунъ, визгунъ. [ніе, визготня.
Squeaking (*скуик'-инг*) s. крича-
Squeal (*скуил'*) vn. издавать крики.
Squeamish (*скуим'-иш*) adj. нѣжный, деликатный; разборчивый.
Squeamishly (*скуим'-иш-ли*) adv. нѣжно, деликатно; разборчиво.
Squeamishness (*скуим'-иш-нес*) s. нѣжность, деликатность. прихотливость.
Squeeze (*скуиз'*) va. жать, сжимать, тискать, тѣснить. **To — an orange**, выжимать лимонъ. **To — out**, выдавливать, выжимать. **To — through**, продавливать, протискивать; || * притѣснять; || обнимать, сжимать въ объятіяхъ. || vn. жаться, тѣсниться; выжиматься. || s. пожатіе, сжатіе; сжиманіе; || объятіе, обниманіе, лобзаніе.
Squeezing (*скуиз'-инг*) s. сжатіе, сжиманіе, давленіе; то что выдавленно; || * притѣсненіе.
Squib (*скуиб'*) s. петарда; пасквиль; сатира; острое словцо; || vn. острить. |

Squill (*скуил'*) s. (бот.) морской лукъ; (зоол.) сквилла.
Squinancy (*скуин'-ăн-си*) s. (мед.) жаба.
Squint (*скуинт*) adj. косой, раскосый; ‖* злой, ехидный. — **-eyed**, косой. ‖ s. косоглазіе. **To have a —**, косо глядѣть на, смотрѣть со стороны. ‖ vn. косить быть косоглазымъ; совращаться съ прямого пути.
Squinting (*скуинт'-инг*) s. косоглазіе.
Squintingly (*скуинт'-инг-ли*) adv. косо.
Squire (*скуайр'*) s. оруженосецъ; кавалеръ; дворянинъ. **Country —**, помѣщикъ. ‖ va. служить оруженосцемъ; ухаживать за дамами.
Squirehood (*скуар'-худ*), **Squireship** (*скуар'-шип*) s. должность оруженосца.
Squirrel (*скуир'-рел*) s. бѣлка.
Squirt (*скуорт'*) s. струя; ‖ шприцъ; ‖ va. пускать струю; шпринцевать; ‖* сплетничать.
Stab (*стăб*) s. ударъ кинжаломъ; рана отъ такого удара; ‖ va. заколоть.
Stabber (*стăб'-ер*) s. тотъ, кто наноситъ ударъ кинжаломъ.
Stability (*стă-бил'-и-ти*) s. стойкость, устойчивость, твердость.
Stable (*стэ'-бл*) adj. стойкій, устойчивый, твердый. ‖ s. конюшня, хлѣвъ. **The Augean —s**, Авгіева конюшни. — **-boy**, — **-man**, конюхъ. — **-yard**, конскій дворъ. ‖ помѣщать, загонять скотъ въ хлѣвъ, въ конюшню.
Stableness (*стэ'-бл-нес*) s. см. **Stability**.
Stabling (*стэ'-блинг*) s. конюшня, помѣщеніе для скота.
Stably (*стэ'-бли*) adv стойко, твердо, крѣпко.
Stack (*стăк*) s. стогъ (сѣна); скирдъ (хлѣба), ометъ (соломы), кладка (лѣса); полѣнница (дровъ); рядъ дымовыхъ трубъ. ‖ va. класть въ скирды, метать стогъ.
Stacking (*стăк'-инг*) s. складываніе въ кучу; сѣна въ стога, хлѣба въ скирды и т. д.
Staddle (*стăд'-дл*) s. подпора, подставка, козлы, подмостки; подгонъ (въ лѣсу).
Stade (*стэд*), **Stadium** (*стэ'-ди-ŏм*) s. стадія (мѣра длины).
Stadtholder (*стăт'-холд-ер*) s. штатгальтеръ (правитель въ Голландіи).
Stadtholdership (*стăт'-холд-ер-шип*) s. штатгальтерство.
Staff (*стаф*) s палка, трость; посохъ; (мор.) штокъ; жезлъ; ‖ власть ‖* поддержка, подпора, (муз.) пять нотныхъ линеекъ. **Quarter-—**, палка о двухъ концахъ. **Flag-—**, флагштокъ. — **-officer**, штабный офицеръ. **Medical —**, корпорація врачей.
Stag (*стăг*) s. олень. — **-beetle**, рогачъ (жукъ). — **-evil**, (ветер.) столбнякъ.
Stage (*стэдж*) s. подмостки, помостъ; сцена, театръ; ‖* поприще, арена; ‖ шагъ, ступень; періодъ, фаза, видъ; станція. **To go on the—**, идти на сцену. **To go off the —**, покинуть сцену; * войти со сцены. **To go by easy —s**, дѣлать короткіе переѣзды. **The last — of a disease**, послѣдній періодъ болѣзни. — **-box**, ложа у самой сцены. — **-coach**, почтовая карета, дилижансъ. — **-lights**, рампа. — **-play**, театральное представленіе. — **-player**, актеръ. — **-waggon**, почтовая карета.
Stager (*стэ'-джер*) s. актеръ, актриса; ‖ ямская лошадь. **An old —**, пройдоха.
Staggard (*стăг'-гăрд*) s. четырехгодовалый олень.
Stagger (*стăг'-гер*) vn. шататься, поколебаться; ‖* колебаться. **To — along**, идти шатаясь. ‖ va. шатать, колебать; ‖* потрясать, изумлять.
Staggering (*стăг'-гер-инг*) s. колебаніе, шатаніе; ‖ adj. колеблющійся, шатающійся.
Staggeringly (*стăг'-гер-инг-ли*) adv. шатаясь, дрожа, колеблясь.
Staggers (*стăг'-герз*) s. pl. (вет.) верченіе головы.
Staging (*стэ'-джинг*) s. лѣса.
Stagnancy (*стăг'-нăн-си*) s. застой, остановка.
Stagnant (*стăг'-нăнт*) adj. стоячій, застойный.
Stagnate (*стăг'-нэт*) va. быть въ застоѣ, стоять; застаиваться; коснѣть; останавливаться.
Stagnation (*стăг-нэ'-шŏн*) s. застой; остановка.
Staid (*стэд*) adj. степенный, положительный, серьезный.
Staidly (*стэд'-ли*) adv. важно, степенно.
Staidness (*стэд'-нес*) s. степенность, серьезность.
Stain (*стэн*) s. пятно; ‖ грязь, безчестіе, позоръ. ‖ va. пятнать; марать, грязнить; ‖* чернить, позорить, оттискивать (рисунки на матеріи).
Stained (*стэнд*) adj. замаранный, запачканный; ‖ окрашенный. — **-glas**, цвѣтное стекло.
Stainer (*стэн'-ер*) s. тотъ, кто пятнаетъ; ‖ красильщикъ. **Paper —**, цвѣтная бумага, обои.

Stainless (*стэн'-лес*) adj. безпятненный; чистый, незапятнанный

Stair (*стэр*) s. ступень, ступенька, приступка; || **—s**, лѣстница. **Down —s**, внизу. **Up —s**, наверху. **— rod**, прутъ для прикрѣпленія ковра на лѣстницѣ.

Staircase (*стэр'-кэс*) s. лѣстница. **Grand —**, парадная лѣстница. **Private —**, черный ходъ. **Winding —**, витая лѣстница.

Stake (*стэк*) s. столбъ, стойка, колъ; || вѣха, жердь; || ставка въ игрѣ; рискъ. **To perish at the —**, погибнуть на кострѣ. **To be at —**, зависѣть отъ. **His life is at —**, мы рискуемъ жизнью. || va. укрѣплять, подпирать кольями, столбами. [сталактитовый.

Stalactical (*стä-лäк'-ти-кäл*) adj.

Stalactite (*стä-лäк'-тайт*) s. сталактитъ.

Stalactitic (*стäл-äк-тит'-ик*) adj. сталактитовый. [лагмитъ.

Stalagmite (*стä-лäг'-майт*) s. ста-

Stale (*стэл*) adj. старый, застарѣлый; старинный; выдохшійся; черствый (о хлѣбѣ); обветшалый; || s. моча (животныхъ); ручка (метлы); || * орудіе, средство; || va. изнашивать, дѣлать старымъ; || vn. мочиться (о животныхъ).

Staleness (*стэл'-нес*) s. старость, ветхость; потеря (вкуса, цвѣта).

Stalk (*сто'ок*) s. стебель, стволъ; соломинка (злаковъ), стволъ (пера); гордая поступь. || vn. гордо выступать; шагать; || прокрадываться.

Stalker (*сто'ок-ер* s. тотъ, кто гордо выступаетъ; || родъ рыболовной сѣти.

Stalking (*сто'ок-инг*) s. сѣть; (охотн.) загонъ. **— horse**, (охотн.) заслонная лошадь (чучело).

Stalky (*сто'ок-и*) adj. похожій на стебель.

Stall (*стол*) s. стойло; конюшня, закута, хлѣвъ, ларь; балаганъ; прилавокъ (въ магазинѣ); стулъ (въ театрѣ). **— -fed**, откормленный на стойлѣ. || va. vn. держать на стойлѣ, откармливать; || жить, обитать; отъѣдаться.

Stallage (*стол'-эдж*) s. пошлина за право торговли съ ларя.

Stallion (*стол'-йон*) s. жеребецъ-производитель.

Stalwart (*стол'-уäрт*), **Stalworth** (*стол'-уöрсз*) adj. храбрый, доблестный, рыцарскій; сильный, крѣпкій.

Stamen (*стэ'-мен*) s. въ pl. **Stamina**, твердое основаніе, основа; жизненность; жизненная сила. въ pl. **Stamens**, (бот.) тычинка.

Stamin (*стэ'-мин*) s. тычинка, этаминъ (часть цвѣтка).

Staminal (*стäм'-и-нäл*) adj. (бот.) тычинковый.

Staminate (*стäм'-и-нэт*) adj. (бот.) состоящій изъ тычинокъ; || va. снабжать жизненною силою.

Staminiferous (*стäм-и-ниф'-ер-öс*) adj. тычинконосный.

Stammer (*стäм'-мер*) va. vn. заикаться, запинаться, говорить неясно. || s. заиканіе.

Stammerer (*стäм'-мер-ер*) s. заика, бормотунъ.

Stammering (*стäм'-мер-инг*) s. заикающійся, бормочущійся; || s. заиканіе.

Stammeringly (*стäм'-мер-инг-ли*) adv. заикаясь, запинаясь.

Stamp (*стäмп*) va. ударять, топать (ногой); чеканить; штамповать; штемпелевать, клеймить; класть пломбу; отпечатывать, оттискивать. **To — with initials**, ставить иниціалы. || s. клеймо, штемпель, чеканъ; печать; || марка; оттискъ; знакъ; бляха, медальонъ; эстампъ. **Postage —**. почт. марка. **-office —**, контора гербоваго сбора. **— -act**, законъ о гербовомъ сборѣ. **— -duty**, гербовая пошлина. **Of the right —**, хорошаго чекана. **Of the same —**, одного покроя, закала, разбора.

Stamped (*стäмпт*) adj. отмѣченный знакомъ; заклейменный; отпечатанный. **—paper**, гербовая бумага.

Stampede ((*стäм-пид'*) adj. паническій страхъ, овладѣвающій стадами; || va. распугать стадо.

Stamper (*стäм'-пер*) s. толчея, пестъ; человѣкъ при ходьбѣ стучащій каблуками.

Stamping (*стäмп'-инг*) s. топаніе ногами; штемпелеваніе, клейменіе.

Stanch (*стäнч*) va. vn. останавливать, -ся. || adj. крѣпкій, доброкачественный, стойкій; усердный.

Stanchion (*стäн'-шöн*) s. (мор.) пиллерсъ; подпора.

Stanchless (*стäнч'-лес*) adj. ненасытный; неистощимый.

Stanchness (*стäнч'-нес*) s. доброкачественность, доброта (товара); усердіе, постоянство, стойкость.

Stand (*стäнд*) vn. стоять прямо, стоять на ногахъ, выпрямляться; оставаться, находиться. **To be standing, стоять. Paris stands on the Seine, Парижъ** расположенъ на **Сенѣ. — there**, станьте сюда: **As matters —**, такъ какъ обстоятъ дѣла. **— still**, не двигайтесь. **To let —**, дать постоять, дать настояться (о чаѣ). **To — good**, крѣпко держаться; (юрид.) быть дѣйствительнымъ. **To one's ground,** удержать почву **This jug will — the fire,** этотъ горшокъ выдерживаетъ огонь. **To — about,** стоять вблизи **To — against,** сопротивляться. **To — alone,** быть; находиться одному. **To — aloof,** держаться въ сторонѣ. **To — aside,** стоять въ сторонѣ. **To — back,** держаться сзади, отступать. **To — by,** находиться около. **I will — by you,** я васъ поддержу. **The house stands by itself,** домъ на сторонѣ. **To — for,** стоять за что либо, поддержать что либо; (мор.) направляться къ чему. **That stands for nothing,** это ничего не стоитъ. **To — forth, to — forward,** держаться впереди, подвигаться впередъ. **To — from,** удаляться. **To — in,** входить. **To — in fear of,** опасаться. **To — in need of,** нуждаться. **To — in the way of,** служить препятствіемъ. **To — in one's own light,** вредить себѣ. **To — in defence of,** стоять на защитѣ. **To — off,** держаться на разстояніи. **To — on,** настаивать на чемъ либо. **To — upon ceremony,** разводить церемоніи. **To — out,** подвигаться впередъ. **— out of the way,** сходить съ дороги. **To — out to sea,** держаться открытаго моря. **To — round,** держаться вкругъ. **To — to,** упорствовать въ чемъ либо. **To — to one's word,** держаться слова. **It stand to reason,** это очевидно. **To — to it,** придерживаться чего либо. **To — together,** держаться другъ за друга. **To — up,** подниматься. **To — up against,** возставать противъ чего либо. **To — up for,** стоять за что либо. **To — with,** придерживаться чего либо. || va. поднимать, помѣщать, выносить; уплачивать кому что. **I cannot — the cold,** я не выношу холода. **To — trial,** выдержать экзаменъ. **To — a dinner,** угостить обѣдомъ. **I will not — it,** не хочу этого выносить. **To — one's ground,** отстаивать почву. **To — a joke,** выдерживать насмѣшки. || s. мѣсто, постъ, положеніе, рангъ; трибуна на скачкахъ, остановка въ дѣлахъ. **To take one's —,** занять чье либо мѣсто. **To make a —,** сдѣлать паузу. **A — still,** остановка. **A carriage —,** станція экипажей. **Music —,** пюпитръ. **To come to a —,** остановиться. **To make a —,** сопротивляться. **Lamp—,** подножка лампы. **Umbrella —,** подставка для зонтиковъ и палокъ. **Ink- —,** чернильница. **Flower —,** жардиньерка

Standard (*стӑнд'-ӑрд*) s. знамя, штандартъ, флагъ, указная мѣра, указный вѣсъ, проба, образецъ, примѣръ, подпора, стойка; || дерево растущее на просторѣ. **— -bearer,** знаменоносецъ. **— of prices,** указатель цѣнъ. **The — of taste,** образецъ вкуса. || adj. образцовый; служащій примѣромъ; указный. **— prices,** указныя цѣны. **— authors,** классическіе авторы. **— fruit trees,** фруктовыя деревья растущія на открытомъ воздухѣ.

Stander (*стӑнд'-ер*) s. тотъ, кто стоитъ. **— -by,** зритель.

Standing (*стӑнд'-инг*) adj. установленный, положенный, опредѣленный, указанный; постоянный, стоящій на ногахъ. **— place, — room,** стоячее мѣсто. **— corn,** рожь на корню. **— water,** стоячая вода. **— army,** постоянное войско. **— rules,** неизмѣнныя правила. || s. положеніе, рангъ, мѣсто. **Of long —,** издавна.

Standish (*стӑнд'-иш*) s. чернильница.

Stang (*стӑнг*) s. жердь, шестъ.

Stannary (*стӑн'-нӑ-ри*) s. оловянныя копи.

Stannic (*стӑн'-ник*) adj. оловянный.

Stanza (*стӑн'-за*) s строфа, стихъ, стансъ.

Staple (*стэ'пл*) s. складочное мѣсто, складъ, депо; || рынокъ; || главный предметъ промышленности, торговли; || волокно, нить (шерсти); || достоинство, качество (земли); || скоба; || adj. установленный, узаконенный; торговый; главный. **— goods,** главные товары.

Stapled (*стэ'-плд*) adj. имѣющій нити.

Stapler (*стӑ'-плер*) s. торговецъ, купецъ.

Star (*стар*) s. звѣзда, свѣтило. **Fixed —,** неподвижная звѣзда. **Polar —,** полярная звѣзда. **— -bespangled, — -bestudded,** усѣянный звѣздами. **— chamber,** звѣздная палата, особый видъ судилища при Генрихѣ VII. **— fish,** морская звѣзда. **— gazer,** астрологъ; астрономъ. **— -gazing,** астрологія; звѣздочетство. || va. украшать, усѣвать звѣздами; || vn. сіять, блестѣть.

Starboard (*стор'-борд*) s. (мор.) правая сторона; || adj. правый.

Starch (*старч*) s. крахмалъ; || жеманство, чопорность; || va. крахмалить.

Starched (*старчт*) adj. накрахмаленный; || жеманный, чопорный

Starcher (*старч'-ер*) s. крахмальщикъ, -щица.
Starchly (*старч'-ли*) adv. жеманно, натянуто, чопорно.
Starchness (*старч'-нес*) s. жеманство, чопорность, натянутость.
Starchy (*старч'-и*) adj. жеманный, чопорный, натянутый.
Stare (*стэр*) vn. va. таращить глаза. ‖ **To — a person in the face**, глядѣть кому либо прямо въ глаза; быть очевиднымъ. ‖ s. пристальный взоръ; ‖ изумленіе; ‖ скворецъ (птица).
Starer (*стэр'-ер*) s. тотъ, кто пристально смотритъ.
Staring (*стэр'-инг*) adj. яркій, рѣжущій глаза, одуряющій.
Stark (*старк*) adj. крѣпкій, сильный; настоящій, подлинный, истый. **— nonsense**, сущая чепуха. ‖ adv. совершенно, совсѣмъ. **— mad**, совершенно сумасшедшій. **— naked**, голый.
Starless (*стар'-лес*) adj. безвѣздный.
Starlight (*стар'-лайт*) s. свѣтъ, блескъ звѣздъ; ‖ adj. звѣздный.
Starlike (*стар'-лайк*) adj. звѣздообразный; ‖ блестящій.
Starling (*стар'-линг*) s. скворецъ, (птица); быкъ, ледорѣзъ (моста).
Starred (*стард*) adj. звѣздный; усѣянный звѣздами. **Ill —**, рожденный подъ несчастной звѣздой.
Starry (*стар'-ри*) adj. *см.* **Starred**; ‖ сверкающій, сіяющій.
Start (*старт*) vn. вздрагивать, содрагаться; вскочить, прыгнуть; подняться, начинать. **To — in sleep**, вздрагивать во время сна. **Ten horses started**, было пущено десять лошадей (на бѣгахъ). **The train starts at two**, поѣздъ отходитъ въ два часа. **To — after**, пуститься въ погоню. **To — aside**, броситься въ сторону. **To — back**, откинуться назадъ. **To — off**, броситься бѣжать. **To — out**, выбѣжать. **To — out of one's sleep**, внезапно проснуться. **To — up**, вскочить. **To — with**, начать съ чего либо. ‖ va. заставить вздрогнуть, содрогнуться; вспугнуть, создать, открыть. **To — a hare**, поднять зайца. **To — a difficulty**, создать затрудненіе. **To — a subject**, поднять этотъ вопросъ. ‖ s. содроганіе, вздрагиваніе, испугъ; порывъ, причуда, прихоть, капризъ; начало движенія, отходъ. **To give a — of joy**, прыгать отъ удовольствія. **By —s**, прыжками, урывками. **To give a —**, дать толчокъ. **You gave me quite a —**, право вы меня испугали. **To have, to get the — of**, опережать.
Starter (*старт'-ер*) s. побудитель, возбудитель (вопроса). стартеръ (дающій знакъ о началѣ скачки).
Startful (*старт'-фул*) adj. пугливый, робкій.
Starting (*старт'-инг*) adj. пугливый; ‖ s. вздрагиваніе, вскакиваніе; порывъ; отправленіе, выѣздъ; выходъ, начало; прыжокъ. **— -point**, исходная точка. **— -post**, столбъ на бѣгахъ.
Startle (*старт'-л*) s. испугъ, страхъ, тревога; ‖ vn. вздрогнуть, испугаться; ‖ va. испугать, вспугнуть.
Startling (*старт'-линг*) adj. страшный, тревожный.
Starvation (*стар-вэ'-шён*) s. голодъ, нужда.
Starve (*старв*) va. голодать, умирать съ голоду. **To — with cold**, умирать отъ холода. ‖ va. морить, истощать, заставить сдаться голодомъ. **To one's self**, заморить себя голодомъ.
Starveling (*старв'-линг*) s. умирающій отъ голода; растеніе умирающее отъ недостатка питанія; ‖ adj. голодный.
State (*стэт*) s. положеніе, состояніе; государство, страна, правленіе; чинъ, званіе; ‖ пышность, роскошь. **The — of his health is good**, состояніе его здоровья удовлетворительно. **In a — to**, въ состояніи. **Married —**, бракъ. **To live in great —**, вести широкій образъ жизни. **In —**, съ большой церемоніей. **To lie in —**, быть выставленнымъ на парадномъ ложѣ. **Council of —**, государственный совѣтъ. **Secretary of —**, государственный секретаръ. **The United States of America**, Соединенные штаты Америки. **— affairs**, государственныя дѣла. **— apartments**, большіе аппартаменты. **— -carriage**, церемоніальный экипажъ. **— -house**, зданіе парламента. **— -prisoner**, государственный преступникъ. **— room**, пріемная комната. **— trial**, политическій процессъ. ‖ va. опредѣлять, устанавливать, назначать; объявлять. **To — the particulars**, установить подробности.
Stated (*стэт'-ер*) adj. опредѣленный, назначенный, постоянный.
Statedly (*стэт'-ед-ли*) adv. всегда, постоянно, регулярный.
Stateliness (*стэт'-ли-нес*) s. величіе, пышность, достоинство, осанка.
Stately (*стэт'-ли*) adj. величественный, пышный; ‖ гордый; ‖ бла-

городный A — **edifice**, чудное зданіе. — **manners**, благородныя манеры | adv величественю, пышно, гордо.

Statement (*стат'-мент*) s. изложеніе, объясненіе, отчетъ, перечень

Statesman (*стэтс'-мāн*) s. сановникъ, дипломатъ, государственный человѣкъ

Statesmanship (*стэтс'-мāн-шип*) s. государственная дѣятельность.

Static (*стат'ик*), **Statical** (*стāт'-ик-āл*) adj. статическій.

Statics (*стат'-икс* s (физ.) статика.

Station (*стэ'-шőн*) s. стояние, остановка; станція; постъ, мѣсто стоянки (судна); положеніе (въ обществѣ) — **in life**, общественное положение — **house**, полицейскій постъ. **Trading** —, коммерческій портъ. | va становить, ставить на мѣста. [ціонный

Stational (*стэ'-шőн-āл*) adj стан-

Stationary (*стэ'-шőн-ā-ри*) adj. неподвижный, постоянный

Stationer (*стэ'-шőн-ер*) s продавецъ канцелярскихъ принадлежностей.—**s'hall**, союзъ книгопродавцевъ.

Stationery (*стэ'-шőн-ер-и*) s канцелярскія принадлежности

Statist (*стэ'-тист*) s политикъ, дипломатъ.

Statistic (*стā-тис'-тик*), **Statistical** (*стā-тис'-тик-āл*) adj статистическій

Statistician (*стāт-ис-тиш'-ан*) s статистикъ. [тистикъ.

Statistics (*стā-тист'-икс*) s. ста-

Statuary (*стāть'-юн-ā-ри*) s. ваятель, скульпторъ; | ваяніе, скульптура.

Statue (*стāть'ю*) s. статуя, изваяніе; изображеніе; | va. ставить статую.

Stature (*стāть'-юр*) s. станъ, ростъ.

Statutable (*стāть'-ю-тā-бл*) adj. установленный законами

Statute (*стāть'-ют*) s. статутъ, уложеніе, уставъ, законъ.

Statutory (*стāть' - ю-тō - ри*) adj. уставный, учрежденный закономъ.

Stave (*стэв*) s бочарная доска; стихъ (псалма); (муз.) нотная система. || va. ломать, разламывать. **To — in**, высадить бочку **To — off**, прогнать ударами палки.

Stay (*стэй*) vn. пребывать, находиться, оставаться. — **here**, остановитесь. **To — a moment**, обождать на мгновеніе. **To — away**, удалиться. **To — for**, ждать. **To — in**, остаться у себя **To — out**, остаться снаружи; невозвратиться | a. удерживать. **I staid him from departure**, я помѣшалъ ему уѣхать **To — hunger**, утолить голодъ | s. пребываніе, стоянка, замедленіе, остановка, подставка, опора, корсетъ, шнуровка. **To make a short** —, остановиться на короткое время — **lace**, корсетный шнуръ — **-maker**, фабрикантъ корсетовъ — **sail**, неподвижный парусъ

Stayer (*стэй'-ер*) s поддержка, задерживающій

Stead (*стэд*) s. мѣсто, польза, употребленіе **In — of**, вмѣсто того. **In his** —, на его мѣсто **To stand in** —, служить | va. помогать, быть полезнымъ, годаться; занимать чье мѣсто

Steadfast (*стед'-фаст*) adj. стойкій, прочный, постоянный; рѣшительный

Steadfastly (*стед'-фаст-ли*) adv стойко, прочно, постоянно; рѣшительно.

Steadfastness (*стед'-фаст-нес*) s. стойкость, прочность, постоянство, рѣшительность

Steadily (*стео'-и-ли*) adv стойко, непоколебимо, увѣренно.

Steadiness (*стед'-и-нес*) s стойкость, непоколебимость, увѣренность

Steady (*стед'-и*) adj стойкій, непоколебимый, увѣренный, рѣшительный, основательный. **To keep** —, крѣпко держать **To be** —, быть аккуратнымъ | int смѣлѣй! (мор.) держи такъ | va. укрѣплять, утверждать.

Steak (*стэк*) s ломоть (говядины); котлета

Steal (*стил*) sa. воровать, красть, дѣлать тайно **To — a glance**, украдкой бросить взглядъ **To — away**, украсть. | vn красть, грабить; уходить тайкомъ, ускользнуть, скрыться. **To — along**, скользить безъ шуму **To — away**, **to — off**, украдкой уйти, скрыться **To down**, потихоньку спустяться. **To — forth**, тайкомъ уйти **To — from**, скрыться **To — in**, **into**, тайкомъ войти. **To — out**, тайкомъ выйти **To — up**, тайкомъ подняться, спрятаться. проскользнуть

Stealer (*стил'-ер*) s. воръ тать

Stealing (*стил'-инг*) s. воровство, кража.

Stealth (*стелсз*) s воровство, кража, краденое, тайное дѣйствіе **By** —, тайкомъ, украдкой

Stealthly (*стелсз'-ли*) adv тайкомъ, украдкой, тайно.

Stealthy (*стелез'-и*) adj. скрытный, тайный.

Steam (*стим*) s. паръ; испареніе; дымъ. **To get up the —**, подогрѣвать. **To put the — on**, давать паръ, **The — is on**, выпускать паръ. **The — is up**, полнымъ паромъ. || vn. испаряться; дымиться. **To — away**, испаряться. || va. парить, выпаривать. **— boat**, паровое судно. **— -boiler**, паровой котелъ. **— engine**, паровая машина. **— -gauge**, манометръ. **— -hammer**, паровой молотъ. **— -navigation**, пароходство. **— -packet**, пароходъ. **— -power**, сила пара. **— -press**, механическій прессъ. **— -ship**, паровое судно. **— -tug**, буксиръ. **— -vessel**, пароходъ. **— whistle**, паровой свистокъ.

Steamer (*стим'-ер*) s. пароходъ, паровое судно.

Stearine (*сти'-ā-рин*) s. стеаринъ

Steatite (*сти'-ā-тайт*) s. жировикъ (камень).

Steed (*стид*) s. рысакъ.

Steel (*стил*) s. сталь; всякое стальное издѣліе; булатъ; огниво. **Cast —**, литая сталь. **Damascus —**, дамаская сталь. **To temper, to harden the —**, закалять сталь. **— -clad**, покрытый сталью. **— -pen**, стальное перо. **— -plate**, стальная пластинка. **— -works**, сталелитейное производство. || va. наваривать сталью, насаживать стальные наконечники. **To — the heart**, закалять сердце.

Steeliness (*стил'-и-нес*) s. крѣпость, твердость, жесткость.

Steelyard (*стил'-йард*) s. безменъ.

Steep (*стип*) adj. крутой, отвѣсный. **A — ascent**, крутой подъемъ. **A — declivity**, крутой спускъ. **A — mountain**, крутая гора. || s. крутизна, обрывъ. || va. мочить, смачивать; погружать, макать; || vn. мокнуть. **To — in sleep**, погруженный въ сонъ.

Steeper (*стип'-ер*) s. мочильня, чанъ.

Steeple (*сти'-пл*) s. колокольня; шпицъ (башни). **— chase**, скачка съ препятствіями.

Steepled (*сти'-плд*) adj. имѣющій колокольню.

Steeply (*стип'-ли*) adv. круто, обрывисто. [обрывистость.

Steepness (*стип'-нес*) s. крутизна,

Steepy (*стип'-и*) adj. крутой, обрывистый.

Steer (*стир*) s. молодой быкъ, волъ; телецъ; (мор.) руль; || va. управлять, править; (мор.) управлять рулемъ.

Steerage (*стир'-эдж*) s. управленіе; дѣйствіе руля; каюта подъ лѣстницей.

Steering (*стир'-инг*) s. управленіе, веденіе. **— wheel**, рулевое колесо.

Steersman (*стирз'-мāн*) s. рулевой

Steganography (*стег-ā-ног'-рā-фи*) s. стенографія.

Stellar (*стел'-лāр*), **Stellary** (*стел'-лā-ри*) adj. звѣздный; звѣздчатый.

Stellate (*стел'-лэт*), **Stellated** (*стел'-лэшед*) adj. звѣздный, лучистый. [звѣздоносный.

Stelliferous (*стел-лиф-ер-ōс*) adj.

Stelliform (*стел'-ли-форм*) adj. звѣздоподобный.

Stem (*стем*) s. пень, стволъ (дерева); стебель (цвѣтка); (бот.) ножка, черешокъ; || * родъ, племя; отрасль. **From — to stern**, съ носа на корму. || va. идти противъ теченія, плыть противъ вѣтра; удерживать.

Stemless (*стем'-лес*) adj. безстебельковый. [(въ копяхъ).

Stemple (*стем'пл*) s. перекладина

Stemson (*стем'сн*) s. (мор.) стемсонъ спереди.

Stench (*стенч*) s. вонь, зловоніе.

Stencil (*стен'-сил*) s. патронъ, трафаретъ; || va. красить по трафарету. [стенографъ

Stenographer (*стен-о-грāф*) s.

Stenographist (*сти-ног'-рā-фист*) s. стенографистъ.

Stenographic (*стен-о-грāф'-ик*), **Stenographical** (*стен-о-грāф'-ик-āл*) adj. стенографическій, скорописный.

Stenography (*сти-ног'-рā-фи*) s. стенографія, скоропись.

Stentorian (*стен-то'-ри-āн*) adj. громкій, сильный (голосъ).

Step (*степ*) va. шагать, ступать; пойти, пройтись; ходить тихимъ важнымъ шагомъ. **To — aside**, отойти въ сторону. **To — back**, сдѣлать шагъ назадъ. **To — down**, взойти. **To — forward**, двигаться впередъ. **To — in**, войти. **Do just — in**, войдите я васъ прошу. **To — in to the assistance of**, прійти къ кому на помощь. **To — out**, выйти. **To — over**, пройти мимо. **To — up**, подняться, направиться къ кому либо. || va. ставить ногу, дѣлать шагъ; (мор.) ставить мачту. || s. шагъ; || стопа, слѣдъ; || ступенька; подножка (кареты); || * шагъ, поступокъ. **— by —**, шагъ за шагомъ. **To make a —**, сдѣлать шагъ. **To retrace one's —**, возвратиться назадъ. **To take — s**, ходатайствовать. || adj. *Въ слож-*

ныхъ словахъ означаетъ родство по браку, — **brother**, единокровный братъ, сводный братъ — **-child**, пасынокъ, падчерица. — **-father**, вотчимъ, отчимъ. — **-mother**, мачиха
Steppe (*степ*) s. степь.
Stepper (*степ'-ер*) s. рабочая лошадь.
Stepping (*степ'-инг*) s. шаганіе, ступаніе, ходьба. — **stone**, приступка передъ дверью
Stercoraceous (*стӧр-ка-рэ'-шӧс*) adj. навозный, каловый
Stercoration (*стӧр-ко-рэ'-шӧн*) s. унаваживаніе
Stereographic (*сти-ри-о-грӑф'-ик*), **Stereographical** (*сти-ри-о-грӑф'-ик-ӑл*) adj. стереографическій
Stereography (*сти-ри-ог'-рӑ-фи*) s. стереографія, черченіе твердыхъ тѣлъ.
Stereometrical (*сти-ри-о-мет'-рик-ӑл*) adj. стереометрическій.
Stereometry (*сти-ри-ом'-и-ҭри*) s. стереометрія
Stereoscope (*сти'-ри-о-скоп*) s. (физ.) стереоскопъ
Stereoscopic (*сти'-ри-о-скоп'-ик*) adj. стереоскопическій.
Stereotomy (*сти-ри-от'-о-ми*) s. стереотомія
Stereotype (*сти'-ри-о-тайп*) s. стереотипъ. — **-printing**, стереотипъ; || va. печатать стереотипами. [s. стереотипщикъ.
Stereotyper (*сти-ри-о-тайп-ер*)
Stereotyping (*сти'-ри-о-тай-инг*) s. отливаніе стереотипныхъ досокъ.
Sterile (*стер'-ил*) adj. безплодный, неплодоносный
Sterility (*сти-рил'-и-ти*) s. безплодность, неплодородіе.
Sterilize (*стер'-ил-айз*) va. дѣлать безплоднымъ
Sterling (*стӧр-линг*) s. стерлингъ (монета); **A pound —**, фунтъ стерлинговъ; || adj настоящій, истинный
Stern (*стӧрн*) adj. строгій, суровый, грозный; || s. (мор.) корма; || руль — **way**, ходъ назадъ, ходъ корабля кормою.
Sternly (*стӧрн'-ли*) adv. строго, сурово, грозно. [мый задній.
Sternmost (*стӧрн'-мӧст*) adj. са-
Sternness (*стӧрн'-нес*) s. строгость, суровость, непреклонность.
Sternum (*стӧр-нӧм*) s. (анат.) грудная кость.
Sternutation (*стӧр-нью-тэ'-шӧн*) s. чиханіе.
Sternutative (*стӧр-нью'-тӑ-тив*)
Sternutatory (*стӧр-нью'-тӑ-тӧри*) adj. чихательный.
Stethoscope (*стеѳз'-о-скоп*) s. (мед.) стетоскопъ
Stevedore (*сти'-ви-дор*) s. грузильщикъ корабля.
Stew (*стью*) s. компотъ; садокъ; душеное мясо; || безпорядокъ, сумятица; публичный домъ, бардакъ. — **-pan**, кастрюля. **To make a —**, сдѣлать компотъ или тушить мясо. **To be in a —**, быть въ затруднительномъ состояніи. || vn. вариться, париться; || va. варить, тушить (мясо). — **ed eels**, блюдо изъ угрей. — **ed fruit**, компотъ изъ фруктовъ
Steward (*стью'-ӑрд*) s. управляющій (дѣлами, домомъ); секретарь; дворецкій; экономъ (училища); главный поваръ (на судахъ); старшина (клуба).
Stibial (*стиб'-и-ӑл*) adj. сурмяный.
Stibiated (*стиб'-и-э-тэд*) adj. пропитанный сурьмой.
Stick (*стик*) s. палка, трость; сукъ, сучокъ; вѣтка, вѣтвь; мялка, трепало (для шерсти); || ударъ, уколъ; || ручка. **To pick up —s**, собирать валежникъ. **To cut one's —s**, удрать, улизнуть. **Walking —**, тросточка. **A — of sealing-wax**, палка сургуча; || va. втыкать, вонзать; || закалывать, колоть; натыкать на остріе. **To — a nail in a wall**, вбивать гвоздь въ стѣну. **To — a pin**, втыкать булавку. **To — bills**, приклеить афишу. **To — together**, склеивать. **To — down**, связывать. **To — on**, укрѣплять на какомъ либо остромъ предметѣ; привязывать, приклеивать. **To — out**, выдвигать. **To — up**, афишировать; || vn, липнуть, прилипать, приставать; придерживаться чего; оставаться, держаться. **To — fast**, крѣпко держаться. **To — close**, привязываться. **To — close to**, не выпускать. **To — in the mire**, залезать въ грязь. **When he pays us a visit he —s**, когда онъ приходитъ къ намъ съ визитомъ, онъ засиживается. **To — at**, стѣсняться, отступать. **To — at work**, оставаться при дѣлѣ. **He —s at nothing**, ничто его не останавливаетъ. **To — by**, привязывать, оставаться вѣрнымъ. **To — on**, привязывать къ себѣ; приклеивать. **To — to**, наклеивать на. **Glue —s to the fingers**, клей прилипаетъ къ пальцамъ. — **to what you have said**, поддержите то, что вы сказали. **To — up**, возставать. **To be stuck up**, быть самодовольнымъ взыскательнымъ

Stickiness (*стик'-и-нес*) s. липкость, клейкость, вязкость.
Stickle (*стик'л*) vn. принимать чью либо сторону.
Stickleback (*стик'-л-бāк*) s колюшка (рыба).
Stickler (*стик'-лер*) s. секундантъ (при дуэли); сторонникъ чего; горячій спорщикъ.
Sticky (*стик'-и*) adj. липкій, клейкій.
Stiff (*стиф*) adj. тугой, жесткій, крѣпкій; окостенѣлый; упрямый, упорный. **As — as a poker**, быть прямымъ какъ желѣзная палка. **A limb — with cold**, онѣмѣвшій отъ холода членъ тѣла. **To grow —**, онѣмѣть, окоченѣть. **— neck**, свинка (болѣзнь шеи). **— -necked**, упрямый. **— grog**, крѣпкій грогъ. **— breeze**, сильный морской вѣтеръ.
Stiffen (*стиф'-н*) va. vn. дѣлать, -ся тугимъ, жесткимъ; становиться непреклоннымъ; || сгущаться.
Stiffly (*стиф'-ли*) adv. туго, крѣпко, жестко; упрямо, упорно.
Stiffness (*стиф'-нес*) s. тугость, жесткость; окоченѣлость; отвердѣлость; || упорство, упрямство; непреклонность.
Stifle (*стай'-фл*) va. душить, задушить, удушать; || подавлять. **To — with smoke**, заглушенный дымомъ. **To — a report**, заглушить слухъ.
Stifle (*стай'фл*) s. колѣнная чашечка (у лошади).
Stigma (*стиг'-ма*) s. (въ pl. **Stigmata**) клеймо отъ горячаго желѣза; пятно, позоръ; || (бот.) рыльце (у пестика).
Stigmatic (*стиг-мāт'-ик*), **Stigmatical** (*стиг-мāт'-ик-āл*) adj. запятнанный, позорящій.
Stigmatize (*стиг'-мā-тайз*) va. клеймить; || *запятнать.
Stilar (*стай-лāр*) adj. относящійся до указателя солнечныхъ часовъ.
Stile (*стайл*) s. ступеньки, приступки; указатель солнечныхъ часовъ.
Stiletto (*сти-лет'-то*) s. кинжалъ.
Still (*стил*) va. заставить молчать, утишать, унимать; || дистиллировать; || adj. тихій, спокойный; безмолвный. **The air is —**, тишина въ воздухѣ. **A — evening**, тихій вечеръ. **— water**, стоячая вода. **To be —**, оставаться спокойнымъ. **— life**, (въ живоп.) мертвая природа: растенія, убитая дичь. **— born**, мертворожденный; || s. тишина, безмолвіе; || перегонный кубъ. **— -room**, дистилляціонная лабораторія; || adv. до сихъ поръ; до нынѣ; еще; однако. **— more**, еще болѣе.
Stillatitious (*стил-лā-тиш'-ōс*) adj. капающій; перегонный.
Stiller (*стил'-ер*) s. усмиритель, умиротворитель.
Stillness (*стил'-нес*) s. тишина, спокойствіе, покой, безмолвіе.
Stilly (*стил'-и*) adv. тихо, покойно, смирно, молчаливо; || adj. спокойный, тихій.
Stilt (*стилт*) s. ходуля; || свая. **— bird**, долгополый зуекъ (птица); || va. поставить, поднять на ходули.
Stilty (*стилт'-и*) adj. напыщенный.
Stimulant (*стим'-ю-лāнт*) adj. возбудительный, возбуждающій.
Stimulate (*стим'-ю-лāт*) va. возбуждать, подстрекать.
Stimulation (*стимь-ю-лэ'-шōн*) s. возбужденіе, поощреніе.
Stimulative (*стимь'-ю-лэ-тив*) adj. возбудительный; || s. возбуждающее средство.
Stimulus (*стимь'-ю-лōс*) s. стимулъ, побудитель; || s. возбуждающее средство.
Sting (*стинг*) s. жало s. (у насѣкомыхъ); уколъ; колкость. язвительность; угрызеніе (совѣсти); || va. жалить, колоть; уязвлять, мучить, терзать.
Stinger (*стинг'-ер*) s. тотъ, кто или то, что жалитъ, колетъ.
Stingily (*стин'-джи-ли*) adv. скупо, скаредно.
Stinginess (*стин'-джи-нес*) s. скупость, скаредность.
Stingless (*стинг'-лес*) adj. не имѣющій жала; неколкій.
Stingo (*стин'-го*) s. крѣпкое старое пиво.
Stingy (*стинг'-и*) adj. жалящій, уязвляющій. || va. вонять.
Stink (*стинк*) s. вонь, зловоніе;
Stinkard (*стинк'-āрд*) s. вонючка.
Stinking (*стинк'инг*) adj. вонючій, смрадный.
Stint (*стинт*) va. ограничивать; удерживать, подавлять. **To — one's self**, ограничиваться необходимымъ; || s. предѣлъ, граница, ограниченіе; || удѣлъ, часть, доля; мѣра. **Without any —**, безъ ограниченія.
Stipe (*стайп*) s. стебель (у папоротниковъ).
Stipend (*стай'-пенд*) s. жалованіе, плата; || va. платить опредѣленное жалованіе.
Stipendiary (*стай-пенд'-и-ā-ри*) s. наемникъ; || adj. наемный.
Stipple (*сти'-пл*) va. пунктировать.
Stippling (*стип'-плинг*) s. пунктированіе.
Stipulate (*стипь'-ю-лэт*) vn. условливаться, договариваться.

Stipulation (*стипь'-ю-лэ'-шён*) s. условіе, договоръ, соглашеніе

Stipulator (*стипь-ю-лэ'-тёр*) s договаривающійся.

Stipule (*стипь'-юл*) s. (бот.) трилистникъ

Stir (*стёр*) va. двигать, шевелить; размѣшивать, возбуждать. **To — the fire**, поддерживать огонь. **To — round**, мѣшать, передвигать. **To — up**, приводить въ движеніе **— him up**, расшевелите его; ‖ vn. двигаться, шевелиться; волноваться. **There is no wind stirring**, нѣтъ ни дуновенія вѣтерка. **To — about**, двигаться. **To — abroad, to — out**, удаляться, уходить. **To — out of bed**, вставать съ постели; ‖ s. шумъ, гамъ, суета, волненіе. **To make a —**, поднимать шумъ.

Stirk (*стёрк*) s. бычокъ, телка.

Stirless (*стёр'-лес*) adj. недвижимый, неподвижный.

Stirrer (*стёр'-ер*) s. зачинщикъ, подстрекатель; двигатель. **— up**, подстрекатель.

Stirring (*стёр'-ринг*) s. возмущеніе, мятежъ; движеніе.

Stirrup (*стёр'-роп*) s. стремя.

Stitch (*стич*) va. шить, стегать; сшивать. **To — a way**, шить старательно. **To — up**, сдѣлать узелъ; ‖ s. стежка;петля; ‖ колотье (въ боку); лохмотье.

Stitched (*стичт*) adj. сшитый, стеганнный.

Stitcher (*стич'-ер*) s. швея; шьющій, брошюровщикъ.

Stithy (*стисз'-и*) s. наковальня; кузница.

Stive (*стайв*) va. душить.

Stoak (*сто'ок*) va. (мор. затыкать.

Stoat(*сто'от*) s. (зоол.) горностай.

Stock (*сток*) s. стволъ, пень; чурбанъ, бревно; ‖ * олухъ, болванъ; ‖ ручка, рукоятка; столбъ, подпора; родъ, племя, порода; ‖ основной капиталъ; акціи, фонды; ‖ галстухъ; ‖ ложе, оправа (пистолета); ‖ дичокъ, вновь посаженное растеніе; ‖ ступица (колеса); ‖ оковы. **To take in a —**, дѣлать запасъ. **To take —**, составлять инвентарь. **— -in hand**, товаръ на складѣ. **— in trade**, продажный товаръ. **Live —**, (агр.) скотъ. **Government —**, общественные фонды. **Railroad —**, акція желѣзной дороги. **A laughing —**, предметъ смѣха, **— book**, товарная книга. **— -broker**, мѣняло. **— -exchange**, **Bourse —**, товарищество мѣнялъ. **— -fish**, треска **— -holder**, рантье, акціонеръ. **— -jobber**, ажіотеръ на биржѣ. **— -jobbing**, ажіотажъ. **— -market**, биржа; скотскій рынокъ. **— piece**, (теат.) піеса театральнаго репертуара. **— -still**, неподвижный. **— -taking**, (комм.) инвентарь. ‖ va. записать что; снабжать чѣмъ; собирать. (палисадъ.

Stockade (*сток'-эд'*) s. частоколъ,

Stocking (*сток'-инг*) s. чулокъ. **— -frame, — -loom**, козлы для вязанія чулковъ.

Stockish (*сток'-иш*) adj. жесткій, безучастный.

Stocky (*сток'-и*) adj. коренастый.

Stoic (*сто'о-ик*) s. стоикъ.

Stoke (*сто'ок*) va. поддерживать огонь въ печи.

Stoker (*сто'ок-ер*) s. кочегаръ.

Stolid (*стол'-ид*) adj. глупый, тупоумный.

Stolidity (*сто-лид'-и-ти*) s. глупость, тупость, тупоуміе.

Stomach (*стём'-ак*) s. желудокъ, животъ; ‖ аппетитъ, голодъ; ‖ вкусъ къ чему; ‖ спѣсь;упрямство. **To turn the —**, возбуждать тошноту. **— -ache**, желудочная боль. ‖ va. переваривать, выносить, терпѣть; ‖ сердиться.

Stomacker (*стём'-а-чер*) s. передъ корсажа; нагрудникъ.

Stomachful (*стём'-ак-фул*) adj. упрямый, угрюмый; спѣсивый.

Stomachless (*стём'-ак-лес*) adj. не имѣющій аппетита.

Stone (*сто'он*) s. камень; зернышко (плода); (анат.) яички **Building —**, строительный камень. **Paving- —**, мостовая. **Sand- —**, песочный камень. **Mill- —**, мельничный камень, жерновъ. **Load —**, магнитъ. **Precious —**, драгоцѣнный камень. **Philosopher's —**, философскій камень. **To hew a —**, отесать камень. **To leave no — unturned**, не оставить камня на камнѣ. ‖ adj. каменный. **— -blind**, совершенно слѣпой. **— -bow**, особый вида лука (арбалета). **— -coal**, антрацитъ. **— -cold**, холодъ отъ камня. **— -cutter**, тесальщикъ камня. **— -dead**, внезапно умершій. **— fruit**, плодъ съ ядрышкомъ. **— -hearted**, жестокосердый, съ каменнымъ сердцемъ. **— -horse**, заводскій конь. **— -mason**, каменщикъ. **— -pit, — -quarry**, каменоломня. **— -work**, каменная работа. ‖ va. забрасывать камнями; закладывать камнями; ‖ ожесточать.

Stoniness (*сто'он-и-нес*) s. каменистость; ‖ * безчувственность.

Stony (*сто'он-и*) adj. каменный; ‖ жесткій, черствый.

Stool (*стул*) s. скамейка, табуретъ; стулъ. **Camp- —**, складной стулъ. **Foot —**, табуретка. **Night —, close**, стольчакъ.

Stoop (*ступ*) va. нагибаться, наклоняться; || * унижаться. **To — down**, наклоняться. **To — forward**, наклоняться впередъ. **To — in walking**, идти сгибая спину. || va. гнуть, нагибать. || s. нагибаніе, наклоненіе; || * униженіе; || спускъ (птицы); навѣсъ, сарай (въ Америкѣ). **To have a —**, держаться въ согнутомъ состояніи. **To make a — at**, налетѣть на кого

Stop (*стоп*) va. останавливать, задерживать. **To — payment**, прекратить платежи. **To — the ears**, затыкать уши. **To — a leak**, заткнуть течь. **To — the way**, загородить путь. || vn. останавливаться; оставаться. **To — short**, сразу остановиться. **My watch has stopped**, мои часы остановились. || s. остáновка, пауза, отдыхъ; препятствіе; (муз.) клавиша; отверстіе у флейты, регистръ у органа. **To make a —**, останавливаться. **To put a — to**, остановить. **— cock**, кранъ. **A full —**, точка.

Stoppage (*стоп'-пэдж*) s. остановка, задержка, помѣха; перерывъ; прекращеніе; задѣлка.

Stopper (*стоп'-пер*) s. тотъ, кто останавливаетъ; || затычка, втулка (боченка); шлюзъ, запоръ (плотины); || va. затыкать, задѣлывать

Stopple (*стоп'-пл*) s. затычка, пробка. [ваніе въ амбаръ.

Storage (*сто'ор-эдж*) s. склады-

Store (*сто'ор*) s. большое количество, множество, изобиліе; || запасы, провіантъ; || амбаръ, складъ. **To lay in a — of**, запасаться чѣмъ либо. **To lie in —**, быть въ резервѣ. **—s of knowledge**, сокровище науки. **To set — by**, придавать цѣну. **— -house**, магазинъ, складъ, амбаръ. **— -keeper**, содержатель магазиновъ, амбарщикъ. **— -room**, кладовая, чуланъ. **— -ship**, транспортное судно. || va. снабжать, запасать; || складывать въ магазины. **To — up**, копить, накоплять.

Storer (*сто'ор-ер*) s. запасающій, собиратель. [этажъ, ярусъ.

Storey или **Story** (*сто'о-ри*) s.

Stork (*сторк*) s. аистъ (птица). **—'s -bill**, гераній (растеніе).

Storm (*сторм*) s. буря, гроза; (муз.) штормъ; (воен.) штурмъ, приступъ. **A — of rain**, потопъ. **After a — comes a calm**, послѣ бури наступаетъ хорошая погода. **To raise a —**, подымать бурю. **To take a town by —**, брать городъ приступомъ. || va. (воен.) штурмовать. || vn. бушевать, свирѣпствовать; буйствовать. **It storms**, свирѣпствуетъ буря. **— -beaten**, подвергшійся бурѣ. **— -bell**, набатъ. **— -bird**, (орн.) буревѣстникъ.

Storming (*сторм'-инг*) s. запальчивость; || приступъ.

Stormy (*сторм'-и*) adj. бурный, грозовой; запальчивый.

Story (*сто'о-ри*) s. сказка, повѣсть, разсказъ; исторія. **To tell a —**, разсказывать исторіи; лгать. **A little —**, маленькая исторія. **— -book**, книжка со сказками. **Old woman's —**, сказки кумушекъ. **Idle —**, небылица, вздоръ. || va. разсказывать, повѣствовать.

Stoup (*ступ*) s. стклянка, чаша со святой водой.

Stout (*ста'ут*) adj. сильный, здоровый; толстый, полный, дюжій. **The — gentleman**. толстый господинъ. **— -hearted**, мужественный. || s. портеръ (пиво).

Stoutly (*ста'ут-ли*) adv. сильно, энергично, дюже

Stoutness (*ста'ут-нес*) s. сила, крѣпость; толщина, дородность; отвага; мужество.

Stove (*сто'ов*) s. печь, печка, каминъ; жаровня. **Drying —**, сушильня. **Hot air- —**, калориферъ. **Paraffin —**, керосиновая печь.

Stover (*сто'о-вер*) s. кормъ для скота. [сать; (мор.) грузить.

Stow (*сто'у*) va. прятать; запа-

Stowage (*сто'у-эдж*) s. амбаръ, кладовая.

Strabism (*стрэ'-бизм*), **Strabismus** (*стра-биз'-мос*) s. (мед.) косоглазіе.

Straddle (*стрäд'-дл*) vn. ходить растопыря ноги. || va. сидѣть верхомъ по-мужски.

Straggle (*стрäг'гл*) vn бродить, блуждать, шляться; отставать.

Straggler (*стрäг'-глер*) s. бродяга; отсталой; (воен.) мародеръ.

Straight (*стрэт*) adj. прямой; правильный, правдивый. **A — road**, прямой путь. **To make —**, выпрямлять. || adv. прямо; сейчасъ, немедленно.

Straighten (*стрэт'-н*) va. прямить, выпрямлять.

Straightfoward (*стрэт'-фор-уäрд*) adj. прямой, справедливый.

Straghtfowardly (*стрэт'-фор-уäр-ли*), **Straightly** (*стрэт'-ли*) adv. прямо, по прямому направленію.

Straightness (*стрэт'-нес*) s. прямизна, прямота; натянутость.

Straightway (*стрэт'-уэйз*) adj. тотчасъ, немедленно.

Strain (*стрэн*) va. напрягать, натуживать, усиливать; принуждать. **To — one's neck,** вытягивать шею. **To — a point,** дѣлать усилія. **To — one's eyes,** напрягать зрѣніе. **To — out,** выжимать; || сжимать (въ объятіяхъ). **To — after,** стараться получить. || vn. дѣлать усилія, стараться. || s. усиліе, напряженіе; надсада; натяжка; предрасположеніе къ чему, наклонность; || слогъ, стиль, тонъ, напѣвъ. **A great — on the nerves,** большое напряженіе нервовъ. **A — of law,** обходъ закона. **A soft —,** мягкій воздухъ.

Strainer (*стрэн'-ер*) s. цѣдило, фильтръ.

Strait (*стрэт*) adj узкій, тѣсный, трудный; строгій, точный. — **waistcoat, — jacket,** смирительная рубашка. — **laced,** зашнурованный; сжатый, суровый — **circumstances,** затруднительное положеніе. || s. проливъ; ущелье; затрудненіе, нужда. **The straits of Dover,** Па-де-кале. **To be in great —s,** быть въ затруднительномъ положеніи.

Straiten (*стрэт'-н*) va. сжимать, жать; стѣснять.

Straitly (*стрэт'-ли*) adv. тѣсно, узко; || близко, коротко; || точно.

Straitness (*стрэт'-нес*) s. узкость, тѣснота; строгость; крайность, нужда. [соломенный.

Stramineous (*стрā-ми'-и-ōс*) adj.

Strand (*странд*) s. берегъ, побережье, набережная; || va. vn. выкинуть, выбросить (судно) на берегъ, лопнуть (о канатѣ).

Strange (*стрэндж'*) adj странный, удивительный, чудный. — **to say!** странно.

Strangely (*стрэндж'-ли*) adj. странно, удивительно, чудно.

Strangeness (*стрэндж'-нес*) s. странность; новость.

Stranger (*стрэн'-джер*) s. иностранецъ, чужеземецъ; (юрид.) третье лицо. **He is a — to me,** онъ мнѣ незнакомъ. **Are you a — to that business?** чуждо ли Вамъ это дѣло.

Strangle (*стрāнг'-гл*) va. душить, удушать, заглушать.

Strangles (*стрāнг'-глз*) s. pl. родъ сапа (болѣзнь).

Strangling [*стрāнг'-глинг*] s. задушеніе, удушеніе.

Strangulated (*стрāн'-гью-лэ-тед*) adj. задушенный.

Strangulation (*стрāнг'-гью-лэ'-шōн*) s. удушеніе, удавливаніе.

Strap [*стрāп*] s. ремень; узкая полоса (матеріи). **Trouser- —,** штрипки. **Shoulder- —s,** (воен.) эполеты военные. || va. бить [ремнемъ; связывать ремень.

Strapping (*стрāп'-пинг*) adj. стройный, статный. **A — fellow,** здоровякъ.

Stratagem (*стрāт'-ā-джем*) s. военная хитрость; уловка, продѣлка.

Strategic (*стрā-ти'-джик*) adj. стратегическій.

Strategy (*стрāт'-и-джи*) s. стратегія. [стоймя.

Stratify (*стрāт'-и-фай*) va. класть

Straw (*стро'о*) s. соломинка, солома; || * пустяки. **I don't care a — for it,** меня это нисколько неинтересуетъ, мнѣ на это наплевать. **It is not worth a —,** это ничего не стоитъ. — **-hat,** соломенная шляпа. — **-bottomed,** съ соломеннымъ дномъ. — **-colour,** соломенный палевый цвѣтъ. — **-cutter,** соломорѣзка. — **-mattress,** соломенный матрасъ. — **-plait,** соломенный жгутъ. — **-platter,** плетенка соломенная. — **-stuffed,** набитый соломой.

Strawberry (*стро'о-бер-ри*) s. клубника, земляника. — **-tree,** толокнянка (деревцо).

Stawy (*стро'о-и*) adj. соломенный.

Stray (*стрэй*) s. блужданіе, скитаніе; || заблудшее животное; || adj заблудшій, затерянный; || vn. удаляться; заблудиться.

Streak (*стрик*) s. черта, полоса; || ошибка. || va. проводить полосы.

Streaky (*стрик'-и*) adj. полосатый, испещренный.

Stream (*стрим*) s. потокъ, ручей, рѣка; теченіе, токъ. **Down the —,** внизъ по теченію. **With the —,** по теченію. **Up the —,** вверхъ по теченію. **Against the —,** противъ теченія. || vn. литься, течь, струиться. **To — with blood,** истекать кровью. || va. дѣлать, проводить цвѣтныя волосы.

Streamer (*стрим'-ер*) s. флагъ, знамя. **Northern —,** сѣверное сіяніе. [екъ, ручей.

Streamlet (*стрим'-лет*) s. руче-

Streamy (*стрим'-и*) adj. изрѣзанный ручьями; текущій.

Street (*стрит*) s. улица. **High —,** большая улица. **By —,** удаленная улица. — **-door,** уличная дверь. — **-sweeper,** метельщикъ улицы — **-walker,** публичная женщина.

Strength (*стренгсз*) s. сила, крѣпость, мочь; могущество. **Above one's —,** выше силъ. — **of character,** сила характера.

Stengthen (*стенгсз'-ен*) va. укрѣплять, крѣпить. **To — autho-**

rity, укрѣплять власть. || vn укрѣпляться.
Strengthener (*стренгсз'-н-ер*) s укрѣпитель; укрѣпляющее средство [ностный, усердный.
Strenuous (*стрень'-ю-ŏс*) adj. рев-
Strenuously (*стрен'-ю-ŏс-ли*) adv ревностно, усердно.
Strenuousness (*стрен'-ю-ŏс-нес*) s ревность, усердіе, рвеніе.
Stress (*стрес*) s. разгаръ, пылъ, сущность; сила; свирѣпость (погоды); удареніе (на словѣ). **To lay great — upon,** настаивать на чемъ либо **Driven by — of weather,** унесенный бурей
Stretch (*стреч*) va. тянуть, растягивать; расширять **To — the wings,** расправлять крылья **To — gloves,** расправлять перчатки. **To — forth,** растягивать. **To — out,** растягивать, расправлять, удлиннять **To — one's self out,** растягиваться || vn. тянуться, вытягиваться, простираться **To — over,** растягиваться на. || s. значеніе, смыслъ; сила, крѣпость, протяженіе **A — of imagination,** усилія, воображенія **At a —,** сразу
Stretcher (*стреч'-ер*) s. тотъ, кто вытягиваетъ; всякій приборъ для растягиванія **glove —,** распялка для перчатокъ. **Trouser —,** растягиватель панталонъ.
Strew (*стро'-у*) va. сѣять, усѣвать, посыпать, усыпать **To — with flowers,** усѣивать цвѣтами.
Striæ (*страй'-и*) s. pl. полосы, борозды
Stricken (*стрик'-н*) adj: пораженный, раненый; настигнутый, преклонный (о годахъ)
Strickle (*стри'-л*) s гребло, грабля, скобель
Strict (*стрикт*) adj точный, опредѣленный **— laws,** по точному смыслу законовъ.
Strictly (*стрикт'-ли*) adv точно, опредѣленно, строго; тѣсно
Strictness (*стрикт'-нес*) s. точность, опредѣленность, строгость суровость; напряженность.
Stricture (*стриктъ'-юр*) s штрихъ, черта, намекъ; критика, сужденіе
Stride (*страйд*) s большой шагъ **To — over,** перешагнуть || va. vn. ходить большими шагами
Strident (*страй'-дент*) adj рѣзкій, пронзительный
Stridulous (*стрид'-ю-лŏс*) adj. производящій рѣзкій шумъ, скрипучій.
Strife (*страйф*) s. споръ, ссора, распря; состязаніе, контрастъ.
Strifeful (*страйф'-фул*) adj сварливый.
Strike (*страйк*) va. ударять, бить, наносить удары, поражать, бросать, кидать; трогать, удивлять. **Without striking a blow,** безъ сопротивленія; не прибѣгая къ силѣ. **To — coin,** чеканить монету **To — the ear,** поражать слухъ. **To — the fancy,** поражать воображеніе. **To — dumb,** заставить онѣмѣть. **To — to the ground,** бросить на землю. **To — a light,** высѣчь огонь. **To — a match,** зажечь спичку. **To — a bargain,** заключить торгъ. **As it strikes me,** какъ мнѣ кажется. **To — down,** опрокидывать. **To — off,** уронить. **To — out,** вычеркнуть. **To — through,** пронзить. **To — up**. бить въ барабанъ. || vn. ударять, ударяться, натолкнуться; бить (о часахъ), забастовать; укорениться; сѣсть (на мель **The clock strikes,** часы бьютъ. **To — across,** пересѣчь поле. **To — at,** ударять. **To — in,** сразу входить. **To — in with,** соединиться съ. **To — off,** удаляться. **To — out,** бросаться. **To — up,** начать играть, пѣть, кричать. || s. четверикъ, мѣра; || гребло; | забастовка, стачка. **To be on —,** быть въ стачкѣ.
Striker (*страйк'-ер*) s. тотъ кто бьетъ; || забастовщикъ.
Striking (*страйк'-инг*) adj. поражающій, удивительный; замѣтный.
Strikingly (*страйк'-инг-ли*) adv. поразительно, удивительно, замѣтно.
String (*стринг*) s. веревочка, бичевка, шнурокъ, тесемка; (муз.) струна; тетива (лука); || волокно, фибра; нить **Shoe- —,** шнурокъ башмаковъ. **To have two —s to one's bow,** имѣть много средствъ къ достиженію своихъ цѣлей. **A — of beads,** четки, нить изъ бусъ. **— of onions,** нанизанныя другъ на друга луковицы || va. снабжать шнурками; натягивать струны. (о инструментѣ).
Stringed (*стрингд*) adj. струнный
Stringent (*стрин'-джент*) adj. строгій, натянутый.
Stringless (*стринг.'-лес*) adj. не имѣющій волоконъ, струнъ.
Stringy (*стринг'-и*) adj волокнистый, фиброзный.
Strip (*стрип*) va. сдирать, обдирать; обнажать; лупить, облуплять; очищать. **To — to the skin,** раздѣвать до нага **To — from,** обнажать. **To — off,** обдирать кожу съ дерева; срывать. **To — one's self,** раздѣваться. || vn. обнажаться, раздѣваться

Stripe (*страйп*) s. полоса; кайма; галунъ; || рубецъ; слѣдъ отъ кнута.
Striped (*страйпт*) adj. исполосованный; полосатый.
Stripling (*стрип'-линг*) s. юноша.
Strive (*страйв*) vn. стараться, силиться. **To — against**, бороться противъ чего, состязаться. **To — for mastery**, бороться изъ-за верховенства.
Striver (*страйв'-ер*) s. тотъ кто борится, состязается, спорить.
Striving (*страйв'-инг*) s. усиліе, борьба, состязаніе.
Stroke (*стро'ок*) s. ударъ; движеніе | взмахъ (пера), полетъ (мысли). **Back —**, ударъ лапой. **Down —**, спускъ, спускающееся движеніе поршня. | va. ласкать, гладить.
Stroker (*стро'ок-ер*) s. тотъ кто ласкаетъ, гладитъ.
Strokesman (*стро'окс-ман*) s. (мор.) загребной.
Stroll (*стро'ол*) vn. бродить, скитаться. **To — about, to — up and down**, блуждать. || s. прогулка; шатаніе. **To take a —**, дѣлать прогулку.
Stroller (*стро'ол-ер*) s. бродяга; гуляка, шатунъ.
Strolling (*стро'ол-инг*) adj. странствующій, бродящій. **— actor**, или **player**, странствующій актеръ.
Strong (*стронг*) adj. сильный, крѣпкій; могущественный; искусный; яркій. **— reason**, сильныя основанія, доводы, соображенія. **— tea**, крѣпкій чай. **— liquors**, крѣпкіе напитки. **A — light**, яркій свѣтъ. **— -backed**, выносливый. **— -box**, несгораемый сундукъ. **— -handed**, съ крѣпкими руками. **— -hold**, крѣпость. **— minded**, рѣшительный.
Strongly (*стронг'-ли*) adv. сильно, крѣпко, энергично.
Strontian (*строн'-ши-ăн*) s. (хим.) стронцій.
Strop (*строп*) s. ремень; (мор.) стропъ (на блокахъ). || va. править (бритву). [стансъ.
Strophe (*стро'о-фи*) s. строфа,
Structural (*строктъ'-юр-ăл*) adj. строительный.
Structure (*строктъ'-юр*) s. строеніе, сооруженіе.
Struggle (*стрŏг'-гл*) vn. силиться, стараться, бороться, биться; | s. большое усиліе, борьба.
Struggling (*стрŏг'-глинг*) s. большія усилія, борьба, возня.
Strum (*стрŏм*) va. барабанить, бренчать (на музыкальн. инструментѣ).
Struma (*стру'-ма́*) s. (мед.) золотушная опухоль; (бот.) утолщеніе.
Strumose (*стру-мо'ос*), **Strumous** (*стру'-мŏс*) adj. золотушный.
Strumpet (*стрŏм'-пет*) s. проститутка; | adj. развратный.
Strut (*стрŏт*) vn. чваниться; похваляться; | s. важная поступь | подпора. [чваниться.
Strutter (*строт'-ер*) s. тотъ, кто
Struttingly (*стрŏт'-тинг-ли*) adv. важничая, гордо.
Strychnia (*стрик'-ни-а*), **Strichnine** (*стрик'-нин*) s. стрихнинъ (ядъ).
Stub (*стŏб*) s. пень, полѣно; | * дубина. **— nail**, обломокъ гвоздя. | va. (съ **up**) выкорчевывать, вырывать съ корнемъ.
Stubbed (*стŏб'-бед*) adj. коренастый, дюжій; грубый.
Stubble (*стŏб'-бл*) s. жнитво.
Stubborn (*стŏб'-борн*) adj. упрямый, упорный; постоянный. **A — child**, упрямый ребенокъ.
Stubbornly (*стŏб'-бŏрн-ли*) adv. упрямо, упорно, непреклонно.
Stubbornness (*стŏб'-бŏрн-нес*) s. упрямство, упорство, непреклонность.
Stucco (*стŏк'-ко*) s. штукатурка, гипсъ; || va. штукатурить.
Stud (*стŏд*) s. гвоздь; пуговица; запонка; | конскій гвоздь, конюшня. || va. обивать гвоздями; украшать. **Studded with gems**, украшенный драгоцѣнными камнями.
Student (*стью'-дент*) s. студентъ.
Studied (*стŏд'-ид*) adj. изученный; свѣдущій.
Studious (*стью'-ди-ŏс*) adj. прилежный, старательный.
Studiously (*стью'-ди-ŏс-ли*) adv. прилежно, старательно.
Studiousness (*стью'-ди-ŏс-нес*) s. прилежаніе, стараніе.
Study (*стŏд'-и*) s. ученіе, изученіе; прилежаніе. **He makes it his —**, онъ дѣлаетъ всѣ усилія къ тому чтобы. **To be in a brown —**, быть погруженнымъ въ мрачное размышленія. | vn. va. учиться, обучаться; изучать, работать. **To — to**, изучать.
Stuff (*стŏф*) s. вещество, вещь; матеріалъ; ткань; существо, сущность; | глупость, пустяки, нелѣпость. **What — is this?** что это такое? **Paltry —**, скверное лѣкарство. **Silly —**, глупости. **That's all — and nonsense**, это все глупости. **Woollen —**, шерстяная матерія. || va. наполнять, набивать, начинять; засорять. **To — a chair**, устроить сидѣніе стула **To —, in**, набивать.

To — up a hole, затыкать отверстія. | vn. объѣдаться.
Stuffing (*стöф'-инг*) s. шерсть, матеріалъ для набивки; набивка, фаршъ.
Stultify (*стöл'-ти-фай*) va. лишать разума, дѣлать глупымъ.
Stum (*стöм*) s. мустъ, виноградный сокъ.
Stumble (*стöм'-бл*) vn. оступаться, запинаться. | va задерживать, мѣшать.
Stumbling (*стö...'-блинг*) s. спотыканіе; ложный шагъ. **A — horse** —, спотыкающаяся лошадь. **-bloc, — -stone,** камень преткновенія.
Stumblingly (*стöм' - блинг - ли*) adv. спотыкаясь.
Stump (*стöмп*) s. пень; обломокъ (чего); остатокъ (отнятой руки). **— -orator, — -speaker,** уличный ораторъ. **To stir one's —s —,** двигаться **-drawing**; эстампный рисунокъ | va. ударять ногой; отрѣзывать по пень; | подподразнивать. | vn. хромать, прихрамывать, хвастаться. **To — it,** произносить предвыборную рѣчь. **To — out,** выбивать противника изъ игры (въ крикетѣ. **To — up,** * платить наличными деньгами. **To be — ed out,** * быть безъ гроша. [пнями.
Stumpy (*стöмп'-и*) adj. покрытый
Stun (*стöн*) va. оглушать, поражать.
Stunning (*стöн'-нинг*) adj. оглушительный; || s. оглушеніе, ошеломленіе [ростъ.
Stunt (*стöнт*) va. останавливать
Stunted (*стöнт'-ед*) adj. малорослый
Stupe (*стьюп*) s. припарка; примочка; || va. примачивать.
Stupefaction (*стью-пи-фäк'-шöн*) s. оцѣпенѣніе, остолбенѣніе.
Stupefactive (*стью-пи-фäк'-тив*), **Stupefying** (*стью'-пи-фай-инг*) adj. заглушающій, притупляющій.
Stupefy (*стью'-пи-фай*) va. притуплять, изумлять.
Stupendous (*стю-пен'-дöс*) adj. огромный, изумительный.
Stupendously (*стью-пен'-дöс-ли*) adv. огромно, изумительно.
Stupendousness (*стью-пен'-дöс-нес*) s. огромность, изумительность [вый, глупый
Stupid (*стью'-пид*) adj. безтолко-
Stupidity (*стью'-пид-и-ти*) s. глупость, безтолковасть.
Stupidly (*стью'-пид-ли*) adv. глупо, безтолково. [**Stupidity.**
Stupidness (*стью'-пид-нес*) s. см
Stuprate (*стью'-прэт*) va. vn растлевать, изнасиловать.
Stupration (*стью-прэ'-шöн*) s. растленіе, изнасилованіе.
Sturdily (*стöр'-ди-ли*) adv. рѣшительно, смѣло.
Sturdiness (*стöр'-ди-нес*) s. рѣшительность, смѣлость, крѣпость.
Sturdy (*стöр'-ди*) adj. рѣшительный, смѣлый; крѣпкій.
Sturgeon (*стöр'-джöн*) s. осетръ.
Stutter (*стöт'-тер*) va. vn. заикаться; бормотать.
Stutterer (*стöт'-тер-ер*) s. заика.
Stuttering (*стöт'-тер-инг*) s. заиканіе; || adj. заикающійся.
Stutteringly (*стöт'-тер-ингли*) adv заикаясь.
Sty (*стай*) s. хлѣвъ; конура.
Style (*стайл*) s. слогъ; стиль; манера, поведеніе, заголовокъ, титулъ; (хир.) стилетъ. **A flowing —,** гладкій стиль. **In good —,** хорошимъ слогомъ; съ хорошимъ вкусомъ. **To live in —,** жить на широкую ногу. **New —,** новый стиль. || va. **To — one's self,** называться.
Stylet (*стай'-лет*) s. небольшой кинжалъ. [чивый.
Suasible (*суэ'-си-бл*) adj. сговор-
Suasion (*суэ'-жöн*) s. убѣжденіе; увѣренность.
Suavity (*суäв'-и-ти*) s. пріятность, сладость. [щая: подъ.
Sub (*сöб*) s. приставка, означаю-
Subaltern (*сöб-ол'-тöрн*) adj. подчиненный, подначальный.
Subalternate (*сöб-äл'-тöр-нэт*) adj. попеременный; подчиненный.
Subalternation (*сöб-äл-тер-нэ'-шöн*) s. подчиненность; перемѣнность. [adj. подкожный.
Subcutaneous (*сöб-кью-тэ'-ни-öс*)
Sub-divide (*сöб-ди-вайд'*) va. vn подраздѣлять, -ся.
Subdivision (*сöб-ди-виж'-öн*) s. подраздѣленіе.
Subdominant (*сöб-дом'-и-нäнт*) s. (муз.) субдоминанта.
Subduable (*сöб-дью'-ä-бл*) adj. укротимый. [ніе, укрощеніе.
Subdual (*сöб-дью'-äл*) s. покоре-
Subduce (*сöб-дьюс'*), **Subduct** (*сöб-дöкт*) s. отнимать; (арием.) вычитать.
Subduction (*сöб-дöк'-шöн*) s. похищеніе; отнятіе; (ариом.) вычитаніе. [рабощать, укращать.
Subdue (*сöб-дью'*) va. покорять, по-
Subdued (*сöб-дьюд'*) adj. сдержанный, подавленный.
Subjacent (*сöб-джэ'-сент*) adj. лежащій ниже чего.
Subject (*сöб'-джект*) adj. подверженный; подчиненный; || s. подданный; || предметъ, матерія. **— -matter,** матеріалъ.
Subject (*сöб-джект'*) va. покорять, порабощать.

Subjection (*со̆б-джект'-шо̆н*) s. покореніе, порабощеніе; подданство. [субъективный, личный.
Subjective (*со̆б-джект'-ив*) adj.
Subjectively (*со̆б-джект'-ив-ли*) adv. субъективно, лично.
Subjectiveness (*со̆б-джек'-ив-нес*), **Subjectivity** (*со̆б-джек-тив'-и-ти*) s. субъективность.
Subjoin (*со̆б-джойн'*) va. прибавить, приложить.
Subjugate (*со̆б-джью-гэт'*) va. покорять, порабощать.
Subjugation (*со̆б-джью-гэ'-шо̆н*) s. покореніе, порабощеніе.
Subjugator (*со̆б'-джью-гэ-то̆р*) s. покоритель, побѣдитель.
Subjunctive (*со̆б-джо̆нк'-тив*) adj. присоединительный; сослагательный. || s. сослагательное наклоненіе. [внаймы
Sub-let (*со̆б-лет'*) va. переуступать
Sublimable (*со̆б-лайм'-а̄-бл*) adj. усиливаемый.
Sublimate (*со̆б-ли-мэт'*) va. возвышать; (хим.) усиливать, сублимировать; || s. сулема.
Sublime (*со̆б-лайм'*) adj. возвышенный, высокій.
Sublimely (*со̆б-лайм'-ли*) adv. возвышенно, высоко.
Sublimeness (*со̆б-лайм'-нес*), **Sublimity** (*со̆б-лим'-и-ти*) s. возвышенность, превосходство.
Sublingual (*со̆б-линг'-гуӓл*) adj (анат.) подъязычный.
Sublunar (*со̆б-лью'-на̄р*), **Sublunary** (*со̆б-лью'-на̄-ри*) adj. подлунный [водный
Submarine (*со̆б-ма̄-рин'*) adj под-
Submaxillary (*со̆б-ма̄кс'-ил-ла̄-ри*) adj. подчелюстный.
Submerge (*со̆б-мо̆рдж'*) va. vn. погружать, -ся, затоплять.
Submergence (*со̆б-мо̆р'-дженс*) s наводненіе, потопленіе.
Submerse (*со̆б-мо̆рс'*) adj. подводный. [Submergence.
Submersion (*со̆б-мо̆р'-шо̆н*) s. см.
Submission (*со̆б-миш'-о̆н*) s. покорность, смиреніе.
Submissive (*со̆б-мис'-сив*) adj. покорный; кроткій.
Submissively (*со̆б-мис'-сив-ли*) adv. покорно; кротко.
Submissiveness (*со̆б-мис'-сив-нес*) s. покорность; кротость, смиреніе.
Submit (*со̆б-мит'*) va. подчинять; предлагать. **To — one's self**, подчиняться. || vn. подчиняться.
Submultiple (*со̆б-мо̆л'-ти-пл*) s. (ариѳм.) множитель.
Subordinacy (*со̆б-ор'-ди-на̄-си*) s. подчиненность, зависимость.
Subordinate (*со̆б-ор'-ди-нэт*) va. подчинять; || adj. и s. подчиненный.
Subordinately (*со̆б-ор'-ди-нэт-ли*) adv. подначально, повинуясь.
Subordination (*со̆б-ор-ди-нэ'-шо̆н*) s. подчиненность, субординація.
Suborn (*со̆б-орн'*) va. соблазнять, подкупать. [блазнъ, подкупъ
Subornation (*со̆б-ор-нэ'-шо̆н*) s. со-
Suborner (*со̆б-орн'-ер*) s. соблазнитель, подкупающій.
Subpœna (*со̆б-пи'-на*) s (юрид.) вызовъ въ судъ (подъ страхомъ штрафа).
Subreption (*со̆б-реп'-шо̆н*) s. полученіе посредствомъ обмана, подлога.
Subreptitious (*со̆б-реп-тиш'-о̆с*) adj. полученный посредствомъ обмана, подлога [замѣна.
Subrogation (*со̆б-ро-гэ'-шо̆н*) s.
Subscribe (*со̆б-скрайб'*) va. vn. подписывать, -ся, абонироваться.
Subscriber (*со̆б-скрайб'-ер*) s. подписчикъ.
Subscription (*со̆б-скрип'-шо̆н*) s. подписаніе, подпись, подписка.
Sub-section (*со̆б-сек'-шо̆н*) s. подраздѣленіе.
Subsequent (*со̆б-си-куент*) adj. послѣдующій.
Subsequently (*со̆б-си-куент-ли*) adv. потомъ, послѣ.
Subserve (*со̆б-со̆рв'*) va. vn. служить орудіемъ, содѣйствовать.
Subservience (*со̆б-со̆рв'-и-енс*), **Subserviency** (*со̆б-со̆рв'-и-енси*) s. подчиненіе, содѣйствіе.
Subservient (*со̆б-со̆рв'-и-ент*) adj. подчиненный; полезный.
Subserviently (*со̆б-со̆рв'-и-ент-ли*) adv. соотвѣтственно выгодамъ чего.
Subside (*со̆б-сайд*) vn. спадать, убывать; осѣдать; утихать. **To — into**, превращаться. **The storm — d**, буря утихла.
Subsidence (*со̆б-сайд'-енс*), **Subsidency** (*со̆б-сайд'-ен-си*) s. опаданіе, осѣданіе; убываніе.
Subsidiary (*со̆б-сид'-и-а̄-ри*) adj. вспомогательный; дополнительн.
Subsidize (*со̆б-си-дайз*) va. помогать деньгами.
Subsidy (*со̆б-си-ди*) s. денежное вспомоществованіе, субсидія.
Subsist (*со̆б-сист'*) vn. существовать, жить, питаться; || va. содержать, кормить.
Subsistence (*со̆б-сист'-енс*), **Subsistency** (*со̆б-сист'-ен-си*) s. существованіе; сущность; содержаніе.
Subsistent (*со̆б-сист'-ент*) adj. существующій, присущій.
Subsoil (*со̆б'-сойл*) s. подпочва. — **-ploughing**, глубокая вспашка.
Substance (*со̆б'-станс*) s. существо, сущность; суть; содержаніе;

матерія. **The — of a book,** содержаніе книги **In —,** въ сущности.

Substantial (*сŏб-стăн'-шăл*) adj существующій, дѣйствительный; прочный; питательный. **— happiness,** настоящее счастіе **— doors,** прочныя двери. **— food,** питательная пища.

Substantiality (*сŏб-стăн'-ши-ăл-и-ти*) s. существенность

Substantially (*сăб-стăн'-шăл-и*) adv. существенно, дѣйствительно; прочно.

Substantialness (*сŏб-стăн-шăл-нес*) s. существенность; прочность.

Substantials (*сŏб-стан'-шăлз*) s pl. суть.

Substantiate (*сŏб-стăн'-ши-эт*) va. дѣлать существующимъ; доказать.

Substantive (*сŏб-стăн'-тив*) adj существительный, существенный.

Substantively (*сŏб-стăн'-тив-ли*) adv. прочно, твердо; существенно.

Substitute (*сŏб'-сти-тьют*) va. замѣщать. **To — for,** замѣнять кѣмъ; ‖ s. замѣститель.

Substitution (*сŏб-сти-тью'-шŏн*) s замѣна, замѣщеніе; подлогъ

Substract (*сŏб-стрăкт'*) см **Subtract.**

Substraction (*сŏб-стрăк'-шŏн*), **Subtraction** (*сŏб-трăк'-шŏн*) s. скидываніе, сбавка, ‖ (ариѳ.) вычитаніе

Substratum (*сŏб-стрэ'-тŏм*) s. pl **Substrata,** нижній слой, подпочва

Substructure (*сŏб-стрăк'-чур*) s. подземное строеніе, фундаментъ.

Subsultorily (*сŏб-сŏл'-то-ри-ли*) adv. прыжками, подскакивая.

Subsultus (*сŏб-сŏл'-тŏс*) s. судорога.

Subterfuge (*сŏб'-тер-фьюж*) s. увертка, отговорка

Subterrane (*сŏб'-тер-рэн*) s. подземелье

Subterranean (*сŏб-тер-рэ'-ни-ăн*), **Subterraneous** (*сŏб-тер-рэ'-ни-ăн-ос*) adj подземный.

Subtile (*сŏб'-тил*) adj. тонкій, утонченный; хитрый

Subtilely (*сŏб'тил-и*) adv тонко, утонченно, хитро

Subtileness (*сŏб'-тил-нес*), **Subtility** (*сŏб-тил'-и-ти*) s тонкость, утонченность, нѣжность, острота. ‖ s утонченность

Subtilization (*сŏб-тил-и-зэ'шŏн*)

Subtilize (*сŏб'-тил-айз*) va vn. утончать, хитрить.

Subtle (*сŏбт'-л*) adj. тонкій; хитрый

Subtleness (*сŏбт'-л-нес*), **Subtlety** (*сŏбт'-л-ти*) s тонкость; хитрость.

Subtract (*сŏб-трăкт'*) va. скидывать; сбавлять; (ариѳ.) вычитать.

Subtracter (*сŏб-трăкт'-ер*) s. тотъ кто скидываетъ; (ариѳ.) вычитаемое число.

Subtractive (*сŏб-трăк'-тив*) adj сбавляющій, скидывающій.

Subtrahend (*сŏб-трă-хенд*) s. (ариѳ.) вычитаемое число.

Suburb (*сŏб'-ŏрб*) s. предмѣстье, пригородъ; окрестности.

Suburban (*сŏб-ŏр'-бăн*) adj подгородный, окрестный.

Subvention (*сŏб-вен'-шŏн*) s. явленіе; пособіе.

Subversion (*сŏб-вŏр'-шŏн*) s. ниспроверженіе, разрушеніе.

Subversive (*сŏб-вŏр'-сив*) adj ниспровергающій, разрушительный.

Subvert (*сŏб-вŏрт'*) va. vn ниспровергать, разрушать.

Subverter (*сŏб-вŏрт'-ер*) s. разрушитель

Sub-way (*сŏб-уэй'*) s. подземный ходъ.

Sub-worker (*сŏб-уŏрк'-ер*) s. помощникъ, подмастерье.

Succedaneous (*сŏк-си-дэ'-ни-ŏс*) adj. замѣняющій

Succedaneum (*сŏк-си-дэ'-ни-ŏм*) s заступающій мѣсто другого

Succeed (*сŏк-сид'*) va vn. слѣдовать за; послѣдовать, успѣвать **Day — s to night,** день слѣдуетъ за ночью **You — in everything,** вамъ все удается. **He — ed his father,** онъ наслѣдовалъ по смерти отца

Succeeding (*сŏк-сид'-инг*) adj слѣдующій, послѣдующій

Success (*сŏк-сес'*) s. успѣхъ, удача. **Ill —,** плохой успѣхъ. **To have —,** имѣть успѣхъ **I wish you —,** я желаю вамъ успѣха.

Successful (*сŏк-сес'-фул*) adj успѣшный, удачный

Successfully (*сŏк-сес'-фул-и*) adv успѣшно, удачно

Successfulness (*сŏк-сес'-фул-нес*) s. успѣшность, удача.

Succession (*сŏк-сеш'-ŏн*) s. послѣдовательность; потомство; наслѣдованіе.

Successive (*сŏк-сес'-ив*) adj послѣдовательный.

Successively (*сŏк-сес'-ив-ли*) adv послѣдовательно.

Successless (*сŏк-сес'-лес*) adj безуспѣшный, неудачный

Successor (*сŏк-сес'-ŏр*) s преемникъ, наслѣдникъ.

Succinct (*сŏк-синкт'*) adj краткій, сокращенный, сжатый.

Succinctly (*сŏк-синкт'-ли*) adv кратко, сокращенно, сжато

Succinctness (*сŏк-синкт'-нес*) s. краткость, сокращенность, сжатость.

Succory (*сŏк'-кŏ-ри*) s. цикорій.
Succour (*сŏк'-кŏр*) va. помогать; || s. помощь.
Succourer (*сŏк'-кŏр-ер*) s. помощникъ. [помощный.
Succourless (*сŏк'-кŏр-лес*) adj. без-
Succulence (*сŏк'-кью-ленс*), **Succulency** (*сŏк'-кью-лен-си*) s. сокъ, сочность.
Succulent (*сŏк'-кью-лент*) adj. сочный, питательный.
Succumb (*сŏк-кŏмб'*) vn. изнемогать, падать, уступать.
Succussion (*сŏк-кŏш'-ŏн*) s. сотрясеніе.
Such (*сŏч*) adj. и pron. такой, таковъ, подобный **— men,** такіе люди. **He made — a noise that,** онъ сдѣлалъ такой шумъ, что. **— a one,** такой то. **— an honest man,** такой честный человѣкъ.
Suck (*сŏк*) va. сосать, всасывать, впитывать. **To — down,** сосать. **To — in,** всасывать, впитывать. **To — out,** высасывать. **To — out of,** черпать, извлекать **To — up,** всасывать, опоражнивать, поглощать. || s. сосаніе: всасываніе; || грудное молоко. **To give — to,** кормить грудью. [щій.
Sucker (*сŏк'-ер*) s. сосунъ; сосу-
Sucking (*сŏк'-инг*) adj. сосущій; всасывающій. **— -pump,** всасывающая помпа. || s. сосаніе, высасываніе **— -bottle,** соска. **— -fish,** держи-ладья, ремора (рыба)
Suckle (*сŏк'-л*) va. кормить грудью.
Suckling (*сŏк'-линг*) s. грудной младенецъ; сосунъ.
Suction (*сŏк'-шŏн*) s. сосаніе, всасываніе.
Suctorial (*сŏк-то'о-ри-ăл*) adj. сосущій. [потъ.
Sudation (*сью-дэ'-шŏн*) s. потѣніе,
Sudatory (*сью'-дă-тŏ-ри*) adj. сопряженный съ потѣніемъ.
Sudden (*сŏд'-ден*) adj. внезапный, нечаянный; скорый. **A — death,** внезапная смерть. || s. внезапное происшествіе. **Of a —, on a —,** внезапно.
Suddenly (*сŏд'-ден*) adv. внезапно,
Suddennes (*сŏд'-ден-нес*) s. внезапность, неожиданность.
Sudorific (*сью-дор-иф'-ик*) adj. потогонный. [помылки.
Suds (*сŏдз*) s. pl мыльная вода,
Sue (*сью*) va. va. преслѣдовать. **To — out,** получать путемъ ходатайства; || vn. домогаться, просить. **To — for damages,** взыскивать убытки. **To — for mercy,** умолять о милосердіи.
Suet (*сью'-ет*) s. сало, жиръ.
Suety (*сью'-ет-и*) adj. сальный, жировой.
Suffer (*сŏф'-фер*) va страдать, терпѣть. **To — wrong,** страдать отъ несправедливостей. **To — loss,** терпѣть потери **Will you — yourself to be insulted,** стерпите ли вы оскорбленіе. **I will not — it,** я не позволю этого; || vn. страдать, мучиться; казниться. **We — with anxiety,** мы безпокоимся. **To — for,** страдать отъ чего, за что.
Sufferable (*сŏф'-фер-ă-бл*) adj. терпимый, сносный.
Sufferably (*сŏф'-фер-ă-бл-и*) adv. терпимо, сносно.
Sufferance (*сŏф'-фер-ăнс*) s. терпѣніе, терпимость; допущеніе.
Sufferer (*сŏф'-фер-ер*) s. страдающій, страдалецъ: больной; попуститель. **To be a —,** (торг.) понести убытки.
Suffering (*сŏф'-фер-инг*) s. страданіе; || adj. страдающій.
Sufferingly (*сŏф'-фер-инг-ли*) adv. состраданіемъ.
Suffice (*сŏф-файз'*) vn быть достаточнымъ, хватать; || va. довольствовать.
Sufficiency (*сŏф-фиш'-ен-си*) s. довольство, достаточность.
Sufficient (*сŏф-фиш'-ент*) adj. достаточный; || самодовольный.
Sufficiently (*сŏф-фиш'-ент-ли*) adv. достаточно.
Suffix (*сŏф'-фикс*) s. (грам.) приставка, суффиксъ.
Suffocate (*сŏф'-фо-кэт*) va задохнуться; || vn. задыхаться.
Suffocating (*сŏф'-фо-кэ-тинг*) adj. душный, удушливый.
Suffocatingly (*сŏф'офо-кэ-тинг-ли*) adv. душно, удушливо.
Suffocation (*сŏф-фо-кэ'-шŏн*) s. удушеніе; задушеніе
Suffocative (*сŏф'-фо-кэ-тив*) adj. см. **Suffocating**.
Suffrage (*сŏф'-фрэдж*) s. голосъ (при баллотировкѣ); || одобреніе.
Suffuse (*сŏф-фьюз'*) va. распространять, покрывать. **Cheeks suffused with blushes,** щеки покрытыя румянцемъ.
Suffusion (*сŏф-фью'-жŏн*) s. обливаніе, облитіе: краснота. румянецъ.
Sugar (*шуг'-ăр*) s. сахаръ. **Cane —,** сахарный тростникъ **Brown —, coarse —, moist —,** сахарный песокъ. **Loaf —, lump —,** рафинадъ. **Barley- —,** ячменный сахаръ. **— -baker, — refiner,** сахароваръ. **— -basin,** сахарница. **— -candy,** леденецъ **— -cane,** (бот.) сахарный тростникъ. **— -loaf,** сахарная голова. **— -maple,** (бот.) сахарный кленъ. **— -nippers, — -tongs,** сахарные щипчики. **— -planter,** сахарный

плантаторъ. — **-plum**, сахарныя конфеты; || va. обсахаривать.
Sugary (*шуг'-ăр-и*) adj. обсахаренный, сахарный.
Suggest (*сŏд-джест'*) vn. va. внушать, внѣдрять, вдохновлять; подстрекать.
Suggestion (*сŏд-джест'-йŏн*) s внушеніе, наущеніе
Suggestive (*сŏд-джест'-ив*) adj. побуждающій.
Suicidal (*сью-и-сайд-ăл*) adj самоубійственный.
Suicide (*сью-и-сайд*) s. самоубійство
Suit (*сьют*) s. выборъ, подборъ, комплектъ; костюмъ; || прошеніе, || тяжба, искъ; || сватовство; ухаживаніе; || слѣдствіе. **A — of armour**, полное вооруженіе. **A — of clothes**, полное одѣяніе. **To follow —**, снабжать. **To bring in a — against**, начинать процессъ противъ; || va. приспособлять; соотвѣтствовать. **That suits you very well**, это къ вамъ очень идетъ. **I can — you**, я могу вамъ угодить **To — the action to the word**, согласовать слово съ дѣломъ; || vn. (съ (**with**) согласоваться; присваивать; соотвѣтствовать.
Suitable (*сьют'-ă-бл*) adj соотвѣтственный, годный.
Suitableness (*сьют'-ă-бл-нес*) s соотвѣтственность, годность
Suitably (*сьют'-ă-бл-и*) adv. соотвѣтственно, годно
Suite (*суит'*) s. свита, кортежъ, рядъ. **A drawing-room —**, полная салонная обстановка. **Bed-room —**, полная обстановка спальни.
Suitor (*сьют'-ŏр*) s. истецъ, ходатай, || искатель руки
Sulcate (*сŏл'кэт*). **Sulcated** (*сŏл'-кэ-тед*) adj (бот) бороздчатый.
Sulk (*сŏлк*) vn. дуться, сердиться
Sulkily (*сŏлк'-и-ли*) adv угрюмо
Sulkiness (*сŏлк'-и-нес*) s. сердитый видъ.
Sulks (*сŏлкс*) s дурное расположеніе духа.
Sulky (*сŏлк'-и*) adj сердитый, надутый **To be —**, дуться, быть недовольнымъ; || s. одноместный экипажъ на двухъ колесахъ
Sullen (*сŏл'-лен*) adj. пасмурный, угрюмый, печальный **A — look**, печальный видъ.
Sullenly (*сŏл'-лен-ли*) adv. пасмурно, угрюмо, печально
Sullenness (*сŏл'-лен-нес*) s. пасмурность, угрюмость; злоба
Sully (*сŏл' - ли*) va. vn. марать, грязнить, тускнѣть, помрачать. —ся
Sulphate (*сŏл'-йэт*) s (хим.) сѣрнокислая соль.
Sultan (*сŏл'-тăн*) s. султанъ.
Sultriness (*сŏл'-три-нес*) s. зной, духота.
Sultry (*сŏл-три*) adj. знойный, душный.
Sum (*сŏм*) s. сумма, итогъ, содержаніе, (ариѳм.) правило требующее доказательства. **A — of money**, сумма денегъ. **To work a —**, сдѣлать подсчетъ. **To set a —**, задать задачу; || va. слагать, сосчитывать. **To — up**, сдѣлать сложеніе, сосчитать.
Sumless (*сŏм'-лес*) adj. неисчислимый, безчисленный.
Summarily (*сŏм'-мă-ри-ли*) adv. кратко, вкратцѣ.
Summary (*сŏм'-мă-ри*) adj. краткій, сокращенный; || s. перечень.
Summer (*сŏм-мер*) s. лѣто; (арх) перекладина. — **-house**, лѣтняя дача; || adj. лѣтній. — **season**, лѣтній сезонъ; || va. проводить лѣто.
Summersault (*сŏм' - мер - солт*), **Summerset** (*сŏм'-ме-сет*) s. кувырканіе. верхъ.
Summit (*сŏм-мит*) s. вершина,
Summon (*сŏм'-мŏн*) va. звать, призывать. **To — away**, приказать, удалиться. **To — back**, отозвать назадъ. **To — up**, сзывать.
Summoner (*сŏм-мŏн-ер*) s. сзыватель, суд. приставъ.
Summons (*сŏм'-мŏнз*) s вызовъ созывъ.
Sump (*сŏмп*) s. (минер.) тягиль; лужа; колодезь.
Sumpter (*сŏмп'-тер*) s. вьючная лошадь.
Sumptuary (*сŏмпть'-ю-ă-ри*) adj. направленный противъ роскоши.
Sumptuous (*сŏмпть'-ю-ă-ри*) adj. пышный, роскошный.
Sumptuously (*сŏмпть'-ю-ŏс-ли*) adv. пышно, роскошно.
Sumptuousness (*сŏмпть'-ю-ŏс-нес*) s. пышность, роскошь.
Sun (*сун*) s солнце. **Rising —**, восходящее солнце. **Setting —**, заходящее солнце. **The — rises**, восходъ солнца. **The — sets**, заходъ солнца — **-baked**, загорѣвшій отъ солнца. — **-beam**, лучи солнца — **burnt**, загорѣлый отъ солнца — **dial**, солнечные часы. — **dried**, высушенный на солнце. — **-flower**, (бот.) подсолнечникъ — **-light**, свѣтъ солнца — **stroke**, (мед.) солнечный ударъ; || va выставлять на солнце, сушить. **To — one's self**, грѣться на солнцѣ.
Sunburn (*сŏн'-бŏрн*) va. загорѣть отъ солнца
Sunday (*сŏн'-дэй*) s воскресеніе, || adj воскресный
Sunder (*сŏн'-дер*) va. раздѣлять, разрывать, разъединять.

Sundries (*сŏн'-дриз*) s. pl. всякая всячина.
Sundry (*сŏн'-дри*) adj. различный.
Sunken (*сŏнк'-н*) adj. погруженный; впалый. — **eyes,** впалые глаза. — **cheeks,** впалыя щеки.
Sunless (*сŏн'-лес*) adj. лишенный солнца, тѣнистый.
Sunny (*сŏн'-ни*) adj. солнечный. ‖ свѣтлый; счастливый. **A— morning,** блестящее утро. **A — smile,** веселая улыбка.
Sunrise (*сŏн'-райз*), **Sunrising** (*сŏн'-райз-инг*) s. восходъ солнца; востокъ
Sunset (*сŏн'-сет*), **Sunsetting** (*сŏн'-тинг*) s. закатъ солнца; западъ.
Sunshine (*сŏн'-шаин*) s. сіяніе солнца; ‖ блескъ. **In the** —, на солнцѣ.
Sunshiny (*сŏн'-тайн-и*) adj. освѣщенный, озаренный солнцемъ; блестящій какъ солнце.
Sup (*сŏп*) va. втягивать, всасывать въ себя, хлебать. **To — up,** пить, проглатывать. ‖ vn. ужинать. ‖ s. хлѣбокъ, глотокъ.
Super (*сью'-пер*), (*приставка въ началѣ словъ, означающая:* надъ.
Superable (*сью'-пер-ă-бл*) adj. преодолимый; могущій быть превзойденнымъ.
Superableness (*сью'-пер-ă-бл-нес*) s. преодолимость.
Superabound (*сью-пер-ă-ба'-унд*) v. a. n. преизобиловать, излишествовать.
Superabundance (*сью-пер-ă-бŏн'-дăнс*) s. преизбытокъ, громадный избытокъ.
Superabundant (*сью'-пed-ă-бŏн'-пăнт*) adj. преизобильный; болѣе, чѣмъ достаточный.
Superadd (*сью-пер-ăд*) v. a. надбавлять.
Superaddition (*сью-пер-ăд-дииг'-ŏн*) s. надбавка
Superadvenient (*сью-пер-ăд-вин'-йент*) adj. привходящій, случайный.
Superannuate (*сью-пер-ăн'-нью-эт*) v a. n. дѣлать, -ся обветшалымъ, ослабѣвать отъ старости
Superannuated (*сью-пер-ăн'-нью-э-тед*) adj. обветшалый, старый, отставной.
Superannuation (*сью-пер-ăн-нью-э'-шŏн*) s. обветшалость, дряхлость; отставка. пенсія.
Superb (*сью-пŏрб'*) adj. великолѣпный, пышный; гордый.
Supercargo (*сью-пер-кар'-го*) s. судовой прикащикъ.
Supercillary (*сью-пер-сил'-и-ă-ри*) adj. (анат.) бровный.
Supercilious (*сью-пер-сил'-и-ŏс*) adj. надменный, гордый.
Superciliousness (*сью-пер-сил'-и-ŏс-нес*) s. надменность, гордость.
Supereminence, Supereminency (*сью-пер-ем'-и-ненс-си*) s. превосходство.
Supereminent (*сью-пер-ем'-инент*) adj. превосходящій, преобладающій.
Supererogation (*сью-пер-ер-о-гэ'-шŏн*) s. дѣйствіе свыше того, что требуетъ долгъ.
Superexalt (*сью-пер-егз-олт'*) v a. превозносить.
Superexellence (*сью-пер-екс'-сел-ленс*) s. высшее превосходство.
Superexellent (*сью-пер-екс'-сел-лент*) adj. превосходнѣйшій.
Superfetation (*сью-пер-фэ'-тешŏн*) s. вторичное зачатіе.
Superficial (*сью-пер-фиш'-ăл*) adj. поверхностный. внѣшній
Superficiality (**Superficialness** *сью-пер-фиш-и-ăл'-и-ти, -фиш-ăл-нес*) s. поверхностность, внѣшность; поверхностное знаніе.
Superficies (*сью-пер-фиш-и-з*) s. поверхность.
Superfine (*сью'-пер-файн*) adj. тончайшій.
Superfluity (*сью-пер-флю'-и-ти*) s. излишество, ненужность.
Superfluous (*сью-пŏр'-флю-ŏс*) adj. излишній.
Superfluousnesss (*сью-пŏр'-флю-ŏс-нес*) s. см. **Superfluity.**
Superhuman (*сью-пер-хью'-мăн*) adj. сверхчеловѣческій, нечеловѣческій.
Superimpose (*сью-пер-им-по'оз*) v. a. налагать, накладывать (*одну вещь на другую*).
Superincumbent (*сью-пер-ин-кŏм-бент*) adj. лежащій сверху.
Superinduce (*сью-пер-ин-дьюс'*) v. a. прибавлять.
Superintellectual (*сью-пер-ин-тел-лэкть'-ю-ăл*) adj. непонятный, необъяснимый; внѣ пониманія.
Superintend (*сью-пер-ин-тенд'*) v. a. надзирать, смотрѣть за чѣмъ.
Superintendence (*сью-пер-ин-тенд'-енс*) s. наблюденіе, надзоръ.
Superintendent (*сью-пер-ин-тенд'-ент*) s. надзиратель, смотритель.
Superior (*сью-пи'-ри-ŏр*) adj. высшій, верхній, превосходный; начальникъ, старшій.
Superiority (*сью-пи-ри-ор'-и-ти*) s. превосходство, верховенство.
Superlative (*сью'-пŏр'-лă-тив*) adj. высшій; ‖ s. (грам.) превосходная степень; ‖ — **ly,** adv. въ высочайшей степени.
Superlativeness (*сью-пŏр'-лă-тив-нес*) s. высочайшая степень.
Superlunar, Superlunary (*сью-пер-лью'-нăр, -нă-ри*) adj. надлунный.

Supermundane (*сью-пер-мӧн'-дэн*) adj. надземный.
Supernal (*сью-пӧр'-нӓл*) adj. высшій, небесный.
Supernatant (*сью-пер-нэ'-тӓнт*) adj. всплывающій.
Supernatural (*сью-пер-нӓть-ю-рӓл, -нӓч'-у-рӓл*) adj. сверхъестественный.
Supernaturalness (*сью-пер-нӓт'-ю-нӓл-нес, -нӓч'-у-рӓл-нес*) s. сверхъестественность.
Supernumerary (*сью-пер-нью'-мер-ӓ-ри*) adj. и s. сверхкомплектный, сверхштатный, чрезвычайный.
Superpose (*сью-пер-по'оз*) v. a. накладывать (*одну вещь на другую*).
Superposition (*сью-пер-по-зиш'-ӧн*) s. накладываніе (*одной вещи на другую*).
Superroyal (*сью-пер-рой'-ӓл*) adj. paper бумага большаго формата.
Supersalt (*сью'-пер-солт*) s. (хим.) кислая соль.
Superscribe (*сью-пер-скрайб'*) va. надписывать, адресовать.
Superscription (*сью-пер-скрип'-тӧн*) s. надписываніе, надпись.
Supersede (*сью-пер-сид'*) v. a. замѣнять, замѣщать; отмѣнять, уничтожать, (юрид.) отстрачивать.
Superstition (*сью-пер-стиш'-ӧн*) s. суевѣріе. || излишняя, педантическая точность.
Superstitious (*сью-пер-стиш'-ӧс*) adj. суевѣрный; излишне точный.
Superstruction (*сью-пер-стрӧк'-шӧн*) s. надстройка; зданіе, постройка.
Superstructure (*сью-пер-стрӧкт'юр, -стрӧк'-чур*) s. надстройка; зданіе, постройка.
Supersubstantial (*сью-пер-сӧб-стӓн-шӓл*) adj. сверхъсубстанційный.
Superterrestrial (*сью-пер-тер-рес'-три-ӓл*) adj. надземный, выше земнаго.
Supervene (*сью-пед-вин'*) v. n. произойти, случиться.
Supervenient (*сью-пер-вин'-йент*) adj. случайный, добавочный.
Supervention (*сью-пер-вен'-шӧн*) s. случайность, нечаянный приходъ.
Supervisal (*сью-пер-вайз'-ӓл*) s. надзоръ, наблюденіе; просмотръ.
Supervise (*сью-пер-вайз'*) v. n. надзирать, наблюдать; просматривать.
Supervision (*сью-пер-виж'-ӧн*) s. [см. **Supervisal**
Supervisor (*сью-пер-вайз'-ӧр*) s. надзиратель, наблюдатель.
Supination (*сью-пи-нэ'-шӧн*) s. лежаніе навзничь.
Supine (*сью-пайн'*) adj. лежащій навзничь, наклонный.
Supinely (*сью-пайн'-ли*) adv. лежа навзничь; наклонно.
Supineness (*сью-пайн'-нес*) s. лежаніе навзничь, на спинѣ, || лѣность.
Supper (*сӧп'-пер*) s. ужинъ. **The Lord's —**, тайная вечерь.
Supperless (*сӧп'-пер-лес*) adj. не имѣющій ужина.
Supplant (*сӧп-плӓнт'*) va. подшибать; || * вытѣснять.
Supplantation (*сӧп-плӓн-тэ'-шӧн*)
Supplanting (*сӧп-плӓнт'-инг*) s. подшибаніе, даваніе подъ ножку; || * вытѣсненіе.
Supplanter (*сӧп-плӓнт'-ер*) s. дающій подножку.
Supple (*сӧп'-пл*) adj. гибкій, уступчивый, льстивый.
Supplement (*сӧп'-пли-мент*) s. дополненіе, прибавленіе.
Supplemental (*сӧп'-пли-мент-ӓл*), **Supplementary** (*сӧп-пли-мент'-ӓ-ри*) adj. дополненный, прибавочный.
Suppleness (*сӧп'-пл-нес*) s. гибкость, уступчивость.
Suppliant (*сӧп'-плап-ӓнт*) adj. s. умоляющій, проситель; покорный.
Suppliantly (*сӧп'-плап-ӓнт-ли*) adv. умоляя, прося; покорно.
Supplicant (*соп'-пли-кӓнт*) s. проситель, челобитчикъ; || adj. умоляющій.
[просить, умолять
Supplicate (*сӧп'-пли-кэт*) va. vn.
Supplication (*сӧп-пли-кэ'-шӧн*) s. моленіе, прошеніе.
Supplicatory (*сӧп'-пли-кэ-тӧ-ри*) adj. просительный, умоляющій.
Supplier (*сӧп-плай'-ер*) s. поставщикъ.
Supply (*сӧп-плай'*) va. vn. замѣщать; снабжать; питать, запасаться провизіей. **To be supplied with**, быть снабженнымъ чѣмъ либо. **To — our daily wants**, удовлетворять ежедневныя нужды. **We — them**, мы ихъ поставщики. || s. снабженіе, запасъ; продовольствіе. **A fresh —**, новый запасъ провизіи. **A — of food**, запасъ припасовъ. **Demand and —**, спросъ и снабженіе.
Support (*сӧп-по'орт*) va. поддерживать; помогать. **To — fatigue**, выносить усталость. **I could not — his insolence**, я не могу выносить его нахальства. **To — a friend**, поддерживать друга. **To — life**, поддерживать жизнь. **To — a family**, поддерживать семью. **To — one's self**, жить на свои средства. || s. поддержаніе, поддержка, подпора. **Fixed —**, прочные устои. **For the — of**, чтобы поддержать. **In — of**, въ поддержку кому.

Supportable (*сŏп-по'орт-ă-б.л*) adj. сносный, терпимый.
Supportableness (*сŏп-по'орт-ă-б.л-нес*) s. сносность, терпимость.
Supporter (*сŏб-по'орт-ер*) s. поддержка, подпора; покровитель.
Supportless (*сŏб-по'орт-лес*) adj. безпомощный, не имѣющій поддержки.
Supposable (*сŏп-по'оз-ă-бл*) adj. могущій быть предположеннымъ.
Supposal (*сŏп-по'оз-ăл*) s. предположеніе.
Suppose (*сŏп-по'оз*) va. vn предполагать, думать; || s. предположеніе. **It is to be supposed that**, слѣдуетъ предположить что.
Supposer (*сŏп-по'оз-ер*) s. предполагающій. [предположеніе.
Supposition (*сŏп-по-зиш'-ŏн*) s.
Suppositional (*сŏп-по-зиш'-ŏн-ăл*) adj. гадательный, предполагаемый.
Supposititious (*сŏп-поз-и-тиш'-ŏс*) adj. подложный
Supposititiously (*сŏп-поз-и-тиш'-ŏс-ли*) adv. подложно.
Supposititiousness (*сŏп-поз-и-тиш'-ŏс-нес*) s. подложность.
Suppress (*сŏп-пресс'*) va. уничтожать, прекращать. **To — a rebellion**, подавить возмущеніе. **To — a letter**, уничтожить письмо.
Suppression (*сŏп-преш'-ŏн*) s. уничтоженіе, отмѣна, укрощеніе, подавленіе; умолчаніе, остановка.
Suppressive (*сoп-прес'-ив*) adj. уничтожающій, сдерживающій; скрывающій.
Suppressor (*сŏп-прес'-ŏр*) s. тотъ, кто уничтожаетъ, сдерживаетъ, умалчиваетъ.
Suppurate (*лŏп'-пью-рэт*) va. vn гноиться, нагнаиваться.
Suppuration (*сŏп-пью-рэ'-шŏн*) s. гноеніе, нагноеніе, гной.
Suppurative (*сŏп-пью-рă'-тив*) s. (мед.) нагнаивающее средство.
Supramundane (*сью-про-мŏн'-дэн*) adj. надземный; сверхестественный.
Supremacy (*сью-прем'-ă-си*) s. первенство, верховная власть.
Supreme (*сью-прим'*) adj. верховный, высшій [высшей степени.
Supremely (*сью-прим'-ли*) adj. въ
Sural (*сью'-рăл*) adj. (анат.) икряной.
Surbase (*сŏр'-бэс*) s. (арх.) карнизъ.
Surbasement (*сŏр-'бэс-мент*) s. карнизъ верх. украшеніе колонны.
Surbate (*сŏр-бэт'*) va. натирать ногу; || * утомить.
Surcease (*сŏр-сис'*) va. останавливать; || vn. переставать, прекращать; || s. остановка, прекращеніе.
Surcharge (*сŏр-чардж'*) va. перегружать, || s. перегрузка, отягощеніе.
Surcingle (*сŏр'-синг-гл*) s. верхняя подпруга; поясъ (священника).
Surcoat (*сŏр'-кот*) s. сюртукъ.
Surd (*сŏрд*) adj. глухой.
Sure (*шур*) adj. вѣрный, надежный, безопасный. **Be —, to be —**, конечно, навѣрное. **To make — of**, обезпечить себя; заручиться; увѣриться. || adv. навѣрно, вѣрно, несомнѣнно.
Surely (*шур'-ли*) adv. вѣрно, несомнѣнно; конечно.
Surenes (*шур'-нес*) s. увѣренность, вѣрность.
Surety (*шур'-ти*) s. надежность, вѣрность; порука. **To be — for**, отвѣчать за. || va. отвѣтствовать.
Surf (*сŏрф*) s; (мор.) бурунъ, прибой.
Surface (*сŏр'-фэс*) s. поверхность; наружность.
Surfeit (*сŏр'-фит*) s. пресыщеніе, обжираніе. || va, vn удовлетворять; напоить; обкормить. **To have a — of**, получить отвращеніе къ чему.
Surfeiter (*сŏр'-фит-ер*) s обжора.
Surge (*сŏрдж*) s. волна, валъ, зыбь; || vn. волноваться.
Surgeless (*сŏрдж'-лес*) adj. спокойный, тихій, гладкій
Surgeon (*сŏр'-джŏн*) s. хирургъ. **Veterinary —**, ветеринаръ.
Surgery (*сŏр'-джер-и*) s. хирургія.
Surgical (*сŏр'-джик-ăл*) adj. хирургическій. [волнующійся.
Surgy (*сŏр'-джи*) adj волнистый,
Surlily (*сŏр'-ли-ли*) adv. угрюмо, мрачно, грубо; ворчливо.
Surliness (*сŏр'-ли-нес*) s. угрюмость, мрачность, грубость; ворчливость. [часть говядины.
Surloin (*сŏр'-лойн*) s, филейная
Surly (*сŏр'-ли*) adj. угрюмый, мрачный, грубый.
Surmise (*сŏр-майз'*) va. подозрѣвать, догадываться; || s. подозрѣніе, догадка.
Surmount (*сŏр-ма'унт*) va превосходить, превышать, преодолѣвать
Surmountable (*сŏр-ма'унт-ă-б.л*) adj. преодолимый.
Surmullet (*сŏр-мŏл'-лет*) s. краснобородка (рыба).
Surmulot (*сŏр'-мью-лот*) s. большая полевая мышь.
Surname (*сŏр'-нэм*) s. прозваніе, прозвище [дить, превышать.
Surpass (*сŏр'-пăс*) va. превосхо-
Surpassing (*сŏр-пăс'-инг*) adj. превосходящій, превосходный.
Surpassingly (*сŏр-пăс'-инг-ли*) adv. превосходно.
Surplice (*сŏр'-плис*) s. стихарь.
Surpliced (*сŏр'-плист*) adj. носящій стихарь [остатокъ
Surplus (*сŏр'-плŏс*) s. излишекъ,

Surplusage (*сŏр'-плŏс-эдж*) s. излишекъ, остатокъ, излишество.
Surprisal (*сŏр-прайз'-ăл*) s. нечаянность, сюрпризъ.
Surprise (*сŏр-прайз'*) va заставать врасплохъ, захватывать, поймать. || s. нечаянность; удовленіе, сюрпризъ **To take by —**, захватить врасплохъ. **To feel —**, чувствовать удивленіе.
Surprising (*сŏр-прайз'-инг*) adj. удивительный; неожиданный.
Surprisingly (*сŏр-прайз'-инг-ли*) adv. удивительно; неожиданно.
Surrender (*сŏр-рен'-дер*) va. vn. сдавать, -ся; отдавать, -ся; оставлять. **To — one's self**, отдаться въ плѣнъ. **To — an office**, отказаться отъ должности. || s. сдача; отдача, передача; уступка. **The — of a town**, сдача города.
Surreption (*сŏр-реп'-шŏн*) s получение обманомъ, приходъ тайкомъ.
Surreptitious (*сŏр-реп-тиш'-ŏс*) adj. полученный обманомъ, украденный; подложный
Surreptitiously (*сŏр-реп-тиш'-ŏс-ли*) adv тайкомъ, обманомъ
Surrogate (*сŏр-ро-гэт*) s. повѣренный, замѣститель, || va. замѣщать
Surrogation (*сŏр-ро-гэ'-шŏн*) s. замѣщеніе, уполномочіе
Surround (*сŏр-ра'унд*) va. окружать, обступать; осаждать.
Surtout (*сŏр-тут'*) s. сюртукъ
Survey (*сŏр'-вэй*) va. vn обозрѣвать, осматривать, надзирать. **To — a building**, смотрѣть за постройкой || s обозрѣніе, изслѣдованіе; межеваніе (земли). **To make, to take a —**, разсматривать, сдѣлать экспертизу
Surveying (*сер-вэи'-инг*) s см **Survey.**
Surveyor (*сŏр-вэй'-ŏр*) s обозрѣватель, изслѣдователь, надзиратель; инспекторъ.
Survival (*сŏр-вайв'-ăл*) s. переживаніе.
Survive (*сŏр-вайв'*) va vn переживать
Surviving (*сŏр-вайв'-инг*) adj. оставшійся въ живыхъ.
Survivor (*сŏр-вайв'-ŏр*) s. переживающій, остающійся въ живыхъ послѣ кого
Survivorship (*сŏр-вайв'-ŏр-шип*) s переживаніе
Susceptibility (*сŏс-сеп-ти-бил'-ити*) s. воспріимчивость, чувствительность.
Susceptible (*сŏс-сеп'-ти-бл*) adj. воспріимчивый, чувствительный.
Susceptibly (*сŏс-сеп'-ти-бл-и*) adv воспріимчиво.
Susceptive (*сŏс-сеп'-тив*) adj. способный, доступный.
Susceptiveness (*сŏс-сеп'-тив-нес*) s. воспріимчивость, доступность.
Suscitate (*сŏс-си-тэт'*) va. возбуждать, порождать.
Suscitation (*сŏс-си-тэ'-шŏн*) s. возбужденіе.
Suspect (*сŏс-пект'*) va. vn. подозрѣвать; опасаться, догадываться.
Suspectable (*сŏс-пект'-ă-бл*) adj. подозрительный.
Suspectedly (*сŏс-пект'-ă-бл-и*) adv. подозрительно.
Suspend (*сŏс-пенд'*) va. vn подвѣшивать; прерывать. **To — a ball by a thread**, повѣсить шаръ на нитку. **To — one's opinion**, воздержаться отъ сужденія. **To — an officer**, отрѣшить отъ должности. **To — payment**, прекратить платежи
Suspender (*сŏс-пенд'-ер*) s. подвѣшиватель.
Suspense (*сŏс-пенс'*) s. нерѣшимость, недоумѣніе, остановка
Suspensible (*сŏс-пен'-си-бл*) adj. могущій быть подвѣшеннымъ.
Suspension (*сŏс-пен'-шŏн*) s. подвѣшиваніе; || отстрочка; || остановка. **— bridge**, висячій мостъ.
Suspensive (*сŏс-пен'-сив*) adj. невѣрный, сомнительный.
Suspensory (*сŏс-пен'-сŏ-ри*) adj. (анат.) поднимающая (мышца).
Suspicion (*сŏс-пиш'-ŏн*) s. подозрѣніе
Suspicious (*сŏс-пиш'-ŏс*) adj. подозрительный.
Suspiciously (*сŏс-пиш-ŏс'-ли*) adv. подозрительно.
Suspiciousness (*сŏс-пищ'-ŏс-нес*) s. подозрительность
Suspiral (*сŏс пайр'-ăл*) s отдушина, душникъ.
Suspiration (*сŏс-пи-рэ'-шŏн*) s. вздыханіе, вздохи.
Suspire (*сŏс-пайр'*) vn. вздыхать.
Sustain (*сŏс-тэн'*) va. поддержать, содержать, помогать; сносить, выносить. **To — an attack**, перенести припадокъ.
Sustainable (*сŏс-тэн'-ă-бл*) adj. могущій быть поддержаннымъ; терпимый
Sustainer (*сŏс-тэн'-ер*) s. подпора, опора, поддерживатель
Sustenance (*сŏс-ти'-нăнс*) s прокормленіе, содержаніе, пища.
Sustentation (*сŏс-тен-тэ'-шŏн*) s. поддержаніе, поддержка; прокормленіе.
Sutile (*сью'-тил*) adj. сшитый.
Sutler (*сŏт'-лер*) s. маркитантъ.
Suttee (*сŏт-ти'*) s. самосожженіе вдовы вмѣстѣ съ тѣломъ мужа (въ Индіи).
Suttle (*сŏт'-тл*) s. чистый. **— weight**, чистый вѣсъ
Suture (*сью'-чур*) s. шовъ, сшивка.

Suzerain (*сью'-зи-рэн*) s. верховный властитель.
Suzerainty (*сью'-зи-рен-ти*) s. верховная власть.
Swab (*суоб*) s. швабра; || va. подтирать шваброй.
Swabber (*суоб'-бер*) s. подтирающій шваброй на кораблѣ.
Swaddle (*суод'-дл*) va. пеленать; || s. пеленки.
Swaddling (*суод'-длинг*) s. пеленаніе. — **clothes,** пеленки.
Swag (*суаг'*) s. неровное движеніе, ниспаденіе. — **bellied,** толстопузый. || vn. опускать, висѣть, падать.
Swage (*суэдж*) va. vn. смягчать, утолять.
Swagger (*суаг'-гер*) vn. чваниться; хвастать; шумѣть. || s. чванство, хвастовство; развязность.
Swaggerer (*суаг'-гер-ер*) s. нахалъ, хвастунъ.
Swaggering (*суаг'-гер-инг*) adj. хвастающій; храбрящійся; || s. хвастовство, похвальба.
Swaggy (*суаг'-ги*) adj. отвислый.
Swain (*суэн'*) s. молодецъ, юноша.
Swale (*суэл'*) s. низменность; топь.
Swallow (*суол'-лоу*) s. ласточка. — **-tailed,** (плотн.) связанный въ лапу. — **-tail coat,** фракъ. || va. глотать, проглатывать; || принимать на вѣру. **To — down,** проглатывать, поглощать. **To — up,** жадно глотать, захватывать.
Swallower (*суол'-лоу-ер*) s. глотающій.
Swamp (*суомп'*) s. топь, болото; || va. погружать въ грязь, въ топь; опрокидывать.
Swampy (*суомпл'-и*) adj. топкій, болотистый.
Swan (*суон'*) s. лебедь. **—'s down,** лебяжій пухъ. — **skin,** мольтонъ (ткань).
Swap (*суоп*) adv. скоро, проворно; || va. мѣнять, обмѣнивать; || vn. устремляться; разсѣкать; воздухъ || s. ударъ; обмѣнъ.
Sward (*суорд*) s. газонъ, дернъ, мурава; || va. покрывать дерномъ, травой.
Swardy (*суорд'-и*) adj. покрытый травой.
Swarm (*суорм'*) s. рой; толпа. — **of bees,** пчелиный рой. || vn. роиться, кишѣть, толпиться. **To — with,** роиться.
Swart (*суорт'*), **Swarth** (*суорсз'*) adj. смуглый, мрачный; || va. дѣлать смуглымъ.
Swarth (*суорсз'*) s. рядъ, валъ (скошеннаго сѣна).
Swarthily (*суорсз'-и-ли*) adv. смугло.
Swarthiness (*суорсз'-и-нес*) s. смуглость.
Swarthy (*суорсз'-и*) adj. смуглый, загорѣлый.
Swash (*суош*) s. хвастовство, кичливость; || потокъ (воды) — **buckler,** хвастунъ. || vn. похваляться, хвастать; шумѣть, течь съ шумомъ.
Swashy (*суош'-и*) adj. мягкій, нѣжный, смѣлый.
Swath (*суосз'*) s. см. **Swarth;** || тесьма, лента.
Swathe (*суэсз'*) s. и va. см. **Swaddle.**
Sway (*суэй'*) va. владѣть чѣмъ; править, направлять; || размахивать. **To — the world,** управлять міромъ. **Don't be — ed by him,** не давайте, чтобы онъ вами овладѣлъ. || vn. наклоняться; качаться, властвовать. **To — with the wind,** качаться по вѣтру. || s. взмахъ; перевѣсъ; вліяніе; управленіе, господство, власть; удача. **The sovereign —,** власть монарха. **To hold —,** быть у власти. **To bear —,** царствовать.
Swaying (*суэй'-инг*) s. держаніе, управленіе; наклоненіе.
Sweal (*суил*) va. оплывать (о свѣчѣ); исчезать.
Swear (*суэр*) vn. va. клясться, утверждать, присягать. **To — false,** ложно клясться. **To — to,** клясться въ чемъ либо. **To — like a trooper,** клясться мертвой клятвой. **To — an oath,** давать клятву. **To — in,** давать клятву
Swearer (*суэр'-ер*) s. тотъ, кто клянется. **False —,** клятвопреступникъ.
Sweat (*суэт*) s. потъ, испарина; || * трудъ, работа. **To promote —,** вызывать потъ. **To be in a —,** потѣть. **By the — of one's brow,** въ потѣ лицѣ своего. || va. вызывать потъ; || vn. потѣть, становиться влажнымъ; || * трудиться.
Sweater (*сует'-ер*) s. потѣющій; хозяинъ заставляющій много работать.
Sweatily (*сует'-и-ли*) adv. потѣя, въ поту.
Sweatiness (*сует'-и-нес*) s. потность.
Sweating (*сует'-инг*) s. потѣніе, испарина. — **-bath,** паровая ванна. — **-house,** баня. — **-room,** сушильня. — **-sickness,** болѣзненный потъ. — **-system,** система выжиманія пота (у рабочихъ).
Sweaty (*сует'-и*) adj, покрытый потомъ.
Swede (*суид*) s. шведъ, —дка.
Sweden (*суи-д-н*) npr. (геогр.) Швеція.
Swedish (*суид'-иш*) adj. шведскій.
Sweep (*суип*) va. мести, сметать; || снимать, уносить, брать; чистить. **To — a floor, a house,** мести полъ. **To — a chimney,** чистить трубу **To — the ground,** мести

полъ платьемъ. **To — the plain**, подметать площадь. **To — along**, величественно влачить одежду; слегка касаясь пола подметать. **To — away**, выметать. **To — up**, сметать въ кучу. || va. нестись, пролетать, мчаться; проскальзывать. || s. подметаніе, выметаніе; чистка (трубъ); || трубочистъ. **To give a —**, захватить съ одного удара. **— -net**, неводъ. **To take up at one —**, взять однимъ размахомъ.

Sweeper (*суип'-ер*) s. тотъ, кто мететъ, убираетъ, чиститъ.

Sweeping (*суип'-инг*) adj. стремительный, быстрый, неопровержимый. **A — measure**, общая мѣра. || s. смятеніе, очищеніе.

Sweepstakes (*суип'-стэкс*) s. pl. закладъ на конскихъ скачкахъ.

Sweepy (*суип'-и*) adj. быстрый, стремительный.

Sweet (*суит'*) adj. сладкій, душистый; нѣжный; пріятный; мягкій. **— as honey**, сладкій какъ медъ. **A — odour** пріятный запахъ. **To smell —**, пріятно пахнуть. **— music**, сладкая музыка. **A — girl**, милая дѣвушка. **A — singer**, пріятный пѣвецъ. **A — smile**, пріятная улыбка. **To be — upon**, строить глазки кому. || s. сласть; сласти; духи; || пріятность, сладость; || милый. **The — s of domestic life**, радости домашней жизни. **— -bread**, (анат.) селезенка. **— -brier**, (бот.) шиповникъ. **— -flag**, (бот.) аръ, аиръ. **— -marjoram**, (бот.) маіоранъ **— -oil**, оливковое масло. **— -pea**, (бот.) душистый горошекъ. **— -potato**, (бот.) пататъ. **— -smelling**, пріятно пахнущій. **— -stuff**, запасъ конфектъ. **— -tempered**, съ мягкимъ характеромъ. **— -violet**, (бот.) фіалка. **— -weed**, (бот.) боровка. **— -william**, (бот.) турецкая гвоздика.

Sweeten (*суит'-н*) va. дѣлать сладкимъ; надушить; освѣжать; услаждать, сдабривать. **To — tea**, подслащивать чай. **To — life**, смягчать существованіе **To — the temper**, смягчать характеръ **To — the air**, надушить воздухъ || vn. дѣлаться сладкимъ, смягчаться.

Sweetener (*суит'-н-ер*) s тотъ, кто смягчаетъ, услаждаетъ. услада.

Sweetening (*суит'-н-инг*) s. подслащиваніе, смягченіе; освѣженіе, очищеніе

Sweetheart (*суит'-хеарт*) s. любовникъ, -ница; милый, -лая.

Sweeting (*суит'-инг*) s сладкое яблоко; || милый. -лая.

Sweetish (*стит'-иш*) adj. сладковатый.

Sweetishness (*суит'-иш-нес*) s. сладковатость.

Sweetly (*суит'-ли*) adv сладко, пріятно.

Sweetmeat (*суит'-мит*) s. сласти, конфеты.

Sweetness (*суит'-нес*) s сладость, сласть; свѣжесть, сочность; прелесть, пріятность,

Swell (*суел'*) va. надуваться, увеличивать, пучиться, топыриться. **A tumour — s**, опухоль увеличивается. **He — s with rage**, онъ лопается отъ бѣшенства **To — out**, раздуваться **To — to a great amount**, достигать крупной суммы || va. надувать, раздувать. **Rains — the rivers**, отъ дождя рѣки вздуваются **To — one's chest with pride**, раздуваться отъ гордости || s. возвышеніе; опухоль надутость, вздутость; маленькая возвышенность; волна.

Swelling (*суел'-инг*) adj. выпуклый, вздутый. **— sails**, вздутые паруса. **— sea**, взбаломученное море || s. выпуклость; вздутость; опухоль.

Swelter (*суелт'-ер*) vn. изнемогать отъ жары, || va. жечь.

Sweltry (*суелт'-ри*) adj. см **Sultry**.

Swerve (*сўрв'*) vn. бродить, бродяжничать, уклоняться **To — from**, отклоняться

Swift (*суифт'*) adj быстрый, скорый. **— of foot**, **— -footed**, **— -heeled**, быстроногій. **— as thought**, съ быстротой мысли. || s. потокъ; || шпулька.

Swifter (*суифт'эер*) s. (мор) свистокъ у шпиля

Swiftly (*суифт'-ли*) adv быстро, скоро, стремительно

Swiftness (*суифт'-нес*) s быстрота, скорость, стремительность.

Swig (*суиг*) va. vn пить понемногу; ѣсть съ наслажденіемъ. || s большой глотокъ.

Swill (*суил*) va. vn. пить стаканами; пьянѣть; напиваться || s. большой глотокъ; || излишекъ въ питьѣ; пойло

Swiller (*суил'-ер*) s. пьяница.

Swillings (*суил'-ингс*) s pl помои

Swim (*суим*) vn va. плавать. плыть; || затопляться. **To — out of one's depth**, потерять почву подъ ногами **To — across**, переплывать. **To — away**, уплывать. **To — out**, выплывать. **To — over**, переплывать, всплывать. **My head — s**, у меня кружится голова. **We were — -ming in wa-**

ter, мы были залиты водой. || s. воздухоносный пузырь (у рыбъ); плаваніе. **To take a —,** плавать.

Swimmer (*суим'-мер*) s. пловецъ.

Swimming (*суим'-минг*) s. плаваніе. **To be fond of —,** любить плавать, **— -school,** школа плаванія. **— bath,** писцина.

Swimmingly (*суим'-минг-ли*) adv. плавно, легко.

Swindle (*суин'-дл*) va. vn. оплетать, обманывать, выманивать. || s. плутовство.

Swindler (*суин'-длер*) s. плутъ, мошенникъ.

Swindling (*суин'-длинг*) s. плутовство, мошенничество.

Swine (*суайн*) s. свинья. **A herd of —,** стадо свиней. **— -herd,** свинопасъ. **— -pipe,** (орн.) орѣховка (дроздъ). **— -pox,** вѣтреная оспа.

Swing (*суинг*) vn. качаться, колебаться, развѣваться; || va. колебать, качать, махать; || s. качаніе, колебаніе; размахиваніе; качели. **To be at full —,** качаться, раскачиваться. **— -bridge,** разводный мостъ. **— gate;** подъемныя ворота. **— -tree,** вага (у кареты) **To give full — to,** дать полную свободу чему.

Swinge (*суиндж'*) va. бить, колотить, сѣчь.

Swingeing (*суиндж'-инг*) adj. огромный.

Swinger (*суинг'-ер*) s. качающійся, размахиватель.

Swinging (*суинг'-инг*) adj. качающійся, колеблющійся: || s. колебаніе, качаніе; размахиваніе.

Swingle (*суинг'-гл*) va. трепать (ленъ).

Swinish (*суаин'-иш*) adj. свиной; свинскій.

Swinishly (*суайн'-иш-ли*) adv. по-свински.

Swinishness (*суайн'-иш-нес*) s. свинство; нечистота.

Swipes (*суайпс'*) s. pl. дурное пиво

Swiss (*суис*) adj. швейцарскій; || s. швейцарецъ, -рка.

Switch (*суич*) s. хлыстъ. тросточка, прутъ, розга; стрѣлка (жел. дор.). **— back,** горы для катанія. **— man,** стрѣлочникъ (на желѣзн. дор.). || va. хлестать.

Switzerland (*суис'-зерлāнд*) npr. (геогр.) Швейцарія.

Swivel (*суив'-л*) s. вертлюгъ: флюгеръ (вертушка). || vn. обращаться на оси.

Swoon (*сзун*) vn. падать въ обморокъ.

Swooning (*сзун'-инг*) s. обморокъ.

Swoop (*сзуп*) va. налетать, устремляться на, захватывать. **To — off,** похищать. || s. налетъ; ударъ; || паденіе. **At one —,** съ одного удара.

Swop (*суоп'*) va. мѣнять, промѣнивать; || s. мѣна.

Sword (*со'орд*) s. шпага, мечъ, сабля. **— in hand,** съ мечемъ въ рукѣ. **To draw the —,** обнажать мечъ. **To put to the —,** переколоть всѣхъ. **To put up one's —,** вложить шпагу въ ножны. **The — of justice,** мечъ правосудія. **— -bearer,** меченосецъ. **— -blade,** клинокъ. **— -stick,** палка съ кинжаломъ. **— -fish,** мечъ - рыба. **— -knot,** темлякъ. **—shaped,** мечевидный.

Swordsman (*со'ордз-мāн*) s. хорошій фехтовальщикъ.

Swordsmanship (*со'ордз-мāн-шип*) s. фехтованіе.

Sworn (*суо'орн*) adj. преданный, связанный клятвой; заклятой. **— friend,** заклятый другъ.

Sybaritism (*сиб'-ā-ри-тизм*) s. сибаритство.

Sybarite (*сиб'-ā-райт*) s. сибаритъ.

Sybaritic (*сиб-ā-рит'-ик*), **Sybaritical** (*сиб-ā-рит'-ик-āл*) adj. сибаритскій.

Sycamore (*сик'-ā-мор*) s. дикая смоковница

Sycophancy (*сик'-о-фāн-си*) s. лесть; наушничество.

Sycophant (*сик'-о-фāнт*) льстецъ, наушникъ.

Sycophantic (*сик'-о-фāнт'-ик*) adj льстивый, наушническій,

Syllable (*сил'-лā-бл*) s. слогъ; || частица.

Syllabus (*сил'-лā-бāс*) s. перечень.

Syllepsis (*сил-леп'-сис*) s. (грам.) силлепсисъ.

Syllogism (*сил'-ло-джизм*) s. силлогизмъ, умолчаніе.

Sylph (*силф*) s. сильфъ.

Sylphid (*силф'-ид*) s. сильфида.

Sylvan (*сил'-вāн*) adj. лѣсной, сельскій; || s. фавнъ, сатиръ; пастушокъ.

Symbol (*сим'-бол*) s. символъ.

Symbolic (*сим-бол'-ик*), **Symbolical** (*сим-бол'-ик-āк*) adj. символическій.

Symbolically (*сим-бол'-ик-āл-и*) adv. символически.

Symbolism (*сим'-бол-изм*) s. символизмъ.

Symbolize (*сим'-бол-айз*) vn. имѣть соотношеніе съ чѣмъ, согласоваться; || vn. символизировать.

Symmetrical (*сим-мет'-рик-āл*) adj. симметрическій, соразмѣрный.

Symmetrically (*сим-мет'-рик-āл-и*) adv. симметрически, соразмѣрно.

Symmetrize (*сим'-ми-трайз*) va. располагать симметрически.

Symmetry (*сим'-ми-три*) s. симметрія, соразмѣрность.
Sympathetic (*сим-пä-зсет'-ик*), **Sympathetical** (*сим-пä-зсет'-ик-äл*) adj симпатическій, сочувственный.
Sympathetically (*сим-пä-зсет'-ик-äли*) adv. симпатизируя, сочувственно.
Sympathize (*сим'-пä-тайз*) vn. симпатизировать, сочувствовать.
Symphonious (*сим-фо'о-ни-ŏс*) adj. гармоническій, музыкальный, симфоническій [фонистъ.
Symphonist (*сим'-фо-нист*) s. сим-
Symphony (*сим'-фо-ни*) s. (муз.) симфонія, гармонія.
Symposium (*сим-по'о-зи-ŏм*) s. банкетъ, пирушка.
Symptom (*сим'-тŏм*) s. симптомъ, признакъ, знакъ,
Symptomatic (*сим-том-äт'-ик*), **Symptomatical** (*сим-том-äт'-ик-äл*) adj. симптоматическій.
Synæresis (*син-ир'-и-сис*) s. (грам.) сліяніе двухъ слоговъ.
Synagogue (*син'-ä-гог*) s. синагога.
Synalepha (*син'-ä-ли'-фä*) s. (грам.) соединеніе двухъ словъ.
Synarthrosis (*син-ар-сзро'о-сис*) s. (мед.) неподвижный суставъ.
Synchronal (*синк'-ро-нäл*) adj синхроническій.
Synchronically (*синк-рон'-ик-äли*) adv. одновременно.
Synchronism (*синк'-ро-низм*) s. синхроизмъ, одновременность.
Synchronize (*синк'-ро-найз*) vn. быть одновременнымъ.
Synchronous (*синк'-ро-нŏс*) adj одновременный.
Syncope (*син'-ко-пи*) s. синкопа.
Syndic (*син'-дик*) s. синдикъ, старшина.
Syndicate (*син'-ди-кэт*) s синдикатъ; || va. судить.
Synod (*син'-од*) s. синодъ; соборъ.
Synodal (*син'-од-äл*) adj синодальный; || s. постановленіе синода.
Synodic (*син-од'-ик*), **Synodical** (*син-од'-ик-äл*) adj синодальный, соборный
Synodically (*син-од'-ик-äл-и*) adv. синодально, соборомъ.
Synonym (*син'-о-ним*) s. синонимъ.
Synonymize (*син-он'-и-майз*) va. выражать что синонимами.
Synonymous (*син-он'-и-мŏс*) adj синонимный.
Synonymously (*син-он'-и-мŏс-ли*) adv. какъ синонимъ.
Synonymy (*син-он'-и-ми*) s. одинаковость значенія.
Synopsis (*син-оп'-сис*) въ pl **Synopses**, обзоръ, очеркъ, конспектъ.
Synoptic (*син-оп'-тик*), **Sinoptical** (*син-оп'-тик-äл*) adj. синоптическій. [влага.
Synovia (*син-о'о-влä*) s. суставная
Syntactic (*син-тäк'-тик*) **Syntactical** (*син-тäк'-тик-äл*) adj. синтаксическій.
Syntactically (*син-тäк'-тик-äл-и*) adv синтаксически.
Syntax (*син'-тäкс*) s. синтаксисъ.
Synthesis (*син'-сзи-сис*) s. (лог) синтезисъ.
Synthetic (*син-зсет'-ик*), **Synthetical** (*син-зсет'-ик-äл*) adj синтетическій.
Synthetically (*син-зсет'-ик-äли*) adv синтетически.
Syphilis (*сиф'-и-лис*) s. сифилисъ.
Syphilitic (*сиф-и-лит'-ик*) adj. сифилитическій.
Syringa (*си-рин'-га*) s. (бот) душистая сирень.
Syringe (*си-ринджс*) s. шприцъ, || va. шприцевать.
Syringotomy (*сир-ин-гот'-о-ми*) s. (хир.) прорѣзываніе фистулы
Syrt (*сŏрт*), **Syrtis** (*сŏр'-тис*) s. сыпучій песокъ.
System (*сис'-тем*) s. система, расположеніе, планъ. **The solar —**, солнечная система. **To make a —**, создать систему.
Systematic (*сис-тем-äт'-ик*), **Sistematical** (*сис-тем-äт'-ик-äл*) adj. систематическій.
Systematically (*сис-тем-äт'-ик-äли*) adv систематически
Systematist (*сис'-тем-ä-тист*), **Systematizer** (*сис'-тем-айз-ер*) s. систематикъ
Systemize (*сис'-тем-айз*) va. систематизировать. [стола
Systole (*сис'-то-ли*) s (физ) си-
Systyle (*сис'-тайл*) s (арх) зданіе съ частыми колоннами.
Syzygy (*сиз'-и-джи*) s въ pl **Syzygies**, время полнолунія и новолунія.

T.

T (*ти*) двадцатая буква англійской азбуки **To a —**, совершенно **To fit to a —**, быть къ лицу. подходить.
Tabard (*тäб'-ард*) s. платье, надѣвавшееся поверхъ латъ.
Tabby (*тäб'-би*) s. пестрая кошка, || adj. пестрый полосатый.
Tabefaction (*тäб-и-фäк'-шŏн*) s. сухотка, маразмъ.
Tabernacle (*тäб'-ер-нä-кл*) s. палатка; скинія, кивотъ; || va. обитать; войти, воплотиться.

Tabes (*тэ'-виз*) s. (мед.) сухотка.
Tabid (*тӧб'-ид*) adj. сухоточный; чахлый.
Tabidness (*тӓб'-ид-нес*) s. худосочіе, худоба.
Tabific (*тӓ-биф'-ик*) adj. производящій сухотку.
Tablature (*тӓб-лӓ-тьюр*) s. стѣнопись, фрески; (муз.) таблатура.
Table (*тэ'б.л*) s. столъ; табличка, списокъ; классная доска. **Round —**, круглый столъ. **Work —**, рабочій столъ. **Card —**, карточный столъ. **Dining —**, обѣденный столъ. **To spread, to set the —**, ставить столъ. **To clear the —**, освобождать столъ. **To keep a good —**, имѣть хорошій обѣденный столъ. **A— of contents**, оглавленіе. **Miltiplication —**, таблица умноженія. **To turn the —s**, заставлять измѣниться счастье. **The —s are turned**, шансы перемѣнились; || va. vn. давать кому столъ; составлять роспись. **— -beer**, столовое пиво. **— -cloth**, скатерть. **— -linen**, столовое бѣлье. **— -napkin**, салфетка. **— -spoon**, столовая ложка. **— -talk**, застольный разговоръ. **— -turning**, вращающіеся столы.
Tablet (*тӓб'-лет*) s. дощечка, плиточка.
Tabling (*тэ'-блинг*) s. нахлѣбничество.
Taboo (*тӓ'-бу*) s. табу.
Tabour (*тэ'-бӧр*) s. маленькій барабанъ.
Tabourer (*тэ'-бӧр-ет*) s. играющій на такомъ барабанѣ.
Tabourine (*тӓб'-ӧ-рин*) s. см. **Tabour.**
Tabular (*тӓбь' ю-лӓр*) s. имѣющій плоскую поверхность.
Tabulate (*тӓбь'-ю-лэт*) va. дѣлать плоскимъ; внести въ таблицы, сдѣлать очеркъ.
Tachygraphy (*тӓ-киг'-рӓ-фи*) s. скоропись, стенографія.
Tacit (*тӓс'-ит*) adj. выраженный молчаніемъ.
Taciturn (*тӓс'-и-тӧрн*) adj. молчаливый, безмолвный.
Taciturnity (*тӓс'-и-тӧрн'-и-ти*) s. молчаливость, безмолвіе.
Tack (*тӓк*) va. привязывать; приколачивать; вдѣлывать; прикрѣплять. **To — about**, (мор.) поворотить на другой галсъ; || s. гвоздикъ; (мор.) галсъ.
Tackle (*тӓк'-л*) s. (мор.) тали. **Fishing —**, рыболовныя принадлежности. **Shooting —**; охотничьи принадлежности; || va. привязывать, связывать; закрѣплять.
Tact (*тӓкт*) s. тактъ; || смѣтливость.
Tactic (*тӓк'-тик*), **Tactical** (*тӓк'-тик'-ӓл*) adj. тактическій.
Tactician (*тӓк-тиш'-ӓн*) s. тактикъ.
Tactics (*тӓк'-тикс*) s. (воен.) тактика.
Tactile (*тӓк'-тил*) adj. осязаемый, ощутительный.
Tactility (*тӓк'-тил'-и-ти*) s. осязаемость, ощутительность.
Taction (*тӓк'-шӧн*) s. осязаніе, ощупываніе, ощупь.
Tactless (*тӓкт'-лес*) adj. безтактный.
Tadpole (*тӓд'-пол*) s. головастикъ.
Tænia (*ти'-ни-а*) s. (арх.) листель; || (мед.) солитеръ.
Tafelspath (*тӓф'-ел-спаѳ*) s. (мин.) родъ плавика.
Tafferel (*тӓф'-фер-ел*), **Taffrail** (*тӓф'-фрел*) s. (мор.) гакабортъ.
Taffeta (*тӓф'-фи-та*), **Taffety** (*тӓф'-фи-ти*) s. тафта.
Tafia (*тӓф'-и-а*) s. паточный спиртъ.
Tag (*тӓг*) s. чернь, сбродъ. **— rag**, чернь, сволочь; || va. добавлять, присоединять. **To — with**, воспослѣдовать.
Tahiti (*тахи'-ти*) npr. (геогр.) Таити.
Tail (*тэл*) s. хвостъ; конечность; пола одежды. **To turn —**, повернуться спиной. **Bob —**, съ окорнанымъ хвостомъ. **— -board**, откидной задокъ (экипажа). **— -piece**, конечная часть; (тип.) виньетка. **Head or —**, орелъ или рѣшка. **It has neither head nor —**, безъ начала и конца || va. тянуть, хватать за хвостъ. **To — in**, ввязывать.
Tailed (*тэлд*) adj. имѣющій хвостъ.
Tailless (*тэл'-лес*) adj. безхвостый.
Tailor (*тэ'-лӧр*) s. портной.
Tailoress (*тэ'-лӧр-ес*) s. портниха.
Tailoring (*тэ'-лӧр-инг*) s. портняжничаніе.
Taint (*тэнт*) s. цвѣтъ, колоритъ, оттѣнокъ; || пятно; порча, зараженіе; безчестіе, посрамленіе; уличеніе; || клещъ (насѣкомое); || va. пропитывать чѣмъ нибудь вреднымъ; портить; грязнить; безчестить, развращать; осквернять; || vn. проникаться, заражаться, портиться.
Taintless (*тэнт'-лес*) adj. незапятнанный, непорочный, чистый.
Tainture (*тэнть'-юр*) s. замараніе, пятно, порча.
Take (*тэк*) va. брать, схватывать, овладѣвать; допускать; истолковать. **To — a person by the hand**, взять кого либо за руку. **To — time by the forelock**, воспользоваться случаемъ. **He was taken prisoner**, онъ былъ захваченъ въ плѣнъ. **To — a town,**

взять городъ. **To — hold of**, схватить, захватить. **I — the liberty to say**, я беру на себя смѣлость сказать. **He took it from me**, онъ взялъ это отъ меня. **To — to pieces**, развинчивать механизмъ. **—my word for it**, даю слово въ этомъ. **To — advantage of**, воспользоваться случаемъ. **To — unfair advantage of**, использовать во зло. **To — things as the y come**, принимать вещи такъ какъ онѣ приходятъ. **To — part**, принимать участіе. **To — alarm**, волноваться, опасаться. **To — pains**, стараться, усердствовать. **To — care of**, заботиться. **To— heed**, обращать вниманіе, бодрствовать. **To — courage**, осмѣливаться. **To — to heart**, принимать къ сердцу. **To — exception at**, обижаться. **To — breath**, отдышаться. **How old do you — him to be?** сколько ему лѣтъ. **To — notice**, наблюдать. **To — a thing in earnest**, считаться съ чѣмъ либо серьезно. **To — a thing for granted**, считать что либо за установленное. **To — patience**, терпѣть. **To — fire**, воспламеняться. **To — root**, укореняться. **To — aim**, метить. **To — affect**, нанести ударъ. **To — place**, занять мѣсто. **To — leave**, воспользоваться обществомъ. **To — the field**, выступать въ походъ. **To — ship**, сѣсть на корабль. **To — one's own course**, дѣйствовать по своему усмотрѣнію. **To — the advice of**, послѣдовать чьему совѣту. **It takes two yards to make it**, нужно два метра, чтобы это сдѣлать. **It took two hours to go**, нужно было два часа, чтобы туда придти. **To — an oath**, поклясться, заставить дать клятву. **To — a nap**, вздремнуть. **To — a walk**, совершить прогулку. **To — revenge**, отмстить. **To — about**, вести. **To — again**, отвести. **To — along**, взять съ собой. **To — away**, увести. **To — back**, брать обратно. **To — down**, спускаться, унижаться. **To — down a book from a shelf**, взять книгу съ полки. **To — down a speech**, записать рѣчь. **To — from**, уменьшать. **To — in**, входить, допускать, принимать, давать убѣжище. **To — in water**, содержать воду. **He took in his sails**, онъ убавилъ свои паруса. **You have been taken in**, васъ обманули. **The cunning one's were taken in**, провели самыхъ большихъ хитрецовъ. **To — in hand**, взять въ руки. **To — into**, принять во вниманіе. **He took it into his head to stay**, онъ вздумалъ оставаться. **To — off**, снимать, уносить. **— off your hat**, снимите вашу шляпу. **To — off the edge of a knife**, притупить ножъ. **— yourself off**, убирайтесь. **He took it off at a draught**, онъ опорожнилъ это сразу. **He takes off his friends**, онъ подражаетъ своимъ друзьямъ. **To — out**, вывести. **To — out a spot**, вывести пятно. **To — out a tooth**, вырвать зубъ. **To — out a patent**, взять привиллегію. **To — up**, брать, захватывать. **To — up arms**, браться за оружіе. **To — up vagrants**, останавливать бродягъ. **You — him up sharply**, вы рѣзко оборвали его. **To — up the whole space**, захватить все свободное мѣсто. **To — up time**, поглощать время. **To — up a quarrel**, принять участіе въ ссорѣ. || vn. идти, править-ся, предаваться чему либо. **The enemy took to flight**, непріятель пустился въ бѣгство. **To — to business**, приняться за дѣла. **This work will not —**, это произведеніе не будетъ имѣть успѣха. **To — after**, идти по стопамъ, подражать. **The boy takes after his father**, мальчикъ похожъ на отца. **To — in with**, привязываться. **To — off**, снять, убрать. **To — on**, огорчаться, увлекаться. **Don't — on in this way**, не огорчайтесь до такой степени. **To — up with**, удовольствуйтесь платежемъ. **To — with**, удовлетворить, утѣшить. **The proposal takes well with him**, предложеніе ему нравится.

Taker (*тэк'-ер*) s. тотъ, кто беретъ, хватаетъ.

Take-in (*тэк'-ин*) s. обманъ.

Taking (*тэк'-инг*) adj. привлекательный; || s. взятіе, завладеніе, волненіе, страхъ.

Take-off (*тэк'-ов*) s. снимокъ, подражаніе, каррикатура.

Takingness (*тэк'-инг-нес*) s. привлекательность.

Talbot (*тал'-бот*) s. борзая собаки; ищейка.

Talc (*тäлк*) s. талькъ.

Talcose (*т ä л - к о ' о с*) **Talcous** (*тäлк'-ос*), **Talcky** (*тäл'-ки*) adj. тальковый.

Tale (*тэл*) s. повѣсть, разсказъ, сказка; || счетъ, количество. **Idle —s**, вздоръ, пустяки, слухъ. **To tell —s**, разсказывать сказки; лгать, выдумывать. **—-bearer**, сплетникъ. **—-bearing**, сплетни.

Talent (*тäл'-ент*) s. дарованіе, талантъ.
Talented (*тäл'-ент-ед*) adj. даровитый, талантливый.
Tales (*тэ'-лиз*) s. pl. (юрид.) запасные присяжные.
Talisman (*тäл'-из-мäн*) s. талисманъ. [волшебный.
Talismanic (*тäл-из-мäн'-ик*) adj.
Talk (*то'олк*) va. vn. говорить, толковать, болтать. **To — away**, **to — on**, продолжать говорить, заговориться. **To — of**, говорить о чемъ. **To — to**, говорить кому либо. **To — away**, проводить время въ болтовнѣ. **To— into**, убѣждать. **He talks you into anything**, онъ васъ всему заставляетъ вѣрить. **To — out of**, убѣждать. **To — over**, спорить. || s. разговоръ, бесѣда, болтовня. **To have a—with**, съкѣмъ либо имѣть разговоръ. **To be the — of**, быть предметомъ чьихъ либо разговоровъ.
Talkative (*то'ок-ä-тив*) adj. болтливый, говорливый.
Talkativeness (*то'ок-ä-тив-нес*) s. болтливость, говорливость.
Talker (*то'ок-ер*) s. говорунъ, болтунъ.
Talking (*то'ок-инг*) s. разговоры, рѣчь, болтовня.
Tall (*то'ол*) adj. высокій; великорослый. **A — man**, высокій человѣкъ. **To grow—**, вырости.
Tallage (*тäл'-эдж*), **Talliage** (*тäл'-ли-эдж*) s. пошлина, налогъ.
Tallness (*то'ол-нес*) s. высота роста, вышина.
Tallow (*тäл'-лоу*) s. сало. жиръ. — **-chandler**, фабрикантъ сальныхъ свѣчей. — **-faced**, блѣднолицый. — **-trade**, торгъ саломъ. || va. смазывать саломъ.
Tallowish (*тäл'-лоу-иш*), **Tallowy** (*тäл'-лоу-и*) adj. сальный.
Tally (*тäл'-ли*) s. бирка; дружка, ровня; квитанція. — **-man**, дѣлающій замѣтки на биркѣ; дающій въ долгъ рабочимъ. — **-trade**, продажа въ долгъ съ небольшимъ барышемъ. || va. vn. класть замѣтки; принаравливать, -ся, согласоваться.
Talmud (*тäл'-мōд*) s. талмудъ.
Talmudic (*тäл'-мōд-ик*), **Talmudical** (*тäл'-мōд-ик-äл*) s. талмудическій. [мудистъ
Talmudist (*тäл'-мōд-ист*) s. тал-
Talon (*тäл'-ōн*) s. коготь (птицы).
Talus (*тэ'-лōс*) s. откосъ, скатъ, отлогость; (атат.) таранная кость.
Tamable (*тэм'-ä-бл*), **Tameable** (*тэм'-ä-бл*) adj. укротимый.
Tamableness (*тэм'-ä-бл-нес*) s. способность дѣлаться ручнымъ.
Tamarin (*тäм'-ä-рин*) s. уистити (обезьяна).
Tamarind (*тäм'-ä-ринд*) s. (бот.) (тамариндъ). [гребенщикъ.
Tamarisk (*тäм'-ä-риск*) s. (бот.)
Tambour (*тäм'-бур*) s. барабанъ; || пяльцы для вышиванія. — **-work**, тамбурное шитье.
Tambourine (*тäм-бур-ин'*) s. бубенъ.
Tame (*тэм*) adj. ручной; домашній; тихій, трусливый; || va. укрощать, усмирять; пріучать.
Tameless (*тэм'-лес*) adj. неукротимый, необузданный.
Tamely (*тэм'-ли*) adv. смирно, покорно, робко; вяло.
Tameness (*тэм'-нес*) s. прирученность; покорность, робкость, вялость. [(звѣрей); усмиритель.
Tamer (*тэм'-ер*) s. укротитель
Taminy (*тäм'-и-ни*), **Tammy** (*тäми-ми*) s. родъ шерстяной матеріи.
Tamper (*тäм'-пер*) vn. принимать лекарства; дѣйствовать тайно, вмѣшиваться во что.
Tampering (*тäм'-инг*) s. употребленіе лѣкарствъ; происки.
Tamping (*тäм'-инг*) s. взрываніе, заготовленіе взрыва.
Tampion (*тäм'-пи-ōн*) s. затычка; втулка. [барабанъ.
Tamtam (*тäм'-тäм*) s. индійскій
Tan (*тäн*) s. дубовая кора (толченная). **Waste —**, дубовая кора послѣ дубленія. — **-pit**, яма для дубленія кожъ. — **-yard**, кожевенный заводъ. || va. дубить, выдѣлывать кожу.
Tanager (*тäн'-ä-джер*) s. кардиналъ (птица).
Tandem (*тäн'-дем*) adv. гускомъ,
Tang (*тäнг*) s. дурной вкусъ, остающійся во рту; привкусъ; вкусъ, склонность къ чему; уколъ; || vn. звонить. [прикосновенность.
Tangency (*тäн'-джен-си*) s. (геом.)
Tangent (*тäн'-джент*) s. (геом.) тангенсъ. [заемый.
Tangible (*тäн'-джи-бл*) adj. ося-
Tangle (*тäнг'-гл*) va. vn. путать, запутывать, -ся; смѣшать. || s. узелъ; плетенка, косичка; гирлянда (цвѣтовъ); || путаница.
Tangly (*тäнг'-гли*) adj. смѣшанный; спутанный; покрытый морскими травами.
Tank (*тäнк*) s. водоемъ, резервуаръ; чанъ.
Tankard (*тäнк'-äрд*) s. кувшинъ, кубокъ. [сыромятникъ.
Tanner (*тäн'-нер*) s. кожевникъ,
Tannery (*тäн'-ер-и*) s. кожевенныя, сыромятня. [нинъ.
Tannin (*тäн'-нин*) s. (хим.) та-
Tanning (*тäн'нинг*) s. дубленіе.

Tansy (*тäн'-зи*) s. рябина (растеніе).
Tantamount (*тäн'-тä-мунт*) adj. равносильный, равноцѣнный.
Tantivy (*тäн'-ти-ви*) adv. вскачь, во весь опоръ; || s. галопъ, прыть.
Tantrum (*тäн'-тpöм*) s. дурное расположеніе духа.
Tap (*тäп*) va. vn. стукнуть, ударить слегка; подбить (сапоги); проколоть; сдѣлать надрѣзъ, почать (бочку). || s. легкій ударъ; трубка (крана). — **-house**, распивочная. — **-room**, распивочная, пивная.
Tape (*тэп*) s. тесьма, тесемка. **Red** —,* бюрократія, рутина. — **-worm**, солитеръ, тенія.
Taper (*тэ'-пер*) s. восковая свѣча; факель, свѣтъ; || adj. съуживающійся, коническій.
Taperness (*тэ'-пер-нес*) s. коническая форма.
Tapestry (*тäп' ес-три*) s. шпалеры, обои.
Tapioca (*тäп-и-о'о-кä*) s. маніочная мука.
Tapir (*тэ'-пир*) s. (зоол.) тапиръ.
Tapis (*тэ-'пис*) s. коверъ. **To be upon the** —, быть на обсужденіи (о дѣлѣ).
Tapping (*тäп'-пинг*) см. **Tap**.
Tapster (*тäп'-стер*) s. цѣловальникъ, шинкарь.
Tar (*тар*) s. жидкая смола, варъ, деготь. **Coal** —, каменноугольный деготь. **Jack-** —, морской волкъ. || va. смолить, осмаливать.
Tarantula (*тä-рäн'-тьä-ла*) s. тарантула (паукъ).
Tardigrade (*тар'-ди-грэд*) adj. едва плетущійся; || s. (зоол.) тихоходъ.
Tardily (*тар'-ди-ли*) adv. медленно, неохотно.
Tardiness (*тар'-ди-нес*) s. мѣшкотность, медленность.
Tardy (*тäр'-ди*) adj. мѣшковатый, медленный, запоздалый.
Tare (*тэр*) s. куколь, плевелъ; || (торг.) тара.
Target (*тар'-гет*) s. таргъ (длинный шаръ); || мишень.
Targeter (*тар'-гет-ер*) s. вооруженный щитомъ.
Targum (*тäр'-гäм*) s. таргумъ (халдейское толкованіе библіи).
Tariff (*тäр'-иф*) s. тарифъ; || назначать пошлину по тарифу.
Tarin (*тäр'-ин*) s. чечетка (птичка)
Tarlatan (*тар'-лä-тäн*) s. родъ матеріи; тарлатанъ.
Tarn (*тарн*) s. болото, топь.
Tarnish (*тар'-ниш*) va. дѣлать тусклымъ; || vn. тускнѣть.
Tarpaulin (*тар-по'о-лин*), **Tarpawling** (*тар-по'о-линг*) s. брезентъ.
Tarragon (*тäр'-рä-гон*) s. эстрагонъ (растеніе).
Tarrier (*тäр'-ри-ер*) s. медлитель; такса (собака).
Tarry (*тäр'-ри*) vn. прожить, пробыть; отлагать, мѣшкать; || va. ожидать.
Tarry (*тäр'-ри*) adj. смоляной, дегтярный.
Tarrying (*тäр'-ри-игн*) adj. опозданіе, задержка.
Tarsel (*тар'-сел*) s. самецъ (у хищныхъ птицъ).
Tarsus (*тар'-сöс*) въ pl. **Tarsi** (анат.) плюсна (у ноги).
Tart (*тарт*) adj. терпкій, кислый, острый, || s. тортъ.
Tartan (*тäр'-тäн*) s. тартанъ (матерія); (мор.) одномачтовое судно.
Tartar (*тäр'-тäр*) s. винный камень; || адъ. **To catch a** —, встрѣтить отпоръ.
Tartarean (*тар-тэ'-ри-äн*), **Tartareous** (*тар-тэ'-ри-öс*) adj. винно-каменный.
Tartaric (*тäр-тäр'-ик*) adj. виннокаменный.
Tartarous (*тар'-тä-рöс*) adj. винокаменный.
Tartish (*тарт'-иш*) adj. терпковатый, кисловатый.
Tartly (*тарт'-ли*) adv. терпко, кисло.
Tartness (*тарт'-нес*) терпкость, кислота.
Tartrate (*тарт'-тэрт*) s. виннокаменная соль.
Tartuffe (*тар-туф*) s. лицемѣръ ханжа; святоша.
Task (*таск*) s. урокъ, задача; работа; дѣло; обязанность. **To set a** —, дать урокъ. **To take to** —, порицать. — **-master**, требовательный учитель, смотритель за рабочими. — **-work**, заданная работа, урокъ. || va. задать урокъ, поручить работу; отягощать.
Tasker (*таск'-ер*) s. см. **Taskmaster**.
Tassel (*тäс'-сел*) s. кисть, кисточка. || va. украшать кистями.
Tasses (*тäс'-сэз*) s. pl. набедренникъ у латъ.
Tastable (*тэст'-ä-бл*) adj. вкусный.
Taste (*тэст*) va. vn. вкушать, имѣть вкусъ; пробовать имѣть охоту, склонность къ чему; нравиться. **To — wine**, пробовать вино вино. **To — of garlic**, пахнуть чеснокомъ. **To — bitter**, имѣть горькій вкусъ. **To — nice**, имѣть хорошій вкусъ. || s. вкусъ; вкушеніе; проба. **A bitter** —, горькій вкусъ. **Out of** —, безвкусный. **To have a — for**, имѣть къ чему вкусъ. **A matter of** —, дѣло вкуса.
Tasteful (*тэст'-фул*) adj. вкусный, смачный; полный вкуса.
Tastefully (*тэст'-фул-и*) adv. со вкусомъ.

Tasteless (*тэст'-лес*) adj. безвкусный; приторный, пошлый.
Tastelessly (*тэст'-лес-ли*) adv. безвкусно; приторно, пошло.
Tastelessness (*тэст'-лес-нес*) s. безвкусіе; безвкусица, приторность, пошлость.
Taster (*тэст'-ер*) s. тотъ кто отвѣдываетъ, пробуетъ.
Tastily (*тэст'-и-ли*) adv. со вкусомъ.
Tasting (*тэст'-инг*) s. вкусовое ощущеніе, распознаваніе вкуса; проба (вина).
Tasty (*тэсти'*) adj. имѣющій хорошій вкусъ.
Tatter (*тăт'-тер*) s. лохмотье, лоскутье, рубище; || va. разорвать, превратить въ лохмотья.
Tatterdemalion (*тăт-ер-ди-мăл'-йŏн*) s. оборванецъ, лохмотникъ.
Tattle (*тăт'-тл*) vn. болтать; || s. болтовня, пустословіе.
Tattling (*тăт'-тлинг*) adj. любящій болтать.
Tattoo (*тăт-ту'*) s. (воен.) зоря; || татуированіе.
Tattooing (*тăт-ту'-инг*) s. татуировка.
Taught (*то'от*) adj. (мор.) крѣпко натянутый канатъ, надутый парусъ.
Taunt (*тант*) s. укоръ, упрекъ; || va. vn. упрекать, язвить, насмѣхаться.
Taunter (*тант'-ер*) s. хулитель, порицатель.
Tauntingly (*тант'-инг-ли*) adv. съ упреками.
Tauromachy (*то-рŏм'-ă-ки*) s. бой быковъ.
Taurus (*то'о-рŏс*) s. (астр.) Телецъ (созвѣздіе).
Tautologic (*то-то-лодж'-ик*), **Tautological** (*то-то-лодж'-ик-ăл*) adj. тождесловный.
Tautology (*то-тол'-о-джи*) s. тавтологія, тождесловіе.
Tavern (*тăв'-ерн*) s. трактиръ; таверна, — **-keeper**, трактирщикъ.
Taw (*то'о*) s. мраморный шаръ; || va. выдѣлывать сыромятную кожу.
Tawdrily (*то'о-дри-ли*) adv. съ ложнымъ блескомъ.
Tawdriness (*то'о-дри-нес*) s. пустой блескъ, мишурность.
Tawdry (*то'о-дри*) adj. пестрый, яркій, мишурный. — **-colours**, кричащіе цвѣта.
Tawer (*то'о-ер*) s. сыромятникъ.
Tawery (*то'о-ер-и*) s. сыромятня.
Tawing (*то'о-инг*) s. выдѣлываніе сыромятныхъ кожъ.
Tawny (*то'о-ни*) смуглый; красный (звѣрь).
Tax (*тăкс*) s. такса, цѣна; налогъ. **Assessed — s**, прямые налоги. — **collector**, сборщикъ податей. — **payer**, плательщикъ податей. || **va.** облагать налогомъ, сборомъ, оцѣнивать. **To — one's memory**, утруждать свою память.
Taxable (*тăкс'-ă-бл*) adj. подлежащій налогу.
Taxation (*тăкс-э'-шŏн*) s. обложеніе податью, оцѣнка.
Taxer (*тăкс'-ер*) s. облагающій налогомъ, оцѣнщикъ.
Taxing (*тăкс'инг*) s. см. **Taxation**.
Tea (*ти*) s. чай; || настой. — **caddy**, чайница. — **canister**, чайница. — **-chest**, цибикъ. — **-cup**, чайная чашка. — **-dealer**, чаеторговецъ. — **-kettle**, чайникъ. — **plant**, чайное дерево. — **-pot**, чайникъ. — **-service**, — **-set**, чайный сервизъ. — **things**, чайный приборъ. — **-spoon**, чайная ложка. — **-urn**, самоваръ.
Teach (*тич*) va. учить, обучать, научать.
Teachable (*тич'-ă-бл*) adj. понятливый, переимчивый.
Teachableness (*тич'-ă-бл-нес*) s. понятливость, переимчивость.
Teacher (*тич'-ер*) s. учитель, наставникъ.
Teaching (*тич'-инг*) s. ученіе, поученіе. — **s of experience**, уроки опыта.
Teak (*тик*) s. тикъ (дерево).
Teal (*тил*) s. чирокъ.
Team (*тим*) s. цугъ, упряжка. || va. запрягать; впрягать.
Teamster (*тим'-стер*) s. возница, погонщикъ.
Tear (*тир*) s. слеза. **To shed — s**, проливать слезы. **All in — s**, весь въ слезахъ.
Tear (*тэр*) va. драть, раздирать. **To — in pieces, to — to pieces**, разрывать на части. **To — one's self from**, вырываться. **To — one's hair**, вырывать себѣ волосы. **To — asunder**, рѣзко вырывать. **To — away**, вырывать, отдѣлять. **To — off**, удалять. **To — out**, вырывать. **To — up**, разрывать на части. || vn. рваться, разрываться; надрываться. **To — along**, скакать во всю прыть. **To — up a hill**, карабкаться на гору во весь духъ. || s. разрывъ, — **and wear**, поврежденіе; (торг.) аварія.
Tearer (*тэр'-ер*) s. тотъ, кто раздираетъ.
Tearful (*тир'-фул*) adj. въ слезахъ.
Tearless (*тир'-лес*) adj. безъ слезъ.
Tease (*тиз*) va. надоѣдать, дразнить; ворсить (сукно).
Teasel (*тизл*) va. ворсить; чесать (ленъ).
Teaseler (*ти'-зл-ер*) s. ворсильщикъ.
Teaser (*тиз'-ер*) s. надоѣдливый человѣкъ.
Teat (*тит*) s. сосокъ, титька.

Techily (*теч'-и-ли*) adv. брюзгливо, неохотно.
Techiness (*теч'-и-нес*) s. брюзгливость, недружелюбіе.
Technic (*тек'-ник*), **Technical** (*тек'-ник-ăл*) adj. техническій.
Technicality (*тек-ник-ăл-и-ти*) s. техническая сторона.
Technics (*тек'-никс*) s. техника.
Technological (*тек-но-лодж'-ик-ăл*) adf. технологическій.
Technologist (*тек-нол'-о-джист*) s. технологъ.
Technology (*тек-нол'-о-джи*) s. технологія.
Techy (*теч'-и*) adj. см. **Touchy**.
Ted (*тэд*) va. ворочать (траву).
Tedious (*ти'-ди-ŏс*) adj. скучный, утомительный, вялый.
Tediously (*ти'-ди-ŏс-ли*) adv. скучно, утомительно, вяло.
Tediousnes (*ти'-ди-ŏс-нес*) s медленность, утомительность.
Tedium (*ти'-ди-ŏм*) s. скука, однообразіе.
Teem (*тим*) vu. рождать, родить; изобиловать чѣмъ. **To — with**, изобиловать. || va. порождать, производить.
Teemful (*тим'-фул*) adj. обильный, плодородный.
Teeming (*тем'-инг*) adj. плодоносный, плодородный. [ный.
Teemless (*тим'-лес*) adj. безплод-
Teens (*тинз*) s. pl. отрочество. **To be in one's —**, быть моложе двадцати лѣтъ. [бы; зубья.
Teeth (*тосз*) s. pl. отъ **Tooth**; зу-
Teething (*тисз'-инг*) s. прорѣзываніе зубовъ. [ный, полный.
Teetotal (*ти-то'о-тăл*) adj. цѣль-
Teetotaler (*ти-то'о-тăл-ер*) s. членъ общества трезвости.
Teetotalism (*ти-то'о-тăл-изм*) s. трезвость. [(игрушка).
Teetotum (*ти-то'о-тŏм*) s. юла
Tegular (*тег'-ю-лăр*) adj. черепичный. [покровъ, оболочка.
Tegument (*тегъ'-ю-мент*) s. (анат.)
Tegumentary (*тегъ-ю-мент'-ă-ри*) adj. служащій покровомъ.
Teil (*тил*) s. липа. **— -tree**, липа.
Telamones (*тел-ă-мо'о-низ*) s. pl. (арх.) каріатиды. [грамма.
Telegram (*тел'-и-грăм*) s. теле-
Telegraph (*тел'-и-грăф*) s. телеграфъ. **Electric —**, электрическій телеграфъ. **Wireless —**, безпроволочный телеграфъ. || va. телеграфировать. [телеграфическій.
Telegraphic (*тел-и-грăф'-ик*) adj.
Telegraphy (*ти-лег'-рă-фи*) s. телеграфированіе.
Telephone (*тел'-и-фон*) s. телефонъ; || vn. телефонировать.
Telephonic (*тел-и-фон'-ик*) adj. телефонный.
Telescope (*тел'и-скоп*) s. телескопъ
Telescopic (*тел-и-скоп'-ик*), **Telescopical** (*тел-и-скоп'-ик-ăл*) adj. телескопическій.
Tell (*тел*) va. сказывать, сообщать. **— your opinion**, скажите ваше мнѣніе. **— it to him**, скажите это ему. **I have been told that**, я слышалъ, мнѣ сказали что. **I cannot — what to do**, я не знаю, что сдѣлать. **To — truth**, сказать правду. **To — off, to — down**, сосчитать. || vn. разсказывать, доносить. **Every shot —s**, каждый ударъ попадаетъ въ цѣль. **All that is beginning to —**, все это начинаетъ чувствоваться.
Teller (*тел'-ер*) s. разсказчикъ. **Fortune- —**, гадальщикъ.
Tell-tale (*тел'-тэл*) s. пересказчикъ, сплетникъ.
Tellurium (*тел-лью'-ри-ŏм*) s. (хим.) теллурій.
Temerarious (*тем-и-рэ'-ри-ŏс*) adj. смѣлый, дерзкій.
Temerity (*ти-мер'-и-ти*) s. смѣлость, дерзость.
Temper (*тем'-пер*) va. закалять сталь; смягчать, смѣшивать; тушить (объ извести). **To — again**, вновь закалять сталь. || s. смѣшеніе, смѣсь; закалъ; растворъ (извести); нравъ, характеръ. **Even —**, ровный характеръ. **Sweet —**, чудный характеръ. **To get out of —**, сердиться. **To keep one's —**, сохранять хладнокровіе. **To put out of —**, приводить въ дурное расположеніе духа. **To lose one's —**, сердиться, терять самообладаніе. **He has a bad —**, у него плохой характеръ.
Temperament (*тем'-пер-ă-мент*) s. темпераментъ; нравъ, свойство.
Temperance (*тем'-пер-ăнс*) воздержаніе. **— society**, общество трезвости.
Temperate (*тем'-пер-эт*) s. adj. умѣренный. **A — climate**, умѣренный климатъ.
Temperately (*тем'-пер-эт-ли*) adv. умѣренно, воздержно.
Temperateness (*тем'-пер—эт-нес*) s. умѣренность, воздержность.
Temperative (*тем'-пер-ă-тив*) adj. умѣряющій. [температура.
Temperature (*тем'-пер-ă-тьюр*) s.
Tempered (*тем'-перд*) adj. своенравный, закаленый. **A good — man**, добронравный. **To be ill —**, имѣть плохой характеръ.
Tempest (*тем'-пест*) s. буря, штормъ. **— -beaten**, разбитый бурей. **— -tost**, гонимый бурей. || va. бушевать, волновать, обуревать. [adj. бурный.
Tempestuous (*тем-пестъ'-ю-ŏс*)

Tempestuously (*тем-пестъ'-ю-ос-ли*) adv. бурно.
Tempestuousness (*тем-пестъ'-ю-ос-нес*) s. бурность, буря.
Templar (*тем'-плäр*) s. студентъ правовѣдѣнія. **Knight —,** храмовникъ (рыцарь).
Temple (*тем'-пл*) s. храмъ; церковь; || va. сооружать храмъ.
Temporal (*тем'-по-рäл*) adj. временный; мірской; (анат.) височный.
Temporality (*тем'-по-рäл-и-ти*) s. временныя блага.
Temporally (*тем'-по-рäл-и*) adv. на время, временно.
Temporals (*тем'-по-рäлз*) s. pl. см. **Temporality.**
Temporarily (*тем'-по-рä-ри-ли*) adv. временно.
Temporariness (*тем'-по-рä-ри-нес*) s. временность.
Temporary (*тем'-по-рä-ри*) adj. временный.
Temporization (*тем-по-ри-зэ'-шон*) s. выжидающій удобнаго случая. [временить.
Temporize (*тем'-по-райз*) va. по-
Tempt (*темп*) va. искушать, прельщать; испытывать.
Temptable (*темп'-ä-бл*) adj. подверженный искушенію.
Temptation (*тем-тэ'-шон*) s. искушеніе, соблазнъ.
Tempter (*темт'-ер*) s. искуситель, соблазнитель. [нительный.
Tempting (*темт'-инг*) adj. соблаз-
Temptingly (*темт'-инг-ли*) adv. соблазнительно.
Temptress (*темт'-рес*) s. искусительница, соблазнительница
Ten (*тен*) adj. десять; || s. десятокъ. **It is — to one,** можно поставить десять противъ одного.
Tenable (*тен'-ä-бл*) adj. могущій держаться.
Tenacious (*ти-нэ'-шос*) adj. твердо держащійся чего. **To be — of,** придерживать, быть сильно привязаннымъ.
Tenancy (*тен'-äн-си*) s. временное владѣніе; арена. [арендаторъ.
Tenant (*тен'-äнт*) s. наниматель,
Tenantable (*тен'-äнт-ä-бл*) adj. удобный для найма.
Tenantless (*тен'-äнт-лес*) adj. ненанятой. [даторы.
Tenantry (*тен'-äнт-ри*) s. арен-
Tench (*тенч*) s. линь (рыба).
Tend (*тенд*) va. беречь, стеречь; смотрѣть за кѣмъ. || vn. стремиться, добиваться чего. **To — towards,** направляться къ. **That tends to the general good of all,** это направлено къ общему благу всѣхъ. [ція, влеченіе.
Tendency (*тенд'-ен-си*) s. тенден-
Tender (*тен'-дер*) s. предложеніе, подрядъ; участіе. **To make a —,** сдѣлать предложеніе. **Legal —,** законная монета. **To make a — for,** взять на подрядъ. || va. предлагать; представлять. || adj. нѣжный, мягкій. **— meat,** нѣжное мясо. **He has a — heart,** у него нѣжное сердце. **A — subject,** деликатный сюжетъ. **— -hearted,** съ нѣжнымъ сердцемъ.
Tenderling (*тен'-дер-линг*) s. первые рога (у оленя); || баловень, любимецъ.
Tenderly (*тен'-дер-ли*) adv. нѣжно, умильно, кротко.
Tenderness (*тен'-дер-нес*) s. нѣжность, кротость. **With —,** съ нѣжностью. [жилие.
Tendon (*тен'-дон*) s. (анат.) сухо-
Tendril (*тен'-дрил*) s. (бот.) усикъ; отпрыскъ.
Tenebrious (*ти-ни'-бри-ос*), **Tenebrous** (*тен'-и-брос*) adj. темный, мрачный.
Tenement (*тен'-и-мент*) s. домъ (наемный); аренда. **— house,** доходный домъ.
Tenesmus (*ти-нез'-мос*) s. натуга (при испражненіи). [ваніе.
Tenet (*тен'-ет*) s. правило, осно-
Tenfold (*тен'-фолд*) adj. десятеричный.
Tennis (*тен'-ис*) s. тенисъ, игра въ мячъ.**—count,**мѣсто, гдѣ играютъ въ мячъ.
Tenon (*тен'-он*) s. шипъ.
Tenor (*тен'-ор*) s. курсъ, путь, направленіе; (муз.) теноръ.
Tense (*тенс*) s. (грам.) время; || adj. натянутый.
Tenseness (*тенс'-нес*) s. натянутость, напряженіе.
Tensibility (*тен-си-бил'-и-ти*) s. растяжимость.
Tensible (*тен'-си-бл*), **Tensile** (*тен'-сил*) adj. растяжимый, тягучій.
Tension (*тен'-шон*), **Tensity** (*тен'-си-ти*) s. натягиваніе; натуга.
Tensive (*тен'-сив*) adj. напрягающій, натягивающій.
Tent (*тент*) s. палатка, шатеръ, ставка. **To strike the —s,** снять лагерь. **— cloth,** тикъ (матерія); || корпія (для ранъ); тампонъ. **— bed,** постель съ отлогимъ навѣсомъ. **— post,** шатерное древко; || vn. жить въ палаткѣ; стоять лагеремъ; || va. раскидывать палатки, ставить шатры; || (хир.) зондировать; закладывать (рану) корпіей.
Tentacle (*тен'-тä-кл*) s. щупальце.
Tentative (*тен'-тä-тив*) s. покушеніе, попытка; опытъ; || adj. искусительный; опытный, экспериментальный.
Tenter (*тен'-тер*) s. крюкъ, рама.

для натягиванія, для распяливанія; сушильня (для бѣлья). **To be on the —s**, быть въ затрудненіи, какъ на иголкахъ. **To keep one on—**, или **Upon the —s**, водить кого за носъ, обманывать.— **frame**, рама, пяльцы для растягиванія; — **hook**, гвоздь съ крючкомъ, крючокъ (для натягиванія). — **ground**, сушильня; || va. натягивать, растягивать, распяливать гвоздями, въ рамахъ; || vn. растягиваться, раздаваться.

Tenth (*тенсз*) s. десятая доля, часть; десятина, десятая часть; || (муз.) децима; || adj. десятый. **On the — of May**, десятаго (числа) мая; || **—ly**, adv. въ-десятыхъ.

Tenuity (*ти-нью'-и-ти*) s. тонкость, мелкость; рѣдкость (воздуха); малость, незначительность.

Tenuous (*тенъ'-ю-ӧс*) adj. тонкій, мелкій; рѣдкій (воздухъ); малый, дробный.

Tenure (*тенъ'-юр*) s. ленная зависимость, подданство; || владѣніе, право; содержаніе; продолжительность; существованіе, положеніе.

Tepefaction (*теп-и-фек'-шӧн*) s. согрѣваніе.

Tepefy (*теп'-и-фай*) va. vn. согрѣвать, -ся.

Tepid (*теп'-ид*) adj. тепловатый.

Tepidity (*ти-пид'-и-ти*) **Tepidness** (*теп'-ид-нес*) s. тепловатость.

Tepor (*ти'-пӧр*) s. теплота, умѣренный жаръ.

Terce-major (*тӧрс'-мэ-джӧр*) s. терцъ-мажоръ (въ карточной игрѣ).

Tercet (*тӧр'-сет*) s, (муз.) терція.

Terebinthine (*тер-и-бин'-сзин*) adj. терпентинный, скипидарный.

Terebrate (*тер'-и-брэт*) va. пробуравливать, просверливать.

Terebration (*тер'-и-брэ'-шӧн*) s. пробуравливаніе, просверливаніе.

Teredo (*ти-ри'-до*) s. сверлянка (моллюскъ).

Tergiversate (*тӧр'-джи-вер-сэт*) vn. увертываться, прибѣгать къ уловкамъ, вилять, хитрить.

Tergiversation (*тӧр'-джи-вер-сэ'-шӧн*) s. увертки, уловки; || непостоянство.

Term (*тӧрм*) s. предѣлъ, граница, конецъ; || срокъ, время, пора; срокъ занятій, учебный годъ; **For the — of life**, по смерть; || выраженіе, слово; || отношеніе; договоръ; статья, постановленіе; (мат.) членъ. **We are not on speaking —s**, мы другъ съ другомъ не говоримъ. **To be on go— —s**, быть въ хорошихъ отношеніяхъ съ кѣмъ; **What are your —?** какія ваши условія? **To make —s, to come to —s**, условиться; || va. называть, именовать.

Termagancy (*тӧр'-мӑ-гӑн-си*) s. буйность, задорность, сварливость.

Termagant (*тӧр'-мӑ-гӑнт*) adj. буйный, сварливый, задорный; ворчливый; || s. сварливая, задорная баба, мегера.

Terminable (*тӧр'-ми-нӑ-бл*) adj. ограничимый.

Terminal (*тӧр'-ми-нӑл*) adj. (бот.) конечный, верхушечный.

Terminate (*тӧр'-ми-нэт*) va. ограничить, положить предѣлъ, конецъ чему; дойти до конца, окончить, совершить; || vn. кончиться, прекратиться, совершиться.

Termination (*тӧр-ми-нэ'-шӧн*) s. ограниченіе; предѣлы; конецъ, прекращеніе, заключеніе, совершеніе; послѣдствіе, конечная цѣль; (грам.) окончаніе (словъ).

Terminational (*тӧр-ми-нэ'-шӧн-ӑл*) adj. окончательный.

Terminative (*тӧр'-ми-нӑ-тив*) adj. окончательный. **—ly**, adv. окончательно, рѣшительно

Terminer (*тӧр'-ми-нер*) s. (юрид.) рѣшеніе, приговоръ.

Terminology (*тӧр-ми-нол'-о-джи*) s. терминологія.

Terminus (*тӧр'-ми-нӧс*) s. граница; пограничный столбъ; точка отправленія; главная станція (жел. дор.).

Termite (*тӧр'-майт*) s. бѣлый муравей.

Termless (*тӧрм'-лес*) adj безпредѣльный, безконечный.

Tern (*тӧрн*) s. морская ласточка, чаграва (птица) || тройное число.

Terra (*тер'-ра*) s. земля. — **firma**, твердая земля, континентъ; — **cotta**, терракотта, обожженная формовая земля.

Terrace (*тер'-рӑс*) s. терраса, валъ, насыпь; площадка; || va. устроить террасу, въ видѣ террасы; открывать, представлять на видъ.

Terraqueous (*тер-рэ'-куи-ӧс*) adj. земноводный.

Terrene (*тер-рин'*) adj. земной.

Terrestrial (*тер-рес'-три-ӑл*) adj. земной, земнородный; мірской; свѣтскій.

Terrible (*тер'-ри-бл*) adj. ужасный, страшный; (разг.) чрезвычайный; || — **bly**, adv. ужасно, страшно; чрезвычайно.

Terribleness (*тер'-ри-бл-нес*) s. положеніе, свойство, возбуждающее ужасъ; ужасъ.

Terrier (*тер'-ри-ер*) s. такса (собака употребляемая для ловли барсуковъ); || нора, логовище звѣря; || поземельная оброчная книга.

Terrific (*тер-риф'-ик*) adj. ужасный, страшный.

Terrify (*тер'-ри-фай*) va. устрашать, ужасать, пугать.

Territorial (*тер-ри-то'о-ри-ăл*) adj. земельный; областной, территоріальный; || **—ly,** adv. въ отношеніе земли, области, территоріи.

Territory (*тер'-ри-тŏ-ри*) s. владѣніе, область, земля, территорія.

Terror, (*тер'-рŏр*) s. страхъ, ужасъ; предметъ страха, ужаса. **— stricken, — struck,** объятый ужасомъ.

Terrorist (*тер'-рор-ист*) s. террористъ.

Terse (*тŏрс*) adj. гладкій, чистый, ровный, красивый, изящный.

Terseness (*тŏрс'-нес*) s. чистота (слога); изящность, красивость.

Tertain (*тŏр'-шăн*) adj. трехдневный; || s. трехдневная лихорадка.

Tertiary (*тŏр'-ши-ă-ри*) adj. третичный, третій; (геол.) третьей формаціи.

Tertiate (*тŏр'-ши-эт*) va. дѣлать что въ третій разъ; вспахивать землю въ третій разъ; || возвышать цѣну на одну треть; || пробовать, испытывать (пушку).

Tessellate (*тес'-сел-лет*) va. набирать, выкладывать шахматами, клѣтками; дѣлать мозаическую работу.

Tessellation (*тес-се-лэ'-шŏн*) s. наборная работа, мозаика.

Test (*тест*) s. пробирная трубка; пробирный камень; предметъ служащій средствомъ испытанія при опытахъ; испытаніе, опытъ; критеріумъ; мѣрило; отличительный признакъ, различіе. **To put one to the —,** испытывать, подвергнуть кого испытанію. **— act,** присяга въ отреченіи; || **va.** дѣлать опыты, испытывать, испробовать; (юрид.) засвидѣтельствовать, подтвердить.

Testable (*тест'-ă-бл*) adj. могущій быть переданнымъ по завѣщанію.

Testacea (*тес-тэ'-ши-а*) s. pl. черепокожныя животныя; моллюски, слизни, раковины.

Testaceous (*тес-тэ'-шŏс*) adj. черепокожный; (бот.) кирпичнаго цвѣта.

Testament (*тес'-тă-мент*) s. духовное завѣщаніе, духовная; || Завѣтъ (Ветхій, Новый).

Testamentary (*тест-ă-мент'-ă-ри*) adj. завѣщательный, относящійся къ духовной; переданный по завѣщанію.

Testamentation (*тест-ă-мен-тэ'-шŏн*) s. передача по духовному завѣщанію.

Testate (*тес'-тэт*) adj. оставившій послѣ себя завѣщаніе; сдѣлавшій духовное завѣщаніе.

Testator (*тес-тэ'-тŏр*) s. завѣщатель.

Testatrix (*тес-тэ'-трикс*) s. завѣщательница.

Tester (*тес'-тер*) s. балдахинъ надъ кроватью. [ядро.

Testicle (*тес'-ти-кл*) s. (анат.) яичко

Testificator (*тес'-ти-фи-кэ-тŏр*), **Testifier** (*тес' - ти - фай - ŏр*) s. свидѣтель, удостовѣритель.

Testify (*тес'-ти-фай*) va. vn. свидѣтельствовать, удостовѣрять; утверждать: давать показанія; объявлять.

Testily (*тес'-ти-ли*) adv. съ неудовольствіемъ, раздражительно, брюзгливо.

Testimonial (*тес-ти-мо'о-ни-ă.л*) s. свидѣтельство, удостовѣреніе, аттестатъ, одобреніе; || adj. свидѣтельскій, удостовѣрительный.

Testimony (*тес'-ти-мо-ни*) s. удостовѣреніе, засвидѣтельствованіе; доказательство; письменное свидѣтельство, одобреніе, аттестатъ. **In — whereof,** въ удостовѣреніе чего. **To bear — to,** свидѣтельствовать о чемъ.

Testiness (*тес'-ти-нес*) s. дурной нравъ, несговорчивость, блажь, упрямство.

Testing (*тест'-инг*) s. испытываніе, проба.

Testy (*тес'-ти*), **Tetchy** (*теч'-и*) adj. строптивый, брюзгливый, упрямый, блажной. [някъ.

Tetanus (*тет'-ă-нŏс*) s. (мед.) столб-

Tether (*тесз'-ер*) s. привязь, путы (лошадиныя) || * узы, предѣлы; иго, рабство. || **va.** привязывать, путать (лошадь).

Tetrachord (*тет'-ра-корд*) s. четырехструнная лира; (муз.) тетрахордъ, кварта.

Tetragon (*тет'-ра-гон*) s. (геом.) четырехугольникъ.

Tetragonal (*ти-трăг'-ŏ-нăл*) adj. (геом.) четырехугольный.

Tetrahedral (*тет-рă-хи'-дрăл*) adj. (геом.) четырехгранный.

Tetrahedron (*тет-ра-хи'-дрŏн*) s. (геом.) четырехгранникъ.

Tetrameter (*ти-трăм'-и-тŏр*) s. четырехстопный стихъ.

Tetrandria (*ти-трăн'-дри-а*) s. (бот.) четверомужіе.

Tetrapetalous (*тет-ра-пет' - ă-лŏс*) adj. (бот.) четырелепестковый.

Tetrarch (*ти'-трарк*) s. тетрархъ, четверовластникъ.

Tetrastyle (*тет' -ра - стайл*) s.

(древн.) зданіе, храмъ съ четырьмя колоннами въ фасадѣ.

Tetrasyllabic (*тет-рă-сил-лăб'-ик*) **Tetrasyllabical** (*тет-рă-сил-лăб'-ик-ăл*) adj. четырехсложный.

Tetrasyllable (*тет-ра-сил'-лă-бл*) s. (грам.) четырехсложное слово.

Tetter (*тет'-тер*) s. (мед.) лишай; || va. заразить лишаями.

Teutonic (*тью-тон'-ик*) adj. тевтоническій, древне-германскій.

Tew (*тью*) va. вырабатывать, выдѣлывать, обдѣлывать посредствомъ битья; дѣлать мягкимъ; трепать (ленъ); мѣшать (известь).

Tewel (*тью'-ел*) s. трубка, дульце.

Text (*текст*) s. текстъ; подлинникъ, собственныя слова автора; [текстъ); || письмо; (тип.) шрифтъ; || — **book**, s. тексты, выдержки (изъ классическаго автора); руководство, учебная книга. — **hand**, крупный почеркъ, шрифтъ.

Textile (*текс'-тил*) adj. что можно прясть и ткать, ткацкій; тканый.

Textual (*текстъ'-ю-ăл, текс'-чу-ăл*) adj. дословный, служащій текстомъ. —**ly**, adv. до словно, буквально, согласно съ текстомъ.

Textuary (*текс'-чу-ă-ри*) s. текстъ (сочиненія) безъ толкованій.

Texture (*текстъ'-юр, текс'-чур*) s. тканье; ткань.

Thalamus (*зсăл'-ă-мŏс*) s. (pl. **Tholami**), (бот.) цвѣточное ложе.

Than (*зсăн*) conj. нежели, чѣмъ. **I am more unhappy — you**, я несчастнѣе васъ. **For more reasons — one**, не по одной причинѣ.

Than (*зсэн*) s. танъ (*старинный почетный титулъ*).

Thank (*зсăнк*) va. благодарить; **heaven be — ed for it**, благодареніе небу. **God be — ed**, слава Богу, благодаря Богу. **I will — you to**, я буду вамъ очень благодаренъ за; || s. благодарность, благодареніе. **To return —s**, отблагодарить. **No —s**, не стоитъ благодарности. —**s to you**, благодаря вамъ. — **offering**, s. благодарственная жертва. — **worthy**, adj. достойный благодарности. [дарный, признательный.

Thankful (*зсăнк'-фул*) adj. благо-

Thankfulness (*зсăнк'-фул-нес*) s. благодарность, признательность.

Thankless (*зсăнк'-лес*) adj. неблагодарный.

Thanklessness (*зсăнк'-лес-нес*) s. неблагодарность.

That (*зсăт*) pron. (pl. **those**), отъ, на, то; этотъ, эта, это; который, кто, что; такой. **This is better than —**, это лучше того; — **way**, такимъ образомъ, путемъ; —**is to say**, то есть, такъ сказать.

That conj. что, чтобы. **It is not — I love you less**, не то, чтобы я любилъ васъ менѣе. **So —, insomuch —**, такъ что, такимъ образомъ, что. **Seeing —**, въ видахъ этого, такъ какъ.

Thatch (*зсăч*) s. солома, тростникъ, которымъ кроютъ крыши. — **stack**, s. вязанки соломы для кровель; || vn. крыть соломой, тростникомъ.

Thatcher (*зсăч'-ер*) s. кровельщикъ, кроющій соломой.

Thaumaturgus (*зсо-мă-тŏр'-гŏс*) s. чудотворецъ.

Thaumaturgy (*ссо'о-мă-тŏр-джи*) s. чудотворство.

Thaw (*зсо'о*) s. оттепель; превращеніе въ жидкое состояніе; || va. vn. таять, оттаивать; распускать, -ся. **It —s**, таетъ, оттепель. — **ing weather**, стоитъ оттепель.

The (*зси* и *зсŏ*) art. (*этой части рѣчи нѣтъ въ русскомъ языкѣ, поэтому она не можетъ быть переведена* (*чл. опред.*). — **sun**, солнце. — **first of January**, первое января. **Peter — great**, Петръ Великій; || conj. чѣмъ... чѣмъ. — **sooner — better**, чѣмъ скорѣе, чѣмъ лучше; || *иногда означаетъ*; этотъ, эта, это. **We have undone — man**, мы погубили этого человѣка.

Theatre (*зси'-ă-тер*) s. театръ (фиг.) поприще, сцена.

Theatin (*зси'-ă-тин*) s. театинецъ (монахъ).

Theatral (*зси-'ă-трăл*) adj. театральный; сценическій. — **people**, театралы, посѣтители театровъ. || —**s**, s. pl. спектакли, театръ.

Theatric, Theatrical (*зси-ăт'-рик, -ăл*) adj. театральный, сценическій.

Thee (*зси*) s. (*косвенный падежъ отъ* **Thou**), тебя, тебѣ. **To — I call**, къ тебѣ я взываю.

Theft (*зсефт*) s. воровство, кража, похищеніе.

Their (*зсей*), adj. ихъ, свой, свои.

Theirs (*зсейз*) pron. pos. ихъ; свой, свои.

Theism (*зси'-изм*) s. теизмъ.

Theist (*зси'-ист*) s. теистъ.

Theistic (*зси-ист'-ик*), **Theistical** (*зси-ист'-ик-ăл*) adj. теистическій.

Them (*зсем*) pron. ихъ, имъ. **Of —**, о нихъ. **In —**, въ нихъ.

Theme (*зсим*) s. тема; задача.

Themselves (*зсем'-селвз*) pron. сами, они сами, себя; ся.

Then (*сзен*) adj. и conj. въ то время, тогда; потомъ; въ такомъ случаѣ. **Till —**, до тѣхъ поръ. **Now —**, теперь. **Now and —**, отъ времени до времени. [отсюда.
Thence (*сзенс*) adv. съ этихъ поръ;
Thenceforth (*сзенс'-форт*) adv. съ этого времени, отнынѣ.
Thenceforward (*сзенс-фор'-уäрд*) adv. съ того времени.
Theocracy (*сзи-ок'-рä-си*) s. теократія.
Theocratic (*зси-о-крäт'-ик*). **Theocratical** (*зси-о-крäт'-ик-ä.і*) adj. теократическій.
Theodicy (*зси-од'-и-си*) s. правосудіе Божіе.
Theogony (*сзи-ог'-о-ин*) s. родословная боговъ.
Theological (*сзи - о-лодж'-ик-ä.і*) adj. богословскій.
Theologist (*сзи-ол'-о-джист*) s. богословъ, теологъ.
Theology (*сзи-о-джи*) s. богословіе, теологія.
Theorbo (*зси-ор'-бо*) s. (муз.) теорба (родъ лютни). [рема.
Theorem (*зси'-о-рем*) s. (мат.) тео-
Theoretic (*зси-о-рет'-ик*), **Theoretical** (*зси-о-рет'-ик-ä.і-*) adj. теоретическій.
Theoretically (*зси-о-рет'-ик-ä.і-и*) adv. теоретически,
Theorist (*зси'-о-рист*) s. теоретикъ. [дать теоретически.
Theorize (*зси'-о-райз*) va. разсуж-
Theory (*зси'-о-ри*) s. теорія, умозрѣніе. [теосафъ.
Theosophist (*зси-ос'-о-фист*) s.
Theosophy (*зси-ос'-о-фи*) s. теософія.
Therapeutic (*зсер-ä-пью'-тик*) adj. (мед.) терапевтическій.
Therapetics (*зсер-ä-пью'-тикс*) s. терапия.
There (*сзер*) adv. тамъ, туда. **Down —**, вотъ тамъ, внизу. **In —**, внутри. **Up —**, вотъ тамъ верху. **— he is**, вотъ и онъ. **Here and —**, тамъ и сямъ. **— is, — are**, есть **— she is** вотъ она. **Was, — were**, было. **— you are wrong**, въ этомъ вы неправы. **— about, -abouts**, приблизительно. **— after** послѣ этого. **— at**, къ этому. **— by**, этимъ способомъ. **— fore**, вслѣдствіе этого. **— from**, отъ этого **— in, — into**, внутри. **— of**, отъ этого. **— out**, оттуда. **— to, — unto**, вслѣдствіе этого. **— under**, подъ этимъ. **— upon**, надъ этимъ. **— with**, съ этимъ. **— withal**, сверхъ того.
Theriac (*сзи'-ри-äк*), **Theriaca** (*зси-рай'-ä-ка*) s. теріакъ (противоядіе).
Thermæ (*зсöр'-ми*) s pl. теплые источники, теплыя ванны.
Thermal (*зсöр'-мäл*) adj. теплый.
Thermometer (*зсер-мом'-и-тöр*) s. термометръ, градусникъ.
These (*сзиз*) pron. pl. отъ **This.**
Thesis (*зси'-сис*) s. тезисъ, положеніе [ческій.
Thespian (*зсес'-пи-äн*) adj. траги-
Theurgy (*зси'öр-джи*) s. ѳеургія; бѣлая магія.
Thew (*зсью*) s. нервъ; привычка.
They (*сзей*) pron. pl. они, онѣ. **— who, — that**, тѣ, которые.
Thick (*зсик*) adj. толстый; сжатый; мутный. **— cloth**, толстое сукно. **— paper**, толстая бумага. **— -head**, головотяпъ. **A — fog**, туманъ. **— crowd**, плотная толпа. **His voice is —**, у него глухой голосъ. **The yare as — as thieves**, они тѣсно связаны другъ съ другомъ. || s. густота, толща. **In the — of the fight**, въ пылу битвы. **To go through — and thin**, пройти черезъ огонь и воду || adv. густо, толсто, тѣсно. **To speak —**, картавить. **— -coated**, толстокожій. **— -headed**, тяжелый, неуклюжій. **— -set**, каратышъ.
Thicken (*зсик'-н*) va. vn. густѣть; сгущать, -ся. **To — soup**, сгущать супъ. [ніе.
Thickening (*зсик'-н-инг*) s. сгуще-
Thicket (*зсик'-ет*) s. чаща.
Thickish (*зсик'-иш*) adj. толстоватый, довольно густой.
Thickly (*зсик'-ли*) adv. толсто, густо, часто.
Thickness (*зсик'-нес*) s. толщина, густота, плотность.
Thief (*зсиф*) s. воръ, воровка, тать. **Stop —**, держите вора. **Set a — to catch a —**, нашла коса на камень. **Thieves' vinegar**, уксусъ четырехъ разбойниковъ.
Thieve (*зсив*) vn. воровать, красть.
Thievery (*зсив'-ер-и*) s. воровство, кража. [вороватый.
Thievish (*зсив'-иш*) adj. воровской,
Thievishly (*зсив'-иш-ли*) adv. воровски, воровато.
Thievishness (*зсив'-иш-нес*) s. воровскія наклонности.
Thigh (*зсай*) s. бедро, лядвея. **— -bone**, берцевая кость.
Thill (*зси.і*) s. оглобля, дышло. **— -horse**, коренная лошадь.
Thiller (*зсп.і'-ер*) s. коренная лошадь.
Thimble (*зсим'-б.і*) s. наперстокъ.
Thin (*зсин*) adj. тонкій; жидкій; сухощавый. **Thinner**, болѣе тонкій. **— paper**, тонкая бумага. **To become, to get —**, утончаться. **— coat of paint**, мягкій слой краски. **There is a — atten-**

dance, мало присутствующихъ, гостей. || adv. тонко. **— -s own**, рѣдко засѣянный. || va. дѣлать что тоньше, утончать.

Thine (*сзайн*) pron. pos. твой, твоя, твое, твои.

Thing (*сзинг*) s. вещь; предметъ, дѣло. **Put your —s away**, спрячьте свои вещи. **Above all —s**, выше всего. **Any —**, нѣчто. **Any — but**, нѣчто совсѣмъ иное. **No such —**, совершенно не то. **It was a bad — for him**, это была плохая штука для него. **Every living —**, всякое живое существо. **The poor —**, бѣдная женщина.

Think (*сзинк*) va. vn. думать. **To — of**, думать. **To — well of**, хорошо думать о комъ. **I — so**, я думаю, что такъ. **— well of that matter**, обдумайте это хорошенько. **What are you thinking of?** что думаете вы объ этомъ. || va. **He —s himself an able man**, онъ думаетъ, что онъ ловкій человѣкъ. **To — much of**, много думать объ этомъ. **What do you — of that man?** что думаете вы объ этомъ человѣкѣ.

Thinker (*сзинк'-ер*) s. мыслитель. **Free —**, свободомыслящій.

Thinking (*сзинк'-инг*) adj. думающій. **To my —**, по моему мнѣнію.

Thinly (*сзин'-ли*) adv. тонко; жидко.

Thinness (*сзин'-нес*) s. тонкость, жидкость, легкость.

Third (*сзöрд*) adj. третій. **— floor**, третій этажъ. **The — of April**, третьяго апрѣля. **George the —**, Георгъ третій. **A — party**, третье лицо. || s. треть.

Thirdly (*сзöрд'-ли*) adv. въ-третьихъ.

Thirst (*сзöрст*) s. жажда. **To be dying with —**, умирать отъ жажды. **— for revenge**, жажда мщенія. || vn. жаждать, алкать.

Thirstiness (*сзöрт'-и-нес*) s. жажда.

Thirsty (*сзöрст'-и*) adj. жаждущій.

Thirteen (*сзор'-тин*) adj. и s. тринадцать.

Thirteenth (*сзöр'-тинсз*) adj. тринадцатый.

Thirtieth (*сзöр'-ти-есз*) adj. тридцатый.

Thirty (*сзöр'-ти*) adj. и s. тридцать.

This (*сзис*) (въ pl. **These**) pron. этотъ, эта, это. **— man**, этотъ человѣкъ. **— woman**, эта женщина **— way**, сюда. **By — time**, тѣмъ временемъ, теперь. **Ill these two months**, боленъ за эти послѣдніе два мѣсяца. **— or that**, то или это. **— is the way**, вотъ путь.

Thistle (*зсис'-сл*) s. (бот.) чертополохъ; репей.

Thistly (*зсис'-ли*) adj. заросшій чертополохомъ.

Thither (*сзисз'-ер*) adv, туда.

Thitherto (*сзисз'-ер-ту*) adj. до тѣхъ поръ, до того мѣста.

Thitherward (*сзисз'-ер-уäрд*), **Thitherwards** (*сзисз'-ер-уäрдз*) adv. въ ту сторону, туда.

Thlapsi (*зслäс'-пи*) s. (бот.) ярутка.

Thole (*зсо'ол*) s. (мор.) уключина (для весла); vn. остановиться, ожидать; || va. выносить.

Thong (*зсонг*) s. ремень; плеть.

Thoracic (*зсо-рäс'-ик*) adj. (анат.) грудной.

Thorax (*зсо'о-рäкс*) s. (анат.) грудная полость, грудь.

Thorn (*зсорн*) s. шипъ, колючка. **Black —**, черная колючка. **White —**, боярышникъ. **To be on —s**, быть какъ на иголкахъ.

Thorny (*зсорн'-и*) adj. колючій, въ шипахъ.

Thorough (*зсöр'-о*) prep. сквозь, насквозь; посредствомъ; || adj. совершенный, весь, полный, основательный; проникающій, проходной. **— -bass**, (муз.) генералъ-басъ. **— bred**, вполнѣ законченный, знающій. **— paced**, совершенный, сущій.

Thoroughfare (*зсöр'-о-фэр*) s. свободный проходъ, проѣздъ. **No —**, нѣтъ прохода!.

Thoroughly (*зсöр'-о-ли*) adv. насквозь; вполнѣ.

Thorp (*зсорп*) s. село, городокъ.

Those (*зсо'оз*) pron. pl. отъ **That**.

Thou (*сза'у*) pron. ты; || va. vn. говорить кому „ты". **To thee-and-thou**, быть на „ты".

Though (*сзо'о*) conj. и adv. хотя; еслибы. несмотря на. **— it were**, хотя бы лишь. **Even —**, хотя бы даже. **As —**, какъ бы.

Thought (*зсо'от*) s. мысль, дума, помышленіе. **That — came into my head**, эта мысль пришла мнѣ въ голову. **A — strikes me**, мнѣ приходитъ въ голову мысль. **To read a person's —**, читать чьи либо мысли.

Thoughtful (*зсо'от-фул*) adj. задумчивый, озабоченный. **To be — of**, думать о чемъ либо; не пренебрегать.

Thoughtfully (*зсо'от-фул-и*) adv. размышляя; озабоченно.

Thoughtfulness (*зсо'от-фул-нес*) s. глубокомысліе; задумчивость, мечтательность.

Thoughtless (*зсо'от-лес*) adv. беззаботный, необдуманный.

Thoughtlessly (*зсо'от-лес-ли*) adv. беззаботно, необдуманно.

Thoughtlessness (*зсо'от-лес-нес*) s. беззаботность, необдуманность.

Thousand (*зса'у-зäнд*) adj. и s. тысяча. **Two —**, двѣ тысячи.

The year one — nine hundred and four, въ тысяча девятьсотъ четвертомъ году. **By — s,** тысячами. [сячный.

Thousandth (*зса'у-зӑндзс*) adj. ты-

Thraldom (*зрол'-дӧм*) s. рабство.

Thrall (*зрол*) s. рабъ; рабство; || va. порабощать.

Thrash (*зрӑш*) va. vn. молотить (зерно); бить, колотить; || vn. работать усиленно.

Thrasher (*зрӑш'-ер*) s. молотильщикъ, -щица.

Thrashing (*зрӑш'-инг*) s. молотьба. **— -floor,** гумно. **— -machine,** молотилка. **A sound —,** здоровая трепка.

Thread (*зред*) s. нить, нитка; || нить, связь. **The — of a discourse,** руководящая нить рѣчи. **To hang by a —,** держаться на волоскѣ. || va. вдѣвать нитку; нанизывать. [ношенный.

Threadbare (*зред'-бэр*) adj. из-

Thready (*зред'-и*) adj. ниточный; волокнистый.

Threat (*зрет*) s. угроза.

Threaten (*зрет'-н*) va. vn. грозить, угрожать.

Threatener (*зрет'-н-ер*) s. угрожающій. [грозящій.

Threatening (*зрет'-н-инг*) adj.

Threateningly (*зрет'-н-инг-ли*) adv. съ угрозой, грозя.

Threatful (*зрет'-фул*) adj. грозный.

Three (*зри*) adj. три; || s. число три; тройка. **Rule of —,** тройное правило. **— -cornered,** трехъугольный. **— -decker,** трехпалубное. **— -forked,** трезубецъ. **— -piled,** бархатный, ворсистый. **— -sided,** трехсторонний. **— -stringed,** свитой изъ трехъ нитей.

Threefold (*зри'-фолд*) adj. тройной

Threepenny (*зрип'-ен-ни*) adj. стоющій три пенса.

Threescore (*зри'-скор*) adj. шестьдесятъ.

Threshold (*зреш'-олд*) s. порогъ (у двери); входъ.

Thrice (*зрайс*) adv. трижды.

Thrift (*зрифт*) s. нажива, прибыль; сбереженіе; ростъ (растенія). [быльно, бережливо.

Thriftily (*зрифт'-и-ли*) adv. при-

Thriftiness (*зрифт'-и-нес*) s. сбереженіе, бережливость.

Thriftless (*зрифт'-и-лес*) s. небережливый.

Thrifty (*зрифт'и*) adj. бережливый; состоятельный.

Thrill (*зрил*) s. сверло, буравъ; содроганіе; (муз.) трель. || va. vn. сверлить; приводить въ содроганіе. [наживаться; расти.

Thrive (*зрайв*) vn. преуспѣвать;

Thriving (*зрайв'-инг*) s. преуспѣваніе; удача; || adj. благодѣнствующій.

Thrivingly (*зрайв'-инг-ли*) adv. успѣшно, счастливо.

Throat (*зрайт*) s. глотка, гортань. **A sore —,** горловая боль. **To seize by the —,** схватить за горло.

Throatwort (*зро'от-уорт*) s. (бот.) колокольчики.

Throb (*зроб*) s. трепетаніе, біеніе (пульса); || * волненіе, колебаніе, порывъ; || vn. трепетать, биться.

Throbbing (*зроб'-инг*) adj. трепещущій. **A — pain,** пронизывающая боль.

Throe (*зро'о*) s. муки, страданія, мученія; агонія.

Throne (*зро'он*) s. тронъ, престолъ (папскій). **To ascend the —,** всходить на престолъ.

Throng (*зронг*) s. толпа, множество; скопище. || va. vn. валить толпой, толпиться.

Throstle (*зрос'-л*) s. пѣвчій дроздъ; || тонкопрядильная машина.

Throstling (*зрос'-линг*) s. (вет.) жаба, заушница.

Throttle (*зрот'тл*) s. дыхательное горло. **— -valve,** ходовой золотникъ. || va. vn. душить, задыхаться.

Through (*зру*) prep. и adv. сквозь, насквозь, черезъ. **To pass — a gate,** проходить черезъ дверь. **— all England,** по всей Англіи. **— the window,** черезъ окно. **— the nose,** черезъ носъ. **To be wet —,** быть смоченнымъ до костей. **To read a book —,** читать книгу съ начала до конца. **To carry —,** довести до конца.

Throughout (*зру-ӑ'ут*) prep. и adv. во весь, втеченіе. **— the year,** весь годъ. **— England,** во всей Англіи.

Throw (*зро'у*) va. бросать, кидать, швырять, набросить, накинуть; тростить (шелкъ). **To — stones,** бросать камень. **To — into prison,** заключать въ тюрьму. **To — about,** бросать изъ стороны. **To — aside,** отлагать въ сторону. **To — away,** бросать, растрачивать, разбрасывать. **He —s away his money,** онъ мотаетъ свои деньги. **To — away one's life,** подвергать опасности жизнь. **To — by,** бросать. **To — down,** опрокидывать, бросать на землю, уничтожать. **To — in,** вбрасывать. **To — off,** выкидывать. **To — off one's clothes,** снимать одежды. **To — out,** выкидывать. **The bill was thrown out,** проектъ закона былъ отвергнутъ. **To — up,** выкидывать на воздухъ. || s.

бросокъ, бросаніе, киданіе; разбѣгъ; усиліе, напряженіе. **At one —**. съ одного удара. **First —**, первый ударъ, начало.
Thrower (*зсро'у-ер*) s. тотъ, кто бросаетъ, мечетъ, троститъ (шелкъ).
Throwing (*зсро'у-инг*) s. бросаніе; трощеніе (шелка). **— -mill**, тростильная машина.
Throwster (*зсро'у-стер*) s. тростильщикъ (шелка).
Thrum (*сзрŏм*) s. конецъ нитки, шерсти (у ткачей); толстая пряжа; нокромка.
Thrush (*зсрŏш*) s. дроздъ (птица); || pl. молочница (болѣзнь); (вет.) гніеніе стрѣлки у копыта.
Thrust (*зсрŏст*) s. ударъ (рапирою); толчекъ; нападеніе. **To — aside**, толкать всторону. **To — away**, отталкивать. **To — back**, толкать назадъ. **To — down**, сталкивать. **To — in**, вталкивать. **To — into**, вталкивать, принуждать. **To — out**, выталкивать. **To — upon**, навязывать кому что либо; заставлять принять; расчитывать на кого. || vn. толкать; пихать, совать. || s. тычокъ, ударъ рапирою; толчокъ; аттака. **To make a — at**, отвѣсить ударъ кому. **Home —**, большой ударъ.
Thud (*зсŏд*) s. ударъ; гулъ, вой (вѣтра).
Thumb (*зсŏм*) s. большой палецъ. **— -stoll**, наперстокъ (для большого пальца. || va. vn. грубо взяться руками; мять въ рукахъ; || пачкать. **To — over**, перелистывать.
Thump (*зсŏмп*) s. сильный ударъ (кулакомъ); толчекъ; шумъ отъ паденія тяжелаго; || va. колотить; || vn. тяжело падать.
Thumper (*зсŏмп'-ер*) s. тотъ, кто колотитъ.
Thumping (*зсŏмп'-инг*) adj. тяжелый, толстый.
Thunder (*зсŏн-дер*) s. громъ; перунъ. **— bolt**, молнія. **A clap of —**, **— -clap**, ударъ грома. **— -stone**, аэролитъ. **— storm**, буря съ грозою. **— -stroke**, снабженный молніей. || vn. гремѣть; || грянуть. **It thunders**, громъ гремитъ. || дѣлать что съ шумомъ.
Thundering (*зсŏн'-дер-инг*) adj. гремящій. громогласный, оглушительный.
Thunderstrike (*зсŏн'-дер-стройк*) va. повредить молніей.
Thunderstruck (*зсŏн'-дер-стрŏк*) adj. пораженный молніей.
Thuriferous (*зсью-риф-ер-ŏс*) adj. ладононосный.
Thursday (*зсŏрз-дэй*) s. четвергъ.
Thus (*зсŏс*) adv. такъ, такимъ образомъ; столь. **— far**, до сихъ поръ.
Thwack (*зсуăк*) s. тяжелый ударъ; || va. бить, тузить.
Thwart (*зсуорт'*) adj. поперечный; противный, противорѣчивый. **— ships**, поперекъ судна.
Thwartingly (*зсуорт'-инг-ли*) adv. поперекъ, напротивъ.
Thy (*сзай*) pron. pos. твой, твоя, твое.
Thyme (*тайм*) s. (бот.) тминъ. **Wild —**, богородская трава.
Thymy (*тайм'-и*) adj. пахнущій тминомъ, душистый.
Thyrsus (*зсŏр'-сŏс*) s. тирсъ (жезлъ).
Thyself (*сзай-селф'*) pron. самъ, себѣ, себя; ся.
Tiara (*тай-э'-ра*) s. тіара (папская.
Tibia (*тиб'-и-а*) s. (анат.) большеборцовая кость; || свирель.
Tibial (*тиб'-и-ăл*) adj. (анат.) большеберцовый.
Tick (*тик*) s. клещъ; вошь; || тикъ (матерія); || кредитъ. **To buy on —**, **to go on —**, брать въ кредитъ. || vn. дѣлать тикъ такъ.
Ticken (*тик'-ен*) s. тикъ (матерія).
Ticket (*тик'-ет*) s. билетъ. **Free —**, безплатный билетъ. **Return —**, билетъ туда и обратно. **Season —**, сезонный билетъ.
Ticking (*тик'-инг*) s. удары (маятника).
Tickle (*тик'-л*) va. щекотать; || нравиться. **That tickled my fancy**, это меня очень позабавило. || vn. чувствовать щекотаніе.
Tickler (*тик'-лер*) s. тотъ, кто щекочетъ.
Tickling (*тик'-линг*) s. щекотаніе.
Ticklish (*тик'-лиш*) adj. щекотливый; || чувствительный; обидчивый.
Ticklishness (*тик'-лиш-нес*) s. щекотливость; || чувствительность; обидчивость.
Ticktack (*тик'-тăк*) s. тикъ-такъ.
Tid (*тид*) *или* **Tit**, adj. нѣжный, деликатный. **A — bit**, лакомый кусокъ.
Tidal (*тайд'-ăл*) adj. относящійся къ приливу и отливу.
Tide (*тайд*) s. теченіе; сезонъ, время; двѣнадцатичасовой періодъ времени. **Evening —**, вечеръ. **Ebb —**, отливъ. **High —**, приливъ. **Low —**, низкое состояніе уровня моря. **— -gate**, подъемный шлюзъ. **— -gauge**, масштабъ для приливовъ. **— -mill**, мельница, приводимая въ дѣйствіе приливомъ и отливомъ. **— -table**, указатель отливовъ и приливовъ. **— -waiter**, таможенный чиновникъ. **To go with the —**, идти за теченіемъ. **A — of tears**, по-

токъ слезъ. || va. vn. гнать, уносить теченіемъ; плыть по теченію.

Tideless (*тайд'-лес*) adj. не имѣющій прилива.

Tidily (*тай'-ди-ли*) adv. чисто, опрятно.

Tidiness (*тай'-ди-нес*) s. чистота, опрятность.

Tidings (*тай'-дингз*) s. pl. извѣстія, новости.

Tidy (*тай'-ди*) adj. чистый, опрятный, порядочный.

Tie (*тай*) va. вязать, связывать; привязывать; || задерживать; мѣшать. **To — a ribbon**, привязывать ленту. **To — a knot**, сдѣлать узелъ. **To — tight**, крѣпко сжимать. **To — down**, прикрѣплять. **To — in**, привязывать, сжимать. **To — on**, привязывать. **To — up**, привязывать, подбирать платье, привязывать животныхъ. **— that dog up**, привяжите эту собаку. || s. связь; узелъ; || союзъ; обязанность. **The ties of friendship**, узы дружбы.

Tier (*тай'-ер*) s. тотъ, кто связываетъ; || (*тир.*) s. рядъ; ярусъ (ложъ); карабельная батарея.

Tierce (*тирс*) s. вѣсъ въ 304 фунта; (муз.) терція.

Tiercet (*тир'-сет*) s. трехстишіе.

Tift (*тифт*) s. глотокъ; вспышка, ссора; капризъ. **To have — a**, ссориться. || vn. ссориться, сердиться.

Tiffany (*тиф' фă-ни*) s. шелковый газъ.

Tiffin (*тиф'-фин*) s. закуска.

Tige (*тидж*) s. стержень.

Tiger (*тай'-гер*) s. тигръ.

Tigerish (*тай'-гер-иш*) adj. тигровый.

Tight (*тайт*) adj. туго натянутый, тугой; плотный. **The string is too —**, веревка слишкомъ натянута. **A — coat**, узкая одежда. **— trousers**, панталоны въ обтяжку. **— -laced**, тѣсно зашнурованный. **Air —**, непроницаемый для воздуха. **To hold —**, крѣпко держаться за что либо.

Tighten (*тайт'-н*) va. стягивать, натягивать.

Tightly (*тайт'-ли*) adv. туго, крѣпко, твердо.

Tightness (*тайт'-нес*) s. тугость, натянутость, твердость; плотность.

Tights (*тайтс*) s. pl. узкіе панталоны.

Tigress (*тай'-грес*) s. тигрица.

Tigrine (*тай'-грин*) adj. тигровый.

Tike (*тайк*) s. мужикъ, деревенщина; || телка.

Tilbury (*тил'-бŏ-ри*) s. родъ кабріолета.

Tile (*тайл*) s. черепица. **Pan —**, фламандская черепица. **— -maker**, черепичникъ. **— -kiln**, **— works**, черепичное производство. || va. крыть (кровлю) черепицей.

Tiler (*тайл'-ер*) s. черепичный мастеръ.

Tiling (*тайл'-инг*) s. черепичная кровля.

Till (*тил*) s. ящикъ; || prep. до. **— now**, до сихъ поръ. **— then**, до того времени. || conj., до тѣхъ поръ, пока. **Wait — you get it**, подождите пока вы это не получите. || va. обрабатывать, пахать.

Tillable (*тил'-ă-бл*) adj. пахотный.

Tillage (*тил'-эдж*) s. обработка земли, паханіе.

Tiller (*тил'-ер*) s. земледѣлецъ; ростокъ; || денежный ящикъ; (мор.) румпель. **— -rope**, штуръ-тросъ.

Tilt (*тилт*) s. покрышка, навѣсъ; тентъ; крышка, чехолъ; || ударъ (мечомъ); || наклонность, склонъ. **To give a cask a —**, наклонять бочку. || va. покрывать, дѣлать наметъ, навѣсъ; || направлять ударъ. **To — a cask**, опорожнить бочку. || vn. биться на рапирахъ; качаться, колыхаться.

Tilter (*тилт'-ер*) s. боецъ на турнирѣ, фехтовальщикъ.

Tilth (*тилс*) s. обрабатываніе земли, хлѣбопашество.

Tilting (*тилт'-инг*) adj. **— staff**, копье.

Timber (*тим'-бер*) s. строевой лѣсъ, бревно. **Standing —**, лѣсъ на корню. **Old —**, древесный матеріалъ на сломъ. **— -merchant**, торговецъ строевымъ лѣсомъ, бревнами. **— tree**, строевой лѣсъ. **— work**, срубъ. **— yard**, лѣсной дворъ. || va. снабжать строевымъ лѣсомъ. || vn. вить гнѣзда.

Timbre (*тим'-бер*) s. (муз.) тембръ.

Timbrel (*тим'-брел*) s. (муз.) тамбуринъ.

Time (*тайм*) s. время; досугъ, пора; (муз.) темпъ, тактъ. **— is money**, время - деньги. **In course of —**, съ теченіемъ времени. **At the same —**, въ тоже время. **At no —**, никогда. **From — to —**, отъ времени до времени. **A long — since**, давно. **In the mean —**, тѣмъ временемъ. **To appoint a —** назначить время. **To kill —**, убить время. **In the day —**, дневное время. **At any —**, во всякое время. **In —**, во время. **In due —**, въ надлежащее время. **In good —**, во время. **In the nick of —**, въ надлежащій моментъ. **At the present —**, въ настоящее время. **To beat —**, отбивать тактъ. **Out of —**, не во время. **To keep —**, идти въ тактъ. **What — is it?** который часъ? **The first —**, въ первый разъ. **Every —**, всякій разъ. **Three —s**, трижды.

Many a —, нѣсколько разъ. **At —s,** иногда. **Come another —,** зайдите въ другой разъ. || va. приноравливать ко времени; дѣлать во время. **— -bargain,** сдѣлка на срокъ. **— -honoured,** почтенный по возрасту. **— -keeper,** хронометръ. **— -piece,** стѣнные часы. **— server,** угождающій властямъ. **— -serving,** подслуживающійся, заискивающій. **— -table,** указатель желѣзныхъ дорогъ. **— -worn,** изношенный отъ времени.

Timed (*таймд*) adj. относящійся ко времени. **Well- —,** въ надлежащее время.

Timeless (*тайм'-лес*) adj. безвременный, неблаговременный.

Timelessly (*тайм'-лес-сли*) adv. безвременно, некстати.

Timeliness (*тайм'-ли-нес*) s. благовременность, своевременность.

Timely (*тайм'-ли*) adj. благовременный, своевременный. || adv. благовременно, своевременно.

Timid (*тим'-ид*) adj. робкій, боязливый, застѣнчивый.

Timidity (*ти-мид'-и-ти*), **Timidness** (*тим'-ид-нес*) s. робкость, боязливость, застѣнчивость.

Timidly (*тим'-ид-ли*) adv. робко, боязливо, застѣнчиво.

Timorous (*тим'-о-рӧс*) adj. боязливый, трусливый, пугливый.

Timorously (*тим'-о-рӧс-ли*) adv. боязливо, трусливо, пугливо.

Timorousness (*тим'-о-рӧс-нес*) s. боязливость, трусливость, пугливость.

Tin (*тин*) s. олово; жесть. || va. лудить. **— -foil,** оловянный листъ. **— -plate,** жестяной листъ. **— -ware,** жестяная посуда.

Tincture (*тинк'-чур*) s. краска, цвѣтъ; || * оттѣнокъ; || вкусъ, привкусъ. **A — of learning,** поверхностное знаніе. || va. окрашивать; подцвѣчивать; || придавать вкусъ.

Tinder (*тин'-сер*) s. трутъ. **— -box,** трутница, огневица.

Tine (*тайн*) s. зубецъ (у вилъ). остріе; || безпокойство, скорбь. || va. зажигать.

Ting (*тинг*) s. звонъ колокольчика.

Tinge (*тиндж*) va. окрашивать; оттѣнять; || окрашиваніе; оттѣнокъ.

Tingle (*тинг'-л*) vn. звенѣть; || зудѣть; || содрогаться. **My ears —,** у меня звенитъ въ ушахъ.

Tingling (*тинг'-глинг*) s. звонъ; шумъ (въ ушахъ).

Tinker (*тинк'-ер*) s. мѣдникъ, паяльщикъ.

Tinkle (*тинкл*) va. vn. звенѣть; звонить; раздаваться.

Tinkling (*тинк'-линг*) adj. звенящій. || s. звонъ, бряцаніе.

Tinman (*тин'-мӓн*) s. жестянщикъ.

Tinner (*тин'-нер*) s. рудокопъ въ оловянномъ рудникѣ.

Tinny (*тин'-ни*) adj. оловянный.

Tinsel (*тин'-сел*) s. родъ полупарчи; мишура; || * ложный блескъ; || adj. блестящій; || va. украшать мишурой.

Tint (*тинт*) s. цвѣтъ, колоритъ; || va. оттѣнять, подкрашивать.

Tiny (*тай'-ни*) adj. крошечный. маленькій.

Tip (*тип*) s. кончикъ; край; остріе; легкій ударъ. **The — of the tongue,** кончикъ языка. || va. обдѣлывать, украшать (оконечность, верхушку). **To — with gold,** украшать золотомъ. **To — the wink,** сдѣлать знакъ. **To — over,** опрокинуть. **To — off up,** приподнять. || vn. свалиться, упасть.

Tippet (*тип'-пет*) s. пелеринка, мѣховой воротникъ.

Tipple (*тип'-пл*) va. vn. пить пьянствовать.

Tippling (*тип'-плинг*) s. пьянство.

Tipsily (*тип'-си-ли*) adv. въ пьяномъ видѣ.

Tipstaff (*тип'-стаф*) s. жезлъ, булава.

Tipsy (*тип'-си*) adj. пьяный.

Tiptoe (*тип'-то*) s. кончикъ ноги, цыпочки. **On —,** стоять на кончикѣ ноги

Tiptop (*тип'-топ*) s. высшая степень; || adj. первоклассный, самый лучшій.

Tire (*тайр*) s. рядъ; головной уборъ; шина (колеса); || va. утомлять; докучать. **To — out,** крайне утомить. **To be —d of, with,** быть усталымъ отъ; || vn. утомляться; уставать; надоѣдать.

Tiredness (*тайрд'-нес*) s. усталость, утомленіе.

Tiresome (*тайр'-сӧм-нес*) s. утомительный; скучный.

Tiresomeness (*тайр'-сӧм-нес*) s. утомительность, скука.

Tirwit (*тӧр'-уит*) s. пигалица (птица).

Tissue (*тиш'-шу*) s. ткань; парча; || * сплетеніе. **— -paper,** шелковая бумага. **Cellular —,** целлюлярная ткань; || va. заткать (матерію золотомъ, узоромъ).

Tit (*тит*) s. лошадка. **— for tat,** долгъ платежомъ красенъ.

Titan (*тай'-тӓн*) s. (миѳ.) Титанъ; || гигантъ, исполинъ.

Titanic (*тай'-тан-ик*) adj. титановый.

Titanium (*тай'-тэ'-ни-ӧм*) s. (хим.) титанъ.

Tithe (*тайсз*) s. десятая доля чего. десятина; || va. собирать десятину.

Tither (*тайсз'-ер*) s. сборщикъ десятины.

Tithing (*тайсз'-инг*) s. десятина, взиманіе десятины. [котать.
Titillate (*тит'-ил-лэт*) vn. щекотать.
Titillation (*тит-ил-лэ'-шдн*) s. щекотаніе, щекотка.
Titlark (*тит'-ларк*) s. луговой жаворонокъ.
Title (*тит'-тл*) s. заглавіе; || титулъ. **The — of a book,** заглавіе книги. **— -page,** заглавная страница. **— -deed,** документъ.
Titled (*тай'-тлд*) adj. титулованный.
Titleless (*тай'-тл-лес*) adj. незаглавленный, не имѣющій титула.
Titmouse (*тит'-маус*) s. синица (птица). [|| s. хихиканіе.
Titter (*тит'-тер*) vn. хихикать;
Tittering (*тит'-тер-инг*) s. хихиканіе.
Tittle (*тит'-тл*) s. точка (надъ буквой); || бездѣлица. **— -tattle,** болтовня. **To — tattle,** болтать.
Titubation (*тить-ю-бэ'-шдн*) s. спотыканіе.
Titular (*тить'-ю-лăр*). **Titulary** (*тить'-ю-лă-ри*) adj. почетный; титулярный. [проворно.
Tivy (*тив'-и*) adv. (охотн.) быстро,
To (*ту*) pron. въ, къ, на, по, до, для; || чтобы. **To go — London,** ѣхать въ Лондонъ. **To go — England,** ѣхать въ Англію. **I spoke — her,** я съ ней говорилъ. **From day — day,** день изо дня. **— the last penny,** до послѣдней копейки. **— his face,** ему въ лицо. **Ambassador — the court of England,** посолъ при англійскомъ дворѣ. **He is nothing — her for wit,** его умъ нельзя сравнивать съ ея умомъ. **The way — the station,** путь къ вокзалу. **In that case come — me,** въ такомъ случаѣ зайдите ко мнѣ. **Our duty — man,** наша обязанность по отношенію къ людямъ.
Toad (*то'од*) s. жаба. **— -eater,** льстецъ. **— stone,** зеленоватый агатъ. **— -stool,** поганка (грибъ).
Toady (*то'од-и*) s. приживалка; льстецъ.
Toast (*то'ост*) va. жать, поджаривать; грѣть; провозглашать тостъ; || s. слегка поджареный хлѣбъ; || тостъ. **— master,** лицо, провозглашающее тосты. **Toasting-fork,** вилка для поджариванія хлѣба.
Toaster (*то'ост-ер*) s. поджариватель хлѣба; провозглашатель тоста.
Tobacco (*то-бăк'-ко*) s. табакъ. **— -box,** коробка для табаку. **— -pipe,** трубка. **— pouch,** кисетъ для табаку. **— -stopper,** набивалка для трубки.
Tobacconist (*то-бăк'-ко-нист*) s. табачный фабрикантъ.
Tocsin (*ток'-син*) s. набатный колоколъ; набатъ.
Tod (*тод*) s. вѣсъ въ 28 фунтовъ; густой кустарникъ.
To-day (*то-дэй'*) adv. и s. сегодня.
Toddle (*тод'-дл*) vn. идти нетвердою поступью.
Toe (*то'о*) s. палецъ на ногѣ; носокъ (сапога).
Toft (*тофт*) s. мѣсто засаженное деревьями.
Toga (*то'о-га*) s. тога.
Together (*то-гесз'-ер*) adv. вмѣстѣ. **— with,** вмѣстѣ.
Toggery (*тог'-гер-и*) s. платье; сбруя; домашнія вещи.
Toil (*тойл*) vn. работать, трудиться. **To — up,** подниматься съ трудомъ; || s. трудъ, работа, усиліе; || сѣть.
Toilet (*тойл'-ет*) s. туалетъ. **— -table,** туалетный столъ.
Toilsome (*тойл'-сöм*) adj. утомительный, трудный.
Toilsomeness (*тойл'-сöм-нес*) s. трудъ, утомленіе.
Tokay (*то-кэй'*) s. токайское вино.
Token (*то'окн*) s. знакъ; признакъ; признакъ; примѣта. **As a — of,** знакъ; || va. отмѣчать.
Tole (*то'ол*) va. тащить.
Tolerable (*тол'-ер-ă-бл*) adj. терпимый, сносный.
Tolerableness (*тол'-ер-ă-бл-нес*) s. терпимость, сносность.
Tolerably (*тол'-ер-ă-бл-и*) adv. терпимо, сносно.
Tolerance (*тол'-ер-ăнс*) s. терпѣніе, терпимость.
Tolerant (*тол'-ер-ăнт*) adj. терпѣливый; снисходительный.
Tolerate (*тол'-ер-эт*) va. сносить, выносить, терпѣть.
Toleration (*тол-ер-э'-шдн*) s. допущеніе; вѣротерпимость.
Toll (*то'ол*) s. пошлина, подать. **— -bar, — -gate,** застава. **— -gatherer,** сборщикъ пошлинъ. **— -house,** таможня. || vn. va. взимать подать; платить пошлину. **To — the knell,** дѣлать похоронный звонъ. **To — the bell,** звонить въ колоколъ.
Tomahawk (*том'-ă-хоок*) s. родъ сѣкиры. [медоръ.
Tomato (*то-мэ'-то*) s. томатъ, по-
Tomb (*тум*) s. могила, гробница; || va. хоронить. [таллъ).
Tombac (*том'-бăк*) s. томпакъ (ме-
Tombless (*тум'-лес*) adj. не погребенный, лишенный могилы.
Tomboy (*том'-бой*) s. здоровый

парень; дѣвочка съ манерами мальчика. [ный камень.
Tombstone (*тум'-стон*) s. нагроб-
Tom-cat (*тŏм'-кăт*) s. котъ.
Tome (*то'ом*) s. томъ, часть (книги).
Tomentose (*то'о-мен-тос*), **Tomentous** (*то-мен'-тŏс*) adj. (бот.) пушистый, косматый.
Tomfool (*том'-фул*) s. дуракъ, дурачекъ. [пости, дурачество.
Tomfoolery (*том'-фул-ер-и*) s. глу-
To-morrow (*ту-мор'-роу*) adv. и s. завтра. [затычка.
Tompion (*том'-пи-ŏн*) s. втулка,
Tomtit (*том'-тит*) s. см. **Titmouse.**
Ton (*тŏн*) s. (мор.) тонна; || бочка.
Ton (*тон*) s. тонъ, мода, оттѣнокъ.
Tone (*то'он*) s. звукъ, тонъ; голосъ. **Low —,** низкій звукъ. || va. говорить на распѣвъ.
Tongs (*тонгз*) s. pl. щипцы, клещи.
Tongue (*тŏнг*) s. языкъ. **Hold your —.** придержите свой языкъ. **The English —,** англійскій языкъ. **— -tied,** косноязычный. || va. vn. управлять языкомъ; || * бранить.
Tongued (*тŏнгд*) adj. имѣющій языкъ. [весный.
Tongueless (*тŏнг'-лес*) adj. безсло-
Tonic (*тон'-ик*) adj. (муз.) тоническій. [годня ночью.
To-night (*ту-найт'*) adv. и s. се-
Tonnage (*тон'-эдж*) s. грузъ, вмѣстимость (судна).
Tonsil (*тон'-сил*) s. (анат.) миндалевидная железа.
Tonsile (*тон'-сил*) adj. что можно подрѣзать. [далевидный.
Tonsillar (*тон'-сил-ăр*) adj. мин-
Tonsure (*тон'-шур*) s. стрижка (волосъ); постриженіе.
Tontine (*тин-тин'*) s. тонтина (пожизненный доходъ).
Tony (*то'о-ни*) s. простофиля.
Too (*ту*) adv. слишкомъ; также. **— much, — many,** слишкомъ много. **And you —,** и вы, ты также.
Tool (*тул*) s. орудіе; снарядъ. **— chest,** ящикъ для инструментовъ.
Toot (*тут*) va. vn. трубить въ рогъ.
Tooth (*тузс*) s. (въ pl. **Teeth**) зубъ; || зубецъ. **Decayed —,** испорченный зубъ; **To pick one's teeth,** чистить зубы. **To grind one's teeth,** скрежетать зубами. **To show one's teeth,** показать зубы. **To cast in the teeth,** бросить въ лицо, упрекнуть. **To have a sweet —,** любить сладости. **— and nail,** когтями и зубами. **— ache,** зубная боль. **— brush,** зубная щетка. **— powder,** зубной порошокъ. **— drawar,** зубодеръ. **— drawing,** извлеченіе зубовъ. **— -pick,** зубочистка. || va. снабжать зубами, зубцами.

Toothed (*тузст*) adj. зубчатый.
Toothless (*тузс'-лес*) adj. беззубый.
Toothsome (*тузс'-сŏм*) adj. лакомый; вкусный.
Toothsomeness (*тузс'-сŏм-нес*) s. пріятность на вкусъ.
Top (*топ*) s. вершина, верхушка, верхъ; высшая степень. **From — to bottom,** снизу доверху. **At the — of his voice,** всѣмъ голосомъ, изо всей мочи. **Humming —,** волчокъ. **Whipping —,** деревянный башмакъ. **Fore —,** форъмарсъ. **Main —,** гротъ; || vn. возвышаться; господствовать; опережать. **— -boots,** сапоги съ отворотами. **— -coat,** верхнее платье. **— -gallant,** безподобный, изящный; (мор.) брамъ стенга. **— -heavy,** имѣющій перевѣсъ въ верхней части. **— -knot,** шиньонъ; хохолъ (у птицъ). **— sail,** марсель, стенга.
Topaz (*то'о-пăз*) s. топазъ.
Tope (*то'оп*) vn. напиваться до пьяна.
Toper (*то'пер*) s. пьяница.
Topful (*топ'-фул*) adj. полный доверху.
Tophus (*то'о-фŏс*) s. известковое отложеніе.
Topic (*топ'-ик*) s. предметъ, тема; доводъ; общее мѣсто; (мед.) наружное средство. || **— of conversation,** предметъ разговора. adj. см. **Topical.**
Topical (*топ'-ик-ăл*) adj. мѣстный, относящійся къ общему мѣсту; не доказанный, вѣроятный; || **—ly,** adv. мѣстно, какъ общее мѣсто.
Topman (*топ'-мăн*) s. пильщикъ, стоящій на верху, (мор.) марсовой
Topmost (*топ'-мост*) adj. высшій, самый верхній.
Topographer (*то-пог'-рă-фер*) s. топографъ.
Topographic (*топ-о-грăф'-ик*), **Topographical** (*топ-о-грăф-ик-ăл*) adj. топографическій.
Topography (*то-пог'-рă-фи*) s. топографія (*описаніе мѣстности*).
Topping (*тор'-пинг*) adj. подымающійся, возвышающійся, господствующій; превосходный.
Topple (*топ'-пл*) *vn.* валиться, падать. **To — over,** спускать.
Topsy-turvy (*топ'-си-тŏр-ви*) adv. вверхъ дномъ.
Tor (*тор*) s. башня; остроконечная гора, пикъ.
Torch (*торч*) s. факель, свѣточъ. **— bearer,** s. факельщикъ. **— light,** свѣтъ факеловъ. **— thistle,** (бот.) кактусъ.
Torment (*тор'-мент*) s. мученіе, мука, терзаніе.

Torment (*тор-мент'*) va. мучить, терзать, томить.
Tormenter (*тор-мент'-ср*) s. мучитель; палачъ; терзатель.
Tormentil (*тор'-мен-тил*) s. (бот.) завязный корень, узикъ.
Tormentor (*тор-мент'-ŏр*) s. см. **Tormenter**; || родъ плуга.
Tornado (*тор-нэ'-до*) s. вихрь, шквалъ.
Torpescence (*тор-пес'-сенс*) s. отупеніе, оцѣпенѣніе, притупленіе.
Torpescent (*тор-пес'-сент*) adj. нѣмѣющій, цѣпенѣющій.
Torpid (*тор'-пид*) adj. отупелый, неподвижный, тяжелый; равнодушный; тупой.
Torpidity (*тор-пид'-и-ти*), **Torpidness** (*тор'-пид-нес*), **Torpitude** (*тор'-пи-тьюд*) s. отупеніе, оцѣпенѣніе; тупость, неподвижность, апатія.
Torpor (*тŏр'-пор*) s. отупеніе.
Torporific (*тор-пор-иф'-ик*) adj. причиняющій оцѣпенѣніе, отупеніе.
Torrefaction (*тор-ри-фăк'-шŏн*) s. обжиганіе, жженіе.
Torrefy (*тор'-ри-фай*) va. жечь, обжигать, жарить.
Torrent (*тор'-рент*) s. потокъ; || adj. стремительный какъ потокъ.
Torrid (*тор'-рид*) adj. выжженный солнцемъ; знойный, зажкій. — **zone**, жаркій поясъ.
Torridness (*тор'-рид-нес*) s. зной.
Torril (*тор'-рил*) s. кляча.
Torsel (*тор'-сел*), **Torsil** (*тор'-сил*) s. (арх.) лежень.
Torsion (*тор'-шŏн*) s. сученіе, скручиваніе, свиваніе; стращиваніе шелка.
Toroso (*тор'-со*) s. торсъ, туловище
Tortile (*торт'-ил*), **Tortive** (*торт-ив*) adj. витой, сученный, крученый. [вредящій.
Tortious (*тор'-шŏс*) adj. вредный,
Tortoise (*тор'-тис*) s. черепаха. — **flower**, s. черепашникъ (растеніе). — **shell**, черепаха.
Tortuosity (*тортъ-ю-ос-и-ти*), **Tortuousness** (*тортъ-ю-ŏс'-нес*) s. извилистость.
Tortuous (*тортъ'-ю-ŏс*) adj. извилистый, изгибистый, излучистый; кривой, неправильный (юрид.) вредный. —**ly**, adv. криво, извиваясь.
Torture (*тортъ'-юр*) s. пытка; мука, мученіе.
Torturer (*тортъ'-юр-ер*) s. мучитель. [лый фризъ.
Torus (*то'о-рŏс*) s. (арх.) полукруг-
Tory (*то'о-ри*) s. торн (въ Англіи).
Toryism (*то'о-ри-изм*) s. торизмъ.

Toss (*тос*) va. кидать, бросать; колебать, безпокоить. **To — in a blanket**, обманывать, провести кого либо. **To — about**, бросать. **To — back**, отбрасывать. **To — up**, бросать на воздухъ; || va. бросаться, кидаться; колебаться. **To — up**, играть въ орелъ и рѣшку; || s. бросаніе, швыряніе, толчокъ.
Tossing (*тос'-инг*) s. бросаніе, киданіе; колебаніе, качаніе.
Tosspot (*тос'-пот*) s. пьяница.
Total (*то'о-тăл*) s. все, цѣлое, итогъ, сумма; || adj. весь, цѣлый.
Totality (*то-тăл'-и-ти*) s. цѣлость, все.
Totally (*то'о-тăл-и*) adv. совсѣмъ, совершенно, вполнѣ.
Totalness (*то'о-тăл-нес*) s. цѣльность, полнота.
Totter (*тот'-тер*) vn. колебаться, шататься.
Tottering (*тот'-тер-инг*) adj. неустойчивый, шатающійся. **A — throne**, неустойчивый тронъ.
Totteringly (*тот'-тер-инг-ли*) adv. колеблясь.
Tottery (*тот'-тер-и*) adj. колеблющійся. [звѣздіе.
Toucan (*ту'-кăн*) s. Туканъ (со-
Touch (*тŏч*) va. vn. трогать, касаться; затрагивать кого; растрагивать кого; намѣтить. **Nobody touched me**, никто до меня не дотронулся. **To — one another**, касаться другъ друга. **To — off**, намѣтить; разрядить (пушки). **To — up**, ретушировать; освѣжить память. — **up that plate**, ретушируйте эту пластинку. **To — at**, трогать. **To — on, upon**, касаться; || s. осязаніе, прикосновеніе; проба, испытаніе; || черта; штрихъ; (муз.) туше. **By the —**, прикосновеніемъ. **A bold —**, смѣлое прикосновеніе; смѣлый очеркъ. **A — of raillery**, съ оттѣнкомъ насмѣшки. **A — of the gout**, припадокъ (какой либо болѣзни). **To be in — with**, быть въ курсѣ чего либо. —**s of harmony**, нѣжные аккорды. — **-hole**, отверстіе пушки. — **-me-not**, (бот.) не тронь меня. — **-needle**, пробирная игла. — **-stone**, пробный камень. — **-wood**, березовый трутъ, кремень. [мый.
Touchable (*тŏч-ă-бл*) adj. осязае-
Touchily (*тŏч'-и-ли*) adv. брюзгливо, обидчиво.
Touchiness (*точ'-и-нес*) s. раздражительность, вспыльчивость, щепетильность.
Touching (*тŏч'-инг*) adj. трогательный; || prep. касательно.
Touchingly (*точ'-инг-ли*) adv трогательно.

Touchy (*тäч'-и*) adj. щепетильный, обидчивый, раздражительный.

Tough (*тöф*) adj. крутой, упрямый, жесткій, твердый. **A — skin**, жесткая кожа. **— meat**, жесткое мясо. **As — as leather**, жесткій какъ кожа. [коченѣть.

Toughen (*тöф'-н*) va. vn. твердѣть:

Toughness (*тöф'-нес*) s. крутость, непреклонность; жестокость, твердость.

Toupee (*ту-пи'*), **Toupet** (*ту-пэ'*) s. пучекъ (волосъ).

Tour (*тур*) s. очередь, чередъ, оборотъ, обращеніе; путешествіе.

Tourist (*тур'-ист*) s. туристъ.

Tournament (*тöр'-нä-мент*) s. турниръ.

Tourney (*тöр'-ни*) s. турниръ; || vn. биться на копьяхъ.

Tourniquet (*тöр'-ни-кет*) s. (хим.) турникетъ.

Touse (*та'аз*) **Tousle** (*та'у-зл*) vn. таскать, тормошить.

Tout (*тут*) vn. навязывать товаръ; || слѣдить.

Touter (*тут'-ер*) s. коммиссіонеръ

Tow (*то'у*) va. буксировать; || s. пакля; || буксиръ. **In —**, на буксирѣ. **— -boat**, буксиръ, туэръ. **— -line, — -rope**, — буксирный канатъ. **-path**, бичевникъ.

Towage (*то'у-эдж*) s. буксированіе

Toward (*то'о-уäрд*) adj. послушный, угодливый.

Toward (*то'у-äрд*), **Towards** (*то'у-äрдз*) prep. къ, ко; въ направленіи; || близъ, около. **He came — me**, онъ направился ко мнѣ. **— midnight**, около полуночи. || близко въ минуту.

Towardly (*то'о-уäрд-ли*) adv послушно, угодливо.

Towel (*та'у-ел*) s. полотенце. **Jack —**, палочка для полотенца.

Tower (*та'у-ер*) s. башня, крѣпость; || высота; || vn. возвышаться надъ. [нями.

Towered (*та'у-ерд*) adj. съ баш-

Towering (*та'у-ер-инг*) adj. возвышенный, высокій.

Towery (*та'у-ер-и*) adj. см. **Towered.** [s. тяга бичевою.

Towing (*то'у-инг*) adj. бичевой; ||

Town (*тä'ун*) s. городъ, столица. **Inland —**, городъ центра (страны). **Trading —**, коммерческій городъ. **Manufacturing —**, промышленный. **To go to —**, идти въ городъ. **— clerk**, городской секретарь. **— -crier**, городской глашатый. **— -council**, муниципальный совѣтъ. **— -dues**, городскіе сборы. **— -hall, — -house**, ратуша, дума. **— talk**, городскіе слухи.

Township (*та'ун-шип*) s. городской округъ. [жанинъ.

Townsman (*та'унз-мäн*) s. горо-

Toxicology (*токс-и-кол'-о-джи*) s. токсикологія.

Toy (*той*) s. игрушка; бездѣлица. сказка; прихоть. **— book**, книжка съ картинками. **— -business, — -trade**, торговля игрушками. **— -man**, торговецъ игрушками. **— shop**, магазинъ дѣтскихъ игрушекъ. || vn. играть, шалить, рѣзвиться.

Toyish (*той'-иш*) adj. шутливый, забавный. [ливость.

Toyishness (*той'-иш-нес*) s. шут-

Trace (*трэс*) s. слѣдъ, стезя; || постромка. || va. идти послѣдамъ, добираться. **To — back**, прослѣдить въ прошломъ. **To— out**, начертать. [тимый.

Traceable (*трэс'-ä-бл*) adj. начер-

Tracer (*трэ'-сер*) s. начертатель.

Trachea (*трэ'-ки-ä*) s. (анат.) трахея

Tracheal (*трэ'-ки-äл*) adj. (анат.) трахейный.

Tracheotomy (*трэ-ки-от'-о-ми*) s. (хир.) трахеотомія.

Trachitis (*трэ-кай'-тис*) s. воспаленіе дыхательнаго горла.

Trachyte (*трэ'-кайт*) s. (геол.) трахитъ.

Tracing (*трэ'-синг*) s. начертаніе, копированіе; || стезя.

Track (*трäк*) s. слѣдъ, колея, стезя. путь. **Beaten —**, избитые пути. **— -road**, бичевая. **To be, go the —**, быть на слѣду. || итти по слѣдамъ. [слѣдный.

Trackless (*трäк'-лес*) adj. без-

Tract (*трäкт*) s. пространство, страна, || трактатъ. **A mountainous —**, гористая мѣстность. **Religious —s**, религіозные трактаты.

Tractability (*трäкт-ä-бил'-и-ти*), **Tractablenes** (*трäкт'-ä-бл-нес*) s. сговорчивость, покорность.

Tractable (*трäкт'-ä-бл*) adj. послушный, обходительный.

Tractably (*трäкт'-ä-бл-и*) adv. послушно, покорно.

Tractation (*трäк-тэ'-шон*) s. трактатъ. [ковкій.

Tractile (*трäк'-тил*) adj. тягучій,

Tractility (*трäк-тил'-и-ти*) s. тягучесть, ковкость.

Traction (*трäк'-шон*) s. натуга, напряженіе, влеченіе.

Tractive (*трäкт'-ив*) adj. тянущій, влекущій. [тянетъ.

Tractor (*трäкт'-ер*) s. тотъ, кто

Trade (*трэд*) s. торговля, торгъ. **Home —**, внутренняя торговля. **Foreign —**, внѣшняя торговля. **— mark**, фабричная марка, торговая цѣна. **To carry on the —**

of, торговать чѣмъ либо. **It is his —,** это его занятіе. **— -winds,** попутные вѣтры. || vn. торговать. **To — in silk,** торговать шелкомъ. **To — with,** торговать чѣмъ либо.
Trader (*трэд'-ер*) s. торговецъ, купецъ.
Tradesman (*трэдз'-мӑн*) s. торговецъ, купецъ, ремесленникъ.
Tradespeople (*трэдз'-пи-пл*) s. pl. торговый людъ.
Trades-Union (*трэдз'-ьюніон*) s. общество рабочихъ. [купчиха.
Tradeswoman (*трэдз'-уум-ӑн*) s.
Trading (*трэд'-инг*) adj. торговый; sm. торгъ, торговля.
Tradition (*трӑ-диш'-ӧн*) s. преданіе, традиція.
Traditional(*трӑ-диш'-ӧн-ӑл*), **Traditionary** (*трӑ-диш-'ӧн-ӑ-ри*) adj. традиціонный, основанный на преданіи.
Traditionally (*трӑ-диш'-ӧн-ӑ-ли*) adv. по преданію.
Traduce (*трӑ-дьюс'*) va. порицать, поносить; || порождать.
Traducer (*трӑ-дьюс'-ер*) va. поноситель, клеветникъ.
Traducing (*трӑ-дью'-синг*) s. порицаніе, клевета.
Traduction (*трӑ-дӧк'-шӧн*) s. произведеніе, порожденіе; переводъ.
Traffic (*трӑф'-фик*) s. торгъ, торговля; товаръ. **Goods —,** транспортированіе товаровъ. **— return,** указатель поступленій на желѣзн. дорогѣ. || vn. торговать.
Trafficker (*трӑф'-фик-ер*) s. торговецъ.
Tragedian (*трӑ - джи' - ди - ӑн*) s. трагикъ. [гедія.
Tragedy (*трӑдж'-и-ди*) s. тра-
Tragic (*трӑдж-'ик*), **Tragical** (*трӑдж'-ик-ӑл*) apj. трагическій.
Tragically (*трӑдж-ик'-ӑл-и*) adv. трагически.
Tragi-comedy (*трӑдж-и-ком'-и-ди*) s. трагикомедія.
Tragi-comic (*трӑдж'-и-ком-ик*), **Tragicomical**(*трӑдж'-и-ком-ик-ӑл*) adj. трагикомическій.
Trail (*трэл*) va. vn. гнаться, по слѣдамъ; тащить, -ся. || s. слѣдъ, дорожка; || шлейфъ (платья). **— of light,** лучезарный свѣтъ. **A — of smoke,** слѣды дыма.
Trailing (*трэл'-инг*) s. преслѣдованіе по слѣдамъ; тащеніе, волоченіе.
Train (*трэн*) va. волочить, тащить за собой, привлекать. **To — up,** воспитывать, пріучать. **To — soldiers,** обучать рекрутовъ. **To — up children,** воспитывать дѣтей. || s. шлейфъ, хвостъ; || хитрость, обольщеніе; || ходъ, движеніе; || свита. **A — of ideas,** послѣдовательность въ мысляхъ. **Fast —,** поѣздъ большой скорости. **Luggage —, goods —,** товарный поѣздъ, поѣздъ малой скорости. **Excursion —,** увеселительный поѣздъ. **— -bearer,** пажъ. **— bands,** милиція, ополченіе. **— -oil,** ворвань.
Trainer (*трэн'-ер*) s. тотъ, кто обучаетъ, дрессировщикъ, инструкторъ.
Training (*трэн'-инг*) s. обученіе, дрессированіе.
Traipse (*трэпс*) va. шалопайничать, шататься.
Trait (*трэт*) s. черта, поступокъ.
Traitor (*трэ'-тӧр*) s. **— to,** измѣникъ, предатель.
Traitorous (*трэ'-тӧр-ӧс*) adj. измѣнническій, предательскій.
Traitorously (*трэ' - тӧр - ӧс - ли*) adv. измѣннически, предательски.
Traitress (*трэ'-трес*) s. измѣнница, предательница.
Traject (*трӑ-джект'*) va. пропускать, проводить.
Traject (*трӑдж'-ект*) s. переправа, переѣздъ.
Trajection (*трӑ-джек'-шӧн*) s. перебрасываніе; бросаніе.
Trajectory (*трӑ-джект'-ӧ-ри*) s. (геом.) траекторія.
Tralatitious(*трӑл-ӑ-тиш'-ӧс*) adj. метафорическій, переносный.
Tram (*трӑм*) s. крученая шелковинка; || плоскій рельсъ. **— rail,** желобчатый рельсъ. **— road. — way,** желѣзная дорога съ плоскими рельсами.
Trammel (*трӑм'-мел*) s. заметный неводъ, неводъ; сѣть; тенета; путы (для животныхъ); (фиг.) препятствіе; || крюкъ для вѣшанья котла надъ огнемъ; || va. **To —, to — up,** мѣшать, препятствовать, затруднять, путать; спутывать ноги.
Tramontane (*трӑ - мон' - тэн, трӑм'-ӧн-тэн*) adj. загорный, живущій по ту сторону горъ; || s. загорный житель.
Tramp (*трӑмп*) va. vn. топтать; бродить, ходить пѣшкомъ; бродяжничать; шататься; || s. путешествіе пѣшкомъ, рабочій по отхожимъ промысламъ.
Tramper (*трӑмп'-ер*) s. бродяга.
Trample (*трӑм'-пл*) va. vn. попирать ногами, топтать; тяжело и скоро ступать; топать, стучать ногами. **To — on, upon,** (фиг.) презирать. || s. см. **Trampling.**
Trampling (*трӑм'-плинг*) s. попираніе, топтаніе, топанье.
Trance (*трӑнс*) s. восхищеніе, сильный восторгъ, наступленіе;

страхъ, ужасъ, боязнь; (мед.) трансъ, столбнякъ.

Tranced (*транст*) adt. восхищенный.

Trannel (*трäн'-нвл*) s. см. **Tree-nail.**

Tranquil (*трäнк'-уил*) adj. спокойный, тихій.

Tranquility (*трäнк-уил'-ли-ти*) s. тишина, спокойствіе.

Tranquilize (*трäнк'-уил-айз*) va. успокаивать. [см. **Tranquility**.

Tranquilness (*трäнк'-уил-нес*) s.

Trans (*трäнз*) *латинская приставка въ началѣ слова, означающая:* по ту сторону, черезъ.

Transact (*трäнс-äкт'*) va. вести переговоры, вести (дѣла), заключать сдѣлки. || vn. сговариваться, соглашаться.

Transaction (*трäнс-äк'-шöн*) s. заключеніе соглашенія; сдѣлка; дѣло; дѣйствіе; происшествіе; условіе; договоръ. || **—s**, s. pl. труды, протоколы (ученаго общества).

Transactor (*трäнс-äк'тöр*) sm. негоціантъ, агентъ.

Transalpine (*трäнс-äлп'-ин*) adj. заальпійскій.

Transatlantic (*трäнс-äт-лäн'-тик*) adj. заантлатическій.

Transcend (*трäн-сенд'*) va. превышать, превосходить.

Transcedence (*трäн-сенд'-снс*), **Transcendency** (*трäн-сенд'-енси*) s. превосходство, преимущество.

Transcendent (*трäн-сенд'-ент*) adj. превосходный, высокій, возвышенный, трансцендентный.

Transcribe (*тран-скрайб'*) va. переписывать; (фиг.) подражать.

Transcriber (*трäн-скрайб'-ер*) s. переписчикъ.

Transcribing (*трäн-скрайб'-инг*) s. переписываніе

Transcript (*трäн'-екрипт*) s. копія, снимокъ; || * подражаніе.

Transcription (*трäн-скрип'-шöн*) s. переписываніе, переписка; (муз.) аранжировка.

Transept (*трäн'-септ*) s. (арх.) трансептъ (поперечный ходъ).

Transfer (*трäнс-фöр'*) va. переносить, переправлять, переводить, передавать, уступать.

Transfer (*трäнс'-фер*) s. переносъ, переводъ; (торг.) трансфертъ, переводъ рисунка (на холстъ, на доску): копія.

Transferable (*трäнс-фäр'-ä-бл*) adj. переводимый, переносный, передаваемый, сообщаемый

Transferree (*трäнс фер-и'*) s тотъ, кому дѣлается уступка, передача, переводъ.

Transference, **Transferrence** (*трäнс'-фер-енс*) s. уступка, передача, переводъ.

Transferrer (*трäнс-фöр'-ер*) s. тотъ, кто уступаетъ, передаетъ, переводитъ.

Transfiguration (*трäнс-фигь-юрэ'шöн*) s. превращеніе; **праздникъ** Преображенія.

Transfigure (*трäкс-фигь'-юр*) va. превращать, преображать.

Transfix (*трäнс-фикс'*) va. прокалывать, пронизывать насквозь.

Transform (*трäнс-фöрм'*) va. vn. преобразовывать, превращать, перемѣнять, -ся; претворять, -ся, перерождаться.

Transformation (*трäнс-фор-мэ'шöн*) s. преобразованіе, превращеніе, претвореніе; перерожденіе.

Transformative (*трäнс-форм'-äтив*) adj. преобразовательный.

Transfuse (*трäнс-фьюз'*) va. переливать, перепускать; || *сообщать, передавать.

Transfusible (*трäнс-фьюз'-и-бл*) adj. могущій быть перелитымъ, перепущеннымъ, переданнымъ, сообщеннымъ.

Transfusion (*транс-фью'-жöн*) s. переливка, переливаніе, перепусканіе, передаваніе, сообщеніе.

Transgress (*трäнс-грес'*) va. опережать, превосходить, превышать; преступать, нарушать; опровергать, противорѣчить; || vn. грѣшить, согрѣшать, преступать законъ.

Transgression (*трäнс-греш'-öн*) s. нарушеніе, грѣхъ, вина, ошибка.

Transgressional (*трäнс-греш'-öн-äл*), **Transgressive** (*трäнс-грес'-ив*) adj. виноватый, грѣховный. [нарушитель, грѣшникъ.

Transgressor (*трäнс-грес'-öр*) s.

Transient (*трäн'-шент*) adj. преходящій, скоротечный; временный; быстрый.

Transiently (*трäн'-шент-ли*) adv. скоротечно, легко, мимоходомъ.

Transientness (*трäн'-шент-нес*) s. скоротечность, временность, кратковременность, тлѣнность.

Transire (*трäн-сайр'*) s. таможенное дозволеніе на перевозъ въ другое мѣсто.

Transit (*трäн'-сит*) s. (торг.) транзитъ; билетъ для свободнаго провоза (товаровъ). **To pass in —**, проходить транзитомъ. **— duty**, транзитная пошлина. **— instrument**, s. меридіональный кругъ. va. (астр.) проходить чрезъ.

Transition (*трäн-сиж'-öн*) s. переходъ; перерожденіе.

Transitional (*трäн-сиж'-öн-äл*) adj. переходный.

Transitive (*трäн'-си-тив*) adj. преходящій; переносный, переходный; || переходящій, дѣйствительный (глаголъ).

Transitively (*трӑн'-си-тив-ли*) adv. переходя, перенося; въ переносномъ смыслѣ.

Transitorily (*трӑн'-си-тӧ-ри-ли*) adv. въ переходномъ, преходящемъ состояніи.

Transitoriness (*тран'-си-тӧ-ри-нес*) s. преходящее состояніе, скоротечность.

Transitory (*трӑн'-си-тӧ-ри*) adj. преходящій, скоротечный, временный, переходный. **— action**, (юрид.) искъ, могущій быть предъявленнымъ и за предѣлами государства.

Translatable (*трӑнс-лэт'-ӑ-бл*) adj. переводимый.

Translate (*трӑнс-лэт'*) va. переносить, перемѣщать, переставлять; пересаживать; || восхищать (на небо); || преобразовывать, превращать; || переводить. **To — word for word**, переводить дословно. **To — into French**, переводить на французскій языкъ.

Translation (*трӑнс-лэ'-шӧн*) s. перенесеніе, перемѣщеніе, перестановка; || преобразованіе, превращеніе; || переводъ.

Translator (*трӑнс-лэт'-ӧр*) s. переводчикъ.

Translatory (*трӑн-слэт'-ӧ-ри*) adj. переносный, переводный.

Translatress (*трӑнс-лет'-рес*) s. переводчица.

Translocation (*трӑнс-лӧ-ке'-шӧн*) s. перемѣщеніе.

Translucence (*трӑнс-лью'-сенс*), **Translucency** (*трӑнс-лью'-сен-си*) s. прозрачность, сквозистость, просвѣчиваніе.

Translucent (*трӑнс-лью'-сент*), **Translucid** (*трӑнс-лью'-сид*) adj. прозрачный, просвѣчивающій.

Transmarine (*трӑнс-мӑ-рин'*) adj. заморскій,

Transmigrant (*трӑнс'-ми-грӑнт*) adj. переселяющійся; переходящій въ другое состояніе; || s. эмигрантъ, переселенецъ.

Transmigrate (*трӑнс'-ми-грет*) vn. переселяться, эмигрировать; переходить изъ одного состоянія въ другое.

Transmigration (*трӑнс-ми-грэ'-шӧн*) s. переселеніе; эмиграція.

Transmigrator (*трӑнс'-ми-грэ-тӧр*) s. переселенецъ, эмигрантъ.

Transmigratory (*трӑнс-май'-грэ-тӧ-ри*) s. adj. переходный, переходящій.

Transmissibility (*трӑнс-мис-си-бил'-и-ти*) s. право передачи, передаточность.

Transmissible (*транс-мис'-си-бл*) adj. передаточный.

Transmission (*трӑнс-м-иш'-ӧн*) s. передача; пересылка.

Transmissive (*трӑнс-мис'-сив*) adj. передаваемый, пересылаемый.

Transmit (*трӑнс-мит'*) va. передавать; пересылать.

Transmitter (*трӑнс-мит'-тер*) s. передатчикъ, пересылатель.

Transmittible (*трӑнс-мит'-ти-бл*) adj. передаточный, могущій быть переданнымъ.

Transmitting (*трӑнс-мит'-тинг*) s. передача, передаваніе.

Transmogrify (*трӑнс-мог'-ри-фай*) va. (разг.) преобразовывать, передѣлывать.

Transmutability (*трӑнс-мью-та-бил'-и-ти*) s. возможность быть измѣненнымъ, превращеннымъ.

Transmutable (*трӑнс-мьют'-ӑ-бл*) adj. могущій быть превращеннымъ, измѣненнымъ.

Transmutation (*трӑнс-мью-тэ'-шӧн*) s. превращеніе, измѣненіе.

Transmute (*трӑнс-мьют'*) va. превращать, измѣнять, претворять.

Transmuter (*трӑнс-мьют'-ер*) s. тотъ, кто превращаетъ, измѣняетъ, претворяетъ.

Transom (*трӑн'-сӧм*) s. поперечный брусокъ, перекладина; переплетъ (окна); (мор.) транецъ.

Transparency (*трӑнс-пер'-ен-си*) s. прозрачность.

Transparent (*трӑнс-пер'-ент*) adj. прозрачный; || s. транспарантъ.

Transparently (*трӑн-спер'-ент-ли*) adv. прозрачно.

Transparentness (*трӑнс-пер'-ент-нес*) s. прозрачность.

Transpicuous (*трӑн-спикь'-ю-ӧс*) adj. прозрачный.

Transpierce (*трӑнс-пирс'*) va. прокалывать, пронзать насквозь; проникать.

Transpirable (*трӑнс-пайр'-ӑ-бл*) adj. обладающій свойствомъ испаренія.

Transpiration (*трӑнс-пи-рэ'-шӧн*) s. испареніе, испарина; потѣніе.

Transpire (*трӑнс-пайр'*) vn. испаряться, выдыхаться, просасываться; распространяться, обнаруживаться; || случаться, имѣть мѣсто; || va. выдѣлять испаренія; выгонять потомъ.

Transplant (*трӑнс-плӑнт'*) va. пересаживать, переселять.

Transplantation (*трӑнс-плӑн-тэ'-шӧн*) s. пересаживаніе; переселеніе.

Transplanter (*трӑнс-плӑнт'-ер*)

s. тотъ, кто пересаживаетъ, переселяетъ.
Transplendency (*трӑн-сплен'-денси*) s. сильный блескъ.
Transplendent (*трӑн-сплен'-дент*) adj. сильно блестящій.
Transplendently (*трӑн-сплен'-дент-ли*) adv. съ большимъ блескомъ.
Transport (*трӓнс-по'орт*) va. переносить; перевозить; отправлять въ ссылку, изгонять; || * восхищать. **To — a ship,** переводить судно въ гавани съ мѣсто на мѣсто. **To — goods,** перевозить товары.
Transport (*трӓнс'-порт*) s. переносъ; перевозъ; транспортъ (судно); || восторгъ, восхищеніе, изступленіе, порывъ.
Transportable (*трӓнс-по'орт-ӓбл*) adj. удобоперевозимый; || достойный каторжной работы.
Transportation (*трӓн-спор-тэ'-шӧн*) s, перенесеніе, переведеніе; ссылка, изгнаніе; || * восхищеніе, восторгъ.
Transportedly (*трӓнс-по'орт-едли*) adv. въ восхищеніи.
Transportedness (*трӓнс-по'ортед-нес*) s. восхищеніе, восторгъ.
Transporter (*трӓнс-по'орт-ер*) s. перевозчикъ, переноситель.
Transporting (*трӓнс-по'орт-инг*) adj. восхитительный.
Transportment (*трӓнс-по'орт-мент*) s. см. **Transportation**.
Transposable (*трӓнс-по'оз-ӓ-бл*) adj. переставляемый.
Transposal (*трӓнс-по'оз-ӓл*) s. перестановка.
Transpose (*трӓнс-по'оз*) va. переставлять, перестанавливать: || (муз.) транспонировать, перелагать.
Transposing (*трӓнс-по'оз-инг*), **Transposition** (*трӓнс-по-зиш'-ӧн*) s. переставленіе, перестановка; || (муз.) транспонировка, переложеніе.
Transpositive (*трӓнс-поз'-и-тив*) adj. переставляемый, перемѣщаемый.
Tranship (*трӓнс-шип'*) va. перегружать, пересаживать.
Transhipment (*трӓнс-шип-мент*) s. перегрузка, пересаживаніе.
Transubstantiate (*трӓн-сӧб-стӓн'-ши-эт*) va. воплощать.
Transubstatiation (*трӓн-сӧб-стӓн-ши-э'-шӧн*) s. воплощеніе.
Transudation (*трӓн-сью-дэ'-шӧн*) s. пропотѣніе, просасываніе.
Transude (*трӓн-сьюд'*) vn. просасываться, выходить потомъ, испаряться.
Transume (*трӓн-сьюм'*) va. заимствовать.
Transvection (*трӓнс-век'-шӧн*) s. переносъ, перевозъ.
Transversal (*трӓнс-вӧр'-сӓл*) adj. поперечный, косой.
Transversaly (*трӓнс-вӧр'-сӓл-и*) adv. поперечно, косо.
Transverse (*трӓнс-вӧрс'*) adj. поперечный, косой.
Transverselly (*трӓнс-вӧрс'-ли*) adv поперечно, косо.
Tranter (*трӓнт'-ер*) s. торговецъ; подвозчикъ морской рыбы.
Trap (*трӓп*) s. западня, засада, ловушка, капканъ; сѣти, ковы; || дренажная трубка, сифонъ, тонкость, суть; || игра въ шаръ; || повозка, вагонъ, подвижная лѣстница. || **—s,** s pl. пожитки. **You are not up to —,** вы не понимаеьг тонкости, сути. **To pack up one's —s,** собрать свои вещи. **— ball,** s. особый родъ игры въ мячъ. **— door,** опускная двеоь. **— stick,** костыль, которымъ гоняють шаръ. || va. поймать въ западню, въ ловушку; обмануть, провести; || vn. ставить ловушку, западню.
Trapan (*трӓ-пан'*) va. поймать въ сѣти: схватить; || s. ловушка, западня; сѣти.
Trapeze (*трапиз*), **Trapezium** (*трӓ-пи'-зи-ӧм*) s. (геом.) трапеція.
Trapezoid (*трӓп'-и-зойд*) s. (геом.) трапезоидъ.
Trappings (*трӓп'-пингз*) s. pl. конская сбруя, уборъ.
Trappist (*трӓп'-ист*) s. траппистъ (монахъ).
Trash (*трӓш*) s. оборышъ, бракъ, дрянь, обрѣзки, шелуха, бездѣлица.
Trashy (*трӓш'-и*) adj. дрянной.
Trass (*трас*) s. (минер.) трасъ.
Traumatic (*тро-мӓт'-ик*) adj. (хир.) травматическій.
Travail (*трӓв'-эйл*) vn. трудиться; мучиться въ родахъ; || s. трудъ; || муки при родахъ.
Trave (*трэв*) s. перекладина въ стойлѣ.
Travel (*трӓ-в'-ел*) vn. путешествовать; || ѣхать, шагать, идти. **To — on,** подвигаться. **To — over,** путешествовать. || va. объѣзжать. || s. путешествіе, поѣздка. **—s in Turkey,** путешествіе по Турціи.
Travelled (*трӓв'-елд*) adj. много путешествовавшій.
Traveller (*трӓв'-ел-ер*) sm. sf. путешественникъ, -ница. **Fellow —,** товарищъ по путешествію.
Travelling (*трӓв'-ел-инг*) adj. путешестующій; путевой. **A — compa-**

nion, товарищъ по путешествію. — **expenses**, издержки по путешествію. || s. путешествіе.
Traversable (*трäв'-ерс-ä-бл*) adj. проницаемый, опровержимый.
Traverse (*трäв'-ерс*) adv. поперекъ; || prep. черезъ, поперекъ. || adj. поперечный, косой; || перекладина; || * препятствіе; хитрость. (юрид.) отрицаніе; || va. vn. переѣзжать; класть поперекъ; перечить; пересѣкать.
Traverser (*трäв'-ерс-ер*) s. (юрид.) тотъ, кто отрицаетъ.
Travesty (*трäв'-ес-ти*) adj. переодѣтый, переряженный; || s. пародія; || va. переодѣвать; пародировать.
Trawl (*тро'ол*) s. родъ невода; || vn. ловить рыбу неводомъ.
Tray (*трэй*) s. подносъ, корыто.
Treacherous (*треч'-ер-ŏс*) adj. измѣнническій.
Treacherously (*треч'-ер-ŏс-ли*) adv. измѣннически.
Treacherousness (*треч'-ер-ŏс-нес*), **Treachery** (*треч'-ер-и*) s. измѣна, вѣроломство.
Treacle (*три'кл*) s. патока.
Tread (*тред*) vn. ставить ноги, надавливать ногой, идти. **To — on, upon**, попирать ногами. **To — the ground**, попирать землю. || s. шагъ; ступаніе ногой; ходъ (лошади); ступень, ступенька.
Treadle (*тред'-л*) s. подножка; педаль.
Treason (*три'зн*) s. измѣна. **High —**, государственная измѣна.
Treasonable (*три'зн-ä-бл*) adj. измѣннический, предательскій.
Treasonably (*три'зн-ä-бл-и*) adv. измѣннически, предательски.
Treasure (*треж'-ŏр*) s. сокровище, кладъ. — **-house**, казначейство. — **-trove**, кладъ.
Treasurer (*треж'-ŏр-ер*) s. казначейство. — **-Board**, государственное казначейство.
Treat (*трит*) va. vn. договариваться съ кѣмъ; расуждать о чемъ; || угощать. **To — a subject**, толковать о какомъ либо предметѣ. || s. угощеніе, пиршество.
Treater (*трит'-ер*) s. договаривающійся съ кѣмъ; соглашающійся.
Treatise (*три'-тиз*) s. трактатъ, разсужденіе.
Treatment (*трит'-мент*) s. обхожденіе, поступокъ; || леченіе.
Treaty (*три'-ти*) s. трактатъ; договоръ; просьба.
Treble (*треб'-л*) adj. тройной, тройственный, острый, пронзительный (о звукѣ).
Trebleness (*треб'-ле-нес*) s. тройное количество.
Trebly (*треб'-л-и*) adv. втройнѣ, втрое.
Tree (*три*) s. дерево. **Fruit —** плодовое дерево.
Treeless (*три'-лес*) adj. безъ деревьевъ, безлѣсный.
Trefoil (*три'-фойл*) s. (бот.) трилистникъ.
Trellis (*тре'-лис*) s. рѣшетка. — **work**, трельяжъ.
Trellised (*трел'-лист*) adj. обнесенный рѣшеткой.
Trembler (*трем'-блер*) s. трусъ, трусиха.
Trembling (*трем'-блинг*) s. дрожаніе, дрожь; || adj. дрожащій, — **-poplar**, осина.
Tremblingly (*трем'-блинг-ли*) adv. дрожа.
Tremendous (*три-мен'-дŏс*) adj. ужасный, страшный.
Tremendously (*три-мен'-дŏс-ли*) adv. ужасно, страшно.
Tremendousness (*три-мен'-дŏс-нес*) s. ужасъ, страхъ.
Tremor (*три'-мŏр*) s. дрожаніе, трепетаніе.
Tremulous (*тремъ'-ю-лŏс*) adj. трепещущій, дрожащій.
Tremulously (*тремъ'-ю-лŏс-ли*) adv. дрожа.
Tremulousness (*тремъ'-ю-лос-нес*) s. дрожаніе, трепетъ.
Trench (*тренч*) va. копать, рыть, проводить желобки, бороздить. || s. ровъ, канавка, борозда.
Trencher (*тренч'-ер*) s. тотъ, кто роетъ. — **-friend**, блюдолизъ. — **-man**, ѣдокъ, обжора.
Trend (*тренд*) vn. тянуться, направляться.
Trendle (*трен'-дл*) s. колесо; ободъ (колеса).
Trepan (*три-пäн'*) s. (хир.) трепанированіе; || ловушка, западня; || va. трепанировать (черепъ); ставить ловушку.
Trepanning (*три-пäн'-инг*) s. (хир.) трепанація.
Trepidation (*треп-и-дэ'-шŏн*) s. трепетъ, дрожаніе; торопливость.
Trespass (*трес'-пäс*) vn. нарушать право недвижимой собственности; вредить. **To — against**, нарушать законъ. **To — on, upon**, злоупотреблять чьей либо собственностью. **I am — ing upon your time**, я васъ заставляю терять время. || s. нарушеніе правъ недвижимой собственности; вредъ обида.
Trespasser (*трес'-пäс-ер*) s. нарушитель правъ недвижимой собственности; обидчикъ.
Tress (*трес*) s. коса, локонъ.
Tressed (*трест*) adj. заплетенный въ локонахъ.

Trestle(*трес'л*) s. козлы, станокъ, рама.
Tret (*трет*) s. уступка, сбавка.
Trey (*трей*) s. тройка (въ картахъ).
Triable (*трай'-ă-бл*) adj. могущій быть испытаннымъ. || подсудный.
Triad (*трай'-ăд*) s. (муз.)трезвучіе.
Trial (*трай'-ăл*) s. испытаніе, опытъ; || судъ; || процессъ. **A severe —**, судебное испытаніе. **— by jury**, судъ присяжныхъ. **The — lasted a month**, процессъ продолжался мѣсяцъ. **To bring to —**, довести дѣло до суда. **On —**, на испытаніи.
Triandria (*трай-ăн'-дри-ă*) s. (бот.) тримужество.
Triangle (*трай-ăнгл*) s. треуголь-{никъ.
Triangular(*трай-ăнг'-гью-лăр*) adj. треугольный.
Triangularly (*трай-ăнг'-гью-лăр-ли*) adv. въ видѣ треугольника.
Tribe (*трайб*) s. племя; поколѣніе, сословіе, родъ; семейство.
Triblet (*триб'-лет*) s. колотушка (у серебрянниковъ).
Tribrach (*трай'-брăк*) s. трибрахій (стопа въ стихѣ).
Tribulation (*трибь-ю-лэ'-шŏн*) s. напасть, скорбь.
Tribunal (*трай-бью'-нăл*) s. судилище.
Tribune (*трибь'-юн*) s. кафедра, трибуна; || трибунъ.
Tribunitial (*трибь-ю-ниш'-ăл*), **Tribunitian** (*трибь-ю-ниш'-ăн*) adj. трибунскій.
Tributary (*трибь'-ю-тă-ри*) adj. и s. платящій дань.
Tribute(*трибь'-ют*) s. дань, подать.
Trice (*трайс*) s. мигъ, мгновеніе. **In a —**, въ мигъ, мигомъ.
Trick (*трик*) s. хитрость, уловка, продѣлка; штука; шалость. **A knavish —**, скверная продѣлка. **To play a person a —**, продѣлать съ кѣмъ что либо. **To have a — of**, имѣть дурную повадку. || va. обмануть, провести. **To — out**, наряжаться. || vn. жить обманомъ, плутовать.
Tricker (*трик'-ер*) s. обманщикъ, {плутъ.
Trickery (*трик'-ери*), **Tricking** (*трик'-инг*) s. обманъ, плутовство; || нарядъ.
Trickish (*трик'-иш*), **Trickly** (*трик'-си*) adj. хитрый. коварный; ловкій.
Trickle (*трик'-л*) vn. капать, течь, струиться; || s. капля
Trickster (*трик'-стер*) s. обманщикъ, плутъ.
Tricktrack (*трик'-трăк*) s. триктракъ (игра).
Tricoloured (*трай-кŏл-ŏрд*) adj. {трехцвѣтный.
Tricuspidate (*трай-кŏс'-пи-дэт*) (бот.) съ тремя остріями.
Tricycle (*трай'-си-кл*) s. трехколесный велосипедъ.
Trident (*трай'-дент*) s. трезубецъ.
Tridented (*трай'-дент-ед*), **Tridentate** (*трай-дент'-эт*) adj. (бот.) трезубчатый.
Triennial (*трай-ен'-ни-ăл*) adj. трехлѣтній, случающійся черезъ три года.
Triennially (*трай-ен'-ни-ăл-и*) adv. разъ въ три года.
Trier (*трай'-ер*) s. испытатель, изслѣдователь; || испытаніе.
Trifid (*трий'-фид*) adj. (бот.) трираздѣльный.
Trifle (*трай'-фл*) s. пустякъ, мелочь, бездѣлица; || vn. забавляться, заниматься пустяками. **To — away**, расточать. **To — with**, шутить съ кѣмъ-либо; || va. обращать въ пустяки.
Trifler (*трай'-флер*) s. шутникъ, пустомеля.
Trifling (*трай'-флинг*) s. болтовня, шутка; || adj. маловажный, пустяшный.
Triflingness (*трай'-флинг-нес*) s. пустяки, ничтожность.
Triform (*трай'-форм*) adj. трехформенный.
Trig (*триг*) va. тормозить(колесо); || s. бревно, подкладываемое подъ колесо.
Trigamy (*триг'-ă-ми*) s. троежен-{ство.
Trigger (*триг'-гер*) s. тормазъ.
Triglyph (*трай'-глиф*) s. (арх.) тригрифъ.
Trigon (*трай'-гŏн*) s. трехугольникъ.
Trigonometry (*триг'-о-ном'-и-три*) s. тригонометрія.
Trihedral(*трай-хи'-дрăл*) adj. трехгранный.
Trihedron (*трай-хи'-дрŏн*) s. трехгранникъ.
Trilateral (*трай-лăт'-ер-ăл*) {adj. трехсторонній.
Trilingual (*трай-лин'-гуăл*) adj. трехъязычный.
Trill (*трил*) s. (муз.) трель; || va. vn. пускать трели, выдѣлывать рулады.
Trillion (*трил'-йŏн*) s. триллiонъ.
Trilobate(*трай-ло'о-бэт*) adj. (бот.) трехлопастный.
Trim (*трим*) adj. хорошо сдѣланный; красивый. чистый; нарядный; || s. уборъ, нарядъ; || состояніе, положеніе; размѣщеніе. **In good —**, въ хорошемъ видѣ. **Out of —**, въ скверномъ состояніи; || va. отдѣлывать, убирать, украшать; подчищать; довершать.
Trimeter (*трим'-и-тер*) s. трехстопный стихъ.
Trimly (*трим'-ли*) adv мило, хорошо, нарядно.
Trimmer (*трим'-мер*) s. украша-

тель; наряжатель; || вѣтренникъ, вѣтрогонъ.
Trimming (*трим'-минг*) s. убираніе, убранство, украшеніе; обшивка; очищеніе; || выговоръ, исправленіе.
Trimness (*трим'-нес*) s. изящность, изрядность. [аспектъ.
Trine (*трайн*) s. (астр.) третной
Tringle (*тринг'-гл*) s. (арх.) листель.
Trinitarian (*трин-и-тэ'-ри-ăн*) s. трехпостникъ (раскольникъ).
Trinity (*трин'-и-ти*) s. Троица.
Trinket *тринк'-ет*) s. драгоцѣнная вещица, брелокъ.
Trinomial (*трай-но'о-ми-ăл*) s. (алг.) трехчленная величина.
Trio (*трай'-о*) s. (муз.) тріо.
Triolet (*трай'-о-лет*) s. родъ стихотворенія.
Trior (*трай'-ŏр*) s. лицо, повѣряющее списокъ присяжныхъ.
Trip (*трип*) va. опрокидывать, дѣлать подножки, заставить споткнуться; || *замѣстить кого либо; ошибиться. **I caught him —ping**, я поймалъ его на проступкѣ. **To — along**, легко бѣжать. **To — off**, спастись бѣгствомъ. **To — forth**, весело бѣжать. **To — up**, вбѣжать; || s. подшибъ (ногой); подставленіе ноги, подножка; экскурсія, переѣздъ; || ошибка. **To take a — to London**, сдѣлать путешествіе въ Лондонъ.
Tripartite (*трип'-ар-тайт*) adj. раздѣленный на три части.
Tripe (*трайп*) s. кишки, требуха; **—-shop, — -stall**, мясная лавка для продажи требухи.
Tripedal (*трип'-и-дăл*) adj. треножный.
Triphthong (*триф'-зсонг*) s. (грам.) трехгласная буква.
Triple (*трип'-л*) adj. тройной; тройственный, трoякій.
Triplet (*трип'-лет*) s. три, трое; || (муз.) тріоль.
Triplicate (*трип'-ли-кэт*) adj. тройной. **Done in —**, совершенно въ трехъ экземплярахъ.
Triplication (*трип-ли-кэ'-шŏн*) s. утроеніе.
Triplicity (*трай-плис'-и-ти*) s. тройное количество. [втрое.
Triply (*трип'-ли*) adv. втройнѣ,
Tripod (*трай'под*) s. таганъ, треножникъ.
Tripper (*трип'-пер*) s. тотъ, кто даетъ подножку, вытѣсняетъ.
Tripping (*трип'-пинг*) s. низверженіе; паденіе; || ошибка; || adj. легкій, быстрый, проворный.
Trippingly (*трип'-пинг-ли*) adv. легко, быстро, проворно.
Triptote (*трип'-тот*) s. (грам.) существительное, имѣющее только три падежа.
Trireme (*трай'-рим*) s. трирема (судно). [дѣлять на три части.
Trisect (*трай-сект*) va. раз-
Trisection (*трай-сек'-шŏн*) s. сѣченіе на три части.
Trismus (*трис'-мŏс*) s. (мед.) судорожное смыканіе челюстей.
Trisyllable (*три-сил'-лă-бл*) s. трехсложное слово.
Trite (*трайт*) adj. изношенный; пошлый. [пошло.
Tritely (*трайт'-ли*) adv. изношенно
Triteness (*трайт'-нес*) s. изношенность, пошлость.
Triton *трай'-тон*) s. (миѳ.) Тритонъ. [тонъ.
Tritone (*трай'-тон*) s. (муз.). три-
Triturable (*трить'-ю-рă-бл*) adj. могущій быть истолченнымъ.
Triturate (*трить'-ю-рэт*) va. истолочь, толочь.
Trituration (*трить-ю-рэ'-шŏн*) s. растираніе, толченіе.
Triumph (*трай'-ŏмф*) s. тріумфъ, побѣда, торжество; радость, ликованіе; || va. vn. торжествовать.
Triumphal (*трай-ŏмф'-ăл*) adj. торжественный.
Triumphant (*трай-ŏмф'-ăнт*) adj. торжественный.
Triumphantly (*трай-ŏмф'-ăнт-ли*) adv. торжественно.
Triumpher (*трай'-ŏмф-ер*) s. тріумфаторъ.
Triumvir (*трай-ŏм'-вир*) s. тріумвиръ. [s. тріумвиратъ.
Triumvirate (*трай-ŏм'-ви-рэт*)
Trivet (*трив'-ет*) s. треножникъ.
Trivial (*трив'-и-ăл*) adj. пошлый, плоскій.
Triviality (*трив-и-ăл'-и-ти*), **Trivialness** (*трив'-и-ăл-нес*) s. пошлость, плоскость.
Trivially (*трив'-и-ăл-и*) adv. пошло, плоско.
Troat (*тро'от*) vn. токовать; || s. токованіе. [каръ.
Trocar (*тро'о-кар*) s. (хир.) тро-
Troche (*тро'о-ки*) s. (апт.) лепешка
Trochée (*тро'о-ки*) s. трохей (стопа въ стихѣ). [емка.
Trochilus (*трок'-илŏс*) s. (арх.) вы-
Troglodyte (*трог'-ло-дайт*) s. троглодитъ, житель пещеры.
Troll (*тро'ол*) va. vn. вертѣть, -ся; катить, -ся; || приманивать на удочку; || пѣть круговую.
Trollop (*трол'-лŏп*) s. неряха, замараха.
Trombone (*тром'-бон*) s. тромбонъ. [труба.
Tromp (*тромп*) s. воздуходувная
Troop (*труп*) s. толпа, общество; рота; труппа (актеровъ). **—-ship**, корабль для перевозки войско-

выхъ частей; || vn. собираться, толпиться. **To — off,** удаляться толпой.
Trooper (*труп'-ер*) s. кавалеристъ.
Trope (*троп*) s. (рит.) тропъ.
Trophied (*тро'о-фид*) adj. украшенный трофеями. [быча.
Trophy (*тро'о-фи*) s. трофей, добыча.
Tropic (*троп'-ик*) s. тропикъ.
Tropical (*троп'-ик-ăл*) adj. тропическій.
Tropological (*троп-о-лодж'-ик*) adj. (рит.) переносный, фигуральный.
Trot (*трот*) vn. бѣжать рысью; рыскать. **To — along,** бѣжать рысью. **To — out,** выйти рысью; || s. рысь (лошади). **Full —,** на полныхъ рысяхъ. **Jog —,** легкой рысцой.
Troth (*трозс*) s. вѣра, вѣрность; правда.
Trotter (*трот'-тер*) s. рысакъ.
Troubadour (*тру'-ба-дур*) s. трубадуръ.
Trouble (*трŏб'-л*) va, мутить; возмутить; возмущать, волновать, смущать; печалить. **To — one's self about,** безпокоиться о чемъ. **It troubles me to see that,** мнѣ горько видѣть что. **Don't — yourself,** не безпокойтесь. **May I — you to send me the book?** могу я васъ попросить прислать мнѣ книгу; || s. смута, волненіе; ссора, тревога, безпокойство; печаль, горесть. **To be in —,** быть въ затрудненіи. **To give —,** возбуждать сожалѣніе. **To take the — to,** принять на себя трудъ. **It is not worth the —,** это не стоило труда.
Troubled (*трŏб'-лд*) adj. обезпокоенный, взволнованный. **— waters,** мутная вода.
Troublesome (*трŏб'-л-сŏм*) adj. докучливый. **How —,** какъ это скучно! **— visitors,** непрошенные гости.
Troublesomely (*трŏб'-л-сŏм-ли*) adv. докучливо.
Troublesomeness (*трŏб'-л-сŏм-нес*) s. докучливость, надоѣдливость; безпокойство.
Troublous (*трŏб'-лŏс*) adj безпокойный.
Trough (*трофф*) s. корыто; || квашня. **Kneading —,** тѣсто. **Horse —,** водопой для лошадей
Trounce (*тра'-унс*) va. доносить на кого; колотить.
Trousers (*тра'у-зерз*) s. pl. панталоны, шаровары. **A pair of —,** пара панталонъ.
Trout (*тра'ут*) s. форель (рыба)
Trover (*тро'о-вер*) s. (юрид.) искъ о возвращеніи находки.
Trow (*тро'у*) vn. думать, предполагать. [скребокъ.
Trowel (*тра'у-ел*) s. лопатка, скребокъ.
Truant (*тру'-ăнт*) adj. лѣнивый, праздношатающійся; || s. лѣнтяй; бродяга. **To play the —,** лѣнтяйничать, || vn. бродяжничать, ротозейничать.
Truantly (*тру'-ăнт-ли*) adv. лѣниво
Truantship (*тру'-ăнт-шип*) s. ротозейничаніе, лѣность.
Truce (*трус*) s. перемиріе.
Truck (*трŏк*) va. vn. мѣнять, вымѣнивать; || s. мѣна, обмѣна, || телѣжка, ломовыя дроги.
Truckage (*трŏк'-эдж*) s. мѣна.
Truckle (*трŏк'-л*) s. колесцо, каточекъ. **— bed,** выдвижная кровать; || vn уступать, унижаться; || va. двигать.
Truculence (*тру'-кью-ленс*) s. свирѣпость. [свирѣпый.
Truculent (*тру'-кью-лент*) adj. свирѣпый.
Trudge (*трŏдж*) vn. ходить пѣшкомъ, шагать.
True (*тру*) adj. истинный, настоящій, подлинный, вѣрный; честный. **A — history,** правдивая исторія. **The — motive,** настоящій мотивъ. **A — witness,** правдивый свидѣтель. **A — friend,** честный другъ. **— to one's word,** вѣрный своему слову. **A — copy,** вѣрная копія. **— -blue,** испытанной честности. **— -born,** природный, прирожденный. **— -bred,** чистокровный. **— -hearted,** искренній. **— -love,** возлюбленный. **— -penny,** честный малый
Trueness (*тру'-нес*) s. истинность, вѣрность, точность, правдивость.
Truffle (*тру'-ф-л*) s. (бот.) трюфель.
Trug (*трŏг*) s. коза, корыто (для извести); публичная женщина, наложница. [истина.
Truism (*тру'-изм*) s. очевидная истина.
Trull (*трŏл*) s. проститутка
Truly (*тру'-ли*) adv. истинно, вправду.
Trump (*трŏмп*) s. труба, козырь, побѣда; || * славный парень; (муз.) рожокъ. **To play —s,** играть на своихъ козыряхъ. || va. бить, брать козыремъ; || vn. играть на трубѣ. **To — up,** выдумывать
Trumpery (*трŏмп'-ер-и*) s мишура, || отбросъ, браковка.
Trumpet (*трŏмп'-ет*) s. труба; рожокъ. **To sound one's own —,** хвастаться. **Speaking —,** рупоръ. || va. возвѣщать трубными звуками. **— -fish,** бекасъ (рыба). **— -flower,** (бот.) жасминъ. **— -shell,** трубянка (раковина). **— -tongued,** звучный, громогласный какъ труба.

Trumpeter (*тро̆мп'-ет-ер*) s. трубачъ, глашатай.
Truncate (*тро̆нк'-эт*) va. обламывать; усѣкать, изувѣчивать.
Truncated (*тро̆нк'-этед*) adj. обломанный, усѣченный.
Truncation (*тро̆н-кэ'-шо̆н*) s. обламываніе, усѣченіе.
Truncheon (*тро̆н'-шо̆н*) s. дубина; || va. дубасить, бить.
Truncheoneer (*тро̆н-шо̆н-ир'*) s. человѣкъ вооруженный дубиной.
Trundle (*тро̆н'-дл*) vn. va. катить, -ся; || s. колесцо, каточекъ; || ломовыя дроги. — **-bed**, выдвижная кровать.
Trunk (*тро̆нк*) s. пень, стволъ; чемоданъ, ящикъ, продувная трубка. — **-hose**, штаны (до колѣнъ). **To line — a**, набивать чемоданъ. **Trawelling** —, дорожный саквояжъ. **To pack one's** —, заставлять упаковывать чемоданъ. — **-maker**, чемоданщикъ.
Trunnion (*тро̆н'-йо̆н*) s. цапфа (у пушки).
Truss (*тро̆с*) s. связка, вязанка; кипа, пукъ; (арх.) стропило; бандажъ (для грыжи). — **of straw**, копна сѣна. — **-maker**, бандажистъ. || va. увязывать, связывать. **To — up**, связывать, подвязывать; || вѣшать, повѣсить.
Trust (*тро̆ст*) s. довѣріе; надежда; ожиданіе; долгъ, порученіе; сохраненіе; тайна; || кредитъ; (юрид) довѣренность. **On, upon** —, въ долгъ. **To hold in** —, имѣть на сохраненіи. **To go upon** —, давать въ кредитъ. **To sell on** —, продавать въ кредитъ. || va. vn. полагаться на что, на кого, имѣть довѣріе къ кому: довѣрять. **He is not to be trusted**, не возможно положиться на него. **To — with**, довѣрить что-либо. — **that with me**, поручите мнѣ въ этомъ. **To — one's self to**, рискнуть. **To — in, on, to**, довѣрять, имѣть довѣріе.
Trustee (*тро̆ст-и'*) s. хранитель, повѣренный, опекунъ.
Trusteeship (*тро̆ст-и'-шип*) s. опекунство, попечительство.
Truster (*тро̆ст'-ер*) s. ввѣритель, довѣряющій въ долгъ.
Trustful (*тро̆ст'-фул*) adj. вѣрный, надежный, честный,
Trustfuly (*тро̆ст'-фул-и*) adv. вѣрно, надежно, честно.
Trustfulnes (*тро̆ст'-фул-нес*) s. вѣрность, надежность, честность.
Trustinglly (*тро̆ст'-инг-ли*) adv. съ довѣріемъ.
Trustless (*тро̆ст'-лес*) adj. не внушающій довѣрія.
Trusty (*тро̆ст'-и*) adj. см. **Trustful**.
Truth (*трузс*) s. правда, истина. **To speak the** —, говорить истину. **Of a** —, по правдѣ.
Truthful (*трузс'-фул*) adj. вѣрный, достовѣрный.
Truthless (*трузс'-лес*) adj. ложный, невѣрный.
Try (*трай*) va. vn. пробовать, испытывать; искушать; вывѣдывать. **To — on**, пробовать, примѣрять (платье). **To — it on**, пробовать. || s. проба.
Trying (*трай'-инг*) adj. трудный, затруднительный.
Tryst (*трист*) s. сходка.
Tub (*то̆б*) s. ушатъ, чанъ, кадка, бочка; (мор.) бакъ. || va. сажать въ кадку растеніе.
Tube (*тьюб*) s. труба, трубка; (анат.) проходъ, протокъ. **Capillary** —, капиллярная трубочка.
Tuber (*тью'-бер*) s. шишка, нарость. [бугорокъ, пупырь.
Tubercle (*тью'-бер-кл*) s. (мед.)
Tubercular (*тью'-бо̆р-кью-лӑр*), **Tuberculous** (*тью'-бо̆р-кью-ло̆с*) adj. (мед.) бугорчатый, туберкулезный. [береза.
Tuberose (*тьюб'-ро̆з*) s. (бот.) ту-
Tuberosity (*тью-бер-ос'-и-ти*) s. (анат.) возвышенность на кости.
Tuberous (*тью'-бер-о̆с*) adj. шишковатый.
Tubular (*тью'-бью-лӑр*), adj. трубчатый.
Tubulous (*тью'-бью-ло̆с*), **Tubulated** (*тью'-бью-лэ-тед*) adj. трубчатый, дудчатый.
Tubule (*тью'-бьюл*) s. трубочка.
Tuck (*то̆к*) s. рапира; тащеніе, волоченіе; || лакомство. || va. vn. поднимать, подбирать, подтыкать; || облагать, каймить. **To — down**, глотать, проглатывать. **To — in**, всовывать. **To — up**, приподнимать, затыкать. **To — up a bed**, подоткнуть одѣяло.
Tucker (*то̆к'-ер*) s. воротникъ, косынка.
Tucket (*то̆к'-ет*) s. (муз.) тушъ.
Tuesday (*тьюз'-дэй*) s. вторникъ.
Tufa (*тью'-фа*), **Tuff** (*то̆ф*) s. (мин.) туфъ. [фовый.
Tufaceous (*тью-фэ'-шо̆с*) adj. ту-
Tuft (*то̆фт*) s. пукъ, пучекъ, клокъ, прядь; хохолокъ (у птицъ), клумба (цвѣтовъ). || va. украшать пучками, клумбами.
Tufted (*то̆фт'-ед*), **Tufty** (*тьюф'-и*) adj. хохлатый, расположенный клумбами.
Tug (*то̆г*) va. vn. тащить, дергать; тянуть; напрятать силы. || s. дерганіе, постромка, поводъ. **To give a** —, дергать. [гаетъ.
Tugger (*то̆г'-гер*) s. тотъ, кто дер-
Tuition (*тью-иш'-о̆н*) s. опекунство. защита; обученіе.

Tulip (*тью́-лип*) s. тюльпанъ.
Tulle (*тул*) s. тюль.
Tumble (*тŏм'-бл*) vn. падать, упасть; повалиться; поскользнуться; || выказать ловкость. **To — down**, упасть, слетѣть кубаремъ. **To — in**, входить. **To — out**, выходить. **To — upon a person**, случайно встрѣтить кого. || va. ворочать, поворачивать, переворачивать, мять; комкать. **To — down**, низвергать, бросать. **To — out**, выгонять, выталкивать. || s. паденіе, скатываніе внизъ кубаремъ. **To have a —**, упасть. **— -down**, разрушенный, развалившійся.
Tumbler (*тŏм'-блер*) s. скоморохъ, гаеръ; || большой стаканъ. || голубь вертунъ. [фургонъ.
Tumbrel (*тŏм'-брел*) s. телѣга,
Tumefaction (*тью-ми-фăк'-шŏн*) s. (мед.) опухоль.
Tumefy (*тью'-ми-фай*) vn. пухнуть
Tumid (*тью'-мид*) adj. распухлый, вздутый.
Tumidity (*тью-мид'-и-ти*), **Tumidness** (*тью'-мид-нес*) s. опухлость, вздутость. [надутость.
Tumour (*тью'-мŏр*) s. опухоль; ||
Tump (*тŏмп*) s. холмикъ, бугорокъ. || va. окапывать (дерево).
Tumulose (*тью'-мью-лŏс*), **Tumulous** (*тью'-мью-лŏс*) adj. покрытый бугорками,
Tumult (*тью'-мŏлт*) s сумятица, шумъ; мятежъ; || vn. шумѣть, волноваться.
Tumultuary (*тью-мŏлть'-ю-ă-ри*), **Tumultuous** (*тью-мŏлть'-ю-ŏс*) adj. мятежный, шумный
Tumultuously (*тью-мŏлть'-ю-ŏс-ли*) adv. мятежно, шумно.
Tumultuousness (*тью-мŏлть'-ю-ŏс-нес*) s. буйство, мятежъ.
Tumulus (*тью'-мью-лŏс*) въ pl. **Tumuli**, s. курганъ.
Tun (*тŏн*) s. бочка, пивоварный чанъ, тонна. **— -bellied**, толстобрюхій. || va. наливать въ бочку.
Tunable (*тьюн'-ă-бл*) adj. стройный, благозвучный.
Tunably (*тьюн'-ă-бл-и*) adv. стройно, благозвучно.
Tune (*тьюн*) s. пѣсня, мотивъ, || звукъ, тонъ, согласіе, строй, || духъ, расположеніе. **To sing in —**, пѣть вѣрно. **To be out of —**, быть не духѣ. **To sing out of —**, пѣть фальшиво. **To sing to the same —**, пѣть на тотъ же ладъ. **To the — of**, до размѣра до суммы || va. vn настраивать, играть; пѣть, предрасполагать.
Tuneful (*тьюн'-фул*) adj. гармоническій, мелодическій
Tuneless (*тьюн'-лес*) adj. нестройный, безгласный.
Tuner (*тьюн'-ер*) s. настройщикъ.
Tungsten (*тŏнг'-стен*) s. вольфрамъ (металлъ).
Tunic (*тью'-ник*) s. туника.
Tuning (*тьюн'-инг*) s. **— -fork**, камертонъ. **— hammer, — key**, ключъ настройщика.
Tunnel (*тŏн'-нел*) s. воронка; труба; туннель, подземный ходъ. **— -het**, сѣть для ловли птицъ. || va. придавать форму воронки; проводить туннель.
Tunny (*тŏн'-ни*) s. скумба, тумакъ (рыба).
Tup (*тŏп*) s. баранъ; || va. покрывать (гов. о баранѣ).
Turban (*тŏр'-бăн*) s. чалма, тюрбанъ. [щій чалму.
Turbaned (*тŏр'-бăнд*) adj. нося-
Turbary (*тŏр'-бă-ри*) s. торфяная яма.
Turbid (*тŏр'-бид*) adj. мутный, тинистый. [тинисто.
Turbidly (*тŏр'-бид-ли*) adv. мутно,
Turbidness (*тŏр'-бид-нес*) s. мутность, тинистость.
Turbinate (*тŏр'-би-нэт*), **Turbinated** (*тŏр'-би-нэт-эд*) adj. кубарчатый (о раковинѣ).
Turbot (*тŏр'-бŏт*) s. палтусъ (рыба).
Turbulence (*тŏр'-бью-ленс*), **Turbulency** (*тŏр'-бью-лин-си*) s. смута, смятеніе, тревога, волненіе,
Turbulent (*тŏр'-бью-лент*) adj. буйный, шумный.
Turbulently (*тŏр'-бью-лент-ли*) adv. буйно, шумно.
Turcism (*тŏр'-сизм*) s. магометанство. [ка.
Tureen (*тью-рин'*) s. суповая мис-
Turf (*тŏрф*) s. дернъ, мурава, торфъ; || бѣгъ, ристалище. **— -clad, — -covered**, покрытый травой. **— — -moss**, торфяное болото. **— -pit**, торфяная яма. || va. выстилать дерномъ.
Turfiness (*тŏрф'-и-нес*) s. изобилованіе дерномъ.
Turfy (*тŏрф'-и*) adj. дернистый, торфяной.
Turgent (*тŏр'-джент*), **Turgid** (*тŏр'-джид*) adj вздутый, раздутый, опухлый, || * напыщенный.
Turgescence (*тŏр-джес'-сенс*), **Turgescency** (*тŏр-джес'-сен-си*) s. пученіе, вспучиваніе, вздутіе; || напыщенность (слога).
Turgidity (*тŏр-джид'-и-ти*), **Turgidness** (*тŏр'-джид-нес*) s. вздутость, опухлость.
Turk (*тŏрк*) s. турокъ, турчанка.
Turkey (*тŏр'-ки*) npr. (геогр.) Турція; || индюкъ. **— -in Europe**, европейская турція. **— -carpet**, турецкій коверъ. **Young —**, мо-

лодая индѣйка. — -**cock**, индюкъ. — -**hen**, индѣйка, индюшка.

Turkish (*тöрк'-иш*) adj. турецкій.

Turkois (*тöр-коиз'*) s. бирюза.

Turmeric (*тöр'-мер-ик*) s. (бот.) желтый имбирь, куркума.

Turmoil (*тöр'-мойл*) s. безпокойство, тревога, волненіе; усталость; || **va.** vn. безпокоить, -ся; тревожить, -ся; утомлять, -ся.

Turn (*тöрн*) va. vn. вертѣть, -ся; повернуть, -ся; оборачивать, -ся; давать оборотъ, придавать смыслъ. **To — a wheel**, вертѣть колесо. **To — one's head**, поворачивать голову. **To — one's back to**, (или **upon**) поворачиваться спиной. **To one's mind to**, направить свой умъ на что-либо. **To — to good account**, пойти на пользу. **To — into ridicule**, осмѣять. **That is enough to — his brain**, этого достаточно для того, чтобы вскружить ему голову. **To — a coat**, вывернуть одежду на другую сторону. **To — the scale**, склонить вѣсы, **To — into gold**, превратить въ золото. **The warm weather has turned the milk**, отъ теплой погоды свернулось молоко. **To — about**, кружить, окружать. **To — adrift**, отталкивать. **To — aside**, отвращать. **To — away**, удалять, разсчитывать (служащаго). **To — back**, возвращаться, **To — down**, переворачивать, дѣлать складку, стлать одѣяло. **To — forth**, выгонять за дверь. **To — from**, отвращать. **To — in**, вертѣться въ чемъ либо, вводить. **To — off**, выгонять. **To — on**, открывать кранъ выпускать. **To — out**, выставлять за двери; выгонять животныхъ въ поле. **To — over**, переворачивать (о листьяхъ книги), обдумывать. **To — over a new leaf**, измѣнить свое поведеніе. **To — over and over again**, все вращаться вокругъ. **To — round**, поворачивать. **To — up**, приподнимать (воротникъ), вспахивать (землю). **To — a card**, перевернуть карту. **To — up one's eyes**, поднять глаза. **To—up one's nose at**, носъ воротить. **To — upon**, идти противъ. **To — upside down**, перевернуть все вверхъ дномъ. **The wind turns**, вѣтеръ повернулъ. **My head turns**, у меня кружится голова. **To — in one's bed**, переворачиваться въ постели. **The conversation turned upon him**, разговоръ вращался около него. **To — red**, покраснѣть. **To — pale**, побледнѣть. **To — Soldier**, сдѣлаться солдатомъ. **To — about**, повернуться, возвратиться. **To — away**, удалиться, отвернуться. **To — back**, вернуться, возвратиться. **To — down**, перевернуться, опрокинуться. **To — in**, войти обратно; лечь спать. **To — into**, войти. **To — off**, измѣнить путь. **To — out**, вращаться снаружи, отклониться. **And so it turned out**, это случилось такимъ образомъ. **To — out right**, чтобы хорошо закончить. **To — over**, поворачиваться, возвращаться, опрокидываться (о экипажѣ). **To — round**, ходить около. **To — to**, направиться къ чему либо, обратиться чему либо. **To — up**, приподняться, сдѣлаться. **To — upon**, обращать противъ кого его же (слова, доводы); || s. обращеніе, оборотъ, поворотъ, прогулка; часть, убытокъ, очередь; || образъ, форма; || дѣло; || услуга; || удача. **A — of a wheel**, оборотъ колеса. **I'll take a — in your garden**, я сдѣлаю прогулку по вашему саду. **By — s, in —**, по очереди, другъ за другомъ. **His — of mind**, направленіе его ума. **To do a good —**, оказать услугу. **At every —**, во всякомъ случаѣ. **This just serves my —**, это какъ разъ то что мнѣ нужно. — -**coat**, ренегатъ; оборотень. — **out**, экипажъ; обстановка. **The dinner was a fine — out**, обѣдъ былъ чудесный, — -**over**, опрокидываніе (экипажа). — **screw**, отвертка.

Turner (*тöрн'-ер*) s. токарь; || голубь-вертунъ.

Turnery (*тöрн'-ер-и*) s. токарное искусство.

Turnidg (*тöрн'-инг*) s. оборотъ, поворотъ; извилина; перемѣна. — **of the tide**, возвратъ отлива. — -**point**, рѣшительный моментъ; поворотный пунктъ.

Turnip (*тöр'-нип*) s. рѣпа, брюква. — -**cabbage**, брюква.

Turnkey (*тöрн'-ки*) s. привратникъ, тюремщикъ.

Turnpike (*тöрн'-пайк*) s. застава для взиманія пошлинъ; || — -**road**, дорога имѣющая заставы. — -**keeper**, сборщикъ пошлинъ на заставахъ.

Turnsole (*тöрн'-сол*) s. (бот.) подсолнечникъ.

Turnspit (*тöрн'-спит*) s. вертелъ.

Turnstile (*тöрн'-стайл*) s. вертящійся крестъ (рогатка).

Turpentine (*тöр'-пен-тайн*) s. скипидаръ.

Turpitude (*тöр'-пи-тьюд*) s. срамота, мерзость, низость.

Turrel (*тöр'-рел*) s. натягъ (у бочара).

Turret (*тöр'-рет*) s. башенка.
Turreted (*тöр'-рет-ед*) adj. имѣющій башенку.
Turtle (*тöр'-тл*) s. черепаха; || горлица (птица). — **-dove**, горлица. — **-shell**, черепаха.
Tush (*тöш*(interj. цыцъ!
Tusk (*тöск*) s. клыкъ.
Tussle (*тöс'-сл*) s. борьба, свалка, стычка.
Tutt (*тöт*) interj. цыцъ! || s. держава. [опекунство.
Tutelage (*тью'-ти-лэдж*) s. опека,
Tutelar (*тью'-ти-ляр*), **Tutelary** (*тью'-ти-ля-ри*) adj. охранительный, опекунскій.
Tutor (*тью'-тöр*) s. наставникъ, воспитатель, опекунъ; учитель; || va. наставлять учить, обучать.
Tutorage (*тью'-тöр'-эдж*) s. наставничество; опекунство.
Tutoress (*тью'-тöр-эс*) s. наставница, учительница, опекунша.
Tutorship (*тью'-тöр-шип*) s. должность, званіе наставника, учителя, опекуна.
Tutty (*тöт'-ти*) s. (хим.) туція.
Twaddle (*туод'-дл*) vn. болтать; || s. болтовня.
Twaddler (*туод'-длер*) s. болтунъ, пустомеля. [пара.
Twain (*туэн'*) adj. и s. двое, два;
Twang (*туянг*) vn. звенѣть, свистать, щелкать, || s. крикъ, скрипъ, пронзительный звукъ
Twattle (*туэт'-тл*) vn болтать.
Tweak (*туик'*) va. щипать, ущипнуть.
Tweedle (*туид'-дл*) va. пиликать (на скрипкѣ); || * ласкать.
Tweezers (*туи'-зерз*) s. pl. щипцы, щипчики.
Twelfth (*туелфзс'*) adj. двѣнадцатый. **On the — of August**, двѣнадцатое августа. — **-night**, — **-tide**, Богоявленіе, Крещеніе Господне.
Twelve (*туелв'*) adj. и s. двѣнадцать. — **-month**, годъ
Twentieth (*туен'-ти-езс*) adj. двадцатый.
Twenty (*туен'-ти*) adj и s. двадцать. [раза.
Twice (*туайс'*) adv. дважды, два
Twifallow (*туай'-фäл-лоу*) va. двоить (поле), пахать во второй разъ.
Twig (*туиг'*) s. вѣтка, лоза, прутикъ; || va. сѣчь прутьями.
Twiggy (*туиг'-ги*)) adj. вѣтвистый.
Twilight (*туай'-лайт*) s. сумерки; разсвѣтъ; || * полусвѣтъ.
Twill (*туил'*) va. плоить; || s. пике (матерія).
Twin (*туин'*) adj. двойничный; || s. близнецъ, двойникъ. || vn. родиться близнецомъ, разрѣшиться отъ бремени близнецами.
Twine (*туайн'*) va. вить, свивать; сучить, сплетать; связывать, соединять, || vn. виться, обвиваться, сплетаться; || s. бичевка; нить; свиваніе, обвиваніе, объятіе.
Twinge (*туиндж'*) va. vn. причинять чувствительную боль, чувствовать боль; || s. колотье, боль; || мученіе.
Twinkle (*туинк'-л*) va. сверкать, мерцать; мигать; || s. сверканіе, мерцаніе. миганіе.
Twinkling (*туинк'-линг*) s. сверканіе, мерцаніе, миганіе. **In the — of an eye**, въ мгновеніе ока.
Twinling (*туин'-инг*) s. двойничный ягненокъ.
Twirl (*туöрл'*) va. vn. вертѣть, -ся, кружить, -ся; || s. верченіе, круженіе, вращеніе.
Twist (*туст'*) va. крутить, скручивать, вить! плести, сплетать, скатывать; окружать, обвивать; поворачивать. **To — round**, завертывать, обвертывать. || vn. сплетаться, вплетаться; завертываться. || s. снурокъ, веревка; нить; свиваніе, сученіе, крученіе; || переломъ, вывихъ; дерганіе, судорога; || остановка, помѣха; || калачикъ (хлѣба).
Twister (*туист'-ер*) s. сучильчикъ (веревокъ); сучильная машина [осуждать.
Twit (*туит'*) va. хулить, порицать,
Twitch (*туич'*) va. дергать, выдергивать; || vn. искривляться. || s. дерганіе, судорога. — **grass**, ежа (трава).
Twitter (*туит'-тер*) vn. чирикать, щебетать, хихикать; || имѣть желаніе; нервничать; || s. чириканіе, щебетаніе; || нервное состояніе.
Twittingly (*туит'-тинг-ли*) adv. съ упрекомъ, порицая.
Twittle-twattle (*туит'-тл-туот-тл*) s. болтовня; || болтать, калякать.
Two (*ту*) adj. и s. два; двое. — **and, -by** —, по двое. **In** —, пополамъ. — **celled**, (бот.) двухгнѣздный. — **-edged**, обоюдоострый — **-forked**, вилообразный. — **-parted**, двухраздѣльный — **penny**, стоющій два пенса.
Twofold (*ту'-фолд*) adj. двойной, двоякій. || adv. дважды, вдвойнѣ.
Tyke (*тайк*) s. собака; || * негодяй.
Tymbal (*тим'-бäл*) s. литавра.
Tympan (*тим'-пäн*) s. барабанъ, тимпанъ.
Timpanize (*тим-пä-най'-тиз*) vn. бить въ барабанъ; || va. натягивать кожу (на барабанъ).

Type (*тайп*) s. первообразъ: образецъ, типъ; символъ; || (тип.) литера, буква.
Typhoid (*тай'-фойд*) adj. (мед.) тифоидный. [смерчь.
Typhoon (*тай'-фун*) s. тифонъ,
Typhus (*тай'-фŏс*) adj. тифъ.
Typic (*тип'-ик*), **Typical** (*тип'-ик-ăл*) adj. типическій.
Typically (*тип'-ик-ăл-и*) adv. типически. [лять типически.
Typify (*тип'-и-фай*) va. представ-
Typographer (*тай-пог'-рă-фер*) s. типографщикъ.
Typographic (*тай-по-грăф'-ик*), **Typographical** (*тай-по-грăф'-ик-ăл*) adj. типографскій.
Typography (*тай-пог'-рă-фи*) s. типографія.
Tyranness (*тир'-ăн-нес*) s. тиранка, мучительница.
Tyrannic (*тай-рăн'-ник*), **Tyrannical** (*тай-рăн'-ник-ăл*) adj. тиранскій. [adv. тирански.
Tyrannically (*ти-рăн'-ник-ăл-и*)
Tyrannicide (*тай-рăн'-ни-сайд*) s. тираноубійство.
Tyrannize (*тир'-ăн-наиз*) vn. тиранствовать. **To — over**, мучить.
Tyrannous (*тир'-ăн-нŏс*) adj. тиранскій. [ски.
Tyranny (*тир'-ăн-ни*) adv. тиран-
Tyrant (*тай'-рант*) s. тиранъ.
Tyro (*таи'-ро*) s. новичекъ, ученикъ.
Tzar (*зар*) s царь.
Tzarina (*за-ри-на*) s. царица.

U.

U (ю) двадцать первая буква англійской азбуки.
Ubiquitary (*ю-бик'-уи-тă-ри*), **Ubiquitous** (*ю-бик'-уи-тŏс*) adj. вездѣсущій.
Ubiquity (*ю-бик'-уи-ти*) s. вездѣсущность; повсемѣстность.
Udder (*ŏд'-дер*) s. вымя, сосокъ.
Udderd (*ŏд'-дерд*) adj. имѣющій вымя.
Uglily (*ŏг'-ли-ли*) adv. некрасиво,
Ugliness (*ŏг'-ли-нес*) s. некрасивость, невзрачность; безобразіе.
Ugly (*ŏг'-ли*) adj. некрасивый, невзрачный, дурной.
Ukase (*ю-кэс'*) s. указъ.
Ulcer (*ŏл'-сер*) s. язва.
Ulcerate (*ŏл'-сер-эт*) va. vn. изъязвлять, -ся. [язвленіе.
Ulceration (*ŏр-сер-э'-шŏн*) s. изъ-
Ulcered (*ŏл'-серд*), **Ulcerous** (*ŏл'-серд-ŏс*) adj. изъязвленный.
Ulmus (*ŏл'-мŏс*) s. вязъ, ильмъ (дерево). [кость.
Ulna (*ŏл'-нă*) s. (анат.) локтевая

Ulterior (*ŏл-ти'-ри-ŏр*) adj. дальній; послѣдующій.
Ulteriorly (*ŏл-ти'-ри-ŏр-ли*) adv. затѣмъ, послѣ, въ дальнѣйшемъ.
Ultimate (*ŏл'-ти-мэт*) adj. послѣдній, окончательный; простой.
Ultimately (*ŏл'-ти-мэт-ли*) adv. въ концѣ концовъ, окончательно.
Ultimatum (*ŏл-ти-мэ'-тŏм*) s. ультиматумъ. [мѣсяцъ.
Ultimo (*ŏл'-ти-мо*) s. послѣдній
Ultra (*ăл'-тра*) (латин. приставка, означающая; по ту сторону; за слишкомъ, крайнѣ; || adj. и s. крайній.
Ultramarine (*ŏл-трă-мă-рин*) s. лазурь; || adj. заморскій.
Ultramontane (*ŏл-тра-мŏн'-тэн*) s. загорный житель; || adj. загорный.
Ultramundane (*ŏл-трă-мŏн'-дэн*) adj. находящійся внѣ міра сего.
Ululation (*ŏль-ю-лэ'-шŏн*) s. вой, завываніе, улюлюканіе.
Umbel (*ŏм'-бел*) s. (бот.) зонтикъ (цвѣторасположеніе).
Umbellar (*ŏм'-бел-лăр*) adj. (бот.) зонтичный.
Umbellate (*ŏм'-бел-лэт*), **Umbellated** (*ŏм'-бел-лэ-тед*) adj. (бот.) снабженный зонтикомъ.
Umbelliferous (*ŏм-бел-лиф'-ер-ŏс*) adj. имѣющій зонтичное цвѣторасположеніе.
Umber (*ŏм'-бер*) s. умбра (краска): харіусъ (рыба), || va. красить умброю, чернить.
Umbilic (*ŏм-бил'-ик*) s. (анат.) пупъ, пупокъ. || см. **Umbilical**.
Umbilical (*ŏм-бил'-ик-ăл*) adj. пупочный; || центральный.
Umbilicus (*ŏм-бил'-и-кŏс*) s. (анат.) пупъ, пупокъ (мед.) фокусъ.
Umbra (*ŏм'-бра*) s. (астр. и опт.) тѣнь въ формѣ конуса.
Umbrage (*ŏм'-брэдж*) s. тѣнь. **To take —**, чувствовать себя оскорбленнымъ чѣмъ; выказывать недовѣріе.
Umbrageous (*ăм-брэ'-дрŏж*) adj. тѣнистый, темный.
Umbrate (*ŏм'-брэт*) va. давать тѣнь, осѣнять.
Umbrella (*ŏм-брел'-ла*) s. зонтикъ. **— -case**, чехолъ для зонтика. **— -stand**, стойка для зонтиковъ. **— -stick**, ручка зонтика.
Umpirage (*ŏм'-пи-рэдж*) s. третейскій судъ: посредничество.
Umpire (*ŏм'-пайр*) s. (юрид.) третейскій судья, посредникъ.
Un (*ŏн*) *приставка, выражающая отрицаніе, лишеніе*; не—, без—; иногда замѣняетъ приставку **In**.
Unabased (*ŏн-ă-бэст'*) adj. не униженный.

Unabashed (*ён-ă-бăшт'*) adj. не смущенный, беззастѣнчивый.
Unabated (*ён-ă-бэ'-тед*) adj. неуменьшенный, не ослабленный.
Unabbreviated (*ён-ăб-бри'-ви-э-тед*) adj. не сокращенный.
Unabetted (*ён-ö-бет'-тед*) adj. не поощряемый.
Unable (*ён-и'-бл*) adj. непригодный.
Unabridged (*ён-ă-бриджд'*) adj. не сокращенный, цѣльный.
Unabsolved (*ён-ăб-солвд'*) adj. не освобожденный отъ.
Unaccented (*ён-ăк-сент'-ед*) adj. не имѣющій ударенія.
Unacceptable (*ён-ăк-септ'-ă-бл*) adj. непріемлимый, невозможный.
Unacceptableness (*ён-ăк-септ'-ă-бл-нес*) s. непріемлимость, невозможность для допущенія.
Unaccepted (*ён-ăк-септ'-ед*) adj. непринятый, отвергнутый.
Unaccommodating (*ён-ăк-ком'-мо-дэ-тинг*) adj. несговорчивый.
Unaccompanied (*ён-ăк-кöм'-пă-нид*) adj. не сопровождаемый, одинокій.
Unaccomplished (*ён-ăк-ком'-плишт*) adj. недоконченный, несовершенный.
Unaccountable (*ён-ăк-ка'унт-ă-бл*) adj. непостижимый, странный.
Unaccountableness (*ён-ăк-ка'-унт-ă-бл-нес*) s. непостижимость, странность.
Unaccountably (*ён-ăк-кă'унт-ă-бл-и*) adv. непостижимо, странно.
Unaccustomed (*ён-ăк-кöс'-тöмд*) adj. не привыкшій, не привычный.
Unachievable (*ён-ă-чив'-ă-бл*) adj. неисполнимый.
Unacknowledged (*ён-ăк-нол'-еджд*) adj. не признанный, не сознанный; не получившій удостовѣренія.
Unacquainted (*ён-ăк-куэнт'-ед*) adj. неизвѣстный; несвѣдущій, не знающій.
Unacquired (*ён-ăк-куайрд'*) adj. не пріобрѣтенный; природный, прирожденный.
Unacquitted (*ён-ăк-куит'-ед*) adj. не освобожденный, не оправданный, неоплаченный (вексель).
Unadapted (*ён-ă-допт'-ед*) adj. непримѣненный, неприспособленный.
Unaddressed, **Unadjudged** (*ён-ăд-джöджд'*) adj. не присужденный.
Unadmired (*ён-ăд-майрд'*) adj. не возбуждающій восторга, почтенія.
Unadopted (*ён-ă-допт'-ед*) adj. не усыновленный.
Unadored (*ён-ă-до'орд*) adj. не обожаемый.
Unadorned (*ён-ăд-орнд'*) adj. не украшенный.
Unadulterated (*ён-ă-дöл'-тер-э-тед*) adj. не поддѣльный, недживый; чистый.
Unadventurous (*ён-ăд-вен'-чур-öс*) adj. осторожный, осмотрительный.
Unadvised (*ён-ăд-вайзд'*) adj. поступающій неосновательно, необдуманно; неблагоразумный.
Unadvisedly (*ён-ăд-вайзд'-ли*) adv. неблагоразумно, необдуманно.
Unadvisedness (*ён-ăд-вайзд'-нес*) s. необдуманность, неблагоразуміе.
Unaffected (*ён-ăф-фект'-ед*) adj. простой, непринужденный; естественный.
Unaffectedness (*ён-ăф-фект'-ед-нес*) s. простота, непринужденность, естественность.
Unaffectionate (*ён-ăф-фек'-шöн-эт*) adj. нелюбящій, нечувствительный, холодный.
Unafflicted (*ён-ăф-фликт'-эд*) adj. нё опечаленный, не сокрушающійся.
Unaided (*ён-эд'-ед*) adj. безъ помощи, безъ опоры, невооруженный (глазъ).
Unaired (*ён-эрд'*) adj. не провѣтренный; не вышедшій на воздухъ.
Unalarmed (*ён-ă-лармд'*) adj. встревоженный, спокойный.
Unalienable (*ён-эл'-ен-ă-бл*) adj. см. **Inalienable**.
Unallayed (*ён-ăл-лэйд'*) adj. не утоленный, не унявшійся, чистый, безъ подмѣси.
Unallied (*ён-ăл-лайд'*) adj. несоюзный, неродственный; (хим.) разнородный.
Unallowed (*ён-ăл-ло'уд*) adj. не позволенный, запрещенный.
Unalloyed (*ён-ăл-лойд'*) adj. безъ примѣси, чистый.
Unalterable (*ён-ол'-тер-ă-бл*) adj. не могущій быть измѣненнымъ; непреложный.
Unalterably (*ён-ол'-тер-ă-бл-и*) adv. неизмѣнно, непреложно.
Unaltered (*ён-ол'-тöрд*) adj. не измѣненный, одинаковый.
Unamazed (*ён-ă-мэзд'*) adj. неудивленный, невозмутимый.
Unambiguous (*ён-ăм-бигъ'-ю-öс*) adj. недвусмысленный; ясно выраженный.
Unambitious (*ён-ăм-биш'-öс*) adj. не желающій выставиться, выдѣлиться, высказаться.
Unambitiously (*ён-ăм-биш'-öс-ли*) adv. безъ желанія выдѣлиться.
Unamiable (*ён-э'-ми-ă-бл*) adj. нелюбезный.
Unamiableness (*ён-э'-ми-ă-бл-нес*) s. нелюбезность.
Unamimated (*ён-ăн'-и-мэ-тед*) adj. безжизненный, вялый.

Unanimity (*ю-нā-ним'-и-ти*) s. единодушіе, единогласіе.
Unanimous (*ю-нäн-им-мŏс*) adj. единодушный, единогласный.
Unanimously (*ю-нäн'-и-мŏс-ли*) adv. единодушно, единогласно.
Unanimousness (*ю-нäн'-и-мŏс-нес*) s. см. **Unanimity**.
Unanswerable (*ŏн-äн'-сер-ā-бл*) adj. безотвѣтный; неопровержимый.
Unanswerably (*ŏн-äн'-сер-ā-бли*) adv. безотвѣтно, неопровержимо.
Unanswered (*ŏн-äн-серд*) adj. не получившій отвѣта.
Unappalled (*ŏн-äп-полд'*) adj. безтрепетный.
Unapparent (*ŏн-äп-пер'-ент*) adj. неявный, скрытый.
Unappeasable (*ŏн-äп-пи'-зā-бл*) adj. неумолимый, неукротимый.
Unappeased (*ŏн-äп-пизд'*) adj. неуспокоенный, неумиротворенный.
Unapprehended (*ŏн-äп-при-хенд'-ед*) adj. не понятый, не схваченный (смыслъ); || незадержанный.
Unapproachable (*ŏн-äп-про'оч-ā-бл*) adj. недоступный, неприступный.
Unapproved (*ŏн-äп-пруед'*) adj. не одобренный.
Unapt (*ŏн-äпт'*) adj. несклонный, неспособный, неподходящій.
Unaptly (*ŏн-äпт'-ли*) adv. несклонно; непригодно,
Unaptness (*ŏн-äпт'-нес*) s. отсутствіе склонности; неспособность, непригодность.
Unarmed (*ŏн-армд'*) adj. не вооруженный, обезоруженный; (зоол.) безъ клыковъ, безрогій; (бот.) безъ колючекъ, безъ шиповъ.
Unartful (*ŏн-арт'-фул*) adj. безъискусственный, простой.
Unasked (*ŏн-аскт'*) adj. непрошенный, нетребуемый.
Unaspiring (*ŏн-äс-пай'-ринг*) adj. нечестолюбивый.
Unassailable (*ŏн-äс-сэл'-ā-бл*) adj. неприкосновенный, неприступный.
Unassisted (*ŏн-äс-сист'-ед*) adj. безпомощный, лишенный содѣйствія.
Unassuming (*ŏн-äс-сьюм'-инг*) adj. незаносчивый, ненадменный, скромный, непритязательный.
Unassured (*ŏн-äш-шурд'*) adj. неувѣренный, ненадежный, сомнительный.
Unatoned (*ŏн-ā-то'онд*) adj. не искупленный.
Unattackable (*ŏн-ŏ-тäк'-ā-бл*) adj. неприступный.
Unattainable (*ŏн-äт-тэн'-ā-бл*) adj. недостижимый, недосягаемый.
Unattainebleness (*ŏн-äт-тэн'-ā-бл-нес*) s. недостижимость, недосягаемость.
Unattempted (*ŏн-äт-темпт'-ед*) adj. неиспробованный, неизвѣданный.
Unattended (*ŏн-äт-тенд'-ед*) adj. не сопровождаемый; безъ свиты; безъ сторонниковъ; безъ попеченія; пренебреженные.
Unattentive (*ŏн-äт-тен'-тив*) adj. невнимательный.
Unauthorised (*ŏн-о'о-зсо-райзд*) недозволенный.
Unavailable (*ŏн-ā-вэл'-ā-бл*) adj. безполезный, безплодный.
Unavailably (*ŏн-ā-вэл'-ā-бли*) adv. безполезно, безплодно.
Unavailing (*ŏн-ā-вэл'-инг*) adj. безполезный, ненужный; напрасный, тщетный.
Unavoidable (*ŏн-ā-войд'-ā-бл*) adj. неизбѣжный, неминуемый.
Unavoidably (*ŏн-ā-войд'-ā-бл-и*) adv. неизбѣжно, неминуемо.
Unavowed (*ŏн-ā-ва'уд*) adj. негласный, не признанный.
Unaware (*ŏн-ā-уэр'*) adj. невнимательный, не знающій; || adv. см. **Unawares**.
Unanares (*ŏн-ā-уэрс'*) adv. неожиданно, непредвидѣнно, нечаянно, непреднамѣренно, вдругъ, врасплохъ, ненарочно.
Unawed (*ŏн-о'од*) adj. не запуганный, неустрашимый, дерзкій, нахальный.
Unbacked (*ŏн-бäкт'*) adj. не усмиренный, невыѣзженный, не дрессированный (о животныхъ); || безпомощный.
Unbaptized (*ŏн-бäп-тайзд'*) adj. не крещенный.
Unbar (*ŏн-бар'*) va. снимать запоры, отпирать засовы.
Unbashful (*ŏн-бäш'-фул*) adj. безстыдный, наглый.
Unbattered (*ŏн-бäт'-терд*) adj. не пробитый, не поврежденный, невредимый.
Unbearable (*ŏн-бер'-ā-бл*) adj. невыносимый нетерпимый, несносный.
Unbearded (*ŏн-бир'-дед*) adj. безбородый.
Unbeaten (*ŏн-бит'-н*) adj. не битый, неторный.
Unbecoming (*ŏн-би-кŏм'-инг*) adj. неприличный, непристойный; неумѣстный; не соотвѣтствующій.
Unbefitting (*ŏн-би-фит'-инг*) adj. не годящійся, нейдущій, неподходящій.
Unbegot, Unbegotten (*ŏн-би-гот, -тн*) adj. не рожденный, не зачатый; вѣчный, не имѣющій бытія.
Unbeguile (*ŏн-би-гайл'*) va. разочаровать, вразумить, вывести изъ заблужденія, открыть глаза.

Unbelief (*ён-бил-иф'*) s. недовѣріе, || невѣріе.
Unbeliever (*ён-би-лив'-ер*) s. не довѣряющій, невѣрующій человѣкъ.
Unbelieving (*ён-би-лив'-инг*) adj. не вѣрящій, недовѣрчивый.
Unbend (*ён-бенд'*) va. выпрямлять, спускать, отпускать, разглаживать (морщины); ослаблять; || * давать свободу, отдыхъ (уму); (мор.) отдавать (парусъ, канатъ); расшвартовывать, открѣплять (корабль); || vn. растянуться, вытянуться, разгладиться, выпрямиться.
Unbending (*ён-бенд'-инг*) adj. не гибкій, не сгибающійся; не поддающійся, непреклонный, твердый.
Unbeneficed (*ён-бен'-и-фист*) adj. не имѣющій бенефиціи, духовнаго мѣста.
Unbeseeming (*ён-би-сим'-инг*) adj [см. Unbecoming
Unbesought (*ён-би-со'от*) adj. непрошенный, добровольный.
Unbewailed (*ён-би-уэлд'*) adj. не оплаканный
Unbewitch (*ён-би-уич'*) va. разочаровывать.
Unbias (*ён-бай'-ăс*) va. освобождать отъ предразсудковъ, отъ предубѣжденій, отъ вліянія ложныхъ идей.
Unbid, Unbidden (*ён-бид', -дн*) непрошенный, незваный, не вызванный, не приказанный, самопроизвольный.
Unbigoted (*ён-биг'-ёт-ед*) adj. свободный отъ ханжества.
Unbind (*ён-байнд'*) va. развязывать, распускать (волосы); || * освобождать (отъ обязательства).
Unblamable (*ён-блэм'-ă-бл*) adj. безукоризненный, безупречный.
Unbleached (*ён-бличт'*) adj. небѣленый (холстъ).
Unblemished, Unblenched (*ён-блэм'-ишт', -бленчт*) adj. незапятнанный, не затемненный; не померкшій, чистый, свѣтлый, непорочный.
Unblenching (*ён-бленч'-инг*) adj. не блѣднѣющій, не отступающій, рѣшительный, непоколебимый, твердый.
Unblended (*ён-бленд'-ед*) adj. чистый, безъ примѣси, не подмѣшанный.
Unblest (*ён-блест'*) adj. проклятый, несчастный, злополучный.
Unblighted (*ёнб-лайт'-ед*) adj. нетронутый, не попорченный, не поблекшій, не омраченный; не отравленный (о удовольствіи).
Unblown (*ён-бло'ун*) adj. не расцвѣтшій; || не надутый (вѣтромъ), полощущійся (парусъ); || не потушенный, не задутый, не погасшій.
Unblushing (*ён-блёш'-инг*) adj. не краснѣющій, безстыдный.
Unboastful (*ён-бо'ост-фул*) adj. скромный, нехвастливый.
Unbodied (*ён-бод'-ид*) adj. безтѣлесный, невещественный.
Unbolt (*ён-бо'лт*) va. отпирать, отмыкать; || vn. открываться, высказываться.
Unbookish (*ён-бук'-иш*) adj не начитанный, неученый, безграмотный.
Unbooted (*ён-бут'-ед*) adj. безъ сапога; разутый.
Unborn (*ён-бо'орн*) adj. не рожденный, будущій.
Unbosom (*ён-ба'-зём*) va. открывать, разоблачать; повѣрять (тайну).
Unbought (*ён-бо'от*) adj. не купленный; не имѣющій покупателей, не стоющій.
Unbound (*ён-ба'унд*) adj. развязанный, распущенный (о волосахъ); не связанный, свободный; не переплетенный.
Unbounded (*ён-ба'унд-ед*) adj. безграничный, неограниченный, безмѣрный.
Unbowed (*ён-ба'уд*) adj. не согнутый; не согбенный; непреклонный; не униженный, не приниженный.
Unbrace (*ён-брэс'*) va. развязывать, отпускать; разжимать, разслаблять; растегивать (одежду); выпустить (узкое платье).
Unbreathing (*ён-брисз'-инг*) adj. бездыханный; неодушевленный.
Unbred (*ён-бред'*) adj. невоспитанный; грубый; необработанный; — to, не пріученный, неподготовленный (къ чему), неискусный (въ чемъ).
Unbreech (*ён-брич'*) va. снять штаны; || вывинчивать казенный винтъ (въ пушкѣ).
Unbridle (*ён-брай'-дл*) va. разнуздывать.
Unbridled (*ён-брайд'-длд*) adj. разнузданный, необузданный, неукротимый.
Unbroken (*ён-бро'ок-н*) adj. непоколебленный, не разбитый, не разломанный; непрерванный, не нарушенный; свято чтимый; постоянный, неослабный; неповрежденный, не побѣжденный, не сломанный (о волѣ); не укрощенный.
Unbrotherlike, Unbrotherly (*ён-брёсз'-ер-лайк, -ли*) adj. небратскій, несвойственный брату.
Unbruised (*ён-бруд'*) не побитый, не избитый, непомятый
Unbuckle (*ён-бёк'-л*) va. отстегивать (пряжку).

Unbuilt (*ӧн-билт'*) adj. разрушенный, срытый; не выстроенный.
Unbung (*ӧн-бӧнг*) va. откупоривать.
Unburden, Unburthen (*ӧн-бӧр'дн, ӧн-бӧр'-сзн*) va. снимать тяжесть, грузъ; освобождать, облегчать, избавлять.
Unburdensome (*ӧн-бӧр'-дн-сӧм*) adj. легкій, необременительный.
Unburied (*ӧн-бер'-ид*) adj. не погребенный, не зарытый въ землю.
Unburned (*ӧн-бӧрнд'*) adj. не сожженный, не обожженный, не сгорѣвшій.
Unbutton (*ӧн-бӧт'-тн*) va. разстегивать (пуговицы).
Uncage (*ӧн-кэдж'*) va. выпускать изъ клѣтки, освободить.
Uncalcined (*ӧн-кӑл'-синд*) adj. не пережженный.
Uncalculated (*ӧн-кӑл'-кью-лэ-тед*) adj. не высчитанный; не разсчитанный.
Uncalculating (*ӧн-кӑл'-кью-лэ-тинг*) adj. неразсчетливый.
Uncalled (*ӧн-колд'*) adj. незваный, не названный; || — **for**, безполезный, даровой.
Uncancelled (*ӧн-кӑн'-се.гд*) adj. не отмѣненный; не вычеркнутый, не исключенный; не отпущенный, не уничтоженный, не разсѣянный (о войскѣ); не погашеный, не оплаченный (долгъ).
Uncandid (*ӧн-кӑн'-дид*) adj. неправдивый, обманчивый, нечистосердечный.
Uncanonical (*ӧн-кӑ-нон'-ик-ӑл*) adj. неканоническій; противный церковнымъ постановленіямъ.
Uncaptivated (*ӧн-кӑп'-ти-вэ-тед*) adj. плѣненный; не очарованный.
Uncared (*ӧн-кэрд'*) adj. — **for**, заброшенный, забитый; пренебреженный.
Uncase (*ӧн-кэс'*) va. вынимать изъ футляра, изъ ящика; распаковывать. || обнажать, раздѣвать; сдирать кожу; ||* открывать, обнаруживать; || (воен.) развертывать, распускать (флагъ, знамя). **With— d arrow**, съ натянутымъ лукомъ.
Uncaught (*ӧн-ко'от*) adj. не пойманый, не пріобрѣтенный.
Unceasing (*ӧн-сис'-инг*) adj. безпрестанный, неумолкаемый; безостановочный, вѣчный; не дающій отдыха.
Unceremonious (*ӧн-сӧр-и-мо'о-ни-ӧс*) adj. безцеремонный; фамильярный.
Uncertain (*ӧн-сӧр'-тэн*) adj. невѣрный, сомнительный, недостовѣрный; неопредѣленный; ненадежный; нерѣшительный; перемѣнчивый, измѣнчивый; мерцающій (свѣтъ). **To make —**, разувѣрять, колебать, сбивать съ толку.
Uncertainty (*ӧн-сӧр'-тэн-ти*) s. неопредѣленность, неизвѣстность.
Uncertified (*ӧн-сӧр'-ти-файд*) adj. не засвидѣтельствованный, не удостовѣренный.
Unchain (*ӧн-чэн'*) va. спускать съ цѣпи; снимать цѣпи, оковы; расковывать; (фиг) освобождать.
Unchangeable (*ӧн-чэндж'-ӑ-бл*) adj. неизмѣнный, неизмѣняемый, постоянный.
Unchangeableness (*ӧн-чэндж'-ӑ-бл-нес*) s. неизмѣнность, постоянство.
Unchanged (*ӧн-чэндж'*) adj неизмѣнный, не перемѣнившійся.
Unchanging ((*ӧн-чэндж'-инг*) adj. неизмѣнный, непреложный.
Unchangingly adv. неизмѣнно, непреложно.
Uncharge (*ӧн-чардж'*) va. освободить отъ тяжести, отъ обвиненія; оправдать.
Uncharitable (*ӧн-чӑр'-и-тӑ-бл*) adj. немилостивый, неблаготворительный.
Unchary (*ӧн-чэр'-и*) adj. неосторожный; неосмотрительный; небережливый.
Unchaste (*ӧн-чэст'*) adj. нецѣломудренный, непристойный.
Unchastisable (*ӧн-чӑс-тайз'-ӑ-бл*) adj. не наказуемый, не караемый; неисправимый.
Unchastised (*ӧн-чӑс-тайзд'*) adj. безнаказанный, не наказанный.
Unchastity (*ӧн-чӑс'-ти-ти*) s. нецѣломудріе, любострастіе, распутство; сальность (рѣчей).
Uncheated (*ӧн-чит'-ед*) adj. не обманутый, не проведенный.
Unchecked (*ӧн-чект'*) adj. не обузданный, не сдержанный (кѣмъ); не возбужденный; не встрѣтившій помѣхи, препятствія, не получившій выговора, не провѣренный.
Uncheerful (*ӧн-чир'-фул*) adj. унылый, печальный, подавленный грустью.
Uncheerfulness (*ӧн-чир'-фул-нес*) s. уныніе, унылость.
Uncheering (*ӧн-чир'-инг*), **Uncheery** (*ӧн-чир'-и*) adj. невеселый, скучный; трудный.
Unchequered (*ӧн-чек'-ерд*) adj. однообразный. [ванный.
Unchewed (*ӧн-чуд'*) adj. не жеванный.
Unchilled (*ӧн-чилд'*) adj. не охлажденный; не замороженный.

Unchosen (*ён-чо'о-зн*) adj. не избранный, не выбранный.
Unchristened (*ён-крис'-нд*) adj. некрещенный,
Unchristian (*ён-крист'-йён, ён-крис'-чён*) adj. не христiанскiй: противный христiанству; языческiй. [(буква).
Uncial (*ён-шёл*) adj. прописная
Unciphered (*ён-сай'-ферд*) adj. разобранный, расшифрованный.
Uncircumcised (*ён-сёр'-кём-сайзд*) adj. не обрѣзанный (по еврейс обряду)
Uncircumscribed (*ён-сёр'-кём-скрайбд*) adj неограниченный.
Uncircumspect (*ён-сёр'-кём-спект*) adj неосторожный, неосмотрительный.
Uncivil (*ён-сив'-ил*) adj. невѣжливый, невоспитанный, необразованный.
Uncivilized (*ён-сив'-ил-айзд*) adj. не просвѣщенный, варварскiй, грубый. [нагой.
Unclad (*ён-кläд'*) adj. неодѣтый:
Unclaimed (*ён-клэмд'*) adj. не востребованый, не потребованный.
Unclarified (*ён-кläр'-и-файд*) adj. не очищенный, не отстоенный.
Unclasp (*ён-класп'*) va. растегивать, отстегивать; открывать.
Unclassic (*ён-клäс'-ик*), **Unclassical** (*ён-клäс'-ик-äл*) adj. неклассическiй.
Uncle (*ёнк-кл*) s. дядя, дядюшка; (нар.) ростовщикъ. **great —, grand —,** двоюродный дѣдъ.
Unclean (*ён-клин'*) adj. нечистый, грязный; неопрятный, неряшли- || * поганый; непристойный.
Uncleanliness (*ён-клин'-ли-нес*), **Uncleaness** (*ён-клен'-нес*) s. грязь, нечистота; соръ; || * развратъ.
Uncleansed (*ён-клензд'*) adj. не вычищенный, неочищенный, не прочищенный.
Unclew (*ён-клу'*) va. разматывать, развертывать, развязывать; (фиг.) разорять.
Unclinch (*ён-клинч'*) va. разжимать (кулакъ); (тех.) отбивать заклепку (у гвоздя), расклепывать; (мор.) отдирать обшивку (судна).
Unclipped (*ён-клипт'*) adj. не обрѣзанный, не остриженный; (фиг.) не изувѣченный, не обезображенный.
Unclog (*ён-клог'*) va. снимать путы, освобождать.
Uncloister (*ён-клой'-стер*) va. выпустить, взять изъ монастыря; освободить изъ заточенія.
Unclose (*ён-кло'оз*) va. открывать, вскрывать, распечатывать.
Unclothe (*ён-кло'осз*) va. разсѣвать, обнажать
Unclothed (*ён-кло'осзд*) adj. нагой, голый, раздѣтый.
Uncloud (*ён-кла'уд*) va. раздѣвать, разгонять облака; разъяснять; развеселять.
Unclouded (*ён-кла'уд-ед*), **Uncloudy** (*ён-кла'уд-ед-и*) adj. безоблачный, чистый, ясный, веселый.
Uncloudedness (*ён-кла'уд-ед-нес*) s. безоблачность, ясность.
Uucock (*ён-кок'*) va. опустить (курокъ); разрядить, раскидать (стогъ сѣна)
Uncoif (*ён-койф'*) va снимать чепчикъ, шляпу.
Uncoil (*ён-койл'*) va. развертывать, разматывать
Uncollected (*ён-кол-лект'-ед*) adj. не собранный; не полученный, несосредоточенный.
Uncolored (*ён-кёл'-ёрд*), **Uncoloured** (*ён-кёл'-ёрд*) adj. безцвѣтный; некрашенный; свѣтлый, чистый. **— stuff,** одноцвѣтная материя.
Uncombed (*ён-ко'омд*) adj. не чесанный; растрепанный; (тех) не мыканный (ленъ); не чищенный (лошади).
Uncombinable (*ён-кём-байн'-äбл*) adj. не поддающiйся сочетанiю, сопоставленiю, несообразный.
Uncombined (*ён-кём-байнд'*) adj. несложный, не подготовленный, простой
Uncomeliness (*ён-кём'-ли-нес*) s. непригожество, невзрачность, немиловидность; неприличность.
Uncomely (*äн-кём'-ли*) adj. некрасивый, непригожiй, немиловидный; неприличный, неблагопристойный.
Uncomfortable (*ён-кём'-форт-äбл*) adj. неудобный, непокойный, неуютный, непрiятный, несподручный, некомфортабельный; стѣснительный, неловкiй, нечистый.
Uncomfortableness (*ён-кём'-фёрт-ä-бл-нес*) s. неудобство, неловкость, стѣсненiе, стѣснительность; безпокойство, печаль, невзгода.
Uncommiserated (*ён-кём-миз'-ре-эт-ед*) adj. не возбуждающiй сожалѣнiя.
Uncommon (*ён-ком'-мён*) adj. необыкновенный, рѣдкiй, чрезвычайный.
Uncommonness (*ён-кём'-мён-нес*) s. рѣдкость, необыкновенность, чрезвычайность.
Uncommunicable (*ён-ком-мью'-ни-кä-бл*) adj. не могущiй быть переданнымъ, секретный, тайный.

Uncommunicative (*ён-ком-мью'-ни-кэ-тив*) adj. несообщительный.
Uncompact (*ён-кём-пäкт'*), **Uncompacted** (*ён-кём-пäкт'-ед*) adj. неплотный; рѣдкій.
Uncompelled (*ён-кём-пелд'*), adj. непринужденный, добровольный.
Uncomplete (*ён-кём-плит'*) adj. см. **Incomplete.**
Uncomplying (*ён-кём-плай'-инг*) adj. неуступчивый, неподатливый, несговорчивый.
Uncompounded (*ён-кём-па'унд-ед*) adj. простой, несложный.
Uncompressed (*ён-ком-прест'*) adj. несжатый.
Unconceived (*ён-кон-сивд'*) adj. не воспринятый, непостигнутый; не сознанный.
Unconcern (*ён-кон-сёрн'*) s. безпечность; безъучастность; равнодушіе.
Unconcerned (*ён-кон-сёрнд'*) adj. безпечный, беззаботный, равнодушный, безмятежный, безучастный.
Unconcernedness (*ён-кон-сёрн'-ед-нес*) s. см. **Unconcern.**
Unconcerning (*ён-кон-сёрн'-инг*) adj. не интересующійся, не затрагивающій, равнодушный, холодный.
Unconcerment (*ён - кон - сёрн' - мент*) s. равнодушіе, безучастіе.
Unconditional (*ён-кон-диш'-ён-äл*) adj. несообразный, несоотвѣтственный; несогласный, несходный.
Unconfined (*ён-кон-файнд'*) adj. неограниченный, непринужденный.
Unconformable (*ён-кон-форм'-ä-бл*) adj. несообразный, несоотвѣтственный; несогласный, несходный.
Unconformity (*ён-кон-форм'-и-ти*) s. несогласность, несоотвѣтственность.
Unconfutable (*ён-кон-фьют'-ä-бл*) adj. неопровержимый.
Unconjugal (*ён-кон'-джю-гäл*) adj. несупружескій.
Unconnected (*ён-кон-нект'-ед*) adj. не связаный, не имѣющій отношенія, не касающійся, чуждый, посторонній; несвязный, непослѣдовательный, безсвязный.
Unconnectedly (*ён-кон-нект'-ед-лу*) adv. безъ связи, не связно, неплотно.
Unconquerable (*ён-кон'-кер-ä-бл*) adj. несокрушимый, непобѣдимый; непреодолимый; неукротимый.
Unconquerably (*ён-кон'-кер-ä-бли*) adv. несокрушенно, непобѣдно, непреодолимо, неукротимо.
Unconscionable (*ён-кон'-шён-ä-бл*) adj. безрасудный, неразумный; несправедливый, неправый; чрезмѣрный, чрезвычайный, непомѣрный; || безсознательный.
Unconscionably (*ён-кон'-шён-ä-бли*) adv. безразсудно, неразумно, несправедливо, безсознательно.
Unconscious (*ён-кон-шёс*) adj. не сознающій, безсознательный, безотчетный, не вѣдующій, не понимающій, не знающій, невинный.
Unconsciously (*ён-кон'-шёс-ли*) adv. безсознательно, неумышленно, невольно, машинально; незамѣтно, нечувствительно.
Unconsciousness (*ён-кён'-шёс-нес*) s. несознаніе, безсознательность.
Unconsecrated (*ён-кон'-си-крэт-ед*) adj. не посвященный, не обученный; не помазанный; не освященный; не причисленный къ лику святыхъ.
Unconsidered (*ён-кон-сид'-ерд*) adj. не обсужденный, необдуманный; не принятый въ соображеніе, въ уваженіе; не усмотренный, потерянный изъ виду; пренебреженный, оставленный безъ вниманія.
Unconsonant (*ён-кон'-со-нäнт*) adj. несозвучный, несогласный.
Unconstant (*ён-кон'-стäнт*) adj. непостоянный, измѣнчивый.
Unconstitutional (*ён-кон-сти-тью'-шён-äл*) adj. неконституціонный, противный конституціи.
Unconstitutionally (*ён-кон-сти-тью'-шён-äли*) adv. неконституціонно, несогласно съ конституціей.
Unconstrained (*ён-кон-стрэнд'*) adj. непринужденный, добровольный,
Unconsulting (*ён-кон-сёлт'-инг*) adj. неосторожный, необдуманный, отважный.
Unconsumed (*ён-кон-сьюмд'*) adj. не исчерпанный; не истребленный, не израсходованный.
Unconsummate (*ён-кан-сём'-мэт*) adj. не совершившійся, не доверщенный.
Uncontaminated (*ён-кон-тäм'-и-нэ-тед*) adj. не оскверненный, не помраченный.
Uncontended (*ён-кон-тенд'-ед*) adj. — **for,** не оспариваемый.
Uncontented (*ён'-кон-тент'-ед*) adj. не удовлетворенный, не удовлетворенный.
Uncontested (*ён-кон-тест'-ед*) adj. неоспоримый.
Uncontradicted (*ён-кон-трä-дикт'-ед*) adj. не оговоренный, не опровергнутый.

Uncontrite (*ŏн-кон'-трайт*) adj. не принесшій покаянія, не кающійся, не сокрушающійся

Uncontrollable (*ŏн-кон-тро'о.л-ă-б.л*) adj. неукротимый, неодолимый, неоспоримый, не подлежащій повѣркѣ

Uncontroverted (*ŏн-кон-тро-вöрт'-ед*) adj. неоспоримый

Unconversable (*ŏн-кон-вöрс'-ă-б.л*) adj. необходительный, необщительный; нелюдимый; неразговорчивый

Unconversant (*ŏн-кŏн'-вер-сăнт*) adj. незнакомый, несвѣдущій, непривычный.

Unconverted (*ŏн-кон-вöрт'-ед*) adj не обращенный; не преобразованный.

Unconvertible (*ŏн-кон-вöрт'-и-б.л*) adj не могущій быть превращеннымъ, преобразованнымъ.

Unconvicted (*ŏн-кон-викт'-ед*) adj. не уличенный, не изобличенный.

Unconvinced (*ŏн-кон-винст'*) adj. не убѣжденный.

Uncord (*ŏн-корд'*) va. развязывать веревку.

Uncork (*ŏн-корк'*) va. откупорить.

Uncorrect (*ŏн-кор-рект'*) adj. см. **Incorrect**.

Uncorrupt (*ŏн-кор-ропт'*), **Uncorrupted** (*ŏн-кор-рŏпт'-ед*) adj. см. **Incorrupt**.

Uncouple (*ŏн-кŏп'-л*) va vn разъединять, разлучать, -ся; спустить со своры (пару собакъ).

Uncourteous (*ŏн-кŏрт'-и-ŏс*) adj. невѣжливый, нелюбезный.

Uncourteously (*ŏн-кŏрт'-и-ŏс-ли*) adv невѣжливо, нелюбезно.

Uncourtliness (*ŏн-ко'орт-ли-нес*) s. невѣжливость, нелюбезность, грубость.

Uncourtly (*ŏн-ко'орт-ли*) adv. невѣжливо, нелюбезно, грубо.

Uncouth (*ŏн-кузс'*) adj. странный, необъяснимый чудный, неуклюжій

Uncouthly (*ŏн-кузс'-ли*) adv. странно, необъяснимо, чудно.

Uncouthness (*ŏн-кузс'-нес*) s. странность, причудливость; неуклюжесть

Uncover (*ŏн-кŏв'-ер*) va. vn. открывать голову, снимать шляпу; раскрывать; обнажать; разоблачать, обнаруживать.

Uncreate (*ŏн-кри-эт'*) va. уничтожать, обращать въ ничто.

Uncreate (*ŏн-кри-эт'*), **Uncreated** (*ŏн-кри-эт-ед*) adj. не сотворенный; еще не созданный, будущій.

Uncropped (*ŏн-кропт'*) adj. не сжатый, не скошенный, не собранный (посѣвъ).

Uncrossed (*ŏн-крост'*) adj. не вычеркнутый; не встрѣчающій помѣхи, преграды, возраженій.

Uncrowded (*ŏн-кра'уд-ед*) adj. не стѣсненный (толпою), не сжатый, не стиснутый, не столпившійся.

Uncrown (*ŏн-кра'ун*) va. развѣнчивать, лишать короны.

Unction (*ŏнк'-шŏн*) s. помазаніе; || треніе, втираніе; || муро, елей; || масло, мазь, || * благодать, утѣшеніе.

Unctuosity (*ŏнк-чу-ос'-и-ти*), **Unctuousness** (*ŏнк'-чу-ŏс-нес*) s. жирность, маслянистость.

Unctuous (*ŏнкть'-ю-ŏс, ŏнк'-чу-ŏс*) adj. жирный, маслянистый.

Unculled (*ŏн-кŏ.лд'*) adj. не собранный, не выбранный.

Unculpable (*ŏн-кŏл'-пă-бл*) adj. невиновный.

Uncultivable (*ŏн-кŏ.л'-ти-вă-бл*) adj. негодный для обработки (о землѣ).

Uncultivated (*ŏн-кŏ.л'-ти-вэт-ед*) adj. не обработанный; || грубый, невѣжественный.

Uncumbered (*ŏн-кŏм'-берд*) adj. не нагроможденный, не обремененный.

Uncurbed (*ŏн-кŏрбд'*) adj. необузданный.

Uncured (*ŏн-кьюрд'*) adj. не вылеченный.

Uncurl (*ŏн-кŏр.л'*) va. vn. развивать, развертывать, распускать, выпрямлять -ся.

Uncurtailed (*ŏн-кŏр-тэлд'*) adj. не урѣзанный, не укороченный.

Uncustomary (*ŏн-кŏс'-тŏм-ă-ри*) adj. неупотребительный, вышедшій изъ употребленія; рѣдкій, необычный.

Uncustomed (*ŏн-кŏс'-тŏ.мд*) adj. не заплатившій пошлины; не обложенный пошлиною

Uncut (*ŏн-кŏт'*) adj, не рѣзанный, не отрѣзанный, не остриженный (о деревьяхъ); непочатый, цѣлый.

Undamaged (*ŏн-дам'-эджд*) adj. не поврежденный, не испытавшій крушенія.

Undated (*ŏн-дэд'-ед*) apj. не помѣченный числомъ.

Undaunted (*ŏн-до'онт-ед*) adj. неустрашимый, отважный.

Undauntedly (*ŏн-до'он-тед-ли*) adv. неустрашимо, отважно.

Undauntedness (*ŏн-до'онт-ед-нес*) s. неустрашимость, отважность.

Undazzled (*ŏн-дăз'-злд*) adj. не ослѣпленный.

Undecagon (*ŏн-дек'-ă-гŏн*) s. (геом.) одиннадцатиугольникъ.

Undecayed (*ŏн-ди-кэйд'*) adj. но ослабѣвшій. не увядшій.

Undecaying (*ŏн-ди-кэй'-инг*) adj. неувядаемый, неугасаемый.

Undeceivable (*ŏн-ди-сив'-ă-бл*) adj. не подающійся обману.

Undeceive (*ŏн-ди-сив'*) **va.** разочаровывать, вразумлять.
Undecided (*ŏн-ди-сайд'-ед*) adj. не рѣшенный; недоумѣвающій.
Undecipherable (*ŏн-ди-сай'фер-ă-бл*) adj. неразборчивый, неясный
Undecisive (*ŏн-ди-сай'-сив*) adj. нерѣшительный.
Undeck (*ŏн-дек'*) va. раздѣвать, разоблачать.
Undeclinable (*ŏн-ди-клайн'-ă-бл*) adj. (грам.) несклоняемый.
Undecomposable (*он - ди - ком - по'оз-ă-бл*) adj. (хим.) неразлагаемый.
Undefended (*ŏн-ди-фенд'-ед*) adj. незащищенный, беззащитный.
Undefiled (*ŏн-ди-файд'*) adj. не вызванный на бой.
Undefinable (*ŏн - де-файн' - ă-бл*) adj. неопредѣленный, неизъяснимый.
Undefined (*ŏн-ди-файнд'*) adj. не опредѣленный, не изъясненный.
Undelivered (*ŏн-ди-лев'-ерд*) adj. не освобожденный, не сданный
Undeluded (*ŏн-ди-льюд'-ед*) adj. не обманывающійся.
Undeniable (*ŏн-ди-най'-ă-бл*) adj несомнѣнный, очевидный, явный; неопровергаемый.
Undeniably (*ŏн-ди-най'-ă-бли*) adv несомнѣнно, очевидно, явно; неопровергаемо.
Undeplored (*ŏн-ди-пло'орд*) adj не оплаканный.
Undepraved (*ŏн-ди-прэвд'*) adj. неразвращенный, чистый.
Undeprived (*он-ди-прайвд'*) adj. не лишенный.
Under (*ŏндер*) prep. и adv подъ, изъ-подъ, внизу, подъ низъ, снизу; въ, во; при; среди. — **the table**, подъ столомъ. — **sail**, подъ парусами. — **arms**, подъ ружьемъ. — **lock and key**, подъ ключемъ **Colonies — the British Government**, колоніи подчиненныя англійскому правительству. **To bring —**, подчинять — **one's own hand**, подписанный собственноручно. — **fifteen**, ниже пятнадцати лѣтъ. — **the necessity**, подъ вліяніемъ нужды. — **consideration**, принимая во вниманіе || adj. нижній, низкій, незначительный; тихій, слабый; подчиненный; || подъ.. **An — garment**, подъ одеждой. — **action**, s. побочное дѣйствіе. — **-age**, s. несовершеннолѣтіе. — **agent**, sm. субъ-агентъ. — **bear**, va. переносить; сострадать. — **bid**, va. предлагать менѣе чѣмъ другіе. — **bred**, дурно воспитанный. — **brush**, s. кустарникъ. — **butler**, s. помощникъ виночерпія. — **clerk**, s. мелкій служащій. — **clothes**, s. pl. нижнее бѣлье. — **coat**, s. нижнее платье. — **crest**, va. поддерживать. — **croft**, s. склепъ, подземелье. — **crust**, s. нижняя корка. — **current**, s. нижнее морское теченіе. — **dealing**, s козни. — **do**, va. недодѣлать. — **done**, adj. недостаточно испеченный. — **-dose**, s. слишкомъ малая доза. — **-drain**, s. спускная канава. — **-dressed**, adj. легко одѣтый. — **foot**, adv. подножіе **To tread — foot**, попирать ногами. — **-garment**, s. нижняя одежда. — **girth**, s. подбрюшникъ. — **graduate**, s. студентъ, не получившій первой ученой степени.— **ground**, подземелье. **growth**, s. кустарникъ. — **-hand dealings**, козни. — **-handed**, adj, потайной. — **lay**, va. поддерживать. — **lease**, s. пересъемщикъ аренды. — **-leather**, s. подошва. — **let**, va. переснимать контрактъ. — **lie**, vn. находиться снизу.— **line**, va. подчеркивать. — **lip**, s. нижняя губа. — **master**, s. подмастерье. — **-officer**, субъ-офицеръ. — **paid**, оплачиваемый низкой платой. — **-petticoat**, нижняя юбка.— **plot**, интрига. — **prize**, va. обезцѣнивать. — **prop**, va. поддерживать. — **secretary**, помощникъ секретаря. — **score**, va. подчеркивать. — **sheriff**, s субъ-шерифъ. — **sized**, adj. низкорослый. — **-strapper**, подчиненный. — **stratum**, s. подпочва. — **tenant**, s. пересъемщикъ помѣщенія. — **valuer**, s. обезцѣниватель. — **waistcoat**, s. нижній жилецъ. — **work**, va. работать за болѣе низкую цѣну чѣмъ другіе. — **worker**, **workman**, чернорабочій.
Undergo (*ŏн-дер-го'о*) va. претерпѣвать, сносить, переносить, переживать. **To — fatigue**, переносить утомленіе. **To — an operation**, подвергнуться операціи.
Underling (*ŏн'-дер-линг*) s. подчиненный; || * орудіе чего, кого.
Undermine (*ŏн-дер-майн'*) va. подрывать, минировать.
Underminer (*ŏн-дер-майн'-ер*) s. дѣлающій подкопы; || * скрытый врагъ.
Undermost (*ŏн-дер-мост'*) adj. самый нижній, послѣдній.
Underneath (*ŏн-дер'-нисз*) adj. внизу, ниже; снизу; prep. подъ.
Underpin (*ŏн-дер-пин'*) va. подводить фундаментъ; подпирать снизу.
Underrate (*ŏн'-дер-рэт*) s. низкая цѣна; безцѣнокъ.

Undersell (*ӧн-дер-сел'*) va. продавать дешевле другихъ.
Underset (*ӧн-дер-сет'*) va. поддерживать, подпирать.
Undershrub (*ӧн'-дер-шрӧб*) s. полукустарникъ.
Undersign (*ӧн'-дер-сайн*) va. подписать.
Undersigned (*ӧн'-дер-сайн-ед*) s. нижеподписавшійся.
Understand (*ӧн-дер-стӓн'*) va. vn. понимать, постигать, разумѣть; подразумѣвать; умѣть что; узнать. услышать что. **Do you— ?** понимаете ли вы? **I gave him to —**, я далъ ему понять. **To — one another**, понимать другъ друга. **The word is understood** это слово подразумѣвается. **I — that**, я понимаю это.
Understanding (*ӧн-дер-стӓнд'-инг*) adj. разумный, просвѣщенный, знающій; || s. пониманіе, разумѣніе; умѣніе, знаніе, понятіе, разумъ; сужденіе. здравомысліе. **There is a good — between them**, между ними существуетъ доброе пониманіе другъ друга. **To come to an — with**, придти къ соглашенію съ кѣмъ либо
Understandingly (*ӧн-дер-стӓнд'-инг-ли*) adv. умно, толково, разумно; съ полнымъ знаніемъ,
Undertake (*ӧн-дер-тэк'*) va vn. предпринимать, браться за что **To — for**, ругаться
Undertaker (*ӧн-дер-тэк'-ер*) s предприниматель; подрядчикъ; || порука.
Undertaking (*ӧн-дер-тэк'-инг*) s. предпріятіе; предпріимчивость; смѣлость.
Undervaluation (*ӧн-дер-вӓль-ю-э'-шӧн*) s. оцѣнка ниже стоимости.
Undervalue (*ӧн-дер-вӓль'-ю*) va. цѣнить ниже стоимости; сбавлять цѣну.
Underwork (*ӧн-дер-уӥ'-рк*) va. vn. подрывать цѣну на трудъ.
Underwrite (*ӧн'-дер-уӧрк-ер*) va. подписываться, страховаться.
Underwriter (*ӧн'-дер-райт-ер*) s. страховщикъ.
Underwriting (*ӧн'дер-райт-инг*) s. страхованіе, застрахованіе.
Underwrought (*ӧн-дер-ро'от*) pret. и part. p. отъ **Underwork**
Undescribable (*ӧн-ди-скрайб'-ӓ-бл*) adj. неописуемый.
Underserved (*ӧнди-зӧрвд'*) adj. незаслуженный.
Underservedly (*ӧн-ди-зӧрвд'-ли*) adv незаслуженно.
Undeserver (*ӧн-ди-зӧрв'-ер*) s. человѣкъ безъ достоинствъ.
Undeserving (*ӧн-ди-зӧрв'-инг*) adj. недостойный.
Undeservingly (*ӧн-ди-зӧрв'-инг-ли*) adv. не по достоинству.
Undesigned (*ӧн-ди-зайнд'*) adj. непреднамѣренный.
Undesignedly (*ӧн-ди-зайд'-ли*) adv. непреднамѣренно.
Undesigning (*ӧн-ди-зайн'-инг*) adj. безхитростный.
Undesirable (*ӧн-ди-зайр'-ӓ-бл*) adj. не желательный, неподходящій.
Undesired (*ӧн-ди-зайрд'*) adj. нежелаемый.
Undetected (*ӧн-ди-тект'-ед*) adj. не открытый: необнаруженный
Undetermined (*ӧн-ди-тӧр'-минд*) adj. см. **Indeterminate**.
Undeterred (*ӧн-ди-тӧрд'*) adj. неотговоренный, неудержанный.
Undeveloped (*ӧн-ди-вел'-ӧпт*) adj. неразвитой.
Undeviating (*ӧн-ди'-ви-э-тинг*) adj. прямой; правильный.
Undevout (*ӧн-ди-ваут'*) adj. не набожный, не вѣрующій.
Undigested (*ӧн-ди-джест'-ед*) adj. непереваренный (желудкомъ).
Undignified (*ӧн-диг'-ни-файд*) adj. лишенный достоинства.
Undiminished (*ӧн-ди-мин'-шит*) adj. неуменьшенный.
Undimmed (*ӧн-димд'*) adj. свѣтлый, ясный, чистый.
Undirected (*ӧн-ди-рект'-ед*) adj неотправленный, неадрессованный
Undiscerned (*ӧн-диз-зӧрнд'*) adj не усмотрѣнный; безразличный
Undiscernible (*ӧн-диз-зӧрн'-и-бл*) adj. незамѣтный; || невидимый.
Undiscerning (*ӧн-диз-зӧрн'-инг*) adj. непроницательный, непрозорливый.
Undisciplinable (*ӧн-дис'-и-плин-ӓ-бл*) adj. непослушный, непокорный.
Undisciplined (*ӧн-дис'-и-плинд*) adj. не дисциплинированный.
Undisclosed (*ӧн-дис-кло'озд*) adj. тайный, невысказанный.
Undiscording (*ӧн-дис-корд'-инг*) adj. гармоничный; согласный.
Undiscovered (*ӧн-дис-кӧв'-ерд*) adj. не открытый.
Undisguised (*ӧн-дис-гайзд'*) adj. непритворный, простой.
Undismayed (*ӧн-дис-мэйд'*) adj. не упавшій духомъ, неустрашенный.
Undisputed (*ӧн-дис-пьют'-ед*) adj. неоспоримый, безспорный.
Undissembling (*ӧн-дис-сем'-блинг*) adj. не притворный, искренній.
Undissolvable (*ӧн-диз-золь'-ӓ-бл*) adj. см. **Indissoluble**.
Undissolved (*ӧн-диз-золвд'*) adj. (хим.) нерастворенный.
Undissolving (*ӧн-диз-золв'-инг*) adj. (хим.) не растворяющійся.
Undistinguishable (*ӧн-дис-тинг'-*

гуиш-ā-бл) adj. не могущій быть распознаннымъ; неясный.
Undistinguished (*ŏн-дис-тинг'-гуишт*) adj. не отличимый, не распознанный.
Undistinguishing (*ŏн-дис-тинг'-гуиш-инг*) adj. не различающій; неотличительный.
Undisturbed (*ŏн-дис-тŏрбд'*) adj. не встревоженный; спокойный, тихій.
Undivided (*ŏн-ди-вайд'-ед*) adj. не раздѣленный, цѣлый; общій.
Undivulged (*ŏн-ди-вŏлджд'*) adj. не разглашенный, тайный.
Undo (*ŏн-ду'*) va. уничтожать; разстроить; не додѣлать; разобрать (машину); раскрывать; открывать, отмѣнять, разрушать; ‖ губить. **To — a knot**, развязать узелъ. **To leave a thing undone**, не додѣлать что либо. **I am undone**, я пропалъ.
Undock (*ŏн-док'*) va. вывести судно изъ дока.
Undoer (*ŏн-ду-ер*) s. разстраиватель, развязыватель, открыватель, разрушитель.
Undoing (*ŏн-ду-инг*) s. развязываніе, открываніе; гибель.
Undoubted (*ŏн-да'ут-ед*) adj. несомнѣнный, достовѣрный.
Undoubtedly (*ŏн-да'ут-ед-ли*) adv. несомнѣнно, достовѣрно.
Undoubtful (*ŏн-да'ут-фул*) adj. несомнѣнный, достовѣрный, очевидный, явный.
Undoubting (*ŏн-да'ут-инг*) adj. не сомнѣвающійся.
Undrainable (*ŏн-дрэн'-ā-бл*) adj. неосушимый, неисчерпаемый.
Undraw (*ŏн-дро'о*) va. открыть, отдернуть, поднять (занавѣсъ).
Undrawn (*ŏн-дро'он*) adj. не поднятый, спущенный; не вышедшій (о лотерейномъ билетѣ); поднятый, открытый.
Undreaded (*ŏн-дред'-ед*) adj. нестрашный.
Undress (*ŏн-дрес'*) va vn. раздѣвать, -ся; снимать повязку, бинтъ (съ раны).
Undress (*ŏн'-дрес*) s. утреннее, домашнее платье.
Undressed (*ŏн-дрест'*) adj. не одѣтый; не изготовленный, не приправленный (о кушаньѣ); не подстриженный, не подрѣзанный (о деревѣ); ‖ не убранный, безъ украшеній.
Undried (*ŏн-драйд'*) adj. не высушенный.
Undrossy (*ŏн - дрос'-и*) adj. безъ посторонней примѣси; чистый
Undue (*ŏн-дью'*) adj. не должный; не слѣдующій; не причитающійся; неправильный, противозаконный; незаслуженный, не подобающій.
Undulary (*ŏн'-дью-лā-ри*) adj. волнистый.
Undulate (*ŏн'-дью-лэт*) va. волновать; ‖ vn. волноваться, струиться.
Undulation (*ŏн - дью-лэ' - шŏн*) s. волненіе, колебаніе, движеніе жидкостей. **The —s of ground**, неровности земли, мѣстности
Undulatory (*ŏн'-дью-лэ-тŏ-ри*) adj. волнообразный.
Unduly (*ŏн-дью'-ли*) adv. незаслуженно, ненадлежаще, несправедливо.
Unduteous (*ŏн-дью'-ти-ŏс*), **Undutiful** (*ŏн-дью'-ти-фул*) adj. непочтительный; непослушный
Undutifully (*ŏн - дью' - ти-фул-и*) adv. непочтительно, непослушно.
Undutifulness (*ŏн-дью'-ти-фулнес*) s. непочтительность; непокорность.
Undying (*ŏн-дай'-инг*) adj. безсмертный, нетлѣнный.
Unearned (*ŏн-ŏрнд'*) adj. не выработанный, не заработанный, не добытый трудомъ.
Unearth (*ŏн-ŏрсз'*) va. вырывать, выкапывать.
Unearthly (*ŏн-ŏрзс'-ли*) adj. неземной, не отъ міра сего.
Uneasily (*ŏн-и'-зи-ли*) adv. съ трудомъ; съ затрудненіемъ, неудобно. съ безпокойствомъ, тревожно.
Uneasiness (*ŏн-и'-зи-нес*) s. неудобство; безпокойство, тревожность, тревога; горе, неудовольствіе.
Uneasy (*ŏн-и'-зи*) adj. неудобный; трудный, нелегкій, тягостный; безпокойный, тревожный; ‖ плохо сидящій, неудобный (о платьѣ); неуклюжій; стѣснительный; неприятный.
Uneatable (*ŏн-и'ит-ā-бл*) adj. несъѣдобный.
Unedifying (*ŏн-ед'-и-фай-инг*) adj. неназидательный; непоучительный.
Uneducated (*ŏн-едь'-ю-кэ-тед*) adj. невоспитанный, необразованный.
Uneloquent (*ŏн-ел ' -о - куент*) adj. некраснорѣчивый.
Unembarrassed (*ŏн-ем-бāр'-āст*) adj. не стѣсненный, не обремененный (долгами). **— with**, освобожденный, очищенный, свободный.
Unembodied (*ŏн-ем-бод'-ид*) adj. безтѣлесный.
Unemployed (*ŏн-ем-плойд'*) adj. незанятой, праздный; не употребленный; находящійся безъ движенія, мертвый (капиталъ).
Unemptied (*ŏн-ем'-тид*) adj. не опорожненный.
Unencumbered (*ŏн-ен-кŏм'-берд*) adj. незагроможденный, свободный
Unendangered (*ŏн-ен-дэн'-джерд*) adj. находящійся внѣ опасности.
Unending (*ŏн-енд'-инг*) adj. нескон-

чаемый; безконечный; || * безсмертный, вѣчный, безбрежный

Unendowed (*ōн-ен-дā'уд*) adj. не одаренный, не надѣленный; безъ приданаго.

Unendurable (*ōн-ен - дьюр' - ā-бл*) adj. несносный: невыносимый.

Unendurably (*ōн-ен-дьюр'-ā-бл-и*) adv несносно, невыносимо.

Unenduring (*ōн-ен-дьюр'-инг*) adj. невыносливый; недолговѣчный.

Unengaged (*ōн-ен-гэджд'*) adj. не связанный обязательствомъ. не обѣщанный, свободный, не обусловленный; не помолвленный; || праздный; безъ мѣста; || свободный, не имѣющій назначенія; не помѣщенный (о капиталѣ); не заложенный.

Unengaging (*ōн-ен-гэдж'-инг*) adj. не привлеченный, незавлекательный, незаманчивый.

Unenjoying (*ōн-ен-джой'-инг*) adj. не вкушающій, не наслаждающійся.

Unentered (*ōн-ср'-терд*) adj не внесенный въ списокъ, въ протоколъ; || не принятый, не допущенный.

Unentertaining (*ōн-ен-тер-тэн'-инг*) adj. незанимательный; незабавный; скучный. [завидный

Unenviable (*ōн-ен'-ви-ā-бл*) adj. не-

Unenviably (*ōн-ен'-ви-ā-бл-и*) adv. незавидно. [видный.

Unenvied (*ōн-ен'-вид*) adj. неза-

Unenvious (*ōне-н'-ни-ōс*) adj. независтливый. [чивый.

Unequable (*ōн-и'-куā-бл*) adj. измѣн-

Unequal (*ōн-и'-куāл*) adj. неравный, неравносильный; низшій; недостаточный; несоразмѣрный; непропорціональный; не соотвѣтвѣтствующій; несправедливый; негодный; неравномѣрный; || s. неровня.

Unequalled (*ōн-и'-куāлд*) adj. несравненный; безподобный, превосходный.

Unequally (*ōн-и'-куāл-ли*) adv. неровно: несоразмѣрно, неправильно, неодинаково.

Unequitable (*ōн-ек'-уи-тā-бл*) adj. несправедливый.

Unequivocal (*ōн - и - куив'-о - кāл*) adj. несомнительный: недвусмысленный, ясный

Unequivocaly (*ōн-и-куив'-о-кāл-и*) adv. несомнительно, недвусмысленно, явно.

Unerrableness (*ōн-ōр'-рā-бл-нес*) s. непогрѣшимость.

Unerring (*ōн-ōр'-ринг*) adj. безошибочный, непогрѣшимый.

Unerringly (*ōн - ōр' - ринг-ли*) adv. безошибочно, непогрѣшимо.

Uneschewable (*ōн - ес-чью'-ā-бл*) adj. неизбѣжный.

Unespied (*ōн - ес - пайд'*) adj. не усмотрѣнный, не высмотрѣнный.

Unessayed (*ōн-ес-сэйд'*) adj. не испробованный; не испытанный

Unessential (*ōн - ес-сен' - шāл*) s. несущественное, неглавное; || adj. несущественный, неважный.

Uneven (*ōн-и'-вн*) adj. неровный; нечетный [нечетно.

Unevenly (*ōн'-и-вн-ли*) adv. неровно,

Unevenness (*ōн-и'-вн-нес*) s. неровность.

Unexacted (*ōн-егз-āкт'-ед*) adj. не взятый силою, добровольный.

Unexampled (*ōн-егз-āм'-пл*), adj. безпримѣрный. [взойденный.

Unexcelled (*ōн-ск-селд'*) adj. не пре-

Unexcepted (*ōн-ек-септ'-ед*) adj. не исключенный.

Unexceptionable (*ōн-ек-сеп'-шōн-ā-бл*) adj. не могущій быть исключеннымъ, отвергнутымъ, безукоризненный.

Unexceptionably (*ōн-ек-сеп'-шōн-ā-бл-и*) adv безъ возможнаго исключенія; безукоризненно.

Unexecuted (*ōн - екз'-и -кью-тэд*) adj. (юрид.) не исполненный, не скрѣпленный еще печатью (договоръ).

Unexemplified (*ōн - егз - ем' -пли-файд*) adj. не подтвержденный, не поясненный примѣрами.

Unexempt (*ōн-егз-емпт'*) adj. не освобожденный, не уволенный (отъ чего); не изъятый.

Unexercised (*ōн-екс'-ер-сайзд*) adj. не упражнявшійся; непривычный, неумѣлый.

Unexerted (*ōн-егз-ōрт'-ед*) adj. не пущенный въ ходъ, въ дѣло; не проявившійся; бездѣйствующій.

Uuexhausted (*ōн-ек-зо'ост-ед*) adj. неистощенный, неистощимый.

Unexhaustible (*ōн-егз-о'ост-и-бл*) adj. неисчерпаемый, неистощимый

Unexpected (*ōн-екс-пект'-ед*) adj. неожиданный. внезапный.

Unexpectedly (*ōн-екс-пект'-ед-ли*) adv. неожиданно, внезапно.

Unexpetedness (*ōн-екс-пект'-ед-нес*) s. неожиданность, внезапность

Unexpensive (*ōн-екс-пен'-сив*) adj. нерасточительный, бережливый; недорогой.

Unexperienced (*ōн - екс - пи' -ри-энст*) adj. не испытанный.

Unexperimental (*ōн-екс-пери-мент'-ал*) adj. не производящій опытовъ; не основанный на опытахъ.

Unexperimented (*ōн-екс - пер - и-мент'-ед*) adj. не подвергнутый опытамъ.

Unexpert (*өн-екс-пөрт'*) adj. неопытный, несвѣдущій.
Unexpired (*өн-екс-пайрд'*) adj. не истекшій, не вышедшій (срокъ).
Unexplainable (*өн-екс-плэн'-ā-бл*) adj. неизъяснимый, ничѣмъ необъяснимый.
Unexplained (*өн-екс-плэнд'*) adj. не объясненный.
Unexplored (*өн-екс-пло' орд*) adj не извѣданный; не изслѣдованный
Unexplosive (*өн-екс-пло'осив*) adj. невзрывчатый.
Unexposed (*өн-екс-по'озд*) adj. не обнаруженный; не выставленный на показъ; не подверженный (опасности); скрытый.
Unexpounded (*өн-екс-па'унд-ед*) adj. не поясненный.
Unexpressed (*өн-екс-прест'*) adj. не выраженный, не подразумѣваемый. [adj. невыразимый.
Unexpressible (*өн-екс-прес'-и-бл*)
Unexpressive (*өн-екс-прес'-ив*) adj. невыразительный, невыразимый.
Unextinct (*өн-екс-тинкт'*) adj. не потухшій, не угасшій.
Unextinguishable (*өн-екс-тинг'-гуиш-ā-бл*) adj. неугасимый.
Unextinguished (*өн-екс-тинг'-гуишт*) adj. не погасшій, не погашенный (долгъ) не утоленный (о жаждѣ).
Unextirpated (*өн-екс-төр'-пэ-тед*) adj. не искорененный.
Unfaded (*өн-фэд'-е*) adj. не поблекшій, незавялый.
Unfading (*өн-фэд'-инг*) adj. не увядающій, не отцвѣтающій.
Unfailing (*өн-фэл'-инг*) adj. непреложный, неминуемый; твердый, вѣрный.
Unfailingness (*өн-фэл'-инг-нес*) s. надежность, прочность, непреложность.
Unfair (*өн-фэр'*) adj. нечестный, недобросовѣстный; несправедливый. [но, недобросовестно.
Unfairly (*өн-фэр'-ли*) adv. нечест-
Unfairness (*өн-фэр'-нес*) s. недобросовѣстность; нечестность.
Unfaithful (*өн-фэзс'-фул*) adj. невѣрный; безчестный,; коварный, предательскій.
Unfaithfully (*өн-фэзс'-фул-и*) adv. коварно, предательски.
Unfaithfulness (*өн-фэзс'-фул-нес*) s. беззаконіе, безчестіе; безчестность, невѣрность, измѣна.
Unfallowed (*өн-фāл'-лоуд*) adj. не оставленный въ пару (о землѣ).
Unfaltering (*өн-фол'-тер-инг*) adj. твердо стоящій; невалкій, нешаткій, не дрожащій.
Unfamiliar (*өн-фа-мил'-йāр*) adj. мало знакомый; не свой (человѣкъ); непривычный.
Unfanned (*өн-фāнд'*) adj. не освѣженный; не провѣтренный; ‖ неоживленный.
Unfashionable (*өн-фаш'-өн-ā-бл*) adj. немодный; непринятый.
Unfashionably (*өн-фаш'-өн-ā-бли*) adv не по модѣ, не по принятому обычаю.
Unfashionableness (*өн-фаш'-өн-ā-бл-нес*) s. отступленіе отъ моды, отъ принятаго обычая.
Unfasten (*өн-фас-н*) va. развязать, ослабить, распустить; отстегнуть, распечатать.
Unfastened (*өн-фас'-нд*) adj. ослабленный, распущенный; открытый; распакованный; отшпиленный; отстегнутый.
Unfatherly (*өн-фа'-сзер-ли*) adj. неотеческій; ‖ суровый, жестокій.
Unfathomable (*өн-фāсз'-өм-а-бл*) adj бездонный, неизмѣримый; ‖ * непроницаемый.
Unfathomableness (*өн-фāсз'-өм-ā-бл-нес*) s. неизмѣримость; ‖ * непроницаемость, неисповѣдимость.
Unfathomed (*өн-фāсз'-өмд*) adj. неизмѣренный; ‖ * не проникнутый
Unfavourable (*өн-фэ'-вөр-ā-бл*) adj. неблагопріятный.
Unfavourableness (*өн-фэ'-вөр-ā-бл нэс*) s. неблагопріятность.
Unfavoured (*өн-фэ'-вөрд*) adj. не благопріятствуемый, не находящій поддержки, опоры.
Unfeared (*өн-фирд'*) adj. не внушающій страха, нестрашный; ‖ неустрашимый, безбоязненный.
Unfeasible (*өн-фи'-зи-бл*) adj. неисполнимый, несбыточный.
Unfeathered (*өн-фесз'-ерд*) adj. безъ перьевъ, не оперившійся.
Unfed (*өн-фед'*) adj не кормленный, голодный. тощій.
Unfeeling (*өн-фил'-инг*) adj. нечувствительный, безчувственный.
Unfeelingly (*өн-фил'-инг-ли*) adv. нечувствительно.
Unfeelingness (*өнфил'-инг-нес*) s. нечувствительность, безчувственность.
Unfeigned (*өн-фэнд'*) adj. непритворный, дѣйствительный, искренній. [дѣйствительно, искренно.
Unfeignedly (*өн-фэн'-ед-ли*) adv.
Unfeignedness (*өн-фэн'-ед-нес*) s. искренность, чистосердечность.
Unfenced (*өн-фенст'*) adj. не огражденный; не защищенный; не укрѣпленный; не загороженный, не огороженный, пустой.
Unfermented (*өн-фөр-мент'-ед*) adj. не перебродившій; не окисшій, прѣсный.
Unfertile (*өн-фөр'-тил*) adj. неплодоносный, безплодный
Unfetter (*өн-фет'-тер*) va. осво-

бодить, пустить на свободу, снять (кандалы).

Unfilial (*ён-фил'-йāл*) adj. несыновній, недочернинъ; несвойственный, не подобающій сыну, дочери, недостойный дѣтей (о поступкѣ)

Unfinished (*ён-фин'-ишт*) adj. не оконченный.

Unfirm (*ён-фёрм'*) adj. слабый, нетвердый, ломкій, хрупкій.

Unfit (*ён-фит'*) adj. неспособный, неподходящій, неумѣстный; неприличный; || va. сдѣлать неспособнымъ, негоднымъ.

Unfitly (*ён-фит'-ли*) adv. некстати, неудачно, неумѣстно; неумѣло.

Unfitness (*ён-фит'-нес*) s. неспособность; непригодность; неугодность; неприличіе, неудобство.

Unfitting (*ён-фит'инг*) adj. негодный, неподходящій, не пристойный.

Unfix (*ён-фикс'*) va. отдѣлить, отпустить, пропустить расторгнуть, || растворить.

Unfixed (*ёнификст'*) adj. подвижной, не закрѣпленный; сыпучій; зыбкій (пэсокъ); || нерѣшительный, непостоянный.

Unfixedness (*ён-фикс'-ед-нес*) s. подвижность; зыбкость; непостоянство.

Unfledged (*ён-фледжд'*) adj. не оперенный, безперый; || молодой, неопытный; неискусный.

Unflinching (*ён-флинч'-инг*) adj. рѣшительный.

Unfold (*ён-фо'олд*) va. развертывать, раскрывать, разверзать; разгибать; || выказывать, высказать, открывать; сообщать; || распростирать, протягивать; || vn. развертываться, раскрываться. **To — a napkin**, развернуть салфетку. **— your arms**, откройте ваши руки.

Unfolding (*ён-фо'олд-инг*) s. развертываніе (войскъ); развиваніе; открытіе: выставленіе.

Unforbearing (*ён-фор-бэр'-инг*) adj. нетерпѣливый, неснисходительный.

Unforced (*ён-фо'орт*) adj. непринужденный, натуральный, свободный.

Unforcible (*ён-фо'ор-си-бл*) adj. безсильный, слабый.

Unfordable (*ён-фо'ор-ā-бл*) adj. непереходимый въ бродъ, глубокій.

Unforeseen (*ён-фор-син'*) adj. непредвиденный, не предусмотренный.

Unforewarned (*ён-фор-уорнд'*) adj. не предупрежденный.

Unforfeited (*ён-фор'-фит-ед*) adj. не отнятый, не потерянный, не конфискованный.

Unforgiving (*ён-фор-гив'-инг*) adj. не прощающій, неумолимый.

Unforgotten (*ён-фор-гот'-тн*) adj. не забытый, незабвенный.

Unformed (*ён-формд'*) adj не имѣющій вида, лишенный формы; не образовавшійся.

Unforsaken (*ён-фор-сэк'-н*) adj. не покинутый, не брошенный.

Unfortified (*ён-фор'-ти-файд*) adj. не укрѣпленный, не защищенный || * беззащитный.

Unfortunate (*ён-фор'-чу-нэт*) adj. несчастный, злополучный.

Unfortunately (*ён-фор'-чу-нэт-ли*) adv. несчастно, злополучно.

Unfouled (*ён-фа'улд*) adj. незапятнанный, чистый.

Unfound (*ён-фа'унд*) adj. не найденный, не отысканный.

Unfounded (*ён-фа'унд-ед*) adj. не имѣющій основанія; неосновательный.

Unframe (*ён-фрэм'*) va. обезобразить.

Unframed (*ён-фрэмд'*) adj. не имѣющій вида, образа; не обдѣланный, грубый; обозображенный, не вставленный въ рамку.

Unfranked (*ён-фрāнкт'*) adj. не освобожденный отъ портовыхъ пошлинъ.

Unfreighted (*ён-фрэт'-ер*) adj. не зафрахтованный.

Unfrequent (*ён-фри'-куент*) adj. нечасто случающійся, рѣдкій.

Unfrequently (*ён-фри'-куент-ли*) adv. рѣдко.

Unfrequented (*ён-фри-куент'-ед*) adj. рѣдко посѣщаемый, уединенный.

Unfriended (*ён-френд'-ед*) adj. не имѣющій друзей, безъ друзей.

Unfriendliness (*ён-френд'-ли-нес*) s. недружелюбіе, непріятность, неласковость, непривѣтливость.

Unfriendly (*ён-френд'-ли*) adj. недружелюбный, непріязненый, неласковый; вредный.

Unfrock (*ён-фрок'*) va. лишить монашескаго чина, разстричь.

Unfrozen (*ён-фро'о-зн*) adj. не замерзшій.

Unfruitful (*ён-фрут'-фул*) adj. неплодоносный, неплодородный; напрасный.

Unfruitfulness (*ён-фрут'-фулнес*) adj. неплодородность, безплодіе, безплодіе.

Unfulfilled (*ён-фул-филд'*) adj. не пополненый; не исполненый; не удовлетворенный.

Unfunded (*ён-фёнд'-ед*) adj. не консолидированный, не обеспеченный.

Unfurl (*ён-фёрл'*) va. см. **Unfold.**

Unfurnish (*ён-фёр'-ниш*) va. обнажить, снять украшенія: вынети мебель; отнять, лишить.

Ungain, Ungainly (*ӧн-гэн'*, *—ли*) adj. неловкій, неуклюжій.

Ungainliness (*ӧн-гэн'-ли-несс*) s. неловкость, неуклюжесть.

Ungallant (*ӧн-гäл'-лäнт*) adj. нелюбезный, несвѣтскій (кавалеръ).

Ungalled (*ӧн-голд'*) adj. не оцарапанный, не поврежденный.

Ungarrisoned (*ӧн-гäр'-и-снд*) adj. не имѣющій гарнизона.

Ungathered (*ӧн-гäсз'-ерд*) adj. не собранный, не сорванный, не сжатый.

Ungear (*ӧн-гир'*) va. снимать шоры, сбрую (съ лошади).

Ungenerous (*ӧн-еджен'-р-ӧс*) adj. невеликодушный, неблагородный, недостойный; нещедрый, скупой; скудный.

Ungenerously (*ӧн-гджен'-ер-ӧс-ли*) adv. невеликодушно, неблагородно, недостойно; нещедро, скупо; скудно.

Ungenial (*ӧн-джи'-ни-äл*) adj. неживотворный, безплодный, неблагопріятный; жестокій, суровый; печальный.

Ungenteel (*ӧн-джен-тил'*) adj. неучтивый, нелюбезный, неуслужливый; неблаговоспитанный; неизящный; неприличный.

Ungenteelly (*ӧн-джен-тил'-и*) adv. неучтиво, нелюбезно, неуслужливо; неблаговоспитанно; неизящно; неприлично.

Ungentle (*ӧн-джент'-тл*) adj. грубый, необходительный, непріятный; угрюмый; строгій; неблаговоспитанный.

Ungentlemanlike, Ungentlemanly (*ӧн-джен'-тл-мäн-лайк*, *—ли*) adj. несвойственный благородному, благовоспитанному человѣку; неприличный, неблагородный.

Ungentlemanliness (*ӧн-джен'-тл-мäн-ли-нес*) s. неучтивость, невѣжливость, дурной тонъ.

Ungentleness (*ӧн-джен'-тл-нес*) s. грубость, невѣжливость, неблагородство.

Ungently (*ӧн-джен'-тли*) adv. грубо, невѣжливо, неблагородно.

Ungilded (*ӧн-гилд'-ед*), **Ungilt** (*ӧн-гилт'*) adj. не позолоченный, безъ позолоты.

Ungird (*ӧн-гӧрд'*) va. снять поясъ, подпругу; распоясать; снять съ пояса.

Unglazed (*ӧн-глэзд'*) adj. не оглазуренный; безъ лоска (ткань); безъ стеколъ (окно).

Unglorifed (*ӧн-гло'о-ри-файд*) adj. не прославленный.

Unglove (*ӧн-глӧв'*) va. снять перчатки.

Unglue (*ӧн-глю'*) va. расклеить, отклеить; раскрыть.

Ungodlily (*ӧн-год'-ли-ли*) adv. нечестиво.

Ungodliness (*ӧн-год'-ли-нес*) s. нечестивость.

Ungodly (*ӧн-год'-ли*) adj. нечестивый, безбожный.

Ungored (*ӧн-го'орд*) adj. не раненый; цѣлый и невредимый.

Ungovernable (*ӧн-гӧв'-ерн-ä-бл*) adj. не подчиняющійся, неукротимый; необузданный, сумасбродный; позволяющій себѣ вольности.

Ungovernably (*ӧн-гӧв'-ерн-ӧ-бли*) adv. необузданно, буйно, неукротимо, неудержимо.

Ungraceful (*ӧн-грэс'-фул*) adj непріятный, нескладный, неизящный, неграціозный.

Ungracefully (*ӧн-грэс'-фул-ли*) adv. непріятно, неизящно, неграціозно.

Ungracefulness (*ӧн-грэс'-фул-нес*) s. отсутствіе прелести, граціи, изящества.

Ungracious (*ӧн-грэ'-шӧс*) adj. непріятный, неграціозный; непривѣтливый, нелюбезный.

Ungrammatical (*ӧн-грäм-мäт'-ик-äл*) adj. неграмматическій, неправильный.

Ungrammatically (*ӧн-грäм-мäт'-ик-äл-ли*) adv. неграмматически, неправильно.

Ungrapple (*ӧн-грäп'-пл*) va. отцѣпить, снять съ крюка, съ гвоздя; (фиг.) освободить.

Ungrateful (*ӧн-грэт'-фул*) adj. неблагодарный, непризнательный; неблагопріятный.

Ungratefully (*ӧн-грэт'-фул-ли*) adv. неблагопріятно, непризнательно; неблагопріятно.

Ungratefulness (*ӧн-грэт'-фул-нес*) s. неблагодарность.

Ungratified (*ӧн-грäт'-и-файд*) adj. не удовлетворенный.

Ungrounded (*ӧн-гра унд-ед*) adj. неосновательный.

Ungrudging (*ӧн-грӧдж'-инг*) adj. не жалѣющій, охотно дающій.

Ungrudgingly (*ӧн-грӧдж'-инг-ли*) adv. отъ добраго сердца, охотно, съ радостью.

Unguarded (*ӧн-гард'-ед*) adj. не защищенный, не охраняемый, не оберегаемый; неосторожный, неосмотрительный; невнимательный, безпечный; несдержанный; нескромный, вольный (языкъ. **In an — moment,** врасплохъ, въ минуту оплошности.

Unguardedly (*ӧн-гард'-ед-ли*) adv. неосторожно, неосмотрительно.

Unguided (*ŏн-гайд'-ед*) adj. не направляемый, не руководимый, не имѣющій указателя.
Unguilty (*ŏн-гилт'-и*) adj. невиновный.
Unguis (*ŏн'-гуис*) s. ноготь, коготь; копыто; (бот) ноготокъ
Ungum (*ŏн-гŏм'*) va. расклеить, размазать.
Unhabitable (*ŏн-хăб'-ит-ă-бл*) adj. нежилой, негодный для жилья, необитаемый.
Unhabitableness (*ŏн-хăб'-ит-ă-бл-нес*) s. непригодность для жилья, необитаемость.
Unhabituated (*ŏн-хă-бить'-ю-э-тед*) adj. непривычный.
Unhallow (*ŏн-хăл'-лоу*) va. осквернять (святыню), поганить, профанировать.
Unhandily (*ŏн-хăнд'-и-ли*) adv. неловко, неуклюже, неудобно, несподручно.
Unhandled (*ŏн-хăнд'-эд*) adj. не управляемый рукой, не находящійся въ рукахъ. **To leave —**, не дотрогиваться до.
Unhandsome (*ŏн-хăнд'-сŏм*) adj. некрасивый, непригожій; || неделикатный; нечестный; неблагородный (поступокъ).
Unhandsomely (*ŏн-хăнд'-сŏм-ли*) adv некрасиво, непригже; || неделикатно; нечестно; неблагородно (о поступкѣ).
Unhandy (*ŏн-хăнд'-и*) adj. неловкій; неудобный.
Unhang (*ŏн-хăнг'*) va. снять (что либо повѣшанное), отцѣпить; снять съ петелъ (руль).
Unhappily (*ŏн-хăп'-пи-ли*) adv. по несчастью, къ несчастью, несчастымъ образомъ, бѣдственно.
Unhappiness (*ŏн-хăп'-пи-нес*) s. несчастіе; бѣдствіе, напасть.
Unhappy (*ŏн-хăп'-пи*) adj. несчастный, неблагополучный, нагубный.
Unharmed (*ŏн-хэрмд'*) adj. не поврежденный; цѣлый, невредимый.
Unharmful (*ŏн-харм'-фул*) **Unharming** (*ŏн-харм-инг*) adj. невредный; безвредный, неопасный.
Unharness (*ŏн-хар'-нес*) va. снять шоры. сбрую (съ лошади); снять оружіе; обезоружить.
Unhatched (*ŏн-хăчт'*) adj. не высиженный; не вылупившійся изъ яйца; непроизведенный (на свѣтъ); скрытый.
Unhealthful (*ŏн-хелзс'-фул*) adj. нездоровый, слабый здоровьемъ, вредный для здоровья.
Unhealthfulness (*ŏн-хелзс'-фул-нес*), **Unhealthiness** (*ŏн-хелзс-и-нес*) s. болѣзненность, нездоровье, нездоровыя свойства.
Unhealthy (*ŏн-хелзс'-и*) adj. болѣзненный, нездоровый, вредный для здоровья.
Unheard (*ŏн-хŏрд'*) adj. неслыханный; не выслушанный; || неизвѣстный.
Unheart (*ŏн-харт'*) va. обезкураживать, отнимать мужество, бодрость.
Unheeded (*ŏн-хид'-ед*) adj. оставляемый безъ вниманія; незамѣчаемый.
Unheedful (*ŏн-хид'-фул*) adj. невнимательный; нерадивый, небрежный, неблагоразумный, безразсудный; неосторожный, опрометчивый.
Unheeding (*ŏн-хид'-инг*) adj. не обращающій вниманія, безпечный; || не сосредоточенный.
Unheedy (*ŏн-хид'-и*) adj. нечаянный; опрометчивый.
Unhelped (*ŏн-хелпт'*) adj. безпомощный.
Unhelpful (*ŏн-хелп'-фул*) adj. не помогающій; безполезный, тщетный, пустой.
Unhewn (*ŏн-хьюн'*) adj. не отесанный, не обдѣланный.
Unhinge (*ŏн-хиндж'*) va. снять съ петелъ (дверь); || *смѣстить. разстроить; привести въ безпорядокъ. **To — the mind,** разстроить умъ.
Unhitch (*ŏн-хич'*) va. снимать съ крюка, отцѣплять.
Unhoard (*ŏн-хо'орд*) va. похищать изъ запасовъ, изъ склада; расточать.
Unholiness (*ŏн-хо'о-ли-нес*) s. нечестивость, беззаконіе.
Unholy (*ŏн-хо'о-ли*) adj. нечестивый
Unhonored, Unhonoured (*ŏн-он'-ŏрд*) adj. непочитаемый.
Unhook (*ŏн-хук'*) va. снять съ крючка, отстегнуть, разстегнуть.
Unhoop (*ŏн-хуп'*) va. снять обручи.
Unhoped (*ŏн-хо'опт*) adj. нечаянный, нежданный.
Unhopeful (*ŏн-хо'оп-фул*) adj. ненадежный.
Unhorse (*ŏн-хорс'*) va. сбить съ лошади, выбить изъ сѣдла.
Unhouse (*ŏн-хаус'*) va. выгонять, выживать (изъ дому).
Unhoused (*ŏн-ха'уст*) adj. бездомный, не имѣющій жительства; выгнанный изъ дому; находящійся подъ открытымъ небомъ.
Unhurt (*ŏн-хŏрт*) adj. см. **Unharmed.**
Unhurtful (*ŏн-хŏрт'-фул*) adj. безвредный. [безвредно.
Unhurtfully (*ŏн-хŏрт'-фул-ли*) adv.
Unicorn (*ю'-ни-корн*) s. единорогъ; || носорогъ (животное и насѣкомое).

Unicornous (*ю-ни-кöрн'-öс*) adj. однорогій.
Unideal (*öн-ай-ди'-äл*) adj. неидеальный, дѣйствительный, положительный.
Uniflorous (*ю-ни-фло'о-рöс*) adj. (бот.) одноцвѣтный.
Uniform (*ю'-ни-форм*) s. мундиръ, s. мундиръ, форма. **In full —**, въ полной формѣ; || adj. однообразный.
Uniformity (*ю-ни-форм'-и-ти*) s. однообразіе, безразличіе.
Unify (*ю'-ни-фай*) va. объединять.
Unigeniture (*ю-ни-джен'-и-тьюр, ю-ни-джен'-и-чур*) s. единородность. [однородный.
Unigenous (*ю-нидж'-и-нöс*) adj.
Unilocular(*ю-ни-локь'-ю-лäр*)adj. (бот.) одногнѣздный.
Unimaginable (*öн-и-мäдж'-и-нäбл*) adj. невообразимый.
Unimmortal (*öн-им-мор'-тäл*)adj. небезсмертный, смертный.
Unimpairable (*öн-им-пэр'-ä-бл*) adj. не могущій быть измѣненнымъ, уменьшеннымъ; невредимый.
Unimpeachable (*öн-им-пич'-ä-бл*) adj. безупречный, безукоризненный; безспорный.
Unimpeached (*öн-им-пичт'*) adj. безупречный; безспорный, несомнѣнный.
Unimportance (*öн-им-пор'-тäнс*) s. маловажность.
Unimportant (*öн-им-пор'-тäнт*) adj. неважный, маловажный.
Unimprovable (*öн-им-прув'-ä-бл*) adj неисправимый, неспособный къ улучшенію.
Unimproved (*öн-им-прувд'*) adj. не улучшенный, не исправленный; не усовершенствованный; упущенный (случай).
Unimproving (*öн-им-прув'-инг*) adj. не улучшимый.
Uninclined (*öн-ин-клайнд'*) adj. не имѣющій расположенія.
Uniflammable (*öн-ин-флäм'-мäэл*) adj. не поддающійся воспламененію.
Uniformed (*öн-ин-формд'*) adj. не наученный; необразованный, несвѣдущій; не вѣдающій, не знающій; не имѣющій выраженія. **Her features are —**, въ ея чертахъ нѣтъ никакого выраженія.
Uninhabitable (*öн-ин-хäб'-ит-äбл*) adj, необитаемый, негодный для жилья.
Uninhabitableness (*öн-ин-хäб'-ит-ä-бл-нес*) s. необитаемость, негодность для жилья.
Uninhabited (*öн-ин-хäб'-и-тед*) adj. необитаемый, пустынный.
Uninjured (*öн-ин'-джюрд*) adj. не поврежденный, невредимый, живъ и невредимъ.
Uninscribed (*öн-ин-скрайбд'*) adj. не надписанный, безъ надписи.
Uninspired(*öн-ин-спайрд'*)adj. не вдохновленный.
Uninstructive (*öн-ин-стрöк'-тив*) adj. непоучительный, station неназидательный.
Unintelligent (*öн-ин-тел'-лиджент*)adj. неразумный, непонятливый; несвѣдующій.
Unintelligently (*öн-ин-тел'-лиджент-ли*) adv. неразумно, безтолково, непонятно
Unintelligibility (*öн-ин-тел-лиджи-бил'-и-ти*), **Unintelligibleness** (*öн-ни-тел'-ли-джи-блнес*) s. невразумительность, непонятность.
Unintelligible (*öн-ин-тел'-лиджи-бл*) adj. невнятный, непонятный, невразумительный; неразборчивый (почеркъ).
Unintentional (*öн-ин-тен'-шöнäл*) adj. неумышленный.
Unintentionally (*öн-ин-тен'-шöнäл-и*) adv. неумышленно.
Uninterested (*öн-ин'-тер-ест-ед*) adj. безпристрастный, безкорыстный, не заинтересованный.
Uninteresting (*öн-ин'-тер-естинг*) adj. незанимательный, неинтересный.
Unintermitted (*öн-ин-тер-мит'ед*) adj. непрерывный, безпрестанный; безконечный.
Unintermitting (*öн-ин-тер-мит'инг*) adj. непрерывный.
Unintermittingly (*öн-ин-тер-мит'-инг-ли*) adv. непрерывно.
Uninterpreted (*öн-ин-тор-претед*) adj. не объясненный, не истолкованный.
Uninterrupted (*öн-ин-тер-рöпт'ед*) adj. прерванный, не разрушенный; безпрерывный.
Uninterruptedly (*öн-ин-тер'-рöпт'-ед-ли*) adv. непрерывно, не разрушенно, безпрерывно.
Uninured (*öн-инь-юрд'*) adj не приученный, не привыкшій.
Uninvestigable (*öн-ин-вес'-тигä-бл*) adj. не могущій быть обрѣтеннымъ, изслѣдованнымъ.
Uninvited (*öн-ин-вайт'-ед*) adj. незванный, не приглашенный.
Union (*юн'-йöн*) s. союзъ; соединеніе; совокупленіе, сочетаніе; связь; брачный союзъ, единство, соглашеніе, еденодишіе, гармонія. **— flag, — jack**, s. общій гюйсъ, англійскій флагъ. **Trades —**, союзъ рабочихъ.
Unionist (*юн'-йöн-ист*) s. уніонистъ приверженецъ соединенія.
Uniparous(*ю-нип'-ä-рöс*) adj.(зоол.)

приносящій, рождающій одного дѣтеныша.
Unipersonal (*ю-ни-пӧр'-со-нă.л*) adj. единоличный; (грам.) одноличный, употребляющійся только въ одномъ лицѣ (глаголѣ).
Unique (*ю-ник'*) adj. единственный.
Uniquely (*ю-ник'-ли*) adv. единственно; оригинально, странно.
Unisonant (*ю-нис'-ŏ-нăнт*). **Unisonous** (*ю-нис'-ŏ-нŏс*) adj. однозвучный; единогласный, согласный.
Unit (*ю'-нит*) s. единица; разъ.
Unitable (*ю-найт'-ă-б.л*) adj. согласуемый, могущій быть соединнымъ.
Unitarian (*ю-ни-тэ'-ри-ăн*) s. унитарій, единоюностасникъ (сектантъ).
Unite (*ю-найт'*) va. vn. соединять, сочетать, присоединять, -ся; связывать, -ся.
United (*ю-нат'-ед*) adj. соединенный, связанный. **The — States**, Соединенные Штаты.
Unitedly (*ю-найт'-ед-ли*) adv. совокупно; согласно, вмѣстѣ.
Uniting (*ю-найт'-инг*) s. соединеніе
Unity (*ю'-ни-ти*) s. единство; (мат.) единица. || * согласіе, единодушіе.
Univalve (*ю'-ни-вăлв*) adj. (зоол.) одностворчатый; || s. одностворчатая раковина.
Universal (*ю-ни-вӧрс'-ăл*) adj. всеобщій, повсемѣстный, всеміpный; универсальный; всеобъемлющій, всезнающій, всевѣдующій; имѣющій обширныя познанія (человѣкъ).
Universalism (*ю-ни-вӧрс'-ă.л-изм*) s. универсальность.
Universality (*ю-ни-вер-сă.л'-и-ти*), **Universalness** (*юни-вӧрс'-ăл-нес*) s. универсальность; всеобщность, повсемѣстность.
Universally (*юни-вӧрс'-ăли*) adv. повсемѣстно, всюду, повсюду, вообще.
Universe (*ю'-ни-вӧрс*) s. вселенная, міръ, свѣтъ.
University (*ю-ни-вӧр'-си-ти*) s. университетъ. [именный.
Univocal (*ю-нив'-о-кăл*) adj. одно-
Unjointed (*ŏн-джойнт'-ед*) adj. (бот.) неимѣющій сочлененій.
Unjoyful (*ŏн-джой'-фул*), **Unjoyous** (*ŏн-джой'-ŏс*) adj. невеселый; нерадостный.
Unjudged (*ŏн-джӧдж'д*) adj. не обсужденный; не рѣшенный.
Unjust (*ŏн-джӧст'*) adj. несправедливый.
Unjustifiable (*ŏн-джӧст-ифай'-ă-б.л*) adj. неизвинительный, непростительный, чего нельзя оправдать.
Unjustifiableness (*ŏн-джӧст-ифай-ă-б.л-нес*) s. непростительность.
Unkennel (*ŏн-кен'-нел*) va. выгонять изъ норы (лисицу); спускать (собакъ); вырывать, выкапывать.
Unkind (*ŏн-кайнд'*) adj. нелюбезный, неласковый, немилостивый; нехорошій; грубый, жестокій.
Unkindly (*ŏн-кайнд'-ли*) adv. нелюбезно; неласково; немилостиво; нехорошо; грубо; жестоко.
Unkindness (*ŏн-кайнд'-нес*) s. нелюбезность, недоброжелательность, нерасположеніе; грубость; жестокость.
Unking (*ŏн-кинг'*) va. свергнуть съ престола (короля).
Unknelled (*ŏн-нельд*) adj. незвучавшій, незвонившій.
Unknightly (*ŏн-найт'-ли*) adj. нерыцарскій, недостойный рыцаря.
Unknit (*ŏн-нит'*) va. распускать (вязанье); развязывать (узелъ), расплетать. [узелъ.
Unknot (*ŏн'-нот'*) va. развязать
Unknow (*ŏн-но'у*) va. не знать, не познавать; не вѣдать.
Unknowing (*ŏн-но'у-инг*) adj. не знающій.
Unknowingly (*ŏн-но'у-инг-ли*) adv. не зная. не подозрѣвая; по невѣжеству.
Unknown (*ŏн-но'ун*) adj. неизвѣстный; невѣдомый; безъ моего вѣдома. [легкій, не трудный.
Unlaborious (*ŏн-лă-бо'о-ри-ŏс*) adj.
Unlaboured (*ŏн-лэ'-бӧрд*) adj. не обработанный, не выдѣланный; не добытый трудомъ, непринужденный, свободный.
Unlace (*ŏн-лэс'*) va расшнуровать; отстегнуть; снять кружева, съ чего.
Unlade (*ŏн-лэд'*) va. выгружать.
Unladylike (*ŏн-лэ'-ди-лайк*) adj. недостойный дамы, несвойственный дамѣ.
Unlamented (*ŏн-лă-мент'-ед*) adj. неоплакиваемый.
Unlavish (*ŏн-лăв'-иш*) adj. бережливый, экономный.
Unlawful (*ŏн-ло'о-фул*) adj. незаконный, беззаконный.
Unlawfully (*ŏн-ло'о-фул-ли*) adv. незаконно, беззаконно.
Unlawfulness (*ŏн-ло'о-фул-нес*) s. незаконность, беззаконность.
Unlearn (*ŏн-лӧрн'*) va. разучиться чему, позабыть что.
Unlearned (*ŏн-лӧрн'-ед*) adj. разучившійся; неученый, неграмотный. [безграмотно.
Unlearnedly (*ŏн-лӧрн'-ед-ли*) adv.
Unleavened (*ŏн-лев'-нд*) adj. не заквашенный, прѣсный (хлѣбъ); (библ.) **— bread**, опрѣснокъ.

Unless (*ӧн-лес'*) conj. развѣ, развѣ только, ежели, если не; безъ того, чтобы не; исключая. **He never comes — called** онъ никогда не приходитъ безъ зова.

Unlettered (*ӧн-лет'-терд*) adj. неученный, неграмотный; не обозначенный буквами, не надписанный.

Unlevelled (*ӧн-лев'-елд*) adj. не выровненный, не нивелированный

Unlicensed (*ӧн-лай'-сенст*) adj. не позволенный, не имѣющій надлежащаго позволенія; непатентованный.

Unlicked (*ӧн-ликт'*) adj. не облизанный; невоспитанный, неотесанный, грубый.

Unlighted (*ӧн-лайт'-ед*) adj. не освѣщенный, не зажженный.

Unlike (*ӧн-лайк'*) adj. несхожій, непохожій, неправдоподобный.

Unlikelihood (*ӧн-лайк'-ли-худ*) **Unlikeliness** (*ӧн-лайк'-ли-нес*) s. неправдоподобность, невѣроятность.

Unlikely (*ӧн-лайк'-ли*) adj. неправдоподобный, невѣроятный. неспособный къ чему; недѣйствительный. **It is very —,** это совершенно неправдоподобно.

Unlikeness (*ӧн'-лайк'-нес*) s. несходство, отсутствіе подобія.

Unlimber (*ӧн-лим'-бер*) adj. негибкій, непреклонный.

Unlimited (*ӧн-лим'-ит-ед*) adj. неограниченный; неопредѣленный.

Unlimitedly (*ӧн-лим'-ит-ед-ли*) adv. неограниченно, неопредѣленно.

Unlineal (*ӧн-лин'-и-ӓл*) adj. происходящій отъ боковой линіи (родства)

Unlink (*ӧн-линк'*) va. расцѣпить, разомкнуть, разъединить.

Unliquefied (*ӧн-лик'-уи-файд*) adj. не разжиженный.

Unload (*ӧн-ло'од*) va. разгружать, выгружать, облегчать.

Unlock (*ӧн-лок'*) va. отпирать; открывать.

Unlocked (*ӧн-локт'*) adj. не запертый.

Unlooked (*ӧн-лукт'*) adj. **— for,** непредвидѣнный, неожиданный, нечаянный.

Unloose (*ӧн-лус'*) va. развязать; разрѣшить.

Unloved (*ӧн-лӧвд'*) adj. нелюбимый.

Unloveliness (*ӧн-лов'-ли-нес*) s. нелюбезность; отсутствіе качествъ, вызывающихъ любовь; несимпатичность.

Unlovely (*ӧн-лов'-ли*) adj. нелюбезный. немилый.

Unloving (*ӧн-лов'-инг*) adj. любящій.

Unluckily (*ӧн-лӧк'-и-ли*) adv. по несчастью, несчастнымъ образомъ.

Unluckiness (*ӧн-лӧк'-и-нес*) s. несчастье; неудача.

Unlucky (*ӧн-лӧк'-и*) adj. несчастливый, несчастный; зловѣщій; вредный; гибельный.

Unlute (*ӧн-льют'*) va. размазать, снять замазку.

Unmade (*ӧн-мэд'*) adj. не дѣланный, не изготовленный; нерукотворный.

Unmaidenly (*ӧн-мэд'-н-ли*) adj. недѣвическій, недѣвственный.

Unmaimed (*ӧн-мэмд'*) adj. не изувѣченный, не изуродованный.

Unmake (*ӧн-мэк'*) va. разбирать (по частямъ); разоружать, разснащивать (корабль); разрушать, уничтожать.

Unman (*ӧн-мӓн'*) va. отнять человѣческое достоинство, человѣческія чувства; унизить, низвести на степень скота; || оскопить; || изнѣжить, ослабить; || обезлюдить; || обезсилить; привести въ уныніе, разоружить (корабль).

Unmanageable (*ӧн-мӓн'-эдж-ӓ-бл*) adj. не поддающійся управленію, не подчиняющійся, необузданный.

Unmannered (*ӧн-мӓн'-нерд*), **Unmannerly** (*ӧн-мӓн'-нер-ли*) adj. грубый, невоспитанный, невѣжливый.

Unmannerliness (*ӧн-мӓн'-нер-ли-нес*) s. грубость, невоспитанность, дурныя манеры.

Unmanured (*ӧн-мӓ'-ньюрд*) adj. не удобренный, не унавоженный; невоздѣланный.

Unmarked (*ӧн-маркт'*) adj. не мѣченный, не замѣченный.

Unmarried (*ӧн-маркт'*) adj. не женатый, не замужняя; холостой, несвязанный, несоединенный.

Unmask (*ӧн-маск'*) va. изобличить, снять маску, личину съ кого; открыть.

Unmasked (*ӧн-маскт'*) adj. безъ маски; || непритворный.

Unmastered (*ӧн-мас'-терд*) adj. не подчиненный, не побѣжденный, не укрощенный; неодолимый.

Unmatchable (*ӧн-мӓч'-ӓ-бл*), **Unmatched** (*ӧн-мӓчт'*) adj. не имѣющій себѣ равнаго, бесподобный, несравненный; непарный, разрозненный.

Unmeaning (*ӧн-мин'-инг*) adj. незначительный; ничего не означающій, безсмысленный, не имѣющій никакого смысла; непонятный.

Unmeant (*ӧн-мент'*) adj. ненамѣренный.

Unmeasured (*ӧн-меж'-ӧрд*) adj. не

измѣренный; безмѣрный, непамѣримый, безпредѣльный.

Unmeditated (*ӧн-мед'-и-тэ-тед*) adj. необдуманный, не задуманный, непредумышленный.

Unmeet (*ӧн-мит'*) adj. не соотвѣтствующій, непристойный, недостаточный, неудобный, недолжный.

Unmeetness (*ӧн-мит'-нес*) s. непристойность, неприличіе.

Unmellowed (*ӧн-мел'-лоуд*) adj. не созрѣвшій.

Unmelodious (*ӧн-ми-ло'о-ди-ӧс*) adj. немелодичный.

Unmelted (*ӧн-мелт'-ед*) adj. не расплавленный, не растопленный, не распущенный; || * не растроганный.

Unmentioned (*ӧн-мен'-шӧнд*) adj. не упомянутый, не названный; неизвѣстный.

Unmerchantable (*ӧн-мӧр'-чӓнт-ӓ-бл*) adj. не продажный.

Unmerciful (*ӧн-мӧр'-си-фул*) adj. немилосердный, безжалостный.

Unmercifully (*ӧн-мӧр'-си-фул-ли*) adv. немилосердно, безжалостно.

Unmercifulness (*ӧн-мӧр'-си-фул-нес*) s. немилосердіе, безжалостность.

Unmerited (*ӧн-мер'-ит-ед*) adj. незаслуженный, полученный не по заслугамъ. [еный.

Unmilked (*ӧн-милкт'*) adj. не до-

Unminded (*ӧн-майнд'-ед*) adj. не замѣченный, пренебреженный; невнимательный, неосторожный.

Unmindful (*ӧн-майнд'-фул*) adj. нерачительный. **To be not — of**, не забывать (о чемъ).

Unmindfulness (*ӧн-майнд'-фул-нес*) s. невниманіе, невнимательность; нерадивость, нерадѣніе, небрежность.

Unmingled (*ӧн-минг'-глд*) adj. не смѣшанный, не подмѣшанный, чистый; неискусственный, искренній.

Unmistakable (*ӧн-мис-тэк'-ӓ-бл*) adj. въ чемъ нельзя ошибиться.

Unmitigated (*ӧн-мит'-и-гэт-ед*) adj. не смягченный, неумолимый.

Unmixed, Unmixt (*ӧн-микст'*) adj. не подмѣшанный, чистый, безъ подмѣси; не смѣшанный.

Unmoaned (*ӧн-мо'онд*) adj. не оплакиваемый, не оплаканный.

Unmoistened (*ӧн-мойс'-снд*) adj. не увлажненный, сухой.

Unmolested (*ӧн-мо-лест'-ед*) adj. тихій, спокойный, смирный.

Unmoor (*ӧн-мур'*) va. (мор.) отваливать выходить изъ гавани. **To — a ship**, сняться съ якоря.

Unmortgaged (*ӧн-мӧр'-гэджд*) adj. не заложенный, не отданный въ залогъ.

Unmortified (*ӧн-мор'-ти-файд*) adj. не умерщвленный; чувственный, распущенный.

Unmourned (*ӧн-мо'орнд*) adj. не оплакиваемый, не оплаканный.

Unmoved (*ӧн-мувд'*) adj. неподвижный; непоколебимый; нетронутый; безстрастный, неспокойный.

Unmuffle (*ӧн-мӧф'-фл*) va. открыть (лицо), снять покрывало, раскутать.

Unmuzzle (*ӧн-мӧз'-зл*) va. снять намордникъ. [гвозди.

Unnail (*ӧн-нэл'*) va. выдернуть

Unnamed (*ӧн-нэмд'*) adj. не названный.

Unnational (*ӧн-нӓш'-ӧн-нӓл*) adj. антинаціональный, противонародный.

Unnatural (*ӧн-начь'-ю-рӓл*) adj. ненатуральный, неестественный; принужденный; противуестественный, безчеловѣчный, жестокосердый.

Unnaturalness (*ӧн-нӓчь'-ю-рӓл-нес*) s. ненатуральность, неестественность, противоестественность; принужденность.

Unnavigable (*ӧн-нӓв'-и-гӓ-бл*) adj. несудоходный.

Unnecessarily (*ӧн-нес'-ес-сӓ-ри-ли*) adv. безполезно, понапрасну, попусту, попустому.

Unnecessary (*ӧн-нес'-ес-сӓ-ри*) adj. ненужный, безполезный, напрасный.

Unneigbohurly (*ӧн-нэй' - бӧр-ли*) adj. недружественный, несвойственный доброму сосѣду; || adv. непріязненно, не по сосѣдски.

Unnerve (*ӧн-нӧрв'*) va. изнурять, обезсиливать, истощать, надрывать.

Unnoticed (*ӧн-но'о-тисд*) adj. не замѣченный, не примѣченный, непримѣтный.

Unnumbered (*ӧн-нӧм'-берд*) adj. безчисленный, не исчисленный, несмѣтный; ненумерованный.

Unobjectionable (*ӧн-об-джек'-шӧн-ӓ-бл*) adj. противъ чего нельзя возражать, безспорный.

Unobnoxious (*ӧн-об-нок'-шӧс*) adj. не подлежащій, не подверженный (чему); назависимый; непротивный.

Unobservable (*ӧн-об-зӧрв'-ӓ-бл*) adj. непримѣтный, невидный, незамѣтный.

Unobservant, Unobserving (*ӧн-об-зӧрв'-ӓнт, —ӧнзоб-зӧрв'-инг*) adj. ненаблюдательный, неисполнительный, не соблюдающій; непокорный.

Unobserved (*ŏн-об-зöрвд*) adj. незамѣтный, не замѣченный.
Unobstructed (*ŏн-об-стрöкт'-ед*) adj. не засоренный; безпрепятственный.
Unoccupied (*ŏн-ок' - кью-пайд*) adj. незанятой; праздный, свободный.
Unoffending (*ŏн - оф - фенд' - инг*) adj. adj. безобидный, безвредный: безгрѣшный. [оффиціальный.
Unofficial (*ŏн-оф-фиш'-ăл*) adj. не-
Unopening (*ŏн-о'о-пн-инг*) adj. не не отворяющійся; не открывающійся.
Unopposed (*ŏн-оп-по'озд*) adj. не встрѣчающій сопротивленія.
Unorganized (*ŏн-ор'гăн-айзд*) adj. не организованный; неорганическій.
Unorthodox (*ŏн-ŏр'-зсо-докс*) adj. неправовѣрный, неправославный.
Unowned (*ŏн-о'онд*) adj. не имѣющій владѣльца, хозяина; непризнанный.
Unpack (*ŏн-пăк'*) va. распаковывать, вынимать изъ узла; выкладывать. **An — ed jury**, не подтасованный составъ присяжныхъ.
Unpaid (*ŏн-пэд'*) adj. неуплаченный; не оплаченный (пошлиной); не получившій платы. **An — letter**, не франкированное письмо.
Unpained (*ŏн-пэнд'*) adj. не болящій, не чувствующій боли, не страдающій.
Unpainful (*ŏн-пэн'-фул*) adj. не причиняющій боли, сносный.
Unpalatable (*ŏн-пăл'-ă-тă-бл*) adj. невкусный; непріятный.
Unparalleled (*ŏн-пăр'-ăл-лелд*) adj. не имѣющій себѣ подобнаго, безподобный, безпримѣрный.
Unpardonable (*ŏн-пар'-дн-ă-бл*) adj. непростительный.
Unpardoned (*ŏн-пар'-днд*) adj. не прощенный, не помилованный.
Unpardoning (*ŏн-пар'-дн-инг*) adj. не прощающій; строгій, неумолимый.
Unparliamentary (*ŏн-пар-лимент'-ă-ри*) adj. непарламентскій, противный правиламъ парламента.
Unparted (*ŏн-парт'-ед*) adj. не раздѣленный, недѣлимый, не разлученный.
Unpawned (*ŏн-по'онд*) adj. не заложенный, не отданный въ залогъ. [немирный, сварливый.
Unpeaceable (*ŏн-пис'-ă-бл*) adj.
Unpeaceful (*ŏн-пис'-фул*) adj. безпокойный; бурный.
Unpeg (*ŏн-пэг'*) va. выдернуть колокъ, деревянный гвоздь.
Unpen (*ŏн-пен'*) va. выпустить (овцу изъ ограды); спустить (воду).
Unpensioned (*ŏн-пен'-шонд*) adj. не получающій пенсіи, безъ оклада. [дить; опустошить.
Unpeople (*ŏн-пи'-пл*) va. обезлю-
Unperceived (*ŏн-пŏр-сивд'*) adj. незамѣтный, не примѣченный; неощутительный.
Unperformed (*ŏн-пŏр-формд'*) adj. не исполненный, неигранный.
Unperishing (*ŏн-пер'-иш-инг*) adj. нетлѣнный, безсмертный; незыблемый, неувядаемый.
Unpersuadable (*ŏн-пер-суэд'-ă-бл*) adj. не поддающійся убѣжденію.
Unphilosophical (*ŏн-фил-о-соф'-ик-ăл*) adj. нефилософическій.
Unpin (*ŏн-пин'*) va. отколоть, вынуть булавку, отшпилить.
Unpinked (*ŏн-пинкт'*) adj. не прорѣзанный.
Unpitied (*ŏн-пит'-ид*) adj. не возбуждающій сожалѣнія, несожалѣемый. [жалостный.
Unpitying (*ŏн-пит'-и-инг*) adj без-
Unplaced (*ŏн-плэст'*) adj. смѣщенный, безъ должности.
Unplanted (*ŏн-плăнт'-ед*) adj. не посаженный, самъ собою растущій. [см. **Implausible**.
Unplausible (*ŏн-пло'о-зи-бл*) adj.
Unpleasant (*ŏн-плез'-ăнт*) adj. непріятный; противный.
Unpleasantly (*ŏн-плез'-ăнт-ли*) adv. непріятно, противно.
Unpleasantness (*ŏн-плез'-ăнтнес*) s. непріятныя свойства, непріятность.
Unpleased (*ŏн-плизд'*) adj. недовольный, неудовлетворяющійся.
Unpleasurable (*ŏн-плежъ'-ю-рăбл*) adj. непріятный, противный.
Unpledged (*ŏн-плэджд'*) adj. не заложенный; || не получившій отвѣтнаго тоста.
Unpliable (*ŏн-плай'-ă-бл*) adj. негибкій; неподатливый, непреклонный, упрямый.
Unploughed (*ŏн-пла'уд*) adj. невспаханный; невоздѣланный.
Unplume (*ŏн-плюм'*) va. ощипать, выдергать перья; || * унизить.
Unpoetic, Unpoetical (*ŏн-по-ет'-ик, —ăл*) adj. непоэтическій.
Unpointed (*ŏн-пойнт'-ед*) adj. неостроконечный; неострый; || (грам.) безъ знаковъ препинанія.
Unpoliced (*ŏн-пол'-и-сид*) adj. неблагоустроенный.
Unpolished (*ŏн-пол'-пшт*) adj. не полированный, не шлифованный; (фиг.) необразованный, невѣжливый.
Unpolled (*ŏн-по'олд*) adj не внесенный въ списокъ избирателей, голосовъ; не подававшій голоса.
Unpolluted (*ŏн-поль-ю'-тэд*) adj, не оскверненный, чистый.

Unpopular (*ðн-попь'-ю-лäр*) adj. непопулярный, не пользующійся любовью народа.
Unpopularity (*ðн-попь-ю-лäр'-и-ти*) s. непопулярность.
Unpossessed (*ðн-поз-ест'*) adj. не находящійся во владѣніи, подъ управленіемъ; не имѣющій хозяина, правителя; не полученный; **— of,** не владѣющій.
Unpossessing (*ðн-поз-ес'-инг*) adj. ничѣмъ не владѣющій.
Unpractised (*ðн-прäк'-тист*) adj. неопытный, непривычный; неупотребительный.
Unprecedented (*ðн-прес'-и-дент-ед*) adj. неимѣвшій примѣра, не имѣющій прецедента, новый.
Unprejudiced (*ðн-йредж'-ю-дист*) adj. непредубѣжденный, безъ предразсудковъ.
Unprelatical (*ðн-при-лäт'-ик-äл*) adj. недостойный прелата.
Unpremeditated (*ðн-при-мед'-и-тэ-тед*) adj. необдуманный. непредумышленный; безъ приготовленія, импровизированный.
Unprepared (*ðн-при-пэрд'*) adj. не приготовленный, неготовый.
Unpreparedness (*ðн-при-пэр'-ед-нес*) s. неприготовленность.
Unprepossessed (*ðн-при-пос-сест', ðн-при-поз-зест'*) adj. см. **Unprejudiced**
Unpresumptuous (*ðн-при-зöмтъ'-ю-ðс*) adj. скромный, смиренный.
Unpretending (*ðн-при-тенд'-инг*) adj. безъ притязаній; скромный.
Unprevailing (*ðн-при-вэл'-инг*) adj. безсильный, тщетный.
Unprevented (*ðн-при-вент'-ед*) adj. не предупрежденный: не отвращенный; безпрепятственный; непредвидѣнный.
Unpriestly (*ðн-прист'-ли*) adj. недостойный священническаго сана.
Unprincely (*ðн-принс'-ли*) adj. недостойный князя.
Unprincipled (*ðн-прин'-си-плд*) adj. безпринципный, безнравственный.
Unprinted (*ðн-принт'-ед*) adj. не напечатанный, рукописный; не тисненный.
Unpriviledged (*ðн-прив'-и-ледж*) adj. не привилегированный.
Unprized (*ðн-прайзд'*) adj. не оцѣненный.
Unproclaimed (*ðн-про-клэмд'*) adj. не провозглашенный.
Unproductive (*ðн-про-дðк'-тив*) adj. непроизводительный, безплодный; тщетный.
Unproductivly (*ðн-про-дðк'-тив-ли*) adv. непроизводительно; безплодно; тщетно.
Unprofaned (*ðн-про-фэнд'*) adj. не профанированный, не оскверненный.
Unprofitable (*ðн-проф'-ит-ä-бл*) adj. безполезный, невыгодный.
Unprofitableness (*ðн-проф'-ит-ä-бл-нес*) s. безполезность.
Unprofitably (*ðн-проф'-ит-ä-бли*) adv. безполезно, невыгодно.
Unprolific (*ðн-про-лиф'-ик*) adj. неплодородный.
Unpromising (*ðн-пром'-ис-инг*) adj. не обѣщающій ничего хорошаго, не подающій никакихъ надеждъ.
Unpronounced (*ðн-про-на'унсит*) adj. не произносимый, не выговариваемый; безгласная (буква).
Unpropitious (*ðн-про-пиш'-ðс*) adj. неблагопріятный; неблагосклонный.
Unproportionable (*ðн-про-по'ор-шðн-ä-бл*), **Unproportioned** (*ðн-про-по'ор-шðнд*) adj. несоразмѣрный, непропорціональный.
Unproposed (*ðн-про-по'зд*) adj. не предположенный.
Unpropped (*ðн-пропт'*) adj. безъ подпоры; (**фиг.**) безъ опоры, безъ поддержки.
Unprosperous (*ðн-прос'-пер-ðс*) adj. неблагоденственный, не благоденствующій, не преуспѣвающій, безуспѣшный, неудачный.
Unprosperousness (*ðн-прос'-пер-ðс-нес*) s. неблагоденствіе, непреуспѣяніе, безуспѣшность.
Unprotected (*ðн-про-тект'-ед*) adj. не покровительствуемый, безъ покровительства.
Unproved (*ðн-прувд'*) adj. не доказанный; не испытанный.
Unprovided (*ðн-про-вайд'-ед*) adj **— with, for,** не снабженный (чѣмъ), лишенный (чего); не приготовленный (къ чему). **To take —,** застать врасплохъ.
Unprovoked (*ðн-про-во'окт*) adj. не возбужденный, не вызванный ничемъ (поступокъ), не поощренный.
Unpruned (*ðн-прунд'*), adj. не подрѣзанный, не подстриженый.
Unpublic (*ðн-пðб'-лик*) adj. непубличный; скрытый.
Unpublished (*ðн-пðб'-лишт*) adj. не обнародаванный, неизвѣстный, не распространенный; не изданный; тайный.
Unpunctual (*ðн-пðнктъ'-ю-äл*) adj. неточный, невѣрный, неаккуратный.
Unpunished (*ðн-пон'-ишт*) adj. не наказанный, безнаказанный.
Unpurchased (*ðн-пðр'-чэст*) adj. некупленный, непокупной; не подкупленный.

Unpurged (*öн-пöрдж'*) adj. не очищенный, нечистый.
Unpurified (*öн-пью'-ри-файд*) adj. не очищенный; нечистый.
Unqualified (*öн-куол'-и-файд*) adj. не имѣющій необходимыхъ (для чего) качествъ, неспособный, негодный, неудобный, не соотвѣтствующій; неограниченный. — **praise**, безъ обозначенія цѣны.
Unqueen (*öн-куин'*) va. свергать съ престола королеву.
Unquenchable (*öн-куенч'-ä-бл*) adj. неугасимый; неутолимый.
Unquenchableness (*öн-куенч'-ä-бл-нес*) s. неугасимость; неутомимость.
Unquenched (*öн-куенчт'*) adj. не угасаемый, не утоленный.
Unquestionable (*öн-куес'-чöн-ä-бл*) adj. неоспоримый, несомнѣнный; не возбуждающій вопроса.
Unquestionably (*öн-куес'-чöн-ä-бли*) adv. неоспоримо, несомнѣно.
Unquestioned (*öн-куес'-чöнд*) adj. неспрошенный; неоспоримый, несомнѣнный.
Unquiet (*öн-куай'-ет*) adj. неспокойный, безпокойный.
Unquietly (*öн-куай'-ет-ли*) adv. неспокойно, безпокойно.
Unquietness (*öн-куай'-ет-нес*) adj. s. неспокойное состояніе, безпокойство, встревоженность, волненіе.
Unrated (*öн-рэт'-ед*) adj. не внесенный въ тарифъ, не обложенный пошлиной.
Unravel (*öн-рäв'-л*) va. vn. распутывать, -ся; выдергивать нитки (изъ ткани); раздергивать, -ся, развязывать, -ся; распускать, -ся; высыпаться, осыпаться (о ткани); || разъяснять; || приводить въ безпорядокъ, разрушить, уничтожать.
Unraveling (*öн-рäв'-л-инг*), **Unravelling** (*öн-рäв'-л-линг*) s. распутываніе.
Unreached (*öн-ричт'*) adj. не достигнутый, недостижимый.
Unread (*öн-ред'*) adj. не читанный; не начитанный, неученый.
Unreadiness (*öн-ред'-и-нес*) s. непроворность, неповоротливость; неготовность, неохота; неприготовленность.
Unready (*öн-ред'-и*) adj. неготовый; непроворный, неповоротливый, неохотный, неуслужливый. **An — boy**, неловкій мальчикъ. **An — horse**, упрямая лошадь, съ норовомъ.
Unreal (*öн-ри'-äл*) adj. невещественный, недѣйствительный, ненастоящій; || пустой.
Unreasonable (*öн-ри'-зн-ä-бл*) adj. безразсудный; неблагоразумный; неумѣренный.
Unreasonably (*öн-ри'-зн-ä-бли*) adv. безразсудно; неблагоразумно неумѣренно.
Unreasonableness (*öн-ри'-зн-ä-бл-нес*) s. безразсудность; несправедливость; || неумѣренность; непомѣрность.
Unrebukable (*öн-ри-бьюк'-ä-бл*) adj. безупречный, безукоризненный
Unreceived (*öн-ри-сивед'*) adj. не полученный.
Unreclaimed (*öн-ри-клэм'-д*) adj. не объявленный.
Unrecognizable (*öн-рек'-ог-найз-ä-бл*) adj. неузнаваемый.
Unrecorded (*öн-ри-корд'-ед*) adj. не записанный; || забытый.
Unrecounted (*öн-ри-ка'унт-ед*) adj. не расказанный.
Unreflecting (*öн-ри-флект'-инг*) adj. необдуманный; не обдумывающій, не размышляющій.
Unreformable (*öн-ри-форм'-ä-бл*) adj. неисправимый; не поддающійся измѣненію.
Unreformed (*öн-ри-формд'*) adj. не преобразованный, не исправленный; (воен.) не реформированный.
Unrefreshed (*öн-ри-фрешт'*) adj. не освѣженный; не прохлажденный; не укрѣпленный, не ободренный.
Unregarded (*öн-ри-гард'-ед*) adj. не пользующійся уваженіемъ, не уважаемый; не имѣющій значенія.
Unregenerate (*öн-ри-джен'-ер-эт*) adj. не возрожденный.
Unregister (*öн-редж-ис-тер*) va. не вносить въ роспись, въ списокъ, въ протоколъ.
Unreined (*öн-рэнд*) adj. разнузданный.
Unrelaxing (*öн-ри-лäкс'-инг*) adj. неутомимый, не ослабѣвающій; не смягчающійся.
Unrelenting (*öн-ри-лент'-инг*) adj. непреклонный, непоколебимый; неумолимый; неослабный.
Unrelievable (*öн-ри-лив'-ä-бл*) adj. не могущій быть облегченнымъ, чему нельзя пособить.
Unrelieved (*öн-ри-ливд'*) adj. не облегченный, не избавленный; не получившій помощи; оставленный на произволъ судьбы; || (воен.) не смѣненный (часовой).
Unremarkable (*öн-ри-марк'-ä-бл*) adj. незамѣчательный, незамѣтный.
Unremembering (*öн-ри-мем'-бер-инг*) adj. не помнящій; забывчивый.
Unremitted (*öнри-мит'-тед*) adj. безпрестанный; не прощенный.
Unremitting (*öн-ри-мит'-тинг*) adj. неослабный, безпрестанный.

Unremoved (*ŏн-ри-мувд'*) adj. не переставленный; не отодвинутый. неподвижной, неподвижный; твердый.
Unrepaid (*ŏн-ри-пэд'*) adj. не отплаченный, не вознагражденный.
Unrepealed (*ŏн-ри-пилд'*) adj. не отозванный; не отмѣненный, не уничтоженный.
Unrepented (*ŏн-ри-пент'-ед*) adj. не раскаявшійся; не искупленный покаяніемъ.
Unrepenting (*ŏн-ри-пент'- инг*), **Unrepentant** (*ŏн-ри-пент'-ăнт*) adj. не кающійся, не раскаиваюшійся.
Unrepininig (*ŏн-ри-пайн'-инг*) adj. не жалующійся, не сѣтующій, не скорбящій.
Unreprievable (*ŏн-ри-прив'-ă-бл*) adj. не могущій быть отложеннымъ, отсроченнымъ.
Unreproached (*ŏн-ри-про'очт*), **Unréproved** (*ŏн-ри-прувд'*) adj. безупречный; не укоряемый; безпорочный.
Unrequested (*ŏн-ри-куест'-ед*) adj. не спрошенный.
Unrequited (*ŏн-рр-куайт'-ед*) adj не вознагражденный, не отплаченный.
Unresented (*ŏн-ри-сент'-ед*) adj. не чувствуемый, не возбуждающій чувства злобы, негодованія.
Unreserved (*ŏн-ри - зŏрвд'*) adj. безусловный; неограниченный; нескрытый, откровенный.
Unreservedness (*ŏн-ри-зŏрв'-еднес*) s. безусловность, неограниченность; откровенность, непритворность.
Unresisted (*ŏн-ри-зист'-ед*) adj. не встрѣчающій сопротивленія; непреоборимый; не преодолимый.
Unresisting (*ŏн-ри-зист'-инг*) adj. не сопротивляющійся.
Unresolved (*ŏн-ри-золвд'*) adj. не рѣшенный; нерѣшительный.
Unresolving (*ŏн-ри-золв'-инг*) adj. не рѣшающійся, нерѣшительный.
Unrestored (*ŏн-ри-сто'орд*) adj. не возвращенный; не возобновленный, не востановленный; не поправившійся, не выздоровѣвшій; не оправданный.
Unrestrained (*ŏн-ри-стрэнд'*) adj. несдержанный; свободный.
Unretracted (*ŏн-ри-тракт'-ед*) adj. не отмѣненный; не уничтоженный.
Unrevealed (*юн-ри-вилд'*) adj. не открытый, не обнаруженный, не не объявленный.
Unrevenged (*ŏн-ри-венджд'*) adv. не отмщенный; безнаказанный.
Unreversed (*ŏн-ри-вŏрст'*) adj. не отмѣненный, не уничтоженный.
Unrewarded (*ŏн-ри-уорд'-ед*) adj. не награжденный.
Unriddle (*ŏн-рид'-дл*) va. разгадать (загадку); разрѣшить, разъяснить.
Unrig (*ŏн-риг'*) va. разоблачать, раздѣвать; (мор.) разснащивать, разоружвать (судно).
Unrighteous (*ŏн-рай'-чŏс*) adj. неправедный, нечестивый, беззаконный; несправедливый.
Unrighteously (*ŏн-рай'-чŏс-ли*) adv. неправедно, нечестно, беззаконно; несправедливо.
Unrighteousness (*ŏн-рай'-чŏс-нес*) s. несправедливость; неправосудіе.
Unrightful (*ŏн-райт'-фул*) adj. несправедливый, незаконный.
Unring (*ŏн-ринг'*) va. снять кольцо съ кого.
Unripe (*ŏн-райп*), **Unripened** (*ŏн-рай'-пенд*) adj. незрѣлый, неспѣлый; не созрѣвшій; || преждевременный, ранній, несовершенный.
Unripeness (*ŏн-райп'-нес*) s. незрѣлость, неспѣлость; недоконченность.
Unrivalled (*ŏн-рай'-валд*) adj. не имѣющій соперниковъ; не имѣющій себѣ равныхъ.
Unrivet (*ŏн-рив'-ет*) va. отбивать заклепку (у гвоздя); выдергивать гвозди (изъ чего); отцѣплять, развязывать; отстегивать; отпирать.
Unrobe (*ŏн-ро'об*) va. снимать облаченіе, разоблачать, раздѣвать; || vn. раздѣваться.
Unroll (*ŏн-ро'ол*) va. развертывать, раскатывать; развивать.
Unromantic (*ŏн-ро-ман'-тик*) adj. нероманическій; неромантическій
Unroof (*ŏн-руф'*) va. снимать крышу; раскрывать.
Unroost (*ŏн-руст'*) va. сгонять съ насѣста.
Unroot (*ŏн-рут'*) va. vn. вырывать съ корнемъ; искоренять, -ся.
Unrough (*ŏн-рŏф'*) adj. гладкій; безбородый.
Unrounded (*ŏн-ра'унд-ед*) adj. не округленный; не окруженный.
Unruffle (*ŏн-рŏф'-фл*) vn. успокаиваться, утихать.
Unroused (*ŏн-розед*) adj. не пробужденный.
Unruled (*ŏн-рулд'*) adj. не поддающій управленію, не могущій быть направленнымъ; || не налинованный.
Unruliness (*ŏн-рул'-и-нес*) s. распущенность, своевольство, непокорность.

Unruly *(ŏн-рул'-и)* adj. необузданный, неугомонный, безпорядочный, своевольный, упрямый, буйный, непокорный.
Unrumple *(ŏн-рŏм'-пл)* va. разглаживать, распускать складки; растягивать.
Unsaddle *(ŏн-сăд'-дл)* va. разсѣдлать; развьючить; вышибить изъ сѣдла.
Unsafe *(ŏн-сэф')* adj. поврежденный; ненадежный, опасный.
Unsafely *(ŏн-сэф'-ли)* adv. поврежденно, ненадежно, опасно.
Unsaid *(ŏн-сед')* adj. несказанный, не упомянутый; взявшій назадъ свое слово; отмѣненный.
Unsaleable *(ŏн-сэл'-ă-бл)* adj. (торг.) непродажный; нейдущій съ рукъ (товаръ).
Unsalted *(ŏн-солт'-ед-* adj. несоленый.
Unsanctified *(ŏн-сăнк'-ти-файд)* adj. не освященный; не посвященный; нечестивый.
Unsated *(ŏн-сэт'-ед)* adj. не насыщенный, не накормленный.
Unsatiable *(ŏн-сэ'-ши-ă-бл)* adj. ненасытный.
Unsatisfaction *(ŏн-сăт-ис-фăк'-шŏн)* s. недовольство, неудовольствіе; неудовлетворенность.
Unsatisfactoriness *(ŏн-сăт-ис-фăк'-тŏ-ри-нес)* s. неудовлетворительныя качества.
Unsatisfactory *(ŏн-сăт-ис-фăк'-тŏ-ри)* adj. неудовлетворительный
Unsatisfied *(ŏн-сăт'-ис-файд)* adj. не удовлетворенный, не насыщенный; не получившій уплаты.
Unsatisfying *(ŏн-сăт'-ис-фай-инг)* adj. неудовлетворительный, недостаточный.
Unsavouriness *(ŏн-сэ'-вŏр-и-нес)* s. безвкусность, приторность; дурной запахъ.
Unsavoury *(ŏн-сэ'-вŏр-и)* adj. невкусный; приторный, непріятный; противный; вонючій.
Unsay *(ŏн-сэй')* va. отрекаться, отказываться отъ словъ, брать назадъ слово; не держать слова. **To say and —**, говорить ни да, ни нѣтъ.
Unscale *(ŏн-скэл')* va. счищать чешую; снимать покрышку, вскрывать.
Unscaly *(ŏн-скэл'-и)* adj. безчешуйчатый.
Unscanned *(ŏн-сканд')* adj. необдуманный, не измѣренный, не разсчитанный.
Unscared *(ŏн-скэрд')* adj. не испуганный, не встревоженный; не потревоженный.
Unscarred *(ŏн-скард')* adj. не покрытый рубцами, ранами; не изсѣченный, не избитый.
Unscholastic *(ŏн-ско-лăс'-тик)* adj. некнижный, неученый; несхоластическій.
Unschooled *(ŏн-скулд')* adj. неученый, необразованный, невѣжественный; || неопытный.
Unscientific *(ŏн-сай-ен-тиф'-ик)* adj. ненаучный; неученый.
Unscientifically *(ŏн-сай-ен-тиф'-ик-ăл-и)* adv. ненаучнымъ образомъ.
Unscorched *(ŏн-скорчт')* adj. не опаленный; непригорѣлый.
Unscreened *(ŏн-скринд')* adj. не прикрытый, не защищенный.
Unscrew *(ŏн-скру')* va. развинчивать, отвинчивать.
Unscriptural *(ŏн-скрипт'чур-ăл)* adj. небиблейскій, несогласный съ священнымъ писаніемъ.
Unseal *(ŏн-сил')* va. распечатывать, снимать печать; || протирать, открывать (глаза).
Unseam *(ŏн-сим')* va. распарывать, расшивать; || раскрывать.
Unsearchable *(ŏн-сŏрч'-ă-бл)* adj. непостижимый, неисповѣдимый.
Unsearchableness *(ŏн-сŏрч'-ă-бл-нес)* s. непостижимость, неисповѣдимость.
Unseasonable *(ŏн-си'-зн-ă-бл)* adj. несвоевременный, безвременный, не соотвѣтствующій времени, сезону; неумѣстный. **— hours**, не надлежащіе часы.
Unseasonably *(ŏн-си'-зн-ă-бл-и)* adv. несвоевременно, не во-время, некстати.
Unseasonableness *(ŏн-си'зн-ă-бл-нес)* s. непора, несвоевременность, безвременность, преждевременность; неумѣстность; позднее созрѣваніе (плодовъ).
Unseasoned *(ŏн-си'-знд)* adj. не привыкшій къ климату; не пріученый; не имѣющій нужныхъ качествъ; неопытный; новый; не выдержанный; не приправленный. **An — dish**, не приправленное кушанье.
Unseat *(ŏн-сит')* va. ссадить со стула.
Unseaworthiness *(ŏн-си'-уŏрсз-и-нес)* s. (мор.) неустойчивость, непрочность (судна), неспособность (судна) противостоять бурѣ.
Unseaworthy *(ŏн-си'-уŏрсз-и)* adj. (мор.) неспособный выносить морскаго плаванія, негодный для морскаго плаванія, для перевозки груза.
Unseconded *(ŏн-сек'-ŏнд-ед)* adj. не имѣющій поддержки, пособія; не поддерживаемый въ чемъ.
Unsecret *(ŏн-си'-крет)* adj. немолчаливый, нескромный; || va. разбалтывать, распространять.
Unseem *(ŏн-сим')* va. не казаться, не показываться.

Unseemliness (*ŏн-сим'-ли-нес*) s. непристойность; неприличіе.

Unseemly (*ŏн-сим'-ли*) adj. непристойный, неприличный; || adv. непристойно, неприлично.

Unseen (*ŏн-син'*) adj. не видѣнный, невидимый; незамѣченный, не примѣчаемый.

Unselfish (*ŏн-сел'-фиш*) adj. безкорыстный, неэгоистическій.

Unsent (*ŏн-сент'*) adj. не посланный. — **for**, не призванный.

Unseparated (*ŏн-сеп'-ă-рэ-тед*) adj. не разлученный, не раздѣленный.

Unserviceable (*ŏн-сŏрв'-ис-ă-бл*) adj. непригодный, ни къ чему негодный, безполезный.

Unserviceableness (*ŏн-сŏрв'-ис-ă-бл-нес*) s. негодность, безполезность.

Unset (*ŏн-сет'*) adj. не поставленный, не посаженный; не постановленный, не изложенный; не зашедшій (о солнцѣ); не выправленный; не наточенный.

Unsettle (*ŏн-сет'-тл*) va. vn. разстраивать, потрясать, -ся; колебать, возмущать, -ся.

Unsettled (*ŏн-сет'-тлд*) adj. не устроенный, разстроенный, не установившійся; потрясенный; непостоянный; нетвердый, ненадежный; нерѣшительный; перемѣнчивый; блуждающій, неосѣдлый; безродный, бездомный; || не отстоявшійся.

Unsettledness (*ŏн-сет'-тлд-нес*) s. неустроенность, непостоянство, перемѣнчивость; нерѣшительность.

Unsettlement (*ŏн-сет'-тл-мент*) s. неустроенность; нерѣшительность, нерѣшимость.

Unsevered (*ŏн-сев'-ерд*) adj. не разлученный, не раздѣленный.

Unsew (*ŏн-со'у*) va. распарывать (шитье).

Unshackle (*ŏн-шăк'-л*) va. снять оковы; разорвать узы; (мор.) расклепать (цѣпной канатъ).

Unshaken (*ŏн-шэк'-н*) adj. не потрясенный; непоколебимый, твердый.

Unshamed (*ŏн-шэмд'*) adj. безстыдный, наглый.

Unshamefaced (*ŏн-шэм'-фест*) adj. безстыдный, наглый.

Unshamefacedness (*ŏн-шэм'-фест-нес*) s. безстыдство, наглость.

Unshape (*ŏн-шэп'*) va. безобразить, портить, искажать; смѣшивать, спутывать.

Unshapely (*ŏн-шэп'-ли*) adj безобразный; уродливый, нескладный; неуклюжій, неловкій.

Unshapen (*ŏн-шэп'-н*) adj. безобразный.

Unshared (*ŏн-шэрд'*) adj. не раздѣленный.

Unshaven (*ŏн-шэв'-н*) adj. небритый.

Unsheathe (*ŏн-шисз'*) va. обнажить, вынуть изъ ноженъ (шпагу).

Unshed (*ŏн-шед'*) adj. не пролитый, не излитый.

Unsheltered (*ŏн-шел'-терд*) adj. не прикрытый, не защищенный.

Unshelve (*ŏн-шелв'*) va. снимать съ полки.

Unship (*ŏн-шип'*) va. (мор.) выгружать, вынимать; разоружать.

Unshod (*ŏн-шод'*) prep. и part. p. отъ **Unshoe**; || adj. необутый, безъ обуви; не подкованный.

Unshorn (*ŏн-шо'орн*) adj. не стриженный, не подстриженный.

Unshowered (*ŏн-ша'у-ерд*) adj. не орошаемый, не орошенный.

Unshrinking (*ŏн-шринк'-инг*) adj. не отступающій, неустрашимый; не съуживающійся, не ссѣдающійся.

Unshrinkingly (*ŏн-шринк'-инг-ли*) adv. неустрашимо.

Unshrunk (*ŏн-шрŏнк'*) adj. не сморщившійся, не ссѣвшійся.

Unshunable (*ŏн-шŏн'-ă-бл*) adj. неизбѣжный.

Unshut (*ŏн-шŏт'*) adj. не затворенный, не закрытый.

Unsifted (*ŏн-сифт'-ед*) не просѣянный; не изслѣдованный, не испытанный.

Unsightliness (*ŏн-сайт'-ли-нес*) s. неблагообразность, невзрачность.

Unsightly (*ŏн-сайт'-ли*) adj. неблагообразный, невзрачный.

Unsinew (*ŏн-синь'-ю*) va. обезсиливать, разслаблять.

Unsinking (*ŏн-синк'-инг*) adj. не опускающійся, не уступающій, не падающій.

Unsinning (*ŏн-син'-инг*) adj. не согрѣшающій, безгрѣшный.

Unsizable (*ŏн-сайз'-ă-бл*) adj. несоразмѣрный.

Unskilful (*ŏн-скил'-фул*) adj неискусный, неловкій; несвѣдующій.

Unskilfully (*ŏн-скил'-фул-ли*) adv. неискусно.

Unskilfulness (*ŏн-скил'-фул-нес*) s. неумѣніе, неумѣлость; неловкость; неискусство.

Unskilled (*ŏн-скилд'*) adj. несвѣдующій, неискусный въ чемъ.

Unslaked (*ŏн-слэкт'*) adj. не утоленный; не погашенный, негашеная (известь). — **desires**, необузданныя желанія.

Unsleeping (*ŏн-слип'-инг*) adj. не спящій, не дремлющій, бодрствующій; безсонный.

Unsling (*ŏн-слинг'*) va. (мор.) снимать стропы.

Unslipping (*ӧн-слип'-пинг*) adj. нескользкій; твердый.
Unsluice (*ӧн-слюс'*) va. отворять, отпирать шлюзы.
Unsmoked (*ӧн-смо'окт*) adj. не копченный, неокуренный, не куренный, не прокуренный; не докуренный.
Unsmooth (*ӧн-смузс'*) adj. негладкій, неровный; шероховатый, шершавый.
Unsociability (*ӧн-со-шӓ-бил'-ити*), **Unsociablenes** (*ӧн-со'о-шӓ-бл-нес*) s. необщительность, необходительность.
Unsociable (*ӧн-со'о-шӓ-бл*) adj. необщительный. необходительный, не любящій общества, противный правиламъ общества.
Unsociably (*ӧн-со'о-шӓбл-и*) adv. необщительно, необходительно, противъ правилъ общества.
Unsocial (*ӧн-со'о-шӓл*) adj. необщительный, нелюдимый.
Unsoiled (*ӧн-сойлд'*) adj. не замаранный, незапятнанный.
Unsold (*ӧн-со'олд*) adj. не проданный.
Unsolder (*ӧн-сол'-дер*) va. распаивать.
Unsoldierlike (*ӧн-со'ол-джер-лайк*) **Unsoldierly** (*ӧн-со'ол-джер-ли*) adj. недостойный званія солдата, военнаго, несолдатскій.
Unsolid (*ӧн-сол'-ид*) adj. нетвердый, непрочный, неосновательный; жидкій, негустой, не имѣющій связи.
Unsolvable (*ӧн-солв'-ӓ-бл*) adj. неразрѣшимый, неизъяснимый.
Unsophisticated (*ӧн-со-фист'-икэт-ед*) adj. неподдѣльный, настоящій, цѣльный, чистый.
Unsorted (*ӧн-сорт'-ед*) adj. не разобранный, не сортированный; въ безпорядкѣ; || нескладный.
Unsought (*ӧн-со'от*) adj. не прошенный, полученный безъ всякаго домогательства.
Unsound (*ӧн-са'унд*) adj. нездоровый; хворый; || испорченный, худой, гнилой; || ошибочный, ложный, несправедливый, незаконный, безчестный; || неправославный, неправовѣрный; иновѣрный; || неосновательный, нецѣлый, нетвердый, неплотный; невещественный. || **— sleep,** некрѣпкій, непокойный (сонъ). **— doctrine,** ложное ученіе.
Unsounded (*ӧн-са'унд-ед*) adj. не ощупанный, не зондированный, не изслѣдованный.
Unsoundness (*ӧн-са'унд-нес*) s. поврежденность, испорченность; нездоровье; порокъ, растлѣніе; нетвердость, непрочность; заблужденіе, ложность. **— of faith.** неправовѣріе, иновѣріе.
Unsoured (*ӧн-са'-урд*) adj. неокислый; || * не раздраженный, не огорченный.
Unsowed (*ӧн-со'уд*), **Unsown** (*ӧн-со'ун*) adj. не засѣянный, не посѣянный.
Unspared (*ӧн-спэрд'*) adj. несбереженный; непощаженный.
Unsparing (*ӧн-спэр'-инг*) adj. небережливый, щедрый; безпощадный, безжалостный.
Unsparingly (*ӧн-спэр'-инг-ли*) adv. небережливо, щедро; безпощадно, безжалостно.
Unspeak (*ӧн-спик'*) va. (**Unspoke, Unspoken**), отрекаться, отпираться, отказываться (отъ чего).
Unspeakable (*ӧн-спик'-ӓ-бл*) adj. несказанный, неизъяснимый, невыразимый.
Unspeakably (*ӧн-спик'-ӓ-бл-и*) несказанно, неизъяснимо, невыразимо.
Unspecified (*ӧн-спес'-и-файд*) adj. не означенный, не поименованный; не специфицированный.
Unspeculative (*ӧн-спек'-ю-лӓ-тив*) adj. неумозрительный.
Unspell (*ӧн-спел'*) va. разочаровывать, уничтожать чары.
Unspent (*ӧн-спент'*) adj. не истраченный, не употребленный; не истощенный, не ослабѣвшій, не потерявшій силу.
Unspilt (*ӧн-спилт'*) adj. непролитой; не поврежденный.
Unspiritual (*ӧн-спир'-и-тю-ӓл*) adj. вещественный, матеріальный; чувственный.
Unspoiled (*ӧн-спойлд'*) adj. не разграбленный, не расхищенный; не испорченный.
Unspotted (*ӧн-спот'-тед*) adj. незапятнанный; чистый, непорочный.
Unspottedness (*ӧн-спот'-тед-нес*) s. незапятнанность, чистота.
Unstable (*ӧн-стэ'-бл*) adj. нетвердый, нестойкій, непостоянный, превратный; колеблющійся.
Unstableness (*ӧн-стэ'-бл-нес*) s. нетвердость, нестойкость, непостоянство, превратность.
Unstaid (*ӧн-стэд'д*) adj. неустойчивый, шаткій, вѣтреный, неосторожный; непостоянный.
Unstaidness (*ӧн-стэд'-нес*) s. неустойчивость; вѣтреность, непостоянство.
Unstained (*ӧн-стэнд'*) adj. незапятнанный; не замаранный, чистый; непорочный; не окрашенный (о ткани) бѣлый (о стеклѣ).
Unstamped (*ӧн-стӓмпт'*) adj не клейменный, не штемпелованный.

— **paper**, просгая, негербовая бумага.
Unstanched (*ŏн-стăнчт'*) adj. не утоленный; неупитанный, неоставленный.
Unstaunched (*ŏн-станчт'*) adj. см. **Unstanched**.
Unstayed (*ŏн-стэйд'*) adj. не остановленный, не удержанный; || см. **Unstaid**.
Unsteadfast (*ŏн-стед'-фаст*) adj. adj. нетвердый, непрочный; непостоянный, перемѣнчивый.
Unsteadfastness(*ŏн-стед'-фастнес*) s. нетвердость; непрочность; непостоянство, измѣнчивость.
Unsteadily (*ŏн-стед'-и-ли*) adv. нетвердо, шатко, колеблясь; неосновательно; непостоянно, измѣнчиво.
Unsteadiness (*ŏн-стед'-и-нес*) s. нетвердость; шаткость; валкость; непостоянство.
Unsteady (*ŏн-стед'-и*) adj. нетвердый, шаткій; валкій; непостоянный, измѣнчивый; тревожный, неправильный, блуждающій; нерѣшительный.
Unstinted (*ŏн-стинт'-ед*) adj.безграничный, безпредѣльный.
Unstirred (*ŏн-стŏрд'*) adj. неприводимый въ движеніе, недвижимый, непоколебимый, неволнуемый.
Unstitch (*ŏн-стич'*) va. распшивать, распарывать (шовъ).
Unstocked (*ŏн-стокт'*) adj. не имѣющій запасовъ, безъ фонда.
Unstooping (*ŏн-ступ'-инг*) adj. негибкій, непреклонный.
Unstop (*ŏн-стоп'*) va. откупоривать, открывать.
Unstopped(*ŏн-стопт'*) adj. не заткнутый, не закупоренный; не встрѣчающій препятствій, помѣхи.
Unstored *ŏнсто'орд*) adj. не снабженный,не запасенный, безъ запасовъ.
Unstrained (*ŏн-стрэнд'*) adj. не натянутый,непринужденный,свободный, натуральный, настоящій; || не очищенный, не фильтрованный.
Unstraitened (*ŏн-стрэт'-нд*) adj. не стѣсненный, не сжатый; не сокращенный.
Unstrengthened (*ŏн - стренг' - зссид*) adj. не подкрѣпленный, не поддержанный; безпомошный.
Unstring (*ŏн-стринг'*) va. отпустить,ослабить (натянутое); снять струны; развязать; разнизать бусы.
Unstruck (*ŏн-стрŏк'*) adj. не пораженный, не тронутый.
Unstudied (*ŏн-стŏд'-ид*)adj. не изученный, не заученный; непредвзятый, натуральный, простой.
Unstuffed (*ăн-стŏфт'*) adj. не наполненный; не фаршированный; не набитый (стулъ, чучело).
Unsubmissive(*ŏн-сŏб-мис'-ив*) adj. непокорный.
Unsubmitting (*ŏн-сŏб-мищ'-инг*) adj. неукротимый, непреклонный.
Unsubstantial (*ŏн-сŏб-стăн'-шăл*) adj. несущественный; мнимый.
Unsucceeded (*ŏн-сŏк-сид'-ед*) adj. не имѣющій наслѣдника, преемника. [безуспѣшный,неудачный.
Unsuccessful (*ŏн-сŏк-сес'-фул*)adj.
Unsuccessfully (*ŏн-сŏк-сес'-фулли*) adv. безуспѣшно, неудачно.
Unsuccessfulness (*ŏн - сŏк-сес' - нес*) s. безуспѣшность, неудачность. [см. **Insufferable**.
Unsufferable (*ŏн-сŏф'-фер-ă-бл*)adj
Unsuitable(*ŏн-сьют'-ă-бл*) adj. неприличный, непристойный; несоотвѣтственный, несогласный.
Unsuitableness (*ŏн - сьют'-ă-блнес*) s. неприличіе, непристойность; несоотвѣтственность, несогласіе.
Unsuiting (*ŏн-сьют'-инг*) adj. см. **Unsuitable**.
Unsullied (*ŏн-сŏл'-лид*) adj. не замаранный, чистый; непорочный.
Unsung (*ŏн-сŏнг'*) adj. не пѣтый, не воспѣтый.
Unsunned (*ŏн-сŏнд'*) adj. не выставленый на солнце, не освѣшенный солнцемъ; скрытый отъ свѣта, невидный.
Unsupported (*ŏн-сŏп-по'орт-ед*) adj. не поддерживаемый; невыносимый; некормленный.
Unsure (*ŏн-шур'*) adj. невѣрный, ненадежный; не въ безопасности.
Unsusceptible (*ŏн-сŏс-сеп'-ти-бл*) adj. неспособный къ воспріятію (чего). [не подозрѣваемый.
Unsuspected(*ŏн-сŏс-пект'-ед*) adj.
Unsuspecting (*ŏн-сŏс-пект'-инг*) adj. не подозрѣвающій, довѣрчивый.
Unsuspicious (*ŏн-сŏс-пиш'-ŏс*)adj. не подозрѣвающій; довѣрчивый; не подозрѣваемый.
Unswaddle (*ŏн-суод'-дл*), **Unswathe** (*ŏн-суэсз'*) va. распеленывать, развязывать.
Unswear (*ŏн-суэр'*) va. (**Unswore, Unsworn**), отрекаться отъ своей клятвы, отъ божбы.
Unsweat (*ŏн-суеm'*) va. осушать испарину; охлаждать; давать отдыхъ.
Unswept (*ŏн-суепт'*) adj. не метенный, не выметенный; не сметенный; || не вычищенный (каминъ). [**Unswear**.
Unsworn (*ŏн-суор'-н*) part. p. отъ

Unsymmetrical (*ŏн-сим-мет'ри-к-ăл*) adj. несиметрическій, несиметричный.
Unsystematic (*ŏн-сис-тем'ăт-ик*), **Unsystematical** (*ŏн-сис-тем'-ăти-к-ăл*) adj. несистематическій.
Untack (*ŏн-тăк'*) va. отдѣлять, отцѣплять, отвязывать.
Untainted (*ŏн-тэнт'-ед*) adj. не испорченный, не зараженный, незапятнанный, чистый; || не подмѣшанный, не поддѣланный; || не обвиненный.
Untamable (*ŏн-тэм'-ă-бл*) adj. не укротимый, не могущій быть прирученнымъ.
Untamed (*ŏн-тэмд'*) adj. неручной; не укрощенный.
Untasted (*ŏн-тэст'-ед*) adj. не вкушенный, не отвѣданный.
Untasteful (*ŏн-тэст'-фул*) adj. безвкусный.
Untasting (*ŏн-тэст'-инг*) adj. не имѣющій вкуса, невкусный.
Untaught (*ŏн-то'от*) adj. не обученный; неученый, не учившійся; разучившійся; несвѣдущій; неискусный.
Unteach (*ŏн-тич'*) va. разучать, научать противному.
Untempered (*ŏн-тем'-перд*) adj. неумѣренный; не смягченный; || не закаленный (металлъ); не растворенный (въ жидкости), не разведенный.
Untempted (*ŏн-темт'-ед*) adj. не искушенный, не искушаемый; не пробованный.
Untenable (*ŏн-тен'-ă-бл*) adj. чего нельзя удержать, защитить, отстоять.
Untenantable (*ŏн-тен'-ăнт-ă-бл*) adj. негодный, неудобный для жительства.
Untenanted (*ŏн-тен'-ăнт-ед*) adj. не занимаемый; безъ жильцовъ; ненанятой, нежилой, не арендуемый, не имѣющій владѣльца.
Untended (*ŏн-тенд'-ед*) adj. не охраняемый, не сопровождаемый, безъ свиты.
Untender (*ŏн-тен'-дер*) adj. немягкій, ненѣжный, жесткій.
Unterrified (*ŏн-тер'-и-файд*) adj. не устрашенный.
Unthanked (*ŏн-зсăнкт'*) adj. не получившій благодарности.
Unthankful (*ŏн-зсăнк'-фул*) adj. неблагодарный.
Unthankfully (*ŏн-зсăнк'-фул-ли*) adv. неблагодарно.
Unthankfulness (*ŏн-зсăнк'-фул-нес*) s. неблагодарность.
Unthawed (*ŏн-зсо'од*) adj. не растаявшій.
Unthinking (*ŏн-зсинк'-инг*) adj. не думающій, безразсудный; вѣтренный; || невыразительный (гов. о лицѣ), безъ мысли.
Unthinkingly (*ŏн-зсинк'-инг-ли*) adv. не думая; безразсудно.
Unthorny (*ŏн-зсорн'и*) adj. нетернистый, не имѣющій шиповъ.
Unthought (*ŏн-зсо'от*) adj. (съ —of) о чемъ не думаютъ, не помышляютъ; оставленный безъ вниманія; неожиданный, нечаянный.
Unthread (*ŏн-зсред'*) va. выдернуть нитку изъ (чего), распустить, разнизать.
Unthriftily (*ŏн-зсрифт'-и-ли*) adv. небережливо, расточительно.
Unthriftiness (*ŏн-зсрифт'-и-нес*) s. небережливость, расточительность.
Unthrifty (*ŏн-зсрифт'-и*) adj. небережливый, расточительный; || не преуспѣвающій; не богатѣющій; нехорошо принимающійся (о растеніи); не размножающійся; не поправляющійся.
Unthriving (*ŏн-срайв'-инг*) adj. не преуспѣвающій, не богатѣющій, не цвѣтущій.
Untidiness (*ŏн-таи'-ди-нес*) s. неопрятность, небрежность, неаккуратность.
Untidy (*ŏн-тай'-ди*) adj. неопрятный, небрежный.
Untie (*ŏн-тай'*) va. развязать, отвязать; распустить; спустить (съ цѣпи); дать свободу; || распутать, разъяснить, разобрать; разрѣшить; устранить препятствіе.
Until (*ŏн-тил'*) prep. и conj. см. **Till**.
Untile (*ŏн-тайл'*) va. разбирать или снимать черепицы (у крыши).
Untilled (*ŏн-тилд'*) adj. невспаханный, невоздѣланный.
Untimeliness (*ŏн-тайм'-ли-нес*) s. несвоевременность.
Untimely (*ŏн-тайм'-ли*) adj. несвоевременный, безвременный, преждевременный; скороспѣлый (плодъ); || adv. несвоевременно, безвременно, преждевременно; скороспѣло, не во-время.
Untinged (*ŏн-тинджд'*) s. не окрашенный; не замаранный; не запятнанный; || не зараженный.
Untirable (*ŏн-тайр'-ă-бл*) adj. неутомимый.
Untired (*ŏн-тайрд'*) adj. не утомленный неусталый.
Untiring (*ŏн-тайр'-инг*) adj неутомимый, неусыпный.
Untitled (*ŏн-тай'-тлд*) adj. не имѣющій титула; права, безъ права.
Unto (*ŏн'-ту*) prep. см. **To**.
Untold (*ŏн-то'олд*) adj. не сказанный; не сообщенный; не объяв-

ленный; пройденный молчаніемъ; не сочтенный, не сосчитанный (о деньгахъ). **To leave —**, обходить молчаніемъ, не говорить.

Untomb (*ӧн-тум'*) va. выкапывать, вырывать изъ могилы.

Untouched (*ӧн-тӧчт'*) adj. къ чему не прикасались, нетронутый; (фиг.) нетронутый, нечувствительный.

Untoward (*ӧн-то'о-уард*) adj. своенравный, упорный, непокорный, строптивый; неловкій; непріятный, противный; досадный, скучный.

Untowardly (*ӧн-то'о-уӑрд-ли*) adv. своенравно, упорно, непокорно, строптиво; неловко; непріятно, противно; досадно, скучно.

Untowardness (*ӧн-то'о-уӑрд-нес*) s. непокорность, строптивость; неловкость; досада, непріятность, скука.

Untraceable (*ӧн-трэс'-ӑ-бл*) adj. чего нельзя начертать, намѣтить чего нельзя прослѣдить, изслѣдовать; неуловимый.

Untractable (*ӧн-трӑкт'-ӑ-бл*) adj. см. **Intractable**

Untrading (*ӧн-трэд'-инг*) adj. не торгующій, не занимающійся торговлей, неторговый.

Untrained (*ӧн-трэнд'*) adj. не выученный, не пріученный, невоспитанный, необразованный: не дрессированный; не дисциплированный; необузданный.

Untransferable (*ӧн-транс-фӧр'-ӑ-бл*) adj. не могущій быть переданнымъ, перенесеннымъ, отчужденный.

Untranslatable (*ӧн-транс-лэт'-ӑ-бл*) adj. непереводимый (на другой языкъ).

Untranslated (*ӧн-транс-лэт'-ед*) adj. не переведенный

Untransparent (*ӧн-транс-пер'-ӑнт*) adj. непрозрачный

Untravelled (*ӧн-трӑв'-ел-лд*) adj. неизслѣдованный, неизвѣстный (о странѣ); || непутешествовавшій.

Untreasured (*ӧн-треж'-ӧрд*) adj. не береженный; не сохраненный, не скопленный; не имѣющій сокровищъ.

Untrembling (*ӧн-трем'-блинг*) adj. не дрожащій, покойный

Untried (*ӧн-трайд'*) adj. не испробованный; не испытанный; не выдержавшій еще экзамена, опыта; неопытный; || не обсуждавшійся въ судѣ, не судившійся; не представшій на судъ

Untrimmed (*ӧн-тримд'*) adj. не убранный, не прикрашенный, не отдѣланный; || не причесанный (о волосахъ); не подрѣзанный (о деревѣ); не отесанный.

Untrod (*ӧн-трод'*), **Untrodden** (*ӧн-трод'-дн*) adj. не протоптанный, непроторённый, не попранный ногами.

Untroubled (*ӧн-трӧб'-лд*) adj. не сбезпокоенный, не потревоженный; тихій, спокойный; не взболтанный; немутный.

Untrue (*ӧн-тру'*) adj. невѣрный, ложный, не истинный, неправдивый. **To be — to one's self**, противорѣчить себѣ, измѣнять себѣ.

Untruly (*ӧн-тру'-ли*) adv ложно, невѣрно, лживо; несправедливо.

Untruss (*ӧн-трӧс'*) va развязывать, отязывать; спускать.

Untrustiness (*ӧн-трӧст'-и-нес*) s. ненадежность, невѣрность, вѣроломство.

Untrusty (*ӧн-трӧст -и*) adj. ненадежный, невѣрный, вѣроломный.

Untruth (*ӧн-трузс'*) s. неправда, ложность; злоупотребленіе, вѣроломство, обманъ.

Untruthful (*ӧн-трузс'-фул*) adj. ложный, лживый.

Untuck (*ӧн-тек*) va. развертывать.

Untunable (*ӧн-тьюн'-ӑ-бл*) adj. нестройный; несогласный; (муз.) не держащій строя (инструментъ).

Untune (*ӧн-тьюн'*) va. расстроить (муз. инструментъ); внести разладъ, привести въ безпорядокъ.

Unturned (*ӧн-тӧрнд'*) adj. не обороченный, не обращенный, не переворочённый.

Untutored (*ӧн-тью'-тӧрд*) adj. не наученный, не наставленный, несвѣдующій; не воспитанный, не исправленный.

Untwine (*ӧн-туайн'*), **Untwist** (*ӧн-туист'*) va. развить, разсучить, раскрутить, расплести, развернуть; || распутать, разобрать, раздѣлить.

Unurged (*ӧн-ӧрджд'*) adj. не понуждаемый, не возбуждаемый, добровольный

Unused (*ӧн-юзд'*) adj. не употребляемый, не употребленный, не пріученный, не привычный.

Unusual (*ӧн-ю'-жу-ӑл*) adj. необыкновенный; рѣдкій; неупотребительный

Unusually (*ӧнь-ю'-жу-ӑ-ли*) adv. необыкновенно; рѣдко; неупотребительно.

Unusualness (*ӧнь-ю'-жу-ӑл-нес*) s. необыкновенность, рѣдкость.

Unutterable (*ӧн-ӧт'-тер-ӑ-бл*) adj. невыразимый, не могущій быть высказаннымъ.

Unvacillating (*ŏн-вŏс'-и-лэт-инг*) adj. неколеблющійся непоколебимый; рѣшительный.
Unvalued (*ŏн-вăль'-юд*) adj. не оцѣненный; не уважаемый; не имѣющій значенія. — **jewels**.
Unvanquished (*ŏн-вăн'-куишт*) adj. не побѣжденный.
Unvaried (*ŏн-вэ'-рид*) adj неизмѣненый; непреложный; всегда одинаковый.
Unvarnished (*ŏн-вар'-ништ*) adj. не лакированный; не прикрашенный;
Unvarying (*ŏн-вэ'-ри-инг*) adj. не измѣняющійся, постоянный.
Unveil (*ŏн-вэл'*) va. поднимать покрывало; открывать, раскрывать.
Unventilated (*ŏн-вен'-ти-лэ-тед*) adj. не провѣтренный, не вентилированный.
Unversed (*ŏн-вŏрст'*) adj. несвѣдущій, неискусный.
Unvexed (*ŏн-векст'*) adj. не возмущаемый, не тревожимый, не мучимый; безъ досады.
Unviewed (*ŏн-вьюд'*) adj. не замѣченный, не примѣченный, непримѣтный.
Unviolated (*ŏн-вай'о-лэ-тед*) adj. не нарушенный, цѣлый, цѣльный, нетронутый, не поврежденный.
Unvirtuous (*ŏн-вирть'-ю-ŏс, ŏн-вŏр'чу-ŏс*) adj. недобродѣтельный.
Unvisited (*ŏн-визитед*) adj. не посѣщаемый.
Unwakened (*ŏн-уэк'-нд*) adj. не разбуженный, не пробужденный; || равнодушный, сонный, апатичный.
Unwalled (*ŏн-уо'олд*) adj. не имѣющій стѣнъ, не обнесенный стѣнами. (печно, неосмотрительно.
Unwarily (*ŏн-уэ'-ри-ли*) adv. без-
Unwariness (*ŏн-уэ'-ри-нес*) s. неосмотрительность: легкомысліе, безразсудность.
Unwarlike (*ŏн-уŏр'лайк*) adj. невоинственный, мирный.
Unwarned (*ŏн-уорнд'*) adj. не предупрежденный.
Unwarp (*ŏн-уорп'*) va. выпрямлять, распрямлять, расправлять.
Unwarrantable (*ŏн-вуŏр'-ăнт-ă-бл*) adj. не допукаемый, не дозволяемый; не оправдываемый, непростительный; за что нельзя ручаться; не гарантированный.
Unwarrantably (*ŏн-уŏр'-ăнт-ă-бл-и*) adv. непростительно.
Unwarranted (*ŏн-уор'-ăнт-ед*) adj. недозволенный; не оправданный; необезпеченный; ненадежный; не гарантированный.
Unwary (*ŏн-уэ'-ри*) adj. неосмотрительный, неосторожный; довѣрчивый; наивный, простодушный.
Unwashed, **Unwashen** (*ŏн-уошт', ŏн-уош'-н*) adj. не умытый, не вымытый.
Unwasted (*ŏн-уэст'-ед*) adj. не растраченный, не истраченный безполезно, не брошенный; не опустошенный; не истощенный.
Unwasting (*ŏн-уэст'-инг*) adj. не растрачивающійся, не истощающійся, не уменьшающійся.
Unweakened (*ŏн-уик'-нд*) adj. не обезсиленный, не ослабленный.
Unwealthy (*ŏн-уелзс'-и*) adj. бѣдный; скудный.
Unweaponed (*ŏн-уеп'-ŏнд*) adj. безоружный. (неутомимый.
Unweariable (*ŏн-уи'-ри-ă-бл*) adj.
Unwearied, **Unweary** (*ŏн-уи'-рид, ŏн-уи'-ри*) adj. не утомленный, не усталый; неутомимый; неусыпный; || неистощимый.
Unweariedness (*ŏн-уи'-рид-нес*) s. неутомимость.
Unweary (*ŏн-уи'-ри*) va. давать отдыхъ, успокаивать; услаждать, освѣжать.
Unweave (*ŏн-уив'*) va. распускать (ткань); разоткать; раздергивать, расплетать; || распутывать.
Unwed, **Unwedded** (*ŏн-уед', ŏн-уед'-ед*) adj. неженатый, незамужняя.
Unweeded (*ŏн-уид'ед*) adj. не выполотый, не очищенный отъ плевелъ.
Unweeding (*ŏн-уент'-инг*) adj. не знающій, не имѣющій познаній.
Unweighed (*ŏн-уэйд'*) adj. не вѣшанный, не взвѣшанный; необдуманный, не изслѣдованный.
Unwelcome (*ŏн-уел-кŏм'*) adj. нежеланный (гость), непріятный; несносный.
Unwell (*ŏн-уел'*) adj. нездоровый.
Unwept (*ŏн-уэпт'*) adj. не оплаканный. (сухой.
Unwet (*ŏн-ует'*) adj. немокрый,
Unwholesome (*ŏн-хо'ол-сŏм*) adj. нездоровый, вредный для здоровья, гибельный.
Unwholesomeness (*ŏн-хо'ол-сŏм-нес*) s. нездоровье.
Unwieldily (*ŏн-уилд'-и-ли*) adv. тяжеловѣсно, неповоротлив, неуклюже.
Unwieldiness (*ŏн-уилд'-и-нес*) s. тяжеловѣсность, непоротливость, неуклюжесть.
Unwieldy (*ŏн-уилд'-и*) adj. тяжеловѣсный, неповоротливый, неподвижный, неуклюжій.
Unwilling (*ŏн-уил'-инг*) adj. не желающій, не хотящій, неохотный, нерасположенный къ чему: не услужливый. **Willing or —**, хо-

тя нехотя, волею неволею. **He is — to come,** ему не хочется придти.

Unwillingly (*ӧн-уил'-инг-ли*) adv. неохотно, нехотя, противъ воли.

Unwillingness(*ӧн-уил'-инг-нес*)adj s. нежеланіе, нехотѣніе.

Unwind (*ӧн-уайнд'*)va. (**Unwound**) разматывать, развертывать (скатанное); распутывать, вытаскивать.

Unwiped (*ӧн-уайп'*) adj. не утертый, не обтертый; грязный.

Unwise (*ӧн-уайз'*) adj. безумный, безразсудный, глупый.

Unwisely (*ӧн-уайз'-ли*) adv. безумно, безразсудно, глупо.

Unwished (*ӧн-уишт'*) adj. **— for,** нежелательный, нежеланный,чего не желаютъ.

Unwist (*ӧн-уист'*) adj. о чемъ не думаютъ, не знаютъ.

Unwit (*ӧн-уит'*) va. лишать ума, дѣлать глупымъ, притуплять.

Unwithering (*ӧн-уисз'-ер-инг*) adj. не увядающій.

Unwithstood (*ӧн-уисз'-студ'*) adj. не встрѣчающій сопротивленія; непреодолимый.

Unwitnessed (*ӧн-уит'-нест*) adj. невидимый, не видѣнный; происходящій безъ свидѣтелей; не удостовѣренный свидѣтельскими показаніями.

Unwittily (*ӧн-уит'-и-ли*) adv. глупо, безразсудно.

Unwittingly (*ӧн-уит'-инг-ли*)adv. невѣдомо, по невѣдѣнію.

Unwitty (*ӧн-уит'-и*) adj. глупый, безтолковый.

Unwomanly (*ӧн-уу' мӑн-ли*) adj. недостойный женщины, несвойственный женщинѣ, неженскій.

Unwonted (*ӧн-уӧнт'-ед*) adj. необыкновенный, необычный, непривычный, рѣдкій.

Unwooed (*ӧн-ууд'*) adj. за кѣмъ не ухаживаютъ, въ комъ не заискиваютъ.

Unworking (*ӧн-уорк' - инг*) adj. праздный, бездѣйственный, лѣнивый.

Unworn (*ӧн-уорн'*) adj. не ношенный, не носимый; не изношенный (о платьѣ).

Unworthiness (*ӧн-уӧр'-сзи-нес*) s. недостойность, низость,подлость.

Unworthily (*ӧн-уӧр'-сзи-ли*) adv. недостойно, недостойнымъ образомъ, несправедливо.

Unworthy (*ӧн-уӧр'-сзи*) adj. недостойный, низкій, подлый.

Unwounded (*ӧн-уунд'-ед*) adj. не раненый; || не оскорбленный.

Unwove (*ӧн-уо'ов*), **Unwoven** (*ӧн-уо'ов-н*) part. p. отъ **Unweave.**

Unwrap (*ӧн-рӑп'*) va. **Unwrapped** и **Unwrapt**) развернуть, снять обертку, развязать; сбросить съ себя (платье).

Unwreath, Unwreathe (*ӧн-рисз'*) va. см **Untwine.**

Unwrinkle (*ӧн-рин'-кл*) va. разглаживать морщины.

Unwrite (*ӧн-райт'*) va. уничтожить написанное, вымарать, похѣрить.

Unwritten (*ӧн-рит'-тн*) part. p. отъ **Unwrite**; || adj. не писанный; чистый; || изустный; передаваемый по преданію.

Unwrought (*ӧн-ро'от*) adj. не обработанный, не выработанный, не обработанный; сырой (матерьялъ). **— silk,** сырецъ (шелкъ); || || сдѣланный безъ усилій, естественный, свободный.

Unyielded (*ӧн-йилд'-ед*) adj. не уступленный.

Unyielding(*ӧн-йилд'-инг*) adj. неуступчивый, упорный; непреклонный, неумолимый.

Unyoke (*ӧн-йо'ок*) va. снимать ярмо (съ воловъ); отпрягать (лошадей); освободить отъ ига, свергнуть иго; || разлучать.

Unzoned (*ӧн-зо'онд*) adj. не опоясанный.

Up (*ӧп*) adv. вверхъ, наверхъ. **— there,** тамъ наверху. **— and down,** сверху внизъ. **To go —,** подниматься. **The sun is —,** солнце взошло. **The funds are —,** фонды поднялись. **To raise —,** возбуждать, оживлять. **Hard — for money,** сильно стѣсненный въ денежномъ отношеніи. **The hour is —,** часъ уже истекъ. **To draw — an army,** вооружить войско для битвы. **To be well — in,** хорошо знать, быть въ чемъ либо твердымъ. **It is all — with me,** все кончено! || prep. вверхъ, наверху, на подъ.**— stairs,** наверху лѣстницы. **— the river,** въ верховьяхъ рѣки, у истока рѣки.**— the country,** внутри страны. **— to,** до. **To live — to one's income,** проживать весь свой доходъ, жить по своимъ средствамъ. **To be — to it,** быть на высотѣ чего либо. **To come — with,** достигать. **The —s and downs,** верхи и низы; || превратности судьбы.

Upbear(*ӧп-бер'*)va. поднять вверхъ, возвести, вознести; поддерживать на высотѣ, подпирать, не допускать до паденія.

Upbind(*ӧп-байнд'*)va. подвязывать.

Upbraid (*ӧп-брэд'*) va. упрекать, попрекать, укорять; стыдить, пристыжать; || наругаться, оскорблять.

Upbraider (*öп-брэд'-ер*) s. попрекатель, укоритель.

Upbraiding (*öп-брэд'-инг*) s. упреки, укоризны; || adj. упрекающій.

Upbraidingly (*öп-брэд'-инг-ли*) adv. съ упрекомъ, въ видѣ упрека.

Upbrought (*öп-бро'от*) adj. выращенный, воспитанный.

Upcast (*öп'-каст*) adj. выброшенный; поднятый вверхъ; || s. ударъ (шаромъ); || проходъ для вентиляціи въ шахтахъ.

Upcaught (*öп'-кот*) adj. подхваченный.

Uphand (*öп'-хäнд*) adj. поднятый рукою. **An — blow**, ударъ снизу вверхъ.

Upheave (*öп-хив'*) va. подымать, вздымать.

Uphill (*öп'-хил, öп-хил'*) adj. идущій въ гору; трудный, тягостный.

Uphoard (*öп-хо'орд*) va. накоплять.

Uphold (*öп-хо'олд*) va. поднимать вверхъ; заносить (ножъ); поддерживать; не допускать до паденія; вспомоществовать, содержать, кормить; подкрѣплять.

Upholder (*öп-хо'олд-ер*) s. подпора, защитникъ, покровитель; содержатель; || гробовщикъ, похоронный подрядчикъ.

Upholsterer (*öп-хо'ол-стер-ер*) s. обойщикъ, меблировщикъ.

Upholstery (*öп-хо'ол-стер-и*) s. обойное ремесло; обойный матерьялъ.

Upland (*öп'-лäнд*) s. нагорie; гористая земля, плоскогорie; гора; || adj. гористый, высоко лежащій; горный; || * необразованный. — **road**, горная дорога.

Uplander (*öп'-лäнд-ер*) s. горный житель, горецъ.

Uplift (*öп-лифт'*) va. поднять вверхъ; возвести; возвысить (голосъ).

Upmost (*öп'-мост*) adj. см. **Uppermost**.

Upon (*оп-он'*) prep. на, надъ; около, о, объ; по, на основаніи; по, послѣ, въ, при. — **my word**, на слово. — **this**, на этомъ. — **the hearing of**, по слухамъ, по разсказамъ. — **a good authority**, изъ вѣрнаго источника. — **the whole** послѣ всего, въ заключеніе, наконецъ. — **the first occasion**, при первомъ случаѣ.

Upper (*öп'-пер*) adj. верхній; высшій; **The — House**, верхняя палата. — **works**, голова, башка; (мор.) надводная постройка (у корабля); || — **attaint**, s. засѣка, повреждение жилы (у ноги лошади). — **story**, первый этажъ надъ землей. — **-crust**, верхняя корочка; || богачи. — **deck**, верхняя палуба.

Upperhand (*öн'-пер-хäнд*) s. превосходство, преимущество, верхъ.

Uppermost (*öп'-пер-мост*) adj. самый верхній, высшій; первый по своему мѣсту, по своей силѣ; первѣйшій, господствующій. **The — seats**, первыя мѣста. **To say whatever comes —**, говорить, что взбредетъ на умъ.

Uppish (*öп'-пиш*) adj. гордый, надменный, надутый, заносчивый.

Uppishness (*öп'-пиш-нес*) s. гордость, заносчивость.

Upraise (*öп-рэз'*) va. поднимать, возносить.

Uprear (*öп-рир'*) va. поднимать, возбуждать.

Upright (*öп'-райт*) adj. прямой; отвѣсный; поднятый вверхъ: стоящій прямо, стоймя; || * правый, правдивый, честный; || s. (арх.) элевація, **р а з р ѣ з ъ**, профиль; (плотн.) стойка.

Uprightly (*öп'-райт-ли*) adv. прямо, отвѣсно; *честно, прямодушно.

Uprightness (*öп'-райт-нес*) s. вертикальное, отвѣсное положеніе; || *прямодушіе, честность.

Uprise (*öп-райз'*) vn. поднятся, стать на ноги; выздоровѣть, оправиться; восходить (о солнцѣ): идти вверхъ.

Uprising (*öп-райз'-инг*) s. вставаніе.

Uproar (*öп'рор*) s. смятеніе, суматоха; шумъ, гамъ; бунтъ, возстаніе; броженіе, волненіе.

Uproar (*öп-ро'ор*) va. привести въ смятеніе, взволновать, смутить, взбунтовать.

Uproarious (*öп-ро'ор-и-öс*) adj. шумный; безчинный, безпорядочный, мятежный.

Uproariously (*öп-ро'ор-и-öс-ли*) adv шумно; безчинно, безпорядочно.

Uproll (*öп-ро'ол*) va. катить вверхъ, вскатывать, подкатывать.

Uproot (*öп-рут'*) va. искоренять, вырывать съ корнемъ.

Uprouse ((*öп-ра'уз*) va. пробуждать; возбуждатъ.

Upset (*öп-сет'*) va. vn. опрокинуть, -ся; перевернуть, -ся, взволновать, -ся.

Upset (*öп'-сет'*), **Upseting** (*öп-сет'-инг*) s. опрокидываніе, ниспроверженіе; разрушеніе; потрясеніе; переворотъ.

Upshot (*öп'-шот*) s. заключеніе, слѣдствіе, конецъ; развязка; вся сумма, весь счетъ. **On the —, Upon the —, At the —**, напослѣдокъ, подъ конецъ, за всѣмъ этимъ, въ заключеніе.

Upside (*öп'-сайд*) s. верхъ. **To turn — down**, перевернуть все вверхъ ногами.

Uppring (*ŏп-прингъ'*) vn. прыгать вверхъ.
Upstairs (*ŏп - стэр ' č*) adj. **Hair —**, волосы стоящіе дыбомъ.
Upstart (*ŏп'-старт*) s. выскочка, человѣкъ, изъ ничего вышедшій въ люди, все то что внезапно появляется, случается.
Upstart (*ŏп-старт'*) vn. внезапно, быстро вскакивать.
Upstay (*ŏп-стэй'*) va. подпирать, поддерживать.
Upswarm (*ŏп-суорм'*) va. vn. подымать, -ся роемъ, роиться, кишѣть [вать, подбрасывать.
Upthrow (*ŏп-зсро'у*) va. взбрасы-
Upturn (*ŏп-тŏрн'*) va. поворачивать, обращать, поднимать вверхъ; копать, взрывать, бороздить (землю).
Upwafted (*ŏп-уäфт'-ед*) adj. поддерживаемый въ воздухѣ.
Upward (*ŏп'-уäрд*), **Upwards** (*ŏп'-уäрдз*) adv. вверхъ, наверхъ, кверху; поверху; сверхъ, болѣе, свыше (чего); слишкомъ. **Upwards and downwards**, вверхъ и внизъ, вверху и внизу, горѣ и долу. **— man, downward fish**, получеловѣкъ, полурыба. **From his early youth —**, начиная съ его ранней юности. **From their youth —**, начиная съ дѣтства. **— of twenty years**, болѣе двадцати лѣтъ. **— of an hour**, болѣе часу. [ющійся вверхъ.
Upward (*ŏп'-уäрд*) adj. направля-
Upwhirl (*ŏп-уŏрл'*) va. vn. подымать вихремъ вверхъ, нестись вихремъ; клубиться, вскрутить, -ся, пустить вверхъ.
Uræmia, **Uremia** (*ю-ри'-ми-ä*) s. (мед.) уремія.
Uranite (*ю'-ра-найт*) s. уранъ (металлъ). [ураній.
Uranium (*ю-рэ'-ни-ŏм*) s. (хим.)
Uranographic (*ю-рä-но-гръф'-ик*), **Uranographical** (*ю-рä-но-гръф'-ик-äл*) adj. уранографическій.
Uranography (*ю-рä-ног'-рä-фи*) s. уранографія, небоописаніе.
Uranology (*ю - рä-нол' - о - джи*) s. уранологія. [нета).
Uranus (*ю'-рä-нŏс*) s. Уранъ (пла-
Urban (*ŏр'-бäн*) adj. городской.
Urbane (*ŏр-бэн'*) adj. учтивый, вѣжливый. [во; вѣжливо.
Urbanely (*ŏр-бэн'-ли*) adv. учти-
Urbanity (*ŏр-бäн'-и-ти*) s. учтивость, вѣжливость; ‖ шутливость, веселость. [кувшинчатый.
Urceolate (*ŏр'-си-о-лэт*) adj. (бот.)
Urchin (*ŏр'-чин*) s. (зоол.) ежъ; ‖ мальчишка.
Urea (*ю'-ри-а*) s. (хим.) мочевина, мочевое вещество. [точникъ.
Ureter (*ю-ри'-тер*) s. (анат.) моче-
Urethra (*ю-ри'-зсра*) s. (анат.) мочеиспускательный каналъ.
Urge (*ŏрдж*) va. побуждать, понуждать, возбуждать; спѣшить (чѣмъ), торопить, ускорять; погонять, подгонять; подстрекать, вызывать, понукать; поощрять, возбуждать, раздражать; тѣснить, вытѣснять; ‖ настаивать (на чемъ), просить неотступно, убѣждать; предлагать, представлять (прошеніе, оправданіе), навязывать, докучать; требовать, вымогать, вынуждать. **To — the necessity of**, настаивать на необходимости (чего), ссылаться на необходимость. **To — an argument**, представить аргументъ, соображеніе. **To — claims**, предъявить требованіе. **To — on**, торопить. ‖ vn. спѣшить, торопиться.
Urgency (*ŏр'-джен-си*) s. настоятельная потребность, крайняя нужда; настоятельныя просьбы; безотлагательность.
Urgent (*ŏр'-джент*) adj. настоятельный, крайне нужный, крайній, безотлагательный. **To be — upon, with, for**, приставать къ кому, настоятельно просить (о чемъ).
Urgently (*ŏр'-джент-ли*) adv. настоятельно, крайне.
Urger (*ŏр'-джер*) s. тотъ, кто понуждаетъ, подстрекаетъ и пр.
Urging (*ŏр'-джинг*) adj. см. **Urgent.**
Uric (*ю'-рик*) adj. **— acid**, мочевая кислота.
Urinal (*ю'-рин-äл*) s. урыльникъ.
Urinary (*ю'-рин-ä-ри*) adj. мочевой, уринный. [чегонный.
Urinative (*ю'-рин-э-тив*) adj. мо-
Urine (*ю'-рин*) s. урина, моча; ‖ vn. мочиться.
Urinous (*ю'-рин-ŏс*) adj. мочевой, относящійся до мочи.
Urn (*ŏрн*) s. урна; ваза; сосудъ, кувшинъ, кружка. **Cinerary —**, пепельникъ, въ которомъ хранился прахъ умершихъ; ‖ va. класть въ урну, заключать.
Uroscopy (*юр-ос'-ко-пи*) s. (мед.) изслѣдованіе мочи.
Ursa (*ŏр'-са*) s. (астр.) **— Major, — Minor**, Большая, Малая Медвѣдица. [хожій на медвѣдя.
Ursine (*ŏр'-син*) adj. медвѣжій, по-
Ursuline (*ŏр'-сью-лин*) s. урсулинка, урсулинская монахиня.
Urus (*ю'-рŏс*) s. (зоол.) зубръ, буйволъ.
Us (*ŏс*) pron. (*косвенный падежъ отъ* **We**), насъ, намъ. **He did not speak to —**, онъ съ нами не говорилъ. **With —**, съ нами.

Usable (*юз'-а-бле*) adj. употребимый, употребительный, употребляемый.

Usage (*юз'-эдж*) s. употребленіе; обычай, обыкновеніе, навыкъ; обращеніе, обхожденіе; пользованіе; поступки.

Usance (*юз'-ăнс*) s. (тор.) срокъ платежа по векселю. **At double —**, въ два срока; || (уст.) процентъ, ростъ денежный; употребленіе.

Use (*юс*) s. употребленіе, пользованіе (какою либо вещью); польза, выгода; обычай, обыкновеніе, практика, упражненіе, процентъ. **In —**, въ употребленіи, употребительный. **Out of —**, вышедшій изъ употребленія. **To make — of, to put to —**, пользоваться чѣмъ, употреблять что въ дѣло. **It is no —**, это безполезно, напрасно. **Of excellent —**, чрезвычайно полезный. **That has several —s**, это имѣетъ различныя примѣненія, это употребляется въ различныхъ случаяхъ. **To make — of a person's name**, ссылаться на кого. **To put to —**, отдать (деньги) въ ростъ. **To take —**, брать проценты. **What is the — of that**, къ чему это служитъ. **It is no — going**, безполезно идти. **To be of no —**, ни къ чему не служить.

Use (*юз*) va. употреблять, потреблять, руководствоваться, примѣнять, пользоваться; || поступать, обращаться, обходиться (съ кѣмъ); || пріучать; || издерживать, расходовать, тратить. **To — up**, израсходовать, износить. **—d up**, изнуренный, истощенный; (воен.) убитый. **— him well**, хорошо съ кѣмъ обходиться; || vn. имѣть обыкновеніе, быть привычну, привыкать; быть въ употребленіи, употребляться; (уст.) посѣщать что, бывать гдѣ часто.

Useful (*юс'-фул*) adj. полезный, годный, пригодный; выгодный. **To make one's self —**, сдѣлаться полезнымъ, необходимымъ.

Usefully (*юс'-фул-и*) adv. полезно, пригодно, выгодно.

Usefulness (*юс'-фул-нес*) s. польза, выгода.

Useless (*юс'-лес*) adj. безполезный, тщетный.

Uselessly (*юс'-лес-ли*) adv. безполезно, тщетно.

Uselessness (*юс'-лес-нес*) s. безполезность, тщетность.

Usher (*ðш'-ер*) s. привратникъ, сторожъ, приставъ (въ судѣ); тотъ кто предшествуетъ особѣ высокаго сана, кто вводитъ посѣтителей, кто докладываетъ; || помощникъ учителя, репетиторъ.

Usher (*ðш'-ер*) va. вводить, докладывать, возвѣщать, предвозвѣщать; вносить, подавать. **To — in**, вводить, вносить. **To — out**, выпосить, выносить. **To — up**, вести вверхъ.

Usquebaugh (*ðс'-куи-бо*) s. водка изъ разныхъ травъ и кореньевъ преимущественно шафранная.

Ustion (*ðсть'-ðн, ðс'ч-ðн*) s. жженіе, прижиганіе; (хим.) сожиганіе.

Ustorious (*ðс-то'о-ри-ðс*) adj. жгучій, горючій.

Usual (*ю'-жу-ăл*) adj. обыкновенный, обычный, употребительный, часто случающійся. **As —**, по обыкновенію, какъ обыкновенно.

Usually (*ю'-жу-ăл-и*) adv. обыкновенно, обычно, употребительно, часто, многократно.

Usualness (*ю'-жу-ăл-нес*) s. обычность, многократность, частые случаи, привычка.

Usufruct (*ю'-зу-фрукт*) s. временное пользованіе (вещью).

Usufructuary (*ю-зу-фрðкть'ю-ă-ри*) s. тотъ, кто пользуется доходами съ собственности, принадлежащей другому; || adj. относящійся къ праву пользованія.

Usure (*ю'-жур*) vn. давать деньги въ ростъ.

Usurer (*ю'-жу-рер*) s. ростовщикъ; лихоимецъ.

Usurious (*ю-жу'-ри-ðс*) adj. ростовщичій, лихоимный, основанный на лихоимствѣ, лихвенный. **A — man**, лихоимецъ, ростовщикъ.

Usuriousness (*ю-жу'-ри-ðс-нес*) s. лихоимство.

Usurp (*ð-сðрп'*) va. захватывать незаконно, похищать; завладѣвать.

Usurpation (*ю-зðр-пэ'-шðн*) s. незаконный захватъ, несправедливое присвоеніе, похищеніе; узурпація.

Usurper (*ю-зðрп'-ер*) s. похититель; похититель престола *или* власти, узурпарторъ.

Usurping (*ю-зðрп'-инг*) s. похищеніе.

Usurpingly (*ю-зðрп'-инг-ли*) adv. посредствомъ несправедливаго захвата, безъ всякаго права.

Usury (*ю'-жу-ри*) s. лихоимство, лихва, лихвенный процентъ, ростъ. **To lend upon —**, отдавать въ ростъ (деньги).

Ut (*ðт*) s. (муз.) нота Утъ *или* Це.

Utensil (*ю-тен'-сил*) s. посуда, утварь. **Kitchen —s**, кухонная посуда. **Farming —s**, земледѣльческія орудія, принадлежности.

Uterine (*ю'-тер-ин*) adj. (анат.) маточный; || единоутробный, одной матери, но не одного отца.

Uterous (*ю'т-ðр-ис*) s. (анат.) матка.

Utilitarian (*ю-тил-и-тэ'-ри-ăн*) adj. утилитарный, заботящійся о пользѣ.
Utilitarianism (*ю-тил-и-тэ'-ри-ăн-изм*) s. утилитаризмъ.
Utility (*ю-тил'-и-ти*) s. польза; выгода, прибыль. **Of what — is it to?** какая польза отъ..? на что это нужно? [утилизація.
Utilization (*ю-тил-и-зэ'-шŏн*) s.
Utilize (*ю'-тил-айз*) va. употреблять съ пользой, въ пользу; утилизировать; пользоваться чѣмъ.
Utmost (*ŏт'-мост*) adj. крайній, послѣдній, отдаленнѣйшій; величайшій, высочайшій; ‖ s. крайняя, высшая степень (чего); все возможное; самое большее; самая высшая цѣна. **To the —**, въ высшей степени. **To the — of my power**, изъ всѣхъ моихъ силъ. **To do one's —**, стараться.
Utopia (*ю-то'о-пи-а*) s. утопія.
Utopian (*ю-то'о-пи-ăн*) adj. утопическій, химерическій, мечтательный, воображаемый.
Utopianism (*ю-то'о-пи-ăн-изм*) s. утопія, химерическія предположенія.
Utopist (*ю-то'о-пист*) s. утопистъ.
Utricle (*ю'-три-кл*) s. пузырекъ; (бот.) мѣшечекъ, сумочка.
Utricular (*ю-трикь'-ю-лăр*) adj. пузырчатый.
Utter (*ŏт'-тер*) adj. наружный, внѣшній, наличный, удаленный отъ средоточія, внѣ круга; крайній, совершенный, окончательный, положительный; абсолютный, полный; чрезвычайный. **— refusal**, рѣшительный отказъ. **An — fool**, отъявленный дуракъ. **— aversion**, полнѣйшее, величайшее отвращеніе. **— darkness**, мракъ. **— destruction**, полное разрушеніе. **— strangers to us**, совершенно намъ чужіе.
Utter (*ŏт'-тер*) va. произносить, выговаривать, говорить; издавать (звукъ); выражать, изъяснять, излагать; открывать, обнародывать; ‖ издавать, выпускать, пускать въ обращеніе; сбывать, продавать. **He uttered these last words**, онъ произнесъ эти послѣднія слова.
Utterable (*ŏт'-тер-ă-бл*) adj. что можно произнести.
Utterance (*ŏт'-тер-ăнс*) s. произнесеніе, произношеніе, выговариваніе, выговоръ; ‖ манера изъяснять свои мысли, манера говорить; ‖ слово, языкъ; ‖ сбытъ, продажа. **At —, to the —**, до крайности.
Utterer (*ŏт'-тер-ер*) s. тотъ, кто произноситъ, выражаетъ, распространяетъ,
Utterly (*ŏт'-тер-ли*) adv. совершенно, вполнѣ, всецѣло, рѣшительно, крайне.
Uttermost (*ŏт'-тер-мост*) adj. и s. см. **Utmost**.
Uvea (*ю'-ви-а*) s. (анат.) сосудистая оболочка зрачка (въ глазу).
Uvula (*ю'-вью-ла*) s. (анат.) язычекъ (въ глазу).
Uvular (*ю'-вью-лăр*) adj. (анат.) язычковый, относящійся до языка.
Uxorious (*ŏгз-оо-ри-ŏс*) adj. находящійся подъ башмакомъ.
Uxoriousness (*ŏгз-о'о-ри-ŏс-нес*) s. женоподчиненіе.

V.

V (*ви*) двадцать вторая буква англійской азбуки.
Vacancy (*вэ'-кăн-си*) s. пустота, порожнее мѣсто; вакансія; не занятая должность; праздное время; отдыхъ, доступъ. **The — of the eye**, разсѣянный взглядъ. **To look on —**, бросать разсѣянные взоры.
Vacant (*вэ'-кăнт*) adj. пустой, порожній; свободный, праздный, досужій; вакантный; беззаботный безсмысленный, удивленный. **— face**, лицо безъ выраженія. **— moments**, время отдыха. **A — mind**, беззаботное отношеніе.
Vacantly (*вэ'-кăнт-ли*) adv. разсѣянно, неопредѣленно.
Vacate (*вэ'-кэт*) va. уничтожать, отмѣнять, упразднять; оставлять должность, мѣсто.
Vacation (*вă-кэ'-шŏн*) s. уничтоженіе, отмѣна, упраздненіе; вакансія, свободное мѣсто; вакатъ, каникулы.
Vaccinate (*вăк'-си-нет*) va. вакцинировать, прививать оспы.
Vaccination (*вăк-си-нэ'-шŏн*) s. вакцинація (прививаніе оспу).
Vaccinator (*вăк'-си-нэ-тŏр*) **Vaccinist** (*вăк'-си-нист*) s. оспоприниватель.
Vaccine (*вăк'-сайн, вăк'-син*) adj. коровій. **— matter**, s. коровья оспенная матерія, вирусъ вакцины
Vacillant (*вăс'-ил-лăнт*) adj. шаткій, колеблющійся.
Vacillate (*вăс'-ил-лэт*) vn. шататься, дрожать, колебаться.
Vacillating (*вăс'-ил-лэт-инг*) adj. нетвердый, дрожащій, мерцающій,

шаткій; нерѣшительный, колеблющійся.
Vacillation (*вäс-ил-лэ'шöн*) s. шатаніе, дрожаніе, колебаніе.
Vacuity (*вä-кью'-и-ти*) s. пустота.
Vacuous (*вäкъ'-ю-öс*) adj. пустой.
Vacuum (*вäк'-ю-öм*) s. пустота.
Vade-mecum (*вэ-ди-ми'-кöм*) s. вещь, которую носятъ при себѣ; спутникъ (книга).
Vagabond (*вäг'-ä-бонд*) adj. праздношатающійся, бездомный, бродячій; || s. бродяга.
Vagabondage (*вäг'-ä-бонд-эдж*) s. бродяжничество.
Vagabondize (*вäг'-ä-бонд-айз*) vn. бродяжничать, скитаться.
Vagary (*вä-гэ'-ри*) s. прихоть, причуда, капризъ фантазія.
Vagina (*вä-джай-нä'*) s. (анат.) влагалище, рукавъ матки.
Vaginant (*вäдж'-и-нäнт*) adj. (бот.) влагалищный. [ничество.
Vagrancy (*вэ'-грäн-си*) s. бродяж-
Vagrant (*вэ'-грент*) adj. бродяжническій; блуждающій; || s. бродяга.
Vague (*вэг*) adj. неопредѣленный, смутный. [но, смутно.
Vaguely (*вэг-ли*) adv. неопредѣлен-
Vagueness (*вэг'-нес*) s. неопредѣленность, смутность.
Vail (*сэл*) s. вуаль, покрывало; || покорность; опусканіе, пониженіе, захожденіе (солнца); || va. покрывать; опускать, понижать; снимать (шляпу); терять (мужество); || va. кланяться, сгибаться; уступать; стираться, пропадать передъ кѣмъ.
Vails (*вэлз*) s. pl. подарки, деньги на чай, на водку (слугамъ).
Vain (*вэн*) adj. безполезный ненужный, тщетный, напрасный. **In —**, напрасно; тщеславный, суетный. [тщеславный.
Vainglorious (*вэн-гло'о-ри-öс*) adj.
Vaingloriously (*вэн-гло'о-ри-öс-ли*) adv. тщеславно. [лавіе.
Vainglory (*вэн-гло'о-ри*) s. тщес-
Vainness (*вэн'-нес*) s. безполезность, тщетность; тщеславность, суетность.
Valance (*вäл'-äнс*) s. подзоръ (у кровати); || va. украшать подзоромъ.
Vale (*вэл*) s. долина. **The — of life**, ходъ, теченіе жизни; || каналъ, трубка. [щеніе.
Valediction (*вал-и-дик'-шöн*) s. про-
Valedictory (*вäл-и-дик'-тö-ри*) adj. прощальный; || s. прощальная рѣчь.
Valentine (*вäл'-ен-тайн*) npr. Валентинъ.
Valerian (*вä-ли'-ри-äн*) s. (бот.) валеріана, булдырьянъ, мaунъ.
Vales (*вэлз*) s. pl. см. **Vails**.
Valet (*вäл'-ет*) s. слуга, камердинеръ.
Valetudinarian (*вäл-и-тью-ди-н'э-ри-äн*) **Valetudinary** (*вал-и-тью'-ди-нэ'-ри*) adj. хворый, хилый; || s. хворый человѣкъ.
Valiant (*вäл'-йäнт*) adj. доблестный, храбрый.
Valiantly (*вäл'-йäнт-ли*) adv. доблестно, храбро.
Valiantness (*вäл'-йäнт-нес*) s. храбрость, доблесть.
Valid (*вäл'-ид*) adj. дѣйствительный; сильный; законный.
Validate (*вäл'-и-дэт*) va. сдѣлать дѣйствительнымъ, сильнымъ, законнымъ.
Validity (*вä-лид'-и-ти*) **Validness** (*вäл'-ид-нес*) s. дѣйствительность; сила; законность.
Validly (*вäл'-ид-ли*) adv. дѣйствительно, сильно.
Valkyr (*вäл'-кир*), **Valkyria** (*вäл'-ки-ри-ä*) s. Валкирія.
Vallation (*вäл-лэ'-шöн*) s. окопъ, стѣна. [желобъ.
Valley (*вäл'-ли*) s. долина; || каналъ,
Valour (*вäл'-öр*) s. храбрость, доблесть.
Valorous (*вäл'-öр-öс*) adj. храбрый.
Valorously (*вäл'-öр-öс-ли*) adv. храбро.
Valuable (*вäл'-ю-ä-бл*) adj. цѣнный, драгоцѣнный.
Valuableness (*вäль'-ю-ä-бл-нес*) s. цѣна, цѣнность, стоимость.
Valuation (*вäль-ю-э'-шöн*) s. оцѣнка, исчисленіе; цѣна.
Valuator (*вäль'-ю-э-тöр*) s. цѣновщикъ, цѣнитель, оцѣнщикъ.
Value (*вäль'-ю*) va. цѣнить, оцѣнивать; исчислять; уважать. **To — with**, сравнивать; || va. трассировать (вексель); || s. цѣна, стоимость; сила; точный смысль. **To set a—**, цѣнить, уважать.
Valueless (*вäль'-ю-лес*) adj. ничего не стоющій.
Valuer (*вäл'-ю-ер*) s. см. **Valuator**.
Valvate (*вäлв'-эт*) adj. створчатый.
Valve (*вäлв*) s. створчатая дверь; половинка двери; || клапанъ; створка (раковины, растенія); || (анат.) затворка, заслонка, клапанъ. **Safety —**, предохранительный клапанъ. **Slide —**, клапанъ, золотникъ.
Valved (*вäлвд*) adj. имѣющій клапаны; || створчатый.
Valvelet (*вäлв'-лет*), **Valvule** (*вäлвъ'-юл*) s. затворка, заслоночка
Valvular (*вальв'-ю-лäр*) adj. (бот.) створчатый.
Vamp (*вäмп*) s. передокъ (сапога); старый чулокъ; || va. починивать; отдавать въ закладъ.

Vamper (*вӓмп'-ер*) s. тотъ, кто чинитъ, занимается починкою.
Vampire (*вӓм'-пайр*) s. вампиръ; летучая мышь.
Vampirism (*вӓм'-пайр-изм*) s. вампиризмъ; вынудительное требованіе, вынужденіе; кровожадность.
Van (*вӓн*) s. авангардъ, крыло; ‖ (агр.) вѣяло, вѣялка; ‖ опушка (у пера); ‖ вѣеръ; ‖ повозка для перевозки мебели; возъ. — **guard**, авангардъ. — **courier**, s. развѣдчикъ. [варъ.
Vandal (*вӓн'-дӓл*) s. вандалъ, вар-
Vandal (*вӓн'-дал*), **Vandalic** (*вӓн'-дӓл-ик*) adj. варварскій.
Vandalism (*вӓн'-дӓ-лизм*) s. вандализмъ, варварство.
Vane (*вэн*) s. флюгеръ. флюгарка; (астр.) пинула (въ инструментахъ).
Vanilla (*вӓ-нил'-ла*) s. (бот.)ванилъ.
Vanish (*вӓн'-иш*) vn. исчезать, пропадать, проходить.
Vanity (*вӓн'-и-ти*) s. тщеславіе, суета: безполезность; лживость, пустота, безсодержательность
Vanquish (*вӓнк'-уиш*) va. побѣждать, преодолѣвать; уничтожать, низвергать.
Vanquishable (*вӓнк'-уиш-ӓ-бл*) adj. побѣдимый, преодолимый.
Vanquisher (*вӓнк'-уиш-ер*) s. побѣдитель.
Vantage (*вӓн'-тэдж*) s. см. **Advantage. To have at—**, быть въ болѣе выгодномъ положеніи. — **ground**, s. болѣе выгодное положеніе, преимущество.
Vapid (*вӓп'-ид*) adj. выдохнувшійся; безвкусный.
Vapidity (*вӓ-пид'-и-ти*), **Vapidness** (*вӓп'-ид-нес*) s. выдохлость, безвкусность.
Vapor, **Vapour** (*вэ'-пор*) s. паръ; чадъ; туманъ, вѣтры (въ животѣ). — **bath**, s. паровая баня; ‖ vn. испаряться; хвастать; ‖ va. превращать въ паръ, разсѣвать. **To — away**, испарять.
Vaporation (*вӓп-о-рэ'-шӧн*) s. испареніе, выпариваніе.
Vaporer **Vapourer** (*вэ'-пӧр-ер*) s. хвастунъ, самохвалъ.
Vaporingly, **Vapouringly** (*вэ'-пӧр-инӓ-ли*) adv. хвастливо.
Vaporish **Vapourish** (*вэ'-пор-иш*), **Vapory**, **Vapoury** (*вэ'-пӧр-и*) adj. наполненный паромъ, ‖ больной ипохондріей.
Vaporization (*вӓп-о-ри-зэ'-шӧн*) s. превращеніе въ паръ
Vaporize (*вӓп'-о-райз*) va vn превращать, -ся въ пары.
Vaporous (*вэ'-пӧр-ӧс*) adj наполненный парами: производящій вѣтры, пустой, мечтательный
Variability (*вэ-ри-ӓ-бил'-и-ти*), **Variableness** (*вэ-ри-ӓ-б-л-нес*) s. перемѣнчивость, измѣнчивость, непостоянство.
Variable (*вэ'-ри-ӓ-бл*) adj. перемѣнный, перемѣнчивый измѣнчивый, непостоянный.
Variably (*вэ'-ри-ӓ-бл-и*) adv. перемѣнно, перемѣнчиво, измѣнчиво, непостоянно.
Variance (*вэ'-ри-ӓнс*) s. перемѣна, измѣненіе; несогласіе; споръ, ссора. **To be at — with**, быть не въ ладахъ съ кѣмъ.
Variant (*вэ'-ри-ӓнт*) adj. перемѣнчивый; непостоянный, измѣнчивый.
Variation (*вэ-ри-э'-шӧн*) s. перемѣна, измѣненіе; отступленіе, отклоненіе; разность; (астр.) склоненіе (магнитной стрѣлки); (муз.) варьяція; (грам.) перемѣна окончаній. [вѣтреная оспа.
Varicella (*вӓр-и-сел'-лӓ*) s. (мед.)
Varicocele (*вӓр'-и-ко-сил*) s. (мед.) расширеніе венъ.
Varicose (*вӓр'-и-кос*). **Varicous** (*вӓр'-и-кӧс*) adj. варикозный, узловатый, съ расширеніемъ венъ.
Varied (*вэ'-рид*) adj. разнообразный
Variegate (*вэ'-ри-и-гэт*) va. разнообразить; пестрить, испещрять. —**d lamps**, лампы различныхъ цвѣтовъ.
Variegation (*вэ-ри-и-гэ'-шӧн*) s. пестреніе; пестрота.
Variety (*вӓ-рай'-и-ти*) s. разнообразіе; большое количество различныхъ вещей; (ест. ист.) разновидность.
Variola (*вӓ-рай'-о-ла*) s. (мед.) оспа.
Variolic (*вэ-ри-ол'-ик*), **Variolous** (*вӓ-рай'-о-лӧс*) adj. оспенный.
Various (*вэ'-ри-ӧс*) adj. различный, разный, разнообразный.
Variously (*вэ'-ра-ӧс-ли*) adv. различно, разно, разнообразно.
Varix (*вэ'-рикс*) s. (pl **varices**) (мед.) расширеніе сосудовъ, венъ. [слуга, пажъ.
Varlet (*вар'-лет*) s. плутъ; ‖
Varnish (*вар'-ниш*) s. лакъ; глазурь, мурава; ‖ лоскъ. — **maker**, s. фабрикантъ лака. — **tree**, лаковое дерево, сумахъ; ‖ va. лакировать; муравить; придавать лоскъ, прикрашивать.
Varnisher (*вар'-ниш-ер*) s. лакировщикъ; ‖ тотъ, кто придаетъ лоскъ, прикрашиваетъ.
Varnishing (*вар'-ниш-инг*) s. лакировка; глазуреніе; лоскъ, прикрашиваніе.
Vary (*вэ'-ри*) va. измѣнять, перемѣнять; разнообразить; ‖ vn. измѣняться, перемѣняться; уклоняться, разниться, разствовать; чередоваться.

Vascular (*вäс-кью'-лäр*) adj. (анат.) сосудный, сосудистый.
Vascularity (*вäс-кью-лäр'-и-ти*) s. (анат.) сосудистость.
Vase (*вэс*) s. ваза, сосудъ; (бот.) чашечка (цвѣтка).
Vaseline (*вäс'-е-лин*) s. вазелинъ.
Vassal (*вäс'-сäл*) s. вассалъ, прислужникъ.
Vassalage (*вäс'-сäл-эдж*) s. вассальство, подчиненіе; рабство.
Vassalry (*вäс'-сäл-ри*) s. вассальство.
Vast (*вäст*) s. обширность, пространность, огромность; пустота, бездна; || adj. обширный, пространный, помѣстительный, вмѣстительный; огромный.
Vastly (*вäст'-ли*) adj. обширно, пространно, помѣстительно, вмѣстительно; огромно.
Vastness (*вäст'-нес*) s. обширность, огромность, величина; важность.
Vasty (*вäст'-и*) adj. обширный, пространный.
Vat (*вäт*) s. чанъ, кадка, ушатъ.
Vatican (*вäт'-ти-кан*) s. Ватиканъ.
Vaticide (*вäт'-и-сайд*) s. пророкоубійство; пророкоубійца.
Vaticinal (*вä-тис'-и-нäл*) adj. пророческій.
Vaticination (*вä-ти-и-нэ'-шöн*) s. пророчество.
Vaudeville (*во'од-вил*) s. (театр.) водевилъ; пѣсенка.
Vault (*во'олт*) s. сводъ; подвалъ, погребъ; склепъ; || прыжокъ, скачекъ; || va. (арх.) дѣлать сводъ, покрывать сводомъ; || vn. припрыгивать; вольтижировать.
Vaulted (*во'олт-ед*) adj. въ видѣ свода, имѣющій сводъ.
Vaulter (*во'олт-ер*) s. скакунъ, вольтижеръ.
Vaulting (*во'олт-инг*) s. дѣланіе свода; своды; || скаканіе, вольтижированіе; || adj. неумѣренный.
Vaunt (*вант, во'онт*) s. хвастовство, чванство; || хвастать, величаться; || va. хвалить, восхвалять.
Vaunter (*вäнт, и во'онт-ер*) s. хвастунъ, самохвалъ.
Vauntful (*вант, и во'онт-фул*) adj. хвастливый, чванливый.
Vauntingly (*вант*) и *во'онт-инг-ли*) adv. хвастливо, чванливо.
Vavasor (*вäв'-ä-сöр*) s. подданный вассала.
Veal (*вил*) s. телятина; **— tea**, бульонъ изъ телятины.
Veda (*ви'-да*) s. веда, священная книга (у индусовъ).
Vedet, Vedette (*ви-дет'*) s. (воен.) ведетъ.
Veer (*вир*) va. vn. поворачивать, -ся; перемѣнять направленіе (мор.) поворотить черезъ фордевиндъ. **To — away**. отдать, травить (веревку).
Vegetability (*ведж-и-тä-бил'-и-ти*) s. прозябаемость, растительность.
Vegetable (*ведж'-и-тä-бл*) s. растеніе; зелень, овощь; || adj. прозябаемый, растительный.
Vegetarian (*ведж-и-тэ'-ри-äн*) s. s. вегетаріанецъ, питающійся растительною пищею; || adj. растительный, прозябаемый.
Vegetarianism (*ведж-и-тэ'-ри-äн-изм*) s. вегетаріанство.
Vegetate (*ведж'-и-тэт*) vn. прозябать, расти.
Vegetation (*ведж-и-тэ'-шöн*) s. прозябаніе; растительность; произрастаніе.
Vegetative (*ведж'-и-тэ-тив*) adj. растительный; прозябающій.
Vegetativeness (*ведж'-и-тэ-тив-нес*) s. растительность.
Vegeto-animal (*ведж'-и-то-äн-и-мäл*) adj. растительно-животный.
Vehemence (*ви'-хи-менс*). **Vehemency** (*ви'-хи-мен-си*) s. пылкость, горячность, запальчивость; жестокость; сила.
Vehement (*ви'-хи-мент*) adj. пылкій, горячій, запальчивый; жестокій; сильный; буйный.
Vehemently (*ви'-хи-мент-ли*) adv. пылко, горячо, запальчиво; жестоко; сильно; буйно.
Vehicle (*ви'-хи-кл*) s. повозка; передаточное средство, проводникъ.
Vehicular (*ви-хикь'-лäр*) adj. перевозочный.
Veil (*вэл*) s. вуаль, покрывало; || видъ, маска. **To cast a — over**, предать забвенію; || va. закрывать покрывомъ; || скрывать, прикрывать.
Veilless (*вэл'-лес*) adj. безъ вуали, безъ покрывала.
Vein (*вэн*) s. (анат.) вена; || жила, жилка (въ землѣ, растеніяхъ, минералахъ); || расположеніе духа, настроеніе, духъ; геній, талантъ.
Veined (*вэнд*), **Veiny** (*вэн'-и*) adj. жилистый, съ жилками.
Velleity (*вел-ли'-и-ти*) s. безсильное желаніе; слабое хотѣніе.
Vellicate (*вел'-ли-кэт*) va. дергать; подстрекать.
Velication (*вел-ли-кэ'-шöн*) s. (мед.) дерганіе; судорога.
Vellum (*вел'-лöм*) s. веленевая бумага. **— post**, почтовая бумага высшаго сорта.
Velocipede ((*ви-лос'-и-пид*) s. велосипедъ, дрезина, самокатъ.
Velocipedist (*ви-лос'-и-пид-ист*) s. s. велосипедистъ.
Velocity (*ви-лос'-и-ти*) s. быстрота, скорость.
Velvet (*вел'-вет*) s. бархатъ. **Terry —**, неразрѣзной бархатъ;

Wollen —, полуплись; || adj. бархатный; мягкій, нѣжный. **— flower**, s. бархатникъ, пѣтушій гребешокъ (растеніе); || va. ткать на подобіе бархата.
Velveteen (*вел-вет-ин*) s. вельветинъ (бумажный бархатъ).
Velveting (*вел'-вет-инг*) s. все,что имѣетъ видъ бархата.
Velvety (*вел'-вет-и*) adj. бархатный; мягкій, нѣжный.
Venal (*ви'-нäл*) adj. продажный; (анат.) венный. [ность.
Venality (*ви-нäл'-и-ти*)s. продажность.
Venary (*вен'-ä-ри*), **Venatic** (*ви-нäт'-ик*), **Venatical** (*ви-нäт'-ик-äл*) adj. охотничій.
Venation (*ви-нэ'-шöн*) s. охота.
Vend (*венд*) va. продавать, сбывать.
Vendee (*венд'-и*) s. покупщикъ.
Vender (*венд'-ер*) s. продавецъ.
Vendible (*венд'-и-бл*) adj. могущій быть проданнымъ, продажный.
Vendibly (*венд'-и-бли*) adv. продажно.
Vendibility (*вэнд-и-бил'-и-ти*) **Vendibleness** (*венд'-и-бл-нес*) s. s. возможность быть проданнымъ; продажность.
Vendition (*вен-диш'-öн*)s.продажа.
Vendor (*венд'-öр*) s. см **Vender**
Vendue (*вэн-дью'*) s. продажа съ молотка, аукціонъ. **— master**, s. аукціонистъ.
Veneer (*ви-нир'*) va. обклеивать фанеркой; || s. фанерка.
Veneering (*ви-нир'-инг*) s. наклейная столярная работа.
Venerable (*вен'-ер-ä-бл*) adj. почтенный, уважаемый.
Venerableness (*вен'-ер-ä-бл-нес*) s. достопочтенность.
Venerably (*вен'-ер-ä-бли*) adv. почтенно, уважаемо.
Venerate (*вен'-ер-эт*) va. почитать, уважать, благоговѣть.
Veneration (*вен-ер-э'-шöн*) s. почтеніе, благвговѣніе, уваженіе
Venerator (*вен'-ер-э-тöр*) s. почитатель.
Venereal (*ви-ни'-ри-äл*), **Venereous** (*ви-ни'-ри-öс*) adj. сладострастный; венерическій, сифилитическій.
Venery (*вен'-ер-и*) s.псовая охота; || сладострастіе.
Venesection (*ви-ни-сек'-шöн*) s. кровопусканіе.
Venge (*вендж*) va. мстить.
Vengeable (*вендж'-ä-бл*) adj. (уст.) мстительный.
Vengeance (*вендж'-äнс*) s. мщеніе, месть. **To take — on**, отмстить. **With a —**, страшно, ужасно; чрезвычайно, чертовски.
Vengeful (*вендж'-фул*) adj. мстительный. [ный;позволительный.
Venial (*ви'-ни-äл*) adj. простительный;позволительный.
Venially (*ви'-ни-äл-ли*) adv. простительно, позволительно.
Veniality (*ви-ни-äл'-и-ти*), **Venialness** (*ви'-ни-äл-нес*) s. простительность. [дичина.
Venison (*вен'-и-зн*) s. оленина; || дичина.
Venom (*вен'-öм*) s. ядъ; || *злоба.
Venomous (*вен'-öм-öс*) adj. ядовитый; || *язвитеяьный.
Venomously (*вен'-öм-öс-ли*) ядовито.
Venomousness (*вен'-öм-öс-нес*) s. ядовидость; || *язвительность.
Venous (*ви'-нöс*) adj. жилистый,съ жилками.
Vent (*вент*) s. отверстіе, выходъ; проходъ; || (воен.) запалъ, затравка; амбразура, бойница; || испусканіе, изліяніе, свободный ходъ, выходъ; опубликованіе. **To give — to**, дать выходъ, свободу; освѣжать воздухъ. **To take —**, выходить наружу, распространяться; дѣлаться общеизвѣстнымъ. **— hole**, отдушина. **— -plug**, пробка, || va. давать свободный ходъ, выходъ; произносить, выговаривать, изливать, испускать; дѣлать общеизвѣстнымъ.
Venter (*вент'-ер*) s. разглашатель; || животъ, утроба; || *бракъ; мать; **By one —**, единоутробный.
Ventiduct (*вен'-ти-дöкт*) s. отдушина, душникъ.
Ventilate (*вен'-ти-лет*) va. провѣтривать, освѣжать воздухъ, вентилировать; вѣять; (уст.) изслѣдовать.
Ventilation (*вен'-ти-лэ'-шöн*) s. провѣтриваніе, освѣженіе воздуха, вентиляція; вѣяніе.
Ventilator (*вен'-ти-лэ-тöр*) s. вентиляторъ, душникъ.
Ventose (*вен'-шос*) adj. вѣтреный; производящій вѣтры(въ животѣ).
Ventosity (*вен-тос'-и-ти*) s. вѣтры (въ животѣ; || напыщенность, пустота.
Ventral (*вен'-трäл*) adj. брюшной.
Ventricle (*вен'-три-кл*) s. (анат.) желудочекъ (сердца, мозга).
Ventricose (*вен'-три-кос*), **Ventricous** (*вен'-три-кöс*) adj. пузатый. брюхастый.
Ventricular (*вен-трикъ'-ю-лäр*) adj. (анат.) относящійся къ желудочкамъ (сердца. мозга).
Ventriculous (*вен-трикъ'-ю-лöс*) adj. надутый, раздутый.
Ventriloquial (*вен-три-ло'о-куи-äл*) adj. см. **Ventriloquous**.
Ventriloquism (*вен-трил'-о-куизм*) s. см. **Ventriloquy**.
Ventriloquist(*вен-трил'-о-куист*) s. чревовѣщатель.

Ventriloquize (*вен-трил'-о-куайз*) vn. заниматься чревовѣщательствомъ. [adj. чревовѣщательный.
Ventriloquous (*вен-трил'-о-куёс*)
Ventriloquy (*вен-трил'-о-куи*) s. чревовѣщаніе.
Venture (*вентъ'-юр, вен'-чур*) s. рискъ, случайность, удача. **At a —**, на удачу, на авось; ‖ vn. va. рисковать, подвергать риску, отваживаться, пытаться, рѣшаться. **To — abroad**, осмѣлиться уйти. **To — at, on, upon**, предпринимать, рискнуть. **To — in**, рѣшиться войти. **To — out**, осмѣлиться выйти. **Nothing —, nothing have**, кто не рискуетъ, тотъ ничего не имѣетъ.
Venturer (*вентъ'-юр-ер, вен'-чур-ер*) s. тотъ, кто отваживается, рискуетъ.
Venturesome (*вентъ'-юр-сём, вен'-чур-сём*) adj. отважный, рискованный, смѣлый.
Venturesomely (*вентъ'-юр-сём-ли, вен'-чур-сём-ли*) отважно, рискованно, смѣло.
Venturesomeness (*вентъ'-юр-сём-нес, вен'-чур-сём-нес*) s. **Venturousness.**
Venturous (*вентъ'-юр-ёс, вен'-чур-ёс*) adj. отважный, рискованный, смѣлый.
Venturousness (*вентъ'-юр-ёс-нес, вен'-чур-ёс-нес*) s. отважность, рискъ, смѣлость.
Venue (*вен'-ю*) s. (юрид.) сосѣдство, смежность, мѣсто происшествія, дѣйствія, иска. **To lay a —**, указывать мѣсто.
Venus (*ви'-нёс*) s. Венера (планета).
Veracious (*ви-рэ'-шёс*) adj. правдивый.
Veracity (*вирäс'-и-ти*) s. правдивость; правда, искренность.
Veranda, Verandah (*ви-рäн'-да*) s. веранда, легкая галлерея.
Veratrum (*ви-рэ'-трём*) s. (бот.) чемерица.
Verb (*вёрб*) s. (грам.) глаголъ.
Verbal (*вёр'-бäл*) adj. словесный, изустный; буквальный; (грам.) отглагольный.
Verbality (*вер-бäл'-и-ти*) s. пустословіе; буквальность.
Verbalize (*вёр'-бäл-айз*) va. превращать въ глаголъ.
Verbally (*вёр'-бäл-ли*) adv. словесно, изустно; буквально.
Verbatim (*вер-бэ'-тим*) adv. буквально, слово въ слово.
Verberation (*вёр-бер-э'-шён*) s. нанесеніе ударовъ, колоченіе; дрожаніе, сотрясеніе, вибрація (воздуха). [изверженіе, многословіе.
Verbiage (*вёр'-би-эдж*) s. слово-
Verbose (*вер-бо'ос*) adj. многословный, многорѣчивый.
Verbosely (*вер-бо'ос-ли*) adv. многословно, многорѣчиво.
Verboseness (*вер-бо'ос-нес*), **Verbosity** (*вер-бос'-и-ти*) s. многословіе, многорѣчіе.
Verdancy (*вёр'-дäн-си*) s. зелень; (фиг.) неопытность.
Verdant (*вёр'-дäнт*) adj. зеленѣющій, зеленый; ‖ *неопытный.
Verderer (*вёр'-дер-ер*) s. лѣсничій.
Verdict (*вёр'-дикт*) s. вердиктъ, приговоръ, рѣшеніе присяжныхъ: **To bring in a —, to give a —, to give in a —, to deliver a —**, постановить приговоръ, рѣшеніе; ‖ *приговоръ, мнѣніе, сужденіе.
Verdigris (*вёр-ди-грис*) s. (хим.) ярь, мѣдянка. [горная зелень.
Verditer (*вёр'-ди-тер*) s. (хим.)
Verdure (*вёрдъ'-юр*) s. зелень, мурова. [ленѣющій, зеленый.
Verdurous (*вёрдъ'-юр-ёс*) adj. зе-
Verge (*вёрдж*) s. розга; булава (у швейцара); подсудность; ‖ предѣлъ, край, окраина, опушка; кайма; ‖ vn. прикасаться, приближаться; клониться; стремиться.
Verger (*вёр'-джер*) s. жезлоносецъ; приставъ, швейцаръ (церковный) съ булавой; ‖ опушка (лѣса).
Verifiable (*вер'-и-фай-ä-бл*) adj. повѣрочный, могущій быть провѣреннымъ.
Verification (*вер-и-фи-кэ'-шён*) s. повѣрка, свѣрка, подтвержденіе.
Verifier (*вер'-и-фэй-ер*) s. провѣрщикъ, свѣритель.
Verify (*вер'-и-фай*) va. повѣрять, свѣрять, подтверждать.
Verily (*вер'-и-ли*) adv. истинно, дѣйствительно. [вѣроятный.
Verisimilar (*вер'-и-сим'-и-лäр*) adj.
Verisimilitude (*вер-и-си-мил'-и-тьюд*), **Verisimility** (*вер-и-си-мил'-и-ти*) s. вѣроятность.
Veritable (*вер'-и-тä-бл*) adj. настоящій, дѣйствительный, истинный. [правда, правдивость.
Verity (*вер'-и-ти*) s. истина,
Verjuice (*вёр'-джюс*) s. s. сокъ неспѣлыхъ яблокъ, неспѣлаго винограда.
Vermicelli (*вёр-ми-чел'-ли, вер-ми-сел'-ли*) s. вермишель.
Vermicular (*вер-микъ'-ю-лäр*) adj. червообразный.
Vermiculate (*вер-мик'-ю-лет*) va. дѣлать накладную, мозаичную работу въ формѣ червей; ‖ adj. червообразный.
Vermiculation (*вер-микъ-ю-лэ'-шён*) s. червообразное движеніе (кишекъ); ‖ (арх.) червоточная работа.

Vermicule *вӧр-ми-кьюл*) s. червячекъ.
Vermiculous (*вер-мик'-ю-лӧс*) adj. червивый. [вообразный.
Vermiform (*вӧр'-ми-форм*) adj. чер-
Vermifuge (*вӧр'-ми-фьюдж*) s. (мед.) глистогонное средство.
Vermilion (*вер-мил'-йӧн*) s. киноварь; красная краска; румянецъ; || va. красить киноварью.
Vermin (*вӧр'-мин*) s. гады, черви; || * гадина, сволочь.
Verminate (*вӧр'-ми-нэт*) vn. порождать гадовъ.
Vermination (*вӧр-ми-нэ'-шӧн*) s. порожденіе червей, гадовъ.
Verminous (*вӧр'-мин-ӧс*) adj. червивый.
Vernacular (*вер-нӑкь'-ю-лӓр*) adj отечественный, природный; туземный. — **disease**, мѣстная болѣзнь. [вешній.
Vernal (*вӧр'-нӑл*) adj. весенній,
Vernant (*вӧр'-нӑнт*) adj. цвѣтущій.
Vernation (*вер-нэ'-щӧн*) s. образованіе листьевъ; образованіе цвѣтка въ почкѣ.
Veronica (*ви-рон'-и-ка*) s. вероника (растеніе); || prn. Вероника.
Versant (*вер'-сант*) adj. опытный, свѣдущій.
Versatile (*вӧр'-сӑ-тил*) adj. перемѣнчивый, измѣнчивый, шаткій, непостоянный; гибкій.
Versatilenes, Versatility (*вӧр'-сӑ-тил-нес*), (*вӧрсӑ-тил'-и-ти*)s. перемѣнчивость, измѣнчивость. непостоянство; гибкость.
Verse (*вӧрс*) s. стихъ; стихотвореніе; куплетъ; стихъ (библіи). — **maker** — **man**, s. стихотворецъ, риѳмоплетъ; || va. vn. выражать въ стихахъ, писать стихи.
Versed (*вӧрст*) adj. свѣдущій, искусный; (мат.) — **sine**, обращенный синусъ.
Versicle (*вӧр'-си-кл*) s. стишокъ.
Versicolour, Versicoloured (*вӧр'-си-кӧл-ӧр, вӧр'-си-кӧл-ӧрд*) adj. многоцвѣтный, измѣняющій цвѣтъ
Versification (*вӧд-си-фи-кэ'-шӧн*) s. стихотворство, стихотвореніе, версификація. [хотворецъ.
Versifier (*вӧр'-си-фай-ер*) s. сти-
Versify (*вӧр'си-фай*) vn. слагать стихи; || va. описывать, выражать стихами, перелагать въ стихи.
Version (*вӧр'-шӧн*) s. переложеніе, переводъ; превращеніе; претвореніе; толкованіе; версія; || уклоненіе; измѣненіе; перемѣна направленія.
Versionist (*вӧр'-шӧн-ист*) s. переводчикъ; тотъ, кто перелагаетъ.
Verst (*вӧрст*) s. верста (путевая мѣра 1077 метровъ въ Россіи).
Vert (*вӧрт*) s. (герал.) зеленый цвѣтъ
Vertebre (*вӧр'-ти-бра*) s. (pl. **vertebræ**), (анат.) позвонокъ.
Vertebral (*вӧр'-ти-брӑл*) adj. позвоночный. — **column**, позвоночный столбъ; || s. позвоночное животное.
Vertebrate (*вӧр'-ти-брэт*) s. позвоночное животное. || adj. позвоночный. [adj. см. **Vertebrate.**
Vertebrated (*вӧр'-ти-брэ-тед*)
Vertebre (*вӧр'-ти-бер*) s. позвонокъ.
Vertex (*вӧр'-текс*) s. (pl. **vertexes** и **vertices**), вершина, верхушка; макушка, маковка (головы); (астр.) зенитъ; (мат.) вершина (угла); самая возвышенная точка.
Vertical (*вӧр'-тик-ӑл*) adj. вертикальный, отвѣсный.
Verticality, Verticalness (*вӧр-ти-кӑл'-и-ти, вӧр'-тик-ӑл-нес*) s. вертикальность, отвѣсность.
Vertically (*вӧр'-тик-ӑл-и*) adv. вертикально, отвѣсно.
Verticil (*вӧр'-ти-сил*) s. (бот.) цвѣточное кольцо, мутовка.
Verticity (*вер-тис'-и-ти*) s. коловращеніе, вращеніе около своей оси.
Vertiginous (*вер-тидж'-и-нӧс*) adj. коловратный, || подверженный головокруженію.
Vertiginousness (*вер-тидж'-и-нӧс-нес*) s. коловратное, круговое движеніе; || головокруженіе.
Vertigo (*вӧр'-ти-го*) s. головокруженіе; || родъ улитки.
Vervain (*вӧр'-вэн*) s. желѣзнякъ (растеніе).
Very (*вер'-и*) adj. истинный, настоящій, сущій, самый, тотъ самый; единственный; простой. **The** — **man**, подходящій человѣкъ. **To the** — **end**, до конца. **A** — **rascal**, завѣдомый негодяй. || adv. очень, весьма; именно; столько. — **much**, много. **It is the** — **same thing**. это совершенно тоже. [зырный.
Vesical (*вес'-и-кӑл*) adj. (анат.) пу-
Vesicatory (*вес'-и-кӑ-тӧ-ри*) adj. нарывной; || s. нарывное средство. мушка. [рекъ.
Vesicle (*вес'-и-кл*) s. (анат.) пузы-
Vesicular (*ви-сикъ'-ю-лӓр*) adj. пузырчатый; полый; наполненный маленькими промежутками; (мед.) везикулярный (о дыханіи).
Vesiculate (*ви-сикъ'-ю-лэт*) adj. пузырчатый, пузыревидный.
Vesper (*вес'-пер*) s. вечерная звѣзда, Венера; вечеръ; || —**s**, s. pl вечерня. [осъ.
Vespiary (*вес'-пи-ӑ-ри*) s. гнѣздо
Vessel (*вес'-сел*) s. сосудъ, посудина; судно, корабль, (анат.) сосудъ,

Vest (*вест*) s. одѣяніе, одежда; жилетъ; || va. одѣвать, облачать. **To — with,** облекать (властью). **To — in,** помѣщать (деньги); || vn. доставаться, принадлежать.
Vesta (*вес'-та*) s. Веста (планета).
Vestal (*вес'-тăл*) adj. принадлежащій Вестѣ; || * дѣвственный, цѣломудренный; || s. весталка.
Vested (*вест'-ед*) adj. одѣтый, облаченный; опредѣленный; по праву принадлежащій.
Vestiary (*вес'-ти-ă-ри*) s. гардеробная; ризница.
Vestibule (*вес'-ти-бьюл*) s. вестибюль, сѣни, прихожая; || (анат.) преддверіе. [знакъ, признакъ.
Vestige (*вест'-идж*) s. слѣдъ,
Vesting (*вест'ин*) s. матерія для жилетовъ.
Vestment (*вест'-мент*) s. одѣяніе, одежда; облаченіе; ризы.
Vestry (*вес'-три*) s. ризница; || приходъ, собраніе прихожанъ. — **board,** s. приходской совѣтъ. — **clerk,** письмоводитель прихода. — **keeper,** ризничій. — **man,** прихожанинъ. — **meeting,** собраніе прихожанъ. — **room,** комната, гдѣ собирается приходскій совѣтъ.
Vesture (*весть'-юр, вес'-чур*) s. одѣяніе, одежда, платье; покрывало; вводъ во владѣніе.
Vetch (*веч*) s. (бот.) выка, журавлиный горохъ.
Vetchling (*веч'-линг*) s. (бот.) чина, земляные орѣшки, луговой горохъ, мышки.
Veteran (*вет'-ер-ăн*) s. ветеранъ, старый служака; || adj. опытный, состарившійся на службѣ.
Veterinarian (*вет-ер-и-нэ'-ри-ăн*) s. ветеринаръ. [ветеринарный.
Veterinary (*вет'-ер-и-нă-ри*) adj.
Veto (*ви'-то*) s. вето, запрещеніе.
Vex (*векс*) va. досаждать, раздражать; сердить; притѣснять, огорчать; безпокоить; || vn. сердиться, досадовать; огорчаться, волноваться.
Vexation (*векс-э'-шдн*) s. досада, досадованіе; огорченіе; волненіе; притѣсненіе, прижимка.
Vexatious (*векс-э'-шдс*) adj. досадный; огорчительный; притѣснительный.
Vexatiously (*векс-э'-шдс-ли*) adv. досадно, огорчительно, притѣснительно.
Vexatiousness (*векс-э'-шдс-нес*) s. досада, непріятность, притѣснительный характеръ.
Vexed (*векст*) adj. чувствующій досаду, огорченіе, мученіе.
Vexer (*векс'-ер*) s. тотъ, кто досаждаетъ, притѣсняетъ, огорчаетъ.
Vexing (*векс'-инг*) adj. досадный, досаждающій.
Vexingly (*векс'-инг-ли*) adj. досадно, досаждающимъ образомъ.
Via (*вай'-а*) s. путь, дорога; (астр.) — **Lactea,** млечный путь; || adv. черезъ посредство, путемъ.
Viability (*вай-ă-бил'-и-ти*) s. способность жить, живучесть, жизненность. [собный жить.
Viable (*вай'-ă-бл*) adj. живучій, спо-
Viaduct (*вай'-а-дŏкт*) s. путепроводъ.
Vial (*вай'-ăл*) s. см. **Phial.**
Viand (*вай'-ăнд*) s. мясо, кушанье.
Viatic (*вай-ăт'-ик*) adj. путевой.
Viaticum (*вай-ăт'-и-кŏм*) s. дорожный запасъ; || Причастіе передъ смертью (у рим. катол.)
Vibrate (*вай'-брэт*) vn. дрожать; колебаться; звучать; вибрировать; || va. производить дрожаніе, сотрясеніе; колебать; двигать; махать, размахивать.
Vibration (*вай-брэ'-шдн*) s. дрожаніе, колебаніе, сотрясеніе, вибрація; махъ, размахъ.
Vibrative (*вай'-брă-тив*) adj. см. **Vibratory.**
Vibratory (*вай'-брă-тŏ-ри*) adj. дрожащій, колеблющійся; маховой; приводящій въ движеніе, въ колебаніе.
Vicar (*вик'-ŏр*) s. викарій, намѣстникъ; приходскій священникъ.
Vicarage (*вик'-ŏр-эдж*) s. викарство, намѣстничество; должность, званіе, домъ приходскаго священника.
Vicarial (*вай-кэ'-ри-ăл*) adj. викарскій, намѣстническій; священническій.
Vicarious (*вай-кэ'-ри-ŏс*) adj. викарскій, намѣстническій; заступающій мѣсто другого; дѣйствующій, страдающій вмѣсто другого.
Vicariously (*вай-кэ'-ри-ŏс-ли*) adv. вмѣсто другого; въ качествѣ замѣстителя.
Vicarship (*вик'-ŏр-шип*) s. викарство, должность, званіе викарія, намѣстника, приходского священника.
Vice (*вайс*) s. порокъ, недостатокъ, несовершенство; шутъ (въ старинныхъ комедіяхъ); || тиски, клещи; || va. сжимать, стискивать.
Vice (*вайс*) *латин. приставка, означающая:* на мѣсто, вице. — **admiral,** s. вице-адмиралъ. — **agent,** вице-агентъ. — **chancellor,** вице-канцлеръ. — **consul,** вице-консулъ. — **president,** вице-президентъ. — **regal,** adj. вице-королевскій. [намѣстничество.
Vicegerency (*вайс-джи'-рен-си*) s.

Vicegerent (*вайс-джи'-рент*) s. заместитель завѣдующаго.
Viceroy (*вайс'-рой*) s. вице-король
Viceroyalty, Viceroyship (*вайс-рой'-ăл-ти, вайс'-рой-шип*) s. вице-королевство.
Vice-versa (*вайси-вŏр'-са*) adv. наоборотъ.
Vicinage(*сис'-и-нэдж*)s.сосѣдство.
Vicinal, Vicine (*вис'-и-нăл, вис'-ин*) adj. сосѣдній.
Vicinity (*ви-син'-и-ти*) s. смежность, близь; сосѣдство; окрестности.
Vicious (*виш'-ŏс*) adj. порочный, развратный; испорченный; злой, злобный; съ норовомъ о лошади. **He was simply —,** онъ былъ страшно золъ.
Viciousness (*виш'-ŏс-нес*) s. порочность, развратность, испорченность.
Vicissitude (*вис-сис'-си-тьюд*) s. превратность, перемѣнчивость, перемѣна.
Vicissitudinous (*ви-сис'-си-тью'-ди-нŏс*) adj. перемѣнчивый.
Victim (*вик'-тим*) s. жертва. **To be a — to,** быть жертвой чего либо.
Victimize (*вик'-тэм-айз*) va. заклать, приносить въ жертву.
Victor (*вик'-тŏр*) s. побѣдитель.
Victorious (*вик-то'о-ри-ŏс*) adj. побѣжденный.
Victoriousness (*вик-то'о-ри-ŏс-нес*) s. побѣдоносный характеръ.
Victory (*вик'-тŏ-ри*) s. побѣда. **To obtain a —,** одержать побѣду.
Victual (*вит'-л*) va. снабжать съѣстными припасами,провизіею; || vn. (мор.) запасаться привизіею; || s. см. **Victuals.**
Victualler (*вит'-л-ер*) s. поставщикъ съѣстныхъ припасовъ, провизіи; (мор.) транспортъ съ провизіею.
Victualling (*вит'-л-инг*) s. снабженіе, поставка съѣстныхъ припасовъ, провизіи; съѣстные припасы, провизія. **— house,** s. трактиръ, гостинница.
Victuals (*вит'-лз*) s. pl. провизія, съѣстные припасы; провіантъ.
Vicuna (*ви-кун'-йа*) s.(зоол.)вигонь.
Videlicet (*ви-дел'-и-сет*) adv. то есть, а именно.
Viduage, Viduity (*видъ'-ю-эдж, ви-дью'-и-ти*), s. вдовство.
Vie (*вай*) vn. va. соперничать, соревновать; || s. прибавка, мазъ (въ игрѣ).
View (*вью*) va. видѣть, глядѣть, смотрѣть, обозрѣвать; осматривать, разсматривать.
View (*вью*) s. видъ; взглядъ; перспектива; разсмотрѣніе; обозрѣніе; цѣль. **At a —,** при взглядѣ. **At first —,** съ перваго взгляда. **Within —,** въ виду. **In my —,** на моихъ глазахъ, въ виду у меня. **In this —,** съ этой точки зрѣнія, въ этомъ отношеніи. **At one —,** мигомъ. **Field of —,** поле зрѣнія. **Point of —,** точка зрѣнія. **To take a — of,** разсмотрѣть. **With a — to,** съ этой цѣлью. **On —,** въ изложеніи.
Viewer (*вью'-ер*) s. тотъ, кто смотритъ, разсматриваетъ; смотритель, надсмотрщикъ.
Viewless (*вью'-лес*) adj.невидимый.
Vigil (*видж'-ил*) s. бдѣніе, бодрствованіе.
Vigilance, Vigilancy (*видж'-и-лăнс, видж'-и-лăн-си*) s. бдительность, неусыпность.
Vigilant (*видж'-и-лăнт*) adj. бдительный, неусыпный.
Vigilantly (*видж'-и-лăнт-ли*) adv. бдительно, неусыпно.
Vignette (*вин'-йет*) s. виньетка, картинка (въ книгѣ).
Vigor, Vigour (*виг'-ŏр*) s. сила, энергія.
Vigorous (*виг'-ŏр-ŏс*) adj. дюжій, сильный.
Vigorously (*виг'-ŏр-ŏс-ли*) adv. сильно.
Vigorousness (*виг'-ŏр-ŏс-нес*) s. см. **Vigor.**
Vile (*вайл*) adj. низкій, подлый; гадкій; дрянной.
Vilely (*вăл'-ли*) adv. низко, подло; гадко; дрянно.
Vileness (*вайл'-нес*) s. низость, подлость гадкость.
Vilification (*вил-и-фи-кэ'-шŏн*) s. униженіе,уничиженіе, поношеніе.
Vilifier (*вил'-и-фай-ер*) s. уничижитель, поноситель.
Vilify (*вил'-и-фай*) va. унижать, уничижать, поносить.
Villa (*вил'-ла*) s. вилла, загородный домъ, дача.
Village (*вил'-лэдж*)s. деревня, село.
Villager (*вил'-лэ-джер*) s. деревенскій житель, поселянинъ.
Villain (*вил'-лэн*) s. мужикъ, крѣпостной; || подлецъ, негодяй.
Villakin (*вил'-лă-кин*) s. деревушка; хуторъ.
Villanage (*вил'-лăн-эдж*) s. рабское, крѣпостное состояніе; состояніе простолюдина.
Villanize (*вил'-лăн-айз*) va. унижать, низводить, позорить, безчестить.
Villanous (*вил'-лăн-ŏс*) adj. подлый, низкій, скверный, позорный, гнусный.
Villanously (*вил'-лăн-ŏс-ли*) adv. подло, низко, скверно, позорно, гнусно.
Villanousness (*вил'-лăн-ŏс-нес*) s. подлость, низость, позорность, гнусность.

Villany (*вил'-лӑн-и*) s. подлость, низость, позоръ, гнусность.
Villatic (*вил-лӑт'-ик*) adj. деревенскій, сельскій.
Villous (*вил'-лŏс*) adj. косматый, волосатый, ворсистый.
Vimineous (*ви-мин'-и-ŏс*) adj. сдѣланный изъ вѣтвей ивы.
Vinaceous (*вай-нэ'-шŏс*) adj. винный, хмѣльной.
Vindemial (*вин-ди'-ми-ӑл*) adj. относящійся къ уборкѣ винограда.
Vindemiate (*вин-ди'-ми-эт*) vn. убирать, собирать виноградъ.
Vindemiation (*вин-ди-ми-э'-шŏн*) s. уборка, собираніе винограда.
Vindicability (*вин-ди-кӑ-бил'-и-ти*) s. доказуемое требованіе.
Vindicable (*вин'-ди-кӑ-бл*) adj. могущій быть затребованнымъ.
Vindicate (*вин'-ди-кэт*) va. оправдывать, защищать; поддерживать; требовать путемъ иска; || мстить, карать, наказывать; освобождать.
Vindication (*вин-ди-кэ'-шŏн*) s. доказуемое путемъ иска требованіе.
Vindicative (*вин'-ди-кэ-тив*) adj. требовательный, исковой; мстительный; карательный.
Vindicator (*вин'-ди-кэ-тŏр*) s. требующій путемъ иска.
Vindicatory (*вин'-ди-кэ-тŏ-ри*) adj. исковой; карательный.
Vindictive (*вин-дик'-тив*) adj. мстительный, карательный.
Vindictively (*вин-дик'-тив-ли*) adv. мстительно, карательно.
Vindictiveness (*вин-дик'-тив-нес*) s. мстительность.
Vine (*вайн*) s. виноградъ, виноградный кустъ, виноградная лоза; стебель, вьющійся стволъ (растенія). — **branch,** s. виноградная вѣтвь. — **dresser,** виноградарь, тотъ, кто разводитъ виноградъ. — **fretter,** — **grub,** виноградный долгоносикъ (насѣкомое). — **leaf,** виноградный листъ. — **shoot,** виноградная лоза. — **mildew,** паразитъ винограда.
Vinegar (*вин'-и-гӑр*) s. уксусъ. — **cruet,** s. уксусница; || adj. кислый какъ уксусъ. — **faced,** съ кислымъ лицомъ.
Vinery (*вайн'-ер-и*) s. виноградная теплица.
Vineyard (*вин'-йӑрд*) s. виноградникъ.
Vinosity (*вай-нос'-и-ти*) s. винная спиртуозность.
Vinose, Vinous (*вай-но'ос, вай'-нŏс*) adj. винный, пахнущій виномъ.
Vintage (*винт'-эдж*) s. уборка, сборъ винограда.
Vintager (*винт'-э-джер*) s. собиратель винограда.
Vintner (*винт'-нер*) s. виноторговецъ.
Viny (*вайн'-и*) adj. виноградный, изобилующій виноградомъ.
Viol (*вай'-ол*) s. (муз.) альтъ.
Violable (*вай'-о-лӑ-бл*) adj. могущій быть нарушеннымъ.
Violaceous (*вай-о-лэ'-шŏс*) adj. фіолетовый.
Violate (*вай'-о-лэт*) va. нарушать, преступать; тревожить; обижать, оскорблять; насиловать; подвергать изнасилованію.
Violation (*вай-о-лэ'-шŏн*) s. нарушеніе; насилованіе; изнасилованіе.
Violator (*вай'-о-лэ-тŏр*) s. нарушитель; насильникъ.
Violence (*вай'-о-ленс*) s. насиліе; стремительность, сила; жестокость; запальчивость; буйство. **To do, to offer — to one,** сдѣлать, причинить кому насиліе; нападать, убивать. **To do — on one's self,** наложить на себя руки.
Violent (*вай'-о-лент*) adj. буйный, неистовый: свирѣпый, жестокій, сильный, наглый; насильственный.
Violently (*вай'-о-лент-ли*) adv. буйно, неистово; свирѣпо, жестоко, сильно, нагло; насильственно.
ный. **A — wind,** жестокій вѣтеръ. — **death,** насильственная смерть.
Violet (*вай'-о-лет*) s. фіалка (растеніе); || adj. фіолетовый. — **colour,** s. фіолетовый цвѣтъ.
Violin (*вай'-о-лин*) s. (муз.) скрипка.
Violinist (*вай-о-лин'-ист*) s. скрипачъ.
Violist (*вай'-о-лист*) s. альтистъ.
Violoncellist (*ви-о-лон-сел'-ист, ви-о-лон-чел'-ист*) s. віолончелистъ.
Violoncello (*ви-о-лон-сел'-ло, ви-о-лон-чел'-ло*) s. віолончель.
Viper (*вай'-пер*) s. ехидна.
Viperine (*вай'-пер-ин*) adj. свойственный ехиднѣ.
Viperous (*вай'-пер-ŏс*) adj. ехидный, ядовитый.
Virago (*вай-рэ'-го*) s. бой-баба, женщина съ мужскими ухватками.
Virgate (*вŏр'-гэт*) adj. (бот.) гибкій, тонкій; лозовидный.
Virgin (*вŏр'-джин*) s. дѣва, дѣвица. **The Holy —,** Св. Дѣва, Богородица; || (астр.) Дѣва (созвѣздіе). —**'s -bower,** s. ломоносъ, нищая трава; || adj. дѣвственный, дѣвическій; самый чистый (о воскѣ, о маслѣ); невоздѣланный, непаханный, цѣлинный (о землѣ); самородный (о металлахъ); первобытный, дѣвственный (о лѣсахъ); || * чистый, непорочный

Virginal (*вöр'-джин-ăл*) adj. дѣвственный, дѣвичій.
Virginity (*вöр-джин'-и-ти*) s. дѣвство, дѣвственность.
Virgo (*вöр'-го*) s. Дѣва (созвѣздіе).
Viridity (*ви-рид'-и-ти*) s. зелень.
Virile (*вай'-рил, вир'-ил*) adj. мужескій; мужественный.
Virility (*вай-рил'-и-ти, ви-рил'-и-ти*) s. возмужалость; || * мужество.
Virtu (*вир-ту'*) s. любовь къ изящнымъ искуствамъ; произведенія изящныхъ искуствъ; древности, рѣдкости, достопримѣчательности
Virtual (*вöртъ'-ю-ăл*) adj. обладающій возможностью (дѣйствовать, быть чѣмъ); неявно присущій, скрытый, предполагаемый виртуально.
Virtually (*вöртъ'-ю-ăл-ли*) adv. виртуально, какъ возможность.
Virtue (*вöртъ'-ю, вöр'-чу*) s. добродѣтель; качество, свойство; сила; храбрость, доблесть. **By — of, in — of**, въ силу, по силѣ, путемъ чего.
Virtueless (*вöртъ'-ю-лес, вöр'-чу-лес*) adj. безъ добродѣтели; недѣйствительный, не обладающій надлежащимъ качествомъ.
Virtuoso (*вöр-тъ-ю-о'о-со*) adj. виртуозъ.
Virtuous (*вöртъ'-ю-öс, вöр'-чу-öс*) adj. добродѣтельный; цѣломудренный; дѣйствительный, сильный.
Virtuously (*вöртъ'-ю-öс-ли*) adv. добродѣтельно; цѣломудренно, дѣйствительно, сильно.
Virtuousness (*вöртъ'-ю-öс-нес, вöр'-чу-öс-нес*) s. добродѣтель.
Virulence, Virulency (*вир'-у-ленс, вир'-у-лен-си*) s. ядовитость, язвительность, злобность
Virulent (*вир'-у-лент*) adj. ядовитый; язвительный, ѣдкій, злобный, жестокій.
Virulently (*вир'-у-лент-ли*) adv. ядовито; язвительно, ѣдко, злобно, жестко.
Virus (*вай'-рöс*) s. заразительная жидкость, вирусъ.
Visage (*виз'-эдж*) s. лицо.
Vis-a-vis (*виз-а-ви'*) s. визави, другъ противъ друга.
Viscera (*вис'-се-ра*) s. (pl. отъ **Viscus**), (анат.) внутренности (брюшины).
Visceral (*вис'-сер-ăл*) adj. (анат.) относящійся къ внутренностямъ.
Viscid (*вис'-сид*) adj. клейкій, липкій, вязкій.
Viscidity (*вис-сид'-и-ти*) s. клейкость, липкость, вязкость; клейкое, липкое, вязкое вещество.
Viscosity (*вис-кос'-и-ти*) s. клейкость, липкость, вязкость.
Viscount (*вай'-каунт*) s. виконтъ.
Viscountess (*вай'-каунт-ес*) s. виконтесса.
Viscountship, Viscounty (*вай'-каунт-шип, вай'-каунт-и*) s. виконство.
Viscous (*вис'-кöс*) adj. см. **Viscid.**
Visibility, Visibleness (*виз-и-бил'-и-ти, виз'-и-бл-нес*) s. видимость, очевидность.
Visible (*виз'-и-бл*) adj. видимый, очевидный, явный.
Visibly (*виз'-и-бл-и*) adv. видимо, очевидно, явно.
Vision (*виж'-öн*) s. видѣніе; зрѣніе; явленіе; привидѣніе, призракъ; мечта.
Visional (*виж'-öн-ăл*) adj. относящійся къ видѣнію, къ зрѣнію; мечтательный, призрачный.
Visionary (*виж'-öн-ă-ри*) adj. мечтательный, призрачный, химерическій; || s. духовидецъ; мечтатель.
Visit (*виз'-ит*) va. посѣщать, навѣщать; || осматривать, обыскивать; || приписывать, относить, || vn. дѣлать визиты.
Visit (*виз'-ит*) s. посѣщеніе, визитъ; осмотръ. **To pay a —**, сдѣлать визитъ.
Visitable (*виз'-ит-ă-бл*) adj. подлежащій посѣщенію, осмотру.
Visitant (*виз'-ит-ăнт*) s. посѣтитель.
Visitation (*виз-и-тэ'-шöн*) s. посѣщеніе; || осмотръ, досмотръ; || посѣщеніе, испытаніе.
Visiter (*виз'-ит-ер*) s. посѣтитель; досмотрщикъ.
Visiting (*виз'-ит-инг*) adj. посѣщающій; уполномоченный дѣлать осмотръ. — **card**, визитная карточка; || s. посѣщеніе, визитъ, визитація.
Visitorial (*виз-и-то'о-ри-ăл*) adj. посѣтительскій, инспекторскій.
Visor (*виз'-öр*) s. забрало; козырекъ; маска; личина.
Visored (*виз'-öрд*) adj. замаскированный; прикрытый личиной.
Vista (*вис'-та*) s. прогалина; просѣка, аллея; перспектива; даль; || * будущность.
Visual (*виж'-у-ăл*) adj. зрительный.
Vital (*вай'-тăл*) adj. жизненный
Vitally (*вай'-тăл-и*) adv. жизненно.
Vitality (*вай-тăл'-и-ти*) s. жизненность; жизнь.
Vitalization (*вай-тăл-и-зэ'-шöн*) s. оживленіе.
Vitalize (*вай'-тăл-айз*) va. оживлять.
Vitals (*вай'-тăлз*) s. pl жизненно-необходимыя части
Vitellary (*вит'-ел-лă-ри*) s. желтокъ въ яйцѣ.
Vitellus (*ви-тел'-öс*) s. (физіол.) желтокъ.

Vitiate (*виш'-и-эт*) va. портить, развращать; (юрид.) дѣлать недѣйствительнымъ.
Vitiation (*виш-и-э'-шӧн*) s. порча, развращенie; (юрид.) нарушенie слова, уничтоженie (акта).
Vitiosity (*виш-и'-ос-и-ти*) s. испорченность; порочность; недѣйствительность.
Vitreous (*вит'-ри-ӧс*) adj. стеклянный, стекольный; стекловатый.
Vitreousness (*вит'-ри-ӧс-нес*) s. стекловатость, стекловидность.
Vitrifaction (*вит-ри-фӓк'-шӧн*) s. превращенie въ стекло, стеклованie.
Vitrifiable (*вит'-ри-фай-ӓ-бл*) adj. способный превращаться въ стекло.
Vitriform (*вит'-ри-форм*) adj. стекловидный.
Vitrify (*вит'-ри-фай*) va. vn. стекловать, -ся; превращать, -ся въ стекло.
Vitriol (*вит'-ри-ол*) s. купоросъ.
Vitriolate (*вит'-ри-о-лэт*) va. пропитывать купоросомъ; превращать въ купоросъ; || adj. пропитанный купоросомъ.
Vitriolic (*вит-ри-ол'-ик*) adj. купоросный. [Vitriolate.
Vitriolize (*вит'-ри-ол-айз*) va. см.
Vituline (*вить'-ю-лайн*) adj. телячій.
Vituperable (*вай-тью'-пер-ӓбл*) adj. заслуживающій хулы, порицанія.
Vituperate (*вай-тью'-пер-эт*) va. порицать, хулить.
Vituperation (*вай-тью-пер-э'-шӧн*) s. порицательный, хулительный.
Vituperative (*вай-тью'-пер-ӓ-тив*) adj. порицательный, хулительный.
Vituperator (*вай-тью'-пер-э-тӧр*) s. порицатель, хулитель.
Vivacious (*вай-вэ'-шӧс*) adj. живучій; живой, веселый; зимующій (растенie).
Vivaciousness (*вай-вэ'-шӧс-нес*). **Vivacity** (*вайвӓс'-и-ти*) s. живость; живучесть.
Vivarium (*вай-вэ'-ри-ӧм*), **Vivary** (*вай'-вӓ-ри*) s. садокъ (для рыбы); звѣринецъ.
Vivid (*вив'-ид*) adj. яркій, живой.
Vividly (*вив'-ид-ли*) adv. ярко; живо.
Vividness (*вив'-ид-нес*) s. яркость; живость.
Vivific (*вай-виф'-ик*), **Vivifical** (*вай-виф'-ик-ӓл*) adj. животный, животворящій.
Vivificate (*вай-виф'-и-кет*) va. оживотворять, оживлять.
Vivification (*вив-и-фи-кэ'-шӧн*) s. оживотворенie, оживленie.
Vivificative (*вив'-и-фи-кэ-тив*) adj. животный.
Vivify (*вив'-и-фай*) va. оживотворять, оживлять.
Vivisection (*вив-и-сек'-шӧн*) s. вивисекція.
Vixen (*викс'-н*) s. самка (лисицы); дѣтенышъ (лисій); || злая женщина, мегера.
Vixenish (*викс'-н-иш*), **Vixenly** (*викс'-н-ли*) adj. злой.
Vizier (*виз'-йер*) s. визирь (министръ шаха).
Vocable (*во'о-кӓ-бл*) s. (грам.) слово, вокабула.
Vocabulary (*во-кӓб'-ю-лӓ-ри*) s. словарь, сборникъ употребляемыхъ словъ, вокабулы, номенклатура.
Vocal (*во'о-кӓл*) adj. обладающій голосомъ; голосовой, вокальный; изустный.
Vocally (*во'о-кӓл-ли*) adv. голосомъ, вокально, изустно.
Vocalic (*во-кӓл'-ик*) adj. гласный.
Vocalist (*во'о-кӓл-ист*) s. пѣвецъ.
Vocalization (*во-кӓл-и-зэ'-шӧн*) s. произнесенie словъ; (муз.) вокализація.
Vocalize (*во'о-кӓл-айз*) va. произносить; (муз.) вокализировать.
Vocation (*во-кэ'-шӧн*) s. призванie, склонность. [звательный.
Vocative (*вок'-ӓ-тив*) adj. (грам.)
Vociferation (*во-сиф-ер-э'-шӧн*) s. вопль, крикъ, горланie.
Vociferous (*во-сиф'-ер-ӧс*) adj. вопящій, кричащій.
Vogue (*во'ог*) s. временная мода, слава; честь, почтенie.
Voice (*войс*) s. голосъ; языкъ; звукъ; (грам.) залогъ (у глаголовъ); || va. провозглашать, объявлять, избрать, назначать; приспособлять къ изданію звука.
Voiced (*войст*) adj. съ голосомъ, имѣющій голосъ.
Voiceless (*войс'-лес*), adj. безгласный, нѣмой; не имѣющій права голоса.
Void (*войд*) adj. пустой, порожній; незанятой; ничтожный; изъятый, свободный; лишенный; тщетный, напрасный, безполезный, недѣйствительный, мечтательный, воображаемый. **To make —**, уничтожать, дѣлать недѣйствительнымъ; || s. пустота; || va. опоражнивать, опрастывать, выбираться, очищать; осушать, выпивать; выбрасывать, выливать; извергать; выгонять; уничтожать, отмѣнять; дѣлать недѣйствительнымъ.
Voidable (*войд'-ӓ-бл*) adj. могущій быть исключеннымъ, опорожненнымъ, уничтоженнымъ.
Voidance (*войд'-ӓнс*) s. опоражниванie, очищенie; вакантное, не-

занятое состоянiе (мѣста, должности).
Voider (*войд'-ер*) s. тотъ, кто опоражниваетъ, выбрасываетъ, уничтожаетъ; корзинка, въ которую собираютъ остатки послѣ обѣда.
Voiding (*войд'-инг*) s. опоражниванiе, выбрасыванiе; остатки, куски.
Voidness (*войд'-нес*) s. пустота, ничтожество.
Volatile (*вол'-ā-тил*) adj.* летучiй; (хим.) летучiй, улетучивающiйся; || легкiй, вѣтренный, непостоянный; || s. животное изъ породы крылатыхъ.
Volatileness (*вол'-ā-тил-нес*), **Volatility** (*вол'-ā-тил'-и-ти*) s. летучесть; || * вѣтренность, непостоянство; (хим.) летучесть, способность улетучиваться.
Volatilizable (*вол'-ā-тил-айз-ā-бл*) adj. (хим.) способный улетучиваться.
Volatilization (*вол'ā-тил-и-зэ'-шӧн*) s. (хим.) улетучиванiе, возгонка.
Volatilize (*вол'-ā-тил-айз*) va. vn. (хим.) улетучиваться.
Volcanic (*вол-кӓн'-ик*) adj. вулканическiй. [каничность.
Volcanity (*вол-кӓн'-и-ти*) s. вул-
Volcanize (*вол'-кӓн-айз*) va. разгорячать, возбуждать.
Volcano (*вол-кэ'-но*) s. вулканъ, огнедышащая гора, сопка.
Vole (*во'ол*) s. взятiе всѣхъ взятокъ (въ картахъ); || полевая мышь, житникъ.
Volery (*вол'-ер-и*) s. полетъ, стая; птичникъ.
Volitation (*вол-и-тэ'-шон*) s. полетъ, летанiе, паренiе.
Volition (*во-лиш'-ӧн*) s. хотѣнiе, желанiе; воля; желающiй.
Volitive (*вол,-и-тив*) adj. имѣющiй хотѣнiе, волю.
Volley (*вол'-ли*) s. залпъ; градъ, туча (стрѣлъ); потокъ (словъ); взрывъ (рукоплесканiй); || va. бросать, испускать; || vn. разряжаться.
Volleyed (*вол'-лид*) adj. разряжающiйся.
Volt (*во'олт*) s. вольтъ (на лошади, въ фехтованiи), поворотъ.
Voltaic (*вол-тэ'-ик*) adj. (физ.) вольтовъ. [низмъ.
Volteism (*вол'-тā-изм*) s. гальва-
Volubilate (*во-лью'-би-лэт*), **Volubile** (*воль'-ю-бил*) adj. вьющiйся.
Volubility (*воль-ю-бил'-и-ти*) s. способность катиться, вращаться; коловратность; бѣглость въ рѣчахъ, говорливость.
Voluble (*воль'-ю-бл*) adj. вертящiйся, поворотливый; коловратный; говорливый.
Volubly (*вол'-ю-бли*) adv. бѣгло, поворотливо.
Volume (*воль'юм*) s. объемъ, величина; масса; || книга, часть, томъ, || изгибъ (змѣи); || пространство; продолжительность (времени).
Volumed (*воль'-юмд*) adj. въ видѣ столба, вьющейся массы.
Voluminous (*во-лью'-ми-нӧс*) adj. обширный, огромный; многотомный; плодовитый (писатель).
Voluminously (*во-лью'-ми-нӧс-ли*) apj. обширно, огромно; многотомно; плодовито.
Voluminousness (*во-лью'-ми-нӧс-нес*) s. обширность; многотомность, плодовитость.
Voluntarily (*вол'-ӧн-тā-ри-ли*) adv. охотно, по собственной волѣ.
Voluntariness (*вол'-ӧн-тā-ри-нес*) s. собственная охота, желанiе.
Voluntary (*вол'ӧн-тā-ри*) adj. добровольный, произвольный, самопроизвольный; || s. доброволецъ, охотникъ, волонтеръ; (муз.) импровизацiя, экспромтъ.
Volunteer (*вол-ӧн-тир'*) s. (воен.) доброволецъ, охотникъ, волонтеръ; || va. vn. изъявлять желанiе, охоту; предлагать свои услуги; поступать на службу добровольцемъ, охотникомъ, волонтеромъ.
Voluptuous (*во-лӧптъ'-ю-ӧс*) (или) (*во-лӧп'-чу-ӧс*) adj. сластолюбивый, сладострастный.
Voluptuously (*во-лӧптъ' - юӧсли*) (или) (*во-лӧп'-чу-ӧсли*) adv. сластолюбиво, сладострастно.
Voluptuousness (*во-лӧптъ'ю* (или) *во-лӧп'-чу-ӧс-нес*) s. сладострастiе, сластолюбiе.
Volutation (*воль-ю-тэ'-шӧн*) s. катанiе, валянiе (по землѣ).
Volute (*во-льют'*) s. (арх.) завитокъ. [завитокъ.
Volution (*во-лью'-шон*) s. спираль,
Volvulus (*вол'-вью-лӧс*) s. (мед.) заворотъ кишекъ.
Vomit (*вом'-ит*) vn. рвать; блевать; || va. **To—out, to—up,** извергать; || s. рвотина, блевотина; (мед.) рвотное. [блевота.
Vomition (*во-миш'-ӧн*) s. рвота,
Vomitory (*вом'-и-тӧ-ри*) adj. рвотный; || s. рвотное; || главный выходъ, входъ въ амфитеатръ.
Voracious (*во-рэ'-шӧс*) adj. обжорливый, прожорливый, ненасытный, жадный.
Voraciously (*во-рэ'-шӧс-ли*) adj. обжорливо, прожорливо, ненасытно, жадно.
Voraciousness (*во-рэ'-шӧс-нес*), **Voracity** (*во-рӓс'-и-ти*) s. об-

жорливость, прожорливость, ненасытность, жадность.

Voraginous (*во-рӓдж'-и-нӧс*) adj изрѣзанный заливами, пропастями. [воротъ.

Vortex (*вор'текс*) s вихръ, водо-

Vortical (*вор'ти-кал*) adj вертящійся, кружащійся, круговой

Votaress (*во'о-тӑ-рес*) s. почитательница, обожательница.

Votarist (*во'о-тӑ-рист*) s. почитатель, обожатель.

Votary (*во'о-тӑ-ри*) adj. обѣтный, по обѣту; || s. почитатель, обожатель; приверженецъ, послѣдователь.

Vote *во'от*) голосъ, мнѣніе, шаръ (при баллотированіи); баллотировочный списокъ, рѣшеніе, опредѣленіе (большинствомъ голосовъ); || vn подавать голосъ, предлагать; || va. вотировать, выбирать по большинству голосовъ; называть, провозглашать. **To come to the—, to put to the—**, баллотировать, пускать на голоса.

Voter (*во'от-ер*) s. подающій голосъ, вотирующій

Voting (*во'о-от-инг*, s. вотировка, голосованіе, подача голоса.

Votive (*оо'о-тив*) adj. обѣтный, по обѣту.— **offering** подношеніе по обѣту

Vouch (*ву'уч*) va. призывать въ свидѣтели; свидѣтельствовать, удостовѣрять, подтверждать; || vn. свидѣтельствовать, ручаться; || s. свидѣтельство, засвидѣтельствованіе.

Vouchee (*вауч-и'*) s. лицо, призываемое въ свидѣтели.

Voucher (*ва'уч-ер*) s. свидѣтель. поручитель; свидѣтельство, удостовѣреніе; порука; ручательство; (юрид.) вызывъ кого либо въ качествѣ поручителя.

Vouchor (*ва'уч-ер*) s. (юрид.) сторона, вызывающая поручителя къ отвѣту: документъ, росписка, квитанція.

Vouchsafe (*воуч-сэф'*) va. позволять; жаловать; || vn снисходить, удостаивать.

Vouchsafement (*вауч-сэф'-мент*) s.позволеніе; снисхожденіе; пожалованіе.

Voussoir (*вус-уар'*) s. (арх.) сводный камень.

Vow (*ва'у*) s. обѣтъ, обѣщаніе, || va. vn. посвящать, обрекать, торжественно обѣщать, поклястся; **To — a temple**, обѣщать соорудить храмъ. **I — to God**, клянусь Богомъ. **To take the —**, произносить обѣтъ.

Vowel (*ва'у-ел*) s. (грам.) гласная буква.

Vowelled (*ва'-у-елд*) adj. заключающій въ себѣ гласныя буквы.

Vower (*ва'у-ер*) s. тотъ кто даетъ обѣтъ

Voyage (*вой'-эдж* разг *вейдж*) s. путешествіе (преимущественно водою); плаваніе **To be on a —**, путешествовать (преим. водою) || va. объѣзжать.

Voyager (*вой'-ӑ-джер*) s. путешественникъ (водою).

Vulcanian (*вӑл-кэ'-ни-ӑн*) adj. вулканическій.

Vulgar (*вӧл-гӑр*) adj. простонародный; простой,обыкновенный; общій; вульгарный; || s. простой народъ, простонародіе, чернь.

Vulgarly (*вӑл'-гӑр-ли*) adv пошло вульгарно.

Vulgarism (*вӧл'-гӑр-изм*) s. простонародное выраженіе; грубость.

Vulgarity (*вӧл-гӑр'-и-ти*) s. низость,простонародный характеръ, обыденность, грубость; дурной тонъ, пошлость, вульгарность.

Vulgarize (*вӧл'-гӑр-айз*) va. дѣлать простонароднымъ,пошлымъ, опошлять.

Vulnerability (*вӧл-нер-ӑ-бил'-и-ти*), **Vulnerableness** (*вӧл'-нер-ӑ-бл-нес*) s. уязвимость.

Vulnerable (*вол'-нер-ӑ-бл*) adj.уязвимый

Vulnerary (*вӧл'-нер-ӑ-ри*)adj. (мед.) цѣлительный; || s. цѣлительное лекарство.

Vulnerate (*вол'-нер-эт*)va. ранить.

Vulnerose (*вӧл'-нер-ос*) adj. израненный. [трый лукавый.

Vulpine (*вӧл'-пин*) adj. лисій, || * хи-

Vulture (*вӧлтъ'-юр, вӧл'-чур*) s. ястребъ

Vulturine (*вӧлтъ'-юр-ин, вӧл'-чурин*) adj. ястребиный.

Vulturous (*вӧлтъ'-юр-ӧс, вӧл-чурӧс*) adj. жадный, прожорливый, хищный.

W.

W (*дӧб'-лью*) двадцать третья буква англійской азбуки.

Wabble (*уоб'-бл*) vn. качаться, шататься, колебаться.

Wabblingly (*уоб'-блинг-ли*) adv. качаясь, шатаясь; колеблясь.

Wack (*уӑк'*) s. ударъ, тумакъ.

Wad (*уод'*) s. пыжъ; клокъ (соломы, сѣна); || va.припыживать; набивать чѣмъ.

Wadded (*уод'-дед*) adj. набитый чѣмъ, подбитый ватой.

Wadding (*уод'-динг*) s. припыживаніе; подбиваніе ватой; || пыжъ, вата.

Waddle (*уод'-дл*) vn. ходить покачиваясь; переваливаться съ ноги на ногу.
Waddlingly (*уод'-длинг-ли*) adv. покачиваясь, переваливаясь.
Wade (*уэд'*) vn. (съ **over**) переходить въ бродъ; проходить, пробираться съ трудомъ. **To — through water**, идти въ водѣ.
Wader (*уед'-ер*) s. **Wading-bird**, (*уэд'-инг-бирд*)s. голенастая птица
Wafer (*уэ'-фер*) s. вафля; опрѣснокъ, просвира; облатка.
Waffle (*уоф'-фл*) s. вафля.
Waft (*уäфт*) va. носить, переносить; давать сигналъ. || s. ударъ, порывъ вѣтра; || сигналъ. **With a —**, (мор.) съ опущеннымъ флагомъ.
Waftage (*уäфт'-эдж*) s. перенесеніе, перевезеніе, передача (по водѣ, воздуху).
Wafter (*уäфт'-ер*) s. перевозное [судно.
Wag (*уäг*) s. шутникъ, проказникъ; || va. махать, трясти, качать; вилять (хвостомъ); || vn. качаться, мотаться; шевелиться, двигаться.
Wage (*уэдж'*) va. пытаться, пробовать; рѣшаться; || держать пари. **To — war**, начать воевать.
Wager (*уэ'-джер*) s. закладъ, пари; || закладъ, залогъ. **To lay a —**, держать пари. || va. vn. биться объ закладъ, держать пари.
Wagerer (*уэ'-джер-ер*) s. тотъ, кто держитъ пари.
Wages (*уэ'-джиз*) s. жалованіе, плата; награда, вознагражденіе.
Waggery (*уäг'-гер-и*) s. шалость, проказы.
Waggish (*уäг'-гиш*) adj. шутливый, рѣзвый, шаловливый.
Waggishly (*уäг'-гиш-ли*) adv. шутливо, рѣзво шаловливо.
Waggishness(*уэг'-гиш-нес*) s.шутливость рѣзвость, шаловливость, веселость.
Waggle (*уäг'-гл*) va. vn. шевелить, -ся; качать, -ся, двигать, -ся.
Waggon *или* **Wagon** (*уäг'-ӧн*) s телѣга, повозка; вагонъ. **By —**, (доставка) вагонами. || va. возить, перевозить.
Waggonage (*уäг'-ӧн-эдж*) s. плата за перевозъ.
Waggoner (*уäг'-ӧн-ер*) s. извозчикъ, возчикъ, возница.
Wagtail (*уäг'-тэл*) s. трясогузка (птица).
Waif (*уэф'*) затерянная, брошен[ная вещь, находка.
Wail (*уэл'*) s. плачъ, вопль, сѣтованіе; || va. vn. горевать, сѣтовать; оплакивать.
Wailful (*уэл'-фул*) adj. жалобный, плачевный, печальный.
Wailing (*уэл-инг*) s. плачъ, вопль, рыданіе, сѣтованіе.
Wain (*уэн'*) телѣга, повозка. **Charles's —**, Созвѣздіе большой Медвѣдицы.
Wainscot (*уэн'-скот*) s. (арх.) панель; || va. обшивать панелями.
Wainscoting (*уэн'-скот-инг*) s. отдѣлка панелями.
Waist (*уэст'*) s. поясница, талія; || * середина.
Waistband (*уэст'-бäнд*) s. поясъ (у юбки, у штановъ).
Waistcoat (*уэст'-кот*) s. жилетъ.
Wait (*уэт'*) va. vn. ждать, ожидать, дожидаться; подстерегать; || служить. **I will — till he comes**, я подожду его прихода. **To keep waiting**, заставлять ждать. **To — at table**, служить за столомъ. **To — for**, ждать кого либо. **To — on, upon**, идти къ кому либо, насѣстить кого, отдать визитъ; || s. засада, западня; || s. pl. козни, ковы, сѣти. **To lay —**, устраивать засаду; строить козни. **To lie in —**, быть на сторожѣ, сидѣть въ засадѣ.
Waiter (*уэт'-ер*) s. провожатый. служитель, слуга;=подносъ.
Waiting (*уэт'-инг*) s. ожиданіе, служба; || adj.дожидающій.—**room**, комната для ожиданія. **In —**, въ ожиданіи. — **woman**, горничная камеристка.
Waitress (*уэт'-рес*) s. горничная.
Waive (*уэв'*) va. оставлять, покидать; откладывать въ сторону.
Wake (*уэк*) vn. бдѣть, бодрствовать; || просыпаться. **To — up**, пробуждаться. || va. будить, пробуждать. **To — up**. пробуждать. || s. бдѣніе, бодрствованіе; (мор.) слѣдъ корабля. **To be in a ship's —**, быть въ кильватерѣ корабля.
Wakeful (*уэк'-фул*) adj. неспящій, бдительный, бодрствующій.
Wakefully (*уэк'-фул-и*) adv. бдительно, бодрствуя.
Wakefulness (*уэк'-фул-нес*)s. бдительность, бодрствованіе, безсонница.
Waken (*уэк'-н*) vn. просыпаться, пробуждаться; || va. будить.
Wakener (*уэк'-нер*), **Waker** (*уэк'-ер*) s. тотъ кто бодрствуетъ, просыпается.
Waking (*уэк'-инг*) adj. бодрствующій, не спящій. — **hours**, часы бодрствованія. || s. бдѣніе, бодрствованіе; пробужденіе.
Wale (*уэл*) s. полоска (у сукна); полоса; знакъ (отъ удара); (мор.) вельсъ, поясъ.
Wales (*уэлс*) npr. **New South —**, Новый Южный Валисъ.
Walk (*уо'ок*) s. ходить, прегуливаться; блуждать. **To — home**, идти домой. **To — by one's self**, гу-

лять одиноко. **To — about,** гулять около. **To — along,** гулять вдоль **To — away,** уходить **To — back,** возвращаться **To — down,** спускаться. **To — in,** входить **To — off,** уходить **To — on,** продолжать идти **To — out,** выходить **To — up,** подыматься **To — up and down,** ходить взадъ и впередъ. || va. проходить, измѣрять, пускать шагомъ (о лошади) **To — one's self off one's legs,** не чувствовать подъ собой ногъ отъ ходьбы || s хожденіе, прогулка, походка, поступь, поведеніе, поступки **To go for a —,** идти гулять. **By —,** боковая аллея, тропинка. **Shady —,** тѣнистая аллея **The humble —s of life,** скромные пути жизни

Walker (*уо'ок-ер*) s ходокъ, гуляющій **Shop —,** наблюдатель инспекторъ **Sleep- —,** сомнамбула

Walking (*уо'ок-инг*) s ходьба, прогулка **— -stick,** тросточка

Wall (*уо'л*) s стѣна, || защита, оплоть, валъ, || (анат.) стѣнка **Within the —s,** внутри стѣнъ **Without the —s,** внѣ стѣнъ **To go to the —,** быть сильно стиснутымъ **To take the —,** завладѣть путемъ **— eye,** (мед.) глаукома **— -flower,** (бот.) стѣнной левкой, желтофіоль. **— -fruit** шпалерный плодъ **— -paper,** обои || va обводить, обносить, защищать стѣнами, задѣлывать камнемъ. **To — in, to — up,** окружать стѣнами

Wallet (*уол'-лет*) s сумка, котомка; портфель

Walling (*уо'ол-инг*) s обнесеніе стѣнами

Wallop (*уол'-лŏп*) s. сильный ударъ, галопъ; || vn кипѣть, вскипать, галлопировать || бить

Walloping (*уол'лŏп-онг*) градъ палочныхъ ударовъ

Wallow (*уол'-лоу*) s качающаяся походка, || vn. валяться, кататься, переваливаться съ ноги на ногу

Wallower (*уол'-лоу-ер*) s тотъ, кто валяется

Walnut (*уŏл'-нŏт*) s грецкій орѣхъ. **— -tree,** орѣховое дерево **— -shell,** орѣховая скорлупа

Walrus (*уол'-рŏс*) s. моржъ

Waltz (*уо'олтс*) s. вальсъ; || vn вальсировать

Waltzer (*уо'олтс-ер*) s тотъ, кто танцуетъ вальсъ

Wamble (*уом'-бл*) vn испытывать тошноту, покачиваться, пошатываться.

Wan (*уон'*) adj блѣдный, посинѣвшій || vn блѣднѣть

Wand (*уонд'*) s прутъ, жезлъ

Wander (*уон'-дер*) vn. бродить, блуждать, странствовать; удаляться, покидать **To — about,** блуждать **To — from,** удаляться, отклоняться **To — up and down,** бродить туда и сюда. || va пробѣгать, проходить, путешествовать

Wanderer (*уон'-дер-ер*) s бродяга, праздношатающійся

Wandering (*уон'-дер-инг*) adj бродящій, скитающійся, заблудившійся **— mind,** блуждающій умъ разсѣянный || s блужданіе, скитаніе, странствованіе, уклоненіе, отступленіе, легкомысліе, вѣтренность

Wanderingly (*уон'-дер-инг-ли*) adv непостоянно, блуждая

Wane (*уэн'*) vn убывать, приходить въ упадокъ || s ущербъ (луны) **To be on the —,** идти на убыль

Wanly (*уон'-ли*) adv блѣдно

Wanness (*уон'-нес*) s блѣдность

Wannish (*уон'-ниш*) adj блѣлый, блѣдноватый

Want (*уо'онт*) s нужда, неимѣніе, недостатокъ **To be in —,** быть въ нуждѣ **To be in — of,** нуждаться въ чемъ **For — of,** за недостаткомъ чего либо || va имѣть нужду, нуждаться, просить, сожалѣть о **I — a watch,** мнѣ нужны часы **I shall — his assistance,** мнѣ будетъ нужна его помощь **This clock wants mending,** эти часы нуждаются въ поправкѣ **You are wanted,** васъ зовутъ **He wanted to strike me,** онъ хотѣлъ меня ударить || vn недоставать **Few votes were wanting,** недоставало немногихъ голосовъ **To be wanting,** недоставать **It —s a quarter to four,** безъ четверти четыре

Wanting (*уо'онт-инг*) adj недостаточный, отсутствующій

Wantless (*уо'онт-лес*) adj достаточный, изобильный

Wanton (*уон'тŏн*) adj. развѣвающійся, рѣзвый, веселый, шаловливый, || vn развѣваться, || шутить, забавляться

Wantonly (*уо'нтŏн-ли*) adv рѣзвясь, живо, весело, шутливо.

Wantonness (*уон'-тŏн-нес*) s. веселость, рѣзвость, распущенность.

Wantwit (*уо'онт-уит*) s. дуракъ, глупецъ.

Wanty (*уон'-ти*) s подпруга.

War (*уор'*) s война, бой. **Civil —,** гражданская война **— to the knife,** быть на ножахъ **At —,** на войнѣ **To wage — against,** воевать съ кѣмъ либо **— -cry, — -whoop,** боевой кличъ **— -dance,** боевой танецъ **— departa-**

ment, военное министерство. — **-office**, канцелярія военнаго министерства. — **-song**, военная пѣснь. || vn. (съ **against**) воевать противъ кого либо. (съ **with**) вести борьбу съ кѣмъ. || va. воевать; сражаться.

Warble (*уор'-бл*) vn. чирикать, щебетать; журчать (о ручейкѣ).

Warbler (*уор'-блер*) s. пѣвчая птичка.

Warbles (*уор'-блз*) s. pl., (ветер.) родъ опухоли на спинѣ лошади

Warbling (*уор'-блинг*) s. чирикаканіе, щебетаніе; || adj. мелодичный, журчащій.

Ward (*уорд'*) va. защищать. охранять, отпарировать ударъ. **To — off**, отклонять, отпарировать || vn. быть на сторожѣ. || s. охрана; (юрид.) опека; кварталъ, часть (города); зала (больницы); камера тюрьмы. — **mote**, собраніе жителей городского округа. — **robe**, гардеробъ. — **room**, помѣщеніе для офицеровъ охраны. — **ship**, опекунство.

Warden (*уорд'-н*) s. опекунъ, хранитель; блюститель, губернаторъ. — **of the Cinque Parts**, (истор.) управленіе пяти портовъ.

Wardenship (*уорд'-н-шип*) s. храненіе, охраненіе, присмотръ,

Warder (*уорд'-ер*) s. хранитель, сторожъ.

Ware (*уэр'*) s. товаръ, продуктъ, издѣліе. **Small** —, красный товаръ. см. **Hardware**, **earthenware**, **chinaware**, **stoneware** и т. д.

Warehouse (*уер'-хаус*) s. амбаръ, кладовая. — **man**, хранитель магазина. — **keeper**, складчикъ товаровъ. || va. складывать (товары) въ амбары.

Warehousing (*уэр'-хауз-инг*) adj. складочный. — **system**, складываніе товаровъ въ амбары. || s. складываніе товаровъ въ амбары.

Warfare (*уор'-фэр*) s. война; военная жизнь; || борьба; || vn. вести походную жизнь.

Warily (*уэ'-ри-ли*) adv. осторожно, осмотрительно.

Wariness (*уэ'-ри-нес*) s. осторожность, осмотрительность.

Warlike (*уор'-лайк*) adj. воинственный, храбрый.

Warlikeness (*уор'-лайк-нес*) s. воинственность, храбрость.

Warm (*уорм'*) adj. горячій, теплый. || s. тепло, теплота; согрѣваніе. **To be** —, быть въ теплѣ. **His hands are** —, у него горячія руки. **To make** —, согрѣвать. **To get** —, согрѣваться. — **-blooded**, съ горячей кровью. — **-headed**, горячая голова. **A — temper**, горячій темпераментъ. — **work**, трудная работа. **He is pretty** —, **I believe**, мнѣ кажется есть отъ чего. || va. грѣть, нагрѣвать; горячить. **To — a room**, согрѣвать комнату. **To — up**, подогрѣвать пищу. **To — one's self**, согрѣваться; || vn. теплѣть; грѣться, согрѣваться; || * горячиться.

Warmer (*уорм'-ер*) s. тотъ, кто грѣетъ *или* то, что грѣетъ. **Plate** —, грѣлка.

Warming (*уорм'-инг*) s. согрѣваніе, нагрѣваніе.

Warmly (*уорм'-ли*) adv. тепло; горячо, пылко; съ жаромъ.

Warmness (*уорм'-нес*), **Warmth** (*уормзс'*) s. теплота, горячность. пылъ.

Warn (*уорн'*) va. предупреждать, предостерегать. **To — against**, предупреждать противъ кого либо

Warning (*уорн'-инг*) s. предостереженіе; извѣщеніе, увѣдомленіе.

Warp (*уорп'*) s. основа (ткани); (мор.) кабельтовъ, перлинь, буксиръ; || буксировать; || коробиться сгибаться; || уклоняться, удаляться; заблуждаться; || va. сгибать (дерево); набирать (основу); вліять (дурно).

Warping (*уорп'-инг*) s. кривизна, выгибъ, искривленіе; || * совращеніе съ прямого пути, отклоненіе; || буксировка.

Warrant (*уор'-рӓнт*) vn. обезпечивать, ручаться; свидѣтельствовать; поручаться. **I — it good**, я вамъ это гарантирую. **Reason —s it**, о томъ свидѣтельствуетъ разумъ. || s. полномочіе, право; довѣренность; приказъ, предписаніе. **To issue a** —, дать приказъ объ арестѣ. **Death** —, приказъ о приведеніи казни въ исполненіе. **Search** —, приказъ объ обыскѣ.

Warrantable (*уор'-рӓнт-ӓ-бл*) adj. за что можно ручаться, дозволенный закономъ, справедливый.

Warranter (*уор'-рӓнт-ӓ-бл-и*) adv. дозволенно, законно, справедливо.

Warrantee (*уор'-рӓн-ти*) s. (юр.) лицо, за которымъ что либо обезпечено.

Warranter (*уор'-рӓнт-ер*) s. уполномачивающій, поручитель.

Warranty (*уор'-рӓн-ти*) s. порука, обезпеченіе.

Warren (*уор'-рен*) s. заповѣдное мѣсто для охоты; рыбный садокъ.

Warrior (*уор'-йор*) s. воинъ; воитель.

Wart (*уорт'*) s. бородавка; (бот.) ростъ. — **wort**, (бот.) молочай.

Warted (*уорш'-ед*) adj бородавчатый

Wary (*уэ'-ри*) adj. осмотрительный, осторожный

Wash (*уош'*) va мыть, вымывать, умывать, мочить, купать. **To — away, off,** смывать, счищать **To — down,** спускать, уносить **To — out,** мыть **To — over,** погружать **To — over with silver,** серебрить. **To — up,** мыть. || vn. мыться, купаться **To — for,** * обдѣлать кого либо || s. мытье, умыванiе; притиранiе; стирка (бѣлья); || помои. **— -ball,** мыльный пузырь. **— -board,** (стол.) плинтусъ. **— -hand-basin,** умывальникъ **— -hand-stand,** умывальный приборъ **— -house,** прачешная. **— -tub,** лоханка для мытья

Washer (*уош'-ер*) s тотъ, кто стираетъ, моетъ **— man,** прачешникъ. **— woman,** прачка

Washing (*уош'-инг*) s. умыванiе, вымыванiе, стирка **—-day,** день стирки. **— -machine,** машина для стирки

Washy (*уош'-и*) adj. влажный, мокрый. || глупый, пошлый. || дряблый.

Wasp (*уосп*) s. оса.

Waspish (*уосп'-иш*) adj похожiй, на осу; раздражительный

Waspishly (*уосп'-иш-ли*) adv вспыльчиво, раздражительно.

Waspishness (*уосп'-иш-нес*) s вспыльчивость, раздражительность; угрюмость

Wassail (*уос'-сил*) s. напитокъ изъ яблокъ съ пивомъ и сахаромъ || vn. праздновать, кутить.

Waste (*уэст'*) s. истощать, ослаблять, поглощать; тратить, расточать; опустошать, раззорять. **To — time,** терять время. **To — away,** уничтожаться, разсѣиваться. || adj. разрушенный, опустошенный; изнуренный; лишнiй, ненужный. **To lay —,** опустошать. **— paper,** бумажные отбросы **— book,** черновая книга, меморiалъ. || s раззоренiе, опустошенiе, растрата; пустошь; || остатки, подонки, (юрид.) порча, поврежденiе **To run to —,** обращаться въ развалины. **A mere — of time,** пустая потеря времени **— -pipe,** отводная трубка. **— -water,** избытокъ воды. **— -weir,** водосливъ для излишней воды

Wasteful (*уэст'-фул*) adj. разрушительный, раззорительный, пустой

Wastefully (*уэст'-фул-и*) adv разрушительно, раззорительно, тщетно, пусто.

Wastefulness (*уэст'-фул-нес*) s. расточительность

Waster (*уэст'-ер*) s расточитель; мотъ, раззоритель

Wasting (*уэст'-инг*) adj истощающiй, разрушающiй. || s. истощенiе разрушенiе

Watch (*уоч*) s. бдѣнiе, бодрствованiе, надзоръ присмотръ, стража, караулъ, (мор.) вахта. **To keep good —,** хорошо караулить. **To be on the —,** быть на стражѣ. (мор.) быть на вахтѣ. **To set a — over,** наблюдать **Night —,** ночная вахта **Gentleman's —,** мужскiе часы. **Lady's —,** женскiе часы. **By my —,** на моихъ часахъ. **— -bill,** (мор.) вахтенный списокъ **— -box,** караулка. **— -case,** корпусъ часовъ **— -dog,** сторожевая собака **— -fire,** сторожевые огни **— -guard,** цѣпочка отъ часовъ **— -house,** кордегардiя. **— -key,** ключъ отъ часовъ. **— -maker,** часовыхъ дѣлъ мастеръ. **— -making,** часовое производство. **— -pocket,** карманъ для часовъ **— stand,** подставка для часовъ. **— -tower,** сторожевая башня. **— -word,** пароль. **— -work,** часовой механизмъ. || vn. бдѣть, бодрствовать. || стеречь; остерегаться, наблюдать, караулить, охранять, сторожить **To — for,** ожидать, караулить. **To — over,** наблюдать за

Watchful (*уоч'-фул*) adj. бдительный, попечительный.

Watchfully (*уоч'-фул-и*) adv. бдительно; попечительно

Watchfulness (*уоч'-фул-нес*) s. бдительность, осмотрительность, наблюденiе; || безсонница.

Watching (*уоч'-инг*) см. **Watchfulness.**

Watchman (*уоч'-мăн*) s. часовой, караульный

Water (*уо-тер*) s вода, приливъ; || моча; || (мед.) водянка; вода, блескъ (алмаза), глянецъ (матерiи). **Fresh —,** свѣжая вода. **Soft —,** прѣсная вода **Hard —,** жесткая вода. **Salt —,** соленая морская вода. **Spring —,** весенняя вода. **Rain —,** дождевая вода. **Mineral—s,** минеральныя воды **High —,** открытое море. **Low —,** отливъ. **To be in hot —,** * быть какъ на угольяхъ. || va. поливать, орошать; поить, купать (скотъ); наводить лоскъ (на матерiю). || vn. плакать, проливать слезы; черпать воду; мокнуть. **His mouth —s,** у него потекли слюнки. **— -bailiff,** начальникъ порта. **— -bearer,** созвѣздiе Водолея. **— -butt,** бочка для дождевой воды.

— -**carrier**, водоносъ. — -**cart**, — -бочка для поливки. — -**closet**, ватерклозетъ. — -**colour**, акварель, — -**course**, теченіе воды, водостокъ. — -**cress**, крессонъ, жеруха (растеніе).—**cure**, водолеченіе. — -**engine**, гидравлическая машина. — -**fall**, водопадъ. — -**flag**, (бот.) шпажникъ. — -**fowl**, водяная птица. — -**fox**, карпъ (рыба). — -**gauge**, указатель водяного уровня; лотъ. — -**hen**, степной куликъ. — -**jug**, крынка для воды. — -**level**, уровень воды. — -**lily**, (бот.) кувшинчики. — -**logged**, на половину погруженный въ воду. — -**mark**, знакъ уровня воды. — -**melon**, арбузъ. — -**mill**, водяная мельница. — -**pipe**, водопроводная труба. — -**plant**, водяное растеніе. — -**power**, гидравлическая сила, вододвигатель. — -**pressure**, давленіе воды. — -**proof**, непромокаемый. — -**ram**, водяной таранъ. — -**rat**, водяная крыса. — -**rate**, плата за водоснабженіе.— -**screw**, Архимедовъ винтъ — -**shed**, водораздѣлъ. — -**shoot**, желобъ. — -**side**, берегъ. — -**spout**, смерчъ. — -**spring**, источникъ. — -**sump**, колодецъ. — -**supply**, водоснабженіе. — -**tank**, водоемъ цистерна — -**tap**, водяной кранъ. — -**tight**, непроницаемый для воды. — -**trough**, водопой.— -**way**, канавка; (мор.) ватервейсъ. — -**wheel**, гидравлическое колесо. — -**works** воды, гидравлическія сооруженія.

Watered (*уо'-терд*) adj. орошенный, смоченный; напоенный.

Wateriness (*уо'-тер-и-нес*) s. влажность, водянистость.

Watering (*уо'-тер-инг*) s. орошеніе, поливаніе; снабженіе водой; поеніе (скота). — -**can**, — -**pot**, лейка. — -**place**, воды, курортъ. — -**trough**, колода (для водопоя).

Waterish (*уо'-тер-иш*) adj. водянистый, жидкій.

Waterless (*уо'-тер-лес*) adj. безводный сухой.

Waterman (*уо'-тер-ман*) s. лодочникъ; перевозчикъ.

Watery (*уо'-тер-и*) adj. водяной, водянистый; влажный, мокрый. **The—plain**, водное пространство.

Wattle (*уот'-тл*) s. прутъ, вѣтка; усы (у рыбъ); || va. связывать вѣтками; плести (прутья).

Waul (*уо'ол*) vn. мяукать.

Wauling (*уо'ол-инг*) s. мяуканіе.

Wave (*уов*) s. волна, валъ; струя; колебаніе, неровность. — -**like**, волнистый. — -**worn**, подмываемый волнами. || vn va. развиться; волноваться, струиться; двигаться; || * колебаться, увертываться; || размахивать, махать, кивать.

Waved (*уэвд*) adj. волнистый, струистый; зубчатый.

Waveless (*уэв'-лес*) adj. не волнистый, гладкій.

Waver (*уэ'-вер*) vn. шататься, дрожать, качаться; || * колебаться.

Waverer (*уэ'-вер-ер*) s. нерѣшительный человѣкъ.

Wavering (*уэ'-вер-инг*) adj. шатающійся, колеблющійся, нерѣшительный; || s. шатаніе, нерѣшительность, дрожаніе.

Waveringly (*уэ'-вер-инг-ли*) adv. колеблясь, шатаясь.

Waveringness (*уэ'-вер-инг-нес*) s. см. **Wavering**.

Waving (*уэв'-инг*) s. движеніе, колебаніе, маханіе; || adj. волнистый, струистый.

Wavy (*уэв'и*) adj. волнистый, струящійся.

Wax (*уакс*) s. воскъ; || сюргучъ. **Of** —, восковой. **Cobbler's** —, варъ. **Sealing-** —, сургучъ. **Modeller's** —, воскъ для отливки. — -**candle**, восковая свѣча. — -**end**, навощенная нить у сапожниковъ. —**light**, восковая свѣча.— -**taper**, церковная восковая свѣча. — -**work**, издѣліе изъ воска, восковыя фигуры. || va. вощить; || vn. расти, увеличиваться, приращаться; становиться, дѣлаться. **To—pale**, побледнѣть какъ воскъ. **To—old**, состариться. **To—warm**, разогрѣться.

Waxen (*уакс'-н*) adj. восковой; навощенный.

Waxy (*уакс'и*) adj. похожій на воскъ; || сердитый.

Way (*уэй'*) s. дорога, путь; проходъ; выходъ; || * средство, способъ, путь; направленіе; образъ, видъ; взглядъ, понятіе; (мор.) ходъ, плаваніе; курсъ (судна). —**in**, входъ. —**out**, выходъ. —**through**, проходъ. **By** —, обходная тропинка. **High**—, большая дорога. **Cross**—, перекрестокъ. **Milky**—, млечный путь. **A great—off**, на большомъ разстояніи. **All the**—, на всемъ пути. **By the**—, мимоходомъ. **By — of**, черезъ посредство кого-либо; проходя чрезъ. **Out of the** —, необычнымъ путемъ. **An out of the — price**, необычная цѣна **To be in the** —, быть на пути, мѣшать. **To lose one's**—, заблудиться. **To get out of the** —, удаляться. **To give** или **make** —, уступать мѣсто. **To lead the** —, идти впередъ. **To make one's** —, прокладывать путь. **To show the** —, указывать путь. **To get under** —, пускаться въ дорогу. **One — and another**, тотъ и другой путь; въ разныхъ направленіяхъ **That —**, сюда, съ этой стороны **This —**, съ той стороны **Which —?** откуда, съ которой стороны **To take one's own —**, идти своимъ путемъ **The right —**, вѣрный путь. **The wrong —**, невѣрный путь **Ways and means —**, пути и способы **The best—is**, наилучшій способъ это **His—of speaking**, его манера говорить. **In no —**, никоимъ образомъ ни въ какомъ случаѣ **By — of business**, въ дѣлахъ **Let him his own —**, пусть онъ дѣлаетъ по своему. **— -bill**, проѣздное свидѣтельство **— -mark**, путевой столбъ **— -side**, край дороги **— worn**, усталый отъ пути

Wayfarer (*уэй'-фэр-ер*) s путешественникъ

Wayfaring (*уэй'-фэр-онг*) adj. путешествующій, || s путешествіе

Waylay (*уэй'-лей*) vn разставить сѣти, подстерегатъ

Waylayer (*уэй'-леиеер*) s тотъ кто подстерегаетъ

Wayless (*уэй'-лес*) adj блуждающій, бродячій

Wayward (*уэй'-уăрд*) adj сердитый, угрюмый, своевольный

Waywardly (*уэй'-уăрд-ли*) adv сердито, угрюмо, своевольно

Waywardness (*уэй'-уăрд-нес*) s сердитость, угрюмость, своеволіе

We (*уй'*) pron pl. отъ **I** мы

Weak (*уик*) adj слабый, хилый **A — mind,** слабый умъ. **To get, to grow—**, ослабѣть **— eyed**, со слабымъ зрѣніемъ **— headed, — -minded**, слабоумный **— -sighted**, со слабымъ зрѣніемъ

Weaken (*уик'-н*) va. ослаблять, обезсиливать.

Weakener (*уик'-нер*) s. ослабляющій, обезсиливающій

Weakening, (*уик'-нинг*) adj ослабляющій, обезсиливающій, смягчающій; || s ослабленіе, разслабленіе

Weakling (*уик'-линг*) s слабое существо

Weakly (*уик'-ли*) adj слабый, хилый, дряхлый, || adv слабо, хило, дряхло, немощно.

Weakness (*уик'-нес*) s. слабость, хилость, дряхлость

Weal (*уил'*) s. благосостояніе, счастіе, благо **Public —**, общественное благо

Weald (*уилд'*) s лѣсъ

Wealth (*уелзс'*) s богатство, состояніе

Wealthily (*уелзс'-и-ли*) adv богато

Wealthiness (*уельц'-и-нес*) s богатство, зажиточность

Wealthy (*уелзс'-и*) adj богатый зажиточный

Wean (*уин*) vn отнимать отъ груди, || лишать **To—a child**, отнять отъ груди ребенка.

Weaning (*уин'-инг*) s отнятіе отъ груди

Weanling (*уин'-линг*) s дитя, отнятое отъ груди

Weapon (*уеп'-бн*) s оружіе, || защита

Weaponed (*уеп'-бнд*) adj вооруженный; защищенный

Weaponless (*уеп'-он-лес*) adj безоружный

Wear (*уэр*) va vn носить, -ся изнашивать, -ся, уничтожать, забывать **He wears spectacles**, онъ носитъ очки **Worn to a thread**, изношенный до дыръ. **To — away**, изнашивать поглощать, разрушать **To— off**, истреблять **To — out**, утомлять, истощать **Worn out clothes**, изношенное платье || vn **To—well**, дѣлать хорошее употребленіе **He wears well**, онъ хорошо выглядитъ **To — away** изнашиваться, уничтожаться **To — off, to —out**, изнашиваться, уничтожаться, стариться, || s износъ, ношеніе, носка **Very little the worse for —**, почти что новый, неизношенный **— and tear**, износъ,пользованіе, употребленіе

Wear (*уир'*) s запруда, плотина

Wearable (*уэр'-ă-бл*) adj годный для носки

Wearer (*уэр'-ă-ер*) s тотъ, кто носитъ, то, что носится, изнашивается

Wearied (*уи'рид*) adj уставшій, утомленный

Weariless (*уи'-ри-лес*) adj беспрерывный, неустанный.

Wearily (*уи'-ри-ли*) adv скучно утомительно

Weariness (*уи'-ри-нес*) s. усталость, утомленіе, скука

Wearing (*уэр'-инг*) adj носимый **— apparel**, одежда || s ношеніе, носка

Wearisome (*уи'-ри-сŏм*) adj. утомительный, скучный, надоѣдливый

Wearisomely (*уи'-ри-сŏм-ли*) adv утомительно, скучно, надоѣдливо

Wearisomeness (*уи'-ри-сŏм-нес*) s утомительность, скука, надоѣдливость.

Weary (*уи'-ри*) adj утомительный, усталый, скучный, || va утомлять, надоѣдать, докучать.

Weasand (*уи'-зăнд*) s (анат.) дыхательное горло

Weasel (*уи'-зел*) s. лисица, ласочка (звѣрекъ).

Weather (*уезс'-ер*) s погода; буря, непогода; перемѣны погоды **Cloudy —**, облачная погода, облачно. **Foggy —** туманная погода. **Rainy —**, дождливая погода **Stormy —**

непогода. **How is the — today?** какова сегодня погода? **-permitting,** если позволитъ погода. || va. вывѣтривать, провѣтривать; выдерживать бурю, непогоду. **To — the storm,** устоять противъ непогоды. || adj. — **-beaten,** пострадавшій отъ непогоды; усталый. — **-board,** подвѣтренная сторона. — **-bound,** задержанный непогодой. — **-cock,** флюгеръ. — **-driven,** гонимый вѣтромъ. — **-gage,** (мор.) преимущество погоды, вѣтра. **To get the — gage,** идти по вѣтру. — **-glass,** барометръ. — **-proof,** испытанный непогодой. — **-quarter,** подвѣтренная часть корабля. — **-shore,** навѣтренный берегъ. — **-side,** подвѣтренная сторона. — **-tight,** испытанный непогодой. — **-wise,** предугадывающій погоду. **Keep your — eye open,** слѣдите за дѣломъ, будьте насторожѣ.

Weathermost (*уесз'-ер-мост*) adj. (мор.) самый навѣтренный.

Weave (*уив'*) va. vn. ткать, плести, сплетать; || * думать.

Weaver (*уив'-ер*) s. ткачъ, ткачиха; || родъ паука.

Weaving (*уив'-инг*) s. тканіе; тканье.

Weazen (*уи'-зн*) adj. худой, исхудалый.

Web (*уеб'*) s. ткань, полотно; || паутина; рѣзакъ (у плуга); плавательная перепонка. **Spider's —,** паутина. — **-footed,** лапчатоногій.

Webbed (*уебд'*) adj. перепончатый.

Webbing (*уеб'-бинг*) s. тесьма.

Webby (*уеб'-би*) adj. паутинный.

Wed (*уед'*) va. vn. обвѣнчать, повѣнчать, -ся; женить, -ся; || * соединять. **To be wedded to,** быть съ кѣмъ либо связаннымъ.

Wedded (*уед'-дед*) adj. обвѣнчанный, женатый; замужняя.

Wedding (*уед'-динг*) s. свадьба; женитьба. — **-cake,** брачный пирогъ. — **-day,** свадебный день. — **feast,** брачное пиршество. — **-presents,** брачные подарки. — **-ring,** обручальное кольцо.

Wedge (*уедж'*) s. клинъ; слитокъ (металла). — **-shaped,** гвоздеобразный. || va. заколачивать, вбивать клинъ; колоть. **To — in,** вталкивать.

Wedlock (*уед'-лок*) s. супружество, бракъ.

Wednesday (*уенз'-дэй*) s. середа, [среда.

Wee (*уи*) adj. маленькій, крошечный.

Weed (*уид'*) s. плевелъ, сорная трава. —. **—s,** pl. одежда, одѣяніе. **Widow's—,** одѣяніе вдовы. || va. полоть, выпалывать, || * искоренять. **To — out,** выдергивать, вырывать.

Weeder (*уед'-ер*) s. пололыщикъ.

Weeding (*уид'-инг*) s. полотье, выпалываніе.

Weedless (*уид'-лес*) adj. не заросшій сорной травой.

Weedy (*уид'-и*) adj. заросшій сорной травой.

Week (*уик'*) s. недѣля. **By the —,** понедѣльно. **This day —,** черезъ недѣлю. — **in,** — **out,** съ недѣлю на недѣлю. — **-day,** будни. **Last —,** за послѣднюю недѣлю.

Weekly (*уик'-ли*) adj. недѣльный, еженедѣльный. — **paper,** еженедѣльникъ. || adv. недѣльно, еженедѣльно. [мнить.

Ween (*уин*) vn. мыслить, думать,

Weep (*уип*) va. vn. плакать, оплакивать. **To — for joy,** плакать отъ радости.

Weeper (*уип'-ер*) s. тотъ, кто плачетъ; плакса.

Weeping (*уип'-инг*) s. слезы, плачъ; || adj. плакучій; плаксивый. — **willow,** плакучая ива.

Weever (*уи'-вер*) s. петрова рыба.

Weevil (*уи'-вл*) s. долгоносикъ (насѣкомое).

Weft (*уефт'*) s. основа; ткань.

Weigh (*уэй*) va. вѣсить, взвѣшивать. **To — one's self,** оцѣнить самого себя; взвѣсить себя. **To — down,** перевѣшивать. **To — out,** взвѣшивать малыми количествами. || vn. вѣсить. тянуть, имѣть вѣсъ (съ **with**), имѣть вѣсъ, значеніе; (съ **upon**) налегать на что. **To — down,** перевѣшивать, перетягивать; опускаться. || s. взвѣшиваніе, взвѣсъ.

Weighable (*уэй'-ă-бл*) adj вѣсомый.

Weigher (*уэй'-ер*) s. вѣсовщикъ.

Weighing (*уэй'-инг*) s. взвѣшиваніе.

Weight (*уэйт*) s. вѣсъ, тяжесть, грузъ; гиря; || * вѣсъ, значеніе. **Gross —,** вѣсъ, брутто. **Net —,** чистый вѣсъ. **Standard —,** узаконенный вѣсъ. **By —,** на вѣсъ. **To make —,** вѣшать съ походомъ. **To be worth its — in gold,** стоить на вѣсъ золота. **His remarks had great —,** его замѣчанія имѣли большое значеніе.

Weightily (*уэйт'-и-ли*) adv. тяжело; || * съ авторитетомъ, вѣско.

Weightiness (*уэйт'-и-нес*) s. тяжесть, вѣсъ; || * значеніе.

Weightless (*уэйт'-и-лес*) adj. не имѣющій вѣса, легкій.

Weighty (*уэйт'-и*) adj. вѣскій, важный.

Weir (*уир*) см. **Wear.**

Weird (*уирд*) s. очарованіе, чары; || adj чарующій [ахъ
Welaway (*уел'-а́-уэи*) interj увы.
Welcome (*уел'-ко́м*) adj желанный, дорогой; милый. **You are** —, милости просимъ, добро пожаловать. **A — present**, счастливое настоящее **He is — to it**, онъ охотно будетъ къ этому допущенъ. || interj. милости просимъ || s. ласковый пріемъ; привѣтствіе **To bid** —, привѣтствовать **A hearty** —, сердечный привѣтъ || va. ласково, радушно встрѣчать.
Welcomeness (*уел'-ко́м-нес*) s. привѣтливость, ласковость
Welcomer (*уел'-ко́м-ер*) s. привѣтливый, ласковый человѣкъ.
Welcoming (*уел'-ко́м-инг*) s. привѣтствіе, радушный пріемъ; || adj привѣтливый, радушный.
Weld (*уелд'*) s. (бот) желтуха, церва; || va. соединять, спаивать.
Welder (*уелд'-ер*) s. тотъ, кто свариваетъ металлъ.
Welfare (*уел'-фэр*) s благосостояніе, достатокъ.
Welkin (*уел'-кин*) s. небо, небесный сводъ, || adj. голубой, небеснаго цвѣта
Well (*уел'*) s водоёмъ, колодезь, || источникъ, ключъ, фонтанъ, (мор) льяло, вель. **— of a ship**. главная помпа на кораблѣ **To sink a** —, копать колодезь — **-borer**, копитель колодца.— **-boring**, копаніе колодца, сверленіе артезіанскаго колодца. — **cleanser**, очиститель колодца — **drain**, стокъ, сточная яма. — **-pump**, (мор.) льяло, вель. — **-room**, (мор) льяло. — **spring**, источникъ, родникъ. — **water**, колодезная вода. || vn. хлынуть, брызнуть; лить
Well (*уел'*) adj. здоровый, хорошій, счастливый, прибыльный, выгодный. **To be — off**, находиться въ довольствѣ. **To be — to do**, быть въ довольствѣ. **All's — that ends** —, конецъ вѣнчаетъ дѣло. —, **if it is so. I submit**, хорошо, если это такъ, я покоряюсь. || adv хорошо, ладно; очень. — **done**, славный. — **watered**, хорошо политый. — **enough**, достаточный. **Very** —, хорошо. — **and good**, хорошо. **As — as**, также хорошо какъ. — **-a -day**, увы. — **-behaved**, благоприличный. — **-being**, благосостояніе, благополучіе. — **-beloved**, любимая. — **-born**, благороднаго рожденія. — **-bred**, благовоспитанный. — **-conditioned**, въ хорошихъ условіяхъ. — **-disposed**, хорошо расположенный. — **done**, хорошо. — **-educated**, благовоспитанный — **-favoured**, съ хорошими задатками — **-grounded**, основательный — **-informed**, хорошо освѣдомленный — **-intentioned**, благорасположенный — **known**, хорошо извѣстный, — **-meaning**, **minded**, благонамѣренный. — **-read**, начитанный — **-spent**, хорошо использованный. — **-spoken**, хорошо, кстати сказанный. — **-timed**, благовременный — **-wisher**, доброжелатель
Welsh (*уелш'*) adj. валлійскій; || s. валлійскій языкъ. — **-woman**, женщина Валлиса.
Welt (*уелт'*) s. кайма, обшивка; || va. обшивать.
Welter (*уел'-тер*) vn. кататься, валяться, утопать; колыхаться; || s. грязь, слякоть.
Wen (*уен'*) s. родъ опухоли: лупа.
Wench (*уенч'*) s дѣвка; проститутка
Wend (*уенд'*) vn уходить, идти **To — one's way**, направляться.
Wennish (*уен'-ниш*), **Wenny** (*уен'-ни*) adj. съ шишкой, съ опухолью. [be.
Were (*уо́р*) pret. ind. и subj. отъ **To**
Were-wolf (*уир'-уулф*) s. оборотень
Wert (*уо́рт'*) pret 2-ое лицо ед. числа отъ **To be**. [ный.
West (*уест*) s. западъ; || adj. запад-
Westerly (*уест'-ер-ли*) adj. западный; || adv. къ западу
Western (*уест'-ерн*) adj. западный, лежащій къ западу. **The — Islands**, Антильскіе острова; Гебриды.
Westernmost (*уест'-ерн-мост*) adj наиболѣе западный.
Westing (*уест'-инг*) s. направленіе къ западу.
Westward (*уест'-уа́рд*) adv къ западу, на западъ
Westwardly (*уест'-уа́рд-ли*) adv. къ западу, на западъ
Wet (*ует'*) adj. мокрый, влажный, сырой; ненастный — **nurse**, кормилица. **To be — through**, промокнуть — **weather**, мокрая погода. || s. сырость, влажность; дождь. || va. мочить, смачивать; увлажать; орошать **To — one's whistle**, промочить горло
Wether (*уесз'-ер*) s. баранъ (кладеный). [влажность.
Wetness (*ует'-нес*) s сырость,
Wetting (*ует'-инг*) s намачиваніе, смачиваніе. **To get a** —, промокнуть.
Wettish (*ует'-тиш*) adj. мокроватый, сыроватый.
Whack (*уа́к'*) s. ударъ, || часть, доля; || va. ударять, бить.

Whacker (*уэкер*) s. колотильщикъ въ доску; ночной сторожъ.
Whale (*уэл'*) s. китъ. **Spermaceti —**, кашалотъ. **— -ship**, судно для ловли китовъ, **— -fishery — -fishing**, китовая ловля. **— bone**, китовый усъ.
Whaler (*уэл'-ер*) s. китоловъ.
Whaling (*уел'-инг*) adj. относящійся къ китоловству.
Whap (*уоп'*) s. ударъ, тумакъ; || va. бить съ размаха.
Whapper (*уоп'-пер*) s. громадина; несуразная ложь.
Wharf (*уорф'*) s. набережная пристань; || va. выгружать на пристань.
Wharfage (*уорф'-эдж*) s. пристанная пошлина.
Wharfinger (*уорф'-ин-джер*) s. смотритель за пристанью.
What (*уот'*) pron. что; || то, что; || который; || тотъ, который; || какой; || сколько. **Do — you will**, дѣлайте что хотите. **— is good**, что хорошо? **— is just is honest**, что справедливо, то честно. **I will tell you —**, я скажу, что это такое. **To know what's —**, понимать положеніе вещей, не зѣвать. **— is that?** что это такое. **— if**, что если. **And — if I did do so?** а что если я сдѣлаю такъ. **— if he were to come?** что, если бы онъ пришелъ. **— then?** что же дальше? **— money we had was taken away**, всѣ деньги, которыя у насъ были, были взяты. **— book is this?** что это за книга? **— presence of mind!** что за самообладаніе!
Whatever (*уот-ев'-ер*) pron. все то, что. **Whatsoever** (*уот-со-ев' ер*) какой бы ни, что бы ни. **— you do**, чтобы вы не дѣлали. **— he may say**, чтобы онъ ни сказалъ. **— riches you may have**, какія бы ни были у васъ богатства. **— way you take**, какой бы путь вы не избрали. **— be his power**, какова бы не была его власть.
Whatnot (*уот'-нот*) s. всякая всячина; этажерка.
Wheal (*уил'*) s. пупырь, угорь, прыщъ.
Wheat (*уит'*) s. пшеница.
Wheaten (*уит'-н*) adj. пшеничный
Wheedle (*уи'-дл*) va. vn. ласкать; прельщать; льстить.
Wheedler (*уи'-длер*) s. льстецъ.
Wheel (*уил*) s. колесо; || прялка; || кругъ, оборотъ; || * средства. **Axle —**, ось. **Cog —**, зубчатое колесо. **Water- —**, вододѣйствующее колесо. **— -barrow**, тачка. **— -carriage**, колесный экипажъ. **— -wright**, колесный мастеръ. || va. катить, катать; вертѣть, оборачивать; || vn. катиться, кататься; вертѣться, оборачиваться; поворачиваться; уклоняться; гарцевать. **To — about**, вращаться какъ флюгеръ. **To — round**, оборачиваться, перемѣнить фронтъ.
Wheeled (*уилд'*) adj. колесный. **A two — vehicle**, двухколеска.
Wheeler (*уил'-ер*) s. коренная лошадь.
Wheeling (*уил'-инг*) adj. ходкій, легкій на ходу (объ экипажѣ); || s. ѣзда, катаніе; обращеніе, поворотъ.
Wheeze (*уиз'*) vn. сопѣть, храпѣть.
Wheezing (*уиз'-инг*) adj. страдающій одышкой; || s. храпѣніе, сопѣніе.
Whelk (*уелк'*) s. прыщъ, пузырь, угорь, слѣдъ; знакъ (отъ удара).
Whelm (*уелм'*) va. отягчать, обременять, погружать.
Whelp (*уелп'*) s. щенокъ, дѣтенышъ; || дитя; || (мор.) вельпъ; || va. vn. щениться, метать дѣтенышей.
When (*уен'*) adv. когда; какъ. || conj. между тѣмъ какъ, тогда какъ. **— I call you**, когда я зову васъ. **The day — he died**, въ день его смерти. **Since —**, съ тѣхъ поръ, съ того времени.
Whence (*уенс'*) adv. откуда, отчего; оттуда.
Whencesoever (*уенс-со-ев'-ер*) adv. откуда бы то ни было, отчего бы то ни было.
Whenever (*уен-ев'-ер*) adv. всякій разъ какъ, когда бы то ни было.
Where (*уер'*) adv. гдѣ. **Any —**, повсемѣстно, гдѣ бы то ни было. **No —**, нигдѣ. **Every —**, повсюду.
Whereabout (*уер-ă-ба'ут*), **Whereabouts** (*уер-и-ба'утс*) adv. гдѣ о комъ, о чемъ, о которомъ. **— was it?** гдѣ это приблизительно.
Whereas (*уер-ăз'*) adv. между тѣмъ какъ, тогда какъ, пока
Whereat (*уер-ăт'*) adv. на это, затѣмъ, послѣ этого.
Whereby (*уер-бай'*) adv. чѣмъ. черезъ что, отчего.
Wherefore (*уер-фор*) adv. почему, для чего.
Wherein (*уер-ин'*) adv. въ чемъ, гдѣ.
Whereof (*уер-оф'*) adv. котораго, какого, чего.
Whereon (*уер-он'*) adv. на чемъ, на которомъ.
Wheresoever (*уер-со-ев'-ер*) adv. см. **Wherever**.
Whereto (*уер'-ту*), **Whereunto** (*уер-ŏн-ту'*) adv. для чего, на что.
Whereupon (*уер-ŏн-он'*) adv. тѣмъ временемъ. см. **Whereon**.
Wherever (*уен-ев'-ер*) adv. гдѣ бы ни, вездѣ.
Wherewith (*уер-уиз*), **Wherewithal** (*уер-уиз-ол'*) adv. тѣмъ, съ чѣмъ; которымъ.

Wherry (*уер'-ри*) s лодка, яликъ
Whet (*ует'*) va точить, острить, || подстрекать **To — a knife,** точить ножъ **To — the appetite,** возбуждать аппетитъ || s точеніе, остреніе. || средство возбуждающее аппетитъ
Whether (*уесз'-ер*) pron одинъ, который (изъ двухъ). || conj ли **— or no,** волею, неволею. **— he succeed or not, his intention is laudable,** будетъ ли онъ имѣть успѣхъ или нѣтъ, его намѣреніе похвально **I doubt — anybody will succeed in it —,** я сомнѣваюсь, чтобы кто-нибудь успѣлъ въ этомъ
Whetstone (*ует'-стон*) s точильный камень
Whetter (*ует'-тер*) s точильщикъ
Whey (*уэй*) s сыворотка. **— -faced,** блѣдный
Wheyey (*уэй'-и*), **Wheyish** (*уэй'-иш*) adj сывороточный
Which (*уич'*) pron который, || кто, || то, что
Whichever (*уич-ев'-ер*) pron который бы ни, который (изъ двухъ) **Whichsoever of the two comes in first,** кто бы не пришелъ первымъ
Whiff (*уиф'*) s клубъ, струя (дыма), косоротъ (рыба). || va vn выпускать клубы дыма, пыхтѣть
Whiffle (*уиф'-фл*) vn вертѣться, лукавить. || s дудочка
Whiffler (*уиф'-флер*) s. вертопрахъ, вѣтрогонъ, игрокъ на дудочкѣ.
While (*уайл'*) s. минута, мгновеніе **A long —,** долго **A long — ago,** давно **A little —,** на минуту, на короткое время **In the mean —,** въ это время **All the —,** втеченіе всего этого времени **It is not worth —,** это не стоитъ того || vn. **To — away,** проводить (время). || vn мѣшкать, медлить ;|| adv пока, покуда, покамѣсть
Whilom (*уай'-лом*) adv нѣкогда, когда то
Whim (*уим'*) s приходъ, причуды, капризъ; || vn имѣть прихоти, причуды
Whimbrel (*уим'-брел*) s. каравайка (птица)
Whimling (*уим'-линг*) s. приходливый, причудливый человѣкъ, дитя
Whimper (*уим'-пер*) vn хныкать, охать
Whimperer (*уим'-пер-ер*) s тотъ, кто хныкаетъ, охаетъ
Whimpering (*уим'пер-инг*) s хныканье, оханье
Whimsey (*уим'-зи*) s прихоть, причуда, капризъ
Whimsical (*уим'-зи-кал*) adj. причудливый, прихотливый, капризный.
Whimsicality (*уим-зи-кал'-и-ти*)
Whimsicalness (*уим'-зи-кал-нес*) s причудливость, прихотливость
Whimsically (*уим'-зи-кал-ли*) adv причудливо, прихотливо, капризно
Whimwham (*уим'-уам*) s прихоть, причуда, капризъ, бездѣлка, бездѣлушка, вздоръ, пустяки
Whin (*уин'*) s (бот.) дрокъ, дикій тернъ, верескъ **— axe,** s полольная кирка, бороздникъ
Whine (*уайн'*) vn жаловаться, визжать, верещать, хныкать охать; || s плачъ, хныканье, оханье, стонъ, визгъ
Whiner (*уайн'-ер*) s тотъ, кто жалуется, хнычетъ, охаетъ, визжитъ
Whining (*уайн'-инг*) s см. **Whine.** || adj плачущій, жалующійся, хнычущій, визжащій
Whinny (*уин'-ни*) vn ржать. || s ржаніе. || adj тернистый, покрытый верескомъ, дрокомъ
Whip (*уип*) va хлестать, бить кнутомъ; бичевать, стегать, колотить (хлѣбъ); взбивать (сливки) обертывать **To — away,** выгнать кнутомъ **To — back,** заставить вернуться кнутомъ **To — down,** заставить спуститься кнутомъ **To — in,** заставить кнутомъ войти въ. **To — off,** выгнать кнутомъ **To — out,** выстегать. **To — up,** поднять кнутомъ || vn. поспѣшно идти **To — about,** пошевеливаться **To — away** или **off** быстро удалиться **To — back,** возвращаться **To — on,** бѣжать впередъ || s. кнутъ, плетъ, хлыстъ. || кучеръ **To crack, to smack a —,** щелкать кнутомъ **Horse —,** хлыстъ **— cord,** кнутъ **— grafting,** прививка растеній англійскимъ способамъ **— -handle,** рукоядка кнута **— -lash,** кнутовище
Whipper (*уип'-пер*) s тотъ, кто бичуетъ, хлещетъ кнутомъ **Coal —,** разгрузчикъ угля **— -in,** вождь партіи (въ парламентѣ) **— -snapper,** мальчишка
Whipping (*уип'-пинг*) s бичеваніе, хлестаніе плетью **— -top,** сабо (игрушка)
Whipple-tree (*уип'-пл-три*) s. валекъ (у ваги каретный)
Whipster (*уип'-стер*) s. проворный человѣкъ, повѣса
Whirl (*уор'*) nv кружиться жужжа, || шумно вертѣться, летѣть, шумно размахивая крыльями. || vn торопить
Whirl (*уарл*) vn va быстро вращать, закрутить, кружить, -ся; волновать, -ся **To — round** быстро крутить **To — along,** уйти

быстро вращая. **To — past,** быстро проходить. **To — round,** кружить (вращая). || s. вращеніе, круговоротъ. вертушка (игрушка) — **-about,** юла (игрушка). — **-bone,** (анат.) ротула.
Whirling (*уѳрл'-гиг*) s. круженіе, коловращеніе; || adj. быстро вращающійся.
Whirlpool (*уѳрл'-пул*) s. водоворотъ, пучина.
Whirlwind (*уѳрл'-уинд*) s. вихрь; смерчъ.
Whirring (*уѳр'-ринг*) s. шумъ, шорохъ птичьихъ крыльевъ; || adj. шуршащій, шипящій.
Whisk (*уиск'*) s. щетка, метелка; || || (мор.)шквалъ; || va.сбивать яйца, сливки;чистить щеткой,метелкой. **To — away,** быстро смести; || vn. **To — away, to — off,** быстро удалиться.
Whiskers (*уиск'-ерс*) s. pl. бакенбарды; усы (кошки).
Whiskered (*уиск'-ерд*) adj съ бакенбардами.
Whiskey (*уис'-ки*) s. виски (водка).
Whisper(*уис'-пер*) s. шопотъ, шептаніе. **In a —,** шопотомъ. || va. говорить шепотомъ, на ухо; нашептывать, || шептать; шелестѣть, журчать.
Whisperer (*уис'-пер-ер*) s. тотъ кто говоритъ шопотомъ; || наушникъ.
Whispering (*уис'-пер-инг*) s. шептаніе; нашептываніе; || adj. шепчущій.
Whist (*уист'*) vn. молчать, замолчать; || adj. молчаливый.
Whist (*уист'*) s. вистъ (карточн. игра).
Whistle (*уис'сл*) va. vn. свистать, насвистывать **He whistled, as he went,** онъ шелъ насвистывая. **The winds —,** вѣтеръ свиститъ. || s. свистъ, свистаніе; свистокъ; || горло, гортань.
Whistler (*уис'-слер*) s. свистунъ.
Whistling (*уис'-слинг*) s. свистъ; || adj. свистящій.
Whit (*уит'*) s. крошечка, малость, капелька. **Not a —,** нисколько, совсѣмъ нѣтъ.
White (*уай*) adj. бѣлый; блѣдный; сѣдой; || чистый, невинный. **— as a sheet,** блѣдный какъ полотно. **To get —, to grow —,** посѣдѣть, побѣлѣть. **To turn —,** поблѣднѣть. || s. бѣлизна, бѣлый цвѣтъ; бѣлокъ; (тип). пробѣлъ. || s. pl. бѣли (болѣзнь). **To dress in —,** одѣваться въ бѣлое — **-ant,** бѣлый муравей. — **-beam,** — **-beam-tree,** бѣлый боярышникъ. — **-ear,** каменка (птица). **To show the — feather,** обнаружить трусость. — **-foot,** бѣлое пятно (на ногахъ лошади). — **-lead,** свинцовыя бѣлила. — **-lime,** известковый растворъ. — **-livered,** малодушный; подлый. — **Sea,** бѣлое море. — **-smith,**лудильщикъ. — **-swelling,** туберколезная опухоль. — **-thorn,** родъ боярышника. — **-wax,** бѣлый воскъ.
Whiten (*уайт'-н*) va. бѣлить, покрывать бѣлой краской, бѣлилами; выбѣливать; чистить; || vn. бѣлѣть, бѣлѣться; сѣдѣть; блѣднѣть; покрываться бѣлымъ (цвѣтомъ).
Whiteness (*уайт'-нес*) s. бѣлизна; блѣдность; бѣлый, блѣдный цвѣтъ || * чистота; невинность.
Whitening (*уайт'-н-инг*) s. бѣленіе; то, что бѣлитъ, чистить.
Whitewash (*уайт'-уош*) s. известковый растворъ; || умыванье, притиранье, косметика; || va. бѣлить, выбѣлить; придавать бѣлизну (кожѣ); || * посадить за долги въ тюрьму.
Whitewasher (*уайт'-уош-ер*) s. бѣлильщикъ, маляръ, штукатуръ.
Whitewood (*уайт'-ууд*) s. американская липа, тюльпановое дерево
Whither (*уисз'-ер*) adv. куда, до какой степени, до чего.— **do you go?** куда вы идете?
Whithersoever (*уисз-ер-со-ев'-ер*) adv. куда бы то ни было; куда ни; вездѣ.
Whitherward (*уисз'-ер-уāрд*) adv. по какому бы то ни было направленію, къ какому мѣсту.
Whiting (*уайт'-инг*) s. бѣленіе, отбѣливаніе; известковый растворъ; испанскія бѣлила; || мерланъ (рыба); || * **To let go a—,** упустить случай. — **pout,** s. треска (рыба).
Whitish (*уайт'-иш*) adj. бѣлесоватый.
Whitishness (*уайт'-иш-нес*) s. бѣлесоватость.
Whitleather (*уит'-лесз-ер*) s. бѣлая кожа; || шейная жила (у мяса).
Whitlow (*уит'-лоу*) s. (мед.) ноготоѣда; (ветер.) воспаленіе вокругъ копытъ. — **grass,** — **wort,** s. (бот.) крупка, сухоребрица.
Whitmonday (*уит'-мѳн-дэй*) s. Духовъ день.
Whitsun (*уит'-сѳн*) adj. относящійся къ пятидесятницѣ, принадлежащій къ Троицыну дню.
Whitsunday (*уист'-сн-дэй*), **Whitsuntide** (*уит'-сн-тайд*) s. Троицынъ, Духовъ день, Пятидесятница.
Whitten-tree (*уит'-тн-три*) s. бѣлая ольха.
Whittle (*уит'-тл*) s. ножъ карманный, складной ножъ; || родъ шали. — **shawl,** s. тонкая шаль съ бахромой

Whittle (*уит'-тл*) va обрѣзывать, строгать ножикомъ. (уст) оттачивать, острить.
Whitten-tree (*утен -три*) s ..астка (звѣрекъ).
Whity (*уайт'-и*) adj. бѣловатый — **brown**, свѣтлокоричневый — **brown paper**, сѣрая оберточная бумага.
Whiz (*уиз'*) vn. свистѣть, жужжать || s. свистъ, жужжаніе.
Whizzing (*уиз'-зинг*) s. см. **Whiz**
Whizzingly (*уиз'-зинг-ли*) adv свистя, со свистомъ.
Who (*ху*) pron. кто; который.
Whoever (*ху-ев'-ер*) pron. кто бы то ни былъ, кто ни; кто нибудь, всякій, кто. — **you are**, кто бы вы ни были.
Whole (*хо'ол*) adj. цѣлый, весь, цѣльный; неприкосновенный, невредимый. **The — world**, весь міръ. **The — sum**, вся сумма; || s цѣлое, все, цѣлость, итогъ **On, upon the —**, въ сущности, сводя къ одному
Wholeness (*хо'-ол-нес*) s. цѣлость, цѣльность
Wholesale (*хо'ол-сэл*) s оптовый торгъ, гуртовая продажа. **By —**, въ общемъ; оптомъ
Wholesome (*хо'ол-сōм*) adj. здоровый, здравый, цѣлебный, спасительный, полезный; благотворный, чистый
Wholesomely (*хо'ол-сōм-ли*) adv здорово, здраво, цѣлебно, спасительно, полезно; благотворно, чисто.
Wholesomeness (*хо'ол-сōм-нес*) s здоровость, здравость, цѣлебность, спасительность, полезность, чистота
Wholly (*хо'ол-и*) adv совершенно, вполнѣ, всецѣло; цѣликомъ; чисто.
Whom (*хум*) pron косвен. падежъ отъ **Who With —**, съ кѣмъ **From —**, отъ кого — **have you seen?** кого вы видѣли? — **was it from?** отъ кого это было?
Whomsoever (*хум-со-ев'ер*) pron. косвен падежъ отъ **Whosoever**. — **you may travel with**, съ кѣмъ бы вы не путешествовали
Whoop (*хуп*) s. гиканіе, крики; шиканіе; || (орн) потатуйка (птица)· || va vn гикать, кричать **To — after**, преслѣдовать своими криками
Whooping (*хуп'-инг*) s. гиканіе, крики; || предѣлъ, мѣра. — **-cough**, коклюшъ
Whop (*хуоп*) s см. **Whap**
Whore (*хо'ор*) s проститутка. || vn развратничать; || va. развращать.
Whoredom (*хо'ор-дōм*) s развращенность, блудъ
Whoremaster *хо'ор-мас-тер* **Whoremonger** (*хо'ор-мōнг-гер*) s содержатель непотребнаго дома, развратникъ.
Whorl (*хуōрл'*) s (бот) кольчатое цвѣторасположеніе
Whort (*хуōрт'*) **Whortleberry** (*хуōрт'-л-берри*) s см. **Huckle - berry**
Whose (*хуз*) pron род. падежъ отъ **Who, Which**; чьей, чья, чье; котораго, который **He — name?** онъ чье имя? — **book is this?** чья эта книга?
Whur (*уōр'*) vn см **Whir**
Why (*хуай'*) adv почему, для чего, по какой причинѣ, || какъ, но, вѣдь. — **yes**, пожалуй да.
Wick (*уик'*) s. свѣтильня.
Wicked (*уик'-ед*) adj. нечестивый, порочный, безнравственный.
Wickedly (*уик'-ед-ли*) adv. нечестиво, порочно, безнравственно
Wickedness (*уик'-ед-нес*) s. нечестивость, порочность, безнравственность.
Wicker (*уик'-ер*) s ивнякъ, ивовый прутъ — **-work**, плетеная работа. — **-basket**, плетеная корзина. — **bottle**, плетенка для бутылки. [точка.
Wicket (*уик'-ет*) s. калитка; фор-
Wide (*уайд'*) adj. широкій, обширный, просторный. || далекій, отдаленный **Three inches —**, три вершка ширины **The — world**, свѣтъ широкъ. || adv далеко, вдали, обширно, широко; совершенно. **Far and —**, со всѣхъ сторонъ — **-open** широко открытый. — **-awake**, пробужденный. || s. войлочная шляпа съ широкими полями. — **-gauge**, значительная ширина пути. — **-spread**, — **-spreading** далеко простирающійся.
Widely (*уайд'-ли*) adv далеко, широко, обширно, пространно.
Widen (*уайд'-н*) va. vn. расширять-ся; распространять,-ся.
Wideness (*уайд'нес*) s. ширина, обширность, величина.
Widgeon (*уид'-жōн*) s. свищъ (утка); || ротозѣй.
Widow (*уид'-оу*) s. вдова; вдовица; || va отнять у жены мужа
Widower (*уид'-оу-ер*) s вдовецъ
Widowhood (*уид'-оу-худ*) s. вдовство; || вдовья часть
Width (*уидэс'*) s. ширина, широта; обширность. [лять чѣмъ.
Wield (*уилд'*) va. владѣть, управ-
Wieldless (*уилд'-лес*) adj. неудобный для управленія.

Wieldy (*уилд'-и*) adj. удобоуправляемый.

Wife (*уайф'*) въ pl. **Wives**, жена, супруга, хозяйка.

Wifehood (*уайф'-худ*) s. замужество.

Wifeless (*уайф'-лес*) adj. неженатый, безъ жены.

Wifely (*уайф'-ли*) **Wifelike** (*уайф'-лайк*) adj. свойственный женѣ.

Wig (*уиг'*) s. парикъ.

Wight (*уайт'*) s. человѣкъ, индивидуумъ; || adj. проворный, ловкій.

Wild (*уайлд'*) adj. дикій, некультурный; безумный, суровый, неукротимый, бурный. **A — ox**, дикій быкъ. **— beasts**, дикія животныя **— flowers**, полевые цвѣты. **— passions**, дикія страсти. **To run —**, разнуздываться. **A — youth**, молодой сорванецъ. **A — look**, растерянный взоръ; || s. пустыня. пустынное мѣсто; степь, лѣсъ. **The — s of America**, дѣвственные лѣса Америки. **— -baar**, вепрь.

Wilderness (*уил'-дер-нес*) s. пустыня, дикая страна.

Wilding (*уайлд'-инг*) s. дикое деревцо; лѣсное яблоко.

Wildly (*уайлд'-ли*) adv. дико; яростно, безумно; странно.

Wildness (*уайлд'-нес*) s. дикость, ярость, безуміе, бѣшенство; сумасбродство; невоздѣланность.

Wile (*уайл'*) s. хитрость, лукавство, обманъ, плутовство; || va. хитрить.

Wilful (*уил'-фул*) adj. своевольный, своенравный; упрямый; преднамѣренный.

Wilfully (*уил'-фул-и*) adv. своевольно, своенравно, упрямо, преднамѣренно.

Wilfulness (*уил'-фул-нес*) s. своевольство, своенравіе, упрямство; преднамѣренность.

Wilily (*уай'-ли-ли*) adv. хитро, лукавствомъ, коварно.

Wiliness (*уай'-ли-нес*) s. хитрость, коварство, лукавство.

Will (*уил'*) s. воля, хотѣніе, желаніе; склонность, охота; || завѣщаніе. **Free —**, свободная воля. **Where there is a —, there is a way**, гдѣ есть воля, тамъ есть и возможность. **At —**, по желанію. **Good —**, добрая воля. **Ill —**, злая воля. **To make one's —**, составить духовное завѣщаніе; || va. vn. хотѣть, желать, имѣть намѣреніе; просить, велѣть, повелѣвать. **I — come**, я приду, я хочу, я намѣренъ придти.

Will (*уил'*). npr. сокращеніе имени Вилліамъ; **— -of - the - wisp**, блуждающій огонь.

Willer (*уил'-ер*) s. тотъ, кто хочетъ, тотъ, кто желаетъ.

Willing (*уил'-инг*) adj. охотный, хотящій, желающій; услужливый, податливый, снисходительный **— or unwilling**, хотя или нехотя; волей или неволей.

Willingly (*уил'-инг-ли*) adv. охотно, добровольно; непринужденно.

Willingness (*уил'-инг-нес*) s. готовность; согласіе; услужливость; склонность, расположеніе.

Willow (*уил'-лоу*) s. ива. **Weeping —**, плакучая ива. **— -herb**, кипрей (растеніе). **— -tree**, ива.

Willowed (*уил'-лоуд*), **Willowy** (*уил'-лоуи*) adj. заросшій ивнякомъ.

Wilt (*уилт'*) va. vn. обезцѣнивать, вянуть, увядать.

Wily (*уайл'-и*) adj. хитрый, лукавый.

Wimble (*уим'-бл*) s. сверлило; || va. сверлить.

Wimple (*уим'-пл*) s. покрывало (для лица), вуаль, платъ.

Win (*уин'*) va. выигрывать, пріобрѣтать; доставать. **To — over**, соблазнять.

Wince (*уинс'*) vn. лягаться, брыкаться; || волноваться; пятиться.

Winch (*уинч'*) s. (мор.) воротъ, колесо, машина для подъема тяжестей.

Wind (*уинд'*, *уайнд'*) s. вѣтеръ; || дыханіе, духъ; || обоняніе, чутье; || воздухъ. **High —**, сильный вѣтеръ. **Trade — s**, пассатные вѣтры. **Fair —**, попутный вѣтеръ. **— ahead, — in the teeth**, противный вѣтеръ. **To get —, to take —**, пронюхать. **— bound**, задержанный противными вѣтрами. **— -gauge**, измѣритель силы вѣтра. **— -gun**, воздушное ружье. **— -instrument**, духовой инструментъ. **— -mill**, вѣтряная мельница. || va. провѣтривать, вывѣтривать; чуять, обонять; || гнать (лошадь); переводить духъ, отдыхать.

Wind (*уайнд'*) va. vn. дуть, трубить (въ рогъ); играть (на духов. инструментѣ); вертѣть, — ся; дѣлать поворотъ; крутить, — ся, вить, — ся, вкрадываться, втираться; обертывать. **To — a cord**, заматывать веревку. **To — one's self round**, обматываться вокругъ чего либо. **To — into**, ввести; вдохнуть. **To — off**, распутать. **To — up**, замотать; завести (о часахъ); || ликвидировать. **And to — up all in one word**, короче сказать, однимъ словомъ. **To — about, around**, окружить, обмататься вокругъ кого. **To — up**, (мор.) стоять на якорѣ.

Windage (*уонд'-эдж*) s. (арт.) заторъ (у орудія).

Winded (*уинд'-ед*) adj. въ сложсловахъ: **Long —**, имѣющій долгое дыханіе, крѣпкую грудь; про должительный, безконечный. Short —, съ одышкой Broken —, задыхающійся.

Winder (*уайнд'-ер*) s тотъ кто вьется, кружится или то что вьется, кружится мотальщица (шелка). || катушка мотовило

Windfall (*уинд'-фол*) s падалица. || * неожиданное счастье, неожиданная прибыль, счастливый случай

Windiness (*уайнд'и-нес*) s вѣтренность, вѣтры (въ животѣ), скопленіе газовъ

Winding (*уайнд-инг*) adj обращающійся, витой, вьющійся, извилистый, окружающій || s поворотъ, изгибы, извилины гибкость, измѣненіе (голоса) звукъ (трубы), свитокъ — **machine** подъемная машина (въ рудникахъ). — **-off**, разматываніе — **-sheet**, саванъ пелены — **-stair case**, витая лѣстница — **up**, ликвидація

Windlass (*уинд-лас*) s воротъ

Windle (*уин'-дл*) s веретено

Window (*уон'-доу*) s окно, окошко; || оконница оконная рама (ор) выставка товаровъ въ окнѣ витрина, показъ, завѣса **To look out of the —**, смотрѣть въ окно. **Bay** или **bow —**, — **-blind**, штора — **-curtain**, оконная занавѣска — **glass**, оконное стекло — **frame**, оконная рама — **-shutter**, ставни

Windpipe (*уинд'-пайп*) s (анат) дыхательное горло

Windrow (*уинд-роу*) s рядъ скошеннаго сѣна или срѣзаннаго дерна. || va сгребать, класть рядами (сѣно, дернъ)

Windward (*уинд'-уярд*) s. навѣтренная сторона. || adj навѣтренный; || adv противъ вѣтра, къ вѣтру

Windy (*уинд'-и*) adj вѣтреный, навѣтренный. || пустой напыщенный **It is —**, вѣтрено

Wine (*уайн*) s вино; || пьянство, опьяненіе; || въ сложныхъ словахъ; винный — **-bibber**, пьяница. — **bibbing**, пьянство — **-bottle**, бутылка вина — **-broker**, винный маклеръ — **-cask**, боченокъ съ виномъ — **-cellar**, винный погребъ — **-grower** собственникъ виноградниковъ — **-growing**, винодѣліе — **-merchant**, торговецъ виномъ — **-press**, прессъ для выжиманія винограда — **-vaults**, винный погребъ.

Wing (*уинг'*) s крыло. || полетъ. || * крылышко, покровительство **Under the —**, подъ крылышкомъ **On the —**, на лету **To take —** улетать || va снабжать крыльями. || * поднять, уносить на крыльяхъ **To — one's flight** предпринимать полетъ улетать || vn летѣть, улетать

Winged (*уингд'*) adj крылатый, съ крыльями, летящій, быстрый

Wingless (*уинг'-лес*) s (мор) небольшая бочка

Winglet (*уинг'-лет*) adj безкрылый

Wingy (*уинг-и*) adj крылатый крылообразный

Wink (*уинк'*) vn мигать, подмигивать, щурить глаза **To — at**, закрывать глаза (на) || s миганіе, перемигиваніе, подмигиваніе прищуриваніе глазъ, мигъ, мгновеніе. **A — of sleep**, моментъ сна **To give a — to, to tip the — to** подмигивать

Winker (*уинк'-ер*) s тотъ кто мигаетъ. || s. см **Wink**

Winking (*уинк'-инг*) adj мигающій

Winkingly (*уинк'-инг-ли*) adv мигая подмигивая || смотря сквозь пальцы

Winner (*уин'-ер*) s тотъ кто выигрываетъ

Winning (*уин'-инг*) s выигрываніе, выигрышъ. || adj выигрывающій, привлекательный — **-post**, столбъ на скачкахъ

Winnow (*уин'-ноу*) va vn вѣять (зерно хлѣбъ) просѣвать, очищать, сортировать || изслѣдовать, выбирать || махать, развѣвать

Winnowing (*уинг ноу-инг*) s вѣяніе — **machine** вѣялка

Winsome (*уин'-сом*) adj веселый, живой; привлекательный

Winter (*уин'-тер*) s зима. || (тип) колодка у станка. || бѣлый лавръ (дерево) — **season**, зимній сезонъ || vn кормить, сохранять зимой || va зимовать, перезимовать — **apple**, яблоки, которыя кладутъ впрокъ — **-fallow**, земля вспаханная съ осени — **-garden**, зимній садъ — **-quarters**, зимняя квартира

Winterly (*уин'-тер-ли*) adj зимній

Wintry (*уин'-три*) adj зимній, свойственный зимнему времени, холодный

Winy (*уайн'-и*) adj винный, съ виннымъ запахомъ

Wipe (*уайп*) va вытирать, утирать. || очистить смыть **To — off** стирать **To — out**, вытирать || s обтираніе, стираніе, утираніе. || ударъ, тычокъ. || упрекъ

Wiper (*уайп'-ер*) s тотъ кто вытираетъ. || тряпка, платокъ, метелка

Wiping (*уайп'-инг*) adj * ѣдкій, колкій

Wire (*уайр'*) s проволока **Brass —**, латунная проволока **Copper-**

—, мѣдная проволока. **Iron —**, желѣзная проволока. || va. привязать проволокой; || ограждать проволокой; || * тянуться въ видѣ проволоки. **— -fence**, загородка изъ желѣзной проволоки. **— -gauze**, металлическая сѣтка. **— -sieve**, желѣзное сито. **— -work**, проволочное издѣліе, проволочная рѣшотка. **— -worker**, плетельщикъ вещей изъ металлической проволоки.

Wiredraw (*уайр'-дроо*) va. вытягивать проволоку; || * проволакивать, тянуть, медлить; || поймать въ сѣти.

Wiredrawer (*уайр'-дро'ер*) s. волочильщикъ.

Wiredrawing (*уайр'-дроинг*) s. волоченіе.

Wiry (*уайр'-и*) adj. проволочный, похожій на проволоку.

Wis (*уис'*) va. см. **Know**.

Wisdom (*уис'-дом*) s. мудрость, премудрость, умъ, опытность, осторожность.

Wise (*уайз'*) adj. мудрый, умный, благородный. **A — woman**, разсудительная женщина. || s. образъ, видъ. **In this—**, такимъ образомъ. **In no —**, никакимъ образомъ. **— -acre**, человѣкъ съ претензіями на ученость; глупецъ.

Wiseling (*уайз'-линг*) s. мнимый мудрецъ.

Wisely (*уайз'-ли*) adv. мудро, умно, благородно.

Wish (*уиш'*) s. желаніе, предметъ желанія; || va. vn. желать, хотѣть; || просить, требовать. **I — he would come**, я хотѣлъ бы, чтонъ пришелъ. **To — for**, желать чего-либо. **To — well to**, хотѣть кому добра. **I — you to come**, я хочу, чтобы вы пришли. **To — a person at the devil**, посылать кого-либо къ чорту. || s. **To one's —**, согласно съ желаніемъ. **To have one's —**, получить по своему желанію.

Wisher (*уиш'-ер*) s. желающій, тотъ, кто желаетъ.

Wishful (*уиш'-фул*) adj. страстно желающій; || желательный.

Wishfully (*уиш'-фул-и*) adv. со страстнымъ желаніемъ; || охотно.

Wishfulness (*уиш'-фул-нес*) s. желаніе, вожделеніе, хотѣніе.

Wishy-washy (*уиш'-и-уош-и*) s. разбавленный, слабый напитокъ.

Wisp (*уисп'*) s. клокъ, пучокъ (сѣна); прядь (волосъ); вѣничекъ, метелка; || va. чиститъ, очищать пучкомъ сѣна, вѣникомъ, метелкой.

Wistful (*уист'-фул*) adj. внимательный; задумчивый, твердый, пристальный (взглядъ); жадный, любопытный.

Wistfully (*уист'-фул-и*) adv. внимательно; задумчиво, твердо, пристально; жадно, любопытно.

Wit (*уит*) s. умъ, разумъ; сила разума; способность, талантъ; || мудрость, благоразуміе; ловкость, хитрость, хитрость. **Ready —**, быстрый умъ. **To be at one's wit's end**, придти къ концу изобрѣтательности. **To be out of one' —s**, потерять голову, сознаніе, **To have one's —s about one**, не терять присутствія духа. **To be frightened out of one's —s**, потерять голову отъ страха.

Witch (*уич'*) s. колдунья, вѣдьма, чародѣйка. **—elm**, бѣлый букъ.

Witchcraft (*уич'-крафт*) s. волшебство, чародѣйство; очарованіе.

Witchery (*уич'-ер-и*) s. волшебство, чародѣйство; очарованіе.

Witching (*уич'-инг*) adj. очаровательный; чарующій, прелестный.

With (*уисз*) prep. съ, со, у; на,къ; *переводится творит. падежомъ, напр.* **To write — a pen**, писать перомъ. **One — another**, другъ съ другомъ, вмѣстѣ. **— all my heart**, отъ всей души. **Filled —**, наполненный чѣмъ либо. **Infatuated —**, самообольщающійся. **Taken —**, захваченный чѣмъ либо. **To light — gas**, освѣщаться газомъ. **A girl — blue eyes**, дѣвушка съ голубыми глазами. **Angry —**, разгнѣванный на кого.

Withal (*уисз-ол'*) adv. также, въ то же время, вмѣстѣ съ тѣмъ, впрочемъ.

Withdraw (*уисз-дро'о*) va. брать назадъ, отзывать, вызывать;удалять; лишать, отнимать; отвращать; отвлекать. **To — one's mind from another**, потерять къ кому расположеніе; || vn. отступать, удаляться, ретироваться, уходить; убѣгать; избѣгать.

Withdrawal (*уисз-дро'о-ăл*) s. см. **Withdrawment**.

Withdrawer (*уисз-дро'о-ер*) s. тотъ, кто отзываетъ, отступаетъ и пр.

Withdrawing-room (*уисз-дро'о-инг-рум*) s. боковая комната, небольшой кабинетъ.

Withdrawment (*уисз-дро'о-мент*) s. удаленіе, отозваніе; отнятіе, лишеніе; отступленіе.

Withe (*уисз'*) s. ивовая вѣтвь, верба; ивовое лыко, обручъ; лоза; ||

vn. перевязывать, вязать ивовымъ лыкомъ, ивовыми прутьями, вицей.
Wither (*уисз'-ер*) vn. вянуть, сохнуть, блекнуть, дрябнуть; пропадать, исчезать, чахнуть; va. снѣдать (печалью); изсушать, изнурять; истощать,, убивать; сжимать, морщить; || s. см. **Withers**; || **— band**, s. арчакъ, сѣдельная лука. **— wrung**, adj съ исплечиной, сплеченная (лошадь).
Witheredness (*уисз'-ерд-нес*) s. вялость, изнуренность; увяданіе, засыханіе, изнуреніе.
Withering (*уисз'-ер-инг*) adj. увядающій, изсушающій, изнуряющій; убійственный, грозный (взглядъ).
Witheringly (*уисз'-ер-инг-ли*) adv. изсушая, изнуряя, увядая, высыхая. пропадая; убійственно, грозно.
Withers (*уисз'-ерз*) s. pl. загривокъ, зашеекъ (у лошади).
Wither-wrung (*уисер'-ранг*) s. вьюнокъ (растеніе).
Withhold (*уисз-хо'олд*) va. удерживать, задерживать, останавливать. препятствовать, удержи за собою, не выдавать, отказывать.
Withholder (*уисз-хо'олд-ер*) s. тотъ, кто удерживаетъ, препятствуетъ и пр.
Withholdment (*уисз-хо'олд-мент*) s. удержаніе, задержаніе и пр.
Within (*уисз-ин'*) prep. и adv. внутри, въ; въ предѣлахъ чего; между. **— the walls**, внутри стѣнъ. **— hearing**, въ предѣлахъ слуха. **— a short distance**, на короткомъ разстояніи. **— an hour's time**, на разстояніи часа. **Is he —?** у себя ли онъ?
Without (*уисз-а'ут*) prep. безъ; внѣ, за; || adv. снаружи, внѣ, || conj. развѣ только, безъ того, чтобы.
Withstand (*уисз-стäнд'*) va противостоять, противиться, упорствовать.
Withstander (*уисз-стäнд'-ер*) s. соперникъ, противникъ.
Withstanding (*уисз-стäнд'-инг*) s. соперничество, противленіе.
Withy (*уизс'-и*) s. ива, ветла; || adj. ивовый.
Witless (*уит'-лес*) adj. неразумный; безразсудный.
Witlessly (*уит'-лес-ли*) adv. неразумно; безразсудно
Witlessness (*уит'-лес-нес*) s. глупость, безразсудность.
Witling (*уит'-линг*) s. ограниченный человѣкъ,
Witness (*уит'-нес*) s. свидѣтельство, свидѣтельствованіе; || очевидецъ, свидѣтель; || улика. **Eye- —**, очевидецъ **False —**, лжесвидѣтельство. **To bear —**, свидѣтельствовать; || va. vn. присутствовать при чемъ, быть очевидцемъ чего; свидѣтельствовать.
Witnesser (*уит'-нес-ер*) s. зритель, очевидецъ.
Witted (*уит'-ед*) adj. умный **Quick- —**, съ бойкимъ умомъ.
Witticism (*уит'-и-сизм*) s. острота, острое словцо.
Wittily (*уит'-и-ли*) adv. остроумно; замысловато.
Wittiness (*уит'-и-нес*) s. остроуміе; замысловатость.
Wittingly (*уит'-инг-ли*) adv. умышленно нарочно.
Wittol (*уит'-ол*) s. рогоносецъ.
Witty (*уит'-и*) adj. остроумный; колкій.
Wive (*уайв'*) va. vn. женить, -ся.
Wizard (*уиз'-äрд*) s. колдунъ, чернокнижникъ.
Woad (*уо'од*) s. вайда.
Wobble (*уоб-бл*) v. неправильно передвигаться. **To — along**, переваливаться съ ноги на ногу, какъ утка.
Woe (*уо'о*) s. боль, горе, печаль; несчастіе. **— begone**, печальный. **— is me!** горе мнѣ!
Woful (*уо'о-фул*) adj. печальный, грустный,
Wofully (*уо'о-фул-и*) adv. печально, грустно.
Wofulness (*уо'о-фул-нес*) s. печаль, бѣдствіе.
Wold (*уо'олд*) s. лѣсъ; || открытое мѣсто.
Wolf (*уулф'*) s волкъ. **She- —**, волчица. **— dog**, овчарка волкодавъ. **—'s-bane**, (бот.) аконитъ, волкозубъ. **—'s-claw**, плавунъ, ликоподъ (растеніе).
Wolfish (*уулф'-иш*) adj. волчій; || жадный.
Wolfishly (*уулф'-иш-ли*) adv. по волчьи.
Wolverine (*уул-вер-ин'*) s. россомаха.
Woman (*уум'-ан*) s. женщина. **—-hater**, женоненавистникъ.
Womanhood (*уум'-äн-худ*) s. женственность, женское состояніе.
Womanish (*уум'-äн-иш*) adj. женственный, женскій.
Womanishness (*уум'-äн-иш-нес*) s. женственность.
Womanize (*уум'-äн-айз*) va. дѣлать женственнымъ
Womankind (*уум'-äн-кайнд*) s. женскій полъ.
Womanly (*уум'-äн-ли*) adv. по женски, какъ женщина.
Womb (*уум'*) s. (анат.) матка; чрево; лоно, нѣдро; || va. таить, скры-

вать въ нѣдрѣ; зачать, замыслилять.

Womby (*уум'-и*) adj. широкій, просторный, объемистый.

Wonder (*уон'-дер*) s. чудо, диво; удивленіе, рѣдкость. **To do —s**, творить чудеса. **No —!** это не удивительно. **— -struck**, удивленный, пораженный. **— -worker**, чудотворецъ; || vn. удивляться, дивиться; хотѣть знать. **To — at**, удивляться. **I — whether**, я спрашиваю себя если.

Wonderer (*уон-дер-ер*) s. тотъ, кто удивляется.

Wonderful (*уон-дер-фул*) adj. удивительный, чудесный.

Wonderfully (*уон-дер-фул-и*) adv удивительно, чудесно.

Wonderfulness (*уон-дер-фул-нес*) s. дивность. удивительность.

Wondering (*уон'-дер-инг*) s. удивленіе; || adj. удивляющійся.

Wonderment (*уон'-дер-мент*) s. удивленіе, изумленіе.

Wondrous (*уон'-дер-ос*) adj. удивительный, чудесный.

Wondrously (*уон'-дер-ос-ли*) adv. удивительно, чудесно, странно.

Wont (*уонт'*) s. обычай, обыкновеніе. привычка; || vn. имѣть обыкновеніе, привыкнуть.

Wonted (*уонт'-ед*) adj. привыкшій, привычный.

Wontednes (*уонт'-ед-нес*) s. привычка, обычай.

Woo (*уу'*) va.vn. свататься, ухаживать, домогаться.

Wood (*ууд'*) s. лѣсъ, боръ; || дерево; || истуканъ, чурбанъ, идолъ. **Dye—**, красильное дерево. **Fire—**, топливо, дрова. **Green —**, сырое дерево **— -ashes**, древесная зола. **— -bine**, каприфолій. **— -bound**, окруженный лѣсомъ. **— cut**, гравюра на деревѣ. **— -cutter**, дровосѣкъ. **— -engraver**, граверъ на деревѣ. **— -engraving**, гравированіе на деревѣ. **— house**, дровяной сарай. **— -land**, лѣсная, лѣсистая мѣстность. **— -lark**, лѣсной жаворонокъ. **— -louse**, мокрица. **— -pecker** зеленый дятель. **— -pigeon**, лѣсной голубь. **— reeve**, лѣсной инспекторъ. **— -spirit**, древесный спиртъ. **— -work**, деревянныя издѣлія. **— -yard**, лѣсной дворъ.

Woodchuck (*ууд'-чок*) s. (зоол.) сурокъ, [(птица).

Woodcock (*ууд'-кок*) s. бекасъ

Wooded (*ууд'-ед*) adj. лѣсистый.

Wooden (*ууд'-н*) adj. деревянный. **— -headed**, * дубина.

Woodless (*ууд'-лес*) adj. безлѣсный.

Woodman (*ууд-ман*) s. охотникъ; дровосѣкъ. [деревянный.

Woody (*ууд'-ии*) adj. лѣсистый;

Wooer (*уу'-ер*) s. ухаживатель, воздыхатель, женихъ

Woof (*ууф*) s. ткань, тканье.

Woofy (*ууф'-и*) adj. плотный (о ткани).

Wooingly (*уу'-инг-ли*) adv привлекательно заманчиво.

Wool (*уул'*) s. шерсть, руно; (бот.) пушокъ. **All —**, изъ чистой шерсти. **Cashmere —**, Кашмирская шерсть. **Back —**, изъ основной шерсти. **Fleece —**, изъ руна **Lamb's —**, изъ шерсти ягненка **— in grease**, немытая шерсть. **To card the —**, кардовать шерсть. **To scour the —**, промывать шерсть. **— -comber**, чесальщикъ шерсти. **— -combing**, чесаніе шерсти. **— -gathering**, разсѣянность. **— -sack**, мѣшокъ шерсти, мѣсто предсѣдателя въ верхнемъ парламентѣ. **— -sorter**, сортировщикъ шерсти. **— -stapler**, торговецъ шерстью.

Woold (*ууад'*) va. (мор.) класть вулинги. [стью.

Woolled (*уулд*) adj. покрытый шер-

Woollen (*уул'-ен*) adj. шерстяной. **—cloth**, шерстяная одежда. **— stuff**, шерстяная ткань. || s. шерстяной товаръ. **— -draper**, торговецъ сукнами.

Woolliness (*уул'-и-нес*) s. шерстистость.

Woolly (*уул'-и*) adj. шерстистый; пушистый.

Wootz (*уутс'*) s. вуцъ (родъ стали).

Word (*уорд'*) s. слово, выраженіе; || рѣчь. **Good —**, доброе слово. **High —s**, рѣзкія слова. **Big —s**, грубыя слова. **By — of mouth**, словесно. **— for —**, слово за слово. **To have —s**, ссориться. **To give one's —**, давать слово. **To keep one's —**, держать слово. **Take my — for it**, возьмите съ меня въ этомъ слово. **To bring — that**, принести извѣстіе что. **To send —**, дать совѣтъ; || va. выражать словами, изъяснять, говорить льстивыя рѣчи.

Wordiness (*уорд'-и-нес*) s. многословіе, говорливость.

Wording (*уорд'-инг*) s. выраженіе, изложеніе.

Wordless (*уорд'-лес*) adj. безсловесный, безмолвный.

Wordy (*уорд'-и*) adj. многословный, многорѣчивый.

Work (*уорк'*) va.vn. дѣлать, работать, трудится, заниматься, дѣйствовать; обдѣлывать, обработывать. **The machine works well**, машина хорошо работаетъ. **To —**

at, работать надъ чѣмъ либо. **To — in**, понемногу входить въ курсъ дѣла. **To — into**, проникать въ, добиваться. **To — off**, обдѣлывать, обрабатывать; изнашивать. **To — on, upon**, воздѣйствовать на, работать надъ. **To — out**, выходить, отдѣлаться, достигнуть. **To — up**, обрабатывать, возбуждать, поднимать -ся; исполнять, кончать. **To — upon**, дѣйствовать на, оказывать дѣйствіе. **To — iron**, обрабатывать желѣзо. **To — silk**, обрабатывать шелкъ. **To — a ship**, управлять кораблемъ. || s. дѣло, работа, трудъ, занятіе, урокъ, сѣяніе. || **—s**, s. pl. работы; заводъ, фабрика. **At —**, за работой, за дѣломъ. **To have hard — of it**, имѣть тяжелую работу. **Hard —**, тягостная работа. **Piece of —**, произведеніе, работа. **The —s of Byron**, произведенія Байрона. **Good —s**, добрыя дѣла. **The — of time**, работа времени. **What fine —! What a piece of —!** какая чудная работа. **Public —s**, общественныя работы. **— -bag**, рабочій куль. **— -box**, рабочій ящикъ. **— -fellow**, товарищъ по работѣ. **— -room**, **— -shop**, мастерская. **— -table**, рабочій столъ. **— -woman**, работница. **— -yard**, верфь.

Worker (*уöрк-ер*) s. работникъ.

Work-house (*уöрк-хаус*) s. пріютъ, рабочій домъ.

Working (*уöрк'-инг*) s. работа, дѣло, дѣйствіе; || работающій, рабочій. **— classes**, рабочій классъ. **— bee**, пчела работница. **— day**, рабочій день. **— man**, рабочій. **— -stock**, матерьялъ для работы.

Workman (*уöрк'-мäн*) s. работникъ, мастеровой.

Workmanlike (*уöрк'-мäн-лайк*), **Workmanly** (*уöрк'-мäн-ли*) adj. мастерской, искусный.

Workmanship (*уöрк'-мäн-шип*) мастерство; искусство; тонко сдѣланная работа.

World (*уöрлд'*) s. свѣтъ, вселенная, міръ; земля. **In this —**, на этомъ свѣтѣ. **The old —**, старый свѣтъ. **The new —**, новый свѣтъ. **The next —**, будущая жизнь. **The learned —**, ученый міръ, ученые. **— without end**, вѣчно, навсегда, до безконечности. **A — of harm**, масса трудностей.

Worldliness(*уöрлд'-ли-нес*)s. свѣтскость; суетность.

Worldling. (*уöрлд'-линг*) s. корыстолюбивый человѣкъ; привязанный къ мірскому.

Worldly(*уöрлд-ли*)adj. свѣтскій, мірской, земной. **— pleasures**, свѣтскія удовольствія. **— -minded**, свѣтскій. **— -mindedness**, свѣтскій характеръ.

Worm (*уöрм'*) s. червь, червякъ; глиста, нарѣзъ (винтовой). **Earth- —**, земляной червь. **Silk- —**, шелковичный червь. **Glow- —**, свѣтлякъ, **— and wheel**, безконечный винтъ. **— -bit**, перка съ винтовымъ нарѣзомъ **— -eaten**, изъѣденный червями **— -hole**, червоточина. **— powder**, глистогонный порошокъ. **— seed**, цытварное сѣмя. **— -wheel**, зубчатое колесо; безконечный винтъ. || vn. точить какъ червь; || va. подтачивать, подрывать.

Wormwood (*уöрм'-уyд*) s. полынь; || полынная водка.

Wormy (*уöрм'-и*) adj. червивый; пресмыкающійся.

Worrier (*уöр'-ри-ер*) s. мучитель, терзатель.

Worry (*уöр'-ри*) va. терзать, мучить, утомлять, разрывать на куски. **To — out**, утомлять. || s. терзаніе, мученіе, надоѣданіе

Worse (*уöрс'*) adj. (comp отъ **Bad**) хуже; худшій, чѣмъ **— and —**, все хуже и хуже. **For the —**, къ худшему. || adv. хуже. **So much the —**, очень некстати, тѣмъ хуже. **To be — off**, менѣе успѣвать.

Worship (*уöр'-шип*) s. поклоненіе, обожаніе; религія; уваженіе; || va. vn. поклоняться, воздавать почести, чтить.

Worshipful (*уöр'-шип-фул*) adj. достойный почтенія; почтенный.

Worshipfully (*уöр'-шип-фул-и*) adv. почтенно, съ почтеніемъ.

Worshipper (*уöр'-шип-ер*) s. поклонникъ, обожатель.

Worshipping (*уöр'-шип-инг*) s. поклоненіе, обожаніе.

Worst (*уöрст'*) adj. (super. отъ **Bad**) худшій, злѣйшій. || s. самое худшее, величайшее несчастіе || adv. все хуже, самымъ дурнымъ образомъ. **At the —**, къ худшему. **Do your —**, дѣлайте какъ хотите. **To make the — of**, въ худшемъ случаѣ. **To have the — of it**, пострадать отъ чего либо. **To be worsted**, быть побѣжденнымъ.

Worsted (*уöрст'-ед*) adj. побѣжденный; || s. шерстяная пряжа. **— -stockings**, шерстяные чулки.

Wort (*уöрт'*) s. трава, растеніе.

Worth (*уöрзс'*) s. стоимость, цѣна цѣнность. **A man of —**, достойный человѣкъ. || adj. достойный, стоющій; имѣющій цѣну **To be —**, обладать, быть достойнымъ. **He is — millions**, онъ владѣетъ миллiонами. **It is — while**, это стоитъ того.

Worthily (*уӧрзс'-и-ли*) adv. достойно; уважительно; прилично; по достоинству, по заслугамъ; справедливо, по праву, соотвѣтственно.

Worthiness (*уӧрзси'-нес*) s. достоинство, заслуга; превосходство; стоимость; важность; || доброкачественность, добродѣтель мудрость.

Wortless (*уӧрзс'-лес*) adj. недостойный, негодный, ничего не стоющiй.

Wortlessness (*уӧрзс'-лес нес*) s. низость, негодность.

Worthy (*уӧр'-зси*) adj. достойный, почтенный, достопочтенный; добродѣтельный. **— of**, достойный чего, заслуживающiй чего. || s. знаменитый человѣкъ, прославившiйся герой.

Wot (*уӧт'*) va. знать, вѣдать.

Wot, Wote (*уот, уо'от*) pret. отъ **Weet.**

Would (*ууд*) pret. отъ **Will**. хотѣть. **I —**, *я хотѣлъ, я желалъ.* || — *какъ знакъ втораго будущаго времени и условнаго наклоненiя.* **You — be satisfied**, вы остались-бы довольны. **She begs you — be true to her**, она проситъ чтобы вы остались ей вѣрны. **— that they — take**, почему-бы имъ было не взять. || — *употребляется въ настоящ. врем.* **What — you with us?** чего вы отъ насъ хотите? **— to God!** дай-то Богъ! **I — little with you**, я не задержу Васъ. || — *въ смыслѣ:* имѣть привычку. **He — sometimes say**, онъ имѣлъ обыкновенie иногда говорить. || **— be**, adj. желающiй быть, мнимый, такъ называемый кажущiйся.

Wound (*уунд'*, *или уа'унд*) s. рана, язва; || оскорбленiе. **To give one a —**, ранить, поранить кого. || va. ранить; причинить рану, вредъ; ушибить, нанести оскорбленiе.

Woundable (*уунд' или уа'унд-ӓбл*) adj. уязвимый.

Wounded (*уунд' или уа'унд-ед*) adj. раненый.

Wounding (*уунд' или уа'унд-инг*) s. нанесенiе раны, ушиба; рана; оскорбленiе

Woundless (*уунд' или уа'унд-лес*) безъ ранъ, здравый и невредимый.

Woundwort (*уунд' или уа'унд-уӧрт*) s. язвенникъ, сальникъ (растенiе).

Woundy (*уа'унд-и*) adj. чрезвычайный; чрезмѣрный, необыкновенный; adv. чрезвычайно, чрезмѣрно, необыкновенно.

Wrak (*рак*) s. водоросль; || см. **Wreck.**

Wraith (*рэзс*) s. привидѣнiе, духъ.

Wrangle (*рӓнг'-гл*) vn. спорить, вздорить, браниться. || s. споръ, ссора.

Wrangler (*рӓнг'-глер*) s. спорщикъ; || ученикъ перваго разряда по математикѣ. **Senior —**, ученикъ, получившiй первую награду по математикѣ.

Wrangling (*рӓнг'-глинг*) s. споръ, ссора.

Wrap (*рӓп*) va. (**wrapped** и **wrapt**). **To —, to — up**, свернуть, сложить; завернуть, обернуть, закутать, окутать, обременить; || заключать во что, окружать чѣмъ; погружать. **To — all in one word**, сказать все однимъ словомъ; || восхищать, приводить въ восторгъ; восхитить, чудеснымъ образомъ поднять на высоту. || s. обертка, одѣяло, шаль; плащъ, халатъ.

Wrappage (*рӓп'-пэдж*) s. завертыванiе, обертыванiе; обертка.

Wrapper (*рӓп'-пер*) s. тотъ, кто кто завертываетъ; обертка, покрышка; то чѣмъ обертываютъ, оберточный холстъ; то во что завертываются; шаль, одѣяло, капотъ, халатъ; (бот.) кожица, шелуха

Wrapping (*рӓп'-пинг*) adj. оберточный. **— paper**, оберточная бумага. **— up**, s. завертыванiе, заключенiе во что.

Wrasse (*рӓс*) s. губань (рыба).

Wrath (*разс или розс*) s. гнѣвъ, ярость, злость; возмездiе.

Wrathful (*разс' или розс'-фул*) adj. гнѣвный, сердитый, неистовый, злобный.

Wrathfully (*разс' или розс'-фул-и*) adv. гнѣвно, сердито, неистово, злобно, въ сердцахъ.

Wrathfulness (*разс' или розс'-фул-нес*) s. гнѣвъ, неистовство, злобность.

Wrathless (*рӓзс' или розс'-лес*) негнѣвный, несердитый; тихiй, кроткiй.

Wreak (*рик*) va. удовлетворять чувство злобы, мщенiя; мстить, излить (гнѣвъ). **To — vengeance**, отмстить; || s. мщенiе; гнѣвъ, ярость, бѣшенство.

Wreakful (*рик'-фул*) adj. мстительный; бѣшеный.

Wreakfully (*рик'-фул-и*) adv. мстительно, бѣшено.

Wreakless (*рик'-лес*) adj. немстительный.
Wreath (*ризс*) s. плетенье; гирлянда, вѣнокъ; завитокъ, обвивка; клубъ (дыма); облако (тумана); || (арх.) витая колонна; || (ох.) кабаній хвостъ.
Wreath, Wreathe (*рисз*) va. обернуть, обвить, оплести, переплести, свить; окружить; увѣнчать. || vn. переплестись.
Wreathless (*ризс'-лес*) adj. переплетенный, не обвитый, безъ гирляндъ.
Wreathy (*ризс'-и*) adj. витой, завитой, закрученный.
Wreck (*рек*) s. кораблекрушеніе, потопленіе, крушеніе; погибель, разрушеніе, паденіе. **To go to —**, приходить въ упадокъ, стремиться къ погибели. || обломки разбитаго судна, разбитое судно; выкидки морскія. **Sea —**, водоросль (трава). || va. vn. потопить, причинить крушеніе; потонуть, потерпѣть крушеніе; разбиться, погибнуть въ водахъ; || потрясти, поколебать.
Wreckage (*рек'-эдж*) s. кораблекрушеніе; обломки судна.
Wren (*рен*) s. королекъ (птица).
Wrench (*ренч*) s. дерганіе, вырываніе; напряженіе, усиліе; вывихъ; || va. изо всей силы толкнуть, вырвать.
Wrest (*рест*) va. вывертывать, выкручивать, крутить; || s. крученіе, выкручиваніе; искаженіе.
Wrester (*рест'-ер*) s. тотъ, кто вывертываетъ.
Wrestle (*рес'-л*) vn. бороться, || va. одержать верхъ.
Wrestling (*рес'-линг*) s. борьба усиліе.
Wrestler (*рес'-лер*) s. борецъ.
Wretch (*реч*) s. несчастное твореніе, жалкій человѣкъ.
Wretched (*реч'-ед*) adj. несчастный, жалкій; плохой. **To look —**, выглядѣть несчастнымъ.
Wretchedly (*реч'-ед-ли*) adv. несчастно, жалко, плохо.
Wretchedness (*реч'-ед-нес*) s. несчастіе; нищета, скудость, бѣдственное положеніе.
Wriggle (*риг'-гл*) vn. извиваться, изгибаться, свертываться; двигаться, вилять. **To — into**, проникать. **To — out of**, выскальзывать. || va. свертывать; двигать, всунуть, впихнуть, незамѣтно ввести.
Wriggling (*риг'-глинг*) s. изгибаніе
Wright (*райт*) s. ремесленникъ, работникъ.
Wring (*ринг*) va. крутить, выжимать, тѣснить, выгибать, гнуть, исторгать, вырывать. **To — one's hands**, ломать себѣ руки. **To — off**, вырывать; отнять. **To — out**, вывернуть, выжать. || vn. крутиться, вернуться; || страдать, || s. крученіе. **— -bolt**, болтъ для нажима досокъ пресса.
Wringling (*ринг'-инг*) s. выжиманіе; терзаніе. **— -wet**, насквозь промокшій.
Wrinkle (*ринк'-л*) s. морщина, сгибъ, складка; || va. vn. морщить (лобъ), морщиться, хмуриться.
Wrist (*рист*) s. (анат.) ручная кисть, запястье. **— -band**, обшивка у рукавовъ рубашки.
Writ (*рит*) s. писаніе, сочиненіе; || указъ, извѣщеніе; повѣстка. **Holy —**, священное писаніе **To serve a — upon**, объявить кому либо судебное предписаніе.
Write (*райт*) va. писать; сочинять; || начертить, награвировать; **To — a line**, написать нѣсколько словъ. **To — one's self**, подписать. **To — down**, писать, изложить письменно. **To — out**, списывать, переписывать. **To — up**, хвалить. || vn. быть писцомъ, заниматься письменной работой; подписываться. **To — for**, вызвать письмомъ.
Writer (*райт'-ер*) s. писецъ, писарь; писатель.
Writhe (*райсз*) va. vn. кривить, корчить ся; сводить, гнуть; выворачивать, вырывать; плести.
Writing (*райт'-инг*) s. письмо, почеркъ; документъ; || сочиненіе; слогъ **In —**, на письмѣ, письменно. **— -book**, письменная тетрадь. **— desk**, письменная конторка. **— -master**, учитель чистописанія **— -paper**, писчая бумага **— -table**, письменный столъ.
Wrong (*ронг*) adj. ошибочный, неправый; ложный, несоотвѣтствующій; неправильный. **The — side**, оборотная сторона. **That is — of you**, это нехорошо съ вашей стороны. **To be —**, быть неправымъ. **— ideas**, невѣрныя мысли. **— judgment**, ложное сужденіе **A — statement**, невѣрный докладъ. || s. несправедливость, обида, оскорбленіе; вредъ; ошибка; заблужденіе, погрѣшность. **To do —**, приносить вредъ. **To be in the —**, быть неправымъ. **— doer**, вредный. обидчикъ. **— doing**, несправедливость. || adv. не такъ, невѣрно, некстати. **Right or —**, такъ или не такъ, добромъ или зломъ; || va. оскорблять, обижать, наносить вредъ.

Wronged (*ронгд*) adj. оскорбленный, обиженный.
Wrongful (*ронг'-фул*) adj. несправедливый, оскорбительный, обидный, вредный, ложный, ошибочный.
Wrongfully (*ронг'-фул-и*) adv. несправедливо, оскорбительно, обидно, вредно; ложно, ошибочно.
Wronghead (*ронг'-хед*) s. дурной человѣкъ, упрямецъ
Wrongheaded (*ронг'-хед-ед*) adj упрямый
Wrongheadedness (*ронг'-хед-ед-нес*) s. превратное понимание, перетолковыванiе
Wrongly (*ронг'-ли*) adv. несправедливо, ошибочно
Wrongness (*рон-'нес*) s. ложность, ошибочность.
Wroth (*ро'осз*) adj гнѣвный, раздраженный
Wrought (*ро'от*) adj обработанный, обдѣланный.
Wry (*рай*) adj кривой, непрямой, искривленный — **face**, гримаса — **neck**, свинка(болѣзнь) — **necked**, съ кривой шеей — **words**, обиняки, намеки
Wryness (*рай'-нес*) s. кривлянie гримаса, неискренность

X.

X (*экс*) двадцать четвертая буква англiйской азбуки; римская цифра десять
Xerophagy (*зи-роф'-а-джи*) s сухоядение
Xerophthalmy (*зи-роф'-зсăл-ми*) s (мед) сухое воспаленiе глазъ.
Xerotes (*зи-ро'о-тиз*) s. сухощавость.
Xiphias (*зиф-и-ăс*) s (зоол.) мечъ- [рыба
Xiphoid (*зиф'-ойд*) adj. (анат.) мечевидный
Xmas сокращ отъ **Christmas**
Xylography (*зай-лог'-ра-фи*) s. ксилографiя
Xyster (*зис'-тер*) s. металл инструментъ для полированiя костей

Y.

Y (*уай*) двадцать пятая буква англiйской азбуки.
Yacht (*йот'*) s яхта
Yachter (*йот'-ер*) s. яхтовладѣлецъ
Yachting (*йот'-инг*) adj. яхтовый
Yam (*йăм'*) s (бот) ямсъ, ниьямъ
Yankee (*йăн'-ки*) s. янки; || adj американскiй.
Yap (*йăп'*) s. небольшая собака || vn тявкать, лаять.
Yard (*ярд*) s. ярдъ (мѣра длины); || дворъ. — **-arm**, нокъ, ярдъ. **Barn-** —, дворъ фермы. **Prison-** —, тюремный дворъ. **Dock-** —, арсеналъ, **Timber-** —, верфь.
Yare (*йэр'*) adj. живой, быстрый, ловкiй.
Yarely (*йэр'-ли*) adv живо, быстро.
Yarn (*ярн'*) s. нитка, нить; пряжа: || сказка, разсказъ. **To spin a—**, прясть нитки; || * разсказывать длинныя исторiи
Yarrow (*йăр'-роу*) s. (бот.) см. **Milfoil.**
Yataghan (*йăт'-а-гăн*) s. ятаганъ.
Yaw (*йо'о*) s. (мор.) ныряние судна.
Yawl (*йо'ол*) s. яликъ, яблотъ.
Yawn (*йо'он*) vn. зѣвать; зiять. || s. зѣвота; зiянiе
Yawning (*йо'он-инг*) s. зѣванiе, || adj зѣвающiй; зiяющiй.
Yaws (*йо'оз*) s. pl. накожная болѣзнь (въ Гвинеѣ).
Yclad (*и-клад*) adj. одѣтый, украшенный.
Yclaped (*и-клепт'*) adj. названный, поименованный.
Ye (*йи'*) adv. pron. pl. отъ **Thou**; вы; васъ.
Yea (*йи'*) adv да, дѣйствительно; даже, такъ. || s. утвердительный голосъ (при голосованiи).
Yean (*йин'*) va. vn. ягниться, козлиться.
Yeanling (*йин'-линг*) s. ягненокъ.
Year (*йир'*) s. годъ. **Solar** —, солнечный годъ **Gregorian** —, грегорiанскiй годъ. **Julian** —, юлiанскiй годъ. **Leap** —, высокосный годъ. **The new** —, новый годъ **New —'s day**, день новаго года. **By the** —, годично. **One — with another**, годъ въ среднемъ. **To be in —s**, быть въ годахъ. — **-book**, календарь
Yearling (*йир'-линг*) s. годовалое животное; || adj. годовалый.
Yearly (*йир'-ли*) adj ежегодный, годовой, || adv ежегодно, изъ года въ годъ.
Yearn (*йорн*) vn печалиться, грустить; желать **To — after**, вздыхать по чемъ-либо
Yearning (*йорн'-инг*) s. безпокойство, порывъ души, стремленiе; печаль.
Yeast (*йист'*) s дрожжи, закваска, пѣна. [бродящiй.
Yeasty (*йист'-и*) adj. пѣнистый,
Yelk (*йелк'*) s. желтокъ
Yell (*йел'*) va. vn. выть, вопить, кричать. || s. вой, крикъ, вытье.
Yelling (*йел'-инг*) s. вой крики.
Yellow (*йел'-лоу*) adj желтый; золотистый **To turn, to make.**

to become —, пожелтѣть. || va. желтѣть; || s. **желтый цвѣтъ,** желтизна. — **-boy, золотая** монета. — **-fever**, желтая лихорадка. — **-hammer**, золотой подорожникъ (птица). — **jaundice**, желтуха. — **-wash**, разъѣдающая вода. — **weed**, желтуха (растеніе).
Yellowish (*йел'-лоу-иш*) adj. желтоватый.
Yellowishness (*йел -лоу-иш-нес*)s. желтизна, желтоватость
Yelp (*йелп'*) vn. визжать, лаять; || визгъ, лай.
Yelping (*йелп'-инг*) s. визжаніе; || s. визгъ, лай.
Yeoman (*йо'о-мäн*) въ pl. **Yeomen**, іоменъ; зажиточный поселянинъ. — **of the guard**, пѣшая гвардія.
Yeomanly (*йо'о-мäн-ли*) adj. относящійся къ іомену.
Yeomanry (*йо'о-мäн-ри*) s. гвардія; особый родъ войска.
Yerk (*йорк'*), s. быстрое, порывистое движеніе; || va. vn. швырять, брыкаться.
Yes (*йес'*) adv. да.
Yester (*йес'-тер*) adj. вчерашній. — **night**, вчерашняя ночь; вчера ночью.
Yesterday (*йес'-тер-дэй*) adv. и s. вчера. — **morning**, вчера утромъ. — **evening**, вчера вечеромъ.
Yet (*йет'*) conj. однако, несмотря на это; adv еще; даже, пока. **Not** —, еще. **As** —, до сихъ поръ.
Yew (*ю*) s. (бот.) тисъ.
Yewen (*ю'-ен*) adj. тисовый.
Yield (*йелд*) va. производить, произрастать; давать; жаловать; допускать. **To — six per cent**, приносить шесть процентовъ. **To — assistance**, оказывать помощь **To — up**, выдавать, отдавать; || vn уступать, подаваться, покоряться, сдаваться, соглашаться. **To — to**, отдаваться, соглашаться. **To — to entreaties**, уступать просьбѣ. || s. произведеніе, продуктъ; урожай
Yielder (*йелд'-ер*) s. уступщикъ.
Yielding (*йилд'-инг*) s. уступаніе, передача; || произведеніе; || adj. уступающій, уступчивый.
Yieldingness (*йилд'-инг-нес*) s. уступчивость, снисхожденіе.
Yieldless (*йилд'-лес*) adj. непреклонный, неуступчивый.
Yoke (*йо'ок*) s. ярмо, узы; || * иго, рабство. **To pass under the** —, подчиняться ярму. — **elm**, грабъ (дерево). || va. запрягать, впречь въ ярмо; || поработить. || vn. быть подчиненнымъ кому, соединеннымъ съ кѣмъ.
Yolk (*йо'олк*) s. желтокъ (яичный); жирный потъ (у овецъ).
Yon (*йон'*), **Yond** (*йонд'*), **Yonder** (*йон'-дер*) adj. вонъ тамъ. — **hill**, эта горка тамъ вдали. || adv. вонъ тамъ.
Yore (*йо'-ор*) adv давно.
You (*ю*) pron. pl. отъ **Thou**, вы; васъ; вамъ.
Young (*йонг'*) adj. молодой, юный, незрѣлый; || * неопытный. — **one**, дѣтеныши. — **people**, — **folks**, молодые люди. || s. дѣтеныши: молодежь. **With** —, животное съ приплодомъ.
Younger (*йонг'-ер*) adj. (comp. отъ **Young**), младшій; моложе.
Youngest (*йонг'-ест*) adj. (превосходная степень отъ **Young**), самый младшій, самый молодой.
Youngish (*йонг'-иш*) adj. довольно молодой.
Youngling (*йонг'-линг*) s. юноша
Youngly (*йонг'-ли*) adv. въ молодые годы, рано.
Youngster (*йонг'-стер*), **Younker** (*йонг'-ер*) s. молодой человѣкъ; || юноша.
Your (*юр*) pron. вашъ, ваша, ваше, ваши.
Yours (*юрз*) pron. вашъ, ваша, ваше, ваши. — **truly**, искренно преданный.
Yourself, (*юр-селф'*) pron. въ pl **Yourselves**, вы сами; себя, самаго себя; самихъ себя. **Dress yourself**, **Dress yourselves**, одѣвайтесь.
Youth (*юзс*) s юность, молодость, младость; юношество, молодые годы. **The charms of** —, прелесть молодости. **The unhappy — died**, несчастный молодой человѣкъ умеръ.
Youthful (*юзс'-фул*) adj. молодой, юный, || свѣжій, здоровый; моложавый.
Youthfulness (*юзс'-фул-нес*) s. молодость, юность.
Youthly (*юзс'-ли*) adj юношескій.
Yucca (*йок'-ка*) s. юкка (растеніе).
Yule (*юл*) s. праздникъ Рождества, Рождество, Святки.

Z.

Z (*зед*) двадцать шестая буква англійской азбуки.
Zabaism (*зэ'-бä-изм*) s. см. **Sabaism**
Zacintha (*зä-син'-зса*) s. (бот.) бородавочная трава.
Zagaye (*зäг'-и*) s. копье (у негровъ).
Zany (*зäн'-и*) гаеръ, шутъ.
Zanyism (*зäн'-и-изм*) s. гаерство, шутовство.
Zea (*зи'-а*) s. маисъ, кукуруза.
Zeal (*зил*) s. рвеніе, ревность, усердіе; || vn. поддерживать рвеніе

Zealot (*зел'-от*) s. ревнитель, фанатикъ, изувѣръ.
Zealotical (*зи-лот'-ик-äл*) ad. ревнующій (о чемъ).
Zealotism (*зел'-от-изм*), **Zealotry** (*зел'-от-ри*) s. рвеніе; изувѣрство.
Zealous (*зел'-ос*) adj. ревностный
Over —, слишкомъ ревностный.
Zealously (*зел'-ос-ли*) adv. ревностно. [ніе, усердіе.
Zealousness (*зел'-ос-нес*) s. рве-
Zebra (*зи'-бра*) s. (зоол.) зебра.
Zebu (*зи'-бью*) s. зебу (индѣйскій быкъ).
Zed (*зед*) s. буква зедъ
Zedoary (*зед'-о-ä-ри*) s. (бот.) цытварный корень.
Zeine (*зи'-ин*) s. (хим.) клейковина, добываемая изъ маиса
Zend (*зенд*) s. зендскій языкъ; — **avesta**, зендъ-авеста (священная книга у персовъ).
Zenith (*зи'-низ*) s (астр.) зенитъ (надглавная точка, || *верхъ.
Zeolite (*зи'-о-лайт*) s цеолитъ (каменистое вещество)
Zephyr (*з е ф' - и р*), **Zephyrous** (*зеф'-и-рос*) s зефиръ, нѣжный вѣтерокъ.
Zero (*зи'-ро*) s (ариѳ.) нуль, (физ.) точка замерзанія
Zest (*зест*) s. разгородка (въ орѣхѣ); || цедра, сокъ (апельсин и лимонной кожи), || * вкусъ. **It is not worth a —**, это выѣденнаго яйца не стоитъ || сонъ, отдыхъ послѣ обѣда. **To go to one's —**, соснуть послѣ обѣда; || va. придавать вкусъ (чему), рѣзать померанцевую корку длинными и тонкими ломтями
Zetetic (*зи-тет'-ик*) adj — **method**, изыскательный методъ (рѣшенія задачи)
Zigzag (*зиг'-зäг*) s. зигзагъ, (форт.) ломанная линія, журавль (инструментъ); || va. vn дѣлать зигзаги, идти зигзагами
Zigzagged (*зиг'-зäгд*) adj съ зигзагами.
Zigzagging (*зиг'-зäг-гинг*) s. зигзаги.
Zinc, Zink (*зинк*) s цинкъ
Zinc (*зинк*) va. цинковать.
Zinky (*зинк'-и*) adj цинковый
Zodiac (*зо'о-ди-äк*) s. (астр.) зодіакъ, солнечный путь
Zodiacal (*зо'-дай-äк-äл*) adj зодіачный.
Zoilist (*зо'о-и-лист*) s. зоилъ.
Zone (*зо'он*) s. поясъ; || окружность, сводъ; || (геогр.) поясъ, зона
Zoned (*зо'онд*) adj. съ поясомъ.
Zoneless (*зо'он-лес*) adj безъ пояса.
Zoochemy (*бо-ок'-и-ми*) s. зоохимія (животная химія).
Zoographer (*зо-ог'-рä-фер*) s. зографъ.
Zoographist (*зо-ог'-рä-фист*) s. зографъ.
Zoography (*зо-ог'-рä-фи*) s. зоографія (описаніе животныхъ).
Zoolatry (*зо-ол'-ä-три*) s. обожаніе животныхъ.
Zoolite (*зо'о-о-лайт*) s. зоолитъ (окаменѣлое животное).
Zoological (*зо-о-лодж'-ик-äл*) adj. зоологическій.
Zoologist (*зо-ол'-о-джист*) s зоологъ.
Zoology (*зо-ол'-о-джи*) s зоологія
Zoophagous (*зо-оф'-ä-гос*) adj плотоядный.
Zoophyte (*зо'-о-о-файт*) s зоофитъ (животно-растеніе)
Zootechnic (*зо-о-тек'-ник*), **Zootechnics** (*зо-о-тек'-никс*) s зоотехнія. [нія
Zootechny (*зо-о-тек-ни*) s зоотех-
Zootomy (*зо-от'-о-ми*) s. зоотомія (анатомія животныхъ)
Zopissa (*зо-пис'-сä*) s смола со старыхъ кораблей
Zounds (*за'ундз*) interj къ черту! нелегкая возьми!
Zumology (*зью-мол'-о-джи*) s ученіе о броженіи тѣлъ.
Zygoma (*зай-го'о-ма*) s (анат.) скуловая кость
Zygomatic (*зиг-о - мат' - ик*) adj. скуловой, ланитный.